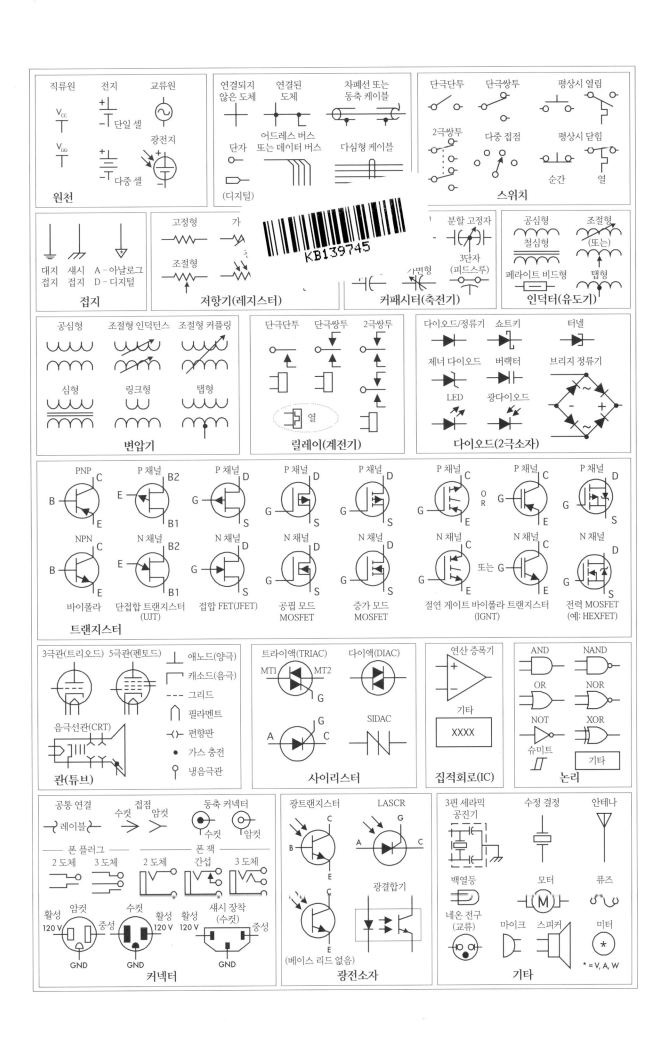

저항기 표지(레이블)

단위 환산 계산기

k = 1,000; M = 1,000,000
1 MΩ = 1,000,000 Ω = 1 × 10^6 Ω
1 kΩ = 1,000 Ω = 1 × 10^3 Ω

보기:

3.3 kΩ = 3,300 Ω = 3.3 × 10^3 Ω
22 kΩ = 22,000 Ω = 22 × 10^3 Ω
2 mΩ = 2,000,000 Ω = 2 × 10^6 Ω
1.68 mΩ = 1,680,000 Ω = 1.68 × 10^6 Ω

저항기 색상띠 부호

색상	유효 숫자	10진승수	허용 오차 (%)
검은색	0	1	–
갈색	1	10	1
빨간색	2	100	2
오렌지색	3	1,000	–
노란색	4	10,000	–
녹색	5	100,000	0.5
파란색	6	1,000,000	0.25
보라색	7	10,000,000	0.1
회색	8	100,000,000	–
흰색	9	1,000,000,000	–
금색	–	0.1	5
은색	–	0.01	10
색 없음	–	–	20

저항기 몸통 색상

저항기의 몸통 색상이 일반적으로 어떤 의미를 나타내지 않지만, 온도 계수를 지정하는 경우라면 예외적으로 의미를 지니게 된다. 회로 내에서 흰색/회색 또는 파란색 저항기가 있다면 불연성 저항기 또는 가용성 저항기일 수 있다. 이런 저항기를 교체할 때는 주의를 기울여야 하고 일반 저항기로 대체해서는 안 된다.

4 밴드 저항기 부호(가장 흔함)

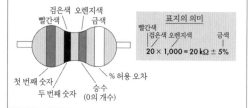

표지의 의미

검은색 오렌지색 금색
20 × 1,000 = 20 kΩ ± 5%

첫 번째 숫자 / 두 번째 숫자 / 승수(0의 개수) / % 허용 오차

5 밴드 저항기 부호(숫자 자리 세 개)

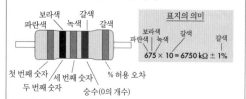

표지의 의미

파란색 녹색 갈색
675 × 10 = 6750 kΩ ± 1%

첫 번째 숫자 / 두 번째 숫자 / 세 번째 숫자 / 승수(0의 개수) / % 허용 오차

5 밴드 저항기 부호(신뢰도 표시)

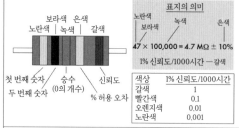

표지의 의미

노란색 녹색 은색
47 × 100,000 = 4.7 MΩ ± 10%

1% 신뢰도/1000시간 — 갈색

첫 번째 숫자 / 두 번째 숫자 / 승수(0의 개수) / % 허용 오차 / 신뢰도

색상	1% 신뢰도/1000시간
갈색	1
빨간색	0.1
오렌지색	0.01
노란색	0.001

6 밴드 저항기 부호

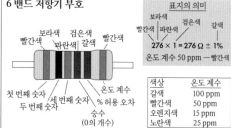

표지의 의미

빨간색 파란색 검은색 갈색
276 × 1 = 276 Ω ± 1%

온도 계수 50 ppm — 빨간색

첫 번째 숫자 / 두 번째 숫자 / 세 번째 숫자 / 승수(0의 개수) / % 허용 오차 / 온도 계수

색상	온도 계수
갈색	100 ppm
빨간색	50 ppm
오렌지색	15 ppm
노란색	25 ppm

표면 실장 저항기 부호

숫자 자리가 세 개인 경우의 표지

	표지의 의미
101	10 그리고 그 뒤에 0이 1개 = 100 Ω
105	10 그리고 그 뒤에 0이 5개 = 1,000,000 Ω
224	22 그리고 그 뒤에 0이 4개 = 220,000 Ω
1R0	1.0 그리고 그 뒤에 0이 없음 = 1 Ω
22R	22.0 그리고 그 뒤에 0이 없음 = 22 Ω
R10	0.1 그리고 그 뒤에 0이 없음 = 0.1 Ω

첫 번째 두 숫자는 유효 숫자를 나타내며, 마지막에 나오는 숫자는 승수이다. 100 Ω 이하인 값일 때 R 문자는 유효 숫자 중 한 개를 대체하면서 소수점을 나타낸다.

숫자 자리가 네 개인 경우의 표지

	표지의 의미
1001	100 그리고 그 뒤에 0이 1개 = 1000 Ω
22R0	22.0 그리고 그 뒤에 0이 없음 = 22 Ω

앞에 나오는 세 자릿수로는 유효 숫자를 나타내고, 마지막 자릿수로는 승수를 나타낸다. R은 소수점을 나타낸다.

허용 오차 표지

	표지의 의미
101F	100 Ω + 1%
1R0D	1.0 Ω ± 0.5%

문자	허용 오차
D	± 0.5%
F	± 1.0%
G	± 2.0%
J	± 5.0%

표준 저항기 값(1%, 5%, 10% 허용 오차)

1%								5%		10%
1.00	1.02	1.05	1.07	1.10	1.13	1.15	1.18	10	11	10
1.21	1.24	1.27	1.30	1.33	1.37	1.40	1.43	12	13	12
1.47	1.50	1.54	1.58	1.62	1.65	1.69	1.74	15	16	15
1.78	1.82	1.87	1.91	1.96	2.00	2.05	2.10	18	20	18
2.15	2.21	2.26	2.32	2.37	2.43	2.49	2.55	22	24	22
2.61	2.67	2.74	2.80	2.87	2.94	3.01	3.09	27	30	27
3.16	3.24	3.32	3.40	3.48	3.57	3.65	3.74	33	36	33
3.83	3.92	4.02	4.12	4.22	4.32	4.42	4.53	39	43	39
4.64	4.75	4.87	4.99	5.11	5.23	5.36	5.49	47	51	47
5.62	5.76	5.90	6.04	6.19	6.34	6.49	6.65	56	62	56
6.81	6.98	7.15	7.32	7.50	7.68	7.87	8.06	68	75	68
8.25	8.45	8.66	8.87	9.09	9.31	9.53	9.76	82	91	82

이 표에 나오는 값에 10의 거듭제곱을 곱해서 표준 저항 값을 구한다.
5%인 경우의 저항기: 51 Ω, 510 Ω, 5.1 kΩ, 51 kΩ, 510 kΩ, 5.1 MΩ
1%인 경우의 저항기: 1.21 Ω, 12.1 Ω, 121 Ω, 1.21 kΩ, 12.1 kΩ, 121 kΩ, 1.21 MΩ,

커패시터 표식

정전용량 단위 환산 계산기

$1\ F = 1 \times 10^{6}\ \mu F = 1 \times 10^{9}\ nF = 1 \times 10^{12}\ pF$

$1\ \mu F = 1 \times 10^{-6}\ F = 1 \times 10^{3}\ nF = 1 \times 10^{6}\ pF$

$1\ nF = 1 \times 10^{-9}\ F = 1 \times 10^{-3}\ \mu F = 1 \times 10^{3}\ pF$

$1\ pF = 1 \times 10^{-12}\ F = 1 \times 10^{-6}\ \mu F = 1 \times 10^{-3}\ nF$

(F = 패럿, μ = 마이크로, n = 나노, p = 피코)

$1000\ \mu F = 1{,}000{,}000\ nF = 10 \times 10^{8}\ pF$

$100\ \mu F = 100{,}000\ nF = 10 \times 10^{7}\ pF$

$10\ \mu F = 10{,}000\ nF = 10 \times 10^{6}\ pF$

$1\ \mu F = 1{,}000\ nF = 10 \times 10^{5}\ pF$

$0.1\ \mu F = 100\ nF = 10 \times 10^{4}\ pF$

$0.01\ \mu F = 10\ nF = 10 \times 10^{3}\ pF$

$0.001\ \mu F = 1\ nF = 10 \times 10^{2}\ pF$

탄탈룸

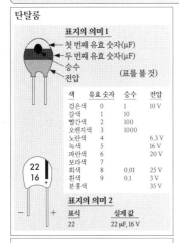

표지의 의미 1

- 첫 번째 유효 숫자(μF)
- 두 번째 유효 숫자(μF)
- 승수
- 전압 (표를 볼 것)

색	유효 숫자	승수	전압
검은색	0	1	10 V
갈색	1	10	
빨간색	2	100	
오렌지색	3	1000	
노란색	4		6.3 V
녹색	5		16 V
파란색	6		20 V
보라색	7		
회색	8	0.01	25 V
흰색	9	0.1	3 V
분홍색			35 V

표지의 의미 2

표식	실제 값
22	22 μF, 16 V

마일러(폴리에스테르 피막) 폴리프로필렌 담금(침지) 처리한 운모

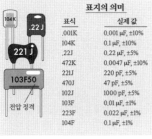

표지의 의미

표식	실제 값
.001K	0.001 μF, ±10%
104K	0.1 μF, ±10%
.22J	0.22 μF, ±5%
472K	0.0047 μF, ±10%
221J	220 pF, ±5%
470J	47 pF, ±5%
102J	1000 pF, ±5%
103F	0.01 μF, ±1%
223F	0.022 μF, ±1%
104F	0.1 μF, ±1%

표지 형식:
pF(숫자들 앞에 소수점이 있으면 μF) 단위로 나타낸 첫 번째 숫자, 두 번째 숫자, 승수 그리고 허용 오차

금속화 폴리에스테르 피막

표지의 의미

2μ2 / 100 V · 전압 정격

표식	실제 값
2 μ2	2.2 μF
μ22	0.22 μF
μ22	0.22 μF
4n7	4.7 nF

표지 형식:
'μ'는 마이크로패럿 단위일 때의 소수점 자리
'n'은 나노패럿 단위일 때의 소수점 자리

폴리에스테르 색상 부호

- 첫 번째 숫자(pF)
- 두 번째 숫자(pF)
- 승수
- 허용 오차
- 전압

표준 색상 부호
- 검은색 ±20%
- 흰색 100
- 녹색 ±5%
- 갈색 100
- 빨간색 250
- 노란색 400

세라믹 디스크 커패시터

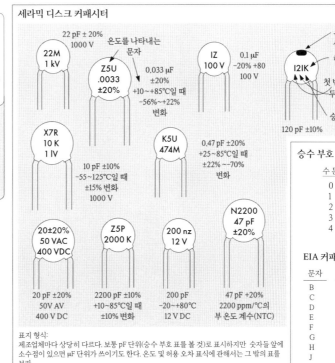

22 pF ± 20% / 1000 V

22M / 1 kV

온도를 나타내는 문자

Z5U / .0033 / ±20%
0.033 μF ±20%
+10~+85°C일 때 −56%~+22% 변화

IZ / 100 V
0.1 μF −20% +80 / 100 V

온도 계수 색상 부호 / 허용 오차

I2IK / 120 pF ±10%
첫 번째 숫자 / 두 번째 숫자 / 소수점 / 승수

4R7D / 4.7 pF ±0.5%

X7R / 10 K / 1 IV

K5U / 474M
0.47 pF ±20% +25~85°C일 때 ±22% ~−70% 변화

10 pF ±10% −55~125°C일 때 ±15% 변화 / 1000 V

20±20% / 50 VAC / 400 VDC
20 pF ±20% / 50V AV / 400 V DC

Z5P / 2000 K
2200 pF ±10% +10~85°C일 때 ±10% 변화

200 nz / 12 V
200 pF −20~+80°C / 12 V DC

N2200 / 47 pF / ±20%
47 pF +20% 2200 ppm/°C의 부 온도 계수(NTC)

표지 형식:
제조업체마다 상당히 다르다. 보통 pF 단위(승수 부호 표를 볼 것)로 표시하지만 숫자들 앞에 소수점이 있으면 μF 단위가 쓰이기도 한다. 온도 및 허용 오차 표식에 관해서는 그 밖의 표를 보라.

세라믹 디스크(유럽식 표식)

47p

표지의 의미 1

표식	실제 값	표식	실제값
p68	0.68 pF	22p	22 pF
Ip0	1.0 pF	n10	0.1 nF
4p7	4.7 pF	n27	0.27 nF

표지: p는 피코패럿, n은 나노패럿을 나타낸다.
p의 위치 또는 n의 위치로 소수점 자리를 나타낸다.

고정형 세라믹 색상 부호

- 첫 번째 숫자 / 두 번째 숫자 / 승수
- 온도 계수 / 허용 오차

색	유효 숫자	허용 오차 >10 pF	<10 pF	온도계수 ppm/C
검은색	0	1		20 pF	−0
갈색	1	10	±1%		−30
빨간색	2	100	±2%		−80
오렌지색	3	1000			−150
노란색	4				−220
녹색	5		±5%	0.5 pF	−330
파란색	6				−470
보라색	7				−750
회색	8	0.01		0.25 pF	30
흰색	9	0.1	±10%	1.0 pF	500

표면 실장형 커패시터

표면 실장형 세라믹

표지의 의미

표식	실제 값
NI	33 pF
A4	0.01 μF
S6	4.7 pF

표면실장형 전해질

106 V

표지의 의미 1

표식	실제 값
106 V	10 μF, 6 V

A475

표지의 의미 2

표식	실제 값
A475	4.7 μF, 10 V

유효 숫자 부호

문자	유효 숫자	문자	유효 숫자
A	1.0	T	5.1
B	1.1	U	5.6
C	1.2	V	6.2
D	1.3	W	6.8
E	1.5	X	7.5
F	1.6	Y	8.2
G	1.8	Z	9.1
H	2.0	a	2.5
J	2.2	b	3.5
K	2.4	d	4.0
L	2.7	e	4.5
M	3.0	f	5.0
N	3.3	m	6.0
P	3.6	n	7.0
Q	3.9	t	8.0
R	4.3	y	9.0
S	4.7		

승수 부호

수 문자	10진 승수(pF)
0	1
1	10
2	100
3	1,000
4	10,000
5	100,000
6	1,000,000
7	10,000,000
8	100,000,000
9	0.1

표지 2:
전압(아래 표를 볼 것), 첫째 숫자, 둘째 숫자, 승수(pF).

문자	전압
e	2.5
G	4
J	6.3
A	10
C	16
D	20
E	25
V	35
H	50

승수 부호

수 문자	10진 승수(pF)
0	없음
1	10
2	100
3	1000
4	10,000

EIA 커패시터 허용 오차 부호

문자	≤ 10 pF	≥ 10 pF
B	±0.1 pF	–
C	±0.25 pF	–
D	±0.5 pF	–
E	–	±25%
F	±1 pF	±1%
G	–	±2%
H	–	±2.5%
J	–	±5%
K	–	±10%
M	–	±20%
P	–	−0 +100%
S	–	−20 + 50%
W	–	−0 + 200%
X	–	−20 + 40%
Z	–	−20 + 80%

EIA 온도 특성 부호

최소 온도		최대 온도		온도 범위상의 최대 정전용량 변화	
X	−55°C	2	+45°C	A	±1.0%
Y	−35°C	4	+65°C	B	±1.5%
Z	+10°C	5	+85°C	C	±2.2%
		6	+105°C	D	±3.3%
		7	+125°C	E	±4.7%
				F	±7.5%
				P	±10%
				R	±15%
				S	±22%
				T	−33%, +22%
				U	−56%, +22%
				V	−82%, +22%

EIA 온도 계수 색상 부호

색상	온도 계수 산업계	EIA
검은색	NP0	C0G
갈색	N030/N033	S1G
빨간색	N075/N080	U1G
오렌지색	N 150	P2G
노란색	N 220	R2G
녹색	N 330	S2H
파란색	N 470	U2J
보라색	N 750	
회색		
흰색	P 100	
빨간색/보라색	P 100	

전해질 커패시터

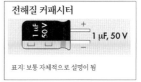

1 μF, 50 V

표지: 보통 자체적으로 설명이 됨

모두를 위한 기초부터 실무까지
실용 전자공학

Practical Electronics for Inventors, 4th Edition

Original: Practical Electronics for Inventors, 4th Edition © 2016
　　　　By Paul Scherz, Simon Monk
　　　　ISBN 978-1-25-958754-2

This authorized Korean translation edition is jointly published by McGraw-Hill Education Korea, Ltd.
and J Pub. This edition is authorized for sale in the Republic of Korea

This book is exclusively distributed by J Pub.

When ordering this title, please use ISBN 979-11-88621-32-3

Printed in Korea

모두를 위한 **실용 전자공학 (제4판)**

1쇄 발행 2018년 11월 30일
4쇄 발행 2022년 8월 22일

지은이 폴 슈레즈, 사이먼 몽크
옮긴이 박진수
펴낸이 장성두
펴낸곳 주식회사 제이펍

출판신고 2009년 11월 10일 제406-2009-000087호
주소 경기도 파주시 회동길 159 3층 / **전화** 070-8201-9010 / **팩스** 02-6280-0405
홈페이지 www.jpub.kr / **원고투고** submit@jpub.kr / **독자문의** help@jpub.kr / **교재문의** textbook@jpub.kr

소통기획부 김정준, 이상복, 송영화, 권유라, 송찬수, 박재인, 배인혜
소통지원부 민지환, 김정미, 서세원 / **디자인부** 이민숙, 최병찬

진행 및 교정·교열 이 슬 / **내지디자인** 황혜나
용지 신승지류유통 / **인쇄** 해외정판사 / **제본** 일진제책사

ISBN 979-11-88621-32-3 (93000)
값 44,000원

제이펍은 독자 여러분의 아이디어와 원고 투고를 기다리고 있습니다. 책으로 펴내고자 하는 아이디어나 원고가 있는
분께서는 책의 간단한 개요와 차례, 구성과 저(역)자 약력 등을 메일(submit@jpub.kr)로 보내주세요.

모두를 위한 기초부터 실무까지

실용 전자공학

PRACTICAL ELECTRONICS FOR INVENTORS 제4판

폴 슈레즈, 사이먼 몽크 지음 / 박진수 옮김

McGraw Hill

Jpub 제이펍

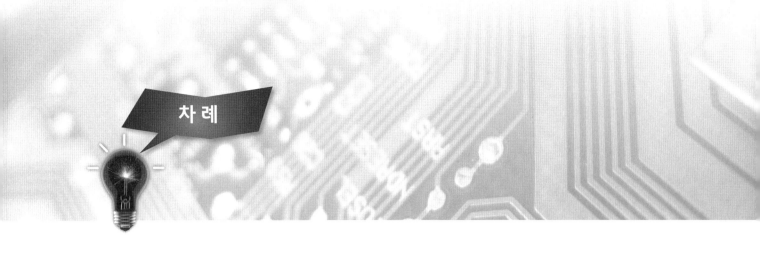

옮긴이 머리말 xix
머리말 xx
베타리더 후기 xxii

CHAPTER **1**

전자공학 소개
_1

CHAPTER **2**

이론
_5

2.1 전자공학 이론 5

2.2 전류 6
　2.2.1 전류의 실상 9

2.3 전압 9
　2.3.1 전압 메커니즘 11
　2.3.2 전압과 일반 전력 법칙의 정의 14
　2.3.3 전지 결합 15
　2.3.4 그 밖의 전압원 16
　2.3.5 물에 비유하기 17

2.4 전도 현상의 미시적 고찰 18
　2.4.1 전압 인가 21

2.5 저항, 저항률, 전도율 23
　2.5.1 도체의 모양이 저항에 영향을 주는 방식 24
　2.5.2 저항률과 전도율 25

2.6 부도체, 도체, 반도체 28

2.7 열과 전력 31

2.8 열전달 및 열지항 34
　2.8.1 전열기를 다룰 때 유의할 점 37

2.9 와이어 게이지 38

2.10 접지   40
- `2.10.1` 대지 접지   41
- `2.10.2` 접지 기호의 다른 형식   45
- `2.10.3` 땅에 느슨하게 늘어뜨려 접지하기   46

2.11 전기회로   49

2.12 옴의 법칙과 저항기   50
- `2.12.1` 저항기의 전력 정격   51
- `2.12.2` 병렬 저항기   52
- `2.12.3` 직렬로 둔 저항기   55
- `2.12.4` 복잡한 저항기 회로망 간소화   58
- `2.12.5` 다중 전압 분할기   60

2.13 전압원과 전류원   62

2.14 전압, 전류, 저항 측정   65

2.15 전지 연결   67

2.16 개방 회로와 단락 회로   68

2.17 키르히호프의 법칙   70

2.18 중첩 정리   75

2.19 테브난의 정리와 노턴의 정리   76
- `2.19.1` 테브난의 정리   76
- `2.19.2` 노턴의 정리   78

2.20 교류 회로   80
- `2.20.1` 교류 생성   81
- `2.20.2` 교류와 물의 비교   82
- `2.20.3` 맥동성 직류   83
- `2.20.4` 정현파 원천 결합   83
- `2.20.5` 교류 파형   84
- `2.20.6` 교류 파형 서술   85
- `2.20.7` 주파수와 단주기   86
- `2.20.8` 위상   86

2.21 교류와 저항기, RMS 전압, 전류   88

2.22 주전력   92

2.23 커패시터   95
- `2.23.1` 정전용량 결정   97
- `2.23.2` 상용 커패시터   99
- `2.23.3` 전압 정격 및 절연 파괴   100
- `2.23.4` 맥스웰의 변위 전류   100
- `2.23.5` 커패시터를 통한 전하 기반 전류 모델   102
- `2.23.6` 물에 비유하는 커패시터   104
- `2.23.7` 커패시터 내 에너지   105
- `2.23.8` RC 시간 상수   106
- `2.23.9` 표류 정전용량   108
- `2.23.10` 병렬로 둔 커패시터   108
- `2.23.11` 직렬로 둔 커패시터   109
- `2.23.12` 커패시터 내 교류 전류   110
- `2.23.13` 용량성 반응저항   111
- `2.23.14` 용량 분할기   113
- `2.23.15` 품질 계수   113

2.24 인덕터   114
- `2.24.1` 전자기학   115
- `2.24.2` 자기장과 그 영향   117
- `2.24.3` 자체 인덕턴스   121

2.24.4 인덕터　122

2.24.5 물에 비유해 보는 인덕터　127

2.24.6 인덕터 방정식　128

2.24.7 인덕터 내 에너지　132

2.24.8 인덕터 심　133

2.24.9 인덕터 방정식 이해하기　138

2.24.10 RL 회로 가압　141

2.24.11 감압 RL 회로　143

2.24.12 스위칭으로 인한 전압 스파이크　145

2.24.13 곧은 전선의 인덕턴스　147

2.24.14 상호 인덕턴스와 자기 결합　148

2.24.15 부당한 결합 스파이크, 번개, 그 밖의 파동　149

2.24.16 직렬 또는 병렬로 둔 인덕터　149

2.24.17 교류와 인덕터　150

2.24.18 유도 반응저항　151

2.24.19 이상적이지 않은 인덕터 모형　153

2.24.20 품질 계수　154

2.24.21 인덕터 응용기기　155

2.25 **복잡한 회로 모델링**　155

2.26 **복소수**　159

2.27 **정현파원이 있는 회로**　164

2.27.1 복소 임피던스를 사용한 정현파 회로 분석　164

2.27.2 복소수로 표현하는 정현파 전압원　167

2.27.3 반응 회로의 이상 현상　175

2.28 **교류 회로 내 전력(피상 전력, 유효 전력, 반응 전력)**　176

2.28.1 역률　178

2.29 **교류 형태에 관한 테브난의 정리**　186

2.30 **공진 회로**　188

2.30.1 RLC 회로 내 공진　191

2.30.2 품질 계수 Q와 대역폭　193

2.30.3 대역폭　194

2.30.4 RLC 공진 회로 내 부품 간 전압 강하　195

2.30.5 커패시터 손실　195

2.30.6 병렬 공진 회로　196

2.30.7 부하 회로의 Q　202

2.31 **데시벨 강의**　204

2.31.1 데시벨을 대체하는 표시　206

2.32 **입력 및 출력 임피던스**　207

2.32.1 입력 임피던스　207

2.32.2 출력 임피던스　208

2.33 **2포트 회로망과 필터**　210

2.33.1 필터　210

2.33.2 감쇠기　220

2.34 **과도 회로**　222

2.34.1 직렬 RLC 회로　230

2.35 **주기적 비정현파원이 있는 회로**　235

2.35.1 푸리에 급수　235

2.36 **비주기적 원천**　241

2.37 **스파이스**　244

2.37.1 스파이스의 작동 방식　245

2.37.2 스파이스 및 그 밖의 시뮬레이터의 한계　248

2.37.3 간단한 시뮬레이션 사례　248

CHAPTER **3**

기본 전기 회로 부품
_251

3.1 전선, 케이블, 커넥터 — 251
　3.1.1 전선　251
　3.1.2 케이블　254
　3.1.3 커넥터　255
　3.1.4 배선 기호와 커넥터 기호　258
　3.1.5 전선 및 케이블 내 고주파 효과　259

3.2 전지 — 269
　3.2.1 셀의 작동 방식　270
　3.2.2 1차 전지　271
　3.2.3 1차 전지 비교　272
　3.2.4 2차 전지　275
　3.2.5 전지 용량　283
　3.2.6 전지 내 내부전압 강하에 관한 참고사항　285

3.3 스위치 — 286
　3.3.1 스위치 작동 방식　286
　3.3.2 스위치에 관한 설명　286
　3.3.3 스위치 종류　288
　3.3.4 간단한 스위치 응용기기　290

3.4 계전기 — 291
　3.4.1 특수한 계전기　292
　3.4.2 계전기에 관한 몇 가지 주의사항　293
　3.4.3 간단한 계전기 회로 중 일부　294

3.5 저항기 — 295
　3.5.1 저항과 옴의 법칙　296
　3.5.2 직렬이나 병렬로 둔 저항기　297
　3.5.3 저항기 레이블 판독　300
　3.5.4 실물 저항기 특성　302
　3.5.5 저항기 종류　309
　3.5.6 가변 저항기(가감저항기, 전위차계, 트리머)　315
　3.5.7 전위차계 특성　317

3.6 커패시터 — 320
　3.6.1 정전용량　321
　3.6.2 병렬로 둔 커패시터　322
　3.6.3 직렬로 둔 커패시터　322
　3.6.4 RC 시간 상수　323
　3.6.5 용량성 반응저항　324
　3.6.6 실물 커패시터　325
　3.6.7 커패시터 사양　325
　3.6.8 커패시터 종류　329
　3.6.9 커패시터 응용기기　337
　3.6.10 타이밍과 표본 유지　343
　3.6.11 RC 잔결 필터　344
　3.6.12 아크 억제　346
　3.6.13 슈퍼커패시터 응용기기　348
　3.6.14 문제　348

3.7 인덕터 — 351
　3.7.1 인덕턴스　352
　3.7.2 인덕터 구축　353
　3.7.3 직렬 및 병렬 인덕터　354
　3.7.4 RL 시간 상수　354
　3.7.5 유도 반응저항　355

3.7.6 실물 인덕터 356
3.7.7 인덕터 사양 356
3.7.8 인덕터 종류 358
3.7.9 인덕터 레이블 판독 361
3.7.10 인덕터 응용기기 363
3.7.11 EMI/EMC 설계 기법 366

3.8 **변압기** 368
3.8.1 기본 동작 368
3.8.2 변압기 제작 379
3.8.3 단권변압기와 가변 변압기 380
3.8.4 회로 격리와 격리 변압기 383
3.8.5 다양한 표준 변압기와 특수 변압기 384
3.8.6 변압기 응용기기 385

3.9 **퓨즈와 회로 차단기** 390
3.9.1 퓨즈와 회로 차단기 형식 391

CHAPTER **4**

반도체
_393

4.1 **반도체 기술** 393
4.1.1 반도체란 무엇인가? 393
4.1.2 실리콘 응용기기 398

4.2 **다이오드** 399
4.2.1 PN 접합 다이오드의 작동 방식 399
4.2.2 물에 비유해 본 다이오드 401
4.2.3 정류기/다이오드 종류 402
4.2.4 실용적인 고려사항 403
4.2.5 다이오드/정류기 응용기기 404
4.2.6 제너 다이오드 412
4.2.7 제너 다이오드 응용기기 415
4.2.8 버랙터 다이오드(가변 용량 다이오드) 416
4.2.9 PIN 다이오드 418
4.2.10 마이크로파 다이오드(IMPATT, 건, 터널 등) 418
4.2.11 문제 419

4.3 **트랜지스터** 421
4.3.1 트랜지스터 소개 421
4.3.2 양극성 트랜지스터 422
4.3.3 접합형 전계 효과 트랜지스터 441
4.3.4 금속 산화물 반도체 전계 효과 트랜지스터 451
4.3.5 절연 게이트 양극성 트랜지스터(IGBT) 460
4.3.6 단접합 트랜지스터 461

4.4 **사이리스터** 465
4.4.1 소개 465
4.4.2 실리콘 제어 정류기 466
4.4.3 실리콘 제어 스위치 469
4.4.4 트라이액 470
4.4.5 4층 다이오드와 다이액 473

4.5 **과도 전압 억제기** 474
4.5.1 과도현상에 관한 강의 475
4.5.2 과도현상 억제에 쓰는 소자 476

4.6 **집적 회로** 484
4.6.1 IC 패키지 485

CHAPTER 5

광전자공학
_487

5.1	**광자에 관한 약간의 강의**	**488**
5.2	**전등**	**490**
5.3	**발광 다이오드**	**491**
	5.3.1 LED 작동 방식 492	
	5.3.2 LED 종류 493	
	5.3.3 LED에 대한 상세 정보 494	
	5.3.4 LED 응용기기 497	
	5.3.5 레이저 다이오드 498	
5.4	**광저항기**	**504**
	5.4.1 광저항기 작동 방식 504	
	5.4.2 기술 자료 505	
	5.4.3 응용기기 505	
5.5	**광 다이오드**	**506**
	5.5.1 광 다이오드 작동 방식 507	
	5.5.2 기본 동작 508	
	5.5.3 광 다이오드 종류 508	
5.6	**광전지**	**509**
	5.6.1 기본 동작 509	
5.7	**광트랜지스터**	**510**
	5.7.1 광 다이오드 작동 방식 510	
	5.7.2 기본 구성 511	
	5.7.3 광트랜지스터 종류 511	
	5.7.4 기술 자료 512	
	5.7.5 응용기기 512	
5.8	**광 사이리스터**	**513**
	5.8.1 LASCR의 작동 방식 513	
	5.8.2 기본 동작 514	
5.9	**광 분리기**	**514**
	5.9.1 통합된 광 분리기 515	
	5.9.2 응용기기 515	
5.10	**광섬유**	**516**

CHAPTER 6

센서
_519

6.1	**일반 원리**	**519**
	6.1.1 정밀도, 정확도, 분해능 519	
	6.1.2 관찰자 효과 521	
	6.1.3 보정 521	
6.2	**온도**	**522**
	6.2.1 서미스터 523	
	6.2.2 열전대 525	
	6.2.3 측온 저항체 526	
	6.2.4 아날로그 출력 온도계 IC 526	
	6.2.5 디지털 온도계 IC 527	
	6.2.6 적외선 온도계/고온계 528	
	6.2.7 요약 529	

6.3 근접성과 접촉 — 529
6.3.1 터치스크린   529
6.3.2 초음파 거리   530
6.3.3 광학 거리   531
6.3.4 용량성 센서   533
6.3.5 요약   533

6.4 운동, 힘, 압력 — 534
6.4.1 수동 적외선   534
6.4.2 가속도   535
6.4.3 회전   536
6.4.4 유량   537
6.4.5 힘   538
6.4.6 기울기   538
6.4.7 진동과 기계적 충돌   539
6.4.8 압력   539

6.5 화학 — 539
6.5.1 연기   540
6.5.2 가스   540
6.5.3 습도   540

6.6 빛, 방사선, 자기, 소리 — 541
6.6.1 빛   541
6.6.2 전리 방사선   541
6.6.3 자기장   542
6.6.4 소리   543

6.7 GPS — 543

CHAPTER **7**

전자공학 실습
_545

7.1 안전 — 545
7.1.1 안전 교실   545
7.1.2 정전기 방전으로 인한 부품 고장   549
7.1.3 부품 취급 시 주의사항   549

7.2 회로 구축 — 550
7.2.1 회로도 그리기   550
7.2.2 회로 시뮬레이터 프로그램에 관한 참고사항   552
7.2.3 자신만의 회로 원형 제작   552
7.2.4 최종 회로   553
7.2.5 PCB 제작   556
7.2.6 회로 구성에 사용하는 하드웨어 중 특별한 부분들   562
7.2.7 납땜   563
7.2.8 땜납 제거   563
7.2.9 회로 포장   564
7.2.10 편리한 물건   565
7.2.11 자체 제작 회로의 문제 해결   565

7.3 멀티미터 — 566
7.3.1 기본 동작   567
7.3.2 아날로그 VOM의 작동 방식   568
7.3.3 디지털 멀티미터의 작동 방식   569
7.3.4 오차 측정에 관한 참고 사항   569

7.4 오실로스코프　　　　　　　　　　　　　　　　　　**570**
　7.4.1 오실로스코프의 작동 방식　571
　7.4.2 검사기의 내부 회로도　573
　7.4.3 빔 겨누기　574
　7.4.4. 검사기 사용법　575
　7.4.5 작은 손잡이와 스위치가 하는 일　576
　7.4.6 검사기를 사용한 측정　581
　7.4.7 검사기 응용　585
　7.4.8 임피던스 측정　587

7.5 전자공학 실험실　　　　　　　　　　　　　　　　　**589**
　7.5.1 작업장　589
　7.5.2 시험 장비　590
　7.5.3 멀티미터　591
　7.5.4 직류 전력 공급 장치　592
　7.5.5 오실로스코프　593
　7.5.6 오실로스코프 탐촉자　596
　7.5.7 범용 함수 발생기　602
　7.5.8 주파수 카운터　603
　7.5.9 컴퓨터　603
　7.5.10 기타 시험기기　604
　7.5.11 다기능 PC 계측기　604
　7.5.12 격리 변압기　606
　7.5.13 가변 변압기(바리악)　608
　7.5.14 치환 상자　609
　7.5.15 시험용 케이블, 커넥터, 어댑터　611
　7.5.16 납땜 장비　613
　7.5.17 원형 제작 기판　616
　7.5.18 공구　618
　7.5.19 전선, 케이블, 철물, 화학용품　619
　7.5.20 전자기기 제품 소개 자료　622
　7.5.21 추천하는 전자 부품　623
　7.5.22 전자공학용 CAD 프로그램　626
　7.5.23 맞춤형 작업대 만들기　627

CHAPTER **8**

연산 증폭기
_631

8.1 물에 비유해 본 연산 증폭기　　　　　　　　　　　　**633**

8.2 연산 증폭기 작동 방식('도피 행동' 해설)　　　　　　**633**

8.3 이론　　　　　　　　　　　　　　　　　　　　　　**634**

8.4 음성 되먹임　　　　　　　　　　　　　　　　　　　**636**

8.5 양성 되먹임　　　　　　　　　　　　　　　　　　　**640**

8.6 실물 연산 증폭기 종류　　　　　　　　　　　　　　**642**

8.7 연산 증폭기 규격　　　　　　　　　　　　　　　　**644**

8.8 강화 연산 증폭기　　　　　　　　　　　　　　　　**646**

8.9 일부 실용적인 참고 사항　　　　　　　　　　　　　**647**

8.10 전압 및 전류의 어긋남 보정　　　　　　　　　　　**648**

8.11 주파수 보정　　　　　　　　　　　　　　　　　　**649**

8.12 비교기　　　　　　　　　　　　　　　　　　　　　**650**

8.13 히스테리시스를 사용하는 비교기 — 651
   8.13.1 히스테리시스가 있는 반전 비교기 651
   8.13.2 히스테리시스를 사용하는 비반전 비교기 653

8.14 단전원 비교기 사용 — 654

8.15 윈도우 비교기 — 654

8.16 전압 정격 표시기 — 655

8.17 계측 증폭기 — 655

8.18 응용 — 656

CHAPTER **9**

필터
_663

9.1 필터를 설계하기 전에 알아야 할 사항 — 664

9.2 기본 필터 — 666

9.3 피동 저역 통과 필터 설계 — 667

9.4 필터 종류에 관한 참고 사항 — 670

9.5 수동 고역 통과 필터 설계 — 671

9.6 피동 대역 통과 필터 설계 — 672

9.7 피동 노치 필터 설계 — 674

9.8 능동 필터 설계 — 676
   9.8.1 능동 저역 통과 필터 사례 676
   9.8.2 능동 고역 통과 필터 사례 677
   9.8.3 능동 대역 통과 필터 678
   9.8.4 능동 노치 필터 680

9.9 통합 필터 회로 — 681

CHAPTER **10**

발진기와 타이머
_685

10.1 RC 완화 발진기 — 686

10.2 555 타이머 IC — 688
   10.2.1 555의 작동 방식(비안정 연산) 689
   10.2.2 기본 비안정 연산 690
   10.2.3 555의 작동 방식(단안정 연산) 691
   10.2.4 기본 단안정 연산 692
   10.2.5 555 타이머에 관한 몇 가지 중요 참고사항 692
   10.2.6 간단한 555 응용물 694

10.3 전압 제어 발진기 — 695

10.4 빈 브리지와 트윈 T 발진기 — 695

10.5 *LC* 발진기(정현파 발진기) — 696

10.6 결정 발진기 — 699

10.7 미이그코긴드롤리 발진기 — 701

CHAPTER 11

전압 조정기와 전력 공급 장치 _703

11.1	전압 조정기 IC	705
	11.1.1 고정식 조정기 IC 705	
	11.1.2 가변 조정기 IC 706	
	11.1.3 조정기 규격 706	
11.2	일부 조정기 응용 개관	706
11.3	변압기	707
11.4	정류기 패키지	707
11.5	몇 가지 간단한 전력 공급 장치	708
11.6	잔결 축소 기술의 핵심	711
11.7	느슨한 말단	714
11.8	스위칭 조정기 공급 장치(스위처)	715
11.9	스위치 모드 전력 공급 장치(SMPS)	718
11.10	산업용 전력 공급 장치 패키지 종류	719
11.11	전력 공급 장치 구축	720

CHAPTER 12

디지털 전자공학 _721

12.1	디지털 전자공학 기초	721
	12.1.1 디지털 논리 상태 722	
	12.1.2 디지털 전자공학에 사용되는 숫자 코드 722	
	12.1.3 클럭 타이밍과 병렬 대 직렬 전송 730	
12.2	논리 게이트	731
	12.2.1 다중 입력 논리 게이트 732	
	12.2.2 디지털 논리 게이트 IC 732	
	12.2.3 단일 논리 게이트 응용 733	
	12.2.4 조합 논리 735	
	12.2.5 회로를 단순하게 유지(카르노 도) 743	
12.3	조합 장치	745
	12.3.1 멀티플렉서(데이터 선택기)와 양방향 스위치 746	
	12.3.2 디멀티플렉서(데이터 분배기)와 디코더 748	
	12.3.3 인코더와 디코더 751	
	12.3.4 2진수 가산기 754	
	12.3.5 2진 가산기/감산기 756	
	12.3.6 비교기와 크기 비교기 집적회로 757	
	12.3.7 구식이 되어 버린 일과 마이크로컨트롤러로 제어하려는 성향에 관한 참고사항 758	
12.4	논리 제품군	759
	12.4.1 IC의 CMOS 제품군 759	
	12.4.2 입출력 전압과 잡음 여유 760	
	12.4.3 전류 정격, 팬아웃, 전파 지연 761	
12.5	논리 IC 강화 및 실험	761
	12.5.1 전력 공급 장치 분리 762	
	12.5.2 사용하지 않은 입력 762	
	12.5.3 논리 탐촉자와 논리 펄스 발생기 763	

12.6 순차 논리 764

12.6.1 SR 플립플롭 764
12.6.2 SR 플립플롭 IC 769
12.6.3 D형 플립플롭 770
12.6.4 4중 및 8중 D형 플립플롭 773
12.6.5 JK 플립플롭 774
12.6.6 플립플롭을 이용한 실제적인 타이밍 고려사항 779
12.6.7 디지털 클럭 발생기와 단일 펄스 발생기 780
12.6.8 자동 전력 투입 소거(재설정) 회로 783
12.6.9 풀업 저항기와 풀다운 저항기 785

12.7 계수기 IC 786

12.7.1 비동기 계수기(리플 계수기) 집적회로 786
12.7.2 동기 계수기 IC 788
12.7.3 디스플레이를 사용하는 계수기에 관한 참고사항 793

12.8 시프트 레지스터 795

12.8.1 직렬 입력/직렬 출력 시프트 레지스터 795
12.8.2 직렬 입력/병렬 출력 시프트 레지스터 796
12.8.3 병렬 입력/직렬 출력 시프트 레지스터 796
12.8.4 고리형 계수기(시프트 레지스터 시퀀서) 797
12.8.5 존슨 자리이동 계수기 797
12.8.6 시프트 레지스터 IC 798
12.8.7 간단한 시프트 레지스터 응용 802

12.9 아날로그/디지털 상호연결 805

12.9.1 아날로그 신호로부터 간단한 논리 응답 유발 806
12.9.2 외부 부하 구동을 위해 논리 사용 807
12.9.3 아날로그 스위치 808
12.9.4 아날로그 멀티플렉서/디멀티플렉서 809
12.9.5 아날로그-디지털, 디지털-아날로그 변환 810
12.9.6 아날로그-디지털 변환기 817

12.10 디스플레이 819

12.10.1 LED 디스플레이 820
12.10.2 액정 디스플레이 822

12.11 기억 장치 835

12.11.1 읽기 전용 메모리 835
12.11.2 다이오드로 간단한 ROM 만들기 836
12.11.3 메모리 크기와 구성 836
12.11.4 간단한 '프로그램 가능 ROM' 838
12.11.5 ROM 장치 839
12.11.6 RAM 842

CHAPTER **13**

마이크로컨트롤러 _849

13.1 마이크로컨트롤러 기본 구조 850
13.2 마이크로컨트롤러 예 851

13.2.1 ATtiny85 마이크로컨트롤러 851
13.2.2 PIC16Cx 마이크로컨트롤러 855
13.2.3 32비트 마이크로컨트롤러 869
13.2.4 디지털 신호 처리 870

13.3 보드 평가/개발 870

13.4 아두이노 ———————————————————————————————— **871**
　13.4.1 아두이노 둘러보기　871
　13.4.2 아두이노 IDE　872
　13.4.3 아두이노 보드 모델　873
　13.4.4 쉴드　873
　13.4.5 아두이노 C 라이브러리　875
　13.4.6 아두이노 예제　878
　13.4.7 아두이노 오프보드 사용　879

13.5 마이크로컨트롤러를 이용한 상호 연결 ————————————— **881**
　13.5.1 스위치　882
　13.5.2 아날로그 입력　886
　13.5.3 고전력 디지털 출력　887
　13.5.4 사운드 인터페이스　891
　13.5.5 직렬 인터페이스　893
　13.5.6 준위 변환　900
　13.5.7 LED 디스플레이 인터페이스　902

CHAPTER **14**

프로그램 가능 논리
_905

14.1 프로그램 가능 논리 —————————————————————————— **906**

14.2 FPGA ——————————————————————————————————— **908**

14.3 ISE와 엘버트 V2 ———————————————————————————— **909**
　14.3.1 ISE 설치　909

14.4 엘버트2 보드 ————————————————————————————— **910**
　14.4.1 엘버트 소프트웨어 설치　911

14.5 내려받기 ——————————————————————————————— **912**

14.6 자신만의 FPGA 논리 설계 그리기 ——————————————— **912**
　14.6.1 예제 1: 데이터 선택기　912
　14.6.2 예제 2: 4비트 리플 계수기　922

14.7 베릴로그 ——————————————————————————————— **924**
　14.7.1 모듈　924
　14.7.2 배선, 저항, 버스　924
　14.7.3 병렬 실행　924
　14.7.4 숫자 서식　925

14.8 베릴로그에서 자신만의 FPGA 묘사 ——————————————— **925**
　14.8.1 베릴로그의 데이터 선택기　925
　14.8.2 베릴로그 내 리플 계수기　928

14.9 모듈형 설계 ————————————————————————————— **930**
　14.9.1 계수기/디코더 예　930
　14.9.2 다중화된 7세그먼트 계수기 사례　933
　14.9.3 매개변수가 있는 모듈　937

14.10 시뮬레이션 ————————————————————————————— **937**

14.11 VHDL ——————————————————————————————————— **940**

CHAPTER **15**

모터
_941

15.1	직류 연속 모터	941
15.2	직류 모터 속도 제어	942
15.3	직류 모터 방향 제어	943
15.4	RC 서보	945
15.5	스테퍼 모터	947
15.6	스테퍼 모터 종류	947
15.7	스테퍼 모터 구동	950
15.8	변환기로 구동자 제어	951
15.9	스테퍼 모터 식별에 관한 최종 언급	954

CHAPTER **16**

오디오 전자공학
_957

16.1	소리에 관한 작은 강좌	957
16.2	마이크	959
16.3	마이크 규격	960
16.4	오디오 증폭기	961
	16.4.1 반전 증폭기 961	
	16.4.2 비반전 증폭기 962	
	16.4.3 디지털 증폭기 962	
	16.4.4 오디오 증폭기 내의 험 환원 964	
16.5	전치 증폭기	964
16.6	믹서 회로	965
16.7	임피던스 정합에 관한 참고 사항	965
16.8	스피커	966
16.9	크로스오버 네트워크	967
16.10	스피커 구동에 쓰는 간단한 IC	969
16.11	가청 신호 장치	970
16.12	기타 오디오 회로	970

CHAPTER **17**

모듈형 전자기기
_973

17.1	필요한 집적회로가 무엇이든 다 있다	973
17.2	브레이크아웃 보드와 모듈	974
	17.2.1 무선 주파수 모듈 975	
	17.2.2 오디오 모듈 978	
17.3	플러그앤플레이를 응용한 시제품 제작	978
17.4	오픈소스 하드웨어	981

APPENDIX **A**

배전과 가정 배선
_983

A.1	배전	983
A.2	3상 전기 면밀히 살피기	984
A.3	가정 배선	986
A.4	각국의 전기	988

APPENDIX **B**

오차 분석
_989

| B.1 | 절대 오차, 상대 오차, 백분율 오차 | 989 |
| B.2 | 불확실성 추정 | 990 |

APPENDIX **C**

유용한 지식과 공식
_993

C.1	그리스 문자	993
C.2	10의 거듭제곱 단위 접두사	993
C.3	선형 함수($y = mx + b$)	994
C.4	이차 방정식($y = ax^2 + bx + c$)	994
C.5	지수와 로그	994
C.6	삼각법	995
C.7	복소수	996
C.8	미분법	996
C.9	적분법	997

| 찾아보기 | 1001 |

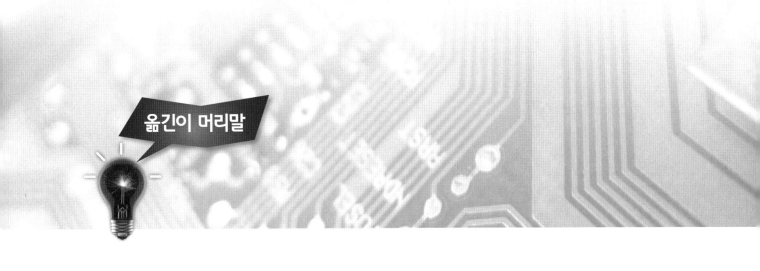

참 좋은 책을 번역할 수 있게 되어 기뻤습니다. 그리고 번역하는 중에 더욱 기뻤던 것은 지식이 늘어난다는 느낌을 받았기 때문입니다. 알고 있던 지식도 정리되고, 잘 몰랐던 부분도 더 잘 이해하게 되었습니다. 저도 이 책이 출간되고 나면 한 열 번은 거듭해서 읽고 싶을 정도로 내용이 충실했습니다.

이렇게 좋은 책을 번역할 기회를 준 제이펍 출판사 장성두 대표님과, 이 책이 나오기까지 많이 애써 준 이슬 대리님, 그 밖에도 교정과 디자인 등에 힘써 주신 모든 분께 감사드립니다.

이 책의 명성에 누를 끼치지 않으려고 신중하게 번역하다 보니 꽤 많은 시간이 흘렀습니다. 특히 용어 선택에 주의를 기울였습니다. 전문 용어 사전에 등재된 용어, 개념을 잘 나타내는 용어, 다른 용어와 혼동되게 하지 않는 용어를 채택하려고 주의했습니다. 그러다 보니 널리 통용되는 용어가 아닌 경우가 여럿 있게 되었습니다. 저항이 대표적인 예입니다. 흔히 저항기를 저항이라고 부르지만, 이 책에서는 저항기와 저항을 철저히 구분해, 저항이라는 개념에 혼동을 일으키지 않도록 주의했습니다.

출판사에서도 이 책을 다듬는 데 엄청난 정성을 기울이는 것을 지켜보았습니다. 그래도 어딘가 부족한 면이 있을 줄로 생각합니다. 그럴 때는 출판사나 저에게 문의해 주시면 아는 범위 내에서 답변을 드리겠습니다.

리율 **박진수**

머리말

전자공학 분야에 종사하는 발명가들은 자신의 아이디어를 실생활용 전자 제품들로 구현하는데 필요한 지식과 직관, 창의력, 기술력을 가지고 있습니다. 이 책이 독자의 창의성에 불을 붙여, 독자가 전자공학의 이론과 실제를 직관적으로 이해하게 되기를 바랍니다. 초보 발명가의 발명을 돕기 위해 이 책을 썼습니다. 전자공학을 조금밖에 몰라도 읽을 수 있도록 했으므로 교사, 학생, 의욕으로 가득 찬 취미생활자들은 이 책이 입문서로 적합하다는 점을 알 수 있을 것입니다. 동시에, 기술자들과 더 뛰어난 전자공학 애호가에게도 이 책이 유용할 것입니다.

4판 머리말

4판에서는 프로그래머블 로직에 관한 장을 새롭게 추가했는데, 이 부분에 상당히 공들였습니다. 이 장에서는 FPGA(field-programmable gate arrays)를 사용하는 방법을 중점적으로 다루며, 에디터와 베릴로그(Verilog)의 하드웨어 정의 언어를 사용해 FPGA 평가판 보드를 사용하는 방법을 설명합니다.

또한, 이 책은 3판에서 발견한 사소한 문제들을 아주 많이 고치고 새로 썼습니다. 그리고 현대적인 전자기기와 상관없을 정도로 구시대의 유물이 된 부분들을 덜어 냈습니다.

감사의 글

이 책을 펴내는 데 힘을 보태준 많은 분에게 감사드립니다. 기술적 내용을 검토해 준 미카엘 마골리스(Michael Margolis), 크리스 핏저(Chris Fitzer), 데이비드 버클리(David Buckley)에게 특별한 고마움을 전합니다.

벅넬대학교의 마틴 리개어(Martin Ligare)가 분석해 2판에 실은 매우 상세하고 유용한 정오표 덕분에 책의 오류를 크게 덜 수 있었습니다. 이 정오표 작성에 기여한 미 해군대학원의 스티브 베이커(Steve Baker), 웨슬리대학교의 조지 카플란(George Caplan), 로버트 드레멜(Robert Drehmel), 얼 모리스(Earl Morris), 모토롤라의 로버트 스첼직(Robert Strzelczyk), 보이시주립대학교의 로이드 로우(Lloyd Lowe), 네브라스카대학교의 존 켈티(John Kelty), 카스카디아공립대학의 페리 스프링

(Perry Spring), 마이클 B. 앨런(Michael B. Allen), 제프리 오디아(Jeffrey Audia), EIT의 켄 발린저(Ken Ballinger), 클레멘 제이콥(Clement Jacob), 제이미 마스터스(Jamie Masters), 마르코 아리아노(Marco Ariano) 덕분에 더 좋은 책이 될 수 있었습니다. 이 책을 위해 시간을 들인 모든 분께 감사드립니다.

마지막으로, 마이클 맥카비(Michael McCabe), 늘 잘 참아주는 어프루파 고엘(Apoorva Goel), 그리고 맥그로힐 에듀케이션에 근무하는 모든 분의 지원과 능력 덕분에 원고에 불과하던 이 책이 훌륭한 책으로 나올 수 있게 되었습니다. 고맙습니다.

폴 슈레즈, 사이먼 몽크

🦋 공민서(이글루시큐리티)

단순한 호기심으로 베타리딩을 신청한 제게는 꽤 어렵고 이해하기 힘든 책이었습니다. 다만, 전자공학을 깊이 이해하고 싶을 때 이론적으로 많은 참고가 될 것이라는 생각이 들었습니다.

🦋 김명준(eBay)

초보 발명가를 위한 전자공학 입문서입니다. 교과서에서는 다루지 않은 부분을 자세히 다루어 이해를 돕습니다. 수식을 위한 단순 이론에서 벗어나 더욱 세밀한 개념을 배울 수 있는 책으로, 정규교과 과정에서 지루함을 느끼는 분에게 추천합니다.

🦋 김성찬(동의대학교)

이 책은 전자공학을 다루는 사람에게 필요한 필수 내용을 배울 수 있게 도와주는 길잡이라고 생각합니다. 전자공학의 기초적인 개념부터 심화 내용까지 쉽게 풀어서 설명합니다. 또한, 설계하는 과정까지 상세히 설명되어 유익했습니다.

🦋 김정헌(BTC)

초보 메이커가 아두이노, 라즈베리파이로 이런저런 전자제품을 만들다 보면, 결국은 전자공학 지식이 필요해지는 시점이 옵니다. 비전공자를 위한 실습 중심의 쉬운 책은 많지만 제대로 된 이론과 노하우를 자세하게 설명하는 책은 별로 없습니다. 이 책은 두께에서도 느껴지듯 전자공학에 대한 다양한 지식을 전달해 줍니다. 다만, 다양한 내용을 깊이 있게 다루므로 약간의 각오가 필요합니다!

🦋 변성윤

전자공학을 처음 접해 봤지만, 재미있고 신기한 경험이었습니다. 책 내용이 엄청 다양하므로 조금씩 꾸준히 읽어보는 것을 추천합니다. :)

🦋 이재빈(안랩)

자칫 복잡하여 쉽게 포기할 수도 있는 전기 분야를 예제와 함께 설명하여 이해를 돕는 부분이 마음에 들었습니다. 내용을 이해하면서 문제를 하나씩 풀다 보면 자연스레 해당 내용을 습득하는 구성이 독자에게 유익해 보입니다.

진현석(동의대학교)

첫 베타리딩이라 미숙한 점이 있었습니다. 동시에, 출판하는 데 있어 신경 쓸 것이 많다는 사실을 새삼 느꼈습니다. 개인적으로는 실제 사용하는 장비나 자주 쓰이는 소자, 참고 사이트 등을 추천해 주는 점이 가장 마음에 들었습니다.

천영인(동의대학교)

이 책은 회로 이론, 전자기학, 반도체 공학, 신호 처리 등 전자공학에 대한 모든 이론과 부품 등에 대한 내용이 자세히 실려 있습니다. 모든 내용을 두루 포함하고 있어 초급자부터 전자공학을 배우는 사람들까지 모두 볼 수 있지만, 부품과 도구에 따른 책 구성(순서)이 초보자가 보기에는 약간의 혼란을 줄 수도 있을 것 같습니다.

한홍근

베타리딩을 하며 '사전처럼 찾아볼 수 있는 전자공학 책이구나'라는 느낌을 강하게 받았습니다. 중학교부터 대학교까지 배우는 폭넓은 전자공학 지식을 총망라한 것 같습니다. 하루하루 꾸준히 책을 읽어 나간다면 충분한 전공 지식을 습득할 수 있습니다.

제이펍은 책에 대한 애정과 기술에 대한 열정이 뜨거운 베타리더의 도움으로
출간되는 모든 IT 전문서에 사전 검증을 시행하고 있습니다.

전자공학 소개

전자공학에 초짜인 사람에게 가장 당황스러운 면은 아마도 꼭 배워야 할 것이 무엇인지를 모른다는 점일 것이다. 어떤 주제를 다뤄야 하고 어떤 순서로 나열해야 할까? 이러한 질문들에 대한 답을 시작하기에는 보기 1.1에 나오는 흐름도가 안성맞춤일 것이다. 실용성 있는 전자 제품을 설계하는 방법을 자세히 알고자 하거나, 이 책에서 필요한 정보를 찾아야 할 때 알아야 할 기본 요소들을 보기 1.1에서 둘러볼 수 있다. 이번 장에서는 이러한 기본 요소를 소개한다.

보기의 맨 위에는 이론이 나온다. 회로 내의 전압과 전류의 크기와 방향을 예측하는 데 도움이 될 전압, 전류, 저항, 축전, 유도와 그 밖의 다양한 법칙과 정리를 배우는 데 이 이론이 필요하다. 기본 이론을 가르치는 과정에서 저항기[역주1], 커패시터[역주2], 인덕터[역주3], 변압기와 같은 기본 수동 부품들을 소개한다.

[역주1] 보통 '저항'이라고들 부르지만, 그렇게 번역하면 resistance와 구별할 수 없게 되므로 '저항(resistance)'과 '저항기(resistor)'를 확실히 구분했다.

[역주2] capacitor, 즉 축전기 또는 콘덴서

[역주3] inductor, 즉 유도기

그 다음 줄로 내려가면 이산 피동 회로가 나온다. 이산 피동 회로에는 전류 제한 네트워크, 전압 분배기(분압기), 필터 회로, 감쇠기 등이 포함된다. 이러한 간단한 회로들이 그 자체로는 그다지 흥미롭지는 않지만, 더 복잡한 회로를 구성하는 데는 필수적이다.

수동 소자와 회로를 배우고 나면 반도체 소재로 만든 별도의 능동 소자로 주제가 넘어간다. 이러한 소자들을 주로 다이오드(전류를 한 방향으로만 흐르게 하는 게이트)나 트랜지스터(전기로 제어하는 스위치/증폭기)로 구성한다.

[역주1] 오실레이터 또는 떨개 또는 발진자

[역주2] 믹서

이산 능동 소자를 다루고 난 뒤에는 이산 능동/피동 회로를 다룬다. 이러한 회로 중에는 정류기 (직류-교류 변환기), 증폭기, 발진기[역주1], 변조기, 혼류기[역주2], 전압 조정기도 있다. 여기서부터 재미있는 일이 시작된다.

[역주1] 광트랜지스터 또는 포토 트랜지스터(phototransistor)

[역주2] thermistor, 즉 열가변저항기

전자공학을 배우는 동안에 다양한 입출력(I/O) 장치(변환기)를 배우게 된다. 소리, 빛, 압력 등과 같은 물리적 신호를 회로에서 사용할 수 있는 전기 신호로 변환할 때는 입력 장치(센서)를 사용한다. 이러한 입력 장치들에는 마이크, 광트랜지스터[역주1], 스위치, 키보드, 서미스터[역주2], 변형계, 발진기, 안테나 등이 포함된다. 전기 신호를 물리 신호로 변환하는 데는 출력 장치가 쓰인다.

1

출력 장치로는 전구, LED 디스플레이와 LCD 디스플레이, 스피커, 부저, 모터(직류, 서보, 스테퍼), 솔레노이드, 안테나 등이 포함된다. 이러한 입출력 장치로 사람이 회로와 소통할 수 있다.

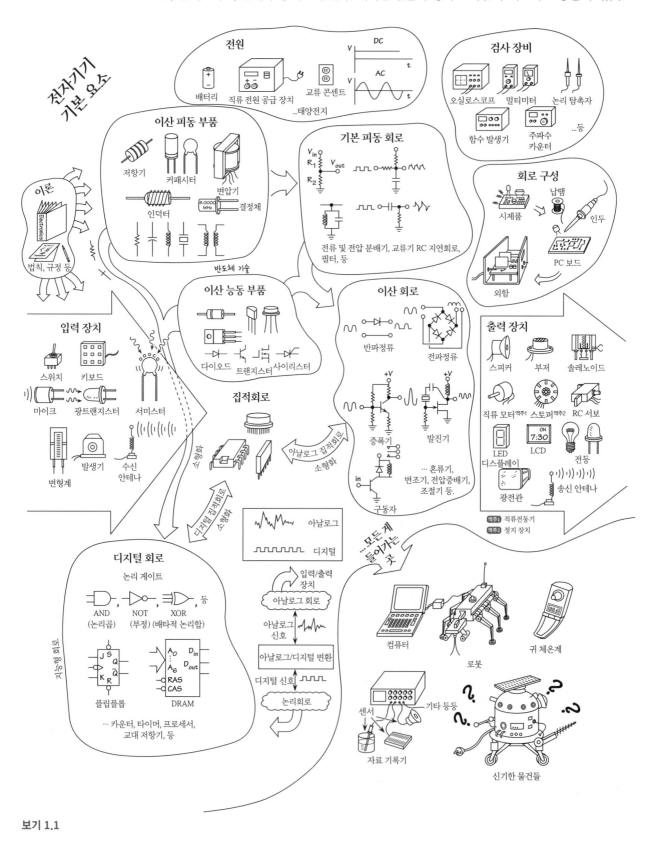

보기 1.1

회로 설계자가 더 쉽게 작업할 수 있도록 제조업체들은 개별 회로들(이전 단락에서 언급한 내용)로 채운 집적회로(IC)를 만들어 작은 실리콘 칩에 밀어 넣었다. 이 칩을 보통 플라스틱 패키지로 덮고, 작은 내부 배선들을 사용해 (칩을) 외부 금속 단자에 연결한다. 증폭기나 전압 조정기와 같은 집적회로를 아날로그 장치라고 부르는데, 이는 가변 전압 신호에 반응해서 신호를 생성하기 때문이다. (이 점은 전압 준위가 두 가지뿐인 디지털 집적회로와 다르다.) 실무에 사용할 회로를 설계하는 사람이라면 집적회로에 익숙해져야 한다.

역주 high level과 low level. high나 low 또는 H나 L로도 표현. 보통 '하이'와 '로우'라고 부르지만, 이 책 전반에 걸쳐 '준위(level)'와 관계된 개념으로 쓰이므로 고준위, 저준위로 번역했다. 또한 이렇게 번역해야만 심도 깊은 논의를 전개한 원문의 뜻이 제대로 전달되기 때문이기도 하다. 이 점에 유념해주면 좋겠다.

이번에는 디지털 전자기기를 다룰 차례다. 디지털 회로는 두 가지 전압 상태만으로 작동한다. **고준위**(5 V가 그러한 예)와 **저준위**(0 V가 그러한 예)^{역주}가 그것이다. 두 가지 전압 상태만이 쓰이는 이유는, 그래야만 데이터(수, 기호, 제어 정보 등과 같은 데이터)를 쉽게 처리하고 저장할 수 있기 때문이다. 정보를 디지털 회로에서 사용할 수 있는 신호로 부호화하는 과정은 비트(1과 0을 말하는데, 이는 각기 고준위 전압과 저준위 전압에 상응한다)들을 이산적인 특성을 지닌 '낱말(word)'로 결합하는 일과 관련이 있다. 설계자는 이러한 단어들이 특정 회로에서 지니는 의미를 알려준다. 아날로그 전자장치와 다르게 디지털 전자기기에는 아주 새로운 부품을 사용한다.

역주 counter, 즉 계수기

특수한 집적회로를 디지털 전자기기에 엄청나게 많이 사용한다. 이러한 집적회로 중 일부를 입력 정보를 바탕으로 논리적인 연산을 수행할 수 있게 설계한다. 한편, 그 밖의 부분은 횟수를 세는 용도로 설계한다. 그리고 나중에 검색할 정보를 저장하도록 그 밖의 부분들을 설계한다. 디지털 집적회로에는 논리 게이트, 플립플롭, 교대 저항기, 카운터^{역주}, 메모리, 프로세서 등이 포함된다. 디지털 회로는 전기 제품에 '두뇌'를 부여하는 역할을 한다. 디지털 회로를 아날로그 회로와 상호작용하게 하려면 특수한 아날로그/디지털(A/D) 변환 회로가 필요한데, 이 회로는 아날로그 신호를 1과 0으로만 구성된 문자열로 변환한다. 이와 마찬가지로, 1과 0으로만 구성된 문자열을 아날로그 신호로 바꿀 때는 디지털-아날로그 변환 회로를 사용한다.

디지털 전자기기의 원리를 이해하면 마이크로컨트롤러 분야를 자유롭게 탐구할 수 있다. 마이크로컨트롤러란 입출력 핀들을 사용해 센서에서 값을 읽거나 출력 장치를 제어할 수 있고 프로그램도 짜 넣을 수 있는 장치인데, 이 모든 것을 단일 집적회로에서 프로그램으로 제어할 수 있다.

역주1 breadboard, 즉 빵 보드
역주2 논리 탐침 또는 논리 프로브(logic probe)

전자공학의 실용적인 측면에서는 이러한 것들을 모두 섞어 쓴다. 이런 측면에는 회로도를 판독하는 방법을 배우고, 브레드보드^{역주1}를 이용해 시제품 회로를 구성하고, (멀티미터, 오실로스코프, 논리 탐촉자^{역주2}를 사용해) 시제품을 검사해 다시 고치고, (필요한 경우) 시제품을 개선하고, 각종 도구와 특별한 회로 기판을 사용해 최종 회로를 구성하는 일들이 포함된다.

다음 장에서는 전자공학 이론을 살펴보는 일부터 시작한다.

## CHAPTER 2

이론

2.1 전자공학 이론

이번 장에서는 전류, 전압, 저항, 전력, 축전, 유도와 같은 전자공학의 기본 개념을 다룬다. 이 개념들을 접하고 난 뒤에 이번 장에서는 저항기, 커패시터, 인덕터와 같은 전자기기 기본 요소를 통해 전류와 전압을 수학적인 모형으로 만드는 방법을 그려낸다. 또한, 옴의 법칙, 키르히호프의 법칙, 테브난의 정리와 같은 몇 가지 기본 법칙과 정리를 사용해서, 전력원으로 구동하는 저항기, 커패시터, 인덕터가 들어 있는 복잡한 회로를 분석하는 방법을 제시한다. 곧 보게 되겠지만, 이러한 회로망들에 사용되는 전력원으로는 직류 전원, 교류 전원(정현파^{역주} 주기 전원과 비정현파 주기 전원을 포함), 비정현파 비주기 전원이 포함된다. 갑자기 상태가 변한 회로(회로 내 스위치가 갑자기 전환되는 일과 같은)와 같은 과도 회로에 대해서도 거론할 것이다. 이번 장의 끝 부분에서는 비선형 소자(다이오드, 트랜지스터, 집적 회로 등)가 포함된 회로를 분석하는 데 필요한 접근방식을 이야기한다.

역주 사인파

전자공학을 처음 접한다면, 회로 시뮬레이터 프로그램을 사용하는 게 좋다. 웹 기반 시뮬레이터인 서킷랩(CircuitLab, www.circuitlab.com)은 그래픽 인터페이스가 잘 되어 있어 사용하기 쉽다. 이 장에 나오는 많은 계산을 수행하는 데 도움이 되는 온라인 계산기도 있다. 이번 장을 거치는 동안 시뮬레이터 프로그램을 사용하면 알고 있는 바를 더 명확하게 알 수 있고, 동시에 회로 동작 방식을 직관적으로 이해할 수 있다. 현실적인 시뮬레이션을 하는 과정에서 시뮬레이터에 필요한 매개변수를 모두 이해하지 않으면 시뮬레이터가 잘못되거나, 최소한 잘못되어 보일 수 있다. 브레드보드, 전선, 저항기, 전력 공급 장치 등을 끄집어내어 조립할 때는 주저하지 말고 손에 오물을 묻혀야 한다. 이와 같은 과정을 통해 개발자에게 필수인, 가장 실무적인 지식을 얻게 된다.

이 장에서는 부품들을 단지 '이론적으로만' 설명한다는 점을 명심해야 한다. 예를 들어, 커패시터와 관련해서 커패시터의 작동방식과 특정 상황에 놓인 커패시터를 수학 방정식으로 묘사하는 일이나 기본 행태를 예측하는 일과 관련된 그 밖의 다양한 기본 기법들을 배우게 된다. 그렇지만 커패시터에 대한 중요한 실용적 통찰력, 예를 들면, 실생활용 커패시터 응용장치(필터링,

스너빙, 발진기 설계 등)라든가 실제 커패시터 형식이 어떤 것들이 있는지, 이러한 실용적인 커패시터가 이상적이지 않은 특징과 비교해 무엇이 다른지, 특정 용용기기에서 어떤 커패시터가 가장 잘 작동하는지, 그리고 더 중요한 사항으로는 커패시터에 있는 레이블(label)을 읽는 방식과 같은 것들에 대한 통찰력을 얻으려면 해당 주제들을 다루는 3.6절을 보아야 한다. 이러한 점들은 이 장에서 다룰 그 밖의 부품에도 적용된다.

이번 장에서는 다이오드, 트랜지스터, 아날로그 및 디지털 집적회로와 같은 비선형 장치와 변압기에 관한 이론과 실용적인 정보 외에는 다루지 않는다. 3.8절에서 변압기에 관한 모든 것을 다루고, 다양한 비선형 장치에 관해서는 이 책의 나머지 장에서 따로따로 다룬다.

> **참고** 이번 장의 특정 절에 나오는 수학이 두려워보일지라도 걱정할 것 없다. 알 수 있게 되겠지만, 이번 장에 나오는 난해한 수학은 증명, 설명, 정리나 법칙에 쓰이거나 수학적 기교를 사용하지 않으면 얼마나 어려운 일이 생기는지를 알려 주는 용도로 사용한다. 대부분의 회로를 설계하는 데 필요한 실제 수학 수준은 놀라울 정도로 낮다. 사실, 기본 대수학 정도만 알아도 충분할 것으로 생각한다. 그러므로 이번 장의 특정 절에 나오는 수학이 보기 싫을 정도로 난해하게 느껴진다면, 섬뜩한 수식을 담고 있지 않아 유용하면서도 보기 싫지 않은 공식과 법칙 등이 나올 때까지 해당 절을 건너뛰라. 수학에 재능이 있어야만 꽤 좋은 회로를 설계할 수 있는 것은 아니다.

2.2 전류

전류(electric current)란 단면적 A를 단위시간 동안에 통과하는 총 전하량을 말한다. 이 단면적이 기체, 플라스마, 액체 속의 한 단면을 나타낼 수도 있지만, 전자공학 분야에서는 대체로 반도체와 같은 고체 물질의 한 조각을 나타낸다.

ΔQ가 한 단면을 Δt 시간 동안에 통과하는 총 전하량을 나타낸다고 하면, 평균 전류(average current) I_{ave}를 다음과 같이 정의한다.

$$I_{ave} = \frac{\Delta Q}{\Delta t}$$

보기 2.1

시간에 따라 전류가 변화한다면, $\Delta t \to \Delta 0$으로 해서 극한값을 취함으로써 순시 전류(instantaneous current)^{역주} I를 정의해 특정 단면을 통과하는 전하의 순간적인 비율을 나타낼 수 있다.

_{역주} 순간적으로 흐르는 전류

$$I = \lim_{\Delta t \to 0} \frac{\Delta Q}{\Delta t} = \frac{dQ}{dt} \tag{2.1}$$

전류의 단위는 초당 쿨롱으로 이 단위를 암페어(A)라고도 부른다. 이는 앙드레 마리 앙페르(Andre-Marie Ampere)의 이름에서 따온 것이다.

$$1\,A = 1\,C/s$$

발음하기 어렵다면 암페어라고 부르지 않고 앰프(amp)라고 불러도 된다. 암페어가 매우 큰 단위여서 전류 단위를 밀리암페어(1 mA = 1 × 10⁻³), 마이크로암페어(1 μA = 1 × 10⁻⁶ A), 나노암페어(1 nA = 1 × 10⁻⁹ A)로 나타내기도 한다.

구리와 같은 도체 내부에서, 구리 이온들로 이뤄진 격자 사이로 이동하는 자유전자들이 전류를 형성한다. 구리에는 구리 원자당 자유전자 한 개가 있다. 전자 한 개의 전하를 다음 식으로 나타낸다.

$$Q_{electron} = (-e) = -1.602 \times 10^{-19}\,C \qquad \text{(2.2.a)}$$

이 식은 부호가 반대인 점만 빼고는 구리 이온 한 개의 전하를 나타내기도 한다. (격자 사이를 이리저리 움직이는 자유전자로 이뤄진 '바다'에 전자 한 개를 내어놓은 원자는 양전하를 띄게 된다. 전자를 한 개 잃은 원자의 양성자 수는 전자 개수보다 한 개 더 많은 꼴이 된다는 말이기도 하다.) 양성자의 전하를 다음 식으로 나타낸다.

$$Q_{proton} = (+e) = +1.602 \times 10^{-19}\,C \qquad \text{(2.2b)}$$

전자 개수와 양성자 개수가 같은 도체는 전반적으로 중성을 띤다. 등식 2.2를 사용하면 1 A 전류가 구리선을 관통해 흐를 경우에 그 단면에 1초 동안 흐르는 전자 개수는 다음과 같다.

$$1\,A = \left(\frac{1\,C}{1\,s}\right)\left(\frac{\text{전자}}{-1.602 \times 10^{-19}\,C}\right) = -6.24 \times 10^{18}\ \text{전자}/s$$

그런데 문제가 있다. 결과를 보고서, 음수로 나타낸 전자가 매 초 몇 개나 흐르는지를 어떻게 하면 알아낼 수 있을까? 이것을 설명할 수 있는 방법 두 가지로는, 전자가 전류에 대한 정의와 다르게 반대 방향으로 흐른다는 식으로 말하거나, 양전하가 전자 대신 도선을 따라 흐른다고 말할 수 있을 것이다. 도체의 격자형 구조에 고정되어 있는 양전하가 아닌 전자가 자유롭게 움직인다는 실험적 증거가 있기 때문에 후자는 오답이다. (그렇지만 액체나 기체 및 플라즈마에서는 양이온이 흐르기도 하는데, 이런 식으로 양전하 흐름이 가능한 매질도 있다.) 전류 흐름을 정의한 방향과는 반대 방향으로 전자가 흐른다는 첫 번째 설명이 정답이다.

오래전 벤저민 프랭클린(흔히 전자공학의 아버지로 여김)이 초창기 전자공학 분야에서 선구적인 업적을 쌓을 무렵에, 그는 움직이며 일을 하는 (그 당시 사람들이 보기에) 수수께끼 같은 것들에 양전하 기호를 붙이는 습관이 있었다. 얼마 후에 조셉 톰슨이라는 물리학자가 신비하게 움직이는 전하를 분리하는 실험을 했다. 하지만 프랭클린이 사용하던 양성 전류를 사용한 유일한 공식을 바탕으로 삼은 법칙들만 사용할 수 있는 상황에서, 톰슨도 어쩔 수 없이 실험 측정과 기록 및 계산 과정에서 전류가 양성이라고 여기는 관행을 따를 수밖에 없었다. 하지만 톰슨이 발견한 움직이는 전하(톰슨은 '전자'라고 부름)는 방정식에서 사용되는 관례적인 전류 I와 반대되는 방향으로 움직이는 식으로, 관행과 다른 방향으로 움직이고 있었다. 보기 2.2를 보라.

이게 어떤 의미가 있으며, 전문 물리학에 관심이 없는 사람들에게는 무슨 의미를 지니는 것일까? 글쎄, 별 게 아니다. 전선과 다양한 전기 장치에서 움직이는 양전하가 있다는 식으로 간주할 수 있고, 이렇게 생각해도 모든 게 잘 돌아간다. 두 방향 중 한쪽 방향으로 흐르는 음전하는 반대 방향으로 흐르는 양전하와 상응한다.

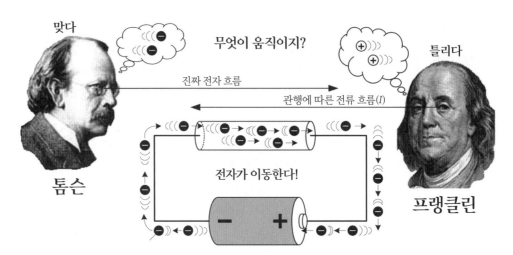

보기 2.2 톰슨은 도선을 따라 움직이는 양전하에 대한 생각을 프랭클린의 생각과는 반대로 바꾸었다. 하지만 어느 한쪽 방향으로 흐르는 음성을 띈 전자가 그 반대 방향으로 흐르는 양전하와 동등하므로 예전부터 쓰던 공식이 여전히 유효하다. 오래된 공식을 사용하기 때문에 프랭클린이 관행적으로 써온 전류를 적용하는 편이 더 현실적이기는 하지만, 실제로 도체에서 이동하는 것은 전자이다.

사실 옴의 법칙($V = IR$)을 포함해 전자공학에 사용되는 모든 공식은 전류 I가 양전하 운송자(positive charge carrier)로 구성되어 있다고 '간주'한다. 우리는 늘 이런 관행을 따를 것이다. 요컨대, 양전하가 움직인다고 생각해 버리는 편이 편리하다. 그러므로 전자 흐름(electron flow)이라는 용어를 사용할 때는 관습적인 전류 흐름인 I가 전자 흐름과는 반대 방향으로 흐른다는 점을 알고 있어야 한다. 잠시 후에 더 명료하게 이해할 수 있도록 도체 내의 미세한 움직임을 논의할 것이다.

▶ **예제 1:** 2 A에 해당하는 전류가 도체에 흐르고 있을 때, 3초 동안 특정 지점을 통과하는 전자는 몇 개인가?

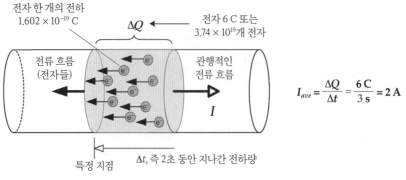

$$I_{ave} = \frac{\Delta Q}{\Delta t} = \frac{6\,C}{3\,s} = 2\,A$$

보기 2.3

▷ **정답:** 3초 동안 특정 지점을 통과하는 전하는 다음과 같다.

$$\Delta Q = I \times \Delta t = (2 \text{ A})(3 \text{ s}) = 6 \text{ C}$$

전자 한 개의 전하가 1.6×10^{-19} C이므로 6 C에 상당하는 전자 개수는 다음과 같다.

$$\# \text{전자 개수} = 6 \text{ C} / 1.602 \times 10^{-19} \text{ C} = 3.74 \times 10^{19}$$

▶ **예제 2:** 전하가 $Q(t) = (0.001 \text{ C}) \sin[(1000/\text{s}) \, t]$에 따라 시간과 함께 회로 내에서 변화하는 중이다. 순시 전류 흐름을 계산하라.

$$I = \frac{dQ}{dt} = \frac{d}{dt}[(0.001\,\text{C})\sin(1000/\text{s} \cdot t)] = (0.001\,\text{C})(1000/\text{s})\cos(1000/\text{s} \cdot t)$$

$$= (1\text{A})\cos(1000/\text{s} \cdot t)$$

▷ **정답:** 이 방정식에 특정 시간을 대입하면 해당 시간의 순시 전류를 알 수 있다. 예를 들어, $t = 1$일 때 전류는 0.174 A가 된다. $t = 3$초일 때 전류는 -0.5 A가 될 것이고, 음의 부호는 전류가 반대 방향으로 흐른다는 점을 나타내는데, 이는 정현파의 특성에 따른 결과이다.

> **참고** 마지막 예에서는 미적분을 사용하고 있는데, 미적분에 익숙하지 않다면 부록 C에서 미적분학의 기본을 읽을 수 있다. 보다시피, 실제 전자공학을 다룰 때 전하 단위로 일해야 할 일은 거의 없다는 게 다행이다. 일반적으로 전류에 대해서만 신경을 쓰면 되는데, 전류를 측정할 때는 전류계를 사용하면 되고, 전류를 계산할 때는 보통 미적분이 전혀 필요하지 않은 공식을 사용한다.

2.2.1 전류의 실상

어떤 게 전류를 많이 또는 적게 끌어낼까? 전자기기를 서투르게나마 수리해야 할 때는 비교할 만한 치수를 알아 두는 게 좋다. 몇 가지 예를 들면, 이렇다. 100 W 전구는 약 1 A를, 마이크로파는 8~13 A를 소비한다. 노트북 컴퓨터는 2~3 A를, 선풍기는 1 A를, 텔레비전은 1~2 A를, 스테레오 라디오는 1~4 A를, 전형적인 LED는 20 mA를, 인터넷에 접속 중인 휴대폰(스마트폰)은 대략 200 mA를, 첨단 저전력 마이크로칩(개별적으로)은 약간의 μA에서 어쩌면 몇 pA를, 자동차 시동 장치는 대략 200 A를 소비한다. 벼락은 대략 1000A에 해당하고, 심장으로 유도되어 호흡을 멈추게 하는 데 충분한 전류는 대략 100 mA ~ 1 A 정도다.

2.3 전압

한 지점에서 다른 지점으로 전류를 흐르게 하려면, 두 지점 사이에 전압이 있어야만 한다. 도체에 걸린 전압은 도체 내의 모든 자유전자를 밀어내는 데 쓰이는 기전력(electro motive force, EMF)을 일으킨다.

본격적으로 설명하기 전에 기술적인 사항을 한 가지 말하자면, 전압을 전위차(potential difference)라고 부르기도 하고 그저 전위(potential)라고 부르기도 하는데 모두 동일한 것을 나타낸다. 그렇지만 이 책에서는 이 용어들을 쓰지 않으려고 하는데, 이 용어가 전혀 다른 개념을 나타내는 위치에너지(potential energy)라는 말과 혼동되기 쉽기 때문이다.

두 도체와 스위치 한 개를 거치는 손전등 회로, 즉 전지 한 개가 전구 한 개에 연결된 간단한 손전등 회로를 보기 2.4에 나타내었다. 스위치가 열리면(꺼짐) 전류가 흐르지 못한다. 그렇지만 스위치가 닫히는 순간, 스위치의 저항이 거의 0으로 떨어져 전류가 흐른다. 이 전압이 회로 안의 모든 곳에 있는 모든 자유전자를 음극에서 양극으로 움직이게 한다. 물론, 관습적으로 전류는 반대 방향으로 흐른다(벤저민 프랭클린 부분을 볼 것).

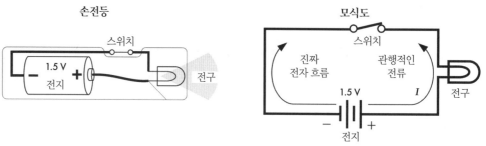

보기 2.4

전지를 제외한 나머지 회로 부분에서는 전지가 필수인 것처럼, 전지에도 나머지 회로 부분이 필 수라는 점에 유의해야 한다. 단자끼리 연결해 두지 않으면 전지 안에서 화학 반응이 일어나지 않는다. 이러한 화학 반응이 전자의 전달과 관련이 있으므로 전지의 단자들(회로가 연결되는 곳)을 서로 연결하여 이런 일이 일어나게 의도적으로 설계한다. 이 과정을 알칼리 건전지를 사용해서 보기 2.5에 나타내었다. 전지 부분에서는 이온 전류로, 다른 곳에서는 전자의 흐름으로 회로 전반에 걸친 전류의 특성이 다르게 나타날지라도 회로에 흐르는 전류의 흐름이 보존된다는 점에 유의하라.

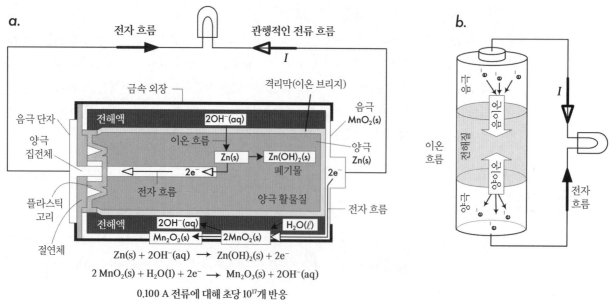

보기 2.5

전구 필라멘트 안의 자유전자가 인가된 전압으로 인해 기전력을 겪는 경우에, 전자들이 얻은 여분의 에너지가 열(즉, 필라멘트 내 원자의 진동) 및 빛을 방출하는(격자를 이룬 원자의 원자가전자^{역주}가 자유전자에 의해 들떴다가 결합된 전자가 낮은 에너지 상태로 돌아오면서 광자를 방출할 때 빛을 냄) 필라멘트 내에서 격자를 이루고 있는 원자로 전달된다.

양쪽 접속 단자 사이로 일정한 전압을 유지하게 하는 장치를 직류 전압원(direct current voltage source)이라고 부른다. 전지는 직류 전압원의 한 예다. 전지를 나타내는 기호는 다음과 같다. ⊣⊢

2.3.1 전압 메커니즘

전지가 회로를 따라 흐르면서 기전력을 생성하는 방식을 마음속에 그려 볼 수 있도록 음극 단자 영역(양극 물질) 내에서 빠르게 생성되어 결과적으로 전자 밀도를 높이는 자유전자들 내의 화학 반응을 생각해 보자. 이렇게 농축되는 부분은 일종의 '전기적 압력'으로 간주할 수 있는 반발력(전자적 반발력)으로 가득 차 있다. 전지의 단자들 중간에 부하(예를 들면, 손전등, 전도체, 스위치)를 두면, 전지의 음극 단자에서 나온 전자는 회로 내로 흩어짐으로써 이 압력을 낮추려고 한다. 이러한 전자들은 음극 단자에 부착된 도체의 끝 부분에서 자유전자 농도를 증가시킨다. 한 영역 내의 자유전자 농도 비율의 작은 차이로도 자유전자 사이에 커다란 반발력을 일으킨다. 반발력은 회로 전체를 따라 내달리는, 겉으로 보기에는 순간적인(빛의 속도에 근접하게) 파동(pulse)으로 표현된다. 퍼 넣은(pumped in)^{역주} 전자에 가장 가까운 자유전자는 반대 방향으로 빠르게 반발된다. 그 다음 자리에 있는 전자도 압력을 받게 되고, 그 아래에서 회선을 따라 연쇄 반응, 즉 파동이 일어난다. 이 파동은 빛의 속도에 가깝게 도체를 따라 내려간다. 보기 2.6을 보라.

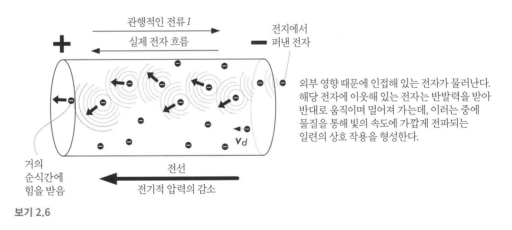

외부 영향 때문에 인접해 있는 전자가 물러난다. 해당 전자에 이웃해 있는 전자는 반발력을 받아 반대로 움직이며 멀어져 가는데, 이러는 중에 물질을 통해 빛의 속도에 가깝게 전파되는 일련의 상호 작용을 형성한다.

보기 2.6

실제적이고 물리적인 전자의 움직임은 평균적으로 훨씬 더 느리다. 사실상, 유동 속도^{역주}(양극 단자로 향하는 전자들의 평균 순속도)는 일반적으로 초당 1밀리미터에 불과하다. 예를 들어, 12게이지 두께인 전선을 0.1 A 전류가 통과하는 경우 0.002 mm/s인 셈이다. 자유전자의 이러한 유동 운동을 전류 흐름, 더 정확하게는 반대 방향으로 움직이는 전통적인 전류 흐름인 I의 이동으로 여긴다 (밝혀진 바와 같이, 전자들의 실제 동작은 열 효과와 관련되어 매우 복잡하다. 다음 절에서 이 내용을 살펴본다.)

음의 단자에서 발산하는 반발 에너지 흐름 중 일부를 흡수하는 물질이 경로상에 상당히 많이 있을 수 있기 때문에(전자 간 충돌이나 자유전자와 결합 전자 간의 상호 작용을 통한 흡수 등), 회로의 더 '아래쪽'에 있는 전자들은 같은 수준의 반발력을 받지 않을 것이다. 알고 있겠지만, 회로를 구성하는 요소가 많을 수 있으므로 그중 일부는 회로 내 복잡한 경로 속에 묻히게 된다. 이러한 경로 중 일부를 통해 반발 효과가 살짝 건드리는 정도로 줄어든다고 상상할 수 있을 것이다. 이러한 '슬쩍 건드리기(weak nudge)' 영역을 낮은 '전기적 압력', 즉 전압 영역과 연관 짓는다. 이 영역의 전자들에는 일을 할 전위가 거의 없고, 퍼 들여진(pumped into) 전자들의 원천(source)[역주1]에 가까운 쪽과 비교할 때 전위 에너지가 상대적으로 낮다. 전압은 전위 에너지 차이를 나타낸다. 단위 전하[역주2]는 '전기 압력' 영역 내에서 다른 전하들과 상대적인 위치에 놓인다. 여기서 전기 압력이란 새로운 자유전자들이 시스템 내로 들이 밀어지는 일에 기인한 압력을 말한다. '전압'과 '전위 에너지 차' 사이의 관계를 다음과 같이 표현한다.

[역주1] 원천을 보통 '소스'라고 부르지만 이 책에서 source를 다양한 개념으로 사용하므로 그 모든 개념을 올바로 아우르기 위해 '원천'으로 번역했다. 이렇게 해야 voltage source를 '전압 소스'가 아닌 '전압원'으로, current source를 '전류 소스'가 아닌 '전류원'으로 번역할 수 있고, 그 밖에도 '-원'이 붙어야 할 어휘를 통용되는 어휘로 맞출 수 있기 때문이다.

[역주2] 전기씨량

$$V_{AB} = \frac{U_{AB}}{q} \text{ 또는 } V_B - V_A = \frac{U_B - U_A}{q} \text{ 또는 } \Delta V = \frac{\Delta U}{q}$$

보기 2.7

전압은 항상 A 지점과 B 지점 사이에서 측정한 것이라는 개념이 전압(voltage)의 정의에 함축되어 있다. 이것이 V_{AB}에서 첨자로 'AB'를 쓰는 이유이다. ΔV 기호의 의미도 같다. 두 기호에서는 모두, 개별 지점에 특정 전압 값을 측정하고 부여하기 위한 절대 척도가 있다고 추정한다. 전자기기에서 가장 전기 압력이 낮은 지점을 선택해 이 지점을 영점 또는 0 V 기준으로 정의해 이러한 척도로 삼을 수 있다. 많은 직류 회로에서 전지의 음극 단자를 0 V 기준으로 삼은 다음에 접지 기호 ⏚를 삽입해 사람들이 알 수 있게 한다(자세한 내용은 나중에). 실제로는 첨자(V_{AB})나 델타 기호(ΔV)로 전압을 표시하는 경우는 거의 볼 수 없고, 대신에 간단히 V로 나타내며, V_R과 같은 기호도 볼 수 있을 것이다. 그렇지만 항상 '생략된 기호' V는 전압이 존재하는 두 지점을 가리키는 문구로 수정된다. 두 번째 사례인 V_R에서 아래 첨자 R은 부품 R(이 경우 저항기)에서 전압을 측정한다는 의미이다. 이 점에 비추어 전압과 전위 에너지 식을 더 명료한 식으로 작성할 수 있다.

$$V = \frac{U}{q}$$

전압과 전위 에너지 변수는 두 지점 간의 차이를 나타낸다는 점에 유의하라. 알게 되겠지만, 주요 전자 법칙들에서는 일반적으로 전압이나 에너지 변수를 이 '간결한 형식'으로 여긴다.

손전등 사례에서 우리는 1.5 V 전지의 음극 단자에서 나오는 전자와 양극 단자로 들어오는 전자 사이의 전위 에너지 차를 계산할 수 있다.

$$\Delta U = \Delta V q = (1.5\ \text{V})(1.602 \times 10^{-19}\ \text{C}) = 2.4 \times 10^{-19}\ \text{J}$$

이 결과는 음극 단자(U_1)에서 나오는 전자 또는 양극 단자(U_0)로 들어가는 전자의 실제 전위 에너지를 나타내는 게 아니라, 두 전자 간의 전위 에너지 차를 나타낸다는 점에 유념하라. 하지만 양극 단자에 들어가는 전자의 전위 에너지가 0이라고 가정하면, 상대적으로 음극 단자에서 나오는 전자에 전위 에너지가 있음을 알 수 있다.

$$U_1 = \Delta U + U_0 = \Delta U + 0 = 2.4 \times 10^{-19}\ \text{J}$$

> **참고** 양의 전위 에너지 증가를 유사한 전하들이 서로 가깝게 다가서는 일로 여길 수 있으며, 에너지가 감소하는 일은 유사한 전하들끼리 서로 점점 멀어지는 일로 여길 수 있다. 전압을 양극 쪽 시험 전하를 기준으로 정의하므로 전자의 전하 앞에 음수 기호를 달지 않았다. 우리는 벤저민 프랭클린의 양전하에서 보았던 것과 비슷한 곤경에 처하게 되었다. 전위와 퍼 넣은(pumped in) 전자의 농도를 서로 연관시키는 한 모든 게 잘 작동한다.

실제 회로에서 전지가 퍼낸(pumped out) 전자의 개수가 전자 흐름에 대한 저항에 따라 수억 개에서 수조 개에 이를 정도로 무척 많을 것이므로 이전에 계산한 것에 전자의 총 개수를 곱해야 한다. 예를 들어, 손전등이 0.1 A를 소비한다면 전지가 초당 퍼 넣는 전자 개수는 6.24×10^{17}개가 될 것이므로 모든 새 전자들의 전위 에너지를 함께 계산하면 약 0.15 J/s가 된다.

전구 필라멘트나 양극 회선 또는 음극 회선에 있는 자유전자들처럼 회로 전체에 걸쳐 서로 다른 위치에 있는 자유전자의 전위 에너지라면 어떨까? 전지의 음극 단자에서 방사되어 새로 퍼 넣은 전자의 전하 에너지 중 그 절반에 해당하는 에너지를 지닌 전자가 전구 필라멘트 어딘가에 있다고 말할 수 있다. 선로에 있는 그 밖의 전자들에 충돌하며 에너지를 잃어버리는 바람에 낮아진 에너지가 질문에 나오는 전자의 전기적 반발 압력(밀어내는 동작)이 생각보다 적게 된 원인이라고 생각한다. 사실 손전등 회로에서 전구 필라멘트를 통해 전기적 압력을 잃는 원인이 자유전자 에너지가 열과 빛으로 변환되기 때문이라고 생각한다.

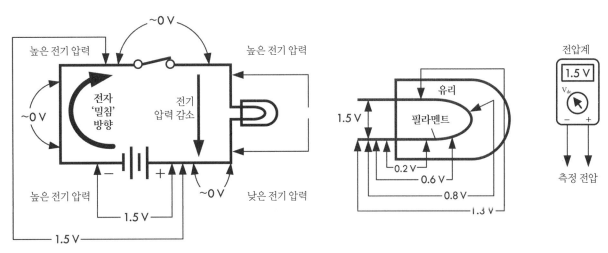

보기 2.8

전지로 들어가는 방향과 나오는 방향으로 연결된 도체 내에 있는 자유전자의 전위 에너지와 관련해 우리는 도체 내 모든 전자의 전위 에너지가 같다고 가정한다. 이러한 가정에 따르면 도체 안의 각 지점 간에 전압차가 없게 된다. 예를 들어, 전압계를 사용해 도체 한 개의 두 지점 사이에서 전압을 재면 0 V가 된다(보기 2.8). 실용적인 면 때문에 우리는 이것을 사실로 간주한다. 하지만 실제는 그렇지 않다. 도체 안에서 전압이 약간 떨어진다. 전압계가 아주 정밀하다면 도체 길이, 전류 흐름 및 도체 재질 형태에 따라 0.00001 V 정도로 떨어진 전압이 측정된다. 이것은 도체의 내부 저항 때문인데, 이 주제를 잠시 후에 다룬다.

2.3.2 전압과 일반 전력 법칙의 정의

이제 전압 측정 단위인 볼트를 형태를 갖추게 정의할 차례이다. 전압과 전위 에너지 차이 간의 관계를 나타내는 식 $V = U/q$를 사용해서 볼트를 다음과 같이 정의한다.

$$1볼트 = \frac{1줄}{1쿨롱}, 1 \text{ V} = \frac{1 \text{ J}}{1 \text{ C}} = \text{J/C (에너지 정의)}$$

(대수적인 양과 전압 단위 모두에 'V'를 사용하면 $V = 1.5$ V와 같은 식이 잠재적으로 혼란의 근원이 된다는 사실에 유의하라. 대수적인 양은 기울임꼴로 나타낸다.)

1 V 전압이 걸린 두 지점은 1 J에 상당하는 작업을 하는 데 충분한 '압력'을 내며, 두 지점 간에 1 C에 해당하는 전하를 옮긴다. 예를 들면, 이상적인 1.5 V 전지는 1.5 J에 상당한 일을 하면서 회로를 거쳐 1 C에 상당하는 전하를 움직일 수 있다.

역주 전력(power), 전력 공급 장치(power supply)를 '전원' 또는 '전원 공급 장치'로 쓰기도 하지만, 이 책에서는 '전력'으로 번역했다. 이 책 전반에 걸쳐 power source와 power supply를 비슷하면서도 다른 개념으로 사용하므로 각각 '전력원'과 '전력 공급 장치'로 따로 구분해 번역했다.

전압을 전력이라는 용어를 사용해 정의할 수 있는데, 이는 전자공학에 더 유용하다. 전력(power)역주은 초당 회로에 공급하는 에너지 양을 나타낸다. 에너지 보존 법칙에 따르면, 회로를 구동하는 데 사용하는 전력은 유용한 작업을 하기 위해 회로에서 사용하는 전력과 열 등으로 낭비되는 전력을 더한 값과 같아야 한다고 말할 수 있다. 단일 전자가 음극 단자에서 회로를 거쳐 양극 단자로 가는 동안에 전위 에너지를 모두 잃는다고 가정하면, 쉽게 말해서 이 모든 에너지가 유용하게 쓰이거나 낭비되는(열로 바뀌는) 식으로 일로 전환되었다고 할 수 있다. 정의에 따라 전력을 수학식으로는 dW/dt로 표현한다. 전위 에너지 식 W에 대한 $U = Vq$를 대입하면, 전압이 일정하다고 가정할 때(즉, 전지 전압) 다음과 같이 된다.

$$P = \frac{dW}{dt} = \frac{dU}{dt} = V\frac{dq}{dt}$$

전류가 $I = dq/dt$라는 점을 알고 있으므로 앞의 표현식에 이 식을 대입해 다음을 얻을 수 있다.

$$P = VI \tag{2.3}$$

이 식을 일반 전력 법칙(generalized power law)이라고 부른다. 이 법칙은 무척 강력해서 소재의 형식이나 전하의 변동 특성과 무관하게 일반적인 결과를 낸다. 이 전력의 단위는 와트(W)인데, 1 W = 1 J/s로 나타내고, 볼트와 암페어로 나타내자면 1 W = 1 VA이다.

그러므로 전력에 대한 볼트를 다음과 같이 정의한다.

$$1볼트 = \frac{1와트}{1암페어}, \quad 1\ V = \frac{1\ W}{1\ A} = W/A$$

일반 전력 법칙으로 특정 회로의 전력 손실을 알아낼 수 있는데, 회로의 양단에 인가된 전압과 전류 흐름만 알 수 있는 경우에 전압계와 전류계를 사용해 이 둘을 아주 쉽게 측정할 수 있다. 하지만 전력이 어떻게 사용되는지를 특별히 알 수는 없고, 저항과 관련해서는 더욱 그렇다. 보기 2.9를 보라.

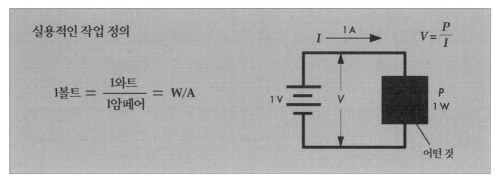

보기 2.9

▶ **예제 1**: 1.5 V짜리 손전등이 0.1 A를 소비한다. 이 회로가 소비하는 전력은 얼마인가?

▷ **정답**:

$$P = VI = (1.5\ V)(0.1\ A) = 0.15\ W$$

▶ **예제 2**: 12 V짜리 전기장치가 100 W에 해당하는 전력을 소비한다고 한다. 이 장치가 소비하는 전류는 얼마인가?

▷ **정답**:

$$I = \frac{P}{V} = \frac{100\ W}{12\ V} = 8.3\ A$$

2.3.3 전지 결합

더 많은 전력을 공급할 수 있게 더 큰 전압을 얻으려면, 보기 2.10과 같은 전지 두 개를 직렬로 배치하면 된다. 이렇게 결합한 전지들에 걸리는 전압은 연결하는 데 사용한 각 전지의 전압을 합한 것과 같다. 본질적으로, 우리는 전하 펌프 두 개를 직렬로 배치해서 전압을 효과적으로 높였다. 화학적으로 말하자면, 전지의 전압이 같은 경우에 회로로 퍼내는 전자의 수를 두 배로 늘려 화학 반응 횟수를 두 배로 늘린 셈이다.

보기 2.10에서는 **접지 기준**(ground reference), 즉 0 V 기준이라는 개념을 ⏚와 같은 기호로 나타낸다. 이 기호를 접지(조금 있다가 정의함)를 나타내는 데 사용하기도 하지만, 모든 전압을 측정할 때의 회로 내 기준점을 나타내기 위해 사용할 수도 있다. 측정 기준을 생성할 때면 기준 중에서 가장 낮은 점을 0으로 삼는 게(여기서는 0 V) 논리에 맞다. 대부분의 직렬 회로에서는 대개 전압원 중 음극 단자에 접지 기준점을 둔다. 접지 기준점이라는 개념을 이용해 접지 기준과 회로 내 특정 관심 지점 사이에서 측정한 전압인 점전압(point voltage)이라는 개념을 얻는다. 예를 들면, 보기 2.10에 나오는 전지 한 개의 전압은 1.5 V이다. 음극 단자에 접지 기준을 두고 이곳에 0 V 전압을 부여하고 나서 양극 단자에 1.5 V 점전압 표시를 둔다.

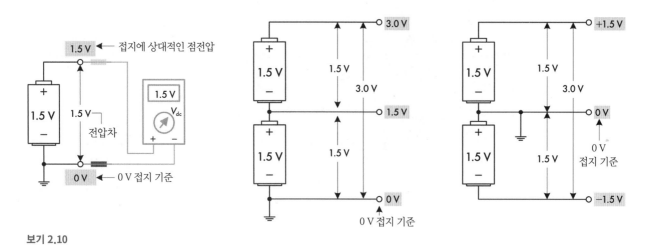

보기 2.10

보기 2.10의 가운데에는 1.5 V짜리 전지 두 개가 직렬로 연결되어 3.0 V 전압을 형성하고 있다. 아래쪽 전지의 음극 단자에 놓인 접지로 인해 두 전지 사이의 점전압은 1.5 V가 되고, 위쪽 전지의 양극 단자의 점전압은 3.0 V가 된다. 접지와 3.0 V 사이에 놓인 부하는 아래쪽 전지의 음극 단자로 돌아가는 부하 전류를 만들어 낸다.

마지막으로, 0 V 접지 기준을 두 전지 사이에 놓은 식으로 간단히 위치를 변경하는 것만으로도 양전원(split supply)[역주1]을 만들 수 있다. 이렇게 하면 +1.5 V 리드와 −1.5 V 리드가 0 V 기준에 상대적으로 생성된다. 0 V 접지 기준에 대한 양전압 및 음전압이 많은 회로에 필요하다. 이 경우 0 V 접지 기준이 공통 귀선(common return)[역주2] 역할을 한다. 신호가 정현파 모양이고 0 V를 기준으로 양전압과 음전압이 번갈아 나오는 오디오 회로에 종종 이게 필요하다.

[역주1] 분리 전원 또는 절연 전원. 반대말은 단전원
[역주2] 공통 귀로. 정확히 말하자면, 공통 귀환 선로 또는 공통 귀환 경로

2.3.4 그 밖의 전압원

전자들을 회로를 통과하게 밀어내는 힘, 즉 기전력을 일으키는 화학 반응 외에도 다른 구조가 있다. 몇 가지 예를 들면, 자기유도, 광발전 작용, 열전 효과, 압전 효과, 정전기 효과가 그것이다. 여기서 언급한 것들 중에 자기유도(발전기에 사용) 및 광발전 작용(광전지에 사용)은 화학 반응과 더불어 회로를 구동하는 데 필요한 전력을 충분히 제공하는 유일한 구조다. 열전 효과와 압전 효과가 보통 매우 작기 때문에(일반적으로 밀리볼트 정도) 센서 형태로 된 응용기기에서만 사용한다. 정전기 효과는 도체나 절연체와 같은 물체에 전하가 있는 경우에 생긴다. 대전된 물체 사이에서 큰 전압이 걸릴 수 있지만 이 물체들이 회로로 연결되면 위험한 전류가 흐를 수 있어서 민감한 회로를 고장 낼 수도 있다. 또한, 일단 방전되고 나면(밀리초 정도 걸림) 회로를 켤 전류가

더 이상 없게 된다. 정전기는 귀찮은 전기일 뿐 유용한 전력원이 아니다. 서로 다른 이 모든 구조를 이 책 전반에 걸쳐서 더 자세히 논의한다.

2.3.5 물에 비유하기

전압을 물에 비유하는 게 여러모로 도움이 된다. 보기 2.11에서는 직류 전압원을 물 펌프에, 전선을 수도관에, 벤저민 프랭클린의 양전하를 물에, 전통적인 전류 흐름을 물의 흐름으로 간주한다. 부하(즉, 저항기)는 물의 흐름을 제한하는 입자들로 짠 그물로, 고정된 상태에서 힘을 소진하게 하는 것이라고 여긴다. 유사점과 차이점을 비교하는 일은 독자의 몫으로 남긴다.

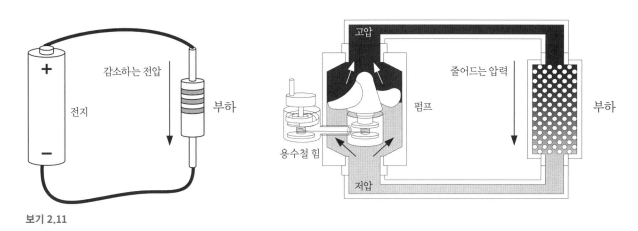

보기 2.11

또한 중력 때문에 수압이 생기는 물에 비교해 볼 수도 있다. 이 비유가 여러모로 정확하지는 않지만, 적어도 전압(즉, 수압)이 커질수록 전류가 왜 더 세게 흐르는지를 알 수 있을 것이다.

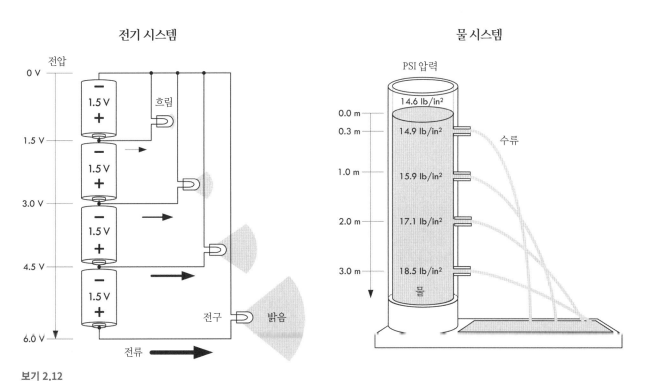

보기 2.12

이렇게 물에 비유하는 방식에 너무 많은 관심을 두는 게 현명하지는 않다. 실제로는 전기회로와 아주 닮은꼴이 아니기 때문이다. 적당히 에누리해서 들어야 한다. 다음 절에서는 이런 사실을 입증한다.

▶ **예제 1:** 다음 보기에 표시한 여러 지점 사이의 전압을 알아내라. 예를 들면, 보기 2.13(a)에서 A 점과 B 점 사이에 걸린 전압은 12 V이다.

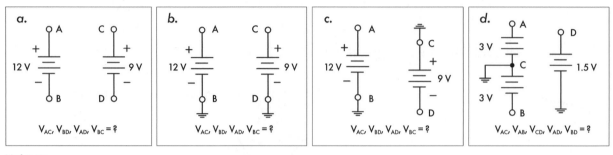

보기 2.13

▷ **정답: a.** $V_{AC}=0$, $V_{BD}=0$, $V_{AD}=0$, $V_{BC}=0$. **b.** $V_{AC}=3$ V, $V_{BD}=0$ V, $V_{AD}=12$ V, $V_{BC}=9$ V. **c.** $V_{AC}=12$ V, $V_{BD}=9$ V. $V_{AD}=21$ V, $V_{BC}=0$ V. **d.** $V_{AC}=3$ V, $V_{AB}=6$ V, $V_{CD}=1.5$ V, $V_{AD}=1.5$ V, $V_{BD}=4.5$ V.

▶ **예제 2:** 다음 보기에 표시된 여러 곳의 점전압(접지 기준)을 찾아내라.

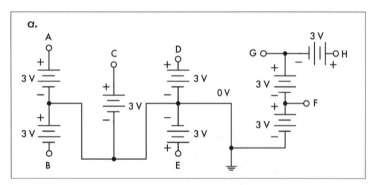 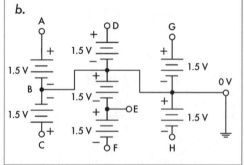

보기 2.14

▷ **정답: a.** A = 3 V, B = −3 V, C = 3 V, D = 3 V, E = 3 V, F = 3 V, G = 6 V, H = 9 V. **b.** A = 1.5 V, B = 0 V, C = 1.5 V, D = 1.5 V, E = −1.5 V, F = −3.0 V, G = 1.5 V, H = −1.5 V.

2.4 전도 현상의 미시적 고찰(관심 있는 사람들만 볼 것)

미시적인 수준에서 보면 구리 도체는 보기 2.15에 나온 바와 같이, 면심입방격자 구조 안에 구리 공들로 구성된 격자가 다시 압축되어 들어가 있는 꼴을 닮았다. 그 밖의 다른 금속과 마찬가지로, 구리와 같은 금속 원자를 모두 한 데 묶는 결합 방식을 금속 결합(metallic bonding)이라고 부르는데, 금속 원자의 원자가전자들이 '자유전자의 구름'을 형성해 금속 이온('자유롭게 날아가 버린 전자를 잃게 되어 양전하를 띠게 된 원자로 보기 2.15(b)에서 행성 꼴로 된 모형을 보라)들 사이에 있는 공간을 채운다. 이 자유전자들로 이뤄진 구름이 접착제처럼 작용해 금속 이온 격자 구조가 유지되게 한다.

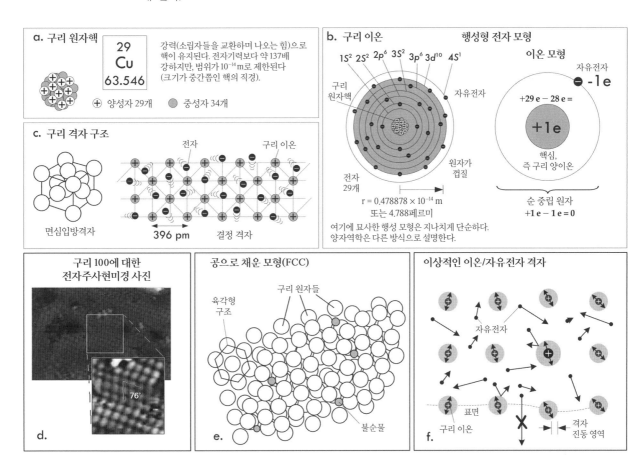

보기 2.15 (a) 구리 원자의 핵은 양성자와 중성자로 구성되어 있는데, 전자력보다 약 137배 더 강한 핵력으로 상호 결합되어 있다. (b) 전통적인 원자 행성 모형에 따르면 구리 원자의 원자가전자들이 전기력에 의해 궤도에 자리를 잡은 것으로 본다. 전자의 에너지 준위가 띄엄띄엄 있는지, 그리고 전자가 핵으로 빠져 들거나 궤도를 따라서 전자기 에너지를 방출하지 않는지를 설명하는 데는 양자역학이 필요하다. (c) 구리 격자를 이루는 배열은 면심입방체 꼴이다. (d) 구리 100을 주사터널링 전자 현미경(STM)으로 찍은 사진(출처: courtesy of Institut für Allgemeine Physik, TU Wien.) (e) 격자를 공 모양으로 채운 모형으로 격자 모양이 불규칙함을 나타낸다. 불순물(종류가 다른 원자)이 이렇게 되는 원인 중 하나이다. (f) 자유전자들과 상호 작용할 뿐만 아니라 외부의 열과도 상호 작용하며 격자 내 원자가 진동하는 현상을 알 수 있게 격자를 표현한 모양. 자유전자의 속도와 방향이 다양하고, 다른 전자나 격자를 구성하는 이온과 충돌하면서 이리저리 이동한다. 정상적인 상황이라면 금속 표면에서 벗어나지 않는다.

자유전자로 이뤄진 구름을 구성하는 각 자유전자는 임의의 방향과 속도로 이동하면서, 금속 이온이나 그 밖의 불완전물(격자 내 불순물이나 입자의 경계에 있는 전이 등)과 충돌하거나 다시 튕겨 '돌아온다'. 이 일이 실온에서 인가전압이 전혀 없이도 구리 덩어리에서 일어난다는 점을 알아야 한다.

실온에서는 자유전자가 금속 표면을 벗어나지 않는다. 격자 안에 있는 양이온이 내는 쿨롱(전기) 인력에서 자유전자가 벗어날 수 없다(특수한 조건에서 독특한 방식을 쓰면 전자를 빼낼 수도 있다는 점을 나중에 알게 된다).

자유전자 모형(free-electron model), 즉 자유전자를 상호 작용하지 않는 전하들로 이뤄진 기체로 취급하는 고전 모형에 따르면, 구리 원자당 자유전자가 대략 한 개여서 구리 도체의 자유전자 농도 $\rho_n = 8.5 \times 10^{28}$ 전자/m³이 된다. 이 모형에 따르면 정상 조건(구리 한 조각이 실온에 놓인 경우)에서 구리 내에 있는 전자들의 열속도(thermal velocity) v는 약 120 km/s(1.2×10^5 m/s)이지만 이는 온도에 따라 달라진다. 충돌하기 전에 전자가 이동하는 평균 거리를 평균 자유 경로(mean free path) λ라고 하는데, 이는 약 0.000003 mm(2.9×10^{-9} m)이며, 충돌에 걸리는 평균 시간 τ는 대략 0.000000000000024 s(2.4×10^{-14} s)이다. 자유전자 모형이 여러 면에서 질적으로 정확하기는 해도 양자역학을 바탕으로 한 모형만큼 정확하지는 않다. (속도, 경로, 시간의 관계를 $v = \lambda/\tau$로 나타낼 수 있다.)

양자역학에서 전자는 양자 물리학에 기초한 속도 분포 법칙을 따르고, 전자의 운동은 이러한 양자론에 따라 달라진다. 양자역학에서는 전자를 구리의 격자 구조로부터 흐트러지는 파동인 것처럼 취급해야 한다. 양자 관점에서 볼 때 자유전자의 열속도(이제는 페르미 속도 v_F라고 부름)가 자유전자 모형이 예측한 속도보다 빠른 것으로 나타나는데, 지금은 대략 1.57×10^6 m/s이며, 자유전자 모형과는 반대로, 본질적으로 온도에 따라 속도가 달라지지 않는다. 게다가 양자 모형에 따르면 더 큰 평균 자유 거리가 예측되는데, 현재 약 3.9×10^{-8} m로 온도에 무관하다. 양자 관점으로 볼 때 실험 데이터와 더 정확하게 일치하는 반응을 얻게 되므로 양자 관점이 받아들여질 것이다. 표 2.1에 다양한 금속 내 전자의 페르미 속도를 나타냈다.

표 2.1 다양한 금속 내 응집 물질의 특성

소재	페르미 에너지 E_F (eV)	페르미 온도 ($\times 10^4$K)	페르미 속도 (m/s) $V_F = C\sqrt{\dfrac{2E_F}{m_e c^2}}$	자유전자 밀도 ρ_e (전자/m³)	일함수 W (eV)
구리 (Cu)	7.00	8.16	1.57×10^6	8.47×10^{28}	4.7
은 (Ag)	5.49	6.38	1.39×10^6	5.86×10^{28}	4.73
금 (Au)	5.53	6.42	1.40×10^6	5.90×10^{28}	5.1
철 (Fe)	11.1	13.0	1.98×10^6	17.0×10^{28}	4.5
주석 (Sn)	8.15	9.46	1.69×10^6	14.8×10^{28}	4.42
납 (Pb)	9.47	11.0	1.83×10^6	13.2×10^{28}	4.14
알루미늄 (Al)	11.7	13.6	2.03×10^6	18.1×10^{28}	4.08

참고: 1 eV = 1.6022×10^{-19} J, $m_e = 9.11 \times 10^{-31}$ kg, $c = 3.0 \times 10^8$ m/s
페르미 에너지와 자유전자 농도 데이터(출처: N.W. Ashcroft and N.D. Mermin, Solid State Physics, Saunders, 1976; work function data from Paul A.Tipler and Ralph A. Llewellyn, *Modern Physics*, 3rd ed., W.H. Freeman, 1999.)

또한, 일함수(work function)라고 불리는, 전자가 금속 표면에서 빠져나가는 것을 방지하는 표면 결합 에너지(정전 인력에 의해 생김)가 구리의 경우에는 약 4.7 eV이다(1 eV = 1.6022×10^{-19} J). 열전자 방출, 전계 방출, 2차 방출 및 광전자 방출과 같은 특별한 과정을 통해서만 전자를 방출할 수 있다.

- **열전자 방출(thermionic emission)**: 자유전자가 물질의 일함수를 극복하는 데 필요한 에너지는 온도가 높아지면 충분히 제공된다. 이때 방출된 전자를 열전자라고 부른다.
- **전계 방출(field emission)**: 고전압 도체에 의해 생성된 전기장에서 나온 추가 에너지가 표면에서 전자를 떼어 내는 데 충분한 인력과 양성인 장을 제공한다. 이렇게 하는 데는 거대한 전

압(방사하는 표면과 양성 도체 간에 센티미터당 MV)이 필요하다.

- 2차 방출(secondary emission): 전자나 다른 입자가 고속으로 금속 표면에 포격하듯이 충돌될 때 금속 표면에서 전자가 방출된다.
- 광전자 방출(photoelectric emission): 물질 내의 전자가 특정 진동수를 지닌 광자에서 에너지를 흡수하는 식으로 일함수를 극복할 수 있는 충분한 에너지를 제공받는다. 광자의 진동수가 정확히 맞아야 하는데, $W = hf_0$에 따라 그렇게 된다(플랑크 상수 $h = 6.63 \times 10^{-34}$ J-s 또는 4.14×10^{-14} eV, f_0는 헤르츠 단위이다).

2.4.1 전압 인가

다음으로 우리는 도체에 전압을 인가할 때, 말하자면 전지 양단에 두꺼운 구리선을 연결했을 때 어떤 일이 일어나는지 보고 싶다. 이렇게 하면, 무작위로 움직이는 자유전자는 모두, 전선 내에 설정된 전기장 때문에 전선의 양극 쪽으로 향하는 힘을 겪게 된다. (이 전기장은 한쪽 극의 중성(음성에 비교하면 양성) 밀도에 비해 다른 쪽 극에서 퍼 넣는 전자들의 음성 밀도로 인한 것이다.) 무작위로 움직이는 자유전자에 이 힘이 미치는 영향이 실제로는 작은데, 열속도가 너무 커서 전자의 추진력을 바꾸기가 어렵기 때문이다. 보기 2.16에서 볼 수 있듯이 경로가 포물선처럼 한쪽으로 약간 치우치는 정도에 불과하다.

전선 내부에서 벌어지는 일

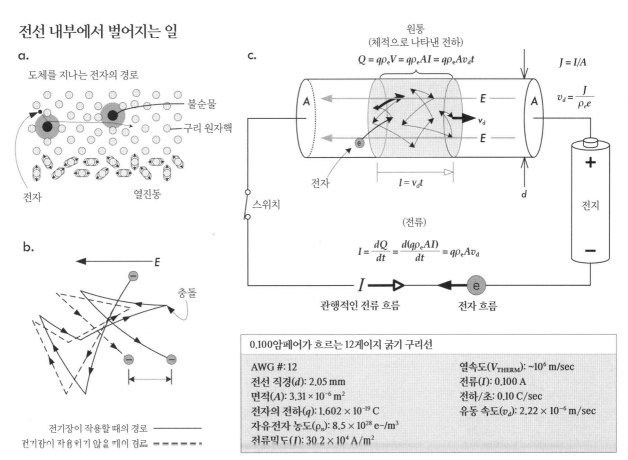

보기 2.16 **(a)** 구리 격자 사이를 단순히 무작위로 움직이는 전자로서, 격자를 구성하는 원자와 불순물에 튕긴다. **(b)** 전자가 금속 내 이온이나 불순물과 자주 충돌하며 무작위로 흩어진다. 전기장 내에서 전자는 전기장에 반대되는 작은 속도 성분을 추가한다. 경로에 보이는 편차는 과장되어 있다. 전기장 내에 있는 전자의 경로는 거의 포물선에 가깝다. **(c)** 전류밀도, 유동 속도, 전하밀도, 열속도 및 전류를 나타내는 모형이다.

일반적으로, 전선 내에서 장(field)은 힘이 작용하는 방향으로 순수한 가속 성분을 만들어 낸다. 그렇지만 전자가 겪는 일상적인 충돌로 인해 항력[역주1]이 생기는데, 이는 낙하산을 탈 때 느끼는 항력과 유사하다. 알짜 효과는 유동 속도 v_d라고도 부르는 평균 군속도[역주2]이다. 눈에 띄는 점은 이 속도가 놀랍게도 작다는 점이다. 예를 들어, 0.100 A 전류를 산출하기 위해 12게이지 구리선에 전압을 인가하면 초당 약 0.002 mm에 해당하는 유동 속도를 초래한다. 유동 속도는 다음과 같이 결정되는데,

$$v_d = J/(\rho_e e)$$

여기서 J는 전류밀도(어떤 영역을 관통해 흐르는 전류($J = I/A$))이고, ρ_e는 물질 내의 자유전자 밀도이고, e는 전자의 전하를 나타낸다. 다양한 물질의 자유전자 밀도를 표 2.1에 나타내었다. 보다시피 도체의 전류 및 지름에 따라 유동 속도가 달라진다.

유동 속도가 너무 느려서 초당 1밀리미터의 몇 분의 1에 불과하므로, 측정 가능한 전류가 어떻게 흐를지를 고심해 볼 필요가 있다. 예를 들면, 손전등을 켰을 때 어떤 일이 벌어질까? 물론, 전자가 전지에서 나와 도체를 따라 흐르기까지 몇 시간이나 기다릴 이유는 없다. 스위치를 켤 때 들어오는 전자의 전기장 때문에 전선 내부에 이웃해 있는 전자들이 반발하게 된다. 그런 다음, 이 이웃 전자가 다른 이웃 전자를 반발하게 하는 식으로, 빛의 속도와 가까운 속도로 물질을 통해 전파되는 연속적인 상호 작용을 만든다(보기 2.17). 그렇지만 이런 반응이 실제로 빛의 속도로 이뤄지는 게 아니라 조금 더 느리고, 매체에 따라 달라진다. 도체 전체에 걸쳐 퍼져 있는 자유전자가 모두 반응해 즉시 움직이기 시작한다. 스위치에 가장 가까운 것부터 그렇게 되고, 전구 필라멘트와 LED에서 가장 가까운 것도 마찬가지이다. 정원에서 쓰는 호스를 켤 때와 마찬가지로 유체가 흐를 때에 비슷한 효과가 난다. 호스가 이미 물로 가득 차 있다면, 즉시로 호스에서 물이 나올 것이다. 수도꼭지 끝 부분에 있는 물에 작용하는 힘이 호스를 따라 빠르게 전달되어 수도꼭지가 열리는 즉시 호스 끝 부분에 있는 물이 흐른다.

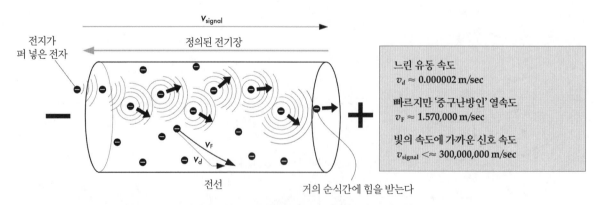

보기 2.17 한쪽 끝으로 전자를 퍼 넣을 때 전선을 따라 전기장이 전파되는 형태를 보여 준다.

교류의 경우라면, 전기장은 정현파 꼴로 방향을 바꿔 가며 전자의 유동 속도 성분을 앞뒤로 움직인다. 교류 전류의 주파수가 60 Hz라면 속도 성분은 1초에 60번을 앞뒤로 진동할 것이다. 한 차례의 교류 주기 동안에 이뤄지는 최대 유동 속도가 0.002 mm/s라면, 유동 거리 내에서

최대 진폭 간의 거리는 대략 0.00045 mm일 것이라고 판단할 수 있다. 물론 이것은 전자들이 진동하는 자리에 고정되어 있다는 것을 의미하지는 않는다. 이러한 개념이 바로 전자의 표류 변위 성분(drift displacement component)[역주]이라는 것이다(존재한다면 말이다). 열 효과로 인해 전자의 전반적인 움직임은 꽤나 무작위적이므로 실제 변위가 상당히 크다는 점을 상기하라.

[역주] 유동 변위 성분

2.5 저항, 저항률, 전도율

바로 앞 절에서 설명했듯이, 실온에서 구리 선 내에 있는 자유전자는 구리 격자 내의 다른 전자, 격자를 구성하는 이온 및 불순물과 자주 충돌하므로 전방으로 이동하는 데 제한을 받는다. 우리는 전자 흐름을 방해하는 이러한 미시 구조를 전기 저항에 연관짓는다. 1826년 게오르그 사이먼 옴(Georg Simon Ohm)은 숨겨진 구조들과 관련이 없는 정성적 접근법을 사용해 다양한 물질의 저항을 실험한 결과를 발표했지만, 단순히 관찰할 수 있는 효과만을 고려한 면이 있었다. 어쨌든 그는 어떤 물질에 특정 전압을 걸었을 때 물질을 따라 흐른 전류와 전압 간에 선형 관계가 있다는 점을 발견했다. 그는 인가된 전압을, 전압을 걸었을 때 흐르는 전류로 나눈 비율로 저항(resistance)을 정의했는데, 다음 식과 같다.

$$R \equiv \frac{V}{I} \tag{2.4}$$

이 문장을 옴의 법칙이라고 부르는데, 여기서 R은 암페어당 또는 옴(그리이스어 문자 오메가 Ω로 간단히 표시한다)당 볼트로 나타내는 저항이다. 1 V 전압을 인가했을 때 1 A의 전류가 흐르면, 이때의 저항을 1옴으로 나타낸다.

$$1\,\Omega = 1\,V/1\,A$$

저항기를 지정할 때는 —⋀⋀⋀— 기호를 사용한다.

이제 옴의 법칙이 진짜 법칙이라기보다는 물질의 행태를 경험적으로 서술한 것이라는 점을 알 수 있다. 사실, 옴의 법칙이 들어맞지 않는 물질도 있다.

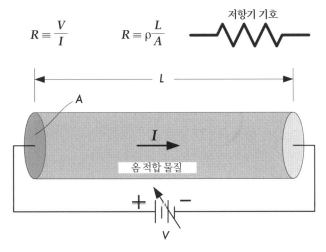

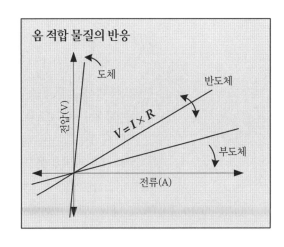

보기 2.18

역주 저항성이 있는 물질 옴의 법칙을 옴 적합 물질(ohmic materials)^{역주}에만 적용할 수 있는데, 이 물질들의 저항은 전압 범위를 넘어서도 일정하게 유지된다. 반면에 옴 부적합 물질(nonohmic materials)은 이 형태를 따르지 않는다. 그러므로 옴의 법칙에 맞지 않는다. 예를 들어, 다이오드는 전압이 양일 때 전류가 쉽게 통과할 수 있게 하지만, 전압이 음일 때는 전류(높은 저항을 생성)가 흐르지 못하게 한다.

옴의 법칙에 관한 주의사항

보통 옴의 법칙을 다음 형태로 기술한다.

$$V = I \times R$$

그렇지만 이런 형태로 기술할 때는 저항과 전류라는 관점으로만 전압을 정의하려는 유혹에 빠지기 쉽다. R이 옴 적합 물질의 저항을 나타내며 옴의 법칙 내에서 V에 독립적이라는 점을 인식해야 한다. 사실, 옴의 법칙은 전압에 대해서 아무런 정보도 나타내지 않는다. 오히려 옴의 법칙은 전압에 대한 저항을 정의하는 것으로, 정전기와 같은 다른 물리 영역에는 적용할 수 없는데 정전기에는 전류가 흐르지 않기 때문이다. 다시 말하면 전류와 저항의 관점에서 전압을 정의하지 않고, 전압과 전류의 관점에서 저항을 정의한다는 말이다. 그렇다고 해도 측정 전류가 주어진 경우에 알려진 저항에 걸리는 전압을 예측할 수 없다는 말은 아니다. 사실, 이 일은 회로 분석 과정에서 항상 실행된다.

2.5.1 도체의 모양이 저항에 영향을 주는 방식

어떤 도체가 주어졌을 때, 해당 도체의 저항은 도체의 모양에 따라 달라진다. 전선의 길이를 두 배로 늘리면 저항이 두 배로 증가하는데, 인가전압이 비슷하다고 가정하면 전류가 절반만 흐르게 된다. 반대로, 단면적 A를 두 배로 늘리면 반대 효과가 나타나 인가전압이 비슷하다고 가정하면 저항은 반으로 줄고 전류는 두 배로 흐른다.

길이에 따라 저항이 증가하는 것을, 전선을 늘어뜨릴수록 전기장(전원에 퍼 넣어진 추가 전자로 인해 유도된 전기장)을 밀쳐야(push) 하는 더 많은 격자 구조로 된 이온과 결함이 존재한다는 사실로 설명할 수 있다. 이 전기장 때문에 전자들이 비효과적으로 이동하는데, 전선을 따라가다 보면 더 많은 전선이 밀쳐져 나와 평균적으로 더 많이 충돌하기 때문이다.

단면적에 따른 저항 감소를, 체적이 큰 도체(단면적이 더 큼)에 더 큰 전류를 흘릴 수 있다는 사실로 설명할 수 있다. 0.100 A가 통과하는 가는 선이 있고 0.100 A가 통과하는 두꺼운 선이 있는 경우에, 더 얇은 전선에서는 0.100 A를 더 작은 체적에 집중시켜야 하지만 두꺼운 전선에서는 이 전류가 더 큰 체적에 분산될 수 있다. 작은 체적에 갇힌 전자는 큰 체적과 비교하면 그 밖의 전자들이나 격자 이온 및 결함과 아주 더 많이 충돌하는 경향이 있다. 벤저민 프랭클린식 관행에 따르면, 자유전자 흐름의 농도는 반대 방향으로 흐르는 관례적 전류 흐름의 농도를 나타낸다. 역주 흐름 밀도 이 전류 흐름의 농도를 **전류밀도**(current density)^{역주}라고 하며 J로 표시하는데, 이는 단위 면적당 전류 흐름 비율을 의미한다. 전선의 경우 $J = I/A$이다. 보기 2.19에는 얇은 12게이지 전선의 전류밀도가 두꺼운 4게이지 전선의 전류밀도보다 더 크다는 점이 나온다. 또한, 두꺼운 전선의 유동 속도가 얇은 전선의 유동 속도보다 작다는 점을 보여 준다. '전자장 압력 감소로 인해 전류가 흐르는 방향의 평균 '밀침(push)'이 낮아진다.

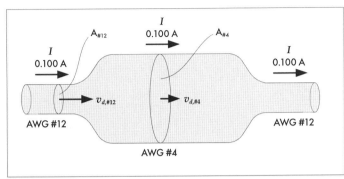

0.100 A 전류 흐름		
AWG #	12	4
전선 직경(d)	2.05 mm	5.19 mm
면적(A)	3.31×10^{-6} m²	2.11×10^{-5} m²
유동 속도(v_d)	2.22×10^{-6} m/sec	3.48×10^{-7} m/sec
전류밀도(J)	30,211 A/m²	4,739 A/m²

저항률(ρ): 1.7×10^{-8} Ω·m
전도율(σ): 6.0×10^{7} (Ω·m)$^{-1}$
직경에 따라 달라지지 않는 구리의 특성

보기 2.19 전선의 직경이 저항에 미치는 영향. 얇은 전선의 단위 길이당 저항이 두꺼운 전선의 저항보다 더 크다.

2.5.2 저항률과 전도율

우리는 물질의 물리적인 길이나 지름과는 아무런 관련이 없는, 저항의 가장 중요한 측면을 남겨 두었다. 물질의 '화학적인' 측면이 저항에 어떤 영향을 끼칠까? 예를 들어, 치수가 같은 동도체 소선[역주1]과 구리 전선이 있다고 할 때, 어떤 금속의 전체 저항이 더 클까? 이 질문에 답변하고 물질을 분류하는 방법을 제공하기 위해 저항률[역주2]이라는 개념을 도입한다. 저항(resistance)과 다르게 저항률(resistivity)은 소재의 크기와는 완전히 별개이다. 저항률은 물질의 고유 속성이다. 저항률 ρ를 다음과 같이 정의한다.

[역주1] 황동 전선
[역주2] 비저항 또는 고유저항 또는 저항도

$$\rho \equiv R \frac{A}{L} \tag{2.5}$$

여기서 A는 단면적을 나타내고, L은 길이를, R은 재료의 전체 저항을 나타내는데, 길이 방향으로 측정한 것이다. 저항률의 단위는 옴미터(Ωm)이다.

어떤 면에서 저항률은 지나치게 부정적인 개념이다. 저항률은 전류가 지나가는 자리에 무언가 '나쁜' 게 어떻게 자리 잡고 있는지를 알려 준다. 낙천적인 사람은 전도율(conductivity)이라는 개념을 더 좋아한다. 무언가 '좋은' 게 전류가 지나가는 자리에 어떻게 자리 잡고 있는지를 나타내기 때문이다. 전도율을 σ 기호로 나타내며, 간단히 저항률의 수학적 역에 해당한다.

$$\sigma \equiv \frac{1}{\rho} \tag{2.6}$$

전도율의 단위는 지멘스(siemens)로, S = (Ωm)$^{-1}$로 나타낸다(수학적 참고: [Ωm]$^{-1}$ = 1/[Ωm]). 전도율과 저항률에는 중요 기본 정보가 각기 들어 있다. 어떤 사람은 낙관적인 전도율 개념('잔에 술이 절반이나 남았네')을 사용하는 방정식을 선호하는 반면에, 어떤 이들은 저항률이라는 비관적인 개념을 선호한다('잔에 술이 절반밖에 안 남았잖아').

저항률과 전도율이라는 관점에서 옴의 법칙을 다음과 같이 다시 작성할 수 있다.

$$V = IR = \rho \frac{L}{A} I = \frac{I \times L}{\sigma \times A} \tag{2.7}$$

다양한 물질의 전도율(비관론자가 보기에는 저항률)을 표 2.2에 나타내었다. (《The Handbook of Chemistry and Physics》 같은 기술 지침서에서 더 자세한 목록을 볼 수 있다.) 구리나 은과 같은 금속의 전도율은 테플론과 같이 우수한 절연체의 전도율보다 10^{21}배나 높다. 구리와 은이 모두 좋은 도체이기는 하지만 실용적으로 쓰기에는 은이 너무 비싸다. 알루미늄이 상당히 좋은 도체여서 한때는 가정용 선로에 실제로 사용하기도 했지만, 심하게 산화되고 전기 접속에 걸림돌이 되며[역주1] 채널 크기가 한정되어 전류 흐름이 제한된다는 점이 곧 밝혀졌다. 이러면 화재가 발생할 위험이 있다.[역주2]

표 2.2 다양한 물질의 전도율

소재	저항률 $\rho(\Omega m)$	전도율 $\sigma(\Omega m)^{-1}$	온도 계수 $\alpha(°C^{-1})$	열저항률 (W/cm °C)$^{-1}$	열전도율 K(W/cm °C)
도체					
알루미늄	2.82×10^{-8}	3.55×10^{7}	0.0039	0.462	2.165
금	2.44×10^{-8}	4.10×10^{7}		0.343	2.913
은	1.59×10^{-8}	6.29×10^{7}	0.0038	0.240	4.173
구리	1.72×10^{-8}	5.81×10^{7}	0.0039	0.254	3.937
철	10.0×10^{-8}	1.0×10^{7}	0.0050	1.495	0.669
텅스텐	5.6×10^{-8}	1.8×10^{7}	0.0045	0.508	1.969
백금	10.6×10^{-8}	1.0×10^{7}	0.003927		
납	0.22×10^{-6}	4.54×10^{6}		2.915	0.343
강철(스테인레스)	0.72×10^{-6}	1.39×10^{6}		6.757	0.148 (312)
니크롬	100×10^{-8}	0.1×10^{7}	0.0004		
망가닌	44×10^{-8}	0.23×10^{7}	0.00001		
황동	7×10^{-8}	1.4×10^{7}	0.002	0.820	1.22
반도체					
탄소(흑연)	3.5×10^{-5}	2.9×10^{4}	−0.0005		
게르마늄	0.46	2.2	−0.048		
규소[역주]	640	3.5×10^{-3}	−0.075	0.686	1.457 (순수)
비소화갈륨				1.692	0.591
부도체					
유리	$10^{10} \sim 10^{14}$	$10^{-14} \sim 10^{-10}$			
네오프렌 고무	10^{9}	10^{-9}			
석영(융합)	75×10^{16}	10^{-16}			
황	10^{15}	10^{-15}			
테플론	10^{14}	10^{-14}			

역주 실리콘

저항률(또는 전도율)의 중요한 특성으로는 저항률이 온도에 따라 달라진다는 점이 있다. 일반적으로, 특정 온도 범위에서 대다수 물질의 저항률을 다음 방정식으로 나타낸다.

$$\rho = \rho_0[1 + \alpha(T - T_0)] \tag{2.8}$$

이 식에서 ρ는 기준 저항률을 ρ_0으로 놓고 온도를 T_0으로 설정했을 때 계산한 저항률이다. 알파 (α)를 저항률의 온도 계수(temperature coefficient of resistivity)라고 부르는데, 1/℃, 즉 (℃)$^{-1}$라는 단위에 따른 것이다. (온도 증가에 따른) 열에너지로 인해 격자를 구성하는 원자들이 진동하면서 전도성을 띤 전자가 흐르는 속도를 방해하기 때문에 대다수 금속의 저항률이 온도에 따라 증가한다.

■ 물과 공기와 진공은 도체인가 아니면 부도체인가?

이러한 매질에 대해서는 특별히 언급할 게 있다. 표 2.3에 나타낸 설명을 보라.

표 2.3 특별한 물질의 저항률

물질	저항률 $\rho(\Omega m)$	설명
순수한 물	2.5×10^5	증류수는 좋은 부도체로서 저항률이 높다. 더 약한 전도 구조 중 하나는 전자 흐름이 아닌 이온 흐름에 바탕을 두고 있는데, 이를 금속에서 볼 수 있다. 물에서는 일반적으로 H_3O^+과 OH^- 이온을 상당히 늘어나게 하는 자동 이온화가 실온에서 일어나며, 이온의 개수는 H_2O 분자와 비교할 때 더 작다($1{:}10^{-7}$). 증류수 통 안에서 서로 떨어져 있는 구리 전극 두 개에 전압을 알 수 있는 전지를 연결해 회로의 단단한 전선 부분에서 전류를 측정하면, 옴의 법칙을 사용해 물이 약 20×10^6 Ω/cm에 해당하는 저항을 나타낸다는 점을 알 수 있다. 두 전극 사이에서 H_3O^+는 음극을 향해 흐르고 OH^-는 양극을 향해 흐른다. 각 이온이 전극과 접촉하면 전자를 내주거나 받아들이게 되는데, 이로 인해 이온이 용액 내에서 재결합한다.
소금물	~0.2	일반적인 소금(NaCl) 형태로 된 이온성 화합물을 물에 넣으면 용액 내의 이온 농도가 증가한다. NaCl은 Na^+와 Cl^-로 이온화된다. 소금 1그램을 넣으면 약 2×10^{22}개의 이온이 생긴다. 이 이온들이 전하 운송자(charge carrier)^{역주} 역할을 해서 결과적으로 용액의 저항을 미터당 1옴 이하로 효과적으로 낮춘다. 용액을 전지와 전구 사이에서 도체 역할을 하게 하면, 용액 안에 둔 전극을 거쳐 충분한 전류가 전구에 흐른다.
사람 피부	~5.0×10^5	수분 함량 및 염분 함량에 따라 달라진다.
공기		자유전자가 극히 드물어 부도체로 간주한다. 그렇지만 액체와 마찬가지로, 종종 공기에도 양이온과 음이온이 밀집되어 있기도 한다. 산소(O_2)나 질소(N_2)와 같은 중성 공기 분자에 엑스선이나 감마선 또는 라돈 원자가 붕괴하면서 방출하는 알파 입자가 자연스럽게 충돌하면, 전자가 나오면서 공기 이온이 형성된다. (해수면에서는 센티미터당 매초 약 5~10개의 이온쌍이 생성되는데, 라돈 지역 주변에서 더 많이 발생한다.) 산소나 질소의 양극 분자는 극성 분자들(수적으로 10에서 15)을 급격하게 끌어당기는데, 대체로 물에서 그렇다. 그 결과로 나온 군집(cluster)을 양성 공기 이온이라고 한다. 반면에, 해리된 전자는 산소 분자(질소는 전자에 대한 친화력이 없음)에 붙을 가능성이 크다. 참고: 공기는 중성으로 간주한다. 이온들은 항상 짝을 이뤄 형성되는데, 양성과 음성 부분들이 같다.
		공기를 통해 전류를 흘리려면 공기 흐름을 가로질러 전기장을 걸어야 한다. 판 두 개를 평행하게 떨어뜨려 놓고 각기 전위를 다르게 설정하는 식이다(그러면 두 판 사이에 전압이 걸린다). 전압이 낮은 경우 전기장의 강도가 낮아서 두 판 사이에 공기 이온이 이동하기는 하지만, 자유롭게 떠다니는 이온의 농도가 너무 작아서 전류가 거의 흐르지 않는다. 그렇지만 전기장의 강도를 높이면 공기 속의 자유전자(자연스러운 과정을 통해 해리된 전자)가 (양성인 판 쪽으로) 고속으로 가속되므로, 전자 자체가 공기 분자와 충돌하는 데 필요한 에너지를 충분히 갖게 되어 더 많은 이온쌍(양성 및 음성)이 생성된다. 이러한 이온화를 일으키는 절연 파괴 장 세기(field strength)는 공기 중에 놓인 판 전극 사이에서 약 3메가볼트이다. 1 cm만큼 띄운 두 금속 판 사이에서 이온화가 일어나는 데는 약 30,000 V가 필요하다. 그렇지만 판 하나를 날카로운 금속 송곳 모양이나 가는 선 모양으로 바꾸면 전기장의 세기를 높일 수 있다. 필요한 전압이 수 킬로볼트로 떨어진다. 이때 일어나는 일을 다음과 같이 분류할 수 있다.
		코로나 방전(corona discharge): 파괴 장 세기를 초과하는 전극 주위의 작은 영역에서만 이온화가 일어난다. 장(field)의 나머지 영역에서는 천천히 움직이는 이온 전류와 더 느리게 움직이는 대전 입자가 상대 전극(반대쪽으로 내선된 판일 수도 있고, 난순이 실내의 벽이거나 땅일 수도 있음)으로 가는 길을 찾는다. 일부 영역에서 파괴 장 세기를 초과하는 한 이러한 방전이 지속될 수 있다.

역주 전하 나르개 또는 전하 캐리어

표 2.3 특별한 물질의 저항률 (이어짐)

물질	저항률 ρ(Ωm)	설명
공기		**불꽃 방전(spark discharge):** 두 개의 둥근 도체 사이에 전위차가 있을 때 발생하며, 도체 중 하나는 종종 접지되어 있다. 코로나 방전과 마찬가지로 파괴 장 세기를 초과하는 지점에서 방전이 시작된다. 그렇지만 코로나 방전과는 달리, 불꽃이 발생하면 전극 사이 모든 곳에서 이온화가 이뤄진다. 매우 빠르게 방전되며, 방전 에너지가 좁은 공간에 한정된다. 고장을 일으키는 데 충분한 전압을 파괴 전압(breakdown voltage)역주이라고 부른다. 예를 들어, 절연 처리한 마루(예: 카펫) 위를 절연 처리한 신발을 신고 가로질러 가는 동안 접촉 및 마찰로 인해 대전이 되는데, 그런 다음에 접지된 물체에 접촉하면 전하가 몸에서 흘러나오거나 심지어 신체 접촉을 하기 전에도 흘러나온다. 이게 불꽃(spark)이다. 약 1000 V보다 낮은 전압에서 이뤄지는 방전을 감지하는 사람은 거의 없다. 대다수는 2000 V쯤 되어야 불쾌감을 느끼기 시작한다. 3000 V 이상인 전압에서 이뤄지는 방전에 노출된 거의 모든 사람들은 불쾌감을 느낀다.
		붓 방전(brush discharge): 예를 들면, 코로나 방전과 불꽃 방전 중간쯤에 해당하는데 대전된 물질과, 곡률 반경이 수 밀리미터이며 일반적으로 접지된 전극 사이에서 일어난다. 붓 방전이 오랫동안 이뤄지면 불규칙한 모양으로 된 발광 경로로 보일 수 있다. 절연체에서 나오는 거의 모든 방전은 붓 방전에 해당하는데, 대전된 복사용지를 들거나 스웨터를 벗을 때 머리카락에 닿으면서 나는 '탁탁' 소리처럼 들린다.
진공		진공에 자유전자가 전혀 들어 있지 않기 때문에 또는 그렇게 정의하기 때문에 진공을 완벽한 부도체로 간주한다. 그렇지만 이게 진공을 관통해서 충전할 수 없다는 의미는 아니다. 다양한 구조로 인해 어떤 물질에서 소위 진공이라 불리는 곳으로 전자가 방출된다(이 점은 공기도 마찬가지다). 그러한 구조를 예로 들면 **열전자 방출(thermionic emission)**을 들 수 있는데, 이때 온도가 증가하면 자유전자가 물질의 표면 전위 장벽(일함수)을 넘어서는 데 필요한 에너지를 얻게 된다. **장 방출(field emission)**은 고전압 도체에 의해 생성된 전기장에서 나온 추가 에너지가 전자를 표면에서 떼어 내는 데 충분하게 양성인 장을 제공하는데, 이때 거대한 전압(방출 표면과 양성 도체 사이에 센티미터당 메가볼트)이 필요하다. **2차 방출(secondary emission)**은 고속 전자나 다른 입자들이 금속 표면에 타격할 때 금속 표면에서 전자들이 방출된다. **광전기 방출(photoelectric emission)**은 특정 주파수를 지닌 광자가 전자(흡착된 전자)를 타격할 때 전자가 표면에서 방출된다. 이러한 구조 중 상당수를 진공관 기술에 채택하였다. 그렇지만 전자를 원천으로 삼는 그러한 구조가 없었다면 전류를 공급하기 위한 어떤 전하 원천도 진공 내에 없었을 것이다.

역주 절연 파괴 전압

2.6 부도체, 도체, 반도체

앞에서 본 것처럼, 물질의 전기 저항은 도체냐 부도체냐에 따라 크게 다르다. 괜찮은 도체는 약 10^{-8} Ωm이고, 좋은 부도체는 약 10^{14} Ωm이며, 전형적인 반도체는 온도에 따라 10^{-5}에서 10^3 Ωm이다. 이러한 차이를 어떻게 하면 자세히 설명할 수 있을까?

이 질문에 대한 답은 전자의 양자적 본질에 달려 있다. 고전 물리학에 따르면 금속의 전자가 지닌 에너지 값으로는 어떤 값도 될 수 있다. 말하자면 에너지 값이 연속적이라는 말이다. (여기서 원자핵에서 무한히 떨어져 있는 전자의 에너지를 0으로 간주하므로, 0인 기준 상태에 비해 핵에 더 가까이 자리 잡은 전자의 에너지는 음이 된다. 양성인 핵과 음성인 전자 사이에 전기적인 인력이 있게 되는데, 이것을 전위 에너지라고 한다.) 금속 내부 전자를 양자적으로 설명할 때는 전자의 에너지 값이 양자화되어 이산 값을 취하는 것으로 본다. 이것은 전자의 파동적인 특성에서 비롯된 것으로, 이산 주파수에서만 존재하는 끈(string)의 정상파(standing wave) 특성과 비슷하다. 보기 2.20에는 전자가 지닐 수 있는 에너지 준위(격자 영향 무시)를 그림으로 보여 주는 에너지 도표가 실려 있다. 도표에는 전자가 지닐 수 있는 에너지 준위만을 보여 준다. 전자들이 각 준위를 모두 지녀야 하는 건 아니다.

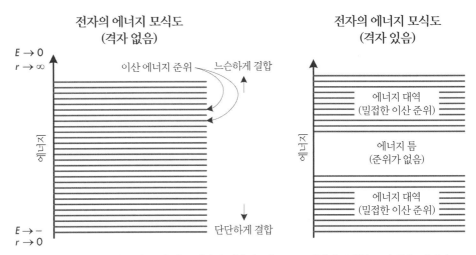

보기 2.20 (왼쪽) 어떤 고체 물질 속에 있는 전자가 취할 수 있는 모든 에너지 준위를 보여 주는 에너지 도표. 그렇지만 이 도표는 결정격자 구조의 영향을 고려하지 않은 것이다. (오른쪽) 원자들이 규칙적으로 격자 구조를 이룬 물질 내에 있는 전자가 취할 수 있는 에너지 준위를 보여 주는 에너지 도표. 전자 에너지는 허용된 대역(band) 내로 제한되며, 전자가 있어서는 안 되는 큰 에너지 틈(energy gap)이 있다. 허용된 대역 내에서도 전자가 취할 수 있는 에너지는 밀집한 이산 준위를 따른다.

원자들이 한 집합이 되어 규칙적인 배경 격자를 형성할 때는 전자에서 취할 수 있는 에너지 값은 더 많이 변경된다. 지금까지는 허용 대역이라고 부르는 서로 떨어져 있는 에너지 영역을 알아봤지만, 이제는 에너지 틈이라고 불리는 것에 대해서도 알 수 있게 되었다. 에너지 틈은 전자가 금지된 영역으로, 전자의 양성 격자 이온들이 주기적인 전위에 있을 때 진행파(즉, 전자)가 존재할 수 없는 영역을 나타낸다. 이러한 틈들은 핵물리학에서 다루는 크기를 기준으로 보면 매우 큰 규모이지만 전자볼트 범위 내에 있다. 다시 말하면, 틈이 표시된 도표에 나오는 에너지 준위는 전자 에너지가 취할 수 있는 값만을 지정한다. 전자 에너지가 해당 값을 취할 수도 있고 그렇지 않을 수도 있다.

그런데 양자 물리학에는 물질의 특성을 결정하는 데 중요한 역할을 하는 **파울리 배타 원리**(Pauli exclusion principle)^{역주}라고 하는 흥미로운 특징이 있다. 파울리 배타 원리에 따르면 원자 내의 두 전자가 같은 양자 상태에 있을 수 없다고 한다. 양자 상태의 최소 공약수는 스핀 양자수인 ms 인데, 이는 스핀이 반대(위 또는 아래)인 전자 두 개까지만 같은 에너지 준위에 자리 잡을 수 있다는 것을 의미한다. 이제 평형 상태에 놓인 자유전자가 많이 들어 있는 고체를 고려하면, 전자는 허용 대역에서 사용할 수 있는 최저 에너지 준위들을 각 준위당 최대 두 개까지 채운다. 에너지가 더 낮아진 전자는 더욱 강하게 결합되어 있는데, 이것을 최내각 전자라고 부른다. 모든 전자가 최저 에너지 상태에 놓여 있을 때 두 가지 가능성 있는 결과가 남는다. 첫 번째는 채워질 수 있는 최상위 준위가 대역의 중간에 있다. 두 번째는 전자가 대역을 한 개 이상 완벽하게 채운다. 열 효과로 인해 전자가 높은 에너지 준위로 뛰어오르는 것을 방지할 수 있을 정도로 물질의 온도가 충분히 낮다고 가정한다.

이제 전기장을 인가(전압원을 부착)해 자유전자에 에너지를 더하려고 할 때, 에너지 준위가 낮은 전자는 전자가 이미 가득 들어찬 높은 에너지 준위로 이동할 수 없으므로 해당 에너지를 받아들일 수 없다. 전자들이 최상위 준위에 있고, 이동할 수 있는 빈 준위가 근처에 있을 때만 전

역주 '파울리 배타율'이라고도 한다.

자들은 에너지를 받아들일 수 있다. 일부만 채워져 있는 대역에 전자가 있는 물질이 바로 도체 (conductor)이다. 전자의 최상층이 그 바로 위의 빈 에너지 준위로 자유롭게 이동할 때 전류가 흐른다. 낮은 준위에서 높은 준위로 뛰어오르는 전자를 들떴다(excited)[역주1]고 한다. 원자가 대역 (valance band)[역주2]은 점유된 허용대(allowed band)이다. 전도대(conduction band)는 비어 있는 허용 대이다. 도체의 에너지 대역 구조를 보기 2.21(a)와 (c)에 나타내었다.

역주1 혹은 '여기'되었다.
역주2 원자가 띠 또는 가전자대

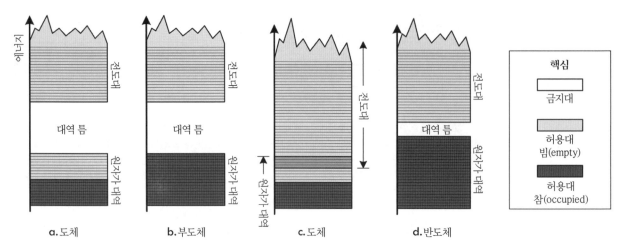

a. 도체   b. 부도체   c. 도체   d. 반도체

보기 2.21 고체에 있을 수 있는 네 개의 대역 구조다. (a) 도체: 허용대의 일부만 채워지므로 전자들이 가까운 상태로 들뜰 수 있다. (b) 부도 체: 충만대(filled band)와 그 이웃에 있는 허용대 사이에 큰 에너지 틈이 있는 금지대(forbidden band). (c) 도체: 허용대들이 중첩됨. (d) 반도 체: 충만대와 이웃한 허용대 사이의 에너지 틈이 매우 작아서 일부 전자들이 상온에서 전도대로 들뜨며 원자가 대역에 양공(hole)들을 남긴다.

물질 내 전자 중의 가장 높은 에너지를 지닌 전자가 대역을 완전히 채우면, 작은 전기장은 이들 전 자에, 이웃한 (빈) 대역의 바닥으로 뛰는 데 충분한 에너지를 부여하지 않을 것이다. 그러면 **부도체** (insulators)가 된다(보기 2.21(b)). 좋은 부도체 예로 에너지 틈이 6 eV인 다이아몬드를 들 수 있다.

반도체(semiconductors)의 경우, 가장 큰 에너지를 지닌 전자들은 절연체에서처럼 $T = 0$에서 대 역(가전자대)을 채운다. 그렇지만 부도체와는 달리 반도체는 해당 대역과 이웃한 전도대 사이 에 있는 에너지 틈이 작다. 에너지 틈이 너무 작기 때문에 적당한 전기장(또는 유한 온도(finite temperature))은 전자들이 틈을 뛰어넘어 전기를 전도하게 한다. 따라서 물질이 부도체에서 도체 로 바뀌는 데 영향을 끼치는 최소 전기장이 존재한다. 실리콘과 게르마늄의 에너지 틈이 각기 1.1 eV와 0.7 eV이므로 이 둘은 각기 반도체이다. 반도체의 경우, 온도가 올라가면 전자 중 일부 가 충분한 에너지를 공급받아 틈을 뛰어 넘을 수 있다. 일반 도체의 경우에 온도가 올라가면 저 항률이 증가하는데, 전자 흐름에 장애가 되는 원자 진동이 더 심해지기 때문이다. 반도체 내부 온 도가 올라갈수록 더 많은 전자가 빈 대역으로 들어갈 수 있게 되므로 결국 저항률이 낮아진다.

반도체의 가전자대에 있는 전자들이 에너지 틈을 가로질러 전기를 전도할 때 양공(hole)이라고 알려진 것을 뒤에 남겨 둔다. 에너지 준위가 쌓인 곳의 최상단에 이웃한 가전자대 내에 있는 그 밖의 전자들이 이 양공으로 이동하면서 원래 있던 자리에 양공들을 남기면서 해당 양공으로 여 전히 다른 전자들이 이동할 수 있다. 이 양공이 양전하 운송자처럼 자체적으로 전기를 전도하는 양극 전하처럼 행동한다. 그러므로 가전자대에서 전도대로 들뜬 전자들은 반도체에서 전기를 전 도할 때 이중 효과를 낸다.

실리콘 및 게르마늄과 같은 고유한 원소로만 구성된 반도체 외에도, 갈륨비소 화합물과 같은 혼성 화합물 반도체(hybrid compounds)도 있다. 그 밖의 반도체는 실리콘 격자에 불순물을 첨가해 만든다. 예를 들어, 인, 비소 및 안티몬과 같은 화학물질 군에 속한 원자는 격자 자체에 영향을 끼치지 않으면서 격자에 있는 실리콘 원자 중 하나를 대체할 수 있다. 그렇지만 이들 불순물은 각기 실리콘 원자에 있는 가전자 준위에 전자가 한 개 더 있다. 이 잉여 전자의 경우, 가전자대에 아무런 자리가 남아 있지 않은 이유로 전도대에 자리를 잡게 되고, 이에 따라 전기를 전도할 수 있게 된다. 이와 같은 종류의 불순물을 지닌 반도체를 n형 반도체(n-type semiconductor)라 부르고 잉여 전자를 주개 전자(donor electron)라고 한다.

붕소, 알루미늄, 갈륨과 같은 화학 군에 속한 원소의 원자에 있는 전자는 실리콘보다 한 개 더 적다. 실리콘으로 구성된 격자에 불순물 원자를 한 개 첨가하면, 격자를 유지하는 결합을 형성하는 데 필요한 것보다 전자가 하나 더 적게 된다. 격자를 이룬 물질의 가전자대에 있는 전자들이 이 전자를 제공해야만 하므로 이 대역에 양공들이 생성된다. 이러한 양공들은 양전하 운송자(positive charge carrier)처럼 행동한다. 불순물 원자를 받개(acceptor)라고 부른다. 그와 같은 불순물이 들어 있는 반도체를 p형 반도체(p-type semiconductor)라고 부른다.

n형 및 p형 반도체를 사용해서 전류 제어용 스위치(다이오드)와 전압 제어용 전류 스위치(트랜지스터)를 만드는 방법을 나중에 살펴본다.

2.7 열과 전력

2.3절에서 일반 전력 법칙을 발견했었다. 이 법칙에 따르면 장치로 들어오는 전류와 장치에 걸쳐 있는 전압을 알 수 있다면, 해당 장치에서 사용하는 전력을 알 수 있다.

$$P = VI \qquad (2.9)$$

일반 전력 법칙으로 회로에 얼마나 많은 전력이 들어오는지 알 수 있지만, 전력이 얼마나 소비되는지는 알 수 없다. 저항, 전구, 모터 및 트랜지스터와 같은 모든 장치가 들어갈 수 있지만 회로가 알려지지 않고 리드가 두 개인 블랙박스를 생각해 보자. 우리가 할 수 있는 일이 블랙박스에 투입되는 전류와 블랙박스에 걸린 전압을 측정하는 일뿐이라면, 다시 말해서 전류계와 전압계(또는 단독으로 전력계)만 사용할 수 있다면 일반 전력 법칙을 사용해 전류 및 전압 수치를 측정해 그것을 곱함으로써 블랙박스로 퍼 넣은 전력을 알 수 있다. 예를 들어, 보기 2.22에서 10 V 전압이 인가될 때 0.1 A가 투입되는 것을 측정해 1 W에 해당하는 총 소비 전력을 알 수 있다.

얼마나 많은 전력이 블랙박스로 퍼 넣어지는지를 알고 나면 전력 소비를 신속하게 측정할 수 있고 회로를 간단히 분석할 수 있다. 이 점을 나중에 살펴본다. 그렇지만 우리가 얼마나 많은 전력이 열(격자 진동, 방사선 방출 등에 들어가는 에너지)로 손실되는지를 알아내는 데 관심이 있다고 해 보자. 사실 우리는 블랙박스를 들여다볼 수 없다고 가정하고 있으므로 뭐라고 말할 처지가 아니다. 초기 에너지 중 일부를 사용해 모터의 전기자(회전자) 및 고정자 부분에 자기장을 생성하는 일, 고정자를 회전시키는 일, 공기를 압축하는 종이 스피커 콘에 부착된 음성 코일에 자기장을

발생시키는 일, 빛 에너지나 전파 등을 발생시키는 일 등 유용한 일을 하는 데 사용되는 장치가
내부에 있을 수 있다. 화학 반응을 일으키거나, 히스테리시스(hysteresis)역주1 효과를 발생시키거나,
변압기에서 맴돌이 전류(eddy current)역주2를 만들어 내는 일과 같이 실제로는 열을 내지 않는 이
상한 형태로 전력이 변환될 수도 있다.

$P = IV$와 $V = IR$ 이해하기

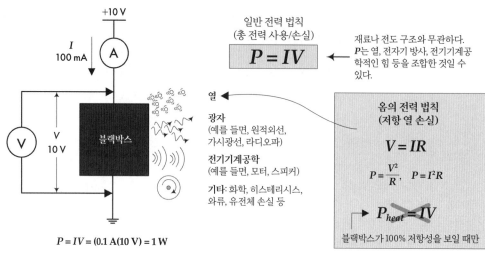

보기 2.22

전력이 모두 열에너지로 변환된다고 말할 수 있는 때는 블랙박스가 완벽한 저항(사실상 100퍼센트
저항성)이라고 가정할 때뿐이다. 그리고 나서야 옴의 법칙을 일반 전력 방정식으로 대체할 수 있다.

$$P = VI = V(V/R) = V^2/R \qquad (2.10)$$

또는

$$P = VI = (IR)I = I^2 R$$

이런 꼴에서, 열로 인해 소비되는 전력을 종종 옴 가열(Ohmic heating), 줄 가열(Joule heating) 또는
I^2R 손실(I^2R loss)역주이라고 부른다. 이 법칙을 이해할 때 주의할 점이 있다. 예를 들어, 1 W 전력
을 끌어들이는 블랙박스를 생각해 보자. 우리가 측정한 전력과 전류를 감안하면 블랙박스의 저
항이 다음과 같다고 가정하는 편이 간단하다.

$$R = \frac{P}{I^2} = \frac{1\ W}{(0.01\ A)} = 100\ \Omega$$

그러므로 블랙박스를 1 W 열을 내는 100 Ω짜리 저항기라고 할 수 있다. 보다시피 이것은 가정
이 잘못되었다. 블랙박스의 내부 동작을 무시하는 바람에 유용한 작업을 수행하는 장치를 고려
하지 않았다. 회로 분석 등을 할 때 부하(블랙박스)를 저항기로 취급하는 경우가 종종 있다. 특수
한 변수로 문제를 풀어 올바른 답을 얻을 수도 있지만 분석 기법에 불과하므로 블랙박스가 실제
로 저항기가 아닌 한 생성 열량을 확정하는 데 사용해서는 안 된다.

다음에 나오는 예는 전력을 사용하는 곳과 얼마만큼 전력이 열로 변환되는지에 대한 약간의
통찰력을 제공한다.

사례: 회로 내 전력 손실

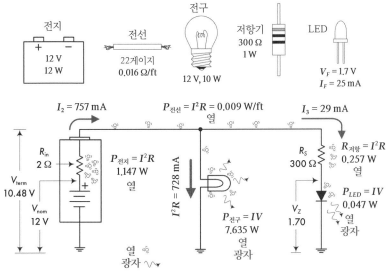

이 회로에 퍼 넣은 총 전력이 유용한 작업이나 열로 변환된다. '퍼 넣은' 전력의 총계는 이렇다.

$$P_{총계} = IV = (0.757\ A)(12\ V) = 9.08\ W$$

(이는 회로의 나머지 부분이 연결되지 않은 개방형 단자가 있는 배터리를 측정한 것을 바탕으로 한다.)

전체 전력 중 일부는 배터리의 내부 저항, 전선의 내부 저항, LED에 사용되는 전류 제한 저항기의 저항 범위 내에서 낭비된다는 점을 알 수 있다. 전구 및 LED에서 빛을 내는 데 사용한 전력은 유용한 전력으로 간주할 수 있다. 그렇지만 이러한 장치들의 빛에 사용된 전력과 열에 사용된 전력을 구분할 수 없으므로 일반 전력 법칙을 적용하는 것으로 만족해야 한다. 에너지(또는 전력) 보전 법칙에 따라 회로 내의 모든 개별 전력을 총 전력에 합산한다.

$$P_{총계} = P_{전지} + P_{전선} + P_{전구} + P_{저항} + P_{LED} = 9.086\ W$$

보기 2.23

▶ **예제 1:** 전류계와 전압계로 재어 보니 컴퓨터에서 끌어들인 전류가 1.5 A이고 전압이 117 V이다. 컴퓨터에서 소비한 전력은 얼마인가? 열로 손실되는 전력이 얼마나 많은지 말할 수 있는가?

▷ **정답:** $P = IV = (1.5\ A)(117\ V) = 176\ W$. 컴퓨터를 분해하지 않고 측정해서는 가열로 인해 손실된 전력이 얼마나 많은지 알기가 실질적으로 불가능하다.

▶ **예제 2:** 구리, 황동, 스테인리스강 및 흑연 재질로 된 네 가지 둥근 봉의 길이가 각기 1 m이고 직경이 각기 2 mm일 때, 이들의 저항을 알아내라. 또한, 각기 0.2 A 전류가 흐르는 경우 가열로 인해 손실되는 전력량을 알아보라.

▷ **정답:** 식 2.5를 사용하면 다음과 같다.

$$R = \rho\frac{L}{A} = \rho\frac{L}{\pi r^2} = \rho\frac{1\ m}{\pi(0.001\ m)^2} = \rho\frac{1\ m}{3.14 \times 10^{-6}\ m^2} = \rho(3.18 \times 10^5\ m^{-1})$$

표 2.2를 사용하면 다음과 같다.

$$\rho_{구리} = 1.72 \times 10^{-8}\ \Omega m,\ \rho_{황동} = 7.0 \times 10^{-8}\ \Omega m,\ \rho_{강철} = 7.2 \times 10^{-7}\ \Omega m,\ \rho_{흑연} = 3.5 \times 10^{-5}\ \Omega m$$

저항 식에 이를 대입하면 다음과 같다.

$$R_{구리} = 5.48 \times 10^{-3}\ \Omega,\ R_{황동} = 2.23 \times 10^{-2}\ \Omega,\ R_{강철} = 2.31 \times 10^{-1}\ \Omega,\ R_{흑연} = 11.1\ \Omega$$

식 2.10을 사용해 알아낸 전력 손실은 다음과 같다.

$$P = I^2 R = (0.2\ A)^2 R = (0.04\ A^2)R$$

$$P_{구리} = 2.2 \times 10^{-4}\ W,\ P_{황동} = 8.9 \times 10^{-4}\ W,\ P_{강철} = 9.2 \times 10^{-3}\ W,\ P_{흑연} = 0.44\ W$$

2.8 열전달 및 열저항

가열이 될 때 에너지가 어떻게 전달될까? 기체(gas) 내의 열전달은 충돌하는 기체 분자 사이의 에너지 이동에 해당한다. 온도가 높을수록 기체 분자의 운동에너지가 더 많아져 더 빠르게 움직인다. 기체가 온도가 더 낮은 찬 기체에 유입되면, '더 뜨겁고' 빠르게 움직이는 분자가 느리게 움직이는 분자에 에너지를 부여한다. 기체는 분자 밀도가 낮으므로 대체로 나쁜 열전도체이다.

비금속(nonmetals)에서 열전도는 격자 진동을 통한 에너지가 전달된 결과로, 고체의 한 영역(예를 들면, 불꽃에 가까운 영역) 내부에 있는 에너지 관점에서 보았을 때 진동하는 원자는 덜 진동하는 원자를 지닌 다른 고체 영역으로 에너지를 전달한다. 소리알(phonon)로 양자화되는 양자 한계 안에서 격자 파동들의 전달이라는 꼴로 이뤄지는 협동 운동에 의해 열전달이 확장될 수 있다. 비금속의 열전도율은 격자 구조에 따라 크게 달라진다.

금속(metals) 관점에서 보면, 이동하는 자유전자가 운동에너지를 전달하는 일과 격자 진동 효과(비금속에서 볼 수 있듯이) 때문에 열전달이 이뤄진다. 금속 내부에 있는 자유전자는 실온에서 무척 빠르게 이동한다(대부분의 금속에서 ~10^6 m/s). 양자역학이 필요하기는 하지만, 이들 전자를 열을 가해 총 에너지를 높일 수 있는 고밀도 기체처럼 다룰 수 있고, 마찬가지로 금속 중 온도가 낮은 부분으로 이 에너지를 전달할 수 있다. 그렇지만 금속의 온도가 높아지면 전반적으로 전기 저항이 커지는데, 이는 격자 진동이 증가하고 열속도 성분이 커지면서 자유전자의 유동 속도 성분이 감소하기 때문이다. 인가된 장(field)으로 인해 자유전자에 영향을 끼치기가 더욱 어려워진다. 자유전자가 추가된다는 부분적인 원인 때문에 금속이 가장 좋은 열전도체이다.

물체가 온도 T에서 갖는 에너지는, 물체 내 원자/분자/전자의 운동 결과인 내부 에너지와 상관성이 있다. 그렇지만 '물체가 열을 지니고 있다'처럼 열(heat)이라는 단어를 사용하는 것은 올바르지 않다. 열이라는 낱말은 고온 물체에서 온도가 더 낮은 물체로 에너지가 전달되는 과정을 설명하기 위해 쓴다. 에너지의 보존을 서술한 열역학 제1법칙에 따르면 시스템 ΔU의 내부 에너지 변화는 시스템에 추가된 열인 Q_H와 시스템이 한 일 W와 같다. 즉, $\Delta U = Q_H - W$이다. 일(말하자면 기체의 경우 피스톤을 움직이기 위해 전달한 에너지)을 하지 않는다고 가정할 때는 $\Delta U = Q_H$이다. 이러한 가정을 바탕으로, 열이라는 것이 시스템의 내부 에너지 측정치가 아닌 내부 에너지 변화 값으로 여길 수 있다. 이렇게 개념을 잡는 주된 이유는 시스템의 실제 내부 에너지를 알아내기가 매우 어렵고, 오히려 내부 에너지 변화를 더 의미 있게 측정할 수 있기 때문이다.

실제로, 가열로 인한 힘의 손실을 나타내는 열전달 비율이 가장 유용하다. 실험 자료를 바탕으로 다음 공식을 사용하면 특정 물질이 열을 얼마나 잘 전달하는지 판별할 수 있다.

$$P_{열} = \frac{dQ_H}{dt} = -k\nabla T \tag{2.11}$$

여기서 k는 해당 물질의 **열전도율**(thermal conductivity)(W/m°C 단위로 측정)이며 ∇T는 온도 구배(temperature gradient)이다.

$$\nabla T = \left(i\frac{\partial}{\partial t} + j\frac{\partial}{\partial t} + k\frac{\partial}{\partial t} \right) T$$

여기서 해당 구배가 무척 난해할 수 있지만, 이는 단순히 온도 분포를 3차원으로 나타내는 방법일 뿐이다. 편의상 2차원을 고수하면서 해당 기울기를 영역 A와 두께 L의 작용으로 표현하며, 안정 상태인 상황을 가정한다.

$$P_{열} = -k\frac{A\Delta T}{L} \tag{2.12}$$

여기서 $\Delta T = T_{고온} - T_{저온}$은 물질의 길이 L을 가로지르는 위치에서 측정한 것이다. 재질이 강철이나 실리콘 또는 구리나 PC 보드와 같은 것일 수 있다. 보기 2.24에 이러한 상황을 나타내었다.

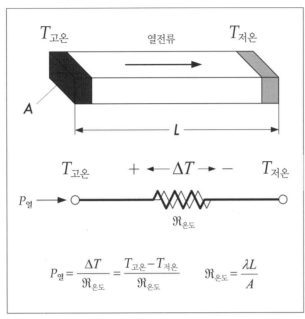

재료 덩어리의 한쪽 끝의 온도가 높으면 열이 재료를 통해 더 차가운 쪽 끝으로 전달된다. 열전달 비율, 즉 가열로 인한 힘은 재료의 열저항에 따라 달라지는데, 차례로 재료의 기하학적 구조와 재료의 열저항에 의존한다. 저항기와 비슷하게 보이지만 이상하게 생긴 기호를 사용해 열저항을 나타낸다. 표 2.4에 다양한 물질의 열저항률을 나타내었다.

보기 2.24

표 2.4 °C·in/W 단위로 나타낸 전형적인 열저항률(λ)

λ를 39로 나누어 °C·in/W 단위로 값을 구하라.

소재	λ	소재	λ	소재	λ
다이아몬드(diamond)	0.06	납(lead)	1.14	석영(quartz)	27.6
은(silver)	0.10	인듐(indium)	2.1	유리(glass)(774)	34.8
구리(copper)	0.11	질화붕소(boron nitride)	1.24	실리콘 그리스(silicon grease)	46
금(gold)	0.13	알루미나 세라믹(alumina ceramic)	2.13	물(water)	63
알루미늄(aluminum)	0.23	코바(kovar)	2.34	운모(mica)	80
베릴리아 세라믹(beryllia ceramic)	0.24	탄화규소(silicon carbide)	2.3	폴리에틸렌(polyethylene)	120
몰리브데넘(molybdenum)	0.27	강철(Steel)(300)	2.4	나일론(Nylon)	190
황동(brass)	0.34	니크롬(nichrome)	3.00	실리콘 고무(silicon rubber)	190
규소(silicon)	0.47	탄소(carbon)	5.7	테플론(teflon)	190
백금(platinum)	0.54	페라이트(ferrite)	6.3	P.P.O.	205
주석(tin)	0.60	파이로세람(pyroceram)	11.7	폴리스티렌(polystyrene)	380
니켈(nickel)	0.61	에폭시(epoxy)(전도율이 높음)	24	마일러(mylar)	1040
주석 땜납(tin solder)	0.78			공기(air)	2280

열전도율 k는 전기 전도율과 마찬가지로 **열저항률**(thermal resistivity) λ라고 부르는 역함수를 지니고 있다. 다시 말하지만, 함수는 물질이 열을 전달하기에 '얼마나 좋은가'를 알려주고, 역함수는 그렇게 하기에는 그것이 '얼마나 나쁜가'를 알려 준다. 이 둘의 관계식은 $k = 1/λ$이다.

물질의 형태를 고려하면 열저항 $\Re_{온도}$(전기 저항과 유사)라는 개념을 세울 수 있는데, 단면적 A, 재료 덩어리의 길이 L, 열전도율 k, 즉 열저항률 λ에 따라 달라진다.

$$\Re_{온도} = \frac{L}{kA} \quad \text{또는} \quad \Re_{온도} = \frac{λL}{A} \tag{2.13}$$

열저항 단위는 °C/W이다.

따라서 이 모든 것을 합해 보면, 어떤 온도를 내는 어떤 지점에서 다른 온도를 내는 다른 지점으로 열을 내는 힘이 전달되는 일을 다음과 같이 표현할 수 있다.

$$P_{열} = \frac{dQ_{열}}{dt} = k\left(\frac{A}{L}\right)\Delta T = \frac{1}{λ}\left(\frac{A}{L}\right)\Delta T = \frac{\Delta T}{\Re_{온도}} \tag{2.14}$$

(k = 열전도율, λ = 열저항률, R$_{온도}$ = 열저항)

방정식 2.14의 매우 유용한 특성으로는, 옴의 법칙과 정확히 같아서 열 흐름 문제를 회로 문제와 비교해서 동일한 원리와 방법을 적용한다는 점을 들 수 있다. 예를 들면, 다음 대응 관계가 성립한다.

열전도율 k [W/(m°C)]	전기 전도율 σ [S/m 또는 (Ωm)$^{-1}$]
열저항률 λ [m°C/W]	전기 저항률 ρ [Ωm]
열저항 $\Re_{온도}$ [°C/W]	전기 저항 R [Ω]
열류(열 흐름) P$_{열}$ [W]	전류 I [A]
열 전위차 ΔT [°C]	전기적 전위차, 즉 전압 V [V]
열원	전류원

▶ **예제:** 25 W(입력 전원) 납땜인두로 #12 구리선으로 된 4인치(0.1 m)짜리 조각의 끝을 가열할 때의 온도를 계산하라. 이때 다른 쪽 끝이 대형 금속 바이스(무한한 흡열부를 가정)에 고정되어 있고, 대기 온도는 25°C(77°F)이다.

▷ **정답:** 먼저 구리선의 열저항을 계산한다(#12 전선의 직경은 2.053 mm이고, 단면적이 3.31×10^{-6} m^{2}이다).

$$\Re_{온도} = \frac{L}{kA} = \frac{(0.1 \text{ m})}{(390 \text{ W/(m°C)})(3.31 \times 10^{-6} \text{ m}^2))} = 77.4 °C/W$$

그런 다음에, 열 흐름 방정식을 정리하고 철에 있는 약 23 W 열 중에 실제로는 10 W만 전선으로 전달된다는 현실적인 가정을 하면 다음과 같이 된다.

$$\Delta T = P_{열}\Re_{온도} = (10 \text{ W})(77.4°C/W) = 774°C$$

끝부분 중 뜨거운 쪽의 전선 온도를 다음과 같이 추정한다.

$$25°C + \Delta T = 799°C \text{ (또는 } 1470°F)$$

앞의 예에서 납땜인두가 오랫동안 안정된 상태로 고정되어 있다고 가정한 점을 기억해야 한다. 또한, 많은 열이 공기와 인두 손잡이 등으로 발산되는 식으로 열이 방출되어 10 W만 전달되었다고 가정해야 한다. 어떤 경우든 전기 출력 수준이 적절하더라도 물건이 뜨거워질 수 있다.

2.8.1 전열기를 다룰 때 유의할 점

전자제품 중에는 전열기(토스터, 헤어드라이어, 온수기 등)도 포함되어 있기는 하지만, 가능만 하다면 열을 내는 시간을 최대한 줄일 수 있게 전력 손실을 나타내거나 적어도 부품을 선택할 때 고려해야 한다. 저항기뿐만 아니라 커패시터, 변압기, 트랜지스터 및 모터와 같은 모든 실제 회로 구성 요소에는 내부 저항이 내재되어 있다. 이러한 내부 저항을 종종 무시하기도 하지만, 어떤 상황에서는 무시해서는 안 된다.

큰 문제는 주로 의도치 않게 열이 나서 회로 부품의 온도가 한계를 넘는 바람에 폭발하거나 녹거나 그 밖의 치명적인 사건을 일으켜 부품이 고장이 날 때 벌어진다. 상대적으로 사소한 문제는 부품이 열로 인해 고장이 나는 바람에, 저항이 변하는 일과 같은 특성 변경으로 인해 회로 작동에 나쁜 영향을 끼치는 일 등에서 드러날 수도 있다.

전열기와 관련된 문제를 피하려면, 정격이 예상 최대 소비 전력의 두 배에서 세 배 이상인 부품을 사용해야 한다. 열이 부품 인자의 성능 변화를 나타내는 경우에는 온도 계수가 낮은 부품을 선택하는 편이 좋다.

중출력에서 고출력에 이르는 회로(전력 공급 장치, 증폭기 스테이지, 송신 회로, 파워 트랜지스터가 내장된 소비 전력이 많은 회로 등)에서는 방열(더 정확하게 말하자면, 발생하는 열을 효율적으로 제거하는 일)이 무척 중요하다. 부품의 작동 온도를 임계 수준 이하로 낮출 수 있게 회로에서 열을 제거하는 기술은 다양하다. 소극적인 행동 방식으로는 방열판(즉, 흡열부) 사용, 신중한 부품 배치, 환기 등이 있다. 방열판은 온도에 민감한 장치에서 열을 방출하는 데 사용하는 특별한 장치다(공기 중으로 방출하는 표면적을 늘림으로써 도체용 냉각액처럼 작동하게 한다). 적극적인 행동 방식으로는 강제통풍(환풍기를 사용)하거나 액체로 냉각하는 방법 등이 있다. 이러한 방법을 이 책 전반에 걸쳐 이야기할 것이다.

▶ **예제:** 보기 2.25에 집적회로 내부에 있는 박막 저항을 나타내었다. 0.1×0.2 in인 표면($100 \, W/in^2$)에서 2 W를 방출하면 얼마나 뜨거울까? 접지면의 온도가 80°C라고 가정한다.

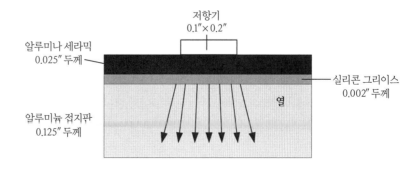

보기 2.25

▷ **정답:** 서로 다른 매질 세 개가 이 열을 전달하므로, 각 매질의 열전도를 고려해야 한다. 방정식 2.14와 표 2.4를 사용해 각 영역을 거친 개별 열전달을 알아낸다.

$$\Delta T_{1-2(\text{세라믹에서})} = \lambda_{\text{세라믹}}\left(\frac{L}{A}\right)P_{\text{dis}} = \frac{(2.13)(0.025)(2)}{(0.1)(0.2)} = 5.3°\text{C}$$

$$\Delta T_{2-3(\text{그리이스에서})} = \lambda_{\text{그리이스}}\left(\frac{L}{A}\right)P_{\text{dis}} = \frac{(46)(0.002)(2)}{(0.1)(0.2)} = 9.2°\text{C}$$

$$\Delta T_{3-4(\text{알루미늄에서})} = \lambda_{\text{알루미늄}}\left(\frac{L}{A}\right)P_{\text{dis}} = \frac{(0.23)(0.125)(2)}{(0.1)(0.2)} = 2.9°\text{C}$$

모두 합산하면 다음과 같다.

$$\Delta T_{1-4} = 5.3°\text{C} + 9.2°\text{C} + 2.9°\text{C} = 17.4°\text{C}$$

이 결과를 알루미늄 접지면의 온도 80°C에 더하면 최대 저항 온도를 약 100°C로 추산할 수 있다. 이 추산 방식에서는 가로 방향 열 확산을 무시하므로 추정치가 보수적이다.

2.9 와이어 게이지

2.5절에서 전선(wire)의 직경이 작아지면 구리 전선 내 전류밀도가 커지는 것을 보았다. 이미 알고 있는 바와 같이 전류밀도가 높을수록 전선이 더 뜨거워진다. 전자와 구리 격자 이온들이 서로 더 많이 충돌하기 때문이다. 전류밀도가 너무 커지면 진동 효과가 구리 격자 결합 에너지를 압도하게 되고, 이로 인해 전선이 녹는 일을 초래하는 시점(용해점이라고도 함)에 다가선다. 이런 일을 방지하려면 예상 전류 준위에 맞는 전선 크기를 선택해야 한다. 전선 크기를 선번(gauge number)으로 표시한다. 이 표준은 미국 전선 치수(American Wire Gauge, AWG)의 공동 표준으로, 선번이 작을수록 전선의 지름이 더 크다(전류 용량이 더 크다). 표 2.5에 AWG 전선 목록을 생각나는 대로 나타내었다. 3.1절 전선과 케이블에서 더 자세한 목록을 제공한다.

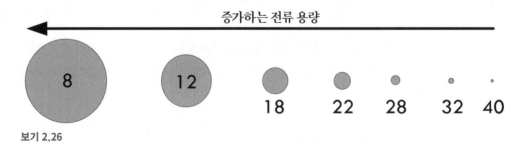

보기 2.26

▶ **예제:** 출력 전력이 0.1 mW에서 5 W까지 다양한 부하 장치를 부하에서 10 ft 떨어진 12 V 전원에 연결해야 한다. 부하가 끌어당겨 쓸 것으로 예상되는 전류가 무엇이든 안전하게 지원할 수 있는 최소 전선 치수를 표 2.5를 보고 결정하라.

표 2.5 구리 전선 사양(노출형 전선과 에나멜 코팅 전선)

전선 크기 (AWG)	직경 (밀)*1	면적 (원밀)*2	노출형의 파운드당 피트	1000피트당 옴, 25°C	전류 용량 (앰프)
4	204.3	41738.49	7.918	0.2485	59.626
8	128.5	16512.25	25.24	0.7925	18.696
10	101.9	10383.61	31.82	0.9987	14.834
12	80.8	6528.64	50.61	1.5880	9.327
14	64.1	4108.81	80.39	2.5240	5.870
18	40.3	1624.09	203.5	6.3860	2.320
20	32	1024.00	222.7	10.1280	1.463
22	25.3	640.09	516.3	16.2000	0.914
24	20.1	404.01	817.7	25.6700	0.577
28	12.6	158.76	2081	65.3100	0.227
32	8.0	64.00	5163	162.0000	0.091
40	3.1	9.61	34364	1079.0000	0.014

*1 1밀(mil) = 0.001인치 또는 0.0254밀리미터
*2 원밀(circular mil, CM)은 직경이 1밀인 원의 면적 단위이다. 전선의 CM 영역은 밀로 잰 직경의 제곱이다. 보기 2.26에 나오는 전선들의 직경은 상대적인 것으로, 배율을 나타낸 게 아니다.

▷ **정답:** 최대 전력 준위만을 고려하면 되므로 일반 전력 법칙을 사용한다.

$$I = \frac{P}{V} = \frac{5\ \text{W}}{12\ \text{V}} = 0.42\ \text{A}$$

표 2.5에 제공된 와이어 게이지만 선택하면 0.914 A 정격의 22게이지가 작동하지만, 2.32 A 정격의 18게이지 전선을 보수적으로 선택할 수 있다. 전선의 길이가 너무 짧아서 전압이 거의 떨어지지 않으므로 길이를 무시할 수 있다.

▶ **예제:** 10 Ω 전열 장치가 120 VAC 전원으로 작동한다. 해당 장치가 얼마나 많은 전류를 끌어다 쓰며, 해당 장치에 연결하는 도체의 크기는 얼마여야 하는가?

▷ **정답:** 120 VAC는 정현파 전압의 RMS 값인데, 이 경우에는 가정용 전선 전압에 해당한다. 나중에 교류를 다루면서 이 점을 논의하겠지만, 저항기에서 소비하는 전력의 관점에서 보면 이것을 직류 전압처럼 다룰 수 있다. 그러므로 다음과 같다.

$$P = \frac{V^2}{R} = \frac{(120\ \text{V}^2)}{10\ \Omega} = 1440\ \text{W}, \quad I\frac{P}{V} = \frac{1440\ W}{120\ V} = 12\ \text{A}$$

더 큰 8게이지 전선이 더 안전하겠지만, 10게이지 전선이 이러한 전류를 지원할 것이다.

▶ **예제:** 전압원에 전선을 연결하면 안 되는 이유는 무엇인가? 예를 들어, 120 V 전원(120 V 주전원 콘센트)에 직접 12게이지 전선을 연결하면 어떻게 될까? 12 V 직류 전원이나 1.5 V 전지로 이 작업을 하면 어떻게 될까?

▷ **정답:** 120 V 주전원을 사용하는 경우라면 큰 불꽃이 일면서 전선이 녹을 수도 있는데, 아마도 이 과정에서 불쾌한 전기충격(전선을 절연하지 않은 경우)을 받을 수도 있다. 그렇지만 전선의 저항이 낮아서 큰 전류가 흐를 것이므로 가정 내 회로 차단기가 작동할 가능성이 더 높다. 차단기들은 그 경로 중 한 곳에 전류가 많이 흐른다는 점을 감지하면 움직인다. 설치 방식에 따라 어떤 것의 정격은 10 A이고, 그 밖의 것은 15 A이다. 좋은 직류 전원 공급 장치에서는 아마도 내부 차단기가 작동하거나 퓨즈가 끊어지겠지만, 불량 공급 장치라면 내부 회로가 망가질 것이다. 전지의 경우에는 전지에 내부 저항이 있으므로 전지가 가열된다. 전지의 내부 저항에 대해 덜 치명적인 전류 정격들이 있겠지만, 전지가 곧 방전될 것이므로 전지가 고장이 나거나 극단적인 경우에는 파열될 수 있다.

2.10 접지

2.3절에서 논의를 잠시 중단했지만, 전압이라는 게 상대성을 띤 개념이라는 점을 알게 되었다. 예를 들어, 회로의 어떤 지점에 10 V 전압이 걸려 있다고 말하면서 회로 내 다른 지점과 비교하지 않으면 의미가 없다. 회로의 한 지점을, 그 밖의 모든 전압 측정 기준으로 삼는 일, 즉 0 V 기준점으로 정의하는 경우가 많다. 이 지점을 종종 **접지**(ground)라고 하며, 흔히 보기 2.27과 같은 기호로 표시한다.

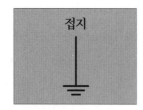

보기 2.27

예를 들어, 보기 2.28은 접지를 선택해 전압을 정의하는 다양한 방법을 나타낸다. 이 경우에 접지는 0 V 기준 표시를 나타낸다. 전지 한 개의 극 간에는 1.5 V 전위차, 즉 전압이 걸려 있다. 간단히 0 V 기준 접지를 음극 단자에 두면, 양극 단자는 0 V 기준 접지에 상대적으로 1.5 V에 있다고 말한다. 0 볼트 기준, 즉 전지의 음극을 **귀환**(return)^{역주}이라고 부른다. 전구나 저항기와 같은 부하를 단자 사이에 두면 부하 전류가 음극 단자로 귀환한다.

보기 2.28의 가운데 그림을 보면 1.5 V 전지 두 개의 끝을 서로 맞붙여 두었다. 이런 식으로 전지를 연결하면 전압이 더해져 전체 전압은 3.0 V가 된다. 0 V 기준 접지가 바닥에 있는 경우에 그림에 나오는 위치에서 1.5 V 및 3.0 V라는 판독 값이 나온다. 두 전지(3.0 V 차이)에 걸쳐 놓인 부하는 아래쪽 전지의 음극 단자로 귀환하는 부하 전류를 발생시킨다. 이 경우에 아래쪽 전지의 음극 단자에 해당하는 0 V 기준 전압을 거쳐 귀환한다.

마지막으로, 0 V 접지 기준을 두 전지 사이에 놓은 식으로 간단히 위치를 변경하는 것만으로도 양전원(split supply)^{역주}을 만들 수 있다. 이것은 0 V 기준과 비교해 보았을 때 각기 +1.5 V와

−1.5 V인 접속 도선^{역주}을 생성한다. 많은 회로에 0 V 접지 기준에 상대적으로 양인 전압과 음인 전압이 둘 다 필요하다. 이 경우에 0 V 접지 기준은 **공통 귀환**(common return) 역할을 한다. 신호가 정현파이고 0 V 기준 전압과 비교했을 때 양인 전압과 음인 전압이 번갈아 나타나야 하는 곳(오디오 회로와 같은 곳)에 종종 필요하다.

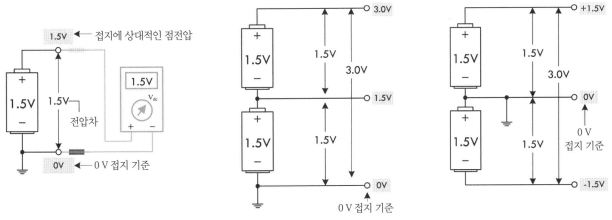

보기 2.28

보기 2.27에 나오는 접지 기호는 0 V 기준 또는 귀선 역할을 하는데, 이를 많은 사람이 사용한다. 그렇지만 밝혀진 바와 같이 실제로는 진짜 땅에 접지한 것을 나타내는데, 땅에 접지한다는 것은 땅에 묻힌 전도성 물질을 통해 땅과 물리적으로 연결된다는 의미이다. 어찌되었든 간에 기호가 지닌 중의적인 의미^{역주}를 살리는 셈이 되지만, 종종 초보자에게는 혼란스러울 수 있다.

2.10.1 대지 접지

대지 접지(earth ground)^{역주1}란, 정확한 정의에 따르면 8피트^{역주2} 또는 그 이상 깊이 묻힌 접지봉에 연결함을 의미한다. 이 대지용 접지봉이 주전원 차단기함에 있는 접지 도체에 바로 연결되어 있으며, 활성선(hot wire) 및 중성선(neutral wire)과 함께 전원 케이블에 들어 있는 녹색으로 코팅한 전선 또는 노출된 구리 전선을 통해 가정의 다양한 교류 콘센트로 이어진다. 그런 다음에 접지 소켓의 콘센트에서 접지할 수 있다. 땅에 묻은 금속 배관을 종종 접지로 간주한다. 보기 2.29를 보라.

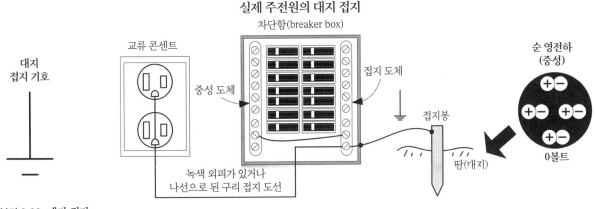

보기 2.29 대지 접지

땅이 전기적으로 중성인 본체를 제공하기 때문에 땅과 물리적으로 연결하는 게 중요하다. 땅에는 양전하와 음전하가 같은 수로 고루 분포한다. 실질적으로 땅이 무한한 전하 중성이라는 특성 때문에, 발전기나 전지 또는 정전기 구조나 그 밖의 유사한 것으로 땅의 내부 전위를 변화시키려는 시도는 본질적으로 측정 효과를 낼 수가 없다. 땅으로 새로운 전하가 유입되어도 빠르게 흡수된다(축축한 토양에는 보통 전도성이 있다). 이러한 전하 간 상호 작용이 땅에서 고루 끊임없이 발생하며, 이와 같은 교환을 평균하면 알짜 전하는 0이 된다.

실용적으로 쓸 수 있게 땅의 전하를 0으로(그 밖의 사물에 상대적으로) 정의한다. 사실상 요동하지 않는 전위인 셈이다. 그렇기 때문에 땅은 그 밖의 신호의 편리하고 유용한 전위 기준이 된다. 다양한 전자 장비를 대지 접지에 연결하면, 모두 대지 접지 기준 전위를 공유하게 되므로 모든 장치에 공통 기준이 있게 된다.

장비의 특정 부분을 대지 접지에 물리적으로 연결할 때는 장치가 전원에 꽂혀 있을 때 주 접지선 회로에 연결된 전원 코드의 접지선을 통해 연결한다. 일반적으로 전원 코드의 접지선을 장비의 내부에 연결하는데, 내부 회로에서 나오는 채널의 귀환 부분에 대한 논의가 더 중요하다. 그런 다음 이것을 접지 리드 단자로 사용한다. 예를 들어, 보기 2.30에서 오실로스코프, 함수 발생기(function generator)[역주] 및 일반 시청각 장치는 입력 및 출력 채널들에 BNC 및 UHF 커넥터를 사용한다.

[역주] 기능 발생기

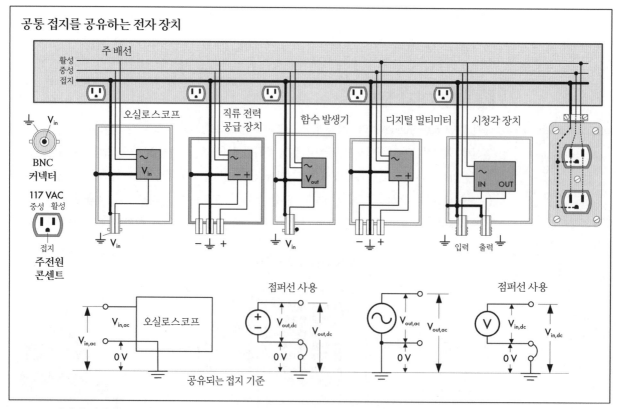

보기 2.30 다양한 시험 장비와 시청각 장치가 주전원 접지 배선을 통해 공통 접지 접속부를 공유하는 방법을 보여 준다.

내부적으로 BNC 또는 UHF 잭의 외부 커넥터 몸체가 채널의 귀선(또는 원천) 부분에 연결되어 있으며, 중심 도체 전선(외부 몸체와 절연됨)은 채널의 원천(또는 귀선) 부분에 연결되어 있다. 그런데 귀선 또는 외부 커넥터가 전원 코드 케이블을 통해 주 접지선에 내부적으로 연결되어 있다는 점이 중요하다. 이렇게 하면 귀선이 대지 접지 기준으로 설정된다. 직류 전원 공급 장치의 경우에, 별도의 대지 접지 단자가 바나나 잭 단자 형태로 표면에 드러나 있다. 직류 전원을 접지하려면, 음극 전원 단자와 접지 단자 사이에 점퍼선을 연결해야 한다. 점퍼를 사용하지 않으면 전원 공급 장치는 표류(floating)^{역주} 상태가 된다.

역주 부동 또는 떠다님

장비 중의 모든 접지 부분이 공통 접지를 공유한다. 이것을 입증하고 싶다면 개별 시험 장비 두 개와 접지 단자 사이의 저항을 실험실에서 측정해 보라. 장치들을 올바르게 접지했다면 측정치로 0 Ω을 얻게 된다(단, 내부 저항들은 조금 더 많다).

역주 이 책에서는 주로 회로를 둘러싼 골격 부분을 말한다.

접지는 단순한 기준점 역할 외에, 장비 내의 어떤 부분이 고장이 나거나 함(chassis)^{역주}이나 큰 함(cabinet)이 '뜨거워질 경우'에 일어날 수 있는 있는 전기적 충격을 줄여 주는 역할도 한다. 적절히 접지되어 있는 콘센트에 3선 전기 시스템 접지를 통해 함을 연결한 경우, 뜨거운 함에서 나온 전류 흐름의 경로는 몸을 통하지 않고 접지 쪽으로 향하게 된다. 충격 방지용 접지 시스템을 일반적으로 직류 접지라고 부른다. 나중에 교류를 다루면서 충격 위험과 접지를 논의한다.

정전기로 대전된 물체가 민감한 장비에 접촉했을 때도 접지는 정전기 방전(ESD)에 도움이 된다. 카펫을 밟으며 산책한 사람은 자신이 대전체가 된다. 일부 집적회로는 ESD로 인한 손상에 무척 취약하다. 민감한 집적회로를 다루는 동안에 접지된 작업용 깔개를 사용하거나 손목을 접지된 끈으로 묶으면, 무엇인가를 만지기 전에 대전된 몸에서 방전이 되므로 칩이 고장이 나지 않을 수 있다.

역주 온저항 또는 교류 저항

그 밖에 접지 시스템이 하는 큰일로는 전기 장비나 전파 등과 같이 이리저리 떠다니는 무선 주파수(RF)를 생성하는 장치로 인해 생성된 표류 무선 전류가 접지에 이르는 경로를 낮은 임피던스(impedance)^{역주}로 제공하는 일을 들 수 있다. 표류하는 RF는 장비를 오작동하게 하거나 RFI 문제를 일으키기도 한다. 이렇게 임피던스가 낮은 경로를 대개 RF 접지라고 부른다. 대체로 직류 접지와 RF 접지를 같은 시스템이 제공한다.

■ 공통 접지 오류

앞에서 언급했지만, 많은 경우에 접지 기호는 회로도에서 전류 귀환 경로를 나타내는 일반 기호로 사용되며, 심지어 물리적으로 접지하지 않을 때도 그렇다. 이것은 양극(+), 음극(−), 그리고 접지 단자가 있는 3단자 직류 공급 장치를 대하는 초보자에게 혼동을 줄 수 있다. 이미 배웠듯이, 공급 장치의 접지 단자는 장치를 두른 상자에 연결되어 있고, 장치는 주된 대지 접지 시스템에 연결되어 있다. 초보자가 흔히 범하는 실수로는 보기 2.31(a)와 같이 전원 공급 장치의 양극 단자와 접지 단자를 사용해 전구와 같은 부하에 전원을 공급하는 일을 들 수 있다. 그렇지만 이 것은 에너지원(공급 장치)에 대한 전류 귀환 경로를 완성하지 못하는 셈이 되어 전원에서 전류가 흐르지 않는다. 따라서 부하 전류는 0이 된다. 양극 단자와 음극 단자 사이에 부하를 직접 연결해서 **부동 부하(floating load)**를 생성하거나 접지와 음극 전원 사이에 점퍼 선을 연결해 **접지 부하(grounded load)**를 생성하는 게 당연히 올바른 방식이다. 분명히 많은 직류 회로는 접지할 필요가 없다. 일반적으로 성능을 떨어뜨리지도 않는다(예를 들면, 전지로 작동하는 장치는 이런 식으로 연결할 필요가 없다).

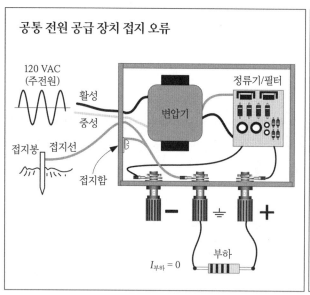
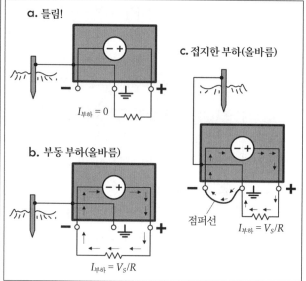

보기 2.31

양전압과 음전압이 필요한 회로에서는 각 극성을 제공하는 전원 공급 장치가 필요하다. 양전압을 공급하면 음극 단자를 귀선으로 삼고, 음전압을 공급하면 양극 단자를 귀선으로 삼는다. 이들 단자 두 개는 함께 연결되어 부하 전류의 공통 귀환 경로를 형성한다. 공급 장치의 음극 단자와 양극 단자 사이를 연결하면 **공통 귀환**(common return) 또는 **부동 귀환**(floating return)이 나온다. 특정 회로에 필요하다면 부동 귀로나 공통 귀로를 공급 장치의 대지 접지 단자에 연결될 수도 있다. 일반적으로 이는 회로의 성능에 도움이 되지도 방해가 되지도 않는다.

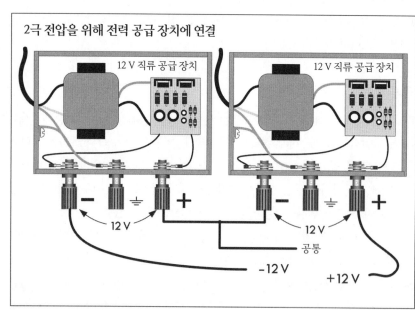
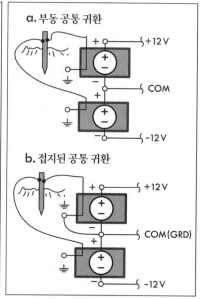

보기 2.32

불행하게도 접지 기호의 의미를 전자공학에서 너무 느슨하게 사용하는 바람에 어떤 때는 다른 의미로 쓰이기도 한다. 접지 기호를 0 V 기준으로 사용하는데, 심지어 대지(earth)에 실제로 연결되지 않았을 때에도 사용한다. 때로는 회로 내 어떤 지점을 실제로 대지 접지에 연결한다는 의미로 쓰기도 하며, 때로는 일반 귀환의 의미로 사용해서 귀선(return wire)을 그릴 필요가 없게도 한다. 이게 현명한 것은 아닐지라도 실제로는 대지 접지 귀환으로 사용할 수 있다. 보기 2.33을 보라. 복잡한 문제를 피하기 위해 다음에 논의할 대체 기호가 사용된다.

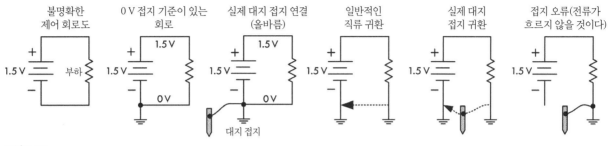

보기 2.33

2.10.2 접지 기호의 다른 형식

접지, 전압 기준 및 전류 귀환 경로를 잘못 해석하지 않게 덜 모호한 기호를 채택했다. 보기 2.34에 대지 접지(지구가 기준이 될 수 있다), 틀(frame)이나 함(chassis)의 접지, 디지털 및 아날로그 기준 접지를 나타냈다. 불행하게도, 디지털과 아날로그에 대한 공통 귀환이 다소 애매하지만, 일반적으로 기호가 무엇을 나타내는지를 회로도에 지정해 둔다.

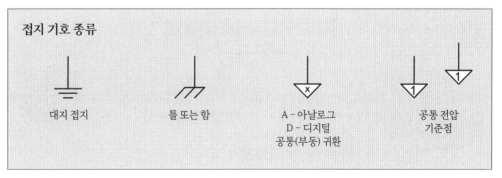

보기 2.34

이러한 기호의 이면에 숨은 의미를 표 2.6에 나타냈다.

표 2.6 접지 기호 형식

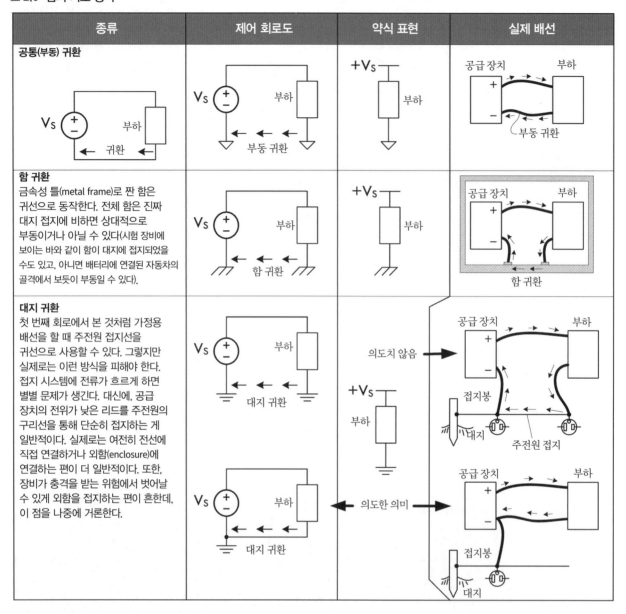

종류	제어 회로도	약식 표현	실제 배선
공통(부동) 귀환			
함 귀환 금속성 틀(metal frame)로 짠 함은 귀선으로 동작한다. 전체 함은 진짜 대지 접지에 비하면 상대적으로 부동이거나 아닐 수 있다(시험 장비에 보이는 바와 같이 함이 대지에 접지되었을 수도 있고, 아니면 배터리에 연결된 자동차의 골격에서 보듯이 부동일 수 있다).			
대지 귀환 첫 번째 회로에서 본 것처럼 가정용 배선을 할 때 주전원 접지선을 귀선으로 사용할 수 있다. 그렇지만 실제로는 이런 방식을 피해야 한다. 접지 시스템에 전류가 흐르게 하면 별별 문제가 생긴다. 대신에, 공급 장치의 전위가 낮은 리드를 주전원의 구리선을 통해 단순히 접지하는 게 일반적이다. 실제로는 여전히 전선에 직접 연결하거나 외함(enclosure)에 연결하는 편이 더 일반적이다. 또한, 장비가 충격을 받는 위험에서 벗어날 수 있게 외함을 접지하는 편이 흔한데, 이 점을 나중에 거론한다.			

2.10.3 땅에 느슨하게 늘어뜨려 접지하기

땅에 느슨하게 늘어뜨려 접지하는 일을 언급하고자 한다. 보기 2.35를 보면서 논의한다.

■ 충격 위험

높은 전압이 필요하고 함에 접지하거나 금속 틀을 귀환 경로로 사용하는 경우에 대지 접지를 무시하면 감전 위험에 빠질 수 있다. 예를 들어, 보기 2.35(a)에서 부하 회로 함을 접지할 때 금속 외함을 사용하면, 저항 누설 경로(원치 않은 저항 경로)가 생길 수 있으며 이로 인해 외함과 접지 사이에 고전압이 발생한다. 금속관이나 회로 함과 같은 접지 물체를 동시에 만지면 심각한 전기충격이 발생한다. 이러한 상황을 피하려면 보기 2.35(b)와 같이 간단히 함을 접지 접속부에 배선한다. 이렇게 하면 금속관과 외함의 전위가 같아져 전기충격의 위험이 없어진다. 유사한 위험 상황이 가전제품에서도 발생할 수 있다. 전기 규정에 따라 세탁기나 건조기와 같은 가전기기의 틀을 대지 접지에 연결해야 한다.

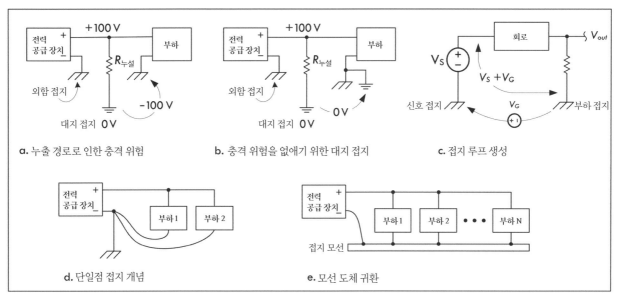

보기 2.35

● 접지와 잡음

대규모 전자 시스템에서 나는 잡음의 가장 일반적인 원인은 접지를 잘못하는 데 있다. 실용적인 설계에서나 시스템 엔지니어에게 접지는 주요한 주제이다. 자세한 내용을 설명해야 할 만큼 이 책의 범위 내에 속한 내용은 아니지만 회로의 접지 문제를 피하는 몇 가지 기본 사례를 언급할 것이다.

여러 지점에 접지를 연결하면, 접지선의 고유 임피던스로 인해 발생하는 지점 간의 전위차로 인해 번거로운 **접지 루프**(ground loop)가 형성되어 전압을 판독하는 과정에서 오차가 생길 수 있다. 이것이 보기 2.35(c)에 나와 있는데, 함에 두 개의 개별 접지를 두고 있다. V_G는 신호 접지와 부하 접지 사이에 존재하는 전압을 나타낸다. 부하 접지와 입력 신호 V_S 사이에서 전압을 측정하면 전압이 잘못 측정된다($V_S + V_G$). 이 문제를 피하려면 보기 2.35(d)와 같이 단일점 접지를 사용한다.

단일점 접지라는 개념에 따르자면 접지 루프는 형성되지 않는다. 이름이 암시하듯이 모든 회로 접지는 공통 지점으로 귀환한다. 이 방법이 종이 위에서 보기에는 좋지만 일반적으로 구현하기는 쉽지 않다. 가장 단순한 회로라도 접지가 열 개 또는 그 이상 있을 수 있다. 이 모든 접지를 단일점에 연결하면 악몽을 겪게 된다. 대안으로 접지 모선을 사용하면 된다.

접지 모선(ground bus), 즉 모선 도체(bus bar)를 브레드보드나 시제품용 보드에서 찾아 볼 수 있고, 맞춤형 인쇄 회로 기반(PCB)에 식각(etching)할 수 있는데, 단일점 접지를 위한 적절한 대체물 역할을 한다. 모선 도체란, 모든 부하 전류 전체를 전원 공급 장치로 다시 전달할 때 쓰는 저항이 낮은 구리선 또는 구리 막대를 말한다. 이 모선을 회로의 길이에 맞춰 늘릴 수 있으므로 보드 주변에 배치된 다양한 부품에 편리하게 연결할 수 있다. 보기 2.35(e)는 모선 도체를 이용한 귀환을 보여 준다. 대부분의 시제품용 보드에는 보드 길이에 맞춰 늘린 두 개 또는 세 개의 연결된 단자가 있다. 연속으로 놓인 이 길쭉한 띠(strips) 중 하나를 회로 접지 모선 전용으로 사용해야 한다. 모선에 연결된 모든 리드 및 회선을 안전하게 연결했는지 확인해야 한다. 시제품용 보드의 경우 이 띠는 우수한 납땜^{역주}연결부가 된다. 와이어랩(wire-wrap) 보드나 짱짱한 와이어 랩 또는 브레드 보드인 경우에는 적절한 게이지에 해당하는 회선을 사용하면 소켓 안에 단단히 고정할 수 있다. 잘못 연결하면 간헐적으로 접촉되어 소음이 발생한다.

▣ 아날로그 접지와 디지털 접지

아날로그 회로와 디지털 회로를 결합한 장치는 일반적으로 아날로그 접지와 디지털 접지를 따로 유지해야 하지만, 궁극적으로는 단일점에 함께 연결해야 한다. 이는 접지 전류 때문에 회로 내에서 발생하는 소음을 방지하기 위한 것이다. 디지털 회로는 신호 상태가 바뀔 때 전류가 급증하는 것으로 악명이 높다. 아날로그 회로는 부하 전류가 변화하거나 선회(slewing)하는 중에 전류 스파이크(current spike)를 생성할 수 있다. 두 경우 모두 변화하는 전류는 접지-귀환 임피던스에 인가되므로 전력 공급 장치가 있는 곳 근처에 자리 잡은 시스템 기준 접지라는 측면에서 보면 전압 변화(옴의 법칙을 사용)가 발생한다. 접지-귀환 임피던스는 저항성(resistive), 용량성(capacitive), 유도성(inductive)이라는 요소로 구성되지만, 이 중에서도 저항 및 인덕턴스가 두드러진다. 정전류가 접지 귀선에 인가되면 저항이 주가 되고 직류 오프셋 전압이 있게 될 것이다. 전류가 변경되고 있을 때는 저항과 인덕턴스 및 정전용량^{역주}이 모두 중요한 역할을 하며 이로 인해 고주파 교류 전압이 발생한다. 두 경우 모두 이러한 전압 변화가 국소 회로에 주입되어 국소 회로에서 사용하는 민감한 신호 수준을 엉망으로 만들어 잡음으로 간주되게 한다. 잡음을 줄이는 데 필요한 기법은 많지만(예를 들면, 인덕턴스를 상쇄하는 커패시터를 추가하는 방법), 디지털 접지와 아날로그 접지를 분리된 상태로 유지한 다음에 단일점에서 함께 연결하는 게 좋은 기법이다.

▶ **예제:** 다음 기호는 무엇을 나타내는가?

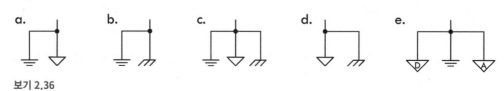

보기 2.36

▷ **정답:** (a) 아마도 실제 대지 접지 접속부에 전원이 공급되면 종단되는 아날로그 회로 접지일 것이다. (b) 전기충격 위험을 방지하기 위해 접지에 연결한 함 접지 (c) 함 접지와 대지 접지에 모두 연결한 아날로그 접지 귀선과 비슷하다. (d) 회로 귀환 접지에 연결한 부동 함. 잠재적인 전기충격 위험이 있다. (e) 전원 공급 장치 근처의 공통 접지점에 연결된 아날로그 접지 및 디지털 접지를 분리해서 땅에 접지한다.

2.11 전기회로

우리가 이미 회로를 살펴보았지만, 회로를 기본 용어로 정의해 보자. 전기회로란 전류 수준이 다양한 저항기, 회선 또는 기타 전기 부품(커패시터, 인덕터, 트랜지스터, 램프, 모터 등)을 배열한 것이다. 일반적으로 회로는 전압원과, 전선 및 기타 전도성 수단으로 연결된 여러 부품으로 구성된다. 전기회로를 직렬 회로, 병렬 회로, 직렬 부품과 병렬 부품의 조합으로 분류할 수 있다. 보기 2.37을 보라.

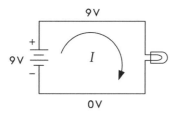

기본 회로

간단한 전구는 부하(전류가 통과할 때 어떤 작업이 일어나는 회로의 한 부분) 역할을 한다. 그림과 같이 전지의 단자에 전구를 부착하면 양극 단자에서 음극 단자로 전류가 흐른다. 이 과정에서 전류가 전구의 필라멘트에 전력을 공급하므로 빛이 방출된다. (여기서 전류라는 용어는 관행으로 써온 전류를 나타낸다. 전자들이 실제로는 전류의 반대 방향으로 흐른다는 점을 기억하자.)

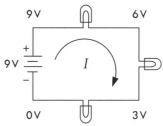

직렬 회로

부하 요소(전구)들을 차례로 연결하면 직렬 회로가 형성된다. 직렬로 연결한 모든 부하에 흐르는 전류는 같다. 이 직렬 회로의 경우에 전압은 전구 하나를 통과할 때마다 3분의 1로 떨어진다(모든 전구가 똑같다). 기본 회로에서 사용한 것과 같은 전지를 사용하면, 기본 회로에 있던 전구의 3분의 1만큼으로 밝기가 줄어든다. 이 조합의 유효 저항은 단일 저항 요소(전구 한 개)의 세 배가 된다.

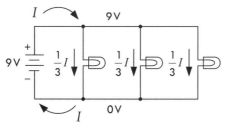

병렬 회로

병렬 회로란 회로를 구성하는 각 요소의 전압이 같도록 부하 요소들을 리드로 연결한 것이다. 전구 세 개의 저항 값이 모두 같은 경우 전지의 전류가 세 분로(branch)를 따라 똑같이 나눠진다. 이 배열에서 전구가 흐려지는 효과(dimming effect)가 없으며, 바로 위 직렬 회로를 설명한 부분에서 이해했듯이 이번에는 전지에 전류가 세 배로 흐르면서 세 배나 빠르게 소모된다. 이 조합의 유효 저항은 단일 저항 요소(전구 한 개)의 1/3이다.

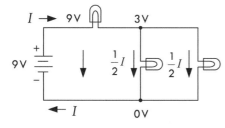

직렬과 병렬의 조합

직렬 및 병렬로 배치된 부하 장치가 있는 회로에서는 전압을 낮추고 전류를 분할하는 효과를 낼 것이다. 이 조합의 유효 저항은 단일 저항 요소(전구 한 개)의 3/2이 된다.

보기 2.37

■ 회로 분석

이 다음에 나오는 내용은 전지와 같은 직류 전원에서 나온 전력이 순수한 저항성 회로 내부로 곧바로 공급될 때 전압과 전류를 예측하는 데 도움이 되는 법칙과 이론 및 기술이다.

2.12 옴의 법칙과 저항기

역주 소자

저항기(resistor)란 전류 흐름을 제한하거나 회로 내 전압 정격을 설정하기 위해 회로 내에서 사용하는 장치역주이다. 보기 2.38에 저항기를 개략적인 기호로 나타냈는데, 일반적으로 두 가지 형태를 사용한다. 가변 저항기(저항을 수동으로 조절할 수 있는 저항기일 뿐 아니라 실제 저항기의 모델)의 도식 기호도 나타낸다. (실제 모델은 나중에 고주파 교류 응용기기를 처리할 때 중요해진다. 지금은 무시해도 좋다.)

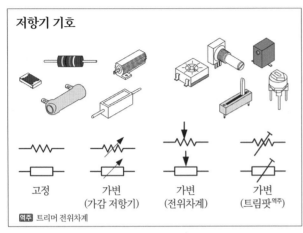

저항기 기호

고정 가변
(가감 저항기) 가변
(전위차계) 가변
(트림팟역주)

역주 트리머 전위차계

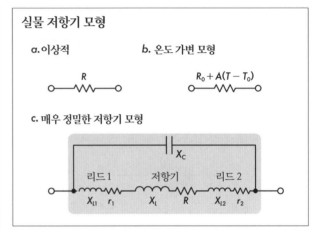

실물 저항기 모형

a. 이상적   b. 온도 가변 모형

R $R_0 + A(T - T_0)$

c. 매우 정밀한 저항기 모형

X_C

리드 1   저항기   리드 2
X_{L1} r_1 X_L R X_{L2} r_2

보기 2.38

직류 전압이 저항기에 인가되면 저항기를 통해 흐르는 전류량을 옴의 법칙으로 구할 수 있다. 저항으로 인해 발산된 전력을 알고자 할 때는 일반화된 전력(옴의 법칙을 대입해서)을 사용할 수 있다.

$$V = I \times R$$ 옴의 법칙 **(2.15)**

$$P = IV = V^2/R = I^2R$$ 옴의 전력 법칙 **(2.16)**

R은 저항 또는 저항기를 옴(Ω) 단위로 표시한 것이고, P는 전력 손실을 와트(W) 단위로 나타낸 것이며, V는 전압을 볼트(V) 단위로 나타내고, I는 전류를 암페어(A) 단위로 표시한 것이다.

단위 접두사

저항기의 저항 값은 일반적으로 1 Ω에서 10,000,000 Ω 사이이다. 거의 항상 저항은 단위 접두사 관행을 채택해 간단하게 기록할 만하다. 예를 들어, 100,000 Ω 저항을 100 kΩ(또는 간단히 100k)으로 간단하게 할 수 있다. 여기서 $k = \times 1000$이다. 2,000,000 Ω 저항을 2 MΩ(간단히 2M)으로 단축할 수 있다. 여기서 M $= \times 1,000,000$이다.

반대로, 전압, 전류 및 전력 수준은 일반적으로 단위에 비해서 더 작으므로 이런 경우 m(밀리, $\times 10^{-3}$), μ(마이크로, $\times 10^{-6}$), n(나노, $\times 10^{-9}$), 또는 심지어 p(피코, $\times 10^{-12}$)와 같은 단위 접두어를 사용하는 편이 더 간단하다. 예를 들어, 0.0000594 A(5.94 $\times 10^{-5}$ A)인 전류를 59.4 μA와 같이 단위 접두어를 붙인 형식으로 쓸 수 있다. 0.0035(3.5 $\times 10^{-3}$ V)인 전압을 단위 접두어를 붙여 3.5 mV로 쓸 수 있다. 0.166 W인 전력을 단위 접두사 형태로는 166 mW로 쓸 수 있다.

▶ **예제:** 보기 2.39에 100 Ω짜리 저항기가 12 V 전지에 걸쳐 놓여 있다. 저항기를 통해 흐르는 전류는 어느 정도인가? 저항기가 소비하는 전력은 얼마인가?

▷ **정답:** 보기 2.39를 보라.

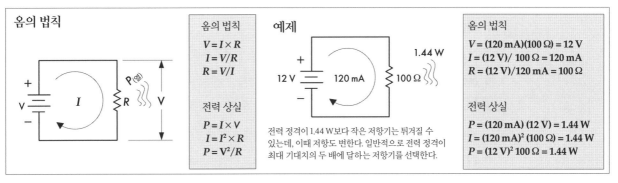

보기 2.39

2.12.1 저항기의 전력 정격

회로를 설계할 때는 저항기가 전력을 얼마나 많이 소모하는지를 결정하는 게 중요하다. 모든 상용 저항기에는 허용된 전력 정격(power rating)이 있는데, 이것을 초과해서는 안 된다. 전력 정격을 초과하면 저항기가 튀면서 내부 구조가 파괴될 수 있는데, 이러면 저항이 변경된다. 일반적인 범용 저항기가 1/8, 1/4, 1/2 및 1 W 전력 정격으로 들어오는 반면에, 대전력 저항기의 정격은 2와트에서 수백 와트까지 다양하다.

그러므로 앞에 나온 예의 경우에 저항이 1.44 W를 소모한다면, 저항의 전력 정격이 1.44 W 이상인지 확인해야 한다. 그렇지 않으면 연기가 피어오를 수 있다. 전력 정격이 예상 최댓값의 대충 두 배 이상인 저항기를 선택하라. 이 예에서 2 W 저항기도 작동하기는 하겠지만, 3 W 저항이 더 안전할 것이다.

보기 2.40에 나오는 회로를 보며 전력 정격이 얼마나 중요한지를 알아보자. 공급 전압이 5 V로 고정되어 있는 상태에서도 저항은 가변적이다. 저항이 증가하면 전류가 감소하고 전력 법칙에 따라 전력도 감소하는데, 이는 그림과 같다. 저항이 감소하면 전류와 전력이 증가한다.

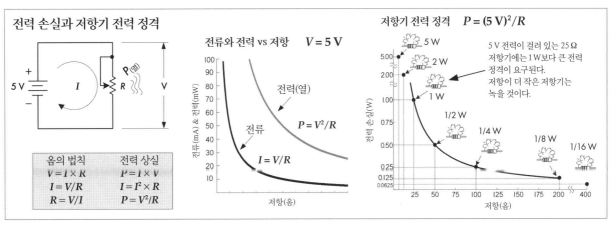

보기 2.40

맨 오른쪽에 나오는 그림에서 저항이 줄어들 때, 전력 정격이 증가해야 한다는 점을 볼 수 있다. 그렇지 않으면 저항이 타 버릴 것이다.

▶ **예제 1:** 전류계를 사용해 4.7 kΩ 저항기를 통해 흐르는 1.0 mA 전류를 측정한다. 저항기에 걸린 전압은 얼마여야 할까? 저항기가 소비하는 전력은 얼마일까?

▷ **정답:** $V = IR = (0.001 \text{ A})(4700 \, \Omega) = 4.7 \text{ V}$

$P = I^2 \times R = (0.001 \text{ A})^2 \times (4700 \, \Omega) = 0.0047 \text{ W} = = 4.7 \text{ mW}$

▶ **예제 2:** 전압계를 사용해 아무런 표시도 없는 저항기에서 24 V를 측정한다. 전류계로는 50 mA 전류를 측정한다. 저항기에서 소비한 저항 및 전력을 정하라.

▷ **정답:** $R = V/I = (24 \text{ V})/(0.05 \text{ A}) = 480 \, \Omega$

$P = I \times V = (0.05 \text{ A}) \times (24 \text{ V}) = 1.2 \text{ W}$

▶ **예제 3:** 3 V를 1 MΩ 저항기에 건다. 저항기를 통해 흐르는 전류와 이 과정 중에 소비되는 전력을 찾아라.

▷ **정답:** $I = V/R = (3 \text{ V})/(1,000,000 \, \Omega) = 0.000003 \text{ A} = 3 \, \mu\text{A}$

$P = V^2/R = (3 \text{ V})^2/(1,000,000 \, \Omega)$
$= 0.000009 \text{ W} = 9 \, \mu\text{W}$

▶ **예제 4:** 2 Ω, 100 Ω, 3 kΩ, 68 kΩ, 1 MΩ 저항기가 주어지고, 이 모든 저항기의 전력 정격이 1 W이다. 전력 정격을 초과하지 않으면서 각 저항기에 걸 수 있는 최대 전압은 얼마인가?

▷ **정답:** $P = V^2/R \Rightarrow V = \sqrt{PR}$이다. 전압이 1.4 V(2 Ω), 10.0 V(100 Ω), 54.7 V(3 kΩ), 260.7 V (68 kΩ), 1000 V(1 MΩ)를 초과해서는 안 된다.

2.12.2 병렬 저항기

저항기 한 개만 사용하는 회로를 좀처럼 보기 힘들다. 일반적으로, 다양한 방식으로 연결된 저항기를 볼 수 있다. 저항기를 연결하는 방법 중에 기본적인 두 가지 방법은 직렬과 병렬이다.

두 개나 그보다 많은 저항기를 병렬로 연결했을 때 각 저항기에 흐르는 전압은 동일하지만, 각 저항기 사이로 흐르는 전류는 저항에 따라 달라진다. 또한, 이 조합의 총 저항은 존재하는 가장 낮은 저항 값보다 낮다. 병렬 회로상의 저항기의 총 저항 값을 찾는 공식은 이렇다.

$$R_{\text{total}} = \frac{1}{\frac{1}{R_1} + \frac{1}{R_2} + \frac{1}{R_3} + \frac{1}{R_4} + \cdots} \tag{2.17}$$

$$R_{\text{total}} = \frac{R_1 \times R_2}{R_1 + R_2} \qquad \text{병렬로 놓인 저항 두 개 (2.18)}$$

방정식에 나오는 …은 여러 개의 저항을 결합할 수 있음을 나타낸다. 저항 두 개만 병렬로 놓인 경우(아주 흔한 경우) 공식이 방정식 2.18로 줄어든다. 각 분기 전류의 합계가 총 전류와 같다는 점을 지적함으로써 병렬 저항 공식을 유도할 수 있다. $I_{\text{total}} = I_1 + I_2 + I_3 + \cdots I_N$. 이것을 키르히호프의 전류 법칙(Kirchhoff's current law)이라고 부른다. 그런 다음에 옴의 법칙을 적용하면 다음과 같이 된다. $I_{total} = V_1/R_1 + V_2/R_2 + V_3/R_3 + \cdots V_N/R_N$. 저항기들이 동일한 전압을 공유하기 때문에 전체 저항기 전압이 V_{total}과 같아져 다음과 같은 결과가 나온다. $I_{total} = V_{total}/R_1 + V_{total}/R_2 + V_{total}/R_3 + \cdots V_{total}/R_N$. V_{total}을 인수분해하면 이렇다. $I_{total} = V_{total}(1/R_1 + 1/R_2 + 1/R_3 \cdots 1/R_4)$. 우리는 괄호 안을 R_{total}이라고 부른다.

병렬로 연결된 저항 두 개를 나타내는 약식 기호가 있다는 점에 유념하라. 병렬로 배치한 저항기들을 표시할 때는 약식 기호인 ∥라는 겹세로줄을 사용한다. 그러므로 R_1이 R_2 옆에 놓인 경우 $R_1 \parallel R_2$로 표기한다. 따라서 병렬로 놓인 저항 두 개를 다음과 같이 나타낼 수 있다.

$$R_1 \parallel R_2 = \frac{1}{1/R_1 + 1/R_2} = \frac{R_1 \times R_2}{R_1 + R_2}$$

산술 연산 순서 관점에서 보면, ∥을 곱셈이나 나눗셈과 비슷한 방식으로 다룰 수 있다. 예를 들어, $Z_{in} = R_1 + R_2 \parallel R_{load}$ 등식에서 병렬상의 R_2와 R_{load}를 먼저 계산한 다음에 R_1을 더한다.

▶ **예제 1:** 1000 Ω 저항기가 3000 Ω 저항기에 병렬로 연결되어 있을 때, 전체 저항 또는 등가 저항 (equivalent resistance)^{역주}은 얼마인가? 총 전류와 개별 전류들도 계산하고, 마찬가지로 소모된 총 전력과 개별 전력들도 계산하라.

역주 두 저항기의 등가 임피던스 중에 저항에 해당하는 부분

$$R_{total} = \frac{R_1 \times R_2}{R_1 + R_2} = \frac{1000\,\Omega \times 3000\,\Omega}{1000\,\Omega + 3000\,\Omega} = \frac{3{,}000{,}000\,\Omega}{4000\,\Omega} = 750\,\Omega$$

각 저항기에 흐르는 전류가 어느 정도인지를 계산하려면 옴의 법칙을 적용한다.

$$I_1 = \frac{V_1}{R_1} = \frac{12\,V}{1000\,\Omega} = 0.012\,A = 12\,mA$$

$$I_2 = \frac{V_2}{R_2} = \frac{12\,V}{3000\,\Omega} = 0.004\,A = 4\,mA$$

이 개별 전류들을 총 입력 전류에 더한다.

$$I_{in} = I_1 + I_2 = 12\,mA + 4\,mA = 16\,mA$$

이를 키르히호프의 전류 법칙이라고 한다. 이 법칙과 옴의 법칙을 사용하면 보기 2.41에 표시된 전류 분할기 방정식(current divider equation)을 구할 수 있다. 입력 전류는 알지만 입력 전압을 모를 때 이 방정식이 유용하다.

이제 총 전류를 다음과 같이 쉽게 찾아낼 수 있다.

$$I_{in} = V_{in}/R_{total} = (12\,V)/(750\,\Omega) = 0.016\,A = 16\,mA$$

병렬로 놓인 저항기들이 얼마나 많은 전력을 소비하는지 확인하려면 전력 법칙을 적용한다.

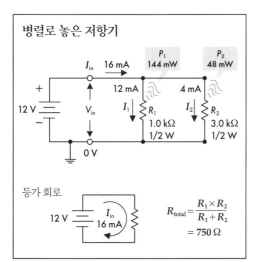

병렬로 놓은 저항기

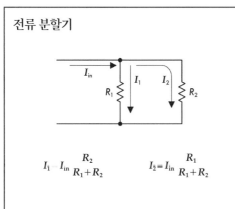

전류 분할기

보기 2.41

$$P_{\text{tot}} = I_{\text{in}}V_{\text{in}} = (0.0016\ \text{A})(12\ \text{V}) = 0.192\ \text{W} = 192\ \text{mW}$$

$$P_1 = I_1V_{\text{in}} = (0.012\ \text{A})(12\ \text{V}) = 0.144\ \text{W} = 144\ \text{mW}$$

$$P_2 = I_2V_{\text{in}} = (0.004\ \text{A})(12\ \text{V}) = 0.048\ \text{W} = 48\ \text{mW}$$

▶ **예제 2:** 저항기 세 개 $R_1 = 1\ \text{k}\Omega$, $R_2 = 2\ \text{k}\Omega$, $R_3 = 4\ \text{k}\Omega$이 병렬로 놓여 있다. 등가 저항을 찾아내라. 또한, 병렬 회로에 24V 전지를 연결해 회로를 완성한 경우 총 전류, 각 저항을 통과하는 개별 전류, 총 전력 손실 및 개별 저항손^{역주}을 알아내라.

역주 각 저항기에서 일어나는 전력 손실. 즉, 각 저항기의 I^2R

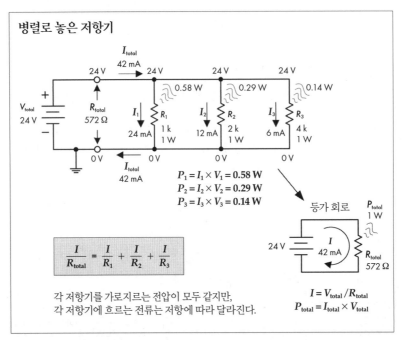

보기 2.42

병렬 저항기의 총 저항은 이렇다.

$$\frac{1}{R_{\text{total}}} = \frac{1}{R_1} + \frac{1}{R_2} + \frac{1}{R_3}$$

$$= \frac{1}{1000\ \Omega} + \frac{1}{2000\ \Omega} + \frac{1}{4000\ \Omega} = 0.00175\ \Omega$$

$$R_{\text{total}} = \frac{1}{0.00175\ \Omega^{-1}} = 572\ \Omega$$

각 저항기에 흐르는 전류는 이렇다.

$$I_1 = V_1/R_1 = 24\ \text{V}/1000\ \Omega = 0.024\ \text{A} = 24\ \text{mA}$$

$$I_2 = V_2/R_2 = 24\ \text{V}/2000\ \Omega = 0.012\ \text{A} = 12\ \text{mA}$$

$$I_3 = V_3/R_3 = 24\ \text{V}/4000\ \Omega = 0.006\ \text{A} = 6\ \text{mA}$$

키르히호프의 전류 법칙에 따르면 전체 전류는 이렇다.

$$I_{\text{total}} = I_1 + I_2 + I_3 = 24 \text{ mA} + 12 \text{ mA} + 6 \text{ mA} = 42 \text{ mA}$$

병렬 저항기로 인해 손실된 총 전력은 이렇다.

$$P_{\text{total}} = I_{\text{total}} \times V_{\text{total}} = 0.042 \text{ A} \times 24 \text{ V} = 1.0 \text{ W}$$

개별 저항기로 인해 손실된 전력을 보기 2.42에 나타내었다.

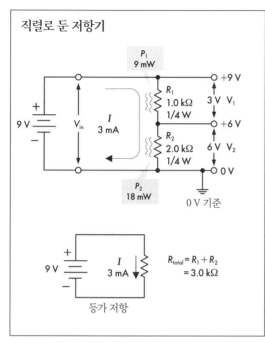

직렬로 둔 저항기

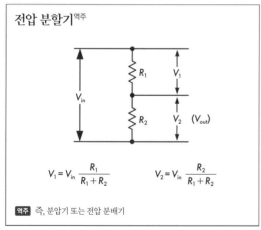

전압 분할기^{역주}

$$V_1 = V_{\text{in}} \frac{R_1}{R_1 + R_2} \qquad V_2 = V_{\text{in}} \frac{R_2}{R_1 + R_2}$$

역주 즉, 분압기 또는 전압 분배기

보기 2.43

2.12.3 직렬로 둔 저항기

저항 여러 개를 회로에 직렬로 놓은 경우에 회로의 총 저항은 개별 저항의 합계이다. 또한, 직렬로 놓은 각 저항에 흐르는 전류량은 동일하지만, 각 저항기에 걸린 전압은 저항에 따라 달라진다. 병렬로 둔 저항기들의 총 저항을 계산하는 공식은 이렇다.

$$R_{\text{total}} = R_1 + R_2 + R_3 + R_4 + \cdots \qquad (2.19)$$

줄임표(⋯)는 저항을 필요한 만큼 더 추가할 수 있다는 것을 나타낸다.

각 직렬 저항기에서 이뤄지는 모든 전압 강하를 합하면 이 조합에 걸리는 인가전압과 같아진다고 지정함으로써 $V_{\text{total}} = V_1 + V_2 + V_3 + \cdots + V_N$이라는 공식을 유도할 수 있다. 이것을 키르히호프의 전압 법칙(Kirchhoff's voltage law)이라고 부른다.

옴의 법칙을 적용하고 같은 전류 I가 각 저항을 통과한다고 지정하면 다음 공식을 얻는다. $IR_{\text{total}} = IR_1 + IR_2 + IR_3 + \cdots + IR_N$. I를 소거하면 다음 공식을 얻는다. $R_{\text{total}} = R_1 + R_2 + R_3 + R_4 + \cdots$

▶ 예제 1: 1.0 kΩ 저항기가 2.0 kΩ 저항기에 직렬로 배치되면 총 저항은 다음과 같이 된다.

$$R_{\text{tot}} = R_1 + R_2 = 1000 \text{ Ω} + 2000 \text{ Ω} = 3000 \text{ Ω} = 3 \text{ kΩ}$$

이 직렬 저항기들을 보기 2.43과 같이 전지와 직렬이 되게 배치하면 총 전류 I는 총 저항으로 나눈 인가전압 V_{in}과 간단히 같아진다.

$$I = \frac{V_{\text{in}}}{R_{\text{tot}}} = \frac{9 \text{ V}}{3000 \text{ Ω}} = 0.003 \text{ A} = 3 \text{ mA}$$

직렬 회로이기 때문에 각 저항을 통과하는 전류는 총 전류 I와 같다.

$$I_1 = 3 \text{ mA}, I_2 = 3 \text{ mA}$$

각 저항기의 전압 강하를 알아낼 때는 옴의 법칙을 사용한다.

$$V_1 = I_1 \times R_1 = 0.003 \text{ A} \times 1000 \; \Omega = 3 \text{ V}$$

$$V_2 = I_2 \times R_2 = 0.003 \text{ A} \times 2000 \; \Omega = 6 \text{ V}$$

이제는 전류를 실제로 계산하지 않아도 된다. 우리는 다음과 같이 $I = V_{in}/R_{tot}$를 앞의 방정식에 있는 I_1과 I_2에 그저 대입하기만 하면 된다.

$$V_1 = IR_1 = \frac{V_{in}}{R_1 + R_2} \times R_1$$

(전압 분할기 방정식)

$$V_2 = IR_2 = \frac{V_{in}}{R_1 + R_2} \times R_2$$

이 방정식을 **전압 분할기 방정식**(voltage divider equations)이라고 부르며, 전자공학에 유용하므로 기억해 둘 만하다(보기 2.43). 종종 V_2를 출력 전압 V_{out}이라고 부른다.

각 저항기에서 이뤄지는 전압 강하는 저항에 직접 비례한다. 2000 Ω 저항기에 걸쳐 이뤄지는 전압 강하는 1000 Ω 저항기에서 이뤄지는 값의 두 배이다. 두 전압 강하를 함께 더하면 9 V의 인가 전압을 얻는다.

$$V_{in} = V_1 + V_2 \qquad 9 \text{ V} = 3 \text{ V} + 6 \text{ V}$$

총 전력 손실과 개별 저항기 전력 손실은 다음과 같다.

$$P_{tot} = IV_{in} = (0.003 \text{ A})(9 \text{ V}) = 0.027 \text{ W} = 27 \text{ mW}$$

$$(P_{tot} = I^2R_{tot} = (0.003 \text{ A})^2(3000 \; \Omega) = 0.027 \text{ W} = 27 \text{ mW})$$

$$P_1 = I^2R_1 = (0.003 \text{ A})^2(1000 \; \Omega) = 0.009 \text{ W} = 9 \text{ mW}$$

$$P_2 = I^2R_2 = (0.003 \text{ A})^2(2000 \; \Omega) = 0.018 \text{ W} = 18 \text{ mW}$$

더 큰 저항기에서는 전력을 두 배 더 소모한다.

▶ **예제 2:** IC에 항상 5 V가 입력되어야 하지만 공급 전압이 9 V이다. 전압 분할기 방정식을 사용해 출력이 5 V가 되게 하는 전압 분할기를 형성하라. IC에는 전압 분할기에서 전류를 실제적으로 끌어내지 않는 아주 높은 입력 저항기(10 MΩ)가 있다고 가정한다.

▷ **정답:** IC가 전류를 소비하지 않는다고 가정하고 있으므로 전압 분할기를 직접 적용할 수 있다.

$$V_{out} = V_{in} \frac{R_2}{R_1 + R_2}$$

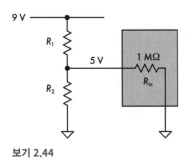

보기 2.44

우리는 전압 분할기용 저항기들을 선택해야 하는데, 이때 불필요하게 전력을 소비하는 일이 없게 전류를 너무 많이 끌어들이지 않도록 선택해야 한다. 지금 상황을 단순하게 하려면 R_2를 10 kΩ짜리로 선택하라. 전압 분할기를 재정리하고 나서 R_1을 다음과 같이 푼다.

$$R_1 = R_2 \frac{(V_{in} - V_{out})}{V_{out}} = (10{,}000 \; \Omega)\frac{(9-5)}{5} = 8000 \; \Omega = 8 \text{ k}\Omega$$

▶ **예제 3:** 10 V짜리 전원 공급 장치를 가지고 있지만, 전원 공급 장치에 연결할 장치는 3 V이고 9.1 mA를 소비한다. 부하 장치용 전압 분할기를 생성하라.

▷ **정답:** 이 경우 부하가 전류를 끌어오는데, 이것을 R_2에 병렬로 놓은 저항기로 간주할 수 있다. 따라서 부하를 고려하지 않은 채로 전압 분할기 관계를 활용해도 효과가 없다. 10퍼센트 규칙이라고 부르는 규칙을 적용해야만 한다.

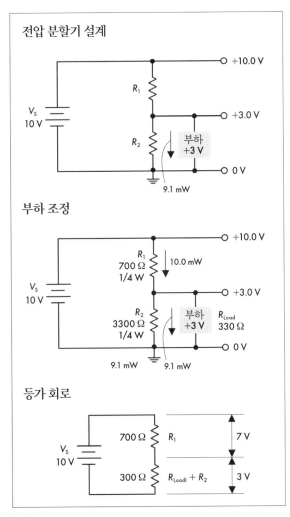

전압 분할기 설계

부하 조정

등가 회로

보기 2.45

10퍼센트 규칙: 이 규칙은 부하를 고려하고 전압 분할기에서 일어나는 불필요한 전력 손실을 최소화할 수 있게 R_1과 R_2를 선택하는 표준 방식이다.

우선 R_2를 선택해 I_2가 희망 부하 전류의 10퍼센트가 되게 하라. 이 저항과 전류를 각기 유출 저항(bleeder resistance)과 유출 전류(bleeder current)라고 부른다. 예제에서 유출 전류는 다음과 같다.

$$I_{bleed} = I_2 = (0.10)(9.1 \text{ mA}) = 0.91 \text{ mA}$$

다음으로 옴의 법칙을 사용해 유출 저항을 계산한다.

$$R_{bleed} = R_2 = 3 \text{ V} / 0.00091 \text{ A} = 3297 \text{ }\Omega$$

저항 허용 오차 및 표준 저항 값을 고려할 때 3300 Ω에 가까운 저항을 선택한다.

다음으로 출력을 3 V로 유지하기 위해 R_1을 선택해야 한다.

이렇게 하려면 간단히 저항을 통과하는 총 전류를 계산하고 나서 옴의 법칙을 사용한다.

$$I_1 = I_2 + I_{load} = 0.91 \text{ mA} + 9.1 \text{ mA} = 10.0 \text{ mA} = 0.01 \text{ A}$$

$$R_1 \frac{10 \text{ V} - 3 \text{ V}}{0.01 \text{ A}} = 700 \text{ }\Omega$$

전력 정격에 대해 풀면 다음과 같다.

$$P_{R1} = V_1^2 / R_1 = (7 \text{ V})^2 / (700 \text{ }\Omega) = 0.07 \text{ W} = 70 \text{ mW}$$

$$P_{R2} = V_2^2 / R_2 = (3 \text{ V})^2 / (3300 \text{ }\Omega) = 0.003 \text{ W} = 3 \text{ mW}$$

저전력 1/4 W 저항기면 충분하다.

실제로는 유출 저항으로 계산한 값이 항상 짝수가 되지는 않는다. 유출 전류를 대략적으로 측정한 값이 단지 추정 값에 불과하므로 유출 저항은 계산 값의 근삿값일 수 있다. (계산한 저항 값이 500 Ω이었다면, 5퍼센트 510 Ω 저항기를 사용할 수 있을 것이다.) 이 책의 면지 2쪽에 있는 표준 저항기 값이 실린 표를 참조하라. 유출 저항기의 실제 값이 선택되면 유출 전류를 다시 계산해야만 한다. 유출 저항기로 인해 나오는 전압은 유출 저항기와 병렬로 둔 부하에 필요한 전압과 같아야 한다. 3장의 저항기를 다룬 절에서 전압 분할기와 더불어 더 복잡한 분할기 배열을 논의할 것이다.

▶ **예제:** 직렬 저항기 $R_1 = 3.3\,\text{k}$, $R_2 = 4.7\,\text{k}$, $R_3 = 10\,\text{k}$의 등가 저항을 찾아라. 직렬 저항기에 24 V 전지를 연결해 회로를 구성한 경우 총 전류 흐름, 개별 전압 강하, 총 전력 손실 및 각 저항의 개별 전력 손실을 알아내라.

저항기 세 개의 등가 저항은 다음과 같다.

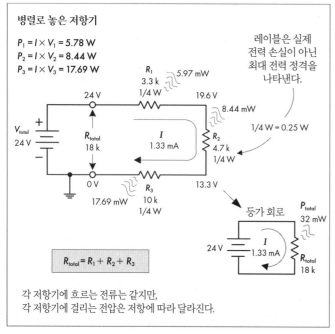

보기 2.46

$$R_{\text{total}} = R_1 + R_2 + R_3$$

$$R_{\text{total}} = 3.3\,\text{k}\Omega + 4.7\,\text{k}\Omega + 10\,\text{k}\Omega = 18\,\text{k}\Omega$$

저항기에 흐르는 총 전류 흐름은 다음과 같다.

$$I_{\text{total}} = \frac{V_{\text{total}}}{R_{\text{total}}} = \frac{24\,\text{V}}{18,000\,\Omega}$$

$$= 0.00133\,\text{A} = 1.33\,\text{mA}$$

옴의 법칙을 사용해서 저항기에 걸리는 전압 강하를 알아내면 다음과 같다.

$$V_1 = I_{\text{total}} \times R_1 = 1.33\,\text{mA} \times 3.3\,\text{k}\Omega = 4.39\,\text{V}$$

$$V_2 = I_{\text{total}} \times R_2 = 1.33\,\text{mA} \times 4.7\,\text{k}\Omega = 6.25\,\text{V}$$

$$V_3 = I_{\text{total}} \times R_3 = 1.33\,\text{mA} \times 10\,\text{k}\Omega = 13.30\,\text{V}$$

총 전력 손실은 이렇다.

$$P_{\text{total}} = I_{\text{total}} \times V_{\text{total}} = 1.33\,\text{mA} \times 24\,\text{V} = 32\,\text{mW}$$

개별 저항기로 인해 손실된 전력을 보기 2.46에 나타내었다.

2.12.4 복잡한 저항기 회로망 간소화

저항기로 구성된 복잡한 회로망의 등가 저항을 찾으려면 회로망을 직렬 조합과 병렬 조합으로 구분한다. 이렇게 하면 이 조합들의 단일 등가 저항을 찾을 수 있고, 단순한 회로망 형태가 새로 드러난다. 그 다음에 이 새 회로망을 나누어 단순화한다. 동일한 등가 저항을 찾아낼 때까지 이 과정을 반복한다. 간소화 작업의 예를 들면 이렇다.

▶ **예제 1:** 회로 간소화를 이용해 전지에 연결된 회로망의 등가 저항을 찾아라. 그런 다음에 전지에서 회로망으로 공급되는 총 전류 흐름, 모든 저항기의 전압 강하 및 각 저항기를 통과하는 개별 전류를 찾아라.

R_2와 R_3가 병렬 분기를 형성하므로 다음과 같이 줄일 수 있다.

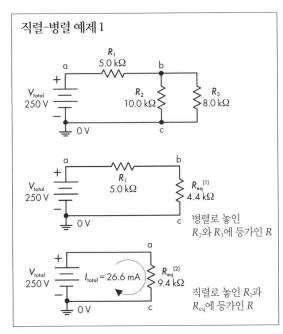

직렬-병렬 예제 1

보기 2.47

$$R_{eq}^{(1)} = \frac{R_2 \times R_3}{R_2 + R_3} = \frac{10.0 \text{ k}\Omega \times 8.0 \text{ k}\Omega}{10.0 \text{ k}\Omega + 8.0 \text{ k}\Omega} = 4.4 \text{ k}\Omega$$

이 등가 저항과 R_1이 직렬로 연결되어 있으므로 합성 저항은 다음과 같다.

$$R_{eq}^{(2)} = R_1 + R_{eq}^{(1)} = 5.0 \text{ k}\Omega + 4.4 \text{ k}\Omega = 9.4 \text{ k}\Omega$$

회로와 R_1을 통과하는 총 전류 흐름은 다음과 같다.

$$I_{total} = \frac{V_{total}}{R_{eq}^{(2)}} = \frac{250 \text{ V}}{9.4 \text{ k}\Omega} = 26.6 \text{ mA} = I_1$$

R_2와 R_3에 걸쳐 있는 전압은 $R_{eq}^{(1)}$에 걸린 것과 같다.

$$V_{Req}^{(1)} = I_{total} \times R_{eq}^{(1)} = 26.6 \text{ mA} \times 4.4 \text{ k}\Omega = 117 \text{ V}$$

$$V_2 = V_3 = 117 \text{ V}$$

R_2와 R_3를 통과하는 전류를 옴의 법칙을 사용해 구한다.

$$I_2 = \frac{V_2}{R_2} = \frac{117 \text{ V}}{10 \text{ k}\Omega} = 11.7 \text{ mA}$$

$$I_3 = \frac{V_3}{R_3} = \frac{117 \text{ V}}{8.0 \text{ k}\Omega} = 14.6 \text{ mA}$$

키르히호프의 전압 법칙에 따르면 R_1에 걸려 있는 전압은 다음과 같다.

$$V_1 = 250 \text{ V} - 117 \text{ V} = 133 \text{ V}$$

대안으로 옴의 법칙을 사용할 수도 있다.

$$V_1 = I_1 \times R_1 = (26.6 \text{ mA})(5.0 \text{ k}\Omega) = 133 \text{ V}$$

▶ **예제 2:** 총 전류 흐름, 개별 전류 흐름 및 저항기들에 걸쳐 있는 개별 전압 강하와 더불어 다음 회로망의 등가 저항을 찾아라.

R_3 및 R_4를 직렬 저항으로 간소화할 수 있다.

$$R_{eq}^{(1)} = R_3 + R_4 = 3.3 \text{ k}\Omega + 10.0 \text{ k}\Omega = 13.3 \text{ k}\Omega$$

이 등가 저항은 R_2와 병렬로 놓인다.

$$R_{eq}^{(2)} = \frac{R_2 \times R_{eq}^{(1)}}{R_2 + R_{eq}^{(1)}} = \frac{6.8 \text{ k}\Omega \times 13.3 \text{ k}\Omega}{6.8 \text{ k}\Omega + 13.3 \text{ k}\Omega} = 4.3 \text{ k}\Omega$$

새 등가 저항이 R_1과 더불어 병렬로 놓인다.

$$R_{eq}^{(3)} = R_1 + R_{eq}^{(2)} = 1.0 \text{ k}\Omega + 4.3 \text{ k}\Omega = 5.3 \text{ k}\Omega$$

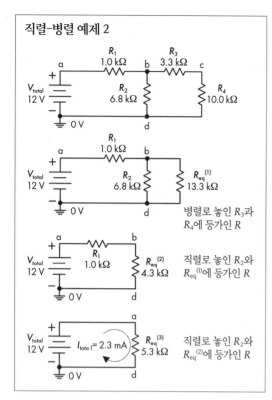

직렬-병렬 예제 2

보기 2.48

총 전류 흐름은 다음과 같다.

$$I_{total} = \frac{V_{total}}{R_{eq}^{(3)}} = \frac{12\ V}{5.3\ k\Omega} = 2.26\ mA$$

$R_{eq}^{(2)}$에 걸려 있는 전압, 즉 b의 점전압은 다음과 같다.

$$V_{R_{eq(2)}} = I_{total} \times R_{eq}^{(2)} = 2.26\ mA \times 4.3\ k\Omega = 9.7\ V$$

R_1에 걸쳐 있는 전압은 이렇다.

$$V_{R1} = I_{total} \times R_1 = 2.26\ mA \times 1.0\ k\Omega = 2.3\ V$$

이것을 키르히호프의 법칙을 사용해 확인할 수 있다.

$$12\ V - 9.7\ V = 2.3\ V$$

R_2에 흐르는 전류는 이렇다.

$$I_2 = \frac{V_{R_{eq(2)}}}{R_2} = \frac{9.7\ V}{6.8\ k\Omega} = 1.43\ mA$$

$R_{eq}^{(1)}$를 통과하는 전류는 R_3과 R_4도 통과하는데, 해당 전류는 이렇다.

$$I_{R_{eq(2)}} = I_3 = I_4 = \frac{V_{R_{eq(2)}}}{R_{eq}^{(1)}} = \frac{9.7\ V}{13.3\ k\Omega} = 0.73\ mA$$

이것을 키르히호프의 법칙을 사용해 확인할 수 있다.

$$2.26\ mA - 1.43\ mA = 0.73\ mA$$

R_3에 걸친 전압은 이렇다.

$$V_{R_3} = I_3 \times R_3 = 0.73\ mA \times 3.3\ k\Omega = 2.4\ V$$

R_4에 걸친 전압은 이렇다.

$$V_{R_4} = I_4 \times R_4 = 0.73\ mA \times 10.0\ k\Omega = 7.3\ V$$

이것을 키르히호프의 법칙을 사용해 확인할 수 있다.

$$9.7\ V - 2.4\ V = 7.3\ V$$

2.12.5 다중 전압 분할기

▶ 예제 1: 부하 1(75 V, 30 mA), 부하 2(50 V, 10 mA), 및 부하 3(25 V, 10 mA)이라는 세 가지 부하에 전력을 공급하는 다중 전압 분할기를 만들려고 한다. 10퍼센트 규칙과 보기 2.49를 사용해 전압 분할기를 구성하라.

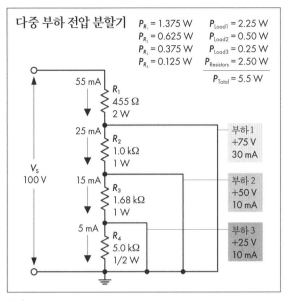

다중 부하 전압 분할기

$P_{R_1} = 1.375\,\text{W}$	$P_{\text{Load1}} = 2.25\,\text{W}$
$P_{R_2} = 0.625\,\text{W}$	$P_{\text{Load2}} = 0.50\,\text{W}$
$P_{R_3} = 0.375\,\text{W}$	$P_{\text{Load3}} = 0.25\,\text{W}$
$P_{R_4} = 0.125\,\text{W}$	$\underline{P_{\text{Resistors}} = 2.50\,\text{W}}$
	$P_{\text{Total}} = 5.5\,\text{W}$

55 mA
R_1 455 Ω 2 W

25 mA
R_2 1.0 kΩ 1 W

V_S 100 V

15 mA
R_3 1.68 kΩ 1 W

5 mA
R_4 5.0 kΩ 1/2 W

부하 1 +75 V 30 mA
부하 2 +50 V 10 mA
부하 3 +25 V 10 mA

보기 2.49

어림잡아 10퍼센트에 해당한다는 규칙을 적용해 저항을 결정할 때 중요한 점은, 유출 전류를 계산할 때 총 부하 전류의 10퍼센트를 차지하게 해야 한다는 점이다. 그 과정은 다음과 같다.

총 전류의 10퍼센트(0.1)인 유출 전류를 찾는다.

$$I_{R_4} = 0.1 \times (10\,\text{mA} + 10\,\text{mA} + 30\,\text{mA}) = 5\,\text{mA}$$

R_4(유출 저항기)를 찾을 수 있도록 옴의 법칙을 사용한다.

$$R_4 = (25\,\text{V} - 0\,\text{V})/(0.005\,\text{A}) = 5000\,\Omega$$

R_3를 통과하는 전류는 R_4를 통과하는 전류에 부하 3을 통과하는 전류를 더한 것과 같다.

$$I_{R_3} = I_{R_4} + I_{\text{load3}} = 5\,\text{mA} + 10\,\text{mA} = 15\,\text{mA}$$

R_3를 찾으려면 옴의 법칙과 부하 2와 부하 3 사이의 전압차를 사용한다. $R_3 = (50\,\text{V} - 25\,\text{V})/(0.015\,\text{A}) = 1667\,\Omega$ 또는 $1.68\,\text{k}\Omega$이다. 이때 허용 오차 및 표준 저항 값을 고려해야 한다.

R_2를 통과하는 전류는 이렇다.

$$I_{R_2} = I_{R_3} + I_{\text{load2}} = 15\,\text{mA} + 10\,\text{mA} = 25\,\text{mA}$$

옴의 법칙을 사용하면 $R_2 = (75\,\text{V} - 50\,\text{V})/(0.025\,\text{A}) = 1000\,\Omega$이므로 R_1을 통과하는 전류는 이렇다.

$$I_{R_1} = I_{R_2} + I_{\text{load1}} = 25\,\text{mA} + 30\,\text{mA} = 55\,\text{mA}$$

옴의 법칙을 사용하면 $R_1 = (100\,\text{V} - 75\,\text{V})/(0.055\,\text{A}) = 455\,\Omega$이다.

부하의 저항기 전력 정격과 부하에서 일어나는 총 전력 손실을 결정하려면 $P = IV$를 사용한다. 결과는 보기 2.49에 나온다.

▶ **예제 2:** 많은 경우 전압 분할기 한 개의 부하로는 양전압과 음전압이 모두 필요하다. 전압 분할에 쓰이는 저항기들 중 두 개 사이에 접지 귀선을 연결하면 단일 전압원에서 양전압과 음전압을 공급할 수 있다. 회로 내에 접지를 둔 정확한 지점은 부하에 필요한 전압에 따라 달라진다.

예를 들어, 보기 2.50에 나오는 전압 분할기는 주어진 전원 전압에서 부하 세 개에 전압과 전류를 공급하게 설계되었다.

부하 1: +50 V @ 50 mA

부하 2: ﹢25 V @ 10 mA

부하 3: +25 V @ 100 mA

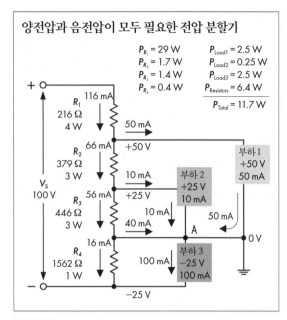

양전압과 음전압이 모두 필요한 전압 분할기

P_{R_1} = 29 W	P_{Load1} = 2.5 W
P_{R_2} = 1.7 W	P_{Load2} = 0.25 W
P_{R_3} = 1.4 W	P_{Load3} = 2.5 W
P_{R_4} = 0.4 W	$P_{\text{Resistors}}$ = 6.4 W
	P_{Total} = 11.7 W

보기 2.50

R_4 및 R_2, R_1의 값은 앞의 예제에서 한 것처럼 계산된다. I_{R_4}는 유출 전류이며 다음과 같이 계산할 수 있다.

$$I_{R_4} = 10\% \times (I_{\text{load1}} + I_{\text{load2}} + I_{\text{load3}}) = 16 \text{ mA}$$

R_4를 계산하면 다음과 같다.

$$R_4 = 25 \text{ V}/0.016 \text{ A} = 1562 \text{ }\Omega$$

R_3를 통과하는 전류를 계산할 때는 키르히호프의 전류 법칙을 사용한다(A 지점에서).

$$I_{R_3} + I_{\text{load2}} + I_{\text{load1}} + I_{R4} + I_{\text{load3}} = 0$$

$$I_{R_3} + 10 \text{ mA} + 50 \text{ mA} - 16 \text{ mA} - 100 \text{ mA} = 0$$

$$I_{R_3} = 56 \text{ mA}$$

R_3와 I_{R_2} 각각 다음과 같이 계산된다.

$$R_3 = 25 \text{ V} / (0.056 \text{ A}) = 446 \text{ }\Omega$$

$$I_{R_2} = I_{R_3} + I_{\text{load2}} = 56 \text{ mA} + 10 \text{ mA} = 66 \text{ mA}$$

그러면 R_2 = 25 V/(0.066 A) = 379 Ω이 된다. $I_{R_1} = I_{R_2} + I_{\text{load1}}$ = 66 mA + 50 mA = 116 mA를 계산하면 R_1 = 25 V/0.116 A = 216 Ω이 된다.

전압 분할기는 적용하기가 쉬울 수 있지만 어떤 방식으로든 조정되지 않는다. 부하의 저항이 변하거나 공급 전압에 변동이 있는 경우라면 모든 부하에서 전압 변화를 겪게 된다. 따라서 부하의 변화로 인해 분할기의 비중이 떨어지는 회로에 전압 분할기를 적용해서는 안 된다. 안정된 전압이 필요하고 상당한 전류를 끌어들이는 응용기기는 전압 조정기 IC(voltage regulator IC) 같은 능동 소자를 사용하는 게 좋다.

2.13 전압원과 전류원

단자에 걸린 전압을 고정되게 유지하는 2단자 소자가 이상적인 전압원(ideal voltage source)이다. 가변 부하가 이상적인 전압원에 연결된 경우, 전압원은 부하 저항의 변화와 상관없이 단자 전압을 유지한다. 이것은 이상적인 전압원이 단자 전압을 교정하기 위해 부하에 필요한 만큼의 전류를 공급할 것이라는 점을 의미한다($I = V/R$에서 I가 R과 함께 변하지만 V는 고정된다).

이상적인 전압원을 가진 것으로 여겨지는 이 수상한 물체는 저항이 0이 되면 전류가 무한대가 되어야만 한다. 그렇지만 현실 세계에서는 전류를 무한히 공급할 수 있는 장치가 없다. 이상적인 전압원의 단자 사이에 실제로 전선을 배선하면 계산된 전류가 너무 커서 전선이 녹을 수 있다. 이러한 이론상의 모순을 피하려면 유한한 전류를 최대한 공급할 수 있는 현실적인 전압원(전지, 플러그인 직류 전원 공급 장치 등)을 정의해야 한다. 현실적인 전압원(real voltage source)에는 불완전하게 전도하는 특성(배터리의 전해액이나 납 등의 저항)이 있어서 작은 직렬 내부 저항이 있게 되므로 원천 저항이 r_s인 이상적인 전압원을 닮는다. 이 내부 저항이 단자 전압을 감소시키는 경향이 있는데, 그 크기는 원천의 값과 부하 저항의 크기에 따라 달라진다.

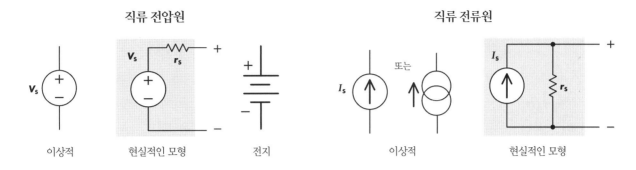

직류 전압원　　　　　　　　　　　　　　　　**직류 전류원**

이상적　　　　　현실적인 모형　　　　전지　　　　　이상적　　　　　　현실적인 모형

보기 2.51

보기 2.52에서 실제 전압원이 개방되어 있을 때(단자 간에 부하가 연결되지 않은 경우일 때), 단자 전압(V_T)은 이상적인 전원 전압(V_S)과 같다. 이런 경우에 저항기에 걸려 있는 전압의 강하가 없는데, 이는 불완전한 회로 조건으로 인해 전류가 저항기를 통과하지 못하기 때문이다.

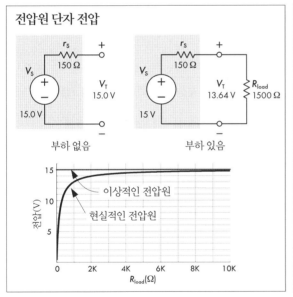

전압원 단자 전압

부하 없음　　　　　　부하 있음

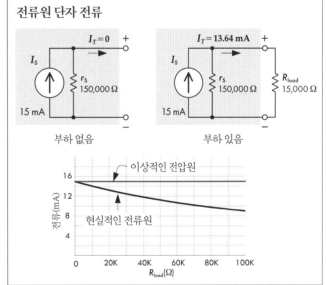

전류원 단자 전류

부하 없음　　　　　　부하 있음

보기 2.52

그렇지만 부하 R_load를 전원 단자를 통해 연결하면 R_load와 r_s가 직렬로 연결된다. 전압 분할기 관계를 사용해 단자에 있는 전압을 결정할 수 있다.

$$V_T = V_s \frac{R_\text{load}}{R_\text{load} + r_s}$$

이 방정식에서 R_load가 r_s에 비해 매우 클 때(1000배 이상) r_s의 효과가 너무 작아 무시할 수 있음을 알 수 있다. 하지만 R_load가 작거나 그 크기가 r_s에 근접하는 경우에는 계산이나 회로를 설계할 때 r_s를 고려해야 한다. 보기 2.52에 있는 그래프를 참조하라.

일반적으로 직류 전력 공급 장치의 원천 저항(source resistance)^{역주}은 대개 작다. 그렇지만 경우에 따라서는 600 Ω까지 될 수도 있다. 이러한 이유로, 늘 연결되어 있는 부하로 전력 공급 전압을 조정하는 게 중요하다. 또한, 회로에 부품을 추가하거나 제거할 때 전력 공급 전압을 다시 확인하는 게 좋다.

전자공학 분야에서 사용하는 그 밖의 기호는 직류 전류원에 관한 것으로 보기 2.52를 참조하라.

이상적인 전류원(ideal current source)은 부하 저항의 변화와 상관없이 항상 부하에 같은 양으로 원천 전류(source current)^{역주} I_S를 제공한다. 이것은 원천 전류를 일정하게 유지하기 위해 부하 저항의 변화에 따라 단자 전압이 필요한 만큼 변할 것이라는 점을 의미한다.

현실에서 전류원에는 보기 2.52에 나오는 것처럼 큰 내부 분로(병렬) 저항 r_s가 있다. 이 내부 저항이 일반적으로 매우 커서 단자 전류 I_T를 줄이는 경향이 있으며, 그 크기는 원천의 값과 부하 저항 크기에 따라 달라진다.

원천 단자(source terminal)^{역주}가 개방 회로인 경우에 I_T는 확실히 0이어야 한다. 하지만 원천 단자들에 부하 저항 R_{load}를 연결하면 R_{load}와 r_s는 병렬 저항 회로를 형성한다. 전류 분할기 표현식을 사용하면 단자 전류는 다음과 같이 된다.

$$I_T = I_s \frac{r_s}{R_{\text{load}} + r_s}$$

이 방정식에서 R_{load}가 r_s에 비해 작으면 전류 감소가 아주 작아 무시할 수 있음을 알 수 있다. 그렇지만 R_{load}가 크거나 크기가 r_s에 근접하는 경우에는 계산이나 회로 설계 시 r_s를 고려해야 한다.

원천이 전류원이나 전압원 중 어느 것이든 표현할 수 있다. 본질적으로 상호 간에 이중성을 띄고 있다. 전압원 표현과 전류원 표현끼리 변환할 때 저항 값은 동일하게 유지되지만, 원천의 전압을 원천의 전류로 변환할 때는 옴의 법칙을 사용한다. 상세한 내용을 보기 2.53에서 확인하라.

이상적인 전류원인지를 살펴보는 방법 중 한 가지는 내부 저항이 무한대여서 단자에 외부적으로 부과된 모든 전위차(예를 들면, 부하 저항의 변화)를 지원할 수 있다고 말할 수 있어야 한다. 이상적인 전류원에 가까운 것으로는 매우 큰 저항 R에 직렬로 연결한 매우 높은 전압 V를 지닌 전압원이 있다. 이 근사에 따라 훨씬 저항이 작은 부하에 전류 V/R을 공급할 수 있다. 예를 들어, 보기 2.54에 나오는 간단한 저항성 전류원 회로는 1 MΩ 저항에 직렬로 연결한 1 kV 전압원을 사용한다. 이것은 0~10 V 범위($0 < R_{\text{load}} < 10\,\text{k}\Omega$)에 걸쳐 1 mA인 설정 전류를 1% 이내의 정확도로 유지한다. 원천 저항이 부하 저항보다 훨씬 커서 전류가 사실상 일정한 셈이 되므로 부하 저항이 변하더라도 전류가 사실상 일정하게 유지된다. ($I = 1000\,\text{V}/(1{,}000{,}000\,\Omega + 10{,}0000\,\Omega)$이다. 1,000,000 Ω이 너무 커서 R_{load}를 압도한다.)

원천 전환

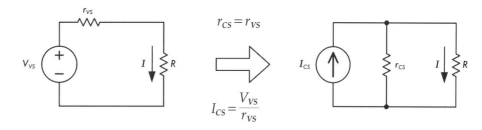

보기 2.53

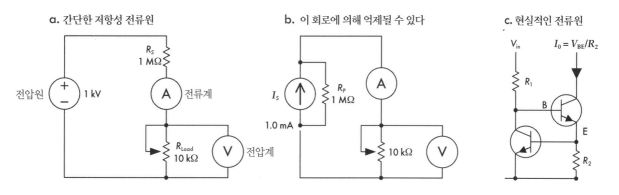

보기 2.54

일반적으로 보기 2.54와 같이 트랜지스터로 만든 능동 회로가 현실적인 전류원이 된다. V_{in}은 R_1을 통해 두 번째 트랜지스터의 베이스로 전류를 흐르게 하므로 트랜지스터의 컬렉터를 통해 트랜지스터의 이미터(emitter)로 전류가 흐른다. 이 전류가 R_2를 통과해야 한다. 전류가 너무 많아지면 첫 번째 트랜지스터가 켜지고, 두 번째 트랜지스터에 베이스 전류가 전달되므로 컬렉터 전류는 표시된 값을 결코 넘어설 수 없다. 이것은 전류원을 만드는 방법이나 최대 설정 값으로 전류 사용을 제한하기 위한 방법으로 쓰기에 아주 좋다.

2.14 전압, 전류, 저항 측정

전압, 전류, 저항을 측정하는 데 사용하는 전압계, 전류계, 저항계는 측정 대상인 회로에 어떤 영향도 끼치지 않는 게 이상적이다. 이론적으로 보면 이상적인 전압계는 회로의 두 지점 간 전압을 측정할 때 전류를 소비하지 말아야 한다. 이러한 전압계에는 무한한 입력 저항 R_{in}이 있다. 마찬가지로 이상적인 전류계를 회로 내에 직렬로 배치할 때 전압 강하가 일어나지 말아야 한다. 이러한 전류계의 입력 저항은 0이다. 이상적인 저항계는 저항을 측정할 때 저항을 보태서는 안 된다.

반면에 현실적인 계측기에는 실제 측정값을 정확하게 할 수 없는 한계가 있다. 이것은 측정값을 표시하기 위해 계측기 회로에 필요한 전류를 측정 대상 회로에서 받아 써야 한다는 점 때문이다. 보기 2.55는 더 정확한 실제 등가 회로와 더불어 이상적인 전압계, 전류계, 저항계 기호를 나타낸다.

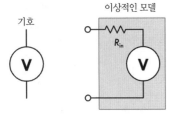

a. 전압계

기호

이상적인 모델

이상적인 전압계 R_{in} = 무한히 크다.
현실적인 전압계 R_{in} = 수백 메가옴이다.

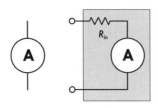

b. 전류계

이상적인 전류계 R_{in} = 0옴이다.
현실적인 전류계 R_{in} = 몇 분의 옴이다.

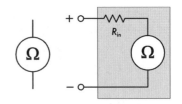

c. 저항계

이상적인 저항계 R_{in} = 0옴이다.
현실적인 저항계 R_{in} = 몇 분의 옴이다.

보기 2.55

이상적인 전압계(ideal voltmeter)의 입력 저항이 무한하므로 전류가 흐르지 않는다. 그렇지만 실제 전압계의 입력 저항은 수백 MΩ에 이른다. 이상적인 전류계(ideal ammeter)의 입력 저항은 0이어서 전압 강하가 일어나지 않는다. 그렇지만 실물 전류계의 입력 저항은 몇 분의 옴에 이른다. 이상적인 저항계(ideal ohmmeter)에는 내부 저항이 없다. 그렇지만 실물 저항계의 내부 저항은 몇 분의 옴에 이른다. 계측기 설명서를 읽고 나서 내부 저항을 결정해야 한다.

계측기의 내부 저항에 따라 생기는 영향은 보기 2.56과 같다. 각 경우에 내부 저항이 회로의 한 부분이 된다. 회로 저항이 계측기의 내부 저항에 가까울 때 내부 저항으로 인한 측정 오류 비율이 더 두드러진다.

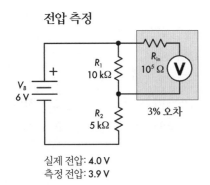

전압 측정

V_B 6 V

R_1 10 kΩ

R_2 5 kΩ

R_{in} 10^5 Ω

3% 오차

실제 전압: 4.0 V
측정 전압: 3.9 V

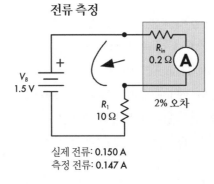

전류 측정

V_B 1.5 V

R_1 10 Ω

R_{in} 0.2 Ω

2% 오차

실제 전류: 0.150 A
측정 전류: 0.147 A

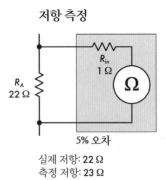

저항 측정

R_A 22 Ω

R_{in} 1 Ω

5% 오차

실제 저항: 22 Ω
측정 저항: 23 Ω

보기 2.56

보기 2.57은 기본적인 아날로그 방식 멀티미터(multimeter)가 실제로 구성된 모양을 보여 준다. 이 장치가 지나치게 단순하다는 점에 유의하라. 실제 계측기는 훨씬 더 정교해서 측정 범위 선택이나 교류 측정 등에 대한 규정이 있다. 여하튼 검류계(galvanometer)의 바늘을 구동하는 데 필요한 표본 전류 때문에 계측기가 이상적이지 않다는 점을 보여 준다.

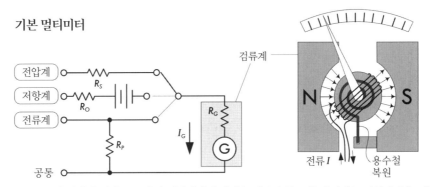

기본 멀티미터

보기 2.57 이 간단한 아날로그 방식 멀티미터의 핵심은 전류 흐름 I_G를 측정하는 검류계이다. 검류계의 회선에 연결된 리드(역주 즉, 접속 도선)로 전송된 전류는 중심 회전자의 코일 권선(winding)에서 자기장을 생성한다. 코일이 영구 자석의 N-S극 정렬에 대해 기울어지므로 회전자는 전류량에 맞춰 회전할 것이다. 일반적으로 극히 낮은 전류 수준에서도 바늘이 완전히 치우치므로 전류 흐름을 전환하기 위한 병렬 저항을 검류계에 추가할 수 있다. 검류계 회로 내의 점전압에 리드를 두어 검류계를 전압계로 사용할 수도 있다. 리드에 전압차가 있으면 검류계에 전류가 흐르고, 전압 크기에 비례해 바늘이 움직인다. 직렬 저항기를 전류 흐름과 바늘의 치우침을 제한하는 데 사용한다. 검류계를 저항계로 만들 수도 있지만, 이때 전지를 직렬로 배치해야만 한다. 다시 말하지만, 바늘이 치우치는 것을 보정하기 위해 직렬 저항기 R_O를 사용한다.

2.15 전지 연결

보기 2.58에 나오는 전지들로 이뤄진 회로망 두 개는 공급 전압을 높이거나 공급 전류 용량을 늘리는 방식을 보여 준다. 공급 전압을 높이려면 전지를 끝에서 끝까지, 즉 직렬로 배치한다. 각 전지의 단자 전압을 더하면 최종 공급 전압이 되는데, 이는 전지들에서 나온 전압의 합과 같다. 추가 전류 용량(작동 시간 증가)이 있는 공급 장치를 만들려면 보기 2.58과 같이 전지를 병렬로 연결해 양극 단자와 음극 단자를 함께 연결한다. 옴의 전력 법칙을 사용해 부하로 전달되는 전력을 찾아낼 수 있다. 옴의 전력 법칙은 $P = V^2/R$인데, 여기서 V는 네트워크 내의 모든 전지에 의해 생성된 최종 공급 전압이다. 여기에 표시한 접지 기호는 접지에 대한 실제 물리적인 연결을 의미하는 게 아니라 그저 0 V 기준으로 작용할 뿐이다. 전지로 작동하는 장치에 접지를 물리적으로 연결하는 경우는 거의 없다.

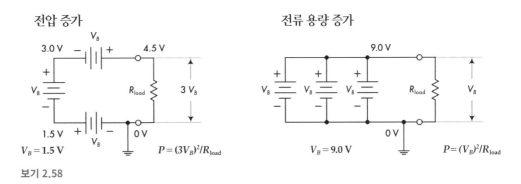

보기 2.58

> 참고 전지들을 병렬로 배치할 때는 각 전지들의 전압과 화학물질이 모두 같아야 한다. 유사한 전지를 선택하고, 한 번에 모두 갈아야 한다. 전압이 다르면 문제가 될 수 있다.

2.16 개방 회로와 단락 회로

역주 즉, 합선

가장 일반적인 회로 문제(고장)로는 회로 개방과 단락^{역주}을 들 수 있다. 단락 회로(short circuit)가 전체를 단락시키는 것이든 일부를 단락시키는 것이든 지나치게 많은 전류가 흐르게 된다. 이렇게 되면 퓨즈가 끊어지거나 부품이 타 버려 회로가 손상될 수 있다. 개방 회로(open circuit)는 회로 내에 전류 흐름을 방해하는 끊어진 부분이 있다는 점을 나타낸다. 단락은 회선 교차, 절연 실패 또는 회로 보드 내의 개별 도체 두 개를 우연히 연결하는 납땜 튐(solder splatter)과 같은 여러 문제로 인해 발생할 수 있다. 회로에서 회선이나 부품 리드가 분리되거나, 간단하게는 부품이 타 버리며 분리되어 생긴 개방 회로 때문에 막대한 저항이 생길 수 있다. 보기 2.59에 개방 조건이나 단락 조건이 이뤄지는 경우를 나타냈다. 기호로 나타낸 퓨즈를 회로에 사용할 때, 전류가 정격을 초과하면 전류가 흐르면서 퓨즈가 끊어진다.

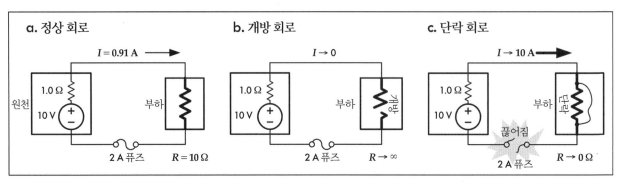

보기 2.59

모든 부품이 이상적이라고 생각한다면, 이상적인 전압원이 단락된 경우에 단락된 전압이 0이 되므로 무한대의 전류가 흐르는 점이 의문점이다. 도체와 마찬가지로 실제 전압원에는 내부 저항이 있어서 최대 전류 강도를 줄인다. 그러나 일반적으로 손상을 입힐 만한 전류가 여전히 남아 있다.

타는 냄새를 맡거나 손을 대보는 식으로 과열된 부품을 감지해 단락 회로인지를 알아낼 수 있다. 퓨즈나 과전압 보호 장치 및 회로 차단기와 같은 다양한 보호 장치를 사용해 회로 단락을 방지할 수 있다. 이러한 장치들은 과도한 전류가 흐르는 것을 감지하면 끊어지거나 떨어지는 식으로 개방 회로 상태를 형성해 과도한 전류로 인한 손상을 제한한다.

▶ **예제 1:** 보기 2.60에 나오는 직렬 회로에서, 정상 회로에 흐르는 전류량을 결정한 다음(a), 부분적으로 단락되었을 때 얼마나 많은 전류가 흐르는지를 정하고(b), 1 A 퓨즈가 없는 경우에 전체가 단락되어 있는 동안 전류가 얼마나 흐르게 될지를 결정하라(c). 전부 단락된 상황에서 내부 3 Ω 회로 저항을 가정한다.

▷ **정답:** a. 11 mA, b. 109 mA, c. 4 A(퓨즈가 끊어진다.)

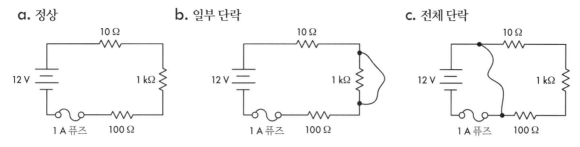

a. 정상 **b. 일부 단락** **c. 전체 단락**

보기 2.60

▶ **예제 2:** 보기 2.61에 나오는 병렬 회로에서, 정상 회로ⓐ와 개방 회로ⓑ에 흐르는 총 전류 흐름을 결정하고, 단락 회로ⓒ에 흐르는 전류 흐름을 결정하라. 전지의 내부 저항이 3 A보다 적으면 0.2 Ω이지만, 단락 회로 상태에서는 2 Ω이 된다고 가정한다.

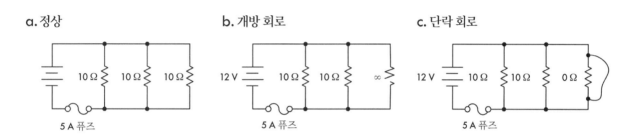

a. 정상 **b. 개방 회로** **c. 단락 회로**

보기 2.61

▷ **정답: a.** 3.4 A, **b.** 2.3 A, **c.** 6 A(퓨즈가 끊어진다.)

▶ **예제 3:** 보기 2.62에 나오는 병렬 회로에서 S2가 닫히면 부하 B, C, D는 아무런 전력도 받지 않는다(다른 모든 스위치가 이미 닫혀 있다고 가정했을 때). 그렇지만 부하 A는 전력을 받는다. 퓨즈가 끊어졌음을 알고 있다고 하자. 퓨즈를 갈아 끼운 후에 S3 및 S4가 열린 상태에서 S2를 닫으면 퓨즈가 끊어지지 않는다. 부하 B와 C에서 S3 전력을 달아도 아무런 효과가 없다. S4를 닫으면 B와 C가 꺼지며, 부하 D도 아무런 전력을 받지 못한다. 그런데도 퓨즈가 다시 끊어진다. 문제가 뭘까?

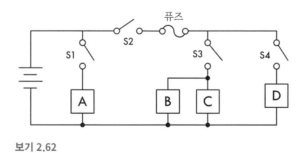

보기 2.62

▷ **정답:** 부하 D 안에 단락이 있다.

2.17 키르히호프의 법칙

종종 저항기 회로를 간단하게 줄이는 기법만으로는 분석할 수 없는 회로에 부닥치게 된다. 회로 간소화로 등가 저항을 찾을 수 있다고 할지라도 회로망 내의 부품만으로 개별 전류와 전압을 알 아내기 힘들 수도 있다. 마찬가지로, 원천이 여러 개이거나 저항기들로 이뤄진 복잡한 회로망이 라면, 옴의 법칙이나 전류 및 전압 분할기 방정식을 사용해도 회로를 간소화하지 못할 수도 있 다. 이런 이유로 우리는 키르히호프의 법칙에 의지한다.

키르히호프 법칙은 회로를 분석하는 가장 일반적인 방법이다. 획득한 회로가 얼마나 복잡하든 선형 소자(저항, 커패시터, 인덕터)나 비선형 소자(다이오드, 트랜지스터 등)에 모두 쓸 수 있다. 키르히 호프의 두 법칙을 다음과 같이 서술한다.

키르히호프의 전압 법칙(또는 고리 규칙): 회로의 모든 고리(loop) 주변의 전압을 대수적으로 더하면 0이다.

$$\sum_{\text{폐쇄 경로}} \Delta V = V_1 + V_2 + \cdots + V_n = 0 \qquad (2.20)$$

본질적으로 키르히호프의 전압 법칙에서는 에너지 보존을 언급한다. 회로의 어느 곳에서든 출발 한 전하가 회로의 모든 고리를 통과해 출발 지점으로 되돌아간 경우에 순 전위 변화는 0이다.

키르히호프의 전압 법칙이 어떻게 작용하는지 볼 수 있게 보기 2.63의 회로를 고려해 보자. 회로 경로를 따라 어디든 선호하는 곳에서부터 출발한다. 여기서는 5 V 전지의 음극 단자에서 출발한 다고 하자. 그런 다음에 고리를 따라가기 시작한다. 이 경우에 어느 방향으로 가든 상관없지만, 여기서는 시계 방향을 선택한다. 회로 소자를 만날 때마다 진행 중인 고리 방정식에다가 이 소 자를 추가한다. 전압차의 부호를 결정하기 위해 그림의 음영 부분에 표시된 고리 추적(loop trace) 규칙을 적용한다. 고리의 출발 지점으로 되돌아 올 때까지 소자를 계속 추가하는데, 이 출발 지 점에서 고리 방정식을 '= 0'으로 끝낸다.

키르히호프의 전압 법칙

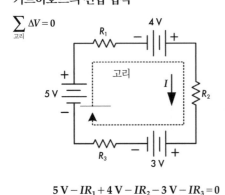

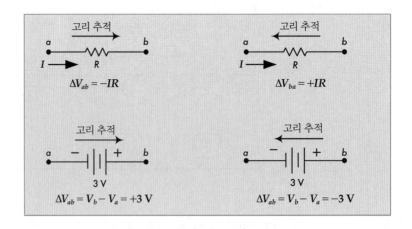

보기 2.63

언급한 바와 같이, 키르히호프의 법칙을 선형이든 비선형이든 어떤 회로 요소에도 적용한다. 예를 들어, 오히려 가상 회로에 가까운 이 회로는 키르히호프의 전압 법칙이 저항기 및 직류원(커패시터,

인덕터, 비선형 다이오드, 정현파 전압원을 포함한다) 외에 다른 요소가 있는 회로에 적용되는 것을 보여 준다. 우리는 앞에 나온 예제에서처럼 고리 기법을 적용해 방정식을 생각해 낼 수 있다. 보다시피, 커패시터, 인덕터 및 다이오드 양단의 전압 변화를 나타내는 데 사용하는 표현은 다소 복잡하고, 그 결과로 나오는 미분 방정식 해법은 말할 것도 없다. 이런 식으로(기교를 발휘하는 식) 전자공학을 파고들 필요는 없지만, 그럼에도 불구하고 이 과정을 통해 키르히호프의 법칙의 보편성을 볼 수는 있다.

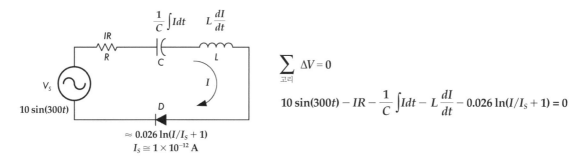

$$\sum_{\text{고리}} \Delta V = 0$$

$$10\sin(300t) - IR - \frac{1}{C}\int Idt - L\frac{dI}{dt} - 0.026\ln(I/I_S + 1) = 0$$

보기 2.64

키르히호프의 전류 법칙(또는 접점 규칙): 접점(junction)에 들어가는 전류(I_{in})의 합은 접점에서 나가는 전류(I_{out})의 합과 같다.

$$\sum I_{\text{in}} = \sum I_{\text{out}} \tag{2.21}$$

키르히호프의 전류 법칙은 회로를 지나는 전하 흐름의 보존을 설명한다. 전하는 결코 생성하거나 소멸하지 않는다.

다음 예에서 키르히호프의 전류 법칙과 전압 법칙의 작용을 볼 수 있다.

▶ **예제:** 다음 회로에 키르히호프의 법칙을 적용해 R_1, R_2, R_3, R_4, R_5, R_6와 V_0를 알고 있다고 가정한 상태에서 알지 못하는 전류 I_1, I_2, I_3, I_4, I_5, I_6를 모두 찾아내라. 그런 다음, 옴의 법칙 $V_n = I_n R_n$을 사용해 V_1, V_2, V_3, V_4, V_5, V_6에서 이뤄지는 전압 강하를 찾을 수 있다.

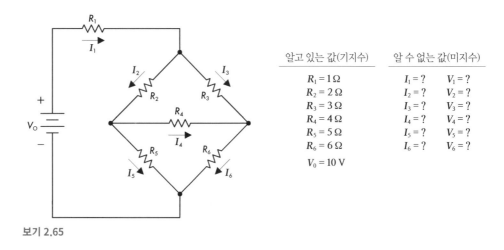

알고 있는 값(기지수)	알 수 없는 값(미지수)	
$R_1 = 1\,\Omega$	$I_1 = ?$	$V_1 = ?$
$R_2 = 2\,\Omega$	$I_2 = ?$	$V_2 = ?$
$R_3 = 3\,\Omega$	$I_3 = ?$	$V_3 = ?$
$R_4 = 4\,\Omega$	$I_4 = ?$	$V_4 = ?$
$R_5 = 5\,\Omega$	$I_5 = ?$	$V_5 = ?$
$R_6 = 6\,\Omega$	$I_6 = ?$	$V_6 = ?$
$V_0 = 10\,\text{V}$		

보기 2.65

▷ **정답:** 이 문제를 풀려면 키르히호프의 전압 법칙을 닫힌 고리에 충분히 적용하고, 키르히호프의 전류 법칙을 접점에 충분히 적용해 미지수의 균형을 맞출 수 있는 방정식을 세운다. 그리고 나서는 간단한 대수학 수준의 문제를 풀기만 하면 된다. 최종 방정식을 구성하기 위해 법칙을 적용하는 방법을 보기 2.66에 나타내었다.

보기 2.66에는 방정식 여섯 개와 미지수 여섯 개가 나온다. 대수학의 법칙에 따르면, 방정식과 미지수의 개수가 같을 때는 대체로 미지수가 무엇인지 알아낼 수 있다. 이 경우에 미지수를 푸는 방법 세 가지를 생각할 수 있다. 첫째로, 모든 방정식을 결합해서 미지수 한 개를 찾은 다음, 그 밖의 방정식에 다시 대입하는 식으로 푸는 방법으로 더 잘 알려진 구식인 '대입과 소거(plug and chug)' 방식을 적용할 수 있다. 둘째로, 훨씬 명료하고 어쩌면 더 쉽기도 한 행렬을 사용하는 방식이다. 행렬을 사용해 미지수를 알아내는 방법이 선형대수학 책에 자세히 실려 있다.

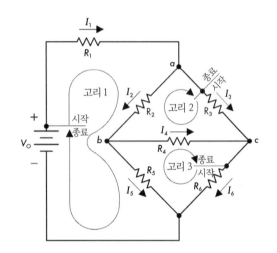

키르히호프의 전류 법칙을 적용한 결과로 나온 방정식들:

$$I_1 = I_2 + I_3 \qquad \text{(접합점 a에서)}$$
$$I_2 = I_5 + I_4 \qquad \text{(접합점 b에서)}$$
$$I_6 = I_3 + I_4 \qquad \text{(접합점 c에서)}$$

키르히호프의 전압 법칙을 적용한 결과로 나온 방정식들:

$$V_0 - I_1R_1 - I_2R_2 - I_5R_5 = 0 \qquad \text{(고리 1을 돌면)}$$
$$-I_3R_3 + I_4R_4 + I_2R_2 = 0 \qquad \text{(고리 2를 돌면)}$$
$$-I_6R_6 + I_5R_5 - I_4R_4 = 0 \qquad \text{(고리 3을 돌면)}$$

보기 2.66

솔직히 말해서 우리가 유용하다고 느끼는 세 번째 방식은 행렬과 크래머의 규칙을 사용하는 기법이다. 이 기법이 명쾌해 보이는 이유는 수학을 몰라도 된다는 점이다. 즉, 수치 계산용 컴퓨터 프로그램이나 행렬 연산이 가능한 계산기를 사용하기만 하면 된다는 점이다. 숫자를 행렬에 집어넣고 계산기의 '등호(=)' 단추를 누르기만 하면 된다. 이 기법에 시간을 허비하지 않도록 우리는 방정식들을 보여 주고 이 방정식들을 사용해 저항 회로 문제에 대한 해법 중 한 개를 찾으려고 한다. 보기 2.67(a)를 보라.

예를 들어, 모든 계수를 행렬식에 넣고 계산기나 컴퓨터에서 '계산' 버튼을 누르기만 하면, 저항기 문제에서 연립방정식에 대한 Δ를 찾을 수 있다. 보기 2.67(b)를 보라.

예를 들면, R_5를 통과하는 전류와 이것에 걸려 있는 전압을 찾기 위해 ΔI_5를 찾은 다음에, $I_5 = \Delta I_5/\Delta$를 써서 전류를 찾아낸다. 그런 다음에 옴의 법칙을 사용해 전압을 찾는다. 어떻게 하면 이렇게 되는지를 보기 2.67(c)에 나타냈다.

연립방정식이 다음과 같이 표현된다.

$$a_{11}x_1 + a_{21}x_1 + \cdots a_{1n}x_n = b_1$$

$$a_{12}x_1 + a_{12}x_2 + \cdots a_{2n}x_n = b_2$$

$$\vdots$$

$$a_{1n1}x_1 + a_{n2}x_2 + \cdots a_{nn}x_n = b_n$$

a_{11}은 방정식 1의 변수 x_1 앞에 있는 계수이다.
a_{2n}은 방정식 2의 변수 x_n 앞에 있는 계수이다.
b_2는 방정식 2의 등호 오른쪽에 나오는 상수이다.

연립 방정식에 나오는 변수들을 푸는 해법은 다음과 같다.

$$x_1 = \frac{\Delta x_1}{\Delta}, \ x_2 = \frac{\Delta x_2}{\Delta}, \ \ldots, x_n = \frac{\Delta x_n}{\Delta}$$

여기서

직선 모양으로 된 대괄호는 행렬식을 나타낸다.

$$\Delta = \begin{vmatrix} a_{11} & a_{12} & \cdots & a_{1n} \\ a_{21} & a_{22} & \cdots & a_{2n} \\ \vdots & & & \vdots \\ a_{n1} & a_{n2} & \cdots & a_{nn} \end{vmatrix}, \ \Delta x_1 = \begin{vmatrix} b_1 & a_{12} & \cdots & a_{1n} \\ b_2 & a_{22} & \cdots & a_{2n} \\ \vdots & & & \vdots \\ b_n & a_{n2} & \cdots & a_{nn} \end{vmatrix}, \ \Delta x_2 = \begin{vmatrix} a_{11} & b_1 & \cdots & a_{1n} \\ a_{21} & b_2 & \cdots & a_{2n} \\ \vdots & & & \vdots \\ a_{n1} & b_n & \cdots & a_{nn} \end{vmatrix}, \ \ldots, \ \Delta x_n = \begin{vmatrix} a_{11} & a_{12} & \cdots & b_1 \\ a_{21} & a_{22} & \cdots & b_2 \\ \vdots & & & \vdots \\ a_{n1} & a_{n2} & \cdots & b_n \end{vmatrix}$$

보기 2.67(a)

$$I_1 - I_2 - I_3 = 0$$
$$I_2 - I_5 - I_4 = 0$$
$$I_6 - I_4 - I_3 = 0$$
$$I_1 + 2I_2 + 5I_5 = 10$$
$$-3I_3 + 4I_4 + 2I_2 = 0$$
$$-6I_6 + 5I_5 - 4I_4 = 0$$

$$\Delta = \begin{vmatrix} 1 & -1 & -1 & 0 & 0 & 0 \\ 0 & 1 & 0 & -1 & -1 & 0 \\ 0 & 0 & -1 & -1 & 0 & 1 \\ 1 & 2 & 0 & 0 & 5 & 0 \\ 0 & 2 & -3 & 4 & 0 & 0 \\ 0 & 0 & 0 & -4 & 5 & -6 \end{vmatrix} = -587$$

보기 2.67(b)

$$\Delta I_5 = \begin{vmatrix} 1 & -1 & -1 & 0 & 0 & 0 \\ 0 & 1 & 0 & -1 & 0 & 0 \\ 0 & 0 & -1 & -1 & 0 & 1 \\ 1 & 2 & 0 & 0 & 10 & 0 \\ 0 & 2 & -3 & 4 & 0 & 0 \\ 0 & 0 & 0 & -4 & 0 & -6 \end{vmatrix} = -660$$

$$I_5 = \frac{\Delta I_5}{\Delta} = \frac{-660}{-587} = 1.124 \text{ A}$$

$$V_5 = I_5 \times R_5 = (1.124 \text{ A})(5 \ \Omega) = 5.62 \text{ V}$$

보기 2.67(c)

그 밖의 전류(그리고 전압)를 풀려면, 간단히 그 밖의 ΔI들을 찾아 Δ로 나누면 된다. 보다시피 마지막 접근법의 경우에 전류 값 한 개를 얻는 데도 수학적인 노력이 엄청나게 필요하다. 편하고자 한다면, 회로 시뮬레이터 프로그램에서 실행되는 회로에서 모든 것을 찾아내면 된다. 예를 들어, 멀티심(MultiSim)을 사용한 경우 그 결과는 보기 2.68과 같이 얻는다.

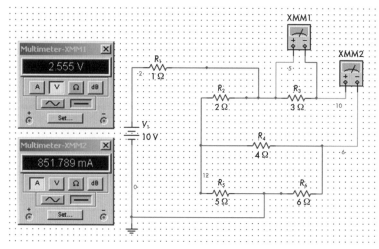

보기 2.68

계산을 많이 하는 게 이론 연습에는 좋지만 실제로는 시간 낭비에 불과하다. 시뮬레이터를 사용하면 이런 문제를 푸는 데 몇 분밖에 걸리지 않는다. 시뮬레이션 결과는 다음과 같다.

V_1 = 2.027 V	I_1 = 2.027 A
V_2 = 2.351 V	I_2 = 1.175 A
V_3 = 2.555 V	I_3 = 0.852 A
V_4 = 0.204 V	I_4 = 0.051 A
V_5 = 5.622 V	I_5 = 1.124 A
V_6 = 5.417 V	I_6 = 0.903 A

이 결과를 다시 도표에 대입하면 보기 2.69와 같이 키르히호프의 전압 법칙과 전류 법칙을 볼 수 있다. 어떤 고리를 취하든 부품들의 전압 변화를 합하면 0이 된다(검은색 음영에 표시된 전압은 0 V 기준 접지를 기준으로 했을 때의 점전압을 나타낸다). 또한, 특정 접점으로 들어가는 전류는 해당 접점에서 빠져 나오는 전류의 합과 같고, 그 반대도 마찬가지이다. 이것이 키르히호프의 전류 법칙이다.

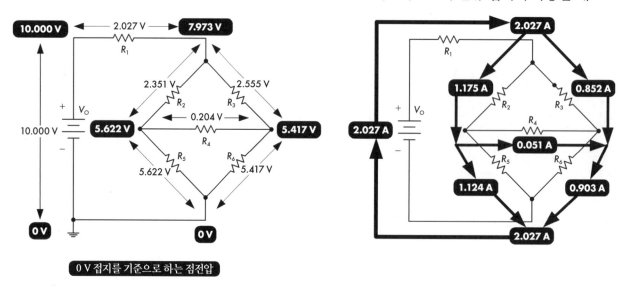

보기 2.69

방정식을 가지고 노는 일에 심취하거나 게으르게 시간을 보내다가 시뮬레이터를 움켜쥐는 상황을 맞이하기 전에 테브난의 정리(Thevenin's theorem)로 알려진 특별한 정리를 알아 두어야 한다. 이 정리에서는 무척 흥미로운 기법을 사용해 회로를 분석하며, 연립방정식을 다루는 일이나 시뮬레이션에 의존하는 일을 피할 수 있다. 테브난의 정리에서는 우리가 가장 먼저 살펴봐야 할 중첩 정리가 활용된다.

2.18 중첩 정리

중첩 정리는 전자공학에 중요한 개념으로 선형 회로에 원천이 두 개 이상 들어 있을 때 유용하다. 이 정리를 다음과 같이 기술할 수 있다.

중첩 정리: 선형 회로의 한 분기에 있는 전류는 각 원천이 생성한 전류의 합과 같고, 그 밖의 원천을 0과 같게 설정한다.

선형 회로에 키르히호프의 법칙을 적용하면 항상 선형 방정식 한 묶음이 나오는데, 이것을 미지수가 한 개인 단일 선형 방정식으로 줄일 수 있다는 사실을 바탕으로 중첩 정리를 증명한다. 이는 알려지지 않은 분기 전류를 적절한 계수 한 개가 있는 각 원천 항에 대해 선형 중첩 꼴로 작성할 수 있다는 점을 의미한다. 비선형 회로에 중첩을 적용해서는 안 된다는 점에 유념하라.

중첩 정리를 해석할 때 원천을 0으로 설정하는 의미를 명확히 하는 게 중요하다. 원천이 전압원일 수도 있고 전류원일 수도 있다. 원천이 전압원인 경우에 원천을 0으로 설정하면 전압원 단자에 연결된 회로 내 지점들의 전위가 같아야 한다. 이렇게 하려면 전압원을 도체로 바꿔 단락 회로를 만드는 방법밖에 없다. 원천이 전류원인 경우에 원천을 0으로 설정한다는 의미는 원천을 간단히 제거하고 나서 단자들을 개방된 상태로 남겨 두어 개방 회로를 생성한다는 뜻이다. 단락 회로에서는 전압이 0이 되며, 개방 회로에서는 전류가 0이 된다.

보기 2.70에서 중첩 정리를 사용해 회로를 분석한다. 회로에는 저항기 두 개와 전압원 및 전류원이 들어 있다.

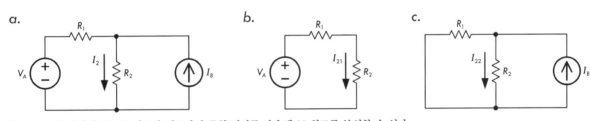

보기 2.70 더 간단한 (b), (c) 회로와 비교하며 중첩 정리를 사용해 (a) 회로를 분석할 수 있다.

우선, 보기 2.70(b)와 같이 전류원을 제거한다(전류원의 단자들에 개방 회로를 만든다). 이에 따라 전압원만 사용되는 상태에서 R_2에 흐르는 새 전류의 값은 V_A를 등가 저항으로 나눈 것과 같다.

$$I_{21} = \frac{V_A}{R_1 + R_2}$$

이 전류를 원천 1로 인한 지점 2에서의 부분 전류라고 부른다. 다음으로 전압원을 제거하고 도체로 교체해 0으로 설정한다(전압원을 단락 처리한다). 보기 2.70(c)를 참조하라. 그 결과로 나온 회로는 전류 분할기이며, 그 결과로 나온 부분 전류는 다음과 같다.

$$I_{22} = \frac{I_B R_1}{R_1 + R_2}$$

중첩을 적용하면, 부분 전류를 더해 총 전류를 얻는다.

$$I_2 = I_{21} + I_{22} = \frac{V_A - I_B R_1}{R_1 + R_2}$$

R_1에 흐르는 전류를 다음 결과와 비슷한 방식으로 결정할 수 있다.

$$I_1 = \frac{V_A + I_B R_2}{R_1 + R_2}$$

중첩 정리 이론은 선형, 정현파 구동 회로에서 복소 임피던스(complex impedance)를 분석할 수 있게 하는 중요한 도구이다. 이 주제를 곧 다룬다. 중첩은 중요한 회로 정리 두 개를 쓸 수 있게 하는 기본 구조이기도 하다. 테브난의 정리와 노턴의 정리가 그것이다. 어느 정도는 꽤나 독창적인 기법을 사용하는 이 두 정리를 사용하는 것이 중첩을 사용하는 것보다 훨씬 더 실용적이다. 중첩을 직접 사용하는 경우는 거의 없지만, 여타 많은 회로 분석 도구의 존재 기반임을 알아야 한다.

2.19 테브난의 정리와 노턴의 정리

2.19.1 테브난의 정리

보기 2.71과 같은 복잡한 회로가 있다고 하자. 단자 A와 F의 전압이 무엇인지와 이 단자들 사이에 부착한 부하 저항에 흐르는 전류량이 무엇인지를 알아내는 데만 관심이 있다고 하자. 이 문제에 키르히호프의 법칙을 적용하면 난관에 봉착할 수밖에 없는 게, 방정식을 설정하는 데 필요한 작업량이 악몽과 같을 정도인데다가 그리고도 불쾌한 연립방정식이 남기 때문이다.

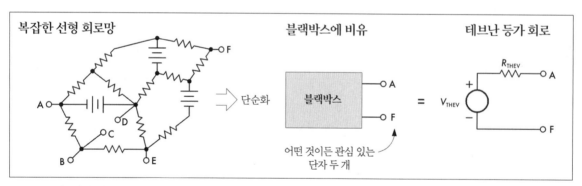

보기 2.71 테브난의 정리의 본질

다행히, 문제를 간단하게 하고 '난해한' 수학을 쓰지 않고도 답을 낼 수 있는 기법을 테브난(Thevenin)이라 불리는 사람이 만들었다. 테브난이 발견한 정리를 사용하면 관심 대상인 단자 두 개만 복잡한 회로에서 뽑아내고 나머지 회로를 블랙박스로 간주할 수 있다. 이제 두 단자를 가지고 할 작업만 남은 셈이다. 테브난의 기법을 적용하면(곧 보게 되겠지만), 블랙박스 또는 모든 선형 2단자 직류 회로망을 저항기와 직렬로 연결된 전압원으로 나타낼 수 있다. (이를 테브난의 정리(Thevenin's theorem)라고 한다.) 전압원을 테브난 전압(Thevenin voltage) V_{THEV}라고 하며, 저항을 테브난 저항(Thevenin resistance) R_{THEV}라고 하는데, 이 둘이 함께 테브난 등가 회로(Thevenin equivalent circuit)를 형성한다. 이 간단한 등가 회로에 옴의 법칙 $I = V_{THEV}/(R_{THEV} + R_{LOAD})$를 적용하면,

단자에 걸려 있는 부하에 흐르는 전류 흐름을 쉽게 계산할 수 있다.

해당 회로 단자(블랙박스 단자)가 실제로는 회로에 존재하지 않을 수도 있다는 점에 유념하라. 대신에, 예를 들면, 복잡한 회로망 내에 이미 존재하는 저항기(R_{LOAD})의 전류 및 전압을 찾기를 바랄 수도 있다. 이런 경우에는 저항기를 제거하고 단자 두 개를 만든 다음(블랙박스를 만든 다음)에 테브난 등가 회로를 찾아야 한다. 테브난 등가 회로를 찾은 후에는 간단히 저항을 대체(또는 테브난 등가 회로의 단자에 배치)하고, 그 양단의 전압을 계산하고, 옴의 법칙 $I = V_{THEV}/(R_{THEV} + R_{LOAD})$를 다시 적용해 전류를 계산한다. 그렇지만 중요한 질문 두 개가 남아 있다. 도대체 뭐가 기법이라는 것일까? V_{THEV}와 R_{THEV}는 무엇일까?

우선, V_{THEV}는 측정하거나 계산할 수 있는 블랙박스 단자의 양단에 걸린 전압일 뿐이다. R_{THEV}는 모든 직류원(예를 들어, 전지)을 단락으로 대체할 때 블랙박스 단자의 양단에 걸리는 저항이며, 이것 또한 측정하거나 계산할 수 있다.

기법에 관해 말하자면 우리는 이것을 일반화할 수 있고, 중첩 정리가 포함되어 있다고 말할 수 있다. 그러나 테브난은 다음 예제에 나오는 기법을 사용해 한 번에 모든 원천을 제거해 테브난 저항을 찾아내는 식으로 중첩 정리(한 번에 한 개씩 원천을 제거하고 부분 전류를 계산해 더하는 식으로)를 적용하는 데 따르는 업무를 줄일 수 있다고 생각했다. 예제로 보는 게 최선이다. 보기 2.72를 보라.

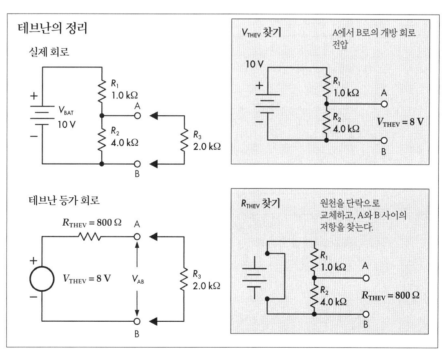

보기 2.72 이것은 전압 분할기 회로에 테브난의 정리를 사용해 부착된 부하를 통과하는 전압과 전류를 쉽게 계산하는 예제이다. 우선 부하 R_3를 제거한 후 관심 있는 단자들(A와 B)을 개방한다. 그런 다음에 옴의 법칙이나 전압 분할기 방정식을 사용해 테브난 전압 V_{THEV}를 정한다. 이 값은 A와 B의 무전류 전압이다. 그런 다음에 직류원(V_{BAT})을 단락으로 바꾸고 A와 B의 저항을 계산하거나 측정해 단자 A와 B에 걸친 테브난 저항 R_{THEV}를 계산한다. R_{THEV}는 단순히 R_1과 R_2를 병렬로 연결한 것이다. 최종 테브난 등가 회로는 R_{THEV}와 직렬로 연결된 V_{THEV}이다. 부하(R_3) 양단의 전압과 부하를 통과하는 전류는 다음과 같다.

$$V_3 = \frac{R_3}{R_3 + R_{THEV}} \times V_{THEV} = \frac{2000\ \Omega}{2800\ \Omega} \times 8\ V = 5.7\ V$$

$$I_3 = \frac{V_{THEV}}{(R_{THEV} + R_3)} = \frac{8\ V}{2800\ \Omega} = 0.003\ A$$

2.19.2 노턴의 정리

노턴의 정리는 복잡한 회로망을 분석하는 데 쓸 수 있는 도구 중 하나이다. 테브난의 정리처럼 복잡한 2단자 회로망을 단순한 등가 회로로 대체한다. 그렇지만 테브난 저항과 직렬로 연결한 테브난 전압원 대신에 노턴 등가 회로는 저항에 병렬로 연결한 전류원으로 구성하며, 테브난 저항과 같은 결과가 나온다. 노턴 전류 I_{NORTON}이라고 부르는 전류원의 값을 찾는 게 유일하게 새로운 기법이다. 테브난의 정리가 전압원에 대한 정리인 것과 마찬가지로 본질적으로 노턴의 정리는 전류원에 대한 정리이다. 테브난의 정리와 마찬가지로 기본 구조는 중첩 정리이다.

보기 2.73에는 테브난의 정리로 분석을 막 끝낸 회로를 노턴의 정리를 사용해 분석하는 방법이 나온다. 노턴 전류 I_{NORTON}은 단자 A와 B를 통과하는 단락 전류를 나타낸다.

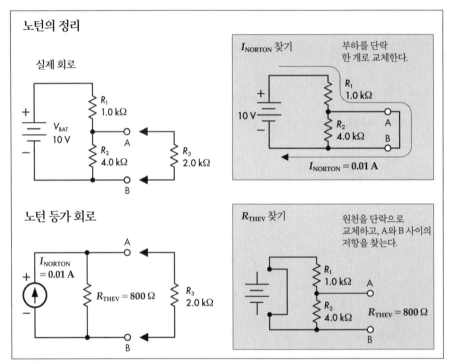

보기 2.73 I_{NORTON}을 찾으려면 먼저 부하 R_3를 제거하고 그 자리를 단락으로 대체한다. 옴의 법칙을 사용하여 전류가 단락된 후에는 R_2를 통해서는 전류가 이상적으로 흐르지 않는다는 점을 알게 되면, 단락 전류 회로 또는 노턴 전류가 다음과 같음을 알 수 있다.

$$I_{NORTON} = \frac{V_{BAT}}{R_1} = \frac{10\text{ V}}{1000\text{ }\Omega} = 0.01\text{ A}$$

다음으로 테브난 저항을 찾는다. 간단히 이전 예제에 나온 결과를 사용한다.

$$R_{THEV} = 800\text{ }\Omega$$

그런 다음에 최종 노턴 등가 회로를 구성할 수 있다. R_3를 대체하면, 이제 옴의 법칙을 사용해 R_3를 거쳐 흐르는 전류량을 결정하거나 간단히 전류 분할기 방정식을 적용할 수 있다.

$$I_3 = \frac{R_{THEV}}{R_{THEV} + R_3} \times I_{NORTON} = \frac{800\text{ }\Omega}{2800\text{ }\Omega} \times 0.01\text{ A} = 0.003$$

노턴 등가 회로를 테브난 등가 회로로 변환할 수 있으며, 그 역도 가능하다. 두 경우 모두 등가 저항기가 동일하게 유지된다. 테브난 등가 회로의 경우에는 전압원과 직렬로 연결되고, 노턴 등가 회로의 경우에는 전류원과 병렬로 연결된다. 테브난 등가 원천에 대한 전압원은 노턴 등가 회로의 저항기의 양단에 나타나는 무부하 전압과 같다. 노턴 등가 원천의 전류는 테브난 원천에서 제공하는 단락 회로 전류와 같다.

▶ **예제:** 보기 2.74에 나오는 네 회로 각각에 대해 A 지점과 B 지점 사이의 모든 것에 대한 테브난 등가 회로와 노턴 등가 회로를 찾아라.

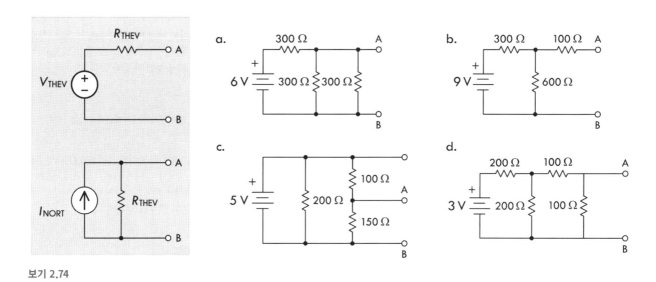

보기 2.74

▷ **정답:** (a) $V_{THEV} = 2\,V$, $R_{THEV} = 100\,\Omega$, $I_{NORT} = 0.02\,A$, (b) $V_{THEV} = 6\,V$, $R_{THEV} = 300\,\Omega$, $I_{NORT} = 0.02\,A$, (c) $V_{THEV} = 3\,V$, $R_{THEV} = 60\,\Omega$, $I_{NORT} = 0.05\,A$, (d) $V_{THEV} = 0.5\,V$, $R_{THEV} = 67\,\Omega$, $I_{NORT} = 0.007\,A$

▶ **예제:** 다음은 테브난의 정리를 여러 번 적용해 원천이 한 개 이상인 복잡한 회로를 간단하게 만드는 예제이다. 본질적으로 보면 테브난 부회로(subcircuits)를 만들고 이것들을 결합하는 방식이다. 종종 이런 방식이 테브난 등가 회로 전체를 단번에 찾아내는 방식보다 쉽다. 보기 2.75를 참조하라.

▶ **예제:** 전류 용량을 늘리려면 전지를 병렬로 배치한다. 각 1.5 V 전지의 내부 저항이 0.2 Ω인 경우에 해당 테브난 회로를 찾아라. 보기 2.76을 참조하라.

▷ **정답:** $R_{THEV} = 0.04\,\Omega$, $V_{THEV} = 1.5\,V$. (테브난의 정리를 단계별로 적용하라.) 보다시피, 테브난 회로의 순 내부 저항은 전지를 병렬로 배치한 경우보다 훨씬 적다.

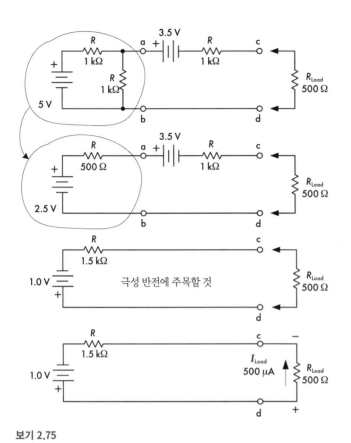

여기서는 **c** 단자와 **d** 단자에 연결될 때, 부하 저항 R_{load}를 통해 흐르는 전류를 찾는 데 관심을 둔다. 문제를 간단하게 풀 수 있게 먼저 **a**와 **b**의 왼쪽에 나오는 모든 저항과 전원에 대한 테브난 등가 회로를 찾아라. 전압 분할기 공식과 병렬로 둔 저항기 공식을 사용한다.

$$V_{THEV}(a,b) = \frac{(1000\ \Omega)}{1000\ \Omega + 1000\ \Omega}(5\ V) = 2.5\ V$$

$$R_{THEV}(a,b) = \frac{(1000\ \Omega)(1000\ \Omega)}{1000\ \Omega + 1000\ \Omega} = 500\ \Omega$$

(R_{THEV}를 찾을 때 5 V 전원을 단락으로 바꾸었다는 점에 유념하라.)

이 등가 회로를 주 회로에 다시 결합하면서, 우리는 두 번째 회로에 표시된 것과 같이 **C** 및 **D**의 왼쪽에 있는 모든 회로에 대해 등가 회로를 정한다. 키르히호프의 전압 법칙과 직렬로 둔 저항기 공식을 사용하면 다음과 같다.

$$V_{THEV}(c,d) = 2.5\ V - 3.5\ V = -1.0\ V$$

(그림을 보면, 이 일은 극성을 반전시키거나 간단히 전지를 바꿔 끼우는 일임을 알 수 있다.)

$$R_{THEV}(c,d) = 500\ \Omega + 1000\ \Omega = 1500\ \Omega$$

(R_{THEV}를 찾기 위해 두 원천이 모두 단락되었다.)

이제는 500 Ω 부하를 붙여 전류를 얻는다.

$$I_{load} = \frac{1.0\ V}{1500\ \Omega + 500\ \Omega} = 5 \times 10^{-4}\ A = 0.5\ mA$$

보기 2.75

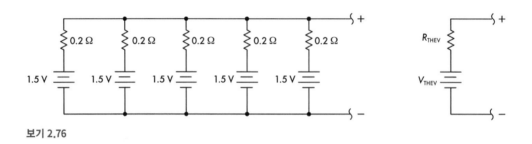

보기 2.76

2.20 교류 회로

회로란 완벽한 전도성 경로를 말하는데, 해당 경로에서 전자는 원천에서 부하로 그리고 다시 원천으로 흐른다. 앞에서 보았듯이 원천이 직류이면 전자가 한쪽으로만 흐르게 되어 곧바로만 흐르는 흐름(즉, 직류)이 발생한다. 전자 기기에서 자주 사용하는 그 밖의 원천 형식으로는 전류가 주기적으로 방향을 바꾸어 교대 전류(즉, 교류)를 발생시키는 교류원이 있다. 교류 회로에서 전류는 주기적으로 방향을 바꿀 뿐만 아니라 전압도 주기적으로 반전된다. 보기 2.77에 직류 회로와 교류 회로가 나온다. 교류 회로에서는 정현파 원천이 전력을 공급하는데, 이 정현파는 응용기기에 따라 초당 수 사이클에서 수십억 사이클까지 주파수가 서로 다른 정현파를 반복해서 생성한다.

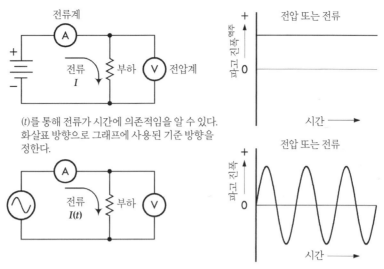

(*t*)를 통해 전류가 시간에 의존적임을 알 수 있다. 화살표 방향으로 그래프에 사용된 기준 방향을 정한다.

역주 파고 간 진폭. 최대 진폭이라고도 부르지만 개념이 살짝 다르다.

보기 2.77

0 V/A 기준선에 대한 전압/전류의 양의 진동과 음의 진동은 전원의 기전력이 방향을 바꾸어 전압원의 극성이 반전되게 하고 전류의 방향이 바뀌도록 강제한다. 어떤 순간에 원천 단자에 걸린 실제 전압은 해당 시점에 0 V 기준선에서 정현파 파형까지 이르는 전압을 측정한 것이다.

2.20.1 교류 생성

정현파 파형을 생성하는 가장 일반적인 방법은 교류 발전기(즉, 교대기)를 사용할 때 일어나는 전자기 유도에 의한 것이다. 예를 들어, 보기 2.78에 나오는 간단한 교류 발전기는 자석의 북극과 남극 사이에 자리 잡고 있는데, 축을 중심으로 삼아 기계적으로 회전하는 전선 고리로 구성한다. 고리가 자기장에서 회전할 때 고리를 통과하는 자속이 변하고, 전하가 전선을 통과하면서 강제 전압, 즉 유도 전압이 발생한다. 보기 2.78에 따르면, 고리를 통과하는 자속은 자기장의 방향에 대한 고리 각도의 함수가 된다. 그 결과로 유도된 전압은 각주파수 ω(초당 라디안)를 지닌 정현파이다.

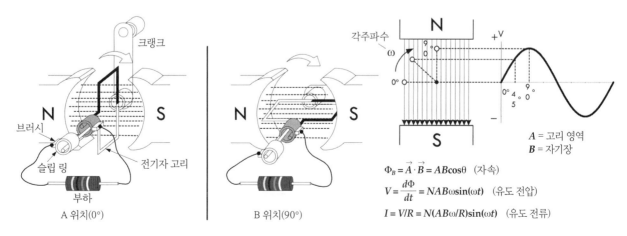

$\Phi_B = \vec{A} \cdot \vec{B} = AB\cos\theta$ (자속)

$V = \dfrac{d\Phi}{dt} = NAB\omega\sin(\omega t)$ (유도 전압)

$I = V/R = N(AB\omega/R)\sin(\omega t)$ (유도 전류)

A = 고리 영역
B = 자기장

보기 2.78 간단한 교류 발전기

물론 실제 교류 발전기는 이것보다 더 복잡하지만, 동일한 유도 법칙에 맞춰 작동한다. 그 밖의 교류 생성 방식으로는 변환기(예: 마이크)를 사용하거나, 인덕터와 커패시터 사이에서 전류를 앞뒤로 공진하게 하는 특수 유도성 효과 또는 용량성 효과를 사용하는 직류 전원 발진기 회로를 사용하는 방식이 있다.

■ 교류가 중요한 이유는?

정현파 파형이 전자공학에 중요한 이유는 여러 가지이다. 첫 번째 명백한 이유는 교류 발전기를 사용해 기계적 회전 운동을 유도 전류로 변환하기가 쉽기 때문이다. 그렇지만 정현파 파형을 사용하는 또 다른 중요한 이유로는 정현파를 분리하거나 통합해도 정현파를 얻게 된다는 점에 있다. 커패시터와 인덕터에 정현파 전압을 적용하면 정현파 전류가 발생한다. 이렇게 하면 시스템 상의 문제를 피할 수 있는데, 이 주제를 나중에 다룬다. 그렇지만 교류의 가장 중요한 이점 중 하나는 변압기를 사용해 전압을 높이거나 전압을 낮추는 능력(전류를 비용으로 치러서)이 들어 있다는 점이다. 직류의 경우에는 변압기를 쓸 일이 없고, 전압을 높이거나 낮추기가 다소 까다로운데 일반적으로 몇 가지 저항성 전력 손실이 존재한다. 반면에 변압기는 매우 효율적이어서 전압 변환 과정에서 전력이 거의 손실되지 않는다.

2.20.2 교류와 물의 비교

역주 회전 운동을 왕복 운동으로 바꾸는 구조

보기 2.79에서는 교류 전원을 물에 비유한다. 이 비유에서는 캠 구조(cam mechanism)^{역주}에 맞춰 수동 크랭크에 의해 위아래로 움직이는 진동 피스톤 펌프를 사용한다.

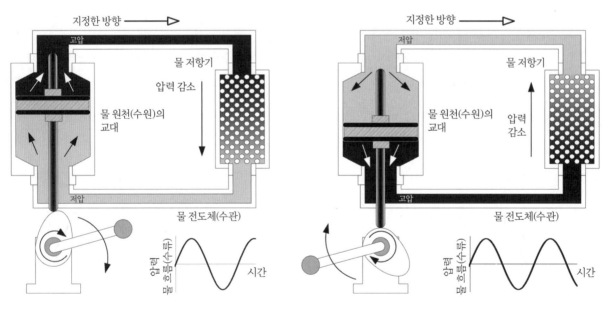

보기 2.79

물에 대한 비유에서, 평균적으로 물 입자는 크랭크가 회전할 때 앞뒤로 움직이는 것처럼 보인다. 교류 전기회로의 상황은 이보다 조금 더 복잡하지만 비슷한 효과가 발생한다. 도체 내에서 벌어지는 일을 상상하는 방식의 한 가지를 들면, 전자 바다의 유동 속도가 정현파 방식에 맞춰 앞뒤로 움직인다고 상상하는 것이다. 실제 유동 속도와 거리가 평균 유동 발생과 나는 차이가 실제로는 매우 작다(밀리미터/초의 몇 분의 1에 해당하는데, 도체와 인가전압에 따라 달라진다). 이론적으로 보면 이것은 한 주기 전체에 걸쳐 '평균' 전자의 위치에 순 변화가 거의 없다는 의미이다. (이것을 개별 전자의 열 속도와 혼동해서는 안 되는데, 열속도는 대체로 임의적이고 속도가 빠르다.) 또한, 표피 효과 (skin effect)가 나기 시작하는 고주파수를 적용하기 시작하면 표피 효과가 훨씬 복잡해진다. 이 주제를 이 절의 후반부에서 더 자세하게 다룬다.

2.20.3 맥동성 직류

회로 내에서 전류와 전압의 방향이 절대로 바뀌지 않는다면, 어떤 관점에서는 직류 준위가 계속 변경되더라도 직류인 전류를 지니게 된다. 예를 들어, 보기 2.80에서 전류는 그 진폭이 주기적으로 변하더라도 0을 기준으로 항상 양의 값을 갖는다. 어떤 꼴로 변형되든 이러한 전류를 맥동성 직류(pulsating dc)라고 부를 수 있을 것이다. 전류가 주기적으로 0에 닿을 때는 이를 간헐성 직류 (intermittent dc)라고 부른다.

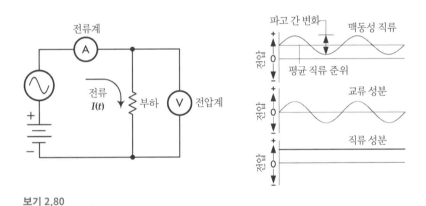

보기 2.80

다른 관점에서 보면, 교류 전류와 직류 전류를 조합하면 간헐적으로 맥동하는 직류를 볼 수도 있을 것이다. 특수 회로를 사용해 두 전류를 교류 성분과 직류 성분으로 분리해 개별적으로 분석하고 사용할 수 있다. 또한, 교류 및 직류로 된 전류나 전압을 결합하는 회로도 있다.

2.20.4 정현파 원천 결합

직류와 교류로 된 전압과 전류를 결합하는 일 외에도 개별 교류 전압과 교류 전류를 결합할 수도 있다. 이런 식으로 결합하면 파형이 복잡해진다. 보기 2.81에는 주파수가 서로 상당히 닮은 교류 파형 두 개와 그것들을 조합한 결과가 나온다. 또한, 이 보기는 주파수와 파장이 모두 다른 두 개의 교류 파형과 이 파형들을 결합해서 나온 파형을 보여 준다.

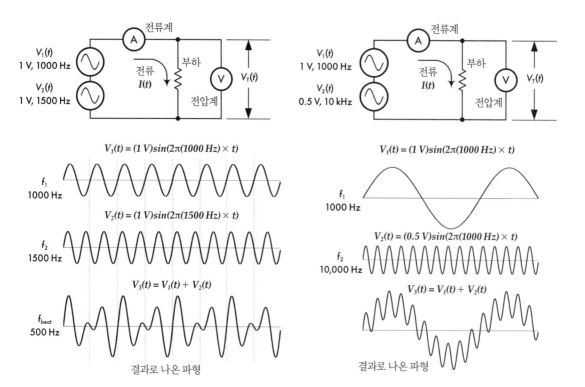

보기 2.81 (왼쪽) 크기가 비슷하고 주파수가 비슷한 교류 파형 두 개가 합성파를 형성한다. 두 파동의 양의 파고가 결합되어 높은 합성 파고를 생성하는 지점에 주목하라. 이것이 맥놀이(beat) 현상이다. 해당 맥놀이의 음계 주파수는 $f_2 - f_1 = 500\,Hz$이다. (오른쪽) 주파수와 진폭이 서로 다른 교류 파형 두 개는 한 파가 다른 파를 타고 나타나는 꼴로 합성파를 형성한다.

나중에 우리는 주파수가 같은 정현파 파형을 결합해도 항상 정현파가 발생한다는 점(심지어 진폭과 위상이 다를 때에도)을 발견하게 될 것이다. 이는 교류 회로 분석에 매우 중요한 사실이다.

2.20.5 교류 파형

교류에는 정현파 외에도 유용한 파형이 많이 있을 수 있다. 보기 2.82에는 전자공학에서 사용하는 몇 가지 일반적인 파형이 나온다. 구형파(squarewave)[역주]는 참(켜짐)과 거짓(꺼짐)이라는 두 가지 상태만 있는 파인데, 디지털 전자공학에 필수이다. 삼각파와 램프파(가끔 톱니파라고도 부름) 파형은 타이밍 회로에 특히 유용하다. 이 책의 뒷부분에서 볼 수 있듯이, 정현파들을 모아서 합하면 원하는 모양대로 주기파 파형을 만들 수 있다.

[역주] 즉, 방형파 또는 네모파

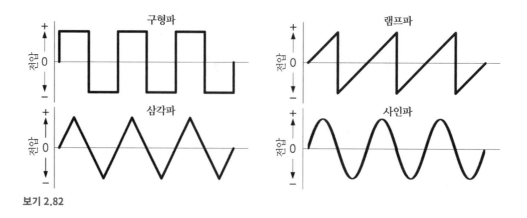

보기 2.82

이상적인 정현파 전압원은 부하에 관계없이 단자 간에 전압을 유지한다. 이 전압원은 전압을 동일하게 유지하는 데 필요한 전류를 공급한다. 한편 이상적인 정현파 전류원은 부하 저항에 관계없이 출력 전류를 유지한다. 이것은 전류를 동일하게 유지하는 데 필요한 전압을 공급한다. 또한, 파형이 다른 이상적인 원천들을 생성할 수도 있다. 보기 2.83은 교류 전압원, 교류 전류원 및 구형파를 생성하는 데 사용하는 클락 원천(clock source)에 대한 개략적인 기호를 보여 준다.

교류 전압원   교류 전류원   클락 원천

1 V, 60 Hz   1 A, 60 Hz

보기 2.83

실험실에서 쓰는 함수 발생기는 다양한 진폭과 주파수가 들어 있는 다양한 파형을 생성하는 데 쓸 수 있는 편리한 장치이다.

2.20.6 교류 파형 서술

교류 전압이나 전류를 제대로 설명하려면 진폭(또는 크기), 주파수, 위상이라는 세 가지 특성을 참조해야 한다.

■ 진폭

보기 2.84에는 정현파, 즉 사인파가 나온다. 이것은 한 번에 360°만큼 완전하게 도는 원형 회전의 상대적 위치와 전압(또는 전류)의 관계를 나타낸다. 전압(또는 전류)의 크기는 둥그렇게 움직이면서 만들어진, 영점을 기준으로 한 각의 사인 값에 따라 변한다. 90°의 사인 값은 1인데, 이것은 최대 전류(또는 전압) 지점에 해당하고, 270°의 사인 값은 −1인데, 이것은 최대 역전류(또는 역전압) 지점에 해당한다. 45°의 사인 값은 0.707이고 45°만큼 회전한 지점의 전류(또는 전압) 값은 최대 전류(또는 전압)의 0.707배이다.

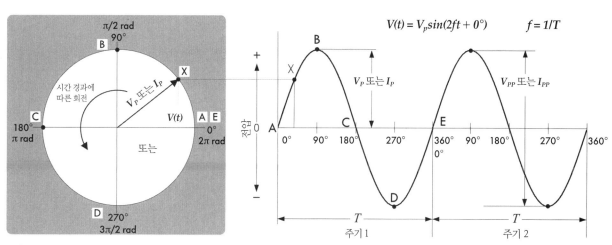

$$V(t) = V_p \sin(2ft + 0°) \qquad f = 1/T$$

보기 2.84

2.20.7 주파수와 단주기

연속해서 회전하는 발전기에 의해 생성된 정현파 파형은 시간이 지남에 따라 주기(cycle)를 지나게 될 교대 전류(또는 전압)를 많이 생성한다. 한 주기 내 임의의 지점을 선택해 표식(marker)으로 사용할 수 있다. 예를 들어, 양의 파고(peak)^{역주}를 선택했다고 하자. 전류(또는 전압)가 초마다 이 양의 파고에 도달하는 횟수를 교류의 주파수라고 부른다. 즉, 주파수는 전류(또는 전압) 주기가 발생하는 속도를 나타낸다. 주파수 단위, 즉 초당 주기 수의 단위는 헤르츠(하인리히 헤르츠(Heinrich Hertz)의 이름에서 따옴)이며 약자는 Hz로 나타낸다.

역주 즉, 봉우리 또는 정상점

매 시간 단위 내에 있는 임의 주기의 길이를 사이클의 단주기(period)라고 하는데, 후속되는 주기들의 같은 지점을 측정한 것이다. 수학적으로 보면 단주기는 주파수를 간단히 역으로 하면 된다.

$$\text{헤르츠 단위 주파수} = \frac{1}{\text{초당 단주기}} \quad \text{또는} \quad f = \frac{1}{T} \tag{2.22}$$

그리고

$$\text{초당 단주기} = \frac{1}{\text{헤르츠 단위 주파수}} \quad \text{또는} \quad T = \frac{1}{f} \tag{2.23}$$

▶ **예제:** 60 Hz 교류 전류의 단주기는 얼마인가?

▷ **정답:**

$$T = \frac{1}{60 \text{ Hz}} = 0.0167 \text{ s}$$

▶ **예제:** 단주기가 2 ns인 교류 전압의 주파수는 얼마인가?

▷ **정답:**

$$f = \frac{1}{2 \times 10^{-9} \text{s}} = 5.0 \times 10^{8} \text{ Hz} = 500 \text{ MHz}$$

전자기기의 교대 전류(또는 전압)의 주파수는 초당 수 사이클에서 수십억 주기까지 다양하며 넓은 범위에 걸쳐 있다. 큰 주파수와 작은 단주기를 표현할 때는 편의를 위해 접두어를 쓴다. 예를 들면, 1000 Hz = 1 kHz(킬로헤르츠), 100만 헤르츠 = 1 MHz(메가헤르츠), 10억 헤르츠 = 1 GHz(기가헤르츠), 1조 헤르츠 = 1 THz(테라헤르츠)이다. 단주기를 측정할 때처럼 1보다 작은 단위를 쓸 때의 기본 단위는 밀리초(1000분의 1초, 즉 ms), 마이크로초(100만 분의 1초, 즉 μs), 나노초(10억 분 1초, 즉 ns)와 피코초(1조 분의 1초, 즉 ps)가 있다.

2.20.8 위상

전압이나 전류의 사인파를 그래프로 나타낼 때 가로축에는 시간을 나타낸다. 그래프의 오른쪽에 있는 사건은 나중에 발생하는 반면에 왼쪽에 있는 사건이 먼저 발생한다. 시간을 초 단위로 측정할 수 있기는 하지만, 각 파형의 주기를 360°로 나눌 수 있는 완전한 시간 단위로 처리하는 편이 실제로는 더 편리하다. 각도 단위로 세기를 시작할 때의 시작 지점은 0°이다. 영점은 전압이나 전류의 주기 중 절반인 양의 주기가 시작되는 지점이다. 보기 2.85(a)를 보라.

이런 식으로 교류 주기를 측정하면 주파수에 독립된 방식으로 계산을 수행하고 측정을 기록할 수 있다. 양의 파고 전압 또는 양의 파고 전류는 한 주기 내에서 90°일 때 발생한다. 다시 말하면, 90°는 0° 시작점에 대해 상대적으로 파고인 위상을 나타낸다.

위상 관계는 보기 2.85(b)와 같이 주파수가 같은 교류 전압 또는 전류 파형 두 개를 비교하는 데도 사용한다. A가 이미 양의 방향으로 영점을 교차해 나간 다음에 B가 뒤따르기 때문에 두 파형 사이에 위상차가 있다. 이 경우에 B는 A보다 45°만큼 지연된다. 또는 A가 B보다 45°만큼 앞서서 이끈다고 말할 수 있다. A와 B가 같은 회로에서 일어나면 서로 합쳐져서 개별 파형과 비교했을 때 중간 위상각도에서 합성된 정현파 파형을 생성한다. 흥미롭게도 주파수가 같은 사인파를 여러 개 합하면 크기와 위상은 다를 수 있어도 항상 주파수가 같은 사인파가 생성된다.

보기 2.85(c)에서는 B가 A와 비교해서 90°만큼 지연된 특별한 경우를 다룬다. B의 주기는 A와 비교해서 정확히 1/4주기 후에 시작된다. 한쪽 파형이 0을 통과할 무렵에 다른 쪽 파형은 최댓값에 도달한다.

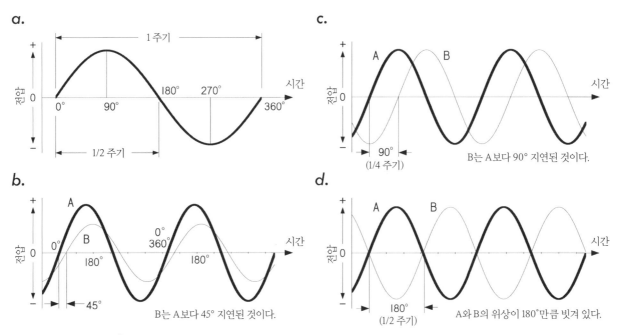

보기 2.85 (a) 교류 주기를 시간이나 위상을 재는 데 사용하는 360°로 나눈다. (b) 주파수가 같은 두 파의 주기가 시간차를 조금 두고 시작되면, 시간차 또는 위상차를 각도로 측정한다. 이 보기에서, B파는 A파보다 45°(1/8 주기)만큼 늦게 출발하므로 A보다 45°만큼 지연된다. (c와 d) 위상차의 두 가지 특별한 경우는 다음과 같다. (c)에서 A와 B의 위상차는 90°이다. (d)에서는 위상차가 180°이다.

A 파형과 B 파형이 180°도 위상을 빗겨난 또 다른 특별한 경우가 보기 2.85(d)에서 일어난다. 여기서 어떤 파형이 선행 파형 또는 지연 파형으로 간주되는지는 중요하지 않다. A 파형이 음일 때 B 파형은 항상 양이며, 반대의 경우도 마찬가지이다. 같은 회로 내에서 동일한 전압 파형 또는 전류 파형 두 개를 함께 사용하면 서로 완전히 소거된다.

2.21 교류와 저항기, RMS 전압, 전류

저항기에 인가되는 교류 전압은 보기 2.86과 같이 전압과 위상이 들어맞은 저항기를 통해 교류 전류를 일으킨다. 교류 전압과 저항이 주어지면, 옴의 법칙을 적용해 교류 전류를 찾아낼 수 있다. 예를 들어, 함수 발생기가 생성한 사인 파형을 다음과 같이 수학적으로 나타낼 수 있다.

$$V(t) = V_P \sin(2\pi \times f \times t) \tag{2.24}$$

여기서 V_P는 정현파 전압 파형의 파고 진폭이고 f는 주파수이며 t는 시간이다. 옴의 법칙과 전력 법칙을 사용하면 다음과 같은 결과가 나온다.

$$I(t) = \frac{V(t)}{R} = \frac{V_P}{R} \sin(2\pi \times f \times t) \tag{2.25}$$

보기 2.86과 같이 $V(t)$와 $I(t)$를 함께 그래프로 나타내면 전류와 전압의 위상이 서로 들어맞는다는 점을 알 수 있다. 전압이 한쪽 방향으로 커질 때 전류도 같은 방향으로 커진다. 그러므로 전류원을 순수한 저항성 부하에 연결하면 전류와 전압의 위상이 들어맞는다. 부하가 순수한 저항성을 지니지 않은 경우(예: 정전용량 및 인덕턴스) 완전히 이야기가 달라지는데 나중에 더 자세히 다룬다.

(이상적인) 저항기의 교류 전류, 전압, 전력 특성

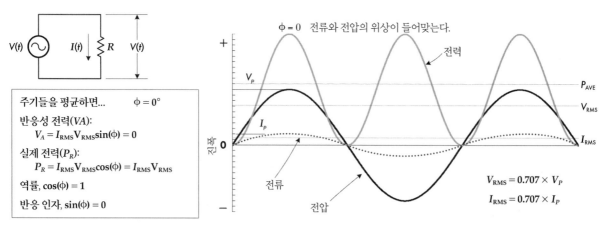

보기 2.86

정현파인 상황에서 저항이 소비하는 전력을 확인하려면, 정현파 전압 표현식을 옴의 전력 법칙에 연결하기만 하면 즉시 전력 표현식을 얻을 수 있다.

$$P(t) = \frac{V(t)^2}{R} = \frac{V_P^2}{R} \sin^2(2\pi f t) \tag{2.26}$$

수학적으로 말하자면 전압, 전류, 전력을 순간적으로 표현하는 게 좋다. 그렇지만 유용한 결과를 얻으려면 시간을 지정해야 한다. 말하자면, $t = 1.3$초라는 식으로 말이다. 그렇지만 정확히 $t = 1.3$초일 때의 전압 및 전류, 전력 값이 얼마인지를 얼마나 자주 알아야 할까? 나아가 언제부터 세어 나가야 할까? 보통 이러한 순시 값(instantaneous value)들은 실제로 사용하기에는 불편하다. 대신에, 사인 함수를 다루지 않으면서 전력 손실을 효과적으로 계산하는 데 사용할 수 있는 일종의 평균화 계획을 생각해 내는 게 더 중요하다.

이제, 영리하게 전체 주기에 걸친 정현파 전압 또는 정현파 전류의 평균을 고려해서 의미 있는 값을 얻을 수도 있다. 그렇지만 평균을 내면 0이 되는데, 이는 파형의 양의 측면들과 음의 측면들이 소거되기 때문이다. 이는 파동의 양인 부분이 음인 부분과 마찬가지로 여전히 에너지를 전달하기 때문에 전력 측면에서는 다소 혼란스러울 수 있다. 120 V 선로 전압에 충격을 받은 적이 있다면, 그 사실을 입증할 수 있을 것이다.

평균 대신에 사용하는 측정값은 RMS(root mean square), 즉 제곱 평균 제곱근이다. 이 값은 교류 전압 또는 교류 전류의 순시 값을 제곱한 다음 평균값(즉, 그것들의 평균)을 계산하고, 마지막으로 이것의 제곱근 값을 취한다. 이 값은 교류 전압 또는 교류 전류의 실효값에 해당한다. 이러한 실효값, 즉 RMS 값의 평균이 0이 아니며 기본적으로 직류 전압 및 직류 전류와 등가이다. 교류 전압 및 교류 전류의 RMS 값은 저항성이 있는 소자를 정확히 같은 정도로 가열하는 데 필요한 교류 전력 또는 직류 전력의 값을 바탕으로 한다. 이런 조건을 맞추는 데 필요한 최대 교류 전력은 요구되는 직류 전력의 두 배이다. 그러므로 평균 직류 전력에 상응하는 평균 교류 전력은 최대 교류 전력의 절반이다.

$$P_{ave} = \frac{P_{peak}}{2} \text{ (평균 직류 전력에 등가인 교류 파형)} \tag{2.27}$$

RMS 전압과 사인파 파형의 전류 값을 수학적으로 결정할 수 있다($V(t) = V_P \sin(2\pi \times f \times t)$와 $I(t) = I_P \sin(2\pi \times f \times t)$).

$$V_{RMS} = \sqrt{\frac{1}{T}\int_0^T V(t)^2\,dt} = \frac{1}{\sqrt{2}} \times V_P = 0.707 \times V_P \qquad \text{RMS 전압} \tag{2.28}$$

$$I_{RMS} = \sqrt{\frac{1}{T}\int_0^T I(t)^2\,dt} = \frac{1}{\sqrt{2}} \times I_P = 0.707 \times I_P \qquad \text{RMS 전류} \tag{2.29}$$

RMS 전압 및 전류가 파고 전압 또는 전류에만 의존한다는 점에 유념하라. 시간이나 주파수와는 무관하다. 중요한 관계는 다음과 같은데, 어려운 계산이 아니다.

$$V_{RMS} = \frac{V_P}{\sqrt{2}} = \frac{V_P}{1.414} = 0.707 \times V_P \qquad V_P = V_{RMS} \times 1.414$$

$$I_{RMS} = \frac{I_P}{\sqrt{2}} = \frac{I_P}{1.414} = 0.707 \times I_P \qquad I_P = I_{RMS} \times 1.414$$

예를 들어, 미국의 전력 회사는 가정에 60 Hz, 120 VAC(유럽 및 그 밖의 많은 국가에서는 50 Hz, 240 VAC)를 공급한다. 'VAC' 단위는 공급 전압을 RMS로 표시한다는 점을 알려 준다. 오실로스코프를 콘센트에 연결하려면 화면에 표시된 파형이 다음 함수를 닮아야 한다. $V(t) = 170$ V $\sin(2\pi \times 60$ Hz $\times t)$인데, 여기서 170이 파고 전압이다.

전압과 전류에 대한 새로운 RMS 값들을 사용해 이제는 옴의 법칙으로 대체하면 교류 옴의 법칙을 얻게 된다.

$$V_{RMS} = I_{RMS} \times R \qquad\qquad \text{교류 옴의 법칙 (2.30)}$$

마찬가지로 RMS 전압과 전류를 사용하면서 이것들을 옴의 전력 법칙에 대입함으로써, 효율적인 전력 손실(초당 에너지 손실)을 제공하는 교류 전력 법칙을 얻는다.

$$P = I_{RMS} \times V_{RMS} = \frac{V^2_{RMS}}{R} = I^2_{RMS}R \qquad\qquad \text{교류 전력 법칙 (2.31)}$$

다시 말하면, 이 방정식은 저항성이 아주 없는 회로에만 적용된다. 즉, 정전용량 그리고(또는) 인덕턴스가 거의 없음을 의미한다. 인덕턴스와 정전용량이 있는 회로에서 전력 계산을 하기는 조금 더 복잡한데, 나중에 살펴본다.

보기 2.87은 전압과 전류의 RMS, 파고, 피크 대 피크, 반파장 평균 값 간의 관계를 보여 준다. 한 가지 형식을 다른 형식으로 변환할 수 있는 능력이 중요하다. 특히 부품의 최대 전압 정격 또는 최대 전류 정격을 처리할 때 중요하다. 최댓값으로는 때로 파고 값이 주어지며 다른 경우에는 RMS 값이 주어진다. 시험 측정을 할 때 이 차이점들을 이해하는 게 무척 중요하다. 이에 대해서는 다음에 나오는 RMS 시험 측정에 대한 참고 도표(교류 전압 및 전류에 대한 변환 계수)를 보라. 교류 전압을 다룰 때면 별도로 언급하지 않는 한 전압을 거의 항상 RMS 값으로 표시한다.

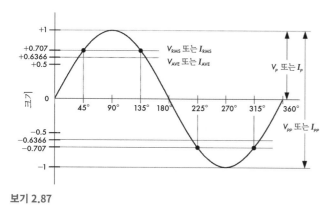

보기 2.87

교류 전압 및 전류에 대한 변환 계수

변환 전	변환 후	곱하는 수
파고	파고에서 파고까지	2
파고에서 파고까지	파고	0.5
파고	RMS	$1/\sqrt{2}$ 또는 0.7071
RMS	파고	$\sqrt{2}$ 또는 1.4142
파고에서 파고까지	RMS	$1/(2\sqrt{2})$ 또는 0.35355
RMS	파고에서 파고까지	$(2 \times \sqrt{2})$ 또는 2.828
파고	평균*	$2/\pi$ 또는 0.6366
평균*	파고	$\pi/2$ 또는 1.5708
RMS	평균*	$(2 \times \sqrt{2})/\pi$ 또는 0.9003
평균*	RMS	$\pi/(2 \times \sqrt{2})$ 또는 1.1107

* 주기의 절반 이상의 평균을 나타낸다.

▶ **예제 1:** 120 VAC 콘센트의 활성 소켓 및 중성 소켓에 연결된 100 Ω 저항기를 통과하는 전류량은 얼마인가? 얼마나 많은 전력이 소비될까? 1000 Ω, 10,000 Ω, 100,000 Ω 저항기를 사용한 결과는 어떻게 되는가?

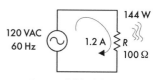

* VAC는 RMS 전압을 나타낸다

보기 2.88

역주 교류 저항 법칙

▷ **정답:**

교류 옴의 법칙^{역주}	교류 전력 법칙
$V_{RMS} = I_{RMS} \times R = (1.2A)(100\Omega) = 120 \text{ VAC}$	$P_{AVE} = I_{RMS} \times V_{RMS} = 120V \times 1.2A = 144 \text{ W}$
$I_{RMS} = V_{RMS} / R = 120V / 100\Omega = 1.2 \text{ A}$	$P_{AVE} = V_{RMS}{}^2 / R = (120V)^2 / 100\Omega = 144 \text{ W}$
$R = V_{RMS} / I_{RMS} = 120V / 1.2A = 100\Omega$	$P_{AVE} = I_{RMS}{}^2 \times R = (1.2A)^2 \times 100\Omega = 144 \text{ W}$

첫째, 일상적인 저항기로 이것을 시도하지 마라. 전력 정격이 144 W 이상인 전력 저항기 또는 특수한 발열 소자가 필요하다! (또한, 전력이 공급되고 있는 동안에 저항기를 끼우지 말아야 한다.) 동일한 콘센트에 1000 Ω 저항기를 꽂으면 14.4 W가 소모될 것이다. 10,000 Ω 저항기로는 1.44 W가 소비될 것이다. 100,000 Ω 저항기로는 0.14 W가 사라질 것이다.

▶ **예제 2:** 커패시터에 걸린 정현파 파형 신호로 된 RMS 전압이 10.00 VAC일 경우에 커패시터의 파고 전압은 얼마인가?

▷ **정답:** VAC는 RMS를 의미하므로 $V_P = \sqrt{2} \times V_{RMS} = 1.414 \times 10 \text{ V} = 14.14 \text{ V}$이다.

▶ **예제 3:** 오실로스코프에 표시된 정현파 전압의 파고 진폭이 3.15 V이다. 이 파형의 RMS 값은 얼마인가?

▷ **정답:**

$$V_{RMS} = \frac{V_P}{\sqrt{2}} = \frac{3.15 \text{ V}}{1.414} = 2.23 \text{ VAC}$$

▶ **예제 4:** 난방기의 200 W 저항성 소자를 120 VAC 콘센트에 연결한다. 얼마나 많은 전류가 저항성 소자에 흐르고 있는가? 이상적인 저항기라고 가정할 때 소자의 저항은 얼마인가?

▷ **정답:** $I_{RMS} = P_{AVE}/V_{RMS} = 200 \text{ W}/120 \text{ VAC} = 1.7 \text{ A}$

$R = V_{RMS}/I_{RMS} = 120 \text{ V}/1.7 \text{ A} = 72 \ \Omega$

역주 교류 파형의 최대치에서 최대치에 이르는 값. 피크 피크, 파고 대 파고, 첨두 대 첨두, 피크투피크 등의 다양한 말로 번역해 부르고 있다.

▶ **예제 5:** 함수 발생기에서 공급하는 정현파 전압이 1000 Hz일 때 20 V 피크 대 피크(peak to peak)^{역주}로 지정된다. 저항기의 전력 정격을 초과하기 전에 발전기의 출력에 걸 수 있는 1/8 W 저항기의 최소 저항 값은 얼마인가?

▷ **정답:** $V_P = 1/2 \ V_{P-P} = 10 \text{ V}$, $V_{RMS} = 0.707 \times V_P = 7.1 \text{ VAC}$

$R = V_{RMS}{}^2/P_{AVE} = (7.1)^2/(1/8 \text{ W}) = 400 \ \Omega$.

▶ **예제 6:** 발진기 회로의 출력을 680 mVAC로 지정한다. 이것을 10 MΩ이라는 입력 저항이 있는 연산 증폭기(op amp)에 공급하면 IC에 얼마나 많은 전류가 흐르는가?

▷ **정답:** $I_{RMS} = V_{RMS}/R = 0.68 \text{ V}/(10,000,000 \ \Omega) = 0.000000068 = 68 \text{ nA}$.

RMS 전압 및 전류 측정

교류 전압의 RMS 값을 대놓고 측정하지 않는 디지털 멀티미터가 많이 있다. 이러한 계측기는 단순히 파고 값만 측정해 등가 RMS 값을 계산한다(측정된 파형이 정현파라고 가정하고 이 값을 표시한다). 아날로그 계측기로는 일반적으로 반파 평균값을 측정하지만, 등가 RMS를 가리키게 만들어져 있다.

반면에 진짜 RMS 멀티미터는 전압과 전류의 진성 RMS 값을 측정하며, 특히 비정현파 전압 및 전류를 잴 때 편리하다. 상대적으로 비싸기는 해도 이 계측기는 제값을 한다. 실물 RMS 계측기에 교류에 수반되는 모든 직류 전압 및 전류 성분도 들어온다는 점에 유념해야 한다.

다행히도 반파장 평균, 파고(즉, 피크), 피크 대 피크 값과 같은 다른 측정값 중 하나를 알고 있으면 사인 파형의 RMS 값에 대해 무척 정확한 개념을 얻을 수 있다. 계산을 하거나 보기 2.89의 표를 사용하면 된다. 보다시피, 그 밖의 구형파 및 삼각파와 같은 몇 가지 대칭적이거나 규칙적인 파형의 RMS 값을 계산해, 파고, 평균, 피크 대 피크 값을 알 수 있다.

이 표를 사용할 때는 계측기로 측정할 때의 정확한 기준을 알아야 한다. 예를 들어, 계측기로 파고 값을 측정한 다음에 계측기가 등가 사인파 RMS 수치를 계산할 때는 계측기가 반파장 평균을 실제로 측정한 다음에 그것을 바탕으로 사인파 RMS 수치를 계산하는 상황과 비교할 때 표를 다르게 사용해야 함을 의미한다. 그러므로 계측기 작동 방식을 제대로 알지 못할 때는 주의해야 한다.

파형	반파장 평균	RMS(실효)	파고	피크 대 피크
사인파	1.00	1.11	1.567	3.14
	0.90	1.00	1.414	2.828
	0.637	0.707	1.00	2.00
	0.318	0.354	0.50	1.00
구형파	1.00	1.00	1.00	2.00
삼각파 또는 톱니파	1.00	1.15	2.00	4.00
	0.87	1.00	1.73	3.46
	0.50	0.578	1.00	2.00
	0.25	0.289	0.50	1.00

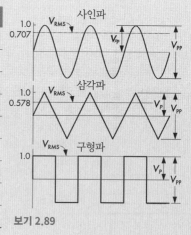

보기 2.89

2.22 주전력

미국에서는 주상 변압기(또는 지하나 지면에 설치하는 밀폐형 변압기)에서 전선 세 개가 각 가정의 배전반으로 인입된다. 그중 한 선은 A상 전선(보통 검정색), 그 밖의 하나는 B상 전선(보통 검정색), 세 번째 것은 중성선(보통 흰색)이다. 보기 2.90에는 주상 변압기에서 나온 이 세 가지 전선이 놓인 곳을 보여 준다. A상과 B상 전선 사이의 전압, 즉 활성선에서 활성선에 이르는 전압은 240 V이며, 중성선과 A상 전선 또는 중성선과 B상 전선 사이의 전압은 120 V이다. (이 전압은 공칭 전압 (nominal voltage)이며, 120 V 대신 117 V인데 지역마다 다를 수 있다.)

가정에서는 주상 변압기 또는 녹색 상자 꼴로 된 변압기에서 나온 3개의 전선이 전력량계를 거쳐 지상에 연결된 긴 구리 막대 또는 집의 바닥에 박은 강철에 접지된 배전반으로 연결된다. 배전반으로 들어간 A상 전선과 B상 전선은 주 차단기를 거쳐 연결하며, 중성선은 중성 도체(neutral bar) 또는 중성 모선(neutral bus)이라고 부르기도 하는 중성 단자에 연결된다. 접지 도체는 배전 반 안에 있을 수도 있다. 접지 도체를 접지봉이나 집의 밑바닥에 박은 강철 기둥^{역주}에 연결한다.

역주 즉, 지주 또는 지지물 또는 지지부

주전력과 접지

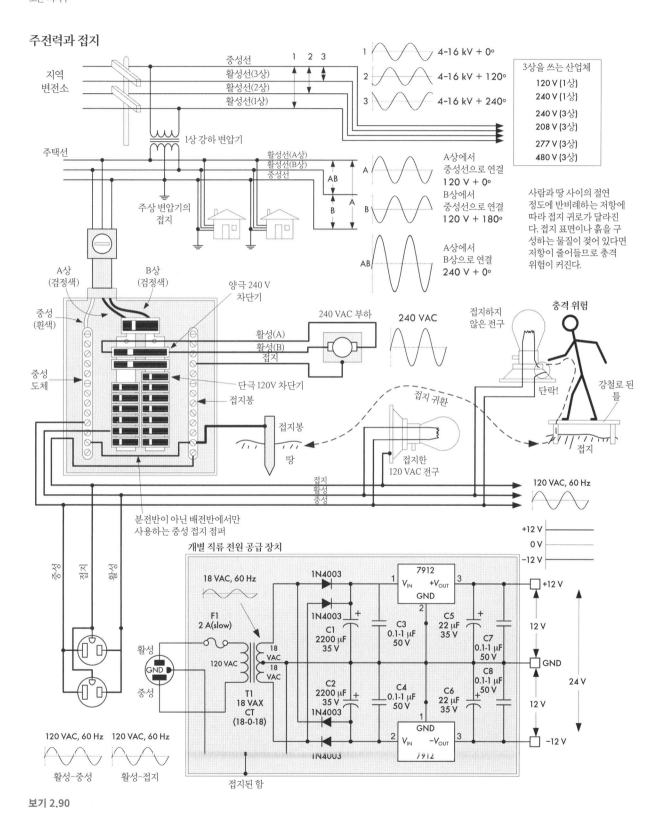

보기 2.90

배전반 안에서는 중성 도체와 접지봉이 서로 연결되어 있다(하나인 것처럼 동작한다). 그렇지만 분전반(배전반에서 전원을 얻지만 배전반에서 일정하게 떨어져 있는 부속 배전반) 내에서는 중성 도체와 접지봉이 연결되어 있지 않다. 대신에 분전반에 있는 접지봉은 배전반에서 접지선(ground wire)을 받는다. 배전반에서 분전반으로 전선을 끌어들이는 데 사용하는 금속 도관을 종종 접지선으로 활용한다. 그렇지만 특정 주요 응용기기(예: 컴퓨터 및 생명 유지 시스템)의 경우에는 접지선이 도관 안에 들어 있을 수 있다. 또한, 분전반이 배전반과 같은 건물에 있지 않은 경우라면 분전반을 접지할 때 새 접지봉을 사용하는 게 일반적이다. 미국 내 그 밖의 지역에서는 사용하는 배선 규정이 다를 수 있다. 그러므로 여기서 언급한 내용이 지금 거주하는 곳의 표준 규격이라고 생각해서는 안 된다. 해당 지역 전기 검사 담당자에게 문의하라.

역주 즉, 귀환용 모선 도체

배전반에는 일반적으로 회로 차단기 모듈을 삽입하는 귀환(bus bar)^{역주} 두 개가 들어 있다. 이 귀환 중 한 개는 A상 전선에 연결하고, 나머지 한 개는 B상 전선에 연결한다. 120 V 부하(예를 들면, 위층 조명과 120 V 콘센트)에 전력을 공급하려면, 주 차단기를 끄기 위치로 내린 다음에 귀환 중 하나에 단극 차단기를 삽입하라. (A상 귀환 또는 B상 귀환 중 하나를 선택할 수 있다. 부하의 균형을 전반적으로 잡을 때만 귀환 선택이 중요하다. 잠시 후에 자세히 설명한다.) 다음으로 120 V 3선식 케이블을 사용해 케이블의 검정색 선(활성)을 차단기에 연결하고 케이블의 흰색 선(중성)을 중성 도체에 연결하고, 케이블의 접지선(녹색선 또는 나선)을 접지봉에 연결한다. 그런 다음에 120 V 부하가 있는 곳으로 케이블을 연결하고, 부하에 걸쳐 활성선과 중성선을 연결하고, 부하가 들어 있는 케이스에 접지선을 고정한다(일반적으로 접지 나사는 이 용도로 쓸 수 있게 콘센트 장착용으로나 조명 장치용으로 제공된다). 자체 차단기를 사용하는 그 밖의 120 V 부하에 전력을 공급하기 위해 마지막 설정 과정에서 했던 것과 같은 작업을 마지막으로 수행한다. 그렇지만 주회로 차단기에 과부하가 걸리지 않도록 하면서 전류를 가능한 한 많이 공급할 수 있도록 배전반(또는 분전반)의 용량을 최대한 늘리기 위해서는 A상 차단기에 연결된 총 부하 전류와 B상 차단기에 연결된 총 부하 전류의 균형을 맞추어야 한다. 이를 부하 균형 조절이라고 한다.

역주 2극 차단기

이제 240 V 기기(오븐, 세척기 등)에 전원을 공급하려면 배전반(또는 분전반)의 A상 및 B상 귀환 사이에 쌍극 차단기^{역주}를 삽입하라. 다음으로 240 V 3선식 케이블을 꺼내어 활성선 중 하나를 차단기의 A상 단자에 연결하고, 케이블의 나머지 활성선을 차단기의 B상 단자에 연결한다. 접지선(녹색선 또는 나선)은 접지봉에 연결한다. 그런 다음에 240 V 부하가 있는 곳에 케이블을 연결하고 부하의 해당 단자(일반적으로 240 V 콘센트에 있음)에 전선을 연결한다. 또한, 배전반(또는 분전반)의 중성 도체에 연결된 추가 중성선(흰색선)이 들어있는 4선식 케이블을 사용한다는 점을 제외하면, 120 V/240 V 기기도 비슷한 방식으로 연결된다.

추가로 언급하자면 많은 곳에서 주 배선을 변경하거나 면허가 있는 전기 기술자가 점검해야 한다. 주의해야 할 점은 자신의 능력에 확신이 서지 않는 한은 가정 내 배선을 건드리려는 시도를 하지 말아야 한다는 점이다. 자신의 능력을 믿고 배전반을 건드리기 전에 주 차단기를 내려 두어야 한다. 개별 차단기에 연결된 전등 설비, 스위치, 콘센트를 다뤄야 할 때는 먼저 차단기에 표시를 해 두어 제대로 연결되었는지 확인하려고 다시 돌아와 차단기를 올리는 과정에서 엉뚱한 차단기를 올리는 일이 없게 하라.

2.23 커패시터

전하가 서로 반대인 전도성 판을 나란히 두고 그 중간에 부도체(공기, 또는 세라믹 같은 유전체)를 두어 약간 떨어지게 하면 커패시터(capacitor)가 만들어진다. 이제 보기 2.91과 같이 전지를 사용해 커패시터를 구성하는 판에 전압을 걸면 흥미로운 일이 생긴다. 전자는 전지의 음극 단자 밖으로 '퍼내어진(pumped out)' 다음, 커패시터의 상판에서 전지의 양극 단자로 끌어 당겨지며 하판으로 모인다. 상판에는 전자가 부족해지는 한편으로 하판에는 전자가 넘쳐나게 된다.

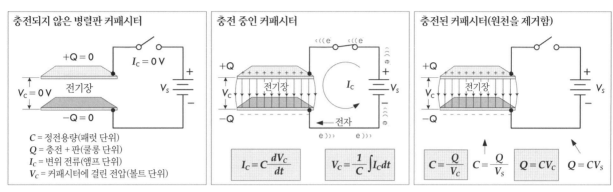

보기 2.91

아주 빠르게 상판은 양전하 $+Q$에 도달하고 음극판은 음전하 $-Q$에 도달한다. 판 사이에서 결과적으로 생기는 전기장 및 전지 전압과 동일한 전압에 의해 전하가 수반된다.

커패시터에서 주목해야 할 점은 전압원(전지)을 제거하면 전하, 전기장 및 해당 전압(전지 전압과 같음)이 유지된다는 점이다. 이상적으로는 이 충전 상태가 무한정 유지된다. 판 중 한 개(어느 것이든 상관없음)에 접지를 연결해도 시스템이 방전되지 않는다. 예를 들어, 음극 단자에 접지를 연결해도 해당 판 내의 전자는 중성 전하가 있을 것으로 추정되는 대지 접지로 방출되지 않는다(보기 2.92).

풍부한 전자가 전위가 낮은(중성인) 땅으로 빠져나갈 것처럼 보일 수 있다. 하지만 커패시터 내에 존재하는 전기장이 접착제처럼 작용하므로 상판의 양전하는 음극판 상의 풍부한 전자로 인해 '유지'된다. 다시 말해서, 양극판이 접지판에 음전하를 유도하는 것이다.

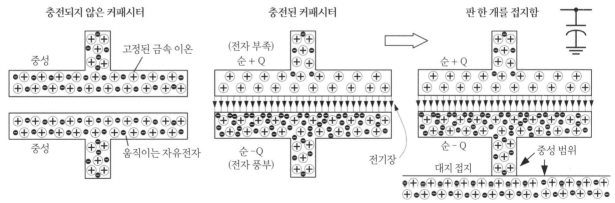

보기 2.92

실제로는 충전한 후에 전압원에서 떼어 낸 완충 커패시터가 현실 세계에서는 결국 전하를 잃게 된다. 그 이유는 판들 사이에 둔 기체 또는 유전체의 절연 특성이 불완전하기 때문이다. 이를 누설 전류(leakage current)라고 부르는데, 전원 전압이 제거되면 커패시터 구성에 따라서는 몇 초에서 몇 시간 내에 커패시터가 방전될 수 있다.

두 개의 판을 전선과 함께 결합하면 전자를 음극판에서 양극판으로 흐르게 하는 전도성 경로가 만들어져 커패시터가 빠르게 방전됨으로 시스템이 중성화한다. 이런 식으로 하면 거의 즉각 방전된다.

커패시터를 구성하는 판 중 한 개의 전하와 판들 사이에 존재하는 전압의 비율을 **정전용량**(capacitance)[역주]이라고 하고, C로 표시한다.

[역주] 전기 용량 또는 커패시턴스

$$C = \frac{Q}{V} \qquad \text{전하 및 전압과 관련된 정전용량 (2.32)}$$

C는 항상 양수이며, 그 단위는 패럿(F로 표시)이다. 1패럿은 1볼트당 1쿨롱에 해당한다.

$$1 \, F = 1 \, C/1 \, V$$

[역주] 축전기 또는 콘덴서

전하(전기장 형태로 된 전기에너지)를 유지하도록 특별히 설계한 소자를 **커패시터**(capacitor)[역주]라고 한다. 보기 2.93에는 커패시터를 표시하는 다양한 기호와 실제 커패시터 모형이 나와 있다.

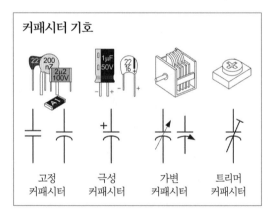

커패시터 기호

고정 커패시터 극성 커패시터 가변 커패시터 트리머 커패시터

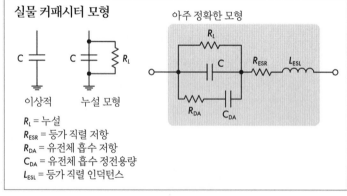

실물 커패시터 모형

아주 정확한 모형

이상적 누설 모형

R_L = 누설
R_{ESR} = 등가 직렬 저항
R_{DA} = 유전체 흡수 저항
C_{DA} = 유전체 흡수 정전용량
L_{ESL} = 등가 직렬 인덕턴스

보기 2.93

방정식 $C = Q/V$는 일반적인 것이다. 이 방정식으로는 어떤 커패시터의 정전용량이 그 밖의 커패시터보다 크거나 작은 이유를 제대로 알기 어렵다. 그렇지만 실용적으로 보면 커패시터를 구입할 때 관심을 가질만한 것은 정전용량 값이다. (전압 정격 및 그 밖의 변수도 중요하지만 나중에 설명한다.) 대부분의 상용 커패시터는 $1 \, pF(1 \times 10^{-12} \, F)$부터 $4700 \, \mu F(1 \times 10^{-6} \, F)$까지로 범위가 제한되는데, 정전용량 값을 나타내는 숫자의 첫 두 자릿수 10, 12, 15, 18, 22, 27, 33, 39, 47, 56, 68, 82, 100로 일반적인 값을 표시한다(예: 27 pF, 100 pF, 0.01 μF, 4.7 μF, 680 μF).

정전용량의 범위가 넓어서 전위차가 같아도 전하량을 다르게 해 저장할 수 있을 뿐만 아니라, 전하량이 같아도 전위차를 다르게 유지할 수 있다. 적절한 커패시터를 사용하면 전하를 저장하거나 전달하는 과정을 제어할 수도 있고, 전위차를 제어할 수도 있다.

▶ **예제 1:** 커패시터가 완전히 충전될 때까지 1000 μF 커패시터에 5 V가 인가된다. 양극판과 음극판에는 전하가 어느 정도 있을까?

▷ **정답:** $Q = CV = (1000 \times 10^{-6}\ \text{F})(5\ \text{V}) = 5 \times 10^{-3}\ \text{C}$. 이것은 양극판에 있는 전하이다. 음극판의 전하도 같지만 부호는 반대이다.

▶ **예제 2:** 1000 μF 커패시터와 470 μF 커패시터가 10 V 직류 전원과 함께 배치된 회로가 보기 2.94에 나온다. 처음에 스위치는 B 자리에 있다가 A 자리로 옮긴 다음에 다시 B 자리로 옮겼다가 다시 A 자리로 갔다가 마지막으로 B 자리에 자리 잡는다. 스위치의 이동 시간이 커패시터가 완전히 충전되거나 방전되기에 충분하다고 가정할 때, 마지막 이동을 끝낸 후에 각 커패시터의 최종 전압은 얼마인가?

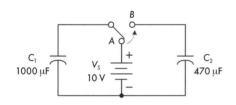

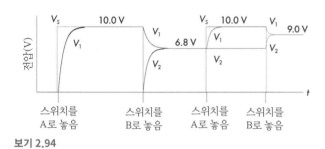

스위치를
A로 놓음

스위치를
B로 놓음

스위치를
A로 놓음

스위치를
B로 놓음

보기 2.94

▷ **정답:** 스위치가 처음부터 B에서 A로 놓이면 C_1은 다음과 같이 대전된다.

$$Q_1 = C_1V = (1000 \times 10^{-6}\ \text{F})(10\ \text{V}) = 0.01\ \text{C}$$

그런 다음에 스위치가 B로 놓이면 회로는 본질적으로 $C_1 + C_2$ 또는 1470 μF와 같은 큰 커패시터 한 개가 된다. 시스템은 에너지 구성을 가장 낮게 유지하려고 하므로 C_1에서 C_2로 전하가 흐른다. 각 커패시터의 전하는 스위치가 B 자리로 놓이기 전, 각 커패시터의 총 정전용량(capacitance)에 C_1의 초기 전하를 곱한 백분율이다.

$$Q_1 = \frac{1000\ \mu\text{F}}{1470\ \mu\text{F}}(0.01\ \text{C}) = 0.0068\ \text{C}$$

$$Q_2 = \frac{470\ \mu\text{F}}{1470\ \mu\text{F}}(0.01\ \text{C}) = 0.0032\ \text{C}$$

새로운 평형 상태에서 전압은 다음과 같다.

$$V_1 = Q_1/C_1 = 0.0068/1000\ \mu F = 6.8\ \text{V}$$

$$V_2 = Q_2/C_2 = 0.0032/470\ \mu F = 6.8\ \text{V}$$

나머지 결과는 비슷한 계산을 해서 얻은 결과이며 최종 결과는 9.0 V이다(보기 2.94 참조).

이 제한된 지식으로 충분할 수도 있다. 그렇지만 커패시터를 직접 제작한다거나 변위 전류와 용량성 반응저항(capacitive reactance)^{역주1}과 같이 시간에 따른 동작을 이해하고자 한다면 정전용량을 더 잘 알아야 한다.

역주1 반응저항(reactance)을 '리액턴스'로 쓰기도 하지만, 그 말의 뜻을 명료하게 이해하고 다른 용어와 결합할 때 더욱 이해하기 쉽도록 '반응저항' 이라는 용어로 번역했다. 예를 들어, inductive reactance를 '유도성 리액턴스'라고 하기보다 '유도성 반응저항'으로 번역하면 '아, 유도로 인해 일어나는 저항이군'처럼 훨씬 더 깔끔하게 생각하고 이해할 수 있다. '용량성 반응저항(capacitive reactance)'도 마찬가지다.

2.23.1 정전용량 결정

커패시터의 정전용량은 A판 부분, 판을 분리하는 d부분, 절연 물질 또는 유전체에 의해 결정된다. 평행하게 놓인 두 판 사이에 전압 V를 인가하면, $E = V/d$와 같은 전기장(electric field)이 형성된다. 가우스 법칙에 따르면, 각 판에 다음과 같이 균일하고 정반대인 전하가 있어야 한다.

$$Q = \varepsilon AE = \frac{\varepsilon AV}{d} \tag{2.33}$$

여기서 ε은 유전체의 유전율(permittivity)이다. 자유 공간(진공)의 유전율은 다음과 같다.

$$\varepsilon_0 = 8.85 \times 10^{-12} \, \text{C}^2/\text{N} \cdot \text{m}^2 \tag{2.34}$$

방정식에 나오는 상수 $\varepsilon A/d$항은 정전용량이며,

$$C = \frac{\varepsilon A}{d} \tag{2.35}$$

진공 유전율을 기준으로 보았을 때 물질의 상대적인 유전율을 유전 상수(dielectric constant)라고 부르며 다음과 같이 주어진다.

$$k = \frac{\varepsilon}{\varepsilon_0}$$

앞의 표현식에 이것을 대입하면 유전 상수로 정전용량을 얻는다.

$$C = \frac{k\varepsilon_0 A}{d} = \frac{(8.85 \times 10^{-12} \, \text{C}^2/\text{N} \cdot \text{m}) \times k \times A}{d} \tag{2.36}$$

여기서 C의 단위는 패럿이고, A의 단위는 제곱미터이며, d의 단위는 미터이다.

유전 상수는 공기의 경우 1.00059(1기압)부터 일부 세라믹 종류의 경우 10^5까지 다양하다. 표 2.6에는 커패시터를 제작할 때 종종 사용하는 다양한 물질의 상대적인 유전 상수가 나와 있다.

커패시터를 구성하는 판이 종종 두 개 이상인 경우가 있으며, 보기 2.95의 아래쪽 그림과 같이 판을 대체할 때는 두 짝을 이루어 연결한다. 이렇게 하면 공간을 적게 차지하면서도 정전용량을 상당히 크게 할 수 있다. 판이 여러 개인 커패시터의 경우에는 다음 식을 사용해 정전용량을 알아낸다.

$$C = \frac{k\varepsilon_0 A}{d}(n-1) = \frac{(8.85 \times 10^{-12} \, \text{C}^2/\text{N} \cdot \text{m}) \times k \times A}{d}(n-1) \tag{2.37}$$

여기서 면적 A의 단위는 제곱미터이고, 분리막 d의 단위는 미터이며, 판의 개수 n은 정수로 나타낸다.

▶ **예제:** 면적이 4 cm²이고 분리막이 0.15 mm인 종이 유전체를 사용하는 두 판이 포함된 다중 판 커패시터의 정전용량은 얼마인가?

▷ **정답:**

$$C = \frac{k\varepsilon_0 A}{d}(n-1) = \frac{(8.85 \times 10^{-12} \, \text{C}^2/\text{N} \cdot \text{m}) \times 3.0 \times (4.0 \times 10^{-4} \, \text{m}^2)}{(1.5 \times 10^{-4} \, \text{m})}(2-1) = 7.08 \times 10^{-11} \, \text{F}$$

$$= 70.8 \, \text{pF}$$

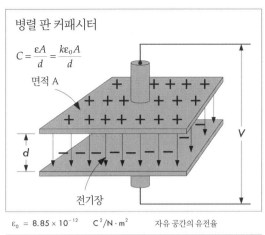

병렬 판 커패시터

$$C = \frac{\varepsilon A}{d} = \frac{k\varepsilon_0 A}{d}$$

면적 A

d

V

전기장

$\varepsilon_0 = 8.85 \times 10^{-12}$ $C^2/N \cdot m^2$ 자유 공간의 유전율

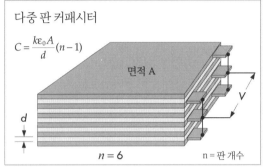

다중 판 커패시터

$$C = \frac{k\varepsilon_0 A}{d}(n-1)$$

면적 A

V

d

$n = 6$ n = 판 개수

유전체 물질의 상대적인 유전 상수

물질	유전 상수(k)	절연 내력[역주](V/mil)
진공	1(정의한 바에 따라)	–
공기(1기압)	1.00059	30~70
ABS(플라스틱)	2.4~3.8	410
유리	5~10	–
운모	4.5~8.0	3800~5600
마일라	3.1	7000
네오프렌	6.70	600
플렉시 유리	3.40	450~990
폴리에틸렌	2.25	450~1200
폴리비닐 염화물(PVC)	3.18	725
티타늄	3~6	–
폴리스틸렌	2.6	500
파이렉스 유리(코닝 7740)	5.1	335
폴리프로필렌	2.2	500
바륨 티타늄산염(클래스 1)	5~450	–
바륨 티타늄산염(클래스 2)	200~12000	–
티타늄 이산화물	80	–
알루미늄 산화물	8.4	–
티타늄 오산화물	28	–
니오븀 산화물	40	–
종이(접착)	3.0	600
광유	2.3	600
물(68°F)	80.4	80
고무	3.0~4.0	150~500

[역주] 절연 강도 또는 내전압 강도, 125 mil = 1/8 inch

참고문헌: Sears, F. W., Zemansky, M. W., Young, H. D., University Physics, 6th Ed., Addison-Wesley, 1982. Zemansky, Young Table 27-1; Charles A. Harper, Handbook of Components for Electronics, p 8-7

보기 2.95

2.23.2 상용 커패시터

보기 2.95에 나온 상용 커패시터에는 얇은 고체 유전체 또는 액체 유전체를 중간에 끼워 둔 박막(foil) 판으로 구성되므로 작은 크기로도 비교적 큰 정전용량을 얻을 수 있다. 일반적으로 사용하는 고체 유전체로는 운모, 종이, 폴리프로필렌 및 특수 세라믹이 있다.

[역주] 반액체

전해질 커패시터(electrolytic capacitors)는 알루미늄 박막 판을 사용하고, 그 사이에 반유동체(semiliquid)[역주] 상태를 띠는 전도성 화합물을 둔다. 실제 유전체는 커패시터에 직류 전압을 인가할 때 전기 화학적 작용을 통해 두 평판 사이에 얇은 막으로 형성되는 절연 물질이다. 전해질 커패시터 중 한 영역의 정전용량은 필름이 매우 얇기 때문에(어떤 실용 고체 유전체보다 두께가 얇다), 다른 유전체를 사용하는 커패시터보다 훨씬 더 크다. 전해질 커패시터의 경우에, 전기 화학적 작용 때문에 리드 한 개의 전위를 그 밖의 것보다 더 낮게 해야 한다. 용기의 겉면에 음극 리드(–)가 표시되어 있으며 일부 표면 실장형 전해질 커패시터에는 양극을 표시한다. 이와 같은 극성을 준수해야 하는 이유는 특별한 무극성 전해질 커패시터를 제외하면 전해질 커패시터를 교류기기에 사용해서는 안 되기 때문이다. 파고 전압이 전해질 커패시터의 최대 직류 전압 정격을 초과하지 않는다면, 직류 전압에 준첩된 교류 신호를 저용하는 게 바람직하다.

2.23.3 전압 정격 및 절연 파괴

커패시터 내의 유전체는 부도체(insulator)로 작용한다. 부도체 내에 있는 전자는 도체와 달리 원자에서 분리되지 않는다. 그렇지만 충분히 높은 전압이 커패시터의 판에 걸리면, 전기장이 유전체 내의 전자와 핵에 충분한 힘을 공급하므로 유전체가 파괴될 수 있다. 약해진 유전체에는 종종 구멍이 나면서 저항이 낮아져 두 판 사이에서 전류가 흐르는 경로가 된다.

유전체의 절연 파괴 전압은 유전체의 화학적 조성과 두께에 따라 달라진다. 기체 유전체를 사용하는 커패시터의 절연 파괴는 판 사이에 불꽃(spark)이나 원호(arc)로 표시한다. 불꽃 전압의 단위는 일반적으로 센티미터당 킬로볼트이다. 공기의 경우 불꽃 전압의 범위는 간극이 0.005 cm로 좁을 때는 100 kV/cm에서 간극이 10 cm로 넓을 때는 30 kV/mm까지 이를 수 있다. 절연 파괴 전압 수준에 영향을 미치는 그 밖의 것들로는 전극 형태, 떨어진 거리, 기압이나 밀도, 전압, 유전체 내의 불순물 및 회로 외부의 특성(공기 습도, 온도 등)이 있다.

전기장이 날카로운 돌출부에 더 집중되는 경향이 있기 때문에 둥글거나 매끈한 표면보다는 뾰족하거나 거친 표면들 사이에서는 전압이 낮을 때도 절연 파괴가 일어날 수 있다. 이는 모서리를 연마해 날카롭고 거친 부분을 제거하면 금속판 사이의 절연 파괴 전압을 높일 수 있다는 의미가 된다. 공기와 같은 기체 유전체를 사용하는 커패시터가 파괴된 후에라도 원호 모양 방전이 일단 꺼지면 커패시터를 다시 사용할 수 있다. 그렇지만 불꽃으로 인해 판이 손상되면 연마해야 할 수도 있고, 커패시터를 교체해야 할 수도 있다. 고체 유전체를 쓰는 커패시터에 절연 파괴가 일어나면 대개 커패시터가 영구적으로 소손되어^{역주} 종종 단락되거나 폭발한다.

제조업체는 유전체 견딤 전압(dielectric withstanding voltage, dwv)이라고 부르는 것을 알려 주는데, 특정 온도에서의 밀당(1 mil = 0.001 in) 전압으로 표시한다. 또한, 온도 및 안전 여유도와 같은 그 밖의 요인을 고려한 직류 운전 전압(dc working voltage, dcwv)^{역주}을 표시하여 절연 파괴가 일어나기 전에 운전하는 데 필요한 직류 전압의 최대 안전 한계에 대한 지침을 알려 준다. dcwv 정격이 실제로 가장 유용하다.

일반적으로 교류 전력선 용도로 설계된 경우가 아니라면 커패시터를 교류 전력선에 연결하면 안전하지 않다. 직류 정격이 있는 대다수 커패시터는 회선을 단락시킬 수 있다. 이런 작업에는 특수한 교류 정격 커패시터를 사용한다. 그 밖의 교류 신호와 함께 사용할 때, 교류 전압의 파고 값이 직류 운전 전압을 초과해서는 안 된다.

2.23.4 맥스웰의 변위 전류

병렬로 놓은 판으로 구성한 커패시터에서 주목해야 할 점은 충전 및 방전 시 커패시터를 통해 전류가 흐르지만 일정한 직류 조건에서는 흐르지 않는다는 점이다. 다음과 같이 질문할 수도 있다. 커패시터의 판들 사이에 틈이 있는데 어떻게 전류가 커패시터를 통과해 흐를 수 있는가? 전자가 그 틈을 뛰어넘는가? 드러난 바에 따르면, 이상적인 커패시터에서는 틈을 가로지르는 실제 전류(또는 전자 흐름)는 없다.

이전에 가우스의 법칙을 사용해 계산해 보았듯이, 공기로 채운 커패시터 판의 전하를 자유 공간의 전기장, 면적 및 유전율로 나타낼 수 있다.

$$Q = \varepsilon_0 AE = \frac{\varepsilon_0 AV}{d} \tag{2.38}$$

오래전에 스코틀랜드의 물리학자인 제임스 클러크 맥스웰(James Clerk Maxwell, 1831~1879)은 커패시터의 한쪽 판에서 다른 쪽 판으로 실제 전류가 흐르지 않아도 전기선 다발(electric flux)의 크기 및 방향에 따라 늘거나 주는 커패시터의 틈에 맞춰 전기선 다발이 변화한다고 했다. (평행판 커패시터의 전기선 다발은 $\Phi_E = EA$로 근사되며, 변화하는 전기선 다발은 $d\Phi_E/dt$로 표시한다). 맥스웰은 전기선 다발이 커패시터 판 사이의 빈 공간으로 침투해 다른 판에서 전류를 유도한다고 믿었다. 전기역학에 대한 그 당시 지식 상태를 감안할 때, 그는 빈틈을 가로지르는 변위 전류를 예상하고 그것을 에테르 내에 있는 일종의 변형력(stress)[역주]과 관련지었다. (변위 전류는 맥스웰 방정식으로 알려진, 일련의 전자기 공식을 완성해 가던 맥스웰에게 누락된 요소를 찾아내는 데 도움이 되었다.) 그는 변위 전류를 에테르의 변위와 관련지었다. 약간의 이론과 일부 실험 데이터를 참조해 전류가 커패시터의 한쪽 끝으로 들어가서 다른 쪽 끝으로 나오는 현상을 설명할 수 있게, 맥스웰은 다음과 같이 변위 전류를 나타내는 방정식을 생각해 냈다.

[역주] 응력 또는 스트레스 ('변형력'은 곧 전기장과 자기장이다).

$$I_d = \frac{dQ}{dt} = \frac{d}{dt}(\varepsilon_0 AE) = \varepsilon_0 \frac{d\Phi_E}{dt} \tag{2.39}$$

에테르에 대한 그의 개념이 물리학 분야에서는 이미 버려진 생각인데도 불구하고, 맥스웰의 변위 표현식이 정답을 제시하는 것처럼 보인다. 맥스웰이 에테르를 바탕으로 구상한 변위 전류에 대해 현대 물리학은 다른 모형을 세웠다. 그럼에도 불구하고 맥스웰 방정식을 사용해서 나온 결과는 실험과 밀접한 관련이 있다.

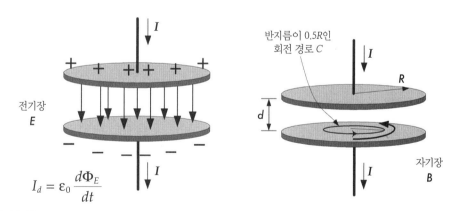

보기 2.96

참고로, 보기 2.96의 오른쪽 그림에서 볼 수 있듯이 변위 전류로 인한 자기장도 존재한다. 맥스웰의 일반화 암페어 법칙을 사용해 자기장을 계산할 수 있지만, 자기장의 크기가 전기장과 비교할 때 본질적으로 너무 작아서 실질적인 영향을 미치지 않는다.

맥스웰 방정식이나 현대 물리학을 사용해서 커패시터 내의 물리적 현상을 심층적으로 설명할 수도 있겠지만, 전자공학에 유용한 실제 방정식은 그 정도로 세부적이지 않다. 대신에 다음 절에서 배울 전하를 바탕으로 하는 모델을 사용해 간단하게 내실을 다질 수 있다.

2.23.5 커패시터를 통한 전하 기반 전류 모델

맥스웰의 변위 전류는 전기장 변화의 관점에서 커패시터를 통과하는 외관상의 전류 흐름을 설명하기 위한 모형을 제공하지만, 커패시터 성능을 정의하는 데 실제로 필요하지는 않다. 대신 커패시터를 두 개의 리드가 있는 블랙박스로 취급하고 커패시터에 인가되는 전압이 변할 때 커패시터로 들어오고 나가는 전류와 관련된 몇 가지 규칙을 정의할 수 있다. 복잡한 물리 현상에 대해 걱정하지 않아도 된다.

이제 의문이 남는다. 우리가 복잡한 행태를 이해하지 못한 상태에서 법칙들을 어떻게 결정할까? 간단하다. 정전용량의 일반 정의와 전류의 일반 정의를 사용해 둘을 결합하면 된다. 이것에 필요한 수학은 간단하지만, 왜 이것이 논리적이고 합리적인지를 완전히 명백하게 이해하기는 어렵다. 다음에 나오는 병렬판 예제를 통해 이를 알 수 있다. 보기 2.97을 참조하라.

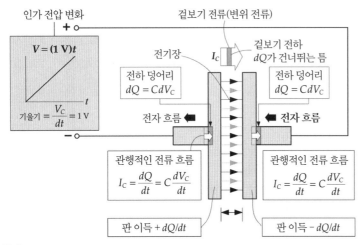 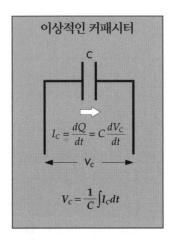

보기 2.97

미분(작은 변화로 나눔)해 작업하는 경우 정전용량에 대한 일반적인 표현을 $dQ = CdV$로 다시 쓸수 있다. 여기서 C는 일정하게(충전, 전압, 시간과 함께) 유지된다. 전류에 대한 일반적인 표현식은 $I = dQ/dt$이며, 정전용량의 최종 미분 표현과 결합하면 다음 표현식이 나온다.

$$I_C = \frac{dQ}{dt} = \frac{d(CV_C)}{dt} = C\frac{dV_C}{dt}$$ 커패시터를 '통과하는' 겉보기 전류 (2.40)

보기 2.97을 보면, CdV_C와 동일한 '작은' 덩어리 dQ는 dt인 동안에 오른쪽 판에 들어가고 동일한 크기의 덩어리가 왼쪽 판을 나간다. 따라서 $dQ/dt = CdV_C/dt$와 같은 전류가 왼쪽 판에 입력되는 반면, 동일한 크기의 전류는 오른쪽 판을 벗어난다. (음의 전자는 반대 방향으로 흐른다.) 실제 전류(또는 전자)가 틈을 가로지르지는 않지만, 방정식 2.40은 그렇게 하는 것처럼 보이게 한다. 그러나 미분을 연습한 후에는 커패시터를 통과하는 겉보기 전류 흐름을 얻기 위해서 전류가 틈을 '가로질러' 흐르게 해야 한다고 가정하지 않아도 된다는 점을 알 수 있다.

진도를 더 나아가서, 방금 유도한 커패시터 전류 표현식을 다시 정리하면 커패시터의 전압을 알아낼 수 있다.

$$V_C = \frac{1}{C} \int I_C \, dt \qquad \text{커패시터에 걸린 전압 (2.41)}$$

이 방정식이 이상적인 커패시터로 정의한 것을 표현한다는 점에 유의해야 한다. 방정식에 나와 있는 이상적인 커패시터에는 실제 커패시터를 다룰 때 오해할 만한 흥미로운 특성이 몇 가지 있다. 첫째, 이상적인 커패시터에 일정한 전압을 인가하면 전압이 변하지 않기 때문에 커패시터 전류가 0이 된다($dV/dt = 0$). 따라서 직류 회로에서 커패시터는 개방 회로처럼 동작한다. 반면에, 0 V에서 9 V로 갑자기 전압을 변경하려고 하면, dV/dt = 9 V/0 V = 무한대이고 커패시터 전류는 무한대일 수 있다(보기 2.98 참조). 실제 회로는 저항률, 사용 가능한 자유전자, 인덕턴스, 정전용량 등으로 인해 전류가 무한할 수 없으므로 커패시터의 양단 전압이 갑자기 변할 수 없다. 구조 및 재료를 고려한 실물 커패시터를 더 정확하게 표현하면 보기 2.98과 같은 모델처럼 보인다.

커패시터 충전과 방전

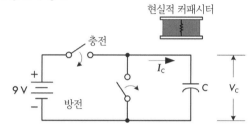

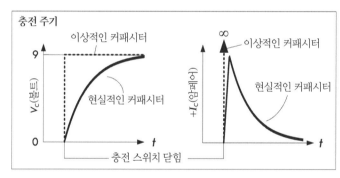

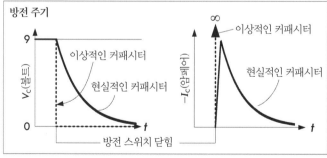

정상 상태 직류에서 커패시터는 전류를 통과시킬 수 없다. 직류 변화에 전압이 가로지르는 순간에만 전하(전류에서 모은 것)를 저장하거나 방전할 수 있다. 여기서 '전하 스위치'가 닫히면(단락되면) 9 V 전지 전압이 즉시 커패시터에 공급된다. 현실적인 커패시터인 경우 사실상 최댓값까지 즉시 커패시터가 충전된다. 그러나 면밀히 검사해 보면 내부 저항으로 인해 충전에 시간이 걸리며, 이는 변위 전류가 무한대에 도달할 수 없음을 의미한다. 대신, 전류는 $V_{전지}/R_{내부}$로 건너뛰어 커패시터가 완전히 충전되기까지 지수 함수적으로 빠르게 떨어지며, 그 동안 전압은 인가된 전압에서 수평이 될 때까지 기하급수적으로 커진다. 왼쪽 그림은 커패시터가 충전될 때의 전압 및 전류 곡선을 나타낸다. 커패시터를 이상적이라고 여길 때 있을 수 있는 불가능한 작동이라는 점에 유념하라.

방전 스위치가 닫히면 양극판에서 음극판으로 도체 경로가 만들어지며, 전자가 부족해져 전하의 전자들이 판으로 흐르게 된다. 그 결과로 나온 전류의 방향이 충전 전류의 방향과는 반대이지만, $V_{전지}/R_{내부}$의 값으로 최고점에 도달하고 전하가 중성화됨에 따라 감소한다는 점에서는 비슷하다. 이 과정에서 전압이 급격히 강하한다.

보기 2.98

이상적인 커패시터에 대한 방정식이 잘못되었다면 현실적으로는 어떻게 계산해야 할까? 대부분의 경우 커패시터는 저항성이 있는 회로 내에서 대체되어 전류가 무한히 흐를 가능성을 없게 하므로 걱정하지 않아도 된다. 일반적으로 커패시터의 내부 저항보다 회로 저항이 훨씬 크기 때문에 일반적으로 커패시터의 내부 저항을 무시할 수 있다. 잠시 후에 몇 가지 저항기-커패시터 회로를 보게 될 것이다.

2.23.6 물에 비유하는 커패시터

겉보기 전류(apparent current), 즉 변위 전류를 설명한 내용이 어려울 수 있는데, 다음과 같이 물에 비유하면 더 쉽게 이해할 수 있을 것이다. 그렇지만 실제 커패시터에서 일어나는 일은 이와 똑같지는 않기 때문에 그대로 받아들여서는 안 된다. 보기 2.99를 참조하라.

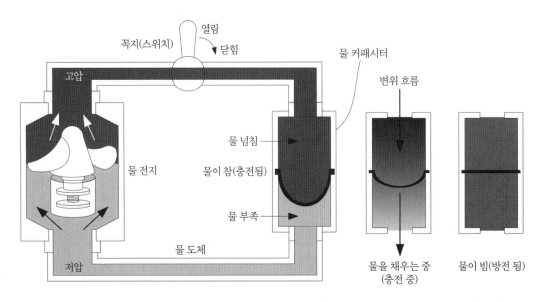

보기 2.99

보기 2.99에 나오는 물 커패시터^{역주}는 중간에 고무막이 있는 튜브와 비슷하다. 고무막은 커패시터의 절연체 또는 유전체와 다소 비슷하고, 고무막 양쪽의 각 개별 구획은 커패시터의 각 판과 비슷하다. 물 커패시터에 압력(전압에 해당)이 없다면 각 격실을 채운 물의 양(자유전자 개수에 해당)이 같다. 그러나 물 커패시터에 갑자기 압력을 가하면 상부 격실 내부 압력이 증가해 막이 아래쪽으로 팽창해 하부 격실에서 물이 배출된다. 상부에 있는 물이 막을 통과하지 않은 상태에서 막이 하부 격실에 있는 물을 밀어 내기 때문에 이는 마치 수류가 물 커패시터를 통해 흐르는 것처럼 보이게 된다. 이 비유는 변위 전류와 비슷하다. 격실 크기를 늘리고 막의 강도를 변경하는 일은 정전용량의 용량을 늘리고 유전체의 강도를 변경하는 일과 유사하다.

▶ **예제 1:** $10\,\mu F$ 커패시터가 $50\,mA$ 정전류원(constant current source)^{역주}에 연결된다. 10마이크로초, 10밀리초, 1초 후에 커패시터 양단의 전압을 결정하라.

▷ **정답:** I_C가 상수이므로 적분 기호 앞으로 옮길 수 있다.

$$10\,\mu s : V_C = \frac{1}{C}\int I_C\,dt = \frac{I_C}{C}t = \frac{50 \times 10^{-3}\,A}{10 \times 10^{-6}\,F}(10 \times 10^{-6}\,s) = 0.05\ V$$

$$10 \text{ ms} : V_C = \frac{1}{C} \int I_C \, dt = \frac{I_C}{C} t = \frac{50 \times 10^{-3} \text{ A}}{10 \times 10^{-6} \text{ F}} (10 \times 10^{-3} \text{ s}) = 50 \text{ V}$$

$$1 \text{ s} : V_C = \frac{1}{C} \int I_C \, dt = \frac{I_C}{C} t = \frac{50 \times 10^{-3} \text{ A}}{10 \times 10^{-6} \text{ F}} (1 \text{ s}) = 5000 \text{ V}$$ 확실히 전형적인 커패시터는 살아남지 못할 것이다.

▶ **예제 2:** 47 μF 커패시터는 파형이 다음과 같은 전압원에 의해 충전된다. 충전 전류를 결정하라. 보기 2.100을 참조하라. 전압원은 이상적이어서 저항이 없다고 가정한다.

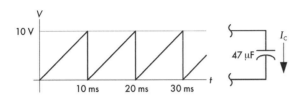

보기 2.100

▷ **정답:** dV/dt가 파형의 기울기를 나타내므로 단순히 10 V/10 ms에 해당하며 전류는 다음과 같이 된다.

$$I_C = C \frac{dV_C}{dt} = (47 \times 10^{-6} \text{ F}) \frac{10 \text{ V}}{10 \times 10^{-3} \text{ s}} = 0.047 \text{ A} = 47 \text{ mA}$$

▶ **예제 3:** 100 μF 전압이 5 Ve^{-t}라면 커패시터 전류는 얼마인가?

▷ **정답:**

$$I_C = C \frac{dV_C}{dt} = 100 \text{ μF} \frac{d}{dt} [5 \text{ V} e^{-t}] = -(100 \text{ μF})(5 \text{ V}) e^{-t} = -(0.0005 \text{ A}) e^{-t}$$

(이 예제들에서는 이상적인 커패시터를 가정한다는 점을 기억하라. 실제 커패시터를 사용한 결과도 같은 추세를 따르기는 하겠지만, 전류에서는 제한적일 것이다.)

2.23.7 커패시터 내 에너지

마지막으로, 이상적인 커패시터에서는 에너지를 소비하지 않는다. (실물 커패시터에서는 이렇게 되는 경우가 없지만, 내부 저항이 너무 작기 때문에 가열로 인해 손실되는 에너지를 종종 무시한다.) 에너지는 나중에 복구될 수 있게 전기장(또는 판 사이에 존재하는 전위)에만 저장될 수 있다. 일반 전력 법칙 ($P = IV$)에 커패시터 전류를 대입한 다음, 그 결과로 얻는 전력을 전력 정의 부분($P = dE/dt$)에 끼워 넣고 적분해 E를 구하는 식으로 커패시터에 저장된 에너지를 구한다.

$$E_{\text{cap}} = \int VI dt = \int VC \frac{dV}{dt} dt = \int CV dV = \frac{1}{2} CV^2 \tag{2.42}$$

▶ **예제:** 5 V 인가전압을 사용할 때 1000 μF 커패시터에 저장된 에너지는 어느 정도인가?

▷ 정답:

$$E_{\text{cap}} = \frac{1}{2}CV^2 = \frac{1}{2}(1000 \times 10^{-6}\ \text{F})(5\ \text{V})^2 = 0.0125\ \text{J}$$

2.23.8 RC 시간 상수

커패시터를 직류 전압원에 연결하면 거의 순식간에 커패시터가 충전된다. (실제로, 커패시터에는 인덕턴스뿐만 아니라 내부 저항도 있으므로 '거의'라는 용어를 사용했다. 커패시터를 다룬 3.6절에서 현실적인 특징들을 볼 수 있다.) 마찬가지로 충전된 커패시터에서 회선이 단락되면 거의 순식간에 방전될 것이다. 그렇지만 일부 저항을 추가하면 보기 2.101과 같이 충전 속도나 방전 속도가 지수 곡선 모양을 그리게 된다. 타이밍 IC, 발진기, 파형 정형기(waveform shapers) 및 저방전 전력 백업 회로와 같이 충전 속도 및 방전 속도를 제어하기 위해 사용하는 응용기기가 아주 많다.

충전용 커패시터의 경우 다음 방정식을 사용한다.

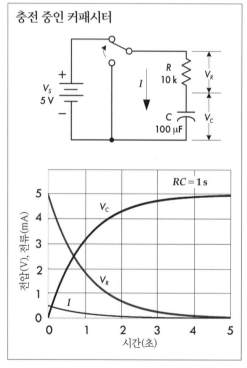

보기 2.101

RC 충전 회로의 전류 방정식과 전압 방정식

$$I = \frac{V_s}{R}e^{-t/RC} \qquad \frac{t}{RC} = -\ln\left(\frac{IR}{V_s}\right)$$

$$V_R = IR = V_se^{-t/RC} \qquad \frac{t}{RC} = -\ln\left(\frac{V_R}{V_s}\right)$$

$$V_C = \frac{1}{C}\int Idt = V_s(1 - e^{-t/RC}) \qquad \frac{t}{RC} = -\ln\left(\frac{V_s - V_C}{V_s}\right) \qquad (2.43)$$

$$\tau = RC \text{ 시간 상수}$$

여기서 I는 암페어 단위로 나타낸 전류이고, V_s는 볼트 단위로 나타낸 전원 전압, R은 옴 단위로 나타낸 저항, C는 패럿 단위로 나타낸 정전용량, t는 전원 전압이 사라진 후 흐른 시간(초 단위), $e = 2.718$, V_R은 저항기 전압(볼트 단위), V_C는 커패시터 전압(볼트 단위)이다. 보기는 $R = 10\ \text{k}\Omega$이고 $C = 100\ \mu\text{F}$인 회로를 나타낸다. 저항을 낮추면 커패시터가 더 빨리 충전되고, 커패시터의 전압이 더 빨리 상승한다.

(키르히호프의 법칙을 사용해 닫힌 고리 주위의 전압을 합산하면 앞에 나온 식들을 도출할 수 있다. 즉, $V_s = RI + (1/C)\int Idt$이다. 전류는 V/R이고, 저항기에 걸린 전압은 V_s이고, 커패시터에 걸린 전압 $V_C = 0$이라는 초기 조건이 주어지면, 다음과 같이 미분 방정식을 구해 풀 수 있다. 즉, $I = (V/R)e^{-t/RC}$이다. 저항기 및 커패시터의 양단에 걸린 전압은 저항기 $V_R = IR$의 전압과 커패시터의 전압에 대한 식에 전류를 대입하면 간단히 알 수 있다. 즉, $V_C = (1/C)\int Idt$이다. 이러한 회로를 직류 회로의 과도 전류를 다룬 절에서 자세히 설명한다.)

이론적으로 보면, 충전 과정이 결코 완료되지는 않지만 결국 충전 전류는 측정할 수 없는 값으로 떨어진다. 종종 사용하는 관행을 따르면 $t = RC$일 때 $V(t) = 0.632\,V_S$가 된다. RC 항을 시간 상수(time constant)역주라고 하며, 커패시터를 전원 전압의 63.2%로 충전하는 데 걸리는 시간(초 단위)을 나타낸다. 소문자 타우(τ)로 종종 RC를 나타낸다(즉, $\tau = RC$). 시간 상수 두 개 ($t = 2RC = 2t$)가 지난 후에 커패시터는 시간 상수 한 개에서의 커패시터 전압과 공급 전압 간의 차이 중 63.2%를 충전해 총 86.5%에 해당하는 변화를 일으킨다. 세 개의 시간 상수가 지난 후에 커패시터는 보기 2.101에 나온 그림처럼 공급 전압의 95%에 도달하는 식으로 계속된다. 시간 상수가 다섯 개 지난 후에 커패시터는 완전히 충전된 것으로 간주되어 전원 전압의 99.24%에 도달한다.

▶ **예제:** IC는 타이밍을 제어하기 위해 외부 RC 충전 회로망을 사용한다. 이 IC는 V_{IN}에서 3.4 V가 필요하므로 출력이 고준위에서 저준위로 전환된다. 이때 내부 트랜지스터(스위치)가 활성화되며 커패시터가 접지를 통해 방전된다. 트리거 지점(trigger point)이 나오기 전에 5초에 걸친 타이밍 시간이 필요한 경우, $C = 10\,\mu\text{F}$이라면 필요한 R 값은 무엇인가?

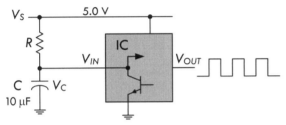

$V_C = 3.4$ V일 때 트랜지스터가 커패시터를 방전시킨다.

보기 2.102

▷ **정답:** 다음 식을 사용해 R에 대해 푼다.

$$\frac{t}{RC} = -\ln\left(\frac{V_s - V_C}{V_s}\right)$$

$$R = \frac{t}{-\ln\left(\frac{V_s - V_C}{V_s}\right)C} = \frac{5.0\ \text{s}}{-\ln\left(\frac{5V - 3.4\,V}{5\,V}\right)(10 \times 10^{-6}\,\mu F)}$$

$$= 4.38 \times 10^5\ \Omega$$

방전 중인 커패시터인 경우에는 다음 방정식을 사용한다.

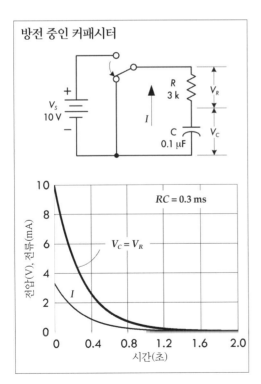

보기 2.103

방전 중인 커패시터

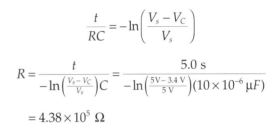

RC 회로 방전용 전류 및 전압 방정식

$$I = \frac{V_s}{R}e^{-t/RC}, \qquad \frac{t}{RC} = -\ln\left(\frac{IR}{V_s}\right)$$

$$V_R = IR = V_s e^{-t/RC}, \qquad \frac{t}{RC} = -\ln\left(\frac{V_R}{V_s}\right)$$

$$V_C = \frac{1}{C}\int_0^t I\,dt = V_s e^{-t/RC}, \qquad \frac{t}{RC} = -\ln\left(\frac{V_C}{V_s}\right) \qquad (2.44)$$

$\tau = RC$ 시간 상수

여기서 I는 암페어 단위로 나타낸 전류이고, V_s는 볼트 단위로 나타낸 전원 전압, R은 옴 단위로 나타낸 저항, C는 패럿 단위로 나타낸 정전용량, t는 전원 전압이 사라진 후 흐른 시간을 초 단위로 나타낸 것이다. 또한, $e = 2.718$이고, V_R은 볼트 단위로 나타낸 저항기 전압, V_C는 볼트 단위로 나타낸 커패시터 전압이다. 보기 2.103에 나오는 그래프는 $R = 3\,\text{k}\Omega$이고 $C = 0.1\,\mu\text{F}$인 회로를 나타낸다.

(키르히호프의 법칙을 사용해 닫힌 고리 주위의 전압을 합산하면 식 $0 = RI + (1/C) \int I dt$을 유도할 수 있다. 미분방정식을 미분해 풀 때, 전류는 0이고 저항기에 걸린 전압도 0이고 커패시터에 걸린 전압 $V_C = V_S$라는 식으로 초기 조건이 주어지면 얻게 되는 해답은 식 $I = (V/R)e^{-t/RC}$와 같다. 저항기와 커패시터에 걸려 있는 전압은 저항기에 걸린 전압 $V_R = IR$과 커패시터에 걸린 전압에 대한 식에 간단히 전류를 대입하면 알아낼 수 있다. 즉, $V_C = (1/C) \int I dt$이다. 이러한 회로를 직류 회로의 과도상태를 다룬 절에서 자세히 설명한다.)

방전되는 커패시터를 표현하는 식은 기본적으로 충전되는 커패시터를 표현하는 식과 반대이다. 시간 상수 한 개가 지난 후에 공급 전압을 기준으로 보면 커패시터 전압이 63.2%만큼 떨어지므로 공급 전압의 37.8%에 도달하게 된다. 시간 상수가 다섯 개 지난 후에는 커패시터가 완전히 방전된 것으로 간주되며 99.24%만큼 강하되는데, 즉 공급 전압의 0.76%까지 내려간다.

▶ **예제:** 고전압 전력 공급 장치에 있는 100 μF 커패시터가 100 k 저항기에 의해 분로된 경우, 전력이 나간 후에 커패시터가 완전히 방전된 것으로 간주되기까지 걸리는 최소 시간은 얼마인가?

▷ **정답:** 5개의 시간 상수 뒤에 커패시터가 방전된 것으로 간주된다.

$$t = 5\tau = 5RC = (5)(100 \times 10^3 \, \Omega)(100 \times 10^{-6} \, \text{F}) = 50 \, \text{s}$$

2.23.9 표류 정전용량

정전용량이 커패시터 내에만 있는 게 아니다. 실제로 전위가 서로 다르며 전기장을 생성하기에 충분히 가까이 있는 두 표면에 정전용량이 있게 되므로 커패시터처럼 동작한다. 커다란 표면에 충분한 전류를 공급하면 정전용량이 달라질 수 있다. 이렇게 의도치 않은 정전용량을 **표류 정전용량**(stray capacitance)이라고 부르며, 이는 회로 내의 정상적인 전류 흐름을 방해할 수 있다. 전기회로 설계자는 커패시터의 리드를 짧게 하고, 짝을 짓는 바람에 정전용량이 생기는 일이 없게 부품끼리 묶어 두는 식으로 정전용량을 최소화하는 방법을 찾아낸다. 임피던스가 높은 회로에서 용량성 반응저항(나중에 간단히 다룬다)은 회로 임피던스의 큰 부분일 수 있으므로 표류 정전용량이 더 큰 영향을 미칠 수 있다. 또한, 표류 정전용량은 대개 회로와 병렬로 나타나므로 더 높은 주파수에서 원하는 신호를 더 많이 우회하게 할 수 있다. 표류 정전용량은 일반적으로 민감한 회로에 더욱 큰 영향을 끼친다.

2.23.10 병렬로 둔 커패시터

커패시터를 **병렬**로 배치하면 직렬로 놓은 저항과 마찬가지로 정전용량이 늘어난다.

$$C_{\text{tot}} = C_1 + C_2 + \dots C_n \tag{2.45}$$

(키르히호프의 전류 법칙을 상단 교차점에 적용하면 이 공식을 얻어낼 수 있는데, $I_{\text{tot}} = I_1 + I_2 + I_3 + \dots I_N$로 주어진다. 전압 V가 C_1과 C_2에서 같다는 사실을 이용해 각 커패시터의 변위 전류를 키르히호프의 전류 표현식으로 대체할 수 있다. 괄호 안에 있는 항은 등가 정전용량이다.)

$$I = C_1 \frac{dV}{dt} + C_2 \frac{dV}{dt} + C_3 \frac{dV}{dt} = (C_1 + C_2 + C_3) \frac{dV}{dt}$$

표면적을 키운 판들로 구성한 단일 커패시터를 병렬로 배치한 커패시터를 생각해 보자. 병렬로 둔 커패시터 묶음에 안전하게 적용할 수 있는 최대 전압은 전압 정격이 가장 낮은 커패시터의 전압 정격으로 제한된다는 점에 유념해야 한다. 정전용량과 전압 정격을 일반적으로 회로도에 나오는 커패시터 기호 옆에 두지만 보통은 전압 정격이 빠져 있다. 회로의 해당 지점에 있을 것으로 예상되는 전압을 기준으로 정격을 계산해야 한다.

병렬로 둔 커패시터

전체 정전용량이 증가하지만, 가장 작은 커패시터의 최대 전압 정격으로 제한된다.

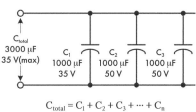

$$C_{total} = C_1 + C_2 + C_3 + \cdots + C_n$$

직렬로 둔 커패시터

최대 전압 정격이 커지지만, 정전용량이 줄어든다.

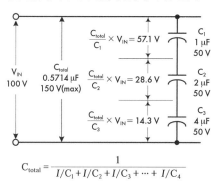

$$C_{total} = \frac{1}{I/C_1 + I/C_2 + I/C_3 + \cdots + I/C_4}$$

보기 2.104

2.23.11 직렬로 둔 커패시터

두 개 이상의 커패시터를 직렬로 연결하면 총 정전용량은 이들 중 가장 작은 커패시터의 정전용량보다 작다. 등가 정전용량은 병렬로 둔 저항기와 비슷하다.

$$\frac{1}{C_{tot}} = \frac{1}{C_1} + \frac{1}{C_2} + \cdots \frac{1}{C_N} \tag{2.46}$$

(키르히호프의 전압 법칙을 적용해 이것을 유도한다. 전류 I가 각 커패시터를 통과해야 하므로 키르히호프의 전압 표현식은 다음과 같다. 괄호 안에 있는 항은 직렬로 연결된 커패시터의 등가 정전용량이라고 부른다.)

$$V = \frac{1}{C_1}\int Idt + \frac{1}{C_2}\int Idt + \frac{1}{C_3}\int Idt = \left(\frac{1}{C_1} + \frac{1}{C_2} + \frac{1}{C_3} + \cdots + \frac{1}{C_N} \right)\int Idt$$

개별 커패시터가 견딜 수 있는 전압보다 큰 전압을 견딜 수 있도록 커패시터를 직렬로 연결할 수 있다(최대 전압 정격을 더함). 이런 장점은 전체 정전용량의 감소로 인해 상쇄된다. 희망하는 정전용량 값을 제공하는 커패시터를 찾지 못하거나 병렬 배열을 만들 수 없을 때 의도한 대로 될 수 있기는 하지만 말이다. 보기 2.104에서 전압이 커패시터들 사이에서 균일하게 나눠지지 않는다는 점에 유념하라. 커패시터 한 개(예를 들면, C_2)에 걸린 전압은 전체를 나눈 값으로 $(C_{total}/C_2)V_{IN}$으로 표시된다. 직렬로 놓인 커패시터 사이의 전압을 밖으로 끄집어내는(tab) 다양한 회로가 있다.

묶음 내 모든 커패시터의 정격 전압을 초과하지 않도록 주의하라. 커패시터를 직렬로 사용해 더 큰 전압을 견디는 경우 각 커패시터에 균압 저항기를 연결하는 것이 좋다. 공급 전압이 1볼트당 약 100 Ω인 저항기를 사용하고 전력 처리 능력이 충분한지 확인하라. 실제로 쓰는 커패시터를 사용하면 커패시터의 누설 저항이 정전용량보다 전압 배분에 더 많은 영향을 줄 수 있다. 병렬 저항이 높은 커패시터에는 높은 전압이 걸린다. 균압 저항기를 추가하면 이 효과가 줄어든다.

▶ **예제:** (a) 병렬 회로망 내에 있는 커패시터에 대한 총 정전용량 및 최대 작동 전압(WV)을 찾아라. (b) 총 정전용량과 WV, V_1 및 V_2를 찾아라. (c) 커패시터 회로망에 대한 총 정전용량과 WV를 구하라. (d) 총 WV가 200 V이고 총 정전용량이 592 pF인 C값을 찾아라. 개별 커패시터 WV 값은 괄호 안에 있다. 보기 2.105를 참조하라.

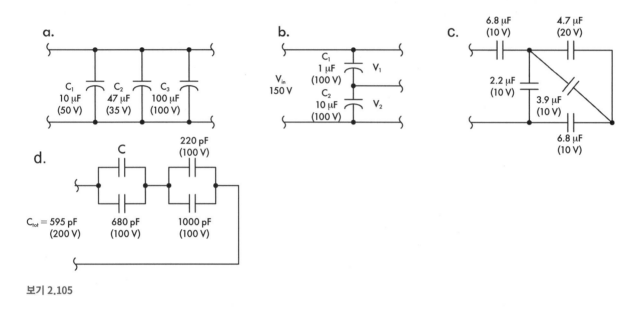

보기 2.105

▷ **정답:**

(a) 157 μF (35 V)

(b) 0.9 μF (200 V), V_1 = 136 V, V_2 = 14 V

(c) C_{tot} = 3.2 μF (20 V)

(d) C = 470 pF (WV > 100 V)

2.23.12 커패시터 내 교류 전류

직류 회로에서 커패시터에 대해 논의한 모든 사항이 교류 회로에도 적용된다. 단, 한 가지 예외가 있다. 직류 회로의 커패시터가 전류 흐름을 차단하는 반면(짧은 충전 및 방전 기간 제외), 교류 회로의 커패시터는 주파수에 따라 전류 흐름을 통과시키기도 하고 제한하기도 한다. 전류 흐름을 줄이기 위해 전류 에너지를 열로 바꾸는 저항기와 달리, 커패시터는 전기에너지를 저장하고 이를 회로로 되돌려 준다.

보기 2.106에 나오는 그래프는 교류 신호가 커패시터에 인가될 때의 전류와 전압 간 관계를 보여 준다. 교류 사인파 전압의 최댓값은 100이다. 0~A 구간에서 인가된 전압은 0에서 38까지 증가하고 커패시터는 해당 전압까지 충전한다. A~B 구간에서 전압이 71까지 늘어나므로 커패시터는 33 V 이상을 얻는다. 이 구간에서 A~B의 전압 상승이 0~A보다 작기 때문에 0~A보다 적은 양의 전하가 추가된다. B~C 구간에서는 전압이 71에서 92로 21만큼 증가한다. 이 구간의 전류 증가분은 여전히 작다. C~D 구간에서 전압은 8만큼만 증가하므로 전류 또한 작게 증가한다.

첫 번째 1/4 주기를 많은 구간으로 나누면 커패시터를 충전하는 전류는 인가된 전압과 마찬가지로 사인파 모양이 되는 것을 볼 수 있을 것이다. 전류는 주기가 시작될 때 가장 크며 전압이 최댓값일 때는 0이 되므로 전압과 전류 사이에는 90°만큼의 위상차가 있다.

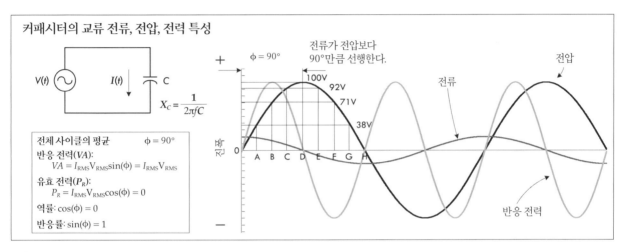

보기 2.106

두 번째 1/4 주기, 즉 D~H 구간에서 인가된 전압이 감소하고 커패시터는 전하를 잃는다. 이전과 같이 추론해 보면 D~E 구간에서 전류가 작고 다른 구간에서는 전류가 계속 증가하는 것이 분명하다. 전류는 인가된 전압에 대항해 흐른다. 그러나 커패시터가 회로로 방전하기 때문에 전류는 이 1/4 주기 동안 음의 방향으로 흐른다.

세 번째 및 네 번째 1/4 주기에서는 각각 첫 번째와 두 번째 상황이 반복된다. 한 가지 차이점은 있다. 인가된 전압의 극성이 반대로 바뀌고 이에 상응해 전류가 변화한다는 점이다. 다시 말하면, 커패시터가 번갈아 가며 충전하거나 방전함으로 인해 회로에 교류 전류가 흐른다. 보기 2.106에 나오는 그래프에서 알 수 있듯이, 전류 주기가 전압 주기보다 90°만큼 선행하므로 커패시터의 전류는 인가된 전압보다 90°만큼 선행한다.

2.23.13 용량성 반응저항

커패시터의 전하량은 커패시터에 걸린 전압이 강하한 값에 정전용량($Q = CV$)을 곱한 값과 같다. 교류 회로 내에서 주기마다 전하량이 회로에서 앞뒤로 움직이므로 전하 이동 비율(전류)은 전압, 정전용량 및 빈도에 비례한다. 정전용량과 주파수의 효과를 함께 고려하면 저항과 비슷한 분량을 형성한다. 그러나 실제로는 열이 발생하지 않으므로 이 효과를 용량성 반응저항(capacitive reactance)이라고 한다. 반응저항의 단위는 저항과 마찬가지로 옴이며, 특정 주파수에서 커패시터의 반응저항을 계산하는 공식은 다음과 같다.

$$X_C = \frac{1}{2\pi f C} = \frac{1}{\omega C} \qquad \text{용량성 반응저항 (2.47)}$$

여기서 X_C는 옴 단위로 나타낸 용량성 반응저항이고, f는 Hz 단위로 나타낸 주파수이며, C는 패럿 단위로 나타낸 정전용량이고, $\pi = 3.1416$이다. 종종 오메가 ω를 $2\pi f$ 대신에 사용하기도 하며, 여기서 ω를 각주파수(angular frequency)[역주]라고 부른다.

[역주] 각진동수

(커패시터에 인가된 정현파 전압이 변위 전류를 흐르게 한다는 점에 주목함으로써 이것을 도출할 수 있다. 그 이유는 커패시터 양단의 전압이 변하기 때문이다(커패시터에 대한 $I = CdV/dt$를 상기해 보라). 예를 들어, 전압원이 $V_0 \cos(\omega t)$로 주어졌을 때, 커패시터의 변위 전류 표현식에 이 전압 V를 대입한다.

$$I = C\frac{dV}{dt} = -\omega C V_0 \sin(\omega t)$$

최대 전류, 즉 파고 전류 I_0는 $\sin(\omega t) = -1$일 때 $I_0 = \omega C V_0$ 지점에서 발생한다. 파고 전압 대 파고 전류의 비 V_0/I_0는 옴의 법칙에 비추어 보면 저항과 비슷하며 단위는 옴이다. 그러나 '저항'이라는 물리적 현상이 전통적인 저항(가열되는 저항)의 물리적 현상과 다르기 때문에 이 효과에는 '용량성 반응저항'이라는 이름을 붙인다.)

주파수가 무한대로 갈수록 X_C는 0이 되고 커패시터는 고주파에서 단락(회선)처럼 동작한다. 커패시터는 주파수가 높을 때 전류를 전달한다. 주파수가 0이 되면 X_C는 무한대가 되고 커패시터는 개방 회로처럼 작동한다. 커패시터는 주파수가 낮을 때는 전류를 통과시키지 않는다.

반응저항의 단위가 옴이기는 하지만, 반응저항으로 전력이 소비되지 않는다는 점에 주의해야 한다. 주기의 한 부분을 통과하는 동안 커패시터에 저장된 에너지는 단순히 다음 주기의 회로로 되돌아간다. 다시 말해, 전체 주기를 놓고 보면 평균 전력은 0이다. 보기 2.106의 그래프를 보라.

▶ **예제 1:** 인가 주파수가 10 MHz인 220 pF 커패시터의 반응저항을 알아내라.

▷ **정답:**

$$X_C = \frac{1}{2\pi \times (10 \times 10^6 \text{ Hz})(220 \times 10^{-12} \text{ F})} = 72.3 \ \Omega$$

(참고: $1 \text{ MHz} = 1 \times 10^6 \text{ Hz}$, $1 \ \mu\text{F} = 1 \times 10^{-6} \text{ Hz}$, $1 \text{ nF} = 1 \times 10^{-9} \text{ F}$, $1 \text{ pF} = 1 \times 10^{-12} \text{ F}$)

▶ **예제 2:** 7.5 MHz와 15.0 MHz에서 470 pF 커패시터의 반응저항은 얼마인가?

▷ **정답:** X_C @ 7.5 MHz $= 45.2 \ \Omega$, X_C @ 15 MHz $= 22.5 \ \Omega$

보다시피, 주파수의 증가 그리고(또는) 정전용량의 증가에 따라 반응저항이 감소한다. 보기 2.107의 왼쪽에 나오는 그래프는 커패시터의 주파수 대비 반응저항을 보여 준다. 현실적인 커패시터는 기생 효과(parasitic effect)로 인해 그래프와 방정식을 따르지 않으므로 보기 2.93에 나오는 '실물 커패시터 모형'을 참조하라.

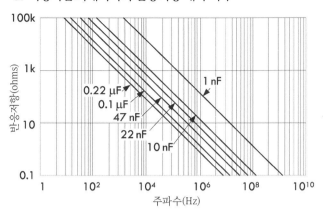

a. 이상적인 커패시터의 반응저항 대 주파수

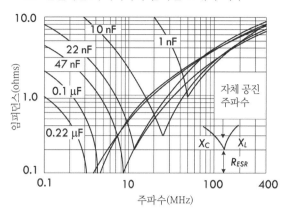

b. 현실적인 커패시터의 임피던스 대 주파수

보기 2.107 (a) 크기가 다양한 커패시터의 반응저항이 주파수에 맞춰 줄어드는 방식을 보여 주는 그래프. 모든 커패시터는 본질적으로 이상적이라고 간주한다. (b) 실물 커패시터 용기에 존재하는 기생 저항 및 인덕턴스를 고려한 실제 커패시터의 주파수 응답을 보여 주는 그래프. 그래프에서 뾰족한 모양으로 잠깐 떨어졌다 올라가는 현상은 자기 공진(self-resonance)을 나타내며, 용량성 반응저항 및 유도성 반응저항이 상쇄되고 커패시터 용기 내의 내부 저항만 남는다. 이것이 발생하는 지점의 주파수를 자체 공진 주파수(self-resonant frequency)라고 한다.

2.23.14 용량 분할기

용량 분할기(capacitive dividers)를 교류 입력 신호 또는 심지어 직류와 함께 사용할 수 있는데, 이는 커패시터가 빠르게 안정된 상태에 도달하기 때문이다. 용량 분할기의 교류 출력 전압을 결정하기 위한 공식은 저항 분할기와 다르다. 분로 소자(shunt element)인 C_2가 분자에 있는 게 아니라, 직렬 소자 C_1이 분자에 있기 때문이다. 보기 2.108을 보라.

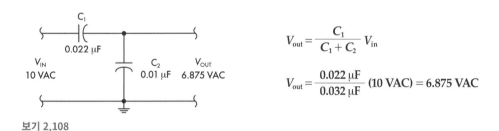

$$V_{out} = \frac{C_1}{C_1 + C_2} V_{in}$$

$$V_{out} = \frac{0.022\ \mu F}{0.032\ \mu F}\ (10\ VAC) = 6.875\ VAC$$

보기 2.108

출력 전압이 입력 주파수에 독립적이라는 점에 주목하라. 그러나 관심 대상 주파수에서 커패시터의 반응저항이 크지 않으면(즉, 정전용량이 충분히 크지 않으면), 출력 전류 성능은 매우 낮을 것이다.

2.23.15 품질 계수

커패시터(그리고 우리가 볼 수 있듯이, 인덕터)와 같은 에너지 저장 부품을 **품질 계수** Q(quality factor Q, 장점이라고도 함)의 관점에서 비교할 수 있다. 부품이 무엇이든 해당 부품의 Q는 부품 내에서 발생하는 모든 에너지 손실의 총합 대비 에너지 저장 능력의 비율이다. 반응저항은 에너지 저장과 관련이 있고, 저항은 에너지 손실과 관계가 있으므로 다음과 같이 품질 계수를 표현할 수 있다.

$$Q = \frac{\text{반응저항}}{\text{저항}} = \frac{X}{R} \qquad (2.48)$$

Q에는 단위가 없다. 커패시터에 관한 한 반응저항(옴)은 단순히 용량성 반응저항인 $X = X_C$이다. (인덕터의 경우 $X = X_L$인데, 여기서 X_L은 유도성 반응저항이다.) R은 부품으로 인한 에너지 손실과 관련된 모든 저항을 더한 것이다(단위는 옴). 커패시터의 Q는 일반적으로 높다. 양질의 세라믹 커패시터나 운모 커패시터의 Q 값은 1200 이상일 수 있다. 작은 세라믹 트리머 커패시터는 Q 값이 너무 작아 일부 응용 프로그램에서 무시할 수 있다. 초단파(microwave) 커패시터의 Q 값은 너무나 작아서 10 GHz(또는 그 이상)에서 10 또는 그 이하이다.

2.24 인덕터

앞 절에서는 커패시터를 사용해 전기장에 전기에너지를 저장하는 방법을 보았다. 그 밖에도 에너지를 자기장에 저장하는 방법이 있다. 전류가 전선을 통과할 때 전선에 대해 원형 방사 자기장이 생성될 수 있다. 전선에 흐르는 전류 흐름을 늘리거나 줄이면 자기장 강도가 각기 세지거나 약해진다. 이렇게 자기장 강도가 변화하는 동안에 인덕턴스(inductance)[역주1] 현상이 발생한다. 인덕턴스는 저항이나 정전용량처럼 회로의 한 특성이다. 그러나 열을 생성하는 일이나 전하를 저장하는 일(전기장)이 아닌 자기장과 관련이 있다. 즉, 변화하는 자기장이 회로 내에서 자유전자(전류)에 영향을 미치는 방식을 나타낸다. 이론적으로 자기장을 생성할 수 있는 모든 장치에는 인덕턴스가 있다. 인덕턴스가 있는 모든 장치를 인덕터[역주2]라고 부른다. 인덕턴스를 이해하려면 기본 전자기 특성을 알아야 한다.

역주1 유도 또는 유도성

역주2 유도기

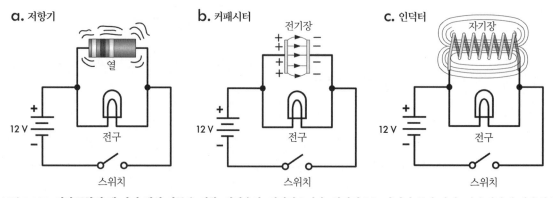

보기 2.109 전자공학의 세 가지 핵심 기둥은 저항, 정전용량, 인덕턴스이다. 인덕턴스는 나머지 둘과 달리, 자유전자에 작용하는 힘의 결과로 회로의 전류 및 전압의 특성이 교대로 전환되며 자기장의 생성과 와해를 초래하는 성질을 말하는데, 일반적으로 각 인덕터 소자에서 집중적으로 이러한 성질이 나타난다. 그러나 커패시터와 마찬가지로 유도 효과는 인가전압/전류가 시간의 경과에 따라 늘거나 감소하며 변화하는 동안에만 발생한다. 저항은 시간에 따라 달라지지 않는다. 스위치가 닫혀 있을 때 보기에 나오는 각 회로에서 전구의 밝기가 어떻게 될지 짐작할 수 있겠는가? 스위치가 나중에 열릴 때는 어떻게 될 것이라고 생각하는가? 조금 후에 이 문제를 다룬다.

2.24.1 전자기학

전자기학의 법칙에 따르면, 정지 상태에서의 전하의 장(field)은 전기선 또는 자력선이 일정하게 방사형으로 분포되는 모양으로 표현할 수 있다(보기 2.110(a)). 등속도로 움직이는 전하의 경우 장 선(field line)이 여전히 방사형이면서 직선이지만 더 이상 균일하게 분포하지 않는다(보기 2.110(b)). 동시에, 전자는 원형 자장(circular magnetic field)을 생성한다(보기 2.110(c)). 전하가 가속되면 이것 들이 조금 더 복잡해져서 전자기장에 '꼬임'이 생겨 바깥을 향해 방사되는 전자기파가 발생한다 (보기 2.110(d)와 (e)).

보기 2.110(c)에 나온 바와 같이, 움직이는 전자 또는 그 물질에 대한 전하의 전기장(E로 표 시)은 사실상 부분적으로 자기장(B로 표시)으로 변환된다. 말하자면, 전기장과 자기장이 동일 한 현상의 서로 다른 측면이라는 것이다. 실제로 오늘날의 물리학은 자기장 이론을 **전자기학** (electromagnetism)이라는 기본 장(field) 이론 한 가지로 묶은 것이다. (맥스웰과 아인슈타인의 연구는 두 현상이 연관되어 있음을 입증하는 데 도움이 되었다. 오늘날 물리학의 어떤 분야에서는 전자기력을 설명하기 위해 가상 광자가 방출되어 전하로 흡수되어 장이 상호 작용한다는 식으로 장에 관한 독특한 그림을 그린다. 다행스럽게도, 전자공학에서는 그것을 상세하게 알지 않아도 된다.)

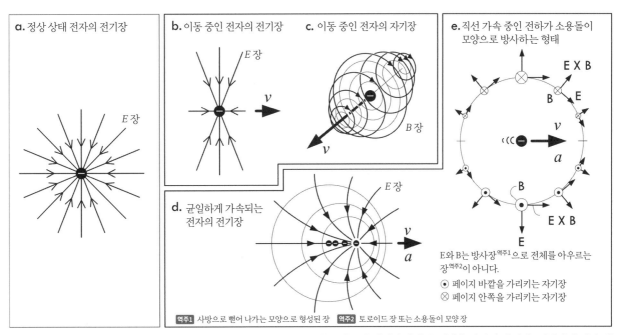

보기 2.110 전기장과 자기장은 전자기장이라고 불리는 동일한 현상을 서로 다른 측면에서 바라본 개념을 나타낸 말이다. 전하가 움직일 때 면 언제든 자기장들이 나타난다. 흥미롭게도, 이동 전하 한 개를 따라 움직인다고 한다면 관측 가능한 자기장 영역은 사라질 것이다. 아인슈 타인의 상대성에 따르면 그렇다.

도체에 전류를 흘리면 간단히 자기장을 형성할 수 있다. 미시적으로 보면 전선 내의 각 전자가 움직이면서 자기장을 수직 방향으로 형성한다. 그러나 전선에 인가된 전위가 없으면 열이나 충 돌 등으로 인한 전자의 무작위성 때문에 전자의 개별 자기장의 방향이 임의적이 된다. 도체 내 자기장을 전반적으로 평균을 내면 0이 된다(보기 2.111(a1)). 이제 도체에 전압이 인가되면 자유전 자는 음의 방향에서 양의 방향으로 향하는 표류 성분을 얻을 수 있다. 전자의 속도라는 관점에서 보면, 이 영향은 매우 적지만 순수하게 자기장을 형성하기에는 충분하다(보기 2.111(a2)). 이러한 장의 방향은 오른손 법칙으로 설명할 수 있는 방향으로 일반적인 전류 흐름 방향과 직각을 이룬다. 오른손 엄지손가락은 일반적인 전류 흐름의 방향을 가리킨다. 나머지 손가락들이 휘는 방향이 자기장이 휘는 방향이다. 보기 2.111(b)를 보라. (관행에 따라 사용하는 전류 흐름 대신 전자 흐름을 따라갈 때는 왼손을 사용하라.)

도체에 전류가 흐르며 생성된 자기장은 본질적으로 영구 자석의 자기장과 유사하다. (보기 2.111(c)에서처럼 영구 막대자석의 자기장 패턴은 보기 2.111(e)에서와 같이 단단한 솔레노이드에 코일을 감았을 때 더 정확하게 닮게 된다.) 전류를 운반하는 전선과 영구 자석이 자기장을 생성한다는 사실은 우연히 그렇게 된 게 아니다. 강자성체(ferromagnetic material)로 만든 영구 자석은 보기 2.112에서와 같이 주로 쌍극자 자기장을 생성하는 원자핵 주위를 공전하는, 짝을 맺지 않은 전자가 운동한 결과로 나온 폐쇄 고리형 자기장들을 나타낸다. 강자성체의 격자 구조는 북쪽에서 남쪽을 가리키는 순 자기 쌍극자를 설정할 수 있게 고정된 방향으로, 원자 자기 쌍극자의 대부분을 고정시키는 중요한 역할을 한다. 미시적인 관점에서 보면, 원자핵에 대한 비공유 전자의 운동은 보기 2.111(d)에 묘사한 것처럼 전선으로 형성한 고리를 통과하는 전류 흐름과 비슷하다. (전자 스핀도 자기장의 원천이지만 전자 궤도 때문에 궤도에 비해서는 훨씬 약하다.)

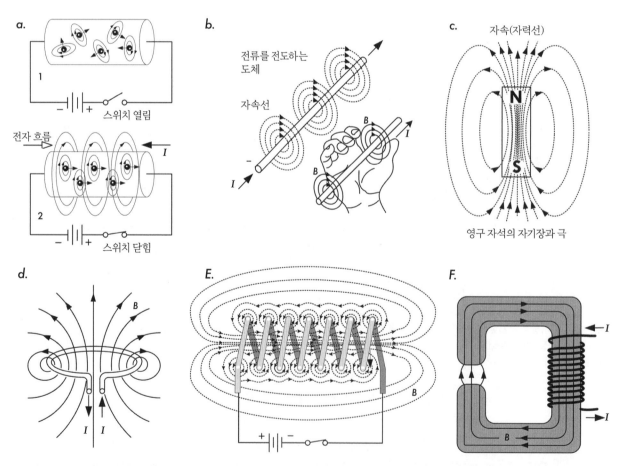

보기 2.111 (a) 전압이 가해졌을 때 한꺼번에 움직이는 자유전자를 자기장이 발생시켰다. (b) 관행적으로 써온 전류 흐름과 관련해 자기장의 방향을 나타내는 오른손 규칙 (c) 영구 자석 (d) 단일 고리로 된 전선에 흐르는 전류에 의해 생성된 자기 쌍극자 방사 패턴 (e) 영구 자석과 비슷한 자기장을 지닌 에너지가 공급된 솔레노이드 (f) 강자성을 띤 심을 사용해 전기장 강도를 증가시키는 전자석

영구 자석 막대에서 자기장 생성을 미시적으로 관찰하기

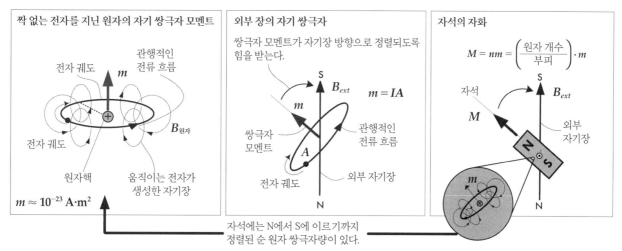

보기 2.112 미시적인 관점에서 보면, 영구 자석의 자기장은 쌍극자 전자가 공통 방향으로 고정되어 자기 쌍극자를 생성한 결과이다. 방향이 고정되는 이유는 자석의 결정격자 구조에서의 원자 결합 때문이다.

전선을 고리 꼴로 감아 보기 2.111(e)와 같은 솔레노이드를 만든다. 모든 전선 고리가 내부 장을 강하게 만드는 일에 건설적으로 기여한다. 다시 말해서, 솔레노이드 내부의 장들이 결합해 보기 2.111(e)에 묘사된 것처럼 축을 따라 오른쪽을 향하는 큰 장의 성분을 형성한다. 보기 2.111(f)와 같이, 솔레노이드 안에 강자성체(처음에는 자화되지 않은 것)를 두면 솔레노이드만 있을 때보다 자기장이 훨씬 더 강해진다. 이와 같이 장 세기가 커지는 이유는 솔레노이드의 자장이 심에 있는 자기 쌍극자의 대부분을 장 방향으로 회전시키기 때문이다. 따라서 전체 자기장은 솔레노이드 자기장과 심에서 임시로 유도된 자기장의 합이 된다. 재료 및 구성에 따라 심이 전체 장의 세기를 1000배로 키울 수 있다.

2.24.2 자기장과 그 영향

자기장은 전기장과는 달리 적용된 장의 방향에 수직인 방향(또는 수직 성분을 갖는 방향)으로 움직이는 전하에만 작용한다. 자기장이 자체적으로 움직이지 않는 한 자기장은 고정된 전하에 영향을 미치지 않는다. 보기 2.113(a)는 자기장 내에서 움직이는 전하에 가해지는 힘을 보여 준다. 양 전하를 고려할 때는 오른손으로 움직이는 전하에 대한 힘의 방향을 결정한다.

손등은 초기 전하 속도의 방향을 가리키며, 손가락은 외부 자기장의 방향으로 구부러지고, 엄지손가락은 움직이는 힘에 가해지는 힘의 방향을 가리킨다. 전자와 같은 음전하인 경우에 보기 2.113(b)와 같이 왼손을 사용할 수 있다. 전하가 인가된 장과 나란히 움직일 때는 자기장으로 인한 힘을 받지 못한다(보기 2.113(c)).

전선에 흐르는 전류, 즉 떼를 지어 이동하는 전하의 관점에서 보면, 한 전선의 순 자기장이 보기 2.114와 같이 다른 전선에 힘을 가하고 그 반대도 마찬가지이다(전류가 상당히 클 때). (전선 격자 구조의 표면에서 전자가 빠져 나가지 못하게 정전기력이 작용하기 때문에 전선에서 힘이 나온다.)

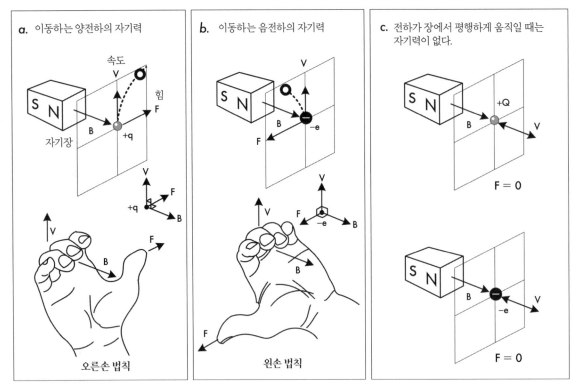

a. 이동하는 양전하의 자기력

속도
V
힘
F
B
+q
자기장
+q
V
F
B

오른손 법칙

b. 이동하는 음전하의 자기력

V
F
B
−e
V
F
−e
B

왼손 법칙

c. 전하가 장에서 평행하게 움직일 때는 자기력이 없다.

B
+Q
V
F = 0

B
−e
V
F = 0

보기 2.113 고정된 자기장이 있는 상태에서 이동 전하의 힘의 방향을 보여 준다.

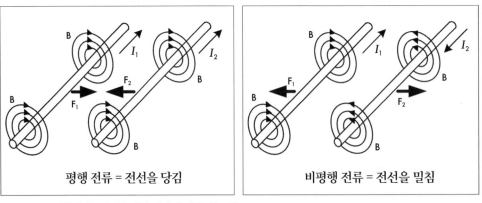

평행 전류 = 전선을 당김

비평행 전류 = 전선을 밀침

보기 2.114 전류가 흐르는 두 전선 사이에 가해지는 힘

마찬가지로, 고정 자석에서 나오는 자기장은 보기 2.115와 같이 전류가 흐르는 전선에 힘을 가할 수 있다.

외부적으로, 자석에는 북극을 향하는 극(북극)과 남쪽을 향하는 극(남극)이 부여된다. 자석의 북극(N극)은 그 밖의 자석의 남극(S극)을 끌어당기고 같은 극끼리는 반발한다. 고정 자석 두 개가 서로 힘을 어떻게 가하는지를 궁금할 수도 있다. 힘을 관측하려면 전하나 장이 움직여야 하지 않을까? 우리는 원자들 주위에서 움직이는 전자의 미세한 내부 자성이 구성하는 전하상의 힘, 즉 미시적인 힘과 겉으로 드러나 관측할 수 있을만큼 거시적인 힘을 연관시킨다. 이러한 궤도들은 구(domain)^{역주}라고 하는 일반적인 방향으로 고정되는 경향이 있는데, 이는 격자 결합력 때문이다.

역주 인접한 원자 간에 자성이 서로 평행하게 배열된 영역. 보통 자구(magnetic domain)라고 부른다. 자성이 평행하게 배열됨으로 자성이 생겨 그 자성이 미치는 구간이라는 뜻이다.

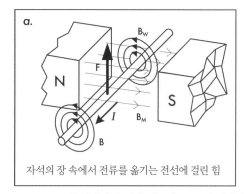

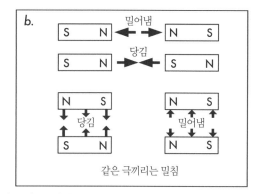

자석의 장 속에서 전류를 옮기는 전선에 걸린 힘

같은 극끼리는 밀침

보기 2.115 (a) 자기장 속에서 전류가 흐를 때 전선이 겪는 힘 (b) 막대자석이 끌리거나 반발하는 방식을 보여 주는 그림

자기장의 또 다른 측면을 보면, 도체 내의 전자를 특정 방향으로 움직여 전류 흐름을 유도하는 능력이 있다. 이렇게 해서 유도되는 힘은 회로 내에서 기전력(EMF)을 형성한다. 그러나 전지의 기전력과 달리 유도된 기전력은 시간과 형상(geometry)에 따라 달라진다. 패러데이의 법칙(Faraday's law)에 따르면 회로에서 유도 기전력은 회로를 통과하는 자속의 시간 변화율에 직접 비례한다.

$$\text{EMF} = -\frac{d\Phi_M}{dt}, \Phi_M = \int \vec{B} \cdot \overrightarrow{dA}, \text{EMF} = -N\frac{d\Phi_M}{dt} \quad (N회 감은 전선인 경우) \quad \textbf{(2.49)}$$

여기서 Φ_M은 폐쇄 고리형 회로를 통과하는 자속이다. (이는 방향 표면적을 적분한 것을 나타내는 자기장 B와 동일하다. 이 둘은 모두 벡터이고 전체 표면적에 걸쳐 합산한다.) 법칙에 따르면 기전력을 여러 방법으로 회로에서 유도할 수 있다. (1) B의 크기는 시간에 따라 변할 수 있다. (2) 회로의 면적은 시간에 따라 변할 수 있다. (3) B와 A의 법선 사이의 각도는 시간에 따라 변할 수 있다. (4) 이러한 모든 조합이 발생할 수 있다. 보기 2.116을 보라.

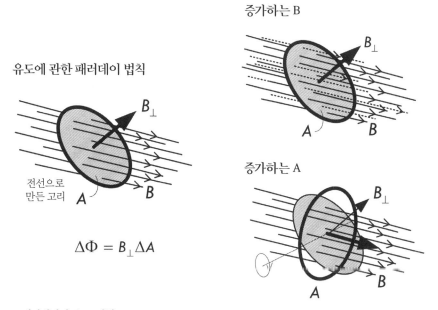

유도에 관한 패러데이 법칙

전선으로 만든 고리

$$\Delta\Phi = B_\perp \Delta A$$

증가하는 B

증가하는 A

보기 2.116 패러데이의 유도 법칙

보기 2.117에 나오는 간단한 교류 발전기는 패러데이의 법칙을 보여 준다. 일정한 자기장 내에 전선을 간단한 회전 고리 모양으로 만들어 두면 전원을 공급하는 데 사용할 수 있는 기전력을 생성한다. 고리가 회전할 때 고리를 통과하는 자속은 시간에 따라 변하면서 외부 회로에서 기전력과 전류를 유도한다. 고리 끝을 고리와 함께 회전하는 슬립 링(slip ring)에 연결하며, 외부 회로는 슬립 링과 접촉하는 고정 브러시를 사용해 발전기에 연결한다.

간단한 직류 발전기는 교류 발전기와 본질적으로 같지만, 분할 링(split ring)이나 정류자(commutator)를 사용해 회전 고리에 접촉한다는 점은 예외다. 결과적으로 사인파의 절댓값과 유사한 맥동 직류(pulsating direct current)가 발생한다. 여기에서 극성 반전(polarity reversal)은 없다.

모터는 본질적으로 역순으로 작동하는 발전기이다. 고리를 회전시켜 전류를 생성하는 대신에 전지를 통해 전류를 고리에 공급하고, 전류 전달 고리에 작용하는 토크 때문에 고리가 회전한다. 실제 교류 발전기 및 교류 모터는 여기에서 설명한 것보다 훨씬 더 복잡하다. 그렇지만 작동 원리는 전자기 유도와 같다.

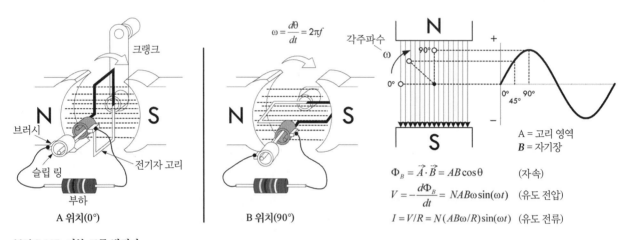

보기 2.117 기본 교류 발전기

보기 2.118에 나오는 회로는 1차 코일을 통해 전류를 갑작스럽게 변경함으로써 2차 코일에 전류를 유도하는 방법을 보여 준다. 1차 코일의 자기장이 팽창하면서 증가하는 자속이 2차 코일을 감쇄하게 한다. 이것으로 2차 회로에 전류가 흐르게 하는 기전력이 유도된다. 이것이 변압기가 작

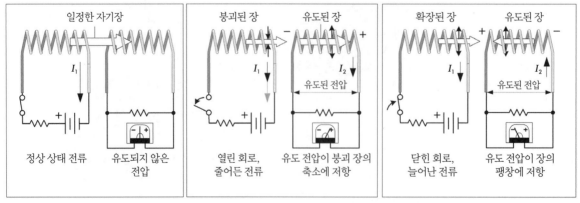

보기 2.118 1차 측에 급격한 전류 변화가 있을 때마다 2차 회로 유도 전압(EMF)이 발생한다.

동하는 기본 원리이다. 그러나 통상적으로는 실제 변압기의 1차 코일과 2차 코일을 자기 결합을 증가시키기 위해 공통의 강자성 심 둘레에 감아 둔다.

2.24.3 자체 인덕턴스

역주 닫힌 고리 모양으로 구성된 회로

이전 절에서는 회로를 통과하는 자속이 시간이 경과하며 변할 때마다 폐루프 회로^{역주}에 기전력이 유도되도록 하는 방법을 살펴보았다. 이 전자기 유도 현상을 모터, 발전기, 변압기와 같은 여러 구조로 사용한다는 점을 지적하였다. 그러나 각 장치에서 유도된 기전력은 2차 코일과 관련해 볼 때, 1차 코일과 같은 외부 자기장으로 인한 결과였다. 그렇지만 지금부터는 자체 유도(self-induction)라는 현상을 다룬다. 이름에서 알 수 있듯이 자체 유도는 일반적으로 고리를 통과하는 다양한 전류로 인해 생성되는 유도 기전력으로 고리 자체를 자극하는 전선과 관련이 있다. 패러데이의 유도 법칙에 따르면, 고리가 자체적으로 힘을 가하는 유일한 때는 자기장의 세기가 늘거나 줄어들 때이다(전류의 증가 또는 감소의 결과로). 자체 유도는 인덕터의 기본이며, 인덕터는 전류를 저장하거나 회로에서 전류 수준이 시간에 따라 변동하면서 에너지를 방출하게 하는 데 사용하는 중요한 장치이다.

보기 2.119와 같이 스위치, 저항, 전압원으로 구성된 절연 회로를 생각해 보자. 스위치를 닫으면 옴의 법칙에 따라 회로를 지나가는 전류가 즉시 0에서 V/R로 뛴다는 것을 예측할 수 있다. 그렇지만 전자기 유도에 관한 패러데이의 법칙에 따르면 이것은 아주 정확한 게 아니다. 대신에 스위치가 처음으로 닫히면 전류가 빠르게 늘어난다. 전류가 시간에 따라 늘어나면, 고리를 통과하는 자속도 빠르게 늘어난다. 이렇게 증가하는 자속은 전류 흐름에 대항하는 회로에 기전력을 유도해서 기하급수적으로 지연되는 전류 상승을 일으킨다. 유도된 기전력을 자체 유도 기전력(self-induced EMF)이라고 부른다.

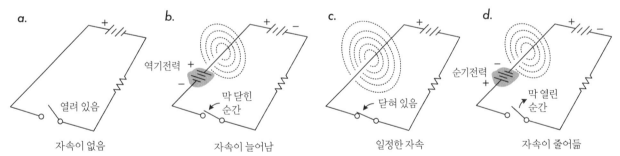

보기 2.119 (a) 회로가 열려 있어 전류나 자기장이 생성되지 않는다. (b) 회로가 닫히는 순간, 전류가 흐르기 시작하면서 동시에 회로 고리를 통해 증가하는 자속이 발생한다. 이렇게 증가하는 자속이 인가되거나 외부 기전력에 반대되는 역기전력을 유도한다. 잠시 후에 전류가 흐르고 자속이 일정한 값에 도달하면서 유도된 기전력이 사라진다. (d) 스위치가 갑자기 열리면 전류는 0이 된다. 그러나 이렇게 변화하는 중에 전류가 0이 되면 자속이 고리를 통해 감소하므로 인가된 외부 기전력과 극성이 같은 순방향 유도 전압이 발생한다. 나중에 보게 되겠지만 회로 안에 대형 솔레노이드나 토로이달 인덕터^{역주} 즉, 소용돌이 모양으로 구성된 인덕터)를 통합하면, 이와 같이 스위치가 열릴 때 매우 큰 순기 전력으로 인해 지속적으로 불꽃 전류가 흐를 수 있다.

보기 2.119에 나오는 간단한 회로 내에서 이뤄지는 자체 유도는 일반적으로 유도 전압을 측정할 만한 효과를 내지 못할 정도로 아주 작다. 그렇지만 자기장을 집중시키는 특수한 장치, 즉 개별 인덕터를 통합할 때, 시간에 따라 변하는 신호는 중요한 유도 기전력을 생성할 수 있다. 별도의 언급이 없는 한은 회로의 자체 인덕턴스는 개별 인덕터의 자체 인덕턴스와 비교할 때 무시할 만하다고 가정한다.

2.24.4 인덕터

인덕터는 전자기 유도 효과를 최대한 활용할 수 있도록 특수하게 설계한 이산형 소자이다. 인덕터는 자속 밀도를 크게 할 수 있으며, 전류가 크게 변화하는 동안 자체 유도를 많이 겪게 된다. (곧게 뻗은 전선에서도 자체 유도가 일어나지만, 유도성 반응저항이 중요해질 수 있는, 예를 들면 VHF 이상과 같은 특수한 경우를 제외하면 일반적으로 너무 작아서 무시된다.)

인덕터의 공통 특성으로는 보기 2.120에 나오는 바와 같이 솔레노이드나 토로이드 또는 나선형 모양과 같은 고리 모양 형상에 있다. 속이 빈 플라스틱 지지대에 선을 여러 번 단단히 감는 식으로 쉽게 솔레노이드를 구성할 수 있다.

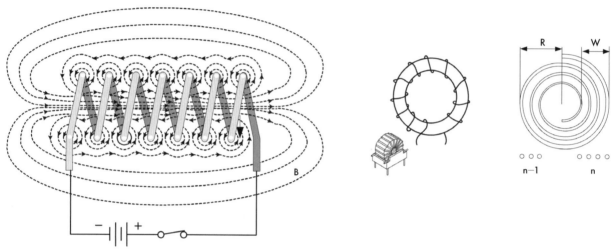

보기 2.120 인덕터 코일을 구성하는 여러 방식―솔레노이드형, 토로이드형, 나선형

공심형 인덕터(air core inductor)의 기본 도식 기호는 ―◠◠◠◠◠―이다. 자심 인덕터(magnetic inductor)(심으로는 철, 철 분말 또는 페라이트형 세라믹 사용), 가변 인덕터(adjustable core inductor) 및 페라이트 비드(ferrite bead)의 도식 기호가 보기 2.121에 나와 있다.

자심(magnetic core) 인덕터는 주변에 있는 선심(wire coil)의 자기장 때문에 심 재질 내의 원자 수준에서 발생하는 내부 자화로 공심 인덕터보다 자기장 밀도가 훨씬 더 높게 생성될 수 있다. 결과적으로 이러한 인덕터는 공심 인덕터와 비교할 때 자체 유도가 훨씬 더 높은 수준으로 이뤄진다. 마찬가지로 원하는 인덕턴스를 얻기 위해 자심[역주]을 사용할 때 감는 횟수를 줄일 수 있다. 자심 재료로는 종종 철, 철분 또는 금속 산화물 재료(본질적으로 세라믹이며 페라이트라고도 부름)를 쓴다. 심의 소재를 선택하는 과정은 복잡한데, 곧 이 문제를 다룬다.

[역주] 철심을 포함한 자기속쇄

공심(air core) 인덕터에는 전선 길이만큼 긴 단일 고리(초고주파에서 사용), 식각된 회로 기판(매우 높은 주파수에서 사용)에 구리로 코팅한 나선, 비자성 틀에 감은 절연 전선으로 만든 대형 코일이 포함된다. 무선 전파에 사용하는 경우, 자심 형태로 된 인덕터에서 발생하는 자기 히스테리시스 및 와전류로 인한 손실을 피하기 위해 종종 공심을 사용한다.

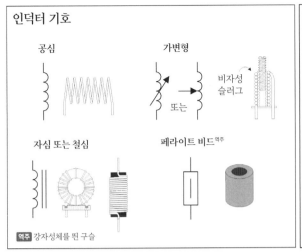

인덕터 기호

공심

가변형

비자성
슬러그

또는

자심 또는 철심

페라이트 비드^{역주}

역주 강자성체를 띤 구슬

인덕터 패키지

끼울 수 있게 한
코일

성형 RF 초크

해시 초크

공심

성형 폴리프로필렌
RF 초크

대전류 토로이드형
인덕터

코일을 감은 RF 초크

표면 실장형
전력 인덕터

방사형 리드 대전류
RF 초크

에폭시 등각 도포
인덕터

차폐 처리한
SMD 인덕터

SMD 인덕터

토로이드형
SMD 인덕터

선별용 금속 통에 담은
가변형 코일

대전류
전력선 초크

공통 모드 PC 장착형
초크 철 박판

보기 2.121

역주 민달팽이 모양
막대

가변 인덕터(adjustable Inductor)는 실제 코일 길이를 물리적으로 변경해 만들 수 있다. 예를 들어, 코딩하지 않은 코일을 따라 슬라이더 접점을 옮기거나 코일 중심에 나사산이 달린 페라이트나 철분 또는 황동 슬러그를 사용하는 방법이 있다. 슬러그^{역주}로 조절하는 인덕터(slug-tuned inductor)에는 인덕턴스가 코일 내의 재료 투과성에 의존한다는 개념이 적용되어 있다. 대부분 재료의 상대 투자율(relative permeability)이 1에 가깝지만(진공에 가깝지만), 페라이트 재료의 상대 투자율은 비교적 높다. 인덕턴스는 코일 내부 체적의 평균 투자율에 의존하므로 둥근 막대기를 바꾸면 인덕턴스가 바뀔 것이다. 때로는 조절형 인덕터의 둥근 막대기를 황동과 같은 전도성 물질로 만드는데, 상대 투자율이 1에 가깝다. 이 경우에 와전류가 둥근 막대기 외부로 흘러 코일 중심에서 자속을 제거하므로 유효 면적이 줄어든다.

역주1 즉, 구슬 또는
구슬 모양으로 된 것

역주2 가운데에 구멍을
뚫은 구슬

페라이트 비드(ferrite bead)는 페라이트 초크(ferrite choke)라고도 하는데, 모양을 뒤바꾼 페라이트 심 인덕터와 유사한 소자이다. 전형적인 심을 쓰는 인덕터와 달리 비드(bead)^{역주1}에는 전선을 감지 않는다(인덕턴스가 증가할 때는 선을 감을 수도 있지만 여기서는 표준 페라이트 심 인덕터를 만들었다). 대신에 선(또는 선 한 묶음)을 중공 비드(hollow bead)^{역주2}를 관통한 형태로 한다. 이렇게 하면 선(또는 선들)의 인덕턴스가 효과적으로 증가한다. 그렇지만 전체 코일 감기 횟수에 따라 실제로 모든 인덕턴스를 달성할 수 있는 표준 인덕터와 달리, 페라이트 비드는 인덕턴스에 영향을 줄 수 있는 범위가 제한되어 있다. 그 범위는 일반적으로 RF(무선 주파수)로 제한된다. 페라이트 비드는 RF(예: 컴퓨터, 조광기, 형광등 및 모터)의 악명 높은 방열기로 알려져 있는 케이블을 통해 종종 미끄러져 나온다. 비드가 제자리에 있으면 RF는 더 이상 방사되지 않고 비드에 흡수되어 비드 내에서 열로 변한다. (RF 방사는 텔레비전, 라디오, 오디오 장비에 방해가 될 수 있다.) 외부 RF가 케이블에 들어가 신호를 오염시키는 것을 방지하기 위해 수신 장비에 들어가는 케이블에 페라이트 비드를 놓을 수도 있다.

● 인덕터의 기초

인덕터는 시간에 따라 변하는 전류에 민감하게 반응하는 저항과 같은 역할을 한다. 인덕터는 전류가 변화할 때만 '저항한다'. 변하지 않을 때는(정상 상태로 있는 직류 상황에서는) 마치 전선인 것처럼 전류를 흐르게 한다. 인가전압이 증가할 때, 인덕터는 전류가 급격하게 증가하는 시간 동안에 크게 저항함으로 마치 시간 의존형 저항처럼 작용한다. 반면에 인가전압이 감소할 때 인덕터는 전류가 흐르려고 하는 시간에 의존하는 전압원(또는 음성 저항)처럼 작용한다. 전류가 급격히 감소할 때 최대 전압원이 된다.

보기 2.122(a)를 보면 증가하는 전압이 인덕터 양단에 인가되어 전류 흐름이 증가하면, 솔레노이드의 코일을 가로지르며(또는 코일 루프를 통과하며) 증가하는 자속 단면의 결과로 인해 자유전자에 역방향 힘이 생성되어 전류 흐름의 증가에 저항하게 작용한다. 자유전자에 대해 역방향으로 작용하는 이 힘을, 인가된 전압의 역방향을 가리키는 유도 기전력으로 볼 수 있다. 이 유도 기전력을 반기전력(reverse EMF)이라고 부르며 역기전력(back EMF)이라고도 한다. 결과적으로 전류 흐름이 갑자기 증가할 때 인덕터가 강하게 저항하지만, 전류 흐름이 일정한 값으로 떨어지면 저항이 빠르게 감소한다.

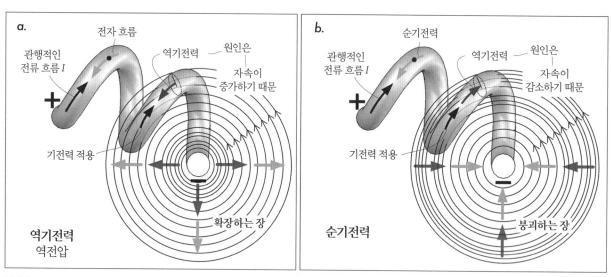

보기 2.122

보기 2.122(b)에서는 감소하는 전압이 인덕터 양단에 인가되어 전류 흐름이 감소하면, 인덕터는 솔레노이드 코일을 가로지르며(또는 코일 루프를 통과하며) 감소하는 자속 단면으로 인해 자유전자에 순방향 힘을 생성함으로써 이 감소에 저항하도록 작용한다. 자유전자에 대해 이 순방향 힘은 인가된 전압(갑작스러운 변화가 있기 전에 존재했던 인가전압)과 같은 방향을 가리키는 유도 기전력으로 볼 수 있다. 유도 기전력을 순기전력(forward EMF)으로 간주한다. 그 결과로 인덕터는 전류 흐름이 급격히 주는 동안에는 전압원처럼 작동하지만 전류가 일정한 값으로 떨어지면 빠르게 사라진다.

인덕터 작동 방식을 보는 그 밖의 관점으로는 에너지 전달을 고려하는 것이다. 인덕터의 자기장으로 에너지를 전달하려면 인덕터를 가로질러 연결된 전압원으로 동작해야 한다. 저항이 없는 완벽한 인덕터를 생각해 본다면, 자기장 에너지로 들어가는 에너지는 전압원에 의해 수행되는 작업과 같다. 또는, 전력의 관점에서 보면 전력은 에너지가 저장되는 속도이다($P = dW/dt$). 일반 전력 법칙 $P = IV$를 사용하면 전력을 같게 하고 자기장에 에너지가 저장되는 동안 인덕터에서 전압 강하가 있어야 한다는 점을 알 수 있다. 회로 내 저항으로 인한 전압 강하를 제외하면, 이

전압 강하는 장이 최종 값에 이르기까지 늘어나는 동안 회로에서 유도된 반대 전압의 결과이다. 자기장이 일정해지면 자기장에 저장된 에너지는 전압원이 수행하는 작업과 같다.

보기 2.123은 스위치가 닫히면서 인덕터에 갑자기 전원이 공급될 때 발생하는 상황을 나타낸다.

인덕터 가압

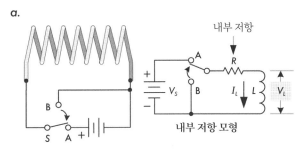

a.

내부 저항

내부 저항 모형

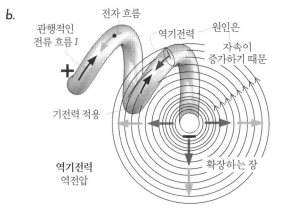

b.

전자 흐름

관행적인 전류 흐름 *I*

역기전력 원인은

자속이 증가하기 때문

기전력 적용

역기전력 역전압

확장하는 장

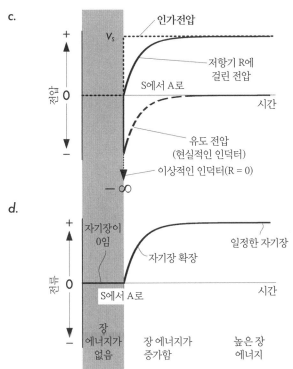

c.

인가전압

V_s

저항기 R에 걸린 전압

S에서 A로

시간

유도 전압 (현실적인 인덕터)

이상적인 인덕터(R = 0)

$-\infty$

d.

자기장이 0임

자기장 확장

일정한 자기장

S에서 A로

시간

장 에너지가 없음

장 에너지가 증가함

높은 장 에너지

보기 2.123

인덕터에 전원이 인가되면, 외부에서 공급된 전기에너지가 인덕터 주변의 자기장으로 바뀐다고 말할 수 있다. 이와 같이 바뀔 때, 말하자면 스위치가 막 놓이고 자기장이 갑자기 커지는 중에는 회로 역학에 영향을 미치는 유도 현상이 벌어진다.

왼쪽 회로에 있는 스위치가 **B** 자리에서 **A** 자리로 바뀔 때 전압이 갑작스럽게 변화하면서 그게 인덕터에 적용되어 전류 흐름이 갑자기 늘어난다. 자기장이 없는 곳에서는 인덕터에 대해 자기장이 빠르게 발생하는데, 인덕터에 전원이 인가되었다고 할 수 있다. 확장된 자기장은 자체 인덕터 코일을 가로지르며, 이는 패러데이의 법칙에 따라 코일 내의 자유전자에 힘을 더한다. 이러한 전자들의 힘은 인가된 전압에 반대인 방향을 가리키는 것과 같다. 이 효과적인 역방향 힘과 자유전자에 미치는 영향력을 역기전력으로 간주한다. 이는 인가된 전압의 반대 방향으로 배치된 일부 가상 전지와 유사하다. (보기 **2.123(b)**를 보라.) 결과적으로 인덕터는 전류가 늘어나는 동안에 저항한다. 잠시 후에 회로에 흐르는 전류 흐름의 수준이 낮아지면서 자기장은 커지는 일을 멈추고 일정한 값을 취한다. 자기장 강도가 바뀌지 않으면 고정 코일을 통한 자속도 늘지 않으므로 역기전력이 더 이상 없게 된다. 인덕터는 단순한 도체 역할을 한다. 보기 **2.123(c)**는 전압과 저항에 걸린 유도 전압을 시간에 따라 보여 준다.

보기 **2.123(d)**는 합성 전압의 결과로 인덕터를 통과하는 합성 전류 흐름을 보여 준다. 수학적으로는 전류 흐름을 다음 방정식으로 표현한다.

$$I = \frac{V_s}{R}(1 - e^{-t/(L/R)})$$

(내부 저항이 0인 이상적인 인덕터를 가정할 때 어떤 일이 일어나는지 질문할 수도 있을 것이다. 아주 좋은 질문이다. 인덕턴스를 수학적으로 정의할 때 다룰 항목이다.)

에너지 측면에서 보면 자기장 에너지로 변환되는 전기에너지로 볼 수 있다. 전력 측면에서 볼 때, 에너지가 자기장으로 퍼 넣어질 때 전압 강하가 발생한다. (우리는 역기전력과 강하를 연관시킨다.) 일단 전류 준위가 꺼지면 더 이상 에너지가 들어오지 않게 되므로 역전압(또는 전압 강하)이 없다.

보기 2.124는 스위치를 열어 인덕터가 갑자기 꺼질 때 발생하는 상황을 보여 준다.

인덕터 감압

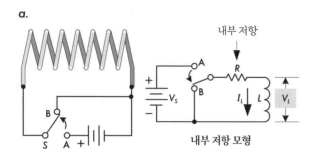

a.

내부 저항

내부 저항 모형

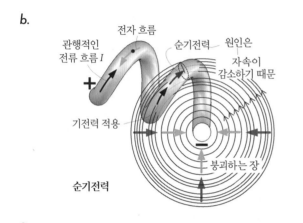

b.

전자 흐름

관행적인
전류 흐름 *I*

순기전력   원인은
자속이
감소하기 때문

기전력 적용

붕괴하는 장

순기전력

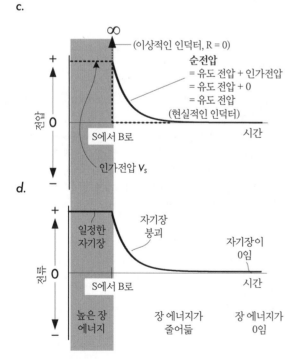

c.

∞ (이상적인 인덕터, R = 0)

순전압
= 유도 전압 + 인가전압
= 유도 전압 + 0
= 유도 전압
(현실적인 인덕터)

전압

0   시간

S에서 B로

인가전압 V$_s$

d.

일정한
자기장

자기장
붕괴

자기장이
0임

전류

0   시간

S에서 B로

높은 장   장 에너지가   장 에너지가
에너지   줄어듦   0임

인덕터는 전류가 갑자기 감소하는 동안 순간적으로
전류를 공급한다.

보기 2.124

인덕터가 감압된 상태에서 인덕터의 자기장 에너지가 다시 전기에너지로 변환된다고 한다. 다시 말해서 변화하는 시기에만, 여기서 다루는 경우에 따르면 전류 흐름이 감소하는 때에만 유도로 인한 영향을 알 수 있다.

왼쪽 회로에서 스위치가 **A** 자리에서 **B** 자리로 놓일 때 인덕터 양단에 갑자기 전압이 생긴다. 인덕터는 초기에 인덕터 코일에 걸치는 붕괴 자기장을 생성해 이러한 감소에 거스른다. 패러데이의 법칙에 따르면, 감소하는 자속이 인덕터의 고리를 통과하므로 인가된 전압이 스위치가 놓이기 직전에 가리킨 방향과 같은 방향으로 코일 내의 자유전자에 힘을 가한다. 힘의 방향이 같으므로 그 효과를 순기전력이라고 생각한다. 따라서 전류 흐름을 줄이려는 시도가 있을 때 전류를 공급한다. 그렇게 하기 위한 에너지는 자기장에서 유래한다. 자기장의 에너지는 회로에 전달되는 전기에너지에 비례해서 떨어진다. 2.124(b)를 보라.

(c)는 유도 전압에 인가전압을 더한, 인덕터에 걸려 있는 합성 전압을 보여 준다.

(d)는 합성 전압 때문에 인덕터를 따라 흐르는 합성 전류 흐름을 보여 준다.

수학적으로, 전류 흐름을 다음 방정식으로 표현한다.

$$I = \frac{V_s}{R} e^{-t/(L/R)}$$

(다시 말하지만, 내부 저항이 0인 이상적인 인덕터를 가정할 때 어떤 일이 일어나는지 질문할 수도 있을 것이다. 아주 좋은 질문이다. 인덕턴스를 수학적으로 정의할 때 다룰 항목이다.)

참고: 스위치를 **A**에서 **B**로 놓을 때, 스위치 전환이 순간적으로 발생한다고 가정해야 한다. 물리적인 차단이 발생하면, 유도 회로에 전류가 흐를 때 충돌하는 자기장은 차단 지점(즉, 스위치 접점) 사이에서 불꽃이 튈 만한 기전력을 생성할 만큼 커질 수 있다.

2.24.5 물에 비유해 보는 인덕터

전기회로 내 인덕턴스의 특성은 기계 시스템의 질량 관성과 무척 비슷하다. 예를 들어, 전류 흐름이 갑자기 변화(증가하거나 감소)할 때 저항하는 인덕터의 특성은 동작의 변화(속도의 증가 또는 감소)에 저항하는 회전 바퀴의 질량과 유사하다. 다음에 나오는 물에 대한 비유에서 우리는 터빈(turbine)^{역주}과 플라이휠로 구성한 장치를 사용해 질량과 관계된 '물 인덕터'를 살펴본다.

역주 수차

그전에 먼저, 보기 2.125의 왼쪽에 표시된 것처럼 기본 전기 인덕터 회로를 생각해 본다. 갑자기 인가된 전압으로 인해 형성된 전기장이 처음에는 전류 흐름에 '저항'하기 위해 극성이 반대인 역방향 유도 전압(reverse induced voltage)을 생성했다. 그러다가 곧바로 인덕턴스 값에 종속되어 자기장이 일정해지면 역전압이 사라지고 그 시점에서 최대 강도와 에너지에 도달한다. 인가된 전압이 사라질 때 생성되는 붕괴 장은 전류가 흐르도록 유지하려는 순방향 유도 전압(forward induced voltage)을 생성한다. 그러다가 곧 인덕턴스 값에 따라 순방향 전압이 사라지고 자기장이 0이 된다.

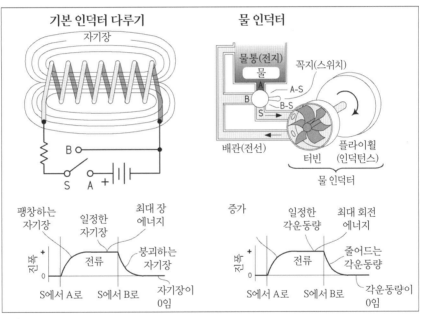

보기 2.125

물에 비유해 보면, 플라이휠이 부착된 터빈은 전류 흐름의 갑작스런 변화에 저항한다. 수압이 갑자기 가해지면, 터빈이 처음에는 질량과 부착된 플라이휠의 힘으로 인해 물의 흐름에 저항한다. 하지만 터빈 날개에 작용하는 압력이 신속하게 기계적인 운동을 일으킨다. 플라이휠의 질량에 따라 플라이휠이 일정한 각속도에 이르는 데 소요되는 시간이 달라질 수 있다. 플라이휠이 무거울수록 시간이 더 걸린다(인가된 전압이 갑자기 증가할 때 일정한 전류에 도달하는 데 더 많은 시간이 필요한 비싼 인덕터와 유사하다). 플라이휠이 이 일정한 각속도에 도달하면 물 인덕터는 최대 회전 운동량과 에너지를 지니게 된다. 이는 역전압^{역주}이 사라졌을 때 일정한 최대 세기와 에너지에 도달하는 자기장 강도와 비슷하다. 압력이 적용된 상태에서 갑자기 압력이 중단되면, 말하자면 보기 2.124에 나온 것처럼 꼭지를 B-S 위치로 돌리면, 플라이휠의 각운동량이 전류 흐름을 유지하려고 한다. 이것은 순방향 전압을 유도하는 인덕터의 붕괴 자기장과 유사하다.

역주 반대 전압

▶ **예제:** 다음에 나오는 세 가지 회로에서 스위치를 닫을 때 어떤 일이 발생하는가? 나중에 스위치들을 열면 어떻게 되는가? 인덕턴스 및 정전용량의 크기는 동작에 어떤 영향을 주는가? 보기 2.126을 참조하라.

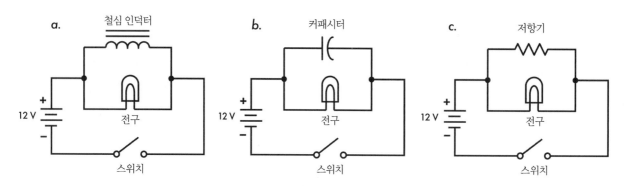

보기 2.126

▷ **정답:** ⓐ 인덕터 회로에서 스위치를 닫으면 전구가 갑자기 밝게 빛나다가 곧 빛이 사라진다. 이것은 스위치가 닫히는 순간 인덕터가 전류 흐름에 대해 매우 높은 임피던스를 유지하다가 전류가 일정해지면(자기장이 더 이상 확장되지 않으면) 임피던스를 잃게 되기 때문이다. 일단 일정해지면 인덕터는 단락처럼 동작하므로 모든 전류는 인덕터를 통해 전구에서 우회한다. (여기서는 전류 흐름을 막기 위해 인덕터에 충분한 직류 내부 저항이 있다고 가정한다. 또한, 인덕터의 내부 직류 저항이 전구의 내부 저항보다 훨씬 더 작다고 가정한다. 인덕턴스 값이 크면 클수록 전구가 완전히 어두워지기까지 더 오랜 시간이 걸린다.

ⓑ 커패시터 회로에 있는 스위치가 닫히면 반대 효과가 발생한다. 전구는 최대 조명에 도달할 때까지 밝기가 서서히 증가한다. 스위치가 닫히는 초기에 전압이 급격히 변화하는 동안 커패시터가 전류 흐름에 대해 매우 낮은 임피던스를 갖기 때문이다. 그렇지만 커패시터가 충전되면, 커패시터의 임피던스가 무한대로 상승하므로 결과적으로 개방 회로와 비슷하게 되어 모든 전류가 전구를 통해 우회한다. 정전용량 값이 크면 클수록 전구가 최대로 밝아지는 데 걸리는 시간이 늘어난다.

ⓒ 저항 회로에서 스위치가 닫힐 때, 시스템 전반에 걸쳐 흐르는 자유전자 흐름은 본질적으로 순간적이다. 회로에 내장된 작은 고유 인덕턴스 및 정전용량 외에, 개별 인덕턴스 또는 개별 정전용량으로 인한 전류 흐름은 시간에 따라 달라지지 않는다. 병렬 저항에 어떤 값이 있든 전압원은 이상적이어서 전구를 관통하는 전압이 항상 12 V이므로 전구의 밝기가 시간에 따라 변하지 않는다.

2.24.6 인덕터 방정식

유도 전압(역방향 유도 또는 정방향 유도)의 진폭이 전류가 변화하는 속도 또는 자속이 변화하는 속도에 비례한다는 개념을 이해해야 한다. 다음 관계식을 사용해 이 관계를 정량적으로 나타낼 수 있다.

$$V_L = L \frac{dI_L}{dt} \qquad \text{인덕터에 걸린 전압 = 유도 기전력 (2.50)}$$

I_L에 대해 통합하고 문제를 풀면, 다음 식을 얻는다.

$$I_L = \frac{1}{L} \int V_L \, dt \qquad \text{인덕터를 따라 흐르는 전류 (2.51)}$$

방정식 2.50에서 비례 상수 L을 인덕턴스라고 한다. 이 상수는 코일 모양, 회전 횟수 및 심의 구성과 같은, 실제 인덕터 매개변수의 개수에 따라 달라진다. 두 개의 코일이 물리적으로 유사하다면, 많이 감은 코일은 몇 번만 감은 코일보다 L 값이 더 높을 것이다. 또한, 인덕터가 철심이나 페라이트와 같은 자심 주위에 감겨 있으면, L 값은 해당 심의 투자율에 비례해 증가한다(제공된 회로 전류는 코어의 포화점 이하).

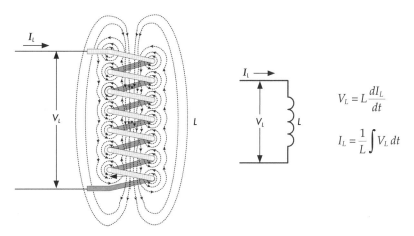

보기 2.127 이상적인 인덕터에서 측정한 전압은 유도 전압, 즉 기전력이며 V_L로 표시한다. 정상 상태인 직류 전류 흐름에는 유도 전압이 없으며(V_L이 0) 인덕터는 단락과 유사하다. 보다시피, 실제 인덕터 내에 내부 인덕턴스와 정전용량이 본질적으로 없다면 인덕터 방정식에서 아주 비현실적인 값이 나올 수 있다.

인덕턴스 L의 기본 단위는 헨리(henry)로, H로 표시한다. 전류가 1 A/s의 비율로 변할 때 1 H는 1 V의 유도 전압과 같다.

$$1 \text{ H} = \frac{1 \text{ V}}{1 \text{ A/s}} \qquad \text{(헨리 정의)}$$

제조업체가 거의 독점적으로 만드는 커패시터와 달리, 인덕터를 처음부터 만드는 게 전자기기에는 흔한 일이다. 인덕터를 만드는 방법을 잠깐 살펴보겠지만, 일부 상용 인덕터를 살펴보는 것이 좋겠다. 표 2.7에 나열된 인덕턴스 범위, 심 종류, 전류 및 주파수 제한을 참고하라.

상용 인덕터의 일반적인 값은 나노초 단위의 몇 분의 1부터 50 H까지 이른다. 인덕턴스를 일반적으로 표현할 때는 다음과 같은 단위 접두사를 사용한다.

나노헨리(nH): $\qquad$ 1 nH = 1×10^{-9} H = 0.000000001 H

마이크로헨리(μH): $\qquad$ 1 μH = 1×10^{-6} H = 0.000001 H

밀리헨리(mH): $\qquad$ 1 mH = 1×10^{-3} H = 0.001 H

표 2.7 상용 인덕터의 일반적인 특성

심 형태	최소 H	최대 H	가변?	큰 전류?	주파수 한계
공심, 자립형	20 nH	1 mH	예	예	1 GHz
공심, 형성자(former)를 사용	20 nH	100 mH	아니요	예	500 MHz
슬러그로 조절하는 개방 권선	100 nH	1 mH	예	아니요	500 MHz
페라이트 고리	10 mH	20 mH	아니요	아니요	500 MHz
RM 페라이트 심	20 mH	0.3 H	예	아니요	1 MHz
EC 또는 ETD 페라이트 심	50 mH	1 H	아니요	예	1 MHz
철	1 H	50 H	아니요	예	10 kHz

▶ **예제 1:** 0.000034 H, 1800 mH, 0.003 mH, 2000 μH, 0.09 μH를 더 적절한 단위 접두사 형식(1 ≤ 숫자 값 < 1000)으로 다시 작성하라.

▷ **정답:** 34 μH, 1.8 H, 3 μH, 2 mH, 90 nH

인덕턴스를 기본 물리학 원리를 바탕으로 또 다른 관점에서 정할 수 있다. 이론적으로 인덕턴스는 항상 전류에 대한 자속 쇄교(NFM, flux linkage) 비율임을 알리는 식으로 인덕턴스를 정할 수 있다.

$$L = \frac{N\Phi_M}{I} \qquad (2.52)$$

공기 충진 솔레노이드의 경우, 보기 1.128과 같이 전류 I가 코일을 관통해 흐르는 경우에 암페어의 법칙으로 자속을 계산할 수 있다.

$$\Phi_M = BA = \left(\frac{\mu_0 NI}{\ell}\right)A = \mu_0 A n_{unit} I$$

여기서 n_{unit}은 단위 길이당 감은 횟수(number of turns)[역주]이다.

[역주] 권회수 또는 턴

$$n_{\text{unit}} = N/\ell$$

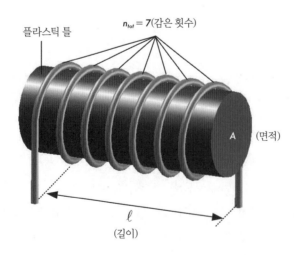

보기 2.128

여기서 N은 감은 횟수 전체이고 ℓ은 길이다. 변수 A는 코일의 단면적을 나타내며 μ는 코일에 감는 재료의 투자율이다. 대부분의 재료(철과 페라이트 재료 제외)의 경우에 투자율은 자유 공간^{역주}의 투자율에 가깝다.

역주 진공

$$\mu_0 = 4\pi \times 10^{-7} \, \text{T} \cdot \text{m}/\text{A}$$

패러데이의 법칙에 따르면, 유도 전압은 솔레노이드의 각 고리에 있으며 그 결과로 솔레노이드에 걸리는 순 유도 전압은 자속 변화의 n배가 된다.

$$V_L = N \frac{d\Phi_M}{dt} = \frac{\mu N^2 A}{\ell} \frac{dI}{dt}$$

방정식의 dI/dt 앞에 있는 항은 솔레노이드의 인덕턴스라고 부른다.

$$L_{\text{sol}} = \frac{\mu N^2 A}{\ell} \tag{2.54}$$

인덕턴스는 감은 횟수의 제곱에 따라 변화한다. 감은 횟수가 두 배이면 인덕턴스는 4배가 된다. 이 관계가 방정식에 내재되어 있지만 종종 간과된다. 예를 들어, 코일의 인덕턴스를 두 배로 하고 싶다면 두 배로 감으면 안 된다. 오히려 원래 감으려고 하던 회수보다 $\sqrt{2}$(즉, 1.41)배 또는 40 퍼센트를 더 감아야 한다.

▶ **예제 2:** 가운데가 비어 있는 플라스틱 틀에 선을 1,000번 감은, 길이 10 cm, 반지름 0.5 cm인 원통형 코일의 인덕턴스를 찾아라.

▷ **정답:**

$$L = \mu_0 N^2 A / \ell = (4\pi \times 10^{-7}) \, 10^6 (\pi \times 0.005^2)/0.1$$
$$= 1 \times 10^{-3} \, \text{H} = 1 \, \text{mH}$$

다행히 공심 인덕터뿐만 아니라 권선형 및 나선형 다중 인덕터에 대한 간단한 공식이 보기 2.129에 나와 있다. 공식의 답이 표준형은 아니며, 결과는 마이크로헨리 단위라고 가정한다.

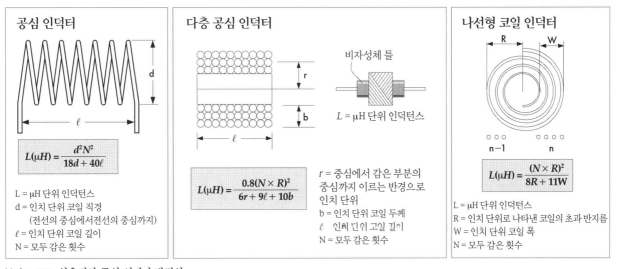

보기 2.129 실용적인 공심 인덕터 방정식

공심 인덕터

$$L(\mu H) = \frac{d^2 N^2}{18d + 40\ell}$$

L = μH 단위 인덕턴스
d = 인치 단위 코일 직경
　(전선의 중심에서전선의 중심까지)
ℓ = 인치 단위 코일 길이
N = 모두 감은 횟수

다층 공심 인덕터

비자성체 틀

$L = \mu H$ 단위 인덕턴스

$$L(\mu H) = \frac{0.8(N \times R)^2}{6r + 9\ell + 10b}$$

r = 중심에서 감은 부분의 중심까지 이르는 반경으로 인치 단위
b = 인치 단위 코일 두께
ℓ = 인치 단위 코일 길이
N = 모두 감은 횟수

나선형 코일 인덕터

$$L(\mu H) = \frac{(N \times R)^2}{8R + 11W}$$

L = μH 단위 인덕턴스
R = 인치 단위로 나타낸 코일의 초과 반지름
W = 인치 단위 코일 폭
N = 모두 감은 횟수

2.24 인덕터 131

▶ **예제 3:** 코일을 1인치당 22번 감아서 총 38번을 감는다면 직경이 0.5인 플라스틱 틀에 감은 코일의 인덕턴스는 얼마인가?

▷ **정답:** 먼저 전체 길이가 정해진다.

$$\ell = \frac{N}{n_{\text{unit}}} = \frac{38 \text{ 턴}}{22 \text{ 턴/in}} = 1.73 \text{ in}$$

다음으로 보기 2.129에 표시된 공심 인덕터에 대한 방정식을 사용해, 결과를 마이크로헨리 단위로 표시하면 다음을 얻을 수 있다.

$$L(\mu H) = \frac{d^2 N^2}{18d + 40\ell} = \frac{(0.50)^2 (38)^2}{18(0.50) + 40(1.73)} = \frac{361}{78} = 4.62 \ \mu H$$

▶ **예제 4:** 코일을 감은 틀의 직경이 1 in이고 길이가 0.75 in인 경우, 인덕턴스가 8 μH인 솔레노이드의 인덕터를 설계하라.

▷ **정답:** 앞의 예제에 나온 방정식을 다시 정렬한다.

$$N = \sqrt{\frac{L(18d + 40\ell)}{d^2}} = \sqrt{\frac{8(18(1) + 40(0.75))}{1^2}} = 19.6 \text{ 턴}$$

20번을 감은 코일은 실제 작업에 무척 근접할 수 있다. 코일의 길이가 0.75 in이므로 1인치당 감은 횟수는 19.6/0.75 = 26.1이 된다. #17 에나멜선(또는 더 작은 것)을 사용할 수 있다. 실제로, 필수적으로 감아야 할 만큼을 틀에 감은 다음 균일하게 각 회전 간 간격을 조절해 간격이 0.75 in로 균일한 권선을 만든다.

인터넷에는 웹에서 쓸 수 있는 인덕터 계산기가 아주 많이 있다. 그중 어떤 것들은 무척 발전되어 있어서 인덕턴스, 지름 및 길이 값을 입력하고 나면 감아야 할 횟수, 가능한 적층 수^{역주}, 선의 직류 저항, 사용할 와이어 게이지 등을 제공한다. 이와 같은 도구를 찾아보라. 계산을 한다거나 선의 치수를 찾는 것과 같은 번거로운 일을 줄일 수 있다.

역주 겹쳐서 감을 때 겹친 횟수

2.24.7 인덕터 내 에너지

이상적인 인덕터는 이상적인 커패시터와 마찬가지로 에너지를 낭비하지 않은 채 자기장에 저장해 두었다가 나중에 자기장이 붕괴되면 회로로 다시 돌려준다. 인덕터에 저장된 에너지 E_L을 일반 전력 법칙 $P = IV$와 전력에 대한 정의 $P = dW/dt$ 및 인덕터 방정식 $V = L \, dI/dt$를 써서 찾아낼 수 있다. 일 W를 E_L과 같게 함으로써 다음을 얻는다.

$$E_L = \int_{I=0}^{I=I\text{final}} P \, dt = \int_{I=0}^{I=I\text{final}} I \, V \, dt = \int_{I=0}^{I=I\text{final}} I \, L \frac{dI}{dt} \, dt = \int_{I=0}^{I=I\text{final}} L \, I \, dt = \frac{1}{2} L I^2 \tag{2.55}$$

여기서 E_L은 줄(joule) 단위로 표시한 에너지이고, I는 암페어 단위로 표시한 전류이며, L은 헨리 단위로 표시한 인덕턴스이다. 실제 인덕터에서는 인덕터의 내부 저항으로 인한 저항 가열이 있을 때 에너지가 약간 소비된다.

2.24.8 인덕터 심

적층 철(laminated iron), 철분, 페라이트 재질(산화철에 망간, 아연, 니켈 및 기타 성분을 혼합한 것)로 만드는 특수 성형 혼합물 같은 자심 재료에 종종 인덕터를 감아 공간과 재료를 절약한다. 자심을 사용하면 코일의 자속 밀도가 크게 늘어나므로 인덕턴스가 커진다. 자심을 도넛 모양인 토로이드 형태로 만들면 더욱 그렇게 된다. 보기 2.130을 보라.

적층 철심

전선 코일

보기 2.130 자심 인덕터

자심이 영향을 많이 끼치는 이유는 전류가 외부 코일을 통과할 때 심(core)이 자화되는 일과 관련이 있기 때문이다. 전선 코일을 통해 전류가 흐르면 상대적으로 약한 자기장이 코일의 가운데에 형성된다. 외부 자기장이라고 부르는 이 자기장은 심 재질 내 원자의 자기 쌍극자(보기 2.112)를 재배열한다. 이러한 재배열은 쌍극자 모멘트를 같은 방향으로 회전하게 하는 것과 같다. 전류가 심에 더 많이 흐를수록 점점 더 쌍극자가 늘어난다. 그리고 나면 이제 쌍극자 배열이 된 심 자체가 자기장을 생성한다. 전체 인덕터(코일 및 심)에 의해 생성된 순 자기장 B_{total}은 외부 장(코일)과 심 자체에 존재하는 자화 M에 비례하는 항의 합이 되는데, 이는 외부 장이 심을 통해 코일에 적용되기 때문이다. 수학적으로 표현하면 이렇다.

$$B_{\text{total}} = B_{\text{ext}} + \mu_0 M \tag{1}$$

여기서 μ_0은 자유 공간의 투자율이다. 심의 원자가 자화되면서 형성된 자기 강도와는 대조적으로, 코일 내의 실제 전류에 기인한 자기 강도 H를 다음과 같이 표현한다.

$$H = \frac{B_{\text{ext}}}{\mu_0} = \frac{B_{\text{total}}}{\mu_0} - M \tag{2}$$

자화율(susceptibility) 및 투자율(permeability) 개념을 사용해 다음 계산을 하면 이를 더 줄일 수 있다.

$$B_{\text{total}} = \mu H \tag{3}$$

여기서 μ는 심에 쓰이는 물질의 투자율이다.

공심에 의해 생성된 자속 밀도(magnetic flux density)와 비교해 주어진 심 재질에 의해 생성된 자속 밀도의 비를 물질 $\mu_R = \mu/\mu_0$의 투자율이라고 부른다. 예를 들어, 제곱 인치당 50 자력선에 해당하는 선속 밀도(flux density)를 생성하는 공심은 철심이 삽입된 상태에서 제곱 인치당 4만 자력선을 생성할 수 있다. 이러한 선속 밀도의 비, 즉 철심 대 공심의 비, 그니까 상대 투자율의 비율은 40,000/50으로 800이다. 표 2.8에는 널리 쓰이는 투자율이 높은 재료 중 일부의 투자율을 보여 준다.

표 2.8 다양한 물질의 투자율

소재	대략적인 최대 투자율(H/M)	대략적인 최대 상대 투자율	응용기기
공기	1.257×10^{-6}	1	RF
페라이트 U60	1.00×10^{-5}	8	UHF 초크
페라이트 M33	9.42×10^{-4}	750	공진 회로
페라이트 N41	3.77×10^{-3}	3000	전력 회로
철(99.8% 순도)	6.28×10^{-3}	5000	
페라이트 T38	1.26×10^{-2}	10,000	광대역 변압기
45 퍼멀로이	3.14×10^{-2}	25,000	
규소 60 강	5.03×10^{-2}	40,000	발전기, 변압기
78 퍼멀로이	0.126	100,000	
슈퍼말로이	1.26	1,000,000	녹음기 헤드

● 자심 문제

자심 재질이 전도성을 띌 때(예: 강철) 인가되는 자기장이 변화하면서 심 재질 자체 내에 와전류로 알려진 현상이 생긴다. 예를 들어, 보기 2.131(a)에서 외부 코일을 통해 공급되는 전류가 늘어날 때 심을 통과하는 자속이 변화한다. 이것은 차례로 심 재질 안에 원형 모양으로 된 전류 흐름을 유도한다. 심에서 유도된 와전류는 저항성 가열의 형태로 손실되며, 특정 응용기기(예: 전력 변압기)에서 큰 단점이 될 수 있다. 저항이 낮은 재질에서 와전류 손실이 더 크다.

전도성 심(이 경우 강재)을 바니쉬(varnish) 또는 쉘락(shellac)과 같은 절연층과 함께 적층할 수 있다. 보기 2.131(b)와 같이 심의 박판에 전류가 유도되지만, 박판의 면적이 제한적이어서 자속 변화가 있어도 전류는 그대로이다.

페라이트 재질의 고유저항은 강철보다 무척 크다(Mn-Zn 페라이트의 경우 10~1,000 Ωcm, Ni-Zn 페라이트의 경우 105~107 Ωcm). 따라서 와전류 손실은 페라이트에서 문제가 되지 않는데, 이것이 페라이트를 고주파 응용기기에 사용하는 이유다. 와전류 경로가 분말 입자 크기로 제한되기 때문에 철 입자 사이에 절연 화합물이 있는 분말형 철심도 와전류를 줄여준다.

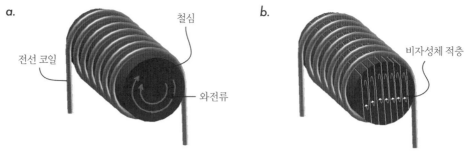

보기 2.131 (a) 심 내의 큰 와전류 (b) 적층한 심에서는 와전류가 감소한다.

철의 두 번째 문제로는 투자율이 일정하지 않다는 점인데, 자기장의 세기와 권선에 흐르는 전류에 따라 변화한다. (온도에 따라서도 변한다.) 실제로 자기장이 충분히 세면 심이 포화되면서 상대 투자율이 한 가지 값에 가깝게 떨어질 것이다. 그것뿐만 아니라 철의 자기장은 이전에 전류가 권선에 흐른 히스테리시스[역주1]에 따라서도 달라진다. 영구 자석인 경우에 이러한 잔류 자기 특성이 필수적이지만, 인덕터에서는 히스테리시스 손실[역주2]이라고 하는 추가 손실이 발생한다. 보기 2.132를 보라.

자심의 전형적인 히스테리시스 곡선

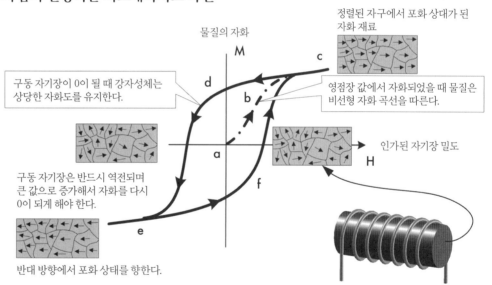

보기 2.132 심 재료의 자화가 가역적이지 않다는 점을 보여 주는 히스테리시스 곡선 a 지점에서 전류가 코일을 통해 인가되지 않는다. 긴 경로 a-b-c를 따라 전류가 흐르면 H(인가된 자장 또는 자화력)가 커지면서 코어의 자기 쌍극자 모멘트(여기서는 구(domain)에 국한됨)가 비례해서 회전한다. 점 c에 접근하면서 심이 포화 상태에 도달하고 (H가 증가해도 M(심의 자기화 또는 자기 쌍극자 밀도)이 눈에 띄게 늘지 않는다) 도메인의 쌍극자 모멘트는 가능한 한 H에 평행하게 정렬된다. 포화가 되면 투자율이 급격히 감소한다. 자심의 포화점은 재료 구성에 따라 달라진다. 공기 및 기타 비자성 물질은 포화되지 않으며 투자율이 1이다. H가 줄어들면 자기화 M이 동일한 경로로 되돌아가지 않고 c-d-e 경로를 따라간다. H가 0이 되면 심이 자화된 채로 유지된다. 본질적으로 심이 영구 자석이 되었다. **보자력(retentivity)**이라는 용어로 이 효과를 설명하며, 히스테리시스로 인한 그 밖의 손실들을 나타낸다. 심에서 자력을 빼려면, 심에 남은 자성을 극복하게 할 역방향 힘이 필요하다. 즉, 자구(magnetic domains)[역주]를 임의의 방향으로 다시 유도해 H가 반대 방향에서 음의 값을 가지게 해야 한다. e 지점에서 심이 다시 포화되었다. 그렇지만 자기 쌍극자(구)가 이제는 반대 방향을 가리키고 있다. 다시 반대 방향으로 향해 포화 상태가 되려면 e-f-c에 표시된 경로로 H를 적용해야 한다. 황동이나 알루미늄과 같이 투자율이 1인 공심 재질이나 기타 재료는 히스테리시스 효과 및 손실을 받지 않는다.

히스테리시스와 관련된 손실을 피하려면 핵심 인덕터를 포화 상태로 실행하지 않아야 한다. 더 낮은 전류에서 인덕터를 가동하거나, 더 큰 심을 사용하거나, 감은 횟수를 변경하거나, 투자율이 낮은 심을 사용하거나, 공극(air gap)이 있는 심을 사용하면 이렇게 할 수 있다.

와전류 및 히스테리시스 손실이 너무 크면 인덕터가 저항기처럼 작동할 수 있다. 또한, 인덕터의 감은 자리 사이에 항상 정전용량이 존재하며, 경우에 따라 인덕터가 커패시터처럼 동작할 수도 있다. (잠시 후에 이 점을 다룬다.) 표 2.9에서 다양한 인덕터 심을 비교했다.

표 2.9 인덕터 심 비교

공심	상대 투자율은 1이다. 공기는 포화되지 않으므로 인덕턴스는 전류 흐름과 무관하다. 낮은 인덕턴스 값으로 제한되지만 매우 높은 주파수(예: 1 GHz 이하인 무선기기)에서 작동할 수 있다.
철심	투자율이 공심보다 1,000배나 더 크지만, 심이 포화되기 때문에 인덕턴스는 코일에 흐르는 전류에 따라 크게 달라진다. 주로 전력 공급 장치에 사용한다. 심의 전도성이 높아 와전류(전력 손실)가 일어나기 쉽다. 심을 적층(바니쉬나 쉘락과 같은 절연재로 분리해서 얇은 띠판 형태로 자른다)하면 와류로 인한 손실을 줄일 수 있다. 히스테리시스 때문에 상당한 전력 손실을 겪게 된다. 교류의 주파수가 올라가면 철 내의 와전류 및 히스테리시스 손실이 크게 늘어난다. 최대 약 15,000 Hz에 달하는 전력선이나 가청 진동수로 제한된다. 적층 철심은 무선 주파수에는 쓸모가 없다.
분말 철심	결합제나 절연 물질과 혼합해 갈아낸 철(즉, 철분)의 입자가 서로 절연되어 있기 때문에 와류가 크게 감소한다. 절연재의 밀도가 높아서 철심에 비해 투자율이 낮다. 철분으로 구성된 둥근 막대기를 사용해 만든 인덕터는 조절이 가능해서 VHF 범위까지 이르는 RF 작업에 유용하다. 합리적인 투자율로 희망 주파수 범위에서 성능을 발휘할 수 있는 장치를 제공하기 위해 제조업체는 다양한 심 소재를 사용하거나 혼합물을 사용한다. 토로이드 심[역주1]은 자기 차폐(self-shielding)로 간주된다. 제조업체는 토로이드 심에 인덕턴스 지표 AL을 제공한다. 분말 철제 토로이드의 경우에 A_L은 단일 층에 배열된 심에서 100턴당[역주2] 인덕턴스를 μH 단위로 제공한다. 보기 2.133에 나오는 공식과 예제 5와 6에서 분말형 철제 토로이드 인덕터의 인덕턴스를 계산하는 방법을 보여 준다.
페라이트 심	니켈-아연 합금 페라이트는 투자율의 범위가 낮고, 망간-아연 합금 페라이트는 투자율이 높아서 이것을 심으로 쓰면 투자율 범위는 20에서 10,000에 이른다. 이들은 RF 초크에 사용하거나 광대역 변압기에 사용한다. 페라이트는 도체가 아니어서 와전류에 면역성이 강하므로 종종 사용된다. 분말 철제 토로이드와 마찬가지로 페라이트 토로이드에도 제조업체에서 제공하는 A_L 값이 있다. 그렇지만 분말 철제 토로이드와 달리 페라이트의 A_L 값은 1000턴당 μH로 표시한다. 보기 2.133에 나오는 공식과 예제 7과 8에서는 페라이트를 소재로 쓴 토로이드형 인덕터의 인덕턴스를 계산하는 방법을 볼 수 있다.

[역주1] 도넛 모양의 심
[역주2] 100번 감은 횟수 단위

▶ **예제 5:** 인덕턴스가 20인 분말 철제 토로이드형 심일 때 100번 감은 코일의 인덕턴스는 얼마인가?

▷ **정답:** 이 문제를 풀려면 제조업체가 제공하는 데이터시트를 봐야 하겠지만, 여기서는 보기 2.133에 나오는 표에서 T-12-2를 사용하라. 보기 2.133에 나오는 분말 철제 토로이드에 관한 방정식을 사용해 T-12-2에 대해 $A_L = 20$을 삽입하고 $N = 100$이므로 정답은 다음과 같다.

$$L(\mu H) = \frac{A_L \times N^2}{10,000} = \frac{20 \times 100^2}{10,000} = 20 \ \mu H$$

▶ **예제 6:** 분말 철제 토로이드형 인덕턴스의 지수가 36인 경우에 19.0 μH 코일에 필요한 턴 수를 계산하라.

▷ **정답:** 다음을 사용한다.

$$N = 100 \sqrt{\frac{\mu H \text{ 단위로 나타낸 희망 } L}{\mu H \text{ 단위로 나타낸 100턴당 } A_L}} = 100 \sqrt{\frac{19.0}{36}} = 72.6 \text{턴}$$

▶ **예제 7:** 인덕턴스 지수가 68인 페라이트 토로이드에 50번을 감은 코일일 때 인덕턴스는 얼마 인가?

▷ **정답:** 이 문제를 풀려면 제조업체가 제공하는 데이터시트를 참조해야 하겠지만, 여기서는 보기 2.133에 나오는 표에서 61-배합(61-Mix)으로 FT-50을 사용한다. 보기 2.133에 나오는 페라이트 토로이드에 관한 방정식을 사용해 FT-50-61에 $A_L = 68$을 대입하고 $N = 50$을 대입하면, 다음과 같이 풀 수 있다.

$$L(\mu\text{H}) = \frac{A_L \times N^2}{1,000,000} = \frac{68 \times 50^2}{1,000,000} = 0.17 \ \mu\text{H}$$

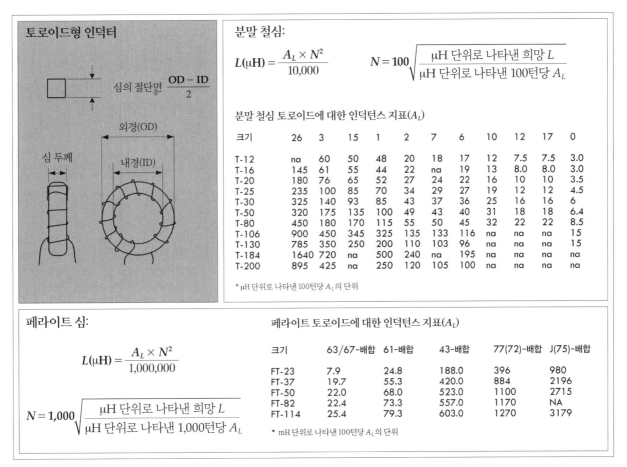

토로이드형 인덕터

심의 절단면 $\dfrac{\text{OD} - \text{ID}}{2}$

외경(OD)

심 두께

내경(ID)

분말 철심:

$$L(\mu\text{H}) = \frac{A_L \times N^2}{10,000}$$

$$N = 100\sqrt{\frac{\mu\text{H 단위로 나타낸 희망 } L}{\mu\text{H 단위로 나타낸 100턴당 } A_L}}$$

분말 철심 토로이드에 대한 인덕턴스 지표(A_L)

크기	26	3	15	1	2	7	6	10	12	17	0
T-12	na	60	50	48	20	18	17	12	7.5	7.5	3.0
T-16	145	61	55	44	22	na	19	13	8.0	8.0	3.0
T-20	180	76	65	52	27	24	22	16	10	10	3.5
T-25	235	100	85	70	34	29	27	19	12	12	4.5
T-30	325	140	93	85	43	37	36	25	16	16	6
T-50	320	175	135	100	49	43	40	31	18	18	6.4
T-80	450	180	170	115	55	50	45	32	22	22	8.5
T-106	900	450	345	325	135	133	116	na	na	na	15
T-130	785	350	250	200	110	103	96	na	na	na	15
T-184	1640	720	na	500	240	na	195	na	na	na	na
T-200	895	425	na	250	120	105	100	na	na	na	na

* μH 단위로 나타낸 100턴당 A_L의 단위

페라이트 심:

$$L(\mu\text{H}) = \frac{A_L \times N^2}{1,000,000}$$

$$N = 1,000\sqrt{\frac{\mu\text{H 단위로 나타낸 희망 } L}{\mu\text{H 단위로 나타낸 1,000턴당 } A_L}}$$

페라이트 토로이드에 대한 인덕턴스 지표(A_L)

크기	63/67-배합	61-배합	43-배합	77(72)-배합	J(75)-배합
FT-23	7.9	24.8	188.0	396	980
FT-37	19.7	55.3	420.0	884	2196
FT-50	22.0	68.0	523.0	1100	2715
FT-82	22.4	73.3	557.0	1170	NA
FT-114	25.4	79.3	603.0	1270	3179

* mH 단위로 나타낸 100턴당 A_L의 단위

보기 2.133

▶ **예제 8:** 페라이트 토로이드의 인덕턴스 지수가 188일 때 2.2 mH 코일에 필요한 턴 수는 얼마 인가?

▷ **정답:** 다음을 사용한다.

$$N = 1,000\sqrt{\frac{\text{mH 단위로 나타낸 희망 } L}{\text{mH 단위로 나타낸 1,000턴당 } A_L}} = 1000\sqrt{\frac{2.2}{188}} = 108턴$$

2.24.9 인덕터 방정식 이해하기

$$V_L = L \frac{dI_L}{dt}$$

앞에 나온 이 인덕터 방정식(일찍이 유도해 낸 적이 있음)에는 머리를 긁적이게 하는 흥미로운 속성이 있다. 우선, dI_L/dt 항을 생각해 보자. 이 항은 인덕터를 통과하는 전류의 시간에 따른 변화율을 나타낸다.

인덕터를 통과하는 전류 흐름에 변화가 없으면 인덕터 양단에서 전압이 측정되지 않는다. 예를 들어, 일정한 직류 전류가 인덕터를 통해 일정 시간 동안 흐른다고 가정하면 dI_L/dt가 0이므로 V_L도 0이 된다. 따라서 직류 조건에서 인덕터는 단락(짧은 전선)인 것처럼 동작한다.

그렇지만 전류 I_L이 시간에 따라 변화(증가 또는 감소)하는 경우 dI_L/dt는 더 이상 0이 아니므로 유도 전압 V_L이 인덕터 양단에 걸린다. 예를 들어, 보기 2.134에 표시한 전류 파형을 생각해 보자. 시간 간격 0초에서 1초까지, 전류 변화율(선의 기울기) dI_L/dt는 1 A/s이다. 인덕턴스 L이 0.1 H인 경우, 유도 전압은 이 시간 간격 동안에 간단히 (1 A/s)(0.1 H) = 0.1 V이다. 낮은 파형을 보라. 1~2초 사이에서는 전류가 일정하므로 dI_L/dt가 0이 되어 유도 전압도 0이 된다. 2~3초 동안에 dI_L/dt는 −1 A/s이며 유도 전압은 (−1 A/s)(0.1 H) = −0.1 V와 같다. 유도된 전압 파형이 나머지 그림을 그려낸다.

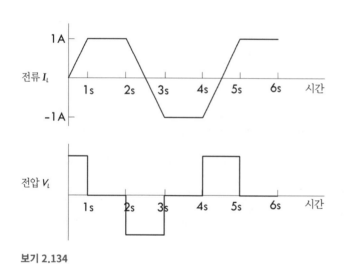

0~1부터 4~5초

$$V = L\frac{dI}{dt} = (0.1\,\text{H})\left(\frac{1\,\text{A}}{1\,\text{s}}\right) = 0.1\,\text{V}$$

2~3초

$$V = L\frac{dI}{dt} = (0.1\,\text{H})\left(-\frac{1\,\text{A}}{1\,\text{s}}\right) = -0.1\,\text{V}$$

1~2, 3~4, 5~6초

$$V = L\frac{dI}{dt} = (0.1\,\text{H})\left(\frac{0}{1\,\text{s}}\right) = 0\,\text{V}$$

보기 2.134

▶ **예제 9**: 1 mH 인덕터를 통과하는 전류가 함수 2*t*로 주어졌을 때 인덕터에 걸리는 전압은 얼마인가?

▷ **정답**:

$$V_L = L\frac{dI_L}{dt} = (1 \times 10^{-3}\,\text{H})\frac{d}{dt}2t\,A = (1 \times 10^{-3}\,\text{H})\left(2\frac{A}{s}\right) = 2 \times 10^{-3}\,\text{V} = 2\,\text{mV}$$

▶ **예제 10:** 4 mH 인덕터를 통과하는 전류가 $I_L = 3 - 2e^{-10t}$ A로 주어진다. 인덕터 양단의 전압은 얼마인가?

▷ **정답:**

$$V_L = L\frac{dI_L}{dt} = L\frac{d}{dt}[3 - 2e^{-10t}] = L(-2 \times -10)e^{-10t} = (4 \times 10^{-3})(20)e^{-10t} = 0.08e^{-10t} \text{ V}$$

▶ **예제 11:** 1 H 인덕터를 통과하는 전류 흐름이 1초 동안 0.60 A에서 0.20 A로 줄어든다고 가정한다. 이 시간 동안 인덕터에 걸리는 전압의 평균을 구하라. 주기가 100 ms, 10 ms, 1 ms인 경우에 이를 평균 유도 전압과 비교하는 방법을 참고하라.

▷ **정답:** 여기서는 1초 동안 이뤄지는 변화를 무시하고 평균을 취한다.

$$V_{\text{AVE}} = L\frac{\Delta I}{\Delta t} = 1 \text{ H}\frac{0.20 \text{ A} - 0.60 \text{ A}}{1 \text{ s}} = -0.40 \text{ V} \qquad (1 \text{ s})$$

$$V_{\text{AVE}} = L\frac{\Delta I}{\Delta t} = 1 \text{ H}\frac{0.20 \text{ A} - 0.60 \text{ A}}{0.1 \text{ s}} = -4 \text{ V} \qquad (100 \text{ ms})$$

$$V_{\text{AVE}} = L\frac{\Delta I}{\Delta t} = 1 \text{ H}\frac{0.20 \text{ A} - 0.60 \text{ A}}{0.01 \text{ s}} = -40 \text{ V} \qquad (10 \text{ ms})$$

$$V_{\text{AVE}} = L\frac{\Delta I}{\Delta t} = 1 \text{ H}\frac{0.20 \text{ A} - 0.60 \text{ A}}{0.001 \text{ s}} = -400 \text{ V} \qquad (1 \text{ ms})$$

$$V_{\text{AVE}} = L\frac{\Delta I}{\Delta t} = 1 \text{ H}\frac{0.20 \text{ A} - 0.60 \text{ A}}{0 \text{ s}} = -\infty \qquad (즉시)$$

예제 11에서 전류 흐름이 더 급하게 변할 때 유도 전압이 어떻게 커지는지 주목해 보라. 전류 흐름이 순간적으로 변할 때, 인덕터 방정식에 따르면 무한한 유도 전압이 예측된다. 어떻게 이게 가능할까?

이 역설에 대한 답을 다음 예제에서 설명한다. 보기 2.135와 같이 스위치를 통해 10 V 전지에 연결된 이상적인 인덕터가 있다고 가정해 보자. 인덕터 방정식에 따르면 스위치가 닫히는 순간 dI/dt가 무한해야 한다(이상적인 전지, 전선 및 코일 선 가정). 이것은 유도 전압이 인가된 전압에 비례해 영원히 높아져야 하고 전류가 흐르지 않아야 한다는 점을 의미한다. 다시 말해서, 역전압이 무한대로 뛰어 올라야 한다. (보기 2.135(b)를 보라.) 마찬가지로 스위치가 열리면 보기 2.135(c)와 같이 무한한 순방향 전압이 있을 것으로 예측된다. 이 문제에 대한 해답이 다소 미묘하지만 아주 중요하다. 결과적으로 예측되는 무한함이 현실 세계에는 결코 나타나지 않는다. 실물 인덕터에는 내부 저항뿐만 아니라 내부 정전용량(회로의 나머지 부분에 있는 내부 저항 및 정전용량과 마찬가지로)이 늘 있다. 내부 저항 및 정전용량을 통합한 인덕터의 실물 모형이 보기 2.135(d)에 나와 있다. 예측한 대로 나타나지 않는 이유를 굳이 설명하는 이유는 이와 같은 '불완전성' 때문이다.

마지막 예제에서 알 수 있겠지만, 내부 저항을 부시하면 골칫거리 개념이 될 수 있다. 내부 서상 항을 자동으로 포함하는 인덕터 방정식을 간단하게 만들지 않은 이유가 궁금할 수 있을 것이다.

사실상, 보기 2.135와 같이 단순한 회로를 생각할 때는 특히 그래야만 할 것이다. 그렇지만 인덕턴스를 고유한 양으로 정의하고, 코일이나 자심 손실 내의 저항 가열이나, 코일 고리 사이의 분산 정전용량이 아닌 변화하는 자기장 에너지만으로 인덕턴스의 영향력을 관련짓는 게 필요하다. 결론적으로 복잡한 회로(예를 들면, RL 회로와 RLC 회로)를 분석하기 시작할 때, 회로 내에 존재하는 이산 저항으로 인해 인덕터 방정식이 마비되는 일이 없게 해야 한다. 더 정밀한 회로에서는 인덕터의 내부 저항을 파악해야 한다. 관행을 따르면, 저항 R_{DC}와 직렬로 배치한 이상적인 인덕터로 인덕터를 표시한다. 여기서 R_{DC}는 인덕터의 직류 저항이다. 더 정밀한 모형에서는 병렬 정전용량(인터루프 정전용량) 및 병렬 저항(자심 손실을 나타냄)이 발생하며, 이는 고주파 응용기기에서 중요하다.

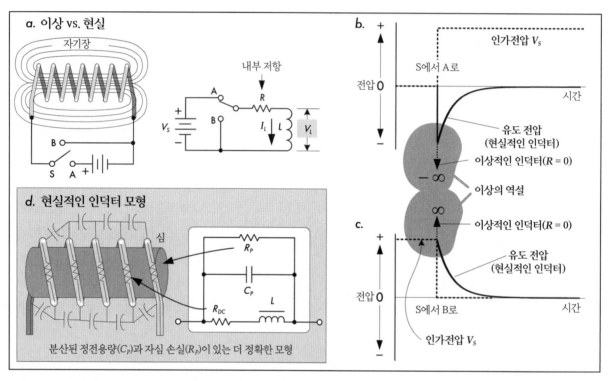

보기 2.135 실물 인덕터는 유도 전압을 무한히 생성하지 않는다.

진도를 더 나가기 전에, 인덕터 안에 내부 저항이 있다고 가정해도 과도상태인 동안 유도 전압 값이 놀라울 정도로 높아질 수도 있다는 점에 유념해야 한다. 예를 들어, 유도 회로를 끄면 아크 처리 및 특수 처리가 필요한 그 밖의 문제를 일으킬 수 있는 고전압이 발생할 수 있다.

▶ **예제 12:** 이상적인 1 H 인덕터에 선형으로 증가하는 전압을 인가(apply)한다고 가정하자. 인덕터를 통과하는 초기 전류는 0.5 A이며, 전압이 10 ms 동안 5 V에서 10 V로 높아진다. 인덕터를 통과하는 전류를 시간에 대한 함수로 계산하라.

▷ **정답:** 키르히호프의 전압 법칙에 따르면 다음과 같다.

$$V_{\text{applied}} - L\frac{dI}{dt} = 0$$

이것을 통합하면 다음과 같다.

$$\int_{t'=0}^{t} \frac{dI}{dt'} \, dt' = \int_{t'=0}^{t} V_{\text{applied}} \, dt'$$

또는 다음과 같다.

$$I(t) - I(0) = \int_{t'=0}^{t} (mt' + b) \, dt'$$

이것들을 합하면 다음을 얻을 수 있다.

$$I(t) = I(0) + \frac{1}{2} mt^2 + bt$$

$t = 0.01$ s(경사의 끝 부분)에서 전류는 다음과 같다.

$$I(0.01) = 0.5 + \frac{1}{2} \times 500 \times 0.01^2 + 5 \times 0.01 = 0.575 \text{ A}$$

2.24.10 RL 회로 가압

저항기를 인덕터에 직렬로 두면 저항은 인덕터의 자기장으로 에너지가 퍼 넣어지는 속도를 제어한다(또는 장이 붕괴될 때 다시 회로로 퍼 넣어짐). 보기 2.136과 같이 직류 전원과 스위치가 있는 RL 회로를 생각해 보면, 스위치가 닫힌 순간($t = 0$)에 시작되는 에너지 반응은 보기 2.136의 전압 및 전류 반응 곡선과 그 오른쪽에 나오는 방정식으로 나타난다.

키르히호프의 법칙을 적용해 폐회로 주변의 전압을 합산함으로써 RL 회로의 가압 반응에 대한 이 식들을 유도할 수 있다.

$$V_s = IR + L \frac{dI}{dt}$$

표준 양식으로 재작성하면 다음과 같다.

$$\frac{dI}{dt} + \frac{R}{L} I = \frac{V}{L}$$

이 선형 1차 비동차(nonhomogeneous) 미분방정식을 풀 때, 스위치가 닫히기 전의 전류가 $I(0) = 0$ 이라는 초기 조건을 사용하면 전류에 대한 해는 다음과 같이 된다.

$$I = \frac{V_s}{R} (1 - e^{-t/(L/R)})$$

이것을 옴의 법칙에 대입해 저항에 걸린 전압을 찾으면 다음과 같고,

$$V_R = IR = V_S \, (1 - e^{-t/(L/R)})$$

이를 인덕터 전압에 관한 식에 대입한다.

$$V_L = L\frac{dI}{dt} = V_s e^{-t/(L/R)}$$

RL 가압 회로 내에서 진행되는 일을 이해하려면 먼저 저항 값이 0인 것으로 간주한다. 저항이 없는 상황에서 스위치가 닫히면 전류가 영원히 증가하고(옴의 법칙에 따라 이상적인 전압원이라고 가정한다), 자체 유도 전압을 인가전압과 같게 유지할 만큼 계속해서 빠르게 증가한다.

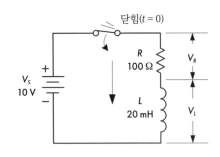

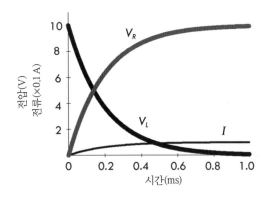

RL 가압 회로의 전류 및 전압 방정식

$$I = \frac{V_s}{R}(1 - e^{-t/(L/R)}), \quad \frac{t}{(L/R)} = -\ln\left(\frac{1 - V_s/R}{V_s}\right)$$

$$V_R = IR = V_s(1 - e^{-t/(L/R)}), \quad \frac{t}{(L/R)} = -\ln\left(\frac{V_R - V_s}{V_s}\right)$$

$$V_L = L\frac{dI}{dt} = V_s e^{-t/(L/R)}, \quad \frac{t}{(L/R)} = -\ln\left(\frac{V_L}{V_s}\right)$$

$$\tau = L/R \text{ 시간 상수}$$

여기서 I는 암페어 단위로 나타낸 전류이고, V_s는 볼트 단위로 나타낸 전원 전압, R은 옴 단위로 나타낸 저항, L은 헨리 단위로 나타낸 인덕턴스, t는 전원 전압을 인가한 시간을 초 단위로 나타낸 것이며, $e = 2.718$, V_R은 볼트 단위로 나타낸 저항기 전압, V_L은 볼트 단위로 나타낸 인덕터 전압이다. 왼쪽에 나오는 그림은 $R = 100\,\Omega$이고 $L = 20\,\text{mH}$인 회로를 나타낸다.

보기 2.136

하지만 회로에 저항이 있을 때는 전류가 제한된다. 옴의 법칙은 전류가 도달할 수 있는 값을 정의한다. L에서 생성된 역전압은 인가된 전압과 R의 전압 강하 사이의 차이와 같아야만 한다. 이 차이는 전류가 최종 옴의 법칙 값에 가까워질수록 더 작아진다. 이론적으로는 역전압이 결코 사라지지 않으므로 전류가 인덕터 값에 절대로 이르지 않는다. 실용적인 면에서 보면, 짧은 시기가 지난 후에 헤아릴 수 없을 정도로 커진다. 전류가 최댓값의 63.2%까지 늘어나는 데 필요한 시간(초)을 시간 상수라고 하며 L/R과 같다. 이 상수와 같은 시간만큼 지난 후에 회로는 나머지 전류의 63.2%를 추가로 흘린다. 이런 행태를 보기 2.137에 나타냈다. 커패시터의 경우와 마찬가지로, 다섯 개의 시간 상수가 지난 후에 전류가 최댓값에 도달했다고 생각한다.

인덕턴스 크기가 가압 회로 반응에 영향을 끼치는 방식

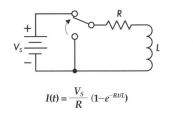

$$I(t) = \frac{V_s}{R}(1-e^{-Rt/L})$$

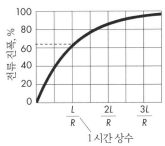

1 시간 상수

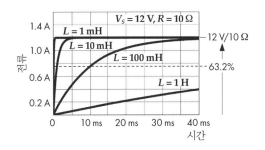

보기 2.137

▶ **예제 13:** RL 회로의 인덕터가 10 mH이고 직렬 저항기가 10 Ω일 때, 전력을 공급한 후에 회로의 전류가 최대치에 도달하는 데 걸리는 시간은?

▷ **정답:** 최대 전류에 도달하는 데 대략 5개 시간 상수가 필요하므로 다음과 같다.

$$t = 5\tau = 5\,(L/R) = 5\,(10 \times 10^{-3}\,\text{H})/10\,\Omega = 5.0 \times 10^{-3}\,\text{s} \quad \text{또는} \quad 5.0\,\text{ms}$$

인덕턴스를 1.0 H로 늘리면 소요 시간도 0.5 s로 늘어난다는 점에 유념하라. 회로 저항이 변하지 않았으므로 이 예제에 나오는 최종 전류는 두 경우 모두 같다. 인덕턴스가 증가하면 전체 전류에 도달하는 데 필요한 시간이 늘어난다. 보기 2.137에는 저항이 같은 다양한 인덕터에 대한 전류 응답 곡선이 나온다.

2.24.11 감압 RL 회로

인가된 전압이 차단될 때(예를 들면, 스위치 때문에) 전기장의 형태로 에너지를 저장할 수 있는 커패시터와는 달리, 인덕터는 전류가 멈추자마자 자기장이 붕괴되기 때문에 '충전된' 상태 또는 통전 상태를 유지하지 않는다. 자기장에 저장된 에너지는 회로로 되돌아 나간다. 이제, 전류 흐름이 차단되면(예: 스위치를 사용해) RL 회로 내 전류 흐름 및 전압 강하를 예측하기가 조금 까다로워진다. 전기장의 변화 속도에 유도 전압이 비례하므로 스위치가 열린 순간에 자기장이 급속히 무너지면 일반적으로 인가전압보다 몇 배 큰 전압이 유도된다고 말할 수 있다. 이러한 회로에서 스위치를 열면 그 순간에 스위치 접점에 스파크나 아크가 형성되는 게 일반적이다(보기 2.138(a)). 인덕턴스와 회로의 전류가 크면 매우 짧은 시간에 대량의 에너지가 방출된다. 그러한 상황에서 스위치 접점이 타거나 녹는 게 드문 일이 아니다. 적절한 커패시터와 저항을 스위치 접점에 직렬로 연결해 스위치의 스파크 또는 아크를 줄이거나 억제할 수 있다. 이러한 RC 조합을 스너버 네트워크(snubber network)[역주]라고 한다. 계전기 및 솔레노이드와 같은 대형 유도 부하에 연결한 트랜지스터 스위치도 보호해야 한다. 대부분의 경우, 계전기 코일에 반대되게 연결한 작은 전력 다이오드는 장 와해 전류로 인해 트랜지스터가 손상되는 일을 방지하는데, 이 점을 곧 자세히 다룬다.

[역주] 완충 회로망

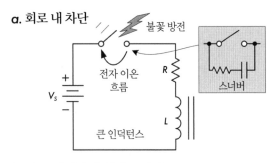

a. 회로 내 차단

불꽃 방전

전자 이온 흐름

V_s

R

큰 인덕턴스

L

스너버

b. 회로 내 차단이 없다고 가정

$t = 0$일 때 B로 전환됨

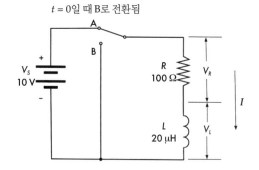

A

B

V_s
10 V

R
100 Ω

V_R

I

L
20 µH

V_L

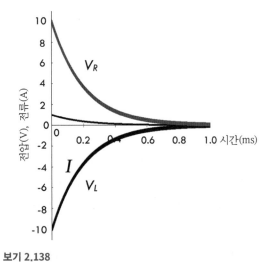

보기 2.138

A에서 스위치를 열면 전류 흐름이 끊어지면서 큰 유도성 부하의 자기장이 와해되어 큰 순방향 전압이 발생한다. 스위치 접점 간의 '전자 압력'이 커지면서 전자가 한쪽 스위치 접점의 금속 표면을 벗어나 다른 접점 쪽으로 뛸 수 있을 만큼 이 전압이 무척 커질 수 있다. 유리된 전자가 건너뛰게 되면 공기 중의 분자와 충돌하며 이온화 반응을 일으키게 되고, 이로 인해 스위치 접점에서 불꽃 방전이 일어난다. 이러한 상황일 때 전류 및 전압 반응 곡선은 다소 복잡하다.

B에서 인가된 전압을 제거하되 지면으로 방전되게 함으로써 회로가 단선되는 일을 방지하면(스위치가 **B** 위치로 놓임), 예측 가능한 전류 및 전압 표현식을 얻을 수 있다.

예측 가능한 전류 및 전압 표현식

$$I = \frac{V_s}{R}e^{-t/(L/R)}), \quad \frac{t}{(L/R)} = -\ln\left(\frac{I \times R}{V_s}\right)$$

$$V_R = IR = V_s e^{-t/(L/R)}, \quad \frac{t}{(L/R)} = -\ln\left(\frac{V_R}{V_s}\right)$$

$$V_L = L\frac{dI}{dt} = V_s e^{-t/(L/R)}, \quad \frac{t}{(L/R)} = -\ln\left(-\frac{V_L}{V_s}\right)$$

$$\tau = L/R \text{ 시간 상수}$$

여기서 I는 암페어 단위로 나타낸 전류이고, V_s는 볼트 단위로 나타낸 전원 전압, R은 옴 단위로 나타낸 저항, L은 헨리 단위로 나타낸 인덕턴스, t는 전원 전압을 인가한 시간을 초 단위로 나타낸 것이며, e는 2.718이고, V_R은 볼트 단위로 나타낸 저항기 전압, V_L은 볼트 단위로 나타낸 인덕터 전압이다.

보기에 나오는 그래프는 $R = 100\ \Omega$이고 $L = 20\ \text{mH}$인 회로를 나타낸다.

보기 2.138(b)에서 이론적으로 그림처럼 회로를 끊지 않고 여기(excitation)를 제거하면 다음 파형과 방정식에 따라 전류가 줄어든다.

키르히호프의 법칙을 적용해 폐회로 주변의 전압을 합산하면 RL 회로를 감압(deenergizing)하는 식을 유도할 수 있다.

$$V_s = IR + L\frac{dI}{dt} = 0$$

회로에 전지가 더 이상 없게 되므로 V_s는 0이다. 표준 양식으로 재작성하면 다음과 같다.

$$\frac{dI}{dt} + \frac{R}{L}I = \frac{V}{L} = 0$$

이 선형 1차 비동차 미분방정식을 풀 때, 스위치가 닫히기 전의 전류가 간단히 초기 조건으로 사용된다.

$$I(0) = \frac{V_R}{R}$$

전류에 대한 해는 다음과 같다.

$$I = \frac{V_s}{R} e^{-t/(L/R)}$$

이것을 옴의 법칙에 대입해 저항에 걸린 전압을 찾으면 다음과 같다.

$$V_R = IR = V_s e^{-t/(L/R)}$$

그리고 이것을 인덕터 전압에 관한 식에 대입하면 다음과 같다.

$$V_L = L\frac{dI}{dt} = -V_s e^{-t/(L/R)}$$

에너지를 공급하는 RL 회로와 마찬가지로, RL 감압 회로의 전류 응답을 시간 상수로 모형화할 수 있다. 시간 상수가 다섯 개 지난 뒤에 인덕터의 압력이 충분히 떨어진 것으로 간주된다. 인덕턴스를 키우면 보기 2.139와 같이 이 시간이 증가한다.

인덕턴스 크기가 전류 감압 반응에 영향을 끼치는 방식

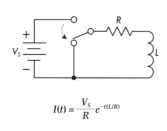
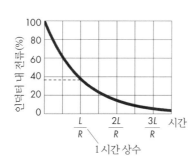
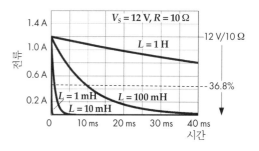

보기 2.139

2.24.12 스위칭으로 인한 전압 스파이크

역주 유도 전압 극파

유도 전압 스파이크^{역주}는 계전기, 솔레노이드 및 모터와 같은 큰 유도 부하를 기계식이나 트랜지스터형 스위치로 켜고 끄는 회로에 일반적이다. 공급 전압이 상대적으로 작은 경우에도 수백 볼트에 이르는 스파이크가 가능하다. 회로 설계에 따라서는 이러한 스파이크로 인해 아크가 일어날 수 있는데, 이런 경우에 스위치 접촉 열화 또는 트랜지스터나 기타 통합 스위칭 장치가 손상될 수 있다. 보기 2.141에는 공급 전압 회로가 파괴되면 유도 스파이크에 대한 '압력 해제' 경로를 제공하기 위해 계전기의 코일을 가로질러 배치한 다이오드(전류 흐름에 대한 한쪽 방향 게이트 역할을 하는 장치)가 나온다.

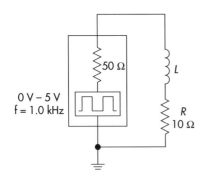

의도적이든 아니든 인덕턴스가 신호에 큰 영향을 끼칠 수 있다. 예를 들어, 인덕턴스가 증가함에 따라 왼쪽의 RL 회로에서 인덕터와 저항기에 걸려 있는 출력 신호가 점차 왜곡된다. 일정한 1.0 kHz, 0~5 V 구형파 전원과 고정된 10 Ω 저항으로 인덕턴스를 늘리고 파형의 변화를 기록한다. 먼저 구형파의 주기는 다음과 같다.

$$\text{단주기: } T = \frac{1}{f} = \frac{1}{1000 \text{ Hz}} = 1 \text{ ms}$$

이번에는 인덕턴스 값이 증가할 때 파형이 어떻게 변하는지 살펴보자.

그래프 A: 인덕턴스 L = 0.1 mH

시간 상수 τ = 0.0001 H/10 Ω = 0.01 ms

여기서 RL 시간 상수가 주기의 1%이므로 유도 전압 스파이크는 구형파의 고주파에서 저주파로나, 저주파에서 고주파로의 천이 시 폭이 좁다. 이 경우에 인덕터가 시간 상수 다섯 개가 지난 0.05 ms 후에 완전히 가압되거나 감압되었다고 생각하면, 인덕터는 0.5 ms의 단주기의 절반 동안 쉽고 완전하게 가압되고 감압된다. 결과적으로 저항기에 걸린 전압을 나타내는 그래프의 모서리가 약간 둥글게 된다.

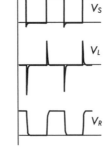

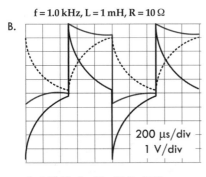

그래프 B: 인덕턴스 L = 1 mH

시간 상수 τ = 0.001 H/10 Ω = 0.1 ms

RL 시간 상수가 주기의 10%이므로 유도 전압과 전원 전압이 전이되는 동안 지수 상승 및 하강의 영향이 명확하게 표시된다. 가압하거나 감압하려면 시간 상수 다섯 개 또는 신호의 절반 주기와 정확히 일치하는 0.5 ms가 걸린다. 따라서 인덕터 주위의 자기장은 연속적인 반 주기 동안 각기 모든 자기장 에너지를 흡수하거나 포기할 수 있다.

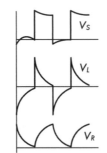

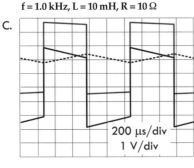

그래프 C: 인덕턴스 L = 10 mH

시간 상수 τ = 0.01 H/10 Ω = 1 ms

RL 시간 상수는 구형파의 주기와 같다. 그렇지만 완전히 가압하거나 감압하려면 시간 상수 다섯 개 또는 5 ms만큼 걸리기 때문에 최종 전압이 선형으로 나타난다. 기하급수적인 상승이나 하강의 작은 부분만 나타난다. 인덕터에 대한 자기장은 반 주기 동안 모든 에너지를 흡수하거나 포기할 수 없다.

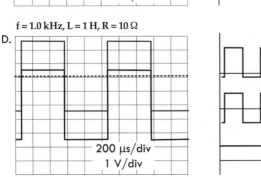

그래프 D: 인덕턴스 L = 1 H

시간 상수 τ = 1 H/10 Ω = 0.1 s

RL 시간 상수는 구형파 주기의 100배이다. 다시 말해서 완전 가압하거나 완전 감압하려면 시간 상수 다섯 개 또는 단주기의 500배가 필요하다. 이것은 실제적으로 인덕터가 완전히 가압하거나 감압하는 시간이 거의 없음을 의미한다. 기하급수적으로 상승하거나 감소하지만 실제적으로는 첫 1/500 부분만 보이므로 선형으로 나타난다.

보기 2.140

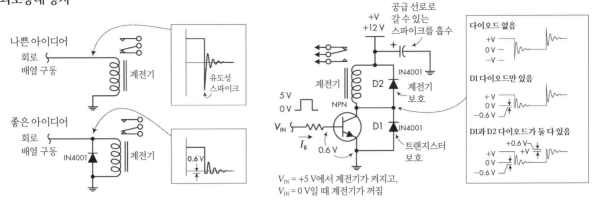

과도상태 방지

보기 2.141

2.24.13 곧은 전선의 인덕턴스

도체를 통과하는 모든 전류에는 자기장이 있게 되므로 인덕턴스, 즉 도체가 코일로 형성되지 않아도 된다. 예를 들어, 곧게 뻗은 전선에는 그것과 관련된 인덕턴스가 있다. 이것은 인가된 기전력하에서 수평 변위(drift) 성분을 얻을 때, 개별 자유전자로 인한 자기장의 평균 정렬에 기인한다. 자유 공간에서 곧게 뻗은 비자성 회선 또는 부하의 인덕턴스는 다음과 같다.

$$L = 0.00508b\left[\ln\left(\frac{2b}{a}\right) - 0.75\right] \tag{2.56}$$

여기서 L은 μH 단위의 인덕턴스이고, a는 인치 단위의 선 반지름, b는 인치 단위의 길이, ln은 자연로그다.

▶ **예제 14:** 길이가 4인치인 18번 선(직경 = 0.0403인치)의 인덕턴스를 찾아라.

▷ **정답:** 여기서 $a = 0.0201$이고 $b = 4$이므로 다음과 같다.

$$L = 0.00508(4)\left[\ln\left(\frac{8}{0.0201}\right) - 0.75\right] = 0.106\ \mu H$$

표피 효과로 인해 VHF(30~300 MHz)에서 식 2.56이 약간 변경된다. 주파수가 무한대에 가까워지면 위의 방정식에서 상수 0.75는 1에 근접한다.

곧은 선의 인덕턴스가 매우 작아서 일반적으로 기생 인덕턴스(parasitic inductance)라고 한다. 이번 장의 앞부분에 나오는 용량성 반응저항과 마찬가지로 인덕터에 반응저항이라는 개념을 적용할 수 있다. 주파수가 낮을 때 기생 유도성 반응저항(AF에서 LF)은 실질적으로 0이다. 예를 들어, 이 예제의 경우 10 MHz에서 0.106 μH 인덕턴스가 제공하는 반응저항은 6.6 Ω뿐이다. 하지만 300 MHz 주파수인 경우에는 유도성 반응저항이 200 Ω이 되어 잠재적으로 문제가 된다. 그렇기 때문에 VHF 이상인 회로를 설계할 때는 부품 리드를 가능한 짧게 유지해야 한다(커패시터 리드, 저항 리드 등). 부품에 기생하는 인덕턴스는 부품에 적절한 값을 지닌 인덕터를 추가해 모형화한다(배선 길이는 구성 요소와 직렬이므로).

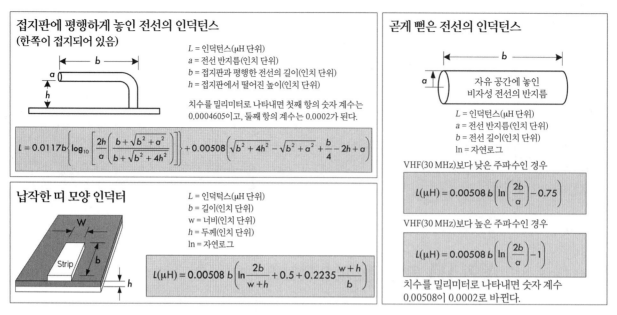

접지판에 평행하게 놓인 전선의 인덕턴스
(한쪽이 접지되어 있음)

L = 인덕턴스(μH 단위)
a = 전선 반지름(인치 단위)
b = 접지판과 평행한 전선의 길이(인치 단위)
h = 접지판에서 떨어진 높이(인치 단위)

치수를 밀리미터로 나타내면 첫째 항의 숫자 계수는
0.0004605이고, 둘째 항의 계수는 0.0002가 된다.

$$L = 0.0117b\left\{\log_{10}\left[\frac{2h}{a}\left(\frac{b+\sqrt{b^2+a^2}}{b+\sqrt{b^2+4h^2}}\right)\right]\right\} + 0.00508\left(\sqrt{b^2+4h^2} - \sqrt{b^2+a^2} + \frac{b}{4} - 2h + a\right)$$

납작한 띠 모양 인덕터

L = 인덕턴스(μH 단위)
b = 길이(인치 단위)
w = 너비(인치 단위)
h = 두께(인치 단위)
ln = 자연로그

$$L(\mu H) = 0.00508\,b\left(\ln\frac{2b}{w+h} + 0.5 + 0.2235\frac{w+h}{b}\right)$$

곧게 뻗은 전선의 인덕턴스

자유 공간에 놓인
비자성 전선의 반지름

L = 인덕턴스(μH 단위)
a = 전선 반지름(인치 단위)
b = 전선 길이(인치 단위)
ln = 자연로그

VHF(30 MHz)보다 낮은 주파수인 경우

$$L(\mu H) = 0.00508\,b\left(\ln\left(\frac{2b}{a}\right) - 0.75\right)$$

VHF(30 MHz)보다 높은 주파수인 경우

$$L(\mu H) = 0.00508\,b\left(\ln\left(\frac{2b}{a}\right) - 1\right)$$

치수를 밀리미터로 나타내면 숫자 계수
0.00508이 0.0002로 바뀐다.

보기 2.142

2.24.14 상호 인덕턴스와 자기 결합

인덕터 코일 두 개의 축 위치가 서로 가깝게 놓이면, 코일 1을 통해 인가된 전류가 코일 2를 통해 전파되는 자기장을 생성한다. 보기 2.143을 보라.

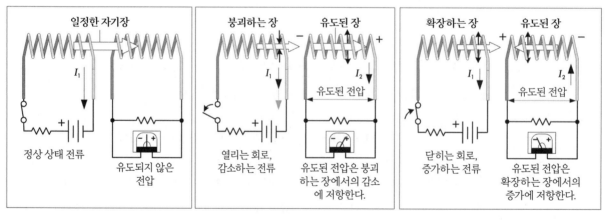

보기 2.143

그 결과로 코일 1의 자기장 세기가 변할 때마다 코일 2에 전압이 유도된다. 코일 2에 유도된 전압은 자기 유도 전압과 비슷하지만, 외부 코일 2에 작용하므로 상호 유도(mutual induction)라고 한다. 이때 이 두 코일이 유도 결합되었다고 한다. 코일이 서로 가까울수록 상호 인덕턴스가 커진다. 코일이 더 멀리 떨어져 있거나 축과 정렬되어 있지 않으면 상호 인덕턴스가 상대적으로 작다. 이때 코일이 느슨하게 결합될 것이라고 말할 수 있다. 실제 상호 인덕턴스와 가능한 한 최대인 상호 인덕턴스의 비율을 결합 계수라고 하며, 일반적으로 백분율로 표시한다. 공심 코일들의 계수는 하나의 코일이 다른 코일 위에 감겨져 있을 때 0.6에서 0.7만큼 높을 수 있지만, 두 코일이 분리되어 있는 경우에는 훨씬 적다. 변압기 설계 시 사용하는 시나리오인 폐쇄형 자심에 코일을 감았을 때만 100%에 가깝게 결합된다. 상호 인덕턴스로 인해 인접한 부품 때문에 회로에 원치 않는 유도 전압이 주입되거나, 유도 부하 때문이거나 또는 대전류 교류 케이블에서 발생한 외부 자기장 변동 때문에 회로 설계 내에 바람직하지 않은 결과를 가져온다.

2.24.15 부당한 결합 스파이크, 번개, 그 밖의 파동

자연적으로나 인위적으로 많은 현상이 발생하면서, 전기 장치로 드나드는 전선에 전압을 유도할 수 있는 충분히 큰 자기장이 형성된다. 외부 원천과 영향을 받는 문제 회로 사이에는 상호 인덕턴스가 존재한다. 전자 장치 부품들을 평행으로 연결하는 케이블은 긴 선을 서로 가깝게 두어 구성한다. 신호 펄스는 하나의 전선에서 다른 전선으로 자기적(magnetically)으로나 용량적(capacitively)으로 결합할 수 있다. 변화하는 전류의 자기장이 거리의 제곱에 비례해 감소하므로 신호 전달 회선을 분리하면 유도 결합이 감소한다. 그렇지만 이것들이 잘 차폐되거나 걸러지지 않는 한, 회선은 여전히 다른 원천에서 나온 펄스의 유도 결합에 영향을 받기 쉽다. 이는 범위 탐촉자(scope probe)에 긴 접지 리드를 사용할 때 자주 발생한다. 외부 자기 간섭은 탐촉자의 접지 리드에 연결되어 원치 않는 잡음으로 표시된 신호 내에 나타날 수 있다. 외부 원천과 전기 장치 사이의 이러한 결합이 큰 문제가 될 수 있는데, 원천의 자장 강도가 돌발파(bust)를 생성할 때 더욱 그렇다. 갑작스런 돌발파는 교류 및 직류 전력선에 높은 전압 스파이크를 유도하는 경향이 있으며, 회로 내부의 손상되기 쉬운 민감한 부품으로 옮겨 갈 수 있다. 예를 들어, 장비 부근의 번개는 장비가 놓인 자리로 이어지는 전원선과 기타 전도성 경로(심지어 접지 도체)에 전압을 유도할 수 있다. 멀리 있는 것처럼 보이는 번개도 궁극적으로는 장치로 이어지는 전력선에 큰 스파이크를 유도할 수 있다. 또한, 전기 모터를 쓰는 중장비는 장치가 있는 장소 내의 전력선에 심각한 스파이크를 유발할 수 있다. 전력선이 직선일지라도 뇌우가 발생할 때나 스파이크를 제대로 걸러내지 않는 중장비가 작동할 때는 전원 콘센트에 연결된 장치에 손상을 주는 전압을 유발할 수 있다.

2.24.16 직렬 또는 병렬로 둔 인덕터

인덕터를 두 개 이상 직렬로 연결한 경우에, 코일이 충분히 떨어져 있으면 코일이 서로 자기장에 영향을 미치지 않으므로 전체 인덕턴스는 개별 인덕턴스의 합과 같다.

$$L_{tot} = L_1 + L_2 + L_3 + \ldots + L_N \qquad \text{직렬로 배치한 인덕턴스 (2.57)}$$

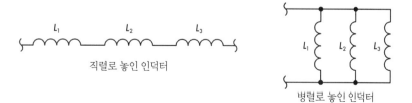

직렬로 놓인 인덕터

병렬로 놓인 인덕터

보기 2.144

키르히호프의 전압 법칙을 적용해 직렬로 놓은 인덕터에 관한 식을 이끌어 낼 수 있다. L_1에서 이뤄지는 전압 강하를 $L_1 dI/dt$로, L_2에서 이뤄지는 전압 강하를 $L_2 dI/dt$로, L_3에서 이뤄지는 전압 강하를 $L_3 dI/dt$로 하면 다음과 같은 식을 얻을 수 있다.

$$V = L_1 \frac{dI}{dt} + L_2 \frac{dI}{dt} + L_3 \frac{dI}{dt} = (L_1 + L_2 + L_3) \frac{dI}{dt}$$

$L_1 + L_2 + L_3$는 직렬로 배치한 인덕터 세 개에 대한 등가 인덕턴스라고 한다.

인덕터를 병렬로 연결한 상태에서 코일이 충분히 떨어져 있는 경우에 총 인덕턴스는 다음과 같이 된다.

$$\frac{1}{L_{tot}} = \frac{1}{L_1} + \frac{1}{L_2} + \frac{1}{L_3} + \cdots + \frac{1}{L_N} \qquad \text{병렬로 배치한 인덕터 (2.58)}$$

인덕터 두 개만 병렬로 연결한 경우 수식은 $L_{tot} = (L_1 \times L_2)/(L_1 + L_2)$로 간단하게 된다.

키르히호프의 현재 법칙을 접합점에 적용해 이것을 유도하는데, 여기서 $I = I_1 + I_2 + I_3$는 전압 V가 L_1, L_2, L_3에 걸쳐 모두 같다는 사실을 이용한다. 따라서 I_1은 $1/L_1 \int V dt$이 되고, I_2는 $1/L_2 \int V dt$가 되고, I_3는 $1/L_3 \int V dt$가 된다. I의 최종 표현식은 다음과 같다.

$$I = \frac{1}{L_1} \int V dt + \frac{1}{L_2} \int V dt + \frac{1}{L_3} \int V dt = \left(\frac{1}{L_1} + \frac{1}{L_2} + \frac{1}{L_3} \right) \int V dt$$

$1/L_1 + 1/L_2 + 1/L_3$은 병렬로 배치한 인덕터 세 개의 반비례 등가 인덕턴스라고 한다.

▶ **예제 15:** 보기 2.145에 나오는 회로의 총 등가 인덕턴스를 70 mH와 같게 하려면 L_2 값은 얼마여야 하는가?

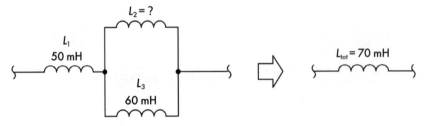

보기 2.145

▷ **정답:** 30 mH이다. $L_{tot} = L_1 + \dfrac{L_1 \times L_2}{L_1 + L_2}$를 이용한다.

2.24.17 교류와 인덕터

이상적인 인덕턴스에 교류 전압을 인가하면, 인덕터를 통해 흐르는 전류는 인가된 전압을 90°만큼 지연시킨다. 또는 인가된 전압이 전류를 90°만큼 선행시킨다는 식으로 생각할 수 있다. (이것은 교류에서 커패시터를 바라보는 것과 정확히 반대로 본 것이다.) 인덕터의 전류 지체의 주요 원인은 인덕턴스에 역전압이 발생하기 때문이다. 역전압의 진폭은 전류가 변하는 속도에 비례한다. 보기

2.146에 나오는 그래프로 이것을 설명할 수 있다. 시간 구간 0~A에서 시작하면, 인가된 전압이 양의 최댓값일 때 역방향 전압 또는 유도 전압이 최대가 되어 최소의 전류가 흐를 수 있다. 이 구간에서 전류의 변화 속도가 가장 빨라서 0~A 시간 단주기 동안 38%가 변화한다. A~B 구간에서 전류는 33%만 변화해 유도 전압의 감소 수준을 산출하며, 이는 인가된 전압의 감소와 더불어 발생한다. 이 과정이 시간 구간 B~C 및 C~D에서 계속되며, 후자의 경우에 인가전압 및 유도 전압이 0에 접근해 전류가 8%만 증가한다.

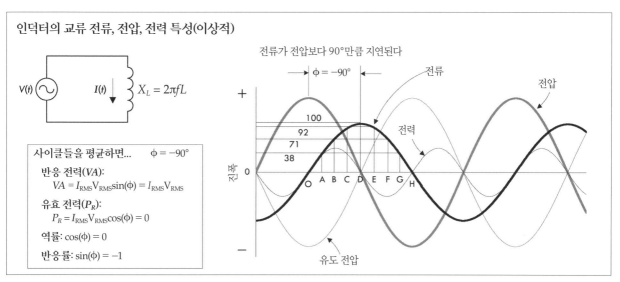

보기 2.146

D~E 구간에서 인가된 전압이 방향을 변화시킨다. 유도 전압 또한 방향을 바꾸며, 자기장이 무너지면서 전류가 회로로 되돌려진다. 이 전류의 방향이 이제 양의 방향이 되어 전류를 유지하는 인가전압과 반대가 된다. 인가전압이 계속해서 증가하면서 전류(양이기는 하지만) 값이 줄어들어 인가전압이 음의 최댓값에 도달할 때 0에 이른다. 음의 반 주기가 양의 반 주기와 동일하게 계속된다. 그러므로 순수한 유도형 교류 회로 내에서는 전류가 전압보다 90° 느리다고 말할 수 있다.

2.24.18 유도 반응저항

인덕터에서 교류의 진폭은 적용 주파수에 반비례한다. 주어진 전류 변화율에 대해 반대 전압이 인덕턴스에 직접 비례하므로, 전류는 주어진 인가전압 및 주파수에 대해 인덕턴스에 반비례한다. 인덕턴스와 주파수의 상호작용 효과(combined effect)를 유도 반응저항(inductive reactance)이라고 한다. 용량성 반응저항과 마찬가지로 유도 반응저항의 단위는 옴이다. 유도 반응저항 공식은 다음과 같다.

$$X_L = 2\pi f L \qquad \text{유도 반응저항 (2.59)}$$

여기서 X_L은 유도 반응저항이고, π는 3.1416이며, f는 Hz 단위로 표시한 주파수이고, L은 헨리 단위로 표시한 인덕턴스이다. 유도 반응저항을 각 형식(angular form, 여기서 $\omega = 2\pi f$)으로 나타내면 다음과 같다.

$$X_L = \omega L$$

인덕터를 정현파 전압원에 연결해 유도 반응저항에 대한 식을 유도한다. 간단히 계산할 수 있게 사인 함수 대신 코사인 함수를 사용하는데, 이 둘 사이에는 아무런 차이가 없다. 예를 들어, 전원 전압이 $V_0\cos(\omega t)$인 경우에 인덕터를 통과하는 전류는 다음과 같다.

$$I = \frac{1}{L}\int V dt = \frac{1}{L}\int V_0 \cos(\omega t)dt = \frac{V_0}{\omega L}\sin(\omega t)$$

$\sin(\omega t) = 1$일 때 인덕터를 통과하는 최대 전류, 즉 파고 전류(peak current)가 발생하는데, 이 시점에서 이것은 다음과 같다.

$$I_0 = \frac{V_0}{\omega L}$$

파고 전압 대 파고 전류의 비율은 저항과 비슷하며 단위는 옴이다. 그러나 '저항'(예: 순방향 전압에 대해 연으로 작용하는 전압)을 하는 물리적 현상이 저항기(발열)와는 다르므로 이 효과에 유도 반응저항이라는 새로운 이름을 부여한다.

$$X_L = \frac{V_0}{I_0} = \frac{V_0}{V_0/\omega L} = \omega L$$

ω가 무한해질수록 X_L도 무한해져 인덕터는 개방 회로처럼 동작한다(인덕터는 고주파 신호를 잘 통과시키지 않는다). 그러나 ω가 0이 될수록 X_L은 0이 된다(인덕터는 저주파 신호를 잘 통과시키고, 이상적으로는 직류 신호들에 '저항'하지 않는 현상을 보인다).

보기 2.147에 1 μH, 10 μH, 및 100 μH 인덕터의 유도 반응저항 대 주파수의 그래프가 나온다. 응답이 선형적으로 증하면 그것이 비례해 주파수가 반응저항을 늘린다. 그렇지만 실제 인덕터에는 기생 저항 및 정전용량이 들어 있기 때문에 반응성 응답이 좀 더 복잡하다. 보기 2.147에 실제 임피던스와 주파수를 비교한 그래프가 나온다.

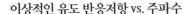

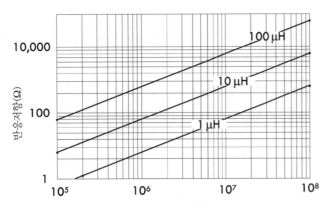

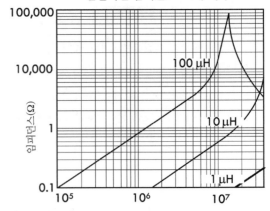

보기 2.147

주파수가 공진 주파수(resonant frequency)라고 부르는 주파수에 근접하면, 임피던스의 모양이 더 이상 선형이 아닌 산등성이와 계곡 모양으로 바뀐다. (조금 있다가 공진 회로를 다룰 때 이게 큰 의미를 지닌다.)

▶ **예제 16:** 120 Hz와 15 MHz 주파수를 적용했을 때, 이상적인 100 μH 코일의 반응저항은 얼마인가?

▷ **정답:**

$$120 \text{ Hz}: X_L = 2\pi f L = 2\pi(120 \text{ Hz})(100 \times 10^{-6} \text{ H}) = 0.075 \text{ } \Omega$$

$$15 \text{ MHz}: X_L = 2\pi f L = 2\pi(15 \times 10^6 \text{ Hz})(100 \times 10^{-6} \text{ H}) = 9425 \text{ } \Omega$$

▶ **예제 17:** 100 MHz 주파수를 적용했을 때 반응저항이 100 Ω인 인덕턴스는 얼마인가?

▷ **정답:**

$$L = \frac{X_L}{2\pi f} = \frac{100 \text{ } \Omega}{2\pi(100 \times 10^6 \text{ Hz})} = 0.16 \text{ } \mu H$$

▶ **예제 18:** 어떤 주파수에서 1 μH인 인덕터의 반응저항이 2000 Ω에 도달할까?

▷ **정답:**

$$f = \frac{X_L}{2\pi L} = \frac{2000 \text{ } \Omega}{2\pi(1 \times 10^{-6} \text{ H})} = 318.3 \text{ MHz}$$

그런데 유도 반응저항에는 유도 서셉턴스(inductive susceptance)라고 부르는 역함수가 있는데, 이는 다음 식과 같다.

$$B = \frac{1}{X_L} \tag{2.60}$$

유도 서셉턴스 단위는 지멘스(siemens)이며, S (S = 1/Ω)로 표시한다. 이것은 인덕터가 전류를 '얼마나 잘' 전달하는지를 간단히 나타내는데, 말 자체가 의미하듯이 반응저항이 '얼마나 나쁘게' 전달하는지를 나타내는 것과는 반대이다.

2.24.19 이상적이지 않은 인덕터 모형

이상적인 인덕터 모형과 이것과 관련된 이상적인 방정식이 회로 분석에 근본적으로 중요하지만, 내부 저항이나 정전용량과 같은 실물 인덕터의 불완전함을 생각하지 않고 맹목적으로 사용하면 결과가 부정확해진다. 무선 주파수 수신기에 사용하는 고주파 필터 같은 중요 장치를 설계할 때는 더 정확한 실물 인덕터 모형을 사용해야 한다.

실제로, 인덕터는 직렬 인덕터(L), 직렬 저항 R_{DC}, 병렬 커패시터 C_P, 병렬 저항 R_P라는 이상적인 수동 소자 네 개로 모형화할 수 있다. R_{DC}는 직류 저항이나 직류 전류가 인덕터를 통과할 때 측정되는 저항 강하를 나타낸다. 제조업체의 직류 저항 사양 시트에 인덕터의 직류 저항이 나와 있다(예를 들면, 1900 계열 100 μH 인덕터, R_{DC}는 0.0065 Ω). R_P는 자심 손실을 나타내며, 자기 공진 주파수 f_0에서 파생한다. 여기서 f_0은 인덕터의 반응저항이 0인 지점(즉, 임피던스가 순전히 저항성일 때)

이다. 이것을 품질 계수 Q를 사용해 계산할 수 있는데, 곧 보게 될 것이다. 병렬 저항기는 시뮬레이션된 자체 공진을 상승에서 무한대까지로 제한한다. C_P는 보기 2.148과 같이 인덕터 내의 코일과 리드 사이에 존재하는 분산된 정전용량을 나타낸다. 코일을 통과하는 교류 전류 때문에 전압이 변하면, 코일의 인덕턴스와 병렬로 작동하는 많은 소형 커패시터에 효과가 나타난다. 보기 2.148에 나오는 그래프는 이 분산 정전용량이 인덕턴스와 공진하는 방식을 보여 준다. 공진 이하에서는 반응저항이 유도성이지만 주파수가 높아짐에 따라 반응저항이 증가한다. 공진 주파수 이상에서는 반응저항이 용량성을 띄고 주파수가 낮아진다.

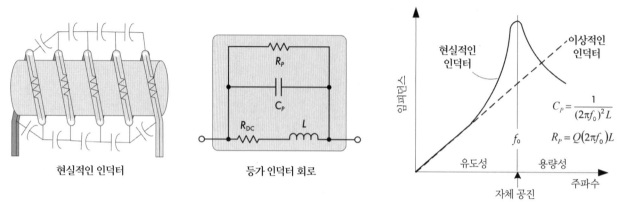

보기 2.148 본문에서 설명한 것처럼 인덕터는 분산된 정전용량을 나타낸다. 그래프는 이 분산 정전용량이 인덕턴스와 공진하는 방식을 보여 준다. 공진 이하에서는 반응저항이 유도적이지만 주파수가 높아짐에 반응저항이 감소한다. 공진 주파수 이상에서는 반응저항이 용량성을 띄고 주파수가 높아진다.

그렇지만 인덕터에서는 다양한 전기에너지 손실이 발생한다. 선 저항(wire resistance), 철손(core loss), 표피 효과(skin effect)가 그러한 예이다. 모든 전기 도체에는 전기에너지를 열로 바꿔 버리는 저항이 어느 정도 있다. 게다가 인덕터 선의 크기가 코일을 통과할 것으로 예측되는 전류를 처리할 수 있는 수준이어야 한다. 선형 도체의 표면에 교류 전류가 흐르기 때문에 교류 손실까지 추가된다. 주파수가 커지면 전류는 도체 표면상의 더 얇은 층으로 제한된다. 이 속성을 **표피 효과**라고 부른다. 인덕터의 심이 철, 페라이트, 황동과 같은 전도성 물질인 경우에 심에서 에너지 손실이 추가로 발생한다.

2.24.20 품질 계수

축전기 및 인덕터 같은 에너지 저장 부품을 **품질 계수** Q(quality factor Q)라는 관점에서 설명할 수 있다. 그러한 부품 Q는 해당 부품 내 총 에너지 손실 합계 대비 에너지 저장 능력의 비율을 의미한다. 본질적으로 계수를 다음과 같이 줄일 수 있다. $Q = X/R$, 여기서 Q는 품질 계수(단위 없음), X는 반응저항(유도성 또는 용량성)이며, R은 부품 내 실제 에너지 손실과 관련된 저항의 총합이다(옴 단위).

커패시터의 경우 Q가 일반적으로 높아서 품질 좋은 세라믹 커패시터의 Q는 1200 이상이다. 작은 세라믹 가변 커패시터(ceramic trimmer capacitors)는 Q 값이 너무 작아서 특정 응용기기에서 무시해서는 안 되는 값이다.

인덕터의 품질 계수는 $Q = 2\pi fL/R_{DC}$로 주어진다. 부품 두 개가 함께 작동하는 회로에서 인덕터의 Q 값이 커패시터의 Q에 접근하는 경우는 거의 없다. 많은 회로에서는 가능한 한 최대 Q 값을 지닌 인덕터를 요구하지만 특정 Q 값이 필요한 회로도 있는데, 실제로는 매우 낮을 수 있다.

■ 유도형 분할기

유도형 분할기를 교류 입력 신호와 함께 사용할 수 있다. 저항성 전압 분할기를 사용해 두 인덕터의 상대적인 저항에 따라 직류 입력 전압을 분할한다. 유도형 분할기(인덕터가 분리되어 있는 경우, 즉 동일한 심에 감겨 있지 않고 상호 인덕턴스가 없는 경우)의 교류 출력 전압을 정하는 식은 보기 2.149와 같다.

$$V_{out} = \frac{L_2}{L_1 + L_2}V_{in}$$

$$V_{out} = \frac{50 \text{ mH}}{150 \text{ mH}}(10 \text{ VAC}) = 3.33 \text{ VAC}$$

보기 2.149

출력 전압이 입력 주파수에 독립적이라는 점에 주목하라. 그렇지만 인덕터의 반응저항이 동작 주파수에서 높지 않으면(즉, 인덕턴스가 충분히 크기 않으면), 분로 소자(L_2)에 의해 끌어 당겨진 매우 큰 전류가 있을 것이다.

2.24.21 인덕터 응용기기

전자기기에서 인덕터는 기본적으로 자기장에 전기에너지를 저장하는 일을 맡는다. 라디오 수신 및 송출을 포함한 아날로그 회로 및 신호 처리에 인덕터를 널리 사용한다. 특정 주파수 신호를 거르는 데 쓰는 전기 필터를 형성할 때 커패시터 및 기타 부품과 더불어 인덕터를 사용할 수 있다. 인덕터 두 개(또는 그 이상)를 결합해 교류 전압을 승압하거나 강압하는 데 사용하는 변압기를 구성한다. 인덕터는 스위칭 레귤레이터(switching regulator)[역주]에 전력을 공급하는 장치의 에너지 저장 장치로 사용할 수 있다. 인덕터는 레귤레이터의 스위칭 주파수의 특정 비율로 충전된 다음, 나머지 주기 동안에 방전된다. 이 충전/방전 비율로 입력/출력 전압비가 결정된다. 의도적으로 시스템의 전압을 낮추거나 전류를 제한하는 데 사용하는 전기 전송 시스템에도 인덕터를 사용한다. 이 분야에서는 일반적으로 리액터(reactor)라고 부른다.

[역주] 개폐형 조정기

2.25 복잡한 회로 모델링

참고로 이번 절에 놀랄 만한 내용을 준비했다. 적절한 수학적 배경 지식이 없다면 이번 절 중 일부를 이해하기 어려울 수 있다. 그렇지만 이론적 근거가 되므로 이번 절을 읽어 둘 만하고, 무엇보다도 난해한 수학을 피하기 위한 기법이 필요하다는 점을 강조하기 때문에 더욱 읽어 둘 만하다.

이론적으로 보면, 매개변수만 충분히 주어진다면 복잡한 전기회로를 방정식의 관점에서 모형화할 수 있다. 다시 말하면, 회로가 선형 요소로 구성되든 비선형 요소로 구성되든 키르히호프의 법칙이 항상 성립한다는 말이다. 선형 장치(linear devices)는 적용된 신호에 비례해 반응한다. 예를 들어, 저항에 전압을 두 배로 걸면 전류가 두 배가 된다. 커패시터의 경우, 인가된 전압의 주파수를 두 배로 키우면 전류가 두 배로 늘어난다. 인덕터의 경우, 전압을 두 배로 늘리면 전류가 두 배가 된다. 우리는 모형 저항, 모형 커패시터, 모형 인덕터에 다음 방정식을 적용할 수 있다는 점을 찾아냈다.

$$V_R = IR, \, I_R = \frac{V_R}{R}$$

$$V_C = \frac{1}{C} \int I dt, \, I_C = C \frac{dV_C}{dt}$$

$$V_L = L \frac{dI}{dt}, \, I_L = \frac{1}{L} \int V_L dt$$

지금까지 전압원과 전류원이라는 관점에서 직류원(dc source)과 정현파원(sinusoidal source)을 다루었는데, 이것을 다음과 같이 수학적으로 표현할 수 있다.

$$V_S = 일정, \quad I_S = 일정, \quad V_S = V_0 \sin(\omega t), \, I_S = I_0 \sin(\omega t)$$

회로에 저항, 커패시터 인덕터 및 이들의 원천 중 하나만 포함된 경우, 우리는 간단히 키르히호프의 법칙을 적용해 회로 내 전압 및 전류가 시간에 따라 작동하는 방식을 정확히 설명하는 방정식 또는 방정식 모음을 생각해 낼 수 있다. 선형 직류회로(linear dc circuits)를 선형 대수 방정식으로 설명할 수 있다. 한편, 선형 시간의존 회로(linear time-dependent circuits)를 선형 미분방정식으로 설명할 수 있다. 시간 의존성이 정현파원의 결과일 수도 있지만, 갑자기 켜지거나 꺼지는 직류원 때문일 수도 있는데, 이것을 과도상태(transient)라고 부른다.

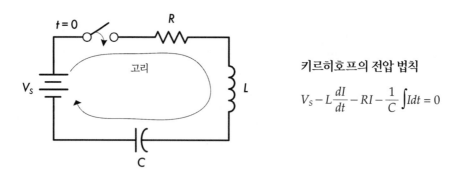

키르히호프의 전압 법칙

$$V_S - L\frac{dI}{dt} - RI - \frac{1}{C}\int I dt = 0$$

보기 2.150

예를 들어, 직류원 V_S를 지닌 직렬 RLC 회로(보기 2.150)가 있는 경우에 키르히호프의 전압 고리 방정식을 다음과 같이 쓸 수 있다.

$$V_S - L\frac{dI}{dt} - RI - \frac{1}{C}\int I dt = 0$$

이 방정식을 이 단계에서는 실제로는 사용하지 않는다. 수학적으로 보면, 방정식을 단순화해서 적분을 없애야 한다. 먼저, 시간을 기준으로 모든 것을 미분한 다음에 다음과 같이 다시 정리한다.

$$L\frac{d^2I}{dt^2} + R\frac{dI}{dt} + \frac{1}{C}I = 0$$

이것은 선형 2차 동차(homogeneous) 미분방정식의 예이다. 이 방정식을 풀려면 몇 가지 수학적 기법이 필요하고 초기 조건들을 정의해야 한다. 여기서 초기란 스위치가 켜지거나 꺼지는 시점이다.

이번에는 같은 RLC 회로를 사용하되, 스위치와 직류 공급 장치를 제거하고 정현파 공급 장치를 끼워 넣자. 공급 장치를 수학적으로는 $V_0 \cos(\omega t)$로 표시한다.

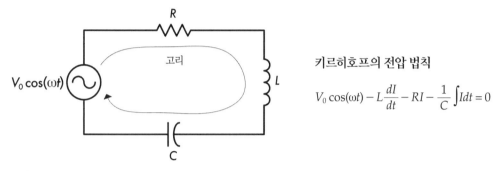

키르히호프의 전압 법칙

$$V_0\cos(\omega t) - L\frac{dI}{dt} - RI - \frac{1}{C}\int Idt = 0$$

보기 2.151

키르히호프의 전압 방정식을 적용하면 다음과 같다.

$$V_0\cos(\omega t) - L\frac{dI}{dt} - RI - \frac{1}{C}\int Idt = 0$$

또는,

$$L\frac{dI}{dt} + RI + \frac{1}{C}\int Idt = V_0\cos(\omega t)$$

다시 말하지만, 방정식을 단순화해서 적분을 소거해야 한다.

$$L\frac{d^2I}{dt^2} + R\frac{dI}{dt} + \frac{1}{C}I = \omega V_0\sin(\omega t)$$

이 식은 선형 2차 비동차 미분방정식이다. 매개변수 변환법 또는 미정계수법을 적용해 이 방정식을 풀 수 있다. 전류에 대한 해를 구한 후, 저항, 커패시터 및 인덕터 양단의 전압을 구하는 문제는 특정 부분에 대한 특성 전압/잔류 방정식에 전류를 연결하는 간단한 문제이다. 하지만 고등수학이 필요해서 이런 경우에 전류에 대한 해를 찾기가 쉽지 않다.

보다시피 수학적으로는 유망한 방법이 아니다. 구형파원 또는 삼각파원과 같은 비정현파원을 통합하기 시작하면 상황이 더욱 안 좋아진다. 예를 들어, 구형파 전압원을 수학적으로 표현하려면 어떻게 해야 할까? 알려진 바와 같이, 푸리에 급수(Fourier series)를 사용하는 게 가장 간단한 방식이다.

$$V(t) = \frac{4V_0}{\pi}\sum_{\substack{n=-\infty \\ n=\text{odd}}}^{\infty}\frac{\sin n\omega_0 t}{n}$$

여기서 V_0는 구형파의 파고 전압이다. RLC 회로를 사용해 이 구형파 전압원을 연결한 다음 키르히호프의 전압 법칙을 고리 주위에 적용하면 다음을 얻는다.

$$L\frac{dI}{dt} + RI + \frac{I}{C}\int I dt = \frac{4V_0}{\pi}\sum_{\substack{n=-\infty \\ n=\text{odd}}}^{\infty} \frac{\sin n\omega_0 t}{n}$$

짐작할 수 있듯이, 이 방정식의 해가 사소한 게 아니다.

비정현파 비반복 원천(충격 등)과 같이 아직 고려하지 않은 그 밖의 원천도 있다. 물론, 선형 성분이 3개 이상인 회로를 고려할 때는 이 상황이 더 악화된다. 다이오드나 트랜지스터와 같은 비선형 소자를 잊지 말아야 하지만, 이것들을 아직 논의조차 하지 않았다.

회로가 복잡해지고 전압원 및 전류원이 이상하게 보일 때, 키르히호프의 방정식을 구성해 푸는데는 상당히 정교한 수학이 필요할 수 있다. 수학을 포기하지 않도록 전자 분석 시 사용하는 기법이 많기는 하지만, 난해한 수학을 피하지 못할 상황도 있다. 보기 2.152를 보면 앞으로 겪을 어려움을 느껴 볼 수 있다.

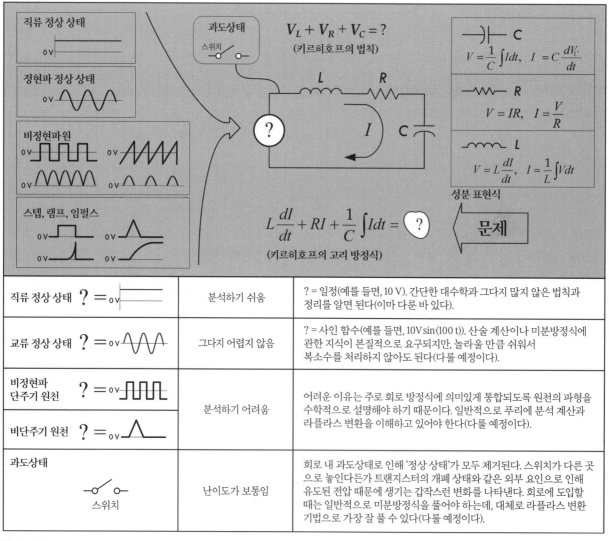

직류 정상 상태	분석하기 쉬움	? = 일정(예를 들면, 10 V). 간단한 대수학과 그다지 많지 않은 법칙과 정리를 알면 된다(이마 다룬 바 있다).
교류 정상 상태	그다지 어렵지 않음	? = 사인 함수(예를 들면, 10V sin(100 t)). 산술 계산이나 미분방정식에 관한 지식이 본질적으로 요구되지만, 놀라울 만큼 쉬워서 복소수를 처리하지 않아도 된다(다룰 예정이다).
비정현파 단주기 원천	분석하기 어려움	어려운 이유는 주로 회로 방정식에 의미있게 통합되도록 원천의 파형을 수학적으로 설명해야 하기 때문이다. 일반적으로 푸리에 분석 계산과 라플라스 변환을 이해하고 있어야 한다(다룰 예정이다).
비단주기 원천		
과도상태	난이도가 보통임	회로 내 과도상태로 인해 '정상 상태'가 모두 제거된다. 스위치가 다른 곳으로 놓인다든가 트랜지스터의 개폐 상태와 같은 외부 요인으로 인해 유도된 전압 때문에 생기는 갑작스런 변화를 나타낸다. 회로에 도입할 때는 일반적으로 미분방정식을 풀어야 하는데, 대체로 라플라스 변환 기법으로 가장 잘 풀 수 있다(다룰 예정이다).

보기 2.152

다음 절에서는 복소수를 살펴본다. 복소 임피던스, 더불어 복소수는 미분방정식이 복잡하게 구성되지 않게 하려고 (최소한 특수 상황에서) 사용하는 기법이다.

2.26 복소수

정현파 구동 회로를 분석하는 데 사용하는 기법을 접하기 전에 복소수를 검토하는 게 도움이 된다. 곧 보겠지만, 정현파 회로는 복소수의 고유한 특성을 공유한다. 몇 가지 기법을 적용하면 복소수와 산술 연산을 사용해 정현파 회로 문제를 모형화해 풀 수 있으며, 더 중요한 것은 이 과정에서 미분방정식을 피할 수 있다는 점이다.

복소수는 실수부와 허수부라는 두 부분으로 구성된다(보기 2.153).

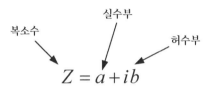

보기 2.153

a와 b는 실수인 반면에 $i = \sqrt{-1}$은 허수 단위이므로 ib라는 항은 허수 또는 복소수의 허수부에 해당한다. 실용적으로는 i(허수 단위)를 i(전류 기호)와 혼동하지 않기 위해 허수 단위 i를 j로 대체한다.

복소수를 사용해 복소평면(아르곤 평면 또는 가우스 평면)에 그래프를 표현할 수 있다. 가로 축이 실수축이고 세로축이 허수축이다(보기 2.154).

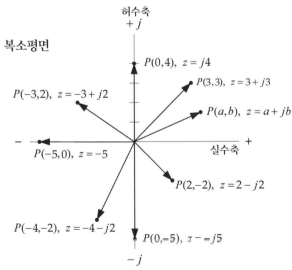

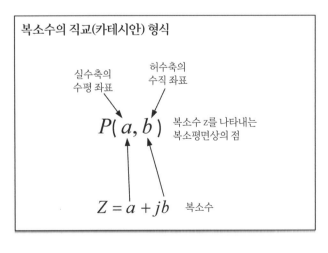

보기 2.154

도면 관점에서 보면, 길이가 0에서 $P(a, b)$에 이를 때 다음과 같은 크기의 벡터로 복소수를 해석할 수 있다.

$$r = \sqrt{a^2 + b^2} \tag{2.61}$$

이것은 양의 실수축과 관련된 각을 만든다.

$$\theta = \arctan\left(\frac{b}{a}\right) = \tan^{-1}\left(\frac{b}{a}\right) \tag{2.62}$$

이번에는 조금 더 나가 보자. 회로 분석 시 복소수를 유용하게 사용하려면 약간 변형해야 한다. a를 $r\cos\theta$로 대체하고 b를 $r\sin\theta$로 대체하면, 복소수는 극 삼각 형식(polar trigonometric form) 으로 된 복소수가 된다(보기 2.155).

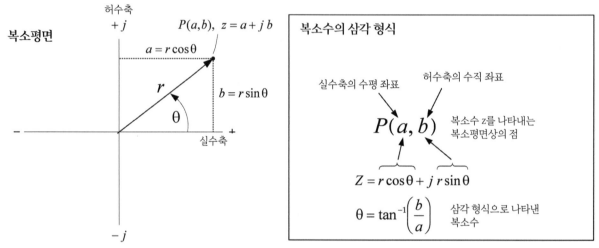

보기 2.155

다행히 여기까지 왔다. 딱 한 개만 더 다루면 된다. 오래 전에 오일러(Euler)라는 이름으로 통하는 사람이 복소수의 삼각 형식 $\cos\theta + j\sin\theta$ 부분이 다음 표현식으로 $e^{j\theta}$와 관련지을 수 있다는 점을 알아냈다.

$$e^{j\theta} = \cos\theta + j\sin\theta \tag{2.63}$$

$e^{j\theta}$, $\cos\theta$, $j\sin\theta$에 대한 개별 멱급수를 취하면 이것을 증명할 수 있다. $\cos\theta$와 $j\sin\theta$에 대한 멱급수를 더하면 그 결과는 $e^{j\theta}$에 대한 멱급수와 같다. 즉, 복소수를 다음처럼 나타낼 수 있다는 의미이다.

$$z = re^{j\theta} \tag{2.64}$$

이는 복소수의 극 지수 형식(polar exponential form)을 나타낸다. 이것을 다음과 같이 간단한 꼴로 바꿀 수 있다.

$$z = r \angle \theta \tag{2.65}$$

이 형식을 극좌표 형식이라고 부르는데, 벡터 및 각 등이 포함되어 있지만 지수 형식(동일한 산술 규칙을 적용한다)과 실제적으로는 다르지 않기 때문에 극 지수 형식을 축소한 형태로 생각해도 되며, 이 형식이 좀 더 직관적이고 계산하기가 더 쉽다.

이제 기본적으로 네 가지 복소수 표현 방식을 지니게 되었다.

$$z = a + jb, z = r\cos\theta + jr\sin\theta, z = re^{j\theta}, z = r\angle\theta$$

형식은 저마다 그 자체로 유용하다. 어느 때는 $z = a + jb$를 사용하기가 더 쉽고, 때로는 $z = re^{j\theta}$ (또는 $z = r\angle\theta$)를 사용하는 편이 더 쉽다. 이 모든 것은 상황에 따라 다른데 잠시 후에 살펴본다.

복소수를 표현하는 다양한 방식

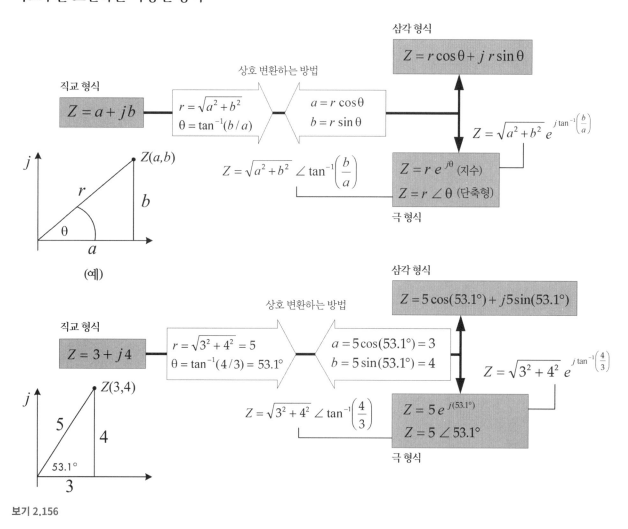

보기 2.156

보기 2.156에 나오는 모형은 다양한 복소수 형태가 어떻게 관련되어 있는지를 느껴 볼 수 있게 설계한 것이다. 다음으로는, 표 2.10에 요약한 복소수에 대한 산술 규칙을 알아야 할 것이다.

표 2.10 복소수에 대한 산술 규칙

복소수 형식	덧셈/뺄셈	곱셈	나눗셈
직교 형식 $z_1 = a + jb$ $z_2 = c + jd$	$z_1 \pm z_2 = (a \pm c) + j(b \pm d)$ 예: $z_1 = 3 + j4,\ z_2 = 5 - j7$ $z_1 + z_2 = (3+5) + j(4-7) = 8 - j3$	$z_1 \times z_2 = (ac - bd) + j(ad + bc)$ 예: $z_1 = 5 + j2,\ z_2 = -4 + j3$ $z_1 \times z_2 = [5(-4) - 2(3)] + j[5(3) + 2(-4)]$ $= -26 + j7$	$\dfrac{z_1}{z_2} = \dfrac{ac+bd}{c^2+d^2} + j\left(\dfrac{bc-ad}{c^2+d^2}\right)$ 예: $z_1 = 1 + j,\ z_2 = 3 + j2$: $\dfrac{z_1}{z_2} = \dfrac{1(3)+1(2)}{3^2+2^2} + j\left(\dfrac{1(3)-1(2)}{3^2+2^2}\right) = \dfrac{5}{13} + j\dfrac{1}{13}$
삼각 형식 $z_1 = r_1 \cos\theta_1 + jr_1 \sin\theta_1$ $z_2 = r_2 \cos\theta_2 + jr_2 \sin\theta_2$	완성할 수는 있지만 삼각 항등원들이 있어야 한다. 이 형식을 직교 형식으로 변환한 다음에 더하거나 빼는 게 더 쉽다.	$z_1 \times z_2 = r_1 r_2 [\cos(\theta_1 + \theta_2) + j\sin(\theta_1 + \theta_2)]$	$z_1 \times z_2 = \dfrac{r_1}{r_2}[\cos(\theta_1 - \theta_2) + j\sin(\theta_1 - \theta_2)]$
지수 형식 $z_1 = r_1 e^{j\theta_1}$ $z_2 = r_2 e^{j\theta_2}$	계산 결과가 단순한 꼴로 나오지 않으므로 r_1과 r_2가 같을 때를 제외하면, 이 형식으로 더하거나 빼는 일이 의미가 별로 없다. 먼저, 직교 형식으로 바꾼 다음에 더하거나 빼는 게 좋다.	$z_1 \times z_2 = r_1 r_2 e^{j(\theta_1 + \theta_2)}$ 예: $z_1 = 5e^{j(180°)},\ z_2 = 2e^{j(90°)}$ $z_1 \times z_2 = 5 (2)\, e^{j(180° + 90°)}$ $= 10\, e^{j(270°)}$	$\dfrac{z_1}{z_2} = \dfrac{r_1}{r_2} e^{j(\theta_1 - \theta_2)}$ 예: $z_1 = 8e^{j(180°)},\ z_2 = 2e^{j(60°)}$ $\dfrac{z_1}{z_2} = \dfrac{8}{2} e^{j(180° - 60°)} = 4e^{j(120°)}$
극좌표 형식(단축형) $z_1 = r_1 \angle \theta_1$ $z_2 = r_2 \angle \theta_2$	계산 결과가 단순한 형식으로 나오지 않으므로 r_1과 r_2가 같지 않다면 이 형식으로 더하거나 빼는 일이 별로 없다. 먼저, 직교 형식으로 변환한 다음에 더하거나 빼는 게 좋다.	$z_1 \times z_2 = r_1 r_2 \angle (\theta_1 + \theta_2)$* 예: $z_1 = 5 \angle 180°,\ z_2 = 2 \angle 90°$ $z_1 \times z_2 = 5(2) \angle (180° + 90°)$ $= 10 \angle 270°$	$\dfrac{z_1}{z_2} = \dfrac{r_1}{r_2} \angle (\theta_1 - \theta_2)$* 예: $z_1 = 8 \angle 180°,\ z_2 = 2 \angle 60°$ $\dfrac{z_1}{z_2} = \dfrac{8}{2} \angle (180° - 60°)$ $= 4 \angle 120°$

* 계산하기에 일반적으로 가장 효율적인 형식이다. 그 밖의 형식은 너무 어렵거나 직관적이지 않은 결과를 제공한다.

복소수를 다룰 때 알아야 할 유용한 관계들은 다음과 같다.

$$X\,(\text{각도 단위}) = \frac{180°}{\pi} X\,(\text{라디안 단위}), \quad X\,(\text{라디안 단위}) = \frac{\pi}{180°} X\,(\text{각도 단위})$$

$$j = \sqrt{-1},\; j^2 = -1,\; \frac{1}{j} = -j,\; \frac{1}{A + jB} = \frac{A - jB}{A^2 + B^2}$$

$$e^{j(0°)} = 1,\; e^{j(90°)} = j,\; e^{j(180°)} = -1,\; e^{j(270°)} = -j,\; e^{j(360°)} = 1$$

$$1 \angle 0° = 1,\; 1 \angle 90° = j,\; 1 \angle 180° = -1,\; 1 \angle 270° = -j,\; 1 \angle 360° = 1$$

$$Z^2 = (re^{j\theta})^2 = r^2 e^{j2\theta} \quad \text{또는} \quad Z^2 = (r \angle \theta)^2 = r^2 \angle 2\theta$$

다음 예는 복소수의 덧셈, 곱셈, 나눗셈을 포함하는 계산을 간단히 할 수 있도록 복소수의 직교 형식 및 극 형식을 모두 사용하는 계산을 보여 준다.

$$\frac{(2 + j5) + (3 - j10)}{(3 + j4)(2 + j8)} = \frac{5 - j5}{(3 + j4)(2 + j8)} = \frac{7.07 \angle 45.0°}{(5 \angle 53.1°)(8.25 \angle 76.0°)} = \frac{7.07 \angle 45.0°}{41.25 \angle 129.1°}$$

$$= 0.17 \angle -84.1°$$

필요에 따라 결과를 삼각 형식이나 직교 형식으로 쉽게 변환할 수 있다.

$$0.17 \angle -84.1° = 0.17 \cos(-84.1°) + j0.17 \sin(-84.1°) = 0.017 - j0.17$$

곱셈이나 나눗셈을 해야 하는 경우에는 복잡한 항들을 지수 형식(단축형)으로 먼저 변환하면 쉬워진다. 본질적으로, 덧셈이나 뺄셈에는 직교 형식(이 경우 삼각 형식도 어렵지 않다)을 사용하고, 곱셈과 나눗셈에는 지수 형식을 사용한다. 앞에 나온 계산을 이해한다면, 쉽게 이해할 수 있는 교류 이론을 찾아야 한다.

다음 표기법을 사용해 복소수를 표현하는 경우가 있다.

$$|Z| = \sqrt{(\text{Re}\,Z)^2 + (\text{Im}\,Z)^2} \tag{2.66}$$

$$\arg(Z) = \arctan\left(\frac{\text{Im}\,Z}{\text{Re}\,Z}\right) = \tan^{-1}\left(\frac{\text{Im}\,Z}{\text{Re}\,Z}\right)$$

여기서 $|Z|$는 복소수(또는 r)의 크기 또는 계수이고, Re Z는 복소수의 실수부이고 Im Z는 허수부인 반면에, $\arg(Z)$(또는 위상 θ)는 Z의 인수, 즉 위상각(θ)을 나타낸다. 예를 들어 $Z = 3 + j4$이면,

$$\text{Re}\,Z = 3 \qquad \text{Im}\,Z = 4 \qquad |Z| = \sqrt{(3)^2 + (4)^2} = 5 \qquad \arg(Z) = \arctan\left(\frac{4}{3}\right) = 53.1°$$

2.27 정현파원이 있는 회로

정현파 전압원에 의해 구동되는 선형 소자(저항, 커패시터, 인덕터)가 들어 있는 회로 두 개가 보기 2.157처럼 있다고 가정하자.

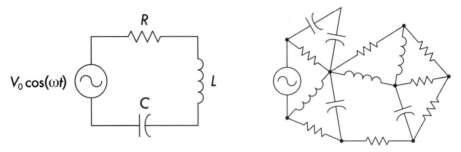

보기 2.157

회로 두 개 중 더 간단한 것을 키르히호프의 전압 법칙을 적용해 분석하면 다음을 얻을 수 있다.

$$V_0 \cos(\omega t) = IR + L\frac{dI}{dt} + \frac{1}{C}\int I\,dt$$

이것은 다음과 같이 약분된다.

$$L\frac{d^2 I}{dt^2} + R\frac{dI}{dt} + \frac{1}{C}I = -\omega V_0 \sin(\omega t)$$

앞에서 알아냈던 바와 같이, 이 식은 선형 2차 비동차 미분방정식이다. 매개변수 변환법 또는 미정계수법을 적용해 이 방정식을 풀 수 있다. 전류에 대한 해를 구한 후에 저항, 커패시터 및 인덕터 양단의 전압을 구하는 문제는 특정 부분에 대한 특성 전압/전류 방정식에 전류를 대입하는 간단한 문제이다. 하지만 이런 경우 고등 수학이 필요해서 전류에 대한 해를 찾기가 쉽지 않다(그리고 작업하기에는 지루하다).

이번에는 상황이 그다지 나쁘지 않다면, 보기 2.157에 나오는 더 복잡한 회로를 살펴보자. 이 뒤죽박죽인 것을 분석하기 위해 키르히호프의 전압 전류 법칙을 회로 내의 여러 고리 및 접합점에 다시 적용한 다음, 미분방정식들의 체계를 생각해 볼 수 있다. 수학이 더 난해해질수록 해를 찾기가 엄청나게 어려워진다.

이러한 미분방정식을 지나치게 두려워하기 전에, 미분방정식을 완전히 없애기 위한 대안 접근법을 설명하려고 한다. 이 대안 접근 방식에서는 복소 임피던스라고 부르는 것을 사용한다. 복소 임피던스에서는 바로 앞 절에서 설명한 복소수를 사용할 것이다.

2.27.1 복소 임피던스를 사용한 정현파 회로 분석

정현파 회로를 쉽게 풀 수 있도록 커패시터와 인덕터를 특수한 저항기인 것처럼 다루는 기법을 사용할 수 있다. 그리고 난 후에는 저항기, 커패시터, 인덕터가 들어간 회로를 '저항기' 회로인 것처럼 여겨 분석할 수 있다. 이런 식으로 하면, 이전에 제시한 직류 회로 법칙과 정리를 적용할 수 있다. 기술을 적용하기는 전혀 어렵지 않지만, 기술이 작동하는 방식의 배경이 되는 이론은 약간 기술적이다. 이런 이유로 이론을 배울 만한 시간이 없다면, 이 절을 간단히 살펴보며 중요한 결과만 끌어내기를 권고한다. 여기서 복소 임피던스의 배경 이론을 살펴보자.

복소, 선형, 정현파 같은 구동 회로에서 회로 내 모든 전류와 전압은 모든 과도상태가 사라지면 정현파가 된다. 이 전류와 전압은 원천 전압과 동일한 주파수로 변한다(물리학적으로 그렇게 된다). 그리고 그 크기는 특정한 순간의 원천 전압의 크기에 비례한다. 그러나 회로 전반에 걸친 전류 및 전압 패턴의 위상은 원천 전압 패턴에 따라 상대적으로 이동할 가능성이 높다. 이 동작은 커패시터 및 인덕터에 의해 발생하는 용량성 및 유도성 효과 때문에 일어난다.

보다시피, 회로 내에 패턴이 있다. 전압과 전류가 어디서나 정현파가 된다는 사실을 이용하고, 이러한 전압과 전류의 주파수가 모두 같을 것이라는 점을 고려하면, 수학적 기법을 사용해 회로(미분방정식을 피하는 회로)를 분석할 수 있다. 이 기법에서는 중첩 정리(superposition theorem)라고 부르는 것을 사용한다. 중첩 정리에 따르면, 정현파 원천 여러 개가 포함된 선형 회로의 한 지점에 있는 전류는 각 원천에서 개별적으로 생성된 전류의 합과 같다. 선형 회로에 키르히호프의 법칙을 적용하면 항상 선형 방정식 한 묶음이 나오는데, 이것을 미지수가 한 개인 단일 선형 방정식으로 약분할 수 있다는 사실을 바탕으로 중첩 정리를 직접 증명할 수 있다. 그러므로 알 수 없는 분기 전류를 적절한 계수가 있는 각 방사선 항의 선형 중첩으로 작성할 수 있다. (보기 2.158에 정현파 중첩의 본질이 나와 있다.)

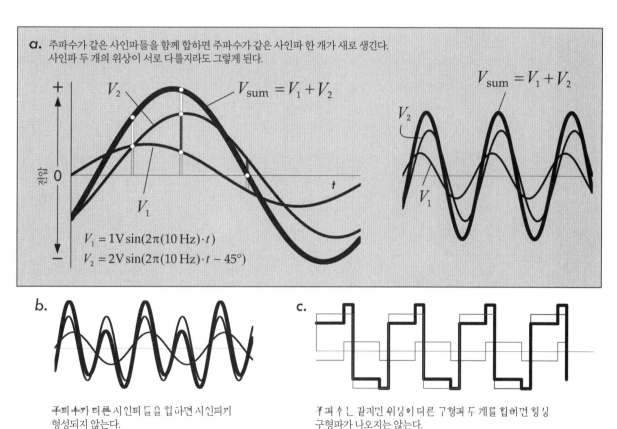

a. 주파수가 같은 사인파들을 함께 합하면 주파수가 같은 사인파 한 개가 새로 생긴다. 사인파 두 개의 위상이 서로 다를지라도 그렇게 된다.

$$V_{\text{sum}} = V_1 + V_2$$

$$V_1 = 1\text{V} \sin(2\pi(10\,\text{Hz}) \cdot t)$$
$$V_2 = 2\text{V} \sin(2\pi(10\,\text{Hz}) \cdot t - 45°)$$

b. 주파수가 다른 사인파들을 합하면 사인파가 형성되지 않는다.

c. 주파수는 같지만 위상이 다른 구형파 두 개를 합히면 항상 구형파가 나오지는 않는다.

보기 2.158 **(a)** 사인파 두 개와 합한 결과. 주파수가 같지만 위상과 진폭이 바뀐 사인파. 이것은 저항기, 커패시터, 인덕터가 들어 있는 정현파 구동식 선형 회로를 쉽게 다룰 수 있게 해 주는 핵심 특징이다. 주파수가 다른 사인파로 이것을 시도하면 **(b)**에 나오는 바와 같이 결과로 나온 파형은 사인 곡선이 아니다. 구형파와 주파수가 같은 비정현파 파형을 중첩하면 **(c)**와 같이 유사한 파형을 보장받을 수 없다.

이 모든 것이 의미하는 바는, 회로 내에 알 수 없는 전류 또는 전압의 시간 의존성을 계산하는 문제에 부딪히지 않아도 된다는 것인데, 이는 그 문제가 항상 $\cos(\omega t + \phi)$ 형태일 것이라는 점을 알고 있기 때문이다. 대신에, 파고 값(또는 RMS 값)과 위상을 계산해 중첩 정리를 적용하면 된다. 전류와 전압을 표현하고 중첩 정리를 적용하기 위해서 크기, 위상, 주파수를 고려해 사인 함수나 코사인 함수를 사용하는 게 명확한 것처럼 보일 수 있다. 그렇지만 중첩의 수학적 과정(덧셈, 곱셈 등)에서 사인과 코사인 관점에서 보면 지저분해 보이는 정현파 표현을 얻게 될 것인데, 이해할 만한 해답을 얻을 수 있게 바꾸려면 어려운 삼각법과 항등식을 동원해야 한다. 대신에, 복소수를 사용하면 회로 내 전압 및 전류의 진폭과 위상을 나타낼 수 있다.

복소수를 다룬 절에서 보면, 복소수는(적어도 복소평면에서) 정현파 형태를 보인다. 예를 들어, 복소수 $z_1 = r_1 \cos \theta_1 + j r_1 \sin \theta_1$의 삼각 형식은 θ가 0~360° 또는 0~2π라디안으로 실행될 때, 복소평면에서 원형 경로를 따라 뻗어 나온다. z의 실수부 대 θ를 그래프로 나타내면 정현파 패턴이 나타난다. 파동 패턴의 진폭을 변경할 때는 r 값만 변경하면 된다. 빈도를 설정할 때는 θ에 간단히 숫자를 곱하면 된다. 주파수가 같지만 파동이 다른 패턴에 상대적으로 위상 이동을 유도하려면 θ에 숫자(라디안 또는 도 단위)를 추가하면 된다. θ를 ωt로 바꾸고(여기서 $\omega = 2\pi f$), r을 V_0으로 바꾸고, ωt(위상 이동을 위한 자리)에 추가될 자리를 남겨두면 복소수로 전압원을 표현할 수 있는 식이 생긴다. 전류에 대해서도 선례를 따라갈 수 있다.

정현파 함수와 비교해 복소수가 더 좋은 점으로는 직교 형식, 극 삼각 형식, 극좌표 형식(표준 또는 단축형) 내에서 여러 방식으로 복소수를 나타낼 수 있다는 점이다. 이러한 여러 선택사항을 사용하면 중첩과 관련된 수학이 쉬워진다. 예를 들어, 숫자를 직교 형식으로 변환하면 항들을 쉽게 더하거나 뺄 수 있다. 수를 극 지수 형식(또는 단축형)으로 변환하면 항들을 쉽게 곱하거나 나눌 수 있다(지수 형식에 있는 항을 간단히 더하거나 뺌).

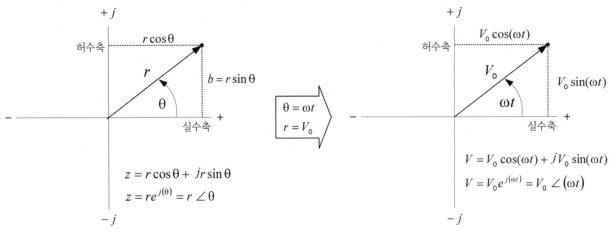

보기 2.159

실제로 전류와 전압은 항상 실숫값이다. 허수 전류나 허수 전압은 없다. 그렇다면 허수부가 있는 이유는 무얼까? 전류와 전압을 실수부와 허수부로 표현하면, 위상 추적 체계를 간단히 도입하게 된다는 게 정답이다. (복소수 부분은 기계 내의 숨겨진 부분과 같다. 이것의 함수가 겉으로 드러나지 않지만, 외부 출력에 실제적인 영향을 미친다. '실수'는 말 그대로 중요한 부분인 것이다.) 이것이 의미하는 바는 최종 해답(중첩 결과)이 항상 실수 수량으로 다시 변환되어야 한다는 점이다. 즉, 모든 계산이 끝난 후에 나온 복잡한 결과를 극좌표 형식이나 극 지수 형식(단축형)으로 변환해 허수 부분을 제거해야 한다는 의미이다. 예를 들어, 다음과 같이 복소수 형식으로 표시된 결과 전압을 만나게 되면, 다음과 같다.

$$V(t) = 5 \text{ V} + j\,10 \text{ V}$$

여기서 전압이 RMS인 경우, 크기를 탐색해 의미 있는 실수 결과를 얻음으로써 복잡한 식을 극 지수 형식, 즉 단축형으로 간단히 변환할 수 있게 된다.

$$\sqrt{(5.0 \text{ V})^2 + (10.0 \text{ V})^2}\, e^{j(63.4°)} = (11.2 \text{ V})\, e^{j(63.5°)} = 11.2 \text{ V} \angle 63.5°$$

반응저항이 있든 저항 효과가 있든 11.2V RMS가 실제로 존재하게 된다. 그 결과가 최종 계산인 경우, 위상은 실용적인 목적에 중요하지 않아서 종종 무시된다.

지금쯤 머리를 긁으면서 이렇게 말할 수도 있을 것이다. "내가 어떻게 해야 제대로 중첩 등을 할 수 있을까? 이 모든 것이 너무 추상적이거나 쓸데없는 것처럼 보인다. 실제로 어떻게 하면 거대한 계획 속에 놓인 저항기, 커패시터, 인덕터를 설명할 수 있을까?" 이러한 쓸데없는 것을 피하는 가장 좋은 방법은 아마도 정현파 전압을 취해 이것을 복소수 표현 방식으로 변환하는 것일 게다. 그런 후에 저항기, 커패시터, 인덕터에 그것들을 개별적으로 적용하고 나면 무엇을 얻을 수 있는지를 확인할 수 있다. 중요한 신개념과 구체적인 분석 기술이 그렇게 하는 중에 나온다.

2.27.2 복소수로 표현하는 정현파 전압원

정현파 전압에 대한 다음 표현식을 다루는 일로 시작해 보자.

$$V_0 \cos(\omega t) \qquad (\omega = 2\pi f)$$

이를 극 삼각 형식으로 변환한다.

$$V_0 \cos(\omega t) + jV_0 \sin(\omega t)$$

$jV_0 \sin(\omega t)$ 항이라면 어떨까? 이 항이 허수이고 물리적인 의미가 없으므로 실제 전압 표현식에 영향을 미치지 않는다(그렇지만 중첩 과정에는 필요하다). 다음에 나오는 계산에 도움이 되도록 오일러의 관계식 $e^{j\theta} = r\cos(\theta) + jr\sin(\theta)$를 사용해 극 삼각 형식을 극 지수 형식으로 변환한다.

$$V_0 e^{j(\omega t)} \tag{2.67}$$

극 지수 형식(단축형)은 다음과 같이 될 것이다.

$$V_0 \angle (\omega t) \tag{2.68}$$

이 전압을 그래프로 그려 나타낸다면 복소평면에서 각주파수 ω로, 반시계 방향으로 회전하는 벡터로 나타낼 수 있다($\omega = d\theta/dt$라는 점을 기억하자. 여기서 $\omega = 2\pi f$). 벡터의 길이는 V의 최댓값,

즉 V_0를 나타내며, 벡터의 실수축에 대한 투영은 실수부 또는 V의 순시 값(instantaneous value)을 나타내고, 벡터의 허수축에 대한 투영은 V의 허수부를 나타낸다.

이제 복소수 형식으로 전압을 표현하는 식을 얻었으므로 원천에 저항기, 커패시터 또는 인덕터를 배치하고 각 부품을 통과하는 전류에 대한 복소수 표현식을 구할 수 있다. 복소수 형식으로 된 저항기에 흐르는 전류를 찾으려면 간단히 $V_0e^{j(\omega t)}$를 $I = V/R$ 중 V에 대입한다. 커패시터 전류를 알아내려면 $V_0e^{j(\omega t)}$를 $I = C\,dV/dt$에 대입한다. 마지막으로, 인덕터 전류를 알려면 $V_0e^{j(\omega t)}$를 $I = 1/L \int V dt$에 대입한다. 그 결과가 보기 2.160에 나온다.

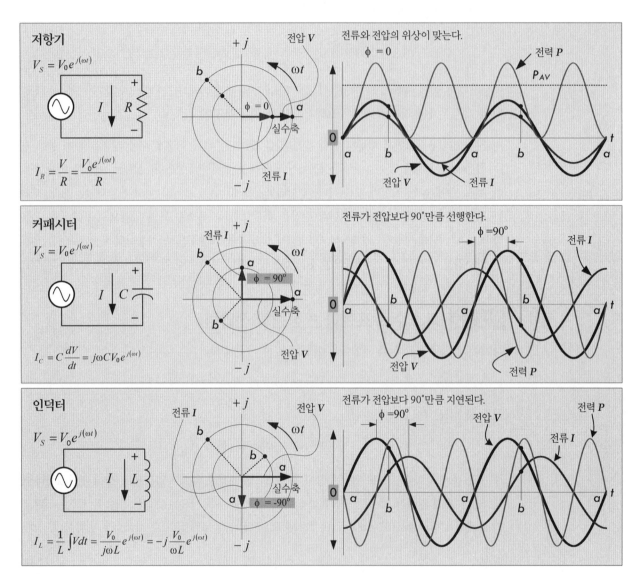

보기 2.160

전류와 전압 사이 및 각 부품들에 걸려 있는 위상차를 확인하려면 다음 사항을 확인하라.

- 저항기: 보기 2.160에 나오는 그래프에 그려진 것과 같이, 전류 및 전압의 위상 $\phi = 0°$이다. 이 동작은 전압 및 전류 벡터가 상호 간에 각도가 동일한 복소평면 내에서 모형화될 수 있으며, 이 둘은 각주파수 $\omega = 2\pi f$에서 반시계 방향으로 회전한다.

- 커패시터: 전류의 위상이 인가된 전압에 비해 +90°만큼 벗어나 있다. 다시 말하면, 전류는 전압을 90°만큼 선행한다. 따로 명시하지 않는 한은 관행에 따라 위상각 φ는 전류 벡터에서 전압 벡터로 참조된다. φ가 양이면 전류가 선행하고(반시계 방향으로 더 멀리), φ가 음이면 전류가 지연된다(시계 방향으로 더 멀리).
- 인덕터: 전류의 위상이 인가된 전압에 비해 −90°만큼 벗어나 있다. 다시 말하면, 전류는 전압보다 90°만큼 지연된다.

전압과 전류의 크기와 위상을 나타내는 복소평면 모형을 위상 벡터도(phasor diagram)라고 부른다. 여기서 위상(phasor)이라는 용어는 국면을 비교한다는 뜻이다. 시간 의존 수학 함수(time-dependent mathematical function)와 달리 위상은 현재 일어나는 일의 순간적인 모습만을 제공한다. 다시 말하면, 위상은 특정 순간의 모습과 진폭만을 알려 준다.

이제 교류 분석을 쉽게 다루는 데 필요한 기법을 제공할 차례다. 각 부품에 걸린 전압을 전류로 나누면 다음과 같이 된다(보기 2.161 참조).

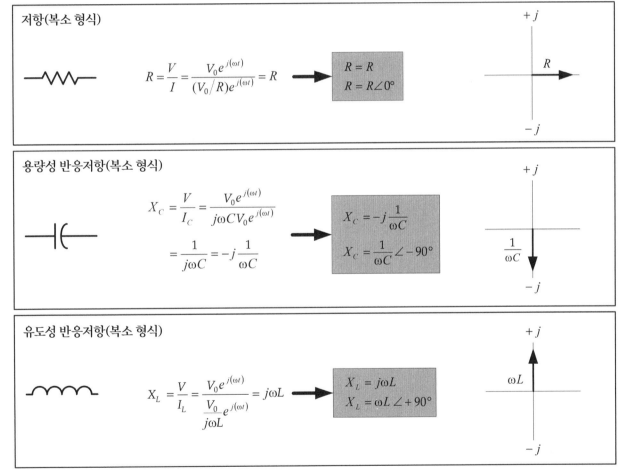

보기 2.161

보다시피, 난해한 $V_0 e^{j(\omega t)}$ 항들이 소거되어 저항, 용량성 반응저항, 유도성 반응저항이 복소수 형식으로 나온다. 결과로 나온 식은 시간에 대한 함수가 아니라 주파수에 대한 함수이다. 이것은 난해한 미분방정식을 피하기 위한 기법의 한 부분이다.

용량성 반응저항과 유도성 반응저항을 복소수라는 관점에서 서술할 수 있는 방법을 지니게 되었으므로, 이제는 중요한 가정을 할 수 있다. 우리는 정현파 구동 회로 내에서 커패시터 및 인덕터를 주파수 감응 저항기인 것처럼 다룰 수 있다. 이러한 주파수 감응 저항기는 직류 회로를 분석할 때 일반 저항기를 대신한다. 우리는 또한, 직류원을 정현파원으로 대체해야만 한다. 회로를 분석할 때 모든 전압, 전류, 저항, 반응저항을 복소수 형식으로 표현된다면, 오래된 회로 정리(옴의 법칙, 키르히호프의 법칙, 테브난의 정리 등)에 그것들을 대입할 때 복소수 자체를 수학적으로 계산해서 풀이내는 방정식(중첩 정리를 내장)을 얻을 수 있다.

예를 들어, **교류 옴의 법칙**(ac Ohm's law)은 다음과 같다.

$$V(\omega) = I(\omega) \times Z(\omega) \tag{2.69}$$

Z가 의미하는 게 무엇일까? Z는 복소 임피던스를 가리키며, 이것은 전류 흐름에 대한 저항을 복소수 형식으로 기술하는 일반적인 방식이다. 복소 임피던스가 단순히 저항성이거나, 용량성이거나, 유도성이거나, 저항성 소자들과 반응성 소자들(예를 들어, RLC 회로 소자)의 조합일 수도 있다. 예를 들면 다음과 같다.

$$\text{저항기: } V_R = I_R \times R$$

$$\text{커패시터: } V_C = I_C \times X_C = I_C\left(-j\frac{1}{\omega C}\right) = -j\frac{I_C}{\omega C} = \frac{I_C}{\omega C}\angle -90°$$

$$\text{인덕터: } V_L = I_L \times X_L = I_L(j\omega L) = jI_L\omega L = I_L\omega L\angle +90°$$

$$\text{임의의 복소 임피던스 } Z\text{: } V_Z = I_Z \times Z$$

보기 2.162는 정현파원에 대한 위상 표현과 저항기, 커패시터, 인덕터로 구성된 복소 임피던스 Z와 더불어 방금 설명한 내용을 보여 준다.

복소 임피던스를 주파수 감응 저항기로 다루는 과정에서 계속해서 저항기를 직렬 방정식에서 사용할 수 있다. 단, 지금은 **임피던스를 직렬로 사용하는 경우**는 예외로 한다.

$$Z_{\text{total}} = Z_1 + Z_2 + Z_3 + \ldots + Z_N \qquad \text{직렬로 놓인 } N \tag{2.70}$$

마찬가지로, 구형 전압 분할기가 이제는 **교류 전압 분할기**(ac voltage divider)가 된다(보기 2.163 참조).

병렬로 둔 더 많은 임피던스에 대한 등가 임피던스를 찾는 방법은 다음과 같다.

$$Z_{\text{tot}} = \frac{1}{1/Z_1 + 1/Z_2 + 1/Z_3 + \ldots 1/Z_N} \qquad \begin{array}{l}\text{병렬로 둔}\\ N\text{개 임피던스}\end{array} \tag{2.71}$$

$$Z_{\text{total}} = \frac{Z_1 Z_2}{Z_1 + Z_2} \qquad \begin{array}{l}\text{병렬로 둔}\\ 2\text{개 임피던스}\end{array} \tag{2.72}$$

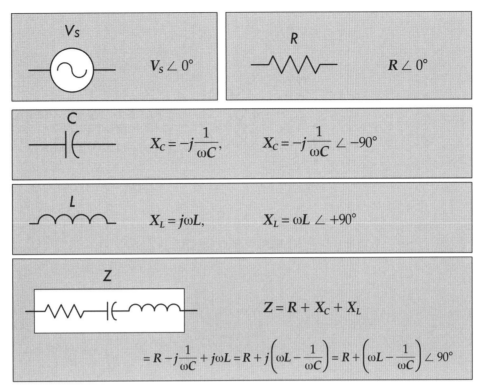

보기 2.162

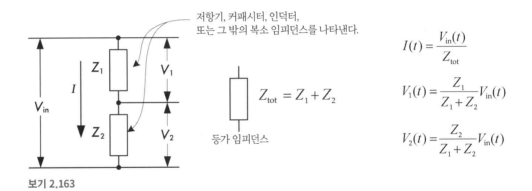

$$I(t) = \frac{V_{\text{in}}(t)}{Z_{\text{tot}}}$$

$$Z_{\text{tot}} = Z_1 + Z_2$$

등가 임피던스

저항기, 커패시터, 인덕터,
또는 그 밖의 복소 임피던스를 나타낸다.

$$V_1(t) = \frac{Z_1}{Z_1 + Z_2} V_{\text{in}}(t)$$

$$V_2(t) = \frac{Z_2}{Z_1 + Z_2} V_{\text{in}}(t)$$

보기 2.163

결과적으로 교류 전류 분할기(ac current divider)는 다음과 같다.

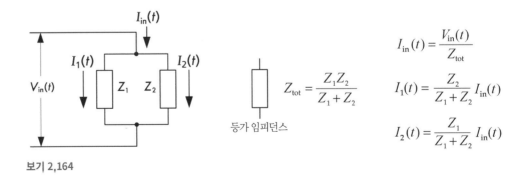

$$I_{\text{in}}(t) = \frac{V_{\text{in}}(t)}{Z_{\text{tot}}}$$

$$Z_{\text{tot}} = \frac{Z_1 Z_2}{Z_1 + Z_2}$$

등가 임피던스

$$I_1(t) = \frac{Z_2}{Z_1 + Z_2} I_{\text{in}}(t)$$

$$I_2(t) = \frac{Z_1}{Z_1 + Z_2} I_{\text{in}}(t)$$

보기 2.164

그리고 아마도 가장 중요한 점은, 키르히호프의 전압 및 고리 방정식들에 복소 임피던스들을 투입하여 노드가 많아 복잡한 회로들을 풀어 낼 수 있다는 점일 것이다(보기 2.165 참조).

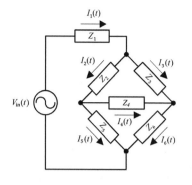

키르히호프의 전류 법칙을 적용하면,
다음 방정식들을 얻게 된다.

$$I_1(t) = I_2(t) + I_3(t)$$
$$I_2(t) = I_5(t) + I_4(t)$$
$$I_6(t) = I_4(t) + I_3(t)$$

키르히호프의 전압 법칙을 적용하면,
다음 방정식들을 얻게 된다.

$$V_{in}(t) - I_1(t)Z_1 - I_2(t)Z_2 - I_5(t)Z_5 = 0$$
$$-I_3(t)Z_3 + I_4(t)Z_4 + I_2(t)Z_2 = 0$$
$$-I_6(t)Z_6 + I_5(t)Z_5 - I_4(t)Z_4 = 0$$

보기 2.165

▶ **예제 1:** 다음 회로망에서 복소 임피던스를 찾아라.

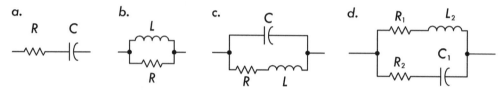

보기 2.166

▷ **정답:**

(a) $R - j\dfrac{1}{\omega C}$ (b) $\dfrac{jR\omega L}{R + j\omega L}$ (c) $\dfrac{\dfrac{L}{C} - j\left(\dfrac{R}{\omega C}\right)}{R + j\left(\omega L - \dfrac{1}{\omega C}\right)}$ (d) $\dfrac{\left(R_1R_2 + \dfrac{L_2}{C_1}\right) + j\left(R_2\omega L_2 - \dfrac{R_1}{\omega C_1}\right)}{(R_1 + R_2) + j\left(\omega L_2 - \dfrac{1}{\omega C_1}\right)}$

다음을 사용해 분모에 복소수가 있는 이러한 결과들을 간단하게 할 수 있다.

$$\frac{1}{A + jB} = \frac{A - jB}{A^2 + B^2}$$

▶ **예제 2:** 예제 1에서 나온 ⓐ 회로망과 ⓒ 회로망을 극좌표 형식으로 표현하라.

▷ **정답:**

(a) $\sqrt{R^2 + \left(\dfrac{1}{\omega C}\right)^2} \angle \tan^{-1}\left(-\dfrac{1}{R\omega C}\right)$

(c) $Z_{TOT} = \dfrac{\sqrt{(L/C)^2 + [R/(\omega C)]^2}}{\sqrt{R^2 + [\omega L - 1/(\omega C)]^2}} \angle \left\{-\tan^{-1}\left(\dfrac{R}{\omega C}\right) - \tan^{-1}\left[\dfrac{\omega L - 1/(\omega C)}{R}\right]\right\}$

마지막 예제를 푼 게 수학적인 악몽이었다고 말할 수도 있을 것이다. 보다시피, 처음부터 변수에 값을 대입하지 않으면 표현식이 난해해질 수 있다. 그렇지만 복소 임피던스를 찾아 교류를 분석할 때 사용하는 일은 저항기, 커패시터, 인덕터의 특성방정식들을 사용하는 일이나 이것들을 키르히호프의 법칙에 삽입하는 일 또는 미분방정식을 푸는 일보다 훨씬 쉽다.

▶ **예제 3:** 보기 2.167에 나오는 직렬 RL 회로는 12 VAC(RMS), 60 Hz 원천에서 나온다. $L = 265\,\text{mH}$, $R = 50\,\Omega$일 때 I_S, I_R, I_L, V_R, V_L과 피상 전력(apparent power), 유효 전력(real power), 반응 전력(reactive power)[역주1] 및 역률(power factor)[역주2]을 찾아라.

[역주1] 보통 무효 전력으로 번역하지만, wattless power가 더 무효 전력에 가깝고 reactive는 reaction(반응)이나 reactance(반응저항)에서 보듯이 '반응성' 또는 '반응'이란 뜻에 밀접하므로 이 책 전반에 걸쳐서 reactive power는 반응 전력으로, wattless power는 무효 전력으로 번역했다. 이렇게 번역해야 실제 책에서 설명하는 내용과도 합치된다. 어쨌든 반응 전력이 유효 전력이 아니어서 무효로 여겨지므로 무효 전력이라고 보면 된다. 하지만 두 용어의 개념에 미묘한 차이가 있으므로 이 책에서는 개념에 충실하기 위해 반응 전력과 무효 전력을 구분했다.

[역주2] 전력 인자

직렬 임피던스(RL 회로)

저항과 유도성 반응저항

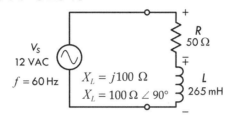

등가 임피던스와 전류

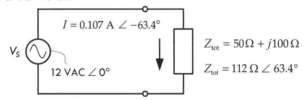

R과 L에 걸린 전압

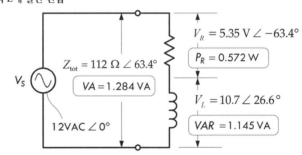

직렬 RL 회로 내 정현파 파형

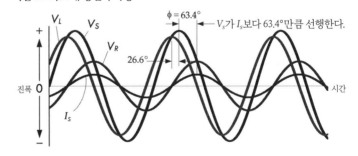

$V_S(t) = \textbf{17.0 V sin}\,(\omega t)$

$V_R(t) = \textbf{7.6 V sin}\,(\omega t - 63.4°)$

$V_L(t) = \textbf{15.1 V sin}\,(\omega t + 26.6°)$

$I_S(t) = \textbf{0.151 A sin}\,(\omega t - 63.4°)$

* 이 함수들에서 사용하는 파고 전압들과 파고 전류들을 1.414로 곱한 RMS와 등가이다

보기 2.167

▷ **정답:** 먼저, 인덕터의 반응저항을 계산한다.

$$X_L = j\omega L = j(2\pi \times 60 \text{ Hz} \times 265 \times 10^{-3} \text{ H}) = j\,100\,\Omega$$

저항기와 인덕터가 직렬로 연결되어 있으므로 간단하게 계산할 수 있다. 간단히 복소수를 직교 형식에 더하면 된다.

$$Z = R + X_L = 50\,\Omega + j100\,\Omega$$

극 형식에서는 결과가 다음과 같다.

$$Z = \sqrt{50^2 + 100^2} \angle \tan^{-1}\left(\frac{100}{50}\right) = 112\,\Omega \angle 63.4°$$

허수부나 위상각에 속지 않도록 하라. 임피던스는 실수이다. 임피던스가 112옴에 상당하지만, 이 중 일부만이 실제 저항이고 나머지는 유도성 반응저항이다.

이제 교류 옴의 법칙을 사용해 전류를 찾을 수 있다.

$$I_s = \frac{V_s}{Z_{\text{tot}}} = \frac{12 \text{ VAC} \angle 0°}{112\,\Omega \angle 63.4°} = 0.107 \text{ A} \angle -63.4°$$

−63.4°라는 결과는 전류가 회로망에 인가된 전압 또는 전체 전압보다 63.4°만큼 지연되는 것을 의미한다. 이것이 직렬 회로이므로 $I = I_R = I_L$이다. 저항기 및 인덕터 양단에 걸린 전압을 교류 옴 의 법칙 또는 교류 전압 분할기를 사용해 구할 수 있다.

$$V_R = I \times R = (0.107\text{A} \angle -63.4°)(50\,\Omega \angle 0°)$$

$$= 5.35 \text{ VAC} \angle -63.4°$$

$$V_L = I \times X_L = (0.107\text{A} \angle -63.4°)(100\,\Omega \angle 90°)$$

$$= 10.7 \text{ VAC} \angle 26.6°$$

앞의 계산은 시간 $t = 0$인 순간에 대한 것으로, 이는 초기 조건 $V_S = 12 \text{ VAC} \angle 0°$을 언급하는 경우와 같다. 그렇지만 진폭을 연결하는 위상과 전압을 알고 있으므로 이것으로 충분하다. 전체 시스템이 어떻게 시간에 따라 작동하는지를 정확히 그려 낼 수 있게, 더 일반적인 ωt를 원천 전 압에 대입하고, 1.414를 곱해 RMS 값을 실제 값으로 변환하기만 하면 된다. 우리는 $V_S = 17.0 \text{ V}$ $\angle \omega t$를 얻게 되는데, 이것은 순간적인 모습이 아니라 전체 시간에 걸쳐 연속된 모습을 수 학적으로 설명한 것이다. 그래프를 만들려면 이 과정 중에 허수 부분을 무시하고 삼각 형식 $V_S = 17.0 \text{ V} \cos(\omega t)$으로 변환해야 한다. 우리가 위상에만 관심을 두고 있으므로 V_S를 사인 함 수 $V_S = 17.0 \text{ V} \sin(\omega t)$로 표현할 수 있으며, 위상 항을 추가하고 파고 값을 포함한 그 밖의 모 든 전압 및 전류 파형을 참조할 수 있는데, 이는 다음 방정식에서 볼 수 있다.

총 임피던스로 인한 피상 전력은 다음과 같다.

$$VA = I_{\text{RMS}}V_{\text{RMS}} = (0.107\text{A})(12 \text{ VAC}) = 1.284 \text{ VA}$$

그렇지만 저항만이 전력을 소모한다.

$$P_R = I_{\text{RMS}}^2 R = (0.107\,\text{A})^2\,(50\,\Omega) = 0.572\,\text{W}$$

인덕터로 인한 반응 전력은 다음과 같다.

$$VAR = I_{\text{RMS}}^2 X_L = (0.107\,\text{A})^2\,(100\,\Omega) = 1.145\,\text{VA}$$

역률(실제 전력/피상 전력)은 다음과 같다.

$$PF = \frac{P_R}{VA} = \cos(\phi) = \cos(-63.4°) = 0.45\ \text{지연}$$

여기서 ϕ는 V_S와 I_S 간의 위상각이다. 아직까지 피상 전력과 반응 전력을 제대로 다루지 않았다는 점에 유념하라. 이제 그게 다가오고 있다.

2.27.3 반응 회로의 이상 현상

반응 회로에서, 에너지 순환 때문에 이상 현상이 일어나는 것처럼 보인다. 보기 2.167에 나오는 예에서 키르히호프의 법칙이 더해지지 않는 것처럼 보이는데, 이는 저항기와 인덕터 전압의 산술 합이 다음과 같기 때문이다.

$$5.35\ \text{VAC} + 10.70\ \text{VAC} = 16.05\ \text{VAC}$$

이것은 12 VAC 원천 전압보다 크다. 여기서 문제는 위상을 고려하지 않았다는 점에 있다.

위상을 고려한 실제 결과는 다음과 같다.

$$V_{\text{total}} = V_R + V_L = 5.35\ \text{VAC} \angle -63.4° + 10.70\ \text{VAC} \angle 26.6°$$

$$= 2.4\ \text{VAC} - j4.8\ \text{VAC} + 9.6\ \text{VAC} + j4.8\ \text{VAC} = 12\ \text{VAC}$$

보기 2.168에 이 지점이 그래픽으로 나와 있다. 전압을 RMS 값으로 표현한다는 사실을 나타내는 'VAC'를 꼭 사용해야 하는 것은 아니다. 어떤 사람들은 모든 전압을 정현파로 가정하고 간단히 'V'를 표기해 RMS 형식으로 여긴다. $V_P = 1.414 \times V_{\text{RMS}}$에 의해 실제 파고 전압과 RMS 값이 관련된다.

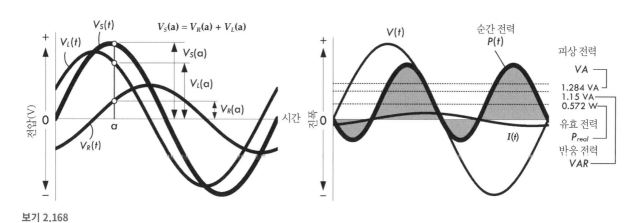

보기 2.168

그 밖에 정전용량과 인덕턴스가 있는 직렬 회로와 같은 경우에는 부품 양단에 걸린 전압이 공급 전압을 초과할 수 있다. 인덕터로 인해 에너지가 저장되는 동안에 커패시터는 이전에 충전되었던 상태에서 에너지를 회로로 반환하기도 하고 그 반대로 하는 경우도 있기 때문에 이런 조건이 존재할 수 있다. 유동성 분기 및 용량성 분기가 있는 병렬 회로에서 부품들을 순환하는 전류가 전원에서 끌어 온 전류를 초과할 수 있다. 인덕터의 붕괴 장이 커패시터에 전류를 공급하거나 방전 커패시터가 인덕터에 전류를 공급하기 때문에 이런 현상이 생긴다. 잠시 후에 이러한 사례를 살펴볼 것이다.

2.28 교류 회로 내 전력(피상 전력, 유효 전력, 반응 전력)

저항기, 인덕터, 커패시터가 들어 있는 복잡한 회로에서 어떤 종류의 전력을 사용하는지를 어떻게 판별할 것인가? 일반 전력 법칙 $P = I_{RMS} V_{RMS}$를 사용하는 게 가장 좋은 출발점이다. 그렇지만 일단은 P를 VA로 대체하고, VA를 피상 전력(apparent power)이라고 부르자.

$$VA = I_{RMS} V_{RMS} \qquad (2.74)$$

보기 2.167에 나오는 RL 직렬 회로에 비추어 피상 전력이 다음과 같아야 함을 알 수 있다.

$$VA = I_{RMS} V_{RMS} = (0.107 A)(12 V) = 1.284 VA$$

피상 전력 VA는 일반화된 교류 전력 표현식을 사용해 계산한 전력과 다르지 않다. P 대신에 VA를 사용하는 이유는 계산된 전력이 유효 전력이 아니고, 와트로 표시하지 않는다는 사실을 구별하기 위해 사용하는 관례일 뿐이다. 대신에 피상 전력을 볼트암페어, 즉 VA로 표시한다. VA는 피상 전력 변수에 사용한 문자와 같은 문자이다. (이것은 단위 볼트와 비슷한, 전압에 대한 변수를 비유한 것이지만 기울임 꼴을 써서 변수를 단위와 구별한다.) 본질적으로 피상 전력은 저항 전력 손실과 반응 전력을 모두 고려한 것이다. 반응 전력은 전력 손실과 관련이 없지만, 대신에 인덕터 내에서 자기장 형태로 에너지를 저장하는 일과 커패시터 내의 전기장과 관련되어 있다. 이 에너지는 나중에 인덕터의 자기장이 붕괴할 때나, 커패시터가 교류 주기 후반에 방전되면서 전기장이 사라질 때 회로로 되돌려진다. 회로가 순전히 저항성만을 띈 경우에만 피상 전력이 와트 단위라고 말할 수 있다.

역주 앞서도 이야기했듯이, 무효 전력(wattless power)과 유사한 개념이다. 그렇지만 반응 전력을 일반적으로 무효 전력이라고도 부른다.

그런데 피상 전력 중에 어느 부분이 유효 전력인지 아니면 반응 전력[역주]인지 어떻게 구분할 수 있을까? 유효 전력이 저항 소재로 인한 가열 때문에 발생하는 전력 손실과 관련이 있으므로 일반 전력 표현식에서 교류 옴의 법칙을 사용하면 유효 전력(real power)을 정의할 수 있다.

$$P_R = I_{RMS}{}^2 R \qquad \text{유효 전력 (2.75)}$$

보기 2.167에 나오는 직렬 RL 회로에서, 있어야 할 유효 전력을 찾는다. 유효 전력을 늘 와트로 측정한다는 점에 주목하라.

$$P_R = I_{RMS}{}^2 R = (0.107 A)^2 (50 \Omega) = 0.572 W$$

이제는 회로 내의 정전용량 및 인덕턴스로 인한 반응 전력을 정하기 위해, 바로 이 반응 전력이라는 개념을 만든다. 반응 전력(reactive power)을 볼트암페어, 즉 VAR로 표시한다. 저항(즉, 임피던스)을 일반 반응저항 X로 대체하고 옴의 전력 법칙을 사용하면 반응 전력을 정의할 수 있다.

$$VAR = I_{RMS}^2 X \qquad \text{반응 전력 (2.76)}$$

와트는 반응 전력과 전혀 관련이 없어야 한다. 사실, 반응 전력을 무효 전력이라고도 부르므로 볼트암페어, 즉 VA로 표시한다.

보기 2.167의 RL 직렬 회로를 고려하면 반응 전력은 다음과 같다.

$$VAR = I_{RMS}^2 X_L = (0.107 \text{ A})^2 (100 \text{ }\Omega) = 1.145 \text{ VA}$$

이제 멋지다고 말할 수도 있을 만한 게, 유효 전력과 반응 전력을 합칠 수 있게 되었으므로 피상 전력을 얻게 될 것이기 때문이다. 보기 2.167에 나오는 RL 회로로 시도해 보자.

$$0.572 + 1.145 = 1.717$$

그렇지만 계산된 피상 전력은 1.717 VA가 아닌 1.284 VA였다. 무엇이 잘못되었을까? 문제는 위상을 고려하지 않고는 반응성이 있는 변수를 대상으로 간단한 산술 연산을 할 수 없다는 데 있다(전압 덧셈에서 보았던 것처럼). RL 직렬 회로의 위상을 고려하면 다음과 같다.

$$VAR = I_{RMS}^2 X_L = (0.107 \text{ A} \angle -63.4°)^2 (100 \text{ }\Omega \angle 90°) = 1.145 \text{ VA} \angle -36.8°$$

$$VAR = 0.917 \text{ VA} - j0.686 \text{ VA}$$

$$P_R = I_{RMS}^2 R = (0.107 \text{ A} \angle -63.4°)^2 (50 \text{ }\Omega \angle 0°) = 0.573 \angle -126.8°$$

$$P_R = -0.343 \text{ W} - j0.459 \text{ W}$$

반응 전력과 유효 전력을 합치면 정확한 피상 전력을 얻게 된다.

$$VA = VAR + P_R = 0.574 \text{ VA} - j1.145 \text{ VA} = 1.281 \text{ VA} \angle -63.4°$$

앞에 나온 계산들을 피하기 위해 다음 관계에 주목한다.

$$VA = \sqrt{P_R^2 + VAR^2} \qquad (2.77)$$

여기서 위상각을 걱정하지 않아도 된다. 보기 2.169에서 볼 수 있듯이, 복소평면에 사용하는 피타고라스 정리로 이것을 처리한다. RL 직렬 예제를 다시 사용하고 값을 방정식 2.77에 대입하면 유효 전력, 피상 전력, 반응 전력과 관련된 정확한 식을 얻게 된다.

$$1.284 = \sqrt{(0.572)^2 + (1.145)^2}$$

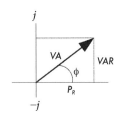

보기 2.169

2.28.1 역률

그 밖에 회로 내 피상 전력량을 반응 전력으로 나타내는 방법으로는 **역률**(power factor)을 사용하는 방법이 있다. 회로의 역률은 소비 전력 대 피상 전력의 비율이다.

$$PF = \frac{P_{소비}}{P_{피상}} = \frac{P_R}{VA} \tag{2.78}$$

보기 2.167에서,

$$PF = \frac{0.572 \text{ W}}{1.284 \text{ VA}} = 0.45$$

역률을 백분율로 표시하는 경우가 많은데, 여기서는 45%이다. 역률의 등가 정의는 다음과 같다.

$$PF = \cos \phi \tag{2.79}$$

여기서 ϕ는 위상각(전압과 전류 사이)이다. 보기 2.167에서 위상각이 −63.4°이므로 이전 계산에서 확인한 대로 $PF = \cos(−63.4°) = 0.45$이다. 순수 저항성 회로의 역률은 100% 또는 1이며, 순수 반응 회로의 역률은 0이다.

역률이 항상 양수로 표시되기 때문에 전류와 관련된 전압의 위상을 식별하려면 값에 '선행(leading)' 또는 '지연(lagging)'이라는 단어가 와야 한다. 전력 인자를 숫자로 지정하는 것만으로 충분하지는 않다. 예를 들어, 많은 직류/교류 전력 변환기는 커다란 순 반응저항(net reactance)의 부호가 한 개이지만, 부호가 반대인 작은 반응저항만 있는 부하를 안전하게 작동시킬 수 있다. 보기 2.167의 예에서 역률의 계산을 마치면 0.45 지연 값을 산출한다.

교류 장치에서 교류 부품들이 반응 전력과 유효 전력을 처리해야 한다. 예를 들어, 순수 반응성 부하에 연결된 변압기가 여전히 전압을 공급할 수 있어야 하고, 무효 부하에 필요한 전류를 처리할 수 있어야 한다. 변압기의 권선에 있는 전류는 권선 저항에서 이뤄지는 I^2R 손실의 결과로 인해 권선을 가열한다.

마지막으로 언급하자면, 반응저항에 사용된 전력을 백분율로 설명하는 또 다른 용어로 **반응률**(reactive factor)[역주]이라는 것이 있다. 반응률을 다음과 같이 정의한다.

$$RF = \frac{P_{반응}}{P_{피상}} = \frac{VAR}{VA} = \sin(\phi) \tag{2.80}$$

그러므로 보기 2.167에 나오는 예제의 반응률은 다음과 같이 된다.

$$RF = \frac{1.145 \text{ VA}}{1.284 \text{ VA}} = \sin(−63.4°) = −0.89$$

▶ **예제 4:** 보기 2.170에 나오는 LC 직렬 회로는 10 VAC(RMS), 127,323 Hz 원천으로 구동된다. $L = 100 \text{ μH}$, $C = 62.5 \text{ nF}$이다. I_S, I_R, I_L, V_L, V_C와 피상 전력, 유효 전력, 반응 전력, 역률을 찾아라.

직렬 임피던스(LC 회로)

유도성 및 용량성 반응저항

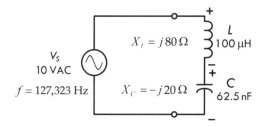

등가 임피던스 및 전류

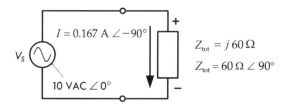

L과 C에 걸린 전압

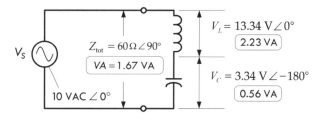

직렬 LC 회로 내 정현파 파형

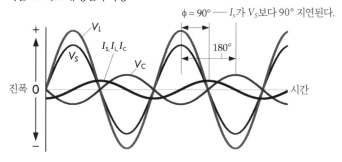

$V_S(t) = 14.1 \text{ V sin } (\omega t)$

$V_L(t) = 18.90 \text{ V sin } (\omega t)$

$V_C(t) = 4.72 \text{ V sin } (\omega t - 180°)$

$I_S(t) = 0.236 \text{ A sin } (\omega t - 90°)$

* 이 함수에 사용되는 파고 전압 및 전류는 1.414를 곱한 RMS 등가들이다.

보기 2.170

▷ **정답:** 먼저, 유도성 및 용량성 반응저항을 계산한다.

$$X_L = j\omega L = j(2\pi \times 127,323 \text{ Hz} \times 100 \times 10^{-6} \text{ H})$$
$$= j\, 80 \ \Omega$$

$$X_C = -j\frac{1}{\omega C} = j\frac{1}{2\pi \times 127,323 \text{ Hz} \times 62.5 \times 10^{-9} \text{ C}}$$
$$= -j20 \ \Omega$$

인덕터와 커패시터가 직렬로 연결되어 있으므로 수학은 간단하다. 복소수를 간단한 직교 형식으로 더한다.

$$Z = X_L + X_C = j80 \ \Omega + (-j20 \ \Omega) = j60 \ \Omega$$

극 형식에서는 이것이 $60 \ \Omega \angle 90°$이다. 위상이 90°, 즉 결과가 양의 값이라는 사실을 통해 임피던스가 순전히 유도성임을 알 수 있다. 허수에 속지 마라(임피던스는 실제로 느껴진다). 이것이 저항성이 아닐지라도 $60 \ \Omega$에 해당하는 임피던스를 제공한다.

이제 교류 옴의 법칙을 사용해 전류를 찾을 수 있다.

$$I_s = \frac{V_s}{Z} = \frac{10 \text{ VAC} \angle 0°}{60 \ \Omega \angle 90°} = 0.167 \text{A} \angle -90°$$

나눗셈을 쉽게 하기 위해 $60 \ \Omega \angle 90°$(극)을 사용했다는 점에 유념하라. $-90°$라는 결과는 원천 전류(총 전류)가 원천 전압보다 90°만큼 지연된다는 점을 의미한다. 이게 직렬 회로이므로 $I_S = I_L = I_C$이다.

인덕터 및 커패시터 양단에 걸린 전압을 교류 옴의 법칙 또는 교류 전압 분할기를 사용해 구할 수 있다.

$$V_L = I_S \times X_L = (0.167 \text{ A} \angle -90°)(80 \ \Omega \angle 90°)$$
$$= 13.36 \text{ VAC} \angle 0°$$

$$V_C = I_S \times X_C = (0.167 \text{ A} \angle -90°)(20 \ \Omega \angle -90°)$$
$$= 3.34 \text{ VAC} \angle -180°$$

인덕터의 양단 전압이 공급 전압보다 크다는 점에 유념하라. 커패시터는 방전되면서 인덕터로 전류를 공급한다.

이러한 순간적인 모양을 연속 함수 모음으로 변환하기 위해 모든 RMS 값을 참 값(× 1.414)으로 변환하고, ωt 항을 위상각에 더하고, 삼각함수로 변환한 다음에 허수부를 삭제한다. 결과가 모두 코사인과 관련되겠지만 우리는 보기 좋도록 사인을 선택한다. 이렇게 해도 실용적으로는 별 차이가 없다. 왼쪽에 나오는 그래프와 등식을 보라.

전체 임피던스로 인한 피상 전력은 다음과 같다.

$$VA = I_{RMS}V_{RMS} = (0.167 \text{ A})(10 \text{ VAC}) = 1.67 \text{ VA}$$

회로에서 소비하는 유효(진짜) 전력은 다음과 같다.

$$P_R = I_{RMS}{}^2 R = (0.167 \text{ A})^2 (0 \text{ } \Omega) = 0 \text{ W}$$

반응 전력만이 존재할 때, 인덕터와 커패시터에 대해서는 다음과 같다.

$$VAR_L = I_{RMS}{}^2 X_L = (0.167 \text{ A})^2 (80 \text{ } \Omega) = 2.23 \text{ VA}$$

$$VAR_C = I_{RMS}{}^2 X_C = (0.167 \text{ A})^2 (20 \text{ } \Omega) = 0.56 \text{ VA}$$

역률은 다음과 같다.

$$PF = \frac{P_R}{VA} = \cos(\phi) = \cos(-90) = 0 \text{ (지연)}$$

역률 0은 회로가 순전히 반응성임을 의미한다.

▶ **예제 5:** 보기 2.171에 나오는 LC 병렬 회로는 10 VAC(RMS), 2893.7 Hz 원천으로 구동된다. $L = 2.2 \text{ mH}$, $C = 5.5 \text{ } \mu\text{F}$이다. I_S, I_L, I_C, V_L, V_C와 피상 전력, 유효 전력, 반응 전력, 역률을 찾아라.

▷ **정답:** 제일 먼저 유도성 반응저항과 용량성 반응저항을 찾는다.

$$X_L = j\omega L = j(2\pi \times 2893.7 \text{ Hz} \times 2.2 \times 10^{-3} \text{ H})$$
$$= j40 \text{ } \Omega$$

$$X_C = -j\frac{1}{\omega C} = -j\frac{1}{2\pi \times 2893.7 \text{ Hz} \times 5.5 \times 10^{-6} \text{ H}}$$
$$= -j10 \text{ } \Omega$$

인덕터와 커패시터가 병렬로 연결되어 있어서 계산하기가 비교적 쉽다. 병렬 공식에 두 가지 구성 요소를 사용하고, 복소수들을 곱하고 더한다.

$$Z = \frac{X_L X_C}{X_L + X_C} = \frac{(j40)(-j10)}{j40 + (-j10)} = \frac{400}{j30} = -j13.33 \text{ } \Omega$$

병렬 임피던스(LC 회로)

유도성 및 용량성 반응저항

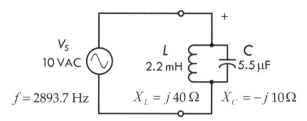

등가 임피던스 및 전류

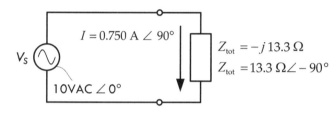

L과 C에 흐르는 전류

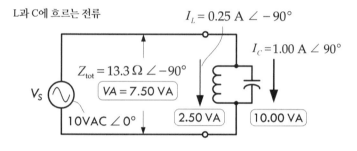

병렬 LC 회로 내 정현파 파형

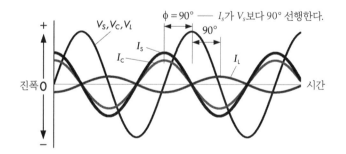

$V_S(t) = V_L(t) = V_C(t) = 14.1V \sin(\omega t)$

$I_S(t) = 1.061 \text{ A} \sin(\omega t + 90°)$

$I_L(t) = 0.354 \text{ A} \sin(\omega t - 90°)$

$I_C(t) = 1.414 \text{ A} \sin(\omega t + 90°)$

* 이 함수에 사용되는 파고 전압 및 전류는 1.414를 곱한 RMS 등가들이다.

보기 2.171

(문제를 푸는 기법은 다음과 같다. $j \times j = -1$, $1/j = -j$)

극 형식인 경우에 결과는 13.33 Ω ∠ −90°이다. 위상이 −90°, 즉 결과가 음의 허수라는 사실은 임피던스가 순전히 용량성임을 나타낸다. 허수에 속지 마라(임피던스는 실제로 느껴진다). 이것이 저항성이 아닐지라도 13.3 Ω에 해당하는 임피던스를 제공한다.

이제 교류 옴의 법칙을 사용해 총 전류를 찾을 수 있다.

$$I_s = \frac{V_s}{Z} = \frac{10 \text{ VAC} \angle 0°}{13.33 \ \Omega \angle -90°} = 0.750 \text{ A} \angle 90°$$

나눗셈을 쉽게 하기 위해 13.33 Ω ∠ −90°(극 형식)을 사용했다. −90°이라는 결과는 총 전류가 원천 전압을 90°만큼 선행한다는 것을 의미한다. 이게 병렬 회로이므로 $V_S = V_L = V_C$이다.

교류 옴의 법칙(또는 전류 분할 관계)을 사용해 각 소자의 전류를 알아낼 수 있다.

$$I_L = \frac{V_L}{X_L} = \frac{10 \text{ VAC} \angle 0°}{40 \ \Omega \angle 90°} = 0.25 \text{ A} \angle -90°$$

$$I_C = \frac{V_L}{X_C} = \frac{10 \text{ VAC} \angle 0°}{10 \ \Omega \angle -90°} = 1.0 \text{ A} \angle 90°$$

커패시터 전류가 공급 전류보다 크다는 점에 유의하라. 인덕터의 붕괴 자기장이 커패시터에 전류를 공급한다.

이러한 순간적인 모양들을 연속 함수 모음으로 변환하기 위해 모든 RMS 값을 참 값(×1.414)으로 변환하고, ωt 항을 위상각에 더하고, 삼각함수로 변환한 다음에 허수부를 삭제한다. 결과가 모두 코사인과 관련되겠지만 우리는 보기 좋도록 사인을 선택한다. 이렇게 해도 실용적으로는 별 차이가 없다. 보기 2.171에 나오는 그래프와 등식을 보라. 피상 전력은 다음과 같다,

$$VA = I_{RMS} V_{RMS} = (0.750 \text{ A})(10 \text{ VAC}) = 7.50 \text{ VA}$$

반응 전력만이 존재할 때, 인덕터와 커패시터에 대해서는 다음과 같다.

$$VAR_L = I_L^2 X_L = (0.25\text{A})^2 (40\ \Omega) = 2.50\ \text{VA}$$

$$VAR_C = I_C^2 X_C = (1.00\ \text{A})^2 (10\ \Omega) = 10.00\ \text{VA}$$

역률은 다음과 같다.

$$PF = \frac{P_R}{VA} = \cos(\phi) = \cos(+90) = 0\ (\text{선행})$$

다시 말하지만, 역률이 0이라는 것은 회로가 순전히 반응성이라는 점을 의미한다.

▶ **예제 6:** 보기 2.172에 나오는 LCR 직렬 회로는 1.00 VAC(RMS), 1000 Hz 원천으로 구동된다. $L = 25\ \text{mH}$, $C = 1\ \mu\text{F}$, $R = 1.0\ \Omega$이다. 총 임피던스 Z, V_L, V_C, V_R, I_S와 피상 전력, 유효 전력, 반응 전력, 역률을 찾아라.

▷ **정답:** 먼저, 인덕터와 충전기의 반응저항을 찾자.

$$X_L = j\omega L = j(2\pi \times 1000\ \text{Hz} \times 25 \times 10^{-3}\ \text{H})$$

$$= j157.1\ \Omega$$

$$X_C = -j\frac{1}{\omega C} = -j\frac{1}{2\pi \times 1000\ \text{Hz} \times 1 \times 10^{-6}\text{C}}$$

$$= -j159.2\ \Omega$$

전체 임피던스를 찾으려면 L, C, R을 직렬로 둔다.

$$Z = R + X_L + X_C = 1\ \Omega + j157.1\ \Omega - j159.2\ \Omega$$

$$= 1\ \Omega - j(2.1\ \Omega)$$

극 형식에서 결과는 $2.33\ \Omega \angle -64.5°$가 된다. 위상이 $-64.5°$, 즉 허수가 음이라는 것은 임피던스가 용량성이 아니라는 의미이다. 허수에 속지 마라(임피던스는 실제로 느껴진다). 이것이 저항성이 전혀 아닐지라도 $2.33\ \Omega$에 해당하는 임피던스를 제공한다.

이제 교류 옴의 법칙을 사용해 전체 전류를 찾을 수 있다.

$$I_s = \frac{V_s}{Z} = \frac{1.00\ \text{VAC} \angle 0°}{2.33\ \Omega \angle -64.5°} = 0.429A \angle 64.5°$$

나눗셈을 쉽게 하기 위해 $2.33\ \Omega \angle -64.5°$(극 형식)을 사용했다. $+64.5°$라는 결과는 총 전류가 원천 전압을 $64.5°$만큼 선행한다는 것을 의미한다. 이게 직렬 회로이므로 $I_S = I_L = I_C = I_R$이다.

교류 옴의 법칙을 사용해 각 부품에 걸린 전압을 찾을 수 있다.

직렬 임피던스(LC 회로)

유도성 반응저항 및 용량성 반응저항

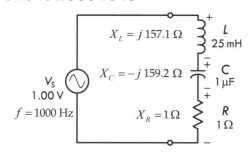

$$V_L = I_S X_L = (0.429 \text{ A} \angle 64.5°)(157.1 \text{ } \Omega \angle 90°)$$
$$= 67.40 \text{ VAC} \angle 154.5°$$

$$V_C = I_S X_C$$
$$= (0.429 \text{ A} \angle 64.5°)(159.2 \text{ } \Omega \angle -90°)$$
$$= 68.30 \text{ VAC} \angle -25.5°$$

$$V_R = I_S R = (0.429 \text{ A} \angle 64.5°)(1 \text{ } \Omega \angle 0°)$$
$$= 0.429 \text{ VAC} \angle 64.5°$$

인덕터 및 커패시터에 걸린 전압을 공급 전압과 비교해 보면 이 특정 국면에서 더 큰 것을 알 수 있다. 커패시터는 방전되면서 인덕터에 전류를 공급하고, 인덕터는 자기장이 붕괴될 때 커패시터에 전류를 공급한다. 이러한 순간적인 모양들을 연속 함수 집합으로 변환하기 위해 모든 RMS 값을 참 값(×1.414)으로 변환하고, ωt항을 위상각에 더하고, 삼각함수로 변환한 후 허수부를 삭제한다. 결과가 모두 코사인과 관련되겠지만 우리는 보기 좋도록 사인을 선택한다. 이렇게 해도 실용적으로는 별 차이가 없다. 보기 2.172에 나오는 그래프와 등식을 보라.

피상 전력은 다음과 같다.

$$VA = I_{\text{RMS}}V_{\text{RMS}}$$
$$= (0.429 \text{ A})(1.00 \text{ VAC}) = 0.429 \text{ VA}$$

유효(진짜) 전력, 즉 저항이 소비하는 전력은 다음과 같다.

$$P_R = I_S^2 R = (0.429 \text{ A})^2(1 \text{ } \Omega) = 0.18 \text{ W}$$

인덕터와 커패시터의 반응 전력은 다음과 같다.

$$VAR_L = I_L^2 X_L = (0.429 \text{ A})^2(157.1 \text{ } \Omega) = 28.91 \text{ VA}$$

$$VAR_C = I_C^2 X_C = (0.429 \text{ A})^2(159.2 \text{ } \Omega) = 29.30 \text{ VA}$$

등가 임피던스 및 등가 전류

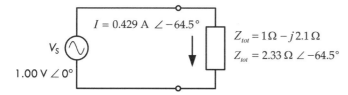

R, L, C에 걸린 전압

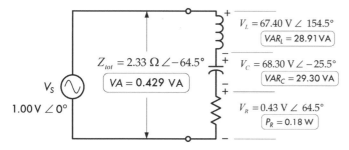

직렬 LC 회로 내 정현파 파형

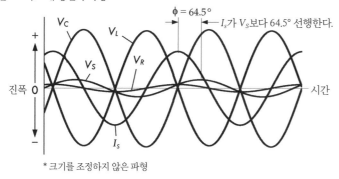

* 크기를 조정하지 않은 파형

$V_S(t) = 1.41 \text{ V sin } (\omega t)$

$V_L(t) = 95.32 \text{ V sin } (\omega t + 154.5°)$

$V_C(t) = 96.60 \text{ V sin } (\omega t - 25.5°)$

$V_R(t) = 0.61 \text{ V sin } (\omega t + 64.5°)$

$I_S(t) = 0.607 \text{ A sin } (\omega t + 64.5°)$

* 이 함수에 사용되는 파고 전압 및 전류는 1,414를 곱한 RMS 등가들이다.

보기 2.172

역률은 다음과 같다.

$$PF = \frac{P_R}{VA} = \cos(\phi) = \cos(64.5°) = 0.43 \text{ (선행)}$$

직전에 나온 예제에서 인덕터와 커패시터의 VAR이 무척 커진 게 분명해졌다. 실물 부품을 다룰 때는 VAR 값이 중요해진다. 볼트암페어가 전반적인 진짜 전력 손실에 영향을 끼치지는 않지만, 그렇다고 해서 볼트암페어를 반응성 부품에서 느껴보지 못한다는 의미는 아니다. 인덕터 및 변압기(이상적으로 반응하는 부품)와 같은 부품에는 일반적으로 부품의 과열을 방지할 수 있게 볼트암페어에 대해 안전 한계를 지정한다. 다시 말하면, 인덕터나 변압기의 내부 저항을 반드시 고려해야 한다.

▶ **예제 7:** 보기 2.173에 나오는 LCR 병렬 회로는 12.0 VAC(RMS), 600 Hz 원천으로 구동된다. $L = 1.061$ mH, $C = 66.3$ μF, $R = 10$ Ω이다. Z_{tot}, V_L, V_C, V_R, I_S와 피상 전력, 유효 전력, 반응 전력, 역률을 찾아라.

▷ **정답:** 우선 인덕터와 커패시터의 반응저항을 찾자.

$$X_L = j\omega L = j(2\pi \times 600 \text{ Hz} \times 1.061 \times 10^{-3} \text{ H})$$

$$= j4.0 \text{ Ω}$$

$$X_C = -j\frac{1}{\omega C} = -j\frac{1}{2\pi \times 600 \text{ Hz} \times 66.3 \times 10^{-6} \text{ C}}$$

$$= -j4.0 \text{ Ω}$$

인덕터와 커패시터가 병렬로 연결되어 있어서 계산하기가 비교적 쉽다. 일반 공식에 두 가지 성분을 사용하고, 복소수들을 곱하고 더한다.

$$Z_{tot} = \frac{1}{\dfrac{1}{j4 \text{ Ω}} + \dfrac{1}{-j4 \text{ Ω}} + \dfrac{1}{10 \text{ Ω}}} = 10 \text{ Ω}$$

총 임피던스에 반응하는 부분이 없다는 점이 무척 흥미로운데, 계산을 하는 입장에서는 편리하다. 흥미로운 문제에 빠져들기 전에 문제 풀이부터 끝내자.

이제 교류 옴의 법칙을 사용해 총 전류를 찾을 수 있다.

$$I_s = \frac{V_s}{Z} = \frac{12.0 \text{ VAC} \angle 0°}{10 \text{ Ω} \angle 0°} = 1.20 \ A \angle 0°$$

위상각이 없으므로 원천 전류와 원천 전압의 위상이 같다. 병렬 회로이므로 $V_S = V_L = V_C = V_R$이다.

교류 옴의 법칙을 사용해 각 부품에 흐르는 전류를 찾을 수 있다.

병렬 임피던스(LC 회로)

유도성 및 용량성 반응저항과 저항

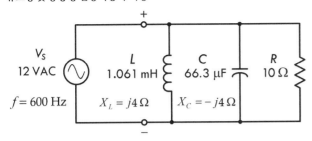

등가 임피던스 및 등가 전류

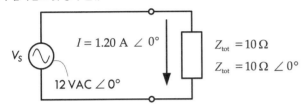

L, C, R에 흐르는 전류

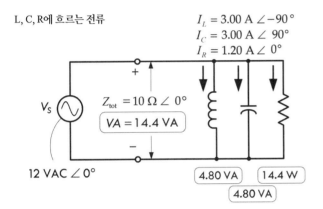

병렬 LC 회로 내 정현파 파형

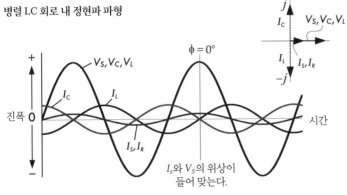

$V_S(t) = V_L(t) = V_C(t) = V_R(t) = \textbf{16.9 V sin } (\omega t)$

$I_S(t) = \textbf{1.70 A sin } (\omega t)$

$I_L(t) = \textbf{4.24 A sin } (\omega t -90°)$

$I_C(t) = \textbf{4.24 A sin } (\omega t + 90°)$

$I_R(t) = \textbf{1.70 A sin } (\omega t)$

* 이 함수에 사용되는 파고 전압 및 전류는 1.414를 곱한 RMS 등가들이다.

보기 2.173

$$I_L = \frac{V_s}{X_L} = \frac{12.0 \text{ VAC} \angle 0°}{4 \ \Omega \angle 90°} = 3.00 \text{ A} \angle - 90°$$

$$I_C = \frac{V_s}{X_C} = \frac{12.0 \text{ VAC} \angle 0°}{4 \ \Omega \angle - 90°} = 3.00 \text{ A} \angle 90°$$

$$I_R = \frac{V_s}{R} = \frac{12.0 \text{ VAC} \angle 0°}{10 \ \Omega \angle 0°} = 1.20 \text{ A} \angle 0°$$

전압과 전류를 실제 정현파 형태로 변환하면 보기 2.173에 나오는 그래프를 얻을 수 있다.

피상 전력은 다음과 같다.

$$VA = I_{\text{RMS}} V_{\text{RMS}} = (1.20 \text{ A})(12 \text{ VAC}) = 14.4 \text{ VA}$$

유효(진짜) 전력, 즉 저항이 소비하는 전력은 다음과 같다.

$$P_R = I_S{}^2 R = (1.20 \text{ A})^2 (10 \ \Omega) = 14.4 \text{ W}$$

인덕터와 커패시터의 반응 전력은 다음과 같다.

$$VAR_L = I_L{}^2 X_L = (1.20 \text{ A})^2 (4 \ \Omega) = 4.8 \text{ VA}$$

$$VAR_C = I_C{}^2 X_C = (1.20 \text{ A})^2 (4 \ \Omega) = 4.8 \text{ VA}$$

역률은 다음과 같다.

$$PF = \frac{P_R}{VA} = \cos (\phi) = \cos (0) = 1$$

역률 1은 회로에 순전한 저항성이 있음을 나타낸다. 어떻게 이게 가능할까? 이 경우에 순환하는 전류가 LC 부분 안에서 '잡히는' 특별한 조건이 있다. 이것은 공진 주파수라고 하는 특수한 주파수에서만 발생한다. 잠시 후에 공진 회로를 다룰 예정이다.

2.29 교류 형태에 관한 테브난의 정리

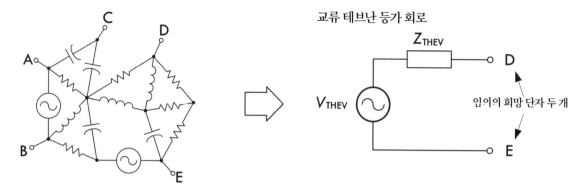

보기 2.174

그 밖의 직류 이론과 마찬가지로, 테브난의 정리를 교류 선형 회로 분석에 사용하기 알맞게 수정할 수 있다. 교류 형식에 맞게 수정한 테브난의 정리는 다음과 같다. 저항기, 커패시터, 인덕터로 구성된 복잡한 네트워크를 단일 등가 임피던스에 연결된 단일 정현파원으로 나타낼 수 있다. 예를 들면, 복합, 선형, 합성 회로 내 두 지점에 걸린 전압을 찾고 특정 소자를 통과하는 전류와 전압을 찾아내려면, 소자를 제거하고 테브난 전압 $V_{THEV}(t)$를 찾아 정현파원을 단락으로 대체하고 테브난 임피던스 $Z_{THEV}(t)$를 찾은 다음에 테브난 등가 회로를 구성한다. 보기 2.174에는 저항기, 커패시터, 인덕터가 들어 있는 복잡한 회로의 테브난 등가 회로가 나와 있다. 다음 예제에는 누락된 세부 사항들이 모두 나와 있다.

▶ **예제:** 보기 2.175에 나오는 회로에서 저항기에 흐르는 전류를 찾는 데 관심이 있다고 가정하자.

▷ **정답:** 우선 블랙박스를 만들 수 있게 두 개의 단자를 비우려면 저항기를 제거한다. 그런 다음에 교류 전압 분할기 방정식을 사용해 개방 회로, 즉 테브난 전압 V_{THEV}를 계산한다. 그렇지만 먼저 커패시터와 인덕터의 반응저항을 정한다.

$$X_L = j\omega L = j(2\pi \times 1000 \text{ Hz} \times 200 \times 10^{-3} \text{ H})$$
$$= j\,1257 \ \Omega$$
$$X_C = -j\frac{1}{\omega C} = -j\frac{1}{2\pi \times 1000 \text{ Hz} \times 20 \times 10^{-9}\text{F}}$$
$$= -j7958 \ \Omega$$

교류 전압 분할기를 사용하면 다음과 같다.

$$V_{THEV} = V_C = \left(\frac{X_C}{X_C + X_L}\right) \times V_s$$
$$= \left(\frac{-j7958 \ \Omega}{-j7958 \ \Omega + j1257 \ \Omega}\right) \times 10 \text{ VAC}$$
$$= \left(\frac{7958 \angle -90°}{6701 \angle -90°}\right) \times 10 \text{ VAC}$$
$$= 11.88 \ VAC \angle 0°$$

교류 테브난 사례

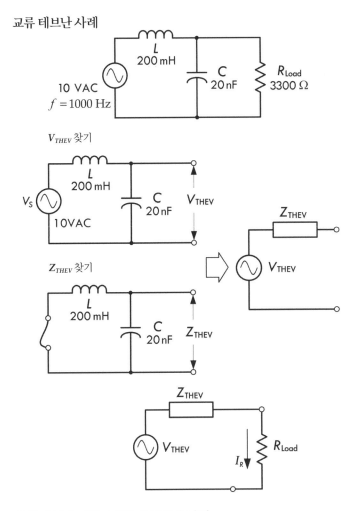

V_{THEV} 찾기

Z_{THEV} 찾기

원천 전압과 저항기 전류의 정현파 파형

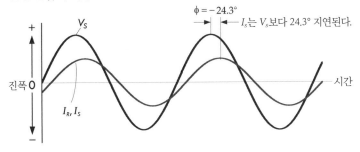

$V_S(t) = V_C(t) = $ **14.1 V sin (ω𝑡)**

$I_R(t) = I_S(t) = $ **4.64 mA sin (ω𝑡 − 24.3°)**

* 이 함수에 사용되는 파고 전압 및 전류는 1.414를 곱한 RMS 등가들이다.

보기 2.175

Z_{THEV}를 찾으려면, 선으로 원천을 단락시키고 인덕터와 커패시터의 임피던스를 병렬로 취한다.

$$Z_{THEV} = \frac{X_C \times X_L}{X_C + X_L} = \frac{-j7958\ \Omega \times j1257\ \Omega}{-j7958\ \Omega + -j1257\ \Omega}$$

$$= \frac{(7958\ \Omega \angle -90°)(1257\ \Omega \angle 90°)}{6701\ \Omega \angle -90°}$$

$$= \frac{10003206\ \Omega^2 \angle 0°}{6702\ \Omega \angle -90°}$$

$$= 1493\ \Omega \angle 90° = j(1493\ \Omega)$$

다음으로 부하 저항을 테브난 등가 회로에 다시 연결하고, V_{THEV}와 R을 직렬로 연결해 전류를 찾는다.

$$Z_{TOTAL} = R + Z_{THEV} = 3300\ \Omega + j1493\ \Omega$$

$$= 3622\ \Omega \angle 24.3°$$

교류 옴의 법칙을 사용하면 다음과 같이 전류를 찾을 수 있다.

$$I_R = \frac{V_{THEV}}{Z_{TOTAL}} = \frac{11.88\ VAC \angle 0°}{3622\ \Omega \angle 24.3°}$$

$$= 3.28\ mA \angle -24.3°$$

복잡한 표현식에 속지 말자. 저항 전류가 실제로 3.28 mA이지만, 원천 전압보다 24.3° 느리다.

순간적인 모양을 시간과 관련한 실함수로 바꾸기 위해, 모든 위상각 표현식에 ω𝑡를 추가하고, RMS를 실제 값으로 변환한다(보기 2.175의 그래프와 수식).

피상 전력, 유효(진짜) 전력, 반응 전력 및 역률은 다음과 같다.

$$VA = I_S^2 \times Z_{TOTAL} = (0.00328\ A)^2(3622\ \Omega) = 0.039\ VA$$

$$P_R = I_R^2 \times R = (0.00328\ A)^2(3300\ \Omega) = 0.035\ W$$

$$VAR = I_R^2 \times Z_{THEV} = (0.00328\ A)^2(1493\ \Omega) = 0.016\ VA$$

$$PF = \frac{P_R}{VA} = \cos(\phi) = \cos(-24.3)° = 0.91\ \text{지연}$$

2.30 공진 회로

LC 직렬 공진 회로

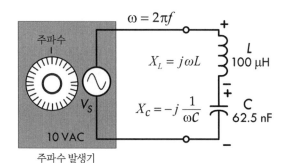

주파수 발생기

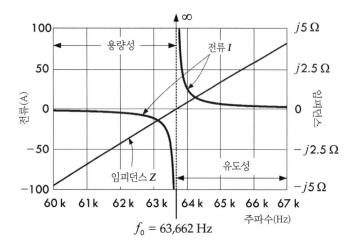

$f_0 = 63,662$ Hz

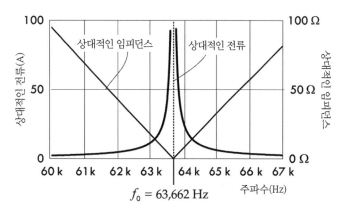

$f_0 = 63,662$ Hz

$$X_{L,0} = j2\pi f_0 L = j2\pi(62,663 \text{ s}^{-1})(100 \times 10^{-6} \text{ H})$$

$$= j40\ \Omega = 40\ \Omega \angle 90°$$

$$X_{C,0} = -j\frac{1}{2\pi f_0 C} = -j\frac{1}{2\pi(62,663 \text{ s}^{-1})(62.5 \times 10^{-9} \text{ F})}$$

$$= -j40\ \Omega = 40\ \Omega \angle -90°$$

보기 2.176

공진 주파수라고 부르는 특정 주파수를 내는 정현파 전압원으로 LC 회로를 구동하면, 흥미로운 현상이 발생한다. 예를 들어, 공진 각주파수 $\omega_0 = 1/\sqrt{LC}$, 즉 공진 주파수 $f_0 = 1/(2\pi\sqrt{LC})$ 에서 직렬 LC 회로(보기 2.176)를 구동하면 LC 네트워크의 유효 임피던스가 0이 된다. 사실은 LC 네트워크가 단락처럼 동작한다. 이것은 원천 전류가 최대가 될 것이라는 점을 의미한다. 이상적으로는 무한대에 이르겠지만, 실제로는 회로 내 모든 부품의 내부 저항 때문에 제한된다. 직렬 LC 공진 회로의 작동 방식에 대한 아이디어를 얻기 위해 다음 예제를 살펴보자.

▶ **예제:** LC 직렬 회로의 작동 방식에 대한 아이디어를 얻으려면, L과 C를 직렬로 연결해 회로의 등가 임피던스를 찾아야 한다. 이전 예제와 달리 주파수를 알 수 없으므로 변수로 남겨 두어야 한다.

$$Z_{\text{TOT}} = X_L + X_C$$

$$= j\omega L - j\frac{1}{\omega C} = j\left(\omega L - \frac{1}{\omega C}\right)$$

극 형식으로는 다음과 같다.

$$Z_{\text{TOT}} = \left(\omega L - \frac{1}{\omega C}\right) \angle 90°$$

0으로 나눈 아크탄젠트가 90°라고 가정함으로써 위상각을 얻었다는 점에 유념하라.

직렬 반응저항에 흐르는 전류는 다음과 같다.

$$I = \frac{V_S}{Z_{\text{TOT}}} = 10 \text{ VAC} \angle 0° / \left(\omega L - \frac{1}{\omega C}\right) \angle 90°$$

$$= \left[10 \text{ VAC} / \left(\omega L - \frac{1}{\omega C}\right)\right] \angle -90°$$

$L = 100 \, \mu\text{H}$와 $C = 62.5 \, \text{nF}$와 $\omega = 2\pi f$를 대입하고, 위상각을 무시한다면 총 임피던스 및 전류는 다음과 같이 된다.

$$|Z_{\text{TOT}}| = 6.28 \times 10^{-4} f - \frac{2{,}546{,}479}{f} \, \Omega$$

$$|I| = 10 \, \text{VAC} / \left[6.28 \times 10^{-4} f - \frac{2{,}546{,}479}{f} \right] \Omega$$

주파수의 함수 역할을 하는 임피던스와 전류는 보기 2.176에 그래프로 나온다. 공진 주파수에 접근할 때 다음과 같이 된다는 점에 유념하라.

$$f_0 = \frac{1}{2\pi\sqrt{LC}} = \frac{1}{2\pi\sqrt{(100 \times 10^{-6} \, \text{H})(62.5 \times 10^{-9} \, \text{F})}} = 63{,}663 \, \text{Hz}$$

임피던스가 0에 가까워질수록 전류가 무한대로 커질 수 있는 것처럼 보이기는 한다. 공진 주파수를 임피던스 및 전류 방정식에 대입하면 그 결과가 각각 0과 무한대로 나타나기 때문이다. 그렇지만 실제로는 내부 저항이 전류가 무한해지지 못하게 한다.

공진할 때의 유도성 반응저항과 용량성 반응저항은 보기 2.176과 같은 방정식으로 나타낸 것과 같지만 위상은 반대이다.

LC 직렬 회로 내에서 커패시터 양단에 걸린 전압과 인덕터 양단에 걸린 전압이 똑같지만, 위상이 반대라는 점을 직관적으로 알아차릴 수 있다. 이는 직렬 쌍의 실효 전압 강하가 0임을 의미한다. 따라서 이 쌍을 관통하는 임피던스도 0이어야 한다.

LC 병렬 회로에서도 공진이 발생한다. 각 공진 주파수는 $\omega_0 = 1/\sqrt{LC}$, 즉 등가적으로 이것의 공진 주파수는 $f_0 = 1/(2\pi\sqrt{LC})$이다. 이것은 직렬 LC 회로의 공진 주파수 표현식과 동일하다. 그렇지만 회로 동작은 정반대이다. 임피던스가 0이 되고 공진 시 전류가 무한대가 되는 대신에 임피던스가 무한대로 향하고 전류는 0으로 향한다. 본질적으로 병렬 LC 회로망은 개방 회로처럼 동작한다. 물론, 실제로는 언제나 어느 정도 내부 저항이 있으며, 기생 정전용량 및 인덕턴스가 내부저항이 회로 내에서 발생하지 않게 방지한다. 병렬 LC 공진 회로의 작동 방식에 대한 아이디어를 얻기 위해 다음 예제를 살펴보자.

▶ **예제:** LC 병렬 공진 회로의 경우, 인덕터와 커패시터를 병렬로 사용한다(식 2.72 적용).

$$Z_{\text{TOT}} = \frac{X_L \times X_C}{X_L + X_C} = \frac{(j\omega L)(-j1/\omega C)}{j\omega L - j1/\omega C}$$

$$= \frac{L/C}{j(\omega L - 1/\omega C)} = -j \frac{L/C}{(\omega L - 1/\omega C)}$$

극 형식으로는 다음과 같다.

$$Z_{\text{TOT}} = \frac{L/C}{(\omega L - 1/\omega C)} \angle -90°$$

LC 병렬 공진 회로

유도성 및 용량성 반응저항

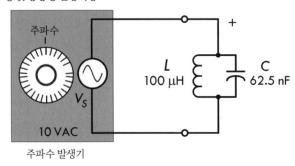

주파수 발생기

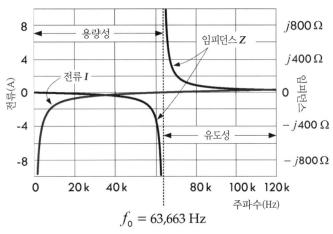

$f_0 = 63{,}663 \text{ Hz}$

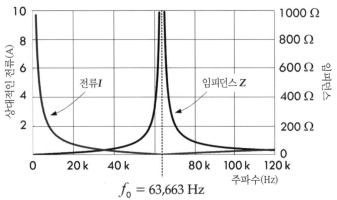

$f_0 = 63{,}663 \text{ Hz}$

공진 시 유도성 및 용량성 반응저항은 동일하지만 위상이 반대이다.

$$X_{L,0} = j2\pi f_0 L = j2\pi(62{,}663 \text{ s}^{-1})(100\times10^{-6}\text{H})$$

$$= j40\ \Omega = 40\ \Omega\ \angle\ 90°$$

$$X_{C,0} = -j\frac{1}{2\pi f_0 C} = -j\frac{1}{2\pi(62{,}663 \text{ s}^{-1})(62.5\times10^{-9}\text{F})}$$

$$= -j40\ \Omega = 40\ \Omega\ \angle -90°$$

보기 2.177

우리는 0 이상인 값을 지닌 음의 아크탄젠트가
−90°라고 가정해서 위상각을 얻었다.

병렬 반응저항에 흐르는 전류는 다음과 같다.

$$I = \frac{V_s}{Z_{\text{TOT}}}$$

$$= 10 \text{ VAC} \angle 0° / \frac{L/C}{(\omega L - 1/\omega C)} \angle -90°$$

$$= \left[10 \text{ VAC} / \frac{L/C}{(\omega L - 1/\omega C)} \right] \angle 90°$$

$L = 100\ \mu\text{H}$와 $C = 62.5$와 $\omega = 2\pi f$를 대입하고, 위
상각을 무시한다면 총 임피던스 및 전류는 다음
과 같다.

$$|Z_{\text{TOT}}| = 1600 / \left(6.28\times10^{-4} f - \frac{1}{3.92\times10^{-7} f} \right) \Omega$$

$$|I| = 0.00625 \left(6.28\times10^{-4} f - \frac{1}{3.92\times10^{-7} f} \right) \text{A}$$

주파수의 함수 역할을 하는 임피던스와 전류 두
가지는 보기 2.177에 그래프로 나온다. 공진 주
파수에 접근할 때 다음과 같이 된다는 점에 유
념하라.

$$f_0 = \frac{1}{2\pi\sqrt{LC}} = \frac{1}{2\pi\sqrt{(100\times10^{-6}\text{H})(62.5\times10^{-9}\text{F})}}$$

$$= 63{,}663 \text{ Hz}$$

전류가 0을 향해 갈 때 임피던스는 무한대를 향한
다. 다시 말해서, 공진 주파수를 임피던스 및 전
류 방정식에 대입하면 그 결과가 각기 무한대와 0
으로 나타난다. 실제로 회로 내의 내부 저항과 기
생 인덕턴스 및 커패시터가 무한 전류를 방지한
다. 주파수가 0에 가까워질 때 전류가 무한대로
증가하는데, 이는 인덕터가 직류에서 단락처럼 작
동하기 때문이다. 반면에, 주파수가 무한대로 증
가하면 커패시터가 단락처럼 작동하고 전류가 무
한대로 커진다.

공진 시 L에 걸린 임피던스와 전압의 크기는 같지만, C의 위상(방향)과는 반대라는 점을 직관적으로 떠올릴 수 있다. 이것을 통해서 같으면서도 반대인 전류가 L과 C를 통해 흐를 것이라는 점을 추측할 수 있다. 다시 말하면, 어떤 순간에 전류는 L을 통해 위쪽으로 흐르고 C를 통해 아래쪽으로 흐른다. L을 지나는 전류는 C의 상단으로 흐르고, C에서 나온 전류는 인덕터의 하단으로 흐른다. 또 다른 순간에는 전류의 방향이 바뀐다(에너지는 다른 방향으로 튕겨나온다. L과 C는 같은 양의 에너지를 앞뒤로 통과시키는 발진기 쌍의 역할을 하며, 에너지의 양은 L과 C의 크기에 따라 결정된다). LC 고리 주변의 이러한 내부 전류 흐름을 순환 전류라고 한다. 그런데 이런 식으로 진행되면 원천은 더 이상 회로망을 통해 전류를 공급하지 않는다. 왜일까? 전원이 그곳의 전위차를 '느끼지' 못하기 때문이다. 이것을 달리 표현하면, LC 회로망을 통해 외부 전류가 공급되었다면 소자 중 하나(L이나 C)가 다른 하나보다 더 많은 전류를 통과시켰을 것이라고 말할 수 있다. 그렇지만 공진 시에는 L과 C의 전류가 동일하면서도 방향이 반대이므로 이런 일이 일어나지 않는다.

▶ **예제 1:** 5.0 μH 인덕터와 35 pF 커패시터가 들어 있는 회로의 공진 주파수는 얼마인가?

▷ **정답:**

$$f_0 = 1/(2\pi\sqrt{LC}) = 1/[2\pi\sqrt{(5.0 \times 10^{-6}\,\text{H})(35 \times 10^{-12}\,\text{F})}] = 12 \times 10^{-6}\,\text{Hz} = 12\,\text{MHz}$$

▶ **예제 2:** 인덕터가 2.00 μH인 경우 21.1 MHz에서 공진 회로를 생성하는 데 필요한 정전용량 값은 얼마인가?

▷ **정답:**

$$f_0 = 1/(2\pi\sqrt{LC}) \Rightarrow C = \frac{1}{L}\left(\frac{1}{2\pi f_0}\right)^2 = \frac{1}{2.0 \times 10^{-6}\,\text{H}}\left[\frac{1}{2\pi(21.1 \times 10^6\,\text{Hz})}\right]^2 = 2.85 \times 10^{-11}\,\text{F}$$
$$= 28.5\,\text{pF}$$

대부분의 전자공학 작업에 이러한 이전 공식들을 사용하면, 부품 공차 한도 안에서 주파수와 부품 값을 정확히 계산할 수 있다. 공진 회로에는 공진 주파수 이외에도 다른 중요한 특성이 있다. 여기에는 임피던스, 직렬 공진 회로 부품 간 전압 강하, 병렬 공진 회로의 순환 전류, 대역폭이 포함된다. 이러한 속성은 동조된 회로의 선택도(selectivity) 및 상당한 전력을 처리하는 회로의 부품 정격과 같은 요소를 결정한다. 동조 회로(tuned circuit) 공진 주파수를 기본적으로 정할 때는 회로 내 모든 저항을 무시하지만, 저항은 회로의 기타 특성에 중요한 역할을 한다.

2.30.1 RLC 회로 내 공진

이전에 나온 LC 직렬 및 병렬 공진 회로는 본질적으로 이상적이다. 실제로는 부품 내부 저항이나 임피던스가 있어서 우리가 관찰한 진정한 공진 효과에서 벗어난다. 대부분의 실물 LC 공진 회로에서 가장 주목할 만한 저항은 고주파수(HF 범위)에서의 인덕터 손실과 관련이 있다. 무시할 만한 주파수에서는 커패시터의 저항 손실이 낮다. 다음 예는 직렬 RLC 회로의 작동 방식을 보여 준다.

RLC 직렬 공진 회로

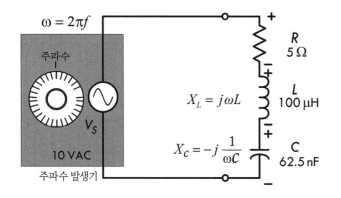

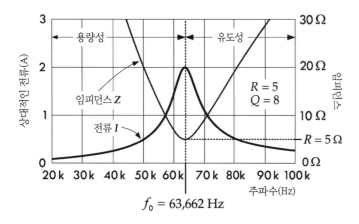

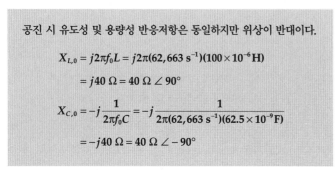

공진 시 유도성 및 용량성 반응저항은 동일하지만 위상이 반대이다.

$$X_{L,0} = j2\pi f_0 L = j2\pi(62,663\ \text{s}^{-1})(100 \times 10^{-6}\,\text{H})$$
$$= j40\ \Omega = 40\ \Omega \angle 90°$$

$$X_{C,0} = -j\frac{1}{2\pi f_0 C} = -j\frac{1}{2\pi(62,663\ \text{s}^{-1})(62.5 \times 10^{-9}\,\text{F})}$$
$$= -j40\ \Omega = 40\ \Omega \angle -90°$$

보기 2.178

▶ **예제:** 먼저 R, L, C를 직렬로 둔 RLC 회로의 임피던스를 구한다.

$$Z_{\text{TOT}} = R + X_L + X_C = R + j\omega L - j\frac{1}{\omega C}$$
$$= R + j\left(\omega L - \frac{1}{\omega C}\right)$$

극 형식으로는 다음과 같다.

$$Z_{\text{TOT}} = \sqrt{R^2 + (\omega L - 1/\omega C)^2} \angle \tan^{-1}\left(\frac{\omega L - 1/\omega C}{R}\right)$$

총 임피던스에 걸친 전류는 위상을 무시한다.

$$I = \frac{V_s}{Z_{TOT}} = 10\ \text{VAC}/\sqrt{R^2 + (\omega L - 1/\omega C)^2}$$

$L = 100\ \mu\text{H}$와 $C = 62.5\ \text{nF}$와 $\omega = 2\pi f$에 대입하면, 주파수의 함수로 표현하는 전류는 다음과 같다.

$$I = \frac{10\ \text{VAC}}{\sqrt{25 + (6.28 \times 10^{-4}\,f - 2,546,479/f)^2}\ \Omega}$$

이상적인 LC 직렬 공진 회로와 달리, 공진 주파수

$$f_0 = \frac{1}{2\pi\sqrt{LC}} = \frac{1}{2\pi\sqrt{(100 \times 10^{-6}\,\text{H})(62.5 \times 10^{-9}\,\text{F})}}$$
$$= 63,663\ \text{Hz}$$

를 대입하면 총 전류는 무한대로 커지지 않는다. 총 전류는 무한대로 커지지 않는다. 대신에 2 A가 되는데, 이는 단지 $V_S/R = 10\ \text{VAC}/5\ \Omega = 2\ \text{A}$ 일뿐이다. 인덕터와 커패시터가 공진하며 공진을 상쇄할 때 있을 수 있는 제로 임피던스 조건을 저항이 방지한다.

무부하 Q(unload Q)는 공진 시의 반응저항을 저항으로 나눈 값이다.

$$Q_U = \frac{1}{R}\sqrt{\frac{L}{C}} = \frac{X_{L,0}}{R} = \frac{\omega_0 L}{R} = \frac{2\pi f_0 L}{R} = \frac{40\ \Omega}{5\ \Omega} = 8$$

보기 2.178에서 지적한 바와 같이, 공진 시 커패시터와 인덕터의 반응저항이 서로 상쇄되므로 임피던스는 저항만으로 결정된다. 그러므로 공진 상태일 때 전류와 전압의 위상이 맞아야 한다는 점을 추론할 수 있다. 단일 저항을 사용하는 정현파 회로에서 전류와 전압이 '맞음 위상 상태'인 점을 상기하라. 그렇지만 공진 주파수(성분 값들을 같게 유지)에서 멀어지면 커패시터나 인덕터의 반응저항이 증가하면서 임피던스가 높아진다. 공진 주파수보다 주파수가 낮아질수록 커패시터의 반응저항이 지배적이 되어 커패시터가 전류에 점점 더 저항한다. 공진 시 주파수가 높아지면 인덕터의 반응저항이 지배적이 되어 주파수가 증가함에 따라 인덕터가 점점 더 저항한다. 어느 방향으로든 공진에서 멀어지면 저항이 전류 진폭에 미치는 영향이 미미해진다는 점을 알 수 있다.

역주 뾰족함

이제 보기 2.178에 나오는 그래프를 보면, 전류 곡선이 뾰족한 언덕 꼭대기처럼 보인다. 전자공학에서는 전류 곡선의 첨예도(pointiness)역주를 기술하는 일이 중요 관심 대상이다. 인덕터 또는 커패시터의 반응 저항 크기가 저항과 같을 때, 어느 방향으로든 공진 주파수를 벗어난 전류는 천천히 줄어든다. 그러한 전류 곡선의 '언덕 꼭대기'가 **평평하다**(broad)고 한다. 반대로 인덕터나 커패시터의 반응저항이 저항보다 훨씬 클 때, 어느 방향으로든 공진 주파수를 벗어난 전류는 빠

역주 또는 첨예하다

르게 줄어든다. 그러한 전류 곡선의 '언덕 꼭대기'를 **가파르다**(sharp)역주고 한다. 가파른 공진 회로는 공진에 매우 가까운 주파수보다 공진 주파수에 더 쉽게 반응한다. 평평한 공진 회로는 공진 주파수를 중심으로 하는 그룹 또는 주파수 대역에 거의 같이 반응한다.

결국, 가파르면서도 비좁은 회로가 유용하다. 가파른 회로의 선택도가 좋다. 이것은 희망 주파수 한 개(전류 진폭 면에서)에만 강하게 반응할 수 있어 그 밖의 것들과 구별할 수 있게 한다는 점을 의미한다. 반면에, 평평한 회로는 단일 주파수에 강력히 반응하는 게 아닌, 주파수 대역에 비슷한 반응을 해야 하는 상황에서 사용한다.

다음으로 RLC 공진 회로의 첨예도를 측정할 수 있는 두 가지 양, 즉 품질 계수와 대역폭을 살펴볼 것이다.

2.30.2 품질 계수 Q와 대역폭

역주 감도 지수 또는 최소 감도 또는 최적 수치 등 다양한 용어로 표현한다.

앞에서 언급했듯이, 저항(즉, 소비 에너지)에 대한 반응저항(즉, 저장 에너지)의 비율은 정의에 따르면 품질 계수 Q에 해당한다(Q를 성능 지수 또는 배율 계수라고 한다).역주 알다시피, 직렬 RLC 회로(여기서 R은 부품의 내부 저항)에서 인덕터의 내부 저항 손실에 따라 고주파에서의 에너지 소비가 좌우된다. 이것은 인덕터의 Q가 공진 회로 Q를 정하는 데 큰 영향을 미친다는 점을 의미한다. Q의 값은 회로가 전력을 전달할 수 있는 외부 부하와는 무관하므로 공진 회로 Q를 회로의 무부하 Q(unloaded Q), 즉 Q_U라는 식으로 고쳐 부른다. 보기 2.179를 보라.

보기 2.178에 나오는 RLC 공진 회로 사례에서, 인덕터 또는 커패시터(공진 시 상대적 임피던스가 같음)의 반응저항을 저항으로 나누어 회로의 무부하 Q를 결정할 수 있다.

$$Q_U = \frac{X_{L,0}}{R} = \frac{40 \, \Omega}{5 \, \Omega} = 8$$

$$Q_U = \frac{X_{C,0}}{R} = \frac{40 \, \Omega}{5 \, \Omega} = 8$$

보다시피, 저항을 늘리면 무부하 Q가 감소해 보기 2.179에 나오는 그래프와 같이 공진에 대한 완만한 전류 응답 곡선이 생긴다. 저항이 10 Ω, 20 Ω, 50 Ω일 때, 무부하 Q는 각기 4, 2, 0.8로

감소한다. 반대로 저항을 작게 하면 무부하 Q가 증가해 공진에 대한 가파른 전류 응답 곡선이 생긴다. 예를 들어, 저항이 $2\,\Omega$으로 낮아지면 무부하 Q는 20이 된다.

품질 계수(Q)

대역폭

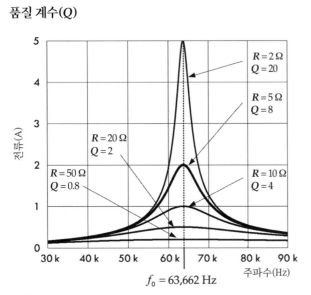

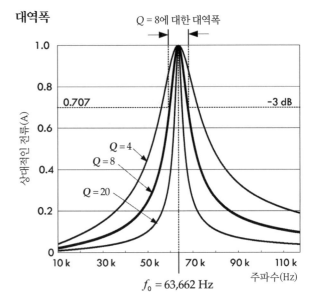

보기 2.179

2.30.3 대역폭

직렬 공진 회로의 첨예도를 표현하는 대안으로 대역폭(bandwidth, BW)을 사용하는 방식이 있다. 기본적으로 보기 2.179에 나오는 품질 계수 그래프를 가져 와서 보기 2.179에 나오는 대역폭 그래프로 변환한다. 전류 축을 상대적인 전류 축으로 변경하고 Q 값을 높이도록 변경하기 위해 곡선들을 움직여 파고 전류가 모두 같게 하면 된다. 각 곡선의 파고 전류가 같다고 가정하면, 다양한 Q 값에 대한 전류 변화율과 저항에 대한 반응저항의 연관 비율에 대한 전류 변화율을 더욱 쉽게 비교할 수 있다. 해당 곡선에서 더 낮은 쪽 Q를 지닌 회로는 더 높은 쪽 Q를 지닌 회로보다 더 큰 주파수 대역폭에 해당하는 주파수들을 통과시키는 것을 볼 수 있다. 동조 회로를 비교하기 위해 종종 대역폭을 전류 진폭 최댓값의 0.707 또는 $1/\sqrt{2}$배로 감소하는 두 주파수 사이의 주파수 확산으로 정의한다. 저항 R이 소비하는 전력이 전류의 제곱에 비례하므로 R이 계산에 대해 일정하다고 가정할 때 이 지점에서 전력은 공진 시 최대 전력의 절반이다. 절반 전력, 즉 $-3\,\mathrm{dB}$ 지점이 도면에 표시되어 있다.

Q 값이 10 이상이면 보기 2.179에 나오는 곡선들이 대략 대칭을 이룬다. 이러한 가정에 따라 대역폭을 쉽게 계산할 수 있다.

$$\mathrm{BW} = \frac{f_0}{Q_u} \tag{2.81}$$

여기서 BW와 f의 단위는 헤르츠이다.

▶ **예제:** 보기 2.178에 나오는 직렬 공진 회로는 100 kHz와 1 MHz에서 대역폭이 얼마인가?

▷ 정답:

$$BW_1 = \frac{f_0}{Q_U} = \frac{100,000 \text{ Hz}}{8} = 12,500 \text{ Hz}$$

$$BW_2 = \frac{f_0}{Q_U} = \frac{1 \text{ MHz}}{8} = 125,000 \text{ Hz}$$

2.30.4 RLC 공진 회로 내 부품 간 전압 강하

주어진 인덕터 또는 RLC 공진 회로 내 커패시터의 전압 강하를 교류 옴의 법칙을 적용해 결정할 수 있다.

$$V_C = X_C I = \frac{1}{2\pi f_0 C} \times I \quad \text{그리고} \quad V_L = X_L I = 2\pi f_0 L \times I$$

앞에서 살펴보았듯이 인덕터와 커패시터가 반환하는 자기 및 전기 저장 에너지로 인해 이러한 전압이 원천 전압보다 몇 배 더 커질 수 있다. Q 값이 높은 회로인 경우에 특히 그렇다. 예를 들어, 공진 시 보기 2.178에 나오는 RLC 회로는 커패시터와 인덕터 양단에 다음과 같은 전압 강하가 발생한다.

$$V_C = X_C I = 40 \ \Omega \ \angle \ -90° \times 2 \text{ A} \ \angle \ 0° = 80 \text{ VAC} \ \angle \ -90°$$

$$V_L = X_L I = 40 \ \Omega \ \angle \ +90° \times 2 \text{ A} \ \angle \ 0° = 80 \text{ VAC} \ \angle \ +90°$$

RMS 값에서 전환할 때 실제 전압 진폭은 1.414 계수 또는 113 V보다 높다. 상당한 전력을 처리하는 안테나 커플러와 같이, 높은 Q 회로는 회로에 대한 원천 전압이 부품 정격 범위 안에 있어도 높은 반응 전압으로 인해 아크가 발생할 수도 있다. 10보다 큰 Q를 고려하면, 공진 중인 직렬 공진 RLC 회로 내 반응 전압에 대한 좋은 근삿값을 다음 식이 제공한다.

$$V_X = Q_U V_S \tag{2.82}$$

2.30.5 커패시터 손실

직렬 공진 회로 내 커패시터 에너지 손실이 최대 30 MHz인 인덕터 손실에 비하면 중요하지 않지만, 이 손실은 VHF 범위(30~300 MHz)에 있는 회로 Q에 영향을 미칠 수 있다. 커패시터 판 사이에 있는 고체 유전체에서 주로 발생하는 누설 저항은 인덕터 코일의 내부 회선의 저항 손실과 정확히 같지는 않다. 커패시터 누설과 관련된 저항은 직렬 저항을 형성하는 대신, 대체로 용량성 반응저항과 병렬 저항을 형성한다. 커패시터의 누설 저항이 직렬 공진 회로의 Q에 영향을 줄 정도로 크다면, 병렬 저항을 인덕터의 저항에 더하기 전에 등가 직렬 저항으로 전환해야 한다. 이 등가 직렬 저항은 다음과 같이 된다.

$$R_S = \frac{X^2_C}{R_P} = \frac{1}{R_P \times (2\pi f C)^2} \tag{2.83}$$

여기서 R_P는 누설 저항이고 X_C는 용량성 반응저항이다. 이 값이 인덕터의 내부 저항에 합해지고 그 합계는 RLC 공진 회로의 R을 나타낸다.

▶ **예:** 10.0 pF 커패시터의 누설 저항이 40.0 MHz에서 9,000 Ω이다. 등가 직렬 저항은 무엇인가?

$$R_S = \frac{1}{R_P \times (2\pi f C)^2} = \frac{1}{9,000\ \Omega \times (6.283 \times 40.0 \times 10^6 \times 10.0 \times 10^{-12})^2} = 17.6\ \Omega$$

직렬 공진 회로의 임피던스, 전류, 대역폭을 계산할 때 직렬 누설 저항이 인덕터의 코일 저항에 더해진다. 인덕터의 저항은 표피 효과(전선의 표면 쪽으로 힘을 받는 전자들)로 인해 주파수에 맞춰 인덕터의 저항이 커지는 경향이 있으므로 커패시터와 인덕터의 결합 손실로 인해 회로 Q가 심각하게 줄어들 수 있다.

▶ **예제 1:** 손실 저항이 4 Ω인 직렬 공진 회로의 무부하 Q와 반응저항이 각기 200 Ω인 유도성 및 용량성 성분은 무엇인가? 반응저항이 각기 20 Ω일 때 무부하 Q는 얼마인가?

▷ **정답:**

$$Q_{u1} = \frac{X_1}{R} = \frac{200\ \Omega}{4\ \Omega} = 50$$

$$Q_{u2} = \frac{X_2}{R} = \frac{20\ \Omega}{4\ \Omega} = 5$$

▶ **예제 2:** 7.75 MHz에서 작동하는 직렬 공진 회로의 무부하 Q는 대역폭이 775 kHz일 때 얼마인가?

▷ **정답:**

$$Q_u = \frac{f}{\text{BW}} = \frac{7.75\ \text{MHz}}{0.775\ \text{MHz}} = 10.0$$

2.30.6 병렬 공진 회로

직렬 공진 회로도 흔하기는 하지만 대부분의 공진 회로는 병렬 공진 회로이다. 보기 2.180에는 일반적인 병렬 공진 회로가 나온다. 직렬 공진 회로와 마찬가지로 인덕터 내부 코일 저항이 저항 손실의 주된 원인이므로 직렬 저항을 같은 레그^{역주1} 쪽에 매치한다. 공진 시 직렬 공진 회로의 임피던스는 최소가 되어 가는 반면에 병렬 공진 회로의 임피던스는 최대로 향한다. 이런 이유로 RLC 병렬 공진 회로를 종종 반공진(antiresonant) 회로^{역주2} 또는 제파기(rejector) 회로라고 한다. (RLC 직렬 공진 회로는 이름 그대로 수파기(acceptor) 역할을 한다.) 다음 예제로 병렬 공진 동작을 마음속에 그려 볼 수 있다.

역주1 다리 또는 각

역주2 반대 공진 회로

▶ **예제:** RLC 병렬 회로의 임피던스를 찾으려면 인덕터와 저항기를 직렬로 연결한 다음에 커패시터와 병렬로 놓는다(병렬 공식 임피던스를 사용).

$$Z_{\text{TOT}} = \frac{(R + X_L) \times X_C}{(R + X_L) + X_C} = \frac{(R + j\omega L)(-j 1/\omega C)}{(R + j\omega L) + (-j 1/\omega C)}$$

$$= \frac{L/C - j[R/(\omega C)]}{R + j[\omega L - 1/\omega C]}$$

RLC 병렬 공진 회로

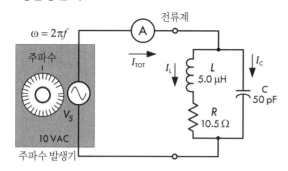

극 형식은 다음과 같다.

$$Z_{TOT} = \frac{\sqrt{(L/C)^2 + [R/(\omega C)]^2} \; \angle \; \tan^{-1}\left[\dfrac{R/(\omega C)}{L/C}\right]}{\sqrt{R^2 + [\omega L - 1/(\omega C)]^2} \; \angle \; \tan^{-1}\left[\dfrac{\omega L - 1/(\omega C)}{R}\right]}$$

$L = 5.0\ \mu\text{H}$, $C = 50\ \text{pF}$, $R = 10.5\ \Omega$, $\omega = 2\pi f$를 대입하면, 위상을 무시한 총 임피던스는 다음과 같다.

$$Z_{TOT} = \frac{\sqrt{1.0 \times 10^{10} + \left(\dfrac{3.34 \times 10^{10}}{f}\right)^2}}{\sqrt{110.3 + \left(3.14 \times 10^{-5}\, f - \dfrac{3.18 \times 10^9}{f}\right)^2}}\ \Omega$$

위상을 무시하면 총 전류(회선 전류)는 다음과 같다.

$$I_{TOT} = \frac{V_S}{Z_{TOT}}$$

$$= 10\ \text{V} \left/ \frac{\sqrt{1.0 \times 10^{10} + \left(\dfrac{3.34 \times 10^{10}}{f}\right)^2}}{\sqrt{110.3 + \left(3.14 \times 10^{-5}\, f - \dfrac{3.18 \times 10^9}{f}\right)^2}}\ \Omega \right.$$

공진 근처의 행태

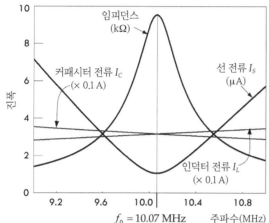

이 방정식을 그래프 프로그램에 대입하면 보기 2.180과 같은 곡선이 나타난다. 특정 주파수에서 임피던스는 최댓값에 도달하는 반면, 총 전류는 최솟값에 이른다는 점을 유념하라. 그렇지만 이 지점은 단순한 LC 병렬 회로 또는 직렬 RLC 회로에서 공진 주파수라고 불리는 지점인 $X_L = X_C$가 아니다. 알려진 바와 같이, 병렬 RLC 회로의 공진 주파수는 조금 더 복잡하고, 세 가지 방법으로 표현될 수 있다. 그렇지만 일단은 이전과 같이 표현한 근삿값을 만든다.

$$f_0 = \frac{1}{2\pi\sqrt{LC}} = 10{,}070{,}000\ \text{Hz} = 10.07\ \text{MHz}$$

품질 계수(Q)

보기 2.180

L의 반응저항을 사용하는 이 회로의 무부하 Q는 다음과 같다.

$$Q_U = \frac{X_{L,0}}{R} = \frac{\omega_0 L}{R} = \frac{2\pi f_0 L}{R} = \frac{316.4\ \Omega}{10.5\ \Omega} = 30$$

보기 2.180의 아래쪽 그래프는 품질 계수와 인덕터 레그의 병렬 저항 크기에 영향을 받는 방식을 보여 준다.

보기 2.177에 나온 이상적인 LC 병렬 공진 회로와는 달리, R을 추가하면 공진 조건이 바뀐다. 예를 들어, 유도성 및 용량성 반응저항이 같으면 유도성 및 용량성 레그의 임피던스가 상쇄되지 않는다. 즉, 유도성 레그 나사들의 저항이 상쇄되지 않는다는 말이다. $X_L = X_C$일 때 유도성 레그의 임피던스는 X_C보다 크며 X_C에 대한 위상차가 180°를 넘어서지 않게 될 것이다. 합성 전류는 실제로는 최솟값이 아니며 전압과 위상이 맞지 않는다. 보기 2.181에 나오는 선분 (A)를 보라.

이제 인덕터 값을 조금만 변경(Q 상수를 유지)하면 전류가 실제 최솟값에 도달하는 새로운 주파수를 얻을 수 있는데, 전류 측정기를 사용하면 이렇게 할 수 있다. 우리는 RLC 병렬 공진의 표준 정의라고 부르는 이 새 주파수의 전류 감소와 연관시킨다. 최소 전류(또는 최대 임피던스)에 도달하는 지점을 반공진점(antiresonant point)[역주]이라고 하는데, $X_L = X_C$인 곳에서의 조건과 혼동해서는 안 된다. 상당한 대가를 치르고라도 최소 전류가 나오도록 인덕턴스를 변경하면, 전류와 전압의 위상이 다소 차이가 나게 된다. 보기 2.181에 나오는 선분 (B)를 보라.

역주 반대 공진 지점 또는 공명 제어점

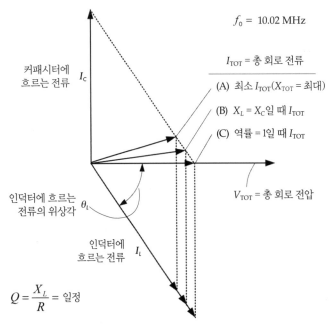

보기 2.181

RLC 병렬 공진 회로의 회로 설계를 변경하면 보기 2.181의 공진점 중 일부를 모을 수 있는데, 예를 들면, 정전용량을 변경해(커패시터 반환) 인덕터 저항을 보상할 수 있다. 공진점 간의 차이는 회로 Q가 10 이상으로 상승할 때, 주파수의 백분율 내로 더 작아지고 수렴하는 경향이 있다. 이 경우에 이러한 차이들을 실제 계산에서는 무시할 수 있다. 최소 전류를 조정하면 전압과 전류 사이의 위상각이 너무 커서 생기는 회로상의 문제가 일어나지 않을 것이다.

Q들이 10보다 크다고 가정하는 한, 단일 수식들을 모아 회로 성능을 예측할 수 있다. 결국, 우리가 해야 할 일은 인덕터가 있는 레그의 직렬 인덕터 저항을 제거하고 실제 인덕터 손실 직렬 저항을 병렬 등가 저항으로 대체하는 일인데, 이는 보기 2.182에 나오는 바와 같다.

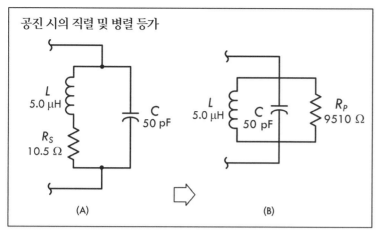

보기 2.182

이 병렬 등가 저항을 종종 병렬 공진 회로의 동적 저항이라고 부른다. 이 저항은 직렬 저항의 역이다. 직렬 저항 값이 감소하면 병렬 등가 저항이 늘어난다. 그 대신 이는 병렬 등가 저항이 회로 Q와 함께 증가한다는 것을 의미한다. 근사 병렬 등가 저항을 계산할 때는 다음 공식을 사용한다.

$$R_P = \frac{X_L^2}{R_S} = \frac{(2\pi f L)^2}{R_S} = Q_U X_L \tag{2.84}$$

▶ **예제:** 유도성 반응저항이 316 Ω이고 직렬 저항이 공진 시에 10.5 Ω이 되는 보기 2.182(b)의 인덕터에 대한 병렬 등가 저항은 얼마인가? 또한, 회로의 무부하 Q를 결정하라.

▷ **정답:**

$$R_P = \frac{X_L^2}{R_S} = \frac{(316\ \Omega)^2}{10.5\ \Omega} = 9510\ \Omega$$

코일 Q_U는 인덕터의 반응저항을 직렬 저항으로 나눈 값이므로 다음과 같이 표시된다.

$$Q_U = \frac{X_L}{R_S} = \frac{316\ \Omega}{10.5\ \Omega} = 30$$

반응저항에 Q_U를 곱하면 인덕터의 직렬 저항에 대략적인 병렬 등가 저항이 나온다.

공진 시에 병렬 등가 표현을 가정하면 $X_L = X_C$와 R_P는 이제 병렬 공진 회로의 임피던스를 정의한다. 그저 반응저항이 서로 같을 뿐이므로 전압과 전류의 위상은 서로 동일하게 유지된다. 다시 말하면, 공진 시 회로가 병렬 저항만을 표시한다. 그러므로 식 2.84를 다음과 같이 작성할 수 있다.

$$Z = \frac{X_L^2}{R_S} = \frac{(2\pi f L)^2}{R_S} = Q_U X_L \tag{2.85}$$

앞에 나온 예제에서 공진 시 회로 임피던스는 9,510 Ω이다.

공진 주파수보다 낮은 주파수에서 인덕터의 반응저항이 커패시터의 반응저항보다 작으므로 인덕터를 통과하는 전류는 커패시터를 통과하는 전류보다 더 크게 될 것이다. 이것은 반응 전류 두 개가 부분적으로 상쇄되어 저항만 있는 전류보다 회선 전류가 더 크다는 점을 의미한다. 공진이 일어나면 이것저것들이 반전된다. 인덕터보다 커패시터를 통해 전류가 더 많이 흐르고, 저항만 있는 전류보다 더 큰 값으로 선 전류가 커진다. 공진 시, 전적으로 R_P에 의해 전류가 결정된다. R_P가 크면 전류는 작을 것이고, R_P가 작으면 전류가 클 것이다.

전류가 공진을 일으키기 때문에 병렬 공진 회로 임피던스가 떨어지게 된다. 또한, 이게 복잡해져서 전압과 전류 사이의 위상차가 커진다. 임피던스가 떨어지는 속도는 Q_u의 함수이다. 보기 2.180에는 회로의 Q 값들이 10에서 100 사이 공진으로 인해 임피던스가 떨어지는 것을 보여 주는 곡선 군이 나온다. 병렬 회로 임피던스의 곡선 군은 본질적으로 직렬 회로 전류의 곡선 군과 같다. 직렬 동조 회로의 경우와 마찬가지로 병렬 동조 회로의 Q가 높을수록 봉우리가 높아진다. 마찬가지로 Q가 낮을수록 회로가 응답하는 주파수 대역이 넓어진다. 반 전력(−3 dB) 지점들을 회로 성능 비교 측정값으로 사용해 직렬 공진 회로의 대역폭에 대해 병렬 공진 회로인 BW = f/Q_u에 동일한 방정식을 적용할 수 있다. 표 2.11은 도처에 있는 Q들과 여러 곳에 있는 병렬 공진 회로의 성능을 요약한 것이다.

표 2.11 병렬 공진 회로의 성능

A. 여러 곳의 Q 병렬 공진 회로		
	높은 Q 회로	낮은 Q 회로
선택도	높음	낮음
대역폭	좁음	넓음
임피던스	높음	낮음
회선 전류	낮음	높음
순환 전류	높음	낮음
B. 인덕턴스 및 정전용량의 상수 값에 대한 공진 비킴(off-resonance)[역주] 성능		
	공진보다 위	공진보다 아래
유도 반응저항	증가	감소
용량성 반응저항	감소	증가
회로 저항	같음*	같음*
회로 임피던스	감소	감소
회선 전류	증가	증가
순환 전류	감소	감소
회로 동작	용량성	유도성

[역주] 또는 공명 비킴
 * 공진에 가깝기는 하지만 인덕터 내의 공진 표피 효과와는 거리가 멀어서 저항 손실을 변화시킨다.

■ 순환 전류에 대한 참고 사항

이상적인 LC 병렬 공진 회로를 다루었을 때, 선 전류를 원천에서 끌어오지 않았어도 공진 시 커패시터와 인덕터 사이에 상당히 큰 순환 전류가 있을 수 있음을 알았다. 더 현실적인 RLC 병렬 공진 회로를 고려해 보면, 공진 시 순환 전류(원천 전압에 비해 상당히 클 수 있음)가 있음을 알 수 있지만, 이제는 부하가 공급하는 작은 선 전류가 있다. 공진 회로망의 임피던스가 높더라도 인덕터와 커패시터에 흐르는 전류가 순환함에 따라 저항 손실(대부분 인덕터의 내부 저항으로 인함)이 발생하므로 이 전류가 무한하지 않다.

보기 2.183에 나오는 사례와 보기 2.183의 오른쪽에 표시된 병렬 등가 회로를 사용해, 병렬 인덕터 저항 R_P를 관통해 흐르는 전체 선 전류를 결합한다. 인덕터, 커패시터 및 병렬 저항이 모두 병렬 등가 회로에 따라 병렬로 구성되므로 인덕터와 커패시터 사이의 순환 전류는 물론, 병렬 저항으로 인한 총 선 전류를 결정할 수 있다.

공진 시의 순환 전류

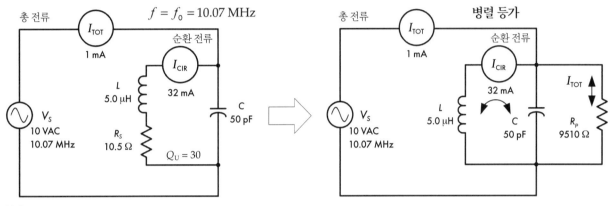

보기 2.183

$$I_R = \frac{V_s}{R_P} = \frac{10 \text{ VAC}}{9510 \text{ }\Omega} = 1 \text{ mA}$$

$$I_L = \frac{V_S}{X_L} = \frac{V_S}{2\pi f L} = \frac{10 \text{ VAC}}{2\pi(10.07 \times 10^6 \text{ s}^{-1})(5.0 \times 10^{-6} \text{ H})} = \frac{10 \text{ VAC}}{316 \text{ }\Omega} = 32 \text{ mA}$$

$$I_C = \frac{V_S}{X_C} = \frac{V_S}{1/(2\pi f C)} = \frac{10 \text{ VAC}}{1/[(2\pi)(10.07 \times 10^6 \text{ s}^{-1})(50.0 \times 10^{-12} \text{ F})]} = \frac{10 \text{ VAC}}{316 \text{ }\Omega} = 32 \text{ mA}$$

회로가 공진 주파수에 있을 때, 순환 전류는 간단히 $I_{CIR} = I_C = I_L$이다. 무부하 Q가 10 이상인 병렬 공진 회로의 경우 순환 전류는 대략 다음과 같다.

$$I_{CIR} = Q_U \times I_{TOT} \tag{2.86}$$

이 예를 사용해 총 선 전류를 1 mA로 측정하고 회로의 Q를 30으로 가정하면, 대략적인 순환 전류는 (30)(1 mA) = 30 mA가 된다.

▶ **예제:** 병렬 공진 회로는 50 mA의 교류 선 전류를 허용하고 Q는 100이다. 소자들을 통과하는 순환 전류는 얼마인가?

▷ **정답:** $I_C = Q_U \times I_T = 100 \times 0.05 \text{ A} = 5 \text{ A}$

Q가 높은 병렬 동조 회로 내 순환 전류는 부품을 가열하거나 전력 손실을 유발하는 수준에 도달할 수 있다. 따라서 선 전류뿐만 아니라 예상 순환 전류에 대한 정격을 부품들이 지녀야 한다.

직렬 및 병렬 공진 회로를 둘 다 사용해 많은 회로에서 같은 작업을 수행할 수 있는데, 이로 인해 유연성을 발휘한다. 보기 2.184에는 '신호 경로에 있는 직렬 공진 회로'와 '신호 경로에서 접지를 통해 분로된 병렬 공진 회로'를 보여 줌으로써 이 점을 그려낸다. 두 회로가 같은 주파수 f에서 공진하고 Q가 같다고 가정하면, 직렬 동조 회로는 공진 주파수에서 임피던스가 가장 낮으므로 가능한 한 최대 전류가 신호 경로를 따라 흐를 수 있다. 그 밖의 모든 주파수에는 임피던스가 증가함으로 전류가 줄어든다. 회로는 희망 신호는 전달하고 희망하지 않는 주파수의 신호를 막는 경향이 있다. 반면에, 병렬 회로는 공진 시 임피던스가 가장 높게 되므로 신호 경로의 신호 임피던스는 가장 낮게 된다. 공진을 제외한 모든 주파수에서 회로의 임피던스가 낮으므로 신호 경로에서 멀리 떨어진 경로에 신호를 제공한다. 이론적으로는 두 회로에 표시되는 효과가 같다. 그렇지만 실제 회로 설계 시 고려할 점들이 많은데, 이것들이 특정 응용에 가장 적합한 회로를 결정하는 궁극 요인이 된다. 필터 회로를 다룰 때 그러한 회로에 대해 논의한다.

직렬 회로   병렬 회로

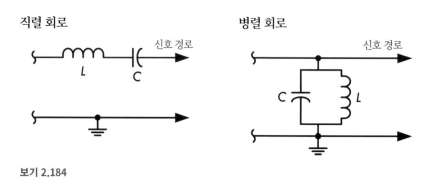

보기 2.184

2.30.7 부하 회로의 Q

많은 공진 회로 응용기기에서 실용적인 전력 손실은 공진 회로 내부 저항에서 분산되기만 한다. 약 30 MHz 미만인 주파수에서 내부 저항의 대부분이 인덕터 코일 자체 안에 있다. 인덕터 코일의 감는 횟수를 늘리면 코일의 내부 저항보다 더 빠르게 반응저항이 증가한다. 높은 Q가 필요한 회로에 사용되는 인덕터의 인덕턴스는 크다.

부하에 에너지를 전달하는 데 공진 회로를 사용할 때, 공진 회로 내에서 소비되는 에너지는 일반적으로 부하가 소비하는 에너지에 비하면 중요하지 않다. 예를 들어, 보기 2.185에서 병렬 부하 저항 R_{LOAD}가 공진 회로에 연결되어 전력을 받는다.

부하가 있는 회로

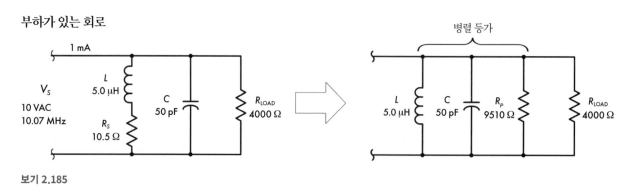

보기 2.185

부하가 소비하는 전력이 인덕터와 커패시터에서 손실된 전력의 최소 10배 이상일 경우, 공진 회로 자체의 병렬 임피던스가 부하의 저항과 비교할 때 너무 높아서, 실용적인 목적에 맞게 결합한 모든 회로의 임피던스는 부하 임피던스와 같다. 이런 상황에서는 Q를 계산할 때 회로 임피던스를 부하 저항으로 대체한다. 저항에 의해 부하가 걸린 병렬 공진 회로의 Q는 다음과 같다.

$$Q_{\text{LOAD}} = \frac{R_{\text{LOAD}}}{X} \tag{2.87}$$

여기서 Q_{LOAD}는 회로 부하 Q이고, R_{LOAD}는 병렬 부하 저항을 옴 단위로 나타낸 것이고, X는 인덕터 또는 커패시터의 반응저항을 옴 단위로 나타낸 것이다.

▶ **예제 1:** 4000 Ω 저항성 부하는 보기 2.185에 표시된 공진 회로에 연결되며, 공진 시 유도성 및 용량성 반응저항은 316 Ω이다. 이 회로에서 부하 Q는 얼마인가?

▷ **정답:**

$$Q_{\text{LOAD}} = \frac{R_{\text{LOAD}}}{X} = \frac{4000\ \Omega}{316\ \Omega} = 13$$

반응저항이 감소하면 회로의 부하 Q가 증가한다. 회로에 저항(수 킬로 옴)이 낮은 부하들이 걸릴 때, 회로에 반응저항이 낮은(정전용량은 크고 인덕턴스는 작은) 소자들이 있어야만 합리적으로 Q가 높아진다. 가끔 병렬 부하 저항기를 병렬 공진 회로에 추가해 Q를 낮추고 회로 대역폭을 늘리는 경우가 있다.

▶ **예제 2:** 병렬 공진 회로의 대역폭이 400.0 kHz에서 14.0 MHz가 되도록 설계해야 한다. 전류 회로의 Q_u는 70.0이고 부품들의 반응저항이 각기 350 Ω이다. 대역폭을 지정된 값만큼 늘리는 병렬 부하 저항기는 무엇인가?

▷ **정답:** 먼저, 기존 회로의 대역폭을 정한다.

$$\text{BW} = \frac{f}{Q_u} = \frac{14.0\ \text{MHz}}{70.0} = 0.200\ \text{MHz} = 200\ \text{kHz}$$

희망 대역폭인 400 KHz에 맞는 부하 회로 Q는 다음과 같다.

$$Q_{\text{LOAD}} = \frac{f}{\text{BW}} = \frac{140\ \text{MHz}}{0.400\ \text{MHz}} = 35.0$$

희망 Q가 원래 값의 절반이므로 회로의 공진 임피던스 또는 병렬 저항 값을 반으로 줄이는 기법을 쓰게 된다. 회로의 현재 임피던스는 다음과 같다.

$$Z = Q_u X_L = 70 \times 350\ \Omega = 24{,}500\ \Omega$$

희망 임피던스는 다음과 같다.

$$Z = Q_u X_L = 35.0 \times 350\ \Omega = 12{,}250\ \Omega$$

이는 현재 임피던스의 절반이다.

24,500 Ω짜리 병렬 저항기는 대역폭이 증가함에 따라 필요한 만큼 Q가 줄어든다. 실제 설계 상황은 조금 더 복잡해서 대역 통과(bandpass) 곡선 모양 같은 요인을 고려해야 한다.

2.31 데시벨 강의

전자공학에서는 종종 두 신호 간의 상대 진폭 또는 상대 출력을 비교해야 할 때가 있다. 예를 들어, 증폭기의 출력 전압이 입력 전압의 10배인 경우 비율을 설정할 수 있다.

$$V_{out}/V_{in} = 10\ \text{VAC}/1\ \text{VAC} = 10$$

그리고 해당 비율에 이득(gain)이라는 특별한 이름을 붙인다. 출력 전압이 입력 전압보다 10배 더 작은 장치를 사용할 때의 이득률은 1보다 작을 것이다.

$$V_{out}/V_{in} = 1\ \text{VAC}/10\ \text{VAC} = 0.10$$

이 경우에는 해당 비율을 감쇠(attenuation)라고 부른다.

비율을 사용해 두 개의 신호나 전력을 비교하는 일은 전자공학 분야뿐만 아니라 언제 어디서나 하는 일이다. 그러나 신호 두 개 사이의 진폭 비율이나 전력 비율의 범위가 불편할 정도로 클 수도 있다. 예를 들어, 인간의 귀가 서로 다른 수준의 음향 강도(평균 전파 강도)를 감지할 수 있는 범위는 약 10^{-12}에서 $1\ \text{W/m}^2$로 무척 크다. 말하자면 음향 강도^{역주} 대 거리, 이를테면 귀와 스피커 사이의 거리를 그래프로 그려 내기가 생각보다 어려울 수 있는데, 특히 축척이 서로 다른 양단에 얼마나 조밀하게 점을 찍어 그려야 할 것인지를 정하기 어렵다. 특수 로그 용지를 사용해서 이러한 문제를 자동으로 보정되게 할 수도 있지만, 처음부터 값을 대수적으로 '축척'하면 일반적인 선형 그래프 용지에 그릴 수가 있다. 이럴 때 데시벨을 사용한다.

역주 소리 세기

첫 단추를 잘 꿸 수 있게 벨(bel)을 전력비의 로그로 정의한다. 이렇게 해서 전력 수준을 서로 비교하거나 특정 기준 전력과 비교할 수 있게 된다. 벨을 다음과 같이 정의한다.

$$\text{bel} = \log\left(\frac{P_1}{P_0}\right) \tag{2.88}$$

여기서 P_0은 기준 전력이고, P_1은 기준 전력과 비교하려는 전력이다.

전자공학에서는 종종 벨을 전력 정격을 비교할 때 사용한다. 그렇지만 전자기기나 그 밖의 다른 것에서 일반적으로 나타낼 때는 데시벨을 사용하고, 약자로는 dB로 표시한다. 1데시벨은 ¹⁄₁₀벨이다(1밀리미터가 ¹⁄₁₀센티미터인 것과 비슷). 10데시벨이 모여 1벨이 된다. 그러므로 이 점을 고려하며 전력 등급을 데시벨로 비교할 수 있다.

$$\text{dB} = 10\log\left(\frac{P_1}{P_0}\right) \qquad \text{전력에 관한 데시벨} \tag{2.89}$$

▶ **예제:** 증폭기가 1 W 신호를 받아 50 W 신호로까지 증폭될 때 증폭기 이득(출력 전력을 입력 전력으로 나눈 값)을 데시벨로 표현하라.

▷ **정답:** P_0를 1 W 기준 전력이라고 하고, P_1을 비교할 전력이라고 하자.

$$dB = 10 \log \left(\frac{50 \text{ W}}{1 \text{ W}} \right) = 10 \log (50) = 17.00 \text{ dB}$$

이 예제에 나온 증폭기는 거의 17.00 dB(17데시벨)에 해당하는 이득이 있다.

때로는 전자 회로의 신호 수준을 비교할 때 신호의 전압이나 전류는 알 수 있지만, 전력을 알 수 없을 때가 있다. 전력을 계산해도 되지만 회로 임피던스가 주어졌을 때는 교류 옴의 법칙을 데시벨 표현식의 전력들에 간단히 대입함으로써 빠르게 알아낼 수 있다. $P = V^2/Z = I^2 Z$라는 점을 기억해 보라. 전압과 전류가 변할 때 회로의 임피던스가 변하지 않는 한 이게 항상 참이 된다. 임피던스가 동일하게 유지되는 한 전압 신호와 전류 신호를 데시벨의 관점에서 비교할 수 있다.

$$dB = 10 \log \left(\frac{V_1^2}{V_0^2} \right) = 20 \log \left(\frac{V_1}{V_0} \right)$$

그리고

전압 및 전류 정격에 대한 데시벨 **(2.90)**

$$dB = 10 \log \left(\frac{I_1^2}{I_0^2} \right) = 20 \log \left(\frac{I_1}{I_0} \right)$$

위의 표현식에서 우리는 로그 법칙을 사용해 제곱 항들을 소거했다. 예를 들면, 다음과 같다.

$$10 \log (V_1^2/V_0^2) = 10(\log V_1^2 - \log V_0^2)$$

$$= 10(2 \log V_1 - 2 \log V_0) = 20(\log V_1 - \log V_2)$$

$$= 20 \log (V_1/V_0)$$

임피던스 항들이 소거되고 최종 결과는 두 배 이상이다. 로그에서 제곱 항들이 쫓겨났기 때문에 이런 결과가 나왔다(로그 법칙 참조). 전력, 전압, 전류 표현식은 근본적으로 같다. 즉, 모두 전력비를 바탕으로 한다. 해당 데시벨 표현과 관련지을 수 있는 몇 가지 전력비가 있는데, 이것들을 인지하는 법을 배워야 한다.

예를 들어, 전력을 두 배로 늘리면(doubling power) 최종 전력은 항상 초기(또는 기준) 전력의 두 배가 된다. 1 W에서 2 W로, 40 W에서 80 W로, 500 W에서 1000 W로 변경하는 경우에 비율 차이가 나지 않고 비율은 항상 2이다. 데시벨의 경우 전력비가 2인 경우를 다음과 같이 나타낸다.

$$dB = 10 \log (2) = 3.01 \text{ dB}$$

출력 전력이 입력 전력의 두 배인 경우에 3.01 dB만큼 이득이 있다. 일반적으로 사람들은 0.01 정도의 차이는 신경 쓰지 않고 전력이 두 배가 되면 3 dB만큼 전력이 증가했다는 식으로 생각한다.

전력을 절반으로 줄이면(power Is cut In half) 비율은 항상 0.5, 즉 1/2이 된다. 1000 W에서 500 W, 80 W에서 40 W, 2 W에서 1 W로 가는 경우에도 여전히 비율은 0.5이다. 0.5라는 전력비를 데시벨 단위로는 다음과 같이 표시한다.

$$dB = 10 \log (0.5) = -3.01 \text{ dB}$$

음수 부호는 전력 감소를 나타낸다. 다시 말하지만, 사람들은 보통 .01 정도의 비율은 무시하고 −3 dB 정도의 변화를 전력이 반으로 줄어든 것으로 나타내거나, 더 논리적으로 말하면 전력이 3 dB만큼 감소하는 것으로 여긴다('감소'라는 용어를 사용하면 굳이 음수 기호를 붙이지 않아도 된다).

이제 전력을 4만큼 늘리면, 데시벨 공식을 사용하지 않고도 간단히 두 배가 늘어난 것으로 여길 수 있다. 3.01 dB + 3.01 dB = 6.02 dB, 약 6 dB이다. 마찬가지로 전력이 8만큼 늘어나면, 사실상 네 배가 커지므로 데시벨 단위로 표시하는 전력비는 3.01 × 4 = 12.04, 약 12 dB이다.

전력 감소에 대해서도 같은 관계가 있다. 전력을 반으로 줄일 때마다 3.01 dB, 약 3 dB만큼 감소한다. 전력을 네 배로 줄이는 일은 3.01 dB + 3.01 dB = 6.02 dB, 약 6 dB을 줄이는 것과 비슷하다. 다시 말하지만, '감소'라고 하는 대신에 간단히 −6 dB만큼 변화한다고 말할 수 있다. 표 2.12 에 일반적인 데시벨 값과 이 값과 관련된 전력 변화 간의 관계를 나타냈다. 전류와 전압의 변화도 이와 같이 표현할 수 있지만 두 값 모두 임피던스가 같은 경우에만 유효하다.

표 2.12 데시벨과 전력비

흔한 데시벨 값과 이것에 등가인 전력비			흔한 데시벨 값과 이것에 등가인 전력비		
dB	P_2/P_1	V_2/V_1 또는 I_2/I_1	dB	P_2/P_1	V_2/V_1 또는 I_2/I_1
120	10^{12}	10^6	−120	10^{-12}	10^{-6}
60	10^6	10^3	−60	10^{-6}	10^{-3}
20	10^2	10.0	−20	10^{-2}	0.1000
10	10.00	3.162	−10	0.1000	0.3162
6.0206	4.0000	2.0000	−6.0206	0.2500	0.5000
3.0103	2.0000	1.4142	−3.0103	0.5000	0.7071
1	1.259	1.122	−1	0.7943	0.8913
0	1.000	1.000	0	1.000	1.000

* 임피던스가 같으면 전압비와 전류비가 유지된다.

2.31.1 데시벨을 대체하는 표시

특정 전력 정격을 몇 가지 표준 기준과 비교하는 편이 더 편리할 때가 종종 있다. 예를 들어, 안테나의 수신 측으로 들어오는 신호를 측정해 2×10^{-13} mW에 해당하는 전력을 얻는다고 가정하자. 이 신호가 수신기를 통과할 때, 수신기의 스피커나 헤드폰에 약간의 소리가 형성될 때까지 강도가 증가한다. 이러한 신호 수준을 데시벨과 관련지어 설명하면 편리하다. 일반적인 기준 전력은 1 mW이다. 1 mW에 비교하는 신호의 데시벨 값은 1 mW에 비해 평균 데시벨을 의미하는 'dBm' 으로 지정한다. 여기 나온 예제에서 수신기 입력의 신호 강도는 다음과 같다.

$$dB_m = 10 \log \left(\frac{2 \times 10^{-13} \text{ mW}}{1 \text{ mW}} \right) = -127 \text{ dBm}$$

회로 및 전력 정격에 따라 많은 기준 전원이 사용된다. 1 W를 기준 전력으로 사용한다면 dBW를 지정할 수 있을 것이다. 안테나 전력 이득은 쌍극자(dBd) 또는 등방성 복사체(dBi)와 관련지어 종종 지정한다. dB 다음에 표시된 문자를 통해 몇 가지 기준 전력이 지정된다는 점을 알 수 있다. 예를 들어, 1 V를 기준으로 한 전압 크기를 나타내기 위해 dB의 끝 부분에 'V'를 두어 정격을 dBV로 표시한다(다시 말하지만, 임피던스가 같아야 한다). 음향학에서는 dB, SPL은 20 μPa을 기준 압력으로 한 신호 압력을 나타낸다. 데시벨이라는 용어를 소리와 관련해서도 사용한다(15.1절).

2.32 입력 및 출력 임피던스

2.32.1 입력 임피던스

입력 임피던스 Z_{IN}은 회로 또는 장치의 입력을 들여다보았을 때 '보였던' 임피던스이다(보기 2.186). 입력 임피던스는 장치의 입력으로 얼마나 많은 전류를 끌어들일 수 있는지를 알려 준다. 일반적으로 복잡한 회로에는 인덕터 및 커패시터와 같은 반응 부품이 들어 있어서 입력 임피던스가 주파수에 민감하다. 따라서 입력 임피던스는 주파수 한 개에서는 약간의 전류만 입력되게 하면서 그 밖의 주파수로는 큰 방해 전류가 들어가게 할 수 있다. 저주파(1 kHz 미만)에서는 반응저항 성분이 영향을 덜 받으며, 입력 저항(input resistance)이라는 용어를 사용할 수 있을 것이다. 이럴 때는 실제 저항만이 지배적이다. 정전용량 및 인덕턴스 영향력은 일반적으로 고주파에서 더 중요하다.

입력 임피던스가 작으면, 특정 주파수의 전압이 입력에 인가될 때 비교적 큰 전류가 장치의 입력으로 유입될 수 있다.

입력 임피던스

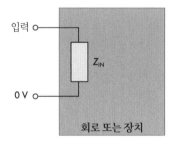

출력 임피던스

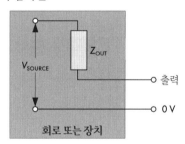

보기 2.186

이것은 일반적으로 장치의 입력을 공급하는 구동 회로의 원천 전압을 떨어뜨리는 효과가 있다. (구동 회로의 출력 임피던스가 큰 경우에는 특히 그러하다.) 음성 스피커의 경우에는 입력 임피던스가 낮아서(보통 4 Ω 또는 8 Ω) 음성 코일을 구동하는 데 많은 전류가 소비된다.

한편, 입력 임피던스가 큰 경우에는 특정 주파수의 전압이 입력에 인가될 때 장치에는 전류가 적게 이입되므로 입력을 공급하는 구동 회로의 원천 전압이 크게 떨어지지는 않는다. 연산 증폭기(op amp)는 입력 임피던스가 매우 큰 장치이다(1~10 MΩ). 이 장치의 입력 중 하나는(두 개 중에) 실제적으로 전류를 끌어오지 않는다(nA 범위에서). 오디오라는 관점에서 1 MΩ 라디오 입력, 500 kΩ CD 입력, 100 kΩ 탭 입력이 있는 하이파이 전치 증폭기(preamplifier)역주의 경우에 이것이 전류 증폭기가 아닌 전압 증폭기이므로 임피던스 입력이 높다. 이 점을 나중에 설명한다.

일반적으로 신호를 전송할 때, 장치의 입력 임피던스는 신호를 입력에 공급하는 회로의 출력 임피던스보다 커야 한다. 일반적으로 이 값은 입력이 신호 원천에 과부하가 걸리지 않고 상당한 양만큼 강도가 줄어들지 않도록 10배 정도 큰 값이어야 한다. 계산과 그와 같은 관점에서 입력 임피던스는 다음과 같다.

$$Z_{in} = \frac{V_{in}}{I_{in}}$$

예를 들어, 보기 2.187은 두 저항 회로에 대한 입력 임피던스를 결정하는 방법을 보여 준다. 사례 2에서 부하가 출력에 연결되면 R_2와 R_{load}를 병렬로 취해 입력 임피던스를 다시 계산해야 한다.

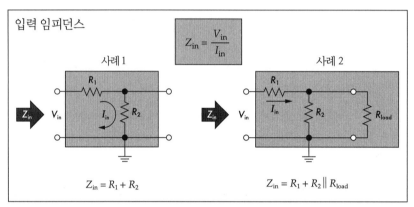

보기 2.187

필터 회로를 다루는 2.33.1절에서는 입력 임피던스가 주파수에 의존하는 방식을 보여 준다.

2.32.2 출력 임피던스

출력 임피던스 Z_{OUT}은 소자의 출력으로 되돌아가는 임피던스를 나타낸다. 모든 회로 또는 소자의 출력인 이상적인 전압원 V_{SOURCE}와 직렬로 연결된 출력 임피던스 Z_{OUT}과 같다. 보기 2.186은 등가 회로를 보여 준다. 이 회로의 출력 측에 연결된 모든 전압원과 유효 총 임피던스(저항, 정전용량 및 인덕턴스) 간의 상호작용 효과를 나타낸다. 이 등가 회로를 테브난 등가 회로로 생각할 수 있는데, 이런 경우에 보기 2.186에 나오는 V_{SOURCE}는 회로의 실제 공급 전압이 아니라 반드시 테브난 등가 전압이어야 한다. 입력 임피던스와 마찬가지로 출력 임피던스는 주파수에 따라 달라질 수 있다. 출력 저항(output resistance)이라는 용어는 회로 내에 반응저항이 없거나, 동작 주파수가 낮거나(말하자면 1 kHz보다 낮거나), 반응 효과가 거의 없는 경우에 사용된다. 정전용량 및 인덕턴스의 영향은 일반적으로 고주파에서 가장 중요하다.

출력 임피던스가 적으면 출력 전압을 크게 떨어뜨리지 않은 채로 장치의 출력에서 상대적으로 큰 출력 전류를 끌어올 수 있다. 부착된 부하의 입력 임피던스보다 출력 임피던스가 훨씬 낮은 원천은 출력 임피던스를 통해 전류를 구동할 때 전압 손실이 거의 없다. 예를 들어, 실험용 직류 전력 공급 장치를 내부 저항이 적은 이상적인 전압원들이 병렬로 연결된 것으로 볼 수 있다. 적절한 공급 장치에는 밀리옴(mΩ) 범위의 출력 임피던스가 있으므로 공급 전압을 크게 떨어뜨리지 않고 부하에 상당한 전류를 공급할 수 있다. 전지는 일반적으로 내부 저항이 높고 필요 전류가 늘어남에 따라 공급 전압이 더 많이 떨어지는 경향이 있다. 일반적으로, 적은 출력 임피던스(또는 저항)는 임피던스의 저항 가열에 손실되는 전력이 적고 더 큰 전류가 공급될 수 있다는 것을 의미하므로 더 좋은 것으로 간주된다. 우리가 보아 왔던 연산 증폭기는 입력 임피던스가 크고 출력 임피던스는 낮다.

반면에, 출력 임피던스가 크면 출력 측 전압이 실질적으로 강하하기 전에 소자의 출력에서 상대적으로 적은 출력 전류를 끌어올 수 있다. 출력 임피던스가 큰 원천이 입력 임피던스가 훨씬 작은 부하를 구동하려고 하면, 부하에 걸쳐 작은 부분만 나타난다. 대부분은 출력 임피던스를 통해 출력 전류를 구동하지 못한다.

다시 말하지만, 효율적인 신호 전달을 위한 경험적 규칙에 따르면 부착된 부하의 입력 임피던스에 비해 최소 1/10인 출력 임피던스를 지닌다는 점이다.

계산 측면에서 보면, 회로의 출력 임피던스는 테브난 등가 저항 R_{THEV}일 뿐이다. 출력 임피던스를 원천 임피던스라고도 한다. 회로 분석 시의 출력 임피던스를 결정하는 측면에서 보면, 원천을 '죽이고'(단락하고) 출력 단자 사이의 등가 임피던스, 즉 테브난 임피던스를 찾는 정도이다.

예를 들어, 보기 2.188에서 이 회로의 출력 임피던스를 결정하기 위해 '원천을 단락시키고' 부하를 제거하고 출력 단자 사이의 임피던스를 결정함으로써 테브난 저항을 효과적으로 찾는다. 이 경우에 출력 임피던스는 그저 병렬로 놓인 R_1과 R_2이다.

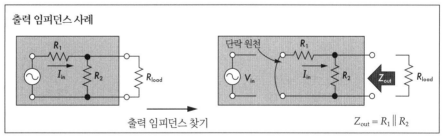

보기 2.188

2.33절에서 필터 회로를 다룰 때, 출력 임피던스가 주파수에 의존하는 방식을 볼 수 있을 것이다.

2.33 2포트 회로망과 필터

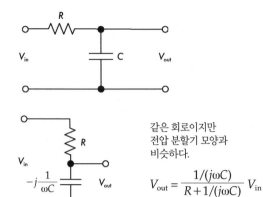

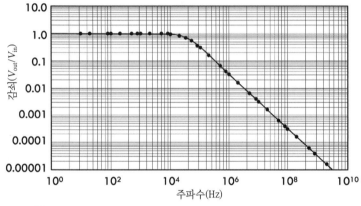

같은 회로이지만
전압 분할기 모양과
비슷하다.

$$V_{out} = \frac{1/(j\omega C)}{R+1/(j\omega C)} V_{in}$$

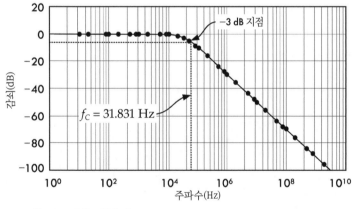

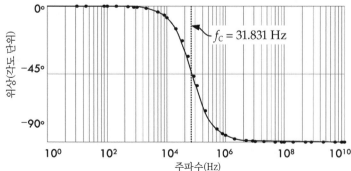

보기 2.189

2.33.1 필터

저항기, 커패시터 및 인덕터를 특별한 방법으로 결합해 특정 주파수 신호를 통과시키면서 그 밖의 신호를 차단하는 회로망을 설계할 수 있다. 이 절에서는 저역 통과형, 고역 통과형, 대역 통과형, 노치형 필터라는 네 가지 기본 필터 유형을 살펴본다.

■ 저역 통과 필터(Low-Pass Filter)

보기 2.189에 나오는 간단한 RC 필터는 저역 통과 필터 역할을 하면서 낮은 주파수를 통과시키고 높은 주파수를 차단한다.

▶ **예제:** 이 회로망의 작동 방식을 파악하기 위해 전달 함수(transfer function)를 찾아라. 전압 분할기를 사용해 V_{in}의 관점에서 V_{out}을 찾는 일로 시작하되, 이것을 무부하(개방 출력 또는 $R_L = \infty$)라고 간주한다.

$$V_{out} = \frac{1/(j\omega C)}{R+1/(j\omega C)} V_{in} = \frac{1}{1+j\omega RC} V_{in}$$

방정식을 다시 정리하면, 전달 함수를 다음과 같이 구할 수 있다.

$$H = \frac{V_{out}}{V_{in}} = \frac{1}{1+j\omega RC}$$

$$H = \frac{V_{out}}{V_{in}} = \frac{1}{1+j\tau\omega}, \quad \tau = RC$$

$$H = \frac{V_{out}}{V_{in}} = \frac{1}{1+j\omega/\omega_C}, \quad \omega_C = \frac{1}{RC}$$

H의 크기와 위상은 다음과 같다.

$$|H| = \left|\frac{V_{out}}{V_{in}}\right| = \frac{1}{\sqrt{1+\tau^2\omega^2}}$$

$$\arg(H) = \varphi = -\tan^{-1}\left(\frac{\omega}{\omega_C}\right)$$

여기서 τ를 시간 상수라고 부르고 ω_C를 회로의 각 차단 주파수(angular cutoff frequency)라고는 부르는데, 이것은 $\omega_C = 2\pi f_C$에 의해 표준 차단 주파수와 관련지어진다. 차단 주파수는 출력 전압이 전력의 절반에 해당하는 $1/\sqrt{2}$의 비율로 감쇠되는 주파수를 나타낸다. 이 예에서 차단 주파수는 다음과 같다.

$$f_C = \frac{\omega_C}{2\pi} = \frac{1}{2\pi RC} = \frac{1}{2\pi(50\,\Omega)(0.1 \times 10^{-6}\,\text{F})} = 31,831\,\text{Hz}$$

직관적으로, 입력 전압의 주파수가 매우 낮을 때 커패시터의 반응저항이 높아서 전류를 거의 소비하지 않으므로 입력 진폭 부근에서 출력 진폭을 유지할 수 있다고 본다. 그렇지만 입력 신호의 주파수가 늘어남에 따라 커패시터의 반응저항이 감소하고, 커패시터는 더 많은 전류를 끌어들여 출력 전압을 떨어뜨린다. 보기 2.189에 감쇠에 대비한 주파수를 그래프로 나타내었는데, 이 중 한 개 그래프는 감쇠를 데시벨 단위로 나타낸다.

커패시터는 보기 2.189의 위상 도면에 나오는 것처럼 지연을 일으킨다. 매우 낮은 주파수에서 출력 전압은 입력을 따르며, 위상이 비슷하다. 주파수가 증대하면 출력이 입력에 뒤쳐지기 시작한다. 차단 주파수에서 출력 전압이 45°만큼 지연된다. 주파수가 무한대를 향해 커짐에 따라 위상 지연이 90°에 가까워진다.

보기 2.190에는 RC 필터의 경우처럼, 용량성 반응저항 대신 유도성 반응저항을 주파수 감응 소자로 사용하는 RL 저역 통과 필터가 나온다.

$Z_{in} = \frac{V_{in}}{I_{in}}$이라는 정의를 바탕으로 입력 임피던스를 구할 수 있지만, 출력 임피던스는 '원천을 제거해'(보기 2.191) 찾을 수 있다.

$$Z_{in} = R + \frac{1}{j\omega C} \quad \text{그리고} \quad Z_{in}\big|_{min} = R$$

$$Z_{out} = R \,||\, \frac{1}{j\omega C} \quad \text{그리고} \quad Z_{out}\big|_{max} = R$$

이제 유한 부하 저항 R_L을 출력에 두면 어떤 일이 벌어지는가? 전압 분할기를 사용하면서 전압 전달 함수를 준비하면 보기 2.192와 같이 된다.

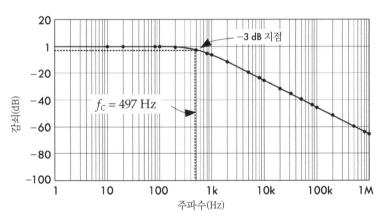

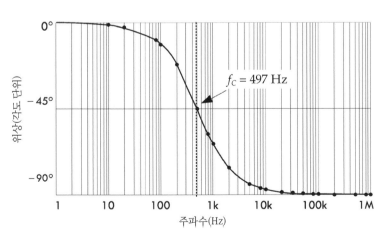

보기 2.190

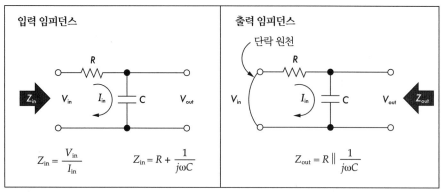

보기 2.191

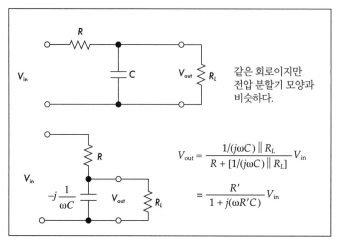

같은 회로이지만
전압 분할기 모양과
비슷하다.

$$V_{out} = \frac{1/(j\omega C) \, \| \, R_L}{R + [1/(j\omega C) \, \| \, R_L]} V_{in}$$

$$= \frac{R'}{1 + j(\omega R'C)} V_{in}$$

보기 2.192

$$H = \frac{V_{out}}{V_{in}} = \frac{1/(j\omega C) \, || \, R_L}{R + \left[1/(j\omega C) \, || \, R_L \right]} = \frac{R'}{1 + j(\omega R'C)}$$

여기서 $R' = R \, || \, R_L$

이것은 종단되지 않은 RC 필터에 대한 전달 함수와 유사하지만, 저항 R이 R'로 대체되었다. 그러므로 다음과 같다.

$$\omega = \frac{1}{R'C} = \frac{1}{(R \, || \, R_L)C} \quad \text{그리고} \quad H = \frac{R'/R}{1 + j(\omega/\omega_C)}$$

보다시피, 부하에는 필터 이득 ($K = R'/R < 1$)을 줄이고, 차단 주파수를 ($R' = R \, || \, R_L < R$)만큼 높은 주파수로 옮기는 효과가 있다.

부하 저항이 있는 입력 및 출력 임피던스는 다음과 같다.

$$Z_{in} = R + \frac{1}{j\omega C} \, || \, R_L \quad \text{그리고} \quad Z_{in}\big|_{min} = R$$

$$Z_{out} = R \, || \, \frac{1}{j\omega C} \quad \text{그리고} \quad Z_{out}\big|_{max} = R$$

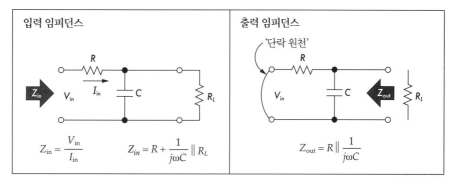

보기 2.193

$R_L \gg Z_\text{out}$ 또는 $R \gg Z_\text{out}|_\text{max} = R$인 한(우수한 전압 결합을 위한 조건) $R' \approx R$ 및 종단된 RC 필터는 종단되지 않은 필터와 아주 똑같아 보인다. 필터 이득은 1이고, 차단 주파수의 이동이 사라지고 입력 및 출력 저항은 이전과 같게 된다.

▶ **예제:** 부하가 없는 RL 회로의 전달 함수 또는 감쇠량을 구하기 위해 전압 분할기를 사용해 V_in에 대한 V_out을 구한다.

$$V_\text{out} = \frac{R}{R + j\omega L} V_\text{in} = \frac{1}{1 + j\left(\omega L/R\right)} V_\text{in}$$

$$H = \frac{V_\text{out}}{V_\text{in}} = \frac{1}{1 + j\left(\omega L/R\right)}$$

$$H = \frac{V_\text{out}}{V_\text{in}} = \frac{1}{1 + j\left(\omega/\omega_C\right)}, \quad \omega_C = \frac{R}{L}$$

크기와 위상은 다음과 같이 된다.

$$|H| = \left|\frac{V_\text{out}}{V_\text{in}}\right| = \frac{1}{\sqrt{1 + \left(\omega L/R\right)^2}}$$

$$\arg(H) = \varphi = \tan^{-1}\left(\frac{\omega L}{R}\right) = \tan^{-1}\left(\frac{\omega}{\omega_C}\right)$$

여기서, ω_C를 회로의 각 차단 주파수라고 부르는데, $\omega_C = 2\pi f_C$에 의한 표준 차단 주파수와 관련이 있다. 차단 주파수는 출력 전압이 전력의 절반에 해당하는 $1/\sqrt{2}$의 비율로 감쇠되는 주파수를 나타낸다. 이 예제에서 차단 주파수는 다음과 같다.

$$f_C = \frac{\omega_C}{2\pi} = \frac{R}{2\pi L} = \frac{500\Omega}{2\pi(160 \times 10^{-3}\ \text{H})} = 497\ \text{Hz}$$

직관적으로 보면 입력 전압이 매우 낮은 경우에 인덕터가 전류를 출력으로 전달하는 데 어려움이 없다. 그렇지만 주파수가 커지면 인덕터의 반응저항이 증가하고, 신호는 출력에서 더 약화된다. 보기 2.190에 감쇠와 주파수를 대비해 그래프로 나타내었는데, 이 중 하나의 그래프는 감쇠를 데시벨 단위로 나타낸다.

인덕터는 보기 2.190의 위상 도면에 나오는 것처럼 지연을 일으킨다. 낮은 주파수에서 출력 전압은 입력을 따르며 위상이 비슷하다. 주파수가 커지면 출력이 입력에 뒤쳐지기 시작한다. 차단 주파수에서 출력 전압이 45°만큼 지연된다. 주파수가 무한대를 향함에 따라 위상 지연이 90°에 가까워진다.

입력 임피던스 정의를 바탕으로 입력 임피던스를 찾을 수 있다.

$$Z_{in} = \frac{V_{in}}{I_{in}} = j\omega L + R$$

입력 임피던스 값은 주파수 ω에 따라 달라진다. 좋은 전압 결합을 위해 이 필터의 입력 임피던스는 이전 단계의 출력 임피던스보다 훨씬 커야 한다. Z_{in}의 최솟값은 중요한 숫자이며, 인덕터의 임피던스가 $0(\omega \to 0)$일 때 그 값이 최소가 된다.

$$Z_{in}\big|_{min} = R$$

출력 임피던스는 원천을 단락시키고, 출력 단자들 사이에서 등가 임피던스를 찾음으로 알 수 있다.

$$Z_{out} = j\omega L \,||\, R$$

여기서 원천 저항은 무시된다. 출력 임피던스도 주파수 ω에 따라 달라진다. 우수한 전압 결합을 위해서는 이 필터의 출력 임피던스가 다음 단계의 입력 임피던스보다 훨씬 작아야 한다. Z_{out}의 최댓값 또한 중요한 숫자이며, 인덕터의 임피던스가 무한대$(\omega \to \infty)$일 때가 최댓값이다.

$$Z_{out}\big|_{max} = R$$

RL 저역 통과 필터가 부하 저항 R_L로 종단되면, 전압 전달 함수는 다음과 같이 바뀐다.

$$H = \frac{V_{out}}{V_{in}} = \frac{1}{1 + j\omega/\omega_C} \qquad \text{여기서 } \omega_C = (R \,||\, R_L)/L$$

입력 임피던스는 다음과 같이 된다.

$$Z_{in} = j\omega L = R \,||\, R_L, \; Z_{in}\big|_{min} = R \,||\, R_L$$

출력 임피던스는 다음과 같이 된다.

$$Z_{out} = (j\omega L) \,||\, R, \; Z_{out}\big|_{max} = R$$

부하로 인해 차단 주파수가 더 낮은 값으로 옮겨 가는 효과가 난다. 필터 이득은 영향을 받지 않는다. 다시 말하지만, $R_L \gg Z_{out}$ 또는 $R_L \gg Z_{out}\big|_{max} = R$(우수한 전압 결합을 위한 조건)에 대해, 차단 주파수의 이동은 사라지고 필터는 종단되지 않은 필터와 아주 똑같아 보일 것이다.

■ 고역 통과형 필터(High-Pass Filter)

▶ **예제:** 이 회로망의 작동 방식을 알아내기 위해 전압 분할기 방정식을 사용하고, V_{out} 및 V_{in}에 대해 풀어서 전달 함수를 찾는다.

$$H = \frac{V_{\text{out}}}{V_{\text{in}}} = \frac{R}{R + 1/(j\omega C)} = \frac{1}{1 - j(1/\omega RC)} = \frac{j\omega\tau}{1 + j\omega\tau} \qquad \tau = RC$$

또는

$$H = \frac{V_{\text{out}}}{V_{\text{in}}} = \frac{j(\omega/\omega_C)}{1 + j(\omega/\omega_C)} = \frac{1}{1 - j\omega_C/\omega} \qquad \omega_C = \frac{1}{RC}$$

RC 고역 통과형 필터 회로

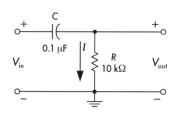

H의 규모와 위상은 다음과 같다.

$$|H| = \left| \frac{V_{\text{out}}}{V_{\text{in}}} \right| = \frac{\tau\omega}{\sqrt{1 + \tau^2\omega^2}}$$

$$\arg(H) = \varphi = \tan^{-1}\left(\frac{\omega_C}{\omega} \right)$$

여기서 τ를 시간 상수라고 부르고 ω_C는 회로의 각 차단 주파수라고 부르는데, $\omega_C = 2\pi f_C$에 의해 표준 차단 주파수와 관련지어진다. 차단 주파수는 출력 전압이 전력의 절반에 해당하는 $1/\sqrt{2}$의 비율로 감쇠되는 주파수를 나타낸다. 이 예에서 차단 주파수는 다음과 같다.

$$f_C = \frac{\omega_C}{2\pi} = \frac{1}{2\pi RC}$$

$$= \frac{1}{2\pi(10{,}000\ \Omega)(0.1 \times 10^{-6}\ \text{F})} = 159\ \text{Hz}$$

직관적으로 보면, 입력 전압이 매우 낮은 주파수에서 커패시터의 반응저항이 매우 높고, 어떤 신호도 출력으로 전달되지 않는 것처럼 보인다. 하지만 주파수가 올라감에 따라 커패시터의 반응저항이 감소하고 출력에서 감쇠가 거의 없다. 보기 2.194에 감쇠와 주파수를 대비해 그래프로 나타내었는데, 이 중 하나의 그래프는 감쇠를 데시벨 단위로 나타낸다.

위상 측면에서 볼 때, 매우 낮은 주파수에서 출력의 위상이 입력보다 90° 선행한다. 주파수가 차단 주파수까지 커지면 출력은 45°만큼 신행한다. 주파수가 무한대로 향해 질 때 위상은 0에 가까워지는데, 0 지점에서 커패시터가 단락처럼 작용한다.

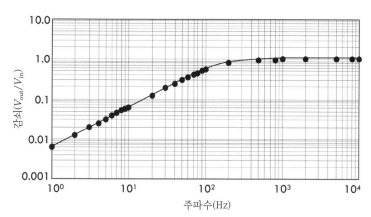

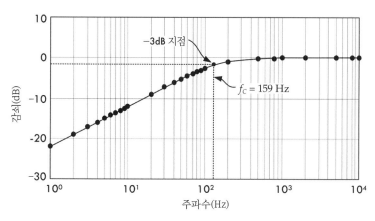

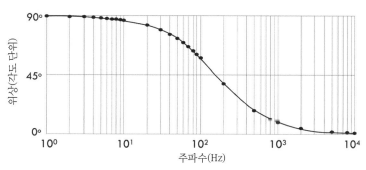

보기 2.194

이 필터의 입력 및 출력 임피던스는 저역 통과 필터의 임피던스를 찾는 방식과 비슷하게 찾을 수 있다.

$$Z_{in} = R + \frac{1}{j\omega C} \quad \text{그리고} \quad Z_{in}|_{min} = R$$

$$Z_{out} = R \,||\, \frac{1}{j\omega C}, \; Z_{out}|_{max} = R$$

종단된 부하 저항을 사용하면 전압 전달 함수는 다음과 같다.

$$H = \frac{V_{out}}{V_{in}} = \frac{R\,||\,R_L}{R\,||\,R_L + 1/(j\omega C)} = \frac{1}{1 - j(1/\omega R'C)} \quad \text{여기서} \quad R' = R\,||\,R_L$$

이것은 종단되지 않은 RC 필터에 대한 전달 함수와 유사하지만, 저항 R이 R'으로 대체되었다.

$$\omega_C = \frac{1}{R'C} = \frac{1}{(R\,||\,R_L)C} \quad \text{그리고} \quad H = \frac{1}{1 - j\omega_C/\omega}$$

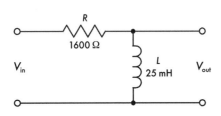

부하는 차단 주파수를 더 높은 주파수($R' = R\,||\,R_L < R$)로 옮기는 효과를 낸다.

입력 및 출력 임피던스는 다음과 같다.

$$Z_{in} = \frac{1}{j\omega C} + R\,||\,R_L, \; Z_{in}|_{min} = R\,||\,R_L$$

$$Z_{out} = R\,||\,\frac{1}{j\omega C}, \; Z_{out}|_{max} = R$$

$R_L \gg Z_{out}$이거나 $R_L \gg Z_{out}|_{max} = R$(우수한 전압 결합을 위한 조건)인 한, $R' \approx R$ 및 종단된 RC 필터는 종단되지 않은 필터처럼 보일 것이다. 차단 주파수의 이동이 사라지고, 입력 및 출력 저항이 이전과 같게 된다.

■ RL 고역 통과형 필터 (RL High-Pass Filter)

보기 2.195에는 RC 필터의 경우처럼, 용량성 반응저항 대신 유도성 반응저항을 주파수 감응 소자로 사용하는 RL 고역 통과형 필터가 나온다.

▶ 예제: RL 회로의 전달 함수 또는 감쇠를 찾기 위해 전압 분할기 방정식을 사용해 V_{out} 및 V_{in}에 대한 전달 함수 또는 감쇠를 푼다.

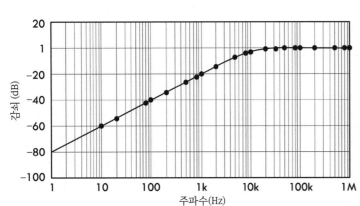

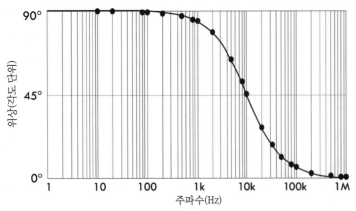

보기 2.195

$$H = \frac{V_{out}}{V_{in}} = \frac{j\omega L}{R + j\omega L}$$

$$= \frac{\omega L \angle 90°}{\sqrt{R^2 + (\omega L)^2} \angle \tan^{-1}(\omega L/R)}$$

$$H = \frac{1}{1 - j\omega_C/\omega}, \qquad \omega_C = \frac{R}{L}$$

H의 크기와 위상은 다음과 같다.

$$|H| = \left|\frac{V_{out}}{V_{in}}\right| = \frac{\omega L}{\sqrt{R^2 + (\omega L)^2}} = \frac{\omega/\omega_C}{\sqrt{1 + (\omega/\omega_C)^2}}$$

$$\arg(H) = \varphi = 90° - \tan^{-1}\left(\frac{\omega L}{R}\right)$$

여기서 ω_C를 회로의 각 차단 주파수라고 부르는데, $\omega_C = 2\pi f_C$에 의한 표준 차단 주파수와 관련이 있다. 차단 주파수는 출력 전압이 반 전력에 등가인 $1/\sqrt{2}$배로 감쇠되는 주파수를 나타낸다. 이 예에서 차단 주파수는 다음과 같다.

$$f_C = \frac{\omega_0}{2\pi} = \frac{R}{2\pi L} = \frac{1600\,\Omega}{2\pi(25 \times 10^{-3}\,\text{H})} = 10{,}186\,\text{Hz}$$

직관적으로 보면, 입력 전압이 매우 낮을 때 인덕터의 반응저항이 매우 낮아서 대부분의 전류가 접지로 전환되는 것으로 보인다. 이때 신호는 출력에서 크게 감쇠한다. 그렇지만 주파수가 늘어나면 인덕터의 반응저항이 증가하고, 전류가 지면으로 전달되므로 감쇠가 준다. 보기 2.195에 감쇠와 주파수를 대비해 그래프로 나타내었는데, 이 중 하나의 그래프는 감쇠를 데시벨 단위로 나타낸다.

위상 측면에서 볼 때, 매우 낮은 주파수에서 출력의 위상이 입력보다 90° 선행한다. 또한, 주파수가 차단 주파수까지 커지면 출력이 45°만큼 선행한다. 주파수가 무한대로 향할 때 위상은 0에 가까워지는데, 0 지점에서 인덕터가 개방 회로처럼 작용한다.

입력 및 출력 임피던스는 다음과 같다.

$$Z_{in} = R + j\omega L, \; Z_{in}\big|_{min} = R$$

$$Z_{out} = R \,||\, j\omega L, \; Z_{out}\big|_{max} = R$$

부하 저항이 있는 종단된 RL 고역 통과형 필터의 경우, RC 고역 통과형 필터와 마찬가지로 R'으로 저항을 대체한다.

$$H = \frac{V_{out}}{V_{in}} = \frac{R'/R}{1 - j\omega_C/\omega} \qquad \omega_C = \frac{R'}{L} \qquad R' = R \,||\, R_L$$

입력 및 출력 임피던스는 다음과 같다.

$$Z_{\text{in}} = R + j\omega L \,||\, R_L, \; Z_{\text{in}}|_{\text{min}} = R$$

$$Z_{\text{out}} = R \,||\, j\omega L, \; Z_{\text{out}}|_{\text{max}} = R$$

부하는 이득 $K = R'/R < 1$을 낮추는 효과가 있으며, 차단 주파수를 더 낮은 값으로 이동시킨다. $R_L \gg Z_{\text{out}}$이거나 $R_L \gg Z_{\text{out}}|_{\text{max}} = R$인 한(우수한 전압 결합을 위한 조건), $R' \approx R$과 종단된 RC 필터는 종단되지 않은 필터처럼 보일 것이다.

■ 대역 통과형 필터(Bandpass Filter)

보기 2.196에 나오는 RLC 대역 통과 필터는 그 밖의 모든 주파수를 감쇠시키거나 차단하면서 좁은 범위(대역)의 주파수만을 통과시키는 역할을 한다.

대역 통과형 필터

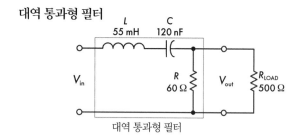

대역 통과형 필터

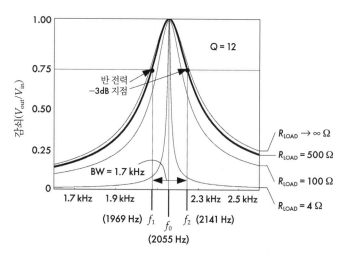

병렬 대역 통과형 필터

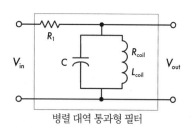

병렬 대역 통과형 필터

보기 2.196 여기에 표시된 병렬 대역 통과형 필터는 이전에 나온 대역 통과형 필터와 유사한 특성을 나타낸다. 그러나 이전 필터와 달리, 조정된 회로의 공진 주파수에 가까워지면 **LC(RL 코일)** 부분의 임피던스가 커져 전류가 부하에서 멀리 떨어지게 하지 않는다. 각 공진에서는 임피던스가 내려가는 반면에 부하에서는 전류가 우회한다.

▶ **예제:** 무부하 RLC 회로의 전달 함수 또는 감쇠를 찾기 위해 V_{in} 및 V_{out}에 대한 방정식을 설정한다.

▷ **정답:**

$$V_{\text{in}} = \left(j\omega L - j\frac{1}{\omega C} + R \right) \times I$$

$$V_{\text{out}} = R \times I$$

전달 함수는 다음과 같다.

$$H = \frac{V_{\text{out}}}{V_{\text{in}}} = \frac{R}{R + j(\omega L - 1/\omega C)}$$

이것은 무부하 출력에 대한 전달 함수이다. 그렇지만 이번에는 더욱 현실감을 가지고 출력에 부하 저항을 부착한다. 이 경우에 우리는 R을 R_T로 바꿔야 하는데, R_T는 R과 R_{LOAD}의 병렬 저항이다.

$$R_T = \frac{R \times R_{\text{LOAD}}}{R + R_{\text{LOAD}}} = \frac{500(60)}{500 + 60} = 54 \; \Omega$$

이것을 무부하 전달 함수에 놓고 규모를 풀면 다음을 얻는다.

$$|H| = \left| \frac{V_{\text{out}}}{V_{\text{in}}} \right| = \frac{R_T}{\sqrt{R_T^2 + [\omega L - 1/(\omega C)]^2}}$$

모든 부품 수치를 대입하고, $\omega = 2\pi f$를 설정하면 다음을 얻는다.

$$|H| = \left| \frac{V_{\text{out}}}{V_{\text{in}}} \right|$$

$$= \frac{54}{\sqrt{54^2 + [0.314 f - 1/(7.54 \times 10^{-7} f)]^2}}$$

이 식을 바탕으로 감쇠와 주파수 관계 그래프를 그리면 보기 2.196과 같다. (이 곡선의 다른 세 계열은 4 Ω, 100 Ω 부하와 무한한 저항 부하에 대해 제공된다.)

공진 주파수 Q, 대역폭 및 상하부 차단 주파수는 다음과 같다.

$$f_0 = \frac{1}{2\pi\sqrt{LC}} = \frac{1}{2\pi\sqrt{(50\times10^{-3})(120\times10^{-9})}} = 2055 \text{ Hz}$$

$$Q = \frac{X_{L,0}}{R_T} = \frac{2\pi f_0 L}{R_T} = \frac{2\pi(2055)(50\times10^{-3})}{54} = 12$$

$$BW = \frac{f_0}{Q} = \frac{2055}{12} = 172 \text{ Hz}$$

$$f_1 = f_0 - BW/2 = 2055 - 172/2 = 1969 \text{ Hz}$$

$$f_2 = f_0 + BW/2 = 2055 + 172/2 = 2141 \text{ Hz}$$

노치 필터

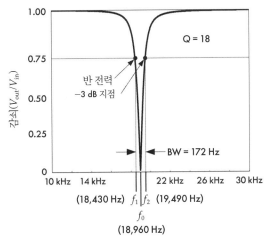

노치 필터

병렬 노치 필터

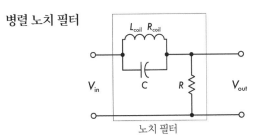

노치 필터

보기 2.197 여기에 표시된 노치 필터는 이전 노치 필터의 특성과 유사한 정지 대역 특성을 만들어 낸다. 그렇지만 이전 필터와 달리 조정 회로의 공진 주파수에 가까워지면 **LC(RL 코일)** 부분의 임피던스가 커져 전류가 부하로 흐르지 않게 한다. 각 공진에서 임피던스가 내려가 전류가 부하에 도달할 수 있다.

■ 노치 필터(Notch Filter)

보기 2.197의 노치 필터는 넓은 범위에 걸친 주파수를 통과시키면서 좁은 주파수 대역을 감쇠(차단)하는 역할을 한다.

▶ **예제:** 무부하 RLC 회로의 전달 함수 또는 감쇠를 찾기 위해 V_{in} 및 V_{out}에 대한 방정식을 설정한다.

$$V_{in} = \left(R_1 + R_{coil} + j\omega L - j\frac{1}{\omega C} \right) \times I$$

$$V_{out} = \left(R_{coil} + j\omega L - j\frac{1}{\omega C} \right) \times I$$

전달 함수는 다음과 같이 된다.

$$H = \frac{V_{out}}{V_{in}} = \frac{R_{coil} + j[\omega L - 1/\omega C]}{(R_1 + R_{coil}) + j[\omega L - 1/(\omega C)]}$$

이것은 무부하 출력에 대한 전달 함수이다. 이제 우리는 현실감을 더욱 느끼며 출력에 부하 저항을 부착했다. 하지만 이 경우에 부하 저항이 너무 커서 사소한 전류가 흐른다고 가정할 수 있으므로 부하 저항을 방정식에 대입할 필요가 없다.

전달 함수의 크기는 다음과 같다.

$$|H| = \left| \frac{V_{out}}{V_{in}} \right| = \frac{\sqrt{R_{coil}{}^2 + [\omega L - 1/\omega C]^2}}{\sqrt{(R_1 + R_{coil})^2 + j[\omega L - 1/(\omega C)]^2}}$$

모든 부품 값을 결합하고 $\omega = 2\pi f$를 설정하면 다음을 얻는다.

$$|H| = \left| \frac{V_{out}}{V_{in}} \right| = \frac{\sqrt{4 + (0.94f - 3.38\times10^8/f)^2}}{\sqrt{1.00\times10^6 + (0.94f - 3.38\times10^8/f)^2}}$$

이 식을 바탕으로 하는 감쇠 대 주파수 그래프가 보기 2.197에 나와 있다.

공진 주파수 Q, 대역폭 및 상하부 차단 주파수는 다음과 같다.

$$f_0 = \frac{1}{2\pi\sqrt{LC}} = \frac{1}{2\pi\sqrt{(150 \times 10^{-3})(470 \times 10^{-12})}} = 18,960 \text{ Hz}$$

$$Q = \frac{X_{L,0}}{R_T} = \frac{2\pi f_0 L}{R_1} = \frac{2\pi(18,960)(150 \times 10^{-3})}{1000} = 18$$

$$\text{BW} = \frac{f_0}{Q} = \frac{18960}{18} = 1053 \text{ Hz}$$

$$f_1 = f_0 - \text{BW}/2 = 18,960 - 1053/2 = 18,430 \text{ Hz}$$

$$f_2 = f_0 + \text{BW}/2 = 18,960 + 1053/2 = 19,490 \text{ Hz}$$

2.33.2 감쇠기

종종 주파수와 무관하게 얼마큼 정현파 전압을 감쇠시키는 편이 바람직하다. 출력이 주파수와 무관하므로 분할기를 사용해서 이렇게 할 수 있다. 보기 2.198에는 원천과 부하 회로 사이에 삽입되어 부하에 도달하기 전에 원천 신호의 크기를 줄이는 간단한 전압 분할 감쇠 회로망을 보여준다. 이 예제를 살펴보고 나면, 입력 및 출력 임피던스에 대한 통찰력을 더 얻을 수 있다.

▶ **예제:** (a)에서 원천은 원천의 내부 저항과 같은 출력 임피던스를 지닌다.

$$Z_{\text{out}} = R_S$$

(b)의 감쇠기 회로망에는 다음과 같은 입력 및 출력 임피던스가 있다.

$$Z_{\text{in}} = R_1 + R_2$$

$$Z_{\text{out}} = R_2$$

우리는 R_2에 동일한 전류를 흐르게 하는 전달 함수를 생각해 낼 수 있다.

$$H = \frac{V_{\text{out}}}{V_{\text{in}}} = \frac{I \times Z_{\text{out}}}{I \times Z_{\text{in}}} = \frac{Z_{\text{out}}}{Z_{\text{in}}} = \frac{R_2}{R_1 + R_2}$$

항들을 재배치해 보면 이것이 단순히 전압 분할기임을 알 수 있다.

(c)에서 부하의 입력 임피던스는 다음과 같다.

$$Z_{\text{in}} = R_L$$

그렇지만 회로를 조립할 때 유용한 입력 및 출력 임피던스가 변경된다. 이제 원천의 관점에서 이것들을 보면, 원천은 (d)와 같이 부하 임피던스와 결합된 감쇠기의 입력 임피던스를 보는 셈이 되는데, 여기서 부하 임피던스란 병렬로 조합된 R_2와 R_L에 직렬로 연결되어 있는 R_1을 말한다.

$$Z_{\text{in}} = R_1 + \frac{R_2 \times R_L}{(R_2 + R_L)} = 400 \ \Omega$$

입력 및 출력 임피던스 사례

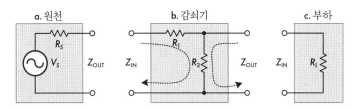

a. 원천   b. 감쇠기   c. 부하

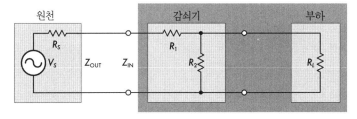

d. 감쇠기 + 부하의 입력 임피던스

원천   감쇠기   부하

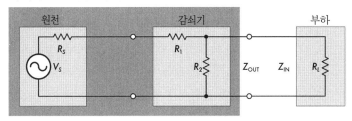

e. 감쇠기 + 원천의 출력 임피던스

원천   감쇠기   부하

f. 테브난 등가 회로

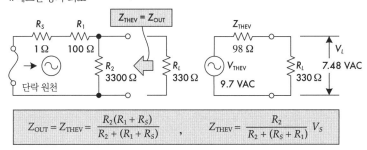

$$Z_{OUT} = Z_{THEV} = \frac{R_2(R_1 + R_S)}{R_2 + (R_1 + R_S)} \quad , \quad Z_{THEV} = \frac{R_2}{R_2 + (R_S + R_1)} V_S$$

보기 2.198

역주 감쇠 보상 회로

그렇지만 이제는 부하의 관점에서 (e)와 같이, 감쇠기와 원천의 결합된 출력 임피던스는 R_1 과 R_2의 직렬 조합과 함께 병렬로 R_2가 된다.

$$Z_{OUT} = Z_{THEV} = \frac{R_2(R_1 + R_S)}{R_2 + (R_1 + R_S)}$$

$$= \frac{3300\,\Omega(100\,\Omega + 1\,\Omega)}{3300\,\Omega + (100\,\Omega + 1\,\Omega)} = 98\,\Omega$$

(부하에 대한 입력 임피던스는 여전히 R_L이다.)

이 출력 임피던스는 (f)에서와 같이 테브난 등가 임피던스 Z_{THEV}와 동일하다. $R_1 = 100\,\Omega$, $R_2 = 3300\,\Omega$, $R_S = 1\,\Omega$과 $V_S = 10$ VAC를 대입하면 (f)에 나오는 그림을 얻는다. 테브난 회로를 사용해 $R_L = 330\,\Omega$을 설정하면 다음과 같은 것을 찾게 된다.

$$V_L = \frac{R_L}{Z_{THEV} + R_L} V_{THEV}$$

$$= \frac{330\,\Omega}{98\,\Omega + 330\,\Omega}(9.7\ \text{VAC})$$

$$= 7.48\ \text{VAC}$$

■ 보상 감쇠기

우리는 전압 분할기가 주파수와는 별개로 신호를 감쇠하는 데 어떻게 사용될 수 있는지를 보았다. 그렇지만 실제로는 실물 회로에 항상 표류하는 정전용량이 있으며, 결국에는 분할기가 저역 필터 또는 고역 필터처럼 동작하는 주파수에 도달한다. 이 문제는 보기 2.199에 나오는 바와 같이 보상된 감쇠기 회로(compensated attenuator circuit)역주를 사용해 극복할 수 있다.

기본 감쇠기   보상 감쇠기

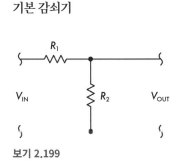
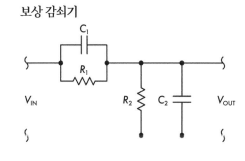

보기 2.199

저주파에서 회로는 일반적인 저항 분할기처럼 동작하지만, 고주파에서는 용량성 반응저항이 지배적이어서 회로는 용량성 전압 분할기처럼 작동한다. 감쇠는 다음과 같은 조건에서는 주파수와 별개이다.

$$R_1C_1 = R_2C_2 \tag{2.91}$$

실제로, 흔히 커패시터 중 하나는 가변적이므로 감쇠기를 조정해 표류 정전용량을 보상할 수 있다.

이와 같은 보상 감쇠기는 종종 오실로스코프의 입력에 사용되어 입력 저항을 높이고 입력 정전용량을 낮추어 오실로스코프가 더 이상적인 전압계가 되게 한다. 그렇지만 이것은 입력 전압에 대한 범위의 민감도를 낮추는 결과를 가져온다.

2.34 과도 회로

회로 내의 과도현상으로 인해 정상 상태 상황이 다 사라진다. 과도상태는 스위치를 놓을 때나 트랜지스터를 개폐할 때와 같이 외부 행위자 때문에 생긴 갑작스러운 전압 변화를 나타낸다. 과도상태에서 회로를 통과하는 전압과 전류는 일시적인 사건 직후에 짧기는 해도 무시해서는 안 되는 시간 간격에 맞춰 새로운 직류 값으로 재조정된다. 초기 조건은 직류 회로이다. 최종 조건은 그 밖의 직류 회로이다. 그 사이 구간(회로가 새로운 조건에 맞게 재조정되는 기간)에서 복잡한 동작이 나올 수 있다. 반응저항이 들어 있는 회로에 과도상태를 도입할 때는, 일반적으로 반응이 시간에 따라 달라지므로 미분방정식을 풀어야 한다. 그럼에도 불구하고, 다음에 나오는 간단한 예제는 해당 규칙에 대한 예외를(반응저항이 없어서 미분방정식이 필요하지 않음) 나타낸 것으로, 과도 특성을 잘 보여 준다. 보기 2.200을 참조하라.

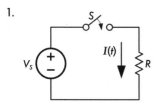

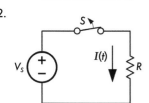

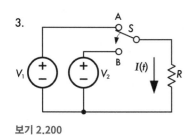

보기 2.200

▶ 예제:

1. 처음에는 스위치 S가 열려 있다. 순각적으로 스위치가 닫히고($t = 0$) R에 걸쳐 V_S가 인가되면 전류는 옴의 법칙에 맞춰 즉시 흐른다. 그 이후에 스위치가 닫힌 상태($t > 0$)로 유지되면, 전류는 S가 닫힌 상태와 동일하게 유지된다.

$$I(t) = \begin{cases} 0 & t < 0 & \text{(S가 닫히기 전)} \\ V_S/R & t = 0 & \text{(S가 막 닫혔을 때)} \\ V_S/R & t > 0 & \text{(S가 닫힌 후 시간이 흘렀을 때)} \end{cases}$$

2. 처음에는 S가 닫혀 있다. 순간적으로 스위치가 열리면($t = 0$) 저항기에 걸친 전압과 전류는 0이 된다. 그 이후 전압과 전류는 스위치가 다시 열리기 전까지 0을 유지한다($t > 0$).

$$I(t) = \begin{cases} V_S/R & t < 0 & \text{(S가 닫히기 전)} \\ 0 & t = 0 & \text{(S가 막 닫혔을 때)} \\ 0 & t > 0 & \text{(S가 닫힌 후 시간이 흘렀을 때)} \end{cases}$$

3. 처음에 S가 A 위치에 있고($t < 0$) R에 걸리는 전압이 V_1이므로 전류는 $I = V_1/R$이다. 스위치 소자가 B 자리로 이동하는 데 걸리는 시간을 무시하고 순간적으로 S가 B 위치로 놓였을 때 ($t = 0$), 전압이 즉시 변하면서 R을 가로지르는 전압이 V_2가 되므로 $I = V_2/R$가 된다.

$$I(t) = \begin{cases} V_1/R & t < 0 & \text{(A지점으로 놓인 } S\text{)} \\ V_2/R & t = 0 & \text{(S가 막 B로 놓였을 때)} \\ V_2/R & t > 0 & \text{(S가 B로 놓인 후 시간이 흘렀을 때)} \end{cases}$$

앞의 사례가 아이들 놀이처럼 보일 수도 있지만 중요한 사실을 담고 있다. 스위치 개폐라는 일시적인 사건 직전에 저항에 걸친 전압과 전류가 모두 0(또는 일정한 값)이었다는 점이다. 스위치 개폐 사건이 발생한 직후, 전압과 전류는 순간적으로 새로운 준위로 건너뛰었다. 사건이 일어난 후 저항의 자연스러운 반응은 옴의 법칙인 $V = IR$로 나타내는 것처럼 시간에서 독립되어 있다. 즉, 강제 반응(원천이 이제 그려지고 있음) 아래, 저항기 전압은 즉시 새로운 정상 상태로 변경될 수 있다. 강제 반응하에서 저항 전류는 즉시 새로운 안정 상태로 바뀔 수 있다.

커패시터와 인덕터를 고려할 때 강제 반응(원천의 영향을 적용하거나 차단)으로 인해 전압과 전류가 즉시 새로운 안정 상태로 건너뛰지 않는다. 대신에 전압과 전류가 시간에 따라 변하는 강제 반응 이후에 자연스러운 반응이 나온다. 키르히호프의 법칙을 통해 일시적으로 형성되는 회로를 모형화할 수 있다. 그 결과로 나오는 미분방정식에서는 초기 조건을 적용해 이러한 과도기에 이뤄지는 사건을 고려한다. 커패시터 및 인덕터를 다룬 절에서 실제로 다뤄 보았던 다음 두 가지 예제는 전압이 RL 및 RC 회로에 갑자기 걸릴 때 발생하는 상황을 보여 준다.

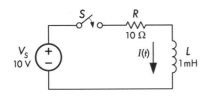

$$I(t) = \begin{cases} 0 & t < 0 & \text{(S가 닫히기 전)} \\ 0 & t = 0 & \text{(S가 막 닫혔을 때)} \\ (V_S/R)(1 - e^{-(R/L)t}) & t > 0 & \text{(S가 닫힌 후)} \\ V_S/R & t \to \infty & \text{(정상 상태)} \end{cases}$$

$$V_R(t) = \begin{cases} 0 & t < 0 & \text{(S가 닫히기 전)} \\ 0 & t = 0 & \text{(S가 막 닫혔을 때)} \\ V_S(1 - e^{-(R/L)t}) & t > 0 & \text{(S가 닫힌 후)} \\ V_S & t \to \infty & \text{(정상 상태)} \end{cases}$$

$$V_L(t) = \begin{cases} 0 & t < 0 & \text{(S가 닫히기 전)} \\ V_S & t = 0 & \text{(S가 막 닫혔을 때)} \\ V_S e^{-(R/L)t} & t > 0 & \text{(S가 닫힌 후)} \\ 0 & t \to \infty & \text{(정상 상태)} \end{cases}$$

▶ **예제:** 보기 2.201에 나오는 회로를 키르히호프의 전압 방정식을 사용해 모형화할 수 있다.

$$V_S - L\frac{dI}{dt} - RI = 0 \quad \text{또는} \quad L\frac{dI}{dt} + RI = V_S$$

이 식은 1차 비동차 미분방정식이다. 이 방정식을 풀려면 변수를 구분해 적분한다.

$$\int \frac{L}{V_S - RI} dI = \int dt$$

적분을 다음과 같이 푼다.

$$-\frac{L}{R}\ln(V_S - RI) = t + C$$

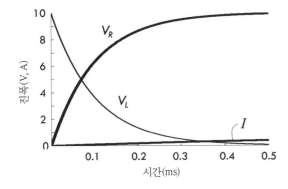

보기 2.201

초기 조건 $t(0) = 0$, $I(0) = 0$을 사용해 적분 상수를 정할 수 있다.

$$C = -\frac{L}{R} \ln V_S$$

이것을 다시 풀이에 대입하면 다음과 같은 결과를 얻게 된다.

$$I = \frac{V_S}{R}(1 - e^{-Rt/L})$$

보기 2.201에 나오는 성분 값들을 사용하면 방정식은 다음과 같이 된다.

$$I = \frac{10\,V}{10\,\Omega}(1 - e^{-10t/0.001}) = 1.0\,(1 - e^{-10,000t})\text{A}$$

일단, 전류를 알고 나면 저항 및 인덕터 양단에 걸린 전압을 쉽게 정할 수 있다.

$$V_R = IR = V_S(1 - e^{-Rt/L}) = 10\,\text{V}\,(1 - e^{10,000t})$$

$$V_L = L\frac{dI_L}{dt} = V_S e^{-Rt/L} = 10\,\text{V}e^{-10,000t}$$

보기 2.201에 나오는 그래프는 이러한 전압이 시간에 따라 어떻게 변하는지를 보여 준다. 인덕터 부분에서는 여기에서 언급하지 않은 RL 회로의 몇 가지 중요 세부 사항을 설명하고, RL 비활성 회로가 작동하는 방식을 설명한다.

▶ **예제:** 보기 2.202에서는 키르히호프의 전압 방정식을 사용해 모형화할 수 있다.

$$V_S = RI + \frac{1}{C}\int_0^t I(t)\,dt$$

이 방정식을 풀 때, 첫 번째 단계에서는 각 항을 미분해 적분을 소거한다.

$$0 = R\frac{dI}{dt} + \frac{1}{C}I$$

이것은 선형 1차 동차 미분방정식의 예이다. 미지수가 각 항에서 첫 번째 거듭제곱에 딱 한 번만 나타나기 때문에 선형적이다. 최상위 도함수가 1차이고, 우변(미지수 I에 의존하지 않는 조건을 포함)이 0이어서 동차이므로 이 식은 1차식이다. 모든 선형 1차 동차 미분방정식에 대한 해는 다음과 같은 꼴이다.

$$I = I_0 e^{\alpha t}$$

여기서 상수 α는 해를 미분방정식으로 대체하고, 그 결과로 나온 대수 방정식을 풀어서 정한다.

$$\alpha + \frac{1}{RC} = 0$$

이 경우에 해는 다음과 같다.

$$\alpha = -\frac{1}{RC}$$

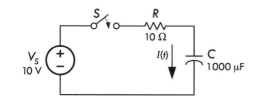

$$I(t) = \begin{cases} 0 & t < 0 \quad \text{(S가 닫히기 전)} \\ V_S / R & t = 0 \quad \text{(S가 막 닫혔을 때)} \\ (V_S / R)e^{-t/RC} & t > 0 \quad \text{(S가 닫힌 후)} \\ 0 & t \to \infty \quad \text{(정상 상태)} \end{cases}$$

$$V_R(t) = \begin{cases} 0 & t < 0 \quad \text{(S가 닫히기 전)} \\ V_S & t = 0 \quad \text{(S가 막 닫혔을 때)} \\ V_S e^{-t/RC} & t > 0 \quad \text{(S가 닫힌 후)} \\ 0 & t \to \infty \quad \text{(정상 상태)} \end{cases}$$

$$V_C(t) = \begin{cases} 0 & t < 0 \quad \text{(S가 닫히기 전)} \\ 0 & t = 0 \quad \text{(S가 막 닫혔을 때)} \\ V_S(1 - e^{-t/RC}) & t > 0 \quad \text{(S가 닫힌 후)} \\ V_S & t \to \infty \quad \text{(정상 상태)} \end{cases}$$

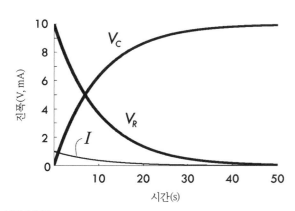

보기 2.202

상수 I_0는 $t = 0$에서의 초기 조건에 따라 결정된다. 이때 커패시터에 걸린 전압이 갑자기 변할 수는 없으므로 스위치가 닫히기 전에 커패시터가 지닌 전압이 커패시터에 걸쳐 0이 되면 스위치가 닫힌 직후 전압이 0이 된다. 커패시터는 처음에는 단락 회로처럼 동작하며, 초기 전류는 다음과 같다.

$$I(0) = I_0 = \frac{V_S}{R}$$

그러므로 처음에 방전된 커패시터에 대한 과도 직렬 RC 회로의 완벽한 해는 다음과 같다.

$$I = \frac{V_S}{R} e^{-t/RC}$$

보기 2.202에 나오는 성분 값들을 사용하면 방정식은 다음과 같이 된다.

$$I = 0.001 \text{ A } e^{-0.1t}$$

전류를 알고 있을 때, 저항기 및 커패시터 양단에 걸린 전압을 쉽게 정할 수 있다.

$$V_R = IR = V_S e^{-t/RC} = 10 \text{ V } e^{-0.1t}$$

$$V_C = \frac{1}{C} \int_0^t I(t)\,dt = V_S(1 - e^{-t/RC}) = 10 \text{ V}(1 - e^{-0.1t})$$

보기 2.202에 나오는 그래프는 이러한 전압이 시간에 따라 어떻게 변하는지를 보여 준다. 커패시터를 다룬 절에서는 여기에서 언급하지 않은 RC 회로의 몇 가지 중요 세부 사항을 설명하고, 방전하는 RC 회로가 작동하는 방식을 설명한다.

충전 및 방전 RC에 대한 반응 방정식뿐만 아니라 인가 및 비인가 RL 회로(다음 방정식 참조)에 대한 방정식을 기억한다면, 밑바닥부터 시작한다거나 미분방정식을 푸는 일을 하지 않고도 이러한 방정식을 종종 과도 회로에 통합할 수 있다.

RC 충전	RC 방전	RL 인가	RL 비인가
$I = \dfrac{V_S}{R} e^{-t/RC}$	$I = \dfrac{V_S}{R} e^{-t/RC}$	$I = \dfrac{V_S}{R}(1 - e^{-Rt/L})$	$I = \dfrac{V_S}{R} e^{-Rt/L}$
$V_R = V_S e^{-t/RC}$	$V_R = V_S e^{-t/RC}$	$V_R = V_S(1 - e^{-Rt/L})$	$V_R = V_S e^{-Rt/L}$
$V_C = V_S(1 - e^{-t/RC})$	$V_C = V_S e^{-t/RC}$	$V_L = V_S e^{-Rt/L}$	$V_L = -V_S e^{-Rt/L}$

다음 예제에서 이와 같은 작업의 수행 방식을 볼 수 있다.

▶ **예제 1:** 보기 2.203에 나오는 회로는 스위치가 열리기 전에는 안정 상태에 있었다. 스위치가 열리는 순간에 흐르는 전류 흐름 I_2를 정한 다음, 그 후 1 ms가 지난 다음의 I_2와 R_2에 걸린 전압을 정하라.

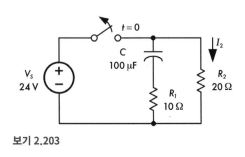

보기 2.203

▷ **정답:** 저항기의 전압과는 달리 커패시터의 전압은 순간적으로 바뀌지 않는다(오히려 시간이 걸린다). 이 때문에 스위치가 열린 순간에는 커패시터의 전압이 이 일이 있기 전과 같이 유지된다.

$$V_C(0^+) = V_C(0^-) = 24 \text{ V}$$

여기서 0^+는 스위치를 뒤집은 순간을 나타내며, 0^-는 스위치를 뒤집기 전의 순간을 의미한다.

스위치가 열린 직후($t = 0^+$)에, 원천은 더 이상 회로의 일부가 아니고 커패시터와 두 개의 저항기는 모두 직렬로 남게 된다. 이 새 회로에 대해 키르히호프의 법칙을 사용하면 다음과 같다.

$$V_C + V_{R1} + V_{R2} = 0$$

$$24 \text{ V} + I(10 \text{ }\Omega + 20 \text{ }\Omega) = 0$$

$$I = -24 \text{ V}/30 \text{ }\Omega = 0.800 \text{ A}$$

이것은 스위치가 열리는 순간에 R_2에 흐르는 전류와 같다. 스위치가 열리고 나서 1 ms($t = 0.001$ s)가 지난 후의 전류를 정하려면, 회로를 RC 방전 회로(식 2.44)로 취급하고 $R = R_1 + R_2$를 취한다.

$$I = \frac{V_C}{R}e^{-t/RC} = \frac{24 \text{ V}}{(30 \text{ }\Omega)}e^{-0.001/(0.003)} = 0.573 \text{ A}$$

이때, R_2에 걸린 전압은 다음과 같다.

$$V_{R2} = IR_2 = (0.573 \text{ A})(20 \text{ }\Omega) = 11.46 \text{ V}$$

▶ **예제 2:** 보기 2.204에 나오는 회로에서 스위치가 열렸을 때($t = 0$)의 전류 I를 결정하라. 또한, $t = 0.1$ s일 때 저항기와 인덕터 양단에 걸린 전압을 정하라.

▷ **정답:** 스위치가 열릴 때 인덕터 전압이 순간적으로 변할 수 없으므로 단락되는 일과 비슷하게 되어 강제 반응이 일어나게 한다.

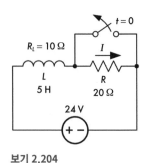

보기 2.204

$$I_f = \frac{24 \text{ V}}{(10 \text{ }\Omega + 20 \text{ }\Omega)} = 0.80 \text{ A}$$

여기서 인덕터의 저항은 R과 직렬로 놓여 있다.

$t = 0$ 이후의 어느 때이든 자연스럽고 원천과 무관한 반응은 단순히 RL 회로의 감도를 높이는 역할을 한다. 여기서 R은 붙박이 저항기와 인덕터의 저항을 합한 저항이다.

$$I_n = Ce^{-Rt/L} = Ce^{-30t/5} = Ce^{-6t}$$

총 전류는 강제 반응(forced responses)과 자연 반응(natural responses)의 합계이다.

$$I = I_f + I_n = 0.80 \text{ A} + Ce^{-6t}$$

따라서 전류 $I(0^+)$를 찾음으로써 C를 찾는 게 기법이다.

$$I(0^+) = V_S/R_L = 24 \text{ V}/10 \text{ }\Omega = 2.4 \text{ A}$$

$$C = \frac{2.4 \text{ A} - 0.80 \text{ A}}{e^{-6(0)}} = 1.60 \text{ A}$$

따라서 다음과 같다.

$$I(t) = (0.8 + 1.60 \, e^{-6t}) \text{ A}$$

$t = 0.1$ s일 때의 저항기 및 인덕터에 걸린 전압은 이때의 전류를 먼저 계산하면 알 수 있다.

$$I(0.1) = (0.8 + 1.6e^{(-6 \times 0.1)})\text{A} = 1.68 \text{ A}$$

그러면 다음과 같다.

$$V_R = IR = 1.68 \text{ A} \times 20 \text{ }\Omega = 33.6 \text{ V}$$

$$V_L = 24 \text{ V} - V_R = 24 \text{ V} - 33.6 \text{ V} = -9.6 \text{ V}$$

▶ **예제 3:** 보기 2.205에 나오는 회로에서 $t = 0.3$ s일 때의 전류 I_L을 계산하라.

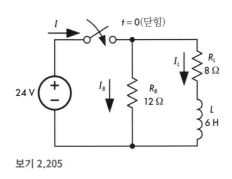

보기 2.205

▷ **정답:** 12 Ω 저항기는 전류 I_L에 영향을 미치지 않는다. 따라서 L과 직렬로 놓인 RL에 대해 간단히 R_L인가 회로를 얻는다.

$$I_L = \frac{V_S}{R_L}(1 - e^{-(R_L/L)t}) = \frac{24 \text{ V}}{8 \text{ }\Omega}(1 - e^{-1.3t})$$

$$= (3 \text{ A})(1 - e^{-1.3t})$$

$t = 0.3$ s에서 다음과 같다.

$$I_L = (3 \text{ A})(1 - e^{-1.3(0.3 \text{ s})}) = 0.99 \text{ A}$$

저항기, 커패시터, 인덕터와 관련한 강제 반응 중에 주목해야 할 중요 사항은 다음과 같다.

- **저항기:** 강제 반응에서는 전압이 즉시 저항기에 놓이면서 전류가 즉시 흐른다. 전압 또는 전류 반응에는 (이상적으로) 지연이 없다.
- **커패시터:** 강제 반응하에서, 커패시터의 전압이 즉시 변할 수 없으므로 전환이 일어나는 순간에는 개방 회로 또는 일정한 전압원처럼 동작한다. $t = 0^-$ 또는 $t = 0^+$ 순간의 전압은 상수로, 이 일이 일어나기 전부터 있었던 전압이다. 또한, $t = 0^-$ 또는 $t = 0^+$ 순간에 전류는 0인데, 충전이 누적될 때까지 시간이 흐르지 않기 때문이다. 그렇지만 $t = 0^+$ 이후에 커패시터 전압 및 전류는 시간의 함수에 해당하는 자연 반응을 지닌다.

- 인덕터: 강제 반응 시에, 인덕터의 전류가 즉시 변하지 못하므로(인덕터가 전류의 변화를 막으려는 성질 때문에) 마치 단락된 것처럼 작동하는데, 이는 $t = 0^-$ 또는 $t = 0^+$일 때(즉, 과도 현상이 발생하는 순간에) 인덕터에 걸린 전류가 없다는 뜻이다. 반면에 전압은 $t = 0^-$ 또는 $t = 0^+$에서도 상수(과도 현상이 일어나기 전의 전의 값)일 것이다. 그렇지만 $t = 0^+$ 이후에 인덕터 전압 및 전류는 시간 함수에 맞춰 자연스럽게 반응한다.

($t = 0^-$는 과도상태 사건 직전 순간을 의미하고, $t = 0^+$은 과도상태 사건 직후의 순간을 의미한다는 점을 상기하라.)

가끔 과도 회로 내의 전압과 전류를 정하기가 약간 까다로워서, 마지막에 나온 세 가지 예제에서 직면한 방식과는 다르게 접근해야 한다. 다음에 나오는 몇 가지 예제가 이에 대한 좋은 예다.

▶ **예제 4:** 보기 2.206에 나오는 회로에서 스위치가 닫히기 직전의 순간($t = 0^-$)과 스위치가 닫힌 직후의 순간($t = 0^+$)에 인덕터를 통과하는 전류와 커패시터의 전압을 정하라. 스위치가 $t = 0.5\,\text{s}$ 동안 닫혀 있었을 때의 I_C와 I_L을 찾아라.

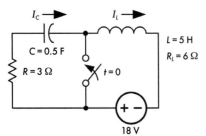

보기 2.206

▷ **정답:** 스위치가 닫히기 전에 커패시터는 전류가 흐르지 못하게 하면서 개방 회로 역할을 한다. 스위치가 닫힌 직후에 커패시터는 전압을 즉시 바꿀 수 없으므로 전류는 여전히 0이다. 스위치가 닫히기 직전과 직후 순간에 커패시터에 걸린 전압은 공급 전압과 같다. 이 모든 것을 다음과 같이 표현할 수 있다.

$$I_L(0^-) = I_L(0^+) = 0$$

$$V_C(0^-) = V_C(0^+) = 18\,\text{V}$$

스위치가 닫히면 다음과 같이 원천에 무관한 RC 회로가 생긴다.

$$I_C = Be^{-t/R_1 C} = Be^{-t/(1.5)}$$

$t = 0^+$에서,

$$I_C(0^+)R_1 + V_C(0^+) = 18\,\text{V}$$

그러므로

$$I_C(0^+) = -\frac{V_C(0^+)}{R_1} = -\frac{18\,\text{V}}{3\,\Omega} = -6\,\text{A}$$

B를 찾기 위해 이것을 다시 대입하면 다음을 얻는다.

$$B = \frac{I_C(0^+)}{e^{-0/(1.5)}} = \frac{-6\,\text{A}}{1} = -6\,\text{A}$$

그러므로 I_C에 대한 표현식을 완성하면 다음과 같다.

$$I_C = (-6\,\text{A})e^{-t/(1.5)}$$

$t = 0.5\,\text{s}$에서

$$I_C = (-6 \text{ A})e^{-0.5/(1.5)} = -4.3 \text{ A}$$

$t = 0.5$ s일 때의 I_L을 찾기 위해 우리는 18 V 원천(강제 반응)과 RL 회로의 자연스러운 반응에 의해 들뜬[역주] RL 회로를 고려한다.

[역주] 여기된

$$I_L = I_f + I_n = \frac{V_S}{R_L} + Ae^{-6t/5}$$

▶ **예제 5:** 보기 2.207은 회로에 대한 모든 초기 조건을 나타내는데, $t < 0$에서는 정상 상태에 있고, $t = 0$일 때 스위치가 열린다. 스위치가 열린 후 0.6초가 지나기 전의 회로 내 전류를 정하라. $t = 0.4$ s일 때 인덕터의 유도 전압이 얼마인가?

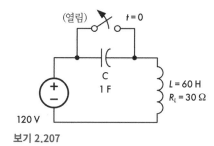

보기 2.207

▷ **정답:** 스위치가 초기에 닫히므로 커패시터는 단락되고 여기에 걸리는 전압도 없고, 전류는 단순히 인덕터의 저항으로 나눈 공급 전압과 같다.

$$I_L(0^-) = I_L(0^+) = \frac{120 \text{ V}}{30 \text{ }\Omega} = 4 \text{ A}$$

$$V_C(0^-) = V_C(0^+) = 0 \text{ V}$$

키르히호프의 전압 법칙에 의해, 회로에 대한 방정식을 다음과 같이 얻는다.

$$L\frac{dI}{dt} + R_L I + \frac{1}{C}\int I dt = 120 \text{ V}$$

$$(60 \text{ H})\frac{dI}{dt} + (30 \text{ }\Omega)I + \frac{1}{1 \text{ F}}\int I dt = 120 \text{ V}$$

여기서 특성방정식(characteristic equation)은 다음과 같다.

$$60 p^2 + 30 p + 1 = 0$$

[역주] 고유근

특성근(characteristic root)[역주]은 다음과 같다.

$$p = -0.46, -0.04$$

전체 전류 반응은 강제 반응과 자연 반응의 합이다.

$$I = I_f + I_n = 0 + A_1 e^{-0.46t} + A_2 e^{-0.04t}$$

$I(0^+) = 4$는 $A_1 + A_2 = 4$를 의미한다.

$t = 0$일 때,

$$(60 \text{ H})\frac{dI}{dt}(0^+) + (30 \text{ }\Omega)I(0^+) + V_C(0^+) = 120 \text{ V}$$

$$\frac{dI}{dt}(0^+) = 0 = 0.46 A_1 + 0.04 A_2$$

A_1와 A_2에 대해 풀면 $A_1 = -0.38$, $A_2 = 4.38$이 된다. 따라서,

$$I = -0.38e^{-0.46t} + 4.38e^{-0.04t}$$

$t = 0.4$ s일 때, 인덕터의 유도 전압을 인덕터의 전압 정의에 I를 대입하면 간단히 알 수 있다.

$$V_L = L\frac{dI}{dt} = 60[(-0.38)(-0.46)e^{-0.46t} + (4.38)(-0.04)e^{-0.04t}]$$

$t = 0.4$ s일 때,

$$V_L = 60(0.145 - 0.172) = -1.62 \text{ V}$$

▶ **예제 6:** 보기 2.208에 나오는 회로에서 $t = 0$일 때 스위치가 1에서 2로 이동한다. 그 후 시간에 대한 함수로 I를 정하라.

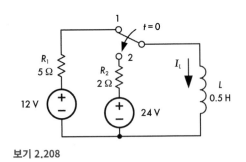

보기 2.208

▷ **정답:** 스위치에 전류를 흘릴 때의 전체 전류 반응은 강제 반응과 자연 반응의 합이다.

$$I = I_f + I_n = \frac{24 \text{ V}}{R_2} + I_L e^{-Rt/L}$$

$$= \frac{24 \text{ V}}{2 \text{ }\Omega} + \left(\frac{12 \text{ V}}{5 \text{ }\Omega} - \frac{24 \text{ V}}{2 \text{ }\Omega} \right) e^{-2t/0.5}$$

$$= 12 \text{ A} - (9.6\text{A})e^{-4t}$$

2.34.1 직렬 RLC 회로

그 밖의 과도상태 사례도 있는데, 수학적으로는 약간 난해하지만 과학기술 분야에서 발견되는 그 밖의 여러 현상의 고전적 해석과 유사하다. 보기 2.209를 보라.

커패시터가 전압 V_0로 충전되었고 $t = 0$에서 스위치가 닫힌다고 가정하자. $t \geq 0$에서의 키르히호프의 전력 법칙은 다음과 같다.

$$\frac{1}{C}\int I dt + IR + L\frac{dI}{dt} = 0$$

표준 양식으로 재작성하면 다음과 같다.

$$\frac{d^2I}{dt^2} + \frac{R}{L}\frac{dI}{dt} + \frac{1}{LC}I = 0$$

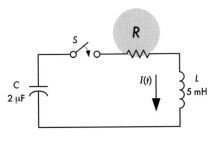

$V_0 = V_C(0) = 10 \text{ V}$

보기 2.209

이것은 선형 2차 동차 미분방정식의 예이다. 이전에 만난 1차 동차 미분방정식과 같은 꼴로 된 해법이라고 추측하는 게 합리적이다.

$$I = I_0 e^{\alpha t}$$

이를 미분방정식에 대입하면 다음과 같이 된다.

$$\alpha^2 + \frac{R}{L}\alpha + \frac{1}{LC} = 0$$

$e^{\alpha t}$꼴 풀이법은 항상 선형 동차 미분방정식에 대해 1차 미분을 α로 2차 미분을 α^2으로 하는 등으로 대수 방정식으로 줄이는 점에 유념하라. 선형 2차 동차 미분방정식은 2차 대수 방정식이 된다. 이 특별한 대수 방정식에는 다음과 같은 해법이 있다.

$$\alpha_1 = -\frac{R}{2L} + \sqrt{\frac{R^2}{4L^2} - \frac{1}{LC}}$$

$$\alpha_2 = -\frac{R}{2L} - \sqrt{\frac{R^2}{4L^2} - \frac{1}{LC}}$$

(2.92)

α 중 어느 값이 원래의 미분방정식에 대한 해를 나타내므로, 두 개의 가능한 해를 임의의 상수로 곱해 함께 더하는 게 가장 일반적인 해법이다.

$$I = I_1 e^{\alpha_1 t} + I_2 e^{\alpha_2 t}$$

상수 I_1과 I_2는 초기 상황에서 정해져야 한다. n차 미분방정식에는 일반적으로 초기 상황에서 정해야 할 n개의 상수가 있다. 이 경우에 상수는 $I(0)$과 $dI/dt(0)$에 관한 지식을 바탕으로 평가할 수 있다. 인덕터의 전류는 $t < 0$에 대해 0이어서 갑자기 변할 수 없으므로 다음과 같이 알 수 있다.

$$I(0) = 0$$

인덕터에 걸린 초기 전압이 커패시터에 걸린 것과 같으므로 다음과 같이 된다.

$$I_1 = -I_2 = \frac{V_0}{(\alpha_1 - \alpha_2)L}$$

따라서 직렬 RLC 회로의 전류에 대한 해는 다음과 같다.

$$I = \frac{V_0}{(\alpha_1 - \alpha_2)L}(e^{\alpha_1 t} - e^{\alpha_2 t})$$

(2.93)

여기서 α_1과 α_2는 방정식 2.92로 주어진다.

앞의 방정식에 대한 해가 지닌 고유한 특성은 방정식 2.92의 제곱근 밑에 놓인 양이 양수인지 0인지 음수인지에 따라 정해진다. 이 세 가지 경우를 고려한다.

■ 사례 1: 과감쇠(Overdamped)

$R^2 > 4L/C$인 경우, 제곱근 아래 놓인 분량이 양수이고 α의 양쪽 값은 $|\alpha_2| > |\alpha_1|$에 따라 음수이다. 해답은 동일한 초기 크기에 대해 서서히 감쇠하는 양의 항과 빠르게 감쇠하는 음수 항이다. 이 해법이 보기 2.210에 나온다. 중요한 한계 사례는 $R^2 \gg 4L/C$가 있는 경우이다. 이 한계에서 제곱근은 다음과 같이 근사될 수 있다.

$$\sqrt{\frac{R^2}{4L^2} - \frac{1}{LC}} = \frac{R}{2L}\sqrt{1 - \frac{4L}{R^2 C}} \approx \frac{R}{2L} - \frac{1}{RC}$$

그리고 α에 상응하는 값들은 다음과 같다.

$$\alpha_1 = -\frac{1}{RC} \quad \text{그리고} \quad \alpha_2 = -\frac{R}{L}$$

그런 다음 방정식 2.93에 나오는 전류는 다음과 같다.

$$I \approx \frac{V_0}{R}(e^{-t/RC} - e^{-Rt/L}) \tag{2.94}$$

이 한계에서 전류는 (~L/R 시간일 때) V_0/R로 매우 빠르게 커진 다음, 다시 0으로 매우 천천히 감소한다. 보기 2.210에 과감쇠 반응 곡선을 나타냈다.

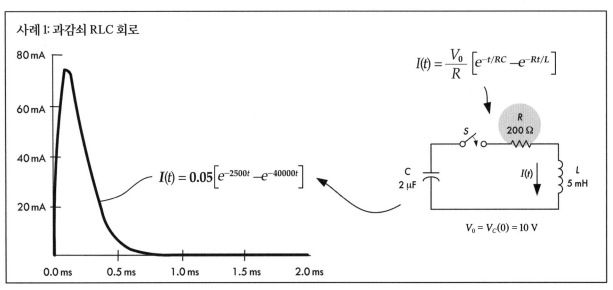

보기 2.210

■ 사례 2: 임계 감쇠(Critically Damped)

$R^2 = 4L/C$인 경우, 제곱근 아래 있는 양이 0이고 $\alpha_1 = \alpha_2$이다. 그러면 방정식 2.93이 0으로 나눈 0이 되는데, 이는 정의되지 않은 값이다. 따라서 여기에서 설명한 해법이 맞지 않는다. 더 생산적인 방정식은 다음과 같다.

$$\varepsilon = \sqrt{\frac{R^2}{4L^2} - \frac{1}{LC}}$$

그리고 식 2.93의 극한을 $\varepsilon \to 0$으로 취한다. 그러면 다음과 같다.

$$\alpha_1 = -\frac{R}{2L} + \varepsilon \quad \text{그리고} \quad \alpha_2 = -\frac{R}{2L} - \varepsilon$$

그리고 방정식 2.93은 다음과 같이 된다.

$$I = \frac{V_0}{2\pi L}e^{-Rt/2L}(e^{\varepsilon t} - e^{-\varepsilon t})$$

$|x| \ll 1$에 대해 확장 $e^x \approx 1 + x$를 사용하면 위의 방정식은 다음과 같다.

$$I = \frac{V_0}{L} e^{-Rt/2L} \tag{2.95}$$

곡선의 모양은 과감쇠인 경우와 크게 다르지 않지만, t축을 초과하거나 음수가 되지 않으면서 가능한 한 빨리 0에 접근한다는 점만 다르다. 보기 2.211에 임계 감쇠 반응 곡선이 나와 있다.

역주 임계 제동 또는 임계 잦아듬 임계 감쇠[역주]를 달성하기는 어렵다. 이 지점에서 R은 조금밖에 이동하지 않는다. 작은 온도 변화가 그러한 일이 일어나게 할 것이다. C에서 L로의 에너지 전달은 이제 R에서의 손실보다 적다.

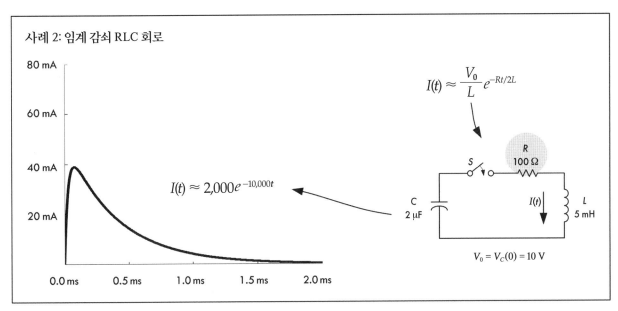

사례 2: 임계 감쇠 RLC 회로

$$I(t) \approx \frac{V_0}{L} e^{-Rt/2L}$$

$$I(t) \approx 2{,}000 e^{-10{,}000t}$$

R 100 Ω
C 2 µF
$I(t)$
L 5 mH
$V_0 = V_C(0) = 10$ V

보기 2.211

■ 사례 3: 저감쇠(Underdamped)

$R^2 < 4L/C$인 경우, 제곱근 밑의 양은 음수이므로 α를 다음과 같이 작성할 수 있다.

$$\alpha = -\frac{R}{2L} \pm \frac{j}{\sqrt{LC}} \sqrt{1 - \frac{R^2C}{4L}}$$

여기서 $j = \sqrt{-1}$이다.

각주파수라고 부르는 또 다른 기호 ω를 정의하면 편리하다.

$$\omega = \frac{1}{\sqrt{LC}} \sqrt{1 - \frac{R^2C}{4L}} \tag{2.96}$$

$R^2 \ll 4L/C$일 때, 각주파수는 다음과 같다.

$$\omega \approx \frac{1}{\sqrt{LC}}$$

그리고 이 근삿값은 대다수 관심 대상에 대해 일반적으로 충분하다. 이것들을 치환하면 방정식 2.93은 다음과 같이 된다.

$$I = \frac{V_0}{2j\omega L} e^{-Rt/2L}(e^{j\omega t} - e^{-j\omega t})$$

이제 오일러 방정식 $e^{j\theta} = \cos\theta + j\sin\theta$를 사용해 전류를 다음과 같이 표현한다.

$$I = \frac{V_0}{\omega L} e^{-Rt/2L} \sin(\omega t) \tag{2.97}$$

이 해법이 다른 해법과 매우 다르다는 점을 유념해야 하는데, 보기 2.212에 나오는 바와 같이 발진 진폭이 기하급수적으로 감소함에 맞춰 진동하기 때문이다.

ω를 각주파수라고 부르기는 하지만, 단위가 초당 라디안이고 일반적인 주파수 f(초당 사이클 수, 즉 헤르츠 $\omega = 2\pi f$)와 관련이 있다는 점에 유념하라. 진동 주기는 $T = 1/f = 2\pi/\omega$이다.

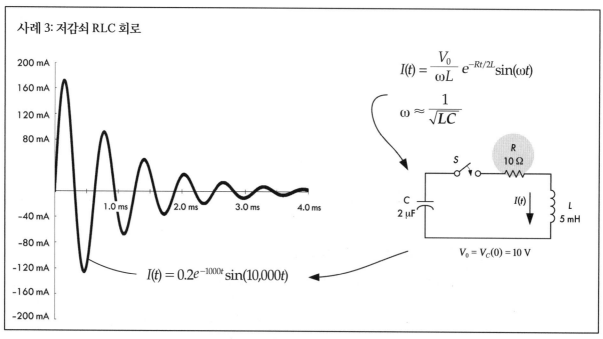

보기 2.212

역주 작은 감쇠 또는 작은 잦아듦

저감쇠역주인 경우는 무척 흥미롭다. $t = 0$에서 모든 에너지가 커패시터에 저장된다. 전류가 증가함에 따라 에너지는 사이클의 1/4이 경과할 때까지 저항기에서 소비되고 인덕터에 저장되는데, 이 동안에 커패시터에는 에너지가 남지 않게 된다. 그렇지만 시간이 흐름에 따라 1/2 주기가 경과할 때까지 인덕터의 에너지가 감소하고 커패시터의 에너지가 증가한다. 이때 저항기에서 소비된 에너지를 제외한 모든 에너지가 커패시터로 돌아온다. 결국, 에너지는 저항기에서 모두 소비하기 전까지는 커졌다가 줄어들기를 반복한다. 저항이 없는 직렬 LC 회로에서는 감쇠하지 않으므로 영원히 진동한다.

직렬 RLC 회로에서 본 미분방정식 형태가 여러 과학기술 분야에 나온다. 이것을 감쇠된 고조파 발진기(damped harmonic oscillator)역주1라고 한다. 예를 들어, 자동차의 충격 흡수 장치는 거의 임계 상황에 다다랐을 때 감쇠되도록 설계한 기계적 고조파 발진기역주2 중 한 가지이다.

역주1 감쇠된 고조파 진동자
역주2 기계적 고조파 진동자

2.35 주기적 비정현파원이 있는 회로

역주 톱니파의 일종으로 방향만 다름

저항기, 커패시터 및 인덕터가 들어 있는 회로를 구동하는 데 사용하는 주기적인 비정현파 전압 (예를 들면, 구형파나 삼각파 또는 램프파^{역주})이 제공된다고 가정한다. 회로를 어떻게 분석할 것인가? 직류 회로가 아니므로 직류 정리를 사용할 수 없다. 정현파 회로도 아니어서 복소 임피던스를 직접 적용할 수도 없다. 어떻게 해야 할까?

그 밖의 모든 방법까지 쓸 수 없다면, 키르히호프의 법칙을 적용하는 게 유일한 해법이라고 가정할 수 있다. 자, 진도를 더 빼기 전에, 원천 전압을 수학적으로 어떻게 표현할 것인가? 즉, 키르히호프 방정식들과 그 밖의 것들을 설정할 수 있다고 하더라도 전압원이라는 항을 대입해야 한다. 예를 들어, 수학적으로 구형파를 어떻게 표현할까? 현실적으로, 주기적인 비정현파원 표현식을 생각해 내기는 쉽지 않다. 그렇지만 논증을 목표로 파형의 수학적 표현을 생각해 볼 수 있다. 이 항을 키르히호프의 법칙에 대입하면 다시 미분방정식을 얻을 수 있을 것이다. (대상이 정현파가 아니어서 복소 임피던스를 사용할 수는 없을 것이다.)

이러한 난점을 가장 효율적으로 해결하려면 미분방정식을 완전히 회피하는 동시에 복소 임피던스의 단순한 접근법을 사용할 수 있어야 한다. 이 두 가지 조건을 모두 충족하는 유일한 방법은 정현파를 겹쳐서 비정현파를 표현하는 것이다. 사실, 푸리에라는 이름을 쓰는 한 인물이 그와 같은 기법을 발견했다. 그는 주파수와 진폭이 다른 정현파들을 특수한 방식으로 함께 많이 합쳐서 비정현파의 주기적인 파형 패턴으로 이뤄진 중첩 패턴을 생성할 수 있다고 생각했다. 조금 더 기술적으로 말하면, 주기적인 비정현파 파형을 사인 및 코사인 푸리에 급수로 나타낼 수 있는데, 여기서 해당 파형은 주파수들을 이산적이고 조화적으로 관련된 주파수 모음의 합계이다.

2.35.1 푸리에 급수

시간 의존 전압 및 전류는 주기적이거나 비주기적이다. 보기 2.213에는 주기가 T인 주기적 파형의 사례가 나온다.

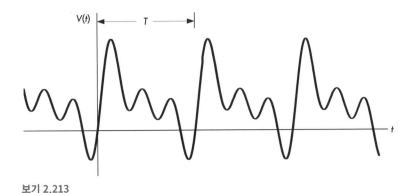

보기 2.213

파동이 $+t$와 $-t$ 방향에서 모두 무한정 이어진다고 가정한다. 주기 함수를 1개 주기로 대체할 수 있으며, 그 결과로 나오는 함수는 원래 함수와 같다.

$$V(t \pm T) = V(t)$$

주기적 파형을 사인 및 코사인 푸리에 급수로 나타낼 수 있다.

$$V(t) = \frac{a_0}{2} + \sum_{n=1}^{\infty} (a_n \cos n\omega_0 t + b_n \sin n\omega_0 t) \tag{2.98}$$

여기서 ω_0을 기본 각주파수라고 부른다.

$$\omega_0 = \frac{2\pi}{T} \tag{2.99}$$

그리고 $2\omega_0$는 제2고조파라고 부르는 식으로 이어간다. 상수 a_n과 b_n은 다음으로부터 정해진다.

$$a_n = \frac{2}{T} \int_{-T/2}^{T/2} V(t) \cos n\omega_0 t\, dt \tag{2.100}$$

$$b_n = \frac{2}{T} \int_{-T/2}^{T/2} V(t) \sin n\omega_0 t\, dt \tag{2.101}$$

상수항 $\alpha_0/2$는 $V(t)$의 평균값이다. 중첩 정리를 사용해 주기적인 원천이 있는 선형 회로를 푸리에 급수의 각 정현파 성분에 대한 회로 동작을 고려해 분석할 수 있게 한다. 우리가 사용할 예제의 대부분은 전압과 전류를 종속 변수로 사용하고 시간을 독립 변수로 사용하지만, 푸리에 방식이 아주 일반적이어서 아주 매끄러운 함수 $f(t)$가 무엇이든 해당 함수에 적용해 볼 수 있다.

오일러의 식 $e^{j\theta} = \cos\theta + j\sin\theta$를 이용하면 방정식 2.98을 주기적인 파형에 대한 일반적인 식인 복소수의 합으로 변환할 수 있다.

$$V(t) = \sum_{n=-\infty}^{\infty} C_n e^{jn\omega_0 t} \tag{2.102}$$

양수 및 음수 주파수($n > 0$이고 $n < 0$)를 허용함으로써 합계가 항상 실수가 되도록 C_n을 선택할 수 있다. C_n 값은 식 2.102의 양변에 $e^{-jm\omega_0 t}$(여기서 m은 정수)를 곱한 다음, 한 주기에 걸쳐 적분함으로써 정할 수 있다. $m = n$이 있는 항만 남게 되므로 결과는 다음과 같다.

$$C_n = \frac{1}{T} \int_{-T/2}^{T/2} V(t) e^{-jn\omega_0 t}\, dt \tag{2.103}$$

역주 복소 공액

C_{-n}이 C_n의 복소 켤레역주이므로 방정식 2.102의 허수 부분은 항상 소거되어 그 결과 $V(t)$는 실수이다. $n = 0$일 때의 항은 특히 간단히 해석할 수 있는데, $V(t)$의 평균값일 뿐이다.

$$C_0 = \frac{1}{T} \int_{-T/2}^{T/2} V(t)\, dt \tag{2.104}$$

그리고 전압의 직류 성분에 해당한다. 선행 표현식의 적분이 $-T/2 \sim T/2$ 간격 또는 $0 \sim T$와 같은 다른 간격을 초과하는지 여부는 간격이 순전히 연속되기만 하고 시간 T가 있는 한 편의적인 문제가 된다.

다음 예는 보기 2.214와 같이 구형파의 푸리에 급수를 보여 준다. 방정식 2.102의 요구에 맞게 일련의 복소수로 수식을 생성하려면, 먼저 $V(t)$가 일정하도록 적분을 두 부분으로 분리하고 방정식 2.103에서 상수를 정한다.

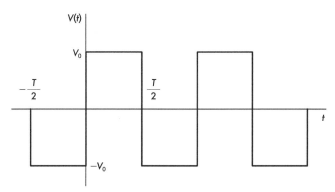

보기 2.214

$$C_n = \frac{1}{T}\int_{-T/2}^{0}(-V_0)e^{-jn\omega_0 t}dt + \frac{1}{T}\int_{0}^{T/2}V_0 e^{-jn\omega_0 t}dt$$

$$= \frac{V_0}{jn\omega_0 T}(2 - e^{jn\omega_0 T/2} - e^{-jn\omega_0 T/2})$$

$\omega_0 T = 2\pi$이므로 위 방정식을 다음과 같이 작성할 수 있다.

$$C_n = \frac{V_0}{j2\pi n}(2 - e^{jn\pi} - e^{-jn\pi})$$

방정식 $e^{j\theta} = \cos\Theta + j\sin\Theta$를 사용하면 앞의 식은 다음과 같이 된다.

$$C_n = \frac{V_0}{j\pi n}(1 - \cos n\pi)$$

n이 짝수(even; 2, 4, 6, ...)일 때 $\cos n\pi$는 +1이고 n이 홀수(odd; 1, 3, 5, ...)일 때 −1이므로 C_n의 모든 짝수 값이 0이다. 주기가 절반만큼 바뀌었을 때 모든 주기 함수는 원 함수의 음수와 같다.

$$V\left(t \pm \frac{T}{2}\right) = -V(t)$$

이 경우에 $V(t)$가 반파장 대칭(half-wave symmetry)이라고 말하며, 이것의 푸리에 급수에는 홀수 고조파만이 있게 된다. 구형파는 그러한 함수의 한 예이다. 파장이 같지 않은 시간 동안에 $+V_0$과 $-V_0$에 남아 있으면 반파장 대칭이 사라지고, 그 푸리에 급수는 홀수 고조파뿐만 아니라 짝수도 포함하게 된다.

반파장 대칭에 더해, 보기 2.214에 나오는 구형파는 다음 관계식을 만족하므로 홀수 함수이다.

$$V(t) = -V(-t)$$

이 특성이 파동의 근본적인 특성은 아니지만, 파동과 관련해 시간 원점($t = 0$)이 가정되는 곳에서 순수하게 선택된다. 예를 들어, 보기 2.214에 나오는 구형파가 $T/4$ 시간만큼 변위되었다면, 결과로 나온 구형파가 다음 관계를 충족하므로 짝수 번째 함수가 된다.

$$V(t) = V(-t)$$

음수 부분이 시간 축의 반대편에 있는 양수 부분을 정확히 상쇄하므로 홀수 함수에는 직류 성분이 없을 수 있다. 코사인은 짝수 함수이고 사인은 홀수 함수이다. 모든 짝수 함수를 코사인(방정식 2.98에서 $b_n = 0$)들의 합으로 작성할 수 있고, 모든 홀수 함수를 사인(방정식 2.98에서 $a_n = 0$)들의 합으로 작성할 수 있다. 대부분의 주기 함수(예: 보기 2.213에 나오는 함수)는 홀수도 아니고 짝수도 아니다.

푸리에 급수 계산을 할 때 함수가 짝수이든 홀수이든 종종 함숫값에 상수를 더하거나 **빼서** 반파장 대칭이 되도록 시간 원점을 이동해 단순화할 수 있다.

구형파의 푸리에 급수 표현식의 홀수 계수는 다음과 같고.

$$C_n = \frac{2V_0}{n\pi j}$$

푸리에 급수는,

$$V(t) = \frac{2V_0}{\pi j} \sum_{\substack{n = -\infty \\ n = 홀수}}^{\infty} \frac{1}{n} e^{jn\omega_0 t}$$

오일러의 방정식과 $\sin \theta = -\sin(-\theta)$이고 $\cos \theta = \cos(-\theta)$라는 사실을 이용하면, 앞에 나온 방정식은 다음과 같이 된다.

$$V(t) = \frac{4V_0}{\pi} \sum_{\substack{n = -\infty \\ n = 홀수}}^{\infty} \frac{\sin n\omega_0 t}{n}$$

앞에 나온 급수 ($n = 1,3,5$)의 첫 세 항은 그 합과 함께 보기 2.215에 나온다. 항이 겨우 세 개밖에 되지 않지만, 이 급수가 구형파를 닮아가기 시작한다는 점에 유념하라.

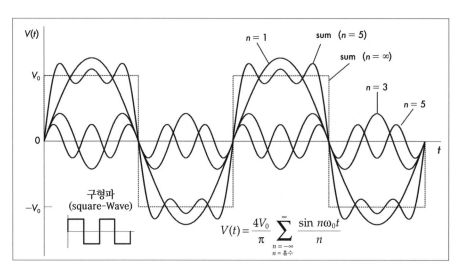

보기 2.215

파형이 구형파보다 복잡하면 적분하기가 더 어렵지만, 시간 의존 전압이 같게 나타나는 미분방정식을 푸는 것보다는 주기 전압에 대한 푸리에 급수를 계산하는 편이 보통 더 쉽다. 또한, 가장 빈번히 발생하는 파형에 대한 푸리에 급수 표를 사용할 수 있으며, 회로를 많이 분석할 수 있도록 편리한 지름길을 제공한다. 보기 2.216에는 몇 가지 일반적인 파형과 푸리에 급수가 나온다.

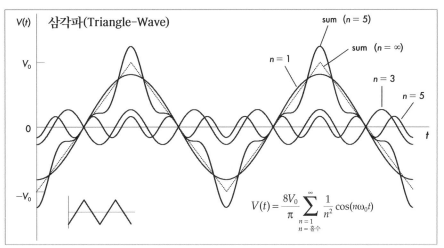

삼각파(Triangle-Wave)

$$V(t) = \frac{8V_0}{\pi} \sum_{\substack{n=1 \\ n=\text{홀수}}}^{\infty} \frac{1}{n^2} \cos(n\omega_0 t)$$

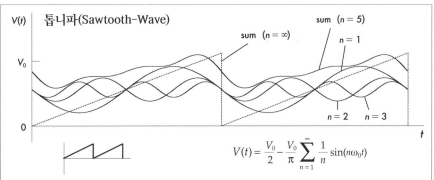

톱니파(Sawtooth-Wave)

$$V(t) = \frac{V_0}{2} - \frac{V_0}{\pi} \sum_{n=1}^{\infty} \frac{1}{n} \sin(n\omega_0 t)$$

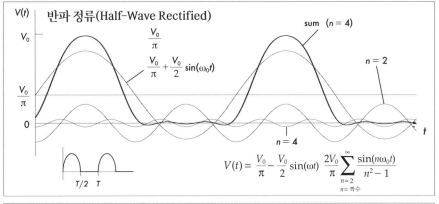

반파 정류(Half-Wave Rectified)

$$V(t) = \frac{V_0}{\pi} - \frac{V_0}{2} \sin(\omega t) \ \frac{2V_0}{\pi} \sum_{\substack{n=2 \\ n=\text{짝수}}}^{\infty} \frac{\sin(n\omega_0 t)}{n^2 - 1}$$

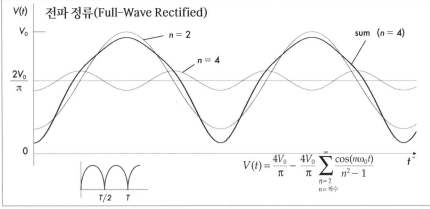

전파 정류(Full-Wave Rectified)

$$V(t) = \frac{4V_0}{\pi} - \frac{4V_0}{\pi} \sum_{\substack{n=2 \\ n=\text{짝수}}}^{\infty} \frac{\cos(n\omega_0 t)}{n^2 - 1}$$

보기 2.216

▶ **예제:** 구형파 RC 회로. 다음 예는 주기적인 원천이 있는 회로를 푸리에 급수를 사용해 분석하는 방법을 보여 준다. 여기에서 구형파원은 간단한 RC 회로에 연결된다. 보기 2.217을 참조하라.

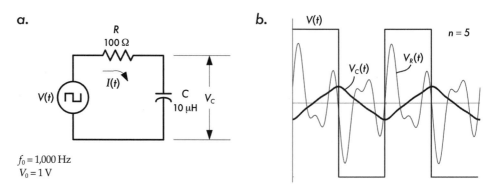

보기 2.217

원천이 주기적이므로 전류 $I(t)$는 같은 주기를 띄고, 주기적이므로 푸리에 급수로 작성할 수 있다.

$$I(t) = \sum_{n=-\infty}^{\infty} C'_n e^{jn\omega_0 t}$$

각 C'_n은 이전 절에서 각 C_n이 위상 전압 성분을 나타내는 것과 같은 방식으로, 총 전류 중의 한 주파수 성분을 나타내는 위상 전류이다. 이러한 위상들 사이의 관계는 회로 임피던스로 나누어 정한다.

$$C'_n = \frac{C_n}{R + 1/j\omega C} = \frac{C_n}{R + 1/jn\omega_0 C}$$

n이 홀수인 경우에 앞서 파생한 C_n 값에 구형파를 대입하면 다음이 주어진다.

$$C'_n = \frac{2V_0}{n\pi(jR + 1/n\omega_0 C)} = \frac{2\omega_0 C(1 - jn\omega_0 RC)V_0}{\pi(n^2\omega_0^2 R^2 C^2 + 1)}$$

n이 짝수인 경우 짝수 n에 대해 C_n이 0이므로 C'_n은 0이다. 해당 전류는 다음과 같다.

$$I(t) = \frac{2\omega_0 CV_0}{\pi} \sum_{\substack{n=-\infty \\ n=\text{홀수}}}^{\infty} \frac{1 - jn\omega_0 RC}{\pi(n^2\omega_0^2 R^2 C^2 + 1)} e^{jn\omega_0 t}$$

오일러의 관계식을 사용하면 앞에 나온 전류를 다음과 같이 작성할 수 있다.

$$I(t) = \frac{4\omega_0 CV_0}{\pi} \sum_{\substack{n=1 \\ n=\text{홀수}}}^{\infty} \frac{\cos n\omega_0 t + n\omega_0 RC \sin n\omega_0 t}{n^2\omega_0^2 R^2 C^2 + 1}$$

저항기 및 커패시터에 걸린 전압을, 이상적인 저항기와 이상적인 커패시터에 대한 정의를 바탕으로 정할 수 있다.

$$V_R(t) = I(t)R = \frac{4\omega_0 CRV_0}{\pi} \sum_{\substack{n=1 \\ n=\text{홀수}}}^{\infty} \frac{\cos n\omega_0 t + n\omega_0 RC \sin n\omega_0 t}{n^2\omega_0^2 R^2 C^2 + 1}$$

$$V_C(t) = \frac{1}{C} \int I(t)\,dt = \frac{4V_0}{\pi} \sum_{\substack{n=1 \\ n=\text{홀수}}}^{\infty} \frac{\frac{1}{n}\sin n\omega_0 t + \omega_0 RC \cos n\omega_0 t}{n^2 \omega_0^2 R^2 C^2 + 1}$$

$V_C(t)$과 $V_R(t)$에 대한 푸리에 급수의 첫 세 항($n=1$, $n=3$, $n=5$)의 합이 보기 2.217(b)에 나온다. n이 무한대에 가까워지면 파형은 실제 값에 가까워진다.

구형파원이 있는 회로를 과도 회로(transient circuit)로도 분석할 수 있다. 보기 2.217(a)에 나오는 회로에서 원천 전압이 일정한 반주기(예를 들면, $0 < t < T/2$)인 동안에 커패시터에 걸린 전압을 다음과 같이 표현한다.

$$V_C(t) = A + Be^{-t/RC}$$

상수 A와 B는 다음 식으로 정해진다.

$$V_C(\infty) = A = V_0$$

$$V_C(T/2) = A + Be^{-T/2RC} = -V_C(0) = -A - B$$

첫 번째 방정식은 원천이 $+V_0$에 영원히 남아 있으면, 커패시터는 전압 V_0으로 충전된다는 것을 알게 해준다. 두 번째 방정식은 함수의 반파장 대칭성을 보장하는 데 필요하다. 따라서 다음과 같을 때,

$$A = V_0$$

$$B = -\frac{2V_0}{1 + e^{-T/2RC}}$$

커패시터 전압은 $0 < t < T/2$에 대해 다음과 같이 된다.

$$V_C(t) = V_0 - \frac{2V_0 e^{-t/RC}}{1 + e^{-T/2RC}}$$

파형은 각 반주기의 부호가 번갈아 가며 $t > T/2$ 동안 반복된다.

2.36 비주기적 원천

비주기적인 전압과 전류는 푸리에 급수와 같이 사인파를 중첩해 표현할 수도 있다. 그렇지만 고조파 관련 주파수들은 따로 떨어져 있는 것들을 합산한 모양이 아닌, 그 파형이 스펙트럼처럼 연속되어 있다. 비주기적 함수를 무한한 주기를 지닌 주기적 함수로 간주할 수 있다. 기본 각주파수는 푸리에 급수에 대해 $\omega_0 = 2\pi/T$였고 주기가 무한대에 가까워짐에 따라 0에 가까워진다. 이 경우 우리가 지금 극소량을 다루고 있음을 상기하기 위해 각주파수를 $\Delta\omega$로 나타낸다. 파형 내의 다양한 고조파가 미세한 $\Delta\omega$에 의해 분리되므로 모든 주파수가 나타난다. 푸리에 급수가 적용된 합산 파형은 다음과 같다.

$$V(t) = \sum_{n=-\infty}^{\infty} C_n e^{jn\omega_0 t} = \sum_{n=-\infty}^{\infty} C_n e^{j\omega t} \frac{T\Delta\omega}{2\pi} = \frac{1}{2\pi} \sum_{n=-\infty}^{\infty} C_n T e^{j\omega t} \Delta\omega$$

여기서 우리는 $\omega = n\omega_0$이고 $T\Delta\omega = 2\pi$라는 사실을 이용했다. $\Delta\omega$가 극소이므로 앞의 합계는 적분($d\omega = \Delta\omega$)으로 대체될 수 있다.

$$V(t) = \frac{1}{2\pi} \int_{-\infty}^{\infty} C_n T e^{j\omega t} \, d\omega$$

이전과 마찬가지로 C_n은 다음과 같이 주어진다.

$$C_n = \frac{1}{T} \int_{-T/2}^{T/2} V(t) e^{-j\omega t} \, dt$$

그렇지만 T가 무한이므로 다음과 같이 작성할 수 있다.

$$C_n T = \int_{-\infty}^{\infty} V(t) e^{-j\omega t} \, dt$$

T가 무한하기는 하지만 $C_n T$ 항의 값은 일반적으로 유한하다. $C_n T$ 항은 $V(t)$의 푸리에 변환이라고 부르며 $\overline{V}(\omega)$로 재작성된다. 적분을 한 뒤에는 각주파수 ω의 함수일 뿐이다. 다음 두 방정식을 푸리에 변환 쌍이라고 한다.

$$V(t) = \frac{1}{2\pi} \int_{-\infty}^{\infty} \overline{V}(\omega) e^{j\omega t} \, d\omega \tag{2.105}$$

$$\overline{V}(\omega) = \int_{-\infty}^{\infty} V(t) e^{-j\omega t} \, dt \tag{2.106}$$

이 두 방정식은 대칭이다. (대칭을 훨씬 더 완벽하게 하기 위해 $\overline{V}(\omega)$를 때로는 $C_n T / \sqrt{2\pi}$으로 정의한다.)

푸리에 급수와 마찬가지로, 푸리에 변환 $\overline{V}(\omega)$는 일반적으로 $V(t)$가 시간의 짝수 함수가 아닌 한 복잡하다. $V(t)$가 시간의 홀수 함수일 때 푸리에 변환 $\overline{V}(\omega)$는 완전히 허수이다. 이런 이유로, 푸리에 변환을 그릴 때 관행적으로 크기 $|\overline{V}(\omega)|$ 또는 **파워 스펙트럼**(power spectrum)^{역주}이라고 부르는 크기의 제곱인 $|\overline{V}(\omega)|^2$을 ω의 함수로 여겨 그린다.

역주 무작위한 잡음 파형의 가속도 밀도에 대한 제곱 평균 값.

예를 들어, 보기 2.218(a)와 같이 주어진 구형파 푸리에 변환을 계산한다.

$$V(t) = \begin{cases} 0 & t < -\tau/2 \quad \text{그리고} \quad t > \tau/2 \\ V_0 & -\tau/2 \le t \le \tau/2 \end{cases}$$

방정식 2.106에서 푸리에 변환은 다음과 같다.

$$\overline{V}(\omega) = V_0 \int_{-\tau/2}^{\tau/2} e^{-j\omega t} \, dt = \frac{2V_0}{\omega} \sin\frac{\omega\tau}{2}$$

크기 $|\overline{V}(\omega)|$는 보기 2.218(b)에서 ω의 함수로 그려진다. 이전과 마찬가지로 푸리에 스펙트럼의 대부분은 0의 약 $1/\tau$ 이내의 주파수 대역이다.

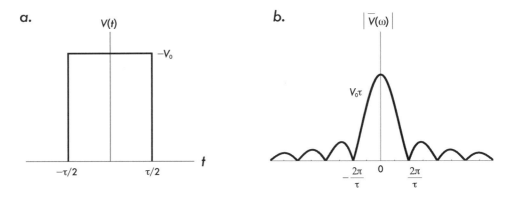

보기 2.218

실제로, 우리가 구형파 진동과 같은 비주기적인 진동을 전체 임피던스가 $Z(\omega)$인 복잡한 회로에 연결한다면, 푸리에 변환 전압을 구형파에 먼저 사용함으로써 시간의 함수(따라서 회로 내의 개별 전압 및 전류)로 전류를 정할 수 있다.

$$\overline{V}(\omega) = V_0 \int_{-\tau/2}^{\tau/2} e^{-j\omega t}\, dt = \frac{2V_0}{\omega} \sin \frac{\omega\tau}{2}$$

그리고 이것을 이용해 임피던스로 나눔으로써 전류의 푸리에 변환을 구한다.

$$\overline{I}(\omega) = \frac{\overline{V}(\omega)}{Z(\omega)} \tag{2.107}$$

일단 이것을 구하고 난 뒤에, 역푸리에 변환(inverse Fourier transform)을 사용해 시간의 함수로서 전류를 정할 수 있다.

$$I(t) = \frac{1}{2\pi} \int_{-\infty}^{\infty} \overline{I}(\omega) e^{j\omega t}\, d\omega$$

이와 같은 문제에 푸리에 변환을 사용하기는 무척 어렵다. 간단한 RCL 회로망을 임피던스에 대입해 적분을 풀어 보라. 그러나 푸리에 변환은 얻고자 하는 바가 많을수록 난해해지기는 하지만, 비주기적 문제에 대한 가장 쉬운 해법이다.

요약하면, 이 방법으로 회로를 분석하는 일은 첫째로 원천들의 푸리에 변환을 계산함으로써 방정식 2.106에서 주파수 도메인으로 변환하고, 그런 다음 미지의 식 2.107의 푸리에 변환을 결정하기 위해 임피던스를 사용하고, 마지막으로 방정식 2.105로부터 미지의 역푸리에 변환을 계산함으로써 시간 영역으로 다시 변환한다. 어려운 적분을 사용해 이런 식으로 문제를 해결하는 일이 실제로는 시간 의존 원천을 사용해 해당 미분방정식을 풀기보다 훨씬 쉽다.

스펙트럼 분석기(spectrum analyzers)라는 특수 장치는 전압의 푸리에 변환 $|\overline{V}(\omega)|$를 주파수에 대한 함수로 나타낸다.

난해한 것들은 이제 그만! 시뮬레이터가 대신 생각하게 하자.

2.37 스파이스

스파이스(SPICE)는 아날로그 회로를 흉내내는 컴퓨터 프로그램이다. 이것은 원래 집적회로 개발용으로 설계된 것으로, 이름을 통해 그 유래를 알 수 있다. 집적회로 강조 시뮬레이션 프로그램(Simulation Program with Integrated Circuit Emphasis)을 짧게 줄여 SPICE라고 한다.

스파이스의 기원은 캘리포니아 대학교 버클리 분교의 로날드 로러(Ronald Rohrer)가 일부 학생들과 함께 개발한 캔서(CANCER, Computer Analysis of Non-Linear Circuits Excluding Radiation, 방사 제외 비선형 회로의 컴퓨터 분석)라는 별도의 회로 시뮬레이션 프로그램까지 거슬러 올라간다. 캔서로 직류, 교류 및 과도 해석을 수행할 수 있었고, 다이오드(쇼클리 방정식; Shockley equation) 및 바이폴라 트랜지스터(에버스-몰 방정식; Ebers-Moll equations) 같은 기본 능동 소자를 위한 특수 선형-동반 모형도 포함되어 있었다.

로러가 버클리를 떠날 무렵에, 캔서를 재작성해 스파이스라는 이름을 붙이고는 1972년에 스파이스 1로 배포하였다. 스파이스 1은 노드 분석에 바탕을 둔 것으로, JFET 및 MOSFET 장치를 위한 새로운 모형뿐만 아니라 바이폴라 트랜지스터(검멜-푼 방정식; Gummel-Poon equations)에 대해 수정한 모형도 포함하였다.

1975년에 스파이스 2가 도입되었으며, 이전 노드 분석을 대체한 수정된 노드 분석(MNA)이 가능해졌으며, 지금은 전압원 및 인덕터도 지원한다. 스파이스 2에 많은 게 추가되었고 많이 수정되었다. 스파이스 2의 마지막 버전을 포트란 언어로 작성한 스파이스 2G.6이 1983년에 나왔다.

1985년에는 포트란이 아닌 C 프로그래밍 언어로 작성한 스파이스 3이 나왔다. 분석 결과를 보는 데 필요한 그래픽 인터페이스가 들어 있었고, MESFET, 손실 전송선 및 이상적이지 않은 스위치에 대한 모형뿐만 아니라 다항식 커패시터 및 인덕터 및 전압 제어 소스를 볼 수 있는 그래픽 인터페이스가 들어 있었다. 또한, 스파이스 3에서는 반도체 모형이 개선되었으며, 이전 버전에서 발견한 많은 수렴 문제가 제거되게 설계하였다. 이후에 스파이스의 상용판이 출시되었다. HSPICE, IS_SPICE, MICROCAP, PSPICE(스파이스를 마이크로심(MicroSim)에서 PC용으로 만든 것)가 그것이다.

지금은 스파이스를 핵심 분석 도구로 사용하는 사용자 친화 시뮬레이터 프로그램이 많이 있다. 이 고급형 시뮬레이터 프로그램들을 사용하면, 구성 요소를 클릭해 드래그앤드롭하는 식으로 선을 연결할 수 있다. 전압계, 전력계, 오실로스코프 및 스펙트럼 분석기와 같은 시험용 계측기를 드래그해서 회로에 연결할 수 있다. 거의 모든 종류의 원천뿐만 아니라, 모든 유형의 장치(수동, 능동, 디지털 등)도 사용할 수 있다. 일렉트로닉스 워크벤치(Electronics Workbench)가 제작한 멀티심(MultiSim)에는 13,000개가 넘는 모형의 컴포넌트 라이브러리가 포함되어 있다. 보기 2.219에는 시뮬레이터와 함께 제공되는 다양한 요소를 묘사한 예시 화면이 나온다. 인기 있는 상용 시뮬레이터 세 가지로는 마이크로심(MicroSim), 티나프로(TINAPro), 서킷메이커(CircuitMaker)가 있다. 서킷랩(CircuitLab, www.circuitlab.com)처럼 빠르고 사용하기 쉬운 온라인 시뮬레이션 프로그램도 있다.

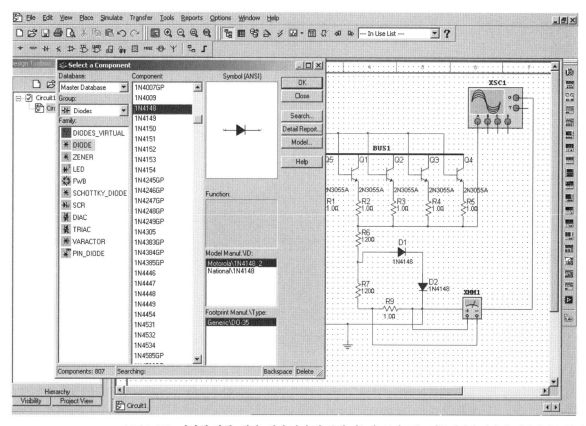

보기 2.219 다양한 장치, 원천, 시험 장비 및 분석 기능을 보여 주는 시뮬레이터 사용자 인터페이스 화면. 여기에 나오는 시뮬레이터는 일렉트로닉스 워크벤치에서 만든 멀티심이다.

기본 장치: 수동 장치, 다이오드, **LED**, 사이리스터, 트랜지스터, 아날로그 증폭기와 비교기, **TTL** 논리 소자, **CMOS** 논리 소자, 그 밖의 디지털 장치(예를 들면, **TIL**, **VHDL**, **VERILOG HDL**), 혼합 신호 장치, 표시기, **RF** 장치, 전계 장치, 기타 등등.

원천: 교류 및 직류 전압원과 전류원, 클럭 원천, **AM** 및 **FM** 전압원 및 전류원, **FSK** 원천, 전압으로 제어하는 정현파원/구형파원/삼각파원과 전류로 제어하는 것들, 펄스 전압원 및 전류원, 지수 전압원 및 전류원, 단품별 선형 전압원 및 전류원, 제어되는 단항/다항/비선형 의존 원천.

분석 기법: 직류 작동점(**dc operating point**, 역주 직류 동작 위치), 교류 분석, 과도상태 분석, 푸리에 해석, 잡음 분석, 왜곡 분석, 직류 쓸기(**dc sweep**), 감도, 파라미터 쓸기(**parameter sweep**), 온도 쓸기(**temperature sweep**), 극점 영점, 전달 함수, 최악 사례, 몬테 카를로, 추적 폭 분석, 일괄 분석, 사용자 정의 분석, 잡음 지수 분석, 기타 등등.

시험 장비: 멀티미터, 함수 발생기, 전력량계, 오실로스코프, 보드 플로터(**bode plotter**), 워드 생성기, 로직 분석기, 로직 변환기, 왜곡 분석기, 스펙트럼 분석기, 네트워크 분석기(역주 회로망 분석기), 기타 등등.

2.37.1 스파이스의 작동 방식

여기서는 시뮬레이터의 핵심인 스파이스를 살펴본다. 비선형 미분방정식으로 기술한 전기회로를 시뮬레이션하기 위해 스파이스 코드가 사용하는 수학 기법은 무엇일까? 스파이스 엔진에는 노드 분석(nodal analysis)역주이라는 핵심 기본 기술이 있다. 회로 저항(또는 반대로 회로의 정전용량)과 전류원이 모두 주어진다면 모든 노드의 전압을 계산한다. 프로그램이 직류 해석이나 교류 해석 또는 파도 해석을 수행하든지 간에, 스파이스는 궁극적으로 부품(선형, 비선형 및 에너지 저장 부품)을 가장 안쪽 계산이 노드 분석 형태가 되도록 채택한다.

역주 마디 분석 또는 접합점 분석

키르히호프는 노드에 들어가는 총 전류가 노드에서 나오는 총 전류와 같다는 점을 발견했다. 바꿔 말한다면, 노드 안팎의 전류의 합이 0이라는 것이다. 이러한 전류를 전압 및 정전용량에 대한 방정식으로 나타낼 수 있다. 노드가 두 개 이상인 경우 동일한 시스템(연립 방정식)을 설명하는 방정식을 두 개 이상 얻게 된다. 모든 방정식을 동시에 충족하는 각 노드의 전압을 찾는 게 기법이다.

예를 들어, 보기 2.220에 나오는 간단한 회로를 생각해 보자. 이 회로에는 세 개의 노드가 나온다. 노드 0(항상 접지됨), 노드 1, 노드 2가 그것이다.

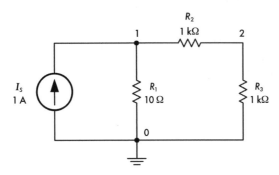

보기 2.220

키르히호프의 전류 법칙을 '노드의 내부 및 외부 합계'라는 형태로 사용하면, 노드 1과 노드 2라는 두 노드(0번 노드는 기본적으로 접지됨)에 대해 방정식을 두 개 만들 수 있다.

$$-I_S + \frac{V_1}{R_1} + \frac{V_1 - V_2}{R_2} = 0$$

$$\frac{V_2 - V_1}{R_2} + \frac{V_2}{R_3} = 0$$

여기서는 노드 전압을 계산해야 하므로 V_1과 V_2를 분리하기 위해 다음 방정식을 다시 작성한다.

$$\left(\frac{1}{R_1} + \frac{1}{R_2}\right)V_1 + \left(-\frac{1}{R_2}\right)V_2 = I_S$$

$$\left(-\frac{1}{R_2}\right)V_1 + \left(\frac{1}{R_2} + \frac{1}{R_3}\right)V_2 = 0$$

이제 두 방정식을 모두 충족하는 V_1 값과 V_2 값을 찾는 게 기법이다. 첫 번째 방정식에 나온 항들에 있는 변수 한 개를 풀고 나서, 두 번째 방정식에 해당 변수를 대입해 나머지 변수를 알아낼 수 있지만 난해해진다(너무 많은 R 변수를 처리해야 하기 때문이다). 대신에 우리는 더 간단명료한 접근법을 취할 것이다. 전도율 G를 포함하는 방법으로, 여기서 $G = 1/R$이다. 이렇게 하면 기입하기 더 쉬워지고, 회로가 복잡해서 노드 수가 늘어날 때 특히 중요해진다.

총 정전용량에 대해 작성하면 다음과 같다.

$$G_{11} = 1/R_1 + 1/R_2, \ G_{21} = -1/R_2, \ G_{12} = -1/R_2, \ G_{22} = 1/R_2 + 1/R_3$$

따라서 연립방정식은 다음과 같이 변형된다.

$$G_{11}V_1 + G_{12}V_2 = I_S$$

$$G_{21}V_1 + G_{22}V_2 = 0$$

V_1에 대해 두 번째 방정식을 풀면 다음과 같다.

$$V_1 = \frac{-G_{22}V_2}{G_{21}}$$

그런 다음에 이것을 첫 번째 방정식에 붙여 V_2를 푼다.

$$V_2 = \frac{I_S}{\left[G_{12} - \dfrac{G_{11}G_{22}}{G_{21}} \right]}$$

정전용량을 사용하면 얼마나 더 간단히 다룰 수 있게 되는지 확인해 보라. V_2는 회로 정전용량과 I_S로만 설명된다. 여전히 V_2의 수치 값을 찾아서 V_1 공식에 다시 대입해야 하며, 그 과정에서 정전용량 수치를 계산해야 한다. 하지만 우리는 두 연립 방정식을 충족하는 회로 전압 V_1과 V_2를 찾았다.

마지막 접근 방식이 그렇게 어렵거나 지저분하지는 않지만, 회로가 커지고 노드와 소자가 많아져 기입 항들 때문에 악몽이 될 때가 있다. 그러므로 한발 더 나아가 효율적이고 우아한 접근 방식을 고안해야 한다. 바로, 행렬을 사용하면 된다.

노드 방정식들을 행렬 형태로 작성하면 다음과 같다.

$$\begin{bmatrix} \dfrac{1}{R_1} + \dfrac{1}{R_2} & \dfrac{-1}{R_2} \\ \dfrac{-1}{R_2} & \dfrac{1}{R_2} + \dfrac{1}{R_3} \end{bmatrix} \times \begin{bmatrix} V_1 \\ V_2 \end{bmatrix} = \begin{bmatrix} I_S \\ 0 \end{bmatrix}$$

또는 총 정전용량들과 원천 전류들에 대해 풀면 다음과 같다.

$$\begin{bmatrix} G_{11} & G_{12} \\ G_{21} & G_{22} \end{bmatrix} \times \begin{bmatrix} V_1 \\ V_2 \end{bmatrix} = \begin{bmatrix} I_1 \\ I_2 \end{bmatrix} \qquad (2.108)$$

각 행렬을 변수로 처리하면 위의 방정식을 간단한 형식으로 다시 작성할 수 있다.

$$\mathbf{G} \cdot \mathbf{v} = \mathbf{i} \qquad (2.109)$$

행렬 수학에서는 다른 대수 방정식과 마찬가지로 (거의) 모든 변수를 풀어 낼 수 있다. $\mathbf{v}$에 대해 풀면 다음을 얻는다.

$$\mathbf{v} = \mathbf{G}^{-1} \cdot \mathbf{i} \qquad (2.110)$$

여기서 $\mathbf{G}^{-1}$은 $\mathbf{G}$의 역행렬이다. (1/G는 행렬 세계에 존재하지 않는다.) 이 방정식이 스파이스 알고리즘의 핵심 메커니즘이다. 분석(직류, 교류, 과도에 대한 분석)에 상관없이 모든 부품 또는 그 효과가 전도율 행렬 **G**로 변환되며 노드 전압은 **v** = **G**⁻¹ · **i** 또는 몇 가지 등가 방식으로 계산된다.

보기 2.218에 나오는 회로에 있는 성분 값을 전도율 행렬과 전류 행렬(엑셀 스프레드시트에서 수식을 적용하면 간결하게 유지할 수 있음)에 대입하면 다음을 얻는다.

$$\mathbf{G} = \begin{bmatrix} G_{11} & G_{12} \\ G_{21} & G_{22} \end{bmatrix} = \begin{bmatrix} \dfrac{1}{R_1} + \dfrac{1}{R_2} & \dfrac{-1}{R_2} \\ -\dfrac{1}{R_2} & \dfrac{1}{R_2} + \dfrac{1}{R_3} \end{bmatrix} = \begin{bmatrix} 0.101 & -0.001 \\ -0.001 & 0.002 \end{bmatrix}$$

$$\mathbf{i} = \begin{bmatrix} 1 \\ 0 \end{bmatrix}$$

그러므로 전압은 다음과 같다.

$$\begin{matrix} \mathbf{G}^{-1} & \times & \mathbf{i} & = & \mathbf{v} \\ \begin{bmatrix} 9.95 & 4.98 \\ 4.98 & 502.49 \end{bmatrix} & \times & \begin{bmatrix} 1 \\ 0 \end{bmatrix} & = & \begin{bmatrix} 9.9502 \\ 4.9751 \end{bmatrix} \end{matrix}$$

$V_1 = 9.9502$이고 $V_2 = 4.9751$이다.

2.37.2 스파이스 및 그 밖의 시뮬레이터의 한계

회로 시뮬레이션은 스파이스 장치의 동작 모형만큼 정확하다. 많은 시뮬레이션은 단순하게 한 모형을 바탕으로 한다. 더 복잡한 회로나 미묘한 동작이 있는 경우에는 시뮬레이션이 오도되거나 부정확해질 수 있다. 회로를 개발할 때 스파이스(또는 스파이스를 바탕으로 한 고급형 시뮬레이터)에만 의존하면 재앙이 될 수 있다. 또한, 스파이스에서는 잡음, 누화, 간섭에서 자유로우므로 이러한 동작을 회로에 통합하지 않는다면 속을 수도 있다. 또한, 스파이스는 부품 문제를 예측하는 가장 좋은 방법은 아니다. 주의 깊게 살펴봐야 할 위험이 무엇인지와 스파이스에서 모형화하지 않은 행태가 무엇인지를 알아야 한다. 요약하자면, 스파이스가 시제품을 대신할 수는 없다. 실물 브레드보드의 성능을 통해서만 최종적인 답을 알 수 있다.

2.37.3 간단한 시뮬레이션 사례

예를 들기 위해 우리는 무료 온라인 시뮬레이터인 서킷랩(CircuitLab, www.circuitlab.com)을 사용해 간단한 RLC 교차 회로망을 시뮬레이션해 볼 것이다.

첫 번째 단계에서는 편집 도구를 사용해 회로도를 그린다(보기 2.221). LRC 회로망에서는 오디오 신호를 두 부분으로 분리한다. 저주파 우퍼 스피커를 구동하는 저역 통과 필터와 트위터를 구동하는 고역 통과형 필터가 그것이다.

설계에 적절한 구성 요소를 추가하고 연결하는 일 외에도, 입력 신호를 나타내는 교류 전압원과 두 개의 레이블(트위터와 우퍼)을 추가해 시뮬레이션 결과를 볼 수 있다(그래프 옆에 레이블들이 그려져 있을 것이다).

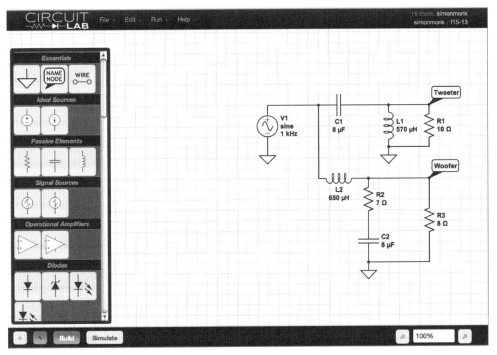

보기 2.221 서킷랩 계통도

준비가 되면 시뮬레이션을 실행할 수 있다. 이 경우에 우리는 회로망의 교차 주파수를 결정할 수 있도록 주파수 영역 시뮬레이션을 수행할 것이다. 이를 위해 V_1을 시작 및 종료 주파수만이 아닌 입력으로도 지정한다. 또한, 그려낼 출력도 지정한다(보기 2.222).

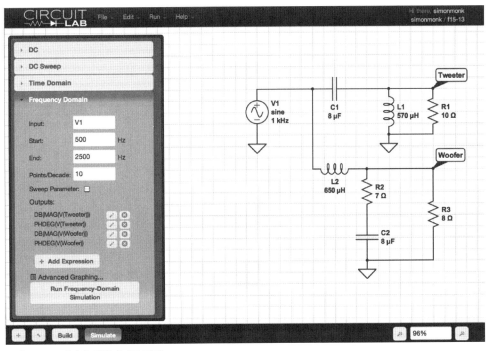

보기 2.223 서킷랩 시뮬레이션 결과

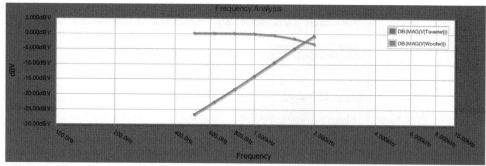

보기 2.223 서킷랩 시뮬레이션 결과

Simulate 버튼을 클릭하면 보기 2.223과 같이 서킷랩이 시뮬레이션을 실행하고 출력을 그려 낸다. 보기 2.223에서 크기가 같은 신호를 수신하는 두 스피커의 교차 주파수는 약 1.6 kHz이다.

서킷랩은 시뮬레이터를 이해하기에 좋은 출발점이다. 웹사이트에서 견본 회로도 중 일부를 시도 해 보고, 몇 가지 시뮬레이션도 해 보기를 강력히 권한다.

## CHAPTER 3

기본 전기 회로 부품

3.1 전선, 케이블, 커넥터

전선과 케이블은 전류가 저항을 덜 받게 하는 길과 같은 역할을 한다. 전기 전선은 대체로 구리나 은으로 만들며, 일반적으로 플라스틱이나 고무 또는 도료로 절연이 되게 도포해서 보호한다. 케이블은 따로따로 절연 처리한 전선을 모아 구성하며, 이렇게 해서 다중 전송 선로를 구성한다. 플러그, 잭, 어댑터와 같은 커넥터는 전선 및 케이블을 그 밖의 전기 장치에 결합하기 위한 고정 장치로 쓰인다.

3.1.1 전선

전선의 지름을 선번(gauge number)으로 표시한다. 선번 체계는 상식과 다르다. 선번 체계에서는 선번이 낮을수록 전선의 지름이 크다. 동시에 전선의 저항도 줄어든다. 전류를 많이 흐르게 해야 한다면 선번이 낮은 전선(즉, 지름이 큰 전선)을 써야 한다. 선번이 높은 전선(즉, 지름이 작은 전선)에 전류가 너무 많이 흐르면 전선이 뜨거워져 녹을 수 있다. 표 3.1에는 20°C일 때의 B&S 표준 치수 구리 전선의 다양한 특성을 보여 준다. 고무로 절연한 전선의 경우에는 허용 전류를 30%만큼 줄여야 한다.

중실(solid core)[역주1]이나 연선(stranded wire)[역주2] 또는 편조선(braided wire)[역주3] 형태로 전선이 공급된다.

[역주1] 단단한 심으로만 된 선 또는 솔리드 코어
[역주2] 꼬은 선
[역주3] braided는 짜 넣은 실이라는 의미다. 즉, 짜서 만든 선

중실(solid core)

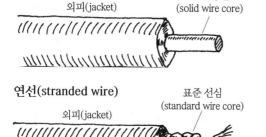

외피(jacket) / 단선 중실 (solid wire core)

이 전선은 브레드보드에 배선할 때 유용하다. 심 끝이 단단해서 브레드보드 소켓에 끼우기 쉽고 이 과정에서 마모되지도 않는다. 이 전선을 여러 번 휘면 툭 끊어지는 경향이 있다.

연선(stranded wire)

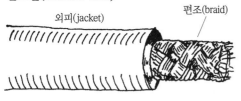

표준 선심 (standard wire core) / 외피(jacket)

개별 구리 연선 여러 개를 사용해 주된 도선을 구성한다. 연선은 단선보다 대체로 더 우수하다. 개별 전선들이 모여 더 넓은 표면적을 이루기 때문이다. 연선은 구부려도 쉽게 부러지지 않는다.

편조선(braided wire)

외피(jacket) / 편조(braid)

편조선은 많은 개별 연선들을 함께 짜 넣어 구성한다. 연선과 마찬가지로 이 전선은 단선(역주 중실 전선)보다 우수한 전선으로, 구부려도 쉽게 끊어지지 않는다. 편조선은 잡음 감소 케이블의 전자기 차폐물로 자주 사용하며, 케이블(예: 동축 케이블) 내에서 전선 도체 역할을 할 수도 있다.

보기 3.1

■ 전선 종류

미리 주석 처리한 모선용 단선

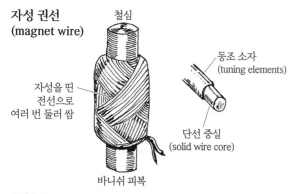

이 전선을 보통 결속선(역주 브레드보드 점퍼선)이라고 부른다. 납땜하기 좋게 주석/납 합금이 들어 있으며, 일반적으로 폴리염화비닐(PVC)이나 폴리에틸렌 또는 테프론으로 절연한다. 취미 작업, 인쇄 회로 기판 준비 및 그 밖에 끝이 노출되어 있는 작은 전선이 필요한 응용 분야에서 사용한다.

스피커 선

연선 (stranded wire)

이 전선은 전류가 잘 흐를 수 있게 가닥을 꼬아 표면적을 넓힌 것이다. 고순도 구리를 사용해 잘 전도되게 한다.

자성 권선 (magnet wire)

철심

동조 소자 (tuning elements)

자성을 띤 전선으로 여러 번 둘러 쌈

단선 중실 (solid wire core)

바니쉬 피복

이 전선은 코일이나 전자석처럼 여러 번 감아서 써야 하는 것, 예를 들면 라디오 수신기의 동조 소자 같은 것을 만드는 데 쓰인다. 이 전선은 단선 위에 바니쉬를 입혀 절연한 것이다. 일반적인 전선 크기는 22~30게이지이다.

보기 3.2

표 3.1 구리선 규격(노출형과 에나멜 도포 전선)

전선 크기 (AWG)	지름 (밀 단위)	지름 (밀리미터 단위)	1000피트당 옴	킬로미터당 옴	전류 운반 용량 (A)	유사한 영국 표준전선규격 번호
1	289.3	7.35	0.1239	0.41	119.564	1
2	257.6	6.54	0.1563	0.51	94.797	2
3	229.4	5.83	0.1971	0.65	75.178	4
4	204.3	5.19	0.2485	0.82	59.626	5
5	181.9	4.62	0.3134	1.03	47.268	6
6	162.0	4.12	0.3952	1.30	37.491	7
7	144.3	3.67	0.4981	1.63	29.746	8
8	128.5	3.26	0.6281	2.06	23.589	9
9	114.4	2.91	0.7925	2.60	18.696	11
10	101.9	2.59	0.9987	3.28	14.834	12
11	90.7	2.31	1.2610	4.13	11.752	13
12	80.8	2.05	1.5880	5.21	9.327	13
13	72.0	1.83	2.0010	6.57	7.406	15
14	64.1	1.63	2.5240	8.29	5.870	15
15	57.1	1.45	3.1810	10.45	4.658	16
16	50.8	1.29	4.0180	13.17	3.687	17
17	45.3	1.15	5.0540	16.61	2.932	18
18	40.3	1.02	6.3860	20.95	2.320	19
19	35.9	0.91	8.0460	26.42	1.841	20
20	32.0	0.81	10.1280	33.31	1.463	21
21	28.5	0.72	12.7700	42.00	1.160	22
22	25.3	0.64	16.2000	52.96	0.914	22
23	22.6	0.57	20.3000	66.79	0.730	24
24	20.1	0.51	25.6700	84.22	0.577	24
25	17.9	0.46	32.3700	106.20	0.458	26
26	15.9	0.41	41.0200	133.90	0.361	27
27	14.2	0.36	51.4400	168.90	0.288	28
28	12.6	0.32	65.3100	212.90	0.227	29
29	11.3	0.29	81.2100	268.50	0.182	31
30	10.0	0.26	103.7100	338.60	0.143	33
31	8.9	0.23	130.9000	426.90	0.113	34
32	8.0	0.20	162.0000	538.30	0.091	35
33	7.1	0.18	205.7000	678.80	0.072	36
34	6.3	0.16	261.3000	856.00	0.057	37
35	5.6	0.14	330.7000	1079.00	0.045	38
36	5.0	0.13	414.8000	1361.00	0.036	39
37	4.5	0.11	512.1000	1716.00	0.029	40

3.1.2 케이블

많은 개별 도선을 다중으로 구성해 케이블을 만든다. 케이블 내의 선들은 중실, 연선, 편조선 형태이거나 이들을 적절히 조합한 형태이다. 케이블 내의 전형적인 전선 구성 방식에는 다음이 포함된다.

단선 쌍(twin lead)

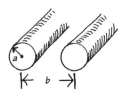

동축(coaxial)

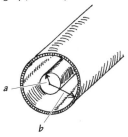

띠판과 평판(ribbon and plane)

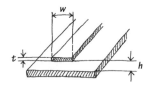

꼬임 2선식(twisted pair)

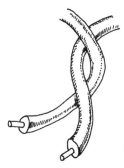

전선과 평판(wire and plane)

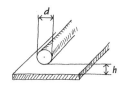

끈 선(strip line)

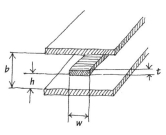

보기 3.3

■ 케이블 종류

2연 케이블
(paired cable)

이 케이블은 각기 절연된 도체 두 개로 만든다. 흔히 직류 응용기기 또는 저주파수 교류 응용기기에 사용한다.

꼬임 2선식
(twisted pair)

이 케이블은 두 개의 절연 전선을 서로 꼬아 구성한다. 2연 케이블과 비슷하지만 선이 서로 꼬여 있는 점이 다르다.

그 밖에, 이더넷에 사용되는 일반적인 CAT5 케이블은 꼬임 2선식을 네 개 모아 구성한다.

평행 2선 리드
(twin lead)

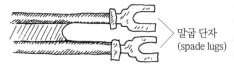

말굽 단자
(spade lugs)

이 케이블은 평평한 2선식 선으로서, 300 Ω 선이라고 한다. 이 선은 임피던스를 300 Ω으로 유지한다. 주로 안테나와 수신기(예를 들면, TV, 라디오) 간의 전송선으로 사용한다. 케이블을 구성하는 각 전선을 꼬아 표피 효과를 줄인다.

차폐된 평행 2선 리드
(shielded twin lead)

외피 금속 차폐 접지선

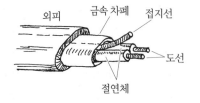

도선

절연체

이 케이블은 2연 케이블과 비슷하지만 내부 전선과 접지선을 금속박으로 둘러싸인 점이 다르다. 금속박이 내부 전선을 외부 자기장(내부 전선 내에서 잡음이 많은 신호를 생성할 수 있게 하는 전위력)에서 차폐하도록 설계한 것이다.

보기 3.4

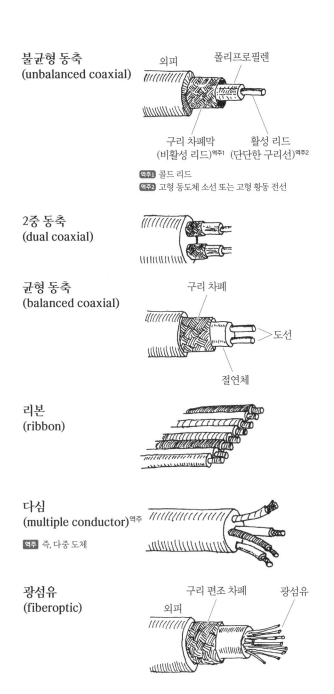

불균형 동축
(unbalanced coaxial)

외피
폴리프로필렌
구리 차폐막
(비활성 리드)^{역주1}
활성 리드
(단단한 구리선)^{역주2}

[역주1] 콜드 리드
[역주2] 고형 동도체 소선 또는 고형 황동 전선

일반적으로 고주파 신호(예를 들면, 무선 주파수)를 전송할 때 이 케이블을 사용한다. 케이블의 기하학적 구조로 인해 유도성 및 용량성 효과와 외부 자기 간섭이 제한된다. 중심에 놓인 전선은 단심 구리선 또는 단심 알루미늄 선으로 활성 리드(hot lead) 역할을 한다. 폴리에틸렌과 같은 절연체가 중심선을 둘러쌈으로써 중심선과 그 주변의 편조선을 분리하는 역할을 한다. 편조선이나 구리 차폐는 비활성 리드 또는 접지 리드 역할을 한다. 특성 임피던스의 범위는 50∼100 Ω이다.

2중 동축
(dual coaxial)

불균형 동축 케이블 두 개를 하나로 모아 이 케이블을 구성한다. 신호 두 개를 따로따로 전송해야 할 때 사용한다.

균형 동축
(balanced coaxial)

구리 차폐
도선
절연체

이 케이블은 두 개의 단선을 플라스틱 절연체로 절연하는 방식으로 구성한다. 불균형 동축 케이블과 마찬가지로, 황동 차폐가 있어 잡음이 스며들지 못하게 한다. 불균형 동축 케이블과는 달리, 차폐가 전도성 경로가 되지 않고 외부 자기 간섭을 차폐하는 역할만 한다.

리본
(ribbon)

전선이 많이 필요한 응용 기기에 이런 케이블 형태를 사용한다. 쉽게 구부릴 수 있다. 저전압 처리용으로 설계한 것으로, 컴퓨터와 같은 디지털 시스템의 한 쪽 디지털 장치에서 다른 쪽 디지털 장치로 비트 정보를 병렬로 전송할 때 많이 사용한다.

다심
(multiple conductor)^{역주}

[역주] 즉, 다중 도체

이런 케이블 형태는 여러 색깔별로 따로 포장한 전선들로 구성한다. 많은 신호를 케이블 한 개를 통해 보내야 할 때 이 케이블을 사용한다.

광섬유
(fiberoptic)

구리 편조 차폐
광섬유
외피

광섬유 케이블은 빛과 같은 전자기 신호를 전송하는 데 사용한다. 전도성 심 재료로는 광섬유 피복(심보다는 굴절률이 높은 유리 재료)으로 둘러싼 유리를 사용한다. 전자기 신호는 여러 차례에 걸쳐서 내부적으로 반사되며 케이블을 따라 전파된다. 이미지 및 조명을 직접 전송하는 일이나 통신 시 사용하는 변조 신호의 도파관으로 사용된다. 케이블 한 개에 여러 개의 광섬유가 들어간다.

보기 3.4 (이어짐)

3.1.3 커넥터

전기 장치에 전선이나 케이블을 고정하는 데 사용하는 일반적인 플러그나 잭을 조합한 것들의 목록은 다음과 같다. 커넥터는 플러그(수컷 단자)와 잭(암컷 단자)으로 구성된다. 생김새가 다른 커넥터를 결합할 때에는 어댑터가 필요하다.

117볼트(117-Volt)^{역주}

> **역주** 우리나라는 220 V

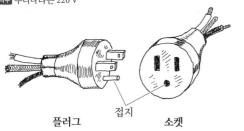

플러그   접지   소켓

이것은 전형적인 가전제품용 커넥터이다. 편광된 상태 또는 편광되지 않은 상태로 공급된다. 두 형태 모두 접지선이 있을 수도 있고 없을 수도 있다.

바나나(banana)

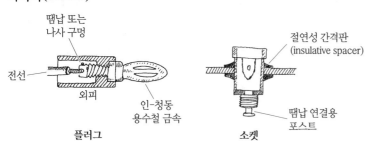

땜납 또는 나사 구멍
전선
외피
인-청동 용수철 금속
플러그

절연성 간격판 (insulative spacer)
땜납 연결용 포스트
소켓

전기 장치에 전선 한 개를 접속시킬 때 사용한다. 시험용 장비에 자주 쓴다. 잎이 네 개 달린 용수철 끝을 잭에 끼운 형태로 플러그를 만든다.

말굽 단자(spade lug)/장벽 띠판(barrier strip)

나사형 접속 단자
페놀 블록 (phenolic block)
고정 구멍

이것은 나사를 사용해 금속성 말굽 단자를 종단에 고정하는 데 사용하는 간단한 커넥터이다. 장벽 띠판은 종종 말굽 단자의 받침대 역할을 한다.

압착기(crimp)^{역주}

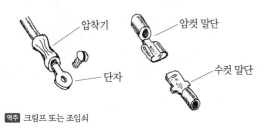

압착기
단자
암컷 말단
수컷 말단

> **역주** 크림프 또는 조임쇠

압착 커넥터는 끼워 넣을 수 있는 전선의 굵기에 따라 색으로 구분한다. 반복해서 연결이 끊기는 직류 응용기기에서 신속히 마찰력이 있게 연결하는 데 유용하다. 압착 공구는 전선을 커넥터에 고정하는 데 사용한다.

악어(alligator)

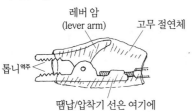

레버 암 (lever arm)
고무 절연체
톱니^{역주}
땜납/압착기 선은 여기에

> **역주** 척 또는 조(jaw)

보기 3.5

악어 커넥터는 주로 임시 시험용 리드로 사용된다.

폰(phone)

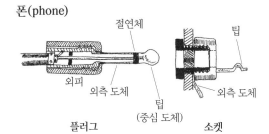

절연체
팁
외피
외측 도체
팁
(중심 도체)
외측 도체
플러그
소켓

이 커넥터에 차폐된 연선을 넣을 수 있지만, 이 커넥터가 더 크다. 두 개 또는 세 개 요소로 구성되며 길이는 1¼인치(31.8 mm)이다. 마이크로폰 케이블의 커넥터 및 기타 저전압, 소전류 응용기기에 사용된다.

이 커넥터의 3.5 mm나 심지어 2.5 mm형도 자주 사용된다.

포노(phono)

중심 도체
외측 도체

포노 커넥터를 종종 RCA 플러그 또는 핀 플러그라고 부른다. 주로 오디오 연결에 사용한다.

F형

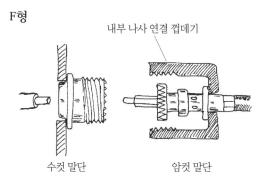

내부 나사 연결 껍데기
수컷 말단
암컷 말단

F형 커넥터는 다양한 불균형 동축 케이블과 함께 사용한다. 일반적으로 영상장치 구성품들을 상호 연결하는 데 사용한다. F형 커넥터는 나사와 마찰로 함께 맞추는 방식이다.

팁(tip)

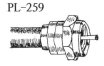

이 커넥터는 일반적으로 3~15 V 사이의 저전압 직류를 공급하는 데 사용된다.

미니(mini)

IDC 커넥터를 흔히 컴퓨터에서 찾아볼 수 있다. 납땜하지 않고 플러그를 접속할 수 있도록 위해 절연체에 압착된 V형 치아(v-shape teeth)를 사용해 리본 케이블에 연결한다.

PL-259

이것들을 보통 UHF 플러그라고 부른다. RG-59/U 동축 케이블과 함께 쓴다. 이러한 커넥터는 나사산과 마찰을 사용해 끼워서 맞출 수 있다.

BNC

암컷 말단
수컷 말단

BNC 커넥터를 동축 케이블과 함께 쓴다. F형 플러그와는 달리 BNC 커넥터는 틀어서 잠그는 방식의 꼭지쇠를 닮은 장치를 사용한다. 이러한 특징으로 인해 신속하게 연결할 수 있다.

보기 3.5 (이어짐)

T형 커넥터

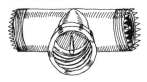

T형 커넥터에는 두 개의 플러그형 단자가 있고 중심에 잭 단자가 있다. 동축 케이블을 어딘가에 연결해야 할 때 사용한다.

딘 커넥터(DIN connector)

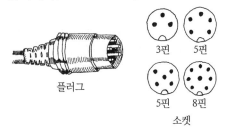

플러그

3핀   5핀

5핀   8핀

소켓

이 커넥터를 다중 도선과 함께 사용한다. 보통 오디와 장치와 컴퓨터 주변기기를 연결하는 데 사용한다. 이러한 커넥터들의 소형(미니 DIN)도 널리 쓰인다.

갈고리(meat hook)

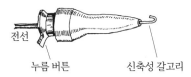

전선

누름 버튼   신축성 갈고리

이 커넥터는 시험용 탐촉자(역주 시험봉)로 사용한다. 용수철로 작동하는 갈고리의 버튼을 누르면 열리기도 하고 닫히기도 한다. 갈고리를 전선이나 부품 리드에 걸 수 있다.

D형 커넥터(D-connector)

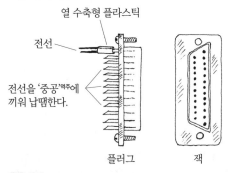

열 수축형 플라스틱

전선

전선을 '중공'역주에 끼워 납땜한다.

플러그   잭

D형 커넥터를 리본 케이블과 함께 쓴다. 커넥터마다 접점이 50개 있을 수 있다. 개별 플러그 핀이나 잭 소켓을 전선에 연결할 때는 각 커넥터의 뒷면에 있는 중공의 금속 고리에 전선을 끼워 넣는 식으로 한다. 그런 다음 그 자리에서 전선을 납땜한다.

역주 구멍

보기 3.5 (이어짐)

3.1.4 배선 기호와 커넥터 기호

배선

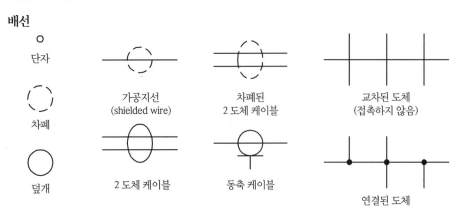

단자

차폐

덮개

가공지선
(shielded wire)

2 도체 케이블

차폐된
2 도체 케이블

동축 케이블

교차된 도체
(접촉하지 않음)

연결된 도체

보기 3.6

커넥터

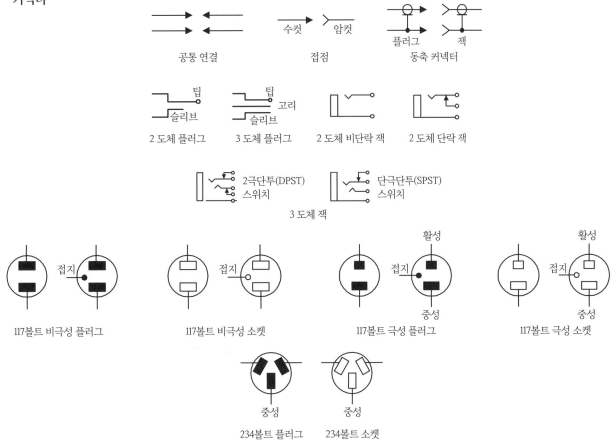

보기 3.6 (이어짐)

3.1.5 전선 및 케이블 내 고주파 효과

■ 전선의 기묘한 행태(표피 효과)

적은 직류 전류를 바탕으로 취미 생활을 할 때면 전선과 케이블을 곧게 펼치게 된다. 이것들은 본질적으로 저항이 없는 단순한 도체 같은 역할을 한다. 그렇지만 직류 전류를 고주파수 교류 전류로 바꾸면 기묘한 일이 전선에서 일어나기 시작한다. 보다시피 이 '기묘한 것들' 때문에 전선을 완벽한 도체로 다루지 못하게 된다.

먼저, 직류 전류가 흐를 때 전선에서 벌어지는 일을 살펴보자.

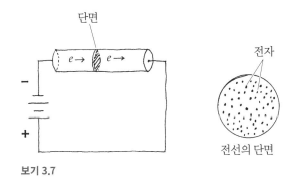

물이 수도관을 통해 흐르는 방식과 유사하게 전자는 직류 원에 연결된 전선을 통해 흐르게 된다. 이것은 임의의 전자 한 개가 지나가는 길은 본질적으로 전선의 체적 범위 안의 임의의 위치(예를 들면, 중심이나 중앙이나 표면)를 의미한다.

보기 3.7

이제 고주파 교류 전류를 전선을 통해 보낼 때 무슨 일이 일어나는지 살펴보자.

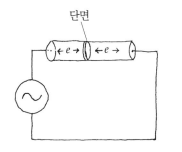

단면

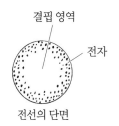

결핍 영역

전자

전선의 단면

보기 3.8

전선에 교류 전압이 걸리면 전자가 앞뒤로 요동한다. 진동 과정에서 전자가 자기장을 생성한다. 몇 가지 물리적 원리를 적용하면(각 전자가 만들어내는 개별 자력을 합해 형성된 힘을 다시 모든 전자에 적용하면), 전자는 전선의 표면 쪽으로 밀려난다는 점을 알 수 있다. 인가된 신호의 주파수가 늘어나면 전자는 중심에서 더 먼 표면 쪽으로 밀려난다. 이 과정에서 전선의 중심부에는 전도 전자가 전혀 없게 된다.

역주 껍질 효과

고주파일 때 전선의 표면 쪽으로 전자가 이동하는 효과를 표피 효과(skin effect)역주라고 부른다. 저주파에서는 표피 효과가 전선의 전도율(또는 저항)에 큰 영향을 미치지 않는다. 그렇지만 주파수가 커질수록 전선의 저항이 영향을 끼칠 수도 있다. 표 3.2는 신호의 주파수가 늘어남에 따라 표피 효과가 끼치는 영향이 얼마나 커지는지를 보여 준다(이 표는 교류 저항과 직류 저항의 비율을 주파수의 함수로 사용한다).

표피 효과로 인해 생기는 저항을 줄이려면 연선을 사용하는 것도 한 가지 방법이다. 도체 내의 모든 개별 선의 표면적을 합한 면적이 직경이 같은 단선의 표면적보다 넓기 때문이다.

표 3.2 주파수의 함수로 쓰이는 교류/직류 저항비

	$R_{교류}/R_{직류}$			
선번	10^6 HZ	10^7 HZ	10^8 HZ	10^9 HZ
22	6.9	21.7	68.6	217
18	10.9	34.5	109	345
14	17.6	55.7	176	557
10	27.6	87.3	276	873

● 케이블의 기묘한 행태(전송선에 관한 강의)

전선과 마찬가지로 케이블에도 표피 효과가 난다. 게다가 케이블 자체 내에 자기장 및 전기장이 존재하기 때문에 케이블은 유도성 및 용량성 효과를 낸다. 전선에 흐르는 전류가 형성하는 자기장으로 인해 다른 곳에 전류가 유도될 수 있다. 마찬가지로 케이블 내의 전선 두 개 사이에 전하 차가 있을 경우에 전기장이 존재할 것이고, 이에 따라서 용량성 효과가 발생한다.

동축 케이블

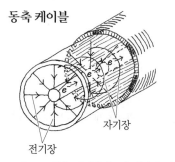

자기장

전기장

2연 케이블

자기장

전기장

보기 3.9 동축 케이블과 2연 케이블 내의 전기장과 자기장 유도성 및 용량성 효과를 모두 유념하면, 여러 개의 작은 인덕터와 커패시터를 함께 연결한 장치인 것처럼 케이블을 다룰 수 있다. 케이블을 모형화하는 데 사용한 등가 인덕터-커패시터 회로망이 보기 3.10에 나와 있다.

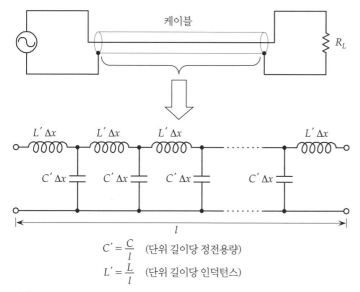

케이블의 임피던스를 인덕터 및 커패시터의 회로망으로 간주하고 모형화할 수 있다.

$$C' = \frac{C}{l} \quad \text{(단위 길이당 정전용량)}$$

$$L' = \frac{L}{l} \quad \text{(단위 길이당 인덕턴스)}$$

보기 3.10

이 회로를 단순화하기 위해 압축 기법을 적용하자. 이 선을 무한한 사다리로 간주하고 사다리(해당 시스템의 인덕터-커패시터 부분 한 개)에 '발디딤'을 한 개 추가해도 케이블의 전체 임피던스 Z가 변경되지 않는다고 가정한다. 이게 의미하는 바를 수학적으로 말하자면, $Z = Z + (LC$ 부분)와 같은 방정식을 세울 수 있다는 점이다. 그러므로 이 방정식은 Z에 대한 풀이가 될 수 있다. 그런 다음에 Δx가 0에 수렴할 때의 극한을 찾는다. 수학적 기법과 단순하게 한 회로는 다음과 같다.

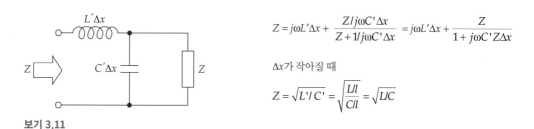

$$Z = j\omega L' \Delta x + \frac{Z/j\omega C'\Delta x}{Z + 1/j\omega C'\Delta x} = j\omega L'\Delta x + \frac{Z}{1 + j\omega C'Z\Delta x}$$

Δx가 작아질 때

$$Z = \sqrt{L'/C'} = \sqrt{\frac{L/l}{C/l}} = \sqrt{L/C}$$

보기 3.11

관행적으로 한 케이블의 임피던스를 특성 임피던스(characteristic impedance, Z_0으로 표기)라고 부른다. 특성 임피던스 Z_0이 실수라는 점에 주목하라. 이것은 케이블에 인덕턴스와 정전용량만 내장되어 있다고 가정했음에도 불구하고 전선이 저항처럼 동작한다는 것을 의미한다.

그렇지만 여전히 L과 C가 무엇인가라는 의문이 남는다. 음, L과 C가 무엇인지를 알아내는 일은 케이블 내 전선의 특정한 형상과 전선을 절연하는 데 사용하는 유전체 종류에 달려 있다. 물리적 원리를 적용해 L과 C를 찾을 수 있지만, 그 대신에 기법을 동원해 답을 찾아보자. 다음은 동축 케이블과 평행 전선 케이블 모두에 대한 L과 C 및 Z_0에 대한 표현식이다.

동축

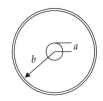

| | L (H/m) | C (F/m) | $Z_0 = \sqrt{L/C}\,(\Omega)$ |

$$\frac{\mu_0 \ln(b/a)}{2\pi} \qquad \frac{2\pi\varepsilon_0 k}{\ln(b/a)} \qquad \frac{138}{\sqrt{k}}\log\frac{b}{a}$$

평행 전선

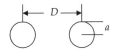

$$\frac{\mu_0 \ln(D/a)}{\pi} \qquad \frac{\pi\varepsilon_0 k}{\ln(D/a)} \qquad \frac{276}{\sqrt{k}}\log\frac{D}{a}$$

보기 3.12 동축 전선 및 평행 전선의 인덕턴스, 정전용량 및 특성 임피던스 공식

역주1 투과성
역주2 허용 한계

여기서 k는 절연체의 유전 상수이고, $\mu_0 = 1.256 \times 10^{-6}$ H/m은 자유 공간의 투자율[역주1]이며, $\varepsilon_0 = 8.85 \times 10^{-12}$ F/m은 자유 공간의 유전율[역주2] 이다. 표 3.3에 일부 일반적인 유전 물질과 그것들에 상응하는 상수를 나타냈다.

종종 케이블 제조업체는 케이블에 대한 피트당 정전용량과 피트당 인덕턴스를 제공한다. 이 경우에 제조업체가 제시하는 값을 간단히 $Z_0 = \sqrt{L/C}$에 대입해 케이블의 특성 임피던스를 알아낼 수 있다. 표 3.4는 일반적인 케이블 종류의 피트당 정전용량과 피트당 인덕턴스 값을 보여 준다.

표 3.3 일반적인 유전체와 유전 상수

물질	유전 상수(k)
공기	1.0
파이렉스 유리	4.8
운모	5.4
종이	3.0
폴리에틸렌	2.3
폴리스티렌	5.1~5.9
석영	3.8
테플론	2.1

표 3.4 일부 흔한 전송선 형태의 피트당 정전용량, 인덕턴스, 임피던스

케이블 형태	정전용량/FT(pF)	인덕턴스/FT(μF)	특성 임피던스(Ω)
RG-8A/U	29.5	0.083	53
RG-11A/U	20.5	0.115	75
RG-59A/U	21.0	0.112	73
214-023	20.0	0.107	73
214-076	3.9	0.351	300

■ 예시 문제(케이블의 특성 임피던스 찾기)

▶ **예제 1:** RG-11AU 케이블의 정전용량은 21.0 pF/ft이고 인덕턴스는 0.112 μH/ft이다. 케이블의 특성 임피던스는 얼마인가?

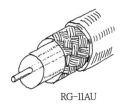

RG-11AU

보기 3.13

단위길이당 정전용량과 인덕턴스가 다음과 같이 주어졌다. $C' = C/ft$, $L' = L/ft$. $Z_0 = \sqrt{L/C}$ 와 C와 L을 그것에 대입하면 다음을 얻을 수 있다.

$$Z_0 = \sqrt{L/C}$$

$$Z_0 = \sqrt{\frac{0.112 \times 10^{-6}}{21.0 \times 10^{-12}}} = 73\,\Omega$$

▶ **예제 2:** 다음에 나오는 폴리에틸렌 유전체($k = 2.3$)가 있는 RG–58/U 동축 케이블의 특성 임피던스는 얼마인가?

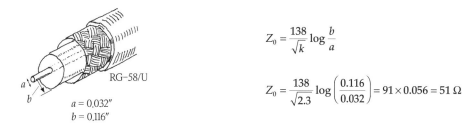

$a = 0.032''$
$b = 0.116''$

RG–58/U

$$Z_0 = \frac{138}{\sqrt{k}} \log \frac{b}{a}$$

$$Z_0 = \frac{138}{\sqrt{2.3}} \log \left(\frac{0.116}{0.032} \right) = 91 \times 0.056 = 51\ \Omega$$

보기 3.14

▶ **예제 3:** 아래 표시된 폴리에틸렌($k = 2.3$)으로 절연한 평행 전선 케이블의 특성 임피던스를 알아내라.

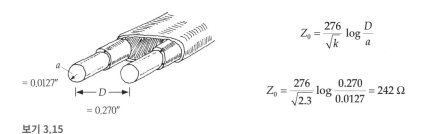

a
$= 0.0127''$
$\longleftarrow D \longrightarrow$
$= 0.270''$

$$Z_0 = \frac{276}{\sqrt{k}} \log \frac{D}{a}$$

$$Z_0 = \frac{276}{\sqrt{2.3}} \log \frac{0.270}{0.0127} = 242\ \Omega$$

보기 3.15

■ 임피던스 정합

전송선에 임피던스가 들어 있으므로 전송선을 통해 장치 간에 중계되는 신호에 임피던스가 어떤 영향을 끼치는지를 묻는 게 자연스럽다. 궁극적으로 전송선에 부착된 장치의 임피던스에 따라 달라진다는 게 이 질문에 대한 대답이다. 예를 들어, 전송선의 임피던스가 전송선에 연결된 부하의 임피던스와 같지 않으면 선을 통해 전파되는 신호 중 일부만을 부하가 흡수한다. 나머지 신호는 오던 방향으로 반사된다. 반사된 신호는 일반적으로 전자기기에 좋지 않다. 반사된 신호는 두 전기 장치 사이의 전력 전달이 비효율적이라는 점을 나타낸다. 어떻게 하면 반사되지 않게 할 수 있을까? 임피던스 정합(impedance matching)이라고 부르는 기법을 적용하면 된다. 연결할 두 장치의 임피던스를 같게 하는 게 임피던스 정합의 목표이다. 장치들 사이에 특수한 정합 회로를 끼워 넣는 일이 임피던스 정합 기법이다.

임피던스 정합에 사용하는 특정 기법을 살펴보기 전에 우선 임피던스가 일치하지 않을 때 신호 반사가 일어나는 이유와 전력이 비효율적으로 전송되는 이유를 간단히 살펴보자. 이 비유에서는 전송선을, 전송선의 특성 임피던스 Z_0와 유사한 밀도를 지닌 밧줄인 것처럼 여긴다. 마찬가지로, 부하를 부하의 임피던스 Z_L과 밀도가 비슷한 밧줄일 것처럼 가정한다. 나머지 비유는 다음과 같이 실행한다.

■ 비정합 임피던스($Z_0 < Z_L$)

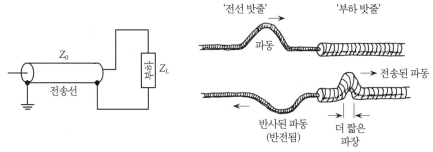

보기 3.16(a)

임피던스가 높은 부하에 연결된 임피던스가 낮은 전송선은 고밀도 밧줄에 연결된 저밀도 밧줄과 비슷하다. 이 비유에서 저밀도 밧줄의 왼쪽 끝에 파동을 전달하면(전선을 통해 전기 신호를 부하에 전송하는 일과 유사함) 고밀도 밧줄(부하)에 도착할 때까지 파동이 문제없이 이동한다. 물리학 법칙에 따르면, 파동이 고밀도 밧줄에 도달할 때 두 가지 일이 일어난다. 첫째, 고밀도 밧줄에 파장이 더 짧은 파동이 유도된다. 둘째, 저밀도 밧줄의 왼쪽 끝으로 되돌아가는, 파장은 비슷하지만 반전되고 감소된 파동을 유도한다. 이 비유에서 저밀도 밧줄의 신호 에너지 중 일부만 고밀도 밧줄로 전달된다는 점에 유념하라. 이 비유를 통해 전기 문제에서도 유사한 효과가 발생할 것이라고 추론할 수 있다. 이제는 전압 및 전류, 전송선 및 부하만 다루면 된다.

■ 비정합 임피던스($Z_0 > Z_L$)

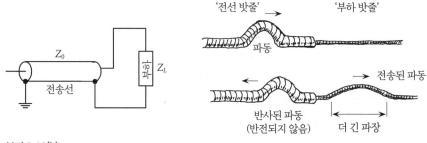

보기 3.16(b)

저임피던스 부하에 연결된 고임피던스 전송선은 저밀도 밧줄에 연결된 고밀도 밧줄과 비슷하다. 고밀도 밧줄의 왼쪽 끝에 파동을 전달하면(전선을 통해 전기 신호를 부하로 전송하는 일과 유사함), 파동이 저밀도 밧줄(부하)에 도달할 때까지 문제없이 밧줄을 따라 이동한다. 이때 저밀도 밧줄 내에서 파장이 더 긴 파동이 유도되고, 고밀도 밧줄의 왼쪽 끝으로 되돌아가는, 파장은 비슷하지만 짧아진 파동이 유도된다. 이 비유에서 고밀도 밧줄의 신호 에너지 중 일부만 다시 저밀도 밧줄로 전달된다는 것을 볼 수 있다.

■ 정합 임피던스($Z_0 = Z_L$)

전송선과 임피던스가 등가인 부하를 연결하는 일은 밀도가 비슷한 밧줄 두 개를 연결하는 일과 유사하다. '전송선' 밧줄에 파동을 전달할 때 파동이 문제없이 전송된다. 그렇지만 처음 두 가지 비유와는 다르게, 파동이 부하 밧줄을 만나도 부하 밧줄을 지나 계속 나아갈 것이다. 이 과정에서 반사가 일어나지 않고, 파장이나 진폭도 변화하지 않는다. 이 비유를 통해 전송선과 부하의 임피던스가 서로 일치하면, 원활하고 효율적으로 전력이 전달된다는 점을 알 수 있다.

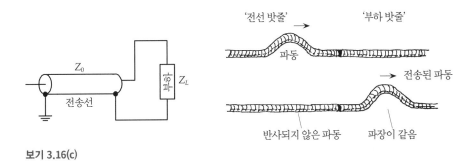

보기 3.16(c)

■ 정상파

이제 신호원이 일련의 사인파를 연속해서 생성할 때 비정합 전선과 부하에 어떤 일이 발생하는지를 생각해 보자. 물론 이전과 같은 반사를 기대할 수도 있지만, 전선 내에 중첩된 정상파(standing wave)^{역주} 패턴이 생성된다는 점을 알 수 있다. 순방향 신호와 반사 신호가 상호 작용할 때 정상파 패턴이 생긴다. 보기 3.17은 정현파 전송기와 부하 사이에서 비정합 전송선에 대한 전형적인 정상파 패턴을 보여 준다. 정상파 패턴은 전송선을 따라 위치 대 진폭(V_{rms} 항으로 표시) 그래프로 나타낸다.

역주 정재파 또는 서 있는 파동

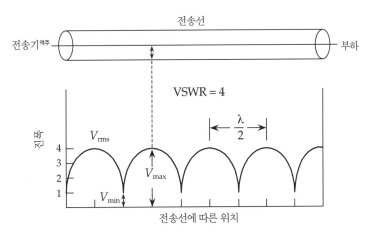

역주 송신기

보기 3.17 전송선에서 부적절하게 끝난 파동 V_{SWR}은 $V_{\mathrm{max}}/V_{\mathrm{min}}$과 같다.

역주 전압 정재파비

정상파 패턴을 설명하기 위해 사용한 항을 전압 정상파비(voltage standing-wave ratio, VSWR)^{역주}라고 한다. VSWR은 송전선을 따라 흐르는 최대 rms 전압과 최소 rms 전압의 비율에 해당하는데, 다음과 같이 표현한다.

$$VSWR = \frac{V_{\mathrm{rms,max}}}{V_{\mathrm{rms,min}}}$$

보기 3.17에 나오는 정상파 패턴의 VSWR은 4/1 또는 4이다.

부하 임피던스와 전선의 특성 임피던스가 서로 일치하지 않을 때 정상파가 발생한다고 가정하면,

$$VSWR = \frac{Z_0}{R_L} \quad 또는 \quad VSWR = \frac{R_L}{Z_0}$$

어느 것이든 결과는 1보다 크다.

VSWR이 1이면 전선이 제대로 종단되어 반사파가 없음을 의미한다. 그러나 VSWR이 크면 전선이 적절히 종단되지 않았다는 점을 의미하므로(예를 들어, 단락 회로 또는 개방 회로에 임피던스가 거의 없거나 전혀 없는 회선), 따라서 주된 반사가 있을 것이다.

또한, VSWR을 다음 공식과 같이 전진파 또는 반사파 항으로 표현할 수 있다.

$$VSWR = \frac{V_F + V_R}{V_F - V_R}$$

이 표현식에 의미가 있으려면, 전진 전력 및 반사 전력이라는 항에 관한 표현식으로 변환할 수 있다. 변환 시 $P = IV = V^2/R$를 사용한다. P를 V^2에 비례하게 하면, 다음과 같이 전진 전력 및 반사 전력에 맞게 VSWR을 다시 작성할 수 있다.

$$VSWR = \frac{\sqrt{P_F} + \sqrt{P_R}}{\sqrt{P_F} - \sqrt{P_R}}$$

이 방정식을 다시 정리해서 반사 전력의 백분율과 흡수 전력의 백분율을 VSWR에 대하여 구한다.

$$\% \ 반사 \ 전력 = \left[\frac{VSWR - 1}{VSWR + 1}\right]^2 \times 100\%$$

$$\% \ 흡수 \ 전력 = 100\% - \% \ 반사 \ 전력$$

▶ **예제:** 200 Ω 부하를 공급하는 데 사용되는 50 Ω 회선 정상파 비율(VSWR)을 찾는다. 또한, 부하에 반사되는 전력의 백분율과 부하에서 흡수하는 전력의 백분율을 확인한다.

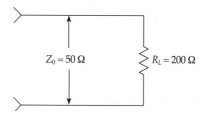

$$\mathbf{VSWR} = \frac{Z_0}{R_L} = \frac{200}{50} = 4$$

VSWR은 4:1이다.

$$\% \ 반사 \ 전력 = \left[\frac{VSWR - 1}{VSWR + 1}\right]^2 \times 100\%$$

$$= \left[\frac{4 - 1}{4 + 1}\right]^2 \times 100\% = 36\%$$

% 흡수 전력 = 100% − 36% 반사 전력 = 64%

보기 3.18

■ 정합 임피던스에 사용하는 기법

이번 절에서는 몇 가지 임피던스 정합 기법을 살펴본다. 무엇보다도 신호의 파장이 케이블의 길이보다 훨씬 긴 대부분의 저주파 응용기기에서는 전원선 임피던스를 정합시킬 필요가 없다. 정합 임피던스는 일반적으로 고주파 응용기기에 사용된다. 또한, 오실로스코프, 비디오 장비 등과 같은 대부분의 전기 장비는 동축 케이블(일반적으로 50 Ω)의 특성 임피던스와 정합하는 입력 및 출력 임피던스를 지닌다. 텔레비전 안테나 입력과 같은 그 밖의 장치는 2연 케이블(300 Ω)의 특성 임피던스와 정합하는 특성 입력 임피던스를 지닌다. 이런 경우에 이미 임피던스가 정합되어 있는 셈이 된다.

임피던스 정합 회로망

정합 회로망

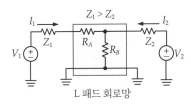

L 패드 회로망

보기 3.19

원천 및 부하 임피던스가 실제적으로 순수한 저항성(반응저항이 매우 적다는 의미)인 경우, 임피던스를 정합하기 위해 사용하는 일반적인 방법은 왼쪽에 나오는 바와 같이 저항성 L 패드 회로망을 사용하는 것이다. L 패드의 양쪽 면이 원천이거나 부하일 수 있지만, Z_1 면의 임피던스가 더 높아야 한다. 다음 방정식은 L 패드의 저항 값을 결정하는 데 사용된다.

$$R_B = \frac{Z_2}{\sqrt{1 - Z_2 / Z_1}}, R_A = \frac{Z_1 Z_2}{R_B}$$

L 패드를 사용할 때는 고유한 삽입 손실이 발생한다.

$$손실 = 10\log\frac{P_{pad} + P_{load}}{P_{load}} = -20\log\frac{2\sqrt{Z_1 / Z_2}}{1 + (R_A + Z_1)(R_B + Z_2) / (R_B Z_2)}$$

여기서 P_{load}는 부하가 소비하는 전력이고, P_{pad}는 저항기들이 소비하는 전력이다. 오디오 기기 및 무선주파수 기기 모두 L 패드를 사용한다. 예를 들어, 스피커 L 패드는 스피커의 임피던스와 일치하도록 설계되었으며, 일반적으로 4, 8, 16 Ω 임피던스를 사용할 수 있다. 가변 저항기를 특수하게 구성하면, 오디오 증폭기의 출력에 일정한 부하 임피던스가 유지되게 하면서 음량을 제어할 수 있다. 임피던스 정합을 위해 사용하는 저항 회로망으로는 T 패드 및 Pi 패드도 있다. 변압정합(transmatch)에 이용하는 증폭기 및 T 회로망에서 Pi 회로망을 사용한다. 이러한 저항 회로망을 모두 더 자세히 알고 싶다면 L 패드, T 패드, Pi 패드를 검색어로 사용해서 인터넷에서 검색해 보라.

임피던스 변압기

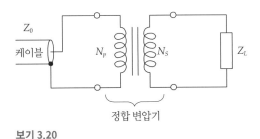

정합 변압기

보기 3.20

여기서 변압기는 케이블의 특성 임피던스를 부하의 임피던스에 정합하게 하는 데 사용된다. 이 공식을 사용하면

$$N_p/N_s = \sqrt{Z_0/Z_L}$$

N_P/N_S가 $\sqrt{Z_0/Z_L}$과 같도록 N_P 및 N_S에 대한 적절한 값을 선택해 임피던스를 정합하게 할 수 있다.

예를 들어, 800 Ω 임피던스 회선과 8 Ω 부하를 일치시키려면 먼저 다음을 계산한다.

$$\sqrt{Z_0/Z_L} = \sqrt{800/8} = 10$$

임피던스를 정합하려면, N_P(1차 코일의 수)와 N_S(2차 코일의 수)를 $N_P/N_S = 10$과 같은 식으로 선택한다. 이렇게 하는 방법 중 한 가지는 N_P를 10으로 설정하고 N_S를 1로 설정하는 것이다. 또한, N_P를 20으로 N_S를 2로 선택할 수도 있는데, 이런 경우에도 같은 결과를 얻게 될 것이다.

광대역 전송선 변압기

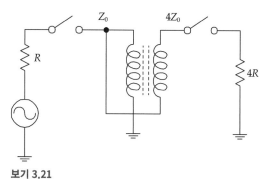

보기 3.21

광대역 전송선 변압기는 소형 동축 케이블 또는 연선 케이블(역주 꼬인 쌍 케이블)을 페라이트 심에 여러 번 감아 만든 간단한 장치이다. 기존 변압기와 달리 이번 장치로 고주파 정합을 더욱 쉽게 다룰 수 있다(기하학적 구조로 인해 용량성 및 유도성 공진 동작이 제거된다). 이러한 장치는 광대역 성능(0.1~500 MHz 대역에서 1 dB 미만 손실)이 아주 우수해서 다양한 임피던스 변환을 처리할 수 있다.

1/4 파장 부분

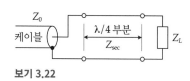

보기 3.22

특성 임피던스가 Z_0인 전송선은 전송 신호 파장($\lambda/4$)의 1/4과 길이가 같고 다음 식의 결과로 나오는 임피던스와 같은 선분을 삽입해 임피던스 Z_L을 갖는 부하와 정합하게 할 수 있다.

$$Z_{sec} = \sqrt{Z_0 Z_L}$$

구간의 길이를 계산하려면 수식 $\lambda = v/f$를 사용해야 하는데, 여기서 v는 케이블을 따라 가는 신호의 전파 속도이고, f는 신호의 주파수이다. v를 찾으려면 다음 식을 사용한다.

$$v = c/\sqrt{k}$$

여기서 $c = 3.0 \times 10^8 \text{ m/s}$이고, k는 케이블 절연체의 유전 상수이다.

예를 들어, 유전 상수가 1인 50 Ω 케이블을 200 Ω 부하와 정합하려 한다고 가정하자. 신호의 주파수가 100 MHz라고 가정하면 파장은 이렇게 된다.

$$\lambda = \frac{v}{f} = \frac{c/\sqrt{k}}{f} = \frac{3 \times 10^8 /1}{100 \times 10^6} = 3 \text{ m}$$

구간의 길이를 찾으려면 λ를 $\lambda/4$에 대입한다. 그러므로 구간의 길이는 0.75 m여야 할 것이다. 또한, 전선의 구간의 임피던스는 다음과 같아야 한다.

$$Z_{sec} = \sqrt{(50)(200)} = 100 \text{ Ω}$$

스터브

단락 회로 스터브

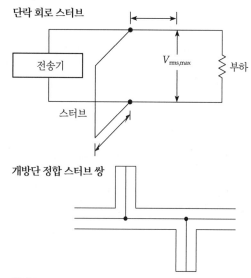

개방단 또는 단락 회로단으로 된, 길이가 짧은 전송선의 임피던스는 반응성이라는 특성이 있다. 개방 회로 또는 단락 회로 선로를 적절하게 선택하고 선을 따라 적절한 위치에 원래의 전송선과 병렬로 배치하면 정상파를 제거할 수 있다. 전선의 단락 구간을 스터브(stub, 역주 돌출부)라고 부른다. 스터브는 전송선에 쓰는 케이블과 동일한 것으로 만든다. 스터브의 길이와 자리 잡을 곳을 정하기는 무척 까다롭다. 실제로는 그래프와 몇 가지 공식이 필요하다. 전자공학을 자세히 다룬 참고 서적에서 스터브를 사용하는 방법을 자세히 알 수 있다.

개방단 정합 스터브 쌍

보기 3.23

3.2 전지

역주 극판

셀(cell)^{역주} 여러 개를 모아 전지를 구성한다. 각 셀에는 양성 단자, 즉 음극(cathode)과 음성 단자, 즉 양극(anode)이 들어 있다. (그 밖의 장치 대부분은 양극을 양성 단자로, 음극을 음성 단자로 다룬다는 점에 유념하라.)

셀   전지

보기 3.24

셀의 단자들에 걸쳐 부하를 배치하면, 전도성 브리지가 형성되어 셀 내에서 화학 반응을 일으킨다. 이러한 반응으로 인해 양극 물질에서 전자가 생성되고, 음극 물질에서 전자가 제거된다. 결과적으로, 셀의 단자들에 걸쳐 전위가 생성되면서 양극에서 나온 전자가 부하(이 과정에서 일을 함)를 통해 음극으로 흐른다.

일반적인 셀은 단자 간에 걸쳐 약 1.5 V를 유지하며, 셀의 크기와 화학적 구성에 따라 특정 분량만큼 전류를 전달할 수 있다. 더 큰 전압과 전력이 필요하다면, 더 많은 셀을 각 직렬이나 병렬로 두어 구성하면 된다. 셀을 직렬로 추가하면 전압이 더 높은 전지가 구성되고, 병렬로 추가하면 전류 출력 용량이 더 높은 전지가 구성된다. 보기 3.25에 몇 가지 셀 배열 방식이 나온다.

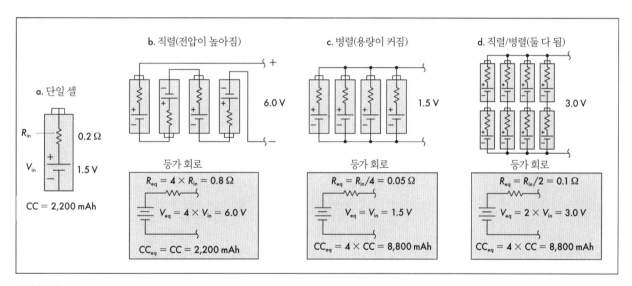

보기 3.25

역주 즉, 개방 회로 전압

전지를 구성하는 셀의 화학 성분은 다양하다. 특별하게 배합한 원료는 전지의 전반적인 성능에 실질적인 영향을 끼친다. 예를 들어, 일부 셀은 높은 무전류 전압^{역주}을 제공하게 설계되지만, 어떤 셀은 전류 용량을 많이 제공하게 설계된다. 어떤 셀은 전류 용량이 적고 어쩌다가 한 번씩 쓰는 응용기기에 맞게 설계되는 반면에, 그 밖의 셀은 전류 용량이 많고 계속 사용하는 응용기기에 맞게 설계된다. 어떤 셀은 잠깐 동안 큰 전류를 터트려야 하는 펄스 응용 분야에 맞게 설계된다. 어떤 셀은 유통 기한이 긴 반면에 그 밖의 셀들은 유통 기한이 짧다. 탄소-아연 전지나 알칼리 전지처럼 일회용으로 설계한 전지를 1차 전지(primary batteries)라고 부른다. 니켈-금속-수소 전지나 납-산 전지처럼 여러 번 재충전해 쓸 수 있게 한 전지를 2차 전지(secondary batteries)라고 부른다.

3.2.1 셀의 작동 방식

산화환원 반응(oxidation-reduction reactions, 전자 교환과 관련된 반응)이라고 부르는 현상을 통해 셀은 화학 에너지를 전기 에너지로 바꾼다. 이 반응이 시작되는 데 필요한 셀의 세 가지 기본 구성 요소로는 화학적으로 서로 다른 금속 두 개(양극 및 음극)와 전해질(일반적으로 자유 이온이 들어 있는 용액 또는 반죽 물질)이 있다. 다음은 간단한 납산 전지의 작동 방식에 대한 내용이다.

납산 셀의 전극 중 한 개는 순수한 납(Pb)으로 만들고, 나머지 한 개는 산화납(PbO_2)으로 만들며, 전해질로는 황산 용액($H_2O + H_2SO_4 \rightarrow 3H^+ + SO_4^{2-} + OH^-$)을 쓴다.

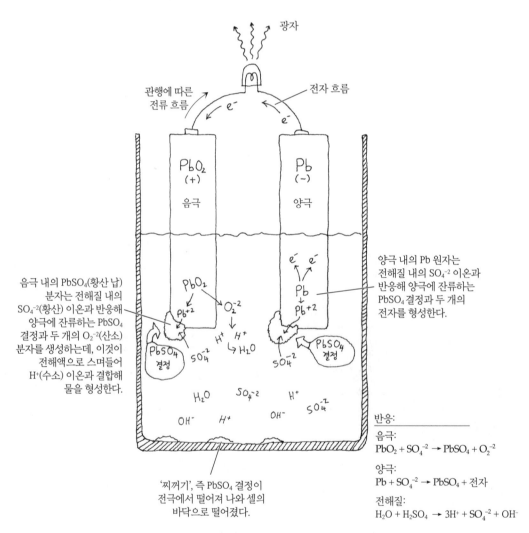

음극 내의 $PbSO_4$(황산 납) 분자는 전해질 내의 SO_4^{-2}(황산) 이온과 반응해 양극에 잔류하는 $PbSO_4$ 결정과 두 개의 O_2^{-2}(산소) 분자를 생성하는데, 이것이 전해액으로 스며들어 H^+(수소) 이온과 결합해 물을 형성한다.

양극 내의 Pb 원자는 전해질 내의 SO_4^{-2} 이온과 반응해 양극에 잔류하는 $PbSO_4$ 결정과 두 개의 전자를 형성한다.

'찌꺼기', 즉 $PbSO_4$ 결정이 전극에서 떨어져 나와 셀의 바닥으로 떨어졌다.

반응:
음극:
$PbO_2 + SO_4^{-2} \rightarrow PbSO_4 + O_2^{-2}$
양극:
$Pb + SO_4^{-2} \rightarrow PbSO_4 + 전자$
전해질:
$H_2O + H_2SO_4 \rightarrow 3H^+ + SO_4^{-2} + OH^-$

보기 3.26

화학적으로 서로 다른 전극 두 개를 황산 용액에 두면, 전극은 산(SO_4^{2-}, H^+ 이온)과 반응하면서 순수한 납 전극이 $PbSO_4$ 결정으로 천천히 변형된다. 이 변환 반응이 일어나는 동안 전자 두 개가 납 전극 내에서 해리된다. 이제 산화납 전극을 살펴보면 $PbSO_4$ 결정으로 변환된다는 것을 알 수 있다. 그렇지만 변환 과정에서 전자가 방출되지 않고 O_2^{-2} 이온이 방출된다. 이온은 전해질로 새어 들어 가서 수소 이온과 결합해 H_2O(물)를 형성한다. 부하 요소(예를 들면, 전구)를 전극 사이에 두면, 전자가 풍부한 납 전극에서 나온 전자가 전구의 필라멘트를 통과해 전자가 부족한 산화납 전극으로 흐른다.

시간이 흐르면서 화학 반응에 쓰이는 성분이 소진된다(즉, 전지가 고갈된다). 셀의 단자에 역방향 전압을 걸어주면 역반응이 강제로 일어나게 되어 셀에 에너지가 다시 공급된다. 이론적으로는 납산 전지가 고갈된 후에라도 무한히 재충전할 수 있다. 그렇지만 시간이 흐를수록 결정 조각이 전극에서 떨어져 나와 용기 바닥으로 떨어지므로 셀이 다시 복구되지는 않는다. 전기 분해(과충전으로 인한)가 일어나는 동안 기체가 증발하거나 누출되어 전해질이 손실되는 문제도 일어난다.

3.2.2 1차 전지

1차 전지는 한 번만 쓸 수 있는 물건이다. 일단 방전되고 나면 그걸로 끝이다. 일반적인 1차 전지로는 탄소-아연 전지, 알칼리 전지, 수은 전지, 은-산 전지, 아연-공기 전지, 은-아연 전지가 있다. 여기에 일반적인 전지 패키지 중 일부를 보인다.

일반적인 알칼리 셀과 탄소 아연 셀

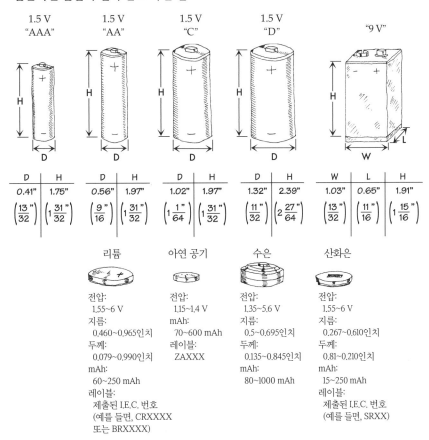

보기 3.27

3.2.3 1차 전지 비교

■ 탄소-아연 전지(carbon-zinc batteries)

역주 알칼라인 전지

탄소 아연 전지(표준 작동)가 1970년대에는 인기가 있었지만 알칼리 전지^{역주}가 나타나면서 쓸모가 없어진 범용 1차 전지이다. 이 전지는 연속 사용에 적합하지 않고(간헐적으로만 사용) 누출 위험이 있다. 탄소-아연 전지의 공칭 전압이 약 1.5 V이지만, 전지를 쓰는 동안 점진적으로 수치가 떨어진다. 보관 기간이 줄어드는 경향이 있는데 고온일수록 더 짧아진다. 이 전지의 실제적인 장점으로는 싸다는 점과 크기가 다양하다는 점을 들 수 있다. 간헐적으로 사용하면서 전력을 적게 소모하는 기기에 적합한데 그러한 기기로는 라디오, 장난감, 그리고 범용 저가 장치를 들 수 있다. 이 전지는 누출되기 쉬우므로 고가 장비에서 사용하거나 오랫동안 장치에 남겨 두지 마라. 늘 작동 준비가 되어 있어야 하는 기기나 다양한 온도 상황에 쓰이는 기기에 사용해서도 안 된다. 결론적으로, 이 전지를 보게 되더라도 사용하지 않는 편이 좋다.

■ 염화 아연 전지(zinc-chloride batteries)

염화 아연 전지(강력한 힘)는 탄소-아연 전지의 용량보다 50%만큼 용량을 더 키워 전류를 더 많이 공급할 수 있게 한 것으로, 탄소 아연 전지를 견고하게 한 것이라고 할 수 있다. 탄소 아연 전지와 마찬가지로, 염화 아연 전지도 알칼리 전지와 비교하면 본질적으로 쓸모가 없다. 염화 아연 셀의 단자 전압이 초기에는 약 1.5 V이지만 화학 원료가 소모됨에 따라 떨어진다. 탄소 아연 전지와는 다르게, 염화 아연 전지는 저온에서 잘 작동하고 고온에서는 약간 더 잘 작동한다. 보관 수명^{역주}도 더 길다. 탄소 아연 전지에 비해서 내부 저항이 더 작고 용량이 큰 경향이 있으므로 오랫동안 큰 전류를 흘릴 수 있다. 중간 정도인 용도에 간헐적으로 사용하는 데 이 전지가 알맞다. 그렇지만 비슷한 용도일 경우에 알칼리 전지의 성능이 더 낫다.

역주 유통 기한 또는 보존 기간

■ 알칼리 전지(alkaline batteries)

알칼리 전지는 구매 가능한 가정용 전지 중에 가장 일반적인 형식으로, 실제적으로 탄소 아연 전지나 염화 아연 전지를 대체한다. 이 전지는 상대적으로 강력하고 저렴하다. 알칼리 셀의 공칭 전압도 똑같이 1.5 V이지만, 이전의 두 전지 형식과 비교해 보았을 때 오랜 시간이 흘러도 크게 방전되지 않는다. 내부 저항도 상당히 낮아서 전지의 수명 주기가 끝날 때까지 유지된다. 보관 수명이 아주 길 뿐만 아니라 고온이나 저온에서도 더 좋은 성능을 발휘한다. 범용 알칼리 전지의 내부 저항 때문에 전류를 출력하는 흐름이 제한되므로 특히 전력 소모가 큰 디지털 카메라에서는 잘 작동하지 않는다. 그러한 장치에서도 작동하기는 하겠지만 전지 수명이 금방 줄어든다. 장난감, 손전등, 휴대용 오디오 장비, 디지털 카메라 등과 같은 일반적인 범용 응용기기에 아주 적합하다. 더욱이 충전식 알칼리 전지도 있다는 점에 유념하라.

■ 리튬 전지(lithium batteries)

리튬 전지에는 리튬으로 된 양극과 다양한 음극 중 한 가지와 유기질 전해액이 사용된다. 리튬 전지의 공칭 전압은 3.0 V인데, 이는 대다수 1차 전지의 두 배에 해당되어 방전 주기 동안 거의 일정한 상태로 유지된다. 또한, 자체 방전율도 매우 낮아서 보관 수명이 10년까지도 간다. 내부 저항도 아주 작아서 방전되는 동안에도 전압이 유지된다. 저온 및 고온에서도 잘 작동하므로 이 전지의 고급형이 인공위성, 우주선 및 군용 응용기기에 사용된다. 이번 장치는 연기 감지기, 데이터 보존 장치, 맥박 조절기, 시계, 계산기와 같이 전력 소모가 적은 응용기기에 알맞다.

◼ 리튬 이황화철 전지(lithium-iron disulfide batteries)

주어진 용기 안에서 최대 용량을 얻는 데 필요한 화학 작용을 하는 그 밖의 리튬 전지와 다르게, 리튬 이황화철 셀은 절충안이다. 기존 장비 및 회로와 조화될 수 있도록 이 셀의 화학적 특성은 표준 공칭 1.5 V 출력에 맞춰져 있다(다른 리튬 기술의 경우에는 출력을 두 배로 한다). 따라서 이 셀을 때때로 전압 호환 리튬(voltage-compatible lithium) 전지라고 칭한다. 그 밖의 리튬 기술과 다르게 리튬 이황화철 셀을 재충전할 수는 없다. 내부적으로 리튬 이황화철 셀은 리튬 양극, 분리막, 알루미늄 음극 컬렉터가 있는 이황화철 음극을 포개 놓은 것이다. 셀을 밀봉하지만 환기가 되게 한다. 경쟁 제품인 알칼리 셀과 비교하면 리튬 이황화철 셀이 더 가볍고(크기가 같은 알칼리 전지의 약 66%), 용량이 더 크고, 수명이 더 길어서 심지어 보관 수명 중 10년 이상 지나도 리튬 이황화물 전지의 용량은 여전히 대부분 유지된다. 리튬 이황화철 셀은 부하 용량이 클수록 아주 잘 작동한다. 대전류 응용기기인 경우에, 크기가 비슷한 알칼리 셀이 공급할 수 있는 시간의 260%가 넘는 전력을 공급할 수 있다. 그러나 부하 용량이 작으면 이러한 장점이 줄어들어 아주 용량이 작은 부하인 경우에는 장점이 사라지거나 오히려 단점이 될 수도 있다. 예를 들어, 20 mA 부하인 경우에 알칼리 전지는 135시간 동안 지속되지만, 특정 제조사에서 나오는 AA 크기 이황화리튬 전지는 약 122시간 동안만 전력을 공급하도록 정해져 있다. 하지만 1 A짜리 중형 부하인 경우에는 이황화리튬 전지가 2.1시간 동안 지속되는 반면에, 알칼리 전지는 0.8시간 밖에 지속되지 않는다.

◼ 수은 셀(mercury cells)

아연 산화제2수은 셀, 즉 '수은 셀'은 에너지 밀도가 매우 높으면서도 방전 곡선이 매우 평평할 수 있도록 수은의 높은 전극 전위를 이용한다. 산화제2수은을 양극으로 삼는데, 때때로 이산화망가니즈^{역주}를 섞는다. 수은 셀의 공칭 단자 전압은 1.35 V로서 전지의 수명이 다할 때까지 거의 일정하게 유지된다. 내부 저항이 꽤 일정하다. 수은 셀을 작은 단추 크기로 만들지만, 합리적으로 높은 펄스 방전 전류를 낼 수 있으므로 석영 아날로그 시계나 보청기, 계측기의 전압 기준과 같은 응용 기기에도 적합하다.

[역주] 이산화망간

◼ 산화은 전지(silver oxide batteries)

산화은 전지는 현재 시장에서 흔히 찾을 수 있는 건전지다. 적절한 용량을 지니도록 작은 단추 크기로만 산화은 전지를 만들지만, 펄스 방전 능력이 좋다. 일반적으로 시계, 계산기, 보청기, 전자 계측기 등에 사용한다. 이 전지의 일반적인 특성으로는 알칼리 전지보다 높은 전압, 양호한 저온 성능, 우수한 내충격 및 내진동, 본질적으로 일정한 내부 저항, 쉬운 유지 보수, 긴 수명(5년 간 보관해도 90% 이상 충전되어 있음)을 들 수 있다. 산화은 셀의 공칭 단자 전압은 1.5 V보다 약간 높으며, 셀의 수명이 다할 때까지 거의 일정한 상태를 유지한다. 1.5 V에서 6.0 V까지에 이르는 셀을 사용해 전지를 만들므로 전지의 크기가 다양하다. 보청기용 산화은 전지는 산화은 시계나 카메라용 건전지보다 방전율이 높을 때 더 큰 체적 당 에너지 밀도를 생성하도록 설계한다. 사진 촬영용 산화은 전지는 소모되는 전류가 있든 없든 평상시에도 일정한 전압을 제공하고, 주기적으로 크게 소모되는 펄스를 감당하도록 설계한다. 수산화나트륨(NaOH) 전해질 체계를 사용하는 시계용 산화은 전지는 오래도록(일반적으로 5년) 연속해서 전류를 조금씩 흘려보낼 수 있게 설계한다. 수산화칼륨(KOH) 전해질 체계를 사용하는 시계용 산화은 전지는 주기적으로 크게 소모될 수 있으면서도, 2년 동안 계속해서 전류를 조금씩 흘려보낼 수 있게 설계한다.

■ 아연 공기 전지(zinc air batteries)

아연 공기 전지의 에너지 밀도가 매우 높고 방전 곡선이 일정하지만, 작업 수명은 상대적으로 짧다. 수산화칼륨 전해질과 섞어 반죽으로 만든 아연 분말을 음극으로 사용한다. 작은 금속통의 한쪽에 이 반죽을 넣고 다른 한 쪽에는 산소를 제공하는 역할을 하는 공기(양극으로 작용)를 둔 다음, 이온을 잘 통과시키는 다공성 분리막으로 이 둘을 나눠 놓는다. 공기, 즉 산소는 니켈로 도금한 강철로 된 금속통의 바깥쪽 칸 안에 있게 되고, 그 밖의 분리막으로 줄이 지어져 최대한 넓은 면적에 걸쳐 산소를 분배하게 되어 있다. 실제로는 아연 산소 셀에는 산소나 공기가 없다. 대신 금속통의 바깥쪽 칸에 공기가 들어갈 작은 구멍을 두고 마개로 밀봉해 두었다가 셀을 활성화시켜야 할 때 마개를 없애 공기가 받아들일 수 있게 한다. 셀이 에너지를 공급하는 동안 아연이 소모되는데, 일반적으로 60일 정도 간다. 아연 공기 전지의 공칭 단자 전압은 1.45 V이고, 방전 곡선이 상대적으로 평평하다. 내부 저항이 적당히 낮아서 대량 방전이나 펄스 방전에는 적합하지 않다. 주로 단추 및 알약 모양 용기에 담겨 흔히 보청기나 호출기에 사용된다. 소형 아연 공기 전지는 주로 보청기에 전력을 제공하게 설계한다. 대부분의 보청기에 쓰이는 아연 공기 전지를 산화은 전지나 산화수은 전지로 바로 바꿔 쓸 수 있는데, 이렇게 하면 흔한 전지 시스템보다 더 오래 보청기를 사용할 수 있다. 주목할 만한 특징으로는 소형 전지 체적 대비 고용량, 수은 전지나 산화은 전지와 비교할 때 대전류에서 더욱 안정된 전압, 본질적으로 일정한 내부 저항을 들 수 있다. 아연 공기 전지의 공기 주입 구멍에서 덮개(접착제로 붙여 놓은 탭)를 제거하면 전지가 활성화되므로, 전지 용량을 몇 주 안에 다 쓰는 응용기기에서 쓰기에 가장 알맞다.

1차 전지 방전 곡선

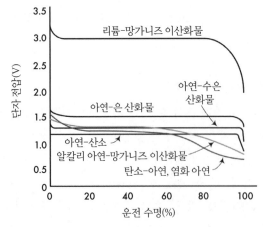

보기 3.28

표 3.5 주요 전지 비교 도표

종류(화학적인)	흔히 쓰는 이름(들)	공칭 셀 전압	내부 저항	최대 방전율	가격	장단점	전형적인 응용기기
탄소 아연	표준 임무	1.5	중간	중간	낮음	싸고 크기가 다양하지만 셀 수명 동안 지속적으로 떨어짐	라디오, 장난감 및 단자 전압이 범용 전자기기
염화아연	중대 임무	1.5	낮음	중간에서 높음	낮음에서 중간	더 높은 방전율과 더 낮은 온도에서 저렴, 단자 전압이 계속 강하함	모터 구동 이동 장치, 시계, 리모컨
알칼리 아연-망가니즈 이산화물	알칼리	1.5	매우 낮음	높음	중간에서 높음	지속적이고 요동하는 큰 부하 및 저온에서 더 우수하지만 단자 전압이 강하함	사진기 플래시 장치, 전지 작동 면도기, 디지털 카메라, 휴대용 송수신기, 휴대용 CD 플레이어 등
리튬-망가니즈 이산화물	리튬	3.0	낮음	중간	높음	에너지 밀도가 높고, 자체 방전율이 아주 낮으며(보관 수명이 아주 김), 온도 내성이 큼	시계, 계산기, 사진기(디지털 또는 필름), DMM, 그 밖의 시험용 계기
아연-수은 이산화물	수은 셀	1.35	낮음	낮음	높음	에너지 밀도가 높고(소형화가 잘 됨), 아주 평평한 방전 곡선, 온도가 낮을 때 우수함	계산기, 삐삐, 보청기, 시계, 시험용 계기
아연-은 산화물	산화은 전지	1.5	낮음	낮음	높음	아주 높은 에너지 밀도(소형화가 아주 잘 됨), 아주 평평한 방전 곡선, 온도가 낮을 때 쓸 만함	계산기, 삐삐, 보청기, 시계, 시험용 계기
아연-산소	아연 공기 전지	1.45	중간	낮음	중간	높은 에너지 밀도, 아주 가벼움, 평평한 방전 곡선, 반드시 공기에 노출되어야 함	보청기, 삐삐

3.2.4 2차 전지

역주 축전용

2차 전지는 일반 전지와 다르게 본질적으로 재충전용역주이다. 2차 전지의 실제 방전 특성이 1차 전지의 방전 특성과 비슷하지만, 2차 전지는 장기간 높은 전력 수준으로 방전할 수 있게 설계하는 반면에, 1차 전지는 단기간 저전력 수준으로 방전할 수 있게 설계한다. 대부분의 2차 전지는 납축전지 및 특수 목적용 전지를 제외한다면, 1차 전지와 비슷하게 포장해 제공한다. 노트북 컴퓨터, 휴대용 전동 공구, 전기 자동차, 비상 조명 시스템, 엔진 시동 시스템과 같은 장치에 전원을 공급하는 일에 2차 전지를 사용한다.

2차 전지의 일반적인 포장 방식은 다음과 같다.

보기 3.29

▣ 2차 전지(재충전용) 비교

납산 전지

납산 전지는 일반적으로 자동차 동력이나 전지 예비 응용기기와 같은 고출력 응용기기에 사용된다. 기본 납산 전지 종류는 세 가지이다. 침수형 납산 전지, 밸브 조절형 납산 전지(valve-regulated lead-acid, VRLA) 및 밀봉형 납산 전지(sealed lead-acid, SLA)가 그것이다. 침수형은 수직으로 세워 두어야 하며, 시간이 흐르면서 가스가 생성되어 전해질이 손실되는 경향이 있다. SLA 및 VRLA는 과전압 전위를 낮게 설계해 전지가 방전되는 중에 가스가 발생하지 않게 한다. 그렇지만 SLA와 VRLA의 전위를 완전히 충전하기는 불가능하다. VRLA는 고정된 응용기기에서 주로 사용하고, SLA는 다양한 자리에 맞춰 사용할 수 있다. 납산 전지는 보통 2 V, 4 V, 6 V, 8 V, 12 V로 공급되며 용량은 1~수천 암페어시(Ah)에 이른다. 침수형 납산 전지는 자동차, 지게차, 휠체어 및 UPS 장치에 사용된다.

SLA 전지에는 액체가 아닌 젤로 된 전해질을 사용하므로 어떤 방향으로도 놓을 수 있다. 그렇지만 기체가 발생하지 않게 전위를 낮춰 다뤄야 하는데, 이는 완충할 수 없다는 것을 의미한다. 이는 또한 에너지 밀도가 상대적으로 낮다는 것을 의미하며, 모든 밀봉형 전지와 비교하면 가장 낮다. 그러나 이 제품은 가장 저렴한 보조 전지여서 비싼 고정형 전력 저장 장치를 주로 사용하는 응용기기에 가장 적합하다.[역주1] SLA 전지의 방전율은 2차 전지 중에 가장 낮다(한 달에 5% 정도). 이 전지는 메모리 효과(NiCad 전지를 다룰 때 표시한 것과 같은 효과)를 겪지 않으며, 얕은 사이클링[역주2]에서도 잘 작동한다. 사실, 어쩌다가 한 번씩 전류를 과하게 요구하는 상황에서도 잘 작동하기는 하지만, 깊은 사이클링[역주3]을 선호하는 경향이 있다. SLA 전지를 급속 충전용으로 설계한 것이 아니라서 완전히 재충전하는 데 8~16시간이 걸린다. 또한, 항상 충전해서 보관해야 한다. 방전 상태로 보관하면 황산염이 생길 수 있고, 황산염이 있어도 재충전되기는 하지만 재충전하기가 어려워진다. 또한, SLA에는 환경에 친화적이지 않은 전해질이 있다.

납산 전지가 침수형이든 밀봉형이든 꼭지 조절형이든 상관없이 해당 기술 지침을 따르는 게 전지를 다루는 비법이다. 전문 지식 없이 자신만의 충전기를 만들려고 하는 것처럼 섣불리 작업하게 되면 압력이 너무 세져 전지가 터져 버리거나 녹아 버리거나 화학물질이 파괴되는 등의 심각한 문제가 생길 수 있다. (납산 전지의 충전 절차는 전류 대신에 전압을 제한하는 니켈 카드뮴 전지나 니켈 수소[역주] 전지의 경우와 다르다.)

▣ 니켈 카드뮴(NiCAD) 전지

니켈 카드뮴 전지를 제조할 때는 수산화니켈을 양극으로, 수산화카드뮴을 음극으로, 수산화칼륨을 전해액으로 사용한다. 니켈 카드뮴 전지는 몇 년 동안 인기가 아주 좋은 재충전용 전지였지만, 니켈 수소 건전지가 도입되면서 사용량이 줄어들었다. 실용적인 측면에서 보면, 니켈 카드뮴 전지를 재충전하는 시간이 길지 않다. 이 전지는 표준 알칼리 전지(알칼리인 경우 1.2 V 대 1.5 V)보다 전압(셀당)을 더 낮게 출력한다. 즉, 알칼리 전지를 네 개 이상 사용하면 작동하는 기기를 크기가 비슷한 니켈 카드뮴 전지는 전혀 작동하지 못할 수 있다. 밀봉된 니켈 카드뮴 셀의 평균 전압은 방전 중인 경우에 셀당 약 1.2 V이다. 공칭 방전율에서 그러한 특성은 셀이 완전히

역주1 보조용으로 가장 적합하다.

역주2 많이 방전하지 않은 채로 충/방전을 반복하는 일

역주3 많이 방전한 후에 충전과 방전을 거듭하는 일

역주 니켈 메탈 하이드라이드 또는 니켈 금속 수소화물

방전될 때까지 거의 일정하게 유지된다. 이 전지는 에너지를 셀당 1.0 V 이상 공급한다. 니켈 카드뮴 전지의 자체 방전 속도가 높지 않아서 두 달에서 세 달 정도 간다. 그렇지만 SLA와 마찬가지로, 밀봉한 니켈 카드뮴 전지는 사실상 어느 방향으로든 놓아 둘 수 있다. 니켈 카드뮴 전지의 에너지 밀도가 SLA보다 높고(두 배 정도), 상대적으로 저렴해서 소형 휴대기기에 전력을 공급하는 데 흔히 쓰인다. 이러한 소형 휴대기기로는 무선 전동 도구, 장난감 배나 장난감 자동차, 손전등이 진공청소기와 같은 가전기기들이 포함된다. 니켈 카드뮴 전지에는 메모리 효과가 있으므로 얇은 사이클링 상황이나 부동 충전기에서 대부분의 시간을 소비하는 응용기기에는 적합하지 않다. 이 전지는 깊은 사이클링이 필요한 곳에서 가장 잘 작동한다. 이 전지의 충전/방전 횟수는 약 1,000번 정도이다.

방열 및 전력 정격을 바탕으로 권장하는 충전기 유형에 맞는 충전기를 사용하라. 부적절한 방식으로 충전하면, 열로 인해 고장이 나거나 압력이 높아서 터질 수 있다. 적절한 충전 극성을 지켜라. 충전할 때 밀봉형 니켈 카드뮴 셀의 안전 충전 주기는 10시간, 즉 C/10 속도이다.

◾ 니켈 수소(NiMH) 전지

역주 니켈 금속 수소 전지

니켈 수소 전지(nickel metal hydride)역주는 아주 널리 쓰는 2차 전지로 다양한 응용 분야에서 니켈 카드뮴 전지를 대체하고 있다. 니켈 수소 전지는 전극 중 양극에는 니켈/니켈 수소화물을 사용하고, 음극으로는 수소 저장 합금(예를 들면, 란타넘-니켈 또는 지르코늄-니켈)을 사용하며, 전해질로는 수산화칼륨을 사용한다. 표준 니켈카드뮴 전지와 비교하면 에너지 밀도가 더 높고(대략 30~40퍼센트 더 높음), 특별히 신경을 써서 다루지 않아도 된다. 니켈 수소 전지의 공칭 전압이 셀당 1.2 V여서 알칼리 셀과 같은 표준 1.5 V 셀을 사용하는 장치를 대체할 때 고려 대상으로 삼아야 한다. 대략 두 달에서 세 달에 걸쳐 자체 방전이 되고 약간의 기억 효과를 내지만, 니켈 카드뮴 전지만큼은 아니다. 니켈 카드뮴 전지처럼 깊은 방전 사이클링인 경우에는 부적합하며 수명이 짧아진다. 부하 전류가 0.2~0.5 C인 경우(정력 용량의 1/5~1/2인 경우)에 최상의 결과가 나온다. 일반적인 사용처로는 원격 제어 차량 및 전동 공구가 포함된다(니켈 수소 전지를 리튬 이온 전지 또는 리튬 폴리머 전지가 빠르게 대체하고 있음).

역주 세류 충전 또는 저속 충전

니켈 수소 전지를 재충전할 때는 열이 많이 발생해 그 과정이 조금 복잡하다. 온도를 감지하면서 완속 충전역주해야 하므로 이 과정을 다룰 특수한 알고리즘이 필요하다. 니켈 카드뮴 전지와는 다르게 니켈 수소 전지의 기억 효과는 작다. 결정이 형성되지 않도록 전지를 정기적으로 완전히 방전해야 한다.

◾ 리튬 이온(Li-ion) 전지

리튬은 모든 금속 중에 가장 가벼우면서도 전기화학 퍼텐셜이 가장 높아서 에너지 밀도를 극단적으로 높일 수 있다. 그렇지만 금속 자체의 반응성이 크다. 1차 전지에서는 이게 문제가 되지 않지만, 2차 전지로 쓸 때는 폭발할 수도 있다. 리튬 이온 기술이 개발되어서야 전지가 안전해졌다. 이 기술은 금속 대신에 이산화코발트 리튬과 같은 화학물질에서 나온 리튬 이온을 사용한다. 전형적인 리튬 이온 전지에는 이산화코발트 리튬, 이산화니켈 리튬 또는 이산화망간 리튬과 같은 리튬 화합물을 도포한 알루미늄 음극이 있다. 양극으로는 흔히 탄소(보통 흑연이나 코크스)

를 도포한 구리를 쓰며, 전해질로는 에틸렌 탄산염 또는 디메틸 탄산염 혼합물과 같은 유기 용매에 녹인 6불화 인산 리튬과 같은 리튬 염을 쓴다. 리튬 이온 전지의 에너지 밀도는 니켈 카드뮴 전지보다 약 두 배가 크며, 에너지 저장 면에서 보면 가장 소형화한 재충전용 전지다. 니켈 카드뮴 전지나 니케 수소 전지와는 달리 기억 효과가 없으며, 자체 방전율이 월 6% 정도로 상대적으로 낮아 니켈 카드뮴 전지의 절반 이하다. 리튬 이온 전지의 내부 저항이 높아서 니켈 카드뮴 전지만큼 깊지는 않지만 적당히 깊은 방전이 가능하다. 한편 리튬 이온 전지는 니켈 카드뮴 전지만큼 빠르게 충전되지 않으며, 완속 충전이나 부동 충전^{역주}을 할 수 없다. 또한, 니켈 카드뮴 또는 니켈 수소 전지보다 비용이 많이 들어서 가장 비싼 충전용 전지이다. 이 전지들 중 일부에는 과방전 또는 과충전(두 경우 모두 안전상 위험이 있음)에 대한 내부 보호 기능이 제공되어야 한다. 따라서 대부분의 리튬 이온 전지는 '지능형' 보호 회로가 자체에 내장된 전지 패키지 형태로 공급된다. 이 전지는 사용하지 않더라도 노화되며 적당한 방전 전류가 흐른다. 리튬 이온 전지는 가장 적은 공간을 차지하면서도 가장 가벼운 무게로 최대한 많은 에너지를 저장해야 하는 곳에 주로 사용한다. 이 전지는 노트북 컴퓨터, PDA, 캠코더, 휴대전화기 등에 사용한다.

<aside>역주 일정 수준 이하 전류를 공급하면서 방전을 보충하는 충전</aside>

리튬 이온 전지에는 특별한 전압 제한 장치가 필요하다. 상용 리튬 이온 전지 패키지에는 충전 중에 셀 전압이 너무 높아지지 않게 보호하는 회로가 들어 있다. 일반적으로 임곗값을 셀당 4.30 V로 설정한다. 또한, 내부 온도가 90°C(194 μF)에 이르면 온도 감지 기능이 작동되어 충전 장치가 분리된다. 대부분의 셀에는 안전 압력 임곗값을 초과할 때 전류의 경로를 아예 차단해 버리는 기계식 압력 스위치가 들어 있다. 모든 리튬 이온 전지를 1 C 초기 전류에서 충전할 때 충전에 약 세 시간이 걸린다. 충전하는 동안에는 전지가 차갑게 유지된다. 전압이 높은 전압 임곗값에 도달하고, 전류가 공칭 충전 전류의 약 3%로 떨어지거나 평탄해지면 완전히 충전된 것이다. 리튬 이온 충전기의 충전 전류를 늘리더라도 충전 시간이 크게 줄어들지는 않는다. 전류를 크게 해서 최고 전압에 더 빨리 도달하더라도 완충^{역주}까지는 더 오래 걸린다.

<aside>역주 토핑 충전</aside>

■ 리튬 폴리머(Li-polymer) 전지

리튬 폴리머 전지는 리튬 이온 전지를 저가형으로 만든 것이다. 화학 에너지 밀도라는 관점에서 보면, 리튬 이온 전지와 유사하지만 건조한 고체 전해질만 사용한다는 점이 다르다. 이 전해질이 전기를 통하게 하지는 않지만 이온(전기적으로 대전된 원자 또는 원자군)을 교환할 수 있게 하는 플라스틱에 가까운 필름과 비슷하다. 이 건식 폴리머^{역주}는 제조비용이 낮고, 전반적으로 튼튼하게 구성되어 안전하며 얇다. 셀의 두께가 1 mm 정도로 얇으므로 공간을 아껴야 하는 얇은 소형 장치에 이 전지를 사용할 수 있다. 보호용 외피의 한 부분으로 쓴다거나, 돌돌 말 수 있는 돗자리 모양으로 설계할 수 있을 것이고, 심지어는 운반용 함이나 옷에 끼워 넣을 수 있게 설계할 수 있을 것이다. 이 정도로 혁신적인 전지는 아직 몇 년 더 있어야 나올 것으로 보이고, 상용 시장에 내놓을 제품이라면 더욱 그렇다.

<aside>역주 마른 중합체</aside>

불행하게도 건식 리튬 폴리머의 내부 저항이 높아서 이온 전도도가 좋지 않다. 현대적인 통신 장치에 필요한 전류 돌발파(current burst)를 전달할 수 없다. 그렇지만 온도가 높아질수록 전도성이 높아지는 경향이 있으므로 열대 기후에 적합한 특성을 보인다. 젤 형태로 만든 전해질을 일

부 첨가해 소형 리튬 폴리머 전지의 전도성을 높일 수 있다. 현재 휴대전화기에서 사용하는 대다수 상용 리튬 폴리머 전지는 혼합형으로서, 그 안에 젤로 된 전해질이 들어 있다.

리튬 폴리머 전지를 충전하는 과정은 리튬 이온 전지와 유사하다. 일반적으로 충전하는 데 한 시간에서 세 시간 정도가 걸린다. 한편, 젤형 전해질을 사용하는 리튬 폴리머 전지는 리늄 이온 전지와 거의 똑같다. 사실, 동일한 충전 알고리즘을 적용할 수 있다.

■ 니켈-아연(NiZN) 전지

일반적으로 니켈 아연 전지는 가볍게 만든 전기 자전거에 사용한다. 이 전지는 전류 소모가 큰 분야에 사용할 수 있는 차세대 전지로 간주되며, 에너지 밀도가 커서(전력이 같다면 70%까지 더 가벼움) 밀봉형 납산 전지를 대체할 것으로 예상된다. 니켈 카드뮴 전지보다 더 저렴하다.

니켈 아연 전지는 화학적으로 니켈 카드뮴 전지와 매우 비슷하다. 둘 다 알칼리 전해질과 니켈 전극을 사용하지만 전압이 크게 다르다. 니켈 아연 셀은 부하가 있는 개방 회로에서 전압을 0.4 V 이상 추가로 제공한다. 셀당 0.4 V를 추가로 사용할 수 있으므로 여러 셀로 전지를 구성하면 더 작은 용기에 담을 수 있다. 예를 들어, 19.2 V 패키지로 14.4 V 니켈 카드뮴 패키지를 대체할 수 있다. 셀 공간이 25% 더 절약되고 전력이 더 커지고 임피던스가 45% 더 낮아지는 결과를 낸다. 또한, 대다수 재충전 전지에 비해 더 싸다. 안전하기까지 하다(함부로 다뤄도 될 정도이다). 전형적인 응용기기에 사용하는 니켈 카드뮴 전지보다 수명주기가 조금 더 길다. 납산 전지와 비교해 보관 수명이 아주 길다. 니켈과 아연이 모두 독성이 없고 재활용할 수 있으므로 환경에 더 적합하다.

재충전 시간이라는 관점에서 보면, 완충하는 데 두 시간이 채 걸리지 않고 80퍼센트를 충전하는 데는 한 시간이면 된다. 이러한 특징으로 인해 무선 전동 공구에 유용하다. 높은 에너지 밀도와 높은 방전율로 인해 소형 경량 용기에 많은 전력을 담아야 하는 응용기기에 적합하다. 무선 전동 공구, UPS 시스템, 전기 스쿠터, 고광도 직류 조명 등에 사용한다.

■ 니켈-철(NiFe) 전지

니켈 알칼리 전지 또는 NiFe 전지라고 부르는 니켈 철 전지를 1900년에 토마스 에디슨이 도입했다. 아주 견고한 전지여서 남용에도 잘 견디고 수명 기간이 매우 길다(30년이나 그 이상). 이들 셀의 개방 회로 전압은 1.4 V이고, 방전 전압은 약 1.2 V이다. 이 전지는 과충전이나 과방전에 견딘다. 이 전지는 충전 상태로 보관해야 하는 납산 전지와는 다르게, 아주 깊은 방전(깊은 사이클링)을 용인하며, 손상 없이 여러 번 장기간에 걸쳐 방전할 수 있다. 그렇지만 너무 무겁고 크다. 또한, 활성 성분의 반응성이 낮아서 높은 방전을 제한한다. 셀은 느리게 전하를 띠어 가면서 천천히 전하를 내놓고, 충전 상태에서 급격한 전압 강하를 보인다. 게다가 그 밖의 2차 전지에 비교하면 에너지 밀도가 낮고 자체 방전율이 높다. 납산 전지를 사용하는 기기에 니켈 철 전지를 사용할 수 있지만, 긴 수명이 요구되는 쪽에 방향이 맞춰져 있다. (전형적인 납산 전지의 수명이 대략 5년 정도인데 반해, 니켈 철 전지의 수명은 대략 30년에서 80년 정도 된다.)

표 3.6 재충전 전지 비교표

종류 (화학적인)	공칭 셀 전압 (대략적으로)	에너지 밀도 (Wh/Kg)	수명 주기	충전 시간	최대 방전율	가격	장단점	전형적인 응용기기
밀봉한 납산	2.0	낮다 (30)	길다 (얕다)	8~16시간	중간 (0.2 C)	낮다	저렴하고, 자체 방전율이 낮고, 표류 충전이 잘 되지만 얕은 충전을 선호	비상등, 경보기, 태양력 시스템, 휠체어 등
재충전용 알칼리-망가니즈	1.5	높다 (초기에는 75)	짧거나 중간	2~6시간 (펄스 상태에서)	중간 (0.3 C)	낮다	저렴하고, 자체 방전율이 낮고, 얕은 사이클링을 선호, 메모리 효과가 없지만 주기 수명이 짧음	휴대용 비상등, 완구, 휴대용 라디오, CD 플레이어, 시험용 계기 등
니켈 카드뮴	1.2	중간 (40-60)	길다(깊은 사이클링)	14~16 시간(0.1C) 또는 조심스럽게 다루면 2시간 이하(1C)	높다 (< 2 C)	중간	깊은 사이클링 선호, 우수한 펄스 용량, 그렇지만 메모리 효과가 있음, 상당히 높은 자체 방전율, 환경에 친화적이지 않음	휴대용 기기 및 가전제품, 모형 자동차와 모형 배, 데이터 기록기, 캠코더, 휴대용 송수신기, 시험용 계기
니켈 수소	1.2	높다 (60~80)	중간	2~4 시간	중간 (0.2~0.5 C)	중간	아주 작게 만들 수 있는 에너지원이지만 메모리 효과가 다소 있고, 자체 방전율이 높음	원격 제어 차량, 무선 휴대전화, 개인용 DVD 또는 CD 플레이어, 전동 공구
니켈 아연	1.65	높다 (> 170)	중간에서 높음	1~2시간	—	중간	저렴함, 친환경, 니켈 카드뮴보다 두 배 높은 에너지 밀도	이례적인 수행 성능, 메모리 효과 없음, 긴 보관 수명
니켈 철	1.4	높다 (>200)	아주 길다	길다	—	낮다	놀랍게도 수명 주기가 80년에 이르며 환경 친화적임	지게차 등의 SLA형 응용 분야 중에서 지속성이 중요한 곳에 쓰인다.
리튬 이온/리튬 폴리	3.6	아주 높다 (>100)	중간	3~4시간 (1 ~0.03C)	중간/높다 (< 1 C)	높다	초소형화 가능, 유지보수 비용 적음, 낮은 자체 방전, 그렇지만 충전 시 무척 주의해야 함	소형화한 휴대전화나 노트북 컴퓨터, 디지털 카메라 및 이와 유사한 아주 작은 휴대 장치

● 재충전용 알칼리 망간 전지

재충전 가능 알칼리 망가니즈 전지, 즉 RAM(rechargeable alkaline-manganese) 전지는 주요 알칼리 전지들의 재충전판이다. 일차 기술과 마찬가지로, 이 전지에서는 이산화망간을 양극 전해질로 사용하고 수산화칼륨 전극을 사용하지만, 음극의 경우에는 충전 과정에서 수소를 흡수하도록 설계한 특수 다공성 아연 젤이다. 아연 가시가 뚫고 나가지 못하게 분리막이 여러 겹으로 되어 있다. 니켈 카드뮴 또는 니켈 수소 전지와 비교하면, 충전용 전지를 저렴하게 대체할 수 있는 전지에 해당한다. RAM 전지는 재충전 횟수가 몇 차례 되지 않고 용량이 급격히 떨어지는 경향이 있다. RAM 전지는 8회에 걸쳐 재충전하면 용량의 50%까지 손실될 수 있다. 저렴해서 언제든 쓸 수 있다는 장점이 있다. 보통 1회용 전지를 대신해 사용할 수 있지만, 공칭 전압이 낮아서 일부 장치에는 적합하지 않으며, 디지털 카메라와 같은 고배출 장치에는 특히 적합하지 않다. 자체 방전 속도가 느려서 대기 상태에서 10년까지 보관할 수 있다. 또한, 환경에 친화적이며(독성 물질을 사용하지 않음) 정비할 필요가 없다. 주기적 관리를 할 필요가 없고 기억 효과를 염려하지 않아도 된다. 전류 처리 기능이 제한되어 있고, 손전등이나 휴대용 전자 장치와 같이 얕은 사이클링이 필요한 경량 응용기기에만 적합하다. RAM 전지를 재충전할 때는 특별한 재충전 장치가 필요하다. 표준 충전기로 충전하게 되면 폭발할 수도 있다.

2차 전지 방전 곡선

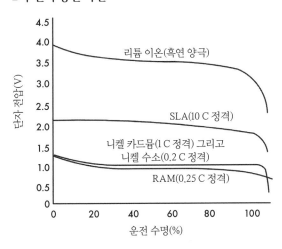

리튬 이온(흑연 양극)

SLA(10 C 정격)

니켈 카드뮴(1 C 정격) 그리고
니켈 수소(0.2 C 정격)

RAM(0.25 C 정격)

단자 전압(V)

운전 수명(%)

보기 3.30

■ 슈퍼커패시터

역주 대용량 커패시터 또는 초고용량 커패시터

슈퍼커패시터(supercapacitor)역주는 전지가 아니지만 커패시터와 전지의 중간쯤에 자리 잡은 물건이다. 일반적인 커패시터와 비슷하지만 사용하는 전극과 일부 전해액이 특별하다. 슈퍼커패시터에 쓰는 전극 물질 세 가지로는 표면적이 큰 활성탄, 금속 산화물, 전도성 고분자가 있다. 표면적이 큰 활성탄을 사용하는 슈퍼커패시터가 가장 경제적이다. 탄소 전극 표면 근처에 형성된 2중층에 에너지가 저장되므로 이것을 2중층 커패시터(double layer capacitor, DLC)라고도 부른다. 전해질이 수성이거나 유기성일 수 있다. 수성 전해질의 내부 저항이 낮지만 전압이 1 V로 제한된다. 유기성 전해질의 전하가 2~3 V에 이르지만 내부 저항은 더 높다.

전자 회로에 슈퍼커패시터를 적용해 사용하려면 고전압이 필요하다. 셀을 직렬로 연결해 이 문제를 해결한다. 커패시터들을 직렬로 서너 개 이상 연결할 때는 전압 균형을 맞춰 과전압일 때 셀이 보호될 수 있게 해야 한다.

슈퍼커패시터의 정전용량(즉, 에너지 저장 용량) 값은 0.22 F에서 몇 F에 이른다. 에너지 저장 용량이 전해 커패시터보다는 높지만, 전지보다는 낮다(니켈 수소 전지의 약 1/10). 전압을 상당히 안정되게 전달하는 전기 화학 전지와는 다르게 슈퍼커패시터의 전압은 최고 전압에서 0볼트로 떨어지는데, 이는 통상적인 전지의 평탄한 전압 곡선의 특성과 다른 면이다. 이런 이유로 슈퍼커패시터를 완충하지 못한다. 사용 가능한 충전율은 응용기기의 전압 요건에 따라 달라진다. 예를 들어, 장비기 못 쓰게 되기 전에 6 V 전지를 4.5 V로 방전할 수 있지만, 슈퍼커패시터는 1/4 방전으로 해당 임곗값에 도달한다. 나머지 에너지는 사용할 수 없는 전압 범위로 빠져든다.

슈퍼커패시터의 자체 방전은 전기화학적 전지에 비교하면 상당히 높다. 일반적으로 유기성 전

적합한 선지 선정 (비교표)

	예: ● 경계선: ○ 아니오	탄소 아연	아연 염화물	알칼리	리튬	아연 공기	산화은	수은	RAM	납산(SLA)	니켈 카드뮴	니켈 수소	리튬 이온	리튬 폴리머	니켈 아연	슈퍼커패시터
단일 셀의 특성															
구식	●	●						●							
충전								●	●	●	●	●	●	●	●
전압 안정 가능			●	●	●	●			●	●					
높은 에너지 밀도(Wh/kg)		○	●	●	●	●	●	●			○	●	●	●	
높은 용량 정격(mAh)														●	
높은 파고 부하 전류 정격	○	●	●	●					●	●	●	○	○		
높은 펄스 방전 전류		●	●	●			●		●	●		●	●	●	
낮은 자가 방전 정격			●	●				●	●	○		●	●	●	
고온에 적합		○	●	●			●								
저온에 적합		●	●	●		●									
높은 주기									●	●	●	●	●	●	●
소형화				●	●									●	
메모리 효과										●	○				
비쌈(비용이 듦)				●	●	●	●			●	●	●	●	○	
환경에 친화적이지 않음									●	●					
응용기기															
아주 작은 이동식 장치				●	●	●	●					●	●		
삐삐, 보청기(h), 시계(w)				●	h	w	●								
라디오, 장난감, 그 밖의 범용	●	●	●					●							
작은 모터기		●	●				○				●				
캠코더, 디지털 카메라, 시험 장치				●							●	●			
리모컨, 시계, 계산기		●	●	●				●							
폴더폰, 스마트폰, 노트북		○								○		●	●	●	
낮은 자가 방전(연기 감지기, 데이터 수집기)				●			●								
전동 공구, 모형 자동차, 전동 칫솔 등										●	●			●	
전동 차량(전기 자전거, 스쿠터, 낚싯배, 전동 공구, 잔디 깎기 기계)									●	●	●			●	
고 강력한 전지 필요 …									●						
단락에 대비한 전력 백업 …			●	●											●
표준 셀 및 전지 패키지															
AAA	●	●	●	●				●		●	●				
AA	●	●	●	●				●		●	●				
C	●	●	●	●				●		●	●				
D	●	●	●	●				●		●	●				
9V	●	●	●	●											
6V 손전등	●	●													
버튼(동전형)			●	●	●	●	●								●
특별한 전지 패키지			●	●					●	●	●	●	●	●	
플라스틱 상자									●					●	
PCB 장착용			●												

보기 3.31

해질이 들어 있는 슈퍼커패시터의 전압은 10시간 만에 완전 충전에서 30% 수준으로 떨어진다. 그 밖의 슈퍼커패시터는 충전된 에너지를 더 오래 유지한다. 이렇게 설계된 것들의 용량은 10일 만에 완전 충전에서 85%로 떨어진다. 30일 안에 전압이 대략 65퍼센트까지 떨어지고 60일이 경과하면 40퍼센트까지 떨어진다.

가장 일반적인 슈퍼커패시터로는 메모리 백업 장치나 실시간 클럭 IC에 쓰이는 대기 전원을 들 수 있다. 화학 전지를 바로 슈퍼커패시터로 대체할 수 있는 용도는 제한되어 있다. 종종 슈퍼커패시터를 전지와 함께 나란히 두어(장치가 켜질 때 전류가 크게 유입되지 못하게 제한하는 시설이 있는 단자들 사이에 두어) 전지에서 전류를 잘 다룰 수 있게 한다. 즉, 부하 전류가 낮을 때는 전지가 슈퍼커패시터를 충전하고 부하에서 큰 전류를 사용할 때는 슈퍼커패시터에 저장된 에너지를 쓰게 하는 식이다. 이런 식으로 슈퍼커패시터는 요동하는 부하 전류를 걸러 평활화한다. 이렇게 해 두면 전지의 성능이 높아지고, 실행 시간이 길어지며, 전지의 수명도 늘어난다.

한계점으로는 에너지 스펙트럼 전체를 사용할 수 없다는 점인데, 이는 응용기기에 따라 달라지기는 해도 모든 에너지를 사용할 수 있다는 의미는 아니다. 슈퍼커패시터의 에너지 밀도는 낮아서 일반적으로 전기화학 전지가 지닌 에너지의 ⅓~⅒ 정도를 차지한다. 셀의 전압이 낮으므로 고전압이 필요하다면 직렬로 연결해야 한다. 커패시터를 세 개 이상 직렬로 연결할 때는 전압 균형을 조절해야 한다. 게다가 자체 방전이 전기화학 전지보다 유념해야 할 정도로 크다.

전기화학 전지와 달리, 마모나 노화가 일어나지 않아서 수명 주기가 무한하다는 점이 슈퍼커패시터의 장점이다. 또한, 임피던스가 낮아서 전지와 병렬로 배치하면 전지에 요구되는 전류량이 요동해도 대응할 수 있다. 슈퍼커패시터는 급속히 충전되는데, 임피던스가 낮은 것은 몇 초 만에 완전 충전할 수 있을 정도이다. 전압 제한 회로로 자체 방전을 보상하는 단순한 방식으로 충전한다.

3.2.5 전지 용량

일정 기간 동안 얼마나 많은 전기 에너지를 전달할 수 있는지를 나타내는 정격 용량이 전지에 부여된다. 정격 용량을 암페어시(Ah) 또는 밀리암페어시(mAh)로 지정한다. 전지 용량을 알면, 전지가 작동하지 않는 것으로 간주하는 순간에 이르기까지의 전지 수명을 예측할 수 있다. 이 점을 이해하기 쉽게 예로 보이면 다음과 같다.

▶ **예제:** 용량이 1800 mAh인 전지를 120 mA를 지속해서 끌어 쓰는 장치에 사용한다. 부하 전류의 크기로 인해 용량이 손실될 가능성을 무시한다면 전지는 얼마나 오랫동안 전력을 공급할 수 있는가?

▷ **정답:** 이상적으로는 다음과 같이 된다.

$$t = \frac{1800 \text{ mAh}}{120 \text{ mA}} = 15 \text{ h}$$

참고 현실적으로 전지 제조업체가 제공하는 데이터시트를 참조해 실제 방전 시간을 정확히 파악하려 면 방전 그래프(시간 및 부하 전류에 대한 전압 함수)를 분석해야 한다. 부하 전류가 커지면 내부 저항으로 인해 전지 용량의 겉보기 손실이 발생한다.

AAA, AA, C, D, 9 V 니켈 수소 전지의 일반적인 정격 용량은 1000 mAh(AAA), 2300 mAh (AA), 5000 mAh(C), 8500 mAh(D), 250 mAh(9)이다.

■ C 정격

역주 정격 용량

전지의 충전 및 방전 전류를 측정할 때는 **용량 정격**(capacity rating)[역주], 즉 C 정격으로 측정한다. 용량은 전지의 에너지 저장 효율성과 에너지를 부하로 전송하는 성능을 나타낸다. 납산 전지를 제외한 대부분의 휴대용 전지의 용량은 1 C이다. 방전율이 1 C라는 것은 1시간(h)에 해당하는 정격 용량과 동일한 전류를 소비함을 나타낸다. 예를 들어, 정격이 1000 mAh인 전지가 1 C 속 도로 방전되면 한 시간 동안에 1000 mA를 제공하는 셈이 된다. 같은 전지가 0.5 C에서는 두 시 간에 걸쳐 500 mA를 제공한다. 2 C에서는 같은 전지가 30분에 걸쳐 2000 mA를 제공한다. 1 C 를 종종 1시간 방전이라고도 한다. 0.5 C는 2시간 방전에 해당하고 0.1 C는 10시간 방전에 해당 한다. 서로 다른 전지 간에 C 비율이 다른 것은 내부 저항에 크게 좌우되기 때문이다.

▶ **예제:** 1 C로 방전될 경우에 용량 정격이 1000 mAh인 전지의 방전 시간 및 평균 전류 출력을 정하라. 5 C, 2 C, 0.5 C, 0.2 C, 0.05 C인 경우에 방전에 걸리는 시간은?

▷ **정답:** 1000 mA(정격 용량/시간)인 부하 전류에 연결된 전지가 1 C인 경우의 방전 시간은 다음과 같다.

$$t = 1\,hC/C\,정격 = 1\,hC/1\,C = 1\,h$$

5000 mA(5배 정격 용량/시간)인 부하 전류에 연결된 전지가 5 C인 경우의 방전 시간은 다음과 같다.

$$t = 1\,hC/C\,정격 = 1\,hC/5\,C = 0.2\,h$$

2000 mA(2배 정격 용량/시간)인 부하 전류에 연결된 전지가 2 C인 경우의 방전 시간은 다음과 같다.

$$t = 1\,hC/C\,정격 = 1\,hC/2\,C = 0.5\,h$$

500 mA(1/2배 정격 용량/시간)인 부하 전류에 연결된 전지가 0.5 C인 경우의 방전 시간은 다음과 같다.

$$t = 1\,hC/C\,정격 = 1\,hC/0.5\,C = 2\,h$$

200 mA(20퍼센트 정격 용량/시간)인 부하 전류에 연결된 전지가 0.2 C인 경우의 방전 시간은 다음과 같다.

$$t = 1\,hC/C\,정격 = 1\,hC/0.2\,C = 5\,h$$

50 mA(5퍼센트 정격 용량/시간)인 부하 전류에 연결된 전지가 0.05 C인 경우의 방전 시간은 다음과 같다.

$$t = 1\,hC/C\,정격 = 1\,hC/0.05\,C = 20\,h$$

다시 말하지만, 이 값들이 추정치라는 점에 주의하라. 부하 전류가 증가하면(특히 C 값이 커지면) 내부 저항과 같은 적절치 못한 내부 특성 때문에 용량 수준이 공칭 값 이하로 떨어지므로 제조 업체의 방전 곡선 및 포이케르트 방정식(Peukert's equation)을 사용해 결정해야 한다.

3.2.6 전지 내 내부전압 강하에 관한 참고사항

전지를 구성하는 불완전한 전도 요소로 인해 전지에는 내부 저항(전극 및 전해질의 저항)이 있게 된다. 내부 저항이 낮게 보일 수도 있지만(AA 알칼리 전지의 경우 약 0.1 Ω, 9 V 알칼리 전지의 경우 약 1~2 Ω), 저저항(대전류) 부하가 걸리면 출력 전압이 크게 떨어질 수 있다. 보기 3.32(a)와 같이 부하 없이 전지의 개방 회로 전압^{역주}을 측정할 수 있다. 이 전압은 기본적으로 전지의 공칭 전압 정격과 동일하다. 전압계의 입력 저항이 높아서 전류를 소모하지 않으므로 전압이 크게 강하되지 않기 때문이다. 그렇지만 보기 3.32와 같이 전지에 부하를 연결하면 전지의 출력 단자 전압이 떨어진다. 내부 저항 R_{in}과 부하 저항 R_{load}를 전압 분할기로 처리하면 부하에 걸리는 실제 출력 전압을 계산할 수 있다(보기 3.32(b)에 나오는 방정식 참조).

역주 개방 전압. 이는 부하가 없는 회로의 전압에 해당함

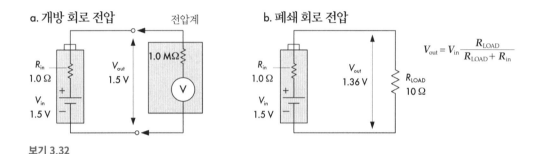

보기 3.32

내부 저항이 큰 전지의 성능은 대전류 파동이 공급될 때 좋지 않게 된다. (전지를 비교한 절과 표를 참조해 대전류, 고주파 응용기기에 가장 적합한 전지를 찾아보라.) 전지가 방전되면 내부 저항도 증가한다. 예를 들어, 일반적인 AA형 알칼리 전지가 처음에는 내부 저항이 0.15 Ω이지만 90% 방전 시에는 0.75 Ω으로 증가할 수 있다. 제품 소개서에서 찾아볼 수 있는 다양한 전지의 전형적인 내부 저항을 다음 목록에 나타냈다. 제시된 값이 널리 쓰인다고 생각해서는 안 되고, 관심을 둔 전지의 사양을 따로 확인해야 한다.

9 V 아연 탄소	35 Ω
9 V 리튬	16~18 Ω
9 V 알칼리	1~2 Ω
AA 알칼리	0.15 Ω(50퍼센트 방전 시 0.30 Ω)
AA 니켈 수소	0.02 Ω(50퍼센트 방전 시 0.04 Ω)
D 알칼리	0.1 Ω
D 니켈 카드뮴	0.009 Ω
D SLA	0.006 Ω
AC13 아연 공기	5 Ω
76 은	10 Ω
675 수은	10 Ω

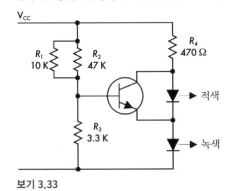

전지에 이상 없지만 용량이 적게 남았다고 표시됨

보기 3.33

녹색 LED는 전지가 정상이라는 점을 나타낸다. 전지가 작동하는 동안에는 항상 켜져 있으며, 전압이 설정된 임곗값 아래로 떨어지면 적색 LED가 켜진다. 이 녹색 LED에 2.0 V 전압이 걸리면 불이 켜진다. 이 값이 제조업체마다 조금씩 다르기는 하지만, 어떤 묶음에서도 잘 들어맞는다. 베이스 이미터 전압을 추가하고, 트랜지스터를 추가하기 위해서는 오른쪽 트랜지스터의 베이스(즉, R_3의 양단)에 2.6 V가 필요하다. R_3에 2.6 V가 걸리려면 공급 트랙에 9.1이 필요하다. 이 임계 전압 미만일 때는 트랜지스터가 꺼지면서 적색 LED가 켜진다. 이 전압 이상일 때는 적색 LED가 꺼진다. 저항 값 세 개를 조절해 임계 수준을 변경할 수 있다. 이 책의 뒷부분에서 트랜지스터와 LED를 다룬다.

3.3 스위치

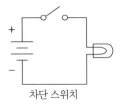

차단 스위치

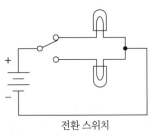

전환 스위치

보기 3.34

스위치(switch)란, 회로 내 전류 흐름을 방해하거나 방향을 바꾸는 역할을 하는 기계적 장치이다.

3.3.1 스위치 작동 방식

보기 3.35에 슬라이더 형식으로 된 스위치 두 개를 나타냈다. 보기 3.35(a)에 나오는 스위치는 차단기로 동작하는 반면에, 3.35(b)에 나오는 스위치는 전환기로 동작한다.

그 밖의 스위치 형식들, 예를 들면 누름 스위치(push button switches), 잠금 스위치(rocker switches), 자기 리드 스위치(magnetic-reed switches) 등은 슬라이더 스위치와는 약간 다르게 동작한다. 예를 들어, 자기 리드 스위치의 경우에 두 개의 얇고 평평한 금속 접점들을 자기장을 사용해 강제로 맞출 수 있다. 그 밖의 많고 유별난 스위치들과 마찬가지로 이 스위치를 이번 절의 나중 부분에서 다룬다.

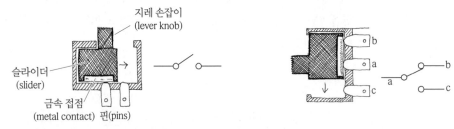

지레 손잡이 (lever knob)
슬라이더 (slider)
금속 접점 핀(pins) (metal contact)

보기 3.35 (a) 지레를 오른쪽으로 밀면 금속 띠가 스위치의 두 접점 사이에 있는 틈을 채워 전류가 흐를 수 있게 한다. 지레를 왼쪽으로 밀면 다리(역주 브리지)가 끊어지는 셈이 되어 전류가 흐르지 않는다. (b) 지레를 위로 밀면 접점 a와 b 사이에 전도성 다리가 생긴다. 지레를 아래쪽으로 밀면 전도성 다리가 a 접점과 b 접점 사이로 다시 놓여 전류가 흐를 수 있게 한다.

3.3.2 스위치에 관한 설명

역주 투로(投路) 또는 투입로(投入路)

스위치는 극(pole, 極)의 개수와 투(throws, 投)역주의 개수로 특징지을 수 있다. 극은 보기 3.35(b)에 나오는 접점 a를 예로 들 수 있다. 반면에 투는 특정 접 점 대 접점 간의 연결, 예를 들면 보기

3.35(b)에서 접점 a와 접점 b 사이의 연결 또는 접점 a와 접점 c 사이의 연결을 나타낸다. 스위치를 설명할 때는 극 수를 'P'로, 투 수를 'T'로 표현한다. P자는 '극'을 나타내고, T자는 '투'를 나타낸다. 극의 개수와 투의 개수를 지정할 때는 관행을 따라야만 한다. 극의 개수나 투의 개수가 1일 때는 S자로 나타내는데, 이 글자는 'single(단일)'에 해당한다. 극의 개수나 투의 개수가 2일 때는 D자로 나타내는데, 이 글자는 'double(2중)'에 해당한다. 극의 개수나 투의 개수가 2를 넘어서는 경우에는 3이나 4 또는 5와 같은 정수를 사용한다. 예를 들면 이렇다. SPST, SPDT, DPST, DPDT, DP3T, 3P6T.^{역주} 보기 3.35(a)에 나오는 스위치는 단극단투(SPST) 스위치를 나타내지만, 보기 3.35(b)에 나오는 스위치는 단극쌍투(SPDT) 스위치를 나타낸다.

역주 차례대로 단극단투, 단극쌍투, 쌍극단투, 2극쌍투(단, 영미권 관행을 따를 경우 쌍극쌍투로 표현해야 함), 2극3투, 3극6투에 해당. 하지만 영문자 표기법을 사용하기도 하므로 여기서는 일단 영문 표기법부터 나타냈다.

스위치의 두 가지 중요 특징을 알아 두어야 하는데, 첫째는 스위치에 순간 접점 동작이 있는지 여부이고, 둘째는 스위치가 중립 위치에 있는지 여부이다. 주로 누름단추 스위치를 포함하는 순간 접점 스위치는 연결을 잠시 열어 두거나 닫아 두어야 할 때 사용한다. 순간 접점 스위치는 평상시 닫힘(normally closed, NC) 또는 평상시 열림(normally open, NO) 형태로 제공된다. 평상시 닫혀 있는 누름단추 스위치는 손을 뗀 상태에서는 폐쇄 회로(전류 통과)로 작동하며, 평상시 열려 있는 누름단추 스위치는 손을 뗀 상태에서는 개방 회로(전류 통과 불가) 역할을 한다. 가운데 꺼짐 자리 스위치(center-off position switches)는 두 '켜짐' 자리의 중간에 추가로 '꺼짐' 자리가 있는 형태이다. 모든 스위치에 중간 접점 또는 순간 접점 기능이 있는 게 아니므로 이러한 기능을 지정해야 한다는 점에 유념하라.

스위치 기호

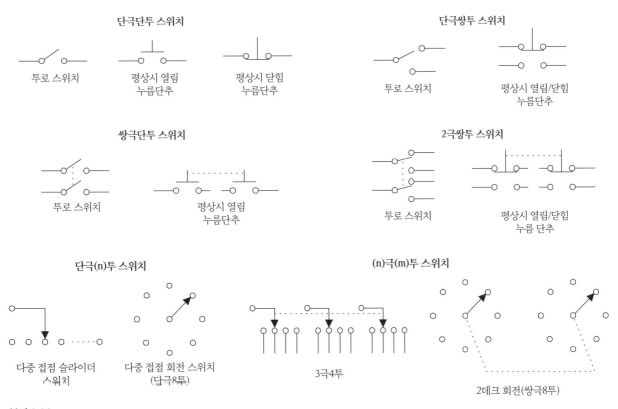

보기 3.36

3.3.3 스위치 종류

토글 스위치(toggle switch)

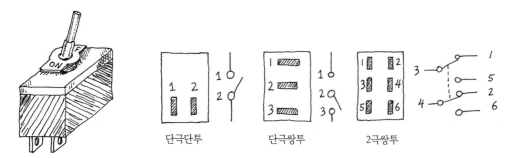

단극단투   단극쌍투   2극쌍투

누름단추 스위치(pushbutton switch)

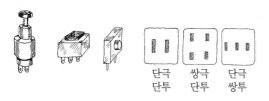

단극
단투   쌍극
단투   단극
쌍투

스냅 스위치(snap switch, 마이크로스위치)

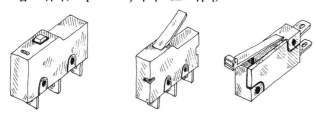

회전 스위치(rotary switch)

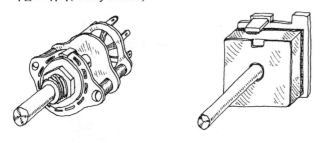

자기 리드 스위치(magnetic reed switch)

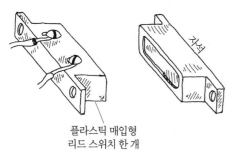

플라스틱 매입형
리드 스위치 한 개

리드 스위치는 나뭇잎처럼 편평한 접점 두 개를 기밀 용기에 밀봉해 구성한다. 자기장을 가까이 두면 접점 두 개가 서로 가까워지거나(평상시 열림 리드 스위치인 경우) 서로 떨어진다(평상시 닫힘 리드 스위치인 경우).

그림 3.37

2진화 스위치(binary-coded switches)

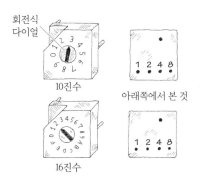

회전식 다이얼

10진수

아래쪽에서 본 것

16진수

이 스위치들은 디지털 정보를 부호화하는 데 사용한다. 스위치의 전면에서 다이얼의 위치에 따라 스위치 쌍 사이에 연결을 '만들거나 끊어지게' 스위치 내부 구조가 되어 있다. 이 스위치는 진성 2진수/16진수 및 보상 2진수/16진수 형식으로 제공된다. 다음 도표는 이러한 스위치의 작동 방식을 보여준다.

진성 2진수/16진수

형식		숫자	부호			
			1	2	4	8
16진수	10진수	0				
		1	•			
		2		•		
		3	•	•		
		4			•	
		5	•		•	
		6		•	•	
		7	•	•	•	
		8				•
		9	•			•
		A		•		•
		B	•	•		•
		C			•	•
		D	•		•	•
		E		•	•	•
		F	•	•	•	•

보상 2진수/16진수

형식		숫자	부호			
			1	2	4	8
16진수	10진수	0	•	•	•	•
		1		•	•	•
		2	•		•	•
		3			•	•
		4	•	•		•
		5		•		•
		6	•			•
		7				•
		8	•	•	•	
		9		•	•	
		A	•		•	
		B			•	
		C	•	•		
		D		•		
		E	•			
		F				

딥 스위치

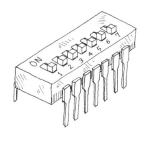

딥(DIP)은 2중 인라인 패키지(dual-inline package)의 약자이다. 이 스위치 핀아웃의 구조로 인해 회로 기판에 직접 배선할 수 있는 IC 소켓에 스위치를 배치할 수 있다.

수은 기울기 스위치

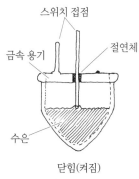

스위치 접점

금속 용기

절연체

수은

닫힘(켜짐)

열림(꺼짐)

이런 종류의 스위치는 수위를 측정하는 데 사용된다. 평상시 닫힌 수은 기울기 스위치를 수직 방향으로 두면 스위치는 '켜짐'이 된다(액체 수은은 두 스위치 접점과 접촉한다). 그렇지만 스위치가 기울면 수은의 위치가 바뀌면서 전도성 경로가 끊어진다.

최근에는 비싼 수은보다는 금속구와 접점 두 개를 더 사용하는 편이다.

그림 3.37 (이어짐)

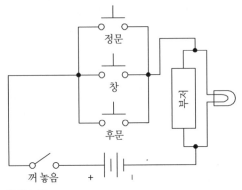 3.3.4 간단한 스위치 응용기기

간단한 경보기

간단한 가정용 보안 경보기는 다음과 같다(부저용 자기 리드 스위치가 이러한 응용기기에서 특히 잘 작동한다).

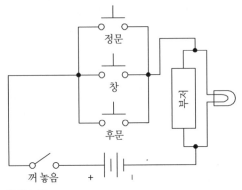

보기 3.38

2로 스위칭 회로망

한 사람이 두 곳 중 한 곳에서 전등을 켜기도 하고 끄기도 하는 스위치 회로망은 다음과 같다. 가정용 배선 기기를 흔히 이런 식으로 구축한다.

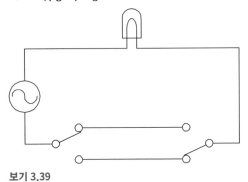

보기 3.39

전류 흐름 반전

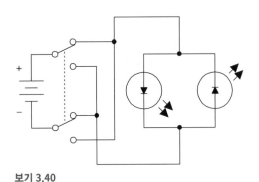

보기 3.40

여기 나오는 2극쌍투 스위치로 전류 흐름의 방향을 바꾼다. 스위치를 위쪽으로 던져 넣으면(역주 스위치를 올리면. 투로(throw pass)라는 주제를 강조하는 저자의 뉘앙스를 살려 번역했다.) 왼쪽 발광 다이오드(LED)로 전류가 흐를 것이다. 스위치를 아래쪽으로 던져 넣으면(역주 스위치를 내리면), 오른쪽 발광 다이오드(LED)로 전류를 흘려 넣을 것이다.(역주 전류가 흐른다. 이 역시 투로라는 주제를 강조하는 저자의 뉘앙스를 살려 번역했다.) (LED는 전류를 한 방향으로만 흐르게 한다.)

2선식 선로를 이용해 전압에 민감한 장치를 다중으로 선택해 제어하기

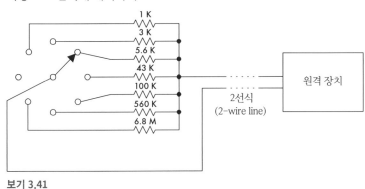

1 K
3 K
5.6 K
43 K
100 K
560 K
6.8 M

2선식
(2-wire line)

원격 장치

보기 3.41

2선식 선로를 사용해서 원격 장치를 제어하고 싶다고 하자. 또한, 원격 장치에 일곱 개의 서로 다른 작동 설정 사항이 있다고 하자. 장치를 제어하는 방식 중 한 가지는 장치 회로 내의 개별 저항이 바뀔 때 제어 대상 장치에서 새로운 기능이 작동하도록 설계하는 방식이다. 저항이 전압 분할기의 한 부분일 수도 있고, 윈도우 비교기(연산 증폭기를 참조)에 연결될 수도 있고, 아날로그 디지털 변환기 인터페이스를 지닐 수도 있다. 가치 있는 각 저항기에 새 기능이 어떻게 적용되어 있는지를 파악한 후, 적절한 값을 지닌 저항기를 선택해 회전 스위치와 함께 둔다. 원격 장치를 제어하는 문제가 회전 스위치를 돌려 적절한 것을 선택하는 간단한 작업으로 바뀐다.

3.4 계전기

계전기(relay)란, 전기로 작동하는 스위치이다. 기본 계전기 형식 세 가지로는 기계식 계전기, 리드 계전기, 반도체 계전기가 있다. 일반적인 기계식 계전기의 경우에는 코일의 자석을 통과하는 전류가 용수철을 장착한 유연한 전도성 판을 한쪽 스위치 접점에서 다른 접점으로 끌어당긴다. 리드식 계전기(reed relay)는 밀폐된 전선형 코일에 전류가 흐를 때 함께 튀어 나오는 한 쌍의 리드(얇고 유연한 금속성 판)로 구성한다. 반도체 계전기(solid state relay)는 n형 반도체와 p형 반도체의 접합부에 외부 전압을 걸어서 상태를 바꿀 수 있게 한 장치이다(4장 참조). 일반적으로 기계식 계전기는 대전류(보통 2~15 A)와 비교적 느린 스위칭(보통 10~100 ms)에 맞게 설계한다. 리드식 계전기는 중전류(보통 500 mA~1 A)와 중간 정도인 스위칭 속도(0.2~2 ms)에 맞게 설계한다. 반면에 반도체 계전기의 경우에는 전류 정격이 광범위하고(저전력 패키지의 경우에는 수 마이크로암페어에서, 고전력용 패키지의 경우에는 최대 100 A) 스위칭 속도가 무척 빠르다(보통 1~100 ns). 리드식 계전기 및 반도체 계전기의 몇 가지 한계점으로는 제한된 스위칭 배열(스위치 부분의 형식)과 전력 서지(surge)[역주] 때문에 손상되는 경향이 있다는 점이다.

[역주] 갑작스런 파동

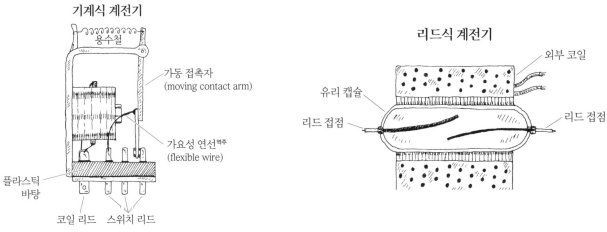

기계식 계전기

용수철

가동 접촉자
(moving contact arm)

가요성 연선[역주]
(flexible wire)

플라스틱
바탕

코일 리드   스위치 리드

리드식 계전기

외부 코일

유리 캡슐

리드 접점

리드 접점

[역주] 가요선

보기 3.42

기계식 계전기의 스위치 부분은 여러 가지 표준 수동 스위치 장치(예를 들면, SPST, SPDT, DPDT 등) 형태로 공급된다. 리드식 계전기 및 반도체 계전기는 기계식 계전기와 달리 SPST 스위칭으로 제한된다. 계전기를 나타내는 데 사용되는 일반적인 기호 중 일부는 다음과 같다.

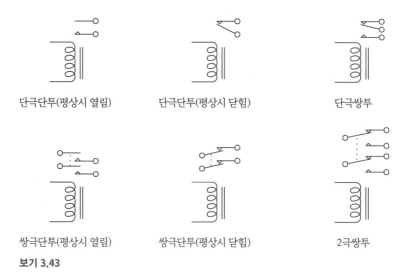

단극단투(평상시 열림) 단극단투(평상시 닫힘) 단극쌍투

쌍극단투(평상시 열림) 쌍극단투(평상시 닫힘) 2극쌍투

보기 3.43

직류나 교류로 주어진 계전기를 활성화할 수 있다. 예를 들어, 교류 코일을 쓰는 기계식 계전기를 통해 교류 전류를 공급하는 경우 가요성 금속 도전판이 스위치 접점 중 한쪽으로 향해 당겨지며, 전류가 인가되어 있는 한은 교류가 흐르더라도 도전판이 당겨졌던 그 자리에 그대로 남아 있게 된다. 직류 코일에 교류가 공급되면 인가된 전류의 극성이 바뀔 때마다 금속판이 앞뒤로 왕복할 것이다.

기계식 계전기에는 잠금 기능이 있어서 메모리 효과와 비슷한 능력이 발휘된다. 제어 파동 한 개가 **[역주] 잠금식 계전기** 래치식 계전기(latching relay)[역주]에 적용되면 스위치가 닫힌다. 제어 파동이 제거되더라도 스위치는 닫힌 상태로 남는다. 스위치를 열려면 별도의 제어 파동을 적용해야 한다.

3.4.1 특수한 계전기

초소형 계전기(subminiature Relay)

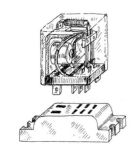

일반적인 기계식 계전기는 상대적으로 큰 전류를 스위칭하도록 설계되었다. 계전기에 직류 코일 또는 교류 코일이 함께 딸려 들어온다. 직류 작동 계전기는 일반적으로 각기 40 Ω, 160 Ω, 650 Ω인 코일 저항(코일 옴)을 내는 6 V, 12 V, 24 V 직류 여기[역주] 즉, 들뜸) 전압 정격을 제공한다. 교류 작동 계전기는 일반적으로 약 3400 Ω 및 13,600 Ω 코일 저항으로 110 V 및 240 V 교류 여기 전압 정격을 제공한다. 스위칭 속도 범위는 약 10~100 ms에 이르고, 전류 정격 범위는 약 2~15 A에 이른다.

그림 3.44

소형 계전기(miniature Relay)

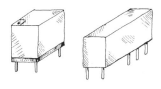

소형 계전기가 초소형 계전기와 비슷하지만, 민감도가 더 높고 전류 정격이 더 낮게 설계되었다. 거의 직류 전압으로 작동하기는 하지만, 교류 전류를 스위칭 할 수 있게 설계할 수도 있다. 여기 전압이 5 V, 6 V, 9 V, 12 V, 24 V 직류이고, 코일 저항은 50~3000 Ω으로 공급된다.

리드식 계전기

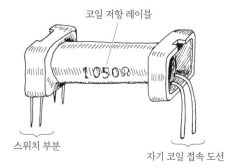

코일 저항 레이블

1050Ω

스위치 부분

자기 코일 접속 도선

두 개의 얇은 금속 피판, 즉 리드가 가동 접점(movable contacts) 역할을 한다. 코일 자석으로 둘러싼 유리로 밀봉한 용기 안에 리드를 넣는다. 외부 코일을 통해 전류가 보내지면 리드가 강제로 밀려나 스위치가 닫힌다. 리드가 가벼워서 스위칭을 빠르게 할 수 있으며, 일반적으로 그 속도는 0.2~2 ms 정도이다. 이 계전기에는 마른 접점이나 수은에 젖은 접점이 있다. 이 계전기는 직류로 작동하면서도 적은 전류를 스위칭할 수 있게 설계되며, 5 V, 6 V, 12 V, 24 V 직류 여기 전압과 250~2000 Ω 정도의 코일 저항을 제공한다. 또한, 리드를 PCB에 설치할 수 있게 만든다.

반도체 계전기

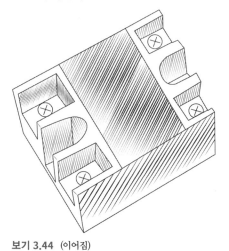

반도체 계전기, 즉 SSR은 전기 기계식 계전기와 동일한 방식으로 사용할 수 있게 설계하지만, 광 절연체 및 파워 트랜지스터, 즉 트라이액(triac)을 사용해 스위칭을 할 수 있게 밀봉해 설계한 모듈이다. 그렇기 때문에 실제로는 기본적인 부품이라기보다는 모듈에 해당한다.

반도체 계전기를 보통 직류와 교류로 나눈다. 교류 장치는 일반적으로 제로 스위칭 검출기와 트라이액이 있는 광 절연체를 사용해 한 주기에서 전압이 0 V에 가까울 때 부하를 전환하지만, 직류 장치는 MOSFET 또는 IGBT 트랜지스터 (4장 참조)를 사용해 부하를 개폐한다.

광 분리기를 사용하면 계전기를 켜는 데 몇 밀리암페어 정도만 쓰인다는 이점이 또 있지만, 계전기의 제어부를 스위칭 측면에서 격리시킨다.

보기 3.44 (이어짐)

3.4.2 계전기에 관한 몇 가지 주의사항

계전기 상태를 변경하려면 자기 코일의 접속 도선 양단에 걸린 전압이 적어도 계전기의 지정 제어 전압 정격의 25퍼센트 이내여야 한다. 전압이 지나치게 높으면 마그네틱 코일이 손상되거나 파괴될 수 있는 반면에, 지나치게 낮으면 계전기를 제동시키지 못하거나 계전기를 이상하게 작동 (앞뒤 반전)하게 할 수도 있다.

계전기의 코일은 인덕터 역할을 한다. 그런데 인덕터는 급격한 전류 변화를 좋아하지 않는다. 코일에 흐르는 전류가 갑자기 끊어지면, 예를 들어 스위치가 개방되면 코일은 접속 도선에 아주 큰 전압이 갑자기 생기게 하는 반응을 일으켜 큰 전류가 흐르게 한다. 물리적으로 말하자면, 이 현상은 전류가 갑자기 끊어지면서 코일 내의 자기장이 붕괴되어 생기는 결과이다. (수학적으로 보면, 이것은 전류의 큰 변화(dI/dt)가 코일에 걸린 전압($V = LdI/dt$)에 어떻게 영향을 끼치는지를 이해하면 알 수 있는

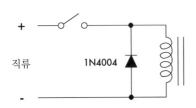 역주 변동

내용이다.) 유도성 동작으로 인해 발생하는 전류의 큰 서지(surge)[역주]로 인해 위협적인 전압 스파이크(1,000 V)가 생성되어 인접 소자에 어느 정도 안 좋은 영향을 미칠 수도 있다(스위치가 나가거나, 트랜지스터가 고장이 나거나, 스위치를 만지는 사람이 공격당할 수도 있다). 이 스파이크 때문에 인접 장치가 손상될 수도 있고, 계전기의 스위치 접점이 손상될 수도 있다(코일에 스파이크가 발생하면 유연한 금속으로 만든 전도성 판으로부터 접점이 '심한 타격'을 입게 된다).

스파이크를 없애기 위해 과도상태 억제기(transient suppressor)를 사용하는 기법이 있다. 이는 기성 제품을 구입하거나 직접 만들어 쓸 수 있다. 계전기 코일 또는 그 밖의 코일(예를 들면, 변압기 코일)과 함께 사용할 수 있는 간단한 수제 과도 억제기 몇 가지를 들면 다음과 같다. 특히 다음에 나오는 회로망에 들어 있는 스위치는 코일에 흐르는 전류를 방해할 수 있는 수많은 장치 중 한 가지이다. 사실 회로에 스위치가 아예 없을 수도 있지만, 동일한 전류 차단 효과를 내는 그 밖의 장치(예를 들면, 트랜지스터나 사이리스터)가 들어 있을 수 있다.

직류 작동 코일

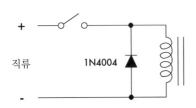

계전기의 코일에 다이오드를 역바이어스(reverse bias)가 되게 배치하면 코일에 큰 전압이 형성되기도 전에 전도되므로 전압 스파이크가 제거된다. 전류가 끊어지기 직전까지 코일에 흐를 수도 있는 최대 전류 수준까지 처리할 수 있게 다이오드는 파고 전류 성능을 갖춰야 한다. 이러한 용도에 맞게 잘 작동하는 우수한 범용 다이오드로는 1N4004가 있다.

교류 작동 코일

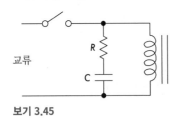

보기 3.45

교류 작동 계전기를 다루는 경우에는 다이오드로 전압 스파이크를 제거할 수 없는데, 다이오드가 절반 주기에 맞춰 교대로 작동하기 때문이다. 다이오드 두 개를 역병렬(reverse parallel)로 사용하면 전류가 코일로 전달되지 않을 것이다. 대신에 코일을 가로지르게 배치한 RC 직렬 회로망을 사용할 수 있다. 커패시터는 과도한 전하를 흡수하고, 저항기가 방전을 제어할 수 있게 한다. 전력선에서 구동되는 소규모 부하의 경우에, R = 100 Ω과 C = 0.05 μF로 설정하면 대부분의 경우에 문제가 생기지 않는다. (참고: 직류 과도현상 대비용으로 설계한 양방향 TV, MOV, MTLV와 같은 장치가 있다. 4.5절을 참고하라.)

3.4.3 간단한 계전기 회로 중 일부

직류 작동 스위치

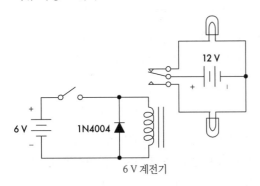

여기서는 직류 전원 단극쌍투 계전기를 사용해 두 개의 전구 중 하나에 전류를 중계한다. 제어 회로의 스위치가 열리면 계전기 코일에 전류가 흐르지 않는다. 따라서 해당 계전기가 풀어지고 전류가 상부 전구를 향해 흐르게 된다. 제어 회로의 스위치가 닫히면 계전기 코일이 전류를 받으므로 휘어지는 금속 도체 판이 아래쪽으로 당겨져 전류를 아래쪽 전구로 전달한다. 다이오드는 과도상태 억제기 역할을 하게 된다. 모든 부품을 전류 및 전압 정격에 맞게 선택해야 한다.

교류 작동 스위치

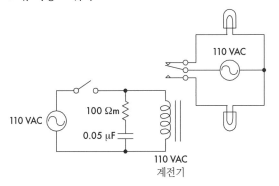

여기서 교류 작동 계전기는 교류를 두 개의 교류 정격 백열전구 중 한 개로 스위칭하는 데 사용된다. 이 회로의 동작은 이전 회로와 본질적으로 같다. 그러나 전류와 전압이 둘 다 교류이므로 **RC** 회로망이 과도상태 억제기로 사용된다. 저항기 및 커패시터의 정격이 전형적인 전류만큼 큰 과도상태 전류에 들어맞는지 확인하라. 커패시터의 정격이 교류 회선 전압에 맞아야 한다. 이산적인 과도상태 억제기(예를 들면, 양극성 TV나 MOV)를 **RC** 회로망 대신에 사용할 수 있다.

계전기 구동자

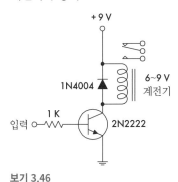

보기 3.46

계전기가 임의의 제어 전압으로 구동되는 경우에 이 회로를 사용할 수 있다. **npn**형 양극성 트랜지스터(역주 즉, 바이폴라 트랜지스터)는 전류 흐름 조절 꼭지처럼 작동한다. 트랜지스터의 베이스 리드에 전압이나 입력 전류가 가해지지 않으면 트랜지스터의 컬렉터-이미터 경로가 닫히고 계전기 코일에 흐르는 전류가 차단된다. 그러나 충분히 큰 전압과 입력 전류가 트랜지스터의 베이스 리드에 인가되면, 트랜지스터의 컬렉터-이미터 경로가 열리므로 계전기 코일에 전류가 흐르게 된다.

3.5 저항기

역주1 즉, 붙박이 저항기
역주2 휴즈형 저항기

오늘날에는 저항기 종류가 다양하다. 고정 저항기(fixed resistors),[역주1] 가변 저항기(variable resistors), 디지털식 조절 저항기(digitally adjustable resistors), 용해성 저항기(fusible resistors)[역주2], 광저항기를 비롯해 다양한 저항기 어레이(회로망)가 있다. 보기 3.47에 가장 흔한 저항기의 모양과 기호가 나온다.

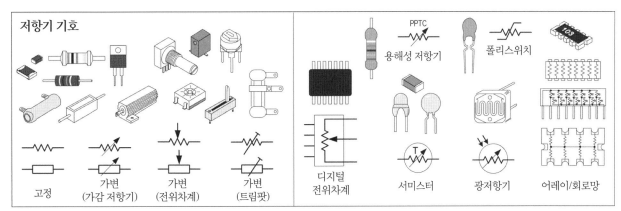

보기 3.47

저항기는 전류 흐름 방해 및 회로 내 전압 수준 설정이라는 두 가지 기능을 전자기기에서 수행한다. 보기 3.48(a)에 LED로 흐르는 전류 흐름을 줄이는 데 사용하는 저항기가 나온다. 해당 저항기가 없다면 LED의 민감한 *pn* 접합부가 녹을 만큼 과도한 전류가 LED로 흐를 수도 있다. 그리고 전류 제한 저항기를 직렬로 연결해 가변 저항기로 변형한 LED 회로 한 개도 보인다. 가변

역주 전위차계(potentiometer)의 줄임말

저항기(즉, 전위차계 또는 팟(pot)^{역주})로 전류를 제한해 희망하는 밝기로 LED의 밝기를 제어하는 효과를 낸다.

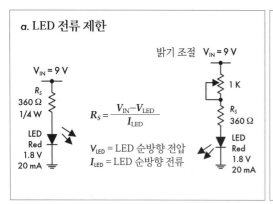

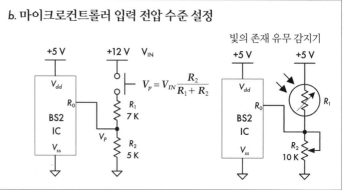

보기 3.48

보기 3.48에는 저항기 두 개를 사용해 입력 전압 중 일부를 직류 전압으로 제공할 수 있게 하는 전압 분할기를 만드는 방법이 나온다. 이 예에서 12 V 전압이 5 V 전압으로 줄어드는데, 여기서 5 V는 마이크로컨트롤러 입력용으로 사용할 수 있는 로직의 고준위(HIGH)에 해당한다. 전압 분할기에 쓰이는 저항기 중 하나를 대신하는 광저항기는 빛의 세기에 따라 저항이 달라지는 가변 저항기로 작동한다. 이 저항이 감소하면 마이크로컨트롤러의 입력에 나타나는 전압이 증가하므로 궁극적으로 로직이 고준위에 도달한다. 일단, 고준위 로직으로 설정되면 마이크로컨트롤러의 프로그램에 맞춰 그에 상응하는 조치가 결정된다.

전류 제한 및 전압 설정에 따른 주요 기능은 전자제품마다 다양한 방식으로 구현한다. 저항기는 회로에서 동작 전류 및 신호 수준을 설정하고, 전압을 줄이고, 정밀 회로에서 정밀한 이득 값을 설정하고, 전류계 및 전압계에서 분로(shunt) 역할을 하며, 발진기 및 타이머 회로에서는 감쇠 장치(damping agent)처럼 작동하고, 디지털 회로 내 모선 및 회선에서는 종단부로 작동하고, 증폭기에 대한 되먹임 회로망(feedback networks)을 제공하고, 디지털 회로에서는 풀업 및 풀다운^{역주1} 소자로 작용한다. 또한, 감쇠기(attenuator)와 브릿지 회로(bridge circuit)^{역주2}에서도 사용한다. 심지어 특별한 형식으로 된 저항기를 퓨즈로도 사용한다.

역주1 즉, 위로 밀기 및 아래로 밀기. 이는 디지털 회로에서 5 V 또는 0 V가 되기 쉽게 하는 작용을 말한다.

역주2 즉, 다리 회로

3.5.1 저항과 옴의 법칙

2장에서는 직류 전압이 저항에 인가될 때 저항에 흐르는 전류량을 옴의 **법칙**(Ohm's law)을 사용하여, 즉 간단히 방정식($I = V/R$)을 재정리해 찾을 수 있다는 점을 알게 되었다. 저항기로 인해 열로 바뀌어 사라진 전력을 찾을 때는 다음에 나오는 두 번째 방정식을 적용한다. 옴의 법칙을 전력 방정식에 대입하면 $P = I^2 \times R$과 $P = V^2/R$도 얻을 수 있는데, 이 식도 다루기 쉽다.

$$V = I \times R \text{ (옴의 법칙)}$$

$$P = I \times V \text{ (전력 법칙)}$$

R은 저항 또는 저항기를 옴(Ω) 단위로 표시한 것이고, P는 전력 손실을 와트(W) 단위로 나타낸 것이며, V는 전압을 볼트(V) 단위로 나타내고, I는 전류를 암페어(A) 단위로 표시한 것이다.

저항 값은 킬로옴(kΩ) 또는 메가옴(MΩ)으로 주어지며, 여기서 k는 1,000에 해당하고 M은 1,000,000을 나타낸다. 그러므로 3.3 kΩ 저항기는 3,300 Ω과 같고, 2 MΩ 저항기는 2,000,000 Ω과 같다. 전압, 전류, 전력을 종종 밀리볼트(mV), 밀리암페어(mA), 밀리와트(mW)로 표시하기도 하는데, 여기서 m은 0.001에 해당한다. 1 mV = 0.001 V이고, 200 mA = 0.2 A이며, 33 mW = 0.033 W이다.

예를 들어, 보기 3.49에서 12 V 전지에 연결된 100 Ω 저항기에 흐르는 전류량은 I = 12 V/100 Ω = 0.120 A, 즉 120 mA이다. 가열로 인한 전력 손실은 P = 0.120 A × 12 V = 1.44 W가 된다.

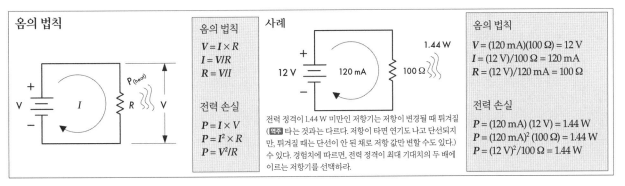

옴의 법칙

옴의 법칙
$$V = I \times R$$
$$I = V/R$$
$$R = V/I$$

전력 손실
$$P = I \times V$$
$$P = I^2 \times R$$
$$P = V^2/R$$

사례

1.44 W

12 V   120 mA   100 Ω

전력 정격이 1.44 W 미만인 저항기는 저항이 변경될 때 튀겨질 (**역주** 타는 것과는 다르다. 저항이 타면 연기도 나고 단선되지만, 튀겨질 때는 단선이 안 된 채로 저항 값만 변할 수도 있다.) 수 있다. 경험치에 따르면, 전력 정격이 최대 기대치의 두 배에 이르는 저항기를 선택하라.

옴의 법칙
$$V = (120\ mA)(100\ Ω) = 12\ V$$
$$I = (12\ V)/100\ Ω = 120\ mA$$
$$R = (12\ V)/120\ mA = 100\ Ω$$

전력 손실
$$P = (120\ mA)(12\ V) = 1.44\ W$$
$$P = (120\ mA)^2(100\ Ω) = 1.44\ W$$
$$P = (12\ V)^2/100\ Ω = 1.44\ W$$

보기 3.49

회로 설계 시 전력 손실을 정하는 일이 중요하다. 모든 상용 저항기에는 허용된 **전력 정격**(power rating)이 있는데, 이것을 초과해서는 안 된다. 전력 정격을 초과하면 저항기가 튀면서 내부 구조가 파괴되어 저항이 바뀐다. 일반적인 범용 저항기가 ⅛, ¼, ½ 및 1 W 전력 정격으로 공급되는 반면에, 전력 저항기의 정격은 2와트에서 수백 와트까지 다양하다.

그러므로 보기 3.49에 나오는 예제 회로에서 저항의 전력 정격은 계산으로 나온 손실 전력 1.44 W보다 커야 한다. 실제로는 전력 정격이 이것보다 커야 안전하다. 일반적으로 전력 정격이 예상 최대치의 두 배 이상인 저항기를 선택하라. 이 예제에서 2 W 저항기도 작동하기는 하겠지만 3 W 저항이 더 안전할 것이다. 주변 온도, 포장재, 함께 쓰이는 저항기들, 파동 행태, 추가 공냉과 같은 그 밖의 요인들로 인해 저항기의 필요 정격이 늘어나거나 줄어든다. 자세한 내용은 실물 저항기의 특성을 다룬 절을 참조하라.

3.5.2 직렬이나 병렬로 둔 저항기

저항기를 한 개만 사용하는 회로를 좀처럼 보기 힘들다. 일반적으로 저항기를 다양한 방식으로 연결한 것을 볼 수 있다. 저항기를 연결하는 방법 중에 기본적인 두 가지 방법은 직렬과 병렬이다.

■ 병렬로 둔 저항기

두 개 또는 그보다 많은 저항기를 병렬로 연결하면, 각 저항기에 흐르는 전압은 동일하지만 각 저항기 사이로 흐르는 전류는 저항에 따라 달라진다. 또한, 이런 조합의 총 저항은 조합 내 저항 값 중 가장 낮은 저항 값보다 낮다. 병렬 회로에 놓인 저항기들의 총 저항 값을 찾는 공식은 이렇다.

$$R_{\text{total}} = \cfrac{1}{\cfrac{1}{R_1} + \cfrac{1}{R_2} + \cfrac{1}{R_3} + \cfrac{1}{R_4} + \cdots} \qquad \text{(병렬 저항기)}$$

$$R_{\text{total}} = \frac{R_1 \times R_2}{R_1 + R_2} \qquad \text{(병렬로 둔 저항기 두 개)}$$

방정식에 나오는 점은 여러 개의 저항기를 결합할 수 있음을 나타낸다. 병렬로 놓은 저항이 두 개인 경우(아주 일반적인 경우)에는 공식이 위의 방정식으로 줄어든다.

▶ **예제:** 1000 Ω 저항기가 3000 Ω 저항기 중 한 개에 병렬로 연결된 경우에 총 저항 또는 등가 저항은 얼마인가?

$$R_{\text{total}} = \frac{R_1 \times R_2}{R_1 + R_2} = \frac{1000 \ \Omega \times 3000 \ \Omega}{1000 \ \Omega + 3000 \ \Omega} = \frac{3{,}000{,}000 \ \Omega^2}{4000 \ \Omega} = 750 \ \Omega$$

이러한 방정식들을 적용할 때는 병렬로 놓인 저항기들의 상단 접합부로 유입되는 전류가 저항기에 유입되는 전류의 합과 같아야 한다는 점에 유념해야 한다($I_{\text{in}} = I_1 + I_2$). 이 문장이 바로 **키르히호프의 전류 법칙**을 나타낸다. 이 법칙과 옴의 법칙을 사용해 전류 분할기 등식을 고안해 낼 수 있는데, 이것을 보기 3.50에 나타냈다. 입력 전류는 알지만 입력 전압을 모를 때 이 등식이 편리하다.

병렬로 놓인 저항기들이 얼마나 많은 전력을 소비하는지 확인하려면 보기 3.49에 나오는 전력 법칙을 적용한다.

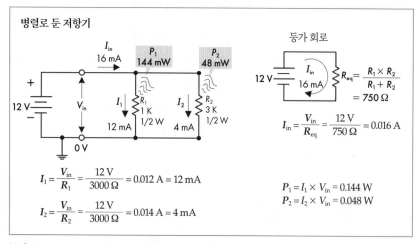

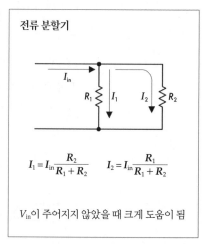

보기 3.50

■ 직렬로 둔 저항기

저항기 여러 개를 회로에 직렬로 놓은 경우에 회로의 총 저항은 개별 저항의 합계에 해당한다. 또한, 직렬로 놓은 각 저항에 흐르는 전류량은 동일하지만, 각 저항기에 걸린 전압은 저항에 따라 달라진다. 직렬 회로상의 저항기의 총 저항 값을 찾는 공식은 이렇다.

$$R_{\text{total}} = R_1 + R_2 + R_3 + R_4 + \cdots \qquad \text{(직렬로 둔 저항기들)}$$

줄임표는 저항기를 필요한 만큼 더 추가할 수 있다는 점을 나타낸다.

▶ **예제:** 1.0 kΩ 저항기가 2.0 kΩ 저항기와 직렬로 연결되어 있을 때 총 저항은 얼마인가?

$$R_{\text{total}} = R_1 + R_2 = 1000 \ \Omega + 2000 \ \Omega = 3000 \ \Omega = 3 \ \text{k}\Omega$$

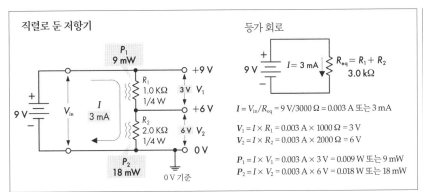

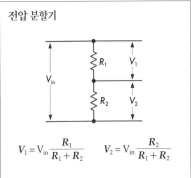

보기 3.51

두 개의 저항기를 입력 전압 $V_{\text{in}} = 9$ V에 연결하면, 각 저항기에 흐르는 개별 전류와 동일한 총 전류는 다음과 같이 된다.

$$I = \frac{V_{\text{in}}}{R_{\text{tot}}} = \frac{9 \ \text{V}}{3000 \ \Omega} = 0.003 \ \text{A} = 3 \ \text{mA}, \ I_1 = 3 \ \text{mA}, \ I_2 = 3 \ \text{mA}$$

각 저항기의 전압 강하를 알아낼 때는 옴의 법칙을 사용한다.

$$V_1 = I_1 \times R_1 = 0.003 \ \text{A} \times 1000 \ \Omega = 3 \ \text{V}$$

$$V_2 = I_2 \times R_2 = 0.003 \ \text{A} \times 2000 \ \Omega = 6 \ \text{V}$$

이 방법을 사용하면 직렬로 연결된 저항기 여러 개의 전압 강하를 알아낼 수 있다. 또한, 각 저항기에 걸쳐 이뤄지는 전압 강하와 저항이 바로 비례한다는 점에 주목하라. 2000 Ω 저항기의 저항 값은 1000 Ω 저항기의 두 배이며, 2000 Ω 저항기의 전압 강하는 두 배만큼 크다.

전압 강하와 관련해서는 이 모든 것을 공급 전압 V_{in}에 더한다는 점에 유념해야 한다. 전지(+9 V)의 양극 단자에서 시작해 R_1의 전압 강하 3 V를 뺀 다음에 R_2의 전압 강하 6 V를 빼면 0이 된다. 즉, +9 V − 3 V − 6 V = 0 V이다. 폐쇄 경로 주변의 전압 변화의 합이 0이라는 식으로 말할 수도 있다. 전지가 전력 공급원이라고 한다면 저항기는 전력 소모원에 해당한다. 일반적으로 전력 공급원에 + 부호를 달고, 전력 소모원에 − 부호를 단다. 즉, 저항기에 걸린 전압의 부호는 전지에 걸린 전압의 부호와 반대가 된다. 이 모든 전압을 더하면 0이 된다. 이것을 키르히호프의 전압 법칙이라고 부른다.

저항기 두 개만이 직렬로 연결되어 있다면, 굳이 전류를 계산하지 않고도 간단히 전압 분할기 방정식이라고 부르는 편리한 방정식을 다음과 같이 적용할 수 있다.

$$V_1 = \frac{R_1}{R_1 + R_2} V_{in} = \frac{1000\,\Omega}{1000\,\Omega + 2000\,\Omega} \times 9\,V = 3\,V, V_2 = \frac{R_2}{R_1 + R_2} V_{in}$$

$$= \frac{2000\,\Omega}{1000\,\Omega + 2000\,\Omega} \times 9\,V = 6\,V$$

접지에서부터 두 저항기의 중간에 이르는 자리까지를 전압계로 읽어 내면 6 V가 나오는데(출력 전압 V_{out}이라고 부를 예정), 이는 실제로 R_2를 가로지르는 전압 강하를 측정하기 때문이다.

3.5.3 저항기 레이블 판독

탄소 합성 저항기, 탄소 피막 저항기 및 금속 피막 저항기처럼 리드가 축의 방향과 같은 저항기들의 저항 값을 나타낼 때는 색띠를 사용한다. 가장 흔한 표식 체계에서는 띠를 네 개 사용한다. 첫 번째 띠로는 첫 번째 숫자를, 두 번째 띠로는 두 번째 숫자를, 세 번째 띠로는 승수(10의 지수)를, 네 번째 띠로는 허용 오차(네 번째 띠가 없는 경우의 허용 오차는 20%이다)를 나타낸다. 보기 3.52에 나오는 표에 수, 승수 및 허용 오차와 관련된 각 색의 의미를 나타냈다.

정밀한 저항기인 경우에는 띠를 다섯 개 사용한다. 처음에 나오는 띠 세 개로는 유효 숫자를 나타내고, 네 번째 띠로는 승수를 나타내고, 네 번째와 다섯 번째 띠 사이의 간격을 그 밖의 간격보다 넓게 해서 다섯 번째 띠가 허용 오차를 나타냄을 알게 한다.

군사 규격에 맞춘 저항기용으로 예약된 다른 5색 띠 레이블 체계에서는 다섯 번째 띠로 신뢰 수준을 나타낸다. 신뢰도 띠는 특정 시간 동안의 저항 변화율을 나타낸다(예를 들면, 1000시간, 갈색 = 1퍼센트, 빨간색 = 0.1퍼센트, 오렌지색 = 0.01퍼센트, 노란색 = 0.001퍼센트).

표면 실장형 저항기(surface-mount resistors)에서는 세 자리 또는 네 자리 레이블을 사용한다. 세 자리로 구성하는 경우 처음 두 자리로는 유효 숫자를 나타내고, 마지막 자리로는 승수를 나타낸다. 저항 값이 100 Ω보다 작은 경우에는 유효 숫자 중 한 개를 소수점 대신에 쓰는 'R' 문자로 대체한다(예를 들면, 1R0 = 1.0 Ω이다).

허용 오차 수준이 중요할 때는(예를 들면, ±2퍼센트보다 좁아야 하는 경우), 선행하는 세 자리 부호 끝에 숫자를 추가한다(예를 들면, F = ±1). 보기 3.52에 나오는 예를 보라.

네 자리 부호를 쓰는 표면 실장 정밀 저항기의 경우에는 처음 나오는 세 자리를 유효 숫자로 사용하고 마지막 자리를 승수로 사용한다. 다시 말하지만 'R'자는 소수점을 나타낸다. 보기 3.52에 나오는 예를 보라.

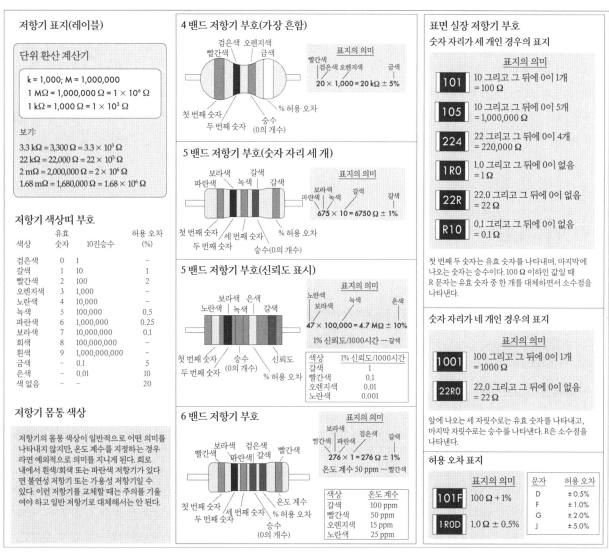

보기 3.52

주의 사항(저항기 색상)

저항기의 몸체 색깔이 일반적으로 별 의미가 있지는 않다. 때때로 저항기의 온도계수를 나타내기는 하지만, 대부분의 취미용 작업에서 중요한 의미는 거의 없다. 그래도 주의할 사항으로는 저항기 몸체에 두 가지 색이 쓰이므로 소비자용 가전기기 내부를 고칠 때 주의해야 한다. 불연성 저항기나 용해성 저항기를 나타낼 때는 저항기 몸체 빛깔을 흰색이나 파란색으로 한다. 이런 형식으로 된 저항기가 회로 안에 있다면 이것을 정규 저항기로 바꿔서는 안 된다. 그렇게 하면 회로 내에 어떤 문제가 생겨 불이 날 수도 있다. 불연성 저항기와 용해성 저항기는 과열 시에도 불이 나지 않게 설계한 것이다. 용해성 저항기가 과열되면 퓨즈처럼 전류를 차단한다. 이번 장의 뒷부분에서 이 저항기를 더욱 자세히 설명한다.

3.5.4 실물 저항기 특성

주어진 응용기기에 쓸 저항기를 선택할 때는 많은 점을 고려해야 한다. 중요하게 고려할 사항 두 가지로는 적절한 공칭 저항과 전력 정격을 선택하는 일이 있다. 다음으로 할 일은 수용 가능한 허용 오차를 개발해 응용기기의 모든 극단 상황에서도 제대로 작동하게 해야 한다. 한 가지 저항기 제품군마다(또는 동일 제품군에 속한 저항기마다) 다른 다양한 특성을 이해해야 하므로 이 작업이 약간 어려울 수 있다.

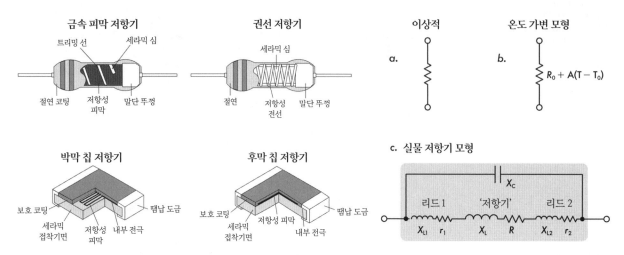

보기 3.53 실물 저항기를 구성한 예와 실물 저항기가 어떻게 작동하는지를 예상하는 데 도움이 되는 다양한 저항기 모형. 모형 (a)는 이상적인 저항을 나타내고, 모형 (b)는 비유도 저항기에 대한 온도 가변 모형을 나타낸다. 모형 (c)는 저항기 구성 내부의 고유한 유도성 및 용량성 소자들을 고려한다. UHF 및 마이크로파 설계의 경우에 모형 (c)는 인덕턴스를 나타내는 L과 함께 사용할 수 있다.

저항기의 종류는 다양하며 저마다 특정한 제약 사항과 적절한 응용기기가 있다. 한 기기에 좋은 저항기가 다른 기기에는 재앙이 될 가능성이 있다. '정밀'이라는 낱말이 붙은 저항기(정밀 금속 피막과 같은 식으로)는 엄격한 저항 허용 오차와 안정성을 중시해야 하는 응용기기에 맞게 설계한 것이다. 이러한 저항기의 작동 온도 한계와 전력 손실 정격은 일반적으로 제한되어 있다. '전력' 저항기(예를 들면, 전력 권선 저항기)는 정밀도를 희생하는 대신에 전력 손실을 최적화하도록 설계하는 경향을 보이며, 일반적으로 작동 온도 한계가 넓어진다. '범용' 저항기(예를 들면, 탄소 피막)는 그 중간에 해당하는 경향이 있으며 대부분의 일반 용도에 적합하다.

다음은 저항기를 선택할 때 사용되는 중요 사양을 요약한 것이다. 제조업체가 제공하는 데이터 시트(예를 들면, www.vishay.com)를 통해 실물 저항기의 상세 규격을 알 수 있다.

■ 전압 정격

특정 주변 온도에서 저항기에 걸릴 수 있는 직류 또는 RMS 전압의 최댓값이다. 정격 전압은 $V = \sqrt{P \times R}$에 따라 전력 정격과 관련이 있는데, 여기서는 V는 전압 정격(볼트 단위), P는 전력 정격(와트 단위), R은 저항(옴 단위)이다. 전압 및 전력 정격 값이 주어지면 저항의 임곗값을 계산해 낼 수 있다. 저항 값이 임곗값 아래이면 최대 전압에 이르지 못한다. 임곗값 이상에서는 소비 전력이 정격 전력보다 낮다. 1/2와트 및 일부 1와트 저항은 일반적으로 250~350 V로만 정격이 정해진다. 고전압 응용기기(예를 들면, 고전압 증폭기)의 경우 1 W(연속 1000 V 서지) 또는 2 W, 750 V

정격 저항에 의존해야 할 수 있다.

■ 허용 오차

25℃일 때 부하 없이 측정한 공칭 값에서의 저항의 편차(백분율)를 나타낸다. 저항기의 전형적인 허용 오차는 1%, 2%, 5%, 10%, 20%이다. 정밀 권선 저항기와 같은 정밀 저항기는 ±0.005%의 허용 오차로 제작한다. 허용 오차가 무엇인지 이해할 수 있게 허용 오차가 10%인 100 Ω 저항기를 생각해 보자. 지정된 허용 오차는 저항기의 저항이 실제로 90~110 Ω 사이의 임의의 값일 수 있음을 의미한다. 반면에 허용 오차가 1%인 100 Ω 저항기의 저항 범위는 99~101 Ω에 이른다.

전반적으로 탄소 합성 저항기들이 허용 오차가 가장 나쁜데, 대략 5~20%이다. 탄소 피막 저항기는 약 1~5%이고, 금속 피막인 경우는 1%, 정밀 금속 피막 저항기인 경우는 0.1%만큼 적다. 대부분의 권선 저항기는 1~5%이며, 정밀 권선형은 ±0.005%의 허용 오차를 달성할 수 있다. 상대적으로 신기술이라고 할 수 있는 박편형 저항기(foil resistors)[역주]들은 0.0005%까지 달성할 수 있다. 대다수 범용 기기들에서는 저항기의 허용 오차가 5%로도 충분하다.

[역주] 즉, 포일형 저항기

감소 곡선 예

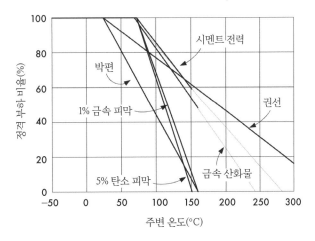

보기 3.54

■ 전력 정격

재료가 영구적으로 손상되지 않도록 저항기는 지정된 온도 한계 내에서 작동해야 한다. 저항기 제조업체가 제공하는 **전력 정격**(power rating)이라고 부르는 최대 전력 및 감소 곡선으로 온도 한계를 정의한다(보기 3.54). 저항기의 전력 정격은 저항기가 열을 안전하게 방출 할 수 있는 최대 전력(와트)을 말하며, 일반적으로 +25℃로 규정한다. 온도가 +25℃를 초과할 때는 최대 허용 전력과 주변 온도[역주1]를 나타내는 디레이팅 곡선(derating curve)[역주2]을 사용한다. 디레이팅 곡선은 일반적으로 최대 정격 부하 온도에서 최대 허용 무부하 온도까지를 선형으로 그린 것이다. 저항기가 최대 전력 정격 용량보다 낮게 작동할 경우, 전체 부하 주변 온도의 최댓값 이상인 주변 온도에서 작동할 수 있다. 최대 허용 무부하 온도는 저항기의 최대 보관 온도이기도 하다.

[역주1] 즉, 사용 온도
[역주2] 정격 출력 감소 곡선

저항기 수명과 관련해서, 30~40°C의 온도 변화는 용인된다. 온도가 정격 값으로 돌아오면 저항기도 정상 저항으로 되돌아간다. 그러나 저항기가 너무 뜨거워지면 영구적으로 손상될 수 있다. 그렇기 때문에 저항기의 정격 전력을 보수적으로 지정하는 게 중요하다.

저항기용 표준 전력 정격으로는 다음과 같은 것들이 포함된다. $\frac{1}{16}$, $\frac{1}{10}$, $\frac{1}{8}$, $\frac{1}{4}$, $\frac{1}{2}$, 1, 2, 5, 10, 15, 25, 50, 100, 200, 250, 300 W. 특정 응용기기의 전력 정격을 정하려면 $P = IV(P = I^2R$ 또는 $P = V^2/R)$을 사용한 다음에, 계산한 값보다 정격이 2~4배 더 큰 저항기를 선택하는 게 일반적이다. 그렇지만 저항기의 전력 정격 선택 시 그 요인이 다양하다는 점에 유념하라. 더 정밀하게 설계하는 응용기기에 맞추려면 저항기를 묶어 둘지, 한 상자 안에 뭉뚱그려 넣을지, 환풍기를 사용해 냉각시킬지, 펄스 처리할지와 같은 그 밖의 요인도 고려해야 할 수도 있다. 그런 경우에 보기 3.55에 나오는 도표를 써서 대략적인 전력 정격을 계산할 수 있다.

1/4 W, 1/2 W, 1 W 탄소 피막 또는 금속 피막 저항기 한 상자면 일반적으로 대부분의 응용기기에 쓰기에 충분하다. 1~5 W 권선 저항기를 선택하는 편이 편리할 수 있으며, 드물게 10~600 W 알루미늄으로 덮은 권선 저항기 또는 후막 전력 저항기를 사용해야 할 수도 있다.

일부 응용 분야(예를 들면, 증폭기 입력 단계)에서는 저항의 전력 정격(크기)을 늘려 **접촉 잡음**(contact noise)이라고 부르는 효과를 줄일 수 있다(이번 장 뒷부분의 '잡음' 절 참조).

■ 저항의 온도 계수(TCR 또는 TC)

이것은 저항기의 온도 변화에 따른 저항의 변화량을 알려 준다. TC 값은 일부 공칭 온도(보통 실내 온도인 25°C)에서 각 섭씨온도 변화에 대한 백만분율(ppm)로 표시된다.

TC가 100ppm인 저항기는 10°C 변화할 때 저항이 0.1% 변하고, 100°C 변할 때는 1% 변한다(예를 들면, −55~±145°C를 25°C인 실온에서 측정하였을 때처럼 온도 변화가 저항기의 정격 온도 범위 이내라면). 양의 TC는 온도 상승에 따른 저항 증가를 의미하고, 음의 TC는 온도 증가에 따른 저항 감소를 나타낸다.

또 다른 예를 들면 이렇다. 1000 Ω 저항기의 TC가 +200ppm/°C일 때 27~50°C로 가열된다. 저항의 변화를 백만분율로 나타내면 다음과 같다.

$$(200 \text{ ppm}/°C) \times (50°C - 27°C) = 4600 \text{ ppm}$$

이 공식은 새로운 저항을 의미한다.

$$1000 \text{ Ω} \times (1 + 4600 \text{ ppm}/1{,}000{,}000 \text{ ppm}) = 1004.6 \text{ Ω}$$

±1~±6700ppm/°C에 이를 정도로 TC 값의 범위는 넓다.

TC를 지정하는 것은 온도 변화에 대한 저항의 변화가 작아야 하는 응용 분야에서 중요하다. 특정 TC가 요구되는 응용 분야(예를 들면, 온도 보상 회로)가 중요할 수도 있다. 일반적으로 온도에 따라 저항이 변화는 원인으로는 전력 유전(dissipated power)[역주] 및 주변 온도 변화로 인한 온도 상승이라는 두 가지를 들 수 있다. 유전, 주변 온도 및 TC는 선형 함수가 아니라 종 모양 또는

[역주] 전력 흩어짐

S자 곡선과 유사하다. 따라서 중요한 고정밀 응용기기의 경우 제조업체의 저항기 데이터시트를 확인해야 한다.

와트 $P = I \times V$ $P = I^2 \times R$ $P = V^2 \times R$	조건						
	둘러쌈	모아 둠	공기를 식힘	주변 온도	온도 상승 제한	고도	펄스 동작
	% / F1	번호 / F2	fpm / F3	°C / F4	°C / F5	ft. / F6	% / F7

둘러쌈 (% / F1):
100–2.0, 90–1.9, 80–1.8, 70–1.7, 60–1.6, 50–1.5, 40–1.4, 30–1.3, 20–1.2, 10–1.1, 없음–1.0

모아 둠 (번호 / F2):
표준 브래킷: 3–1.4, 2–1.3
12–1.6, 8–1.5
0.5" 간격: 4–1.4, 2–1.3
12–1.5, 8–1.4
1" 간격: 4–1.3, 2–1.2
12–1.4, 8–1.3
2" 간격: 4–1.2, 2–1.1
1–1.0

공기를 식힘 (fpm / F3):
1500–0.27, 1400–0.28, 1300–0.29, 1200–0.30, 1100–0.32, 1000, 900–0.35, 800, 700–0.40, 600, 500–0.50, 400, 300–0.60, 200–0.70, 100–0.80, 0.90, 정지–1.0

주변 온도 (°C / F4):
300–6.6, 5.0, 4.1, 3.2, 2.7, 200–2.2, 1.9, 1.6, 1.4, 100–1.3, 1.2, 50–1.1, 25–1.0

온도 상승 제한 (°C / F5):
40, 50–13.0, 10.0, 8.0, 7.0, 6.0, 5.0, 4.0, 100–3.0, 2.5, 2.0, 1.75, 200–1.5, 1.4, 1.3, 1.2, 1.1, 300–1.0

고도 (ft. / F6):
100, 90, 80–1.5, 70–1.5, 60, 50–1.4, 40–1.3, 30, 20–1.2, 10–1.1, 5–1.0, 0–1.0

펄스 동작 (% / F7):
1000–0.10, 900–0.11, 800–0.12, 0.13, 700–0.14, 0.15, 0.16, 0.17, 0.18, 0.19, 600, 500–0.20, 400–0.25, 300–0.30, 0.35, 0.40, 200–0.50, 0.60, 0.75, 100–1.0

P_{dis} × F1 × F2 × F3 × F4 × F5 × F6 × F7 =

P_{dis}	F1	F2	F3	F4	F5	F6	F7
표준 대기 상황에서 회로 조건에 따라 결정되어 흩어져 사라질 와트	계수들은 표면의 제곱 인치당 와트가 0.2~0.4인 판금 상자의 평균 치수에 대해 근사된다.	계수들은 보기와 같은 간격을 똑같이 둔 병렬 저항기 뱅크에 적용된다.	계수들은 근삿값일 뿐이다. 냉각 효율은 설치 방식에 따라 달라진다.	실내 온도에 인접한 열원으로 인한 온도 상승을 더한 것이다.	인접 장치, 향상된 안전성 또는 최대 신뢰성으로 인해 저온을 바라게 될 수도 있다.	계수들이 속성에 적용된다. 해발 5,000피트 이상인 고도에서는 정격 감소가 필요하지 않다.	그래프와 데이터를 보고 펄스 연산을 위한 백분율 부하를 가장 먼저 결정해야 한다.

F1		F2		F3		F4		F5		F6		F7
100%		4@2		표준 조건		50°C		표준 조건				
2.0	×	1.2	×	1	×	1.1	×	1	×	1	×	1

함께 곱할 값 = 2.64이므로 115 W에 2.64를 곱하면,
각 저항기에 필요한 대기 와트 크기 정격을 304W로 얻을 수 있다.

보기 3.55 밀폐, 그룹화, 냉각, 주변 온도, 제한된 온도 상승, 고도 및 펄스 부하 조건에 따라 저항기의 대략적인 전력 정격을 결정하는 데 사용하는 계산기. 예를 들어, 각기 115 W를 발산하는 저항기 네 개를 한 묶음으로 장착해야 하며, 각 표면의 간격이 2인치, 주위 온도가 50°C여야 한다. 저항기는 완전히 둘러싸여 있다. 그 밖의 요인은 표준이다.

회로를 설계할 때는 어떤 설계 사례에서 높은 안정성과 낮은 TC가 요구되는지 자문해야 한다. 예를 들어, 안정된 고정밀 회로에서 탄소 합성 저항기를 사용하면 높은 TC와 약한 허용 오차로 인해 문제가 발생한다. TC가 50~100 ppm/°C인 더 안정된 금속 피막 저항기를 사용하면 정확도와 안정성이 크게 향상된다. 정밀 피막 저항기는 정확도와 TC가 향상된 것으로, TC의 경우에는 20, 10, 5, 2 ppm/°C이고 정확도는 0.01%만큼 좋다. 탄소 피막 저항기의 TC는 금속 피막 저항기의 것보다 500~800 ppm/°C 정도 높다. 의도한 금속 피막 종류를 넣어야 할 자리에 실수로 탄소 피막 저항기를 삽입하기가 쉽다. 탄소 피막 저항기는 주요 저항 제품군 중에서도 유일하게 음의 온도 계수를 가지고 있기 때문에 독보적이다. 종종 다른 부품의 열 효과를 상쇄하는 데 이것들을 사용한다.

> **참고** 흔히 저항기 짝 또는 저항기 모음에 대한 TC를 일치시키는 것이 실제 TC 자체보다 더 중요하다. 이 경우 작동 온도와 동일한 크기 및 방향으로 설정한 트랙의 저항 값이 변경되도록 하는, 일치된 세트가 제공된다.

■ 주파수 응답

저항기는 완벽하지 않다. 특히, 교류 전압 주파수의 증가에 따라 장치의 임피던스가 변경되게 할 수도 있는 고유한 유도성 기능이나 용량성 기능이 있다. (보기 3.56은 저항기의 주파수 모형을 나타낸다.) 이러한 이유로 저항기들이 R/C 회로나 필터 또는 인덕터처럼 동작하는 게 가능하다. 이러한 유도성 및 용량성 효과가 나타나는 주요 원인은 저항성 소자와 저항기 리드의 내부 배치가 불안전하기 때문이다. 나선형 저항기 또는 권선 저항기에 나타나는 이러한 유도성 및 용량성 반응저항은 나선이나 권선에 의해 형성된 고리와 간격 때문에 생긴 것이다. 파동을 응용하는 기기에서 이러한 반응이 왜곡되면 입력이 제대로 복제되지 않는다. 권선 저항기에 의해 20 ns 파동이 완전히 누락될 수 있으며, 제대로 설계하면 박편 저항기(foil resistor)는 할당된 시간 내에 완전히 복제될 수 있다. 주파수가 증가하면 유도성 반응저항이 더 널리 퍼진다.

응용기기별로 저항기의 유용한 주파수 범위에 대한 정의가 다르지만, 일반적으로 저항기의 유용한 범위는 저항기의 허용 오차 이상으로 임피던스가 저항과 다른 상황에서 가장 높은 주파수이다. 이러한 특수한 설계인 경우에 일반적인 반응은 1 μH(500 Ω 저항인 경우)이고 0.8 pF 미만의 정전용량(1 MΩ 저항기인 경우)이다. 일반적으로 상승 시간(rise time)이 빠른 저항기의 상승 시간은 20 ns 이하이다. (상승 시간이란, 단계 또는 파동 입력에 대한 저항기의 반응을 나타내는 일과 관련된 변수이다.)

권선 저항기는 내부의 코일 권선으로 인해 주파수 응답이 빈약하기로 유명하다. 또한, 합성 저항기인 경우, 주파수 응답은 유전체 결합제에 의해 접촉하여 유지되는 많은 전도성 입자들이 만들어 내는 정전용량으로 인해 어려움을 겪는다. 고주파 동작에 가장 안정적으로 반응하는 저항기는 피막 저항기(film resistor)이다. 피막 저항기의 임피던스는 약 100 MHz까지는 일정하게 유지되다가 그보다 높은 주파수에서 감소한다. 일반적으로 지름이 더 작은 저항기의 주파수 응답이 더 좋다. 대부분의 고주파용 저항기는 길이 대 지름 비율이 4:1에서 10:1 사이이다. 제조업체는 종종 데이터시트(자료지)들을 제공해 저항기의 주파수 반응을 알 수 있게 한다. 임피던스 해석기가 저항기의 주파수 응답을 모형화하는 데도 도움이 된다.

박편 저항기의 주파수 반응

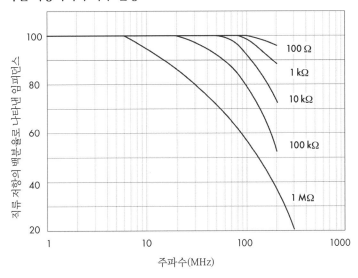

보기 3.56

■ 잡음

저항기에 직류 전압이 인가되면 저항기는 교류 전압이 작게 변동하는 꼴로 전기적 잡음을 나타낸다. 잡음을 정확하게 측정하기가 극히 어렵고 저항기의 값에 영향을 주지 않지만, 저수준 신호, 디지털 증폭기, 고이득 증폭기 및 기타 응용기기에 치명적인 영향을 미칠 수 있다. 저항기 내 [역주] 즉, 총 잡음 잡음은 인가된 전압, 물리적 치수 및 재료에 따라 달라진다. 전체 잡음[역주]이란 존슨 잡음, 전류 흐름 잡음, 균열된 몸체로 인한 잡음, 느슨한 말단부 뚜껑(end cap) 및 리드로 인한 잡음 등을 모두 합한 것이다. 가변 저항기의 경우에 접촉편(wiper)이 저항성 소자를 따라 움직이다가 접촉편이 갑작스럽게 움직이는 동작(예를 들면, 선이 감기는 동작)에 의해 잡음이 발생할 수도 있다.

저항기 잡음의 주요 유형은 세 가지이다. 열잡음, 접촉 잡음, 산탄(shot) 잡음이 그것이다. 열잡음은 주로 온도, 대역폭, 저항에 따라 달라지며, 산탄 잡음은 대역폭 및 평균 직류 전류에 따라 달라진다. 접촉 잡음은 평균 직류 전류, 대역폭, 재료의 모양 및 종류에 따라 다르다. 다음은 다양한 저항기 잡음을 간략히 요약한 내용이다.

[역주] 순수 잡음 또는 하얀 소음 존슨 잡음(Johnson noise)이란, 온도에 따른 열잡음을 말한다. 열잡음을 '백색 잡음'[역주]이라고도 부르는데, 잡음 수준이 모든 주파수에서 같기 때문이다. 열잡음의 크기 V_{rms}는 열 교란으로 인한 저항 값과 저항 온도에 따라 달라진다.

$$V_{\mathrm{RMS}} = \sqrt{4kRT\Delta f}$$

[역주] 즉, 제곱평균제곱근 값 여기서 V_{rms}는 잡음 전압의 실효치(볼트 단위)[역주]이고, k는 볼츠만 상수(1.38×10^{-23} J/K)이고, R은 저항(옴 단위)이고, T는 온도(켈빈 단위)이고, Δf는 잡음 에너지가 측정되는 대역폭(헤르츠 단위)이다. 저항기의 경우 열잡음은 재료의 종류(탄소, 금속 피막 등)에 관계없이 저항 값이 같은 저항기들이라면 다 같다. 저항 값을 줄이는 게 열잡음을 줄이는 유일한 방법이다. 이것이 증폭기의 입력단

에 10 MΩ 저항기를 사용하지 않는 이유이다.

전류 잡음(current noise)은 주파수에 반비례하며, 저항기에 흐르는 전류와 저항기 값의 함수이다 (보기 3.56 참조). 전류 잡음의 크기는 전류의 제곱근에 직접 비례한다. 전류 잡음 크기는 일반적으로 특정 열점 온도일 때 저항에 흐르는 지정 정전류에 의해 발생하는 평균 전압에 대해 10진 대역폭에 대한 실효치 전류 잡음 전압(V_{rms})의 비율로 구하는 잡음 지수로 표시한다.

$$\text{NI} = 20 \log_{10} \left(\frac{\text{잡음 전압}}{\text{직류 전압}} \right)$$

$$V_{RMS} = V_{dc} \times 10^{NI/20} \sqrt{\log (f_2/f_1)}$$

여기서 NI는 잡음 지수, V_{dc}는 저항기 양단의 직류 전압 강하, f_1과 f_2는 잡음을 계산 중인 주파수 범위를 나타낸다. 잡음 지수 단위는 μV/V이다. 주파수가 높을수록 전류 잡음은 존슨 잡음보다는 덜 지배적이다.

접촉 잡음(contact noise)은 저항기의 재질, 크기 및 평균 직류 전류에 따라 달라지는 상수에 직접 비례한다. 예를 들어, 증폭기에서 2 W의 더 큰 탄소 합성 저항기(carbon-composition resistor)를 사용하면 동일한 조건에서 ½ W 상당의 성능을 향상시킬 수 있다. 탄소 합성, 탄소 피막, 금속 산화물 및 금속 피막의 주된 잡음은 접촉 잡음인데, 1/f라는 주파수 특성으로 인해 저주파수에서 매우 크다. 권선 저항기에는 탄소 입자로 만들어진 이 잡음 전용 저항이 없다. (직류나 교류의) 전류가 저항기로 흐르지 않는다면 잡음은 열잡음과 같다. 전류가 늘어나면 접촉 잡음이 증가한다. 이는 동작 시 잡음을 낮추려면 직류나 교류 전류를 낮게 유지해야 함을 의미한다. 저항기의 재질과 기하학적 구조가 접촉 잡음에 큰 영향을 미치므로 저항기의 정격 전력을 두 배로 해서 크기와 면적을 늘리면 저항기에서 발생하는 접촉 잡음이 감소한다.

산탄 잡음(shot noise)은 전류에 따라 달라지며, 저항기를 통과하는 평균 직류 전류가 많을수록 잡음이 증가한다. 이런 잡음 종류를 줄이려면 직류 전류 수준을 낮게 유지해야 한다. 이것은 종종 첫 번째 증폭기 단계나 오디오의 반향-복원 증폭기(reverb-recover amps)와 같은 저수준 단계에서 작동하는 데 가장 중요한 부분이다. 권선 저항기의 인덕턴스가 작용하는 고주파 증폭기를 제작하지 않는 한, 이러한 응용기기에서는 권선 저항기나 금속 피막 저항기를 사용하는 것이 가장 좋다. 저잡음 응용기기에 가장 좋은 것은 정밀 저항기이다. 정밀 권선 저항기에는 열잡음만 있고 가장 조용한 편이지만(단말 처리가 잘못되지 않는 한), 일반적으로 유도성을 띄고 있어서 저항 값이 큰 경우에는 사용하기 어렵다. 정밀 피막 저항기도 잡음이 매우 낮다. 제조업체의 웹 사이트를 참조하여 잡음이 없는 최신 피막 저항기가 어떠한지 확인해야 한다. 다음으로 금속 산화물, 탄소 피막, 그리고 마지막으로 탄소 합성 순으로 잡음이 적다. 합성 저항기에서는 결합제로 붙여 둔 전도성 입자들 간에 내부 전기 접촉이 일어나 어느 정도 잡음이 발생한다. 그리고 중요 회로를 설계할 때는 실제 와트 수가 가장 큰 저항기를 사용하면 접촉 잡음(권선형에는 적용 할 수 없음)을 줄일 수 있다. 가장 일반적인 탄소 합성 저항기인 전위차계를 잊지 마라.

전위차계의 저항 값은 일반적으로 커서(예를 들어, 음량 조절용인 경우에 1 MΩ) 증폭기의 주요 잡음 원이 된다. 잡음을 절대적으로 최저로 낮추기 위해서는 전도성 플라스틱 소자를 팟으로 사용해야 하며, 실용적인 최젓값과 최대 실효 전력 정격을 사용해야 한다.

■ 저항의 전압 계수

저항이 늘 인가된 전압과 별개인 것만은 아니다. 저항의 전압 계수는 전압의 단위 변화당 저항의 변화를 나타낸 것으로, 정격 전압의 10%에서 저항의 백분율로 표시된다. 전압 계수를 나타내는 관계식은 다음과 같다.

$$전압\ 계수 = \frac{100 \times (R_1 - R_2)}{R_2(V_1 - V_2)}$$

여기서 R_1은 정격 전압 V_1에서의 저항이고, R_2는 정격 전압 V_2의 10%에서의 저항이다. 전압 계수는 탄소 합성 및 탄소 피막 저항기와 관련된 저항 값과 그 합성들이다.

■ 안정성

안정성은 기준 온도에서 측정된 다음에 시간이 지남에 따라 다양한 작동 및 환경 조건에 적용될 때 저항기의 저항 반복성으로 정의한다. 안정성을 규정하거나 측정하기 어려운 것은 기기에 따라 달라지기 때문이다. 일반적으로 권선 및 덩어리 모양 금속 저항기 설계 시 안정성이 가장 좋고, 합성 저항을 사용하는 설계 시에는 안정성이 가장 낮다. 최고의 저항 안정성을 갖추려면 주요 저항기들의 온도 상승과 부하 수준을 제한해 작동시키는 게 좋다. 온도 변화가 저항성 소자에 번갈아 적용되어 저항성 소자의 응력을 풀어 버리기 때문에 저항이 변한다. 이러한 온도 변화가 더 빠르고 더 광범위할수록 저항도 더 크게 변한다. 아주 심각할 때는 말 그대로 저항기가 고장이 날 수 있다. 습도로 인해 저항기의 절연체가 팽창되어 저항성 소자에 압력을 가함으로써 저항이 변경될 수도 있다.

■ 신뢰성

역주 또는 평균 고장 시간

저항기가 기능을 의도한 대로 수행할 가능성을 나타낸다. 일반적으로 평균 고장 간격(mean time between failures, MTBF)역주 또는 1,000시간 작동당 고장률로 표기한다. 신뢰성은 대다수 기기에서 주요한 규격이 아닌 경우가 많다. 군용 응용기기와 같은 임무 필수적인 응용 기기에 자주 나온다.

■ 온도 정격

저항기를 사용하는 곳의 최대 허용 온도를 나타낸다. 종종 두 가지 온도가 사용된다. 예를 들어, +85°C까지의 최대 부하는 +145°C에서 무부하 상태로 정격 감소(derate)가 된다. 온도 범위를 −55°C ~ +275°C로 지정할 수 있다.

3.5.5 저항기 종류

늘 새로운 기술이 생겨나므로 수많은 저항 기술이 나와 있다. 주요한 기술로는 탄소 피막, 금속 피막, 후막, 박막, 탄소 합성, 권선, 금속 산화물 기술이 있다. 응용기기에 맞는 저항기를 선택할 때는 일반적으로 저항기를 정밀 저항기, 준정밀 저항기, 범용 저항기 또는 전력 저항기 중에서 골라 선택한다.

- 정밀 저항기(precision resistor)는 잡음이 적고 반응저항이 매우 낮을 뿐 아니라 전압 계수 및 전력 계수가 낮고 온도 안정성과 시간 안정성이 뛰어나다. 이 저항은 금속 피막 또는 권선 형태로 제공되며, 일반적으로 아주 적은 허용 오차만 용인하는 회로용으로 설계된다.
- 준정밀 저항기(semiprecision resistor)는 정밀 저항기보다 덜 정밀하여서 주로 전류 제한 또는 전압 강하 기능에 사용된다. 준정밀 저항기의 온도 안정성은 장기적이다.
- 범용 저항기(general-purpose resistor)는 엄격한 저항 허용 오차 또는 장기 안정성을 요구하지 않는 회로에 사용된다. 범용 저항기의 경우 초기 저항 변화가 5%에 근접할 수 있으며, 정격 전력에서의 저항 변동이 20%에 이를 수 있다. 일반적으로 범용 저항기의 저항 계수와 잡음 수준이 높다. 그렇지만 고품질 금속 피막 저항기의 가격이 저렴해서 범용 저항기로 자주 사용한다.
- 전력 저항기(power resistor)는 5%의 작동 안정성이 허용되는 전원 공급 장치, 제어 회로 및 전압 분할기에 사용된다. 전력 저항기는 권선형이나 피막형 구조로 제공된다. 피막형 전력 저항기는 고주파에서 안정된다는 이점이 있으며, 크기가 같다면 권선 저항기보다 저항 값이 더 크다.

다양한 가용 저항기 간의 차이점이 드러나도록 세부 사항을 정리하면 다음과 같다.

● 정밀 권선

정밀 권선 저항기(precision wirewound resistor)는 매우 안정된 저항기로 높은 내성을 지니도록 제조한다. 니켈-크롬 합금으로 제작한 선을 유리막으로 도포한 세라믹 관에 감아서 만든다. 이 제품의 온도 계수를 매우 낮게(3ppm/℃) 설계하며, 정확도를 최대 0.005%까지 달성한다. 일반적인 운전 온도 범위는 −55 ～ 200℃이며, 최대 운전 온도는 145℃이다. 정격 온도 및 부하에서 수명이 보통 1만 시간에 달하지만, 정격 온도보다 낮은 온도에서 운용한다면 수명이 더 늘어날 수 있다. 이 조건에서 허용되는 저항 변화는 약 0.10%이다. 잡음과 관련해서는 접촉으로 인한 잡음이 거의 없다. 일반적으로 전력 처리 기능이 취약하지만 방열판을 쓰면 고전력 형식도 사용할 수 있다.

선을 감아 놓은 특성 때문에 이 저항기에는 인덕턴스 및 정전용량 성분이 존재한다. 저항 값에 관계없이 주파수가 낮을 때는 유도성을 띠고 주파수가 높을 때는 용량성을 띨 수 있다. 공진 주파수도 지니고 있는데, 공진 주파수의 Q 값이 매우 낮다. 이러한 이유로 이 저항기는 50 kHz 이상에서 작동하기에 적합하지 않으므로 무선 주파수 응용기기에 사용하지 말아야 한다. 정밀 권선 저항기를 여러 작업에 두루 쓰기에는 적합하지 않고, 고정밀 직류 측정 장비와 같은 고정밀 직류 응용기기와 전압 조정기 및 복호 회로망의 기준 저항으로 쓰기에 적합하다.

> 참고 제조업체의 소개 책자에 'HS 형식' 권선이라는 식으로 표시된 특수 정밀 권선 저항기가 있다. 이러한 저항기에는 권선의 인덕턴스를 크게 줄이는 특수한 권선 패턴이 있다. HS 권선의 형식은 두 가지이다. 그중 한 가지 형식에는 인덕턴스가 거의 없지만 상호 권선 정전용량이 크게 증가한다. 나머지 형식의 경우에는 인덕턴스가 낮고 정전용량이 낮아서 고속 안정화 증폭기에 적합하다.

한때는 가장 좋고 가장 안정된 저항기로 간주되었지만, 이제는 정밀 피막 저항기라는 제품이 생기면서 거의 모든 면에서 정밀 권선 저항기와 경쟁하고 있다.

전력 권선

전력 권선 저항기(power wirewound resistor)는 경쟁 대상인 정밀 저항기와 유사하지만 높은 전력을 처리하도록 설계되었다. 다른 저항기보다 단위 체적당 더 많은 전력을 처리한다. 가장 강력한 점 중 한 가지는 방열 소자와 비슷하게 감겼다는 점으로, 냉각 방식(예를 들면, 광유 또는 고밀도 규소액과 같은 액체에 환풍기를 달거나 담그는 방식)이 어느 정도 필요하다. 이 저항기의 모양은 세라믹 관이나 봉, 또는 산화 피막 처리를 극한까지 한 알루미늄 중심봉이나 유리 섬유 중심봉과 같은 틀 위에 감은 모양이다. 권선을 감은 심(스테아타이트, 알루미나, 산화베릴륨 등으로 만든 심)의 열전도율은 무척 높다. 방열이 잘 되는 다양한 모양(타원형, 평판형, 원통형)으로 공급된다. 외함 장착 권선은 일반적으로 세라믹 심에 감은 원통형 전력 저항기로서, 알루미늄 방열판과 일반적인 방열 핀을 함께 압착 성형한다. 이렇게 금속판이나 외함에 장착해 열을 더 발산하게 설계하므로 정격 전력 등급의 약 5배에 해당하는 정격을 얻는다. 전력 권선의 정확도와 TCR 등급은 다양하다.

역주 steatite, 즉 동석

금속 피막 `100C`

상승 시간이 빠르거나(마이크로초) 고주파(메가헤르츠) 응용기기에는 일반적으로 금속 피막 저항기(metal film resistor)가 가장 적합하다. 또한, 매우 저렴하고 크기도 작다(예를 들면, 표면 장착형도 있음). 금속 피막 저항기는 모든 저항기에 대한 최상의 절충안으로 간주된다. 권선형보다 정확도와 안전성이 낮은 것으로 여겨졌던 때도 있었지만, 기술이 크게 향상되면서 특수한 정밀 금속 피막 저항기의 경우에는 TC 값이 20, 10, 5 ppm/°C, 심지어 2 ppm/°C까지 낮아졌고 정확도는 0.01%까지 좋아졌다. 또한, 권선형보다 인덕턴스가 훨씬 적으며 크기도 작고 가격도 저렴하다. 탄소 피막 저항기와 비교하면 TC가 낮고 잡음이 적으며, 선형성이 뛰어나고 주파수 특성과 정확도가 우수하다. 또한, 고주파 특성으로 인해 탄소 피막 저항기를 능가한다. 그러나 탄소 피막 저항기의 최대 저항 값이 더 높다.

역주 밑 금속 또는 바탕 금속

금속 피막 저항기는 세라믹 봉이나 웨이퍼 위에 진공 상태에서 증착한 모재(base metal)*역주*로 만든다. 저항 값은 피막의 너비, 길이 및 깊이를 주의 깊게 조절해 제어한다. 이 과정이 매우 세밀하므로 허용 오차가 매우 작은 저항기를 사용한다. 금속 피막 저항기는 표면 실장 기술에 광범위하게 사용된다.

탄소 피막

탄소 피막 저항기(carbon film resistor)는 주변에서 가장 흔히 볼 수 있는 저항기이다. 세라믹 기판에 특수 탄소 피막 혼합물을 도포(침지, 압연, 인쇄 또는 분무)해 만든다. 저항은 탄소 혼합물의 두께와 백분율에 따라 대략적으로 정해진다. 저항 값을 정확히 설정하기 위해 세라믹 조각을 특정 길이로 자르기도 한다. 나선형 절단 고랑을 파서 더 잘게 자를 수도 있다(보기 3.53 참조). 탄소 피막을 제조하는 그 밖의 방법으로는 경화성 중합체형 결합제에 탄소 가루를 기계적으로 고루 뿌리는 방식이 있다. 해당 재료를 나선 꼴로 기판 위에 도포한 후 온도를 적당히 올리면 굳는다.

허용 오차가 1%인 탄소 피막 저항은 일반적으로 나선형으로 절단해 제조하며, 전압 과부하 제한 조건이 금속 피막 형태와 같다. 이 저항기는 널리 쓰이지만 TC 값이 500~800 ppm/°C 정도여서 금속 피막 저항기를 사용할 회로에는 사용하지 말아야 한다. 즉, 날려 버린 부품을 조립하거나 대체할 때 이 두 개를 섞어 써서는 안 된다는 말이다. 탄소 피막 저항기의 잡음이 크고 전압 계수가 있어서 탄소 합성 저항과 여러모로 비슷한 특성들이 많다. TCR 등급이 낮고 허용 오차가 더 엄격하다는 점에서 탄소 합성 저항기보다 우수하다. 저항기 종류로는 일반용, 스루홀(through-hole)^{역주} 및 표면 실장형 소자 등이 있다. 또한, 고전력, 고전압, 용해성과 같은 특수 유형이 있다. 허용 오차가 1% 이상일 수 있지만 TC와 전압 계수 및 안정성을 설정할 때, 해당 허용 오차에 대해서만 알맞다는 점을 의미할 수 있으므로, 이러한 저항기 형식에 대해 정밀한 허용 오차를 얻을 때는 주의해야 한다. 탄소 피막 저항기의 TC는 100~200 ppm 부근이며 일반적으로 음수이다. 탄소 피막 저항기의 주파수 응답은 권선보다 훨씬 우수하며 탄소 합성보다 훨씬 낫다.

역주 즉, 관통형

■ 탄소 합성

탄소 합성 저항기(carbon composition resistor)의 화려한 시절은 지나갔지만, 임무 필수형이 아닌 기기에서는 여전히 찾아볼 수 있다. 탄소 합성 저항기는 결합제와 섞은 탄소 입자들로 구성한다. 탄소 농도를 조절해 저항 값을 바꾼다. 이 혼합물을 원통형으로 다듬은 다음에 구워서 굳힌다. 각 저항기의 끝에 축 방향에 맞춰 리드를 부착하며, 나머지 조립 부분을 보호 도장 안에 봉입한다. 합성 저항기는 경제적인데다가 저항 시의 잡음 수준이 1 MΩ 정도로 낮다. 합성 저항기의 정격은 보통 1/8~2 W 범위의 전력에 대해 온도가 70°C 정도가 되도록 정한다. 합성 저항기에는 100 kHz 부근의 주파수, 특히 0.3 MΩ 이상인 저항 값에서 찾아볼 수 있는 종단 간 우회 정전 용량이 있다.

그러나 허용 오차가 5~20%로 빈약하므로 중대한 응용기기에 탄소 합성 저항기를 사용해서는 안 된다. 어떻게 구성하느냐에 따라 저항 값과 용기의 크기에 비례하는 잡음이 발생한다(1 MΩ 이상은 저잡음).

역주 즉, 표면 방전

합성 저항기의 특성이 좋지는 않지만 과전압 상태에서는 상당히 양호하다. 심한 과전압 상태에서 금속 피막 저항기의 나선형 틈이 막힐 수도 있지만(이 과정에서 단락되어 틈 자체가 파괴될 수도 있음), 탄소 합성 저항기는 그다지 약해지지 않을 것이다. 탄소 합성 저항기는 섬락^{역주} 효과(단락) 없이 짧은 시간 동안 큰 과부하를 처리할 수 있게 커다란 저항성 물질 덩어리를 사용한다. 따라서 허용 오차 등이 중요하지 않은 직렬 저항을 통해 고전압 커패시터를 방전하려는 경우에 탄소 합성이 나쁜 선택은 아니다. 물리적인 크기와 관련된 전력 처리 기능이 정밀 권선보다는 크고 전력 권선보다는 작다.

■ 덩어리형 금속 박편 저항기

역주 즉, 박막 저항기
또는 박 저항기

박편 저항기(foil resistor)^{역주}의 특성은 금속 피막과 유사하다. 안정성과 TCR이 낮아 (정밀 권선에 가까워짐) 금속 피막 저항기보다 정확성이 더 우수하다. 아주 정밀한 것의 허용 오차는 0.005%, TCR 값은 0.2 ppm/°C에 이른다. 우수한 주파수 응답이 강점이다. 박편 저항기는 정밀한 권선 저항기에 사용하는 것과 동일한 선재를 압연하여 얇은 띠 모양 박편으로 만들어 사용한다. 그런 다음에 이 박편을 세라믹 기판에 붙이고 필요한 값에 맞춰 식각한다. 주요 단점은 금속 피막 저항기의 저항 값보다 낮은 값으로 제한된다는 점이다.

■ 필라멘트 저항기

필라멘트 저항기(filament resistor)는 세라믹 외피(배에 해당)로 둘러싸지 않은 점을 제외하면 '욕조형 배 모양 저항기'와 유사하다. 리드를 압착한 개별 저항 소자를 절연 물질(일반적으로 고온 광택 도장)로 도장한다. 허용 오차, TCR 및 안정성이 중요하지 않고, 비용이 많이 드는 분야에서 사용한다. 이런 저항기의 가격은 탄소 합성보다는 약간 더 비싸지만 전기 특성이 더 우수하다.

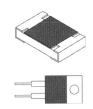

■ 박막 저항기와 후막 저항기

역주 즉, 파동을 감당하는 용량

산화알루미늄 기판에 니켈 크롬(NiCr) 저항성 막을 극히 얇은 층(1 μm 미만)이 되게 증착하고, 전도성 전극으로는 니켈 구리(NiCu) 소재를 사용해 박막 저항기(thin film resistor)를 제작한다. 박막 기술로 극단적인 정밀도와 안정성을 달성한다(꽉 쪼이는 허용 오차와 낮은 TCR 값). 그러나 이러한 저항기에 쓰인 저항 물질의 질량이 적어서 서지 용량역주은 상대적으로 제한된다. 박막 저항기는 소형 표면 실장형 소자로 설계되어 PCB 설계에 사용되며, 마이크로파 전력 저항기, 마이크로파 전력 종단, 마이크로파 저항성 전력 분배기 및 마이크로파 감쇠기와 같은 수동 및 능동 마이크로파 전력 부품으로 자주 사용된다.

후막 저항기(thick film resistor)는 박막 저항기와 달리 두꺼운 이산화루테늄(RuO_2) 피막을 사용하고, 팔라듐 은(PdAg) 전극이 있다. 또한, 이들 재료를 유리를 바탕으로 한 재료와 혼합해 기판 인쇄용 반죽을 만든다. 인쇄 재료의 두께는 대개 12 μm이다. 후막 저항기의 정밀도와 안정성이 좋아서 아마도 박막 저항기의 저항에 거의 근접할 것이다. 그러나 최대 서지 용량은 박막의 것을 훨씬 능가한다. 후막 저항기는 리드가 두 개인 용기에 담긴 형태로 제공되거나 표면 실장 형태로 제공된다. 일부 후막 저항은 전력 저항기로 설계된다.

박막 저항기 및 후막 저항기 기술이 지속적으로 개선되고 있어 모든 특징을 규정짓기는 어렵다. 더 상세한 정보를 알고자 할 때는 제조업체가 제공하는 데이터시트를 참조하는 게 최선 중의 최선이다.

■ 전력 피막 저항기

전력 피막 저항기(power-film resistors)의 제조 과정은 각 금속 피막 저항기 또는 탄소 피막 저항기와 유사하다. 이 제품은 전력 저항기용으로 제조되어 정격이 부여되는데, 전력 등급이 가장 중요한 특성이다. 전력 피막 저항기는 전력 권선 저항기보다 최대 사용 값이 높으며 주파수 응답이 매우 우수하다. 일반적으로 좋은 주파수 응답 및 더 높은 최댓값이 필요한 응용기기에 사용한다. 일반적으로 허용 오차가 더 큰 전력 응용기기에 사용하며, 모든 부하 상태에서 저항이 최대 설계 온도를 초과하지 않도록 온도 정격을 변경한다. 또한, 저항기의 물리적 크기가 더 크며, 경우에 따라서는 방열판에 부착한 열전도성 재료로 심을 만들어 열을 더욱 효율적으로 발산하게 한다.

■ 금속 산화물(고전력 금속 산화물 피막, 내염)

금속 산화물 저항기(metal oxide resistor)에는 유리 또는 세라믹 봉의 가열된 표면과 염화주석 용액의 증기 또는 분무의 산화 반응으로 형성된 저항 소자가 들어있다. 생성된 산화주석 피막을 관통하는 나선 경로를 파서 값을 조절한다. 이러한 저항은 고온 및 전기적 과부하를 견딜 수 있으며 정밀도는 보통 정도이다. 이런 부류에 해당하는 저항기 형식으로는 고전력 형식, 내염(flameproof) 축 방향 관통 형식, 표면 실장 형식이 포함된다. 축 방향 형식의 색깔은 파랗거나 희다. 이 저항기의 내부와 마찬가지로 외피도 내염성을 띄고 있는데, 외부의 열과 습기에도 잘 견딘다. 일부 응용 분야에서는 금속 산화물 저항기로 탄소 합성 부품을 대체할 수 있다. 펄스 전력 응용기기에 가장 적합하다. 크기가 작은 전력 금속 산화물 저항기는 0.5~5 W 범위에서 제공되며 ±1~±5%의 표준 오차 및 ±300 ppm/°C 정도의 TCR을 제공한다. 금속 산화물 저항기는 범용 전압 분할기, RC 타이밍 회로 및 풀업 및 풀다운 저항 서지 응용기기(예를 들면, RC 완충(snubber) 회로, 전류 제한 회로 및 과부하 접지 라인)에 사용된다. 또한, 권선 저항기의 값을 초과하는 최대 저항 값으로도 제공된다. 일반적으로 상당한 전기적, 기계적 안정성과 높은 신뢰성을 보인다.

■ 용융 저항기(탄소 합성, 전력 산화물, 금속 피막) ═══CR60-64═══

역주 즉, 퓨즈 저항기 또는 용해 저항기

용융 저항기(fuse resistor)^{역주}는 저항기와 퓨즈 역할을 동시에 한다. 용융 저항기는 큰 서지 전류 또는 오류 조건에 노출될 때 회로를 개방(녹음으로써)하도록 설계되었다. 방염제를 도포한 곳을 나선형으로 처리해 녹을 수 있게 한 것이다. 저항성 물질을 녹이는 데 필요한 에너지량(저항성 물질을 증발시키는 데 필요한 에너지의 양을 용융 온도에 더한 것)을 바탕으로 용융 전류를 계산한다. 이 저항기는 일반적으로 보통의 정밀도를 지닌 저항기나 전력 저항기보다 더 뜨거워지므로 순간적인 서지로 인해 저항성 소자가 녹는 온도까지 온도가 올라간다. 일부 설계에서는 쉽게 녹을 수 있게 저항기 내부에 열점을 마련해 둔다. 용융 저항기를 사용할 때 알 수 없는 부분은 주로 재료의 열전달에 관한 것으로, 이는 오랜 시간에 걸친 펄스와 관련해 상당히 중요할 수 있음에도 불구하고 계산하기는 매우 어렵다. 용융 저항기 장착이 중요한 이유는 용융을 일으키는 전류가 영향을 받기 때문이다. 용융 저항기를 퓨즈 클립에 장착하면 용융 특성이 더 정확해진다. 용융 저항기는 탄소 피막, 금속 피막, 박막 및 녹일 수 있는 권선 형태 등 다양한 형태로 공급된다. 용융 저항기는 충전기, 텔레비전, 무선전화, PC/CPU 냉각기 등의 정전압 및 과부하 보호 회로에 널리 사용된다. 기존 퓨즈와 마찬가지로, 빠르게 녹는 형태와 느리게 녹는 형태로 공급된다.

역주 즉, 칩 어레이 저항

■ 칩형 저항기 어레이^{역주}

역주 즉, 저항기 배열

저항기 어레이(resistor array)^{역주}는 기판 한 개에 저항성 소자를 두 개 이상 조합한 것이다. 후막 기술이나 박막 기술을 사용해 저항성 소자를 구성한다. 이 어레이는 SIP 및 DIP 패키지 형태뿐만 아니라, 납땜을 할 수 있지만 리드가 없고 종단이 있는 표면 실장형 패키지로도 제공된다. 절연 저항, 단일 공통 및 이중 공통 모선형 저항기를 포함한 다양한 회로 설계도를 사용할 수 있다. 공간, 중량, 배치 비용을 낮춰야 하는 다양한 응용기기에서 저항기 어레이를 사용한다. 허용 오차는 1%와 5%이며 온도 계수는 50~200 ppm이고, 전력 성능은 크기가 비슷한 개별 저항과 비교된다.

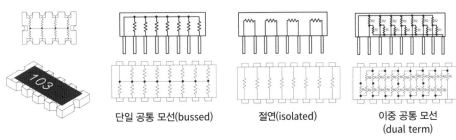

단일 공통 모선(bussed)　　　절연(isolated)　　　이중 공통 모선
(dual term)

■ 시멘트 저항기

시멘트 저항기(cement resistor)는 내열성과 내염성이 추가된 전력 저항기로 설계한 것이다. 전형적인 전력 정격의 범위는 1 W에서 20 W 또는 그 이상이다. 허용 오차는 약 5%이며 TCR 등급은 약 300 ppm/°C이다.

■ 무저항 저항기(무저항 점퍼)

역주 즉, 제로 옴 점퍼

무저항 저항기(zero-ohm resistor)는^{역주} 실제로는 PCB 설계에서 교차용이나 영구 점퍼용 프로그램 점퍼(수동 스위치 회로)용으로 사용되는 전선 조각일 뿐이다. 가운데에 검은색 띠가 한 개 있어서 신호용 다이오드처럼 보이지만, 줄무늬가 한쪽 끝으로 치우친 다이오드와 혼동하지 마라. 단일 검은색 줄무늬는 0 Ω 값을 의미한다. 단순한 회선 대신에 이러한 무저항 저항기를 사용하면 인쇄 회로 기판이 있는 기계류에서 다루기 쉽고, 점퍼 간 정전용량(고속 데이터 회선에 적합)이 아주 작고, 설치 공간을 덜 차지하고, 인쇄 회로 기판의 성능을 전반적으로 향상시킨다는 장점 등을 얻을 수 있다.

3.5.6 가변 저항기(가감저항기, 전위차계, 트리머)

가변 저항기를 흔히 전위차계(potentiometer) 또는 간단히 팟(pot)이라고 부르는데, 그 이유는 일반적으로 가변 전압 분할기로 사용되기 때문이다. 일반적으로 증폭기나 라디오 및 TV 수신기에서 나오는 소리의 크기를 조절하는 데도 쓰이므로 수년 동안 '음량 조절기'라고 부르기도 했다. 근본적으로는 동일해 보이는 부품을 초기에는 (단순히 가변 저항기로만 사용되었을 때) '가감 저항기 (rheostat)'로 부르기도 했는데, 이는 전류 흐름을 설정하는 장치를 의미했다. 보기 3.57을 보라.

다양한 저항기 소자를 사용해 다양한 물리적 형태로 팟을 제작한다. 조절 꼭지를 사용해 빈번하게 수동으로 조절할 수 있게 설계한 팟이 있는 반면에, 어쩌다가 한 번씩 드라이버(또는 비슷한 도구)를 사용해 회로를 미세하게 조절할 수 있게 설계한 팟도 있다. 후자와 같은 형태를 일반적으로 프리셋 팟(preset pot) 또는 단순히 트림팟(trimpot)^{역주}이라고 한다. 수동으로 조절할 수 있게 한 회전형 팟은 대부분 한 번에 약 270°, 즉 3/4 회전만큼 돌릴 수 있다. 그러나 이런 식으로 회전이 제한되면 정확하게 설정하기 어려워지므로 다회전 팟도 나와 있다. 이 팟의 저항기 소자는 나

역주 즉, 트림팟 또는 반고정 가변 저항기, trimmer potentiometer의 줄임말

선형 또는 나사형으로 배열되어 있어 제어추가 여러 번 회전(일반적으로 10회 또는 20회)함에 따라 접촉자(wiper)가 움직인다. 이러한 팟들 중에 한 개를 사용해 저항 값을 단번에 맞출 수 있다. 다회전 팟은 일회전 팟보다 더 비싸다. 대수 응답(예를 들면, 오디오 응용기기)이 필요한 응용기기의 경우 선형 테이퍼^{역주1}와 달리 로그 테이퍼가 있는 팟을 얻을 수 있다. (실제로 대부분의 대수 팟은 보기 3.57에서 볼 수 있듯이 진짜 로그 응답이 있다. 이러한 장치를 저렴하게 설계하기는 어렵다. 대수 응답에 근접한 것은 그렇게 비싸지 않다.) 역로그 및 역대수^{역주2} 팟도 사용할 수 있다. 다음 절에서 팟 특성과 관련지어 이 점을 설명한다.

역주1 즉, 선형 변단면. 끝이 가늘어지는 모양으로 된 부분
역주2 즉, 진수

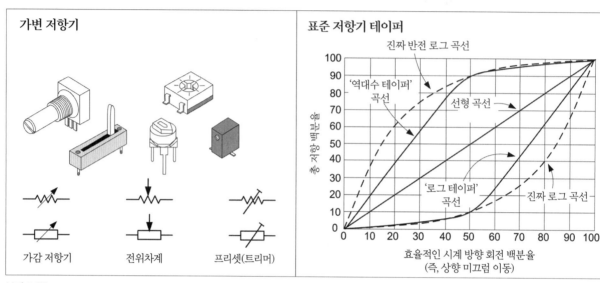

가변 저항기

가감 저항기 전위차계 프리셋(트리머)

표준 저항기 테이퍼

진짜 반전 로그 곡선
'역대수 테이퍼' 곡선
선형 곡선
'로그 테이퍼' 곡선
진짜 로그 곡선

총 저항값 백분율

효율적인 시계 방향 회전 백분율
(즉, 상향 미끄럼 이동)

보기 3.57

트림팟을 원형이나 다회전 원형 또는 선형 슬라이더나 다회전 선형 슬라이더 형태로 만들 수 있다. 저렴한 제품은 보통 저항기 소자와 슬라이더가 완전히 노출되는 개방 구조로 되어 있어 먼지와 습기로 인해 오염되기 쉽다. 고품질 트림팟은 일반적으로 작고 밀폐된 플라스틱 함으로 둘러싸여 있다. 일부 다회전 트림팟은 원형 소자가 들어간 웜 구동 시스템을 사용하는 반면, 일부는 리드 스크류를 통해 구동되는 슬라이더가 들어 있는 선형 소자를 사용한다. 두 경우 모두 감쇠 장치가 매우 낮게 반동하도록 설계되어 있으므로 부드럽고 정확하게 조정할 수 있다.

팟들을 서로 연결해 쓸 수 있으며, 일반적인 방추(spindle)를 사용해 작동할 수 있다. 이와 같은 팟을 갱드 팟(ganged pot)^{역주}이라고 부른다. 보통 팟 두 개를 이 방식으로 연결하지만, 더 많이 연결해 쓸 수도 있다. 대수 테이퍼가 있는 2중 갱드 팟은 증폭기를 설계할 때 자주 사용되어 스테레오를 처리할 수 있게 하는데, 여기에는 두 가지 신호가 있다.

역주 한 패를 이룬 팟

탄소, 서멧(Cermet), 전도성 플라스틱 및 단순한 선재와 같은 다양한 재료를 사용해 팟을 구성한다. 고정 저항기에 적용되는 많은 특성이 가변 저항기에도 동일하게 적용된다(고정 저항기 특성을 다룬 절 참조). 분해능(resolution), 저항 테이퍼, 붙음(hop-on)/떼냄(hop-off) 저항 및 접촉 저항과 같은 팟의 고유 특성은 재료를 어떻게 구성하느냐에 따라 달라진다. 잠시 후에 이 특징들을 다룬다.

전자기기에서 팟을 사용하는 방식은 기본적으로 두 가지이다. 전류 정격을 조절하거나 전압 정

격을 조절하는 데 사용한다. 보기 3.58에 각 경우에 쓰이는 기본 설정을 나타냈다.

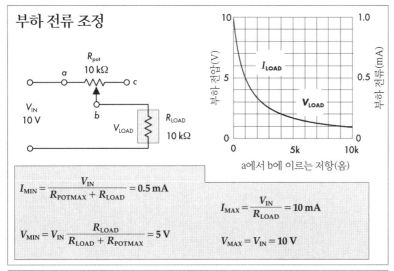

부하 전류 조정: 여기서 팟의 가변 저항 소자 (a에서 b로)는 부하와 직렬로 연결된다. 팟을 수동으로 제어해 조정하면 부하에 대한 전류가 변경된다. 팟 저항의 함수인 전류는 다음과 같다.

$$I = \frac{V_{IN}}{R_{POT} + R_{LOAD}}$$

그래프에서 부하 전류는 전압과 비슷한 곡선을 따른다. 보기에 나온 방정식은 R_{POTMAX}가 최대 팟 저항을 나타내는 부하에 대해 적용할 수 있는 최대 전압 및 최소 전압과 전류를 표시한다. 이 예에서는 10 kΩ이다.

부하 전압 조정: 두 번째 구성은 본질적으로 가변 전압 분할기를 나타내며, 부하에 인가된 전압을 조정하는 데 사용된다. 그래프에서 부하 전류는 이전 구성과 달리 급격히 줄지 않는다. 실제로 0~5 kΩ 부분의 전류는 최댓값의 1/10에 불과하다. 그렇지만 5 kΩ부터는 점점 더 빨리 떨어진다.

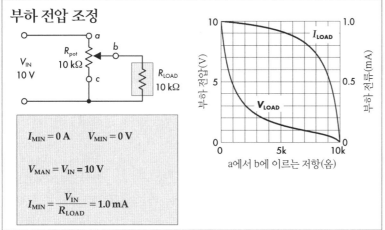

보기 3.58

3.5.7 전위차계 특성

■ 저항 테이퍼

팟에는 선형 테이퍼 또는 로그 테이퍼가 있다. 선형 테이퍼가 있는 팟은 접촉자의 위치와 저항 사이에 선형 관계가 있다. 예를 들어, 접촉자를 저항성 소자의 아래쪽으로 10%만큼 옮기면 저항이 10%씩 바뀐다(보기 3.57). 반면에 로그 테이퍼가 있는 전위차계는 보기 3.57과 같이 접촉자의 위치에 따라서 저항이 대수적으로 변화한다.

당연히 일반적인 로그 테이퍼 팟은 주로 오디오용 조절 장치와 같이 대수적인 방식으로 양을 조정해야 하는 곳에 쓰인다. 선형 팟은 그 밖의 용도 대부분에 사용된다. 예를 들어, 음량 조절기에 선형 팟을 사용하면 문제가 있다. 팟을 0에서 위로 돌리면 너무 빠르게 커지게 되어 팟의 나머지를 돌려서는 크게 조절하지 못하게 된다. 음량 조절기의 적절한 조절 범위가 처음 60° 정도의 회전으로 고착되므로 적절한 음량 크기에 맞추기가 어렵다. 반면에 로그 테이퍼 팟을 쓰면 음량에 대해 사람들이 반응하는 방식인 대수 반응의 위치와 로그의 위치가 일치하기 때문에 완벽하게 음량을 조절할 수 있다.

실제로 대부분의 현대적인 로그 테이퍼 팟이 진정한 로그 특성을 가지고 있지 않지만, 대신에 보기 3.57에 표시된 대수 곡선의 대략적인 근삿값을 따른다. 진짜 대수 테이퍼를 제조하기에는 비용이 너무 많이 든다. 저항성을 서로 다르게 구성한 저항성 소자 두 개를 한 장의 소재로 삼아 띠판 형태로 도장하는 편이 더 경제적이다. 이것은 음량 조절기로 쓰기에는 꽤 적합하며, 약 50%를 회전시켜 전환되는 두 개의 경사형 저항성 소자에 가깝다. 제대로 된 대수 반응을 보이는 팟도 있는데, 테이퍼 형태의 권선 소자를 사용해서 만들거나 주의 깊게 과립화한 테이퍼 패턴이 있는 금속 소자 덩어리로 만든다.

또한, 보기 3.57에는 역회전 대각선 및 역대수 테이퍼 팟에 대한 곡선이 나타나 있다. 이는 진짜 로그 및 로그 테이퍼 팟과 거의 동일하지만, 반시계 방향 또는 반시계 방향 조작에 맞춰 작성된 것이다. 지금은 널리 쓰이지 않지만 특정 기기에서는 여전히 쓸 수 있다.

■ 분해능

이것은 팟의 접촉자를 움직여 팟을 들어내는 비율 중 가장 작은 변화를 나타낸다. 권선형 팟의 분해능은 저항선을 이루는 개별 회선에 소자를 감기 때문에 상당히 열악한 경향이 있으며, 접촉자의 접점은 대체로 한 회전에서 다음번 회전으로만 움직인다. 그러므로 팟의 출력은 규칙적이면서도 작은 단계에 맞춰 변화하는 경향이 있으며, 각 단계는 각 소자의 일회전에 해당하는 전압 강하에 비례한다.

금속 덩어리를 식각해 만든 팟에도 같은 문제점이 나오는 경향이 있다. 그러나 탄소 합성, 고온 성형 탄소 또는 서멧 소자를 사용하는 팟은 그 소자의 저항이 더욱 세밀하게 눈에 띄기 때문에 다소 우수한 분해능을 보이는 경향이 있다. 높은 분해능이 필요한 곳에는 일회전 팟보다는 다회전 팟을 사용하는 경향이 있다. 다회전 팟의 설정 기능이 우수하지 못하다는 의견도 있다. 다음번에 설정 기능이 우수한 팟이 필요할 때 다회전 팟과 일회전 팟을 비교해 보라. 각 팟을 희망 값으로 설정한 다음에 연필로 팟을 두드리고 나서 어느 게 제자리에 있는지 말해 보라. 일반적으로 선형이나 원형으로 배치한 다회전 팟이 더 좋을 것으로 예상되지만, 실제로는 오히려 일회전 팟보다 두 배에서 네 배 정도 더 나쁠 수 있다. 이는 일회전 팟이 더 안정되고 균형이 잡혀 있기 때문이다.

■ 접촉 저항

팟의 접촉자와 저항 소자 사이의 접촉 저항을 나타내며 분해능에 영향을 끼친다. 설정을 조절할 때나, 심지어 설정이 고정되어 있을 때일지라도 접촉 저항 때문에 팟에서 잡음이 일어날 수 있다. 팟에 쓰이는 접촉 방식 및 재질에 따라 접촉 저항이 달라진다. 예를 들어, 많은 탄소 합성 팟은 접촉 저항을 줄이기 위해 니켈로 도금하고 용수철로 찍어 낸 간단한 접촉자를 사용하는데, 이 접촉자에는 접촉 저항을 줄이기 위해 평행하게 접촉될 수 있게 할 목적으로 다수의 핑거(finger)^{역주}가 들어 있다. 전력 권선형 팟은 탄소 덩어리 한 개로 만든 솔(brush)을 접촉자로 사용할 수도 있기는 하지만, 접촉 저항을 가능한 낮게 유지하기 위해 덩어리에 구리 분말을 올려 만든다. 서멧 또는 금속 덩어리 소자가 있는 고급 팟에는 일반적으로 금을 도금한 인 청동이나 강철로 만든, 손가락이 여러 개인 용수철 형태 강철 접촉자가 있다. 더 저렴하고 작은 트림팟 중 많은 것들에는 소자를 건드리게끔 오목하게 눌린 접촉점을 지닌 간단한 용수철 형태 금속 접촉자가 있다. 트림팟을 많이 조절하지 않는다면 이 접촉자에 문제가 생기지는 않겠지만, 빈번하게 조절하면 접촉 저항이 증가하는 경향이 있다.

■ 붙음 저항 및 떼냄 저항

회전형 슬라이더이든 선형 슬라이더이든 대부분의 팟은 저항성 소자 종류에 상관없이 고정 소자의 끝 부분에 금속 접촉 띠를 두는 경향이 있다. 이 금속 띠가 이동하는 중에 극도로 눌려지면서 이 금속 띠가 접촉자의 접촉점에 닿는다. 그러나 접촉자가 이러한 극단에서 멀어지면 곧 실물 저항 소자에 들러붙거나(hop-on) 떼어진다(hop-off). 이상적으로는 들러붙거나 떼어지는 상황에서 발생하는 저항 변화가 0이어야 한다. 예를 들어, 팟을 음량 조절기로 사용할 때 갑작스러운 변화가 없어야 한다. 그러나 이 결함 없이 팟을 만들기는 쉽지 않다. 가장 일반적인 붙임 및 떼냄 저항을 저항 소자 전체 값의 약 1% 미만으로 유지한다. 이 값은 아주 낮아서 대부분의 오디오 및 유사한 응용기기에서는 일반적으로 감지하지 못한다.

■ 팟 표식

팟에는 저항 소자의 합계 값을 표시하는 문자열(예를 들면, 100 K 또는 1 M)이 표시되어 있을 뿐만 아니라 일반적으로 저항 테이퍼 곡선을 나타내는 코드 문자도 표시된다. 오늘날 대부분의 팟에는 간단한 테이퍼 부호 체계(아시아 부품 제조업체가 선택해서 쓰는 것)에 맞춘 표시 내역이 있다.

    A = 로그 테이퍼
    B = 선형 테이퍼

그러나 오래된 장비의 경우, 이전에 쓰던 테이퍼 부호 체계에 맞춰 표시한 팟을 찾아볼 수 있다.

    A = 선형 테이퍼
    C = 로그 테이퍼 또는 오디오 테이퍼
    F = 역대수 테이퍼

혼동을 일으키게 할 만한 원인에 유념하라!

■ 팟에 관해 주의할 점

팟의 I 및 V 정격을 초과하지 마라. 접촉자와 한쪽 끝 사이에 일정한 전압을 가하고 저항을 그 아래로 돌려 버리면 접촉자의 최대 전류 정격을 초과하게 되어 곧 접촉자의 접촉점이 손상되거나 파괴된다. 대부분의 가변 저항기의 전력 정격은 전력 손실이 전체 소자에 균일하게 분할된다는 사정을 바탕으로 한 것이다. 한 소자의 절반이 소자의 정격 전력을 소모해야 하는 경우 팟은 잠시 동안 단락될 수 있다. 그러나 소자의 1/4이 동일한 양의 전력을 소모해야 하는 경우 팟은 빠르게 고장이 난다. 또한, 일부 트리밍 팟[역주]은 접촉자를 관통해 상당한 직류 전류를 전달하는

[역주] 반고정 전위차계

정격을 가지고 있지 않다. 이 직류 전류(심지어 밀리암페어일 수도 있음)는 전기적 이동을 일으켜 회로가 개방되게 하거나 시끄럽고 불안정한 접촉자 동작을 일으킬 수 있다. 탄소 팟은 이러한 고장으로 인해 열화되지 않는 것처럼 보인다.

● 디지털 팟

디지털 팟은 근본적으로 보면, 디지털형 가변 리드 저항에 디지털 부호를 적용해 값을 설정하는 아날로그형 가변 저항이다. 실제 내부 회로는 단일 다결정 저항 소자로 된 통합 어레이 부분을 넣거나 뺄 수 있게 한 디지털로 제어하는 스위치이다. 적용된 디지털 부호에 따라 내부 통합 저항 중 몇 개나 전부를 희망 결과 저항에 직렬 방식으로 추가할 수 있다. 일부 디지털 팟은 상당히 발전되어 있어 접촉자의 위치를 메모리에 저장할 수 있다. 그 밖의 제어 신호로는 칩을 활성화하거나, 주어진 양만큼 저항을 늘리거나 줄인다. 디지털 팟을 3단자 장치 또는 2단자 장치로 사용할 수 있다. 디지털 팟이 전압 분할기 역할을 하는 장치가 가장 일반적인 3단자 장치이다. 2단자 방식으로는 디지털 팟을 가변 전류 제어 장치로 만든다. 예를 들어, 다이오드를 통과하는 전류의 양을 조절할 수 있다. 이번 장치는 되먹임 회로에서 디지털 팟의 저항으로 인한 이득이 결정되는 증폭기와 같이, 디지털과 인터페이스를 하는 여러 유형의 아날로그 회로에 매우 편리하다. 또 다른 예로는 필터 설계에 적용되는 경우인데, 차단 주파수를 설정하는 데 사용하는 저항을 디지털 팟으로 대체한다. 마이크로컨트롤러를 가지고 놀기 시작할 때 이러한 장치 중 몇 개를 구입해 쓰면 좋다.

3.6 커패시터

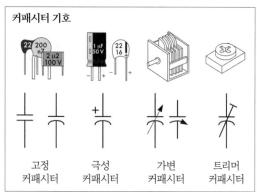
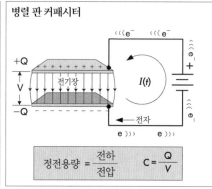

보기 3.59

커패시터는 전자기기에서 다양한 일을 한다. 주요 기능 중 한 가지는 에너지를 간편하게 저장하는 일인데, 인가된 전류의 전하가 커패시터 내에 저장되었다가 나중에 회로로 방출되어 유용한 전류가 된다. 커패시터에 직렬이 되게 저항을 두어 충전 속도 및 방전 속도를 제어할 수 있다. 이 효과는 대전류 방전 회로(사진기 플래시, 구동장치 등) 및 저전력 메모리 IC용 소형 에너지 백업 공급 장치에 종종 사용된다. 또한, 전력 공급 장치의 맥동을 평활하게 하는 일, IC의 타이밍을 제어하는 일, 파형의 모양을 변경하는 일에도 사용된다.

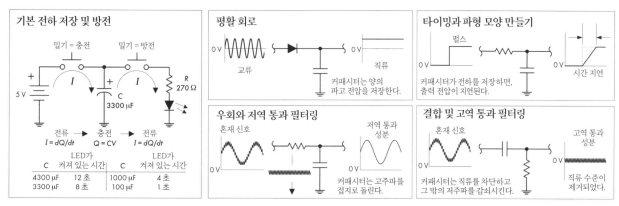

보기 3.60

신호 경로에 직렬이 되도록 커패시터를 배치하면 교류 신호 성분이 통과하는 동안 직류를 차단하는데, 이 일이 커패시터의 두 번째 중요한 기능이다. 이러한 방식으로 사용되는 커패시터를 **직류 차단 커패시터**(dc-blocking capacitor) 또는 **교류 결합 커패시터**(ac-coupling capacitor)라고 부른다. 이상적으로 보면 직류에서는 커패시터의 임피던스가 무한하다. 전류가 흐르지 않으면 혼합 신호 내의 직류 준위들이 전달되지 않는다. 그러나 교류 커패시터의 임피던스는 신호의 주파수에 따라 유한한 값이 된다. 이상적으로는 주파수가 높을수록 임피던스가 낮다. 따라서 본질적으로 직렬 커패시터는 원치 않는 직류가 다음 단계로 이동하지 않게 유도하는 식으로 두 회로를 결합하게 하는 데 사용될 수 있으며, 주파수 신호가 얼마나 많이 통과하는지를 제어할 수도 있다. 이런 식으로 직렬 커패시터는 감쇠를 제어하는 역할을 한다.

이제, 신호 경로(즉, 접지로 향하는 경로)에 병렬이 되도록 배치한 커패시터는 결합 커패시터가 내는 효과와 반대되는 효과를 낸다. 대신, **분리 커패시터**(decoupling capacitor)의 역할을 수행함으로써 직류가 경로를 따라 계속 진행하는 동안 고주파 신호 성분을 접지로 향하게 바꿀 수 있다. 커패시터는 접지에 대한 낮은 임피던스 경로 역할을 한다. **우회**(bypassing)라고 하는 유사한 효과는 특정 회로 구성 요소에 커패시터를 두어 주변의 원치 않는 주파수를 빼돌릴 때 사용된다. 분리 및 우회는 원치 않는 무작위 고주파 맥동이나 무작위한 잡음 또는 부속 회로 소자의 급격한 전류 필요로 인한 공급 전압(또는 전압 임계 위치) 내의 기타 바람직하지 않은 변경을 제거하는 데 쓰이는 기본 기능이다. 많은 민감한 회로들을 분리나 우회 없이 통합한 회로, 특히 디지털 로직 IC들을 통합한 회로는 오작동하는 경향이 있다.

커패시터는 수동 및 능동 필터 회로망, LC 공진 회로, RC 완충 회로(RC snubber circuit) 등에도 사용된다. 인가된 주파수의 변화에 대응하는 커패시터의 반응 때문에 이러한 응용기기에서 커패시터가 유용하다. 이번 장의 뒷부분에서 커패시터 응용기기를 면밀히 살핀다.

3.6.1 정전용량

직류 전압 V가 커패시터의 리드 사이에 걸릴 때, 커패시터 리드의 '판' 중 한 개는 $Q = CV$ 값까지 충전되고 나머지는 $-Q$까지 충전된다. 여기서 Q는 쿨롱(C) 단위로 나타낸 전하이며, C는 정전용량 또는 단순히 Q와 V를 관련시키는 비례 상수이다. 정전용량은 패럿 단위 F($1\,F = 1\,C/1\,V$)로 측정한다. 일단 커패시터가 충전되어 원천 전압과 거의 같은 전압을 얻으면 어떤 직류 전류도 흐르지 않을 것이다. 판을 물리적으로 띄어 놓음으로써 이것을 예방한다.

커패시터의 정전용량은 일반적으로 $1\,\text{pF}(1 \times 10^{-12}\,\text{F}) \sim 68{,}000\,\mu\text{F}(0.068\,\text{F})$에 이를 정도로 다양하며, 커패시터 종류에 따라서는 최대 전압 정격이 수 볼트에서 수천 볼트에 이를 정도로 광범위하다.

실용적인 면에서 정전용량을 통해 커패시터 내에 저장될 전하량을 알 수 있다. 예를 들어, 보기 3.60에 나오는 회로를 통해 4300 μF 커패시터가 100 μF 커패시터보다 더 많은 전하를 보관함으로써 전류를 더 오래 공급해 LED를 더 오래 켤 수 있다는 점을 알 수 있다.

3.6.2 병렬로 둔 커패시터

커패시터를 병렬로 배치하면 정전용량들을 합할 수 있는데, 직렬로 배치한 저항기에 행하는 바와 똑같다.

$$C_{\text{tot}} = C_1 + C_2 + \cdots C_n \qquad \text{(병렬 커패시터)}$$

표면적이 늘어난 판으로 구성한 단일 커패시터를 통해 병렬로 놓은 커패시터를 직관적으로 생각해 볼 수 있다. 병렬로 둔 커패시터 묶음에 안전하게 적용할 수 있는 최대 전압은 전압 정격이 가장 낮은 커패시터의 전압 정격으로 제한된다는 점에 유념해야 한다. 일반적으로 회로도에 나오는 커패시터 기호 옆에 정전용량과 전압 정격을 표시하지만, 흔히 전압 정격은 뺀다. 그럴 때는 회로의 해당 지점에 있을 것으로 예상되는 전압을 기준으로 정격을 계산해야 한다.

병렬로 둔 커패시터

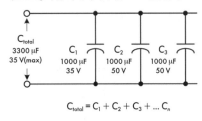

직렬로 둔 커패시터

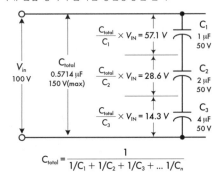

보기 3.61

3.6.3 직렬로 둔 커패시터

두 개 이상의 커패시터를 직렬로 연결하면 총 정전용량은 이것들 중 가장 작은 커패시터의 정전용량보다 작다. 병렬로 놓인 저항기들에 대한 저항을 계산할 때와 유사한 방식으로 등가 정전용량을 계산한다.

$$\frac{1}{C_{\text{tot}}} = \frac{1}{C_1} + \frac{1}{C_2} + \cdots \frac{1}{C_n} \qquad \text{(직렬 커패시터)}$$

개별 커패시터가 견딜 수 있는 전압보다 큰 전압을 견딜 수 있도록 커패시터를 직렬로 연결할 수 있다(최대 전압 정격을 더함). 이런 장점은 전체 정전용량의 감소로 인해 상쇄된다. 희망하는 정전용량 값을 제공하는 커패시터를 찾지 못하거나 병렬 배열을 만들 수 없을 때 의도한 대로 될 수 있기는 하지만 말이다. 보기 3.61에서 전압이 커패시터 사이에 동등하게 분배되지 않은 점에 주목하라. 커패시터 한 개(예를 들면, C_2)에 걸린 전압은 전체를 나눈 값(C_{tot}/C_2)으로서 V_{IN}으로 표시된다. 직렬 커패시터들 간의 전압을 대상으로 구출선(tap)을 연결한 회로들이 있다.

해당 그룹에 속한 모든 커패시터의 정격 전압을 초과하지 않도록 주의해야 한다. 커패시터를 직렬로 사용해 더 큰 전압을 견디는 경우 각 커패시터에 균압 저항기를 연결하는 것이 좋다. 공급 전압 1 V당 100 Ω인 저항기를 사용하면서 전력 처리 능력이 충분한지 확인하라. 실물 커패시터를 사용하면 커패시터의 누설 저항이 정전용량보다 전압 배분에 더 많은 영향을 줄 수 있다. 병렬 저항이 높은 커패시터에는 높은 전압이 걸린다. 균압 저항기를 추가하면 이 효과가 줄어든다.

3.6.4 RC 시간 상수

커패시터를 직류 전압원에 연결하면 거의 순식간에 충전된다. 마찬가지로 충전된 커패시터에서 회선이 단락되면 거의 순식간에 방전될 것이다. 그러나 일부 저항을 추가하면 보기 3.62와 같이 충방전율이 지수 패턴을 따른다. 타이밍 IC, 발진기, 파형 정형기(waveform shapers) 및 저방전 전력 백업 회로처럼 충전 속도 및 방전 속도를 제어하기 위해 사용하는 응용기기가 아주 많다.

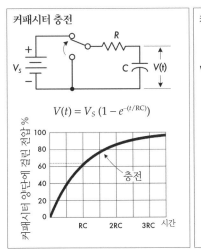
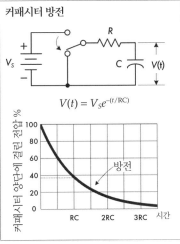
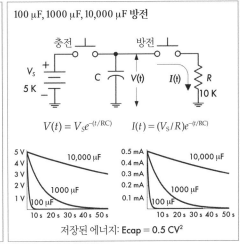

보기 3.62

저항을 통해 커패시터를 충전할 때 커패시터의 전압은 시간에 대해 다음과 같이 주어진다.

$$V(t) = V_S \left(1 - e^{-(t/RC)}\right) \qquad \text{(충전 중인 RC)}$$

여기서 $V(t)$는 시간 t에서의 커패시터 전압을 나타내고, V_S는 원천 전압, t는 원천 전압이 인가된 후에 흐른 초 단위 시간, $e = 2.718$, R은 회로 저항(옴 단위), C는 정전용량을 패럿 단위로 나타낸 것이다. 이론적으로 보면, 충전 과정이 결코 완료되지는 않지만 결국 충전 전류는 측정할 수 없는 값으로 떨어진다. 종종 사용하는 관행을 따라 $t = RC$로 하면, $V(t) = 0.632\,V_s$가 된다. RC

역주 즉, 시정수 항을 시간 상수(time constant)역주라고 하며, 커패시터를 전원 전압의 63.2%로 충전하는 데 걸리는 시간(초 단위)을 나타낸다. RC를 종종 소문자 타우(τ)로 나타낸다(τ = RC). 시간 상수 두 개 ($t = 2RC = 2τ$)가 지난 후에 커패시터는 1 시간 상수 동안의 커패시터 전압과 공급 전압 간의 차이 중 63.2%를 충전해 총 86.5%에 해당하는 변화를 일으킨다. 세 개의 시간 상수가 지난 후에 커패시터는 보기 3.62에 나온 그림과 같이 공급 전압의 95%에 도달하는 식으로 계속된다. 시간 상수가 다섯 개 지난 후에 커패시터는 완전히 충전된 것으로 간주되어 전원 전압의 99.24%에 도달한다.

방전 중인 커패시터의 경우에 다음 방정식을 사용한다.

$$V(t) = V_s e^{-(t/RC)} \text{ (방전 중인 RC)}$$

이 표현식은 기본적으로 충전 커패시터를 표현하기 위해 이전에 나왔던 식의 역이다. 시간 상수가 한 개 지나는 동안 커패시터 전압은 공급 전압을 기준으로 할 때 63.2%만큼 떨어지므로 공급 전압의 36.8%에 도달하게 된다. 시간 상수가 다섯 개 지난 후에 커패시터가 완전히 방전된 것으로 간주되며, 99.24%만큼 강하되거나 공급 전압의 0.76%까지 내려간다.

3.6.5 용량성 반응저항

커패시터에 보관할 수 있는 전하량은 인가 전압 및 정전용량($Q = CV$)에 비례한다. 교류 회로 내에서 매 주기마다 전하량이 회로에서 앞뒤로 움직이므로 전하 이동 비율(전류)은 전압, 정전용량 및 빈도에 비례한다. 정전용량과 주파수 효과를 함께 고려하면 저항과 비슷한 분량을 형성한다. 그러나 실제로는 열이 발생하지 않으므로 이 효과를 용량성 반응저항이라고 한다. 반응저항의 단위는 저항과 마찬가지로 옴이며, 특정 주파수에서 커패시터의 반응저항을 계산하는 공식은 다음과 같다.

$$X_C = \frac{1}{2\pi f C} \qquad \text{(용량성 반응저항)}$$

여기서 X_C는 옴 단위로 나타낸 용량성 반응저항이고, f는 Hz 단위로 나타낸 주파수이며, C는 패럿 단위로 나타낸 정전용량이고, π = 3.1416이다. 종종 오메가(ω)를 $2\pi f$를 대신해 사용한다.

반응저항의 단위가 옴이기는 하지만 반응저항으로 전력이 소비되지 않는다는 점에 주의해야 한다. 주기의 한 부분을 통과하는 동안 커패시터에 저장된 에너지는 단순히 다음 주기의 회로로 되돌아간다. 다시 말해서, 전체 주기를 놓고 보면 평균 전력은 0이다. 보기 3.63에 있는 그래프를 보라.

예를 들어, 인가된 주파수가 10 MHz일 때, 220 pF짜리 커패시터의 반응저항은 다음과 같다.

$$X_C = \frac{1}{2\pi \times (10 \times 10^6\,\text{Hz})(220 \times 10^{-12}\,\text{F})} = 72.3\,\Omega$$

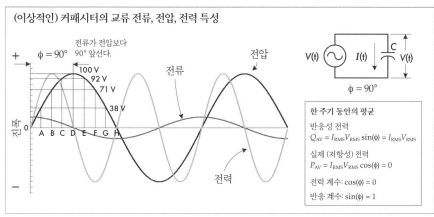
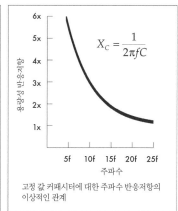

보기 3.63

보다시피 주파수가 증가하고(증가하거나) 정전용량이 늘어남에 따라 반응저항이 감소한다. 보기 3.63의 오른쪽 그래프에 커패시터의 반응저항 대 주파수 관계를 나타냈다. 실물 커패시터는 기생 효과 때문에 그래프와 방정식대로 되지는 않는다.

3.6.6 실물 커패시터

커패시터는 다양한 종류로 다양한 기기에 사용된다. 적합한 걸 골라내기는 쉽지 않다. 커패시터가 다양한 주된 이유는 실물 커패시터의 이상적인 특성과 관련이 있다. 커패시터에는 특정 회로의 성능을 엉망이 되게 할 만한 불완전성 또는 기생 효과가 있다. 커패시터를 어떻게 구성하느냐에 따라 특정 설계에서 더 큰 저항성 부품과 유도성 부품이 있을 수 있다. 그 밖의 커패시터의 경우에는 비선형 방식으로 작동하거나 유전체 메모리를 포함할 수 있다. 이러한 기생 효과가 각 응용기기에 미치는 영향을 이해하면 커패시터를 골라낼 수 있다.

비이상적인 커패시터의 네 가지 주요 변수는 누설(leakage, 병렬 저항), 등가 직렬 저항(equivalent series resistance, ESR), 등가 직렬 인덕턴스(equivalent series inductance, ESL) 및 유전 흡수(dielectric absorption)(메모리)이다. 보기 3.64에 실제 커패시터의 개략적인 모형이 나와 있다. 이러한 매개변수 및 기타 여러 사양은 다음 절에서 설명한다.

3.6.7 커패시터 사양

■ 직류 운전 전압(DCWV)

일반적으로, 유전체에 구멍이 생겨 두 판 사이에 저항이 낮은 전류 경로가 제공되는 상황에서 벌어지는 커패시터의 절연 파괴를 방지하기 위한 직류 전압의 최대 안전 한계이다. 교류 전력선을 위한 정격이 부여되어 있지 않는 한은 교류 전력선에 커패시터를 연결하는 일은 안전하지 않다. 직류 정격을 지닌 커패시터가 회선을 단락시킬 수 있다. 일부 제조업체는 교류 전력선에 사용하기 알맞게 특별한 정격을 부여한 커패시터를 제조한다. 부품의 정격에 별다른 규정이 없는 한, 그 밖의 교류 신호와 함께 사용할 때 교류 전압의 파고 값이 직류 운전 전압을 초과해서는 안 된다. 다시 말해, 교류의 RMS 값은 DCWV 값의 0.707배 이하여야 한다. 많은 유형의 커패시터의 경우, 동작 주파수가 늘어남에 따라 정격 출력을 낮추어야 한다.

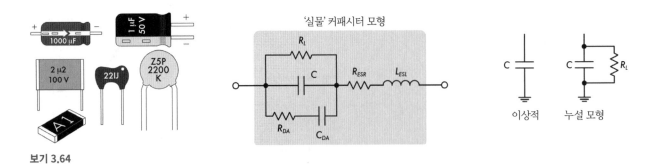

보기 3.64

■ 커패시터 누설(RL)

이것은 실물 커패시터 모형에서 볼 수 있듯이, R_LC 시간 상수에 의해 결정되는 속도로 흐르지 않는 내부 누설이다. 누설은 교류 결합 응용기기 및 저장 응용기기를 처리할 때 및 커패시터가 고임피던스 회로에서 사용될 때 중요한 변수가 된다. 높은 누설로 유명한 커패시터는 전해질형 커패시터로 5~20 nA/μF 정도이다. 이러한 커패시터는 저장 응용기기 또는 고주파수 결합 응용기기에 적합하지 않다. 전형적으로 10^6 MΩ보다 큰 누설 전류, 즉 절연 저항이 있는 폴리프로필렌 또는 폴리스티렌과 같은 피막을 쓰는 커패시터가 더 나은 선택이다.

■ 등가 직렬 저항(ESR)

이는 모든 커패시터 손실 (커패시터 리드, 전극, 유전 손실 및 누설의 저항)을 특정 주파수에서 정전용량이 있는 단일 직렬 저항으로 표현할 수 있는 수학적 구조이다. ESR이 높으면 높은 교류 전류가 흐를 때 커패시터가 더 많은 전력을 분산(손실)시킨다. 이것으로 커패시터가 열화될 수 있다. 이는 무선 주파수 및 맥동 전류가 높은 공급 장치의 분리 성능[역주]에 심각한 영향을 끼칠 수 있다. 그러나 정밀한 고임피던스, 저수준 아날로그 회로에는 큰 영향을 끼치지 않는다. 다음 방정식으로 ESR을 계산할 수 있다.

[역주] 즉, 디커플링(decoupling) 성능

$$\text{ESR} = X_C/Q = X_C \times DF$$

[역주] 흩어짐 계수 또는 소산 계수

여기서 X_C는 반응저항, Q는 품질 계수, DF는 커패시터의 유전 정접(dissipation factor)[역주]이다. 일단 ESR을 알게 되면, 사인파 RMS 전류를 알고 있다고 가정한 상태에서 내부 가열로 인해 손실되는 전력량을 계산할 수 있다($P = I_{\text{RMS}}^2 \times \text{ESR}$). 따라서 손실이 잘되는 커패시터의 X_C가 크며 신호 전력에 높은 저항력을 나타낸다. 전력 공급 장치 및 대전류 필터 회로망과 같은 대전류, 고성능 응용기기에는 ESR이 낮은 커패시터를 사용하는 게 중요하다. ESR이 낮을수록 전류를 흐르게 하는 힘이 커진다. ESR이 낮은 커패시터 중 일부를 들면 운모 형식이나 피막 형식이 있다.

■ 등가 직렬 인덕턴스(ESL)

커패시터의 ESL은 커패시터 판의 등가 정전용량을 사용해 직렬로 배치된 커패시터 리드의 인덕턴스를 모형화한다. 정밀 회로 자체가 직류나 저주파수에서 동작할지라도 ESR과 마찬가지로 ESL은 고주파(예를 들어, 무선 주파수)에서 심각한 문제가 될 수 있다. 그 이유는 아날로그 회로에

사용되는 트랜지스터가 수백 메가헤르츠 또는 수 기가헤르츠의 전환 주파수까지 확장되는 이득을 가질 수 있고, 낮은 인덕턴스 값을 포함하는 공진을 증폭할 수 있기 때문이다. 따라서 이러한 회로의 전력 공급 단자를 높은 주파수에서 적절히 분리해야 한다. 전해질, 종이 또는 플라스틱 피막 커패시터는 고주파일 때는 분리하기에 적합하지 않은데, 이것들은 기본적으로 두 장의 박편 시트 사이에 플라스틱 또는 종이 유전체 시트로 끼워 분리한 다음에 둥글게 말아서 구성한다. 이러한 종류의 구조 때문에 자체 인덕턴스가 상당하며, 단지 몇 메가헤르츠를 초과하는 주파수에서는 커패시터로 작용하기보다는 인덕터처럼 작용한다. 고주파 분리와 관련해서는 매우 낮은 직렬 인덕턴스를 지닌 단일 세라믹형 커패시터가 적절한 선택 방안이다. 금속 피막 및 세라믹 유전체를 여러 층으로 포개어 이러한 커패시터를 구성하며, 피막을 직렬 형태로 둥글게 말지 않고 귀환에 병렬로 연결한다. 모놀리식 세라믹 커패시터를 송화기(즉, 진동에 민감)로 쓸 수도 있고, 낮은 인덕턴스를 수반하는 직렬 저항이 낮아서 상대적으로 높은 Q를 지닌 자체 공진기일 수도 있으므로 약간의 상호 보완성이 있다. 디스크 형태로 된 세라믹으로 구성한 커패시터가 자주 사용되고 가격도 저렴하지만 종종 유도성을 보인다. 커패시터 리드의 길이와 구조에 따라 커패시터의 자체 인덕턴스 및 그에 따른 공진 주파수가 결정된다.

■ 유전 정접(DF) 또는 접선 델타(tan δ)

이것은 용량성 반응저항에 대한 모든 손실 현상(유전성 및 저항성)을 나타내는 비율로서, 일반적으로 백분율로 표시한다. 이는 한 주기당 저장 에너지에 대한 한 주기당 방출 에너지의 비율로 생각할 수 있다. 이는 또한 반응성 전류에 대한 인가 전압과 위상이 일치하는 비율이다. 또한, 유전 정접은 커패시터의 성능 지수^{역주}(Q)의 역수와 동일한데, 종종 제조업체의 데이터시트에도 나온다. 유전 정접은 의미 있는 특정 주파수에 맞춰 제공되어야 한다. 유전 정접이 낮다는 것은 그 밖의 조건이 동일하다면 전력을 적게 소비한다는 점을 의미한다.

■ 유전 흡수(DA)

모놀리식 세라믹 커패시터는 고주파 분리에 탁월하지만, 유전 흡수가 커서 표본 추출 후 유지 증폭기(sample-hold amplifier)의 유지용 커패시터로 사용하기에는 부적합하다. 유전 흡수는 유전체 내의 히스테리시스(hysteresis)^{역주}와 비슷한 내부 전하 분포로 인해 빠르게 방전된 다음, 개방 회로로 인해 일부 전하가 회복되는 것처럼 보인다. 회수된 전하량은 이전 전하의 함수이기 때문에 사실상 전하 메모리인 셈이며, 그러한 커패시터가 유지용 커패시터로 사용되는 모든 표본 추출 후 유지 증폭기에서 오류를 일으킬 것이다. 유전 흡수는 커패시터의 박편 표면에 저장된 전하가 아닌 커패시터의 유전체에 저장된 전하의 백분율로 표시된다. 방전되기 전의 전압에 대비해 그에 상응하는 값인 '자체 충전' 전압의 비율로 근삿값을 구할 수 있다. 유전 흡수율이 낮은 (보통 0.01% 미만) 커패시터로는 폴리에스텔, 폴리프로필렌 및 테프론 등이 있다.

■ 온도 계수(TC)

이는 온도에 따른 정전용량의 변화를 의미하는데, 1도당 백만 분의 1(ppm/℃), 즉 지정된 온도 범위에 대한 백분율 변화로 나타낼 수 있다. 대부분의 피막 커패시터는 선형이 아니므로 온도 계수를 일반적으로 백분율로 표시한다. 25°C 이상의 온도에서 작동하게 설계할 때는 항상 온도 계수를 고려해야 한다.

■ 절연 저항(IR)

이것은 정상상태 조건에서 커패시터를 통과하는 직류 전류 흐름에 대한 저항의 척도이다. 피막 커패시터 및 세라믹 커패시터의 값은 일반적으로 주어진 설계 및 유전에 대해 메가옴-마이크로 패럿으로 표시된다. 커패시터의 실제 저항은 메가옴-마이크로패럿을 정전용량으로 나눔으로써 얻어진다.

■ 품질 계수(Q)

이것은 저장된 에너지와 주기당 유전된 에너지의 비율이다. $Q = X_C/R_{ESR}$로 정의한다. 어떤 측면에서 보면, Q는 낭비되는 에너지와 비교하여 에너지를 저장하는 회로 구성 요소의 능력을 정의하는 성능 지수인 셈이다. 열 소비율은 일반적으로 적용된 에너지의 전력 및 주파수에 비례한다. 그러나 유전체에 들어가는 에너지는 전기장의 주파수와 물질의 손실 탄젠트에 비례하는 속도로 감쇠된다. 따라서 커패시터가 1000 J의 에너지를 저장하는 과정에서 2 J만 유전한다면 Q는 500이 된다.

■ I_{RMS}

이것은 주어진 주파수에서 증폭기 내 최대 RMS 잔결 전류(maximum RMS ripple current)를 나타낸다.

■ I_{peak}

반복되지 않는 파동의 경우 25°C에서 증폭기 내 최대 파고 전류(maximum peak current)를 보이거나 냉각을 허용하기에 충분한 파동 시간이 되므로 과열이 발생하지 않는다.

■ 실물 커패시터의 특성을 나타내는 그래프

a. 커패시터 임피던스 대 주파수

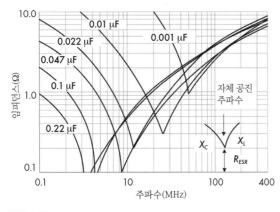

그래프 a: 실물 커패시터에는 전반적으로 유도성 반응저항이 있지 않다. 또한, 전체 임피던스에 영향을 주는 유도성 및 저항성 소자(ESL, ESR)를 지닌다. 그래프에서 볼 수 있듯이, 주파수가 커패시터의 자체 공진 주파수 쪽으로 증가함에 따라 임피던스는 ESR과 동일한 최솟값에 도달한다. 이 주파수를 지나면 이상적인 유도성 반응저항 특성이 시작되어 전체 임피던스가 증가한다. 많은 응용기기에서 커패시터의 직렬 공진 주파수는 특히 커패시터의 위상각이 90° 볼트/전류 관계를 유지할 것으로 예상될 때 상위 주파수 한계를 설정한다. 커패시터의 구성 방식과 리드 길이가 자체 인덕턴스에 영향을 미치므로 공진 주파수를 바꿀 수 있다. 이와 같은 그래프는 제조업체에서 제공하며, 분리 커패시터(역주 디커플링 커패시터)를 선택할 때 유용하다.

보기 3.65

b. 절연 저항 대 온도

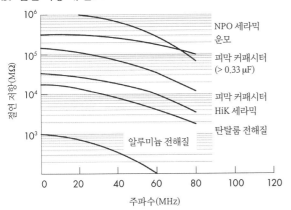

그래프 b: 다양한 커패시터의 절연 저항(IR)이 주파수에 따라 어떻게 변하는지를 보여 준다.

c. 운전 온도 범위

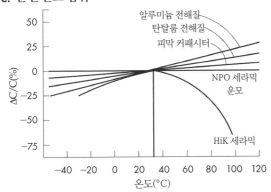

그래프 c: 다양한 커패시터의 온도 특성을 나타낸다. HiK 세라믹 커패시터의 급히 기울어지는 곡선에 주목하라. 온도에 민감한 응용 기기에서 이런 유형의 커패시터를 사용할 때는 최대한 주의해야 한다. NPO 세라믹이 가장 좋은 온도 특성을 보이며, 필름, 운모, 탄탈이 그 뒤를 잇는다.

d. 유전 손실 탄젠트 대 온도

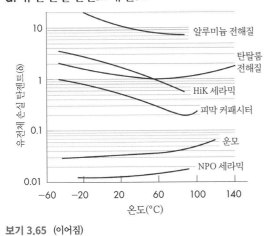

그래프 d: 다양한 커패시터의 온도 함수로 유전 손실 탄젠트를 표시한다.

보기 3.65 (이어짐)

3.6.8 커패시터 종류

시중에 나온 다양한 커패시터를 간단히 소개하겠다. 표 3.7에 더 자세한 내용이 나온다.

■ 트리머(가변)

일반적으로 동조 커패시터(tuning capacitor) 또는 트리머 커패시터(trimmer capacitor)를 가리킨다.

트리머 커패시터에는 세라믹 유전체나 플라스틱 유전체를 사용하며, 일반적으로 피코패럿 범위 내에 있다. 트리머 커패시터에는 종종 정전용량 범위가 표시되어 있는데, 노란색(1~5 pF), 베이지색(2~10 pF), 갈색(6~20 pF), 빨간색(10~40 pF), 보라색(10~60 pF), 검은색(12~100 pF) 등이 있다. 민감한 회로를 미세하게 조정하거나 회로 수명을 보정하는 일에 자주 사용한다.

■ 공심(가변)

[역주] 이와 같은 커패시터를 흔히 '바리콘(varicon)'이라고도 부른다.

이상적인 보기에 가장 근접한 공극형 커패시터 유전체이다. 이러한 커패시터[역주]는 값은 동일하지만 다른 커패시터보다 유전체가 더 크다. 정전용량은 넓은 온도 범위에서 매우 안정되어 있다. 누설로 인한 손실이 적어서 Q가 매우 높다. 기계식 회전 손잡이를 사용해 평행하게 배열된 판들의 유효 표면적을 변경하는 식으로 정전용량을 변경한다. 동조 커패시터는 주로 라디오 동조 기기에 사용한다.

■ 진공

고정형과 가변형으로 함께 제공된다. 최대 작동 전압(3~60 kV), 정전용량(1~5000 pF) 및 전류로 정격을 정한다. 대부분의 응용기기에서 무시할 수 있는 수준으로 손실을 지정한다. 누설을 잘 제어한다. RF 송신기와 같은 고전압 응용기기에 이 제품을 사용한다.

■ 알루미늄 전해질

이 커패시터는 박판 사이 공간에 화학물질로 만든 반죽을 채운 형태이다. 전압이 가해지면 화학 반응이 일어나며 박판 위에 절연 물질 층이 형성된다. 전해질 커패시터는 용기의 크기가 작고 가격이 합리적이며 정전용량 값이 커서 인기를 끈다. 이들은 누설이 나쁘고, 허용 오차가 적으며, 표류하고, 내부 인덕턴스가 높기 때문에 저주파수 응용기기에 제한적으로 사용한다. 이것의 범위는 약 0.1~500,000 μF이다. 알루미늄 전해 커패시터는 무척 많이 보급되어 있으며, 저렴하고 사용하기 쉽고, 필터로 사용하기에 좋고, 전하를 많이 저장하기에 적합하므로 거의 모든 종류의 회로에 많이 사용된다. 그러나 정격 작동 전압을 초과하거나 극성이 바뀌면 폭발할 수 있다. 이는 또한 전해 커패시터에 교류 전압을 가하지 말아야 한다는 점을 의미한다. 교류 전압이 직류 전압 위에 중첩되는 경우 파고 값이 전압 정격을 초과하지 않는지 확인하라. 알루미늄 전해 커패시터는 절연 저항 및 내부 인덕턴스가 좋지 않아 고주파 결합 응용기기에 적합하지 않다. 직류 전위가 커패시터 작동 전압보다 훨씬 낮을 때는 전해 커패시터를 사용하지 말아야 한다. 응용기기로는 전력 공급 장치의 잔결 필터, 오디오 결합 및 우회 장치가 있다. 또한, 무극성 전해 커패시터도 응용기기에 속하지만 이것들은 극성을 띤 관련 제품보다 비싸고 더 크다.

■ 탄탈룸 전해질

이 커패시터는 오산화탄탈룸으로 만든다. 전해 커패시터처럼 극성이 있으므로 '+'와 '−'를 주의하라. 작고 가볍고 안정적이다. 알루미늄 전해질에 비해 누설 전류가 적고 인덕턴스가 작지만, 비싸고 최대 작동 전압 및 정전용량이 낮으며 전류 스파이크로 인해 쉽게 손상된다. 이 마지막 이유 때문에 탄탈룸 전해질을 주로 전류 스파이크 잡음이 없는 아날로그 신호 시스템에 사용한다.

역주 흔히 '탄탈 커패시터(tantal capacitor)' 라고도 부른다.

탄탈룸 커패시터^{역주}는 절연 저항이 낮고 내부 인덕턴스가 낮아서 저장용 또는 고주파 결합 응용 기기로는 적합하지 않다. 직류 전위가 커패시터 작동 전압보다 훨씬 낮을 때는 사용해서는 안 된다. 차단, 우회, 분리 및 필터링 등의 응용 분야가 있다.

폴리에스테르 피막

역주 이런 커패시터를 흔히 '스티롤 커패시터 (styrol capacitor)' 라고도 부른다.

이러한 커패시터^{역주}에서는 유전체로 얇은 폴리에스테르 피막을 사용한다. 폴리프로필렌 커패시터 만큼 내구성이 좋지는 않지만 온도 안정성이 좋으며 일반적으로 저렴하다. 허용 오차는 5~10% 이다. 절연 저항이 커서 결합이나 저장 응용기기에 적합하다. 이들은 보통 고주파 회로와 오디오 및 발진기 회로에 적절히 사용된다.

폴리프로필렌 피막

이 유형은 폴리프로필렌 피막을 유전체로 사용하며, 주로 폴리에스테르 피막 커패시터의 허용 오차보다 높은 허용 오차가 필요할 때 사용한다. 허용 오차는 대략 1%이다. 절연 저항이 커서 결합이나 저장 응용기기에 적합하다. 이 종류는 100 kHz 미만의 주파수에서는 정전용량이 안정 되어 있다. 이러한 커패시터는 잡음 억제, 차단, 우회, 결합, 필터링 및 타이밍^{역주}에 사용된다.

역주 즉, 시기 조절

은 운모

역주 이렇게 만든 커패시터를 보통 '마이카 커패시터(mica capacitor)'라고도 부른다.

운모 유전체 위에 은으로 된 얇은 층을 증착해서 만든다.^{역주} 시간에 대해 매우 안정적이며(허용 오차가 1% 이하) 온도 계수가 좋고 내구성도 뛰어나지만, 정전용량 값이 크지 않고 비쌀 수도 있다. 온도 계수와 안정성이 좋으므로 공진 회로와 고주파 필터에 사용된다. 또한, 절연성이 뛰어나 고전압 회로에도 사용된다. 발진기와 관련된 온도 계수가 다른 종류의 온도 계수보다 낮지는 않지만, 일부 은 운모가 불규칙하게 작동하는 것으로 알려져 있다.

세라믹(단층)

이 커패시터는 유전체용 티타늄 산 바륨(titanium acid barium)과 같은 재료로 구성된다. 이러한 커패시터의 내부는 코일로 구성되어 있지 않아서 인덕턴스가 낮으므로 고주파 응용기기에 적합 하다. 전해 커패시터와 더불어 가장 널리 사용되는 커패시터이다. 세라믹 커패시터의 기본 종류 는 세 가지이다.

역주 즉, 시효 특성

- 초안정성 또는 온도 보정(ultrastable or temperature compensating): 이 유형은 티타늄산염 혼합물로 제조하며, 가장 안정된 커패시터 중 하나이다. 온도 계수(TC)를 예측하기가 가장 좋으며, 일반적으로 노화 특성(aging characteristic)^{역주}이 없다. 가장 대중적인 초안정 세라 믹 커패시터는 NPO(negative-positive 0 ppm/℃) 또는 COG(EIA 지정)이다. 그 밖의 것으로 는 N030(SIG)과 N150(P2G)이 있다. 이들 커패시터에 대한 TC를 섭씨온도에 대한 백만분 율(ppm) 단위의 정전용량 변화로 규정한다. 온도에 따른 최대 정전용량 변화를 계산할 때 는 다음 식을 사용한다. 여기서는 35℃에 도달한 1000 pF NPO 커패시터 또는 25℃라 는 표준 기준 온도보다 10℃ 높은 온도(ΔT) 변화를 사용했다. NPO 커패시터의 TC는 0 ± 30 ppm/℃이다.

$$\text{정전용량 변화}(\text{pF}) = \frac{C \times TC \times \Delta T}{1,000,000} = \frac{1000 \text{ pF} \times \pm 30 \text{ (ppm)} \times 10}{1,000,000} = \pm 0.3 \text{ pF}$$

그러므로 1,000 pF 커패시터의 온도가 10℃ 변화되면 높게는 1,000.3 pF에서 낮게는 999.7 pF까지 초래할 수 있다. 초안정 커패시터는 다양한 온도 변화나 높은 Q 변화에 대해 안정성이 요구되는 응용기기에 가장 적합하다. 필터 회로망이나 동조 및 타이밍 관련 대부분의 회로뿐만 아니라 다양한 유형의 공진 회로에는 일반적으로 초안정 커패시터가 필요하다. 온도에 따른 주파수 변위를 보정 하기 위한 발진기를 구성하는 데 특히 적합하다. 상세한 내용을 알려면 표 3.7을 보라.

- 준안정(semistable): 온도 안정성이 초안정 커패시터에 비해 거의 없지만 정전용량이 더 크다. 모든 준안정 커패시터는 온도, 작동 전압(교류와 직류 모두) 및 주파수의 영향으로 정전용량 값이 다르다. 이러한 커패시터는 정전용량 값이 커야 하는 응용기기에 적합하며, 온도에 대한 Q의 안정성은 주요 관심사는 아니다. 준안정 커패시터의 TC는 백분율로 표시한다. 그러므로 1000 pF X7R 커패시터의 TC가 ± 15%라면 25℃ 내외의 온도에서 높게는 1150 pF에서 낮게는 850 pF 정도가 될 수 있다. EIA TC를 다음과 같이 지정한다. 첫 번째 문자로는 저온 한계($X = -55℃$, $Y = -30℃$, $Z = +10℃$)를 지정한다. 두 번째 문자로는 고온 한계($5 = +85℃$, $7 = +125℃$)를 지정한다. 세 번째 문자로는 최대 정전용량 변화를 백분율($V = +22$, -82%, $U = +22$, -56%, $T = +22$, -33%, $S = \pm22\%$, $R \pm15\%$, $P = \pm10\%$, $F = \pm7.5\%$, $E = \pm4.7\%$)로 지정한다. 상세한 내용과 응용기기를 알려면 표 3.7과 보기 3.66을 보라.

역주 즉, 온도 변화 또는 온도 경시 변화

- HiK: 이 유형은 유전 상수 또는 정전용량이 크지만, 안정성이 낮고 DA가 낮으며 전압 계수가 높고 진동에 민감하다. 일부 유형은 비교적 높은 Q로 공진할 수 있다. 온도 드리프트^{역주}가 매우 낮고, 정전용량의 전압 계수가 높고, 방열 계수가 높고, 정전용량의 주파수 계수가 높고, 노화 속도가 현저하다. 또한, 낮은 인덕턴스, 넓은 범위에 걸친 값, 작은 크기, 담금질 된(dipped) 세라믹보다 높은 밀도를 나타낸다. 이들은 결합(직류 차단) 및 전력 공급 장치 우회에 가장 적합하다. 성능 및 안정성이 큰 문제가 되지 않는 선형 응용기기에서만 사용해야 한다.

■ 다층 세라믹

이러한 커패시터는 고밀도 세라믹 커패시터에 대한 수요를 충족시키기 위해 개발되었다. 얇은 세라믹 박판으로 만든 전극 판의 여러 인쇄 층을 합쳐 구성한다. 이러한 커패시터는 더욱 압축되어 있어 일반적으로 단층 세라믹 커패시터보다 온도 특성이 더 우수하다. 그렇지만 더 비싸다. 단층 세라믹 축전기와 마찬가지로, 초안정 형식, 안정 형식, HiK 형식이 있다. 상세한 내용과 응용기기를 알려면 표 3.7을 보라.

표 3.7 커패시터 비교

형식	1. WVDC 2. 정전용량 3. 유전율수 4. 표준 허용 오차	IR 1. <μF 2. >1μF (MΩ·μF)	주파수 반응 1. (1 = 빈약, 10 = 최고) 2. 최대 주파수	온도 범위	DF @ 1KHZ, % (최대)	1000시간 안정성 %ΔC	강점/약점	응용기기
다층 세라믹 / NPO	25~200 V 1 pF~0.01 μF 0.6% ±1(F), ±2%(G), ±5%(J), ±10%(K)	10^5 NA	9 100 MHz	−55°C, +125°C	0.1%	0.1%	우수한 안정성, 낮은 인덕턴스, 낮은 DA, 주파수 응답. 아주 낮은 온도 드리프트, 아주 낮은 노화 속도, 전압 계수, 주파수 계수, 누설 계수, 소산 계수. 다른 종류의 세라믹보다 더 비싸다.	직렬 인덕턴스가 낮아서 고주파 분리(GHz 범위)가 우수하다. 고주파 스위치 모드 전력 공급 장치이다. 고주파 스위치 모드 전력 공급 장치와 같은 다양한 아날로그 응용기기에 사용되지만 DA가 문제될 수 있는 표본 유지 및 통합 장치를 피할 수 있다.
안정	25~200 V 220 pF~0.47 μF 2.5% ±5(J), ±10%(K), ±20%(M)	10^5 2500	8 10 MHz	−55°C, +125°C	2.5%	10%	낮은 인덕턴스, 넓은 값 범위, 담금질한 세라믹보다 작고 높은 밀도. 안정성, 불량 DA, 고전압 계수 및 중요한 노화 속도, 진동에 민감. 일부 종류는 비교적 높은 Q와 공진할 수 있음.	결합 및 직류 차단과 전원 우회에 가장 적합. 성능 및 안정성이 크게 문제가 되지 않는 선형 응용기기에만 사용해야 함.
(높은 K) HIK	25~100 V 0.25 pF~22 μF NA ±20%(M), ±80%(K)~20%(Z)	10^4 10^3	8 10 MHz	+10°C, +85°C 그리고 −55°C, +85°C	4.0%	20%	특히 온도 변화에 따른 안정성이 매우 낮음 불량한 DA 및 높은 전압 계수. 고온 환경에 부적합. 짧은 수명.	주로 직류 차단 및 전력 우회로 제한. 그럼에도 노화, 온도, 전압 계수로 인한 정전용량의 변화를 고려해야 함. K 값이 최저인 재료를 입수해 사용할 것.
세라믹 디스크(NPO, 안정, HIK)	50~10,000 V 1 pF~0.1 μF 다층과 같음	다층과 같음	8 다층과 같음	−55°C, +85°C	0.1%~4.0%	다층과 같음	비싸지 않으며, 값의 범위가 넓고, 인기 있음. 다층과 같음.	결합 및 우회에 사용되지만 리드가 길면 상당한 유도성을 띨 수 있음. 내부 구조가 감겨 있지 않으므로 고주파 응용 분야에서 사용 가능. 다층 응용기기를 참조할 것.
폴리스티렌	30~600 V 100 pF~0.027 μF 0.05% ±65%	10^6 NA	6 NA	−55°C, +70°C	0.1%	2%	비싸지 않고, 낮은 DA가 가능하며, 안정성이 우수함. 값의 범위가 넓으며, 안정성이 동일함. 절연 저항이 큼. 70°C 이상 온도에서 손상됨. 부피가 큼. 높은 인덕턴스.	고주파 응용기기에 사용하지 못하며, 내부는 인덕터 코일 역할을 함. 수백 킬로헤르츠 이하에서 작동하는 필터 회로나 타이밍 회로에서 잘 작동함. 절연 저항이 높아서 우회 및 저장 응용기기에 적합함.

표 3.7 커패시터 비교 (이어짐)

형식	1. WVDC 2. 정전용량 3. 유전흡수 4. 표준 허용 오차	IR 1. <~μF 2. >~μF (MΩ~μF)	주파수 반응 1. (1 = 반악, 10 = 최고) 2. 최대 주파수	온도 범위	DF @ 1KHZ, % (최대)	1000시간 안정성 %ΔC	강점/약점	응용기기
폴리프로필렌 피막	100~600 V 0.001 μF~0.47 μF 0.05% ±5%	10^5 NA	6 NA	−55°C, +85°C	0.35%	3%	저렴하고, 낮은 DA가 가능하며, 값의 범위가 넓고, 거리 저항이 크고, 온도가 +105°C일 때 손상되며, 용기 크기가 크다.	높은 거리 저항으로 인해 결합이나 저장용 응용기기에 적합하다. 100 kHz 미만의 주파수에 대해 가장 안정된 정전용량이지만 더 높은 주파수에서 자주 사용된다. 잡음 억제, 차단, 우회, 결합, 필터링, 완충[역주2] 및 타이밍에 사용된다. 우수한 범용 커패시터.
금속화 폴리프로필렌	100~1250 V 47 pF~10 μF 0.05% ±20(M) [±10%(K), ±5%(J)]	10^6 NA	6 NA	−55°C, +105°C	0.05%	2%	피막/박면 유형보다 더 작기는 하지만, 보통 고주파 고전압 회로 및 DF가 높고 IR이 낮으며, 잡음 억제, 최대 전류가 낮고, 교류에 고유한 자체 손상 복구 기능이 있어서 피막/박면과 다르며, 전압 주파수 기능이 있다.	보통 고주파 고전압 회로 및 잡음 억제, 타이밍 및 완충에 사용함. 스위칭 전력 공급 장치, 오디오 장치(음악적으로 깨끗한 역동성을 제공) 및 기타 다양한 범용 응용기기에 사용됨.
폴리에스테르 피막(마일러)[역주1]	50~600 V 0.001 μF~10 μF 0.05% ±10	10^4 10^3	6 NA	−55°C, +125°C	2%	10%	적당한 안정성, 저렴함, 낮은 DA가 가능. 넓은 범위가 넓음. 큰 절연 저항, 부피가 큼.	높은 절연 저항으로 인해 우회 및 저장 응용기기에 적합. 고주파 회로, 오디오 사운드 음질 향상, 발진기 회로에 적합.
금속화 폴리에스터	63~1250 V 470 pF~22 μF 0.5% ±20%(M), [±80%(K), ±5%(J)]	10^4 10^3	6 NA	−55°C, +125°C	0.8%	NA	피막/박면 종류보다 작지만 DF가 높고, IR이 낮으며, 최대 전류가 낮음, 교류 전압 주파수 성능이 낮음. 피막/박면에 달리 고유한 자기 치유 기능이 있어 절연 파괴로 인한 영구적인 파손을 예방.	범용 응용기기, 오디오 장치, 중간급 고주파, 고전압 응용기기, 스위칭 전력 공급 장치, 고전압 응용기기, 차단(우회)/필터링/타이밍/결합/분리/간섭 억제.

역주1 폴리에스터 피막을 유전체로 삼아 만든 커패시터를 흔히 '마일러 커패시터(mylar capacitor)'라고도 부른다.
역주2 즉, 스너빙(snubbing).

표 3.7 커패시터 비교 (이어짐)

형식	1. WVDC 2. 정전용량 3. 유전 흡수 4. 표준 허용 오차	IR 1. <1μF 2. >1μF (MΩ-μF)	주파수 반응 1. (1=낮음; 10=최고) 2. 최대 주파수	온도 범위	DF @ 1KHZ, % (최대)	1000시간 안정성 %ΔC	강점/약점	응용기기
운모	50~500 V 1 pF~0.09 μF 0.3%~0.7% ±1% ±5%	10² NA	7 100	−55°C, +125°C	0.1%	0.1%	고주파에서 낮은 손실, 낮은 인덕턴스, 매우 안정, 1% 값 또는 그 이상에서 사용 가능, 높은 값(<10 nF), 비쌈.	뛰어난 커패시터, RF가 우수함. 온도에 대한 안정성이 뛰어나서 공진 회로 및 고주파 필터에 사용됨. 절연성이 좋아서 고전압 회로에 사용됨.
다층 유리	50~2000 V 0.5 pF~0.01 μF 0.05% ±1%, ±5%	10⁵ NA	9 NA	−75% +200°C	0.2%	0.5%	고주파수에서 매우 낮고 안정적인 Q 계수, 낮은 유전 흡수, 큰 라디오 주파수 전류 성능, 높은 작동 온도 범위. 큰 움직임이나 높은 진동을 수용, 뛰어난 안정성과 장기 안정성.	군용이나 고성능 상용으로 쓰기에 적합. 다양한 응용 분야: 고온 회로, 변조기, RF 종폭기 출력 필터, 기본 주파수 발진기, 종폭기 결합, 표본유지 트랜지스터나 바이어싱, 전류 통합기 등.
알루미늄 전해질	4 V~450 V 0.1 μF~1 F 높음 +100%, −10%	NA 100	2 NA	−40°C, +85°C	8% @ 120 Hz	10%	큰 전류, 높은 전압, 작은 크기. 안정성이 매우 낮고 정확도가 낮으며, 유도성이 있음. 일반적으로 극성이며 역극성으로 배치하면 손상될 수 있음.	절연 저항 및 내부 인덕턴스가 좋지 않아 저장용이나 고주파 결합용으로 적합하지 않음. 일반적으로 전력 공급 장치의 전원 필터나 저주파 신호 및 전력 필터로 사용됨. 오디오 우회 및 전력 공급 장치 필터링에 사용. 고주파수에서 큰 손실 발생.
티타늄 전해질	6.3~50 V 0.01-1000 μF 높음 ±20%	10² 10	5 0.002 MHz	−55°C, +125°C	8%~ 24%	10%	소형, 큰 값, 중간 인덕턴스, 온도에 따른 정전용량 안정성이 알루미늄보다 우수. 꽤 높은 누출, 일반적으로 편광, 비쌈. 열악한 안정성, 낮은 정확도.	절연 저항 및 내부 인덕턴스가 좋지 않아 저장용이나 고주파용으로 고주파. 결합용으로는 부적합. 수 Mhz 이상에서 커패시터라보다는 인덕터처럼 작동함. 직류 차단, 우회, 분리, 필터링 및 타이밍에 사용. 일반적으로 전력 공급 장치의 전원 필터나 낮은 신호를 우회하는 필터로 사용함.
2종층 슈퍼커패시터 또는 울트라커패시터	2.3 V, 5.5 V, 11 V 등 0.022~50 F	NA	NA	−40°C, +70°C	NA	NA	정전용량 값이 큼, 고전력 출력. 상대적으로 높은 ESR을 나타내므로 직류 전력 공급 장치 응용 시의 전압 흡수에 권장하지 않음. 누출이 작지만 온도 안정성이 낮음.	백업에너지 응용(계전기 솔레노이드 스타팅), LED 표시장치의 주요 전력 공급 장치, 전기 부저 등에 사용. CMOS 마이크로컴퓨터용 전력 백업. 또한 태양광 로봇과 같은, 에너지를 저장하고 주요 전원 역할을 하는 많고 흥미로운 저전력 회로에 사용됨. 그밖에도 다양한 창의적인 용도적인 용도에 사용.

■ 폴리스티렌

폴리스티렌 유전체를 사용한다.역주 내부 코일처럼 구성되어 있어 고주파 응용기기에는 적합하지
않다. 필터 회로 및 타이밍 응용기기, 그리고 높은 절연 저항으로 인해 결합 및 저장 응용기기에
광범위하게 사용된다. (주목할 가치가 있는 경고: 폴리스티렌 커패시터는 70°C를 훨씬 넘는 온도에 노출될 경
우 가치가 영구적으로 변한다. 다시 냉각되어도 원 상태로 되돌려지지 않는다.)

■ 금속 피막(폴리에스테르, 폴리프로필렌)

그 밖의 종류와 다르게 크기가 서로 다른 얇은 도체나 판재를 사용한다. 옹스트롬 단위로 측정
할 정도로 얇은 알루미늄을 필름 기판에 도포해 적층하는 진공 증착 공정을 거쳐 형성된다. 이
커패시터는 신호 수준이 낮고(적은 전류/높은 임피던스) 물리적인 크기가 작아야만 하는 곳에 사용
한다.

금속화 피막 커패시터는 대용량 교류 응용기기에는 일반적으로 적합하지 않다. 피막 및 박편 형
태인 경우에 열이 축적되지 않게 함으로써 손실을 줄이고 수명을 연장하며, DF에 대한 영향을
줄이는 데 도움이 되는 더 두꺼운 판(박편)을 사용하므로 이 목적에 더 적합하다.

금속화 피막 커패시터의 주요 이점 중 하나는 금속화한 전극 물질이 극도로 얇아서 자체 손상
회복이 된다는 점이다. 유전체의 결함이나 약한 부분이 단락 상황에 처할 때마다 커패시터와 그
에 수반되는 회로에 저장된 전자가 단락 지점에 걸쳐 문제를 일으킨다. 이렇게 되면 얇은 금속
전극이 기화될 수 있다. 기화된 전극은 단락 지점으로부터 적당한 동심원 패턴을 형성한다. 기
화된 결과 단락 상태가 제거되고 커패시터가 다시 동작한다. 이 효과를 소멸(clearing)이라고 하는
데, 자체 손상 복구 과정에 해당한다. 금속화하지 않은 커패시터에서는 단락된 상황에서 심각한
영구 손상이 발생한다.

비금속 피막 커패시터와 비교했을 때 몇 가지 단점이 있는데, 방열 계수가 약간 높고 절연 저항
이 약간 낮으며 최대 전류가 낮고 최대 교류 전압 주파수 기능이 낮다는 점이다. 일반적으로 이
와 같은 커패시터 종류는 품질이 좋고, 드리프트가 낮으며, 온도가 안정되어 있다. 보통 고주파,
저전류 회로, 잡음 억제, 타이밍, 완충, 스위칭 전력 공급 장치, 우회, 오디오 등에 응용한다.

■ 슈퍼커패시터(겹층 또는 울트라 커패시터)

이 소자들은 전형적인 커패시터보다 전하를 훨씬 많이(0.022~50 F) 저장한다. 이렇게 저장되는
에너지 수준은 저밀도 전지의 1/10에 가깝다. 그러나 전지와 달리, 전력 출력이 10배 이상일 수
있다. 이는 대전류 펄스 응용기기에 유용한 특징이다.

슈퍼커패시터의 전해질 내에는 두 개의 무반응 다공성 판이 매달려 있다. 양극판에 인가된 전압
은 전해질에서 음이온을 끌어당기고 음극판의 전압은 양이온을 끌어당긴다. 이렇게 하면 용량성
저장 장치 두 층이 효과적으로 생성되는데, 이 중 한 층에서는 전하가 양극판에서 분리되고 나
머지 한 층에서는 전하가 음극판에서 분리된다. 전도성 고무막에는 전극과 전해질 물질이 들어
있어 셀과 접촉하게 한다. 희망 전압 정격을 얻기 위해 여러 셀을 직렬로 포개어 쌓는다. 일반적
인 전압 정격은 3.3 V 또는 5 V인데, 3.3 V 및 5.5 V 장치용 백업 커패시터 역할도 한다.

■ 전지/슈퍼커패시터 비교

슈퍼커패시터는 자체 정격 전압 내에서 어떤 전압으로든 충전될 수 있으며 완전히 방전된 상태에서도 보관할 수 있지만 많은 전지는 급속 충전 과정에서 손상된다. 슈퍼커패시터의 충전 상태는 단순히 전압의 함수인 반면, 전지의 충전 상태는 복잡해서 종종 신뢰하기 어렵다. 전지에 슈퍼커패시터보다 더 많은 에너지를 저장하지만, 슈퍼커패시터는 유해한 영향을 미치지 않으면서도 고출력 펄스를 빈번히 제공할 수 있고, 대부분의 전지는 비슷한 조건에서 수명이 단축된다.

슈퍼커패시터는 중간 전력원 역할을 하거나 전지와 기존 커패시터 사이에서 가교 역할을 한다. 많은 응용기기에서는 짧은 전력 파동이 필요한 일부터 시작해, 업무 필수적인 메모리 시스템의 저전력 장기 공급을 필요로 하는 일, 전력 소비가 낮은 CMOS 메모리의 내용을 수개월 동안 유지할 수 있게 하는 일 등에 슈퍼커패시터의 이점을 활용한다. 단독으로 사용하거나 다른 에너지 원천과 함께 사용하면 여러 시스템에서 우수한 해결책이 된다. 예를 들어, 수 초 만에 충전한 다음에 몇 분에 걸쳐 방전할 수 있는 급속 충전 응용기기(전동 공구 및 장난감), 단기 정전에 대비해 전력을 제공하는 무정전 전원 시스템에 대한 단기 지원, 발전기나 그 밖의 연속 백업 전력 공급 장치의 가교 역할 등에 슈퍼커패시터를 사용한다. 태양 전지 어레이처럼 에너지는 풍부하지만 출력이 부족한 에너지원의 부하를 평준화하는 데도 쓰일 수 있다.

전지 구동 시스템 안에 슈퍼커패시터를 전략적으로 배치하면, 전지에 대한 최대 전력 요구량을 충족할 수 있어서 첨두 전력(peak power)으로 인한 전지의 스트레스를 방지할 수 있다. 이런 식으로 하면 소용량 전지도 사용할 수 있게 되며, 전지의 전체 수명을 연장할 수도 있다.

슈퍼커패시터는 높은 ESR을 나타내므로 직류 전원 공급 장치 응용기기에서 잔결을 흡수하는 일에는 쓰지 않는 게 좋다. 슈퍼커패시터 회로의 예는 '3.6.9절 커패시터 응용기기' 절을 참조하라.

■ 오일 충전식 커패시터

이 유형은 많은 양의 열을 발생시키는 고전압, 대전류 응용기기에 사용하며, 오일로 커패시터를 냉각한다. 응용기기로는 유도 가열, 고에너지 펄스, 정류, 장비 우회, 점화, 주파수 변환, 고전압 잔결 필터링, 완충, 결합 및 스파크 등이 있다. 전압 범위는 $1 \sim 300\ kV$이며 정전용량은 약 $100\ pF \sim 5000\ \mu F$이다. 일반적으로 대형 용기에 담아 제공된다.

■ 커패시터 레이블 읽기

커패시터 레이블 구성 방식은 여러 가지다. 색띠를 사용하기도 하고 숫자와 문자를 조합해 사용하기도 한다. 커패시터에는 정전용량 값, 허용 오차, 온도 계수, 전압 정격이나 이와 같은 규격들을 조합한 내용을 표시할 수 있다. 보기 3.66에 몇 가지 인기 있는 레이블 구성 체계가 나온다.

3.6.9 커패시터 응용기기

■ 결합과 직류 차단

역주 즉, 커플링 커패시터

결합 커패시터(coupling capacitor)역주는 한 회로에서 다른 회로로 교류 신호 범위를 통과시키며, 직류 성분은 무엇이든 통과하지 못하게 한다. 이것은 커패시터의 반응저항 때문이다.

커패시터 표식

정전용량 단위 환산 계산기

$1\,F = 1 \times 10^6\,\mu F = 1 \times 10^9\,nF = 1 \times 10^{12}\,pF$
$1\,\mu F = 1 \times 10^{-6}\,F = 1 \times 10^3\,nF = 1 \times 10^6\,pF$
$1\,nF = 1 \times 10^{-9}\,F = 1 \times 10^{-3}\,\mu F = 1 \times 10^3\,pF$
$1\,pF = 1 \times 10^{-12}\,F = 1 \times 10^{-6}\,\mu F = 1 \times 10^{-3}\,nF$

(F = 패럿, μ = 마이크로, n = 나노, p = 피코)

$1000\,\mu F = 1{,}000{,}000\,nF = 10 \times 10^8\,pF$
$100\,\mu F = 100{,}000\,nF = 10 \times 10^7\,pF$
$10\,\mu F = 10{,}000\,nF = 10 \times 10^6\,pF$
$1\,\mu F = 1{,}000\,nF = 10 \times 10^5\,pF$
$0.1\,\mu F = 100\,nF = 10 \times 10^4\,pF$
$0.01\,\mu F = 10\,nF = 10 \times 10^3\,pF$
$0.001\,\mu F = 1\,nF = 10 \times 10^2\,pF$

탄탈룸

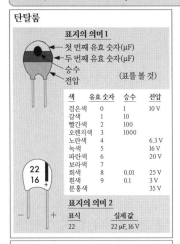

표지의 의미 1
- 첫 번째 유효 숫자(μF)
- 두 번째 유효 숫자(μF)
- 승수
- 전압 (표를 볼 것)

색	유효 숫자	승수	전압
검은색	0	1	10 V
갈색	1	10	
빨간색	2	100	
오렌지색	3	1000	
노란색	4		6.3 V
녹색	5		16 V
파란색	6		20 V
보라색	7		
회색	8	0.01	25 V
흰색	9	0.1	3 V
분홍색			35 V

표지의 의미 2

표식	실제 값
22	22 μF, 16 V

마일러(폴리에스테르 피막) 폴리프로필렌 담금(침지) 처리한 운모

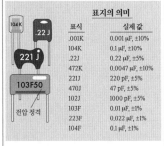

표지의 의미

표식	실제 값
.001K	0.001 μF, ±10%
104K	0.1 μF, ±10%
.22J	0.22 μF, ±5%
472K	0.0047 μF, ±10%
221J	220 pF, ±5%
470J	47 pF, ±5%
102J	1000 pF, ±5%
103F	0.01 μF, ±1%
223F	0.022 μF, ±1%
104F	0.1 μF, ±1%

표지 형식:
pF(숫자 앞에 소수점이 있으면 μF) 단위로 나타낸 첫 번째 숫자, 두 번째 숫자, 승수 그리고 허용 오차

금속화 폴리에스테르 피막

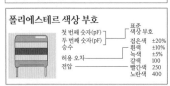

표지의 의미

표식	실제 값
2 μ2	2.2 μF
μ22	0.22 μF
μ22	0.22 μF
4n7	4.7 nF

표지 형식:
'μ'는 마이크로패럿 단위일 때의 소수점 자리
'n'은 나노패럿 단위일 때의 소수점 자리

폴리에스테르 색상 부호

- 첫 번째 숫자(pF)
- 두 번째 숫자(pF)
- 승수
- 허용 오차
- 전압

표준 색상 부호	
검은색	±20%
흰색	±10%
녹색	±5%
갈색	100
빨간색	250
노란색	400

세라믹 디스크 커패시터

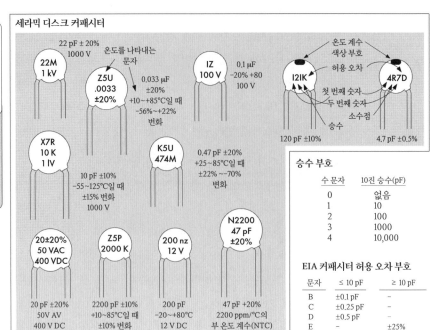

22 pF ±20% 1000 V — **22M 1 kV**

온도를 나타내는 문자 — **Z5U .0033 ±20%** — 0.033 μF ±20% +10~+85°C일 때 -56%~+22% 변화

IZ 100 V — 0.1 μF -20% +80 100 V

온도 계수 색상 부호 / 허용 오차 — **I2IK** / **4R7D** — 첫 번째 숫자 / 두 번째 숫자 / 소수점 / 승수

120 pF ±10% / 4.7 pF ±0.5%

X7R 10 K 1 IV — 10 pF ±10% -55~125°C일 때 ±15% 변화 1000 V

K5U 474M — 0.47 pF ±20% +25~85°C일 때 ±22% ~-70% 변화

20±20% 50 VAC 400 VDC — 20 pF ±20% 50V AV 400 V DC

Z5P 2000 K — 2200 pF ±10% +10~85°C일 때 ±10% 변화

200 nz 12 V — 200 pF -20~+80°C 12 V DC

N2200 47 pF ±20% — 47 pF +20% 2200 ppm/°C의 부 온도 계수(NTC)

표지 형식:
제조업체마다 상당히 다르다. 보통 pF 단위(승수 부호 표를 볼 것)로 표시하지만 숫자들 앞에 소수점이 있으면 μF 단위가 쓰이기도 한다. 온도 및 허용 오차 표식에 관해서는 그 밖의 표를 보라.

세라믹 디스크(유럽식 표식)

47p

표지의 의미 1

표식	실제 값	표식	실제 값
p68	0.68 pF	22p	22 pF
lp0	1.0 pF	n10	0.1 nF
4p7	4.7 pF	n27	0.27 nF

표지: p는 피코패럿, n은 나노패럿을 나타낸다.
p의 위치 또는 n의 위치로 소수점 자리를 나타낸다.

고정형 세라믹 색상 부호

- 첫 번째 숫자
- 두 번째 숫자
- 승수
- 온도 계수
- 허용 오차

색	유효 숫자	>10 pF (허용 오차)	<10 pF (허용 오차)	온도계수 ppm/C
검은색	0	1	±20%	20 pF	-0
갈색	1	10	±1%		-30
빨간색	2	100	±2%		-80
오렌지색	3	1000			-150
노란색	4				-220
녹색	5		±5%	0.5 pF	-330
파란색	6				-470
보라색	7				-750
회색	8	0.01		0.25 pF	30
흰색	9	0.1	±10%	1.0 pF	500

표면 실장형 커패시터

표면 실장형 세라믹

표식	실제 값
NI	33 pF
A4	0.01 μF
S6	4.7 μF

표면실장형 전해질

106 V
표지의 의미 1

표식	실제 값
106 V	10 μF, 6 V

A475
표지의 의미 2

표식	실제 값
A475	4.7 μF, 10 V

유효 숫자 부호

문자	유효 숫자	문자	유효 숫자
A	1.0	T	5.1
B	1.1	U	5.6
C	1.2	V	6.8
D	1.3	W	6.8
E	1.5	X	7.5
F	1.6	Y	8.2
G	1.8	Z	9.1
H	2.0	a	2.5
J	2.2	b	3.5
K	2.4	d	4.0
L	2.7	e	4.5
M	3.0	f	5.0
N	3.3	m	6.0
P	3.6	n	7.0
Q	3.9	t	8.0
E	4.3	y	9.0
S	4.7		

승수 부호

수 문자	10진 승수(pF)
0	1
1	10
2	100
3	1,000
4	10,000
5	100,000
6	1,000,000
7	10,000,000
8	100,000,000
9	0.1

표 2:
전압(아래 표를 볼 것), 첫째 숫자, 둘째 숫자, 승수(pF).

문자	전압
e	2.5
G	4
J	6.3
A	10
C	16
D	20
E	25
V	35
H	50

승수 부호

수 문자	10진 승수(pF)
0	없음
1	10
2	100
3	1000
4	10,000

EIA 커패시터 허용 오차 부호

문자	≤ 10 pF	≥ 10 pF
B	±0.1 pF	–
C	±0.25 pF	–
D	±0.5 pF	–
E	–	±25%
F	±1 pF	±1%
G	–	±2%
H	–	±2.5%
J	–	±5%
K	–	±10%
M	–	±20%
P	–	-0 +100%
S	–	-20 +50%
W	–	-0 +200%
X	–	-20 +40%
Z	–	-20 +80%

EIA 온도 특성 부호

최소 온도		최대 온도		온도 범위상의 최대 정전용량 변화	
X	-55°C	2	+45°C	A	±1.0%
Y	-35°C	4	+65°C	B	±1.5%
Z	+10°C	5	+85°C	C	±2.2%
		6	+105°C	D	±3.3%
		7	+125°C	E	±4.7%
				F	±7.5%
				P	±10%
				R	±15%
				S	±22%
				T	-33%, +22%
				U	-56%, +22%
				V	-82%, +22%

EIA 온도 계수 색상 부호

색상	온도 계수 산업계	EIA
검은색	NP0	C0G
갈색	N030/N033	S1G
빨간색	N075/N080	U1G
오렌지색	N 150	P2G
노란색	N 220	R2G
녹색	N 330	S2H
파란색	N 470	U2J
보라색	N 750	
회색		
흰색	P 100	
빨간색/보라색	P 100	

전해질 커패시터

1 μF, 50 V

표지: 보통 자체적으로 설명이 됨

보기 3.66

차단과 결합

직류 차단 도해

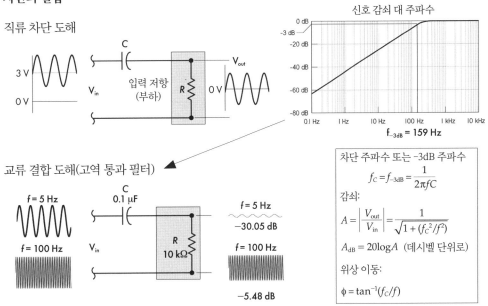

신호 감쇠 대 주파수

f_{-3dB} = 159 Hz

교류 결합 도해(고역 통과 필터)

차단 주파수 또는 −3dB 주파수

$$f_C = f_{-3dB} = \frac{1}{2\pi fC}$$

감쇠:

$$A = \left| \frac{V_{out}}{V_{in}} \right| = \frac{1}{\sqrt{1 + (f_C^2/f^2)}}$$

$A_{dB} = 20\log A$ (데시벨 단위로)

위상 이동:

$$\phi = \tan^{-1}(f_C/f)$$

보기 3.67 차단(blocking): 커패시터는 한 회로에서 다른 회로로 직류 전압이 전달되지 못하게 차단하거나 방지하는 데 사용된다. 직류 전압을 차단하려면, 회로 소자들에 직렬이 되게 커패시터를 둔다.
결합(coupling): 결합 커패시터는 한 회로 소자에서 그 밖의 회로 소자로 교류 신호만 연결하거나 연계하는 데 사용된다. 커패시터는 입력과 결합된 부하 사이에 직렬로 연결된다. 순전히 저항성 부하를 고려하면 감쇠 및 차단 주파수 (또는 −3 dB 주파수)는 오른쪽 공식을 사용해 추정할 수 있다. 이 공식은 이상적인 커패시터를 기반으로 한다.

이론적으로 직류에서는 반응저항이 무한하지만 높은 교류 주파수에서는 반응저항이 감소한다. 효과적으로 결합하려면 관심 주파수 범위에서 커패시터의 임피던스가 낮은 편이 좋다. 그렇지 않다면 특정 주파수들은 그 밖의 주파수들보다 더욱 감쇠할 수 있다. 보기 3.67의 공식을 사용해 이상적인 조건과 순전한 저항 부하를 가정할 때 차단 주파수 또는 −3 dB 주파수(½ 전력점), 감쇠 및 위상 변이를 찾을 수 있다.

많은 상황에서 커패시터와 결합된 부하(또는 결합된 단계)는 주파수에 민감할 수 있다. 유도성 및 용량성 소자 때문에 주파수에 따라 임피던스가 달라질 수 있다. 예를 들어, 보기 3.70은 트랜지스터 증폭기의 입력 임피던스가 주파수에 따라 어떻게 변하는지를 보여 준다. 어떤 결합 커패시터를 선택하느냐에 따라 감쇠되는 주파수가 결정되므로 결합된 단계의 변화하는 임피던스를 이해하는 것이 중요하다.

결합 커패시터를 선택할 때의 주요 특징으로는 절연 저항(IR), ESR, 전압 정격 및 전체 주파수 응답이 있다. 제안된 결합 커패시터에 대해서는 표 3.7을 참조하라. 예를 들어, 많은 오디오 응용 기기의 경우 폴리프로필렌 피막 커패시터 및 폴리에스테르 피막 커패시터나 심지어 전해 커패시터까지 선택할 수 있지만 고주파, 고안정성 분리 응용기기의 경우 메가헤르츠 범위까지는 NPO 적층 세라믹 커패시터가 필요할 수 있다.

● 우회

우회 커패시터(bypass capacitor)역주는 부품 또는 부품 그룹 주변의 원하지 않는 교류 신호(서플라이 잡음, 잡음 등)를 접지로 우회하게 할 때 종종 사용된다. 종종 교류와 직류가 혼합된 곳에서 직류가 우회된 부품으로 공급되게 자유롭게 남겨 둔 상태에서 교류를 제거한다(즉, 크게 감쇠시킨다). 우회의 배경 기반을 보기 3.68에서 볼 수 있다.

일반적으로 우회 커패시터의 임피던스는 회로 소자 입력 임피던스의 10%여야 한다.

우회에 쓰이는 커패시터로는 전해 커패시터부터 세라믹 NPO 커패시터에 이르기까지 종류가 다양하다. 주파수 응답의 종류와 안정성에 따라 선택해서 쓰면 된다. 절연 저항(IR), ESL 및 ESR을 주요 특성을 보아 고려해야 한다.

■ 전력 공급 장치 분리(우회)

역주 즉, 디커플링 또는 짝풀림

디지털 및 아날로그 직류 회로에서 분리^{역주}는 매우 중요하다. 이러한 직류 회로에서 회로 내 전압이 조금이라도 변동되면 부적절한 작동이 일어날 수 있다. 예를 들어, 보기 3.69에서 V_{CC} 선에 나타나는 잡음(공급 전압의 무작위 변동)은 IC의 민감한 공급 리드에 부적절한 전압 준위를 넣어서 생긴 문제일 수 있다. (일부 IC는 이러한 일이 발생하면 불규칙하게 작동한다.) 그러나 우회 커패시터를 IC의 입력에 병렬로 배치하면 커패시터가 IC 주변의 고주파 잡음을 접지로 우회하게 하므로 안정된 직류 전압을 유지할 수 있다. 우회 커패시터는 IC를 공급 장치에서 분리시킨다.

공급 전압 선로 내의 변동은 임의의 저수준 변동만으로 발생하는 것이 아니라는 점에 유의해야 한다. 이는 또한, 갑작스러운 다량의 전류를 공급선에서 끌어들이는 고전류 스위칭 동작으로 인한 전압의 급격한 변동 때문에 발생한다. 이들 장치들이 더 많은 전류를 흘릴수록 공급선의 잔결이 커진다. 계전기 및 모터의 스위칭은 이 점에서 유명하다. (일반적으로 이번 장치들에는 과도 전압을 제한하기 위해 스너버(snubber)^{역주} 다이오드 또는 일부 유형의 국소적인 과도 억제기가 통합되어 있다. 그러나 전환 후에 발생하는 저수준의 고주파수 신호음이 종종 회선에 침입한다. TTL 및 CMOS IC조차도 두 출력 트랜지스터가 동시에 켜지는 과도 상태로 인해 전력선에 전류 스파이크를 생성할 수 있다.

역주 즉, 완충

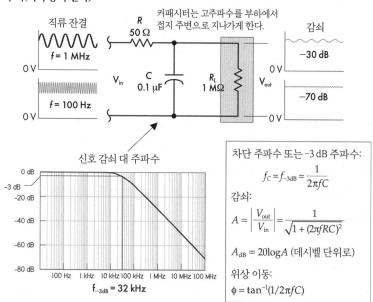

이 회로에서 RC 부분은 고주파가 부하 또는 회로 소자에 도달하는 것을 감쇠시키는 저역 통과 필터처럼 동작한다.

$X_C < R_L$이면, 신호는 R_L부터 C까지를 우회한다.

$X_C > R_L$이면, 신호가 R_L을 경유한다.

여기서 $X_C = 1/(2\pi fC)$으로 커패시터의 반응저항이다. 다시 말하면, 높은 주파수에서 X_C가 작아지므로 신호는 C를 통해 R_L 주변으로 전환되는 경향이 있다.

보기에 나오는 그래프는 감쇠 대비 주파수 응답을 보여 주며, 방정식은 차단 주파수, 감쇠 및 위상 변이를 계산하는 방법을 알려 준다.

이 보기에 나오는 회로의 R은 물리적으로는 개별 구성 요소로 존재하지 않는다. 예를 들어, 전력 공급선에 있는 고유한 저항을 나타낼 수 있다(일반적으로 표시된 것보다 훨씬 작음). R은 주파수 응답을 설정하는 데 도움이 되지만 조임 효율을 감소시킬 수 있다.

우회(저역 통과 필터)

차단 주파수 또는 −3 dB 주파수:
$$f_C = f_{-3dB} = \frac{1}{2\pi fC}$$

감쇠:
$$A = \left| \frac{V_{out}}{V_{in}} \right| = \frac{1}{\sqrt{1 + (2\pi fRC)^2}}$$

$A_{dB} = 20\log A$ (데시벨 단위로)

위상 이동:
$$\phi = \tan^{-1}(1/2\pi fC)$$

$f_{-3dB} = 32$ kHz

보기 3.68

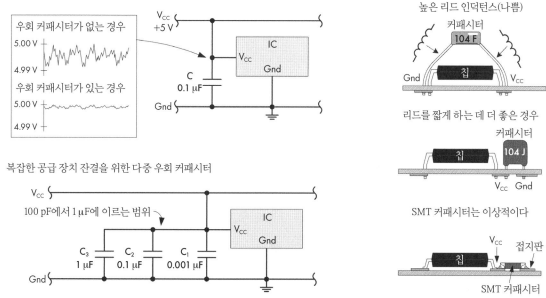

보기 3.69 상단에 보이는 회로는 0.1 μF 커패시터를 사용해 직류 공급선에 고주파 과도 전류가 발생하지 않도록 한다. 하단에 보이는 회로는 넓은 범위의 과도 주파수를 처리하기 위해 정전용량 수준이 서로 다른 커패시터 세 개를 사용한다.

5 V 공급 단자 사이의 저항은 공급 전류를 제한하고, 이 저항은 속도가 증가함에 따라 더 줄어들고 과도 전류는 100 mA까지 높아진다. 이러한 과도 전류에는 일반적으로 로직 장치의 고속 스위칭으로 인해 높은 주파수가 들어 있다. 전류 스파이크가 전력 분배 계통으로 전파되면 10 ~ 100 mV에 상당한 전압 스파이크를 생성할 수 있다. 더 나쁜 것은 전체 모선(bus)이 상태를 바꾼다면 그 영향은 부가적이며, 500 mV만큼 높은 과도 전류가 전력선을 따라 흐르게 된다. 이러한 큰 과도 전류는 로직 회로 내에서 큰 혼란을 야기한다.

전원 공급 장치와 분배 계통(전선, PCB의 모선 등)을 이상적이지 않은 것으로 간주하는 것이 중요하다. 전력 공급 장치에는 내부 저항이 있으며, 공급 분배 계통(전선, PCB 트레이스 등)에는 소량의 저항, 인덕턴스 및 정전용량이 들어 있다. 분배 계통에 부착된 장치에 갑자기 전류가 필요해지면 공급 장치에 전압 강하가 발생하는데, 이럴 때는 옴의 법칙을 사용하라.

■ 분리 커패시터 선택 및 배치

- 우회가 필요한 것: 클럭 속도가 높은 로직 회로 및 기타 민감한 아날로그 회로에서는 모두 전원 공급 장치를 분리해야 한다. 일반적으로 디지털 칩당 0.1 μF 세라믹 한 개, 아날로그 칩당 0.1 μF 세라믹 두 개, (양극 및 음극 공급 장치가 사용되는 곳의 각 공급 장치 한 개당), 그리고 IC 여덟 개 또는 IC 열마다 1 μF 탄탈룸 한 개가 필요하다. 종종 적게 사용하고도 이렇게 할 수 있기는 하지만 말이다. 또한, 우회 커패시터를 두기에 좋은 곳은 전력 커넥터이다. 전력선을 다른 보드나 긴 선으로 연결할 때마다 우회 커패시터를 넣는 것이 좋다. 긴 회선은 유도 인데너와 같이 작동하여 모든 지기깅에서 진기 집음을 포착한다. 진신의 양쪽 끝에 커패시터를 두는 게 바람직하다. 전선을 가로질러 연결한 0.01 μF 또는 0.001 μF 커패시터는 종종 요령을 피운다.

- **배치**: 고주파수 분리를 잘하려면 커패시터를 잘 배치해야 한다. 커패시터를 가능한 한 IC에 가까이 두거나, 전력 핀과 접지 핀 사이에 두거나, 리드를 넓은 PC 트랙으로 구성하라. 장치에서 커패시터 쪽으로 따라간 다음에 전력 부분으로 따라가라. 커패시터 리드의 길이를 짧게 유지해야 한다(1.5 mm 미만). 소량의 전선이라도 상당한 인덕턴스를 가지므로 커패시터와 공진할 수 있다. 표면 실장 커패시터가 이 점에서 우수한데, 전력 리드의 윗면에 거의 다 놓을 수 있어서 리드 인덕턴스가 없기 때문이다.

- **커패시터 크기**: 잔결 주파수가 커패시터 값을 결정하는 역할을 한다. 경험칙에 따르면 주파수 잔결이 높을수록 우회 커패시터가 작아진다. 보기 3.69에서 $10 \sim 100$ MHz 정도의 자체 공진 주파수를 갖는 $0.01 \sim 0.1$ μF 커패시터가 고주파 과도 특성을 처리하는 데 사용된다. 회로에 고주파 성분이 많은 경우 큰 값(예를 들면, 0.01 μF)을 지닌 커패시터 한 개와 작은 값(예를 들면, 100 pF)을 지닌 커패시터 한 개를 병렬로 쌍을 이루는 편이 좋다. 복잡한 잔결이 있는 경우 병렬로 여러 개의 우회 커패시터를 사용할 수 있으며, 각 우회 커패시터는 조금씩 다른 주파수를 목표로 한다. 예를 들어 보기 3.69에 아래쪽에 나오는 회로에서 C_1(1 μF)은 상대적으로 낮은 주파수들에서 더 낮은 전압 강하를 포착하고(모선의 과도상태와 관련됨), C_2(0.1 μF)는 중간 주파수들에서, C_3(0.001 μF)은 높은 주파수들에서 그렇게 한다. 일반적으로 국소적인 분리 값의 범위는 100 pF에서 1 μF이다. 업무 필수적인 경우를 제외한다면, 각 개별 IC에 대형 1 μF 커패시터를 배치하는 일은 일반적으로 바람직하지 않다. 각 IC와 커패시터 사이에 10 cm 미만의 합리적으로 넓은 PC 트랙이 있으면 여러 IC에서 이를 공유할 수 있다.

- **커패시터 종류**: 분리에 사용되는 커패시터 형식은 무척 중요하다. ESR이 낮고 인덕턴스가 높으며 유전정접이 높은 커패시터를 피하라. 예를 들어, 알루미늄 전해 커패시터는 고주파 분리에 적합하지 않다. 그러나 앞서 언급한 1 μF 탄탈룸 전해 커패시터는 낮은 주파수에서 분리할 때 유용하다.

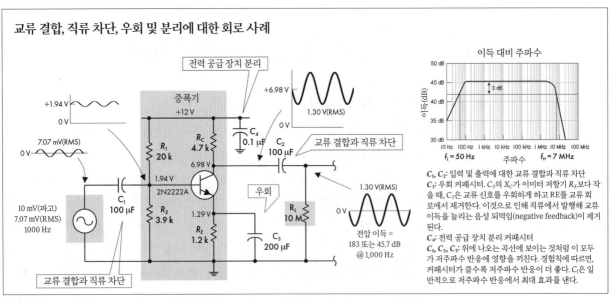

교류 결합, 직류 차단, 우회 및 분리에 대한 회로 사례

C_1, C_2: 입력 및 출력에 대한 교류 결합과 직류 차단
C_3: 우회 커패시터. C_3의 X_C가 이미터 저항기 R_E보다 작을 때, C_3는 교류 신호를 우회하게 하고 RE를 교류 회로에서 제거한다. 이것으로 인해 직류에서 발행해 교류 이득을 늘리는 음성 되먹임(negative feedback)이 제거된다.
C_4: 전력 공급 장치 분리 커패시터
C_1, C_2, C_3: 위에 나오는 곡선에 보이는 것처럼 이 모두가 저주파수 반응에 영향을 끼친다. 경험칙에 따르면, 커패시터가 클수록 저주파수 반응이 더 좋다. C_1은 일반적으로 저주파수 반응에서 최대 효과를 낸다.

보기 3.70

모놀리식 세라믹 커패시터, 특히 표면 실장 형식은 낮은 ESL과 우수한 주파수 응답으로 인해 고주파 분리에 가장 알맞다. 리드 길이를 짧게 유지한다면 폴리에스테르 커패시터나 폴리프로필렌 커패시터도 좋은 선택이다. 결국, 제거하려는 주파수 범위에 맞춰 커패시터를 선택하면 된다. 제안한 분리 커패시터에 대해서는 표 3.7을 참조하라.

3.6.10 타이밍과 표본 유지

정전용량 값과 추가 직렬 저항에 따라 특성이 달라지므로 커패시터의 전압을 변경하는 데는 시간이 걸린다. 획득된 전압 수준뿐만 아니라 충전 시간도 예를 들면 RC 시간 상수를 사용하여 쉽게 예측할 수 있다. 이 현상은 발진기, 신호 발생기 및 래치 타이머와 같은 타이밍 회로에 사용된다. 간단한 풀림 발진기(relaxation oscillator)의 작동 원리를 보기 3.71에서 설명하고 있다. 표본 유지 회로(sample-and-hold circuit)에서 커패시터는 표본을 추출하면서 취한 것과 동일한 아날로그 전압 크기를 얻는다(스위치가 닫힌 상태). 새로운 표본이 채취될 때까지 커패시터 내에 저장된 전하는 이 전압 크기를 유지한다. 보기 3.72에 나오는 표본 유지 회로를 참조하라.

타이밍 및 표본 유지 회로에 중요한 커패시터 특성으로는 절연 저항(IR)이 높고, ESR이 상대적으로 낮고, 유전 흡수(DA)가 낮고 정전용량 안정성이 좋다는 점을 들 수 있다. IR 등급이 매우 높은 폴리스티렌 커패시터는 ESL이 중요한 요소인 몇 백 킬로헤르츠를 초과하는 타이밍 회로 내를 제외하고는 많은 타이밍 및 저장 응용기기에서 우수하다. 모놀리식 세라믹 커패시터는 고주파수에서는 양호하지만, 유전 흡수가 상당히 커서 표본 유지 응용기기에 부적합하다.

간단한 풀림 발진기

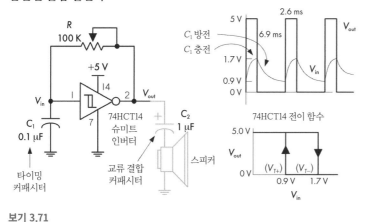

보기 3.71

커패시터가 저항을 통해 충전되면 전압은 예측하기에 아주 좋은 곡선을 따른다. 커패시터의 전압을 IC의 준위 감지 입력에 인가함으로써, IC는 커패시터의 전압이 설정된 유발 수준에 도달하면 출력 응답을 유발한다. 예를 들어, 보기에 나오는 회로에서 RC 회로망과 더불어 74HCT14 슈미트 인버터가 간단한 구형파 발진기를 구성한다. 커패시터가 방전되고, 인버터의 출력이 고준위(+5 V)라고 하자. 저항을 통과한 전류는 커패시터 내에서 전하로서 수집되기 시작한다. 커패시터가 1.7 V에 도달하면 인버터는 입력 준위가 고준위(HIGH)라고 해석하고 출력을 저준위(LOW)로 설정한다. C_1은 방전을 시작하고 전압이 0.9 V에 도달하면 인버터는 입력 준위를 저준위로 해석하고 다시 출력을 고준위로 설정한다. 이 과정이 계속된다. RC 시간 상수로 진동 주파수가 결정된다. 정전용량이 작으면 주파수가 높아지므로 충전 시간이 짧아진다. 폴리프로필렌, 폴리에스테르, 폴리스티렌(수백 킬로헤르츠 이하), 심지어 전해(저주파에서)와 같이 다양한 종류의 커패시터가 사용될 수 있다.

표본 유지 회로

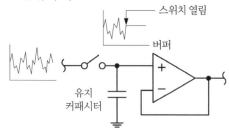

스위치 열림

버퍼

유지
커패시터

표본 유지 IC

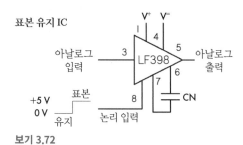

V+   V‾
 1   4

아날로그
입력   3   LF398   5   아날로그
                          출력

              6

+5 V   표본
0 V   ┐   8   7   CN
        유지

          논리 입력

보기 3.72

표본 유지 회로는 아날로그 신호 표본을 추출해 유지함으로써 아날로그 신호를 분석하거나 디지털 신호로 변환하는 데 사용된다. 첫 번째 회로에서 스위치는 표본 유지를 제어하는 역할을 한다. 스위치가 닫히면 표본 추출이 시작되고 스위치가 열리면 끝난다. 스위치가 열리면 정확한 순간에 입력된 전압이 CN에 저장된다. 연산 증폭기는 버퍼로 동작하며, 커패시터의 전압을 출력으로 중계하면서 커패시터가 방전되는 것을 방지한다(이상적으로는 전류가 연산 증폭기의 입력으로 들어오지 않음). 유지할 수 있는 표본 전압의 길이는 커패시터 누설에 따라 다르다. ESR이 높고 DA가 낮으며, ESL이 낮고 안정성이 높은 커패시터를 사용하라. 커패시터를 다룬 부분들을 살펴보라.

LF398은 디지털 입력 신호로 표본 유지 기능을 제어하는 특수한 표본 유지 IC이다. 그러나 표본 전압을 유지하기 위해서는 외부 커패시터가 여전히 필요하다.

[역주] 저주파 풀림형 발진기
(low-frequency relaxation-type oscillator)

두 가지 경우에 모두 자주 사용되는 그 밖의 커패시터로는 폴리프로필렌과 폴리에스테르가 있으며, 둘 다 IR 정격이 우수하다. 저주파 풀림 발진기[역주] 및 래치 타이머에 종종 전해 커패시터를 사용하지만 표본 유지 회로에 사용해서는 안 된다. 누설 수준이 너무 높아서 일정한 표본 전압을 유지할 수 없기 때문이다.

3.6.11 RC 잔결 필터

보기 3.73에 나타낸 전파 정류기는 커패시터를 사용해 정류된 직류 파동을 평활화함으로써 거의 일정한 직류 출력을 생성한다. 커패시터는 정류 및 파동 직류 전압이 첨두 값 아래로 떨어지면 전하를 저장해 부하로 전달한다. 그러나 이와 같이 RLC 시간 상수에 따라 전압 강하가 일어나며, 커패시터는 또 다른 양의 주기 동안 충전된다. 따라서 그 결과로 나오는 출력 전압의 교류 잔결이 작다. 일반적으로 잔결은 민감한 회로 구동에 좋지 않으므로 정전용량 값을 크게 사용해 잔결을 가능한 한 낮게 유지하는 것이 중요하다. 보기 3.74는 입력 주파수, 평균 직류 정류 전압, 정전용량 및 부하 저항이 주어졌을 때 잔결 전압, 평균 직류 전압 및 잔결 계수를 유도하고 계산하는 방법을 보여 준다.

잔결 계수(ripple factor)는 평균 직류 출력 전압에 대한 출력 전압의 최대 변동(rms)을 나타낸다. 일반적으로 노릴 수 있는 실제 잔결 계수(RF)는 약 0.05이다. RF를 일반적으로 1000 μF 이상으로 낮추려면 정전용량 값이 커야 한다. 부하 저항을 높여도(부하 전류가 감소하면) RF를 낮게 유지할 수 있다. 정전용량 수준을 높이려면 필터 커패시터를 병렬로 배치하라.

필터 커패시터와 부하 사이에 전압 조절기 IC를 포함시켜 교류 회선의 서지(surge)를 방지하고 변화하는 부하 전류 요구에 따라 일정한 출력 전압을 유지할 수 있다. 이러한 조절기에는 일반적으로 추가적인 잔결 제거 기능이 내장되어 있다. 전압 조정기와 전력 공급 장치를 다룬 장을 보라.

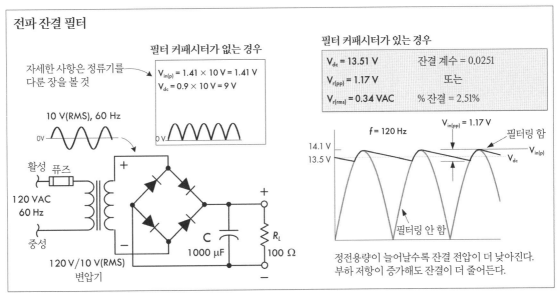

전파 잔결 필터

필터 커패시터가 없는 경우

자세한 사항은 정류기를 다룬 장을 볼 것

$V_{in(p)} = 1.41 \times 10\,V = 1.41\,V$
$V_{dc} = 0.9 \times 10\,V = 9\,V$

필터 커패시터가 있는 경우

$V_{dc} = 13.51\,V$	잔결 계수 = 0.0251
$V_{r(pp)} = 1.17\,V$	또는
$V_{r(rms)} = 0.34\,VAC$	% 잔결 = 2.51%

10 V(RMS), 60 Hz

활성 퓨즈

120 VAC
60 Hz

중성

120 V/10 V(RMS)
변압기

C
1000 μF

R_L
100 Ω

$f = 120\,Hz$
$V_{in(pp)} = 1.17\,V$
필터링 함
14.1 V
13.5 V
$V_{in(p)}$
V_{dc}
필터링 안 함

정전용량이 늘어날수록 잔결 전압이 더 낮아진다.
부하 저항이 증가해도 잔결이 더 줄어든다.

보기 3.73 여기서 1000 μF 커패시터 공급 장치 필터를 사용해 출력 잔결 전압을 낮춘다. 100 Ω 부하에서 이 회로의 잔결 전압은 0.34 VAC이거나 첨두 간에 1.17 V이다. 잔결 계수(rms 잔결 전압을 평균 직류 전압으로 나눈 값)는 0.00251이다. 전파 브리지를 반파 정류기로 교체하면 잔결 전압이 두 배가 된다. 이번 장의 끝 부분에 있는 보기 3.74의 방정식과 예제 7을 참조하라.

전력 공급 장치 필터링에서 고려해야 할 중요한 커패시터 특성으로는 ESR, 전압 및 잔결 전류 정격이 포함된다. 대부분의 전력 공급 장치의 필터링 커패시터로는 전해 커패시터를 사용하는데, 이는 그 밖의 커패시터들이 필요한 마이크로패럿 단위를 제공하지 않기 때문이다. 일부 고전압 대전류 공급 장치로 오일 충전식 커패시터를 사용할 수 있다.

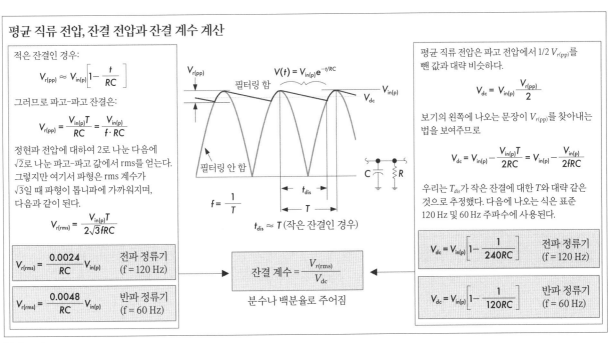

평균 직류 전압, 잔결 전압과 잔결 계수 계산

적은 잔결인 경우:

$$V_{r(pp)} \approx V_{in(p)}\left[1 - \frac{t}{RC}\right]$$

그러므로 파고-파고 잔결은:

$$V_{r(pp)} = \frac{V_{in(p)}T}{RC} = \frac{V_{in(p)}}{f \cdot RC}$$

정현파 전압에 대하여 2로 나눈 다음에 √2로 나눈 파고-파고 값에서 rms를 얻는다. 그렇지만 여기서 파형은 rms 계수가 √3일 때 파형이 톱니파에 가까워지며, 다음과 같이 된다.

$$V_{r(rms)} = \frac{V_{in(p)}T}{2\sqrt{3}fRC}$$

$V_{r(rms)} = \dfrac{0.0024}{RC}V_{in(p)}$	전파 정류기 (f = 120 Hz)

$V_{r(rms)} = \dfrac{0.0048}{RC}V_{in(p)}$	반파 정류기 (f = 60 Hz)

$V_{r(pp)}$
필터링 함
$V(t) = V_{in(p)}e^{-t/RC}$
V_{dc}
$V_{in(p)}$
필터링 안 함
$f = \dfrac{1}{T}$
t_{dis}
T
$t_{dis} \approx T$ (작은 잔결인 경우)

C R

$$\text{잔결 계수} = \frac{V_{r(rms)}}{V_{dc}}$$

분수나 백분율로 주어짐

평균 직류 전압은 파고 전압에서 1/2 $V_{r(pp)}$를 뺀 값과 대략 비슷하다.

$$V_{dc} = V_{in(p)} - \frac{V_{r(pp)}}{2}$$

보기의 왼쪽에 나오는 문장이 $V_{r(pp)}$를 찾아내는 법을 보여주므로

$$V_{dc} = V_{in(p)} - \frac{V_{in(p)}T}{2RC} = V_{in(p)} - \frac{V_{in(p)}}{2fRC}$$

우리는 T_{dis}가 작은 잔결에 대한 T와 대략 같은 것으로 추정했다. 다음에 나오는 식은 표준 120 Hz 및 60 Hz 주파수에 사용된다.

$V_{dc} = V_{in(p)}\left[1 - \dfrac{1}{240RC}\right]$	전파 정류기 (f = 120 Hz)

$V_{dc} = V_{in(p)}\left[1 - \dfrac{1}{120RC}\right]$	반파 정류기 (f = 60 Hz)

보기 3.74

스피커 교차 회로망

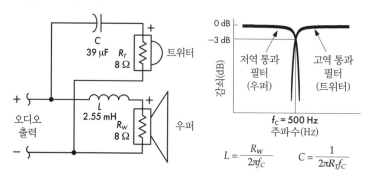

보기 3.75 교차 회로망은 주어진 스피커의 동적 범위에 가장 잘 반응하는 주파수 범위를 시스템의 각 스피커에 제공하는 데 사용된다. 예를 들어, 보기에 나오는 회로는 트위터(동적 고주파) 및 우퍼(동적 저주파)를 포함하는 시스템의 간단한 1차 교차이다. 높은 주파수만 트위터로 향할 수 있게 트위터의 내부 저항과 정전용량이 고주파 RC 회로를 형성하는 트위터와 직렬이 되게 커패시터를 배치한다. 저역 통과 필터는 우퍼에 낮은 주파수를 전달하는 데 사용된다. 우퍼의 저항과 직렬로 연결된 인덕터를 사용한다. 각 필터의 차단 주파수를 계산하기 위한 응답 곡선과 공식은 보기의 오른쪽에 나온다. 일부 인기 있는 교차 커패시터로는 폴리프로필렌, 폴리에스테르 및 금속화 피막 커패시터가 포함된다.

3.6.12 아크 억제

역주 즉, 미광 방전

스위칭 접점을 손상시키고 처리 과정에서 잡음을 일으킬 수 있는 방전은 두 종류이다. 첫 번째는 접점 간 기체가 점화되어 일어나는 글로 방전(glow discharge)역주이다. 이들은 약 320 V에서 약 0.0003인치에 해당하는 틈에서 생겨서 훨씬 넓은 틈에서도 유지될 수 있다. 다른 유형의 방전은 약 0.5 MV/cm라는 매우 작은 전압에서 발생하는 아크 방전(arc discharge)이다. 아크 방전을 유지하려면 최소 전압과 전류가 필요하다. 접촉 물질은 또한, 지속적인 아크 방전에서 일정한 역할을 한다(보기 3.77의 표 참조).

방전, 즉 아크의 주요 원인은 계전기, 모터, 솔레노이드 또는 변압기와 같은 유도성 부하를 갑자기 끄는 것이다. 이러한 유도성 부하는 전류 흐름을 즉각적으로 방해하지 않는다. 접점이 열리는 순간 접점에 흐르는 전류는 바뀌려 하지 않는다. 스위치가 닫히면 저항이 본질적으로 없어지므로 전압도 없어진다. 접점이 열리면 저항이 증가해 접점 전체에 아크 또는 방전 효과를 유발하는 고전압이 발생함으로 대개 접점의 수명이 단축되고 침식이 촉진된다. 보기 3.77을 보라.

역주 즉, 완충기

RC 회로망(RC network), 즉 스너버(snubber)역주의 역할은 접점의 전압을 300 V 미만으로 유지하면서 전압 변화율을 1 V/μs 미만으로 유지함으로써, 전류를 특정 스위치 접점 재료에 대해 지정된 최소 전류 정격 미만으로 유지하게 하는 데 있다. 보기 3.77에 나오는 표를 보라. 커패시터는 순간 전압 변화를 흡수하도록 작용한다. 접점이 닫히면 커패시터는 제 역할을 하지 않는다. 접점이 열려 전압 변화를 1 V/μs 미만으로 제한할 수 있을 정도로 커패시터 값이 커지면 전압 변화는 무엇이든 커패시터에 의해 제한된다. 그러나 커패시터만 쓰는 것은 좋지 않다. 접점이 열리면 커패시터는 공급 전압까지 충전된다. 접점이 가까워짐에 따라 결과적으로 전류가 돌발되고 잔여 저항에 의해서만 제한되므로 여전히 손상될 수 있다. 이러한 이유로 저항기를 커패시터와 직렬로 연결한다. 접점이 열렸을 때 접점 양단의 전압은 '부하 전류 × 저항'(V = IR)과 같다. 'V ≤ 공급 전압'을 권장한다. 이 경우 회로망의 최대 저항은 부하 저항과 같다.

능동 필터

저역 통과 RC 능동 오디오 필터

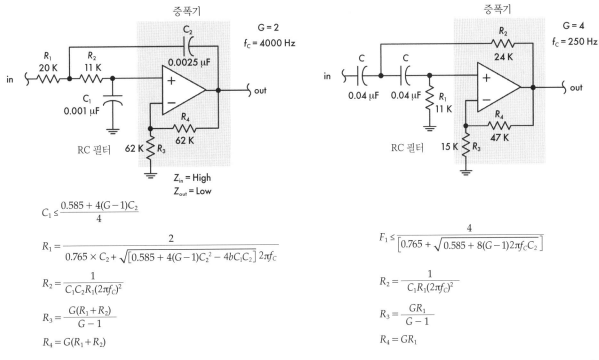

$$C_1 \le \frac{0.585 + 4(G-1)C_2}{4}$$

$$R_1 = \frac{2}{0.765 \times C_2 + \sqrt{[0.585 + 4(G-1)C_2{}^2 - 4bC_1C_2]}\, 2\pi f_C}$$

$$R_2 = \frac{1}{C_1 C_2 R_1 (2\pi f_C)^2}$$

$$R_3 = \frac{G(R_1 + R_2)}{G - 1}$$

$$R_4 = G(R_1 + R_2)$$

G = 이득, f_c = −3dB 차단 지점, $C_2 = 10/f_c \mu$F에 가까운 표준 값.
참고: G = I이면 R_4를 줄이고 R_3를 생략하라.

고역 통과 RC 능동 오디오 필터

$$F_1 \le \frac{4}{[0.765 + \sqrt{0.585 + 8(G-1)2\pi f_C C_2}\,]}$$

$$R_2 = \frac{1}{C_1 R_1 (2\pi f_C)^2}$$

$$R_3 = \frac{GR_1}{G - 1}$$

$$R_4 = GR_1$$

G = 이득, f_c = −3dB 차단 지점, $C = 10/f_c\mu$F에 가까운 표준 값.
참고: G = I이면 R_4를 줄이고 R_3를 생략하라.

보기 3.76 연산 증폭기의 보조를 받아 원하는 경우 저역 통과 필터, 고역 통과 필터, 대역 통과 필터 및 노치 필터를 이득이 되게 생성할 수 있다. 이러한 필터에 수동 소자(추가 전원 없음)가 아닌 능동 소자(연산 증폭기)가 들어 있어서 능동(active) 필터라고 부른다. 보기에 나오는 회로는 오디오 기기에 적합한 저역 통과 및 고역 통과 능동 필터이다. 이득 및 원하는 차단 주파수(−3dB)는 제공된 공식을 사용하여 부품 값을 계산해 얻을 수 있다. 폴리에스테르, 폴리프로필렌 피막 및 금속화 커패시터는 오디오 범위의 필터로 쓰기에 적합하다.

접점 아크 방지 및 잡음 억제

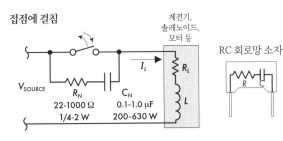

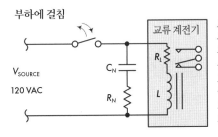

사용되는 회로는 특정 상황에 의존적이다. 두 회로는 주어진 응용기기를 충분히 보호할 수도 있을 것이다. 극단적인 경우에, 부하 보호와 접점 보호가 모두 필요할 수도 있다.

RC 회로망 기능에는 다음과 같은 게 포함된다.
1. 접점에 걸쳐 있는 전압은 300 V 이하이다. $C \le (I_L/300)^2 L$
2. 전압 변화율을 1 V/μs 아래로 유지하라. $C \ge I_L \times 10^{-6}$
3. 전류를 표에 기재된 값 아래로 유지하라.

접점 재료	최소(VA) 아크 전압	최소(IA) 아크 전류(mA)
은	12	400
금	15	400
금 합금	9	400
팔라듐	16	800
백금	17.5	700

보기 3.77

일반적으로 정격 전압이 200~630 V인 0.1~1 μF 폴리프로필렌 피막/박편 또는 금속화 피막 커패시터가 대부분의 응용기기에서 작동한다. 저항용으로는 크기가 22~1000 Ω, ¼~2 W인 커패시터를 사용하며, 부하 조건에 따라 크기와 전력량이 다르다. (전압 정격이 킬로볼트(kV)인 오일 충전식 커패시터를 종종 고전압 응용기기에 사용한다.) 제조사에서 공급하는 조립형을 구입해서 쓰면 RC 회로망을 직접 구축하지 않아도 된다.

역주 즉, 분로 저항기

갈래 저항기(shunt resistor)역주, 다이오드 및 기체 방전 밸브는 다양한 과도 상태 억제기와 더불어 아크를 억제하는 데 사용할 수 있다. 그러나 이러한 장치들을 뛰어넘는 RC 회로망의 장점 중 일부를 들면 교류 응용기기에 적합한 양극성 동작이라는 점, 중계 동작 시간이 영향을 그다지 받지 않는다는 점, 전류 소모가 없다는 점을 들 수 있고, 전자기 간섭 억제도 달성된다는 점(어지러운 방전 불꽃에 고주파 EMI가 들어 있지만 RC 회로망에 의해 잦아든다)을 들 수 있다.

일부 교류 회로에서는 부하에 RC 회로망을 연결해야 한다. 예를 들어, 교류 계전기는 계전기의 접점이 급격한 스위칭으로 인한 유도 스파이크를 받을 경우, 아크로 인해 기계적 침식 또는 전기적 침식으로 고통을 받을 수 있다. 다이오드는 직류 계전기에서 발생하는 과도상태를 억제하는데 사용되지만 교류 전원의 2중 극성 때문에 교류 계전기와 함께 사용할 수 없다. 보기 3.77의 가장 오른쪽에 나오는 회로는 아크 효과를 줄이기 위해 교류 계전기에 연결한 RC 회로망을 보여 준다.

3.6.13 슈퍼커패시터 응용기기

슈퍼커패시터는 정전용량 수준이 극도로 높고 누설 비율이 낮아서 단 몇 초 안에 재충전해야 하는 많은 저에너지 공급 장치를 멋진 장치가 되게 한다. 소형 모터를 구동하기 위해 슈퍼커패시터에 저장된 태양 에너지를 사용하는 광원 탐지 로봇처럼 흥미로운 태양력 활용 회로를 다양하게 만들 수 있다. 일반적으로 이러한 회로에서는 에너지를 절약하기 위해 특수 에너지 절약 변조 회로가 모터를 맥동하게 하는 데 사용된다. 보기 3.78에 입문하는 데 도움이 될 만한 몇 가지 간단한 슈퍼커패시터 회로를 나타냈다.

3.6.14 문제

▶ **예제 1:** 다음 커패시터 레이블의 의미는(보기 3.79 참조)?

▷ **정답:** (a) 0.022 μF ± 1% (b) 0.1 μF ± 10% (c) 47pF ± 5% (d) 0.47 μF, 100 V (e) 0.047 μF ± 20%, +10℃~+85℃에서 −56%~+22% 변화 (f) 0.68 nF (g) 4.7 μF, 20 V (h) 0.043 μF

▶ **예제 2:** 보기 3.80에 표시된 커패시터 회로망에 대한 등가 정전용량과 최대 전압 정격을 찾으라. 또한, 회로 b에서 V_1과 V_2를 찾으라.

▷ **정답:** (a) 157 μF, 35 V (b) 0.9 μF, 200 V, $V_1 = 136$ V, $V_2 = 14$ V

전지 없이 태양 에너지 저장

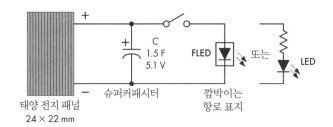

태양 전지 패널
24 × 22 mm

슈퍼커패시터

깜박이는
항로 표지

위의 것과 비슷하지만 광센서를 사용

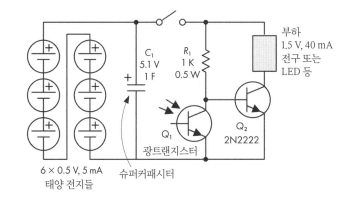

6 × 0.5 V, 5 mA
태양 전지들

슈퍼커패시터

광트랜지스터

부하
1.5 V, 40 mA
전구 또는
LED 등

전류 제한 회로로 전력 지원

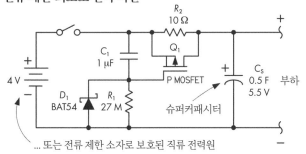

... 또는 전류 제한 소자로 보호된 직류 전력원

보기 3.78

보기의 상단에 나오는 회로는 시간이 흐름에 따라 슈퍼커패시터가 태양 전지판에서 나온 전하를 저장한다. 정전용량이 클수록 더 많은 전하를 저장할 수 있고, 더 많은 전류를 부하에 전달할 수 있다. 여기서는 간단한 깜박이 LED(FLED)를 야간 항로 표지로 사용하는데, 낮에 충전해 둔 슈퍼커패시터에서 전력을 공급받는다. 태양 전지판의 $C = 0.047$ F일 때 완전히 충전되는 것으로 가정하면, 빛을 제거하거나 스위치를 열면 약 10분 동안 FLED가 깜박인다. $C = 1.5$ F이면 FLED는 여러 시간 동안 깜박인다. 태양열 기관이나 후속 공급 장치 같은 멋진 태양열 회로를 만들 수 있다. 회로는 조금 복잡하지만 기본적으로 여기에 나온 것과 동일한 에너지 저장 원리를 사용한다.

두 번째 회로는 외부에 빛이 있을 때 트랜지스터 Q_2를 꺼진 상태로 두는 광트랜지스터 Q_1이 있다는 점을 제외하고는 첫 번째 회로와 비슷하다. 이렇게 하면 어두워지지 않는 한 슈퍼커패시터 C_1은 방전되지 않는다. 어두울 때 Q_1은 꺼지고 Q_2는 켜져 40 mA, 1.5 V 전구 한 개를 약 10초 동안 빛나게 한다. 이것은 짧은 시간에 걸친 야간 조명이나 우편함 조명 또는 현관 조명용으로 사용할 수 있다. 다 쓴 전지를 갈아 끼우지 않아도 되는 회로여서 좋다.

하단에 나오는 회로는 슈퍼커패시터를 전지(또는 전류 제한 보호 기능이 있는 직류 전원)의 전력 보충용으로 사용한다. 이전 회로와 마찬가지로 에너지가 슈퍼커패시터에 저장된다. 그러나 이번에는 전류 제한 조절기 부분이 추가되었으므로 전력이 회로에 처음 인가될 때 슈퍼커패시터로 전달되는 전류가 제한된다. 따라서 전지에 높은 전류 부하를 들이지 않은 채 슈퍼커패시터를 충전할 수 있다. MOSFET은 충전 단계에서 생성된 열을 발산할 수 있는 수준으로 정격되어야 한다. 장치가 켜질 때마다 일회성으로 열이 발생하여 불과 몇 초만 지속되므로, 해당 분량에 해당하는 전력을 지속적으로 발산하도록 MOSFET의 정격을 정해야 하는 것은 아니다.

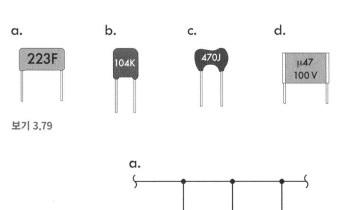

보기 3.79

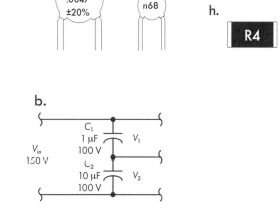

보기 3.80

▶ **예제 3:** 고전압 전력 공급 장치에 있는 100 μF 커패시터가 100 k 저항기에 의해 분로된 경우, 전력이 꺼진 후에 커패시터가 완전히 방전된 것으로 보기까지 걸리는 최소 시간은 어떻게 되는가?

▷ **정답:** 50초. 힌트: 다섯 개의 시간 상수가 지난 후에 커패시터가 방전된 것으로 본다.

▶ **예제 4:** IC는 타이밍을 제어하기 위해 외부 RC 충전 회로망을 사용한다. 내부 회로를 맞추기 위해 IC는 공급 전압(5 V) 또는 3.335 V의 0.667을 필요로 한다. 커패시터의 값이 10 μF일 경우, 5.0 초라는 타이밍 주기를 얻으려면 RC 회로망에 필요한 저항 값은 얼마인가?

▷ **정답:** 500 kΩ. 힌트: 다음 식을 사용하라.

$$V(t) = V(1 - e^{-(t/RC)}) = 0.667 \text{ V}$$

▶ **예제 5:** 7.5 MHz와 15.0 MHz에서 470 pF 커패시터의 반응저항은 얼마인가?

▷ **정답:** X_C(7.5 MHz) = 45.2 Ω, X_C(15 MHz) = 22.5 Ω

▶ **예제 6:** 보기 3.81에 나오는 필터 회로의 주어진 주파수 f_1, f_2, f_3, f_4에 대한 f_{-3dB}, 데시벨 단위로 표현한 감쇠량 A_{dB}, 위상 변이 φ를 찾으라.

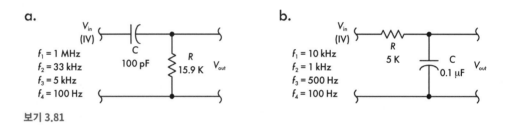

보기 3.81

▷ **정답:** (a) f_{-3dB} = 100,097 Hz; f_1 = 1 MHz, A_{dB} = −0.043 dB, φ = 5.71°; f_2 = 33 kHz, A_{dB} = −10.08 dB, φ = 71.7°; f_3 = 5 kHz, A_{dB} = −26.04 dB, φ = 87.1°; f_4 = 100 Hz, A_{dB} = −60.00 dB, φ = 89.9°

(b) f_{-3dB} = 318 Hz; f_1 = 10 kHz, A_{dB} = −29.95 dB, φ = −88.2°; f_2= 1 kHz, A_{dB} = −10.36 dB, φ = −72.3°; f_3 = 500 Hz, A_{dB} = −5.40 dB, φ = −57.5°; f_4 = 100 Hz, A_{dB} = −0.41 dB, φ = −17.4°

▶ **예제 7:** 보기 3.82에 표시된 반파장 정류기 공급 장치에 대해 평균 직류 출력 전압, 최고점 간의 잔결 전압, rms 잔결 전압, 잔결 계수 및 백분율 잔결을 찾으라.

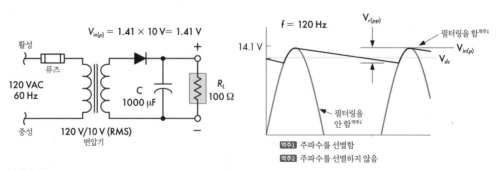

보기 3.82

▷ **정답:** V_{dc} = 12.92 V, $V_{r(pp)}$ = 2.35 V, $V_{r(rms)}$ = 0.68 VAC, 잔결 계수 = 0.0526, 백분율 잔결 = 5.26%. 보기 3.74를 참고하라.

3.7 인덕터

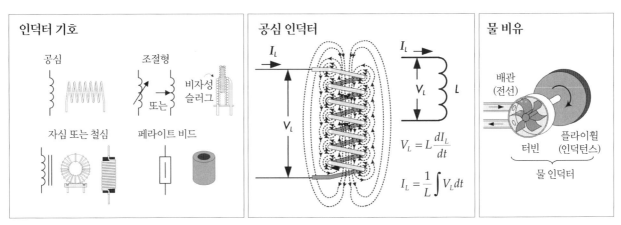

보기 3.83

인덕터를 통해 흐르는 전류 흐름이 갑작스럽게 변하는 일을 예방하는 게 인덕터의 기본 역할이다. (작동 방식에 대해서는 2.24절을 참조하라.) 교류 상황에서 인덕터의 임피던스(반응저항)는 주파수와 함께 증가한다. 인덕터는 고주파 신호를 차단하면서도 저주파 신호는 통과하게 한다. 전력 및 신호 경로에 인덕턴스를 직렬로 배치하고 적절한 인덕턴스 값을 선택하면 RF(무선주파수) 또는 EMI(전자기 간섭)가 주 회로로 들어가지 못하게 하는 고주파 초크(예: RF/EMI 초크)를 생성할 수 있는데, 이렇게 하지 않으면 바람직하지 않은 웡웡거림 및 잘못된 유발 효과(triggering effect)를 초래할 수 있다.

인덕터를 저항기 및 커패시터와 같은 다른 부품과 함께 사용해 필터 회로망을 구성할 수 있다. 예를 들어, 보기 3.84(a) 및 (b)는 인덕터를 반응저항 소자로 사용하는 저역 통과 필터 및 고역 통과 필터를 보여 준다. 저역 통과 필터에서 인덕터는 고주파 성분을 '질식(choke)'하게 하고, 고역 통과 필터에서는 인덕터는 저주파 성분을 접지로 흐르게 하면서도 고주파 성분이 동일한 경로를 취하거나 신호 경로를 따르지 못하게 한다. 직렬 공진(대역 통과) 필터 및 병렬 공진(노치형) 필터가 보기 3.84(c) 및 (d)에 나와 있다. 병렬 공진 필터는 발진기 회로에 사용되어 LC 필터의 공진 주파수와 크게 다른 입력 주파수를 증폭기에서 제거한다. 이러한 회로는 종종 송신기용 무선주파수 운반 신호를 생성하는 데 사용된다. 공진 필터는 무선 수신에 사용되는 동조 회로로도 작동한다.

인덕터의 에너지 저장 특성을 스위칭 전력 공급 장치에 활용할 수 있다. 예를 들어, 보기 3.84(e)에서 5 V 입력 전압을 12 V 출력 전압으로 높이기 위해 승압 스위칭 레귤레이터 또는 '강화 변환기(boost convertor)'가 사용된다. 제어 소자(트랜지스터)[역주]가 켜지면 에너지가 인덕터에 저장된다. 다이오드로 격리한 부하는 커패시터에 저장된 전하를 공급받는다. 제어 소자가 꺼지면, 인덕터에 저장된 에너지가 입력 전압에 추가된다. 이때 인덕터는 부하 전류를 공급할 뿐만 아니라 커패시터로 전하를 복원한다. 기타 변환기 구성에는 감압 및 반전형 스위칭 레귤레이터가 포함된다.

[역주] 즉, 제어봉 또는 제어 요소

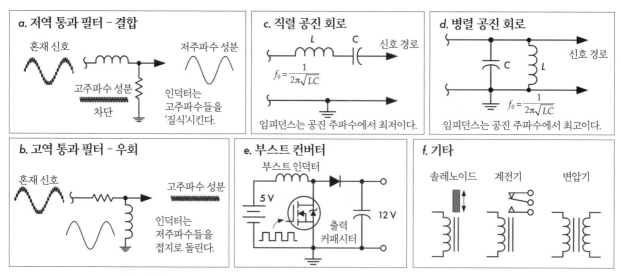

보기 3.84

촘촘히 감은 철심 인덕터는 전자석으로 사용되어 강철 및 기타 강자성 물질을 끌어당길 수 있다. 솔레노이드는 전류가 흐를 때 당겨지는 기계적 구조로 된 전자석이다. 작동 방식으로는 문을 잠그거나 여는 방식 또는 꼭지(즉, 솔레노이드 밸브)를 열고 닫는 방식 또는 스위치 접점을 이루거나 없애는 방식(전기 계전기처럼)이 있다.

자속 쇄교(magnetic flux)를 공유하는 결합 인덕터는 상호 인덕턴스를 사용하여 교류 전압 및 전류를 승압하거나 강압하는 변압기를 만드는 데 사용된다.

3.7.1 인덕턴스

인덕터 양단에 걸린 전압은 전류가 변하는 속도에 비례한다. 전압과 전류 사이의 관계를 다음 방정식으로 설명한다.

$$V_L = L \frac{dI_L}{dt} \quad \text{(인덕터 양단에 걸린 전압 = 유도된 전압)}$$

$$I_L = \frac{1}{L} \int V_L dt \qquad \text{(인덕터에 흐르는 전류)}$$

비례 상수 L은 인덕턴스이며, 코일의 모양, 감은 횟수 및 심의 구성과 같은 물리적 요인의 개수에 따라 달라진다. 인덕턴스 L의 기본 단위는 헨리이며 H로 표시한다. 전류가 1 A/s의 비율로 변할 때 1헨리는 1 V의 유도 전압과 같다.

$$1\,\text{H} = \frac{1\,\text{V}}{1\,\text{A/s}}$$

상용 인덕터의 인덕턴스 값은 작은 공심 인덕터의 경우에는 수 나노 헨리이고, 대형 인덕터는 50 H에 이른다.

3.7.2 인덕터 구축

커패시터를 처음부터 구축하는 경우는 거의 없고 보통 그렇게 할 이유도 없지만, 인덕터는 처음부터 구축하는 게 일반적이다. 특정 인덕턴스 값을 찾기 어렵거나 상용 단품이 너무 비싸기 때문에 종종 이렇게 해야 한다. 인덕터 재고품조차도 종종 원하는 값에 정확하게 맞추기 위해 절사해야 할 때가 있다. 보기 3.85는 인덕터를 구성하는 데 사용하는 공식을 보여 준다. 맛보기용 계산을 보려면 2.24절을 참조하라.

공심 인덕터

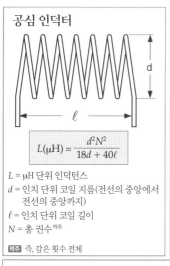

$$L(\mu H) = \frac{d^2 N^2}{18d + 40\ell}$$

L = μH 단위 인덕턴스
d = 인치 단위 코일 지름(전선의 중앙에서 전선의 중앙까지)
ℓ = 인치 단위 코일 길이
N = 총 권수^역주

역주 즉, 감은 횟수 전체

다층 공심 인덕터

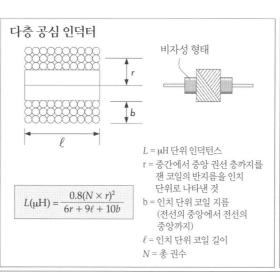

비자성 형태

$$L(\mu H) = \frac{0.8(N \times r)^2}{6r + 9\ell + 10b}$$

L = μH 단위 인덕턴스
r = 중간에서 중앙 권선 층까지를 잰 코일의 반지름을 인치 단위로 나타낸 것
b = 인치 단위 코일 지름 (전선의 중앙에서 전선의 중앙까지)
ℓ = 인치 단위 코일 길이
N = 총 권수

나선형 코일 인덕터

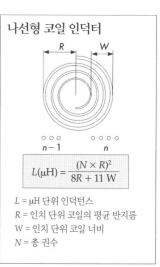

$$L(\mu H) = \frac{(N \times R)^2}{8R + 11W}$$

L = μH 단위 인덕턴스
R = 인치 단위 코일의 평균 반지름
W = 인치 단위 코일 너비
N = 총 권수

토로이드형 인덕터

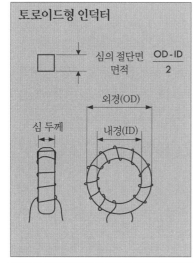

분말 철심

$$L(\mu H) = \frac{A_L \times n^2}{10,000} \qquad N = 100 \sqrt{\frac{\mu H \text{ 단위로 나타낸 희망 } L}{\mu H \text{ 단위로 나타낸 100턴당 } A_L}}$$

분말 철심 토로이드에 대한 인덕턴스 지표(A_L)

Size	26	3	15	1	2	7	6	10	12	17	0
T-12	na	60	50	48	20	18	17	12	7.5	7.5	3.0
T-16	145	61	55	44	22	na	19	13	8.0	8.0	3.0
T-20	180	76	65	52	27	24	22	16	10	10	3.5
T-25	235	100	85	70	34	29	27	19	12	12	4.5
T-30	325	140	93	85	43	37	36	25	16	16	6
T-50	320	175	135	100	49	43	40	31	18	18	6.4
T-80	450	180	170	115	55	50	45	32	22	22	8.5
T-106	900	450	345	325	135	133	116	na	na	na	15
T-130	785	350	250	200	110	103	96	na	na	na	15
T-184	1640	720	na	500	240	na	195	na	na	na	na
T-200	895	425	na	250	120	105	100	na	na	na	na

* A_L의 단위는 100턴당 μH

페라이트 심

$$L(\mu H) = \frac{A_L \times n^2}{1,000,000}$$

$$N = 1000 \sqrt{\frac{\mu H \text{ 단위로 나타낸 희망 } L}{1,000턴당 \mu H \text{ 단위로 나타낸 } A_L}}$$

페라이트 토로이드에 대한 인덕턴스 지표(A_L)

크기	63/67-혼합	61-혼합	43-혼합	77(72)-혼합	J(75)-혼합
FT-23	7.9	24.8	188.0	396	980
FT-37	19.7	55.3	420.0	884	2196
FT-50	22.0	68.0	523.0	1100	2715
FT-82	22.4	73.3	557.0	1170	NA
FT-114	25.4	79.3	603.0	1270	3179

* A_L의 단위는 1,000턴당 mH

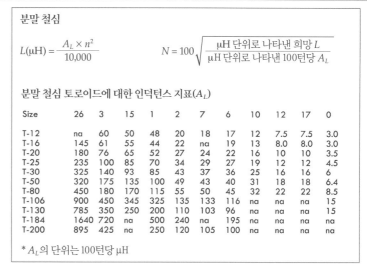
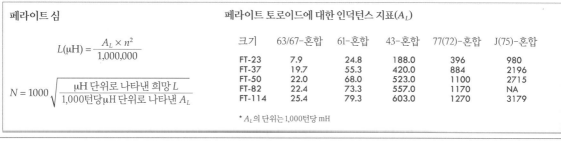

보기 3.85

3.7.3 직렬 및 병렬 인덕터

인덕터를 두 개 이상 직렬로 연결한 경우에 코일이 충분히 떨어져 있으면 코일이 서로 자기장에 영향을 미치지 않으므로 전체 인덕턴스는 개별 인덕턴스의 합과 같다.

$$L_{TOT} = L_1 + L_2 + L_3 + \cdots + L_N \qquad \text{(직렬로 배치한 인덕터)}$$

인덕터를 병렬로 연결한 상태에서 코일이 충분히 떨어져 있는 경우에 총 인덕턴스는 다음과 같이 된다.

$$\frac{1}{L_{TOT}} = \frac{1}{L_1} + \frac{1}{L_2} + \frac{1}{L_3} + \cdots \frac{1}{L_N} \qquad \text{(병렬로 배치한 인덕터)}$$

인덕터 두 개만 병렬로 연결한 경우에 수식은 $L_{TOT} = (L_1 \times L_2)/(L_1 + L_2)$로 간단하게 된다. 이러한 공식이 어떻게 유도되었는지 보려면 2.24절을 참조하라.

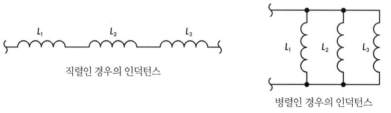

직렬인 경우의 인덕턴스

병렬인 경우의 인덕턴스

보기 3.86

3.7.4 RL 시간 상수

저항기를 인덕터에 직렬로 두면 인덕터의 자기장 속으로 에너지가 퍼넣어지는 속도를 저항이 제어한다(또는 장이 붕괴될 때 다시 회로로 퍼넣어짐). 보기 3.87은 해당 전류 대 시간 응답 곡선을 갖는 RL 회로를 가압(energizing)[역주1]하거나 감압(deenergizing)[역주2]하는 사례를 보여 준다.

[역주1] 즉, 통전
[역주2] 즉, 단전

가압 RL 회로에서 스위치를 위쪽 자리로 놓은 후의 인덕터 전류 및 전압을 시간의 함수로 표현하는 식은 다음과 같다.

$$I(t) = \frac{V_S}{R}(1 - e^{-Rt/L}) \qquad \text{(가압 인덕터에 흐르는 전류)}$$

$$V_L(t) = V_S e^{-Rt/L} \qquad \text{(가압 인덕터의 양단에 걸린 전압)}$$

$$V_R(t) = V_S(1 - e^{-t(L/R)}) \qquad \text{(저항기 양단에 걸린 전압)}$$

전류가 최댓값의 63.2%까지 늘어나는 데 필요한 시간(초)을 시간 상수 τ라고 하며, L/R과 같다. 다섯 개의 시간 상수가 지난 후에 전류의 최댓값에 도달했다고 간주된다.

RL 회로를 감압하기는 약간 까다롭다. 인가된 전압을 제거할 때 방전을 접지로 옮겨 회로에 간섭이 없다고 가정하면, 다음과 같은 감압 식을 적용할 수 있다.

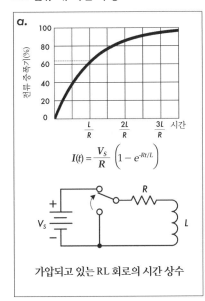

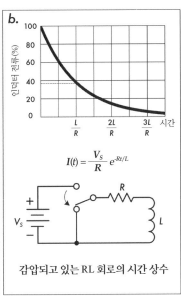

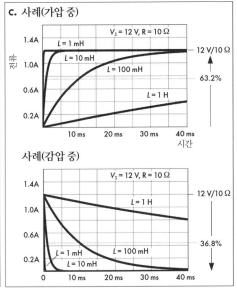

보기 3.87

$$I(t) = \frac{V_S}{R} e^{-Rt/L} \qquad \text{(전류를 통한 인덕터 감압)}$$

$$V_L(t) = -V_s e^{-Rt/L} \qquad \text{(가압 인덕터에 걸려 있는 전압)}$$

$$V_R(t) = V_S e^{-Rt/L} \qquad \text{(저항기에 걸려 있는 전압)}$$

인덕터가 초기 전류 값의 63.2%를 잃는 데는 1 시간 상수 $\tau = L/R$이 필요하다. 시간 상수가 다섯 개 지난 후에 전류가 최솟값에 도달했다고 간주된다.

감압 RL 회로에는 특별한 주의 사항이 있다. 현실적으로 스위치가 반전되어 인덕터를 통과하던 전류가 갑자기 차단되면 인덕터의 자기장이 급속히 붕괴될 때 발생하는 매우 큰 유도 전압이 발생할 수 있다. 유도 전압이 무척 커서 스위치 접점에서 생긴 '전자 압력'이 금속의 일함수를 극복하게 되어, 접점 사이를 스파크가 건너뛸 수 있다. 2.24절에서는 유도 스파이크^{역주}에 대해 자세히 설명한다.

> **역주** 즉, 극파

3.7.5 유도 반응저항

인덕터에는 주파수에 민감한 임피던스, 즉 유도 반응저항이 있으며 이는 적용된 주파수에 따라 증가한다. 저항과 달리 유도 반응저항은 열의 형태로 에너지를 분산시키지 않지만 일시적으로 자기장에 에너지를 저장한 다음 나중에 원천으로 되돌려 놓는다. 유도 반응저항의 단위는 옴으로서 다음 식에 따라 주파수가 증가한다.

$$X_L = 2\pi f L \qquad \text{(유도 반응저항)}$$

예를 들어, 60 Hz 주파수가 인가된 1 H 코일은 377 Ω 반응저항을 내지만, 20 MHz인 10 μH 인덕터는 1257 Ω 반응저항을 제공한다.

위의 방정식은 이상적인 인덕터에 대한 것이다. 실물 인덕터에는 내부 저항 및 정전용량과 같은 결함이 있어서 반응저항이 방정식에서 벗어나는 경향이 있는데, 특히 고주파수에서 편차가 발생하는 경향이 있다 2.24절을 참조하라.

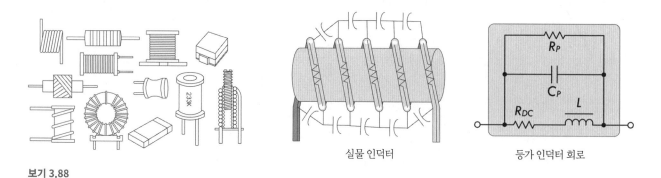

실물 인덕터

등가 인덕터 회로

보기 3.88

3.7.6 실물 인덕터

다양한 응용기기에 맞게 다양한 인덕터가 사용된다. 적합한 인덕터를 선택하려면 실물 인덕터의 비이상적인 특성을 이해해야 한다. 실물 인덕터에는 내부 저항 및 정전용량과 같은 불완전함이 있어서 이상적인 방정식의 예측과는 약간 다르게 작동한다. 일부 인덕터의 경우에는 어떻게 구성되느냐에 따라 더 큰 저항성 부품이나 용량성 부품이 설계에 따라 다르게 존재하게 되므로 인덕터가 특정 주파수에 다다를 때 비선형 방식으로 작동할 수 있다. (상세한 내용에 대해서는 2.24절을 보라.) 그 밖의 중요한 차이점으로는 전류 처리 용량, 허용 오차, 최대 인덕턴스 및 크기, Q(품질 계수), 포화 특성, 조정 가능성, 방사 전자기 간섭(EMI) 및 환경 내구성이 있다.

다음 절은 제조업체 데이터시트에 나열된 중요한 인덕터 사양을 나타낸 것이다.

3.7.7 인덕터 사양

- 인덕턴스(Inductance, L): 소자에 흐르는 전류의 변화에 거스르려고 하는 소자의 속성을 나타낸다. 인덕턴스는 코일의 심 재질, 심의 모양이나 크기 및 코일을 감은 횟수에 따라 달라진다. 인덕턴스 단위는 헨리(H)다. 흔히 인덕턴스를 마이크로헨리(μH) 단위로 나타낸다.

  1헨리(H) = 10^6 μF
  1밀리헨리(mH) = 10^3 μH
  1나노헨리(nH) = 10^{-3} μH

- 유도성 허용 오차(inductive tolerance): 유도성 허용 오차는 제조업체가 지정한 공칭 값에서 허용되는 변동량이다. 표준 인덕턴스 허용 오차는 일반적으로 허용 오차 문자로 지정한다. $F = \pm 1\%$, $G = \pm 2\%$, $H = \pm 3\%$, $J = \pm 5\%$, $K = \pm 10\%$, $L = \pm 15\%$ (일부 군용 제품 $L = \pm 20\%$), $M = \pm 20\%$.

- 직류 저항(direct current resistance, DCR): 직류 전류를 사용해 측정한 인덕터 권선의 저항. DCR은 인덕터 설계 시 가장 자주 최소화되며 최대 정격으로 지정된다.

- 증분 전류(incremental current): 초기에 0이던 직류 치우침(dc-bias) 인덕턴스 값에서 5%만큼 인덕턴스를 낮추는, 인덕터를 통해 흐르는 직류 치우침 전류. 이 전류 세기는 직류 치우침 전류가 더욱 증가할 때 인덕턴스가 크게 떨어질 것으로 예상되는 지점을 나타낸다. 이것은 주로 분말 철심보다는 페라이트 심에 적용된다. 분말 철심은 포화 특성이 완만하며, 이는 높은 직류 수준의 인덕턴스 강하가 페라이트 심보다 훨씬 점진적이라는 점을 의미한다. 인덕턴스가 떨어지는 비율도 심 모양의 함수이다.

- 최대 직류 전류(maximum dc current, IDC): 인덕터를 통과할 수 있는 연속적인 직류 전류의 강도. 직류 전류의 세기는 최대 정격 주변 온도에서의 최대 온도 상승이 기준이 된다. 저주파 전류의 경우 RMS 전류가 직류 정격 전류를 대신할 수 있다.

- 포화 전류(saturation current): 초기에 0이던 직류 치우침 인덕턴스 값에서 지정한 양만큼 인덕턴스를 낮추는, 인덕터를 통해 흐르는 직류 치우침 전류. 일반적으로 지정된 인덕턴스 강하율은 10%와 20%이다. 에너지 저장 응용기기에서 페라이트 심의 인덕턴스 강하 값으로는 10%를 사용하고, 분말 철심에는 20%를 사용하는 게 바람직하다. 직류 치우침 전류로 인한 인덕턴스 강하의 원인은 심의 자기적 특성과 관련이 있다. 심 및 심 주위 공간 중 일부는 자속 밀도를 주어진 양만큼만 저장할 수 있다. 최대 다발 밀도 지점을 초과하면 심의 투자율이 줄어들어 그 결과로 인덕턴스도 줄어든다. 공심 인덕터에는 심의 포화가 적용되지 않는다.

- 자체 공진 주파수(self-resonant frequency, SRF; 즉 f_0): 인덕터의 분산된 정전용량이 인덕턴스와 공진할 때의 주파수. 이 주파수에서 인덕턴스는 정전용량과 같아져 서로 상쇄된다. 결과적으로 SRF에서 인덕터는 순전한 저항성을 보이는 고임피던스 소자 역할을 한다. 또한, 이 주파수에서 인덕터의 Q 값은 0이다. 공심을 둘러싸고 서로 포개지게 전선을 겹쳐 감을 때 분산 정전용량이 생긴다. 이 정전용량은 인덕턴스와 병렬이다. SRF를 넘어서는 주파수에서 병렬 조합의 용량성 반응저항이 지배적인 성분이 될 것이다.

- 품질 계수(quality factor, Q): 인덕터 내의 상대적인 손실을 측정한 것이다. Q는 유효 저항에 대한 유도 반응저항 비율, 즉 X_L/R_E로 정의한다. X_L과 R_E는 모두 주파수의 함수이기 때문에 Q를 지정할 때 검사 주파수를 지정해야 한다. 자체 공진 주파수로서 그 지점에서 인덕턴스가 0이기 때문에 Q는 0이다. 이상적으로는 $Q = X_L/R_{DC} = 2\pi fL/R_{DC}$이다.

- 인덕턴스 온도 계수(inductance temperature coefficient): 단위 온도 변화당 인덕턴스의 변화. 치우침이 0인 상황에서 측정하며 백만분율(ppm)로 표시한다.

- 저항 온도 계수(resistance temperature coefficient): 단위 온도 변화당 직류 회선 저항의 변화. 측정된 낮은 직류 치우침($< 1\,V_{DC}$)으로서 백만분율(ppm)로 표시한다.

- 퀴리 온도(curie temperature, TC): 심 물질이 자기 특성을 잃는 온도이다.

- 자기 포화 다발 밀도(magnetic saturation flux density, B_{SAT}): 재료가 유지되도록 유도할 수 있는 최대 자속을 나타내는 핵심 매개변수이다. 자속 밀도의 이 값에서 심 내의 모든 자기적 구역이 자화되고 정렬된다.

- 전자기 간섭(electromagnetic interference, EMI): 인덕터의 경우 이것은 인덕터에서 공간으로 방사되는 자기장의 양을 나타낸다. 이 장이 그 밖의 자기적으로 민감한 성분과 간섭을 일으킬 수 있으며 회로 설계 및 배치 시 이 점을 고려해야 할 수도 있다.

3.7.8 인덕터 종류

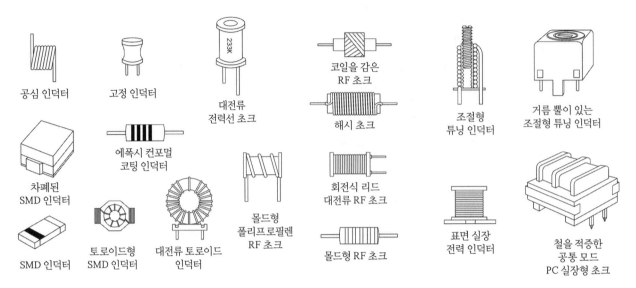

보기 3.89

인덕터 종류는 다양하다. 일부 인덕터는 범용 필터링, RF/EMI 필터링을 위한 제품, 대전류 초킹을 위한 제품 및 에너지 저장을 위한 그 밖의 제품(스위칭 전원 공급 장치)으로 설계되었다. 일반적으로 제조업체는 인덕터 재고품을 공통 모드, 범용, 고전류, 고주파, 전력 및 RF 초크라는 범주로 분류한다. 기본 선택 사양으로는 인덕턴스 값, 직류 정격 전류, 직류 저항, 허용 오차 및 품질 계수(Q)가 포함된다. 표 3.8은 지정 응용 기기에 인덕턴스 특성을 일치시키는 경우를 일반적으로 개관한 내용이다.

표 3.8 인덕터용으로 쓰이는 전형적인 응용기기 개관

응용기기	인덕턴스 (L)	최대 직류 전류 (IDC)	자체 공진 주파수 (SRF)	품질 계수 (Q)	직류 저항 (RDC)
고주파(RF), 저공명 회로	낮다	낮다	매우 높다	매우 높다	낮다
EM 이음	높다	☆	높다	낮다	매우 낮다
필터 회로	높다	높다	높다	낮다	매우 낮다
스위치 모드 전력 공급 장치, 직류/직류 변환기	☆	높다	중간	낮다	낮다

표 3.9는 특정 응용기기에 어떤 인덕터 종류를 사용할 것인지 결정하는 데 도움이 된다. 특정 인덕터에 대한 자세한 내용은 제조업체의 웹 사이트를 확인하고 데이터시트를 읽어 보라. (주목할 만한 제조업체: API Delevan, Bourns, C&D Technologies, Fastron, KOA, JW Miller Magnetics, muRata, Pulse, TRIAD, TDK, VISHAY.)

표 3.9 인덕터 선택 안내

인덕터 형식	설명	응용기기
다층 칩 인덕터 (multilayer chip inductors)	크기, 기판 간 자기 결합 및 진동이 주요 관심사인 고밀도 PCB 표면 실장 회로에 주로 사용된다. 그 밖의 인덕터 대부분과 비교했을 때 기생 특성이 적고 저항 손실이 적다. Q 값이 아주 좋고, 고주파 성능을 제공하면서도 잡음을 거의 내지 않는다. 기판이 작아지고 트레이스가 짧아지면 EMI 방출 및 신호 교차 결합도 감소한다. 다양한 전류 정격으로 제공된다.	EMI/RFI 감쇠 및 억제뿐만 아니라 LC 공진 발진기 및 임피던스 정합 회로망 및 기타 초크 코일 유형 응용기기의 반응저항 소자에 사용된다. 아날로그/디지털 변환기, 대역 통과 필터, 펄스 발생기, RF 증폭기, 신호 발생기, 스위칭 전력 공급 장치 및 원격 통신기기에서 볼 수 있다.
성형 인덕터(molded inductors)	인쇄회로 기판에 꽂을 수 있게 축 방향 리드가 있는 소형. 외부 피복으로 인해 코일이 환경으로부터 보호 받는다. 차폐 형태로도 공급된다. 주파수 범위는 일반적으로 50 kHz 이상이다.	필터, 아날로그/디지털 변환기, AM/FM 라디오, 펄스 발생기, 신호 발생기, 스위칭 전원 공급 장치 및 원격통신 기기에 사용된다.
차폐 인덕터(shielded inductors)	자기 결합 및 RF/EMI 간섭 문제를 방지하도록 자기 차폐를 설계한다. 특히 신호 손상에 주의해야 하는 고밀도 기판에서 중요하다. 표면 실장, 축 방향 리드 및 기타 구성 및 다양한 전류 처리 정격으로 공급된다.	자기적 결합을 피해야 하고 높은 신뢰성이 필요한 응용기기에 사용된다. 직류/직류 변환기, 컴퓨터, 통신 장비, 필터, LDC 디스플레이 등에 사용된다.
등각 코팅(디핑) 인덕터 (conformal coated (dipped) inductors)	축 방향 또는 방사형 리드가 달린 저렴한 인덕터로서 성형 인덕터와 비슷하다. 외부 피복이 코일을 환경으로부터 보호한다.	일반적으로 성형 인덕터보다 열악한 환경에서 사용된다. 일반적으로 덜 중요한 RFI/EMI 응용기기에 사용된다. Q가 더 높은 종류는 성형 인덕터와 동일하게 많은 응용기기에 사용할 수 있다.
대전류 초크(high-current chokes) 해시 초크 RF 초크	이번 장치는 낮은 코일 수와 작은 부피에 비해 큰 인덕턴스 값을 얻기 위해 페라이트 심 또는 분말 철심을 사용한다. 감은 수가 적으면 직류 저항이 낮아지므로 대전류 응용기기에 중요한 기능이다.	대전류 해시 초크는 가전제품, 통신 시스템, 컴퓨터에 추가 장착하는 기기, dc-fc, 스위칭 전력 공급 장치, 송신기 및 무정전 전력 공급 장치에 사용된다. 전력선 초크는 필터, 전력 공급 장치, RFI 억제, 파워 앰프, 스위칭 레귤레이터, SCR 및 트라이액 컨트롤, 스피커 교차 회로망에 사용된다.
광대역 초크(wideband chokes)	광대역 초크는 낮은 주파수 또는 직류에서 전력 손실에 기여하지 않고 회로에서 원치 않는 신호를 감쇠시킨다. 임피던스 범위는 20에서 500 Ω 사이이며 1.0 MHz에서 400 MHz까지의 주파수에서 얻을 수 있다. 전류는 건설에 사용되는 #22 또는 #24 AWG 주석 도금 구리선에서만 제한된다.	EMI 및 RFI를 필터링하기 위해 인쇄 회로 기판에서 주로 사용된다. 또한, RF 회로에서 VHF 및 UHF의 기생 발진을 억제한다. 아날로그/디지털 변환기, 통신 시스템, 컴퓨터에 추가 장착하는 기기, dc-fc, I/O 보드, RF 전력 증폭기, 신호 발생기, 스위칭 전원 공급 장치, 원격통신 장비, 무정전 전력 공급 장치 등이 있다.
토로이드(toroids)	분말 철심 또는 페라이트 심 때문에 인덕턴스가 높게 나타나며 심의 모양(양호한 저EMI 발생원) 때문에 자기 차폐 효과가 우수하다. 코일을 적게 감으므로 그 밖의 솔레노이드에 코일을 감아 만든 인덕터에 비해 직류 저항이 줄어든다. 소형 표면 실장 소자, 대형 범용 소자 및 매우 큰 전류를 처리할 수 있는 고전력 토로이드와 같이 다양한 유형이 있다. 또한, 토로이드는 인가된 자기장이, 토로이드 내부에서 동등하지만 반대인 전류를 유도하여 간섭을 제거하므로 그 밖에 다른 부품의 유도 잡음에 덜 민감하다.	토로이드는 다양한 용도로 사용된다. 교류 전력선의 초크로 사용되며 EMI를 줄인다. 가전제품, 가청 신호 발생기, 자동차용 전자 장비, 대역 통과 필터, 시청각 장비, dc-fc, I/O 보드, 임피던스 정합 변압기, 발진기, 펄스 발생기, 스위칭 전력 공급 장치, 통신 장비, 송신기, 튜닝된 증폭기의 전력 공급 장치, VHF/UHF 증계기, 간격 필디 등에도 사용된다.

표 3.9 인덕터 선택 안내 (이어짐)

인덕터 형식	설명	응용기기
팟의 심(pot cores)	높은 포화 전류 및 자가 차폐로 인해 안정된 인덕턴스를 유지하면서, 초(ultra-high) 인덕턴스 값 및 높은 직류 전류 정격을 제공한다. 크기가 작은 데도 Q 값이 우수하다.	일반적으로 원격통신 기기, 오디오 및 자동차 응용기기에 사용된다. 직류 초크, 차동 모드 초크, 필터 및 스위칭 회로에 사용된다.
밸런역주 초크(balun chokes)	일반적으로 임피던스 정합 응용기기에 사용된다. '밸런'은 임피던스 정합의 평형-비평형 변환을 나타낸다.	AM/FM 라디오, 텔레비전 및 통신 시스템, I/O 보드, 임피던스 정합, 펄스 발생기, 송신기 및 무전기에 사용된다.
공심(air coils)	전선을 한 번 감은 것(초고주파 용)부터 비자성 형태로 감은 대형 코일까지 있다. 공심 인덕터는 손실 및 왜곡(히스테리시스 및 와전류로 인해 자심 인덕터에서 일반적임)을 수행할 수 없는 높은 Q 특성이 필요한 고주파 응용기기에 사용된다. 그러나 자심이 없을 때는 이 인덕터의 인덕턴스 값이 적다. 주로 무선 주파수 응용기기에 사용된다. 표면 실장형 공심도 공급된다.	TV 튜너, FM 스테레오 수신기, 차고 문 개폐기, 펄스 발생기, 무선 주파수 전력 증폭기, 스위칭 전원 공급 장치, 무선 조종 장난감, 무정전 전력 공급 장치 및 무전기 등을 위한 무선 주파수 공진 탱크 회로에 사용된다.
조절형 인덕터(adjustable inductors), 가변형 또는 동조형	코일이나 더 일반적으로 보자면 나선형으로 감은 코일을 따라 움직이는 페라이트 심이나 분말형 철심 또는 황동 슬러그와 슬라이더의 접촉을 사용할 수 있다. 인덕턴스는 슬러그가 코일 안팎으로 들어날 때 변한다. 자심은 투자율이나 인덕턴스를 늘리지만, 황동 슬러그는 코일 내부 자속을 감소시키는 슬러그 내 와전류 유도로 인해 인덕턴스를 줄인다. 이번 장치는 높은 Q 값을 필요한 공진 회로를 조정하는 데 사용된다. 매우 좁은 대역폭이 필요한 회로에 사용된다.	일반적으로 50 kHz 이상의 주파수에서 사용된다. AM/FM 라디오, TV 및 기타 통신 시스템의 LC 공진 탱크 회로에 사용된다. 차고 문 열림 장치, I/O 보드, 발진기, 펄스 발생기, 무선 주파수 전력 증폭기, 신호 발생기, 스위칭 전력 공급 장치, 장난감, 송신기, 무정전 전력 장치, VHF/UHF 중계기 및 무전기에 사용된다.
공통 모드 초크 (common-mode chokes)	공통 및 차동 모드 초크는 한 쌍의 도체에서 잡음을 제거하는 데 사용된다. 공통 모드 잡음은 두 도체에 존재하거나 도체에 공통인 잡음으로 정의하며, 도체 또는 인쇄 회로 자국의 안테나 효과로 인한 유도 잡음 때문일 수 있다. 전력 공급선의 EMI 및 RF 간섭을 방지하고 전자 장비의 오작동을 방지하는 데 사용된다. 공통 모드 초크는 일반적으로 공통 모드 전류를 감쇠시키는 데 적합한 페라이트 심 물질을 사용한다.	공통 모드 초크는 많은 무선 회로에서 발견되는 매우 유용한 장치이다. 이것으로 케이블 텔레비전에서 전화기 및 스피커 리드에서 포착한 무선 주파수로 인한 오디오 간섭에 이르기까지 거의 모든 간섭 문제를 해결할 수 있다. 스위치 모드 전력 공급 장치의 회선 필터와 같은 응용기기에 특히 적합하며, 데스크톱 컴퓨터, 산업용 전자 장치, 사무용품이나 텔레비전 및 오디오 장비와 같은 가전제품에도 일반적으로 사용된다.

역주 평형 비평형 변성기

표 3.9 인덕터 선택 안내 (이어짐)

인덕터 형식	설명	응용기기
페라이트 비드(ferrite beads), 페라이트 초크	일반적인 심형 인덕터와 달리 비드형[역주]에는 코일을 감지 않아도 된다. 회로의 전선/케이블이 코일 주위로 감겨 있거나 간단하게 관통되어 있다. 이렇게 하면 선(또는 선들)의 인덕턴스가 효과적으로 증가한다. 인덕턴스 범위는 무선 주파수로 제한된다. 전송선 구조(인쇄 회로 기판 자국) 내에 존재하는 무선 주파수 에너지를 제거하는 데 사용된다. 원하지 않는 무선 주파수 에너지를 제거하기 위해 칩 비드를 고주파 저항기(감쇠기)로 사용해 직류를 통과시키면서 무선 주파수 에너지를 흡수해 열로 소산시킨다. 공심형이나 리드가 달린 심형으로 공급된다.	페라이트 비드는 종종 무선 주파수(컴퓨터, 조광기, 형광등, 모터 등)를 방출하는 케이블을 따라 미끄러져 나오기도 한다. 외부 무선 주파수가 케이블로 들어가 신호를 오염시키지 못 하도록 수신 장비로 들어가는 케이블에 페라이트 비드를 배치한다. 컴퓨터 및 기타 장비(마우스, 키보드, 모니터 등)에 쓰는 케이블의 '범프'로는 일반적으로 가소성 끈 도포재로 도포한 페라이트 비드를 쓴다.
세라믹 심 인덕터 (ceramic core inductor)	이 인덕터는 고주파 동작, 낮은 IDC, 높은 SRF, 높은 Q 및 엄격한 허용 오차와 관련하여 많은 페라이트 심 형식 인덕터를 능가하는 특수 세라믹 심을 사용한다.	발진기 및 신호 발생기와 같은 LC 공진 회로에 사용된다. 임피던스 정합, 회로 격리 및 무선 주파수 필터링에 사용된다. 휴대전화, 블루투스 기기, 무선기기, 오디오, TV 및 통신 기기에 사용된다.
안테나 봉의 페라이트 심 (antenna rods ferrite core) 페놀릭 심(phenolic core)	좁은 대역폭이 필요한 안테나 응용기기에 일반적으로 사용된다. 코일을 감은 심 재료, 즉 '봉(rod)'은 페라이트, 분말 처리한 철 또는 페놀릭(본질적으로 공심)이다. 자심 형태가 훨씬 인기가 있지만 페놀릭 심은 높은 작동 주파수를 제공한다.	투자율이 800인 막대기를 쓰는 페라이트 심은 안테나로서 100 kHz~1 MHz 범위에 적합하다. 125 투자율 봉은 550 kHz~1.6 MHz 범위에 적합하다. 투자율이 40인 봉은 30 MHz 범위에 적합하다. 투자율이 20인 봉은 150 MHz 범위에 적합하다. 심의 성능이 떨어지면 작동 주파수가 증가한다.
전류 감응 인덕터 (current sense inductor)	도체를 통과하는 전류를 감지하는 데 사용된다. 주파수 범위로 지정된다. 중간 탭이 있는 경우가 많다.	대전류, 로우 프로필 POL(point-of-load) 변환기, 분산 전원 시스템의 DC/DC 변환기 및 현장에서 프로그램을 작성해 넣을 수 있는 게이트 어레이용 DC/DC 변환기에 사용된다. PDA, 노트북, 데스크톱, 서버 및 전지 구동 장치에 들어 있다.

역주 즉, 구슬 모양

3.7.9 인덕터 레이블 판독

운이 좋으면 인덕터 값과 허용 오차가 읽기 쉬운 형식(예를 들면, 82 μH±10%)으로 인덕터에 인쇄된다. 그러나 많은 성형 인덕터 또는 담금형 인덕터에는 색상 띠 부호가 있다. 더 조그만 표면 실장형 인덕터의 경우, 특별한 약식 부호 형태로 인덕턴스 값과 허용 오차가 인쇄되어 있다(보기 3.90 참조).

5색 띠(5 밴드) 인덕터 부호

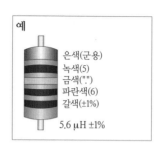

군용 규격 부호
(은색이 군용 규격임을 알려줌)

첫 번째 유효 숫자

두 번째 유효 숫자
(금색 띠이면 소수점)

승수
(단, 선행 띠가
금색일 때는
두 번째 유효 숫자)

허용 오차

보조 리드가 있는 인덕터에는 일반적으로 색 띠가 있다. 군용 색상 부호에는 띠가 다섯 개다. 은색 띠는 나머지 띠보다 두 배 정도 넓게 말단 쪽에 자리 잡는다. 은색 띠가 있는 경우에 군용 무선 주파수 코일이라는 점을 알려 준다. 다음에 나오는 띠 세 개는 인덕턴스 값을 마이크로헨리 값으로 나타내고, 네 번째 띠가 허용 오차를 나타낸다.

인덕턴스가 10 미만이고, 첫 번째 두 개의 인덕턴스 띠가 모두 금색일 경우에 금색 띠가 소수점을 나타내므로 나머지 두 개의 띠가 유효 숫자를 나타낸다. 인덕턴스가 10 이상일 때, 처음에 나오는 띠 두 개가 유효 숫자를 나타내고, 세 번째 띠가 승수를 나타낸다.

예

은색(군용)
녹색(5)
금색(".")
파란색(6)
갈색(±1%)

5.6 μH ±1%

색	첫 번째 유효 숫자	두 번째 유효 숫자	승수	허용 오차
검은색	0	0	1	
갈색	1	1	10	±1%
빨간색	2	2	100	±2%
오렌지색	3	3	1,000	±3%
노란색	4	4	10,000	±4%
녹색	5	5		
파란색	6	6		
보라색	7	7		
회색	8	8		
흰색	9	9		
없음				±20%
은색				±10%
금색		소수점		±5%

4색 띠(4 밴드) 인덕터 부호

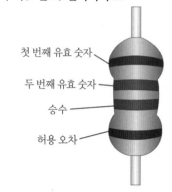

첫 번째 유효 숫자

두 번째 유효 숫자

승수

허용 오차

색 띠가 네 개인 부호에는 군용 띠가 들어 있지 않다. 첫 번째와 두 번째 띠로는 첫 번째와 두 번째 유효 숫자를 나타낸다. 세 번째 띠는 승수를 나타내는데 은색 = × 0.01, 금색 = × 0.1이다. 네 번째 띠는 허용 오차를 가리키며 검은색은 ±20%, 은색은 ±10%, 금색은 ±5%를 나타낸다. 모든 값의 단위는 마이크로헨리이다.

예

빨간색(2)
보라색(7)
빨간색(×100)
은색(±10%)

2700 μH ±10%

색	첫 번째 유효 숫자	두 번째 유효 숫자	승수	허용 오차
검은색	0	0	1	±20%
갈색	1	1	10	
빨간색	2	2	100	
오렌지색	3	3	1,000	
황색	4	4		
녹색	5	5		
파란색	6	6		
보라색	7	7		
회색	8	8		
흰색	9	9		
없음				
은색			0.01	±10%
금색			0.1	±5%

SMD 인덕턴스 부호

472K =4700 μH ± 10%   221K =220 μH ± 10%

22N =22 nH ± 20%   5N6F =5.6 nH ± 1%

391K = 390 μH ± 10%   68M =0.068 μH ± 20%

문자	허용 오차
F	±1%
G	±2%
H	±3%
J	±5%
K	±10%
L	±15%
M	±20%

*일부 군용 장치에서 L = ±20%

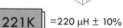

값 부호	인덕턴스	값 부호	인덕턴스	값 부호	인덕턴스	값 부호	인덕턴스	값 부호	인덕턴스	값 부호	인덕턴스
47	0.047 μH	1R7	1.7 μH	182	1800 μH	260	26 μH	390	39 μH	6R8	6.8 μH
68	0.068 μH	1N8	1.8 nH	R18	180 nH	R27	270 nH	4N7	4.7 nH	601	600 μH
82	0.082 μH	1R8	1.8 μH	181	180 μH	271	270 μH	4R7	4.7 μH	600	60 μH
R12	0.12 μH	102	1000 μH	18N	18 nH	27N	27 nH	401	400 μH	650	65 μH
R15	0.15 μH	R10	0.1 μH	180	18 μH	270	27 μH	400	40 μH	682	6800 μH
R18	0.18 μH	101	100 μH	190	19 μH	3N3	3.3 nH	421	420 μH	681	680 μH
R10	0.1 μH	10N	10 nH	1N0	1 nH	3R3	3.3 μH	450	45 μH	68N	68 nH
R22	0.22 μH	100	10 μH	1R0	1 μH	3N9	3.9 nH	472	4700 μH	680	68 μH
R27	0.27 μH	110	11 μH	2N2	2.2 nH	3R9	3.9 μH	471	470 μH	700	70 μH
R33	0.33 μH	121	120 μH	2R2	2.2 μH	301	300 μH	47N	47 nH	751	750 μH
R39	0.39 μH	12N	12 nH	2N7	2.7 nH	300	30 μH	470	47 μH	750	75 μH
R47	0.47 μH	120	12 μH	2R7	2.7 μH	310	31 μH	5N6	5.6 nH	070	7 μH
R56	0.56 μH	141	140 μH	202	2000 μH	332	3300 μH	5R6	5.6 μH	8N2	8.2 nH
R68	0.68 μH	152	1500 μH	201	200 μH	R33	330 nH	500	50 μH	8R2	8.2 μH
R82	0.82 μH	R15	150 nH	222	2200 μH	331	330 μH	561	560 μH	800	80 μH
1N2	1.2 nH	151	150 μH	R22	220 nH	33N	33 nH	56N	56 nH	821	820 μH
1R2	1.2 μH	15N	15 nH	221	220 μH	330	33 μH	560	56 μH	82N	82 nH
1N5	1.5 nH	150	15 μH	22N	22 nH	391	390 μH	050	5 μH	820	82 μH
1R5	1.5 μH	170	17 μH	220	22 μH	39N	39 nH	6N8	6.8 nH	900	90 μH

보기 3.90

3.7.10 인덕터 응용기기

필터 회로

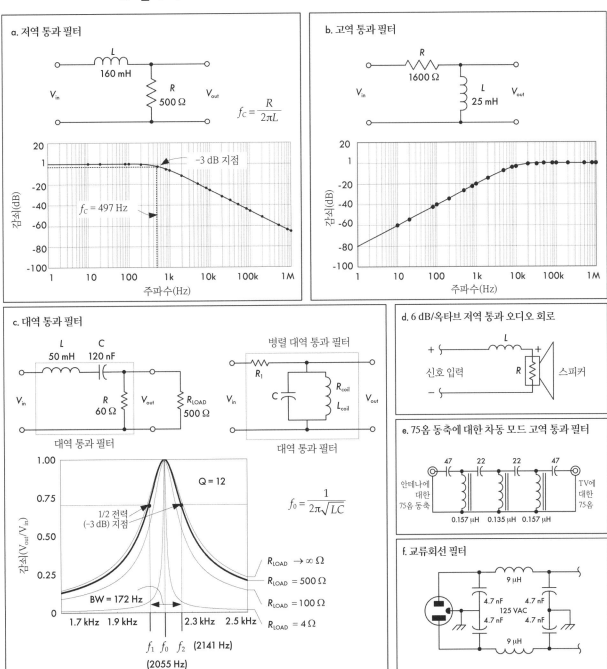

보기 3.91 필터는 특정 주파수에 대해서는 약간만 저항하면서 나머지 주파수들을 차단한다. (a)에서 저역 통과 필터를 저항과 인덕터를 사용해 구성한다. 인덕터의 임피던스는 주파수와 더불어 증가하므로 고주파 신호가 통과하지 못한다. (b)에서 고역 통과 필터는 저주파를 차단한다. 인덕터는 저주파수 신호에 대해 접지로 향하는 낮은 임피던스 경로 역할을 한다. (c)는 대역 통과 필터를 보여 주며 매우 좁은 주파수 대역만 통과하게 한다. 이론에 대해서는 2장을 보라. (d)는 스피커에 사용하는 저역 통과 필터를 나타낸다. (e)는 75 Ω 동축에 대한 차동 모드 고역 통과 필터를 보여 준다. 텔레비전 안테나로 수신되거나 케이블 텔레비전 시스템으로 누설되는 고주파 신호를 차단한다. 그러나 공통 모드 신호에 대해서는 비효율적이다. (f)는 전력선에서 나오는 무선 주파수 에너지를 거르는 네 사용되는 교류회선 필터를 보여 준다.

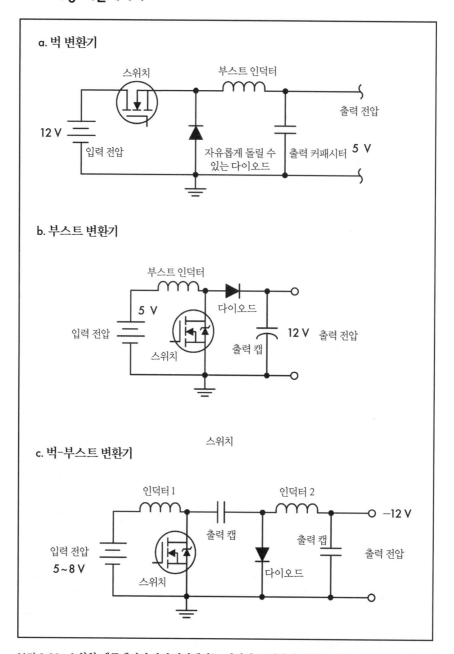

a. 벅 변환기

스위치   부스트 인덕터

12 V   입력 전압   자유롭게 돌릴 수 있는 다이오드   출력 커패시터   출력 전압   5 V

b. 부스트 변환기

부스트 인덕터   다이오드

5 V   입력 전압   스위치   12 V   출력 전압   출력 캡

스위치

c. 벅-부스트 변환기

인덕터 1   인덕터 2   −12 V

입력 전압   5~8 V   출력 캡   스위치   다이오드   출력 캡   출력 전압

보기 3.92 스위칭 레귤레이터 응용기기에서는 인덕터를 에너지 저장 장치로 사용하며, 반도체 스위치가 켜지면 인덕터의 전류가 상승하고 에너지가 저장된다. 스위치가 꺼지면 저장된 에너지가 부하로 방출된다. 출력 전압에는 적절한 인덕턴스 및 출력 커패시터 값을 선택하여 최소화해야 하는 잔결이 있다. 보기 3.92는 다양한 스위칭 레귤레이터 구성을 보여 준다. 벅(buck)(출력 전압을 내림), 부스트(boost)(출력 전압을 올림) 및 벅-부스트(buck-boost)(극성이 반대임). 부스트 컨버터에서 부스트 인덕터 전류가 부하로 계속 흐르지 않는다는 점에 유의한다. 스위치가 켜진 동안 인덕터 전류는 접지로 흐르고 부하 전류는 출력 커패시터에서 공급된다.

발진기

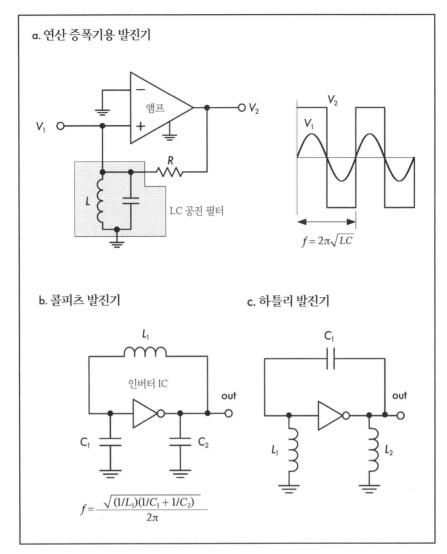

a. 연산 증폭기용 발진기

앰프

V_1

V_2

R

L

LC 공진 필터

V_2

V_1

$f = 2\pi\sqrt{LC}$

b. 콜피츠 발진기

L_1

인버터 IC

out

C_1

C_2

$$f = \frac{\sqrt{(1/L_1)(1/C_1 + 1/C_2)}}{2\pi}$$

c. 하틀리 발진기

C_1

out

L_1

L_2

보기 3.93 **(a)** 양의 되먹임을 지닌 증폭기는 입력이 없을 때에도 출력을 생성할 수 있다. 그와 같은 회로를 발진기(**역주** 즉, 오실레이터 또는 진동자)라고 부른다. **(a)**에서 연산 증폭기는 **LC** 공진 필터의 공진 주파수와 크게 다른 주파수를 증폭기 입력에서 제거하는 **LC** 공진 필터($f_0 = 1/(2\pi\sqrt{LC})$)를 사용한다. 증폭기는 양의 방향 또는 음의 방향으로 포화 상태에서 번갈아 구동되므로 V_2에서 구형파를 생성한다. 이 구형파에는 발진을 감쇠된 상태로 유지하기 위해 저항 **R**을 통해 비반전 입력으로 되먹임이 되는 푸리에(**Fourier**) 성분이 있다. V_1에서 사인파가 발생한다.

(b) LC 발진기의 기본 형식으로는 콜피츠 형식과 하틀리 형식 두 가지가 있다. 여기 보이는 것처럼 콜피츠는 인덕터를 두 개 사용한다. 커패시터 C_1 및 C_2보다 일반적으로 더 비싸고 얻기 힘든 인덕터가 한 개만 필요하다는 간편함 때문에 **(c)**에 표시된 하틀리보다 일반적으로 선호된다. 콜피츠 발진기의 주파수는 **(b)**에 나오는 공식으로 주어진다.

더 자세한 사항을 알려면 발진기를 다룬 **10장**을 보라.

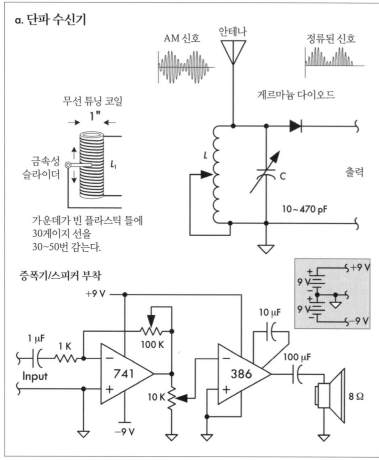

a. 단파 수신기

AM 신호　안테나　정류된 신호

무선 튜닝 코일
1"

금속성
슬라이더　L_1

가운데가 빈 플라스틱 틀에
30게이지 선을
30~50번 감는다.

게르마늄 다이오드

L
C
출력

10~470 pF

증폭기/스피커 부착

+9 V

10 μF

1 μF
1 K
Input
741
100 K
10 K

386
100 μF

8 Ω

9 V
+9 V
9 V
−9 V

−9 V

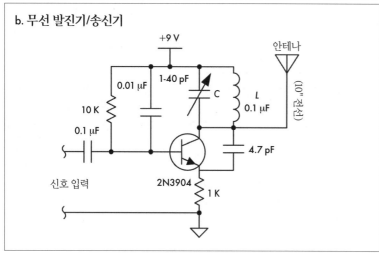

b. 무선 발진기/송신기

+9 V　안테나

0.01 μF
1-40 pF
C
L
0.1 μF

10 K
0.1 μF

(10"전선)

4.7 pF

신호 입력
2N3904
1 K

보기 3.94

다음은 LC 공진 필터를 사용해 회로를 조정하는 몇 가지 간단한 무선 주파수 회로이다.

(a) 가장 단순한 무선 수신기는 안테나, 다이오드 (게르마늄) 및 헤드폰 쌍으로 구성된다. 그러나 이러한 수신기로는 주파수를 선택할 수 없으므로 가장 강한 AM 방송국 중 몇 곳에서 나온 신호를 동시에 수신할 것이다. 안테나의 정전용량과 더불어 공진 LC 회로를 형성하는 가변 인덕터를 추가하면 서로 다른 방송국 여러 곳에 맞출 수 있어 쓸 만한 무선 수신기가 구성될 수 있다. (가변 커패시터가 있으면 주파수를 조절할 수 있다.) AM 반송파 내에 부호화된 오디오 신호를 다이오드가 변조한다(다이오드는 송신파에 빠진 저주파 (오디오) 푸리에 성분을 생성한다). 다이오드를 통과한 후에는 펄스 분량 중 절반만 남게 된다. 이 펄스에는 반송파 주파수 성분 외에도 저주파수 성분이 포함되어 있다. 저역 통과 필터를 추가하면 저주파 성분만 남는다. 헤드폰과 사람의 귀는 효과적인 저역 통과 필터 역할을 하며 주파수에 반응한다. 변조된 신호는 증폭기에 입력되어 스피커 회로를 구동할 수 있는데, 이 점에 대해서는 증폭기 회로를 참조하라. 실물 라디오 AM 수신기는 높은 헤테로다인(역주 superheterodyne, 즉 고성능 주파수 변환) 설계 방식을 사용하여 훨씬 더 정교하다.

(b) 무선 송신기는 무선 주파수 발진기 한 개, 하나 이상의 증폭기 단, 변조기 한 개로 구성된다. 여기에 표시된 간단한 FM 송신기에서 LC 공진 필터로 증폭기 발진 주파수를 설정한다. 가변 커패시터로 조절할 수 있다. 입력되는 오디오 신호는 반송파로 주파수 변조되어 전파로 방사된다. FM 라디오 수신기는 회로 신호를 수신할 수 있어야 한다. 22게이지인 선을 10번 감았을 때 1/4 인치가 되게 단단히 감아서 인덕터를 집에서 만들 수 있다.

3.7.11 EMI/EMC 설계 기법

EMI 및 EMC 문제 처리 기법 몇 가지는 다음과 같다. PCB를 잘 배치하는 일, 적절한 전력 공급 장치를 고려하는 일, 필터링 부품을 효과적으로 사용할 수 있게 적절히 설계하는 기법이 포함된다.

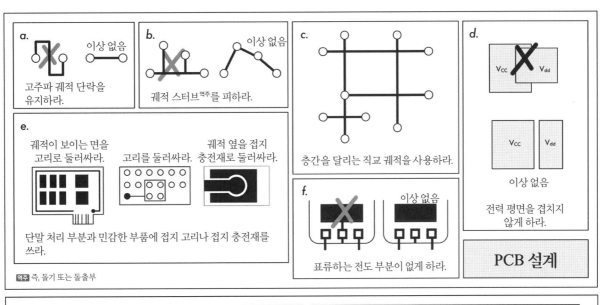

a. 고주파 궤적 단락을 유지하라.

이상 없음

b. 궤적 스터브[역주]를 피하라.

이상 없음

c. 층간을 달리는 직교 궤적을 사용하라.

d. 전력 평면을 겹치지 않게 하라.

이상 없음

e. 궤적이 보이는 면을 고리로 둘러싸라. 고리를 둘러싸라. 궤적 옆을 접지 충전재로 둘러싸라.

단말 처리 부분과 민감한 부품에 접지 고리나 접지 충전재를 쓰라.

[역주] 즉, 돌기 또는 돌출부

f. 표류하는 전도 부분이 없게 하라.

이상 없음

PCB 설계

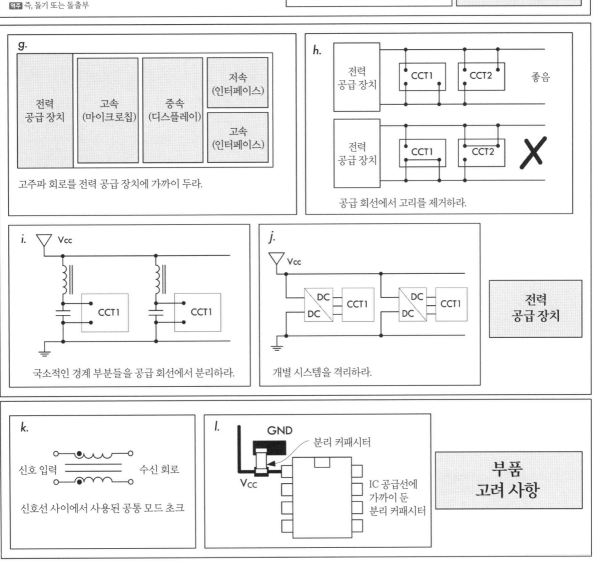

g. 고주파 회로를 전력 공급 장치에 가까이 두라.

전력 공급 장치 / 고속 (마이크로칩) / 중속 (디스플레이) / 저속 (인터페이스) / 고속 (인터페이스)

h. 공급 회선에서 고리를 제거하라.

전력 공급 장치 — CCT1 — CCT2 — 좋음

전력 공급 장치 — CCT1 — CCT2 — ✗

i. 국소적인 경계 부분들을 공급 회선에서 분리하라.

Vcc — CCT1 — CCT1

j. 개별 시스템을 격리하라.

Vcc — DC/DC — CCT1 — DC/DC — CCT1

전력 공급 장치

k. 신호 입력 — 수신 회로

신호선 사이에서 사용된 공통 모드 초크

l. GND / Vcc — 분리 커패시터 / IC 공급선에 가까이 둔 분리 커패시터

부품 고려 사항

보기 3.95

■ PCB 설계 기법

두 부분으로 나뉜 접지 평면과 같은 PCB 레이아웃의 조그만 구멍을 피하라. 임피던스가 높은 부분이 EMI를 크게 하므로 자극 옆면의 전력선의 넓은 트랙을 사용해 전도율을 높인다. 신호 트랙을 스트립 라인(접지 평면 위 및 아래)으로 만들고 가능한 경우 접지 평면과 전력 평면을 포함하라. HF 및 RF 궤적을 짧게 유지하고 HF 궤적을 배치하라(보기 3.95a를 참조). 궤적 돌출부가 반사 및 고조파를 발생시키므로 이와 같은 돌출부를 피하라(b 참조). 가급적 민감한 부품 및 단자에 주변의 보호 고리와 그라운드 필을 사용하라. 트레이스 층 주변의 보호 고리가 보드 밖으로의 방전을 줄인다. 마찬가지로 한 곳에서만 접지에 연결하라(e 참조). 공통 접지 위에 별도의 전력 평면을 유지해 시스템 잡음 및 전력 결합을 줄인다(d 참조). 인접한 층 사이에 가능한 한 직각을 유지하라(c 참조). 또한, 수신 안테나 또는 발신 안테나 역할을 하는 고리형 궤적을 피하라. 표류하는 도체 영역이 EMI 방사기로 사용되므로 피하라. 그렇지 않으면 접지 면에 연결하라.

■ 전력 공급 장치

(h)와 같이 공급선에 고리가 없게 하라. 또한, 지역 경계에서 공급선을 분리한다(i 참조). 전력 공급 장치에 가까운 곳에 고속 회로를 배치하고 가장 느린 부분을 멀리 배치하여 전력 평면의 과도현상을 줄여라(g 참조). 될 수 있으면 개별 시스템을 전력 공급 장치 및 신호 회선에서 분리하라(j 참조).

■ 필터링 부품

위치 치우침(position biasing) 및 풀업/풀다운 구성 요소는 드라이버/치우침 지점(bias point)에 가깝다. 결합을 늘리고 표류 자계(stray field)를 제거하기 위해 전류 운반선과 신호선 사이에 공통 모드 초크를 사용하라(k 참조).

분리 커패시터를 칩 공급선에 가깝게 배치하여 부품 잡음 및 전력선 과도현상을 줄여라(l 참조).

이 기법은 비쉐이 데일(Bishay Dale)의 제품 부문에 근무하는 데이비드 B. 판처(David B. Fancher)가 쓴 〈Electro-Magnetic Interference and Electro-Magnetic Compatibility(EMI/EMC)〉역주에 관한 기술 문서에서 수정한 것이다.

역주 전자기 간섭 및 전자기 호환성(EMI/EMC)

3.8 변압기

3.8.1 기본 동작

기본 변압기는 교류 입력 전압을 더 높거나 낮은 교류 출력 전압으로 변환할 수 있는 2 포트(4단자) 장치이다. 그러나 변압기는 전류의 변화로 인해 생성되는 자기장 변화에 의존하므로 직류 전압을 높이거나 낮추도록 설계된 것이 아니다. 적층 철심을 공유하는 두 개 이상의 절연 전선 코일로 일반적인 변압기를 구성한다. 코일 중 하나를 1차 코일(N_P턴 포함)이라고 하고 나머지 한 개 코일을 2차 코일이라고 한다(N_S턴 포함). 보기 3.96에서 도식 기호로 변압기를 간단히 나타냈다.

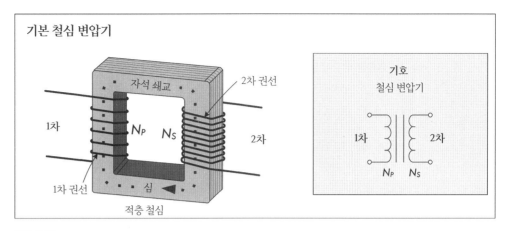

기본 철심 변압기

자석 쇄교

1차 N_P N_S 2차

2차 권선

1차 권선   심

적층 철심

기호
철심 변압기

1차   2차

N_P N_S

보기 3.96

변압기의 1차 코일에 교류 전압이 인가되면 교류 자속 $\Phi_M = \int(V_{IN}/N_p)dt$가 1차 코일에서 나오고 적층 철심을 투과해 전파되어 2차 코일을 통과한다. (철심은 인덕턴스를 늘리고, 적층은 전력 소비가 많은 와전류를 줄인다.) 패러데이의 유도 법칙에 따르면, 완전한 자속 결합(결합 계수 $K = 1$)이 있다고 가정할 때 자속의 변화로 유도되는 전압은 $V_S = N_S d\Phi_M/dt$이다. 1차 자속 방정식과 2차 유도 전압 방정식을 결합하면 다음과 같은 유용한 식이 산출된다.

$$V_S = V_P \left(\frac{N_S}{N_P} \right)$$

변압기 전압비 **(3.1)**

역주 즉, 1차 권선의 권수 또는 턴

이 식은 1차 코일을 감은 횟수[역주]가 2차 코일을 감은 횟수보다 큰 경우 2차 전압이 1차 전압보다 작을 것이라는 점을 알려 준다. 반대로, 1차 코일을 감은 횟수가 2차 코일을 감은 횟수보다 적으면 2차 전압은 1차 전압보다 크다.

2차 단자가 개방된 상태에서 변압기의 1차 단자에 전원 전압을 인가하면(보기 3.97 참조), 원천은 간단히 변압기를 $Z_P = j\omega L_P = \omega L \angle 90°$라는 임피던스를 지닌 인덕터처럼 취급한다. 여기서 L_P는 1차 코일의 인덕턴스를 나타낸다. 이것은 옴의 법칙에 따라 1차 전류가 전압 (원천 전압)을 90°만큼 지연시키고 1차 전류가 V_P/Z_P와 같음을 의미한다. 동시에 $(N_S/N_P) V_P$의 전압이 2차 쪽에 나타나고 1차 전압과 위상이 같거나 180° 위상차를 보이게 될 것인데, 이는 2차 코일을 감은 방향이나 어느 보조 코일 종단을 기준으로 삼느냐에 따라서 달라질 것이다(이 점에 관해서는 곧 자세히 설명한다).

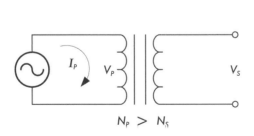

I_P V_P V_S

$N_P > N_S$

$90°$

V_P V_S^*

I_P

* 권선 배치 및 접지 기준에 따라 V_p 또는 180° 위상이 맞지 않는 위상

보기 3.97

변압기의 2차 측에 부하가 부착되지 않은 경우 1차 측 전류를 변압기의 자화 전류(magnetizing current)^{역주}라고 한다. 내부 손실이 없는 이상적인 변압기는 1차 인덕터를 통과하는 전류가 전압과 90° 위상차가 있기 때문에 아무런 전력도 소모하지 않는다($P = IV$에서 I는 허수이고 '전력은 허수 또는 반응임'). 2차 측에 부하가 없으면 변압기의 유일한 손실은 철심의 손실과 1차 코일 전선 자체의 손실과 관련된다.

역주 즉, 여자 전류

▶ **예제 1:** 변압기는 1차 200턴, 2차 1200턴이다. 1차 측에 120 VAC가 인가되었을 때 2차 측에 나타나는 전압은?

▷ **정답:** 방정식 3.1을 재정리하면,

$$V_S = V_P \left(\frac{N_S}{N_P} \right) = 120 \text{ VAC} \left(\frac{1200 \text{ 턴}}{200 \text{ 턴}} \right) = 720 \text{ VAC}$$

역주 즉, 높임 변압기

2차 전압이 1차 전압보다 높으므로 이것은 승압 변압기(step-up transformer)^{역주}의 예이다.

▶ **예제 2:** 예제 1과 같은 변압기를 사용하되 이번에는 2차가 1차로 작동하도록 뒤집는다. 새로운 2차 전압은 얼마인가?

▷ **정답:**

$$V_S = V_P \left(\frac{N_S}{N_P} \right) = 120 \text{ VAC} \left(\frac{200 \text{ 턴}}{1200 \text{ 턴}} \right) = 20 \text{ VAC}$$

역주 즉, 낮춤 변압기

이것은 2차 전압이 1차 전압보다 낮으므로 강압 변압기^{역주}의 예이다.

앞의 예제에서 볼 수 있듯이, 과전류를 요구하지 않고 권선(winding)을 충분히 감아(충분한 인덕턴스) 인가된 전압과 동일한 전압을 유도할 경우 변압기 권선을 1차 권선으로 사용할 수 있다. 또한, 전압이 존재할 만큼 전압 정격이 충분한 절연체가 권선에 있어야 한다.

이제 보기 3.98과 같이 보조 장치에 부하를 부착할 때 어떤 일이 발생하는지 살펴보자.

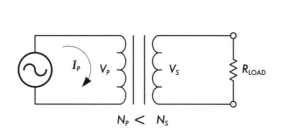
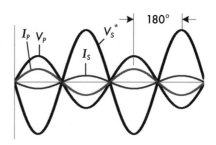

* 권선 배치 및 접기 기준에 따라 V_p 또는 180° 위상이 맞지 않는 위상

보기 3.98

부하가 2차 측에 연결되면 2차 전류는 1차 전류에 의해 설정된 자기장과 반대되는 자기장을 설정한다. 1차 측 유도 전압이 인가된 전압과 같을 때 원래의 자기장이 유지되어야 한다. 1차 측은 2차 전류에 의해 설정된 자기장과 정확히 같고, 반대되는 자기장을 설정하기에 충분한 추가 전류를 소비해야 한다. 이 시점에서 실용적인 목적으로 전체 1차 전류가 2차 부하의 결과라고 가정한다. (정격 출력에서 1차 부하 전류와 비교하여 자화 전류가 매우 작기 때문에 이것은 가깝다.)

■ 전류비

1차 및 2차 전류 사이의 관계를 파악하려면 이상적인 변압기가 100% 효율(실제 변압기의 효율은 제조업체에 따라서 65~99% 정도임)이라는 점을 고려한 다음, 2차 측 부하로 인해 흩어지는 총 전력이 1차 측에서 공급하는 전력과 같을 것이라고 추론하라. 일반 전력 법칙에 따라 다음을 얻게 된다.

$$P_P = P_S$$
$$I_P V_P = I_S V_S$$

변압기 전압 방정식 3.1을 V_S 항에 대입하면 다음을 얻는다.

$$I_P V_P = I_S \left(V_P \frac{N_S}{N_P} \right)$$

V_P를 양변에서 제거하면 다음과 같은 유용한 전류 관계를 얻게 된다.

$$I_P = I_S \left(\frac{N_S}{N_P} \right) \qquad \text{이상적인 변류비 (3.2)}$$

▶ **예제 3:** 1차 측이 180턴이고 2차 측이 1260턴인 변압기가 부하에 0.10 A를 공급한다. 1차 전류는 무엇인가?

▷ **정답:** 방정식 3.2를 재정리하고 1차 전류에 대해 풀면 다음과 같다.

$$I_P = I_S \left(\frac{N_S}{N_P} \right) = 0.10 \text{ A} \left(\frac{1260 \text{ 턴}}{180 \text{ 턴}} \right) = 0.7 \text{ A}$$

앞의 예에서 2차 전압이 1차 전압보다 크더라도 2차 전류는 1차 전류보다 작다는 점에 유념하라. 이상적인 변압기의 2차 전류는 1차 전류와 비교할 때 180°만큼 위상차가 난다. 이는 2차 측의 장(field)이 1차 측의 장과 어긋나기(offsets) 때문이다. 권선 내 전류 간의 위상 관계는 2차 측의 전류와 전압 간 위상차와는 전혀 상관없다. 실제로 2차 측 전압과 전류 사이의 위상차는 동일한 위상차로서 1차 측에 다시 반영된다. 그렇지만 2차를 어떻게 끌어당기느냐에 따라 위상이 선택될 수 있다는 점에 유념하라. 다음 사항을 참고하라.

위상에 관해 유념할 점

이제는 위상이라는 개념에 조금 짜증이 나 있을 수도 있다. 예를 들어, 1차 전압이 2차 측과 180° 위상차를 이룬다고 말하는 것은 상대성에 직면한 것 같은 기미를 나타낸다. 2차 권선을 간단히 다른 방향으로 감을 수는 없을까? 아니면 더 간단히 2차 리드를 뒤집어서 위상 내에 있는 출력을 얻을 수 없을까? 대답은 '예'이다. 이것은 변압기 핀을 사용하는 상대적인 놀이이다. 보기 3.99는 보조 변압기의 권선 방향만 틀리고 나머지는 아주 똑같은 변압기 두 개를 보여 준다. 공통 접지 및 오실로스코프를 사용해 시험할 때 A 권선 배열은 동상(in phase) 전압을 발생하게 하지만, B 권선 배열은 1차 전압과 180° 위상차가 있는 전압과 전류를 생성한다. 혼동되지 않게 위상점으로 권선의 상대적인 방향을 표시하고 있다. **전류가**

1차 점 쪽으로 들어가서 2차 점 쪽으로 나온다는 식으로 위상점을 이해하면 된다. 다음 보기는 1차 및 2차 위상점의 위치에 의해 정의되는 전류 흐름 및 극성의 방향을 보여 준다.

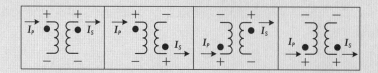

위상점을 포함하기 전에는 변압기 기호가 제대로 정의된 게 아니다. 위상점을 보지 못했다면 위상이 회로에서 중요하지 않은 것이거나 작성자가 포함하지 않은 것이다. 다양한 응용 기기에서 1차와 2차 사이의 위상을 추적하는 일은 중요하지 않다. 2차 단계에서는 1차가 하는 일에 주의하지 않기 때문이다. 한편으로는 2차 단계를 제대로 신경 써 주어야 하는 회로에서 위상이 엄격하게 준수되지 않으면 제대로 작동하지 않는다. 통상적으로 이들 회로에는 1단계와 2단계 사이(예를 들면, 트랜지스터, 커패시터를 부착한 변압기)에는 부가적인 연결이 있으며, 1차 위상 전압과 2차 위상 전압 간의 상호 작용에 의존한다. 2차 위상을 신경 쓰지 않는 회로의 예를 들면, 정류기 단계에 공급하는 강압 변압기의 2차 측을 사용하는 직류 전력 공급 장치이다. 정류기 단계에서는 위상에 신경 쓰지 않는다. 위상을 신경 쓰는 회로의 예로는 양극성 트랜지스터 단계를 통해 2차 측을 1차 측에 연결하는 줄 도둑(Joule Thief) 회로를 들 수 있다. 'Joule Thief'로 검색해 이 재미난 회로에 대해 알아보라. 또한, 위상이 중요한 무선 회로 내에서 빈번히 위상점을 찾을 수 있다.

■ 전력비

조금 전에 변압기 전류 방정식을 유도하면서 1차 측에서 2차 측으로 전력 전달이 100% 효율을 보인다고 가정했다. 그러나 코일의 저항과 변압기의 철심에서 항상 약간의 전력이 소실된다는 점을 알아야 한다.

이는 원천에서 가져온 전력이 2차 측에서 사용한 전력보다 크다는 점을 의미한다. 이 점을 다음 식으로 나타낼 수 있다.

$$P_S = n \times P_P$$

효율 계수 **(3.3)**

여기서 P_S는 2차 측에서 나오는 전력 출력이고, P_P는 1차 측에 대한 전력 입력이고, n은 효율 계수이다. 효율 n은 언제나 1보다 작다. 효율을 일반적으로 백분율로 표시한다. 예를 들어, 0.75는 75%의 효율성을 나타낸다.

▶ **예제 4:** 변압기의 효율이 75%이고 2차 측 전체 부하 출력이 100 W일 때, 1차 측에 입력되는 전력은 얼마인가?

▷ **정답:** 방정식 3.3을 재정리하면 이렇다.

$$P_P = \frac{P_S}{n} = \frac{100 \text{ W}}{0.75} = 133 \text{ W}$$

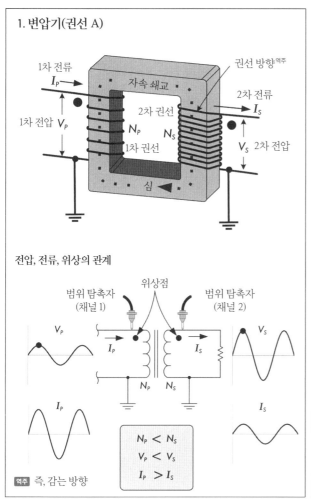

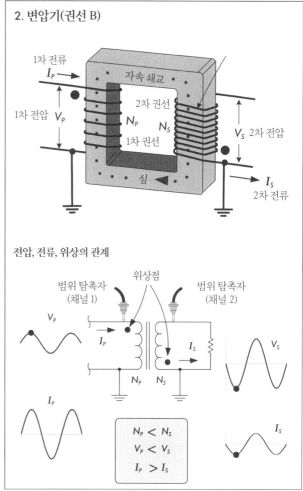

보기 3.99

일반적으로 제조업체의 정격 출력에서 최고 효율을 발휘하도록 변압기를 설계한다. 정격 출력보다 높거나 낮으면 효율이 떨어진다. 변압기가 처리할 수 있는 전력량은 자체 손실(전선 및 심 가열 등)에 달려 있다. 변압기의 정격 전력을 초과하면 전선이 타 버리거나 절연 파괴가 발생할 수 있다. 부하가 순수하게 반응할지라도 변압기는 여전히 코일의 내부 저항과 코어의 손실로 인해 열 손실을 발생시킨다. 이러한 이유로 제조사는 최대 볼트암페어 정격(VA-정격)을 정해 놓는데, 이것을 초과해서는 안 된다.

■ 임피던스 비율

교류 옴의 법칙 $I_P = V_P/Z_P$를 사용하고 1차 측으로부터 나온 전력이 2차 측으로 100% 전달되는 이상적인 변압기를 가정하면, 1차 및 2차 임피던스와 관련된 방정식을 구할 수 있다.

$$P_P = P_S$$

$$I_P V_P = I_S V_S$$

$$\frac{V^2_P}{Z_P} = \frac{V^2_S}{Z_S} \rightarrow V_S = V_P(N_S/N_P)\text{를 대입} \rightarrow \frac{V^2_P}{Z_P} = \frac{V^2_P(N_S/N_P)^2}{Z_S}$$

1차 전압 항을 소거하면 다음과 같은 유용한 식을 얻을 수 있다.

$$Z_P = Z_S \left(\frac{N_P}{N_S} \right)^2 \qquad \text{변압기의 임피던스 비율 (3.4)}$$

여기서 Z_P는 전원으로부터 1차 단자를 들여다본 임피던스이고, Z_S는 2차 측에 연결된 부하의 임피던스이다. 보기 3.100은 등가 회로를 보여 준다.

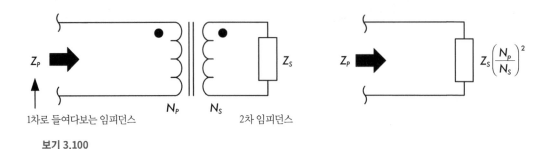

보기 3.100

2차 측의 부하 임피던스가 증가하면 1차 측(원천의 관점에서 볼 때)에 대한 임피던스도 2차 측의 비율에 비례해서 늘어난다.

▶ **예제 5:** 1차 측이 500턴, 2차 측이 1,200턴인 변압기가 있다. 2,000 Ω 부하 임피던스가 2차 측에 부착되었을 때 1차 임피던스는 얼마인가?

▷ **정답:** 방정식 3.4를 사용하면 다음과 같다.

$$Z_P = 2{,}000\ \Omega \left(\frac{500\ \text{턴}}{1{,}000\ \text{턴}} \right)^2 = 2{,}000\ \Omega (0.5)^2 = 500\ \Omega$$

보다시피 적절한 권선비를 선택하면 고정 부하의 임피던스를 원하는 값(이상적으로)으로 변환할 수 있다. 변압기 손실을 무시할 수 있는 경우에 변환된(반사된) 임피던스의 위상각은 실제 부하 임피던스의 위상각과 동일하다. 따라서 부하가 순전히 저항성이라면 1차 측에서 전력원에 가하는 부하도 순수한 저항이 된다. 부하 임피던스가 복잡한 경우(예를 들면, 인덕턴스와 정전용량이 투입되어 부하 전류와 전압이 서로 위상차가 맞지 않는 경우) 기본 전압과 전류는 동일한 위상각을 나타낸다.

전자기기의 경우 회로가 최적의 성능을 위해 특정 부하 저항(또는 임피던스)이 필요한 때가 많다. 실제로 부하로 인해 손실되는 전력의 임피던스는 원천의 임피던스와 크게 다를 수 있다. 이 경우 변압기를 사용하여 실제 부하를 원하는 값의 임피던스로 변경할 수 있다. 이를 임피던스 정합이라고 한다. 방정식 3.4를 재정리하면 다음을 얻는다.

$$\frac{N_P}{N_S} = \sqrt{\frac{Z_P}{Z_S}} \qquad (3.5)$$

여기서 N_P/N_S는 1차 측에서 2차 측에 필요한 권선비이고, Z_P는 1차 측 임피던스이며, Z_S는 2차 측에 연결된 부하의 임피던스이다.

▶ **예제 6:** 증폭기 회로가 최적의 성능을 내려면 500 Ω 부하 한 개가 필요하지만 8.0 Ω 스피커에 연결되어야 한다. 결합 변압기에서 1차 대 2차 권선비는 얼마여야 하는가?

▷ **정답:**

$$\frac{N_P}{N_S} = \sqrt{\frac{Z_P}{Z_S}} = \sqrt{\frac{500 \text{ } \Omega}{8 \text{ } \Omega}} = 8$$

그러므로 1차 턴이 2차 턴보다 8배 더 커야 한다.

낮은 내부 손실 및 누설 전류에 맞춰 1차 횟수를 설정하는 방법을 알면, 1차 측에 인가된 전압에서 낮은 자화 전류로 작동할 수 있는 1차 측에 충분한 인덕턴스가 있는 확인할 수 있다.

▶ **예제 7:** 보기 3.101의 전압원에 '보이는' 부하 임피던스는 얼마인가?

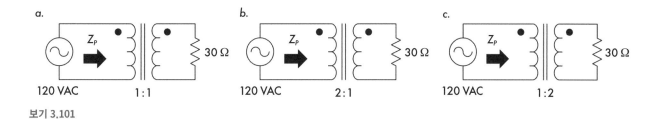

보기 3.101

▷ **정답:** (a) 30 Ω (b) 120 Ω (c) 8 Ω

▶ **예제 8:** 승압 변압기의 권선비가 1:3인 경우 전압비, 전류비, 임피던스비는 얼마인가? 이 비가 '1차:2차' 형식으로 주어진다고 가정하라.

▷ **정답:** 전압비는 1:3, 전류비는 3:1, 임피던스비는 1:9이다.

■ 변압기를 변속기 기어에 비유

변압기를 변속기라고 생각하면 여러 모로 도움이 된다. 예를 들어, 보기 3.102에서 변속기로 비유하고 있는데, 1차 권선은 입력 축(모터가 부착 된 곳)과 비슷하며 2차 권선은 출력 축과 유사하다. 전류는 축 속도(rpm)에 해당하며 전압은 회전력[역주1]과 같다. 변속기의 기계적 출력(속도에 토크를 곱한 값)은 일정하며(손실 무시), 이것은 전기적 힘(전류의 전압 배)과 동일하고 이 또한 상수이다. 변속비[역주2]는 변압기의 승압비 또는 강압비와 같다. 승압 변압기(step-up transformer)는 감속 기어와 같은 역할(기계적 동력이 빠르게 회전하는 소형 기어에서 느리게 회전하는 대형 기어로 전달되게 하는 역할)을 한다. 즉, 1차 코일에서 코일을 여러 차례 더 감은 2차 코일로 동력을 전달하는 동안에 전류(회전속도)가 전압(회전력)으로 전환되는 방식인 것이다. 강압 변압기는 가속 기어(기계식 동력이 대형 기어에서 소형 기어로 전달되는 방식)와 유사하게 작동한다. 1차 코일에서 코일 감기를 덜한 2차 코일로 동력이 전달되는 동안 전류(회전 속도)가 전압(회전력)으로 변환되는 식이다.

[역주1] 즉, 토크 또는 비트는 힘 또는 돌림 힘
[역주1] 즉, 기어비

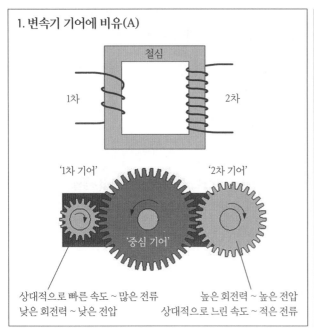

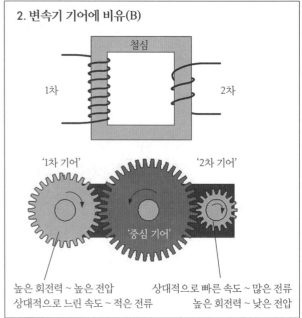

보기 3.102

● 중간 탭 변압기

역주 즉, 중앙 구출선

현실적으로는 드물게 리드가 네 개 뿐인 변압기를 볼 수 있는데, 그중 두 개는 1차용으로 쓰이고, 나머지 두 개는 2차용으로 쓰인다. 다수의 상용 변압기에서는 중간 탭(center tap)역주을 사용한다. 중간 탭은 변압기 권선의 양 끝단 사이 어딘가에 전기적 접속을 한 것에 불과하다. 중간 탭을 사용하면 권선 전압 중 일부만 활용할 수 있다. 예를 들어, 보기 3.103에서 변압기의 2차 측은 권선 사이 중간에 탭을 두어 2개의 출력 전압 V_{S1}과 V_{S2}를 생성한다.

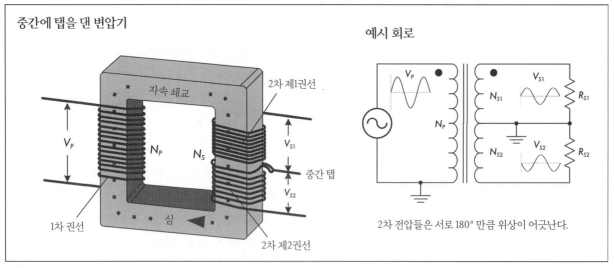

보기 3.103

중간 탭(이제는 공통으로 간주함)에 접지 기준을 두면, 보기 3.103에 나오는 보기용 회로와 같이 전압을 위상 측면에서 볼 수 있다. 이 경우 두 개의 2차 전압은 동일하다. 중간 탭의 양쪽 끝에 있는 턴 수를 같다고 가정하기 때문이다. 일반적으로 2차 전압은 권선비로 결정된다.

중간 탭을 양쪽에 여러 개 두는 식으로 1차 측과 2차 측 둘 다에 배치할 수 있다. 예를 들어, 일반적인 전력용 변압기에는 2차 권선이 여러 개인데, 각각 다른 전압을 제공한다. 보기 3.104는 일반적인 전원 공급용 변압기의 설계도를 보여 준다. 점퍼와 핀을 연결해 서로 다른 핀 간에 원하는 전압비를 얻을 수 있다. 제조업체가 다양한 탭 지점 간의 전압을 제공하기도 하는데, 보통 CT를 중간 탭 전압으로 지정한다. 중간 탭을 사용하면 유연하게 설계할 수 있고 다양한 출력을 얻을 수 있다. 예를 들면, 스위치를 통합하여 구현할 수 있다. 우리는 중간 탭 변압기를 사용해 배전반으로 들어오는 240 VAC를 집 안의 회로 차단기 내 두 개의 120 VAC 각철^{역주}로 분리하는 방법을 살펴본 다음, 전파 중간 탭 정류기 회로를 사용해 직류 전력 공급 장치를 제작하는 방법을 알아볼 것이다.

역주 변압기 철심의 다리

고전압 전력 변압기

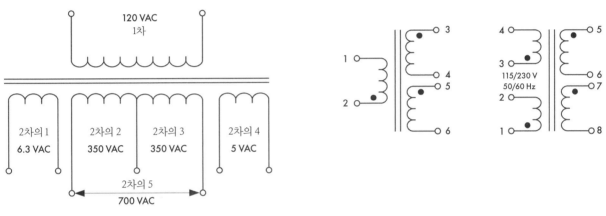

보기 3.104

■ 실물 변압기 특성

완벽하거나 이상적인 변압기는 1차 대 2차 결합 계수가 1이다. 이것은 두 코일이 모든 자속 선속과 연결된다는 것을 의미하므로 코일당 유도되는 전압은 두 코일에서 모두 같다. 이는 또한 1차 코일과 2차 코일 모두 턴당 유도 전압이 같다는 점을 의미한다. 저주파에서 작동하는 철심 변압기는 이상적인 것에 근접한다. 그러나 와류, 히스테리시스 손실, 내부 코일 저항 및 고주파에서의 표피 효과와 같은 다양한 불완전성 때문에 그렇지 않다.

실물 변압기에서 모든 자속이 두 권선에 공통되는 것은 아니다. 연결과 관련이 없는 자기선속을 **누설 자속**(leakage flux)이라고 하며 자체 유도 전압을 담당한다. 변압기의 두 권선과 관련된 누설 인덕턴스는 소량이다. 누설 인덕턴스는 회로에 직렬로 삽입된 일반 인덕턴스와 양이 같아지는 방식으로 정확하게 작동한다. 누설 인덕턴스와 관련된 반응저항을 **누설 반응저항**(leakage reactance)이라고 하며, 변압기를 만든 방식 및 주파수에 따라 다르다. 보기 3.105는 X_{L1}과 X_{L2}라고 이름 붙인 1차 코일과 2차 코일에 누설 반응저항이 모두 들어 있는 실물 변압기 모형을 보여 준다. 누설 반응저항을 통해 전류가 흐를 때 관련 전압 강하가 발생한다. 전류가 증가함에 따라 전압 강하가 더욱 늘어나고 2차 측에서 더 많은 전력이 공급됨에 따라 증가한다.

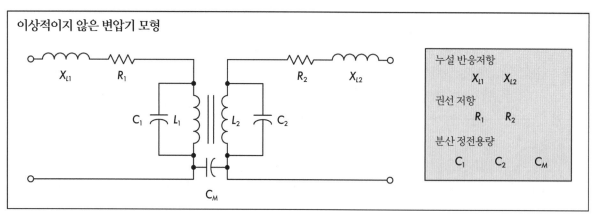

보기 3.105

전류가 흐를 때 변압기 권선 R_1 및 R_2의 내부 저항으로 인해 전압 강하가 일어난다. 이러한 전압 강하는 누설 반응저항에 의해 발생하는 전압 강하와 위상이 같지는 않지만, 이 둘은 함께 변압기 권선비 공식이 나타내는 것보다 더 낮은 2차 전압이 부하에서 일어나게 한다.

그밖에도 변압기의 이상적이지 못한 특성으로 표류 정전용량을 들 수 있다. 전압이 다른 두 점 사이에는 전기장이 존재한다. 전류가 코일을 통해 흐를 때 각 턴의 전압은 인접한 턴의 전압과 약간씩 다르다. 그러므로 턴 사이에 정전용량이 있게 되는데, 이를 보기 3.105의 C_1과 C_2로 모형화할 수 있다. 상호 정전용량은 1차 권선과 2차 권선 사이에도 존재한다. 변압기의 권선이 외함, 차폐막 또는 심 그 자체와 같은 주변 금속에 대해 상대적인 정전용량을 보일 수도 있다.

표류 정전용량은 전력 변압기 및 오디오 변압기에 거의 영향을 미치지 않지만 주파수가 증가함에 따라 영향을 끼친다. 변압기가 사용되는 무선 주파수 응용기기에서 표류 정전용량은 누설 반응저항이나 저주파일 때의 권선 반응저항(특히 매우 가볍거나 0옴인 부하일 때)에서 공진할 수 있다. 공진기 주변의 주파수 영역에서는 변압기가 이전 변압기 방정식에 설명한 대로 동작하지는 않는다.

철심 변압기는 또한 2.24절에서 다룬 것처럼 히스테리시스 및 와전류에 의한 손실을 겪는다. 필요 자화 전류에 추가되는 이러한 손실은 보기 3.105에 나온 것처럼 R_1과 병렬이 되게 저항을 추가하는 것과 같다.

변압기 사전주의 사항

변압기를 사용할 때 살펴봐야 할 세 가지 기본 규칙이 있다. 첫째, 변압기 권선 정격을 크게 초과하는 전압을 인가하지 마라. 둘째, 큰 직류에 적합하게 설계하지 않은 권선에 그러한 직류가 흐르게 해서는 안 된다. 셋째, 제조업체가 지정한 범위를 벗어난 주파수에서 변압기를 작동하지 마라. 1차 측에서 1200 VAC를 달성하기 위해 2차 측에 120 VAC의 전압을 인가하지 않는 게 좋다. 절연 실패가 일어나 연기가 나며 불타 버릴 수 있다. 1차 코일에 과도한 직류 전류를 흘려도 비슷한 일이 벌어질 수 있다. 주파수 측면에서 보면, 20 Hz에서 구동되는 60 Hz 변압기에 너무 많은 자화 전류를 끌어 당겨지므로 위험할 정도로 뜨거워질 것이다.

3.8.2 변압기 제작

▮ 심

전력 및 오디오 주파수에 사용되는 변압기에는 얇은 규소 강판을 여러 겹 쌓아서 만든 심이 있다. 이와 같이 적층하면 2.24절에서 다룬 바와 같이 와전류가 줄어든다. 일반적인 적층 심은 보기 3.106과 같이 E자형과 I자형 조각들을 포개어 만든다. 그러므로 이런 심들로 만든 변압기를 종종 EI 변압기라고 부른다.

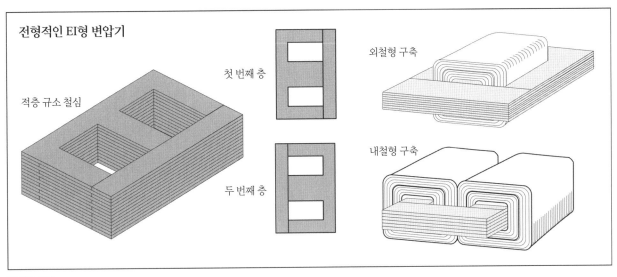

전형적인 EI형 변압기

적층 규소 철심
첫 번째 층
두 번째 층
외철형 구축
내철형 구축

보기 3.106

보기 3.106에는 두 개의 일반적인 심 모양이 사용된다. 측판 형태로 구성할 때는 1차 및 2차 권선 모두 동일하게 안쪽 각철을 둘러싸게 감는 반면, 동체 형태로 구성할 때는 1차 및 2차 권선이 개별 각철에 감는다. 1차 권선과 2차 권선 사이의 용량성 영향을 최소화해야 하거나, 권선 중 한쪽이 매우 높은 전압에서 작동해야 할 때 종종 동체 형태로 구현한다. 심 재료의 크기, 형태 및 유형뿐만 아니라 주파수 범위는 각 권선에서 필요한 권수에 영향을 미친다. 대부분의 변압기에서 심의 각 층 사이에는 특수한 절연 종이 낱장이 끼워져 있다. 인접한 코일 사이 및 심과 첫 번째 코일 사이에는 두꺼운 절연재를 끼운다. 낮은 와전류 특성을 지닌 분말 철심은 수 킬로헤르츠에 이르는 주된 주파수(60 Hz)에서 작동하는 변압기에 사용된다. 이 심의 투자율이 매우 높아서 크기에 걸맞는 계단식 도약 기능을 제공한다. 무선 주파수와 같이 훨씬 더 높은 주파수 응용기기에 사용하는 변압기에는 종종 비전도성 자기 세라믹 물질 또는 페라이트로 만든 심이 들어 있다.

분말 철심 및 페라이트 심 변압기의 일반적인 심 모양은 보기 3.107(a)와 같이 토로이드 형태이다. 토로이드의 닫힌 고리 모양으로 인해 EI 심 구조에 내재된 공극이 없게 된다. 1차 및 2차 코일은 종종 심의 모든 표면을 덮을 수 있게 동심원 모양으로 감는다[역주1]. 페라이트 심은 더욱 높은 주파수(일반적으로 수십 킬로헤르츠에서 메가헤르츠 사이)에서 사용한다. 일반적으로 토로이드 변압기는 더 저렴한 적층 EI 변압기보다 효율이 높다(약 95%). 더 작고(약 절반 크기), 더 가볍고(약 절반), 기계적 험(hum)[역주2](오디오 응용기기에서 우수함)이 적고 비부하 손실이 적다(예비 회로에서 더 효율적이다).

[역주1] 즉, 권취한다.
[역주2] 벙벙거리는 소리

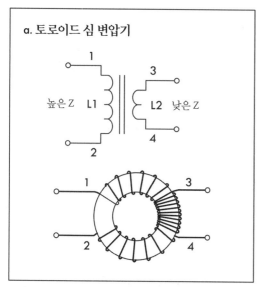

a. 토로이드 심 변압기

1
높은 Z L1   L2 낮은 Z
3
2
4

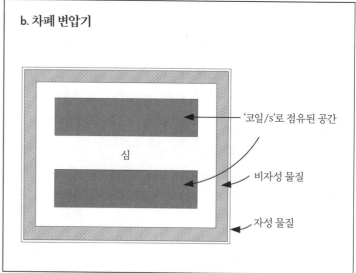

b. 차폐 변압기

'코일/s'로 점유된 공간

심

비자성 물질

자성 물질

보기 3.107

■ 차폐

변압기 내 권선 사이의 상호 정전용량을 제거하기 위해 종종 정전기 차폐(shielding)를 권선 사이에 둔다. 일부 변압기는 보기 3.107(b)와 같이 자기 차폐를 지니기도 한다. 외부 자기장이 내부 권선 내에서 전류를 유도하는 일(간섭)을 자기 차폐가 예방한다. 차폐는 변압기가 간섭 방사체 그 자체가 되는 일도 예방한다.

■ 권선

소규모 전력 변압기나 신호 변압기의 경우 권선(winding)을 단선 구리로 만들며 보통 에나멜로 절연 처리한다. 때때로 안전할 수 있게 절연 처리를 더 하기도 한다. 규모가 더 큰 전력용 변압기에는 구리선이나 알루미늄 선으로 감고, 아주 많은 전류용인 경우에는 띠판(strip) 형태로 된 도체로 감기도 한다. 어떤 경우에는 표피 효과로 인한 손실을 줄이기 위해 다연선 도체를 사용한다. 킬로헤르츠 범위에서 작동하는 고주파 변압기는 종종 표피 효과를 최소화하기 위해 리츠(Litz) 선으로 권선을 만든다. 신호 변압기의 경우 누설 인덕턴스 및 표류 정전용량을 최소화하여 고주파 응답을 향상시키는 방식으로 권선을 배치할 수 있다.

3.8.3 단권변압기와 가변 변압기

단권변압기(autotransformer)는 표준 변압기와 비슷하다. 그러나 1차 및 2차를 연결하기 위해 코일 한 개와 중앙 탭 한 개(또는 탭들)만을 사용한다. 보기 3.108을 보라. 표준 변압기와 마찬가지로 단권변압기를 사용해 전압을 승압하거나 강압하고 임피던스를 정합시킬 수 있다. 그러나 표준 변압기와 같이 1차 측과 2차 측이 같은 코일에 있어서 두 개의 코일 사이에 전기적 차단을 제공하지 않는다. 그러므로 두 코일 사이에 전기적 격리가 이뤄지지 않는다.

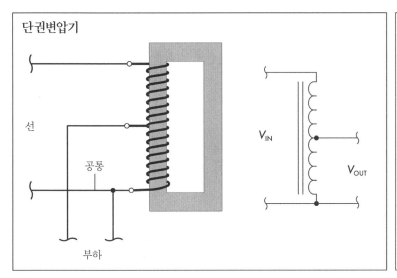

단권변압기

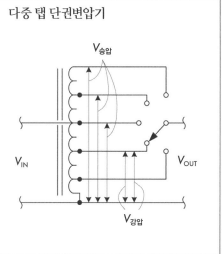

다중 탭 단권변압기

보기 3.108

단권변압기에 권선이 한 개만 쓰이지만, 표준 변압기에서 사용하는 유도 법칙을 똑같이 적용해 전압을 높이거나 낮추는 일에 사용할 수 있다. 이는 또한, 권선 횟수에 따른 전류 및 임피던스의 원리에도 적용된다. 보기 3.108에서 공통 권선의 전류는 선 전류(1차 전류)와 부하 전류(2차 전류) 간의 차이이다. 이들 전류의 위상이 다르기 때문이다. 그러므로 선 전류와 부하 전류가 거의 같을 때 권선의 공통 부분을 비교적 작은 전선으로 감을 수 있다. 1차(선) 및 2차 (부하) 전압의 크기가 거의 같을 때만 선 전류 및 부하 전류가 동일하다.

단권변압기를 종종 임피던스 정합 응용기기에 사용한다. 또한, 전력선 전압을 상대적으로 조금만 높이거나 낮추기 위해 자주 사용된다. 보기 3.108은 스위치 접촉 위치를 바꾸는 식으로 임의의 수치에 해당하는 설정 값을 바꿀 수 있는 단권변압기를 보여 준다.

가변 변압기 또는 바리악(Variac, 상품명)은 보기 3.108의 스위치식 단권변압기와 비슷하다. 그러나 보기 3.109와 같이 원형 코일을 따라 접촉자가 연속 동작을 한다. 바리악은 조절 가능 교류 전압원과 같은 역할을 한다. 1차 코일은 120 V 선 전압의 활성선 및 중성선에 연결되며, 2차선은 중성선과 단심 권선을 따라 움직이는 조절형 접촉자로 구성된다.

선 전압 조절 기법은 정상 선 전압에서 순간적으로 퓨즈가 끊기는 선 전력 장비 문제를 해결할 때 매우 유용한 기법이다. 퓨즈가 끊어지지 않아도 약 85 V에서 문제를 해결하면 고장 전류가 줄어들 수 있다. 1차 측 및 2차 측이 공통 권선을 공유하므로 치우침 그 자체로는 표준 변압기와 같은 격리 보호 기능이 제공되지 않는다는 점에 유념해야 한다. 따라서 접지되지 않은 '활성 외함' 장비를 사용해 작업할 계획이라면 변압기보다 앞선 곳에 격리 변압기를 설치해야 한다. 그렇지 않으면 전기충격 위험을 겪게 될 것이다. 보기 3.109(c)는 그러한 배치의 개략도를 보여 준다. 여기에 스위치, 퓨즈 보호 기능, 전류 및 전압 측정기가 들어 있으므로 조절할 수 있고 완전히 격리된 교류 전력원을 생성한다.

번거롭게 바리악과 격리 변압기를 함께 연결하지 않으려면, 간단히 두 장치를 한 용기에 모두 담은 교류 전원 공급 장치(보기 3.109(d) 참조)를 채택하면 된다.

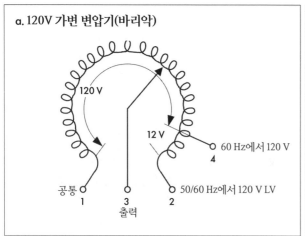

a. 120V 가변 변압기(바리악)

120 V

12 V

60 Hz에서 120 V
4

공통
1

출력
3

50/60 Hz에서 120 V LV
2

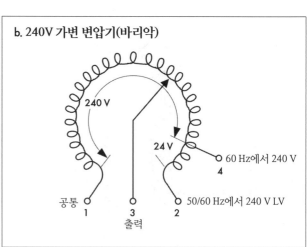

b. 240V 가변 변압기(바리악)

240 V

24 V

60 Hz에서 240 V
4

공통
1

출력
3

50/60 Hz에서 240 V LV
2

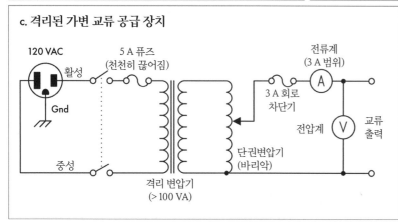

c. 격리된 가변 교류 공급 장치

120 VAC

활성

Gnd

중성

5 A 퓨즈
(천천히 끊어짐)

격리 변압기
(> 100 VA)

단권변압기
(바리악)

3 A 회로
차단기

전류계
(3 A 범위)

A

전압계

V

교류
출력

d.

보기 3.109 (a) 접촉자를 돌려 출력 전압을 바꾸는 비격리 **120 V** 바리악 (b) 비격리 **240 V** 바리악 (c) 격리 변압기를 써서 격리 보호 기능을 탑재한 수제 가변 교류 공급 장치 (d) 격리 변압기, 바리악, 스위치, 퓨즈, 교류 콘센트 및 측정기가 있는 교류 전력 공급 장치

■ 부스팅 및 버킹

부하에 걸린 전압을 약간 올리거나 내려야 하는 응용기기에 단권변압기를 사용하는 방법을 이 제 막 살펴보았다. 1차/2차 권선비가 적절한 일반(격리) 변압기를 사용하면 동일한 효과를 얻을 수 있다. 또 다른 대안은 보기 3.110과 같이 직렬 보강(부스팅) 또는 직렬 대항(버킹) 형태로 연결 된 2차 권선을 써서 강압되게 하는 것이다.

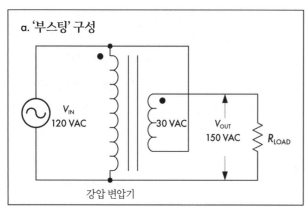

a. '부스팅' 구성

V_{IN}
120 VAC

30 VAC

V_{OUT}
150 VAC

R_{LOAD}

강압 변압기

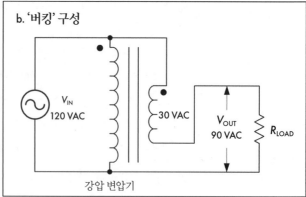

b. '버킹' 구성

V_{IN}
120 VAC

30 VAC

V_{OUT}
90 VAC

R_{LOAD}

강압 변압기

보기 3.110

역주1 즉, 전압 올림 또는 전압 보탬 또는 직렬 보강

역주2 즉, 전압 내림 또는 전압 빼냄 또는 직렬 대항

부스팅(boosting)^{역주1} 구성에서 2차 코일의 극성은 1차 전압에 직접 전압을 더하도록 방향이 지정된다. 버킹(bucking)^{역주2} 구성에서 2차 코일의 극성은 1차 전압에서 직접 전압을 뺀다. 단권변압기는 여기에 표시되는 부스팅 기능 및 버킹 기능과 같은 작업을 수행하지만 권선을 한 개만 사용하므로 가볍고 저렴하게 만들 수 있다.

3.8.4 회로 격리와 격리 변압기

변압기는 어떤 회로를 그 밖의 회로와 격리하는 데 중요한 역할을 맡는다. 보기 3.111은 변압기를 사용하여 교류 콘센트에 연결된 부하를 격리하는 응용기기를 보여 준다. 이 응용기기에서는 전압을 올리거나 내리지 않아도 되므로 변압기의 권선비는 1:1이다. 그러한 변압기를 격리 변압기(isolation transformer)라고 부른다. 보기 3.111에서 주전원의 격리 변압기를 사용해 부하를 원천에서 떨어지게 하여 지락 고장 보호 기능을 제공한다. 입력을 격리하지 않은 비접지 장비(예를 들면, 스위치 모드 전력 공급 장치)에서 작업할 때는 언제나 격리 변압기를 사용해야 한다.

가정용 배선 시 중성선(흰색)과 접지선(녹색)을 주 배선함에 연결하므로 기본적으로 0 V, 즉 접지가 된다. 접지된 물체를 만지는 과정에서 실수로 활성선을 만진 경우 전류가 몸을 통과하는 바람에 치명적인 충격을 받을 수 있다. 격리 변압기를 사용할 때 2차 권선 리드는, 주전원의 활성선이나 중성선과 유사하지만 중요한 차이가 있는 120 V 원천 및 귀로 역할을 한다. 2차 원천이나 귀환 실행은 모두 대지 접지에 묶여 있지 않다. 즉, 접지된 물체에 닿은 상태에서 보조 원천을 만지거나 귀환하는 경우에 전류가 몸에 흐르지 않는다. 전류는 보조 원천과 귀환 실행 사이를 지나가길 원한다. 모든 변압기는 선 격리 변압기뿐만이 아닌 격리 기능도 제공한다는 점에 유념하라. 따라서 입력 전력 변압기가 있는 장비에는 이미 기본 격리 보호 기능이 내장되어 있다. 실험실 작업에 사용되는 격리 변압기는 7.5.12절에서 보다 자세히 설명한다.

교류회선 격리 변압기

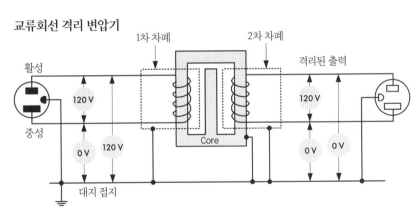

보기 3.111

격리 변압기는 일반적으로 1차 권선과 2차 권선 사이에 격리된 패러데이 차폐 두 개로 구성한다. 차폐물을 두 개 사용하면 일반적으로 변압기에서 접지로 연결되는 고주파 잡음이 우회한다. 두 개의 패러데이 차폐 사이의 간격을 넓히면 이 둘 사이의 정전용량이 최소가 되므로 이 둘 사이의 잡음 연결이 최소화된다. 따라서 격리 변압기는 회로에 전달되기 전에 선로 전력 잡음을 제거하는 역할을 한다.

다양한 표준 변압기와 특수 변압기

▣ 전력용 변압기

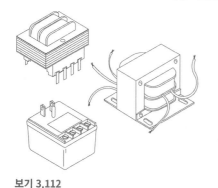

이 변압기는 주로 선로 전압을 줄이기 위해 사용된다. 모양, 크기, 1차 및 2차 권선 비율을 다양하게 해서 공급한다. 종종 탭과 여러 개의 2차 권선이 따라온다. 색상 부호가 표시된 전선을 1차 및 2차 리드(예를 들면, 1차 흑색 전선, 2차 녹색, 탭 리드의 황색)를 나타내는 데 자주 사용한다. 그 밖의 변압기는 1차, 2차 및 태핑된 리드에 핀을 사용하여 인쇄회로 기판에 장착할 수 있다. 또한, 교류 콘센트에 바로 연결해 쓰는 벽면 장착형 패키지 안에 든 변압기를 찾을 수 있다. 나사식 단자가 2차 및 탭형 리드로 사용된다.

보기 3.112

▣ 오디오 변압기

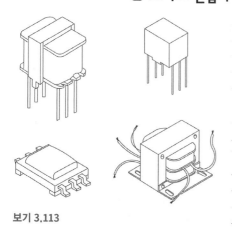

오디오 변압기(audio transformer, 역주 즉, 오디오 변성기 또는 오디오 트랜스포머)는 주로 오디오 장치(예를 들면, 마이크와 앰프 또는 앰프와 스피커) 사이의 임피던스를 일치시키는 데 사용되지만 다른 방법으로도 구현할 수 있다. 20 Hz~20 kHz의 오디오 주파수에서 가장 잘 작동한다. 이 범위를 벗어나면 신호가 감소되거나 차단된다. 다양한 형태와 크기로 공급되며 일반적으로 1차 권선과 2차 권선에 중간 탭이 들어 있다. 일부 오디오 변압기에서는 리드를 지정하기 위해 색으로 구분한 전선을 사용하고, 그 밖의 오디오 변압기에서는 인쇄회로기판에 장착할 수 있는 핀과 같은 단자를 가지고 있다. 규격표에 1차 권선과 2차 권선에 대한 직류 저항 값이 나오므로 특정 부합 응용기기에 적합한 변압기를 선택할 때 도움이 된다. 간단한 임피던스 정합을 수행하는 일 외에도 오디오 변압기는 신호 전압을 승압 또는 강압하고, 회로를 불평형 상태에서 평형 상태로 변환하거나 또는 그 역으로 변환하고, 회로에서 직류 전류를 차단하면서 교류 전류만 흐르게 하고, 한 장치와 그 밖의 장치 간에 기본적인 격리를 제공하는 데 사용할 수 있다. 오디오 변압기는 왜곡 없이는 최대 입력 수준을 초과할 수 없다는 점에 유념하라. 또한, 오디오 변압기를 일반적인 오디오 회로에 사용할 때는 약 25 dB 이상인 신호를 증폭할 수 없다. 이 때문에 오디오 변압기를 송신기의 전치 증폭기를 대신해 사용할 수 없다. 25 dB 이상의 이득이 필요한 경우 변압기 대신 능동 전치 증폭기를 사용해야 한다.

보기 3.113

▣ 공심 RF 변압기

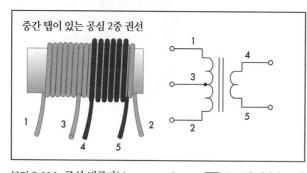

중간 탭이 있는 공심 2중 권선

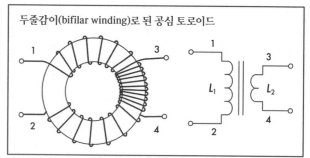

두줄감이(bifilar winding)로 된 공심 토로이드

보기 3.114 공심 변류기(air core tranformer, 역주 즉, 공심 변압기. 공심인 경우에는 변압기라는 말 대신에 변류기라는 말을 더 많이 쓰는 것으로 보여 '변류기'로 번역했다.)는 무선 주파수 회로에 사용되는 특수 장치이다. (안테나 동조 및 임피던스 정합과 같은 무선 주파수 결합에 사용된다.) 강재심부(steel core) 또는 페라이트 심(ferrite core) 변압기와 달리 심이 자성을 띠지 않게 만들며 대개는 가운데가 빈 플라스틱 관을 쓴다. 공심 변압기의 권선 간 결합 정도는 강재심부 변압기의 권선보다 훨씬 적다. 그러나 자심처럼 와류, 히스테리시스, 포화와 관련된 손실은 없다. 이 점은 고주파수에서 동작하는 무선 주파수 응용기기에 매우 중요하다. 강재심부 변압기는 상당한 손실을 겪게 된다. 토로이드형 공심 변압기가 오늘날에는 VHF(초단파) 작업을 제외하고는 일반적이지 않다. 오늘날 회로에서 매우 높은 전력을 처리해야 하거나 심이 매우 안정이 되어야 하는 상황을 제외한다면, 특별한 결합 회로망과 무선 주파수용 분말 철심 또는 페라이트 심으로 된 토로이드로 공심을 대체하는 게 일반적이다.

■ 페라이트 심 및 분말 철심을 사용하는 토로이드형 변압기

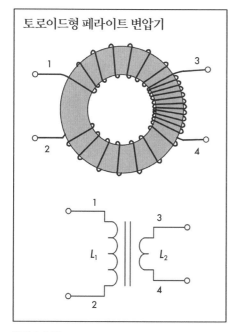

토로이드형 페라이트 변압기

보기 3.115

토로이드형 페라이트 심 변압기(toroidal ferrite transformer) 또는 토로이드형 분말 철심 변압기(toroidal powdered-iron transformer)는 UHF 주파수대부터 수백 헤르츠까지 사용된다. 자기 차폐 및 와전류로 인한 손실이 낮다는 게 이런 심 종류가 지닌 장점이다. 투자율/크기 비율도 매우 커서 기존의 변압기보다 코일 수를 줄인 소형 장치로 만들 수 있다. 가장 일반적인 페라이트 토로이드 변압기는 기존의 광대역 변압기이다. 광대역 변압기는 1차 회로와 2차 회로 사이에 직류 격리를 제공한다. 강압 임피던스 변압기의 1차 권선은 보기 3.115와 같이 1차 권선에 2차 권선을 겹쳐서 전체 심을 두르도록 감는다. 이 변압기 모양이 임피던스 정합에 자주 사용된다. 표준 무선 방송 수신기에서 이 변압기는 530~1550 kHz의 주파수 범위에서 작동한다. 단파 수신기에서 무선 주파수 변압기는 최대 약 20 MHz의 주파수를 수신한다. 레이더에서는 200 MHz 이상에 근접한다.

■ 펄스형 변압기 및 미세 신호 변압기

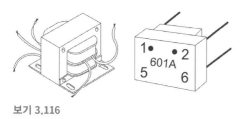

보기 3.116

펄스형 변압기는 상승 및 하강 시간이 빠르고 진폭이 일정한 직사각형 전기 파동을 전송하는 데 최적화한 특수 변압기이다. 소형 신호 변압기는 펄스 변압기를 소형화한 것이다. 이번 장치들은 디지털 논리 회로 및 원격 통신 회로에 사용되며, 종종 논리 구동자(logic driver)를 송전 선로에 일치시킨다. 중형 전력 버전은 카메라 플래시 제어기와 같은 전력 제어 회로에 사용하는 반면, 대형 전력 버전은 전력 배분에 사용되어 트라이액, IGBT, 사이리스터, MOSFET 등과 같은 고전압 전력 반도체 게이트와 저전압 제어 회로 사이에서 인터페이스를 한다. 특수 고전압 펄스형 변압기는 레이더, 입자 가속기 또는 기타 펄스 전력 응용기기에 필요한 고전력 파동을 생성하는 데 사용된다.

파동 형태가 왜곡되는 일을 최소화하기 위해 펄스형 변압기에는 매우 낮은 누설 인덕턴스와 분산 정전용량 및 높은 개방 회로 인덕턴스가 필요하다. 또한, 낮은 결합 정전용량은 파워 펄스형 변압기 응용장치에 의해 생성되는 고전력 과도상태로부터 1차 측 회로를 보호하는 데 중요하다.

3.8.6 변압기 응용기기

변압기에는 세 가지 주요 용도가 있다. 한 수준에서 다른 수준으로 전압 및 전류를 변환하고, 1차 회로를 2차로부터 물리적으로 격리하며, 한 수준에서 다른 수준으로 회로 임피던스를 변환하는 것이다. 다음은 몇 가지 예이다.

● 변류기

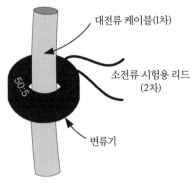

보기 3.117

대전류 케이블(1차)

소전류 시험용 리드 (2차)

50:5

변류기

변류기는 주로 전류계로 측정하기에는 너무 커서 위험할 정도인 전류를 측정하는 데 사용하는 특수 장치이다. 1차 측에 흐르는 전류에 비례하는 전류를 2차 측에 공급하도록 설계되었다. 일반적인 변류기는 2차 권선이 많이 감긴 토로이드 심 인덕터와 유사하다. 1차 코일은 측정할 단심 케이블(절연된)을 토로이드의 중심을 통과시키는 것만으로 구성된다. 2차에 흐르는 출력 전류는 케이블(1차 측)을 통과하는 실제 전류보다 몇 배 더 작다. 이 변압기는 입력 대 출력 전류 비율(400:5, 2000:5 등)로 지정된다. 전력 공급 장치용으로 설계된 변류기는 (모두 해서) 5 A 미터를 구동하도록 설계되었다. 또한, 고주파 파형 및 펄스 전류를 측정하는 데 사용되는 광대역 변류기가 있다.

● 중간 탭 주상 변압기

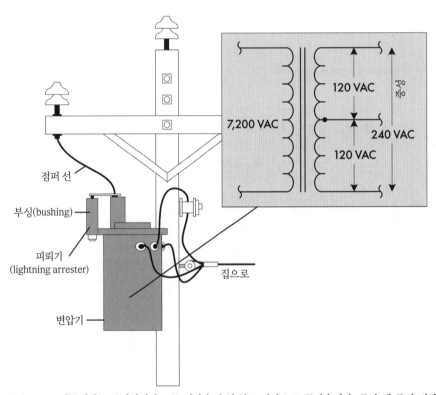

점퍼 선

부싱(bushing)

피뢰기 (lightning arrester)

집으로

변압기

7,200 VAC

120 VAC

240 VAC

120 VAC

중성

보기 3.118 미국에서는 주전력선이 교류 전압을 수천 볼트 이상으로 끌어올린다. 중간 탭 주상 변압기는 선로 전압을 240 V까지 강압하는 데 사용된다. 탭은 이 전압을 120 V 부분으로 차단하는 역할을 한다. 텔레비전, 조명 장치 및 헤어드라이어와 같은 소형 가전제품은 상단 선과 중성선 또는 하단 선과 중성선을 사용할 수 있다. (차단함의 중성선과 접지선 사이를 연결해 접지봉에 중성선을 접지한다.) 스토브, 냉장고 및 의류 건조기와 같은 대형 가전제품에서는 240 V 단자를 흔히 사용하며 종종 중성 단자도 사용한다. 전력 배분 및 가정 배선에 대한 자세한 내용은 부록 A를 참조하라.

경관 조명에 사용하는 변압기

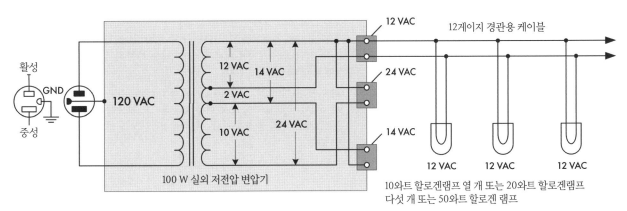

12게이지 경관용 케이블

활성
GND
중성
120 VAC

12 VAC 14 VAC
2 VAC
10 VAC   24 VAC

12 VAC
24 VAC
14 VAC

12 VAC   12 VAC   12 VAC

100 W 실외 저전압 변압기

10와트 할로겐램프 열 개 또는 20와트 할로겐램프
다섯 개 또는 50와트 할로겐 램프

보기 3.119 여기에서는 강압한 저전압 변압기가 석영 할로겐 경관등을 구동하는 데 사용된다. 이 경우 주파수(60 Hz)가 너무 빨라서 전압이 교류여도 상관이 없으므로 발광 출력에 눈에 띄는 변화가 없다. 조경 배선이나 솔레노이드 구동 스프링클러 설비를 작동하게 하는 데 사용되는 대부분의 상업용 변압기에는 다중 출력이 제공된다. 이 변압기는 12 V, 24 V 및 14 V 출력을 제공한다. 긴 케이블을 따라 전압 강하가 예상되는 경우 14 V 출력을 사용하여 12 V 등을 구동할 수 있다. 24 V 출력은 24 V 장치를 구동하는 데 사용될 수 있다. 전체 부하는 변압기의 정격 출력 용량보다 많은 전력을 소비해서는 안 된다. 예를 들어, 이 100 W 변압기는 10 W 전등 10개나 20 W 전등 5개 이상을 구동하는 데 사용하면 안 된다. 이 값을 초과하면 전등이 희미해진다.

직류 전력 공급 장치용 강압 변압기

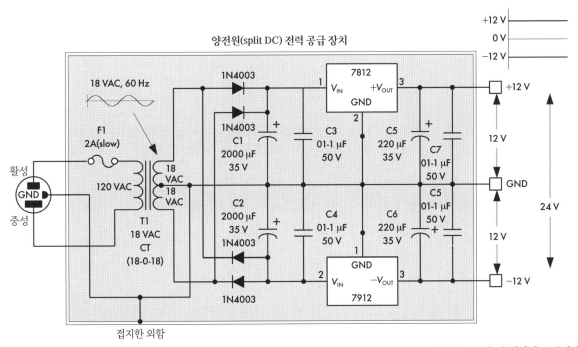

양전원(split DC) 전력 공급 장치

+12 V
0 V
−12 V

18 VAC, 60 Hz

1N4003

7812
V_{IN} +V_{OUT}
GND
+12 V

F1
2A(slow)

1N4003

C1
2000 µF
35 V

C3
01-1 µF
50 V

C5
220 µF
35 V

C7
01-1 µF
50 V

12 V

활성
GND
중성
120 VAC

18 VAC
18 VAC

T1
18 VAC
CT
(18-0-18)

C2
2000 µF
35 V
1N4003

C4
01-1 µF
50 V

C6
220 µF
35 V

C5
01-1 µF
50 V

GND

24 V

12 V

1N4003

GND
V_{IN} −V_{OUT}
7912

−12 V

접지한 외함

보기 3.120 변압기는 전력 공급 장치 설계 시 필수 요소이다. 여기서 120 V에서 18 V-0-18 V로 이어지는 중간 탭 변압기는 분리된 ±12 V DC 전원 공급 장치를 생성하는 데 사용된다. 변압기는 각 코일의 말단과 중간 탭에서 전압을 18 VAC로 낮추는 역할을 한다. 다이오드로 제작한 정류기 부분은 상부 양성 부분의 음성 진동을 제거하고 하부의 양성 진동을 제거한다. 맥동성 직류를 제거하고 전압을 직류로 표시하기 위해 커패시터가 투입된다. 조절기는 직류 전압을 정확하게 +12 V와 −12 V로 설정하는 데 사용한다. 전력 공급 장치를 다룬 11장에 더 자세한 내용이 나온다.

다양한 변압기/정류기 배치

a. 이중 상보형 정류기

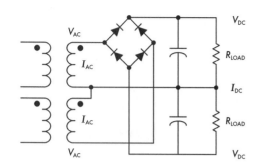

직류 전력 공급 장치를 만드는 방식은 여러 가지이다. 보기 **3.121**에 사용된 네 가지 기본 구성표를 나타냈다. 각 구성표에는 장단점이 있으며, 다이오드 및 전원 공급 장치에 대해서는 여기서는 간략히 설명하고 앞으로 나올 장에서 더 자세히 설명한다.

(a) 이중 상보형 정류기(dual complementary rectifier): 공통 귀선이 있는 두 개의 균형이 잡힌 출력에 대해 매우 효율적이고 최상인 선택이다. 출력 권선은 정밀하게 정합된 직렬 저항, 결합 및 정전용량을 얻기 위해 두 기둥에 감겨 있다.

$$V_{AC} = 0.8 \times (V_{DC} + 2)$$
$$I_{AC} = 1.8 \times I_{DC}$$

b. 전파 정류기

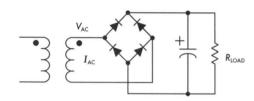

(b) 전파 정류기(full-wave bridge): 변압기의 2차 권선을 가장 효율적으로 사용한다. 고전압 출력에 최적이다.

$$V_{AC} = 0.8 \times (V_{DC} + 2)$$
$$I_{AC} = 1.8 \times I_{DC}$$

c. 반파 정류기

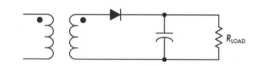

(c) 반파 정류기(half-wave rectifier): 이 설계에 따르면 변압기가 비효율적으로 사용되므로 전력 공급 장치를 설계할 때는 이 설계를 피해야 한다. 이러한 배치로 인해 심이 분극화되고 한 방향으로 포화된다.

d. 전파 중간 탭

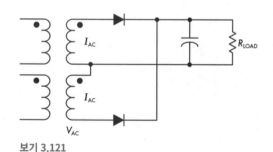

보기 3.121

(d) 전파 중간 탭(full-wave center tap): 반파 정류기 회로보다 더 효율적이지만, 전파가 2차 측을 최대한 활용하지 않아도 양의 반주기당 하나의 다이오드 강하가 있기 때문에 대전류, 저전압 응용기기에 적합하다.

$$V_{AC} = 1.7 \times (V_{DC} + 1)$$
$$I_{AC} = 1.2 \times I_{DC}$$

■ 오디오 임피던스 정합

a. 임피던스 정합 필요

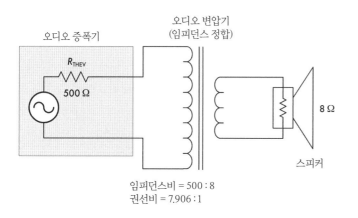

오디오 증폭기

오디오 변압기
(임피던스 정합)

R_{THEV}

500 Ω

8 Ω

스피커

임피던스비 = 500 : 8
권선비 = 7.906 : 1

b. 정합 불필요

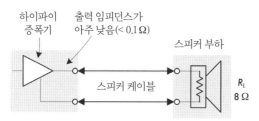

하이파이
증폭기

출력 임피던스가
아주 낮음(< 0.1 Ω)

스피커 부하

스피커 케이블

R_L
8 Ω

증폭기에서 나오는 모든 오디오 출력이 가상적으로
스피커로 옮겨 간다.

c. 송화기 입력 변압기

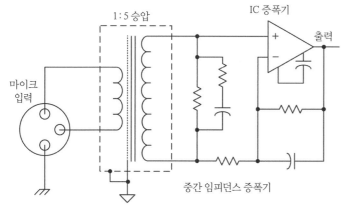

1 : 5 승압

IC 증폭기

출력

마이크
입력

중간 임피던스 증폭기

보기 3,122

(a) 부하 임피던스가 전원을 공급하는 회로망의 테브난 임피던스와 같으면 최대 전력이 부하로 전달된다. 출력 임피던스가 500 Ω인 오디오 앰프에서 최대 전력 전송을 8Ω 스피커까지 제공하려면, 부하 임피던스를 원천의 출력 임피던스(또는 테브난 임피던스)에 알맞게 정합시켜야 한다. 임피던스를 정합하지 않고 8 Ω 스피커를 직접 구동하려고 하면, 임피던스 부정합으로 인해 성능이 무척 낮아진다(낮은 첨두 전력). 또한, 저임피던스 스피커를 구동하려고 할 때 증폭기는 열의 형태로 상당한 전력을 소산한다. 고임피던스(고전압, 소전류) 원천에서 저임피던스(저전압, 대전류) 부하로 전환할 때는 강압 변압기를 사용해야 한다. 필요한 권수비(turns ratio)를 결정하기 위해 식 3.5를 다시 참조한다.

$$\frac{N_P}{N_S} = \sqrt{\frac{Z_P}{Z_S}} = \sqrt{\frac{500\ \Omega}{8\ \Omega}} = 7.906$$

즉, 필요한 권선비(winding ratio)는 7.906 : 1이다. 이러한 변압기를 제자리에 두면, 스피커는 적정 수준으로 증폭기를 탑재해 부하에 전력을 가장 효율적으로 전달할 수 있게 적절한 전압 및 전류 수준에서 전력을 끌어 온다.

(b) 대부분의 트랜지스터나 집적회로 하이파이 증폭기 및 스피커 시스템에는 스피커 임피던스보다 출력 임피던스가 훨씬 낮은 증폭기가 있다. 예를 들어, 일반적인 스피커의 임피던스는 8 Ω이지만, 대부분의 하이파이 증폭기의 출력 임피던스는 0.1 Ω 이하이다. 이로 인해 대부분의 오디오 에너지가 스피커로 전달될 뿐만 아니라, 증폭기의 출력 임피던스가 낮아서 스피커의 이동 보이스 코일의 전기 감쇄가 잘되게 하여 충실도를 높인다.

구식 밸브 증폭기의 임피던스 정합 형태는 서로 달라야 했다. 출력 밸브의 출력 임피던스가 일반적으로 상당히 고정적이고 상대적으로 높았으므로 일반 스피커의 저부하 임피던스로는 오디오 에너지를 효율적으로 전달할 수 없었기 때문이다. 따라서 출력 임피던스를 정합하기 위해서 출력 변압기를 사용해야 했다. 변압기는 스피커의 임피던스를 강화해 출력 밸브에 수천 옴에 해당하는 유효 부하를 부과했는데, 이는 밸브 자체의 출력 임피던스와 비교할 만했기 때문에 밸브의 열로 낭비되는 에너지가 적었다.

(c) 임피던스 정합(다른 종류의)이 중요해지는 오디오 영역으로는 송화기, 테이블 픽업 및 테이프 헤드와 같은 변환기가 있다. 여기서 변환기에는 종종 특정 부하 임피던스가 필요하지만 전력 또는 신호 전달을 최대화하기 위해 필요하지는 않다.

(c)에 나오는 도형은 정합 변압기를 통해 오디오 증폭기 IC의 입력 단계(단위 이득 단계)에 연결된 마이크의 일반적인 정합 배열을 보여 준다.

3.9 퓨즈와 회로 차단기

퓨즈 및 회로 차단기는 단락이나 급격한 전력 서지로 인한 대전류로 인해 생기는 과도한 전류 흐름에서 회로를 보호할 수 있게 설계한 장치이다. 퓨즈에는 전류 흐름이 전류 정격을 초과할 때 녹아서 회로의 전원을 차단하는 일을 하는 좁은 금속 띠가 있다. 일단 퓨즈가 끊어지면(선이 녹으면) 새로운 퓨즈로 교체해야 한다. 회로 차단기는 '날라 가 버린' 후에라도 다시 설정할 수 있는 기계 장치이다. 여기에는 다른 접점에 대해 고정된 용수철 작동 접점이 있다. 차단기의 현재 정격을 초과하는 전류가 흐르면 바이메탈 띠판이 가열되며 구부러진다. 띠판이 구부러지면 걸쇠가 '제동'되면서 용수철이 접점을 잡아당긴다. 차단기를 다시 설정하려면 버튼이나 잠금 스위치를 눌러 용수철을 압축하고 걸쇠를 재설정한다.

퓨즈 기호

회로 차단기 기호

보기 3.123

가정에서는 전류가 지나치게 흘러(일반적으로 15 A 이상) 벽 안에 있는 선로가 녹는 일을 퓨즈/차단기를 사용해 방지한다. 직류 전력 공급 장치, 오실로스코프 및 기타 선로 전력을 사용하는 장치가 손상되는 일까지 보호하도록 설계한 것은 아니다. 예를 들어, (주 선로에서 전력을 공급받는) 테스트 장비 내의 중요한 전류 제한 구성 요소가 단락되거나 매우 큰 테스트 전류에 연결되어 있는 경우 장치 내부의 회로가 0.1 A 대신에 10 A로 넘칠 수 있다. $P = I^2 R$에 따르면 와트 수는 10,000배보다 더 크게 증가할 것이므로 그 결과로 회로 내의 부품이 튀겨져 버릴 것이다. 회로가 녹아 없어지면 15 A 차단기로도 어찌할 도리가 없다. 장치에 흐르는 전류 서지가 클 수 있지만 차단기를 작동하게 할 만큼 커지지는 않는다. 이러한 이유 때문에 각 개별 장치에는 자체 정격 퓨즈가 들어 있어야 한다.

퓨즈는 신속 작동형(fast-action, 빠르게 끊김)과 시간 지연형(time-lag, 천천히 끊김)이 있다. 신속 작동 퓨즈는 순간적인 전류 서지로도 끊어지지만 시간 지연 퓨즈가 끊어지는 데는 더 오래 걸린다(1초 정도). 시간 지연 퓨즈는 모터 회로 및 기타 유도형 회로와 같이 장비를 켤 때마다 전류를 많이 쓰는 회로에 사용된다.

실제로 퓨즈의 전류 정격은 예상 전류 정격보다 약 50% 더 커야 한다. 이와 같이 여유도가 크면 예상치 못한 미세한 전류 변동에 대응할 수 있고, 또한 수명이 다해 가는 퓨즈의 전류 정격이 줄어들어도 대응할 수 있다.

120 VAC 선로 전력에 사용하는 퓨즈와 차단기는 활성선(미국의 경우에는 검은 색 전선)에 배치해야 하며 보호할 장치 앞에 놓아야 한다. 퓨즈 또는 회로 차단기를 중성선(흰색 선)에 두면 퓨즈나 회로 차단기가 끊어져도 전체 선로 전압이 입력에 나타난다. 240 VAC 장치(예를 들면, 온열기나 의류 건조기)를 보호하는 데 사용하는 회로 차단기는 입력선 세 개(활성선 두 개와 중성선)에 퓨즈가 다 있다(보기 3.124). 배전 및 가정 배선에 대해서는 부록 A에서 자세히 다룬다.

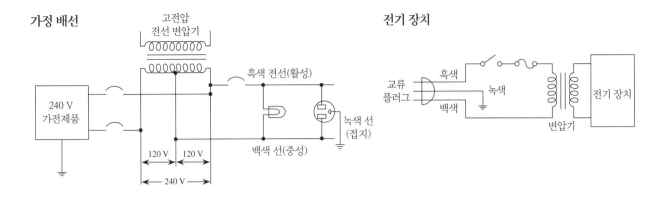

보기 3.124

퓨즈와 회로 차단기 형식

유리와 세라믹

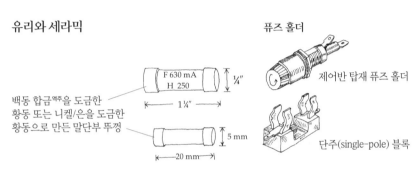

백동 합금역주을 도금한
황동 또는 니켈/은을 도금한
황동으로 만든 말단부 뚜껑

역주 즉, 알바로이(Albaloy). 구리와 주석과 아연을 합금한 것

퓨즈 홀더

제어반 탑재 퓨즈 홀더

단주(single-pole) 블록

유리관 안에 전류에 민감한 전선이나 세라믹 소자를 봉입해 만든다. 유리관의 양쪽 끝에는 접속 리드 역할을 하는 금속성 뚜껑이 있다. 퓨즈로는 신속 동작형과 시간 지연형이 있다. 계기, 전기 회로 및 소형 가전제품에 퓨즈를 사용한다. 일반적인 유리관의 크기는 ¼× 1¼인치 또는 **5×20 mm**로 공급된다. 전류 정격은 약 **1/4∼20 A** 범위이며, 전압 정격은 **32, 125 및 250 V**이다.

블레이드역주

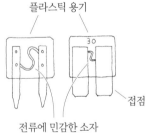

플라스틱 용기

접점

전류에 민감한 소자

역주 칼날 모양 퓨즈

보기 3.125

색상표	
보라색	3.0 A
분홍색	4.0 A
황갈색	5.0 A
적색	10.0 A
청색	15.0 A
황색	20.0 A
흰색	25.0 A
녹색	30.0 A

이것들은 깃털 모양 접점이 있는 신속 동작형 퓨즈이다. 쉽게 소켓에 설치하고 제거할 수 있다. 전류 정격은 **3∼30 A**이며 전압 정격은 **32 V 및 36 V**이다. 전류 정격에 따라 색상이 지정되며 주로 자동차 퓨즈로 사용된다.

기타 퓨즈

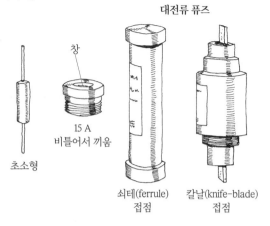

대전류 퓨즈

창

15 A
비틀어서 끼움

초소형

쇠테(ferrule)
접점

칼날(knife-blade)
접점

그 밖의 퓨즈 종류로는 초소형 퓨즈 및 대전류 나사형 및 통형 퓨즈도 있다. 초소형 퓨즈는 인쇄 회로 기판에 장착할 수 있게 접속 도선을 두 개로 한 소형 장치이다. 전류 정격은 0.05~10 A이며, 주로 소형 회로에 사용된다. 통형 퓨즈는 매우 큰 전류를 처리하도록 설계되었다. 일반적으로 주전원 차단 장치 및 전기 드라이어 및 에어컨과 같은 **240 V** 응용기기의 분전반에 사용된다. 통형 퓨즈는 산탄총 탄피와 같은 종이로 싸여 있으며 쇠테나 칼날 모양으로 된 접점이 있다. 쇠테 접점 퓨즈는 최대 **60 A**를 보호하며, 칼날 접점 퓨즈는 **60 A** 이상으로 보호된다.

회로 차단기

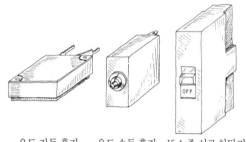

온도 자동 휴지　　온도 수동 휴지　　15 A 주 선로 차단기

보기 3.125 (이어짐)

이것들은 흔들 의자형 또는 누름 단추형으로 제공된다. 일부는 수동으로 재설정하지만, 그 밖의 것들은 온도를 이용해 재설정한다(자체 온도가 내려가면 자체적으로 재설정된다). 주 선로 회로 차단기의 정격은 **15~20 A**이다. 더 작은 회로 차단기의 정격은 **1 A**만큼 낮을 수 있다.

## CHAPTER 4

반도체

4.1 반도체 기술

오늘날 사용하는 전자 장치의 가장 중요하고 어쩌면 가장 흥미로운 점이라면 반도체 물질로 만든다는 점일 것이다. 다이오드, 트랜지스터, 사이리스터, 서미스터, 광기전력 전지, 광트랜지스터, 레이저, 집적 회로와 같은 전자 장치들은 모두 반도체성을 띤 물질이나 반도체로 만든다.

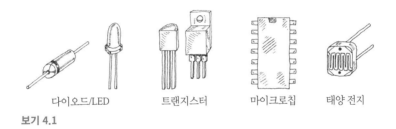

| 다이오드/LED | 트랜지스터 | 마이크로칩 | 태양 전지 |

보기 4.1

4.1.1 반도체란 무엇인가?

전기를 전달하는 능력에 따라 물질을 분류한다. 전류를 쉽게 전달하는 물질, 예를 들어 은이나 구리와 같은 물질을 도체(conductor)라고 부른다. 전류가 지나가기 어려운 물질, 예를 들어 고무나 유리나 테플론과 같은 물질은 부도체(insulator)라고 부른다. 전도성이 도체와 부도체에 걸쳐 있는 세 번째 부류의 물질이 있다. 이 세 번째 분류 물질을 반도체(semiconductor)라고 부른다. 반도체의 전도성에는 일종의 중립성이 있다. 기술적으로 보면, 전도성이 10^{-7}과 10^3 mho/cm(보기 4.2) 사이에 걸쳐 있는 물질을 반도체로 정의한다. 일부 반도체의 구조는 순수한 원소로만 이루어졌으며(예를 들면, 규소, 게르마늄), 그 밖의 것들은 합금이고(예를 들면, 니크롬, 황동), 그리고 그 밖에도 액체로 이루어진 것도 있다.

$$\rho = R \frac{A}{L} \quad \text{(고유저항}^{역주1}, \text{옴·cm)}$$

$$\sigma = \frac{1}{\rho} \quad \text{(전도율, mho/cm)}$$

$$\text{mho} = \frac{1}{\text{ohm}} = \frac{1}{\mho} = \mho$$

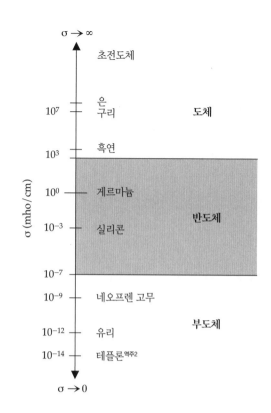

역주1 즉, 저항률 또는 비저항. 하지만 반도체 분야에서는 보통 해당 물체의 고유저항이라고
부르고, 전기 회로 분야에서는 해당 전기 회로 소자의 저항률로 부르는경향이 있어 보임

역주2 즉, 절연체

보기 4.2

■ 실리콘

역주 즉, 규소

전자 장치를 만드는 데 가장 중요한 반도체는 실리콘^{역주}이다. 게르마늄이나 셀레늄과 같은 그 밖의 물질도 가끔 쓰이기는 하지만 널리 쓰이지는 않는다. 순수한 구조로 된 실리콘의 원자 구조는 독특해서 전자 장치를 만드는 데 유용하고 아주 중요한 속성이 있다.

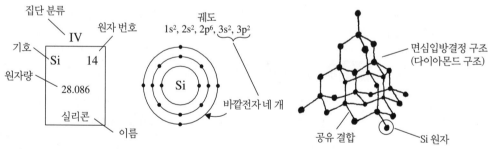

보기 4.3

실리콘은 지구 지각을 구성하는 원소 중 두 번째로 많은 원소로서 평균 27%가 화성암에서 나온다. 1세제곱마일(약 4.17 km³)의 바닷물에는 실리콘이 약 1만 5,000톤 들어 있을 것으로 추정한다. 실리콘은 자연 상태에서 극히 드물게 순수한 결정 형태로 존재하며, 전자 장치를 제조하는 데 사용하려면 함께 결합되어 있는 원소에서 분리해야 한다. 개인들(화학자, 물질 과학자 등)이 정제하는 과정에서 녹아 든 실리콘이 큰 '씨앗' 결정으로 쌓인다. 이 긴 결정을 반도체 장치 설계자는 전기 장치를 만드는 데 사용하는 조각이나 웨이퍼로 잘라 쓸 수 있다.

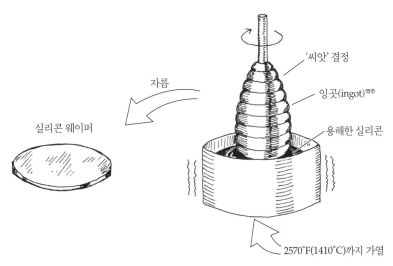

역주 즉, 보울(boule)

보기 4.4

반도체 소자를 설계하는 사람들이 보기에 실리콘 웨이퍼 자체는 그다지 유용한 게 아니다. 설계자는 소자를 만들기 위해 실리콘 웨이퍼를 그대로 사용하지 않을 것이다. 유용하게 쓸 만한 속성이 적절히 들어 있지 않기 때문이다. 반도체 소자 설계자는 한 순간에는 도체로, 다른 순간에는 부도체로 작용하는 식으로 전도성 상태가 바뀌는 재료를 구한다. 외부에서 인가된 전압 같은, 임의로 적용된 외력에 재료가 반응해 재료의 상태가 바뀔 수 있어야 한다. 실리콘 웨이퍼만으로는 이 기술을 구현할 수 없다. 사실 순수한 실리콘 웨이퍼는 도체라기보다는 부도체로 더 많이 작용하며 외력이 가해져도 전도성 상태가 바뀌지 않는다. 오늘날 모든 설계자는 변형 실리콘 웨이퍼에 다른 변형 실리콘 웨이퍼를 결합하면 외력이 가해질 때 전도성 상태가 바뀌는 소자를 만들 수 있다는 점을 알고 있다. 이 변형 과정을 도핑(doping)이라고 부른다.

■ 도핑

도핑(doping)이란 반도체 소자 설계자에게 유용한 방식으로 실리콘 웨이퍼에 어떤 성분을 '가미'하거나 추가하는 과정을 말한다. 안티모니, 비소, 알루미늄, 갈륨 등과 같은 다양한 성분을 이 과정에서 첨가할 수 있다. 이러한 성분이 첨가되면 특별한 물성을 지니게 되는데, 서너 가지를 예로 들면 인가된 전압에 대한 주파수 반응, 강도, 열에 대한 무결성을 들 수 있다. 그렇지만 지금까지 반도체 장비 설계자에게 아주 중요한 성분을 들자면 붕소와 인이다.

붕소와 인을 실리콘에 첨가하면 실리콘의 전기 전도성이 극적으로 변한다. 일반적으로 순수한 실리콘 웨이퍼에는 자유전자가 없다. 실리콘의 바깥 전자 네 개는 모두 이웃한 실리콘 원자와 공유 결합으로 묶인다(보기 4.5). 자유 전자가 없으면 전압을 걸어도 웨이퍼에 전자가 잘 흐르지 않는다.

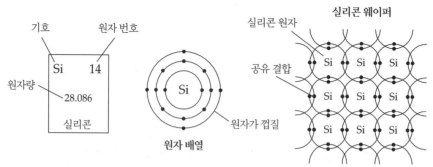

보기 4.5 순수한 형태로 된 실리콘 웨이퍼에서는 자유로운 전하 운송자가 들어 있지 않다. 모든 전자가 이웃한 원자들 사이에서 공유 결합으로 묶인다.

그렇지만 실리콘 웨이퍼에 인을 첨가하면 무엇인가 무척 흥미로운 일이 벌어진다. 실리콘의 바깥 전자[역주]는 네 개이지만 인에는 다섯 개의 바깥 전자가 있다. 그중 네 개의 바깥 전자는 인접한 실리콘 원자의 바깥 전자 네 개와 공유 결합을 형성할 것이다(보기 4.6). 그렇지만 다섯 번째 바깥 전자가 '집'(묶일 곳)을 찾지 못하게 되어 원자들 사이에서 느슨하게 떠다닌다. 실리콘-인 혼합물에 전압을 걸면 묶여 있지 않은 전자는 혼입된 실리콘 사이를 따라 양의 전압 말단 쪽으로 흐른다. 혼합물에 인을 더 첨가하면 전자 흐름이 더 커진다. 인을 첨가한 실리콘을 *n*형 실리콘(*n*-type silicon)이라고 부르거나 음전하 운반형 실리콘이라고 부른다.

[역주] 즉, 원자가 전자

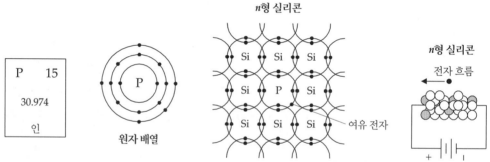

보기 4.6 실리콘 웨이퍼에 첨가된 인 때문에 전도성을 높이는 속박되지 않은 여분의 전자가 나온다. 인을 첨가한 실리콘을 *n*형 실리콘이라고 부른다.

이번에는 순수한 실리콘을 취해 약간의 붕소를 첨가해 보면 색다른 전도 효과를 볼 수 있다. 실리콘이나 인과 달리 붕소의 바깥 전자는 세 개다. 붕소를 실리콘과 혼합하면 붕소의 바깥 전자 세 개는 모두 이웃한 실리콘 원자에 묶이게 될 것이다(보기 4.7). 그렇지만 양공(hole)이라고 부르는 비어 있는 곳이 붕소 원자와 실리콘 원자 사이의 공유 결합 내에 생긴다. 도핑한 웨이퍼에 전압을 걸면 해당 양공이 음전압 말단 쪽으로 흐르게 되고, 이 과정에서 옆에 있던 전자가 그 자리를 대신 채운다. 그 자체로는 물리적 전하를 지니고 있지 않지만 양공을 양전하 운송자로 간주한다. 사실, 양공을 받은 실리콘 원자의 핵을 이루고 있는 양성자와 해당 원자의 바깥 궤도에 놓인 전자들 사이의 전하가 불균형하게 되어 마치 양공이 양전하를 띠는 것처럼 보이는 것이다. 양공이 있는 특정 실리콘 원자의 순수한 전하는 양성자(또는 '음이온') 한 개에 상응하는 양의 전하량을 지니게 된다. 붕소가 첨가된 실리콘을 *p*형 실리콘(*p*-type silicon) 또는 양전하 운반형 실리콘이라고 부른다.

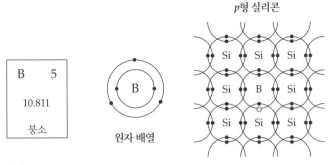

p형 실리콘

p형 실리콘

양공 흐름

원자 배열

B 5

10.811

붕소

실리콘에 붕소를 첨가하면 양공이 형성된다. 이 양공은 전도를 돕는 양전하(본문 참조)처럼 작용한다. 붕소를 첨가한 실리콘은 p형 실리콘이라고 부른다.

보기 4.7

보다시피, n형 실리콘과 p형 실리콘에는 전기 전도 기능이 있다. 이 중 한 가지(n형 실리콘)는 묶이지 않은 여분의 전자로 그렇게 하고, 한 가지(p형 실리콘)는 양공으로 그렇게 한다.

■ 혼동을 피하기 위한 참고사항

붕소의 바깥 전자는 세 개인데, 이는 네 개인 실리콘과 다르다. 이 말은 자유롭게 떠다니는 바깥 전자가 결합된 격자 구조에 전반적으로 드물다는 뜻이다. 그렇다고 해서 이것이 p형 실리콘 반도체가 전반적으로 양전하를 띤다는 점을 의미하지는 않는다. 이 구조 내에서 누락된 전자는 붕소 원자의 핵에서 누락된 양성자에 의해 상쇄된다. n형 실리콘에 대해서도 마찬가지라고 할 수 있지만, 반도체 내에 있는 여분의 전자들이 인 원자핵 내의 여분의 양성자와 균형을 이룬다.

■ 혼동을 피하기 위한 또 다른 참고사항(전하 운송자)

양공이 흐른다는 게 무슨 뜻일까? 양공은 아무것도 없는 게 아닌가? 아무것도 없는 게 어떻게 흐를 수 있을까? 음, 이해하기 어려울 만하다. 그렇지만 '양공 흐름' 또는 'p형 실리콘 내 양전하 운송자의 흐름'이라는 말을 듣게 된다면 실제로는 전자가 흐른다고 여기면 된다. 아마도 이런 현상은 n형 실리콘 내 전자 흐름과 같은 게 아니라고도 말할 수 있을 것이다. 물론 아니기는 하다. 밀봉된 물병을 거꾸로 뒤집은 다음에 똑바로 세워 보라(보기 4.8). 병 안에 갇힌 공기 방울이 물과 반대되는 방향으로 이동할 것이다. 물은 방울이 움직이는 방향에서 비껴 나간다. 이 비유에서 물은 p형 실리콘 내의 전자를 나타내고 방울이 양공을 나타낸다. p형 실리콘 반도체에 전압

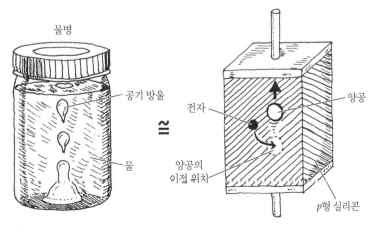

물병

공기 방울

물

≅

전자

양공

양공의
이전 위치

p형 실리콘

보기 4.8

을 걸면 붕소 원자를 둘러 싼 전자들이 양극 단자 쪽으로 힘을 받는다. 이제부터는 까다로운 내용이 나온다. 붕소 원자에 이웃한 양공은 음극 단자를 향하게 될 것이다. 이 양공은 이웃한 원자에서 나온 전자가 양공으로 빠져 들어갈 때까지 그저 기다리기만 하는데, 부분적으로는 양공을 구성하는 에너지가 작아서 그렇다. 이웃한 실리콘 원자에서 나온 전자가 붕소 원자의 원자가 껍질에 있는 양공으로 일단 떨어져 들어가면, 그 실리콘 원자의 원자가 껍질에 양공이 잠시 동안 생겨난다. 실리콘 원자의 전자들은 양극 단자 쪽으로 기대고, 새로 생성된 양공은 음극 단자쪽으로 기대게 된다. 다음 자리에 있는 실리콘 원자는 전자들 중 하나를 놓아 줄 것이고 전자는 양공 안으로 떨어져 들어갈 것이므로 양공은 다시 움직이는 것처럼 보이게 되는데, 이 과정이 연속되므로 마치 양공이 p형 반도체를 통해 연속해서 흐르는 것처럼 보이게 된다.

● 혼동을 피하기 위한 마지막 참고사항

마지막으로 양공을 양전하 운송자라고 부르는 이유는 무엇일까? '아무것도 아닌 것'이 어떻게 양전하를 운반할 수 있을까? 음, 무슨 일이 벌어지는지를 설명하면 이렇다. 대부분 실리콘을 바탕으로 만든 결정을 양공이 통과할 때, 결정 내에 있는 실리콘 원자 주변의 전기장 세기가 잠깐 바뀌면서 양공이 발생한다. 전자가 빠져 나와 양공이 새로 생겨나면, 이 실리콘 원자 전체는 전자를 잃은 셈이 되므로 실리콘 원자의 핵에서 나오는 양전하가 느껴지게 될 것이다(즉, 양성자 중한 개는 전자와 1:1이 되지 않음). 양공으로 인한 '양전하 운송자'는 핵 내부에 고정된 양성자가 지닌 효과적인 양성 핵전하로부터 유래한 것이다.

4.1.2 실리콘 응용기기

이러한 새로운 두 가지 실리콘(n형과 p형) 형태가 그다지도 유용하고 흥미로운 이유가 무엇이냐고 물어 볼 수도 있을 것이다. 반도체 소자 설계자에게는 얼마나 유익한가? 왜 그다지도 난리법석을 피우는 걸까? 이는 도핑한 실리콘 결정이 이제는 도체가 되기 때문이다. 대단하지 않은가? 대단하다. 이제 새로운 도체 두 개를 지니게 되었는데, 이것들이 전류를 전달하는 방식 두 가지가 독특하다. 한 가지 방식에서는 양공을 사용하고, 다른 한 가지 방식으로는 전자를 사용한다. 이 점이 무척 중요하다.

n형 실리콘이나 p형 실리콘이 전기를 전도하는 방식(전자 흐름과 양공 흐름으로)은 다이오드, 트랜지스터, 태양 전지와 같은 전기 장치를 설계할 때 아주 중요하다. 일부 영리한 사람들은 n형 및 p형 실리콘을 박편이나 조각 또는 끈 등의 형태로 배열하는 방법을 알아냈다. 외부 전압이나 전류를 이러한 구조에 적용하면 독특하고 유용한 기능이 나온다. 이러한 독특한 기능은 n형 및 p형 반도체 간의 양공 흐름과 전자 흐름이 상호 작용하면서 나온다. 이 새로운 n형/p형 고안물을 사용해 설계자는 전류 흐름을 제어하기 위한 일방통행 게이트를 만들기 시작했으며, 외부 전압이나 전류로 전류 흐름을 제어할 수 있게 개방 경로나 폐쇄 경로를 형성할 수 있게 되었다. 세상사람들은 n형 및 p형 반도체를 함께 배치하고 특정 전압을 박편에 적용하면 전자가 접속면 간의 접합부를 건너뛸 때 빛, 즉 광자가 생성된다는 점을 알아냈다. 이 과정을 역으로도 진행할 수 있다는 사실도 알게 되었다. 즉, np 접합부가 빛에 노출되면 전자가 흐르게 되므로 그 결과 전류

가 흐르는 셈이 된다. n형 반도체와 p형 반도체를 조합해 진기한 장치들을 많이 고안하였다. 다음에 나오는 여러 장에서 주요 고안 장치들 중 일부를 설명한다.

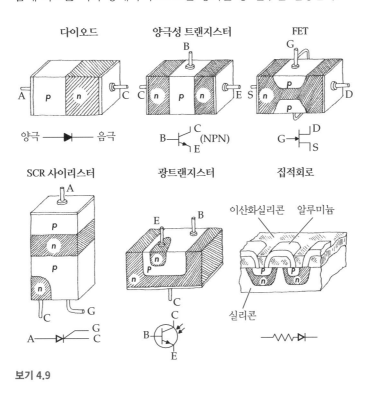

보기 4.9

4.2 다이오드

다이오드(diode)[역주1]는 리드가 두 개인 반도체 소자로 전류 흐름을 한 쪽으로만 흐르게 하는 게이트[역주2] 역할을 한다. 다이오드의 양극(anode) 리드 전압이 음극(cathode) 리드보다 더 높을 때, 순방향 바이어스(forward biasing)[역주3]라는 조건으로 전류를 흐르게 할 수 있다. 그러나 극성이 반전되면 (즉, 양극의 전압이 음극보다 낮아지면) 역방향 바이어스(reversed biasing)라고 하는 상황이 되어 다이오드는 전류 흐름을 차단하는 역할을 하게 된다.

보기 4.10

대체로 교류 전압 및 전류를 직류 전압 및 전류로 바꾸는 일에 다이오드를 사용한다(예를 들면, 교류/직류 전원 공급 장치). 또한, 전압 증배 회로, 전압 전환 회로, 전압 제한 회로, 전압 조정기 회로에도 다이오드를 사용한다.

4.2.1 PN 접합 다이오드의 작동 방식

n형 실리콘과 p형 실리콘을 접합해 pn 접합 다이오드(p-n junction diode), 즉 정류기 다이오드(rectifier diode)를 구성한다. 실무에서는 제조업체에서 n형 실리콘 결정을 키운 다음에 갑작스럽

게 그것을 p형 결정으로 바꾼다. 그러고 나서 결합된 결정 주위를 유리와 플라스틱으로 도포한다. n 측은 음극 단자이고, p 측은 양극 단자이다.

이렇게 결합된 실리콘 조각을 사용해 일방향 게이트를 만들기 위한 기법은 전압을 인가하면 n형과 p형 실리콘 모두에 전하 운송자가 상호 작용하면서 전류가 오직 한 방향으로만 흐른다는 점을 바탕으로 한다. n형 실리콘과 p형 실리콘은 둘 다 전류를 전도한다. 한 가지(n형)는 전자를 사용해 그렇게 하고, 나머지 한 가지(p형)는 양공을 사용해 그렇게 한다. 여기서 주목해야 할 중요한 특징, 즉 다이오드를 작동시키는 특징(단방향 게이트 역할을 하게 하는 특징)은 두 가지 종류의 전하 운송자가 상호 작용하는 방식과 이것들이 외부 전압에 의해 리드를 통해 공급되어 인가된 전기장과 상호 작용하는 방식이다. 다음에 나오는 내용은 전기적으로 제어되는 일방통행 게이트를 생성하기 위해 전하 운송자끼리 또는 전기장과 상호 작용하는 방법을 설명한 것이다.

순방향 바이어스('열린 문')

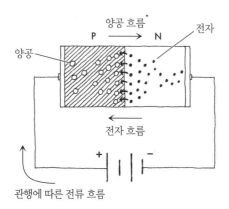

여기에 나타난 것처럼 다이오드가 전지에 연결되면 n측의 전자와 p측의 양공이 이 전지가 공급하는 전기장에 의해 중심(pn 인터페이스) 쪽으로 밀려난다. 전자와 양공이 결합하고 전류가 다이오드를 따라 흐른다. 이런 방식으로 다이오드를 배열할 때 이것을 순방향 바이어스(forward-biased)라고 부른다.

역방향 바이어스('닫힌 문')

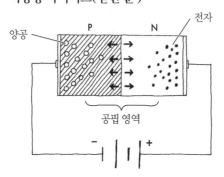

여기서 보이는 것처럼 다이오드를 전지에 연결할 때 n측 양공이 왼쪽으로 힘을 받는 반면에 p측 전자는 오른쪽으로 힘을 받는다. pn 접합부를 둘러싼 빈 영역이 전자 운송자에서 자유로워지는데, 이 영역이 공핍 영역(depletion region, [역주] 즉, 결핍 영역 또는 고갈 영역 또는 비움 영역)으로 더 잘 알려져 있다. 이 공핍 영역은 다이오드를 따라 흐르는 전류를 막는 절연성을 지니게 된다. 이러한 방식으로 다이오드가 배열되면 역방향으로 바이어스된다(reverse-biased)고 말할 수 있다.

보기 4.11

한 방향으로만 열리는 문과 같은 특징을 지닌 다이오드가 항상 작동하는 것은 아니다. 순방향 바이어스 방향으로 놓인 상태에서 방향을 바꾸려면 최소한의 전압이 필요하다는 말이다. 실리콘 다이오드에 보통 0.6 V 전압 또는 그 이상의 전압을 걸어야 한다. 그렇지 않으면 다이오드는 작동하지 않는다. 다이오드를 켜는 특정 전압이 필요한 이런 특징이 단점처럼 보일 수 있지만, 사실 이 특징은 전압에 민감한 스위치로 작동하는 데 매우 유용하다. 실리콘 다이오드와 달리 게르마늄 다이오드에서 전도가 발생하는 데는 0.2 V 이상의 순방향 바이어스 전압이 필요하다. 보기 4.12에 전류나 전압이 실리콘 다이오드나 게르마늄 다이오드와 어떤 관계가 있는지를 나타내었다.

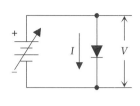
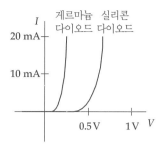

보기 4.12

순방향 바이어스 전압차라는 특징 외에 실리콘 다이오드와 게르마늄 다이오드 간의 기본적인 차이점으로는 열 발산 능력을 들 수 있다. 실리콘 다이오드는 게르마늄 다이오드보다 열을 더 잘 발산한다. 게르마늄 다이오드가 85°C를 초과하는 고온에 도달하면 열진동이 결정 구조 내부의 물리적 특성에 영향을 미치므로 다이오드가 정상적으로 동작할 것이라고 믿기 어렵게 된다. 85°C 이상에서는 게르마늄 다이오드가 도움이 되지 않는다.

4.2.2 물에 비유해 본 다이오드

다이오드(diode), 즉 정류기(rectifier)는 전류를 한 방향으로만 흐르게 하는 게이트 역할을 한다(보기 4.13의 물 비유를 참조). 전류는 화살표 방향을 따라 양극(+)에서 음극(−)으로 흘러 이 양단에 걸린 순방향 전압(forward voltage) V_F가 접합 문턱 전압(junction threshold voltage)을 넘어서게 된다. 일반적으로 pn 접합 실리콘 다이오드의 문턱 값은 약 0.6 V이고, 게르마늄 다이오드의 문턱 값은 약 0.2 V, 쇼트키(Schottky) 다이오드의 문턱 값은 약 0.4 V이다. 그러나 실물 부품을 사용할 때는 이러한 문턱 값이 십 분의 몇 볼트 정도 떨어져 있기 때문에 이 규칙을 너무 심각하게 받아들여서는 안 된다. 예를 들어, pn 접합 실리콘 다이오드의 문턱 값은 0.6~1.7 V 사이에 해당할 수 있다. 게르마늄의 경우 0.2~0.4 V, 쇼트키 다이오드의 경우 0.15~0.9 V이다.

보기 4.13에서처럼 순방향 바이어스인 다이오드 양단에 실제로 12 V를 투입하면 매우 큰 전류가 흐르게 되어 다이오드가 파괴될 수 있다. 또한, 보기 4.13에 나오는 축의 축척은 정확한 게 아니다.

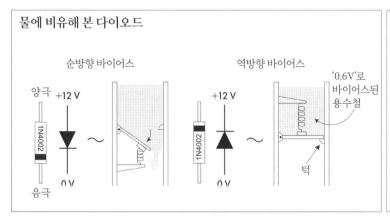
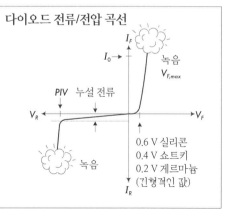

보기 4.13

파고 전류 정격(peak current rating) $I_{0(max)}$를 초과하는 순방향 전류 I_F를 다이오드에 공급하지 말아야 하는 게 제약 사항이다. 이렇게 하면 내부 접합부가 녹아내릴 수 있다. 마찬가지로 다이오드의 파고 역전압(peak inverse voltage, PIV)역주 정격을 넘어서는 반대 전압 V_R을 거는 일을 피하라. 이렇게 하면 마찬가지로 다이오드가 무용지물이 된다. 보기 4.13에 있는 그래프를 보라.

4.2.3 정류기/다이오드 종류

다이오드의 종류는 무척이나 많아서 특별한 기기별로 적합하게 작동하도록 설계되어 있다. 많은 전류, 즉 정류된 고전압을 발생시키는 고전력 응용기기(스위칭 장치, 전원 공급 장치 등)를 위한 다이오드를 일반적으로 정류 다이오드(rectifier diode)라고 부른다. 반면에 신호(signal), 스위칭(switching), 신속 복구(fast recovery) 및 그 밖에 고속(high speed)과 같은 이름을 붙인 다이오드는 내부 정전용량을 낮게 제공하도록 설계되었다(충전 전류는 적지만 대용량인 경우에 접합점이 약함). 고속 다이오드는 RC 스위칭 시간 상수 개수를 줄여 시간 지연이 적고 신호 손실이 적다.

■ 흔한 다이오드/정류기 패키지

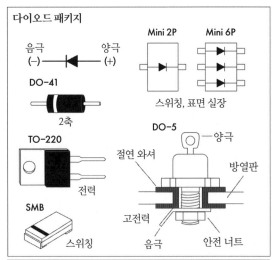

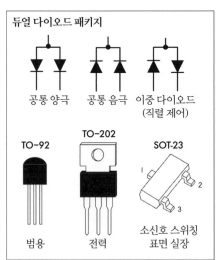

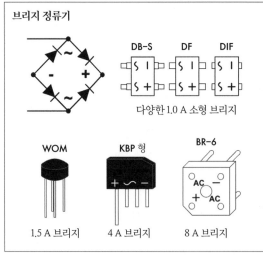

보기 4.14

쇼트키 다이오드(schottky diode)는 특별한 금속-반도체 접합 인터페이스로 인해 pn 접합 실리콘 다이오드와 비교하면 접합 정전용량이 특히 낮고 스위칭이 빠르다(~10 ns). 또한, 접합 문턱 전압이 0.15 V로 낮지만 대개는 약간 더 높다(평균 0.4 V). 이 두 가지 특성으로 인해 일반 pn 접합 다이오드에서 볼 수 없는 저전압, 고주파 신호를 감지할 수 있다. (문턱 값이 0.3 V인 쇼트키는 0.3 V보다 큰 신호를 통과시킬 수 있지만, 문턱 값이 0.7 V인 pn 접합 실리콘 다이오드는 0.7 V 이상인 신호만을 통과시킬 수 있다). 이러한 이유로 쇼트키 다이오드는 낮은 RF 회로의 저전압 신호 정류기, 무선 통신 분야의 신호 스위칭, 소형 직류/교류 변환기, 소형 저전압 전원 장치, 보호 회로 및 전압 고정 장치 등에 널리 쓰인다. 이것들의 대전류 밀도 및 저전압 강하라는 특징으로 인해 열이 적게 발생하기 때문에 더 작은 방열판만 설계에 반영하면 되므로 전력 공급 장치에서 큰 역할을 한다. 그러므로 정류기와 고속 스위칭 쇼트키 다이오드를 모두 제품 소개 책자에서 찾아볼 수 있을 것이다.

게르마늄 다이오드의 문턱 값이 약 0.2 V로 작기 때문에 RF 신호 검출 및 저준위 논리 설계에 주로 사용된다. 온도가 올라가면 실리콘 다이오드보다 약하고 누설 전류가 크기 때문에 대전류 정류 응용기기에서는 볼 수 없다. 많은 응용기기에 쓰인 게르마늄 다이오드를 우수한 쇼트키 다이오드로 대체할 수 있다.

4.2.4 실용적인 고려사항

다이오드를 선택할 때 고려할 주요 사항 다섯 가지로는 최대 역전압 PIV, 순방향 전류 처리 용량 $I_{O(max)}$, 응답 속도 t_R(다이오드가 켜지고 꺼지는 시간), 역누설 전류 I_R(최대), 최대 순방향 전압 강하 $V_{F(max)}$가 있다. 다양한 특수 목적 다이오드들을 생산해 내는 제조 공정 중에 이와 같은 특징들을 각기 형성할 수 있다. 정류 응용기기(예를 들면, 전원 공급 장치, 과도상태 보호)에서 가장 중요한 규격은 PIV와 전류 정격이다. 다이오드가 차단하는 파고 음전압은 규모 면에서 PIV보다 반드시 작아야 하고, 다이오드를 따라 흐르는 파고 전류가 $I_{O(max)}$보다 반드시 작아야 한다. 고속 및 저전압 응용기기에서 고려해야 할 중요 특성은 t_R 및 V_F다. 다음에 나오는 응용기기 부분에서 이러한 규격들이 의미하는 바를 더 잘 이해하게 될 것이다.

다이오드는 다양한 패키지로 공급된다. 어떤 것은 표준 2리드이다. 어떤 것은 흡열부를 부착한 고전력 패키지(예: TO-220, DO-5)로 공급된다. 일부는 표면 실장형 패키지로 제공되며 그 밖의 소자는 스위칭 응용기기에 사용되는 IC 형태의 다이오드 어레이를 포함한다. 듀얼 다이오드 및 다이오드 브리지 정류기는 다양한 전력 수준을 위한 다양한 패키지 크기와 형태로 제공된다.

표 4.1 대중적인 다이오드 선택

장치	형식	파고 역전압 PIV(V)	최대 순방향 전류 $I_{O(MAX)}$	최대 역방향 전류역주 $I_{R(MAX)}$	파고 서지 전류 I_{FSM}	최대 전압 강하 V_F(V)
1N34A	신호(게르마늄)	60	8.5 mA	15 μA	–	1.0
1N67A	신호(게르마늄)	100	4.0 mA	5 μA	–	1.0
1N191	신호(게르마늄)	90	5.0 mA	–	–	1.0
1N914	고속 스위치	90	75 mA	25 nA	–	0.8
1N4148	신호	75	10 mA	25 nA	450 mA	1.0
1N4445	신호	100	100 mA	50 nA	–	1.0
1N4001	정류기	50	1 A	0.03 mA	30 A	1.1
1N4002	정류기	100	1 A	0.03 mA	30 A	1.1
1N4003	정류기	200	1 A	0.03 mA	30 A	1.1
1N4004	정류기	400	1 A	0.03 mA	30 A	1.1
1N4007	정류기	1000	1 A	0.03 mA	30 A	1.1
1N5002	정류기	200	3 A	500 μA	200 A	–
1N5006	정류기	600	3 A	500 μA	200 A	–
1N5008	정류기	1000	3 A	500 μA	200 A	–
1N5817	쇼트키	20	1 A	1 mA	25 A	0.75
1N5818	쇼트키	30	1 A	–	25 A	–
1N5819	쇼트키	40	1 A	–	25 A	0.90
1N5822	쇼트키	40	3 A	–	–	–
1N6263	쇼트키	70	15 mA	–	50 mA	0.41
5052–2823	쇼트키	8	1 mA	100 nA	10 mA	0.34

역주 즉, 역전류

4.2.5 다이오드/정류기 응용기기

■ 강압기

직류 응용

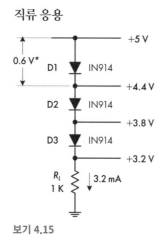

보기 4.15

pn 접합 실리콘 다이오드에 전류가 흐를 때 0.6 V 정도 되는 전압이 떨어진다. (게르마늄 다이오드에서는 약 0.2 V 떨어지고, 쇼트키인 경우에는 0.4 V 강압된다. 이 모든 값이 매우 작지만 이는 사용하는 특정 다이오드에 따라 다르다.) 여러 다이오드를 직렬로 놓았을 때, 이 조합 전체에 걸친 전압 강하는 각 다이오드에서 이뤄지는 개별 전압 강하를 더한 것과 같다. 강압기는 회로의 두 부분 사이에 작은 전압차를 고정해야 할 때 종종 사용한다. 전압을 낮추는 데 사용할 수 있는 저항기와 달리, 다이오드 배열은 일반적으로 저항으로 인한 가열에 많은 전력을 소비하지 않으며, 더 세밀한 조절 전압을 공급해 전류 변동에 덜 의존한다. 이번 장의 나중 부분에서, 여기서 보인 바와 같이 여러 개로 구성된 직렬 다이오드 배열을 종종 한 개의 제너 다이오드로 대체하는 것을 보게 될 것이다.

■ 전압 조정기

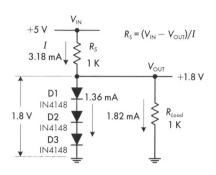

보기 4.16

직전에 나온 회로를 살짝 변형한 것으로, 다이오드 세 개를 사용해 다이오드의 문턱 전압 합계와 동일한, 간단히 조정된(안정된) 저전압 출력을 생성한다. 0.6 V + 0.6 V + 0.6 V = 1.8 V. 직렬 저항은 희망하는 출력 전류(I)를 설정하는 데 사용되며, 다음 공식을 사용해 나온 값보다 작아야 하지만, 직렬 저항 자체와 다이오드의 정격 전력을 초과할 정도로 낮지는 않다.

$$R_S = \frac{V_{in} - V_{out}}{I}$$

다이오드 및 직렬 저항의 전력 정격은 예상되는 전류량에 맞게 적절해야 한다. $P = IV$를 사용하라. 더 큰 전력 문턱 전압원의 경우 일반적으로 제너 다이오드 조정기를 사용하거나 더 일반적으로는 특수 조정기 IC를 사용한다.

■ 극성 반전 예방

전지 역류나 전력 극성 반전은 이동형 장비에 치명적일 수 있다. 기계적인 안전장치를 사용해 거꾸로 넣을 수 없게 설계하는 게 최상이다. 그러나 일시적으로 혼란스런 환경에서 접촉하는 경우에도 문제가 발생할 수 있다. 이는 AA 알칼리, 니켈 카드뮴 및 니켈 수소로 된 단일 셀 전지를 한 개 이상 사용하는 응용기기에 특히 해당되는 사항이다. 이러한 시스템의 경우 회로 또는 전지의 손상을 방지할 수 있도록 역방향 전류 흐름이 아주 작아야 한다.

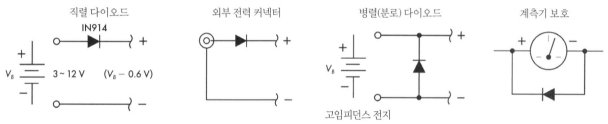

보기 4.17 **직렬 다이오드:** 가장 간단한 전지 역류 방지 장치이다. 플러그앤잭(plug-and-jack)과 같은 외부 전력 연결 장치에도 사용할 수 있다. 이 다이오드는 올바르게 설치된 전지의 전류가 부하로 흘러가게 하지만 거꾸로 설치한 전지의 전류 흐름을 차단한다. 직렬 다이오드의 단점은 최대 부하 전류를 다이오드가 처리해야 한다는 점이다. 또한, 다이오드의 순방향 전압 강하는 장비의 작동 시간을 단축시킨다. 다이오드는 약 0.6 V를 즉시 차단한다. 문턱 값이 낮은 쇼트키 다이오드가 더 잘 작동한다. 4.2절의 끝 부분에 있는 문제 1에서 그 밖의 극성 반전 예방 회로를 보라.

병렬 다이오드: 출력 임피던스가 높은 알칼리 전지나 그 밖의 전지가 필요한 응용기기에서 다이오드의 전압 강하를 제거하면서 병렬(분로) 다이오드를 사용하면 반전 설치를 예방할 수 있다. 이 방법으로 부하를 보호할 수 있지만, 거꾸로 설치된 전지에서는 전류를 많이 소비한다. 전류와 전압에 다이오드의 정격을 적절히 맞춰야 한다. 병렬 다이오드의 또 다른 응용 분야는 계측기 보호에 있으며 계측기의 음극 단자로 들어가는 큰 전류를 전환시키는 역할을 한다.

참고: 전지를 통해 전력을 더 정교하게 공급하도록 설계할 때에는 특수 IC 또는 트랜지스터 장치를 사용해 전압이 0으로 떨어지는 일을 방지하고, 극성 반전 예방, 열 정지, 전압 수준 모니터 등 여러 특수 기능을 제공하게 한다.

■ 플라이백 다이오드를 이용한 과도상태 억제

과도상태 방지

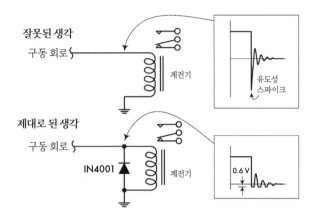

인덕터를 통해 흐르는 전류가 갑자기 꺼지면, 붕괴되는 자기장은 인덕터 코일에 고전압 스파이크(역주 즉, 극파)를 생성한다. 이 전압 스파이크 또는 과도 전압의 진폭이 수백 볼트에서 수천 볼트에 이를 수 있다. 이 점은 계전기 코일 내에서 특별히 일반적이다. 이런 종류의 응용 기기를 위한, 플라이백 다이오드(fly-back diode)라고 불리는 다이오드는 고전압 스파이크에 대해 단락 회로를 제공함으로써(계전기 코일에 배치됨) 인접 회로를 보호할 수 있다. 또한, 유도성 스파이크가 발생하는 동안 종종 맹렬히 두드려지는 계전기의 기계적 접촉을 보호한다. 그러나 다이오드가 켜지는 동안에는 비효율적이라는 점에 유념하라. 충분한 전력 정격을 지닌 정류기 다이오드(1N4001, 1N4002 등)를 선택하라. 쇼트키 정류기(예를 들면, 1N5818)도 잘 작동한다.

보호 다이오드가 있는 트랜지스터 계전기 구동자

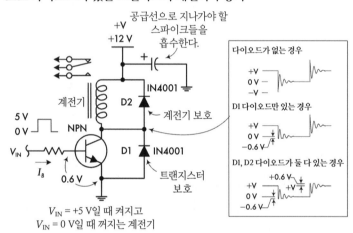

V_{IN} = +5 V일 때 켜지고
V_{IN} = 0 V일 때 꺼지는 계전기

여기 나오는 내용은 트랜지스터가 꺼져 있을 때 계전기 코일에서 발생하는 유도성 스파이크로 인한 손상에서 트랜지스터를 보호하기 위해 트랜지스터 구동기에 배치된 여분의 다이오드를 포함해서 계전기를 구동하는 예를 더 실제에 가깝게 보여 준다. 이 배열은 켜지는 시간 동안 스파이크를 줄인다. 때때로 이 이중 다이오드 배열 중 한 개 다이오드는 출력에서 입력으로 연결되고, 나머지 한 개는 접지에서 출력으로 연결되는 전압 조정기 회로에 사용된다. 이렇게 하면 연결된 부하는 손상된 스파이크를 IC 출력으로 되돌려 보내지 않는다.

모터 유도 반동 방지

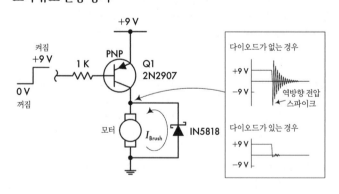

실행 중에 갑자기 꺼진 모터의 유도성 반동이, 연결된 전자 장치(이 경우에는 2N2907 트랜지스터)에 잠재적으로 손상을 줄 수 있는 과도 전압을 생성하는 방법에 대한 또 다른 예이다. 다이오드는 유도 전압을 모터의 반대 단자를 다시 찾아가게 하거나 단락시킨다. 여기에는 1N5818 쇼트키 다이오드가 사용된다. 다른 pn 접합 형태를 사용할 수도 있다. 쇼트키 다이오드는 조금 더 빨라지기도 하고 과도 전압을 약 0.4 V 정도 낮추는 효과를 낸다.

참고: TV 및 바리스터와 같은 장치는 과도 억제를 위해 특별히 설계된 것이다. 이번 장 뒷부분에 나오는 과도상태 억제기 부분을 참조하라.

보기 4.18

역주 즉, 다이오드를 이용한
파형 조임이나 고정

■ 다이오드 클램프^{역주}

다이오드 클램프(diode clamp)는 신호 수준을 잘라내 맞추는 데 사용되거나 교류 파형을 위나 아래로 움직여 맥동성 직류 파형(0 V 기준선을 관통하지 않는 파형)을 생성하는 데 사용될 수 있다.

조절 가능한 파형 클리퍼

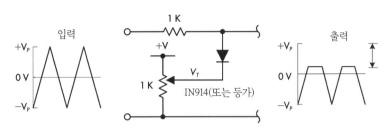

조절 가능한 파형 클리퍼 회로(역주 즉, 파형 고정 회로. 파형 중 일부를 잘라내는 회로로 마치 파형을 조여 일정 수준으로 고정한 것처럼 보이게 함)에서 최대 출력은 전위차계의 저항에 의해 결정되는 수준에 맞게 조여진다. 이 아이디어는 다이오드의 순방향 전압 강하를 고려하여 다이오드의 음극을 원하는 최대 출력 수준보다 약 0.6 V 낮게 설정하자는 것이다. 이것이 전위차계를 사용하는 목적이다. +V는 파고 입력 전압과 같은 전압이거나 그보다 높아야 한다.

조절 가능한 감쇠기

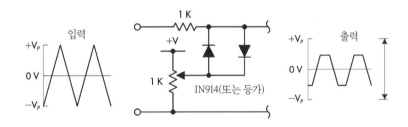

조절 가능 감쇠기는 마지막 회로와 유사하지만, 반대편 다이오드가 있으면 양의 전환 부분 및 음의 전환 부분을 모두 클리핑할 수 있다(역주 즉, 조일 수 있다). 양의 클리핑(역주 파형 중 0 위쪽을 조임) 및 음의 클리핑(역주 파형 중 0 아래쪽을 조임) 수준 제어를 별도로 지정하려는 경우 별도의 전위차계를 사용할 수 있다. +V는 파고 입력 전압과 같은 전압이거나 그보다 높아야 한다.

다이오드 전압 클램프(직류 복원)

다이오드 전압 클램프(역주 즉, 다이오드로 전압을 조여 고정하는 일)는 교류 결합(용량 결합) 신호를 직류로 복원할 수 있게 한다. 이것은 다이오드(예: 접지된 이미터가 있는 트랜지스터)처럼 보이는 입력 회로의 경우 중요하다. 그렇지 않으면 교류 결합 신호가 사라진다.

다이오드 스위치

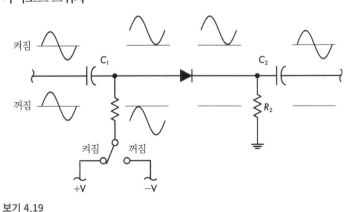

다이오드 스위치 회로에서 입력 파형은 입력에서는 C_1을 통하고 출력에서는 C_2를 통해 다이오드에 교류 결합된다. R_2는 바이어스 전압에 대한 기준을 제공한다. 스위치를 켬 위치로 돌리면 양의 직류 전압이 신호에 추가되어 다이오드를 순방향으로 바이어스되게 해 신호가 통과하도록 한다. 스위치가 끔 위치로 놓일 때, 신호에 추가된 음의 직류 전압은 다이오드를 역방향으로 바이어스되게 함으로 신호는 통과하지 못한다.

보기 4.19

반파 정류기

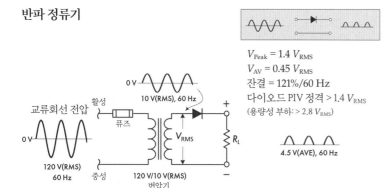

$V_{Peak} = 1.4\ V_{RMS}$
$V_{AV} = 0.45\ V_{RMS}$
잔결 = 121%/60 Hz
다이오드 PIV 정격 > $1.4\ V_{RMS}$
(용량성 부하: > $2.8\ V_{RMS}$)

반파 정류기(half-wave rectifier): 음의 스윙(역주 즉, 변이 또는 동요) 부분들을 차단해 교류 신호를 맥동성 직류로 변환하는 데 사용된다. 일반적으로 필터는 출력에 추가되어 (특히 저주파수 응용 프로그램에서) 파동을 부드럽게 하고 더 높은 평균 직류 전압을 제공한다. 정류기가 전도되지 않을 때 견딜 수 있는 파고 역전압(PIV)은 부하에 따라 다르며 파고 교류 전압($1.4\ V_{rms}$)보다 커야 한다. 커패시터 필터와 부하가 전류를 조금만 인출해 쓰거나 아예 전류가 쓰이지 않는 경우에 최대 역전압이 $2.8 \times V_{rms}$(커패시터 전압에서 2차 변압기 전압의 음의 최대 스윙을 뺀 값)까지 상승할 수 있다.

전파 중간 탭 정류기

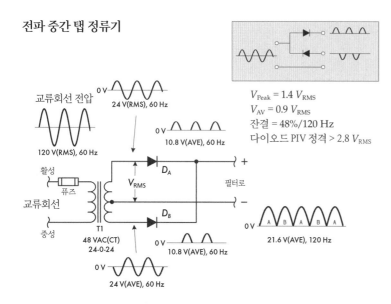

$V_{Peak} = 1.4\ V_{RMS}$
$V_{AV} = 0.9\ V_{RMS}$
잔결 = 48%/120 Hz
다이오드 PIV 정격 > $2.8\ V_{RMS}$

전파 중간 탭 정류기(full-wave center-tap rectifier): 일반적으로 사용되는 이 회로는 기본적으로 교류 파형의 두 부분을 모두 펄스 신호로 변환하기 위해 반파 정류기 두 개를 결합한 것이다. 전력 공급 장치를 설계할 때 중간 탭 변압기를 사용하는 경우, 다이오드는 두 개만 있으면 된다. 평균 출력 전압은 변압기 2차 측의 $0.9\ V_{rms}$이다. 이것은 적절한 초크 입력 필터로 얻을 수 있는 최댓값이다. 최대 출력 전압은 변압기 2차 측의 절반인 $1.4 \times V_{rms}$이다. 이것은 커패시터 입력 필터로부터 얻을 수 있는 최대 전압이다. 각 다이오드에 인가된 PIV는 출력에서의 부하 종류에 상관이 없다. 이는 다이오드 A가 전도되고 다이오드 B가 전도되지 않을 때 파고 역전압 조건이 생기기 때문이다. 다이오드 A와 B의 음극이 양의 파고($1.4\ V_{rms}$)에 도달하면 다이오드 B의 양극은 $1.4\ V_{rms}$에서 음의 파고에 있지만 방향은 반대로 향한다. 그러므로 전체 파고 역전압은 $2.8\ V_{rms}$이다. 출력 펄스의 주파수는 반파 정류기 주파수의 두 배이므로 상대적으로 필터링이 적게 필요하다. 다이오드가 교대로 작동하면서 각기 부하 전류의 절반을 처리한다. 각 정류기의 전류 정격은 전원에서 끌어온 전체 전류의 절반을 넘지 말아야 한다.

전파 브리지 정류기

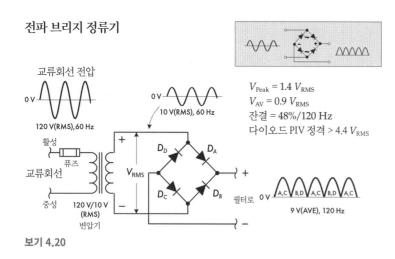

$V_{Peak} = 1.4\ V_{RMS}$
$V_{AV} = 0.9\ V_{RMS}$
잔결 = 48%/120 Hz
다이오드 PIV 정격 > $4.4\ V_{RMS}$

보기 4.20

전파 브리지 정류기: 이 정류기는 마지막 전파 정류기와 유사한 출력을 생성하지만 중간 탭 변압기가 필요하지 않다. 장치의 작동 방식을 이해하려면, 단방향 게이트 역할을 하는 다이오드를 따라 흐르는 전류를 따라가 보자. 0~파고 입력 전압에서부터 0~파고 출력 전압까지의 1.2 V 전압 강하가 있을 것이라는 점에 유의하라(반주기 동안 한 쌍의 다이오드에 두 개의 0.6 V 전압 강하가 있음). 저항성 부하 또는 초크 입력 필터에 대한 평균 직류 출력 전압은 변압기 2차 측의 $0.9\ V_{rms}$이다. 커패시터 필터와 가벼운 부하를 사용하면 최대 출력 전압은 $1.4 \times V_{rms}$이다. 각 다이오드에 걸린 역전압은 $1.4\ V_{rms}$이다. 각 다이오드의 PIV는 $1.4\ V_{rms}$ 이상이다.

다양한 정류기 구성의 장단점을 다음 글에서 확인하라.

● 전압 증배기 회로

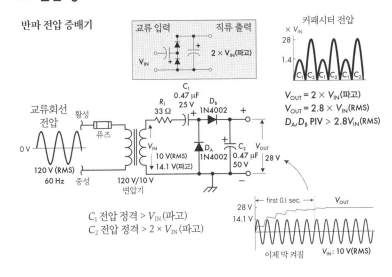

반파 전압 증배기

교류 입력 | 직류 출력

$2 \times V_{IN}$(파고)

C_1 전압 정격 > V_{IN}(파고)
C_2 전압 정격 > $2 \times V_{IN}$(파고)

커패시터 전압

$V_{OUT} = 2 \times V_{IN}$(파고)
$V_{OUT} = 2.8 \times V_{IN}$(RMS)
D_A, D_B PIV > $2.8 V_{IN}$(RMS)

이제 막 켜짐 V_{IN}: 10 V(RMS)

반파 전압 2배기(half-wave voltage doubler): 교류 입력 전압을 취해서 입력의 파고 전압의 대략 두 배에 상당하는(또는 입력 RMS 전압의 2.8배) 직류 전압을 출력한다. (실제 증배 계수는 커패시터, 저항 및 부하 값에 따라 약간 다를 수 있다.) 이 회로에서 V_{IN}은 변압기의 2차 전압을 의미한다. 첫 번째 음의 반주기 동안 D_A는 파고 정류 전압 V_{IN} (파고) 또는 1.4 V_{IN} (RMS)까지 C_1을 충전하면서 전도한다. 2차 전압의 양의 반주기 동안 D_A가 차단되고 D_B가 전도되어 커패시터 C_2가 충전된다. C_2에 전달되는 전압은 변압기 파고 2차 전압인 V_{IN} (RMS) + C_1에 저장된 전압의 합계이므로 합계가 2 V_{IN} (파고) 또는 2.8 V_{IN} (RMS)이 된다. 다음 음의 주기에서 D_B는 비전도 상태이고 C_2는 부착된 부하로 방전된다. 부하가 없으면 커패시터는 C_1 – 1.4 V_{IN} (RMS), C_2 – 2.8 V_{IN} 로 충전 상태를 유지한다. 부하가 출력으로 연결되면 C_2의 전압은 음의 반주기 동안 떨어지고 양의 반주기 동안 2.8 V_{IN} (RMS)까지 충전된다. C_2에서의 출력 파형은 반파 정류기 회로의 출력 파형과 유사하다. 왜냐하면 C_2가 매 주기마다 한 번 진동하기 때문이다. 보기 4.21은 커패시터 두 개가 주기가 진행되는 동안 충전되는 수준을 보여 준다. 실제로 동작할 때 커패시터는 보기에 나온 바와 같이 0에 이르도록 방전되지 않을 것이다.

전파 2배기(full-wave doubler): 변압기 2차 전압의 양의 반주기 동안 D_A는 C_1에서 V_{IN} (파고) 또는 1.4 V_{IN} (RMS)을 충전한다. 음의 반주기 동안 D_B

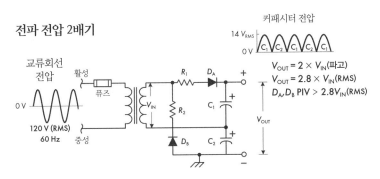

전파 전압 2배기

커패시터 전압

$V_{OUT} = 2 \times V_{IN}$(파고)
$V_{OUT} = 2.8 \times V_{IN}$(RMS)
D_A, D_B PIV > $2.8 V_{IN}$(RMS)

는 C_2를 같은 값으로 충전한다. 출력 전압은 무부하 조건에서 2 V_{IN} (파고) 또는 2.8 V_{IN} (RMS)이 되는 두 커패시터 전압의 합이다. 그래프를 통해 주기마다 번갈아 한 번씩 충전되는 커패시터를 볼 수 있다. 효과적인 필터 정전용량은 C_1 및 C_2의 직렬 정전용량이며, 이는 C_1이나 C_2의 단독 정전용량보다 적다. R_1 및 R_2는 정류기에 흐르는 서지 전류를 제한하는 데 사용된다. 이들 값은 변압기 전압과 정류기 서지 전류 정격을 바탕으로 한 것으로, 전원 공급 장치가 켜지는 순간 필터 커패시터는 단락된 부하처럼 보인다. 제한되는 저항이 서지 전류를 견딜 수 있는 경우, 전류 처리 용량은 전원 공급 장치의 최대 부하 전류를 기준으로 한다. 각 다이오드의 파고 역전압은 2.8 V_{IN} (RMS)이다.

보기 4.21

● 정류기 회로의 장단점

전파 중간 탭 정류기와 전파 브리지 정류기를 비교하면 두 회로의 정류기 요구 사항이 거의 같다는 점을 알 수 있다. 그러나 중간 탭 형태는 브리지에 쓰인 다이오드 개수의 절반만 쓴다. 이 다이오드에는 브리지 다이오드의 역전압 정격의 두 배가 필요할 것이다(PIV > 2.8 V_{rms}, > 1.4 V_{rms}과 대조하면). 다이오드 전류 정격은 두 회로에서 동일하다. 이 브리지는 중간 탭 정류기보다 2차 변압기를 더 잘 사용한다. 변압기의 전 권선은 양쪽 반주기 동안 전원을 공급하는 반면, 중간 탭 회로의 2차 측의 각 절반은 양의 반주기 동안만 전원을 공급하기 때문이다. 이것을 종종 **변압기 이용률**(transformer utilization factor)이라고 부르며, 이는 브리지 구성에 대한 통일성을 나타내는데 전파 중간 탭 구성의 경우에는 0.5이다.

브리지 정류기는 종종 대전류, 저전압 응용기기에서 전파 중간 탭 정류기만큼 대중적이지 않다.

이는 브리지 내 순방향 직렬 다이오드 두 개의 전압 강하가 1볼트 이상의 추가 손실을 발생시키므로 단일 다이오드보다 전력(열 손실)을 전파 정류기 내에서 더 소모하기 때문이다.

반파 구성과 관련해 바이어스 공급 장치 이외에는 60 Hz 정류에 거의 사용되지 않는다. 그러나 순방향 변환기 및 플라이백 변환기의 위상들이라고 부르는 고주파 스위칭 전력 공급 장치에서 상당히 사용하는 것으로 여겨진다.

전압 3배기

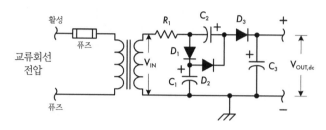

전압 4배기

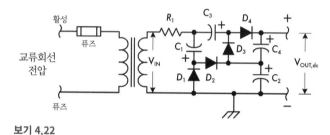

보기 4.22

전압 3배기(voltage tripler): 교류 주기의 절반에서 C_1과 C_3는 D_1, D_2 및 D_3를 통해 V_{IN} (파고)까지 충전된다. 주기의 반쪽에서 D_2가 전도되고 C_2는 V_{IN} (파고)으로 두 번 충전된다. 변압기와 C_1의 전하를 원천으로 간주하기 때문이다. (D_1은 이 반주기 동안 차단된다.) 동시에 D_3가 동작하고 C_2의 변압기와 충전을 원천으로 사용하면 C_3가 변압기 전압의 3배로 충전된다.

전압 4배기(voltage quadrupler): 이전의 것과 비슷한 방식으로 작동한다. 이들 두 회로에서 출력 전류 드레인(drain)이 낮고 정전용량 값이 높을 때 출력 전압은 파고 교류 전압의 정확한 배수에 도달한다.

정전용량 값은 출력 전류 드레인에 따라 대개 20 ~ 50 μF이다. 커패시터의 직류 정격은 다음과 같이 V_{IN} (파고)과 관련이 있다.

C_1 — V_{IN} (파고) 또는 0.7 V_{IN} (RMS)보다 큼

C_2 — 2 V_{IN} (파고) 또는 1.4 V_{IN} (RMS)보다 큼

C_3 — 3 V_{IN} (파고) 또는 2.1 V_{IN} (RMS)보다 큼

C_4 — 4 V_{IN} (파고) 또는 2.8 V_{IN} (RMS)보다 큼

■ 다이오드 논리 게이트

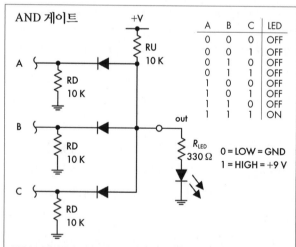

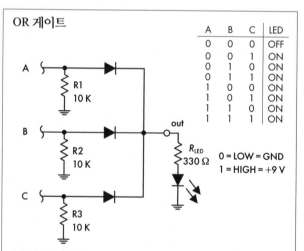

보기 4.23 이러한 간단한 다이오드 논리 게이트는 디지털 논리의 기초를 배우기에 유용하며, 논리 준위가 아닌 전자 회로(예: 고전압 및 전력 아날로그와 유사한 회로)에도 적용될 수 있다. 다음 전지 백업 예제를 참조하라(보기 4.24). 고출력 회로를 설계할 때, 다이오드에 적절한 PIV 및 전류 정격이 있는지 확인하라. 또한, 전력 다이오드의 복구 시간은 디지털 논리 IC 또는 고속 스위칭 다이오드만큼 빠르지 않을 것이라는 점에 유의해야 한다.

■ 전지 백업

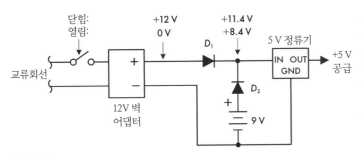

보기 4.24

전지 백업이 있는 벽면형 어댑터(일반적으로 보기 4.24와 같이 전지 및 벽면형 어댑터 연결에 쓰이는 다이오드 OR)에서 전력을 장치들로 공급한다. 일반적으로 스위치가 닫히면 전원이 **12 V** 벽면형 어댑터에서 D_1을 통해 부하로 전달된다. D_2는 음의 끝이 양의 끝보다 **2.4 V** 더 양수이기 때문에 역방향으로 바이어스 된다(꺼짐). 전력이 차단되면 (스위치가 열렸을 때), D_1은 전도를 멈추고 전지가 들어와 D_2를 통해 부하로 전류가 흐른다. D_1은 벽면 어댑터로 다시 흐르는 전류를 차단한다. 하지만 전지와 직렬로 둔 다이오드는 전지가 전력을 공급할 수 있는 최소 전압(pn 접합 실리콘의 경우에는 0.6 V, 쇼트키의 경우에는 0.4 V)을 제한하기 때문에 다이오드를 사용해 전지를 백업하면 불이익을 얻게 된다. 0.6 V 불이익이 없는 저저항 트랜지스터를 통해 전지의 전원으로 개폐하는 내부 비교기가 들어간·트랜지스터나 특수 IC를 구현하는 편이 전지 백업 설계로 더 바람직하다. 일부 집적회로 예를 맥심(**Maxim**)의 웹사이트에서 확인하라.

■ AM 검출기

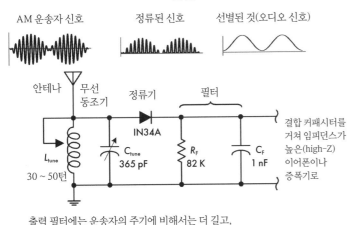

출력 필터에는 운송자의 주기에 비해서는 더 길고,
오디오 신호의 주기에 비해서는 더 짧은 시간 상수가 있다.

보기 4.25

이처럼 간단한 **AM** 라디오에서 볼 수 있듯이, 다이오드는 진폭 변조(AM) 신호를 검출하는 일에 종종 사용된다. **AM** 라디오 신호 내에서 상시 고주파(550~1700 kHz)인 **RF** 반송파 신호를 오디오 신호(10~20,000 Hz)로 진폭 변조하였다. 오디오 정보는 상부 및 하부 측 곁띠(sideband) 또는 **AM** 신호의 포락선(envelope) 모두에 중복해 위치한다. 여기서 안테나 및 LC 동조 회로는 해당 특정 반송파 주파수에서 '공진'한다(라디오 신호를 해당 전기 신호로 변환). 신호 다이오드(예: 1N34)는 들어오는 신호의 음의 부분을 정류해 다음 직류 단계에서 연산하는 일에 사용된다. 그런 다음 정류된 신호가 저역 통과 필터를 통과하며 고주파 반송파가 제거된다. 출력 신호는 오디오 신호이다. 이 신호는 간단한 수정 이어폰, 현대적인 민감한 헤드폰 또는 전화기의 수신 이어폰을 작동시키는 데 사용할 수 있다. (저임피던스 이어폰 또는 스피커는 1 μF 정도의 결합 커패시터를 통해 추가로 증폭해야 한다.)

■ 쇼트키 다이오드 단말 처리

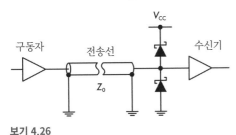

보기 4.26

쇼트키 다이오드 단말을 처리하면 신호 반사로 인한 오버슛/언더슛을 야기한 고속 전송선 효과를 막거나, 잡음 여유도를 줄이는 일을 막거나, 타이밍을 파괴하는 일을 막을 수 있다. 이러한 왜곡 유형들로 인해 클럭 선에서 거짓을 유발할 수 있으며, 주소나 데이터 및 제어 라인에서 잘못된 데이터를 유발할 수 있고, 마찬가지로 클럭 및 신호의 과민한 반응을 불러일으킬 수 있다. 전송선 임피던스가 가변적이거나 알려지지 않은 경우에는 단말 처리 저항 값을 지정할 수 없으므로 대안이 필요하다. 쇼트키 다이오드 단말 처리로 신호 무결성을 유지하고, 상당한 전력을 절약하고, 유연한 시스템을 설계할 수 있다. 쇼트키 다이오드 종단은 하나의 다이오드가 V_{CC}, 즉 공급 전압에 맞게 클램프하게 하고, 다른 다이오드 하나는 접지에 연결하는 식으로 다이오드 시리즈를 조합해 구성한다. 전송선의 끝에 있는 다이오드는 클램핑 동작을 통한 반사 효과를 최소화한다. 상난 나이오드는 순방향 마이너스 한계 값에 의해 V_{CC}를 초과하는 전압을 조인다. 이렇게 조이면 반사로 인한 오버슛(overshoot)이 최소화된다. 떨어지는 가장자리 신호의 경우 접지에 대한 클램프 다이오드가 유사한 단말 처리에 영향을 미친다. 이러한 클램핑 기능은 전송선의 특성 임피던스 정합에 의존하지 않으므로 공급선 임피던스가 알려지지 않았거나 가변적인 상황에서 유용하다.

■ 읽기 전용 메모리(ROM)

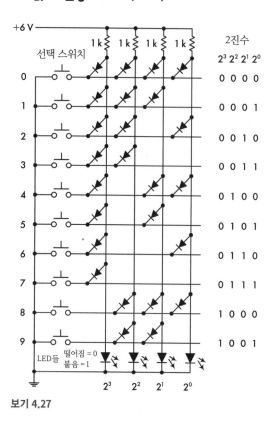

보기 4.27

이 회로는 다이오드로 간단히 만든 읽기 전용 메모리(read-only memory, ROM)이다. 여기서 ROM은 10진수를 2진수로 바꾸는 부호기 역할을 한다. 버튼들이 눌리지 않은 상태에서는 모든 LED가 켜진다. 1을 누르면, 전원 공급 장치의 전류가 다이오드를 통해 2^3, 2^2 및 2^1 선에서는 접지로 돌려지지만 20 선을 통과할 수 있으므로 LED 판독 값으로는 0001이 표시된다. 실제로 이와 같은 부호화 작업에 PROM이나 그 밖의 것을 사용하는 것은 실용적이지 않다. 일반적으로 특별한 부호기 IC를 구매하거나 단순히 마이크로컨트롤러와 인터페이스가 되는 다중화 키패드를 사용하여 부호화하기만 하면 실제 부호화는 프로그래밍 수준에서 처리된다. 어쨌든 이 회로 자체가 재미난 것이고 읽기 전용 메모리가 어떻게 작동하는지에 관한 기본 개념을 얻을 수 있다.

4.2.6 제너 다이오드

제너 다이오드(zener diode)는 전류 흐름에 대해서 2 방향 게이트처럼[역주] 작동한다. 순방향으로는 밀면 쉽게 열리는데, 표준 다이오드와 똑같이 0.6 V 정도면 된다. 역방향으로 밀어서 열기는 더 어렵다. 제너의 항복 전압(zener's breakdown voltage, V_Z)에 상당한 전압이 필요하다. 이 항복 전압[역주2]은 모형에 따라 1.8 ~ 200 V 사이에 들어 있다(1N5225B = 3.0 V, 1N4733A = 5.1 V, 1N4739A = 9.1 V 등). 전압 정격은 0.25 ~ 50 W까지 변화한다.

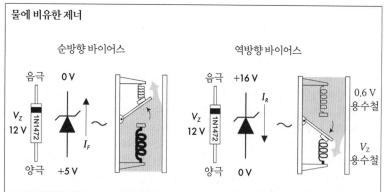

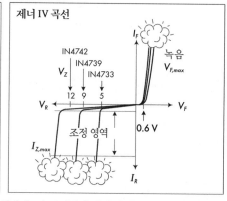

보기 4.28 역방향 바이어스는 직렬 저항과 함께 대부분의 응용기기에 사용되는 표준 구성이다. 이 구성에서 제너 다이오드는 압력 방출 값처럼 작동하며, 전압을 일정하게 유지할 수 있도록 V_Z와 동일한 전류를 전달한다. 다시 말하면, 제너 다이오드는 전압 조정기처럼 작동할 수 있다. 보기 4.29에 나오는 예를 보라.

■ 제너 전압 조정기

이 회로는 전압 조정기 역할을 해서 전원 전압이나 부하 전류 변동이 부하에 공급되는 전압을 끌어 내리는 일을 예방한다. 제너 다이오드로 선로 변화나 부하 변화를 어떻게 보완하는지 보자.

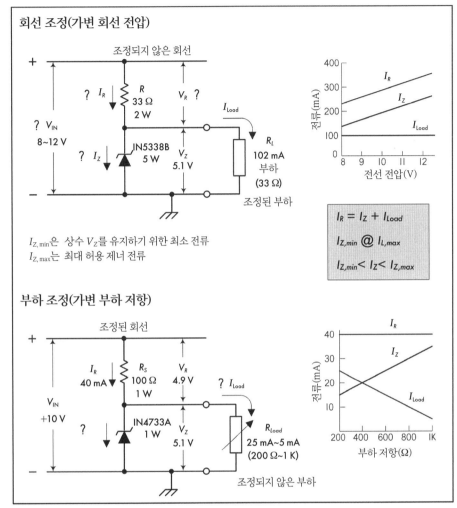

보기 4.29 선로 조정 예: 선로 전압이 늘어나면 선 전류가 늘어난다. 부하 전압이 일정하므로(제너에 의해 유지됨) 선로 전류가 늘어나면 제너 전류가 늘어나게 되어 부하 전류가 유지된다. 선로 전압이 감소하면 선 전류가 결과적으로 줄어들고, 제너는 줄어든 전류를 흐르게 한다. 보기 4.29의 오른쪽 상단에 나오는 그래프를 보라.

부하 조정 예: 부하 저항이 감소(부하 전류가 증가)하여 부하 전압이 떨어지려고 할 때, 부하 전류의 증가는 제너 전류의 감소로 상쇄된다. 부하에 걸린 전압이 거의 일정하게 유지될 것이다. 부하 전압이 부하 저항의 증가(부하 전류 감소)로 인해 증가하려고 할 때, 부하 전류의 감소는 제너 전류의 증가로 상쇄된다. 보기 4.29의 오른쪽 하단에 나오는 그래프를 보라.

다음 공식들을 사용해 부품 값을 정할 수 있다.

$$R_S = \frac{V_{in,min} - V_Z}{I_{Z,min} + I_{L,max}} \; ; \quad P_R = \frac{(V_{in,max} - V_Z)^2}{R_S}$$

$$P_{Z,max} = V_Z \frac{(V_{in,max} - V_Z)}{R_S}$$

설계 예로는 4.3.11에 나오는 예제 3을 보라.

제너 조정기가 온도에 따라서 다소 달라지므로 임무 필수적인 기기용으로는 최선의 선택이라고 할 수 없다. 더 비싸기는 해도 내부에 오류 조절 기능을 갖춘 선형 조절기 IC가 온도 변화에 덜 민감하다. 그럼에도 불구하고 이것들도 일반적으로 내부 제너를 기준으로 삼는다.

■ 인기 있는 제너 다이오드 선택

제너 다이오드 패키지

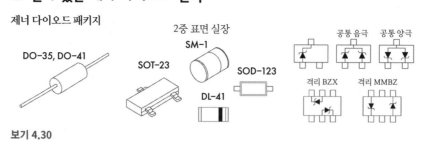

보기 4.30

표 4.2

제너 볼트 VZ 볼트	사례와 전력 정격					
	축 리드			표면 실장		
	500 MW	1 W	5 W	200 MW	500 MW	1 W
2.4	1N5221B			BZX84C2V4, MMBZ5221B	BZT52C2V4	
2.7	1N5222B			BZX84C2V7	BZT52C2V7	
3.0	1N5225B			BZX84C3V0, MMBZ52251B	BZT52C3V0, ZMM5225B	
3.3	1N5226B	1N4728A	1N5333B	BZX84C3V3, MMBZ5226B	BZT52C3V3, ZMM5226B	ZM4728A
3.6	1N5227B	1N4729A	1N5334B	BZX84C3V6, MMBZ5227B	BZT52C3V6, ZMM5227B	
3.9	1N5228B	1N4730A	1N5335B	BZX84C3V9, MMBZ5228B	BZT52C3V9, ZMM5228B	ZM4730A
4.3	1N5229B	1N4731A	1N5336B		BZT52C4V3, ZMM5229B	ZM4731A
4.7	1N5230B	1N4732A	1N5337B	BZX84C4V7, MMBZ5230B	BZT52C4V7, ZMM5230B	ZM4732A
5.1	1N5231B	1N4733A	1N5338B	BZX84C5V1, MMBZ5231B	BZT52C5V1, ZMM5231B	SMAZ5V1, ZM4733A
5.6	1N5232B	1N4734A	1N5339B	BZX84C5V6, MMBZ5232B	BZT52C5V6, ZMM5232B	SMAZ5V6, ZM4734A
6.0	1N5233B		1N5340B		BZT52C6V0, ZMM52330B	
6.2	1N5234B	1N4735A	1N5341B	BZX84C6V2, MMBZ5234B	BZT52C6V2, ZMM5234B	SMAZ6V2, ZM4735A
6.8	1N5235B	1N4736A	1N5342B	BZX84C6V8, MMBZ5235B	BZT52C6V8, ZMM5235B	SMAZ6V8, ZM4736A
7.5	1N5236B	1N4737A	1N5343B	BZX84C7V5, MMBZ5236B	BZT52C7V5, ZMM5236B	SMAZ7V5, ZM4737A
8.2	1N5237B	1N4738A	1N5344B	BZX84C8V2, MMBZ5237B	BZT52C8V2, ZMM5237B	SMAZ8V2, ZM4738A
8.7	1N5238B		1N5345B		BZT52C8V7, ZMM5238B	
9.1	1N5239B	1N4739A	1N5346B	BZX84C9V1, MMBZ5239B	BZT52C9V1, ZMM5239B	SMAZ9V1, ZM4739A
10.0	1N5240B	1N4740A	1N5347B	BZX84C10	BZT52C10, ZMM5240B	SMAZ10, ZM4740A
11	1N5241B	1N4741A	1N5348B	BZX84C11, MMBZ5241B	BZT52C11, ZMM5241B	ZM4741A
12	1N5242B	1N4742A	1N5349B	BZX84C12, MMBZ5242B	BZT52C12, ZMM5242B	SMAZ12, ZM4742A
13	1N5243B	1N4743A	1N5350B	MMBZ5243B	BZT52C13, ZMM5243B	ZM4743A
14	1N5244B		1N5351B		BZT52C14, ZMM5244B	
15	1N5245B	1N4744A	1N5352B	BZX84C15, MMBZ5245B	BZT52C15, ZMM5245B	SMAZ15, ZM4744A
16	1N5246B		1N5353B	BZX84C16, MMBZ5246B	BZT52C16, ZMM5246B	SMAZ16, ZM4745A
17	1N5247B	1N4745A	1N5354B		ZMM5247B	
18	1N5248B	1N4746A	1N5355B	BZX84C18, MMBZ5248B	BZT52C18, ZMM5248B	SMAZ18, ZM4746A
19	1N5249B		1N5356B		ZMM5249B	
20	1N5250B	1N4747A	1N5357B	BZX84C20, MMBZ5250B	BZT52C20, ZMM5250B	SMAZ20, ZM4747A
22	1N5251B	1N4748A	1N5358B	BZX84C22, MMBZ5251B	BZT52C22, ZMM5251B	SMAZ22, ZM4748A
24	1N5252B	1N4749A	1N5359B	BZX84C24, MMBZ5252B	BZT52C24, ZMM5252B	SMAZ24, ZM4749A
25	1N5253B		1N5360B		ZMM5253B	
27	1N5254B	1N4750A	1N5361B	BZX84C27, MMBZ5254B	BZT52C27, ZMM5254B	SMAZ27, ZM4750A
28	1N5255B		1N5362B	MMBZ5255B	ZMM5255B	
30	1N5256B	1N4751A	1N5363B	BZX84C30	BZT52C30, ZMM5256B	SMAZ30, ZM4751A
33	1N5257B	1N4752A	1N5364B	BZX84C33	BZT52C33, ZMM5257B	SMAZ33, ZM4752A
36	1N5258B	1N4753A	1N5365B	BZX84C36, MMBZ5258B	BZT52C36, ZMM5258B	SMAZ36, ZM4753A
39	1N5259B	1N4754A	1N5366B	BZX84C39, MMBZ5259B	BZT52C39, ZMM5259B	SMAZ39, ZM4754A
43	1N5260B	1N4755A	1N5367B		BZT52C43, ZMM5260B	ZM4755A
47	1N5261B	1N4756A	1N5368B		BZT52C47, ZMM5261B	ZM4756A
51	1N5262B	1N4757A	1N5369B		BZT52C51, ZMM5262B	ZM4757A
56	1N5263B	1N4758A	1N5370B			ZM4758A
60	1N5264B		1N5371B			
62	1N5265B	1N4759A	1N5372B		ZMM5265B	ZM4759A
68	1N5266B	1N4760A	1N5373B		ZMM5266B	ZM4760A
75	1N5267B	1N4761A	1N5374B			ZM4761A
82	1N5268B	1N4762A	1N5375B			ZM4762A
87	1N5269B					
91	1N5270B	1N4763A	1N5377B			ZM4763A
100	1N5271B	1N4764A	1N5378B			ZM4764A

4.2.7 제너 다이오드 응용기기

■ 단일 변압기 권선으로부터 분할 공급

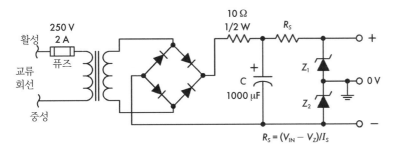

보기 4.31

두 개의 제너 다이오드를 사용해 중간 탭이 아닌 변압기에서 분배 전원을 얻는 방법이다. Z_1 및 Z_2는 희망 분배 전압 및 부하에 대해 동일한 전압 및 전력 등급으로 선택된다. 이전 예에서처럼 제너 다이오드의 온도 의존성으로 인해 두 개의 개별 조절기 IC를 사용하는 전력 공급 장치의 정확성이 떨어진다. 그러나 업무에 필수적이지 않은 응용기기에 대해서는 간단한 대안이다. 전력 공급 장치에 대해서는 11장을 보라.

■ 파형 변형기와 파형 제한기

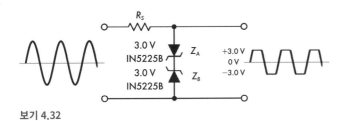

보기 4.32

마주보고 있는 제너 다이오드 두 개는 입력 신호의 절반씩을 오려내기 위해 작동한다. 여기서 사인파는 구형파에 가까운 모양으로 바뀐다. 파형을 재형성하는 역할 외에도 바라지 않던 전압 과도현상이 부착된 부하에 도달하지 않도록 직류 전력 공급 장치의 출력 단자에 이 어레이를 배치할 수도 있다. 이 경우 항복 전압이 공급 전압보다 커야 하고, 최대 허용 과도 전압보다는 작아야 한다. 양방향 TVS 한 개가 똑같은 일을 한다. 과도상태 억제 장치에 대한 부분을 참조하라.

■ 전압 이상기^{역주}

역주 즉, 전압 위상 이동기

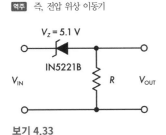 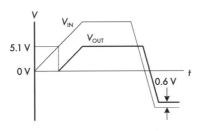

보기 4.33

이 회로는 제너 다이오드의 항복 전압에 해당하는 양만큼 입력 전압을 낮춘다. 입력이 양으로 갈수록 제너는 5.1 V(1N5281B의 경우)에 이르기까지는 항복하지 않으려고 한다. 그런 후에 출력이 입력을 따르지만 입력보다 5.1 V 아래로 옮겨졌다. 입력이 음인 경우에도 출력이 입력을 따르지만 제너의 정방향 임계 전압 강하인 0.6 V만큼만 이동한다.

■ 전압 조정기 부스터

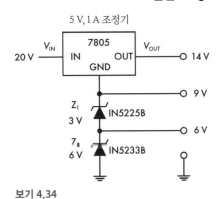

보기 4.34

제너 다이오드를 사용하여 전압 조정기의 정격을 올리고, 그 밖의 조정 전압 출력을 얻을 수 있다. 여기서 3 V 및 6 V 제너 다이오드가 직렬로 배치되어 5 V 조정기 IC의 기준 접지를 9 V로 밀어 총 14 V로 만든다. 실제 설계에서는 입력 및 출력에 커패시터가 필요할 수 있다. 전압 조정기 IC를 다룬 절을 참조하라.

■ 과전압 보호

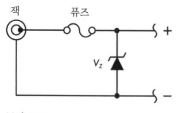

보기 4.35

잭에 과도한 전압이 인가되면(예를 들면, 잘못 정격된 벽면 부착 플러그 공급 장치를 통해) 제너 다이오드는 퓨즈가 끊어지기 전까지 작동한다. 제너의 항복 전압은 부하가 다룰 수 있는 최대 허용 오차 전압을 조금 넘어서야 한다. 부하의 민감도에 따라 고속 또는 저속 퓨즈 중 하나를 사용할 수 있다. 퓨즈의 전류 정격과 전압 정격을 응용기기의 기대 한계에 따라 선택해야 한다. TVS 및 바리스터와 같은 특수 장치를 사용해 비슷하게 설계한 과전압 보호 설계도 있다는 점에 유념하라. 오늘날에는 이러한 장치 설계는 저렴하고 아주 대중적이다.

■ 제너의 와트 정격 증가

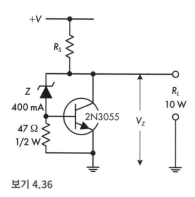

보기 4.36

이것은 전력 트랜지스터가 조정 전류의 대부분을 처리하게 해서 제너 다이오드의 와트 정격(전류 처리 용량)을 효과적으로 늘리는 데 쓰이는 간단한 회로이다. 제너 자체는 총 전류의 작은 부분을 차지하고 선 전류나 부하 전류의 변화에 따라 컬렉터-이미터 전류 흐름을 변경하는 베이스 전압/전류(베이스-그라운드 저항의 도움으로)를 생성한다.

■ 간단한 LED 전압계

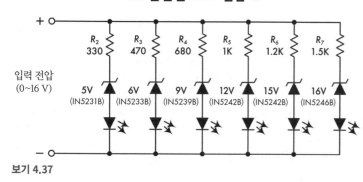

보기 4.37

항복 전압이 늘어나는, 연속으로 놓인 제너 다이오드를 사용하는 간단한 회로 전압계이다. 입력 전압이 증가함에 따라 LED들이 차례로 빛난다. 직렬 저항기들이 LED를 통해 전류를 안전한 수준으로 제한하는 한 그 밖의 제너 다이오드를 사용해도 좋다. 대다수 LED는 20 mA나 그 정도에서 괜찮다. V_{in} = 16 V일 때 5V LED의 레그(역주 즉, 다리 부분)에서 있을 최악의 시나리오를 계산할 수 있다. 더욱 정교한 제품을 찾고 있다면 언제든지 마이크로컨트롤러와 LCD 또는 LED 디스플레이와 아날로그-디지털 변환기를 사용할 수 있다.

4.2.8 버랙터 다이오드(가변 용량 다이오드)

역주 즉, 가변 축전기

버랙터(varactor), 즉 인가된 역전압으로 가변 용량 다이오드(varicap으로도 부름)의 접합부 정전용량을 변경할 수 있는 다이오드이다. 이런 식으로 가변 커패시터역주처럼 작동한다. 역전압을 늘리면 접합부의 폭이 늘어나 용량이 줄어든다. 버랙터의 일반적인 정전용량 범위는 수 pF에서 100 pF 이상이며, 장치에 따라 최대 역전압 범위는 수 볼트에서 100 V에 이른다. (역전압과 정전용량의 관계가 항상 신뢰할 만한 것은 아니지만 많은 표준 다이오드와 제너 다이오드를 저렴한 버랙터 다이오드 용으로 사용할 수 있다.)

버랙터가 제공하는 낮은 정전용량 수준은 일반적으로 발진기 회로의 정전용량을 변경하기 위해 인가된 전압이 사용하는 고주파 RF 회로에 대한 사용을 제한한다. 역전압은 발진기의 전체 주파수를 변화시키는 동조 전위차계를 통해 인가되거나 발진기의 고주파 반송파를 FM 변조하기 위해 작용하는 변조 신호(예: 오디오 신호)에 의해 적용될 수 있다. 이어서 나오는 예를 보라.

버랙터 다이오드로 설계할 때 바이어스 전압이 변하면 정전용량이 변하므로 역바이어스 전압에는 잡음이 있어서는 절대로 안 된다. 역바이어스 전압에 잡음이 있으면 원하지 않는 주파수 변동이나 불안정성이 생길 수 있다. 필터 정전용량을 사용해 잡음 등을 제한한다.

버랙터에는 단일형과 이중형이 있다. 이중 버랙터 구성에는 공통 양극 및 개별 음극을 지닌 직렬 반대 구성이라는 두 가지가 포함된다. 이러한 구성에서 버랙터는 전압이 공통 양극 리드에 인가될 때 정전용량 수준을 함께 변화시키는 직렬 커패시터로 작동한다. 보기 4.39를 보라.

■ FM 변조기

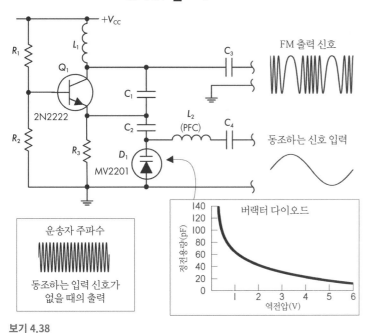

FM 변조(FM modulation): FM(주파수 변조)은 적용된 변조 신호의 크기에 맞춰 운송자의 주파수가 순간적으로 변경될 때 생성된다. (운송자의 주파수는 일반적으로 메가헤르츠이며 변조 신호는 일반적으로 헤르츠에서 킬로헤르츠 범위로서, 예를 들면 오디오 변조 무선 신호가 이에 해당한다.). 전압 제어 발진기를 사용해서도 FM을 생성할 수 있다. 발진기의 출력 주파수는 변조 신호의 진폭에 비례한다. 변조 신호의 진폭이 증가할수록 반송자의 주파수도 늘어난다. 여기서 콜피츠(Colpitts) LC 발진기는 동조된 회로를 형성하는 조정기 커패시터(regulator capacitor) 중 하나 대신 버랙터 다이오드를 사용한다. 변조되는 전압이 다이오드에 걸리고, 비례에 맞게 다이오드의 정전용량이 변한다. 이렇게 되면 발진기 주파수가 변하므로 그 과정에서 FM이 생성된다. L_2(RFC)는 고주파 신호가 변조원으로 다시 공급되지 못하게 하는 무선 주파수 초크이다. C_3과 C_4는 교류 결합 커패시터이다. 나머지 구성 요소는 콜피츠 발진기를 만든다.

보기 4.38

■ 팟 제어 버랙터 동조 기능을 갖춘 발진기

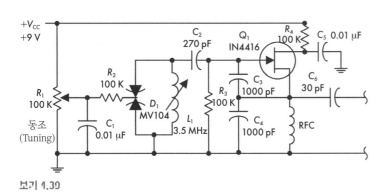

선행 회로와는 달리, 이 회로는 간단히 가변 고주파 발진기로 작동하며 그 주파수는 전위차계(R_1)를 거치며 다양해진다. 팟에서 나온 전압은 저주파 필터(C_1, R_2)를 통해 이중 버랙터 다이오드 D_1에 인가되어 버랙터 바이어스가 깨끗한 직류가 되게 한다. 이렇게 하면 D_1-L_1 동조 회로의 유효 정전용량이 바뀌므로 발진기 전체의 주파수가 바뀌게 된다. C_3과 C_4는 직류 차단(교류 결합) 커패시터이다. Q_1은 C_3을 통해 게이트에 되먹임을 하는 공통 드레인 구성의 n-채널 JFET이다. R_3은 게이트 바이어스 저항기이다. R_4는 필터 커패시터 C_5가 있는 드레인 전압 저항기이다.

보기 4.39

4.2.9 PIN 다이오드

PIN 다이오드를 RF 스위치나 마이크로파 스위치로 사용한다. 고주파 신호의 경우 PIN 다이오드는 가변 저항기처럼 동작하며, 그 값은 인가된 순방향 바이어스 직류 전류에 의해 제어된다. 높은 직류 순방향 바이어스인 경우 저항은 보통 1옴보다 작다. 그러나 순방향 바이어스가 적으면 고주파 신호에 대해 저항이 아주 커진다(킬로와트). PIN 다이오드는 매우 높이 들뜬 p형 및 n형 물질 사이에 배치된 진성(들뜨지 않은) 반도체 층으로 구성되어 PIN 접합을 생성한다.

응용기기 관점에서 보면, 고전력 정격에서도 PIN 다이오드들은 주로 RF 스위치나 마이크로파 스위치로 사용된다. 일반적인 응용기기는 100 MHz 이상에서 작동하는 송수신기에서 송수신 스위치로 사용된다. 광섬유 시스템에서 광 검출기로도 사용된다. 전기공학이나 물리학을 전공하는 대학원생이거나 첨단 기술 회사에서 근무하는 경우가 아니라면 대체로 사용하지 않아도 된다.

PIN 다이오드를 사용한 RF 스위칭

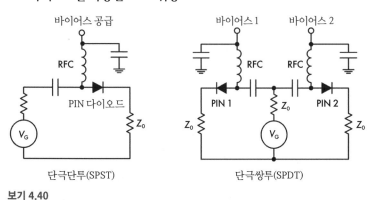

보기 4.40

RF 주파수에서 스위칭하기가 무척 까다롭기 때문에 신호 오염 및 성능 저하를 최소화하려면 특별한 설계 기술이 필요하다. PIN 다이오드를 사용하는 스위칭 회로 두 가지는 이렇다. 단극단투(SPST) 스위치 회로에서, RF 발생기(VG)에서 나오는 신호가 우회 전압을 PIN 다이오드에 인가함으로써 부하로 통과하지 못하게 할 수 있다. RFC는 RF가 바이어스 전원에 들어가는 것을 방지하는 고주파 초크이며, 접지에 대한 커패시터는 바이어스 입력에서 깨끗한 직류를 공급하는 데 사용된다. 단극쌍투(SPDT) 스위치 회로가 첫 번째 것과 비슷하기는 하지만 당연하게도 이것에는 두 개의 편향 입력이 쓰인다.

4.2.10 마이크로파 다이오드(IMPATT, 건, 터널 등)

사용해 보지도 못했을 법한 다이오드들이 주변에 널려 있다. 이러한 다이오드들은 고주파의 끝쪽, 즉 마이크로파 및 밀리미터파(> 20 GHz)상에서 매우 특수한 목적으로 사용되며 대개 마이크로파 증폭기 및 발진기에서 사용된다. 대부분의 표준 다이오드 및 양극성 트랜지스터^{역주}는 반도체 접합부를 가로 질러 전하 운송자가 상대적으로 느리게 확산되거나 이동하기 때문에 고속으로 고주파를 잘라내지 않는다. 터널(Tunnel), 건(Gunn), IMPATT 및 기타 다이오드의 경우, 증폭기 이득 또는 발진기의 공진 주파수에 유용한 변경을 초래하는 다양한 효과는 전적으로 다른 물리, 즉 본질적으로 빛의 속도 변경을 허용하는 물리를 포함한다. 물리학은 전자 주사일 수 있다(일반적으로 다이오드에서 발생하는 것처럼 장벽을 통한 열 방출이 아닌 p형 및 n형 영역을 분리하는 정전기 장벽을 통해). 이는 터널 다이오드에 해당한다. 또는 복잡한 전도대 대칭으로 인한 전자의 유효 질량 증가(감속)로 인해 순방향 바이어스 처리 시의 음의 저항으로 인한 것일 수 있다. 이는 건 다이오드에 해당한다. 또한, 음의 저항으로 인해 전자는 더욱 높고 이동성이 적은 대역으로 이동해 순방향 바이어스를 적용한 전류 흐름을 줄일 수 있다. 이는 IMPATT 다이오드에 해당한다. 어쨌든 아이디어를 얻기는 했지만, 어쩌면 전문가에게 맡겨야 할 정도로 곤란한 고주파 성분일 수도 있다. (참고: TRAPATT과 바릿(Baritt) 다이오드들도 마이크로파 응용기기에서 사용한다.)

역주 즉, 바이폴라 트랜지스터

4.2.11 문제

▶ **예제 1:** 다음 회로로 무엇을 할 수 있을까? 최종 출력 전압은 얼마일까? 플러그의 팁이 양성(+)인 다이오드와 플러그의 팁이 음성(−)인 다이오드의 개별 전압 강하는 얼마인가? (각 다이오드에 0.6 V 순방향 전압 강하가 있다고 가정하자.) 다이오드가 파괴되지 않게 하려면 다이오드가 1N4002라고 가정할 때 최소 부하 저항은 얼마인가?

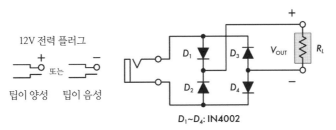

보기 4.41

▷ **정답:** 입력에 인가되는 극성에 관계없이 같은 극성을 출력하는 극성 보호 회로. 최종 출력 전압은 11.4 V이다. 팁이 양성인 경우: $VD_1 = 0.6$ V, $VD_2 = 11.4$ V, $VD_3 = 11.4$ V, $VD_4 = 0.6$ V이다. 팁이 음성인 경우: $VD_1 = 11.4$ V, $VD_2 = 0.6$V, $VD_3 = 0.6$ V, $VD_4 = 11.4$ V이다. 1N4002 다이오드를 가정할 때 정격이 최대 1A이므로 부하 저항은 11.4 Ω 미만으로 떨어지지 않아야 한다. 안전을 위해 전류를 최댓값의 75% 정도로 유지하는 것이 좋다. 따라서 15 Ω으로 한계를 두는 게 더 낫다.

▶ **예제 2:** 보기 4.42의 왼쪽에 나오는 회로의 출력은 어떻게 되는가? 2.2 K에 해당하는 부하가 출력에 부착되었을 때 어떤 일이 일어나는가?

보기 4.42

▷ **정답:** 다이오드 강하로 인한 0.6 V 음극 딥(dip)을 제외하고 출력이 순전한 직류가 되도록 하는 클램프 회로. 최대 파고는 27.6 V이고 최소는 −0.6 V이다($V_{peak} = 1.41 \times V_{rms}$라는 점을 상기하라). 부하가 연결되면 출력 수준이 약간 떨어진다. 커패시터/부하 저항은 차단 주파수가 $1/(2\pi RC)$인 고역 통과형 필터처럼 동작한다. 시뮬레이션에서는 출력이 8.90 V(RMS)나 최대 24.5, 최소 −0.6 V가 된다.

▶ **예제 3:** 10~50 mA 부하에는 8.2 V 조정기가 필요하다. 12 V ±10% 전력 공급 장치 및 8.2 V 제너 다이오드가 필요하다. 어떤 직렬 저항이 요구되는가? 제너 다이오드의 최소 조정 전류가 데이터시트(또는 경험)에 따라 10 mA라고 가정한다. 저항기와 제너 다이오드에 필요한 전력 정격을 결정하라.

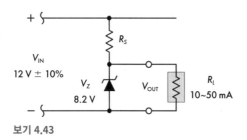

보기 4.43

▷ **정답:** $V_{in,max} = 13.2$ V, $V_{in,min} = 10.8$ V: $R_S = (10.8$ V $- 8.2$ V$)/(10$ mA $+ 50$ mA$) = 43$ Ω;
$P_R = (13.2$ V $- 8.2$ V$)^2/(43$ Ω$) = 0.58$ W; $P_Z = 8.2$ V$(13.2$ V $- 8.2$ V$)/(43$ Ω$) = 0.95$ W. 상세한 내용을 보기 4.29에서 확인하라.

표 4.3

다이오드 형식	기호	운전 모드
pn 접합	A —▷|— C 1N4001	양극(A)에서 음극(C)으로 흐르는 전류 흐름에 대해 단방향 게이트처럼 작동한다. 실리콘 형태와 게르마늄 형태가 있다. 두 가지 모두 순방향 바이어스 전압이 필요하다. 실리콘의 경우 일반적으로 0.6〜1.7 V, 게르마늄의 경우 0.2〜0.4 V이다. 정류, 과도현상 억제, 전압 증배, RF 복조, 아날로그 논리, 클램프, 고속 스위치 및 전압 조정에 사용된다.
쇼트키	A —▷|— C	pn 접합 다이오드와 유사하게 동작하지만 pn 접합 대신 특수 금속 반도체 접합으로 설계되었다. 접합 정전용량이 매우 낮게 되어 전하를 덜 저장한다. 이 접합 결과로 스위칭 시간이 줄어들어 신속한 클램핑 및 기가헤르츠 범위에 접근하는 고주파 응용기기에 유용하다. 또한, 일반적으로 순방향 바이어스 전압이 약 0.4 V(평균)로 낮지만 0.15〜0.9 V 또는 그 이상일 수 있다. pn 접합 다이오드와 비슷한 응용기기에 사용하지만 순방향 임곗값이 낮으므로 정류를 할 때 더 나은 저수준 신호 검출, 속도 및 저전력 손실을 제공한다.
제너	A —▷|— C	pn 접합 다이오드와 같이 A에서 C로 전도되지만, 역방향 전압이 제너의 항복 전압 정격 V_Z보다 크면 C에서 A로 전도된다. 전압에 민감한 조절 밸브와 같은 역할을 한다. 1.2 V, 3.0 V, 5.1 V, 6.3 V, 9 V, 12 V 등의 다양한 항복 전압과 정격 전력이 제공된다. 응용기기로는 전압 조정, 파형 클리핑, 전압 이동 및 과도 전압 억제가 포함된다.
LED와 레이저	A —▷|— C	발광 다이오드(LED)는 약 1.7 V 전압에 의해 순방향으로 바이어스될 때(A > C) 빛이 거의 일정한 파장으로 방출된다. 다양한 파장(IR부터 가시광선까지), 크기, 전력 정격 등에 맞춰 공급된다. IR 및 광파 통신에서 표시기 및 방출원으로 사용된다. 레이저 다이오드는 LED와 유사하지만 일반적으로 IR 영역에서 훨씬 좁은 파장 스펙트럼(LED의 약 40 nm와 비교하면 약 1 nm)을 제공한다. 반응 시간(lns, 즉 나노 초 수준)이 매우 빠르다. 광섬유 시스템에 유용한 깨끗한 신호 특성, 이로 인한 분산 효과 최소화, 효율적인 결합 및 원거리가 중요할 때의 성능 저하 제한과 같은 특징들을 제공한다. 레이저 포인터, CD/DVD 플레이어, 바코드 리더 및 다양한 수술 응용기기에도 사용된다.
감광	A —▷|— C	빛에 노출될 때 전류를 생성하거나 빛의 강도 변화에 따라 전류 흐름을 변경하는 일에 사용할 수 있다. 빛에 노출되었을 때 역바이어스 방향으로 작동한다(C에서 A로 전류가 흐른다). 빛의 세지면 전류가 증가한다. 반응 시간이 매우 빠르다(ns). 광트랜지스터만큼 민감하지는 않지만 선형성으로 인해 간단한 광 측정기에 유용하다.
버랙터(배리캡)	A —▷|— C	다이오드의 역바이어스 전압이 늘어날 때 정전용량이 줄어드는, 전압에 민감한 가변 커패시터와 같은 작용을 한다. 적당한 범위 내 역바이어스 전압에 대해 정전용량 값 범위가 상대적으로 넓도록 접합부를 특별하게 형성하게 설계되었다. 정전용량 범위는 피코패럿 범위이므로 일반적으로 동조 수신 및 FM 생성과 같은 RF 응용기기에서만 사용한다.
PIN, IMPATT, 건, 터널 등	A —▷|—* C	이들 대부분은 RF, 마이크로파 및 밀리미터파 응용기기(예: 증폭기 및 발진기)에 사용되는 저항 장치다. 고유한 물리적 전도 현상에 따라 pn 접합에서 전하 운송자 분산을 사용하는 표준 다이오드와 비교할 때 응답 시간이 훨씬 빠르다.

4.3 트랜지스터

트랜지스터는 반도체 소자로서 전기로 제어하는 스위치나 증폭기 제어기처럼 작동한다. 흐르는 물을 수도꼭지로 조절하듯이 전류의 흐름을 트랜지스터로 제어할 수 있다는 점이 트랜지스터의 강점이다. 수도꼭지를 사용하면 물의 흐름을 꼭지로 제어할 수 있다. 트랜지스터의 경우 제어 리드에 인가된 작은 전압과 전류로 나머지 리드 두 개를 통해 흐르는 더 큰 전기 흐름을 제어한다.

생각해 볼 수 있는 거의 모든 전자회로에 트랜지스터를 사용한다. 예를 들면, 스위치 회로, 증폭기 회로, 발진 회로, 전류원 회로, 전압 조정기 회로, 전력 공급 회로, 디지털 논리 IC를 비롯해 대량의 전류를 제어하기 위해 작은 제어 신호들을 사용하는 거의 모든 회로에서 트랜지스터를 찾아볼 수 있다.

4.3.1 트랜지스터 소개

독특한 제어 방식과 전류 흐름 특징을 지닌 다양한 트랜지스터가 다양하게 설계되어 공급된다. 대다수 트랜지스터에 가변 전류 제어 기능이 있지만 어떤 트랜지스터에는 없다. 어떤 트랜지스터는 베이스나 게이트에 전압이 걸리기까지는 '평상시 꺼짐' 상태로 있는 반면에 어떤 트랜지스터는 전압이 걸리기까지 '평상시 켜짐' 상태로 있다. (여기서는 평상시(normally)라는 말은 제어 리드가 개방된 회로인 상황을 말한다. 또한, 켜짐(on)은 다양한 전류가 흐르는 상태를 나타낼 수 있다.) 일부 트랜지스터에서는 제어 리드를 작동시키는 데 작은 전류와 작은 전압이 모두 필요하지만, 일부 트랜지스터에는 전압만 필요하다. 일부 트랜지스터는 베이스 리드에(다른 두 리드 중 하나에 대해) 음전압과 출력 전류가 필요하지만, 그 밖의 트랜지스터는 베이스에 양전압과 입력 전류가 필요하다.

트랜지스터 계열 중 주요한 두 가지 계열로는 양극성 트랜지스터(bipolar transistor)와 전계 효과 트랜지스터(field-effect transistor, FET)가 있다. 이 두 제품군의 가장 큰 차이점을 들자면, 양극성 트랜지스터는 제어 리드에 바이어스되는 입력(또는 출력) 전류가 필요한 반면, FET에는 전압만 필요하고 실제적인 전류가 필요 없다는 점이다. (물리적으로 말하면 양극성 트랜지스터는 양극(양공)과 음극(전자) 운송자가 작동해야 하지만 FET는 전하 운송자가 한 개만 필요하다.) FET가 전류를 거의 또는 전혀 끌어내지 않기 때문에 입력 임피던스가 높다($\sim 10^{14}$ Ω). 이 높은 입력 임피던스는 FET의 제어 리드가 FET를 제어하는 회로 내의 전류 동역학에 큰 영향을 미치지 않는다는 점을 의미한다. 양극성 트랜지스터를 사용하면 제어 리드는 제어 회로에서 적은 양의 전류를 끌어 와서 다른 두 개의 리드를 통해 흐르는 주 전류와 결합하여 제어 회로의 동적 특성을 변경할 수 있다.

실제로 최신 회로를 설계할 때는 FET가 양극성 트랜지스터보다 더 대중적이다. 본질적으로 제어 리드에서 입출력 전류를 사용하지 않는다는 점 외에도 제조하기 쉽고 제조 비용이 저렴하며 (실리콘이 덜 필요함) 아주 작게 만들 수 있어 회로를 집적하기가 수월하다. FET의 단점은 증폭 회로에 있는데 전류가 동일한 경우에 트랜스 컨덕턴스[역주]가 양극성 트랜지스터보다 훨씬 낮다는 것이다. 이는 전압 이득이 그다지 크지 않음을 의미한다. 간단한 증폭기 회로의 경우 매우 높은 입력 임피던스와 낮은 입력 전류가 필요하지 않을 때는 FET를 거의 사용하지 않는다.

[역주] 즉, 전달 컨덕턴스

표 4.4 트랜지스터 둘러보기

트랜지스터 형식	기호	운전 모드
양극성	npn	평상시에 꺼져 있지만 이미터(E)에 비해서 적은 입력 전류와 적은 양전압이 베이스(B)에 인가되면 켜진다(큰 컬렉터-이미터 전류 허용). $V_C > V_E$로 연산하라. 응용기기를 스위칭[역주]하고 증폭하는 데 쓰인다.
	pnp	평상시에 꺼져 있지만 이미터(E)에 비해서 상대적으로 적은 출력 전류와 음전압이 베이스(B)에 걸리면 켜진다(큰 이미터-컬렉터 전류 허용). $V_E > V_C$로 연산하라. 응용기기를 스위칭하고 증폭하는 데 쓰인다.
접합 FET	n-채널	평상시 켜져 있지만 소스(S)에 비해서 상대적으로 적은 음전압이 게이트(G)에 걸리면 꺼진다(큰 드레인-소스 전류를 멈춤). $V_D > V_S$를 사용해 연산하라. 게이트 전류가 필요하지 않다. 기기를 개폐하고 증폭하는 데 쓰인다.
	p-채널	평상시 켜져 있지만 소스(S)에 비해서 상대적으로 적은 양전압이 게이트(G)에 걸리면 꺼진다(큰 소스-드레인 전류를 멈춤). $V_S > V_D$를 사용한 연산하라. 게이트 전류가 필요하지 않다. 응용기기를 스위칭하고 증폭하는 데 쓰인다.
금속 산화물 반도체 FET(MOSFET) 공핍(depletion)	n-채널	평상시 켜져 있지만 소스(S)에 비해서 상대적으로 적은 음전압이 게이트(G)에 걸리면 꺼진다(큰 드레인-소스 전류를 멈춤). $V_D > V_S$를 사용해 연산하라. 게이트 전류가 필요하지 않다. 응용기기를 스위칭하고 증폭하는 데 쓰인다.
	p-채널	평상시 켜져 있지만 소스(S)에 비해서 상대적으로 적은 양전압이 게이트(G)에 걸리면 꺼진다(큰 소스-드레인 전류를 멈춤). $V_S > V_D$를 사용해 연산하라. 게이트 전류가 필요하지 않다. 응용기기를 스위칭하고 증폭하는 데 쓰인다.
금속 산화물 반도체 FET(MOSFET) 강화(enhancement)	n-채널	평상시 꺼져 있지만 소스(S)에 비해서 상대적으로 적은 양전압이 게이트(G)에 걸리면 켜진다(큰 드레인-소스 전류를 허용). $V_D > V_S$를 사용해 연산하라. 게이트 전류가 필요하지 않다. 응용기기를 스위칭하고 증폭하는 데 쓰인다.
	p-채널	평상시 꺼져 있지만 소스(S)에 비해서 상대적으로 적은 음전압이 게이트(G)에 걸리면 켜진다(큰 소스-드레인 전류를 허용). $V_S > V_D$를 사용해 연산하라. 게이트 전류가 필요하지 않다. 응용기기를 스위칭하고 증폭하는 데 쓰인다.
비접합 FET(UJT)	UJT	일반적으로 아주 적은 전류가 베이스 2(B_2)에서 베이스 1(B_1)로 흐르지만, B_1이나 B_2에 비해서 상대적으로 양인 전압이 이미터(E)에 걸리면 전류가 더 많이 흐르게 된다. $V_{B2} > V_{B1}$를 사용해 연산하라. 게이트 전류가 필요하지 않다. 스위치 역할로만 작동한다.

[역주] 즉, 개폐

표 4.4에서 가장 인기 있는 트랜지스터 중 일부를 개관할 수 있게 했다. 이 표에서 평상시라는 용어는 제어 리드(예를 들면, 베이스나 게이트)가 자신의 채널 리드(예: 이미터, 소스) 중 한 개와 단락(전위가 같음)되는 상황을 나타낸다. 또한, 이 표에서 사용한 켜진다나 꺼진다는 용어를 액면 그대로 받아들여서는 안 된다. 소자를 통과하는 전류량이 일반적으로 제어 전압의 크기에 따라 달라지기 때문이다. 이 표에서 설명한 트랜지스터들을 이번 장의 나중 부분에서 아주 상세하게 다룬다.

4.3.2 양극성 트랜지스터

양극성 트랜지스터는 3단자 소자로서, 전기로 제어하는 스위치나 증폭기 제어기처럼 작동한다. 이 소자는 보기 4.44에 나온 것처럼 npn형 또는 pnp형으로 구성되어 있다. npn형 양극성 트랜지스터는 베이스에서 (이미터에 비해) 적은 입력 전류와 양전압을 사용해 훨씬 더 많은 컬렉터-이미터 전류를 제어한다. 반대로 *pnp* 트랜지스터는 베이스에서 (이미터에 비해 상대적으로) 적은 출력 전류와 음전압을 사용해 더 많은 이미터-컬렉터 전류를 제어한다.

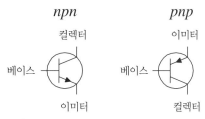

보기 4.44

양극성 트랜지스터는 상상 이상으로 유용한 소자다. 인가된 제어 신호로 전류 흐름을 제어하는 능력은 전기 제어 스위칭 회로, 전류 조정기 회로, 전압 조절기 회로, 증폭기 회로, 발진기 회로 및 메모리 회로에 꼭 필요하다.

■ 양극성 트랜지스터 작동 방식

*npn*형 양극성 트랜지스터가 작동하는 방식을 간단한 모형으로 나타내면 이렇다. (*pnp*형 양극성 트랜지스터의 경우에는 성분, 극성, 전류가 모두 반대가 된다.)

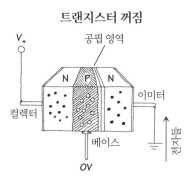

두 개의 *n*형 반도체 사이에 얇은 *p*형 반도체 조각을 끼워 넣어 *npn*형 양극성 트랜지스터를 만든다. 트랜지스터의 베이스에 전압이 걸리지 않으면 *pn* 접합 때문에 이미터 속의 전자들이 컬렉터 측으로 전달되는 일이 방지된다. (전자가 *pn* 접합부를 가로질러 흐를 때 바이어스 전압은 전자를 *n*쪽에 머물러 있게 하는 원자력에서 '벗어나는 데' 충분한 에너지를 주기 위해 필요하다는 점을 유념하라.) 음전압이 베이스에 인가되면 베이스와 이미터 사이의 *pn* 접합이 역바이어스되는 상황이 더욱 심해진다. 결과적으로 공핍 영역이 형성되어 전류 흐름을 방지한다.

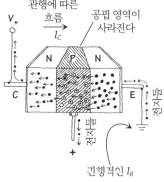

보기 4.45

양의 전압(최소한 0.6 V)이 *npn*형 트랜지스터의 베이스에 걸리면 베이스와 이미터 사이에 있는 *pn* 접합부가 순방향으로 치우친다. 순방향으로 치우쳐 있는 동안 탈출하는 전자는 양성 베이스로 끌어 당겨진다. 일부 전자는 베이스를 통해 빠져 나가지만, *p*형 베이스가 너무 얇아서(속임수이다) 이미터를 떠난 전자는 이것을 돌파해 컬렉터 쪽으로 가까이 다가간 다음 컬렉터로 건너뛰기 시작한다. 베이스 전압을 증가시키면 이렇게 건너뛰는 효과가 늘어나기 때문에 이미터에서 컬렉터로 향하는 전자 흐름이 커진다. 관행적으로 전류는 전자 흐름과 반대 방향으로 움직인다는 점을 기억하라. 따라서 관행적인 전류라는 관점에서 보면 베이스에 인가된 양전압 및 입력 전류는 '양성' 전류 *I*를 컬렉터에서 이미터로 흐르게 한다.

보기 4.46에 양극성 트랜지스터의 전형적인 특성을 나타내는 곡선이 나온다. 이 특성 곡선은 베이스 전류 I_B 및 이미터-컬렉터 전압 V_{EC}가 이미터 전류 I_E 및 컬렉터 전류 I_C에 미치는 영향을 설명한다. (곧 보게 되겠지만 I_C는 실제적으로는 I_E와 같다.)

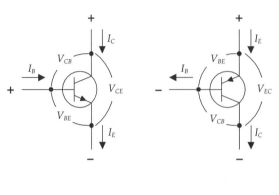

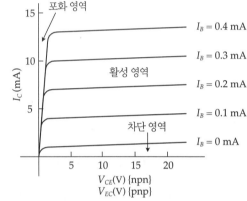

보기 4.46

트랜지스터 동작을 설명하는 데 사용되는 중요한 용어로는 포화 영역, 차단 영역, 활성 모드/활성 영역, 바이어스 및 정지점(Q 포인트)을 들 수 있다. **포화 영역**(saturation region)이란 최대 컬렉터 전류가 흐르고, 트랜지스터가 컬렉터에서 이미터로 향한 폐쇄 스위치처럼 작동하는 연산 영역을 말한다. **차단 영역**(cutoff region)은 컬렉터 특성 그래프의 전압 축 근처에서 동작하는 영역을 말하며 트랜지스터는 개방 스위치처럼 동작한다. 이 동작 상태에서는 매우 적은 누설 전류만 흐른다. **활성 모드/영역**(active mode/region)은 포화 영역의 오른쪽과 차단 영역의 위쪽에서 트랜지스터가 동작한다는 점을 설명하는데, 여기서는 종단 전류(I_B, I_C, I_E)들 간에 선형에 가까운 관계가 있다. 바이어스(bias)는 정지점(quiescent point), 즉 Q 포인트라고 부르는 희망 활성 모드 동작 지점을 설정하기 위해 트랜지스터의 특정 직류 단자 전압 및 전류를 나타낸다.

■ 공식

양극성 트랜지스터의 행태(최소한 활성 영역 내)를 기술하는 데 쓰이는 기초 공식은 이렇다.

$$I_C = h_{FE}I_B = \beta I_B$$

여기서 I_B는 베이스 전류, I_C는 컬렉터 전류, h_{FE}(β라고도 함)는 전류 이득(current gain)을 나타낸다. 모든 트랜지스터에는 저마다 고유한 h_{FE}가 있다. 트랜지스터의 h_{FE}는 일반적으로 약 10~500 사이의 상수이지만 온도와 컬렉터-이미터 간 전압 변화에 따라 약간 변할 수 있다. (트랜지스터의 h_{FE}는 트랜지스터 규격표에 나온다.) 전류 이득 공식의 의미를 간단히 설명하면 이렇다. 예를 들어, h_{FE}가 100인 양극성 트랜지스터를 사용해 1 mA 전류를 *npn*이나 *pnp*의 베이스로 공급(*npn*인 경우)하거나 싱크(*pnp*인 경우)하면 컬렉터 전류는 100 mA가 된다. 자, 전류 이득 공식은 규칙 1 및 규칙 2가 충족되는 경우, 즉 트랜지스터가 활성 영역 내에 있다고 가정할 때만 적용된다는 점에 유념해야 한다. 또한, 트랜지스터 단자를 통과할 수 있는 전류량과 그 양단에 적용될 수 있는 전압 크기에는 한계가 있다. 이번 장의 뒷부분에서 이 제약점을 다룬다(보기 4.47).

이제 전류 보존 법칙(보기 4.47의 화살표를 따르라)을 적용하면 이미터, 컬렉터, 전류와 관련된 다음과 같이 유용한 표현식을 얻을 수 있다.

$$I_E = I_C + I_B$$

몇 가지 중요한 규칙

규칙 1 *npn* 트랜지스터의 경우 컬렉터 V_C의 전압이 이미터 V_E의 전압보다 적어도 수십 분의 1볼트 이상 커야 한다. 그렇지 않으면 베이스에 인가된 전압과는 상관없이 컬렉터-이미터 접합을 통해서는 전류가 흐르지 않는다. *pnp* 트랜지스터의 경우 이미터 전압은 비슷한 양만큼 컬렉터 전압보다 커야 한다.

규칙 2 *npn* 트랜지스터의 경우 베이스에서 이미터까지 0.6 V 정도 전압이 강하한다. *pnp* 트랜지스터의 경우에는 베이스에서 이미터에 이를 때 전압이 0.6 V만큼 상승한다. 동작 측면에서 생각해 보면, 이것은 *npn* 트랜지스터의 베이스 전압 V_B가 이미터 전압 V_E보다 적어도 0.6 V만큼 커야 한다는 뜻이다. 그렇지 않으면 트랜지스터는 컬렉터-이미터 간에 전류를 통과시키지 못한다. *pnp* 트랜지스터의 경우에 V_B는 V_E보다 적어도 0.6 V 적어야 한다. 그렇지 않으면 컬렉터-이미터 간에 전류가 흐르지 않는다.

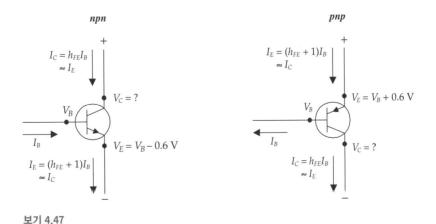

보기 4.47

전류 이득 방정식에 이 방정식을 결합하면, 이미터와 베이스 전류와 관계된 식을 생각해 낼 수 있다.

$$I_E = (h_{FE} + 1)I_B$$

보다시피 이 방정식은 전류 이득 방정식($I_C = h_{FE}I_B$)과 거의 같지만 +1 항은 예외다. 실제로 h_{FE}가 크면(거의 항상 그렇다) +1은 중요하지 않다. 이 말은 다음과 같이 추정할 수 있다는 것이다.

$$IE \approx IC$$

마지막으로, 아래 나오는 두 번째 방정식은 규칙 2를 간단한 수식으로 나타낸 것이다.

$$V_{BE} = V_B - V_E = +0.6 \text{ V } (npn)$$
$$V_{BE} = V_B - V_E = -0.6 \text{ V } (pnp)$$

모든 단자 전류와 전압의 관계를 보기 4.47에 나타내었다. 보기에서 컬렉터 전압 옆에 물음표가 표시되어 있다는 점에 주목하라. 결과적으로 V_C 값은 수식을 적용해 바로 정할 수 없다. 대신에 V_C 값은 그것에 연결된 회로망에 따라 달라진다. 예를 들어, 보기 4.48의 설정을 고려할 경우 컬렉터 전압을 찾기 위해 저항에서 전압 강하를 찾아야 한다. 옴의 법칙을 적용하고 전류 이득 관계를 사용해서 V_C를 계산할 수 있다. 그 결과는 보기에 나온다.

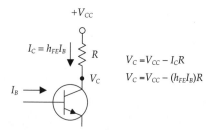

$$V_C = V_{CC} - I_C R$$
$$V_C = V_{CC} - (h_{FE}I_B)R$$

보기 4.48

여기 나오는 방정식이 이상적인 형태라는 점에 주의해야 한다. 현실적으로 이 방정식으로는 '현실성 없는' 답을 얻게 될 것이다. 예를 들어, 전류와 전압이 특성 곡선에 의해 제공되는 범위 내에 있지 않을 때 '꼬여 버리는' 경향이 있다. 작동 특성을 고려하지 않은 채 맹목적으로 방정식을 적용하면 물리적으로는 불가능한, 무언가 황당한 결과가 나올 수 있다.

양극성 트랜지스터 이론과 관련하여 한 가지 더 언급할 사항으로는 트랜스 저항(trans resistance) r_{tr}이 있다. 트랜스 저항은 저항기의 이미터 접합 부위에 본질적으로 존재하는 작은 저항을 나타낸다. 트랜지스터의 트랜스 저항을 결정하는 두 가지는 온도와 이미터 전류이다. 다음에 나오는 방정식으로 대략적인 r_{tr}을 추정할 수 있다.

$$r_{tr} = \frac{0.026 \text{ V}}{I_E}$$

일반적으로 r_{tr}은 무시할 정도로 적어서(일반적으로 1000 Ω보다 훨씬 적음) 회로의 전반적인 작동에 큰 위해를 끼치지 않는다. 그러나 특정 회로 종류에서 r_{tr}을 무시해서는 안 된다. 사실, r_{tr}이 있다는 것 자체가 회로의 전반적인 동작을 결정하는 주요 요인일 수 있다. 나중에 이 장에서 트랜스 저항에 대해 자세히 살펴볼 것이다.

방정식의 작동 원리를 설명하는 데 도움이 되는 예제가 몇 개 있다. 첫 번째 예제에서는 *npn* 트랜지스터를 다룬다. 두 번째에서는 *pnp* 트랜지스터를 다룬다.

▶ **예제 1:** $V_{CC} = +20\,V$, $V_B = 5.6\,V$, $R_1 = 4.7\,k\Omega$, $R_2 = 3.3\,k\Omega$이고 $h_{FE} = 100$일 때 V_E, I_E, I_B, I_C, V_C를 알아내라.

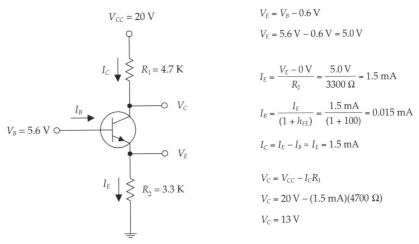

$$V_E = V_B - 0.6\,V$$
$$V_E = 5.6\,V - 0.6\,V = 5.0\,V$$

$$I_E = \frac{V_E - 0\,V}{R_2} = \frac{5.0\,V}{3300\,\Omega} = 1.5\,mA$$

$$I_B = \frac{I_E}{(1 + h_{FE})} = \frac{1.5\,mA}{(1 + 100)} = 0.015\,mA$$

$$I_C = I_E - I_B \approx I_E = 1.5\,mA$$

$$V_C = V_{CC} - I_C R_1$$
$$V_C = 20\,V - (1.5\,mA)(4700\,\Omega)$$
$$V_C = 13\,V$$

보기 4.49

▶ **예제 2:** $V_{CC} = +10\,V$, $V_B = 8.2\,V$, $R_1 = 560\,\Omega$, $R_2 = 2.8\,k\Omega$, $h_{FE} = 100$일 때 V_E, I_E, I_B, I_C, V_C를 알아내라.

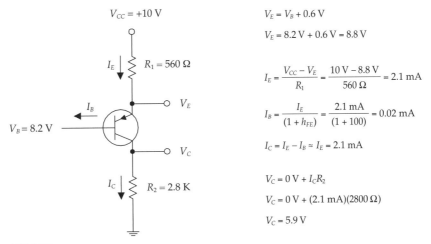

$$V_E = V_B + 0.6\,V$$
$$V_E = 8.2\,V + 0.6\,V = 8.8\,V$$

$$I_E = \frac{V_{CC} - V_E}{R_1} = \frac{10\,V - 8.8\,V}{560\,\Omega} = 2.1\,mA$$

$$I_B = \frac{I_E}{(1 + h_{FE})} = \frac{2.1\,mA}{(1 + 100)} = 0.02\,mA$$

$$I_C = I_E - I_B \approx I_E = 2.1\,mA$$

$$V_C = 0\,V + I_C R_2$$
$$V_C = 0\,V + (2.1\,mA)(2800\,\Omega)$$
$$V_C = 5.9\,V$$

보기 4.50

물에 비유한 양극성 트랜지스터

물에 비유한 *npn*

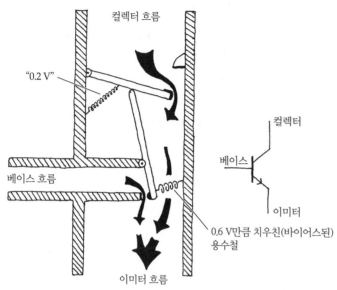

컬렉터 흐름

"0.2 V"

베이스 흐름

컬렉터

베이스

이미터

0.6 V만큼 치우친(바이어스된) 용수철

이미터 흐름

*npn*형 물 트랜지스터의 베이스는 왼쪽에서 주 장치로 들어가는 작은 관으로 표시된다. 컬렉터는 수직관의 상부에 해당하고, 이미터는 수직관의 하부로 표시된다. '베이스' 관을 통해 압력이나 전류가 가해지지 않으면 (*npn* 트랜지스터의 베이스가 개방된 상태와 유사) 하단의 지렛대 모양 꼭지가 수직인 상태로 머물러 있게 되고, 이 꼭지의 상단은 상부 주 출입구가 닫힌 상태로 남게 한다. 이 상태는 실제 양극성 *npn* 트랜지스터의 꺼짐 상태와 유사하다. 물에 대한 비유에서 작은 전류와 압력이 베이스 관에 가해지면, 수직 지렛대는 들어오는 물길에 밀려 반시계 방향으로 회전한다. 이 지렛대형 꼭지가 회전할 때, 상부 주 출입구는 꼭지의 회전 정도에 맞춰 일정량만큼 회전해 개방된다. 이런 상태에서 문이 닫힌 상황에 놓인 용수철의 힘을 극복할 만큼 압력이 충분히 가해지면 컬렉터 관에서 이미터 관으로 물이 흐를 수 있다. 이 용수철 힘은 컬렉터-이미터 채널을 통해 전류를 흐르게 하는 데 필요한 0.6 V 바이어스 전압과 유사하다. 이 비유에서 적은 베이스 물 흐름이 컬렉터 흐름에 합쳐진다는 점에 유념하라.

물에 비유한 *pnp*

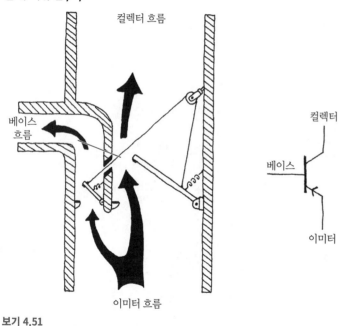

컬렉터 흐름

베이스 흐름

컬렉터

베이스

이미터

이미터 흐름

보기 4.51

여기서 주목해야 할 주된 특징은 *pnp* 물 트랜지스터를 켜는 데 필요한 베이스 압력이 더 낮다는 점이다. 베이스 관 밖으로 수류가 흐르도록 함으로써 지렛대만 움직이면 이미터에서 컬렉터로 향하는 문이 열리게 된다. 베이스 꼭지를 통해 빠져 나가는 수량에 해당하는 지렛대 꼭지의 회전 정도에 따라 열리는 정도가 달라진다. 0.6 V 바이어스 스프링에 다시 주의하라.

■ 기본 동작

트랜지스터 스위치

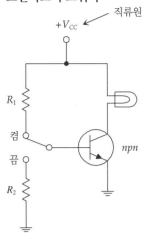

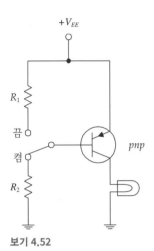

보기 4.52

여기서 전구를 관통하는 전류 흐름을 제어하기 위해 *npn*형 트랜지스터를 사용한다. 스위치가 켬 자리로 놓일 때, 트랜지스터는 적절히 바이어스되어 컬렉터-이미터 채널이 열리며 전류가 V_{CC}에서 전구를 통해 접지로 흐를 수 있게 한다. 베이스로 들어가는 전류 총량은 다음과 같이 결정된다.

$$I_B = \frac{V_E + 0.6\,\text{V}}{R_1} = \frac{0\text{V} + 0.6\,\text{V}}{R_1}$$

컬렉터 전류를 알아내려면 전구의 전압 강하가 너무 크지 않을 때 전류 이득 관계($I_C = h_{FE}I_B$)를 사용할 수 있다(V_C가 0.6 V + V_E 아래로 떨어지지 말아야 함). 스위치가 끔 자리로 놓일 때 베이스는 접지로 설정되고 트랜지스터는 꺼지게 되어 전구로 전류가 흐르지 않게 된다. R_2가 매우 커야(예를 들면, 10 kΩ)만 매우 작은 전류라도 접지로 흐른다.

pnp 회로에서는 모든 게 반대다. 컬렉터 전류가 흐르려면 전류가 베이스를 벗어나야 한다.

전류원

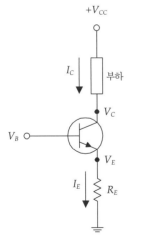

$V_E = V_B - 0.6\,\text{V}$

$I_E = \dfrac{V_E}{R_E}$

$I_C \approx I_E$ (큰 h_{FE}를 위함)

보기 4.53

npn 트랜지스터로 어떻게 간단한 전류원을 형성하는지를 여기 나오는 회로로 볼 수 있다. 트랜지스터의 베이스에 작은 입력 전압과 전류를 적용해 더 큰 컬렉터/부하 전류를 제어할 수 있다. 컬렉터/부하 전류는 다음 식에 따라 베이스 전압과 관련된다.

$$I_C = I_{load} = \frac{V_B - 0.6\,\text{V}}{R_E}$$

이 방정식의 파생이 보기와 함께 표시되어 있다.

전류 바이어스 방식

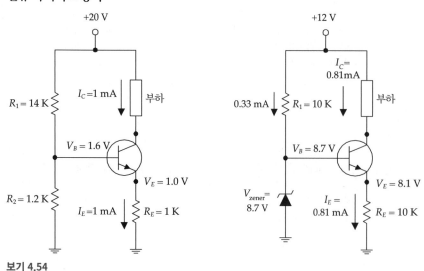

보기 4.54

전류원을 바이어스하는 두 가지 일반적인 방법은 전압 분할기 회로(가장 왼쪽 회로에 표시) 또는 제너 다이오드 조정기(가장 오른쪽 회로에 표시)를 사용하는 것이다. 전압 분할기 회로에서 R_1과 R_2로 베이스 전압을 설정하면 다음과 같이 된다.

$$V_B = \frac{R_2}{R_1 + R_2} V_{CC}$$

제너 다이오드 회로에서 베이스 전압은 제너 다이오드 항복 전압에 의해 $V_B = V_{zener}$로 설정된다.

이미터 팔로워

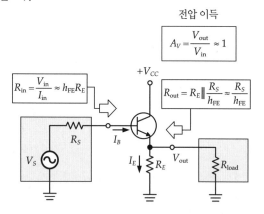

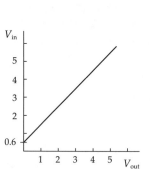

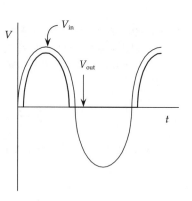

보기 4.55

여기 보이는 회로망을 이미터 팔로워(emitter follower, 역주 즉, 이미터 추종기)라고 부른다. 이 회로에서 출력 전압(이미터에서 탭된 전압)은 입력(출력 '추종' 입력)에 대한 출력의 **0.6 V 강화**를 제외한다면 입력에 대한 거울 이미지이다(베이스-이미터 pn 접합으로 인한 것임). 또한, $V_B ≤ 0.6$ V일 때(입력이 음의 스윙(역주 즉, 변이)일 때)는 트랜지스터가 꺼진다(pn 접합이 역바이어스됨). 이 효과로 인해 출력이 잘리게 된다(그래프 참조). 언뜻 보기에는 전압 이득이 없어서 이미터 팔로워가 쓸모없어 보일 수 있다. 그러나 회로를 더 자세히 살펴보면 출력 임피던스보다 훨씬 더 큰 입력 임피던스를 지니거나 더 정확하게는 입력 전류(I_B)에 비해 훨씬 더 큰 출력 전류(I_E)를 지닌다는 점을 알 수 있다. 다시 말하면, 이미터 팔로워에 전류 이득이 있으며 이것은 전압 이득과 마찬가지로 중요한 특징이다. 즉, 신호원(V_{in}에 인가된 것)에서 부하를 구동하는 데 필요한 전력이 적어지므로 부하가 해당 원천에서 직접 전력을 공급받는 경우보다 더 필요하다. 트랜지스터 이득 방정식을 다루고 옴의 법칙을 사용하면 입력 저항과 출력 저항은 다음과 같다.

$$R_{in} = \frac{V_{in}}{I_{in}} \approx h_{FE} R_E$$

$$R_{out} = R_E \parallel \frac{R_S}{h_{FE}} \approx \frac{R_S}{h_{FE}}$$

$$A_V = \frac{V_{out}}{V_{in}} \approx 1 \text{ (전압 이득)}$$

이미터 팔로워(공통 컬렉터) 증폭기

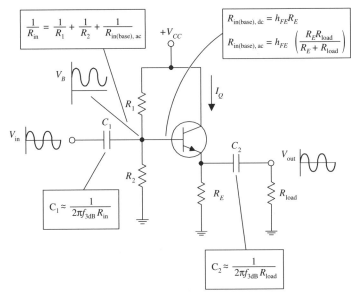

$$\frac{1}{R_{in}} = \frac{1}{R_1} + \frac{1}{R_2} + \frac{1}{R_{in(base), ac}}$$

$$R_{in(base), dc} = h_{FE}R_E$$

$$R_{in(base), ac} = h_{FE}\left(\frac{R_E R_{load}}{R_E + R_{load}}\right)$$

$$C_1 \approx \frac{1}{2\pi f_{3dB} R_{in}}$$

$$C_2 \approx \frac{1}{2\pi f_{3dB} R_{load}}$$

예

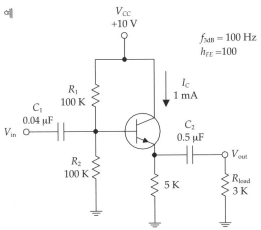

$f_{3dB} = 100$ Hz
$h_{FE} = 100$

보기 4.56

여기에 나온 회로를 공통 컬렉터 증폭기(common collector amplifier)라고 부르는데, 전류 이득은 있지만 전압 이득은 없다. 이것이 이미터 팔로워 어레이를 사용하지만 음의 입력 스윙 중에 클리핑을 피하도록 수정되었다. 전압 분기기(R_1 및 R_2)는 (커패시터를 통과한 후) 입력 신호에 양의 직류 수준 또는 작동점(정지점(quiescent point)이라고 함)을 제공하는 데 사용된다. 입력 및 출력 커패시터가 모두 포함되어 있어 직류 작동점을 방해하지 않고도 교류 입출력 신호를 추가할 수 있다. 보면 알겠지만 커패시터도 필터링 소자로 작동한다.

공급 전압 $V_{CC} = +10$ V, 트랜지스터 h_{FE} 100, 희망 f_{3dB} 지점이 100 Hz인 3 kΩ 부하에 전력을 공급하는 공통 컬렉터 증폭기를 설계하려면

1. 무부하 전류 $I_Q = I_C$를 선택한다. 이 문제를 위해 $I_Q = 1$ mA를 집어낸다.

2. 다음으로 $V_E = \frac{1}{2}V_{CC}$를 선택해 클리핑 없이도 되는 최대 대칭 출력 스윙을 허용한다. 이 경우에는 5 V이다. $V_E = 5$ V로 설정하고도 $I_Q = 1$ mA를 얻으려면 R_E를 사용해야 하는데, 옴의 법칙으로 이 값을 알아낼 수 있다.

$$R_E = \frac{\frac{1}{2}V_{CC}}{I_Q} = \frac{5\text{ V}}{1\text{ mA}} = 5\text{ k}\Omega$$

3. 다음으로 정지 상태를 위해(V_E를 일치시켜 클리핑되지 않게 하기 위해) $V_B = V_E + 0.6$ V를 설정하라. 베이스 전압을 설정하려면 전압 분할기(R_1과 R_2)를 사용한다. R_1과 R_2 사이의 비율은 전압 분할기 관계를 정리해 $V_B = V_E + 0.6$ V로 대입함으로써 결정된다.

$$\frac{R_2}{R_1} = \frac{V_B}{V_{CC} - V_B} = \frac{V_E + 0.6\text{ V}}{V_{CC} - (V_E + 0.6\text{V})}$$

다행스럽게도 근삿값을 만들어 $R_1 = R_2$라고 간단히 말할 수 있다. 이 근삿값에서는 0.6 V 전압 강하를 '잊게' 되지만 일반적으로 지나치게 극단적인 것은 아니다. R_2와 R_1의 실제 크기는 병렬 저항이 베이스에서 직류(무부하) 입력 저항의 10분의 1보다 작거나 같아야 한다(이렇게 하면 부하 조건에서 전압 분할기의 출력 전압이 낮아지지 않음).

$$\frac{R_1 R_2}{R_1 + R_2} \leq \frac{1}{10}R_{in(base), dc}$$

$$\frac{R}{2} \leq \frac{1}{10}R_{in(base), dc} \quad \text{(근삿값 } R = R_1 = R_2 \text{ 사용)}$$

여기서 $R_{in(base), dc} = h_{FE}R_E$, 또는 특별히 $R_{in(base), dc} = 100(5\text{ k}) = 500$ k이다. 위의 근삿값을 사용해 R_1과 R_2가 각기 100 k가 되도록 계산된다. (여기에서는 교류 결합 부하에 대해 걱정할 필요가 없었으며, 정지 설정 조건을 가정했기 때문에 전압 분할기에 영향을 미치지 않고, C_2는 개방 회로로 동작하므로 부하의 존재를 '제거'한다.)

4. 그런 다음, 직류 결합 및 다른 원하지 않는 주파수를 차단하도록 교류 결합 커패시터를 선택한다. C_1은 R_{in}과 함께 고역 통과 필터를 형성한다(보기 참조). R_{in}을 찾으려면 전압 분할기와 $R_{in(base), ac}$를 병렬로 처리한다.

$$\frac{1}{R_{in}} = \frac{1}{R_1} + \frac{1}{R_2} + \frac{1}{R_{in(base), ac}}$$

$R_{in(base), dc}$가 아닌 $R_{in(base), ac}$가 사용된다는 점에 주목하라. 변동 신호가 입력에 인가될 때 부하를 더 이상 처리할 수 없기 때문이다. 커패시터는 변위 전류를 통과하기 시작한다. 즉, 병렬로 놓인 R_E와 R_{load}를 가져와 h_{FE}를 곱하여 $R_{in(base)}$를 찾아야 한다.

$$R_{\text{in(base),ac}} = h_{FE}\left(\frac{R_E R_{\text{load}}}{R_E + R_{\text{load}}}\right) = 100\left[\frac{5\ \text{k}\Omega(3\ \text{k}\Omega)}{5\ \text{k}\Omega + 3\ \text{k}\Omega}\right] = 190\ \text{k}\Omega$$

이제 R_{in}을 찾을 수 있다.

$$\frac{1}{R_{\text{in}}} = \frac{1}{100\ \text{k}\Omega} + \frac{1}{100\ \text{k}\Omega} + \frac{1}{190\ \text{k}\Omega}$$

$$R_{\text{in}} = 40\ \text{k}\Omega$$

R_{in}을 찾은 다음에는 C_1을 선택해 $f_{3\text{dB}}$점을 설정한다(C_1 및 R_{in}은 고역 통과 필터를 형성함). 다음 공식을 사용해 커패시터 값 C_1을 찾아낸다.

$$C_1 = \frac{1}{2\pi f_{3\text{dB}} R_{\text{in}}} = \frac{1}{2\pi(100\ \text{Hz})(40\ \text{k}\Omega)} = 0.04\ \mu\text{F}$$

C_2는 부하와 더불어 고역 통과 필터를 형성한다. 이것은 다음을 사용해 선택한다.

$$C_2 = \frac{1}{2\pi f_{3\text{dB}} R_{\text{load}}} = \frac{1}{2\pi(100\ \text{Hz})(3\ \text{k}\Omega)} = 0.5\ \mu\text{F}$$

공통 이미터 구성

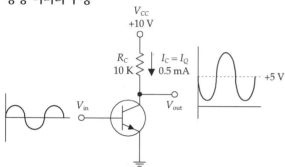

여기 나온 트랜지스터 구성을 공통 이미터 구성(common-emitter configuration)이라고 한다. 이미터 팔로워와는 다르게 공통 이미터에는 전압 이득이 있다. 이 회로가 어떻게 작동하는지 파악하려면 $V_C = \tfrac{1}{2}V_{CC}$를 설정하여 클리핑 없이 최대 스윙을 허용하라. 이미터 팔로워와 마찬가지로, 무엇보다도 우선 정지 전류 I_Q를 선택하라. 원하는 I_Q로 $V_C = \tfrac{1}{2}V_{CC}$를 설정하려면 R_C를 사용하는데, 옴의 법칙으로 찾을 수 있다.

$$R_C = \frac{V_{CC} - V_C}{I_C} = \frac{V_{CC} - \tfrac{1}{2}V_{CC}}{I_Q} = \frac{\tfrac{1}{2}V_{CC}}{I_Q}$$

예를 들어, V_{CC}가 10 V이고 I_Q가 0.5 mA이면 R_C는 10 k이다. 이 회로의 이득은 $\Delta V_E = \Delta V_B$ (여기서 Δ는 작은 변동을 나타냄)를 인식하면 알 수 있다. 옴의 법칙을 사용해 이미터 전류를 구한다.

$$\Delta I_E = \frac{\Delta V_E}{R_E} = \frac{\Delta V_B}{R_E} = \Delta I_C$$

$V_C = V_{CC} - I_C R_C$와 마지막 표현식을 사용하면 다음을 얻을 수 있다.

$$\Delta V_C = \Delta I_C R_C = \frac{\Delta V_B}{R_E} R_C$$

V_C가 V_{out}이고 V_B가 V_{in}이므로 이득은 다음과 같다.

$$\text{이득} = \frac{V_{\text{out}}}{V_{\text{in}}} = \frac{\Delta V_C}{\Delta V_B} = \frac{R_C}{R_E}$$

그렇지만 R_E라면 어떨까? 회로에 따르면 이미터 저항기는 없다. 이득 공식을 사용한다면 $R_E = 0\ \Omega$으로 나타날 수 있어 이득이 무한정해진다. 그렇지만 앞에서 말했듯이 양극성 트랜지스터는 이미터 영역에서 트랜스 저항(작은 내부 저항)을 지니며, 이는 다음 식으로 근사화된다.

$$r_{\text{tr}} \approx \frac{0.026\,\text{V}}{I_E}$$

이 수식을 예제에 적용하면 $I_Q = 0.5\,\text{mA} = I_C \approx I_E$이고, 이득 방정식의 R_E 항 또는 r_{tr}은 52 Ω이 된다. 이것은 이득이 실제로는 다음과 같다는 점을 의미한다.

$$\text{이득} = -\frac{R_C}{R_E} = -\frac{R_C}{r_{\text{tr}}} = -\frac{10\,\text{k}\Omega}{52\,\Omega} = -192$$

이득이 음성이라는 점에 주목하라(출력이 반전되었다). 이에 따르면 V_{in}이

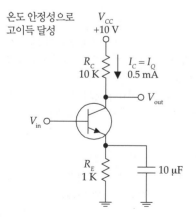

보기 4.57

늘어날수록 I_C가 증가하는 반면 V_C(V_{out})는 감소한다(옴 법칙). 이제 이 회로에 한 가지 문제가 있다. r_{tr} 항이 무척 불안정해짐에 따라 이득도 불안정해지는 효과가 생긴다. r_{tr}로 인해 생긴 불안정성은 온도에 의존한다. 온도가 증가하면 V_E와 I_C가 증가하고 V_{BE}는 감소하지만 V_B는 고정된 채로 있다. 이것은 바이어스 전압 범위가 좁다는 것을 의미하므로 트랜지스터의 '밸브'를 잠그는 효과를 낸다. 이렇게 조이는 일을 없애려면, 이미터에서 접지 쪽으로(두 번째 회로를 보라) 이미터 저항기를 둔다. R_E와 r_{tr}을 직렬 저항기로 다루면 이득은 이렇게 된다.

$$이득 = \frac{R_C}{R_E + r_{tr}}$$

R_E를 더하면 분모의 변화가 줄어들므로 이득의 변화도 줄어든다. 실용적으로 R_E는 V_E를 약 1 V(온도 안정성과 최대 스윙 출력)로 두어야 한다. 옴의 법칙을 사용해(그리고 이것을 예에 적용해), $R_E = V_E/I_E = V_E/I_Q = 1\,\text{V}/1\,\text{mA} = 1\,\text{k}$를 선택했다. R_E를 회로에 더할 때 생기는 한 가지 단점은 이득의 감소다. 그렇지만 전압 이득이 줄어드는 일을 방지하고 동시에 온도 안정성을 유지하는 묘책이 있다. 축전기를 사용해 R_E를 우회하면(세 번째 회로를 보라) 고주파 입력 신호가 적용될 때 R_E를 '사라지게' 할 수 있다. (축전기가 직류 신호에 대해서는 무한히 큰 저항기와 같은 행태를 보이면서도 상대적으로 딜 '저항'하거나, 교류 신호에 대해서는 반응한다는 점을 상기하라.) 이득 방정식의 관점에서 보면, 축전기는 그라운드로 향하는 전류의 방향을 다른 데로 돌려 R_E 항을 0이 되게 한다. 이득 방정식에 유일하게 남은 저항은 r_{tr}이다.

공통 이미터 증폭기

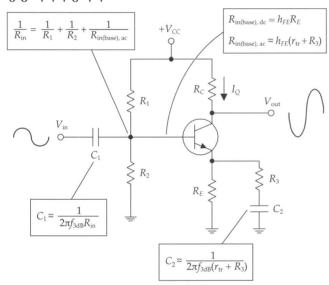

여기에 나오는 회로를 **공통 이미터 증폭기**(common-emitter amplifier)라고 부른다. 공통 컬렉터 증폭기와 다르게, 공통 이미터 증폭기는 전압 이득을 제공한다. 이 증폭기는 공통 이미터를 나열한 것을 이용하고 교류 결합을 할 수 있게 수정된다. 증폭기의 작동 방식을 이해할 수 있게, 다음 예를 살펴보자.

$h_{FE} = 100$이고 $V_{CC} = 20\,\text{V}$일 때, 전압 이득이 -100, f_{3dB}점이 100 Hz, 정지 전류 $I_Q = 1\,\text{mA}$인 공통 이미터 증폭기를 설계하려면 다음과 같이 하라.

1. V_{out}(또는 V_C)을 $\frac{1}{2}V_{CC}$로 가운데로 두려면 R_C를 선택하여 출력에서 최대 대칭 스윙이 되게 하라. 이 예에서 이것은 V_C가 10 V로 설정되어야 함을 의미한다. 옴의 법칙을 사용해 R_C를 구한다.

$$R_C = \frac{V_C - V_{CC}}{I_C} = \frac{0.5 V_{CC} - V_{CC}}{I_Q} = \frac{10\,\text{V}}{1\,\text{mA}} = 10\,\text{k}\Omega$$

2. 다음으로 R_E를 선택해 $V_E = 1$ V로 설정함으로써 온도를 안정되게 한다. 옴의 법칙을 사용해 $I_Q = I_E = 1\,\text{mA}$를 취하면 $R_E = V_E/I_E = 1\,\text{V}/1\,\text{mA} = 1\,\text{k}\Omega$를 얻는다.

3. 이제 R_1과 R_2를 선택해 $V_B = V_E + 0.6$ V 또는 1.6 V의 대기 기본 전압을 설정하기 위해 전압 분할기를 설정한다. R_1과 R_2 사이의 적절한 비율을 찾으려면 전압 분할기(약간 정리된 것)를 사용하라.

$$\frac{R_2}{R_1} = \frac{V_B}{V_{CC} - V_B} = \frac{1.6\,\text{V}}{20\,\text{V} - 1.6\,\text{V}} = \frac{1}{11.5}$$

이것은 $R_1 = 11.5 R_2$임을 의미한다. 이 저항기의 크기는 일반 컬렉터 증폭기에서 사용한 것과 비슷한 절차를 사용해 찾을 수 있다. 이들의 병렬 저항은 $\frac{1}{10} R_{in(base),dc}$보다 작거나 같아야 한다.

$$\frac{R_1 R_2}{R_1 + R_2} \leq \frac{1}{10} R_{in(base),dc}$$

$R_1 = 11.5 R_2$를 이 식에 대입하고 $R_{in(base),dc} = h_{FE} R_E$를 사용하고 나면 $R_2 = 10\,\text{k}\Omega$임을 찾을 수 있는데, 차례로 $R_1 = 115\,\text{k}\Omega$이 된다(110 kΩ이 R_1에 아주 충분하다고 하자).

4. 다음으로 희망 이득에 대해 R_3를 선택하라. 여기서 이득은 다음과 같다.

$$\frac{1}{R_{in}} = \frac{1}{R_1} + \frac{1}{R_2} + \frac{1}{R_{in(base),ac}}$$

$$R_{in(base),dc} = h_{FE}R_E$$
$$R_{in(base),ac} \approx h_{FE}(r_{tr} + R_3)$$

$$C_1 \approx \frac{1}{2\pi f_{3dB} R_{in}}$$

$$C_2 \approx \frac{1}{2\pi f_{3dB}(r_{tr} + R_3)}$$

예

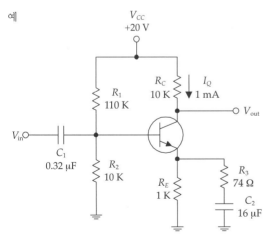

부기 4 58

$$\text{이득} = -\frac{R_C}{r_{tr} + (R_E \| R_3)} = -100$$

(겹선은 R_E와 R_3를 병렬로 취한다는 의미다.) r_{tr}을 찾아내려면 $r_{tr} = 0.026\,\text{V}/I_E = 0.026\,\text{V}/I_C = 0.026\,\text{V}/1\,\text{mA} = 26\,\Omega$을 사용한다. 이제 교류 신호를 적용했을 때 R_E가 '사라진다'고 가정함으로써 이득 방정식을 간단하게 할 수 있다. 이것은 이득을 다음과 같이 간단히 할 수 있음을 의미한다.

$$\text{이득} = -\frac{R_C}{r_{tr} + R_3} = -\frac{10\,\text{k}\Omega}{26\,\Omega + R_3} = -100$$

R_3에 대해 이 방정식을 풀면 $R_3 = 74\,\Omega$를 얻는다.

5. 다음으로 $C_1 = 1/(2\pi f_{3\text{dB}} R_{\text{in}})$과 같은 필터링 목적으로 C_1을 선택한다. 여기에서 R_{in}은 전압 분할 저항기의 병렬 저항이며 $R_{\text{in}(기본)}$은 왼쪽에서 전압 분할기로 들어가는 저항이다.

$$\frac{1}{R_{\text{in}}} = \frac{1}{R_1} + \frac{1}{R_2} + \frac{1}{h_{FE}(r_{tr} + R_3)} = \frac{1}{110\,\text{k}\Omega} + \frac{1}{10\,\text{k}\Omega} + \frac{1}{100\,(26\,\Omega + 74\,\Omega)}$$

이 방정식을 풀면 $R_{\text{in}} = 5\,\text{k}\Omega$이 된다. 이것이 의미하는 바는 다음과 같다.

$$C_1 = \frac{1}{2\pi(100\,\text{Hz})(5\,\text{k}\Omega)} = 0.32\,\mu\text{F}$$

6. C_2를 선택하려면 C_2 및 $r_{tr} + R_3$을 고역 통과 필터로 처리하라(다시 말하지만, 교류 조건에서 R_E는 무시할 수 있는 것으로 간주한다). C_2는 다음과 같이 주어진다.

$$C_2 = \frac{1}{2\pi f_{3\text{dB}}(r_{tr} + R_3)} = \frac{1}{2\pi(100\,\text{Hz})(26\,\Omega + 74\,\Omega)} = 16\,\mu\text{F}$$

전압 조정기

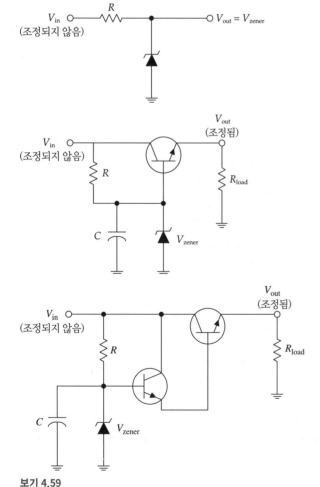

여기에 나오는 제너 다이오드 회로를 간단한 전압 조정기를 만드는 데 사용할 수 있다. 그러나 많은 응용기기에서 간단한 조정기에는 문제가 있다. V_{out}을 정확한 값이 되게 조정하지 못하며 제너 다이오드는 맥동 전압(역주 즉, 잔결 전압)에 대해서만 적절한 보호를 제공한다. 또한, 부하 임피던스가 변할 때는 간단한 제너 다이오드 조절기는 특히 잘 작동하지 않는다. 큰 부하 변동을 수용하려면 전력 정격이 큰 제너 다이오드가 필요하다. 이 제너 다이오드는 비쌀 수 있다.

보기에 나오는 두 번째 회로는 첫 번째 회로와는 달라서 더 잘 조정된다. 부하 변동을 조정하고, 대전류 출력과 다소 우수한 안정성을 제공한다. 이 회로는 npn 트랜지스터의 베이스에 제너 다이오드를 연결해 컬렉터-이미터 전류를 조정하는 데 사용한다는 점을 제외하면 앞에 나온 회로와 무척 비슷하다. 트랜지스터는 이미터-팔로워 구성으로 짜인다. 이것은 이미터가 베이스를 따를 것이라는 점을 의미한다(0.6 V 강하가 있다는 점을 제외하면). 제너 다이오드를 사용해 베이스 전압을 조절하면 조절된 이미터 전압이 조절된다. 트랜지스터 법칙에 따르면, 베이스에 필요한 전류는 이미터에서 컬렉터로 흐르는 전류의 $1/h_{FE}$ 뿐이다. 그러므로 저전력 제너 다이오드로 상당히 많은 전류를 전달할 수 있는 트랜지스터의 베이스 전압을 조절할 수 있다. 커패시터를 추가해 제너 다이오드에서 나오는 잡음을 감쇄하고, 맥동 전압을 줄이는 데 사용하는 저항기와 함께 RC 필터를 형성한다.

일부 사례에서는 선행 제너 다이오드 회로가 충분한 베이스 전류를 공급하지 못할 수도 있다. 두 번째 트랜지스터를 추가해 이 문제를 해결하는 방법이 있는데, 세 번째 회로에서 볼 수 있다. 여분의 트랜지스터(베이스가 제너 다이오드에 연결된 트랜지스터)는 위쪽 트랜지스터의 베이스로 흐르는 전류를 증폭하는 동작을 한다.

보기 4.59

달링톤 쌍

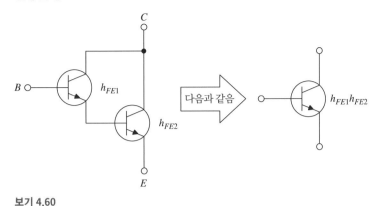

보기 4.60

여기에 표시된 것처럼 두 개의 트랜지스터를 함께 연결하면 더 큰 전류 처리, 더 큰 h_{FE} 등가 트랜지스터 회로가 형성된다. 이러한 조합을 달링톤 쌍(darlington pair)이라고 부른다. 쌍에 대한 등가 **hFE**는 각 트랜지스터의 h_{FE} 값들을 곱한 것과 동일하다($h_{FE}=h_{FE1}h_{FE2}$). 달링톤 쌍은 대전류 응용 분야 및 증폭기 입력 단계로 사용되는데, 이때 큰 입력 임피던스들이 필요하다. 그렇지만 단일 트랜지스터와는 달리, 달링톤 쌍은 응답 시간이 더 느리고(상단 트랜지스터가 더 낮은 쪽 트랜지스터를 켜고 끄는 데 시간을 더 씀), 베이스-이미터 전압 강하가 두 배(0.6 V 대신에 1.2 V)이다. 달링톤 쌍을 단일 패키지로 구입할 수 있다.

■ 양극성 트랜지스터 형식들

소신호

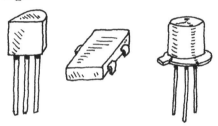

이런 트랜지스터 형식은 저수준 신호를 증폭하는 데 쓰고 또한 스위치로도 사용한다. I_C 정격이 80에서 600 mA일 때 전형적인 h_{FE} 값의 범위는 10에서 500이다. *npn* 형태나 *pnp* 형태로 들어온다. 최대 동작 주파수 범위는 1에서 300 MHz이다.

소규모 스위칭

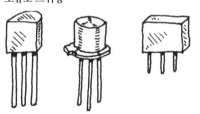

이 트랜지스터들을 주로 스위치로 사용하지만, 증폭기로도 사용할 수 있다. I_C 정격이 10에서 1000 mA일 때 전형적인 h_{FE} 값의 범위는 10에서 200이다. *npn* 형태나 *pnp* 형태로 들어온다. 최대 스위칭 속도 범위는 10에서 2000 MHz이다.

고주파(RF)

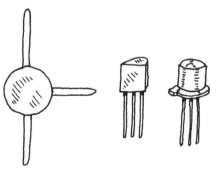

이 트랜지스터는 고속 스위칭 응용기기를 위해 고주파에서 동작하는 작은 신호에 사용된다. 베이스 범위가 매우 얇고 실제 칩은 매우 작다. HF, VHF, UHF, CATV, MATV 증폭기와 발진기에 사용한다. 최대 동작 주파수 정격은 약 2000 MHz이고, 최대 IC 전류는 10에서 600 mA이다. *npn* 형태나 *pnp* 형태로 들어온다.

전력

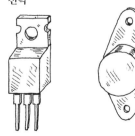

보기 4.61

이러한 트랜지스터들을 고전력 증폭기나 전압 공급 장치에 사용한다. 컬렉터를 흡열부(heat sink)처럼 작동하는 금속 베이스에 연결한다. 전형적인 전력 정격은 대략 10~300 W이고 주파수 정격은 1~100 MHz이다. 최대 I_C 값의 범위는 1~100 A이다. *npn*이나 *pnp*로 공급되며 달링톤(*npn* 또는 *pnp*) 형태로 들어온다.

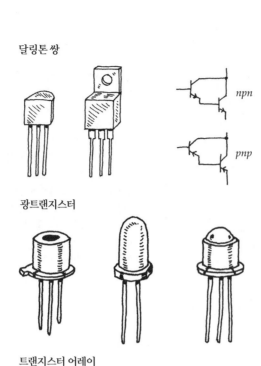

달링톤 쌍

npn

pnp

이것들에는 각기 트랜지스터 두 개가 들어 있다. 대전류 수준일 때 더 안정적이다. 소자에 대한 유효 h_{FE}가 단일 트랜지스터의 것보다 훨씬 크기 때문에 더 큰 전류 이득이 가능하다. *npn(D-npn)*과 *pnp(D-pnp)* 달링톤 패키지로 공급된다.

광트랜지스터

이 트랜지스터는 광반응 양극성 트랜지스터로 작동한다(베이스를 빛에 노출한다). 빛이 베이스 영역에 비추면 베이스 전류가 나온다. 광트랜지스터의 종류에 따라 빛은 바이어스 처리 대리자(2리드 광트랜지스터)로만 작용할 수도 있고, 기존 기본 전류(3리드 광트랜지스터)를 간단히 변경시킬 수도 있다. 상세한 내용을 5장에서 보라.

트랜지스터 어레이

이것은 통합된 패키지 한 개에 다수의 트랜지스터를 결합해 구성한다. 예를 들면, 여기서 본 트랜지스터 어레이는 세 개의 *npn* 트랜지스터와 두 개의 *pnp* 트랜지스터로 구성되어 있다.

보기 4.61 (이어짐)

■ 양극성 트랜지스터에 대해 알아 두어야 할 점

트랜지스터의 전류 이득(h_{FE})은 의존할 만한 변수가 되지 못한다. 말하자면 동일한 트랜지스터 그룹 내에서 50~500까지 변할 수 있으며, 컬렉터 전류, 컬렉터-이미터 전압 및 온도 변화에 따라 달라진다. h_{FE}가 무엇인가 예측하기 어려운 면이 있으므로 회로를 구성할 때 특정 h_{FE} 값들에 의존하지 말아야 한다.

모든 트랜지스터에는 최대 컬렉터 전류 정격($I_{C,max}$), 최대 컬렉터-베이스 간 항복 전압(BV_{CBO}), 컬렉터-이미터 간 항복 전압(BV_{CEO}), 이미터-베이스 간 항복 전압(V_{EBO}), 최대 컬렉터 전력 소실(P_D) 정격이 있다. 이러한 정격을 초과하면 트랜지스터가 망가질 수 있다. BV_{EB}에 대항해 지켜 내는 한 가지 방법은 이미터에서 베이스로 다이오드를 배치하는 것으로, 보기 4.62(a)에 나와 있다. 다이오드는 이미터가 베이스보다 더 양성을 띨 때마다 이미터-베이스 간 전도를 방지한다(예: 이미터가 접지되어 있을 때 베이스가 음으로 스윙할 때의 입력). BV_{CBO}를 초과하지 않으려면 컬렉터와 직렬로 둔 다이오드(보기 4.62(b))를 사용해 베이스 전압이 컬렉터 전압보다 과도하게 커지면 컬렉터-베이스 간 전도가 발생하지 않도록 하라. 컬렉터가 유도성 부하를 유지하는 경우에 문제가 될 수 있는 BV_{CBO} 초과를 방지하려면 부하와 병렬로 배치된 다이오드(보기 4.62(c))를 컬렉터 전압 스파이크(유도성 부하가 생성함)가 항복 전압에 도달하기 전에 전도성을 띠게 한다.

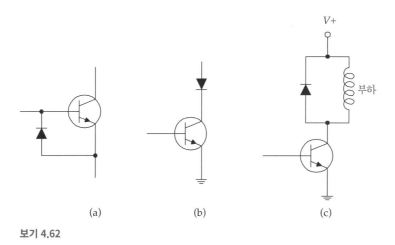

보기 4.62

양극성 트랜지스터 핀 배치

양극성 트랜지스터는 다양한 패키지 형태로 공급된다. 일부 트랜지스터는 플라스틱으로 포장되어 있고 그 밖의 트랜지스터는 금속 용기에 포장되어 있다. 베이스, 이미터 및 컬렉터 단자에 해당하는 리드를 분리하려고 시도할 때, 먼저 트랜지스터가 들어 있는 패키지에 핀 배치 도표가 있는지 확인하라. 핀 배치표를 제공하지 않는다면 우수한 상호 참조 카탈로그(예: 반도체용 NTE 교차 참조 카탈로그)를 대신 사용해도 된다. 그러나 종종 그렇듯이 대용량 단위로 들어오는 간단한 스위칭 트랜지스터를 '찾아내기' 힘들 수 있으며 레이블이 없을 수 있다. 또한, 이렇게 대용량 단위로 공급하는 업체가 모두 비슷하게 보이지만 핀 배치 규격을 완전히 다르게 할 수 있으며, *pnp* 및 *npn* 극성을 모두 포함할 수 있는 많은 트랜지스터를 함께 제공하기도 한다. 트랜지스터를 자주 사용하는 경우 트랜지스터 테스터와 함께 제공되는 디지털 멀티미터를 구입하는 것이 가장 바람직하다. 이러한 멀티미터는 상대적으로 저렴하고 사용하기 쉽다. 이러한 측정기에는 여러 개의 브레드보드 모양 홈이 있다. 트랜지스터를 시험하려면 트랜지스터의 핀들을 홈에 끼운다. 간단히 버튼을 누르기만 하면 멀티미터가 트랜지스터를 시험해 소자가 *npn* 트랜지스터인지 아니면 *pnp* 트랜지스터인지를 표시하고, 핀 배치 규격(예: ebc, cbe 등)을 제공하고, 트랜지스터의 h_{FE}를 알려 줄 것이다.

응용기기

계전기 구동자

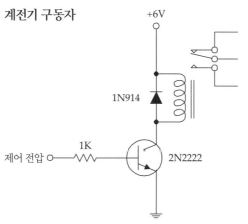

여기서 계전기를 제어하기 위해 *npn* 트랜지스터를 사용한다. 트랜지스터의 베이스로 제어 전압/전류가 수신되면 트랜지스터가 켜져, 전류가 계전기 코일을 통해 흐르는 동안 계전기 상태가 바뀐다. 계전기 코일로 인해 생성된 전압 스파이크를 다이오드로 제거한다. 적절한 전압 정격 등에 맞춰 계전기를 선택해야 한다.

보기 4.63

차동 증폭기

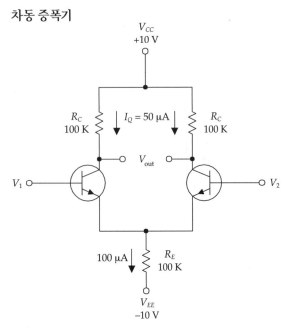

보기 4.64

여기에 나오는 차동 증폭기(differential amplifier)는 두 개의 개별 입력 신호를 비교하고 이들 간의 차이를 알아낸 다음 이 차이를 증폭하는 장치이다. 회로의 작동 방식을 이해하려면 두 트랜지스터를 똑같은 것으로 다룬 다음, 두 트랜지스터가 공통 이미터 구성으로 설정되어 있는지 확인하라. 이제 V_1과 V_2에 동일한 입력 신호를 적용하면 각 트랜지스터에 동일한 전류가 흐른다. 즉, ($V_C = V_{CC} - I_C R_C$를 사용해) 양쪽 트랜지스터의 컬렉터 전압이 같다는 뜻이다. 출력 단자는 간단히 왼쪽 및 오른쪽 트랜지스터의 컬렉터 전압이므로 출력 전압(전위차)은 0이다. 이제 각 입력에 인가된 신호 V_2가 서로 다르다고 가정하면, 말하자면 V_1이 V_2보다 크다고 한다면, 이 경우에 왼쪽 트랜지스터를 관통하는 전류 흐름이 오른쪽 트랜지스터를 관통하는 전류 흐름보다 더 크게 될 것이다. 이것은 왼쪽 트랜지스터의 V_C가 트랜지스터의 V_C에 비해 상대적으로 감소할 것이라는 의미다. 공통 이미터 구성으로 트랜지스터가 설정되어 있으므로 효과는 증폭된다. 입력 전압과 출력 전압 간의 관계는 다음과 같이 주어진다.

$$V_{out} \approx \frac{R_C}{r_{tr}} (V_1 - V_2)$$

이 식을 재조정해서 이득이 R_C/r_{tr}과 같다는 점을 찾는다.

여기에 나오는 회로를 설명하면 선택할 저항 값을 이해할 수 있을 것이다. 먼저, 동적 범위를 최대화하기 위해 V_C를 ½V_{CC} 또는 5 V로 집중하게 하려면 R_C를 선택하라. 동시에, 영입력 전류(적용한 신호가 없을 때도 흐르는 전류)를 선택해야 하는데, $I_Q = I_C = 50$ μA라고 하자. 옴의 법칙에 따라 R_C = (10 V − 5 V)/50 μA = 100 kΩ이다. R_E는 트랜지스터의 이미터를 가능한 한 0 V에 가깝게 설정하도록 선택된다. R_E는 오른쪽 및 왼쪽 분로의 50 A를 모두 더하고 합계를 100 μA인 전류 흐름으로 가져와서 구한다. 이제 옴의 법칙을 적용한다. R_E = 0 V − 10 V/100 μA = 100 kΩ. 다음으로 트랜스 저항을 구한다. $r_{tr} \sim 0.026$ V/I_E = 0.026 V/50 μA = 520 Ω. 그러면 이득은 100 kΩ/520 Ω = 192 Ω이 된다.

응용기기 측면에서 차동 증폭기를 약화된 신호를 추출하는 데 사용할 수 있으며, 케이블을 통한 전송 과정에서 상당한 잡음을 잡아낸다(차동 증폭기는 수신단에 배치됨). 잡음 주파수와 신호 주파수가 다를 때만 잡음에서 신호를 추출할 수 있는 필터 회로와 달리, 차동 증폭기는 이 조건을 필요로 하지 않는다. 두 전선의 잡음이 공통이어야 한다는 점이 유일한 필요조건이다.

차동 증폭기를 다룰 때 공통 모드 신호 제거율(common-mode rejection ratio, CMRR)이라는 용어로 종종 증폭기의 품질을 나타낸다. 우수한 차동 증폭기의 CMRR은 높다(이론적으로 무한대). CMRR은 출력 크기가 같을 수 있게 병렬로 놓인 두 입력(V_1과 V_2)에 인가해야 하는, 두 입력 전압 대 차이 전압($V_1 - V_2$)의 전압비이다.

상보형 대칭 증폭기

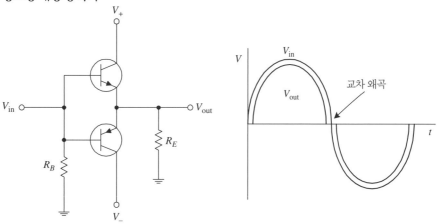

보기 4.65 *npn* 이미터 팔로워가 입력에서 음의 스윙 중에 출력을 클리핑하는 역할을 한다는 것을 상기하라(트랜지스터는 $V_B \leq V_E + 0.6\,\text{V}$일 때 꺼진다). 마찬가지로 *pnp* 팔로워는 양의 입력 스윙 중에 출력을 클리핑한다. 하지만 이제는 여기에 표시된 회로와 같이 *npn*과 *pnp* 트랜지스터를 결합하면, 푸시풀 팔로워(push-pull follower), 즉 **상보형 대칭 증폭기**(complementary symmetry amplifier)라 불리는 것을 얻을 수 있다. 이 증폭기는 전류 이득을 제공하고 양 또는 음의 입력 스윙 중에 전도성을 띨 수 있다. $V_{\text{in}} = 0\,\text{V}$에 대해 양쪽 트랜지스터는 바이어스되어 차단한다($I_B = 0$). $V_{\text{in}} > 0\,\text{V}$의 경우 상부 트랜지스터는 이미터 팔로워처럼 동작하며, 하부 트랜지스터는 차단된다. $V_{\text{in}} < 0\,\text{V}$의 경우 하부 트랜지스터는 전도되고 상부 트랜지스터는 차단된다. 이 증폭기는 직류 증폭기로 유용할 뿐만 아니라 두 트랜지스터의 작동점이 $I_C = 0$에 가깝기 때문에 전력을 보존한다. 그러나 $I_C = 0$일 때, h_{FE}와 r_{tr}의 특성이 그다지 일정하지 않으므로 작은 신호나 큰 신호의 영점에 근접한 교차점에 대해서는 선형적이지 않다(교차 왜곡이 발생).

전류 거울

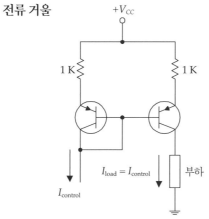

보기 4.66

여기서 두 개의 일치된 *pnp* 트랜지스터를 사용하여 전류 거울(current mirror)이라고 하는 것을 만들 수 있다. 이 회로에서 부하 전류는 가장 왼쪽의 트랜지스터 컬렉터에서 가라앉은 제어 전류의 '거울상'이다. 같은 양의 바이어스 전류가 두 트랜지스터의 베이스에 남게 되므로 두 트랜지스터의 컬렉터-이미터 전류는 같아야 한다. 제어 전류는 예를 들면, 컬렉터에서 낮은 전위로 연결된 저항에 의해 설정될 수 있다. *npn*형 트랜지스터를 사용해서도 전류 거울을 만들 수 있다. 그러나 이 회로를 뒤집어서 *pnp* 트랜지스터를 *npn* 트랜지스터로 교체하고 전류 방향을 역전시켜 전원 전압을 접지로 바꿔야 한다.

다중 전류원

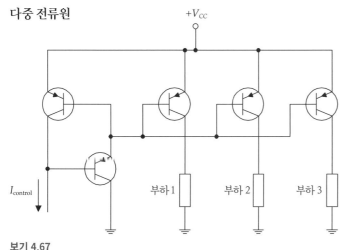

보기 4.67

이 회로는 이전 회로의 확장된 형태로서 제어 전류의 '거울상'을 여러 가지 부하에 공급하는 데 사용된다. (다시 말하자면, 마지막 예제에서 언급한 사항을 고려해 *npn* 트랜지스터로 회로를 설계할 수 있다.) 회로의 제어 측에 여분의 트랜지스터가 추가되어 있음에 주목하라. 포화된(예를 들면, 부하가 제거된) 트랜지스터 한 개가 공통 베이스 선에서 전류를 끌어 쓰지 못하게 해서 그 밖의 출력 전류를 줄이게 하기 위해 이 트랜지스터가 들어 있는 것이다.

멀티바이브레이터(플립플롭)

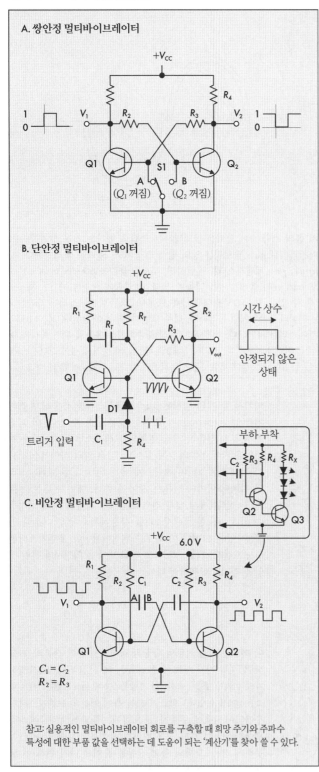

A. 쌍안정 멀티바이브레이터

B. 단안정 멀티바이브레이터

시간 상수

안정되지 않은 상태

부하 부착

C. 비안정 멀티바이브레이터

$C_1 = C_2$
$R_2 = R_3$

참고: 실용적인 멀티바이브레이터 회로를 구축할 때 희망 주기와 주파수 특성에 대한 부품 값을 선택하는 데 도움이 되는 '계산기'를 찾아 쓸 수 있다.

보기 4.68

A. 쌍안정 멀티바이브레이터(bistable multivibrator, 역주 즉, 쌍안정 다중진동자 또는 쌍안정 다조파발진기)는 제어 신호가 적용되어 상태를 변경시킬 때까지 두 가지 상태 중 하나를 무한정 유지하도록 설계한 회로다. 회로가 상태를 바꾼 후에는 이전 상태로 다시 돌리려면 다른 신호가 필요하다. 이 회로가 어떻게 동작하는지를 이해하기 위해 먼저 $V_1 = 0$ V이라고 가정하자. 즉, 트랜지스터 Q2에 베이스 전류가 없을 뿐만 아니라 컬렉터 전류도 없다는 의미다. 그러므로 R_4와 R_2을 관통하는 전류는 트랜지스터 Q1의 베이스로 흘러 포화되게 한다. 포화 상태에서는 처음에 가정한 대로 $V_1 = 0$이다. 이제 회로가 대칭이기 때문에 $V_2 = 0$과 포화된 Q1이 둘 다 안정적이라고 말할 수 있다. 쌍안정 멀티바이브레이터는 필요에 따라 V_1이나 V_2 중 한 개를 접지해 한 가지 상태에서 다른 상태로 전환할 수 있다. 스위치 S1을 사용하면 이렇게 할 수 있다. 대체 펄스가 회로를 초기 상태로 복원하기 때문에 쌍안정 멀티바이브레이터를 메모리 장치나 주파수 분할기로 사용할 수 있다.

B. 단안정 멀티바이브레이터(monostable multivibrator)는 단 하나의 상태, 이 경우에는 $V_{out} = 0$ V에서 안정되는 회로이다. 외부 트리거(역주 즉, 유발) 신호가 인가되면 불안정한 상태($V_{out} = V_{CC}$)로 놓일 수도 있지만, $R_T C_T$ 회로망에서는 설정 후 한 시간이 지나면 자동으로 안정 상태로 돌아간다. 여기서 음의 트리거 펄스가 입력단에 인가되면, 펄스 중 빠르게 감쇠되는 가장자리가 Q1을 켜는 차단 다이오드 D_1을 경유해, 커패시터 C_1에서 Q1의 베이스로 관통한다. 이전에 V_{CC}에 있던 Q1의 컬렉터는 영전압 이하로 빠르게 떨어지며, 실제로 C_T에 -0.6 V의 역전류를 제공한다. 이제 트랜지스터 Q2는 베이스에 음의 베이스 전압을 지니며 트랜지스터를 완전히 꺼짐 상태로 유지한다. 이것은 회로의 불안정 상태($V_{OUT} = V_{CC}$)를 나타낸다. C_T는 R_T에 걸쳐 이 -0.6 V를 방전하기 시작해 V_{CC}까지 충전하려고 시도한다. Q2의 베이스에서 이 음전압은 $R_T C_T$의 시간 상수 개수로 설정한 속도에 맞춰 서서히 감소하기 시작한다. Q2의 베이스 전압이 V_{CC}까지 올라감에 따라 Q1이 다시 꺼진다. 시스템은 원래의 안정 상태로 복귀한다.

C. 비안정 멀티바이브레이터(astable multivibrator)는 두 가지 가능한 출력 상태 중 하나에서 안정적이지 않고 발진기처럼 작동하는 회로이다. 또한, 외부 트리거 펄스가 필요 없지만, 양 되먹임 회로망과 RC 타이머 회로망을 사용해 V_{CC}와 0 V 사이에서 출력을 스위칭하는 내장 트리거 기능을 생성한다. 그 결과 네모파 주파수 생성기가 나온다. 왼쪽의 회로에서 Q1과 Q2는 두 개의 시간 지연 커패시터와 함께 교차 결합 되먹임 회로망에 연결된 스위칭 트랜지스터이다. 트랜지스터는 선형 동작을 위해 바이어스되며 100% 양의 되먹임을 갖는 공통 이미터 증폭기로 동작한다. Q1이 꺼져 있을 때, 그 컬렉터 전압은 V_{CC}쪽으로 상승하고, Q2가 켜져 있으면 상승한다. 이때, 커패시터 C_1의 극판 A는 V_{CC} 쪽으로 오른다. Q1이 전도 상태에 있으므로 Q1의 베이스에 연결된 커패시터 C_1의 다른 극판 B는 0.6 V이므로 C_1의 전압은 6.0 V $-$ 0.6 V $=$ 5.4 V이다. (이것은 높은 전하 값이다). Q1이 켜짐으로 잠시 바뀌면 C_1의 극판 A가 0.6 V로 떨어지면서 C_1의 극판 B에서 전압이 동등하게 되고 순간적으로 떨어진다. C_1이 -5.4(역전하)로 끌어 내려지고 이 음전압은 트랜지스터 Q2를 확실히 꺼 버린다(한 개의 불안정 상태). C_1은 이제 R_3을 거

쳐 +6 V 공급 장치 레일 쪽을 향해 반대 방향으로 충전되기 시작하고, **Q2**의 베이스 전압은 시간 상수 $C_1 R_3$을 사용해 V_{cc} 쪽으로 증가한다. 그렇지만 **Q2**의 베이스 전압이 0.6 V에 이르면 **Q2**가 완전히 켜지면서 전체 과정이 다시 진행된다. 하지만 이번에는 C_2가 **Q1**의 베이스를 −5.4로 취하면서 저항 R_2를 통해 충전되므로 두 번째로 불안정 상태가 된다. 공급 전압이 존재하는 한 이 과정이 거듭된다. 출력의 진폭은 트랜지스터의 베이스 단자에 연결된 RC 회로망에 의해 결정된 상태 간의 시간 주기에 대해 대략 V_{cc}가 된다. 보기 C에 나오는 바와 같이, 다른 트랜지스터를 회로에 삽입하여 불안정한 멀티바이브레이터의 작동에 영향을 주지 않으면서 **LED**나 스피커 등과 같은 낮은 임피던스 부하(또는 전류 부하)를 구동할 수 있다.

트랜지스터 논리 게이트

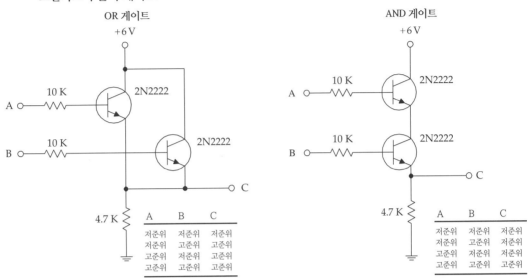

보기 4.69 여기 나오는 회로 두 개가 논리 게이트를 형성한다. 논리합(OR) 회로는 **A**나 **B** 또는 **A**와 **B**가 모두 고준위(역주 즉, HIGH)일 때 출력(**C**)을 고전압으로 스윙시킨다. 즉, 적어도 트랜지스터 중 한 개라도 바이어스되어(켜져) 있는 한 고전압이 출력에 나타난다. 논리곱(AND) 게이트 회로에서 **C**가 고준위가 되려면 **A**와 **B**가 모두 고준위여야 한다. 다시 말해서 출력에 고전압이 나타나려면 두 트랜지스터 모두 바이어스되어야(켜져야) 한다.

4.3.3 접합형 전계 효과 트랜지스터

역주1 즉, 접합형 장 효과 트랜지스터 또는 접합형 마당 효과 트랜지스터

역주2 즉, 소모성 소자

접합형 전계 효과 트랜지스터(Junction field-effect transistors, JFET)역주1는 리드선이 세 개인 반도체 소자로, 전기 제어 스위치나 증폭기 제어, 전압 제어 저항기에 쓴다. 양극성 트랜지스터와 달리, JFET에서는 전압을 배타적으로 제어하므로 바이어스 전류가 필요하지 않다. JFET의 또 다른 특징은 게이트와 소스 리드 사이에 전압차가 없을 때 정상적으로 켜진다는 점이다. 그러나 전압차가 이들 리드 사이에 생기면 JFET은 전류 흐름에 더 크게 저항한다(드레인-소스 리드를 통해 흐르는 전류가 더 적음). 이러한 이유 때문에 JFET은 공핍 소자(depletion device)역주2라고 부르며, 증가 소자인 양극성 트랜지스터(전류/전압이 베이스 리드에 인가되면 저항이 낮아짐)와 달리 JFET는 n-채널(n-channel)이나 p-채널(p-channel)로 구성해 공급된다. n-채널 JFET의 경우 게이트에 음전압(소스 리드에 대해)이 적용되어 드레인에서 소스 리드로 흐르는 전류가 감소한다. (이것은 $V_D > V_S$로 연산한다.) p-채널 JFET의 경우 게이트에 인가되 양전압은 소스에서 드레인 리드로 흐르는 전류를 줄인다. (이것은 $V_S > V_D$로 연산한다.) JFET의 두 형식에 쓰이는 기호를 왼쪽에 나타냈다.

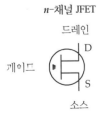

n-채널 JFET
드레인
게이트
D
S
소스

p-채널 JFET
드레인
게이트
D
S
소스

보기 4.70

응용 측면에서 볼 때 유용한 JFET의 특성으로는 매우 큰 입력 임피던스(일반적으로 약 $10^{10}\Omega$)를 들 수 있다. 이 높은 입력 임피던스로 인해 JFET은 입력 전류를 거의 또는 전혀 끌어 오지 않으므로(pA 범위 낮춤), 제어 회로에 전류가 흐르지 않고 원치 않는 전류가 제어 회로에 유입되지도 않으므로 게이트에 연결된 외부 부품이나 회로에 영향을 거의 또는 전혀 미치지 않는다는 점을 의미한다. JEFT이 매우 높은 입력 임피던스를 유지하면서 전류 흐름을 제어할 수 있기 때문에 양방향 아날로그 스위칭 회로, 증폭기 입력단, 간단한 2단자 전류원, 증폭기 회로, 발진기 회로, 전자 이득 제어 논리 스위치, 오디오 믹싱 회로 등을 구축하는 일에 유용하게 쓰인다.

■ JFET 작동 방식

n-채널 JFET은 양 측면에 놓인 두 개의 p형 실리콘 '범프'를 포함하는 n형 실리콘 채널로 만들어진다. 게이트 리드는 p형 범프에 연결되고 드레인 및 소스 리드는 n형 채널의 한쪽 끝에 연결된다(보기 4.71).

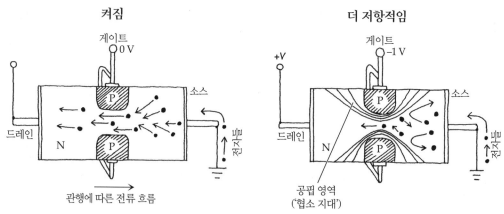

보기 4.71

n-채널 JFET의 게이트에 전압이 인가되지 않으면 전류는 중앙 n-채널을 통해 자유롭게 흐른다. 전자는 n-채널을 통과하는 데 아무런 문제가 없다. 전도성을 돕기 위해 이미 대기 중인 많은 양의 음전하 운송자가 있다. 그러나 게이트가 소스에 대해 음인 전압으로 설정되면 p형 반도체 범프와 n-채널의 중심 사이의 영역에서 두 개의 역방향 바이어스 접합부가 형성될 것이다(하나는 상부 범프에 대한 것이고 다른 하나는 하부 범프에 대해서). 이 역방향 바이어스 상태는 채널로 확장되는 공핍 영역을 형성한다. 게이트 전압이 음일수록 공핍 영역이 더 커지며 따라서 전자가 채널[역주]을 통해 빠져 나가기가 더 힘들어진다. p-채널 JFET의 경우 모든 것이 반대인데, 음의 게이트 전압을 양의 전압으로 바꾸고 n-채널을 p-채널 반도체로 대체하고 p형 반도체 범프를 n형 반도체로 교체하고 음전하 운송자(전자)를 양전하 운송자(홀)로 대체해서 보면 된다.

[역주] 협로처럼 형성된 곳

■ 물에 비유해 본 JFET

다음은 n-채널 및 p-채널 JFET을 물에 비유해 본 내용이다. 물의 흐름은 관행적인 전류 흐름을 나타내고 수압은 전압에 해당한다.

물에 비유해 본 *n*-채널 JFET

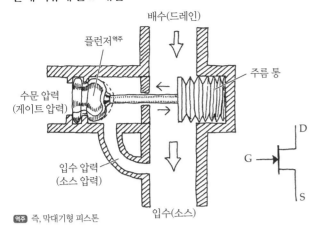

역주 즉, 막대기형 피스톤

n-채널 물 JFET의 수문과 유입되는 물 사이에 압력이 없으면 장치는 완전히 켜져 있게 된다. 물이 배출관에서 입수관으로 흐를 수 있다. 실제 JFET의 높은 입력 임피던스를 설명하기 위해 JFET 물 비유는 움직이는 유수 수문에 부착된 플런저(Plunger) 구조를 이용한다. (플런저는 수류가 배출관 협로(채널)에서 흘러 들어오지 못하게 하는 동시에 유수 수문을 제어하는 압력을 제공한다.) *n*-채널 물 JFET의 수문이 입수관에 비해 더 압력이 낮은 경우에 플런저는 왼쪽으로 힘을 받는다. 이것은 주름 통 모양으로 된 유수 수문을 배수관과 입수관 사이의 협로를 가로질러 끌게 되어 유수의 흐름을 줄인다.

물에 비유해 본 *p*-채널 JFET

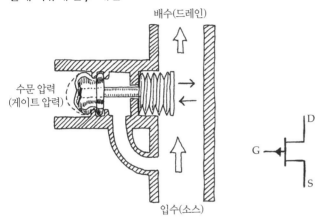

보기 4.72

p-채널 물 JFET는 모든 수류 및 압력이 역전된다는 점을 제외하고 *n*-채널 물 JFET과 유사하다. *p*-채널 물 JFET은 입수관과 관련된 양의 압력이 수문관에 적용될 때까지 완전히 켜진다. 양의 압력은 배출관과 입수관 사이의 협로를 주름 통이 가로지르게 함으로 전류 흐름을 줄인다.

■ 기술 자료

전형적인 *n*-채널 JFET의 작동 방식을 설명하는 그래프는 다음과 같다. 특히 이 그래프는 드레인 전류(I_D)가 게이트-소스 전압(V_{GS}) 및 드레인-소스 전압(V_{DS})에 의해 어떻게 영향을 받는지 설명한다. *p*-채널 JFET에 대한 그래프는 I_D가 양의 V_{GS}가 증가함에 따라 감소한다는 점을 제외하고는 *n*-채널 그래프와 유사하다. 다시 말해서 V_{GS}는 전압에서 양성이고 V_{DS}는 전압에서 음성이다.

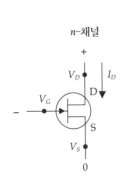

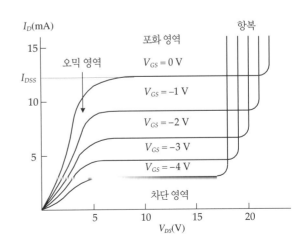

보기 4.73

게이트 전압 V_G가 소스와 동일한 전압($V_{GS} = V_G - V_S = 0\,V$)으로 설정되면 JFET에 최대 전류가 흐른다. 기술적인 면에서 이 전류($V_{GS} = 0\,V$일 때)를 제로 바이어스에 대한 드레인 전류(drain current for zero bias)^{역주}, 즉 I_{DSS}라고 부른다. I_{DSS}는 상수로서 JFET에 따라 달라진다. 이제 I_D 전류가 드레인-소스 전압($V_{DS} = V_D - V_S$)에 어떻게 의존하는지 살펴보자. V_{DS}가 작으면 드레인 전류 I_D는 V_{DS}에 대해 거의 선형으로 변한다(고정 V_{GS}의 특정 곡선을 보면). 이것이 발생하는 그래프 영역을 오믹 영역(ohmic region) 또는 선형 영역(linear region)이라고 한다. 이 영역에서 JFET은 전압 제어 저항기처럼 동작한다.

역주 치우침이 없는 드레인 전류

이제 곡선이 평평해지는 그래프 부분을 보자. 이 영역을 활성 영역(active region)이라고 부르며, 여기서 드레인 전류 I_D는 게이트-소스 간 전압 V_{GS}에 의해 강하게 영향을 받지만 드레인-소스 간 전압 V_{DS}에 의해서는 거의 영향을 받지 않는다(이것을 보려면 곡선 사이를 위아래로 움직여야 한다).

JFET을 끄는 V_{GS} 값(소자를 통해 실제로 전류가 흐르지 않는 지점)에 주목해야 한다. JFET이 꺼지게 하는 특정 V_{GS} 전압을 차단 전압(cutoff voltage) 또는 핀치 오프 전압(pinch-off voltage, V_P)이라고 하며 $V_{GS,off}$로 표시한다.

그래프 분석을 계속 진행하면 V_{DS}가 증가하면 I_D가 급증하는 지점이 있음을 알 수 있다. 이 지점에서 JFET의 드레인-소스 단자에 너무 많은 전압이 가해지므로 JFET은 전류에 저항하는 기능을 잃어버린다. JFET 용어에서 이 효과를 드레인-소스 항복(drain-source breakdown)이라고 부르며, 항복 전압을 BV_{DS}로 표현한다.

전형적인 JFET의 경우에 I_{DSS} 값의 범위는 $1\,mA \sim 1\,A$이고, $V_{GS,off}$ 값의 범위는 n-채널 JFET의 경우에 약 $-0.5 \sim -10\,V$(p-채널 JFET의 경우에는 $+0.5 \sim +10\,V$)이며, BV_{DS} 값의 범위는 $6 \sim 50\,V$이다.

양극성 트랜지스터와 마찬가지로 JFET은 드레인 전류 및 온도에 따라 변화하는 내부 저항이 채널 내에 있다. 이 저항의 역수를 트랜스 컨덕턴스(transconductance) g_m이라고 한다. 일반적인 JFET 트랜스 컨덕턴스는 약 수천 Ω^{-1}인데, 여기서 $\Omega^{-1} = 1/\Omega$ 또는 $\mho$(mho)이다.

JFET의 내장 매개변수 중 또 다른 하나는 켜짐 저항(on resistance), 즉 $R_{DS,on}$이다. 이 저항은 완전히 전도될 때의 상태($V_{GS} = 0$일 때)의 JFET 내부 저항을 나타낸다. JFET의 $R_{DS,on}$이 사양표로 제공되며 일반적인 범위는 $10 \sim 1000\,\Omega$이다.

유용한 공식

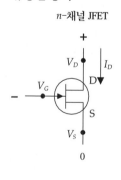

n-채널 JFET

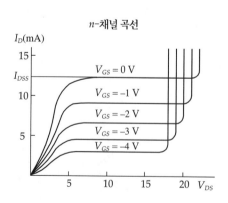

n-채널 곡선

오믹 영역: JFET이 이제 막 저항하기 시작한다. 이것은 가변 저항처럼 동작한다.

포화 영역: JFET은 게이트-소스 전압에는 가장 강하게 영향을 받지만 드레인-소스 전압에는 거의 영향을 받지 않는다.

차단 전압($V_{GS,OFF}$): JFET이 개방 회로처럼 동작하는 특정 게이트-소스 전압(채널 저항은 최대)이다.

항복 전압(BV_{DS}): 드레인과 소스 양단에 걸린 전압으로 인해 전류는 JFET의 저항성 채널을 '항복'하게 한다(^{역주} 즉, 파괴한다 또는 절연 파괴를 이룬다.).

보기 4.74

p-채널 JFET

p-채널 곡선

바이어스가 없을 때의 드레인 전류(I_{DSS}): 게이트-소스 전압이 0볼트(또는 게이트가 소스에 연결될 때, $V_{GS} = 0$)일 때의 드레인 전류를 나타낸다.

트랜스 컨덕턴스(g_m): 특정 V_{DS}에 대해 드레인-소스 전압이 고정된 경우에, 게이트-소스 전압으로 인해 드레인 전류가 변경되는 비율을 나타낸다. 이는 양극성 트랜지스터의 트랜스 컨덕턴스($1/R_{tr}$)와 유사하다.

보기 4.74 (이어짐)

드레인 전류
(오믹 영역)

$$I_D = I_{DSS}\left[2\left(1 - \frac{V_{GS}}{V_{GS,off}}\right)\frac{V_{DS}}{-V_{GS,off}} - \left(\frac{V_{DS}}{V_{GS,off}}\right)^2\right]$$

드레인 전류
(활성 영역)

$$I_D = I_{DSS}\left(1 - \frac{V_{GS}}{V_{GS,off}}\right)^2$$

드레인-소스 저항

$$R_{DS} = \frac{V_{DS}}{i_D} \approx \frac{V_{GS,off}}{2I_{DSS}(V_{GS} - V_{GS,off})} = \frac{1}{g_m}$$

저항을 받을 때

$$R_{DS,on} = \text{constant}$$

드레인-소스 전압

$$V_{DS} = V_D - V_S$$

트랜스 컨덕턴스

$$g_m = \left.\frac{\partial I_D}{\partial V_{GS}}\right|_{V_{DS}} = \frac{1}{R_{DS}} = g_{m0}\left(1 - \frac{V_{GS}}{V_{GS,off}}\right) = g_{m0}\sqrt{\frac{I_D}{I_{DSS}}}$$

단락된 게이트에 대한 트랜스 컨덕턴스

$$g_{m0} = \left|\frac{2I_{DSS}}{V_{GS,off}}\right|$$

> n-채널 JFET의 $V_{GS,off}$는 음성이다. p-채널 JFET의 $V_{GS,off}$는 양성이다.

> $V_{GS,off}$, I_{DSS}는 보통 알려져 있다(데이터 테이블이나 패키지에서 이 값을 찾아볼 수 있다).

> 전형적인 JFET 값:
> I_{DSS}: $1\,\text{mA} \sim 1\,\text{A}$
> $V_{GS,off}$:
> $-0.5 \sim -10\,\text{V}$(n-채널)
> $0.5 \sim 10\,\text{V}$(p-채널)
> $R_{DS,on}$: $10 \sim 1000\,\Omega$
> BV_{DS}: $6 \sim 50\,\text{V}$
> $1\,\text{mA}$일 때의 g_m:
> $500 \sim 3000\,\mu\text{mho}$

■ 예시 문제

문제 1

보기 4.75

n-채널 JFET의 $I_{DSS} = 8\,\text{mA}$이고 $V_{GS,off} = -4\,\text{V}$이며 $R = 1\,\text{k}\Omega$이고 $V_{DD} = +18\,\text{V}$일 때 드레인 전류 I_D는 얼마인가? JFET이 활성 영역에 있다고 가정한다.

활성 영역에서 소모 전류는 다음과 같이 주어진다.

$$I_D = I_{DSS}\left(1 - \frac{V_{GS}}{V_{GS,off}}\right)^2$$

$$= 8\,\text{mA}\left(1 - \frac{V_{GS}}{-4\text{V}}\right)^2 = 8\,\text{mA}\left(1 + \frac{V_{GS}}{2} + \frac{V_{GS}^2}{16}\right)$$

불행히도 방정식이 한 개인데 미지수가 두 개이다. 이는 다른 방정식을 생각해 내야 한다는 의미이다. 나머지 방정식을 얻는 방법은 이렇다. 우선, 게이트가 접지되어 있으므로 게이트 전압이 0 V라고 가정할 수 있다. 이것이 의미하는 바는 이렇다.

$$V_{GS} = V_G - V_S = 0\,\text{V} - V_S = -V_S$$

이것으로부터 옴의 법칙을 사용하고 $I_D = I_S$로 다루어 소모 전류를 계산하는 그 밖의 방정식을 생각해 낼 수 있다.

$$I_D = \frac{V_S}{R} = -\frac{V_{GS}}{R} = -\frac{V_{GS}}{1\,\text{k}\Omega}$$

이제 이 방정식을 첫 번째 방정식과 결합하면 다음이 산출된다.

$$-\frac{V_{GS}}{1\,\text{k}\Omega} = 8\,\text{mA}\left(1 + \frac{V_{GS}}{2} + \frac{V^2_{GS}}{16}\right)$$

이것을 간단히 하면,

$$V_{GS}{}^2 + 10V_{GS} + 16 = 0$$

이 방정식의 해답은 $V_{GS} = -2$ V이고 $V_{GS} = -8$ V이다. 그러나 -8 V인 V_{GS}는 차단 전압보다 낮아서 무시할 수 있으며 $V_{GS} = -2$ V를 정답으로 남겨 둔다. 이것은 VGS = -2V가 정답이라는 점을 의미하므로 -8 V라는 해는 버린다. 이제 V_{GS}를 $I_{D(활성)}$ 방정식 중 하나로 대체해 다음을 얻는다.

$$I_D = -\frac{V_{GS}}{R} = -\frac{(-2\text{V})}{1\,\text{k}\Omega} = 2\text{mA}$$

문제 2

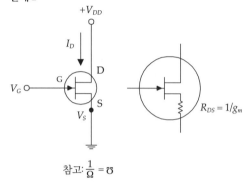

참고: $\dfrac{1}{\Omega} = \mho$

보기 4.76

$V_{GS,\text{off}} = -4$ V이고 $I_{DSS} = 12$ mA일 때, I_D와 g_m과 R_{DS} 값을 $V_{GS} = -2$ V일 때와 $V_{GS} = +1$ V일 때에 맞게 찾아라. JFET이 활성 영역에 있다고 가정하자.

$V_{GS} = -2$ V일 때,

$$I_D = I_{DDS}\left(1 - \frac{V_{GS}}{V_{GS,\text{off}}}\right)^2$$

$$= 12\,\text{mA}\left(1 - \frac{(-2\,\text{V})}{(-4\,\text{V})}\right)^2 = 3.0\,\text{mA}$$

g_m을 찾으려면, 먼저 g_{m_0}(단락된 게이트의 트랜스 컨덕턴스)를 찾아야 한다.

$$g_{m_0} = \frac{2I_{DSS}}{V_{GS,\text{off}}} = -\frac{2(12\,\text{mA})}{(-4\,\text{V})} = 0.006\,\mho = 6000\,\mu\text{mhos}$$

이제 g_m을 찾을 수 있다.

$$g_m = g_{m_0}\sqrt{\frac{I_D}{I_{DSS}}} = (0.006\,\mho)\sqrt{\frac{3.0\,\text{mA}}{12.0\,\text{mA}}} = 0.003\,\mho = 3000\,\mu\text{mhos}$$

드레인-소스 저항(R_{DS})을 찾으려면 다음을 사용한다.

$$R_{DS} = \frac{1}{g_m} = \frac{1}{0.003\,\mho} = 333\,\Omega$$

위와 동일한 공식들을 적용하면, $V_{GS} = +1$ V, $I_D = 15.6$ mA, $g_m = 0.0075\,\mho = 7500\,\mu\text{mhos}$, 그리고 $R_{DS} = 133\,\Omega$일 때 드레인-소스 저항을 찾을 수 있다.

■ **기본 동작**

조광기

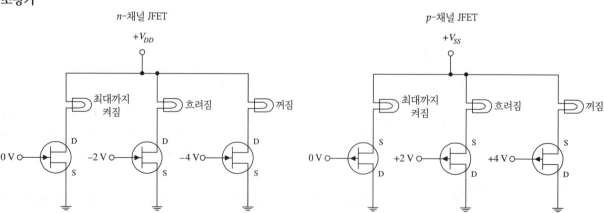

보기 4.77 여기에 나오는 두 개의 회로는 JFET이 전압 제어 조광기처럼 작동하는 방식을 보여 준다. n-채널 회로에서 음의 게이트 전압이 커지면 드레인-소스 간 저항이 커져 전구에 더 적은 전류가 흐르게 된다. p-채널 회로에서 양의 게이트 전압이 더 크면 소스-드레인 저항도 더 커진다.

기본 전류원과 기본 증폭기

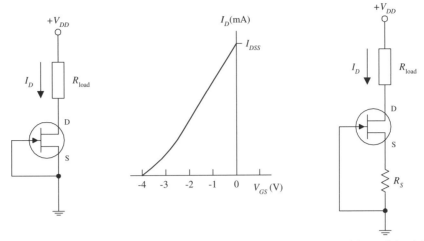

보기 4.78 단순한 전류원은 소스 단자와 게이트 단자를 함께 단락해서 구성할 수 있다. 이것은 자체 바이어스 (self-biasing)라고 부른다. 이것은 $V_{GS} = V_G - V_S = 0\,\text{V}$라는 의미로, 간단히 말해서 드레인 전류가 I_{DDS}와 같다는 점을 의미한다. 이 회로의 한 가지 명백한 단점은 특정 JFET에 대한 I_{DDS}를 예측할 수 없다는 점이다(각 JFET은 제조 과정에서 획득한 고유 I_{DSS}를 지님). 또한, 이 소스를 조절할 수 없다. 그렇지만 소스와 접지 사이에 저항기를 두면, 오른쪽 상단 회로에서 보듯이 전류원을 조절할 수 있다. R_S를 늘려 I_D를 줄일 수 있고 그 반대로도 마찬가지이다(문제 2를 볼 것). 조절할 수 있다는 점 외에도 이 회로의 I_D 전류는 V_{DS}가 변경될 때 왼쪽 회로만큼 변하지 않는다. 이 단순한 JFET 전류원의 구성이 간단하지만 좋은 양극성 또는 연산 증폭기 전류원만큼 안정적이지는 않는다.

소스 팔로워

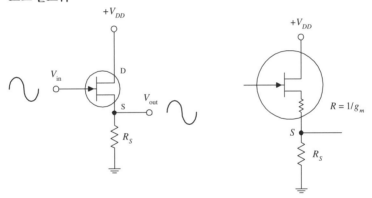

보기 4.79 여기에 나오는 JFET 회로는 양극성 이미터 팔로워와 유사하며, 소스 팔로워(source follower)라고 부른다. 전류 이득을 제공하지만 전압 이득은 제공하지 않는다. 옴의 법칙을 적용하면 출력 신호의 진폭을 찾을 수 있다. $V_S = R_S I_D$인데, 여기서 $I_D = g_m V_{GS} = g_m(V_G - V_S)$이다. 이 방정식을 사용하면 다음을 얻을 수 있다.

$$V_S = \frac{R_S g_m}{1 + R_S g_m} V_G$$

여기서 $V_S = V_{out}$이고 $V_G = V_{in}$이므로 이득은 간단히 $R_S g_m/(1 + R_S g_m)$이 된다. 문제 2에서 보았듯이 출력 임피턴스는 $1/g_m$이다. 이미터 팔로워와 달리 소스 팔로워의 입력 임피턴스가 매우 커서 입력 전류가 거의 발생하지 않는다. 그러나 동시에 JFET의 트랜스 컨덕턴스가 양극성 트랜지스터의 트랜스 컨덕턴스보다 작아서 출력이 더 약화된다. 이것은 $1/g_m$ 항을 드레인-소스 채널 내의 작은 내부 저항으로 간주할 때 의미가 있다(가장 오른쪽 회로 참조). 또한, 인가된 파형으로 인해 드레인 전류가 변하므로 g_m이 달라지고 이에 따라 출력 임피턴스가 달라지므로 출력이 왜곡된다. 이 팔로워 회로의 또 다른 문제점은 V_{GS}가 (제조 결과로) 제어할 수 없는 매개변수여서 직류 잔류 편차를 예측할 수 없다는 점이다.

개선된 소스 팔로워

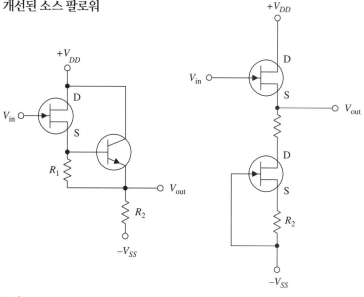

보기 4.80

이전에 예로 든 소스 팔로워 회로의 선형성이 좋지 않아서 직류 잔류편차를 예측할 수 없다. 그렇지만 회로 중 하나를 사용하면 이러한 문제들을 해결할 수 있는데, 왼쪽 상단 회로에서 소스 저항을 양극성 전류원으로 교체하면 된다. 양극성 원천은 V_{GS}를 일정한 값으로 고정시켜 비선형성을 제거한다. 잔류편차를 설정하려면 R_1을 조절하라. (R_2는 선행 회로에서 R_S와 같이 동작하며 이득을 설정한다.) 왼쪽에 가까이 있는 회로는 양극성 원천 대신에 JFET 전류원을 사용한다. 양극성 회로와 달리 이 전류를 조절할 필요가 없고 온도에 더 안정적이다. 여기에 사용된 JFET 두 개는 정합한다(정합된 JFET이 짝을 지어 있다는 점을 알 수 있고, 단일 패키지 내에 함께 조립될 수 있다). 아래쪽 트랜지스터는 $V_{GS} = 0$(단락된 게이트)를 만들기 위해 필요한 만큼 많은 전류를 싱크한다(역주 즉, 가라앉는다.). 이것은 두 JFET의 V_{GS} 값이 모두 0이라는 점을 의미하며, 위쪽 트랜지스터는 직류 잔류편차가 0인 팔로워가 된다. 또한, 위쪽 JFET이 아래쪽 JFET에 직접 반응하므로 임의의 온도 변화가 보상될 것이다. R_1과 R_2를 같게 설정하면 $V_{out} = V_{in}$이다. 저항은 회로의 I_D 선형성을 향상시키고 드레인 전류를 I_{DSS}가 아닌 다른 값으로 설정하고 선형성을 향상시키는 데 도움이 된다. 응용 측면에서 볼 때 JFET 팔로워는 증폭기, 시험 장비 또는 소스 임피던스가 높은 원천에 연결된 기타 장비의 입력단에 종종 사용된다.

JFET 증폭기

소스 팔로워 증폭기

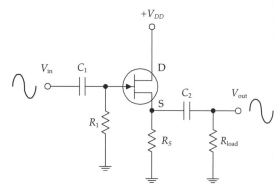

공통 소스 증폭기

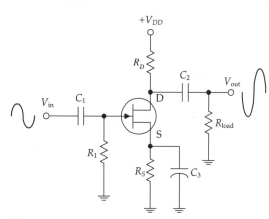

보기 4.81

마지막 장에 나온 이미터 팔로워 및 공통 이미터 양극성 트랜지스터 증폭기를 떠올려 보라. 이 두 증폭기에는 JFET에 대응하는 것, 즉 여기에 나오는 소스 팔로워 증폭기 및 공통 소스 증폭기가 있다. (소스 팔로워 증폭기는 전류 이득을 제공하고, 공통 소스 증폭기는 전압 이득을 제공한다.) 방정식을 설정해 계산한다면, 이득은 다음과 같을 것이다.

$$이득 = \frac{V_{out}}{V_{in}} = \frac{R_S}{R_S + 1/g_m} \qquad (소스\ 팔로워\ 증폭기)$$

$$이득 = \frac{V_{out}}{V_{in}} = g_m \frac{R_D R_1}{R_D + R_1} \qquad (공통\ 소스\ 증폭기)$$

여기서 트랜스 컨덕턴스는 다음과 같이 주어진다.

$$g_m = g_{m0} \frac{I_D}{I_{DSS}}, g_{m0} = -\frac{2 I_{DSS}}{V_{GS,off}}$$

양극성 증폭기와 마찬가지로 저항기는 게이트 전압을 설정하고 정지 전류를 설정하는 데 사용되는 반면 커패시터는 교류 결합기/고역 통과 필터 역할을 한다. 그러나 두 JFET 증폭기에는 자체 바이어스 저항기가 한 개만 필요하다.

이 시점에서 중요한 질문을 한 가지 하겠다. 양극성 증폭기 대신에 JFET 증폭기를 선택해야 할 이유가 무엇인가? JFET의 입력 임피던스가 더 크고 입력 전류가 더 낮다는 점이 대답이다. 그렇지만 입력 임피던스가 극단적으로 높지 않아도 된다면 간단한 양극성 증폭기나 연산 증폭기를 사용하는 편이 더 낫다. 사실 양극성 증폭기에는 비선형 문제들이 드물고, JFET 증폭기와 비교하면 상대적으로 이득이 더 높은 경향이 있다. 이것은 동일한 전류에 대해 양극성 트랜지스터보다 JFET의 트랜스 컨덕턴스가 낮다는 사실에서 기인한다. 양극성의 트랜스 컨덕턴스와 JFET의 트랜스 컨덕턴스의 차이는 100배 정도일 수 있다. 이것은 JFET 증폭기의 이득이 훨씬 작다는 것을 의미한다.

전압 제어 저항기

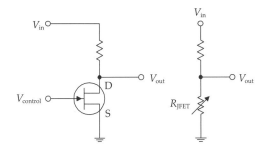

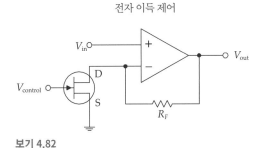

전자 이득 제어

보기 4.82

앞서 살펴본 그래프에 따르면 V_{DS}가 충분히 낮아지면 JFET는 선형(오믹) 영역 내에서 작동한다. 이 영역에서 I_D 대 VDS를 나타내는 곡선은 V_{GS} 대 $V_{GS,off}$보다 작은 V_{DS}에 대한 근사 직선을 따른다. 이것은 JFET이 전압 제어 분할기 회로망처럼 동작하고 저항기 중 한 개를 JFET으로 바꾸면, 전압으로 제어하는 전압 분할기를 얻을 수 있다는 점을 의미한다(왼쪽 위 보기 참조). JFET이 전통적인 저항처럼 동작하는 범위는 특정 JFET에 따라 다르며 게이트 전압이 V_{GS}를 초과하는 양에 대략 비례한다. JFET이 효과적인 선형 응답 저항기 역할을 하려면, V_{DS}를 $V_{GS,off}$에 비해 작은 값으로 제한해야 하고 $|V_{GS}|$가 $|V_{GS,off}|$ 미만이어야 한다는 점이 중요하다. 이러한 방식으로 사용되는 JFET은 전자 이득 제어 회로, 전자 감쇠기, 전자 가변 필터 및 발진기 진폭 제어 회로에 자주 사용된다. 간단한 전자 이득 제어 회로가 여기에 나온다. 이 회로의 전압 이득은 이득 = $1 + R_F/R_{DS(on)}$로 주어지는데, 여기서 R_{DS}는 드레인-소스 채널 저항을 나타낸다. R_F = 29 kΩ이고 $R_{DS(on)}$ = 1 kΩ이면 최대 이득은 30이 될 것이다. V_{GS}가 $V_{GS,off}$에 가까워질수록 R_{DS}가 증가하여 $R_{DS} \gg R_F$와 같이 커지므로 이득이 1에 가까운 최소값으로 감소한다. 보다시피 이 회로의 이득은 30:1이라는 비율 마진에 따라 달라질 수 있다.

■ 실용적인 고려사항

일반적으로 JFET을 소신호와 스위칭 JFET, 고주파 JFET, 이중 JFET이라는 범주로 분류한다. 소신호 및 스위칭 JFET은 임피던스가 높은 소스를 증폭기나 오실로스코프와 같은 기타 장치와 결합하는 데 자주 사용한다. 이 소자를 전압 제어 스위치로도 사용한다. 고주파 JFET은 주로 고주파 신호(RF 범위)를 증폭하는 데 사용하거나 주파 스위치로 사용한다. 2중 JFET은 한 패키지 안에 두 개의 일치된 JFET이 담겨 있다. 이전에 보았듯이 소스 팔로워 회로 성능을 높이는 데 2중 JFET을 사용할 수 있다.

JFET 패키지 형식

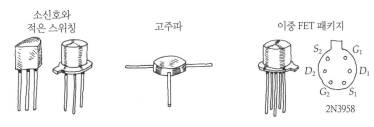

보기 4.83

양극성 트랜지스터와 마찬가지로 JFET도 과도한 전류나 전압으로 인해 파괴될 수 있다. 최대 전류와 항복 전압을 넘지 않는지 확인하라. 표 4.5는 부품을 검색하면서 기대할 만한 JFET 사양들의 예를 나타낸 표이다.

표 4.5 JFET 규격표 중 일부

형식	극성	BV_{GS} (V)	I_{DSS} (mA)		$V_{GS,OFF}$ (V)		전형적인 G_m (μmho)	C_{ISS} (pF)	C_{RSS} (pF)
			최소	최대	최소	최대			
2N5457	n-채널	25	1	5	-0.5	-6	3000	7	3
2N5460	p-채널	40	1	5	1	6	3000	7	2
2N5045	정합된 짝 n-채널	50	0.5	8	-0.5	-4.5	3500	6	2

■ 응용기기

계전기 구동자

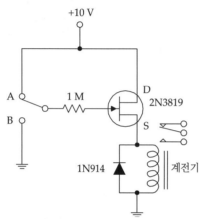

보기 4.84

여기서는 n-채널 JFET을 사용해 계전기를 개폐한다. 스위치가 A 자리에 놓이면 JFET이 켜진다(게이트가 공핍 효과가 발생하도록 적절하게 바이어스되지 않음). 전류는 JFET의 드레인-소스 영역과 계전기 코일을 통과해 계전기가 상태를 전환하게 한다. 스위치가 B 자리로 놓이면 소스에 대한 음전압이 게이트에 설정된다. 이것은 이어서 전류의 흐름이 계전기의 코일에 도달하는 것을 JFET이 차단해 계전기를 스위치 상태로 만든다.

오디오 믹서/증폭기

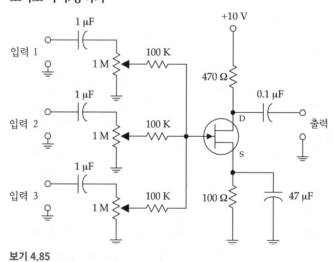

보기 4.85

이 회로는 공통 소스 배열에 놓인 JFET 세트를 사용해 마이크, 전치 증폭기 등과 같은 여러 원천의 신호를 결합(혼합)한다. 모든 입력은 교류 결합 커패시터/필터를 통해 적용된다. 소스 및 드레인 저항을 전반적인 증폭 설정에 사용하는 반면, 1 MW 전위차계는 입력 신호의 개별 이득을 제어하는 데 사용한다.

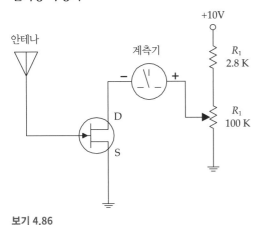

전기장 측정기

안테나

계측기

D

S

+10V

R_1
2.8 K

R_1
100 K

보기 4.86

여기서는 JFET을 간단한 전기 검출기를 만드는 데 사용한다. 안테나(단순한 전선)가 대전된 물체 가까이에 놓이면, 물체가 양 또는 음으로 충전된 여부에 따라 안테나의 전자가 JFET의 게이트 쪽으로나 또는 그 반대로 당겨진다. 전자가 재배치되면서 물체에 놓인 전하에 비례하는 게이트 전압이 설정된다. JFET이 전류에 저항하기 시작하거나 드레인-소스 채널을 통해 전류가 흐르기 시작하므로 전류계 바늘이 한쪽으로 기운다. 전류계를 보호하기 위해 R_1을 사용하고, 전류계를 조정하기 위해 R_2를 사용한다.

4.3.4 금속 산화물 반도체 전계 효과 트랜지스터

금속 산화물 반도체 전계 효과 트랜지스터(MOSFET)는 인기가 높아지는 트랜지스터로 어떤 면에서는 JFET과 닮았다. 예를 들어, 게이트 리드에 적은 전압이 인가되면 드레인-소스 채널을 통과하는 전류 흐름이 변경된다. 그렇지만 JFET과는 달리 MOSFET은 게이트 리드 입력 임피던스가 크므로(≥10^{14} Ω, JFET의 경우 ~10^9 Ω과 비교하면) 게이트 전류를 거의 끌어 내지 못한다. 게이트와 드레인-소스 채널 사이에 금속 산화물 절연체를 두면 입력 임피던스가 늘어날 수도 있다. 입력 임피던스가 증가하는 만큼 대가를 치를 만하며, 이것은 매우 낮은 게이트 대 정전용량(수 pF)에 해당한다. 취급 중인 특정 유형 MOSFET 게이트에 정전기가 너무 많이 쌓이면 누적된 전하가 게이트를 뚫고 나가 MOSFET을 파괴할 수 있다(일부 MOSFET은 이 절연파괴에 대항해 보호되도록 설계되었지만 전부는 아니다).

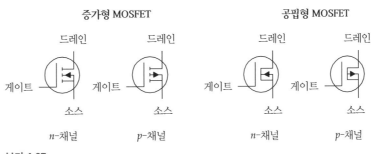

증가형 MOSFET

드레인

게이트

소스

n-채널

드레인

게이트

소스

p-채널

공핍형 MOSFET

드레인

게이트

소스

n-채널

드레인

게이트

소스

p-채널

보기 4.87

MOSFET의 두 가지 주요 종류로는 증가형 MOSFET(enhancement-type MOSFET)과 공핍형 MOSFET(depletion-type MOSFET)이 있다(보기 4.88). 게이트와 소스 단자들($V_{GS} = V_G - V_S = 0$ V) 사이에 전압차가 없는 경우에 공핍형 MOSFET은 일반적으로 켜져 있다(최대 전류가 드레인에서 소스로 흐른다). 그러나 게이트 리드에 전압이 가해지면 드레인-소스 채널은 JFET과 비슷하게 동작한다. 증가형 MOSFET은 $V_{GS} = 0$ V일 때 정상적으로 꺼진다(최소 전류가 드레인에서 소스로 흐른다). 그러나 게이트 리드에 전압이 가해지면 드레인-소스 채널의 저항이 낮아진다.

증가형 및 공핍형 MOSFET은 모두 n-채널 또는 p-채널 형태로 제공된다. n-채널 공핍형 MOSFET인 경우에 음의 게이트-소스 전압($V_G < V_S$)이 드레인-소스 채널 저항을 늘리는 반면, p-채널 공핍형 MOSFET의 경우에는 양의 게이트-소스 전압($V_G > V_S$)이 채널 저항 을 늘린다. n-채널 증가형 MOSFET의 경우에 양의 게이트-소스 전압($V_G < V_S$)이 드레인-소스 채널 저항을 줄이는 반면에, p-채널 증가형 MOSFET의 경우에 음의 게이트-소스 전압($V_G < V_S$)이 채널 저항을 줄인다.

MOSFET은 아마도 현재 가장 많이 사용되는 트랜지스터일 것이다. 입력 전류를 매우 적게 소비하고, 제조하기 쉽고(재료가 거의 필요로 하지 않음), 매우 작게 만들 수 있으며, 전력을 거의 소비하지 않는다. 응용 측면에서 보면, MOSFET은 초고입력 임피던스 증폭기 회로, 전압 제어 '저항' 회로, 스위칭 회로에 사용되며 대규모 집적 디지털 IC에 사용된다.

JFET과 마찬가지로 MOSFET은 양극성 트랜지스터와 비교할 때 트랜스 컨덕턴스 값이 작다. 증폭기 응용 관점에서 보면 이것으로 인해 이득 값이 줄어들 수 있다. 이러한 이유 때문에 초고입력 임피던스 및 낮은 입력 전류 기능이 필요하지 않은 간단한 증폭기 회로에서는 MOSFET을 거의 볼 수 없다.

■ MOSFET의 작동 방식

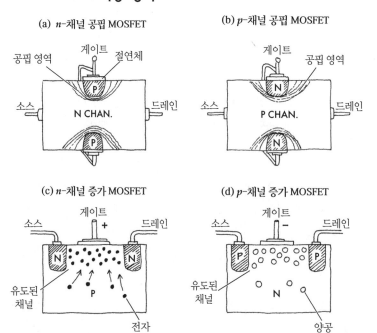

보기 4.88 공핍 및 증가 MOSFET은 둘 다 게이트 전압에 의해 생성되는 전기장을 사용해 반도체 드레인-소스 채널을 통해 전하 운송자의 흐름을 변경한다. 공핍형 MOSFET의 경우 드레인-소스 채널은 본질적으로 전도성을 띤다. 전자(n-채널)나 양공(p-채널)과 같은 전하 운송자가 이미 n형 채널 또는 p형 채널 내에 존재한다. 음의 게이트-소스 전압이 n-채널 공핍형 MOSFET에 인가되면, 생성된 전기장은 채널에 흐르는 전자 흐름을 '핀치 오프 (pinch off)'(역주 공핍층이 넓어져 채널 반전층이 끝난 자리가 막히는 현상. 즉, 전류 포화.) 역할을 한다(보기 4.88a). p-채널 공핍형 MOSFET은 소스 전압을 사용해 해당 채널을 통과하는 양공의 흐름을 핀치 오프한다(보기 4.88b). (핀치 오프 효과는 상부 게이트 접점 및 하부 게이트 접점 주위에 형성된 공핍 영역 때문에 일어난다.) 공핍 MOSFET과 달리 증가 MOSFET에는 일반적으로 저항성 채널이 있다. 그 안에는 전하 운송자가 거의 없다. 양의 게이트-소스 전압이 n-채널 증가 MOSFET에 인가되면, p형 반도체 영역 내에 있던 전자가 채널로 이동해 채널의 컨덕턴스를 증가시킨다(보기 4.88c). p-채널 증가 MOSFET의 경우 음의 게이트 -소스 전압은 전도율을 높이기 위해 채널에 구멍을 뚫는다(보기 4.88d).

■ 기본 동작

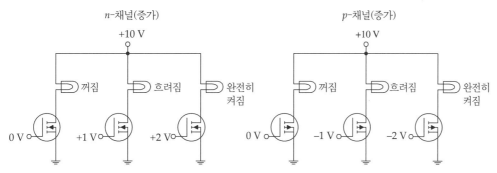

여기 보이는 회로들은 전구를 관통하는 전류 흐름을 제어하기 위해 MOSFET을 사용하는 방법을 보여 준다. 게이트 전압에 의해 생성되는 희망하는 흐림 효과는 작동 중인 특정 MOSFET에 따라서 달라질 수 있다.

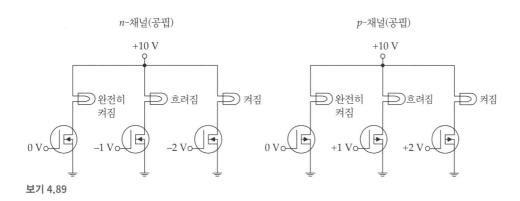

보기 4.89

■ 이론

이론적으로 볼 때 더 큰 입력 임피던스를 제공해야 한다는 점을 제외하고는 JFET과 같은 공핍형 MOSFET를 다룰 수 있다. 다음에 나오는 그래프, 정의, 공식으로 이론을 요약한다.

n-채널 공핍형 MOSFET

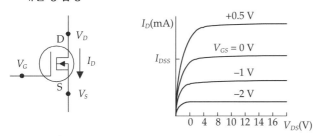

p-채널 공핍형 MOSFET

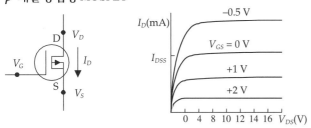

보기 4.90

오믹 영역   MOSFET이 이제 막 저항하기 시작한다. 이 영역에서 MOSFET은 가변 저항기처럼 작동한다.

활성 영역   MOSFET은 게이트-소스 전압(V_{GS})에 큰 영향을 받지만 드레인-소스 전압(V_{DS})에는 거의 영향을 받지 않는다.

차단 전압($V_{GS,OFF}$)   흔히 핀치 오프 전압(V_p)이라고도 한다. 거의 모든 드레인-소스 전류 흐름을 MOSFET이 차단하게 하는 특정 게이트-소스 전압을 나타낸다.

항복 전압(BV_{DS})   전류가 MOSFET의 저항 채널을 돌파하게 하는 드레인 원천 전압(V_{DS})이다.

제로 바이어스에 대한 드레인 전류(I_{DSS})   게이트-소스 전압이 0 V일 때 (또는 게이트가 소스에 대해 단락된 경우) 드레인 전류를 나타낸다.

트랜스 컨덕턴스(g_m)   특정 V_{DS}에 대해 드레인-소스 전압이 고정된 경우에 게이트-소스 전압 변화에 따른 드레인 전류의 변화율을 나타낸다. 낭극성 트랜시스터의 트랜스 컨덕턴스 I/R_{tr}과 유사하다.

■ 공핍형 MOSFET에 유용한 공식

드레인 전류
(오믹 영역)

$$I_D = I_{DSS}\left[2\left(1 - \frac{V_{GS}}{V_{GS,\text{off}}}\right)\frac{V_{DS}}{-V_{GS,\text{off}}} - \left(\frac{V_{DS}}{V_{GS,\text{off}}}\right)^2\right]$$

드레인 전류
(활성 영역)

$$I_D = I_{DSS}\left(1 - \frac{V_{GS}}{V_{GS,\text{off}}}\right)^2$$

드레인-소스 저항

$$R_{DS} = \frac{V_{DS}}{I_D} \approx \frac{V_{GS,\text{off}}}{2I_{DSS}(V_{GS} - V_{GS,\text{off}})} = \frac{1}{g_m}$$

저항 상태인 경우

$$R_{DS,\text{on}} = \text{constant}$$

드레인-소스 전압

$$V_{DS} = V_D - V_S$$

트랜스 컨덕턴스

$$g_m = \frac{\partial I_D}{\partial V_{GS}}\bigg|_{V_{DS}} = \frac{1}{R_{DS}} = g_{m0}\left(1 - \frac{V_{GS}}{V_{GS,\text{off}}}\right) = g_{m0}\sqrt{\frac{I_D}{I_{DSS}}}$$

단락된 게이트에 대한
트랜스 컨덕턴스

$$g_{m0} = \left|\frac{2I_{DSS}}{V_{GS,\text{off}}}\right|$$

> n-채널 MOSFET의
> $V_{GS,\text{off}}$는 음성이다.
> p-채널 MOSFET의
> $V_{GS,\text{off}}$는 양성이다.

> $V_{GS,\text{off}}$, I_{DSS}는 보통
> 알려져 있다(데이터를
> 실은 표나 패키지에서
> 값을 찾아 쓴다).

> 전형적인 MOSFET 값:
> I_{DSS}: $1\,\text{mA} \sim 1\,\text{A}$
> $V_{GS,\text{off}}$:
> $-0.5 \sim -10\,\text{V}$ (n-채널)
> $0.5 \sim 10\,\text{V}$(p-채널)
> $R_{DS,\text{on}}$: $10 \sim 1000\,\Omega$
> BV_{DS}: $6 \sim 50\,\text{V}$
> $1\,\text{mA}$에서의 g_m:
> $500 \sim 3000\,\mu\text{mho}$

■ 증가형 MOSFET을 위한 기술 정보 및 공식

증가형 MOSFET의 동작 방식을 예측하려면 새 개념과 공식을 학습해야 한다. 이론을 개관하면 다음과 같다.

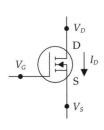

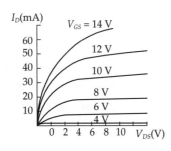

오믹 영역 MOSFET MOSFET이 이제 막 저항하기 시작한다. 가변 저항기처럼 작동한다.

활성 영역 MOSFET은 게이트 소스 전압(V_{GS})에 큰 영향을 받지만, 배수원 전압(V_{DS})에는 거의 영향을 받지 않는다.

임계 전압($V_{GS,\text{th}}$) MOSFET이 이제 막 전도되기 시작한 곳의 특별한 게이트-소스 전압이다.

항복 전압(BV_{DS}) 드레인-소스(V_{DS})에 걸린 전압으로 인해 전류는 MOSFET의 저항 채널을 '항복'하게 한다.

주어진 바이어스($I_{D,\text{on}}$)에서의 드레인 전류 데이터시트 등에 나오는 특정 V_{GS}에서의 전류 I_D의 양을 나타낸다.

트랜스 컨덕턴스(g_m) 드레인-소스 전압이 고정된 경우 게이트-소스 전압의 변화에 따른 드레인 전류의 변화율을 나타낸다. 양극성 트랜지스터의 트랜스 컨덕턴스 I/R_{tr}과 유사하다.

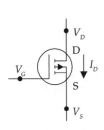

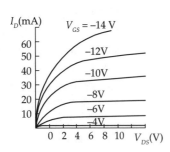

보기 4.91

드레인 전류 (오믹 영역)	$I_D = k[2(V_{GS} - V_{GS,\text{th}})V_{DS} - \tfrac{1}{2}V_{DS}^2]$	구성 매개변수 k의 값은 트랜지스터 채널의 폭/길이 비에 비례하고 온도에 의존한다. 왼쪽의 구성 매개변수 방정식을 사용해 이것을 정할 수 있다.
드레인 전류 (활성 영역)	$I_D = k(V_{GS} - V_{GS,\text{th}})^2$	$V_{GS,\text{th}}$는 n-채널 증가 MOSFET에 대해 양수이다. $V_{GS,\text{th}}$는 p-채널 증가 MOSFET에 대해 음수이다.
구성 매개변수	$k = \dfrac{I_D}{(V_{GS} - V_{GS,\text{th}})^2}$ $k = \dfrac{I_{D,\text{on}}}{(V_{GS,\text{on}} - V_{GS,\text{th}})^2}$	전형적인 값 $I_{D,\text{on}}$: $1\,\text{mA} \sim 1\,\text{A}$ $R_{DS(\text{on})}$: $1\,\Omega \sim 10\,\text{k}\Omega$ $V_{GS,\text{off}}$: $0.5 \sim 10\,\text{V}$ $BV_{DS(\text{off})}$: $6 \sim 50\,\text{V}$ $BV_{GS(\text{off})}$: $6 \sim 50\,\text{V}$
트랜스 컨덕턴스	$g_m = \left.\dfrac{\partial I_D}{\partial V_{GS}}\right\|V_{DS} = \dfrac{1}{R_{DS}}$ $= 2k(V_{GS} - V_{GS,\text{th}}) = 2\sqrt{kI_D}$ $= g_{m_0}\sqrt{\dfrac{I_D}{I_{D,\text{on}}}}$	특정 I_D의 $V_{GS,\text{th}}$, $I_{D,\text{on}}$, g_m은 일반적으로 데이터 표나 포장재 레이블에서 찾을 수 있는 '알려진' 데이터이다.
드레인-소스 채널의 저항	$R_{DS} = 1/g_m$ $R_{DS_2} = \dfrac{V_{G_1} - V_{GS,\text{th}}}{V_{G_2} - V_{GS,\text{th}}} R_{DS_1}$	R_{DS_1}은 주어진 전압 V_{G_1}에서 알려진 저항이다. R_{DS_2}는 다른 게이트 전압 V_{G_2}에서 계산한 저항이다.

■ 예제

▶ **문제 1:** n-채널 공핍형 MOSFET은 4 V일 때 $I_{DDS} = 10\,\text{mA}$이고 $V_{GS,\text{off}} = 4\,\text{V}$이다. $V_{GS} = -2\,\text{V}$이면서 $V_{GS} = +1\,\text{V}$일 때 I_D, g_m, R_{DS}를 알아내라. MOSFET이 활성 영역에 있다고 가정한다.

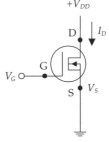

보기 4.92

$V_{GS} = -2\,\text{V}$를 고려할 때 다음을 사용하라.

$$I_D = I_{DSS}\left(1 - \frac{V_{GS}}{V_{GS,\text{off}}}\right)^2 = (10\,\text{mA})\left[1 - \frac{(-2\,\text{V})}{(-4\,\text{V})}\right]^2 = 2.5\,\text{mA}$$

g_m을 알아낼 수 있으려면 먼저 g_{m_0}을 알아내야 하는데, 이때 사용하는 게 여기 있다.

$$g_{m_0} = \left|\frac{2I_{DSS}}{V_{GS,\text{off}}}\right| = \left|\frac{2(10\,\text{mA})}{-4\,\text{V}}\right| = 0.005\,\text{mhos} = 5000\,\mu\text{mhos}$$

이제 g_{m_0}를 다음 표현식으로 대체하여 g_m을 찾을 수 있다.

$$g_m = g_{m_0}\left(1 - \frac{V_{GS}}{V_{GS,\text{off}}}\right) = (5000\,\mu\text{mhos})\left(1 - \frac{-2\,\text{V}}{-4\,\text{V}}\right) = 2500\,\mu\text{mhos}$$

그런 다음 $R_{DS} = 1/g_m = 400\,\Omega$를 사용해 드레인-소스 저항을 찾는다. $V_{GS} = +1\,\text{V}$에 대해 동일한 계산을 수행하면 $I_D = 15.6\,\text{mA}$, $g_m = 6250\,\mu\text{mhos}$ 및 $R_{DS} = 160\,\Omega$이 된다.

▶ **문제 2:** n-채널 증가형 MOSFET의 $V_{GS,\text{th}} = +2\,\text{V}$이고 $I_D = 12\,\text{mA}$이다. V_{GS}가 $= 4\,\text{V}$일 때 k, g_m, 및 R_{DS} 매개변수들을 찾으라. MOSFET이 활성 영역에 있다고 가정한다.

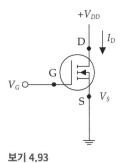

보기 4.93

k를 찾으려면 활성 영역에서 드레인 전류에 대한 식을 사용하라.

$$I_D = k\,(V_{GS} - V_{GS,\text{th}})^2$$

이 방정식을 정리해서 알려진 것에 대입하면 다음을 얻는다.

$$k = \frac{I_D}{(V_{GS} - V_{GS,\text{th}})^2} = \frac{12\,\text{mA}}{(4\,\text{V} - 2\text{V})^2} = 0.003\ \text{mhos/V} = 3000\ \mu\text{mhos/V}$$

g_m을 찾으려면 다음을 사용한다.

$$g_m = 2k\,(V_{GS} - V_{GS,\text{th}}) = 2\sqrt{kI_D}$$
$$= 2\sqrt{(3000\ \mu\text{mhos}/V)(12\,\text{mA})} = 0.012\ \text{mhos} = 12{,}000\ \mu\text{mhos}$$

이제 $R_{DS} = 1/g_m = 83\ \Omega$을 사용해서 드레인-소스 저항을 찾는다.

▶ **문제 3:** 다음에 나오는 n-채널 공핍 MOSFET 회로에서 $I_{DSS} = 10\,\text{mA}$, $V_{GS,\text{off}} = 4\,\text{V}$, $R_D = 1\,\text{k}\Omega$, 그리고 $V_{DD} = +20\,\text{V}$일 때, V_D를 찾고 $V_{\text{out}}/V_{\text{in}}$를 얻으라.

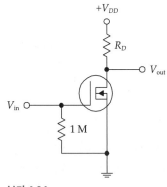

보기 4.94

옴의 법칙과 키르히호프의 법칙을 적용해 다음 식을 생각해 낼 수 있다.

$$V_{DD} = V_{DS} + I_D R_D$$
$$V_{DD} = V_D + I_D R_D$$

여기서 마지막 식은 접지된 소스 단자를 고려한다. (1 MW 저항기를 주목하라. 이것은 자체 바이어스 저항기로서 MOSFET의 불안정성을 초래할 수 있는 누설 전류 및 기타 매개변수를 보상하는 데 사용된다. 게이트 누설 전류가 매우 작기 때문에 일반적으로 nA 또는 pA 범위에서 이 저항기에 걸리는 전압 강하는 무시될 수 있다. 이제 입력 전압이 없다고 가정하면 $I_D = I_{DSS}$라고 말할 수 있다. 이것이 의미하는 바는 이렇다.

$$V_D = V_{DD} - I_{DSS} R_D$$
$$= 20\,\text{V} - (10\,\text{mA})(1\,\text{k}\Omega) = 10\,\text{V}$$

이득을 찾으려면 다음 공식을 사용한다.

$$\text{이득} = \frac{V_{\text{out}}}{V_{\text{in}}} = g_{m_0} R_D$$

여기서

$$g_{m_0} = \left| \frac{2I_{DSS}}{V_{GS,\text{off}}} \right| = \left| \frac{2(10\,\text{mA})}{-4V} \right| = 5000\ \mu\text{mhos}$$

얻어진 공식으로 돌아가서 g_m을 대입하면 결과로 나오는 이득은 5가 된다.

▶ **문제 4:** 다음 n-채널 증가형 MOSFET 회로에서 $k = 1000\ \mu\text{mhos/V}$, $V_{DD} = 20\,\text{V}$, $V_{GS,\text{th}} = 2\,\text{V}$, $V_{GS} = 5\,\text{V}$일 때 V_D의 중심이 $10\,\text{V}$가 되게 맞추려면 R_D의 저항은 얼마여야 하는가? 또한, 이 회로의 이득은 얼마인가?

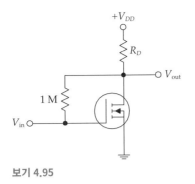

보기 4.95

우선 드레인 전류를 결정한다.

$$I_D = k\,(V_{GS} - V_{GS,th})^2$$
$$= (1000\ \mu\text{mhos/V})(5\ \text{V} - 2\ \text{V})^2 = 9\ \text{mA}$$

다음으로, V_D를 설정하는 데 필요한 R_D 크기를 결정하려면 옴의 법칙을 사용한다.

$$R_D = \frac{V_{DD} - V_D}{I_D} = \frac{20\ \text{V} - 10\ \text{V}}{9\ \text{mA}} = 1100\ \Omega$$

(1 MW 저항기의 역할은 최종 예에 나오는 1 MW 저항기의 역할과 같다.)

이득을 알려면 먼저 트랜스 컨덕턴스를 알아낸다.

$$g_m = 2k\,(V_{GS} - V_{GS,th}) = 2(1000\ \mu\text{mhos/V})(5\ \text{V} - 2\ \text{V})$$
$$= 6000\ \mu\text{mhos}$$

다음으로 g_m을 이득 표현식에 대입한다.

$$\text{이득} = \frac{V_{out}}{V_{in}} = g_m R_D = 6.6$$

◼ MOSFET에 대해 꼭 알아야 할 것

MOSFET에는 네 번째 리드선이 있을 수 있는데, 이것을 몸통 단자(body terminal)라고 부른다. 이 단자는 드레인-소스 채널과 다이오드 접점을 형성한다. 이것은 비전도 전압(예를 들어, 소스, 또는 소스(n-채널 소자)보다 음수이거나 소스(p-채널 소자)보다 양수인 회로의 한 지점)으로 유지되어야 한다. 베이스가 소스에서 제거되고(증가형 MOSFET의 경우) 소스 전압과 전압이 다르게 설정된 경우, 이 효과는 주어진 V_{GS}에 대한 드레인 전류를 감소시키는 방향으로 임계 전압을 $\frac{1}{2}V_{BS}^{1/2}$과 같은 양만큼 이동시킨다. 임계 전압을 옮기는 게 중요한 경우로는 누설 효과, 정전용량 효과, 신호 극성이 균형을 유지해야 하는 경우를 들 수 있다. MOSFET의 몸통 단자는 게이트에 증분 교류 신호를 인가해 MOSFET의 작동점을 결정하는 데 종종 사용된다.

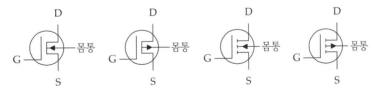

보기 4.96

◼ 손상되기 쉬운 MOSFET

MOSFET은 몹시 약하다. 섬세한 게이트-채널 산화막 절연체는 정적으로 대전된 물체로부터 전자적인 폭격을 받는다. 예를 들어, 카펫을 가로 질러 걸은 다음 MOSFET의 게이트를 만지기만 하면 이러한 절연체 중 하나에 구멍이 날 수도 있다. 걷는 중에 달라붙는 전하가 수천 볼트의 전위력을 발휘할 만큼 충분히 클 수 있다. 이러한 상호 작용에 쓰이는 전류량이 그다지 많지 않을지라도 산화물 절연체가 매우 얇으므로(게이트-채널 정전용량이 매우 작아서 일반적으로 수 피코패럿임) 적은 전류일지라도 MOSFET에는 치명적일 수 있다. MOSFET을 설치할 때는 작업하는 곳에서 정전기를 모두 제거해야 한다. 7장에서는 정전기 방전이 발생하는 부품을 다룰 때의 지침을 제공한다.

◾ MOSFET 종류

그 밖의 트랜지스터와 마찬가지로 금속용기나 플라스틱 패키지에 담겨 공급된다. 고전력용 MOSFET에는 방열판에 고정할 수 있게 한 금속 탭이 있다. 하이/로우 MOSFET 구동 IC도 사용할 수 있다. 이러한 구동기(일반적으로 DIP 형태)에는 수많은 독립형 MOSFET이 내장되어 있으며 논리 신호로 작동한다.

스위칭   높은 전력   하이/로우 구동자 IC

보기 4.97

MOSFET을 구입할 때 고려해야 할 사항으로는 파괴 전압, $I_{D,최대}$, $R_{DS(on),최대}$, 전력 손실, 스위칭 속도 및 정전기 방전 보호 등이 있다.

◾ 응용기기

조광기

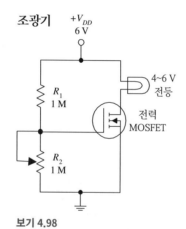

보기 4.98

여기서 n-채널 증가형 전력 MOSFET은 전등을 통과하는 전류의 흐름을 제어하는 데 사용된다. 전압 분할 저항기 R_2는 게이트 전압을 설정하고, 전등을 통해서는 드레인 전류를 설정한다.

전류원

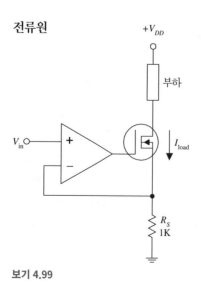

보기 4.99

여기에 표시된 회로에서 연산 증폭기는 n-채널 공핍형 MOSFET과 결합되어 매우 안정적인 전류원(오차가 1% 미만)을 만든다. MOSFET이 부하 전류를 통과시키며, 연산 증폭기의 반전 입력은 R_S의 전압을 표본으로 추출한 다음 비반전 입력에 인가된 전압과 비교한다. 드레인 전류가 늘거나 줄려고 할 때, 연산 증폭기는 출력을 줄이거나 늘이는 식으로 반응할 것이므로 이 과정에서 MOSFET 게이트의 전압이 바뀐다. 이런 식으로 부하 전류를 제어한다. 이 연산 증폭기/MOSFET 전류원은 단순한 양극성 트랜지스터 구동 원천보다 신뢰성이 높다. 누설 전류량은 무척 작다. 옴의 법칙을 사용해(그리고 8장에서 다룬 연산 증폭기에 대한 규칙을 적용해) 이 회로의 부하 전류를 정한다.

$$I_{load} = V_{in}/R_S$$

증폭기

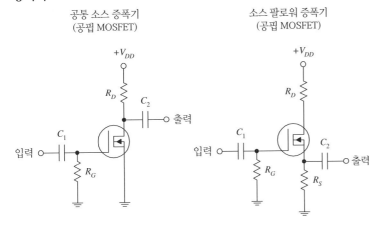

공통 소스 증폭기
(공핍 MOSFET)

소스 팔로워 증폭기
(공핍 MOSFET)

공핍형 **MOSFET**과 증가형 **MOSFET**을 모두 사용해 공통 소스 및 소스-팔로워 증폭기를 구성할 수 있다. 입력 임피던스가 더 높다는 점을 빼면 공핍형 증폭기는 앞서 설명한 **JFET** 증폭기와 유사하다. 증가형 **MOSFET** 증폭기의 동작이 본질적으로 공핍형 **MOSFET** 증폭기의 동작과 같지만 정지 게이트 전압을 설정하려면 (단일 저항기와 비교할 때) 전압 분할기가 필요하다. 또한, 증가형 공통 소스 **MOSFET** 증폭기의 출력은 반전된다. 앞에서 설명한 증폭기 회로를 참조하면 이와 같은 회로에 있는 저항기 및 커패시터의의 역할을 더 잘 이해할 수 있다.

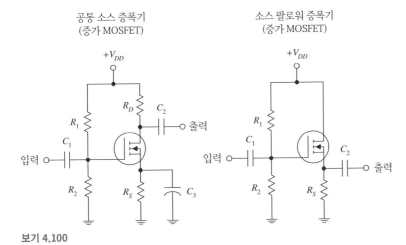

공통 소스 증폭기
(증가 MOSFET)

소스 팔로워 증폭기
(증가 MOSFET)

보기 4.100

오디오 증폭기

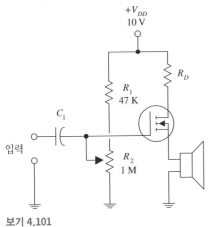

이 회로에서는 n-채널 증가형 **MOSFET**을 사용해 고임피던스 마이크로폰에 의해 생성된 오디오 신호를 증폭한 다음에, 증폭된 신호로 스피커를 구동한다. C_1은 교류 결합 커패시터 역할을 하고 R_2 전압 분할 저항기는 이득(볼륨)을 제어하는 역할을 한다.

보기 4.101

계전기 구동자(디지털-아날로그 변환기)

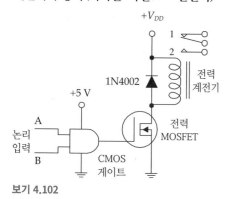

보기 4.102

여기에 표시된 회로는 논리 회로와 아날로그 회로 간의 인터페이스로 *n*-채널 공핍형 MOSFET을 사용한다. 이 예에서는 AND 게이트를 사용해 MOSFET을 전도시켜 계전기를 활성화한다. 입력 A와 B가 모두 고준위이면 계전기가 전환되어 위치 1에 계전기가 놓인다. MOSFET은 디지털-아날로그 인터페이스로 사용하기에 바람직하다. 입력 저항이 매우 높고 입력 전류가 무척 낮아서 구동 로직으로부터 전류를 끌어올 것을 염려하지 않고도 고전압 또는 대전류 아날로그 회로에 전원을 공급하기에 적합하다.

직류 모터 방향 제어

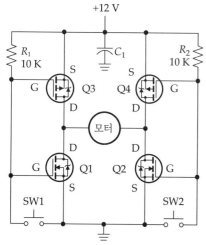

Q1, Q2, n-채널 MOSFET IRF640
Q3, Q4, p-채널 MOSFET IRF9630

보기 4.103

영구 자석 직류 모터는 단자에 걸린 전압의 극성에 따라 시계 방향이나 반시계 방향으로 회전한다. 회전 방향뿐만 아니라 모터의 켬/끔 상태를 제어하는 데 사용할 수 있는 간단한 회로가 왼쪽에 나온다. 이 회로는 고전력용 MOSFET을 내장한 H 브리지 모터 제어 회로다. 트랜지스터 Q1 및 Q2는 n-채널 MOSFET이고, Q3 및 Q4는 p-채널 MOSFET이다. 회전 방향을 제어하는 일과 마찬가지로 모터를 켤 때도 SW1 스위치와 SW2 스위치를 사용한다. 두 개의 스위치는 평상시 열림 상태로 있는 누름 스위치다. SW1을 누르면 Q1과 Q3 게이트에 있는 전압이 0으로 되면서 Q1이 꺼지고 Q3이 켜진다. 이것은 Q3에서부터 모터 및 Q2까지 이르는 전류 경로를 생성한다. 이렇게 해서 모터가 시계방향으로 돌게 한다. SW1을 풀어 모터를 끈다. SW2를 누르면 Q2가 꺼지고 Q4가 켜지고 Q1, 모터, Q4로 이어지는 역전류 경로가 형성되어 모터가 반시계 방향으로 회전한다. SW1과 SW2를 마이크로컨트롤러를 사용해 켜고 끌 수 있는 트랜지스터(또는 유사한 스위칭 장치)로 바꿔서 디지털 방식으로 제어할 수 있다.

4.3.5 절연 게이트 양극성 트랜지스터(IGBT)

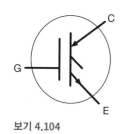

보기 4.104

IGBT는 MOSFET의 혼종으로서 양극성 트랜지스터이다. 이것이 IGBT들의 전자 기호에 반영되어 있다(보기 4.104). MOSFET의 게이트 단자가 있고 양극성 트랜지스터의 컬렉터와 이미터 단자도 있다. 이것을 보고 기대한 대로, 매우 높은 전류와 전압에 자주 쓰이는 스위치로 널리 쓰이는 트랜지스터이다. MOSFET과 마찬가지로 전압을 제어하는 데 사용하지만, 양극성 트랜지스터와 같이 대전류를 다루는 능력이 있다.

IGBT는 전기 자동차와 같이 대단히 높은 전력이 필요한 응용기기라는 틈새시장에 쓰이는데, 고전압에서 수백 암페어에 이르는 스위칭 전력을 감당할 수 있게 다수의 IGBT를 병렬로 둔 모듈을 구성해 쓴다. 매우 광범위한 펄스를 용납하는 기능 때문에 인해 반도체 방식 테슬라 코일 애호가들이 응용하는 것으로 알려져 있다.

4.3.6 단접합 트랜지스터

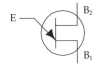

보기 4.105

단접합 트랜지스터(unijuction transistors, UJT)는 리드가 세 개인 소자로, 전자적으로 제어하는 스위치들에서만 작동한다(증폭기 제어에는 사용하지 않는다). UJT의 기본 동작은 상대적으로 단순하다. 이미터들 사이에서나 베이스 리드들(B_1이나 B_2) 사이에 전위차가 없을 때, B_2에서 B_1으로 아주 작은 전류만 흐른다.

역주 즉, 유발 전압

그러나 베이스 리드보다 아주 큰 트리거 전압(trigger voltage)[역주]이 이미터에 인가되면 이미터에 더 큰 전류가 흐르고 작은 B_2 대 B_1 전류와 결합해 더 큰 B_1을 생성한다. 제어 리드(예를 들면, 이미터, 게이트)가 추가 전류를 거의 또는 전혀 공급하지 않는, 이전에 다룬 바 있는 그 밖의 트랜지스터와는 비교하면 UJT는 그 반대로 이미터 전류가 추가 전류의 주요 원천이다.

■ UJT 작동 방식

UJT의 간단한 모형을 보기 4.105에 나타내었다. 이것은 중간에 p형 반도체 '범프(bump)'가 있는 n형 반도체 재료의 단일 막대로 구성된다. 막대의 한쪽 끝은 베이스 1단자를 구성하고, 나머지 한쪽 끝은 베이스 2단자를 구성하며, '범프'는 이미터 터미널을 나타낸다. 작동 방식을 아래에서 간단하게 설명한다.

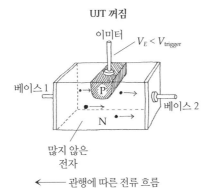

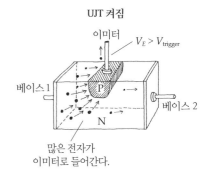

보기 4.106

이미터에 전압이 가해지지 않으면 그다지 많지 않은 전자만 베이스 1과 베이스 2 사이의 n 영역을 통과하게 된다. 보통, 베이스 1과 베이스 2에 대한 커넥터에는 저항성이 있다(각기 대략 수천 옴에 이른다).

충분히 큰 전압이 이미터에 가해지면 이미터-채널 pn 접합은 순방향으로 바이어스된다(다이오드를 순방향으로 바이어스하는 것과 유사). 이렇게 되면 결과적으로 베이스 1 전자가 이미터를 통해 많이 빠져 나갈 수 있게 한다. 이제는 기존의 전류가 전자 흐름과 반대되는 방향으로 흐르기 때문에 정의된 전류가 이미터에서 나와 채널 전류와 결합해 더 큰 베이스 1 출력 전류를 생성한다고 말할 수 있다.

기술 정보

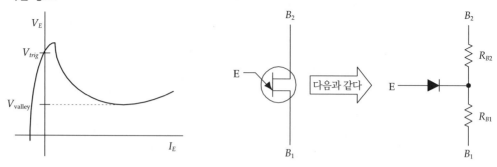

보기 4.107

보기 4.107에는 UJT의 일반적인 V_E 대 I_E 그래프와 UJT 등가 회로가 나온다. UJT 이론에 따르면, B1이 접지될 때 이미터에 걸린 전압은 트리거 전압으로 알려진 임계 전압을 초과할 때까지 영향을 미치지 않는다(한 베이스에서 나머지 베이스로 컨덕턴스를 증가시키지 않는다). 트리거 전압은 다음 식과 같다.

$$V_{trig} = \frac{R_{B1}}{R_{B1} + R_{B2}} V_{B2} = \eta \, V_{B2}$$

이 식에서 R_{B1}과 R_{B2}는 각 베이스 단자와 n-채널 사이에 있는 영역 내에서의 고유저항을 나타낸다. 이미터가 개방될 때 결합된 채널 저항은 일반적으로 R_{B1}이 R_{B2}보다 약간 큰 몇 천 옴 정도이다. 트리거 전압에 도달하면 pn 접합은 순방향으로 바이어스되고(등가 회로의 다이오드가 전도하기 시작하고) 전류가 이미터에서 채널로 흐른다. 그렇지만 R_{B1}과 R_{B2}을 어떻게 정할 수 있을까? 제조업체가 이러한 저항을 제공하는가? 대체로 그러지 않을 것으로 보인다. 대신에 제조업체들은 보통 고유 고립 비율(intrinsic standoff ratio, η)이라고 부르는 매개변수를 제공한다. 이 고유 고립 비율은 앞서 나온 표현식의 $R_{B1}/(R_{B1} + R_{B2})$ 항과 같은데, 이미터에 전도성이 없게 한다. η 값은 0~1 사이지만 보통 대략 0.5 정도에 걸려 있다.

전형적인 응용기기(완화 발진기)

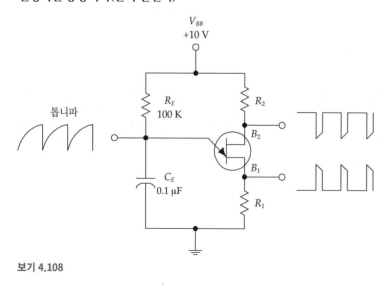

보기 4.108

UJT를 발진기 회로에 가장 빈번하게 사용한다. 일부 저항기 및 커패시터와 함께 UJT는 세 가지 출력 파형을 생성할 수 있는 완화 발진기를 구성한다. 작동 과정에서 순식간에 C_E는 이미터의 전압이 트리거 전압에 도달할 때까지 R_E를 통해 충전한다. 트리거 전압이 초과되면 E에서 B_1으로 향하는 경로의 전도율이 급격히 증가하여 전류는 커패시터-이미터 영역에서 이미터-베이스 1 영역을 지나 접지로 흐르게 된다. C_E는 갑자기 전하를 잃고 이미터 전압이 갑자기 트리거 전압 아래로 떨어진다. 그런 다음에 주기가 자체적으로 거듭된다. 이 과정으로 인한 결과로 나오는 파형은 보기와 같다. RC 충전-방전 주기로 발진기의 주기가 결정되는데 다음 식으로 주어진다.

$$f = \frac{1}{R_E C_E \ln [1/(1 - \eta)]}$$

예를 들어, $R_E = 100\,\text{k}\Omega$, $C_E = 0.1\,\mu\text{F}$, $\eta = 0.61$이면 $f = 106\,\text{Hz}$이다.

기본 스위칭

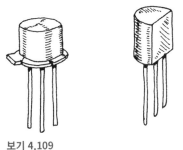

보기 4.109

이러한 **UJT**들을 발진기 회로, 타이밍 회로, 준위 검출 회로에 사용한다. 일반적인 최대 정격은 I_E의 경우 **50mA**, V_{BB}(베이스 간 전압)의 경우 **35 ~ 55 V**, 전력 손실의 경우 **300~500 mW**이다.

프로그램 가능(PUT)

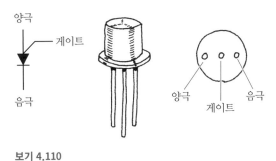

양극
게이트
음극

양극 음극
게이트

보기 4.110

PUT(역주 즉, 프로그램 가능 단접합 트랜지스터)는 R_{BB}, I_V(골짜기 전류 수준), I_P(봉우리 전류 수준) 및 η(고유 고립 비율)를 외부 전압 분할기를 사용해 프로그램을 작성해 넣을 수 있다는 점을 제외하면 UJT와 유사하다. 회로의 불안정성을 제거하기 위해서는 이러한 매개변수를 변경할 수 있어야 한다. **PUT**의 전자 기호는 **UJT**와 비교하면 크게 다르다(보기 참조). 리드 이름도 다르게 쓴다. 게이트 리드, 음극 리드 및 양극 리드라고 부른다. **PUT**는 타이머 회로, 고이득 위상 제어 회로 및 발진기 회로를 구성하는 데 사용된다. 뒤에 나오는 응용 프로그램 부분에 간단한 **PUT** 응용 프로그램을 실었다.

▣ 응용기기

타이머/계전기 구동자

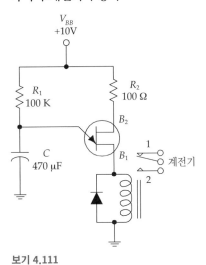

V_{BB}
+10V

R_1
100 K

R_2
100 Ω

B_2

C
470 μF

B_1

1

계전기

2

보기 4.111

여기 나오는 회로는 계전기가 스위치를 반복적으로 한 곳에서 다른 곳으로 놓게 한다. 양의 공급 전압이 커패시터를 충전한다. 커패시터 양단의 전압이 UJT의 트리거 전압에 도달하면 UJT가 전도된다. 이로 인해 계전기는 스위치를 위치 **2**에 놓는다. 커패시터의 충전이 끝나면 전압이 트리거 전압보다 낮아지면서 **UJT**가 꺼진다. 그러면 계전기는 위치 **1**로 전환한다. R1으로는 커패시터의 충전율을 제어하고, 커패시터의 크기는 UJT를 트리거하는 데 사용되는 전압량을 결정한다. C도 충전율을 결정한다.

증폭기가 포함된 경사 전위 발생기

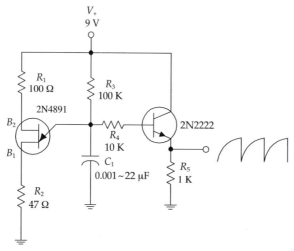

보기 4.112 UJT는 몇 가지 저항기, 양극성 트랜지스터, 커패시터와 결합되어 증폭된 톱니파 발생기(양극성 트랜지스터로 설정)를 구성한다. 앞서 나온 발진기와 마찬가지로 C_1과 R_2이 주파수를 설정한다. 양극성 트랜지스터는 커패시터의 전압 표본을 추출해 경사 파형, 즉 톱니 파형을 출력한다.

PUT 완화 발진기

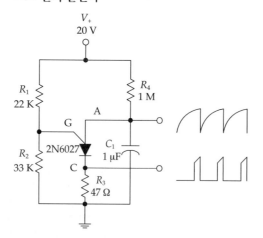

계산

다음과 같을 때 PUT가 전도되기 시작한다.

$$V_A = V_G + 0.7 \text{ V}$$

여기서 V_G는 전압 분할기가 설정한다.

$$V_G = \frac{R_2}{R_2 + R_1} V_+$$

V_A에 도달하면 양극 전류는 다음과 같이 된다.

$$I_A = \frac{V_+ - V_A}{R_1 + R_2}$$

보기 4.113 여기서 PUT를 R_1 및 R_2를 사용해 프로그래밍해서 희망 트리거링 전압 및 양극 전류를 설정한다. 이 저항기 두 개는 게이트 전압 V_G(PUT을 켜거나 끄는 데 사용되는 단자) 설정에 쓰이는 전압 분할기를 구성한다. PUT이 전도성을 띄게 하려면 양극 전압이 음극 전압보다 최소 0.7 V 더 많아야 한다. 커패시터가 방전되는 순간 게이트는 역방향으로 바이어스되고 PUT이 꺼진다. 시간이 흐르면 커패시터가 R_4를 통해 충전되고 충분한 전하가 수집되면 게이트를 순방향으로 바이어스하기에 충분히 큰 전압이 흐르게 된다. 그러고 나면 이로 인해 PUT이 켜진다(즉, 양극 전류 (I_A)가 파고 전류 (IP)를 초과하면). 다음으로 축전기는 PUT를 관통해 방전하고 R_3을 통해 방전한다. (참고: PUT이 전도될 때 양극에서 음극으로의 전압은 약 1 V이다.) 커패시터가 완전히 방전되면 양극 전류가 감소하고 게이트에 더 이상 충분한 전압이 가해지지 않으면 결국 멈춘다. 그런 다음에 충전이 다시 시작되고 주기는 자체적으로 거듭해서 반복된다. 게이트 및 소스 단자에서 회로를 탭하면 스파이크된 파형(역주 즉, 극파 파형)과 톱니파 파형을 둘 다 출력할 수 있다.

4.4 사이리스터

4.4.1 소개

사이리스터(thyristor)는 스위치로서 배타적으로 작동하는 2~4 리드짜리 반도체 소자이지만, 트랜지스터와 같이 신호를 증폭하는 데는 사용되지 않는다. 3 리드 사이리스터는 리드 한 개에 작은 전류/전압을 두어 나머지 리드 두 개의 훨씬 더 큰 전류 흐름을 제어한다. 반면에 2 리드 사이리스터는 제어 리드를 사용하지 않고 리드에 걸린 특정 전압에 도달하면 스위치가 켜지도록 설계되었다. 이 때 이 전압을 항복 전압(breakdown voltage)이라고 부른다. 이 항복 전압 미만에서는 2 리드 사이리스터가 꺼진 상태로 유지된다.

이 시점에서 스위칭 응용기기에 단순히 트랜지스터를 사용하지 않고, 그 대신에 사이리스터를 사용하는 이유가 무엇인가 하는 의문을 지닐 수 있을 것이다. 일반적으로 트랜지스터를 스위치로도 사용하기는 하지만 사이리스터와 비교해 보면, 정확한 제어 전류/전압을 사용해 정확히 동작하게 하는 일에 쓰기에는 더 까다롭다. 제어 전류/전압이 정확하지 않으면, 트랜지스터는 켜짐 및 꺼짐 상태 중간에 놓이게 될 수 있다. 그리고 상식에 따르면 애매한 상태에 놓이는 스위치는 좋은 게 아니다. 한편으로 사이리스터는 모호한 상태에서 운전하지 않게 설계된 것이다. 이러한 소자는 전부 아니면 전무이다. 즉, 켜짐 아니면 꺼짐이다.

응용 측면에서 볼 때 사이리스터는 속도 제어 회로, 전력 스위칭 회로, 계전기 교대 회로, 저가형 타이머 회로, 발진기 회로, 준위 검출 회로, 위상 제어 회로, 인버터 회로, 초퍼 회로, 논리 회로, 조광 회로, 모터 속도 제어 회로 등에 쓰인다.

표 4.6 주요 사이리스터 종류

형식	기호	운전 모드
실리콘 제어 정류기(SCR)	G, A, C	평상시 꺼짐 상태로 있지만 작은 전류가 게이트(G)로 들어오면 켜진다. 게이트 전류가 제거되어도 SCR은 켜진 채로 남는다. 이것을 끄려면 양극에서 음극으로 흐르는 전류가 없어지거나 양극의 전압이 음극보다 더 낮아지게 설정되어야 한다. 전류는 양극(A)에서 음극(C)으로만, 즉 한 방향으로만 흐른다.
실리콘 제어 스위치(SCS)	G, A, C, 양극 게이트	SCR과 유사하지만 양극 게이트라고 부르는 네 번째 리드에 양성 전압을 걸면 꺼진다. 음극-게이트 리드에 전압이 인가될 때 트리거되도록 이 장치를 만들 수도 있다. 전류가 양극(A)에서 음극(C)으로만, 즉 한 방향으로만 흐른다.
트라이액	G, MT1, MT2	SCR과 유사하지만 양방향으로 스위칭할 수 있어 교류 전류뿐만 아니라 직류 전류도 스위칭할 수 있다. 트라이액[역주]은 게이트가 전류를 받는 동안에만 켜져 있으며, 게이트 전류가 제거되면 꺼진다. 전류가 MT1과 MT2에 걸쳐 양방향으로 흐른다.
4층 다이오드	A, C	리드가 두 개뿐이다. 회로의 두 지점 사이에 두어 전압에 민감한 스위치로 쓴다. 리드를 가로 지르는 전압차가 특정 항복 전압보다 낮으면 꺼진 상태로 남는다. 그러나 전압차가 항복 접압을 초과하면 켜진다. 한 방향으로만 전도되는데, 양극(A)에서 음극(C)으로 흐른다.
다이액		4층 다이오드와 유사하지만 양방향으로 전도된다. 직류와 교류를 스위치하도록 설계한다.

[역주] 즉, 양방향 3 단자 사이리스터

표 4.6에 주요한 사이리스터 종류를 개관하게 해 두었다. 켜짐을 의미하는 문구는 두 개의 전도성 리드 [예: 양극 (A)에서 음극 (C), MT1에서 MT2] 사이에 전도성 경로가 있음을 의미한다. 평상시 꺼짐을 의미하는 문구는 게이트에 전압이 가해지지 않은 상태를 나타낸다(게이트가 개방되어 있다). 다음 부분에서 이러한 사이리스터를 자세히 살펴볼 것이다.

4.4.2 실리콘 제어 정류기

실리콘 제어 정류기(silicon-controlled rectifiers, SCR)는 전기 제어 스위치로 작동하는 3 리드 반도체 소자이다. 특정한 양의 트리거 전압/전류가 SCR 게이트 리드(G)에 인가되면, 전도성 채널이 양극(A)과 음극(C) 리드 사이에 형성된다. 전류는 양극에서 음극으로 (다이오드처럼) SCR을 통해 한 방향으로만 흐른다.

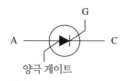

보기 4.114

SCR의 또 다른 고유한 기능은 전류 제어 스위칭 외에도, 게이트 전류가 제거된 뒤의 전도 상태와 관련이 있다. SCR이 전도성을 띄게 된 후에는 게이트 전류를 제거해도 아무런 효과가 없다. 즉, 게이트 전류/전압이 사라져도 SCR은 계속 켜져 있게 된다. 장치를 끄는 유일한 방법은 양극-음극 간 전류를 제거하거나 양극과 음극의 극성을 반대로 바꾸는 것이다.

응용기기 측면에서 SCR은 스위칭 회로, 위상 제어 회로, 인버터 회로, 클리퍼 회로 및 계전기 제어 회로에 사용된다.

■ SCR 작동 방식

보기 4.115에 보이는 바와 같이 SCR은 본질적으로 *npn*과 *pnp* 양극성 트랜지스터를 겹쳐 놓은 것일 뿐이다. 양극성 트랜지스터 등가 회로는 SCR의 작동 원리를 잘 설명한다.

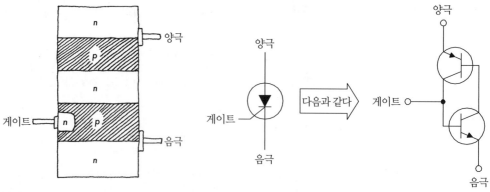

보기 4.115

SCR이 꺼짐 양극성 등가 회로를 사용할 때, *npn* 트랜지스터를 켜기 위해 필요한 특정 양의 전압으로 게이트를 설정하지 않으면 *pnp* 트랜지스터는 자체 베이스에서 전류를 '가라앉힐(sink)' 수 없다. 이는 어느 트랜지스터도 전도되지 않는다는 의미이므로 전류가 양극에서 음극으로 흐르지 않게 될 것이다.

SCR이 켜짐 양의 전압이 게이트에 인가되면 *npn* 트랜지스터의 베이스는 적절하게 바이어스되어 켜진다. 일단 *pnp* 트랜지스터의 베이스는 *npn* 트랜지스터의 컬렉터를 통해 전류를 '가라앉힐' 수 있다. 이것은 *pnp* 트랜지스터를 켜기 위해 필요한 것이다. 두 트랜지스터가 모두 켜지면 전류가 양극과 음극 사이를 자유롭게 흐른다. 게이트 전류가 사라지더라도 SCR이 켜진 상태로 남을 것이라는 점에 주목하라. 이것은 양극성 등가 회로에 따른 결과로, 게이트 전류가 제거될 때 두 트랜지스터가 전도 상태에 있다는 사실에서 기인한다. *pnp* 트랜지스터를 통해 전류가 이미 흐르고 있기 때문에 트랜지스터가 꺼질 이유가 없다.

■ 기본 SCR 응용기기

기본 잠금 스위치

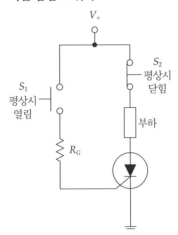

보기 4.116

여기서 SCR은 간단한 잠금 회로(**역주** 즉, 래치 회로)를 구성하는 데 사용된다. S_1은 순간 접점, 평상시 열림 누름단추 스위치이며, S_2는 순간 접점, 평상시 닫힘 누름단추 스위치이다. S_1을 눌렀다가 떼면 작은 전류 펄스가 SCR의 게이트로 들어가 SCR이 켜진다. 그러면 전류가 부하를 따라 흐른다. S_2가 눌릴 때까지 부하는 계속 전류를 공급받으며 그동안 SCR은 꺼져 있다. 게이트 저항기로 SCR 트리거링 전압/전류를 설정한다. 우리는 트리거링 사양을 한 번에 자세히 살펴볼 것이다.

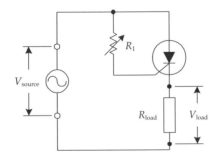

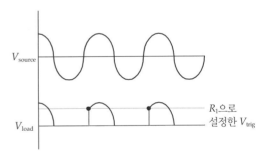

보기 4.117 여기서 SCR은 부하에 전력을 공급하는 데 쓰일 정현주기 신호를 교정하는 데 사용된다. 정현 파형이 게이트에 적용되면 양극과 게이트가 파형의 양의 진행 부분을 수신해 SCR이 켜진다(트리거링 전압이 초과된 경우). 일단 SCR이 켜지면 파형이 양극과 음극을 관통해 흐르는데 이 과정에서 부하가 힘을 받는다. 파형의 음의 진행 부분에서 SCR은 역방향으로 바이어스된 다이오드처럼 동작한다. 그러므로 SCR이 꺼진다. R_1을 늘리면 SCR의 게이트에 공급되는 전류/전압을 낮추는 효과를 낸다. 이것은 차례로 양극-음극 전도 시간이 늘어나게 한다. 결과적으로 소자가 수행하는 주기 중 일부분을 제어할 수 있다(그래프 참조). 이는 R_{load}에 의해 낭비되는 평균 전력을 조정할 수 있음을 의미한다. 간단한 직렬 가변 저항이 아닌 SCR을 사용해 전류를 제어하면 저항 가열에 전력이 손실되지 않는다는 장점이 있다.

직류 모터 속도 제어

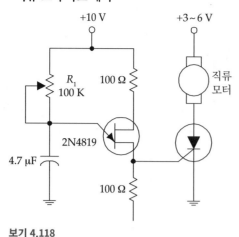

보기 4.118

저항기, 커패시터, UJT 몇 개와 SCR을 함께 연결하면 직류 모터를 구동하는 데 사용되는 가변 속도 제어 회로를 만들 수 있다. SCR의 게이트에 교류 전압을 공급하는 발진기를 UJT, 커패시터 및 저항기로 구성한다. 게이트 전압이 SCR 트리거링 전압을 초과하면 SCR이 켜져 모터에 전류가 흐르게 된다. R_1의 저항을 변경하면 발진기의 주파수가 변경되어, SCR의 게이트가 시간의 경과에 따라 트리거되는 횟수가 결정되기 때문에 모터의 속도가 제어된다. (모터는 일련의 켬/끔 펄스를 수신하고 있더라도 계속 켜져 있는 것처럼 보인다. 전체 주기 수를 시간으로 평균을 낸 값으로 모터의 속도가 정해진다. 모터의 속도를 제어하기 위해 간단한 직렬 가변 저항과 같은 회로를 사용하면 에너지를 덜 낭비할 수 있다.

SCR 종류

위상 제어 응용기기용으로 특별히 설계된 SCR도 있고 고속 스위칭 응용기기용으로 설계된 SCR도 있다. 아마도 SCR의 가장 두드러진 특징은 처리 가능한 전류량일 것이다. 소전류 SCR은 일반적으로 1 A/100 V보다 크지 않은 최대 전류/전압 정격으로 공급된다. 한편, 중전류 SCR은 일반적으로 10 A/100 V보다 크지 않은 최대 전류/전압 정격을 제공한다. 대전류 SCR의 최대 정격은 수천 볼트일 때 수천 암페어가 될 수 있다. 소전류 SCR은 플라스틱 패키지나 금속용기에 담겨 들어오며 중전류 및 대전류 SCR에는 방열판이 내장되어 있다.

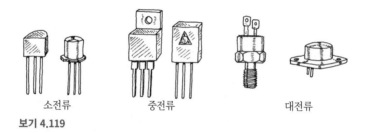

소전류   중전류   대전류

보기 4.119

기술 자료

다음은 SCR을 설명하기 위해 제조업체에서 사용하는 일반적인 용어이다.

V_T **가압 상태 전압**(on state-voltage). SCR이 켜지면 양극–음극 전압이 나타난다.

I_{GT} **게이트 트리거 전류**(gate trigger current). SCR을 켜는 데 필요한 최소 게이트 전류

V_{GT} **게이트 트리거 전압**(gate trigger voltage). 게이트 트리거 전류를 유발하는 데 필요한 최소 게이트 전압

I_H **유지 전류**(holding current). SCR이 켜진 상태로 남아 있게 하는 데 필요한, 양극–음극 단자 사이에 흐르는 최소 전류

P_{GM} **최대 게이트 전력 손실**(peak gate power dissipation). 게이트와 음극 영역 사이에서 손실될 수 있는 최대 전력

V_{DRM} **반복 시 최대 오프 상태 전압**(repetitive peak off-state voltage). 반복되는 과도 전압을 모두

포함하되 반복되지 않는 과도 전압을 모두 제외하고, SCR에서 발생하는 꺼짐 상태 전압의 최대 순시 값

I_{DRM} **반복 시 최대 오프 상태 전류**(repetitive peak off-state current). 반복 시 최대 오프 전압의 적용으로 인해 발생하는 꺼짐 상태 전류의 최대 순시 값

V_{RRM} **반복 시 최대 역전압**(repetitive peak reverse voltage). 반복되는 과도 전압을 모두 포함하되 반복하지 않는 과도 전압을 모두 제외하고, SCR에서 발생하는 역전압의 최대 순시 값

I_{RRM} **반복 시 최대 역전류**(repetitive peak reverse current). 반복되는 최대 역전압의 적용으로 인해 발생하는 역전류의 최대 순시 값

다음은 SCR 사양표의 일부를 그림으로 나타낸 것이다(표 4.7).

표 4.7 SCR 사양표 중 일부

MNFR #	V_{DRM} (최소) (V)	I_{DRM} (최대) (mA)	I_{RRM} (최대) (mA)	V_T (V)	I_{GT} (보통/최대) (mA)	V_{GT} (보통/최대) (V)	I_H (보통/최대) (mA)	P_{GM} (W)
2N6401	100	2.0	2.0	1.7	5.0/30	0.7/1.5	6.0/40	5

4.4.3 실리콘 제어 스위치

실리콘 제어 스위치(silicon-controller switch, SCS)는 SCR과 유사한 장치이지만 제어력, 트리거 감도 및 점화 예측 가능성이 필요한 상황을 위해 설계되었다. 예를 들어, SCS가 꺼지는 시간은 (일반적으로 CR의 경우에 5~30마이크로초인데 반해) 1~10마이크로초다. SCR과 달리 SCS는 일반적으로 100~300 mA의 최대 양극 전류와 100~500 mW의 전력 손실로 전력, 전류 및 전압 등급이 낮다. SCR과 달리 SCS는 양극 전압 입력 전류가 여분의 양극 게이트 리드에 적용될 때 꺼질 수 있다. SCS는 음의 전압 및 출력 전류가 동일한 리드에 인가될 때 전도성을 띠게 트리거될 수 있다. 아래 보기는 SCS의 도식 기호를 보여 준다.

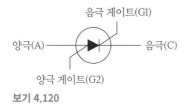

보기 4.120

SCS는 실제로 두 개의 개별 제어 펄스로 켜고 끄는 스위치가 필요한 모든 회로에 사용된다. 이것들로는 전력 스위칭 회로, 논리 회로, 전등 구동기, 전압 감지기, 펄스 발생기 등이 있다.

■ SCS 작동 방식

보기 4.121(a)는 SCS 중에 음극(C), 음극 게이트(G1), 양극 게이트(G2) 및 양극(A)이라고 부르는 네 개의 전극을 지닌 기본 4층 3 리드 *p-n-p-n* 실리콘 모형을 나타낸다. SCS의 등가 회로는 보기 4.121(c)에 나타낸 병렬[역주] 양극성 트랜지스터 회로망으로 모형화할 수 있다. 트랜지스터가 두 개인 등가 회로를 사용해 음의 펄스가 양극 게이트(G2)에 인가될 때, 트랜지스터 Q1이 ON으로

[역주] 즉, 반대극 병렬 접속 또는 백투백

전환된다. Q1은 트랜지스터 Q2에 베이스 전류를 공급하고, 두 트랜지스터의 스위치가 모두 켜진다. 마찬가지로 음극 게이트(G1)에서 양의 펄스가 소자를 켤 수 있다. SCS는 작은 전류만을 사용하기 때문에 게이트 중 한 곳에 있는 적절한 극성 펄스로 스위치를 끌 수 있다. 음극 게이트에는 음성 펄스가 필요하지만 양극 게이트에는 양성 펄스가 필요하다.

a. SCS 실리콘 모형

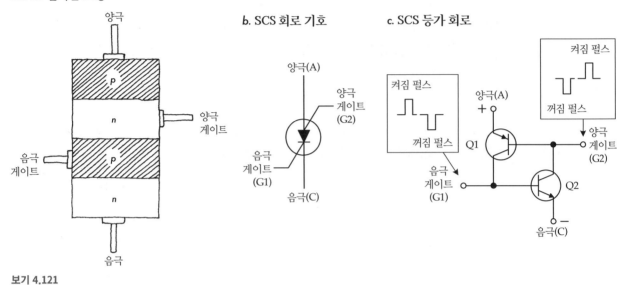

b. SCS 회로 기호

c. SCS 등가 회로

보기 4.121

■ 사양

SCS를 구입할 때는 적절한 항복 전압, 전류 및 전력 손실 정격을 지닌 소자를 선택하라. 일반적인 사양표에는 다음 정격이 제공된다. BV_{CB}, BV_{EB}, BV_{CE}, I_E, I_C, I_H(유지 전류) 및 P_D(전력 손실). 여기서는 대체한 리드 이름으로 지정한다고 가정했다.

4.4.4 트라이액

트라이액(triac)은 SCR과 비슷한 소자로서 전기 제어 스위치 역할을 하지만, SCR과 달리 전류를 양방향으로 통과시키므로 교류 응용기기에 적합하다. 트라이액에는 게이트 리드 한 개와 MT1 및 MT2라고 하는 전도성 리드 두 개가 있다. 게이트에 전류/전압이 걸리지 않으면 트라이액은 꺼진 상태로 남는다. 그렇지만 특정 트리거 전류가 게이트에 걸리면 소자가 켜진다. 트라이액을 끄려면 게이트 전류/전압을 제거한다.

보기 4.122

트라이액은 교류 모터 제어 회로, 조광 회로, 위상 제어 회로 및 기타 교류 전원 스위칭 회로에 사용된다. 이들은 종종 기계식 계전기를 대신해 사용된다.

▣ 트라이액 작동 방식

보기 4.123에 트라이액의 간단한 n형/p형 실리콘 모형을 나타냈다. 이 장치는 서로 역병렬로 설치된 두 개의 SCR과 유사하다. 등가 회로는 트라이액이 어떻게 작동하는지를 설명한다.

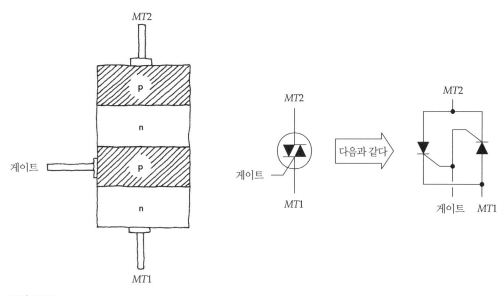

보기 4.123

트라이액 꺼짐 SCR 등가 회로를 사용하면 전류/전압이 게이트 리드에 인가되지 않을 때, SCR의 게이트 중 어느 것에도 트리거 전압이 걸리지 않으므로 전류는 $MT1$과 $MT2$를 통해 어느 방향으로도 흐를 수 없다.

트라이액 켜짐 특정 양성 트리거 전류/전압이 게이트에 적용되면 두 SCR을 모두 트리거할 수 있는 충분한 전압을 받는다. 두 SCR이 모두 켜지면 전류가 $MT1$에서 $MT2$로 또는 $MT2$에서 $MT1$로 흐른다. 게이트 전압이 제거되면 $MT1$ 및 $MT2$에 인가된 교류 파형이 0 볼트를 가로지를 때 두 SCR 모두 꺼진다.

▣ 기본 응용기기

간단한 스위치

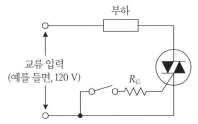

보기 4.124 다음은 트라이액이 전류가 부하에 도달하는 것을 허용하거나 방지하는 방법을 보여주는 간단한 회로이다. 기계식 스위치가 열리면 트라이액 게이트로 전류가 들어가지 않는다. 트라이액은 꺼진 상태로 남게 되어 부하에 전류가 흐르지 않는다. 스위치가 닫히면 작은 전류가 R_G를 통과하여 트라이액을 유도하여 트리거한다(게이트 전류 및 전압이 트라이액의 트리거링 요구 사항을 초과하는 경우). 이제는 교류가 트라이액을 통과해 흘러 부하에 전력을 공급한다. 스위치가 다시 열리면 트라이액이 꺼지고 전류가 부하를 통해 흐르지 않는다.

이중 정류기

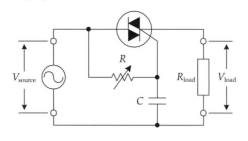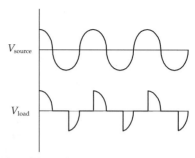

보기 4.125 가변 저항기 및 커패시터와 함께 트라이액을 사용해 조절할 수 있는 전파 정류기를 구성할 수 있다. 가변 저항기의 저항 R은 트라이액이 트리거되는 시간을 설정한다. R을 늘리면 트라이액이 더 늦게 트리거되기 때문에 더 많은 양의 클리핑이 발생한다(그래프 참조). C의 크기는 또한, 발생할 클리핑의 양을 결정한다. (커패시터는 단자를 통과하는 전압이 트라이액의 트리거링 전압에 도달할 때까지 충전을 저장한다. 그때, 커패시터는 자신의 전하를 방출할 수 있을 것이다.) 커패시터가 클리핑을 추가로 유발할 수 있는 이유는 커패시터가 게이트 전압을 *MT2*에서 *MT1* 전압까지 지연시킬 수 있기 때문이다(예: 게이트가 충분한 트리거 전압을 받더라도 *MT2-MT1* 간 전압은 0 볼트를 가로지를 수 있음). 전반적으로 클리핑이 많을수록 부하에 공급되는 전력이 줄어든다. 부하에 연결된 간단한 직렬 가변 저항기에 이 회로를 사용하면 전력이 절약된다. 간단한 직렬 가변 저항기는 에너지를 먹어치운다. 반면에 이 회로는 에너지 효율적인 전류 펄스를 공급한다.

교류 조광기

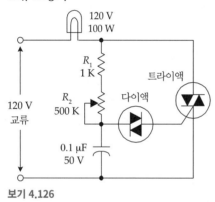

보기 4.126

이 회로는 많은 가정용 조광기 스위치에 사용된다. 다음 절에 설명한 다이액은 트라이액 트리거링을 정확히 보장한다. (다이액은 리드를 통과하는 전압이 설정된 항복 값에 도달할 때 전류를 통과시키는 스위치 역할을 한다. 항복 전압에 도달하면 다이액이 전류 펄스를 방출한다.) 이 회로에서는 한 순간에 다이액이 꺼진다. 그러나 충분한 전류가 저항을 통과하여 다이액의 트리거 전압을 초과하는 전압까지 커패시터를 충전하면 다이액은 갑자기 모든 커패시터의 전하를 트라이액의 게이트로 통과시킨다. 이에 따라서 차례로 트라이액이 켜지도록 하므로 전등이 켜진다. 다이액의 항복 전압보다 낮은 전압으로 커패시터가 방전된 후에 다이액이 꺼지고, 트라이액이 꺼지고, 전등이 꺼진다. 이 주기가 자체적으로 몇 번이고 거듭 반복된다. 이제는 켜기/끄기 주기가 매우 빨리 일어나기 때문에 전등이 켜져 있는 것(아니면 약간 흐려진 것)처럼 보인다. R_2로 전등의 밝기를 제어한다.

교류 모터 제어

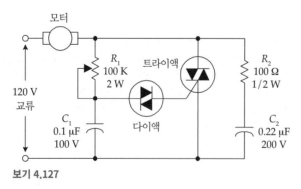

보기 4.127

이 회로는 과도상태 억제 부분(R_2C_2)을 제외하고는 조광 회로와 기본 구조가 같다. R_1의 변화에 따라 모터 속도가 조절된다.

■ 트라이액 종류

트라이액은 소전류와 중전류 형태로 공급된다. 소전류 트라이액은 일반적으로 1 A/(수백 볼트)보다 크지 않은 최대 전류/전압 정격으로 공급된다. 중전류 트라이액은 일반적으로 최대 40 A/(수천 볼트)의 최대 전류/전압 정격으로 공급된다. 트라이액은 대전류 SCR만큼 큰 전류를 스위칭하지 못한다.

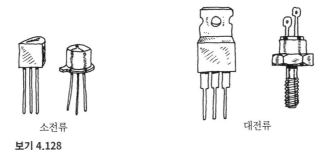

소전류　　　　　　　　　　　대전류

보기 4.128

■ 기술 자료

다음은 제조업체가 트라이액을 설명할 때 흔히 사용하는 용어다.

$I_{TRMS,max}$　　**RMS 켜짐 상태 전류(RMS on-state current).** $MT1$-$MT2$ 간 최대 허용 전류

$I_{GT,max}$　　**직류 게이트 트리거 전류(DC gate trigger current).** 트라이액 스위치를 켜는 데 필요한 최소 직류 게이트 전류

$V_{GT,max}$　　**직류 게이트 트리거 전압(DC gate trigger voltage).** 게이트 트리거 전류 유발하는 데 필요한 최소 게이트 전압

I_H　　**직류 유지 전류(DC holding current).** 트라이액을 켜진 상태로 두는 데 필요한 최소 $MT1$-$MT2$ 간 직류 전류

P_{GM}　　**최대 게이트 전력 손실(peak gate power dissipation).** 게이트-$MT1$ 간 최대 전력 손실

I_{surge}　　**서지 전류(surge current).** 최대 허용 서지 전류

다음은 기대할 법한 트라이액 사양 중 보기를 나타낸 표이다(표 4.8).

표 4.8 트라이액 규격표 중 일부

MNFR #	$I_{T,RMS}$ 최대. (A)	I_{GT} 최대. (mA)	V_{GT} 최대. (V)	V_{FON} (V)	I_H (mA)	I_{SURGE} (A)
NTE5600	4.0	30	2.5	2.5	30	30

4.4.5 4층 다이오드와 다이액

4층 다이오드(4-layer diode)와 다이액(diac)은 리드가 두 개인 사이리스터로, 게이트 신호 없이도 전류를 개폐한다. 대신 이들 수자는 리드를 통과하는 전압이 특정 항복 전압(breakdown voltage, 또는 극복 전압(breakover voltage))에 도달할 때 켜진다. 4층 다이오드는 게이트 리드가 없는 SCR과 비슷하며 직류만 스위칭하게 설계되었다. 다이액은 베이스 리드가 없는 *pnp* 트랜지스터와 비슷하며 교류만 스위칭하도록 설계된 것이다.

4층 다이오드   다이액

양극 ──────── 음극

보기 4.129

SCR과 트라이액을 적절히 작동할 수 있도록 4층 다이오드와 다이액을 가장 널리 사용한다. 예를 들어, 보기 4.130의 첫 번째 그림처럼 트라이액의 게이트를 트리거하는 다이액을 사용하면 온도 변화 등에 따른 장치 불안정으로 인해 신뢰할 수 없게 된 트라이액 트리거링을 피할 수 있다. 다이액의 전압이 항복 전압에 도달하면 다이액은 갑자기 '설득력 있는' 전류 펄스를 트라이액의 게이트로 방출한다.

전파 위상 제어 회로   다이액의 특징들을 측정하는 데 사용하는 회로

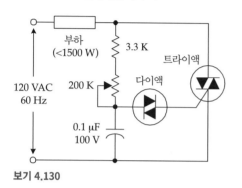

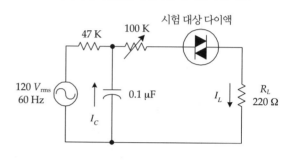

보기 4.130

보기 4.130의 오른쪽에 나오는 회로로 다이액의 특징들을 측정한다. 100 kΩ 가변 저항기는 다이액이 매 주기마다 한 번씩 점화될 때까지 조정된다.

■ 규격

다음은 다이액 사양을 나타낸 표 중 일부를 나타낸 표이다(표 4.9).

표 4.9 다이액 규격표 중 일부

MNFR #	V_{BO} (V)	I_{BO} 최대 (μA)	I_{PULSE} (A)	V_{SWITCH} (V)	P_D (mW)
NTE6411	40	100	2	6	250

여기에서 V_{BO}는 극복 전압(breakover voltage), I_{BO}는 극복 전류(breakover current), I_{pulse}는 최대 파고 펄스 전류, V_{switch}는 최대 스위칭 전압, P_D는 최대 전력 손실이다.

4.5 과도 전압 억제기

원치 않는 과도상태를 꽉꽉 짓누르는 데 사용할 수 있는 장치는 아주 다양하다. 앞서 우리는 분리 커패시터(decoupling capacitor)로 공급선의 요동을 흡수하는 방법을 살펴보았고, 유도 스위칭 동작으로 인한 과도 스파이크를 다이오드가 제거하는 방법도 확인했다. 이러한 소자는 저전력

응용기기에서 잘 작동하지만 과도 전압이 너무 커져서 더욱 튼튼한 소자가 필요할 때가 있다. 여기에서는 TVS, 바리스터, 멀티 레이어 바리스터, 서젝터 및 폴리스위치 같은 다양한 과도 억제 장치를 살펴본다. 하지만 이렇게 하기 전에 먼저 과도현상에 관해 조금 강의하고자 한다.

4.5.1 과도현상에 관한 강의

전압이나 전류의 순간적인 서지나 스파이크인 과도현상(transients)으로 인해 회로 내에 혼란이 생길 수 있다. 과도현상으로 인한 파고 전압이 수 밀리볼트만큼 작을 수도 있고 수천 볼트만큼 클 수 있으며, 지속 시간은 수 나노초에서 100밀리초 이상이 될 수 있다. 어떤 경우에 과도 전류는 모터의 배선이 잘못되는 바람에 생기는 유도성 울림이라는 과도현상처럼 주기적으로 반복된다.

회로 내부 및 외부에서 과도현상이 생기며 전원 입력선, 신호 입출력선, 데이터 회선 및 회로 외함으로 들어오고 나가는 그 밖의 회선을 통해 회로로 들어간다. 유도 부하 스위칭, 트랜지스터나 논리 IC의 스위칭, 아크 효과, 배선 불량 등으로 인해 내부에서도 과도현상이 벌어질 수 있다.

모터, 계전기 코일, 솔레노이드 코일 및 변압기와 같은 유도 부하의 경우 이러한 장치 스위치가 갑자기 꺼지면서 장치 내의 유도성 구성 요소가 저장된 에너지를 갑자기 공급선으로 방출하며 전압 스파이크가 발생한다. 인덕터 공식 $V = LdI/dt$를 기억해 보라. 유도된 전압은 1,000 V 이상으로 50 ns에서 100 ms 이상 지속된다. 동일한 공급선을 사용하는 회로뿐만 아니라 모든 트랜지스터 또는 논리 구동 IC는 과도 스파이크로 인해 손상되거나, 전력선을 따라 과도현상이 전파되어 비정상적인 동작을 겪을 수 있다. (전력선이나 레일은 완벽한 도체가 아니어서 출력 임피던스는 0이 아니다.)

TTL 및 CMOS 회로를 스위칭하면 과도 전류로 인한 위협이 훨씬 줄어들지만 비정상적인 동작을 유발할 수 있다. 예를 들어, TTL 게이트의 출력 트랜지스터가 켜지면 급격한 서지 전류가 공급선에서 발생한다. 이 서지는 종종 공급 레일이나 PCB 트레이스를 전압에 잠기게 할 정도로 충분히 빠르다(도체에 임피던스가 들어 있기 때문). 레일에 연결된 모든 회로가 이 전압 강하를 겪게될 것이므로 그 결과로 인해 발진이 일어나거나 디지털 논리 준위를 왜곡하거나 멋대로 고쳐 버리는 일종의 불안정성을 야기할 수 있다.

불꽃 방전(arching)은 차단기, 스위치 및 커넥터의 결함 접점과 같은 여러 원천에서 발생하는 또 다른 과도현상 발생기로서 불꽃이 틈 사이를 뛰어넘는다. 전자가 틈을 뛰어넘을 때 전압이 갑자기 오르므로 보통 일시적으로 진동하는 신호음이 발생한다. 연결 불량과 접지 불량으로 인해 과도현상이 벌어질 수도 있다. 예를 들어, 권선이나 절연에 결함이 있는 모터는 수백 볼트를 초과하는 연속적인 과도현상 흐름을 만들어 내기도 한다. 전기 배선이 불량한 경우에도 부하 스위칭 과도현상이 심화될 수 있다.

또한, 과도 전압이 전력 입력선, 신호 입력선 및 출력선, 데이터 회선 및 전자 회로가 들어있는 외함으로 들어오고 나가는 그 밖의 모든 회선을 통해 외부에서 들어와 회로를 공격할 수 있다. 외부 과도현상의 원인 중 하나로는 전력 설비의 전선 근처로 떨어진 번개, 부하나 커패시터 뱅크 등의 스위칭으로 인해 회선(전력선, 전화선, 분산 컴퓨터 시스템 등)에 전압이 유도되는 일을 들 수 있다. 외부 과도현상은 헤어드라이어, 전자레인지 또는 세탁기를 켜는 것과 같이 가정에서 발생하는 유도성 스위칭으로 인해, 회로로 인입되는 전력선을 통해 유입될 수 있다. 보통 그 밖의 병렬 부하가 과도상태를 잠재우므로 효과가 현저하지는 않다. 컴퓨터, 모니터, 프린터, 팩스, 전화 및 모뎀과 같은 귀중한 전기 장비의 경우, 전력선 및 신호선과 전화선도 마찬가지이지만, 서지 및 과부하를 처리하는 임시 전력 서지/전지 백업 보호기를 사용하는 게 바람직하다.

정전기 방전(ESD)은 민감한 장비 및 IC에 손상을 줄 수 있는 외부 과도현상의 또 다른 일반적인 형태이다. 일반적으로 손끝이나 휴대용 금속 장치로 만지는 과정에 시스템으로 정전기가 들어간다. 습도에 따라 달라지는 정전기는 작은 과도 전류를 최대 4만 볼트까지 이르게 할 수 있다. 전화기 및 분산 컴퓨터 시스템과 같이 긴 전선으로 상호 연결된 시스템은 여기저기로 내려치는 번개 에너지를 효율적으로 모아버린다. 가까운 곳을 때린 경우에는 신호선에 300 V 이상의 전압을 유발될 수 있다.

과도현상을 피해야 한다. 전자 장치가 불규칙하게 작동하여 잠기거나 결과를 왜곡할 수 있기 때문이다. 과도현상으로 민감한 집적회로가 잠기면서 즉시 고장 나거나 언젠가는 고장이 날 수도 있다. 오늘날의 마이크로칩이 예전의 것보다 밀도가 높아서 과도 전압이 이 칩을 말 그대로 녹이거나, 붙이거나, 구멍을 뚫거나, 태워 버려 일시적이거나 영구적인 오작동을 일으키게 할 수 있다. 또한, 과도 전류가 효율성을 줄일 수도 있는데, 말하자면 과도상태로 인해 모터가 고온에서 돌게 되면 모터의 타이밍이 맞지 않게 되어 결과적으로 미세한 단속^{역주}이 벌어질 수 있다. 이로 인해 모터에서 진동이나 소음 및 과도한 열이 발생한다.

역주 즉, 미세하게 끊어져서 돎

4.5.2 과도현상 억제에 쓰는 소자

회로를 설계할 때 과도현상으로 인한 해로운 영향을 제한하는 데 사용할 수 있는 장치가 몇 가지 있다. 표 4.10에서 가장 인기 있는 장치를 두루 훑어 볼 수 있다.

■ 과도 전압 억제 다이오드(TVS)

과도 전압 억제 다이오드(transient voltage suppressor diode, TVS)는 일시적인 전압 및 전류(정전기 방전, 유도 스위칭 반동, 유도 뇌 서지 등)로 인한 회로 손상을 순간적으로 안전한 수준으로 미리 고정하는 데 널리 쓰는 반도체 소자이다. 앞서 다이오드를 다룬 절에서 표준 다이오드 및 제너 다이오드를 일시적 억제에 사용할 수 있는 방법을 살펴보았다. 표준 다이오드 및 제너 다이오드로도 과도 전압을 방지할 수 있지만, 실제로는 정류 및 전압 조정용으로 설계된 것이어서 TVS만큼 신뢰할 수 없고 견고하지도 못하다.

TVS는 단극(단방향) 및 양극(양방향) 유형으로 제공된다. 단극성 TVS는 지정된 항복 전압 VBR이 초과되면 한 방향으로 끊어진다(전류는 제너 다이오드처럼 화살표 반대 방향으로 흐른다). 양극성 TVS는 단극성 TVS와는 달리, 인가 전압이 항복 전압을 초과할 때 어느 방향으로든 과도현상을 처리할 수 있다. 보기 4.131을 보라.

설계 측면에서 보면, 과도현상이 발생할 때까지는 TVS가 보이지 않아야 한다. 항복 전압, 대기 전류(누설 전류) 및 정전용량과 같은 전기적 매개변수는 정상 회로 성능에 영향을 미치지 않아야 한다.

표 4.10

장치 형식	기호	응용기기	장점	단점
우회 커패시터 논리회로: 0.01~0.22 µF 전력: 0.1 µF이나 그 이상	─┤├─	RC 스너버(RC snubber)나 깨끗한 전력을 제공하기 위한 디지털 로직 레일의 분리와 같은 저전력 응용 분야에 사용된다.	저비용, 사용 가능, 간편한 적용, 빠른 동작, 양극성	고르지 않은 억압, 예기치 않게 실패할 수 있음, 고용량
제너 다이오드	─◄├─	고주파(예: 고속 데이터 회선)에서 실행되는 저에너지 회로의 전환이나 클램핑	저렴한 비용, 빠른 교정 전압, 사용하기 쉬운 표준 정격, 양방향	낮은 에너지 처리, 여는 데 실패하는 경향(회로를 손상시킬 수 있음). 실제로 과도현상 처리보다는 조정에 더 많이 쓰임
과도 전압 억제 다이오드(TVS)	─▷├─ 단방향 ─▷├◁─ 양방향	저전압, 저에너지 시스템, 적절한 주파수에서의 전환이나 클램핑	빠름, 교정되어 낮은 클램핑 전압, 이용 가능, 사용하기 쉬움, 단락에 실패함	높은 정전용량으로 주파수를 제한, 저에너지, 제너나 MOV보다 비쌈
금속 산화물 바리스터 (MOV)	─▱─	전압 및 전류의 모든 수준에서 대부분의 저주파 대 보통 주파수 회로의 전환/클램핑	저비용, 빠름, 사용 가능, 교정된 클램핑 전압, 사용하기 쉬움, 표준 정격, 양방향. TVS보다 처리하는 전체 전력이 더 많음, 단락에 실패함	높은 정전용량에 맞춰져 있어 고주파 성능을 제한함
다층 바리스터(MLTV)	─⋀─	저주파 저전압(3~70 V) 시스템에서의 전환/클램핑	빠름, 작음, 높은 에너지, 낮게 보정한 양방향 전압, 표면 실장	제너나 MOV보다 비싸고, 정전용량으로 인해 주파수가 제한됨
서젝터(surgector)	─⋀⋀─	중간 수준에서 높은 수준에 이르는 범위에 해당하는 에너지 및 주파수 회로와 데이터 회선을 위한 전환(크로우바[역주])	고속/중등도 에너지, 날카로운 클램프 전압, 중간 정도의 비용	다른 방식보다 더 드는 비용, 전류상에 후속되어 나타남
사태 다이오드 (avalanche diode)	캐소드 (-) 애노드 (+) ─├◁─	저전압, 고속 논리 보호	아주 빠름(나노초에 버금가는 반응), 낮은 분로 정전용량 (50 pF)	낮은 서지 용량
기체 방전(gas discharge) 및 방전 간극(spark gap) TVS		아주 높은 에너지/전압 응용기기를 위한 전환(크로우바)	매우 높은 에너지 용량(어떤 경우에는 20,000 A 이상). 누설 전류가 거의 없음(pA 범위 내)	다른 방식보다 비싸고 반응 시간이 느림
폴리스위치(PolySwitch)	─⋀⋀⋀─	스피커, 모터, 전력 공급 장치, 전지 패키지 등의 과전류 방지	저비용, 사용 용이성, 과전류 방지	재설정을 위한 냉각 기간 필요

[역주] crowbar, 즉 쇠지레

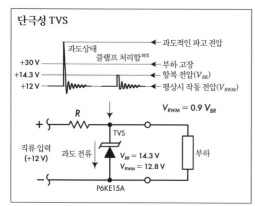

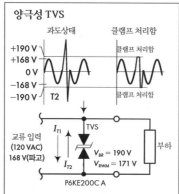

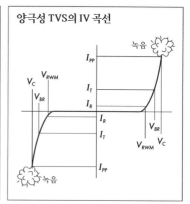

보기 4.131

주요 TVS 사양

역격리 전압(reverse stand-off voltage, V_{RWM}): 작동 전압이라고도 하며 TVS의 최대 정격 직류 작동 전압을 나타낸다. 이 시점에서 이 장치는 보호된 회로에 대해 높은 임피던스를 보인다. 이산 장치를 2.8~440 V에서 사용할 수 있다.

최대 항복 전압(maximum breakdown voltage, V_{BR}): TVS가 전도되기 시작하여 일시적으로 낮은 임피던스 경로가 되는 지점. 이산 장치는 VBR 5.3~484 V에서 사용할 수 있다. 항복 전압은 테스트 전류 IT(일반적으로 1mA 또는 10mA)에서 측정된다. V_{BR}은 V_{RWM}보다 약 10% 더 크다.

최대 파고 전류(maximum peak current, I_{PP}): 장치가 튀겨지기 전에 견딜 수 있는 최대 허용 서지 전류.

누설 전류(leakage current, I_R): 작동 전압에서 측정되는 최대 누설 전류.

최대 클램핑 전압(maximum clamping voltage, V_C): 특정한 파고 충격 전류 I_{PP} 동안의 최대 클램핑 전압)역주. 일반적으로 V_{BR}보다 35~40% 높다(또는 V_{RWM}보다 60% 높음).

정전용량(capacitance, C_J): 고속 데이터 회로의 요소가 될 수 있는 TVS의 내부 정전용량.

TVS의 V_{BR}은 일반적으로 대기 전류를 제한하고 TVS의 온도 계수에 의해 발생하는 V_{BR}의 변화를 허용하기 위해 회로 동작 전압에 근접하는 V_{RWM}보다 10% 이상 높다(제품 소개 책자에는 V_{BR}/V_{RWM} 식으로 두 값이 다 나온다. 12.4 V/11.1 V, 15.2 V/13.6 V, 190 V/171 V 등). V_{RWM}은 보호 회로의 정상 작동 전압과 동일하거나 약간 큰 값이어야 한다. 과도현상이 발생하면 TVS는 순간적으로 클램핑하여 스파이크 전압을 안전한 전압 수준으로 제한하면서 보호 회로에서 전류를 전환한다. 물론 V_C는 보호 회로가 처리할 수 있는 최대 전압보다 작아야 한다. 교류 회로에서는 V_{RWM} 및 V_{BR}(V_{peak} = 1.4 V_{RMS} ≤ V_{RWM}) 선택에 대한 RMS 값이 아닌 파고 전압(V_{peak}) 값을 사용해야 한다. 또한, 최대 예상 과도 펄스 전류를 처리할 수 있는 TVS를 선택하는 데 유념해야 한다. 보기 4.132에 다양한 TVS 응용기기들을 나타냈다.

유도성 부하

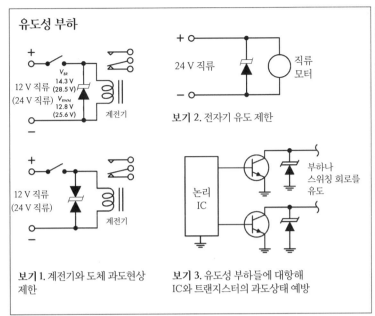

보기 1. 계전기와 도체 과도현상 제한

보기 2. 전자기 유도 제한

보기 3. 유도성 부하들에 대항해 IC와 트랜지스터의 과도상태 예방

공급 장치 과전압 방지

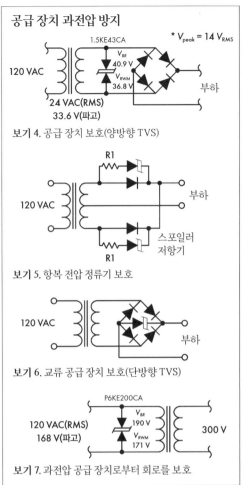

보기 4. 공급 장치 보호(양방향 TVS)

보기 5. 항복 전압 정류기 보호

보기 6. 교류 공급 장치 보호(단방향 TVS)

보기 7. 과전압 공급 장치로부터 회로를 보호

연산 증폭기 응용

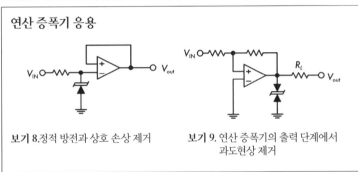

보기 8.정적 방전과 상호 손상 제거

보기 9. 연산 증폭기의 출력 단계에서 과도현상 제거

전송선

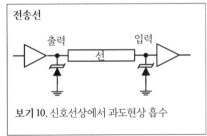

보기 10. 신호선상에서 과도현상 흡수

무선 결합

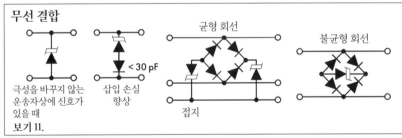

극성을 바꾸지 않는 운송자상에 신호가 있을 때
보기 11.

삽입 손실 향상

균형 회선

불균형 회선

접지

보기 4.132　보기 1~3: 모터, 계전기 코일 및 솔레노이드와 같은 유도성 부하의 접속이 끊어지면 아주 높은 과도 전압이 생성된다. 여기서 TVS가 구동 회로를 보호하고 계전기 및 솔레노이드 금속 접촉부의 손상을 제한한다.

보기 4~7: 과도현상 방지를 위해 TVS를 사용하는 일반적인 전원. 교류 출력 전압과 같거나 더 큰 항복 전압 때문에 TVS를 선택한다. 대다수 응용기기의 회선에는 퓨즈가 필요하다.

보기 8~9: 신호선에서 전송되는 소전류, 고전압 정전기 방전 또는 누화에 입력 상태가 취약하다. 보통 연산 증폭기나 그 밖의 IC 내부에 클램프 다이오드가 있지만, 이것은 높은 전류와 전압에 대해 제한적으로 보호한다. 여기에 보호 기능을 보태기 위해 외부 TVS 다이오드를 사용한다. 두 번째 회로는 단락 회로 또는 유도성 부하로 인한 전압 과도현상이 출력단으로 전달되지 않도록 연산 증폭기의 출력에 TVS가 있다.

보기 10: 회선에서 생성되는 과도 전류는 수 마이크로초에서 수 밀리초 및 최대 10,000 V까지 다양할 수 있다. 이러한 위협 때문에 높은 잡음 내성 IC가 쓰인다. 그러나 이 소자들에 대한 입력 다이오드의 내부 다이오드 보호가 제한되어 있어서 IC가 여전히 손상될 수 있으므로 회로가 개방되거나 시간 경과에 따른 회로 성능이 천천히 떨어지게 된다. 여기서 신호선상에 위치한 TVS는 이렇게 지나치게 많은 에너지를 흡수하여 손상을 방지할 수 있다.

보기 11: RF 결합을 위한 과도 억제 장치의 선택.

■ 금속 산화물 바리스터 및 다층 바리스터

금속 산화물 바리스터(metal oxide varistor, MOV)는 전압에 민감한 가변 저항처럼 동작하는 양방향 반도체 과도 억제기이다. 이것은 내부적으로 두 개의 전극 사이에 끼인 모든 결정질 알갱이 사이의 다양한 다방향 금속 산화물 pn 접합 경계면이 있는 복합 세라믹 결정 구조로 구성된다. 개별 pn 접합은 저항성이 크고, 입자의 경계에서 전압이 바이어스되는 곳에 걸쳐 각기 약 3.6 V를 초과하는 전압이 걸리기까지는 저항이 매우 작다. MOV 자체가 전환하는 전압은 전극 리드 사이의 평균 입자 수에 따라 달라진다. 제조 공정 중에 이 값을 변경해 희망 항복 한계(breakover threshold)^{역주}를 만들 수 있다. MOV 내의 경계의 방향들이 무작위여서 방향성이 없기 때문에 MOV는 양극성 장치로 작동하므로 교류나 직류 응용 기기에 사용할 수 있다.

역주 즉, 파괴 한계

MOV는 일반적으로 MOV 자체를 보호하기 위해 직렬 필터 인덕터나 퓨즈가 있는 장비 또는 보호 회로의 전원 입력에 연결된다. 과도상태에서 MOV의 저항은 고저항(수 메가옴)에서 매우 낮은 저항(수 옴)으로 바뀌어 과도 전류의 고전류 분로가 된다. MOV는 다양한 클램핑 전압, 최대 전류 정격 및 최대 에너지 정격에 맞춰 제조되며, 이는 MOV가 장시간에 걸쳐 매우 짧은 시간 동안 또는 매우 적은 양으로 매우 많은 양의 전력을 흡수할 수 있다는 사실을 반영한 것이다. 예를 들어, 정격이 60 J인 MOV는 1초 동안 60 W를, 0.1초 동안 600 W를, 10밀리초 동안 6 kW를, 1밀리초 동안 60 kW를 흡수할 수 있다.

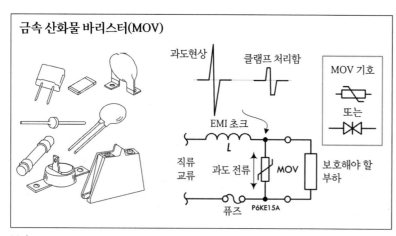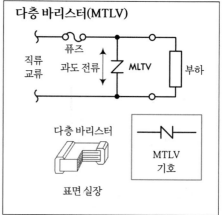

보기 4.133

역주 즉, 반대극 병렬 접속

많은 점에서 MOV는 병렬(back-to-back)^{역주} 제너 다이오드와 비슷하다. 그러나 다이오드와 달리 단일 pn 접합이 없기 때문에 MOV는 제너 다이오드보다 높은 에너지 과도 특성을 처리할 수 있지만 구조 전반에 걸쳐 pn 접합이 아주 많다. 높은 전도성을 띄는 산화아연(ZnO) 입자는 방열부로 작용해 장치 전체에 열에너지를 빠르고 균일하게 분포시키고 온도 상승을 최소화한다. (MOV는 평균 전력 소모량이 상대적으로 적기 때문에 전력이 지속적으로 손실되는 응용기기에는 적합하지 않다.) MOV는 제너만큼 빠르며 안전한 수준으로 서지 전압을 클램핑한다. 누설이 매우 적어 전력이 회로에서 거의 빠져 나가지 않는다. 제너 및 기타 장치와는 달리 바리스터는 단락되지 않는다. 또한, 제너도 개방 회로 상태에서 실패하여 이어지는 서지로 인한 장비를 보호하지 않은 채 놓아둔다. 이는 후속 서지로부터 회로를 보호하는 데 도움이 된다. 교류나 그 밖의 회선에 걸쳐 있는 단락된 바리스터는 에너지가 높으면 파열될 수 있다. 이러한 일이 발생할 때 다른 부품에 영향이 전달되지 않게 할 만한 곳에서 MOV가 녹거나 자리 잡고 있어야 한다.

TVS 다이오드와 비교할 때, MOV는 더 적은 흔적을 남기면서 더 많은 총 전력/에너지를 처리할 수 있다. 그러나 TVS 다이오드는 클램프 비율(보다 우수한 품질의 보호)이 훨씬 우수하고 응답 시간이 빠르다(MOV의 경우 약 5~200 ns와 비교하여 1~5 ns). 그러나 패키지 및 리드의 기생 인덕턴스 때문에 MOV의 속도가 제한되므로 리드를 짧게 설계해 속도 제한을 최소화할 수 있다. MOV는 또한, 구조 내에서 내재된 마모 메커니즘을 나타낸다. 소자가 과도 에너지를 흡수함에 따라 전기적 특성(예를 들어, 누설, 항복 전압)이 표류하는 경향이 있다. 반면에, TVS 다이오드에는 내재된 마모 메커니즘이 없다. MOV의 유효 정전용량 범위는 작은 MOV의 경우 75 pF에서 큰 MOV의 경우 20,000 pF이다. 리드 인덕턴스와 결합된 이 기능으로 인해 실제로 MOV가 TVS 다이오드보다 느리게 되지만, 기기에 따라서는 5~200 ns의 빠른 속도를 유지한다. 그러나 제거할 과도 전류가 일반적으로 훨씬 길기 때문에 작업에 대체로 적합하다.

MOV는 컴퓨터 및 기타 민감한 장비의 전력 공급 장치 및 팻 필터 및 안정기에 사용하며, 스위칭이나 낙뢰로 인해 주된 뼈대에서 발생하는 과도 전류로 인한 손상을 방지한다. 이들은 통신 및 데이터 시스템(전력 공급 장치, 스위칭 장비 등), 산업 장비(제어기, 근접 스위치, 변압기, 모터, 교통 신호등), 가전제품(텔레비전 및 비디오 세트, 세탁기 등) 및 자동차 제품(모든 모터 및 전자 시스템)에 사용된다.

표면 실장 형태에서 발견되는 MOV의 한 가지 변형으로는 다층 바리스터(multilayer varistor, MLTV)가 있다. 표면 실장 접점을 사용하면 납 자체의 인덕턴스 및 직렬 저항이 최소화되어 1 ns 미만의 훨씬 빠른 응답 시간을 구현할 수 있다. 직렬 저항이 감소하면 부품의 단위 체적당 파고 전류 용량이 아주 크게 늘어난다. 이 경우에도 MLTV의 에너지 정격은 그 밖의 바리스터의 에너지 정격보다 다소 보수적이다. MLTV의 강점 중 하나는 정격 파고 전류에서 성능을 저하시키지 않고도 수천 회에 걸친 충돌을 견딜 수 있는 능력이다. MLTV는 커패시터와 특성이 비슷하지만 유효 유전 상수(effective dielectric constant)가 약 800이어서 기존 커패시터보다 훨씬 낮다. 이 기능 때문에 MLTV를 필터 회로에도 사용한다. MLTV의 작동 전압은 3.5 V에서 약 68 V까지이며 IC 및 트랜지스터의 과도 전압 보호는 물론 많은 ESD 및 I/O 보호 체계에 광범위하게 사용된다.

MOV 및 MLTV의 사양은 다음과 같다.

- **최대 연속 직류 전압**(maximum continuous dc voltage, $V_{M(DC)}$): 장치의 최대 작동 온도까지 적용될 수 있는 최대 연속 직류 전압. 정격 직류 운전 전압(작업 전압)은 누설 전류의 기준점으로도 사용된다. 이 전압은 항상 소자의 항복 전압보다 낮다.

- **최대 연속 교류 전압**(maximum continuous ac voltage, $V_{M(AC)}$): 기기의 최대 작동 온도에 이르는 모든 온도에서 적용될 수 있는 최대 연속 정현파 RMS 전압. $V_{M(DC)} = 1.4 \times V_{M(AC)}$에 의한 이전의 직류 정격과 관련이 있다. 이것은 비정현 파형이 적용되면 재발성 파고 전압이 $1.4 \times V_{M(AC)}$로 제한되어야 한다는 점을 의미한다.

- **과도 에너지 정격**(transient energy rating, W_{TM}): 에너지를 줄(초당 와트)로 나타낸다. 이것은 지속적인 전압이 인가된 단일 10/1000 μs 충격 전류 파형의 최대 허용 에너지를 나타낸다.

- 파고 전류 정격(peak current rating, I_{PK}): 주어진 최대 클램핑 전압 V_C에 대한 최대 전류 등급.
- 바리스터 전압(varistor voltage, $V_{B(DC)}$ 또는 V_{NOM}): 장치가 꺼짐 상태에서 켜짐 상태로 변경되고 전도 상태로 전환되는 전압이다. 전압은 일반적으로 $1\,mA$ 지점에서 특성화되며 지정된 최소 및 최대 전압이 나열된다.
- 클램핑 전압(clamping voltage, V_C): 파고 전류 I_{PK}에서 MOV에 걸쳐 있는 클램핑 전압.
- 정격 직류 전압에서의 누설(leakage at rated dc voltage, I_L): 특정 전압이 인가된 상황에서 소자가 비전도 상태에 있을 때의 누설 전류.
- 정전용량(capacitance, C_p): 일반적으로 $1\,V_{PP}$ 바이어스에서 $1\,MHz$ 주파수로 지정된 소자의 정전용량. 이 정전용량은 일반적으로 소형 장치의 경우 $100\,pF$ 이하이며 대형 장치의 경우 최대 $1,000\,pF$ 이하이다.

설계 측면에서 보면 바리스터는 연속 동작(대기) 모드와 예측된 과도(정상) 모드에서 모두 동작해야 한다. 필요한 정상 전압 정격(작동 전압)을 결정한 다음, 바리스터에 흡수된 과도 에너지를 설정한다. 바리스터를 통과하는 파고 과도 전류를 계산하고 전력 소모 요건을 결정한다. 필요한 전압 고정 특성을 제공할 모형을 선택한다.

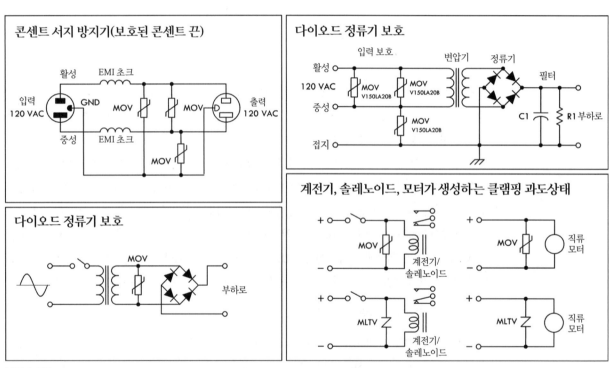

보기 4.134

■ 서젝터

그 밖에 서젝터(surgector), 가스 방전 및 스파크 갭 TVS와 같은 과도 전압 억제기도 있다. 서젝터는 실리콘 사이리스터 기술을 사용하여 어느 한 극성의 과도 전류에 대해 양방향 '크로우바(crowbar)' 클램핑 동작[역주]을 제공한다. 이 일은 5층 pn 접합 구조로 달성한다. 서젝터는 낮은 누설 전류, 역방향 바이어스 상태를 유지하며, 인가된 전압이 V_{DRM} 정격 또는 그 이하인 한은 부하를 효과적으로 회로에 부여하지 않는다. 이 값을 초과하는 과도 전압에 의해서는 소자에 사태

[역주] '쇠 지렛대'를 이용하듯이 강력하게 양방향에서 파형을 좁혀 과도 전류를 억제하는 동작

(고장)가 일어나 연결되어 있는 회선에서 클램핑 동작을 시작한다. 과도 전압의 선단이 높아지면 서젝터 전류는 V_{BO} 또는 항복 전압 모드에 도달할 때까지 회로의 소스 임피던스를 통해 증가한다. 그러면 사이리스터 동작이 빠르게 트리거되고 서젝터는 '켜짐' 또는 잠긴[역주] 상태로 전환된다. 이 매우 낮은 임피던스 상태는 순방향 pn 접합의 특성을 효과적으로 억제하여 과도 전압을 단락시킨다.

역주 즉, 래치된

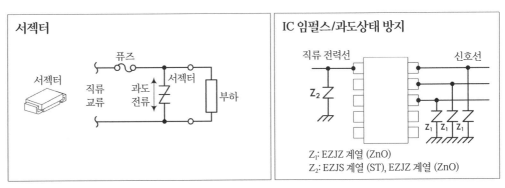

보기 4.135

■ 폴리스위치

폴리스위치(PolySwitch)(폴리 퓨즈나 멀티 스위치로 알려져 있으며 일반적으로 재설정 가능한 퓨즈라고도 함)는 전도성 폴리머를 혼합해 구성한, 특수한 양성 온도 계수 저항이다. 바리스터나 PTC 서미스터와 유사하다. 고분자 형태의 전도성 입자는 고저항 체인을 상온에서 고밀도로 압축해 전류가 쉽게 흐르게 한다. 그러나 폴리스위치를 통한 전류 흐름으로 임계 수준 이상으로 오르는 지점까지 온도가 증가하면 폴리머의 결정 구조가 갑자기 확장된 비정질 상태로 바뀐다. 이 시점에서 소자의 저항이 급격히 늘어나면서 전류 흐름이 갑자기 줄어든다. 이것이 발생하는 지점을 트립 전류(trip current)[역주]라고 한다. 정지된 후 전압 수준이 유지되면, 일반적으로 충분한 유지 전류가 흐르게 되어 장치를 정지된 상태로 유지한다. 폴리스위치는 전압이 낮아지고 소자가 냉각될 때만 재설정된다. 이 시점에서 폴리머 입자는 밀도가 높은 상태로 빠르게 돌아가고 저항은 떨어진다.

역주 즉, 정지 전류 또는 제동 전류

폴리스위치는 저가의 자체 재설정 고체 회로 차단기가 필요한 곳이면 어디에서나 수많은 응용기기에 사용할 수 있다. 스피커, 전원 공급 장치, 전지 팩, 모터 등의 과전류를 제한하는 데 사용된다. 예를 들어, 보기 4.136에는 증폭기가 공급하는 과도한 전류로부터 스피커를 폴리스위치로 보호하는 방법이 나온다.

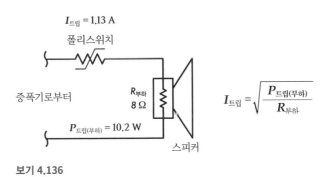

$$I_{트립} = \sqrt{\frac{P_{트립(부하)}}{R_{부하}}}$$

보기 4.136

폴리스위치는 스피커에서 처리할 수 있는 전력 수준보다 약간 높은 트립 전류로 정격을 지정한다. 예를 들어, 8 Ω, 5 W 스피커는 일반 전력 법칙에 의해 결정되는 최대 전류 정격을 가진다.

■ 사태 다이오드

사태 다이오드(avalanche diode)는 지정된 역방향 바이어스 전압에서 분해되어 전도되게 설계된 것이다. 제너 다이오드의 동작과 비슷하지만 사태 효과(avalanche effect)라고 하는 별다른 구조로 인해 발생한다(pn 접합부에 인가된 역방향 전기장이 이온화의 파도를 일으켜 눈사태를 연상케 할 만큼 큰 전류를 유도한다). 그러나 최대 항복 전압이 제한된 제너 다이오드와는 달리, 항복 전압이 4,000 V 이상인 사태 다이오드를 사용할 수 있다. 사태 다이오드를 회로에 사용해 고전압 과도 현상으로 인한 손상에 대항한다. 이 다이오드를 회로에 연결해 역방향 바이어스(음극이 양극에 대해 양극으로 설정됨)가 되도록 한다. 이 구성에서 사태 다이오드는 전도성을 띠지 않으며 회로와 간섭하지 않는다. 그러나 전압이 안전 설계 한계 이상으로 오르면 다이오드는 사태 항복 상태가 되어 전류를 접지로 돌리는 식으로 해로운 전압을 제거한다. 사태 다이오드는 클램핑 전압 V_{BR} 및 흡수할 수 있는 최대 크기의 과도 전류로 규정되며, 에너지 줄 또는 $I^2 t$로 지정된다. 다이오드가 과열되지 않는다면 사태 항복 사건이 일어나도 파괴적이지 않다. 사태 다이오드에서 발생하는 한 가지 부작용은 RF 잡음이 생긴다는 점이다.

4.6 집적 회로

집적 회로(integrated circuit, IC)는 손톱보다 작은 실리콘 칩 한 개에 여러 개의 저항, 커패시터, 다이오드 및 트랜지스터를 둔 소형 회로다. IC 내의 저항기, 커패시터, 다이오드 및 트랜지스터는 수십 개에서 수백만 개에 이른다.

생산 과정에서 실리콘 칩에 내장된 작은 n형 및 p형 실리콘 구조로 모든 소자를 만드는 기술로 이 모든 것을 작은 패키지 안에 꾸려 넣는다. 조그만 트랜지스터, 저항기, 커패시터 및 다이오드를 함께 연결하기 위해 칩의 표면을 알루미늄으로 도금한다.

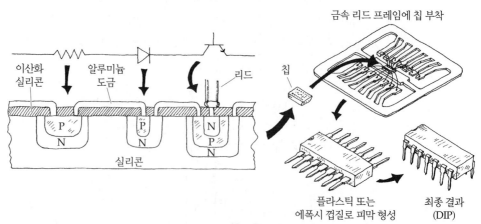

보기 4.137 IC의 구조

보기 4.137은 IC를 확대한 단면도로 다양한 부품들이 어떻게 끼워져 연결되어 있는지를 보여 준다. IC는 아날로그, 디지털 또는 아날로그/디지털 형식으로 제공된다.

- 아날로그(또는 선형) IC는 다양한 전압을 생성, 증폭, 응답한다. 일반적인 아날로그 IC에는 전압 조정기, 연산 증폭기, 비교기, 타이머 및 발진기가 있다.
- 디지털(또는 논리) IC는 고전압 및 저전압 상태의 신호에만 반응하거나 생성한다. 일반적인 디지털 IC로는 논리 게이트(AND, OR 또는 NOR와 같은), 마이크로컨트롤러, 메모리, 바이너리 카운터, 교대 저항기, 멀티플렉서, 인코더 및 디코더 등이 있다.
- 아날로그/디지털 IC는 아날로그 및 디지털 IC와 공통된 특성을 공유한다. 아날로그/디지털 IC의 형태는 여러 가지일 수 있다. 예를 들어, IC를 주로 아날로그 타이머로 설계하되 디지털 계수기를 장착할 수 있다. 대안으로 IC를 디지털 정보를 판독하도록 설계하되, 이 정보를 이용하여 스테퍼 모터 또는 LED 디스플레이를 구동하는 데 사용될 수 있는 선형 출력을 생성할 수 있다.

IC는 아주 많이 보급되어 있어서 작업 중에 IC를 사용할 가능성이 높다. 다음으로 나오는 여러 장에서 IC가 사용되는 상황을 볼 수 있다.

4.6.1 IC 패키지

역주 즉, 포장재

IC는 아주 다양한 패키지로 제공된다(보기 4.138 참조). 핀의 개수와 전력 손실로 패키지역주 형태를 정한다. 예를 들어, 고전력 전압 조정기 IC의 핀이 세 개일 수 있으며 고전력 트랜지스터처럼 보일 수 있다.

역주 즉, 나란한 두 줄

그러나 대부분의 IC에는 핀이 더 많이 있고 8, 14, 16, 20, 24, 40핀의 이중 인라인(dual in-line, DIL)역주 패키지(보기 4.138 참조) 형태로 핀이 배열된다. 또한, DIL 패키지의 표면 실장 버전과 한 면의 모든 곳에 핀이 있게 사각형으로 핀을 배열한 패키지도 있다. 표면 실장 패키지 중에 어떤 것은 핀 사이의 간격이 매우 작다. 0.5 mm 정도의 작은 간격으로 밀리미터당 두 개의 핀이 필요한데, 손으로 납땜하기가 정말 어렵다.

보기 4.138 IC 패키지

표 4.11에 가장 일반적인 패키지 중 일부를 나열하였다.

동일한 IC를 다양한 패키지 형태로 공급하는 것을 종종 볼 수 있다. DIL 또는 SO와 같이 쉽게
납땜할 수 있게 한 시제품을 제작한 다음, 최종 제품을 더 조그만 패키지로 만들기도 한다.

표 4.11

패키지	이름	간격(mm)	참고
DIL	이중 인라인	2.54	
SO/SOIC/SOP	소형 아웃라인 IC 패키지	1.27	
MSOP/SSOP	초소형/수축 소형 아웃라인 패키지	0.65	
SOT	소형 아웃라인 트랜지스터	0.65	
TQFP	얇은 4중 평면 팩	0.8	4면의 핀
TQFN	리드가 없는 얇은 4중 평면	0.4 ~ 0.65	몸체 밑에 핀이나 패드가 없음

광전자공학

역주1 즉, 포토트랜지스터
또는 감광트랜지스터
역주2 즉, 포토레지스터 또는
빛저항기 또는 광저항 또는
감광저항

광전자공학(optoelectronics)은 전자공학의 한 분야로 발광 장치와 광 검출 장치를 다룬다. 전등이나 발광 다이오드(LED)와 같은 발광 장치는 전류를 사용해 전자기 에너지를 만들어 내어 전자를 더 높은 에너지 준위로 들뜨게 한다(전자의 에너지 준위가 바뀌면 광자가 방출된다). 한편 광트랜지스터역주 및 광저항기와 같은 광 검출 장치는 유입되는 전자기 에너지를 받아 전류 및 전압으로 변환할 수 있게 설계되었다. 일반적으로 광자를 사용해 반도체 소재 내에 속박된 전자를 방출하게 하는 식으로 이와 같은 일이 일어난다. 발광 장치는 일반적으로 조명용으로나 또는 지시등으로 사용한다. 광 검출 장치는 주로 암부 활성 스위치나 원격 제어기 등과 같이 광 검출 장치 및 통신 장치 내에 사용된다. 이번 장에서 다루는 광전자 장치로는 전등, LED, 광저항기, 광 다이오드, 광전지, 광트랜지스터, 광 사이리스터, 광 분리기 등이 있다.

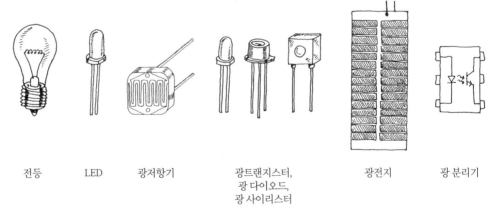

| 전등 | LED | 광저항기 | 광트랜지스터,
광 다이오드,
광 사이리스터 | 광전지 | 광 분리기 |

보기 5.1

5.1 광자에 관한 약간의 강의

광자(photons)는 전자기 방사선의 기본 원소들이다. 예를 들어, 백색광은 여러 종류의 광자로 구성되어 있다. 그중 일부는 청색 광자이고 일부는 적색 광자이다. 백색 광자라는 존재가 없다는 점을 알아 두어야 한다. 대신에, 다양한 색채로 된 광자가 조합되어 우리 눈과 상호작용을 할 때, 우리 두뇌는 백색광(white light)으로 인지한다.

광자가 가시광선에만 있는 것은 아니다. 라디오 주파수 광자, 적외선 광자, 마이크로파 광자를 비롯해 우리 눈이 감지하지 못하는 다양한 종류의 광자가 있다.

물리학적 관점에서 보면 광자는 무척 흥미로운 피조물이다. 정지 질량이 전혀 없으면서도 운동량(에너지)을 옮긴다. 광자의 전자기 선속 내 전자파와는 거리가 먼 특성이 광자에 있다. 광자의 파장(연속적인 전기장이 자기장의 파고 간 거리)은 이동하는 매질과 광자가 생성된 근원에 따라 달라진다. 광자의 색깔이 파장으로 결정되는 이유이기도 하다. $\lambda = v/f$로 광자의 주파수와 광자의 파장의 관계를 나타내는데, 여기서 v는 광자의 속도이다. 자유 공간에서 v는 빛의 속도($c = 3.0 \times 10^8$ m/s)와 같지만 유리와 같은 다른 매질에서는 v는 빛의 속도보다 작아진다. 파장이 긴 광자(또는 주파수가 작은 광자)의 에너지는 파장이 짧은 광자(또는 주파수가 높은 광자)보다 작다. 광자 한 개의 에너지는 $E = hf$와 같은데, 여기서 h는 플랑크 상수이다(6.63×10^{-34} J·s).

하전 입자를 가속하거나 감속하는 기법을 사용해 광자를 '만든다'. 예를 들면, 안테나 속에서 전자를 앞뒤로 요동하게 하면 라디오 주파수를 지닌 광자가 생성되는데, 이 광자의 파장은 가시광보다는 아주 길다(에너지가 작다). 반대로 가시광은 원자 내의 외각 전자^{역주}가 힘을 받는 과정에서 역주 즉, 바깥 껍질 전자 가속되다가 에너지 준위가 바뀔 때 생성된다. 분자를 매우 빠르게 진동하게 하거나 회전하게 해도 그 밖의 주파수를 지닌 광자를 생성할 수도 있고, 한편으로 원자핵 내의 전하를 가속해 아주 큰 에너지를 지닌 광자(예를 들면, 감마선)를 생성할 수도 있다.

보기 5.2에 붕괴하는 전자기 스펙트럼이 나온다. 무선주파(radiofrequency) 광자의 범위는 수 헤르츠에서 대략 10^9 Hz(파장의 길이는 0.3 m에서부터 수 킬로미터까지 해당)에 이른다. 전선이나 라디오나 텔레비전의 송신장치와 같은 전자 회로 내부에 흐르는 교류로 인해 종종 무선주파가 생성된다.

마이크로파(microwave) 광자의 주파수 대역은 $10^9 \sim 3 \times 10^{11}$ Hz이다(파장의 길이는 1 mm~30 cm). 이러한 광자들은 지구 대기를 관통하므로 우주선 통신, 전파천문학, 위성에 맞게 전환된 전화 전송 등에 사용한다. 물론 음식을 조리할 때도 사용한다. 원자의 전이 과정에서나 전자와 원자 역주 즉, 자전 핵의 스핀^{역주}에 의해서도 종종 마이크로파가 생성된다.

적외선(infrared) 광자의 주파수는 약 $3 \times 10^{11} \sim 4 \times 10^{14}$ Hz에 퍼져 있다. 분자가 진동할 때 적외선이 생성되는데, 일반적으로 전열 기구, 백열등, 태양, 인체(3,000~10,000 nm 범위의 광자를 방출) 및 특수한 반도체 소자와 같은 백열 광원에서 적외선이 방출된다.

가시광(light) 광자는 $3.84 \times 10^{14} \sim$ 약 7.69×10^{14} Hz에 이르는 좁은 주파수 대역으로 구성되며, 일반적으로 원자나 분자 내의 외각 전자가 자리를 바꾸는 과정에서 생성된다. 예를 들어, 백열전구 내 필라멘트에 있는 전자들은 인가된 전압 때문에 무작위로 가속되면서 자주 충돌하게 된다.

이와 같은 충돌로 인해 전자가 가속되는데 그 속도 범위가 넓어서 그 결과로 넓은 주파수 스펙트럼(가시광 대역 내에서)이 생겨서 백색광을 이룬다.

자외선(ultraviolet) 광자의 범위는 대략 $8 \times 10^{14} \sim 3.4 \times 10^{16}$ Hz에 이르고, 원자 내 전자가 크게 들떠 있던 상태에서 아래쪽으로 멀리 내려앉을 때 발생한다. 불행하게도 자외선 광자의 주파수는 인간 세포 내 DNA에 나쁘게 작용해 피부암을 일으킬 수도 있다. 태양은 자외선을 대량으로 방출한다. 다행히 대기권을 보호하는 오존 분자는 광자 에너지를 오존 분자 내 진동 운동으로 바꿔 이러한 자외선 복사 중 대부분을 흡수할 수 있다.

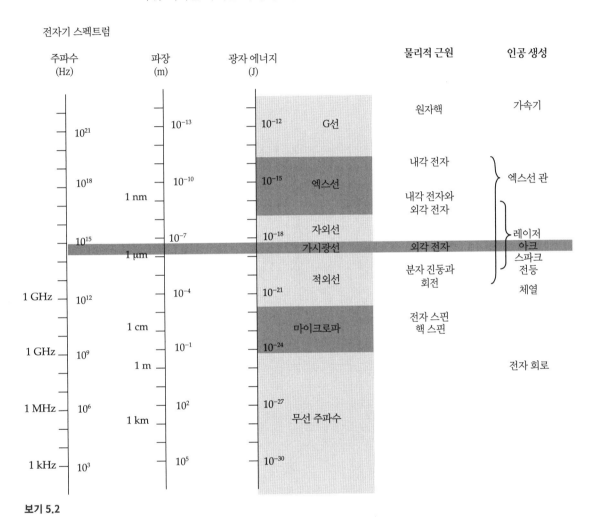

보기 5.2

엑스선(x-rays)은 에너지가 큰 광자로서 그 범위가 약 $2.4 \times 10^{16} \sim 5 \times 10^{19}$ Hz에 이르는데, 종종 파장이 원자의 지름보다 작을 때가 있다. 속도가 빠른 하전 입자의 속도를 급히 줄이는 방식으로 엑스선을 만들어 내기도 한다. 엑스선이 직진하는 경향이 있어서 엑스레이 필름을 찍는 데 사용할 수 있다.

감마선(gamma rays)은 에너지가 가장 큰 광자로 주파수가 약 5×10^{19} Hz부터 시작된다. 이 광자는 원자핵 내에서 전이 과정을 겪는 입자들이 만들어 낸다. 감마선의 경우에는 파동적인 특성을 관찰하기가 무척 어렵다.

5.2 전등

전등은 전류를 빛에너지로 전환하는 장치다. 이러한 전환 방식 중 한 가지로는 전선으로 된 필라멘트 중 특별한 종류에 전류를 흐르게 하는 방식이 있다. 필라멘트를 구성하는 원자들에 전류가 부딪히면 필라멘트에 열이 나면서 광자가 방출된다. (이 과정에서 파장 길이가 서로 다른 다양한 광자가 생성되어 그 결과로 방출된 빛의 색깔이 백색으로 보이게 된다.) 빛을 생성하는 또 다른 방법으로는, 기체를 채운 유리 전구 안에 한 쌍의 전극을 살짝 띄운 채로 두는 방식이 있다.

백열등

텅스텐 필라멘트

전극2

절연체

전극1

이러한 전등들은 텅스텐 전선으로 만든 필라멘트에 전류가 흐르면서 흰색 빛을 낸다. 진공 유리관을 아르곤, 크립톤, 질소와 같은 기체로 채우면 전등의 휘도를 높이거나 필라멘트가 타는 일(산소가 풍부한 환경인 경우에)을 방지하는 데 도움이 된다. 백열등을 손전등이나 가정용 전등 또는 지시등으로 사용한다. 백열등의 크기와 모양이 다양해서 전류, 전압, 촛대 전구의 전력 정격도 다양하다.

할로겐 전등

일반적인 백열등과 비슷하게 할로겐 전등도 매우 밝은 빛을 낸다. 일반적인 백열등과는 다르게 석영으로 만든 전구 내부에 필라멘트가 코팅되어 있다. 이 전구 안을 브롬이나 요오드 같은 할로겐 기체로 채운다. 이 전구를 프로젝터 전구, 자동차용 전조등, 섬광등 등의 용도로 사용한다.

가스 방전등

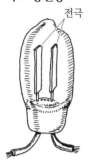

전극

이 전등은 전구 내 두 전극 사이를 채운 네온 기체 분자가 이온화하면서 희미하고 창백한 빛을 낸다. 가스 방전 전구 종류로는 네온 전구, 크세논 섬광 전구 및 수은 증기 전구가 포함된다. 가스 방전 전구는 특정 최소 작동 전압에 다다랐을 때 갑자기 켜지는 경향이 있다. 이런 이유로 트리거(trigger, [역주] 방아쇠 같은 역할을 하는 장치 또는 유발기) 및 전압 조절 응용기기에 사용되기도 한다. 또한, 표시등 및 가정용 교류 전원 콘센트 시험용으로도 사용한다.

형광등

 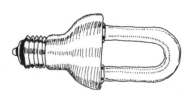

이 등은 유리관의 안쪽 벽에 형광 물질을 바르고 수은 증기를 채운 전등이다. 관의 양끝에는 음극과 양극 백열 필라멘트가 있다. 백열 음극 전극에서 방출된 전자가 수은 원자와 충돌하면서 자외선(UV)이 방출된다. 그런 다음에 자외선이 형광 물질을 바른 부분에 부딪히게 되는데, 이 과정에서 가시광선이 방출된다. 이러한 전등에는 바이메탈 접점이 있는 보조 글로우 전등 및 전등 내 방전이 시작될 수 있게 양극 및 음극에 병렬로 배치한 초크가 필요하다. 형광등을 주로 가정용 조명 기기로 사용하며 효율이 높다.

보기 5.3

제논 플래시 램프

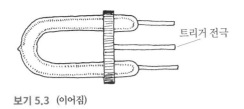

트리거 전극

보기 5.3 (이어짐)

이 전등은 특정 전압이 인가될 때 이온화되는 제논 가스를 채운 가스 방전등이다. 이 전등에는 양극, 음극 및 트리거 전압 리드라는 세 가지 리드를 사용한다. 일반적으로 양극 리드나 음극 리드에 특정 전압이 가해지면 전등이 커진다. 반면에 특정 전압이 트리거 리드에 인가되면 갑작스럽게 기체가 이온화되어 아주 밝은 섬광이 방출된다. 이 전등은 사진 촬영용 응용기기나 특수 효과 조명 작업 등에 사용한다.

전극에 전압이 걸리면 기체가 이온화(기체 원자에서 전자가 제거됨)되어 광자를 방출한다. 보기 5.3에 주요한 전등 중 일부를 나타내었다.

■ 전구에 관한 기술 자료

평균 구형 광도(mean spherical candle power, MSCP)라고 부르는 것으로 전등의 밝기를 잰다. 전구 제조업체는 적분구역주의 중심에 전구를 배치해 표면 전구 출력을 평균화한다. 전등에 대한 평균 구형 광도의 실제 값은 전구 필라멘트 방사 표면 색 온도의 함수이다. 주어진 온도에서 필라멘트 표면적을 두 배로 늘리면 평균 구형 광도가 두 배가 된다. 그 밖에 전등에 대한 기술적인 고려 사항으로는 전압 및 전류 정격, 예상 수명, 전구의 물리적 형상 및 필라멘트 종류가 있다. 보기 5.3에 서로 다른 전구 종류를 많이 게재했다.

역주 또는 적분공

최근 몇 년 간 백열등 전구가 귀해졌다. 미국 내 조명 시장에서는 소형 형광등 모양으로 대체되었고, 유럽 국가의 경우에는 거의 판매되지 않고 있다. 백열전구 대신에 조명용 LED 어레이를 사용하는 경향도 보인다(다음 절 참조). 이전에는 백열 지시등을 사용했던 응용기기에서도 이제는 LED를 더 사용한다. LED는 수명이 아주 길고 전력을 덜 소비하며 물리적 충격이나 열로 인한 충격에 훨씬 더 강하다.

5.3 발광 다이오드

발광 다이오드(LED)는 리드가 두 개인 장치로, pn 접합 다이오드와 유사하지만 가시광선이나 적외선을 내도록 설계되었다는 점이 다르다. LED의 양극 전압이 음극 리드의 전압보다 크면(최소한 0.6에서 2.2 V) 전류가 소자를 타고 흐르면서 빛이 나온다. 그렇지만, 극성을 거꾸로 하면(양극이 음극보다 음성인 경우) LED가 전도되지 않으므로 빛이 나오지 않는다. LED를 표시하는 기호를 보기 5.5에 나타냈다.

LED의 색은 아주 다양하다. 역사적으로 보면 첫 번째 LED 색은 적색이었다. 그 다음에 황색, 녹색, 적외선 LED가 나왔다. 1990년대에 이르러서야 청색 LED를 사용할 수 있게 되었다. 오늘날에는 LED 색이 아주 다양해서 백색도 있다.

역주 즉, 폴리머(polymer)

조명에 사용하는 고출력 LED도 있고, 디스플레이 장치에 내장할 수 있게 고분자 중합체역주로 만든 유기 LED(OLED)도 있다.

종종 LED(특히 적외선 LED)를 원격 제어 회로(예: TV 리모컨)용 전송 소자로도 사용한다. 이 경우에 수신 회로 내의 전류 흐름을 변경하는 방식으로 LED의 광 출력 변화에 응답하는 광트랜지스터를 수광 소자(receiving elements)로 사용한다.

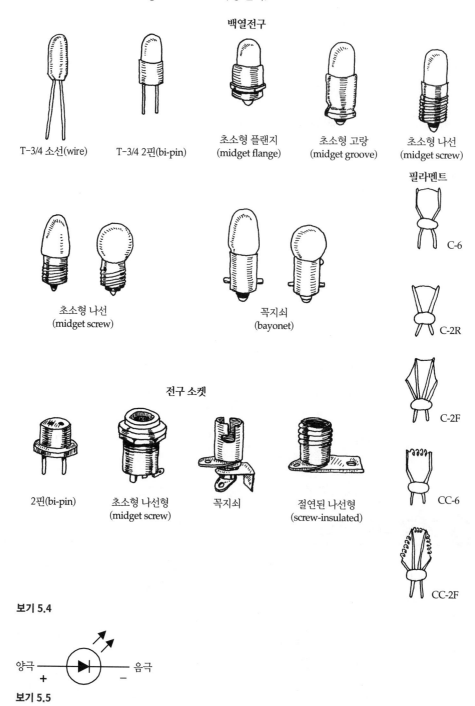

백열전구

T-3/4 소선(wire)   T-3/4 2핀(bi-pin)   초소형 플랜지   초소형 고랑   초소형 나선
(midget flange)   (midget groove)   (midget screw)

필라멘트

C-6

초소형 나선   꼭지쇠
(midget screw)   (bayonet)

C-2R

전구 소켓

C-2F

2핀(bi-pin)   초소형 나선형   꼭지쇠   절연된 나선형
(midget screw)   (screw-insulated)

CC-6

CC-2F

보기 5.4

양극 ──┤▶├── 음극
   +   −

보기 5.5

5.3.1 LED 작동 방식

n형 반도체와 p형 반도체를 함께 결합해 pn 접합을 형성함으로써 LED의 발광 부분을 형성한다. 이 pn 접합이 순방향으로 바이어스되면, n측 전자가 pn 접합을 통해 p측으로 여기된 다음

에 그 자리에서 양공과 결합한다.

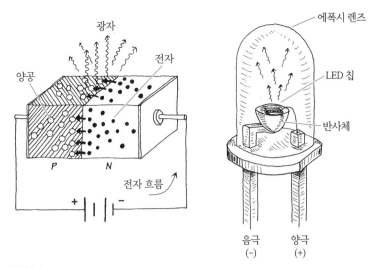

보기 5.6

전자가 양공과 결합하면 광자가 방출된다. 일반적으로, 빛을 산란시키는 입자를 혼입한 에폭시 용기 안에 LED의 *pn* 접합부를 넣어 빛을 더욱 밝게 보이게 한다. 종종 반도체 밑에 반사경을 두어 빛이 위쪽으로 향하게 하기도 한다. 심지 부분의 열이 반도체에서 멀어질 수 있게 하려고 양극 및 음극 리드를 치수가 큰(heavy-gauge) 전도체로 만든다.

5.3.2 LED 종류

가시광선 LED

이러한 **LED**는 일반적으로 저렴하고 내구성이 있어 표시등으로 사용된다. 일반적인 색상으로는 녹색(~565 nm), 황색(~585 nm), 주황색(~615 nm), 적색(~650nm)이 있다. 최대 순방향 전압은 약 **1.8 V**이고, 일반적인 작동 전류는 **10~30 mA**이다.

적외선 LED

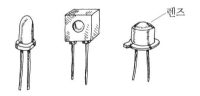

이러한 **LED**들은 적외선 광자를 방출하도록 설계되어 있으며, 파장은 대략 **880~940 nm** 사이다. 리모컨 회로(예를 들면, TV 리모컨, 침입 경보 장치) 내에 있는 감광 센서(예를 들면, 광 다이오드, 광저항기(**역주** 즉, 포토레지스터 또는 광저항기 또는 포토셀), 광트랜지스터)와 결합해 사용한다. 가시광 LED보다 시야각이 좁아서 전송된 정보를 효율적으로 전달할 수 있다. 광자 출력을 특정 순방향 전류당 출력 전력이라는 관점에서 특징지을 수 있다. 일반적인 출력 범위는 약 **0.50 mW/20 mA~8.0 mW/50 mA**이다. 특정 순방향 전류 범위에서 최대 순방향 전압은 20 mA일 때 **1.6 V**이고 100 mA일 때 **2.0 V**이다.

점멸 LED

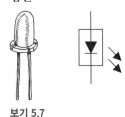

이러한 **LED** 용기 내부에는 소형 집적 회로가 들어 있어 **1**초당 **1**회에서 **6**회 정도 LED가 섬광을 낸다. 주로 시시 섬멸기로 사용하시만 간난한 빌신기로도 사용될 수 있다.

보기 5.7

다색 LED

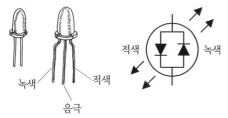

적색
녹색
녹색
적색
음극

여러 LED를 한 패키지 안에 놓은 게 다색 LED이다. 다색 LED가 내는 색깔은 각 LED가 내는 색깔을 혼합한 색이다. 적색, 녹색, 청색 LED가 한 패키지 안에 들어간 것, 즉 RGB LED가 궁극적인 다색 LED이다. 각 LED의 밝기를 조절해 어떤 색이든 혼합할 수 있으며, 모든 LED의 조도를 같게 해서 백색광을 낼 수 있다. 이 패키지에는 보통 공통 양극 접합부와 공통 음극 접합부가 있다.

이것의 변형으로는 극성을 나타내기 위해 적색과 녹색 LED를 연속으로 놓은 게 있다(공급 전압의 극성에 따라서 어느 쪽 LED가 순방향 바이어스와 켜짐 상태인지, 또는 역방향 바이어스 및 꺼짐 상태인지가 정해진다).

LED 디스플레이

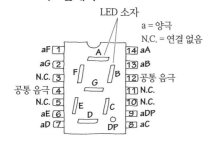

LED 소자
a = 양극
N.C. = 연결 없음

aF 1
aG 2
N.C. 3
공통 음극 4
N.C. 5
aE 6
aD 7

14 aA
13 aB
12 공통 음극
11 N.C.
10 N.C.
9 aDP
8 aC

숫자나 그 밖의 문자를 표시할 때 이것들을 사용한다. 여기 나타낸 LED 디스플레이는 개별 LED 일곱 개로 이뤄져 있다. LED들 중 한 개에 전압이 걸리면 8자 표시 중 해당 부분에 불이 들어온다. 액정 표시장치보다 LED 표시장치가 더 튼튼한 편이지만 그만큼 전력을 더 많이 소비한다.

이와 같은 7세그먼트 LED뿐만 아니라, LED로 행렬을 구성한 LED 패키지도 이용할 수 있다.

보기 5.7 (이어짐)

5.3.3 LED에 대한 상세 정보

LED의 바이어스가 순방향일 때 가시광선이나 적외선 또는 자외선을 방출한다. 단일한 가시광을 내는 LED는 녹색 및 황색, 주황색, 적색, 청색광(일반적으로 90% 파고 높이에서 40 nm 미만으로 퍼져 있는 스펙트럼)을 상대적으로 좁은 대역에서 방출한다. 적외선 다이오드는 적색 가시광선을 넘는 주파수 대역 중 하나를 방출한다.

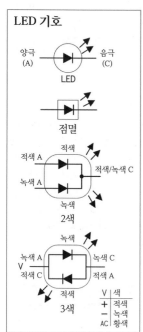

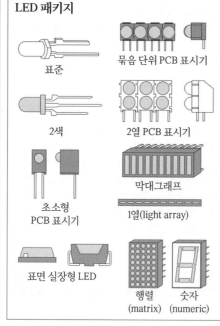

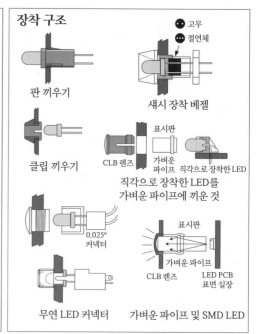

보기 5.8

백색 LED는 다양한 파장을 내어 백색광을 흉내 내며, 배경 광원이나 전조등 및 야간 조명과 같은 저조도 응용기기에 사용된다.

지금은 고출력 LED(HPLED)도 사용할 수 있다. 고출력 LED에 쓰이는 전류는 수백 밀리암페어에서 1암페어 이상에 이른다. 이러한 LED는 무척 밝기는 하지만 열을 많이 낸다. 고출력 LED가 열로 인해 손상되지 않게 흡열부^{역주} 위에 탑재해야 한다.

역주 즉, 방열판 또는 열 제거원 또는 열침

LED의 반응 시간은 무척 빠르고 아주 효율적이며 수명도 길다. 이러한 LED는 전류 출력이 순방향 전류에 직접 비례하는 전류 의존형 소자이다.

LED를 켜려면 LED의 순방향 전압 V_{LED}보다 큰 전압을 인가하고, 직렬 저항을 통해 전류를 LED의 최대 정격보다 낮은 수준, 즉 일반적으로 I_{LED}(제조업체 권장 값)로 제한하라. 직렬 저항기를 선택할 때는 다음 방정식을 사용한다.

$$R_S = \frac{V_{IN} - V_{LED}}{I_{LED}}$$

밝기를 조절하고 싶다면 보기 5.10에 나온 것처럼 1 K 전위차계에 전류를 투입한다.

V_{LED}는 LED 색에 따라 변한다. 일반적인 V_{LED} 값은 고휘도 적색이 아닌 경우에는 1.7 V, 고휘도 고효율 저전류 적색인 경우는 1.9 V, 주황색과 황색의 경우 2 V, 녹색인 경우에는 2.1 V, 밝은 흰색과 짙은 파란색인 종류인 경에는 3.4~3.6 V, 파란색의 경우에는 6 V이다. 이전의 전압 강하를 감안하면, 저전압 LED에는 공급전압이 최소 3 V여야 하고, 3.4 V 종류에는 4.5 V, 430 nm급 파란색에는 6 V를 사용하는 게 좋다. LED의 권장 I_{LED} 값을 모른다면 일반적으로 20 mA라고 가정하는 편이 안전하다. 표 5.1에 LED 종류의 범위와 해당 특성 값이 나온다.

표 5.1 다이오드 특성

파장	색 이름	FWD 전압 (V_F @ 20 MA)	광도 (5-MM LEDS)	LED 염료 물질
940	적외선	1.5	16 mW @ 50 mA	갈륨 알루미늄 비소(GaAlAs)/갈륨 비소(GaAs)
880	적외선	1.7	18 mW @ 50 mA	갈륨 알루미늄 비소/갈륨 비소
850	적외선	1.7	26 mW @ 50 mA	갈륨 알루미늄 비소/갈륨 비소
660	아주 짙은 적색	1.5~1.8	200 mcd @ 50 mA	갈륨 알루미늄 비소/갈륨 비소
635	고효율 적색	2.0	200 mcd @ 20 mA	갈륨 비소 인(GaAsP)/갈륨 인(GaP)^{역주1}
633	짙은 적색	2.2	3500 mcd @ 20 mA	인듐 갈륨 알루미늄 인(InGaAlP)
620	짙은 주황색	2.2	4500 mcd @ 20 mA	인듐 갈륨 알루미늄 인
612	짙은 주황색	2.2	6500 mcd @ 20 mA	인듐 갈륨 알루미늄 인
605	주황색	2.1	160 mcd @ 20 mA	갈륨 비소 인/갈륨 인
595	짙은 황색	2.2	5500 mcd @ 20 mA	인듐 갈륨 알루미늄 인
592	짙은 순황색	2.1	7000 mcd @ 20 mA	인듐 갈륨 알루미늄 인
585	황색	2.1	100 mcd @ 20 mA	갈륨 비소 인/갈륨 인
574	짙은 녹황색	2.4	1000 mcd @ 20 mA	인듐 갈륨 알루미늄 인
570	짙은 담녹색	2.0	1000 mcd @ 20 mA	인듐 갈륨 알루미늄 인

표 5.1 다이오드 특성 (이어짐)

파장	색 이름	FWD 전압 (V_F @ 20 MA)	광도 (5-MM LEDS)	LED 염료 물질
565	고효율 녹색	2.1	200 mcd @ 20 mA	갈륨 인/갈륨 인
560	짙은 순녹색	2.1	350 mcd @ 20 mA	인듐 갈륨 알루미늄 인
555	순녹색	2.1	80 mcd @ 20 mA	갈륨 인/갈륨 인
525	연한 녹청색	3.5	10,000 mcd @ 20 mA	규소 탄소/갈륨 질소
505	녹청색	3.5	2000 mcd @ 20 mA	규소 탄소/갈륨 질소
470	짙은 청색	3.6	3000 mcd @ 20 mA	규소 탄소/갈륨 질소
430	아주 짙은 청색	3.8	100 mcd @ 20 mA	규소 탄소(SiC)[역주2]/갈륨 질소(GaN)[역주3]
370~400	자외선 LED	3.9	NA	갈륨 질소
4500 K	'백열광 흰색'	3.6	2000 mcd @ 20 mA	규소 탄소/갈륨 질소
6500 K	옅은 백색	3.6	4000 mcd @ 20 mA	규소 탄소/갈륨 질소
8000 K	서늘한 백색	3.6	6000 mcd @ 20 mA	규소 탄소/갈륨 질소

[역주1] 또는 인화갈륨
[역주2] 또는 탄화 규소
[역주3] 또는 질화갈륨

그 밖에 고려할 사항으로는 전력 손실(보통 100 mW), 역전압 정격, 동작 온도(보통 −40~+85℃), 펄스 전류(보통 100 mA), 광도(밀리칸델라(mcd) 단위), 시야각(각도 단위), 파고 방출 파장, 스펙트럼 폭(보통 20~40 nm)이 있다.

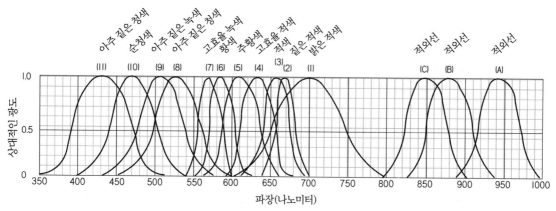

보기 5.9

5.3.4 LED 응용기기

13장에서는 다중화, 찰리플렉싱(charlieplexing) 및 PWM 신호로 RGB LED를 구동해 색상을 혼합하는 기술을 포함해 마이크로컨트롤러에서 LED 디스플레이를 구동하는 방법을 살펴본다.

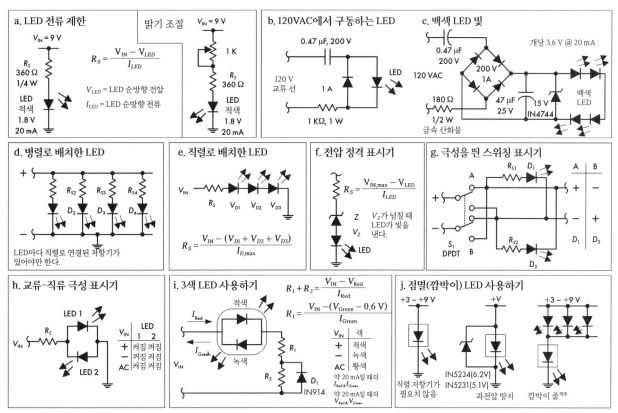

역주 즉, 크리스마스 트리 전구 또는 고드름 전구

보기 5.10 **(a)** LED 전류 흐름을 최대 정격 이내로 유지해야 한다. 제공된 공식에 따라 직렬 제한 저항을 선택하라. 가변 광도 제어용 1 k 팟(pot)을 추가할 수 있다. **(b)** 여기에 교류 회선에서 LED로 전력을 공급하는 데 사용할 수 있는 회로가 있다. 핵심은 교류 신호를 감쇠하게 하는 역할을 하는 커패시터와 전류 세기를 제한하는 역할을 하는 저항이다. 커패시터가 전류를 양쪽 방향으로 통과시켜야 하므로 LED와 작은 다이오드를 병렬로 연결함으로써 음성을 띈 반주기 경로를 제공하고, 또한 LED의 역전압을 제한한다. 극성이 바뀐 두 번째 LED를 다이오드로 대체하거나 교류를 쓸 경우에 주황색으로 보일 수 있는 3색 LED를 사용할 수 있다. 최악의 돌입 전류를 약 150 mA로 제한하도록 저항기를 선택하면 커패시터가 충전됨에 따라 1밀리초 내 30 mA 미만으로 떨어진다. 0.47 µF 커패시터는 60 Hz에서 정전용량이 5640 Ω이므로 LED 전류는 약 20mA 반파 또는 10mA 평균이다. 커패시터가 클수록 전류가 증가하고 작을수록 전류가 준다. 커패시터의 형식이 비극성이어야 하고 전압 정격이 200 V나 그 이상이어야 한다.

(c) 이것도 백색 LED를 사용해 야간 조명 장치를 만드는 데 사용하는 교류 회전 전력 공급 장치이다. 이전에 나온 회로와 마찬가지로, 0.47 µF 입력 커패시터는 교류 전압 정격을 감쇠시키고 180 Ω 저항기는 전류를 제한하는 역할을 한다. 필터 커패시터가 부착되어 있는 브리지 정류기는 거의 일정한 직류 전압을 생성하지만 제너 다이오드는 전압 정격을 조절한다. 이 경우에 직렬로 연결한 백색 LED 네 개가 있으며, 각 전압 강하가 3.4 V이므로 총 전압 강하는 13.6 V이다. 따라서 15 V 제너가 사용된다. **(d)** 각 LED에 개별 강하 저항기를 사용하지 않은 채로 LED들을 서로 병렬로 놓지 마라. 이 방식으로도 대체로 작동하기는 하지만 신뢰할 수 없다. LED가 예열될수록 전도성이 더 높아져 병렬 LED를 통해 전류가 불안정하게 분할될 수 있다. 병렬로 놓인 LED는 그림과 같이 각기 자체 강하 저항기가 필요하다. 각 줄(string)마다 자체 강하 저항기를 지닌 경우에는 직렬로 두었던 줄을 병렬로 둘 수 있다. **(e)** 공통 직렬 저항 한 개에 LED들을 직렬로 연결하는 것은 괜찮다. 간단히 직렬로 놓인 모든 다이오드의 전압 강하를 더하고, 직렬 저항 공식에서 V_{LED} 대신에 이 값을 사용하라. 우수한 안정성과 예측 가능한 소비 전류를 유지할 수 있게 공급 전압의 80%를 초과하는 않는 편이 좋다. **(f)** 여기서 제너 다이오드는 간단한 전압 정격 표시기를 생성하는 데 사용된다. 전압이 제너 전압의 항복 전압을 초과하면 전류가 흐르고 LED가 켜진다. **(g)** 이 회로는 쌍극쌍투 스위치를 사용해 출력에서 극성을 반전시킨다. 극성이 일방향이면 D_1이 켜지고, 다른 방향으로 극성이 향하면 D_2가 켜진다. **(h)** 방향이 서로 반대인 LED 두 개를 병렬로 놓아 간단한 극성 표시기를 구성한다. 두 개의 LED가 교류와 함께 나타난다는 점에 주목하라.

(i) 3색 LED를 사용하는 법을 보여 주는 기본 회로. **(j)** 점멸 LED에는 직렬 저항이 필요하지 않지만 권장 공급 전압보다 높은 전압을 인가하지 마라. 3~9 V는 안전한 범위이다. 점멸 LED와 반대 방향이 되게 제너를 병렬로 두면 과전압을 방지할 수 있다. 점멸 LED를 사용해 표준 LED 여러 개를 깜박이게 할 수 있다. 또한, 점멸 LED를 사용하면 점멸 LED가 점멸할 때 스위치를 켜고 끄는 트랜지스터를 구동할 수 있다.

5.3.5 레이저 다이오드

레이저 다이오드란, 표면에 '거울'이 두 개 있는 발광 다이오드로 레이저 공동을 생성한 것이다. 다이오드가 순방향으로 바이어스되면 접합부의 활성 영역에 전하가 주입되고, 전자와 양공이 접합부에서 재결합하며 자발적으로 광자를 방출한다. 이 광자는 다른 전자–양공 짝을 유도 방출로 재결합시킬 수 있다. 전류가 충분히 크면 장치가 작동한다. 레이저 다이오드는 저전압 전력으로 구동되며, 일반적으로 감시용 광 다이오드의 광학적 되먹임(feedback)이 통합(일반적으로 같은 레이저 다이오드 용기에 내장됨)되어 레이저 다이오드의 전류를 조절한다.

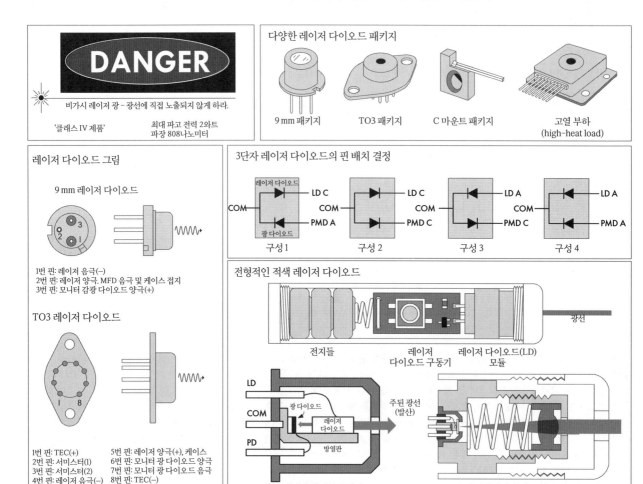

보기 5.11 보기에는 레이저 포인터 또는 **CD** 플레이어에 있는 레이저 다이오드 종류의 설계도가 나온다. 패키지의 크기가 전체적으로 **5 ∼ 10 mm**이지만, 레이저 다이오드 칩의 길이는 **1 mm**보다 작다. 레이저 다이오드에서 나오는 최대 광선은 쐐기 모양으로 발산하며, 고도로 발산하면(헬륨-네온 레이저와 달리) **10 × 30°**로 퍼진다. 나란한(평행한) 광선에 접근하는 모든 것을 외부 광학 장치에 두어야 한다. 간단한(구체형) 단초점 길이 볼록 렌즈가 이러한 용도에 맞춰 상당히 잘 작동하지만, 적어도 표면이 비구면인 렌즈(가장 일반적인 렌즈처럼 구형이 아닌 그라운드)의 구형에 다이오드 레이저 모듈과 레이저 포인터를 사용할 수 있다. 레이저 다이오드 칩의 후단에서 나오는 광선이 일반적으로 광전자 되먹임 고리에 사용하는 내장형 광 다이오드에 부딪혀 전류 및 광선의 강도를 조절한다.

LED에 비해 레이저 다이오드의 응답 시간이 빠르고 스펙트럼 확산이 매우 좁아서(약 1 nm) 직경이 1 μm인 좁은 점에 방사 광선을 집중시킬 수 있다. 심지어 CD 플레이어에 있는 간단한 광학 장치에서 사용하는 저렴한 레이저 다이오드에서도 마찬가지이다. 그러나 가스 레이저와 달리 레이저 다이오드에서 나오는 광선이 일반적으로 타원형 또는 쐐기형이어서 발산하지 않으므로 반사해 주어야 한다.

레이저 다이오드의 출력 파장은 일반적으로 단일 모드로 고정된다. 예를 들면, 적색(635 nm, 670 nm), 적외선(780 nm, 800 nm, 900 nm, 1,550 nm 등), 녹색, 청색, 자색 등이 있다. 그러나 다중 모드 레이저 다이오드도 있는데, 장치의 공칭 파장에서 지배적인 선(강도가 가장 큰 선)이 있는 개별 스펙트럼 선 여러 개로 방출 스펙트럼이 구성된다. 다중 방식 레이저 다이오드의 모드 홉 문제를 억제할 수 있어서 일반적으로 더 나은 신호 대 잡음비를 지니므로 대체로 더 바람직하다. 모드 홉(mode hop)^{역주}은 레이저 공동이 열팽창하며 파장이 약간 변화되는 현상을 말한다.

저출력 레이저 다이오드의 일반적인 광 출력 ^{역주}은 약 1~5 mW 사이이며, 고출력 다이오드는 100 W 이상까지 다다를 수 있다. 최대 출력 장치의 경우에는 단일 장치로 구성하지 않고 레이저 다이오드를 배열하는 식으로 구성한다.

CD 플레이어, CD-ROM 드라이브, DVD 플레이어, 블루레이 플레이어에서 레이저 다이오드를 사용한다. 레이저 프린터, 레이저 팩스 장치, 레이저 포인터, 조준경이나 정렬경, 측정 장비, 고속 광섬유 및 자유 공간 통신 시스템에 사용되며, 그 밖의 레이저의 가압원으로도 사용되고 바코드 및 UPC 스캐너, 그리고 고성능 화상 촬영기에도 사용된다. 고속 변조나 펄스 수준 속도(기가헤르츠 범위)가 필요한 응용장치에서 레이저 다이오드 구동 전류(곧 자세히 다룸)를 제어하려면 특수한 통합 구동 칩이 필요하다.

CD 플레이어, CD-ROM 드라이브, 레이저 프린터, 바코드 스캐너 등에서 다양한 소형 레이저 다이오드를 찾을 수 있다. 가장 흔히 쓰는 레이저 다이오드는 CD 플레이어 및 CD-ROM 드라이브에서 찾을 수 있다. 이 다이오드들은 거의 보이지 않는 광선을 근적외선 스펙트럼에서 780 nm으로 생성한다. 실물 레이저 다이오드 자체의 광 출력이 최대 5 mW일 수 있지만, 일단 CD에 연결된 후에는 광학 장치를 통과하는 과정에서 출력이 0.3~1 mW로 떨어진다. 읽기/쓰기 드라이브에서 찾아볼 수 있는 고출력 적외선 레이저 다이오드의 출력은 최대 30 mW 정도이다. 블루레이 재생기에서도 고출력 청색 레이저 다이오드를 발견할 수 있다.

가시광선 레이저 다이오드는 바코드 스캐너, 레이저 포인터, 의료 분야의 위치 측정 장치(예를 들면, CT 및 MRI 스캐너) 및 기타 여러 용도로 사용되던 헬륨-네온 레이저를 대체했다. 초기 가시광선 레이저 다이오드는 짙은 적색 스펙트럼에서 약 670 nm 파장을 방출하였다. 최근에는 635~650 nm 적색 레이저 다이오드의 가격이 떨어졌다. 635~650 nm 레이저 다이오드를 DVD 기술에 사용한다. CD에 저장하는 정보량의 약 8배를 DVD가 저장(약 650 MB만 저장하는 일반 CD와 비교할 때 디스크당 4~5 GB를 저장하고, 디스크의 각 면에 최대 2개 층이 있음)할 수 있게 한 몇 가지 개선 사항 중 하나는 780 nm보다 짧은 파장이다. 적외선 레이저 다이오드와 마찬가지로, 가시광선 레이저 다이오드의 최대 출력은 일반적으로 3~5 mW이며, 기본 레이저 다이오드 장치의 경우에 10~50달러 정도 비용이 드는데, 광학기기 및 구동용 전자기기는 더 비싸다. 고출력 형식도 이용할 수 있기는 하지만, 20 mW 모듈과 같은 기기를 쓰려면 수백 달러까지 비용이 올라갈 수 있다. 레이저 다이오드 막대 또는 레이저 다이오드 배열 형태로 되어 진턱 출력이 와트급 이상인 고출력 다이오드 레이저를 구성하는 비용이 수천 달러에 이를 수 있다. 레이저 광선이나 반사된 빛을 들여다보아서는 안 된다. '광선에 찔리면 안구를 적출해야 할 수도 있다.'

또한, 레이저 다이오드가 정전기 방전(ESD)에 극히 민감하므로 접지 끈이나 접지 장비를 사용해 다뤄야 하는 것은 물론이고, 제조사에서 권장하는 예방 조치에 따라 다루는 게 중요하다.

■ 레이저 다이오드 구동 회로

적절한 구동 회로 없이 레이저 다이오드를 구동해서는 절대 안 된다. 적절한 구동 회로가 없으면, 전류가 불안정하게 주입될 때 온도가 요동함으로, 이로 인해 다양한 문제가 생길 수 있다. 그 결과로 레이저 다이오드가 튀겨져 수명이 짧아질 수 있다. 그러므로 공급 과잉 현상으로 인한 문제가 생기지 않게 전류를 안정되게 공급할 수 있는 구동 회로가 꼭 필요하다. 레이저 다이오드에서 광 출력을 안정되게 얻기 위해 사용하는 두 가지 기본 기술을 설명한다.

- 자동 전류 제어(automatic current control, ACC) 또는 정전류(constant current) 회로: 이 회로는 광 다이오드로 되먹임을 하는 고리 없이 레이저 다이오드를 구동한다. 레이저 다이오드는 일정한 전류로만 간단히 구동된다. 사용하기 쉬운 방식이지만 레이저 다이오드의 온도가 변하면 광 출력이 변동된다. 그렇지만 아주 흔한 다이오드 작동 온도를 제어하도록(광 다이오드 없이) 설계한 회로 및 해당 레이저 다이오드가 있다. 온도 제어 기능을 갖춘 정전류 회로는 빠른 제어 고리와 정밀한 전류 기준을 제공해 레이저에 흐르는 전류를 정밀하게 감시한다. 또한, 많은 경우에 레이저 다이오드 내부에 있는 광 다이오드가 표류하며 잡음 특성이 열악해질 수 있다. 내장 광 다이오드의 성능이 열악한 경우에 레이저 다이오드의 광 출력에 잡음이 많고 불안정해진다. 그렇지만 온도 제어 기능이 없는 정전류 작동 방식은 일반적으로 저가 저전력 상황(저렴한 레이저 포인터 등)이 아니라면 좋은 생각이 아니다. 레이저 다이오드의 작동 온도가 크게 떨어지면 출력되는 빛의 광 출력이 늘어나 최대 정격을 쉽게 초과할 수 있다.

- 자동 전력 제어(automatic power control, APC) 회로: 이 구동 회로는 광 출력을 감시하면서 광 출력 준위를 일정하게 유지할 수 있게 레이저 다이오드에 대한 제어 신호를 제공하는 광 다이오드 되먹임 고리를 바탕으로 한다. 전력을 일정하게 제어하면, 레이저 다이오드의 온도가 줄 때 출력되는 빛의 광 출력이 증가하는 일을 방지할 수 있다. 그렇지만 전력이 일정한 모드에서 온도를 제어하지 않고 작동할 때, 모드 홉 및 파장 변화가 여전히 발생한다. 또한, 다이오드의 흡열부가 적절하지 못해서 온도가 상승할 여지를 두면 광 출력^{역주}이 줄어든다. 이어서, 구동 회로는 전류를 늘려 광 출력을 일정한 수준으로 유지하려고 시도한다. 전류를 완벽하게 제한하지 않으면 열이 폭증할 수 있으며 그 과정에서 레이저가 손상되거나 파괴될 수 있다.

사용하는 구동 회로 종류와 상관없이 구동 전류가 최대 작동 정격을 초과하는 일을 예방하는 게 핵심이다. 1나노초 동안에 최대 광 출력을 초과하게 되면, 레이저 다이오드 끝에 있는 거울 도포면이 손상된다. 일반적인 실험실 전원 공급 장치를 사용해 레이저 다이오드를 직접 구동하면 안 된다. 충분히 보호할 수 없게 하기 때문이다. 일반적인 구동 회로에는 지연 시동 회로, 용량성 필터링과 그 밖에 공급 장치 스파이크, 서지 및 기타 스위칭 과도현상을 제거하는 데 필요한 그 밖의 규정이 반영되어 있다.

보기 5.12에는 몇 가지 자작 레이저 다이오드 공급 장치가 나온다. 이 구동 회로는 변조가 필요 없는 저전력 레이저 다이오드에 쓰이지만, 권장 구동 회로에 대한 레이저 데이터 제조업체의 데이터시트를 확인하는 게 바람직하다. 자신만의 구동 회로를 만들기는 무척 까다로워 그 과정에서 비싼 레이저 다이오드를 튀겨 버릴 수도 있다. 물론 레이저 다이오드 구동 칩을 구입할 수 있는데, 레이저 포인터를 만들기보다 조금이라도 더 복잡해 보인다면 칩을 구입해 쓰는 편이 더 나을 것이다. 이들 구동 칩은 광학적으로 안정된 전력에 필요한 일정한 전류를 공급하는 일 외에도 높은 비트 속도를 변조할 수 있게 한다. 선형 및 스위칭 레귤레이터에 종류가 다른 칩을 적용할 수 있다. 눈여겨 볼만한 회사로는 맥심(MAXIM), 리니어 테크놀로지(Linear Technology), 샤프(Sharp), 도시바(Toshiba), 미츠비시(Mitsubishi), 아날로그 디바이시스(Analog Devices), 버브라운(Burr-Brown) 등이다. 종종 이러한 제조업자들이 무료 견본품을 제공한다.

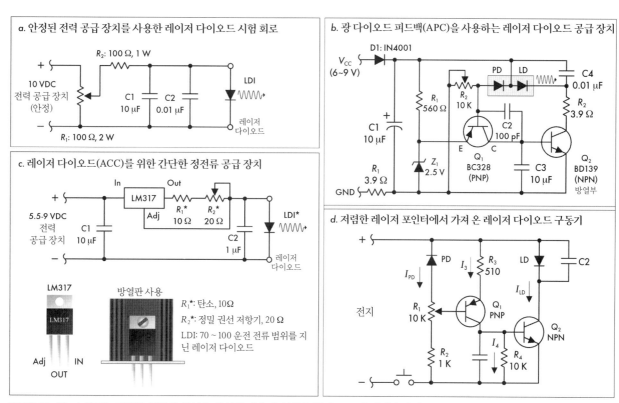

보기 5.12 (a) 이 회로는 적절히 연결해 극성을 확인한 다음에 실험을 목적으로 한 레이저 다이오드 구동에 사용할 수 있다. 여기서 전류 제한 저항이 있는 0~10 VDC 공급 장치를 다이오드와 직렬로 연결한다. 전력 공급 장치에 전류 제한기가 있는 경우에 20~25 mA로 설정해 시작하라. 나중에 언제든지 전류를 늘릴 수 있다. R_2가 최대 전류를 제한한다. 다이오드 규격을 알고 있다면 이렇게 하는 게 좋다(전력 공급 장치를 보호하기 위해서도 그렇다). 레이저 다이오드에 약 85 mA 이상이 필요할 때 언제든 제한 값을 줄일 수 있다($R_2 = 100 \Omega$에서). (b) 이 회로는 (벽면 콘센트) 전력 공급 장치에서 작동한다. 이 회로에서는 용량성 필터링을 상당히 많이 한다. 이 회로를 합리적인 속도로 변조하려면 변경이 필요하다. C4가 추정된다는 점에 유념하라. 또한, 2.5 V 기준으로 설정된 LM341 분로 조절기로 2.5 V 제너를 대체할 수 있다. (c) 특정 레이저 다이오드의 전류 요건에 따라서 저항 값이 달라진다. 5.5~9 VDC 전지로 전력을 공급한다. 저항기의 경우에, 작은 10 Ω 탄소 저항기와 이것에 직렬로 연결한 정밀한 20 Ω 조절 가능 저항 저항기를 사용할 수 있다. 레이저 다이오드 대신에 일상적인 다이오드 세 개를 직렬로 배치한 다음에 전류를 측정하고, 필요한 전류 준위에 도달할 때까지 저항을 조정하라. 이 경우에는 50~60 mA이다. 다이오드의 최대 제한치를 초과하지 않고도 전류를 높일 수 있다. 희미한 전구의 세기가 증가하겠지만, 어느 시점에서는 세기가 현저하게 달라지는 단계에 도달한다. (d) 이 회로는 저렴한 레이저 포인터에서 가져온 것이다. 이 회로에는 용량성 필터링과 전력 조절 포트 R_1이 들어 있다. 이전 회로와 달리 이 회로에는 절대 기준이 없어서 전력의 출력은 전지의 전압에 어느 정도 영향을 받는다. 필터 커패시터 C1의 값을 제거하거나 크게 줄여서 이 모듈의 주파수를 합리적인 것으로 변조할 수 있다.

◼ 구동 회로 예방조치

적절한 구동 회로가 있더라도 레이저 다이오드와 구동 회로 사이에 있을 수 있는 간헐적인 연결 또는 신뢰할 수 없는 연결에 주의하라. 광 다이오드 되먹임 회로에서 간헐적으로 접촉이 이뤄지면 일반적으로 레이저 다이오드가 파괴된다. 전력 제어 전위차계의 와이퍼가 저항성 소자와의 접촉을 끊어도 문제가 생길 수 있다. 또한, 스위치나 계전기를 사용해 구동 회로와 레이저 다이오드 사이의 연결을 만들거나 끊지 말아야 한다. 그 밖의 레이저 다이오드에 관한 주의 사항은 다음과 같다.

- **출력 측정(power measurement)**: 레이저 다이오드의 광 출력이 제조업체가 명시한 최소/최대 데이터와 일치한다고 가정하면 안전하지 않다. 제조 공차로 인해 각 다이오드의 작동 특성이 저마다 달라진다. 정확히 다루려면 광 출력 측정기(optical power meter)^{역주}, 또는 보정한 광 다이오드로 출력을 측정해야 한다. 일단 레이저 다이오드가 임계점을 지나고 나면, 유도 방출이 일어나고 순방향 전류가 약간 증가하면서 광 출력이 크게 증가한다는 점을 기억하라. 따라서 구동 전류가 약간만 증가해도 광 출력이 절대적인 최댓값을 넘어설 수 있다. 또한, 측정을 하거나 계산을 할 때 렌즈나 그 밖의 부품에서 이뤄지는 광학 손실을 고려해야 한다는 점에 유념하라.

역주 또는 파워 미터

- **작동 온도와 방열판(operating temperature and heat sinks)**: 대다수 기기에서 레이저 다이오드에 방열판^{역주}이 필요한데 오래 작동시켜야 할 때는 더욱 그렇다. 방열판이 없으면 레이저 다이오드의 접합부 온도가 급히 상승해 광 출력이 낮아진다. 레이저 다이오드의 온도가 계속해서 올라 최대 운전 온도를 넘어서면 다이오드가 큰 손상을 입거나 장기 수행 능력이 상당히 떨어질 수 있다. 일반적으로 운전 온도가 낮을수록 다이오드의 수명이 늘어난다. 파장이 더 낮은 가시광선 레이저 다이오드(예: ~635 nm)는 전형적으로 적외선 레이저 다이오드보다 온도에 더 민감하다. 때때로 온도를 낮추는 데 열전냉각이 필요하다. 방열판을 사용할 때 소량의 실리콘이 아닌 흡열부 화합물은 레이저 다이오드와 방열판 사이의 열전도성을 높여 준다.

역주 즉, 흡열부

- **창(windows)**: 레이저 다이오드의 창과 경로상에 있는 그 밖의 광학 장치들을 깨끗하게 유지하라. 레이저 출력 시 먼지나 지문이 있으면 원방 회절이나 간섭이 일어나 출력이 낮아지거나 이례적인 결과를 초래할 수 있다. 면봉이나 에탄올을 사용해 창을 깨끗이 닦아야 한다.

◼ 간단한 대책: 레이저 다이오드 모듈과 레이저 포인터

정말로 바라는 일이 주위에 가시광선 레이저를 쏘는 일뿐이라면 상업용 다이오드 레이저 모듈이나 일부 레이저 포인터 브랜드(레이저 출력 조절을 바탕으로 광학적 되먹임을 하는 것)가 제격일 수 있다. 해당 모듈과 레이저 포인터 둘 다에는 조정되지 않은 저전압 직류 입력 및 레이저 다이오드와 일치하는 조준 렌즈에서 안정되게 작동할 수 있는 구동 회로가 포함되어 있다. 대부분의 모듈은 조준을 최적화하거나 특정 거리에 초점을 맞출 수 있게 렌즈를 미세하게 조정할 수 있다. 그렇지만 출력 스파이크에서 레이저 다이오드를 보호하기 위해 고안된 무거운 내부 필터링으로 인해 모듈이나 포인터를 몇 헤르츠 이상 변조하지 못하게 설계되었다. 그러므로 일반적으로 이것들은 레이저 통신 응용기기에 적합하지 않다. 일반적으로 특정 레이저 다이오드에 맞출 목적으로 설계하지 않은 경우라면, 레이저 다이오드 및 자작 전력 공급 장치 또는 상업용 구동기가 아닌 모듈이나 포인터부터 쓰는 편이 훨씬 쉽다. 저렴한 레이저 포인터의 신뢰성이나 견고성 또는 받아들일 만한 품질인지 여부를 알아낼 방법이 없다. 일반적으로 다이오드 레이저 모듈이 포인터보다 품질이 좋아서 중대한 응용기기에 더 적합할 수 있다. 또한, 가장 저렴한 헬륨-네온 레이저 종류일지라도 일반적인 다이오드 레이저 모듈이나 레이저 포인터보다는 빔을 더 좋은 품질로 생성해 낼 가능성이 높으므로 헬륨-네온 레이저를 고려해 보라.

■ 레이저 다이오드 규격

- 레이저 파장, λp(lasing wavelength, λp): 레이저 다이오드가 방출하는 빛의 파장. 단일 모드 장치의 경우에는 레이저 출력의 단일 스펙트럼선 파장이 이 값에 해당한다. 다중 모드 장치의 경우에는 강도가 가장 센 스펙트럼선의 파장이 이 값에 해당한다.

- 임계 전류, I_{th}(threshold current, I_{th}): 자발적 방출과 유도 방출 사이의 경계를 출력되는 빛의 광 출력 대 순방향 전류 곡선으로 표시한다. 임계 전류 지점 아래의 출력은 LED의 일관성 없는 출력과 유사하다. 지정된 임계 전류 또는 그 이상에서 장치가 레이저 출력을 생성하기 시작한다. 일단 임계점을 지나고 나면 유도 방출이 일어나고, 순방향 전류가 증가하면 광 출력이 크게 늘어난다.

- 동작 전류, I_{op}(operating current, I_{op}): 특정 동작 온도에서 특정 일반 광 출력을 생성하는 데 필요한, 레이저 다이오드를 통과하는 순방향 전류의 양.

- 동작 전압, V_{op}(operating voltage, V_{op}): 장치가 특정 동작 온도에서 특정한 일반 광 출력을 산출할 때 레이저 다이오드 양단에 걸린 순방향 전압.

- 광 출력, P_O(optical power output, P_O): 연속 동작 또는 파동 동작에서 최대로 허용된 순간에 출력되는 빛의 광 출력.

- 운전 온도 범위(operating temperature range): 장치가 안전하게 작동될 수 있게 하는 덮개 온도의 범위

- 감시 전류, I_m: 레이저 다이오드가 일반적인 광 출력 수준을 생성할 때 지정된 역방향 바이어스 전압에서 광 다이오드를 통과하는 전류.

- 광 다이오드 암전류, $I_{D(PD)}$(photodiode dark current, $I_{D(PD)}$): 레이저가 빛을 내지 않을 때 역방향으로 바이어스된, 내부 감시용 광 다이오드를 통과하는 전류.

- 역전압, V_R(reverse voltage, V_R): 역바이어스가 레이저 다이오드 또는 광 다이오드에 인가될 때의 최대 허용 전압. 내부 감시용 광 다이오드가 있는 레이저 다이오드의 경우에 레이저 다이오드에 걸린 역전압은 $V_{L(LD)}$로, 광 다이오드에 걸린 역전압은 $V_{R(PD)}$로 규정한다.

- 종횡비, AR(aspect ratio, AR): 레이저 다이오드의 발산각 $\theta\perp$(수직) 및 $\theta\parallel$(평행)의 비율. 30° 수직 발산 및 10° 평행 발산을 지닌 다이오드의 빔은 종횡비가 3:1이 되므로 타원형이 된다.

- 비점수차, A_s 또는 D_{as}(astigmatism, A_s or D_{as}): 레이저 빔은 접합 평면에 수직 방향 또는 평행한 방향에 대해 서로 원천 점이 있는 것처럼 보인다. 비점수차 거리는 두 개의 명백한 광원 사이의 거리로 정의된다. 레이저 다이오드의 출력 초점이 정확히 맞아야 한다면 비점수차가

큰 레이저 다이오드의 비점수차를 보정(또는 감소)해야 한다. 그렇게 하지 않으면 그 결과로 생성되는 집속 광선(focused beam)은 비점수차를 지니게 된다.^{역주}

- 광선 발산, θ⊥ 그리고 θ∥(beam divergence, θ⊥ and θ∥): 방사각(radiation angles)^{역주}이라고 부르기도 한다. 광선 발산을 전체 각도로 측정하거나 반치전폭(full-with half-maximum, FWHM)으로 알려진 반치 강도 지점에서 측정한다. 수직축과 평행축에 대해 각도 규격이 모두 제공된다.

- 편광비(polarization ratio): 단일 공동 레이저 다이오드에서 나온 출력은 레이저 접합부에 평행하게 선형으로 편광된다. 임의로 편광되거나(편광되고) 레이저 접합부에 수직으로 편광된 자발 방출 또한 존재한다. 평행 성분을 수직 성분으로 나눈 값으로 편광비를 정의한다. 최대 전력에 근접해서 작동하는 다이오드의 경우에 그 비율이 일반적으로 100:1보다 크다. 임계점 부근에서 작동할 때, 그 비율은 자발적 방출이 더 중요해질수록 상당히 더 낮게 될 것이다.

- 기울기 효율, SE(slope efficiency, SE): 미분 효율(differential efficiency)이라고도 부른다. 광 출력 대 순방향 전류를 나타낸 곡선 중에서 레이저를 쏘는 범위(lasing region)에서 장치가 동작하고 있을 때, 순방향 전류의 점증적인 변화에 대한 광 출력의 점증적인 변화의 평균값이다.

- 상승 시간(rise time): 출력되는 빛이 최댓값의 10%에서 출발해 90%까지 오르는 데 필요한 시간.

- 위치 정확도 D_x, D_y, D_z(positional accuracy, D_x, D_y, D_z): 방출 위치 정확도(emission point accuracy)라고도 한다. 이 사양으로는 장치 용기를 기준으로 한 레이저 다이오드 이미터의 위치 정확도를 정의한다. D_x와 D_y는 용기의 물리적 축에 대한 칩의 평면 변위로 측정한다. D_z는 기준면에 대해 수직으로 측정한다. 각도 단위로 표시한 각도 오차와 미크론 단위로 나타낸 선형 오차가 사양에 모두 나열될 수 있다.

5.4 광저항기

광저항기(photoresistor)는 빛으로 제어하는 가변 저항기다. 광 의존 저항기(light-dependent resistors, LDR)로도 알려져 있다. 작동의 관점에서 보면 어두운 곳에 두었을 때 일반적으로 광저항기의 저항이 매우 크다(메가옴 수준). 그렇지만 빛을 비추면 저항이 상당히 줄어든다. 수백 옴만큼 낮아지는데 빛의 세기에 따라 달라진다. 응용기기의 관점에 볼 때 광저항기를 명암에 따라 활성화되는 스위칭 회로에 사용하거나 광 감지 검출 회로에 사용한다. 보기 5.13에 광저항기를 나타내는 기호가 실려 있다.

보기 5.13

5.4.1 광저항기 작동 방식

특별한 반도체 결정으로 광저항기를 제조하는데, 그러한 결정으로는 황화카드뮴(가시광용)과 황화납(적외선용)이 있다. 이 반도체가 어두운 곳에 놓였을 때는 반도체 구조 내 결정 원자들에 전자가 아주 강하게 결합되어 있어 전자는 저항기를 통해 흐르지 않는다. 하지만 빛이 비추면 해당 빛의 광자가 원자에 묶여 있던 전자와 충돌하면서 원자에서 해당 전자를 벗겨 내게 되고, 이 과정에서 양공이 생긴다. 이렇게 해리된 전자는 이제 장치에 흐르는 전류에 보태진다(저항은 줄어든다).

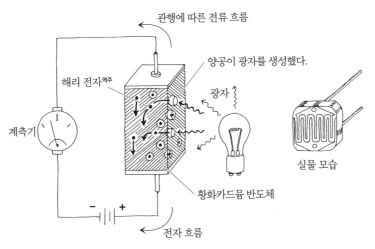

역주 자유롭게 된 전자

보기 5.14

5.4.2 기술 자료

광저항기가 빛의 세기 변화에 완전히 반응하는 데 걸리는 시간이 수 밀리초 이상일 수 있으며, 빛이 사라지고 원래의 암 저항(dark resistance) 상태로 돌아가는 데 수 초가 걸릴 수 있다. 일반적으로 광저항기들은 모두 비슷한 방식으로 작동한다. 그렇지만 광저항기의 감도 및 저항 범위가 장치에 따라서는 크게 다를 수 있다. 또한, 특정 광저항기는 스펙트럼의 특정 파장 내에 속한 광자들이 들어 있는 빛에 더 잘 반응할 수 있다. 예를 들어, 황화카드뮴으로 만든 광저항기는 400~800 nm 범위에 해당하는 빛에 가장 잘 반응하지만, 황화 납 광저항기는 적외선 범위 광자에 가장 잘 반응한다.

5.4.3 응용기기

간단한 조도계

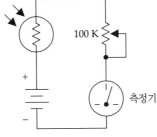

보기 5.15

여기서 간단한 광도계에 들어 있는 광저항기는 광 감지 소자로 작용한다. 어두울 때 광저항기의 저항력이 매우 커서 직렬 괴리를 통해서는 거의 전류가 흐르지 않는다. 측정기의 바늘은 왼쪽 편 최저 수준으로 쏠려 있게 된다. 점점 더 밝은 빛이 광저항기에 비추면 저항이 줄어들기 시작하고 더 많은 전류가 직렬 고리를 통해 흐르기 시작한다. 측정기의 바늘이 기울지기 시작한다. 전위차계를 사용해 이 측정기의 감도를 조절한다.

광 감지 전압 분할기

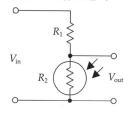

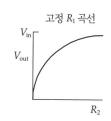

고정 R_1 곡선

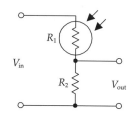

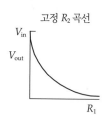

고정 R_2 곡선

이 회로는 3장에서 다룬 전압 분할기와 비슷하다. 이전과 마찬가지로 출력 전압은 다음 식으로 주어진다.

$$V_{out} = \frac{R_2}{R_1 + R_2} V_{in}$$

빛의 강도가 증가할수록 광저항기의 저항이 줄어들므로 더 많은 빛이 닿으면 상단 회로의 V_{out}은 줄어들고, 하단 회로의 V_{out}은 커진다.

이와 같은 전압 분할기는 일반적으로 광저항기에 마이크로컨트롤러가 달려 있을 때 사용된다.

암부 활성 계전기

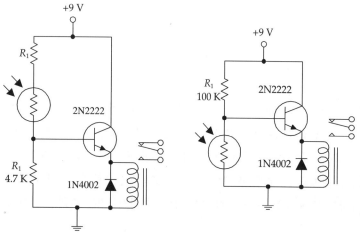

여기에 표시된 두 회로는 빛의 세기가 변할 때마다 계전기를 차단하기 위해 빛에 민감한 전압 분할기를 사용한다. 명부 활성 회로(역주 보통 광활성 회로라고 부르지만 암부 활성 회로의 반대되는 의미를 지니므로 명부 활성 회로라고 부르는 게 더 정확하다)에서 빛이 광저항기에 닿으면 광저항기의 저항이 줄어들므로 트랜지스터의 베이스 전류 및 전압이 커진다. 베이스 전류와 전압이 충분히 크다면, 트랜지스터는 컬렉터에서 이미터로 통과하는 데 충분한 전류를 허용해 계전기를 트리거한다. 암부 활성 계전기는 비슷하지만 반대되는 방식으로 작동한다. 명부 활성 회로의 약 1 kΩ이 되어야 하지만 약간 조정해야 할 수도 있다. 암부 활성 회로(100 kΩ)의 R_1을 조정해야 할 수도 있다. 두 회로는 모두 500 Ω 코일의 6~9 V 계전기를 사용할 수 있다.

보기 5.15 (이어짐)

5.5 광 다이오드

역주 또는 빛 다이오드

광 다이오드(photodiode)역주의 리드는 두 개이며, 빛에너지(광자 에너지)를 직접 전류로 전환한다. 광 다이오드의 양극과 음극 리드를 전선으로 함께 이어놓은 다음에 어두운 곳에 두면, 아무런 전류도 전선을 타고 흐르지 않는다. 그렇지만 광 다이오드에 빛을 비추면 광 다이오드는 갑작스럽게 작은 전류원이 되어, 관행적으로 보면 전류가 전선을 타고 양극에서 흘러나와 음극으로 흘러들게 뿜어낸다. 보기 5.16에서 광 다이오드를 나타내는 기호를 설명한다.

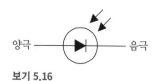

보기 5.16

무선통신에 사용하는 근적외선의 빠른 파동을 탐지하는 일에 광 다이오드를 가장 널리 사용한다. 광 다이오드가 아주 선형적인 빛/전류 반응을 보이기 때문에 조도계 회로(예를 들면, 사진기 조도계, 침입 경보기 등)에서도 종종 이것을 찾아볼 수 있다.

5.5.1 광 다이오드 작동 방식

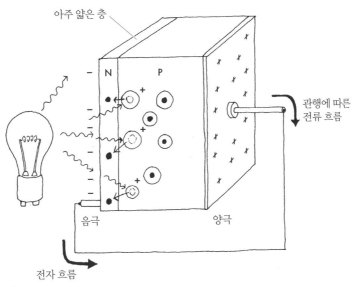

아주 얇은 층

N P

관행에 따른
전류 흐름

음극   양극

전자 흐름

보기 5.17

아주 얇은 n형 반도체를 두꺼운 p형 반도체와 포개어 광 다이오드를 만든다. (n측에는 전자가 풍부하고 p측에는 양공이 풍부하다.) 이 결합의 n측을 음극으로 간주하고 p측을 양극으로 간주한다. 이 장치에 빛을 비추면 많은 광자가 n형 반도체를 관통해 p형 반도체로 흐른다. 그러면 p측에 도달한 광자 중 일부가 P형 반도체 내부에 있는 바깥 전자들과 충돌해 그것들을 밀어내고 그 과정에서 양공을 만들어 낸다. pn 경계면에 아주 가까운 곳에서 이러한 충돌이 일어나면 몰리게 된 전자들이 접합부를 가로지르게 된다. 결국 n측에 여분의 전자가 있게 되고, p측에는 여분의 양공이 있게 된다. 양전하와 음전하기 이렇게 분리되면 pn 접합부를 가로질러 전위차가 형성된다. 이제 음극(n측)에서 양극(p측)에 이르게 전선을 연결하면 전자가 풍부한 음극 끝에서 양공이 넉넉한 양극 끝을 향해 전선을 타고 전자가 흐른다(다른 관점에서 보면 양극 전류가 양극에서 음극으로 흐르는 것과 같다). 상용 광 다이오드는 일반적으로 창이 설치된 플라스틱 함이나 금속함에 pn 반도체를 둔 꼴이다. 창에 확대경과 필터가 들어 있을 수 있다.

5.5.2 기본 동작

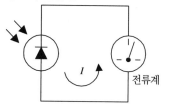

광전지 전류원

명도

여기에서 광 다이오드는 빛 에너지를 미터기로 측정할 수 있는 전류로 곧바로 전환한다. 빛의 입력 강도(밝기)와 출력 전류의 비가 거의 선형에 가깝다.

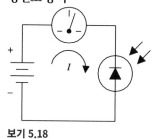

광전도 동작

보기 5.18

개별 광 다이오드는 특정 감광 회로를 구동하는 데 필요한 전류를 충분히 생성하지 못할 수도 있다. 일반적으로 광 다이오드에 전압원을 통합해 둔다. 여기서 광 다이오드는 전지 내에서 역바이어스된 방향으로 연결된다. 어두울 때는 암 전류(dark current)(nA 범위 내)라고 불리는 적은 전류가 광 다이오드를 통해 흐른다. 광 다이오드에 빛이 비치면 더 큰 전류가 흐른다. 이 회로는 앞에 나온 회로와는 달리 출력 전류를 높이기 위해 전지를 사용한다. 다이오드 및 전지와 직렬로 연결한 저항기를 사용해 측정기를 조절할 수 있다. 광 다이오드를 일반 다이오드처럼 취급하면 전도가 일어나지 않는다. 반대 방향으로 향하게 해야 한다.

5.5.3 광 다이오드 종류

다양한 형태로 광 다이오드가 공급된다. 그중 어떤 것에는 렌즈가 내장되어 있고, 어떤 것에는 광학 필터가 포함되어 있고, 어떤 것은 반응 속도가 빠르게 설계되어 있고, 어떤 것은 감지 성능을 높이기 위해 표면을 넓힌 것이고, 어떤 것은 표면적이 작다. 광 다이오드의 표면적이 커질수록 반응 시간이 느려지는 경향이 있다. 표 5.2에 광 다이오드 규격표 중 견본 부분을 나타냈다.

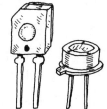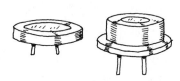

보기 5.19

표 5.2 광 다이오드 규격표 중 일부

MNFR #	설명	역전압 (V) V_R	최대 암전류 (nA) I_D	최소 명전류 (µA) I_L	전력 손실 (mW) P_D	상승 시간 (ns) t_r	일반적인 검출 각도 (°)	일반적인 파고 방출 파장 (nm) λ_P
NTE3033	적외선	30	50	35	100	50	65	900

5.6 광전지

광전지(solar cell)역주는 표면적이 아주 큰 광 다이오드이다. 광전지의 표면적이 커서 들어오는 빛에 더 민감할 뿐만 아니라 광 다이오드보다 더 강력하다(전류와 전압이 더 크다). 예를 들어, 실리콘 광전지 한 개를 밝은 빛에 노출했을 때 0.1 A까지 공급할 수 있는 0.5 V 전위를 생성할 수 있다.

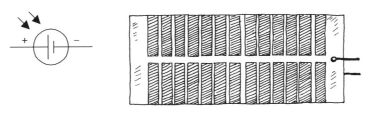

보기 5.20

광전지는 태양광 계산기와 같은 소형 장치에 전력을 공급하거나 니켈 카드뮴 전지를 재충전할 수 있도록 직렬로 추가할 수 있다. 종종 광전지를 가시광선 및 근적외선 탐지기에서 빛에 감응하는 소자로 사용한다(예: 조도 측정기, 계전기의 광 감응 트리거링 구조). 광 다이오드와 마찬가지로, 광전지의 양극 및 음극 리드를 회로 내 더 양극성을 띠거나 더 음극성을 띤 전압 영역에 연결해야 한다. 광전지의 일반적인 응답 시간은 약 20 ms이다.

5.6.1 기본 동작

전력원

높아진 전압 / 늘어난 전류

전지 충전기

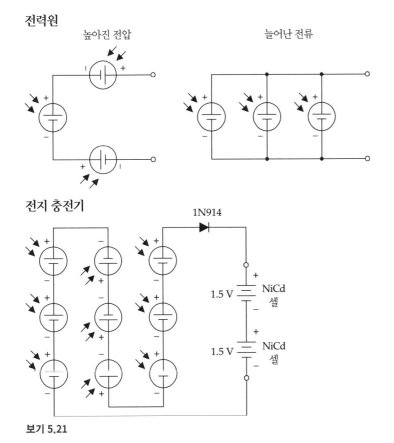

1N914
1.5 V NiCd 셀
1.5 V NiCd 셀

보기 5.21

전지와 마찬가지로 광전지를 직렬로나 병렬로 구성할 수 있다. 각 태양전지가 약 0.45에서 5 V에 이르는 개방 회로 전압(역주 즉, 무전류 전압)을 생성해 내는데, 빛이 밝으면 0.1 A까지 크게 발전해 낸다. 각 셀(역주 낱낱의 전지 또는 극판)을 직렬로 추가하면 출력 전압이 개별 셀 전압의 합이 된다. 셀들을 병렬로 배치하면 출력 전류가 증가한다.

이 회로는 직렬로 놓인 광전지 아홉 개를 사용해 1.5 V짜리 NiCD(니켈 카드뮴) 셀 두 개를 재충전하는 방법을 보여 준다. (각 셀이 0.5 V를 공급하므로 전체 전압이 4.5 V가 되지만 다이오드 때문에 0.6 V만큼 강하한다.) 다이오드가 회로에 추가되어 빛이 비추지 않을 때 NiCD 셀이 광전지를 통해 방전하는 것을 방지한다. NiCD 전지의 안전 충전 속도를 넘어서지 않는 게 중요하다. 전지와 직렬로 저항기를 추가로 연결해 충전 속도를 늦출 수 있다.

5.7 광트랜지스터

역주1 즉, 빛 트랜지스터
역주2 즉, 바이폴라 트랜지스터
역주3 즉, 마당 효과 트랜지스터

광트랜지스터(phototransistor)[역주1]는 광반응 트랜지스터이다. 광트랜지스터의 일반적인 형식은 베이스 리드를 없애고 그 부분을 광 감지 표면 부위로 대체한 양극성 트랜지스터[역주2]와 유사하다. 이 표면 부위가 어두울 때는 이 장치가 꺼진다(실제로는 컬렉터-이미터 영역을 통해 전류가 흐르지 않는다). 하지만 감광 부위에 빛이 비치면 훨씬 더 큰 컬렉터-이미터 전류를 제어하는 작은 기본 전류가 생성된다. 전계 효과 광트랜지스터(photoFETs)는 광반응을 하는 전계 효과 트랜지스터[역주3]이다. 양극성 광트랜지스터와는 달리, 전계 효과 광트랜지스터는 빛을 사용해 드레인-소스 전류를 제어하는 데 사용하는 게이트 전압을 생성한다. 전계 효과 광트랜지스터가 빛의 변화에 무척 민감하지만, 양극성 광트랜지스터보다 훨씬 취약하다(전기적 관점에서 말하자면).

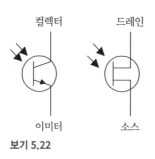

보기 5.22

5.7.1 광 다이오드 작동 방식

보기 5.23에 리드가 두 개인 양극성 광트랜지스터의 간단한 모형을 나타내었다. 이 장치가 작동하는 방식을 아래에서 상세하게 다룬다.

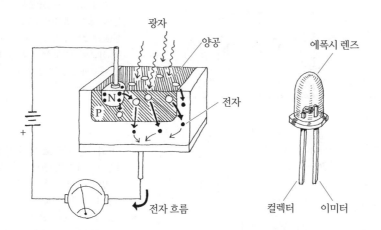

보기 5.23

양극성 광트랜지스터는 빛에 노출될 수 있게 개방한 초대형 p형 반도체 부위가 있는 양극성 트랜지스터(베이스 리드가 없음)와 유사하다. 광원에서 나온 광자가 p형 반도체 내에 있는 전자와 충돌할 때, 전자는 pn 접합부의 에너지 장벽을 뛰어 넘는 데 충분한 에너지를 얻는다(광자의 주파수와 에너지가 적합할 때 제공된다). p 영역에 있던 전자가 아래쪽 n 영역으로 건너뛰게 되면 p형 반도체에는 양공이 형성된다. 아래쪽 n형 박편으로 주입된 잉여 전자는 전지의 양극 단자 쪽으로 끌어당겨지며, 전지의 음극 단자에서 나온 전자는 위쪽 n형 반도체로 들어간 다음에, np 접합점을 건너 끌려간다. 이 결과들이 합해져 이미터에서 컬렉터로 향하는 전자 흐름이 나온다. 관행적으로 써 온 전류라는 관점에서 보면 모든 것이 거꾸로이다. 즉, 베이스 부위에 빛이 비치면 양성 전류 I가 컬렉터에서 이미터 쪽으로 흐른다고 말할 수 있다. 상용 광트랜지스터는 종종 확대경 역할도 하는 에폭시 함 안에 pnp 반도체를 놓은 꼴이다. 그 밖의 광트랜지스터의 경우에는 금속 용기와 플라스틱 창을 사용해 칩을 감싼다.

5.7.2 기본 구성

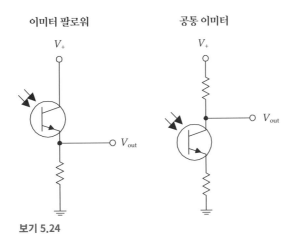

이미터 팔로워 공통 이미터

V_+ V_+

V_{out} V_{out}

보기 5.24

다양한 측면에서 광트랜지스터는 일반 양극성 트랜지스터와 무척 비슷하다. 여기서 이미터 팔로워(전류 이득, 전압 이득 없음) 및 공통 이미터 증폭기(전압 이득) 구성을 볼 수 있다. 이미터 팔로워(emitter follower) 및 공통 이미터 회로를 4장에서 다룬다.

5.7.3 광트랜지스터 종류

3 리드 광트랜지스터

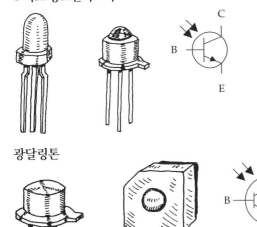

C

B

E

광달링톤

C

B

E

보기 5.25

2리드 광트랜지스터는 희망하는 컬렉터-이미터 전류를 촉진하기 위해 베이스 부위에 충분한 전자를 넣지 못할 수 있다. 이런 이유로 베이스 리드까지 있는 **3리드 광트랜지스터**가 사용될 수 있다. 여분의 베이스 리드가 외부 전류를 공급 받음으로써 베이스 부위로 주입되는 전자 개수를 늘릴 수 있다. 사실 베이스 전류는 빛의 강도와 공급된 베이스 전류에 따라서 달라진다. 광전자 회로에서는 2리드 장치 대신에 3리드 광트랜지스터를 종종 사용하는데, 이때 베이스를 건드리지 않은 채로 남겨 두기도 한다.

이것이 기존 양극성 달링톤 트랜지스터와 비슷하지만 감광성을 지녔다는 점은 다르다. 광달링톤은 일반적인 광트랜지스터보다 감광성이 더 뛰어나지만 응답 속도가 느린 경향이 있다. 이러한 장치에 베이스 리드가 있을 수도 있고 없을 수도 있다.

5.7.4 기술 자료

일반적인 트랜지스터와 마찬가지로, 광트랜지스터에도 최대 절연파괴 전압과 전류 그리고 전력손실 정격이 있다. 광트랜지스터에 흐르는 컬렉터 전류 IC는 입력 방사 밀도, 장치의 직류 전류 이득 및 외부 베이스 전류(3 리드 광트랜지스터인 경우)에 밀접하게 의존한다. 컬렉터-이미터 전류를 제어하려고 광트랜지스터를 사용할 때는 장치가 어두운 곳에 있더라도 암전류(dark current) I_D라는 누설 전류가 장치를 통해 조금씩 흐르게 된다. 이 전류는 대체로 중요하지 않다(nA 범위 내이기 때문). 표 5.3에는 광트랜지스터를 위한 전형적인 데이터시트 중 일부가 나온다.

표 5.3 광트랜지스터를 위한 규격표 중 일부

MNFR #	설명	컬렉터에서 베이스로 향하는 전압(V) BV_{CBO}	최대 컬렉터 전류 (mA) I_C	최대 컬렉터 암전류 (nA) I_D	최소 명전류 (mA) I_L	최대 전력 손실 (mW) P_D	전형적인 응답 시간 (μS)
NTE3031	*npn*형, 실리콘, 가시광선 및 적외선	30 (V_{CEO})	40	10 V에서 100 V_{CE}	1	150	6
NTE3036	*npn*, 실리콘, 달링톤, 가시광선 및 적외선	50	250	100	12	250	151

5.7.5 응용기기

명부 활성 계전기[역주]

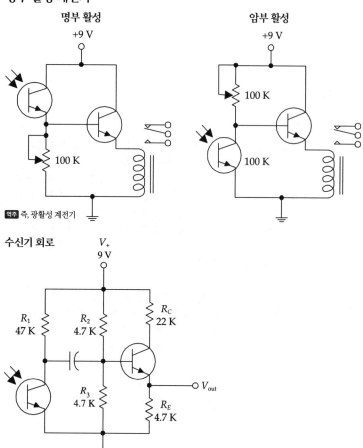

명부 활성
+9 V

암부 활성
+9 V

100 K

100 K

100 K

[역주] 즉, 광활성 계전기

수신기 회로

V_+
9 V

R_1
47 K

R_2
4.7 K

R_C
22 K

R_3
4.7 K

R_E
4.7 K

V_{out}

보기 5.26

여기서 광트랜지스터는 계전기 공급 전력을 스위칭([역주] 즉, 회로 개폐)하는 트랜지스터에 공급되는 베이스 전류를 제어하기 위해 사용된다. 명부 활성 회로에서 빛이 광트랜지스터에 닿으면 광트랜지스터가 켜져 전류는 전원에서 전력 스위칭 트랜지스터의 베이스로 흐른다. 그러면 전력 스위칭 트랜지스터가 켜지고 전류가 계전기를 통해 흐르면서 스위치 상태를 전환한다. 암부 활성 회로에서는 반대 반응이 일어난다. 광트랜지스터에 비추던 빛이 사라지면 광트랜지스터가 꺼지므로 더 많은 전류가 전력 개폐 트랜지스터의 베이스로 들어갈 수 있다. 100 k 전위차계는 광트랜지스터에 흐르는 전류 흐름을 제어해서 두 소자의 감도를 조정하는 데 사용된다.

여기에 표시된 회로는 광트랜지스터를 증폭기 부분(전류 이득 증폭기)이 있는 변조된 광파 검출기로 사용하는 방법을 나타낸다. R_2 및 R_3은 전력 개폐 트랜지스터의 직류 동작점을 설정하는 데 사용되고, R_1은 광트랜지스터의 감도를 설정하는 데 사용된다. 커패시터는 바라지 않는 직류 신호가 증폭기 부분으로 들어가지 못하게 막는다.

회전속도계

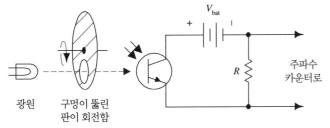

보기 5.26 (이어짐)

이 내용은 광트랜지스터가 주파수 카운터나 회전속도계(**tachometer**)의 간단한 입력 단계에서 사용되는 방식을 간단히 보여 준다. 구멍이 뚫린 회전판(회전축에 연결됨)이 한 번 회전하면 구멍을 통해 빛이 통과한다. 그렇게 통과한 빛은 광트랜지스터가 전도되게 유발한다. 주파수 카운터는 생성된 전기 파동 수를 세는 데 사용된다.

5.8 광 사이리스터

역주1 즉, 광활성 실리콘 제어 스위치
역주2 즉, 즉, 광활성 3단자 교류 스위치

광 사이리스터(photothyristor)는 명부 활성 사이리스터이다. 일반적인 광 사이리스터 두 개에는 명부 활성 SCR(LASCR)[역주]과 명부 활성 트라이액[역주2]이 있다. LASCR는 빛의 파동에 노출될 때마다 상태를 변경하는 스위치와 같은 역할을 한다. 빛이 없어지더라도 LASCR은 양극 및 음극의 극성이 반전되거나 전력이 없어질 때까지 계속 켜진 상태로 남는다. 명부 활성 트라이액은 LASCR과 유사하지만 교류 전류를 처리하도록 설계되었다. LASCAR를 나타내는 기호는 아래와 같다.

보기 5.27

5.8.1 LASCR의 작동 방식

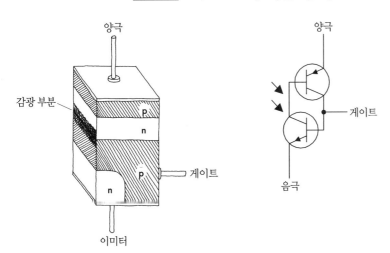

보기 5.28

여기에 나온 등가회로로 LASCR의 작동 방식을 쉽게 설명할 수 있다. 다시 말하지만 pn 접합 광전자 장치와 마찬가지로, 광자는 p형 반도체 면에 있는 전자와 충돌할 것이고, 전자는 피엔 접합을 통해 n면으로 방출될 것이다. 다수의 광자가 접합부를 가로질러 다수의 전자를 방출하면 베이스에 충분히 큰 저류가 생성되어 트랜지스터를 켠다. 광자가 사라지더라도 LASCR은 양극과 음극의 극성이 반전되거나 전원이 차단될 때까지 켜진 채로 남는다. (이것은 트랜지스터의 베이스가 양극 및 음극 리드를 통해 흐르는 주 전류에 의해 지속적으로 시뮬레이션되기 때문이다.)

5.8.2 기본 동작

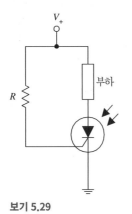

빛이 전혀 남아 있지 않으면 LASCR이 꺼지고 전류는 부하를 통해 흐르지 않는다. 그렇지만 LASCR에 빛이 비추면 다시 켜져 전류가 부하를 통해 흐를 수 있게 한다. 이 회로의 저항으로 LASCR 유발 준위를 설정한다.

보기 5.29

5.9 광 분리기

역주1 즉, 차광용기
역주2 광원 회로에 해당
역주3 즉, 한정 대우
역주4 즉, 준위 변환

광 분리기(optoisolator)/광 결합기(optocoupler)는 광학적 인터페이스라는 방법으로 두 회로를 상호 연결하는 소자이다. 예를 들어, 일반적인 광 분리기는 LED와 광 기밀용기[역주1]로 둘러싼 광트랜지스터로 구성할 수 있다. 광 분리기 중 LED 부분은 원천 회로[역주2]에 연결되는 반면에 광트랜지스터 부분은 센서 회로에 연결된다. LED에 전류가 공급될 때마다 광자가 방출되고 광트랜지스터가 그것을 감지한다. LED-광 다이오드, LED-LASCR, 전구-광저항기 쌍과 같은 다양한 광원-센서 조합이 있다. 응용 측면에서 보면, 개별 회로 두 개 사이에 전기가 절연될 수 있게 하는 일에 광 분리기를 자주 사용한다. 이는 회로 두 개가 전기적으로 연결되어 있을 때 발생할 수 있는 전압 및 전류의 바람직하지 않은 변화와 상관없이 한쪽 회로로 다른 쪽 회로를 제어할 수 있다는 점을 의미한다. 격리 결합기는 일반적으로 어두운 용기 안에 광원과 센서가 서로 마주보게 구성되어 있다. 이런 식으로 배치한 광 분리기를 한정 짝(cloased pair)[역주3]이라고 부른다(보기 5.30a). 전기 절연 응용기기에 사용하는 일 외에도 레벨 변환[역주4]이나 반도체 계전에도 사용된다. 슬롯형 결합기/차단기(slotted coupler/interrupter)는 광원과 센서 사이에 열린 슬롯이 있어서 광 신호를 차단하는 데 쓰는 차단기를 놓을 수 있게 한 장치이다(보기 5.30b). 이러한 장치는 물체 감지, 무반동 스위칭, 진동 감지에 자주 사용한다. 반사 짝(reflective pair)은 빛을 방출하는 광원과 물체에서 반사된 빛을 감지하는 센서를 사용하는 식으로 다르게 구성한 광 분리기이다. 반사 짝은 물체 감지기, 반사율 모니터, 회전속도계 및 움직임 감지기로 사용된다(보기 5.30c)

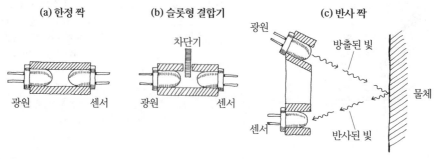

(a) 한정 짝   (b) 슬롯형 결합기   (c) 반사 짝

보기 5.30

5.9.1 통합된 광 분리기

한정 짝 형태로 된 광 분리기는 일반적으로 같은 패키지에 통합되어 제공된다. 보기 5.31에 견본용 광 분리기 IC가 두 개 나온다.

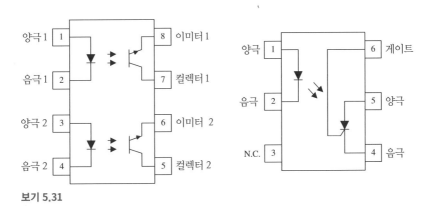

보기 5.31

5.9.2 응용기기

기본 분리기/준위 이상기[역주]

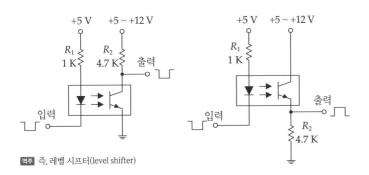

[역주] 즉, 레벨 시프터(level shifter)

여기서는 다이오드/광 트래지스터 광 분리기를 사용해 원천 회로와 센서 회로 사이에 전기 절연을 제공하고 출력에서 직류 준위를 옮긴다. 가장 왼쪽의 회로에서는 출력이 반전되지 않고, 맨 오른쪽 회로의 출력은 반전된다.

증폭기가 있는 광 결합기

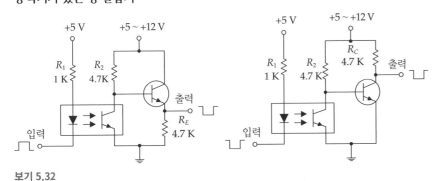

보기 5.32

광전자 응용기기 중에서 광 분리기의 광트랜지스터 부분은 큰 전류를 스위칭하기에 충분한 전력 처리 용량을 제공하지 못할 수 있다. 오른쪽에 보이는 회로에서는 이 문제를 해결하기 위해 전력 스위칭 트랜지스터를 통합한다.

반도체 계전기

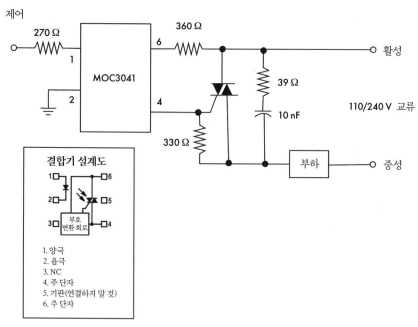

MOC3041과 같은 광 분리기 트라이액은 부호 변환(zero-crossing)을 감지하는 기능을 내장하고 있어서 부호 변환점에서만 켜져 현재의 서지(역주 즉, 파동의 순간적 변화)를 최소화한다. 이 장치는 일반 트라이액을 제어해 110 V 교류를 스위칭하는 데 사용할 수 있다.

결합기 설계도

1. 양극
2. 음극
3. NC
4. 주 단자
5. 기판(연결하지 말 것)
6. 주 단자

보기 5.33

5.10 광섬유

엄밀히 말하자면 광섬유는 '광전자적'이라기보다는 '광학적'인데, 빛다발 형태로 인코딩된 데이터를 운반하는 매체로서 광 다이오드 및 LED/레이저 다이오드와 함께 사용된다. 보기 5.34에 광섬유 작동 방식을 나타내었다.

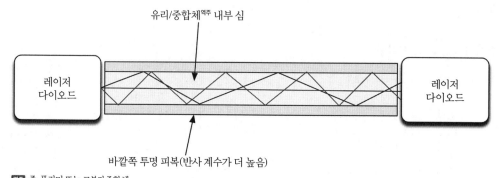

유리/중합체역주 내부 심

레이저 다이오드

레이저 다이오드

바깥쪽 투명 피복(반사 계수가 더 높음)

역주 즉, 폴리머 또는 고분자중합체
보기 5.34 광섬유

바깥층의 반사 지수가 더 높은 2개 층 사이의 경계로 인해 광섬유는 전반적으로 도파관처럼 작용하며 광섬유의 따라 빛이 반사되는 동안에 빛의 손실을 최소화한다. 그러므로 광섬유에서는 전선보다 데이터를 더 멀리 전송할 수 있다. 또한, 전선과 관련된 유도성 및 용량성 문제에서 자유로우므로 엄청나게 넓은 대역폭을 사용할 수 있다. 따라서 통신 분야 중에서도 도시 간 광대역 '기간' 통신망이나 해저 케이블과 같은 곳에 많이 사용된다. 통신 선로의 최종 지점에서도 구리 대신에 광섬유를 사용하는 일이 점점 흔해지고 있으며, 실제로 가정용 초고속 인터넷 및 케이블 티브이의 종단에 광섬유를 사용한다.

보기 5.34에서 알 수 있듯이 빛이 광섬유를 통과하는 경로가 다양하고, 이 경로의 길이가 서로 다르므로 유효 대역폭이 제한된다. 내부 선심의 직경이 줄어들면 이 효과도 줄어든다. 한계점을 감안한다면, 단일 모드 광섬유의 선심 지름은 8~10.5 μm 사이이고, 피복 재질의 지름은 125 μm이다. 이것은 보기 5.34에 나오는 직선 경로만 허용하는 것으로 생각될 수 있다. 이러한 광섬유들로는 수백 마일에 걸쳐 50 Gb/s 정도의 대역폭을 얻을 수 있다.

데이터는 전송단(LED 또는 레이저 다이오드)에 놓인 광원과 반대쪽에 놓인 광 다이오드 또는 트랜지스터를 사용해 전송된다 레이저 다이오드가 내는 간섭광이 더 잘 전달되므로 레이저 다이오드가 통신 시스템에 사용되는 반면에, LED는 소비자용 디지털 오디오 시스템의 광섬유 기반 오디오 링크와 같은 저가형 시스템에도 사용된다.

## CHAPTER 6

센서

센서는 온도, 습도, 변형력 등과 같은 물리적 속성을 재는 장치다. 이 책이 전자공학을 다루므로, 이 책에서는 그렇게 측정한 정보들을 전기적 신호로 바꾸는 일에 집중한다. 공간 중의 위치를 알아내는 데 쓰이는 지구 위치측정 체계(GPS)와 같은 것도 포함하는 방향으로 센서에 관한 정의 범위를 조금 더 넓혔다.

대다수 센서는 측정값에 비례하는 전압으로 출력 신호를 내는 간편한 방식을 사용한다. 그 밖의 센서들은 측정값에 해당하는 디지털 데이터를 내는 식으로 작동하는 디지털 소자이다. 이 두 가지 경우 모두 일반적으로 측정값을 마이크로컨트롤러에 입력한다.

6.1 일반 원리

방대한 가용 센서들 중 일부를 살펴보기 전에 모든 센서 기능을 떠받치는 일반 원리부터 알아본다.

6.1.1 정밀도, 정확도, 분해능

센서를 살필 때는 정밀도와 정확도를 구별할 수 있어야 하는데, 특히 정밀도(precision)를 센서의 정확도(accuracy)로 오해하는 경우가 많다. 전형적인 사례로는 디지털 체중계를 들 수 있다. 실제 몸무게가 92.1킬로그램인데도 디지털 체중계는 85.7킬로그램이 확실하다고 표시할 수도 있다. 오차가 겨우 10% 정도에 불과하고 늘 같은 체중계를 척도로 사용한다면 괜찮겠지만 절대적인 측정이라는 측면에서는 확실히 잘못된 일이다.

그러므로 정밀도는 센서가 보여 주는 숫자 개수와 관련이 있다. 센서가 아날로그 방식이면 읽어 들일 수 있는 값이 연속적이다.

역주1 값을 세세하게 측정하고 나타낼 수 있는 능력. '해상도'라고도 한다.

역주2 더 이상 쪼갤 수 없는 최소 뭉텅이 단위로 값을 나타내게 한다.

디지털 센서의 경우에는 분해능(resolution)[역주1]을 비트로 나타낸다. 분해능이 8비트(256가지 경우 중 1을 구별하는 성능)이거나 12비트(4096가지 경우 중 1을 구별하는 성능)이거나 그보다 더 높을 수 있지만, 어쨌든 연속적으로 값을 판독할 수 없고 값이 양자화[역주2]되어 있다.

센서 종류			
센서 분류		역할	보기
위치 측정 장치		장치의 각도 위치나 선형 위치의 변화를 감지해 반응하게 설계함.	**전위차계**[역주1] 선형 위치 센서 홀 효과 위치 센서 자기저항 각도계 / **부호기:** **- 구적법** - 증분식 회전 **- 절대 회전** - 광학 방식
근접 센서, 동작 센서		장치의 외부 움직임을 감지해 응하지만 센서의 범위 내에서만 작동하도록 설계함.	**초음파 근접** **광학 반사** **슬롯을 이용한 광학적 처리** **PIR(수동 적외선)** / **귀납적 근접** **정전용량 근접** 리드 스위치 접촉식 스위치
관성 장치		센서의 물리적 움직임에 변화하도록 설계한 관성 장치.	**가속도계** **전위차계** 경사계 자이로스코프[역주2] 진동 센서/스위치 / **기울기 센서** **압전식 충돌 센서** LVDT/RVDT
압력/외력		힘을 가했을 때 그 힘을 감지하도록 설계한 압력 측정 장치.	**IC 기압계** **변형률 게이지**[역주3] 압력 전위차계 LVDT 실리콘 변환기 / 압전소자 센서 정전용량 변환기
광학식 장치		빛의 존재 유무 또는 센서에 비추는 광량의 변화를 감지하기 위해 고안된 광학 장치.	**LDR** **광 다이오드** **광트랜지스터** 광차단기 **반사형 센서** / IrDA 송수신기 태양전지[역주4] LTV(광/전압)센서
이미지, 카메라 소자		볼 수 있는 이미지를 감지해 디지털 신호로 바꾸도록 설계한 이미지, 카메라 소자	CMOS 이미지 센서
자기 장치		자기장의 존재 유무를 감지하고 반응하게 설계한 자기 장치.	**홀 효과 감지기** 자기 스위치 선형 콤파스 IC 리드 센서
미디어 소자		센서 상에 놓인 물리적 소재의 존재 유무 또는 양을 감지하고 대응하기 위해 고안된 미디어 소자.	**가스** **연기** **습기, 습도** 먼지 수면 높이 / 유체 흐름
전류 소자와 전압 소자		배선 또는 회로 내에서 전류 흐름의 변화를 감지하고 대응하기 위해 설계된 전류 소자.	홀 효과 전류 센서 직류 전류 센서 교류 전류 센서 전압 변환기
온도		상이한 기술과 매체를 사용해 열량을 감지하게 설계한 온도 소자.	**서미스터 NTC** **서미스터 PTC** **저항 온도 센서(RTD)** **열전대** **열전대열체**[역주5] / **디지털 IC** **아날로그 IC** 적외선 온도계/고온계
전문화		특별한 상황을 감지하고 측정하고 반응하게 설계한 특별한 장치들인데, 여러 가지 기능이 담겨 있을 수 있다.	**음성 송화기** **가이거 뮐러 계수관** **화학**

굵은 글씨로 표현한 센서들을 이번 장에서 다룬다.

역주1 즉, 가변 저항기
역주2 즉, 회전의
역주3 즉, 스트레인 게이지 또는 변형 측정계
역주4 즉, 광전지
역주5 즉, 열전기 더미

보기 6.1 센서 종류

6.1.2 관찰자 효과

관찰자 효과란 속성을 관찰하는 행동으로 인해 그 속성이 바뀌는 효과를 말한다. 예를 들어, 자동차 타이어의 경우가 그렇다. 전통적인 타이어 공기압 측정기로 압력을 측정할 때, 공기 중 소량이 빠지게 되므로 측정하려는 압력이 바뀐다. 대부분의 센서에서는 이 변화로 인한 효과를 무시할 만하지만 제대로 된 값을 읽어야 할 때는 이 점을 염두에 두는 게 좋다.

6.1.3 보정

발명품이 대량 생산 가능한 소비자용 저가 제품이고 보정할 일이 없다면, 해당 제품을 더 값싸고 쉽게 생산할 수 있을 것이다. 사실, 개별 센서의 차이까지 고려해 가며 각 센서를 따로따로 조절하는 데는 큰돈이 들 수 있다. 반면에 발명한 물품이 특별하고 비싼 장치라면 센서를 따로따로 보정할 수도 있을 것이다.

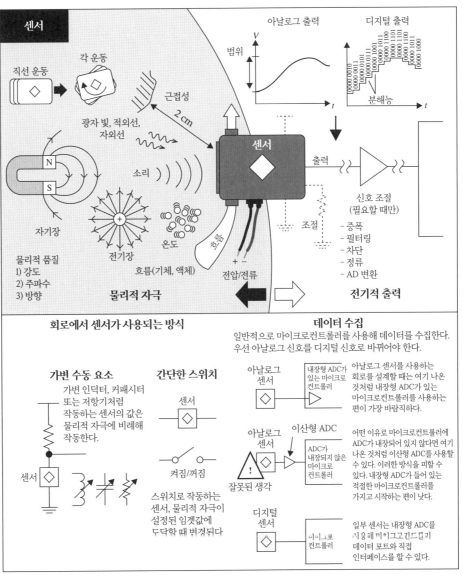

보기 6.2 센서

센서로 측정하는 속성이 무엇이든 보정 원리는 같다. 즉, 사람은 알 수 없는 정확도로 센서에서 여러 차례에 걸쳐 값을 읽어내는 반면에, 센서는 알려진 정확도로 표준 값을 측정한다는 원리다. 그러므로 온도 센서를 보정하기 위해 100°C에서 끓는 증류수가 정확한 기준일 수도 있고, 또는 더 가능성 있는 방법으로는 센서를 보정하는 데 쓰기 위해 만든 매우 정확한 오븐 내 온도가 기준일 수도 있다. 이 오븐 자체는 훨씬 더 정확한 기준에 따라 보정이 되어 있어야 한다.

센서가 기준에서 벗어나는 정도를 발견했다면 어떤 식으로든 보충할 수 있다. 센서가 거의 확실하게 마이크로컨트롤러에 정보를 제공할 것이므로 조회표(look-up table)의 값을 변경하는 편이 더 일반적인 보정 방식이다. 이 표에는 정확한 원래 값(raw values)이 들어 있다. 예를 들어, 12비트짜리 아날로그-디지털 변환기에서 나오는 원래 값을 연속해서 나열하면 0부터 1023에 이르는 숫자에 해당한다. 어쩌면 5씩 증가할지도 모를 이 숫자들이 표의 왼쪽에 기록되어 있는 경우, 표의 오른쪽에는 각 숫자에 대응하는 온도가 섭씨로 기록되어 있을 것이다. 곡선을 이루는 작은 부분들이 선형적(보기 6.3)이라고 가정하면 원시 측정값들 사이의 빈 부분을 내삽법으로 채울 수 있다. 역주

역주 예를 들어, 0과 10 사이에 1부터 9까지의 숫자가 일정한 간격으로 나온다고 미뤄 짐작하면 된다는 말이다.

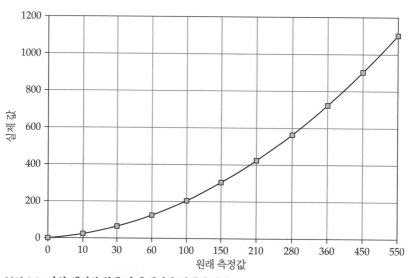

보기 6.3 가상 센서의 원래 값에 대비한 실제 측정값

일부 IC 센서들의 경우에 실제로는 제조 과정에서 개별적으로 보정되며, 조회표에 넣을 값을 센서의 읽기 전용 메모리(ROM)에 수록해 둔다. 이렇게 하면 비용을 적게 들이고도 정확하게 감지해 낼 수 있다.

6.2 온도

온도 센서는 가장 일반적인 센서 형식 중 하나다. 컴퓨터를 비롯해 다양한 장치들은 온도를 자체적으로 감지해 과열을 방지한다. 게다가 전기 온도계뿐만 아니라, 부하에 들어가는 전력을 보통 켜거나 끄는 식으로 조절해서 온도를 일정하게 유지시켜 주는 자동 온도 조절기도 있다. 보기 6.4에 다양한 온도 센서를 나타냈다.

| 서미스터 | TMP36 | 열전대(thermocouple) |

보기 6.4 온도 센서

6.2.1 서미스터

'서미스터(thermistor)'라는 용어는 '열(thermal)'이라는 말과 '저항기(resistor)'라는 말을 조합한 말이다.[역주] 서미스터는 온도에 따라 저항이 크게 변하는 저항기다. 서미스터를 부온도계수(negative temperature coefficient, NTC)와 정온도계수(positive temperature coefficient, PTC)라는 두 가지 꼴로 들여온다. NTC 서미스터의 저항은 온도가 높아지면 줄어들고, PTC 서미스터의 저항은 온도가 높아지면 늘어난다. NTC가 더 흔한 형식이다.

[역주] 그래서 '열가변저항기'라고 부르기도 한다.

열전대의 온도와 저항 사이의 관계는 선형이 아니다. 0~100℃ 정도에 불과한 비교적 짧은 온도 범위에서조차도 선형 근사[역주]에 상당한 오차가 나타난다(보기 6.5).

[역주] 즉, 일차 근사

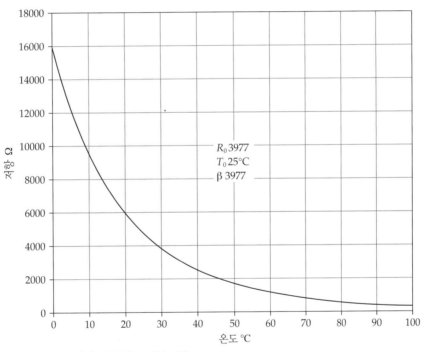

R_0 3977
T_0 25℃
β 3977

보기 6.5 NTC 서미스터의 온도 대비 저항

슈타인하트-하트(Steinhart-Hart) 방정식은 서미스터 저항의 함수인 온도를 확정하는 데 사용하는 3차 근사이다. NTC 소자와 PTC 소자 모두 이 방정식이 유효하다. 방정식으로 보통 다음과 같이 표현한다.

$$\frac{1}{T} = A + B\ln(R) + C\ln^3(R) \tag{6.1}$$

T는 켈빈 단위로 표현하는 온도이다. R은 서미스터의 저항 값이다. 그리고 A, B, C는 해당 서미스터에 특정된 상수다. 서미스터 제조업체는 상수 값 세 개를 모두 제공할 것이다.

이러한 관계에 대한 대안이자 더 흔한 모델은 단일 매개변수(베타)를 사용하며, T_0과 R_0이라는 상수를 가정하는데, 여기서 T_0은 보통 25°C이며, R_0은 서미스터의 저항이다. 이 방정식을 사용해 온도를 다음과 같이 추정할 수 있다.

$$\frac{1}{T} = \frac{1}{Beta}\ln\left(\frac{R}{R_0}\right) + \frac{1}{T_0} \tag{6.2}$$

이것을 다시 정리하면 R에 대한 식을 유도할 수 있다.

$$R = R_0 e^{Beta\left(\frac{1}{T} - \frac{1}{T_0}\right)} \tag{6.3}$$

데이터시트는 베타, T_0 및 R_0을 제공할 뿐만 아니라 온도 범위와 정확도도 지정한다.

서미스터를 마이크로컨트롤러 입력용 온도계로 사용하려면, 마이크로컨트롤러의 아날로그-디지털 변환기로 측정할 수 있는 전압이 필요하다. 보기 6.6은 R_0과 값이 같은 고정 값 저항이 있는 전위 분배기를 사용하는 전형적인 배치를 나타낸다.

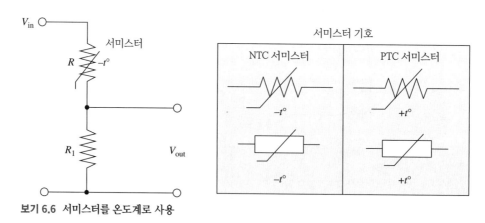

보기 6.6 서미스터를 온도계로 사용

전위 분배기의 상단에 NTC 서미스터를 배치하면 서미스터의 온도가 증가하고 저항은 떨어지며 V_{out}은 높아진다. 보기 6.6을 살펴보자.

$$V_{out} = \frac{R_1}{R_1 + R}V_{in} \tag{6.4}$$

공식 6.3과 공식 6.4를 결합해 다음을 얻는다.

$$V_{out} = \frac{R_1}{R_1 + \left(R_0 e^{Beta\left(\frac{1}{T} - \frac{1}{T_0}\right)}\right)}V_{in} \tag{6.5}$$

▶ 예제 1: 보기 6.3에 나오는, 고정 저항이 4.7 kΩ인 고정 저항기, T_0가 25°C, R_0가 4.7 kΩ, 베타(Beta)가 3977인 NTC 서미스터가 있는 전위 분배기를 사용할 때, V_{out}을 계산하는 데 필요한 공식은 어떻게 되는가?

▷ **정답 1:** 방정식에 값을 대입하는 것만으로 다음을 얻는다.

$$V_{out} = \frac{(5 \times 4700)}{4700 + \left(4700e^{3977\left(\frac{1}{T} - \frac{1}{(25+273)}\right)}\right)}$$

$$V_{out} = \frac{5}{1 + \left(e^{3977\left(\frac{1}{T} - \frac{1}{(25+273)}\right)}\right)}$$

섭씨온도(°C)를 캘빈 온도(°K)로 바꾸기 위해 273을 더한다는 점에 주의하라.

▶ **예제 2:** 예제 1과 동일한 설정을 사용하는 경우, 25°C일 때의 V_{out}은 얼마일까?

▷ **정답 2:** 어떤 면에서 보면 이 질문은 속임수인데, 서미스터의 저항이 25°C에서 4.7 kΩ이라고 정의해 왔기 때문에 전압은 2.5 V이다. 그렇지만 공식을 적용해 제대로 점검할 수 있다.

$$V_{out} = \frac{5}{1 + \left(e^{3977 \times 0}\right)}$$

$$V_{out} = \frac{5}{1+1} = 2.5 \text{ V}$$

▶ **예제 3:** 예제 1과 2와 같은 설정일 때 0°C에서 V_{out}은 얼마인가?

▷ **정답 3:**

$$V_{out} = \frac{5}{1 + \left(e^{3977\left(\frac{1}{273} - \frac{1}{(25+273)}\right)}\right)}$$

$$V_{out} = \frac{5}{1 + \left(e^{3977\left(\frac{1}{273} - \frac{1}{(25+273)}\right)}\right)}$$

$$V_{out} = \frac{5}{4.34} = 1.15 \text{ V}$$

`6.2.2` 열전대

일반적으로 −40에서 +125°C에 이르는 상대적으로 작은 범위에 해당하는 온도를 잴 때는 서미스터가 좋지만, 더 높은 온도나 온도 범위에 대해서는 열전대(thermocouple)[역주]를 사용한다(보기 6.7).

역주 즉, 열전쌍 또는 열전기쌍

온도 구배를 고려하는 모든 도체는 제벡 효과(seebeck effect)를 내는데, 이 효과로 인해 작은 전압이 생긴다. 이 전압의 크기가 금속 종류에 따라 달라지므로, 두 개의 다른 금속이 접합되어 있을 때, 접합부의 맨 끝 부분에 있는 금속 도선의 전압을 측정함으로써 해당 접합부의 온도를 알 수 있다. 또한, 열전대 연상선들의 나른 쪽 끝에 있는 온도를 측정할 필요가 있다(보통 서미스터를 사용해 재는데, 서미스터가 실내 온도에 적합하기 때문이다). 이 두 번째 온도를 냉접합(cold-junction) 온도라고 부른다.

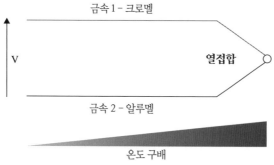

금속 1 - 크로멜

V

열접합

금속 2 - 알루멜

온도 구배

보기 6.7 열전대

종종 접합부의 절대 온도를 계산할 때 조회표를 사용하는데, 이때 전압과 냉접합 온도를 바탕으로 하지만 그 관계가 완전히 선형적이지 않아서 정확하게 모형화하는 데에는 5차 다항식이 필요하다. 열전대를 수록한 제조업체 제공 데이터시트에는 일반적으로 온도 계산에 쓰는 대규모 표가 들어 있다.

열전대용으로 가장 널리 사용하는 금속으로는 크로멜 합금(90퍼센트 니켈과 10퍼센트 크롬)과 알루멜(95퍼센트 니켈, 2퍼센트 망간, 2퍼센트 알루미늄, 1퍼센트 규소)이 있다. 이러한 재료들을 사용해 제작한 열전대로 보통 −200°C에서 +1350°C 범위에 이르는 온도를 측정할 수 있다. 이 금속들의 감도는 41 μV/°C이다.

6.2.3 측온 저항체

측온 저항체(resistive temperature detector, RTD)는 아마도 가장 간단하게 이해할 수 있는 온도 센서일 것이다. 서미스터와 마찬가지로 RTD는 온도에 따라 저항이 변한다. 하지만 온도 변화에 민감한 특수 재료를 대신해 전선(보통 백금)을 유리나 세라믹 심에 코일 형태로 둘러 만드는 식으로 사용한다. 심의 저항은 보통 0°C일 때 100 Ω이 되도록 고안된다.

RTD가 서미스터보다 훨씬 덜 민감하므로 사용할 수 있는 온도 범위가 훨씬 더 넓다. 백금의 저항은 상대적으로 선형적인 방식으로 변화하는데, 100°C 또는 그 정도에서 선형적일 것으로 추정된다. 0에서 100°C 범위에서 백금 RTD의 저항은 0.003925 Ω/Ω/°C에 맞춰 달라진다. 따라서 100 Ω(0°C에서)인 백금 RTD의 저항은 100°C에서는 다음과 같이 된다.

$$100\ \Omega + 100°C \times 100\ \Omega \times 0.003925\ \Omega/\Omega/°C = 139.25\ \Omega$$

위 방정식에 나오는 첫 번째 100 Ω은 0°C일 때 RTD의 기본 저항이다. 이는 서미스터와 동일한 방법으로 전위 분배기에 나열할 수 있다.

6.2.4 아날로그 출력 온도계 IC

서미스터와 전위 분배기 배열에서 고정 값 저항을 사용하는 대신에 특수 용도의 임시 측정기 IC를 사용할 수 있다.

TMP36과 같은 소자는 세 개의 핀이 달린 패키지 형태로 들어오며, 보기 6.8에 나타낸 것처럼 사용한다.

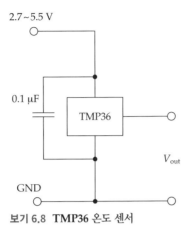

보기 6.8 TMP36 온도 센서

서미스터와 달리, 센서의 출력 전압은 −40 ~ +125°C에 이르는 온도 범위에서 거의 항상 10 mV/°C에서 선형을 이룬다. 정확도는 온도 범위보다 ±2°C 정도만 높다. 섭씨 온도(°C)의 온도를 다음과 같은 공식을 사용해 V_out을 가지고 계산할 수 있다.

$$T = 100V_\text{out} - 50$$

상수 50은 TMP36용 데이터시트에 기재되어 있다. 이러한 소자들이 서미스터나 직렬 저항기보다 상당히 비싸지만 사용하기 쉽고 편리하다.

6.2.5 디지털 온도계 IC

더 고급스러운 기술을 동원해 온도를 측정할 때는 디지털 온도계를 사용한다. 이 장치들에는 마이크로컨트롤러에서 사용할 수 있는 직렬 인터페이스가 들어 있다.

전형적인 디지털 온도계 IC는 DS18B20이다. 이것은 1-Wire라고 부르는 직렬 버스 표준을 사용하므로 다중 센서들이 같은 데이터 회선을 공유하게 할 수 있다.

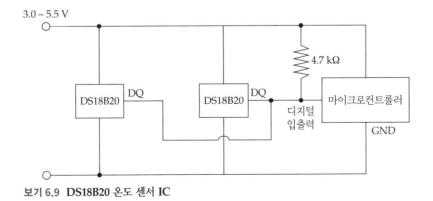

보기 6.9 DS18B20 온도 센서 IC

이러한 소자들은 TMP36와 같은 선형 소자들보다 더 정확하다. 디지털 온도계 IC의 지정 정확도는 ±0.5℃이고 온도 범위는 −55~+125℃이다.

디지털 온도계 IC가 데이터를 디지털 방식으로 전송하므로 리드 길이와 전자적 인터페이스가 아날로그 장치보다 덜 효과적이기 때문에 원격 탐지에 매우 적합하다. 사실, 정밀하게 작동하지도 않고, 전기적 잡음이 있는 환경에서 전혀 작동하지 않기도 한다.

또한, 디지털 온도계는 '기생' 전력 상태에서 작동할 수 있도록 구성되어 있어, 전력을 데이터 라인에서 끌어오므로 두 개의 전선만으로 연결하면 된다. DS18B20에 대한 GND 및 양극 공급은 모두 접지되어 있고, 마이크로컨트롤러는 엄격한 타이밍 조건하에서 데이터 라인을 끌어당기는 MOSFET 트랜지스터를 제어해야 한다.

13장에 마이크로컨트롤러와 1-Wire 인터페이스를 사용하는 것에 대한 자세한 정보를 수록하였다.

6.2.6 적외선 온도계/고온계

최근에 의사를 찾아가 체온을 재 보았다면 아마도 귀 옆 가까이 대지만 실제로는 귀에 닿지 않은 상태에서 귓속 온도를 재는 적외선 온도계를 보았을 것이다. 귀가 외부 복사선의 영향을 받지 않는 효과를 내게끔 귓구멍이 몸속으로 나 있어서 결과적으로 귀의 뒷면이 마치 '검은 색을 띤' 라디에이터 같은 역할을 하기 때문에 온도를 잴 때 귀를 사용한다.

고온계, 더 넓은 의미로 말하자면 광대역 고온계는 단위 면적의 초당 에너지 분량에 해당하는 복사선 강도를 측정해 슈테판-볼츠만(Stefan-Boltzmann)의 법칙을 사용해 온도를 알아낸다.

$$j^* = \sigma T^4$$

복사선 강도(j^*)는 온도의 네제곱에 비례하는데, 여기서 σ는 슈테판-볼츠만 상수($5.6704 \times 10^{-8} \, Js^{-1}m^{-2}K^{-4}$)이다.

이러한 장치들은 물체에서 센서 표면으로 비추는 적외선 복사선에 초점을 둔 광학장치와 짝을 이룬 MLX90614 같은 적외선 센서를 사용한다. 그 밖의 측정 장치에서 사용할 때는 흔히 적외선 온도계의 센서와 함께 저전력 레이저를 사용해 좁은 범위의 온도를 측정할 수 있게 한다.

MLX90614 같은 장치들은 단순한 센서가 아니어서 저소음 증폭기, 고정밀 아날로그-디지털 변환기, 그 밖의 모든 관련 전자기기를 사용해 디지털 출력을 생산해 낸다.

그 밖의 모든 IC 센서와 마찬가지로, 센서 그 자체와 함께 여러 전자기기를 한 패키지에 엮어두면 소음이 줄고 인터페이스가 간단해지는 장점이 있다.

산업용 용광로에 쓰이는 센서와 같은 것들도 있는데, 고온계(pyrometer)라는 용어에 불(pyro)을 강조하는 의미가 들어 있는 데서 알 수 있듯이, 그와 같이 높은 온도에서 작동하는 기기에 적합하게 되어 있다.

6.2.7 요약

표 6.1에 다양한 온도 센서와 그것들의 특징을 나타냈다. 표 6.1에 나오는 정확도는 다소 임의적이어서, 대부분의 센서에 대한 정확도는 개별 보정을 거쳐야 확정된다. 또한, 고려 대상인 시스템 (센서 값을 사용하는 전자기기 포함) 전반의 정확도도 나타낸다. 보기는 개별 보정을 하지 않은 데이터시트 매개변수를 사용하는 기성품 소자들을 사용하는 것으로 추정하고, 이러한 수치는 그와 같은 센서를 사용해 달성할 수 있는 측정치의 정확도와 유사한 것을 나타내는 것임을 의미한다.

표 6.1 온도 센서

센서	전형적인 온도 범위 (°C)	정확도 (±°C)	장점	단점	응용기기
서미스터	−40∼125	1	저렴		주위 온도 측정
열전대	−200∼1350	3	저렴	접속도선은 센서의 한 부분으로 온도 차이를 측정	산업계의 내수용 용광로
RTD	−260∼800	1	정확하고 좋은 선형성	비용이 많이 소요되고 느린 응답 시간	
아날로그 IC	−40∼125 (TMP36)	2	접속하기 간편함	서미스터보다 더 비쌈	가정용 온도조절기 디지털 온도계
디지털 IC	−55∼125 (DS18B20)	0.5	- 간단히 마이크로컨트롤러와 함께 사용 - 정확	서미스터보다 더 비쌈	가정용 온도조절기 디지털 온도계
적외선 온도계/ 고온계	−70∼380 (MLX90614) 최대 1030 (MLX90616)	0.5	접촉하지 않아도 됨	접촉해서 쓰는 기기보다 더 비쌈	의료 산업 제어, 특별히 접촉해서 감지하기 어려운 곳

6.3 근접성과 접촉

이번 절에서는 물체를 탐지하고 물체가 센서에서 떨어진 거리를 측정하는 일을 다룬다. 보기 6.10에 그러한 센서들 중 일부를 나타냈다.

터치스크린   초음파 거리계   적외선 근접 센서

보기 6.10 근접 센서와 접촉 센서

6.3.1 터치스크린

터치스크린을 보통 휴대폰이나 태블릿 컴퓨터에 사용한다. 터치스크린에 사용하는 기술은 아주 다양하다. 가장 널리 쓰이는 기술로는 저항성 터치스크린이 있다. 저항성 터치스크린은 오래된 것으로, 더 쉽게 사용할 수 있는 터치스크린 기술 중 하나다. 이러한 기술들은 디스플레이의

상단에 있는 투명한 박판을 바탕으로 한다. 해당 박판은 유연하고 전도성도 있다. 보기 6.11에 4회선짜리 저항성 터치스크린의 전형적인 배치를 나타냈다.

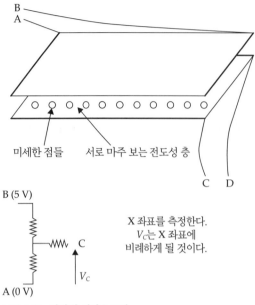

보기 6.11 저항성 터치스크린

위쪽 면과 아래쪽 면 모두 전도성 층으로 도포한다. 절연 기능을 하는 점들을 단단한 아래쪽 면에 균일하게 도포해 윗면과 아랫면이 서로 떨어지게 하지만, 두 면이 함께 눌릴 때는 그렇지 않다.

터치스크린의 X 좌표를 결정하기 위해 A를 0 V로 설정하고 B를 5 V로 설정하면, 윗면에 걸쳐 전압의 계조(gradient)가 형성된다. C에서 측정한 전압, 또는 그런 방식으로 D에서 측정한 전압은 X 좌표에 비례할 것이다. 아날로그-디지털 변환기를 사용해 이 전압을 좌표로 변환한다.

전도성 층은 슬라이더 역할을 하는 C를 지닌 전위차계와 똑같이 작동한다. C의 전압을 측정하는 장치의 입력 임피던스가 매우 높은 경우에는 표면에서부터 C에 이르는 궤도 저항을 무시할 수 있다. 대부분의 마이크로컨트롤러에는 입력 저항이 높은 전형적으로 수 $M\Omega$인 아날로그-디지털 변환기가 들어갈 것이다. 따라서 C의 전압은 터치한 지점에서 A까지의 거리에 비례하여 0 V에서 5 V 사이가 된다.

Y 좌표를 알아낼 때는 약간 미묘한 동작이 있어야 한다. 이제 C는 0 V, D는 5 V로 설정될 것이고 전압은 A 또는 B에서 측정되었다. 이 모든 과정을 특수 목적용 컨트롤러 칩이나 마이크로컨트롤러가 수행할 것이다.

6.3.2 초음파 거리

초음파 거리 측정 장치들을 취미용 로봇 개발자들이 무척 애용한다. 또한, 줄자를 대신하는 상용 대체품에서도 이것들을 찾아볼 수 있다.

이러한 장치들은 초음파 진동을 내보낸 다음 반사되어 돌아오는 데 걸리는 시간을 잰다. 음속을 반영해 계산하면 물체까지의 거리를 간단히 잴 수 있다(보기 6.12).

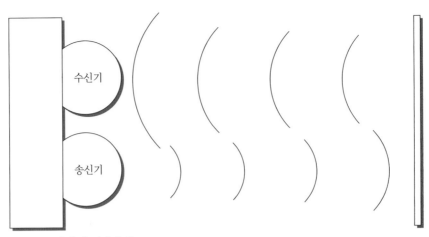

보기 6.12 초음파 거리 측정

이러한 장치들의 측정 범위는 최대 약 5미터(15피트)이지만, 물체의 크기와 음파를 반사하는 특성에 따라서 달라진다. 또한, 대기압, 습도, 온도 등의 다양한 요인에 따라 음속이 달라지므로 정확도에는 한계가 있다. 예를 들어 0°C이고 공기가 건조할 때는 음속이 초속 331미터이지만, 25°C에서는 초속 346 m가 되어 4.5%만큼 더 빨라진다.

때로는 초음파 진동을 송신 변환기와 수신 변환기를 따로 사용하는 경우도 있고, 때로는 한 개의 변환기가 두 가지 역할을 다 맡는 경우도 있다.

일부 장치는 마이크로컨트롤러를 사용해 반향하는 진동과 시간을 제어하기도 한다. 더 비싼 장치들에는 자체 내에 디지털 처리 기능이 있어 마이크로컨트롤러에서 다음 중 한 가지로 읽어 낼 수 있는 출력을 생성한다.

- 거리에 비례하는 아날로그 출력 전압
- 직렬 데이터
- 거리에 따라 달라지는 다양한 진동 길이 계열

어떤 경우에는 3가지 출력 형식을 모두 제공하기도 하는데, 그러한 기기로는 **SparkFun**이 공급하는 장치인 SKY: SEN-00639가 있다.

▶ **예제:** 온도가 20°C인 건조한 공기 속에서 음속이 초당 340미터라고 가정할 때, 내보내는 초음파의 펄스 간의 시간 단주기가 10밀리초라고 하면, 반사 물체는 얼마나 멀리 떨어져 있는가?

▷ **정답:** 거리 = 속도 × 시간 = 340 × 0.01 = 3.4 m

하지만 이 거리는 전체 왕복 거리이므로 물체까지 이르는 실제 거리는 그 절반인 1.7미터이다.

6.3.3 광학 거리

가까운 범위에서 거리를 측정하기에 유용한 장치가 또 있는데, 바로 적외선 광학 센서다(보기 6.13). 이러한 장치는 개별 적외선 펄스들을 합한 값을 사용해 물체까지의 거리를 측정한다. 샤프 GP2Y0A21YK(SparkFun SKU: SEN-00242)는 이런 형식으로 된 전형적인 센서다.

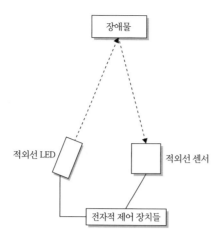

보기 6.13 광학적 거리 측정

더 가까운 범위를 측정할 때는 초음파 소자들 대신에 적외선 광학 센서를 사용하는데, 이 센서는 아날로그 출력 값을 낸다. 이것은 선형적이지도 않고 특별히 정밀하지도 않다. 따라서 이러한 장치들은 실용 측정보다는 단순한 근접 탐지에 가장 유용하다.

아주 가까운 범위 내인 경우에는 측정치가 모호해지는데, 이는 보기 6.14에 나오는 거리/출력 전압 도표에 표시된 바와 같다. 따라서 일반적으로 제대로 측정할 수 없는 거리보다 더 가까이 물체가 접근할 수 없게 오목한 곳에 설치하는데, 보기 6.15에 나오는 센서의 경우에는 이 거리가 5 cm이다.

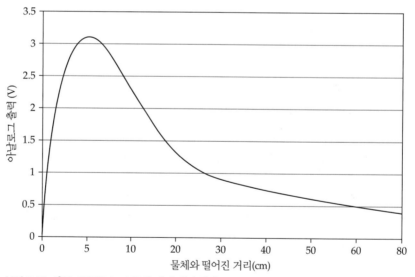

보기 6.14 샤프 **GP2Y0A21YK**의 거리 대비 출력

이런 꼴로 된 센서를 마이크로컨트롤러와 함께 사용할 때에는 조회표를 사용해 측정한 전압을 거리로 바꿔 읽는다.

어떤 상황에서는 무엇인가의 존재 여부만 알면 될 때가 있다. 이런 경우라면 슬롯형 광학 센서로 탐지할 수 있는데, 이 장치는 적외선 광원과 센서의 중간에 슬롯이 있다. 빛이 중간에 끊길 때 물체가 탐지된다.

6.3.4 용량성 센서

용량성 센서(capacitive sensors)는 기계적 푸시 스위치 대신 근접 센서나 접촉 센서로 자주 사용된다. 이 센서는 전도체를 감지하므로 손이나 손가락의 근접을 감지하기에 이상적이다.

정전용량을 감지하는 방식은 다양하지만 모두 보기 6.15에 나오는 기본 원리를 따른다.

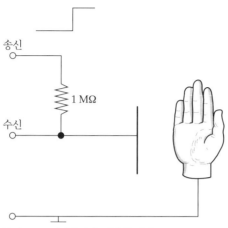

보기 6.15 정전용량을 이용한 감지

이 경우에는 마이크로컨트롤러에 있는 두 개의 범용 입출력 핀(GPIO)을 사용해 감지하고 있다. 송신(send) 핀은 출력을 구성하고 수신(receive) 핀은 입력을 구성한다. 감지되는 물체에 의해 형성된 정전용량과 이 정전용량의 나머지 절반을 형성하는 센서 판과 함께, 두 개의 핀 사이에 고정된 단일 저항기가 RC 배열의 절반을 형성한다.

손이 평판 가까이로 움직이면 정전용량이 증가한다. 이것은 제어 소프트웨어가 송신 핀의 상태를 이리저리 바꾸고, 그렇게 변경된 상태를 수신 핀이 수신하는 데까지 걸리는 시간을 알아내는 식으로 탐지한다. 이러한 방식으로 정전용량을 효과적으로 측정해서 감지 대상 물체의 근접도를 측정한다. 수신 핀이 송신 핀과 동일한 상태로 바뀌는 데 걸리는 시간이 길어질수록 물체가 더 가까이 있는 셈이다.

이런 감지 방식의 경우에 특별한 하드웨어가 아주 조금밖에 필요하지 않고, 유리나 플라스틱 및 그 밖의 절연체를 감지할 수 있다는 장점이 있다. 이 방식을 더 개량한 방식을 사용하면 평면도 감지할 수 있으므로 용량성 터치스크린을 제조할 수 있다.

6.3.5 요약

표 6.2에서 다양한 거리 센서들 간의 상대적 장점을 비교해 보았다. 산업 분야에 사용하는 또 다른 센서 유형으로는 유도 센서가 있다. 이것은 본질적으로 소형 금속 탐지기이다. 홀 효과 센서(6.6.3절에서 다룸)와 같은 자석 센서나 시시한 판독 스위치로도 자석의 접근을 감지할 수 있는데, 판독 스위치의 경우에는 유리 덮개 안에 담긴 한 쌍의 콘택트렌즈로 구성되어 있어 자석 가까이에서 닫힌다.

표 6.2 거리 측정 센서

센서	거리 범위	정확도	장점	단점	응용기기
초음파	150 mm ～ 6 m	25 mm	연결하기가 간단함	상대적으로 고가	- 산업용 제어 - 보안 - 로보틱스
반사를 이용하는 광학 처리	100 ～ 800 mm	10 mm	- 연결하기가 간단함 - 저렴	물체에 대한 적외선 반사율 측정에 민감함	- 산업용 제어 - 보안 - 로보틱스
슬롯을 사용한 광학 처리	N/A	N/A	저렴	거리를 측정하는 게 아니라 존재 유무만 감지함	산업용 제어
용량성	0 ～ 30 cm	N/A	저렴	접지에 연결한 저항을 사용해 전도성 물체를 감지	- 누름 스위치를 대체 - 터치스크린

6.4 운동, 힘, 압력

다양한 센서를 사용해 사물의 움직임을 알 수 있다. 이것을 스마트폰에서 흔히 볼 수 있게 되었는데, 스마트폰의 방향을 탐지해 화면을 가로방향이나 세로방향으로 자동으로 바꾸거나 게임을 할 때 가속도계를 이용한다. 보기 6.16에 다양한 움직임 검출 장치를 나타냈다.

터치스크린

가속도계 모듈

전위차계

로터리 엔코더

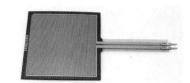
힘을 감지하는 저항기

진동 센서

보기 6.16 움직임 센서

6.4.1 수동 적외선

침입 경보기로 가장 널리 쓰이는 것은 수동 적외선(PIR) 검출기다. 검출기는 적외선 열의 변화를 검출한다. 검출기에 플라스틱 렌즈가 필요하기 때문에 일반적으로 인쇄 회로 기판상에 검출기 모듈을 장착한 꼴로 판매한다.

더 발달한 움직임 검출기는 적외선 열 강도의 빠른 변화에 반응하게끔 검출기를 여러 개 사용한다. 이 적외선 열을 감지한 모듈은 계전기를 활성하는데, 일부 모듈의 경우에는 개방형 컬렉터 배열을 사용해 트랜지스터를 개폐한다.

보기 6.17에 SparkFun(SKU: SEN-08630)에서 나온 PIR 센서와 같은 개방형 컬렉터 장치를 사용해 디지털 출력을 만들어 내는 방법이 나온다.

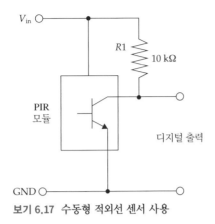

보기 6.17 수동형 적외선 센서 사용

6.4.2 가속도

휴대전화에 사전 장착된 가속도계를 사용할 수 있게 되면서 가속도계는 저가에 쉽게 사용할 수 있는 부품이 되었다. 이러한 부품들에 가장 널리 사용하는 기술로는 마이크로전기기계시스템(MEMS) 기술이 있다. 이러한 장치들의 기본 원리는 가속도가 붙을 때 늘어나는 용수철에 매단 질량체의 위치를 측정하는 식이다(보기 6.18). 깔끔한 기술로 이 모든 것을 하나의 집적회로 위에 짜 넣는다.

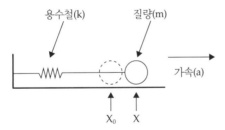

보기 6.18 질량체와 용수철을 사용하는 가속도계

이와 같이 배치하면 기본적으로, 낚시꾼이나 여행자가 자신의 짐이 허용된 무게를 넘어설지 말지를 걱정하는 수준일 때의 용수철 균형 상태와 같게 된다. 사실, 보기에 나오는 그림을 90도만큼 돌려서 보면 가속도계에서 사용하는 가속도 단위를 중력상수로 바꿔 재는 꼴이 된다. 이런 방식으로 가속도계는 수직 축 방향인지 아닌지를 판별할 수 있다.

가속도로 인해서 질량체에 가해지는 힘은 이렇다.

$$F = k\,(x - x_0) = m\,a$$

그러므로,

$$a = \frac{k(x - x_0)}{m}$$

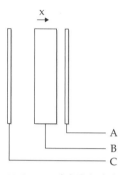

보기 6.19 질량체의 변위 측정

제조업체가 k와 m을 알 것이므로 우리는 질량 m의 변화만 측정하면 된다. 이러한 움직임을 측정할 때는 흔히 한 개 또는 두 개의 평판과 관계된 질량의 정전용량 효과를 사용한다. 정전용량 분배기를 구성하는 두 개의 평판 사이에서 질량체가 움직이게 하는 식으로 배치하는 방식이 흔하다(보기 6.19와 2.23.14절 참조).

보기 6.19에 나오는 두 판 사이에 있는 사각형으로 나타낸 질량체가 두 개의 판 A와 C의 중간에 있게 되면, A와 B 사이의 정전용량과 B와 C의 정전용량이 같아질 것이다. 그림의 왼쪽으로 가속하게 되면 중량은 오른쪽으로 옮겨지므로 정전용량의 비율이 바뀐다.

각 차원역주마다 한 개씩 해서 총 3개의 가속도계가 필요한데, 대부분의 가속도계에는 이것들뿐만 아니라 모든 필수 전자소자, 아날로그-디지털 변환기들, I2C 직렬 인터페이스를 사용해 데이터를 마이크로컨트롤러로 되돌리는 직렬 통신을 제공하기 위한 디지털 전자소자들까지 들어있는 작은 IC 패키지로 들어온다. 많이 사용되는 저가 가속도계로는 MMA8452Q(SparkFun SKU:CCOM-10953)가 있다.

6.4.3 회전

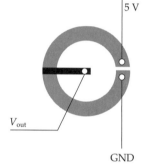

보기 6.20 전위계를 사용한 회전 측정

전위차계를 전압 분할기로 사용하는 것만큼이나 간단한 방식으로 회전도 측정할 수 있는데, 이는 슬라이더의 전압이 회전 각도에 비례하기 때문이다(보기 6.20). 그렇지만 전위차계로는 360도 전체를 측정할 수 없는데, 이는 한 바퀴 온전히 회전하지 못하게 하는 중단점이 전위차계 경로의 양 끝단에 있기 때문이다.

전위차계보다 더 유연하게 쓸 수 있는 대안으로 구적 엔코더(quadrature encoder)가 있다. 이 장치는 회전을 중단하지 않게 되어 있으므로 계속 돌릴 수 있다. 전위차계를 대신해 이 장치를 종종 전기 제품 속에 사용한다. 이 장치는 실제로 절대 위치를 측정하는 게 아니라 왼쪽이나 오른쪽으로 몇 단계나 움직였는지를 측정한다.

구적 엔코더는 실제로는 동심원 꼴로 된 트랙 한 쌍으로 이뤄져 있는데, 각 동심원에 접점이 있다. 이들은 회전축이 회전할 때 펄스를 생성하는 한 쌍의 스위치 역할을 수행한다(보기 6.21).

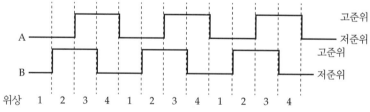

보기 6.21 구적 엔코더에서 나온 출력

A와 B가 전환되는 상태를 보면 회전축(shaft)이 회전하는 방향을 알 수 있다. 예를 들어, 시계 방향 회전이라면 1상부터 4상까지 가는 것을 보고 판독할 수 있고, 4상에서 1상으로 이행한다면 반시계 방향 회전으로 판독한다.

- 시계 방향(AB): 저고 고저 고고 고저
- 반시계 방향(AB): 고저 고고 저저 저저

알다시피, 이 디지털 장치를 마이크로컨트롤러에 직접 연결할 수 있다.

구적 엔코더의 분해능은 다양하다. 저가형인 경우에는 1 회전당 12 펄스밖에 안 될 수도 있다. 더 좋은 장치는 1 회전당 최대 200 펄스까지 가능하며, 최대 30,000 rpm이라는 고속으로 작동할 수 있다. 이러한 장치에서는 접촉 방식이 아닌 광학 센서를 사용할 것이다.

상대 회전 측정 구적 엔코더를 변형한 것으로는 절대 회전 엔코더가 있다. 이러한 장치는 본질적으로 트랙이 여러 개인 로터리 스위치[역주]와 같아서 2진 출력 정보로 각도를 나타낸다.

[역주] 즉, 회전형 스위치

'일반적인' 2진수로 계산하지 않고 대신에 스위치의 어떤 위치와 그 다음 위치 사이에서 1비트만 변화되도록 각 위치의 2진수가 배치하는 식으로 계산한다. 이러한 인코딩 방식에 쓰는 부호체계를 그레이 코드(gray code)라고 부른다. 예를 들어, 3 비트 그레이 코드는 다음과 같이 보일 것이다. 000, 001, 011, 010, 110, 111, 101, 100. 표 6.3에 회전 센서의 장단점을 나타냈다.

표 6.3 회전 센서

센서	정확도	장점	단점	응용기기
전위차계	2~5°	- 저렴 - 절대 각도 측정	단락점이 300°로 제한됨	음량 조절 등
구적 엔코더(저가형)	30°	저렴	절대 각도를 재지 않고 각도가 변화한 정도를 측정	음량 조절 등
구적 엔코더(광학식)	2°	정확, 고속	비쌈	산업용 제어
절대 방식 로터리 엔코더	22°(4비트 부호기)	절대 각도 측정	그다지 정확하지 않음	산업용 제어

6.4.4 유량

유량을 측정하기 위한 가장 간단한 센서로는 외륜(paddle wheel)이나 터빈을 변형한 형태가 있는데, 이 센서를 흐름 가운데 두어 흐르는 속도에 비례해 회전하게 한다. 그래도 회전 속도를 측정하는 문제는 그래도 남아 있다. 풍속을 측정하는 풍속계는 전형적인 사례다(보기 6.22).

바람은 일정하게 배열해 둔 컵을 바람의 세기에 비례한 속도로 회전하게 한다. 컵을 조립한 부분에 있는 고정 점이 근접 센서 근처를 통과하면서 각 전체 회전당 펄스를 생성한다. 이런 식으로 바람의 속도에 비례하는 펄스의 흐름을 주파수 꼴로 얻을 수 있다. 이렇게 하면 주어진 시간 동안에 나온 펄스 수를 마이크로컨트롤러로 세어 속도를 잴 수 있게 된다.

근접 센서로는 컵 조립 부분에 고정된 자석이나 홀 효과 센서(6.6.3절)와 같은 자기 센서를 쓸 수도 있고, 광선 차단 횟수를 세는 광학 센서를 쓸 수도 있다. 다양한 유체를 재는 유량 센서를 표 6.4에 요약해 누렸나.

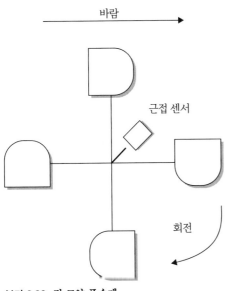

바람

근접 센서

회전

보기 6.22 컵 모양 풍속계

표 6.4 유량 센서

센서	설명	장점	단점
열선	전선이 일정한 온도로 유지되도록 전류가 전선을 통과한다. 유체가 흐르면 전선에서 열이 빠져 나가고, 이때 추가로 필요해진 전류로 유량의 비율을 알 수 있다.	간편하다.	뜨겁다.
초음파(통과 시간)	상류 쪽 변환기에서 유체에 초음파를 주입하고, 하류 쪽 변환기에 도달하는 시간을 잰다. 그런 다음에 이 과정을 역으로 바꾸고, 각 시간의 차이로 유속을 잴 수 있다.	움직이는 부분이 없다.	기하학적 배치 구조에 따라 달라진다.
초음파(도플러)	송출한 초음파와, 유체의 입자에 반사된 초음파 사이의 차이를 주파수 꼴로 재기 위해 송신기와 수신기를 나란히 둔다.	움직이는 부분이 없다.	유체 안에 입자가 있어야 한다.
레이저(도플러)	초음파를 이용한 도플러 효과와 유사하게 단색광 레이저를 사용한다. 반사된 빛의 파장 차이를 측정된다.	정확하다.	- 유체 안에 입자가 있어야 한다. - 비싸다.

6.4.5 힘

힘에 감응하는 저항기로 힘을 감지할 수 있을 것이다. 이러한 장치들은 저항성 터치스크린과 유사한 방식으로 동작한다. 장치가 전도성이 있는 궤도 두 층과 아주 작은 점 모양으로 된 절연 층으로 이뤄져 있지만, 더 힘껏 누르면 위쪽 도체가 아래쪽 도체와 접촉하면서 저항이 낮아진다. 보통 이러한 장치는 아주 정확하지는 않다.

변형률 게이지(변형 측정계, strain gauge)는 인장력이나 압축력에 따라 저항이 달라지는 원리로 작동한다(보기 6.23).

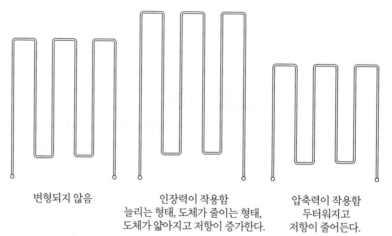

변형되지 않음

인장력이 작용함
늘리는 형태, 도체가 줄이는 형태,
도체가 얇아지고 저항이 증가한다.

압축력이 작용함
두터워지고
저항이 줄어든다.

보기 6.23 변형률 게이지

역주 즉, 하중계

힘을 더 정밀하게 측정해야 할 때는 로드셀(load cell)역주을 쓴다. 이는 변형할 수 있는 금속 덩어리 위에 변형률 게이지를 두 개 이상 접합해 배치한 꼴이다. 종종 온도 보정 기능도 들어간다.

6.4.6 기울기

기울어진 각도나 수평에서 기울어진 여부를 가속도계로도 측정할 수 있지만, 수평에서 기울어진 여부만을 센서로 알아내는 일의 전부라면 더 간단한 센서를 사용할 수 있다. 가장 단순한 방식은 상자 안에 작은 금속 공을 넣은 꼴로, 수평일 때는 금속 공이 접점에 자리 잡지만 장치가 기울어질 때는 굴러서 떨어져 나간다.

6.4.7 진동과 기계적 충돌

압전 소재는 충격과 진동을 감지하기에 좋다. 보기 6.16에 나오는 진동 센서는 신축성 있는 압전 소재의 말단에 작은 저울추(대갈못 한 개에 불과한 무게)를 달아 사용한다. 진동으로 저울추가 흔들리면 단자들에 걸쳐 전압이 생성된다. 이러한 전압들의 출력이 표류(drift)할 것이므로[역주] 실용적으로는 10 MΩ 저항 한 개를 단자들과 병렬로 놓는다. 이런 식으로 기계적 충격을 효과적으로 감지할 수 있다.

[역주] 전압 출력이 시간이나 온도와 같은 외부 환경에 따라 변화되는 현상

6.4.8 압력

공정 제어 분야나 기상 관측소에서 일할 생각이 아니라면 굳이 압력을 감지할 일은 없을 것으로 보인다. 아주 특별한 감지 활동을 요구받는 경우가 아니라면 표 6.5에 나오는 센서 두 개처럼 칩 위에 장착된 디지털 센서를 구입하는 것만으로도 해결책이 된다.

표 6.5 압력 센서

센서	범위	설명	특징	응용기기
실리콘 (범용) (MPX2010)	0~10 kPa	압력 차이를 측정하는 노즐이 있는, 칩상의 센서	- 보정한 온도선형성이 좋음 - 공장에서 조절되어 나옴 - 저렴함	호흡 진단(의료용) 공기 움직임 제어
실리콘 (대기) (KP125)	40~115 kPa	대기압 측정용 표면 센서가 칩 상단에 있음	- 정확도 (±1.2 kPa) - 공장에서 조절되어 나옴	고도계 기압계

형식이 다른 압력 센서들은 규모가 더 커서 주름통(bellows, 벨로우즈)이나 부르동 관(Bourdon tube) 같은 전통적인 압력 측정 장치를 바탕으로 한다. 이제 이러한 센서들은 전위차계나 스트레인 게이지, IC 가속도계에서 사용하는 것과 같은 정전용량 위치 감지와 같은 기술들, 즉 앞에서 설명한 바 있는 기술들 중 하나를 사용해 측정함으로써 물리적 변위를 만들어 낸다.

6.5 화학

다양한 화학물질을 탐지할 수 있는 센서가 너무 많아서 여기에 다 수록할 수 없을 지경이다. 보기 6.24에 사용할 수 있는 센서들을 나타냈는데, 다음에 나오는 여러 절에서 이것들의 작동 원리를 살펴본다.

가스 센서

습도 센서

수분 센서

보기 6.24 화학 센서

6.5.1 연기

가정용 연기 검출기가 집집마다 설치되어 있다(또는 설치되어야 한다). 가장 흔한 장치조차도 실제로는 매우 정교한 방식으로 감지한다(보기 6.25).

보기 6.25 이온을 이용한 연기 검출기

검출기에는 이온화 입자의 흐름을 생성하는 방사성 동위 원소(아메리슘)가 담긴 용기가 있는데, 이 용기가 공기에 노출되어 있다. 이를 통해 방사선을 내는 금속 상자와 해당 용기의 먼 쪽에 놓인 탐지판 사이에 흐를 수 있게 된다.

입자가 해당 용기로 들어오면, 그게 아무리 미세한 입자일지라도 이온에 달라붙게 되고 이에 따라 이온이 중화되므로 흐르는 전류도 줄어든다. 이 상황을 전자적 제어 장치가 감지한다.

그 밖에 일반적인 유형의 연기 감지기(광학적)는 적외선 LED에서 축을 변형하고, 빛 다이오드를 갖춰 초점을 맞춘 적외선 LED를 사용한다. 연기가 센서로 들어오면 연기 입자가 빛을 산란시키고, 이 상황을 빛 다이오드가 탐지한다.

6.5.2 가스

보기 6.24에 나오는 Hanwei(SparkFun SKU: SEN-09404)의 MQ-4와 같은 가스 탐지기에는 200 ppm만큼이나 낮은 메탄가스 농도를 검출하기 위한 작은 발열 소자와 촉매 검출기가 들어있다. 그 밖에 다른 유형의 센서는 다른 촉매를 사용해 다른 가스에 민감하게 반응한다.

이러한 장치를 사용하여 발열 소자(일반적으로 수십 밀리암페어를 끌어냄)에 전압(보통 5볼트)을 공급하고, 전압 분할기 배열에 고정 저항기와 함께 센서 핀들을 넣어 측정 가능한 출력 전압을 생성한다.

6.5.3 습도

습도를 측정하는 데 쓸 만하고 정확도가 높은 기술들이 많기는 하지만, 많은 응용 기기들의 경우에 1~2%의 정확도도 받아들일 만한 것이어서 가격이 저렴한 정전용량 센서를 구성할 수 있다. 이러한 센서를 종종 온도 센서, 전자적 제어 장치 및 직렬 인터페이스와 결합해 마이크로컨트롤러에서 사용할 수 있게 한다.

두 개의 판 사이에 두 판을 분리하는 역할을 하는 고분자를 두면 이 고분자의 유전율이 습도에 따라서 달라지므로 이것으로 정전용량을 검출한다. 이러한 장치를 레이저로 보정해 정확도를 더 높인다. 즉, 제조 과정에서 레이저를 사용해 장치의 디지털 메모리에 보정 변수 설정 값을 기록하는 식으로 보정한다.

매우 특수한 응용 분야에서 극도의 정확성이 필요한 상황이 아니라면 IC 습도 센서로도 충분하다.

6.6 빛, 방사선, 자기, 소리

보기 6.26에 방사선이나 자기를 검출하는 센서들을 종류별로 선택해 나열하였다.

광저항기(LDR)　　　광 다이오드　　　　　　가이거-뮐러 계수관

보기 6.26 광센서, 방사선 센서, 자기 센서

6.6.1 빛

역주 즉, 감광 저항체

데이터를 빛을 이용해 전송하는 일부터 근접 감지에 이르는 다양한 분야에 광 탐지를 활용한다. 이러한 목적에 쓰이는 센서는 다양하고 그중 일부를 이미 설명한 바 있는데, 광저항기[역주]가 그러한 예이다. 광저항기, 광 다이오드, 광트랜지스터를 사용하는 방법을 자세히 알고 싶다면 5장을 참조하자.

6.6.2 전리 방사선

역주 즉, 이온화 방사선

전리 방사선[역주]을 탐지할 때는 보통 가이거 뮐러 계수관을 사용한다. 이 계수관에는 네온과 같은 비활성 기체가 낮은 압력으로 들어 있다. 바깥쪽 전도성 음극과 계수관의 가운데로 뻗어 있는 전선 꼴로 된 양극 사이에 고전압(400~500볼트)이 인가된다.

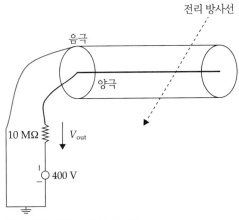

보기 6.27 가이거-뮐러 계수관

전리 방사선이 계수관을 관통하면 기체가 이온화되어 전도성을 띄고 V_{out}에 펄스를 생성한다. 이러한 펄스들의 수를 가이거 계수기로 세는데, 전통적으로 각 사건(event)마다 딸깍거리는 소리가 난다.

종류가 다른 계수관은 종류가 다른 방사선에 더 잘 반응하게 설계되어 있다. 알파 입자를 검출할 수 있도록 계수관의 끝단을 아주 얇은 운모로 만들어 알파 입자가 쉽게 관통하게 한다.

6.6.3 자기장

유량계의 회전 속도를 탐지하는 일에 대해 설명할 때, 자석이 센서를 통과할 때를 감지해 매 회전을 탐지하자고 제안한 바 있다. 이 센서는 전류를 유도할 수 있는 전선으로 만든 코일일 수 있다. 그렇지만 전자석이 지나가는 속도가 느려질수록 사용할 수 있는 신호도 더 작아진다. 이것의 대안으로 정적 자기장을 측정해 자석의 존재 유무만을 탐지하는 방법이 있다. 이렇게 하는 흔한 소자를 홀 효과 센서(Hall effect sensor)라고 부른다.

홀 효과는 자기장이 걸려 있는 상태에서 전류가 도체를 통과할 때 발생하는 전기적 효과다. 보기 6.28에서 두께가 d인 막대를 따라서 전류가 흐를 때 자기장 B가 걸려 있으면 도체의 윗면과 아랫면 사이에 전압 V_H가 나타난다.

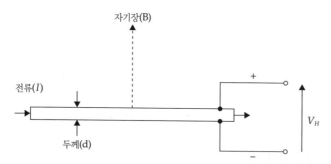

보기 6.28 홀 효과 센서

홀 효과의 전압을 구하는 등식은 이렇다.

$$V_H = \frac{-IB}{ned}$$

여기서 n은 전하 운송자 밀도, e는 전자의 전하, d는 도체의 두께, I는 도체를 따라 흐르는 전류이고, B는 자기장 밀도를 나타낸다.

실용적인 홀 효과 센서는 보통 IC 한 개 안에 센서 자체와 고이득 증폭을 결합해 둔다. 그 밖의 센서들은 여기서 더 나아가 실제적으로 데이터를 전송하는 데 사용하는 직렬 인터페이스를 마이크로컨트롤러와 결합해 둔다.

홀 효과 센서는 두 종류다. 가장 일반적인 유형은 스위치 역할도 하면서 근처에 자석이 있는지 여부를 켜짐/꺼짐으로 알려 준다. 더 유연한 형식으로 된 홀 효과 센서(선형 센서)는 자기장의 강도에 비례해 전압을 선형으로 출력한다.

6.6.4 소리

송화기(마이크로폰, 즉 마이크)와 증폭기를 사용해 소리를 감지한다(15장). 음량을 감지할 때에는 저역 통과형 필터와 정류기를 사용해 음의 크기를 알아내야 한다(보기 6.29).

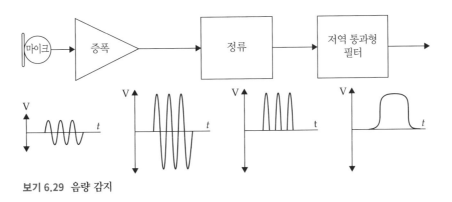

보기 6.29 음량 감지

6.7 GPS

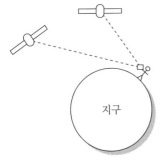

보기 6.30 지구 위치 측정 시스템

스마트폰, 전용 위성 내비게이션 시스템과 같은 소비자 기기가 나오면서 GPS 모듈을 상대적으로 저렴한 비용으로 쉽게 구할 수 있다는 부수적 효과가 생겼다.

GPS는 위성의 배치된 자리에 의존한다(보기 6.30). 각 위성에는 함께 배치된 그 밖의 모든 위성과 동기화하는 고정밀 시계가 들어 있다. 그리고 위성들은 이 시각(time) 신호를 퍼뜨린다.

지상에 있는 GPS 수신기는 될 수 있으면 더 많은 위성으로부터 시각 신호를 수신한 다음에, 신호가 도달하는 데 걸린 시간들 간의 차이를 계산해 수신기의 위치를 찾아낸다.

GPS 모듈이 일반적으로 단일 IC로 되어 있지만, 특별한 안테나가 필요해서 보통 이 안테나가 모듈의 가장 큰 부분을 차지한다. 보기 6.31에 안테나가 부착된 SparkFun의 Venus 638 FLPx라는 GPS 모듈을 나타냈다. 이 모듈과 직렬 인터페이스가 있는 모듈들에는 수신기의 위치 및 현재 수신 중인 시간이나 위성 개수 같은 다양한 정보를 갱신해 전송한다.

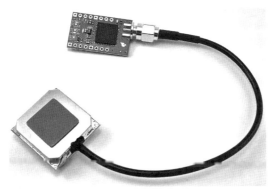

보기 6.31 SparkFun Venus638FLPx GPS 모듈

전자공학 실습

7.1 안전

7.1.1 안전 교실

전자 제품 중에서 가장 위험한 것은 아마도 가정용 전선의 전압일 텐데, 미국의 경우에는 60 Hz에 약 120 V(그 밖의 나라에서는 50 Hz에 240 V)^{역주}이다. 접지되지 않은 금속 물체가 활성 전선에 닿아 있는 상태에서 '활성 물체'를 만지는 일이 빈번히 일어나는데, 이 과정에서 몸은 전류가 지면으로 흐를 수 있게 하는 전도성 매체 역할을 하게 된다. (접지 및 접지선의 전위는 사실상 중성선의 전위와 같다. 이들은 단자함에 함께 묶여 있다.) 전선 전압의 주파수와 진폭은 전류가 흘러 에너지로 가득 찬 물체에 닿은 사람의 근육을 완벽하게 수축시키는 경향이 있어서 사람은 자신의 의지와 상관없이 손을 떼지 못하게 된다. 이렇게 옴짝달싹하지 못하게 하는 효과가 극히 위험하다. 시간이 흐를수록 내부 신체 조직에 더 많은 전류가 흘러(조직이 가열되어) 손상되므로 심장이나 호흡이 정지되면서 고통을 받을 가능성이 더 커진다.

가정용 전선보다 전압이나 주파수가 낮아도 심장이나 호흡을 정지하게 할 수 있지만(특히 몸이 물에 젖어 내부 저항이 낮은 경우에), 무서울 정도로 옴짝달싹하지 못하게 하지는 않는다. 가정용 전선의 수준보다 높은 주파수가 실제로는 심각한 근육 수축을 일으킬 가능성이 적어서 치사율이 다소 낮다. 전압이 매우 높으면 물체를 만지지 않아도 심각한 충격을 받게 하는 흥미로운 효과를 일으킨다. 사람과 물체 사이의 전위가 너무나도 커서 공기 자체가 도체가 되기 때문이다. 역설적이게도 때로는 이와 같은 방전으로 인한 초기 충격이 충분할 만큼 커야 오히려 위험을 피할 수 있다. 그렇지만 극도로 고통스럽고 심장이나 호흡을 정지하게 할 수 있으며, 서 있는 자리에 따라서는 넘어지는 바람에 죽을 수도 있다.

더 구체적으로 말하자면, 사람을 죽거나 신체 조직을 크게 손상시키는 원인은 암페어 크기에 달려 있다. 활성선^{역주}이나 통전된 물체에 몸이 닿을 때 몸에서 땅으로 흐르는 전류량은 전압 수준(이상적인 전압원이라고 가정할 때)과 내부 저항에 따라 달라진다. 굳고 건조한 손바닥의 저항력이

역주 한국은 60 Hz에 220 V이고 나라마다 조금씩 다를 수 있음.

역주 즉, 전류가 흐르는 전선

1 MΩ까지 이를 수 있지만, 가늘고 젖은 손바닥의 저항은 100 Ω에 불과할 수 있다. 대체로 어린아이의 저항이 더 낮으며, 신체 조직이 달라지면 저항의 범위도 달라진다. 신경이나 동맥 또는 근육의 저항은 적다. 뼈나 지방 또는 힘줄의 저항은 상대적으로 높다. 평균적인 성인의 가슴을 관통하는 저항은 70~100 Ω이다. 흉부의 저항은 낮은 반면 공기로 가득 찬 폐부의 저항이 높기 때문에 생명 유지에 필수적인 심장과 척수로 이어지는 부분이 저저항 경로를 형성하게 된다. 100~1,000 mA 전류로도 충분히 심장이나 호흡을 멈추게 한다. 신체 부위에 걸친 I^2R 손실로 인해 열화상도 심각하게 발생하므로 노출된 이후로 오랜 시간이 지나서라도 목숨을 잃거나 사지를 못 쓰게 될 수 있다. 고온으로 인한 가열 효과가 전류의 제곱에 비례해 증가하므로 전류가 높을수록 신체 내부와 외부를 가리지 않고 심각한 화상을 일으킨다.

대략적인 기준으로 보자면 10 mA, 50~60 Hz 주기인 전선의 전류는 그저 따끔거리게 하는 정도에 불과할 것이다. 그렇지만 주파수가 같을지라도 10 mA 이상이 되면 회로를 만지는 순간 몸이 굳어 버릴 수 있다. 접지 고장 회로 차단기(GFCI)를 사용하는 콘센트는 이 전류 범위(막힘이 없는 약 5~10 mA 지점)에서 급격한 전류 흐름을 감지하는 순간에 전력을 차단한다. 20~100 mA 전류는 치명적일 수 있고, 가장 치명적인 범위는 100 mA~1 A이다. 1 A가 넘으면 심장이 단 번에 좁아들며 심각한 내부 발열이 일어난다. 전력원에서 내팽개쳐질 수는 있지만 심장이나 호흡이 멈출 수 있다.

가장 치명적인 감전사는 손에서 손으로 전류가 흐를 때 일어나는데 전류가 심장, 폐, 척수를 관통하기 때문이다. 손과 발 사이에 전류가 흘러 생기는 감전은 덜 치명적이어서 사망률은 약 20%이다. 그러므로 전선의 전압을 다룰 때는 한 손을 주머니에 넣어 두는 것을 유념하라. 안전을 위한 좋은 습관 중 한 가지는 정체를 알 수 없는 물건을 손등으로 만지는 것이다. 이렇게 하면 '죽음의 쥠'이 예방된다.

TV, 컴퓨터 모니터, 전자레인지 및 전자 섬광 장치와 같은 가전제품은 치명적일 수 있는 전력 수준에서 전압을 사용한다. 일반적으로 위험 회로를 우발적으로라도 접촉할 수 없도록 안전하게 포장된다. 그러나 작동 중에 외함이나 덮개가 열려 안전 연동 장치가 손상될 수 있다. 회로의 유형과 사람의 일반적인 건강 상태에 따라 사망에 이르게 하는 전압, 전류 및 전체 에너지가 달라진다.

가장 위험한 가전제품을 들라면 아마도 전자레인지일 것이다. 이것은 수천 볼트(5,000 V 이상), 더 높은 전류 수준(증폭기가 순간적으로 사용할 수 있는 수준 이상)에서 작동한다. 이것은 말할 것도 없이 치명적인 조합이다. 구식의 음극선관 텔레비전 및 모니터의 음극선관 전압은 35 kV일 수 있고 전류는 수 밀리암페어보다 낮다. 그러나 음극선관의 정전용량으로 인해 꽤 오래도록 고통스럽게 대전될 수 있다. 게다가 텔레비전 및 모니터 내의 회로 부분과 벽에 있는 콘센트에 연결된 다른 모든 장치(예: 스위칭 전력 공급 장치)가 전선으로 연결된다. 이러한 회로의 내부 접지는 수전설비의 대지 접지보다 수백 볼트 더 높을 수 있다. 120 V와 회로 사이가 절연되어 있지 않은 상황에서 회로의 표류 접지에 닿으면 잠재적으로 충격을 받을 수 있는 위험이 있다(7.5.12절에 나오는 격리 변압기를 참조). 스위치 모드 전력 공급 장치, 전자 발광 장치, 섬광 등에는 대량 에너지를 저장하는 커패시터가 들어 있어 전력이 사라진 후에도 치명적인 방전을 일으킬 수 있다. 이는 플래시가 있는 일회용 카메라도 마찬가지다. VCR 및 CD 플레이어, 진공청소기 및 토스터와 같이 위험해 보이지 않는 장치 중 하나일지라도 위험할 수 있다(충전부가 절연되어 있거나 보호되어 있을 수도 있지만 믿지 않는 게 좋다).

다음 안전 수칙 목록을 지키면 목숨을 지켜낼 수 있을 것이다.

전자공학 안전 수칙

1. 전력이 들어오는 상태에서 전선에 연결된 회로를 수리하지 마라. 항상 제일 먼저 주전력을 꺼라.

2. 측정을 할 때는 한 손으로만 하고, 다른 한 손은 몸 한편에 두거나 주머니에 넣어 두라. 이렇게 하면 전기 충격을 받을지라도 심장에 전류가 덜 흐를 가능성이 있다.

3. 전원을 차단한 상태에서 회로를 탐촉하거나 납땜하거나 그 밖의 방법으로 회로에 접촉해야 하는 경우에, 대형 전력 공급 장치 필터나 2 W 에너지 저장 커패시터나 100~500 V인 대형 저항기를 (가로질러) 방전해야 한다. 예를 들어, 200 V 커패시터에는 20~100 KΩ 저항기를 사용한다. (드라이버의 금속 팁을 사용해서도 종종 커패시터를 방전하기도 하지만 갑작스러운 방전을 커패시터가 견뎌내기 힘들다.) 방전 과정을 살펴보면서 적절한 전압계를 사용해 잔류 전하가 사라졌는지 확인하라. 대형 커패시터에 치명적인 전하량이 저장되어 며칠 동안이나 전하량이 유지될 수 있다. 5 V 또는 10 V의 낮은 전압으로 정격된 커패시터일지라도 위험할 수 있다.

4. 가능하면 전원을 끄고 플러그를 뺀 상태에서 많이 시험해 보라. 예를 들어, 저항계를 사용해 단락 회로를 위해 전력 공급 장치 안에 든 반도체를 시험해 볼 수 있다.

5. 전기충격으로 인해 근육을 쓰지 못하는 상황이 됐을 때 위험해질 수 있는 자세로는 서 있지 마라. 종종 초기 충격보다는 홀로 넘어지는 상황이 더 위험하다.

6. 고출력 회로를 가지고 일할 때는 무엇인가 잘못되었을 때에 옆에서 도와줄 사람을 데려다 놓으라. 누군가가 '전기가 흐르는' 물건에서 손을 떼지 못하고 있을 때 그 사람을 붙잡아서는 안 된다. 대신에 막대기나 절연체를 사용해서 그 사람을 밀어 전원에서 떨어지게 하라. 응급 심장 재생술(CPR)을 배워 두는 것도 좋다.

7. 120 V 또는 240 V 교류 공급 장치로 작동하는 모든 고전압 시험 계측기(예: 전력 공급 장치, 신호 발생기 및 발진기)에 3선 케이블을 사용해야 한다.

8. 회로를 시험할 때는 차폐된(절연된) 리드 탐촉자만 사용하라. '활성' 회로를 시험할 때 금속 탐촉자 팁에 손가락이 닿지 않게 해라. 또한, 전선과 케이블로 회로를 연결할 때는 전력을 제거하고 하라.

9. 모든 시험용 리드를 전력이 공급되지 않고 플러그가 뽑혀 있는 장비로 연결하거나 분리하고, 비좁은 곳이나 접근하기 어려운 곳에는 클립형 리드나 임시용 전선을 사용해 접근하라. 실시간으로 탐촉해야 하는 경우라면, 여러 부품을 망가뜨릴 수 있는 갑작스런 단락이

(이어짐)

발생하지 않도록 시험용 탐촉자의 마지막 1/16 부분을 제외한 모든 부분에 전기 테이프를 감아라. 한 손으로 탐촉하지 않아도 되도록 계기나 표시기의 기준 말단을 적절한 접지 귀환선 부분에 끼운다.

10. 설치한 곳에서 회로 기판을 제거해야 할 때는 기판과 단락될 수 있는 것 사이에 절연 물질을 끼운다. 끈이나 전기 테이프로 절연 물질을 제자리에 고정하라. 플라스틱이나 나무로 만든 절연봉을 사용해 그것들을 떠받치라.

11. 우연히 접촉할 수 있을 법한 땅에서 작업 공간을 떼어 놓으라.

12. 고무로 만든 신발이나 운동화를 착용하거나 고무로 된 얇은 깔개나 나무로 된 판 위에 선 상태에서 교류회선 회로 작업을 하면 전기충격을 줄일 수 있다.

13. 누전 차단 콘센트를 사용하는 것이 좋지만 텔레비전이나 모니터 또는 전자레인지의 고압 부분과 같은 회선 연결 장치의 여러 곳에서 발생하는 충격에서 보호받지는 못한다. (누전 차단 콘센트의 경우에는 표시기 탐촉자를 접지함으로써 생기는 누설 경로 때문이거나 혹은 전력 공급 장치의 용량성 및 유도성 입력 특성 때문에 전원이 켜질 수도 있고, 그 밖에도 아무 때나 정지되는 경우가 있어서 오히려 불편한 면도 있다.)

14. 퓨즈나 회로 차단기가 너무 느리거나 민감하지 않은 경우에도 사용자 또는 대부분 경우에는 장비를 보호하지 못한다. 그러나 이 장치를 작동하는 외함에 우연히 연결한 경우 표시기 탐촉자의 접지선을 절약할 수 있다.

15. 장비에 대해서 알라. 텔레비전 및 모니터는 금속제 외함의 일부를 접지 귀선으로 사용할 수 있기는 해도 교류회선의 접지와 관련하여 외함이 전기적으로 작동할 수 있다. 전자레인지는 외함을 고전압의 접지 귀선으로 사용한다. 또한, 섀시가 시험 장비에 적합한 접지라고 가정하지 마라! 회선에 연결된 회로에 연결할 수 있는 경우라면 격리 변압기를 사용하라. 바리악(Variac)은 절연되지 않으므로 안전을 위해 바리악과 절연 변압기를 조합해야 할 것이다.

16. 교류 전력선에 연결된 모든 부품이 필요한 정격 전력을 충족하는지 확인하라.

17. 전력 공급 장치 및 기타 계측기를 제작할 때는 모든 전선 및 부품이 금속함이나 절연된 플라스틱 포장재로 포장되어 있는지 확인하라. 금속함을 사용하는 경우 전도성을 띤 껍데기 부분을 접지해야 한다(상자의 안쪽 면에서 전원 케이블의 접지선에, 바람직하게는 땜납과 함께 나사로 연결하라). 금속함을 접지하면 활성 전선이 느슨해져 함으로 떨어져 붙는 바람에 전기가 함 전체에 흐르면서 발생하는 전기충격을 제거한다.

18. 교류회선 케이블을 끼워 넣을 구멍을 금속함에 뚫을 때는 구멍 안쪽 가장자리에 고무 그로멧(grommet)을 끼워 케이블이 닿지 않게 하라.

19. 눈 보호기(큰 플라스틱 렌즈 안경 또는 보안경)를 착용하라.

20. 실수로 회로에 닿았을 때 전류가 흐를 수도 있는 보석이나 그 밖의 물건을 착용하지 마라.

7.1.2 정전기 방전으로 인한 부품 고장

건조한 날에 운동화를 착용한 채로 카펫 위를 걸으면 카펫에서 몸으로 전자가 전달될 수 있다. 이 경우에 몸은 지면에 대해 약 1,000 V에 이르는 전위차를 지니게 될 가능성이 높다. 비닐봉지를 사용하는 경우에 정전기가 300 V 이상이 될 수 있지만, 머리를 빗질할 때는 2,500 V에 이르는 고전압이 발생할 수 있다. 건조할수록(습도가 낮을수록) 이러한 고전압이 더 잘 형성될 수 있다. 자, 접지된 물체에 접촉할 때 정전기를 방전하는 물체로 인해 발생할 수 있는 정전기 방전량(ESD량)이 보통 사람에게는 별로 문제가 되지 않는다.

그러나 특정 유형의 반도체 소자에 유사한 방전을 가할 때는 이야기가 완전히 달라진다. 손상되기가 아주 쉬운 장치로는 MOSFET 및 JFET과 같은 전계 효과 트랜지스터가 있다. 예를 들어, 섬세한 게이트-채널 산화막 절연체가 있는 MOSFET의 게이트에 정전기를 지닌 사람이 접촉하면 쉽게 파괴될 수 있다. 게이트-채널 항복 전압이 초과되어 절연체를 통해 양공이 타격을 받으면서 트랜지스터가 파괴된다. 다음은 취약점을 지니고 있어 작동이 중지되는 장치들이다.

- 극히 취약한 경우: MOS 트랜지스터, MOS IC, JFET, 레이저 다이오드, 마이크로파 트랜지스터, 금속 피막 저항기
- 중간 정도 취약한 경우: CMOS IC, LS TTL IC, 쇼트키 TTL IC, 쇼트키 다이오드, 선형 IC
- 다소 취약한 경우: TTL IC, 소신호 다이오드와 트랜지스터, 압전 결정(piezoelectric crystals)
- 취약하지 않은 경우: 커패시터, 탄소 합성 저항기, 인덕터, 그 밖의 많은 아날로그 소자

7.1.3 부품 취급 시 주의사항

매우 취약해서 고장이 나기 쉬운 장치들에는 때때로 '주의, 정전기에 취약한 부품'이라는 문구가 새겨져 있다. 이러한 문구를 보게 된다면 다음 사전 경고 수칙을 따르라.

- 부품을 원래 패키지나, 전기 전도성이 있는 용기(금속 시트나 알루미늄 호일과 같은 것)나, 전도성이 있는 완충재 패키지에 담으라.
- ESD 감응(ESD-sensitive) 부품의 리드를 건드리지 마라.
- 부품을 만지기 전에 수도관이나 대형 가전기기와 같은 접지된 금속 표면을 만져 몸에 있는 정전기를 방전하라. 부품에 옷깃이 절대로 닿게 해서는 안 된다.
- 탁자 윗부분과 납땜인두를 접지하라(또는 전지가 달린 연납땜인두를 사용하라).

전선을 사용해 접지한 손목 보호대로 자신도 접지해야 한다.

전력이 공급되는 동안에는 ESD 감응 부품을 결코 회로에 설치하거나 제거하지 마라. 일단 설치된 부품들은 손상되기가 무척 힘들어진다.

이러한 위험성이 현실적이어서 때때로 정전기로 인해 부품이 손실되는 게 확실하므로 비싸거나 취약한 장치에 대해 사전에 주의 깊게 예방 조치를 해 두어야 한다. 접지된 손목 보호대를 늘 차고 있을 이유는 없다.

7.2 회로 구축

이번 절에서는 작동 회로 구축 단계(회로도 그리기, 원형 제작, 영구 회로 제작, 회로에 적합한 외함 탐색, 부적절하게 작동하는 회로를 수정하기 위한 일련의 문제 해결 단계 적용)를 간략히 설명한다.

7.2.1 회로도 그리기

회로 설계도(circuit schematic) 또는 회로 선도(circuit diagram)는 회로에 대한 청사진이다. 이것에 필요한 모든 정보가 들어 있어야 회로를 효과적으로 설계할 수 있다. 회로도를 읽는 다른 사람이 구매할 부품, 부품 조립 방법 및 예상되는 출력 동작 유형을 파악할 수 있어야 한다. 읽기 쉽고 명료하게 설계도를 그리기 위한 지침은 다음과 같다.

- 회로도를 그릴 때 왼쪽에 입력, 오른쪽에 출력, 위쪽에 양극 공급 단자, 그리고 도면의 맨 아래에 음극 공급 또는 접지 단자를 배치하는 게 표준 규칙이다.
- 증폭기들, 입력 단계들, 필터들을 기능별로 묶어 설계도 내에 떨어뜨려 놓으라. 이렇게 하면 회로 시험 단계에서 문제들을 따로 떼어 보기 쉬워진다.
- 모든 회로 부품에 기호를 지정(예: R_1, C_3, Q_1, IC4)하고, 부품의 정확한 크기와 종류(예: 100 k, 0.1 μF, 2N2222, 741)에 관한 정보를 제공하라. 저항기, 커패시터, 계전기, 스피커 등과 같은 특정 장치에 대한 전력 정격도 기입해 두어야 한다.
- 부품의 수치가 클 때는 축약형을 사용하라(예: 100 k를 100,000 대신에 쓰거나 100 pF를 100×10^{-12} F 대신에 쓰는 식).
- 흔히 쓰는 단위 접두사로는 p = 10^{-12}, n = 10^{-9}, m = 10^{-6}, k = 10^3, M = 10^6이 있다.
- IC에 레이블을 붙일 때는 리드 지정(예: 핀 번호와 같은 것)을 장치 기호 외부에, 장치 이름은 안쪽에 둔다.
- 파형을 정확히 나타내야 할 회로(예: 논리 회로 및 반전 회로)에서는 회로도 내 적절한 위치에 예상 파형을 그려 두는 게 좋다. 이렇게 하면 나중에 있을 시험 단계에서 문제들을 따로따로 보기가 쉽다.
- 연산 증폭기 및 디지털 IC에 대한 전력 공급 장치를 연결하는 게 당연하다고 가정하므로 회로도에 그려 넣지 않는다. 그러나 나중에 혼동될 수 있다고 생각되면 도면에 이 공급 전압을 기입해 두라.
- 연결된 전선을 나타낼 때는 연결 부분을 점으로 표시한다. 연결되지 않은 전선이라면 단순히 교차하게 그린다(이러한 경우에는 점을 포함하지 마라).
- 회로 이름 및 설계자 이름, 날짜가 포함된 면의 하단 근처에 제목을 쓸 부분을 두라.

또한, 여백을 두어 수정할 내용을 쓸 수 있게 하면 좋다. 보기 7.1에 설계도를 예시했다.

회로 설계도를 다 그리고 난 뒤에라도 의심스러운 점이 하나라도 없는지 살펴보라. 연결 부분이 빠지거나 부품 수치를 빠뜨리지는 않았는가? 부품 극성을 나타냈는가? 부품의 전력 정격을 고려했는가? 가능한 한 간단하게 연결했는가? 곧바로 확인하는 게 좋다. 납땜을 하다가 문제를 발견하기보다는 그림을 그리는 동안에 선분 몇 개를 지우는 편이 훨씬 덜 괴롭다.

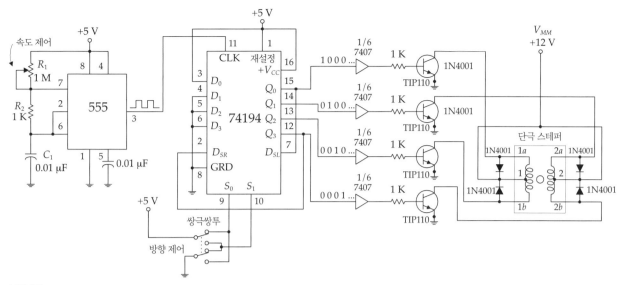

보기 7.1

설계도를 종이 위에 연필로 그리면 일하기에 더 편하고, 특히 간단한 회로일수록 더욱 그렇다. 그렇지만 어느 단계에서는 컴퓨터 보조 설계(CAD) 도구를 사용해 회로를 그리고자 할 때가 있을 것이다. 캐드(CAD) 도구를 사용할 때의 이점은 이렇다.

- 설계도를 수정하면서 이것저것 많이 지운 설계도와는 달리 회로 선도가 명료한 상태로 남는다.
- 캐드 시스템이 우수한 경우라면 최소한 회로도에 전기 설계 규칙을 적용해 연결되지 않은 리드를 알려 준다.
- 캐드 시스템을 사용하면 작업을 두 가지 측면에서 볼 수 있게 한다. 설계도와 인쇄 회로 기판(PCB) 배치도가 그것이다. 설계도를 바탕으로 자동으로 경로를 추적해 PCB를 배치할 수 있다.
- PCB를 배치할 수 있으려면 캐드 패키지가 부품의 기하학적 구조를 알고 있어야 한다. 부품 패키지 및 핀 할당에 대한 정보가 들어 있는 부품 카탈로그가 제공된다. 제조업체는 종종 CAD 패키지용 부품 라이브러리를 제공한다.

전기용 캐드 패키지는 다양한데, 그중에 어떤 것은 무척 비싸다. 가장 대중적인 패키지로는 이글 캐드(EAGLE CAD)를 들 수 있다. 이 제품의 무료판도 있지만 크기가 작고 최대 2층으로 이뤄진 구리 사용 PCB로 제한되어 있다. 캐드 패키지의 선택사양들이 7.5.22절에 나온다. 사용법을 제대로 익히려면 상당한 시간을 써야 한다.

완비된 캐드 시스템을 쓰기에는 아직 이른 경우라면(즉, 이제 막 배우려고 하는 경우라면) 마이크로소프트 비지오(Microsoft Visio)나 옴니그래플(OmniGraffle)과 같은 범용 그리기 도구가 대안이다. 둘 다 전자 부품 기호 라이브러리가 들어 있다.

7.2.2 회로 시뮬레이터 프로그램에 관한 참고사항

그런데 회로를 만들기 전이나 회로도를 완성하기 전에 먼저 회로 시뮬레이터 프로그램을 사용해 생각대로 작동하는지 알고 싶을 수 있다. 회로 시뮬레이터 프로그램을 사용하면 회로의 컴퓨터 모형을 구성한 다음 실제 부품을 만지지 않고도 전류, 파형 패턴, 논리 상태 등을 측정할 수 있다. 일반적인 시뮬레이터 프로그램에는 아날로그 장치와 디지털 장치의 라이브러리가 들어 있다. 몇 가지 양극성 트랜지스터, 일부 저항기, 커패시터 및 직류 전력 공급 장치로 만든 발진기 회로를 모형화하려면, 라이브러리에서 부품을 선택해 부품 값을 설정한 다음 부품을 정렬해 발진기 회로를 구성한다.

회로를 검사하려면 시뮬레이터의 검사용 계측기 중 하나를 선택해 시험용 계측기의 탐촉자를 회로 내의 원하는 시험 지점에 연결하라. 예를 들어, 발진기의 출력 파형을 확인하려면 시뮬레이터에서 발진기를 선택한 다음 시험용 인출선을 연결하고 출력을 측정한다. 그러면 컴퓨터 화면에 출력의 전압 대비 시간 그래프가 표시된다. 시뮬레이터 프로그램에 나오는 그 밖의 계측기로는 멀티미터, 논리 분석기, 함수 발생기 및 보드 플로터(bode plotter)가 있다.

실제 회로를 제작하기 전에 컴퓨터에서 회로를 시뮬레이션을 하는 이유는 무엇인가? 몇 가지 이유가 있다.

- 컴퓨터 시뮬레이션을 할 때는 결함이 있는 부품으로 작업할 우려가 없다. 과도한 전류로 부품이 파손되는 일도 걱정할 필요 없다.
- 컴퓨터 프로그램은 '몇 개를 쓰든 상관하지 않는다.' 필요한 모든 계산을 시뮬레이터 프로그램이 한다.
- 시뮬레이터를 사용하면 회로가 원하는 대로 작동할 때까지 부품 값을 바꿔 볼 수 있다.
- 시뮬레이터 프로그램을 사용하면 전자공학을 직관적으로 배울 수 있으며, 작업대에서 보낼 시간을 아낄 수 있다.

인기 있는 시뮬레이터 프로그램으로는 일렉트로닉스 워크벤치(Electronics Workbench), 서킷메이커(CircuitMaker), 마이크로심/피스파이스(MicroSim/Pspice) 등이 있다. 일렉트로닉스 워크벤치와 서킷메이커가 상대적으로 사용하기 쉽고, 피스파이스는 조금 더 기술적이다.

7.2.3 자신만의 회로 원형 제작

역주 즉, 프로토타입 또는 시제품

일단 설계도를 만족할 만큼 그려냈다면 이제는 회로의 원형(prototype)^{역주}을 만들 차례다. 원형 제작 단계에 가장 많이 사용되는 도구는 납땜을 하지 않아도 되는 모듈형 브레드보드다. 브레드보드는 저항기, 트랜지스터 및 IC와 같은 전기 부품을 브레드보드의 표면 아래에 숨어 있는 전선이나 내부 전도 경로를 사용해 배치하고 결합하는 임시 조립용 기판 역할을 한다(보기 7.2).

브레드보드에는 정사각형 모양으로 된 소켓들이 있는데, 이 소켓들의 중심에서 중심까지의 간격은 약 0.100인치다. 전선이나 부품 리드를 이러한 소켓 중 하나에 삽입하면 소켓에 내장된 용수철 모양 금속 슬리브가 전선이나 리드를 제자리에 고정시켜 준다. 브레드보드 소켓에 22게이지 전선을 끼울 수 있게 설계하지만, 0.015~0.032인치(0.38~0.81 mm) 사이의 전선 지름에 맞춰 넓힐 수도 있다. 브레드보드에 있는 소켓의 위쪽 및 아래쪽에 있는 줄은 일반적으로 전력 공급 장치 연결용으로 쓰이는 것으로, 한 가운데 놓인 틈 부분 사이의 소켓은 DIP IC용으로 예약되어 있다.

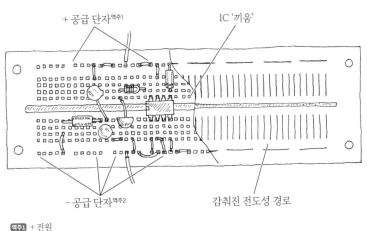

+ 공급 단자역주1

IC '끼움'

− 공급 단자역주2

감춰진 전도성 경로

역주1 + 전원
역주2 − 전원

보기 7.2

원형 기판에 대해 더 알고 싶다면 7.5.17절을 보라.

7.2.4 최종 회로

일단 원형을 잘 마무리했다면 더 오래 쓸 수 있는 회로를 구축할 차례다. 이 시점에서 회로를 설치할 장착 기판 종류를 선택해야 한다. 천공 기판, 와이어 랩 기판, 사전 식각 기판 또는 맞춤 식각 PCB 중에서 선택하면 된다. 이러한 기판들을 따로따로 자세히 살펴보자.

■ 천공 기판

역주 즉, 만능 보드 또는 만능 기판

천공 기판(perforated board)역주은 배열 형태로 구멍을 뚫어 놓은 절연 기판이다(보기 7.3). 전자 부품 한 개의 리드를 다른 전자 부품의 리드에 연결하려면 각 부품의 리드들을 인접한 구멍에 끼워 두어야 한다. 기판의 뒤쪽으로 튀어 나온 리드 끝부분을 함께 꼬아서 납땜한다.

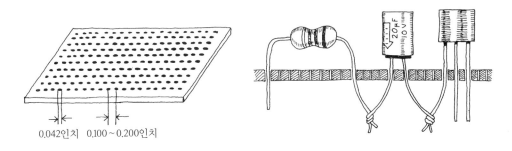

0.042인치   0.100~0.200인치

보기 7.3

천공 기판 위에 회로를 구축하기는 쉽다. 필요한 용품이 거의 없고 연결하는 데 필요한 기술도 어려운 게 아니다. 그렇지만 결국에는 얻게 되는 것은 시간이 흐를수록 포기하기 쉽게 만드는 상당히 부피가 큰 회로이고 의도치 않게 잡음이 날 수도 있다(점퍼 전선이 작은 안테나처럼 작동하기 때문이다). 일반적으로 간단하고 업무에 필수적이지 않은 회로를 구축할 때만 천공 기판을 사용한다.

■ 와이어랩

IC가 포함되어 있고 적당히 복잡한 회로를 조립할 때는 와이어랩 보드(wire-wrap board)를 사용해 볼 만하다. 모든 와이어랩 기판에는 소켓이 배열되어 있으며, 각 소켓에는 기판의 반대쪽 면에 핀 모양의 연장부가 붙어 있다(보기 7.4).

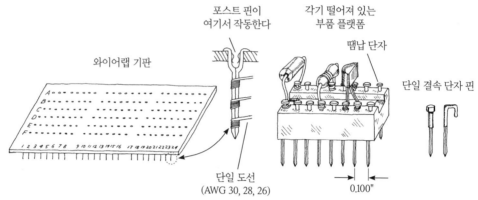

보기 7.4

IC 리드를 와이어랩 기판의 소켓에 직접 삽입하는 반면, 저항기, 커패시터 및 트랜지스터와 같은 개별 부품은 블록 포스트나 단일 포스트와 같은 특수 플랫폼에 장착해야 한다(보기 7.4의 두 번째 그림). 이러한 각 플랫폼에는 개별 부품의 리드들이 부착된 못의 머리 모양을 된 부분들이 다수 있으며, 못 머리 주위에 리드를 감거나 못 머리에 리드를 땜납으로 고정한다. 그런 다음 플랫폼의 못 모양 팁을 기판의 소켓에 끼운다.

부품을 함께 연결하기 위해 와이어랩 기판 뒷면에 있는 핀을 전선(일반적으로 30, 28 또는 26게이지 단일 도선)과 함께 결속한다. 연결된 전선을 핀에 고정하기 위해 특수한 와이어랩 공구를 사용한다(보기 7.5). 이 도구는 중공 심을 중심으로 회전하는 비트 부분을 사용해 연결용 전선이 핀 주위를 둘러싸게 한다. 전선을 비트에 삽입하고 중공 심을 핀 위에 놓은 다음 와이어랩 공구를 여러 번(일반적으로 약 7회) 비튼 다음 공구를 떼어 낸다.

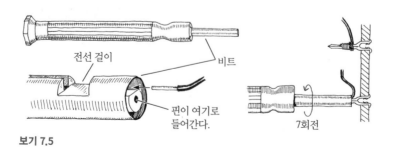

보기 7.5

실용적일 수 있게 시간을 아끼고 실수하지 않으려면 모든 래핑을 한 번에 하는 게 좋다. 이 방식을 따를 때는 공책에 기록해야 할 것들이 있다. 각 소켓/핀에 행/열이 지정되어 있다는 점을 보기 7.4의 첫 번째 그림에서 확인하라.

예를 들어, 왼쪽 상단 모서리를 기준으로 세 줄 아래쪽으로 내려간 다음 안쪽으로 두 줄만큼 들어간 자리가 C2로 지정되며, 5행 7열에 있는 핀은 E7으로 지정된다.

보드에 전기 부품을 배치하는 방법을 이해하려면 와이어랩 보드를 간단히 그려 보는 게 좋다. 모든 부품을 그림에 그려서 각 부품 리드를 특정 행/열 좌표로 고정한다. 그림을 그린 뒤에는 간단히 와이어랩 도구를 사용해 그림에 맞춰 각 핀 사이에 전선을 연결하면 된다.

와이어랩 보드는 논리 회로와 같은 다수의 IC를 포함하는 회로에 적합한 플랫폼이다. 그렇지만 이 기판의 소켓이 선형 부품 리드용으로(이 경우 플랫폼을 사용해야 함) 설계된 게 아니므로 아날로그 회로를 제작하기 위해 사전 식각 또는 맞춤 식각 PCB를 사용하는 것이 더 쉽다.

■ 사전 식각 천공 기판

사전 식각 천공 기판(pre-etched perforated board)은 절연 재료를 바탕으로 사전에 구리 패턴을 식각하고 도포한 다음 구멍을 여러 개 뚫은 것이다. 전기 부품을 연결하려면 구리를 식각한 띠로 연결된 적절한 구멍에 부품 리드를 넣고 납땜하기만 하면 된다.

사전 식각 기판에 쓰이는 식각 패턴은 다양하다. 보기 7.6에 사용할 수 있는 패턴을 예시했다.

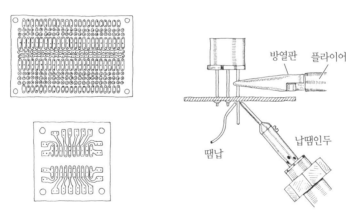

방열판 플라이어

땜납 납땜인두

보기 7.6

■ 맞춤 식각 기판(PCB)

전문가가 만든 것 같은 외관을 지닌 회로를 만들려고 한다면 **맞춤형 식각 회로 기판**(custom-etched circuit board), 즉 PCB 설계를 목표로 삼아야 하며 다음 절에서 이렇게 하는 방법을 설명한다.

맞춤 식각 회로 기판을 설계하는 데는 시간이 어느 정도 걸리지만 그럴 만한 가치가 있다. 리드 선의 길이에 따라 특성이 크게 좌우되는 부품이 들이 있는 회로를 다룰 때는 회로가 온바르게 작동하도록 맞춤 식각 회로 기판을 반드시 만들어야 한다. 예를 들어, 초고속 논리 회로는 고유한 마이크로칩 선의 기하학적 구조와 빠른 상승 시간을 달성할 수 있도록 정확히 부품을 배치하면서도 회로 소자 간에 혼선되지 않게 해야 한다. 민감한 저수준 증폭기 회로는 잘 배치된 마이크로스트립 간의 상호 연결로 인한 이점을 활용한다. 상호 간에 짧게 바로 연결되게 해 두면 잡음을 끌어오는 일을 피할 수 있다.

7.2.5 PCB 제작

PCB 배치를 고안할 때 손으로 그릴 수도 있고 CAD 도구를 사용할 수도 있다. 일단 설계가 끝나면 실제 기판을 만드는 데는 몇 가지 선택지가 있다.

- 식각 방지 펜 사용
- 오버헤드 프로젝터(OHP)용 투명 필름에 배치도를 인쇄하고 감광성 보드를 사용
- 레이저 프린터 토너 전송 사용
- CAD 및 데스크톱 라우터를 사용해 구리 도금 보드의 패턴 자르기
- 거버(Gerber) 설계 파일을 PCB 판매점에 보내기

각 접근 방식에는 장단점이 있다. 마지막 선택지는 10개의 기판을 만드는 데 1달러 정도 가격이면 되므로 처음부터 가성비가 높고 전문적인 품질 수준이 되게 할 수 있다. 그렇지만 때로는 1~2주 정도 기다려야 할 수도 있다.

이러한 접근 방식을 차례로 살펴볼 생각이다.

▣ 식각 방지 펜

맞춤 식각을 할 때는 그래픽 기술과 화학 기술을 사용해 구리로 덮인 보드를 맞춤 식각된 것으로 바꾼다. 맞춤 식각을 하면 점퍼선이 거의 필요 없는 신뢰성이 높고 튼튼한 회로를 구성할 수 있다(보기 7.7).

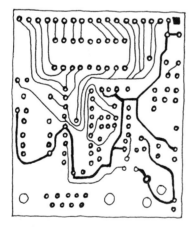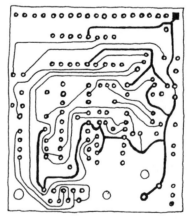

보기 7.7

맞춤 식각 PCB를 설계하려면 절연 기판(일반적으로 1/16인치 두께이며 내화성 에폭시 결합 유리 섬유로 제조)의 한 면이나 양면을 먼저 얇은 구리 막으로 완전히 덮어야 한다. 다음으로 회로 설계도를 PCB 배치도로 바꾸어야 한다. 이 일에는 모든 도전 경로를 짧고 바로 연결되게 만드는 것과

같은 방법으로 부품을 재배치하는 일도 포함된다. 가능하다면 배치도에서는 회선이 교차되지 않게 해야 한다.

역주 즉, 구리를 도포한 기판

고정 배선을 다 그렸다고 생각되면 동도금 기판(copper-coated board)역주으로 옮길 차례가 된다. 이후에는 도전 경로를 손상시키지 않으면서 원치 않는 동도금 부분을 모두 식각해 제거하는 기술을 발휘할 차례다.

역주 우리나라의 경우에는 인터넷에서 '온라인 전자부품'으로 검색하면 여러 전자부품 상점을 찾을 수 있다. 어지간한 부품은 거의 다 구할 수 있다.

이 시점에서 전사 기술 및 식각 기술을 다양하게 선택할 수 있다. 아마도 PCB 키트를 사용하는 게 가장 간단한 방법일 것인데, 라디오셰이크(RadioShack)역주 같은 상점에서 몇 달러를 주면 이 키트를 살 수 있다. 일반적인 키트에는 단일 또는 이중 구리 코팅 기판, 식각 용제가 담긴 병, 영구 마커, 문지를 때 쓸 알코올이 담긴 병 및 천공기가 함께 들어 있다.

역주 즉, 식각 방지 펜

맞춤 식각 보드를 만들려면 먼저 연필로 보드의 표면에 고정 배선 그림을 그려 넣는다. 다음으로 부품의 리드를 넣을 구멍들을 적절한 곳에 뚫는다. 이제 내식성 펜역주을 사용해 연필로 그린 부분을 따라 궤적을 그리되, 궤적이 구멍을 둘러싸야 한다는 점에 유념하라. 그런 다음 기판을 식각 용제(일반적으로 염화제이철)가 있는 통에 담가 매직펜 잉크를 바르지 않은 기판 부분에서 구리가 녹아나올 때까지 기다린다(잉크는 용제에 녹지 않기 때문에 잉크를 바른 부분 아래에 있는 구리를 보호하는 역할을 한다). 용제를 담은 통에서 기판을 꺼내 물로 씻어 낸 다음 알코올을 묻힌 헝겊으로 매직펜 잉크 부분을 문질러 제거한다.

간단하게 한 번 만들고 말 제품에는 PCB 키트를 사용하는 게 적합하다. PCB 키트는 사용하기 쉽고 값이 싸며 키트 자체에 들어 있는 것 이외의 특별한 장비가 거의 필요하지 않다. 그러나 이 키트로는 한 번에 회로 기판을 한 개만 만들 수 있다는 문제가 있다. 전도 경로를 만들기 위해 매직 마커를 사용함으로써 정밀도에 한계가 있다는 점이 이 키트의 또 다른 문제점이다. 회로를 여러 개 복제하는 데 관심이 있고 선을 더 정밀하게 하기 바란다면 광화학 처리 기술과 관련된 더 정교한 기술이 필요하다.

■ OHP 투명 필름을 사용한 광식각

손으로 그린 PCB를 설계할 때는 최대한으로 단순하게 하는 게 좋다. 시간을 내어 CAD 시스템을 한 번 배우고 나면 굳이 다시 수작업으로 하고 싶어 하지 않을 것이다.

CAD 시스템으로 PCB를 설계하면 인쇄할 수 있다는 큰 이점이 있다. 이 기술을 발휘하려면 오버헤드 프로젝터에 사용되는 투명 필름에 설계도를 인쇄한다. 이 필름은 레터 크기나 A4 크기로 제공되며, 레이저 프린터용과 잉크젯 프린터용이 있다. 잉크젯 프린터용 필름을 레이저 프린터에 넣지 마라(드럼 위에 녹아 붙을 수 있다).

보기 7.8과 같이 이글 PCB(EAGLE PCB)를 사용하면 회로도(a), 모든 부품 위치와 레이블이 표시된 PCB(b), 마지막으로 구리만 나온 것(c)을 볼 수 있다.

여기서 따르는 과정은 회로도를 그려 기판으로 볼 수 있게 전환하는 과정이다. 여기서는 설계도에 맞춰 부품들을 연결하는 에어 와이어를 남겨 두면서 부품을 기판 위로 끌어서 놓는다. 그런 다음 일련의 설계 규칙을 불러와서 버튼을 클릭하면 PCB 배치도가 자동으로 생성된다. 이 과정에 개입해 일부 배선을 뜯어낸 다음 자신만의 방식으로 경로를 정하고 싶을 수도 있겠지만, 일반적으로 자동으로 배치하는 게 나쁜 편은 아니다.

일단 설계도를 필름에 인쇄하고 나서는 필름을 감광성이 있는 동도금 기판 위에 놓는다. 이 기판은 자외선에 노출되면 굳어 버리는 감광층이 있는 PCB이다. 대부분의 취미용 전자기기 상점에서 구할 수 있다. 실내조명에 짧게 노출되는 정도로는 손상을 입지 않지만 빛을 차단하는 용기에 보관해야 한다.

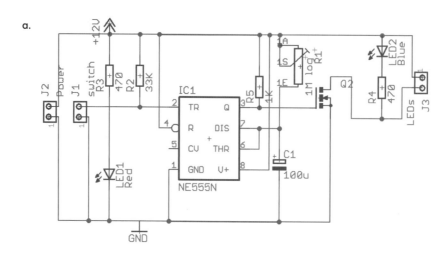

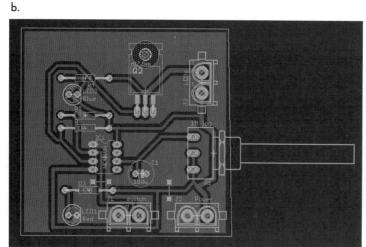
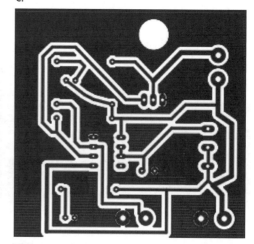

보기 7.8 이글 PCB, 설계도와 구리 층

기판-필름 적층을 자외선 상자로 노광하는 동안 종종 액자(클립식 사진 액자도 가능)에 보관한다. 그런 다음에 개발자의 용지함에 기판을 놓아두면, 구식 사진 현상 과정에서 본 것처럼 PCB 궤적 모양이 기판에 표시된다.

다음으로 PCB 중에 PCB 궤적의 사진상으로 보호되는 곳을 제외한 나머지 부분에 있는 구리를 화학물질로 녹여 부식시킨다. 이 과정 중 일부는 펜으로 그린 PCB에서 본 과정과 같다.

보기 7.9는 자외선에 노광할 수 있게 색인 카드 상자 안에서 자외선 LED 어레이를 사용하는 수제 광식각 키트를 보여 준다. 물론 상용 키트도 사용할 수 있다.

검정색 영역이 결국 구리가 될 것이라는 점에 유념하라. 꽤 큰 검정색 영역을 필름에서 볼 수 있다. 이런 식으로 하면 녹여야 할 구리의 양을 줄이게 되므로 화학적인 수명이 늘어난다. 넓은 구리 영역을 접지면(ground plane)이라고 부르며 일반적으로 접지(GND)에 연결한다.

보기 7.9 광식각 키트

■ 레이저 프린터 토너 전사

투명 필름을 선택하는 대신에 레이저 프린터를 사용하여 PCB 배치도를 특수 용지에 인쇄한 다음 가정용 인두를 사용해 동도금 기판에 토너를 전사하는 방식이다. 이 경우 이미지를 거꾸로 인쇄해야 한다.

특별한 도구가 필요하지 않은 장점이 있는 이 기술을 연습하면 좋은 결과를 얻을 수 있다. 이 방식을 설명하는 동영상과 교재가 인터넷에 많이 있다.

■ 라우터를 사용해 PCB 만들기

저가의 데스크톱 CNC 라우터는 일반적인 동도금 PCB를 화학물질을 사용하지 않고 생산하는 방법을 제공하지만 컴퓨터로 제어되는 CNC 라우터를 사용할 때는 불필요한 구리 부분이 박리된다(보기 7.10 참조).

보기 7.10 CNC 라우터로 PCB 박리하기

이 과정은 광식각 방법과 유사하다. PCB 도판이 완성되면 마치 프린터인 것처럼 작동하는 라우터로 구리 층이 신속히 전달된다.

■ PCB 서비스 이용

PCB 설계 기술은 매우 전문적인 기술이었고 어떤 면에서는 지금도 그러하다. 대량 생산이 목표인 매우 복잡한 작업물인 경우에 전문 PCB 설계 회사에 맡겨 볼 만하다.

그러나 이글 PCB와 같은 프로그램은 PCB의 트랙 배치를 자동화하고 최소 트랙 폭, 분판 등과 같은 설계 규칙을 적용해 많은 어려움을 해소해 줄 것이다. 따라서 자신의 PCB를 설계하고 나서 완성된 설계 파일을 PCB 서비스 회사로 보낼 수 있다. 이 서비스 과정이 거의 전적으로 자동화되어 있어서 따로 설계를 확인하지 않기 때문에 설계도를 보내기 전에 설계도가 제대로 되어 있는지 확인해야 한다.

PCB 서비스 회사는 아주 보기 좋게 만들어 낸다. 이 모든 제작 대행 과정에서는 일반적으로 상단 및 하단 구리 층이 있는 2층 기판을 허용한다. 서비스 회사가 다음과 같이 한다는 점에서 훌륭하다.

역주 즉, 관통로

- 한 층의 궤적을 그 층 아래에 놓인 층에 연결하는 비아(via)^{역주}를 만든다.
- 부품에 레이블을 붙이고 위치를 표시할 수 있는 실크스크린 층을 제공한다.
- 납땜하지 않을 모든 구리를 덮는 마스크 층을 제공한다.

보기 7.11에 그와 같은 서비스를 이용해 제작한 전형적인 PCB가 나온다. 이 기판 10개를 만드는 비용은 10달러로 배송료는 별도다.

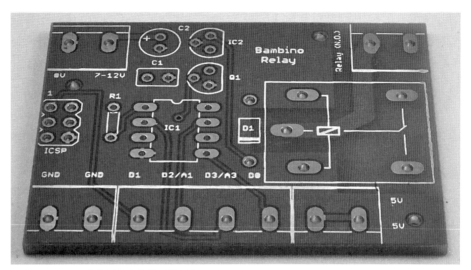

보기 7.11 PCB 서비스를 사용해 만든 PCB

PCB 서비스 회사에 보내는 설계 파일을 거버 파일(Gerber file)이라고 부른다. 표 7.1에 제공해야 할 파일들을 나타냈다. 각 파일에 담긴 내용을 가리키는 확장자는 파일마다 다르다. 이글 캐드(EAGLE CAD)의 컴퓨터 보조 제조(computer-aided manufacturing, CAM) 작업 기능은 PCB 서비스 웹 사이트의 지침에서 찾을 수 있는 CAM 작업 파일을 사용하여 이러한 파일을 자동으로 생성한다.

표 7.1 CAM용 거버 파일 형식

파일	내용
Myboard.GTL	위층(구리)
Myboard.GBL	아래층(구리)
Myboard.GTS	땜납 차단 표시(위)
Myboard.GBS	땜납 차단 표시(아래)
Myboard.GTO	실크 스크린(위)
Myboard.GBO	실크 스크린(아래)
Myboard.TXT	구멍

남아 있는 일이라고는 돈을 지불한 다음, 파일들이 들어 있는 zip 파일을 작성해 PCB 서비스 회사에 전자 메일로 보내는 일뿐이다. 선택한 서비스 수준에 따라서는 며칠에서 몇 주 있다가 기판이 되어 돌아온다.

일부 PCB 서비스는 거버 파일을 생성하지 않고, 이글 캐드의 .brd 파일 및 기타 CAD 형식을 사용할 수 있다.

회로도가 조금 복잡해지면 구리선 한 층으로 모든 것을 연결하기 힘들어지므로 2층으로 된 기판이 필요하다는 사실을 바로 안 수 있다. 위층 및 아래층을 연결할 때는 부품 리드가 두 층을 관통할 때 자연스럽게 연결되게 하는 방법과 기판에 난 구멍인 비아를 트레이스[역주]가 관통해 두 층 사이를 건너뛰게 하는 방법 두 가지 중 어느 방법이든 쓸 수 있다.

역주 즉, 궤적

새롭고 더 나은 PCB 건이 늘 있게 마련이므로 뉴스 그룹에 관심을 두고 사람들이 이용하는 게 무엇인지 확인하라. 정보를 얻기에 유용한 곳으로는 아이테드 스튜디오(Itead Studio, www.iteadstudio.com)와 엘렉토 피시비 서비스(Elektor PCB Service, www.elektor.com)가 있다.

■ 기판 배치에 관한 참고사항

회로 기판에 부품을 배치할 때 IC 및 저항기는 줄을 이뤄야 하며, 모두 같은 방향을 향해야 한다. 또한, 카드 리프터(card lifter), 가이드 및 절연체에 필요한 공간을 확보하기 위해 회로 기판 주위에 약 2 mm 테두리를 남겨 두라.

전력 공급 장치 리드 또는 기타 I/O 리드를 기판 모서리에 가져 와서 모서리 커넥터, D 커넥터, 장벽 띠판 커넥터 또는 기판 가장자리에 고정된 단일 바인딩 포스트를 통해 연결하라. 떨어질 때 손상을 입지 않도록 회로 기판에 무거운 부품을 올려놓지 마라.

또한, 다이오드나 전해 커패시터와 같은 장치 옆에 극성 표시를 보드에 해 두는 것이 좋다. IC 핀 옆에 레이블을 두면 도움이 된다. 시험 지점, 트리머 기능(예: 제로 조정), 입력 및 출력, 지시등 기능 및 전력 공급 장치 단자에 레이블을 둘 것을 고려하라.

7.2.6 회로 구성에 사용하는 하드웨어 중 특별한 부분들

구축 단계에서는 세 가지 하드웨어가 자주 사용된다. I/O 인터페이싱 금도금 핑거, IC 및 트랜지스터 소켓 홀더, 방열판이 있는 원형 기판이 그것이다.

금으로 도금한 핑거가 있는 원형 기판은 일반적으로 여러 다른 기판과 함께 카드 케이지에 삽입된다. 각 기판은 플라스틱 가이드를 통해 모서리 커넥터에 삽입된다. 별도의 기판은 평평한 다중 도체 케이블을 사용해 연결할 수 있다(보기 7.12의 첫 번째 그림). 이 기판은 다루는 중에 이것저것을 엉망으로 만들지 않고 케이지에서 쉽게 제거하여 작업할 수 있다는 점이 장점이다. 다중 기판 장치를 설계할 때 회로의 각 기능 그룹(예: 증폭기 부분, 메모리 칩 부분 등)마다 기판을 따로 사용하는 게 바람직하다. 이렇게 하면 나중에 문제를 쉽게 찾아 수정할 수 있다.

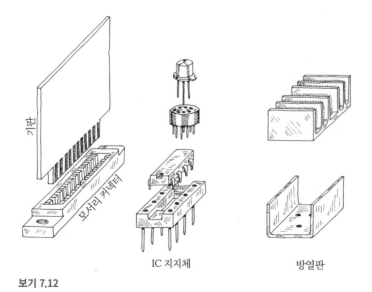

보기 7.12

IC 소켓은 장치의 하우스를 교체할 가능성이 높은 상황에서 사용된다(보기 7.12의 두 번째 그림). 회로 내에서 모든 곳에 이와 같은 지지체를 사용하고 싶을 것이다. 그러나 회로 기판에 너무 많은 IC 소켓을 배치하면 나중에 골치 아파질 수 있다. 종종 이러한 소켓의 소켓 부분이 제대로 설계되지 않았다거나 시간이 지남에 따라 신뢰할 수 없다고 판명될 수 있다.

방열판은 열 발생 장치(예: 전원 다이오드 및 트랜지스터)에 연결되어 열에너지를 분산시키는 데 도움이 되는 표면적이 큰 금속 장치이다. 방열판은 일반적으로 나사 및 와셔(washer)를 조임쇠로 사용해 부품에 연결한다(보기 7.12의 세 번째 그림). 전기 부품과 방열판 사이에 열이 잘 전달되게 종종 와셔와 방열판 사이에 실리콘 그리이스(silicon grease)를 바른다.

7.2.7 납땜

역주 즉, 송진 용제. 주성분인 송진에 활성제를 넣은 용제. flux를 '용제'로 번역하면서도, rosin flux를 '송진 용제'나 '로진 용제'가 아닌 '로진 플럭스'로 표기한 이유는 '로진 플럭스'라는 용어를 더 많이 쓰고, 로진 플럭스가 송진만으로 된 용제가 아니기 때문이다. 반면에 flux만 외따로 쓸 경우에는 '플럭스'보다는 '용제'로 번역해야 내용을 이해하기 쉽고, 또 '플럭스'라는 말 못지않게 '용제'라는 말도 자주 쓰이는 것으로 보이기 때문이다.

땜납은 부품 리드들을 함께 결합하는 데 사용되는 주석-납 합금이다(요즘은 대부분 납이 들어 있지 않음). 전기 땜납은 흔히 연결할 금속 표면에 존재하는 산화물을 녹이기 위해 사용하는 로진 플럭스역주가 섞여 나온다. 유럽은 최근에 법령(유해 물질 사용 제한 지침(RoHS)으로 알려짐)으로 가전 제품에 납을 사용하지 못하게 했다. 미국에서는 납을 덜 사용하면 세금을 깎아준다. 이로 인해 무연납이 개발되었다.

땜납을 납땜인두로 지지기 전에 모든 금속 표면을 기름이나 실리콘, 왁스, 그리스로 세척해야 한다. 바람직하지 않은 잔류물을 제거할 때는 용매나 철솜(steel wool) 또는 가는 사포를 사용하라.

PCB를 납땜할 때 와트 수가 낮은 인두(25~40 W)를 사용한다. 납땜이 잘 연결될 수 있게 인두 팁에 녹은 땜납이 얇고 밝게 둘러싸고 있어야 한다. 시간이 흐르면 이 막이 산화물로 오염되므로 스펀지로 표면을 닦은 다음 새로운 땜납을 다시 도포해서 만들어 두어야 한다. (인두 팁에 새로운 땜납을 도포해 두는 일을 인두 주석 도금(tinning)이라고 부른다.)

땜납을 잘 연결되게 하려면 연결할 두 금속 조각을 먼저 가열한다. 땜납부터 녹이지 마라. 그렇지 않으면 녹인 땜납을 놓을 자리를 제어할 수 없다. 땜납은 뜨거운 곳으로 잘 흐른다.

회로에서 작업할 때 보드에 땜납이 튀지 않게 하라. 두 개의 개별 도선 사이에 작은 땜납이 떨어지면 결국 단락되고 만다. 납땜을 마쳤으면 흩뿌려진 땜납이나 덜렁거리는 땜납이 있는지 주의 깊게 점검하라.

역주 가느다란 코 모양 집게

민감한 부품을 납땜인두 끝이나 방열판 부품에서 나오는 열로부터 보호하려면 니들 노즈 플라이어(needle-nose plier)역주로 부품 리드를 잡는다. 특수 방열판 클립도 이 용도로 사용할 수 있다.

납땜 장비를 더 알고 싶다면 7.5.16절을 보라.

7.2.8 땜납 제거

넌설을 잘못했거나 부품을 다시 배치해야 할 때는 땜납을 녹이고 처음부터 다시 시작해야 한다. 그러나 단순히 땜납을 녹인 후 땜납이 녹아 있는 상태에서 부품을 잡아당기기가 항상 쉬운 일만은 아니다. IC를 다룰 때는 더욱 그렇다.

땜납이 고착된 상황에서 부품을 분리하려면 먼저 땜납을 녹인 후 흡입 공구, 즉 '흡입기(sucker)'로 땜납을 빨아들이는 게 기법이다. 흡입 도구는 일반적으로 커다란 스포이트나 큰 주사기와 같은 장치를 닮았다. 납땜용 심지(solder wick)를 사용해서 땜납을 제거하는 방법도 있다. 이 장치는 편평하게 짜 놓은 구리선과 비슷하게 생겼으며 모세관 현상을 이용해 연결부에서 땜납을 떼어내는 역할을 한다.

7.2.9 회로 포장

회로를 보통 알루미늄 상자나 플라스틱 상자로 포장한다. 고전압 장치를 설계할 때 알루미늄 외함을 자주 사용하는 반면 플라스틱 용기는 일반적으로 저전압 응용 분야에 사용된다. 고전압 회로를 알루미늄 상자로 포장했다면 상자를 접지해야 전기충격을 피할 수 있다는 점을 잊지 마라.

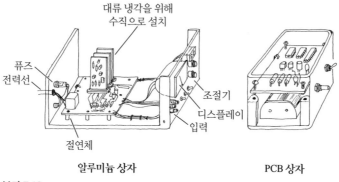

대류 냉각을 위해
수직으로 설치

퓨즈
전력선

조절기

디스플레이

입력

절연체

알루미늄 상자

PCB 상자

보기 7.13

알루미늄 상자 안에 놓인 회로 기판을 절연체를 사용해 접지에서 떨어뜨려 놓아야 한다. 회로에 교류 전력을 공급하는 경우 상자 뒷면으로 구멍을 뚫고 구멍 가장자리에 케이블을 잡아당기는 변형 방지 장치와 그로멧(grommet)역주을 삽입하라. 자주 사용하는 스위치 다이얼 및 표시기를 전면 패널에 놓고 드물게 사용되는 스위치 및 퓨즈를 후면 패널에 놓는다.

역주 마모 방지용 고리

열이 많이 발생할 것으로 예상되는 회로라면(10 W 이상) 환풍기를 설치하는 것도 생각해 보자. 적당히 낮은 전력에서 실행되는 회로의 경우, 상자의 상단과 하단에 구멍을 뚫어 놓기만 해도 대류 냉각에 도움이 된다.

전력 저항기 및 트랜지스터와 같은 주요 열 발생 부품을 상자 뒤쪽으로 배치하고 후면 패널을 통해 방열판에 연결하라. 수직 방향 핀이 있는 방열판의 방향을 확인하라. 또한, 기판 여러 장을 넣을 장치를 제작하는 경우 통풍이 잘 되게 기판을 수직으로 배치해 두라.

플라스틱 상자에는 일반적으로 회로 기판을 놓을 수 있는 내장 절연체가 있다. 일반적으로 이 상자에는 배터리 및 스피커 같은 물건을 둘 수 있는 여유 공간이 기판 아래쪽에 있다.

7.2.10 편리한 물건

다음 물건을 작업대에 놓아둘 만하다.

- 니들 노즈 플라이어
- 스니퍼
- 땜납
- 연납땜인두
- 땜납 흡입기
- IC 삽입기
- 리드선 벤더^{역주} (역주: 리드 구부리개)
- 용매
- 클립으로 채워 쓰는 방열판
- 회로 기판 지지대
- 나사(평평한 나사와 둥근 나사)
- 너트
- 평 와셔와 풀림 방지 와셔(4-40, 6-32, 10-24)
- 바인딩 포스트^{역주} (역주: 즉, 결합 지주. 케이블을 벽 등에 고정시키는 장치)
- 그로멧
- 절연체
- 케이블 클램프^{역주} (역주: 즉, 케이블 조임쇠)
- 전선 줄
- 결속선^{역주} (역주: 즉, 점퍼선)
- 다양한 크기의 수축 튜브
- 아일렛^{역주} (역주: 둥근 고리 모양 철편)
- 퓨즈 홀더

7.5.18에서 7.5.21까지는 더 자세한 목록이 나온다.

7.2.11 자체 제작 회로의 문제 해결

회로가 오작동하면 보기 7.14의 문제 해결 순서도에서 제안한 내용 중 빠트린 게 있는지 확인하라.

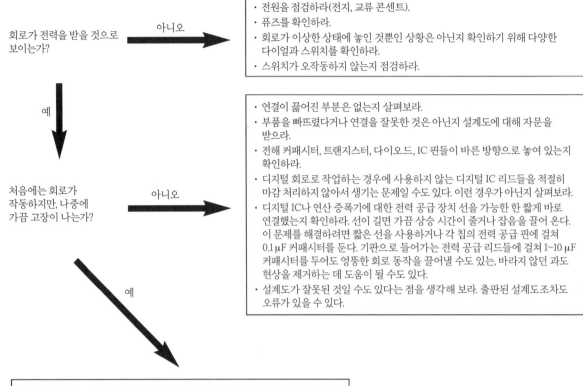

회로가 전력을 받을 것으로
보이는가? → **아니오** →
- 전원을 점검하라(전지, 교류 콘센트).
- 퓨즈를 확인하라.
- 회로가 이상한 상태에 놓인 것뿐인 상황은 아닌지 확인하기 위해 다양한 다이얼과 스위치를 확인하라.
- 스위치가 오작동하지 않는지 점검하라.

예 ↓

처음에는 회로가
작동하지만, 나중에
가끔 고장이 나는가? → **아니오** →
- 연결이 끊어진 부분은 없는지 살펴보라.
- 부품을 빠뜨렸다거나 연결을 잘못한 것은 아닌지 설계도에 대해 자문을 받으라.
- 전해 커패시터, 트랜지스터, 다이오드, IC 핀들이 바른 방향으로 놓여 있는지 확인하라.
- 디지털 회로로 작업하는 경우에 사용하지 않는 디지털 IC 리드들을 적절히 마감 처리하지 않아서 생기는 문제일 수도 있다. 이런 경우가 아닌지 살펴보라.
- 디지털 IC나 연산 증폭기에 대한 전력 공급 장치 선을 가능한 한 짧게 바로 연결했는지 확인하라. 선이 길면 가끔 상승 시간이 줄거나 잡음을 끌어 온다. 이 문제를 해결하려면 짧은 선을 사용하거나 각 칩의 전력 공급 핀에 걸쳐 $0.1\,\mu F$ 커패시터를 둔다. 기판으로 들어가는 전력 공급 리드들에 걸쳐 $1\sim10\,\mu F$ 커패시터를 두어도 엉뚱한 회로 동작을 끌어낼 수도 있는, 바라지 않던 과도 현상을 제거하는 데 도움이 될 수도 있다.
- 설계도가 잘못된 것일 수도 있다는 점을 생각해 보라. 출판된 설계도조차도 오류가 있을 수 있다.

예 ↓

만지기에 너무 뜨거워지는 부품은 없는지 확인하라. 타는 냄새가 나지는 않는가? 그렇다면 부품이 과도하게 뜨거워져 생긴 문제일 수 있다. 이런 경우라면 전력 정격이 더 높은 부품으로 간단히 교체하는 게 정답일 것이다. 아니면 필요한 곳마다 방열판을 두는 것도 답일 수 있다.

그 밖의 모든 고장인 경우에 →
문제가 있다고 생각하는 회로 영역을 격리해 보라. 의심 가는 부분을 간단히 바꾸는 게 해결책일 수도 있다. 그래도 의심스럽다면 비슷한 회로를 다루는 문헌을 참조해 보라. 이러한 문헌에서 오류가 일어나는 원인을 언급하면서 해결책을 제시하는 경우가 있다.

보기 7.14

7.3 멀티미터

역주 즉, 멀티테스터 또는 테스터기

멀티미터(multimeter)역주, 즉 볼트–옴–밀리암페어(VOM) 측정기는 전류, 전압, 저항을 측정하는 데 쓰는 계측기다. 멀티미터의 일반적인 형식으로는 아날로그 VOM과 디지털 VOM이라는 두 가지가 있는데 보기 7.15에 나타냈다.

두 가지 VOM의 분명한 차이점으로, 아날로그 VOM은 보정된 눈금에 맞춰 바늘이 움직이는 방식을 사용하는 반면, 디지털 VOM은 입력 측정값을 디지털 방식으로 표시할 수 있게 변환하는 복잡한 디지털 회로를 사용한다는 점이다. 기술적으로는 아날로그 VOM의 정확도가 디지털 VOM보다 다소 떨어지고(일반적으로 디지털 VOM보다 오류가 3% 더 큼), 눈금이 여러 가지여서 읽기가 더 어렵다.

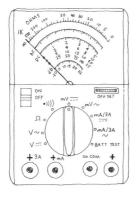

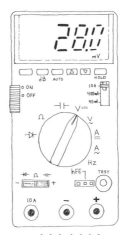

아날로그 멀티미터   디지털 멀티미터

보기 7.15

또한, 아날로그 VOM의 해상도(표시 가능한 정확도)는 100분의 1 정도인데 반해서 디지털 VOM의 경우는 1000분의 1 정도이다. 이러한 제한에도 불구하고 아날로그 VOM은 전기 잡음이 상당히 나오는 회로를 시험할 때는 디지털 VOM보다 우수하다. 잡음이 있을 때 아무것도 나오지 않는 디지털 VOM과 달리 아날로그 VOM은 이러한 장애에 상대적으로 영향을 덜 받는다.

이쯤에서 이 장비들이 작동하는 방식을 살펴볼 수 있다. 7.5.3절에서 전자공학 실험실에 필요한 멀티미터 종류를 설명한다.

7.3.1 기본 동작

전압 측정

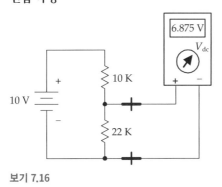

보기 7.16

선택 스위치를 전압 설정으로 돌리면 VOM으로 전압을 측정할 수 있다. 직류 전압을 측정하려면 스위치를 적절한 직류 전압 수준에 맞게 설정되도록 돌린다.(역주 때로는 =V 로 표시되어 있음) 교류 전압을 측정하려면 스위치를 교류 전압 설정(V_{ac} 또는 V_{rms}으로 돌린다(역주 때로는 ~V로 표시되어 있음). V_{ac} 설정에서 표시된 전압은 RMS 전압이다($V_{rms} = 0.707\,V_{파고-파고 값}$). VOM이 올바르게 설정되면 VOM의 탐촉자를 이 지점(VOM이 병렬로 배치됨)에 갖다 대어 회로의 두 지점 간 전압을 측정할 수 있다. 예를 들어, 보기 7.16은 저항기에서 이뤄지는 전압 강하를 측정하는 데 사용되는 절차를 보여 준다.

전류 측정

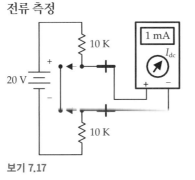

보기 7.17

VOM을 사용해 전류를 측정하기는 전압 측정만큼 쉽다. 유일한 차이점은(설정을 변경하는 것 외에) 현재 값을 읽을 위치에서 시험 회로를 끊어야 한다는 것이다. 일단 회로가 개방되면 회로를 완성할 수 있게 끊긴 곳에 걸쳐 VOM의 두 탐촉자가 배치된다(VOM은 직렬로 배치됨). 어떻게 하면 이렇게 되는지를 보기 7.17에 나타냈다. 교류 전류를 측정할 때 VOM을 RMS 전류 설정으로 설정해야 한다.

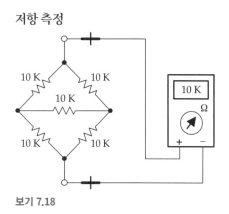

저항 측정

보기 7.18

VOM으로 간단히 저항을 측정할 수 있다. 관심이 있는 저항성 부분에서 전력을 뺀 다음 VOM의 탐촉자를 이 부분에 댄다. 물론 VOM 선택 스위치를 미리 옴 설정으로 바꾸라.

7.3.2 아날로그 VOM의 작동 방식

아날로그 VOM에는 전류계, 전압계, 저항계가 모두 들어 있다. 원칙적으로 이러한 각 계기가 개별적으로 작동하는 방식을 이해하면 아날로그 VOM의 전반적인 작동 방식을 설명하기 쉬워진다.

전류계

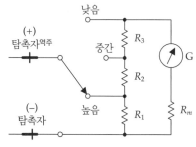

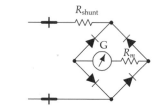

역주 즉, 테스트선

보기 7.19

전류계는 전류가 제어되는 전자기로 구성된 다르송발(D-Arsonval) 검류계를 사용해 용수철식 회전 바늘에 회전력을 부여한다. 전자석을 통과하는 전류 흐름에 비례해 바늘이 기운다. 전자기 코일에는 내재된 저항이 있다. 즉, 보기 7.19와 같이 R_m을 회로에 삽입해야 한다(R_m은 일반적으로 약 2 k 정도다).

그런데 검류계만으로 전류를 직접 측정할 수 있다. 그러나 입력 전류가 너무 크면 바늘이 보이지 않는 곳까지 이른다. 이런 효과를 피하기 위해 검류계와 병렬로 놓은 다수의 갈래 저항기는 검류계에서 '바늘 굽힘' 전류의 일부를 전환할 수 있는 전류 분할기를 구성한다. 디스플레이에서 읽은 전류 값은 선택한 갈래 저항에 해당하는 디스플레이의 적절한 척도 눈금에서 읽은 것이어야 한다.

이 장치로 교류 전류를 측정할 수 있게 하기 위해 브리지 정류기를 설계에 통합하여 검류계에 직류 전류를 공급할 수 있다(하단 회로 참조). 직류 전류는 측정된 교류 전압에 비례해 바늘을 흔든다. 전형적인 전류계의 입력 저항은 약 2 k이다. 이상적으로는 전류계의 입력 저항은 0이어야 한다.

전압계

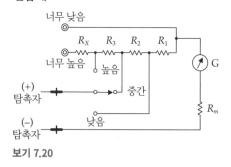

보기 7.20

아날로그 전압계는 전류계와 마찬가지로 다르송발 검류계를 사용한다. 다시 말하지만, 검류계에는 약간의 내부 저항(R_m)이 있다. 전압계의 리드 선들을 전압차가 생기게 두면 이 과정에서 전류는 검류계를 통해 높은 전위에서 낮은 전위로 흐를 것이다. 전류 흐름과 바늘의 기우는 정도는 전압차에 비례한다.

다시 말하면 전류계와 마찬가지로 갈래 저항기들은 바늘 처짐량을 보정하고 제어하는 데 사용된다. 교류 전압 측정을 위해 앞의 예와 같은 브리지 정류기를 계기 설계에 통합할 수 있다. 전형적인 전압계의 내부 저항은 100 k이다. 이상적인 전압계에는 무한한 내부 저항이 있어야 한다.

저항계

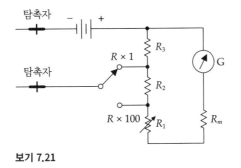

보기 7.21

저항계는 내부 전지를 사용해 측정 부하와 검류계에 전류를 공급함으로써 저항을 측정한다(부하와 검류계는 직렬). 시험된 부하가 적으면 **G** 검류계에 전류가 크게 흐르게 되어 바늘이 크게 기운다. 그러나 시험된 부하 저항이 크면 전류 흐름이 줄어 바늘이 적게 기운다. (VOM에서 저항계 보정 레이블은 뒤편에 있다: 0 W가 눈금의 오른쪽으로 설정된다.)

검류계를 통과하는 전류량은 부하 저항에 비례한다. 저항계는 먼저 탐촉자의 리드를 단락시킨 다음 바늘을 0으로 조정해 보정한다. 다른 계기와 마찬가지로 저항계는 갈래 저항기를 많이 사용해 바늘 처짐을 제어하고 조정한다. 전형적인 저항계의 내부 저항은 50 Ω이다. 이상적인 저항계의 내부 저항은 0이어야 한다.

7.3.3 디지털 멀티미터의 작동 방식

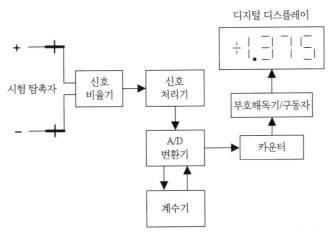

보기 7.22 디지털 멀티미터는 블록선도에서 볼 수 있는 것처럼 기능별로 여러 그룹으로 구성된다. 신호 비율기 (signal scaler)는 범위 선택기(역주 즉, 레인지 선택기) 역할을 하는 감쇠 증폭기이다. 신호 처리기(signal conditioner)는 아날로그-디지털 변환기(A/D 변환기) 범위 내에서 비율 조정된 입력 신호를 직류 전압으로 바꾼다. 교류 전압을 측정할 때는, 교류 전압은 정밀한 정류기-필터 조합에 의해 직류 전압으로 변환된다. 능동 필터의 이득은 교류 입력 전압 또는 전류의 RMS 값과 같은 직류 수준을 제공하도록 설정된다.

또한, 신호 처리기에는 전류 및 저항을 비례하는 직류 전압으로 바꾸는 회로가 들어 있다. A/D 변환기는 직류 아날로그 입력 전압을 디지털 출력 전압으로 바꾼다. 디지털 디스플레이는 측정된 입력을 디지털로 판독한 값을 표시한다. 제어 논리는 A/D 변환기 및 디지털 디스플레이의 작동을 동기화한다.

7.3.4 오차 측정에 관한 참고 사항

부하를 통과하는 전류(또는 전압이나 저항)를 측정할 때 VOM에서 얻은 판독 값은 계기가 연결되기 전의 실제 값과 비교할 때 늘 달라진다. 이 오류는 VOM의 내부 저항 때문에 생겨난다.

각 역할(전류계, 전압계 및 저항계)에 따라 내부 저항이 달라질 것이다. 실물 전류계의 입력 저항은 보통 약 2 kΩ이며 전압계의 내부 저항은 100 kΩ 이상일 수 있다. 저항계의 경우에 내부저항이 보통 약 50 Ω이다. 정밀하게 측정하려면 이러한 내부 저항들을 알아 두어야 한다. 다음 예는 해당 입력 저항이 있는 계기 판독 값에서 오류 비율이 얼마나 클 수 있는지를 보여 준다.

전류 측정 오차

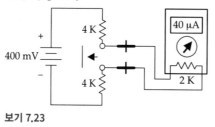

보기 7.23

전류계의 입력 저항이 **2 k**인 경우 여기에 나오는 회로 판독 시의 백분율 오차를 계산하면 다음과 같다.

$$I_{실제 값} = \frac{400\ mV}{4\ k + 4\ k} = 50\ \mu A$$

$$I_{측정 값} = \frac{400\ mV}{4\ k + 4\ k + 2\ k} = 40\ \mu A$$

$$\%\ 오차 = \frac{50\ \mu A - 40\ \mu A}{50\ \mu A} \times 100\% = 20\%$$

전압 측정 오차

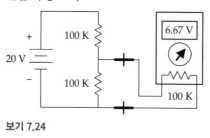

보기 7.24

전압계의 입력 저항이 **100 k**인 경우 여기에 표시된 회로를 판독한 값의 백분율 오차를 계산하면 다음과 같다.

$$V_{실제 값} = \frac{100\ k}{100\ k + 100\ k}(20\,V) = 10\,V$$

$$V_{측정 값} =$$
$$\frac{100\ k}{100\ k + (100\ k \times 100\ k)/(100\ k \times 100\ k)} = 6.67\,V$$

$$\%\ 오차 = \frac{10\,V - 6.67\,V}{10\,V} \times 100\% = 33\%$$

저항 측정 오차

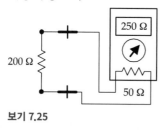

보기 7.25

저항계의 입력 저항이 **50Ω**인 경우 여기에 나오는 회로를 판독한 값의 백분율 오차를 계산하면 다음과 같다.

$$R_{실제 값} = 200\ \Omega$$

$$R_{측정 값} = 200\ \Omega + 50\ \Omega = 250\ \Omega$$

$$\%\ 오차 = \left|\frac{200\ \Omega - 250\ \Omega}{200\ \Omega}\right| \times 100\% = 25\%$$

백분율 오차를 최소화하려면 전류계의 입력 저항은 원래 회로의 테브난 저항보다 20배 이상 낮아야 한다. 반대로 전압계의 입력 저항은 원래 회로의 테브난 저항보다 20배 이상 커야 한다. 저항계도 마찬가지다. 입력 저항은 원래 회로의 테브난 저항의 20배 이상이어야 한다. 이 간단한 규칙을 따르면 오차를 5% 미만으로 줄일 수 있다.

VOM의 내부 저항을 조사해 측정한 다음 내부 저항을 더하거나 빼는 방식(조금 지루할 수 있음)도 있다. 자세한 오차 분석에 대한 정보에 대해서는 부록 B를 참조하라.

7.4 오실로스코프

역주 즉, 진동 검사기

오실로스코프(oscilloscope)역주로 전압은 잴 수 있지만 전류와 저항은 재지 못한다. 그저 전압만 잰다. 이 점을 제대로 이해해야 곧바로 진행할 수 있다. 오실로스코프는 입력 신호 대비 시간 또는 그 밖의 입력 신호를 좌표에 맞춰 그려낼 수 있는 매우 빠른 XY 플로터이다.

검사기역주의 입력으로 신호가 공급되면 화면에 발광점이 나타난다. 입력 전압이 변하면 점이 위나 아래 또는 왼쪽이나 오른쪽으로 움직이며 반응한다. 대부분의 응용기기에서 오실로스코프의 수직 축(y축) 입력은 들어오는 신호의 전압 부분을 수신한 다음 특정 순간의 전압 값에 따라 점을 위나 아래로 움직이게 한다. 수평 축(x축)은 일반적으로 시간 축으로 사용되며, 내부에서 생성된 선형 경사 전압은 사용자가 제어할 수 있는 속도로 점을 화면의 왼쪽으로 오른쪽으로 옮기는 데 사용된다.

신호가 정현파와 같이 반복적인 경우, 오실로스코프는 정현파 패턴을 정지된 것처럼 보이게 할 수 있다. 따라서 검사기는 시간에 따라 변하는 전압을 분석할 때 유용하다.

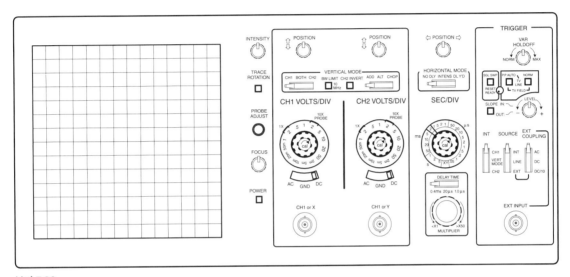

보기 7.26

오실로스코프로 전압만 측정하지만 변형률, 가속도, 압력 등과 같은 양을 적절한 범위 내에서 전압으로 변환할 수 있다. 전류를 전압으로 바꿀 때는 저항 값을 알 수 있는 저항기를 사용한다. 전류는 저항기 양단의 전압 강하를 측정한 다음 옴의 법칙을 적용하여 간접적으로 측정한다. 변형, 운동 등을 전압으로 변환하려면 진동자(transducer)(전기-기계 결합 장치)역주가 필요하다. 몇 가지 보정 기법을 적용하여 압력 변환기에 적용되는 압력의 크기를 정확하게 측정할 수 있다.

여기서 오실로스코프의 작동 방식을 살펴보고자 한다. 7.5.5절에서 전자공학 실험실에 필요한 검사기 종류에 대해 설명한다.

7.4.1 오실로스코프의 작동 방식

음극선관을 사용하는 아날로그 오실로스코프를 구입할 수 있지만, 대부분의 현대 오실로스코프는 고속 아날로그-디지털 변환기와 LCD 또는 OLED 디스플레이를 사용하는 컴퓨터다. 디지털 신호 처리를 사용하면 오실로스코프의 크기와 무게를 줄일 수 있을 뿐만 아니라 아날로그 검사기로는 할 수 없는 일을 할 수 있는데, 예를 들면, 신호를 구분되기 좋게 더 선명한 색으로 표시하거나 신호를 왼쪽이나 오른쪽으로 돌리는 데 필요한 메모리를 제공하고, 디스플레이 이미지를 컴퓨터로 내보내고 주파수 영역 표시를 나타낸다. 디지털 검사기는 가격 면에서 아날로그 검사기와 비교할 만하다.

흥미롭게도 아날로그 오실로스코프를 사용하는 사람이라면 디지털 오실로스코프의 조절기들을 이해한다. 디지털 오실로스코프를 다루는 기본 절차는 아날로그 오실로스코프와 아주 똑같다. 디지털보다는 아날로그 오실로스코프의 작동을 공부하는 편이 오실로스코프를 이해하기에 실제로 더 좋다.

아날로그 오실로스코프는 음극선관을 중심으로 구성한다. 검사기 내부의 모든 회로는 입력 신호를 받아 음극선관에 있는 전자총에 조준 명령(음극선을 집중시키는 위치)을 내리는 데 필요한 일련의 전기적 명령을 설정할 수 있게 설계한다. 내부 회로에 연결된 검사기의 앞면에 보이는 대부분의 손잡이나 스위치는 음극선관으로 전송되는 명령을 수정하기 위한 것이다. 예를 들어, 이러한 조절기[역주]로는 전압 척도, 시간 척도, 빔의 휘도, 빔의 초점, 채널 선택, 트리거링 등을 설정한다.

[역주] 즉, 손잡이나 스위치

■ 음극선관

음극선관은 전자총(필라멘트, 음극, 제어 그리드 및 양극으로 구성), 두 번째 양극, 수직 편향 판, 수평 편향 판 및 형광물질을 바른 화면으로 구성된다. 필라멘트를 통해 전류가 흐르면 필라멘트는 전자가 방출되는 순간까지 음극을 가열한다. 제어 그리드(control grid)[역주]는 전자총을 통해 흐르는 전자량을 제어하여 빔의 휘도를 조절한다. 이 그리드가 더 음전압을 띄면 더 많은 전자가 그리드에서 쫓겨나게 되어 전자 흐름이 줄어든다.

[역주] 즉, 제어 격자

제어 전압 또는 초점 전압을 양극 1에 인가하면 빔은 끝이 날카로운 모양으로 전자 빔의 초점이 맞춰진다. 두 번째 양극에는 큰 전압이 공급되어 빔 내에 전자를 제공하기 위해 사용되며, 전자가 형광체 스크린에 충돌하면서 광자를 방출해 낼 만한 추진력을 전자에 보태준다. 관 안의 빔을 모으는 부분을 **전자총**(electron gun)이라고 한다.

두 번째 양극과 형광체 화면의 안쪽 면 사이에 정전 편향 판(수직 및 수평)이 두 벌 있다. 그중에 한 벌은 전자 빔을 수직 방향으로 편향시키는데 사용되고, 나머지 한 벌은 빔을 수평 방향으로 편향시키는 데 사용된다. 예를 들어, 한 벌을 이루는 판들 중 한 판이 다른 판보다 더 음으로 충전되면 전자 빔이 음극판에서 멀어지면서 양극판 쪽으로 더 기울게 된다. (빔 내의 전자는 일반적으로 판과 실제로 접촉하지 않을 만큼 충분히 빠른 속도로 전진한다.) 수평 판에 톱니파 전압이 인가되면 판에 걸쳐 서서히 전위가 오르면서 전자 빔을 음극판에서 양극 판 쪽으로 끌어당기므로 빔이 형광체 스크린에 좌우로 주사된다. 수직 판은 전자 빔을 위아래로 움직이게 한다.

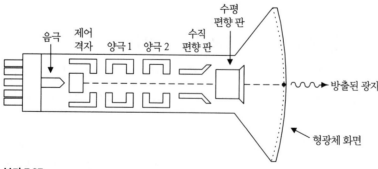

보기 7.27

오실로스코프가 작동하는 방법을 이해하는 다음 단계는 들어오는 신호가 음극선관의 빔 조준 방식을 제어하는 일련의 전기 신호나 인가된 전압으로 변환되는 방식을 파악하는 것이다. 이럴 때 내부 회로도가 필요하다.

7.4.2 검사기의 내부 회로도

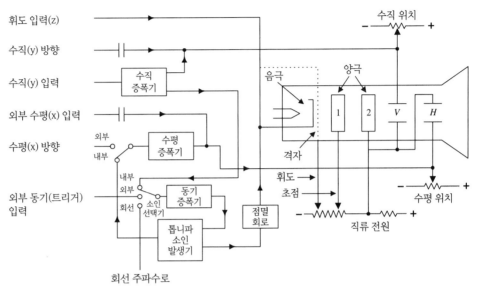

보기 7.28

검사기의 내부 회로가 정현파 신호를 취한 다음에 이를 디스플레이에 표시할 수 있는 것으로 변환하는 방법을 살펴보자. 가장 먼저 할 일은 정현파 신호를 수직 입력에 인가하는 일이다. 정현파 신호가 수직 입력에서 수직 증폭기로 보내져 증폭됨으로써 전자 빔을 휘게 할 만큼 충분한 전압을 공급할 수 있게 된다. 그런 다음 수직 증폭기는 소인(sweep)[역주] 선택기에 신호를 보낸다. 소인 선택기가 내부 위치로 전환되면(그 밖의 위치는 7.4.5절에서 설명) 수직 증폭기의 신호가 동기 증폭기로 들어간다.

[역주] 즉, 스위프

동기 증폭기는 수평 소인(이 경우 톱니 형)과 시험 중인 신호를 동기화하는 데 사용된다. 동기 증폭기가 없으면 화면에 이리저리 표시되는 패턴이 나타난다. 동기 증폭기는 톱니파 소인 발생기에 신호를 보내 주기가 시작된다는 점을 알린다. 톱니파 소인 발생기는 수평 증폭기에 톱니파 신호를 보낸다(수평 입력이 내부로 설정된 경우). 동시에 톱니파 소인 발생기에서 점멸 회로로 신호가 전송된다. 점멸 회로는 제어 그리드에 높은 음전압(또는 음극선관 내 음극의 높은 양전압)을 생성하여 빔을 시작점에 다시 물릴 때 빔을 끈다. 마지막으로 수직 및 수평 증폭기(톱니 모양)의 전압이 동기화된 방식으로 수직 판과 수평 판으로 전송된다. 최종 결과로 검사기 화면에 정현파 모양이 표시된다.

수직 직접 입력 및 수평 직접 입력, 외부 수평 입력, 외부 트리거, 계통 주파수, xy 모드와 같은 나머지 기능에 대해서는 7.4.5절에서 설명한다.

검사기가 수평 판에 인가된 톱니파 전압을 항상 사용하지 않는다는 점에 유념해야 한다. 꼭지와 입력을 변경할 수 있고, 수평 축에 다른 입력 신호를 사용할 수 있다. 빔의 휘도, 초점 및 수평 및 수직 위치를 조절하는 조절기는 오실로스코프 회로도를 보면 이해할 수 있다.

7.4.3 빔 겨누기

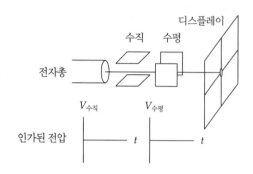

수평 판 및 수직 판에 전압이 가해지지 않을 때, 전자 빔은 검사기 화면의 중심에 초점이 맞춰져 있게 된다.

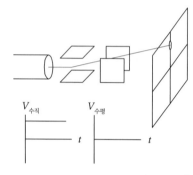

직류 전압이 수직 판에 인가되면서도 수평 판에는 인가되지 않으면 전자 빔은 인가된 전압의 부호에 따라 위나 아래로 이동한다.

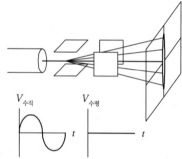

정현파 전압이 수직 판에 인가되는 반면에 수평 판에 전압이 전혀 인가되지 않으면 수직선이 y축을 따라 궤적을 낸다.

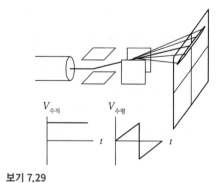

수평 판에 톱니파 전압이 인가되면서도 수직 판에는 전압이 인가되지 않으면 전자 빔은 수평선을 따라 왼쪽에서 오른쪽으로 움직인다. 각 톱니가 끝나면 빔은 왼쪽으로 뜀을 뛰고 왼쪽에서 오른쪽으로 소인을 반복한다.

보기 7.29

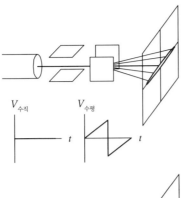

직류 전압이 수직 판에 인가될 때 톱니파 전압이 수평 판에 인가되면 직류 수직 판 전압의 부호(+ 또는 -)에 따라 위나 아래로 이동하는 수평선이 생성된다.

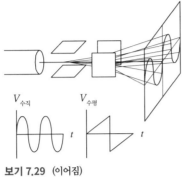

정현파 전압이 수직 판에 인가되고 톱니파 전압이 수평 판에 인가되면 신호 전압이 늘어날수록 전자 빔이 위로 이동하고 동시에 톱니파 전압이 수평 판에 인가됨에 따라 왼쪽으로 이동한다. 디스플레이에 정현파 그래프가 표시된다. 적용된 정현파 주파수가 톱니파 주파수의 두 배인 경우 디스플레이에는 주기가 두 개 나타난다.

보기 7.29 (이어짐)

7.4.4. 검사기 사용법

직류 전압계

검사기로

V t

**교류 전압계/
교류 진동수계**

검사기로

T

T = 주기

f = 주파수

$V_{rms} = \dfrac{1}{\sqrt{2}} V_{max}$

**두 신호 사이의
위상 관계**

원천 1 → 채널 1
원천 2 → 채널 2

검사기는 두 개의 원천 신호(예를 들어, 위상 이동, 전압 및 주파수 차이 측정 등)를 비교하는 데 사용될 수 있다.

디지털 측정

검사기는 디지털 회로의 타이밍도를 만드는 데 사용할 수 있다.

**xy 그래픽
(xy 모드)**

채널 1 입력 → x축
채널 2 입력 → y축

검사기는 더 이상 x축을 시간 축으로 사용하지 않지만 외부에 원천을 둔 그 밖의 신호 전압을 사용한다.

보기 7.30

진동자를
사용한 측정

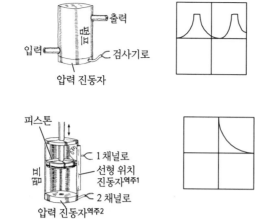

출력
입력
검사기로
압력 진동자

진동자를 사용해 압력과 같은 압력 량을
전압으로 변환하면 검사기를 압력계로 변형
할 수 있다.

y축 → 압력
x축 → 시간

피스톤

비
교

1 채널로
선형 위치
진동자역주1
2 채널로
압력 진동자역주2

여기서는 검사기를 xy 모드에서 사용하는
데, 여기서

y축 → 압력
x축 → 피스톤

역주1 즉, 선형 위치 변환기
역주2 즉, 압력 (신호) 변환기

보기 7.30 (이어짐)

7.4.5 작은 손잡이와 스위치가 하는 일

보기 7.31에 전형적인 오실로스코프의 제어판 배치를 나타냈다. 사람마다 사용하는 검사기의 제
어판이 약간 다르게 표시될 수 있지만(손잡이 위치, 디지털 디스플레이, 입력 채널 수 등) 기본 요소는
동일하다. 이번 절에서 필요한 항목을 찾을 수 없는 경우 검사기에 따라오는 설명서를 참조하라.

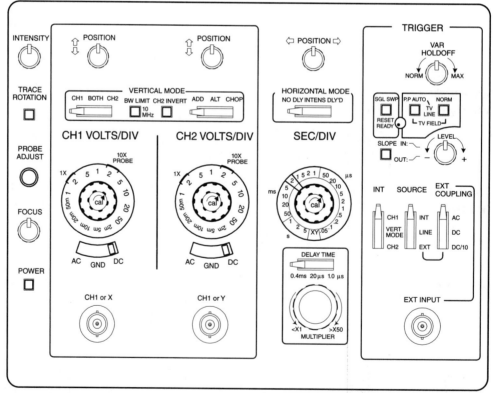

보기 7.31

오실로스코프 제어판이 다음 부분들로 이뤄져 있다.

- 수직 모드(vertical mode): 검사기의 이 부분에는 검사기의 수직 그래픽을 제어하는 모든 손잡이와 버튼 등이 포함된다. 이들 대부분은 들어오는 신호의 전압 진폭과 관련이 있다.
- 수평 모드(horizontal mode): 검사기의 이 부분에는 그래픽 디스플레이의 수평 부분을 제어하는 모든 손잡이와 버튼 등이 포함된다. 이들은 대개 검사기의 시간 기준과 관련이 있다.
- 트리거 모드(trigger mode): 검사기의 이 부분에는 들어오는 신호를 검사기가 '읽는' 방법을 제어하는 모든 손잡이와 버튼 등이 포함된다. 검사기의 이 부분이 아마도 가장 기술적일 것이다. 트리거링을 이해하려면 곧 나오는 '트리거 모드' 부분을 읽어보라.

■ 수직 모드

다음은 수직 모드 조절기들이다.

- CH1 및 CH2 동축 입력(CH1 and CH2 coaxial inputs): 여기서 입력 신호가 검사기로 들어간다.
- AC, GND, DC 스위치(AC, GRD, and DC switches):
  - 교류(AC): 신호 중에서 직류 부분을 차단하고 교류 부분만 통과하게 한다.
  - 직류(DC): 입력 신호의 교류 성분과 직류 성분의 직접 입력을 모두 측정한다.
  - 접지(GND): 접지 입력을 하면 음극선관의 수직 판이 대전되지 않아 전자빔이 편향되지 않는다. 손잡이의 수직 위치를 변경한 후 전자빔의 수직 성분을 디스플레이의 기준 위치로 재조정하는 데 사용된다.
- CH1 VOLTS/DIV 손잡이와 CH2 VOLTS/DIV 손잡이(CH1 VOLTS/DIV and CH2 VOLTS/DIV knobs): 전압 크기를 디스플레이에서 설정하는 데 사용한다. 예를 들어, 5 V/div는 디스플레이의 각 구획(1 cm)이 5 V 높이라는 의미다.

  - MODE 스위치들(MODE switches):
    - CH1, 양쪽(이중), CH2 스위치(CH1, BOTH (DUAL), CH2 switch): 이 스위치를 사용해 채널 1이나 채널 2의 신호를 표시하거나 두 채널을 동시에 표시한다.

- 정상, 반전(NORM, INVERT): 이 스위치를 사용해 신호를 정상적으로 표시할지 거꾸로 표시할지 선택한다.

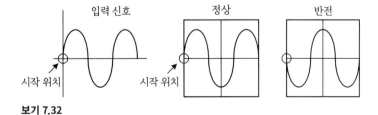

보기 7.32

- 가산, 대체, 재단(ADD, ALT, CHOP):
  - 가산(ADD): 채널 1과 채널 2의 신호를 산술적으로 더한다.

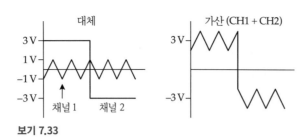

보기 7.33

■ 대체(ALT): 소인 시간에 관계없이 대체 소인이 선택되며 NORM CHOP 스위치는 아무런 효과가 없다.

■ 재단(CHOP): 트리거링하는 SOURCE 스위치를 조작해 이중 궤적 소인 발생을 대체하거나 재단하는^역주 방법을 자동이나 수동으로 선택한다.

[역주] 즉, 잘라내는

• 위치 손잡이(POSITION knob): 이 손잡이로 화면에 표시된 보기를 위나 아래로 옮길 수 있다.

• XY 모드(XY mode): 이 스위치를 선택하면 검사기에서 제공하는 소인 속도(시간에 따른)가 꺼지고 채널 2 입력에 적용된 외부 신호 전압이 소인 신호로 바뀐다.

■ 수평 모드

다음에 나오는 것들은 수평 모드 조절기다.

• SEC/DIV 손잡이(SEC/DIV knob): 이 손잡이는 수평 시간 표시 대비 소인 속도 또는 비율을 설정한다. 예를 들어, 0.5 ms/DIV는 디스플레이의 각 구획(1 cm)이 0.5 ms 너비라는 의미다.

• MODE 스위치:

■ 지연 없음(NO DLY): 이 설정은 수평 신호를 받아 디스플레이에 즉시 표시하기 위한 것이다.

■ 지연됨(DLY'D): 이 설정은 검사기의 지연 시간 부분에서 지정한 시간 동안 수평 신호를 지연시킨다. 신호의 지연 시간을 설정한다.

• 소인-시간 변수 조절(SWEEP-TIME variable control): 소인 주파수 제어, 미세 주파수 제어 또는 주파수 버니어로 알려진 경우도 있다. 소인 시간을 미세하게 조절할 때 사용한다. 극도의 시계 방향(CAL) 위치에서 SWEEP TIME/CM 스위치를 사용하여 소인 시간을 보정한다. 다른 위치에서 가변 제어는 연속적으로 가변 소인 비율을 제공한다.

• 위치 손잡이(POSITION knob): 수평 표시를 왼쪽이나 오른쪽으로 옮긴다. 두 개의 입력 신호를 비교할 때 이 기능이 유용하다. 파형 패턴을 정렬해 비교할 수 있게 한다.

■ 트리거 모드

다음은 트리거 모드 조절기이다.

• 외부 트리거 잭(EXT TRIG jack): 외부 트리거 신호를 위한 입력 단자.

• CAL 단자(CAL terminal): 교정된 1 kHz, 0.1 V 최고점 간의 구형파 신호를 제공한다. 이 신호는 수직 증폭 감쇠기를 교정하고 검사기와 함께 사용되는 탐촉자의 주파수 보상을 확인하는 데 사용할 수 있다.

- 연기 조절기(HOLDOFF control): 연기 시간을 조정하는 데 사용된다(연기 시간이 끝날 때까지 트리거를 무시함).

- 트리거링 모드 스위치(TRIGGERING mode switch):
  - 1회(SINGLE): 신호가 반복되지 않거나 진폭이나 모양 또는 시간이 다를 경우, 종래의 반복적인 디스플레이는 불안정하게 나타날 수 있다. SINGLE은 트리거된 단일 소인 작동에 대한 재설정(RESET) 스위치를 활성화한다. 신호 소인을 비반복 신호를 촬영하는 데 사용할 수 있다. RESET 버튼을 누르면 다음 동기화 트리거가 발생할 때 단일 소인이 시작된다.
  - 정상(NORM): 트리거된 소인 작동에 사용된다. 트리거링 임곗값은 트리거링 수준(LEVEL) 조절기로 조정할 수 있다. 트리거 신호가 없거나 임곗값이 트리거 신호의 진폭을 초과할 수 있도록 LEVEL 조절기가 설정되어 있으면 소인이 발생하지 않는다(보기 7.35).
  - 자동(AUTO): 소인 발생기가 자유롭게 실행되고 트리거 신호 없이도 소인을 생성하는 자동 소인 동작을 선택한다(반복 소인 동작이라고도 함). AUTO 모드에서 허용 가능한 트리거 신호가 있으면 소인 발생기는 트리거된 소인 작동으로 자동으로 바뀐다. AUTO 위치는 처음 파형을 관찰하기 위해 검사기를 설정할 때 유용하다. 그 밖의 조절기를 제대로 설정할 때까지 파형 작동 작동을 소인한다. 직류 측정 및 소인이 트리거되지 않는 진폭이 작은 신호에 대해서는 직류 자동(DC AUTO) 소인을 사용해야 한다.
  - 고정(FIX): 이는 LEVEL 조절기가 어떻게 설정되어 있든 트리거가 항상 동기 트리거 파형의 중앙에서 발생한다는 점을 제외하고는 AUTO 모드와 같다.

- 기울기 버튼(SLOPE button): 검사기가 트리거되는 지점을 선택한다. 양의 기울기를 선택하면 양의 기울기에 맞춰 신호 전압이 상승하는 동안 기준(LEVEL) 전압을 교차할 때만 검사기가 소인을 개시한다(LEVEL 손잡이 설명 참조). 음의 기울기로 설정하면 신호가 음의 기울기를 따라 떨어지는 동안 LEVEL 전압과 교차할 때 발생하도록 소인을 시작한다(보기 7.34 참조).

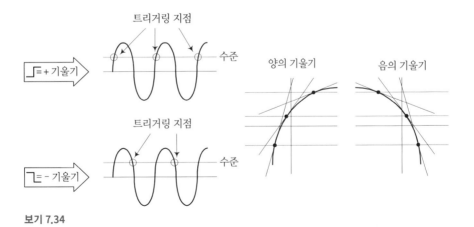

보기 7.34

- 새실징 버튼(RESET button): 트리거링 모드(MODE) 스위치를 단일(SINGLE)로 선정하고 재설정(RESET) 버튼을 누르면, 다음 동기화 트리거가 발생할 때 시작되는 단일 소인이 시작된다.

- 준비/트리거 표시기(READY/TRIGGER indicator): 단일(SINGLE) 트리거 모드에서 재설정(RESET) 버튼을 누르면 표시등이 켜지며 소인이 시작됨을 나타낸다. 소인이 완료되면 표시등이 꺼진다. 정상(NORM), 자동(AUTO) 및 고정(FIX) 트리거링 모드에서 트리거는 트리거된 소인이 지속되는 시간 동안 켜진다. 또한, 표시기는 LEVEL 조절기가 트리거링을 얻기 위해 올바르게 설정되면 표시된다.
- 수준 손잡이(LEVEL knob): 소인을 트리거하는 데 사용된다. LEVEL은 적용된 신호의 진폭에 따라 검사기가 트리거되는 지점을 설정한다. 준위를 위나 아래로 이동할 수 있다. 소인이 트리거되면 준비/트리거(READY/TRIGGER) 표시등이 켜져 트리거링 수준(LEVEL) 조절기가 적절한 범위 안에 있다는 점을 나타낸다(보기 7.35).

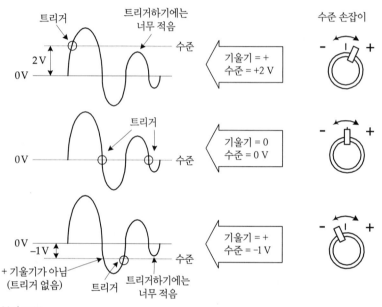

보기 7.35

- 결합 스위치(COUPLING switch): 동기 트리거 신호에 대한 입력 결합을 선택하는 데 사용된다.
  - 교류(AC): 이것은 가장 흔히 사용되는 곳이다. AC 자리에서는 10 Hz에서 일반적으로 35 MHz 이상(사용하는 검사기에 따라 다름)을 트리거하거나 동기화 트리거 신호의 모든 직류 성분을 차단할 수 있다.
  - 저주파 거부(LF REJ): 직류 신호는 차단되고 10 kHz 미만의 신호는 감쇠된다. 소인은 신호의 고주파 성분에 의해서만 트리거된다. 트리거 신호에 60 Hz 험(hum)과 같은 계통 주파수 성분이 들어 있을 때 안정적인 트리거링을 제공하는 데 유용하다.

저주파 거부 없음　　　　　　저주파 거부

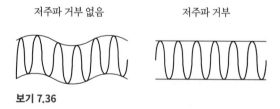

보기 7.36

- 고주파 거부(HF REJ): 100 kHz 이상의 신호를 감쇠시킨다. 이는 고주파 잡음을 줄이거나 반송파 주파수가 아닌 변조된 포락선(envelope)의 진폭에서 트리거를 시작하는 데 사용된다.
- 영상(VIDEO): 합성 영상 신호를 보는 데 사용된다.
- 직류(DC): 직류에서는 트리거링을 일반적으로 35 MHz 이상으로 허용한다. AC 결합으로 측정할 때 감쇠될 수 있는 저주파 신호에 대해 안정적으로 트리거링할 수 있게 DC 결합을 사용할 수 있다. LEVEL 조절기로 파형의 원하는 직류 수준에서 트리거링할 수 있게 조절할 수 있다.

고주파 거부 없음   고주파 거부

보기 7.37

7.4.6 검사기를 사용한 측정

검사기의 버튼과 손잡이를 올바르게 설정해야 정확히 측정할 수 있다. 이 버튼이나 손잡이 중 하나만 잘못 설정해도 문제가 생길 수 있다. 모든 버튼이 올바르게 설정되어 있는지 확인해야 한다.

이번 절에서는 두 신호 간 위상을 측정하는 일을 포함해 오실로스코프의 여러 응용 방법을 설명한다. 각 응용 방법에서는 검사기를 다음에 나열된 초기 설정에 맞게 설정한 다음 특정 단추 및 꼭지를 조정해 특정 응용에 필요한 구성에 맞춰 검사기를 지정하는 절차를 따르면 된다.

▣ 검사기 초기 설정

우선, 다음 설정으로 시작하라.

- 전력 스위치(power switch): 끔
- 내부 재발 소인(internal recurrent sweep), 즉 트리거 모드 스위치(TRIGGER mode switch): 끔(NORM 또는 AUTO 위치)
- 초점(focus): 최저로 설정
- 이득(gain): 최저로 설정
- 휘도(intensity): 최저로 설정
- 동기화 조절기(sync controls), 즉 LEVEL과 HOLDOFF: 최저로 설정
- 소인 선택기(sweep selector): 외부(EXT)
- 수직 위치 조절기(vertical position control): 중간 지점
- 수평 위치 조절기(horizontal position control): 중간

다음으로, 다음 설정을 조절하라.

- 전력 스위치(power switch): 켬
- 초점: 빔에 초점이 맞춰질 때까지
- 휘도: 원하는 광도
- 소인 선택기: 내부(소인을 두 개 이상 사용할 수 있는 경우에는 선형 내부 소인을 사용)
- 수직 위치 조절기: 빔이 디스플레이의 중앙에 놓일 때까지
- 수평 위치 조절기: 빔이 디스플레이의 중앙에 놓일 때까지
- 내부 재발 소인: 켬. 소인 주파수를 100 Hz 이상으로 설정하라.
- 수평 이득 조절기: 발광점이 수평 궤적 또는 수평선으로 확장되었는지 확인하라. 수평 이득 조절기를 0이나 최저 설정으로 되돌린다.
- 내부 재발 소인: 끔
- 수직 이득 조절기: 중간 지점에 맞춘다. 손가락으로 수직 입력을 만져 보라. 공전 신호 픽업은 점을 궤적이나 선에 맞춰 수직 편향시켜야 한다. 수직 이득 조절기를 조정하여 선의 길이를 조절할 수 있는지 확인하라. 수직 이득 조절기를 0이나 최저 설정으로 되돌린다.
- 내부 재발 소인: 켬. 점을 수평선으로 확장하기 위해 수평 이득 조절을 미리 하라.

■ 정현파 전압 신호 측정

1. 보기 7.38과 같이 장비를 연결하라.

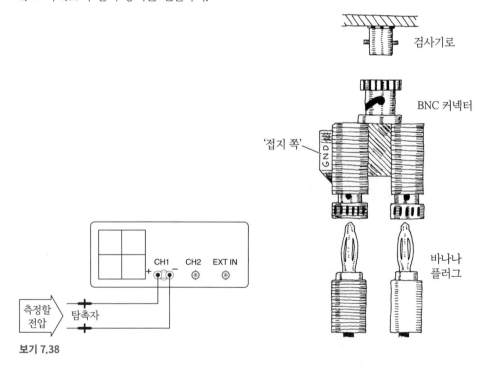

검사기로

BNC 커넥터

'접지 쪽'

GND

CH1 CH2 EXT IN

바나나 플러그

측정할 전압   탐촉자

보기 7.38

2. 이전 절에 나열한 초기 설정 값으로 검사기를 설정한다.

3. 신호가 나타날 때까지 수직 VOLT/DIV 손잡이를 이리저리 만지작거려 보라.

4. 입력 선택기(AC/GRD/DC)를 접지(GRD)로 설정한다.

5. 검사기를 내부 재발 소인으로 전환하라. 화면에 나오는 희망 경로를 전자 빔이 따라갈 때까지 SEC/DIV 손잡이를 이리저리 돌려 보라.

6. 이제 수평선이 보여야 한다. 수직 위치 손잡이를 조절해 이 선을 x축이나 희망하는 기준 위치에 놓는다. 원하는 기준 점으로 설정한 후에는 수직 위치 손잡이를 이리저리 돌려 보지 마라. 그렇게 하면 측정값이 상쇄된다. 실수로 수직 위치 선을 이동했다고 생각되면 입력 선택기를 GRD로 설정하고 다시 보정하라.

7. 입력 선택기 스위치(AC/GRD/DC)를 DC로 설정한다. 탐촉자를 측정 중인 신호에 연결한다.

8. 신호를 보려면 수직 및 수평 VOLT/DIV 꼭지 및 SEC/DIV 꼭지를 만지작거려 보라.

9. 화면에 신호 그림이 나오면 VOLT/DIV 및 SEC/DIV 꼭지를 보고 현재 설정을 기록해 두라. 이제 검사기 화면의 센티미터 격자 선을 눈금자로 사용해 표시된 이미지의 주기와 최고점 간 전압 등을 시각적으로 측정한다. 실제 전압과 시간을 확인하려면 기록된 설정 값인 VOLT/DIV(또는 VOLTS/cm) 및 SEC/DIV(SEC/cm)를 사용해 센티미터로 측정해 곱하라. 보기 7.39에 나오는 예는 정현파 파형의 최고점 간 전압, 실효치 전압, 주기 및 주파수 계산 방법을 보여 준다.

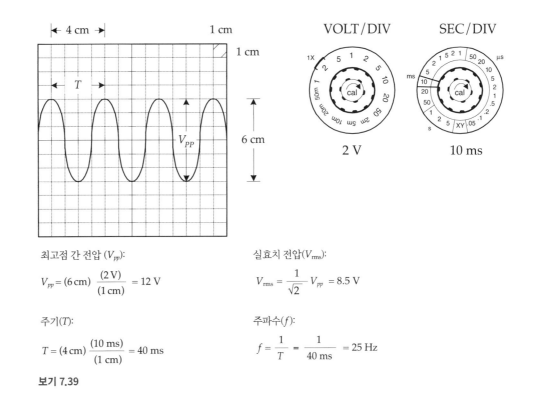

최고점 간 전압(V_{pp}):

$$V_{pp} = (6\,\text{cm})\,\frac{(2\,\text{V})}{(1\,\text{cm})} = 12\,\text{V}$$

주기(T):

$$T = (4\,\text{cm})\,\frac{(10\,\text{ms})}{(1\,\text{cm})} = 40\,\text{ms}$$

실효치 전압(V_{rms}):

$$V_{\text{rms}} = \frac{1}{\sqrt{2}}\,V_{pp} = 8.5\,\text{V}$$

주파수(f):

$$f = \frac{1}{T} = \frac{1}{40\,\text{ms}} = 25\,\text{Hz}$$

보기 7.39

▣ 전류 측정

앞에서도 언급했지만 오실로스코프로는 전압만 측정할 수 있을 뿐 전류를 직접 측정할 수 없다. 그렇지만 저항기와 옴의 법칙을 활용해 검사기를 속이는 식으로 전류를 측정할 수는 있다. 간단히 저항이 알려진 저항기의 양단의 전압 강하를 측정하고 나머지는 $I = V/R$에 맡기면 된다. 일반적으로 저항기의 저항은 측정하는 회로 내에서 운전 조건에 방해가 되지 않을 만큼 작아야 한다. 이런 경우에는 아주 정밀한 1 Ω 저항기를 종종 사용한다.

검사기로 전류를 측정하는 방법의 특징을 살펴보자.

1. 보기 7.40에 보이는 바와 같이 장비를 설정하라.

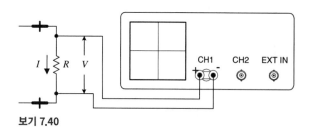

보기 7.40

2. '검사기 초기 설정'을 다룬 절에 나온 초기 설정 값으로 검사기를 설정한다.

3. 저항기를 통해 측정할 직류 전류를 인가한다. 여기서 우리는 1 Ω 저항기를 사용해 계산하기 편리하게 하고 시험 중인 회로의 동역학이 변경되지 않도록 할 것이다. 저항기의 와트 수는 최대 전류를 제공한 것의 2배 이상이어야 한다(암페어로 표시). 예를 들어, 최대 예상 전류가 0.5 A인 경우에 저항기의 최소 와트는 $2\,\Omega \times (0.5\,\text{A})^2 = 1/2\,\text{W}$여야 한다.

4. 검사기를 사용해 저항기 양단의 전압 강하를 측정하라. 알 수 없는 전류의 크기는 측정된 전압의 크기와 같다. 단, 1로 저항기가 고정되어 있어야 한다. 보기 7.41에 몇 가지 측정 사례가 나오는 데 그중에 두 개는 RMS 및 총(직류 + 교류) 유효 전류를 측정하는 방법을 설명한다.

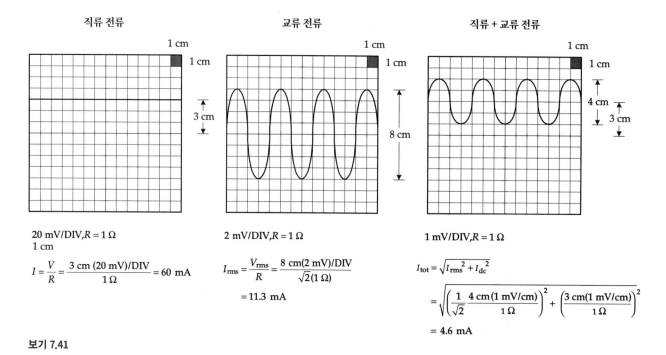

직류 전류

교류 전류

직류 + 교류 전류

20 mV/DIV, R = 1 Ω
1 cm

$$I = \frac{V}{R} = \frac{3\,\text{cm}\,(20\,\text{mV})/\text{DIV}}{1\,\Omega} = 60\,\text{mA}$$

2 mV/DIV, R = 1 Ω

$$I_{\text{rms}} = \frac{V_{\text{rms}}}{R} = \frac{8\,\text{cm}\,(2\,\text{mV})/\text{DIV}}{\sqrt{2}\,(1\,\Omega)}$$
$$= 11.3\,\text{mA}$$

1 mV/DIV, R = 1 Ω

$$I_{\text{tot}} = \sqrt{I_{\text{rms}}^2 + I_{\text{dc}}^2}$$
$$= \sqrt{\left(\frac{1}{\sqrt{2}}\frac{4\,\text{cm}\,(1\,\text{mV/cm})}{1\,\Omega}\right)^2 + \left(\frac{3\,\text{cm}\,(1\,\text{mV/cm})}{1\,\Omega}\right)^2}$$
$$= 4.6\,\text{mA}$$

보기 7.41

■ 두 신호 간 위상 측정

두 개의 전압 신호 사이의 위상 관계를 비교하려고 한다고 하자. 이렇게 하려면 신호 중 하나를 CH1에 적용하고 다른 신호는 CH2에 적용한다. 그런 다음 이중(DUAL 또는 BOTH) 설정을 사용해 두 신호를 동시에 표시하게 나란히 배치하면 위상차를 비교할 수 있다. 두 신호가 보이는 방식은 다음과 같다.

1. 보기 7.42에 보이는 바와 같이 장비를 설정하라.

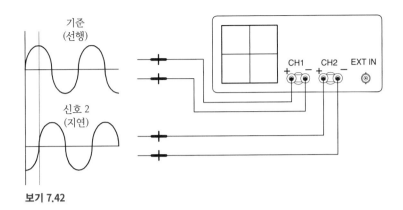

보기 7.42

2. '초기 검사기 설정' 절에서 이미 나열한 바 있는 초기 설정에 맞춰 검사기를 설정한다. 케이블의 길이는 짧고 서로 같아야 하며 전기적 특성이 비슷해야 한다. 케이블 길이 차이나 전기적 특성의 차이로 인해 고주파에서 부적절하게 위상이 변화할 수 있다.

3. 검사기의 내부 재발 소인을 켬으로 바꾸라.

4. 검사기를 이중 궤적(DUAL) 모드로 설정한다.

5. 두 신호의 진폭이 비슷해질 때까지 CH1 및 CH2 VOLT/DIV 설정을 만지작거려 보라. 이렇게 하면 위상 차이를 쉽게 측정할 수 있다.

6. 기준 신호의 위상 인자를 결정한다. 신호의 한 주기(360°)가 8 cm이면 1 cm는 36°의 1/8, 즉 45°에 해당한다. 45° 값이 위상 인자를 나타낸다(보기 7.43을 볼 것).

7. 두 파형의 대응점(예: 해당 봉우리 또는 골짜기) 간의 수평 거리를 측정한다. 이 측정된 거리에 위상 인자를 곱해서 위상차를 얻는다(보기 7.43). 예를 들어, 두 신호 간의 측정된 차이가 2 cm이면 위상차는 2 × 45°, 즉 90°이다.

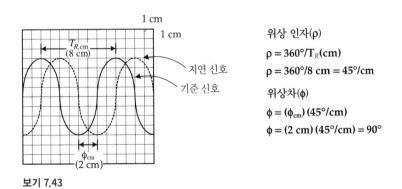

위상 인자(ρ)

$\rho = 360°/T_R(cm)$

$\rho = 360°/8\ cm = 45°/cm$

위상차(φ)

$\phi = (\phi_{cm})(45°/cm)$

$\phi = (2\ cm)(45°/cm) = 90°$

보기 7.43

7.4.7 검사기 응용

고주파 파형을 '얼려 놓는' 오실로스코프의 기능은 응답 곡선, 과도 특성, 위상 관계 및 타이밍 관계가 근본적으로 중요한 전자 부품 및 회로를 시험하는 데 무척 중요하다. 예를 들어, 검사기는 특정 파형(예: 구형파나 톱니파 등)의 모양을 연구하는 일에 사용된다. 정적 잡음(부품 간 연결 불량으로 인한 전류 변화), 펄스 지연, 임피던스, 디지털 신호 및 기타 값을 측정하는 데도 검사기를 사용한다. 이와 같은 목록은 쭉 이어진다. 이 절에서는 몇 가지 검사기 응용 사례를 소개한다.

정적 잡음 유발 전위차계 탐색

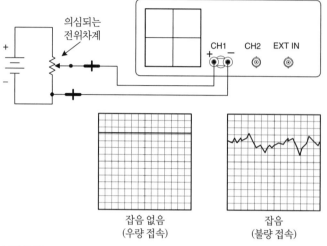

여기서는 전위차계의 미끄럼 접촉자가 잘못되었는지를 판단하기 위해 검사기를 사용한다. 좋은 전위차계는 검사기 화면에 매끄러운 전압선이 표시되게 하는 반면 전위차계에 문제가 있다면 디스플레이에 난잡한 패턴이 나온다. 전위차계가 좋지 않다는 결론을 내리기 전에 먼저 잡음이 나타난 것은 아닌지 확인하라. 예를 들면, 이 검사에 사용하는 케이블이 잘못되었을 수 있다.

보기 7.44

펄스 측정

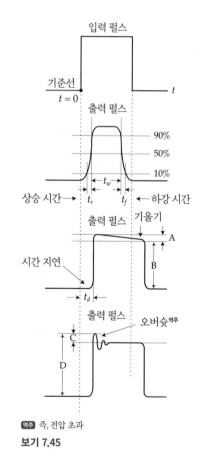

검사기는 흔히 구형 펄스가 회로를 통과할 때 변하는 방식을 연구하는 데 사용된다. 이 보기는 발생 가능한 펄스 변화를 다음 정의들과 함께 보여 준다.

상승 시간(rise time, t_r): 출력 펄스의 진폭이 최댓값의 10%에서 90%로 변경되는 시간 간격

하강 시간(fall time, t_f): 출력 펄스의 진폭이 최댓값의 90%에서 10%로 변경되는 시간 간격

펄스 폭(pusle width, t_w): 출력 펄스 최댓값의 50%에 해당하는 값 두 개 사이의 시간 간격

시간 지연(time dalay, t_d): 출력 펄스의 시작($t = 0$)과 출력 펄스의 최댓값의 10% 사이의 시간 간격

기울기(tilt): 출력 펄스 상단 부분의 하강 측정

$$백분율\ 기울기 = \frac{A}{B} \times 100\%$$

오버슛(overshoot): 출력 펄스의 양이 입력 펄스의 위쪽 부분을 얼마나 초과하는지 측정

$$백분율\ 오버슛 = \frac{C}{D} \times 100\%$$

역주 즉, 전압 초과

보기 7.45

7.4.8 임피던스 측정

여기서는 반사 펄스와 출력 펄스를 비교해 임피던스를 측정하는 방법을 쓴다. 출력 신호가 전송선을 따라 이동하다가 신호 불일치 또는 임피던스의 차이가 발생할 때마다 신호의 일부가 반사되어 선로를 따라 원천으로 되돌려 보내진다. 이 선로에는 특성 임피던스가 있다. 선로 임피던스가 원천 임피던스(측정 대상)보다 큰 경우 반사 신호가 반전된다. 선로 임피던스가 원천 임피던스보다 낮으면 반사 신호가 반전되지 않는다.

1. 보기 7.46에 보이는 바와 같이 장비를 설정하라.

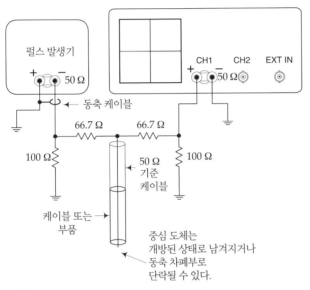

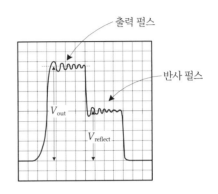

보기 7.46

2. 7.4.6절에 나열된 초기 설정 상태로 손잡이와 스위치를 설정한다.

3. 내부 재발 소인을 켠다.

4. 소인 선택기를 내부(INTERNAL)로 설정한다.

5. 동기 선택기를 내부(INTERNAL)로 설정한다.

6. 펄스 발생기를 켠다.

7. 출력 펄스가 표시될 때까지 VOLT/DIV, SEC/DIV 손잡이를 이리저리 돌려 본다.

8. 검사기의 출력과 반사 펄스를 관찰한다. 출력 전압(V_{out})과 반사 전압($V_{reflect}$)을 측정한다.

9. 알려지지 않은 임피던스를 알고자 할 때는 다음 방정식을 사용한다.

$$Z = \frac{50\,\Omega}{2V_{out}/V_{reflect}} - 1$$

50 Ω 값은 동축 기준 케이블의 특성 임피던스를 나타낸다.

■ 디지털 응용

I/O 관계

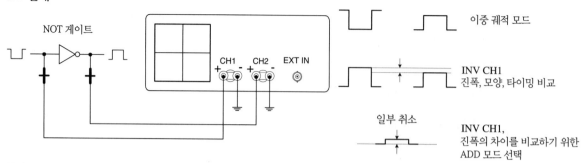

NOT 게이트

CH1   CH2   EXT IN

이중 궤적 모드

INV CH1
진폭, 모양, 타이밍 비교

일부 취소

INV CH1,
진폭의 차이를 비교하기 위한
ADD 모드 선택

보기 7.47

클럭 타이밍 관계

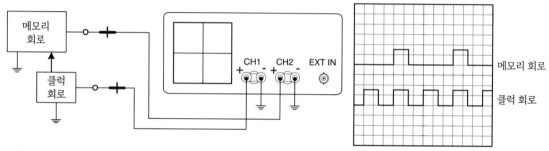

메모리
회로

클럭
회로

CH1   CH2   EXT IN

메모리 회로

클럭 회로

보기 7.48

주파수 분할 관계

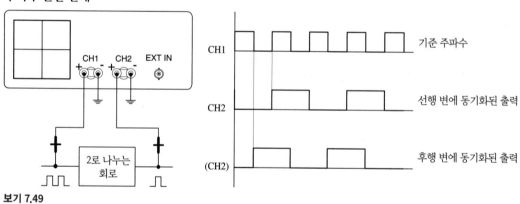

CH1   CH2   EXT IN

2로 나누는
회로

CH1

기준 주파수

CH2

선행 변에 동기화된 출력

(CH2)

후행 변에 동기화된 출력

보기 7.49

진전 시간 지연 점검

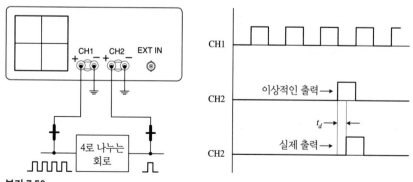

CH1   CH2   EXT IN

4로 나누는
회로

CH1

CH2

이상적인 출력 →

t_d →

CH2

실제 출력 →

보기 7.50

논리 상태 점검

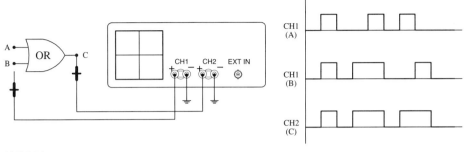

보기 7.51

7.5 전자공학 실험실

전자기기를 안전하게 다루면서 즐거운 경험을 하려면 풍족한 전자공학 실험실이 필요하다. 이 절에서는 좋은 전자공학 실험실의 공통된 핵심 특징을 배울 수 있다. 민감한 IC가 ESD로 인해 손상되지 않게 하는 방법과 회로와의 결합으로 인한 외부 전자기 잡음을 제한할 수 있게 작업장을 설치하는 방법을 찾을 수 있다. 또한, 문제를 해결하며 회로를 설계하는 데 필요한 다양한 시험 장비, 시제품 제작 장비, 도구도 배울 수 있다. 진지하게 전자공학에 임한다면 결국에는 자연스럽게 여기서 설명한 대로 설치하게 될 것이다. 그러나 출발 시점부터 이 모든 장비가 필요하지는 않다. 작업대, 납땜인두 및 멀티미터를 사용하기에는 갈 길이 아직 멀다.

전자공학을 해보려고 할 때 무엇보다 중요한 도구는 자신의 두뇌라는 점을 잊지 마라. 그러므로 여기에 나오는 장비나 도구 중 부족한 게 있을 때는 문제를 스스로 해결할 수는 없는지를 알아보라. 그렇지만 문제를 찾아내거나 '색다른' 회로를 구성하는 데 걸리는 시간보다 더 많은 시간을 그저 적절한 장비가 없다는 이유만으로 소비해야 할 수도 있다는 점에 유념하라.

마지막으로, 다음에 나오는 정보 중 일부가 능력 밖인 것처럼 보일지라도 당황하지 마라. 대다수 기술 정보는 장비 규격을 시험하는 일이나 문제를 표기하는 일과 관련이 있다. 물건을 살 때 중시해야 할 특징을 잘 알 수 있게 하는 게 목적이다.

7.5.1 작업장

튼튼하고 큰 작업대를 사용하면 물건을 넓게 펼쳐 놓을 수 있다. 이상적으로는 접지에 쉽게 연결하거나 접지에서 쉽게 떼어낼 수 있는 금속 접지면(교류 콘센트의 초록색 접지면)이 있어야 한다. 접지면은 RF 배경 복사, 60 Hz 잡음 및 기타 외부 전자기 방해 및 정전기 방해가 회로와 관련되지 않게 한다. 시험 중인 회로와 작업대 사이에 단열재나 판지를 깔아 놓아 접지에 합선되지 않도록 하라.

그다지 정밀하지 않아도 되어서 가볍게 측정하는 경우라면 일반적으로 접지면 없이도 측정할 수 있다. 간섭 문제에 직면해 있거나 작업대에 접지면이 없는 경우, 접지에 연결된 선에 납땜해 둔 이중 절연 금속 깔개 위에 회로를 놓아두라. 접지되어 있고 한쪽 면만 동도금을 한 판지(동도금을 한 면을 위로 올라오게 한 다음 마분지를 그 위에 깐 것)도 효과를 발휘할 것이다.

많은 전자공학용 작업대를 온라인으로 찾을 수 있지만 찾을 수 없을 때는 직접 만들면 된다. 이번 장의 마지막 절(7.5.23절)에는 현지 철물점에서 구입할 수 있는 부품으로 만드는, 선반이 다섯 개이고 크기가 $31 \times 72 \times 72$인치인 금속성 틀로 된 작업대에 대한 설계 계획이 나온다.

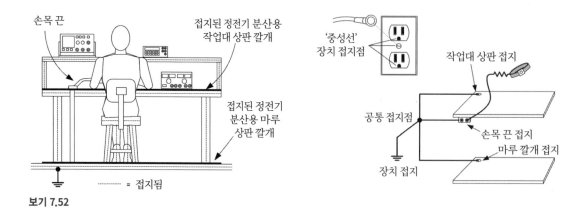

보기 7.52

접지된 정전기 분산용 깔개와 손목 띠를 사용해 ESD를 최대한 줄일 수 있게 한 작업대이다. 접지가 잘 될 수 있게 각 깔개와 손목 띠를 별도의 접지선을 사용하여 공통 접지점에 바로 연결하라. 탁상형 작업대, 신체, 바닥을 대지에 접지, 즉 공통 기준에 접지함으로써 신체와 민감한 IC 사이의 ESD 손상을 작업대에서 제거할 수 있다. 자신을 직접 접지해서는 안 된다. 선로 전압 충격으로 인한 위험이 실제로 잠재되어 있기 때문이다. 대신에 직렬 1 M 저항기 한 개를 담고 있는 손목 끈을 구입하라. 저항기는 잠재적으로 치명적일 수 있는 전류 흐름을 제한하면서 ESD에 대해 충분한 경로를 제공한다.

전기 충격 위험을 줄이기 위해 콘크리트 바닥에 고무 깔개를 사용하는 경우, 정전기 방지 고무로 만들어졌는지 확인하라. 그렇지 않으면 사실상 ESD 위험이 커질 수 있다. 카펫이 깔린 곳에서는 특수한 정전기 방지용 접지 깔개를 구입해 쓰거나 정전기 방지 스프레이를 뿌려두라. DESCO, 3M 및 기타 여러 제조업체가 ESD 방지용 작업 깔개를 만들고 작업대용 접지 키트를 공급한다.

또한, 모든 장비를 적절히 접지했는지 확인하라. 민감한 부품들을 납땜할 때 쓸 납땜인두의 끝을 접지하는 일도 마찬가지이다. 3선 전력선을 사용하는 모든 장비는 대지에 이미 접지된 것이기는 해도 접지에 문제가 없을 것이라고 추정하지 마라. 모든 접지들을 시험해 내부 전위가 같은지를 살펴보라. 저항계를 사용해 대지 접지와 장비 접지 단자, 플러그 및 섀시 본체 사이의 저항을 테스트하라. 적절하게 접지되지 않은 물건을 만지는 사람은 그 자신이 최적 접지 경로가 된다. 접지 고리를 없애고 회로와 결합되어도 외부 잡음을 제한하는 접지가 바람직하다.

7.5.2 시험 장비

실험실에 다양한 장비를 구입해 구색을 맞출 수는 있다. 그렇지만 지갑에는 한계가 있는 법이다. 중고기기를 찾기에 가장 좋은 곳은 이베이(eBay)이다. 고물만 나와 있는 품목을 찾는 게 아니라

역주 인터넷에서 '온라인 전자부품'으로 검색하면 국내에서도 이와 같은 상점들을 많이 찾을 수 있다.

면, 최고급 신품을 찾을 수 있을 것이다. 하지만 www.webtronics.com[역주]과 같은 전자기기 사이트와 7.5.20절에 나열된 그 밖의 사이트를 확인하면 중고 기기보다 훨씬 비싸지 않은 장비를 찾을 수 있다는 점도 알고 있으라. 물건을 사기 전에 숙제부터 하라. 사양(대역폭, 입력 임피던스, 정확도 등)이 생각하고 있는 시험에 적합한지 확인하라. 전자공학 일을 할 때 최신이며 최고가인 계측기를 지녀야 한다고 생각해서는 안 된다. 20년이 된 것이든 혹은 그보다 더 오래된 것이든 함부로 다루지 않은 장비라면 크게 신뢰할 만하다. 장비의 정상 작동 유무와 최근의 수리 내역을 판매자가 검증해 줄 수 있는지를 확인하라. 또한, 거래를 마치기 전에 언제 검사했는지도 물어보라.

7.5.3 멀티미터

기준 비교 작업을 정밀하게 많이 할 계획이라면 기준 비교 작업용 디지털 멀티미터(DMM)를 분해능이 최소한 다섯 자리 숫자 이상인 것으로 구비하라. 숫자 자릿수가 많고 더 정밀할수록 돈을 더 내야 할 것이다. 계기에 자동범위 잠금 기능을 갖추고 있는지 확인하면 최고 정확도와 속도를 얻을 수 있다. 대부분의 회로에 대해, 계기에 최대 20 V 정도 되는 고임피던스 상태를 유지하는 고임피던스 입력(>10,000 MΩ)이 필요하다. 이렇게 하면 계기가 회로로 흘러드는 부하를 막을 수 있으므로 측정 오류가 줄어든다.

입력이 10 MΩ인 계기가 많은데, 10 MΩ을 문제로 여기지 않는다면 쓸 만하다. 시험용 인출선의 저항으로 인한 오류를 제거하는 기능인 4선 저항 측정 기능이 있는 계기를 찾아보라. 이베이에서 찾을 수 있는 몇 가지 계기로는 HP3468A(5.5자리), HP34401A(6.5자리) 및 HP3485A(8.5자리) 등을 들 수 있다.

예산이 소진된 경우라면 뒷면에 받침대가 있고 큰 화면과 배경조명을 갖춘 휴대용 디지털 멀티미터를 찾아보라. 고품질 멀티미터 대신에 합리적으로 이것을 쓸 수 있다.

보기 7.53 왼쪽: HP 34401A 탁상용 DMM(6.5 자리 해상도 및 컴퓨터 인터페이스 포함). 가운데: RS232 인터페이스, True RMS, 온도, 인덕턴스, 정전용량, 논리 분석기, 트랜지스터 hFE 테스터, 다이오드 테스터 및 주파수 카운터와 같은 편리한 기능이 탑재된 메텍스(Metex) M-3860M 33/4 디지털 DMM. 오른쪽: 경향을 살펴보는 데 유용한 간단한 아날로그 측정기

몇 가지 보조 계기를 사용하면 편리하게 동시에 여러 가지를 측정할 수 있다. 실효 RMS와 해상도가 최소한 3~4자리인 휴대용 DMM을 구입하라. 이 계기를 50~300달러 사이라면 어디서든 구입할 수 있겠지만, 괜찮은 물건이라도 100~150달러 이상 주고 살 필요는 없다. 정전용량 시험기, 인덕턴스 시험기, 다이오드 및 트랜지스터 시험기, 주파수 카운터 및 온도계와 같은 추가 기

능을 갖춘 휴대용 계기는 편리하며, 특히 시제품을 만들 때는 더 그렇다. LED 극성이나 트랜지스터의 hFE를 언제 점검해야 할지 또는 정전용량을 나타낸 레이블을 보고 목표에 적합한지를 언제 점검해야 할지를 전혀 알 수 없다.

역주 신호의 일시적인 불안정함 또는 흔들림.

현재는 많이 쓰이지 않기는 해도 이럴 때 아날로그 측정기는 여전히 유용하다. 일반 아날로그 계기는 DMM보다 정확도와 해상도가 떨어지지만 이것을 사용하면(특히 잡음이나 지터[역주]가 있는 DMM에서) 눈에 띄지 않는 경향이나 변화율을 눈으로 확인해 볼 수 있다. 아날로그 계기의 또 다른 이점은 수동적 특성이다. 디지털 계기와는 달리 회로로 잡음이 들어가지 못하게 한다. 아날로그 계기로는 순시 값을 읽어내기만 하는 게 아니라 판독 값이 얼마나 빨리 변화하는지를 알 수 있기 때문에 느리게 움직이는 신호도 알 수 있게 한다. 디지털 계기로는 이것을 실제로 볼 수 없다. 일부 디지털 계기는 숫자와 더불어 자기 기압계 형식으로 된 정보도 표시해 이 문제를 해결한다.

마지막 선택 사항으로 일부 PC 기반 DMM도 생각해 볼 수 있다. 이러한 장치는 확장 슬롯(예: PCI 슬롯)을 통해서 컴퓨터에 직접 연결되거나 직렬, 병렬 또는 USB 케이블로 컴퓨터에 연결된 상자를 통해 연결한다. 기술이 발전함에 따라 지금은 PC 기반 성능이 과거보다 훨씬 좋아졌다. 내셔널 인스트루먼트의 NI PXI-4070 DMM(6½자리 DMM)는 매우 인상적인 계측기이다. 데이터를 기록해 관리하고 싶다면 이러한 계측기를 고려하라.

7.5.4 직류 전력 공급 장치

아마도 가장 많이 사용되는 장비는 안정적인 직류 전압을 제공하는 실험용 직류 전력 공급 장치일 것이다. 다음과 같이 단일 극성 및 분리 극성 응용기기에 맞게 구성할 수 있는 가변 직류 정전압/정전류 전력 공급 장치를 들여 놓으라.

역주 즉, 분리 공급 장치

- 직류 모터를 구동할 때 사용하는 12 V 전원과 같은 단일 극성 배열은 양극 단자(+)를 원천으로 사용하고 음극 단자(−)를 귀로로 사용한다.
- 공통 접지를 기준으로 양성 및 음성 부분 둘 다 스윙하는 연산 증폭기에 전력을 공급하는 V 전원과 같은 양전원(split supply)[역주]은 양극 단자(+15 V), 음극 단자(−15 V), 0 V 기준으로 작동하는 공통 단자(COM)를 사용할 것이다. 보기 7.54의 중앙 공급 장치와 같은 일부 공급 장치에는 두 개의 개별 가변 전압원이 있다.

이러한 공급 장치를 사용해 양전원을 생성하려면 두 개의 가변 부분을 점퍼 케이블을 사용해 직렬로 연결한다. 점퍼 케이블이 위치한 지점이 공통 부분이 된다. (일반적으로 직렬 모드를 지정하려면 공급 장치를 켜야 한다).

전류 및 전압 표시 장치가 들어 있는 제품을 구입하라. 회로가 끌어 쓴 전류는 건강이나 병약함에 대한 훌륭한 지표다.

또한, 전력 공급 장치에는 직류 전력 코드의 접지선을 통해 대지 접지에 내부적으로 연결된 접지 단자가 있어야 하는데, 이 접지선에는 집 밖에 묻은 접지봉으로 향하는 전도성 경로가 있다. 많은 회로와 대부분의 시험기기(오실로스코프, 함수 발생기 등)는 대지 접지를 기준으로 사용한다.

예를 들어, 오실로스코프 입력 채널의 외부 BNC 슬리브 또는 함수 발생기 출력의 출력 슬리브는 일반적으로 대지 접지이다.

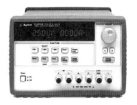

보기 7.54 전류 잠금 및 전압 제어 기능이 있는 정전류/정전압 공급 장치. 왼쪽 공급 장치에는 음극, 공통 및 양극 단자가 있다. 가운데에 나오는 공급 장치에는 독립적인 직류원 세 개가 있는데, 그중 두 개는 가변적이고 나머지 한 개는 5 V로 고정되어 있다. 가변 부분은 각기 직렬이나 병렬로 사용할 수 있다. 양전원을 만들려면 두 부분을 직렬로 두고 공통부분을 두 부분의 접합점이 되게 한다. 오른쪽 공급 장치는 분리 및 고정(5V) 부분으로 구성된다. 세 가지 전압/전류 설정을 저장하고 불러올 수 있다.

또한, 논리 회로에 전력을 공급하는 데 유용한 추가 고정 5 V 출력과 함께 제공되는 소모품을 살펴보라. 이러한 출력들은 일반적으로 3 A를 기록한다.

공급 장치에는 정교하고 대략적인 조정을 위한 조절기 및 전류 제한 잠금 장치가 있어야 한다. 디지털 전류/전압 조절기로는 추세를 살펴보면서 연속해서 위아래로 쓸어 넘길 수 없으므로 피하라.

500달러 정도로 구입해 쓸 만한 중고품으로는 보기 7.54에 나오는 HP3631A가 있다. 이 장치에는 전력 공급 장치 설정을 최대 세 개까지 저장하고 불러올 수 있는 기능이 있다. 또한, RS-232 인터페이스가 딸려 온다. 이와 같은 공급 장치를 구입할 여력이 안 된다면 그 밖의 장치(편의 사양, 즉 옵션이 모두 빠진 것)를 찾아 낼 수 있다. 그 밖에도 프로그램 가능한 공급 장치가 많이 있기는 해도 더 비싼 편이다. 자신만의 공급 장치를 제작하는 대안도 있는데 이것을 11장에서 다룬다.

스위치 모드 가변 전력 공급 장치는 단일 출력의 경우 100달러 미만, 듀얼 채널의 경우 약 150달러로 구입할 수 있다. 양전원 공급 장치가 필요한 작업을 많지 않다면 단일 채널 장치로 충분하므로 비용을 줄일 수 있을 것이다.

또 다른 유용한 문제 해결 도구로는 알칼리, 니켈 수소 또는 기타 적절한 전지 세트가 있다. 이것들을 쌓아 희망하는 전압에 맞출 수 있다(예: 9V 전지 두 개로 18V, 즉 9V를 형성). 전치 증폭기와 마찬가지로 전지는 저잡음 회로에 좋은 대체 전력 공급 장치이다. 평상시 쓰던 전력 공급 장치를 전지로 교체해 쓸 때 전치 증폭기의 출력이 조용해지지 않더라도 전력 공급 장치를 비난하지 마라. 전지를 사용하면 금속 상자에 밀봉된 저잡음 회로의 신호를 전력 공급 장치 잡음으로 흐트러지게 하지 않으면서도 해당 회로에 전력을 공급할 수 있다.

7.5.5 오실로스코프

한 번에 신호 두 개를 추적할 수 있게 채널이 최소한 두 개 이상인 벤치 오실로스코프(전압 파형을 표시하는 장치)를 들여 놓으라. 딸려 오는 대역이 최소 100 MHz인지도 확인하라.

저속 증폭 회로에서 작업하면서도 고주파수 발진을 포착하려면 대역폭이 넓어야 한다. 고주파 성분이나 비정현파의 고조파를 포착하는 데에도 넓은 대역폭이 필요하다. 예를 들어, 100 MHz 구형파 파형의 다섯 번째 고조파를 잡으려면 500 MHz의 대역폭을 지닌 더 비싼 검사기(탐촉자)가 필요하다.

경험칙에 따르면, 주파수를 정확히 측정하려면 검사기의 대역폭이 측정하려는 기본 주파수 파형보다 3~5배 커야 한다. 검사기의 주파수 응답이 지배적이지 않게 진짜 진폭을 측정하려면 측정 대상 주파수보다 대역폭이 10배 이상이어야 한다. 검사기의 대역폭을 넘어서는 주파수 신호를 측정하면 3 dB보다 큰 감쇠가 발생하고 문자 그대로 상승 및 하강 시간이 발생해서 멋지고 깨끗한 구형파가 약한 사인파로 바뀔 수 있다. 보기 7.56은 20 MHz, 100 MHz 및 500 MHz 범위로 측정한 50 MHz 구형파에 대한 감쇠 및 상승 시간 효과를 보여 준다.

  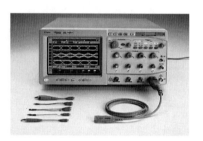

보기 7.55 오래된 검사기부터 고급 기술형에 이르기까지 가격이 천차만별이다. 왼쪽: 에이코 TR-410 10 MHz (Eiko TR-410 10 MHz) 검사기의 가격은 이베이에서 약 30달러다. 최신 표준 검사기와 비교하면 매우 느리지만 저주파 회로에 대한 일반 작업용으로는 쓸 만하다. 가운데: 텍트로닉스 2246 100 MHz(Tektronix 2246 100 MHz)는 판독할 수 있게 전압 및 시간에 대한 커서가 화면에 있는 100 MHz, 4채널 아날로그 오실로스코프이다. 이베이에서 중고품이 약 400달러 정도이며, 범용 시험용으로 쓰기에는 가성비가 좋다. 오른쪽: 인피니맥스 1130(InfiniiMax 1130)이라는 탐촉자가 장착된 최첨단 인피니움 54850(Infiniium 54850) 오실로스코프는 네 개 채널에서 모두 20 GSa/s 샘플 속도로 6 GHz 대역폭을 제공한다. 마이크로소프트 윈도우 엑스피 프로 (Microsoft Windows XP Pro)에서 돌아가는 사용자 인터페이스가 제공되며 CD-RW, 듀얼 모니터 및 타사 소프트웨어를 지원한다. 은행을 털 생각이 아니라면 개인적으로 사서 쓸 수 있다는 생각은 버려라. 지갑이 아주 얇다면 신형 LCD 기반 제품을 약 55달러 정도로 구입할 수 있지만, 구형 검사기보다는 벤치 공간이 훨씬 적다.

검사기(보기 7.55)를 살 때는 아날로그 검사기를 살 것인지 디지털 검사기를 살 것인지 정해야 한다. 최신 기술 측면에서 보면 디지털 검사기가 더 강력하고 더 잘 반응한다. 아날로그 검사기에는 친숙한 조절기, 실시간으로 조정할 수 있게 즉각적으로 표시 내용을 바꾸는 일, 자주 조절해야 할 것을 바로 조절할 수 있게 한 전용 조절기 및 합리적인 가격대와 같은 몇 가지 장점이 있다. 그러나 덜 정확하고 미리 보기 기능이 없고 대역폭이 제한되며(드물게 400 MHz 초과) 파형을 메모리에 저장하지 않아 나중에 불러낼 수 없다.

반면에 최신 디지털 검사기에는 저장 장치가 있고, 더 정확하며, 트리거를 사전에 볼 수 있는 기능이 있다. 파고(peak)/글리치(glitch)^{역주} 검출, 자동 측정, 컴퓨터 및 프린터 연결. 파형 연산을 포함한 파형 처리 기능도 있다. 평균 및 무한 지속과 같은 디스플레이 모드와 자체 보정 기능도 있다. 좋은 디지털 검사기를 사려면 그만큼 돈을 더 치러야 한다. 5만 달러인 최신 최상급 제품의 중고 가격은 1,000달러 이상일 수 있다. 그러나 디지털 검사기의 가격은 계속해서 떨어지고 있으므로, 막대기가 덜렁거릴 정도인 것보다는 더 많은 기능을 갖춘 이중 채널 50 MHz 또는 250 M 표본/초(MS/s)를 500달러보다 싸게 구입할 수 있을 것이다. 대역폭이 늘면 가격이 크게 오르므로 구입하기 전에 구매 후기를 읽어 사용하기 적합한 제품인지 따져보라.

디지털 검사기를 사기로 정한 경우, 들어오는 신호를 '순간 포착'할 수 있을 만큼 빠른 표본 속도를 검사기가 제공하는지 확인하라. 표본 속도가 빠를수록 더 넓은 실시간 대역폭과 더 조밀한 실시간 해상도로 변환된다. 대부분의 제조업체는 에일리어싱(aliasing)^{역주}을 막으려고 최소 4 : 1(디지털 재구성을 채택한 경우) 또는 10 : 1(재구성하지 않음)의 표본 속도 대비 실시간 대역폭 비율을 사용한다. 또한, 검사기의 메모리 용량을 고려해야 한다는 점에 유념하라.

역주 해상도가 우둘투둘해지는 현상

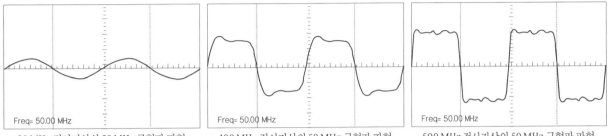

20 MHz 검사기상의 50 MHz 구형파 파형   100 MHz 검사기상의 50 MHz 구형파 파형   500 MHz 검사기상의 50 MHz 구형파 파형

보기 7.56 대역폭이 세 개의 서로 다른 검사기에 표시된 동일한 **50 MHz** 구형파를 보여 주는 화면들이다. **500 MHz** 검사기는 고주파를 상세하게 보여주고, 상승 시간들을 가장 잘 표현한다. 대역폭을 낮추면 상승 시간과 진폭 감쇠가 늘어나는 것을 볼 수 있다. 검사기의 대역폭은 측정 대상 중 가장 **빠른** 신호의 기본 주파수보다 최소 **3배**, 정확한 진폭 측정을 위해서는 **10배** 이상 높아야 한다.

독립형 오실로스코프 대신에 개인용 컴퓨터에서 작동하는 검사기를 쓸 수도 있다. 이러한 검사기는 컴퓨터와 컴퓨터에서 돌아가는 소프트웨어를 시험용 부품인 것처럼 사용한다. 대다수 개인용 컴퓨터 기반 검사기는 인터페이스 카드나 어댑터로 구성된다. 카드 어댑터는 모형에 따라 직렬 포트, 병렬 포트 또는 USB 포트를 통하거나 확장 슬롯(예: ISA 또는 PCI 슬롯)을 통해 PC에 연결된다. 그런 다음에 시험 탐촉자를 인터페이스에 연결한다. PC의 소프트웨어가 인터페이스를 통해 들어오는 데이터를 해석해 그 결과를 모니터에 표시한다. 저비용(저성능) PC 기반 검사기의 가격은 약 100달러이지만 대역폭이 늘수록 상당히 비싸진다.

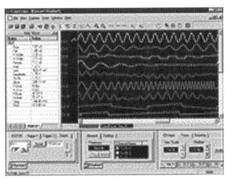

보기 7.57 컴퓨스코프 8500(CompuScope 8500)은 8비트 해상도이며, 온보드 메모리에 데이터를 저장하고, 최대 **500 MS/s** 속도를 제공하며 아날로그 입력을 추출할 수 있다. 이 제품에는 개별 입력이 두 가지이다. **1 MW** 입력과 매우 높은 대역폭 **50 W** 입력이 그것이다. 컴퓨터에서 실행되는 게이지스코프(GageScope) 소프트웨어는 콤퓨스코프 플러그인의 데이터를 따내어 데이터를 분석한 다음 자동으로 결과를 계산해낸다. 컴퓨스코프 8500은 상승 시간, 하강 시간, 주파수, 펄스 폭 및 신폭을 측정할 수 있으며 스펙트럼도 분석한다.

회로를 시험해 문제를 해결하는 일보다 데이터 수집 자체에 더 중점을 두지 않는 한 PC 기반의 독립형 검사기를 쓰기를 제안한다. 검사기를 사용하기 전에 컴퓨터를 켜는 과정은 짜증나게 한다. 대다수 고성능 PC 기반 검사기에는 제대로 된 대역폭이 따라 오지만 보통은 볼품없는 대역폭(20 MHz 정도)이 따라 온다. 대역폭이 100 MHz 이상인 제품을 사려면 1,000 달러 이상 줘야 할 것이다.

7.5.6 오실로스코프 탐촉자

역주 즉, 프로브 또는 탐침

검사기에 적합한 탐촉자(probe)역주를 들여 놓되, 세 개 정도가 적합해 보인다. 한 개는 트리거용으로, 두 개는 개별 채널들 용으로 쓴다. 노출된 전선으로 검사기를 회로에 연결할 수는 있지만 이는 잘못 생각하는 것이다. 노출형 전선은 정전용량 및 인덕턴스가 높은 검사기의 입력 증폭기를 불러낼 수 있지만 단락이 발생할 수도 있다.

BNC 커넥터에 연결된 멀티미터 시험용 리드나 연결용 전선은 특정 응용(일반적으로 저주파)에서만 작동하지만, 신호를 손상시킬 수 있는 외부 복사선(예: 60 Hz 전력, 라디오, TV 및 형광등)을 포착할 수 있다 차폐되지 않은 동축 케이블을 임시변통용 탐촉자 선으로 사용하면 누락된 픽업을 줄일 수 있지만, 동축 케이블이 표준검사기에 연결되면 새로운 문제들이 생길 수 있다. 동축 케이블(일반적으로 100 pF/m)의 내부 정전용량은 시험 대상 회로에 용량성 부하가 있게 하는 경향이 있지만, 해당 케이블은 특정 주파수에서 공진 효과를 내며 신호 반사를 일으켜 신호 손상을 불러온다. 이러한 이유로 특별한 50 탐촉자와 50 검사기를 다루지 않는 한 전용 탐촉자 케이블을 연장할 목적으로 동축 케이블로 연결하는 것은 좋지 않다.

적절한 탐촉자가 없으면 온갖 문제에 부닥칠 수 있다. 이러한 주요 문제로는 회로 부하인가(roading)가 있다. 회로 부하를 인가할 때 너무 많은 전류가 흐르고 전압 강하가 발생 한다. 또한, 사용 중인 장비에 정전용량 및 인덕턴스(예: 동축 케이블)가 들어 있는 경우, 타이밍 측정 및 신호 왜곡을 유발하는 유도성 부하인가 문제에 영향을 주는 용량성 부하인가 문제가 발생할 수 있다. 긴 접지 탐촉자 선을 사용하면 전선에 분산된 내부 인덕턴스가 탐촉자의 정전용량과 상호 작용해 펄스에 영향을 받는 울림(ringing, 감쇠 진폭의 사인 곡선으로 보임)을 유발할 수 있다. 이러한 부하인가 효과로 인해 작동 회로가 오작동하거나 비작동 회로가 갑자기 작동할 수 있다.

전용 오실로스코프 탐촉자를 사용해도 이러한 부하인가 문제는 계속 발생하며 주파수가 늘어날수록 더욱 심각해질 것이다. 높은 가청주파수에서는 탐촉자 끝의 용량성 반응저항이 줄어들어 부하인가가 늘어난다. 이렇게 되면 대역폭이 제한되고 상승 시간이 늘어난다. 저항성 부하인가라는 관점에서 보면 내장형 저항이 더 낮은 탐촉자는 더 큰 감쇠를 유발할 것이다.

검사기 지침서를 찾아 권장 탐촉자를 확인한 다음에 탐촉자를 고르는 게 가장 바람직하다. 지침서가 없다면 오실로스코프 또는 탐촉자 제조업체가 웹사이트에 실어 둔 제안 사항을 확인하라. 그렇지 않으면 다음을 고려하라.

- 탐촉자의 입력 커넥터가 사용하는 검사기의 입력 커넥터와 들어맞는지 확인하라. 대부분의 검사기에는 BNC형 입력 커넥터가 있다. 그 밖의 제품에서는 SMA 커넥터가 사용될 수 있다. 더 정교한 검사기에는 판독, 추적, 탐촉자 전력(활성 탐촉자용과 차동 탐촉자용) 및 기타 특수 기능을 지원하는 특별한 커넥터가 쓰일 수 있다.
- 검사기의 입력 저항과 정전용량에 일치하는 입력 저항과 정전용량을 지닌 탐촉자를 고르라. 적절한 신호 전달 및 충실도를 보장하려면 정합이 필수이다. 탐촉자의 입력 저항 및 정전용량으로 부하인가로 인한 효과를 기술한다. 저주파수(1 MHz)에서 탐촉자의 입력 저항은 시험 대상 회로의 부하를 인가하는 데 핵심 요소이다. 고주파수에서는 탐촉자의 입력 정전용량이 중요한 요소가 된다.

검사기에는 1 MΩ 입력 저항 또는 50 Ω 입력 저항이 딸려 온다(어떤 검사기에는 둘 다). 1M 입력은 범용 시험에 사용되는 반면에 50 Ω 입력은 고속 저부하인가가 필요한 50 Ω 환경에서 사용된다. 1 MΩ 입력에는 1 MΩ 탐촉자를 사용해야 하고, 50 Ω 입력에는 50 Ω 탐촉자를 사용해야 한다. 감쇠기 탐촉자를 사용할 때 이 일대일 저항 일치에 예외가 생긴다. 예를 들어, 1 MΩ 입력과 함께 사용되는 10X 탐촉자의 입력 저항은 10 MΩ이 되는 반면에 50 Ω 입력과 함께 사용되는 10X 탐촉자는 500 Ω 입력 저항을 지니게 된다.

표준 입력 저항(1 MΩ 또는 50 MΩ)과 달리 검사기의 입력 정전용량은 검사기의 대역폭과 그 밖의 설계 기능에 따라 달라질 수 있다. 많은 1 MΩ 검사기의 공통 입력 정전용량이 보통 20 pF이지만, 사용하는 검사기가 5~100 pF 정도 범위에서 얼마든지 다른 값을 지닐 수 있다. 탐촉자의 정전용량을 검사기의 정전용량과 정합시키려면 검사기와 동일한 정전용량 범위 내에 있는 탐촉자를 선택한 다음 탐촉자의 트리머 커패시터를 사용해 탐촉자의 보상 네트워크를 조정함으로써 범위를 좁힌다. 이것을 '탐촉자 보정'이라고 한다. 검사기의 입력 정전용량이 탐촉자의 보상 범위를 벗어나게 되면 트리밍 효과가 거의 발생하지 않는다는 점에 주의해야 한다.

탐촉자 이론 중 일부를 독자의 몫으로 남겨 두고 이번에는 실물 탐촉자를 살펴보자.

■ 피동 탐촉자

일반적인 시험에 가장 널리 사용하는 탐촉자는 실제로는 1 MΩ 입력 검사기용으로 구축된 피동 탐촉자이다. 이러한 피동 탐촉자는 전선, 커넥터 및 필요한 경우 보상 저항기 또는 감쇠 저항기와 커패시터로 구성된다. 이 탐촉자에는 트랜지스터나 증폭기와 같은 능동 부품이 없으므로 견고하고 비교적 저렴하며 사용하기 쉽다.

피동 전압 탐촉자는 1X, 10X, 100X 및 1000X 형태로 공급되며, 각기 감쇠(1X), 10배 감쇠(10X), 100배 감쇠(100X), 1000배 감쇠(1000X)를 표시한다. 감쇠하는 탐촉자는 검사기의 입력 저항과 함께 사용될 때 전압 분할기를 생성하는 내부 저항을 사용해 검사기의 측정 범위를 늘리는 역할을 한다. 예를 들어, 1 MΩ 검사기와 함께 사용되는 흔한 10X 탐촉자에는 입력 채널에서 10:1

감쇠비를 생성하는 내부 9 MΩ 저항이 들어 있다. 이것은 표시된 신호의 크기가 측정한 신호의 1/10이라는 의미이다. 이를 통해 검사기에 과부하를 걸 수 있는 신호를 시험할 수 있다. (표 7.2에는 전형적인 10X 탐촉자의 설계도가 나온다.)

10X 탐촉자는 1X 탐촉자와 비교할 때 측정 전류가 적기 때문에 회로 부하가 적다. 10X 탐촉자는 1X 탐촉자(약 4~34 MHz)와 비교할 때 대역폭이 상당히 크다(약 60~300 MHz). 10X 탐촉자는 약 10배 적은 정전용량을 제공한다. 대역폭 차이는 100X 및 1000X 탐촉자에도 적용된다.

표 7.2 종류가 다양한 오실로스코프 탐촉자 훑어보기

피동 탐촉자	특성과 응용
전형적인 10X 피동 탐촉자 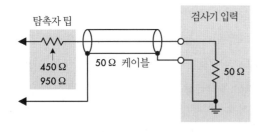	가장 일반적인 탐촉자로 500 V 미만의 중간 신호를 측정하는 데 사용된다. 탐촉자의 팁은 보통 9 MΩ이며, 검사기의 입력 저항을 사용하면 10:1의 감쇠 비율을 제공한다. 탐촉자 케이블 끝에 있는 결선 상자의 정전용량을 검사기의 입력 정전용량과 정합하게 조정한다. 피동 탐촉자는 일반적인 탐색 및 문제 해결에 가장 적합하다. 탐촉자의 높은 입력 임피던스는 보통 1 MΩ 이상이며, 연산 증폭기의 합산 접합부를 측정하기에 이상적이다. 저임피던스 분할기 탐촉자와 비교할 때 상대적으로 낮은 대역폭과 높은 용량성 부하가 절충안이 될 수 있다.
전형적인 저임피던스(50 Ω 또는 Z_0) 탐촉자 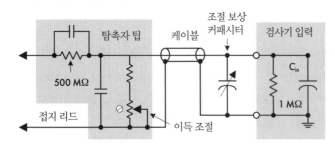	고주파 신호 대비 가장 낮은 정전용량을(< 1 pF) 제공한다. 본질적으로 평탄한 주파수 응답이 정격 주파수 범위에 걸쳐 나타난다. 끝부분에는 10:1이나 20:1 감쇠 비율을 제공하기 위한 저항기(일반적으로 450 Ω 또는 950 Ω)가 포함되어 있다. 탐촉자 케이블의 특성 임피던스는 50 Ω이며, 50 Ω 검사기 입력으로 종결된다. 용량성 부하가 낮고 대역폭이 매우 높은 점(기가 헤르츠 범위)이 장점이다. 또한, 능동 탐촉자에 비해 무척 저렴하다. ECL 회로 및 50 Ω 전송선과 같은 저전압 신호(50 V 미만)을 탐촉하는 데 사용된다. 비교적 무거운 저항성 부하인가가 하나의 절충이므로 측정 대상 회로를 잘 이해해야만 한다. 검사기에는 50 Ω 입력이 있어야 한다. 응용 분야로는 마이크로파 통신에서의 고속 소자 특성화, 논리 회로에서의 전파 지연, 회로 기판 임피던스 시험 및 고속 표본 추출 등이 있다.
보상형 고저항 수동 분할기 탐촉자(고전압 탐촉자)	일반적인 탐촉자가 파괴되는 500 V 이상의 전압 신호를 안전하게 측정하는 데 사용된다. 왼쪽 탐촉자의 끝부분 저항은 500 MΩ이다. 사용된 탐촉자 케이블은 표준 보상형 고저항 수동 분할기 탐촉자에 있는 것과 아주 비슷하다. 검사기 쪽으로 연결한 말단에서 조정 가능한 보상형 커패시터는 탐촉자 및 검사기의 정전용량을 일치시키는 데 사용된다. 탐촉자의 분할기 비율을 선택할 수 있으며 동적 범위가 매우 높다. 절충안에는 물리적으로 큰 탐촉자와 표준 탐촉자에 비해 낮은 대역폭이 포함된다. 응용 분야로는 고전압 영상 신호, 스위칭 전력 공급 장치 및 대형 전력 전송 신호가 포함된다.

표 7.2 종류가 다양한 오실로스코프 탐촉자 훑어보기(이어짐)

피동 탐촉자	특성과 응용
능동 탐촉자 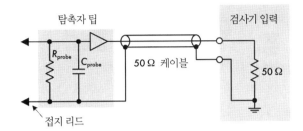 탐촉자 팁 검사기 입력 R_{probe} C_{probe} 50 Ω 케이블 50 Ω 접지 리드	일반적으로 두 가지 종류가 있다. FET와 양극성 입력 탐촉자가 그것이다. 두 종류 모두 RC 회로망 외에도 능동 증폭기를 포함한다. 능동 증폭기는 50 Ω 입력 검사기에 연결된 50 Ω 케이블을 구동한다. (1 MΩ 검사기와 함께 사용할 수 있게 설계한 능동 탐촉자 패키지도 일부 있다는 점에 유념하라.) 능동 탐촉자는 저항성 또는 용량성 부하가 거의 없으며 대역폭이 매우 높으므로(500 MHz~4 GHz) 표준 피동 탐촉자보다 간섭이 적다. 이 탐촉자는 ECL, CMOS 및 GaAs를 포함하는 다양한 회로를 분석하는 데 사용할 수 있다. 사용자는 일반적인 아날로그 회로, 전송선 및 기본적으로 0~10 KW의 원천 저항을 가진 회로도 볼 수 있을 것이다. 능동형 탐촉자 절충안에는 고비용, 제한된 동적 범위(일반적으로 ±4 0V) 및 ESD 민감성이 포함된다.
일반적인 능동 및 차동 탐촉자 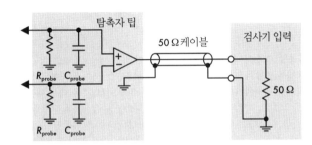 탐촉자 팁 검사기 입력 50 Ω 케이블 R_{probe} C_{probe} R_{probe} C_{probe} 50 Ω	이 종류와 이전에 나온 능동 탐촉자의 주요 차이점으로는 양의 입력(비반전) 및 음의 입력(반전)이라는 두 가지 입력이 있다는 점을 들 수 있다. 이 두 입력이 차동 증폭기로 들어가며, 차동 증폭기는 50 Ω 검사기 입력에 연결된 50 Ω 케이블을 구동한다. (일부 차동 탐촉자 패키지를 1 MΩ 시스템용으로 설계했다는 점을 참고하라.) 차동 탐촉자를 사용하면 접지를 기준으로 다른 한 지점 간이 아닌, 두 지점 간의 전압을 대상으로 정확히 차동 측정할 수 있다. 능동 탐촉자의 주요 기능으로는 직류 오프셋의 조정, 직류 거부 및 결합을 들 수 있다. 이 탐촉자는 또한 1 MHz에서 높은 공통 모드 제거율(CMRR)(예: 3000:1)을 사용한다. 이를 통해 큰 직류 오프셋 및 공통 모드 신호가 있는 경우 작은 신호를 정확하게 볼 수 있다. 이 탐촉자는 차동 증폭기 측정, 전력 공급 장치 문제 해결 및 기타 차동 원천 시험에 사용된다. 수동 탐촉자보다 비싸고 동적 범위가 작으며 외부 전원과 제어 모듈이 필요하다.

2개의 탐촉자가 함께 들어 있어 전환 가능한 1X/10X, 10X/100X 및 100X/1000X 탐촉자를 찾아보라. 탐촉자 몸통에 있는 스위치를 눌러 두 모드 사이를 전환한다. 이러한 탐촉자는 크기가 다양한 신호 간에 왔다갔다할 때 매우 편리하다. 그러나 모드를 전환할 때 전압 크기와 더불어 대역폭도 변경된다는 점에 유념하라.

일반적인 1X 및 10X 탐촉자는 최대 전압 정격이 약 400~500 V이다. 100X 및 1000X 탐촉자는 각기 약 1.4 kV 및 20 kV에서 성능이 더 낫다. 최대 20 kV까지 연장되는 고전압 작업을 위해 특수 설계된 고전압 피동형 탐촉자를 준비하라.

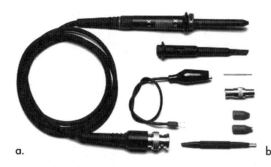

보기 7.58 **(a)** **1 MW, 20 pF** 검사기와 함께 사용할 수 있게 설계한 탐촉자 부착물이 있는 범용 **1X/10X 피동 탐촉자(general-purpose 1X/10X passive probe)**. 1X에서는 감쇠가 없지만 대역폭이 **4~34 MHz** 사이로 제한된다. 10X에서 신호는 원래 크기의 10분의 1로 줄어들지만 탐촉자와 검사기에 따라서는 **60~300 MHz** 사이에서 대역폭이 늘어난다. **(b)** **능동 탐촉자(active probe)**는 주로 고주파, 저전압 작업용으로 사용한다. 능동 탐촉자의 내부 FET는 고대역폭(500 MHz ~ 6 GHz) 및 최소 회로 부하를 허용하는 매우 낮은 입력 정전용량(>1 pF)을 제공한다. 일반적으로 50 Ω 출력 임피던스가 탐촉자에 있어 50 Ω 케이블을 구동하므로 탐촉자 케이블의 길이를 늘릴 수 있다. 전원 커넥터나 신호 커넥터가 있거나 외부 전력원을 쓰는 특수한 검사기가 필요할 수 있다. 제한된 전압 범위가 **40 V**인 게 보통이다. **(c)** 차동 탐촉자(differential probe)에는 내부 차동 증폭기가 있어 차동 측정을 할 수 있다(어떤 지점과 접지 사이가 아닌 두 지점 사이). 차동 탐촉자는 50 Ω 및 1 MΩ 패키지로 들어오며 전원 커넥터/신호 커넥터 또는 외부 전력원이 있는 특수 검사기가 필요할 수 있다. **(d)** 2.5 kV 이상의 고전압 측정에 사용되는 고전압 탐촉자(high-voltage probe). 텍트로닉스의 P6015A는 최대 20 kV(RMS) 직류 전압을 측정할 수 있으며 최대 40 kV까지 펄스를 낼 수 있다. 딸려오는 대역폭이 75 MHz이다. 흔히 100X, 1000X라고 하는 다른 고전압 탐촉자는 최대 전압 및 대역폭 제한을 다양하게 제공한다.

50 Ω 피동 탐촉자(50 Ω passive probes)와 50 Ω 검사기를 잊지 말자. 50 Ω 검사기에 사용하는 탐촉자를 종종 Z_0 탐촉자라고 부르기도 한다. Z_0란 케이블의 특성 임피던스를 말하며, 이 사례에서 동축 탐촉자 케이블은 50 Ω이 된다. 이러한 탐촉자는 1 MΩ 탐촉자보다 훨씬 높은 대역폭을 제공하여 기가헤르츠 범위에 이르고, 상승 시간이 100피코초 또는 이보다 빠르다. 50 Ω 시스템은 주로 고속 회로에 사용된다.

■ 능동 탐촉자

극단적으로 빠른 회로(500 MHz) 또는 고임피던스 회로의 경우, 1 MΩ 검사기와 함께 사용되는 피동 탐촉자(심지어 10X)는 이것을 잘라 내지 못할 수도 있다. 이것들이 심한 회로 부하인가나 감쇠 및 타이밍 저하를 일으킬 수 있다. 능동 탐촉자가 고속 작업에 더 적합하다. **능동 탐촉자**(active probe)에는 입력 신호에 대해 매우 높은 입력 저항과 낮은 입력 정전용량(1 pF 정도)을 보이는 내부 FET나 그 밖의 능동 소자가 들어 있다. 외부 전력을 사용하면 능동 소자는 시험 중인 회로에서 전력을 끌어 오지 않고 신호를 증폭한다.

능동 탐촉자의 대역폭 범위는 500 MHz~4 GHz이다. FET 탐촉자의 출력 임피던스는 일반적으로 50 Ω이고 50 Ω 케이블을 구동하지만, 외장형 회로가 있는 특수하게 설계된 능동 탐촉자는 1 MΩ 검사기용으로 제작되었다. 이를 통해 탐촉자 끝부분과 계측기 사이의 거리를 탐촉자 증폭기 시스템의 실제 한계 및 동축 케이블의 한계 내에서 늘릴 수 있다. 능동 탐촉자를 사용하는 또 다른 이점은 접지 리드 효과를 줄이는 탐촉자의 낮은 입력 정전용량으로 인해 접지 리드의 길이가 피동 탐촉자만큼 중요하지 않다는 것이다. 능동 탐촉자에는 전압 범위(±0.6~±10 V)가 제한되어 있고, 최대 전압 정격이 ±40 V라는 단점이 한 가지 있다.

◼ 차동 탐촉자

또 다른 유용한 탐촉자는 차동 신호를 측정하는 **차동 탐촉자**(differential probe)로서, 한 지점과 접지 사이뿐만 아니라 두 지점 사이의 전위차를 측정한다. 예를 들어, 컬렉터 부하 저항 또는 신호가 본질적으로 지면에서 '떠다니는' 상황에서 발생하는 신호를 측정하기 위해 차동 탐촉자를 사용할 수 있다.

2개의 표준 피동 탐촉자(두 개의 개별 탐촉자와 검사기 채널을 사용하여 두 점을 측정하는 경우)를 사용해 간접 방식으로 차동 측정을 수행할 수도 있지만, 각기 접지를 기준으로 한 다음 범위의 빼기 연산 기능(채널 A-채널 B)을 선택해 차동 측정을 하는데, 이 접근법은 고주파수 또는 잡음 수준에 근접한 작은 신호에 대해서는 잘 작동하지 않는다. 각 탐촉자와 각 검사기 채널을 통과하는 두 개의 개별 경로가 이 접근 방식의 주요 문제이다. 이 경로들 사이의 지연 차이는 두 신호의 시간 왜곡을 초래한다. 고속 신호에서 이러한 왜곡은 계산된 차동 신호에서 상당한 진폭 및 타이밍 오류를 초래할 수 있다.

또 다른 문제점은 탐촉자가 적절한 공통 모드 잡음 제거 기능을 제공하지 않는다는 점이다. 반면에 차동 탐촉자는 차동 증폭기를 사용해 두 신호를 중첩하여 검사기의 한 채널에 대한 측정을 위해 차동 신호를 한 개 생성한다. 이를 통해 더 넓은 주파수 범위에서 공통 모드 거부 성능이 상당히 높아진다. 최신 차동 탐촉자에서 1 GHz의 대역폭은 1 MHz에서 60 dB~1 GHz에서 30 dB까지의 공통 모드 신호 제거율을 특징으로 한다.

◼ 전류 탐촉자

오실로스코프에 대한 탐촉자 중 언급할 만한 마지막 탐촉자는 전류 탐촉자이다. 전류 탐촉자는 도체를 통과하는 전류 흐름을 비침투식으로 측정하는 방법을 제공한다. 기존의 교류 전용 탐촉자와 홀 효과 반도체 탐촉자라는 두 가지 종류의 전류 탐촉자를 사용할 수 있다. 교류전용 탐촉자는 변압기를 사용해 전류 자속을 검사기로 살펴 볼 수 있게 교류 전압 신호로 변환한다. 이 탐촉자는 대개 수백 헤르츠에서 기가헤르츠의 주파수 응답을 보인다. 홀 효과 장치와 교류 변압기를 결합하면 직류에서 약 50 MHz까지 응답하는 탐촉자를 얻을 수 있다. 전류 탐촉자를 사용하는 주된 이유는 비침투성에 있다. 전류 탐촉자는 일반적으로 다른 탐촉자 종류보다 부하를 적게 부과한다. 그러므로 불안정하거나 회로를 건드릴 수 있는 측정을 할 때 사용한다.

■ 탐촉자 제안

다음은 탐촉자 작업에 대한 몇 가지 제안 사항이다.

- **탐촉자를 보정하라:** 특정 오실로스코프 제품의 입력 특성에 적합하게 대다수 탐촉자를 설계한다. 그러나 검사기 범위와 동일한 검사기의 다른 입력 채널 사이에서도 약간의 입력 변화가 있다. 이러한 변형을 처리하기 위해 대부분의 탐촉자, 특히 감쇠 탐촉자(10X 및 100X)에는 보정 회로망이 내장되어 있다. 탐촉자가 작동하는 경우, 이 회로망을 조정함으로써 사용중인 검사기 채널에 대한 탐촉자를 보완해야 한다. 탐촉자를 검사기에 장착한 다음 검사기의 전면 패널에 있는 탐촉자 보정 시험 지점에 탐촉자 끝부분을 연결하라. 그러면 1~10 kHz의 구형파가 생긴다. 탐촉자나 자성을 띄지 않은 드라이버와 함께 제공된 조정 도구를 사용^{역주}해 보상 회로망을 조절함으로써 오버슛(overshoot)^{역주}이나 올림이 없이 상단이 평평한 파형이 표시되게 할 수 있다. 검사기에 내장 교정 절차가 있는 경우 이 절차대로 실행해 정확도를 높인다. 보정되지 않은 탐촉자는 특히 펄스 상승 시간이나 하강 시간을 측정할 때 다양한 측정 오류가 나게 할 수 있다. 검사기 채널을 변경할 때마다 또는 탐촉자 팁 어댑터를 변경할 때마다 보상을 자주 확인하라.
- **적절한 탐촉자 팁 어댑터 사용하라:** 회로의 한 지점에 납땜된 짧은 선을 탐촉자 대용으로 사용하지 마라. 1인치 길이 전선이라도 고주파수에서 중요한 임피던스 변화를 일으킬 수 있다.
- **접지선을 짧게 유지하라:** 피동 탐촉자의 경우 탐촉자 접지 리드가 길어지면 인덕턴스가 커져 신호음이 울리고 신호가 왜곡된다. 탐촉자 접지 리드를 늘리려고 하지 마라.

역주 즉, 전압 초과

7.5.7 범용 함수 발생기

역주 즉, 범용 기능 발생기

사인파, 구형파 및 삼각파 파형을 생성할 수 있는 범용 함수 발생기^{역주}를 들여 놓으라. 주파수가 적당히 높고(바람직하게는 5 MHz 이상)와 전압 범위가 적절한지 확인하라. 일부 함수 발생기에는 기울기, 펄스, 가변 대칭, 수를 센 돌발파, 게이트, 선형/로그 소인, 교류, FM, VCO, 직류 오프셋, 위상 고정 및 외부 변조 입력이 함께 제공된다. 이 모든 것들을 지닌 것이 좋지만 다 필요한 건 아니다. 오실로스코프와 마찬가지로 함수 발생기의 비용은 대역폭에 따라 늘어난다. 보기 7.59는 이베이 및 기타 중고 장비 사이트에서 찾을 수 있는 전형적인 함수 발생기를 보여 준다.

가청 주파수 범위에서 아주 싼(어쩌면 무료인) 함수 발생기를 사용하려면 스마트폰용 함수 발생기 응용 프로그램을 내려받으라. 아이폰과 안드로이드에서 돌아가는 무료 앱이 몇 가지 있다. 시험용 리드가 달린 헤드폰 플러그가 필요할 것이다. 이러한 앱을 사용하면 일반적으로 50 Hz~20 KHz로 주파수를 설정해 일반적인 파형 모양을 선택할 수 있다.

검사기의 채널 한 개를 사용해 다소 임의적이며 주파수에 의존하는 파형의 진폭을 측정해야 한다. 이 접근법은 분명히 상당히 제한적이지만 일부 상황에서는 충분하다.

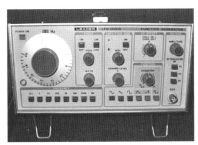
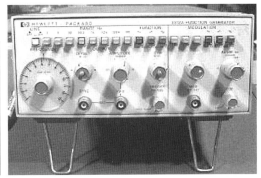

보기 7.59 왼쪽: 리더 LFG-1300S 2 MHz(Leader LFG-1300S 2 MHz), 진폭 변조 및 선형/로그 소인을 포함한 간단한 조절기들과 선택할 수 있는 파형이 많은 함수 발생기. 이베이에서 중고를 60달러 정도에 찾아냈다. 가운데: 사인파, 구형파, 삼각파, 경사 또는 가변 대칭 펄스를 제공하는 0.1 Hz~13 MHz 대역폭의 HP 3312A 함수 발생기. 또한, 외부 AM, FM, 소인, 트리거 및 게이트 기능과 함께 내부 AM, FM, 소인, 트리거, 게이트 또는 버스트 기능이 있다. 150달러보다 싸게 찾아낼 수 있다면 작지만 위대한 계측기가 될 것이다. 오른쪽: 애질런트 33120A 15 MHz(Agilent 33120A 15 MHz) 함수/임의 파형 발생기로서 1~15 MHz 주파수 범위에서 사인파, 구형파 또는 삼각파 신호를 제공하는 고성능 신호원. 이 계측기는 또한 연속 가변 직류 오프셋 및 가변 사용률(역주 즉, 동작책무주기)을 제공하며 클럭 신호 전압 수준을 TTL 부품으로 조정한다. HPIB 및 RS-232 인터페이스와 함께 제공된다. 500달러 정도 줘야 중고품을 살 수 있을 것으로 예상한다.

7.5.8 주파수 카운터

디지털 또는 RF 회로에서 수정의 동작 주파수를 측정하는 일과 같은 정확한 고속 주파수 측정을 위해서는 주파수 카운터를 사용하라. 오실로스코프는 그러한 작업을 하기에는 너무 정확하지 않다(5% 이상 오류). 대역폭이 0~250 MHz인 카운터는 약 100~300달러 정도여서 비싸지 않다.

일부 멀티미터에 주파수 카운터 기능이 있지만 최대 주파수는 종종 매우 낮다.

보기 7.60 중고 주파수 카운터 선택. 왼쪽: 텍트로닉스 CFC-250(Tektronix CFC-250)는 직류에서 100 MHz까지 이르는 카운터로 상자에 담긴 신품을 95달러에 찾아 냈다. 가운데: HP 5385A는 10 Hz~1 GHz 카운터로 여덟 자리 디스플레이와 입력 채널을 두 개 제공하는데, 중고품을 이베이에서 약 200달러에 찾아냈다. 오른쪽: HP 5342A는 열두 자리 디스플레이를 제공하는 10 Hz~18 GHz 카운터인데 비싸다.

7.5.9 컴퓨터

실험실 전용 컴퓨터를 별도로 설치하면 좋다. 구형 컴퓨터도 웬만하면 잘 작동할 것이다. 실험실용 컴퓨터를 제조업체의 부품 사양, 회로도, 전자 제품 온라인 카탈로그 등을 보는 일에 가장 자주 사용하게 될 것으로 보인다.

인터넷을 사용하면 작업대에서 복잡한 IC를 쥔 상태에서도 희망 부품 번호를 원하는 검색 엔진에 입력하기만 하면, 컴퓨터에서 사양 및 핀 지정을 포함한 완벽한 데이터시트를 얻을 수 있다.

전문 부품 공급 업체인 파넬(Farnell), 아르에스 콤포넌츠(RS Components), 마우서(Mouser), 디지키(Digi-Key) 및 뉴아크(Newark)는 대부분의 판매 부품에 대한 데이터시트를 찾아 볼 수 있게 하는데, 물품을 구매하지 않아도 찾아보는 것만으로 매우 유용한 자원이 된다.

물론 마이크로컨트롤러를 프로그래밍하는 일에도 컴퓨터를 사용할 수 있다. 게다가 다른 사람이 가진 마이크로컨트롤러 소스 코드, 마이크로컨트롤러 에디터 프로그램 및 프로그램 업데이트를 다운로드하려면 인터넷에 접속해야 한다.

컴퓨터에 회로 시뮬레이터와 PCB 배치도 프로그램이 있으면 편하다. (전자공학용 CAD 소프트웨어에 대해서 더 알고 싶다면 7.5.22를 보라.)

플러그인 시험 장비를 설치하려면 컴퓨터에 확장 슬롯과 포트가 적절한 개수만큼 있는지 확인하라. 정교한 플러그인 시험 소프트웨어를 실행하려면 적절한 컴퓨터가 필요하다.

7.5.10 기타 시험기기

전자공학용 시험기기는 광범위한데 우리는 지금까지 표준 기기만을 다루었다. LCR 미터, 임피던스 분석기, 논리 분석기, 스펙트럼 분석기, 변조 분석기, 케이블 시험기, 전력 계기, 네트워크 분석기 및 다양한 특수 통신 장비가 그 예이다. 다행히 대부분의 취미형 실험에는 이러한 물품이 필요하지 않다. 변조 분석 및 스펙트럼 분석을 수행하는 경우 필요한 장비가 있는 교육 기관에서 일하거나 공부할 수 있을 것이다. 빌리면 될 것에 큰돈을 쓸 필요는 없다.

보기 7.61 (a) 임피던스(Z), 인덕턴스(L), 정전용량(C), DCR, ESR, D, Q 및 Ø를 측정하기 위한 BK-Precision LCR/ESR 계기. 리드 길이로 인한 오류를 줄이는 4선 시험 기능이 딸려 온다. 다양한 주파수에서 점 주파수 시험에 사용된다. (b) 에이질런트(Agilent) 4263B LCR 계기는 이전 계기보다 더 높은 정밀도로 더 많은 매개변수($|Z|$, $|Y|$, q, R, X, G, B, C, L, D, Q)를 측정할 수 있다. (c) 에이질런트 임피던스 분석기는 LCR 미터와 달리 연속 주파수 소인을 수행하고 그래픽 분석을 제공할 수 있다. 임피던스를 측정하고 재료의 유전율과 투자율을 측정할 수 있다. 40 Hz~110 MHz 범위에서 $|Z|$, $|Y|$, q, R, X, G, B, L, C, D 및 Q와 같은 매개변수를 측정한다. 정확도가 0.08 퍼센트로 소인을 측정해 부품 특성의 극히 작은 변화를 정확하게 평가할 수 있다. 커패시터, 인덕터, 공진기, 반도체, PCB 및 토로이드 심과 같은 기타 재료의 평가를 위한 우수한 계측기이다. (d) 신호의 주파수 스펙트럼(신호 진폭 대 주파수)을 측정하는 데 쓰는 로데 슈바르즈(Rohde & Schwarz) 스펙트럼 분석기이다. 스펙트럼 분석기는 다양한 주파수 범위에서 사용되며 용도에 따라 이름이 달라질 수 있다. 주로 무선 장비의 문제를 해결할 때 잡음 수준, 동적 범위, 주파수 범위 및 전송 전력 레벨을 연구하는 데 사용된다.

7.5.11 다기능 PC 계측기

비싸지만 가격이 합리적인 다기능 PC 계측기가 인기를 얻고 있다. 특히 디자인소프트(DesignSoft)의 TINALab II가 눈에 띈다. TINAPro 회로 시뮬레이터 소프트웨어(DesignSoft도 함께)인 작은 TINALab II 상자(보기 7.62)는 멀티미터(옵션), 오실로스코프, 논리 분석기, 신호 분석기,

신호/함수 발생기 및 스펙트럼 분석기 역할을 하며, 이 모든 게 한곳에 들어 있다. USB나 RS232 인터페이스를 사용해 상자를 노트북 컴퓨터나 데스크톱 컴퓨터에 연결한다. TINA Pro에서 마우스를 클릭만 해도 서로 다른 시험 계측기 패널 및 시험 흐름을 나타내는 서로 다른 화면 사이를 이동할 수 있다.

아마도 디자인소프트 패키지의 가장 흥미로운 특징은 TINAPro가 시뮬레이터와 사용수명 시험기로 동시에 작동할 수 있다는 점이다. 예를 들어, 연산 증폭기, 커패시터 및 저항기를 사용해 증폭기 회로를 설계하는 경우, 먼저 TINAPro에 증폭기 모형을 생성하고 시뮬레이터의 가상 계측기(가상 오실로스코프, 가상 보드 플로터 등)를 사용하여 회로의 동작을 표시한다. 그런 다음 시제품용 보드와 개별 부품을 사용해 사용수명 회로를 제작한 다음 TINALab II 인터페이스를 사용하여 시험할 수 있다. TINALab II로 측정한 시뮬레이션 결과와 실시간 시험 결과를 같은 화면에 나란히 표시할 수 있다. 시뮬레이션이나 사용수명 회로에 문제가 있다면, 회로도를 변경하고 시뮬레이션이 작동하는지 확인한 다음에 사용수명 회로로 이동해, 동일한 변경을 수행하고 작동하는지 확인하라. 이것은 훌륭한 문제 해결 방식일 뿐만 아니라 시각적으로 실용적인 전자 학습 방법이다.

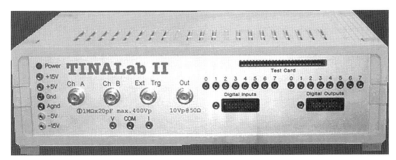 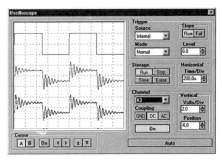

보기 7.62 디자인소프트의 **TINALab II**는 다기능 PC 시험 계측기로 사용된다. 디지털 오실로스코프, 멀티미터(선택), 논리 분석기, 신호 분석기, 신호 발생기 및 스펙트럼 분석기가 제공된다. **TINAPro** 회로 시뮬레이션 소프트웨어가 필요하다.

다음은 TINALab II의 기능을 요약한 것이다.

- 디지털 오실로스코프(digital oscilloscope): 2채널, 50 MHz 대역폭, 10/12비트 분해능, 반복 신호의 경우 4 GS/s 표본 속도, 단일 샷 모드의 경우 20 MS/s. 최대 크기 입력 범위는 ±400 V로서, 5 mV/div ~ 100 V/div 범위를 지닌다.
- 멀티미터(multimeter)(선택): 직류/교류는 1 mV ~ 400 V와 100 μA ~ 2 A이고, 직류 저항은 1 Ω ~ 10 MΩ이다.
- 함수 발생기(function generator): 대수와 선형 소인 및 파고 간 최대 10 V인 변조 사인파, 구형파, 경사파, 삼각파 및 임의 파형을 직류에서 4 MHz로 합성한다. TINAPro의 인터프리터를 사용하면 고급 언어로 임의의 파형을 프로그래밍할 수 있다.
- 신호 분석기(signal analyzer): 함수 발생기와 함께 작동하고 보드(Bode) 진폭 및 위상 다이어그램과 나이키스트(Nyquist) 다이어그램을 측정하고 표시한다. 스펙트럼 분석기로도 작동한다.
- 논리 생성기와 논리 분석기(logic generator and logic analyzer): 최대 40 MHz의 디지털 신호를 생성하거나 시험할 수 있게 한 개별 16 채널 디지털 입력 및 출력.
- 기타: 전력 공급 장치(±5 V, ±15 V), 실험자 모듈을 연결하기 위한 시험용 카드 슬롯.

TINALab II의 가격은 약 1,700달러이며, TINAPro 시뮬레이터 프로그램은 클래식 버전의 경우 약 300달러이고 산업용 버전의 경우 약 600달러이다. 모든 도구와 소프트웨어가 담긴 작은 패키지가 필요할 때 적절한 도구이다. 그러나 나중에 문제를 일으킬 수도 있는 대역폭과 같은 특정 제한 사항을 알고 있어야 한다. 더 자세한 정보를 알고 싶다면 디자인소프트(DesignSoft)의 웹사이트(www.tina.com)를 살펴보라.

7.5.12 격리 변압기

텔레비전이나 스위치 모드 전력 공급 장치 또는 입력 격리가 없는(입력 변압기가 없는) 입력 전원 변압기와 같은 선로 전력 회로를 대상으로 작업할 생각이고 접지 이외의 전위에 '부동 접지'가 있는 경우 선로 전력과 시험 대상 회로 사이에 격리 변압기를 사용하라. 격리 변압기를 사용하지 않고 수리하려 한다거나 단순히 오실로스코프의 접지 리드를 그러한 회로에 붙이면 심한 충격을 주거나 회로 부품이 끊어지거나 시험 장비의 탐촉자 팁이 녹을 수 있다.

교류회선 격리 변압기

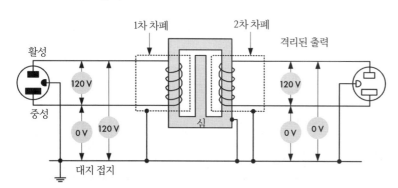
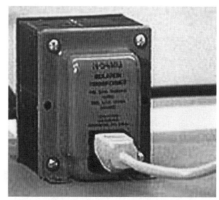

보기 7.63 원천에서 부하를 분리하거나 접지 오류 보호 기능을 제공하는 데 사용되는 주전원 변압기의 기본 회로도. 입력을 격리하지 않은 비접지 장비(예를 들면, 스위치 모드 전력 공급 장치)에서 작업할 때는 언제나 격리 변압기를 사용해야 한다. 두 번째 권선 리드에서부터 접지까지의 전압차는 활성 접지에서부터 대지 접지까지의 1차 측의 120 V 차이와 달리 0 V이다.

보기 7.63에 간단한 주 격리 변압기가 나온다. 격리 변압기는 1차 권선과 2차 권선의 권수가 1:1로 같으므로 1차와 2차 사이의 전류 또는 전압이 늘거나 줄지 않는다. 변압기는 원천에서 부하를 격리해 접지 오류 예방 기능을 제공하도록 설계되었다.

가정용 배선 시 중성선(흰색)과 접지선(녹색)을 주 배선함에 연결하므로 기본적으로 0 V, 즉 대지 접지의 전위와 같아진다. 접지된 물체와 접촉하면서 실수로 활성 전선을 만지면 전류가 몸을 통과해 치명적인 전기충격을 줄 수 있다. 격리 변압기를 사용할 때 2차 권선 리드는 주전원의 활성선이나 중성선과 유사하지만 중요한 차이가 있는 120 V 원천 및 귀로 역할을 한다.

2차 원천과 귀환 주행 모두 대지 접지에 묶여 있지 않다. 즉, 접지된 물체에 닿은 상태에서 보조 원천을 만지거나 귀환해도 전류가 몸에 흐르지 않는다. 전류는 보조 원천과 귀환 주행로 사이로 통과하길 원한다. 모든 변압기는 선 격리 변압기뿐 아니라 격리 기능도 제공한다. 따라서 입력 전력 변압기가 있는 장비에는 이미 기본 격리 보호 기능이 내장되어 있는 셈이다. 보기 7.64에는 두 개의 표준 1200 V/12 V 변압기를 사용해 간단하게 격리 변압기를 구성하는 방법이 나온다.

격리 변압기는 일반적으로 1차 권선과 2차 권선 사이에 격리된 패러데이 차폐 두 개로 구성한다. 차폐물을 두 개 사용하면 일반적으로 변압기에서 접지로 연결되는 고주파 잡음이 우회한다. 두 개의 패러데이 차폐 사이의 간격을 넓히면 이 둘 사이의 정전용량이 최소가 되므로 이 둘 사이의 잡음 연결이 최소화된다. 따라서 격리 변압기는 회로에 전달되기 전에 선로 전력 잡음을 제거하는 역할을 한다.

언제 격리 변압기가 필요할까? 자, 예를 들면 일부 텔레비전 세트의 경우 내부 용기는 대지 접지상에서 약 80~90 V 정도이다. 세트를 열고 이리저리 만지다 보면 시험 장비와 사용자가 텔레비전의 내부 접지보다 90 V 아래인 접지(대지 접지)에 있는 셈이므로 전기충격을 받을 수 있다. 텔레비전의 접지를 검사기에 연결하면 접지 루프를 만드는 셈이 되므로 좋지 않다. 구형 텔레비전에는 이러한 종류의 단락에서 회로를 보호할 방안이 없다.

마찬가지로 모든 스위치 모드 전력 공급 장치는 서비스 할 때 격리 변압기를 사용해야 한다. 예를 들어, 보기 7.64와 같은 기본 스위치 모드 전력 공급 장치에는 고온 측과 저온 측이 있다. 스위치 모드 전력 공급 장치의 과열 부분에서 감전될 위험이 극도로 높다. 또한, 일반적으로 입력에는 다이오드 브리지가 있다. 이는 필터 커패시터의 음극 측이 항상 교류 전력선의 활성 측에서 제거된 1개 다이오드 강하가 있다는 의미이다. 검사기의 접지를 필터 커패시터의 '표류 접지' 측(A점)에 연결하고자 한다면, 설계 시 퓨즈를 통합했는지 여부와 관계없이 브리지 다이오드 중한 개 이상을 끊어 버려야 할 것이다. 검사기의 접지선을 연결하면 전체 선로 전압이 다이오드를 통해 직접 전달되므로 일반적으로 브리지 다이오드가 먼저 고장 난다. 또한, 검사기의 탐촉자 리드를 증발시키고 화상을 입힐 수 있으며 치명적인 전기 충격을 받을 수 있다.

격리 변압기는 제공 가능한 격리의 양, RMS 전압 및 전력 정격에 따라 볼트암페어(VA)로 지정된다. 추가 사양에는 전압 조정 효율 및 허용 오차가 포함된다. 일반적으로 대다수 최신 장비라면 200 VA 격리 변압기로 충분하다.

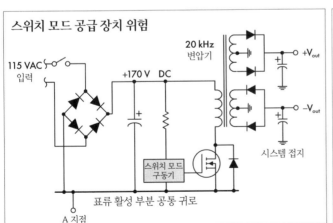

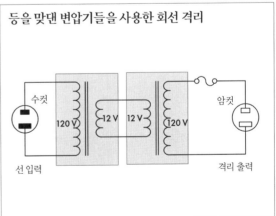

보기 7.64 왼쪽 그림은 스위치 모드 전력 공급 장치가 위험해질 수도 있는 방식을 나타낸다. 격리 변압기를 사용하지 않으면 검사기 탐촉자 팁이 기화되면서 A 지점에 연결된 검사기의 접지 리드가 브리지 다이오드 중 하나를 끊어 버린다. 오른쪽 그림은 표준 120 V/12 V 변압기를 두 개 사용해 간단한 격리 변압기를 연속으로 구성하는 방법을 보여 준다.

접지하지 않은 장비를 다룰 때는 최대한 조심하라. 항상 격리 변압기를 사용하고 검사기의 접지 리드를 배치할 때 아주 조심하라. 적절한 검사기, 전체 안전 격리, 정확한 서비스 정보 없이는 수리하려고 하지 마라. 다시 말하면, 검사기 접지 리드를 잘못 배치하면 전선 작동 스위치 모드 전력 공급 장치가 즉시 망가질 수 있다는 점을 기억하라. 항상 격리 변압기를 사용하되 연결하고 측정하기 전에 생각하라.

7.5.13 가변 변압기(바리악)

가변 변압기, 즉 바리악(variac)은 조절된 교류 전압원처럼 작동하는 아주 유용한 장치다. 자동 변압기의 일종으로 구성되며, 1차 코일은 120 V 선 전압의 활성선 및 중성선에 연결되며 2차선은 중성선과 단심 권선을 따라 움직이는 조절형 접촉자로 구성된다(보기 7.65). 출력 부분의 공통 리드가 중성선인지 확인하라. 활성 리드를 사용하지 마라. 그렇지 않으면 장치 전부가 접지에 대해 전위를 띨 수 있다.

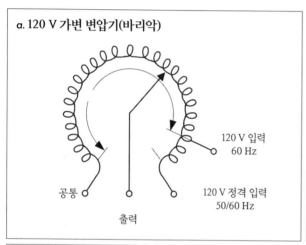

a. 120 V 가변 변압기(바리악)

공통
출력
120 V 입력
60 Hz
120 V 정격 입력
50/60 Hz

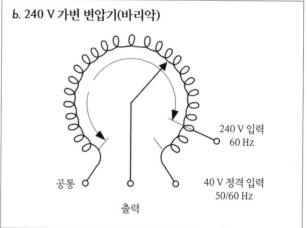

b. 240 V 가변 변압기(바리악)

공통
출력
240 V 입력
60 Hz
40 V 정격 입력
50/60 Hz

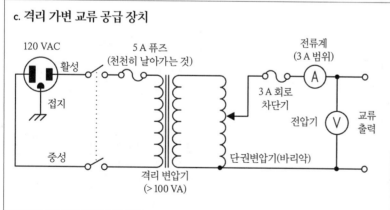

c. 격리 가변 교류 공급 장치

120 VAC
활성
접지
중성
5 A 퓨즈
(천천히 날아가는 것)
격리 변압기
(> 100 VA)
단권변압기(바리악)
3 A 회로
차단기
전류계
(3 A 범위)
A
전압기
V
교류
출력

d.

보기 7.65 (a) 접촉자를 회전시켜 출력 전압을 변화시키는 비격리 120 V 바리악. (b) 비격리 240 V 바리악. (c) 격리 변압기로 절연 보호 기능을 갖춘 자가 제작 가변 교류 공급 장치. (d) 격리 변압기, 바리악, 스위치, 퓨즈, 교류 콘센트 및 계량기가 있는 교류 전력 공급 장치.

선로 전압 조절 기법은 정상 선로 전압에서 순간적으로 퓨즈가 끊기는 선로 전력 장비 문제를 해결할 때 매우 유용한 기법이다. 퓨즈가 끊어지지 않아도 약 85 V에서 문제를 해결하면 고장 전류가 줄어들 수 있다. 최근에 수리한 장비(예를 들면, 모니터)에 전압을 점점 높여 공급함으로써 문제가 없는지를 확인하는 것도 좋은 방식이다. 오류가 발생한 정확한 지점을 살펴볼 수 있다.

1차 및 2차 측이 공통 권선을 공유하므로 바리악이 그 자체로는 표준 변압기 또는 격리 변압기와 같은 격리 보호 기능을 제공하지 않는다는 점에 유의하라. 따라서 이전 절에서 언급한 것과 같이 접지되지 않은 '활성 외함'을 쓰는 장비를 가지고 일할 계획이라면 반드시 변압기 앞에 격리 변압기를 설치해야 한다. 그렇지 않으면 전기충격을 받을 위험이 있다. 보기 7.65(c)에 그와 같은 배열에 대한 설계도를 나타냈다. 이 제품에는 스위치와 퓨즈 보호 기능, 그리고 전류계 및 전압계가 들어 있는데, 이 모든 것을 조절할 수 있고, 완전히 격리된 교류 전원을 생성한다. 5 A 이상인 모형도 나쁘지는 않지만, 2 A 바리악이면 대부분의 응용기기에 충분하다.

번거롭게 바리악과 격리 변압기를 함께 연결하지 않으려면, 두 소자를 한 패키지에 모두 넣은 교류 전력 공급 장치를 간단히 채택하면 된다. 예를 들어, 비케이 프리시전(BK Precision)의 1653 A 교류 전력 공급 장치는 0~150 V 교류, 2 A 바리악, 격리 변압기, 전류계 및 전압계를 모두 하나의 패키지에 담아 공급된다. 비슷한 교류 전력 공급 장치를 이베이에서 약 50달러 정도이다(보기 7.65(d)).

7.5.14 치환 상자

저항, 정전용량, 인덕턴스 및 RC에 대한 치환 상자는 회로에 필요한 최상의 저항, 정전용량, 인덕턴스 또는 RC 회로 값을 찾으려고 할 때 쓸모가 있다. 보기 7.66에는 IET 랩스(IET Labs, Inc., www.ietlabs.com)가 공급하는 다양한 상용 R, C, L 및 RC 조합을 치환하는 상자를 보여 준다. 원하는 저항, 정전용량 또는 인덕턴스를 선택하려면 표식이 지정된 손바퀴형 스위치를 사용해 값에 맞춰 돌리기만 하면 된다.

보기 7.66 IET 랩스의 저항 상자, 정전용량 상자, 인덕턴스 상자 및 RC 상자 선정. 저항 상자는 일곱 자리(0~9,999,999 Ω, 1 Ω 분해능)와 아홉 자리(0~99,999,999.9 Ω, 0.1 Ω 분해능) 10진수 형태로 공급된다. 정전용량 상자는 여섯 자리(0~99.9999 mF, 100 pF 분해능) 10진수 형태로 공급된다. 인덕턴스 상자는 세 자리(999 mH, 1 mH 분해능) 및 네 자리(9,999 mH, 1 mH 분해능) 10진수 형태로 공급된다. RC 상자에는 R 및 C 상자에 규정된 자릿수 선택 사항이 섞여 들어온다. 손바퀴형 스위치를 돌려서 저항, 정전용량 및 인덕턴스 값을 입력한다. 정확도는 일반적으로 1퍼센트이거나 그 이상이다.

전압 분할기 치환 상자도 제공되므로 주어진 시제품에 가장 적합한 전압 분할 회로망을 결정할 때 무척 편리할 수 있다. 치환 상자는 싸지는 않지만 비용을 지불할 만큼 편리하고 정확한 면이 있다.

보기 7.67은 일반적인 분해능이 10진수로 0~9,999,999 Ω인 저항 상자(일반적인 분해능이 1 Ω)의 회로 선도를 보여 준다. 각 바퀴는 열 개를 한 벌로 한 10진, 즉 10의 배수를 나타낸다. 주어진 바퀴 내에서 각 저항기는 1, 10, 100, 1K, 10K, 100K, 1M 등과 같은 값을 지닌다. 원하는 저항을 선택하려면 각 스위치를 적절한 위치로 이동시켜 저항을 직렬로 배치한다.

½와트 금속 피막 저항기는 상자 내 저항기로 쓰기에 알맞다. ⅒옴 범위를 지닌 10진 상자를 만들려면 ⅒ 자리 바퀴 내 저항기를 권선형이나 저항선으로 만들어야 한다. 그러나 권선 저항기가 인덕터처럼 감겨져 있으면 일부 고주파 회로의 동작을 흐트러뜨리게 하는 유도 효과를 낼 수도 있다.

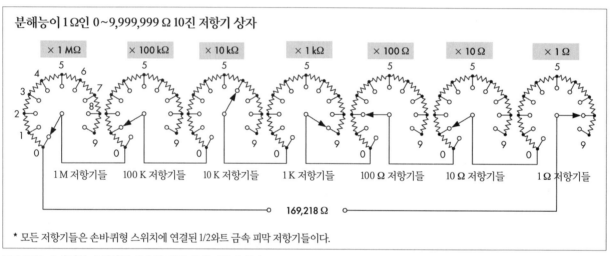

보기 7.67 손바퀴형 스위치를 사용해 만든 10진 저항기 상자

10진 저항기 상자를 만들 수는 있지만 정전용량, 인덕턴스, RC에 대한 10진 상자를 함께 사용하려고 할 이유가 없다. 허용 오차가 적은 부품은 아주 비싼데다가 이런 것을 사용해 구축하는 과정이 혼란스럽고 시간도 많이 걸린다. 간단히 제조업체가 만든 맞춤용 상자를 구입하는 편이 더 낫다. 그렇지만 보기 7.68에 나오는 RC 상자와 같은 간단한 치환 상자를 지나치게 애쓰지 않고도 함께 모아 둘 수 있다. 이것들이 10진 상자가 아니기는 해도(가능한 모든 부품 값에 맞춰 돌릴 수는 없다) 적절한 범위를 제공할 수 있으며, 최소한 부품 목록에서 볼 수 있는 널리 쓰이는 표준 부품 값(10, 22, 33, 47, 56, 68, 82 등)에 일치하는 값을 제공할 수 있다.

예를 들어, 간단한 정전용량이 적은 직렬 RC 치환 상자(보기 7.68의 왼쪽)에는 10~150 pF(또는 그 밖에 적합한 값)인 가소성 피막 유전체 동조 커패시터와 10 k, 1턴 전위차계를 가지고 만든 것이다. 다양한 모드(저항 전용, 정전용량 전용, RC 직렬 및 RC 병렬)로 전환할 수 있는 또 다른 맞춤형 RC 치환 상자가 오른쪽 그림에 표시되어 있다.

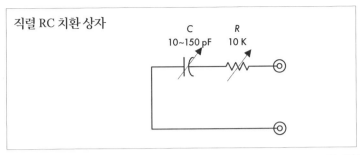

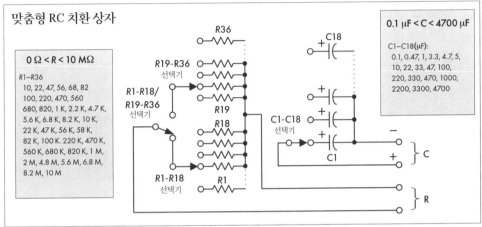

보기 7.68 왼쪽: 가소성 피막 유전체 동조 커패시터(10~150 pF 또는 기타)와 10 kΩ짜리 1턴 전위차계를 사용해 구성할 수 있는 직렬 RC 치환 상자. **오른쪽:** 저항 전용, 정전용량 전용, RC 직렬 및 RC 병렬과 같은 다양한 모드로 전환할 수 있는 맞춤형 RC 치환 상자.

부품 값을 선정하는 일은 사용자에게 달려 있다. 여기서는 부품 값을 제조업체가 생산하는 흔한 부품 값에 일치하게 선택했다. 회전 스위치 열여덟 개를 사용해 R 및 C 값을 선택할 수 있다. 전형적으로 선택하는 커패시터 유형은 100~900 pF 운모, 0.001~0.009 μF 폴리스틸렌, 0.01~0.9 F 폴리카보네이트, 1~9 F 폴리에스터, 10 F 이상인 탄탈륨 또는 전해질이다(극성을 띤 커패시터 간에 적절한 극성을 유지하는 데 유념할 것). 고정밀, 저정전용량 값의 경우 종종 공기 유전체 동조 커패시터가 사용된다. 1/2와트, 1퍼센트 금속 피막 저항기는 1 Ω보다 큰 모든 저항에 대해 우수한 허용 오차를 제공한다. 1 Ω보다 작은 경우 권선 저항기의 유도 효과를 알아보기 위해 권선 저항기나 저항선을 다시 사용할 수 있다.

7.5.15 시험용 케이블, 커넥터, 어댑터

다양한 시험용 케이블, 커넥터 및 어댑터를 마음껏 구비해야 한다는 점을 확실히 해라. 여기에는 BNC, 바나나(banana), 갈고리(hook), 악어(alligator), 0.100 수컷 헤더(male header) 및 0.156 소켓, 전화, RCA 및 F가 포함된다. 새로운 회로나 장비의 문제를 해결하기 시작할 때 어떤 커넥터가 필요할지 결코 알 수 없다.

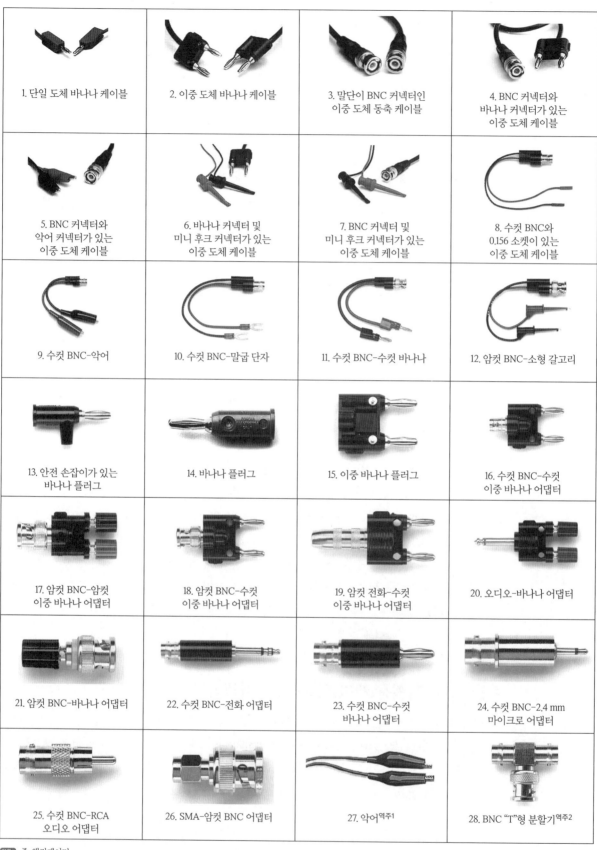

1. 단일 도체 바나나 케이블	2. 이중 도체 바나나 케이블	3. 말단이 BNC 커넥터인 이중 도체 동축 케이블	4. BNC 커넥터와 바나나 커넥터가 있는 이중 도체 케이블
5. BNC 커넥터와 악어 커넥터가 있는 이중 도체 케이블	6. 바나나 커넥터 및 미니 후크 커넥터가 있는 이중 도체 케이블	7. BNC 커넥터 및 미니 후크 커넥터가 있는 이중 도체 케이블	8. 수컷 BNC와 0.156 소켓이 있는 이중 도체 케이블
9. 수컷 BNC-악어	10. 수컷 BNC-말굽 단자	11. 수컷 BNC-수컷 바나나	12. 암컷 BNC-소형 갈고리
13. 안전 손잡이가 있는 바나나 플러그	14. 바나나 플러그	15. 이중 바나나 플러그	16. 수컷 BNC-수컷 이중 바나나 어댑터
17. 암컷 BNC-암컷 이중 바나나 어댑터	18. 암컷 BNC-수컷 이중 바나나 어댑터	19. 암컷 전화-수컷 이중 바나나 어댑터	20. 오디오-바나나 어댑터
21. 암컷 BNC-바나나 어댑터	22. 수컷 BNC-전화 어댑터	23. 수컷 BNC-수컷 바나나 어댑터	24. 수컷 BNC-2.4 mm 마이크로 어댑터
25. 수컷 BNC-RCA 오디오 어댑터	26. SMA-암컷 BNC 어댑터	27. 악어역주1	28. BNC "T"형 분할기역주2

역주1 즉, 앨리게이터
역주2 즉, BNC T 커넥터 또는 BNC T형 분배기

보기 7.69

7.5.16 납땜 장비

■ 납땜인두

대부분의 전자공학 작업에서 25∼40 W의 와트 양이 적은 연필 모양 납땜인두가 잘 작동한다. 부품과 패드가 아주 작다면 15 W 인두를 써야 할 수도 있다. 매우 큰 접속인 경우에는 50 W 인두가 필요할 수 있다.

디지털 표시기가 있는 온도 조절형 인두가 가장 적합하기는 해도 팁의 와트 수가 적절한 온도 고정형 인두로는 좋은 결과를 얻을 수 없다고 말하는 것은 아니다. 대형 인두 및 총 모양 인두는 전자 어셈블리 또는 PCB에 사용하면 안 된다. 대형 연선(14게이지 이상)과 알루미늄 섀시 사이와 같이 매우 큰 결합부에만 사용하라.

보기 7.71은 대기 전력이 낮은 납땜인두를 만드는 계획과 온도 고정식 납땜인두를 사용해 온도 조절식 납땜인두를 만드는 계획을 보여 준다.

보기 7.70 다양한 납땜 도구: 팁 온도를 디지털로 표시하는 온도 조절식 납땜인두, 60/40 로진 심 납땜 선 뭉치, 납땜 펌프, 납땜 중 회로 기판을 고정하는 파나바이스 일렉트릭 워크 센터(PanaVise Electric Work Center).

팁의 크기 및 모양 측면에서 작업하기에 충분히 큰 인두 팁을 들여 놓고 있는지를 유념하라. 납땜 인두의 팁은 납땜 이음부가 쉽게 보일 만큼 작아야 하지만 납땜 융점을 초과하는 이음 온도를 높이기 위해 필요한 열을 신속하게 전달할 수 있을 만큼 커야 한다. 너비가 0.05∼0.08인치인 끌(가래)형 팁은 범용 작업에 이상적이다. 작은 패드나 표면 실장 부품에는 더 작은 팁이 필요하다.

인두가 충분히 강력하고 충분히 뜨거운지 확인하라. 충분한 온도에 도달하지 못했거나 온도를 너무 낮게 설정한 인두는 궤적이나 패드를 쉽게 벗겨지게 할 수 있으며 부품을 튀겨버릴 수 있다. 과열 때문에 이런 일이 생긴다. 땜납을 녹이기 위해 너무 오래 열을 가해서 생기는 일이다.

또한, 인두 팁이 접지되어 있는지(ESD 예방) 또는 표류된 상태인지를 알고 있어야 한다. 특정 상황에서는 접지된 납땜인두가 필요하다(예: 정전기에 민감한 장치를 납땜할 때).

■ 땜납과 융제

전기적 접속에 가장 널리 사용하는 땜납 유형으로는 60/40(SN60) 및 63/37(SN63) 땜납이 있다. 60/40 및 63/37 항은 합금 함량을 나타낸 것이다. 각기 주석 60%, 납 40%와 주석 63%, 납 37%를 나타낸다. 그 밖에도 62/36/2(주석 62%, 납 36%, 은 2%)와 같은 식으로 비율이 다른 합금이 다양하게 있을 수 있다. 60/40과 63/37 땜납의 융점은 361°F이다. 63/37 땜납은 작고 열에 민감한 부품 및 PCB 패드에 쓰기에 딱 알맞다. 60/40은 범용 작업용으로 더 많이 쓴다. 60/40 및 63/37 땜납은 모두 로진 플럭스 심(rosin flux core)^{역주} 또는 중실(solid core, 융제가 없음)로 구성되어 있다. 로진 플럭스 심으로 만든 땜납은 일반적으로 전자 제품에 잘 쓰인다.

역주 즉, 로진 융제 심 또는 송진 융제 심

중실로 만든 땜납을 사용하려는 경우 융제 반죽(flux paste) 또는 융제 용액(flux liquid)이 필요하다. 납땜이 되기 전에 융제 반죽이나 용액이 금속 표면에 놓여 결합되어야 한다. 납땜인두가 융제를 바른 면에 놓여 가열될 때, 융제는 금속 표면에서 산화물을 제거함으로써 납땜 이음부의 전도성을 높이는 화학 세정제 역할을 한다. 납땜을 마친 후에는 끈적끈적한 잔류 융제를 융제 제거제로 없애야 한다. (때로는 이소프로필알코올이 사용되거나 융제 심이 수용성인 경우라면 물도 사용된다). 이렇게 하면 잔류 융제에 먼지가 쌓여 PCB 패드 사이에서 저항성이 낮은 경로를 만들어지는 일을 막을 수 있다.

융제 심이 있는 땜납을 사용할 때 바깥쪽의 합금 도장이 녹으면서 안쪽의 융제 심이 새어 나온다. 일반적으로 융제 심이 있는 땜납을 사용할 때는 융제를 따로 준비하지 않아도 된다. 그러나 납땜을 시작하기 전에 납땜할 면이 눈에 띄게 산화되어 있지 않아야 한다. 납땜을 하기 전에 고운 철솜이나 사포로 표면을 연마할 수 있다.

납땜 융제에 대해 마지막으로 언급할 사항은 전자 부품을 납땜할 때 부식성(심이 산성인 것) 융제나 전도성 융제를 사용하지 말라는 것이다. 로진 심을 쓰는 땜납이나 로진 플럭스에 포함된 것과 같이 부드러운 융제만 사용하라.

땜납 선의 굵기는 다양하다. 다음 목록은 표준 지름과 지름에 알맞은 용도를 설명한다.

- 0.020/0.508 mm(25게이지) 또는 그보다 작은 것: 매우 작은 PCB 패드 및 수동 납땜용 표면 실장 부품을 납땜하는데 탁월하다. 그러나 탁자 위에 늘 놓고 쓰기에는 너무 작다. 큰 이음부를 충분히 납땜하기에는 가열 시간이 너무 많이 필요하다.
- 0.031/0.79 mm(21게이지): PCB 및 일반 구축 작업 및 전자기기 수리에 널리 쓸 수 있는 좋은 땜납이다.
- 0.040/1 mm(19게이지) 또는 그 이상: 주석 도금 또는 14게이지 이상인 선을 단말단자에 연결하고 큰 연선 및 기타 대형 부품을 알루미늄 섀시에 납땜하는 일과 같이 크게 잇기에 적합하다. 패드에 땜납이 너무 많이 묻기 쉬우므로 PCB 납땜에는 적합하지 않다. 따라서 각 점 간에 원치 않는 땜납 브리지^{역주}가 생길 가능성이 크다.

전통적인 유연 땜납을 사용하는 납땜의 경우 인두의 온도를 약 330°C(625°F)로 설정해야 한다. 무연 땜납은 일반적으로 약 400°C(750°F) 정도의 고온에서 녹여야 한다. 이음부를 납땜하기 어렵고 흐르지 않을 것이라고 판단되면 융제 펜이 땜납을 흐르게 하는 데 편리하다.

■ 땜납 제거 도구

부품을 떼거나 원치 않게 넘쳐나는 땜납을 제거하려면 사용하기 편리한 땜납 제거 도구가 있어야 한다. 사용할 수 있는 다양한 도구를 훑어보면 다음과 같다.

614 **CHAPTER 7** 전자공학 실습

역주1 막대기형 피스톤

역주2 즉, 브레이드 또는 편조선 또는 솔더윅

- 땜납 제거 펌프(땜납 흡입기): 이 도구는 땜납의 녹는점까지 가열된 이음부에 적용된다. 가동된 플런저(plunger)[역주1]가 땜납을 자체 내의 저장소로 빨아들인다. 적절히 되었다면 이 방법으로 부품의 땜납을 들어 올릴 수 있는 지점까지 금속으로부터 땜납을 빨아올려 제거할 수 있다. 정전기에 민감한 부품을 다룰 때는 정전기 방지용 땜납 흡입기가 필요할 수 있다. 일반적으로 땜납 흡입기의 내부 마찰로 인해 높은 전압이 생길 수 있기 때문이다. 흡입기만으로 충분하지 않다면 땜납 제거용 심지[역주2]를 사용해 말끔하게 청소해 보라.

- 땜납 제거용 심지(솔더윅): 이것은 편조한 구리에 비부식성 용제를 스며들게 해 구성한 것이다. 제거할 납땜 이음부의 위에 심지를 대고 뜨거워진 땜납 팁을 심지에 댄다. 모세관 작용으로 인해 땜납이 팁의 열이 있는 쪽으로 흘러 이음부에서 떨어진다. 주로 이음부에 땜납이 부족하거나, PC 궤적이 좁아 흡입기를 쓰면 문제가 생길 수 있거나, 비정전 흡입기를 사용하지 못할 만큼 정전기에 민감한 상황일 때 주로 심지를 사용한다. 심지는 PCB의 땜납 구멍을 깨끗이 하고, IC 리드 간에 튀어 있는 작은 땜납이나 땜납으로 생긴 브리지를 제거하는 데 적합하다.

- 땜납 제거 인두: 필요하다고 생각되면 진공 흡입기가 부착된 땜납 제거 인두를 사용해 빠르게 작업할 수 있다. 인두는 땜납을 녹인 다음에 진공 상태를 만들어 녹은 땜납을 저장소에 넣어 둠으로써 처분할 수 있게 한다. 땜납 제거 인두가 상당히 비싸기는 해도 편리하다.

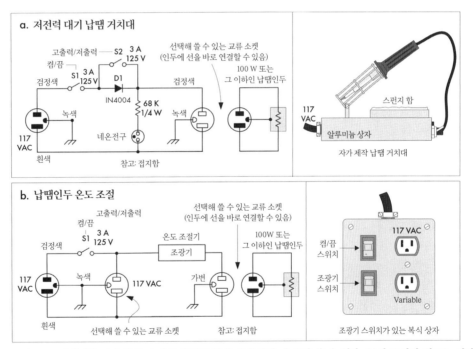

보기 7.71 납땜인두 팁과 발열 소자의 온도를 낮춰 사용하면 더 오래 쓸 수 있다. (a)에 표시된 회로는 인가된 교류 주기의 반파장 정류로 이와 같이 한다. 전류가 한 방향으로만 흐르면 네온전구의 한 전극만 빛난다. 스위치를 닫으면 다이오드가 효과적으로 단락되어 전체 전력이 납땜인두에 적용됨으로 두 전구의 전극을 밝게 점화한다. 회로를 알루미늄 섀시에 밀봉해 안전할 수 있게 해야 한다. 30~40 W 연납땜인두가 잘 작동한다. 사각형 금속 용기에는 스펀지를 담아 둘 수 있다. 작은 나사와 너트를 사용해 인두 지지대를 고정하라. 습기가 전기 부품으로 스며들지 않게 스펀지 용기 둘레에 난 구멍을 밀봉재로 막아야 한다. 네온전구를 설치하는 데 3/16 ID 그로멧을 사용할 수 있다. 열 수축으로 리드가 절연된다.

납땜 작업대에 땜납이 너무 많거나 더러워지지 않게 물을 묻힌 스펀지를 늘 준비해 둬야 한다. 땜납 끝을 다듬는 데 쓰는 특별한 반죽도 존재하며, 인두 팁에서 산화된 물질을 제거하는 작업을 수행하는 데 아주 적절하다. 철 수세미, 쇠줄 및 철솜은 땜납의 끝에 발라져 쌓일 수 있는 산화물을 제거하기에 유용하다. 그렇지만 팁을 이용해 땜납을 녹인 후에 바로 부드러운 천으로 닦아서 땜납 표면에서 부드러운 은빛이 나게 한 다음 팁에 '주석을 입혀야' 한다. 그렇지 않으면 팁이 산화된다.

방금 설명한 간단한 제어 방식보다 온도 조절로 더 큰 유연성을 얻을 수 있다. 백열등 조광기를 사용하여 팁의 작동 온도를 조절할 수 있다. (b)는 외함에 들어 있는 온도 조절기를 보여 준다. 배선도에 표시된 것처럼 조광기와 양면 콘센트가 함에 장착된다. 조광기는 두 개의 교류 콘센트 중 하나만 제어한다. 일반적으로 양면 콘센트의 점퍼는 두 콘센트의 활성 단자를 서로 연결한다. 이 점퍼를 제거해야만 한다. 활성 단자는 중성점 단자보다 좁으며 일반적으로 황동 연결 나사를 사용한다. 중성점 단자는 서로 연결된 상태로 남는다. 철물점이나 전자용품점이라면 어디서나 조광기를 구입할 수 있다.

7.5.17 원형 제작 기판

■ 무땜납 브레드보드

역주 즉, 압착 브레드보드

행과 열이 많고 IC 채널 및 전력 모선이 있는 대형 **무땜납 브레드보드**(solderless breadboard)역주와 외부 전력 공급 장치 연결용 바나나 단자를 확보하라. 여분의 브레드보드와 전기 코드 선(socket-and-bus strip)이 있으면 편리할 것이다. 직경이 0.3~0.8 mm(20~30 AWG)인 부품 리드를 브레드보드에 꽂을 수 있다.

> **주의 사항** 무땜납 브레드보드로 고주파 RF 회로를 만들기에는 적합하지 않다. 보드 내부의 용수철이 달린 금속 띠판이 너무 많은 표류 용량을 회로에 보탠다. 또한, 브레드보드는 100 mA 이상의 대전류 회로에는 사용하지 않아야 한다.

■ 디자인 랩(프로젝트 보드)

디자인 랩(design lab), 즉 프로젝트 보드(project board)는 실험에 참여하는 사람에게 무척 유용하다. 대형 브레드보드와 마찬가지로 이러한 장치는 일반적으로 전력 공급 장치(고정 및 가변), 함수 발생기, 전위차계, 스위치, LED 표시기, 스피커와 같은 요소들을 내장하고 있다. '아마추어 정신'을 강조하며 이러한 장치를 피하려는 사람도 있지만 실제로는 매우 편리하고 실용적이다. 반복적인 배선 작업을 피할 수 있고 작업 영역을 순서대로 유지할 수 있다.

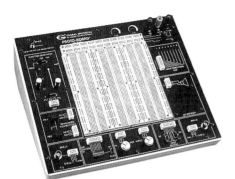  

보기 7.72 왼쪽: 전형적인 디자인 랩. 가운데: 무땜납 브레드보드. 오른쪽: 다양한 천공 기판.

■ 원형 PCB

다양한 PCB 종류는 다음과 같다.

- 빈 동도금 기판(blank copper-plated boards): 단면 피복 또는 양면 피복 기판을 사용하는 것이 좋다. 이는 접지면을 구성하기에 유용한데, 해당 면에서 기판의 식각되지 않은 면에 회로를 구축하기에 유용하고, 구리 기판에 리드를 납땜해 부품을 접지에 연결한다. 부품 간에 접지하지 않는 연결을 할 때는 점 간에 연결을 하면 된다.

- 무피복 천공 구축 기판(bare perforated construction boards): 이들은 0.1인치마다 구멍을 뚫은 페놀 또는 유리 섬유 회로 기판으로 일반적인 전자 장치를 장착할 수 있다. 이 기판에는 패드나 모선이 없으며 기판 밑의 리드를 구부린 후 땜납으로 고정시켜 '빠르지만 지저분한' 회로를 만들기에 적합하다. 큰 기판을 원하는 크기로 자를 수 있다.

- 패드와 모선이 있는 천공 기판(perforated boards with pads and buses): 패드퍼홀(pad-per-hole), 모선 전용, 3공 땜납 패드, 접지면, 볼트/접지면과 같이 다양한 패드와 모선 구조를 선택할 수 있다. 다양하게 쌓아 두기에 좋지만 필요한 대로 선택할 수 있다.

- PCB 키트(PCB kit): 이들은 사용자 정의 PCB를 만들기 위해 설계되었다. 두 개의 3×4½인치 완성용 동도금 회로 기판, 회로 패턴을 생성하기 위한 저항성 잉크, 식각 및 벗기기를 위한 용제, 식각 통, 1/16 천공기, 완성용 작업지시서가 모두 들어 있는 키트를 라디오셰이크(RadioShake)에서 15달러에 살 수 있다. 더 전문성 있게 PCB를 만드는 방법도 있지만 소규모 작업에는 이러한 키트가 더 간단하고 좋다.

- **서프보즈(SURFBOARDS)**[역주]: 이 보드는 표면 실장 부품용으로 쓰기에 중간급인 브레드보드다. 0.100인치(2.54 cm) 너비의 가운데에 핀들이 단일 인라인(SIP) 형식으로 정렬되어 있어 브레드보드 소켓과 표면 실장 부품이 호환되게 해 주는 어댑터 역할을 한다. 이들은 어레이(저항, 커패시터, 다이오드 및 트랜지스터 어레이와 같은) 및 기타 표면 실장 서브 어셈블리를 구성해 표면 실장 IC를 평가하는 일에 사용된다.

[역주] 특정 회사의 등록 상표임

7.5.18 공구

■ 와이어 스트리퍼 및 커터

역주 즉, 피복 벗기개

우선, 아이디얼(Ideal) 및 지비 일렉트로닉스(GB Electronics)에서 만든 것과 같이 안쪽 날이 있는 스트리퍼(wire strippers)^{역주} 한 벌을 구하라. 아마도 두 개가 필요할 것이다.

    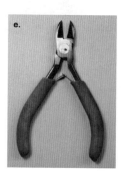

보기 7.73 (a) 스트리퍼(16–26 AWG). **(b와 c)** 추가 기능이 있는 무연 압착 공구. **(d) D–Sub** 압착 공구. **(e)** 대각 칼.

그중 한 개는 10~18게이지, 나머지 한 개는 16~26게이지를 다룰 수 있으면 된다. 4인치 또는 5인치 크기의 끝이 구부러진 전선 스트리퍼(diagonal wire cutter)와 니퍼 한 쌍은 스트리퍼가 닿지 않는 자리에서 피복을 벗기는 데 필수적이다.

■ 압착기

역주1 가래 모양 단자 또는 말굽 모양 단자
역주2 수도관 모양 또는 밑둥 모양 커넥터

다양한 스페이드 단자^{역주1}와 버트 커넥터^{역주2}를 전선에 연결하기 위한 범용 압착 단자용 압착 공구를 사용하는 것이 좋다. 공구에는 절연 폐쇄 및 비절연 폐쇄 유형에 대한 별도 부분이 있어야 하고 게이지는 약 10~22 범위여야 한다.

또한, 컴퓨터 핀 소켓 압착, 절연 커넥터, 전화 스페이드 러그, 핀, 소켓 컨택트 및 기타 비절연 커넥터를 전선에 압착하기 위한 디서브 압착 공구(D-Sub crimping tool)를 원하게 될 수도 있다. 게이지 범위는 14~26이어야 한다.

BNC 케이블, 리본 케이블, 전화 또는 CAT5 케이블에 커넥터를 연결하려면 BNC, IDC 및 모듈러 압착 공구와 같은 기타 특수 목적 압착 공구가 필요 한다.

■ 그 밖의 공구

다음과 같은 도구가 필요하다.

- 드라이버 한 벌: 필립스 제품과 표준 제품 모두.
- 플라이어 한 벌: 표준 니들 노즈, 롱 노즈, 커브드 노즈.
- 렌치와 너트 드라이버: 크기에 맞는 것.
- 금속판 가위, 니블링 공구 및 금속판 벤더: 금속판(전단) 절단이나 작은 금속 조각(니블링 공구) 제거용. 벤더를 사용하면 자신만의 금속 외함을 만들 수 있다.

역주 아트 나이프 중 널리 쓰이는 상표

- IC 제거기: 핀을 손상시키지 않고 소켓에서 작은 IC를 뽑아냄.
- 족집게: 표면 실장 부품의 위치 지정과 같은 작은 작업.
- 캘리퍼: 부품 리드의 직경, 부품 크기, 기판 두께 등을 판정하는 데 사용된다.
- 돋보기: 보드, 전선 및 부품에 균열, 결함, 가는 땜납 단락 및 냉간 납땜 이음부 검사용.
- X-ACTIO 나이프역주: 이것저것 자를 때 사용하는 칼.
- 클립형 방열판: 부품 고정쇠는 납땜 및 납땜 제거 중에 열을 흡수하거나 흩어지게 함.
- 드레멜 공구: 절단, 갈기, 깎기 및 연마 부착.
- 전동 드릴(드릴 프레스): PCB, 외함 등에 구멍을 뚫기 위한 것.
- 쇠줄: 구멍과 슬롯을 확대하기 위해 사용. 절단면의 가시 제거. 금속, 목재 또는 플라스틱 다듬기. 납땜 전에 금속 표면을 청소하는 데 사용.

역주 납땜을 하지 않고 대신에 전선을 돌돌 말아 결속하는 방식

- 와이어랩 공구: 와이어랩(wire-wrap)역주 구축 기술을 사용하려는 경우에만. 와이어래핑용 전선(30 AWG가 가장 일반적임) 조금 그리고 적절한 크기의 수작업용 와이어래핑 공구를 들여 놓으라.
- 바이스 및 회로 기판 걸이: 파나바이스(PanaVise)는 뛰어난 바이스와 회로 기판 걸이를 공급한다.
- 쇠톱: 볼트나 금속 판재나 금속 강재뿐만 아니라 PCB를 자를 때도 사용.

7.5.19 전선, 케이블, 철물, 화학용품

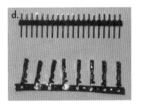

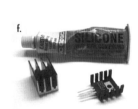

보기 7.74 (a) 결속선. (b) 권선. (c) 열 수축 튜브. (d) 0.100인치 수컷 헤더 및 0.156 인치 암컷 조임 소켓. (e) 버트 커넥터, 고리, 말굽 단자, 빠르게 결속을 해지할 수 있게 한 죔쇠, 전선용 너트. (f) 방열판과 방열용 분말. (g) 나일론 및 알루미늄 절연체, 와셔, 볼트, 고무다리 및 IC 소켓.

■ 전선과 케이블

피복색과 크기가 다양한 단선형 또는 연선형 결속선을 선택하라(16, 22, 24 게이지이면 범용으로 쓰기에 충분). 무땜납 브레드보드에 사용하는 점퍼선을 단선 22 AWG 결속선이나 기성 수컷 점퍼를 사용해 만들 수 있다. 단선 점퍼처럼 끊기 힘들만큼 잘 구부러지는 점퍼를 원할 경우 0.156인치

암컷 압착 핀(0.100인치 수컷 커넥터 포함)을 사용해 22 또는 24 AWG 연선형 결속선을 사용할 수 있다. 자세한 내용은 보기 7.75를 참조하라.

그 밖에 평평한 리본 케이블(28 AWG), CAT5 네트워크 케이블, 꼬임 2선식 케이블(24 AWG), 동축 케이블(RG-59, RG-11 등) 및 가정용 케이블 NM-B(실내) 또는 UF-B(실외)와 같은 전선이나 케이블도 갖춰 두면 좋다. 와이어래핑 회로 기판을 만들려 한다면 와이어래핑용 선^{역주}도 잊지 말아야 한다. 카이나(Kynar) 외피를 입힌 #30 전선이 아마도 가장 인기 있는 것이겠지만 더 많은 전류를 흘리려면 더 굵은 전선이 필요하다.

역주 보통 테프론 선

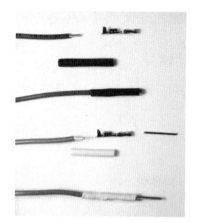

보기 7.75 결속선, 암컷 0.156인치 크림프 소켓(수컷 점퍼용 소켓에 0.100인치 수컷 헤더 핀을 납땜)과 ¹⁄₁₆ ~ ¹⁄₈인치 수축 튜브를 이용해 자신만의 연선과 사각형 점퍼 만들기. 니들 노즈 플라이어를 사용하고 약간 다듬어서도 할 수 있지만 소켓을 전선으로 고정하려면 압착 공구가 필요하다.

■ 권선

권선(보기 7.74(b))은 맞춤형 코일과 전자석 또는 라디오 수신기의 튜닝 소자와 같이 여러 번 감아야 하는 곳에 쓰인다. 단선으로 권선을 이루며 바니시를 도포해 절연해 둔다. 22~30게이지 범위의 권선을 조합해 쓰면 편리하다.

■ 열수축 튜브

열 수축 튜브(보기 7.74(c))는 노출된 전선이나 단자 연결부를 덮을 수 있을 뿐만 아니라 서로 다른 전선 여러 개를 단단한 단일 전선으로 연결하는 데도 필요하다. 튜브를 실패 단위로 구입하거나 지름과 색이 다양한 짧은 조각을 모아 둔 키트를 구입할 수 있다. 수축 튜브의 표준 내부 직경은 열을 가하기 전에는 ³⁄₆₄, ¹⁄₁₆, ³⁄₃₂, ¹⁄₈, ³⁄₁₆, ¹⁄₄, ⁵⁄₁₆, ³⁄₈, ¹⁄₂, ⁵⁄₈, ³⁄₄, 1, 2, 3, 4인치이다. 일반적인 수축률이 2:1(50%)이므로 1/8인치 튜브는 1/16인치로 축소될 것이다. 그러나 축소 비율이 3:1인 경우도 있다. 히트건을 쓰거나, 어떤 때는 헤어드라이어로도 튜브를 수축하게 할 수 있다.

■ 상호연결

임시로 전선끼리 연결하는 경우 와이어 너트, 버트 커넥터 및 다양한 핀-소켓 커넥터를 가까이 두어야 한다(보기 7.74(d) 및 (e)). 와이어 너트로는 간단히 전선을 함께 꼬아 연결부를 둘러쌀 수 있다. 버트 커넥터는 두 개의 서로 다른 전선 끝을 금속 절연 고정 튜브 내에서 함께 결속한다. 핀-소켓 커넥터는 다양한 마찰 방식으로 끼워 맞추는 일에 쓰인다. 한쪽 전선에는 수컷 말단, 다른 쪽 전선에는 암컷 말단을 둔다.

전선을 PCB 및 섀시와 같은 더 영구적인 구조에 연결하기 위해 다양한 커넥터를 사용할 수 있다. PCB인 경우에는 0.100인치 수컷 헤더(직각, 즉 90도) 및 0.156인치 암컷 크림프 소켓이 매우 유용하다. 더 큰 연결의 경우 PCB 장착 단자 블록 또는 해당 무땜납 단자가 있는 단자 블록(전선에 부착된 무엇)이 이상적이다. 다양한 전선 게이지를 수용할 수 있도록 수컷 및 암컷 스페이드 단자, 빠른 결속 해제 및 고리 모양 단자가 포함된 무땜납 단자 키트를 찾아보라.

■ 그 밖의 철물

다음은 늘 갖추고 있어야 할 추가 하드웨어 물품이다(보기 7.74(g)).

- 전지 걸이(battery holder): AAA, AA, C, D, 9V, 코인.
- 방열판(heat sink): TO-3, TO-92, TO-202, TO-218, TO-220 및 DIP 케이스 스타일. 또한, 방열용 화합물도 들여 놓으라.
- 절연체(standoff): 실 길이가 다양한 4-40, 6-32 알루미늄 및 황동 실 절연체.
- 철물(hardware): 작은 나사(4-40, 6-32), 육각형 너트(4-40, 6-32), 플랫, 분리 후 잠금 와셔(4, 6, 8).
- 접착성 고무다리(adhesive rubber feet): 프로젝트 박스에서 쓰는 경우 미끄러짐이나 표면 긁힘을 방지한다.
- 트랜지스터와 IC 소켓(transistor and IC socket): 주로 8, 14, 16 핀 DIP 소켓.
- 계기 손잡이(Instrumentation knob): 축의 직경이 1/8인치와 1/4인치로 손잡이를 돌려 축에 고정한다. 이들은 전위차계 등에 사용된다.
- 외함(enclosure): 플라스틱 및 알루미늄으로 되어 있으며 PCB 장착용 철물이다.
- 금속판(sheet metal): 대개 4×8 피트 또는 그보다 큰 단위로 판매되며 금속 함을 만드는 데 사용한다.
- 와이어랩용 철물(wire-wrap hardware): 와이어래핑 구축 기술을 사용하려는 경우 이게 필요하다. 모아 둔 단자나 IC 소켓 등을 구해 두라.

■ 화학용품

그밖에도 갖춰 두어야 할 물품은 다음과 같다.

- 에폭시(epoxy): 두 부분으로 나뉜 에폭시 수지는 모양이 이상한 물품을 함께 결합하는 데 적합하다. 두껍고 강력하게 접착된다. 깨끗하게 마르는 제품을 찾아보라.
- 실리콘 접착제(silicon adhesive): 이는 몰렉스(Molex) 커넥터와 같은 부품을 회로 기판에 접착하는 데 유용하다. 실리콘 접착제는 고온에 견딜 수 있어 납땜할 부분이 있는 것들에 적합하다. 또한, 건조되어도 고무 같은 점성을 띄므로 이것을 벗겨 내면 부품을 떼어낼 수 있다.

- 탈산제 및 세정제(deoxidizer and cleaner): 디옥싯(DeoxIT)은 스위치, 계전기 접촉 패드, 바나나 및 오디오 플러그와 같은 금속성 전기 연결을 위한 탈산제, 세척제 및 방부제 역할을 한다.
- 융제 제거제(defluxer): 납땜한 기판에서 융제를 제거하는 데 사용된다. 저항이 낮은 브리지 형성을 예방한다.
- 산화방지 결합 화합물(antioxidant joint compound): 놀록스(Nolox)를 예로 들면, 습기가 많은 환경에서 전기 연결 부분이 부식되지 않게 하기에 좋다. 예를 들어, 와이어 너트 연결로 조명 작업이나 기타 실외 공사 시 저전압 무선 공사를 실행하는 경우 와이어 너트로 물건을 고정하기 전에 전선 연결부에 화합물을 넣으라.
- 전도성 펜 및 회로 밀봉 펜(conductive writer and circuit sealer pen): CAIG 연구소(CAIG Laboratories Inc.)의 서킷라이터(CircuitWriter)와 같은 전도성 은 성분 잉크가 든 펜은 부식되거나 손상된 회로 기판 궤적을 고칠 때 유용하다. 망가진 궤적을 다시 그리는 데 펜을 사용한다. 탄소 성분 잉크 펜은 땜납이 문제가 되지 않는 버튼 접점 및 막을 덮어 바르기에 적합하다. 또한, 아크릴 기반의 밀봉 펜을 사용해 보호되지 않은 궤적이나 새로 그린 궤적이 전도성을 띠게 하고 산화를 방지한다.
- 회로 냉각기(circuit chiller): 이는 부품을 빠르게 냉각시키는 일과 간헐적으로 문제가 생기는 커패시터, 저항기, 반도체 및 기타 결함 부품의 문제를 해결하는 일에 사용된다. 또한, 냉연 접합부, PCB의 균열 부분, 산화 접합부를 감지한다.
- PCB 화학물질(PCB chemicals): 키트에는 일반적으로 필요한 모든 항목이 들어 있겠지만 여분의 저항 테이프, 저항 펜, 페인트, 문질러 전사하는 스티커, 부식액을 갖춰 두는 일이 해로울 건 없다.

7.5.20 전자기기 제품 소개 자료

디지키(Digi-Key), 자메코(Jameco) 및 마우서 일렉트로닉스(Mouser Electronics)와 같은 회사들이 제공하는 종이 제품 소개 자료를 실험실에서 언제든 볼 수 있게 보관하라. 다음은 기억해 둘 만한 공급처이다.

회사	분류	웹사이트
올 일릭트로닉스(All Electronics)	전자제품, 기타 장비, 기계 장치	www.allcorp.com
얼라이드 일렉트로닉스(Allied Electronics)	전자기기	www.alliedelec.com
올트로닉스(Alltronics)	전자기기, 기타 장비, 기타	www.alltronics.com
비지 마이크로(B.G Micro)	전자기기, 기타 장비, 키트	www.bgmicro.com
뎁코 일렉트로닉스(Debco Electronics)	전자기기, 키트, 기타	www.debcoelectronics.com
디지키(Digi-Key)	전자기기	www.digikey.com
일렉트로닉 골드마인(Electronic Goldmine)	전자기기	www.goldmine-elec.com
일렉트로닉스 익스프레스(Electronix Express)	전자기기	www.elexp.com
게이트웨이 일렉트로닉스(Gateway Electronics)	전자기기, 키트, 소도구	www.gatewayelex.com
홀티드 스페셜티스(Halted Specialties)	전자기기, 소도구, 기타	www.halted.com

회사	분류	웹사이트
자메코 일렉트로닉스(Jameco Electronics)	전자기기	www.jameco.com
제이디아르 마이크로디바이시스(JDR Microdevices)	전자기기, 키트, 기타.	www.jdr.com
마틴 P. 존스(Martin P. Jones)	전자기기, 기타 장비	www.mpja.com
MECI	전자기기, 기타 장비	www.meci.com
마우서 일렉트로닉스(Mouser Electronics)	전자기기	www.mouser.com
뉴워크 일렉트로닉스(Newark Electronics)	전자기기	www.newark.com
엔티아이 일렉트로닉스(NTE Electronics)	전자기기, 교체용품	www.nteinc.com
라디오셰이크(RadioShack)	전자기기	www.radioshack.com
스파크펀(SparkFun)	전자기기, 모듈 전문	www.sparkfun.com
웹트로닉스(Webtronics)	전자기기, 장비, 기타.	www.web-tronics.com

이 공급처 중 많은 곳이 세계 각지로 물건을 보낸다. 그밖에 세계 각지로 공급하는 업체 명단은 다음과 같다.

회사	범주	웹사이트
CPC	전자기기	cpc.farnell.com
파넬(Farnell)	전자기기, 세계 각지에 전문적으로 공급	www.farnell.com
메이플린 일렉트로닉스(Maplin Electronics)	전자기기, 소도구, 기타. 영국에 있는 소매점	www.maplins.com
RS 콤포넌츠(RS Components)	전자기기, 세계 각지에 전문적으로 공급	www.rs-online.com

옥토파트의 웹 사이트(www.octopart.com)는 전자 부품을 찾기 위해 설계된 검색 엔진이며, 특정 부품을 찾을 수 있을 만한 공급 업체를 물색하는 데 쓸 만한 방법이다. 온라인 경매 사이트도 있다.

7.5.21 추천하는 전자 부품

전자공학에 대해 진지하게 생각한다면 예기치 못한 요구가 발생할 경우 의지할 수 있는 적절한 전자 부품을 확보해야 한다. 보기 7.76(a)와 7.76(b)는 실험실에 둘 만한 재고를 보여 준다. 재고 정리를 하면서 저항기, 커패시터, 트랜지스터, 다이오드, LED, 디지털 IC 및 아날로그 IC 키트와 같은 부품 키트를 구입하면 비용을 줄일 수 있다. 자메코(www.jameco.com), 디지키(www.digikey.com), 마우서 일렉트로닉스(www.mouser.com)에서 다양한 부품 키트를 판매한다.

전자레인지, 스테레오 기기, 프린터, 토스터기와 같은 가전제품도 부품들의 멋진 조달원이 될 수 있다. 일일이 파헤친다면 고압 변압기, 대형 모터, 스테퍼 모터, 레이저 다이오드, 변속기, 스위치, 계전기, 커패시터, 전선 커넥터 등을 찾을 수 있을 것이다. 찾아낸 것들을 상자에 담아 두었다가 필요할 때 꺼내 쓰라.

적당한 전자 부품 재고(1)^{역주}

저항기

Carbon Film: 1Ω - 1MΩ, 1/8, 1/4, 1/2 watts, ± 5%

Metal Film: 1Ω - 1MΩ, 1/8, 1/4, 1/2 watts, ± 1%

Metal Oxide: 1Ω - 1MΩ, 1/2 watts, ± 5%

Power Resistors: 0.1Ω - 50kΩ, 10-100 watts, ± 5%

> Standard resistor values for first two digits
> **10** 11 **12** 13 **15** 16 18 **20 22** 24 **27** 30 **33**
> 36 **39** 43 **47** 51 56 **62 68** 75 **82** 91 **100**

1/2-Watt Single-Turn Potentiometers
500Ω, 1K, 2K 5K, 10K, 20K, 50K, 100K, 500K, 1M

3/4-Watt Multi-Turn Pots
500Ω, 1K, 2K 5K, 10K, 20K, 50K, 100K, 500K, 1M

1/2-Watt Single- and Multi-Turn Cermet Trimmers
100Ω, 500Ω, 1K, 2K 5K, 10K, 20K, 50K, 100K

Thick Film Resistor Networks: 2% SIP/DIP

Digital Potentiometers: e.g. DS1804-100

커패시터

Ceramic Disc (10pF -0.47μF)
10pF, 22pF, 47pF, 100pF, 470pF, 0.001μF, 0.01μF, 0.022μF, 0.1μF, 0.47μF (50V ± 20%)

Electrolytic (0.1μF - 4700μF)
0.1μF (50V), 1μF (50V), 1μF (100V), 2.2μF (50V), 3.3μF (50V), 4.7μF (50V), 10μF (50V), 100μF (50V), 220μF (25V), 470μF (25V), 1000μF (25V), 2200μF (25V), 3300μF (25V), 4700μF (35V)

Tantalum (0.1μF - 1000μF, ±10%)
0.1μF (35V), 0.22μF (35V), 0.47μF (35V), 1μF (25V), 1μF (35V), 2.2μF (16V), 3.3μF (35V), 4.7μF (35V), 6.8μF (35V), 10μF (16V), 10μF (35V), 15μF (25V), 22μF (16V), 33μF (25V), 47μF (25V)

Mylar (100V ± 20%)
0.001μF, 0.004μF, 0.01μF, 0.022μF, 0.033μF, 0.047μF, 0.1μF, 0.22μF, 0.47μF, 1μF

Polyester/Polypropylene Film
(0.01μF - 10μF, ±10%)
0.01μF, 0.022μF, 0.033μF, 0.047μF, 0.068μF, 0.1μF, 0.22μF, 0.47μF, 1μF, 2.2μF, 4.7μF, 10μF

Metallized Polyester (1000pF - 0.47μF, ±10%)
1000pF, 0.01μF, 0.1μF, 0.22μF, 0.33μF, 0.47μF, 1.0μF (63V); 4700pF, 0.1μF, 0.47μF (100V); 0.1μF (250V); 0.047μF, 0.1μF (400V)

Dipped Mica (1pF - 2000pF, ±5%)
1, 2, 3 (300V); 5, 10, 22, 33, 39, 47, 56, 100, 220, 270, 330, 390, 470, 560, 680, 820, 1000, 1200, 1500, 2000 (500V)

Ceramic Trimmer Capacitors
1-3 pF, 3-10pF, 5-20pF, 10-50pF, 20-70pF (200V)

오디오

Speakers: 4-Ω, 8-Ω; 70-20kHz; ferrite and piezo

Piezo Buzzers: 1.5-28VDC, 120VAC.

Microphones: Electret microphone cartridges

초코 코일, 인덕터, 페라이트

RF chokes (0.22μH to 1000μH)
0.22, 0.47, 1.0, 2.2, 3.3, 4.7, 10, 15, 22, 33, 47, 68, 100, 220, 330, 470, 680, 1000

EMI Shield Beads & Beads on Leads
43 (broadband), 61 (high freq.), 73 (low freq.)

Axial Molded Inductors (0.10μH to 6800μH)
0.10, 0.22, 0.33, 0.47, 1.0, 2.2, 3.3, 4.7, 5.6, 8.2,10, 12, 15, 22, 33, 39, 47, 56, 100, 220, 330, 470, 1000, 2200, 3300, 4700, 5600, 6800

Low Current Chokes: (0.33μH to 1000μH)

Medium Current Chokes (330μH to 33000μH):

High Choke Coils (0.7μH to 10μH)

Tunable Coils (Unshielded and Shielded)

수정

1.8432, 2.0, 2.4576, 3.2768, 3.579545, 3.6864, 4.0, 4.194304, 4.43361, 4.9152, 5.0, 5.0688, 6.0, 6.5536, 8.0, 10.0, 11.0592, 12.0, 16.0, 18.0, 18.432, 20.0, 24.0MHz

과도 상태 억제기

Metal Oxide Varistors: AC and DC., various clamping voltages.

TVSs: unipolar and bipolar, various VBR ratings:

퓨즈와 홀더

1/4 x 1-1/4 and 5mm X 20mm Fast and Slow Blow

250V: 63mA, 1/16, 1/8, 3/10, 1/4, 3/8, 1/2, 3/4, 1-1/4, 1-1/2, 2, 2-1/2, 3, 5, 6, 8, 10, 15, 20A

Holders: panel mount, in-line, fuse clips and blocks

스위치

Types: Tactile, pushbutton, rotary, toggle, DIP, slide, snap-action, binary, hexadecimal, thumbwheel

Configurations: SPST, SPST-NC, SPST-NO, SPDT, DPDT, DP3T, 4PDT, 4P3T, 6PDT, (4,5,6,8,10,12-position rotary)

계전기

Low Profile Power (5A, 8A, 12A)
12VDC, 24VDC, 120VAC: SPDT, DPDT, 3PDT

Low Signal Relays (3A)
5VDC, 12VDC, 24VDC: DPDT, 4PDT

DC/AC and DC/DC Solid State Relays:

SIP/DIP Relays: 5V, 6V, 12V

기계류

DC Motors: 1.3V, 3V, 5V, 6V, 12V, 24V; spider shaft couplers, gears, etc.

Solenoids: 12VDC, 24VDC

DC Brushless Fans: 5VDC, 12VDC, 115VAC

Stepper Motors: 5, 12, 24V, Bipolar, Unipolar

RC Servos: 4.8-6V, 30 to 200 oz-in.

다이오드/제너/브리지

Diodes/Rectifiers

1N270	Ge, 50 PRV, 200mA
1N67A	Ge, 100 PRV, 4mA
1N914	Switch, 75 PRV, 10mA
1N3600	Switch, 50 PRV, 200 mA
1N4001	Rectifier, 50 PRV, 1A
1N4004	Rectifier, 400 PRV, 1A
1N4007	Rectifier, 1000 PRV, 1A
1N4148	Switch, 100 PRV, 25 mA
1N5404	Rectifier, 400 PRV, 3A
1N5408	Rectifier, 1000 PRV, 3A
1N5819	Schottky, 40 PRV, 1A

Zener Diodes (1-watt)

1N4730A	3.9V	1N4739A	9.1V	1N4746A	18V
1N4733A	5.1V	1N4742A	12V	1N4747A	20V
1N4735A	6.2V	1N4744A	15V	1N4749A	24V

Bridge Rectifiers: 200-600 PRV, 1-35A: DF04M, WO4G, KBP04M, BR82D, etc.

LED

Infrared: 940, 935, 880, 850, 800nm
Colored: Red, orange, yellow, green, blue, etc.
Others: high-output, white, blinking, tri-color
Sizes: T1, T 1 3/4, square, etc. .
Mounting Hardware: panel, litepipes, etc.

트랜지스터

Small-Signal General-Purpose Bipolar Transistors

2N2219A	NPN, hFE 100@150mA, TO-39
2N2222A	NPN, hFE 100@150mA, TO-92
2N2369A	NPN, 0.2A, 40-120 hFE, TO-92
2N2907A	PNP, hFE 100@150mA, TO-92
2N3904	NPN, hFE 100@10mA, TO-92
2N3906	PNP, hFE 100@10mA, TO-92

Power Bipolar Transistors

TIP31C	NPN, 100V, 3A, TO-220
TIP32C	PNP, 100V, 3A, TO-220
TIP41C	NPN, 100V, 6A, TO-220
TIP42C	PNP, 100V, 6A, TO-220
TIP48	NPN, 300V, 3A, TO-220
TIP120	NPN, 60V, 5A, TO-220
TIP121	NPN, 80V, 5A, TO-220
TIP122	NPN, 100V, 5A, TO-220
TIP125	PNP, 60V, 5A, TO-220
TIP132	NPN, 100V, 8A, TO-220
TIP140	NPN, 60V, 10A, TO-220
TIP145	PNP, 60V, 10A, TO-220
MJE2955T	PNP, 60V, 10A, TO-220
MJE3055T	NPN, 60V, 10A, TO-220

N-Channel MOSFET Transistors

IRF840	500VDC, 8A, TO-220
IRF511	200 PRV, 4A, TO-126
IRF9520	200 PRV, 10A, TO-220

트라이액

2N6071A	200 PRV, 4A, TO-126
SC146B	200 PRV, 10A, TO-220

디스플레이

Parallel LCD Modules: 20x1, 16x2, 16x4, 20x4

LCD Numeric Panel Meter: 3.5 and 4.5-digit

LED Numeric Displays: 7-seg., dot matrix

역주 이 부품 목록과 이어서 나오는 작업대 설계서 등은 일부러 번역하지 않고 원서 내용 그대로 두었습니다. 호기심을 자극하고, 외국 사이트에서 관련 부품을 검색할 때 도움이 될 수도 있겠다는 생각에서였습니다. 혹시라도 해당 부분에 대한 번역이 필요한 분이 있다면 출판사나 저에게 연락해 주시면 향후 출판사 홈페이지에 번역 내용을 올려 두거나 이메일로 파일을 전달해 드리겠습니다.

보기 7.76(a)

적당한 전자 부품 재고(2)

전압 조절기

Positive Voltage Regulators

78L05	5V, 0.1A, TO-92 case
7805T	5V, 1.0A, TO-220 case
7808T	8V, 1.0A, TO-220 case
78L09	9V, 0.1A, TO-92 case
78L12	12V, 0.1A, TO-92 case
7812T	12V, 1.0A, TO-220 case
7815T	15V, 1.0A, TO-220 case
78L24	24V, 0.1A, TO-92 case

Negative Voltage Regulators

7905T	-5V, 1.0A, TO-220 case
7912T	-12V, 1.0A, TO-220 case
7915T	-15V, 1.0A, TO-220 case

Adjustable Voltage Regulators

LM317T	1.2-37V, 1.5A, TO-220 case
LM317LZ	1.2-37V, 100mA, TO-92 case
LM317HVT	1.2-57V, 1.5A, TO-220 case
LM337T	-1.2-37V, 1.5A, TO-220 case

연산 증폭기/오디오 증폭기

TL082CP	JFET input op amp
TL084CP	JFET input op amp
LM301N	Precision op amp
LM308N	Precision op amp
LM324N	Low power quad op amp
LM351N	BIFET op amp
LM356N	JFET input, wide band op amp
LM358N	Low power dual op amp
LM380N	2-watt audio power amp
LM383T	9-watt audio power amp
LM384N	5-watt audio amp
LM386N-1	Low voltage audio amp, 250mW/6V
LM386N-3	Low voltage audio amp, 500mW/9V
LF411CN	Low offset drift JFET input op amp
LF412CN	Dual LF411CN op amp
LM741CN	General-purpose op amp
LM747CN	Dual 741 op amp
LM1458	Dual general purpose op amp
LM5532	Dual low noise op amp

전압 비교기

LM311N	Voltage comparator
LM339N	Quad, low power, low offset voltage
LM393N	Dual, low power, low offset voltage

기타 선형 IC

LMC555CN	Timer (MC1455P,NE555V)
XRL555	Micropower 555
LM556N	Dual 555
NE558N	Quad 555
LM564N	Hi-freq. phase locked loop
LM565N	Phase locked loop
LM3909	LED Flasher/Oscillator
LM567V	Tone Decoder
LM2907N	Frequency to Volt Converter
LM566	Voltage Controlled Oscillator
LM334Z	Adj. Current Source
LM34CZ	Temp. Sensor (-40°F to +230°F)
LM35DT	Temp. Sensor (-55°C to +150°C)
LM334Z	Adj. Current Source
ULN2003A	Hi-volt/curr. darl. transistor array
ULN2083A	Hi-volt/curr. darl. transistor array

4000 CMOS 로직 IC

4011	Quad 2-input NAND gate
4017	Decade counter/divider
4020	14-stage binary/ripple counter
4024	7-stage binary counter
4046	Micropower phase-locked loop
4049	Hex/buffer/converter (inverting)
4050	Hex/buffer/converter (non inverting)
4051	Single 8-chan. multi./demultiplexer
4066	Quad bilateral switch
4069	Hex inverter
4071	Binary up/down counter with clear
4584	Hex Schmitt trigger

마이크로컨트롤러

Arduino Unot
Arduino Protoshield
Arduino LCD Shield
Arduino Min
ATtiny85
ATMega328
BASIC Stamps (Parallax): SB2, SB2e, SB2sx, SB2p
PICs (Microchip): PIC12Cxx, PIC12Fxx, PIC16Cxx, PIC16Fxx, PIC18xx, PIC18Fxx
Others: OOPPIC, Intel 8051, Motorola 68HC11

광전자

IR LEDs: 950, 940, 900, 880, 860 nm

NPN Photo Transistors: 910, 900, 860, 800 nm

Photo Diodes: 960, 950, 850, 820 nm

Optoisolators and Optical Switches: various outputs (photo transistor, triac, FET) and # of channels

Photo Cells: various sizes and power outputs

Photoresistors: various spectral and resistance ranges

Lamps: various types (incandescent, halogen, neon, xenon flash) and contacts (T-1, bi-pin, screw, etc.)

전선/커넥터/기타

Wire and Cable: 16, 18, 20, 22, 24 AWG stranded and solid hook-up wire; 28 AWG flat ribbon cable; cat5 network cable; 24 AWG twisted pair cable; high-voltage wire: NM-B (indoor), UF-B (outdoor).

Shrinkable Tubing: 3/32" to 1", assorted colors.

Heat sinks: TO-3, TO-92, TO-202, TO-218, TO-220 and DIP case styles. Also get heat sink compound.

Hardware: battery holders (AAA, AA, C, D, 9V), transistor and IC socket holders, aluminum standoffs, PCB posts, strain reliefs, machine and sheet metal screws, nylon spacers, adhesive rubber feet, plastic and aluminum boxes.

AC Plugs Connectors: inlet (male), outlet (female)
AC & AC-to-DC Wall Transformers: 3 - 24V
DC Power Jacks and Plugs: 2.1mm, 2.5mm, 3.5mm
.100" Male Headers and .156 Female Crimp Pins
Terminal Blocks and Solderless Terminals: ring, spade, disconnect: 14-24 AWG
Wire-nuts: 10-18, 14-22, 16-24 AWG, etc.
Butt Splices: 10-12, 14-16, 18-24 AWG

센서

TMP36	Temp. Sensor
UGN3142	Hall-Effect Sensor (Allegro Microsystems)
HIH3605A	Humidity Sensor (Honeywell)
MPX2202D	Pressure Sensor (Motorola)
Sparkfun SEN-00639 Ultrasonic Range Finder	
GP1S36	Tilt Sensor (Sharp)
GP2Y0A21YK IR Proximity Sensor	
MMA8452Q 3-axis accelerometer	

보기 7.76(b)

7.5.22 전자공학용 CAD 프로그램

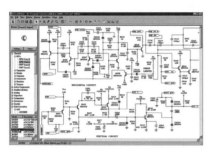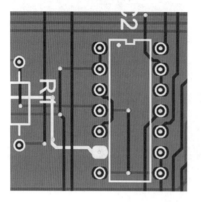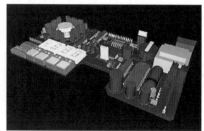

보기 7.77

전자공학용 캐드(CAD) 프로그램은 정교한 회로를 학습하고 시뮬레이션하고 구성하는 데 매우 중요한 도구이다. 많은 소프트웨어 패키지에는 회로도, 시뮬레이션, PCB 설계, 자동 배선 및 실제 3D 모형이 들어 있다. 인터넷을 뒤지다 보면 다양한 프로그램에 대해 더 많은 것을 배울 수 있다. 대부분의 소프트웨어 회사는 소프트웨어의 무료 평가판을 내려받을 수 있게 해 둔다. 또한, 취미용으로 가장 널리 사용되는 전자공학용 캐드 중 일부는 무료(기판 크기와 회로도 층이 제함됨)나 오픈 소스로 제공된다. 살펴볼 만한 캐드 프로그램은 다음과 같다.

CAD 프로그램	설명
이글 CAD (EAGLE CAD, www.cadsoftusa.com)	윈도우용, 맥용, 리눅스용이 있다. 비상업용 소형 기판, 2층 PCB에 한해 무료이다. 취미 동아리에서 가장 많이 사용하는 캐드 소프트웨어로 사용자 인터페이스가 독특해서 익숙해지는 데 시간이 걸린다. 시뮬레이션 기능이 없으며 회로도 설계 및 PCB 제작에 중점을 둔다. PCB를 자동으로 배치하고 거버 파일을 출력할 수 있고 포괄적인 스크립팅 언어를 제공한다. 동아리들이 제작한 인기 라이브러리뿐만 아니라 대규모 부품 라이브러리도 들어 있다.
카이캐드 (KiCad, kicad.sourceforge.net)	윈도우용, 맥용, 리눅스용이 있다. 이글 캐드와 기능이 비슷하지만 오픈소스다. 이 책을 쓰는 시점에서 맥용은 평가판으로만 제공된다.

살펴볼 만한 몇 가지 상용 소프트웨어 패키지는 다음과 같다.

CAD 패키지	설명
알티움 디자이너 (Altium Designer, www.altium.com)	이전에는 서킷메이커 2000(CircuitMaker 2000)이라고 부르던 이 패키지에는 회로도 설계 편집기가 들어 있고, 시뮬레이션을 실행해 분석할 수 있다. 무료 평가판이 있다. 회로의 모든 마디에 대한 출력 파형을 검사하는 탐촉자 도구가 함께 제공된다. 이 프로그램은 회로도에서 알티움 디자이너 2000(Altium Designer 2000) PCB 편집기로 구성 요소 및 연결 정보를 자동으로 전송하여 배치 및 배선을 준비한다. 여기에는 아날로그 출력과 디지털 출력을 함께 볼 수 있게 한 제대로 된 혼합 모드 시뮬레이터가 들어 있다. 또한, 광범위한 부품 라이브러리는 물론 사용자 정의 기호 편집기와 SPICE 2 및 SPICE 3 모형 가져오기 기능이 있다. 가상 계측기로는 오실로스코프, 멀티미터, 보드 플로터, 곡선 추적기, 데이터 시퀀서, 신호 발생기, 논리 탐촉자 및 논리 펄서 등이 있다. 회로를 설계하고 시험한 후 버튼을 클릭하기만 하면 알티움 디자이너는 자동으로 PCB 넷리스트를 생성하고, PCB 편집기를 열고, 사양에 맞게 보드 외형을 정의하고, 넷리스트를 불러들이고, 기판의 부품을 자동으로 배치한다. 자동 배선 기능은 최대 전기 층을 최대 8개(신호 + 전력 및 접지면 6개), 실크 스크린 덧씌우기 및 마스크 붙이기와 바르기를 지원한다. 스루홀 및 표면 실장 부품을 지원한다. 이 제품은 표면 실장 및 스루홀 장치와 같은 PCB 설계를 위한 부품 풋프린트 라이브러리를 제공한다.

CAD 패키지	설명
익스프레스피시비 (ExpressPCB, www. expresspcb.com)	PCB 배치만 할 수 있는 프로그램이다. 제작업체는 사용자가 자신들의 제작 서비스를 이용할 것으로 예상하고 배치 소프트웨어를 무료로 제공한 것이다. 도금된 스루홀이 있는 양면 기판에만 쓸 수 있다.
엔아이 멀티심 (NI MultiSim, www.ni.com/multisim/)	이 제품은 부품 제조업체인 내쇼널 인스트루먼츠(National Instruments)의 것으로 16,000개가 넘는 부품 라이브러리가 있는 회로도 편집기가 함께 제공된다. 또한, 부품 편집기, SPICE 넷리스트 가져오기 및 PCB 풋프린트 라이브러리가 함께 제공된다. SPICE, VHDL 및 베리로그(Verilog) 모형을 함께 시뮬레이션 한다. 울티보드(Ultiboard) 및 기타 PCB 프로그램에 대한 자동 배선, 회선 끌기 및 내보내기 기능이 제공된다. 업그레이드하면 SPICE가 일반적으로 신뢰할 수 없게 되는 100 MHz 이상에서 작동하도록 RF 설계 키트를 얻을 수 있다. 가상 계측기로 오실로스코프, 함수 발생기, 멀티미터, 보드 플로터, 네트워크 분석기, 워드 생성기, 논리 분석기, 스펙트럼 분석기, 왜곡 분석기, 전력량계, 직류 작동 지점 및 온도 등이 제공된다.
울티보드 피시비 레이아웃 (Ultiboard PCB Layout, www.ni.com/ultiboard/)	NI 멀티심의 협력 업체가 만든 제품으로 최대 2×2m² 또는 2m×2m 크기 기판 모양을 만들 수 있다. DXF 가져오기, 표준 기판 모양, 층 구성, 64 신호 층, 64 기계 층, 2× 땜납 및 단자 표시, 2× 실크 스크린, 천공 부분 그리기 및 구동 안내, 성형 가공, 조립 정보, 접착층, 위반 식별, 부품 밀어 넣기^{역주} 등의 사전 제작 라이브러리가 들어 있다. 이 제품은 기계적 캐드 기능을 내장하고 있어 전면 패널, 외장재 등을 제작하기에 이상적이며 PCB에 부착하기 위한 정렬 및 자리 잡기를 보장한다. 또한, 채워진 기판으로 3차원으로 보면서 시각화할 수 있다.
티나프로 식스 (TINAPro 6, www.tina.com)	가성비가 좋으면서도 강력하며 학생들이 좋아할 만한 것이다. 회로도 편집기, 대규모 부품 라이브러리(2만 개), 매개변수 추출기, 아날로그, 디지털 및 혼합 모드 시뮬레이션, 스펙트럼 분석, 푸리에 분석, 잡음 분석, 네트워크 분석, 공차 분석 기능 등이 들어 있다. 가상 계측기로는 오실로스코프, 함수 발생기, 멀티미터, 신호 분석기, 보드 플로터, 네트워크 분석기, 스펙트럼 분석기, 논리 분석기, 디지털 신호 생성기 및 XY 레코더가 포함된다. EDS3(TINA용 PCB 자동화 도구)에는 티나와 인터페이스를 할 수 있게 특별히 고안된 자동 라우터가 있다. 회로도 또는 네트리스트 문서에서 PCB 쳇바퀴 둥지를 자동으로 생성한다. 적절한 풋프린트가 PCB에 놓이면 필요에 따라 위치를 변경할 수 있다. EDS3은 모양 기반 설계 검사를 사용하여 설계의 연결성이 올바른지 확인한다. 모든 구리 영역의 겹침 여부를 검사한다.

역주 즉, 밀기 또는 푸시앤쇼브(push-and-shove)

7.5.23 맞춤형 작업대 만들기

심사숙고한 끝에 저자 중 한 명이 넓은 탁상, 선반 다섯 개, 물건을 부착할 금속 틀, 전원 콘센트가 있는 내장형 뒷판, 걸이형 형광등을 켜고 끄는 스위치, 대형 전선 뭉치를 걸어 둘 막대기가 있는 새 작업대를 원했다. 작업대 제작 계획이 보기 7.78(a)와 (b)에 나와 있다. 전체 설계는 두플러스에이블 프로덕츠(Do+Able Products, Inc.)에서 나온 프로랙(Pro Rack) 07200을 바탕으로 한 것이다. 선반 가격은 약 90달러밖에 안 되어 전체 제작비용은 400달러 정도와 기분 좋게 일한 날에 해당하는 일당뿐이었다. 해당 저자는 홈 데포(Home Depot)에서 모든 재료를 가져 왔는데, 그곳에서는 목재를 무료로 잘라주기까지 했다.

작업대 설계 예

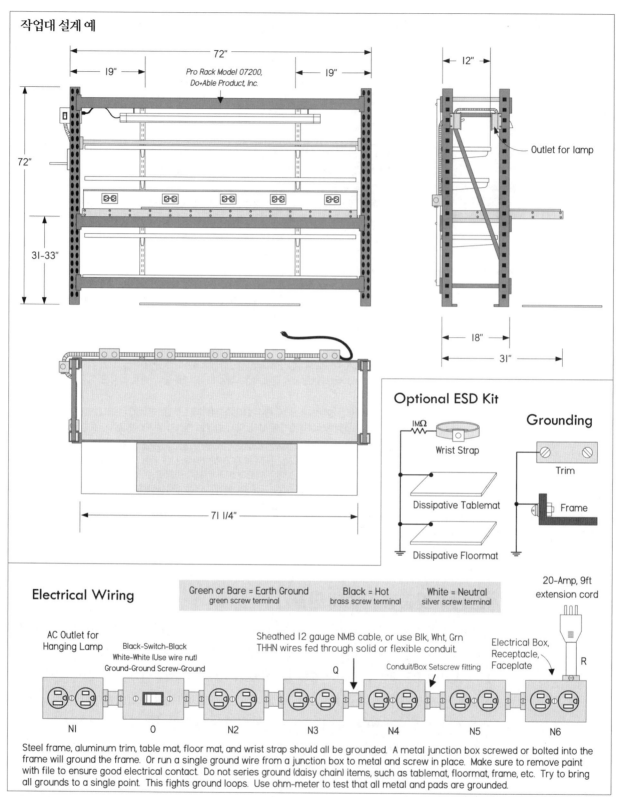

72"

19"   *Pro Rack Model 07200,
Do+Able Product, Inc.*   19"

72"

31-33"

12"

Outlet for lamp

18"

31"

71 1/4"

Optional ESD Kit

1MΩ
Wrist Strap

Dissipative Tablemat

Dissipative Floormat

Grounding

Trim

Frame

Electrical Wiring

Green or Bare = Earth Ground	Black = Hot	White = Neutral
green screw terminal	brass screw terminal	silver screw terminal

20-Amp, 9ft
extension cord

AC Outlet for
Hanging Lamp

Black-Switch-Black
White-White (Use wire nut)
Ground-Ground Screw-Ground

Sheathed 12 gauge NMB cable, or use Blk, Wht, Grn
THHN wires fed through solid or flexible conduit.

Q

Conduit/Box Setscrew fitting

Electrical Box,
Receptacle,
Faceplate

R

N1   0   N2   N3   N4   N5   N6

Steel frame, aluminum trim, table mat, floor mat, and wrist strap should all be grounded. A metal junction box screwed or bolted into the frame will ground the frame. Or run a single ground wire from a junction box to metal and screw in place. Make sure to remove paint with file to ensure good electrical contact. Do not series ground (daisy chain) items, such as tablemat, floormat, frame, etc. Try to bring all grounds to a single point. This fights ground loops. Use ohm-meter to test that all metal and pads are grounded.

보기 7.78(a)

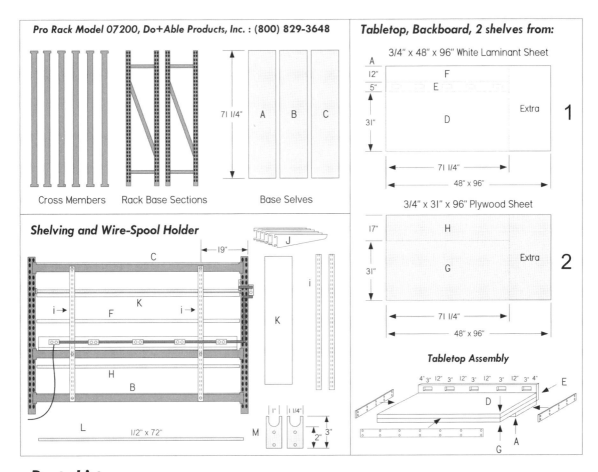

Parts List:
I purchased everything at The Home Depot. They will even cut the wood for you for free.

1. Pro Rack Model 07200, Do+Able Products, Inc.: Includes metal cross members, rack bases, and three 3/4" x 16" x 71 1/4" particle board shelves, A, B, C.

2. Main Tabletop: Following boards are sandwiched together with a number of 1" drywall screws (see figure):
    G. 3/4" x 71 1/4" x 31" plywood cut from sheet 2.
    D. 3/4" x 71 1/4" x 31" white laminant board cut from sheet 1.
    A: 3/4" x 71 1/4" x 31" particle board that comes with rack.
    Trim: Select 1/16" x 1/2" edge trim, such as plastic or coated aluminum. Glue or screw into place.

3. Outlet Backboard: Cut out five 3" x 2" square electrical box-size holes in the board listed below.
    E: 3/4" x 5" x 71 1/4" white laminant board cut from sheet 1.
    Attach Outlet Backboard to Main Tabletop with a number of 2 1/2" drywall screws.
    Place Main tabletop/backboard assembly onto middle frame shelve. Secure in place with sheetmetal screws.

4. Shelving: Made with Dorfile heavy-duty shelving uprights and brackets (double slot). Bolt uprights to frame.
    i: Two 68" Dorfile uprights .
    J: Six 12" Dorfile corresponding heavy-duty brackets with holes for securing screws.
    F: 3/4" x 12" x 71 1/4" white laminant board cut from sheet
    H: 3/4" x 17" x 71 1/4" plywood cut from sheet 2.
    K: 3/4" x 12" x 71 1/4" white laminant board or 72" prefab. white shelf.
    L: 1/2" x 72" solid metal conduit for wire-spool rod. Usually comes in 10-ft. lengths—cut with hacksaw.
    M: Two 1/8" x 1 1/4" x 3" flat aluminum bars cut as shown in figure above. Used to support wire-spool rod.

5. Electrical: Not including dissipating pads and wristband. Follow grounding rules presented previously.
    N: Six 2"x 3" electrical boxes with corresponding duplex receptacles and face plates.
    O: One 2" x 3" electrical box with corner bracket to mount on rack frame, with switch and faceplate.
    P: Solid or flexible conduit, conduit/box setscrew fittings, and wire nuts.
    Q: Sheathed 12-gauge NMB hookup cable, or use Blk, Wht, Grn THHN wire.
    R: 9-ft. extension cord (rated for 20 Amps). Snip off female end and feed into an outlet receptacle, use wire clamp.
    S: Fluorescent 4-ft. work light with chain to be hung on front upper cross-member of rack frame.

6. Hardware:
    1" and 2 1/2" drywall screws, box of 3/16" x 1" bolts with washers and nuts, small 3/4" sheet metal screws.

7. Tools:
    Hack saw, jig saw with wood-cutting blade, power drill with 13/64" and 5/32" carbide bits, screw drivers, metal file, hammer, tape measure, wire strippers, knife, electrical tape.

보기 7.78(b)

## CHAPTER 8

연산 증폭기

연산 증폭기(op amp)는 여러 가지 놀라운 방법으로 사용할 수 있는, 매우 유용한 고성능 차동 증폭기이다. 일반적인 연산 증폭기는 비반전 입력, 반전 입력, 직류 전력 공급 리드 두 개(양극 및 음극), 출력 단자, 미세 조정에 사용되는 몇 가지 특수한 리드가 통합되어 있는 장치다. 미세 조정 리드와 양극 및 음극 공급 리드는 종종 회로도에 그려 넣지 않는다. 공급 장치 리드가 보이지 않을 때는 2중 공급 장치를 사용하고 있다고 가정하라.

공급 전압들을 $+V_S$와 $-V_S$로 표기해 왔는데, 일반적으로 이 둘이 서로 같기 때문이다. 하지만 이번 장에서 단전원^{역주} 연산 증폭기를 볼 때 알 수 있게 되겠지만, 반드시 그렇게 하지 않아도 된다.

역주 즉, 단일 공급 장치

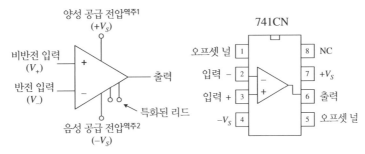

역주1 즉, 정극성 공급 전압
역주2 즉, 부극성 공급 전압

보기 8.1

이름에서 알 수 있듯이 연산 증폭기의 연산은 간단하다. 반전 단자(inverting terminal) V_-에 인가된 전압이 비반전 단자(noninverting terminal) V_+에 인가된 전압보다 더 양이면, 출력은 음의 공급 전압(negative supply voltage) $-V_S$ 쪽으로 포화된다. 반면에, $V_+ > V_-$이면 출력은 양의 공급 전압(positive supply voltage) $+V_S$ 쪽으로 포화한다(보기 8.2). 이 '출력 최대화' 효과로 인해 입력 단자 사이의 전압차가 조금이라도 생긴다.

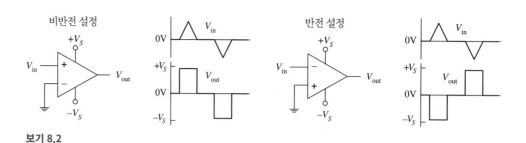

보기 8.2

언뜻 보면 연산 증폭기가 아주 인상적이지는 않은 장치로 보일 수 있다. 연산 증폭기는 입력 간에 전압차가 있을 때마다 한 가지 최대 출력 상태에서 다른 최대 출력 상태로 전환한다. 대단하다고? 이것 자체로는 한계가 있는 응용기기임에 틀림없다. 연산 증폭기를 유효한 장치로 만드는 요령은 음성 되먹임(negative feedback)[역주]을 적용하는 것이다.

[역주] 즉, 부궤환, 또는 음귀환, 또는 음성 되먹임

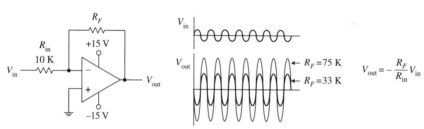

보기 8.3

전압이 출력 단자에서 반전 단자로 '되먹임 되고 나면'(즉, 음성 되먹임을 하고 나면) 연산 증폭기의 이득을 제어할 수 있다. 연산 증폭기의 출력은 포화되지 않는다. 예를 들어, 보기 8.3과 같이 출력과 반전 입력 사이에 놓인 되먹임 저항 R_F는 출력 상태를 연산 증폭기의 입력으로 다시 전달하는 역할을 한다. 이 되먹임 정보는 기본적으로 출력 전압을 되먹임 저항에 의해 결정되는 값으로 다시 조정하도록 연산 증폭기에 지시한다. 반전 증폭기(inverting amplifier)[역주]라고 부르는, 보기 8.3에 나오는 회로는 $-V_{in}(R_F/R_{in})$과 같은 출력을 지닌다(이번 장의 뒷부분에서 이 공식을 유도하는 방법을 배우게 될 것이다.) 음수 부호는 출력이 입력에 대해 반전되었다는 점을 의미한다. 간단히 출력 전압을 입력 전압으로 나눈 값, 즉 $-R_F/R_{in}$이 이득이다(음의 부호는 출력이 입력에 대해 반전된 점을 의미). 이 방정식에서 볼 수 있듯이 되먹임 저항기의 저항을 높이면 전압 이득이 커진다. 반면에 되먹임 저항기의 저항을 낮추면 전압 이득이 준다.

[역주] 즉, 인버팅 증폭기

음성 되먹임 회로에 다른 성분을 추가하면 연산 증폭기로 순수한 증폭 외의 흥미로운 일들을 많이 할 수 있다. 그와 같은 흥미로운 연산 증폭기 회로로는 전압 조정기 회로, 전류-전압 변환기, 전압-전류 변환기, 발진기 회로, 수학 회로(가산기, 감산기, 승산기[역주], 미분기, 적분기 등), 파형 발생기, 능동 필터 회로, 능동 정류기, 파고 검출기, 표본 유지 회로 등을 들 수 있다. 이 회로들을 대부분 이번 장에서 다룬다.

[역주] 즉, 각기 차례대로 덧셈기, 뺄셈기, 곱셈기

음성 되먹임 외에도 회로망을 통해 출력을 비반전 입력에 연결하는 양성 되먹임(positive feedback)[역주]도 있다. 양성 되먹임은 음성 되먹임에 반대되는 효과를 낸다. 양성 되먹임은 연산 증폭기를 포화되게 더 강력히 구동한다. 양성 되먹임을 거의 사용하지는 않지만 발진기 회로에 자주 사용되는 특수 비교기 회로에서 응용한다. 양성 되먹임에 대해서도 이번 장에서 자세히 다룬다.

[역주] 정궤환 또는 양귀환

8.1 물에 비유해 본 연산 증폭기

이 내용은 연산 증폭기를 물에 비유하는 일 중에서 아마도 가장 근접한 비유가 아닐까 싶다. 제대로 비유하려면 수압이 전압에 비례하고 수류가 전류 흐름과 비슷하다고 가정해야 한다.

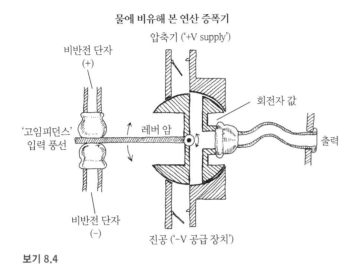

물에 비유해 본 연산 증폭기

압축기 ('+V supply')

비반전 단자 (+)

'고임피던스' 입력 풍선

레버 암

회전자 값

출력

비반전 단자 (−)

진공 ('−V 공급 장치')

보기 8.4

물로 만든 연산 증폭기의 반전 단자와 비반전 단자는 신축성 풍선 말단이 있는 두 개의 관으로 표시할 수 있다. 두 입력 관에 같은 수압이 걸릴 때, 레버 암은 가운데 자리 잡는다. 그렇지만 비반전 관에 가해진 수압이 반전 관에 가해진 수압보다 클 때는 비반전 풍선이 팽창해서 레버 암을 아래쪽으로 가압한다. 그런 다음 레버 암은 회전자 밸브를 반시계 방향으로 돌게 하여 압축기 관(양성 공급 전압에 해당)에서 출력 관으로 수로를 연다. (이것은 비반전 입력이 반전 입력보다 더 양성 전압일 때 양성 방향으로 포화되는 연산 증폭기와 유사하다.) 이제 비반전 관에 가해진 압력이 반전 관에 가해지는 압력보다 낮아지면 반전 풍선이 레버 암을 위로 밀어 올린다. 이로 인해 회전자 밸브가 시계 방향으로 돌게 되어 진공 관(음의 공급 전압에 해당)에서 채널이(덕후 즉, 협수로가) 출력으로 열린다. (이것은 반전 입력이 비반전 입력보다 더 양성 전압이 될 때마다 음의 방향으로 포화되는 연산 증폭기와 유사하다.) 음성 되먹임을 이 비유로 어떻게 설명할 수 있는지 살펴보라. 또한 이 비유에서 입력 관에는 무한한 '입력 물 임피던스'가 있고, 출력 관에는 '출력 물 임피던스'가 0이다. 보다시피, 이상적인 연산 증폭기의 입력 임피던스와 출력 임피던스가 비슷하다. 실제 연산 증폭기에서는 누출되는 전류가 언제나 있게 마련이다.

8.2 연산 증폭기 작동 방식('도피 행동' 해설)

연산 증폭기는 통합 소자로서 그 안에 많은 트랜지스터와 몇 가지 저항기와 소수의 커패시터가 들어있다. 보기 8.5에 전형적이며 저렴한 범용 양극성(bipolar) 연산 증폭기의 설계도를 나타냈다.

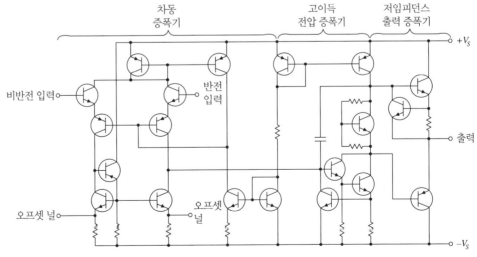

차동 증폭기

고이득 전압 증폭기

저임피던스 출력 증폭기

$+V_S$

비반전 입력

반전 입력

출력

오프셋 널

오프셋 널

$-V_S$

보기 8.5

이 연산 증폭기는 기본적으로 높은 입력 임피던스를 지닌 차동 증폭기, 수준 이상기(level-shifter)가 있는 고이득 전압 증폭기(양성 출력 및 음성 출력을 허용) 및 저임피던스 출력 증폭기라는 3단계로 구성된다. 그렇지만 연산 증폭기가 여러 단계로 구성되어 있다는 점을 안다고 해도, 입력 리드와 출력 리드 사이에 벌어지는 일을 파악하는 데는 별로 도움이 되지 않는다. 즉, 복잡한 시스템 안에서는 전류와 전압이 하는 일을 파악하기가 쉬운 문제가 아니라는 점이다. 아주 어려운 일이다. 여기서는 연산 증폭기의 내부 회로를 이해하는 데 집중하기보다는 입력 리드와 출력 리드로만 작업하는 데 필요한 규칙 몇 가지를 암기하는 데 초점을 맞춰야 한다. 이 방법이 '도피 행동'처럼 보일 수도 있지만 어쨌든 유효하다.

8.3 이론

연산 증폭기 회로 문제들을 푸는 데 알아야 할 공식은 본질적으로 한 가지뿐이다. 이 공식이 남은 모든 것의 기초가 된다. 이것은 연산 증폭기 출력 전압을 입력 전압 V_+(비반전)와 V_-(반전) 및 이것의 개방 루프 전압 이득(open-loop voltage gain) A_o의 함수로 표현한 것이다.

$$V_{\text{out}} = A_o(V_+ - V_-)$$

이 표현식은 이상적인 연산 증폭기(ideal op amp)가 $A_o(V+ - V-)$와 동일한 출력 전압을 공급하는 이상적인 전압원과 같은 역할을 한다고 말한다(보기 8.6). 현실적인 연산 증폭기(real op amp)에 관해서 말하자면 상황이 조금 더 복잡해질 수 있지만, 일반적으로 위의 개방 루프(open loop)[역주] 전압 표현식은 동일하게 유지된다. 단, 이번에는 등가 회로를 조금 수정해야 한다. 이렇게 수정한 것은 입력 저항 R_{in} 및 출력 저항 R_{out}과 같은 연산 증폭기의 부작용을 고려해야 한다. 보기 8.6의 오른쪽에는 연산 증폭기에 대한 더 현실적인 등가 회로가 나와 있다.

[역주] '개루프'라고도 한다.

이상적인 연산 증폭기   현실적인 연산 증폭기

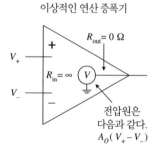
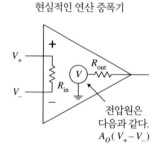

보기 8.6

개방 루프 전압 이득 표현식과 이상적인 실제 등가 회로에 의미를 부여하기 위해 A_o, R_{in}, 및 R_{out} 값을 다음 규칙에 따라 정의한다.

- 규칙 1: 이상적인 연산 증폭기의 경우 개방 루프 전압 이득은 무한대이다($A_o = \infty$). 현실적인 연산 증폭기의 경우에 이득은 유한해서 보통 10^4에서 10^6 사이이다.
- 규칙 2: 이상적인 연산 증폭기의 입력 임피던스는 무한하다($R_{\text{in}} = \infty$). 현실적인 연산 증폭기의 입력 임피던스는 유한해서 보통 10^6(예: 전형적인 양극성 연산 증폭기)에서 10^{12} Ω(예: 전형적인

FET 연산 증폭기)에 이른다. 이상적인 연산 증폭기의 출력 임피던스는 0이다($R_{out} = 0$). 현실적인 연산 증폭기의 경우에 R_{out}은 보통 10~1000 Ω이다.

- 규칙 3: 이상적인 연산 증폭기의 입력 단자는 전류를 끌어내지 않는다. 현실적인 연산 증폭기의 경우에도 이 점은 마찬가지이다. 실제 입력 전류량은 대체로(항상 그런 것은 아니지만) 무시할 정도로 작아서 보통 피코 암페어(예: 전형적인 JFET 연산 증폭기)~나노 암페어(예: 전형적인 양극성 연산 증폭기) 범위 내이다.

이제 $V_{out} = A_o(V_+ - V_-)$과 규칙 1~3으로 무장하게 되었으므로 간단한 보기 문제 몇 가지를 풀어 보자.

▶ **예제 1:** 아래 회로의 이득(V_{out}/V_{in})을 풀면 아래와 같다.

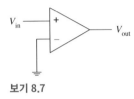

보기 8.7

V_-가 접지되어 있고(0 V) V_+가 단순히 V_{in}이므로 이 값들을 개방 루프 전압 이득 식에 대입하면 다음과 같다.

$$V_{out} = A_o(V_+ - V_-)$$
$$= A_o(V_{in} - 0 \text{ V}) = A_o V_{in}$$

이 방정식을 정리하면 이득에 관한 식을 얻는다.

$$\text{이득} = \frac{V_{out}}{V_{in}} = A_o$$

연산 증폭기를 이상적인 것으로 다루면 A_o가 무한할 수 있다. 그렇지만 연산 증폭기를 현실적인 것으로 다루면 A_o는 유한하다(약 10^4에서 10^6). 이 회로는 기준이 접지인 단순한 비반전 비교기 역할을 한다. $V_{in} > 0$ V이면 이상적인 출력은 +∞V가 된다. $V_{in} < 0$ V이면 이상적인 출력은 -∞V가 된다. 현실적인 연산 증폭기의 경우에 출력이 공급 전압에 의해 제한된다(보기에는 나타나지 않지만 가정됨). 정확한 출력 값은 각기 양성(plus) 및 음성(minus) 공급 전압보다 아주 약간 낮다. 이러한 최대 출력 전압들을 양성 포화 전압(positive saturation voltage) 또는 음성 포화 전압(negative saturation voltage)이라고 부른다.

▶ **예제 2:** 아래 회로의 이득(V_{out}/V_{in})을 풀면 아래와 같다.

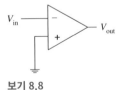

보기 8.8

V_+가 접지(0 V)이고 V_-가 단순히 V_{in}이므로 이 값을 다음과 같은 개방 루프 전압 이득 식으로 대체할 수 있다.

$$V_{out} = A_o(V_+ - V_-)$$
$$= A_o(0 \text{ V} - V_{in}) = -A_o V_{in}$$

이 방정식을 정리하면 이득에 관해 다음 식을 얻는다.

$$\text{이득} = \frac{V_{out}}{V_{in}} = -A_o$$

연산 증폭기를 이상적인 것으로 취급하면 $-A_o$는 음의 무한대이다. 그렇지만, 연산 증폭기를 현실적인 것으로 취급하면 $-A_o$는 유한하다(약 -10^4에서 -10^6). 이 회로는 기준이 접지인, 단순한 반전 비교기 역할을 한다. $V_{in} > 0$ V이면 출력은 이상적으로는 -∞V가 되고, $V_{in} < 0$ V이면 출력은 이상적으로는 +∞V가 된다. 현실적인 연산 증폭기의 경우에 출력 동요는 포화 전압으로 제한된다.

8.4 음성 되먹임

음성 되먹임(negative feedback)은 출력 전압 중 일부를 반전 단자로 다시 전송되게 하는 배선 기술을 말한다. 이 전압은 저항이나 커패시터 또는 복잡한 회로를 통해 '되돌려 보내질' 수 있으며, 간단히 전선을 통해서 다시 전송될 수도 있다. 그렇다면 지금 사용해야 할 공식들은 어떤 것일까? 음, 되먹임 회로에 따라 달라지기는 해도 실제로는 새로 배워야 할 게 없다. 사실, 음성 되먹임 회로에 대해 알아야 할 공식은 실제로는 한 가지뿐이다(그렇지만 규칙들을 여전히 사용해야 한다). 이 공식은 오래도록 익숙해진 $V_{out} = A_o(V_+ - V_-)$와 많이 비슷해 보인다. 그렇지만 공식에 V_-가 들어 있으므로 이것을 고려해야만 한다. 공식에 들어 있는 V_-는 이제 연산 증폭기의 출력 전압이 추가 전압(양이나 음)을 반전 단자에 '제공'하기 때문에 바뀐다. 이것은 V_-를 fV_{out}으로 대체해야 한다는 것을 의미하는데, 여기서 f는 V_{out}에서 '되돌려 보낸' 전압의 일부이다. 이건 일종의 요령이다!

보기 8.9에서 볼 수 있듯이 음성 되먹임, 전압 되먹임 및 연산 되먹임의 기본 종류는 두 가지다.

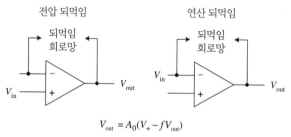

$$V_{out} = A_0(V_+ - fV_{out})$$

보기 8.9

이제, 두 수의 비 f가 실제적으로는 중요하지 않은 이유를 알 수 있다. 말하자면 정확히 계산하지 않아도 된다는 말이다. 개방 루프 전압 표현식에 이 개념을 도입한 이유는 음성 되먹임의 이론적인 작동 방식의 기초를 이해할 수 있게 하기 위해서다. 드러난 바와 같이, 음성 되먹임이 있는 연산 증폭기 회로를 계산하기 쉽게 만드는 간단한 기법이 있다. 이 기법은 다음과 같다. 연산 증폭기를 이상적인 장치로 다루는 경우에 개방 루프 전압 표현식을 $V_{out}/A_o = (V_+ - V_-)$로 정리하면 방정식의 왼쪽 변이 0이 된다. A_o는 이상적인 연산 증폭인 경우에 무한해진다. 그러므로 결국 얻게 되는 것은 단순히 $V_+ - V_- = 0$이다. 이 결과는 음성 되먹임을 사용해 연산 증폭기 회로를 단순화할 때 무척 중요하다. 결과가 자체 규칙(네 번째이자 마지막 규칙)을 받아들이는 게 무척 중요하다.

- **규칙 4:** 연산 증폭기가 반전 입력과 비반전 입력 간의 전압차를 감지할 때마다, 이 차이를 $0(V_+ - V_- = 0)$으로 유지하는 데 필요한 만큼 되먹임 회로망(feedback network)[역주]을 통해 많은 전류나 많은 전압을 되먹임을 하는 식으로 반응한다. 이 규칙은 음성 되먹임에만 적용할 수 있다.

[역주] 즉, 피드백 네트워크 또는 되돌림 회로망

음성 되먹임이 있는 연산 증폭기 회로에 규칙 4(또는 그 밖의 규칙)를 적용하는 방식을 볼 수 있게 다음 보기 문제를 만들었다.

■ 음성 되먹임 예제

버퍼(단일 이득 증폭기)

회로의 이득(V_{out}/V_{in})을 풀면 아래와 같다.

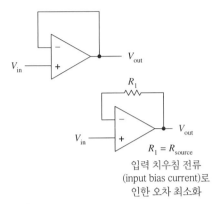

입력 치우침 전류
(input bias current)로
인한 오차 최소화

보기 8.10

음성 되먹임을 다루면서 규칙 4를 적용할 줄 알게 되는데, 이는 곧 출력이 $V_+ - V_- = 0$을 만들려고 시도한다는 점을 말해 준다. 간단한 연결을 살펴보면서 $V_{in} = V_+$이고 $V_- = V_{out}$이라는 점에 주목하라. 이는 $V_{in} - V_{out} = 0$이라는 점을 의미한다. 이 방정식을 정리하면 이득을 얻는다.

$$이득 = \frac{V_{out}}{V_{in}} = 1$$

이득이 1이라는 것은 증폭이 없다는 점을 의미한다. 즉, 연산 증폭기의 출력이 입력을 따른다는 뜻이다. 처음에는 이 회로가 무용한 것처럼 보일 수도 있다. 그렇지만, 연산 증폭기의 입력 임피던스가 출력 임피던스보다 극단적으로 작다(규칙 2)는 점을 기억해내야 한다. 이 특징으로 인해 이 회로는 회로 격리 응용에 유용하게 된다. 다시 말하면 이 회로는 버퍼처럼 작동한다. 실물 연산 증폭기에서는 되먹임 고리(더 낮은 회로)에 있는 저항기로 전류를 투입하는 게 필요할 수도 있다. 저항기는 입력 치우침 전류(누전)로 인해 발생한 전압 어긋남 오차(voltage offset error)를 최소화한다. 되먹임 저항기의 저항은 입력 저항과 같아야 한다. 이번 장의 나중 부분에서 입력 치우침 전류를 다룬다.

반전 증폭기

회로의 이득(V_{out}/V_{in})을 풀면 아래와 같다.

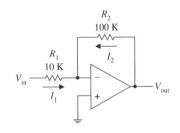

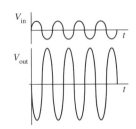

보기 8.11

음성 되먹임을 지니고 있으므로 출력이 V_+와 V_-(0) 사이의 차이를 만들려고 시도한다는 점을 알 수 있다. V_+가 접지되어 있으므로(0 V) 이것은 V_-도 0 V(규칙 4)가 될 것이라는 점을 의미한다. 이득을 계산하려면 전류 I_1과 I_2를 찾아 V_{out}을 V_{in}으로 표현하는 식을 만들어야 한다. 옴의 법칙을 사용하면 I_1과 I_2가 다음과 같이 될 것이다.

$$I_1 = \frac{V_{in} - V_-}{R_1} = \frac{V_{in} - 0\,V}{R_1} = \frac{V_{in}}{R_1}$$

$$I_2 = \frac{V_{out} - V_-}{R_2} = \frac{V_{out} - 0\,V}{R_2} = \frac{V_{out}}{R_2}$$

이상적인 연산 증폭기의 입력 임피던스가 무한하므로 반전 단자에 전류가 입력되지 않는다(규칙 3). 그러므로 키르히호프의 접점 규칙을 적용하면 $I_2 = -I_1$를 얻어낼 수 있다. 계산한 I_1과 I_2 값들을 이 식에 대입하면 $V_{out}/R_2 = -V_{in}/R_1$를 얻는다. 이 식을 정리하면 이득을 얻는다.

$$이득 = \frac{V_{out}}{V_{in}} = -\frac{R_2}{R_1}$$

음수 부호를 보고 입력에 투입되는 신호가 반전되리라는 점을 알 수 있다(180° 이동). $R_1 = R_2$이면 이득이 −1이라는 점에 주목하라(음수 부호는 단순히 출력이 반전되었다는 점을 의미한다). 이번 사례에서는 단일 이득 변환기(unity-gain inverter, 역주 즉, 단일 이득 반전기) 또는 **변환 버퍼**(inverting buffer, 역주 즉, 반전 버퍼)라는 것을 얻을 수 있다. 입력 치우침 전류가 비교적 높은(예: 양극성 연산 증폭기), 현실적인 연산 증폭기를 사용할 때, 전압 오프셋 오차를 최소로 하려면 비반전 입력과 접지 사이에 $R_1 \| R_2$와 같은 저항을 배치해야 할 수도 있다.

비반전 증폭기

아래 회로의 이득(V_{out}/V_{in})을 풀면 아래와 같다.

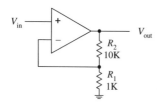

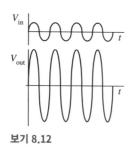

보기 8.12

검사를 통해서 $V_+ = V_{in}$임을 안다. 규칙 4를 적용하면 $V_- = V_+$라고 말할 수 있게 된다. 이는 $V_- = V_{in}$이라는 점을 의미한다. V_{in}과 V_{out}와 관련된 식을 생각해 내려면(그래서 이득을 찾을 수 있으려면) 전압 분할기 관계를 사용한다.

$$V_- = \frac{R_1}{R_1 + R_2} V_{out} = V_{in}$$

이 방정식을 정리하면 다음과 같이 이득을 얻는다.

$$이득 = \frac{V_{out}}{V_{in}} = \frac{R_1 + R_2}{R_1} = 1 + \frac{R_2}{R_1}$$

반전 증폭기와는 다르게 이 회로의 출력 입력과 위상이 같고 '비반전'이다. 현실적인 연산 증폭기에서 입력 치우침 전류로 인한 전압 어긋남 오차를 최소하려면 $R_1 \| R_2 = R_{source}$를 설정하라.

합산 증폭기

V_1과 V_2로 V_{out}을 풀면 다음과 같다.

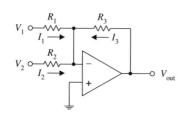

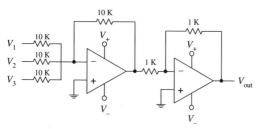

보기 8.13

V_+가 접지(0 V)되어 있다는 점을 알고 있으므로 회로에 음성 되먹임이 있기 때문에 $V_+ = V_- = 0$ V (규칙 4)라고 말할 수 있다. 이제 V_-를 알았으므로 V_{out}과 V_1 및 V_2를 관련시키는 표현식을 만들기 위해 I_1, I_2 및 I_3을 풀어 보라. 옴의 법칙을 적용해 전류를 알아낸다.

$$I_1 = \frac{V_1 - V_-}{R_1} = \frac{V_1 - 0\,V}{R_1} = \frac{V_1}{R_1}$$

$$I_2 = \frac{V_2 - V_-}{R_2} = \frac{V_2 - 0\,V}{R_2} = \frac{V_2}{R_2}$$

$$I_3 = \frac{V_{out} - V_-}{R_3} = \frac{V_{out} - 0\,V}{R_3} = \frac{V_{out}}{R_3}$$

마지막 문제와 마찬가지로, 연산 증폭기의 반전 단자에 전류가 투입되지 않는다고 가정하라(규칙 3). 이 말은 키르히호프의 접점 규칙을 적용해 I_1, I_2, I_3을 한 식에 결합할 수 있다는 의미이다($I_3 = -(I_1 + I_2) = -I_1 - I_2$). 이 식에 위 결과를 대입하면 답이 나온다.

$$V_{out} = -\frac{R_3}{R_1} V_1 - \frac{R_3}{R_2} V_2 = -\left(\frac{R_3}{R_1} V_1 + \frac{R_3}{R_2} V_2 \right)$$

$R_1 = R_2 = R_3$으로 하면 $V_{out} = -(V_1 + V_2)$이다. 합계가 음수라는 점에 주목하라. 합계가 양수로 나오게 반전 단계를 추가할 수 있는데, 더 아래쪽 회로에서 보는 바와 같다. 여기서 다음 결과를 내기 위해 세 가지 입력을 추가한다. $V_{out} = V_1 + V_2 + V_3$. 또한 현실적인 연산 증폭기 중 일부의 경우에는 입력 치우침 전류로 인한 어긋남 오차를 피하기 위해 반전 입력과 접지 사이에 추가 입력 치우침 보상 저항기가 필요할 수 있다. 이 것의 값이 모든 입력 저항기의 병렬 저항과 같아야 한다.

차분 증폭기

V_out을 정하라.

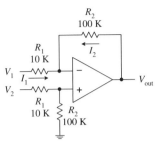

보기 8.14

우선, 전압 분할기 관계를 사용해 비반전 입력에서의 전압을 결정한다(다시 말하지만, 전류가 입력에 들어가지 않는다고 가정한다).

$$V_+ = \frac{R_2}{R_1 + R_2} V_2$$

다음으로 키르히호프의 전류 접점 법칙을 비반전 입력($I_1 = I_2$)에 적용한다.

$$\frac{V_1 - V_-}{R_1} = \frac{V_- - V_\text{out}}{R_2}$$

규칙 4($V_+ = V_-$)를 사용하면서 마지막 방정식에서 V_+ 항을 V_-으로 대체해 다음을 얻는다.

$$V_\text{out} = \frac{R_2}{R_1}(V_2 - V_1)$$

$R_1 = R_2$로 설정하면 $V_\text{out} = V_2 - V_1$를 얻는다.

적분기

V_in을 사용해 V_out을 푼다.

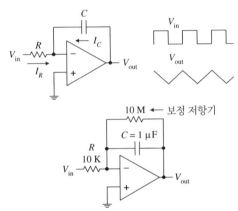

보기 8.15

되먹임이 있고 $V_+ = 0$ V이므로 V_-가 0 V라고도 말할 수 있다(규칙 4). 이제 V_-를 알므로 I_R과 I_C를 풀어 V_out과 V_in의 관계를 나타내는 식을 알아낼 수 있다. 전류가 연산 증폭기의 입력으로 들어가지 않으므로(규칙 3) 커패시터를 통과하는 변위 전류(displacement current) I_C와 저항을 통과하는 전류 I_R은 $I_R + I_C = 0$으로 관련되어야 한다. I_R을 찾으려면 다음과 같이 옴의 법칙을 사용한다.

$$I_R = \frac{V_\text{in} - V_-}{R} = \frac{V_\text{in} - 0\,\text{V}}{R} = \frac{V_\text{in}}{R}$$

변위 전류 관계를 사용해 I_C를 찾는다.

$$I_C = C\frac{dV}{dt} = C\frac{d(V_\text{out} - V_-)}{dt} = C\frac{d(V_\text{out} - 0\,\text{V})}{dt} = C\frac{dV_\text{out}}{dt}$$

I_C 값과 I_R 값을 $I_R + I_C = 0$에 넣고 정리하면 다음과 같이 답을 얻게 된다.

$$dV_\text{out} = -\frac{1}{RC}V_\text{in}\,dt$$

$$V_\text{out} = -\frac{1}{RC}V_\text{in}t$$

이러한 회로를 적분기(integrator)라고 부르며, 입력 신호가 출력에서 적분된다. 그런데 첫 번째 회로에 문제가 하나 있는데, 전압의 어긋남들이나 치우침 전류와 같은 실제 연산 증폭기의 부작용으로 인해 접지되어 있어도 출력이 표류하는 경향이 있다는 점이다. 커패시터 양단에 놓인 큰 저항기는 직류 되먹임을 제공해 바이어스를 안정되게 할 수 있다. 또한 입력 치우침 전류로 인한 전압 어긋남 오차를 교정하기 위해 비반전 단자와 접지 사이에 보정 저항기가 필요할 수 있다. 이 저항기의 크기는 입력 저항과 되먹임 보정 저항으로 구성된 병렬 저항과 같아야 한다.

미분기

V_{in}을 사용해 V_{out}을 푼다.

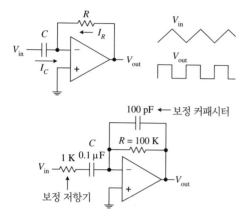

보기 8.16

V_+가 접지되어 있다는 점을 알고(0 V) 회로에 되먹임이 있으므로 $V_- = V_+ = 0$ V라고 말할 수 있다(규칙 4). 이제 V_-를 알고 있으므로 I_R과 I_C를 풀어서 V_{out}과 V_{in}의 관계를 나타내는 식을 알아낼 수 있다. 전류가 연산 증폭기의 입력으로 투입되지 않으므로(규칙 3) 커패시터를 통과하는 변위 전류 I_C와 저항기를 통과하는 전류 I_R이 $I_R + I_C = 0$인 관계가 되어야 한다. 변위 전류 방정식을 사용해 I_C를 알아낸다.

$$I_C = C\frac{dV}{dt} = C\frac{d(V_{in} - V_-)}{dt} = C\frac{d(V_{in} - 0\,V)}{dt} = C\frac{dV_{in}}{dt}$$

옴의 법칙을 사용해 전류 I_R을 찾는다.

$$I_R = \frac{V_{out} - V_-}{R} = \frac{V_{out} - 0\,V}{R} = \frac{V_{out}}{R}$$

I_C 값과 I_R 값을 $I_R + I_C = 0$에 넣고 정리하면 다음과 같이 답을 얻게 된다.

$$V_{out} = -RC\frac{dV_{in}}{dt}$$

이러한 회로를 미분기(differentiator)라고 부르며, 입력 신호가 출력에서 미분된다. 여기 나타낸 첫 번째 미분기 회로는 실용적인 형태가 아니다. 연산 증폭기의 높은 전류 이득으로 인해 잡음에 극단적으로 영향을 받기 쉽다. 또한 미분기의 되먹임 회로망은 RC 저역 통과 필터(RC low pass filter) 역할을 하여 고리 내에서 90° 위상 지연을 유발함으로써 안정성 문제를 일으킬 수 있다. 첫 번째 회로 아래쪽에 더 실용적인 미분기를 나타냈다. 여기서 되먹임 커패시터와 입력 저항기를 추가해 안정성 문제와 잡음 문제를 둘 다 잡았다. 부품들을 추가해 고주파를 상향 전이함으로써 고주파 잡음을 잡는다. 또한 이러한 부품들은 90° 위상 지연을 없애기 위해 90°만큼 선행하게 한다. 그렇지만 추가 부품의 효과로 인해 매우 높은 주파수에서의 연산의 최대 주파수를 제한하며, 미분기는 적분기가 된다. 마지막으로, 입력 치우침 전류로 인한 어긋남 오차를 피하기 위해 반전 입력과 접지 사이에 추가 입력 바이어스 보정 저항기가 필요할 수 있다. 이것의 값이 피드백 저항기의 저항과 같아야 한다.

8.5 양성 되먹임

양성 되먹임(positive feedback)은 출력 전압을 비반전 입력으로 되돌려 보내는 일과 관련이 있다. 이론적으로 보면, 익숙해진 $V_{out} = A_o(V_+ - V_-)$를 살펴볼 때 V_+ 항이 fV_{out} 항(f는 되돌려 보내지는 전압의 한 부분)으로 바뀌므로 $V_{out} = A_o(fV_{out} - V_-)$을 얻게 된다. 이 방정식에 대해 알아야 할 중요한 점은(일반적으로 양성 되먹임에 대해) 비반전 입력으로 되먹임이 되는 전압은 출력이 포화되는 쪽으로 '더 세게' 작동하도록 작용한다는 점이다. 이것은 방정식의 관점에서는 말이 된다. fV_{out}이 식을 추가하기 때문이다. 음성 되먹임이 반대 방향으로 작용하는 점을 떠올려 보라. 표현식에서 빼낸 fV_{out} (= V_-)항이 출력의 '흘러넘침(maxing out)'을 방지한다. 전자기기에서 양성 되먹임은 보통 나쁜 것인 반면에 음성 되먹임은 좋은 것이다. 대부분의 응용에서 극단(양성 되먹임)이 되는 일은 바람직하지 않지만 이득(음성 되먹임)을 제어하는 일은 바람직하다.

그렇지만 양성 되먹임을 중요하게 사용할 일이 있다. 연산 증폭기를 사용해 비교기를 만들 때, 양성 되먹임은 출력 스윙(output swing)[역주]을 더 두드러지게 만든다. 또한 되먹임 저항의 크기를

[역주] 즉, 출력 동요

역주 즉, 자기이력 또는 이력
현상 또는 걸음 현상

조정함으로써 비교기를 만들어 히스테리시스(hysteresis)역주를 겪을 수 있다. 사실 히스테리시스는 비교기에 두 개의 문턱 값을 부여한다. 두 개의 문턱 값 사이의 전압을 히스테리시스 전압이라고 부른다. 두 개의 임계 값(단순히 하나가 아님)을 얻음으로써 비교기 회로는 원치 않는 출력 스윙을 유발할 수 있는 잡음에 더 면역된다. 히스테리시스를 더 잘 이해할 수 있게, 양성 되먹임을 끼워 넣은 다음 비교기 회로를 한 번 살펴보자.

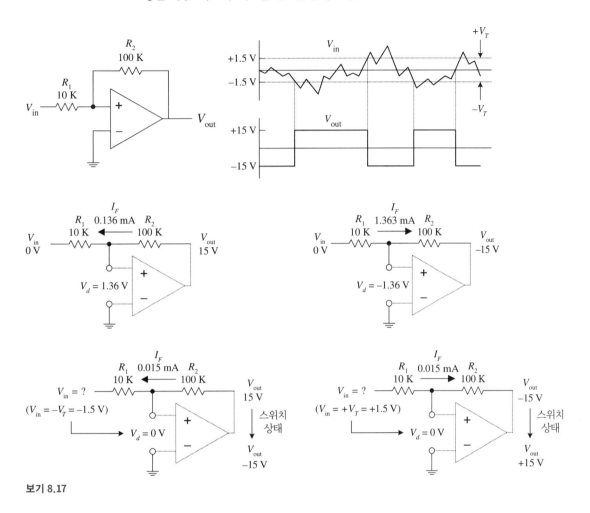

보기 8.17

연산 증폭기의 출력이 양성 포화, 즉 +15 V라고 가정한다. V_{in}이 0 V이면 반전 입력과 비반전 입력(V_d) 사이의 차이는 1.36 V가 될 것이다. 옴의 법칙을 사용해 다음을 얻는다.

$$I_F = (V_{out} - V_{in})/(R_1 + R_2)$$
$$V_d = I_F R_1$$

이 식은 출력에 아무런 일도 하지 않으므로 그대로 +15 V로 유지된다. 그렇지만 V_{in}을 줄이면 V_d가 0 V가 되는 지점이 있으며, 이때 출력이 상태를 전환한다. 이 전압을 음성 문턱 전압(negative threshold voltage, $-V_T$)이라고 부른다. 이전의 두 방정식으로 음성 문턱 전압이 결정될 수 있는데, 최종 결과는 $-V_T = -V_{out}/(R_2/R_1)$이다. 보기에서 $-V_T = -1.5$ V이다. 이제 출력이 음성 포화(-15 V)이고 0 V가 입력에 적용되면 $V_d = -1.36$ V이다. 출력은 -15 V로 유지된다. 그렇지만 입력 전압이 커지면 V_d가 0이 되고 출력이 상태를 전환하는 지점이 있다. 이 지점을 양성 문턱 전압

(positive threshold voltage, $+V_T$)이라고 부르며, $+V_{out}/(R_2/R_1)$와 같다. 보기에서 $+V_T = +1.5$ V이다. 이제 두 포화 전압 사이의 차이는 히스테리시스 전압이다. $V_h = +V_T - (-V_T)$이다. 이 예에서 $V_h = 3$ V이다.

8.6 실물 연산 증폭기 종류

범용

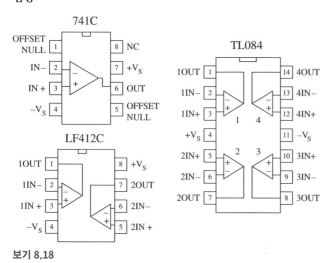

보기 8.18

선택할 수 있는 범용 또는 정밀 연산 증폭기는 무척 다양하다. 정밀 연산 증폭기는 높은 안전성, 낮은 어긋남 전압(offset voltage, 역주 즉, 잔류편차 전압 또는 오프셋 전압), 낮은 치우침 전류 및 낮은 표류 매개변수들(drift parameters)을 위해 특별히 설계되었다. 연산 증폭기를 선택하는 일이 막중한 과업이므로 어떤 장치들을 사용할 수 있는지를 전자기기 카탈로그로 확인하는 일을 독자의 몫으로 남겨 준다. 이러한 카탈로그를 보면 (범용 연산 증폭기나 정밀 연산 증폭기뿐만 아니라) 연산 증폭기를 다음 범주들(입력 회로를 바탕으로 한 것들)로 분류할 수 있다는 점을 알게 될 것이다. 양극성, JFET, MOSFET, 또는 이것들의 혼성(예를 들면, BiFET)이 그것이다. 일반적으로, 741(산업 표준)과 같은 양극성 연산 증폭기는 JFET 형식과 MOSFET 형식 둘과 비교했을 때 입력 치우침 전류가 더 높다. 이것은 이것들의 입력 단자들의 '누설(leak in)' 전류가 더 큰 경향이 있다는 점을 의미한다. 입력 치우침 전류로 인해 되먹임 회로망, 치우침 회로망, 전원 임피던스의 저항기에 걸쳐 전압이 강하되는데, 결과적으로 출력 전압을 어긋나게 한다. 회로가 허용할 수 있는 어긋남 분량은 궁극적으로 응용에 따라 다르다. 이제 이번 장의 초반부에서 간략히 언급한 것처럼 비반전 단자와 접지 사이에 놓인 보정 저항기(예를 들면, 양극성 반전 증폭기 회로)로 이러한 어긋남 오차들(offset errors)을 줄일 수 있다. (곧 자세히 다룬다.)

정밀용

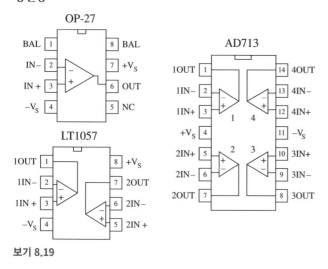

보기 8.19

입력 치우침 전류와 관련된 문제를 피하는 간단한 방법으로는 FET 연산 증폭기를 사용하는 방법이 있다. 전형적인 JFET 연산 증폭기는 전형적인 양극성 연산 증폭기의 나노 증폭 범위와 비교할 때 입력 치우침 전류가 매우 낮다. 일부 MOSFET 연산 증폭기들은 심지어 입력 치우침 전류를 훨씬 낮춰 공급되는데, 종종 피코 암페어의 10분의 1 정도까지 낮다. FET 연산 증폭기의 입력 치우침 전류가 양극성 연산 증폭기보다 더 낮기는 해도 기대하는 바와 다른 그 밖의 특징들이 있다. 예를 들면, JFET 연산 증폭기는 상 반전(phase inversion, 역주 즉, 상 뒤집힘)이라고 부르는, 바람직하지 못한 효과를 종종 겪게 된다. JFET의 입력 공통 모드 전압이 음성 공급 장치에 너무 가까이 있으면 반전 및 비반전 입력 단자가 방향을 반대로 전환할 수 있다. 되먹임이 양성 되먹임이 되는 식으로 연산 증폭기를 래치업(latch up, 역주 즉, '쇄정을 풀게' 또는 '현재 상태 유지 기능을 풀게' 또는 '결쇠를 풀게')할 수 있다. 양극성 연산 증폭기를 사용하거나 신호의 공통 모드 범위를 제한함으로써 이 문제를 예방할 수 있다. 양극성 연산 증폭기 또는 FET 연산 증폭기에 대해 일반적으로 언급되는 사항들을 들면 이렇다. 어긋남 전압(offset voltage, 양극성의 경우 낮고 JFET

의 경우 중간이며 **MOSFET**의 경우 중간에서 높음), 어긋남 표류(offset drift, 양극성은 낮고 FET는 중간), 치우침 정합(bias matching, 양극성은 우수하고 FET는 적당), 치우침/온도 변화(bias/temperature variation, 양극성은 낮고 FET는 적당)가 그것이다.

다양한 연산 증폭기 기술 간의 차이점을 혼동하지 않으려면 전자기기 제품 소개 자료에 나열된 규격에 단순히 집중하는 편이 종종 도움이 된다. 속도 또는 슬루율(slew rate, 역주 슬루 속도 또는 슬루 비율), 잡음, 입력 어긋남 전압과 그 표류, 공통 모드 범위, 이득, 대역폭, 입력 임피던스, 출력 임피던스, 최대 공급 전압, 공급 전류, 전력 손실 및 온도 범위가 그와 같은 규격에 해당한다. 연산 증폭기를 구입할 때 살펴봐야 할 그 밖의 특징으로는 연산 증폭기가 내부적으로나 외부적으로 주파수 보정이 되는지 여부이다. 외부 보정 연산 증폭기의 경우에 위상 반전 및 발진을 초래할 수 있는 고주파수에서 이득이 너무 빨리 떨어지지 않게 하려면 외부 부품이 필요하다. 내부 보정 연산 증폭기는 이러한 문제들을 내부 회로로 해결한다. 이 절에 나열한 모든 항들을 곧 아주 자세히 설명한다.

프로그램 가능 연산 증폭기

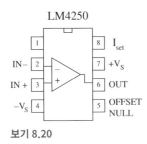

LM4250

보기 8.20

프로그램 가능 연산 증폭기(programmable op amp)는 다용도 소자로서 주로 저전력 응용기기(예를 들면, 전지로 전력을 대는 회로)에 활용된다. 이러한 소자들은 희망하는 특징에 맞춰 외부 전류로 프로그램을 작성해 넣을 수 있다. 프로그래밍 전류를 적용해 바꿀 수 있는 특성으로는 대기 전류 소실, 입력 어긋남 전류 및 입력 치우침 전류, 슬루율, 이득 대역폭 산출, 입력 잡음 특성 등이 포함되며, 이 모든 것은 프로그래밍 전류(역주 프로그램 작성에 소요되는 전류)에 대략 비례한다. 프로그래밍 전류는 일반적으로 프로그래밍 핀(예: LM4250의 8번 핀)에서 저항을 거쳐 접지로 흐른다. 프로그래밍 전류는 연산 증폭기가 넓은 범위의 전원 전류(보통 수 마이크로암페어에서 수 밀리암페어)에서 동작할 수 있게 한다. 프로그램 가능 연산 증폭기는 프로그래밍 전류에 따라서는 전혀 다른 연산 증폭기로 나타나므로 시스템 내의 다양한 회로 기능을 단일 장치가 담당하게 할 수 있다. 이러한 장치들은 보통 아주 낮은 공급 전압으로 작동할 수 있다(예를 들면, LM4250의 경우에는 1 V). 다양한 제조업체에서 프로그램 가능 연산 증폭기를 제조하므로 카탈로그를 살펴보라. 이러한 장치들을 사용하는 방법을 배우고 싶다면 제조업자의 문헌을 확인하라(예를 들어, 내셔널 세미컨덕터의 LM4250이라면 www.national.com으로 가라).

단전원 연산 증폭기

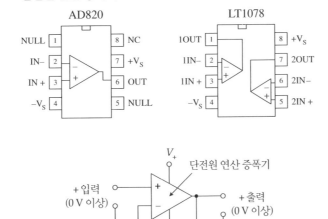

보기 8.21 이 연산 증폭기는 단일 양성 공급 장치(역주 즉, 양성 단전원)(예: +12 V)로 동작하고, 입력 전압을 음성 선로(일반적으로 접지에 연결)까지 허용하도록 설계되었다. 보기 8.21은 단전원 연산 증폭기를 사용하는 간단한 직류 증폭기를 보여준다. 표시된 증폭기의 출력이 음성이 될 수 없다는 점에 유의해야 하는데, 따라서 교류 결합 오디오 신호 등에는 사용할 수 없다. 이러한 연산 증폭기를 전지 작동 장치에서 자주 사용한다.

오디오 증폭기

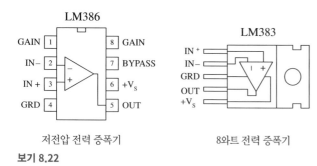

보기 8.22

LM386
저전압 전력 증폭기

LM383
8와트 전력 증폭기

이것들은 기존 연산 증폭기와 밀접하게 관련되어 있지만 가청 주파수 스펙트럼(20~20,000 Hz)에서 가장 잘 작동하게 설계되었다(낮은 오디오 대역 잡음, 교차 왜곡 등). 이러한 장치들을 주로 민감한 전치 증폭기(preamp), 오디오 시스템, AM/FM 라디오 수신기, 서보 증폭기, 인터컴, 자동 회로에서 사용한다. 선택할 수 있는 오디오 증폭기가 많다. 이러한 장치들 중 일부의 특징은 독특해서 전통적인 연산 증폭기의 특징들과는 다르다. 예를 들어, 널리 사용하는 LM386 저전압 오디오 증폭기의 이득을 내부적으로 20에 고정해 두고 있지만 외부 커패시터와 저항을 이득 리드(1번 핀과 8번 핀)에 걸쳐 놓으면 최대 200까지 늘릴 수 있다. 이 장치는 8 W 스피커와 같이 임피던스가 낮은 부하를 구동하도록 설계되었으며, +4 V ~+12 V 단전원으로 동작한다. 이는 전지 구동 응용기기에 이상적인 범위이다. LM383은 전력 증폭기로 설계된 또 다른 오디오 증폭기이다. 4 W 부하를 견디게 설계된 대전류 소자(3.5 A)이다(예를 들어, 4 W 스피커 한 개나 병렬로 놓인 8 W 스피커 두 개). 이 장치에는 열 폐쇄 회로와 방열판이 함께 들어 있다. 15장에서 오디오 증폭기를 더 자세히 다룬다.

8.7 연산 증폭기 규격

- **공통 모드 제거율(common-mode rejection ratio, CMRR)**: 서로 다른 증폭기로 입력하는 일과 관련된 부품은 일반적으로 두 개 들어있다. 공통 모드 신호(common-mode signal)[역주1]와 차동 모드 신호(difference-mode signal)[역주2]가 그것이다. 공통 모드 신호 전압은 두 입력의 평균인 반면에, 차동 모드 신호는 두 입력 간의 차이이다. 이상적으로는 증폭기가 차동 모드 신호에만 영향을 끼친다. 그렇지만 공통 모드 신호 또한 일부 각도에서는 증폭된다. 차동 신호 전압 이득 대비 공통 모드 신호 전압 이득의 비율로 정의하는 공통 모드 제거율은 두 입력 모두에 동시에 적용되는 신호를 거부할 때 연산 증폭기가 얼마나 잘 작동하는지를 나타낸다. 공통 모드 제거율 값이 커질수록 연산 증폭기의 성능 또한 커진다.

- **차동 입력 전압 범위(differential-input voltage range)**: 연산 증폭기가 사양에 정해진 범위를 벗어나 작동하지 않으면서 입력 단자 간에 인가될 수 있는 전압 범위. 입력이 이 범위를 넘어서면 연산 증폭기의 이득이 극적으로 변할 수 있다.

- **차동 입력 임피던스(differential input impedance)**: 비반전 단자와 반전 단자 사이에서 측정되는 임피던스.

- **입력 어긋남 전압(input offset voltage)**: 이론적으로는 두 입력이 0일 때 연산 증폭기의 출력 전압이 0이어야 한다. 그렇지만 실제로는 내부 회로의 약간의 불균형으로 인해 결국 출력 전압이 발생할 수 있다(일반적으로, 마이크로볼트 또는 밀리볼트 범위 내). 입력 어긋남 전압은 출력을 0으로 만들기 위해 입력 중 하나에 인가해야 하는 전압 분량을 나타낸다.

- **입력 치우침 전류(input bias current)**: 이론적으로 연산 증폭기의 입력 임피던스가 무한해야 하므로 입력 전류가 없어야 한다. 그렇지만 실제로는 작은 전류, 보통 나노 범위나 피코 범위 내의 작은 전류가 입력들에 의해 끌어내질 수 있다. 두 입력 전류 간의 평균을 입력 치우침

전류라고 부른다. 이 전류가 되먹임 회로망(feedback network), 치우침 회로망(bias network), 원천 임피던스(source impedance) 내의 저항기들에 걸쳐 전압 강하를 일으키므로 결과적으로 출력 전압에 오류가 생기게 할 수 있다. 입력 치우침 전류는 연산 증폭기의 입력 회로 부분에 의존한다. FET 연산 증폭기에서는 일반적으로 입력 치우침 전류가 아주 작아서 심각한 어긋남 전압을 불러일으키지 않는다. 반면에 양극성 연산 증폭기의 경우에는 문제가 될 수 있다. 양극성 연산 증폭기에서는 종종 보정 저항기를 출력에 집중해야 한다. 이 일을 처리하는 방식을 곧 다룬다.

- 입력 어긋남 전류(input offset current): 출력이 0일 때 두 입력 단자로 들어가는 입력 전류들의 차이를 나타낸다. 무슨 뜻일까? 음, 실제 연산 증폭기의 입력 단자들이 누설 전류량을 서로 다르게 끌어들이는 경향이 있는데, 심지어 그것들에 같은 전압을 걸어도 그렇다. 주로 제조 과정에서 기원해 입력 회로 부분 내의 저항이 늘 약간은 다른 데서 발생하는 일이다. 그러므로 연산 증폭기의 두 단자가 모두 동일한 입력 전압에 연결된다면 결과적으로 입력 전류량이 서로 달라져 출력도 어긋나게 된다. 연산 증폭기에는 일반적으로 어긋남 전류를 보정하기 위해 전위차계에 연결할 수 있는 어긋남 단자들이 있다. 곧 이게 어떻게 되는지를 다룬다.

- 전압 이득(voltage gain, A_V): 일반적인 연산 증폭기는 직류에서 $10^4 \sim 10^6$(또는 $80 \sim 120$ dB; 데시벨 단위 이득 dB = $20 \log_{10} A_0$[11])에 해당하는 전압 이득을 갖는다. 그렇지만 이득은 단위 이득 주파수(unity-gain frequency, f_T)라고 하는 주파수에서 1로 떨어지는데, 이는 연산 증폭기의 내부 회로에서 높은 주파수를 제한하는 데 따른 결과이다. 곧이어 연산 증폭기 내의 고주파 행태에 관해 더 다룬다.

역주 즉, 흔들림 또는 동요

- 출력 전압 스윙(output voltage swing): 파고 출력 전압 스윙[역주]으로서 0으로 간주하며 클리핑 없이 취득할 수 있다.

- 슬루율(slew rate): 연산 증폭기의 출력 전압이 시간에 따라 변할 때의 최대 변화율을 나타낸다. 시간에 따른 출력 변화를 제한하면 내부나 외부의 주파수 보정 커패시터가 물건들을 느려지게 함으로 인해 결과적으로 입력 변화(전파 지연)로 인한 출력 변화가 지연된다. 고주파수에서 연산 증폭기의 슬루율 크기가 더욱 중요해진다. 741과 같은 범용 연산 증폭기의 슬루율은 0.5 V/μs인데, 이는 고속 HA2539의 슬루율 600 V/μs과 비교할 때 상대적으로 적다.

- 공급 전류(supply current): 부하가 없고 출력 전압이 0인 상태에서 연산 증폭기를 작동하는 데 필요한 전력 공급 장치의 전류를 나타낸다.

표 8.1은 연산 증폭기 사양을 표로 정리한 것이다.

표 8.1 보기용 연산 증폭기 규격

| 형식 | 전체 공급 전압 | | 공급 전류 (mA) | 어긋남 전압 | | 전류 | | 일반적인 슬루율 (V/μS) | 일반적인 f_T (MHz) | 최소 CMRR (dB) | 최소 이득 (mA) | 최대 출력전류 (mA) |
	최소(V)	최대(V)		일반 (mV)	최대 (mV)	치우침 최댓값 (nA)	어긋남 최댓값 (nA)					
양극성 741C	10	36	2.8	2	6	500	200	0.5	1.2	70	86	20
MOSFET CA3420A	2	22	1	2	5	0.005	0.004	0.5	0.5	60	86	2
JFET LF411	10	36	3.4	0.8	2	0.2	0.1	15	4	70	88	30
양극성, 정밀 LM10	1	45	0.4	0.3	2	20	0.7	0.12	0.1	93	102	20

8.8 강화 연산 증폭기

대다수 연산 증폭기 응용기기에는 2중 극성 전력 공급 장치가 필요하다. 탭형 변압기를 사용하는 간단한 ±15 V 양전원(split supply)이 11장에 나온다. 전지를 사용해 연산 증폭기에 전력을 공급하는 경우에 다음 중 하나를 사용할 수 있다.

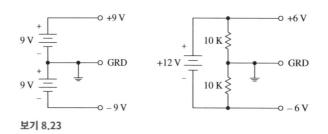

보기 8.23

이제는 특히 소형 전지로 구동하는 응용기기에는 양전원을 피하는 게 바람직하다. 그와 같은 경우에 선택할 수 있는 대안 중 한 가지는 단전원(single supply) 연산 증폭기를 사용하는 방식이다. 그렇지만 조금 전에 지적한 대로, 이러한 장치들은 입력이 음이 될 때 출력을 클리핑할 수 있어서 교류 결합 응용기기로는 부적합하다. 단전원을 사용하는 동안에 클리핑이 일어나지 않게 하려면 전압 분할기 회로망을 사용해 기존 연산 증폭기를 사용하고, 입력 중 하나에 직류 정격(DC level)을 적용하면 된다. 이것은 차례대로 출력에서 직류 어긋남 정격을 제공한다. 입력 어긋남 정격과 출력 어긋남 정격은 모두 접지(전지의 음극 단자)를 기준으로 삼는다. 입력 신호가 음이 될 때, 입력 어긋남 전압이 제대로 자리 잡으면 연산 증폭기의 입력에 인가된 전압은 어긋남 전압 아래로 떨어지지만 접지 아래로는 떨어지지 않는다. (치우침 전압을 충분히 크게 설정하게 하고, 입력 신호가 너무 크지 않게 함으로써 그렇게 한다. 그렇지 않으면 클리핑이 발생한다.) 이어서 출력이 어긋남 수준에 맞춰 변동한다. 입력 결합(input coupling) 및 출력 결합(output coupling)을 허용하려면 입력 커패시터와 출력 커패시터가 필요하다. 보기 8.24에 나오는 두 회로는 단전원 전압에서 작동하는 기존 연산 증폭기를 사용하는 비반전 및 반전 교류 결합 증폭기(오디오용으로 설계한 것)를 나타낸다.

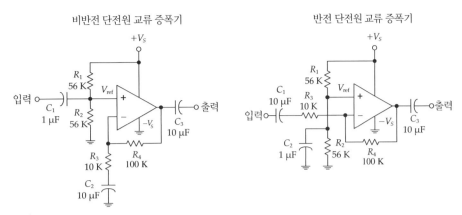

보기 8.24

비반전 회로에서 직류 어긋남 수준은 최대 대칭 스윙이 가능하도록 R_1 및 R_2에 의해 공급 전압의 1/2로 설정된다. C_1(과 R_2) 및 C_3(과 R_{load})는 원치 않는 직류 성분 및 낮은 수준의 주파수를 차단하는 교류 결합(필터링) 커패시터 역할을 한다. C_1은 $1/(2\pi f_{\text{3dB}}R_1)$과 같아야 하고, C_3은 $1/(2\pi f_{\text{3dB}}R_{\text{load}})$과 같아야 하는데, 여기서 f_{3dB}는 차단 주파수이다(9장과 15장 참고).

단전원 전압으로 기존 연산 증폭기를 사용할 때는 연산 증폭기의 최소 공급 전압 정격 범위를 유지하면서, 최대 출력 스윙 제한과 최대 공통 모드 입력 범위를 고려해야 한다.

8.9 일부 실용적인 참고 사항

주의할 점은 연산 증폭기의 전력 공급 장치 리드를 뒤집어서는(reverse) 안 된다는 점이다. 이렇게 하면 연산 증폭기 IC가 죽을 수도 있다. 이와 같은 운명을 피하려면 보기 8.25와 같이 연산 증폭기 음성 공급 단자와 음성 공급 장치 사이에 다이오드를 배치하는 것도 한 가지 방법이다.

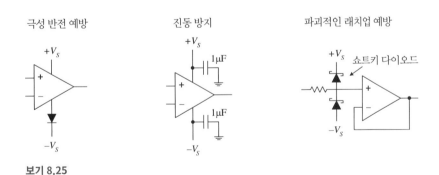

보기 8.25

또한, 전력 공급 장치에서 나오는 전선을 연산 증폭기 공급 단자에 짧게 곧바로 연결하라. 이렇게 하면 원치 않는 진동이나 잡음이 출력에서 발생하는 일을 방지할 수 있다. 공급 전압이 변화면서 장애가 발생할 수도 있다. 이러한 영향을 받지 않게 하려면 보기 8.25와 같이 우회 커패시터를 공급 단자에서 접지로 역결한다. 이 기법에는 0.1 μF 디스크 커패시터 또는 1.0 μF 탄탈룸 커패시터를 써야 한다.

양극성 연산 증폭기 또는 JFET 연산 증폭기는 둘 다 입력 신호가 각 연산 증폭기의 전력 공급 장치보다 더 양이거나 음이 되면 심각한 래치(latch) 형식을 겪을 수 있다. 입력 단자가 $+V_s + 0.7\,V$ 보다 양인 값 또는 $-V_s - 0.7\,V$보다 음인 값이 되면 내부 회로에서 전류가 잘못된 방향으로 흘러 전력 공급 장치가 단락되고 기기가 파손될 수 있다. 이와 같이 치명적인 래치업[역주]을 방지하려면 연산 증폭기의 입력 단자가 전력 공급 장치를 넘어서지 않도록 해야 한다. 이 기능은 장치를 켜는 동안 아주 크게 영향을 미친다. 켜지기 전에 신호가 연산 증폭기에 적용되면 전력이 인가되는 순간에 신호가 파괴될 수 있다. 이 문제에 대해서 '물리적 전선'을 사용하는 해결책은 위태로운 입력 단자를 다이오드(바람직하게는 고속 순방향 전압 쇼트키 다이오드. 보기 8.25)와 함께 잘라내는 것이다. 다이오드 전류가 넘치지 않게 전류 제한 저항기가 필요할 수도 있다. 그렇지만 보호 회로 부분에 약간의 문제가 있다. 다이오드 내의 누설 전류가 오류를 일으킬 수 있다. 더 자세한 정보를 알고 싶다면 제조업체가 제공하는 문헌을 보라.

역주 걸쇠가 풀리듯이 전류가 흐르는 회로가 열려 엉뚱한 곳으로 전류가 흐르는 일

8.10 전압 및 전류의 어긋남 보정

이론적으로는 두 입력이 0일 때 연산 증폭기의 출력 전압이 0이어야 한다. 그렇지만 실제로는 약간의 내부 회로 불균형으로 인해 결국 출력 전압을 만들어 낸다(일반적으로 마이크로볼트 또는 밀리볼트 범위 내). 입력 어긋남 전압(input offset voltage)이란 출력을 0으로 만들기 위해 입력 중 하나에 인가해야 하는 전압량을 나타낸다. 이것을 앞에서 언급했다. 입력 어긋남 전압을 0으로 만들기 위해 제조업체들은 보통 오프셋 널(offset null)[역주1] 단자를 한 쌍 포함시킨다. 전위차계를 두 단자 사이에 두고, 팟(pot)[역주2]의 와이퍼(wiper)를 보기 8.26과 같이 음극 전원 단자에 연결한다. 출력을 가운데에 맞추기 위해 두 개의 입력과 인가된 입력 전압을 단락할 수 있다. 출력이 포화되면 입력 어긋남을 잘라내야 한다. 출력이 0에 다가가기까지 팟을 조절하라.

역주1 즉, 어긋남 없음
역주2 즉, 전위차계

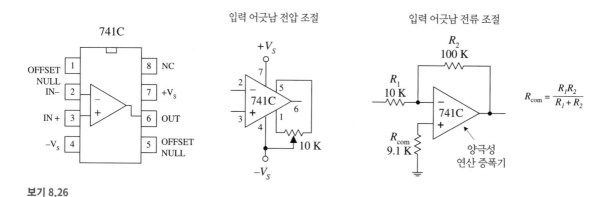

보기 8.26

보기 8.26의 오른쪽에 보이는 바와 같이 반전 증폭기 회로 내부의 비반전 단자와 접지 사이에 저항기가 자리 잡고 있다는 점에 주목하라. 이 저항기를 어디에 쓸까? 입력 치우침 전류의 결과로 R_1과 R_2에 걸쳐 일어나는 전압강하로 인해 발생한 출력 전압 오차를 보정하는 데 사용한다. 앞에서 다루었지만, 양극성 연산 증폭기의 입력 치우침 전류가 FET 연산 증폭기보다 더 큰 경향이 있다. FET 연산 증폭기의 경우에 입력 치우침 오차가 보통 아주 작아서(피코 암페어 범위) 출

력 전압 오차가 사소하므로 보정 저항기가 필요하지 않다. 반면에 양극성 연산 증폭기는 이런 경우가 없으므로(입력 치우침 전류가 나노 암페어 범위) 종종 보정을 해야 한다. 그런데 반전 증폭기에서 치우침 전류는, 이제 보정 저항기가 없다고 가정한 상태에서 $V_{in} = I_{bias}(R_1 \| R_2)$과 동일한 전압 강하를 일으키며, 이는 $-R_2/R_1$의 인자로 인해 증폭된다. 이 문제를 해결하려면 $R_1 \| R_2$와 동일한 저항을 지닌 보정 저항기를 비반전 단자와 접지 사이에 둔다. 이 저항기로 인해 연산 증폭기는 저항으로 구동되는 동일한 입력을 '느끼게' 된다.

8.11 주파수 보정

일반적인 연산 증폭기의 경우에 개방 루프 이득은 일반적으로 10^4과 $10^6(80 \sim 120\,dB)$ 사이이다. 하지만 극복 주파수(breakover frequency, f_B)라고 하는 특정 주파수에서의 이득은 3 dB만큼 떨어지거나 개방 루프 이득(최대 이득)의 70.7%로 떨어진다. 주파수가 증가함에 따라 이득은 단위 이득 주파수(unity-gain frequency, f_T)라고 하는 주파수에서 1(또는 0 dB)에 도달할 때까지 더 떨어진다. 일반적으로 연산 증폭기의 단위 이득 주파수는 약 1 MHz로, 제조업체의 사양에 명시되어 있다(보기 8.27 왼쪽). 주파수가 커짐에 따라 이득이 상향전이(roll off)되는 이유는 연산 증폭기의 내부 회로에 내장된 저역 통과 필터와 같은 특성들 때문이다. 음성 되먹임을 사용하면 대역폭이 향상된다. 보기 8.27의 가장 왼쪽에 나오는 그래프에서 볼 수 있듯이 주파수 범위가 넓어질수록 응답이 평평해진다. 이제 f_T에서 10배당 60 dB 이상의 개방 루프 이득 강하를 나타내는 연산 증폭기는 회로 내부의 필터 같은 영역에서 발생하는 위상 변화로 인해 불안정하다. 이러한 위상 변화[역주1]가 이득이 1보다 큰 일부 주파수에서 180°에 도달하면, 음성 되먹임이 양성 되먹임이 되어 바람직하지 않은 진동이 발생한다(보기 8.27의 가운데 및 오른쪽 그래프). 이러한 진동을 방지하려면 주파수를 보정해야 한다. **보정되지 않은(uncompensated)** 연산 증폭기의 주파수 보정 단자 간에 *RC* 회로망을 연결해 주파수를 보정할 수 있다. 회로망, 특히 커패시터는 반응 곡선 모양을 바꾼다. 제조업체는 특정 반응에 대한 보정 회로망[역주2]의 부품 값과 더불어 반응 곡선을 제공한다.

[역주1] 즉, 위상 천이 또는 위상 변위 또는 위상 치우침 또는 위상 이동

[역주2] 즉, 보상 회로망 또는 보상 네트워크

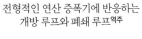

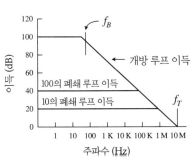

전형적인 연산 증폭기에 반응하는 개방 루프와 폐쇄 루프[역주]

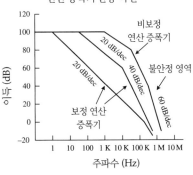

보정과 비보정 연산 증폭기 반응 곡선

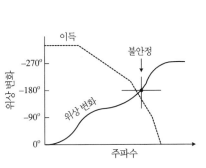

내부 위상 변화

[역주] 즉, 개루프와 폐루프

보기 8.27

아마도 내부 보정 기능이 있는 연산 증폭기를 구입하는 게 주파수 보정을 피하는 가장 쉬운 방법인 것 같다.

8.12 비교기

다양한 상황에서 두 신호 중 어느 쪽이 더 큰가라는 점과 사전에 정의한 전압을 신호가 언제 넘어서는지를 아는 게 필요하다. 이렇게 하는 간단한 회로들을 보기 8.28에 나타낸 것처럼 연산 증폭기를 사용해 구축할 수 있다. 비반전 비교기 회로에서, 입력 전압이 기준 전압을 넘어설 때 저전압(0 V)에서 고전압(양성 포화)으로 이어지는 출력 스위치들은 반전 입력에 적용되었다. 반전 비교기 회로에서, 입력 전압이 기준 전압을 넘어설 때 고전압에서 저전압으로 이어지는 출력 스위치들은 비반전 단자에 적용되었다. 오른쪽 끝 부분에 있는 회로에서 분할기(罐)가 기준 전압을 설정하는 데 사용된다.

모든 연산 증폭기가 접지된 음극 공급 장치로 동작할 수 있는 것은 아니며, 특수 목적용 비교기 IC가 더 좋은 접근법이라는 점에 유념하라.

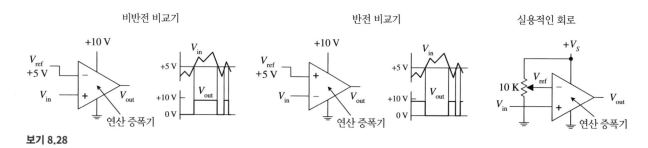

보기 8.28

그 밖에도 두 전압을 비교하는 데 가장 널리 쓰이는 방법은 특별한 IC인 비교기(comparator)를 쓰는 방법이 있다. 비교기는 연산 증폭기와 마찬가지로 반전 입력, 비반전 입력, 출력, 전력 공급 장치 리드를 지니고 있는데, 이것의 설계도는 연산 증폭기와 비슷하다. 반면에 연산 증폭기와는 다르게, 비교기에서는 주파수 보정이 되지 않으므로 선형 증폭기로 사용할 수 없다. 사실, 비교기를 음성 되먹임에는 전혀 사용하지 않는다(곧 보게 되겠지만, 종종 양성 되먹임에 사용한다). 비교기에 음성 되먹임을 사용하면 출력 특성이 불안정할 수 있다. 비교기는 고속 스위칭용으로 특별히 설계된 것으로서 연산 증폭기보다 슬루율이 훨씬 더 높고 전파 지연이 더 적다. 비교기와 연산 증폭기 간의 중요한 차이점으로는 출력 회로 부분과 관련이 있다. 연산 증폭기에 보통 밀기-당기기(push-pull) 출력 단계가 있는 반면에, 비교기는 컬렉터가 출력에, 이미터가 접지에 연결된 내부 트랜지스터를 사용한다. 비교기의 비반전 단자 전압이 반자 단자의 것보다 낮은 경우에 출력 트랜지스터가 켜지고 출력이 접지된다. 비반전 단자를 반전 단자보다 더 양성이 되게 하면 출력 트랜지스터가 꺼진다. 트랜지스터가 꺼져 있을 때($V_- < V_+$), 비교기에서 높은 출력 상태를 제공하려면 양의 전압원에서 출력으로 연결된 외부 풀업 저항기(pull-up resistor)를 사용한다. 풀업 저항기는 트랜지스터 증폭기 내의 컬렉터 저항기와 같은 역할을 한다. 과도한 전력 손실을 피할 수 있게 풀업 저항기가 충분히 커야 하지만, 비교기의 출력에 사용되는 부하 회로가 무엇이든 이것을

스위칭하기에 충분한 구동력을 공급할 만큼은 작아야 한다. 풀업 저항기의 전형적인 저항은 수백 옴에서 수천 옴까지 다양하다. 보기 8.29에는 풀업 저항기가 들어있는 간단한 비반전 비교기 회로와 반전 비교기 회로가 나온다. 두 회로에는 모두 0~+5 V 사이를 스윙하는 출력이 있다.

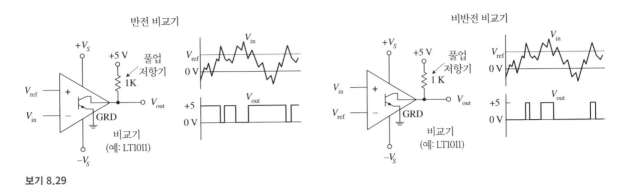

보기 8.29

비교기를 일반적으로 아날로그-디지털 변환에 사용한다. 자기 테이프 센서나 광 다이오드를 비교기의 입력에 연결해(그 밖의 입력에 기준 전압을 설정하면서) 센서가 비교기의 출력을 논리 회로를 구동하는 데 적합한 저준위 또는 고준위 상태로 구동할 수 있도록 하는 게 일반적인 응용 방식이다. 아날로그-디지털 변환을 12장에서 상세하게 다룬다.

8.13 히스테리시스를 사용하는 비교기

그런데 보기 9.29에 나오는 두 비교기 회로에는 기본적인 문제가 있다. 천천히 변하는 신호가 기준 전압에 가까운 준위일 때, 출력은 고준위 출력 상태와 저준위 출력 상태 사이에서 '신경질(jitter)'[역주]을 부리거나 앞뒤로 뒤집어진다. 그러한 '몹시 예민한' 반응이 나오는 상황은 대부분 바람직하지 않다. 대신에 일반적으로 작은 신호 편차 정도는 무시하는 작은 '완충(cushion)' 영역이 필요하다. 완충기를 제공하기 위해 비교기에 양성 되먹임을 추가해 히스테리시스를 제공할 수 있으며, 이렇게 하면 두 가지 서로 다른 임계 전압, 즉 트리거 지점이 생성된다. 비교기 회로 내 히스테리시스의 동작 방식을 다음 두 가지 사례에서 자세히 알 수 있다.

[역주] 즉, 지터. 신호의 일시적인 불안정합

8.13.1 히스테리시스가 있는 반전 비교기

보기 8.30에 나오는 반전 비교기 회로에서, R_3를 통과하는 양성 되먹임은 비교기에 두 개의 문턱 전압 또는 트리거링 지점(triggering point)[역주]을 제공한다. V_{out}이 고준위(+15 V)이고 V_{out}이 저준위(0 V)일 때 비반전 단자에 적용되는 기준 전압이 달라지므로 되먹임 전류의 결과로 두 개의 문턱 전압이 발생한다. 출력이 높을 때의 기준 전압을 V_{ref1}이라고 부르고, V_{out}이 낮을 때의 기준 전압을 V_{ref2}라고 부르자. 이제 출력이 높고(트랜지스터가 꺼지고) $V_{in} > V_{ref1}$이라고 가정하자. 스위치로 향하는 출력을 높이려면 V_{in}이 V_{ref1}보다 더 커야만 한다. 그렇지만 V_{ref1}은 무엇인가? 이것은 그저 출력 트랜지스터가 꺼지고 출력이 높으면(+15 V) 비반전 단자에서 나타나는 기준 전압이다.

[역주] 즉, 유발 지점 또는 격발 지점

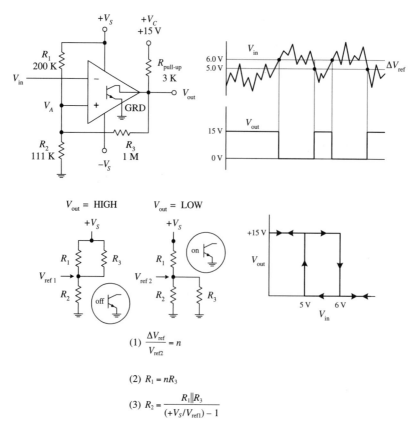

(1) $\dfrac{\Delta V_{\text{ref}}}{V_{\text{ref2}}} = n$

(2) $R_1 = nR_3$

(3) $R_2 = \dfrac{R_1 \| R_3}{(+V_S/V_{\text{ref1}}) - 1}$

보기 8.30

V_{ref1}을 계산하려면, 간단히 주 회로의 아래편 왼쪽에 나오는 기본 저항기 회로망을 사용한다.

$$V_{\text{ref1}} = \frac{+V_S R_2}{(R_1 \| R_3) + R_2} = \frac{+V_S R_2 (R_1 + R_3)}{R_1 R_2 + R_1 R_3 + R_2 R_3}$$

출력이 이미 높은 상태에서 $V_{\text{in}} > V_{\text{ref1}}$이면, 출력이 갑자기 낮아져 트랜지스터가 켜진다. 이제 출력이 낮으므로 새 기준 전압인 V_{ref2}가 대신한다. V_{ref2}를 계산하려면 첫 번째의 오른쪽에 보이는 저항기 회로망을 사용한다.

$$V_{\text{ref2}} = \frac{+V_S (R_2 \| R_3)}{R_1 + (R_2 \| R_3)} = \frac{+V_S R_2 R_3}{R_1 R_2 + R_1 R_3 + R_2 R_3}$$

입력 전압이 V_{ref2}로 감소하거나 그보다 더 낮아진다면, 출력이 갑자기 높아진다. 기준 전압들의 차이를 히스테리시스 전압(hysteresis voltage), 또는 ΔV_{ref}라고 부른다.

$$\Delta V_{\text{ref}} = V_{\text{ref1}} - V_{\text{ref2}} = \frac{+V_S R_1 R_2}{R_1 R_2 + R_1 R_3 + R_2 R_3}$$

이제, 이론을 벗어 던지고 실생활용 설계 사례를 시도해 보자.

100 kΩ 부하를 구동하는 $V_{\text{ref1}} = +6\,\text{V}$, $V_{\text{ref2}} = +5\,\text{V}$, $+V_C = +15\,\text{V}$인 비교기 회로를 설계한다고 가정해 보자. 제일 먼저 할 일은 풀업 저항기를 고르는 일이다. 경험칙에 따르면 다음과 같다.

$$R_{\text{pull-up}} < R_{\text{load}}$$
$$R_3 > R_{\text{pull-up}}$$

왜일까? $R_{\text{pull-up}}$(R_3와 R_{load}의 더 작은 값)에서 더 많은 부하가 최대 출력 전압을 줄이므로 V_{ref1}의 값을 낮춤으로써 히스테리시스의 양을 줄인다. $R_{\text{pull-up}} = 3\,\text{k}\Omega$을 고르고, R_3가 1 MΩ과 같게 선택한다. 위의 방정식을 연결하면 그림 아래쪽에 나오는 실제 수식을 얻을 수 있다. 방정식 (1)을 사용해 n을 계산하면 (6 V − 5 V)/5 V = 0.20이 된다. 다음으로, 방정식 (2)를 사용해 R_1을 찾으면 간단히 (0.2)(1 M) = 200 kΩ이다. 방정식 (3)을 사용해 R_3를 찾으면 166 k/(15 V/6 V − 1) = 111 kΩ이다. 이러한 값들이 회로 안에 나타나 있다.

8.13.2 히스테리시스를 사용하는 비반전 비교기

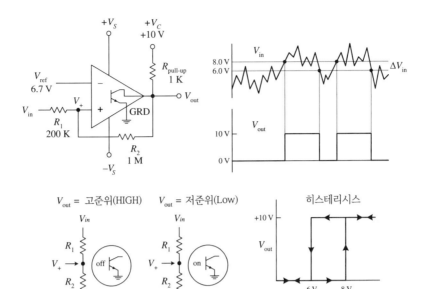

보기 8.31

반전 비교기와는 다르게, 비반전 비교기에서는 히스테리시스가 발생하는 데 필요한 저항기는 두 개뿐이다. (기준 전압을 설정하기 위해 전압 분할기를 사용하려면 추가 저항이 필요하다. 그렇지만 이러한 저항기들이 히스테리시스 전압을 개발하는 데 직접적인 역할을 하지 않는다.) 또한, 입력 신호가 적용되는 단자는 양성 되먹임의 결과인 문턱 이동이 발생하는 위치와 동일하다. 비반전 단자에 적용된 문턱 값 수준은 출력이 고준위($+V_C$)에서 저준위($0\ \mathrm{V}$)로 변경될 때 기준 전압에 대해 이동된다.

예를 들어, V_{in}이 V_{out}을 낮게 유지할 만큼 충분히 낮은 준위에 있다고 가정하자. 출력을 고준위로 스위칭하려면 V_{in}을 V_{in1}이라고 부를 트리거 전압으로 높여야 하며, 왼쪽에 표시된 저항기 회로망을 사용해 간단히 찾을 수 있다.

$$V_{in1} = \frac{V_{ref}(R_1 + R_2)}{R_2}$$

V_{out}이 고준위로 전환되자마자 비반전 단자의 전압은 V_{ref}보다 큰 값으로 이동한다.

$$\Delta V_+ = V_{in} + \frac{(V_{CC} - V_{in1})R_1}{R_1 + R_2}$$

비교기가 다시 저준위 상태가 되도록 하려면 V_{in}이 ΔV_+ 아래로 내려가야 한다. 다시 말하면, 인가된 입력 전압은 낮은 트립 지점인 V_{in2} 이하로 내려와야 한다.

$$V_{in2} = \frac{V_{ref}(R_1 + R_2) - V_{CC}R_1}{R_2}$$

이제 히스테리시스는 간단히 V_{in1}과 V_{in2}의 차이가 된다.

$$\Delta V_{in} = V_{in1} - V_{in2} = \frac{V_{CC}R_1}{R_2}$$

실용적인 설계 사례를 아래에 나타냈다.

요구되는 바는 이렇다. $V_{in1} = 8\ \mathrm{V}$, $V_{in2} = 6\ \mathrm{V}$, 주어진 $+V_C = 10\ \mathrm{V}$이고 $100\ \mathrm{k\Omega}$ 부하이다. 질문: V_{ref}, $R_{pull\text{-}up}$, R_2, R_1는 무엇이어야 하는가?

먼저 $R_{pull\text{-}up} < R_{load}$, $R_2 > R_{pull\text{-}up}$를 선택해 부하 인가 효과를 최소화한다. $R_{pull\text{-}up}$의 경우 $1\ \mathrm{k\Omega}$을 선택하고, R_2에 대해서는 $1\ \mathrm{M\Omega}$을 선택한다. 다음으로 위의 방정식을 사용하면 R_1과 V_{ref}를 알 수 있다.

$$\frac{R_1}{R_2} = \frac{\Delta V_{in}}{V_C} = \frac{10 - 8}{10} = 0.20$$

$$R_1 = 0.20 R_2 = 0.20(1\ \mathrm{M}) = 200\ \mathrm{k\Omega}$$

$$V_{ref} = \frac{V_{in1}}{1 + R_1/R_2} = \frac{8\ \mathrm{V}}{1\ \mathrm{V} - 0.20\ \mathrm{V}} = 6.7\ \mathrm{V}$$

8.14 단전원 비교기 사용

연산 증폭기와 마찬가지로, 비교기 IC는 양전원 형태나 단전원 형태로 공급된다. 단전원 비교기의 경우 이미터와 '음극 공급'은 내부적으로 연결되고 접지되는 반면, 양전원 비교기에는 별도의 이미터(접지) 및 음극 공급 리드가 있다. 두 개의 단전원 비교기와 함께 약간의 견본 비교기 IC를 나타내면 아래와 같다.

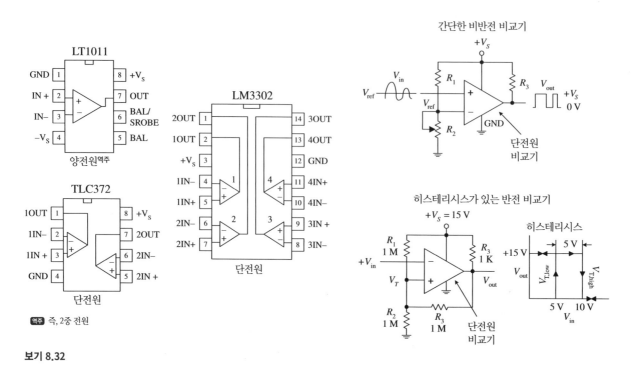

보기 8.32

8.15 윈도우 비교기

역주 즉, 창

윈도우 비교기(window comparator)는 미리 설정된 고준위 기준 전압과 저준위 기준 전압 사이에 입력 전압이 있을 때마다 출력 상태를 변경하는 매우 유용한 회로이다. 이 두 기준 전압 사이에 해당하는 영역을 윈도우(window)역주라고 부른다. 보기 8.33에 두 개의 비교기를 사용해 만든(또한 연산 증폭기를 사용할 수도 있다), 간단한 윈도우 비교기를 나타냈다. 가장 왼쪽의 회로에서 윈도우는 +3.5 V($V_{\text{ref, 고준위}}$)와 +6.5 V($V_{\text{ref,저준위}}$) 사이로 설정되어 있다. V_{in}이 +3.5 V보다 아래쪽이면 그보다 더 낮은 비교기의 출력이 접지가 되는 반면에, 더 높은 비교기의 출력은 표류한다. 그렇지만 $V_{\text{out}} = 0\,\text{V}$가 되게 하려면 접지가 단 한 개만 필요하다. V_{in}이 +6.5 V 이상이면 위쪽 비교기의 출력은 접지되고, 아래쪽 비교기의 출력은 표류 상태가 되며 V_{out}은 다시 0 V가 된다. V_{in}이 +3.5∼+6.5 V 사이에 있을 때만 출력이 고준위(+5 V)가 된다. 오른쪽 상단에 있는 회로는 분할기 회로망을 사용해 기준 전압을 설정한다.

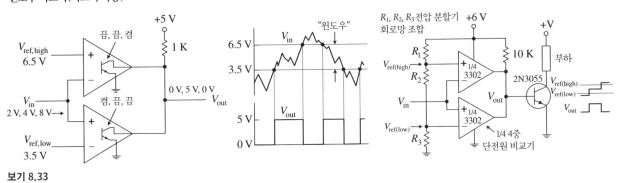

원도우 비교기(비교기 사용)

보기 8.33

8.16 전압 정격 표시기

간단히 전압 정격 표시기(voltage-level indicator)를 만드는 방법 중 한 가지는 공통 입력을 공유하는 다수의 비교기들을 취한 다음에, 각 비교기에 서로 다른 기준 전압이나 트리거 전압을 공급하는 방법인데, 이는 보기 8.34에 나타낸 바와 같다. 이 회로에서 비교기에 적용된 기준 전압은 비교기들의 사슬을 위로 옮길 때마다 증가한다(전압 분할기 회로망의 결과). 입력 전압이 늘어나면 아래쪽 비교기의 출력이 먼저 접지되고(다이오드가 켬), 이어서 그 위쪽 비교기(LED들)가 켜진다. 전위차계는 모든 기준 전압을 비례적으로 제어할 수 있게 한다.

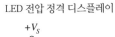

LED 전압 정격 디스플레이

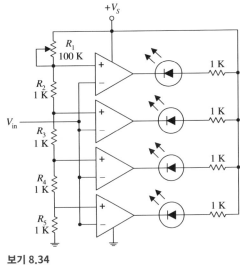

보기 8.34

8.17 계측 증폭기

계측 증폭기(instrumentation amplifiers)는 차동 증폭기와 같은 일을 수행한다. 양성 입력과 음성 입력 간의 차이를 증폭하는 데 사용된다는 말이다. 전형적인 실제 응용 기기로는 ECG(심전도) 장치를 들 수 있는데, 환자의 가슴에 붙인 전극 간의 작은 전압 차이를 증폭해 의료 드라마에서 특별히 사랑받는 장면인 심장 박동 궤적을 그려낸다.

계측 증폭기에는 기본 차동 증폭기의 성능을 높여 주는 버퍼링된 입력이 있고, 세 개의 일반 연산 증폭기(보기 8.35)로 계측 증폭기를 구성할 수는 있지만, 정확한 동작을 위해서는 정확한 정합 저항기가 들어있는 특수 목적용 계측 증폭기 IC를 사용하는 게 더 일반적이다. 계측 증폭기에는 아주 좋은 공통 모드 신호 제거 기능이 있다.

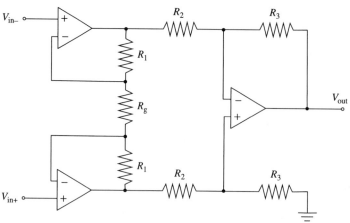

보기 8.35 계측 증폭기

R_1 저항기들이 정합되어야 한다. R_g를 생략하면 증폭기는 단위 이득을 지닌다. 그렇지 않으면, 증폭기의 이득은 다음과 같이 주어진다.

$$\frac{V_{out}}{V_{in+} - V_{in-}} = \left(1 + \frac{2R_1}{R_g}\right)\frac{R_3}{R_2}$$

따라서 단일 저항기 R_g로 전체 증폭기의 이득을 설정할 수 있다.

8.18 응용

연산 증폭기 출력 구동자(켬 또는 끔 상태로 있는 부하들)

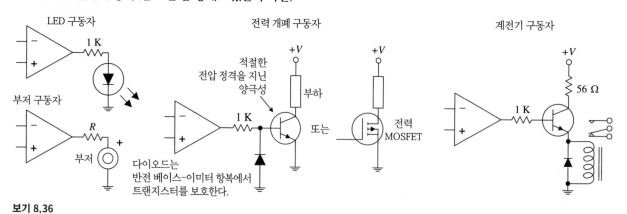

보기 8.36

비교기 출력 구동자

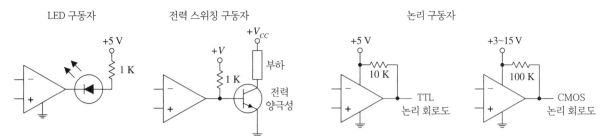

LED 구동자

전력 스위칭 구동자

논리 구동자

TTL 논리 회로도

CMOS 논리 회로도

보기 8.37

연산 증폭기 전력 부스터(교류 신호)

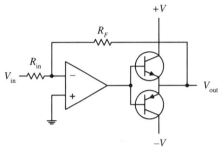

보기 8.38

연산 증폭기가 출력 부분의 전력 처리 능력을 높이는 동시에 양극 및 음극 출력 스윙을 유지해야 하는 경우가 있다. 스윙 무결성(integrity)을 유지하면서 출력 전력을 높이는 간단한 방법은 이 회로에서 보듯이 상보형 트랜지스터 푸시-풀 회로를 연산 증폭기의 출력에 연결하는 것이다. 고속에서는 추가 치우침 저항기와 커패시터가 교차 왜곡을 제한하는 데 필요하다. 저속에서는 음성 되먹임이 교차 왜곡 중 많은 부분을 제거하는 데 도움이 된다.

전압-전류 변환기

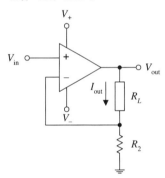

보기 8.39

다음은 출력 전류가 연산 증폭기의 비반전 단자에 인가된 입력 전압에 의해 종결 처리되는 간단한 전류원이다. 출력 전류 및 전압은 다음 식으로 결정된다.

$$V_{\text{out}} = \frac{(R_L + R_2)}{R_2} V_{\text{in}}$$

$$I_{\text{out}} = \frac{V_{\text{out}}}{R_1 + R_2} = \frac{V_{\text{in}}}{R_2}$$

전압 분할기를 사용해 V_{in}을 설정할 수 있다.

정밀 전류원

대전류 부하에는 높은 전력 정격을 지닌 트랜지스터들이 필요하다.

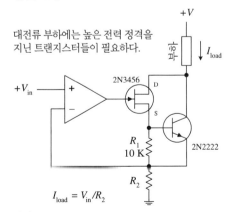

$$I_{\text{load}} = V_{\text{in}}/R_2$$

보기 8.40

여기서 정밀한 전류는 JFET을 사용해 부하를 거쳐 전류를 동기화하는 데 사용하는 양극성 출력 트랜지스터를 구동한다. 선행 전류원(current source)과는 달리 이 회로는 출력의 수평 변위(drift, 역주 즉, 중간 변위)에 덜 민감하다. JFET을 사용하면 본질적으로 치우침 전류 오차를 없애는 데 도움이 된다(단일 양극성 출력 단계에서는 베이스 전류를 누설할 것이다). 이 회로는 JFET의 $I_{DS(\text{on})}$보다 큰 출력 전류에 대해 정확하고, V_{in}이 0보다 큰 경우에 제공된다. 대전류인 경우에 FET-양극성 조합은 기본 전류가 심각한 오류를 유발하지 않는다면, 달링톤 트랜지스터로 대체할 수 있다. 출력 전류 또는 부하 전류는 다음으로 결정된다.

$$I_{\text{load}} = V_{\text{in}}/R_2$$

R_2는 조정 제어 역할을 한다. 부하 반응 저항과 트랜지스터의 내개번누에 따라시는 추가 보정이 필요할 수도 있다. 문제가 되는 부하 전류를 처리할 만큼 전력 정격이 충분히 큰 트랜지스터를 사용해야 한다.

전류-전압 변환기

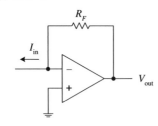

여기에 나타낸 회로는 전류를 전압으로 변환한다. 되먹임 저항 R_F는 반전 입력에서 전압을 설정하고 출력 스윙을 제어하는 데 도움이 된다. 이 회로의 출력 전압은 다음과 같이 주어진다.

$$V_{out} = I_{in}R_F$$

아래에 보이는 광 활성 회로는 이 원리를 사용해 광센서를 통해 인출되는 입력 전류량에 비례하는 출력 전압을 형성한다.

광저항기 증폭기   광다이오드 증폭기   광트랜지스터 증폭기와 계전기 구동자

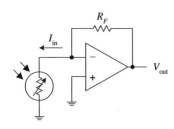 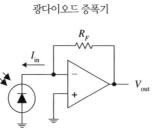 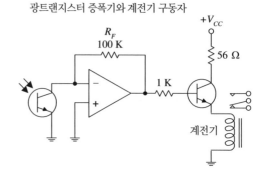

보기 8.41

과전압 방지(크로우바)

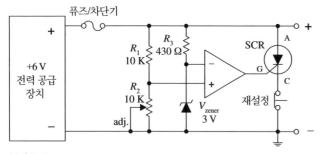

보기 8.42

이 회로는 전력 공급 장치에서 발생하는 전압 서지로부터 민감한 부하를 보호하는 데 사용하는 고속 작동 과전압 방지 제어 장치 역할을 한다. 우선, 공급 장치가 해야 할 일(일정한 +6 V를 생성)을 한다고 가정해 보자. 이 경우에 연산 증폭기의 비반전 입력에 인가되는 전압은 3 V로 설정된다. (R_1, R_2 전압 분할기를 통해 팟으로 미세하게 조절할 수 있다). 동시에, 3 V 제너 다이오드에 의해 반전 입력이 3 V로 설정된다. 따라서 이 경우에 연산 증폭기의 차동 입력 전압이 0이므로 연산 증폭기의 출력은 0이 된다(연산 증폭기는 비교기 역할을 한다). 연산 증폭기의 출력이 0일 때 SCR이 꺼지고, 전류는 양극에서 음극을 거쳐 접지(A)로 흐르지 않는다. 공급 전압에 갑작스런 서지(역주 큰 파도)가 있다고 해 보자. 이 일이 일어나면, 비반전 입력의 전압이 증가하는 반면에, 반전 입력의 전압은 3 V로 남게 된다(3 V 제너 다이오드 때문). 이로 인해 연산 증폭기의 출력이 커지고 SCR이 켜지며 이 과정에서 부하에서 접지로 흐르는 모든 전류가 전환된다. 결과적으로 퓨즈(차단기)가 날라 가고, 부하는 보존된다. 스위치는 열리고 SCR이 재설정된다.

프로그램 가능 이득 연산 증폭기

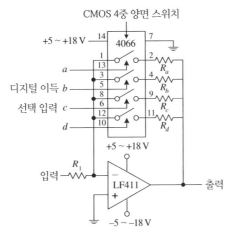

보기 8.43

프로그램 가능 이득 연산 증폭기(programmable-gain op amp) 회로는 단순히 디지털 방식으로 제어하는 쌍방향 스위치(예: CMOS 4066)에 의해 되먹임 저항(이득)이 선택되는 반전 증폭기이다. 예를 들어, 양방향 스위치의 입력 a가 고준위(+5 ~ +18 V)로 설정되고 b ~ d 입력이 저준위(0 V)로 설정된 경우, R_a 저항만 되먹임 루프에 나타날 것이다. 입력 a ~ d를 고준위로 하면, 유효 되먹임 저항은 저항기 R_a ~ R_d의 병렬 저항과 같다. 쌍방향 스위치를 12장에서 더욱 자세히 다룬다.

표본 유지 회로

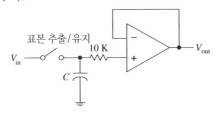

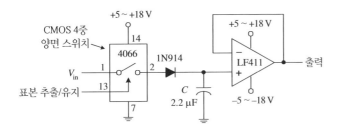

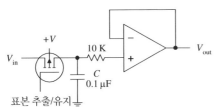

보기 8.44

표본 유지 회로(sample-and-hold circuits)는 아날로그 신호 표본을 추출해 유지함으로써 아날로그 신호를 분석하거나 디지털 신호로 변환할 수 있게 하는 데 사용된다. 첫 번째 회로에서 스위치는 표본 추출/유지를 제어하는 역할을 한다. 스위치가 닫히면 표본 추출(sampling, 역주 즉, 샘플링)이 시작되고 스위치가 열리면 끝난다. 스위치가 열리면 정확한 순간에 입력된 전압이 C에 저장된다. 연산 증폭기는 단일 이득 증폭기(버퍼)로 동작하며 커패시터의 전압을 출력으로 중계하면서도 커패시터가 방전되는 것을 방지한다(이상적으로는 전류가 연산 증폭기의 입력으로 들어오지 않음). 표본 전압을 유지할 수 있는 시간은 커패시터에서 얼마나 많은 전류가 누설되는지에 따라 달라진다. 누설 전류를 최소화하려면 입력 치우침 전류가 낮은 연산 증폭기(예: FET 연산 증폭기)를 사용하라. 그 밖의 두 회로에서 표본 추출/유지 수동 스위치는 전기로 제어하는 스위치로 대체된다. 맨 왼쪽 회로는 양방향 스위치를 사용하고, 가장 오른쪽 회로는 MOSFET을 사용한다. 표본 추출/유지 응용에 가장 적합한 커패시터로는 테플론, 폴리에틸렌 및 폴리카보네이트 유전체 커패시터 등이 있다.

파고 검출기

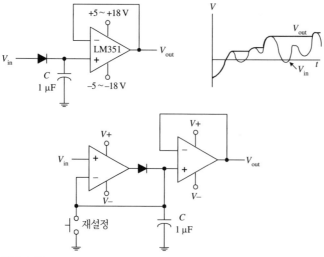

보기 8.45

여기에 나오는 회로는 파고 검출기(peak detector) 역할을 한다. 들어오는 전압 신호를 따라가면서 최대 전압을 C(그래프 참조) 내에 저장한다. 상위 회로의 연산 증폭기는 버퍼 역할을 한다. 즉, C의 전압을 측정해 해당 전압을 출력하고 C가 방전되는 것을 방지한다. 또한 다이오드는 입력이 C에 저장된 파고 전압 아래로 떨어지면 커패시터가 방전되는 것을 방지한다. 이 두 번째 회로가 더욱 실용적인 파고 검출기이다. 추가적인 연산 증폭기는 검출기를 더 민감하게 만든다. C의 전압은 반전 단자에 되먹임을 하여 다이오드 전압 강하(약 0.6 V)를 보정한다. 다시 말하면, 이것은 능동 정류기로 작동한다. 또한 이 회로에는 검출기를 재설정하는 스위치가 있다. 종종 파고 검출기는 다이오드 대신 **FET**를 사용하고, 재설정 스위치로 **FET**의 게이트를 사용한다. C의 정전용량을 줄이면 V_{in}의 변화에 대한 응답 시간이 빨라진다.

비반전 클리퍼 증폭기

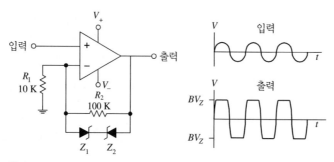

보기 8.46

이 간단한 증폭기 회로, 즉 비반전 클리퍼 증폭기(noninverting clipper amplifier)는 출력 신호의 양성 및 음성 진행 부분을 클립하는(역주 잘라내는) 역할을 한다. 되먹임 전압이 제너 다이오드의 항복 전압을 넘어설 때마다 되먹임 회로망에서 클리핑이 발생한다. 제너 다이오드 중 하나를 제거하면 부분 클리핑이 발생한다(제너 다이오드가 제거됨에 따라 양성 또는 음성이 된다). 이 회로는 오디오 증폭기 내부의 과부하 및 간단한 정현파-구형파 변환기로 제한할 수 있다.

능동 정류기

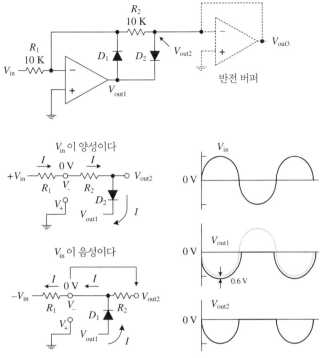

보기 8.47

단일 다이오드는 신호를 정류하는 역할을 하지만, 다이오드 강하(예: 0.6 V)라는 대가를 치러야 한다. 이 전압 강하는 출력 수준을 낮출 뿐만 아니라 0.6 V 미만의 저수준 신호를 교정할 수 없게 한다. 이 문제를 간단히 해결하려면 여기에 나온 것과 같은 능동 정류기(active rectifier)를 구축하는 것이다. 이 회로는 0 V에 이르기까지 신호를 정류하는 이상적인 정류기 역할을 한다. 이 회로의 작동 원리를 이해하기 위해 배운 규칙을 적용해 보자. V_{in}이 양성이면 전류 I는 주 회로 아래에 표시된 간단한 회로망에 표시된 방향으로 흐른다. V_+가 접지되어 있고 $V_- = V_+ = 0$ V이므로(규칙 4), 키르히호프의 전압 법칙을 사용해 V_{out1}, V_{out2} 및 V_{out3}을 찾을 수 있다.

$$0\ \text{V} - IR_2 - 0.6\ \text{V} - V_{out1} = 0$$
$$V_{out1} = 0\ \text{V} - \frac{V_{in}R_2}{R_1} - 0.6\ \text{V} = -V_{in} - 0.6\ \text{V}$$
$$V_{out2} = V_{out1} + 0.6\ \text{V} = -V_{in}$$
$$V_{out3} = V_{out2} = -V_{in}$$

최종 출력에는 0.6 V 강하가 없다는 점에 유념하라. 그렇지만 출력은 상대적으로 입력에 반전된다. 이제 V_{in}이 음성이면 출력은 D_1을 통해 전류를 공급하여 V_-를 0 V로 만든다(규칙 4). 그러나 전류가 R_2를 통과하지 않기 때문에(버퍼로 인해) V_-의 0 V는 V_{out2}에 존재하고 V_{out3}에도 존재한다. 버퍼 단은 정류기 단을 로딩하지 않고 다음 단계를 위해 낮은 출력 임피던스를 제공하는 데 사용된다. 출력에서 입력의 극성을 유지하기 위해 반전 버퍼(단일 이득 변환기)를 출력에 연결할 수 있다.

## CHAPTER 9

필터

필터(filter)는 주파수 중에 특정 범위는 통과하게 하면서 그 밖의 주파수들을 차단하는 기능을 하는 회로이다. 2장에서 발견한 바와 같이, 주요 필터 형식 네 가지로는 저역 통과 필터(low-pass filter), 고역 통과 필터(high-pass filter), 대역 통과 필터(bandpass filter), 노치 필터(notch filter)가 있으며, 노치 필터를 대역 거부 필터(band-reject filter)라고도 한다. 저역 통과 필터는 입력 신호 중 저주파 성분들을 통과하게 하는 데 반해, 고역 통과 필터는 고주파 성분을 통과하게 한다. 대역 통과 필터는 주파수 중 필터의 공진 주파수를 둘러싼 좁은 범위에 집중된 부분을 통과시키고, 노치 필터는 필터의 공진 주파수를 둘러싼 좁은 범위에 집중된 부분을 제외한 모든 주파수를 통과 시킨다.

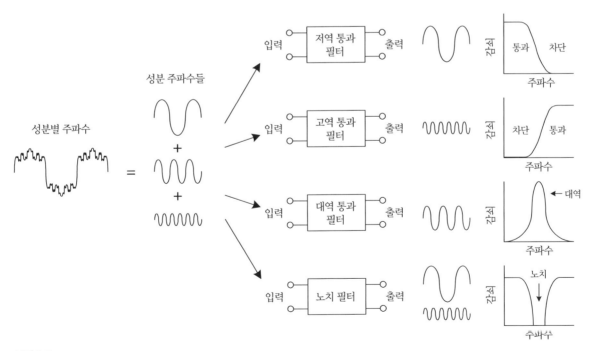

보기 9.1

전자공학 분야에서 필터를 실용적으로 응용하는 기기는 많다. 예를 들어, 직류 전력 공급 장치 내부에서 바라지 않았는데도 교류 선로 전압 안에 나타나는 고주파 잡음을 제거하는 데 필터를 사용할 수 있고, 공급 장치의 정류기 부분에서 발생하는 맥동하는(pulsing) 직류 전압들을 평활하게 하는 동작도 한다. 무선 통신에서 필터는 무선 수신기가 청취자에게 원하는 신호만을 제공하면서 다른 모든 주파수를 차단하는 데 쓰인다. 마찬가지로 필터로 무선 송신기가 다른 무선 송신기 신호를 방해할 수 있는 나머지 신호를 감쇠시켜 한 가지 신호만 생성할 수 있다. 오디오 전자제품에서는 **크로스오버 네트워크(crossover network)**^{역주1}라고 하는 필터 회로망을 사용해 낮은 오디오 신호를 우퍼로, 중간 범위 주파수를 중간 범위 스피커로, 고주파수를 트위터로 돌린다. 고역 통과 필터를 오디오 회로들에서 60 Hz 주전원 험(hum)^{역주2}을 제거하는 데 종종 사용한다. 필터 응용 분야는 아주 넓다.

역주1 즉, 교차 회로망
역주2 웅웅 거리는 소리

역주 수동 필터라고도 부르지만, 능동에 대비되므로 피동 필터가 더 정확한 용어임

이번 장에서는 두 가지 필터 형식을 다루는데, **피동 필터(passive filters)**^{역주}와 **능동 필터(active filters)**라고 부르는 것들이다. 피동 소자들(예를 들면, 저항기, 축전기, 인덕터)을 사용해 피동 필터를 설계하며, 피동 필터는 대략 100 Hz ~ 300 MHz 주파수에 가장 잘 반응한다. (하방 주파수 한계는 저주파수에서 정전용량 및 인덕턴스 값이 아주 커지면 엄청나게 큰 부품이 필요하다는 것을 의미한다. 상방 주파수 한계는 고주파수에서 기생 정전용량 및 인덕턴스가 혼란을 야기하기 때문에 생긴 것이다.) 아주 급하게 감쇠하는 감소 반응을 보이는 피동 필터를 설계할 때는 인덕터 및 커패시터 부분 수가 증가한다. 원하는 반응을 얻기 위해 더 많은 부분을 추가할수록 신호가 손실될 가능성이 커진다. 또한, 피동 필터를 설계할 때는 원천(source)과 부하(load)의 임피던스를 고려해야만 한다.

능동 필터는 피동 필터와 다르게 연산 증폭기, 저항기, 커패시터로 구성하며 인덕터는 필요하지 않다. 능동 필터에는 (0 Hz에 근접하는) 아주 낮은 주파수 신호를 다루는 기능이 있고, 필요할 때는 전압 이득을 제공할 수 있다(피동 필터와는 다름). LC 필터와 견줄 만한 성능을 제공하는 능동 필터를 설계할 수 있는데, 일반적으로 제작하기 쉽고 까다롭지 않으며 큰 부품을 쓰지 않고 설계할 수 있다. 또한 능동 필터를 사용하면, 희망하는 입력/출력 임피던스를 주파수와 별개로 공급할 수 있다. 능동 필터의 한 가지 주요 약점으로는 고주파수 범위에 상대적으로 제한되어 있다는 점이다. 약 100 kHz 이상에서는 능동 필터를 신뢰할 수 없게 된다(연산 증폭기의 대역폭과 슬루율 요건 때문에 그렇다) 무선 주파수에서는 피동 필터를 사용하는 게 최선이다.

9.1 필터를 설계하기 전에 알아야 할 사항

역주 즉, 반응 곡선. 주파수와 관련해서는 흔히 응답 곡선이라는 용어를 사용

필터 동작 방식을 기술할 때는 응답 곡선^{역주}을 사용하는데, 이 곡선은 간단한 감쇠(V_{out}/V_{in}) 대비 주파수를 그래프로 나타낸 것이다(보기 9.2를 보라). 2장에서 알 수 있었듯이 감쇠를 종종 데시벨(dB) 단위로 표기하는 반면에, 주파수는 각도 형식 ω(rad/s로 표기)나 전통 형식인 f(Hz로 표기)로 표현한다. 이 두 형식은 $\omega = 2\pi f$와 관련이 있다. 필터 응답 곡선을 선형-선형, 로그-선형, 로그-로그 용지에 그릴 수 있다. 로그-선형 그래프인 경우에 감쇠를 데시벨로 규정하지 않아도 된다.

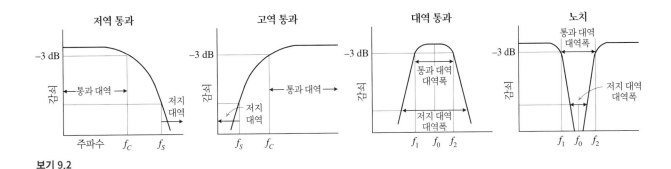

보기 9.2

필터 반응을 기술할 때 자주 쓰는 용어들은 다음과 같다.

- **−3 dB 주파수 f_{3dB}(−3 dB frequency, f_{3dB})**: 이것은 입력 신호를 기준으로 했을 때 출력 신호가 −3 dB만큼 떨어지는 입력 주파수를 나타낸다. −3 dB 주파수란 차단 주파수(cutoff frequency)와 같은 것인데, 이 지점에서 입력-출력 전력이 절반만큼 줄어들거나 입력-출력 전압이 $1/\sqrt{2}$ 만큼 줄어든다. 저역 통과 필터와 고역 통과 필터의 경우에는 −3 dB 주파수가 하나뿐이다. 반면에 대역 통과 필터나 노치 필터인 경우에는 −3 dB 주파수가 두 개인데, 일반적으로 f_1과 f_2로 나타낸다.

- **중심 주파수 f_0(center frequency, f_0)**: 선형 로그 그래프에서 대역 통과 필터는 필터의 공진 주파수 또는 중심 주파수를 중심으로 해서 기하학적인 대칭을 보인다. 이 반응은 선형 로그 그래프 용지(주파수를 나타내는 대수 축)에 그려져 있어야 한다. 선형-로그 용지상에서 중심 주파수는 다음 식으로 −3 dB 주파수와 관련된다.

$$f_0 = \sqrt{f_1 f_2}$$

협대역 대역 통과 필터(narrow-band bandpass filter)인 경우에 f_2 대 f_1 비율이 1.1보다 작은 곳에서 응답 모양이 수학적 대칭에 가깝다. 이 경우에 −3 dB 주파수의 평균을 취해 f_0을 근사할 수 있다.

$$f_0 = \frac{f_1 + f_2}{2}$$

- **통과 대역(passband)**: −3 dB에 해당하는 감쇠보다 큰 감쇠 없이 출력에 도달한 주파수 신호들을 나타낸다.

- **저지 대역 주파수 f_s(stop-band frequency, f_s)**: 이것은 설계자가 설정한 특정 값에 감쇠가 도달하는 특정 주파수이다. 저역 통과 필터와 고역 통과 필터의 경우에 저지 대역 주파수를 넘어서는 주파수들을 저지 대역(stop band)이라고 부른다. 대역 통과 필터와 노치 필터의 경우에 저지 대역 주파수가 두 개이고, 저지 대역들 사이의 주파수들도 통틀어 저지 대역이라고 부른다.

- **품질 계수 Q(quality factor, Q)**: 대역 통과 필터의 중심 주파수 대 −3 dB 대역폭(−3 dB 지점과 f_1과 f_2 사이의 거리)이 비를 나타낸다.

$$Q = \frac{f_0}{f_2 - f_1}$$

노치 필터인 경우에 $Q = (f_2 - f_1)/f_0$를 사용하는데, 여기서 f_0을 보통 널 주파수(null frequency)라고 부른다.

9.2 기본 필터

2장에서는 커패시터 및 인덕터의 반응 특징과 LC 직렬 또는 LC 병렬 회로망의 공진 특성을 이용해 간단한 저역 통과 필터, 고역 통과 필터, 대역 통과 필터, 노치 필터를 만들 수 있다는 점을 알 수 있었다. 2장에서 다룬 기본 필터들을 간략히 살펴보면 이렇다.

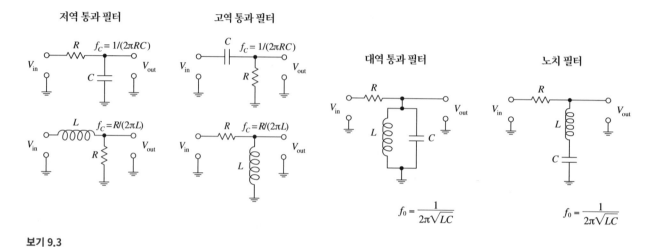

보기 9.3

그런데 이 보기에 나오는 모든 필터에는 공통된 제한 특성, 즉 −3 dB 점(들)을 넘는 옥타브 감소 반응당 얕은 6 dB가 있다. (2장으로 되돌아가서 방정식을 만지작거리다 보면 스스로 이 점을 입증할 수 있을 것이다.) 업무에 필수적이지 않은 특정 응용에서는 옥타브당 6 dB 감소가 잘 작동하는데, 특히 제거하려는 신호가 −3 dB 점을 훨씬 넘게 설정된 경우에는 더욱 효과적이다. 그렇지만 더 큰 주파수 선택성이 필요한 상황(예를 들면, 가파른 감소 및 평탄한 통과 대역)에서는 옥타브 필터당 6 dB가 작동하지 않는다. 새로운 방식으로 필터를 설계해야 한다.

■ 더 가파른 감소 및 더 평탄한 통과 대역 반응을 보이는 필터 만들기

가파른 감소(sharper falloff)를 얻는 데 사용하는 방법 중 한 가지로는 옥타브 필터당 6 dB 수를 함께 관련짓는 방식이 있다. 새 부분이 앞부분의 출력을 걸러내는 역할을 한다. 그렇지만 '옥타브당 dB' 기울기를 키우기 위해 필터 한 개를 그 밖의 필터와 연결하기가 그다지 쉽지 않고, 어떤 경우에는 실용적이지 못하기까지 하다(예를 들어, 협대역 대역 통과 필터 설계). 예를 들어, 과도 반응 (transient responses), 위상 변화 문제, 신호 열화(signal degradation), 권선 정전용량, 내부 저항, 자기적 잡음 픽업 등과 관련되어야 한다. 불쾌한 상황이 될 수도 있다.

우리는 실용적인 상황을 지킬 수 있도록 심중한 필터 이론(정말 짜증나게 하는 이론일 수 있음)을 건너뛰고 기본적인 응답 그래프와 필터 설계 표를 사용하는 일부 설계 기법을 적용할 것이다. 필터 이론의 세밀한 데까지 제대로 이해하기는 결코 쉽지 않다. 필터 이론을 더 깊이 탐구하고자 한다면 필터 설계 편람을 참고하라. (제벅(Zverk)이 기술한 편람에 필터에 대해 알고 싶어 하는 거의 모든 내용이 나온다.)

옥타브당 6 dB를 초과하는 감소 반응의 정도를 다양하게 해야 하는 실용적인 필터 설계 예제로 바로 넘어 가자. 이러한 예들을 겪고 나면 중요한 새 개념들이 떠오를 것이다. 우선 우리는 피동 필터들을 다룬 후에 능동 필터들로 초점을 옮긴다.

9.3 피동 저역 통과 필터 설계

$f_{3dB} = 3000$ Hz(감쇠는 3000 Hz에서 −3dB)이고, 저지 주파수 f_s(stop frequency, f_s)라고도 부르는 9000 Hz 주파수에서 −25 dB만큼 감쇠하는 저역 통과 필터를 설계한다고 가정하자. 또한 신호원 임피던스 R과 부하 임피던스 R_L이 모두 50 Ω이라고 가정한다. 필터를 어떻게 설계할 것인가?

1단계 (정규화)

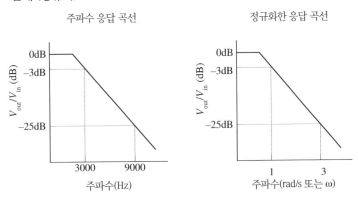

보기 9.4

먼저, 대략적인 감쇠 대비 주파수 그래프를 작성해 반응이 어떻게 보이는지에 대해 대충 생각해 보라(왼쪽 보기). 다음으로 그래프를 정규화(normalization, **역주** 즉, 일반화 또는 표준화)해야 한다. 이것은 −3 dB 주파수 f_{3dB}를 **1 rad/s**로 설정한다는 것을 의미한다. 오른쪽 보기는 정규화한 그래프를 나타낸다. (정규화한 응답 곡선 및 표를 사용하는 설계 기법을 적용하기 시작할 때 정규화하는 이유가 나중에 중요해진다.) 정규화한 저지 주파수를 정할 때는 간단히 다음 관계식을 사용하면 되는데,

$$A_s = \frac{f_s}{f_{3dB}} = \frac{9000 \text{ Hz}}{3000 \text{ Hz}} = 3$$

이 관계식을 **경사 계수(steepness factor)**라고도 부른다. 이 표현식은 정규화한 저지 주파수가 정규화한 −3 dB 지점인 **1 rad/s**보다 세 배 더 크다는 점을 나타낸다. 그러므로 정규화한 저지 주파수는 **3 rad/s**이다.

2단계 (응답 곡선 고르기)

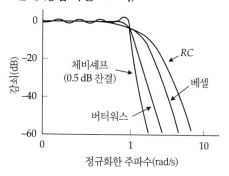

정규화한 저역 통과 버터워스 필터 응답 곡선

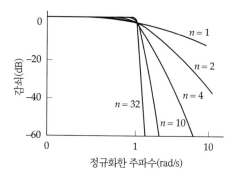

LC 저역 통과 필터 회로망

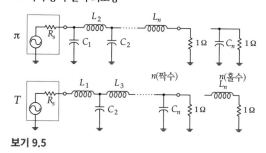

보기 9.5

다음으로 필터 반응 형식을 골라야 한다. 고를 형식 중 주요한 것 세 가지에는 버터워스(Butterworth), 체비셰프(Chebyshev), 그리고 베셀(Bessel)이 있다. 여기서 기술을 지나치게 다루지만 않는다면 다음과 같이 진행된다고 할 수 있다. 버터워스, 체비셰프, 베셀 응답 곡선은 전달 함수(transfer function)라고 부르는 수학 함수를 따라, LC 필터 회로망을 모형화한 각 개인의 이름을 따라 이름을 붙인 것이다.

$$T(S) = \frac{V_{out}}{V_{in}} = \frac{N_m S^m + N_{m-1} S^{m-1} + \cdots + N_1 S + N_0}{D_n S^n + D_{n-1} S^{n-1} + \cdots + D_1 S + D_0}$$

방정식에서 N은 분자의 계수이고 D는 분모의 계수이며 $S = j\omega$ ($j = \sqrt{-1}$, $\omega = 2\pi f$)이다. 분모에서 가장 높은 거듭제곱 n은 필터의 차수 또는 극(pole)의 개수라고 한다. 분자에서 가장 높은 거듭제곱 m을 0의 개수라고 한다. 그런데 각자(예: 버터워스, 체비셰프, 베셀)는 이 함수를 조작해 계단식 LC 필터 회로망의 감쇠 응답 곡선과 유사한, 전달 함수에 고유한 그래프를 생성할 수 있었다. 실용적인 면에서 중요한 점은 계단식 필터 회로망 내에 존재하는 LC 부분의 개수가 전송 함수 내의 극의 개수와 상관관계가 있으며, (옥타브당 데시벨)을 결정한다는 점이다. 극의 개수가 늘어나면(LC 부분 개수가 증가하면), 감소 반응이 더 가팔라진다. 전달 함수의 계수는 응답 곡선의 전반적인 모양에 영향을 미치고, 필터 회로망에서 발견되는 특정 커패시터 및 인덕터의 값과 서로 관련이 있다. 버터워스, 체비셰프, 베셀은 자신들만의 고유한 전달 함수를 고안하고, 계수로 특정 값을 쓴다든가 전달 함수의 순서를 조작하는 방식으로 감소 기울기에 영향을 미치는 방법을 알아냈다. 버터워스는 통과 대역과 저지 대역 사이의 전이 영역(shift range)에서의 가파른 증가를 희생하면서 최대로 평탄한 통과 대역 반응을 제공하는 함수를 다루는 방법을 찾아냈다. 체비셰프는 통과 대역이 있는 잔결(ripple)을 희생시키면서 통과 대역과 저지 대역 사이에서 매우 급격히 전이하는 방법을 찾아냈고, 베셀은 편평한 통과 대역과 급격한 감소를 희생하면서 위상 변화를 최소화하는 방법을 찾아냈다. 나중에 버터워스, 체비셰프, 베셀 필터의 장단점을 다룬다. 그렇지만 지금은 버터워스 필터들에 집중하자.

3단계 (필요한 극의 수를 결정한다)

버터워스 저역 통과 필터용 감쇠 곡선

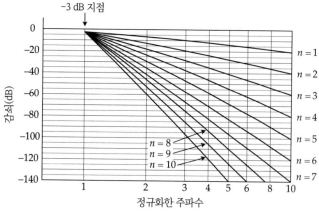

보기 9.6

저역 통과 필터 문제를 계속 붙든 채로, 인기 있는 설계 방식 중 한 개인 버터워스 설계 방식을 선택하자. 다음 단계는 보기에 나오는 버터워스 저역 통과 필터에 대한 감쇠 대비 정규화한 주파수의 곡선 그래프를 사용하는 것이다. (이와 같은 응답 곡선을 필터 편람들이 제공하는데, 거기에는 체비셰프 필터와 베셀 필터의 응답 곡선도 들어있다.) 그런 다음에 문제에서 언급한 것처럼 원하는 **−25 dB**를 **3 rad/s**에서 제공하는 그래프에서 단일 응답 곡선을 짚어 보라. 손가락으로 곡선을 따라 짚어 가면 $n = 3$ 곡선이 3 rad/s에서 감쇠를 충분히 제공한다는 점을 알 수 있다. 그런데 극점이 세 개이므로 필요한 필터는 3차 저역 통과 필터가 된다. 즉, 실제 필터에 LC 부분이 세 개 있다는 말이다.

4단계 (정규화 필터를 생성한다)

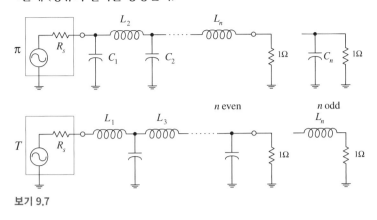

보기 9.7

이제 필터 순서를 정했으므로 다음 단계로 움직여 정규화 LC 필터 회로를 생성하라. (이 회로는 사용하려고 하는 최종 필터가 아니므로 변경해야 한다.) 이 단계에서 사용되는 회로망은 보기와 같이 π 구성 또는 T 구성을 사용한다. 원천 및 부하 임피던스가 일치하면 두 가지 구성을 사용할 수 있지만 인덕터가 더 적기 때문에 π 망이 더 매력적이다. 그렇지만 부하 임피던스가 원천 임피던스보다 크다면 T 구성을 쓰는 편이 낫다. 부하 임피던스가 원천 임피던스보다 작다면 구성을 쓰는 편이 낫다. 초기 문제에서 원천 임피던스와 부하 임피던스가 모두 50Ω이라고 말했으므로 π 구성을 선택하라. 인덕터와 커패시터의 값이 표 9.1에 나온다. (필터 편람에 그러한 표들이 실려 있는데, 체비셰프 필터와 베셀 필터에 관한 것도 실려 있다.) 3차 필터가 필요하므로 $n = 3$ 행에 나열된 값을 사용하라. 이 사례에서 얻은 정규화한 필터 회로가 보기 9.8에 나온다.

표 9.1 버터워스 능동 필터의 저역 통과 값

π{T} n	R_S {$1/R_S$}	C_1 {L_1}	L_2 {C_2}	C_3 {L_3}	L_4 {C_4}	C_5 {L_5}	L_6 {C_6}	C_7 {L_7}
2	1.000	1.4142	1.4142					
3	1.000	1.0000	2.0000	1.0000				
4	1.000	0.7654	1.8478	1.8478	0.7654			
5	1.000	0.6180	1.6180	2.0000	1.6180	0.6180		
6	1.000	0.5176	1.4142	1.9319	1.9319	1.4142	0.5176	
7	1.000	0.4450	1.2470	1.8019	2.0000	1.8019	1.2470	0.4450

참고: L_n과 C_n 값은 1 rad/s인 1 Ω 부하와 −3 dB 주파수에 해당하며, 단위는 H와 F이다. 이 값들을 축소해야만 한다. 내용을 살펴보라.

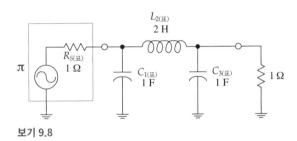

보기 9.8

조금 전에 언급한 것처럼 이 회로는 우리가 사용할 최종 회로가 아니다. 말하자면, 여기에 나열한 부품 수치는 작동하지 않는다. 이는 이 시점에 이르기까지 사용했던 그래프와 표에 정규화한 주파수를 사용했기 때문이다. 또한, 원천 임피던스와 부하 임피던스의 효과를 고려하지 않았다. 최종 작동 회로를 구성하려면 보기 9.8에 나오는 회로에 나열된 부품 값인 주파수와 임피던스의 눈금을 잡아야 한다. 이렇게 하면 나음 난세도 넘어길 수 있다.

5단계 (주파수와 임피던스 스케일링)

$$L_{2(실제)} = \frac{R_L L_{2(표)}}{2\pi f_{3dB}} = \frac{(50\ \Omega)(2\ \text{H})}{2\pi(3000\ \text{Hz})} = 5.3\ \text{mH}$$

$$C_{1(실제)} = \frac{C_{1(표)}}{2\pi f_{3dB} R_L} = \frac{1\ \text{F}}{2\pi(3000\ \text{Hz})(50\ \Omega)} = 1.06\ \mu\text{F}$$

$$C_{3(실제)} = \frac{C_{3(표)}}{2\pi f_{3dB} R_L} = \frac{1\ \text{F}}{2\pi(3000\ \text{Hz})(50\ \Omega)} = 1.06\ \mu\text{F}$$

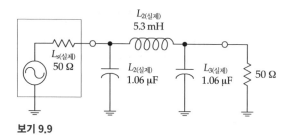

보기 9.9

원천과 부하의 임피던스 정합을 고려하고 정규화한 주파수를 제거하기 위해서는 다음과 같은 주파수 및 임피던스 스케일링(scaling, 역주 즉, 눈금잡기. 두 변량의 비율을 변수로 삼아 함수로 표현하는 일. 즉, 비례 관계를 따지는 일이나 비례에 맞춰 크기를 조절하는 일. 즉, 척도 변경 또는 축척 변경.) 규칙을 적용하라. 주파수 스케일링을 위해 표에서 얻은 커패시터와 인덕터 값을 $\omega = 2\pi f_c$로 나눈다. 임피던스를 스케일링하려면 저항기 및 인덕터 값에 부하 임피던스를 곱하고 커패시터 값을 부하 임피던스로 나눈다. 다시 말해서, 필요한 실제 부품 수치들을 얻으려면 다음에 나오는 두 방정식을 사용한다.

$$L_{n(실제)} = \frac{R_L L_{n(표)}}{2\pi f_{3dB}}$$

$$C_{n(실제)} = \frac{C_{n(표)}}{2\pi f_{3dB} R_L}$$

계산 결과와 최종 저역 통과 회로가 보기에 나온다.

9.4 필터 종류에 관한 참고 사항

버터워스 필터 대신에 체비셰프 필터와 베셀 필터를 사용할 수 있다는 점을 이전에 언급했다. 체비셰프 필터와 베셀 필터를 설계하려면, 버터워스 필터를 설계할 때 사용했던 접근방식을 취해야 한다. 그렇지만 π와 T LC 망들에 놓인 부품 수치를 알아내려면 상이한 저역 통과 감쇠 그래프들과 표들을 사용해야 한다. 체비셰프 필터와 베셀 필터를 설계하는 데 관심이 있다면, 필터 설계 편람을 참고하라. 다양한 필터 형식 간의 차이점을 더 잘 이해하는 데 다음에 나오는 몇몇 절들이 도움이 될 것이다.

버터워스 필터는 사용되는 필터 중에 가장 인기가 있는 것으로 여겨진다. 이들은 중간 통과 대역 영역에서 매우 평탄한 주파수 응답을 보이지만 −3 dB 지점 부근의 일부는 둥글게 구부러진다. −3 dB 지점을 지나서는 감쇠율이 커져 결국 옥타브당 $n \times 6$ dB(예: $n = 3$, 감쇠 = −18 dB/옥타브)에 도달한다. 버터워스 필터를 상대적으로 구축하기 쉽고, 필요한 부품들이 그 밖의 필터와 다르게 엄격한 내성을 요구하지 않는 경향이 있다.

체비셰프 필터(예: 0.5 dB 잔결, 0.1 dB 잔결 체비셰프 필터)는 버터워스 및 베셀 필터보다 −3 dB 지점 이상에서 더 크게 감쇠한다. 하지만 가파른 강하에 대한 비용을 치러야 한다. 이 비용이란 통과 대역 내의 잔결 전압으로서 통과 대역 잔결(passband ripple)이라고 부른다. 통과 대역 잔결의 크기는 필터의 순서에 따라 커진다. 또한 체비셰프 필터는 버터워스 필터에 비해 부품 허용오차에 더 민감하다.

그런데 버터워스 및 체비셰프 필터에는 문제가 있다. 둘 다 서로 다른 주파수 신호에서 크기가 서로 다른 지연 시간을 끌어낸다. 즉, 다중 주파수 파형(예: 변조된 신호)으로 입력 신호를 구성하면, 상이한 주파수가 상이한 지연 시간으로 인해 변위되므로[역주] 출력 신호가 왜곡될 것이다. 통과 대역에 걸친 지연 시간 변화를 지연 왜곡(delay distortion)이라고 부르며, 버터워스 및 체비셰프 필터의 차수가 커짐에 따라 증가한다. 이러한 효과를 피하려면 베셀 필터를 사용한다. 베셀 필터는 버터워스나 체비셰프 필터와 다르게 통과 대역에 걸쳐 지연이 일정하다. 반면에 그 밖의 두

역주 즉, 비틀리므로

필터와 다르게 베셀 필터는 감쇠 감소가 급격하지 않다. 그렇지만 급격한 감소는 출력에서 신호를 우수하게 재생하는 것만큼 중요하지는 않다. 실제 신호 재생이 필요한 상황에서는 베셀 필터를 더 신뢰할 만하다.

9.5 수동 고역 통과 필터 설계

f_{3dB} = 1000 Hz인 저지 주파수(stop frequency) f_S라고 부르는, 300 Hz에서 최소 −45 dB만큼 감쇠하는 고역 통과 필터를 설계하려고 한다고 가정하자. 임피던스가 50 Ω이고 버터워스 반응을 바라는 원천과 부하에 필터가 연결되어 있다고 가정하자. 필터를 어떻게 설계할 것인가? 잠시 후에 보게 되겠지만, 고역 통과 반응을 반전된 저역 통과 반응으로 다룬 다음, 정규화한 저역 통과 필터를 설계하고, 저역 통과 필터를 구성하는 요소에 일부 변환 기법을 적용해 정규화한 고역 통과 필터를 얻은 다음, 주파수와 임피던스로 정규화한 고역 통과 필터를 스케일링하는 게 요령이다.

주파수 응답 곡선

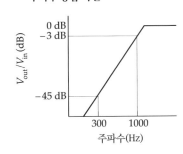

저역 통과 필터에 대한 정규화한 변환

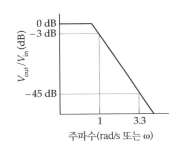

첫 번째로 왼쪽 끝에 있는 그래프에 나온 것처럼 고역 통과 필터를 위한 응답 곡선을 간단하게 묘사한다. 다음으로 고역 통과 곡선을 취해서 수평 방향으로 뒤집어 저역 통과 곡선을 얻는다. 그런 다음에 저역 통과 응답을 정규화한다. (이렇게 하면 저역 통과 설계 기술을 사용할 수 있게 된다. 나중에 희망하는 고역 통과 필터를 얻으려면 저역 통과 필터의 정규화한 부품 값들에 변환 기법을 적용해야 한다.) 경사 계수 A_s와 정규화한 저지 대역 주파수 f_s를 찾으려면 저역 필터 예제에서 사용한 것과 같은 기본 절차를 따르라. 단 f를 넘는 f_{3dB}는 제외해야 한다.

$$A_s = \frac{f_{3dB}}{f_s} = \frac{1000\ \text{Hz}}{300\ \text{Hz}} = 3.3$$

이 표현식을 통해 저지 대역 주파수가 정규화한 −3 dB 주파수보다 3.3배 큰 것을 알 수 있다. 정규화한 그래프가 f_{3dB}를 1 rad/s로 설정하였으므로 f_s는 3.3 rad/s가 된다.

다음으로, 이전 단계의 저역 통과 필터 응답을 취해 보기 9.6에 나오는 응답 곡선이 3.3 rad/s에서 최소 −45 dB 이상의 감쇠를 제공하는지 확인한다. $n = 5$ 곡선이 요령을 부리므로 5차 LC 회로망을 만든다. 이번에 할 질문은 π나 T 회로망을 쓰느냐다. 처음에는 부하와 원천의 임피던스가 같고 인덕턴스가 더 적기 때문에 π 회로망이 가장 좋다고 가정할 수 있다. 하지만 저역 통과 필터를 고역 통과 필터로 되돌리려면 변환 기법을 적용할 때 커패시터를 인덕터로, 인덕터를 커패시터로 서로 바꿔야 한다. 그러므로 이번에 저역 통과 T 회로망을 선택한다면, 최종 고역 통과 회로에서 더 적은 인덕터를 얻게 될 것이다. 5차 정규화 저역 통과 필터 회로망이 보기에 나와 있다.

'T' 저역 통과 필터로 시작한다...

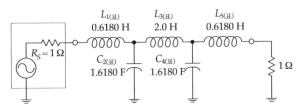

저역 통과 필터를 고역 통과 필터로 변환...

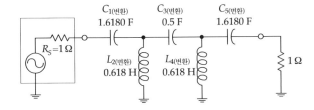

저역 통과 필터를 고역 통과 필터로 변환하려면, 1/L 값을 지닌 커패시터를 인덕터로 대체하고, 1/C 값을 지닌 인덕터를 커패시터로 대체한다. 다시 말하면, 다음에 나오는 대로 하면 된다.

최종 회로를 얻기 위한 임피던스 및 주파수 스케일링 고역 통과 필터

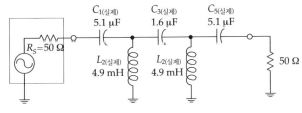

보기 9.10

$$C_{1(\text{변환})} = 1/L_{1(\text{H})} = 1/0.6180 = 1.6180 \text{ F}$$

$$C_{3(\text{변환})} = 1/L_{3(\text{H})} = 1/2.0 = 0.5 \text{ F}$$

$$C_{5(\text{변환})} = 1/L_{5(\text{H})} = 1/0.6180 = 1.6180 \text{ F}$$

$$L_{2(\text{변환})} = 1/C_{2(\text{H})} = 1/1.6180 = 0.6180 \text{ H}$$

$$L_{4(\text{변환})} = 1/C_{4(\text{H})} = 1/1.6180 = 0.6180 \text{ H}$$

다음은 실제 부품 수치들을 얻기 위한 주파수와 임피던스를 스케일링한다.

$$C_{1(\text{실제})} = \frac{C_{1(\text{변환})}}{2\pi f_{3\text{dB}} R_L} = \frac{1.618 \text{ H}}{2\pi(1000 \text{ Hz})(50 \ \Omega)} = 5.1 \ \mu\text{F}$$

$$L_{2(\text{실제})} = \frac{L_{2(\text{변환})} R_L}{2\pi f_{3\text{dB}}} = \frac{(0.6180 \text{ F})(50 \ \Omega)}{2\pi(1000 \text{ Hz})} = 4.9 \text{ mH}$$

$$C_{3(\text{실제})} = \frac{C_{3(\text{변환})}}{2\pi f_{3\text{dB}} R_L} = \frac{0.5 \text{ H}}{2\pi(1000 \text{ Hz})(50 \ \Omega)} = 1.6 \ \mu\text{F}$$

$$L_{4(\text{실제})} = \frac{L_{4(\text{변환})} R_L}{2\pi f_{3\text{dB}}} = \frac{(0.6180 \text{ F})(50 \ \Omega)}{2\pi(1000 \text{ Hz})} = 4.9 \text{ mH}$$

$$C_{5(\text{실제})} = \frac{C_{5(\text{변환})}}{2\pi f_{3\text{dB}} R_L} = \frac{1.618 \text{ H}}{2\pi(1000 \text{ Hz})(50 \ \Omega)} = 5.1 \ \mu\text{F}$$

9.6 피동 대역 통과 필터 설계

대역 통과 필터들은 협대역(narrow-band) 형식과 광대역(wide-band) 형식으로 분류할 수 있다. 이 둘 사이의 차이점은 상위 −3 dB 주파수 f_1과 하위 −3 dB 주파수 f_2 사이의 비율로 정의한다. f_2/f_1가 1.5보다 크다면 대역 통과 필터는 광대역 형식 범주에 들어간다. 1.5 이하라면 대역 통과 필터는 협대역 범주에 속한다. 잠시 후에 보게 되겠지만, 광대역 대역 통과 필터를 설계하는 데 사용하는 절차는 협대역 필터를 설계하는 데 쓰는 절차와 다르다.

● 광대역 설계

광대역 대역 통과 필터들을 설계하는 데 쓰이는 기본 접근 방식은 간단히 저역 통과 필터와 고역 통과 필터를 한데 결합하는 식이다. 다음에 나오는 예에서 상세하게 다룬다. −3 dB 지점들이 $f_1 = 1000 \text{ Hz}$와 $f_2 = 3000 \text{ Hz}$에 있고, 300 Hz에서 최소 −45 dB 이상이고, 9000 Hz에서 −25 dB 보다 큰 대역 통과 필터를 설계한다고 해 보자. 또한 원천 및 부하의 임피던스가 모두 50 Ω이고 버터워스 설계가 바람직하다고 가정하자.

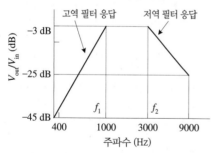

대역 통과 응답 곡선

여기에 나오는 밑그림은 기본 응답을 나타낸다. 비율 $f_2/f_1 = 3$은 1.5보다 크므로 광대역 상황에 제대로 빠지게 된다. 밑그림이 저역 통과 및 고역 통과 응답 곡선들과 같은 그래프와 어떻게 닮아 있는지에 유념하라. 응답을 저위상 및 고위상 곡선으로 분해하면 다음과 같은 결과를 얻는다.

| 저역 통과 | 3000 Hz에서 −3 dB |
| | 9000 Hz에서 −25 dB |

| 고역 통과 | 1000 Hz에서 −3 dB |
| | 300 Hz에서 −45 dB |

이제 광대역 대역 통과 필터를 설계하려면 위의 값과 앞의 두 가지 예제 문제에서 사용한 설계 기법으로 저역 통과 필터를 구성하라. 이 작업을 완료하고 나면 저역 통과 필터와 고역 통과 필터를 간단히 함께 종속시킬 수 있다. 이 문제에서는 앞에서 설명한 저역 통과 및 고역 통과 예제에 사용된 필터만 있으면 되는 저역 통과 필터 및 고역 통과 필터라는 좋은 점이 있다. 최종 계단식 회로망이 보기의 아래쪽에 나온다.

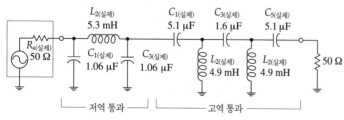

보기 9.11

■ 협대역 설계

협대역 필터는($f_2/f_1 < 1.5$) 광대역 필터와는 다르게, 저역 통과 필터와 고역 통과 필터를 계단식으로 함께 배열하는 식으로 간단히 만들 수는 없다. 대신에 새롭고 약간은 교묘한 절차를 사용해야 한다. 이 과정에서는 대역 통과 필터의 −3 dB 대역폭($\Delta f_{BW} = f_2 - f_1$)을 저역 통과 필터의 −3 dB 주파수 f_{3dB}로 변환한다. 동시에, 대역 통과 필터의 저지 대역 대역폭이 저역 통과 필터의 상응하는 저지 대역 주파수로 변환된다. 일단 이렇게 되면, 정규화한 저역 통과 필터가 생성된다. 정규화한 저역 통과 필터가 생성된 뒤에, 바라는 대역 통과 필터를 얻을 수 있도록 특별한 방법으로 이 필터의 주파수를 스케일링해야 한다. (이전과 같이 정규화한 회로 또한 임피던스가 스케일링되어야만 한다.) 저역 통과 스케일링과 마찬가지로, 정규화한 저역 통과 필터의 성분을 주파수 스케일링할 때 $\omega = 2\pi f_{3dB}$로 나누지 마라. 대신에, 정규화한 저역 통과 필터의 성분들을 $2\pi(\Delta f_{BW})$로 나눈다. 다음으로, 추가 인덕터를 커패시터와 병렬로 배치하고 인덕터와 추가 커패시터를 배치함으로써, 스케일링한 회로의 분기를 대역 통과 필터의 중심 주파수 f_0에 공진하게 해야 한다. 이것이 LC 공진 회로 부분들을 생성한다. 추가한 인덕터와 커패시터의 값을 LC 공진 방정식을 사용해 결정한다(상세한 내용은 2장 참조).

$$f_0 = \frac{1}{2\pi\sqrt{LC}}$$

■ 협대역 대역 통과 필터 사례

−3 dB 지점들의 $f_1 = 900\ \text{Hz}$와 $f_2 = 1100\ \text{Hz}$에 있고, 800 Hz와 1200 Hz에서 최소 −20 dB에 해당하는 감쇠 값을 갖는 대역 통과 필터를 설계한다고 가정하자. 원천과 부하의 임피던스가 모두 50 Ω이라고 가정하고 버터워스를 설계하기 원한다고 하자.

저역 통과 대역 통과 관계

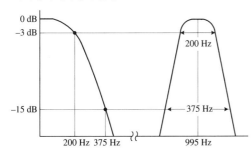

정규화한 저역 통과 응답

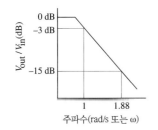

보기 9.12

1.5보다 작은 $f_2/f_1 = 1.2$였는데 협대역 필터가 필요하다. 협대역 대역 통과 필터를 설계하는 초기 단계에서는 대역 통과 요건을 정규화하는 일이다. 첫 번째로, 기하학적 중심 주파수를 결정한다,

$$f_0 = \sqrt{f_1 f_2} = \sqrt{(900\ \text{Hz})(1100)} = 995\ \text{Hz}$$

다음으로, 기하학적으로 관계된 저지 대역 주파수들의 두 쌍을 계산한다.

$$f_a f_b = f_0^2$$

$f_a = 800\ \text{Hz}$ $\qquad f_b = \dfrac{f_0^2}{f_a} = \dfrac{(995\ \text{Hz})^2}{800\ \text{Hz}} = 1237\ \text{Hz}$ $\qquad f_b - f_a = 437\ \text{Hz}$

$f_b = 1200\ \text{Hz}$ $\qquad f_a = \dfrac{f_0^2}{f_b} = \dfrac{(995\ \text{Hz})^2}{1200\ \text{Hz}} = 825\ \text{Hz}$ $\qquad f_b - f_a = 375\ \text{Hz}$

상황이 다소 혼란스럽다는 점에 유념하라. 저지 대역 주파수의 각 쌍에 대해 두 개의 새로운 쌍을 얻는다. 즉, f_0에 대해 '기하학적'인 것을 생성한 결과이다. 가장 까다로운 요구 사항인 −375 Hz를 나타내는 최소 간격이 있는 쌍을 선택하라.

대역 통과 필터를 위한 경사 계수는 다음과 같다.

$$A_s = \frac{\text{저지 대역 대역폭}}{3\ \text{dB 대역폭}} = \frac{375\ \text{Hz}}{200\ \text{Hz}} = 1.88$$

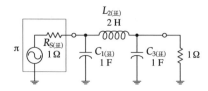

정규화한 저역 통과 필터

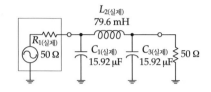

임피던스와 주파수를 스케일링한 저역 통과 필터

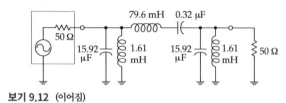

최종 대역 통과 필터

보기 9.12 (이어짐)

이제 **1.88 rad/s**에서 최소 **−20 dB**을 제공하는 저역 통과 버터워스 응답을 선택하라. 보기 9.6에 따르면, $n = 3$ 곡선은 요령을 부린다. 다음 단계는 π 구성과 표 9.1을 사용해 3차 정규화한 저역 통과 필터를 생성하는 것이다.

다음으로, 50 WΩ의 임피던스 정격과 희망 대역 통과 필터의 대역폭($\Delta f_{BW} = f_2 − f_1$)과 동일한(이 예제에서는 200 Hz) **−3 dB** 주파수를 요구하기 위해 임피던스 및 주파수는 정규화한 저역 통과 필터를 스케일링한다. 주파수 스케일링이 요령이라는 점에 주목하라! 결과는 다음과 같다.

$$C_{1(실제)} = \frac{C_{1(표)}}{2\pi(\Delta f_{BW})R_L} = \frac{1 \text{ F}}{2\pi(200 \text{ Hz})(50 \text{ }\Omega)} = 15.92 \text{ }\mu\text{F}$$

$$C_{3(실제)} = \frac{C_{3(표)}}{2\pi(\Delta f_{BW})R_L} = \frac{1 \text{ F}}{2\pi(200 \text{ Hz})(50 \text{ }\Omega)} = 15.92 \text{ }\mu\text{F}$$

$$L_{2(실제)} = \frac{L_{2(표)}R_L}{2\pi(\Delta f_{BW})} = \frac{(2 \text{ H})(50 \text{ }\Omega)}{2\pi(200 \text{ Hz})} = 79.6 \text{ mH}$$

이제 중요한 부분을 다룰 차례다. 저역 통과 필터의 각 회로 분기는 각 인덕터에 직렬 커패시터를 추가하고, 각 커패시터에 병렬 인덕터를 추가해 f_0에 공진해야 한다. 추가 부품 값들을 결정하는 데 *LC* 공진 회로를 사용한다.

$$L_{(C1병렬)} = \frac{1}{(2\pi f_0)^2 C_{1(실제)}} = \frac{1}{(2\pi \cdot 995 \text{ Hz})^2(15.92 \text{ }\mu\text{F})} = 1.61 \text{ mH}$$

$$L_{(C3병렬)} = \frac{1}{(2\pi f_0)^2 C_{3(실제)}} = \frac{1}{(2\pi \cdot 995 \text{ Hz})^2(15.92 \text{ }\mu\text{F})} = 1.61 \text{ mH}$$

$$C_{(L2직렬)} = \frac{1}{(2\pi f_0)^2 L_{2(실제)}} = \frac{1}{(2\pi \cdot 995 \text{ Hz})^2(79.6 \text{ mH})} = 0.32 \text{ }\mu\text{F}$$

최종 대역 통과 회로가 보기의 아래쪽에 나온다.

9.7 피동 노치 필터 설계

노치 필터를 설계하기 위해 협대역 대역 통과 사례에서 사용했던 것과 비슷한 기술을 적용할 수 있다. 그렇지만, 이번에는 저역 통과 필터 대신에 고역 통과 필터를 기본 구축 자재로 사용한다. 여기서는 노치 필터의 −3 dB 대역폭($\Delta f_{BW} = f_1 − f_2$)을 고역 통과 필터의 −3 dB 주파수와 관련시키고, 노치 필터의 저지 대역 대역폭을 고역 통과 필터의 저지 대역 주파수와 관련시킨다는 생각이다. 그런 다음에 정규화한 고역 통과 필터가 생성된다. 그리고 나서 특별한 방식으로 이 필터의 주파수를 스케일링한다. 필터의 모든 부품들을 $2\pi\Delta f_{BW}$로 나눈다. (이전과 같이 이 회로 또한 임피던스를 스케일링해야 한다.) 협대역 대역 통과 필터와 마찬가지로 스케일링된 고역 통과 필터의 분기는 기존의 인덕터와 함께 추가 직렬 커패시터를 삽입하고, 기존 커패시터와 함께 추가 병렬 인덕터를 삽입해 노치 필터의 중심 주파수 f_0에 공진해야 한다.

▶ **예제:** −3 dB 지점들이 $f_1 = 800$ Hz와 $f_2 = 1200$ Hz에 있고, 900 Hz와 1000 Hz에서 최소 −20 dB인 노치 필터를 설계한다고 가정하자. 원천과 부하 임피던스가 모두 600 Ω이라고 가정하고, 버터워스 설계를 바란다고 하자.

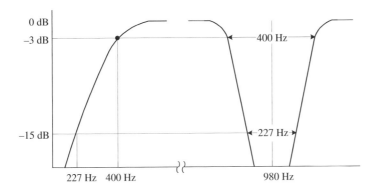

고역 통과형 대역 통과 관계

우선, 기하학적 중심 주파수를 찾는다.

$$f_0 = \sqrt{f_1 f_2} = \sqrt{(800\ \text{Hz})(1200\ \text{Hz})} = 980\ \text{Hz}$$

다음으로 기하학적으로 관계된 저지 대역 주파수들의 두 쌍을 계산한다.

$$f_a = 900\ \text{Hz} \qquad f_b = \frac{f_0^2}{f_a} = \frac{(980\ \text{Hz})^2}{900\ \text{Hz}} = 1067\ \text{Hz}$$

$$f_b - f_a = 1067\ \text{Hz} - 900\ \text{Hz} = 167\ \text{Hz}$$

$$f_b = 1100\ \text{Hz} \qquad f_a = \frac{f_0^2}{f_b} = \frac{(980\ \text{Hz})^2}{1100\ \text{Hz}} = 873\ \text{Hz}$$

$$f_b - f_a = 1100\ \text{Hz} - 873\ \text{Hz} = 227\ \text{Hz}$$

더 심각한 요건(227 Hz)을 부여하는 주파수들의 짝을 선택한다.

다음으로, 다음과 같이 주어진 노치 필터의 경사 계수를 계산하라.

$$A_S = \frac{3\ \text{dB 대역폭}}{\text{저지 대역 대역폭}} = \frac{400\ \text{Hz}}{227\ \text{Hz}} = 1.7$$

최종 노치 필터 설계를 생각해 내려면, 경사 계수를 고역 통과 필터용 경사 계수로 다루는 데서 출발하라. 다음으로 이전에 고역 통과 필터를 구축할 때 사용한 것과 같은 요령들을 적용하라. 고역 응답을 수평을 기준으로 뒤집어 저역 응답을 얻는다. 다음으로 저역 응답을 정규화(정규화된 저지 주파수를 1.7 rad/s로 설정)하고, 보기 9.6을 사용하라(n=3 이면 1.7 rad/s에서 최소 −20 dB를 제공한다). 다음으로 표 9.1과 π 망을 사용해 정규화된 저역 통과 설계를 구현하라. 그런 다음에 저역 통과-고역 통과 변환 기법을 적용해 정규화한 고역 통과 필터를 얻는다.

$$L_{1(변환)} = 1/C_{1(표)} = 1/1 = 1\ \text{H}$$

$$L_{3(변환)} = 1/C_{3(표)} = 1/1 = 1\ \text{H}$$

$$C_{2(변환)} = 1/L_{2(표)} = 1/1 = 0.5\ \text{F}$$

보기에 나오는 첫 번째 두 회로를 통해 저역 통과가 고역 통과로 전환하는 과정을 볼 수 있다.

다음으로 임피던스 및 주파수 스케일링을 통해 정규화한 고역 통과 필터의 임피던스 수준은 600 Ω이고 −3 dB 주파수는 희망 노치 필터의 대역폭($\Delta f_{BW} = f_2 - f_1$)과 동일하다. 이 예제의 경우에는 대역폭이 400 Hz이다. 주파수 스케일링이 요령이라는 점에 주목하라! 결과는 다음과 같다.

$$L_{1(실제)} = \frac{R_L L_{1(변환)}}{2\pi(\Delta f_{BW})} = \frac{(600\ \Omega)(1\ \text{H})}{2\pi(400\ \text{Hz})} = 0.24\ \text{H}$$

$$L_{3(실제)} = \frac{R_L L_{3(변환)}}{2\pi(\Delta f_{BW})} = \frac{(600\ \Omega)(1\ \text{H})}{2\pi(400\ \text{Hz})} = 0.24\ \text{H}$$

$$C_{2(실제)} = \frac{C_{1(변환)}}{2\pi(\Delta f_{BW})R_l} = \frac{(0.5\ \text{F})}{2\pi(400\ \text{Hz})(600\ \Omega)} = 0.33\ \mu\text{F}$$

정규화한 저역 통과 필터

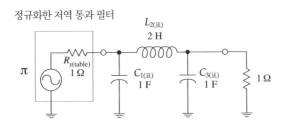

정규화한 고역 통과 필터

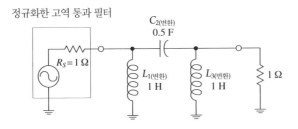

실제 고역 통과 필터

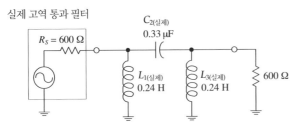

최종 대역 통과 필터

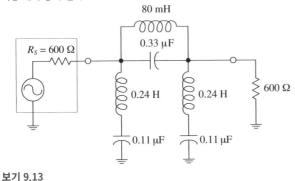

보기 9.13

그리고 마지막으로 중요한 수정을 한다. 각 인덕터에 직렬 커패시터를 추가하고, 각 커패시터에 병렬 인덕터를 추가해 간 분기를 노치 필터의 중심 주파수 f_0에 공진시킨다. 이러한 추가 부품의 값은 반드시 다음과 같아야 한다.

$$C_{(L1과 직렬)} = \frac{1}{(2\pi f_0)^2 L_{1(실제)}} = \frac{1}{(2\pi \cdot 400 \text{ Hz})^2 (0.24 \text{ H})} = 0.11 \text{ μF}$$

$$C_{(L3과 직렬)} = \frac{1}{(2\pi f_0)^2 L_{3(실제)}} = \frac{1}{(2\pi \cdot 400 \text{ Hz})^2 (0.24 \text{ H})} = 0.11 \text{ μF}$$

$$L_{(L1과 병렬)} = \frac{1}{(2\pi f_0)^2 C_{2(실제)}} = \frac{1}{(2\pi \cdot 400 \text{ Hz})^2 (0.33 \text{ μF})} = 80 \text{ mH}$$

최종 회로가 보기의 아래쪽에 나온다.

9.8 능동 필터 설계

이 절에서는 일부 기본 버터워스 능동 필터 설계를 다룬다. 이번 장의 앞부분에서 이미 능동 필터 설계의 장단점을 토론했다. 여기서는 단일 이득 능동 필터들을 만드는 데 사용되는 실제 설계 기법들에 초점을 맞출 생각이다. 우선, 저역 통과 필터를 설계하자.

9.8.1 능동 저역 통과 필터 사례

주파수 응답 곡선

저역 통과 필터에 대한 정규화한 변환

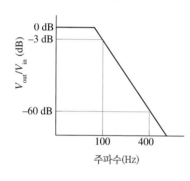

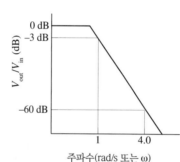

기본 2극 부분

기본 3극 부분

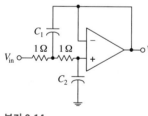

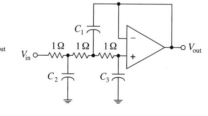

보기 9.14

3 dB 지점이 100 Hz에 있고, 400 Hz(저지 주파수 f_s라고 함)에서 최소 60 dB 감쇠 값을 갖는 능동 저역 통과 필터를 설계한다고 가정해 보자. 필터를 설계하는 첫 단계는 저역 통과 요건을 정규화하는 일이다. 경사 계수는 다음과 같다.

$$A_s = \frac{f_s}{f_{3dB}} = \frac{400 \text{ Hz}}{100 \text{ Hz}} = 4$$

이것은 f_s의 정규화한 위치가 4 rad/s로 설정됨을 의미한다. 보기 9.14에 있는 그래프를 보라. 다음으로 보기 9.6에 나오는 버터워스 저역 통과 응답 곡선을 사용해 필요한 필터의 순서를 결정한다. 이 경우에 $n=5$ 곡선은 4 rad/s에서 −60 dB 이상을 제공한다. 다시 말하면, 5차 필터가 필요하다.

그런데 피동 필터 설계 시와는 달리, 능동 필터를 설계할 때는 회로망 부품들을 제공하기 위해 서로 다른 기본 정규화 필터망 집합과 서로 다른 표를 사용해야 한다. 보기 9.14에 능동 필터 회로망들을 나타내었는데, 그중 두 개는 이렇다. 왼쪽에 있는 것을 2극 부분(two-pole section)이라고 부르고, 오른쪽에 있는 것을 3극 부분(three-pole section)이라고 부른다. 주어진 순서대로 버터워스 저역 통과 정규화 필터를 설계하려면 표 9.2를 사용한다. (필터 편람들에 체비셰프와 베셀 표들이 마찬가지로 잘 제공된다.) 이 사례에서는 5극 필터가 필요하므로 표에 따르면 두 부분이 필요하다. 3극 부분과 2극 부분이 그것이다. 이 부분들은 서로 계단식으로 이뤄져 있고, 표 9.2에 나열된 부품 값들은 계단식 회로망 내의 상응하는 부품들 옆에 기입되어 있다. 보기 9.15에 결과물로 나온, 정규화한 저역 통과 필터를 나타냈다.

표 9.2 버터워스 정규화 능동 저역 통과 필터 값들

차수 n	부분 개수	부분	C_1	C_2	C_3
2	1	2극	1.414	0.7071	
3	1	3극	3.546	1.392	0.2024
4	2	2극	1.082	0.9241	
		2극	2.613	0.3825	
5	2	3극	1.753	1.354	0.4214
		2극	3.235	0.3090	
6	3	2극	1.035	0.9660	
		2극	1.414	0.7071	
		2극	3.863	0.2588	
7	3	3극	1.531	1.336	0.4885
		2극	1.604	0.6235	
		2극	4.493	0.2225	
8	4	2극	1.020	0.9809	
		2극	1.202	0.8313	
		2극	2.000	0.5557	
		2극	5.758	0.1950	

정규화한 저역 통과 필터

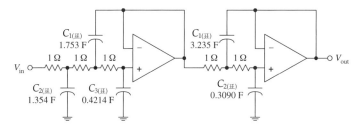

최종 저역 통과 필터

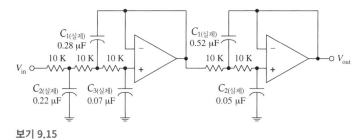

보기 9.15

정규화 필터가 정확히 응답하겠지만 부품 수치들은 비현실적이다. 너무 크다는 말이다. 이 값들을 크기에 맞게 줄이려면, 회로의 주파수와 임피던스를 스케일링해야 한다. 주파수 스케일링을 위해서는 간단히 커패시터 값을 $2\pi f_{3dB}$로 나누면 된다(저항기에 대해서는 스케일링할 필요가 없다. 반응하지 않기 때문이다). 임피던스 스케일링 측면에서 원천/부하 임피던스 정합을 처리할 필요가 없다. 대신에, 정규화한 필터 회로의 저항에 간단히 Z배를 곱하고, 동일한 계수로 커패시터를 나눈다. 정규화 필터 부품이 더 실용적인 값들을 지니게 스케일링하려고 Z 값을 선택했다. 전형적인 Z 값은 10,000 Ω이다. 결론적으로, 최종 스케일링 규칙들을 다음과 같이 표현할 수 있다.

$$C_{(실제)} = \frac{C_{(표)}}{Z \cdot 2\pi f_{3dB}}$$

$$R_{(실제)} = Z R_{(표)}$$

Z를 10,000으로 취하면, 최종 저역 통과 필터 회로를 보기의 아래쪽이 나타낸 것처럼 얻는다.

9.8.2 능동 고역 통과 필터 사례

능동 고역 통과 필터 설계 방식은 수동 고역 통과 필터 설계 방식과 비슷하다. 정규화한 저역 통과 필터를 취해 고역 통과 회로로 바꾼 다음에 주파수와 임피던스를 스케일링한다. 예를 들어, −3 dB 주파수가 1000 Hz이고 50 dB 감쇠가 300 Hz에서 이뤄지는 고역 통과 필터를 설계한다고 가정하자. 어떻게 해야 할까?

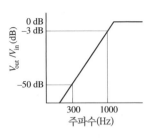

고역 통과 주파수 응답

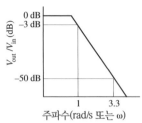

정규화한 저역 통과 반응

정규화한 저역 통과 필터

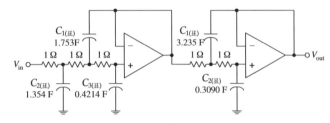

정규화한 고역 통과 필터(변환된 저역 통과 필터)

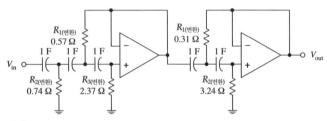

보기 9.16

첫 번째 단계에서는 고역 통과 반응을 보기와 같이 정규화한 저역 통과 반응으로 변환하는 것이다. 저역 통과형과 같은 반응을 얻기 위한 경사 계수는 다음과 같이 주어진다.

$$A_s = \frac{f_{3dB}}{f_s} = \frac{1000 \text{ Hz}}{300 \text{ Hz}} = 3.3$$

즉, 저지 주파수는 정규화한 그래프에서 3.3 rad/s로 설정된다. 보기 9.6에 나와 있는 버터워스 응답 곡선은 5차(n = 5) 필터가 필요한 감쇠 응답을 제공한다는 점을 나타낸다. 마지막 예처럼, 계단식 3극/2극 정규화 저역 통과 필터가 필요하다. 이 필터를 보기 9.16에 나타냈다.

다음으로 정규화한 저역 통과 필터는 정규화한 고역 통과 필터로 변환되어야 한다. 변환하려면 1/R F의 값을 갖는 커패시터에 대해 저항기를 교환하고, 1/C Ω의 값을 갖는 저항기와 커패시터를 교환하라. 보기 9.16에 나오는 두 번째 회로는 해당 변환을 보여준다.

마지막 보기 문제와 마찬가지로 최종 회로를 구성하려면, 정규화한 고역 통과 필터의 부품 값은 스케일링된 주파수와 임피던스 값이어야 한다.

$$C_{(실제)} = \frac{C_{(변환)}}{Z \cdot 2\pi f_{3dB}}$$

$$R_{(실제)} = ZR_{(변환)}$$

다시 Z = 10,000으로 하자. 최종 회로를 보기 9.17에 나타냈다.

최종 고역 통과 필터

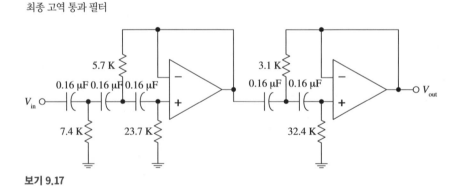

보기 9.17

9.8.3 능동 대역 통과 필터

능동 대역 통과 필터를 설계하려면, 광대역 또는 협대역 형식이 필요한지를 결정해야 한다. 상위 3 dB 주파수를 하위 3 dB 주파수로 나눈 값이 1.5보다 크다면 대역 통과 필터는 광대역 형식이고, 1.5 이하라면 협대역 형식이다. 광대역 대역 통과 필터를 설계할 때는 간단히 고역 통과 및 저역 통과 능동 필터를 서로 계단식으로 구성하면 된다. 협대역 대역 통과 필터를 설계하려면 특별한 기교를 사용해야만 한다.

■ 광대역 사례

−3 dB 지점들이 $f_1 = 1000\,\text{Hz}$와 $f_2 = 3000\,\text{Hz}$에 있고, 300과 10,000 Hz에서 최소 −30 dB인 대역 통과 필터를 설계하고자 한다고 가정하자. 어떻게 해야 할까?

정규화한 저역 통과/저역 통과 초기 설정

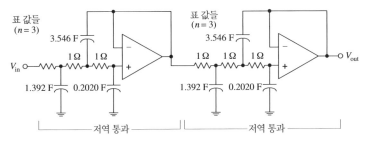

정규화한 다음 변환한 대역 통과 필터

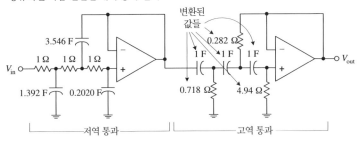

최종 대역 통과 필터

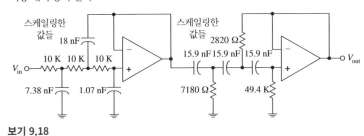

보기 9.18

첫째로, 이게 광대역 상황이라는 점을 확인한다.

$$\frac{f_2}{f_1} = \frac{3000\,\text{Hz}}{1000\,\text{Hz}} = 3$$

그렇다. 이것은 1.5보다 크다. 이것은 간단히 저역 통과형과 고역 통과 필터를 서로 계단식으로 놓아야 한다는 점을 의미한다. 다음으로, 대역 통과 필터에 대한 응답 요구 사항은 저역 통과 및 고역 통과 요구 사항으로 분류된다.

저역 통과: **3000 Hz에서 −3 dB**
             10,000 Hz −30 dB

고역 통과: **1000 Hz에서 −3 dB**
             300 Hz에서 −30 dB

저역 통과 필터를 위한 경사 계수는 다음과 같다.

$$A_s = \frac{f_s}{f_{3\text{dB}}} = \frac{10,000\,\text{Hz}}{3000\,\text{Hz}} = 3.3$$

반면에 고역 통과 필터의 경사 계수는 다음과 같다.

$$A_s = \frac{f_{3\text{dB}}}{f_s} = \frac{1000\,\text{Hz}}{300\,\text{Hz}} = 3.3$$

즉, 두 필터의 정규화된 저지 주파수는 3.3 rad/s가 된다. 다음으로 보기 9.6의 응답 곡선을 사용해 필요한 필터 차수를 결정한다. $n = 3$은 3.3 rad/s에서 −30 dB 이상을 제공한다. 정규화한 저역 통과/고역 통과 필터를 계산식으로 생성하려면 마지막 두 예제의 단계를 따르라. 보기의 위쪽 두 회로로 이 과정과 관련된 단계들을 볼 수 있다. 최종 대역 통과 필터를 구성하려면 정규화한 대역 통과 필터가 스케일링된 주파수와 임피던스여야 한다.

저역 부분:

$$C_{(\text{실제})} = \frac{C_\text{표}}{Z \cdot 2\pi f_{3\text{dB}}} = \frac{C_\text{표}}{Z \cdot 2\pi(3000\,\text{Hz})}$$

고역 부분:

$$C_{(\text{실제})} = \frac{C_\text{표}}{Z \cdot 2\pi f_{2\text{dB}}} = \frac{C_\text{표}}{Z \cdot 2\pi(1000\,\text{Hz})}$$

부품을 편하게 늘리려면 $Z = 10,000\,\Omega$을 선택한다. 정규화한 회로에서, 저항기들을 Z 계수로 곱한다. 최종 대역 통과 회로가 보기의 아래쪽에 나온다.

■ 협대역 사례

중심 주파수 $f_0 = 2000\,\text{Hz}$와 −3 dB 대역폭 $\Delta f_{BW} = f_2 - f_1 = 40\,\text{Hz}$인 대역 통과 필터를 설계한다고 가정하자. 필터를 어떻게 설계할 것인가? $f_2/f_1 = 2040\,\text{Hz}/1960\,\text{Hz} = 1.04$였으므로, 광대역 예제에서 사용한 저역 통과/고역 통과 종속 기법을 사용할 수 없다. 대신에, 다른 접근방식을 사용해야 한다. 간단한 접근방식 중 한 가지를 아래에 나타냈다.

협대역 필터 회로

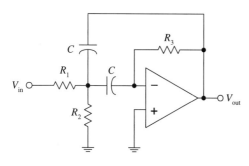

이 예제에서는 보기 9.19의 회로와 그 뒤에 나오는 몇 가지 중요한 공식을 사용하라. 상세한 토론은 더 이상 없다.

우선, 바라는 반응을 위한 품질 계수를 찾는다.

$$Q = \frac{f_0}{f_2 - f_1} = \frac{2000 \text{ Hz}}{40 \text{ Hz}} = 50$$

다음으로, 다음 설계 방정식을 사용한다.

$$R_1 = \frac{Q}{2\pi f_0 C} \qquad R_2 = \frac{R_1}{2Q^2 - 1} \qquad R_3 = 2R_1$$

C에 대해 적당한 값(우리는 0.01 μF로 설정할 것임)을 선택하면 저항기의 값은 다음과 같이 된다.

최종 필터 회로

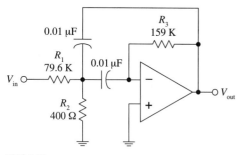

보기 9.19

$$R_1 = \frac{50}{2\pi(2000 \text{ Hz})(0.01 \text{ μF})} = 79.6 \text{ k}\Omega$$

$$R_2 = \frac{79.6 \text{ k}\Omega}{2(50)^2 - 1} = 400 \text{ }\Omega$$

$$R_3 = 2(79.6 \text{ k}\Omega) = 159 \text{ k}\Omega$$

최종 회로가 보기의 아래쪽에 나온다. 동조를 위해 R_2를 가변 저항기로 교체할 수 있다.

9.8.4 능동 노치 필터

능동 노치 필터는 협대역 형식이나 광대역 형식으로 공급된다. 위쪽 −3 dB 주파수를 아래쪽 −3 dB 주파수로 나눈 값이 1.5보다 크면 필터를 광대역 노치 필터(wide-band notch filter)라고 부르고, 1.5보다 작으면 협대역 노치 필터(narrow-band notch filter)라고 부른다.

■ 광대역 노치 필터 사례

광대역 노치 필터를 설계하려면, 보기 9.20에 나타낸 바와 같이 간단히 저역 통과 필터와 고역 통과 필터를 함께 결합하면 된다.

기본 광대역 노치 필터

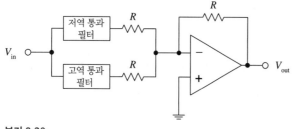

보기 9.20

예를 들어, 노치 필터의 −3 dB포인트를 500 및 5000 Hz에서 지니게 하고, 최소한 −15 dB 포인트를 1000 Hz와 2500 Hz에서 지니게 하려면, 간단히

500 Hz에서 3 dB
100 Hz에서 15 dB

로 반응하는 저역 통과 필터를

5000 Hz에서 3 dB
2500 Hz에서 15 dB

로 반응하는 고역 통과 필터와 계단식이 되도록 놓으면 된다.

그런 다음에 이전에 다룬 저역 통과와 고역 통과 설계 절차들을 동일하게 거친다. 일단 이러한 필터들을 구축하고 난 뒤에, 보기 9.20에 나오는 회로에 나타낸 바와 같이 그것들을 결합한다. 이 회로에서는 보통 $R = 10 \text{ k}$를 사용한다.

■ 협대역 노치 필터 예

협대역 노치 필터($f_2/f_1 < 1.5$)를 설계하기 위해 트윈-T(twin-T)(보기 9.21)라고 하는 RC 회로망이 자주 사용된다. 이 회로에서는 특정 주파수에서 깊은 널을 얻을 수 있지만, 회로의 Q는 1/4에 불과하다. (노치 필터의 Q는 중심 주파수 또는 널 주파수를 −3 dB 대역폭으로 나눈 값으로 표시된다.) Q를 늘리려면 보기 9.22에 나타낸 바와 같은 능동 노치 필터를 사용한다.

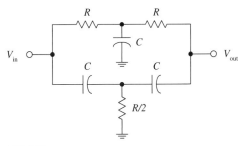

Twin-T 피동 노치 필터

보기 9.21

좁은 대역 통과 예제처럼 활성 노치 필터의 성분 값을 선택하는 방법에 대해 간단히 살펴보자. 예를 들면, 이렇다.

$f_0 = 2000$ Hz에서 노치를 만들고 −3 dB 대역폭을 $\Delta f_{BW} = 100$ Hz에서 바란다고 가정하자. 바라는 반응을 얻으려면 다음을 따른다. 우선 Q를 결정한다.

$$Q = \frac{\text{'노치' 주파수}}{-3\,\text{dB 대역폭}} = \frac{f_0}{\Delta f_{BW}} = \frac{2000\text{ Hz}}{100\text{ Hz}} = 20$$

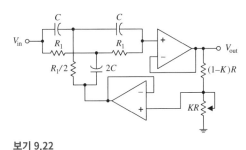

개선한 노치 필터

보기 9.22

다음 두 식을 사용해 활성 필터의 성분을 구성 요소를 찾는다.

$$R_1 = \frac{1}{2\pi f_0 C} \quad \text{그리고} \quad K = \frac{4Q-1}{4Q}$$

이제 R과 C를 임의로 선택한다. 말하자면 $R = 10$ k와 $C = 0.01$ μF을 허용하자는 것이다. 다음으로 R_1 및 K를 푼다.

$$R_1 = \frac{1}{2\pi f_0 C} = \frac{1}{2\pi(2000\text{ Hz})(0.01\text{ μF})} = 7961\ \Omega$$

$$K = \frac{4Q-1}{4Q} = \frac{4(20)-1}{4(20)} = 0.9875$$

이 값들을 보기 9.22에 있는 회로에 대입한다. 가변 전위차계에 주목하라. 회로를 미세하게 조절하는 데 사용한다.

9.9 통합 필터 회로

역주 즉, 통합 필터 회로 또는 필터 집적 회로

오늘날에는 필터 IC역주를 다수 사용할 수 있다. 통합 필터 회로(integrated filter circuits)의 주요 범주 중 두 가지로는 상태 가변(state-variable) 필터 IC와 스위치드 커패시터(switched-capacitor) 필터 IC가 있다. 이 두 필터 IC는 이전 절에서 설명한 모든 2차 기능을 구현하도록 프로그램을 작성해 넣을 수 있다. 고차 필터를 설계하기 위해 다수의 IC를 함께 계단식으로 연결할 수 있다. 일반적으로, 이러한 필터 IC들을 프로그래밍하는 데 필요한 것이라고는 몇 가지 저항기뿐이다. IC 필터를 사용하면 설계 비용을 제한한 채로 다재다능하고 다소 단순화된 설계, 우수한 정밀도를 달성할 수 있다. 또한, 대부분의 응용에서 주파수 및 선택 인자를 독립적으로 조정할 수 있다.

역주 즉, 노치 방식 주파수 선별

상태 가변 필터 IC의 예로는 내셔널 세미컨덕터에서 제조한 AF100을 들 수 있다. 이 IC는 저역 통과, 고역 통과, 대역 통과 및 노치 필터링역주 기능을 제공할 수 있다(보기 9.23). 이번 장의 앞부분에 나온 필터들과 다르게, 상태 가변 필터들도 전압 이득을 제공할 수 있다.

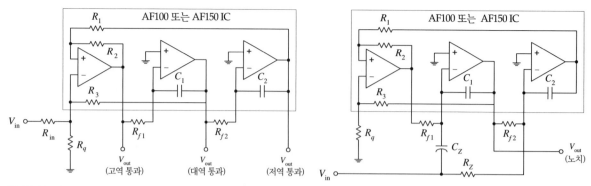

보기 9.23

AF100의 경우에, R_1과 R_{in} 저항기를 사용해 저역 통과 이득(이득 = $-R_1/R_{in}$)을 설정한다. 고역 통과 필터의 경우에 R_2와 R_{in} 저항기로 이득을 설정한다(이득 = $-R_2/R_{in}$). (음수 부호는 입력에 비해 상대적으로 출력이 반전되었다는 점을 가리킨다.) 대역 통과 함수 또는 노치 함수에 쓸 이득을 설정하기는 조금 더 복잡하다. Q와 같은 그 밖의 매개변수는 제조업체에서 제공하는 설계 수식을 사용해 조정할 수 있다. 우수한 필터 설계 편람이라면 상태 가변 필터를 상세하게 다루면서 필요한 설계 공식들도 제공할 것이다. 또한, AF100을 제외한 상태 가변 IC 형식들로는 무엇이 있는지를 전자기기 카탈로그에서 확인하라.

스위치드 커패시터 필터의 기능은 이미 설명한 다른 필터의 것과 비슷하다. 그렇지만 외부 저항기를 사용해 희망 특성을 프로그램으로 써 넣는 대신에 스위치드 커패시터 필터는 고주파 커패시터 스위칭 네트워크 기술을 사용한다. 커패시터 스위칭 네트워크는 외부에서 인가된 클럭 전압의 주파수를 변경함으로써 가변 저항기처럼 동작한다. 클럭 신호의 주파수가 통과될 주파수들과 거부될 주파수들을 결정한다. 일반적으로 디지털 클럭 신호를 사용하여 필터를 구동한다. 디지털 회로로 변경될 수 있는 필터를 설계하려고 할 때 유용한 기능이다. 스위치드 커패시터 IC의 예로는 내셔널 세미컨덕터의 MF5를 들 수 있다(보기 9.24). 몇 가지 외부 저항기, 전력원, 클럭 신호를 사용함으로써 저역, 고역 및 대역 통과 기능을 위해 필터를 프로그래밍할 수 있다. 다시 말하지만, 상태 가변 IC와 마찬가지로 제조업체는 저항기를 선택하는 데 필요한 공식과 클럭 신호의 주파수를 알려 준다.

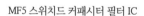

MF5 스위치드 커패시터 필터 IC

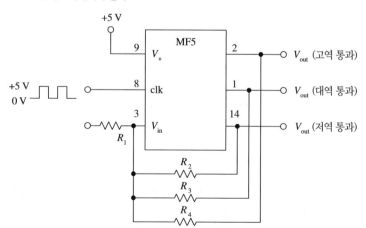

$$f_0 = \frac{f_{clk}}{50} = \sqrt{\frac{R_2}{R_4}}$$

$$Q = \frac{R_3}{R_2}\sqrt{\frac{R_2}{R_4}}$$

저역 통과 대역 이득 (f < f$_0$): $A_l = -\dfrac{R_4}{R_1}$

대역 통과 이득 (f = f$_0$): $A_l = -\dfrac{R_3}{R_1}$

고역 통과 대역 이득 (f > f$_0$): $A_l = -\dfrac{R_2}{R_1}$

보기 9.24

스위치드 커패시터 필터의 필터 차수들은 다르게 공급된다. 예를 들어, MF4는 4차 버터워스 저역 통과 필터이고 MF6은 6차 저역 버터워스 필터다. 둘 다 내셔널 세미컨덕터에서 제조한다. 이러한 두 개의 IC는 단일 통과 대역 이득을 지니고, 외부 부품들이 필요하지 않지만, 클럭 입력을 요구한다. 다양한 제조업체에서 제작한 다양한 스위치드 커패시터 필터가 있다. 카탈로그를 확인하라.

중요한 점은 스위치드 커패시터 필터에 적용된 주기적 클럭 신호가 출력 신호에 상당한 양의 잡음(약 $10 \sim 25\,mV$)을 일으킬 수 있다는 점이다. 일반적으로 잡음의 주파수(클럭의 주파수와 동일)가 관심 있는 신호 대역에서 멀리 떨어져 있기 때문에 이것은 별로 중요하지 않다. 통상적으로 간단한 RC 필터를 문제 제거에 사용할 수 있다.

발진기와 타이머

역주1 즉, 발진자 또는 진동자
역주2 즉, 파동 또는 맥동

실용적으로 보면 모든 전자 계기에는 발진기(oscillator)[역주1]가 얼마간 들어있다. 발진기는 바라는 모양, 주파수, 진폭으로 된 파형을 반복해서 생성하는 일을 맡으며 그 밖의 회로들을 구동하는 데 사용된다. 응용기기에 따라서는 구동 회로에 펄스[역주2], 정현파, 구형파, 톱니파 또는 삼각파가 필요할 수 있다.

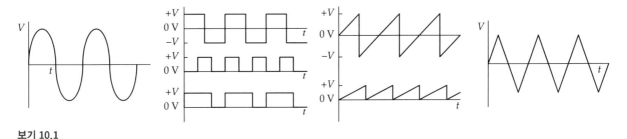

보기 10.1

역주1 즉, 나르개파
역주2 즉, 소인 또는 쓸기
역주3 즉, 카운터

디지털 전자기기에서는 **클럭**(clock)이라고 부르는 구형파 발진기를 논리 게이트나 플립플롭에서 정보 조각을 클럭의 주파수에 의해 결정되는 속도 비율로 구동하는 데 사용한다. 무선 회로에서 고주파수 정현파 발진기는 정보를 변조해 부호화할 수 있는 반송파(carrier wave)[역주1]를 만드는 데 사용된다. 반송파 변조 작업에는 발진기가 필요하다. 오실로스코프의 경우에 톱니파 발생기는 시간 기준 설정용 수평 전자 스위프(sweep)[역주2]를 생성하는 데 사용된다. 또한, 합성기 회로, 계수 기[역주3] 및 타이머 회로, LED 전구 점멸 회로에도 발진기를 사용한다. 응용기기를 모두 나열하자 면 끝이 없다.

좋은 발진기 회로를 설계하는 기술이 무척 복잡할 수 있다. 선택할 만한 설계가 다양하고 필요 한 정밀 설계 기술도 다양하다. 설계에 따라서는 서로 다른 타이밍 원리(예: *RC* 충전/방전 주기, *LC* 공진 탱크 회로망, 수정)를 다양하게 사용하며, 각 용도에 가장 적합한 것을 사용한다. 어떤 설계는 간단히 구축할 수도 있겠지만 주파수 안정에 제한을 받을 수 있다. 그 밖의 설계가 특정 주파수 범위에 안정성이 좋을 수 있지만, 범위를 벗어나면 안정성이 떨어질 수 있다. 생성된 파형의 모양 은 발진기를 설계할 때 반드시 고려해야 할 요소 중 한 가지임이 명확하다.

685

이번 장에서는 *RC* 완화 발진기, 웨인 브리지 발진기, *LC* 발진기와 결정 발진기를 다룬다. 이번 장에서는 인기 있는 발진기들도 살펴본다.

10.1 RC 완화 발진기

역주 즉, RC 풀림 발진기

설계하기 좋은 발진기 형식은 아마도 RC 완화 발진기(RC relaxation oscillator)[역주]일 것이다. 다음 이론으로 이 발진기의 발진 특성을 설명할 수 있다. 저항기를 거쳐 커패시터를 충전한 다음에, 커패시터 전압이 특정 임계 전압에 다다르면 방전한다. 그런 다음에, 이 주기를 연속해서 반복한다. 커패시터의 충전/방전 주기를 제어하기 위해 양성 되먹임으로 배선된 증폭기를 사용한다. 증폭기는 임계 전압의 의해 트리거되는 충전/방전 스위치처럼 작동하며 발진기에 이득을 제공하기도 한다. 보기 10.2에 간단한 연산 증폭기 완화 발진기를 나타냈다.

간단한 구형파 완화 발진기

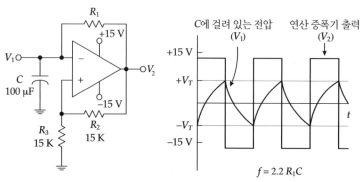

보기 10.2

전력이 처음 인가될 때, 연산 증폭기의 출력이 양성 포화 상태가 된다고 가정하자(출력이 음성 포화 상태가 될 가능성도 있는데, 자세한 내용은 8장 참고). 커패시터는 R_1C라는 시간 상수에 맞춰 연산 증폭기의 양성 공급 전압(약 +15 V)으로 충전되기 시작한다. 커패시터에 걸린 전압이 임계 전압에 도달하면 연산 증폭기 출력기 갑자기 음성 포화(약 −15 V)로 바뀐다. 문턱 전압(**역주** 즉, 임계 전압)은 비반전 입력에 설정되는 전압으로서 이는 다음과 같다.

$$V_T = \frac{R_3}{R_3 + R_2} = V_2 \frac{15\,k\Omega}{15\,k\Omega + 15\,k\Omega}(+15\,V) = +7.5\,V$$

전압 분할기가 설정하는 문턱 전압은 이제 −7.5 V이다. 커패시터는 −7.5 V에 이를 때까지 동일한 R_1C 시간 상수에 맞춰 음성 포화 상태로 방전되기 시작하고, 이때 연산 증폭기의 출력은 양성 포화 전압으로 다시 전환된다. 이 주기(cycle)가 무한히 반복되는데, 단주기(period)는 2.2 R_1C와 같다.

톱니 파형을 생성하는 또 다른 발진기는 이렇다(보기 10.3을 볼 것). 이전에 나온 발진기와는 다르게 이 회로는 연산 증폭기 통합 회로망과 비슷한데, 되먹임 고리[역주]에서 PUT(programmable unijunction transistor, 프로그램 가능 단접합 트랜지스터)가 있다는 점은 다르다. PUT는 이 회로 발진기를 만드는 데 필수 요소다. 이 회로의 작동 방식을 정리하면 다음과 같다.

역주 즉, 피드백 루프

간단한 톱니파 생성기

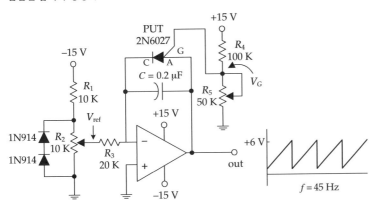

$$f \cong \frac{V_{\text{ref}}}{R_3 C}\left(\frac{1}{V_p - 0.5\,\text{V}}\right)$$

보기 10.3

처음에는 여기에 나온 회로에 PUT가 들어있지 않다고 가정하자. 이런 경우에 회로는 간단한 질적 회로와 비슷해진다. 음성 전압이 반전 입력(−)에 걸리면, 커패시터는 양성 전압(+15 V)을 향해 선형 비율로 충전된다. 출력 신호는 단사(one-shot, **역주** 즉, 단발성) 경사 전압을 제공하기만 할 뿐, 반복적인 삼각 파형을 생성하지는 않는다. 파형을 반복적으로 생성하려면 이번에는 PUT를 포함시켜야 한다. PUT는 양극-음극(**역주** 즉, 애노드-캐소드) 전압이 게이트-음극 전압보다 1만큼의 다이오드 강하에 따라 켜지는(양극-음극 전도) 활성 스위치로 작동해 회로에 발진을 일으킨다. PUT는 최소 유지 전류 수준 이하로 전류가 떨어질 때까지 계속 켜진 상태로 남는다. 이 스위칭 동작은 출력이 포화되기 전에 커패시터를 **빠르게** 방전시키는 역할을 한다.

커패시터가 방전될 때 PUT가 꺼지고 주기가 반복된다. PUT의 게이트 전압이 전압 분할 저항기인 R_4와 R_5를 거쳐 설정된다. R_1 및 R_2 전압 분할 저항기는 반전 입력에서 기준 전압을 설정하는 반면에, 다이오드는 주파수를 가변하도록 조정할 때 R_2에서 전압을 안정시키는 데 보탬이 된다. R_4로 출력 전압 진폭이 결정되는 반면, 출력 주파수는 보기 아래에 나오는 식으로 근사된다. (0.5 V는 PUT에 걸쳐 있는 일반적인 전압 강하를 나타낸다.)

삼각파와 구형파(보기 10.4를 볼 것)를 생성하는 간단한 2중 연산 증폭기 회로는 이렇다. 이 회로는 삼각파 생성기와 비교기를 결합한다.

간단한 삼각파/구형파 생성기

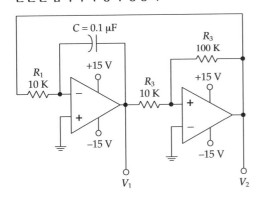

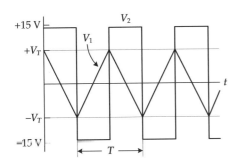

보기 10.4

회로의 오른쪽 상단에 있는 연산 증폭기는 비교기처럼 작동한다. 양성 되먹임에 배선되어 있다. 이 연산 증폭기의 입력들 간에 전압이 약간 차이가 나는 경우에, V_2 출력 전압이 양성 방향 및 음성 방향으로 포화될 것이다. 논쟁거리가 되지 않도록 연산 증폭기가 양성 방향에서만 포화된다고 하자. 그러면 비반전 입력(+)의 전압이 0 이하로 떨어질 때까지 정격 상태를 유지하며, 이때 V_2는 음성으로 포화되게 구동된다. 문턱 전압은 다음 식으로 주어진다.

$$V_T = \frac{V_{\text{sat}}}{(R_3 - R_2)}$$

여기서 V_{sat}은 연산 증폭기의 공급 전압이거나 그보다 낮다(8장 참조). 이제 이 비교기가 경사 전위 발생기(ramp generator)로 사용된다(왼쪽 상단 연산 증폭기 부분). 경사 전위 발생기의 출력이 비교기의 입력으로 연결되는 반면에, 비교기의 출력은 경사 전위 발생기의 입력으로 되먹여진다. 매번 경사 전압이 문턱 전압에 도달하므로 비교기의 상태가 바뀐다. 이렇게 되면 발진이 일어난다. 출력 파형의 단주기는 $R_1 C$ 시간 상수, 포화 전압, 문턱 전압으로 결정된다.

$$T = \frac{4 V_T}{V_{\text{sat}}} R_1 C$$

주기는 $1/T$이다.

그런데 연산 증폭기는 완화 발진기를 구축하는 데 사용하는 유일한 능동 요소가 아니다. 그 밖의 부품들, 예를 들면 트랜지스터나 디지털 논리 게이트와 같은 부품들도 제 역할을 한다.

단접합 발진기

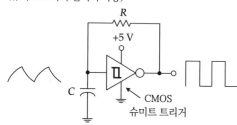

디지털 발진기
(슈미트 트리거 인버터 사용)

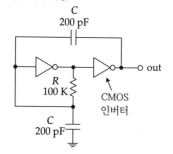

CMOS
슈미트 트리거

디지털 발진기(인버터 사용)

C
200 pF

R
100 K

CMOS
인버터

C
200 pF

보기 10.5

단접합 트랜지스터(unijuction transistor, UJT)는 일부 저항기 및 커패시터와 함께 세 가지 서로 다른 출력 파형을 생성하는 기능을 지닌 완화 발진기를 구성한다. 작동 과정에서 C는 이미터의 전압이 트리거 전압에 도달할 때까지 R을 통해 순식간에 충전한다. 트리거 전압이 초과되면 이미터-베이스 1 경로의 전도율이 급격히 증가하여 전류는 커패시터-이미터 영역에서 나와 이미터-베이스 1 영역을 지나 접지로 흐르게 된다. 이 일이 일어나면 C는 갑자기 전하를 잃게 되고, 이미터 전압은 트리거 전압 이하로 갑자기 떨어진다. 그런 다음에 자체적으로 주기가 반복된다. 이 과정 중에 결과적으로 생성된 파형은 보기와 같다. 발진 주기는 다음과 같이 주어진다.

$$f = \frac{1}{R_E C_E \ln[1/(1-\eta)]}$$

여기서 g는 UJT의 고유 고립 비율로, 보통 약 0.5이다. 상세한 내용은 4장에서 다룬다.

여기서 간단한 완화 발진기는 슈미트 트리거 인버터(Schmitt trigger inverter) IC와 RC 회로망으로 구성된다. (슈미터 트리거는 완만히 변화하는 입력 파형을 날카로운 파형과 지터(jitter)가 없는 출력 파형으로 바꾸는 데 사용된다(12장 참조)). 회로에 처음으로 전력이 투입되면, C에 걸린 전압은 0이고, 인버터의 출력이 높다(+5 V). 커패시터는 R를 거쳐 출력 전압 쪽으로 충전을 시작한다. 커패시터 전압이 인버터의 양성(+)(역주 즉, 정극성) 방향 문턱 값(예: 1.7 V)에 도달하면 인버터의 출력이 낮아진다(~0 V). 출력이 낮으면 C는 0 V를 향해 방전된다. 커패시터 전압이 인버터의 음성(역주 즉, 부극성) 방향 문턱 전압(예: 0.9 V) 아래로 떨어지면, 인버터의 출력은 고준위가 된다. 주기가 반복된다. 양성 및 음성 문턱 전압과 RC 시간 상수로 켬/끔 시간이 정해진다.

세 번째 예제는 간단한 구형파 RC 완화 발진기를 구성하는 데 사용하는 CMOS 인버터 한 쌍이다. 이 회로는 4~18V 범위 전압에서 작동할 수 있다. 발진 주기는 다음과 같이 주어진다.

$$f = \frac{1}{4RC \ln 2} \approx \frac{1}{2.8RC}$$

R을 조정해 주파수를 변경할 수 있다. 12장에서 CMOS 인버터들을 다룬다.

이번 절에 나온 모든 완화 발진기를 구축하기는 상대적으로 쉽다. 그런데 알려진 것처럼 기본 파형을 더 쉽게 생성하는 방법이 있다. 쉬운 방법이란 작업에 맞게 특별히 설계한 IC를 사용하는 방법이다. 저항기를 사용해 프로그래밍을 할 수 있는, 예상 외로 대중적인 구형파 생성 칩은 555 타이머 IC이다.

10.2 555 타이머 IC

역주1 즉, 계시기 또는 시간 설정기

역주2 즉, 무정위 모드

555 타이머 IC(555 timer IC)는 상상 밖으로 유용한 정밀 타이머[역주1]로서 타이머나 발진기로 동작한다. 단안정 모드(monostable mode)로 더 잘 알려진 타이머 모드에서 555는 단순히 '단사(單射, one-shot)' 타이머처럼 작동한다. 트리거 전압이 트리거 리드에 인가되면 칩의 출력 외부 RC 회로에 의해 설정된 시간 동안 저준위에서 고준위로 변한다. 비안정 모드(astable mode)[역주2]로 더 잘 알

려진 발진기 모드에서 555는 두 개의 외부 RC 충전/방전 회로로 출력 파형(낮은 지속 시간, 높은 지속 시간, 주파수 등)을 조정할 수 있는 사각파(rectangular-wave) 발생기 역할을 한다.

555 타이머 IC는 사용하기 쉽고(필요한 소자와 계산이 아주 적음), 저렴하며, 엄청나게 다양한 응용 기기에서 사용할 수 있다. 예를 들어, 555를 이용해 디지털 클럭 파형 생성기, LED 및 전구 점멸 회로, 톤 발생기 회로(사이렌, 메트로놈 등), 단사 타이머 회로, 무반동 스위치, 삼각파 파형 발생기, 주파수 분할기 등을 만들어 낼 수 있다.

10.2.1 555의 작동 방식(비안정 연산)

보기 10.6에 전형적인 555 타이머 IC의 내부가 어떤지를 간단한 블록선도로 나타냈다. 여기서 보는 전반적인 회로 구성(외부 부품들을 포함해) 비안정 555 구성을 나타낸다.

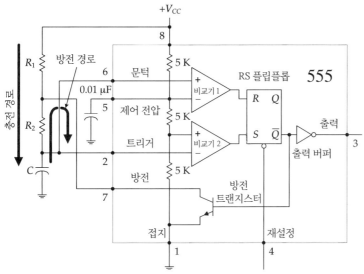

555라는 이름은 블록선도에 보이는 **5 kΩ 저항기** 세 개에서 기원한 것이다. 이 저항기들은 공급 전압(V_{CC})과 접지 사이에서 3단계 전압 분할기처럼 동작한다. 아래쪽 **5 KΩ** 저항기의 최고치(비교기 2에 대한 +입력)는 $\frac{1}{3}V_{CC}$로 설정되고, 중간 **5 kΩ** 저항기의 최고치(비교기 1에 대한 - 입력)는 $\frac{2}{3}V_{CC}$로 설정된다. 두 개의 비교기는 입력에서 비교되는 아날로그 전압을 바탕으로 높은 전압 또는 낮은 전압을 출력한다. 비교기의 정극성(역주 즉, 양성) 입력 중 하나가 부극성(역주 즉, 음성) 입력보다 양수이면 출력 논리 준위가 높아지며, 정극성 입력 전압이 부극성 입력 전압보다 작으면 출력 논리 준위가 낮아진다. 비교기의 출력은 *SR*(set/reset, 즉 설정/재설정) 플립플롭의 입력으로 보내진다. 플립플롭은 *R* 및 *S* 입력들을 살핀 다음에 전압 상태에 따라 고준위(HIGH) 또는 저준위(LOW)를 생성한다(12장 참조).

보기 10.6

- 1번 핀(접지): IC 접지.
- 2번 핀(트리거): 비교기 2에 대한 입력은 플립플롭을 설정하는 데 사용된다. 2번 핀의 전압이 위에서 아래로 $\frac{1}{3}V_{CC}$에서 교차할 때, 비교기가 고준위로 전환되게 플립플롭이 설정된다.
- 3번 핀(출력): 555의 출력은 200 mA를 가라앉히거나 가져다 쓸 수 있는 반전 버퍼에 의해 구동된다. 출력 전압 수준은 출력 전류에 따라 다르지만, 대략 $V_{out(high)} = V_{CC} - 1.5$ V이고 $V_{out(low)} = 0.1$ V이다.
- 4번 핀(재설정): 활성 저준위 재설정이며, $\overline{Q}$를 고준위로 그리고 3번 핀(출력)을 저준위로 설정한다.
- 5번 핀(제어): 필요시 $\frac{2}{3}V_{CC}$ 수준을 뒤엎는 데 사용하지만, 일반적으로 0.01 μF 우회 커패시터를 통해 접지된다(커패시터는 V_{CC} 공급 잡음을 제거하는 데 도움이 됨). 여기 투입된 외부 전압은 새로운 트리거 전압 정격을 설정할 것이다.
- 6번 핀(접지): 상위 비교기에 대한 입력은 플립플롭을 재설정하는 데 쓰인다. 6번 핀의 전압이 아래에서 위로 $\frac{2}{3}V_{CC}$ 이상으로 올라갈 때, 비교기가 고준위로 전환되어 플립플롭을 재설정한다.

- 7번 핀(방전): *npn* 트랜지스터의 개방 컬렉터로 연결한다. $\overline{Q}$가 고준위(3번 핀이 저준위)일 때 7번 핀을 접지에 단락시키는 데 사용된다. 커패시터를 방전하게 한다.
- 8번 핀(공급 전압 V_{cc}): 일반적으로 범용 TTL 555 타이머는 4.5~16 V 사이다. (CMOS 버전들인 경우에는 공급 전압이 1 V만큼 작을 수 있다.)

비안정 구성에서 전력이 시스템에 처음으로 투입되면 커패시터가 방전된다. 이것은 0 V가 2번 핀에 위치해 비교기 2를 고준위로 만든다는 점을 의미한다. 이것은 차례로 플립플롭을 설정해서 $\overline{Q}$를 저준위로 555의 출력을 고준위가 되게 한다(변환 버퍼로 인한 결과). $\overline{Q}$가 저준위이면 방전 트랜지스터가 꺼지므로 커패시터는 R_1과 R_2를 통해 V_{CC} 쪽으로 충전된다. 커패시터 전압이 ⅓V_{CC}를 넘어서면 2번 비교기가 저준위가 되어 *SR* 플립플롭에 영향을 미치지 않는다. 그렇지만 커패시터 전압이 ⅔V_{CC}를 넘어서면 1번 비교기가 고준위가 되어 플립플롭을 재설정하고, $\overline{Q}$를 고준위가 되게 강제하며 출력을 저준위가 되게 강제한다. 이 시점에서 방전 트랜지스터가 켜지고 8번 핀이 접지로 단락되어 R_2를 통해 커패시터가 방전된다. 커패시터 전압이 ⅓V_{CC} 이하로 떨어지면 2번 비교기의 출력이 고준위로 다시 뛰면서 플립플롭을 재설정하고, $\overline{Q}$를 저준위가 되게 강제하며 출력을 고준위가 되게 강제한다. $\overline{Q}$가 저준위이면 트랜지스터가 꺼지므로 커패시터가 다시 충전을 시작할 수 있다. 자체적으로 주기가 몇 번이고 반복된다. 최종 결과는 전압 준위가 약 V_{CC} − 1.5 V이고 켬/끔 시간이 C, R_1, R_2에 의해 결정되는 구형파 출력 패턴이다.

10.2.2 기본 비안정 연산

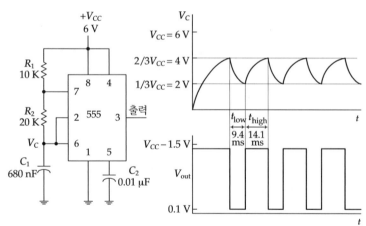

$t_{low} = 0.693(20\ K)(680\ nF) = 9.6\ ms$

$t_{high} = 0.693(10\ K + 20\ K)(680\ nF) = 14.1\ ms$

$f = \dfrac{1}{9.4\ ms + 14.1\ ms} = 42\ Hz$

동작책무주기 $= \dfrac{14.1\ ms}{14.1\ ms + 9.4\ ms} = 0.6$

555가 비안정 상태로 설정되면 안정 상태가 없는 꼴이 되어 출력이 이리저리로 뛴다. 저준위(약 0.1V)로 남아 있는 지속 시간 V_{out}은 $R_2 C_1$ 시간 상수와 ⅓V_{CC}와 ⅔V_{CC} 수준들로 설정된다. V_{out}을 고준위(약 V_{CC} − 1.5 V)로 머무르게 하는 지속 시간은 $(R_1 + R_2)\ C_1$ 시간 상수와 두 전압 수준(그래프들을 볼 것)으로 결정된다. 기초적인 계산을 약간 하고 나면 다음에 나오는 두 개의 실용적인 식이 생긴다.

$$t_{low} = 0.693 R_2 C_1$$
$$t_{high} = 0.693(R_1 + R_2)C_1$$

동작책무주기(duty cycle, 출력이 고준위인 시간비(역주 즉, 사용률 또는 듀티사이클))는 다음과 같이 주어진다.

$$동작책무주기 = \dfrac{t_{high}}{t_{high} + t_{low}}$$

출력 파형의 주파수는 다음과 같다.

$$f = \dfrac{1}{t_{high} + t_{low}} = \dfrac{1.44}{(R_1 + 2R_2)C_1}$$

안정되게 작동하려면 저항기는 약 10 kW ~ 14 MW이어야 하며 타이밍 커패시터는 약 100 pF ~ 1000 μF이어야 한다. 그래프는 부품 값에 대한 주파수 응답의 일반적인 개념을 보여준다.

보기 10.7

낮은 동작책무주기 연산^{역주}(비안정 상태)

역주 즉, 저사용률 연산

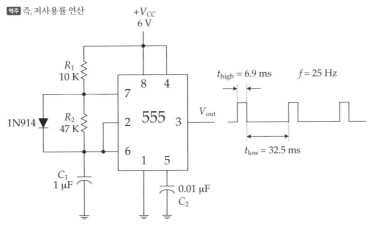

보기 10.8

그런데 마지막 회로에 문제가 조금 있다. 0.5(또는 50%) 이하의 동작책무주기를 얻을 수 없다. 다시 말하면, t_{high} 를 t_{low}보다 짧게 할 수 없다. 이런 문제가 일어나려면 R_1C_1 회로망(t_{low}를 생성하는 데 사용됨)이 $(R_1+R_2)C_1$ 회로망 (t_{high}를 생성하는데 사용됨)보다 커야 한다. 간단한 산술 연산으로 이게 불가능하다는 점을 알 수 있다. $(R_1+R_2)C_1$ 은 언제나 R_1C_1보다 크다. 이런 상황을 어떻게 극복할 수 있을까? R_2에 걸치게 다이오드를 붙였는데 이는 보기 와 같다. 다이오드가 제자리에 있으면 커패시터가 충전됨에 따라(t_{high} 생성), 충전 전류가 다이오드를 통해 R_2 주 변으로 전환되기 때문에 선행 시간 상수 $(R_1+R_2)C_1$은 R_1C_1로 줄어든다. 다이오드가 제 자리에 있을 때, 고준위 와 저준위 시간들은 다음과 같이 된다.

$t_{high} = 0.693(10\ K)(1\ \mu F) = 6.9\ ms$

$t_{high} = 0.693R_1C_1$

$t_{low} = 0.693R_2C_1$

$t_{low} = 0.693(47\ K)(1\ \mu F) = 32.5\ ms$

$$f = \frac{1}{6.9\ ms + 32.5\ ms} = 25\ Hz$$

$$동작책무주기 = \frac{6.9\ ms}{6.9\ ms + 32.5\ ms} = 0.18$$

동작책무주기를 0.5, 즉 50퍼센트보다 작게 하려면 간단히 R_1을 R_2보다 작게 만들면 된다.

10.2.3 555의 작동 방식(단안정 연산)

보기 10.9에 단안정(monostable) 구성 안에 배선된 555를 나타냈다(단사 모드). 비안정 상태와는 다르게, 단안정 상태에는 한 개의 안정된 상태만이 있다. 이 말은 출력이 상태를 전환하는 경우 에 외부적으로 적용되는 신호가 필요하다는 의미이다.

단안정 구성에서는 초기에(트리거 펄스가 적용되기 전에) 555의 출력은 저준위이고 방전 트랜지스터는 켜져 있고 7번 핀은 접지로 단락되어 C가 방전된다. 또한, 2번 핀은 보통 10 k 풀업 저항기에 의해 고준위로 유지된다. 이제 2번 핀에 음성 방향 트리거 펄스($\frac{1}{3}V_{CC}$ 미만)가 입력되면 비교기 2는 강제로 고준위로 바뀌어 플립플롭의 $\overline{Q}$를 저준위로 설정함으로써 출력을 고준위로 만들고(반전 버퍼로 인 해), 이러는 동안에 방전 트랜지스터는 꺼진다. 이렇게 되면 C는 R_1을 통해 0 V에서 V_{CC}까지 충전할 수 있다. 그러나 커패시터 양단의 전압이 $\frac{2}{3}V_{CC}$에 도달하면, 비교기 1의 출력은 고준위가 되어 플 립플롭을 재설정하고 출력을 저준위로 만들면서 방전 트랜지스터를 켜고, 커패시터는 빠르게 0 V 쪽으로 방전될 수 있다. 다른 트리거가 적용될 때까지 출력은 이 안정된 상태(저준위)로 유지된다.

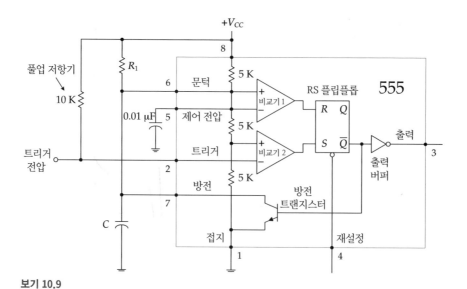

보기 10.9

10.2.4 기본 단안정 연산

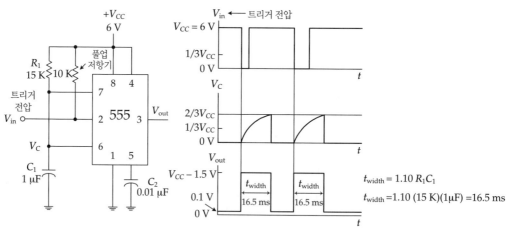

보기 10.10

단안정 회로에는 한 개의 안정 상태만 있다. 즉, 트리거 리드(즉, 2번 핀)에 음성 방향으로 진행하는 트리거 펄스가 적용될 때까지 출력은 0 V(실제로는 0.1 V에 근접)에 놓인다. (2번 핀을 순간적으로 접지함으로써, 말하자면 2번 핀에서 접지로 연결된 누름단추 스위치를 사용함으로써 음성 방향으로 진행하는 펄스를 구현할 수 있다.) 트리거 펄스가 인가된 후, 출력은 R_1C_1 회로망에 설정된 시간 동안 고준위(V_{cc} − 1.5 V 전후)가 된다. 쪼개지지 않는다면 고출력 펄스의 폭은 다음과 같다.

$$t_{\text{width}} = 1.10R_1C_1$$

안정되게 동작하려면 타이밍 저항기 R_1이 약 **10 kW ~ 14 MW** 사이에 있어야 하고, 타이밍 커패시터는 약 **100 pF ~ 1000 μF** 사이여야 한다.

10.2.5 555 타이머에 관한 몇 가지 중요 참고사항

555 IC는 양극성 형식과 CMOS 형식 두 가지로 공급된다. 양극성 555는 이전 사례에서 사용한 적이 있는 것과 마찬가지로 내부에 양극성 트랜지스터(bipolar transistor)들을 사용하는 반면에, CMOS 555는 MOSFET 트랜지스터들을 사용한다. 555의 이 두 형식은 또한 최대 출력 전류, 최소

공급 전압/전류, 최소 트리거 전류, 최대 개폐 속도라는 관점에서 다르다. 최대 출력 전류를 제외하면, 모든 면을 고려할 때 CMOS 555가 양극성 555(bipolar 555)를 능가한다. CMOS 555 IC의 부품 번호에는 C가 포함되어 있어(예 : ICL7555, TLC555, LMC555 등) 양극성 555와 구별할 수 있다(양극성과 CMOS 기술의 장점을 통합한 혼합형 555도 있다). 표 10.1에 약간의 555 소자들의 규격을 나타냈다.

표 10.1 일부 555 소자들의 견본 규격

타입	공급 전압		공급 전류 $(V_{CC}=5\,V)$		트리거 전류 (문턱 전류)		일반적인 주파수 (MHZ)	$I_{out,max}$ $(V_{CC}=5\,V)$	
	최소 (V)	최대 (V)	보통 (µA)	최대 (µA)	보통 (nA)	최대 (nA)		전원 (mA)	싱크 (mA)
SN555	4.5	18	3000	5000	100	500	0.5	200	200
ICL7555	2	18	60	300	–	10	1	4	25
TLC555	2	18	170	–	0.01	–	2.1	10	100
LMC555	1.5	15	100	250	0.01	–	3	–	–
NE555	4.5	15	–	6000	–	–	–	–	200

IC당 한 개 이상의 555 타이머가 필요하다면 556(2중 버전)이나 558(4중 버전)을 고려한다. 556에는 공통 공급 리드를 공유하는 개별 555 타이머가 기능적으로 두 개 있는 반면에, 558에는 약간 단순화한 555 타이머가 네 개 있다. 558에서는 모든 기능을 핀으로 가져오지 않지만, 약간만 변경하면 안정 모드로 속일 수 있기는 해도(자세한 내용은 제조업체의 문서를 참조), 사실을 말하자면 이 장치는 단안정 모드로 사용하게 되어 있다.

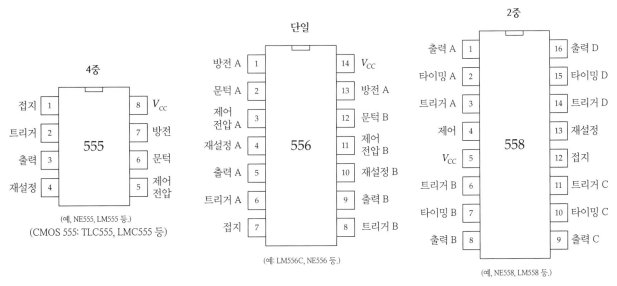

보기 10.11

실용적인 비법

잘못된 트리거 처리 문제를 피하려면, 555의 5번 핀을 0.01 µF 커패시터를 거쳐 접지에 연결한다(이 기법을 이미 이 단원에서 적용했다). 또한, 전원 공급 리드가 길어지거나 알 수 없는 이유로 타이머가 작동하지 않는 것 같으면 0.1 µF 커패시터를 8번 핀과 1번 핀 사이에 연결하라.

10.2.6 간단한 555 응용물

계전기 구동자(지연 타이머)

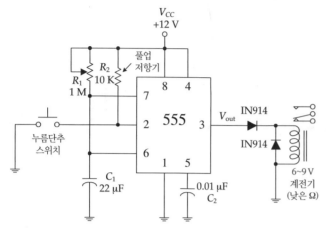

보기 10.12

여기에 나오는 단안정 회로는 주어진 시간 동안 계전기를 작동시키는 데 사용되는 지연 타이머의 역할을 한다. 누름 단추 스위치를 개방하면 출력이 낮아지고(약 0.1 V), 계전기가 휴지 상태가 된다. 그렇지만 스위치가 잠시 후에 닫히면 555가 타이밍 주기를 시작한다. 출력은 일정한 시간 동안 고준위(이 경우에는 10.5 V)가 되는데, 이는 다음과 같다.

$$t_{delay} = 1.10 R_1 C_1$$

동일 지속 시간 동안에 계전기가 가동될 것이다. 이 다이오드는 계전기들이 상태를 바꿀 때 발생하는 전류 서지가 계전기의 스위치 접점뿐만 아니라 555 IC를 손상시키는 일을 방지한다.

LED 점멸기, 전등 점멸기, 메트로놈

LED 점멸기

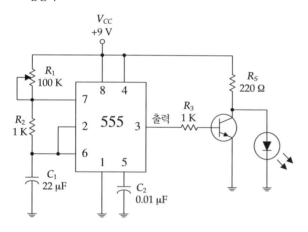

전등 점멸기

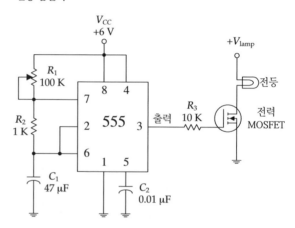

메트로놈

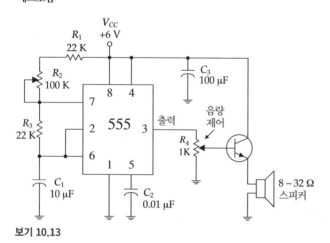

보기 10.13

이 회로들은 모두 발진기 회로(단안정 멀티바이브레이터, 역주 즉, 다중 진동자)이다. **LED 점멸기** 회로에서 트랜지스터는 LED를 구동하는 데 충분한 전류를 공급하기 위해 555의 출력을 증폭하는 데 쓰이는 반면에, **RS**는 LED가 손상되는 것을 방지하기 위해 과도한 전류를 차단하는 데 쓰인다. **전등 점멸기** 회로에서 **MOSFET** 증폭기는 전등에 걸쳐 흐르는 전류를 제어하는 데 쓰인다. 전등이 상당량의 전류를 소비할 경우 전력 **MOSFET**이 필요할 수 있다. **메트로놈** 회로는 R_2로 인해 결정된 비율로 일련의 '찰깍' 소리를 낸다. R_4를 조절해 찰깍 소리 횟수를 제어할 수 있다.

10.3 전압 제어 발진기

555 타이머 IC 외에도 시장에는 다양한 전압 제어 발진기(voltage controlled oscillator, VCO)들이 나오는데, 그중에 어떤 것은 구형파 출력 외의 것도 제공한다. 예를 들면, NE566 기능 발생기는 매우 안정되어 있으며 사용하기 쉬운 삼각파 또는 구형파 발생기이다. 아래의 566 회로에서 R_1 과 C_1이 중심 주파수를 설정하고 5번 핀의 제어 전압이 주파수를 변화시킨다. 제어 전압은 전압 분할기 회로망(R_2, R_3, R_4)에 의해 인가된다. 보기 10.14에 나온 공식을 사용해 566의 출력 주파수가 결정된다.

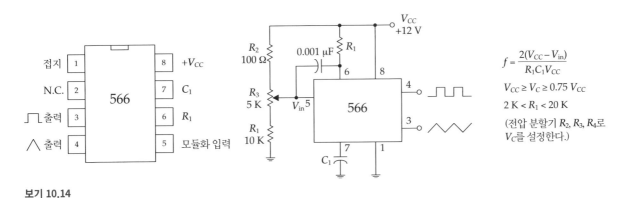

보기 10.14

그 밖의 VCO들, 즉 8038과 XR2206과 같은 것들은 사인파(어떤 비율에서든 대략 한 개), 구형파, 삼각파라는 세 가지 출력 파형을 생성할 수 있다. 일부 VCO는 디지털 파형 생성을 위해 특별히 설계된 것으로 커패시터 대신 외부 수정(水晶)을 사용해 안정성을 높일 수 있다. VCO 형식으로 어떤 게 있는지를 더 느끼고 싶다면, 전자기기 카탈로그를 확인하라.

10.4 빈 브리지와 트윈 T 발진기

저주파수 정현파를 낮은 주파수에서 중간 주파수로 생성하는 데 널리 사용하는 RC 유형 회로 는 빈 브리지(Wien-bridge) 발진기이다. 이번 장의 앞부분에서 다룬 발진기 회로들과는 다르게, 이 발진기는 종류가 다른 구조를 사용해 발진을 제공하는데, 이것을 일컬어 주파수 선택 필터 회로망(frequency-selective filter network)이라고 한다.

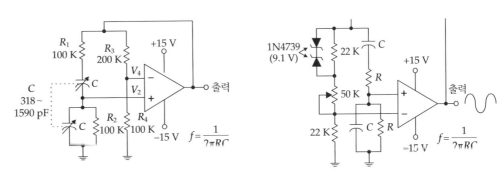

보기 10.15 빈 브리지 발진기의 핵심은 주파수 선택 되먹임 회로망이다. 연산 증폭기의 출력이 위상에 맞춰 입력 으로 되먹여진다. 되먹임 중 일부는 양성이고(주파수 선택 *RC* 분로를 통해 비반전 단자로 진행), 그 밖의 부분은 음성

이다(변환기 분로를 통해 연산 증폭기의 반전 입력으로 보내짐). 특정 주파수 $f_0 = 1/(2\pi RC)$에서 반전 입력 전압(V_4)과 비반전 입력 전압(V_2)은 같아질 것이고 맞음 위상이 될 것이다. 이렇게 되면 양성 되먹임은 음성 되먹임을 없애고 회로가 발진할 것이다. 그 밖의 어떤 주파수에서든, V_4를 취소하기에는 V_2가 너무 작을 것이므로 회로는 발진하지 않을 것이다. 이 회로에서는, 이득을 +3으로 설정해야만 한다. 저항기들은 $R_3/R_4 = 2$라는 조건을 충족해야 한다 (비반전 이득을 3으로 부여). 이 값보다 작은 것은 무엇이든 발진기를 멈추게 할 것이다. 이 값보다 큰 것은 무엇이든지 출력을 포화하게 할 것이다. 보기에 나열된 부품 값들을 사용해, 이 발진기는 1에서 5 kHz에 이르는 주파수 범위를 아우를 수 있다. 주파수는 두 개가 묶인 가변 커패시터 단위를 사용해 조정할 수 있다.

보기에 나오는 두 번째 회로는 첫 번째 것을 약간 변형한 것이다. 첫 번째 회로와 다르게, 발진기를 유지하려면 양성 되먹임이 음성 되먹임보다 커야 한다. 전위차계는 음성 되먹임 양을 조절할 때 사용하고, 반면에 양성 되먹임 양을 동작 주파수를 바탕으로 조절하는 데는 RC 분기 제어를 사용한다. 그런데 양성 되먹임이 음성 되먹임보다 크므로 최종 예제처럼 '포화 문제'를 다뤄봐야만 한다. 포화를 방지하기 위해 두 개의 제너 다이오드를 서로 마주보게(또는 서로 등을 대게) 배치해 상단의 22 kΩ 저항에 연결한다. 출력 전압이 제너의 항복 전압(breakdown voltage) 이상으로 오르면 되먹임의 극성에 따라서는 한 개 또는 그 밖의 제너 다이오드가 전도성을 띄게 된다. 전도성 제너 다이오드는 22 kΩ 저항을 차단해 음성 되먹임 회로의 저항을 줄인다. 더 많은 음성 되먹임 연산 증폭기에 적용되고 출력 전압이 어느 정도 제어된다.

10.5 LC 발진기(정현파 발진기)

고주파수 정현파 생성에 대해서 말하자면, 무선 주파수 응용기기에 흔히 사용되는 것으로 가장 일반적인 접근 방식은 LC 발진기를 사용하는 방식이다. 지금까지 거론한 RC 발진기로는 고주파를 다루기가 쉽지 않은데, 주로 증폭기 입력으로 보내지는 되먹임 신호의 위상 변화 제어가 힘들고, 고주파수에서 커패시터와 저항기의 값이 종종 맞지 않기 때문이다. 반면에 정전용량과 더불어 작은 인덕턴스를 사용하는 LC 발진기로는 최대 약 500 MHz의 주파수에 도달할 수 있는 되먹임 발진기를 생성할 수 있다. 그렇지만 주파수가 낮을 때(예를 들면, 가청 범위)에는 오히려 LC 발진기를 다루기가 무척 힘들어진다는 점에 주의해야 한다.

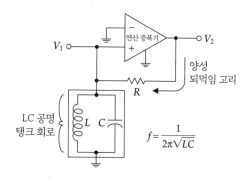

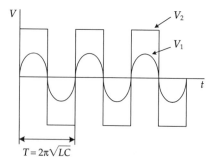

보기 10.16

여기서, 연산 증폭기는 LC 공진 필터나 탱크 회로에 의해 변경된 양성 되먹임을 편입한다. 탱크는 연산 증폭기의 비반전 입력에서 탱크의 고유 공진 주파수와 크게 다른 주파수를 제거한다.

$$f = \frac{1}{2\pi\sqrt{LC}}$$

(병렬 LC 공진 회로의 임피던스가 공진 주파수에서 커지지만, 양쪽 측면에서 떨어지므로 되먹임 신호가 접지 쪽으로 필터링될 수 있다는 점을 2장에서 다뤘다는 점을 기억해 보라.) 공진 주파수에서 설정된 정현파 전압이 V_1에 존재하면 증폭기는 양성 방향 포화 상태와 음성 방향 포화 상태가 교대로 구동되어 출력 V_2에서 구형파가 발생한다. 이 구형파는 공진 주파수에서 강력한 기본 푸리에 성분을 지니며 그 일부는 저항기를 통해 비반전 입력으로 되먹임되어 발진이 사라지지 않게 한다. V_1에서 초기에 인가된 정현파 전압이 제거되면 진동은 계속되고 V_1에서의 전압은 정현파가 된다. 실제로는(이론적인 모형 대신에 실물 부품을 고려한다면) 이제는 V_1에 사인파를 적용하지 않아도 된다 (이는 근본적으로 중요한 참고 사항이다). 대신에 증폭기의 불완전함으로 인해 발진기는 자체적으로 발진하기 시작한다. 왜일까? 실물 증폭기에서는 증폭기의 입력이 접지된 때조차 출력에서 일부 고유한 잡음이 늘 나타난다(8장 참고). 이 잡음은 공진 주파수에서 푸리에 성분을 지니며, 양성 되먹임 때문에 출력 진폭이 포화되기 전까지 진폭이 급작스럽게 커진다(아마도 몇 주기 만에).

LC 발진기는 기본적으로 주파수 선택 LC 회로(즉, 탱크)에 걸쳐 양성 되먹임과 관련된 증폭기 한 개로 구성한다. LC 탱크는 본래의 공진 주파수와 상당히 다른 주파수를 증폭기의 입력에서 제거하는 동작을 한다. 양성 되먹임은 탱크의 공진 행태와 더불어, 전반적인 회로 내에서 지속적인 발진을 촉진하는 동작을 한다. 조금 혼란스럽다면 병렬 LC 탱크 회로에 충격을 준다고 상상해 보라. 이 동작은 LC 공진 주파수에서 탱크 회로를 정현파 진동으로 설정한다. 커패시터와 인덕터는 전하를 이리저리로 '주고받는다.' 그렇지만 이러한 발진들이 내부 저항이나 부하 때문에 자연스럽게 사라질 것이다. 그럴 때는 증폭기를 사용해 발진이 지속되게 한다. 증폭기는 발진을 유지하기 위해 아주 정확한 순간에 탱크 회로로 추가 에너지를 공급하는 동작을 한다. 이 점을 나타내는 사례를 보이면 다음과 같다.

지금은 실제적으로 LC 발진기 설계에 연산 증폭기를 넣지 않는 편이다. 매우 높은 주파수(예: 무선 주파수 범위)에서 연산 증폭기는 슬루율 및 대역 폭 제한으로 인해 신뢰할 수 없게 되는 경향이 있다. 약 100 kHz 이상의 주파수가 필요할 때는 반드시 종류가 다른 증폭기 배열을 사용해야 한다. 고주파 응용기기에는 일반적으로 트랜지스터 증폭기(예를 들면, 양극성 형식이나 FET 형식)가 쓰인다. 트랜지스터의 스위칭 속도는 믿을 수 없을 만큼 빨라서 특정 RF 트랜지스터들의 경우에는

하틀리 LC 발진기

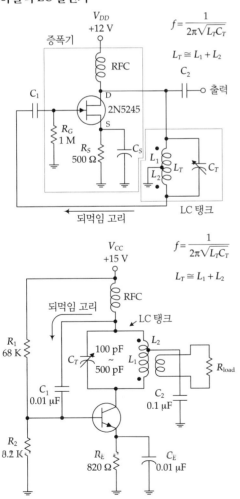

하틀리 발진기(Hartley oscillator)는 유도성 전압 분할기를 사용해 되먹임 비율을 결정한다. 하틀리 발진기의 형태는 여러 가지인데(FET, 양극성 등) 여기에 나온 것은 JFET 형식이다. 이 발진기는 탱크 회로의 탭 인덕터를 통해 양성 되먹임에 필요한 180° 위상 이동을 이룬다. 인덕터의 두 끝단에서의 위상 전압이 접지 탭과는 180° 차이가 난다. L_2를 거치는 되먹임은 C_1을 통해 트랜지스터 증폭기의 베이스에 연결된다. (탭 처리한 인덕터는 기본적으로 자동 변압기인데, 여기서 L_1은 1차이고 L_2는 2차이다.) 탱크의 공진 주파수로 하틀리의 주파수가 결정된다.

$$f = \frac{1}{2\pi\sqrt{L_T C_T}}$$

가변 C_T로 이 주파수를 조절할 수 있다. R_G는 게이트 전압을 설정하기 위해 게이트 바이어스 저항기 역할을 한다. R_S는 전원 레지스터이다. C_S는 증폭기 안정성을 향상시키는 데 사용되는 반면에, C_1 및 C_2는 발진기의 동작 주파수에서 낮은 임피던스를 제공하면서 트랜지스터의 직류 작동점이 방해받지 않도록 하는 직류 차단 커패시터 역할을 한다. 무선 주파수 초크(radiofrequency choke, RFC)는 원하지 않는 교류 교란을 제거하면서 안정적인 직류 전원을 증폭기에 제공하는 데 보탬이 된다.

두 번째 회로는 증폭기 소자로 JFET 대신에 양극성 트랜지스터를 사용하는 하틀리 발진기의 또 다른 형태이다. 동작 주파수는 LC 탱크의 공진 주파수에 의해 다시 결정된다. 이 회로에서 부하는 변압기의 2차 측을 통해 발진기에 연결된다.

2000 MHz가 상한인 경우도 흔하다. 그러나 발진기 내에서 트랜지스터 증폭기를 사용할 때 문제가 조금 있을 수 있다. 그중 하나는 연산 증폭기를 사용할 때는 처리할 필요가 없었던 것이다. 문제는 트랜지스터 형태 증폭기가 종종 출력이 입력과 180°도 위상이 어긋나는 자리에서도 종종 출력된다는 사실에서 기인한다(4장 참조). 그렇지만 지속적인 발진을 위한 되먹임의 경우에 출력이 입력과 위상이 맞아야 한다. 어떤 *LC* 발진기들에서는 증폭기의 출력과 입력 사이에 특별한 위상 이동 회로망을 편입시켜 보충한다. 인기 있는 *LC* 발진기 회로들을 살짝 살펴보자.

콜피츠 *LC* 발진기

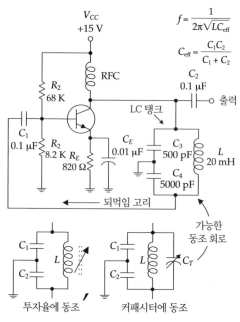

$$f = \frac{1}{2\pi\sqrt{LC_{eff}}}$$

$$C_{eff} = \frac{C_1 C_2}{C_1 + C_2}$$

보기 10.18

콜피츠 발진기(Colpitts oscillator)는 넓은 범위에 걸친 주파수에 적용할 수 있고, 하틀리보다 안정성이 더 좋다. 하틀리와 다르게, 직렬로 연결된 두 커패시터들 사이를 탭하는 방식으로 되먹임을 얻는다. 지속적인 발진에 필요한 **180° 위상 이동**은 두 개의 커패시터가 직렬로 연결되어 있다는 사실을 이용하여 달성된다. *LC* 회로의 교류 순환 전류(2장 참조)는 각 순간마다 접지와 관련하여 부호가 반대인 전압 강하를 일으킨다. 탱크 회로가 진동할 때, 그 두 끝은 동일하고 반대되는 전압에 있으며 이 전압은 두 개의 커패시터로 나뉜다. C_4의 신호 전압은 컬렉터 신호 일부인 결합(coupling) 커패시터 C_1을 통해 트랜지스터의 베이스에 연결된다. 컬렉터 신호는 손실을 보상하기 위해 에너지가 탱크 회로에 결합된 되먹임 신호로서 C_3 양단에 인가된다. 발진기의 동작 주파수는 *LC* 탱크의 공진 주파수로 결정된다.

$$f = \frac{1}{2\pi\sqrt{LC_{eff}}}$$

여기서 C_{eff}는 C_3과 C_4의 직렬 정전용량이다.

$$\frac{1}{C_{eff}} = \frac{1}{C_1} + \frac{1}{C_2}$$

C_1과 C_2는 직류 차단 커패시터인 반면에, R_1과 R_2는 트랜지스터의 치우침 정격을 설정하는 동작을 한다. **RFC** 초크는 증폭기에 안정된 직류를 공급하는 데 사용된다. 회로의 탱크를 두 개의 적절한 탱크 회로망 중 한 개로 교환할 수 있다. 탱크 중 한 개는 동조된 투자율(가변 인덕터)을 사용하고, 다른 하나는 인덕터에 걸쳐 동조된 커패시터를 사용하여 탱크의 공진 주파수를 변경한다.

클래프 발진기

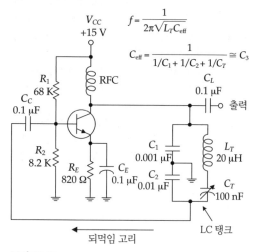

$$f = \frac{1}{2\pi\sqrt{L_T C_{eff}}}$$

$$C_{eff} = \frac{1}{1/C_1 + 1/C_2 + 1/C_T} \cong C_3$$

보기 10.19

클래프 발진기(Clapp oscillator)는 주파수 안정성이 이례적이다. 이것은 콜피츠 발진기를 간단히 변형한 것이다. 전체 탱크 정전용량은 C_1과 C_2의 직렬 조합이다. 탱크의 유효 인덕턴스 L은 L_T의 유도성 반응저항(inductive reactance) C_T를 통해 용량성 반응저항(capacitive reactance)을 가감해 순수한 반응 저항을 변경함으로써 변화한다. 일반적으로 C_1과 C_2는 C_T보다 훨씬 크며, L_T와 C_T는 원하는 작동 주파수에서 직렬 공진이다. C_1과 C_2는 되먹임 비율을 결정하며 C_T와 비교했을 때 아주 커서, C_T를 조정하면 되먹임에 거의 영향을 주지 않는다. 표류하던 정전용량이 C_1과 C_2에 의해 늪 밖으로 빠져 나오므로 클래프 발진기는 안정성이 좋다는 평판을 얻는데, 이는 주파수가 L_T와 C_T에 의해 거의 완전히 결정된다는 점을 의미한다. 동작 주파수는 다음과 같이 결정된다.

$$f = \frac{1}{2\pi\sqrt{L_T C_{eff}}}$$

여기서 C_{eff}는 다음과 같다.

$$C_{eff} = \frac{1}{1/C_1 + 1/C_2 + 1/C_T} \approx C_3$$

10.6 결정 발진기

고품질 라디오 및 마이크로프로세서 응용기기에 종종 출현하는 발진기 설계에서 안정성과 정확성이 중요할 때 가장 방법 중 하나는 결정 발진기(crystal oscillator)를 사용하는 것이다. 결정 발진기의 안정성(약 0.01~0.0001퍼센트)은 RC 발진기(약 0.1퍼센트)나 LC 발진기(약 최대 0.01퍼센트)보다 훨씬 좋다.

수정 결정을 특별한 방법으로 잘라 리드 역할을 하는 두 개의 전도성 판 사이에 두면 RLC 동조 공진 탱크와 닮은, 리드가 두 개인 소자가 나온다. 물리적인 압력이나 투입된 전압으로 인해 결정이 대전되어 들뜨면 특정 주파수로 기계적인 진동을 하는 발진기가 되어 일정 시간 동안 진동을 지속하고, 그 시간 동안에 두 판 사이에는 교류 전압이 생성된다. 압전 효과(piezoelectric effect)로 더 잘 알려진 이 동작은 전기충격으로 들뜬 LC 회로의 감쇠 전자 진동과 비슷하다. 그러나 LC 회로와 달리, 초기에 전기충격으로 들뜬 이후에도 결정은 오래 진동한다. 결정의 자연스럽게 높은 Q 값 때문이다. 고순도 결정인 경우에 Q가 100,000인 경우도 흔하다. 일반적으로 LC 회로의 Q는 약 수백 정도이다.

보기 10.20에 나온 RLC 회로는 결정에 대한 등가 회로로 사용된다. R_1, C_1 및 L_1으로 구성된 등가 회로의 하위 분기를 운동성 팔(motional arm)이라고 부른다. 운동성 팔은 결정의 연속적인 기계 공진을 나타낸다. C_0이 포함된 상단 분기로는 결정 거치대 및 리드의 표유(漂遊) 정전용량(stray capacitance)[역주]이 설명된다. 운동성 인덕턴스(motional inductance) L_1의 헨리 값은 일반적으로 무척 크며, 운동성 정전용량 C_1은 아주 작다(<<1 pF). 수정의 L_1 대비 C_1의 비율은 실제 인덕터와 커패시터로 얻을 수 있는 것보다 훨씬 크다. R_1 결정의 내부 저항과 C_0의 값은 둘 다 무척 작다. (1 MHz 수정인 경우에 등가 회로 내의 일반적인 성분 값은 $L_1 = 3.5$ H, $C_1 = 0.007$ pF, $R_1 = 340\ \Omega$, $C_0 = 3$ pF일 수 있다. 10 MHz 기본 수정인 경우에 전형적인 값은 $L_1 = 9.8$ mH, $C_1 = 0.026$ pF, $R_1 = 7\ \Omega$, $C_0 = 6.3$ pF일 수 있다.)

역주 즉, 스트레이 커패시터. 부품이나 배선 간에 존재하는 불확실한 정전용량

동작의 관점에서 보면, 결정을 직렬 공진(series resonance)이나 병렬 공진(parallel resonance)에서 구동할 수 있다. 직렬 공진에서 결정이 직렬 공진 주파수 f_s(series resonant frequency, f_s)라고 불리는 특정 주파수에서 구동될 때, 결정은 직렬 동조 공진 LC 회로와 유사하다. 이것에 걸린 임피던스는 최소가 되어 R_1만 남는다. 병렬 공진에서 결정이 병렬 공진 주파수 f_p(parallel resonant requency, f_p)로 구동될 때, 결정은 병렬 동조된 LC 탱크와 유사하다. 그 양단에 걸린 임피던스는 높은 값으로 정점을 이룬다(보기 10.20의 그래프).

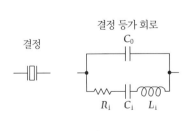
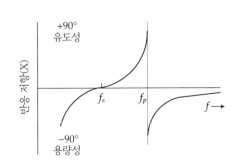
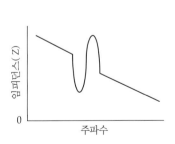

보기 10.20

역주 즉, 기본 진동수

수정 결정은 직렬 모드 및 병렬 모드 형태로 제공되며 기본형 또는 배진동형 결정으로 지정될 수 있다. 기본형 결정은 결정의 고유 진동수^{역주}에서 작동하게 설계하며, 배진동형 결정은 결정의 배진동 주파수 중 하나에서 작동하도록 설계되었다. (결정의 고유 진동수에는 고유 진동수의 홀수 배인 고조파 또는 배진동 모드가 수반된다. 예를 들어, 고유 진동수가 15 MHz인 결정에서 45 MHz는 세 번째 배진동수이고, 75 MHz는 다섯 번째 배진동수이고, 135 MHz는 아홉 번째 배진동수에 해당한다. 보기 10.21은 결정에 대한 등가 RLC 회로를 보여준다. 응답 곡선은 두 가지 모두 배진동수를 고려한 것이다.) 기본형 결정을 약 10 kHz ~ 30 MHz에서 이용할 수 있으며, 배진동형 결정은 최대 수백 메가헤르츠까지 이용할 수 있다. 사용 가능한 공통 주파수는 100 kHz와 1.0, 2.0, 4, 5, 8 및 10 MHz이다.

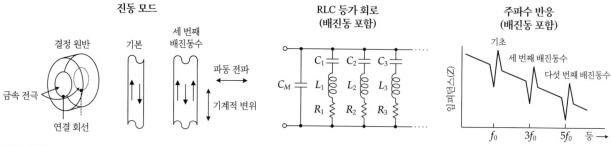

보기 10.21

결정 발진기 회로 설계 작업이 LC 발진기 회로 설계 작업과 유사하지만, 이번에는 LC 탱크를 결정으로 대신하는 점이 다르다. 결정이 양성 되먹임을 공급하고, 직렬 또는 병렬 공진 주파수에서 이득을 볼 것이므로 지속적으로 발진이 되게 한다. 여기에 입문용으로 쓸 만한 약간의 기본 결정 발진기 회로가 있다.

여기에 표시된 간단한 연산 증폭기 회로는 LC 회로의 병렬 공진 대신 결정의 직렬 공진을 사용해 희망 주파수에서 양성 되먹임을 제공한다는 점을 제외하면 보기 10.16에 나오는 LC 발진 회로와 비슷하다. 피어스 발진기, 콜피츠 발진기 및 CMOS 인버터 발진기(아래 나옴)와 같은 그 밖의 결정 발진기는 주파수 결정용 부품으로 결정을 사용한다. JFET 증폭기 단을 사용하는 피어스 발진기는 결정을 직렬 공진형 되먹임 소자로 사용한다. 드레인에서 게이트로의 최대 양성 되먹임은 수정의 직렬 공진 주파수에서만 발생한다. 콜피츠 회로는 피어스 회로와 달리 병렬 되먹임 배열에 결정을 사용한다. 최대 베이스-이미터 전압 신호는 결정의 병렬 공진 주파수에서 발생한다. CMOS 회로는 직렬 공진 되먹임 소자 역할을 하는 결정과 더불어 CMOS 인버터 한 쌍을 사용한다. 결정의 직렬 공진 주파수에서 최대 양성 되먹임이 발생한다.

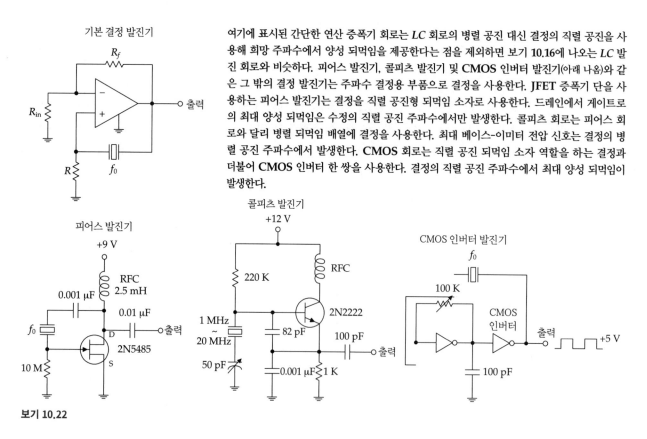

보기 10.22

결정 발진기를 쉽게 설계하는 데 도움이 되는 IC가 많다. 74S124 TTL VCO(구형파 생성기)와 같은 일부 IC는 결정의 공진 주파수에 의해 결정되는 주파수 파형을 출력하기 위해 외부 결정을 사용해 프로그램을 만들어 넣을 수 있다. MC12060 VCO는 74S124와 다르게 사인파의 짝을 산출한다. 그 밖의 발진기 IC 형식을 카탈로그에서 확인하라.

지금은 단일 패키지에 모든 것(결정과 나머지 모든 것)을 담은 결정 발진기 모듈도 나온다. 이러한 모듈은 금속처럼 보이는 DIP 패키지와 유사하고, 표준 주파수 중 많은 주파수에서 사용할 수 있다(예를 들면, 1, 2, 4, 5, 6, 10, 16, 24, 25, 50, 64 MHz 등). 다시 말하지만, 쓸 만한 것들을 전자기기 카탈로그에서 찾아보라.

10.7 마이크로컨트롤러 발진기

13장에서는 디지털-아날로그 변환기를 사용해 파형을 생성하는 일에 마이크로컨트롤러를 쓸 수도 있다는 점을 알게 될 것이다. 파형을 메모리에 저장해 두었다가 디지털-아날로그 변환기에 걸쳐 재생하는 게 기본 기술이다.

구형파가 필요한 경우 클럭을 내장한 간단한 8핀 마이크로컨트롤러로 555 타이머를 효과적으로 대체할 수 있으며, 이런 경우에 외부 부품이 덜 필요하다.

11

전압 조정기와 전력 공급 장치

일반적으로 부하를 구동하는 데 충분한 전류를 공급하면서도 전압을 고정해 유지할 수 있는 직류 전력 공급 장치가 회로에 필요하다. 전지로도 좋은 직류 공급 장치들을 만들 수 있지만 상대적으로 전류 용량이 작아서, 대전류가 필요하고 자주 사용되는 회로를 구동하는 데는 비현실적이다. 120 V 교류, 60 Hz 선로 전압을 취해 사용할 만한 직류 전압으로 전환하는 대안을 생각해 볼 수 있다.

두 가지 접근 방식으로 이렇게 할 수 있다. 더 전통적인 접근법은 강압 변압기(step-down transformer)를 사용하는 방식이다. 또 다른 접근법은 '스위치 모드' 전력 공급 장치를 사용하는 식이다. 이 후자의 방법은 최근 수년간 강압 변압기를 대신해 사용되어 왔으며, 이로 인해 '콘센트에 꽂아 쓰는 검은색 플라스틱 전원 어댑터가 작아지고 가벼워졌다. 이것의 장점으로는 세계 각지의 높은 선 전압이 서로 달라도 장치를 고쳐 쓰거나 바꾸지 않고 그대로 쓸 수 있다는 점을 들 수 있다. 이번 장에서 이 두 방식을 모두 다루겠지만, 강압 변압기 사용 방식부터 살펴본다.

교류 선로 전압을, 쓸 만한(보통 낮은 정격) 직류 전압으로 바꾸는 요령은 우선 변압기를 사용해 교류 전압을 강압하는 일이다. 그 후, 변환된 전압을 정류기 회로망을 통해 인가함으로써 음성 스윙을 제거한다(또는 음전압 공급 장치를 설계하는 경우에는 양성 스윙). 음성 스윙이 제거되면 필터 회로망을 사용해 정류된 신호를 거의 평평한(잔결이 처리된) 직류 전압 패턴으로 평활화하게 된다. 보기 11.1에 이 과정을 나타냈다.

그런데 정류되지 않았다는 한 가지 문제가 이 장치에 남아 있다. 즉, 교류 입력 전압에 갑작스런 서지(스파이크, 순간 전압 등)가 있는 경우 이러한 변동이 공급 장치 출력에 나타난다(보기 11.1에서는 스파이크가 발생한 것으로 나옴). 민감한 회로(예를 들면, 디지털 IC 회로들)에 정류하지 않은 전력을 공급하는 것은 나쁜 생각이다. 전류 스파이크로 인해 부적절한 동작 특성(예를 들어, 잘못된 트리거 등)이 생길 수 있는데, 이 과정에서 IC가 파괴될 수 있다. 또한 전력을 조정하지 않고 공급하면 부하 저항이 변화할 때 출력 전압이 일정하게 유지되지 않는다는 문제가 있다. 서랍이 큰(전규가 작은) 부하를 저항이 작은(전류가 큰) 부하로 교체하면 조정되지 않은 출력 전압은 떨어진다(옴의 법칙).

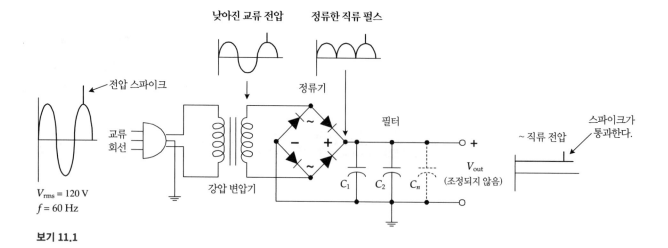

보기 11.1

다행히 비조정 공급 장치의 출력 양단에 두면 조정된 공급 장치로 바뀌게 하는 특수 회로가 있다. 이 회로는 스파이크를 제거하고 부하가 변동해도 출력 전압을 일정하게 유지할 수 있게 한다 (보기 11.2). 이 특별한 회로를 전압 조정기(voltage regulator)라고 부른다.

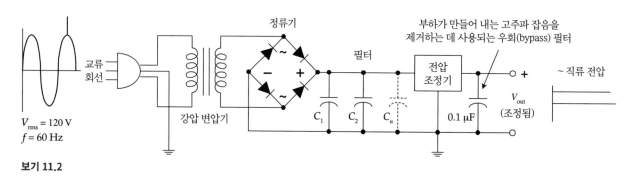

보기 11.2

전압 조정기는 전원의 직류 출력을 고정 전압이나 프로그래밍된 내부 기준 전압과 비교하면서 부하를 통과해 흐르는 전류량을 자동으로 조정함으로써 출력 전압을 일정하게 유지하도록 설계된 것이다. 간단한 조정기는 표본 추출 회로, 오차 증폭기, 전도성 소자, 전압 기준 소자로 구성한다(보기 11.3을 볼 것).

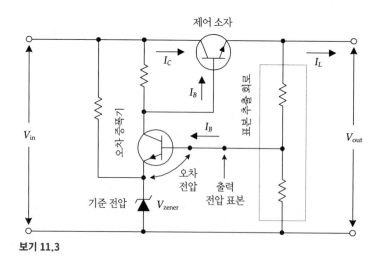

보기 11.3

조정기의 표본 추출 회로(전압 분할기)는 오차 증폭기에 표본 전압(sample voltage)을 도로 투입해 출력 전압을 감시한다. 기준 전압 소자(제너 다이오드)는 오차 증폭기가 사용하는 일정한 기준 전압 (reference voltage)을 유지하는 역할을 한다. 오차 증폭기는 출력 표본 전압을 기준 전압과 비교한 다음에 두 전압 간에 차이가 있는 경우 오차 전압(error voltage)을 생성한다. 오차 증폭기의 출력 은 부하 전류를 제어하는 데 사용되는 전류 제어 소자(트랜지스터)로 공급된다.

실제적으로는 전압 조정기 회로들을 빈털터리 상태에서부터 설계 할 일은 없다. 대신에 전압 조정기 IC를 구입하는 데 50센트만 쓰면 된다. 이와 같이 집적된 소자들을 따로따로 자세히 살펴보자.

11.1 전압 조정기 IC

오늘날에는 시장에 다양한 전압 조정기가 많이 나와 있다. 이러한 장치들 중에 일부는 고정 양 전압을 출력하게 설계되어 있고, 또 다른 일부는 고정 음전압을 출력하게 설계되어 있고, 나머지 것들은 조정 가능하게 설계되어 있다.

11.1.1 고정식 조정기 IC

양전압 조정기

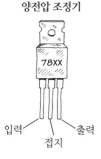

음전압 조정기

보기 11.4

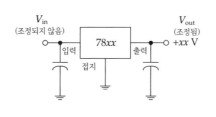

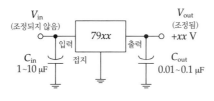

조정기들 중 인기 있는 계통 중 하나인 3단자 **LM78xx** 시리즈다. 'xx'라는 숫자는 출력 전압을 나타내는데, 예를 들면 **7805**(5 V), **7806**(6 V), **7808**(8 V), **7810**(10 V), **7812**(12 V), **7815**(15 V), **7818**(18 V), 그리고 **7824**(24 V)와 같은 식이다. 이러한 장치들은 적절히 방열만 되면 최대 출력 전류를 **1.5 A**까지 다룰 수 있다. 바라지 않는 입력 또는 출력 스파이크/노이즈를 제거하기 위해 커패시터에 조정기의 입력 단자 및 출력 단자를 붙일 수 있는데, 보기에 나타낸 바와 같다. 음전압 조정기 IC 중 인기 있는 시리즈는 **LM79xx** 조정기들인데, 여기서 'xx'는 음성 출력 전압을 나타낸다. 이 장치들은 최대 출력 전류를 **1.5 A**까지 다룰 수 있다. 다양한 제조업체마다 고유한 전압 조정기를 여러 종류로 만들어 낸다. 어떤 조정기는 그 밖의 조정기보다 더 많은 전류를 다룰 수 있다.

이 장치들은 보통 **SOT-89** 패키지에 담겨 제공되는 **SMD** 구성 부품으로도 제공된다. 이 구성 부품들은 종종 스루홀 형태로 된 것보다 최대 출력 전류가 낮으므로 데이터시트를 확인하라.

사서 쓸 수 있는 것들을 전자기기 카탈로그에서 확인하라.

11.1.2 가변 조정기 IC

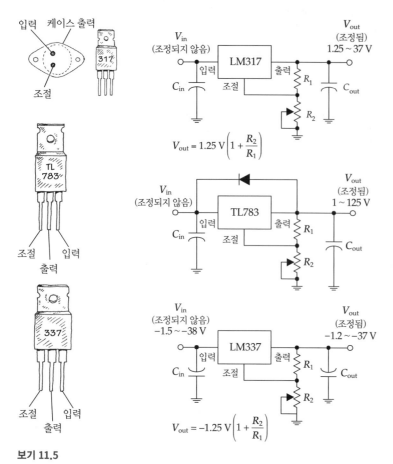

여기에 나타낸 **LM317** 조정기는 인기 있는 3단자 조정식 양전압 조정기이다. 7800 고정 전압 조정기 계열과 달리 **LM317**은 부동(floating) 조정기로서, 입력-출력 차동 전압만 볼 수 있으며, 두 개의 외부 저항을 거쳐 프로그래밍해서 출력 전압을 설정할 수 있다. 이러한 동작 중에, **LM317**은 출력과 조절한 (역주 즉, 전압을 제한한) 단자들 간에 명목상의 **1.25 V** 기준 전압을 만들어 낸다. 이 기준 전압은 프로그램 저항 R_1에 인가되는데, 이 전압이 일정하므로 일정한 전류 I_1이 출력 설정 저항 R_2를 통해 흐르고, 보기에 나오는 방정식으로 주어지는 출력 전압이 제공된다. R_2를 늘리면 조정기의 출력이 더 높은 수준으로 강제된다. **LM317**은 최대 **37 V**인 비조정 입력 전압을 수용하도록 설계되었으며, 최대 **1.5 A** 전류를 출력할 수 있다. **TL783**은 **1~125 V**의 조정 전압을 출력할 수 있는 또 다른 양성 가변 조정기로서 최대 출력 전류는 **700 mA**이다. **LM337T**는 이전에 나온 조정기 두 개와 달리 조절 가능 음전압 조정기이다. **−1.2~−37 V**의 조정 전압을 출력할 수 있으며 최대 출력 전류는 **1.5 A**이다. 다시 말하지만, 그 밖에 어떤 조절 가능 조정기 형식이 있는지를 전자기기 카탈로그에서 확인하라. (조정기가 전력원에서 멀리 떨어져 있을 경우에 C_{in}을 포함해야 하며, 약 **0.1 F** 정도여야 한다. C_{out}은 출력에서 전압 스파이크를 제거하는 데 사용된다. 약 **0.1 μF** 이상이어야 한다.)

보기 11.5

11.1.3 조정기 규격

조정기 사양을 나열한 표에는 일반적으로 다음과 같은 정보가 실려 있다. 출력 전압, 정확도(퍼센트), 최대 출력 전류, 전력 손실, 최대 및 최소 입력 전압, 120 Hz 잔결 제거(데시벨), 온도 안정성 ($\Delta V_{out}/\Delta T$), 출력 임피던스(특정 주파수에서)가 그것이다. 이번 장의 뒷부분에서 확인할 수 있듯이, 조정기의 잔결 제거 기능으로 전력 공급 장치의 출력 전압 변동을 크게 줄일 수 있다.

78xx의 전압 조정기 또는 LM317과 같은 가변 조정기의 입력 전압은 조정된 출력보다 최소 2 V 더 높아야 한다. LDO(low drop out) 전압 조정기들은 어떤 상황에서는 이 2 V를 0.5 V까지 축소한다. 이것은 조정기를 낮은 입력 전압에서 동작할 수 있게 하는 이점이 있어서 많은 냉각기에서 작동한다. 예를 들어, LDO 조정기는 LM2940용 데이터시트를 참조한다.

11.2 일부 조정기 응용 개관

전력 공급 장치에서 전압 조정기를 어떻게 사용하는지를 살펴보기 전에, 그 밖의 응용에서 어떻게 사용되는지를 살펴보는 게 좋겠다. 예를 들면, 다음과 같다.

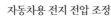

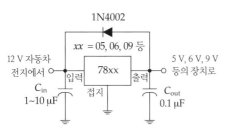

자동차용 전지 전압 조정

1N4002

xx = 05, 06, 09 등

12 V 자동차
전지에서

C_{in}
1~10 μF

입력 출력

78xx

접지

5 V, 6 V, 9 V
등의 장치로

C_{out}
0.1 μF

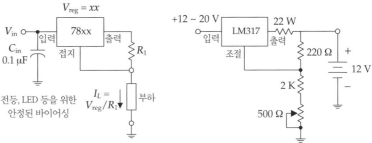

전류 조정기

$V_{reg} = xx$

V_{in}

C_{in}
0.1 μF

입력 출력

78xx

접지

R_1

$I_L = V_{reg}/R_1$

부하

전등, LED 등을 위한
안정된 바이어싱

12 V 전지 재충전기

+12 ~ 20 V

LM317

입력 출력

조절

22 W

220 Ω

2 K

500 Ω

+
12 V
−

보기 11.6

정전류 조정기(constant current regulator)를 LED와, 특히 고출력 장치들의 전력 공급 장치로 자주 사용한다.

11.3 변압기

전력 공급 장치용 변압기를 잘 선택해야 한다. 변압기의 2차 전압이 조정기의 출력 전압보다 더 커서는 안 된다. 그렇지 않으면 조정기에서 열을 소모하게 하는 꼴이 되어 에너지가 낭비된다. 그렇지만 동시에 2차 전압이 조정기에 요구되는 최소 입력 전압보다 더 낮게 떨어져서도 안 된다(일반적으로 조정기의 출력 전압보다 2~3 V 이상).

11.4 정류기 패키지

보기 11.7에서는 세 개의 기본 조정기 회로망을 전원 공급 장치 설계에 사용했는데, 여기에는 반파, 전파, 그리고 브리지 정류기들이 포함된다. 이러한 조정기들의 작동 방식을 잘 이해하고 싶다면 4장을 보라.

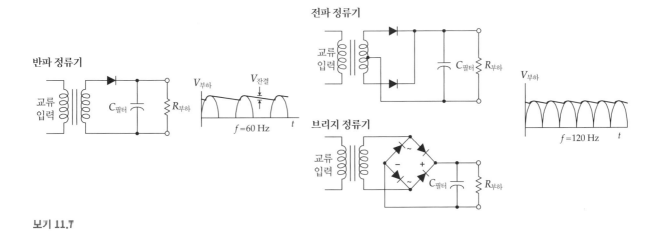

보기 11.7

개별 다이오드들을 사용해 전파, 반파, 브리지 정류기를 전반적으로 구축할 수 있다. 그렇지만, 전파 정류기와 브리지 정류기는 사전 조립 패키지로도 공급된다(보기 11.8).

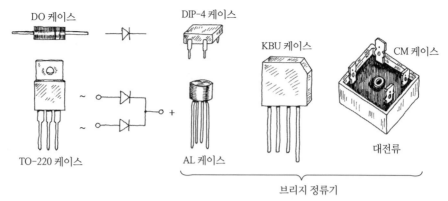

DO 케이스   DIP-4 케이스

KBU 케이스   CM 케이스

TO-220 케이스   AL 케이스   대전류

브리지 정류기

보기 11.8

역주 즉, 마루 역전압 또는 역방향 한계 전압

전력 공급 장치의 정류기 다이오드가 적절한 전류와 최대 역전압(peak inverse voltage, PIV)역주 정격들을 갖추고 있는지 확인하라. 일반적인 정류기 다이오드의 전류 정격은 1~25 A이고, PIV 정격은 50~1000 V이고, 서지 전류 정격은 약 30~400 A이다. 인기 있는 일반용 정류기 다이오드로는 1N4001~1N4007 계열(정격은 1A, 0.9V 전진 전압 강하), 1N5059~1N5062 계열(정격은 2A, 1.0V 전진 전압 강하), 1N5624~1N5627 계열(정격은 5A, 1.0V 전진 전압 강하), 1N1183A~90 A 계열(정격은 40 A, 0.9 V 전진 전압 강하)이 포함된다. 저전압 응용기기용으로는 쇼트키 장벽 정류기(Schottky barrier rectifier)를 사용할 수 있다. 이러한 정류기에 걸쳐 일어나는 전압 강하는 전형적인 정류기의 것보다 작다(보통 0.4 V보다 작음). 그렇지만 그러한 정류기의 파괴절연 전압은 상당히 더 작다. 인기 있는 전파 브리지 정류기들에는 3N246~3N252 계열(정격은 1 A, 0.9 V 전진 전압 강하)과 3N253~3N259 계열(정격은 2 A, 0.85 V 전진 전압 강하)이 포함된다.

11.5 몇 가지 간단한 전력 공급 장치

조정된 +5 V 공급 장치

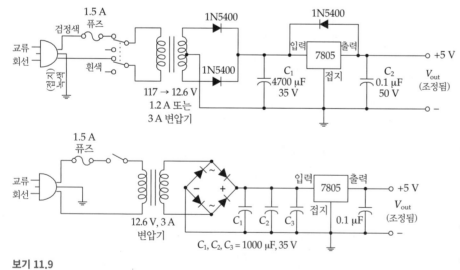

보기 11.9

첫 번째 전력 공급 장치는 1.2~3 A일 때 12.6 V 정격인 중간 탭형 변압기를 사용한다. 정류 후 전압은 8.9 V 파고 펄스에 있다. 필터 커패시터(C_1)는 펄스를 평탄하게 하고 7805는 조정된 +5 V를 출력한다. 부하가 만들어 낼 수 있는 고주파 잡음이 우회할 수 있게 C_2를 조정기의 출력 양단에 놓는다. 7805에 걸쳐 배치된 다이오드는 부하가 만들어 내는 역전류 서지로 인한 손상을 방지하기 위해 조정기를 보호한다. 이러한 서지는 전력 공급 장치가 꺼지면 발생할 수 있다. 예를 들면, 출력에 걸린 정전용량이 입력에 걸린 정전용량보다 더 천천히 방전될 수 있다. 이렇게 되면 조정기가 역으로 바이어스되어(역주 즉, 치우쳐져) 이 과정에서 조정기가 손상될 수 있다. 다이오드는 바라지 않는 전류를 조정기에서 다른 곳으로 돌린다. 2차 전력 공급 장치도 첫 번째 것과 유사하지만 브리지 정류기를 사용한다.

출력이 다양한(±1.2 ~ 35 V) 2극 전력 공급 장치

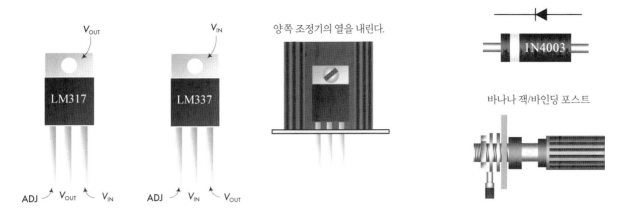

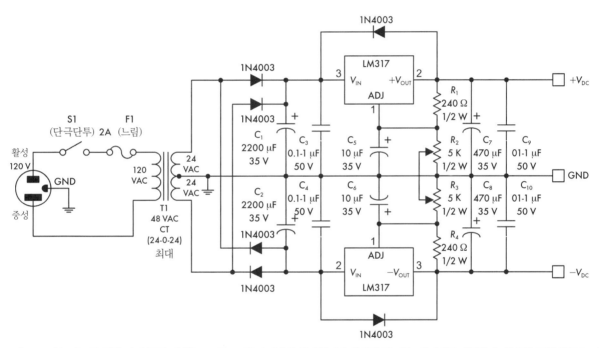

보기 11.10(a) 이 2극 선형 전력 공급 장치는 **1.2**와 **35 V** 사이에서 음전압이나 양전압 중 어느 것이라도 제공한다. 상보형 조정기(LM317(+)과 LM337(-))는 적절하게 방열만 된다면 최대 **1.5 A**(출력 전압에 따라 다름)를 제공할 수 있다. 이는 다양한 일상 회로를 대상으로 실험하거나 해당 회로에 전력을 공급하기에 충분하다. 접지에 대해 양전압 및 음전압을 모두 공급하는 2차 탭 처리가 가능한 중간 탭 변압기가 핵심이다. 2차 측에서 선 전압을 120 VAC에서 48 VAC로 변환하는데, 이것은 중간 탭으로 처리해 24 VAC 부분으로 나눈 것이다. 중간 탭을 접지나 일반 연결로 사용하면 접지에 대해 양성 및 음성 출력을 모두 얻을 수 있다. 다이오드들은 변압기 출력에서 나온 교류를 파동이 있는 직류 파형으로 정류한다. C_1 및 C_2 전해 커패시터는 맥동성 직류 파형 덩어리들을 걸러내는 식으로 원시 직류 전압을 발생시킨다. C_3 및 C_4는 과도 응답을 개선하고 고주파 선 잡음을 걸러내기 위해 전해 커패시터를 우회하는 소형 피막 커패시터이다. LM317(+) 및 LM337(−)은 상보형 가변 전압 조정기로서 외부 저항기 두 개를 사용해 이 조정기의 출력을 프로그래밍할 수 있다. 출력 전압은 다음 식으로 주어진다.

$$V_{\text{out}} = 1.25\left(1 + \frac{R_2}{R_1}\right)$$

C_5 및 C_6은 조정기의 출력에서 리플 전압(ripple voltage, 역주 ripple을 때로는 '리플'로, 때로는 '잔결'로 번역했다. '리플-전압', '출력 리플'처럼 사전에 등재되어 있거나 많이 사용하는 용어인 경우에는 리플로 번역하고, 그렇지 않은 경우에는 의미를 알 수 있게 '잔결'로 번역했다)이 증폭되지 않게 하여, 조정기의 긴걸 깨기 수준을 **65 dB**에서 **80 dB**로 높인다. C_7과 C_8 전해직 커패시터는 출력 전압을 경직시키고 출력 임피던스를 줄인다. C_9와 C_{10}은 작은 우회 커패시터들로서 출력에 나타나는 고주파 잡음을 모두 거른다. 모든 우회 커패시터의 임피던스는 낮아야 한다(예를 들면, 폴리에스터, 폴리프로필렌, 폴리스틸렌, 마일라 피막 커패시터는 괜찮다). **48-VAC CT**(24-0-24) 변압기는 흔히 사용할 수 있는 모형 중에 실제적인 상한에 해당한다. 이 제한은 조정기의 최대 입력 전압과 **35VDC** 정격의 덩어리형 필터 커패시터로 설정된다.

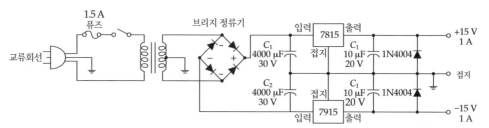

보기 11.10(b) 여기서 **7815** 양전압 조정기와 **7915** 음전압 조정기를 사용해 **±15V** 공급 장치를 구성하는 데 사용한다.

2극 전력 공급 장치(±12 V)

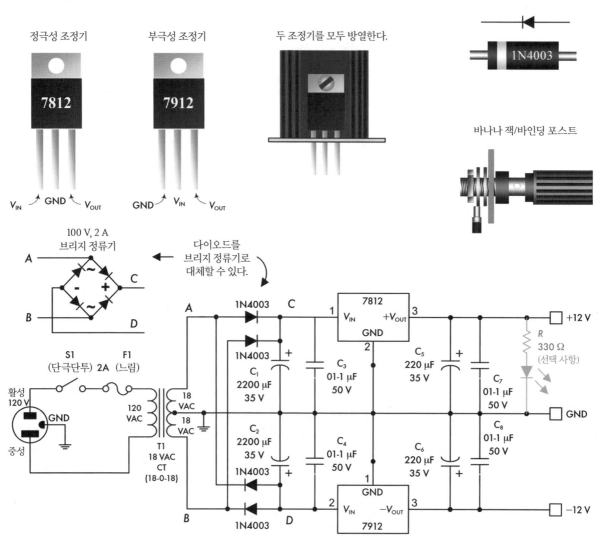

보기 11.10(c) 여기에는 중간 탭 **18 VAC** 변압기, 전파 정류기 및 **7812** 및 **7912** 조정기를 사용해 고정된 +/-12V가 있다. 이 회로는 연산 증폭기 회로에 전원을 공급할 때 특히 유용하다.

어댑터 전력 맞물림, 전지 전력 연결 해제 회로

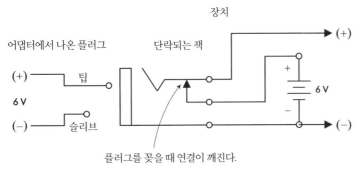

이 보기는 전지로 전력을 공급하는 장치에 외부 직류 전력 공급 장치 입력을 추가하는 간단한 방법을 나타낸다. 외부 전력이 없는 경우(외부 직류 어댑터 플러그가 연결되지 않은 경우), 단락되는 잭은 전력을 전지로 전환하는 역할을 한다. 그러나 외부 직류 전력이 직류 어댑터 플러그를 통해 공급되면 단락 잭은 전지에서 나오는 전력을 직류 어댑터 연결로 전환한다.

보기 11.11

11.6 잔결 축소 기술의 핵심

민감한 회로에 전력을 공급하기 위해 공급 장치를 사용할 때, 가능하다면 출력 전압의 변동을 낮춰서 유지해야 한다. 예를 들면, 5 V 공급 장치로 디지털 회로들을 구동할 때, 출력 전압의 변화가 5퍼센트 이상이나 0.25 V 이상이어서는 안 된다. 사실, 디지털 논리 회로는 대개 중요한 논리 준위 주변에서 최소 200 mV의 잡음 여유도(noise margin)를 지닌다. 작은 아날로그 신호 회로는 출력 변동에 특히 까다로울 수 있다. 예를 들면, 그와 같은 신호를 적절하게 운용하려면 1퍼센트보다 더 적게만 변화해야 할 수도 있다. 출력 변동 오차를 낮춰 유지하려면 어떻게 해야 할까? 필터 커패시터와 전압 조정기를 사용하면 된다.

역주1 즉, 양의 방향으로
역주2 즉, 음의 방향으로

필터 커패시터는 정극으로[역주1] 진행하는 정류기 주기 동안 전하를 저장한 다음, 부극으로[역주2] 진행하는 정류기 주기 동안 부하를 통해 (정격 출력 전압을 유지할 만큼 충분히 느린 속도로) 전하를 방출해 출력의 변동을 줄인다. 필터 커패시터가 너무 작으면 음성 주기 동안 부하 전류 및 출력 전압을 유지하기에 충분한 전하를 저장하지 못한다.

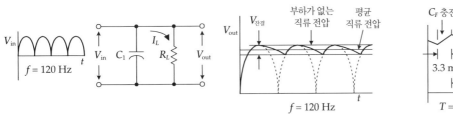
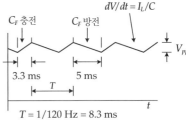

보기 11.12

밝혀진 바와 같이, 부하가 소비하는 전류량이 커패시터의 방전 비율에 영향을 끼친다. 저항이 낮고 전류가 큰 부하가 공급의 출력에 걸리면, 커패시터는 상대적으로 빠르게 방전할 것이고, 그에 따라 커패시터에 걸린 전압과 부하에 걸친 전압이 상대적으로 빠르게 강하한다. 한편으로 높은 저항과 낮은 전류 부하는 커패시터를 더 느리게 방전되게 하므로 출력 전압 감소가 큰 의미를 지니지 않게 된다. 커패시터의 방전 주기 동안에 이뤄지는 커패시터의 전압 강하를 계산하려면 다음 식을 사용한다.

$$I = C\frac{dV}{dt} \approx C\frac{\Delta V}{\Delta t}$$

역주1 즉, 최대 잔결 전압 또는 첨두 간 리플 전압

역주2 한 파고에서 다음 파고로 넘어가는 동안

여기서 I는 부하 전류이고, Δt는 방전 시간이며, ΔV는 평균 직류 정격의 위아래로 요동하는 출력을 나타낸다. ΔV를 피크 대 피크 리플 전압(peak-to-peak ripple voltage)역주1이라고도 부르며 $V_{\text{ripple(pp)}}$로 나타낸다. (여기에서는 방전 주기를 설명하기 위해 기하급수적으로 직선을 긋는 요령을 부렸다(보기 11.12). 1을 정류된 출력 전압 주파수로 나눔으로써 Δt에 근사할 수 있다. 전파 정류기의 주기는 $1/120$ Hz 즉, 8.3×10^{-3}s이다. 실제로 피크 대 피크 변화 동안역주2 커패시터가 방전하는 데 소요되는 실제 시간은 약 5 ms이다. 그 밖의 3.3 ms가 충전되는 동안에 사용된다. 다음 방정식을 사용하면 골치 아프지 않게 문제를 간단히 할 수 있다.

$$V_{\text{ripple(rms)}} = (0.0024 \text{ s})\frac{I_L}{C_f}$$

리플 전압이 피크 대 피크 형식으로 주어지지 않고 rms 형식으로 주어진다는 점에 유념하라 ($v_{\text{pp}} = \sqrt{2}\, v_{\text{rms}}$라는 점을 상기할 것). 방정식을 시험하기 위해 4700 μF 필터 커패시터와 최대 부하 전류가 1.0 A인 5 V 전원에 대한 리플 전압을 알아보자. (여기서는 전압 조정기가 없다는 것을 증명하고 있다.) 방정식에 수치를 대입하면 $V_{\text{ripple(rms)}} = 510$ mV를 얻게 된다. 그러나 우리가 바로 몇 분 전에 디지털 IC를 구동하려면 출력에서의 총 변화량이 ±0.25 V인 것을 감안해야 한다고 말했던 점을 다시 떠올려 본다면, 510 mV는 너무 큰 셈이다. 이제 방정식의 정전용량 값을 여기저기 계속 대입해 보면 더 좋은 대답을 내놓을 수 있다. 예를 들어, C에 무한대를 대입해 보는 식이다. 이론적으로는 깔끔하지만 실제로는 그렇지 않다. 세 가지 기본 요인 때문에 지저분해진다. 첫 번째 이유는 정전용량이 무한한 커패시터를 라디오셰이크처럼 다양한 제품이 검색되는 곳에서조차도 찾을 수 없다는 단순한 사실 때문이다. 정전용량이 무한한 커패시터가 존재한다면 우주는 지금과 같지 않을 것이고 이 주제를 토론할 수조차 없었을 것이다. 두 번째 원인은 커패시터의 허용 오차와 관련이 있다. 불행하게도 전력 공급 장치로 쓰는 대용량 전해질 커패시터는 커패시터 계열 중에서도 허용 오차가 가장 낮은 면이 있다. 이러한 장치의 허용 오차가 5~20% 또는 그 이상인 것을 보기는 쉽지 않다. 허용 오차가 너무 나쁘다는 단순한 사실 때문에 방정식이 '질질 끌리게' 된다. 방정식을 가지고 지나치게 우왕좌왕하는 일을 피하는 세 번째 이유이자 가장 중요한 이유는 전압 조정기의 고유한 잔결 제거 특성과 관련이 있다. 알게 되겠지만 전압 조정기가 우리를 살릴 수 있다.

전압 조정기에는 종종 데시벨 단위로 표시된 잔결 제거 매개변수가 제공된다. 예를 들어, 7805의 잔결 제거 특성은 약 6 dB이다. 감쇠 식을 사용하면 잔결 거부의 확장을 찾을 수 있다.

$$-60 \text{ dB} = 20 \log_{10}\frac{V_{\text{out}}}{V_{\text{in}}}$$

$$-3 = \log_{10}\frac{V_{\text{out}}}{V_{\text{in}}}$$

$$10^{-3} = \frac{V_{\text{out}}}{V_{\text{in}}}$$

마지막 식에서 출력 리플[역주]이 1000이라는 계수 때문에 줄어드는 것을 볼 수 있다. 즉, 초기 설정 으로 조정기를 사용하면 출력 리플이 0.51 mV가 되는데, 이는 안전 한계 이내의 값이다. 이 시 점에서 7805는 3 V의 입력과 출력 사이의 최소 전압차가 적절히 기능할 것을 요구한다는 점에 유의해야 한다. 즉, 5 V 출력을 얻으려면 조정기에 대한 입력이 8 V 이상이어야 한다. 동시에 정 류기의 전압 강하(일반적으로 약 1~2 V)에 유념해야 한다. 따라서 변압기의 2차 전압이 8 V보다 커 야 한다. 2차 전압이 12 V 정도인 변압기가 5 V 공급 장치에 적합한 선택이다.

이제 LM319 조절형 조정기가 잔결을 얼마나 잘 차단하는지 살펴보자. LM317이 12.6V의 변압 기의 2차 rms 전압을 갖는 전력 공급 장치에 사용된다고 가정해 보자. 한 주기 동안 커패시터의 파고 전압은 17.8 V(2차 측의 피크 대 피크 전압)가 된다. LM317의 잔결 제거 특성이 약 65 dB이지 만 이 값은 10 μF 커패시터와 함께 LM317의 전압 분할기를 우회해 약 80 dB까지 늘릴 수 있다 (보기 11.13).

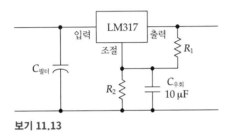

보기 11.13

$C = 4700 \, \mu F$로 하고 최대 부하 전류를 1.5 A라고 가정하면 리플 전압은 다음과 같이 된다.

$$V_{r(\text{rms})} = 0.0024 \, \text{s}(1.5 \, \text{A} / 4700 \, \mu F) = 760 \, \text{mV}$$

다시 말하지만, 리플 전압은 민감한 IC가 다루기에는 너무 많다. 그러나 LM319의 잔결 제거 특 성(우회 커패시터를 사용한다고 가정)을 고려하면 다음과 같이 감소한다.

$$-80 \, \text{db} = 20 \, \log_{10} \frac{V_{\text{out}}}{V_{\text{in}}}$$

$$-4 = \log_{10} \frac{V_{\text{out}}}{V_{\text{in}}}$$

$$10^{-4} = \frac{V_{\text{out}}}{V_{\text{in}}}$$

다시 말하자면, 10,000이라는 계수 때문에 인해 출력 잔결이 줄어들므로 최종 출력 리플 전압은 0.076 mV뿐이다.

11.7 느슨한 말단

회선 필터와 과도상태 억제기

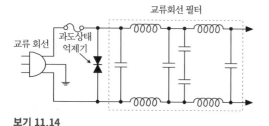

교류회선 필터

보기 11.14

회선 필터는 입력 선 공급 장치에 존재하는, 원하지 않는 고주파 간섭을 걸러 내기 위해 공급 장치에 넣는 *LC* 필터 회로이다. 회선 필터는 또한 전압 스파이크를 줄이는 데 도움이 될 뿐만 아니라 전력 공급 장치에 의한 무선 주파수 간섭 방출을 제거하는 데도 도움이 된다. 회선 필터를 변압기 앞에 놓는데, 이를 보기로 나타냈다. 교류회선 필터는 사전 조립된 패키지 형태로 구입할 수 있다. 더 자세한 정보를 제품 소개서에서 보라.

과도상태 억제기(transient suppressor)는 단자 전압이 안전 한계를 넘어설 때 (예를 들면, 스파이크) 끊어내는 동작을 하는 장치다. 이러한 장치들은 양방향 고출력 제너 다이오드처럼 동작한다. 다이오드와 비슷한 패키지로 저렴하게 들여올 수 있으며 저전압 및 파고 펄스 전압 정격이 딸려온다.

과전압 방지

크로우바

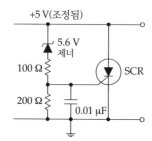

클램프

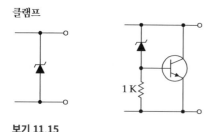

보기 11.15

여기에 표시된 크로우바 및 클램프 회로(역주 쇠지레 및 고정쇠 역할에 비유되는 일을 하는 회로)는 전압 조정기가 고장 난 경우(내부적으로 단락된 경우) 출력에 존재할 수 있는 비조정 전압으로부터 부하를 보호하기 위해 조정 전력 공급 장치의 출력에 배치할 수 있다.

크로우바

크로우바(crowbar, 역주 쇠지레) 회로의 경우 공급 전압이 제너 다이오드 항복 전압을 0.6V 초과하면 제너 다이오드가 전도되어 SCR이 전도된다. 그런 다음에 SCR은 잠재적으로 해로운 전류를 접지로 돌린다. 예를 들어, 스위치를 사용해 전력 공급 장치를 끄거나 SCR의 양극-음극 전류를 차단하기 전에는 크로우바의 SCR이 꺼지지 않는다.

클램프

공급 장치의 출력 양단에 제너 다이오드를 배치하여 과전압 보호에도 사용할 수 있다. 그렇지만 정류하지 않은 전류가 너무 크면 '튀겨'질 수 있다. 제너 다이오드를 튀기지 않으려면, 전류를 우회시키는 데 도움이 되도록 고출력 트랜지스터를 사용한다. 제너 다이오드의 절연 파괴 전압이 넘치면, 그것을 관통해 흐르는 전류 중 일부가 트랜지스터의 베이스로 흘러 과도한 전류가 접지로 흐르게 한다. 클램프(clamp, 역주 조임쇠)를 사용하면 전압 스파이크로 인한 잘못된 트리거링을 제거할 수 있다. 한편, 크로우바는 그런 경우에 다시 재설정해야 할 것이다.

블리더 저항기와 과도상태 억제기

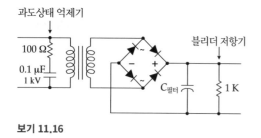

보기 11.16

조정되지 않은 공급 장치의 출력 양단에 저항기를 두면 공급 장치가 꺼지고 부하가 제거될 때 (잠재적으로 치명적일 수 있는) 고전압을 필터 커패시터처럼 방전하는 역할을 할 것이다. 그와 같은 저항기를 블리더 저항기(bleeder resistor, 역주 즉, 유출 저항기. 전압 변동을 방지하기 위해 전류를 일정하게 흐르도록 하는 저항기)라고 부른다. 1 k, 1/2 W 저항기 한 개면 대다수 응용기기에 적합하다.

변압기의 1차 코일에 걸쳐 설치된 *RC* 회로망은 공급 장치가 꺼지면 잠재적으로 큰 손상을 입히는 유도성 과도 현상이 일어나지 않게 할 수 있다. 커패시터는 반드시 고전압 정격을 지녀야 한다. 통상적인 *RC* 회로망을 100Ω 저항기 한 개와 0.1 μF, 1 kV 커패시터 한 개로 구성한다. 특별한 z-리드 과도 상태 억제기 장치도 사용할 수 있는데, 이는 이전에 언급한 바와 같다.

11.8 스위칭 조정기 공급 장치(스위처)

역주1 즉, 절체형 또는 개폐형 전원

역주2 절체기(切替器) 또는 절환기

스위칭 전력 공급 장치[역주1], 즉 스위처(switcher)[역주2]는 이번 장의 앞부분에서 설명한 선형 전력 공급 장치를 훨씬 능가하는 전력 변환 효율을 달성할 수 있게 하는 독보적인 전력 공급 장치이다. 선형으로 조정된 공급 장치를 사용해 조정기에 필요한 것보다 높은 입력 전압을, 원하는 낮은 출력 전압으로 변환한다. 전압을 낮추면 여분의 에너지는 조정기의 제어 소자에서 열로 사라진다. 이러한 공급 장치들의 전력 전환 효율(P_{out}/P_{in})은 통상적으로 50퍼센트보다 낮다. 이는 전력의 절반 이상이 열로 사라진다는 점을 의미한다.

반면에 스위처로는 85퍼센트가 넘는 전력 전환 효율을 달성할 수 있는데, 선형 조정 공급 장치보다 더욱 높은 에너지 효율을 지닌다는 점을 의미한다. 스위처는 또한 전류 및 전압 동작 범위가 넓으며 강압(step-down, 입력 전압보다 작은 출력 전압), 승압(step-up, 입력 전압보다 큰 출력 전압) 또는 반전(inverting, 출력의 극성이 입력과 반대) 중 한 가지로 구성할 수 있다. 또한 전력용 변압기 없이도 교류회선 전력과 분리되어 직접 동작하게 스위처를 설계할 수 있다. 무거운 전력 변압기를 제거해 스위처를 가볍고 작게 만들 수 있다. 이것으로 인해 스위처는 컴퓨터와 그 밖의 소형 장치에 좋은 공급 장치가 된다.

역주 즉, 개폐형 공급 장치 또는 절체형 공급 장치

이러한 스위칭 공급 장치[역주]는 다양한 면에서 선형 공급 장치와 유사하다. 그러나 에너지 저장 인덕터와 비선형 조정기 회로망이라는 두 가지 고유한 기능이 있다. 조정기 내 제어 소자의 저항을 변화시켜 조정 기능을 제공하는 선형 공급 장치와는 달리, 스위처에는 제어 소자가 매우 신속하게 켜졌다가 꺼지는 조정 체계가 갖춰져 있다. 발진기/오차 증폭기/ 펄스폭 변조기 회로망으로 켬/끔 펄스를 제어한다.

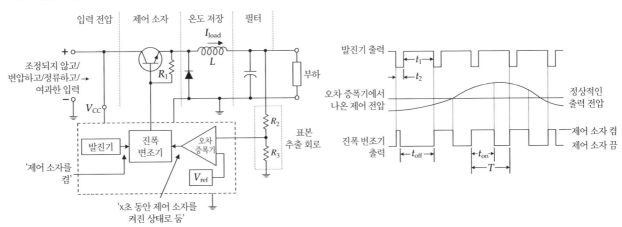

기본 스위칭 조정기[역주]

제어 신호

역주 즉, 절체 조절기 또는 교환 안정기 또는 스위칭 레귤레이터(Switching Regulator)

보기 11.17

켬 주기 동안에 인덕터로 에너지가 퍼 넣어진다(인덕터의 코일을 둘러싼 자기장에 에너지가 저장된다). 제어 소자가 끔 상태가 되면 인덕터에 저장된 에너지가 다이오드에 의해 필터와 부하로 방향을 바꾼다. 표본 추출 회로(R_2 및 R_3)는 출력 전압의 표본을 추출해 오차 증폭기의 입력 중 하나에 공급한다. 오차 증폭기는 표본 전압을 다른 입력에 인가된 기준 전압과 비교한다. 표본 전압이 기준 전압 아래이면 오차 증폭기는 자체 출력 제어 전압을 늘린다. 그런 다음에 이 제어 전압이 펄스폭 변조기로 보내진다. (표본 전압이 기준 전압보다 높으면, 오차 증폭기는 변조기로 보내는 출력 전압을 줄일 것이다.) 이렇게 진행되는 동안 발진기는 펄스폭 변조기(pulse-width modulator, pwm)에 일련의 트리거 전압 펄스를 일정하게 공급한다. 변조기(modulator)는 발진기의 펄스와 오차 증폭기의 출력을 사용해 제어 소자의 베이스로 전송되는 수정된 켬/끔 신호를 생성한다. 수정된 신호는 입력 신호의 오차 전압에 따라 켬 시간이 결정되는 구형파를 나타낸다. 오차 전압이 낮으면 (표본 전압이 그래야 하는 것보다 높아야 함을 의미), 변조기는 짧은 지속 시간에 펄스를 제어 소자에 보낸다. 오차 전압이 높으면(표본 전압이 그래야 하는 것보다 낮아야 함을 의미), 변조기는 긴 지속 시간에 펄스를 제어 소자에 보낸다. (보기 11.17에 나오는 그래프로 발진기, 오차 증폭기, 펄스폭 변조기 출력의 관계를 나타냈다.) 주파수와 지속 시간을 다양하게 할 수 있는 일련의 켬/끔 펄스를 사용하면 스위칭 조정기^{역주}의 효율을 크게 높일 수 있다. 시간의 흐름에 맞춰 짧은 에너지 펄스를 연달아 방출하는 방식이 과도한 공급 에너지를 취하여 열(선형 공급 장치)로 방출하는 방식보다 효율적이다.

역주 즉, 스위칭 조정기 또는 교환 안정기 또는 스위칭 조정기

보기 11.18에 전형적인 스위칭 조정기 배치를 나타냈다. 556 이중 타이머 IC가 발진기와 펄스폭 변조기를 아우르는 반면에, UA723 전압 조정기 IC는 오차 증폭기로 동작한다. R_2와 R_3은 표본 회로망을 포함하고, R_6과 R_7은 기준 전압을 설정하고, R_4와 R_5는 펄스폭 변조기로 보내는 최종 제어 전압을 설정한다.

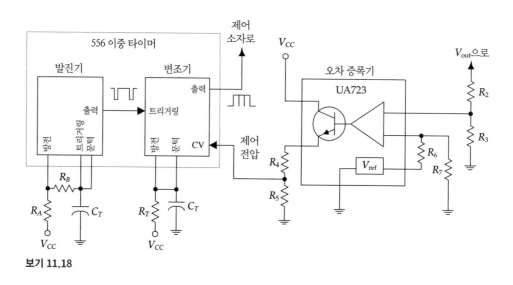

보기 11.18

■ 승압, 강압, 반전 구성

역주 즉, 감압 조정기

보기 11.17에 나오는 스위칭 조정기를 강압 조정기(step-down regulator)^{역주}라고 부른다. 조정된 출력 전압이 조정된 입력 전압보다 낮아야 할 때 사용한다. 지금은 스위칭 조정기들이 승압 구성과 반전 구성으로 공급된다. 승압형은 출력이 입력보다 높아야 할 때 사용하는 반면, 반전형은 출력 전압이 입력 전압의 반대 극성이어야 할 때 사용한다. 세 가지 구성을 대충 살펴보면 이렇다.

강압 조정기

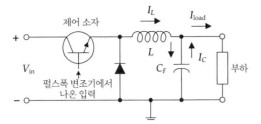

보기 11.19

조정된 출력 전압이 조정된 입력 전압보다 낮아야 할 때 사용한다. 제어 소자가 켜지면 L은 에너지를 저장하고 부하 전류를 공급하며 필터 커패시터에 전류를 공급한다. 제어 소자가 꺼지면 L에 저장된 에너지가 부하 전류를 공급하는 데 도움이 되지만 C_F에서 다시 충전한다. C_F의 전하는 제어 소자가 꺼지고 L이 에너지를 방출할 때 부하에 전원을 공급하는 데 사용된다.

승압 스위처 조정기

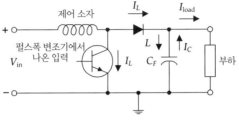

보기 11.20

이것은 출력 전압이 입력 전압보다 높을 때 사용된다. 제어 소자가 켬 상태일 때, 에너지가 인덕터에 저장된다. 다이오드에 의해 격리된 부하는 C_F에 저장된 전하에 의해 공급된다. 제어 소자가 끔 상태일 때, L에 저장된 에너지가 입력 전압에 추가된다. 동시에 L은 부하 전류를 공급하고 C_F의 전하를 복원한다. C_F의 전하는 제어 소자가 꺼져 있고 L의 에너지가 방전될 때 부하 전류를 공급하는 데 사용된다.

반전 스위처 조정기

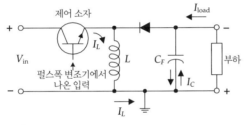

보기 11.21

출력 전압이 입력 전압의 반대 극성이어야 할 때 사용한다. 제어 소자가 켬 상태일 때, 에너지는 L에 저장되는 반면에, 다이오드는 L을 부하에서 격리한다. C_F 상의 전하가 부하 전류를 공급한다. 제어 소자가 끔 상태가 되면, L에 저장된 에너지가 C_F를 충전해 V_{out}이 음성인 극성이 되게 한다. I_L은 부하 전류를 공급하고 에너지를 방전하는 동안 C_F의 전하량을 복구한다. C_F는 제어 소자가 꺼지고 인덕터가 방전될 때 부하 전류를 공급한다. 반전 스위처 조정기는 반전 출력을 승압하거나 강압하게 설계될 수 있다.

■ 스위칭 조정기 IC

스위칭 조정기(switching regulator)가 흔해지면서 회로 설계를 간단하게 할 수 있도록 특별한 목적을 지닌 IC들을 개발해 왔다. 쓸 만한 게 많다. 고주파에서 작동하는 스위칭 조정기 IC들은 더 작은 인덕터를 사용해 설계 비용을 절감한다.

대중적이면서 사용하기 쉬운 소자는 LM2575로서, 고정 출력 형식과 조절 가능 출력 형식이 있다. 5 V 전력 공급 장치를 생산하는 데는 조정기 IC를 포함해 여섯 개의 부품만이 필요하다. 이것은 7805에 비해서 세 개 부품만 더한 것이다. 보기 11.22에 이 IC를 사용하는 5 V 조정기의 설계도를 나타냈다.

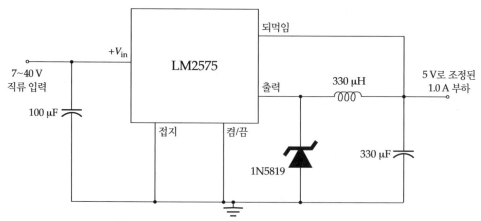

보기 11.22 **LM2575 스위칭 조정기 IC를 사용하는 5 V 조정기**

11.9 스위치 모드 전력 공급 장치(SMPS)

스위칭 조정기를 논리적으로 확장하면 변압기를 완전히 차단하고 정류된 선 전압에서 직접 작동하게 된다.

변압기를 바탕으로 하는 설계는 소비자용 전자기기에서 드물었다. 변압기는 상대적으로 비싸고 무거운 장치다. 와트당 비용은 스위치 모드 전력 공급 장치를 생산할 때가 일반적으로 더 저렴하다.

스위처의 독창적인 개폐 동작을 사용하면, 입력단에 무거운 60 Hz 전원 변압기를 쓰지 않아도 되는 공급 장치를 설계할 수 있다. 다시 말해, 120 V 교류선에서 직접 작동하는 스위칭 전력 공급 장치를 설계할 수 있다. 이 전압을 조정기에 공급하기 전에 선 전압을 정류해 걸러야 한다. 그러나 전력용 변압기를 분리하면 120 V 교류회선과 전력 공급 장치의 직류 입력 사이에 있는 보호 격리가 분리된다. 격리하지 않으면 직류 입력 전압은 약 160 V가 될 것이다. 이와 같이 잠재적으로 '충격을 줄 수 있는' 상황을 피하려면 스위칭 조절기를 수정해야 한다. 격리되게 하는 한 가지 방법은 에너지 저장 인덕터를 고주파 변압기의 2차 코일로 대체하는 동시에 또 다른 고주파 변압기 또는 광 분리기를 사용하여 오차 증폭기에서 변조 소자로 되먹임을 연결하는 것이다(보기 11.23).

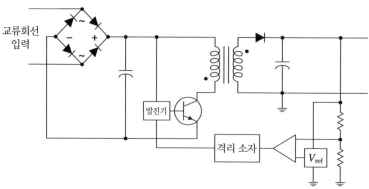

보기 11.23

이제 하나의 변압기를 제거하고 다른 변압기를 추가하면(두 개가 아닌 경우) 얼마나 작고 가벼워질지 궁금할 것이다. 음, 물리 법칙에 따르면 교류 신호의 주파수가 증가함에 따라 변압기 내부에 대형 철심이 필요하지 않다. 스위처의 발진기가 아주 빠르게 진동하기 때문에(예를 들면, 65 kHz) 고주파 변압기(들)를 사용할 수 있다. 고주파 변압기를 사용하는 스위칭 공급 장치와 60 Hz 전력용 변압기를 사용하는 공급 장치 사이의 크기와 무게의 차이는 중요하다. 예를 들어, 전력이 같은 경우에 500 W 스위칭 공급 장치는 640 in³ 차지하는 반면, 선형 공급 장치는 1520 in³을 차지한다. 또한, 스위칭 공급 장치는 선형 공급 장치보다 더 시원하게 달린다. 1세제곱인치당 와트의 관점에서 스위칭 전력 공급 장치는 0.9 W/in³을 달성할 수 있지만, 선형 공급 장치는 일반적으로 0.4 W/in³을 제공한다.

스위처에는 주목할 만한 문제가 조금 있다. 스위칭 조정기의 켬/끔이라는 맥동성 동작의 결과로 스위칭 공급 장치의 출력에는 개폐로 인한 작은 리플 전압^{역주}(일반적으로 수십 밀리볼트)이 생긴다. 일반적으로 리플 전압이 큰 문제를 일으키지는 않는다(예: 대부분의 디지털 IC의 200 mV 잡음 여유도를 초과하지 않음). 그렇지만 회로가 잔결에 잘 반응하지 않으면 외부 대전류, 저역 통과 필터를 추가할 수 있다.

[역주] 즉, 맥동 전압 또는 잔결 전압

11.10 상업용 전력 공급 장치 패키지 종류

편히 살고 싶다면 직접 설계하기보다는 장점을 지닌 물건을 구입하는 게 더 바람직하다. 이러한 공급 장치는 선형이나 스위처 형태로 공급되며 다양하게 묶여 들어온다. 사용할 수 있는 패키지들로는 다음과 같은 것들을 들 수 있다.

소형 모듈형 단위

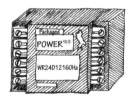

[역주] 패키지에 담긴 전력

보기 11.24

저전력 응용기기(예를 들면, ±5, ±10, ±15 V)에서 사용한다. 공급 장치를 일반적으로 소형 모듈 안에 담는데 보통 약 2.5 × 3.5 × 1인치이다. 종종 핀 모양 리드선이 함께 들어오므로 회로 기판에 직접 장착할 수도 있고, 측면을 따라 단자 스트립 나사를 연결할 수 있게 들어오기도 한다. 이러한 전력 공급 장치에는 단일(예: +5 V), 2중(예: ±15 V) 또는 3중(예: +5 V, ±15 V) 출력 단자가 제공될 수 있다. 선형 단품의 정격 전력은 1~10 W 정도이며, 스위칭 단품의 정격 전력은 10~25 W 정도이다. 퓨즈, 스위치 및 필터를 따로 준비해야 한다.

개방형

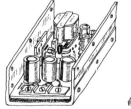

보기 11.25

이 공급 장치의 회로 기판, 변압기 등이 금속 골격(저전압 공급 장치인 경우 간단히 회로 기판에 장착할 수 있음)에 장착되어 있어 장치에 넣어 쓸 수 있다. 이 공급 장치는 선형이나 스위칭 형태로 나오며 광범위한 전압 정격, 전류 정격 및 전력 정격(선형 공급 장치의 경우 약 10~200 W, 스위칭 공급 장치의 경우 20~400 W)이 제공된다. 아마도 퓨즈, 스위치 및 필터를 따로 준비해야 할 것이다.

폐쇄형

역주 정전압 직류 전원
보기 11.26

이러한 공급 장치는 과도한 열을 효율적으로 방출하도록 특별히 설계한 금속 상자에 들어있다. 선형과 개폐형 둘 다 시장에 공급된다. 정격 전력 범위는 선형 공급 장치의 경우 약 10~800 W이고 스위칭 공급 장치의 경우 20~1500 W이다.

벽면 플러그

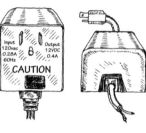

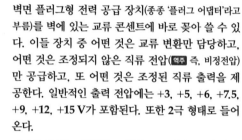

보기 11.27

벽면 플러그형 전력 공급 장치(종종 '플러그 어댑터'라고 부름)를 벽에 있는 교류 콘센트에 바로 꽂아 쓸 수 있다. 이들 장치 중 어떤 것은 교류 변환만 담당하고, 어떤 것은 조정되지 않은 직류 전압(역주 즉, 비정전압)만 공급하고, 또 어떤 것은 조정된 직류 출력을 제공한다. 일반적인 출력 전압에는 +3, +5, +6, +7.5, +9, +12, +15 V가 포함된다. 또한 2극 형태로 들어온다.

이러한 장치는 대부분 스위치 모드이며, 특정 제품 전용이 아니기 때문에 수백만 개나 제조된다. 작고 가벼우며 2 A, 12 V짜리를 10달러가 되지 않는 돈을 치루고 살 수 있다.

이런 이유로 대부분의 가전제품에서 양극인 내부 연결과 음극인 외부 연결이 있는 직류 전압용 6.3 mm 플러그가 대부분을 차지한다. 이런 방식이 기타용 이펙트 페달과 같은 음악 장비와 관련해서는 방식이 다르다는 점에 유념하라.

11.11 전력 공급 장치 구축

전력 공급 장치를 구축할 때, 다음 제안을 따르는 게 도움이 될 수 있다.

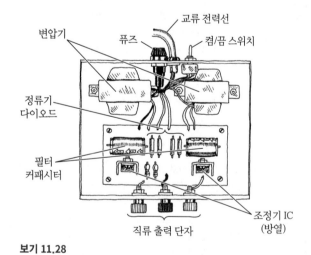

보기 11.28

- 변압기를 금속 외함에 직접 장착하되 뒤쪽을 향하게 한다.
- 외함 뒤쪽에 퓨즈, 전원 스위치 및 바인딩 포스트를 설치한다.
- 상자 안의 격리 절연체에 회로 기판을 장착한다.
- 커패시터 및 전압 조정기와 함께 다이오드 또는 정류기 모듈을 회로 기판에 놓는다.
- 전압 조정기가 잘 방열될 것인지 확인한다.
- 상자 전면에 공급 출력 잭을 놓는다.
- 냉각할 수 있게 상자에 구멍을 뚫는다.
- 상자를 접지한다.
- 전력선의 심을 뒤편에 있는 구멍에 끼워 넣으라. 변형 방지 장치용으로는 고무 그로멧(역주 즉, 고무로 된 고리)을 사용한다.
- 전기 충격을 피할 수 있게 상자 내부에 노출된 120 V 전력 연결부를 열 수축 튜브로 절연한다.

12

디지털 전자공학

시작하기 전에 이번 장에 나오는 내용이 많아서 한 번에 소화하기 힘들 수 있다는 점을 미리 유념해 두어야 한다. 일부 정보는 주로 역사적인 관점에서 제시한 것으로, 마이크로컨트롤러 간 회로망처럼 복잡한 디지털 시스템을 이해하는 데 도움이 될 것이다. 선입견을 벗고 실용적인 정보라면 무엇이든 찾아내기를 권고한다. 여전히 동일한 기본 원칙들을 지키겠지만, IC를 세 개 이상 쓰는 설계인 경우에는 마이크로컨트롤러를 써야 할 수도 있다(13장 주제).

12.1 디지털 전자공학 기초

지금까지는 전자공학 분야에서도 주로 특정 범위에서 지속적으로 변하는 전압을 받아들이는 회로와 아날로그 분야를 다뤘다. 그러한 아날로그 회로들로는 정류기, 필터, 증폭기, 간단한 RC 타이머, 발진기, 간단한 트랜지스터 스위치 등이 있었다. 이 아날로그 회로들이 저마다 기본적으로 중요한 역할을 하고 있지만 중요한 특징이 빠져 있다. 복잡한 논리적 결정을 내리는 데 필요한 정보 저장 기능과 처리 기능이 없다는 점이다. 논리적 의사 결정 과정을 회로에 집어넣으려면 디지털 전자공학 기술을 사용해야 한다.

이번 장에서는 디지털 전자공학의 기초를 쌓는 데 관심이 있다. 오늘날 디지털 전자공학을 실제로 구현한 제품들은 마이크로컨트롤러(13장을 볼 것)나 프로그램 가능 논리 소자(14장을 볼 것)로 구동된다.

아날로그 신호

연속적인 전압 파형

보기 12.1

디지털 신호

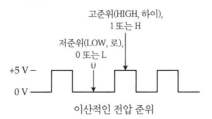

이산적인 전압 준위

논리 상태를 보여주기 위해 스위치 사용

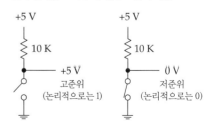

12.1.1 디지털 논리 상태

디지털 전자기기에서는 회로 내부의 어떤 지점에서든 두 가지 전압 상태만이 나타난다. 이러한 전압 상태로는 고준위(HIGH)와 저준위(LOW)가 있다. 회로 내의 특정 위치의 고준위이거나 저준위인 전압으로 많은 것을 나타낼 수 있다. 예를 들면, 이것으로 스위치나 포화된 트랜지스터의 켬 상태나 끔 상태, 어떤 수의 1비트, 어떤 사건의 발생 유무, 어떤 동작을 취해야 할지 여부를 나타낼 수 있다.

고준위나 저준위 상태로 불 논리에서 사용하는 참 진술과 거짓 진술을 나타낼 수 있다. 대체로 고준위를 참으로 간주하고 저준위를 거짓으로 간주한다. 그렇다고 해서 이래야만 하는 것은 아니다. 고준위를 거짓으로 보고, 저준위를 참으로 볼 수도 있다. 어떤 관행에 따를지 결정하는 일은 궁극적으로 설계자가 한다. 디지털 용어 관례 중 어떤 것을 사용하는지 알기 쉽게 하기 위해, 고준위를 참으로 여기는 경우에는 정의 참 논리(positive true logic)[역주1]라는 용어를 사용하며, 고준위를 거짓으로 여기는 경우에는 부의 참 논리(negative true logic)[역주2]라는 용어를 사용한다.

불 논리(boolean logic)[역주]에서는 1과 0이라는 기호를 사용해 각기 참과 거짓을 나타낸다. 불행하게도 지금은 전자공학 분야에서도 1과 0을 사용해 고준위 및 저준위 전압 상태를 나타내는데, 여기서 고준위는 1과 같고, 저준위는 0과 같다. 이게 보다시피 약간 혼란한 상황일 수 있는데, 논리 형식에 관한 관행(정의 참 논리인지 아니면 부의 참 논리인지)을 확실하게 정하지 못하는 경우라면 더욱 그렇다. 12.3절에서 이 혼란스런 문제를 다루는 예를 조금 볼 수 있다.

고준위나 저준위를 가리키는 정확한 전압은 사용하는 특정 논리 IC에 따라 달라진다(알려진 대로 디지털 부품은 IC를 기반으로 한 것임). 일반적으로 대략 +5 V를 고준위로 보고, 0 V(접지)를 저준위로 본다. 그런데 12.4절에서 보게 되겠지만 이래야만 하는 것은 아니다. 예를 들면, 일부 논리 IC에서는 +2.4~+5 V에 이르는 전압을 고준위로 간주하고, −0.8~0 V 전압을 저준위로 간주한다. 그 밖의 IC들은 완전히 다른 범위를 지정하기도 한다.

역주 옆: [역주1] 즉, 양의 참 논리 [역주2] 즉, 음의 참 논리 [역주] 즉, 불리언 논리 또는 부울 논리

12.1.2 디지털 전자공학에 사용되는 숫자 코드

● 2진수

디지털 회로가 두 가지 전압 상태로만 작동하기 때문에 정보를 추적할 때 2진수 체계를 사용하는 게 합리적이다. 2진수는 0과 1이라는 두 가지 2진 숫자로 구성하는데, 이것을 비트(bit)라고도 부른다(예를 들면, 0 = 저준위 전압, 1 = 고준위 전압). 대조적으로, 736과 같은 10진수는 연속되는 10의 거듭제곱으로 나타낸다.

$$736_{10} = 7 \times 10^2 + 3 \times 10^1 + 6 \times 10^0$$

비슷하게, 11100(28$_{10}$)과 같은 2진수를 연속되는 2의 거듭제곱으로 표현할 수 있다.

$$11100_2 = 1 \times 2^4 + 1 \times 2^3 + 1 \times 2^2 + 0 \times 2^1 + 0 \times 2^0$$

아래첨자는 어떤 수 체계를 사용하는지를 말해 준다(X_{10} = 10진수, X_2 = 2진수). 가장 높은 차수에

해당하는 비트(왼쪽 끝에 있는 비트)를 **최상위 비트**(most significant bit, MSB)라고 부르며, 반면에 가장 낮은 차수에 해당하는 비트(오른쪽 끝에 있는 비트)를 **최하위 비트**(least significant bit, LSB)라고 부른다. 10진수를 2진수로 전환하는 방법 등을 보기 12.2에 나타냈다.

대다수 디지털 시스템에서는 4, 8, 16, 32비트를 동시에 다룬다는 점을 언급해야 하겠다. 여기에 나오는 10진-2진 전환 예제에서는 7비트로 답을 낸다. 8비트 체계에서는 최상위 비트 앞에 0을 추가해 두어야 한다(예를 들면, 01101101). 16비트 체계라면 0을 아홉 개 추가해 두어야 할 것이다 (예를 들면, 0000000001101101).

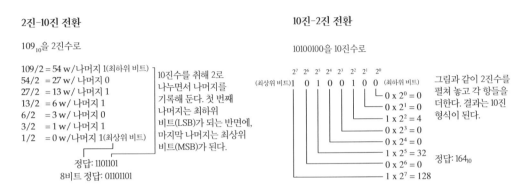

2진-10진 전환

109_{10}을 2진수로

$109/2 = 54$ w/나머지 1(최하위 비트)
$54/2 = 27$ w/ 나머지 0
$27/2 = 13$ w/ 나머지 1
$13/2 = 6$ w/ 나머지 1
$6/2 = 3$ w/ 나머지 0
$3/2 = 1$ w/ 나머지 1
$1/2 = 0$ w/나머지 1(최상위 비트)

10진수를 취해 2로 나누면서 나머지를 기록해 둔다. 첫 번째 나머지는 최하위 비트(LSB)가 되는 반면에, 마지막 나머지는 최상위 비트(MSB)가 된다.

정답: 1101101
8비트 정답: 01101101

10진-2진 전환

10100100을 10진수로

$0 \times 2^0 = 0$
$0 \times 2^1 = 0$
$1 \times 2^2 = 4$
$0 \times 2^3 = 0$
$0 \times 2^4 = 0$
$1 \times 2^5 = 32$
$0 \times 2^6 = 0$
$1 \times 2^7 = 128$

그림과 같이 2진수를 펼쳐 놓고 각 항들을 더한다. 결과는 10진 형식이 된다.

정답: 164_{10}

보기 12.2

실용적으로 보자면, 어떤 수를 밑이 다른 수로 가장 쉽게 전환하려면 계산기를 사용하면 된다. 예를 들어, 10진수를 2진수 형식으로 전환하기 위해 10진수(밑이 10인 모드)를 타자해 넣은 다음에 2진 모드로 바꾼다(보통 두 번째 기능키가 필요하다). 해당 수가 이제 2진수(1들과 0들)로 바뀔 것이다. 2진수를 10진수로 바꿀 때는 2진 모드에서 숫자를 타자해 넣은 다음에 10진 모드로 전환한다.

■ 8진수와 16진수

디지털 전자공학에서 사용하는 그 밖의 수 체계로는 8진수 체계와 16진수 체계가 있다. 8진수 체계(밑이 8)에서 사용할 수 있는 숫자는 여덟 가지다. 0, 1, 2, 3, 4, 5, 6, 7. 16진수 체계(밑이 16) 라면, 열여섯 개의 숫자를 사용할 수 있다. 0, 1, 2, 3, 4, 5, 6, 7, 8, 9, A, B, C, D, E, F. 10진 수에 상응하는 8진수와 16진수는 이렇다.

$$247_8 (8진) = 2 \times 8^2 + 4 \times 8^1 + 7 \times 8^0 = 167_{10} (10진)$$
$$2D5_{16} (16진) = 2 \times 16^2 + D (=13_{10}) \times 16^1 + 9 \times 16^0 = 725_{10} (10진)$$

물론 2진수가 디지털 시스템용으로 쓰기에 자연스럽지만, 10진수에 익숙해진 머리(손가락이 열 개 라서 생긴 결과)로 풀기에는 이와 같은 2진수들이 너무 길고 해석하기 어렵기 때문에 보통 2진수를 16진수나 8진수 꼴로 작성한다.

10진수와 달리, 8진수나 16진수를 2진수로 전환하거나 2진수를 8진수나 16진수로 전환하기가 쉽 다. 2진수가 얼마나 길든 3비트나(8진수용) 4비트로(16진수용) 묶을 수 있기 때문이다. 2진수 전체 를 세 개씩이나 네 개씩 묶기 곤란할 때는 간단히 2진수의 제일 앞에 0을 추가하면 된다. 보기 12.3에서 말보다 나은 그림으로 설명했다.

8진수를 2진수로	2진수를 8진수로	16진수를 2진수로	2진수를 16진수로
537_8을 2진수로	$111\ 001\ 100_2$를 8진수로	$3E9_{16}$를 2진수로	$1001\ 1111\ 1010\ 0111_2$를 8진수로
5　3　7	111 001 100	3　E　9	1001　1111　1010　0111
101 011 111	7　1　4	0011 1110 1001	9　F　A　7
답: 101011111_2	답: 714_8	답: $0011\ 1110\ 1001_2$	답: $9FA7_{16}$

진수를 세 개씩 각기 8진수로 대체하고, 반대로도 그렇게 한다. 그런 다음 세 자리로 이뤄진 항들을 묶는다(또는 8진수 항들을 묶는다).

네 자리로 이뤄진 2진수를 각기 16진수로 대체하고, 반대로도 마찬가지다. 그런 다음 네 자리로 이뤄진 항들을 묶는다(또는 16진수 항들을 묶는다).

보기 12.3

오늘날에는 16진수 체계가 본질적으로 8진수 체계를 대체한다. 마이크로프로세서 시스템에서 12비트 워드(word)와 36비트 워드를 사용했고 6비트 영숫자 코드도 쓰인 적이 있었고, 이것들을 모두 3비트 단위(한 개의 8진수)로 나눌 수 있어서 8진수 체계가 한 때는 잘나갔었다. 오늘날 마이크로프로세서 시스템에서는 주로 8비트, 16비트, 20비트, 32비트, 64비트 워드를 사용해 동작하는데, 이것들을 모두 4비트 단위(한 개의 16진수)로 나눌 수 있다. 다시 말하자면, 8비트 워드를 두 개의 16진수로 나눌 수 있고, 16비트 워드는 16진수 네 개로, 20비트 워드를 16진수 다섯 개로 나누는 식이라는 말이다.

메모리 위치를 지정하거나 긴 2진수를 타자해 넣는 특별한 작업을 해야 하는 프로그래밍 코드(예: 어셈블리 언어 내)를 사용하는 많은 메모리 및 마이크로프로세서 응용에서는 2진수를 16진수로 나타낸다. 예를 들어, 백만 개의 메모리 위치 중 하나를 식별하는 데 사용되는 20비트 주소 코드를, 다섯 자리에 불과한 16진수 코드(어셈블리 프로그램에서 사용)로 대신할 수 있다. 나중에 컴파일러 프로그램이 어셈블리 언어로 작성된 프로그램 내의 16진수를 마이크로프로세서가 사용할 수 있는 2진수(기계어 코드)로 변환한다. 표 12.1에 전환표를 나타냈다.

표 12.1 10진, 2진, 8진, 16진, BCD 전환표

10진	2진	8진	16진	BCD
00	0000 0000	00	00	0000 0000
01	0000 0001	01	01	0000 0001
02	0000 0010	02	02	0000 0010
03	0000 0011	03	03	0000 0011
04	0000 0100	04	04	0000 0100
05	0000 0101	05	05	0000 0101
06	0000 0110	06	06	0000 0110
07	0000 0111	07	07	0000 0111
08	0000 1000	10	08	0000 1000
09	0000 1001	11	09	0000 1001
10	0000 1010	12	0A	0001 0000
11	0000 1011	13	0B	0001 0001

표 12.1 10진, 2진, 8진, 16진, BCD 전환표 (이어짐)

10진	2진	8진	16진	BCD
12	0000 1100	14	0C	0001 0010
13	0000 1101	15	0D	0001 0011
14	0000 1110	16	0E	0001 0100
15	0000 1111	17	0F	0001 0101
16	0001 0000	20	10	0001 0110
17	0001 0001	21	11	0001 0111
18	0001 0010	22	12	0001 1000
19	0001 0011	23	13	0001 1001
20	0001 0100	24	14	0010 0000

■ 2진화 10진수

2진화 10진수(binary-coded decimal, BCD) 표기법은 10진수를 이루는 각 숫자를 4비트 2진수로 표현하는 데 사용한다. 예를 들면, 150_{10}이라는 숫자를 BCD로는 다음과 같이 표현한다.

$$150_{10} = 0001\ 0101\ 000_{(BCD)}$$

```
  1    5    0
  /    |    \
0001  0101  000
```

보기 12.4에 나오는 것처럼 BCD를 2진수로 바꾸기는 대단히 어렵다. 물론, BCD를 10진수로 먼저 바꾼 다음에 2진수로 바꾼다는 요령을 피울 수는 있지만, 기계가 1과 0을 사용해 어떤 일을 하는지에 대한 구조를 나타내지 못한다. BCD-2진 전환이 필요한 경우는 거의 없으므로 이 주제에 심취할 것까지는 없다.

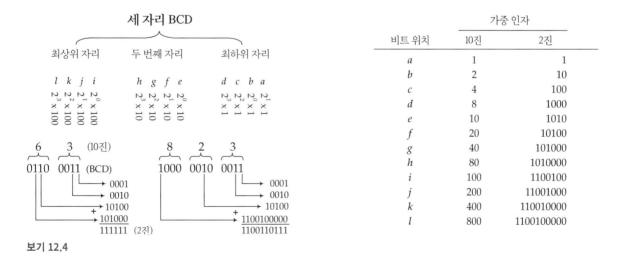

보기 12.4

디지털 클럭이나 멀티미터에서 볼 수 있듯이, 일반적으로 10진수(0~9) 표시 장치로 출력될 때 BCD를 사용한다. 12.3절에서 BCD를 다룬다.

■ 부호 절대치와 2의 보수 숫자

지금까지는 2진 음수를 고려하지 않았다. 어떻게 표현할 수 있을까? 간단한 방식으로는 부호 절대치 표현법(sign-magnitude representation)역주이 있다. 이 방법에서는 간단히 비트를 반전시키는데, 보통 최상위 비트를 반전시켜 부호 비트로 사용한다. 부호 비트가 0이면 해당 숫자가 양수라는 뜻이고, 부호 비트가 1이면 해당 숫자가 음수라는 뜻이다(보기 12.5).

부호 절대치 표현법이 간단하기는 하지만 뺄셈 절차보다 덧셈 절차가 더 까다롭기 때문에(이어서 나오는 내용에서 알 수 있다) 잘 사용하지 않는다. 때때로 디스플레이나 아날로그-디지털 응용에서 부호 절대치 숫자들을 볼 수도 있겠지만, 산술 계산 회로에서는 거의 볼 수 없을 것이다.

2의 보수 표기(2's complement representation) 방식이 음수를 다루는 데 더 대중적이다. 2의 보수에서 양수는 부호 없는 2진수와 아주 똑같다. 반면에 음수는 2진수로 표시하지만, 이에 상응하는 양수가 더해질 때 0이 되는 수다. 이런 식으로 덧셈과 뺄셈을 하는 데 두 가지 개별 절차를 사용하는 일을 피할 수 있다. 이어서 나오는 내용에서 어떤 식으로 이렇게 되는지를 볼 수 있다. 10진수를 2진수로 변환한 다음 2의 보수로 변환하는 간단한 절차가 보기 12.5에 나온다.

10진수를 2의 보수로

$+41_{10}$을 2의 보수로

진짜 2진수 = 0010 1001
2의 보수 = 0010 1001

-41_{10}을 2의 보수로

진짜 2진수 = 0010 1001
1의 보수   = 1101 0110
1을 가산   =   +1
2의 보수   = 1101 0111

10진수에 대한 2의 보수

1100 1101(2의 보수)를
10진수로

2의 보수   = 1100 1101
보수   = 0011 0010
1을 가산   =   +1
진짜 2진수 = 0011 0011
10진수   = -51_{10}

보기 12.5

10진수가 양수이면 2의 보수는 10진수의 진짜 2진수와 같다.

10진수가 음수이면 2의 보수를 다음과 같이 찾는다.
1) 10진수의 진짜 2진수에 해당하는 각 비트를 보수 처리한다(1을 0으로 만들고 0을 1로 만든다). 이것을 1의 보수를 취한다고 한다.
2) 크기 비트를 얻기 위해 1의 보수 숫자에 1을 더한다. 부호 비트는 항상 1이 된다.

2의 보수에 해당하는 수가 양수이면(부호 비트 = 0), 정규적인 2진-10진 변환을 수행한다.

2의 보수인 수가 음수인 경우(부호 비트 = 1) 소수점의 부호는 음이 된다. 10진수를 다음으로 찾는다.
1) 2의 보수로 된 수의 각 비트를 보수 처리한다.
2) 진짜 2진 등가를 알아내려면 1을 더한다.
3) 진짜 2진-10진 변환을 수행하고 음수 부호를 포함시킨다.

10진수, 부호 절대치, 2의 보수 전환표

0진수	부호 절대치	2의 보수
+7	0000 0111	0000 0111
+6	0000 0110	0000 0110
+5	0000 0101	0000 0101
+4	0000 0100	0000 0100
+3	0000 0011	0000 0011
+2	0000 0010	0000 0010
+1	0000 0001	0000 0001
0	0000 0000	0000 0000
−1	1000 0001	1111 1111
−2	1000 0010	1111 1110
−3	1000 0011	1111 1101
−4	1000 0100	1111 1100
−5	1000 0101	1111 1011
−6	1000 0110	1111 1010
−7	1000 0111	1111 1001
−8	1000 1000	1111 1000

2진수를 사용한 산술

2진수, 16진수 및 기타 표현 방식을 사용하면 덧셈, 뺄셈, 곱셈 및 나눗셈을 해당 기본 모드로 설정된 계산기로 계산할 수 있다. 하지만 이건 요령일 뿐으로서 계산 방식을 이해하기 어렵다. 실제적인 산술 회로들을 설계할 때는 해당 구조가 중요해진다. 2진수를 더하고 빼는 데 사용하는 기본 요령은 다음과 같다.

덧셈

$$+ \begin{array}{r} 5_{10} \\ 3_{10} \end{array} = \begin{array}{|c|c|c|c|} \hline 0 & 1 & 0 & 1 \\ \hline 0 & 0 & 1 & 1 \\ \hline 1 & 0 & 0 & 0 \\ \hline \end{array}$$

$$+ \begin{array}{r} 20_{10} \\ 87_{10} \end{array} = \begin{array}{c} 00010100 \\ 01010111 \\ \hline 01101011 \end{array}$$

보기 12.6

2진수 덧셈은 10진수 덧셈과 똑같다. 숫자 중 한 자리를 더한 결과가 숫자 1을 넘어서면 1이 윗자리로 옮겨져 윗자리에 더해진다.

뺄셈

긴 과정을 거쳐 뺄셈을 완료

$$\begin{array}{r} 4_{10} \\ - 1_{10} \\ \hline 3_{10} \end{array} \qquad \begin{array}{r} 0 \quad 1 \quad 0 \quad 0 \\ - 0 \quad 0 \quad 0 \quad 1 \\ \hline 0 \quad 0 \quad 1 \quad 1 \end{array}$$

2의 보수를 사용한 뺄셈

$$\begin{array}{r} +19_{10} = 00010011 \\ -7_{10} = 11111001 \\ \hline Sum = 00001100 \end{array}$$

보기 12.7

2진수 **뺄셈**은 보기보다 쉽지 않다. 10진수 **뺄셈**과 비슷하기는 하지만 혼동될 수 있다. 예를 들어, 0에서 1을 뺄 때 왼쪽에서 1을 빌려올 수 있다고 생각할 수 있다. 아니다! 10을 빌려와야 한다(2_{10}). 이 일을 수작업으로 하면 골치 아플 것이다. 부호 비트를 제공하는 2의 보수 표현을 사용한 다음 음수와 양수를 더해 합계를 얻는 식으로 2진수 **뺄셈**을 한다. 이 방법을 쓰면 골치 아프게 큰 수에서 적은 수를 빼지 않고도 덧셈과 **뺄셈**을 다 할 수 있으므로 이 방법이 디지털 회로에 자주 사용된다.

아스키

정보 교환을 위한 미국 표준 부호(American Standard Code for Information Interchange, ASCII), 즉 아스키는 문자, 기호, 숫자 그리고 컴퓨터와 주변 기기(프린터나 키보드와 같은 것) 사이에 주고받는 특별한 비인쇄 문자를 전송하는 데 사용하는 영숫자 부호이다. 128개의 서로 다른 7비트 부호로 아스키를 구성한다.

000 0000(16진수로 00)에서 001 1111(16진수로 1F)는 비인쇄 문자나 특별한 기계 명령용으로 예약되어 있는데, 예를 들면 ESC(escape, 탈출), DEL(delete, 삭제), CR(carriage return, 캐리지리턴), LF(line feed, 줄바꿈) 등이 있다. 010 0000(16진수로 20)에서 111 1111(16진수로 7F)까지는 a, A, #, &, {, @, 3 같은 인쇄 문자로 예약되어 있다. 표 12.2와 12.3에 인쇄용 아스키 문자와 비인쇄용 아스키 문자를 나타냈다.

사실상 아스키 부호가 전송되면 추가 비트가 더해져 8비트 체계와 호환되게 만들어진다. 이 비트를 0으로 설정해 무시할 수도 있지만, 오류 검출을 위한 패리티 비트(12.3.8절 참조)로 사용되거나 추가 특수 문자 세트를 구현하는 데 사용되는 특수 기능 비트로 작동하게도 할 수 있다.

표 12.2 아스키 비인쇄 문자

10진	16진	7비트 부호	제어 문자	문자	의미	10진	16진	7-BIT	제어 문자	문자	의미
00	00	000 0000	ctrl-@	NUL	널(null)	16	10	001 0000	ctrl-p	DLE	전송 제어 확장 (data line escape)
01	01	000 0001	ctrl-a	SOH	헤더 시작 (start of heading)	17	11	001 0001	ctrl-q	DC1	장치 제어 1 (device control 1)
02	02	000 0010	ctrl-b	STX	본문 시작 (start of text)	18	12	001 0010	ctrl-r	DC2	장치 제어 2 (device control 2)
03	03	000 0011	ctrl-c	ETX	본문 종료 (end of text)	19	13	001 0011	ctrl-s	DC3	장치 제어 3 (device control 3)
04	04	000 0100	ctrl-d	EOT	전송 종료 (end of transmit)	20	14	001 0100	ctrl-t	DC4	장치 제어 4 (device control 4)
05	05	000 0101	ctrl-e	ENQ	응답 요구 (enquiry)	21	15	001 0101	ctrl-u	NAK	부정 응답 (neg acknowledge)
06	06	000 0110	ctrl-f	ACK	긍정 응답 (acknowledge)	22	16	001 0110	ctrl-v	SYN	동기화 (synchronous idle)
07	07	000 0111	ctrl-g	BEL	종소리	23	17	001 0111	ctrl-w	ETB	전송 블록 종료 (end of transmit block)
08	08	000 1000	ctrl-h	BS	백스페이스 (backspace)	24	18	001 1000	ctrl-x	CAN	취소(cancel)
09	09	000 1001	ctrl-i	HT	수평 탭 (Horizontal tab)	25	19	001 1001	ctrl-y	EM	매체 종료 (end of medium)
10	0A	000 1010	ctrl-j	LF	개행 (line feed)	26	1A	001 1010	ctrl-z	SUB	치환 (substitute)
11	0B	000 1011	ctrl-k	VT	수직 탭 (vertical tab)	27	1B	001 1011	ctrl-[	ESC	제어 기능 추가 (escape)
12	0C	000 1100	ctrl-l	FF	다음 페이지 (form feed)	28	1C	001 1100	ctrl-\	FS	파일 경계 할당 (file separator)
13	0D	000 1101	ctrl-m	CR	복귀 (carriage return)	29	1D	001 1101	ctrl-]	GS	그룹 경계 할당 (group separator)
14	0E	000 1110	ctrl-n	SO	확장 문자 시작 (shift out)	30	1E	001 1110	ctrl-^	RS	경계 할당 (record separator)
15	0F	000 1111	ctrl-o	SI	확장 문자 종료 (shift in)	31	1F	001 1111	ctrl-_	미국	장치 경계 할당 (unit separator)

표 12.3 아스키 인쇄 문자

10진	16진	7비트 부호	문자	10진	16진	7비트	문자	10진	16진	7비트 부호	문자
32	20	010 0000	SP	64	40	100 0000	@	96	60	110 0000	'
33	21	010 0001	!	65	41	100 0001	A	97	61	110 0001	a
34	22	010 0010	"	66	42	100 0010	B	98	62	110 0010	b
35	23	010 0011	#	67	43	100 0011	C	99	63	110 0011	c
36	24	010 0100	$	68	44	100 0100	D	100	64	110 0100	d
37	25	010 0101	%	69	45	100 0101	E	101	65	110 0101	e
38	26	010 0110	&	70	46	100 0110	F	102	66	110 0110	f
39	27	010 0111	'	71	47	100 0111	G	103	67	110 0111	g
40	28	010 1000	(	72	48	100 1000	H	104	68	110 1000	h
41	29	010 1001	)	73	49	100 1001	I	105	69	110 1001	i
42	2A	010 1010	*	74	4A	100 1010	J	106	6A	110 1010	j
43	2B	010 1011	+	75	4B	100 1011	K	107	6B	110 1011	k
44	2C	010 1100	,	76	4C	100 1100	L	108	6C	110 1100	l
45	2D	010 1101	−	77	4D	100 1101	M	109	6D	110 1101	m
46	2E	010 1110	.	78	4E	100 1110	N	110	6E	110 1110	n
47	2F	010 1111	/	79	4F	100 1111	O	111	6F	110 1111	o
48	30	011 0000	0	80	50	101 0000	P	112	70	111 0000	p
49	31	011 0001	1	81	51	101 0001	Q	113	71	111 0001	q
50	32	011 0010	2	82	52	101 0010	R	114	72	111 0010	r
51	33	011 0011	3	83	53	101 0011	S	115	73	111 0011	s
52	34	011 0100	4	84	54	101 0100	T	116	74	111 0100	t
53	35	011 0101	5	85	55	101 0101	U	117	75	111 0101	u
54	36	011 0110	6	86	56	101 0110	V	118	76	111 0110	v
55	37	011 0111	7	87	57	101 0111	W	119	77	111 0111	w
56	38	011 1000	8	88	58	101 1000	X	120	78	111 1000	x
57	39	011 1001	9	89	59	101 1001	Y	121	79	111 1001	y
58	3A	011 1010	:	90	5A	101 1010	Z	122	7A	111 1010	z
59	3B	011 1011	;	91	5B	101 1011	[	123	7B	111 1011	{
60	3C	011 1100	<	92	5C	101 1100	\	124	7C	111 1100	|
61	3D	011 1101	=	93	5D	101 1101	]	125	7D	111 1101	}
62	3E	011 1110	>	94	5E	101 1110	^	126	7E	111 1110	~
63	3F	011 1111	?	95	5F	101 1111	_	127	7F	111 1111	DEL

12.1.3 클럭 타이밍과 병렬 대 직렬 전송

다음 단원으로 넘어 가기 전에 클럭 타이밍, 병렬 전송 및 직렬 전송과 같은 세 가지 중요 항목을 간단히 살펴보자.

클럭 타이밍

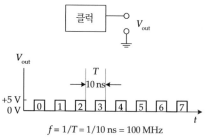

보기 12.8

대다수 디지털 회로에서 타이밍을 정밀하게 맞춰야 기능이 제대로 작동한다. 일반적으로 고정 주파수에서 일련의 고준위/저준위 펄스를 생성하는 클럭 회로는 시스템 내에서 실행되는 모든 중요한 동작의 기준으로 사용된다. 클럭은 디지털 회로로 데이터 비트를 밀어 넣는 데도 사용된다. 클럭 펄스의 주기와 주파수의 관계는 $T = 1/f$로 표현할 수 있다. 그러므로 $T = 10 \text{ ns}$이면 $f = 1/(10 \text{ ns}) = 100 \text{ MHz}$이다.

● 직렬 표기 대 병렬 표기

2진 정보를 직렬 방식으로든 병렬 방식으로든 한 곳에서 다른 곳으로 전송할 수 있다. 직렬 형태는 데이터 전송에 단일 전기 전도체(그리고 공통 접지)를 사용한다. 2진수의 각 비트는 별도의 클럭 주기를 차지하며, 한 가지 비트에서 다른 비트로의 변경은 각 선행 클럭의 하강 시 또는 각 선행 클럭의 가장자리[역주]에서 이뤄진다. 가장자리의 유형은 사용된 회로에 따라 다르다.

[역주] 즉, 에지 또는 모서리 또는 변

보기 12.9에 8비트 클럭 펄스(0~7)를 사용해 A 회로에서 B 회로로 전송되는 8비트(10110010) 워드를 나타냈다. 컴퓨터 시스템에서는 키보드와 컴퓨터 간에 데이터를 전송하는 데는 직렬 통신을 사용하며, 전화선을 통해 컴퓨터 두 대 간에 데이터를 전송할 때도 사용한다.

8비트 워드(10110010)를 직렬로 전송

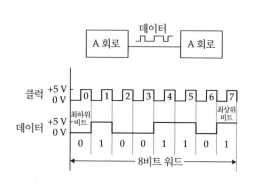

8비트 워드(10110010)를 병렬로 전송

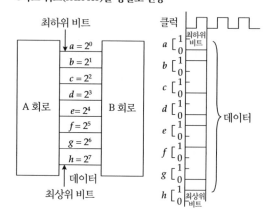

보기 12.9

병렬 전송 시에는 전기적 전도체를 각 비트별로 따로 사용한다. 보기 12.9에서 8비트 문자열 (01110110)이 A 회로에서 B 회로로 전송된다. 보다시피, 직렬 전송과 달리 전체 워드는 8 클럭 주기가 아닌 1 클럭 주기만으로 전송된다. 다시 말하면, 여덟 배 빠른 셈이다. 한 마이크로프로세서에서 마이크로프로세서를 바탕으로 하는 그 밖의 장치들(예: 메모리나 출력 레지스터)에 데이터와 제어 명령을 전송하기 위해 복수 회선으로 된 데이터 버스 및 제어 버스를 사용하는 마이크로프로세서 시스템에서 병렬 통신을 가장 잘 찾아볼 수 있다.

12.2 논리 게이트

논리 게이트(logic gate)는 디지털 전자기기를 구축하는 자재에 해당한다. 기본 논리 게이트에는 논리 반전(NOT)[역주], 논리곱(AND), 부정 논리곱(NAND), 논리합(OR), 부정 논리합(NOR), 배타적 논리합(XOR), 배타적 부정 논리합(XNOR) 게이트가 있다. 이러한 게이트는 각기 상이한 논리 연산을 수행한다. 보기 12.10에서는 각 논리 게이트가 하는 일을 설명하고, 각 게이트를 스위치와 트랜지스터에 비유한다.

[역주] 즉, 논리 부정

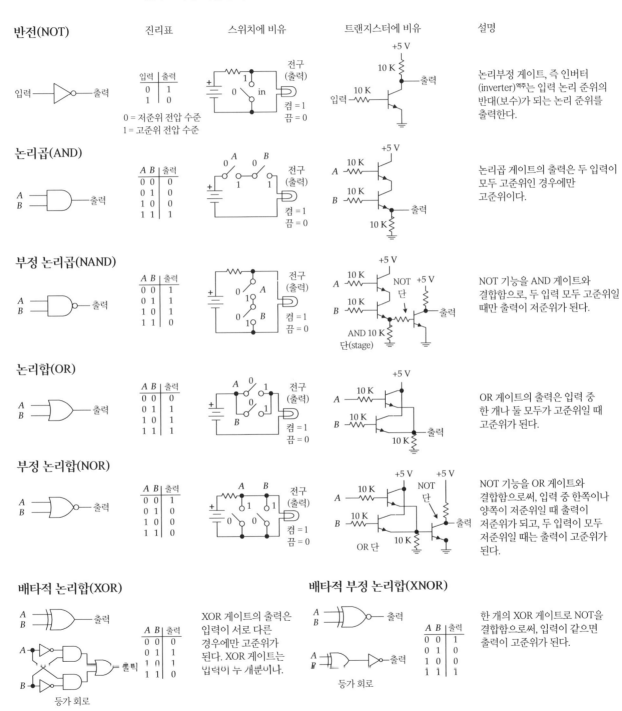

반전(NOT) | 진리표 | 스위치에 비유 | 트랜지스터에 비유 | 설명

입력 — 출력

입력	출력
0	1
1	0

0 = 저준위 전압 수준
1 = 고준위 전압 수준

논리부정 게이트, 즉 인버터(inverter)[역주]는 입력 논리 준위의 반대(보수)가 되는 논리 준위를 출력한다.

논리곱(AND)

A B	출력
0 0	0
0 1	0
1 0	0
1 1	1

논리곱 게이트의 출력은 두 입력이 모두 고준위인 경우에만 고준위이다.

부정 논리곱(NAND)

A B	출력
0 0	1
0 1	1
1 0	1
1 1	0

NOT 기능을 AND 게이트와 결합함으로, 두 입력 모두 고준위일 때만 출력이 저준위가 된다.

논리합(OR)

A B	출력
0 0	0
0 1	1
1 0	1
1 1	1

OR 게이트의 출력은 입력 중 한 개나 둘 모두가 고준위일 때 고준위가 된다.

부정 논리합(NOR)

A B	출력
0 0	1
0 1	0
1 0	0
1 1	0

NOT 기능을 OR 게이트와 결합함으로써, 입력 중 한쪽이나 양쪽이 저준위일 때 출력이 저준위가 되고, 두 입력이 모두 저준위일 때는 출력이 고준위가 된다.

배타적 논리합(XOR)

A B	출력
0 0	0
0 1	1
1 0	1
1 1	0

등가 회로

XOR 게이트의 출력은 입력이 서로 다른 경우에만 고준위가 된다. XOR 게이트는 입력이 두 개뿐이나.

[역주] 즉, 뒤집개, 전환기, 변환기

배타적 부정 논리합(XNOR)

A B	출력
0 0	1
0 1	0
1 0	0
1 1	1

등가 회로

한 개의 XOR 게이트로 NOT을 결합함으로써, 입력이 같으면 출력이 고준위가 된다.

보기 12.10

12.2.1 다중 입력 논리 게이트

AND, NAND, OR, NOR 게이트로 종종 입력이 두 개 이상 들어오기도 한다(XOR와 XNOR 게이트에는 해당하지 않은데, 입력이 두 개만 필요하기 때문이다). 보기 12.11에 입력이 네 개인 AND, 입력이 여덟 개인 AND, 입력이 세 개인 OR, 입력이 여덟 개인 OR 게이트를 나타냈다. 입력이 여덟 개인 AND 게이트에서 출력이 고준위가 되려면 모든 입력이 고준위여야 한다. 입력이 여덟 개인 OR 게이트에서 출력이 고준위가 되려면 최소한 한 개의 입력이 고준위여야 한다.

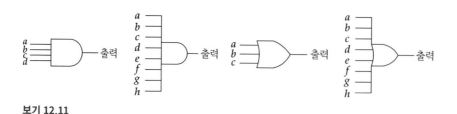

보기 12.11

12.2.2 디지털 논리 게이트 IC

역주1 즉, 논리 집적 회로
역주2 즉, 현장 프로그램 가능 게이트 어레이
역주3 즉, 프로그래머블 로직

이번 장의 도입부에서 언급했듯이 개별 논리 IC[역주1]는 필드 프로그래머블 게이트 어레이(field-programmable gate arrays, FPGA)[역주2]와 같은 프로그램 가능 논리 장치[역주3]인 마이크로컨트롤러로 거의 완전히 대체됐다. 그렇지만 간단한 응용에서는 여전히 한두 개 논리 IC들을 함께 사용하기도 한다.

디지털 논리를 짜는 데 사용하는 기술은 아주 다양하다. 가장 대중적인 기술로는 상보성 MOSFET(complementary MOSFET, CMOS) 논리가 있다.

논리 IC는 보통 한 개 이상의 논리 게이트를 수용한다(예를 들어, 4중 2입력 NAND, 6중 인버터 등). IC 내의 각 게이트는 양성 공급 핀($+V_{CC}$ 또는 $+V_{DD}$)과 접지 핀(GND)이라는 두 가지 공급 핀을 통해 구현되는 공통 공급 전압을 공유한다. 디지털 논리 게이트 IC 중 가장 인기 있는 'HC'는 2~6 V의 공급 전압 범위에서 동작하며, 5 V는 트랜지스터-트랜지스터 논리(TTL) 시대의 유물로서 표준 동작 전압의 일부이다.

입력 및 출력 전압 준위(voltage level)를 보통 0 V(저준위)와 +5 V(고준위)로 추정한다. 그러나 필요한 실제 입력 전압과 게이트에서 제공되는 실제 출력 전압은 결정되지 않는다. 예를 들어, 74HCxx 계열은 2.5~5 V의 고준위 입력과 0~2.1 V의 저준위 입력을 인식한다. 그렇지만 CMOS 4000B 계열($V_{CC} = +5 V$)의 경우에는 인식할 수 있는 입력 전압 범위가 고준위의 경우에는 3.3~5V이고 저준위의 경우에는 0~1.7 V이다. 보장된 고준위 또는 저준위 출력 준위 범위는 4.9~5V와 0~0.1V이다. 나중에 12.4절에서 이러한 규격들을 다시 다룬다. 지금은 보기 12.12와 12.13에 나타낸 바와 같이 이러한 IC들의 모양에만 익숙해지자. 보기에 나열된 CMOS 소자들에는 74HCxx와 4000(B)가 포함되어 있다. 보기에 보이는 TTL 소자들에는 74xx, 74Fxx, 74LS가 포함된다.

74HC00 계열

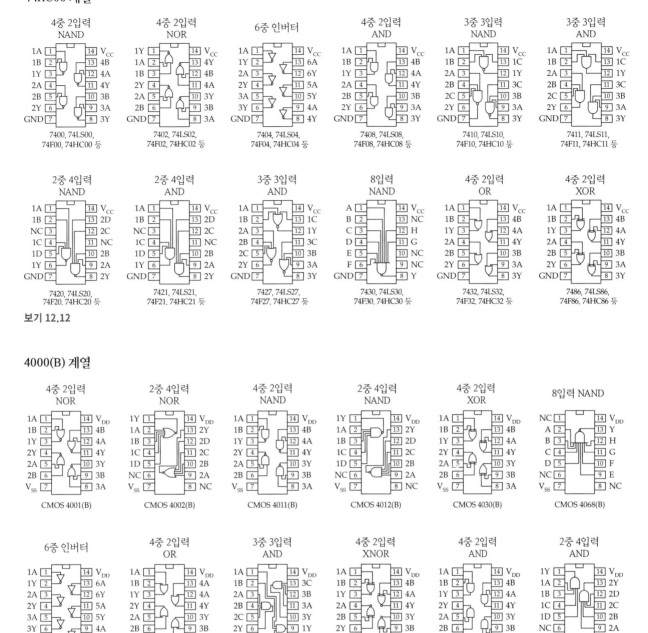

보기 12.12

4000(B) 계열

보기 12.13

12.2.3 단일 논리 게이트 응용

복잡한 의사결정 회로를 형성하기 위해 논리 게이트를 결합하는 일과 관련된 논리 게이트 응용의 핵심으로 뛰어들기 전에, 단일 논리 게이트만 사용해야 하는 단순한 응용 사례 몇 가지를 살펴보자.

■ 가용/불용 제어

역주 즉, 활성/비활성 게이트 또는 사용/비사용 게이트 또는 사용 가능/사용 불능 게이트

가용/불용 게이트(enable/disable gate)역주는 주어진 파형의 통로를 제어하는 역할을 맡는 논리 게이트이다. 파형, 말하자면 클럭 신호와 같은 파형은 게이트의 입력 중 한쪽으로만 투입되고, 나머지 입력은 가용/불용 제어 리드로 동작한다. 가용/불용 게이트는 디지털 시스템에 자주 사용되어 다양한 장치들에서 나오는 제어 정보를 쓰거나 쓰지 못하게 한다. 보기 12.14에 가용/불용 회로를 나타냈다. 첫 번째 것은 AND 게이트를 사용하고, 두 번째 것은 OR 게이트를 사용한다. NAND 게이트와 NOR 게이트도 가용 게이트에서 자주 사용된다.

AND를 가용 게이트로 사용

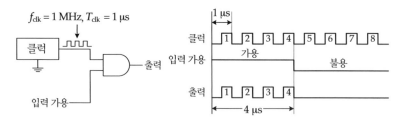

OR를 가용 게이트로 사용

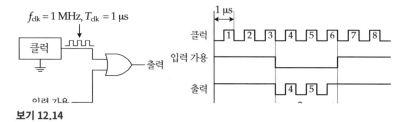

보기 12.14

보기의 윗부분에서, AND 게이트가 가용 게이트로 동작한다. 입력 가용 리드가 고준위가 되면 클럭 신호는 출력으로 통과한다. 이 예에서 입력 가용은 4 μs 동안 고준위로 유지되어 네 개의 클럭 펄스($T_{clk} = 1$ μs)가 통과할 수 있게 한다. 입력 가용 리드가 저준위이면, 게이트는 불용이되어 클럭 펄스(역주 즉, 시계 펄스)가 출력으로 통하지 못하게 된다.

아랫부분에서 OR 게이트가 가용 게이트로 사용된다. 입력 가용 리드가 고준위이면 출력이 고준위로 유지되는데, 클럭 신호가 변화할 때도 그렇다. 그렇지만 가용 입력이 저준위이면 클럭 펄스가 출력으로 전달된다.

■ 파형 생성

역주 즉, 시퀀싱 회로

앞에 나온 예에서 그림으로 그려낸 것처럼 논리 게이트의 기본 가용/불용 기능을 사용하고 반복적인 파형 생성기 회로의 도움을 받아 순서화 회로역주를 디지털로 제어하는 데 사용할 수 있는 특별한 파형을 만들 수 있다.

사례로 나오는 파형 생성기 회로는 존슨 계수기(Johnson counter)이다. 존슨 계수기를 12.8절에서 다룬다. 지금은 단순히 산출물만 집중하자. 보기 12.15에서 존슨 계수기는 시계 펄스들을 사용해 서로 다른 출력 파형들을 생성해 내는데, 이는 타이밍도에서 보이는 바와 같다. 출력 A, B, C, D는 4 μs(4 클럭 주기) 동안 고준위가 되고 서로 1 μs씩 떨어져 있게 된다. 출력 $\bar{A}$, $\bar{B}$, $\bar{C}$, $\bar{D}$는 각기 A, B, C, D 출력을 보수 처리하는 파형들을 산출한다.

그런데 계수기가 제공하는 특정 시간에 4 μs 간의 고/저 펄스가 필요한 특정 응용이 있을 수 있다. 그러나 응용에 3 μs 동안 고준위 파형이 필요하고, 이 파형이 2 μs에서 시작해 5 μs(보기 12.15에 나오는 시간 축척에 비례)에서 끝난다면 어떻게 할 것인가? 이게 바로 논리 게이트가 편리한 점이다. 예를 들어, AND 게이트의 입력을 계수기의 A 및 B 출력에 연결하면 원하는 2~5 μs의 고준위 파형을 AND 게이트의 출력에서 얻을 수 있다. 1~2 μs까지는 AND 게이트가 저준위(A = 1, B = 0)를 출력하고, 2~5 μs 동안은 AND 게이트가 고준위(A = 1, B = 1)를 출

력하고, 5~6 μs 동안은 AND 게이트가 저준위($A = 0$, $B = 1$)를 출력한다. 보기 12.16의 왼쪽 상단 부분을 보라.

존슨 자리이동 계수기

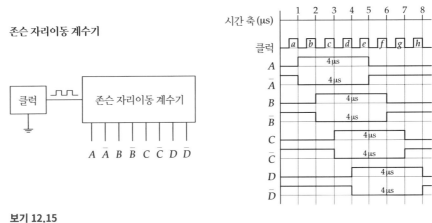

보기 12.15

1 μs에서 5 μs에 이르는 파형을 위한 연결

그 밖의 가능한 연결과 파형

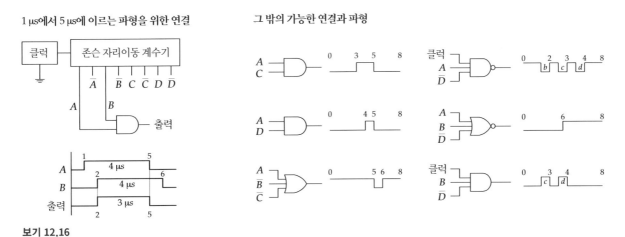

보기 12.16

다양한 논리 게이트를 사용하고 존슨 자리이동 계수기(Johnson shift counter)의 다른 출력을 건드려 다양한 다른 특수 파형을 생성할 수 있다. 보기 12.16에 그 밖의 가능한 것들을 여섯 개 나타냈다.

12.2.4 조합 논리

조합 논리(combinational logic)란 논리 게이트들을 함께 결합해 더 유용하게 작동하고, 더 복잡한 기능을 갖춘 회로를 형성하는 일과 관련이 있다. 예를 들어, 특정 조건 집합이 충족될 때만 청소부 로봇에 자동 충전(전원 콘센트 찾기)을 지시하는 데 사용되는 논리를 설계해 보자. '자동 충전' 조건을 다음과 같이 규정된다.

[전지가 떨어짐(전지 점검 회로에서 고준위 출력 신호로 가리킴)

또는

오늘 할 일이 끝남(타이머 회로에서 고준위 출력 신호로 가리킴)]

또는

[진공청소를 마침(진공청소 완료 점검 회로에서 고준위 전압 출력으로 가리킴)

그리고

걸레질이 끝남(걸레질 마감 점검 회로에서 고준위 출력 신호로 가리킴)]

입력에 고준위가 적용되어 충전기 탐색 루틴 회로가 작동됐다고 추정해 보자. 희망하는 논리 기능을 로봇에 맞춰 수행하는 간단한 조합 회로 두 개를 보기 12.17에 나타냈다. 두 회로가 사용하는 게이트 개수는 서로 다르지만 같은 기능을 수행한다. 이제 남은 질문은 '이 회로들로 무얼 생각해 낼 수 있는가?'이다. 두 회로에 어떤 게이트가 필요한지 예측하기는 쉽다. 조건문에 있는 그리고(and)라는 단어를 논리 회로의 AND 게이트로 바꾸고, 조건문에 있는 또는(or)이라는 단어를 논리 회로의 OR 게이트로 바꾸기만 하면 된다. 나머지는 상식대로 처리하면 된다.

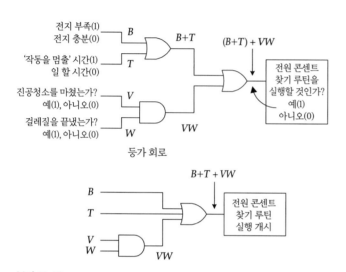

B	T	V	W	B+T	VW	(B+T) + VW
0	0	0	0	0	0	0
0	0	0	1	0	0	0
0	0	1	0	0	0	0
0	0	1	1	0	1	1
0	1	0	0	1	0	1
0	1	0	1	1	0	1
0	1	1	0	1	0	1
0	1	1	1	1	1	1
1	0	0	0	1	0	1
1	0	0	1	1	0	1
1	0	1	0	1	0	1
1	0	1	1	1	1	1
1	1	0	0	1	0	1
1	1	0	1	1	0	1
1	1	1	1	1	1	1

보기 12.17

그렇지만 더 복잡한 회로를 설계해야 할 때 어떤 논리 게이트 종류를 사용해야 하는지와 그것들을 어떻게 결합할 것인지를 직감으로 생각해내기란 무척 어렵다. 결합 회로를 쉽게 설계하려면, 불 대수(Boolean algebra)[역주]라고 부르는 특별한 기호 언어를 사용해야 하는데, 이 언어는 오직 참 변수와 거짓 변수만을 사용한다. 로봇 회로용 불 대수를 다음과 같이 표현할 수 있다.

[역주] 즉, 부울 대수 또는 불리언 대수

$$E = (B + T) + VW$$

이 식이 나타내는 바를 설명하자면, B(배터리 점검 회로의 출력) 또는 T(타이머 회로의 출력)가 참이거나, V와 W(진공청소 및 걸레질 출력)가 참이면, E(전원 콘센트 회로 입력 활성화)가 참이라는 소리다.

또는(or)이라는 단어는 간단히 + 기호로 대체되며, 그리고(and)라는 단어는 간단히 두 변수를 나란히 곱하는 일(변수를 나란히 두거나 변수 사이에 점을 표시해 두는 것과 비슷한 방식으로)로 표현된다. 또한 불 대수에서 해당 항이 참이면 1로 표현하고, 거짓이면 0으로 표현한다는 점에 주의하자. 여기서 우리는 정 논리(positive logic)[역주]를 가정한다. 여기서 참은 고준위 전압과 같다. 로봇 회로에 대한 불 표현식(Boolean expression)을 사용해 다음 결과 중 일부를 제안할 수 있다(보기 12.17의 진리표가 모든 가능한 결과를 제공한다).

[역주] 즉, 양 논리수

$E = (B + T) + VW$

$E = (1 + 1) + (1 \cdot 1) = 1 + 1 = 1$ (전지가 약해서 작동을 멈춰야 할 때이므로 집안일을 멈추라 = 재충전하러 가라)

$E = (1 + 0) + (0 \cdot 0) = 1 + 0 = 1$ (전지가 약하다 = 재충전하러 가라)

$E = (0 + 0) + (1 \cdot 0) = 0 + 0 = 0$ (걸레질이 끝나지 않았다 = 아직 재충전하지 마라)

$E = (0 + 0) + (1 \cdot 1) = 0 + 1 = 1$ (집안일을 다 마쳤다 = 재충전하러 가라)

$E = (0 + 0) + (0 \cdot 0) = 0 + 0 = 0$ (진공청소와 걸레질을 끝내지 않았다 = 아직 재충전하지 마라)

로봇 사례에서 AND 함수와 OR 함수를 불 대수 항으로 표현하는 방법을 볼 수 있다. 그렇지만 부정 연산(NOT, NAND, NOR)과 배타적 연산(XOR, XNOR)이라면 어떨까? 이러한 것들을 불 항으로는 어떻게 표현할 수 있을까?

- NOT 조건의 경우에, NOT이 되는 변수 또는 변수들 위에 선을 긋는다.
- NAND 식의 경우에, AND 식 위에 선을 긋는다.
- NOR 식의 경우에, OR 식 위에 선을 긋는다.
- 배타적 연산인 경우에, ⊕를 사용한다.

보기 12.18은 다양한 논리 게이트로 표현할 수 있는 모든 불 표현식을 요약한 것이다.

논리 게이트용 불 표현식

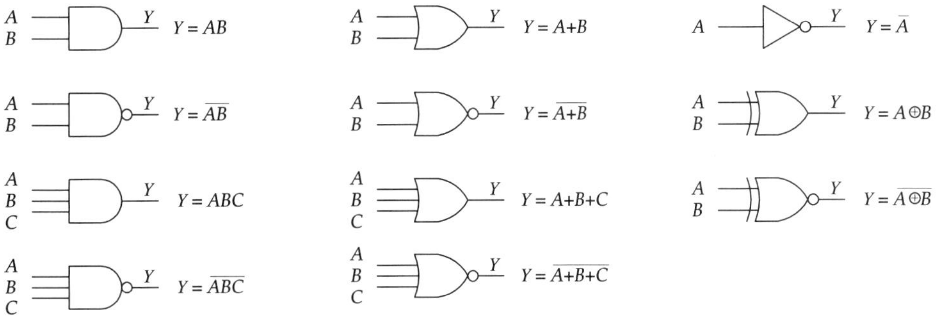

보기 12.18

전통 대수와 마찬가지로, 불 대수에도 불 표현식을 단순하게 만들 수 있는 논리 항등식 집합이 있으므로 회로를 더 압축할 수 있다. 이러한 항등식들에는 각기 덧셈의 교환 법칙, 덧셈의 결합 법칙, 덧셈의 분배 법칙이라는 이름이 붙어 있다. 다양한 항등식을 무엇이라고 부를지 걱정할 필요 없이 간단히 다음 쪽에 나오는 항등식 목록을 참고하면 그만이다. 이러한 항등식 대다수를 이름만으로도 이해할 수 있는데, 물론 일부는 명확하지 않기도 하지만, 이점을 곧 알 수 있다. 보기 12.19에 나오는 다양한 회로에서 실제 항등식 중 일부를 나타냈다.

논리 항등식

 1) $A + B = B + A$
 2) $AB = BA$
 3) $A + (B + C) = (A + B) + C$
 4) $A(BC) = (AB)C$
 5) $A(B + C) = AB + AC$
 6) $(A + B)(C + D) = AC + AD + BC + BD$
 7) $\overline{1} = 0$
 8) $\overline{0} = 1$
 9) $A \cdot 0 = 0$
10) $A \cdot 1 = A$
11) $A + 0 = A$
12) $A + 1 = 1$
13) $A + A = A$
14) $AA = A$
15) $\overline{\overline{A}} = A$
16) $A + \overline{A} = 1$
17) $A\overline{A} = 0$
18) $\overline{A + B} = \overline{A}\,\overline{B}$
19) $\overline{AB} = \overline{A} + \overline{B}$
20) $A + \overline{A}B = A + B$
21) $\overline{A} + AB = \overline{A} + B$
22) $A \oplus B = \overline{A}B + A\overline{B} = (A + B)(\overline{AB})$
23) $\overline{A \oplus B} = AB + \overline{A}\,\overline{B}$

보기 12.19

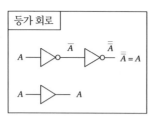

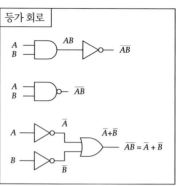

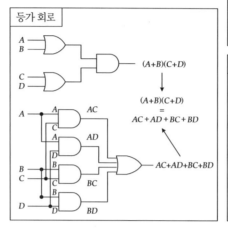

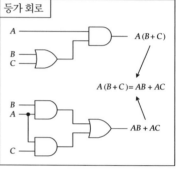

■ **예제**

보기 12.20의 회로에 대한 초기 불 표현식을 찾은 다음, 논리 ID를 사용해 더 적은 수의 게이트가 필요한 회로를 생각해 보자.

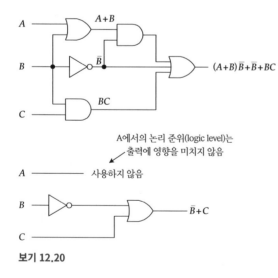

보기 12.20

여기에 나온 회로를 다음 불 대수로 표현한다.

$$출력 = (A + B)\overline{B} + \overline{B} + BC$$

이 식을 항등식 5를 사용해 간단하게 할 수 있다.

$$(A + B)\overline{B} = A\overline{B} + B\overline{B}$$

이것은 다음과 같이 된다.

$$출력 = A\overline{B} + B\overline{B} + \overline{B} + BC$$

항등식을 사용하면 **17**($B\overline{B} = 0$)과 **11**($\overline{B} + 0 = \overline{B}$)이므로 다음을 얻는다.

$$출력 = A\overline{B} + 0 + \overline{B} + BC = A\overline{B} + BC + \overline{B}$$

선행 항에서 $\overline{B}$를 인수분해하면 이렇게 주어진다.

$$출력 = \overline{B}(A + 1) + BC$$

항등식 12를 사용하면 얻게 되는 것은 다음과 같다.

$$출력 = \overline{B}(1) + BC = \overline{B} + BC$$

마지막으로, 항등식 21을 사용해서 단순하게 한 식을 얻는다.

$$출력 = \overline{B} + C$$

이제 A가 없어진 점에 주목하라. A에서 이뤄진 논리 입력이 출력에 영향을 끼치지 않으므로 A를 소거할 수 있다. 이렇게 줄이면 그림의 하단에 단순화된 회로가 생긴다.

■ 배타적 게이트 다루기(항등식 22와 23)

이제 XOR(항등식 22) 및 XNOR(항등식 23) 게이트를 포함하는 그다지 확실치는 않은 두 가지 논리 항등식을 살펴보자. 보기 12.21의 왼쪽 끝 부분에 XOR 게이트의 등가 회로를 나타냈다. 아래쪽 두 가지 등가 회로에서 항등식 22는 불 축소로 증명된다. XNOR 게이트의 등가 회로를 보기의 오른쪽 끝 부분에 나타냈다. 항등식 23을 입증할 때는 간단히 항등식 22를 부정한 것을 사용할 수 있다.

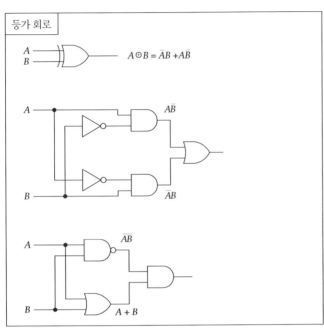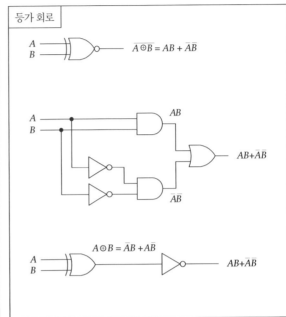

보기 12.21

■ 드모르간의 정리(항등식 18과 19)

NAND와 NOR를 담고 있는 회로를 간단히 할 때는 드모르간의 정리(De Morgan's theorem)로 알려진 아주 유용한 정리를 사용한다. 이 정리를 통해 두 개 이상의 변수에 대한 반전 막대(inversion bar)가 그어진 식을 단일 변수에 대해서만 반전 막대가 그어진 식으로 변환할 수 있다. 드모르간의 정리(항등식 18과 19)는 다음과 같다.

$$\overline{A \cdot B} = \overline{A} + \overline{B} \quad \text{(변수가 두 개)} \qquad \overline{A \cdot B \cdot C} = \overline{A} + \overline{B} + \overline{C} \quad \text{(변수가 세 개 또는 그 이상)}$$

$$\overline{A + B} = \overline{A} \cdot \overline{B} \qquad\qquad\qquad \overline{A + B + C} = \overline{A} \cdot \overline{B} \cdot \overline{C}$$

보기 12.22를 사용하면 이러한 항등식이 정확한지를 가장 쉽게 증명할 수 있는데, 등가 회로의 진리표가 동일하다는 점에 유의하라. 대응하는 맨 왼쪽 게이트의 입력에 있는 반전 기포(inversion bubble)역주에 주목하라. 반전 기포는 입력 A와 B가 기본 게이트에 적용되기 전에 반전(부정)된다는 점을 나타낸다. 즉, 기포는 NOT 게이트를 간단하게 표현한 것이다.

역주 즉, 반전 버블

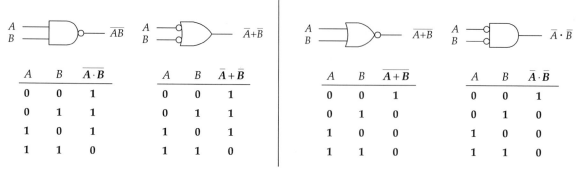

보기 12.22

NAND 게이트 기호 대신에 반전 입력 OR 게이트 기호를 사용해야 하는 이유는 무엇일까? 아니면 NOR 게이트 기호 대신에 반전 입력 AND 게이트 기호를 사용해 보면 어떨까? 이는 설계자가 가장 상징적으로 사용하는 기호를 선택하도록 남겨 둔다. 예를 들어, 회로를 설계할 때 OR 처리하거나 AND 처리한 반전 입력을 생각하는 것은 NAND 처리하거나 NOR 처리한 입력을 생각하기보다는 쉽다. 마찬가지로, 반전 입력 게이트를 사용해 진리표를 작성하거나 불 표현식으로 작업하는 편이 더 쉬울 수도 있다. 일반적인 반전 막대 아래에 결합된 변수가 없는 진리표 및 불 표현식을 만드는 것이 일반적으로 더 쉽다. 물론 실제 작업 회로를 구성할 때가 되면 입력에 NOT 게이트를 추가하지 않아도 되므로 NAND 및 NOR 게이트로 전환하려고 할 것이다.

● 기포 밀기

등가 논리 회로 형성의 지름길은 드모르간의 정리를 바탕으로 기포 밀기(bubble pushing)라고 부르는 것을 사용하는 것이다. 기포 밀기는 다음 요령과 관련이 있다.

- AND를 OR 게이트로 바꾸거나 OR 게이트를 AND 게이트로 바꾼다.
- 원래의 기포들을 제거하면서 입력 및 출력에 반전 기포를 추가한다.

이게 전부다. 원래 게이트와 기포 밀기 게이트에 해당하는 진리표를 검토해 이 지름길이 작동하는지 직접 확인하거나, 드모르간의 정리를 사용해 불 표현을 해결할 수 있다. 보기 12.23은 기포 밀기 사례를 보여준다.

보기 12.23

● NAND와 NOR 게이트의 범용 성능

NAND 게이트와 NOR 게이트는 범용 게이트(universal gate)라고 불린다. 각 게이트로 모든 논리 게이트를 형성할 수 있기 때문이다. NAND 또는 NOR 게이트로 어떤 논리 게이트이든지 만들어 낼 수 있어서 편리하다. 예를 들어, XOR IC가 손에 익지 않은 경우에 단일 다중 게이트인 NAND 게이트(예를 들어, 74HC00)로 대신할 수 있다. 보기 12.24는 NAND 또는 NOR 게이트를

논리 게이트	NAND 등가 회로	NOR 등가 회로
NOT	A — $\overline{AA} = \overline{A}$	A — $\overline{A+A} = \overline{A}$
AND	A, B — $\overline{AB}$ — $\overline{\overline{AB}} = AB$	A — $\overline{A+A}=\overline{A}$, B — $\overline{B+B}=\overline{B}$ — $\overline{\overline{A}+\overline{B}}=\overline{\overline{AB}}=AB$
NAND		A, B — $\overline{AB}$
OR	A — $\overline{A}$, B — $\overline{B}$ — $\overline{\overline{A}\,\overline{B}} = A+B$	A, B — $\overline{A+B}$ — $\overline{(A+B)+(A+B)}=A+B$
NOR	A — $\overline{A}$, B — $\overline{B}$ — $\overline{\overline{A}\,\overline{B}} = A+B$ — $\overline{A+B}$	
XOR		
XNOR		

보기 12.24

■ AND-OR-인버터 게이트

불 표현식이 축소되면 일반적으로 남아있는 수식은 다음 두 가지 형식 중 하나가 된다. 합의 곱(product of sums, POS) 또는 곱의 합(sum of products, SOP)이 그것이다. POS 식은 두 개 이상의 OR 처리된 변수로 표시되며, 둘 이상의 추가 OR 처리된 변수와 함께 AND 처리된다. SOP 식은 추가 AND 처리된 변수들을 OR 처리한 두 개 이상의 AND 처리된 변수로 나타난다. 보기 12.25는 논리적 기능이 같은 회로 두 개(두 회로는 등가)를 보여 주지만, 왼쪽 회로는 POS 표현식을 산출하도록 설계된 반면 오른쪽 회로는 SOP 표현식을 산출하도록 설계되었다.

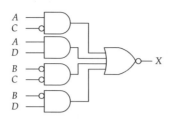

POS 식을 위한 논리회로

$$X = (A + \bar{B})(\bar{C} + D)$$

SOP 식을 위한 논리회로

$$X = A\bar{C} + AD + \bar{B}\bar{C} + \bar{B}D$$

SOP 식(POS보다 쉬움)으로 만든 표

A	B	C	D	$A\bar{C}$	AD	$\bar{B}\bar{C}$	$\bar{B}D$	X
0	0	0	0	0	0	1	0	1
0	0	0	1	0	0	1	1	1
0	0	1	0	0	0	0	0	0
0	0	1	1	0	0	0	1	1
0	1	0	0	0	0	0	0	0
0	1	0	1	0	0	0	0	0
0	1	1	0	0	0	0	0	0
0	1	1	1	0	0	0	0	0
1	0	0	0	1	0	1	0	1
1	0	0	1	1	1	1	1	1
1	0	1	0	0	0	0	0	0
1	0	1	1	0	1	0	1	1
1	1	0	0	1	0	0	0	1
1	1	0	1	1	1	0	0	1
1	1	1	0	0	0	0	0	0
1	1	1	1	0	1	0	0	1

보기 12.25

설계하기에 가장 좋은 회로는 어떤 것인가? POS 식을 구현한 것일까? 아니면 SOP 식을 구현한 것일까? 여기에 나온 POS 설계에서 게이트를 덜 사용하므로 더 나은 선택처럼 보일 수 있다. 그렇지만 SOP 설계가 불 표현식을 사용해 작업하기가 더 쉽기 때문에 좋다. 예를 들면, 보기 12.25(POS 또는 SOP)에 나오는 불 표현식 중에 어느 게 진리표를 생성하는 데 사용하기에 더 나은가? SOP 식을 선택하는 게 자명해 보인다.

SOP 설계를 사용해야 할 더 현실적인 이유로는, AND-OR-인버터(AOI) 게이트라고 부르는 특별한 IC들이 SOP 식을 다루기 적합하게 설계됐다는 사실과 관련이 있다. 예를 들어, 보기 12.26에 나와 있는 74LS54 AOI IC는 두 개의 2입력 AND 게이트와 두 개의 3입력 AND 게이트를 함께 NOR 처리해 출력에서 반전된 SOP 표현식을 생성한다. 원한다면 반전 막대를 없애기 위해 출력에 NOT 게이트를 붙일 수 있다. 특정 입력이 사용되지 않으면 보기 12.26의 회로 사례와 같이 고준위 입력을 유지해야 한다. AOI IC들이 다양하게 구성되어 공급되므로 사용할 만한 것을 제품 소개 자료에서 확인하라.

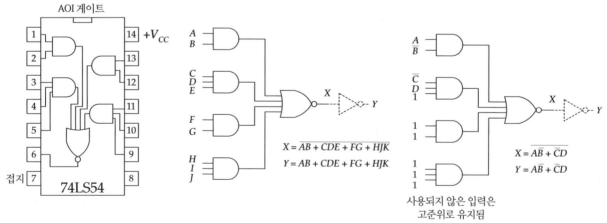

AOI 게이트

$$X = \overline{AB + CDE + FG + HJK}$$
$$Y = AB + CDE + FG + HJK$$

$$X = \overline{A\bar{B} + \bar{C}D}$$
$$Y = A\bar{B} + \bar{C}D$$

사용되지 않은 입력은 고준위로 유지됨

보기 12.26

14장에서는 위에서 설명한 것과 같은 조합 논리 회로에 논리 게이트 IC가 많이 필요하지 않다는 점과, 필드 프로그래머블 게이트 어레이(field-programmable gate array, FPGA)라고 불리는 특수하게 구성할 수 있는 칩을 프로그래밍하는 방법을 보게 될 것이다.

12.2.5 회로를 단순하게 유지(카르노 도)

논리 항등식을 사용해 불 표현식을 단순화하는 방법을 배우는 일을 이제 막 마쳤다. 논리 회로를 구축하는 데 필요한 게이트 개수를 줄여주므로 이 방법은 중요하다. 이 점에 동의할 것이라고 확신하기는 하지만, 불 문제를 일일이 손으로 풀기는 쉽지 않다. 시간과 영리함이 필요하다. 영리함을 필요로 하는 불쾌한 작업을 손쉽게 피하려면 진리표나 불 표현식을 허용하는 컴퓨터 프로그램을 입수해 가장 간단하게 한 식과 회로도를 제공받으면 그만이다.

여기서 그와 같은 보조 프로그램이 없다고 가정하자. 불을 여전히 손으로 풀어야 할까? 아니다. **카르노 도법**(Karnaugh mapping)이라고 부르는 기법을 사용할 수 있다. 이 기법을 사용하면 주어진 진리표를 취해(또는 진리표로 변환할 수 있는 불 표현식을 취해) 카르노 도(Karnaugh map)로 변환하고, 간단한 그리기 규칙을 적용해 최종 회로용으로 가장 간단하고 (대부분 시간) 사용 가능한 불 표현식을 생각해 낼 수 있다. 카르노 도법은 입력이 3~4개인 회로에서 가장 잘 작동한다. 이보다 작은 경우라면 굳이 깊이 생각할 필요가 없을 것이다. 입력이 네 개를 초과하면 상당히 까다로워진다.

3입력 시스템에 카르노 도법을 적용하는 방법을 기본적으로 훑어보면 이렇다.

1. 희망하는 진리표를 선택한다. 보기 12.27에 나오는 것을 선택하자. (불 표현식이 있다면 SOP 식으로 바꾼 다음에 SOP 식을 사용해 진리표를 생성한다.)

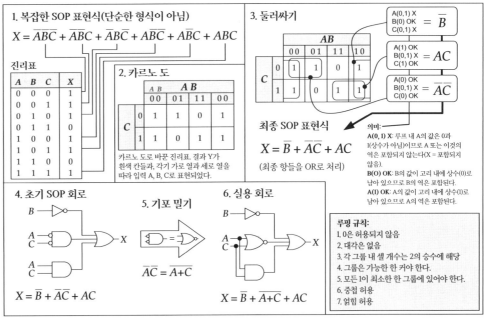

보기 12.27

2. 진리표를 카르노 도로 번역한다. 카르노 도가 진리표와 유사하기는 하지만, 카르노 도에는 두 축을 따라 표기된 변수들이 있다. 진리표를 카르노 도로 바꾸면, 정보를 표현하는 데 필요한 1과 0의 개수를 줄일 수 있다. 보기 12.27에 번역이 어떻게 되는지를 나타냈다.

3. 카르노 도를 작성한 후에 1에 인접한 칸들을 2, 4, 8, …, 2n의 묶음으로 둘러쌀 수 있다.

한 묶음으로 묶을 수 있는 칸이 많을수록 최종 방정식이 더 간단해진다. 0을 둘러쌀 수는 없으며 대각선으로 뻗은 고리를 만들 수는 없다. 모든 1이 최소한 한 묶음이어야 한다. 도표 주위도 둘러서 감쌀 수 있다.

4. 각 고리 내에서 일정하게 유지되는 변수를 식별하고 이들 변수를 OR로 결합해 SOP 표현식을 작성하라. 여기서 상수는 변수와 그 역이 고리 내에 함께 존재하지 않는다는 것을 의미한다. 예를 들어, 보기 12.27의 3절에서 A와 B는 고리 전체에서 0과 1의 값을 취하기 때문에 A와 B가 일정하지 않지만, 고리 전체에서 $B = 0$이기 때문에 네 개의 1을 포함하는 고리는 B로 축소된다. (어떤 변수가 상수 0인 경우 최종 식은 해당 변수의 역이다. 변수가 고리 전체에서 상수 1이면 마지막 표현식은 반전되지 않은 변수이다.)

5. 마침내 완성한 SOP 식은 가장 간단하고 최선인 식이다. 이것을 사용해 논리 회로를 생성할 수 있다. 보기 12.27과 같이 최종 회로를 실용적으로 만들기 위해 약간의 기포를 추가해야 한다.

4입력 회로용 카르노 도를 그릴 때에도 3입력 체계에 사용한 것과 같은 기본 단계들을 밟으면 된다. 그렇지만 모든 필요 정보를 유지하려면 4×4 카르노 도를 사용해야 한다. 보기 12.28에 4입력 진리표(또는 단순하지 않은 4변수 SOP 식)를 사용해 어떻게 카르노 도를 그릴 수 있는지와, 최종 논리 회로를 만드는 데 사용할 수 있는 단순화한 SOP 식으로 전환할 수 있는지를 나타냈다.

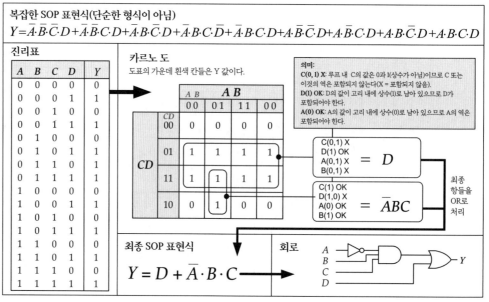

보기 12.28

보기 12.29는 AOI IC를 사용해 도표를 작성한 후에 최종 SOP 표현식을 구현하는 예를 보여준다.

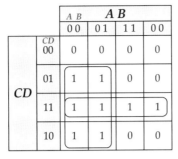

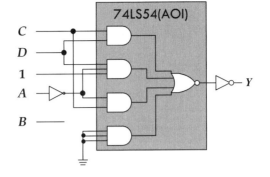

$$Y = CD + \overline{A} \cdot D + \overline{A} \cdot C$$

보기 12.29

■ 그 밖의 반복 구성

보기 12.30은 4 × 4 카르노 도와 함께 사용되는 그 밖의 고리로 둘러싸 배치하는 사례를 보여준다.

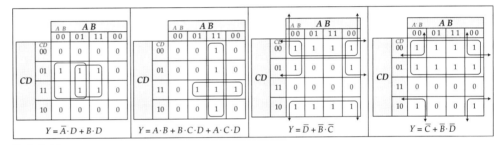

보기 12.30

간편하게 무료 온라인 카르노 도 계산기 중 한 개를 사용해 보라. 'Karnaugh Map Explorer 2.0(카르노 도 탐색기 2.0)'을 구글에서 검색해 보라. 이 도구를 쓰면 지도를 그린다거나 고리 기법을 직접 쓰는 일을 피할 수 있다. 진리표(또는 카르노 도)에 간단히 값을 입력하기만 하면, 프로그램이 최종 논리식을 계산해 낸다.

12.3 조합 장치

진리표와 불 표현식에 표현된 함수를 논리 게이트로 구현하는 방법을 조금은 알게 되었으니, 디지털 전자공학 실무에 흔히 쓰이는 몇 가지 기능을 살펴볼 시간이다. 앞으로 알게 되겠지만, 일반적으로 필요 논리를 모두 담고 있는 IC가 이와 같은 기능을 싣고 있다.

이러한 생각을 따르기 전에, 이번 장에서 거의 모든 사항을 다루는 동안에 마이크로컨트롤러를 사용하는 게 더 적절한지를 자문해 봐야 한다. 그렇지만 여기에서 설명하는 장치 중 다수를 마이크로컨트롤러와 함께 사용할 수 있으며, 특히 디코더는 더욱 그렇다. 디코더는 사용 중인 마이크로컨트롤러의 핀보다 많은 LED를 구동해야 하는 것과 같은 작업에 유용하면서도 저렴한 해법이 될 수 있다.

출발하기 전에 먼저 IC 부품 번호를 살펴보자. 논리 게이트 IC와 마찬가지로, 다음에 나오는 조합 IC는 4000 계열이나 7400 계열 중 하나다. 74138과 같은 원래의 TTL IC는 74F138, 74HC128 (CMOS) 및 74LS138(CMOS)과 같은 최신 장치와 본질적으로 동일한 장치(일반적으로 동일한 핀아웃 및 기능을 갖지만 항상 같은 것은 아님)이다. 실제적으로는 장치의 전반적인 성능(속도, 전력 손실, 전압 수준 정격 등)이 다르다. 이와 같이 골치 아픈 세부 사항에 조금 더 빠져 들어야 할 것이다.

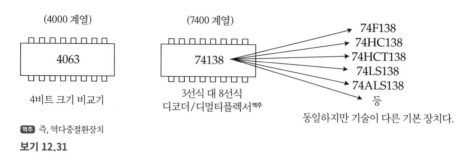

보기 12.31

12.3.1 멀티플렉서(데이터 선택기)와 양방향 스위치

역주 즉, 다중절환장치 또는 다중스위치

멀티플렉서역주, 즉 데이터 선택기는 디지털 방식으로 제어하는 스위치로 작동한다. 데이터 선택기 (data selector)라는 용어는 장치가 단극쌍투 스위치처럼 작동하도록 설계된 경우에만 쓰는 용어이고, 멀티플렉서(multiplexer)라는 용어는 스위치의 투로 개수가 단극8투와 같이 두 개 이상일 때 사용하는 용어다. 이 책에서는 이러한 관행을 따른다(다른 사람은 안 그럴 수도 있지만).

논리 게이트로 구축된 간단한 '1/2(2중의 1)' 데이터 선택기가 보기 12.32에 나와 있다. 이 회로의 데이터 선택 입력은 어떤 입력 (A 또는 B)이 출력으로 전달되는지 제어하는 역할을 한다. 데이터 선택이 저준위이면 B가 차단된 동안 입력 A가 전달된다. 데이터 선택이 고준위일 때는 A가 차단되어 있는 동안 입력 B가 전달된다. 이 회로의 작동 방식을 이해하기 위해 AND 게이트들을 가용 게이트로 생각하라.

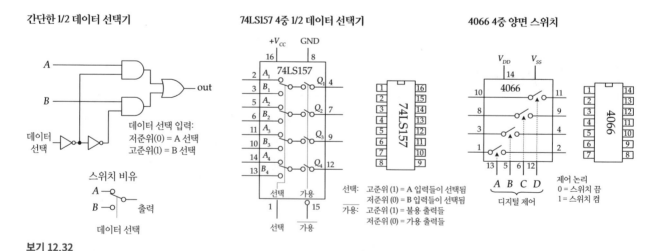

보기 12.32

IC 형태로 들어오는 데이터 선택기의 종류는 무척 다양하다. 예를 들어, 보기 12.32에 나와 있는 74LS157 4중 1/2 데이터 선택기 IC는 전기적으로 제어되는 4중 단극쌍투 스위치(또는 원하는 경우 4극쌍투)처럼 작동한다. 선택 입력이 고준위(1)로 설정되면 A_1, A_2, A_3, A_4 입력이 Q_1, Q_2, Q_3, Q_4 출력으로 전달될 수 있게 된다. 선택 입력이 저준위(0)로 설정되면 B_1, B_2, B_3, B_4 입력이 Q_1, Q_2, Q_3, Q_4 출력으로 전달될 수 있게 된다. 그렇지만 이 조건은 가용 입력의 상태에 궁극적으로 의존한다.

가용 입력이 저준위일 때, 모든 데이터 입력 신호가 출력으로 전달될 수 있게 된다. 그렇지만 가용이 고준위이면 신호는 전달되지 못하게 된다. 이러한 유형의 가용 제어는 가용 기능(데이터를 출력으로 전달)이 저준위 입력 전압에서만 발생하기 때문에 활성 저준위(active-low) 가용이라고 부른다. 활성 저준위 입력은 기포(반전 기포)로 나타내며, 활성 저준위 입력의 바깥쪽 레이블 위에 선분으로 표시한다. 때때로 사람들은 기포를 생략하고 안쪽 레이블 위에 막대를 놓는다. 이 두 관례가 일반적으로 사용된다.

보기 12.33은 논리 게이트로 구축된 4선 대 1선 멀티플렉서를 보여준다. 이 회로는 보기 12.32에 나와 있는 2 대 1 데이터 선택기와 유사하지만 네 개의 주소 조합을 제공하기 위해 추가 선택 입력이 필요하다.

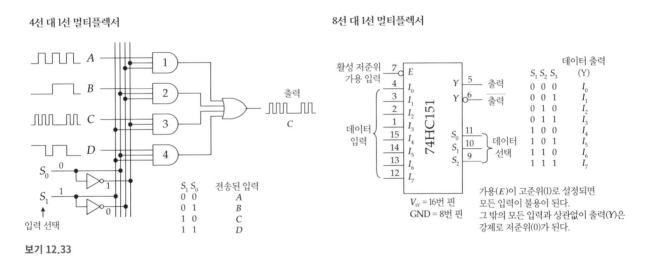

4선 대 1선 멀티플렉서

8선 대 1선 멀티플렉서

보기 12.33

IC의 관점에서 보면 다양한 입력 회선 용량에 맞춘 멀티플렉서가 있다. 예를 들어, 74151 8선 대 1선 멀티플렉서는 세 개의 선택적 입력(S_0, S_1, S_2)을 사용해 여덟 개의 가능한 데이터 입력(I0~I7) 중 하나를 선택해 출력에 연결한다. 이 장치의 출력은 실제로는 두 개다. 하나는 참(5번 핀)이고 하나는 반전(6번 핀)이다. 활성 저준위 가용은 입력에 관계없이 고준위로 설정하면 참 출력을 저준위로 만든다.

대규모 멀티플렉서를 생성하려면 두 개의 작은 멀티플렉서를 함께 결합한다. 예를 들어, 보기 12.34는 두 개의 8선 대 1선 74HC151이 결합되어 16선 대 1선 멀티플렉서를 생성하는 것을 보여준다. 또 다른 방법은 보기에 표시된 74HC150과 같은 16선 대 1선 멀티플렉서 IC를 사용하는 것이다. 멀티플렉서 형식으로 그 밖에 어떤 것들이 있는지를 제품 소개 자료에서 확인하라.

마지막으로, 양방향 스위치(bilateral switch)라고 부르는 아주 유용한 장치를 살펴보자. 양방향 스위치 IC 사례로 보기 12.32의 맨 오른쪽에 표시된 4066을 들 수 있다. 멀티플렉서와는 달리 이 장치는 디지털로 제어되는 4중 단극단투 스위치 또는 4중 전송 게이트 역할만 한다. 디지털 제어 입력을 사용해, 스위치 중 어떤 것을 켜고 어떤 것을 끌지를 결정한다. 주어진 스위치를 켜려면, 관련된 스위치 선택 입력에 고준위를 적용하고, 그렇지 않으면 선택 입력을 저준위로 둔다.

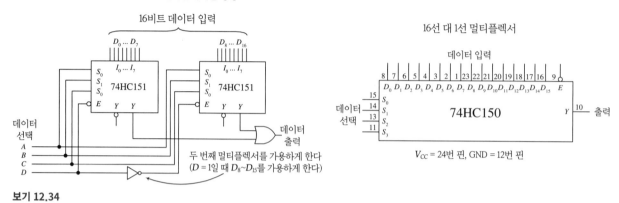

보기 12.34

12.9절에서는 아날로그 스위치와 멀티플렉서를 살펴볼 것이다. 이러한 장치는 디지털 선택 입력을 사용해 아날로그 신호를 제어한다. 디지털 세계와 아날로그 세계를 연결하는 일에는 아날로그 스위치와 멀티플렉서가 필요하다.

12.3.2 디멀티플렉서(데이터 분배기)와 디코더

역주 즉, 역다중 절환 장치 또는 역다중 스위치

디멀티플렉서(demultiplexer)^{역주}는 멀티플렉서의 반대이다. 이것은 단일 데이터 입력을 받아 여러 가능한 출력 중 하나로 경로를 정한다. 보기 12.35의 왼쪽에 논리 게이트로 만든 간단한 4선 디멀티플렉서가 나와 있다. 입력 신호를 받을 출력(A, B, C, D)을 선택하려면(E에서 적용) 진리표에 표시된 대로 데이터 선택 입력(S_0, S_1)에 논리 준위를 적용한다.

선택되지 않은 출력이 고준위라고 가정하지만, 선택된 출력은 입력 신호에 따라 변한다. 기능적으로 분리된 4선 디멀티플렉서 두 개가 포함된 IC는 보기 12.35의 오른쪽에 표시된 74HC139이다. 출력이 더 필요하다면, 75xx154 16회선 멀티플렉서를 생각해 보라. 이 IC는 네 개의 데이터 선택 입력을 사용해 16개의 가능한 출력 중에 한 개를 선택한다. 그 밖의 디멀티플렉서로 무엇이 더 있는지는 제품 소개 자료에서 확인하라.

디코더(decoder)는 디멀티플렉서와 다소 비슷하지만, 데이터 선택 입력을 통해 입력 데이터를 특정 출력으로 라우팅하지 않는다. 대신 데이터 선택 입력들을 사용해 많은 출력 중에서 어떤 출력(또는 출력들)을 고준위나 저준위로 할지를 선택한다. 주소 입력 수, 출력 수 및 선택한 출력의 활성 상태는 디코더마다 다르다. 분산은 디코더가 의도한 바를 바탕으로 한 것이다. 예를 들어, 보기 12.36에 나와 있는 74LS138 1/8 디코더는 3비트 주소 입력을 사용해 8개의 출력 중 어느 것을 저준위로 할 것인지 선택한다. 다른 모든 출력은 고준위로 유지된다. 보기 12.35에 나오는 디멀티플렉서와 비슷하게 디코더에는 활성 저준위 출력이 있다.

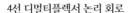

4선 디멀티플렉서 논리 회로

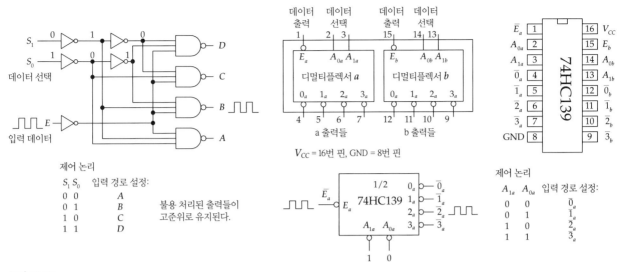

제어 논리

S_1	S_0	입력 경로 설정:
0	0	A
0	1	B
1	0	C
1	1	D

불용 처리된 출력들이 고준위로 유지된다.

74HC139 2중 4회선 디멀티플렉서

V_{CC} = 16번 핀, GND = 8번 핀

제어 논리

A_{1a}	A_{0a}	입력 경로 설정:
0	0	$\overline{0}_a$
0	1	$\overline{1}_a$
1	0	$\overline{2}_a$
1	1	$\overline{3}_a$

보기 12.35

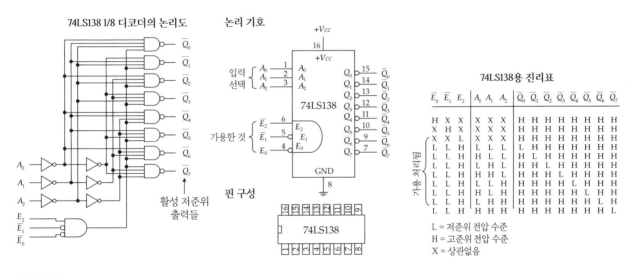

74LS138 1/8 디코더의 논리도

논리 기호

핀 구성

활성 저준위 출력들

74LS138용 진리표

$\overline{E}_0$	$\overline{E}_1$	E_2	A_0	A_1	A_2	$\overline{Q}_0$	$\overline{Q}_1$	$\overline{Q}_2$	$\overline{Q}_3$	$\overline{Q}_4$	$\overline{Q}_5$	$\overline{Q}_6$	$\overline{Q}_7$
H	X	X	X	X	X	H	H	H	H	H	H	H	H
X	H	X	X	X	X	H	H	H	H	H	H	H	H
X	X	L	X	X	X	H	H	H	H	H	H	H	H
L	L	H	L	L	L	L	H	H	H	H	H	H	H
L	L	H	H	L	L	H	L	H	H	H	H	H	H
L	L	H	L	H	L	H	H	L	H	H	H	H	H
L	L	H	H	H	L	H	H	H	L	H	H	H	H
L	L	H	L	L	H	H	H	H	H	L	H	H	H
L	L	H	H	L	H	H	H	H	H	H	L	H	H
L	L	H	L	H	H	H	H	H	H	H	H	L	H
L	L	H	H	H	H	H	H	H	H	H	H	H	L

가용 처리됨

L = 저준위 전압 수준
H = 고준위 전압 수준
X = 상관없음

보기 12.36

이제 출력이 활성 저준위 출력(active-low output)이라는 말의 의미는 정확히 무엇인가? 이는 단순히 활성 저준위 출력이 선택될 때 저준위 논리 상태로 강제됨을 의미한다. 그렇지 않을 때는 고준위로 유지된다. 활성 고준위 출력(active-high output)은 반대 방식으로 동작한다. 활성 저준위 출력을 일반적으로 기포로 표시하지만 때로는 기포가 없는 IC 논리 기호 내에서는 금지된 변수로 표시되기도 한다. 활성 고준위 출력에는 기포가 없다. 활성 저준위 출력과 활성 고준위 출력은 모두 IC 간에 동일하게 사용된다.

$+V_{CC}$와 활성 저준위 출력 사이에 부하(예: 경고 LED)를 두면 출력을 선택할 때 부하를 통해 전류를 활성 저준위 출력으로 내보낼 수 있다[역주1]. 활성 고준위 출력과 접지 사이에 부하를 배치하면 활성 고준위 출력으로부터 전류를 들여올 수 있고[역주2], 출력이 선택되었을 때는 부하를 통해 전류를 내보낼 수 있다. IC가 들여오거나 내보내는 전류량에 대한 제한을 12.4절에서 다루며, 아날로그 부하를 구동하는 데 사용되는 다양한 기법은 12.9절에서 제시한다.

[역주1] 즉, 싱크(sink)할 수 있다

[역주2] 즉, 소스(source)할 수 있고

이번에는 74LS138로 돌아가서 여타 입력(E_0, E_1, E_2)에 대해 논의해 보자. 74LS138을 '디코딩'하려면 활성 저준위 입력 E_0 및 E_1을 저준위로 설정하고 활성 고준위 입력 E_2를 고준위로 설정해야한다. 다른 가용 입력 세트가 적용되면 디코더가 불용 처리되어 선택된 입력에 관계없이 모든 활성 저준위 출력을 높게 만든다.

다른 일반적인 디코더에는 보기 12.37에 나와 있는 7442 BCD 대 DEC(10진수) 디코더, 74154 1/16(6종) 디코더 및 7447 BCD 7세그먼트 디코더가 포함된다. 선행 디코더와 마찬가지로, 이러한 장치들에도 활성 저준위 출력이 있다. 7442는 2진화 10진수 입력을 사용해 열 개(0~9)의 가용 출력 중 한 개를 선택한다. 74154는 4비트 2진 입력을 사용해 16(0~15)개 출력 중 한 개를 주소 지정해 가용이 모두 저준위로 설정된 경우 해당 출력을 저준위(그 밖의 모든 것을 고준위)로 설정한다.

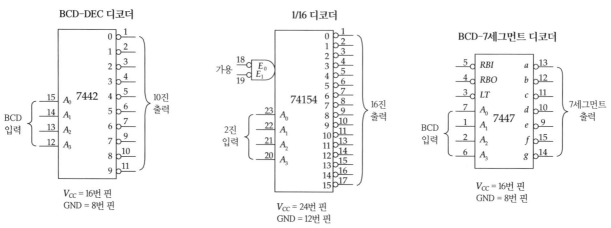

보기 12.37

그런데 7447은 다른 디코더와는 조금 다르다. 이 장치를 사용하면 한 번에 두 개 이상의 출력을 저준위로 구동할 수 있다. 이는 7447이 7세그먼트 LED 디스플레이를 구동할 수 있기 때문에 중요하다. 다른 숫자를 만들려면 한 번에 하나 이상의 LED 세그먼트를 구동해야 한다. 예를 들어, 보기 12.38에서 BCD 번호 5(0101)가 7447의 입력에 적용될 때 $\bar{b}$ 및 $\bar{e}$를 제외한 모든 출력은 저준위가 된다. 이렇게 하면 LED 세그먼트 a, c, d, f 및 g가 켜지며 7447이 디스플레이 및 내부 회로의 내부 배선에 표시된 대로 이 LED 세그먼트를 통해 전류를 내보낸다.

7447 BCD 대 7세그먼트 디코더/LED 구동자 IC

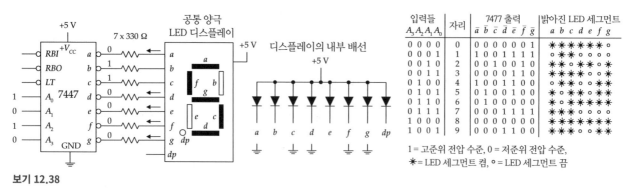

보기 12.38

역주1 즉, 리플 블랭킹 입력 또는 잔결 귀선소거 입력

역주2 즉, 리플 블랭킹 출력 또는 잔결 귀선소거 출력

7447에는 또한 모든 LED 세그먼트를 한 번에 구동해 세그먼트에 결함이 있는지 확인할 수 있는 전구 시험 활성 저준위 입력($\overline{LT}$)이 제공된다. 잔결 공백 입력(ripple blanking input, $\overline{RBI}$)[역주1] 및 잔결 공백 출력(ripple blanking output, $\overline{RBO}$)[역주2]은 다단계 디스플레이 응용에서 자릿수가 여러 개인 10 진수에서 앞쪽 끝과 뒤쪽 끝에 있는 0을 없애는 데 사용할 수 있다. 예를 들어, 잔결 공백 입력 및 출력을 사용하면 0056.020라는 여덟 자리 식을 취해 두 개의 선행 0과 후행 0를 제거해 56.02로 표시할 수 있다. 앞쪽 끝에 있는 0을 제거하는 일은 디코더의 잔결 공백 출력을 다음 하위 단계 장치의 잔결 공백 입력에 연결해 얻을 수 있다. 가장 중요한 디코더 단계에서는 잔결 공백 입력을 접지해야 한다. 소수점 이하 자릿수 부분에서 후행 0을 자동으로 억제하기 위해 유사한 절차가 사용된다.

12.3.3 인코더와 디코더

역주1 부호기

역주2 복호기 또는 부호해독기

인코더(encoder)[역주1]는 디코더(decoder)[역주2]의 반대이다. 단일 활성 수치 입력에서 코드화된 출력을 생성하는 데 사용한다. 간단히 이 점을 그려 볼 수 있게 보기 12.39에 나오는 간단한 10진 대 BCD 인코더 회로를 살펴보자.

간단한 10진 대 BCD 인코더

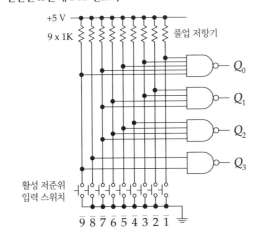

진리표

$\overline{1}$	$\overline{2}$	$\overline{3}$	$\overline{4}$	$\overline{5}$	$\overline{6}$	$\overline{7}$	$\overline{8}$	$\overline{9}$	Q_3	Q_2	Q_1	Q_0	BCD (정 논리)
H	H	H	H	H	H	H	H	H	L	L	L	L	0000 (0_{10})
L	H	H	H	H	H	H	H	H	L	L	L	H	0001 (1_{10})
H	L	H	H	H	H	H	H	H	L	L	H	L	0010 (2_{10})
H	H	L	H	H	H	H	H	H	L	L	H	H	0011 (3_{10})
H	H	H	L	H	H	H	H	H	L	H	L	L	0100 (4_{10})
H	H	H	H	L	H	H	H	H	L	H	L	H	0101 (5_{10})
H	H	H	H	H	L	H	H	H	L	H	H	L	0110 (6_{10})
H	H	H	H	H	H	L	H	H	L	H	H	H	0111 (7_{10})
H	H	H	H	H	H	H	L	H	H	L	L	L	1000 (8_{10})
H	H	H	H	H	H	H	H	L	H	L	L	H	1001 (9_{10})

H = 고준위 전압 수준, L = 저준위 전압 수준

보기 12.39

이 회로에서 일반적으로 모든 선은 +5 V에 연결된 풀업 저항기에 의해 고준위로 유지된다. 선택된 단일 10진수 입력과 동일한 BCD 출력을 생성하려면 해당 10진수에 해당하는 스위치를 닫는다. (스위치는 활성 저준위 입력으로 동작한다.) 보기 12.39에 나오는 진리표로 나머지 부분이 설명된다.

보기 12.40은 74LS147 10진수 대 BCD (10선 대 4선) 우선순위 인코더 IC를 보여준다. 74LS147는 보기 12.39에 나오는 회로와 같은 기본 함수를 제공하지만, 활성 저준위 출력들이 있다. 이것은 이전 인코더에서처럼 3이 선택될 때 LLHH 출력을 얻지 않고 HHLL을 얻음을 의미한다. 두 출력은 같은 깃을 나타낸다(③). 하나는 정(正)의 참 논리로 표현되고, 다른 하나는 부(否)가 참 논리로 표현된다(74LS147). 부의 참 논리가 맘에 들지 않는다면, 74LS147의 출력에서 인버터를 제거해 정의 참 논리를 얻을 수 있다.

74LS147 10진수 대 4비트 BCD 우선순위 인코더 IC

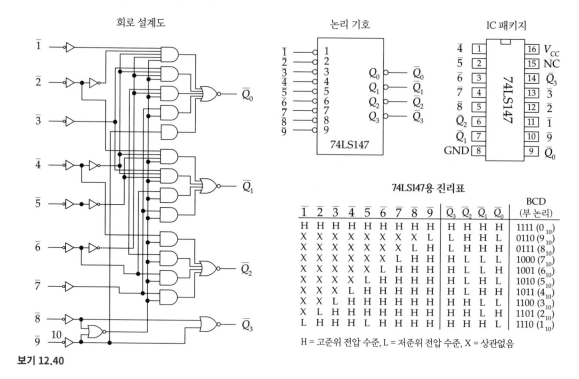

회로 설계도 　　　　　 논리 기호 　　　　　 IC 패키지

74LS147용 진리표

$\bar{1}$	$\bar{2}$	$\bar{3}$	$\bar{4}$	$\bar{5}$	$\bar{6}$	$\bar{7}$	$\bar{8}$	$\bar{9}$	$\bar{Q}_3$	$\bar{Q}_2$	$\bar{Q}_1$	$\bar{Q}_0$	BCD (부 논리)
H	H	H	H	H	H	H	H	H	H	H	H	H	1111 (0_{10})
X	X	X	X	X	X	X	X	L	L	H	H	L	0110 (9_{10})
X	X	X	X	X	X	X	L	H	L	H	H	H	0111 (8_{10})
X	X	X	X	X	X	L	H	H	H	L	L	L	1000 (7_{10})
X	X	X	X	X	L	H	H	H	H	L	L	H	1001 (6_{10})
X	X	X	X	L	H	H	H	H	H	L	H	L	1010 (5_{10})
X	X	X	L	H	H	H	H	H	H	L	H	H	1011 (4_{10})
X	X	L	H	H	H	H	H	H	H	H	L	L	1100 (3_{10})
X	L	H	H	H	H	H	H	H	H	H	L	H	1101 (2_{10})
L	H	H	H	L	H	H	H	H	H	H	H	L	1110 (1_{10})

H = 고준위 전압 수준, L = 저준위 전압 수준, X = 상관없음

보기 12.40

참에 대한 정 논리나 부 논리 중 어떤 것을 사용할지는 실제로는 어떻게 구동할지에 관한 계획에 달려 있다. 예를 들면, 구동하기를 바라는 장치가 활성 저준위 입력들을 사용할 때 부의 참 논리가 유용하다.

두 인코더 간의 또 다른 중요한 차이점은 74LS147에는 사용되지만, 보기 12.39에 나오는 인코더에는 사용되지 않는 우선순위(priority)다. 우선순위 항이 74LS147에 적용되는데, 이는 이 인코더는 두 개 이상의 입력이 동시에 선택되면 차수가 더 높은 수만 선택할 수 있도록 설계되어 있기 때문이다. 예를 들어, 3, 5 및 8을 동시에 선택하면 8(부의 참 BCD로 LHHH 또는 0111)만 출력된다. 보기 12.40의 진리표는 이것을 보여준다. '상관없음' 또는 'X' 항목을 보라. 우선순위를 따지지 않는 인코더를 사용하면 두 개 이상의 입력이 동시에 적용되는 경우 출력을 예측할 수 없게 된다.

보기 12.41의 회로는 인코더와 디코더를 함께 사용해 0~9가 있는 키패드를 통해 LED 디스플레이를 구동하는 방법을 간단하게 보여준다. 74LS147는 키패드의 입력을 BCD(부 논리)로 코드화한다. 일련의 인버터는 부의 참 BCD(negative true BCD)를 정의 참 BCD(positive true BCD)로 변환한다. 변환된 BCD는 7447이라는 7세그먼트 LED 디스플레이 디코더 겸 구동자 IC로 공급된다.

보기 12.42에 74148 8진-2진 우선순위 인코더 IC를 나타냈다. 지정된 단일 8진수 입력을 2진 3비트 출력 코드로 변환하는 데 사용된다. 74LS147과 마찬가지로 74148에는 우선순위 기능이 있으므로 두 개 이상의 입력을 동시에 선택하면 차수가 더 높은 번호만 선택된다.

입력 가용(input enable, $\overline{EI}$)에 적용되는 고준위는 모든 출력을 비활성 (고준위) 상태로 만들고 출력에서 잘못된 정보를 생성하지 않고 새로운 데이터를 안정화시킨다. 또한, 시스템 확장을 위해 그룹 신호(group signal, $\overline{GS}$) 출력 및 가용 출력(enable output, $\overline{EO}$)이 제공된다. $\overline{GS}$ 출력은 입력이 저준위(활성)일 때 활성 준위가 저준위이다. 모든 입력이 고준위일 때 $\overline{EO}$ 출력은 저준위(활성)이다. 입력 가용과 함께 출력 가용을 사용하면 N개의 입력 신호를 우선순위를 두고 코딩할 수 있다. 입력 가용이 고준위일 때(장치가 불용 처리됨) $\overline{EO}$와 $\overline{GS}$는 활성 고준위이다.

키패드 명령어를 BCD 명령어로 변환해 LED 디스플레이 회로
(7447 디코더와 공통 음극 디스플레이)를 구동하는 데 사용되는 10진-BCD 인코더

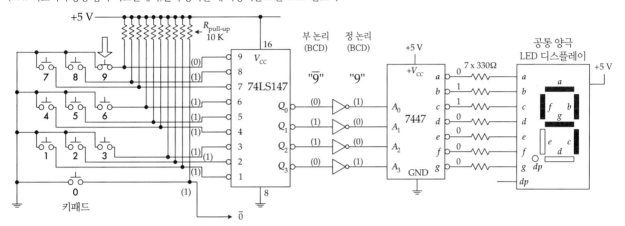

보기 12.41

74148 8진-2진 우선순위 인코더

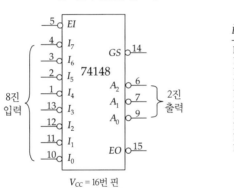

V_{CC} = 16번 핀
GND = 8번 핀

보기 12.42

74148 진리표

$\overline{EI}$	$\overline{I_0}$	$\overline{I_1}$	$\overline{I_2}$	$\overline{I_3}$	$\overline{I_4}$	$\overline{I_5}$	$\overline{I_6}$	$\overline{I_7}$	$\overline{GS}$	$\overline{A_0}$	$\overline{A_1}$	$\overline{A_2}$	$\overline{EO}$
H	X	X	X	X	X	X	X	X	H	H	H	H	H
L	H	H	H	H	H	H	H	H	H	H	H	H	L
L	X	X	X	X	X	X	X	L	L	L	L	L	H
L	X	X	X	X	X	X	L	H	L	H	L	L	H
L	X	X	X	X	X	L	H	H	L	L	H	L	H
L	X	X	X	X	L	H	H	H	L	H	H	L	H
L	X	X	X	L	H	H	H	H	L	L	L	H	H
L	X	X	L	H	H	H	H	H	L	H	L	H	H
L	X	L	H	H	H	H	H	H	L	L	H	H	H
L	L	H	H	H	H	H	H	H	L	H	H	H	H

보기 12.43은 74184 BCD-2진 변환기(인코더) IC를 보여준다. 이 소자에는 여덟 개의 활성 고준위 출력($Y_1 - Y_8$)이 있다. 출력 Y_1에서 Y_5는 정규 BCD에서 2진 변환을 위한 출력이며, 출력 Y_6에서 Y_8은 9의 보수 및 10의 보수라고 하는 특수 BCD 코드에 사용된다. 활성 고준위 BCD 코드는 입력 A에서 E까지에 적용된다. $\overline{G}$ 입력은 활성 저준위 허용 입력이다.

74184를 사용하는 6비트 BCD-2진 변환기 견본과 8비트 BCD-2진 변환기 견본이 보기 12.43의 오른쪽에 나와 있다. 6비트 회로에서 BCD 입력의 최하위 비트는 항상 2진 출력의 최하위 비트와 같기 때문에 입력에서 출력으로 곧바로 연결된다. 다른 BCD 비트는 입력 A~E에 직접 적용된다. 각 입력에 대한 2중 가중 인자는 $A=2$, $B=4$, $C=8$, $D=10$, $E=20$이다. MSB^{역주} BCD 입력에는 2비트만 사용할 수 있기 때문에 해당 위치에서 가장 큰 BCD 숫자는 3(2진으로는 11)이다. 완벽한 8비트 BCD 변환기를 얻으려면, 보기 12.43의 맨 오른쪽에 표시된 것처럼 두 개의 74184를 함께 연결하라.

역주 즉, 최상위 숫자 또는 최대 유효 숫자. 기수 중 가장 큰 거듭제곱의 계수를 말함.

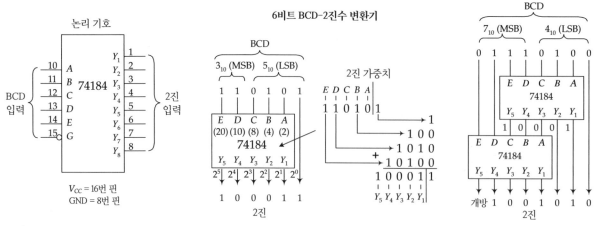

보기 12.43

보기 12.44에 74185 2진-BCD 변환기(인코더)를 나타냈다. 본질적으로 74184와 같지만 역전되어 있다. 보기는 6비트 및 8비트 2진-BCD 변환기 배치를 보여준다.

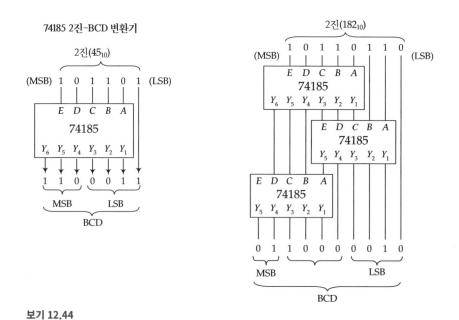

보기 12.44

12.3.4 2진수 가산기

산술 연산을 논리적으로 해야 한다면 바로 이때가 확실히 마이크로컨트롤러를 사용해야 할 때다. 그러나 이 마이크로컨트롤러는 산술 논리 연산 장치(ALU)에 여기에서 설명하는 것과 같은 종류의 논리가 들어있을 것이므로 어떻게 작동하는지 살펴보는 게 바람직하다.

약간의 논리 게이트를 사용해 2진 숫자들을 더하는 회로를 생성할 수 있다. 2진수 덧셈 구조는 기본적으로 10진수를 더하는 구조와 같다. 두 자리 중 첫 번째 자리에 있는 수가 더해지면, 2진 수로 2를 초과할 때마다 다음 행으로 1이 자리 올림이 된 다음에 더해진다(예를 들면, $1 + 1 = 10$ 또는 $= 0$이고 1을 자리 올림). 자릿수가 더 많은 수인 경우 여러 번 비트를 자리 올림을 해야 한다.

기본 덧셈을 할 때 논리 게이트를 어떻게 사용하는지 보이기 위해 보기 12.45의 반가산기(half adder) 회로에서부터 출발한다. 여기에 나오는 두 반가산기는 동등하다. 하나는 단순히 XOR/ AND 논리를 사용하는 반면 다른 하나는 NOR/AND 논리를 사용한다. 반가산기는 두 개의 단일 비트 수 A와 B를 더하고 2비트 수를 생성한다. 최하위 비트는 Σ_0으로 표시되고, 최상위 비트, 즉 캐리 비트(carry bit)[역주]는 C_{out}으로 표시된다.

역주 최상위 자리에서 올림이 발생했는지를 나타낼 때는 자리 올림 비트와 구별해 캐리 비트라고 부름

반가산기로 할 수 있는 가장 복잡한 연산은 1 + 1이다. 두 자리 숫자로 덧셈을 수행하려면 반가산기의 출력에 전가산기(full adder) 회로(보기 12.45에 표시)를 연결해야 한다. 전가산기의 입력은 세 개다. 2진수(A_1, B_1) 두 개의 두 번째 자리 입력에 해당하는 두 개와, 반가산기(두 자리의 첫 번째 숫자 A_0과 B_0를 더한 회로)에서 캐리 비트를 받아들이는 나머지 한 가지다. 전가산기의 두 출력은 두 번째 자리 수 합계 Σ_1과 최종 합계의 세 번째 자리 수로 사용되는 그 밖의 자리올림 비트를 제공한다. 이제 더 큰 수를 더하고 첫 번째 전가산기의 캐리 비트 출력을 다음 전가산기에 연결하는 등의 방식으로 반가산기/전가산기 조합에 더 많은 전가산기를 계속 추가할 수 있다. 이 점을 예증하기 위해 보기 12.45에 4비트 가산기를 나타냈다.

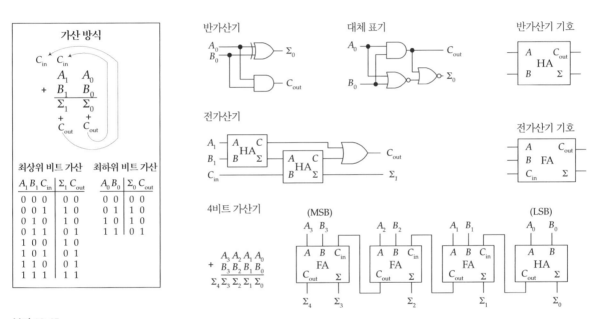

보기 12.45

사용 가능한 4비트 전가산기는 다양한데, 74LS283와 4008도 그중에 포함된다. 이 장치들은 두 개의 4비트 2진수를 더하고 추가 캐리 비트 및 출력 캐리 비트를 제공하므로 이들을 함께 쌓아서 8비트, 12비트, 16비트 가산기 등을 얻을 수 있다. 예를 들면, 보기 12.46에 두 개의 74LS283 4비트 가산기를 계단식으로 배치해 만든 8비트 가산기를 나타냈다.

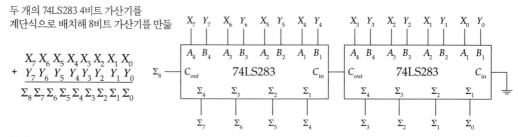

두 개의 74LS283 4비트 가산기를
계단식으로 배치해 8비트 가산기를 만듦

$$\begin{array}{r} X_7 X_6 X_5 X_4 X_3 X_2 X_1 X_0 \\ +\ \underline{Y_7 Y_6 Y_5 Y_4 Y_3 Y_2 Y_1 Y_0} \\ \Sigma_8 \Sigma_7 \Sigma_6 \Sigma_5 \Sigma_4 \Sigma_3 \Sigma_2 \Sigma_1 \Sigma_0 \end{array}$$

보기 12.46

12.3.5 2진 가산기/감산기

보기 12.47은 두 개의 74LS283 4비트 가산기가 XOR 배열과 결합되어 8비트 2의 보수 가산기/감산기를 생성하는 방법을 보여준다. 첫 번째 숫자 X는 X_0에서 X_7 입력에 적용되는 반면 두 번째 숫자 Y는 Y_0에서 Y_7 입력에 적용된다.

8비트 2의 보수 가산기/감산기

감산: 76 - 28

$$\begin{array}{ll} 0001\ 1100 & (+28) \\ 1110\ 0011 & \text{1의 보수} \\ \underline{+\ \ 1} & \text{1을 더함} \\ 0\ 1110\ 0100 & \text{2의 보수 } (-28) \end{array}$$

(부 기호)

$$\begin{array}{ll} +\ 0100\ 1100 & (+76) \\ \underline{1110\ 0100} & (-28) \\ 1\ 0011\ 0000 & \text{2의 보수 } (+48) \end{array}$$

(정 기호)

보기 12.47

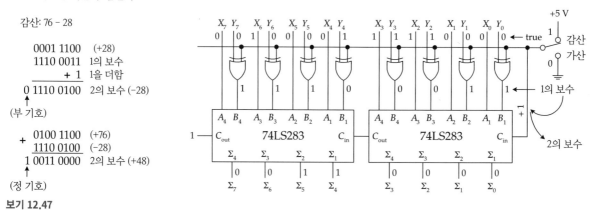

X와 Y를 더하기 위해 더하기/빼기 스위치가 더하기 위치에 놓이면서 모든 XOR 게이트의 입력 한 개가 저준위가 된다. 이것은 XOR 게이트를 투명하게 보이게 해 Y 값을 74LS283의 B 입력에 전달할 수 있게 한다(X 값은 A 입력으로 전달된다). 그런 다음 8비트 가산기가 수들을 더해 그 결과를 Σ 출력들에 제공한다.

X에서 Y를 빼려면 먼저 Y를 1의 보수 형식으로 바꿔야 한다. Y를 2의 보수 형식으로 바꾸려면 1을 더해야 한다. 그 후에 Y에 대한 2의 보수 형식에 X를 더해 $X - Y$를 얻는다. 더하기/빼기 스위치가 빼기 위치로 놓이면 각 XOR 게이트에 대한 입력 한 개가 고준위로 설정된다. 이로 인해 그 밖의 XOR 입력에 적용된 Y 비트가 XOR 출력에서 반전된다. 방금 Y의 1의 보수를 취했다. 그런 다음 Y에 대한 1의 보수 비트가 8비트 가산기의 입력에 제공된다. 동시에 왼쪽의 74LS283 C_{in}은 전선을 통해 고준위로 설정됨으로써(보기 12.47) 1의 보수에 1이 더해져 2의 보수가 된다. 그런 다음 8비트 가산기는 Y에 대한 2의 보수와 X를 더한다. 최종 결과가 Σ 출력들에 나타난다. 보기에서 76에서 28을 뺀다.

12.3.6 비교기와 크기 비교기 집적회로

디지털 비교기는 두 개의 2진수를 받아 두 수가 같은지를 결정하는 회로다. 예를 들면, 보기 12.48에 1비트 비교기와 4비트 비교기를 나타냈다. 1비트 비교기는 두 개의 1비트 수치인 A와 B가 같을 때 고준위(1)를 출력한다. A가 B와 같지 않으면 출력은 저준위(0)가 된다. 4비트는 기본적으로 네 개의 1비트 비교기들이 한 군데로 모인 것과 같다. 각 숫자의 모든 개별 숫자가 동일하면 모든 XOR 게이트가 고준위를 출력하므로 AND 게이트가 가용되어 출력을 고준위로 만든다. 두 수 중 해당 숫자 두 개가 같지 않으면 출력이 저준위가 된다.

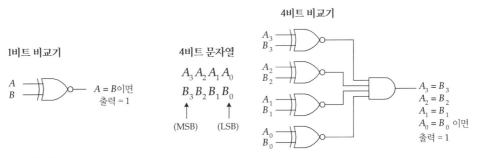

보기 12.48

이제, A나 B 중에 어떤 수가 더 큰지 알고 싶다고 하자. 보기 12.48에 나오는 회로들은 기교를 쓰지 않는다. 대신에 필요한 것은 보기 12.49에 나오는 74HC85와 같은 크기 비교기(magnitude comparator)이다. 이 장치는 두 수가 같은지만 알려주는 데 그치지 않고, 어떤 수가 더 큰지도 알려준다. 예를 들어, 1001(9_{10})을 $A_3A_2A_1A_0$ 입력들에 적용하고 두 번째 숫자 1100(12_{10})을 $B_3B_2B_1B_0$ 입력들에 적용하면 $A < B$ 출력이 고준위가 된다(나머지 두 출력, $A > B$와 $A = B$는 저준위로 남는다). A와 B가 같으면 $A = B$ 출력이 고준위가 될 것이고, 그런 식이다. 큰 수들을 비교하려고 한다면, 말하자면 두 개의 8비트 수치를 비교하고자 한다면, 간단히 74HC85 비교기 두 개를 계단식으로 엮으면 되는데, 이는 보기 12.49의 오른편에 나타낸 바와 같다. 왼쪽 끝 부분에 있는 74HC85는 차수가 더 낮은 비트들을 비교하고, 오른쪽 끝 부분에 있는 74HC85는 차수가 더 높은 비트들을 비교한다. 두 장치를 함께 연결하려면 보기처럼 하위 장치의 출력을 상위 장치의

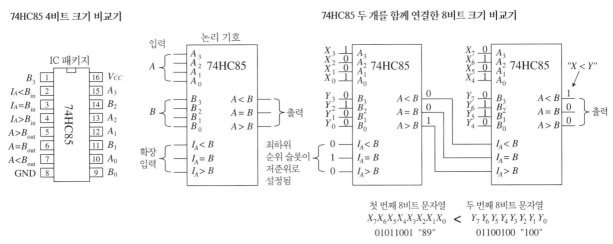

보기 12.49

확장 입력에 연결한다. 하위 순위 장치의 확장 입력들은 항상 저준위($I_A < B$), 고준위($I_A = B$) 및 저준위($I_A > B$)로 설정된다.

12.3.7 구식이 되어 버린 일과 마이크로컨트롤러로 제어하려는 성향에 관한 참고사항

우리는 이제 막 교과서에 나오기도 하고 전자 제품 소개 자료에 나열된 대부분의 조합 장치를 다뤘다. 이러한 장치들 중 다수가 여전히 사용된다. 그렇지만 2진 가산기나 코드 변환기와 같은 일부 장치는 폐물이 됐다.

현재는 산술 연산이나 코드 전환에 마이크로컨트롤러나 FPGA와 같은 소프트웨어 제어 장치를 사용하는 성향이 있다. 어떤 논리 회로든 만들기 전에 12장과 13장을 먼저 읽어 보는 게 좋겠다.

입력 데이터를 사용해 데이터를 수집하고 저장하고 논리 연산을 수행하는 데 마이크로컨트롤러를 사용할 수 있다. 마이크로컨트롤러는 디스플레이, 오디오 장치, 스텝 모터, 서보 등을 제어하는 데 사용할 수 있는 출력 신호를 생성할 수도 있다. 마이크로컨트롤러가 담당하도록 설계된 특정 기능은 내부 ROM형 메모리에 저장한 프로그램에 따라 달라진다.

일반적으로 제조업체가 제공하는 특수 프로그래밍 장치를 사용해 마이크로컨트롤러 프로그램을 작성해 넣는다. 일반적으로 개발 환경을 실행하는 호스트 컴퓨터에 (USB 포트를 통해) 연결된 시범 제작용 플랫폼으로 프로그래밍 장치를 구성한다. 개발 환경에서는 일반적으로 C나 특정 마이크로컨트롤러용으로 설계된 그 밖의 특수 언어와 같은 고급 언어로 프로그램을 작성한 다음에 키를 누르면 프로그램이 기계 언어(1과 0)로 변환되어 마이크로컨트롤러의 메모리로 들어간다.

많은 응용기기에서 수많은 개별 부품으로 구성된 논리 회로를 전체를 마이크로컨트롤러 한 개로 대체할 수 있다.

작은 마이크로컨트롤러를 대체로 1달러 미만에 구입할 수 있으므로 논리 회로를 마이크로컨트롤러로 대체하는 편이 확실히 가성비가 좋아 보인다. 그렇지만 물리적 논리를 프로그램으로 대체하면 성능 차이가 생긴다. 확실히 느려질 것이다.

성능이 중요한 시스템이라면 FPGA(field-programmable gate array)가 더 나은 접근 방법일 수 있다. 논리 게이트 설계나 특수 목적 하드웨어 기술 논리를 사용해 FPGA를 구성하며, 이것을 사용하면 논리 게이트 IC에서 본래의 구현 속도를 희생시키지 않으면서도 마이크로컨트롤러를 유연하게 쓸 수 있게 한다.

12.4 논리 제품군

오늘날에는 대다수 논리 게이트에 CMOS 기술이 적용된다. 일반적으로 MOSFET 트랜지스터로 만든 IC는 구조가 간단해서 공간을 덜 차지하고 잡음 면역성이 뛰어나며, 등가의 양극성 트랜지스터 IC보다 전력을 적게 소비한다. 전통적으로 MOSFET 트랜지스터의 높은 입력 임피던스 및 입력 정전용량(절연된 게이트 리드로 인한 것)은 양극성 게이트와 비교할 때 트랜지스터 켬/끔 스위칭 속도에 필요한 시간 상수가 더 길어지게 하므로 일반적으로 장치가 더 느려진다. 그러나 수년에 걸쳐 개발된 CMOS 기술이 그 밖의 기술을 제치고 있다.

양극성 및 MOSFET 논리 제품군을 여러 하위 부류로 나눌 수 있는데, 역사적 기원이나 경이로운 기술을 파악해 놓는 게 바람직하다. 양극성 제품군의 주요 하위 부류로는 트랜지스터-트랜지스터 논리(transistor-transistor logic, TTL), 이미터 결합 논리(emitter-coupled logic, ECL) 및 집적 주입 논리(integrated-injection logic, IIL 또는 I²L) 등이 있다. MOSFET 논리의 주요 하위 부류로는 p-채널 MOSFET(p-channel MOSFET, PMOS), n-채널 MOSFET(n-channel MOSFET, NMOS) 및 상보성 MOSFET(complementary MOSFET, CMOS)을 포함한다. CMOS에는 NMOS 기술과 PMOS 기술이 사용된다. 가장 대중적인 기술 두 개로는 TTL과 CMOS가 있다. 다른 기술은 일반적으로 마이크로프로세서 및 메모리와 같은 대규모 집적 장치에 사용된다. 늘 새로운 기술이 튀어 나와 더 빠르고 에너지 효율적인 장치를 생산한다. BiCMOS, GaAs, SOS 및 조셉슨 접합 기술을 예로 들 수 있다.

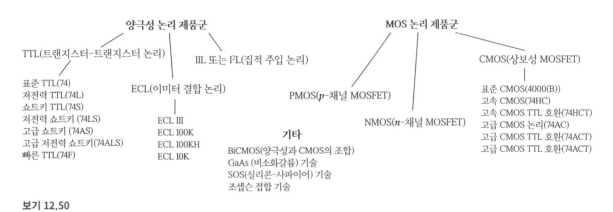

보기 12.50

이미 배웠듯이 디지털 논리 IC는 74HC00 또는 4000 또는 4000 CMOS 계열(또는 향상된 4000B 계열)에 들어가는 기능별 범주로 분류된다.

12.4.1 IC의 CMOS 제품군

7400 계열이 CMOS 기술 쪽으로 다양하게 변형되면서 CMOS 계열이 등장했다. 원래의 CMOS 4000 계열(또는 향상된 4000B 계열)은 MOSFET 트랜지스터의 높은 입력 임피던스 특성으로 인해 가능해진 TTL 계열 장치보다 전력을 적게 소모할 수 있게 개발된 것이다. 4000B 계열도 최소 논리 고준위 = $\frac{2}{3}V_{DD}$와 최대 논리 저준위 = $\frac{1}{3}V_{DD}$라는 더 큰 공급 전압 범위(3 ~ 18 V)를 제공한

다. 4000B 계열은 TTL 계열보다 에너지 효율이 높지만 정전 방전으로 인한 손상의 위험이 훨씬 더 적다. 보기 12.51은 CMOS NAND, AND 및 NOR 게이트의 내부 회로를 보여준다. 게이트가 작동 방식을 파악하려면 입력에 고준위(논리 1)나 저준위(논리 0)를 적용하고 어떤 트랜지스터 게이트가 켜지거나 꺼지는지 확인하면 된다.

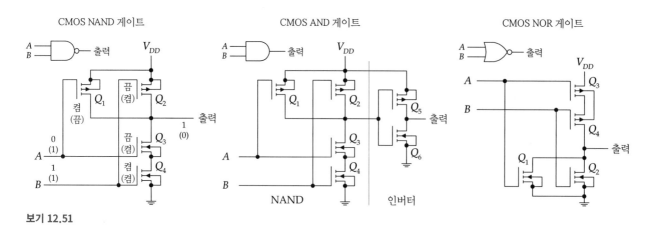

보기 12.51

40H00 계열이 도입되면서 원래의 4000B 계열보다 속도가 더 빨라졌다. 이 계열이 4000B 계열보다 더 빠르기는 했지만, 74LS TTL 계열만큼 아주 빠르지는 않았다. 바로 이 국면에서 74C CMOS 계열도 TTL 계열과 핀이 호환되게 특수하게 설계되어 나타났다.

74HC 및 74HCT 계열이 개발되면서 CMOS 제품군이 다시 한 번 더 개선되었다. 이 계열들은 둘 다 74C 계열과 마찬가지로 TTL 74 계열과 핀이 호환됐다. 74HC(고속 CMOS) 계열은 기존 CMOS의 전력 소모가 낮은 특징을 닮았을 뿐만 아니라 74LS와 속도도 같았다. 74HCT(고속 CMOS TTL 호환) 계열은 TTL 장치(동일한 입출력 전압 수준 특성)와 호환되도록 개발됐다. 74HC 계열은 오늘날 가장 대중적이다.

74HC/74HCT 계열의 또 다른 개선점이 고급 CMOS 논리(74AC/74ACT) 계열로 이어졌다. 74AC(고급 CMOS) 계열은 74F TTL 계열의 속도에 필적하고, 한편으로 74ACT(고급 CMOS TTL 호환) 계열은 TTL과 호환되도록 설계됐다.

12.4.2 입출력 전압과 잡음 여유

논리 IC가 고준위(논리 1) 또는 저준위(논리 0)라는 두 입력 준위를 인지하는 데 필요한 정확한 입력 전압 수준은 논리 제품군에 따라 다양하다. 동시에 논리 IC가 제공하는 고준위 및 저준위 출력 수준도 논리 제품군에 따라 다양하다. 예를 들면, 보기 12.52에 74HC(CMOS) 계열들을 위한 적절한 입력 및 출력 전압 준위들을 나타냈다. 보기 12.52에서 전압 범위는 다음과 같이 나타난다.

- V_{IH}는 고준위 논리 입력 수준으로 해석할 수 있는 유효 전압 범위를 나타낸다.
- V_{IL}은 저준위 논리 입력 수준으로 해석할 수 있는 유효 전압 범위를 나타낸다.
- V_{OL}은 저준위 논리 출력 수준을 보장하는 유효 전압 범위를 나타낸다.
- V_{OH}는 고준위 논리 출력 수준으로 보장되는 유효 전압 범위를 나타낸다.

CMOS 74HC를 위한 유효 입력/출력 논리 준위

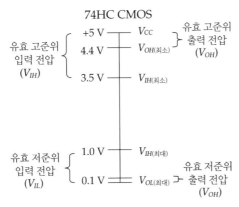

74HC CMOS

유효 고준위
입력 전압
(V_{IH})

유효 저준위
입력 전압
(V_{IL})

+5 V — V_{CC}
4.4 V — $V_{OH(최소)}$ } 유효 고준위 출력 전압 (V_{OH})
3.5 V — $V_{IH(최소)}$

1.0 V — $V_{IH(최대)}$
0.1 V — $V_{OL(최대)}$ } 유효 저준위 출력 전압 (V_{OH})

보기 12.52

12.4.3 전류 정격, 팬아웃, 전파 지연

논리 IC의 입력 및 출력은 주어진 양의 전류만을 내보내거나(singking) 들여올 수(sourcing) 있다. I_{IL}은 최대 저수준 입력 전류, I_{IH}는 최대 고수준 입력 전류, I_{OH}는 최대 고수준 출력 전류, I_{OL}은 최대 저수준 출력 전류로 정의된다.

장치가 내보내거나 들여올 수 있는 전류 한계에 맞춰 연결 가능한 부하의 크기가 결정된다. 팬아웃(fanout)이라는 용어는 게이트의 현재 정격을 초과하지 않으면서 동일한 제품군의 단일 게이트로 구동할 수 있는 총 게이트 수를 지정하는 데 사용된다. 팬아웃은 I_{OL}/I_{IL}이나 I_{OH}/I_{IH}의 더 적은 값으로 정해진다. 7HC는 경우 약 50이다.

12.5 논리 IC 강화 및 실험

대부분의 논리 소자는 보기 12.53과 같은 5 V 전원으로 작동한다.

디지털 논리 회로용 5 V 회선 및 전지 전원

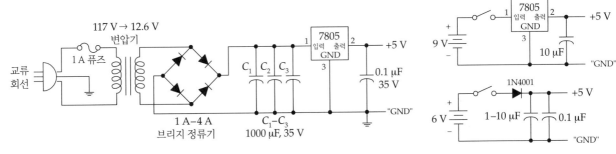

보기 12.53

12.5.1 전력 공급 장치 분리

논리 소자가 저준위에서 고준위 또는 고준위에서 저준위로 천이할 때, 상부 및 하부 계층 조직으로 된 출력 트랜지스터의 전도 시간(conduction time)이 겹치는 구간이 있다. 이 구간에서 급격한 전력 공급 전류 변화가 발생해 공급 회선 내에서 급격한 고주파 전류 스파이크가 생긴다. 그밖의 장치 여러 개가 동일한 전원에 연결되어 있으면 원치 않는 스파이크로 인해 이러한 장치가 잘못 트리거될 수 있다. 스파이크는 원치 않는 전자기파를 만들어 낼 수도 있다.

역주 즉, 디커플링 커패시터 또는 짝풀림 커패시터

분리 커패시터(decoupling capacitor)역주를 사용하면 논리 시스템에서 원치 않는 스파이크가 생기지 않게 할 수 있다. 일반적으로 다층 세라믹으로 구성되고 $0.01 \sim 0.1\ \mu F(> 5\ V)$인 분리 커패시터는 시스템 내 각 IC의 V_{CC}-접지 간 핀들에 바로 배치된다. 커패시터는 스파이크를 흡수하고 각 IC에서 V_{CC} 수준을 일정하게 유지함으로써 일반적으로 잘못된 트리거 및 전자기 방사의 가능성을 줄인다. 분리 커패시터는 가능하다면 IC에 가깝게 두어 전류 스파이크를 전력 공급 장치 쪽으로 다시 전파시키는 대신 국소적으로 유지해야 한다. 이렇게 하려면 보통 $5 \sim 10$개 게이트마다 분리 커패시터를 한 개 사용하거나 계수기나 레지스터 다섯 개당 분리 커패시터 한 개를 사용한다.

12.5.2 사용하지 않은 입력

칩의 논리적 상태에 영향을 주는 비사용 입력을 표류(float)하게 할 수 없다. 대신, 필요에 따라 고준위나 저준위로 묶어야 한다(부동 입력은 외부 전기적 잡음을 받아들이는 역할을 하므로 출력이 엉뚱한 결과를 초래할 수 있다). 예를 들어, 입력을 두 개만 사용하는 4입력 NAND 게이트는 올바른 논리 동작을 유지하기 위해 사용되지 않는 입력 두 개를 고준위로 유지해야 한다. 두 개의 입력만 사용하는 3입력 NOR 게이트는 적절한 논리 동작을 유지하기 위해 사용되지 않은 입력을 저준위로 유지해야 한다. 마찬가지로, 플립플롭의 CLEAR 및 PRESET 입력을 접지하거나 고준위로 묶는 식으로 적절히 처리해야 한다.

IC 내에 사용되지 않는 부분이 있는 경우(예: 멀티 게이트 패키지 내의 사용되지 않는 논리 게이트) 이부분에 연결된 입력은 원치 않는 전하를 잡아낼 수 있으며, 출력 MOS 트랜지스터를 동시에 전도되게 하는 전압 수준에 이르게 할 수 있으므로 공급(V_{DD})에서 접지로 큰 내부 전류 스파이크가 발생한다. 결과적으로 과도한 공급 전류 방출(drain)로 인한 IC 손상을 초래할 수 있다. 이러한 운명을 피하려면 CMOS IC의 사용하지 않는 부분의 입력을 접지해야 한다. 보기 12.54는 NAND 및 NOR IC의 사용하지 않는 입력에 대한 처리 방법을 보여준다.

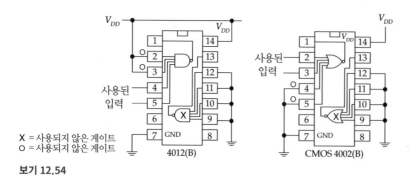

X = 사용되지 않은 게이트
O = 사용되지 않은 게이트

4012(B)　　　CMOS 4002(B)

적절한 논리 기능을 유지하기 위해 사용된 NAND 게이트의 사용되지 않은 입력을 고준위로 연결하라. 알맞은 논리 기능을 유지하기 위해 사용된 NOR 게이트의 미사용 입력을 저준위로 연결하라. 사용되지 않는 CMOS 게이트의 입력은 접지되어야 한다.

보기 12.54

마지막 주의할 점을 들자면 IC의 공급 전압이 제거된 상태에서는 CMOS 입력을 절대로 구동하지 말라는 것이다. 그렇게 하면 IC의 입력 보호 다이오드들이 손상될 수 있다.

12.5.3 논리 탐촉자와 논리 펄스 발생기

논리 IC와 회로를 시험하기 위해 사용되는 두 개의 간단한 도구로는 보기 12.55에서 보는 바와 같이 시험 탐촉자(test probe)와 논리 펄스 발생기(logic pulser)가 있다.

일반적인 논리 탐촉자(logic probe)는 펜 모양 패키지로 제공되며 금속성 탐촉자 팁과 전력 공급 장치 전선(적색과 흑색 중 하나)이 있다. 적색은 디지털 회로(V_{CC})의 양성 공급 전압에 연결되고 흑색은 회로의 접지(V_{SS})에 연결된다. 회로 내에서 논리 상태를 검사하려면 탐촉자의 금속 팁을 대면 된다. 고전압이 감지되면 탐촉자의 고준위 LED가 켜지고, 저전압이 감지되면 탐촉자의 저준위 LED가 꺼진다.

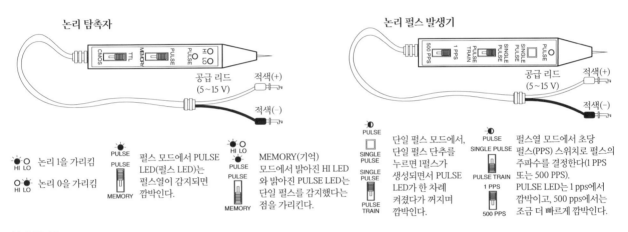

보기 12.55

논리 탐촉자로는 간단한 정적 시험 외에도 인간의 눈이 감지하기에는 너무 빠른 펄스를 순간적으로 검출하거나, 클럭 신호와 같은 펄스열(pulse train)을 검출하는 일과 같은 몇 가지 간단한 동적 시험도 할 수 있다. 탐촉자의 PULSE/MEMORY(펄스/메모리) 스위치를 MEMORY 위치로 놓으면 단일 펄스를 검출할 수 있다. 단일 펄스가 감지되면 내부 메모리 회로는 단일 펄스를 기억하고 동시에 HI(고준위) LED와 PULSE(펄스) LED를 모두 켠다. 새로운 단일 펄스를 감지하기 위해 메모리를 소거하려면 PULSE/MEMORY 스위치의 위치를 바꾼다. 펄스열을 감지하려면 PULSE/MEMORY 스위치를 PULSE 위치로 놓는다. 펄스열이 탐지되면 PULSE LED 불빛이 깜박인다.

논리 탐촉자는 일반적으로 폭이 10 ns인 단일 펄스를 감지하고 100 MHz 내외 주파수로 펄스열을 감지한다. 탐촉자와 함께 제공되는 설명서를 확인해 이러한 최소 제한 및 최대 제한을 정하라.

논리 펄스 발생기를 사용하면 IC 및 회로를 통해 단일 논리 펄스 또는 펄스열을 전송할 수 있으며, 적용된 펄스 결과를 논리 탐촉자로 살펴볼 수 있다. 펄스 발생기도 논리 탐촉자와 비슷한 전력 공급 장치 리드를 제공한다. 단일 펄스를 보내려면 SINGLE PULSE/PULSE TRAIN(단일 펄스/펄스열) 스위치를 SINGLE PULSE로 놓고 SINGLE PULSE 단추를 누른다. 펄스열을 보내려면, PULSE TRAIN 모드로 전환한다. 보기 12.55에 표시된 펄스 발생기 모형을 사용하면 초당 1펄스(pps) 또는 500 pps를 선택하게 된다.

12.6 순차 논리

이전에 다룬 조합 회로(인코더, 디코더, 멀티플렉서, 패리티 생성기/체커 등)는 입력-출력 즉시성(input-to-output immediacy)이 있다. 이것은 입력 데이터가 조합 회로에 적용될 때 거의 즉시로 출력도 반응함을 의미한다. 그런데 조합 회로에는 매우 중요한 특성이 결여되어 있다. 정보를 저장할 수 없다는 점이다. 솔직히 말하자면 정보를 저장하지 않는 디지털 장비는 썩 흥미롭지만은 않다.

역주 디지털 정보를 필요한 바로 그 순간에 읽어서 등록해 두는 동작, 즉 데이터를 걸어서 잡아두는 동작

회로가 '기억'할 수 있게 하려면 원하는 순간에 데이터를 래치(latch)역주할 수 있는 장치를 만들어야 한다. 이 주제를 다루는 전자공학 분야를 순차 논리(sequential logic)라고 한다. 데이터 비트를 저장하고 검색하려면 일련의 과정이 특정 순서로 이뤄져야 하기 때문에 전자공학의 이 분야를 순차적(sequential)이라고 한다. 전형적인 과정 한 가지를 예로 들면 먼저 저장 장치에 가용 펄스를 전송한 다음, 데이터 비트 묶음을 한꺼번에 불러들이거나(병렬로 적재하거나) 일련의 데이터 비트 묶음을 직렬 방식으로 불러들이는 식으로 이뤄지는데, 이 과정은 여러 단계로 이뤄져 있다. 나중에는 제어 펄스를 먼저 저장 장치에 적용해 데이터 비트를 검색해야 할 수도 있다. 저장 장치에서 비트를 강제로 내보내게 하는 일에는 그 밖의 펄스 직렬이 필요할 수 있다.

순차 회로를 거쳐 비트를 밀어 넣는 일에는 일반적으로 클럭 발생기가 필요하다. 클럭 발생기는 인간의 심장과 비슷하다. 이 장치는 고전압과 저전압을 연속적으로 생성한다(심장 박동과 비슷하다). 클럭은 모든 순차 작업에서 시간의 기준을 제공한다. 클럭 발생기를 12.6.7절에서 다룬다. 이제 순차 장치의 가장 기본적인 요소인 SR 플립플롭을 살펴보자.

12.6.1 SR 플립플롭

가장 기본적인 데이터 저장 회로는 투명 래치(transparent latch)라고도 부르는 설정-재설정 플립플롭(set-reset flip-flop)이다. SR 플립플롭에는 교차 NOR SR 플립플롭(cross-NOR SR flipflop)과 교차 NAND SR 플립플롭(cross-NAND SR flipflop)이라는 두 가지 기본 종류가 있다.

역주 '큐바'라고 읽음

보기 12.56과 같은 교차 NOR SR 플립플롭을 생각해 보자. 처음에는 NOR 게이트의 입력이 출력에 의존하고 어쨌든 출력이 있기 때문에 교차 NOR SR 플립플롭이 단지 두 개의 입력 전압을 제공하는 것은 불가능하다는 것을 알 수 있다. (지금은 Q와 $\bar{Q}$역주가 보완적인 것이 아니라 별도의 변수인 것처럼 가정하며, 원할 경우 X와 Y라고 부를 수 있다.) 음, 우선 두 개의 입력이 모두 저준위(논리 0)인 경우에만 NOR 게이트가 고준위(논리 1)를 출력한다는 것을 알고 있을 것이다. 이것으로부터 $S = 1$이고 $R = 0$이면 출력에 관계없이 Q는 1이어야 하고 $\bar{Q}$는 0이어야 함을 추론할 수 있다. 이것을 설정 조건(set condition)이라고 부른다. 마찬가지로, 유사한 주장에 의해 $S = 0$이고 $R = 1$이면, Q는 0이어야 하고 는 1이어야 한다고 추론할 수 있다. 이것을 재설정 조건(reset condition)이라고 부른다.

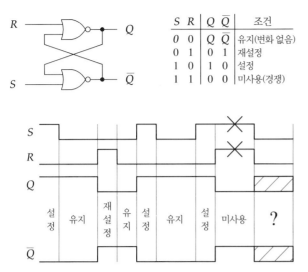

교차 NOR SR 플립플롭

S	R	Q	$\bar{Q}$	조건
0	0	Q	$\bar{Q}$	유지(변화 없음)
0	1	0	1	재설정
1	0	1	0	설정
1	1	0	0	미사용(경쟁)

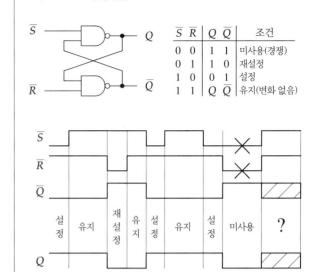

교차 NAND SR 플립플롭

$\bar{S}$	$\bar{R}$	Q	$\bar{Q}$	조건
0	0	1	1	미사용(경쟁)
0	1	1	0	재설정
1	0	0	1	설정
1	1	Q	$\bar{Q}$	유지(변화 없음)

$S = 1$, $R = 1$에서 다시 유지 조건($S = 0$, $R = 0$)으로 돌아가면 결과를 예측할 수 없다.
그러므로 $S = 1$, $R = 1$이 사용되지 않는다.

보기 12.56

역주 원문에는 catch-22로, 동명의 소설에서 비난하는 관료주의 행정에 따른 군대가 들어가지도 못하고 빠져 나오지도 못하는 상황을 가리킴

그렇지만 일단 R = 0과 S = 0이라면 어떨까? 입력 준위만 주어졌을 때 출력을 예측할 수 있는 가? 아니다! 출력을 예측하려면 필수적으로 출력을 해야만 하므로 출력을 예측하는 일은 불가능하다. 이것이 '진퇴양난'역주인 상황이다. 그러나 미리 출력 상태를 알고 있다면 상황을 파악할 수 있다. 예를 들어, 처음에 플립플롭($S = 1$, $R = 0$, $Q = 1$, $\bar{Q} = 0$)을 설정한 다음 $S = 0$, $R = 0$을 적용하면 플립플롭이 설정 상태를 유지된다(위쪽 게이트: $S = 0$, $Q = 1 \to \bar{Q} = 0$; 아래쪽 게이트: $R = 0$, $Q = 0 \to = 1$). 마찬가지로, 재설정 모드($S = 0$, $R = 1$, $Q = 0$, $\bar{Q} = 0$)에서 시작한 다음 $S = 0$, $R = 0$을 적용하면 플립플롭은 재설정 모드로 유지된다(상단 게이트: $S = 0$, $Q = 0 \to \bar{Q} = 1$; 아래쪽 게이트: $R = 0$, $\bar{Q} = 1 \to Q = 0$). 즉, 플립플롭은 두 입력이 모두 저준위(0)가 되더라도 이전 출력 상태를 기억하거나 래치한다. 이것을 유지(hold) 조건이라고 부른다.

마지막으로 선택한 것은 $S = 1$, $R = 1$이다. 여기서 NOR 게이트의 입력에 하나 이상의 고준위(1)가 적용되는 한 출력은 항상 0이 된다는 것을 알기 때문에 어떤 일이 발생하는지 예측하기 쉽다. 그러므로 $Q = 0$이고 $\bar{Q} = 0$이다. 지금, $S = 1$, $R = 1$ 상태에는 기본적인 문제가 두 가지가 있다. 첫째, 왜 설정과 재설정을 동시에 하려고 하는가? 둘째, $S = 1$이고 $R = 1$에서 유지 상태로 돌아가면 입력 값이 마침내 저준위로 반환된다는 것을 알지 못하는 경우 결과를 예측할 수 없게 된다. 왜일까? 입력이 다시 유지 위치($R = 0$, $S = 0$, $Q = 0$, $\bar{Q} = 0$)로 돌아오면 두 NOR 게이트는 모두 1이 되려고 할 것이다. 그러나 NOR 게이트의 출력 중 하나가 다른 것보다 1초 먼저 1이 된다고 가정해 보자. 이 경우 느린 플립플롭은 계획대로 1을 출력하지 않고 대신 0을 출력한다. 이

역주 즉, 난조 상태 또는 경합 조건 또는 경합 상태

것은 전형적인 **경쟁 상태**(race condition)역주 사례인데, 여기서는 더 느린 게이트가 패배했다. 그러나 어떤 플립플롭이 더 느린 플립플롭인가? 이러한 불안정하고 예측 불가능한 상태를 피할 수 없고 산난이 사용하시노 못한나.

교차 NAND SR 플립플롭의 기본 기능은 NOR SR 플립플롭과 같지만 근본적으로는 다른 점이 있다. 유지 상태와 불확정 상태가 반대이다. 이것은 입력이 모두 저준위일 때 고준위를 출력하는 NOR 게이트와 달리, 입력이 모두 고준위일 때 NAND 게이트가 저준위를 출력하기 때문이다. 즉, 교차 NAND SR 플립플롭의 유지 조건은 $\bar{S} = 1$, $\bar{R} = 1$인 반면에 불확정 조건은 $\bar{S} = 0$, $\bar{R} = 0$이다.

이번에는 SR 플립플롭을 간단히 응용한 두 가지를 살펴보자.

■ 스위치 디바운서

AND 게이트의 입력을 고준위나 저준위로 구동하기 위해 가장 왼쪽의 스위치/풀업 저항기 회로(보기 12.57 참조)를 사용하려고 한다고 해보자(다른 입력은 고정되어 있다). 스위치가 열리면 AND 게이트는 고준위를 받아야 한다. 스위치가 닫히면 게이트는 저준위를 수용해야 한다. 이렇게 되어야 하지만 실제로는 이런 일이 일어나지 않는다. 왜일까? 스위치가 통통 튀기 때문이다.

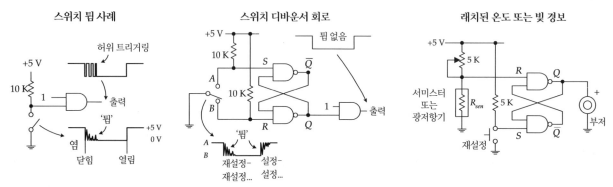

보기 12.57

스위치가 닫히면 접점의 독특한 용수철 같은 특성으로 인해 금속 접점이 여러 번 튄 다음에 비로소 안정된다. 보기 12.57의 맨 왼쪽 회로에 표시된 것처럼 일반적으로 50 ms 넘게 튀지는 않지만, 결과적으로 원치 않던 잘못된 트리거를 유발할 수 있다.

스위치 튐 현상을 제거하는 간단한 방법은 보기 12.57의 가운데에 나오는 스위치 디바운서 회로 (switch debouncer circuit)역주를 사용하는 것이다. 이 회로는 SR 플립플롭을 사용해 모든 후행 튐을 무시하고 초기 스위치 접촉 전압만 저장한다. 이 회로에서 스위치를 B 자리에서 A 자리로 돌려 놓을 때 플립플롭이 설정된다. 스위치가 고준위와 저준위를 번갈아 튀므로 Q 출력은 고준위로 유지된다. 왜냐하면 스위치 접점이 A에서 튀어 오를 때 S 입력은 저준위(R은 저준위도)를 수신하기 때문이다. 출력은 동일하게 유지된다. 동일한 튐 제거 특징이 스위치가 A 자리에서 B 자리로 놓일 때도 발생한다.

역주 즉, 스위치 튐 현상 보정 회로

■ 래치된 온도 또는 빛 경보

보기 12.57의 간단한 회로는 온도(서미스터를 사용할 때)나 광도(광저항기를 사용할 때)가 임계 수준에 도달할 때 부저 경보를 울리는 SR 플립플롭을 사용한다. 온도나 빛이 증가하면 서미스터나 광저항기의 저항이 감소해 R 입력 전압이 낮아진다. R 입력 전압이 NAND 게이트의 높은 임계 수준 아래로 떨어지면 플립플롭이 설정되고 알람이 울린다. RESET 스위치를 누르면 온도나 조명 수준이 임계 트리거 수준 이하로 떨어질 때까지 경보음이 계속 울린다. 팟으로 이 수준을 조정한다.

● 준위 유발 SR 플립플롭^{역주}(클럭 플립플롭 입문)

역주 즉, 레벨 트리거 SR 플립플롭. level triggered를 '레벨 트리거' 등으로도 부르지만, '준위 유발'로 번역해야 그 특성을 더 잘 이해할 수 있어서 '준위 유발'로 번역했다.

그런데 SR 플립플롭을 동기식으로 만드는 것이 좋을 것이다. 즉, 클럭과 같은 제어 펄스에 의해 S 및 R 입력을 가용 또는 불용 처리한다. 클럭 펄스가 도착할 때만 입력이 표본 추출된다. 이러한 방식으로 응답하는 플립플롭을 동기 플립플롭(synchronous flip-flop) 또는 클럭 플립플롭(clocked flip-flop)이라고 한다(앞에 나온 비동기 플립플롭과 반대).

이전 SR 플립플롭을 동기식 또는 클럭형 장치로 만들려면 보기 12.58과 같이 플립플롭의 입력에 가용 게이트를 연결하기만 하면 된다. 이 보기는 교차 NAND 배열을 보여 주지만 교차 NOR 배열도 사용할 수 있다. 이 설정에서는 클럭이 고준위일 때만 S 및 R 입력이 가용된다. 클럭이 저준위이면 입력이 불용되고 플립플롭이 유지 모드로 전환된다. 보기 12.58의 진리표와 타이밍도는 이 장치가 어떻게 작동하는지 보여준다.

클럭형 준위 유발 NAND SR 플립플롭

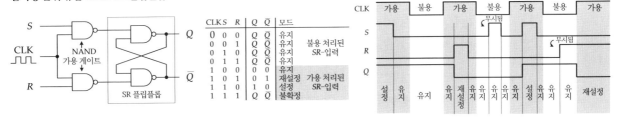

보기 12.58

● 가장자리 유발 SR 플립플롭

역주 즉, 에지 트리거 플립플롭. edge triggerd를 '에지 트리거'나 '모서리 트리거' 등으로도 부르지만, '가장자리 유발'로 번역해야 그 특성을 잘 이해할 수 있어서 '가장자리 유발'로 번역했다.

역주1 즉, 포지티브 에지, 정-에지, 상승 모서리

역주2 즉, 네거티브 에지, 부-에지, 하강 모서리

준위 유발 SR 플립플롭(level triggered SR flip-flop)은 성가신 특징이 있다. S 및 R 입력은 클럭 신호가 플립플롭을 활성화하는 전체 시간 동안 원하는 입력 조건(설정, 재설정 또는 변경 없음)으로 유지되어야 한다. 그러나 약간의 변경으로 준위 유발 플립플롭을 가장자리 유발 플립플롭(edge-triggered flip-flop)^{역주}으로 전환해 타이밍 제어 측면에서 보다 유연하게 만들 수 있다.

가장자리 유발 플립플롭은 양성이나 음성인 클럭의 가장자리(↑ = 정극성 가장자리^{역주1}, ↓ = 부극성 가장자리^{역주2})인 동안만 입력의 표본을 추출한다. 클럭 가장자리 전후에 일어나는 모든 변동 사항은 무시된다. 플립플롭은 유지 모드로 전환된다.

가장자리 유발 플립플롭을 만들려면 보기 12.59와 같이 정극성 또는 부극성 준위 유발 클럭 펄스 생성기 회로망을 이전의 준위 유발 플립플롭에 삽입한다.

클럭형 가장자리 유발 NAND SR 플립플롭

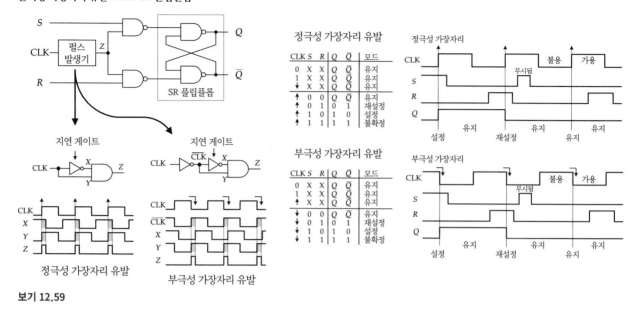

정극성 가장자리 유발

CLK	S	R	Q	$\bar{Q}$	모드
0	X	X	Q	$\bar{Q}$	유지
1	X	X	Q	$\bar{Q}$	유지
↓	X	X	Q	$\bar{Q}$	유지
↑	0	0	Q	$\bar{Q}$	유지
↑	0	1	0	1	재설정
↑	1	0	1	0	설정
↑	1	1	1	1	불확정

부극성 가장자리 유발

CLK	S	R	Q	$\bar{Q}$	모드
0	X	X	Q	$\bar{Q}$	유지
1	X	X	Q	$\bar{Q}$	유지
↑	X	X	Q	$\bar{Q}$	유지
↓	0	0	Q	$\bar{Q}$	유지
↓	0	1	0	1	재설정
↓	1	0	1	0	설정
↓	1	1	1	1	불확정

보기 12.59

정극성 가장자리 유발 발진기 회로에서 전파 지연을 갖는 NOT 게이트가 추가된다. 인버터로 인해 클럭 신호가 지연되므로 AND 게이트의 출력이 저준위가 되지는 않겠지만(전파 지연이 없는 경우와 같이), 클럭 신호의 정극성 가장자리에서 시작해 NOT 게이트의 전파 지연과 동일한 지속 시간 동안 지속되는 펄스를 제공할 것이다. 플립플롭을 클럭하는 데 사용되는 것은 이 펄스이다.

부극성 가장자리 유발 발진기 회로망 내에서 클럭 신호는 먼저 반전된 다음 동일한 NOT/AND 회로망을 통해 적용된다. 펄스는 클럭의 부극성 가장자리에서 시작해 NOT 게이트의 전파 지연과 동일한 지속 시간 동안 지속된다. 전파 지연은 일반적으로 펄스가 본질적으로 '가장자리'(나노초 단위)에 불과하므로 작을 수밖에 없다.

■ 펄스 유발 SR 플립플롭

역주 즉, 펄스 트리거 SR 플립플롭

펄스 유발 SR 플립플롭(pulse-triggerd SR flipflop)[역주]은 클럭형 준위 플립플롭이지만 출력이 변경될 때마다 클럭의 고준위 및 저준위에서 모두 상승 및 하강해야 한다. 펄스 유발 플립플롭은 마스터-슬레이브 플립플롭(master-slave flip-flop)이라고도 한다. 마스터는 초기 입력을 받아들이고 부극성 클럭 가장자리에 도착하면 슬레이브의 출력을 '채찍질'한다. 정극성 클럭 가장자리인 동안 마스터는 (마치 총과 같이) 방아쇠를 당기고(coked), 부극성 클럭 가장자리인 동안 슬레이브가 유발된다(triggered)는 식으로 흔히 비유하기도 한다. 보기 12.60은 단순화된 펄스 유발형 교차 NAND SR 플립플롭을 보여준다.

마스터는 단순히 보면 클럭형 SR 플립플롭이며, 고준위 클럭 펄스인 동안 가용되어 Y 및 $\bar{Y}$ (설정, 재설정 또는 변경 없음)를 출력한다. 슬레이브는 마스터와 유사하지만 부극성 클럭 펄스(인버터로 인해)에서만 가용된다. 슬레이브가 가용된 순간 마스터의 Y 및 $\bar{Y}$ 출력을 입력으로 사용해 최종 결과를 출력한다.

펄스 유발 SR 플립플롭(마스터- 슬레이브 SR 플립플롭)

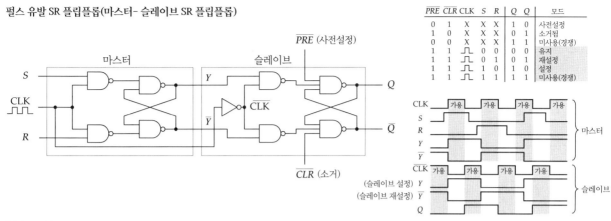

$\overline{PRE}$	$\overline{CLR}$	CLK	S	R	Q	$\overline{Q}$	모드
0	1	X	X	X	1	0	사전설정
1	0	X	X	X	0	1	소거됨
0	0	X	X	X	1	1	미사용(경쟁)
1	1	⊓	0	0	0	0	유지
1	1	⊓	0	1	0	1	재설정
1	1	⊓	1	0	1	0	설정
1	1	⊓	1	1	1	1	미사용(경쟁)

보기 12.60

사전설정($\overline{PRE}$)과 소거($\overline{CLR}$) 입력에 주목하라. 이것을 비동기 입력(asynchronous inputs)이라고 부른다. 동기 입력인 S 및 R과 달리 비동기 입력은 클럭을 무시하고 플립플롭을 소거(비동기 재설정이라고도 함)하거나 사전설정(비동기 설정이라고도 함)한다. $\overline{CLR}$이 고준위이고 $\overline{PRE}$가 저준위일 때 CLK, S 및 R 입력에 관계없이 비동기식 재설정 $Q=1$, $\overline{Q}=0$을 얻는다. 따라서 이러한 활성 저준위 입력은 정상적으로 고준위 상태가 되어 비활성화된다. 비동기식 설정 및 재설정을 적용하는 기능은 종종 플립플롭 어레이로 구성된 전체 레지스터를 지우는 데 사용된다.

■ 플립플롭 논리 기호 해석을 위한 일반 규칙

보통 처음부터 플립플롭을 구축할 것을 염려하지 않아도 된다. 대신에 플립플롭 IC를 사면 그만인데 이는 다음 단원에서 다룬다. 마찬가지로 복잡한 논리 게이트 설계도에 관해서도 걱정하지 않아도 된다. 대신에 보기 12.61에 나온 것과 같은 기호 표기법을 사용하면 된다. 보기에 나오는 기호는 SR 플립플롭에 적용되지만 기본 규칙을 설명한 내용을 다음 단원에서 설명하는 D 플립플롭 및 JK 플립플롭에 적용할 수 있다.

준위 유발, 가장자리 유발, 펄스 유발 플립플롭의 상징적 표현

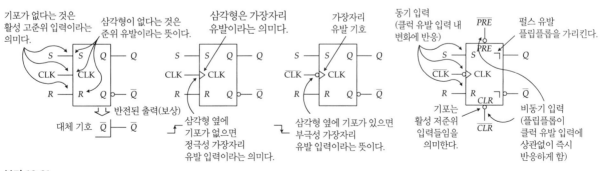

보기 12.61

12.6.2 SR 플립플롭 IC

때로는 마이크로컨트롤러나 FPGA보다는 순차 논리 IC를 사용하는 편이 타당하지만, IC가 두 개 이상 필요하면 점차적으로 마이크로컨트롤러나 FPGA를 고려해야 한다. 보기 12.62에는

몇 가지 SR 플립플롭 (래치) IC 사례가 나온다. 하드웨어 논리를 사용하는 스위치 튐 현상 보정 (switch debouncing)[역주]에는 비용이 들지만, 스위치의 튐 현상을 마이크로컨트롤러와 연동된 소프트웨어를 사용하면 언제든 공짜로 보정할 수 있다는 점을 기억하라. 단지 여분의 줄 또는 두 개의 프로그램 코드가 필요할 뿐이다. 74LS279A에는 4개의 독립 SR 래치가 있다(두 개의 래치에는 별도의 입력이 있음). 이 IC는 스위치 디바운서에서 주로 사용된다.

[역주] 즉, 스위치 접점 안정화 또는 스위치 디바운싱

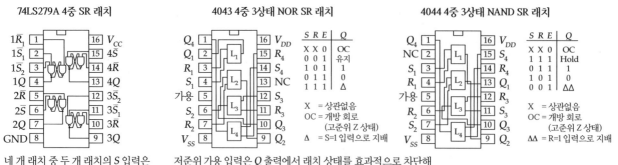

74LS279A 4중 SR 래치

네 개 래치 중 두 개 래치의 S 입력은 두 개이며, 그 입력은 활성 저준위

4043 4중 3상태 NOR SR 래치

S	R	E	Q
X	X	0	OC
0	0	1	유지
1	0	1	1
0	1	1	0
1	1	1	Δ

X = 상관없음
OC = 개방 회로 (고준위 Z 상태)
Δ = S=1 입력으로 지배

저준위 가용 입력은 Q 출력에서 래치 상태를 효과적으로 차단해 Q 출력에서 개방 회로 상태 또는 고준위 임피던스 (Z) 상태를 발생시킨다.

4044 4중 3상태 NAND SR 래치

S	R	E	Q
X	X	0	OC
1	1	1	Hold
0	1	1	1
1	0	1	0
0	0	1	ΔΔ

X = 상관없음
OC = 개방 회로 (고준위 Z 상태)
ΔΔ = R=1 입력으로 지배

보기 12.62

4043에는 네 개의 3상태 교차 결합 NOR SR 래치가 포함되어 있다. 각 래치에는 별도의 Q 출력뿐만 아니라 개별 설정 및 재설정 입력이 있다. 3상태 기능은 추가 보너스로 모든 Q 출력을 효과적으로 차단해 출력이 개방 회로(고준위 임피던스 또는 고준위 Z)로 표시되게 한다. 이 3상태 특징은 여러 장치가 공통 데이터 버스를 공유해야 하는 응용에서 주로 사용된다. 한 래치의 출력 데이터가 버스에 적용되면 다른 래치(또는 다른 장치)의 출력은 높은 Z 조건을 통해 연결이 끊어진다. 4044는 4043과 유사하지만 네 개의 3상태 교차 결합 NAND RS 래치를 포함한다.

12.6.3 D형 플립플롭

D형 플립플롭(데이터 플립플롭)은 단일 입력 장치다. 이것은 기본적으로 SR 플립플롭이며, 여기서 S는 D로 대체되고 R은 $\overline{D}$ (반전된 D)로 대체된다. 반전 입력은 보기 12.63과 같이 인버터를 통해 D 입력에서 R 입력으로 선을 잇는다. 인버터는 불확정 조건(경쟁 또는 미사용 상태, S = 1, R = 1)이 결코 발생하지 않도록 한다. 동시에 인버터는 유지 조건을 제거해 설정(D = 1) 및 재설정(D = 0) 조건들만 남겨 둔다. 보기 12.63의 회로는 준위 유발 D형 플립플롭을 나타낸다.

기본 D형 플립플롭 또는 래치

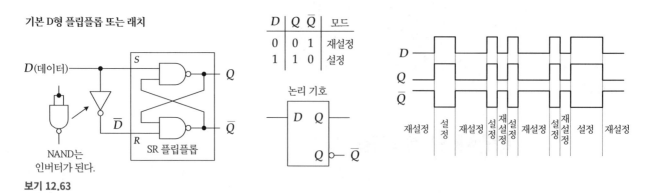

D	Q	$\overline{Q}$	모드
0	0	1	재설정
1	1	0	설정

보기 12.63

클럭된 D형 준위 유발 플립플롭을 생성하려면, 먼저 보기 12.64와 같이 클럭된 준위 유발 SR 플립플롭으로 시작해 인버터를 투입한다.

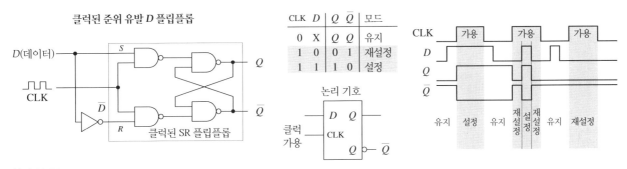

보기 12.64

클럭된 가장자리 유발 D형 플립플롭을 생성하려면, 보기 12.65와 같이 클럭된 가장자리 유발 SR 플립플롭을 사용하고 인버터를 추가한다.

가장자리 유발 *D*형 플립플롭

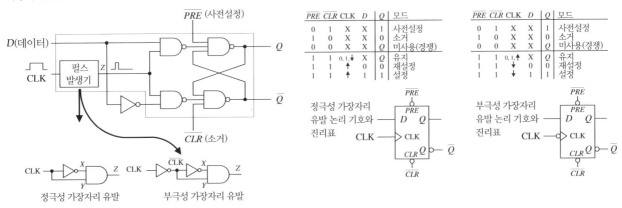

보기 12.65

보기 12.66은 인기 있는 가장자리 유발 D형 플립플롭 IC인 7474(예: 74HC74)를 보여준다. 비동기 사전설정 및 소거 기능이 있는 입력을 지닌 두 개의 D형 정극성 가장자리 유발 플립플롭을 포함한다.

이 보기의 진리표에 나오는 소문자 l과 h에 주목하라. h는 고준위 전압 수준을 나타내는 H와 유사하며, l은 저준위 전압 수준을 나타내는 L과 유사하다. 그러나 플립플롭의 출력이 진리표가 가리키는 바를 수행하는 데 필요한 조건이 있다. D 입력이 정극성 클럭 가장자리가 나오기 전에 적어도 하나의 **설정 시간**(setup time, t_s) 동안 고준위(또는 저준위)로 고정되어야 한다는 점이 추가 조건이다. 이 상황은 플립플롭 IC에 존재하는 현실적인 전파 지연으로 인해 발생한다. 플립플롭 스위치 상태를 너무 빨리 바꾸게 하려고 하면(전자가 움직일 시간조차 주지 않으려고 하면) 결과가 부정확해질 수 있다. 7474의 경우에 설정 시간이 20 ns이다. 그러므로 이 IC를 사용할 때 20 ns 제한 범위 내의 입력 펄스들을 적용하지 말아야 한다. 다른 플립플롭의 설정 시간은 다를 것이므로 제조업체의 데이터시트를 확인해 봐야 한다. 설정 시간과 그 밖의 플립플롭 타이밍 매개변수에 관해서는 12.6.6절에서 더 자세히 다룬다.

74HC74 사전설정 및 소거 기능이 있는 2중 D형 정극성 가장자리 유발 플립플롭

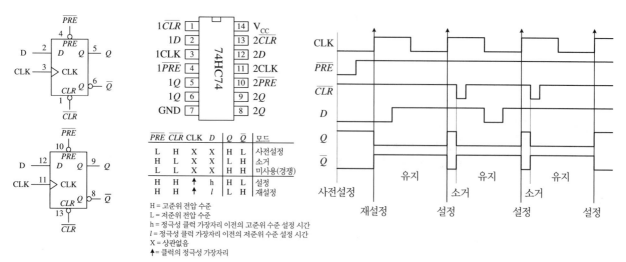

$\overline{PRE}$	$\overline{CLR}$	CLK	D	Q	$\overline{Q}$	모드
L	H	X	X	H	L	사전설정
H	L	X	X	L	H	소거
L	L	X	X	H	H	미사용(경쟁)
H	H	↑	h	H	L	설정
H	H	↑	l	L	H	재설정

H = 고준위 전압 수준
L = 저준위 전압 수준
h = 정극성 클럭 가장자리 이전의 고준위 수준 설정 시간
l = 정극성 클럭 가장자리 이전의 저준위 수준 설정 시간
X = 상관없음
↑ = 클럭의 정극성 가장자리

보기 12.66

D형 플립플롭을 때때로 펄스 유발(마스터-슬레이브) 변형에서 발견할 수 있다. 펄스 유발 플립플롭은 출력이 입력(이 경우 D 입력)에 적용되는 것을 반영하기 전에 완전한 클럭 펄스가 필요하다는 점을 기억해 보라. 보기 2.67에 펄스 유발 D형 플립플롭의 기본 구조를 나타냈다. 이것은 펄스 유발 SR 플립플롭과 아주 똑같지만, 마스터의 입력에 인버터가 추가된다는 점은 다르다.

간단한 D형 플립플롭 응용기기를 살펴보자.

펄스 유발 D형 플립플롭(마스터-슬레이브 D형 플립플롭)

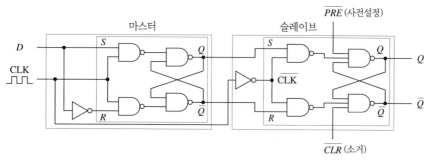

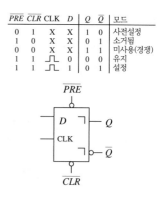

$\overline{PRE}$	$\overline{CLR}$	CLK	D	Q	$\overline{Q}$	모드
0	1	X	X	1	0	사전설정
1	0	X	X	0	1	소거됨
0	0	X	X	1	1	미사용(경쟁)
1	1	⊓	0	1	0	유지
1	1	⊓	1	0	1	설정

보기 12.67

▨ 진행 규제

진행 규제 표시기 회로(stop and go indicator circuit)에서 간단한 준위 유발 D형 플립플롭을 사용해 D 입력이 저준위(재설정)일 때 적색 LED를 켜고, D 입력이 고준위(설정)일 때 녹색 LED를 켠다. 한 번에 LED를 한 개만 켤 수 있다.

2분주 계수기(divide-by-two counter)는 정극성 가장자리 유발 D형 플립플롭을 사용해 적용된 신호의 주파수를 2로 나눈다. 이것을 작동하는 방식을 설명하기는 쉽다. 정극성 가장자리 유발 특징은 부극성 가장자리와 상관이 없다. 나머지 부분은 스스로 이해할 수 있을 것이다.

외부 비동기 제어 신호

외부 비동기 제어 신호(스위치나 그 밖의 입력 장치에서 생성되었을 수도 있는)를 사용해 동기화된 시스템 내에서 어떤 동작을 제어하기를 원할 때 동기화 장치를 사용한다. 동기화 장치는 동기화 시스템의 위상과 동기된 제어 신호에 의해 생성된 동작의 위상을 유지하는 수단을 제공한다.

예를 들어, 비동기식 제어 신호로 동기식 시스템 내에서 A 지점에서 B 지점으로 가는 클럭 펄스 수를 제어하려고 한다고 가정해 보자. 보기 12.68의 동기 회로와 같이 간단한 가용 게이트를 사용해 볼 수 있을 것이다. 그러나 외부 제어 신호가 클럭과 동기(동 위상)되지 않기 때문에 외부 제어 신호를 적용할 때 하단 타이밍도에서와 같이 첫 번째 또는 마지막 출력 펄스를 단축할 수 있다.

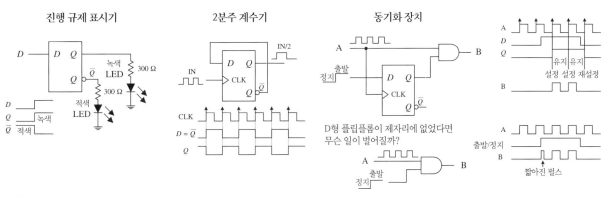

보기 12.68

어떤 응용기기는 짧아진 펄스를 좋아하지 않아서 제대로 동작하지 않는다. 펄스가 짧아지지 않게 하려면 가장자리 유발 D형 플립플롭을 투입해 동기화 장치를 만든다. 플립플롭의 CLK 입력은 입력 클럭 회선에서 탭되며, D 입력은 외부 제어 신호를 수신하고, Q 출력은 AND 게이트의 가용 입력에 연결된다. 이러한 배치를 사용하면 플립플롭의 Q 출력이 입력 클럭 신호와 위상이 다른 가용 펄스를 AND 게이트에 공급하지 않기 때문에 클럭 펄스가 짧아지지 않을 것이다. 이는 플립플롭의 CLK 입력이 정극성 클럭 가장자리를 수신한 후 플립플롭이 다음 정극성 클럭 가장자리까지 D 입력에 적용된 입력 변경을 무시한다는 사실 때문이다.

12.6.4 4중 및 8중 D형 플립플롭

아주 자주 단일 IC 내에 여러 개의 D형 플립플롭 또는 D형 래치가 함께 묶인다. 예를 들면, 74HC75의 경우에 보기 12.69에 나타낸 바와 같이 네 개의 투명한 D형 래치를 담고 있다. 0번과 1번 래치는 공통 활성 저준위 가용인 $E_0 \sim E_1$을 공유하고, 2번과 3번 래치는 공통 활성 저준위 가용인 $E_2 \sim E_3$을 공유한다. 함수표에서 각 Q 출력은 해당 가용 회선이 고준위인 동안 각 D 입력을 따른다. 가용 회선이 저준위가 되면, Q 출력은 D가 고준위-저준위 가용 전이 이전의 설정 시간인 값으로 래치된다. 4042는 보기 12.69에서 설명한대로 작동하는 또 다른 4중 D형 래치이다. D형 래치는 버스 지향 시스템에서 일반적으로 데이터 레지스터로 사용되며 보기에서도 설명한다.

74HC75 4중 D형 래치

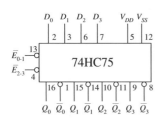

$\bar{E}$	D	Q	$\bar{Q}$	모드
H	L	L	H	가용 처리된 데이터
H	H	H	L	
L	X	q	$\bar{q}$	래치된 데이터

H = 고준위 전압 수준
L = 저준위 전압 수준
X = 상관없음
q = 소문자는 고준위에서 저준위로 가용 전이
이전에 참조된 출력의 1 설정 시간을 나타낸다.

$\bar{E}$(가용)가 고준위일 때 Q는 D를 따른다.

응용: 4비트 데이터 레지스터

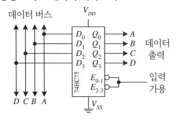

여기서 4비트 데이터 레지스터는 가용들을 함께 연결해 단일 가용 입력을 형성함으로써 생긴다. 가용 입력이 고준위일 때 버스의 데이터가 출력에 나타난다. 가용이 저준위가 되면, 버스상의 데이터는 래치 입력이 고준위가 될 때까지 래치(저장)된다.

4042 4중 D형 클럭 래치

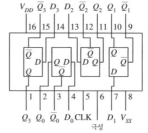

CLK	극성	Q
0	0	래치
⌐	0	D
1	1	D
⌐	1	래치

극성 입력에 적용된 클럭 수준에 따라서 데이터 입력을 래치하거나 따르라. 전이가 발생하면 클럭이 전이되는 동안 입력에 존재하는 정보는 반대 클럭 전이가 발생할 때까지 래치된다.

응용: 4비트 데이터 레지스터

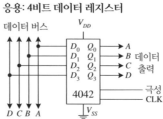

여기서 4042는 4비트 데이터 레지스터로 사용된다. 버스상의 데이터는 출력들에 나타난다. 클럭이 상태를 바꿀 때 데이터가 래치된다(저장된다).

보기 12.69

D형 플립플롭들은 또한 8중 형태로 들어오기도 하는데, IC당 플립플롭이 여덟 개이다. 이러한 장치는 8비트 또는 2 × 8 = 16비트 데이터 또는 주소 버스를 공유해서 마이크로프로세서 시스템 내에서 8비트 데이터 레지스터로 자주 사용된다. 8중 D형 플립플롭의 사례를 들면 보기 12.70에 나오는 74HCT273이다. 74HCT273 내의 모든 D형 플립플롭은 공통 정극성 가장자리 유발 클럭 입력 및 공통 활성 저준위 소거 입력을 공유한다. 클럭 입력이 정극성 가장자리를 수신하면, D_0에서 D_7에 적용된 데이터 비트는 8개 플립플롭에 저장되고 출력 Q_0에서 Q_7에 나타난다. 모든 플립플롭을 소거하려면 소거 입력이 저준위 펄스여야 한다.

74HCT273 소거 기능이 있는 8중 가장자리 유발 D형 플립플롭

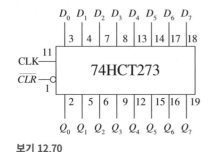

$\overline{CLR}$	CLK	D_n	Q_n	모드
L	X	X	L	소거
H	↑	h	H	설정
H	↑	l	L	재설정

V_{CC} = 20번 핀
GND = 10번 핀

H = 고준위 전압 수준
L = 저준위 전압 수준
h = 저준위-고준위 클럭 전이 이전의 고준위 전압 수준 1 설정 시간
l = 저준위-고준위 클럭 전이 이전의 저준위 전압 수준 1 설정 시간
X = 상관없음
↑ = 저준위-고준위 클럭 전이

보기 12.70

12.6.5 JK 플립플롭

드디어 마지막 플립플롭인 JK 플립플롭을 다룰 차례다. JK 플립플롭이 SR 플립플롭과 닮아 있는데, J가 S처럼 K가 R처럼 동작한다. 마찬가지로 설정 모드(J = 1, K = 0), 재설정 모드(J = 0, K = 1), 유지 모드(J = 0, K = 0)가 있다. 그러나 S = 1, R = 1일 때 불확정 모드를 갖는 SR 플립플롭과는 달리, J = 1, K = 1일 때 JK 플립플롭은 토글(toggle) 모드를 갖는다. 토글이란, Q 및 $\bar{Q}$ 출력이 각 활성 클럭 가장자리에서 반대 상태로 전이됨을 의미한다.

JK 플립플롭을 만들려면 SR 플립플롭의 내부 논리 회로를 수정해 출력과 입력 사이에 교차 결합된 두 개의 되먹임 회선을 포함시킨다. 그러나 이렇게 수정하면 JK 플립플롭은 준위 유발 플립플롭이 될 수 없다. 가장자리 유발 플립플롭 또는 펄스 유발 플립플롭만 될 수 있다. 보기 12.71은 교차 NAND SR 가장자리 유발 플립플롭을 바탕으로 가장자리 유발 플립플롭들을 만드는 방법을 보여준다.

가장자리 유발 JK 플립플롭

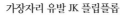
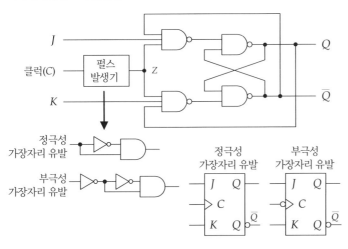

| 정극성 가장자리 유발 | | | | | | 부극성 가장자리 유발 | | | | | |
C	J	K	Q	$\bar{Q}$	모드	C	J	K	Q	$\bar{Q}$	모드
0	X	X	Q	$\bar{Q}$	유지	0	X	X	Q	$\bar{Q}$	유지
1	X	X	Q	$\bar{Q}$	유지	1	X	X	Q	$\bar{Q}$	유지
↓	X	X	Q	$\bar{Q}$	유지	↑	X	X	Q	$\bar{Q}$	유지
↑	0	0	Q	$\bar{Q}$	유지	↓	0	0	Q	$\bar{Q}$	유지
↑	0	1	0	1	재설정	↓	0	1	0	1	재설정
↑	1	0	1	0	설정	↓	1	0	1	0	설정
↑	1	1	$\bar{Q}$	Q	토글	↓	1	1	$\bar{Q}$	Q	토글

사전설정 기능과 소거 기능이 있는 부극성 가장자리 유발 JK 플립플롭의 타이밍도

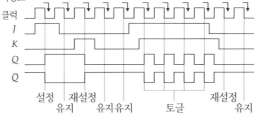

보기 12.71

가장자리 유발 JK 플립플롭에는 보기 12.72와 같이 사전설정(비동기식 설정) 및 소거(비동기식 재설정) 입력이 함께 제공된다.

사전설정 기능과 소거 기능이 있는 가장자리 유발 JK 플립플롭

사전설정 기능과 소거 기능이 있는 부극성 가장자리 유발 JK 플립플롭의 설계도

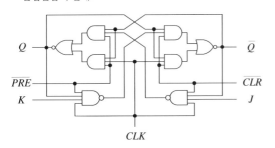

사전설정 기능과 소거 기능이 있는 부극성 가장자리 유발 JK 플립플롭의 타이밍도

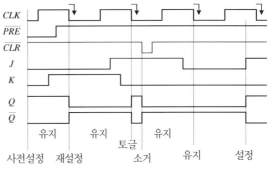

사전설정 기능 및 소거 기능이 있는 부극성 가장자리 유발 JK 플립플롭

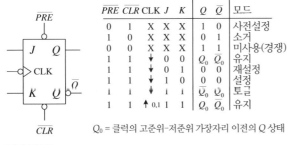

$\overline{PRE}$	$\overline{CLR}$	CLK	J	K	Q	$\bar{Q}$	모드
0	1	X	X	X	1	0	사전설정
1	0	X	X	X	0	1	소거
0	0	X	X	X	1	1	미사용(경쟁)
1	1	↓	0	0	Q_0	$\bar{Q}_0$	유지
1	1	↓	0	1	0	0	재설정
1	1	↓	1	0	1	1	설정
1	1	↓	1	1	$\bar{Q}_0$	Q_0	토글
1	1	↑	1	1	Q_0	$\bar{Q}_0$	유지

Q_0 = 클럭의 고준위-저준위 가장자리 이전의 Q 상태

사전설정 기능 및 소거 기능이 있는 정극성 가장자리 유발 JK 플립플롭

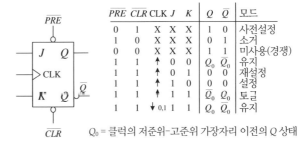

$\overline{PRE}$	$\overline{CLR}$	CLK	J	K	Q	$\bar{Q}$	모드
0	1	X	X	X	1	0	사전설정
1	0	X	X	X	0	1	소거
0	0	X	X	X	1	1	미사용(경쟁)
1	1	↑	0	0	Q_0	$\bar{Q}_0$	유지
1	1	↑	0	1	0	0	재설정
1	1	↑	1	0	1	1	설정
1	1	↑	1	1	$\bar{Q}_0$	Q_0	토글
1	1	↓	1	1	Q_0	$\bar{Q}_0$	유지

Q_0 = 클럭의 저준위-고준위 가장자리 이전의 Q 상태

보기 12.72

거기에는 펄스 유발(마스터-슬레이브) 플립플롭도 있다. 이 장치가 펄스 유발 SR 플립플롭과 유사하지만, 슬레이브의 Q 및 $\bar{Q}$ 출력에서 마스터의 입력 게이트로의 JK 교차 결합 되먹임 연결을 제외하고는 다르다. 보기 12.73에 간단한 NAND 펄스 유발 JK 플립플롭을 나타냈다.

펄스 유발 플립플롭은 가장자리 유발 플립플롭만큼 대중적이지는 않는데, 이는 바라지 않는 효과가 일어날 수 있기 때문이다. 펄스 유발 JK 플립플롭은 때로는 원스 캐칭(ones-catching)이라고 불리는 것을 경험한다. 원스 캐칭에서 클럭이 높으면 정전기 잡음으로 인해 발생하는 원치 않는 펄스 또는 글리치(glitch)^{역주}가 J와 K에 나타난다. 플립플롭은 이러한 글리치를 기억하고 이를 실제 데이터로 해석한다. 일반적으로 클럭 펄스의 지속 시간이 짧으면 문제를 일으키지 않는다. 다시 말해서, 펄스가 길 때 조심해야 한다는 뜻이다. 모든 것을 원스 캐칭하지 않으려면 가장자리 유발 JK 플립플롭을 사용하라.

역주 잡음 펄스로 인한 하드웨어 오동작

계수기 및 시프트 레지스터 회로에는 JK 플립플롭의 두 가지 주요 응용이 있다. 여기서는 계수기 응용을 소개하려고 한다. 12.8절에서 시프트 레지스터를 다루고, 추가 계수기 회로를 12.7절에서 다룬다.

펄스 유발 JK 플립플롭(마스터-슬레이브 JK 플립플롭)

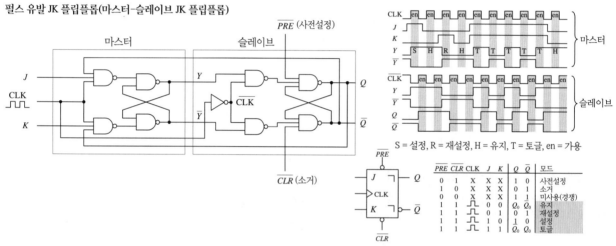

보기 12.73

■ 리플 계수기(비동기 계수기)

MOD-16 리플 계수기(ripple counter), 즉 비동기 계수기(asynchronous counter)라고 부르는 간단한 계수기를 네 개의 JK 플립플롭을 연결해 만들 수 있는데, 이를 보기 12.75에 나타냈다. (MOD-16, 즉 modulus 16은 계수기가 16진수 상태임을 의미한다.) 이것은 0에서 15까지 셀 수 있다는 것을 의미한다. 0은 그렇게 세는 수 중 하나다.

보기 12.75의 리플 계수기는 2분주, 4분주, 8분주 또는 16분주 계수기로 사용할 수도 있다. 여기에서는 클럭 신호를 주파수로 나눌, 원하는 입력 신호로 간단히 대체한다. 2분주 계수기를 만들 때는 첫 번째 플립플롭만 필요하고, 8분주 계수기를 만들 때는 처음에 나오는 세 개의 플립플롭이 필요하다.

사전설정 및 소거 기능이 있는 74LS76 이중 정극성 가장자리
유발 JK 플립플롭

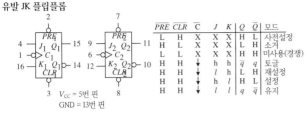

$\overline{PRE}$	$\overline{CLR}$	C	J	K	Q	$\overline{Q}$	모드
L	H	X	X	X	H	L	사전설정
H	L	X	X	X	L	H	소거
L	L	X	X	X	H	H	미사용(경쟁)
H	H	↓	h	h	$\overline{q}$	q	토글
H	H	↓	l	h	L	H	재설정
H	H	↓	h	l	H	L	설정
H	H	↓	l	l	q	$\overline{q}$	유지

V_{CC} = 5번 핀
GND = 13번 핀

사전설정 및 소거 기능이 있는 74109 정극성 가장자리 유발 플립플롭

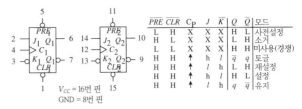

$\overline{PRE}$	$\overline{CLR}$	C_P	J	$\overline{K}$	Q	$\overline{Q}$	모드
L	H	X	X	X	H	L	사전설정
H	L	X	X	X	L	H	소거
L	L	X	X	X	H	H	미사용(경쟁)
H	H	↑	h	h	$\overline{q}$	q	토글
H	H	↑	l	l	L	H	재설정
H	H	↑	h	l	H	L	설정
H	H	↑	l	h	q	$\overline{q}$	유지

V_{CC} = 16번 핀
GND = 8번 핀

사전설정 기능 및 소거 기능이 있는 7476 이중 펄스 유발 JK 플립플롭

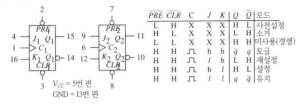

$\overline{PRE}$	$\overline{CLR}$	C	J	K	Q	$\overline{Q}$	모드
L	H	X	X	X	H	L	사전설정
H	L	X	X	X	L	H	소거
L	L	X	X	X	H	H	미사용(경쟁)
H	H	⊓	h	h	$\overline{q}$	q	토글
H	H	⊓	l	h	L	H	재설정
H	H	⊓	h	l	H	L	설정
H	H	⊓	l	l	q	$\overline{q}$	유지

V_{CC} = 5번 핀
GND = 13번 핀

소거 기능이 있는 74HC73 2중 펄스 유발 JK 플립플롭

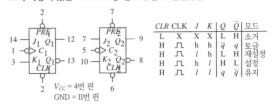

$\overline{CLR}$	CLK	J	K	Q	$\overline{Q}$	모드
L	X	X	X	L	H	소거
H	⊓	h	h	$\overline{q}$	q	토글
H	⊓	l	h	L	H	재설정
H	⊓	h	l	H	L	설정
H	⊓	l	l	q	$\overline{q}$	유지

V_{CC} = 4번 핀
GND = 11번 핀

공통 클럭이 있는 74114 2중 펄스 유발 JK 플립플롭

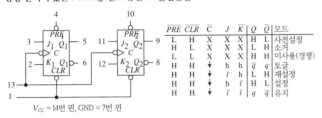

$\overline{PRE}$	$\overline{CLR}$	C	J	$\overline{K}$	Q	$\overline{Q}$	모드
L	H	X	X	X	H	L	사전설정
H	L	X	X	X	L	H	소거
L	L	X	X	X	H	H	미사용(경쟁)
H	H	↓	h	h	$\overline{q}$	q	토글
H	H	↓	l	h	L	H	재설정
H	H	↓	h	l	H	L	설정
H	H	↓	l	l	q	$\overline{q}$	유지

V_{CC} = 14번 핀, GND = 7번 핀

H = 고준위 전압 수준 안정 상태
h = 고준위-저준위 클럭 전이에 앞선 고준위 전압 수준 1 설정 시간
L = 저준위 전압 수준 안정 상태
l = 고준위-저준위 클럭 전이 전의 저준위 전압 수준 1 설정 시간
q = 소문자는 고준위-저준위 클럭 전이 이전의 기준이 된 출력의 상태를 가리킨다
X = 상관없음
⊓ = 정극성 클럭 펄스
↓ = 부극성 클럭 가장자리
↑ = 정극성 클럭 가장자리

보기 12.74

MOD-16 리플 계수기/2, 4, 8, 16분주 계수기

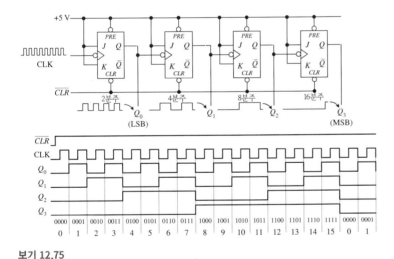

보기 12.75

리플 계수기의 각 플립플롭은 토글 모드로 고정된
다(J 및 K는 모두 고준위로 유지됨). 첫 번째 플립플롭
에 적용된 클럭 신호는 플립플롭이 Q_0 출력에서
클럭 신호 주파수를 2로 나눈 결과다(토글 결과).
두 번째 플립플롭은 클럭 입력에서 Q_0의 출력을
수신하고 마찬가지로 2로 나눈다. 이 과정이 회선
을 따라 계속된다. 최종적으로 네 자리 2진 계수기
를 얻게 된다. 최하위 비트는 Q_0인 반면에 최상위
비트는 3이다. 계수기가 1111에 도달하면 계수기
는 0000으로 다시 돌아가 계수를 시작한다. 주어
진 시간에 계수기를 재설정하려면 활성 저준위 소
거 회선이 저준위로 펄스된다. 계수기를 1111에서
0000으로 거꾸로 계산하려면 Q 출력을 사용하면
된다.

더 높은 MOD 값을 가진 리플 계수기는 더 많은 플립플롭을 MOD-16 계수기에 부과해 만들
수 있다. 하지만 MOD 값이 2, 4, 8, 16 등이 아닌 리플 계수기는 어떻게 만들 수 있을까? 예
를 들어, MOD-10(0~9) 계수기를 만들려고 한다고 하자. 특정 카운트에 도달한 후 계수기를
멈추고 LED나 부저 같은 장치를 트리거하려면 어떻게 해야 하는가? 보기 12.76에 바로 그런
회로를 나타냈다.

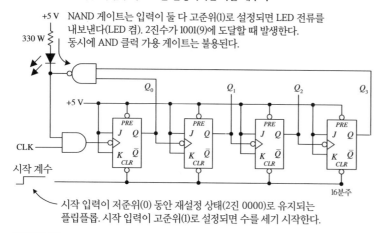

0부터 9까지 센 다음에 멈추어 LED를 활성화하는 리플 계수기

+5 V NAND 게이트는 입력이 둘 다 고준위(1)로 설정되면 LED 전류를
330 W 내보낸다(LED 켬). 2진수가 1001(9)에 도달할 때 발생한다.
동시에 AND 클럭 가용 게이트는 불용된다.

시작 계수

시작 입력이 저준위(0) 동안 재설정 상태(2진 0000)로 유지되는
플립플롭. 시작 입력이 고준위(1)로 설정되면 수를 세기 시작한다.

보기 12.76

MOD-10 계산기를 만들려면 MOD-16 계수기로 시작해 Q_0 및 Q_3 출력을 NAND 게이트에 연결하기만 하면 된다. 계수기가 9(1001)에 도달하면 Q_0과 Q_3은 모두 고준위가 되어 NAND 게이트의 출력이 저준위가 된다. 그런 다음 NAND 게이트는 전류를 내려보내 LED를 켜고, 동시에 클럭 가용 게이트를 불용 처리하고 계수를 멈춘다. NAND 게이트가 고준위일 때 LED에는 전위차가 걸리지 않는다. 새로 계수할 수 있게 활성 저준위 소거 회선이 순간적으로 저준위로 펄스된다. 이제 MOD-15 계수기를 만들기 위해 왼쪽에서 사용한 것과 같은 기본 접근 방식을 적용해야 하지만, Q_1, Q_2, Q_3을 3입력 NAND 게이트에 연결한다.

■ 동기 계수기

방금 거론한 것처럼 리플 계수기에는 문제가 있다. (첫 번째로 클럭된 플립플롭으로부터) 회선을 따라 더 내려가 있는 플립플롭의 출력단들은 초기 클럭 신호로 인해 발생하는 변화에 반응하는 데 시간이 걸린다. 이 결과는 주어진 플립플롭 내에서 발생하는 내부 전파 지연으로 인한 것이다. 표준 TTL 플립플롭의 내부 전파 지연 시간은 30 ns이다. MOD-16 계수기를 만들기 위해 플립플롭 네 개를 결합하면 최고 출력에서의 누적 전파 지연은 120 ns가 된다. 고정밀 동기화 시스템을 사용한다면, 그와 같은 대규모 지연으로 인해 타이밍 문제가 발생할 수 있다.

많이 지연되지 않게 하려면 동기 계수기(synchronous counter)라고 부르는 것을 생성하면 된다. 동기 계수기는 리플 계수기(비동기)와 다르게, 클럽 입력이 공통 클럭 회선과 동시에 구동되는 플립플롭이다. 이것은 각 플립플롭에 대한 출력 전이(output transition)가 동시에 일어난다는 점을 의미한다.

리플 계수기와는 달리, 이 방법에서는 원하는 계수 파형을 얻기 위해 여러 플립플롭 입력 및 출력 사이에 배치된 추가 논리 회로를 사용해야 한다. 예를 들어, 4비트 MOD-16 동기 계수기에는 두 개의 보강 AND 게이트들이 추가되어야 하는데, 이는 보기 12.77에 보인 것과 같다. AND 게이트는 다음과 같이 플립플롭을 유지 모드(게이트의 두 입력이 모두 저준위인 경우)로 두거나 토글 모드(게이트의 두 입력이 모두 고준위인 경우)로 둔다.

- 0~1을 세는 동안 첫 번째 플립플롭은 토글 모드이다(항상 그렇다).
- 2~4를 세는 동안에 첫 번째와 두 번째 플립플롭은 토글 모드로 놓고 마지막 두 개는 유지 모드로 놓는다.
- 4~8을 셀 때가 되면 첫 번째 AND 게이트가 가용되어 세 번째 플립플롭이 토글할 수 있다.
- 8~15를 셀 때가 되면 두 번째 AND 게이트가 가용되어 마지막 플립플롭을 토글할 수 있다.

회로와 타이밍 파형들을 배우면 자세한 내용을 스스로 알아낼 수 있다.

지금까지 거론한 리플(비동기) 및 동기 계수기들이 간단하기는 하지만 늘 사용되지는 않는다. 실무적으로는 리플이든 동기든 계수기가 필요하다면 계수기 IC를 구입한다. 이러한 IC는 종종 MOD-16이거나 MOD-10 계수기이며, 보통 추가 기능들이 따라온다. 예를 들어, 많은 IC에서는 병렬 입력 회선들을 거쳐 희망하는 숫자로 세어야 할 수를 사전에 설정할 수 있다. 그 밖의 것들의 경우에는 제어 입력들을 사용해 세어야 할 수를 올리거나 내릴 수 있다. 계수기 IC들을 12.7절에서 다룬다.

MOD-16 동기 계수기

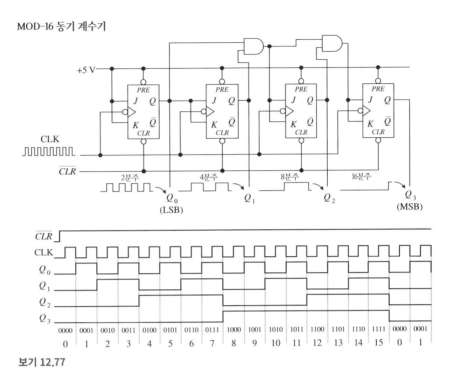

보기 12.77

12.6.6 플립플롭을 이용한 실제적인 타이밍 고려사항

플립플롭을 쓸 때는 경쟁 조건을 피해야 한다. 예를 들어, JK 플립플롭의 입력 중 하나에 고준위 또는 저준위 펄스를 적용하는 순간에 활성 클럭 가장자리를 적용하면 일반적인 경쟁 조건이 발생한다. JK 플립플롭은 클럭 가장자리[역주]가 도달하는 순간 입력에 나타나 있는 것을 사용하기 때문에, 그 순간에는 입력이 고준위인지 또는 저준위인지를 정할 수 없으므로(직선이므로) 고준위-저준위 입력 변화로 인해 문제가 일어날 수 있다.

[역주] 즉, 클럭 에지

이러한 유형의 경쟁 상태를 피하려면 능동 클럭으로 전환하기 전에 적어도 1 설정 시간에 해당하는 t_s 동안 플립플롭의 입력을 고준위나 저준위로 유지해야 한다. 입력이 클럭 가장자리 영역으로 바뀌면 출력 준위를 신뢰할 수 없다.

주어진 플립플롭의 설정 시간을 정하려면 제조업체의 데이터시트를 살펴봐야 한다. 74LS76 JK 플립플롭에 필요한 최소 설정 시간은 20 ns이다. 그 밖의 시간 매개변수들, 지연 시간이나 전파 지연과 같은 것은 제조업체가 지정한다. 이러한 매개변수들의 의미를 보기 12.78에서 설명한다.

■ 플립플롭 타이밍 매개변수

출력 지연에 대한 클럭, 데이터 설정과 유지 시간, 클럭 펄스폭

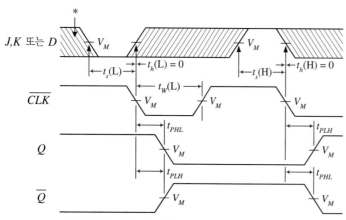

* 음영 영역은 예측 가능한 출력 성능을 위해 입력이 변경될 수 있는 시점을 나타낸다.

사전설정 및 소거 펄스 지연 출력, 사전설정 및 소거 펄스폭

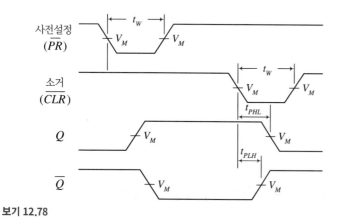

보기 12.78

중요 용어

설정 시간 t_s: 적절하게 동작할 수 있게 활성 클럭 가장자리보다 선행해서 입력이 유지되어야 하는 시간. 일반적인 플립플롭의 경우에 t_s는 약 20 ns이다.

유지 시간 t_h: 적절한 동작을 위해 입력이 활성 클럭 가장자리 이후에 유지되어야 하는 시간. 대부분의 플립플롭의 경우 0 ns이다. 이는 입력을 활성 클럭 신호 이상으로 유지할 필요가 없음을 의미한다.

T_{PLH}: 클럭 트리거 지점에서 저준위-고준위 Q 출력 스윙까지의 전파 지연. 플립플롭의 일반적인 T_{PLH}는 20 ns이다.

T_{PHL}: 클럭 트리거 지점에서 고준위-저준위 Q 출력 스윙까지의 전파 지연. 플립플롭의 일반적인 T_{PLH}는 20 ns이다.

f_{max}: 클럭 입력에서 허용되는 최대 주파수 이 한계를 넘어서는 주파수는 무엇이든지 성능을 신뢰할 수 없게 만든다. 이게 아주 크게 변화할 수 있다.

$t_W(L)$: 클럭 펄스폭(저준위), 안정적인 동작을 위해 저준위 수준인 동안 클럭 입력에서 허용되는 최소 폭(나노초 단위)이다.

$t_W(H)$: 클럭 펄스폭(고준위), 안정적인 동작을 위해 고준위인 동안 클럭 입력에서 허용되는 최소폭(나노초 단위).

사전설정 또는 소거 펄스폭: $t_W(L)$로도 주어지는데, 이는 사전설정 또는 소거 입력에서 저준위 펄스의 초소 폭(나노초 단위)이다.

12.6.7 디지털 클럭 발생기와 단일 펄스 발생기

이제 클럭 및 단일 펄스 제어 신호의 중요성을 알게 됐다. 이번에는 이러한 신호들을 생성할 수 있는 회로들을 조금 살펴보자.

■ 클럭(비안정 멀티바이브레이터)

클럭(clock)이란 간단히 말하면 구형파 발진기이다. 10장에서 구형파를 생성하는 방법을 다루므로, 그 부분을 참조해 이론을 배울 수 있다. 여기서는 단순히 몇 가지 제시할 만한 실용 회로가 있다. 디지털 시계는 논리 게이트, 커패시터, 저항기 및 결정과 같은 개별 부품으로 구성할 수 있으며 IC 형태로 구매할 수 있다. 보기 12.79에 클럭 발생기 견본 중 일부를 나타냈다.

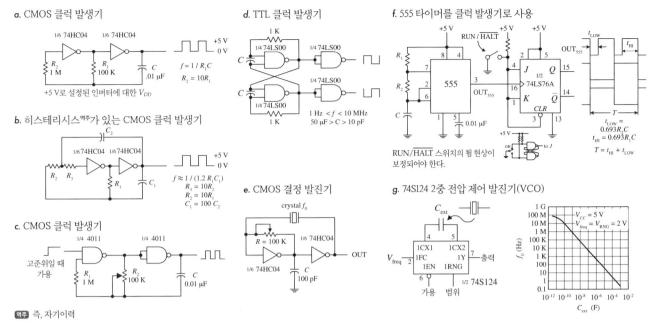

a. CMOS 클럭 발생기

b. 히스테리시스^{역주}가 있는 CMOS 클럭 발생기

c. CMOS 클럭 발생기

d. TTL 클럭 발생기

e. CMOS 결정 발진기

f. 555 타이머를 클럭 발생기로 사용

g. 74S124 2중 전압 제어 발진기(VCO)

역주 즉, 자기이력

보기 12.79 보기 a. 여기서는 **CMOS** 인버터 두 개를 함께 연결해 구형파 출력을 갖는 *RC* 완화 발진기를 형성한다. 출력 주파수는 그림과 같이 *RC* 시간 상수에 의해 결정된다.

보기 b. 이전 발진기에는 한 가지 문제가 있다. 두 게이트의 전이 영역이 다른 경우 발진하지 않거나 가장 왼쪽에 있는 게이트의 유한 이득 때문에 방정식이 예측하는 것보다 약간 낮은 주파수에서 발진할 수 있다. 여기에 표시된 발진기는 추가 *RC* 회로망을 통해 히스테리시스를 추가해 이러한 문제를 해결한다.

보기 c. 이 발진기는 한 쌍의 **CMOS NAND** 게이트와 *RC* 타이밍 회로망을 사용해 주파수를 설정한다. 약 **2 MHz**의 최대 주파수로 구형파 출력이 생성된다. 가용 리드는 첫 번째 게이트의 다른 입력에 연결될 수 있지만, 여기서는 클럭 가용 입력으로 사용된다(클럭은 이 리드가 고준위일 때 가용 처리됨).

보기 d. 여기에서 2중 되먹임 저항기들이 있는 **TTL SR** 플립플롭은 구형파를 생성하기 위해 *RC* 완화형 구성을 사용한다. 보기와 같이 *R* 및 *C* 값으로 클럭의 주파수가 결정된다. C_1 대 C_2 비율을 변경하면 동작책무주기(duty cycle, **역주** 즉, 듀티 사이클, 사용 주기, 의무 주기)가 변경된다.

보기 e. 높은 안정성이 요구되는 경우 결정 발진기가 클럭 발생기에 가장 적합하다. 여기에는 한 쌍의 **CMOS** 인버터와 되먹임 결정이 사용된다(자세한 내용은 9장 참조). 동작 주파수는 결정(2 MHz 또는 10 MHz 등)에 따라 달라진다. 팟을 조정해야 발진이 시작될 수도 있다.

보기 f. 비안정 모드(**역주** 즉, 무정위 모드)의 **555** 타이머를 구형파를 생성하는 데 사용할 수 있다. 여기에서는 토글 모드에 있는 **JK** 플립플롭을 사용해 클럭 가용 제어를 제공함과 동시에 저준위 시간과 고준위 시간을 동일하게 유지하는 방법을 제공한다. 보기에 나오는 타이밍도와 방정식을 통해 그 밖의 내용을 추정해 볼 수 있다.

보기 g. 74S124 2중 전압 제어 발진기(voltage controlled oscillator, VCO)는 외부 커패시터의 값에 의존하는 주파수에서 구형파를 출력하고 전압 수준은 주파수 범위 입력(V_{RNG}) 및 주파수 제어 입력(V_{freq})에 적용된다. 이 보기에 나오는 그래프는 정전용량에 따라 주파수가 어떻게 변하는지를 보여 주며 V_{RNG}와 V_{freq}는 2V로 고정되어 있다. 이 장치에는 활성 저준위 가용 입력이 딸려 있다. 클럭 생성을 위해 설계된 그 밖의 VCO에는 **74LS624, 4024** 및 **4046** 위상 고정 루프(phase locked loop, PLL)가 포함된다. 제품 소개 자료에서 더 많은 것을 찾을 수 있다.

■ 단안정(단사)

원하는 폭의 단일 펄스 신호를 생성하려면 단안정 멀티바이브레이터(monostable multivibrator) 또는 간단히 원숏(one-shot)^{역주}이라고도 부르는 개별 소자를 사용할 수 있다. 단사는 안정 상태 고준위(또는 저준위) 하나만 지니며, *RC* 회로망이 설정한 지속 시간 동안 불안정 상태 저준위(또는 고준위)로 트리거될 수 있다. 단사를 간단한 게이트, 커패시터 및 저항기로 구성할 수 있다. 그렇지만 이러한 회로들은 '지나치게 공들여야 하는' 경향이 있으므로 언급할 가치가 없다. 단사가 필요할 때는 약 50센트인 IC를 구입해 쓰는 게 일반적이다.

역주 단사(單射) 다중진동자 (one shot multivibrator), 즉 단사 멀티바이브레이터를 줄여서 부르는 말. '한 방짜리' 정도가 가장 적당한 말.

보기 12.80에서 보듯이 두 개의 보편적인 단사로는 트리거를 다시 할 수 없는 단안정 멀티바이브레이터인 74121과 트리거를 거듭할 수 있는 단안정 멀티바이브레이터인 74123이 있다.

555 타이머 IC는 단안정 장치로도 사용할 수 있으며 저렴하다는 점에 주목하라.

74121 재트리거 불가 단안정 멀티바이브레이터(단사)

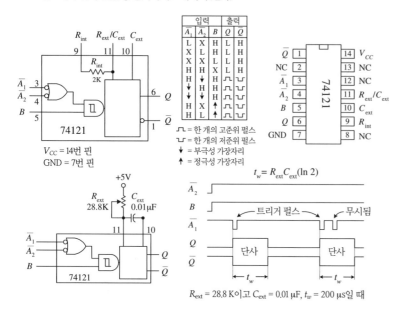

V_{CC} = 14번 핀
GND = 7번 핀

$$t_w = R_{ext}C_{ext}(\ln 2)$$

R_{ext} = 28.8 K이고 C_{ext} = 0.01 μF, t_w = 200 μs일 때

74121에는 세 개의 트리거 입력($\bar{A}_1$, $\bar{A}_2$, B), 참 및 상보 출력(Q, $\bar{Q}$), RC 회로망이 연결된 타이밍 입력(R_{ext}/C_{ext}, C_{ext})이 있다. 74121에서 펄스를 트리거하려면 보기의 진리표에 표시된 대로 다섯 가지 가능한 트리거 조합 중에서 선택할 수 있다. 그러나 입력 트리거를 B로 가져오는 것은 천천히 상승하거나 잡음이 많은 신호를 처리할 때 매력적이다. 신호가 내부 슈미트 트리거 인버터(히스테리시스를 기억해 볼 것)에 직접 적용되기 때문이다. 원하는 출력 펄스폭(t_w)을 설정하기 위해 보기와 같이 저항/커패시터 조합이 R_{ext}/C_{ext} 및 C_{ext} 입력에 연결된다. (내부 2 k 저항기가 제공되는데 이것을 9번 핀을 V_{CC}에 연결하고 10번 핀과 11번 핀에 커패시터를 배치하거나 9번 핀에 연결된 외부 저항기와 직렬로 두는 식으로 사용할 수 있다. 여기서 내부 저항기는 사용되지 않을 것이다.) 제조업체가 제시한 공식을 사용해 외부 저항기 및 커패시터에 제공할 값을 결정하라(왼쪽 그림 참조). 신뢰할 수 있게 작동하려면 최대 t_w가 28 s(R=40 k, C=1000 μF)를 넘지 말아야 한다. 또한 74121과 같이 되돌릴 수 없는 단사를 사용하면 장치가 이미 비안정 상태에 있을 때 적용되는 모든 트리거 펄스가 무시된다.

74123 재트리거 가능 단안정 멀티바이브레이터(단사)

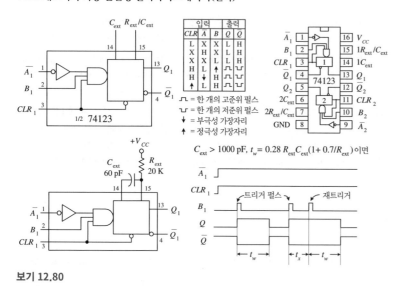

$C_{ext} > 1000$ pF, $t_w = 0.28 R_{ext}C_{ext}(1+0.7/R_{ext})$ 이면

74123은 2중이므로 트리거를 다시 할 수 있는 단사이다. 트리거를 다시 할 수 없는 단사와 달리 이 장치는 비안정 상태에서 적용되는 트리거 펄스를 무시하지 않는다. 대신에 새로운 트리거 펄스가 비안정 상태에 도달하면, 비안정 상태는 t_w 시간 동안 비안정 상태로 남게 된다. 다시 말해서 해당 장치는 간단히 다시 트리거된다. 74123에는 두 가지 트리거 입력($\bar{A}$, B)과 한 가지 소거 입력(CLR)이 있다. 이러한 CLR은 저준위로서, 단사는 강제로 안정 상태(Q = 저준위)로 복귀한다. t_w를 정하려면 왼쪽에 주어진 공식 $C_{ext} > 1000$ pF를 사용하라. $C_{ext} < 1000$ pF이면 제조업체에서 제공한 $t_w/C_{ext}/R_{ext}$ 그래프를 사용해 t_w를 찾는다.

보기 12.80

간단한 펄스 발생기로 작동하는 것 외에도 단사를 결합해 시간 지연 생성기와 타이밍 및 순서 제어 회로를 만들 수 있다(보기 12.81).

시간 지연 회로

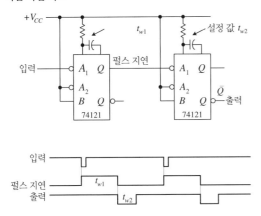

타이밍 및 순서 제어 회로

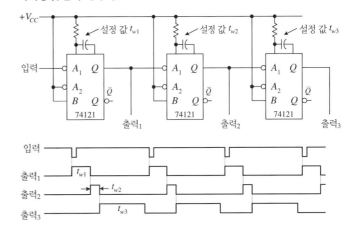

보기 12.81

74121처럼 단사 IC가 없는 경우, 보기 12.82와 같이 단안정 구성으로 연결된 555 타이머(9장에서 논의됨)를 사용할 수 있다.

555 타이머를 단사로 사용해 독특한 출력 파형을 생성

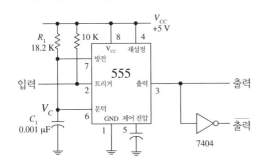

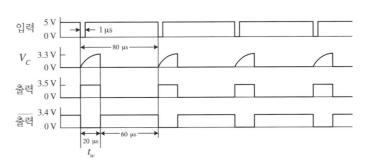

보기 12.82

▣ 단사/연속 클럭 발생기

보기 12.83에 표시된 회로는 논리 회로를 실험하기 시작할 때 유용한 편리한 단사/연속 클럭 발생기(one-shot/continuous-clock generator)역주이다.

12.6.8 자동 전력 투입 소거(재설정) 회로

순차 회로에서는 전력을 처음으로 공급할 때 장치를 소거(재설정)해 두는 편이 보통 더 좋다. 이렇게 하면 플립플롭 및 기타 순차적 IC와 같은 장치가 이상한 모드에서 시작하지 않는다(예: 계수기 IC가 0000 대신에 1101에서 계산을 시작하는 일을 방지). 보기 12.84와 12.85는 자동 전력 투입역주 소거를 제공하는 데 사용되는 몇 가지 기술을 보여준다.

단사/연속 클럭 발생기

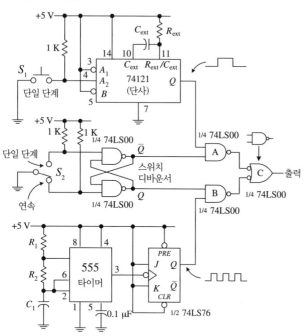

보기 12.83

이 회로에서 스위치 S_2는 단일 단계 또는 연속 클럭 입력을 출력에 표시할지 여부를 선택하는 데 사용된다. S_2가 단일 단계(역주 단사) 위치일 때, 교차 NAND SR 플립플롭(스위치 튐 현상 보정)은 ($Q=1$, $\bar{Q}=0$)를 설정한다. 이것은 NAND 게이트 B를 불용 처리하고, NAND 게이트 A를 가용 처리하며, 이는 단사로부터 단일 펄스가 게이트 C를 통과해 출력으로 가게 할 것이다. 단사를 트리거하려면 스위치 S_1을 누른다. S_2가 연속(역주 연사) 위치에 놓이면 스위치 디바운서가 재설정된다($Q=0$, $\bar{Q}=1$). 그러면 NAND 게이트 A를 불용 처리하고 NAND 게이트 B를 가용 처리해 555/플립플롭에서 생성된 클럭 신호가 게이트 C를 통과해 출력으로 전달된다. (혼동하지 않게 한마디만 하자면, 출력이 동시에 낮아지도록 게이트 C가 필요하다.)

자동 전력 투입 소거 회로

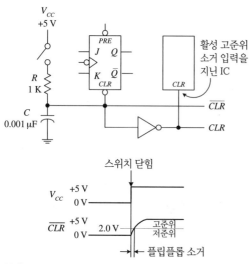

보기 12.84

회로에 있는 장치 중 하나에 전력이 투입되어 있을 때 소거해야 하는 JK 플립플롭이 있다고 가정한다. 플립플롭을 소거하고 신속하게 동기 동작으로 되돌리기 위해 활성 저준위 소거 입력에 저준위(0) 전압을 적용하고 싶을 것이다. 그런 다음에는 전압이 높아지기를 바랄 것이다(적어도 74LS76 JK 플립플롭의 경우 2.0 V 이상). 이 기능을 구현하는 간단한 방법은 보기에 표시된 것과 같은 RC 회로망을 사용하는 것이다. 전력이 나가면(스위치가 열린 상태) 커패시터가 충전되지 않는다(0 V). 이것은 $\overline{CLR}$ 회선이 저준위(0 V)임을 의미한다. 일단 전력이 들어오면(스위치가 닫힌 상태) 커패시터는 (+5 V)쪽으로 충전되기 시작한다. 그렇지만 커패시터의 전압이 2.0 V에 도달할 때까지 $\overline{CLR}$ 회선은 활성 저준위 소거 입력으로 간주된다. $t=RC$인 동안이 지나면 커패시터의 전압은 V_{CC}의 63%, 즉 3.15 V에 도달할 것이다. $t=5RC$인 동안이 지나면 그 전압은 +5 V와 거의 같을 것이다. 74LS76의 $\overline{CLR}$ 입력은 적어도 2.0 V가 동기 연산으로 되돌아가야 하므로 $t=RC$는 충분히 길다는 점을 안다. 따라서 대략적으로 전력을 넣은 후에 $\overline{CLR}$ 회선을 1 μs 동안 저준위 상태로 유지하려면 $RC=1$을 설정해야 한다. $R=1$ k 및 $C=0.001$ μF로 설정하는 게 요령이다.

개선된 자동 전력 투입 소거 회로

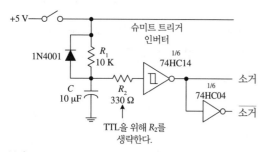

보기 12.85

이 자동 재설정 기법은 다수의 재설정이 가능한 IC를 포함하는 회로 내에서 사용될 수 있다. IC가 활성 고준위 재설정(공통이 아닌)을 필요로 하는 경우에 그림과 같이 인버터를 넣고 활성 고준위 소거 회선을 생성하면 된다. 재설정되는 장치에 따라 소거 회선이 저준위인 시간 길이는 약 1 μs이다. 더 많은 장치가 소거 회선에 배치되므로 추가 충전 경로로 인해 저준위 시간 지속이 단축된다. 이를 방지하기 위해 더 큰 커패시터를 사용할 수 있다.

개선된 자동 전력 투입 소거 회로가 보기 12.85에 나온다. 여기서는 슈미트 트리거 인버터를 사용해 소거 신호 스위치를 소거한다. CMOS 슈미트 트리거 인버터의 경우 전력이 제거될 때 CMOS IC를 보호하기 위해 다이오드 및 입력 저항(R_2)이 필요하다.

12.6.9 풀업 저항기와 풀다운 저항기

역주 한껏 끌어올린

스위치 디바운서 회로를 다룰 때 알 수 있듯이 풀업 저항기를 사용해 입력을 높게 유지한다. 그렇지 않고 연결되지 않은 상태로 남겨졌다면 부동(float)하게 된다. '풀업(pull-up)'된[역주] 입력을 저준위로 설정하려면 스위치를 통해 핀을 접지하면 된다.

사용할 풀업 저항기의 크기를 고려해야 한다. 저항 값을 작게 해 전압 강하로 인해 입력 전압이 IC의 최소 고임계 전압($V_{IH,min}$) 미만으로 낮아지지 않게 하는 게 핵심이다. 그러면서도 저항 값을 너무 작게 하고 싶지 않을 것이다. 그렇지 않으면 핀을 접지할 때 과도한 전류가 소산된다.

보기 12.86의 왼쪽 보기에서, 10 k 풀업 저항기를 사용해 74LS 소자의 입력을 고준위로 유지한다. 입력을 저준위로 하려면 스위치를 닫는다. 입력 전압을 낮추지 않을 만큼 저항이 큰지를 알아내려면 $V_{in} = +5\,V - RI_{IH}$를 사용하면 되는데, 여기서 I_{IH}는 스위치가 열려 있을 때 입력이 고준위 상태에서 IC로 유입되는 전류를 나타낸다. 일반적인 74LS 장치의 I_{IH}는 약 20 μA이다. 따라서 간단한 수식을 적용해 $V_{in} = +4.80\,V$가 74LS 장치에 대한 $V_{IH,min}$ 수준보다 훨씬 높다는 점을 알 수 있다. 그런데 입력을 저준위로 하기 위해 스위치를 닫으면 저항기 ($P_D = V^2/R$)를 통해 소비되는 전력은 $(5\,V)^2/10\,k = 25\,mW$가 된다. 보기 12.86에 나오는 그래프는 V_{in} 대 R 곡선과 P_D 대 R 곡선을 나타낸다. 보면 알겠지만, R이 너무 크게 되면 V_{in}이 V_{IH}, 즉 최소 수준으로 떨어지고 출력이 계획한 만큼 높아지지 않을 것이다. R이 작아질수록 전력손실이 천정부지로 오른다. 특정 논리 IC에 사용할 R의 값을 정하려면 데이터시트에서 $V_{IH,min}$ 및 $I_{IH,max}$ 값을 찾아보고 간단한 수식을 적용하라. 대다수 응용기기에서 10 K 풀업 저항기가 잘 작동하지 않을 것이다.

일반적으로 입력을 고준위로 유지하기 위해 풀업 저항기를 사용

일반적으로 입력을 저준위로 유지하기 위해 풀다운 저항기를 사용

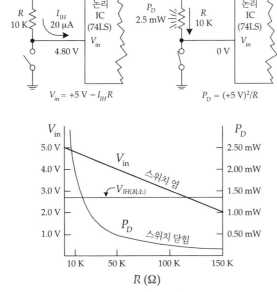

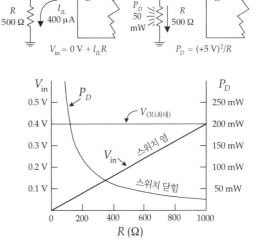

보기 12.86

부동 단말을 저준위로 유지하기 위해 풀다운 저항기를 사용하는 상황에 처하게 될 것이다. 풀업 저항기와 달리 풀다운 저항기는 입력 저준위 전류 I_{IL}(IC에 의해 공급 됨)가 일반적으로 I_{IH}보다 훨씬 크기 때문에 더 작아야 한다. 보통 풀다운 저항기는 약 100에서 1 kΩ이다. 저항이 더 낮을수록 논리 입력이 저준위로 해석할 만큼 V_{in}을 충분히 낮아지게 한다. V_{in}이 충분히 낮은지 결정하려면 $V_{in} = 0$ V $+ I_{IL}R$을 사용한다. 예를 들어, $I_{IL} = 400$ μA 및 500 Ω 풀다운 저항기가 있는 74LS 장치를 사용하라. 스위치가 열리면 입력은 0.20 V가 되며 V_{IL}보다 훨씬 낮아 74LS(~0.8 V)의 최대 수준이 된다. 스위치가 닫히면 저항기가 소비하는 전력은 (5 V)^2/500 Ω = 50 mW가 된다. 보기 12.86의 그래프는 V_{in} 대 R 및 P_D 대 R 곡선을 제공한다. 곡선으로 볼 수 있듯이, R이 너무 커지면 V_{in}은 $V_{IL,max}$를 능가하며 출력은 계획대로 낮아지지 않는다. R이 작아지면서 전력 소모가 급증한다. 풀다운 저항기/스위치 배치를 사용해야 한다면 스위치를 닫을 때 저항기를 통해 전력이 크게 손실되는 일이 없게 주의하라.

12.7 계수기 IC

12.6.5절에서 플립플롭을 결합해 비동기(리플) 및 동기 계수기를 만드는 방법을 보았다. 실제로는 따로 떨어져 있는 플립플롭을 사용하는 일을 피해야 한다. 대신에 조립식 계수기 IC를 사용하라. 이 IC는 1달러나 2달러에 살 수 있으며, 제어 가용 입력, 병렬 적재(parallel loading) 등과 같은 많은 추가 기능을 제공한다. 여러 종류의 계수기 IC를 사용할 수 있다. 이들은 동기(리플) 또는 비동기 형식으로도 공급되며, 일반적으로 2진 또는 2진화 10진수(BCD)로 계산하도록 설계됐다.

12.7.1 비동기 계수기(리플 계수기) 집적회로

비동기 계수기는 그다지 중요치 않은 다양한 응용에서 잘 작동하고, 정확한 타이밍이 필요한 고주파수 응용인 경우에는 동기식 계수기가 더 잘 작동한다. 비동기 계수기와 달리 동기 계수기는 동시에 클럭된 플립플롭을 포함하므로 동기 계수기는 비동기 계수기의 경우와 같은 전파 지연을 거의 누적하지 않는다. 전자 제품 소개 자료에서 찾을 수 있는 비동기 계수기 IC를 살펴보자.

■ 별도의 MOD-2 및 MOD-8 계수기 부분이 있는 7493 4비트 리플 계수기

7493의 내부 구조는 별도의 MOD-2(0~1 계수기) 및 MOD-8(0~7 계수기) 부분을 제공하기 위해 연결된 네 개의 JK 플립플롭으로 구성된다. MOD-2 및 MOD-8 부분은 별도의 클럭 입력으로 클럭된다. MOD-2 부분은 C_{p0}을 클럭 입력으로 사용하는 반면, MOD-8 부분은 C_{p1}을 클럭 입력으로 사용한다. 마찬가지로 두 부분의 출력은 별개다. MOD-2의 출력은 Q_0이고, MOD-8의 출력은 Q_1, Q_2 및 Q_3이다. MOD-2 부분을 2분주 계수기로 사용할 수 있다. MOD-8 부분을 2분주 계수기(Q_1에서 태핑된 출력), 4분주 계수기(Q_2에서 태핑된 출력) 또는 8분주 계수기(Q_3에서 태핑된 출력)로 사용할 수 있다 MOD-16 계수기를 생성하려면 Q_0을 C_{p1}에 연결하고 C_{p0}을 단일 클럭 입력으로 사용해 MOD-2 및 MOD-8 부분에 간단하게 합하라.

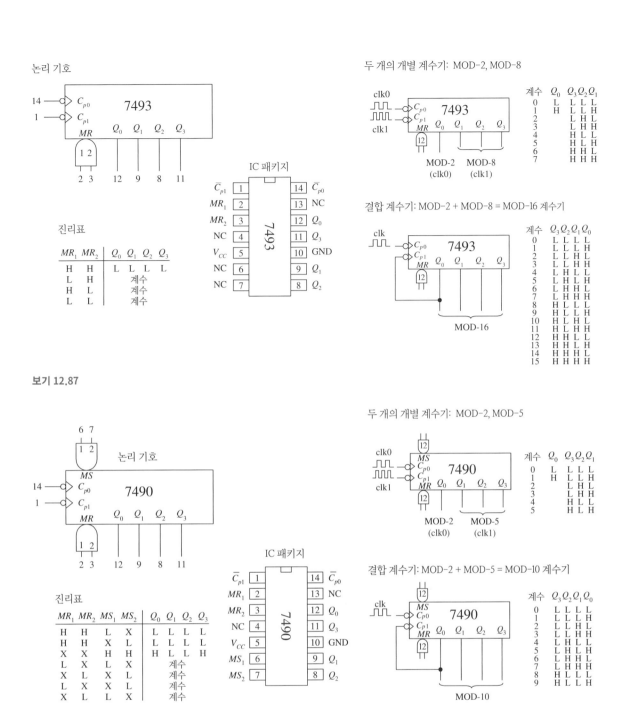

보기 12.87

보기 12.88

MOD-2, MOD-8 또는 MOD-16 계수기는 AND 게이트로 처리된 마스터 재설정 입력(MR1 및 MR2)을 모두 고준위로 만들어 소거할 수 있다. 계수를 시작하려면 마스터 재설정 입력 중 하나 또는 모두를 저준위로 해야 한다. 클럭 펄스의 부극성 가장자리가 도달하면 계수가 1만큼 늘어 난다. 최대 계수에 도달하면 (MOD-2의 경우 1, MOD-8의 경우 111, MOD-16의 경우 1111), 출력은 다 시 0으로 건너뛰고 새로 계수하기 시작한다.

■ MOD-2 및 MOD-5 계수기 부분이 있는 7490 4비트 리플 계수기

7493과 마찬가지로 7490은 또 다른 4비트 리플 계수다. 그러나 그 플립플롭은 MOD-2(2씩 세어 나감), MOD-5(5씩 세어 나감) 계수기 부분을 제공하기 위해 내부적으로 연결된다. 다시 말하지만, 각 부분은 별도의 클럭을 사용한다. C_{p0}는 MOD-2용이고 C_{p1}은 MOD-5용이다. Q_0을 C_{p1}에 연결하고 C_{p0}을 단일 클럭 입력으로 사용해 MOD-10 계수기(10진 또는 BCD 계수기)를 생성할 수 있다.

마스터 재설정 입력 MR_1과 MR_2가 고준위로 설정되면 마스터 설정 입력 MS_1과 MS_2가 모두 고준위가 아닌 경우 (MS 입력이 MR 입력보다 우선함) 계수기의 출력이 0으로 재설정된다. MS_1과 MS_2가 고준위일 때 출력은 $Q_0 = 1$, $Q_1 = 0$, $Q_2 = 0$, $Q_3 = 1$로 설정된다. MOD-10 구성에서 이는 계수기가 9(2진수 1001)로 설정됨을 의미한다. 이 마스터 설정 기능은 첫 번째 클럭 전환이 발생한 후 0000에서 계수를 시작하려는 경우 편리하다(마스터 재설정에서 계수가 0001에서 시작).

■ 7492 MOD-2 및 MOD-6 계수기 부분이 있는 12분주 리플 계수기

7492는 7490과 비슷한 또 다른 4비트 리플 계수다. 그러나 해당 클럭 입력 C_{p0}(MOD-2) 및 C_{p1}(MOD-8)을 갖는 MOD-2 및 MOD-6 부분을 포함한다. Q_0을 C_{p1}에 연결하면 MOD-12 계수기가 생성된다. 여기서 C_{p0}은 단일 클럭 입력으로 작동한다. 계수기를 소거하기 위해 마스터 재설정 입력 MR_1과 MR_2에 고준위 수준이 적용된다.

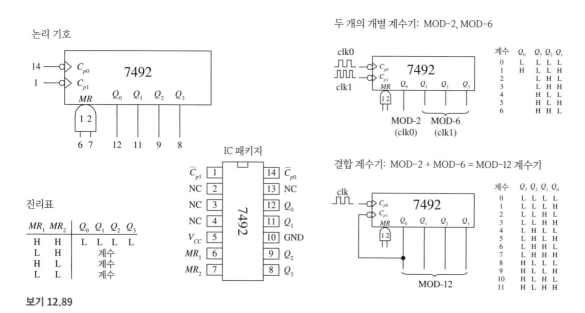

보기 12.89

12.7.2 동기 계수기 IC

역주1 즉, 상향 계수 또는 계수 올림
역주2 즉, 하향 계수 또는 계수 내림

비동기 계수기 IC와 마찬가지로, 동기 계수기 IC는 다양한 MOD 배열로 제공된다. 이러한 장치에는 일반적으로 올려 세기(count up)[역주1] 또는 내려 세기(count down)[역주2] 컨트롤과 원하는 시작 계수(start count)로 계수기를 사전설정하는 데 사용되는 병렬 부하 입력과 같은 추가 기능이 있다. 동기 계수기 IC는 이러한 추가 기능뿐만 아니라 비동기 계수기와 같은 긴 전파 지연이 없기 때문에 비동기 IC보다 널리 사용된다. 몇 가지 인기 있는 IC 동기 계수기를 살펴보겠다.

역주 즉, 업/다운 카운터 또는 양방향 계수기 또는 가산/감산 카운터

■ 74193 사전설정 가능 4비트 (MOD-16) 동기식 상향/하향 계수기^{역주}

74193은 올려 세거나 내려 셀 수 있는 다용도 4비트 동기 계수기로서, 어떤 계수(최소 0과 15 사이의 숫자)로든 사전설정(preset)할 수 있다. 두 개의 별도 클럭 입력이 있다. C_{pU}는 계수를 올리는 데 사용되고 C_{pD}는 계수를 내리는 데 사용된다. 이 클럭 입력 중 하나는 다른 입력을 계수하기 위해 고준위로 유지되어야 한다. 2진 출력 수는 $Q_0(2^0)$, $Q_1(2^1)$, $Q_2(2^2)$ 및 $Q_3(2^3)$에서 가져온다.

계수기를 원하는 계수로 사전설정하기 위해 해당하는 2진수가 병렬 입력 $D_0 \sim D_3$에 적용된다. 병렬 부하 입력($\overline{PL}$)이 저준위로 펄스될 때 2진수가 계수기로 탑재되고, 해당 수로부터 위 또는 아래로 계수되기 시작한다. 단말 계수 올림(terminal count up, $\overline{TC_U}$) 및 단말 계수 내림(terminal count down, $\overline{TC_D}$) 출력은 일반적으로 높다. $\overline{TC_U}$ 출력은 최대 계수에 도달하고 계수기가 최소 계수(0000), 즉 자리 올림 조건으로 다시 순환할 시기를 나타내기 위해 사용된다. 특히 이것은 계수가 15(1111)에 도달하고 입력 클럭(C_{pU})이 고준위에서 저준위로 갈 때 $\overline{TC_U}$가 저준위가 된다는 것을 의미한다. $\overline{TC_U}$는 C_{pU}가 고준위로 되돌아올 때까지 저준위로 유지된다. $\overline{TC_U}$에서의 이 저준위 펄스는 다단계 계수기의 다음 고차 단계에 대한 입력으로 사용될 수 있다. 단말 계수 내림($\overline{TC_D}$) 출력은 최소 계수에 도달한 것과(0000) 계수기가 차용 조건인 최대 계수 15(1111)까지 재사용하려고 함을 나타내기 위해 사용된다. 특히 이것은 계수가 줄어 0000에 도달하고 입력 클럭(C_{pD})이 저준위가 될 때, $\overline{TC_D}$가 저준위가 된다는 것을 의미한다. 보기 12.90은 표본 부하, 계수 올림 및 계수 내림 시퀀스와 함께 74193의 진리표를 제공한다.

74193 사전설정 가능 4비트 2진 상향/하향 계수기

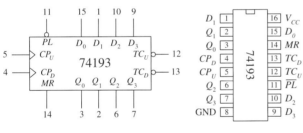

부하, 계수 올림, 계수 내림 절차 견본

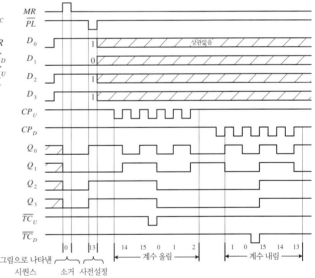

모드	입력								출력					
	MR_1	$\overline{PL}$	C_{pU}	C_{pD}	D_0	D_1	D_2	D_3	Q_0	Q_1	Q_2	Q_3	$\overline{TC_U}$	$\overline{TC_D}$
재설정	H	X	X	L	X	X	X	X	L	L	L	L	H	L
	H	X	X	H	X	X	X	X	L	L	L	L	H	H
병렬 부하	L	L	X	L	L	L	L	L	L	L	L	L	H	L
	L	L	L	X	H	H	H	H	H	H	H	H	H	H
	L	L	X	H	H	H	H	H	H	H	H	H	H	H
	H	L	H	H	L	L	L	L	H	H	H	H	H	H
계수 올림	H	H	↑	H	X	X	X	X	계수 올림				H	H
계수 내림	L	H	H	↑	X	X	X	X	계수 내림				H	H

H = 고준위 전압 수준; L = 저준위 전압 수준; X = 상관없음; ↑ = 저준위-고준위 클럭 전이

보기 12.90

■ 74192 사전설정 가능 10진(BCD 또는 MOD-10) 동기식 상향/하향 계수기

보기 12.91에 나와 있는 74192는 기본적으로 74193과 동일한 장치이다. 단, 0에서 9까지만 센 다음에 다시 반복하거나 9에서 0으로 세 내려간 다음에 다시 반복한다. 계수를 올려 최대 계수에 도달하면(9 또는 1001) C_{pU} 클럭 입력이 고준위에서 저준위로 전환될 때 이를 표시하기 위해 단말 계수 올림($\overline{TC_D}$) 출력이 저준위가 된다. $\overline{TC_U}$는 C_{pU}가 고준위로 되돌아올 때까지 저준위로 유지된

다. 계수를 세어 내려갈 때, 최소 계수(0 또는 0000)에 도달하고 입력 클럭 C_{pD}가 저준위가 될 때 단말 계수 내림 출력($\overline{TC_D}$)은 저준위가 된다. 보기 12.91에 제공된 진리표 및 예제 부하, 계수 올림 및 계수 내림 순서는 74192의 작동 방식을 자세히 설명한다.

74192 사전설정 가능 10진(BCD) 상향/하향 계수기

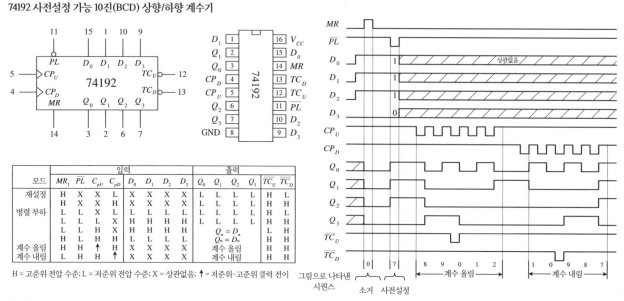

보기 12.91

■ 74190 사전설정 가능 10진(BCD 또는 MOD-10)과 74191 사전설정 가능 4비트(MOD-16) 동기식 상향/하향 계수기

74190 및 74191은 기본적으로 74192 및 74193과 동일한 기능을 수행하지만, 입력 및 출력 핀과 작동 모드는 약간 다르다. (74190과 74191은 동일한 핀아웃(pinout)과 작동 모드를 가지고 있으며 유일한 차이점은 최대 계수다.) 이전 동기 계수기와 마찬가지로 이 계수기는 병렬 부하($\overline{PL}$) 동작을 사용해 임의의 개수로 사전설정이 될 수 있다. 그러나 앞에 나온 동기 계수기와 달리, 위 또는 아래로 계수하려면 단일 입력을 사용해야 한다. $\bar{U}/D$. $\bar{U}/D$가 낮게 설정되면 계수기는 계수를 올린다. $\bar{U}/D$가 높으면 계수기는 계수를 내린다.

클럭 가용 입력($\overline{CE}$)은 계수기를 가용 처리 또는 비가용 처리를 하는 역할을 한다. $\overline{CE}$가 낮으면 계수기가 가용 처리된다. $\overline{CE}$가 고준위일 때 계수하기를 멈추고 현재 계수는 Q_0에서 Q_3 출력으로 고정되어 있다.

이전의 동기식 계수기와는 달리, 74190 및 74191은 최대 또는 최소 계수가 발생하고 계수기가 재활용될 시기를 나타내는 단일 단말 계수 출력(TC)을 사용한다. 상향 계수 모드에서 TC는 일반적으로 저준위이지만 계수기가 0에 도달할 때 고준위가 된다(74190 및 74191 모두). 하향 계수 모드에서 TC는 일반적으로 저준위이지만 계수기가 9에 도달하거나(74190의 경우) 또는 15에 도달할 때(74191의 경우) 고준위가 된다.

리플 클럭 출력($\overline{RC}$)은 TC가 고준위일 때마다 입력 클럭(CP)을 따른다. 예를 들어, 하향 계수 모드에서 계수가 0이 되면 CP가 저준위가 될 때 $\overline{RC}$는 저준위가 된다. $\overline{RC}$ 출력은 다단계 계수기의 다음 상위 단계에 대한 클럭 입력으로 사용할 수 있다. 그러나 이것은 제대로 동기화되지 않은 다단계 계수기가 되어 버리는데, 이는 CP에서 각 계수기의 $\overline{RC}$까지 작은 전파 지연으로 인한 것이다. 제대로 동기화된 다단계 계수기를 만들려면 각 IC의 클럭을 공통 클럭 입력 회선에 연결해야 한다. TC 출력을 사용해 각 연속 단계가, 이전 단계가 단말 계수에 도달할 때까지 수를 세지 못하도록 한다. 보기 12.92는 74191 IC로 구축된 다양한 비동기식(리플 방식) 및 동기식 다단계 계수기를 보여준다.

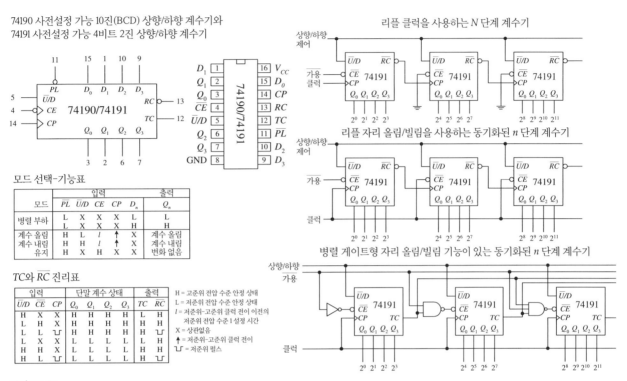

보기 12.92

사전설정 가능 4비트(MOD-16) 동기식 상향/하향 계수기

74160 및 74163은 74190 및 74191과 유사하지만 다단계 계수기 구성에 사용할 때는 외부 게이트가 필요하지 않다. 대신에 보기 12.93과 같이 단순히 계수기 IC를 직렬로 연결하면 된다.

두 장치 모두 $D_0 \sim D_3$ 입력에 원하는 계수를 적용한 다음 병렬 가용 입력(parallel enable, $\overline{PE}$)에 저준위를 적용해 미리 계수를 설정할 수 있다. 입력 번호는 다음의 저준위에서 고준위로 클럭이 전이할 때 계수기에 넣어진다. 마스터 재설정(master reset, $\overline{MR}$)은 다른 입력 신호에 관계없이 모든 Q 출력을 강제로 낮추는 데 사용된다. 계수를 시작하려면 두 클럭 가용 입력(CEP 및 CET)이 고준위여야 한다. 최대 계수에 도달하면 단말 계수 출력(TC)이 강제로 고준위로 설정되지만 CET가 낮으면 저준위로 설정된다. 이것은 외부 게이트 처리의 필요성을 피하면서 다단계 구성을 동기화하는 중요한 기능이다. 보기 12.93과 12.94의 예제 부하, 계수 올림 및 계수 내림 타이밍 순서와 함께 진리표를 사용하면 이 두 장치의 작동 방식은 더 잘 이해할 수 있다.

74163 동기식 4비트 2진(MOD-16) 상향 계수기

4160 동기식 10진(BCD) 상향 계수기

74163을 사용하는 동기식 다단계 계수

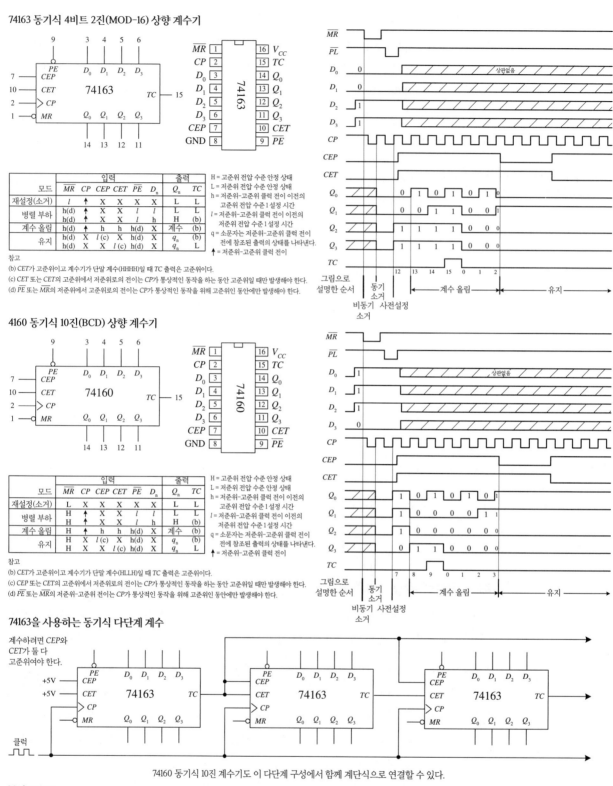

계수하려면 CEP와
CET가 둘 다
고준위여야 한다.

모드	입력						출력	
	$\overline{MR}$	CP	CEP	CET	$\overline{PE}$	D_n	Q_n	TC
재설정(소거)	l	↑	X	X	X	X	L	L
병렬 부하	h(d)	↑	X	X	l	l	L	L
	h(d)	↑	X	X	l	h	H	(b)
계수 올림	h(d)	h	h	h(d)	X	계수	(b)
유지	h(d)	X	l (c)	X	h(d)	X	q_n	(b)
	h(d)	X	X	l (c)	h(d)	X	q_n	L

H = 고준위 전압 수준 안정 상태
L = 저준위 전압 수준 안정 상태
h = 저준위-고준위 클럭 전이 이전의
　　고준위 전압 수준 1설정 시간
l = 저준위-고준위 클럭 전이 이전의
　　저준위 전압 수준 1설정 시간
q = 소문자는 저준위-고준위 클럭 전이
　　전에 참조된 출력의 상태를 나타낸다.
↑ = 저준위-고준위 클럭 전이

참고
(b) CET가 고준위이고 계수기가 단말 계수(HHHH)일 때 TC 출력은 고준위이다.
(c) CET 또는 CET의 고준위에서 저준위로의 전이는 CP가 통상적인 동작을 하는 동안 고준위일 때만 발생해야 한다.
(d) $\overline{PE}$ 또는 $\overline{MR}$의 저준위에서 고준위로의 전이는 CP가 통상적인 동작을 위해 고준위인 동안에만 발생해야 한다.

모드	입력						출력	
	$\overline{MR}$	CP	CEP	CET	$\overline{PE}$	D_n	Q_n	TC
재설정(소거)	L	X	X	X	X	X	L	L
병렬 부하	H	↑	X	X	l	l	L	L
	H	↑	X	X	l	h	H	(b)
계수 올림	H	h	h	h(d)	X	계수	(b)
유지	H	X	l (c)	X	h(d)	X	q_n	(b)
	H	X	X	l (c)	h(d)	X	q_n	L

H = 고준위 전압 수준 안정 상태
L = 저준위 전압 수준 안정 상태
h = 저준위-고준위 클럭 전이 이전의
　　고준위 전압 수준 1설정 시간
l = 저준위-고준위 클럭 전이 이전의
　　저준위 전압 수준 1설정 시간
q = 소문자는 저준위-고준위 클럭 전이
　　전에 참조된 출력의 상태를 나타낸다.
↑ = 저준위-고준위 클럭 전이

참고
(b) CET가 고준위이고 계수기가 단말 계수(HLLH)일 때 TC 출력은 고준위이다.
(c) CEP 또는 CET의 고준위에서 저준위로의 전이는 CP가 통상적인 동작을 하는 동안 고준위일 때만 발생해야 한다.
(d) $\overline{PE}$ 또는 $\overline{MR}$의 저준위-고준위 전이는 CP가 통상적인 동작을 위해 고준위인 동안에만 발생해야 한다.

74160 동기식 10진 계수기도 이 다단계 구성에서 함께 계단식으로 연결할 수 있다.

보기 12.93

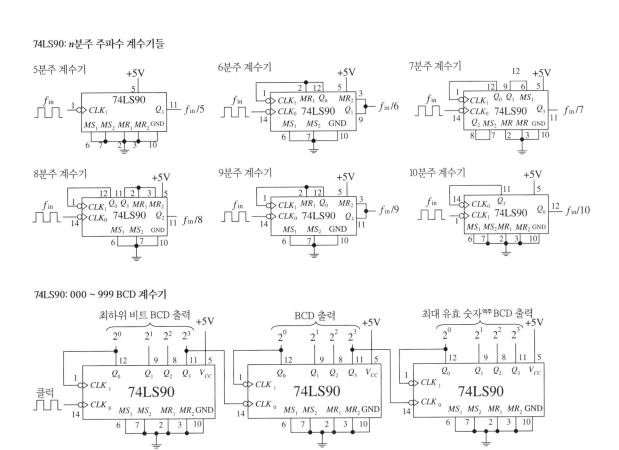

74LS90: n분주 주파수 계수기들

5분주 계수기 6분주 계수기 7분주 계수기

8분주 계수기 9분주 계수기 10분주 계수기

74LS90: 000 ~ 999 BCD 계수기

최하위 비트 BCD 출력 BCD 출력 최대 유효 숫자[역주] BCD 출력

클럭

[역주] 또는 최상위 자리

보기 12.94

12.7.3 디스플레이를 사용하는 계수기에 관한 참고사항

많은 자릿수를 표시할 수 있는 상당히 정교한 계수기를 만들려는 경우, 작업하기에 너무 많은 개별 구성 요소(예: 각 자리에 별도의 7세그먼트 디코더/구동자)가 있기 때문에 이전에 나온 기술을 사용할 가치가 없다. 계수기와 디스플레이 구동자 모두로 동작하는 마이크로컨트롤러나 FPGA를 사용하는 게 일반적인 대안이다.

이산 회로로는 하기 힘든 디스플레이 다중화(multiplex)를 마이크로컨트롤러와 FPGA는 할 수 있다. 다중화 시스템에서 자릿수가 여러 개인 디스플레이의 각 자리에 해당하는 세그먼트끼리는 함께 연결되어 있는 반면, 각 자리의 공통 회선은 따로 들어온다. 회선 수가 크게 줄어드는 것을 볼 수 있을 것이다. 다중화가 되지 않은 7세그먼트로 된 네 자리 디스플레이에는 28개의 세그먼트와 네 개의 공통 회선이 있어야 하지만, 다중화 네 자리 디스플레이에는 7 + 4, 즉 11개 회선만 있으면 된다.

디스플레이가 지속적으로 켜져 있는 것처럼 보이도록 하기 위해 각 자리를 충분히 빠른 속도로 하나씩 차례로 깜박거리게 하는 게(그리고 이 순서대로 다시 반복) 다중화의 요령이다. 다중화를 하려면 마이크로컨트롤러의 프로그램이 세그먼트 선에 적절한 데이터를 공급해야 하며, 동시에 해당 자리의 공통 리드로 보내지는 제어 신호를 통해 두어신 사비글 사용힐 수 있이야 힌다. 13강에서는 마이크로컨트롤러가 있는 다중화 디스플레이를, 14장에서는 FPGA를 사용한 것을 더 자세히 설명한다.

60-Hz, 10-Hz, 1-Hz 클럭 펄스 발생기

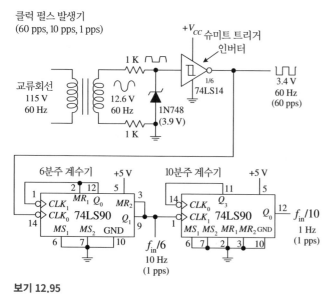

클럭 펄스 발생기
(60 pps, 10 pps, 1 pps)

보기 12.95

이 간단한 클럭 펄스 발생기는 실시간 계수 응용에 사용할 수 있는 60, 10, 1 Hz 클럭 신호를 독특하게 생성한다. 기본 개념은 (벽에 붙은 콘센트에서) 특징적인 60 Hz 교류회선 전압을 취해 동일한 주파수의 저전압 구형파로 변환하는 것이다. (미국 이외의 나라에서는 보통 60 Hz 대신에 50 Hz를 사용한다는 점에 유념하라. 50 Hz로 작동하는 경우, 적절한 변압기를 사용하고 6분주 계수기를 보기 12.94의 왼쪽 상단에 표시된 5분주 계수기로 교체하라.) 첫째로, 교류회선 전압은 변압기에 의해 12.6 V까지 강압된다. 12.6 V 교류 전압의 음의 부분은 제너 다이오드(반파장 정류기 역할을 함)에 의해 제거된다. 동시에 제너 다이오드는 정극성 진행 신호를 역항복 전압(3.9 V)과 동일한 수준으로 줄인다. 이렇게 하면 슈미트 트리거 인버터가 최대 입력 정격을 초과하는 입력 수준을 수신하지 않게 할 수 있다. 슈미트 트리거 인버터는 정류/칩핑 처리를 한 사인파를 취해 이를 진짜 구형파로 변환한다. 슈미트 트리거의 출력이 낮아질 때(~0.2 V)는 입력 전압이 양의 임계 전압 V_T^+(~1.7 V)을 초과할 때다. 슈미트 트리거의 출력이 높아질 때(~3.4 V)는 입력이 음의 임계 전압 V_T^-(~0.9 V) 아래로 떨어질 때다. 인버터의 출력에서 60 Hz의 구형파(또는 초당 60펄스를 초과하는 클럭 신호)가 발생한다. 10 Hz 클럭 신호를 얻으려면 6분주 계수기를 두드리면 된다. 1 Hz 신호를 얻으려면 10분주 계수기를 6분주 계수기의 출력에 붙이면 된다.

자리가 여러 개인 계수기/디스플레이 구동 IC를 사용해서도 여러 자리로 된 계수기를 만들 수 있다. 이러한 IC 중 하나는 인터실(Intersil)이 만든 네 자리 LED 디스플레이 프로그램 가능 상향/하향 계수기 ICM7217이다. 이 장치는 일반적으로 손바퀴형 스위치(thumbwheel switch)를 사용해 데이터를 불러들이고, 단극쌍투 스위치를 사용해 칩을 제어하는 하드웨어 내장형 응용에 사용된다. ICM7217A는 공통 음극 디스플레이를 구동하는 데 사용되는 다중화 7세그먼트 LED 디스플레이 출력을 제공한다.

ICM7217A의 간단한 응용기기로는 보기 12.96에 표시된 네 자리 단위 계수기를 들 수 있다. 이 계수기의 작동 방식과 이 장치의 다른 응용에 대해 자세히 알고 싶다면 맥심(Maxim)의 데이터시트를 http://www.maxim-ic.com/datasheet/index.mvp/id/1501에서 확인하라. 이런 경우라면 제조사로부터 배우는 것이 좋다. 맥심이 제공해야 하는 그 밖의 계수기/디스플레이 구동 IC를 살펴보라. 다른 제조업체도 유사한 장치를 생산하므로 해당 웹사이트도 방문하라.

ICM7217A (인터실) 네 자리 LED 디스플레이, 프로그램 가능 상향/하향 계수기

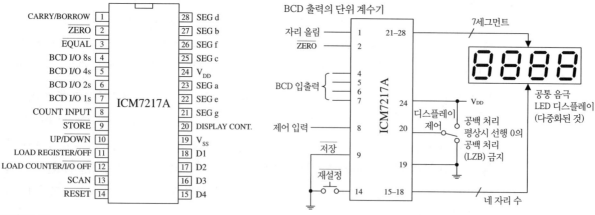

보기 12.96

12.8 시프트 레지스터

디지털 시스템을 통해 이동하는 데이터의 워드를 자주 일시적으로 보류하거나 복사하고 때로는 비트 단위로 왼쪽으로나 오른쪽으로 옮겨야 한다. 이러한 응용 프로그램에 사용할 수 있는 장치가 **시프트 레지스터**(shift register)^{역주}이다. 시프트 레지스터는 디지털 데이터를 줄의 왼쪽이나 오른쪽 방향으로 이동될 수 있도록 줄 맞춰 연결한 플립플롭들로 구성된다. 대부분의 시프트 레지스터는 직렬 이동뿐만 아니라 데이터 비트의 병렬 이동을 처리할 수 있으며 병렬에서 직렬 또는 직렬에서 병렬로 변환하는 데에도 사용할 수 있다. 보기 12.97은 직렬 입력/직렬 출력, 병렬 입력/직렬 출력 및 직렬 입력/병렬 출력과 같은 몇 가지 유형의 시프트 레지스터 배열을 보여준다.

역주 즉, 자리 옮김 레지스터 또는 자리이동 레지스터

직렬 입력/직렬 출력, 병렬 입력/직렬 출력 및 직렬 입력/병렬 출력 시프트 레지스터의 블록선도

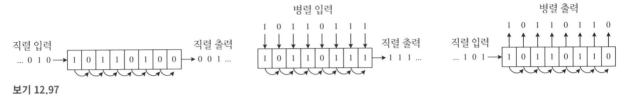

보기 12.97

12.8.1 직렬 입력/직렬 출력 시프트 레지스터

보기 12.98은 D 플립플롭으로 만든, 간단한 4비트 직렬 입력/직렬 출력 시프트 레지스터를 보여준다. 직렬 데이터는 0번 플립플롭의 D 입력에 인가된다. 클럭 회선이 정극성 클럭 가장자리를 수신하면 직렬 데이터는 플립플롭 0에서 플립플롭 1로 우향 자리이동(shift right)이 된다. 플립플롭 2, 3, 4의 출력에 있는 데이터 비트는 무엇이든 동일한 클럭 펄스 동안 우향 자리이동이 된다. 이 레지스터에 4비트 워드를 저장하려면 클럭 펄스 네 개가 필요하다. 맨 오른쪽 회로는 플립플롭을 어떻게 재배선해 좌향 자리이동(shift left) 레지스터를 만들 수 있는지 보여준다. 더 큰 비트 자리이동 레지스터(bit shift register)를 만들기 위해 더 많은 플립플롭이 추가된다(예를 들어, 8비트 시프트 레지스터는 8개의 플립플롭이 함께 계단식으로 연결되어야 한다).

간단한 4비트 직렬 입력/직렬 출력 시프트 레지스터

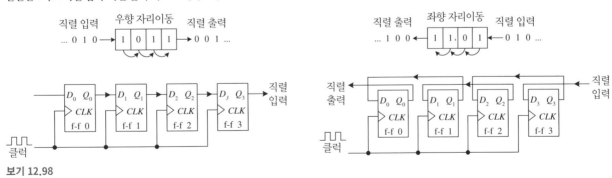

보기 12.98

12.8.2 직렬 입력/병렬 출력 시프트 레지스터

보기 12.99는 D 플립플롭으로 구성된 4비트 직렬 입력/ 병렬 출력 시프트 레지스터를 보여준다. 이 회로는 이전의 직렬 입력/직렬 출력 시프트 레지스터와 본질적으로 같지만, 이번에는 병렬 출력 회선을 보기와 같이 각 플립플롭의 출력에 연결한다. 이 시프트 레지스터 회로에는 활성 저준위 소거 입력($\overline{CLR}$)과 클럭 가용 제어 역할을 하는 <u>스트로브</u>(strobe)[역주] 입력이 함께 제공된다. 보기의 타이밍도는 표준 직렬-병렬 자리이동 순서를 보여준다.

[역주] '선택 신호' 또는 '지정 신호'

4비트 직렬 입력/병렬 출력 시프트 레지스터

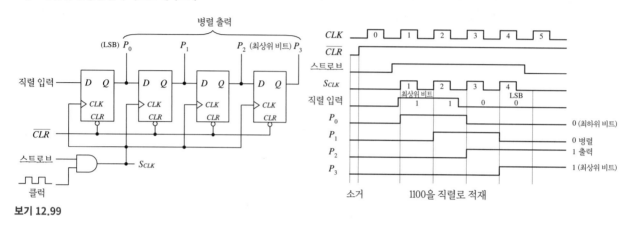

보기 12.99

12.8.3 병렬 입력/직렬 출력 시프트 레지스터

D 플립플롭에서 4비트 병렬-직렬 시프트 레지스터를 구성하려면, 보기 12.100의 회로와 같이 몇 가지 추가 제어 논리가 필요하다. 병렬 데이터는 먼저 네 개의 플립플롭 모두의 D 입력에 실려야 한다. 데이터를 실으려면(data loading) SHIFT/$\overline{LOAD}$를 저준위로 한다. 이렇게 하면 X 표시가 있는 AND 게이트가 가용되어 4비트 병렬 입력 워드가 플립플롭의 $D_0 \sim D_3$ 입력으로 들어갈 수 있다. 스트로브와 CLK가 모두 고준위일 때, 4비트 병렬 워드는 플립플롭 네 개로 동시에 래치되고 $Q_0 \sim Q_3$ 출력에 나타난다. 직렬 출력을 통해 래치된 데이터를 자리이동하려면 자리이

병렬-직렬 시프트 레지스터

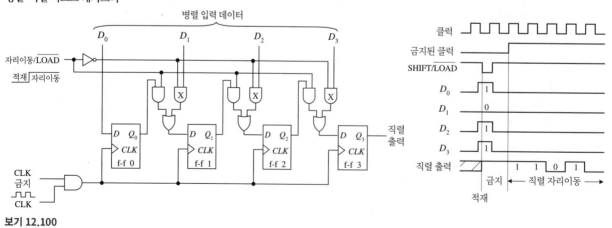

보기 12.100

동/(shift/$\overline{\text{LOAD}}$) 회선을 고준위로 한다. 이렇게 하면 표시되지 않은 모든 AND 게이트가 가용되어 플립플롭의 Q 출력에 있는 래치된 데이터 비트가 플립플롭의 D 입력에 오른쪽으로 전달(자리이동)할 수 있다. 이 자리이동 모드에서는 병렬 워드를 직렬 출력에서 자리이동하기 위해 클럭펄스 네 개가 필요하다.

12.8.4 고리형 계수기(시프트 레지스터 시퀀서)

역주 즉, 링 카운터 또는 고리 모양 계수기

고리형 계수기[역주](시프트 레지스터 시퀀서)는 마지막 플립플롭의 출력에서 첫 번째 플립플롭의 입력으로의 피드백을 통합하는 고유한 유형의 시프트 레지스터이다. 보기 12.101은 D형 플립플롭으로 만들어진 4비트 고리형 계수기를 보여준다. 이 회로에서 $\overline{\text{START}}$ 입력이 저준위로 설정되면 Q_1, Q_2 및 Q_3이 활성 저준위(active-low) 소거에 의해 저준위가 되는(소거되는) 동안 Q_0은 활성 저준위 사전설정에 의해 고준위로 강제된다. 이로 인해 2진 워드(1000)는 레지스터 내에 저장된다. 회선이 저준위로 될 때 플립플롭에 저장된 데이터 비트는 정극성 클럭 가장자리마다 오른쪽으로 자리이동된다. 마지막 플립플롭의 데이터 비트는 첫 번째 플립플롭의 D 입력으로 전송된다. 자리이동 주기는 클럭이 인가되는 동안 계속 재순환한다. 새로운 주기를 시작하기 위해 회선이 일시적으로 저준위가 된다.

정극성 가장자리 유발 D 플립플롭을 사용하는 고리형 계수기

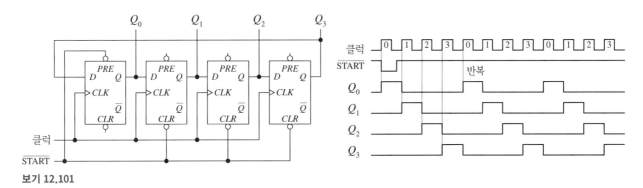

보기 12.101

12.8.5 존슨 자리이동 계수기

존슨 자리이동 계수기(Johnson Shift Counter)는 마지막 플립플롭이 반전 출력($\overline{Q}$)에서 첫 번째 플립플롭으로 데이터를 다시 공급한다는 점을 제외하면 고리형 계수기와 유사하다. 이러한 이유로 비트 시퀀스가 처음에는 '정상적으로' 나온다. 그런 다음 반전되었다가 정상으로 나오는 식으로 이어진다. 이 유형을 뫼비우스 계수기(Moebius counter)라고도 한다. 보기 12.102에 표시된 단순한 4비트 존슨 자리이동 계수기에서 $\overline{\text{START}}$ 회선에 저준위를 적용하기 시작해서 사전설정된 Q_0을 고준위로, Q_1과 Q_2 및 Q_3을 저준위로 설정한 다음 $\overline{Q_3}$을 고준위로 설정한다. 즉, 고리형 계수기에서와 마찬가지로 레지스터에 2진 워드 1000을 싣는다.

이제 $\overline{\text{START}}$ 회선을 저준위로 가져오면 데이터가 레지스터를 통해 이동한다. 그러나 계수기와 달리 첫 번째 비트는 첫 번째 플립플롭의 D_0 입력으로 되돌려 보내지는데, 이는 되먹임이 Q_3이 아닌 $\bar{Q}_3$에서 발생하기 때문이다. 다음 클럭 가장자리에서 또 다른 고준위가 D_0으로 되먹임된다. 다음 클럭 가장자리에서 또 다른 고준위가 되먹임된다. 다음 가장자리에서 그 밖의 고준위가 되먹여진다. 네 번째 클럭 가장자리가 끝난 후에만 저준위가 되먹여진다(1은 마지막 플립플롭으로 자리 내림이 되고 3는 고준위가 된다). 이 시점에서 시프트 레지스터는 1로 채워진다.

정극성 가장자리 유발 D 플립플롭을 사용하는 존슨 계수기

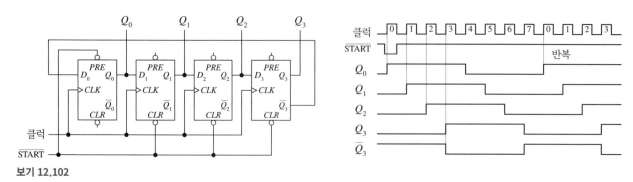

보기 12.102

더 많은 클럭 펄스가 도달하면, 되먹임 고리는 다음 네 개의 클럭 펄스에 대해 D_0에 저준위를 공급한다. 그 후에 모든 플립플롭의 Q 출력은 저준위가 되고 Q_3은 고준위가 된다. $\bar{Q}_3$의 이 고준위는 다음 정극성 클럭 가장자리에서 $\bar{D}_0$으로 되먹임이 되고 이 주기가 반복된다.

보다시피, 4비트 존슨 자리이동 계수기는 고리형 계수기의 경우와 같이 출력단은 4개가 아닌 8개(8개 클럭 펄스가 필요)이다.

12.8.6 시프트 레지스터 IC

지금까지 시프트 레지스터의 기본 이론에 대해 살펴보았으므로 필요한 모든 논리 회로를 포함하는 실제 시프트 레지스터 IC의 내부를 살펴보자. 이 직렬-병렬 시프트 레지스터 IC LED를 구동할 때 더 많은 출력을 제공할 수 있게 흔히 마이크로컨트롤러를 사용한다. 직렬 데이터가 시프트 레지스터에 공급된 다음 출력이 래치되어 LED를 켜거나 끈다.

■ 7491A 8비트 직렬 입력/직렬 출력 시프트 레지스터 IC

7491A는 내부적으로 연결된 SR 플립플롭 여덟 개로 구성된 8비트 직렬 입력/직렬 출력 시프트 레지스터다. 이 소자는 보기 12.103에 나오는 논리도처럼 내부에서 AND로 연결된 정극성 가장자리 유발 입력 및 데이터 입력 쌍(A 및 B)을 포함한다. 이런 데이터 입력 유형에서는 2진수 1을 레지스터로 자리이동하려면 두 데이터 입력이 모두 고준위여야 함을 의미한다. 2진수 0이 레지스터로 자리이동을 해야 할 때는 두 입력이 저준위일 수 있다. 각 정극성 클럭 가장자리에서 데이터가 우향 자리이동을 한다.

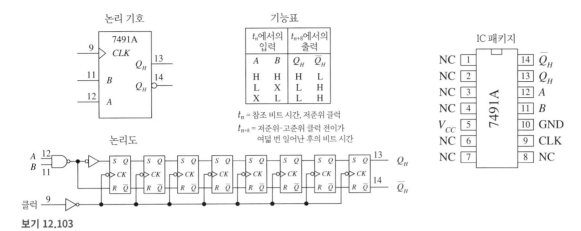

보기 12.103

■ 74164 8비트 직렬 입력/병렬 출력 시프트 레지스터 IC

74164는 8비트 직렬 입력/병렬 출력 시프트 레지스터다. 내부적으로 연결된 플립플롭 여덟 개를 포함하며, 두 개의 직렬 입력 D_{sa}와 D_{sb}가 서로 AND로 결합되어 있다. 7491A와 마찬가지로, 사용하지 않는 직렬 입력은 다른 직렬 입력에 대한 가용/불용 제어 역할을 한다. 예를 들어, D_{sa}를 직렬 입력으로 사용하는 경우 데이터를 레지스터에 입력할 수 있도록 D_{sb}를 고준위로 유지해야 하며, 데이터를 레지스터에 입력하지 못하게 하려면 D_{sb}를 저준위로 유지해야 한다.

데이터 비트는 각 정극성 클럭 가장자리에서 한 위치에서 우향 자리이동이 된다. 입력된 첫 번째 데이터 비트는 여덟 번째 클럭 펄스 이후에 Q_7 병렬 출력으로 끝난다. 마스터 재설정($\overline{MR}$)은 모든 내부 플립플롭을 재설정하고 펄스가 낮아질 때 Q 출력을 강제로 낮춘다.

보기 12.104의 샘플 회로에서 직렬 2진수 10011010(154₁₀)가 병렬 계수기 부분으로 변환된다. 이 회로에 사용된 AND 게이트 및 스트로브 입력에 주의하라. 스트로브 입력은 클럭 가용 입력으로 동작한다. 고준위로 설정하면 클럭이 가용할 수 있게 된다. 타이밍도를 보면 나머지를 이해할 수 있다.

74164 8비트 직렬 입력/병렬 출력 시프트 레지스터 IC

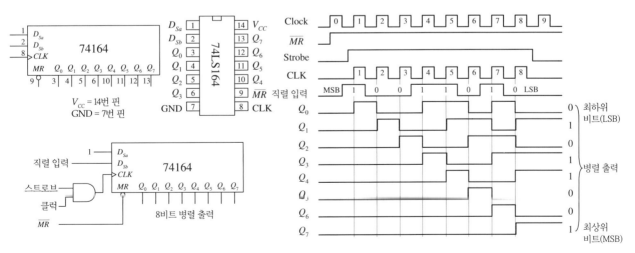

보기 12.104

● 75165 8비트 직렬 입력 또는 병렬 입력/직렬 출력 시프트 레지스터 IC

75165는 고유한 8비트 장치로 직렬-직렬 시프트 레지스터 또는 병렬-직렬 시프트 레지스터로 작동할 수 있다. 병렬-직렬 시프트 레지스터로 사용되는 경우, 병렬 데이터는 $D_0 \sim D_7$ 입력에 적용된 다음 병렬 부하 입력($\overline{PL}$)이 저준위로 펄스될 때 레지스터에 실린다. 직렬 출력 Q_7(또는 반전된 비트가 필요한 경우 $\overline{Q_7}$)에서 실린 데이터를 자리이동하려면 클럭 가용 입력($\overline{CE}$)을 클럭 신호가 내부 D형 플립플롭의 클럭 입력에 도달할 수 있게 저준위로 설정해야 한다. 직렬-직렬 시프트 레지스터로 사용될 때 직렬 데이터는 직렬 데이터 입력 DS에 적용된다. 보기 12.105에 자리이동(shift), 적재(load) 및 금지(inhibit)에 대한 타이밍 시퀀스 예시가 있다.

74165 8비트(직렬 입력 또는 병렬 입력)/직렬 출력 시프트 레지스터 IC

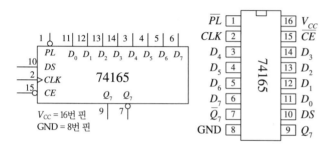

운전 모드	입력					Q_n 레지스터			출력	
	$\overline{PL}$	$\overline{CE}$	CLK	DS	$D_0 - D_7$	Q_0	$Q_1 - Q_6$	Q_7	Q_7	$\overline{Q_7}$
병렬 부하	L	X	X	X	L	L	L-L	L	L	H
	L	X	X	X	H	H	H-H	H	H	L
직렬 자리이동	H	L	↑	l	X	L	$q_0 - q_5$	q_6	q_6	$\overline{q_6}$
	H	L	↑	h	X	H	$q_0 - q_5$	q_6	q_6	$\overline{q_6}$
유지('아무것도 하지 말 것')	H	H	X	X	X	q_0	$q_1 - q_6$	q_7	q_7	$\overline{q_7}$

H = 고준위 전압 수준; h = 저준위-고준위 클럭 전이 이전의 고준위 전압 수준 설정 시간; L = 저준위 전압 수준; l = 저준위-고준위 클럭 전이 이전의 저준위 전압 수준 설정 시간; q_n 소문자는 저준위-고준위 클럭 전이 이전에 참조된 출력의 설정 시간을 나타낸다. X = 상관없음. ↑ = 저준위-고준위 클럭 전이

보기 12.105

● 74194 범용 시프트 레지스터 IC

보기 12.106은 74194 4비트 양방향 범용 시프트 레지스터를 보여준다. 이 장치는 직렬 또는 병렬 입력을 받아들이고, 직렬 또는 병렬 출력을 제공하며, S_0 및 S_1 제어를 선택하기 위해 적용되는 입력 신호에 따라 좌향 자리이동 또는 우향 자리이동을 할 수 있다. 직렬 데이터를 직렬 우향 자리이동 입력(D_{SR})이나 좌향 자리이동 입력(D_{SL})에 입력할 수 있다. 선택 제어기 S_0 및 S_1은 유지(S_0 = 저준위, S_1 = 저준위), 좌향 자리이동(S_0 = 저준위, S_1 = 고준위), 우향 자리이동(S_0 = 고준위, S_1 = 저준위)을 주도하는 데 사용되거나 병렬 적재(S_0 = 고준위, S_1 = 고준위) 모드로 사용된다. 그런 다음 데이터의 자리를 옮기거나 병렬로 적재하려면 클럭 펄스를 적용해야 한다.

병렬 적재 모드(S_0 및 S_1은 고준위임)에서 병렬 입력 데이터는 $D_0 \sim D_3$ 입력을 통해 넣어지고, 다음 차례 저준위-고준위 클럭 전이 후 Q_0에서 Q_3 출력으로 전송된다. 74194에는 또한 비동기식 마스터 재설정($\overline{MR}$) 입력이 있어서 펄스가 저준위일 때 모든 Q 출력을 낮춘다. 우향 자리이동 재순환 레지스터를 만들려면 Q_3 출력을 D_{SR} 입력에 다시 연결하고, $S_0 =$ 고준위가 되게 하고 $S_1 =$ 저준위가 되게 한다. 좌향 자리이동 재순환 레지스터를 만들려면 Q_0 출력을 D_{SL} 입력에 다시 연결하고, $S_0 =$ 저준위로 하고 $S_1 =$ 고준위로 한다. 보기 12.106에 나오는 타이밍도는 일반적인 병렬 적재 및 자리이동 순서를 보여준다.

74194 4비트 양방향 범용 시프트 레지스터

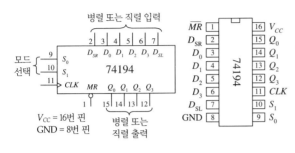

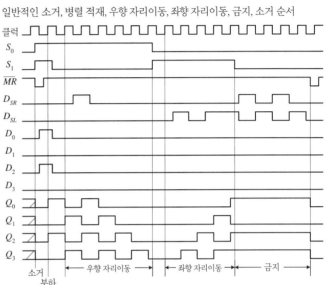

운전 모드	입력							출력			
	CP	$\overline{MR}$	S_1	S_0	D_{SR}	D_{SL}	D_n	Q_0	Q_1	Q_2	Q_3
재설정(소거)	X	L	X	X	X	X	X	L	L	L	L
유지('아무것도 하지 말 것')	X	H	l^b	l^b	X	X	X	q_0	q_1	q_2	q_3
좌향 자리이동	↑	H	h	l^b	X	l	X	q_1	q_2	q_3	L
	↑	H	h	l^b	X	h	X	q_1	q_2	q_3	H
우향 자리이동	↑	H	l^b	h	l	X	X	L	q_0	q_1	q_2
	↑	H	l^b	h	h	X	X	H	q_0	q_1	q_2
병렬 적재	↑	H	h	h	X	X	d_n	d_0	d_1	d_2	d_3

H = 고준위 전압 수준; h = 저준위-고준위 클럭 전이 이전의 고준위 전압 수준 1 설정 시간; L = 저준위 전압 수준; l = 저준위-고준위 클럭 전이 이전의 저준위 전압 수준 설정 시간; $d_n(q_n)$ = 소문자는 저준위-고준위 클럭 전이 이전에 참조된 입력(또는 출력)의 설정 시간을 나타낸다. X = 상관없음. ↑ = 저준위-고준위 클럭 전이

b = S_0와 S_1 입력의 고준위-저준위 전이는 정식 동작을 위해 클럭이 고준위일 때만 발생해야 한다.

보기 12.106

3상태 인터페이스가 내장된 74299 8비트 범용 자리이동/저장 레지스터

다수의 시프트 레지스터에는 고준위 상태, 저준위 상태 또는 고준위 임피던스 상태(개방 회로 또는 표류 상태)라는 세 가지 상태를 취할 수 있는 출력이 있다. 이러한 장치는 일반적으로 3상태 버스 인터페이스 응용에서 저장 레지스터로 사용된다.

3상태 출력을 지닌 보기용 8비트 범용 자리이동/저장 레지스터는 보기 12.107에 나와 있는 74299이다. 이 장치에는 두 개의 선택 입력 S_0 및 S_1을 사용해 선택하는 네 가지 동기 동작 모드가 있다. 74199 범용 시프트 레지스터와 마찬가지로 74299의 선택 모드에는 우향 자리이동, 좌향 자리이동, 유지 및 병렬 적재가 포함된다(보기 12.107의 기능표 참조). 모드 선택 입력, 직렬 데이터 입력(D_{S0} 및 D_{S7}) 및 병렬 입력($I/O_0 \sim I/O_7$)은 정극성 가장자리 유발로 인한 것이다. 마스터 재설정($\overline{MR}$) 입력은 비동기 활성 저준위 입력으로서, 펄스가 저준위일 때 레지스터를 소거한다.

3상태 출력들을 지닌 74299 8비트 범용 자리이동/저장 레지스터

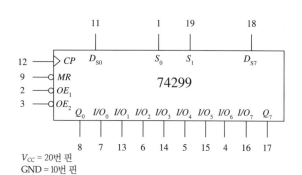

V_{CC} = 20번 핀
GND = 10번 핀

H = 고준위 전압 수준; h = 저준위-고준위 클럭 전이 이전의 고준위 전압 수준 설정 시간;
L = 저준위 전압 수준; l = 저준위-고준위 클럭 전이 이전의 저준위 전압 수준 설정 시간;
q_n = 소문자는 저준위-고준위 클럭 전이 이전에 참조된 출력의 설정 시간을 나타낸다;
X = 상관없음; ↑ = 저준위-고준위 클럭 전이

운전 모드	입력							출력		
	$\overline{MR}$	CP	S_0	S_1	D_{S0}	D_{S7}	I/O_n	Q_0	$Q_1 - Q_6$	Q_7
재설정(소거)	L	H	X	X	X	X	X	L	L - L	L
우향 자리이동	H	↑	h	l	l	X	X	L	$q_0 - q_5$	q_6
	H	↑	h	l	h	X	X	H	$q_0 - q_5$	q_6
좌향 자리이동	H	↑	l	h	X	l	X	q_1	$q_0 - q_5$	L
	H	↑	l	h	X	h	X	q_1	$q_0 - q_5$	H
유지('아무것도 하지 말 것')	H	↑	l	l	X	X	X	q_0	$q_1 - q_6$	q_7
병렬 부하	H	↑	h	h	X	X	l	L	L - L	L
	H	↑	h	h	X	X	h	H	H - H	H

3상태 입출력 포트 운전 모드	입력					입/출력
	$\overline{OE_1}$	$\overline{OE_2}$	S_0	S_1	Q_n(레지스터)	I/O_0 -- I/O_7
판독	L	L	L	X	L	L
	L	L	L	X	H	H
	L	L	X	L	L	L
	L	L	X	L	H	H
레지스터 적재	X	X	H	H	$Q_n = I/O_n$	I/O_n = 입력
입출력 불용	H	X	X	X	X	High Z
	X	H	X	X	X	High Z

보기 12.107

3상태 양방향 입출력 포트에는 세 가지 운전 모드가 있다.

- 레지스터 판독(read register) 모드일 때는 레지스터 내의 데이터를 입출력용 출력에서 사용할 수 있다. 이 모드는 출력 가용 입력($\overline{OE_1}$ 및 $\overline{OE_2}$)을 모두 저준위로 하고, 선택 입력 중 하나 또는 모두를 저준위로 함으로써 선택된다.
- 레지스터 적재(load register) 모드는 다음 번 고준위-저준위 클럭 전이 동안 병렬로 적재할 수 있게 레지스터를 설정한다. 이 모드는 선택 입력을 모두 고준위로 설정해 선택한다.
- 입출력 불용(disable I/O) 모드는 출력 가용 입력들 중 하나 또는 모두에 고준위가 적용될 때 출력을 불용 처리(고준위 임피던스 상태로 설정)하도록 동작한다. 이것으로 버스에서 효과적으로 레지스터를 분리해 낼 수 있다.

12.8.7 간단한 시프트 레지스터 응용

■ 16비트 직렬-병렬 변환기

보기 12.108에 나와 있는 것처럼 두 개의 74164 8비트 직렬 입력/병렬 출력 시프트 레지스터를 결합하면 간단히 16비트 직렬-병렬 변환기를 생성할 수 있다. 두 개의 IC를 결합하려면 첫 번째 레지스터의 Q_7 출력을 두 번째 레지스터의 직렬 입력 중 하나에 연결하면 된다. (직렬 입력 데이터에 사용되지 않는 직렬 입력은 다른 직렬 입력에 대한 활성 고준위 가용 제어로 동작함을 상기하라.)

동작 측면에서 데이터가 첫 번째 레지스터(또는 데이터 출력 D_7)의 Q_7 밖으로 옮겨져 나갈 때, 데이터는 두 번째 직렬 입력(이 예에서는 D_{Sa}를 직렬 입력으로 사용)으로 들어가고 두 번째 레지스터(또는 데이터 출력 D_8)의 Q_0 출력에 나타난다. 입력 데이터 비트가 두 번째 레지스터(또는 데이터 출력 D_{15})의 Q_7 출력에 도달하려면 16 클럭 펄스가 적용되어야 한다.

74164를 두 개 사용해 16 비트 직렬-병렬 변환기를 생성

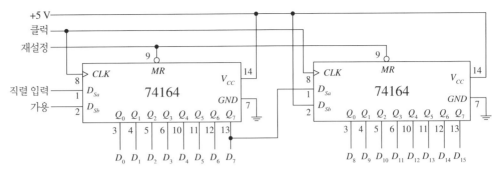

보기 12.108

■ 동시 데이터 전송 기능이 있는 8비트 직렬-병렬 변환기

보기 12.109는 8비트가 레지스터에 모두 입력된 경우에만 변환된 8비트 워드를 출력하는 직렬-병렬 변환기 역할을 하는 회로를 보여준다. 여기서는 74HCT273 8진 D형 플립플롭 및 8분주 계수기가 있는 74164 8비트 직렬 입력/병렬 출력 시프트 레지스터가 사용된다. 각 정극성 클럭 가장자리에서 직렬 데이터가 74164로 적재된다. 클럭 펄스가 여덟 개 지난 후에 입력된 첫 번째 직렬 비트는 74164의 Q_7 출력으로 자리이동이 되고, 입력된 마지막 직렬 비트는 74164의 Q_0 출력에 위치한다. 여덟 번째 클럭 펄스의 부극성 가장자리에서 부극성 가장자리 유발 8분주 회로의 출력이 고준위가 된다. 이 고준위 전이가 이뤄질 때 74HCT273의 입력에 있는 데이터(74164의 Q 출력에 있는 동일한 데이터를 보유함)는 동시에 74HCT273의 출력으로 전달된다. 74HCT273을 여덟 번째 클럭 펄스마다 내용을 덤프하는 임시 저장 레지스터라고 생각하라.

8비트 직렬-병렬 데이터 변환기

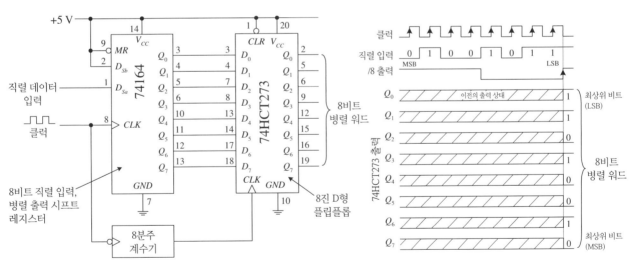

보기 12.109

■ 8비트 병렬-직렬 인터페이스

보기 12.110은 병렬 아스키 워드를 받아 직렬 장치에 보낼 수 있는, 직렬 아스키 워드로 변환하는 데 사용되는 74165 8비트 병렬-직렬 시프트 레지스터를 보여준다. 아스키 코드는 길이가

7비트밖에 되지 않는다(예: &가 2진 코드로는 010 0110에 해당). 누락된 비트를 어떻게 하면 챙길 수 있을까? 직렬 아스키를 사용해 통신하는 대부분의 8비트 장치는 특별한 목적으로 8비트를 추가해 사용하며, 해당 비트는 특수 문자 세트를 만들기 위한 특수 비트, 즉 패리티 비트 역할을 수행한다. 보통 여분의 비트를 저준위로 설정하고 이를 수신하는 직렬 장치가 이를 무시한다.

단순히 여분의 비트를 저준위로 설정하면 직렬 장치가 어떻게 일을 처리하는지 가정해 보자. 즉, 74165의 D_0 입력을 저준위로 설정해 보자는 말이다. 아스키 코드의 최상위 비트는 D_1 입력에 적용되고 아스키 코드의 최하위 비트는 D_7 입력에 적용된다. 이제 병렬 입력 회선($\overline{PL}$)을 저준위로 펄스할 때 레지스터의 입력에 병렬 아스키 워드가 적용되면 아스키 워드가 '무시된 비트'와 더불어 레지스터로 적재된다. 다음으로 클럭 펄스가 병렬 워드 밖으로 이동하는 데 소요되는 시간 동안 클럭 가용 입력($\overline{CE}$)을 저준위로 설정해 적재된 데이터가 직렬로 옮겨 나가도록 클럭을 가용 처리해야 한다. 클럭 펄스 여덟 개(0~7)가 지나면 직렬 장치는 직렬 데이터 비트 여덟 개를 모두 수신하게 된다. 솔직히 말하면, 레지스터와 직렬 장치가 올바르게 통신하는 데 필요한 제어 신호를 $\overline{CE}$ 및 $\overline{PL}$ 회선에 제공하려면 마이크로프로세서나 마이크로컨트롤러가 필요하다.

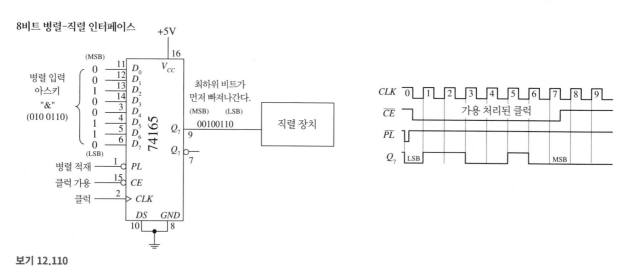

보기 12.110

재순환 메모리 레지스터

재순환 메모리 레지스터(recirculating memory register)는 출력에서 입력으로의 되먹임 연결을 경유해 레지스터를 통과하며 직렬로 재순환되는, 2진 워드를 사전에 적재한 시프트 레지스터이다. 재순환 레지스터는 IC 입력을 구동하는 데 사용되는 특정 반복 파형을 공급하는 일에서부터 스테퍼 모터를 제어하는 데 사용되는 출력 구동자를 구동하는 일에 이르기까지 다양한 응용에 사용될 수 있다.

보기 12.111의 가장 왼쪽 회로에서 병렬 4비트 2진 워드가 74194 범용 시프트 레지스터의 $D_0 \sim D_3$ 입력에 적용된다. S_1 선택 입력이 고준위가 되면(스위치가 열리면) 4비트 워드가 레지스터에 적재된다. S_1 입력이 저준위가 되면(스위치가 닫히면) 4비트 워드는 레지스터를 통해 직렬 방식으로 자리이동이 되고, 정극성 클럭 가장자리가 도달함에 따라 Q_3에서 나와 D_{SR} 입력(직렬 우향 자리이동 입력)을 거쳐 Q_0으로 되돌아간다. 여기서 시프트 레지스터에는 0111이 실린다. 레지스터를 통해 비트를 자리이동하기 시작하면 단일 저준위 출력이 고준위 출력을 통해 아래로 전달되어 해당 저준위 출력에 연결된 LED가 차례로 켜진다. 다시 말하면 간단한 크리스마스 트리 깜박이를 만든 셈이다.

보기 12.111의 오른쪽 회로는 기본적으로 왼쪽 회로와 같다. 그런데 이 회로가 이번에는 스테퍼 모터를 구동하는 데 사용된다. 아날로그 장치에서 생성된 간단한 켬/끔 신호에서 논리를 구동해야 하는 경우가 있다. 예를 들어, 간단한 스테퍼 모터를 시계 방향으로 돌리려면 고정자 코일 1, 2, 3 및 4에 다음 순서로 전력을 공급해야 한다. 1000, 0100, 0010, 0001, 1000 등. 모터를 반시계 방향으로 돌게 하려면 다음 순서 1000, 0001, 0010, 0100, 1000 등의 순으로 적용한다. $D_0 \sim D_3$ 입력을 2진 워드 1000과 병렬로 적재 74194로 이러한 간단한 점화 순서(firing sequence)를 생성할 수 있다. 시계 방향 점화 순서를 출력하려면 간단히 S_0 = 고준위로 S_1 = 저준위로 설정해 우향 자리이동을 한다. 클럭 펄스가 도착하면 출력에 존재하는 1000은 0100, 0010, 0001, 1000 등이 된다.

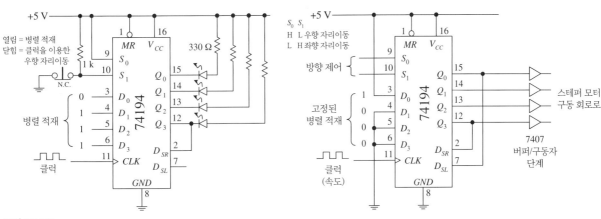

간단한 시프트 레지스터 순서 생성기   **범용 시프트 레지스터 IC를 사용해 스테퍼 모터를 제어**

보기 12.111

모터의 회전 속도는 클럭 주파수에 의해 결정된다. 반시계 방향 점화 순서를 출력하려면, 간단히 S_0 = 저준위로 S_1 = 고준위로 설정해 좌향 자리이동을 한다. 스테퍼를 구동하려면, 일반적으로 보기 12.111에 나오는 7407과 같은 버퍼/구동자 인터페이스뿐만 아니라 다수의 출력 트랜지스터(보기에 나오지 않음)를 사용할 필요가 있다. 또한, 다른 유형의 스테퍼 모터에 쓸 점화 순서는 여기에 표시된 것과 다를 수 있다. 스테퍼 모터와 이것을 구동하는 데 사용하는 다양한 회로를 15장에서 자세히 설명한다.

12.9 아날로그/디지털 상호연결

아날로그 회로와 디지털 회로를 상호 연결하는 기법은 다양하다. 이 단원에서는 두 가지 기본 수준 인터페이스를 살펴본다. 한 가지 수준에서는 간단한 켬/끔을 유발하는(triggering) 일을 다룬다. 다른 수준에서는 진정한 아날로그-디지털 및 디지털-아날로그 변환, 즉 아날로그 신호를 디지털 신호로 변환하거나 디지털 신호를 아날로그 신호로 변환하는 일을 다룬다. 이러한 기술은 마이크로컨트롤러의 디지털 입력 핀에 무언가를 연결하는 일과 똑같다.

12.9.1 아날로그 신호로부터 간단한 논리 응답 유발

아날로그 장치에서 생성된 간단한 켬/끔(on/off) 신호에서 논리 처리를 해야 할 때가 있다. 예를 들어, 아날로그 전압(예: 온도 센서에서 생성된 전압)이 원하는 임곗값에 도달하면 경보를 래치(플립 플롭을 통해)할 수 있다. 또는 특정 아날로그 임곗값에 도달한 횟수를 계산하기만을 원할 수도 있다. 이와 같은 단순한 켬/끔 응용인 경우, 변환기의 아날로그 출력과 논리 회로의 입력 간 인터 페이스로는 보통 비교기나 연산 증폭기를 사용한다. 종종 가변 저항과 풀업 저항기 변환기로 구 성된 전압 분배 회로망을 사용할 수도 있다. 보기 12.112는 그 요점을 설명하기 위한 몇 가지 견 본 회로망을 보여준다.

보기 12.112(a)에서 광트랜지스터는 논리 응답을 유발하는 데 사용된다. 정상적으로는 광트랜지스 터가 켜지면 첫 번째 슈미트 인버터의 입력이 저준위로 유지된다. 두 번째 인버터의 출력은 고준 위이다. 빛이 잠시 비추지 않게 되면 광트랜지스터가 순간적으로 전도되지 않으면서 첫 번째 인버 터의 입력이 저준위 펄스가 되고 두 번째 인버터의 출력은 고준위 펄스가 된다. 이 고준위 펄스는 LED 또는 부저 경보를 유발하는 데 사용되는 D 플립플롭을 래치하는 데 사용될 수 있다.

보기 12.112(b)에서 개방 컬렉터 출력을 갖는 단전원 비교기가 아날로그-디지털 인터페이스로 사용된다. V_{in}에 인가된 아날로그 전압이 팟을 통해 비반전 입력(+)에 설정된 기준 전압(V_{ref})을 초과하면 출력은 저준위가 된다(비교기가 전류를 접지로 내려보냄). V_{in}이 V_{ref}보다 낮아지면 출력은 고준위가 된다(비교기의 출력이 부동(float)되지만 풀업 저항기가 비교기의 출력을 고준위로 끌어올린다).

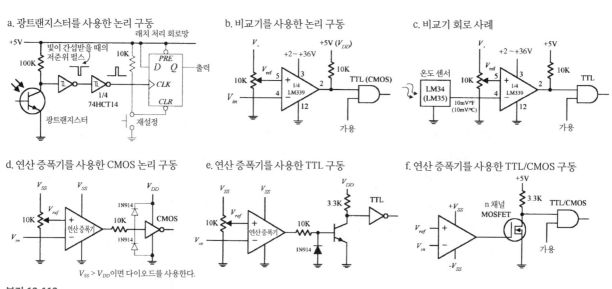

a. 광트랜지스터를 사용한 논리 구동

b. 비교기를 사용한 논리 구동

c. 비교기 회로 사례

d. 연산 증폭기를 사용한 CMOS 논리 구동

e. 연산 증폭기를 사용한 TTL 구동

f. 연산 증폭기를 사용한 TTL/CMOS 구동

보기 12.112

보기 12.112(c)에는 이전에 나온 비교기 인터페이스의 간단한 응용이 나온다. 입력 전압은 LM34 또는 LM35 온도 센서에 의해 생성된다. LM34는 10 mV/°F를 생성하고, LM35는 10 mV/°C를 생성한다. pot과 V_+의 저항은 기준 전압을 결정한다. 75 °C에 도달할 때 비교기를 저준위에서 구동하고자 한다면, LM35를 사용한다고 가정하고 기준 전압을 750 mV로 설정한다.

보기 12.112(d)에서 비교기 모드로 설정된 연산 증폭기는 간단한 스위칭 응용을 위한 아날로그-디지털 인터페이스로도 사용될 수 있다. CMOS 논리는 보기와 같이 전류 제한 저항기를 통해 직접 구동될 수 있다. 연산 증폭기의 공급 전압이 논리의 공급 전압을 초과하면 보호 다이오드를 사용해야 한다(보기 참조).

LM339에는 개방 컬렉터 출력이 있기 때문에 보호 다이오드가 필요하지 않았다.

보기 12.112(e)에서 TTL을 구동하는 데 사용되는 연산 증폭기는 일반적으로 여기에 표시된 것과 같은 트랜지스터 출력단을 사용한다. 이 다이오드는 베이스-이미터 역방향 항복을 방지하는 역할을 한다. V_{in}이 V_{ref}를 초과하면 연산 증폭기의 출력은 저준위가 되고 트랜지스터는 꺼지고 논리 입력은 고준위를 수신한다.

보기 12.112(f)에서 n 채널 MOSFET 트랜지스터는 연산 증폭기의 출력단으로 사용된다.

12.9.2 외부 부하 구동을 위해 논리 사용

LED, 계전기, 부저나 켬/끔 상태를 가정하는 장치와 같은 간단한 부하를 구동하기는 비교적 간단하다. 이러한 부하를 구동할 때 먼저 구동 논리의 현재 사양, 즉 게이트가 얼마나 많은 전류를 내보내거나 들여올 수 있는지 확인해야 한다. 그 후에 장치에 필요한 전류량을 정한다. 논리가 전류를 들여오거나(source) 내보낼(sink) 수 있는 분량보다 더 많은 전류를 장치가 끌어 쓴다면 일반적으로 고전력 트랜지스터를 출력 스위치로 사용할 수 있다. 보기 12.113에는 다양한 부하를 구동하는 데 사용되는 몇 가지 견본 회로가 나와 있다.

보기 12.113(a)에서 LED는 전류 제한 저항기를 통해 논리에 따라 직접 구동될 수 있다. 전류는 내보내지거나 들여질 수 있다. 논리로 들여오거나 내보낼 수 있는 것보다 더 많은 전류가 LED에 필요한 경우, 보기 12.113(f)와 같은 트랜지스터 출력단을 사용할 수 있다.

보기 12.113(b)는 한 쌍의 LED에서 2중 조명 동작을 얻는 간단한 방법을 보여준다. 게이트의 출력이 낮아지면 상단 녹색 LED가 켜지고 하단 빨간색 LED가 꺼진다. LED 스위치는 출력이 고준위일 때 상태를 전환한다.

계전기는 상당한 전류를 소비한다. 논리 소자의 손상을 피하기 위해 보기 12.113(c)에서 전력 MOSFET 트랜지스터가 논리 출력에 연결되어 있다. 이 다이오드는 계전기가 상태를 바꾸면서 생성하는 전류 스파이크에서 회로를 보호하는 데 사용된다. 개방 컬렉터 출력이 있는 게이트를 사용하면 표준 논리와 부하를 편리하게 상호 연결할 수 있다. 개방 컬렉터 게이트는 전류를 들여오지 못한다는 점을 상기하라. 단지 전류를 내보낼 수만 있다. 그러나 이들은 일반적으로 표준 논리 게이트 전류의 10배를 내려보낼 수 있다. 보기 12.113(d)에서 개방 컬렉터 게이트는 계전기를 구동하는 데 사용된다. 특정 개방 컬렉터 장치가 부하 전류를 처리할 수 있는지 확인하기 전에 해당 장치의 현재 정격을 확인하라.

보기 12.113(e)는 그 밖의 개방 컬렉터 응용을 보여준다. 보기 12.113(f)에서 양극성 트랜지스터는 고전류 LED 구동에 쓰이는 출력 구동 전류를 늘리는 데 사용된다. 트랜지스터의 전류 정격이 적절한지 확인하라.

보기 12.113(g)는 기본적으로 앞의 예와 동일하지만, 부하는 LED가 아닌 다른 것일 수 있다.

보기 12.113(h)에서 광 결합기(optocoupler)는 이를 구동하는 논리와 전기적으로 절연되어야 하는 부하를 구동하는 데 사용된다. 전기적 격리는 종종 외부 부하가 별도의 접지 시스템을 사용하는 상황에서 사용된다. 광 인터페이스의 부하 측 전압 수준을 V_{CC}를 통해 설정할 수 있다. 사용 가능한 광 결합기 유형은 다양하다(5장 참조).

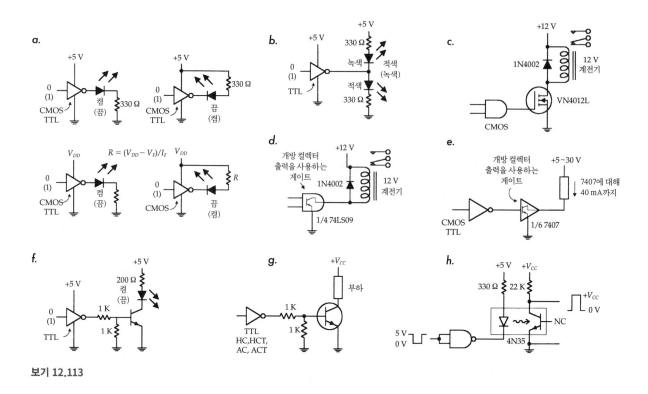

보기 12.113

12.9.3 아날로그 스위치

아날로그 스위치는 아날로그 신호를 디지털로 제어해 여닫도록 설계한 IC이다. 이들 장치의 내부 구조는 일반적으로 아날로그 신호의 흐름을 제어하는 데 사용되는 트랜지스터 단과 상호 연결된 여러 논리 제어 게이트로 구성된다.

보기 12.114는 다양한 유형의 아날로그 스위치를 보여준다. CMOS 4066B 4중 양면 스위치는 3 ~15 V 범위의 단일 공급 전압을 사용한다. ±7.5 V 이내에서 아날로그 신호나 디지털 신호를 스위칭할 수 있으며 최대 전력 손실은 약 700 mW이다. 개별 스위치는 디지털 입력 A~D로 제어된다. TTL 호환 AH0014D DPDT 아날로그 스위치는 A 및 B 논리 제어 입력을 통해 ±10 V 아날로그 신호를 스위칭할 수 있다. 이 장치에는 별도의 아날로그 공급 장치 및 디지털 공급 장치가 있다. V_+ 및 V_-는 아날로그이며 V_{CC} 및 GND는 디지털이다. DG302A 2중 채널 CMOS DPST 아날로그 스위치는 최대 15 ns 스위칭 속도로 ±10 V 범위 내에서 아날로그 신호를 스위칭할 수 있다.

여러 회로가 아날로그 스위치를 사용한다. 변조기/복조기 회로, 디지털 제어 주파수 회로, 아날로그 신호 이득 회로 및 아날로그-디지털 변환 회로에서 볼 수 있으며, 종종 표본 유지 스위치의 역할도 한다. 물론 이것들은 단순히 주어진 아날로그 장치를 켜고 끌 수만 있다.

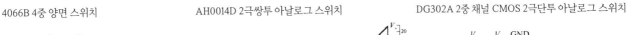

보기 12.114

12.9.4 아날로그 멀티플렉서/디멀티플렉서

12.3절에서 디지털 멀티플렉서는 데이터 선택기처럼 동작하는 반면, 디지털 디멀티플렉서는 데이터 분배기처럼 동작한다는 점을 기억해 보라. 아날로그 멀티플렉서 및 디멀티플렉서도 동일한 방식으로 작동하되, 아날로그 신호를 선택하거나 배포할 수 있다. (이것들은 신호 전송을 위해 열려 있는 경로와 닫혀 있는 경로를 선택하는 일에 여전히 디지털 선택 입력들을 사용한다.)

널리 사용되는 아날로그 멀티플렉서/디멀티플렉서 IC는 보기 12.115에 나와 있는 4051B이다. 이 장치는 입력 및 출력이 양방향(신호가 어느 방향으로든 흐를 수 있기 때문)인 멀티플렉서 또는 디멀티플렉서 중 하나로 기능한다. 멀티플렉서로 사용되면 아날로그 신호는 0~7번 입출력 회선을 통해 입력되며, 아날로그 입출력 회선(3번 핀)으로 전달되는 입력을 선택하는 디지털 코드는 디지털 입력 A, B 및 C에 적용된다. 보기에 나오는 진리표를 보라. 디멀티플렉서로 사용하면 연결이 반대가 된다. 아날로그 입력은 아날로그 입출력 회선(3번 핀)을 통해 들어 와서 일곱 개의 아날로그 입출력 회선 중 하나를 통과한다. 특정 출력은 디지털 입력 A, B 및 C에 의해 다시 선택된다. 금지 회선(INH)이 고준위이면 주소가 선택되지 않는다.

4051B 아날로그 멀티플렉서/디멀티플렉서

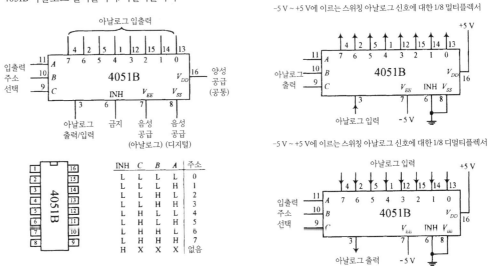

보기 12.115

4051B의 입출력 아날로그 전압 수준은 양의 공급 전압 V_{DD}와 음의 공급 전압 V_{EE} 사이의 영역으로 제한된다. V_{SS} 공급 장치는 접지되어 있다. 사용하려는 아날로그 신호가 모두 양이면 V_{EE}와 V_{SS}를 모두 공통 접지에 연결할 수 있다. 그러나 −5∼+5 V 범위의 아날로그 전압을 사용하려는 경우 V_{EE}는 −5 V로 설정해야 하며 V_{DD}는 + 5 V로 설정해야 한다. 4051B는 3∼15 V의 디지털 신호와 −15∼+15 V의 아날로그 신호를 받아들인다.

12.9.5 아날로그-디지털, 디지털-아날로그 변환

역주 즉, 임곗값 기준 유발

아날로그 장치(온도 센서, 변형률 게이지, 위치 센서, 광도계 등)가 간단한 임곗값 트리거링^{역주}을 넘어서는 방식으로 디지털 회로와 통신할 수 있게 할 목적으로 아날로그-디지털 변환기(analog-to-digital converter, ADC)를 사용한다. ADC는 아날로그 신호를, 주어진 순간에 측정된 아날로그 수준에 비례하는 일련의 2진수로 변환한다. 일반적으로 ADC에서 생성된 디지털 워드를 마이크로프로세서나 마이크로컨트롤러로 보내 처리하고 저장하고 해석하고 다룬다. 아날로그-디지털 변환은 데이터 수집 시스템, 디지털 사운드 녹음 및 간단한 디지털 디스플레이 시험 계측기(예: 광도계 및 온도계)에 사용된다.

디지털 회로가 아날로그 세계와 소통할 때는 디지털-아날로그 변환기(digital-to-analog converter, DAC)가 사용된다. DAC는 2진수를 취해 2진수에 비례하는 아날로그 전압으로 변환한다. 서로 다른 2진수를 차례로 공급해 완벽한 아날로그 파형을 만들어낸다. DAC는 일반적으로 연산 증폭기의 이득을 제어하는 데 사용되며, 이 증폭기는 디지털 방식으로 제어되는 증폭기 및 필터를 생성하는 데 사용할 수 있다. 또한 파형 생성기와 변조기 회로 및 트리머 교체에 사용되며 여러 프로세스 제어 및 자동 보정 회로에서 볼 수 있다.

MP3 플레이어, DVD 및 CD 플레이어와 같은 많은 디지털 가전제품은 종종 마이크로컨트롤러에 포함된 디지털 신호 처리 ADC 및 DAC를 사용한다.

■ ADC와 DAC에 대한 기초

보기 12.116은 아날로그-디지털 변환 및 디지털-아날로그 변환에 관한 기본 개념을 보여준다. 아날로그-디지털 그림에서 ADC는 일련의 디지털 표본화 펄스와 함께 아날로그 입력 신호를 수신한다. 표본화 펄스가 수신될 때마다 ADC는 아날로그 입력 전압을 측정하고 특정 표본인 동안에 측정된 아날로그 전압에 비례하는 4비트 2진수를 출력한다. 4비트로 16가지 가능한 아날로그 수준(예: 0∼15 V)에 해당하는 16진 코드(0000∼1111)를 얻는다.

디지털-아날로그 변환 그림에서 DAC는 일련의 4비트 2진수를 수신한다. 새로운 2진수가 DAC로 공급되는 속도는 이를 생성하는 논리에 의해 결정된다. 새로운 2진수가 있을 때마다 새로운 아날로그 전압이 생성된다. ADC 예제에서와 같이, 우리는 총 16개 2진수와 16개 출력 전압을 사용할 수 있다.

그래프에서 볼 수 있듯이, 이 4비트 변환기는 모두 아날로그 신호가 연속적으로 나타나도록 하는 데 필요한 해상도가 부족하다(단계 없음). 이것을 더욱 연속적인 곡선으로 보이게 하려면 해상도가 더 높은 변환기를 사용하라. 즉, 4비트 2진수를 사용하는 대신 6비트, 8비트, 10 비트, 12비트, 16비트 또는 18비트 이상과 같은 식으로 더 큰 숫자를 사용하라. 변환기의 해상도가 8비트인 경우 $2^8 = 256$가지 2진수를 사용할 수 있게 되므로 256가지 아날로그 단계를 처리할 수 있다. 이제 이 8비트 변환기를 2진수로 00000000일 때 0 V를 생성하고, 2진수로 11111111(최대 눈금)일 때 15 V를 생성하도록 설정한다고 하면, 각 아날로그 단계는 0.058 V씩만 높아지게 된다($\frac{1}{256} \times 15$ V). 18비트 변환기를 사용하면 $2^{18} = 262,144$라는 2진수와 단계가 있기 때문에 각 단계 간 차이는 매우 작아진다. 2진수로 000000000000000000을 0 V에 해당하게 하고 111111111111111111을 15 V에 해당하게 하면 18비트 변환기의 각 단계 간 차이는 단 0.000058 V에 불과하게 된다. 18비트 사례에서 볼 수 있듯이, 디지털과 아날로그 간의 변환 과정이 사실상 연속적으로 보이게 된다.

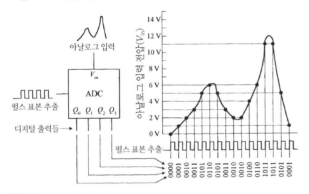

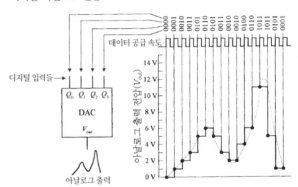

보기 12.116

■ 단순 2진 가중 DAC

보기 12.117은 디지털 제어 스위치(74HC4066), 2진 가중 저항기 한 벌과 연산 증폭기로 구성된 간단한 4비트 DAC를 보여준다. 입력 저항 R_{in}을 변경해 이득을 제어하는 반전 증폭기 회로를 만드는 게 기본 개념이다. 74HC4066과 저항기들은 함께 16가지 가능한 값 중 하나를 취할 수 있는 디지털 제어 R_{in} 역할을 한다. 74HC4066과 저항기 조합을 디지털 방식으로 제어되는 전류원으로 생각할 수 있다. 74HC4066의 입력에 적용된 각각의 새로운 2진 코드는 R_F로 합산된 새로운 이산 전류 수준을 생성해 새로운 이산 출력 전압 수준을 제공한다.

R_{in}, $R/2$, $R/4$ 및 $R/8$로 배율을 맞춘 저항 값을 선택해 등간격으로 이산 값을 구한다. 모든 가능한 R_{in} 값을 찾으려면 보기 12.117에 나오는 수식을 사용한다. 이 공식은 이전의 병렬 저항기 공식과 비슷하지만 디지털 입력 코드에 의해 선택되지 않은 저항기는 제외해야 한다. 계수 A부터 D까지의 값이 이에 해당한다(계수는 디지털 입력에 따라서 1 또는 0이다).

아날로그 출력 전압을 찾을 때는 간단히 $V_{out} = -V_{ref}(R_F/R_{in})$, 즉 반전 증폭기에 사용되는 식을 사용하면 된다(8장 참조). 보기 12.117에는 $V_{ref} = -5$ V, $R = 100$ kΩ, $R_F = 20$ kΩ으로 설정하고 가능한 모든 입력 코드를 취할 때 얻는 결과가 나온다.

보기 12.117의 2진 가중 DAC의 해상도가 제한되어 있다(4비트, 16 아날로그 수준). 해상도를 두 배로 늘리려면(8비트 DAC로 만들려면) 그 밖의 74HC4066 및 R/16, R/32, R/64 및 R/128 저항기를 추가하는 것이 좋다. 이론적으로는 이게 작동하지만 실제로는 작동하지 않는다. 이 방법의 문제점은 R/128 저항기에 도달할 때 0.78125 kΩ 저항기를 찾아야 한다는 점이다(R = 100 kΩ으로 가정). R/128에 대해 등가 저항기 회로망을 찾거나 구축할 수 있다고 가정하면 이러한 저항기의 허용 오차로 인해 문제가 발생할 수 있으므로 여전히 어려움에 빠지게 된다. 이 스케일링한[역주] 저항기 방식은 수 비트 이상인 해상도를 처리할 때 비실용적이다. 해상도를 높이기 위해 배율 저항 회로망을 폐기하고 이를 R/2R 래더형 회로망(ladder network)으로 교체한다. DAC IC 제조업체도 이 일을 잘해낸다.

[역주] 즉, 눈금잡기를 한, 배율화된

간단한 2진 가중 디지털-아날로그 변환기

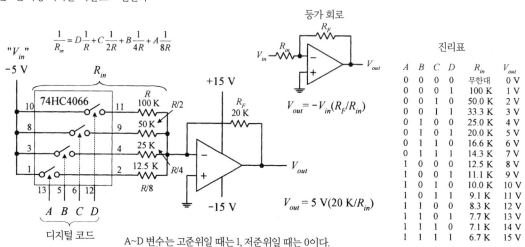

보기 12.117

R/2R 래더 4비트 디지털-아날로그 변환기

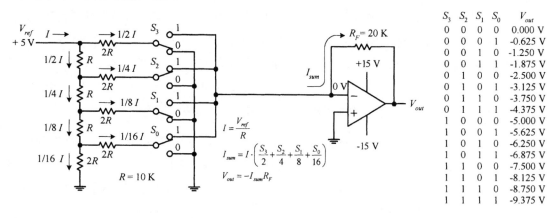

보기 12.118

■ R/2R 래더 DAC

R/2R DAC는 이전 DAC의 경우처럼 배율 저항기 회로망 대신 R/2R 저항기 사다리(ladder) 모양 회로망을 사용한다. R/2R 래더(R/2R ladder)[역주]를 사용하면 다음과 같은 두 가지 저항 값만

[역주] 즉, R/2R 래더 디지털 아날로그 변환기

필요하다. R과 $2R$. 보기 12.118은 간단한 4비트 $R/2R$ DAC를 보여준다. 지금은 스위치가 디지털로 제어된다고 가정한다(실제 DAC에서는 트랜지스터로 대체된다).

임의의 스위치를 통해 끌어 쓰는 전류는 스위치가 위 아래로 던져지더라도 항상 동일하다는 점을 알고 있으면 $R/2R$ 래더의 작동 방식을 쉽게 이해할 수 있다. 스위치가 아래로 놓이면 전류가 스위치를 통해 접지(0 V)로 흐른다. 스위치가 위로 놓이면 전류는 가상 접지쪽으로 흐르게 된다. 이 전류는 연산 증폭기의 반전 입력에 자리 잡고 있다(연산 증폭기의 비반전 입력이 0 V로 설정된 경우, 연산 증폭기는 음성 되먹임을 통해 부극성 반전 입력을 0 V로 만든다). 주어진 스위치를 통과하는 전류가 항상 일정하다는 것을 알게 되면 $V_{\rm ref}$에 의해 공급되는 총 전류(I)가 일정할 것이라는 점도 알 수 있다. 일단, 이 점을 알고 나면 회로를 간단히 분석해 $R/2R$ 회로망 내의 각 분기를 통과하는 총 전류의 분수를 파악할 수 있다. 보기 12.118은 $\frac{1}{2}I$가 S_3(최상위 비트 스위치), $\frac{1}{4}I \sim S_2$, $\frac{1}{8}I \sim S_1$, $\frac{1}{16}I \sim S_0$(최하위 비트 스위치)을 통과하는 것을 보여준다. 계산 방법에 관심이 있다면 보기 12.119에 나오는 회로 간소화를 살펴보면 된다.

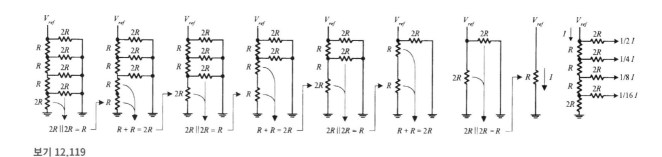

보기 12.119

이제 $\frac{1}{2}I$, $\frac{1}{4}I$, $\frac{1}{8}I$ 및 $\frac{1}{16}I$라는 식으로 분수를 지속적으로 만들어 내는 수단을 지니게 되었으므로 디지털 입력 스위치들을 통해 증폭기가 어떤 분수들을 합산하는지 선택할 수 있다. 예를 들어, 스위치 S_3, S_2, S_1, S_0이 0101(5)에 놓이면, $\frac{1}{4}I + \frac{1}{16}I$의 합산 $I_{\rm sum}$을 이룬다. 그렇지만 I는 얼마일까? 옴의 법칙을 사용하면 $I = V_{\rm ref} / R = +5$ V / 10 kΩ = 500 μA가 된다. 이것은 $I_{\rm sum} = \frac{1}{4}(500\ \mu A) + \frac{1}{16}(500\ \mu A) = 156.25\ \mu A$를 의미한다. 최종 출력 전압은 $V_{\rm out} = -I_{\rm sum}R_F = -(156.25\ \mu A)(20\ k\Omega) = -3.125$ V로 결정된다. 보기 12.118에 나오는 수식과 표를 통해 그 밖의 가능한 2진/아날로그 조합을 알 수 있다.

해상도가 더 높은 $R/2R$ DAC를 만들려면 래더에 런(run)역주과 스위치를 추가하기만 하면 된다.

■ 집적 DAC

DAC를 처음부터 만들 만한 가치는 없다. 더 익숙해지기는 하겠지만 그만큼 비용이 많이 든다. 간단히 DAC IC를 구입하는 편이 더 낫다. 이러한 장치는 여러 제조업체(내셔널 세미컨덕터, 아날로그 디바이스 및 텍사스 인스트루먼트와 같은 곳)에서 구입할 수 있다.역주 이 IC의 일반적인 해상도는 6, 8, 10, 12, 16, 18비트이다. DAC IC에는 또한, 보기 12.117과 12.118에 나오는 병렬 입력 구조와 반대되는 직렬 디지털 입력이 있을 수 있다. 직렬 입력 DAC가 변환을 수행하기 전에 디지털 워드 전체가 내부 시프트 레지스터로 클럭되어야 한다.

대개 DAC IC에는 아날로그 출력 범위를 설정하는 데 사용되는 외부 기준 입력이 제공된다. 고정 기준을 지닌 DAC도 있지만 이러한 DAC는 드물어지고 있다.

제조사 목록의 DAC 중에서 곱셈 DAC 역할을 하는 DAC를 흔히 찾아볼 수 있을 것이다. 곱셈 DAC는 다양한 입력 기준 수준(전압 또는 전류)과 디지털 코드의 곱에 비례하는 출력 신호를 생성할 수 있다. 알다시피, 데이터시트상에 곱셈 DAC라고 지정된 DAC까지 포함된 대부분의 DAC는 기준 입력을 아날로그 입력으로 사용해 간단히 곱셈에 사용할 수 있다. 그러나 이러한 IC 중 상당수는 곱셈 DAC(multiplying DAC)에 견줄 만큼 넓은 아날로그 입력 범위 및 빠른 변환 시간과 같은 품질 증배 특성을 제공하지 못한다.

곱셈 DAC는 비율 측정 진동자(예: 전위차계, 변화율 게이지 및 압력 변환기)를 사용하는 시스템에 가장 널리 쓰인다. 이 진동자(transducer)가 아날로그 출력 응답을 기반으로 하는 대비 수준(reference level)^{역주} 역할을 하는 데는 외부 아날로그 전압이 필요하다. 이 대비 수준이 불필요한 서지로 인해 변경되면 진동자의 출력이 응답으로 변경되어 DAC 끝에서 변환 오류가 발생한다. 그러나 곱셈 DAC를 사용하면 변환기의 기준 전압을 DAC의 아날로그 입력에 공급해 이러한 오류를 제거한다. 공급 전압/전류 오류가 발생하면 DAC는 아날로그 오류에 비례해 출력을 변경한다.

역주 즉, 기준 크기

DAC는 단극성(단일 극성 출력) 또는 양극성(정극성 및 부극성) 출력 신호를 생성할 수 있다. 대부분, DAC가 단극성 모드로 사용될 때 디지털 코드는 표준 2진으로 표현된다. 양극성 모드에서 사용될 때 가장 보편적인 코드는 오프셋 바이너리 또는 2의 보수이다. 오프셋 바이너리와 2의 보수 코드를 사용해 양수 값과 음수 값을 표현할 수 있다. 보기 12.120은 세 가지 코드와 해당 아날로그 출력 수준(외부 전압원에서 참조)을 모두 보여준다.

보기에서 FS는 최대 눈금을 나타내며 가장 큰 2진 코드를 적용할 때 도달할 수 있는 최대 아날로그 수준이다. 최대 눈금에서 n비트 변환기의 아날로그 출력이 실제로는 $(2^n - 1) / 2^n \times V_{ref}$이며, $2^n/2^n \times V_{ref}$가 아니다. 예를 들어, 8비트 변환기의 경우에 2진수의 수가 $2^8 = 256$이므로 최대 아날로그 출력 수준은 $256/256\ V_{ref}$가 아닌 $255/256\ V_{ref}$인데, 이는 가장 높은 2진수가 255(1111 1111)이기 때문이다. '누락된 수'는 '최하위 비트 – 1' 조건(0 상태)에 의해 쓸모가 없게 된다.

■ DAC IC 예

DAC0808 8BIT DAC

DAC0808(내셔널 세미컨덕터)에는 입력 기준 전류가 필요하며, 256 아날로그 출력 전류 수준 중 한 개를 공급하는 보편적인 8비트 DAC이다. 보기 12.121은 DAC0808의 블록선도와 IC 핀 구성 및 견본 응용 회로를 보여준다.

응용 회로에서 14번 핀(+V_{ref})에 기준 전류를 적용해 아날로그 출력 범위를 설정한다. 이 예에서 I_{ref}는 외부 +10 V/5 kΩ 저항기 조합을 통해 2 mA로 설정된다. 15번 핀(–V_{ref})과 접지 사이에 또 다른 5 kΩ 저항기가 필요하다는 점에 유념하라.

DAC에서 사용하는 공통 디지털 코드

단극성 연산			양극성 연산					
	2진	아날로그 출력		오프셋 2진	아날로그 출력		2의 보수	아날로그 출력
FS	1111 1111	$V_{ref}\left(\dfrac{255}{256}\right)$	FS	1111 1111	$+V_{ref}\left(\dfrac{127}{128}\right)$	FS	0111 1111	$+V_{ref}\left(\dfrac{127}{128}\right)$
FS-1	1111 1110	$V_{ref}\left(\dfrac{254}{256}\right)$	FS-1	1111 1110	$+V_{ref}\left(\dfrac{126}{128}\right)$	FS-1	0111 1110	$+V_{ref}\left(\dfrac{126}{128}\right)$
↓			↓			↓		
$\dfrac{FS}{2}$	1000 0000	$V_{ref}\left(\dfrac{128}{256}\right)=\dfrac{V_{ref}}{2}$	0 + 1LSB	1000 0001	$+V_{ref}\left(\dfrac{1}{128}\right)$	0 + 1LSB	0000 0001	$+V_{ref}\left(\dfrac{1}{128}\right)$
			0	1000 0000	$V_{ref}\left(\dfrac{0}{128}\right)=0$	0	0000 0000	$V_{ref}\left(\dfrac{0}{128}\right)=0$
LSB	0000 0001	$V_{ref}\left(\dfrac{1}{256}\right)$	0− 1LSB	0111 1111	$-V_{ref}\left(\dfrac{1}{128}\right)$	0− 1LSB	1111 1111	$-V_{ref}\left(\dfrac{1}{128}\right)$
LSB−1	0000 0000	$V_{ref}\left(\dfrac{0}{256}\right)=0$	↓			↓		
			−FS+1	0000 0001	$-V_{ref}\left(\dfrac{127}{128}\right)$	−FS+1	1000 0001	$-V_{ref}\left(\dfrac{127}{128}\right)$
(FS = 최대 눈금)			−FS	0000 0000	$-V_{ref}\left(\dfrac{128}{128}\right)$	−FS	1000 0000	$-V_{ref}\left(\dfrac{128}{128}\right)$

보기 12.120

DAC0808 8비트 디지털-아날로그 변환기(분해능 = 256단계)

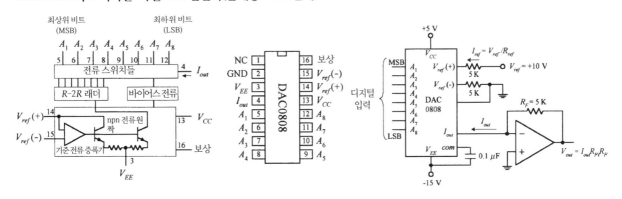

보기 12.121

다음 공식을 사용해 가능한 모든 2진 입력에 대한 DAC 아날로그 출력 전류(I_{out})를 정한다.

$$I_{out} = I_{ref}\left(\frac{A_1}{2} + \frac{A_2}{4} + ... + \frac{A_8}{256}\right) = \frac{\text{입력 2진수의 10진 표현}}{256}$$

최대 눈금에서(모든 A가 고준위이거나 2진수로는 255), $I_{out} = I_{ref}(255/256) = (2\,\text{mA})(0.996) = 1.99$ mA이다. DAC의 아날로그 출력 수준이 256가지라고 가정할 때, 각 수준은 $1.99\,\text{mA}/256 = 0.0078\,\text{mA}$만큼 떨어져 있게 된다.

연산 증폭기를 부착해 아날로그 출력 전류를 아날로그 출력 전압으로 변환한다. 8장의 연산 증폭기 규칙을 사용하면 출력 전압이 $V_{out} = I_{out} \times R_f$라는 점을 알 수 있다. 최대 눈금에서 $V_{out} = (1.99\,\text{mA})(5\,\text{k}\Omega) = 9.95\,\text{V}$이다. 각 아날로그 출력 수준은 $9.95\,\text{V}/256 = 0.0389\,\text{V}$ 간격으로 떨어져 있다.

DAC0808은 아날로그 입력 신호를 기준 입력에 적용해 곱셈 DAC로 구성할 수 있다. 그렇지만 이 경우에는 아날로그 입력 전류를 적절히 정확히 유지될 수 있도록 $16\,\mu\text{A} \sim 4\,\text{mA}$ 범위로 제한되어야 한다. 자세한 내용은 내셔널 세미컨덕터가 제공하는 데이터시트를 참조하라.

■ DAC8043A 직렬 12비트 입력 다중화 DAC

DAC8083A(아날로그 장치)는 직렬 디지털 입력과 함께 제공되는 고정밀 12비트 CMOS 곱셈 DAC이다. 보기 12.122는 이 장치의 블록선도, 핀 구성 및 쓰기 주기 타이밍도를 보여준다.

DAC8043 12비트 직렬 입력 다중화 D/A 변환기

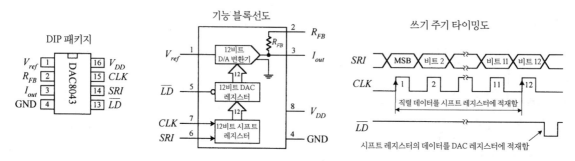

보기 12.122

DAC8043이 변환을 수행하려면 먼저 외부 클럭 신호(클럭로드의 각 정극성 가장자리가 1비트)를 제공해 직렬 데이터가 입력 레지스터에 클럭되어야 한다. 일단 적재되고 나면 $\overline{LD}$ 회선에 저준위 펄스를 인가해 입력 레지스터의 내용을 DAC 레지스터로 덤프한다. DAC 레지스터의 데이터는 출력 단자를 통해 출력 전류로 변환된다.

대부분의 응용에서 이 전류는 보기 12.123의 두 회로 내에서와 같이 연산 증폭기 단에서 전압으로 변환된다. 단극성(2상한) 회로[역주1]에서 표준 2진 코드는 4096개의 가능한 아날로그 출력 수준 중에서 선택하는 데 사용된다. 양극성(4상한) 회로[역주2]에서는 오프셋 2진 코드가 다시 사용되어 4096개의 아날로그 출력 수준 중에서 선택할 수 있지만, 이제는 양극 및 음극을 모두 수용할 수 있도록 범위가 구분된다.

[역주1] 즉, 이상한 변환기
(二象限變換器) 회로
[역주2] 즉, 사상한
변환기(四象限變換器) 회로

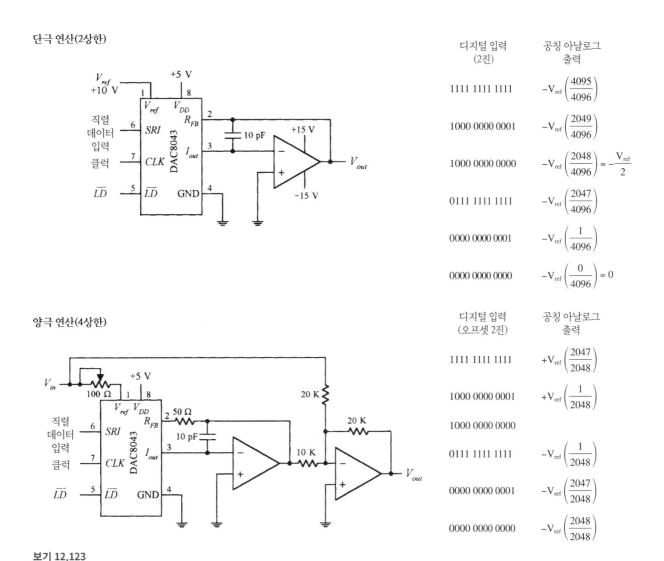

단극 연산(2상한)

디지털 입력 (2진)	공칭 아날로그 출력
1111 1111 1111	$-V_{ref}\left(\dfrac{4095}{4096}\right)$
1000 0000 0001	$-V_{ref}\left(\dfrac{2049}{4096}\right)$
1000 0000 0000	$-V_{ref}\left(\dfrac{2048}{4096}\right) = -\dfrac{V_{ref}}{2}$
0111 1111 1111	$-V_{ref}\left(\dfrac{2047}{4096}\right)$
0000 0000 0001	$-V_{ref}\left(\dfrac{1}{4096}\right)$
0000 0000 0000	$-V_{ref}\left(\dfrac{0}{4096}\right) = 0$

양극 연산(4상한)

디지털 입력 (오프셋 2진)	공칭 아날로그 출력
1111 1111 1111	$+V_{ref}\left(\dfrac{2047}{2048}\right)$
1000 0000 0001	$+V_{ref}\left(\dfrac{1}{2048}\right)$
1000 0000 0000	
0111 1111 1111	$-V_{ref}\left(\dfrac{1}{2048}\right)$
0000 0000 0001	$-V_{ref}\left(\dfrac{2047}{2048}\right)$
0000 0000 0000	$-V_{ref}\left(\dfrac{2048}{2048}\right)$

보기 12.123

DAC8043를 더 잘 알고 싶다면 아날로그 장치 웹사이트를 방문해 데이터시트를 확인하라.

고려해야 할 또 하나의 매우 유사한 장치는 MAX522이다.

12.9.6 아날로그-디지털 변환기

아날로그 신호를 디지털 신호로 변환하는 데 사용되는 기술은 여러 가지다. 가장 널리 사용되는 기술로는 연속 근사 변환 및 병렬 인코딩 변환(또는 플래시 변환)이 있다. 다른 기술로는 반 플래시 변환, 델타 시그마 처리(delta-sigma processing) 및 펄스 부호 변조(pulse-code modulation, PCM)가 있다. 이 단원에서는 연속 근사법 및 병렬 인코딩 변환 기술에 초점을 맞춘다. 대부분의 마이크로컨트롤러에는 여기에 설명한 기술 중 하나를 사용하는 ADC 채널이 내장되어 있다.

■ 연속 근시법

연속 근사 아날로그-디지털 변환(successive approximation analog-digital conversion)은 통합 ADC에서 사용되는 가장 일반적인 방법이다. 이 변환 기법에서는 2진 출력의 각 비트가 한 번에 1비트씩, 최상위 비트부터 시작해서 발견된다. 이 기술을 사용하면 회로 수량이 제한되어도 상당히 빠르게(10~300 μs) 변환할 수 있다. 보기 12.124는 간단한 아날로그-디지털 변환 순서와 더불어 간단한 8비트 연속 근사 ADC를 보여준다.

간단한 연속 근사 A/D 변환기

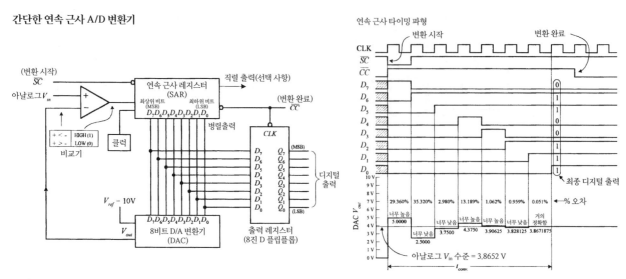

보기 12.124

변환을 시작하기 위해 시작 변환(start conversion, $\overline{SC}$) 입력이 저준위로 펄스된다. 이로 인해 연속 근사 레지스터(successive approximation register, SAR)가 DAC의 최상위 비트(D_7) 회선에서 먼저 고준위를 적용한다. D_7이 고준위일 때 DAC의 출력은 최대 눈금 수준의 1/2로 구동되는데, 이 경우 최대 눈금 출력이 +10 V이므로 이 경우에는 +5 V로 구동된다. DAC의 +5 V 출력 수준은 비교기를 통해 아날로그 입력 수준과 비교된다. 아날로그 입력 수준이 +5 V보다 큰 경우 SAR은 D_7 회선을 고준위로 유지하고, 그렇지 않으면 SAR은 D_7 회선을 저준위로 돌려놓는다. 다음 클럭 펄스에서 그 다음 비트(D_6)에 대해서 이렇게 한다. 아날로그 입력 수준이 DAC의 출력 수준보다 크다면, D_6은 고준위로 남고 그렇지 않으면 저준위로 돌려놓는다.

다음 여섯 개의 클럭 펄스 동안 나머지 비트에 대해서도 이렇게 한다. 마지막 비트(LSB)에 대해 그렇게 한 후 SAR의 변환 완료(conversion complete, CC) 출력이 낮아져 유효한 8비트 변환이 완료되고 2진 데이터가 8진수 플립플롭으로 클럭될 준비가 되었음을 나타내는데, 여기서 $Q_0 \sim Q_7$ 출력에 제공할 수 있다.

타이밍도는 3.8652 V 아날로그 수준이 대략적인 디지털 등가로 변환된 것을 보여준다. 첫 번째 근삿값(D_7 시도) 후에 실제 아날로그 수준과 해당 디지털 값 사이의 백분율 오차는 29.360%이다. 그러나 최종 근사 값 이후에는 오차 비율이 0.051%로 감소한다.

지금까지 우리는 ADC로 향하는 아날로그 입력이 변환 중에도 일정하다고 가정했다. 그러나 변환되는 동안에 아날로그 입력이 변경되면 어떻게 되는가? 오류가 발생한다. 변환되는 동안 아날로그 입력이 더 빠르게 변할수록 오류가 더 두드러진다. 이러한 오류를 방지하기 위해 표본 유지 회로를 종종 아날로그 입력에 연결한다. 외부 제어 신호를 사용해 이 회로는 ADC가 변환 작업을 하는 동안 아날로그 입력 전압을 표본 추출해 유지하게 할 수 있다.

초고속 ADC를 제외한 별도의 ADC IC는 현재 대부분 중복되어 있으며, 12비트 또는 그 이상의 ADC 채널을 포함하는 마이크로컨트롤러로 대체됐다.

■ 병렬 인코딩 아날로그-디지털 변환(플래시 변환)

병렬 인코딩 아날로그-디지털 변환(parallel encoded analog-digital conversion) 또는 플래시 변환 과정을 아마도 이해하기 쉬울 것이다. 동시 다중 비교기(simultaneous multiple comparator) 또는 플래시 변환(flash converting)이라고도 하는 병렬 인코딩의 기본 원리를 설명하기 위해 보기 12.125의 간단한 3비트 컨버터를 살펴보자.

간단한 3비트 병렬 인코딩 A/D 변환기

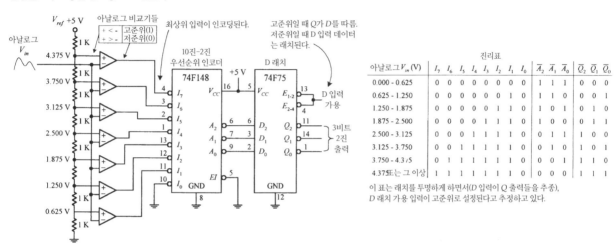

보기 12.125

비교기 세트는 이 회로에서 주목해야 할 핵심 기능이다. 1 kΩ 전압 분할 회로망과 달리 각 비교기에는 다른 기준 전압이 제공된다. 우리가 +5 V로 기준 전압을 설정했으므로 전압 분할기 회로망 내의 각 저항기의 전압 강하는 0.625 V이다. 이를 통해 각 비교기에 제공되는 특정 기준 전압을 결정할 수 있다(보기 12.125).

아날로그 신호를 디지털 수로 변환하기 위해 아날로그 신호는 모든 비교기의 반전 입력에 연결된 공통 회선을 통해 모든 비교기에 동시에 적용된다. 아날로그 전압이 2.500~3.125 V 사이라면 2.500 V 미만의 기준 전압을 갖는 비교기만 고준위를 출력할 것이다. 3비트 2진 출력을 생성하기 위해 8개의 비교기 출력이 8진-2진 우선순위 인코더로 공급된다. 또한 D 래치를 회로에 통합해 2진 출력을 제어할 수 있다. 진리표가 나머지를 보충해야 한다.

12.10 디스플레이

숫자, 문자, 특수 문자 및 그래픽을 표시하기 위해 다수의 디스플레이를 제어 논리와 상호 연결할 수 있다. 여기서는 광 방출 다이오드(light-emitting diode, LED) 디스플레이와 액정 디스플레이(liquid crystal display, LCD)라는 두 가지 인기 있는 디스플레이를 살펴본다.

12.10.1 LED 디스플레이

LED 디스플레이는 숫자(수), 영숫자(수와 문자) 및 점 행렬^{역주1} 형태(보기 12.126 참조)의 세 가지 기본 구성으로 공급된다. 숫자 디스플레이 장치는 LED 세그먼트^{역주2} 일곱 개로 구성된다. 각 LED 세그먼트에는 그림과 같이 문자가 지정된다. 7세그먼트 LED 디스플레이는 숫자(0~9)를 생성하는 데 가장 자주 사용되지만, 16진수(0~9, A~F)를 표시할 때도 사용할 수 있다. 14세그먼트, 16세그먼트, 그리고 특별한 4×7 점 행렬 디스플레이로는 영숫자를 표시한다. 5×7 점 행렬 디스플레이는 영숫자와 그래픽을 모두 표시할 수 있으므로 독특한 문자나 간단한 그래픽을 표시할 수 있다. 그 밖의 LED 디스플레이 종류에 대한 정보는 5장을 참조하라.

다양한 디스플레이 종류

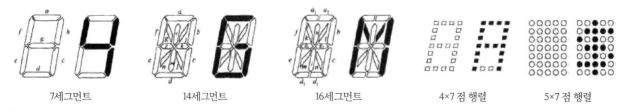

| 7세그먼트 | 14세그먼트 | 16세그먼트 | 4×7 점 행렬 | 5×7 점 행렬 |

보기 12.126

■ 숫자 LED 디스플레이 직접 구동

7세그먼트 LED 디스플레이로는 공통 양극 및 공통 음극의 두 가지 종류가 있다. 보기 12.128에는 두 가지 단일 디지털 8세그먼트(일곱 개의 숫자 세그먼트 + 소수점) 표시를 보여준다.

자릿수가 여러 개인 디스플레이를 구동할 때, 예를 들어 여덟 자리 숫자로 된 디스플레이를 구동할 때 이전 기술로는 불충분하다. 여덟 개의 개별 디코더/구동자 IC가 필요하다. 특별한 직접 구동 LED 디스플레이 구동자 IC를 사용하면 이 문제를 피할 수 있다.

예를 들어, 보기 12.133에 나와 있는 내셔널 세미컨덕터의 MM5450은 네 자리 또는 다섯 자리 영숫자 공통 양극 LED 디스플레이를 구동하도록 설계됐다. 디스플레이 내에 원하는 LED 세그먼트를 구동하는 데 사용되는 34개의 TTL 호환 출력이 제공된다. 이들 각 출력은 최대 15 mA를 내려보낼 수 있다. 어떤 출력 회선이 고준위 또는 저준위로 구동되는지를 지정하기 위해 직렬 입력 데이터는 구동자의 직렬 입력으로 클럭된다. 입력되는 직렬 데이터 체인의 길이는 36비트이다. 첫 번째 비트는 시작 비트(1로 설정)이고 나머지 35비트는 데이터 비트이다. 각 데이터 비트는 디스플레이 내의 주어진 LED 세그먼트를 구동하는 데 사용하는 주어진 출력 데이터 회선에 대응한다. 36번째 정극성 클럭 신호에서 35개 데이터 비트를 래치에 적재하는 적재(load) 신호가 생성된다(보기 12.133의 블록선도 참조). 클럭의 저준위 상태에서 재설정(reset) 신호가 생성되어 다음 데이터 세트에 대한 시프트 레지스터를 소거한다.

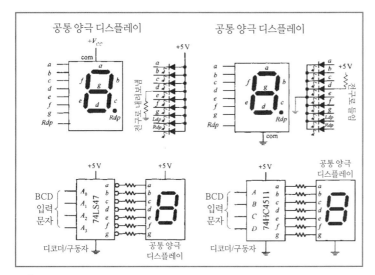

보기 12.127

공통 양극 디스플레이의 주어진 세그먼트를 구동하려면 해당 세그먼트의 단자를 통해 전류가 내려 보내져야 한다. 공통 음극 디스플레이의 경우 전류는 해당 세그먼트의 단자로 공급되어야 한다. 보기와 같은 7세그먼트 디스플레이 디코더/구동자에 BCD를 사용하면 이러한 디스플레이를 간단하게 구동할 수 있다. BCD 입력 문자를 적용하면 10진수가 표시된다(예: 0101이 A_0~A_3에 적용되거나 A ~ D가 '5'를 표시). **74LS4711** 활성 고준위 개방 컬렉터 출력은 일반적인 양극 디스플레이에 적합하며, **74HC4511** 활성 고준위 출력은 일반적인 음극 디스플레이에 적합하다. 두 IC는 또한 전구 시험 및 잔결 귀선소거(ripple blanking)에 사용되는 추가 단자와 함께 선행 0 제거 기능(소수점 제어)을 제공한다.

MM5450(내셔널 세미컨덕터) LED 디스플레이 구동자

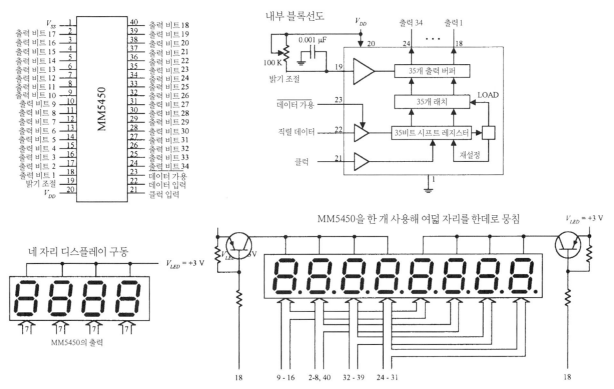

보기 12.128

■ 다중화 LED 디스플레이

여러 자리 LED 디스플레이를 구동하는 데 사용되는 또 다른 기술로는 다중화도 있다. 다중화를 통해 디스플레이 및 제어 논리 간에 필요한 연결 수를 크게 줄일 수 있다. 다중화 디스플레이에서 각 숫자는 공통 세그먼트 회선을 공유한다. 또한, 한 번에 한 자리만 표시된다. 완전한 판독 값이 표시되는 것처럼 보이려면 모든 자리가 반복해서 빠르게 반복해서 깜박여야 한다. 보기 12.129의 간단한 예제로 다중화를 볼 수 있다. 부품 수를 더 줄이려면 74HC4511을 없애고

마이크로컨트롤러의 7개 디지털 출력을 사용하면 된다.

간단한 다중화 구조

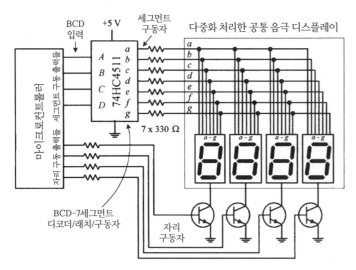

보기 12.129

여기에는 다중화 공통 음극 디스플레이가 있다. 모든 숫자는 공통 세그먼트 회선($a \sim g$)을 공유한다. 완전한 한 자리(digit)를 읽어내려면 숫자를 한 번에 하나씩 빠르게 깜박여야 한다. 주어진 자릿수를 가용할 수 있게 하려면 각 자리의 공통 선은 디지털 구동자(트랜지스터) 중 하나를 통해 접지되며 다른 모든 자리의 공통 선은 부동된 상태로 남는다. 이 예에서는 마이크로컨트롤러가 구동자를 제어한다. 주어진 자리의 세그먼트를 밝히기 위해 마이크로컨트롤러는 적절한 4비트 BCD 코드를 7세그먼트 디코더/구동자(74HC4511)에 공급한다. 예를 들어, 1234를 표시하려면 소프트웨어를 사용해 마이크로컨트롤러를 프로그래밍을 해 최상위 비트(왼쪽 끝자리)를 제외한 모든 자리를 끄고 1에 대한 BCD 코드를 디코더/구동자에 제공해야 한다. 그런 다음 유효 자리 (2)가 구동되고 다음 유효 자리 (3), 그리고 최하위 숫자 (4)가 구동된다. 그 후에, 프로그램이 1234를 표시하기를 원할 때까지 이 과정을 다시 거친다.

12.10.2 액정 디스플레이

저전력 CMOS 디지털 시스템(예: 배터리 또는 태양광 전자 장치)에서는 LED 디스플레이의 점멸로 인해 시스템의 전력 요구 사항 중 대부분이 소비될 수 있으므로 이 점을 피해야 하는데, 특히 CMOS를 사용해 전력을 절약하려고 할 때는 더욱 그렇다. 반면에, LCD는 저전력 응용에 이상적이다.

LED 디스플레이와 달리 LCD는 수동 장치다. 즉, 전류를 사용해 빛을 생성하는 대신 외부에서 이미 비추는 빛(예: 햇빛, 실내조명)을 사용한다. LCD의 광학 효과가 발생하려면 외부 광원이 1분에 해당하는 전력량(mW/cm² 범위 내)만을 공급해야 한다.

간단한 영숫자 디스플레이

2개 영숫자 디스플레이(다중화 처리를 위한 내부 배선)

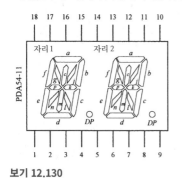

보기 12.130

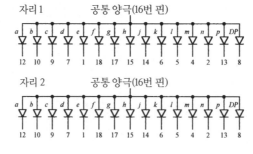

보기 12.130은 일반적인 양극, 두 글자, 14세그먼트(+ 소수점)로 구성된 영숫자 디스플레이를 보여준다. 2개 문자를 이루는 세그먼트들은 내부적으로 서로 연결되어 있다. 이것은 디스플레이가 다중화되도록 설계한 것임을 의미한다. 이 디스플레이를 제어하기 위해 트랜지스터 구동자와 함께 마이크로컨트롤러를 사용할 수도 있지만 필요한 회선 수가 상당히 많다. 또 다른 옵션은 인터실의 ICM7243B 14세그먼트 6비트 아스키 구동자와 같은 특별한 구동자 IC를 사용하는 것이다. 또 다른 대안은 단순히 이런 종류의 디스플레이를 사용하지 않고 필요한 모든 제어 논리(구동자, 코드 전환기 등)가 포함된 '지능형' 영숫자 디스플레이를 사용하는 것이다.

'지능형' 영숫자 디스플레이

HPDL-1414(휴렛패커드) 네 글자 지능형 영숫자 디스플레이

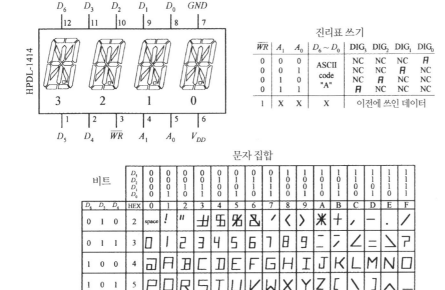

$\overline{WR}$	A_1	A_0	$D_6 \sim D_0$	DIG$_3$	DIG$_2$	DIG$_1$	DIG$_0$
0	0	0	ASCII code "A"	NC	NC	NC	A
0	0	1		NC	NC	A	NC
0	1	0		NC	A	NC	NC
0	1	1		A	NC	NC	NC
1	X	X	X	이전에 쓰인 데이터			

진리표 쓰기

HPDL-1414는 '지능형' 네 글자 16세그 먼트 디스플레이다. 이 장치는 LED, 온 보드 4워드 아스키 메모리, 64워드 문 자 발생기, 17세그먼트 구동자, 네 자리 구동자 및 4개 LED 문자를 다중화하 는 데 필요한 스캐닝 회로로 완성된다. TTL과 호환되며 비교적 사용하기 쉽 다. 7개 데이터 입력 $D_0 \sim D_6$은 7 비트 아스키 코드를 허용하고 디지털 선택 입 력 A_0 및 A_1은 네 개의 숫자 중 점등할 것을 지정하는 데 사용되는 2비트 2진 코드를 허용한다. WRITE($\overline{WR}$) 입력은 새로운 데이터를 메모리에 적재하는 데 사용된다. 문자가 메모리에 쓰이면 IC 는 아스키 데이터를 디코딩하고 디스플 레이를 구동하며 외부 하드웨어나 소프 트웨어 없이도 이를 새로 고친다.

보기 12.131

LCD의 단점 중 하나를 꼽으라면 스위칭 속도(새로운 숫자/문자가 나타나는 데 걸리는 시간)가 느린 점을 들 수 있다. LCD의 일반적인 스위칭 속도는 약 40~100 ms이다. 온도가 낮을수록 스위칭 속도는 더욱 느려진다. LCD의 또 다른 문제점은 외부 조명이 필요하다는 것이다. 백라이트(예: 디스플레이 뒤의 LED)를 쓰는 LCD 디스플레이는 분명히 전력 소비를 늘린다.

■ LCD의 작동 원리에 대한 기본 설명

LCD는 편광판, 투명 전극 세트, 액정 소자, 투명 후면 전극, 제2편광기 및 거울을 포함하는 여 러 층으로 구성된다(보기 12.132의 왼쪽).

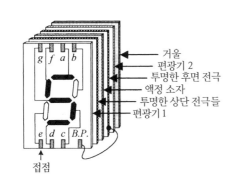

반사형 LCD의 절단면 보기

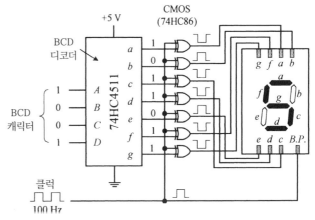

LCD 구동 방식을 보여주는 회로

보기 12.132

역주 즉, 후면기판 또는 후면 전극

투명한 상단 전극은 숫자, 문자 등의 개별 세그먼트를 생성하는 데 사용되는 반면에, 투명한 후면 전극은 흔히 백플레인(back plane, BP)역주이라고 하는 공통 평면을 형성한다. 상단 전극 세그먼트들과 후면 전극은 외부 접점에 연결된다. 주어진 상부 전극과 후면 전극 사이에 전위차가 없으면, 상부 전극이 위치하는 영역은 은색 배경으로 인해 은색으로 나타난다. 그러나 주어진 상부 전극과 후면 전극 사이에 전위가 인가될 때, 상부 전극이 위치하는 영역은 은색 배경에 대비해 더 어두워진다.

보기 12.132의 회로는 7세그먼트 LCD를 구동하는 기본적인 방법을 보여준다. 74HC4511 BCD 디코더와 XOR 게이트를 사용해 LCD의 이전 구동자 신호를 생성한다. 이 회로에서 특히 주목해야 할 점은 클럭이다. 알다시피, 실제로 LCD에는 직류 구동 신호 대신 교류 구동 신호(예: 구형파)가 필요하다. 직류를 사용하면 디스플레이의 주요 구성 요소, 즉 액정이 전기 화학적으로 열화된다(순간적으로 더 많은 액정에서). 인가된 교류 구동 신호의 최적 주파수는 전형적으로 약 25 Hz에서 수백 헤르츠다. 이제는 XOR 게이트들이 필요한 이유를 쉽게 이해할 수 있을 것이다.

클럭이 후면 백플레인에 구형파를 전달함에 따라 XOR 게이트는 신호를 통과시키거나 반전시켜 주어진 상단 전극 세그먼트에 적용하는 가용 게이트 역할을 한다. 예를 들어, 1001(즉, 5)이라는 BCD 코드가 디코더에 적용되면 디코더의 출력 a, c, d, f 및 g는 고준위가 되고 b 및 e는 저준위가 된다. 정극성 클럭 펄스가 도달하면 고준위 출력의 XOR 게이트가 고준위 수준을 반전시킨다. 고준위인 출력들에 부착된 XOR 게이트가 고준위를 반전시키는 것이다. 동일한 펄스 지속 기간 동안 백플레인은 고준위로 설정된다. 전위는 이제 a, c, d, f 및 g 세그먼트와 백플레인 사이에 나타나므로 이 세그먼트는 어둡게 나타난다. b와 e 세그먼트는 이것들과 백플레인 사이에 전위가 없으므로 배경과 마찬가지로 은색으로 보이게 된다. 그런데 클럭 펄스가 저준위가 될 때 디스플레이는 동일하게 유지되는데(BCD 입력이 변경되지 않은 경우), 이는 모두 극성이 역전되었기에 생긴 일이다. 이것은 디스플레이의 광학 특성에 영향을 미치지 않는다.

■ (물리적인) LCD 작동 원리

보기 12.133은 LCD가 깨끗한(은색 그대로인) 세그먼트를 생성하는 방법을 보여준다. 투명한 상부 전극 및 후면 전극으로 보내지는 제어 신호의 위상이 같으면, 두 전극 사이에 전위가 존재하지 않는다. 전위가 없으면 타원 모양의 유기 액정(네마틱 결정)이 그림과 같이 나선형으로 배열된다.

상단 결정은 화면에 수평이 되게 정렬되며 가장 아래쪽에 있는 결정은 화면에 수직이 되게 정렬된다. 상부 결정 및 하부 결정은 셀을 구성하는 유리 표면의 내부 표면 쪽에 식각되어 있는 작은 홈 때문에 제자리에 있게 된다. 상부 결정과 하부 결정 사이의 결정은 인접한 결정들 사이에 존재하는 정전기력으로 인해 점차적으로 90° 나선형을 이룬다. 편광이 이들 나선이 포함된 디스플레이 영역을 통과할 때, 빛의 편광 각도가 90° 회전된다.

이제, 디스플레이 전체를 보면 편광되지 않은 빛이 편광기 1을 통과할 때(도면에 그려진 것처럼), 빛은 제1편광기의 편광면과 동일한 방향으로 편광이 된다. 편광된 빛은 투명한 상부 전극을 통과해 액정 셀로 들어간다. 셀을 통과할 때 편광 각도는 90° 회전한다. 셀을 빠져 나온 편광된 빛은 문제없이 투명한 후면 전극 및 제2편광판을 통과한다. (액정 셀을 제거한다면 편광기를 교차시켰기 때문에 첫 번째 편광기를 통과한 모든 편광된 빛이 흡수될 것이다.) 그런 다음 두 번째 편광기를 통과한 빛은 거울에 반사되어 두 번째 편광기를 통과하고, 액정 셀을 통해 90° 회전하고 첫 번째 편광기를 통과한 다음, 마지막으로 관찰자의 눈에 도달한다. 이 반사된 빛은 은색으로 보인다. LCD의 배경은 은색으로 나타나는데 이는 배경 영역의 액정 셀에 전위가 없기 때문이다.

LCD 세그먼트 지우기

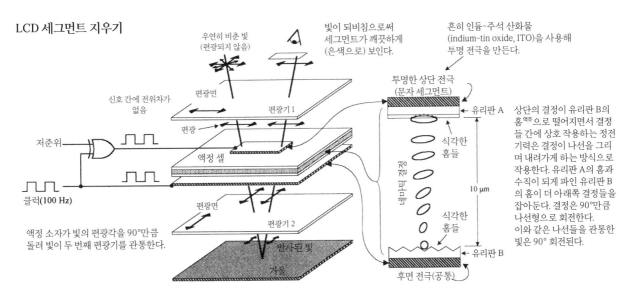

참고: LCD에는 교류 파형이 필요하다. 직류를 쓰면 셀 소재가 전기화학적으로 분해된다.

역주 파인 부분 또는 식각된 부분

보기 12.133

보기 12.134는 LCD가 어두운 부분을 생성하는 방법을 보여준다. 상부 및 후면 전극으로 보내지는 제어 신호들의 위상이 맞지 않을 때 두 전극 사이에 전위차가 존재하게 된다. 이로 인해 보기와 같이 결정이 평행하게 정렬된다. 첫 번째 편광기를 지나며 편광된 빛이 이러한 평행한 결정을 포함하는 셀 영역을 통과할 때 아무 일도 일어나지 않아서 편광 각도가 동일하게 유지된다. 그러나 빛이 두 번째 편광기와 접촉하게 되면 광의 편광각과 두 번째 편광기의 편광면이 서로 수직이기 때문에 흡수된다. 빛이 거울에 도달하기 때문에 관찰자의 눈으로는 빛이 반사되지 않으므로 세그먼트가 어둡게 보인다.

LCD 세그먼트를 어둡게 하기

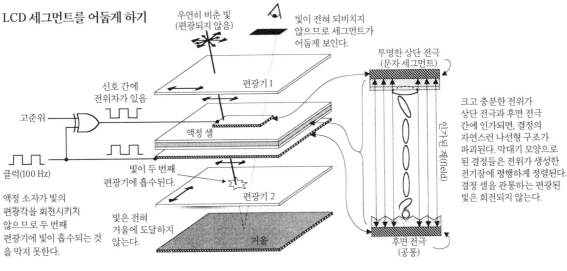

보기 12.134

보기 12.133에 나오는 LCD는 표준 트위스트 네마틱 디스플레이(standard twisted nematic display, TN)역주1라고 불리는 것을 나타낸다. 또 다른 일반적인 LCD는 슈퍼트위스트 네마틱 디스플레이(supertwist nematic display, STN)역주2이다. TN 디스플레이와 달리 STN 디스플레이의 네마틱 액정은 위에서 아래로 270° 회전한다. 여분의 180° 꼬임으로 인해 대비가 좋아지고 시야각을 향상시킨다.

■ LCD 구동

CD4543B CMOS BCD-7세그먼트 래치/디코더/구동자

보기 12.135에 나와 있는 CD4543B(텍사스 인스트루먼츠)는 LED 디스플레이뿐만 아니라 LCD용으로 설계된 BCD-7세그먼트 래치/디코더/구동자다. LCD를 구동할 때 구형파를 CD4543B의 위상(Ph) 입력과 LCD의 백플레인에 동시에 적용해야 한다. LED 디스플레이를 구동할 때 공통 음극 디스플레이의 위상 입력에 고준위가 필요하고, 일반적인 음극 디스플레이에는 저준위가 필요하다. 디스플레이를 비우려면(출력 $a{\sim}g$를 저준위로 설정하려면) BL 입력을 고준위로 설정한다. CD4543B에는 입력 데이터에 래치하는 데 사용할 수 있는 래치 불용 입력(latch disable input, LD)이 함께 제공되므로 새로운 입력 데이터로 인해 디스플레이가 변경되지 않는다.

CMOS BCD-7세그먼트 래치/디코더/구동자

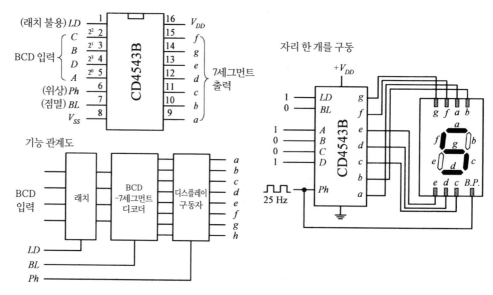

보기 12.135

MM5453 LCD 구동자

MM5453(내셔널 세미컨덕터 제품)은 LCD의 33개 세그먼트까지 구동할 수 있는 40핀 IC로서 $4\frac{1}{2}$ 자리 7세그먼트 디스플레이를 구동하는 데 사용할 수 있다. LCD를 구동하는 데 필요한 정사각형을 생성하는 내부 발진기 부분(외부 RC 회로 필요)이 있다. 디스플레이 내의 주어진 세그먼트를 활성화하기 위해 직렬 코드가 데이터 입력에 적용된다. 코드는 먼저 시작 비트(고준위)와, 이어서 어떤 출력이 고준위 또는 저준위로 구동되어야 하는지를 지정하는 데이터 비트로 시작한다. 보기 12.136은 4자리 디스플레이를 구동하는 데 필요한 데이터 형식과 함께 디스플레이 회로 예를 보여준다.

VI-322-DP LCD와 ICL7106 3½ 자리 LCD, ADC 구동자

전자 제품 소개 자료에는 여러 가지 특수 LCD가 나온다. 예를 들면, 배리트로닉스(Varitronix)의 VI-322-DP 3½자리(그리고 ~, +, BAT, Δ) LCD를 들 수 있다(보기 12.136). 이 디스플레이는 정적 구동자 배치로 구성되며(각 세그먼트마다 리드가 따로 있음) 많은 테스트 장비에서 볼 수 있다. 이 디스플레이를 구동하려면 제조업체가 제안하는 구동자의 종류를 먼저 확인하라. 이 경우 제조업체는 인터실의 ICL7106을 사용할 것을 제안한다. 이 IC는 3½자리 LCD/LED 디스플레이 구동자 및 ADC이다. 이 이중 목적 기능은 변환기를 바로, 디스플레이를 구동하는 같은 IC에 쉽게 상호 연결할 수 있게 한다. ICL7106 사용법을 배우려면 http://www.intersil.com에서 인터실의 데이터시트를 확인하라.

MM5453(내셔널 세미콘덕터) 액정 디스플레이 구동자

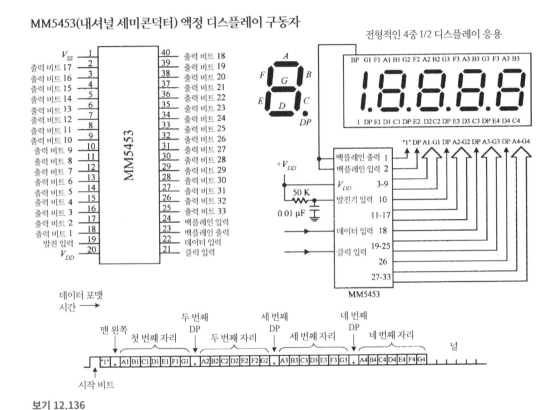

보기 12.136

VI-322-DP(배리트로닉스) 정적 구동자 LCD

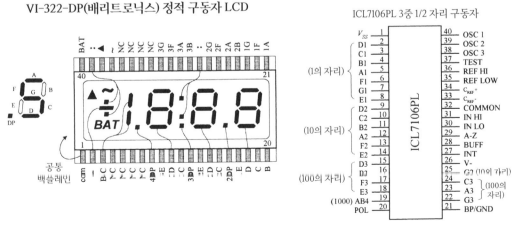

보기 12.137

■ 다중화 LCD

우리는 각 세그먼트(전극을 향한)에 자체 리드가 있고, 단일 공통 평면이 후면 전극으로 사용되는 정적 구동 LCD의 예를 보았다. 또 다른 유형의 LCD는 다중화를 염두에 두고 설계된 것으로서 동적 구동(dynamic drive) 또는 다중화 디스플레이(multiplexed display)라고 한다.

다중화 LED 디스플레이와 마찬가지로 다중화 LCD는 디스플레이와 구동자 간에 필요한 외부 연결 수를 크게 줄인다. 그러나 구동에 필요한 구동자 회로(또는 소프트웨어)가 복잡해진다. 다중화 LCD에서 적절한 세그먼트들이 서로 연결되어 다중 백플레인 전극에 의해 순차적으로 주소가 지정되는 그룹을 형성한다.

■ '지능형' 점 행렬 LCD 모듈

역주 즉, 도트 매트릭스 LCD

점 행렬 LCD역주는 영숫자 및 기타 기호를 표시하는 데 사용된다. 이 디스플레이는 휴대폰, 계산기, 자동판매기 및 사용자에게 간단한 텍스트 정보를 제공하는 기타 많은 장치에 사용된다. 점 행렬 LCD는 노트북 컴퓨터 스크린에도 사용된다. 그런데 이 디스플레이에는 특수 필터, 다색 배경 광원 등이 통합되어 있다. 실습용 목적에 맞게 여기서는 간단한 영숫자 LCD에만 초점을 맞춘다.

영숫자 LCD 화면은 일반적으로 각 구획(block)을 구분하는 수직 및 수평 간격이 있는 5×8 픽셀 구획으로 나뉜다. 보기 12.138은 5×8 픽셀 구획의 20열 4행으로 구성된 디스플레이를 보여준다. 다른 표준 구성에는 8, 16, 20, 24, 32 또는 40열과 1, 2 또는 4행이 있다. 주어진 구획 내에 문자를 생성하려면 구획 내의 각 픽셀을 켜거나 끌 필요가 있다. 상상할 수 있듯이 서로 다른 많은 픽셀(전극 세그먼트)을 아주 정교하게 제어해야 한다. 이러한 이유로 지능형 구동자 IC가 필요하다.

영숫자 LCD 모듈

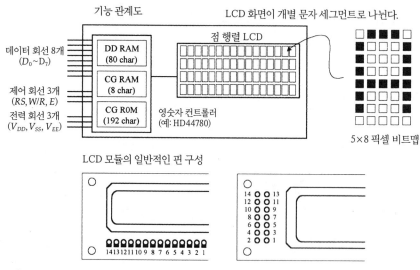

보기 12.138

거의 모든 영숫자 LCD 모듈은 히타치(Hitachi)의 HD44780(또는 동급) 구동자 IC로 제어된다. 이 구동자에는 다음이 포함되어 있다.

- 192개 영숫자 문자를 저장하는 영구 메모리(CG ROM)
- 디스플레이 내용을 저장하는 데 사용되는 임의 접근 메모리(random access memory, DD RAM)
- 사용자 기호를 유지하는 데 사용되는 두 번째 임의 접근 메모리(CG RAM)
- 데이터 및 명령 제어 신호용 입력 회선
- LCD 픽셀을 구동하기 위한 다중화 출력^{역주}
- 확장 칩과 통신해 더 많은 LCD 픽셀을 구동하는 추가 출력

역주 즉, 출력 부분 또는 출력부

이 구동자는 LCD 모듈에 내장되어 있다. (LCD와 구동자를 상호 연결해 자신만의 모듈을 만들 수도 있지만 그럴 만한 가치가 없을 것이다. 너무나 많으면서도 세밀한 연결로 인해 힘들어질 것이다.) 이제부터는 이 단원에서 설명하는 모든 모듈을 HD44780 기반이라고 가정한다.

PIN의 기본 개요

표준 LCD 모듈의 인터페이스는 14핀으로 되어 있는데, 데이터 회선 여덟 개($D_0 \sim D_7$), 제어 회선 세 개(RS, W/R 및 E), 전원 회선 세 개(V_{DD}, V_{SS} 및 V_{EE})가 그것이다.

역주 즉, 대비

V_{DD}(2번 핀) 및 V_{SS}(1번 핀)는 모듈의 양극 및 음극 전력 공급 장치 리드다. 일반적으로 V_{DD}를 +5 V로 설정하고 V_{SS}를 접지한다. V_{EE}(3번 핀)는 디스플레이의 콘트라스트^{역주} 제어 핀이다. 이 리드에 적용되는 전압을 변경하면 디스플레이의 콘트라스트가 늘거나 준다. V_{EE}에 연결된 접촉자를 사용해 공급 전압들 간에 놓인 전위차계를 수동으로 조정할 수 있다.

$D_0 \sim D_7$(7 ~ 14번 핀)은 데이터 버스 회선이다. 데이터는 8비트로 구성한 단일 바이트나 4비트 니블 두 개를 디스플레이로 주고받을 수 있다. 후자의 경우 상위 네 개 데이터 회선($D_4 \sim D_7$)만이 사용된다.

RS(4번 핀)는 레지스터 선택 회선이다. 이 회선이 저준위이면 디스플레이 모듈로 전송된 데이터 바이트는 명령으로 해석되고 디스플레이 모듈에서 읽은 데이터 바이트는 해당 상태를 나타낸다. RS 회선이 고준위로 설정되면 문자 데이터를 디스플레이 모듈과 주고받을 수 있다.

R/W(5번 핀)는 읽기/쓰기 제어 회선이다. 모듈에 명령 또는 문자 데이터를 쓰려면 R/W를 저준위로 설정한다. 모듈에서 문자 데이터나 상태 정보를 읽으려면 R/W를 고준위로 설정한다.

E(6번 핀)는 명령이나 문자 데이터를 모듈로 전송하거나 모듈에서 실제 전송을 시작하는 데 사용되는 가용 제어 입력이다. 디스플레이에 쓸 때 $D_0 \sim D_7$ 회선의 데이터는 가용 입력이 고준위에서 저준위로 전환할 때 디스플레이로 전송된다. 디스플레이에서 읽을 때 데이터는 가용 입력에서 저준위에서 고준위로 전환한 직후 $D_0 \sim D_7$ 회선에서 사용할 수 있게 되며, 신호가 다시 저준위로 바뀔 때까지 계속 사용할 수 있다.

보기 12.139는 LCD 모듈의 명령 세트와 표준 문자 집합을 보여준다. 다음으로는, 명령을 사용하는 방법과 디스플레이에 글자를 쓰는 방법을 보여주는 몇 가지 예제를 살펴보자.

LCD 명령 집합

명령	R/S	R/W	D_7	D_6	D_5	D_4	D_3	D_2	D_1	D_0
디스플레이 지움	0	0	0	0	0	0	0	0	0	1
표시 후 커서를 홈으로	0	0	0	0	0	0	0	0	1	X
문자 입력 모드	0	0	0	0	0	0	0	1	I/D	S
표시 후 커서 점멸	0	0	0	0	0	0	1	D	C	B
표시 후 커서 자리이동	0	0	0	0	0	1	D/C	R/L	X	X
기능 집합	0	0	0	0	1	DL	N	F	X	X
CGRAM 주소 설정	0	0	0	1	A	A	A	A	A	A
디스플레이 주소 설정	0	0	1	A	A	A	A	A	A	A
'바쁨 깃발(Busy Flag)' 꼽기	0	0	BF	X	X	X	X	X	X	X
표시할 문자를 쓰기[a]	1	0	D	D	D	D	D	D	D	D
표시할 문자를 읽기[b]	1	1	D	D	D	D	D	D	D	D

I/D = 디스플레이에 쓴 각 바이트의 증가(I/D = 1)*/감소(I/D = 0)
S = 디스플레이 자리이동 켬(S = 1), 디스플레이 자리이동 끔(S = 0)*
D = 디스플레이 켬(D = 1), 디스플레이 끔(D = 0)*
C = 커서 보임(C = 1), 커서 숨김(C = 0)
B = 밑줄 커서(B = 0, C = 1), 점멸 커서(B = 1, C = 1)
D/C = 디스플레이 이동(D/C = 1), 커서 이동(D/C = 0)
R/L = 자리이동 방향: 우향 자리이동(R/L = 1), 좌향 자리이동(R/L = 0)
DL = 데이터 인터페이스 길이 설정: 8비트 인터페이스(DL = 1)*, 4비트 인터페이스(DL = 0)
N = 디스플레이 줄 수: 2줄 모드(N = 1), 1줄 모드(N = 0)*
F = 문자 글꼴 서식: 5 × 10 점(F = 1), 5 × 7 점(F = 0)*
BF = 바쁨 깃발 꼽기: 컨트롤러 안 바쁨(BF = 0), 컨트롤러 바쁨(BF = 1)
A = CGRAM 또는 디스플레이 주소 비트
D = 문자 데이터 비트
a = 현재 커서 자리에 표시할 문자를 쓰기
b = 현재 커서 자리에 표시된 문자를 읽기
X = 상관없음
* = 초기 설정

표준 LCD 문자표

LCD 모듈(HD44780으로 제어되는)에 데이터를 읽거나 쓰는 데 쓰이는 단계

HD44780 타이밍도

문자를 디스플레이에 표시하는 단계

디스플레이에 문자를 쓰게 설정
모드: R/W = 0, RS = 1

D_7~D_0에 데이터 비트들을 적용
(문자 코드)

간단히 E = 1로 설정한 다음에 E = 0
으로 설정

디스플레이에서 데이터를 읽는 단계

디스플레이에서 문자를 읽게 설정
모드: R/W = 1, RS = 1

E = 1로 설정

D_7 ~ D_0에서 데이터를 읽음

E = 0으로 설정

t_{AS}(주소 설정 시간) - 데이터 입력이 정확하게 인터럽트될 수 있으려면 가용(Enable) 신호 이전에 최소한 t_{AS}(~140 ns) 시간 동안 데이터 입력이 유지되어 야 한다.
t_{EF}(가용 고준위 시간) - 적절한 연산을 하려면 최소한 t_{EF}(~450 ns) 시간 동안 E가 고준위로 유지되어야만 한다.
t_{DS}(데이터 설정 시간) - 적절한 연산을 하려면 E 신호에 앞서서 데이터 입력이 최소한 t_{DH}(~200 ns) 시간 동안 안정되어야 한다.
t_{AH}(주소 유지 시간) - 적절한 연산을 하려면 제어 선들인 RS와 R/W는 E 선이 저준위가 된 뒤에 t_{AH}(~10 ns) 시간 동안 변하지 말아야 한다.
t_{DH}(데이터 유지 시간) - 선행 연산을 하려면 E 선이 저준위가 된 후에 데이터 선 D_0~D_7은 t_{DH}(~20 ns) 시간 동안 변하지 않아야 한다.
t_{EL}(가용 저준위 시간) - 적절한 연산을 하려면 최소한 t_{EL}(~500 ns) 시간 동안 E 선이 다시 고준위(다음 차례 명령에 대한)로 바뀌지 말아야 한다.
t_{RF}(상승 및 하강 시간) - 상승 시간과 하강 시간은 각기 ~25 ns이다.

보기 12.139

LCD 모듈을 제어하는 방법을 설명하기 위한 시험 회로 사용

보기 12.140은 명령과 문자 데이터를 LCD 모듈에 보내는 방법을 배우는 데 매우 유용하면서도 간단한 시험 회로를 보여준다. (실제로 LCD 모듈은 보기의 왼쪽에 표시된 것처럼 마이크로프로세서 또는 마이크로컨트롤러에 연결된다.) 이 회로에서 데이터 입력에 연결된 스위치는 풀업 저항을 사용해 스위치가 열려 있을 때 고준위(1)를 제공하거나 스위치가 닫힐 때 저준위(0)를 제공한다.

가용 입력은 튐 현상을 보정한 토글 스위치로부터 고준위 및 저준위 수준을 수신한다. 가용 스위치의 튐 현상을 보정하면 가용 신호가 여러 개 생성될 가능성이 예방된다. 다중 가용 신호는 같은 문자를 디스플레이에 반복해서 생성하는 것과 같은, 원치 않는 효과를 내는 경향이 있다. 5 kΩ 팟으로는 콘트라스트를 조절한다. 이 회로에서는 R/W 회선을 접지했으므로 우리는 디스플레이에만 쓰는 것을 다루고자 한다.

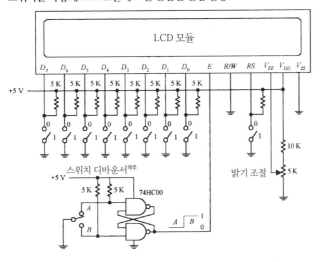

스위치를 사용해 LCD 모듈에 쓰는 간단한 실험 설정

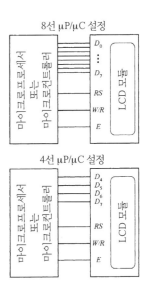

8선 μP/μC 설정

4선 μP/μC 설정

역주 스위치 튐 현상 보정 장치

보기 12.140

전력이 처음으로 인가될 때

전력이 디스플레이에 처음으로 인가되면 디스플레이 모듈이 초기 설정 값으로 재설정된다. 초기 설정 값은 LCD 명령 모음에 별표로 표시되어 있다. 표시된 바와 같이, 디스플레이가 실제로는 초기 설정 조건일 때 꺼진다. 디스플레이에 문자 데이터를 쓰려고 하면 아무것도 표시되지 않는다. 무언가를 보여주려면 디스플레이를 켜라는 명령을 모듈로 내보내야 한다.

명령 모음에 따라서는 Display & Cursor On/Off(디스플레이 및 커서 켬/끔) 명령을 사용해 디스플레이를 켤 수 있다. 동시에 이 명령으로 커서 모양을 선택한다. 예를 들어, $D_7 \sim D_0$에 명령 코드 0000 1111을 적용하고 모듈을 명령으로 해석하도록 RS를 낮게 유지하면, 디스플레이의 맨 위 왼쪽 위치에 깜박이는 밑줄 모양 커서가 나타난다. 그러나 이 명령을 적용하려면 가용(E) 회선을 잠시 낮게 설정해 모듈로 보내야 한다.

전원을 켠 후에 구현해야 하는 또 다른 중요한 명령어는 Function Set(기능 설정) 명령이다. 두 줄 디스플레이를 사용할 때 이 명령은 두 번째 줄을 켜도록 모듈에 지시한다. 또한 사용할 데이터 전송 형식(8비트 또는 4비트)과 5×10 또는 5×7 픽셀 형식(5×10은 일부 한 줄짜리 디스플레이에서 찾아볼 수 있음)을 모듈에 알린다. 예제 회로에 사용된 디스플레이가 두 줄 디스플레이일 것이라고 가정하면, 우리는 디스플레이에 두 줄을 켜고 8비트 전송을 사용하고 5×7 픽셀 문자 형식을 제공하라는 명령인 1100 1000을 보낼 수 있다. 다시 이 명령을 보내려면 RS를 저준위로 설정한 다음 $D_7 \sim D_0$에 명령 데이터를 보내고 마지막으로 E를 저준위로 펄스한다.

이제 모듈은 사용할 형식을 알고 있으므로 디스플레이에 문자를 쓰려고 시도할 수 있다. 이를 위해 RS를 고준위로 설정해 모듈을 문자 모드로 설정한다. 다음으로 표준 LCD 문자표에 나열된 8비트 코드 중 하나를 데이터 입력 $D_7 \sim D_0$에 적용한다. 예를 들어, 문자 Q를 표시하려면 01010001(16진수로는 51, 즉 51H)을 적용한다. 문자 데이터를 LCD 모듈로 보내려면 E를 저준위로 펄스한다. 그러면 Q가 화면에 나타난다. 화면을 지우려면 RS를 저준위로 유지한 다음 E를 저준위로 펄스하는 것을 기억하고, Clear Display(디스플레이 지움) 명령 0000 0001을 사용한다.

주소 지정

전원을 켜면 모듈의 커서가 디스플레이의 첫 번째 줄의 가장 왼쪽 모서리에 자리 잡는다. 이 표시 위치에는 16진 주소로 00_H가 지정된다. 새 문자가 입력되면 커서가 자동으로 오른쪽으로 이동해 01_H, 02_H 등의 새 주소로 이동한다. 이 자동 증가 기능을 문자를 입력할 때 사용하기 쉽지만, 커서 위치를 첫 번째 주소 위치가 아닌 다른 위치로 설정해야 하는 경우가 있다.

커서를 다른 주소 위치로 설정하려면 새 시작 주소를 명령으로 입력해야 한다. 128개 주소 중에서 선택할 수 있지만, 모든 주소마다 고유한 표시 위치가 있는 것은 아니다. 실제로 한 줄 모드에서는 한 줄에 80개의 디스플레이 위치가 배정되고, 두 줄 모드에서는 한 줄에 40개의 디스플레이 위치가 배정된다. 보다시피 한 번에 모든 표시 위치가 반드시 화면에 표시되는 것은 아니다. 이 사실이 잠시 후에 더 명확해질 것이다. 먼저, LCD 모듈을 두 줄 모드로 설정해 간단한 주소 예제를 시도해 보자(두 줄을 실제로 사용할 수 있는 경우).

커서를 원하는 위치에 놓으려면 주소 설정 명령을 사용한다. 2진 코드 1000 0000 + (원하는 16진 주소에 해당하는 2진 값)으로 이 명령을 지정한다. 예를 들어, 커서를 07_H 주소 위치로 뛰게 하라는 명령을 보내려면 RS를 저준위로 유지한 다음에 E를 저준위로 펄싱하는 것을 기억하면서 (1000 0000 + 0000 0111) = 1000 0111을 $D_7 \sim D_0$ 입력에 적용한다. 이제 커서가 왼쪽에서 8번째 위치에 있어야 한다.

주소와 표시 위치 사이의 관계가 모듈마다 다양하다는 점을 깨달아야 한다. 대부분의 디스플레이는 두 줄 문자로 구성되며, 첫 번째 줄은 주소 00_H에서 시작하고 두 번째 줄은 40_H에서 시작한다. 보기 12.141은 다양한 LCD 모듈의 주소와 디스플레이 위치 사이의 관계를 보여준다. 네 줄짜리 모듈은 실제로 그림과 같이 두 줄이 분리된 두 줄 형식이라는 점에 유념하라.

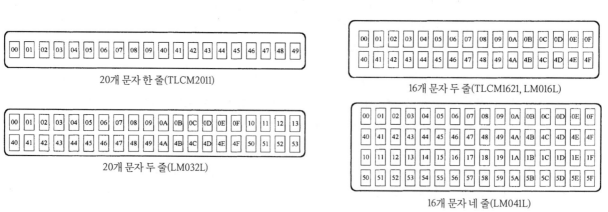

20개 문자 한 줄(TLCM2011)

16개 문자 두 줄(TLCM1621, LM016L)

20개 문자 두 줄(LM032L)

16개 문자 네 줄(LM041L)

보기 12.141

디스플레이 자리이동

LCD 모듈의 크기를 고려하지 않는다면 기록해 둘 수 있는 표시 위치는 80개다. 하지만 작은 디스플레이를 사용하면 한 번에 80개의 위치를 화면에 다 표시하지 못할 수 있다. 예를 들어, 20자 디스플레이의 첫 번째 줄에 알파벳의 모든 문자를 입력해도 A ~ T 문자만 화면에 나타난다. S에서 Z까지의 문자는 화면 오른쪽에 커서와 더불어 숨겨져 보이지 않게 된다.

이러한 숨겨진 문자를 보려면 Cursor/Display Shift(커서/디스플레이 이동) 명령을 적용해 모든 표시 위치를 왼쪽으로 이동시킬 수 있다. 왼쪽으로 자리이동을 하라는 명령은 0001 1000이다. 이명령이 실행될 때마다 문자가 한 단계씩 왼쪽으로 자리를 옮긴다. 여기 나온 예에서는 T부터 Z까지와 커서를 보이는 자리로 가져오는 데 7개 명령이 필요하다.

이것들을 오른쪽으로 옮길 때는 0001 0001 명령을 쓴다. 커서를 다시 주소 00H로 가져오고 디스플레이 주소 00H를 디스플레이의 왼쪽으로 다시 이동시키려면 Cursor Home(커서 홈 이동) 명령(0000 0010)을 쓸 수 있다. 또 다른 방법은 Clear Display(디스플레이 지우기) 명령 0000 0001을 사용하는 것이다. 그러나 이 명령으로는 모든 표시 위치도 지워진다.

문자 입력 모드

왼쪽에서 오른쪽으로 문자가 입력되게 하지 않으려면 Character Entry Mode(문자 입력 모드) 명령을 사용해 문자를 오른쪽에서 왼쪽으로 입력할 수 있다. 이렇게 하려면 먼저 화면의 맨 오른쪽 표시 위치로 커서를 보내야 한다. 그 후 문자 입력 모드 명령 0000 0111을 모듈에 입력한다. 이것은 입력 모드를 '자동 증가/디스플레이를 왼쪽으로 이동(autoincrement/display shift left)'으로 설정한다. 이제 문자를 입력하면 문자는 오른쪽에 나타나 입력한 문자가 표시될 때마다 왼쪽으로 자리를 옮긴다.

사용자 정의 그래픽

명령 0100 0000 ~ 0111 1111은 사용자 정의 그래픽을 프로그래밍하는 데 사용된다. 이러한 그래픽을 화면상에 프로그래밍하려면 디스플레이를 지우고 나서 모듈에 Set Display Address(디스플레이 주소 설정) 명령을 전송해 커서가 주소 00H에 위치하게 한다. 이 시점에서 2진 데이터 0000 0000부터 0000 0111을 순서대로 입력해 8개의 사용자 문자 위치의 내용을 볼 수 있다. 이러한 문자가 처음에는 쓸데없는 문자로 표시된다.

사용자 정의 그래픽 정의를 시작하려면 Set CGRAM(CGRAM 설정) 명령을 모듈로 전송한다. 0100 0000(40H)와 0111 1111(7F) 사이의 값이라면 무엇이든 유효하다. 이제부터 입력된 데이터는 각 줄별로 사용자 정의 그래프를 구성하는 데 사용된다. 예를 들어, 전구 모양을 그리려면 데이터 입력 항목을 다음과 같이 구성한다. 0000 1110, 0001 0001, 0001 0001, 0001 0001, 0000 1110, 0000 1010, 0000 1110, 0000 0100. 각 줄당 픽셀이 다섯 개뿐이므로 최상위 비트를 기준으로 첫 세 비트는 항상 0이 된다. 그 밖의 사용자 정의 그래픽도 8바이트 시퀀스를 입력해 정의힐 수 있다. 보기 12.142는 CGRAM 주소가 사용자 정의 그래픽의 개별 픽셀에 해당하는 방법을 보여준다.

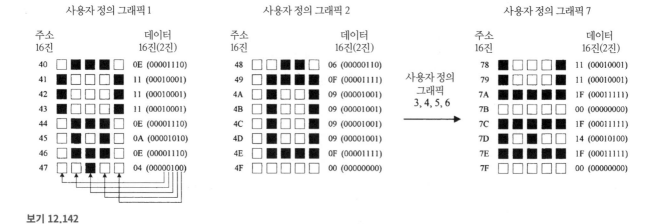

보기 12.142

프로그래밍할 수 있는 사용자 정의 그래픽은 최대 8개다. 그런 다음 이것들은 문자 집합의 일부가 되며, 코드 0000 0000~0000 1111 또는 0000 1000~0000 1111을 사용해 표시할 수 있으며, 둘 다 동일한 결과를 생성한다.

사용자 정의 그래픽을 만들 때 한 가지 문제는 CGRAM이 휘발성인 이유로 모듈의 전력이 꺼지면 그래픽이 없어진다는 점이다. 흔히 사용자 정의 그래픽 데이터를 실제로는 외부 비휘발성 EPROM이나 EEPROM에 저장했다가 언젠가 전력이 들어오면 EPROM 또는 EEPROM에 있는 데이터를 마이크로프로세서가 복사해서 디스플레이 모듈로 적재한다.

4비트 데이터 전송

Function Set(기능 설정) 명령에 표시된 대로 LCD 모듈은 8비트 및 4비트 데이터 전송이 가능하다. 4비트 모드에서는 $D_4 \sim D_7$ 데이터 회선만 사용된다. 나머지 네 개의 회선 $D_0 \sim D_3$은 표류 상태로 남거나 전력 공급 장치에 연결되어 있게 된다. 디스플레이에 데이터를 보낼 때는 8비트 워드 한 개를 보내는 대신 4비트 뭉치 단위로 두 개를 보내야 한다.

전력이 처음으로 공급되면 모듈은 8비트 전송으로 설정된다. 4비트 전송을 설정하려면 2진 값 0010 0000의 Function Set(기능 설정) 명령이 디스플레이로 전송된다. 사용 중인 데이터 회선이 네 개뿐이므로 모든 8비트를 전송할 수 없다. 그러나 8비트/4비트 선택이 데이터 비트 D_4에 있기 때문에 이것은 문제가 되지 않는다. 이제부터는 8비트 문자 및 명령 비트가 첫 번째 최상위 비트 네 개와 나머지 4비트라는 두 부분으로 나뉘어 전송되어야 한다. 예를 들어, 문자 데이터 0100 1110을 디스플레이에 쓰려면 RS를 고준위로 설정하고, 데이터 회선에 0100을 적용하고, E를 저준위로 펄스한 다음, 데이터 회선에 1110을 적용하고, E를 다시 저준위로 펄싱해야 한다.

제한된 입출력 회선이 있는 마이크로컨트롤러와 LCD 모듈이 상호 연결되어 있을 때 4비트 전송이 자주 사용된다. 보기 12.142를 보라.

12.11 기억 장치

기억 장치는 향후에 다시 불러 쓸 수 있도록 데이터를 임시로나 영구적으로 저장하는 수단이 된다. 기억 장치에 사용되는 저장 매체로는 반도체 기반 IC(주 기억 장치), 자기 테이프, 자기 디스크 또는 광디스크(2차 기억 장치) 등이 있다. 대체로 보조 기억 장치[역주1]의 표면적이 더 크기 때문에 주 기억 장치[역주2]보다 데이터를 더 많이 저장할 수 있다. 그러나 디스크나 테이프의 기억 위치는 읽기/쓰기 구조 때문에 읽거나 쓸 수 있는 지점에 물리적으로 자리 잡아야 해서 보조 기억 장치의 데이터 액세스(읽기 또는 쓰기) 시간이 훨씬 더 길어진다. 주 기억 장치 내에서 기억 위치는 대규모 행렬 내의 작은 부분에 나열되며 행렬 내의 행에 적절한 주소 신호를 부여해 각 기억 위치에 빠르게(나노초 단위) 액세스할 수 있다.

역주1 즉, 2차 기억 장치
역주2 즉, 1차 기억 장치

보기 12.143은 주 기억 장치 및 보조 기억 장치의 개요를 보여준다. 간단한 장치를 설계할 때는 보조 기억 장치보다는 주로 주 기억 장치를 사용하기 때문에 이 단원에서는 주 기억 장치만 설명한다. 보조 기억 장치는 대용량 컴퓨터 데이터, 오디오 데이터 또는 비디오 데이터를 저장하는 데 거의 독점적으로 사용된다.

오늘날 주 기억 장치 구성 기술은 거의 독점적으로 MOSFET 트랜지스터를 기반으로 하고 있다. 양극성 트랜지스터는 또한 IC 기억 장치 내에서 사용된다. 그러나 이들 장치는 데이터 저장량이 MOSFET 트랜지스터로 구성한 메모리 IC[역주]의 데이터 저장량보다 훨씬 적기 때문에 인기가 덜하다. 한때, 양극성 기억 장치의 속도가 MOSFET 기억 장치보다 훨씬 빨랐지만 오늘날에는 속도 차이가 거의 사라졌다.

역주 즉, 집적 회로 기억 장치

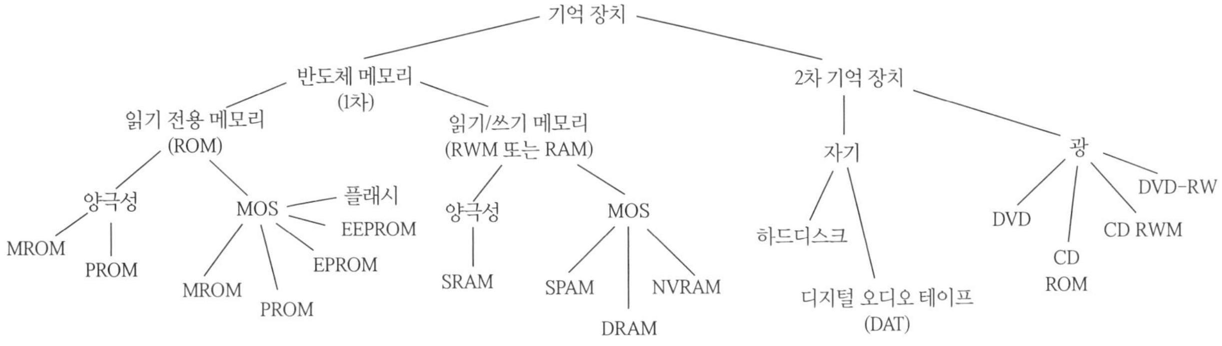

보기 12.143

기억 장치는 두 가지 기본적인 하위 계열로 구성된다. **읽기 전용 메모리**(read-only memory, ROM)[역주] 및 일반적으로 **임의 접근 메모리**(random access memory, RAM)라고도 부르는 읽기/쓰기 메모리(RWM)가 있다. 각 하위 계열에는 보기 12.143과 같이 더 많은 하위 계열이 존재한다. 먼저 ROM 장치를 살펴보자.

역주 즉, 고정 기억 장치

12.11.1 읽기 전용 메모리

ROM(read-only memory)은 데이터를 영구적으로 저장하는 데 사용한다. 이러한 장치는 RAM 장치와 마찬가지로 임의로 액세스할 수 있지만, RAM 장치와 달리 IC에서 전력이 제거되면 저장된 데이터가 손실되지 않는다.

ROM은 거의 모든 컴퓨터에서 컴퓨터를 처음 켤 때 활성화되는 부트 명령(예: 스택 할당, 포트 및 인터럽트 초기화, 디스크 저장소에서 운영 체제를 찾는 명령)을 저장하는 데 사용된다.

일부 마이크로컨트롤러 응용(기능이 단순한 작은 장치, 가전기기, 장난감 등)에서는 독립 실행형 프로그램 전부를 ROM에 넣어 둔다. 마이크로컨트롤러의 중앙 처리 장치(central processing unit, CPU)는 프로그램 명령어를 검색하고 ROM의 저장된 명령어를 통해 실행될 때 임시 데이터 저장을 위해 휘발성 RAM을 사용한다.

어떤 경우에는 찾아보기 표나 특수 코드 전환 루틴을 저장하는 데 사용되는 별도의 디지털 하드웨어에 ROM을 써야 할 때가 있다. 예를 들어, ADC에서 나온 데이터는 섭씨온도나 화씨온도를 읽어낸 값과 동일한 2진수를 나타내는 저장된 워드를 처리하는 데 사용될 수 있다. 이것은 복잡한 논리 회로를 대체하는 데에도 사용할 수 있는데, 원하는 함수표를 얻기 위해 많은 이산 게이트를 사용하는 대신, 입력 데이터가 적용될 때 의도한 출력 응답을 제공할 수 있게 ROM을 간단히 프로그래밍하기만 하면 된다. 그러나 언급된 마지막 몇 가지 응용은 다소 쓸모가 없어지고 있는데, 이는 마이크로컨트롤러가 이 모든 것들을 대체하고 있기 때문이다.

ROM은 일반적으로 읽기 전용 작업에 사용되며 한 번 프로그래밍된 후에는 다시 기록하지 않는다. 그러나 EPROM, EEPROM 및 플래시 메모리와 같은 일부 ROM형 장치에서는 저장된 데이터를 지우고 나서 다시 기록할 수도 있다. 이와 같은 소거 가능 ROM과 같은 장치를 살펴보기 전에 먼저 기억 장치의 기본을 살펴보자.

12.11.2 다이오드로 간단한 ROM 만들기

ROM의 일반적인 작동 방식을 알 수 있게 보기 12.144에 나오는 간단한 회로를 생각해 보자. 실제로 오늘날의 ROM 장치는 다이오드 기억 소자를 거의 사용하지 않는다. 대신에 일반적으로 실리콘 웨이퍼상에 형성된 트랜지스터와 같은 메모리 소자를 사용한다. 또한, 더 현실적인 ROM 장치에는 제어 신호를 적용해 가용되거나 불용(고준위 Z 상태에 놓임)될 수 있는 3상태 출력 버퍼가 제공된다. 3상태 버퍼는 기억 장치와 연결된 데이터 버스에서 효과적으로 기억 장치를 분리할 수 있게 한다. (간단한 다이오드 기억 장치 회로에서 데이터는 항상 출력 회선에 존재한다.) 주소 디코더 및 기억 소자를 사용할 때의 기본 배치 방식은 모든 기억 장치에서 거의 동일하다. 그러나 추가 기능이 있는데, 잠시 후에 이에 대해 논의한다. 우선, 일부 메모리에 이름을 부여하는 방법을 살펴보자.

12.11.3 메모리 크기와 구성

$n \times m$ 행렬로 구성된 ROM은 서로 다른 n가지 m비트 워드를 저장할 수 있다. 다시 말하면, $n \times m$ 비트에 해당하는 정보를 저장할 수 있다. n개의 서로 다른 워드에 액세스하려면 $\log_2 n$ 주소 행이 필요하다. 예를 들어, 보기 12.144에 나오는 간단한 ROM에는 $\log_2 8 = 3$에 해당하는 주소 입력이 필요하다($2^3 = 8$이 더 익숙해 보일 수 있다). 다중화 기억 장치 또는 직렬 입력과 더불어 제

공되는 기억 장치 내에서 주소 입력의 실제 입력 개수가 감소되거나 데이터 및 기타 프로토콜 정보와 함께 주소 정보가 순차적으로 입력된다.

실제 메모리 IC는 주소 입력 수가 일반적으로 8개 이상이다(임의 속도를 지닌 병렬 입력 장치의 경우). 일반적인 메모리 크기가 표 12.2에 나온다. 표에서 1 K는 흔히 생각하는 1,000비트가 아닌 1,024비트를 나타낸다. 디지털 관례에 따라 $2^1 = 2$, $2^2 = 4$, $2^3 = 8$, ... $2^8 = 256$, $2^9 = 512$, $2^{10} = 1,024$(또는 1 K), $2^{11} = 2,048$(또는 2 K), ... $2^{18} = 262,144$(256 K), $2^{19} = 524,288$(540 K), $2^{20} = 1,048,576$(또는 1 M, 메가 단위 대체), $2^{21} = 2,097,152$(2 M), ... $2^{30} = 1,073,741,824$(또는 1 G, 기가 단위 대체)와 같이 말할 수 있다.

기본 다이오드 ROM

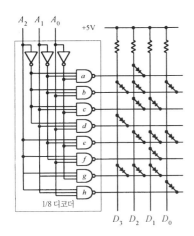

보기 12.144

$A_2\,A_1\,A_0$	$D_3\,D_2\,D_1\,D_0$	활성 게이트(싱크)
0 0 0	1 0 1 1	a
0 0 1	0 0 1 0	b
0 1 0	1 0 0 1	c
0 1 1	0 1 1 1	d
1 0 0	1 0 0 0	e
1 0 1	1 1 0 1	f
1 1 0	0 0 0 1	g
1 1 1	1 1 1 0	h

주소 디코더 IC를 사용해 다이오드 행렬에 저장된 서로 다른 4비트 워드 여덟 개에 액세스하는 간단한 ROM 장치다. $D_3 \sim D_0$ 회선을 통해 출력된 것이 읽어야 할 데이터다. 다이오드 행렬을 행과 열로 나눠 볼 수 있다. 행과 열의 교차점은 비트 위치를 나타낸다. 주어진 행과 열이 다이오드와 함께 연결될 때, 주소 디코더에 의해 $A_2 \sim A_0$ 입력을 통해 해당 열이 선택되면 해당 데이터 출력 선은 저준위(0)가 된다. 특정 행의 주소가 지정될 때, NAND 게이트는 전류를 내려보내므로 공급 장치에서 나온 전류는 다이오드를 통해 NAND 게이트의 출력으로 흐른다. 이것은 관련 데이터 회선이 저준위가 되게 한다. 주어진 열과 행 사이에 다이오드가 없을 때, 해당 데이터 행은 주소 디코더에 의해 해당 행이 선택될 때 고준위(0)가 된다. (이 경우에는 접지 경로가 없다.) 이 특별한 사례에서는 8×4 ROM(여덟 가지 서로 다른 4비트 워드)을 가지고 있다. 행렬의 폭을 늘리면(즉, 더 많은 열을 추가하면) 워드의 크기를 키울 수 있다. 행렬의 높이를 늘리면(즉, 더 많은 행을 추가하면 또는 주소를 더 많이 늘리면) 더 많은 워드를 저장할 수 있다. 다시 말해서, $m \times n$ ROM을 만들 수 있다는 것이다.

표 12.2 일반적인 기억 장치 크기

주소 행의 개수	기억 위치의 개수	주소 행의 개수	기억 위치의 개수	주소 행의 개수	기억 위치의 개수
8	256	14	16,384(16 K)	20	1,048,576(1 M)
9	512	15	32,768(32 K)	21	2,097,152(2 M)
10	1,024(1 K)	16	65,536(64 K)	22	4,194,304(4 M)
11	2,048(2 K)	17	131,072(128 K)	23	8,388,608(8 M)
12	4,096(4 K)	18	262,144(256 K)	24	16,777,216(16 M)
13	8,192(8 K)	19	524,288(540 K)	25	33,554,432(32 M)

이 관행이 헷갈릴 수 있지만 관행을 따라야 한다. 이게 무언가 모르게 명확하지 않고 다소 머리를 긁적이게 만드는 면이 있다. 또한 데이터시트에서 64 K라고 말하면, 실제 구성이 예를 들어 $2048 \times 32(2\,K \times 32)$, $4096 \times 16(4\,K \times 16)$, $8192 \times 8(8\,K \times 8)$, $16,384 \times 4(16\,K \times 4)$인지 또는 그 밖의 체계로 되어 있는지를 파악할 수 있게 더 자세히 읽어 봐야 한다.

표 12.2에 나오는 KB, MB, GB와 같은 단위에 주의하라. 이 단위는 비트가 아닌 바이트 단위이다. B는 1바이트, 즉 8비트를 나타낸다. 즉, 1 KB를 저장하는 기억 장치는 실제로는 $1\,k \times 8(8\,k)$

비트에 해당하는 데이터를 저장한다. 마찬가지로 1 MB와 1 GB를 저장하는 기억 장치는 실제로는 각기 $1 M \times 8(8 M)$와 $1 G \times 8(8 G)$ 비트에 해당하는 데이터를 저장한다.

12.11.4 간단한 '프로그램 가능 ROM'

역주 즉, 퓨저블 링크 또는 용해성 연동장치

보기 12.145는 ROM형 기억 장치를 더 정확히 표현하고 있다. 다이오드 ROM과 달리 각 메모리 소자에는 트랜지스터와 가변 연결(fusible link)**역주**이 있다. 초기에는 ROM에 모든 프로그램 가능 가변 연결이 있다. 프로그램 가능 가변 연결이 모두 제자리에 있으면 모든 트랜지스터가 바이어스되어 높은 고준위 전압 수준(논리 1)이 어레이 전체에 저장된다. 프로그램 가능 가변 연결이 끊어지면 해당 메모리 소자의 트랜지스터가 꺼지고 소자는 저준위 전압 수준(논리 0)을 저장한다. 이 ROM에는 Chip Enable(칩 가용, $\overline{CE}$) 입력에 저준위가 적용될 때까지 출력을 표류 상태로 유지하는 3상태 출력 버퍼가 있다. 이 기능을 사용하면 ROM을 데이터 버스에 연결할 수 있다.

보기 12.145에는 기본적인 ROM 회로 설계도와 판독 동작을 규정하는 데 필요한 적절한 주소 및 칩 가용 파형이 나와 있다. 주어진 주소 위치에 저장된 데이터를 읽으려면 Chip Enable(칩 가용) 입력을 고준위로 설정해 칩을 불용으로 처리한다(오래된 데이터가 데이터 출력에서 제거됨). 이 점에 관해서는 t_0 시간을 살펴보라. 시간 t_1에서 새로운 주소가 3비트 주소 버스(A_2, A_1, A_0)에 배치된다. 시간 t_2에서 Chip Enable(칩 가용) 입력은 저준위로 설정되어 메모리에 저장된 주소 지정 데이터를 D_3, D_2, D_1 및 D_0을 통해 출력할 수 있다.

역주 즉, 액세스 타임. 자리 찾기 시간 + 처리 지연 시간 + 전송 시간에 해당

실제로, 저장된 데이터는 즉시 출력되지 않지만 초기 칩 가용 신호와 출력 버퍼의 가용 리드에 도달하는 신호 사이에 존재하는 전파 지연으로 인해 매우 짧은 시간(t_2에서 t_3까지) 동안 지연된다. 메모리 전문용어로 t_1에서 t_4까지의 시간은 사용된 특정 기술에 따라 약 10나노초와 몇 백 나노초 사이의 접근 시간(access time)**역주**이라고 한다.

8 × 4 ROM의 간단한 설계도

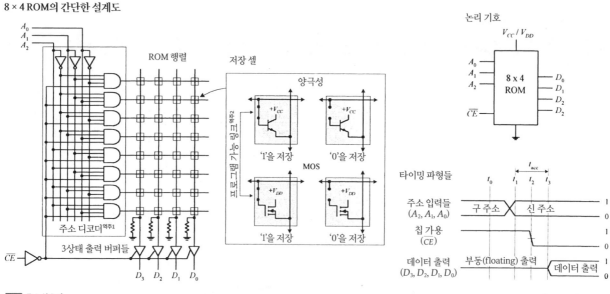

역주1 주소 복호기
역주2 즉, 프로그램 가능 가변 연결

보기 12.145

이것들은 다음 주제로 이어진다.

12.11.5 ROM 장치

기본적으로 두 종류의 ROM이 있다. 한 번만 프로그래밍할 수 있는 ROM과 여러 번 다시 프로그래밍을 할 수 있는 ROM이다. 1회 프로그램 가능 기억 장치로는 마스크 ROM(MROM) 및 프로그램 가능 ROM(PROM)이 있다. 프로그래밍을 거듭할 수 있는 ROM으로는 소거 및 프로그램 가능 ROM(erasable programmable ROM. EPROM), 전기적 EPROM(electrically erasable programmable ROM. EEPROM) 및 플래시 메모리가 있다.

■ MROM

MROM은 메모리 행렬 내에 다이오드나 트랜지스터를 추가하거나 제거해 제조업체가 영구적으로 기록해 두는 맞춤형 메모리 소자다. 메모리를 바라는 대로 구성하려면 데이터 구성에 필요한 진리표를 제조업체에 제공해야 한다. 제조업체는 메모리 행렬 내에서 상호 연결을 생성하는 데 사용되는 마스크(mask)를 진리표를 사용해 제조 과정 중에 생성한다.

짐작했겠지만, 맞춤형 MROM 생산비가 싼 것만은 아니다. 오히려 더 비싸다(1,000 달러 이상). 동일한 데이터 명령(예: 프로그램 명령)을 반복해서 필요로 하는 일부 장치를 대량 생산하려는 경우라면 MROM을 사용하는 편이 바람직하다. 향후에 메모리를 업그레이드하지 않아도 되기 때문이다. 이 경우 일단 마스크를 만들고 나서 각 IC를 제작하는 비용은 상대적으로 저렴하지만, 칩을 몇천 개 이상 제작해야 단가가 맞을 것으로 보인다.

MROM을 보통 컴퓨터에 사용하는데, 일반적으로 시스템 운영 명령과 키보드 명령을 해독하는 데 사용되는 데이터를 저장하는 데 사용한다.

■ PROM

PROM은 가변 연결이 있는 프로그램 가능 ROM이다. MROM과는 달리 PROM을 쓸 때는 데이터를 돌^{역주}에 새기지는 않는다. 대신에 제조업체는 행렬이 깨끗한(즉, 1로만 가득 찬) 메모리 IC를 제공한다. 행렬의 비트 수 및 구성($n \times m$)은 특정 ROM에 따라 다르다. 메모리를 프로그래밍하려면 각 가변 연결을 고전압 펄스(예: 21 V)로 끊어야 한다.

역주 즉, 실리콘

각 퓨즈를 날려버리는 실제 과정에는 PROM 프로그래밍 장치가 필요하다. 이 PROM 프로그래머는 일반적으로 하드웨어 장치(실제 PROM IC가 부착된 곳)와 컴퓨터에 연결된 프로그래밍 케이블(예: 직렬 또는 병렬 포트)이 딸려 있다. 제조업체에서 제공한 소프트웨어를 사용해 컴퓨터에서 실행 중인 프로그램에 원하는 메모리 구성을 입력한 다음 어떤 키든 누르면 소프트웨어 프로그램이 외부 프로그래밍 장치에 IC 내의 적절한 가변 연결을 끊도록 지시한다.

소프트웨어 사용법을 파악한 후에는 PROM에 프로그램을 써 넣기가 상대적으로 쉽지만 일단 기록되고 나면 MROM과 마찬가지가 되어 메모리를 변경할 수 없게 된다. 즉, 일을 망쳐 버리게 되면 아예 새 칩으로 다시 시작해야 한다는 말이다. 이 장치는 몇 년 전에 인기가 있었지만 오늘날에는 쓸모없는 것으로 여긴다.

현재 가장 많이 사용되는 ROM형 장치는 EPROM, EEPROM 및 플래시 메모리다. MROM 및 PROM 장치와 달리 이러한 장치는 지우고 다시 기록할 수 있다. 이는 언젠가는 메모리를 바꿔야 할 간단한 장치를 시범 제작하거나 설계할 때 매우 유용한 기능이다.

■ EPROM

EPROM은 메모리 매트릭스가 다수의 특수 MOSFET 트랜지스터로 구성된 소자다. 기존의 MOSFET 트랜지스터와는 달리 EPROM 트랜지스터는 제어 게이트 아래에 매립된 추가적인 부동 게이트가 있으며, 이는 산화물 층에 의해 제어 게이트와 드레인-소스 채널에서 절연되어 있다(보기 12.146).

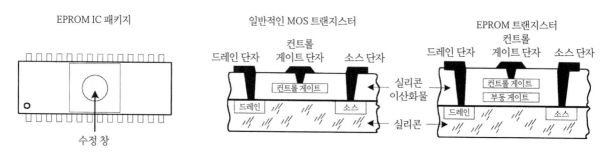

보기 12.146

소거된(프로그램되지 않은) 상태에서 부동 게이트는 충전되지 않고 제어 게이트의 정상 동작(주소가 지정될 때 고전압 또는 논리 1이 데이터 회선을 통과함)에 영향을 미치지 않는다. 개별 트랜지스터를 프로그래밍하기 위해 제어 게이트와 드레인 단자 사이에 고전압 펄스(약 12 V)가 인가된다. 이 펄스는 차례로 에너지 층의 전자를 절연층을 통해 부동 게이트로 강제 이동시키는데, 이것을 **열전자 주입**(hot electron injection)이라고 한다. 고전압이 제거된 후에 부동 게이트상에 음전하가 남아 있게 되고, 정상적인 동작 조건이라면 수십 년 동안 그 자리에 머무를 것이다.

음전하가 제 위치에 있으면 제어 게이트의 정상 동작이 금지된다. 제어 게이트에 번지가 지정될 때, 부동 게이트에 있는 전하는 고전압이 데이터 회선에 도달하는 것을 방지한다(주소가 지정된 데이터는 저준위 또는 논리 0으로 나타난다).

EPROM에 다시 프로그램을 써 넣으려면(지우려면) 먼저 회로에서 장치를 제거한 다음 석영 창을 덮고 있는 딱지를 제거해야 한다. 그 후 창을 통해 자외선(UV) 빛을 내부 트랜지스터 행렬에 비추어 부동 게이트에 저장된 모든 전하를 제거한다. 자외선광은 절연을 통과할 만큼 충분한 에너지를 공급함으로써 부동 게이트 영역 내에 저장되어 있는 전자가 방출되게 한다. 일반적으로 20분 간 자외선에 노출시켜야 전체 메모리 행렬이 지워진다. EPROM에 프로그램을 다시 써 넣을 수 있는 횟수는 일반적으로 몇 백 회로 제한된다. 그 후에는 칩이 상당히 열화된다.

EPROM은 언젠가 다시 프로그램을 써 넣어야 할 마이크로프로세서 기반 장치 내 비휘발성 메모리로 자주 사용된다. 주로 시제품 제작에 사용되며, 그 다음 대량 생산 단계에서는 MROM으로 대체된다. EPROM은 또한 마이크로컨트롤러 칩에 내장되어 마이크로컨트롤러의 주요 프로그램을 저장하는 것이 유일한 목적이다(13장에서 자세히 다룬다).

▣ EEPROM

EEPROM 소자는 EPROM 기술과 다소 관련이 있지만, 회로 외부 프로그래밍이나 자외선을 이용해 소거하지 않아도 된다. 대신에, EEPROM 장치에서는 전기적 펄스를 제어해 메모리 소자를 선택적으로 소거할 수 있다.

구조에 따라 EEPROM 메모리 소자는 두 개의 트랜지스터로 구성된다. 그중 한 개 트랜지스터는 EPROM 트랜지스터와 유사해서 데이터를 저장하는 데 사용되고, 나머지 한 개 트랜지스터는 첫 번째 트랜지스터의 부동 게이트에서 전하를 소거하는 데 사용된다. 적절한 전압 수준을 두 번째 트랜지스터에 공급함으로써 EPROM처럼 전체 메모리 행렬을 소거하는 대신 개별 메모리 소자를 선택적으로 소거할 수 있다. EEPROM의 유일한 주요 단점으로는 두 개의 트랜지스터로 인한 크기의 문제를 들 수 있다. 그러나 오늘날에는 새로운 제조 공정이 도입되어 크기는 별 문제가 되지 않는다.

응용 측면에서 EEPROM은 전력이 나갔을 때 장치의 구성 내역과 조정 설정 내역을 기억하는 데 이상적이다. 예를 들어, EEPROM을 TV 동조기에서 찾아 볼 수 있는데, TV를 끌 때 채널을 설정이나 오디오 증폭기의 소리 크기 설정 등을 기억하는 데 사용된다. EEPROM은 메인 프로그램을 저장하거나 그 밖의 비휘발성 데이터를 저장하는 마이크로컨트롤러에도 사용된다.

▣ 플래시 메모리

플래시 메모리는 일반적으로 EPROM과 EEPROM의 최상의 기능을 결합한 ROM 기술의 차세대 단계로 간주된다. 이 장치는 회로 내 프로그래밍(EEPROM과 유사)과 높은 저장 밀도(EPROM과 유사)라는 이점을 모두 지니고 있다.

플래시 메모리의 일부 변종은 EEPROM과 같이 전기적으로 지울 수 있지만, EPROM과 마찬가지로 장치 전체를 기준으로 지우고 다시 프로그래밍해야 한다. 그 밖의 장치는 2중 트랜지스터 소자를 기반으로 하며, 단어 단위로 지우고 다시 프로그래밍할 수 있다. 플래시 장치는 쓰기 및 지우기 시간이 짧은 것으로 유명하며 EEPROM 장치보다 빠르다.

플래시 메모리는 대량 저장 장치로 널리 보급되고 있다. 대용량 플래시 메모리 카드를 사진기에 바로 꽂아서 수백 또는 수천 장이나 되는 고해상도 이미지를 저장할 수 있게 한 디지털 사진기에서 볼 수 있다. 디지털 음악 재생기, 휴대폰, 태블릿 등에도 사용된다.

마이크로컨트롤러는 종종 자신의 프로그램을 포함하는 플래시 메모리를 포함한다.

▣ 직렬 접근 기억 장치

지금까지 병렬 접근과 관련된 기억 장치를 살펴보았다. 이러한 장치는 주소 및 데이터 버스에 직접 자리 잡으므로 프로세서가 기억 장치에 신속하게 액세스할 수 있다. 직렬 접근 기억 장치(serial access memory)는 원칙적으로 사용하기 쉽다. 그러나 모든 주소 회선은 일반적으로 마이크로프로세서 기반 시스템 내의 주소 버스에 연결되므로 프로세서가 불안정해지면(부적절한 쓰기가 발생하면) 데이터가 부주의하게 파괴되는 경우는 드물다.

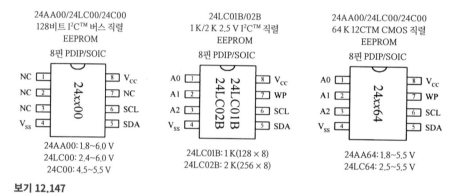프로세서에 대해 메모리를 '숨길' 수 있고, 총 핀 개수를 줄이는 또 다른 유형의 기억 장치는 직

역주 즉, 메모리와 프로세서 간

렬 접근 형식을 사용한다. 기억 장치와 처리 장치 간[역주]에 데이터를 옮길 때는 직렬 가변 연결이 사용된다. 이 직렬 가변 연결은 데이터 전송 시 프로세서가 우연히 데이터를 파괴할 가능성을 실질적으로 없애는 엄격한 프로토콜을 적용한다.

보기 12.147은 마이크로칩(Microchip)에서 제조한 직렬 EPROM 및 EEPROM 장치를 보여준다. EEPROM 장치에서 찾아볼 수 있는 SDA 핀은 주소 및 데이터 정보를 메모리 IC로 전송할 뿐만 아니라, 데이터를 프로세서로 전송하는 데 사용되는 양방향 데이터 리드 역할을 한다. SCL 핀은 장치와의 데이터 전송을 동기화하는 데 사용되는 직렬 클럭 입력이다. 24xx64 및 24LC01B/02B EEPROM에는 다중 장치 작동에 사용되는 특수 장치 주소 입력 A_0, A_1 및 A_2도 함께 제공된다. WP는 정상적인 메모리 동작(전체 메모리 읽기/쓰기)을 가능하게 하거나 쓰기 동작을 금지하는 데 사용된다.

마이크로칩에서 제조한 직렬 EPROM과 EEPROM 견본

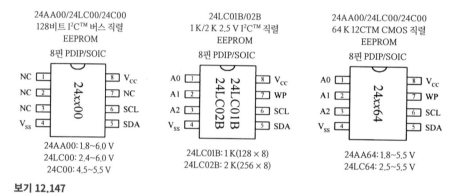

보기 12.147

직렬 프로토콜과 IC에서 IC로의 프로토콜의 변화 때문에 직렬 기억 장치를 제어하기가 다소 복잡하다. 이러한 직렬 기억 장치(데이터 기록이나 프로그래밍 및 유사한 작업을 저장하기 위한 마이크로컨트롤러 응용에 매우 유용)에 대해 더 자세히 알고 싶다면 다양한 제조업체의 웹 사이트를 확인하고 데이터시트를 읽어야 한다.

12.11.6 RAM

EEPROM과 같은 삭제 가능 프로그래머블 ROM 장치는 약 10만 회에 걸쳐 읽고 쓸 수 있을 만한 내구성이 없으며, 기억 장치에 쓰는 시간이 오래 걸린다. 일정한 주기로 빠르게 읽고 써야 하는 응용인 경우에는 RAM을 사용해야 한다. 이런 기억 장치는 마이크로프로세서 기반 응용 프로그램에서 데이터 및 프로그램 명령어의 임시 저장에 사용된다. 그러나 ROM 장치와 달리 RAM 장치는 휘발성이므로 IC에 전력이 끊기면 데이터가 손실된다.

RAM에는 두 가지 기본 유형이 있다.

- 정적 RAM: 정적 RAM(static RAM, SRAM) 장치에서 데이터는 플립플롭으로 구성된 메모리 소자에 저장된다. SRAM 메모리 소자에 기록된 비트는 덮어쓸 때까지나 전력이 나갈 때까지는 그대로 남게 된다.

- 동적 RAM: 동적 RAM(dynamic RAM, DRAM) 장치에서는 메모리 소자에 기록된 비트는 재생(refresh)하지 않거나 누설로 손실된 커패시터 전하를 보충하기 위해 주기적으로 클럭을 공급하지 않으면 밀리초 이내에 사라진다.

일반적으로 SRAM과 DRAM은 주로 전체 크기, 전력 소비, 속도 및 사용 용이성에서 차이가 난다. 크기 측면에서 볼 때 DRAM 장치는 SRAM 장치보다 단위 면적당 더 많은 데이터를 저장할 수 있는데, 이는 DRAM의 커패시터가 SRAM의 플립플롭보다 적은 공간을 차지하기 때문이다. 전력 소비 측면에서 보면 SRAM은 상시 재생을 하지 않아도 되므로 에너지 효율이 높다. 스피드와 사용 편의성 면에서 재생 회로가 필요 없기 때문에 SRAM이 우수하다.

응용 측면에서 보면 SRAM은 상대적으로 적은 양의 읽기/쓰기 메모리가 필요할 때 사용되며 대개 대기 전력이 매우 낮은, 응용에 특화된 특수 IC 내에서 찾아볼 수 있다. 예를 들어, 포켓 계산기와 같은 휴대용 장비에 자주 사용된다. 프로세서와 메모리 간에 고속 연동 장치를 제공하는 온칩 캐시 메모리로 작동하는 모든 최신 마이크로프로세서에 SRAM이 통합되어 있다. 반면에 DRAM은 컴퓨터 메모리 모듈과 같이 대량의 읽기/쓰기 메모리(메가 바이트 범위 내)가 필요한 응용에 사용된다.

대체로 RAM 메모리 IC를 따로따로 다루는 일을 염려하지 않아도 된다. 대부분의 경우 RAM이 이미 마이크로컨트롤러에 내장되어 있거나 컴퓨터의 메모리 뱅크에 꽂기만 하면 되는 PCB 메모리 모듈에 장착되어 있다. 두 경우 모두 기존 메모리 및 소프트웨어로 주소 지정, 재생 등을 처리할 수 있으므로 실제로 메모리 사용 방법을 알 필요가 없다. 이러한 이유로, 여기서는 다양한 개별 SRAM 및 DRAM IC에 대해 자세히 설명하지 않는다. 대신에 기본 내용을 알 수 있게 하는 일부 SRAM 및 DRAM 블록선도를 살펴본 다음, 컴퓨터에서 사용되는 SIMM 및 DIMM과 같은 일부 메모리 패키지에 대해 설명한다.

■ 아주 간단한 SRAM

보기 12.148에는 4096(4k) × 1비트 행렬로 설정된 아주 기본적인 SRAM이 나온다. 4096개의 서로 다른 메모리 위치에 주소를 지정하기 위해 12개 주소 회선을 사용한다. 각 위치마다 플립플롭이 있다. 메모리 행렬은 행을 식별하는 $A_0 \sim A_5$ 및 사용될 특정 위치를 정확히 나타내기 위해 열을 식별하는 $A_6 \sim A_{11}$이 있는 64×64 배열로 설정된다. 'Row Select(행 선택)'라는 레이블이 붙은 상자는 적절한 64개 중 1행을 식별하기 위한 6 대 64 디코더이다. 'Column Select(열 선택)'라고 표시된 상자는 적절한 64개 중 1열을 식별하기 위한 6 대 64 디코더이다.

새 데이터 비트를 메모리에 기록하려면 비트를 D_{IN}에 적용하고, 주소 지정 회선을 설정하고, Chip Select(칩 선택) 입력(CS)을 저준위(칩을 가용화)로 설정하며, Write Enable(쓰기 가능) 입력($\overline{WE}$)을 저준위로 설정한다(D_{IN} 버퍼를 가용화). 메모리에서 데이터를 조금 읽어 내려면 주소 회선을 설정하고 CS를 저준위로 설정하며 $\overline{WE}$를 고준위로 설정해 D_{OUT} 버퍼를 가용 처리한다. 보기 12.148에 나오는 타이밍 파형을 보라.

보기 12.148의 하위 회로와 같이 $4K \times 1$ SRAM IC 여덟 개를 함께 사용하면 메모리가 확장되어 $4K \times 8$을 구성하는데, 이는 간단한 8비트 마이크로프로세서 시스템에 유용하다. 주소 버스에 주소가 인가되면, 각 메모리 IC 내의 동일한 주소 위치가 동시에 액세스된다. 따라서 데이터 버스에 인가된 8비트 워드의 각 데이터 비트는 메모리 IC 내의 동일한 대응 주소 위치에 저장된다.

간단한 4K × 1비트 정적 RAM(SRAM)

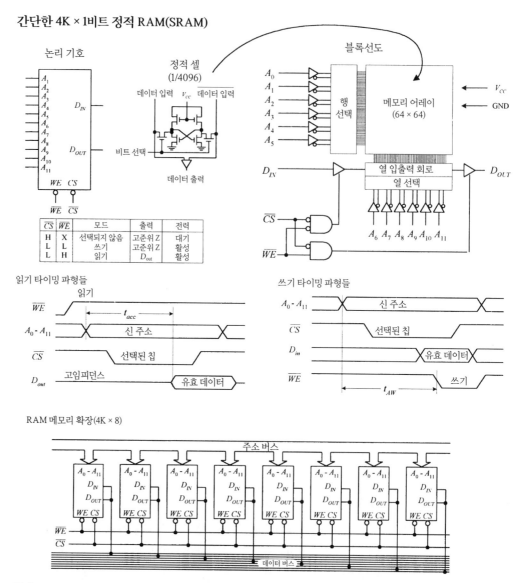

보기 12.148

$n \times 1$보다 구성이 큰 그 밖의 SRAM IC가 있다. 예를 들어, $n \times 4$ 또는 $n \times 8$로 구성되어 공급될 수 있다. $n \times 1$ 장치들과 마찬가지로 이러한 SRAM을 확장할 수 있다($n \times 8$ 장치 두 개를 결합해 $n \times 16$ 확장 메모리를 형성하거나 $n \times 8$ 장치 네 개를 결합해 $n \times 32$ 확장 메모리를 구성하거나 그 밖에도 이와 같은 방식으로 확장한다).

직렬 EEPROM과 유사한 인터페이스를 갖춘 직렬 SRAM도 사용할 수 있다. 사용 가능한 직렬 SRAM 종류를 보고 싶다면 http://ww1.microchip.com/downloads/en/DeviceDoc/22127a.pdf를 참조하라.

■ 비휘발성 SRAM에 대한 주의사항

많은 응용기기에 SRAM의 속도 및 주기 내성과 ROM 장치의 비휘발성 특성을 결합한 기억 장치가 있는 게 이상적이다. 이 문제를 해결하기 위해 제조업체는 비휘발성 SRAM을 만들었다. 이러한 장치 중 하나에는 저전력 CMOS SRAM에 리튬 전지 및 전력 감지 회로가 함께 들어있다. 칩에서 전력이 사라지면 전지가 박차고 들어와서는 플립플롭에 충분한 전압을 제공함으로써 설정(또는 재설정) 상태를 유지한다. 그러나 전지 백업을 지닌 SRAM은 리튬 전지의 예상 수명으로 인해 수명이 약 10년 정도이다.

전지 백업이 필요치 않은 그 밖의 비휘발성 SRAM을 비휘발성 RAM(nonvolatile RAM, NOVRAM)이라고 한다. 이 칩은 일반적인 SRAM 어레이와 병렬이 되게 백업용 EEPROM 메모리 어레이를 통합한 것이다. 정상 동작 중에 SRAM 어레이는 일반적인 SRAM처럼 쓰이고 읽힌다. 전력 공급 장치의 전압이 떨어지면 온보드 회로가 자동으로 전압 강하를 감지해 휘발성 SRAM 어레이의 모든 데이터를 비휘발성 EEPROM 어레이로 복사해 저장하는 작업을 수행한다. 칩 전원이 켜지면 NOVRAM이 자동으로 EEPROM 어레이의 모든 데이터를 SRAM 어레이로 복사해 되살리는 동작을 수행한다. NOVRAM은 기존의 SRAM과 같이 본질적으로 무제한으로 읽기/쓰기를 할 수 있는 내구성이 있지만 EEPROM 저장 횟수는 10,000번으로 제한되어 있다.

■ DRAM

보기 12.149에는 아주 기본적인 $16\,K \times 1$ DRAM이 나온다. 일반적으로 모든 16,384개의 메모리 위치 (커패시터)에 액세스하려면 14개 주소 지정 회선이 필요하다. 그러나 이 DRAM에서(가장 큰 규모의 DRAM 내에서와 같이) 주소 지정 회선의 수는 다중화에 의해 반으로 줄어든다.

주어진 메모리 위치를 지정하는 과정은 2단계다. 먼저 $A_0 \sim A_6$에 7비트 행 주소가 적용되고 행 주소 스트로브(row address strobe, $\overline{RAS}$)[역주1]가 저준위로 전송된다. 둘째, $A_0 \sim A_6$에 7비트 열 주소가 적용되고 열 주소 스트로브(column address strobe, $\overline{CAS}$)[역주2]가 저준위로 전송된다. 이 시점에서 메모리 위치는 래치되며 이제 $\overline{WE}$ 입력을 사용해 읽거나 쓸 수 있다. $\overline{WE}$가 저준위면 D_{in}을 통해 RAM에 데이터가 기록된다. $\overline{WE}$가 고준위일 때 D_{out}을 통해 RAM에서 데이터를 읽는다. 보기 12.149에 나오는 타이밍 파형을 보라.

이와 같은 간단한 DRAM 소자는 내부 커패시터의 전하를 보충하기 위해 2 ms마다 또는 더 빨리 재생되어야 한다. 간단한 장치의 경우 세 가지 방법으로 셀을 재생한다. 읽기(Read) 주기를 사용하거나 쓰기(Write) 주기를 이용하거나 주기만 사용하는 방식이 그것이다. 2 ms마다 128행을 읽거나 쓰지 않는 한 $\overline{RAS}$ 주기만을 쓰는 기술이 선호된다. 이 주기를 수행하기 위해서는 $\overline{CAS}$를 고준위로 설정하고, $A_0 \sim A_6$을 낮은 주소인 000 0000으로 설정하고, $\overline{RAS}$를 저준위로 펄스하고, 그런 다음 낮은 주소를 1만큼 증가시키는데, 마지막 두 단계는 128개 행을 모두 액세스할 때까지 반복된다.

보다시피, 타이밍 파형을 가져와 메모리를 재생하기가 정말 어렵다는 점을 생각해 봐야 한다. 이러한 이유로 제조업체는 DRAM 컨트롤러를 제작하거나 실제로 DRAM IC 내에 자동 재생 회로를 통합한다. 즉, 오늘날의 DRAM에는 모든 '정리 작업' 기능이 내장되어 있다. 사실을 말하자면, DRAM이 사용자에게는 정적으로 보인다.

[역주1] 즉, 행 주소 선택 신호
[역주2] 즉, 열 주소 신호

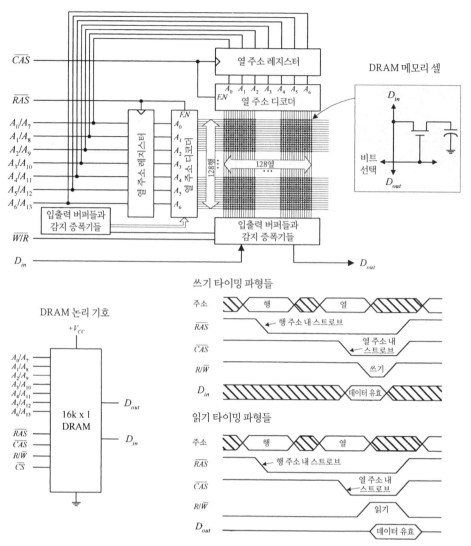

간단한 16K × 1 동적 RAM(DRAM)

$\overline{CAS}$

열 주소 레지스터

A_0 A_1 A_2 A_3 A_4 A_5 A_6

EN 열 주소 디코더

DRAM 메모리 셀

$\overline{RAS}$

A_0/A_7
A_1/A_8
A_2/A_9
A_3/A_{10}
A_4/A_{11}
A_5/A_{12}
A_6/A_{13}

행 주소 레지스터

EN
A_0
A_1
A_2
A_3
A_4
A_5
A_6

행 주소 디코더

128행

128열

D_{in}

비트 선택

D_{out}

입출력 버퍼들과 감지 증폭기들

$\overline{W/R}$

입출력 버퍼들과 감지 증폭기들

D_{in}

D_{out}

DRAM 논리 기호

$+V_{CC}$

A_0/A_7
A_1/A_8
A_2/A_9
A_3/A_{10}
A_4/A_{11}
A_5/A_{12}
A_6/A_{13}

16k x 1 DRAM

D_{out}

D_{in}

$\overline{RAS}$
$\overline{CAS}$
$R/\overline{W}$
$\overline{CS}$

쓰기 타이밍 파형들

주소   행   열

$\overline{RAS}$ 행 주소 내 스트로브

$\overline{CAS}$ 열 주소 내 스트로브

$R/\overline{W}$ 쓰기

D_{in} 데이터 유효

읽기 타이밍 파형들

주소   행   열

$\overline{RAS}$ 행 주소 내 스트로브

$\overline{CAS}$ 열 주소 내 스트로브

$R/\overline{W}$ 읽기

D_{out} 데이터 유효

보기 12.149

DRAM 기술은 매우 빠르게 변화하고 있다. 오늘날 ECC DRAM, EDO DRAM, SDRAM, SDRAM II, RDRAM 및 SLDRAM과 같은 이름의 DRAM 유사 장치가 있다(이번 장의 마지막 부분에서 이 중 일부에 대해 설명한다).

■ 컴퓨터 기억 장치

언급했듯이 일반적으로 RAM에 대해 걱정할 필요가 없다. (유일한 예외라면, 많은 EEPROM과 유사한 응용에 사용되는 NOVRAM일 것이다.) RAM은 일반적으로 마이크로컨트롤러와 같은 칩에 사전에 통합되어 있거나, 컴퓨터의 메모리 뱅크 소켓에 끼워 쓰는 싱글 인라인 메모리 모듈(single in-line memory modules, SIMM) 또는 듀얼 인라인 메모리 모듈(dual in-line memory modules, DIMM)과 같은 핀을 줄인 장치에 배치된다. 두 경우 모두, 마이크로컨트롤러나 컴퓨터를 처음부터 설계하려고 하지 않는다고 가정할 필요가 없다. 지금은 사람들이 컴퓨터에 구입할 RAM 모듈의 종류를 파악하는 데만 관심을 둔다.

컴퓨터 내에서 RAM은 작업을 완료하는 데 필요한 임시 명령과 데이터를 저장하는 데 사용된다. 이렇게 하면 컴퓨터의 CPU가 메모리 내 명령어와 저장 데이터에 매우 빠르게 액세스할 수 있다. 예를 들어, CPU가 워드프로세서나 페이지 레이아웃 프로그램과 같은 응용 프로그램을 메모리에 실을 때, CPU는 하드 디스크나 외장형 디스크와 같은 곳에서 비트나 단편을 검색하지 않고도 원하는 내용을 빨리 찾을 수 있다. RAM이 빠르려면 컴퓨터의 CPU와 직접 통신해야 한다. 초기에는 메모리를 컴퓨터의 시스템 기판(주 기판)에 직접 납땜했다. 그러나 시간이 흐르면서 더 많은 메모리가 필요해짐에 따라 기판 위에 고정한 메모리가 실용적이지 못하게 되었다. 오늘날 컴퓨터는 메모리 뱅크에 확장 슬롯을 배치하는 식으로 구비하고 있다. 메모리 뱅크 수와 특정 구성은 컴퓨터의 CPU 및 CPU가 정보를 수신하는 방법에 따라 달라진다.

역사적으로 컴퓨터는 처음에는 SIMM 또는 DIMM 메모리 모듈을 사용했다. 두 가지 유형의 모듈 모두 동적 RAM IC를 핵심 요소로 사용한다. 실제 SIMM 또는 DIMM 모듈은 PCB와 유사하며 모듈을 사용해 CPU에 필요한 비트 폭을 제공하기 위해 온보드로 확장된 다수의 RAM IC를 수용한다. SIMM 또는 DIMM 모듈을 설치하려면 마더보드에 있는 컴퓨터 메모리 뱅크 소켓 중 하나에 모듈을 넣기만 하면 된다. 많은 컴퓨터 시스템은 168핀 DIMM을 사용한다. 구형 펜티엄 및 후반 486 PC는 일반적으로 72핀 SIMM을 사용하지만 구형 PC는 일반적으로 30핀 SIMM을 사용한다.

표준 크기 DIMM 메모리를 변형한 게 SODIMM이다. SODIMM(small outline DIMM)은 전기적으로 표준 DIMM과 같지만 크기는 작으며 노트북 컴퓨터용으로 설계됐다.

■ DIMM

DIMM에는 전기적으로 절연된 핀이 있어 별도의 두 접점을 형성한다. DIMM은 64비트 이상의 메모리 버스를 지원하는 컴퓨터 구성에서 주로 사용된다.

새로운 차세대 메모리에는 메모리를 실수로 잘못 삽입하지 못하도록 전략적으로 배치된 슬롯과 더불어 새로운 형식의 DIMM을 제공한다.

DDR3 메모리는 240핀 DIMM으로 제공된다. 보기 12.150은 168핀 DIMM 패키지로 제공되는 구형 16 M × 64비트 동기식 DRAM의 다소 간단한 샘플 패키지를 보여준다.

16M × 64비트 싱크로너스 DRAM 모듈
인쇄 회로 기판(파이프라인 구조)에 168핀 DIMM 패키지와 함께 16 DRAM들을 포함한다.
인텔 펜티엄 또는 IBM의 파워PC 프로세서를 지원한다.

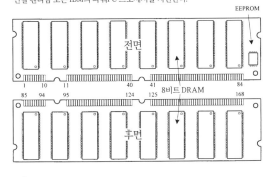

A0 ~ A11	주소 입력
BA 0, 1	뱅크 선택
DQ0 ~ DQ63	데이터 입력/출력
/CS0 ~ 3	칩 선택
/RAS	행 주소 스트로브
/CAS	열 주소 스트로브
/WE	쓰기 가능
DQMB0 ~ 7	출력 불용/쓰기 마스크
CLK0 ~ 3	클럭 입력
CKE0, 1	클럭 가용
SDA	PD에 대한 직렬 데이터/주소
SCL	PD에 대한 클럭
SA0 ~ 2	PD에 대한 주소
VDD	선력(+3.5V)
VSS	접지
NC	연결하지 않음

보기 12.150

■ 컴퓨터 기억 장치에 사용되는 DRAM 기술

오늘날 많은 DRAM 기술이 컴퓨터 기억 장치 모듈에 통합되어 있다. 확장 데이터 출력(extended Data Out, EDO) 메모리는 EDO를 지원하는 CPU가 표준 DRAM 칩보다 10~20% 빠른 메모리 액세스를 가능하게 해주는 기술이다.

역주 즉, 동기식 동적 램

DRAM의 또 다른 변형은 싱크로너스 DRAM(synchronous DRAM, SDRAM)^{역주}으로, 클럭을 사용해 메모리칩의 입출력 신호를 동기화한다. 클럭은 CPU 클럭과 조정되어 메모리칩 타이밍과 CPU 타이밍이 동기화된다. 싱크로너스 DRAM은 명령 실행 및 데이터 전송에 소요되는 시간을 줄여 주므로 컴퓨터의 전반적인 성능이 향상된다. SDRAM을 사용하면 CPU는 EDO 메모리보다 약 25% 빠르게 메모리에 액세스할 수 있다.

역주 미국 램버스(Rambus)에서 개발한 동적 램

2배속 SRAM(double-data-rate SRAM, DDR 또는 SDRAMM Ⅱ)은 시스템 클럭의 상승 및 하강 가장자리에서 데이터를 읽을 수 있는 SDRAM의 더 빠른 버전이므로 메모리칩의 데이터 속도를 두 배로 높인다. 램버스 DRAM(Rambus DRAM, RDRAM)^{역주}은 표준 DRAM보다 약 10배 빠른 속도로 데이터를 전송하기 위해 고 대역폭 '채널'을 사용하는 매우 빠른 DRAM 기술이다.

마이크로컨트롤러

마이크로컨트롤러란 본질적으로 칩에 들어 있는 컴퓨터다. 이것에는 처리 장치, ROM, RAM, 직렬 통신 포트, ADC 등이 들어 있다. 본질적으로 마이크로컨트롤러는 모니터와 키보드와 마우스가 없는 컴퓨터다. 이 장치를 마이크로컨트롤러(microcontroller)라고 부르는 이유는 작고(마이크로) 기계장치나 도구 등을 제어(컨트롤)하기 때문이다.

이 장치를 사용해서 '똑똑한' 기계를 만들 수 있다. 프로그램을 호스트 컴퓨터에서 작성한 후, 해당 프로그램을 PC의 USB나 직렬 포트 또는 병렬 포트를 거쳐 마이크로컨트롤러로 내리고 나서, 프로그램 작성용 케이블을 떼어 내면 해당 프로그램이 기계 장치에서 작동한다. 예를 들어, 전자레인지의 경우에 단일 마이크로컨트롤러에 모든 필수 영양소가 등록되어 있어 단추를 눌러 선택할 수 있으며, 정보를 표시 창에 나타내고, 가열 장치를 제어하고, 요리 시간과 같은 데이터를 저장한다.

말 그대로, 사용 가능한 마이크로컨트롤러 종류는 헤아릴 수 없이 많다. 그중 어떤 것은 프로그램을 한 번만 작성해 넣을 수 있는데(one-time-programmable, OTP), 이는 일단 프로그램을 ROM(OTP_ROM)에 구워 넣은 다음에는 프로그램을 변경할 수 없다는 뜻이다. OTP 마이크로컨트롤러를 전자레인지, 자동식기세척기, 자동 감지 시스템 및 응용 분야에 특화된 장치들에서 사용하는데, 이런 경우라면 핵심 프로그램을 굳이 다시 변경하지 않아도 된다. 그 밖에도 프로그램을 써 넣을 수 있는 마이크로컨트롤러들이 있는데, 이는 ROM(EPROM이나 EEPROM 또는 플래시 등)에 저장된 프로그램을 필요한 시기에 다시 변경할 수 있다는 의미로, 향후에 입출력 장치가 필요할 수도 있는 시험 장비를 시범 제작한다거나 시범 설계할 때 유용한 특징이다.

마이크로컨트롤러를 자전거용 전조등, 데이터 등록 장치, 모형 비행기나 모형 자동차와 같은 장난감, 자동차의 브레이크 잠금 방지 시스템, 영상 녹화 장치, 전자레인지, 경보 장치, 연료 주입기, 훈련 장비, 그 밖의 다양한 물품에서 찾아볼 수 있다. 로봇 제조에도 쓰여서, 마이크로컨트롤러는 로봇의 두뇌처럼 작동해, 빛 감지기, 스테퍼 모터와 서보 모터, 온도 감지기, 스피커와 같은 다양한 입출력 부분들을 제어하고 감시하는 역할을 한다. 프로그램을 조금 더 수가하면 로봇이 물체를 피하고, 마루를 쓸고, 문제(예를 들면, 전력이 부족하다거나 넘어졌다는 점)가 생겼다는 점을 알리는 다양한 소리를 만들어 내고, 청소를 마치게 할 수 있다. 마이크로컨트롤러 응용 분야는 무한해서 아주 폭넓게 사용되며 가격도 저렴하다.

13.1 마이크로컨트롤러 기본 구조

보기 13.1에는 다양한 마이크로컨트롤러 내에서 찾을 수 있는 기본 구성요소가 나온다. 이 요소들로는 CPU, ROM(OTP-ROM, EPROM, EEPROM, 플래시), RAM, 입출력 포트, 타이밍 회로/리드, 인터럽트 제어, 시리얼 포트 어댑터(UART이나 USART와 같은), ADC/DAC 등이 있다.

마이크로컨트롤러의 기본 구성요소들을 아주 간단하게 살펴본 것

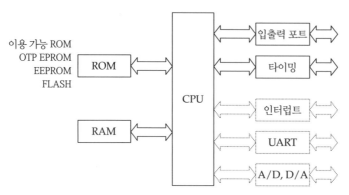

이용 가능 내부 아키텍처: RISC, SISC, CISC, 하바드, 폰노이만

보기 13.1

CPU는 ROM에서 사용자가 넣어 둔 프로그램 명령어들을 찾고, RAM에는 프로그램이 실행되는 동안에 필요한 임시 데이터를 저장한다. 입출력 포트는 CPU에서 명령을 받거나 CPU로 명령을 보내는 외부 장치를 연결하는 데 사용한다.

직렬 포트 어댑터를 사용해 마이크로컨트롤러와 PC 간 또는 두 개의 마이크로컨트롤러 간에 직렬 통신을 할 수 있다. 어댑터는 두 장치 간에 공유되는 데이터 흐름의 서로 다른 속도를 제어하는 역할을 맡는다. 여기서는 마이크로컨트롤러 내에서 찾아볼 수 있는 직렬 포트 어댑터를 보기로 들었는데, 이러한 것들로는 범용 비동기 송수신기(universal asynchronous receiver transmitter, UART)와 범용 동기/비동기 송수신기(universal synchronous/asynchronous receiver transmitter, USART)를 들 수 있다. UART로는 비동기 직렬 통신을 처리하고, USART로는 동기 또는 비동기 직렬 통신을 처리한다. 여기서 한 걸음 더 나아가 칩상에 범용 직렬 버스(Universal Serial Bus, USB)용 인터페이스가 들어 있는 마이크로컨트롤러도 있다.

인터럽트 서비스 루틴(interrupt service routine)이라고 부르는 특별한 루틴을 처리하기 위해 작동 중인 프로그램을 잠시 중단시켜야 할 때는 인터럽트 시스템을 사용한다. 이는 중요한 정보를 나타내는 외부 센서가 전달하는 데이터와 같이 즉각적인 주의가 필요한 외부 데이터에 마이크로컨트롤러가 응답하는 능력에 달려 있다. 예를 들어, 물건이 너무 뜨거워지거나 너무 가까워지는 상황처럼 말이다. 타이머/계수기는 비트를 움직이는 데 필요한 구동력을 제공하기 위해 장치를 '클럭(clock)'하는 데 사용된다. 내장형 ADC나 DAC에 딸려 오는 마이크로컨트롤러는 대부분 온도 감지기, 변형률 게이지, 위치 센서와 같은 아날로그 변환기와 인터페이스를 하는 데 사용할 수 있다.

13.2 마이크로컨트롤러 예

마이크로컨트롤러 제품군(family)은 아주 다양하다. 가장 인기 있는 제품군 두 가지를 아트멜 (Atmel)과 마이크로칩(Microchip)이라는 곳에서 제작한다. 이 절에서는 이 두 제조업체에서 만든 마이크로컨트롤러들을 자세히 다룬다.

13.2.1 ATtiny85 마이크로컨트롤러

역주 즉, 천공형

아트멜의 ATtiny85 마이크로컨트롤러는 8핀 IC로 표면 실장형 및 스루홀(through-hole)^{역주} DIL(dual in-line) 패키지 형태 두 가지를 모두 사용할 수 있다. 이 장치는 최소한의 외부 부품들을 다루기 위해 설계된 것이다. 이러한 작은 패키지들 안에 무엇이 들어 있는지를 보기 13.2에 나타냈다.

ATtiny 블록선도

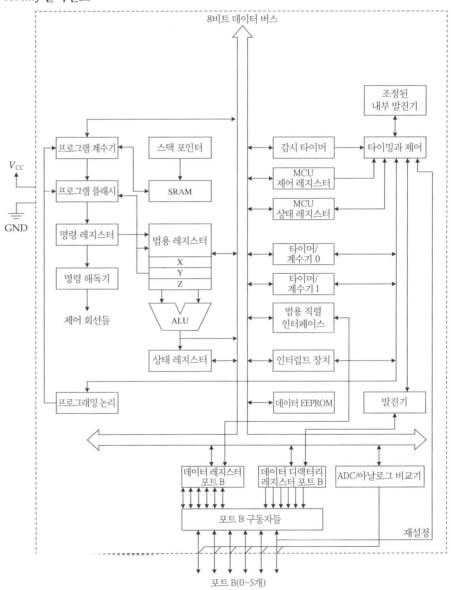

보기 13.2

ATtiny85에는 서로 다른 세 종류의 메모리가 들어 있다.

- 8 kB 플래시 메모리에는 프로그램 명령들이 들어 있다.
- 256바이트 SRAM은 명령들이 실행되는 동안 데이터를 담는 데 사용된다.
- 512바이트 용량의 EEPROM은 변하지 않는 데이터를 저장하는 데 사용되므로 전력이 끊어져도 데이터를 보존할 수 있다.

감시 타이머(watchdog timer)를 사용하면 마이크로컨트롤러를 대기 상태(sleep mode)로 두어 무시할 만한 전력만 쓰게 할 수 있다. 일정 시간이 지나고 나면 감시 타이머는 마이크로컨트롤러를 다시 작동시킨다.

이 장치는 부정확한 자체 발진기를 사용하거나, 입력이나 출력에 사용되는 핀 중 2개를 희생시켜 외부 수정 발진기를 사용하는 일을 두 가지 다 할 수 있다.

두 개의 타이머를 사용해 내부 인터럽트를 생성할 수 있는데, 이는 일부 코드를 주기적으로 실행되게 하는 트리거(trigger)역주 역할을 한다. 핀의 준위 변화에 따라 트리거되는 외부 인터럽트도 할 수 있다.

모든 입출력 핀들을 내부 ADC(analog digital converter)역주에서 사용할 수도 있다.

또한 USB, I²C(Inter-Integrated Circuit) 및 직렬을 포함하는 다양한 유형의 직렬 버스와 통신할 수 있는 범용 직렬 인터페이스가 ATtiny에 있다. 13.5절에서 이러한 것들을 더 자세히 다룬다.

■ 외부 부품 최소화

보기 13.3은 ATtiny를 사용해 무언가를 만드는 데 필요한 부품 개수를 보여준다. 예를 들어, LED가 깜박이는 속도를 제어하는 데 사용할 수 있는 아날로그 입력으로 사용될 핀에 전위차계(potentiometer)역주를 연결한다.

ATtiny85 LED 점멸기

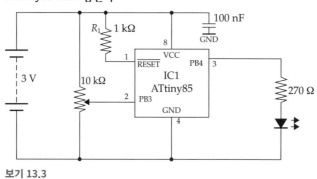

보기 13.3

R_1 저항기는 재설정(RESET) 핀에서 VCC로 곧바로 연결하는 방식으로 대체될 수 있지만, 여기서 저항기를 사용하면 재설정 핀을 저준위로 설정해 프로그래밍을 하면서 필요한 재설정을 할 수 있다.

이 칩은 10 MHz 이하의 클럭 주파수에서 2.7~5.5 V의 공급 전압으로 작동할 수 있어 3 V 리튬 셀이나 AA 전지 두 개로 작동하는 데 적합하다. 클럭 주파수를 프로그래밍 중에 설정할 수 있으며, ATtiny가 실제로 실행되는 동안 프로그램 코드에서 클럭 주파수를 변경할 수도 있다. 주로 전력을 덜 쓰기 위해 클럭 주파수를 제어한다. 1 MHz에서는 전력을 300 µA로 낮출 수 있으며, 절전 모드에서 감시 타이머의 인터럽트를 기다리는 동안의 전력 소모량은 0.1 µA에 불과하다.

555 타이머(555 Timer)를 사용해서도 만들 수도 있는 것을 마이크로컨트롤러를 사용해 만드는 이유가 궁금할 수도 있다. 글쎄, 그러지 말아야 할 이유가 있을까? 마이크로컨트롤러가 555 타이머보다 비싸기는 하지만, 기껏해야 1달러 차이밖에 나지 않고 마이크로컨트롤러를 사용하면 부품을 조금이라도 덜 사용하게 된다. 또한, 훨씬 더 유연하게 다룰 수 있다. 전위차계가 클럭의 가장 반대 방향으로 놓는 식으로, 이 같은 하드웨어를 사용해 LED를 완전히 끄는 것과 같은 영리한 기법을 수행할 수 있다. 그리고 무언가를 해 볼 수 있는 입출력 핀들이 아직 사용하지 않은 채로 남아 있다.

마이크로컴퓨터를 사용할 때는 프로그램이 필요하다는 점이 걸림돌이 된다. 그러므로 궁극적으로 제품이 될 만한 것을 정말로 만들 생각이라면, 마이크로컨트롤러를 마이크로컴퓨터에 포함시키는 편이 좋다.

■ AVR 스튜디오를 사용한 ATtiny 프로그래밍

ATtiny의 제조사인 아트멜에서는 AVR 스튜디오(보기 13.4)라고 부르는 통합 개발 환경(integrated development environment, IDE)을 제공해 마이크로프로세서 프로그램을 작성하는 과정에서 겪을 고통을 줄여준다.

깜박이(Blink)라는 프로그램을 작성하는 데 쓰이는 AVR 스튜디오

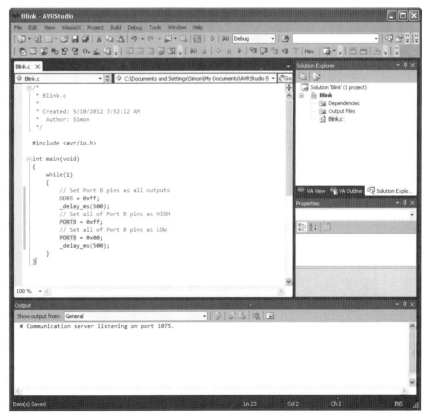

보기 13.4

보통 ATtiny에 프로그램을 써 넣을 때는 C 언어를 쓰는데, 이 언어를 사용하면 성능과 가독성이 좋아진다. 가독성(readability)이란, 프로그램 작성자가 아닌 사람이 프로그램을 이해하기 쉽게하는 특성을 의미한다.

표준 AVR 스튜디오에서 이러한 일을 더 유연하게 더 잘 할 수 있지만, 작성해야 할 C 언어는 심하게 저수준 언어이고 베이직 스탬프(BASIC Stamp) 언어만큼 접근하기가 쉬운 게 아니다.

■ 아두이노를 사용한 ATiny 프로그래밍

많은 사람들이 아두이노(Arduino) 라이브러리를 사용해 손쉽게 코드를 작성한다. 라이브러리에 유틸리티 함수가 모두 들어 있는데, 이는 얼마간 베이직 스탬프 언어에서 찾아볼 수 있는 명령들과같다. 아두이노 라이브러리는 AVR 마이크로컨트롤러에 유용한 라이브러리인 와이어링(Wiring)이라는 프로젝트에서 개발되어 나왔다. 이것은 주로 아두이노 개발 보드들에서 사용된다(13.4절 참고). 그렇지만 아두이노 통합개발환경(AVR 스튜디오와는 다른 것)을 ATtiny85가 포함된, 'AVR 8-bit'범위에 들어 있는 대다수 프로세서에 쓰일 프로그램을 작성하는 데 사용할 수 있다.

보기 13.4에 나오는 하드웨어를 제어할 수 있는 프로그램을 아두이노 통합개발환경에서 나타냈다(보기 13.5).

ATtiny와 함께 쓰이는 아두이노 IDE

보기 13.5

아두이노 통합개발환경은 오픈소스로서 맥, 리눅스, 윈도우 시스템에서 작동한다. ATtiny 마이크로컨트롤러를 사용하면서 아두이노 통합개발환경을 만들려면 여분의 구성과 라이브러리 파일중 일부를 더 설치해야 한다. MIT에서 이렇게 하는 데 필요한 명령들을 개발했는데, 내려받기 및 설치에 관한 자세한 내용을 http://hlt.media.mit.edu/?p=1695에서 찾을 수 있다.

모든 것을 갖춘 아두이노 보드를 사용하는 대신에 여기 나오는 ATtiny 마이크로컨트롤러를 사용하면, 비용을 절감할 수 있고(ATtiny 한 개는 1달러나 그보다 작다) 전력을 덜 소비할 수 있다. 13.4절에서 아두이노 라이브러리를 만나 보게 될 것이다.

마이크로컨트롤러용 프로그램을 작성할 때 AVR 스튜디오를 쓰든 아두이노를 쓰든 컴퓨터의 USB 포트에 연결된 USB 프로그래밍 하드웨어가 필요하다. 해당 프로그램 작성 장치들에는 인서킷 시스템 프로그래밍(in-circuit system programming, ICSP)^{역주}라고 부르는 기술이 쓰이는데, **_{역주} 회로 내 프로그램 작성** ATtiny상의 핀들에 연결된 6핀 헤더를 사용한다. 이것이 프로그램 작성 장치가 사용하는 핀 중 하나이기 때문에 저항기를 사용해 재설정 핀을 묶어 두는 이유 중 하나다. 개발 시 회로용 PCB 에 이 헤더를 흔히 설계해 두며, 이렇게 함으로써 펌웨어에 쉽게 변경 사항을 적용할 수 있다.

■ 그 밖의 ATtiny 마이크로컨트롤러

입출력 핀이 더 필요하다고 여겨지거나 더 적은 메모리를 사용해 비용을 절감할 수 있다면, ATtiny 제품군 중 다른 마이크로컨트롤러를 사용해 보고자 할 수도 있을 것이다. 아트멜의 웹사이트(https://www.microchip.com/)에 이 회사가 출시한 모든 마이크로컨트롤러에 대한 비교표가 실려 있다.

13.2.2 PIC16Cx 마이크로컨트롤러

ATtiny85 마이크로컨트롤러를 대충 살펴보면서 마이크로칩(Microchip)에서 제조한 경쟁 제품들 중 몇 가지에 대해서도 살펴볼 것이다. ATTiny 제품군과 마찬가지로 이 회사에서 내놓은 것도 8비트 마이크로컨트롤러다.

보기 13.6에 마이크로칩에서 내놓은 마이크로컨트롤러인 PIC16Cx 제품군을 나타냈다. 내부 구조도^{역주}를 보면 알겠지만, 마이크로컨트롤러 칩에는 CPU, EPROM, RAM, 입출력 회로가 들어 **_{역주} 즉, 내부 아키텍처 다이어그램** 있다. 이 구조는 프로그램과 데이터용으로 분리된 버스와 메모리를 사용하는 레지스터 파일 개념을 바탕으로 한 것이다(하버드 아키텍처). 이렇게 함으로써 작업을 병렬로 처리할 수 있게 된다. 명령이 '사전 페치(pre-fetched)'되어 있으므로 현재 명령이 데이터 버스에서 실행된다.

PIC16C56의 프로그램 메모리(EPROM) 공간은 1,024워드인 반면에 PIC16C57의 공간은 2,048워드이다. 8비트 크기 ALU에는 임시 작업 레지스터가 한 개 들어 있어 작업 레지스터에 저장된 데이터와 모든 파일 레지스터 사이에서 산술 및 부울 함수를 수행한다. ALU와 레지스터 파일은 최대 80개의 주소 지정이 가능한 8비트 레지스터로 구성되며, 입출력 포트는 8비트 폭의 데이터 버스를 통해 연결된다. 32바이트 RAM에 대해 직접 주소 지정이 가능한 반면에 나머지 32바이트에 대해서는 뱅크 전환을 통해 액세스된다.

마이크로칩(Microchip)의 PIC16C57 마이크로컨트롤러

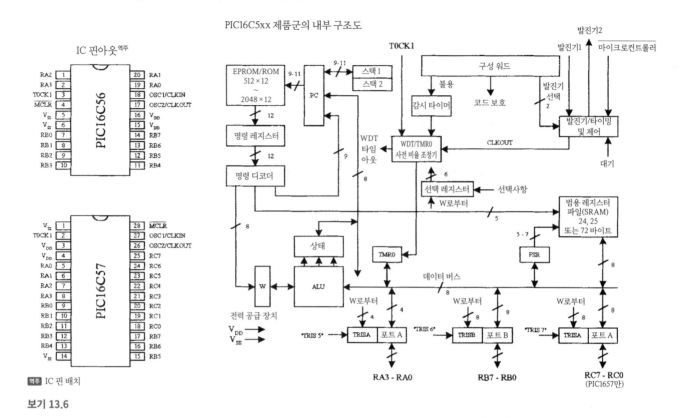

PIC16C5xx 제품군의 내부 구조도

IC 핀아웃^{역주}

역주 IC 핀 배치

보기 13.6

비트 자리이동이 일어나게 하려면(클록 생성) PIC 컨트롤러에는 핀 OSC1 및 OSC2에 연결된 수정 또는 세라믹 공진기가 필요하다. PIC 마이크로컨트롤러의 수행 성능은 20 MHz 클록 주파수에서 초당 500만 명령어(5MIPS)에 도달한다. 감시 타이머도 포함되어 있는데, 이것은 외부 부품 없이도 자유롭게 동작하는 온칩^{역주} RC 발진기이다. 클럭이 정지된 상태에서도 발진기가 작동하므로 컨트롤러 작동 유무와 별개로 재설정할 수 있다.

역주 칩에 들어 있는

또한 이 칩에는 광센서, 스피커, LED 또는 기타 논리 회로와 같은 외부 장치에 연결할 수 있는 다수의 입출력 핀이 있다. A 포트(RA3-RA0), B 포트(RB7-RB0), C 포트(RC7-RC0)라는 세 가지 포트 부분으로 나뉘는 입출력 핀 열두 개가 따라 들어온다. PIC16C57에는 PIC16C56보다 입출력 핀이 여덟 개나 더 있다.

■ PIC 마이크로컨트롤러 프로그래밍

마이크로컨트롤러는 입출력 포트를 통해 데이터를 추가, 비교, 표본 추출 및 출력하는 등의 다양한 작업을 수행하기 위해 일련의 기계 코드 명령어(1과 0)를 사용한다. 이러한 기계 코드 명령어^{역주1}는 일반적으로 PC에 연결된 프로그래밍 장치를 통해 내장 ROM(EPROM, EEPROM 또는 플래시)에 프로그래밍된다. 그렇지만 실제 프로그래밍을 기계 코드로 하지는 않는다. 대신에 PC에서 작동하는 편집 프로그램^{역주2}을 사용해 고수준 언어로 작성한다. 사용되는 고급 언어는 C와 같은 대중적인 언어이거나 제조업체가 마이크로컨트롤러에 있는 모든 기능을 최적화하기 위해 만든 특별 맞춤 언어일 수 있다. 사용자는 어셈블리 언어로 되돌아가 메모리 사용량과 프로그램

역주1 즉, 기계어 명령
역주2 에디터(editor)

크기를 줄임으로써 최고 성능을 발휘하게 할 수도 있지만 그만큼 코드를 읽기가 어려워진다.

제조업체가 제공하는 매뉴얼과 소프트웨어를 사용해 마이크로컨트롤러에 할 일을 알려주는 문장을 작성하는 방법을 배울 수 있다. 편집 프로그램에 명령문을 입력한 다음 컴파일 옵션이나 실행 옵션 사용해 구문 오류를 확인하라. 일단 프로그램이 준비되었다고 생각한다면 프로그램을 저장하고 컴파일러 프로그램을 실행해 프로그램을 기계어로 변환한다. 프로그램에 오류가 있다면, 컴파일러는 변환 작업을 중단할 수도 있다. 이런 경우에는 더 이상 진행하지 말고 다시 텍스트 에디터로 돌아가 버그를 고쳐야 한다.

일단 버그를 제거하고 나서 프로그램이 제대로 컴파일이 된다면, 소프트웨어의 세 번째 부분을 사용해 프로그램을 마이크로컨트롤러에 싣는다. 이를 위해서는 이전 단원에서 설명한 대로 회로에서 마이크로컨트롤러를 물리적으로 제거하고 호스트 PC에 연결된 특수 프로그래머 장치에 배치하거나 ICSP를 사용할 수 있다.

인터프리터 대신에 컴파일러를 사용해서도 이 일을 할 수 있다. 인터프리터(interpreter)는 호스트 PC에 상주하기보다는 마이크로컨트롤러의 ROM 내부에 상주하는 고수준 언어 번역기이다. 이에 따라 작성한 프로그램을 저장하는 데 필요한 외부 ROM(EPROM, EEPROM, 또는 플래시)이 한 개 더 필요하다. 인터프리터는 PC에서 고수준 언어로 작성된 코드를 받아 즉석에서 해당 코드를 해석해 외부 ROM에 번역된 코드(기계 코드)로 치환해 놓음으로써 마이크로컨트롤러에서 사용할 수 있게 한다.

인터프리터가 소중한 온칩 메모리 공간을 소비하므로 인터프리터 방식에서는 메모리가 낭비되는 것처럼 보일 수도 있다. 또한 인터프리터를 사용하게 되면 속도가 느려지는데, 이는 외부 메모리에서 프로그램 명령어들을 검색해야 하기 때문이다. 그럴지라도 인터프리터를 사용해 얻을 수 있는 중요한 이점이 있다. 보드 내에서 인터프리터가 즉석에서 번역하기 때문에 호스트 프로그램과 마이크로컨트롤러 간의 즉시적이고 상호적인 관계가 형성된다. 이렇게 하면 프로그램을 작성한 후에 즉석에서 코드 중 일부 부분을 실행하거나 여러 덩어리를 마이크로컨트롤러로 옮겨 코드를 시험해 봄으로써 코드의 특정 부분이 잘 동작하는지를 살펴볼 수 있다. 소스 코드를 만드는 데 사용되는 호스트 프로그램에는 컴퓨터 화면에 결과(예: 지정된 입출력 핀의 논리 상태)를 표시함으로써 프로그램이 마이크로컨트롤러 내에서 실행되는 동안 프로그래밍 오류나 물리적 배선 오류가 발생할 수 있는 위치를 테스트할 수 있는 디버깅 기능이 있다. 이렇게 함으로써 프로그램 내의 음향 형성 루틴이라든가 스테퍼 모터 제어 루틴이라든가 그 밖의 루틴과 같은 특정 작업들을 완벽하게 할 수 있다.

인터프리터 방식 코드(다음 차례에 다룰 베이직 스탬프)와 컴파일 방식 기계 코드(AVR 스튜디오)의 중간쯤에 해당하는 방식은 자체 EEPROM(아두이노)에 부트 로더가 설치되어 있는 마이크로컨트롤러를 사용하는 것이다. 이런 접근 방식에서는 작은 부트 로더 프로그램이 마이크로컨트롤러의 플래시 메모리로 일단 한 차례 설치된다. 그런 다음, 부트 로더 프로그램이 마이크로컨트롤러가 재설정될 때마다 실행되어 직렬 포트를 통해 들어오는 프로그래밍 명령어들을 점검하게 된다. 부트 로더 프로그램이 그러한 명령어들을 발견하면 장치의 플래시 메모리로 직렬 데이터를 읽어 들여 실행할 수 있게 한다. 이렇게 되면 특정 프로그래밍 하드웨어가 필요 없게 된다.

■ 베이직 스탬프를 사용한 PIC 프로그래밍

베이직 스탬프(BASIC Stamp)는 본질적으로 인터프리터 소프트웨어를 내장한 마이크로컨트롤러다. 이러한 장치들에 EEPROM이나 전압 조정기나 세라믹 발진기 등과 같은 추가 지원 회로가 포함될 수 있다. 베이직 스탬프로 프로그램을 작성하기 쉽고, 아주 강력하며 상대적으로 싸기 때문에 초보자가 쓰기에 이상적이다. 전체 입문용 패키지 가격이 약 80달러밖에 하지 않는다. 이러한 장치들은 또한 발명가와 취미생활자에가 아주 인기가 많아서 크게 도움이 될 문헌 및 응용 사례와 제대로 검증한 프로젝트들을 인터넷에서 많이 찾을 수 있다.

최초의 스탬프는 1993년에 패럴랙스(Parallax, Inc.)가 출시했다. 우편물 소인과 닮았다는 데서 스탬프라는 이름으로 불리었다. 베이직 스탬프의 초기형은 REV D였다. 나중에 개량형으로 베이직 스탬프 I(BSI)이 나온 다음에 베이직 스탬프 II(BSII)가 나왔다.

BSI와 BSII에는 특별히 맞춘 베이직 인터프리터 펌웨어가 마이크로컨트롤러의 EPROM에 내장되어 있다. 이 두 스탬프에서 PIC 마이크로컨트롤러를 사용한다. 실행되어야 할 실제 프로그램은 온보드 EEPROM에 저장된다. 전지가 연결되었을 때 스탬프는 베이직 프로그램을 메모리에서 실행한다. 호스트 프로그램을 실행하고 있는 PC에 스탬프를 임시로 연결해 언제든 다시 프로그래밍을 할 수 있다. 새 프로그램을 타자해 넣으면, 다시 말해서 키보드를 두드리면 프로그램이 스탬프로 실린다. 입출력 핀들을 감지 스위치나 LED 디스플레이나 LCD나 서보 모터나 스테퍼 모터와 같은 다른 디지털 장치에 연결할 수 있다.

여기서는 BSII에 집중한다. BSII에 입문하려면 프로그래밍 소프트웨어와 프로그래밍 케이블, 매뉴얼, 베이직 스탬프 모듈과 적절한 캐리어 보드(선택사항)가 필요하다. 이것들을 개별적으로 구입하는 비용보다는 모두 들어 있는 BSII 입문용 키트가 더 싸다.

베이직 스탬프 계열(series)에 관한 정보를 더 알고 싶다면 http://www.parallax.com/를 방문하라.

> **참고** 베이직 스탬프용 프로그램을 작성하는 데 필요한 상세 내용을 제대로 이해하려면 사용자 매뉴얼을 읽어보기 바란다. 그렇지만 사용자 매뉴얼만 읽는 게 학습 전략으로는 그다지 바람직하지 못한 게, 다양한 기술 용어들 사이에서 길을 잃기 쉽기 때문으로, 특히 초보일 때는 더 그렇다. 베이직 스탬프에 관해 배울 때 참고하기 좋은 서적으로는 스캇 에드워즈(Scott Edwards)가 저술한 《Programming and Customizing the Basic Stamp Computer》(맥그로힐, 2001)[역주]가 있다. 이 책은 초보자에게 맞춰져 있어 읽기 쉽다.

[역주] 즉, 베이직 스탬프 프로그램 작성과 맞춤 설정

베이직 스탬프 II

BSII는 24핀 DIL 패키지에 담겨 있는 모듈이다(보기 13.7). 자체적으로 지닌 1회성 프로그램 가능 EPROM(OTPEPROM) 내에 PBASIC2 명령어들로 영구적으로 프로그래밍이 되어 있는 PIC16C57 마이크로컨트롤러가 BSII의 두뇌에 해당한다. BSII로 프로그래밍을 할 때, PIC16C57에 토큰(token)이라고 부르는 기호를 외부 EEPROM 메모리에 저장하라고 말할 수 있다. 프로그램이 실행될 때 PIC16C57 메모리에서 토큰들을 검색해, 그것들을 PBASIC2 명령어들로 해석한 다음

에 실어 나른다. PIC16C57은 자체 내장 프로그램을 5 MIPS 속도로 실행할 수 있다. 그렇지만 각 PBASIC2 명령어가 많은 기계 명령어들을 취하므로 PBASIC2는 더 느리게 약 3~4 MIPS 정도로 실행된다.

BSII에는 프로그램에서 일반적으로 사용할 수 있는 16개 입출력 핀(P0-P15)이 있다. 이 핀은 TTL에서 CMOS까지의 모든 최신 5 V 논리와 인터페이스를 할 수 있다(기술적으로 74HCT 논리 계열과 같은 특성이 있다). 핀의 방향(입력이든 출력이든)은 프로그래밍 단계에서 설정된다. 핀이 출력 핀으로 설정되었을 때, BSII에서 LED나 서보와 같은 그 밖의 장치로 신호를 보낼 수 있게 된다. 핀이 입력 핀으로 설정되었을 때, 스위치나 광센서와 같은 외부 장치에서 신호를 수신할 수 있다. 각 입출력 핀은 20 mA 전류를 들여오거나(source), 25 mA를 내려보낼(sink) 수 있다. P0~P7 핀들과 P8~P15 핀들은 각 그룹별로 40 mA를 들여오고 50 mA를 내보낼 수 있다.

완전한 BASIC 스탬프 회로(BS2-IC rev. C)

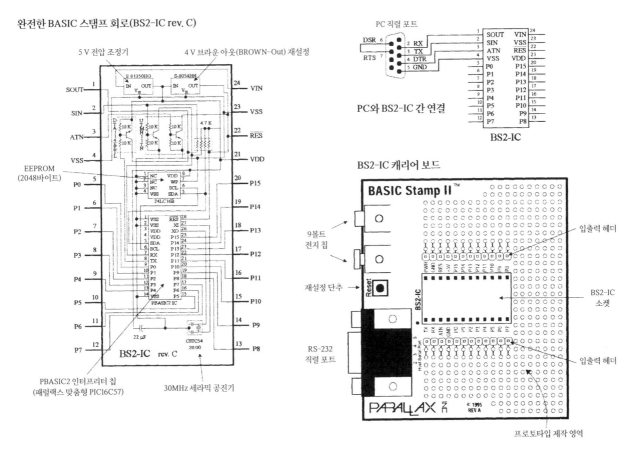

보기 13.7

2,048바이트 EEPROM

BSII의 PIC 내부 OTP-EPROM은 패럴랙스가 공장에서 영구적으로 프로그램을 써넣은 펌웨어이지만, 패럴랙스는 이 메모리를 PBASIC2 인터프리터 칩으로 변경했다. 이것이 인터프리터이므로 스탬프 PIC들은 전체 PBASIC 언어가 내부 프로그램 메모리에 영구적으로 프로그래밍이 되어 있는 셈이다. 직접 작성한 PBASIC2 프로그램을 이 메모리에 저장할 수 없다. 대신에 메인 프로그램을 EEPROM에 저장해야 하는데, 이 메모리는 전력이 없이도 데이터를 유지하고, 쉽게 프로그램을 고쳐 쓸 수 있다. 실행 시, 호스트 컴퓨터에서 생성된 PBASIC2 프로그램은 BSII의 EEPROM에 탑재되는데, 최상위 주소(2047)에서 시작되어 아래쪽을 향해 가며 실행된다. 대다수 프로그램은 EEPROM 전체를 사용하지 않으므로 PBASIC2는 EEPROM 중에 사용하지 않는 하위 부분에 데이터를 저장할 수 있게 한다. 프로그램을 메모리의 꼭대기에서 아래쪽을 향해 저장해 나가는 반면에, 데이터를 메모리의 바닥에서 위쪽을 향해 저장해 나간다. 그러다가 서로 겹치게 되면 스탬프의 호스트 소프트웨어가 이 문제를 감지해 오류 메시지를 표시한다.

재설정 회로

BSII에는 재설정 회로가 딸려 있다. 전력이 스탬프에 처음 연결되거나 전지가 약해서 흔들리는 경우 필요한 5 V 미만으로 전력 공급 장치의 전압이 떨어질 수 있다. 이러한 전압 저하 상태에서 PIC는 전압이 차단된 상태에 놓이게 되어 불규칙하게 동작하는 경향이 있다. 이러한 이유로 칩이 설계에 통합되어 PIC가 프로그램의 시작 부분으로 재설정되고 공급 전압이 허용 한계 범위 안이 될 때까지 유지된다.

전력 공급 장치

조정되지 않은 공급 전력이 BSII에 공급되지 못하게 BSII에 5 V 조정기가 내장되어 있다. 이 조정기는 5 V를 약간 넘는 전압 범위에서 최대 15 V까지 수용하고 이를 안정적인 5 V로 조절한다. 이 조정기는 50 mA까지 공급한다. 조정된 5 V를 출력 VDD에서 사용할 수 있으며, 50 mA 이하가 요구되는 한 회로의 다른 부분에 전력을 공급하는 데 사용할 수 있다.

BSII를 호스트 PC에 연결

스탬프용 프로그램을 작성하려면 PBASIC2 프로그램을 작성하고 편집하고 다운로드하고 디버깅할 수 있게 하는 호스트 소프트웨어가 실행되는 PC에 스탬프를 연결해야 한다. 이 PC는 S_{IN}, S_{OUT}, ATM(각기 직렬 입력, 직렬 출력, 주의) 핀들로 구성된 RS-232(COM 포트) 인터페이스를 거쳐 BSII와 통신한다.

프로그래밍을 하는 동안에 BSII 호스트 프로그램은 ATM 고준위 펄스를 내어 PIC를 재설정하게 한 다음에, 새 프로그램을 다운로드하기 원한다는 점을 가리키는 신호를 S_{IN}을 통해 PIC로 전송한다. PC-BSII 커넥터 연결을 보기 13.7에 나타냈다. 이 연결을 통해 PC는 프로그래밍, 프로그램 다운로드 및 BSII에서 디버그 데이터 수신을 위해 BSII를 재설정할 수 있다. 추가 연결 쌍인 DB9 소켓의 핀 6과 7을 사용하면 BSII 호스트 소프트웨어가 BSII가 연결된 포트를 식별할 수 있다.

일반적으로 BSII로 프로그래밍을 할 때는 프로토타입 영역, 입출력 헤더, BSII-IC 소켓, 9 V 배터리 클립 및 RS-232 직렬 포트 커넥터가 포함된 특수 BSII 캐리어 보드를 사용한다(보기 13.7). 프로그래밍 케이블과 소프트웨어가 딸려 오는 이러한 보드들을 입문자용 패키지로 구입할 수 있다.

PBASIC 언어

베이직 스탬프라는 이름 속에 베이직이 들어 있기는 하지만, 베이직 스탬프 프로그램을 비주얼 베이직으로 작성할 수는 없다. 베이직 스탬프에는 그래픽 유저 인터페이스, 하드디스크, 다수의 RAM이 없다. 베이직 스탬프 프로그램을 패럴렉스의 BASIC, PBASIC만으로 작성해야 하며, BASIC과 PBASIC은 베이직 스탬프의 성능을 모두 탐색할 수 있게 특수하게 설계되어 있다.

PBASIC은 많은 사람들에게 익숙한 베이직 프로그래밍 언어의 혼합형(hybrid)이다. PBASIC 을 혼합형이라고 부르는 이유는 정규 베이직 제어 구조의 간단한 형태 중 일부와 더불어, 효과적인 입출력 핀 제어에 필요한 특별한 명령어를 지니고 있기 때문이다. PBASIC은 배우기 쉬우며, 친숙한 명령어들이 포함되어 있다. 이런 명령들의 예를 들면, GOTO, FOR ... NEXT, IF ... THEN 등을 들 수 있다. 이 언어에는 스탬프에 특화한 명령어인 PULSOUT, DEBUG, BUTTON 등도 있는데, 나중에 간단히 다룬다.

스탬프 내부로 다운로드할 실제 프로그램을, 처음에는 마이크로소프트 윈도우가 설치된 PC나 리눅스 또는 시각화 소프트웨어를 사용해 맥 시스템에서 작동하는 윈도우에서 실행되는 BSII 에 디터 소프트웨어를 사용해 작성한다. 응용 프로그램용 코드를 작성한 다음에, 스탬프를 컴퓨터 에 연결된 직렬 포트나 USB-직렬 어댑터에 간단히 연결하고, 스탬프에 전력을 공급한 다음에, 코드를 스탬프로 다운로드한다. 프로그램을 제대로 내리고 나면 즉시 새 프로그램의 첫 번째 줄 부터 실행되기 시작한다.

스탬프의 프로그램 저장 용량이 제한되어 있다. BSII는 2048바이트에 해당하는 프로그램 공간 을 사용할 수 있는데, 이는 PBASIC 코드로는 약 500줄에서 600줄이 들어가기에 충분한 공간 이다. 인터프리터 칩(PIC)은 메모리가 특정되고 크기에 맞게 고정된 것으로 간주하므로 스탬프 용 프로그램 메모리 용량을 확장할 수 없다. 그렇지만 데이터 메모리만큼은 확장할 수 있다. EEPROM이나 그 밖의 메모리 장치를 스탬프의 입출력 핀과 인터페이스를 해서 데이터 저장 공 간을 더 얻을 수 있다. 이를 위해서는 PBASIC 프로그램에서 적절한 코드를 제공해 스탬프와 외 부 메모리 장치 간에 통신할 수 있게 해야 한다. 증설된 데이터 메모리를 종종, 데이터를 모니터 하고 기록하는(예: 야외 환경 장치) 스탬프 구동 응용 프로그램에서 사용할 수 있다.

다른 고급 컴퓨터 언어와 마찬가지로 PBASIC 언어는 변수 및 상수 정의, 주소 레이블, 수학 및 이진 연산자 및 다양한 지시어(분기, 순환, 숫자, 디지털 입출력, 직렬 입출력, 아날로그 입출력, 소리 입출 력, EEPROM 액세스, 시간 및 전원 제어 등)를 사용한다. 다음은 PBASIC2 언어의 구성 요소들을 간 단히 요약한 것이다.

- 주석(comments): 프로그램이 무엇을 하는지를 설명하기 위해 주석을 프로그램 내부에 추가 할 수 있다. 주석은 작은따옴표(')로 시작되어 해당 줄 끝까지 이어진다.
- 변수(variables): 변수란 프로그램이 값들을 저장하고 되불러내는(recall) 데 사용할 수 있는 메모리 내 장소다. 이러한 변수 범위에는 제한이 있다. PBASIC2 프로그램에서 변수를 사용하려면 먼저 변수를 선언해 둬야 한다. 변수를 선언할 때는 보통 VAR 지시자를 사용한다.

여기서 symbol은 어떤 문자로든 시작하면 되고, 문자, 숫자, 밑줄로 구성할 수 있지만, PBASIC 키워드나 프로그램에서 사용하는 기호(label)여서는 안 된다. size는 변수가 포함할 저장 영역의 비트 수를 설정한다. PBASIC2는 네 가지 크기를 제공하는데, 비트(1비트), 니블(4비트), 바이트(8비트), 워드(16비트)가 그것이다. 변수를 선언하는 몇 가지 예를 들면, 다음과 같다.

```
'변수 선언.
sense_invar bit      '값은 0이나 1이어야 한다.
speedvar nib     '값의 범위는 0~15여야 한다.
lengthvar byte       '값의 범위는 0~255여야 한다.
nvar word        '값의 범위는 0~65535여야 한다.
```

• 상수(constants): 상수란, 프로그램의 시작 부분에서 할당하고 그 이후로는 변하지 않는 값으로, 프로그램 내의 숫자 표현 대신에 사용할 수 있다. con 지시자로 상수를 정의할 수 있다.

```
beeps con5       '경고음 발생 횟수
```

기본적으로 PBASIC2에서는 숫자가 10진수(밑이 10)인 것으로 가정한다. 그렇지만 접두사를 붙여 2진수나 16진수로 사용할 수 있다. 예를 들어, 접두사 %를 2진수 앞에 놓으면(예를 들면, %0111 0111), 해당 숫자는 10진수가 아닌 2진수로 간주된다. 16진수를 정의할 때는 접두사로 $를 사용한다(예: $EF). 또한, PBASIC2는 따옴표로 둘러싼 텍스트를 상응하는 아스키 부호로 자동으로 바꾼다. 예를 들어, 어떤 상수를 A로 정의하면 A(65)에 대한 아스키 코드로 해석될 것이다.

역주 즉, 주소라벨

• 주소 레이블(address labels)^{역주}: 에디터는 레이블을 사용해 프로그램 내부의 주소(위치)를 지정한다. 이는 줄 번호를 사용하는 여타 베이직과 다른 점이다. 일반적으로 주소 레이블의 이름을 지을 때는 문자, 숫자, 밑줄을 조합해 짓는다. 그렇지만 레이블 이름의 첫 번째 문자로 숫자가 와서는 안 되고, 레이블 이름이 PBASIC 명령어나 변수 같은 예약어와 같아서도 안 된다. 프로그램이란, 주소 레이블로 가서 그 레이블에 따라 나오는 목록에 담긴 명령이 무엇이든지 따르는 것이라고 말할 수 있다. 끝부분에 나오는 콜론(예를 들면, loop:)으로 주소 레이블임을 나타낸다.

• 수치 연산자(mathematical operators): PBASIC2에서는 두 가지 형식으로 된 연산자를 사용한다. 단항과 이항이 그것이다. 단항 연산자는 이상 연산자보다 우월하다. 또한, 단항 연산자는 언제나 먼저 수행된다. 예를 들어, 10 - SQR 16이라는 식에서 BSII는 먼저 16의 제곱근을 취한 다음에 그것을 10에서 뺀다. 단항 연산자들로는 다음과 같은 것들이 있다.

ABS   절댓값을 반환한다.

SQR   제곱근 값을 반환한다.

DCD   2의 *n*승 값을 반환한다.

NCD   16비트 값의 선행 인코더다.

SIN   2의 보수를 사인 값으로 반환한다.

COS   2의 보수에 대한 코사인 값을 반환한다.

이항 연산자들로는 다음과 같은 것들이 있다.

+	덧셈
−	뺄셈
/	나눗셈
//	나눗셈의 나머지
*	곱셈
**	곱셈의 상위 16비트
*/	8비트 전체와 8비트 부분으로 곱한다.
MIN	값을 지정한 하위로 제한한다.
MAX	값을 지정한 상위로 제한한다.
DIG	수의 특정 자리를 반환한다.
≪	지정된 값만큼 비트를 좌향 이동(shift left)한다.
≫	지정된 값만큼 비트를 우향 이동(shift right)한다.
REV	지정한 비트들을 반전시킨다.
&	두 값의 비트단위 논리곱(bitwise AND)
|	두 값의 비트단위 논리합(bitwise OR)
^	두 값의 비트단위 배타적논리합(bitwise XOR)

표 13.1에는 BSII에서 사용하는 PBASIC 지시어들이 나온다.

디버깅

PBASIC 프로그램들을 디버깅할 때, 베이직 스탬프 에디터에는 두 개의 간단한 기능이 들어 있는데, 문법 검사 기능과 DEBUG 명령이 그것이다.

구문 검사를 하면 구문 오류를 알 수 있는데, 스탬프로 코드를 다운로드하려고 할 때 코드에서 자동으로 수행된다. 구문 오류가 한 개라도 있으면 내려받기가 중단되고 편집기에 소스 코드의 오류를 지적하는 오류 메시지가 표시된다.

DEBUG 명령은 구문 검사와 달리 논리적 오류(스탬프가 찾지 못하는 오류가 아니라 설계자가 의도하지 않은 오류)를 찾기 위해 프로그램에 작성해 두는 명령이다. DEBUG는 BASIC 언어의 PRINT 명령과 유사하게 작동하며 베이직 스탬프 내에서 실행될 때 PBASIC 프로그램 내의 특정 변수의 현재 상태를 인쇄하는 데 사용할 수 있다. PBASIC 코드에 DEBUG 명령이 포함되어 있는 경우 편집기는 내려받기 과정이 끝나면 결과를 표시하는 특수 창을 연다.

■ BSII를 사용해 로봇 만들기

BSII를 사용하면 간단하고 재미난 도구를 얼마나 쉽게 만들 수 있는지를 로봇 응용 프로그램으로 살펴보자. 이 응용의 주요 목적은 로봇이 물건들로 달려가는 것을 방지하는 데 있다. 로봇이 목표 없이 방황하다가 물체에 근접하게 되면, 로봇이 정지한 상태에서 뒤로 돌아 다른 방향으로 움직이게 한다. 이 예제에서는 로봇을 다음과 같이 형성한다.

- BSII가 로봇의 두뇌 역할을 한다.
- 바퀴에 연결된 두 개의 서보 모터가 로봇의 다리 역할을 한다.
- 자외선 송신장치와 감지기가 로봇의 눈 역할을 한다.
- 압전 스피커가 로봇의 목소리를 낸다.

표 13.1 PBASIC 명령

지시어	설명
분기(branching)	
IF *condition* THEN *addressLabel*	condition(조건)을 판단해 참인 경우에는 프로그램 내의 *addressLabel*(주소레이블)이 지정하는 곳으로 간다(condition: =, <> 같지 않음, >, <, >=, <=).
BRANCH *offset*, [*address0, address1, . . . addressN*]	offset(오프셋)(범위 안에 있다면)으로 지정한 *address*(주소)로 간다.
GOTO *addressLabel*	프로그램 내의 addressLabel이 지정한 곳으로 간다.
GOSUB *addressLabel*	GOSUB 다음에 나오는 명령의 주소를 저장한 다음에, *addressLabel*로 지정한 프로그램 내의 장소로 가되, 일단 서브루틴에서 복귀하게 될 때는 해당 서브루틴을 호출한 곳으로 간다.
RETURN	서브루틴에서 복귀
순환(looping)	
FOR *variable=start to end{STEP stepVal}* . . . NEXT	FOR와 NEXT 사이에 있는 프로그램 줄들을 실행하는 반복 루프를 만드는데, 변수의 값이 *end*(종료) 값을 지나기 전까지는 *stepVal*(상향/하향 단계 값)에 따라 *variable*(변수)을 늘리거나 줄이면서 그렇게 한다.
수치(numerics)	
LOOKUP *index*, [*value0, value1, . . . valueN*], *resultVariable*	index(색인 또는 첨자)로 지정된 값을 찾아 변수에 저장한다. index가 목록에 나오는 항목들 중에 가장 높은 색인 값을 초과하게 되면 해당 변수는 영향을 받지 않는다. 목록에 포함할 수 있는 변수 개수는 최대 256개이다.
LOOKDOWN *value*, {*comparisonOp,*} [*value0, value1, . . . valueN*], *resultVariable*	어떤 값을 비교 연산자로 지정한 관계에 따라 목록에 있는 값들과 비교한다. 비교 결과가 참이 되는 첫 번째 값의 색인 번호를 *resultVariable*(결과 저장 변수)에 저장한다. 목록에 값이 없으면 비교 결과가 참이 되어 *resultVariable*은 영향을 받지 않는다.
RANDOM *variable*	바이트 변수나 워드 변수를 구성하는 비트를 섞어 임의의 숫자를 만들어 내는 식으로 의사 난수를 생성한다.
디지털 입출력(digital I/O)	
INPUT *pin*	지정한 pin(핀)을 통해 입력한다.
OUTPUT *pin*	지정한 핀을 통해 출력한다.
REVERSE *pin*	출력용 핀이라면 입력용 핀으로 바꾼다. 입력용 핀이라면 출력용 핀으로 바꾼다.
LOW *pin*	지정한 출력 핀을 저준위로 설정한다.
HIGH *pin*	지정한 출력 핀을 고준위로 설정한다.
TOGGLE *pin*	핀의 상태를 반전시킨다.
PULSIN *pin, state, resultVariable*	2 µs 단위로 펄스폭을 측정한다.
PULSOUT *pin, time*	일정 시간(× 2 µs) 동안 핀을 반전시켜 시간을 측정한 펄스를 출력한다.
BUTTON *pin, downstate, delay,rate,bytevariable, targetstate, address*	버튼 입력의 튐 현상 제거, 자동 반복 수행, 버튼이 타겟 상태인 경우 주소로 분기. 버튼 회로는 활성 저준위 또는 활성 고준위일 수 있다.

표 13.1 PBASIC 명령 (이어짐)

지시어	설명
SHIFTIN *dpin, cpin, mode, [result{\bits} {,result{\bits} . . . }]*	동기식 직렬 장치에서 데이터를 이동시킨다.
SHIFTOUT dpin, cpin, mode, [data{\bits} {,data{\bits} . . . }]	동기식 직렬 장치로 데이터를 이동시킨다.
COUNT *pin, period, variable*	*period*(단주기) 동안 지정한 핀의 주기 수(0-1-0 또는 1-0-1)를 밀리초 단위로 계산해서 해당 수를 변수에 저장한다.
XOUT *mpin, zpin, [house\keyORCommand{\ cycles}{,house\keyORCommand{\cycles} . . . }]*	X-10 전력선 제어 코드들을 생성한다.
순차 입출력(serial I/O)	
SERIN *rpin{\fpin}, baudmode, {plabe}{timeout,tlabe,}[input Data]*	비동기 직렬 전송을 수신한다.
SEROUT *tpin, baudmode, {pace,} [outputData]*	선택적 바이트 페이싱(byte pacing) 및 흐름 제어를 사용해 데이터를 연속적으로 전송한다.
아날로그 입출력(analog I/O)	
PWM *pin, duty, cycles*	빠른 펄스폭 변조를 출력한 다음 핀을 입력으로 되돌린다. 이것은 커패시터와 저항을 사용해 아날로그 전압(0 ~ 5 V)을 출력하는 데 사용할 수 있다(13.5절 참고).
RCTIME *pin, state, resultVariable*	RC 충전/방전 시간을 측정한다. 이것은 용량성 감지에서 전위차계 또는 정전용량의 위치를 측정하는 데 사용할 수 있다(6장 참고).
소리(sound)	
FREQOUT *pin, duration, freq1{,freq2}*	지정한 duration(시간) 동안 특정 주파수의 사인파 음색을 한 개나 두 개 생성한다.
DTMFOUT *pin, {ontime,offtime,}{,tone . . . }*	2중 톤, 다중 주파수 톤들(DTMF, 즉 전화기 터치 톤)을 생성한다.
EEPROM 액세스(EEPROM access)	
DATA	PBASIC 프로그램을 다운로드하기 전에 EEPROM에 있는 데이터를 저장한다.
READ *location, variable*	EEPROM의 location(위치) 부분을 읽어 그 값을 variable(변수)에 저장한다.
WRITE *address, byte*	EEPROM의 적절한 address(주소)에 데이터의 한 byte(바이트)를 쓴다.
시간(time)	
PAUSE *milliseconds*	지정한 milliseconds(밀리초)만큼 프로그램을 중지(아무것도 안 함)시킨다. 0 ~ 65,535 밀리초만큼 실행을 중단한다.
전력 관리(power control)	
NAP *period*	짧은 period(단주기) 동안 잠자기 모드로 들어간다. 부하가 구동되지 않는다고 가정하면 전력 소비는 약 50 μA로 줄어든다. 시간은 (2단주기) × 18 ms이다.
SLEEP *seconds*	1 ~ 65,535초 동안 잠자기 모드로 들어가 전력 소비를 ~50 μA로 줄인다.
END	전력 주기가 끝날 때까지 잠자기를 하거나 PC를 ~50 μA에 연결한다.
프로그램 디버깅(program debugging)	
DEBUG *outputData{,outputData . . . }*	BSII 호스트 프로그램 내에서 변수들과 메시지들을 PC 화면에 표시한다. *outputData*(출력 데이터)는 다음에 나오는 것 중 한 개 이상으로 구성한다. 텍스트 문자열, 변수, 상수, 식, 서식 지정자, 제어 문자

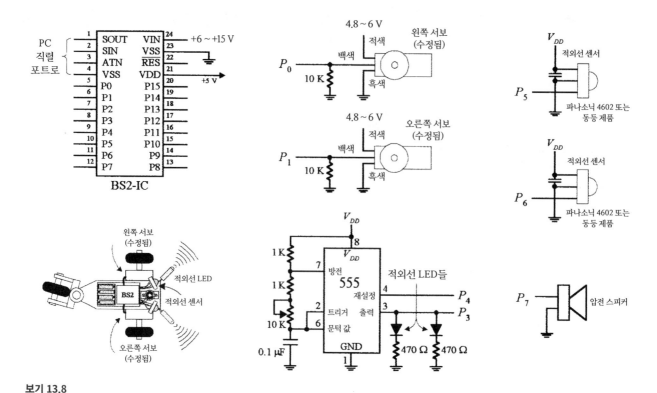

보기 13.8

보기 13.8에 완성된 로봇과 함께 다양한 개별 부품들을 나타냈다.

서보

로봇의 방향성 있는 움직임을 오른쪽 서보 모터나 왼쪽 서보 모터로 제어하는데, 이 모터들을 수정해 완전히 360°만큼 돌 수 있게 했다(서보 수정을 15장에서 다룬다). 서보를 제어하려면 약 20 ms 간격으로 1000~2000 μs 폭의 펄스를 생성해야 한다. 이 예제에 나오는 서보 중 하나를 사용하면서 서보의 제어 회선으로 보낸 펄스폭을 1500 μs로 설정하면 서보가 중앙에 위치하므로 움직이지 않는다. 그렇지만 펄스폭이 줄어들면, 예를 들어 1300 μs로 줄어들면 수정된 서보는 시계방향으로 회전한다. 반대로 펄스폭이 늘어나면, 예를 들어 1700 μs로 늘어나면 수정된 서보는 반시계 방향으로 회전한다.

로봇의 서보 중 한 개를 구동하는 데 사용하는 실제 제어 펄스는 PULSOUT *pin*, *time1* 명령과 PAUSE *time2* 명령을 사용해 BSII가 생성한다. pin(핀)은 서보의 제어 회선에 연결된 BSII 핀을 나타내고, *time1*(시간 1)은 핀이 얼마나 오래 고준위(HIGH) 파동으로 남을지를 나타낸다. PULSOUT 명령의 경우 *time1* 슬롯에 있는 소수점은 실제로 마이크로초(s)의 절반을 나타내며 핀이 고준위로 펄스된다. 예를 들어, PULSOUT 1, 1000은 BSII가 2000 μs, 즉 2 ms 동안 핀 1을 고준위로 펄스한다는 것을 의미한다. PAUSE 명령의 경우 *time2* 슬롯에 있는 소수는 밀리초 단위의 일시 중지를 나타낸다. 예를 들어, PAUSE 20은 20 ms 일시 중지를 나타낸다. 보기 13.9는 서보를 제어하기 위해 원하는 출력 파형을 생성하는 데 사용되는 견본용 BSII 코드를 보여준다.

```
'BS2 코드              주석
pulseout 1, 750       '1번 핀상의 1500μs에 해당하는 펄스폭
```

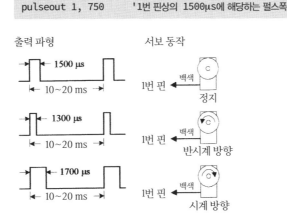

```
pause 20          '20밀리초 동안 중단
pulsout 1, 650   '1번 핀상의 1300μs에 해당하는 펄스폭
pause 20          '20밀리초 동안 중단
pulsout 1, 850   '1번 핀상의 1700μs에 해당하는 펄스폭
pause 20          '20밀리초 동안 중단
```

보기 13.9

모터에 효과를 주기 위해서는 펄스폭들이 반복되어야 한다. 이 부분을 확장해 각 펄스폭에 대해 두 번째 루프나 그 이상의 루프로 확장할 만할 것이다.

이 펄스 연쇄는 서보가 위치를 유지할 수 있도록 20 ms마다 반복되어야 한다.

적외선 송신기와 수신기

로봇의 물체 식별 시스템은 왼쪽과 오른쪽에 세트로 된 적외선(infrared right, IR) LED 송신기와 적외선 감지기 모듈들로 구성된다. 555 타이머는 적외선 LED를 고주파수로 깜박거리게 하는데, 이 예제에서는 38 kHz로 점멸하며 동작책무주기(duty cycle)는 50퍼센트다. 이 주파수는 다른 가정용 적외선 광원(주로 백열등)과 간섭되지 않게 하고, 보기에 표시된 적외선 센서와 일치시키는 데 사용된다. (다양한 형식으로 된 적외선 LED 송신기와 감지기를 이 로봇에 사용될 수 있을 것이고, 서로 다른 주파수를 사용해 잘 작동할 수 있을 것이다.) 베이직 스탬프를 사용해서도 이러한 펄스들을 생성할 수 있지만, 프로그램을 간단하게 하려고 외장 하드웨어를 사용하기로 결정했다.

LED에서 방출된 적외선 광자가 로봇의 진행 경로에 놓는 물체에 반사되어 나와서는 적외선 감지기 모듈로 되돌아온다. 감지기 모듈이 광자들을 받을 때, 해당 모듈에 연결된 BSII의 입출력 핀은 저준위가 된다. BSII가 초당 약 4000 명령을 실행할 수 있는 반면에, 감지기 모듈에 의해 생성된 펄스의 수가 38,000개라는 점에 유념하라. 이 경우에 BSII가 실제로 받는 펄스 개수는 약 10개나 20개 이하일 것이다.

압전 스피커

압전 스피커를 BSII의 입축력 단자들 중 하나에 연결해 로봇이 전진하거나 후진할 때 서로 다른 소리를 내게 하는 데 사용한다. 소리를 만들기 위해 정현파를 사용하는 압전 스피커를 준비하려면 FREQOUT *pin, time, frequency* 지시어를 사용한다. FREQOUT 7, 1000, 440 명령으로 7번

핀에 440 Hz 정현파 주파수가 생성되어 1000밀리초 동안 지속된다.

프로그램

다음은 로봇을 제어하는 데 사용하는 프로그램이다. PBASIC2 호스트 소프트웨어를 사용해 처음으로 작성한 것으로, 실행 시 BSII로 다운로드가 된다.

```
'물체 회피 로봇용 프로그램
'변수와 상수를 정의
'-----------------------------------------
nvar word                              'n은 변경되는 변수 역할을 한다.
right_IRvar in5                        '5번 핀을 오른쪽 적외선 감지기의 입력용으로 설정한다.
right_IRvar in6                        '6번 핀을 왼쪽 적외선 감지기의 입력용으로 설정한다.
right_servo con 0                      '오른쪽 서보를 식별하는 데 사용할 수 있게 0을 할당한다.
left_servo  con 1                      '왼쪽 서보를 식별할 수 있게 1을 할당한다.
IR_out      con 3                      '적외선 출력을 식별할 수 있게 3을 할당한다.
delay       con 10                     '프로그램에서 사용할 상수다.
speed       con 100                    '서보의 속도를 설정하는 데 사용한다.
turn_speed  con 50                     '로봇의 회전 속도를 설정하는 데 사용한다.
'메인 프로그램
'-----------------------------------------
highIR_out                                      '3번 핀을 "high"로 설정한다.
pause 50                                        '50밀리초 동안 중지한다.
sense:                                          '적외선 감지 루틴을 지정하는 데 사용하는 레이블이다.
ifleft_IR = 0 and right_IR = 0 then backup      '전면에 물체가 있으면 back_up 루틴으로 점프한다.
ifleft_IR = 0 then turn_right                   '왼쪽 옆에 물체가 있으면 turn_right 루틴으로 점프한다.
ifright_IR = 0 then turn_left                   '오른쪽에 물체가 있으면 turn_left 루틴으로 점프한다.
'소리 루틴
'-----------------------------------------
forward_sound:                                  '레이블
freqout 7,1000, 440                             '1000밀리초 동안 7번 핀에서 440 Hz로 생성한다.
back_sound:                                     '주소레이블
freqout 7,1000,880                              '7번 핀에서 1000 ms, 880 Hz 음색 생성
'동작 루틴
'-----------------------------------------
forward:                                        '전진 루틴을 지정하는 데 사용하는 레이블이다.
gosubforward_sound                              '전진 소리 서브루틴으로 점프하라고 프로그램에 말한다.
debug "forward"                                 '디버깅 창에 "forward"라는 낱말을 표시하라고 스탬프에 말한다.
pause 50                                        '50밀리초 동안 정지한다.
for n = 1 to delay*2                            '× = 1에서 시작해 × = 20이 될 때까지 반복하는 For…Next 루프.
pulsoutleft_servo, 750-speed                    '로봇이 전진할 수 있게 왼쪽 서보를 돌린다.
pulsoutright_servo, 750+speed                   '로봇이 전진할 수 있게 오른쪽 서보를 돌린다.
pause 20                                        '20밀리초 동안 정지, 서보 제어의 경로.
next                                            'For…Next 루프의 끝이다.
goto sense                                      '전진 루틴이 일단 끝났다면 다시 sense 루틴으로 복귀한다.
backup:                                         '후진 루틴을 지정하는 데 사용하는 레이블이다.
gosubbackup_sound                               '후진 소리 서브루틴으로 점프하라고 프로그램에 말한다.
debug "backward"                                '디버깅 창에 "backward"를 표시한다.
pause 50                                        '확인하기 위해 50밀리초 동안 정지한다.
for n = 1 to delay*3                            '× = 1에서 시작해 × = 60이 될 때까지 반복하는 For…Next 루프.
pulsoutleft_servo, 750+speed                    '로봇이 후진할 수 있게 왼쪽 서보를 돌린다.
pulsoutright_servo, 750-speed                   '로봇이 후진할 수 있게 오른쪽 서보를 돌린다.
pause 20                                        '20밀리초 동안 정지, 서보 제어의 부분.
next                                            'For…Next 루프의 끝이다.
turn_left:                                      '왼쪽 회전 루틴을 지정하는 데 사용하는 레이블.
debug "left"                                    '디버그 창에 "left"를 표시한다.
pause 50                                        '50밀리초 동안 정지한다.
for × = 1 to delay*1                            '× = 1에서 시작해 × = 100이 될 때까지 반복하는 For…Next 루프.
pulsoutleft_servo, 750-turn_speed              '로봇이 왼쪽으로 돌 수 있게 왼쪽 서보를 돌린다.
pulsoutright_servo, 750-turn_speed             '로봇이 왼쪽으로 돌 수 있게 오른쪽 서보를 돌린다.
pause 20                                        '20밀리초 동안 정지, 서보 제어의 부분.
next                                            'For…Next 루프의 끝이다.
goto sense                                      '일단 왼쪽 회전 루틴이 종료되면 다시 sense 루틴으로 복귀한다.
```

역주 즉, 주소라벨

```
turn_right:                             '오른쪽 회전 루틴을 지정하는 데 사용하는 레이블이다.
debug "right"                           '디버깅 창에 "right"을 표시한다.
pause 50                                '50밀리초 동안 일시 중지한다.
for x = 1 to delay*1                    'For…Next 루프.
pulsoutleft_servo, 750+turn_speed       '로봇이 오른쪽으로 돌 수 있게 왼쪽 서보를 돌린다.
pulsoutright_servo, 750+turn_speed      '로봇이 오른쪽으로 돌 수 있게 오른쪽 서보를 돌린다.
pause 20                                '20밀리초 동안 정지, 서보 제어의 부분.
next                                    'For…Next 루프의 끝이다.
goto sense                              '일단 오른쪽 회전이 종료되면 sense로 다시 돌아간다.
```

> **참고** 제품의 허용 오차 때문에 펄스가 1500 μs일 때 모터가 멈추지 않을 수도 있으므로 작은 '속임수 계수(fudge factor)'를 PULSOUT 값들에서 더하거나 빼야 할 수도 있다.

■ 대량 생산 고려하기

베이직 스탬프 회로의 주요 부품들로는 PIC(PBASIC의 CPU와 인터프리터 저장용 ROM을 덮는 것), 외부 EEPROM(프로그램을 저장), 공진기가 있다는 점을 다시 떠올려 보라. 대규모 프로그램을 실행할 때는 외부 메모리를 제거하고 인터프리터 프로그램을 삭제하고 나서 PIC에 단순하게 컴파일이 된 PBASIC 코드를 내려받는 편이 더 나을 수도 있다. 이렇게 하면 공간과 돈이 절약된다. 밝혀진 바와 같이, 베이직 스탬프 에디터 소프트웨어에는 패럴랙스의 PIC16Cxx 프로그래머를 사용하는 PIC 마이크로컨트롤러에 PBASIC 코드를 직접 프로그램으로 만들어 넣을 수 있는 특징이 있다.

스탬프로 입문하게 되면 코드를 깔끔하게 작성하기 쉽고, 코드 뭉치 단위로 시험해 볼 수 있고, 코드가 제대로 작동하는지를 즉시 검토할 수 있다는 주요 이점들을 얻게 되는데, 이러한 점은 시제품을 제작할 때 중요하다. PIC를 사용해 시제품을 제작할 때는 코드 뭉치별로 테스트할 수 없고, 모든 코드를 한 번에 다 컴파일을 해야 하므로 오류를 찾아내기가 '더 어렵다.

13.2.3 32비트 마이크로컨트롤러

이전 절에서 탐구해 본 마이크로컨트롤러들은 수십 메가헤르츠에 상당하는 클럭 주파수와 몇 킬로바이트 정도의 저장 공간에서 8비트 데이터를 사용한다. 1980년대와 1990년대에 나온 마이크로컨트롤러로 만든 컴퓨터를 써 본 사람이라면 그러한 사양을 알 수 있을 것이다. 32비트 프로세서를 사용하는 최신 스마트폰의 경우에는 클럭 주파수가 기가헤르츠 대역에 이르고, RAM의 용량이 수백 메가바이트에 이르므로 상대적으로 이러한 마이크로컨트롤러들은 통탄스러운 성능을 제공하는 셈이다. 그렇지만 어디에 쓰느냐가 더 중요하다. '빈대 잡으려고 초가삼간을 태운다.'역주는 격언은 이제 더 이상 적절하지 않다.

역주 원문은 '호두를 까려고 도끼를 쓰지 않는다.'

아트멜과 마이크로칩을 비롯한 대다수 마이크로컨트롤러 제조업체는 32비트 데이터 버스가 있고 메모리와 처리 성능이 10년 전에 나온 데스크톱 컴퓨터보다 대체로 더 나은 고성능 마이크로컨트롤러를 생산한다. 이러한 제품은 고성능 응용기기에 유용하다. 이런 종류의 성능이 필요하다면, 일반적으로 동일하거나 유사한 소프트웨어 도구를 사용하고 거의 동일한 방식으로 프로그래밍을 할 수 있으므로 8비트 장치를 제조해 본 제조업체의 제품을 사용하는 것이 좋다. 조금 더 비싸기는 해도 그만큼 더 빠르다.

13.2.4 디지털 신호 처리

ADC 입력과 DAC 출력을 지닌 마이크로컨트롤러가 있다면, 소리 신호를 디지털 신호로 바꾸고 나서 특정 방식으로 데이터를 처리한 다음에 DAC를 통해 다시 내보낼 수 있다. 그래픽 이퀄라이저나 목소리를 한 옥타브 더 높여 주는 음성 변조기를 제작할 수도 있다. 이와 같은 일을 디지털 신호 처리(digital signal processing, DSP)라고 부른다.

표준 8비트 마이크로컨트롤러를 사용해서도 간단한 저품질 디지털 신호 처리를 할 수 있지만, ADC가 자주 너무 느려지고 소리 신호 처리에 쓸 푸리에 변환과 같은 알고리즘이 실시간으로 작동해야 한다면, 고속 CPU를 사용하는 편이 오히려 큰 이득을 안겨 준다.

여러 제조업체 중에서도 마이크로칩에는 특별히 DSP용으로 설계한 표준 마이크로컨트롤러 계통에서 변형한 것들이 있다. 마이크로칩에서 나온 dsPIC가 그러한 종류 중에 하나로, 이것은 주로 저가형 DSP 응용기기에 사용된다. dsPIC는 16비트 내부 데이터 버스와 40 MHz 클럭, 2 kB RAM을 제공한다.

> **참고** 디지털 신호 처리는 복잡한 분야이지만 이 주제를 다루는 유용한 도서들이 많다. 리차드 G. 라이온스(Richard G. Lyons)가 저술한 《Understanding Digital Signal Processing》(피어슨, 1996)도 그러한 책 중 하나다.

13.3 보드 평가/개발

마이크로컨트롤러 제조업체들은 자신들의 제품을 소비자들이 사용해 주기를 간절히 바라므로 대다수 업체들은 자신들의 마이크로컨트롤러들을 개발하고 평가하는 데 쓰일 보드들을 저렴하게 제공한다. 이들은 종종 마이크로컨트롤러가 포함된 PCB 형태로 되어 있으며, 수정 발진기 및 전압 조정기와 같은 부품을 지원하며, 자체 부품을 추가할 수 있는 프로토타이핑 영역이 있다. 흔히들 USB로 프로그래밍을 한다. 때로는 RS-232 직렬 포트에서 프로그래밍을 할 수 있지만, 이 직렬 포트는 구형 PC에서나 찾아볼 수 있으며, 더 흔히는 USB-직렬 변환기를 사용해야 할 수도 있다. 이 보드에는 제조사가 선호하는 소프트웨어 개발 도구가 포함되어 있다. 그러나 전문 버전의 소프트웨어를 구입하지 않는 한 언젠가는 제약을 받게 된다.

마이크로컨트롤러 제조업체가 생산한 보드와 마찬가지로, 그 밖의 보드들을 제3업체도 공급한다. 이러한 보드들은 개발 과정에서 매우 유용할 수 있는데, 이는 아무것도 없는 상태보다는 시제품 제작이 더 쉽기 때문이다.

표 13.2에 책을 쓰는 시점에서 사용할 수 있는 가장 인기 있는 개발용 보드들 중 일부를 나열했다.

표 13.2 대중적인 마이크로컨트롤러 평가 보드

제조업체	보드 이름	마이크로프로세서	참고
아트멜 (Atmel)	AVR 버터플라이 (AVR Butterfly)	ATMega169	LCD 화면 포함, 직렬 프로그래머
프리스케일 (Freescale, Motorola)	DEMO908JL16	MC68HC08JL16 계열	USB 프로그래밍 하드웨어 포함
마이크로칩 (Microchip)	PICkit 1 Flash Starter Kit	PIC12F675	USB 프로그래밍 하드웨어 포함
마이크로칩	MPLAB Starter Kit for dsPIC	dsPIC33FJ256GP506	USB, 오디오용, 증폭기 포함
아두이노 (Arduino)	아두이노 우노 (Arduino Uno)	ATmega328	13.4절 참고

13.4 아두이노

아두이노(Arduino)는 마이크로컨트롤러 시제품 제작용 오픈소스 하드웨어 플랫폼이다. 아두이노에는 마이크로컨트롤러 개발 보드와 IDE가 포함되어 있다. 간편한 IDE를 맥/리눅스/윈도우 컴퓨터에서 사용할 수 있다.

아두이노 보드는 마이크로컨트롤러 기술을 사용하려는 시점에서 쓰기에 가장 대중적이다. 여러 가지 인기를 끄는 이유 중에는 이런 것도 있다.

- 저렴한 가격(약 30달러)
- 오픈소스 설계
- 사용하기 쉽고 여러 플랫폼에서 작동하는 IDE
- 플러그인 쉴드(확장 하드웨어)^{역주}를 사용할 수 있음

역주 보드 위에 얹어 쓰는 작은 보드로, 마치 아두이노 메인 보드가 들고 있는 방패(shield)처럼 보이기 때문에 쉴드라고 부른다.

13.4.1 아두이노 둘러보기

가장 인기 있는 아두이노 보드는 아두이노 우노(Arduino Uno)이다(보기 13.10). 이 보드는 아트멜 마이크로컨트롤러를 바탕으로 하고 있으며, ATmega328이라고 부르는 ATtiny와 유사하다(아두이노 IDE를 사용해 ATtiny를 프로그래밍할 수 있기는 하지만).

ATmega328 마이크로컨트롤러에는 프로그램들을 저장하기 위한 32 KB 플래시 메모리와 2 KB 크기 RAM과 1 KB 크기 EEPROM이 있다. 하드웨어 직렬 인터페이스 또는 UART가 있고, 마찬가지로 유용한 타이머와 인터럽트 기능도 있다.

마이크로컨트롤러 자체에 커다란 28핀 IC가 보드의 오른쪽 하단에 자리를 잡고 있는데, 보기 13.10에 보이는 바와 같다. 아래쪽을 보면 디지털 입출력 핀으로도 사용할 수 있는 아날로그 핀

이 여섯 개 있고, 그 옆에 전력 연결 구역이 한 개 있다.

아두이노에 직류 입력 소켓(7~12볼트 직류)를 통해 전원을 공급하거나 USB를 사용해 전원을 공급할 수 있는데, 어느 쪽으로 공급하든지 자동으로 전환된다.

아두이노 우노 보드

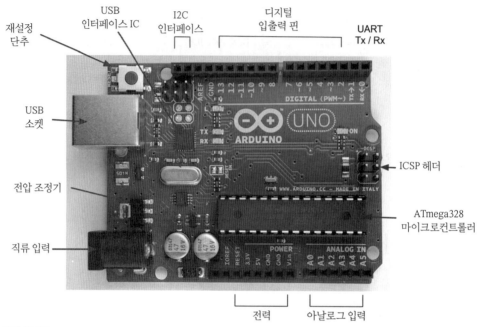

보기 13.10

보드의 윗면에 있는 커넥터들은 I2C 인터페이스를 제공하는데, 실제로는 아두이노 우노에서 아날로그 핀 중 두 개(A4와 A5)를 사용하고, 별도의 I2C 인터페이스를 사용할 수도 있는 보드(나중에 장착할 수도 있는 보드)도 연결할 수 있게 여기에 추가되어 있다. 또한 디지털 입출력 핀도 배열되어 있는데, 그중 일부는 펄스폭 변조(PWM) 기능을 지니고 있다. 이것들 중 D0과 D1 두 개는 UART상의 Rx와 Tx의 두 배다.

13.4.2 아두이노 IDE

아두이노 IDE에는 사용하기 쉬운 에디터가 있어서, 이것으로 프로그램을 입력해 넣은 다음에 USB를 거쳐 아두이노 보드에 프로그램을 올려 둘 수 있다(보기 13.11). 프로그램 에디터와 마찬가지로 아두이노 IDE에도 다음과 같은 특징도 있다.

- 색으로 구문 강조
- 완성된 프로그램이 메모리를 얼마나 쓰는지를 보여주는 상태 부분
- 아두이노 라이브러리 참고문서로 연결하는 링크들
- 아두이노의 USB 포트와 쌍방향으로 연결할 수 있게 하는 직렬 모니터

아두이노 IDE

보기 13.11

아두이노 우노를 포함한 대다수 아두이노 보드에는 USB 커넥터가 있으므로 이것을 거쳐 아두이노에 프로그램을 올린다. 그러므로 프로그램을 작성한 후에나, 아두이노 방식 어투로 말하자면 '스케치(속사)'라고 불리는 것을 작성한 후에 보드 종류를 선택하고 Upload(올려 두기) 버튼을 클릭한다. 그러면 프로그램이 컴파일되어 마이크로컨트롤러의 플래시 메모리에 올라간다.

13.4.3 아두이노 보드 모델

아두이노 우노를 포함해 다양한 용도에 맞춘 아두이노 보드들이 많다. 프로그램을 작성해 넣는 방식은 같지만, 크기나 가격이나 사용 기능 입출력 핀 수가 다르다.

최신 아두이노 모델이 상당히 자주 발표된다. 다양한 제조업체들이 기본 모델을 바탕으로 오픈소스 프로젝트 방식으로 일부 색다른 기능을 추가해 자주 내놓는다.

가장 많이 사용되는 공식 아두이노 모델 중 일부가 표 13.3에 나와 있다.

표 13.3에 나열한 보드들을 포함해 그 밖의 제조업체들은 공식 설계에 담긴 특징을 단순히 복제한 다음에 살짝 차별화를 한 보드를 발표하기도 한다. 특수 목적용 아두이노 보드들은 더욱 흥미롭다. 이것들 중 일부를 표 13.4에 나열했다.

13.4.4 쉴드

기본적인 아두이노 보드에 유용한 기능을 추가하는 다양한 플러그인 쉴드로 인해 아두이노가 경이롭게 성공했다. 쉴드는 주 아두이노 보드에 있는 헤더 소켓에 딱 맞게 설계되어 있다(보기 13.12). 대다수 쉴드는 또 다른 헤더 소켓 줄에서 이러한 연결 부분들을 관통하므로 바닥에 아두이노를 두고 쉴드를 쌓는 식으로 구성할 수 있다. 디스플레이가 있는 쉴드는 일반적으로 이러한 방식으로 통과하지 않는다. 이 방법으로 쉴드를 쌓아 올릴 때는 두 쉴드가 같은 핀을 사용하는지 여부를 점검하는 식으로 호환되지 않는 부분은 없는지에 주의해야 한다. 어떤 쉴드는 점퍼를 사용해 핀을 유연하게 할당하도록 하여 이 문제를 해결한다.

표 13.3 아두이노 보드 종류

모델	특징	참고
우노 R3(Uno R3)	이 책을 쓰는 시점에서는 가장 최신판인 아두이노 우노다.	원형과 비교하면 아주 독특함. I2C와 전원 상태를 위한 여분의 헤더 소켓들이 있는 아두이노 우노
우노(Uno)	디지털 입출력 핀이 열네 개, 디지털 및 아날로그 겸용 입출력 핀이 여섯 개, 플래시 메모리 용량이 32 KB, SRAM 용량이 2 KB, EEPROM 용량이 1 KB이다.	가장 인기 있는 아두이노 보드이며, 입문자가 다양한 용도로 쓰기에 좋다. 새로운 USB 인터페이스가 있어서 USB 드라이버들이 필요 없다.
레오나르도(Leonardo)	입출력과 메모리 사양이 아두이노 우노보다 간단하다.	우노보다 더 싸지만, 프로그램을 작성해 넣을 수 있는 USB 기능이 들어있는 제거 불가능한 SMD 마이크로컨트롤러를 지니고 있다.
두에밀라노브(Duemilanove)	우노와 사양이 같기도 하고 ATMega168을 사용하는 일부 모델들과 사양이 같기는 하지만, 우노에 비해서 메모리 성능이 절반이다.	우노보다 앞서 나온 제품이다. FTDE를 바탕으로 삼는 USB 인터페이스를 사용하므로 윈도우에 설치할 때는 드라이버들이 필요하다.
릴리패드(Lilypad)	디지털 입출력 핀이 열네 개, 디지털 및 아날로그 겸용 입출력 핀이 여섯 개, 플래시 메모리 용량이 16 kB, SRAM 용량이 1 KB, EEPROM 용량이 512 KB이며 8 MHz로 작동한다.	LED 및 가속도계와 같은 다른 릴리패드 장치에 연결하기 위해 전도성 실을 사용해 외피에 꿰맬 수 있다. SparkFun(SKU: DEV-09716)에서 제공하는 별도의 USB-직렬 변환기가 필요하다.
메가 2560(Mega 2560)	디지털 입출력 핀이 54개, 디지털 및 아날로그 겸용 입출력 핀이 16개, UART가 4개, 플래시 메모리 용량이 256 KB, SRAM 용량이 8 KB, EEPROM 용량이 4 KB이다.	입출력 핀이 많이 필요할 때 적합한 장치이다. 아두이노 우노 방식으로 제작된 쉴드를 이 보드 위에 꽂을 수 있지만, 때때로 호환성 문제가 일어난다.
미니(Mini)	입출력과 메모리 사양이 아두이노 우노와 같다.	아두이노 우노보다 훨씬 작다. 프로그램을 작성해 넣으려면 USB-직렬 변환기가 필요하다.
나노(Nano)	입출력과 메모리 사양이 아두이노 우노와 같다.	아두이노 우노보다 훨씬 작고, 브레드보드에 바로 꽂을 수 있다. 미니 USB 소켓이 포함되어 있어 프로그램을 작성해 넣을 수 있다.
피오(Fio)	아두이노와 사양이 비슷하지만 8 MHz로 작동하는 XBee 무선 소켓이다.	LiPro 배터리 충전기 IC와 같은 모바일 무선 응용기기 용도로 쓴다.
이더넷(Ethernet)	아두이노 우노와 동일한 입출력 및 메모리 사양을 가지고 있다.	이더넷이 내장된 아두이노 우노다.

표 13.4 비공식 아두이노 변종

모델	특징	참고
디에프로봇샵로버 (DFRobotShopRover)	내장된 모터 드라이버	로봇용
일렉트릭 쉽 (Electric Sheep)	내장된 USB 호스트 연결이 있는 아두이노 메가	오픈 액세서리 표준을 지원하는 안드로이드 폰에 연결하는 데 자주 사용된다.
이더텐 (EtherTen)	이더넷 연결 기능이 내장된 아두이노 우노	
라이투이노(Lightuino)	LED 구동자	70개 정전류 LED 채널을 갖추고 있다.
유에스비드로이드 (USBDroid)	내장된 USB 호스트 연결이 있는 아두이노 우노	
틴시두이노 (Teensyduino)	레오나르도와 사양이 비슷하다.	USB 호환기기들을 사용해 브레드보드에 잘 맞는 작은 장치다.

아두이노가 할 수 있는 거의 모든 일을 쉴드로도 할 수 있다. 계전기 제어에서 LED 디스플레이 및 오디오 파일 재생기에 이르기까지 다양하다. 대부분 아두이노 우노에 맞게 설계된 것이지만 아두이노 메가와도 호환된다.

아두이노 위에 올린 아두이노 이더넷 쉴드

보기 13.12

표 13.5 공통 아두이노 쉴드

쉴드	설명
모터(Motor)	아두마토(Ardumoto) 쉴드. 채널당 2 A까지 이르는 2중 H 브리지 양방향 모터 제어기
이더넷(Ethernet)	이더넷 및 SD 카드 쉴드
계전기(Relay)	계전기 네 개를 제어한다. 계전기 접속점용 단자를 조인다.
LCD	조이스틱이 포함된 16 × 2 문자 영문자 LCD 쉴드

이 쉴드의 핀을 사용하는 방법에 대한 유용하고 기술적이며 자세한 정보가 들어있는 지침서 목록을 http://shieldlist.org/에서 찾을 수 있다. 표 13.5에 저자가 선호하는 쉴드 중 일부를 나열해 두었다.

13.4.5 아두이노 C 라이브러리

사람들이 '아두이노 언어'라고 부르는 것에 관해 들어 보았겠지만, 아두이노는 실제로는 그저 C 프로그래밍 언어로 작성된 것일 뿐 수년 동안 우리 주변에 있던 것이다. 그렇지만 아두이노는 독자적인 프로그램, 즉 스케치에 사용할 수 있는 아두이노 핵심 함수 집합을 제공한다.

아두이노 라이브러리에서 사용할 수 있는 명령은 아주 많다. 표 13.6에 가장 널리 쓰이는 명령어를 선택해 두었다

표 13.6에 나열된 명령 전체를 포함하는 주요 아두이노 핵심 부분은 녹자가 작성하는 모든 스케치에 자동적으로 포함(include)된다. 그렇지만 그 밖의 라이브러리도 아두이노 IDE에 많이 들어 있는데, 해당 라이브러리들을 사용할 때만 독자가 작성하는 코드에 추가하면 된다. 이 라이브러리들을 끼워 넣으려면 아래와 같이 include 명령 뒤에 라이브러리 이름을 두면 된다.

```
#include <Servo.h>
```

이 명령으로 Servo 라이브러리가 끼워 넣어지므로 다음에 나오는 아두이노 프로젝트 예제에서 사용할 수 있다.

표 13.6 아두이노 라이브러리 함수

명령	예	설명
디지털 입출력		
pinMode	pinMode(8, OUTPUT);	8번 핀을 출력용으로 설정한다. 대안으로 이것을 INPUT(입력용)으로 설정할 수 있다.
digitalWrite	digitalWrite(8, HIGH);	8번 핀을 고준위로 설정한다. 저준위로 설정하려면 HIGH 대신에 LOW 상수를 쓴다.
digitalRead	int i; i = digitalRead(8);	지정한 핀(이 경우에는 8번 핀)의 전압에 따라 i 값을 HIGH나 LOW로 설정한다.
pulseIn	i = pulseIn(8, HIGH)	8번 핀상의 다음 HIGH(고준위) 펄스의 마이크로초 단위 지연을 반환한다.
tone	tone(8, 440, 1000);	8번 핀을 1000밀리초 동안 440 Hz로 발진하게 한다.
noTone	noTone();	진행 중인 모든 음색으로 된 연주를 짧게 자른다.
아날로그 입출력		
analogRead	int r; r = analogRead(0);	r에 0~1023 사이의 값을 할당한다. 0번 핀이 0 V이면 0을, 0번 핀이 5 V이면 1023(3 V 보드에는 3.3 V)을 할당한다.
analogWrite	analogWrite(9, 127);	PWM 신호를 출력한다(13.5절). 동작책무주기를 0부터 255 사이의 수로 지정하는데, 255는 100퍼센트를 말한다. 아두이노 보드에 PWM이라고 기재되어 있는 핀들(3, 5, 6, 9, 10, 11번 핀) 중에 한 개에서 반드시 이것을 사용해야 한다.
시간 명령		
millis	unsigned long l; l = millis();	아두이노에서 long형 변수는 32비트임을 나타낸다. millis()가 반환하는 값은 최종 재설정 이후로 흐른 시간을 밀리초 단위로 나타낸다. 대략 50일이 지나면 해당 숫자가 겹쳐질 것이다.
micros	long l; l = micros();	millis와 유사하지만 이 함수는 최종 재설정 이후의 마이크로초를 반환한다. 대략 70분이 지난 후에는 겹쳐질 것이다.
delay	delay(1000);	1000밀리초, 즉 1초 동안 지연시킨다.
delayMicroseconds	delayMicroseconds(100000);	10만 마이크로초 동안 지연시킨다. 최소 지연 시간은 3마이크로초이고, 최대 지연 시간은 약 16밀리초라는 점에 주의하라.
인터럽트		
attachInterrupt	attachInterrupt(1, myFunction, RISING);	함수 myFunction을 인터럽트 1(Uno에서는 D3)의 상승 전환(rising transition)과 연결한다.
detachInterrupt	detachInterrupt(1);	1번 인터럽트상의 모든 인터럽트를 불능이 되게 한다.

표 13.7에 아두이노 IDE에 들어 있는 라이브러리들을 나열했다.

공식 아두이노 라이브러리들과 마찬가지로, 아두이노가 개방형 시스템이므로 누구나 라이브러리를 제작해 공동체에 배포할 수 있고, 이러한 라이브러리 중 많은 수가 무척 유용하다. 표 13.8에는 이러한 기타 라이브러리들 중 일부를 나열했다.

아두이노에 관해 더 알고 싶으면 아두이노의 공식 웹사이트(http://www.arduino.cc)를 참고하라.

표 13.7 표준 아두이노 라이브러리

라이브러리	설명
EEPROM	스케치에서 EEPROM을 읽고 쓴다.
Ethernet	이더넷 보드나 쉴드를 사용할 때의 TCP/IP 통신으로 DNS, DHCP, HTTP, UDP가 포함된다.
Fermata	직렬 명령들을 사용해 핀을 켜거나 끄는 일과 아날로그 값을 읽는 일을 할 때 쓰는 프로토콜이다.
LiquidCrystal	사실상의 표준이 된 HD44780 IC를 바탕으로 한(거의 다 영숫자 LCD 모듈들) 영숫자 LCD 모듈들을 위한 인터페이스다.
SD	SD 카드에 읽고 쓴다. 이더넷이나 실시간 클럭 인터페이스를 사용하는 SD 카드 소켓이 결합된 쉴드들을 사용할 수 있다.
Servo	여러 서보를 동시에 제어한다(13.4.6절).
SoftwareSerial	데이터를 송수신하기 위해 어떤 핀이든 두 개를 사용한다. 아두이노에는 하드웨어 직렬 포트(UART)가 한 개다.
SPI	직렬 주변기기 인터페이스 버스 라이브러리다.
Stepper	스텝 모터를 제어한다.
Wire	I²C 라이브러리다.

표 13.8 기증받은 아두이노 라이브러리

라이브러리	출처	설명
Android Accessory	http://developer.android.com/guide/topics/usb/accessory.html	안드로이드폰과 아두이노 사이의 직렬 통신용이다.
Bounce	http://www.arduino.cc/playground/Code/Bounce	소프트웨어를 이용해 스위치 튐 현상을 보정한다.
Dallas Temperature Control	http://milesburton.com/	그저 '핫(HOT)!'할 뿐만 아니라 온도 감지기들의 DS18B20 계열과 인터페이스를 하는 데 필요한 라이브러리다(6장 참고).
IRRemote	https://github.com/shirriff/Arduino-IRremote	적외선 LED 송신기 및 적외선 수신기를 사용해 적외선으로 원격 명령을 보내거나 받는다.
Keypad	http://arduino.cc/playground/Code/Keypad	숫자 키를 눌렀을 때 해당 키의 코드를 알아낸다.
OneWire	http://arduino.cc/playground/Learning/OneWire	1선 인터페이스 라이브러리다.
RTC library	http://jeelabs.org/2010/02/05/new-date-time-rtc-library/	다양한 실시간 클럭(RTC) IC에 대한 인터페이스들이다.
Si4703_Breakout	http://www.doctormonk.com/2011/09/sparkfun-si4703-fm-receiver-breakout.html	Si4703 라디오 수신기 IC를 쉽게 제어할 수 있게 한다.
USB Host Shield	http://www.circuitsathome.com	키보드와 같은 USB 장치들을 사용할 수 있게 한다. 또한 안드로이드 액세서리로 사용된다.
VirtualWire	http://www.open.com.au/mikem/arduino/VirtualWire.pdf	아두이노 두 개를 433Mhz FM 라디오 링크로 직렬 통신하게 한다.
xbee	http://code.google.com/p/xbee-arduino/	XBee 데이터 모듈들을 사용해 통신한다.

13.4.6 아두이노 예제

지금 우리는 BSII가 아닌 아두이노로 제어되는 동일한 외부 전자기기를 사용해 베이직 스탬프 예제 프로젝트를 반복 학습하려 한다. 다음에 나열된 내용은 로봇을 제어하는 데 필요한 코드다.

```
#include <Servo.h>

constintrightIRPin = 3;
constintleftIRPin = 4;
constintrightServoPin = 8;
constintleftServoPin = 9;
constintirOutPin = 10;
constintbuzzerPin = 11;

int speed = 60;                                    // 180도를 기준으로 한 각도 편차로 나타낸 서보의 각속도
int turnSpeed = 30;

Servo leftServo;
Servo rightServo;

void setup()
{
  pinMode(rightIRPin, INPUT);
  pinMode(leftIRpin, INPUT);
  pinMode(irOutPin, OUTPUT);
  pinMode(buzzerPin, OUTPUT);
  digitalWrite(irOutPin, HIGH);
  leftServo.attach(leftServoPin);
  rightServo.attach(rightServoPin);
}

void loop()
{
  if (digitalRead(leftIRPin) == LOW &&digitalRead(rightIRPin) == LOW)
  {
    backup();
  }
  else if (digitalRead(leftIRPin) == LOW)
  {
    turnRight();
  }
  else if (digitalRead(rightIRPin) == LOW)
  {
    turnLeft();
  }
  else
  {
    forward();
  }
}

void forward()
{
  tone(buzzerPin, 440, 1000);                      // 1초 동안 440 Hz로 재생
  leftServo.write(180 - speed);
  rightServo.write(180 + speed);
}

void backup()
{
  tone(buzzerPin, 880, 1000);                      // 1초 동안 440 Hz로 재생
```

```
  leftServo.write(180 + speed);
  rightServo.write(180 - speed);
}

void turnLeft()
{
  leftServo.write(180 - turnSpeed);
  rightServo.write(180 - turnSpeed);
}

void turnRight()
{
  leftServo.write(180 + turnSpeed);
  rightServo.write(180 + turnSpeed);
}
```

베이직 스탬프 버전과 아주 유사한 면들이 많다. 그렇지만 아두이노에서 사용하는 C 언어로 작성한 프로그램이 조금 더 구조적이어서 이 맛을 느낀 프로그래머라면 베이직보다는 C 언어를 쓸 때 더 만족할 수도 있을 것이다.

이전 절에서 언급한 것처럼, 공식 라이브러리든 사용자들이 만든 것이든 프로그램에 끼워 쓸 수 있는 라이브러리가 많다는 게 아두이노 플랫폼의 특징이다. 첫 번째 줄에서 서보를 제어하는 데 사용할 라이브러리를 끼워 넣고 있다. 엄밀히 말하자면 이것은 C 언어를 C++로 객체 지향적으로 확장한 것이다. 그러므로 서보를 제어하려면 먼저 인스턴스를 생성해야 한다(음, 여기서는 두 개).

```
Servo leftServo;
Servo rightServo;
```

다음과 같은 것을 사용해서 특정 핀과 관련지어야 한다.

```
leftServo.attach(leftServoPin);
rightServo.attach(rightServoPin);
```

지금부터 해야 할 일이라고는 서보에 각도를 부여하는 일뿐인데, write 명령을 써서 다음과 같이 하면 된다.

```
leftServo.write(180 - speed);
```

펄스 길이를 걱정할 필요는 없다. 이 모든 일이 자동으로 처리된다.

13.4.7 아두이노 오프보드 사용

편리하고 사용하기 쉽기는 하지만, 아두이노 우노는 마이크로컨트롤러에 불과하므로 정류된 전입을 공급하거나 USB를 써 8해 프로그램을 넣으려면 보강 부품들이 필요하다. 제품을 만들 때가 다가오는데 이 제품이 오프보드 한 개짜리라면 독자는 아마도 아두이노를 있는 그대로 사용할 것이고, 다음 프로젝트에 쓸 대체 제품이나 사고 말 것이다. 그렇지만 많은 장치를 제작해야 한다면 프로젝트를 진행하는 중에 아두이노 보드는 잊어버리고 프로그램되어 있는 마이크로컨트롤러만 사용하기를 바랄 수도 있다.

아두이노 오프보드를 쓴다는 것은 프로젝트에 필요한 우노의 기능과 쉴드 또는 다른 전자 장치(말하자면 브레드보드)와의 연결로 제공될 수 있는, 추가 부품이 포함된 마이크로컨트롤러용 자체 PCB를 설계할 수 있음을 의미한다.

ATmega328은 내부 발진기를 실행하기가 ATtiny로 할 때만큼 쉽지 않다. IDE에는 외부 클럭(수정 발진기 또는 세라믹 발진기)이 필요하다. 또한, 독자는 마이크로컨트롤러에 안정적인 전압을 제공하기 위해 전압 조정기 IC를 사용하려고 할 수도 있다.

보기 13.13에 나오는 도식은 보기 13.14와 같은 보드와 함께 Eagle CAD에서 나온 것이다.

오프보드 아두이노 프로젝트를 위한 EagleCAD 개요도

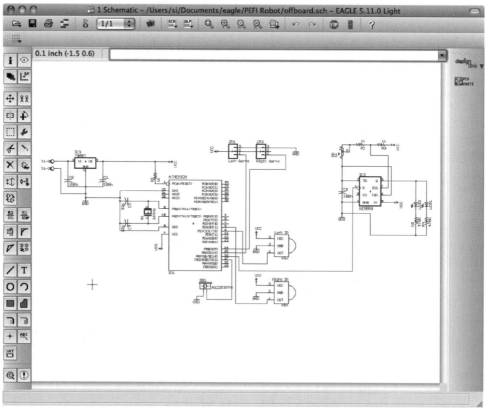

보기 13.13

오프보드 아두이노 프로젝트를 위한 PCB 배치도

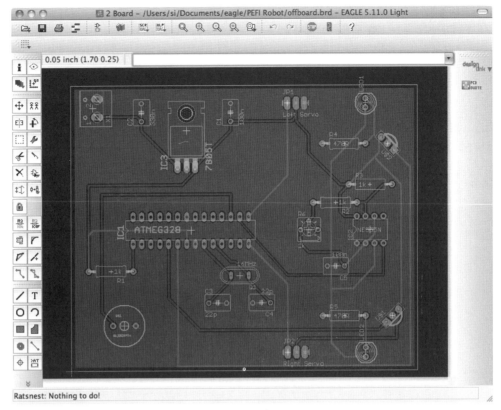

보기 13.14

13.5 마이크로컨트롤러를 이용한 상호 연결

ATtiny, PIC 또는 아두이노 사용 여부에 관계없이 일부 부품을 연결해야 할 것이다. 최소한 스위치가 한 개나 두 개는 있을 것이다.

마이크로컨트롤러에 세 종류의 인터페이스를 사용할 수 있다.

- 디지털: 입력용 스위치, 출력용 LED나 유사한 것
- 아날로그: 다양한 형태로 된 센서들(6장 참조)
- 직렬: 주요 직렬 통신 프로토콜 종류로는 TTL 직렬, I2C, 1-wire, 직렬 병렬 인터페이스 (Serial Peripheral Interface, SPI)라는 네 가지가 있다.

다음 절에서는 마이크로컨트롤러에 아날로그/디지털 입력들과 디지털/PWM 출력들이 있다고 가정한다. 마이크로컨트롤러가 5 V에서 작동한다고도 가정한다. 모든 경우에 그렇지는 않을 수도 있는데, 많은 마이크로컨트롤러들을 더 낮은 전압에서 사용할 수도 있고, 3.3 V가 또 다른 일반적인 선택이기 때문이다. 이런 경우라면 설계도 중에 일부를 적용해야 할 것이다.

13.5.1 스위치

단일 스위치

스위치를 디지털 입력에 연결하기는 쉽다(보기 13.15). 핀이 닫힐 때까지 계속 고준위 상태로 유지되는 풀업 저항기를 사용하라. 평상시 닫힘(normally closed) 스위치 형식이라면 전류가 지속적으로 끌어당겨 쓰이므로 저항(말하자면 10 kΩ)이 큰 저항기를 사용하는 게 바람직하다. 그러나 평상시 열림(normally open) 스위치의 경우 스위치를 눌렀을 때만 전류가 흐르게 되므로 1 kΩ이 정상이다.

역주 접지　GND^{역주}로 전환하면 보기 13.15의 모든 예와 같이 스위치가 닫히면서 디지털 입력이 낮아진다. 이것은 다음 예제의 아두이노 C 코드에서 볼 수 있듯이 눌려진 버튼의 논리가 반전됨을 의미한다.

```
if (digitalRead(4) == LOW)
{
    // 키가 눌리면 무언가를 한다.
}
```

스위치를 디지털 입력에 연결하기

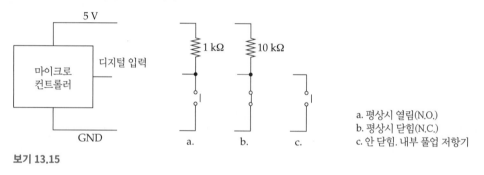

보기 13.15

스위치와 저항기를 서로 바꿔 저항기가 이제 풀다운 저항기가 되도록 하고 스위치를 닫으면 입력에서는 논리가 고준위가 된다.

사용자의 환경이 얼마나 전기적으로 시끄러운지와 마이크로컨트롤러에서 스위치까지 리드가 얼마나 길어지느냐에 맞춰서 풀업 저항기를 선택한다. 기본적으로 잡음에 대한 내성과 전류 소비 사이에서 절충하게 된다. 평상시 열림 스위치의 경우, 단추를 누를 때만 전류가 흐르고, 1 kΩ 저항기를 사용하는 5 mA는 일반적으로 문제가 되지 않는다. 사실, 일부는 270 Ω과 같은 더 낮은 값을 선호한다.

많은 마이크로컨트롤러에는 특정 디지털 입력을 위해 켜고 끌 수 있는 내부 풀업 저항기가 들어 있다. ATmega 및 ATtiny 마이크로컨트롤러에서 저항기는 보통 20 k~40 kΩ의 값을 지니므로 시끄러운 환경에 쓰이거나 스위치로 연결된 리드가 길면 외부 풀업 저항기를 쓰는 편이 바람직할 수 있다.

■ 스위치 여러 개 대 아날로그 입력 한 개

스위치가 많고 디지털 입력들에 대한 부하를 한 군데로 묶어 두고 싶지 않다면, 아날로그 입력한 개와 다수의 저항기를 사용하는 게 일반적이다. 아날로그 입력에서의 전압은 눌려진 스위치에 따라 달라진다(보기 13.16).

보기 13.16은 프리트로닉스 아두이노(Freetronics Arduino)라는 LCD 쉴드의 설계도 그림에서 가져온 것으로, 조이스틱 형태로 된 누름단추 5개짜리 스위치를 사용한다(이 그림을 사용할 수 있게 해준 프리일렉트로닉스에 감사한다). 각 단추에 대한 10비트 A~D의 십진수 값이 표로 주어지는 방식에 유의하라.

다중 스위치와 아날로그 입력 한 개

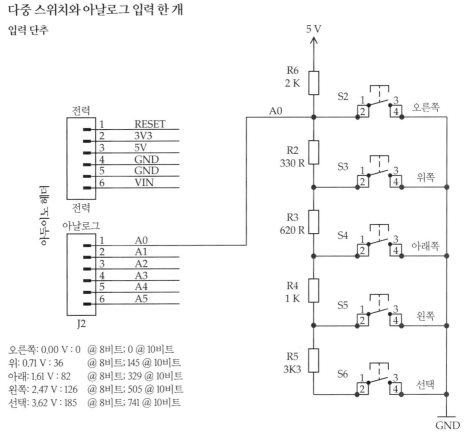

입력 단추

오른쪽: 0.00 V : 0   @ 8비트; 0 @ 10비트
위: 0.71 V : 36   @ 8비트; 145 @ 10비트
아래: 1.61 V : 82   @ 8비트; 329 @ 10비트
왼쪽: 2.47 V : 126   @ 8비트; 505 @ 10비트
선택: 3.62 V : 185   @ 8비트; 741 @ 10비트

보기 13.16

일반적으로 아날로그 판독 값이 저항기의 허용 오차 및 전력 공급 장치의 전압 변화로 인해 요구되는 값과 정확하게 일치하지는 않으므로 이를 해석하는 코드에서는 보통 하나의 값이 아니라 특정 단추를 나타내는 대역을 지정하게 된다.

■ 숫자 키패드 사용

키패드는 행렬 형태로 배치된 스위치들을 사용하는데, 이는 보기 13.17에 보이는 바와 같다. 보기에 나오는 4×3 키패드에는 각 행과 열이 겹치는 자리에 키가 있다. 어떤 키가 눌려 있는지를 결정하기 위해 마이크로컨트롤러는 각 출력 핀 $Q_0 \sim Q_2$를 고준위로 취하고, 각 입력 $I_0 \sim I_3$에 어떤 값이 표시되는지 확인한다. 마이크로프로세서가 내부 풀업 저항기를 지원하지 않는다면 이러한 풀업 저항기가 각 입력마다 필요하다는 점에 주의하라.

키패드 행렬

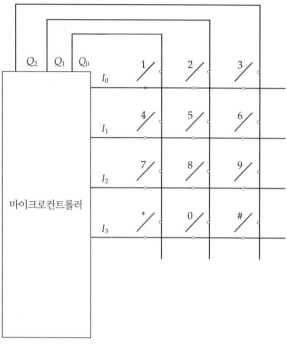

보기 13.17

실제로 이것은 흔한 마이크로컨트롤러용 부품과 비슷한 것으로, 이 코드를 자체적으로 만드는 일은 불필요하게 바퀴를 다시 발명하는 일과 같다. 예를 들자면, 다음에 나오는 것은 이 일을 위해 라이브러리를 사용하는 아두이노 코드다.

```c
#include <Keypad.h>

char keys[4][3] = {
  {'1','2','3'},
  {'4','5','6'},
  {'7','8','9'},
  {'*','0','#'}
};

byte rowPins[4] = {2, 7, 6, 4};
byte colPins[3] = {3, 8, 5};

Keypad keypad = Keypad(makeKeymap(keys), rowPins, colPins, 4, 3);

void setup()
{
  Serial.begin(9600);
}

void loop()
{
  char key = keypad.getKey();
  if (key != null)
  {
```

```
        Serial.println(key);
    }
}
```

이 예제 코드는 아두이노 직렬 모니터로 눌려진 키를 보낸다.

■ 튐 현상 보정

보기 13.15의 회로 출력에 오실로스코프를 연결하면 스위치를 닫을 때 보기 13.18과 같은 결과
가 표시된다. 이것을 바운싱(bouncing)^{역주}이라고 한다.

[역주] 튐 현상

스위치가 튀게 되면 문제가 생긴다. 단추를 눌러 LED를 켜고 끄는 상황을 생각해 보자. 튄 수
가 짝수이면 LED가 켜졌다가 즉시 다시 꺼지기를 반복하므로 아무 일도 일어나지 않은 것처럼
보이게 된다. 그러므로 마이크로컨트롤러 입력에 연결된 스위치들이라면 무엇이든지 디바운스

[역주] 즉, 튐 현상 보정 또는
접점 안정화

(debounce)^{역주}를 하는 게 바람직하다. 하드웨어로 이를 수행할 수는 있지만(예: 트리거 후 스위치의 후
속 펄스를 무시하는 단안정기 포함), 소프트웨어로 튐 현상 보정(debouncing)을 하면 부품 수를 줄일
수 있다.

스위치 튐

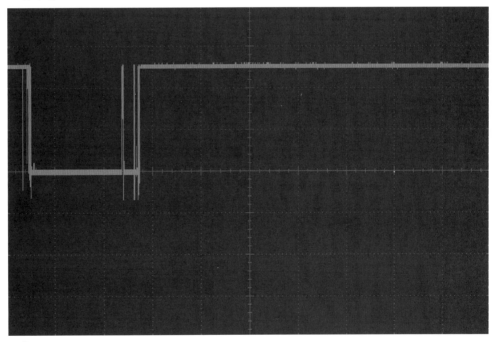

보기 13.18

키보드 행렬은 디바운스가 흔한 문제여서 자주 해결되어 왔다. 소프트웨어를 사용한 튐 현상 보
정이 본질적으로는 하드웨어를 사용한 튐 현상 보정과 같은데, 말하자면 첫 번째 변이에 대해서
는 어떤 조치를 취하고, 이어져 나오는 출력의 전이들을 보정 주기가 안전하게 지날 때까지 무시
하는 식이나. 마이크로컨트롤러가 그 밖에 헤아 할 일에 따라, 이는 첫 번째 변이를 감지하는 즉
시 연계되는 코드에 디바운스 주기를 지연시키는 기능을 끼워 넣는 일처럼 간단할 수 있다. 그러
나 때로는 마이크로컨트롤러에 그 밖의 책무(예: LED 디스플레이 새로 고침)가 있을 때처럼 이 일이

불가능할 수도 있다. 이러한 경우 일반적인 접근법은 변수를 첫 번째 전이 후 밀리초 틱(tick)으로 설정하고 단추를 눌러 충분한 디바운스 시간이 경과했음을 확인하는 것이다. 이 일을 위한 아두이노 코드는 다음과 같다.

```
constintdeboucePeriod = 100;
long lastKeyPressTime = 0;

void loop()
{
  long timeNow = millis();
  if (digitalRead(5) == LOW &&lastKeyPressTime>timeNow + debouncePeriod)
  {
    // 버튼이 최종적으로 눌린 뒤에 충분한 시간이 경과하면
    // 필요한 일을 한다.
    lastKeyPressTime = timeNow;
  }
}
```

13.5.2 아날로그 입력

6장에서 언급한 많은 센서는 읽어 들인 속성을 가리킬 수 있게 아날로그 출력을 제공한다. 예를 들어, TMP36이라는 온도 감지기 IC는 전형적으로 마이크로컨트롤러의 아날로그 입력에 직접 연결되는데, 이는 보기 13.19에 나타낸 바와 같다.

TMP36 센서에서 전압을 읽기

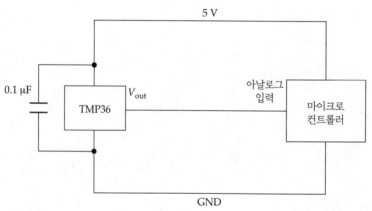

보기 13.19

마이크로컨트롤러의 아날로그 입력 범위(0~10 V라고 하자)를 넘는 전압을 측정하는 경우에, 전압을 적절히 줄이기 위해 저항기 두 개를 전압 분할기로 사용할 수 있다. 전압이 기대 범위를 넘어설 위험이 있는 경우에는 제너 다이오드(보기 13.20 참조)를 추가해 마이크로컨트롤러의 아날로그 입력을 보호할 수 있다.

실제로 제너 다이오드는 5.1 V보다 먼저 전도되어 판독 값의 선형성을 손상시키므로 입력 범위는 0~55 V가 아닌 0~50 V로 표시된다. 전압 분할기는 1 : 10이 아니라 1 : 11이라는 것을 기억하라.

ADC 전압 축소와 입력 보호

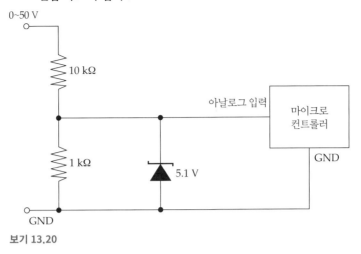

보기 13.20

스위칭 동작이 필요한 경우 하드웨어를 통하지 말고 코드로 구현해야 한다. 이런 접근 방식은 더 유연한데, 예를 들면, 자기이력을 더하거나 온도 설정을 바꾸는 것이다. 다음 아두이노 C 코드는 자기이력의 4(±2)도를 사용하는 간단한 온도 조절 알고리즘을 보여준다.

```
const float hysteresis = 2.0;
const float setPoint = 20.0;
float temp = readTemperature();
if (temp <setPoint hysteresis)
{
  digitalWrite(heaterControlPin, HIGH);
}
else if (temp >setPoint + hysteresis)
{
  digitalWrite(heaterControlPin, LOW);
}
```

이 예제에서는 사용자가 작성한 함수인 readTemperature(온도 읽기)가 있다고 가정한다.

저항 측정의 경우 LDR 및 서미스터와 같이 저항성이 있는 센서는 일반적으로 전위 분배기의 한 쪽 다리로 사용되어 읽을 수 있는 전압을 생성한다. 이것을 6장에 있는 관련 센서 절들에서 다룬다.

13.5.3 고전력 디지털 출력

역주1 즉, 들어오는 전류
역주2 즉, 내보내는 전류

대부분의 마이크로컨트롤러는 직접적인 디지털 출력으로 약 20 mA 소스 전류[역주1] 또는 싱크 전류[역주2]만 안정적으로 제공한다. 계전기나 고출력 LED와 같은 고전력 부하를 움직이려면 트랜지스터를 사용해야 한다.

아두이노는 핀당 최대 40 mA를 처리할 수 있으며, 칩당 최대 200 mA를 처리한다. 이 수치는 제조업체가 생산한 제품의 경우 25% 가량 낮춰져야 하지만, 아트멜은 이 수치가 이미 낮춰졌기 때문에 칩이 최대 전류 정격의 절댓값에 편안하게 대처할 수 있다고 말한다.

양극성 트랜지스터로 고전력 출력 다루기

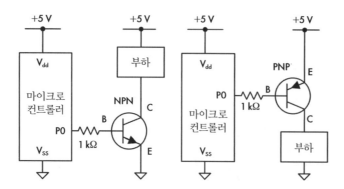

양극성 트랜지스터를 부하용 스위치를 켜거나 끄는 데 사용할 수 있다. 왼쪽 회로에서 P0이 고준위로 설정되면 NPN 트랜지스터가 켜져 C와 E 사이에 작은 저항이 있게 된다. 오른쪽 회로에서 P0이 저준위로 설정되면 PNP 트랜지스터가 켜진다. 마이크로컨트롤러 입출력 전류 수준은 보통 양극성 트랜지스터에 충분한 베이스 전류를 제공하기에 충분히 크다.

보기 13.21

보기 13.21에는 양극성 트랜지스터를 사용해 이렇게 하는 방법을 나타내었고, 보기 13.22에는 MOSFET을 사용하는 방법을 나타냈다.

MOSFET의 이점이 양극성 트랜지스터보다 더 많다. 대다수 응용기기에 적용되는 이점으로는 게이트 저항기가 필요하지 않다는 점을 들 수 있다. 그러나 MOSFET이 용량성 부하이므로 매우 짧은 기간 동안 핀이 상태를 바꿀 때 돌입 전류(inrush current)가 매우 높을 수 있다. 일반적으로 마이크로컨트롤러는 이 문제에 대처하겠지만, 설계 규칙을 궁극적으로 준수하려면 약 1 kΩ의 게이트 저항을 사용하라.

MOSFET을 사용한 고전력 출력 처리

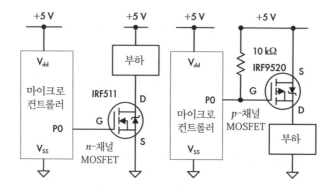

MOSFET의 켬 상태 저항(밀리옴 단위로)은 양극성 트랜지스터(수십에서 수백 밀리옴)보다 훨씬 더 낮다. 이는 MOSFET 구동자는 전압 강하를 더 적게 겪으며, 일반적으로 더 큰 전류를 다룰 수 있다는 점을 의미한다. MOSFET은 또한 입력 임피던스가 매우 높다. MOSFET은 마이크로컨트롤러의 입출력 핀으로부터 게이트 전류를 아주 적게 끌어낸다. 일부 MOSFET은 60 A 이상을 다루는 성능을 지니고 있다. 왼쪽 회로에서 n-채널 MOSFET은 P0상에서 고준위로 트리거된다. 오른쪽 회로에서 p-채널 MOSFET은 P0상에서 저준위로 트리거된다. 개별 부하 공급 장치가 사용될 수 있는데, 유도성 부하가 있을 경우에 추천한다.

보기 13.22

MOSFET을 스위치로 사용하는 그 밖의 이점으로는 드레인-소스 저항이 예외적일만큼 낮고 저항이 고준위에서 꺼진다는 점에 있다. 이것은 작은 MOSFET으로 아주 큰 부하를 제어할 수 있게 만든다. 그렇지만 게이트 문턱 전압을 반드시 점검해서 논리 준위 이상이 아닌지를 점검해야 한다. 예를 들어, 문턱 전압이 6 V인 n 채널 MOSFET은 게이트가 5 V인 경우에는 켜지지 않는다. 이것은 고전력 MOSFET에서 한 가지 이상의 문제를 일으킨다. 고전력 MOSFET을 사용할 때는 'logic-level' MOSFET^{역주}이라고 써 있는 MOSFET을 찾아야 한다. 즉, 게이트 임곗값이 5 V보다 훨씬 낮아야 한다는 말이다.

■ 계전기와 그 밖의 유도성 부하

몇 가지 리드 계전기를 제외하면 극소수 계전기는 50 mA보다 적은 전류로도 스위칭되므로 방금 언급한 대로 거의 항상 트랜지스터를 한 개만 필요로 하게 된다. 스위칭 중에 트랜지스터에 손상을 주는 전압 스파이크를 막기 위해 계전기 코일에 역으로 바이어스가 된 다이오드를 사용해야 한다는 점을 기억해야 한다. 보기 13.23에 이러한 정리를 나타냈다.

디지털 출력으로 계전기나 직류 모터 제어하기

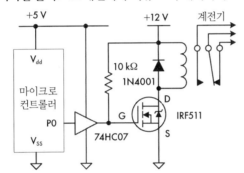

대전류 응용에서, 말하자면 12V 계전기는 양극성 트랜지스터보다 MOSFET 트랜지스터를 선택하는 편이 더 낫다. 여기서 N 채널 MOSFET은 74HC07 버터를 거쳐 마이크로컨트롤러에 의해 구동된다. 이 다이오드는 코일이 생성한 유도 스파이크를 튕겨 내기 위해 사용된다. P0가 고준위로 설정되면 MOSFET이 켜지면서 계전기는 상태를 변경한다.

보기 13.23

■ 펄스폭 변조

보기 13.23에 나오는 설계도는 직류 모터와 같은 유도성 부하를 제어하기에도 적합하다. 디지털 출력이 PWM으로 구동되면 이 회로는 또한 모터로 가는 전력 및 속도를 제어하는 데 사용될 수 있다(보기 13.24).

보기 13.24의 오른쪽 파형은 동작책무주기(전원이 켜져 있는 시간의 비율)를 조정해 모터 속도를 제어하는 방법을 보여준다. 오른쪽에 나오는 의사코드로 이것을 달성하는 방법을 볼 수 있다. 일부 마이크로컨트롤러들은 PWM 신호를 생성하는 과정을 단순하게 하는 하드웨어를 지원하는 데 헌신석이나.

사용하는 마이크로컨트롤러에 상당히 견고한 출력 구동자가 있다면 74HC07 버퍼를 사용할 때 약간의 문제가 있을 것이다.

■ 양방향 모터 제어

보기 13.25에 나오는 바와 같이 H-브리지를 사용해 모터의 방향을 제어할 수 있다.

두세 가지 암페어보다 작은 모터 전류를 제어하는 데 가장 유용한 것은 모든 트랜지스터를 하나의 패키지로 결합하는 TB6612FNG와 같은 IC H-브리지다. 이것들은 과부하로부터 시스템을 보호하기 위해 열 차단과 같은 기능을 종종 갖추고 있다.

직류 모터 제어

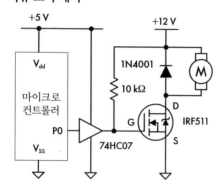

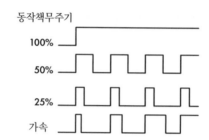

의사 코드 중 일부분만 보기로 나타내면 이렇다.
int x '변수를 선언한다.
'100% 동작책무주기
Set P0 = 1 '100% 동작책무주기

'50% 동작책무주기
For x = 1 to 200
  Set P0 = 1
  Pause 5 '5밀리초 동안 켬
  Set P0 = 0 '0번 핀을 저준위로 설정
  Pause 5 '5밀리초 동안 끔

'25% 동작책무주기
For x = 1 to 100
  Set P0 = 1 '0번 핀을 고준위로 설정
  Pause 5 '5밀리초 동안 켬
  Set P0 = 0 '0번 핀을 저준위로 설정
  Pause 15 '15밀리초 동안 끔

'가속
For x = 100 to 1
  Set P0 = 1 '0번 핀을 고준위로 설정
  Pause 15 '15밀리초 동안 켬
  Set P0 = 0 '0번 핀을 저준위로 설정
  Pause x
Next

보기 13.24

양방향 모터 제어

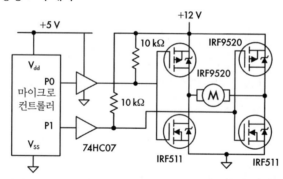

MOSFET을 사용해 구축한 H-브리지 회로는 DC 모터의 정방향 제어 및 역방향 제어를 할 수 있게 한다. H-브리지에는 더 강력한 제어가 필요한 응용기기에 유용한 동적 브레이크 동작이 내포되어 있다. 모터를 한 가지 방향으로 움직이게 하려면 P1을 고준위(HIGH)로 설정하는 한편으로 P0를 저준위(LOW)로 설정한다. 버퍼 스테이지(74HC07)는 회로 중 모터 부분에 대한 전기적 절연을 더 잘 되게 하기 위해 광분리기로 교체될 수 있다.

보기 13.25

■ 서보 모터 제어

이전에 로봇 예제 프로젝트에서 서보 모터 제어를 미리 언급한 바 있다. 서보가 제어 신호를 사용하기 때문에 디지털 출력으로 직접 제공될 수 있다(보기 13.26).

서보 제어

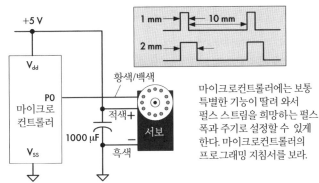

마이크로컨트롤러에는 보통 특별한 기능이 딸려 와서 펄스 스트림을 희망하는 펄스 폭과 주기로 설정할 수 있게 한다. 마이크로컨트롤러의 프로그래밍 지침서를 보라.

여기서 상대적으로 전류가 적은 서보를 마이크로컨트롤러로 제어할 수 있다. 보기에 나오는 바와 같이 P0은 제어 신호를 서보로 보낸다. 펄스들 간에 10 ms 주기로 각기 1 ms 간격 제어 펄스가 발생해 서보의 축을 한쪽 끝으로 회전하게 한다. 2 ms 간격 제어 펄스(앞과 단주기가 같음)는 서보의 축을 반대 방향으로 끝까지 이르게 설정한다. 이 결과들의 중간에서는 '양 끝 사이'에 놓이게 된다. 펄스 스트림이 없이는 서보가 위치를 고수할 수 없다.

보기 13.26

● 스테퍼 모터 제어

스테퍼 모터에는 회전자를 움직이기 위해 올바른 순서로 에너지를 공급받아야 하는 코일이 여러 개 있다. 보기 13.27에 나오는 배치 방식으로 이렇게 할 수 있다.

스테퍼 모터 제어

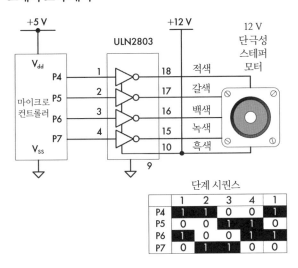

여기서는 마이크로컨트롤러에 연결된 TTL 개발 컬렉터 구동자를 사용해 12 V 단극성 스테퍼 모터를 제어한다. 회전 중인 모터의 단계 시퀀스가 왼쪽에 나온다. 다양한 부속물을 갖춘 신형 스테퍼 모터 구동자 회로가 많이 나와 있다. 신기술로는 어떤 것이 있는지를 살피고 스테퍼 모터를 구동하는 데 쓸 다양한 예제 코드를 연구하는 데는 인터넷만 한 게 없다.

보기 13.27

모터에 대한 추가 정보를 15장에서 볼 수 있다.

13.5.4 사운드 인터페이스

보기 13.28에 소리 탐지 설계도를 나타냈다. 두 번째 비교 단계는 선택사항이고, 첫 번째 단계의 출력이 아날로그 입력으로 직접 공급될 수 있어서 소리의 표본을 취할 수 있다. 대부분의 마이크로컨트롤러 ADC는 대단히 빠르지는 않지만, 그렇더라도 10 kHz 이상에서 표본 추출을 할 수 있어야 하므로 일부 원시 디지털 신호 처리가 가능하다.

마이크로컨트롤러가 디지털 장치이기 때문에 소리를 생성해 낼 때는 자연스럽게 구형파를 생성하게 된다. 핀을 고준위로 설정하고 기다렸다가 대기 상태로 설정한 다음 다시 저준위로 설치하는 이 과정을 반복한다. 이번 장의 앞부분에서 보인 바와 같이, 아두이노 라이브러리와 베이직 스탬프는 둘 다 이것을 직접 실행하는 명령어들을 제공한다. 압전 스피커를 사용하고 있는 경우에, 이것은 디지털 출력으로부터 직접 구동된다. 전자기 확성기를 사용하는 경우 출력 핀의 구동 기능을 벗어나게 되므로 신호를 증폭해야 한다. 오디오 증폭기의 범위에 관해서는 16장을 참조하라. 그러나 구형파가 무척 거칠다면 고품질 증폭이 불필요하고, 보기 13.21에 나오는 것과 같이 확성기가 부하 역할을 하는 회로는 잘 작동한다. 대부분의 확성기가 8 Ω인 것처럼 트랜지스터가 컬렉터 전류에 대처할 수 있는지 확인하려면 수학 계산을 해야 한다.

소리 탐지

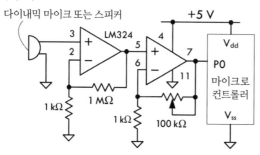

이 회로는 다이내믹 마이크나 스피커에 연결된 LM324 비교기 IC를 사용한다. 팟으로 설정한 특정 소리 크기에 도달하면 출력이 갑작스럽게 바뀌어 마이크로컨트롤러의 입력에 고준위를 공급한다.

보기 13.28

사인파를 생성하려면 어느 정도는 생각하고 노력해야 한다. 첫 번째 아이디어는 핀 중 하나의 PWM^{역주} 출력을 사용해 파형을 기록하는 것이다. 그러나 대부분의 마이크로컨트롤러의 PWM 스위칭 주파수는 오디오 주파수이므로 신경 쓸 필요도 없이 신호는 구형파만큼 나쁠 것이다. 더 좋은 방법은 DAC를 사용하는 것인데, 이 DAC에는 디지털 입력이 많으며 디지털 입력 값에 비례하는 출력 전압을 생성한다. 다행히 간단한 DAC를 만들기는 아주 쉬워서 저항기만이 필요할 뿐이다.

보기 13.29에 R-2R 저항기 회로망을 사용하는 DAC를 나타냈다. R과 2R에 해당하는 값을 지닌 저항을 사용하므로 R은 5 KΩ이 될 수 있을 것이고 $2R$은 10 KΩ이 될 수도 있다. 각 디지털 입력은 아두이노의 디지털 출력에 연결된다. 네 자리는 4비트 크기 디지털 수를 나타내므로 16개의 서로 다른 아날로그 출력을 안겨 준다. 더 복잡한 단계를 거치면 분해능이 더 높은 DAC들을 제조할 수 있다. 대안으로, DAC IC를 사용하는 편이 더 나을 수 있다.

역주 펄스폭 변조

13.5.5 직렬 인터페이스

핀의 개수와 사용하는 통신 방식이 서로 다른 마이크로컨트롤러에 대한 직렬 인터페이스 표준은 여러 가지이다. 여기서는 그것들 중 일부를 탐구하며 사물을 마이크로컨트롤러에 연결하는 데 어떻게 쓰일 수 있는지를 살펴본다.

직렬 인터페이스를 사용해 주변기기와 통신하는 경우에 마이크로컨트롤러는 다양한 방법으로 장치와 상호 작용한다. 간단히 마이크로컨트롤러에서 명령을 내리게 할 수 있는데, 일반적으로 1바이트 코드 형태로 '온도를 읽으라'거나 직렬 EEPROM의 경우 '여기에 이 데이터를 저장하라' 같은 식으로 명령을 내릴 수 있다는 말이다. 그러고 나면 명령을 받은 장치는 결과로나 값으로 응답할 것이다. 일반적이지만 직관성이 떨어지는 또 다른 접근법으로는 장치가 저항기를 사용하게 하는 방식과, 저항기의 비트를 가져와서 설정하는 명령 중 일부가 장치의 전자기기를 제어하는 방식이 있다. 따라서 예를 들어, I2C FM 수신기 IC를 모노가 아닌 스테레오에서 작동하도록 설정하는 것은 모드를 모노 또는 스테레오로 설정하는 명령이 아닌 다목적 저항기 쓰기(write-register) 명령을 사용해 저항기에서 적절한 비트를 설정하는 것과 관련된다.

간단한 DAC

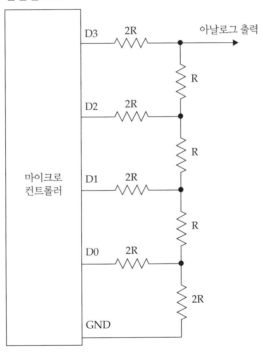

보기 13.29

◼ 1-Wire 버스

역주 달라스 세미컨덕터에서 설계한 제품의 상표명임

이름이 의도하는 바에 따르면, 1-Wire^{역주} 직렬 버스는 통신하는 데 단일 회선만을(공통 접지를 별개로 치면) 사용한다. 이 표준을 달라스 세미컨덕터(Dallas Semiconductor)에서 개발했는데, 다양한 센서나 ADC나 EEPROM과 같은 그 밖의 장치들에서 사용한다. 5 V나 3.3 V에서 작동할 수 있으므로 항상 마이크로컨트롤러에 연결하는 장치가 동일한 전압에서 작동하는지 확인하라.

그렇지 않은 경우에 손상을 입게 된다.

DS18B20 온도 센서는 1-Wire 인터페이스를 사용한다. 이 센서를 6장에서 소개한 바 있다. 이번 장에서는 기생 전력 모드에서 센서를 사용해 마이크로컨트롤러에서 장치까지 두 개의 연결만을 쓰는 방법을 살펴본다. 더욱이, 같은 회선에 장치를 최대 255개까지 연결할 수 있다.

보기 13.30에 마이크로컨트롤러에 연결한 DS18B20를 나타냈다. 1-Wire 장치들은 마스터(master)나 슬레이브(slave)로 동작한다. 마이크로컨트롤러가 마스터가 되고, 센서와 같은 주변기기가 슬레이브가 된다. 슬레이브 장치에는 데이터가 전송되지 않을 때 버스를 통해 충전을 받았다가 버스가 데이터용으로 사용되는 동안 슬레이브 장치에 전력을 공급하는 데 사용되는 커패시터가 들어있다. DS18B20를 이런 방식으로 사용하면 GND와 Vdd 접속이 함께 묶인다. 통신이 두 가지 방식으로 이뤄지므로 마이크로컨트롤러는 핀들을 입력용과 출력용으로 함께 사용하면서 프로그램이 실행되는 동안에 핀의 방향을 바꾼다. 모든 슬레이브 장치는 제조되는 동안에 ROM에 프로그램된 유일한 64비트 식별자를 지닌다.

기생 전력 모드인 DS18B20

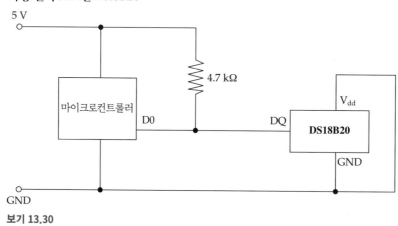

보기 13.30

마스터(마이크로컨트롤러)가 데이터 회선을 출력 모드로 두고는 명령을 연속되는 펄스로 전송함으로써 늘 통신을 주도한다. 데이터 회선은 5 V까지 끌어올려지므로 펄스는 5 V에서 GND까지다. 60 μs 펄스는 a 0을 나타내고, 15 μs는 a 1을 가리킨다.

마이크로컨트롤러가 명령을 내려야 할 때는 적어도 먼저 480 μs의 재설정 펄스를 보낸 다음 장치의 식별자가 포함된 명령 시퀀스를 보낸다. 사용 가능한 장치의 ID는 특수 검색 프로토콜을 사용해 발견되는데, 여기서 마스터는 ID의 특정 비트가 있는 장치가 응답하도록 명령한다. 둘 이상이 응답하면 다른 비트에 대해서도 시도를 하는 식으로 모든 장치를 효율적으로 식별한다.

1-Wire와 함께 사용하는 모든 마이크로컨트롤러에는 라이브러리와 버스 사용 예제 코드가 들어 있을 것이므로 저수준 프로토콜을 살피는 데 약간 도움이 된다. 다음 코드 조각은 아두이노의 OneWire라는 라이브러리를 DS18B20과 함께 사용하는 방법을 보여준다.

```
#include <OneWire.h>

OneWire ds(10);                                    // 10번 핀에 있는
DS18B20 byte data[12];                             // 데이터용 버퍼
byte addr[8];                                      // 64비트 장치 주소

void setup()
{
  Serial.begin(9600);
  if (ds.search(addr))
  {
    Serial.println("Slave Found");
  }
  else
  {
    Serial.println("Slave Not Found");
  }
}
```

첫 번째 단계는 OneWire 라이브러리를 끼워 넣고 바이트 배열들을 얼마간 정의해 데이터와 DS18B20용 장치 ID를 유지하게 하는 것이다. 설정 함수는 직렬 포트를 열어 온도 판독 값을 아두이노 직렬 모니터로 전송한 다음 1-Wire 버스에서 장치를 검색한다. 장치는 하나만 있어야 하며 발견되면 적절한 메시지가 표시된다.

```
void loop(void)
{
  Serial.println(getReading());
  delay(1000);
}
```

메인 루프에서 간단하게 getReading 함수를 호출하고, 아두이노 직렬 모니터로 보낸 다음에 1초 동안 중단한다.

```
float getReading()
{
  ds.reset();
  ds.select(addr);
  ds.write(0x44, true);                            // 명령: temp 변환을 시작한다.
                                                   // 기생 전력 상태를 참으로 한다.

  delay(750);

  ds.reset();
  ds.select(addr);
  ds.write(0xBE);                                  // 명령: Scratchpad를 읽으라.

  for (inti = 0; i< 9; i++)
  {
    data[i] = ds.read();
  }
  return (((data[1] << 8) + data[0]) * 0.0625);
}
```

getReading 함수에서 대다수 작업을 진행한다. 이 함수에는 명령어가 두 개 있는데, 그중에 하나는 온도 변환을 시작하고 나머지 하나는 변환 결과로 나온 데이터를 읽는다.

각 명령은 재선정보다 앞선다. ds.select( )를 사용해 통신할 슬레이브가 어떻게 설정되는지 주목하라. 그런 다음에 반응을 data라고 부르는 바이트 배열로 읽어 들인다. 실제로 온도를 디코드하려면 데이터의 첫 번째 2바이트만 필요한데, 이것은 16비트 정수로 결합해 (DS18B20 데이터시트에 정의된) 0.0625 배율을 곱한 것이다.

다음으로, 다음과 같은 줄이 나온다.

```
(((data[1] << 8) + data[0]) * 0.0625);
```

이 줄에서는 우선 data[1]에 들어있는 바이트를 왼쪽으로 8비트만큼 자리이동을 한 다음에, data[0]에 들어있는 하위 8비트를 더한다. 이렇게 하면 16비트 정수가 되는데, 이것을 0.0625로 곱해서 온도를 섭씨로 바꿔야 한다(DS18B20용 데이터시트 참조).

아두이노 직렬 모니터의 추적 결과는 보기 13.31에 나오는 바와 같이 보여야 한다.

DS18B20 테스트 프로그램을 이용한 추적

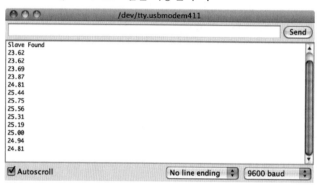

보기 13.31

DS18B20의 명령어 중에 두 가지만 언급했다. 명령을 모두 알고 싶다거나 프로토콜 정보를 더 자세히 알고 싶다면 DS18B20 데이터시트를 살펴보라.

■ I²C(TWI)

Two-Wire 인터페이스(Two-Wire Interface, TWI)라고도 하는 I²C는 데이터에 대해서 한 개가 아닌 두 개의 회선을 사용하지만 1-Wire와 용도가 거의 같다. 1-Wire와 마찬가지로, 이것도 버스의 일종이며 동일한 두 회선에 연결된 여러 장치를 지원할 수 있다. 또한, 5볼트와 3.3볼트 둘 중 어느 쪽에서든 작동할 수 있다. 그렇지만 1-Wire보다는 더 빠르고 최고 속도는 400킬로비트/초에 이른다.

I²C의 두 데이터 선은 마이크로컨트롤러에서 입력 및 출력으로 모두 작동하는 개방형 드레인 연결이다. 1-Wire와 동일한 방식으로 풀업 저항기들이 있어야 하지만, 1-Wire 기생 모드와 같은 기능이 없으므로 원격 센서에는 일반적으로 총 4개 선(데이터 용 2개 및 전원용 2개)이 필요하다.

보기 13.32에 마이크로컨트롤러가 I²C를 사용해 어떻게 통신할 수 있는지를 나타냈다.

I²C 마이크로컨트롤러 간 통신

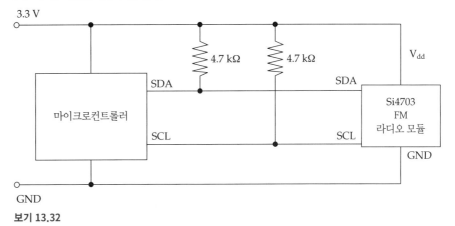

보기 13.32

I²C 장치들은 마스터가 될 수도 있고 슬레이브가 될 수도 있으며, 버스당 마스터가 한 개 이상일 수 있다. 사실 장치들은 그 역할을 바꿀 수 있게 되어 있지만 흔히 그러지는 않는다. 마이크로컨트롤러에서 I²C 인터페이스를 사용하는 게 흔한 일로, 마이크로컨트롤러 간 데이터 교환에 사용한다.

직렬 클럭 회선(serial clock line, SCL)은 클럭이고, 직렬 데이터 회선(serial data line, SDA)이 데이터를 옮긴다. 이러한 핀들의 타이밍을 보기 13.33에 나타냈다. 마스터는 SCL 클럭을 공급하고, 송신해야 할 데이터가 있는 경우에 송신기(마스터나 슬레이브)는 SDA 선을 세 가지 상태에서 제거하고 클럭 신호와 함께 데이터를 논리적 고준위나 논리적 저준위로 전송한다. 전송이 완료되면 클럭이 멈추고 SDA 핀은 세 가지 상태로 되돌아갈 수 있다.

I²C 용 타이밍도

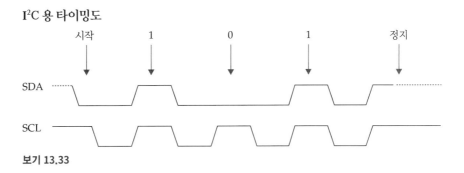

보기 13.33

마이크로컨트롤러에서 I²C를 사용하든 1-Wire를 사용하든 코드가 비슷할 수 있으며, 프로토콜의 하위 레벨 타이밍을 숨길 수 있도록 라이브러리가 제공된다.

다음은 마이크로컨트롤러 한 개에서 그밖의 컨트롤러로 데이터를 전송하는 I²C의 동작을 아두이노 C로 구현한 예다. 센서나 그 밖의 I²C 슬레이브 장치와 인터페이스하기 위해 I²C를 사용할 때 처리 과정은 비슷하지만 일반적으로 메시지를 바이트 배열로 압축한다. 이러한 응용 형식에서는 모든 장치가 다를 것이므로 장치의 데이터시트를 연구해 예상되는 메시지 형식을 결정해야 한다. 이 예제는 아두이노 환경에서 제공하는 예제에서 가져온 것이다. 이 코드를 공개한 니콜라스 잠베티(Nicholas Zambetti)에게 고마움을 표한다.

우리는 송신 마이크로컨트롤러용 코드부터 시작한다.

```
#include <Wire.h>

void setup()
{
  Wire.begin();                          // i2C 버스에 조인(join)
}

void loop()
{
  Wire.beginTransmission(4);             // 4번 장치로 전송
  Wire.write("Hello");                   // 반갑게 인사하기
  Wire.endTransmission();                // 전송 지연(1000)을 중단
  delay(1000);
}
```

전송 과정은 아주 간단하다. 버스상의 어떤 장치로 송신하고 싶은지를 말하기만 하고 나서 데이터를 보내면 된다. 이 경우 데이터는 문자열이지만, write 메서드는 전송할 데이터의 인수로 단일 바이트나 바이트 배열을 사용할 수도 있다.

데이터를 수신하는 과정은 조금 더 복잡하다.

```
#include <Wire.h>

void setup()
{
  Wire.begin(4);                         // i2C 버스를 4번 주소와 연결한다.
  Wire.onReceive(receiveEvent);          // 저항기 이벤트
  Serial.begin(9600);                    // 출력용 직렬 장치를 사용할 수 있게 한다.
}

void loop()
{
}

void receiveEvent(inthowMany)
{
  while(Wire.available())
  {
    char c = Wire.read();                // 한 바이트를 char 형식으로 읽는다.
    Serial.print(c);                     // 문자를 인쇄한다.
  }
  Serial.print('\n');                    // 줄의 끝을 표시한다.
}
```

이 경우 수신기는 슬레이브 장치이고, 장치가 스스로 자신을 식별해야 한다. 이 경우 Wire. begin에 대한 인수로 숫자 4를 사용한다. 그런 다음 이 장치에 들어오는 데이터가 있을 때마다 호출되어야 하는 receiveEvent 함수를 등록한다. 이 함수는 메시지의 각 데이터 바이트를 간단히 순회해서 아두이노 직렬 모니터에 표시한다.

■ 직렬 주변 장치 인터페이스

직렬 주변 장치 인터페이스(Serial Peripheral Interface, SPI) 버스라는 또 다른 마이크로컨트롤러 버스 표준이 남아 있다. 이 버스에는 데이터 회선이 네 개로 이미 살펴본 이전 버스보다도 빠르다(80메가비트/초에 이른다).

보기 13.34에 이 버스에 얼마나 많은 주변기기를 연결할 수 있는지를 나타냈다. 마스터 장치가 한 개여야만 한다는 점에 주의하라.

SPI 연결

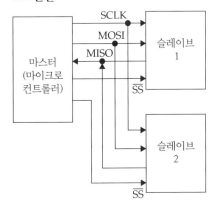

보기 13.34

슬레이브 장치들에는 주소가 할당되지 않는다. 대신, 마스터(일반적으로 마이크로컨트롤러)는 각 슬레이브 장치에 대해 전용 슬레이브 선택(Slave Select, SS) 회선을 지녀서 통신할 슬레이브를 선택하기만 하면 된다. 별도의 회선들이 각 통신 방향에 사용되기 때문에 다른 추가 회선이 필요하다. 마스터 아웃/슬레이브 인(Master Out/Slave In, MOSI) 회선에서는 마스터에서 슬레이브 장치로 데이터를 전달하며, 마스터 인/슬레이브 아웃(Master In/Slave Out, MISO) 회선은 그 반대다.

그 밖의 많은 데이터 프로토콜이 물리적 직렬 인터페이스 위에 겹쳐져 있지만 기본 원리는 우리가 살펴본 다른 버스들과 같다. 통신하려는 장치의 데이터시트를 읽고 사용하려는 마이크로컨트롤러용 SPI 라이브러리를 찾는 방식을 택해야 한다.

SPI 사양은 데이터 전송을 위한 비트 순서를 정의하지 않으므로 코드가 이런 점에서 장치와 일치하는지 확인하라.

SPI는 ATmega 및 ATtiny 제품군과 같은 일부 마이크로컨트롤러에서 ICSP의 수단으로도 사용된다.

■ 직렬

많은 장치들은 아직까지 남아 있는, 그저 직렬(serial)이라고 부르는 인터페이스 형태를 사용한다. 직렬 장치는 텔레타이프 시대까지 거슬러 올라갈 만큼 매우 오래된 표준이다. 직렬 포트가 있는 컴퓨터를 여전히 찾아볼 수 있다. '잘 나가던 시절'에는 사람들이 직렬 포트에 모뎀을 연결해 다른 컴퓨터와 전화 회선을 통해 통신하기도 했다.

직렬 포트의 신호에 사용되는 정상 전압은 표준 RS-232를 따르며 GND와 관련해 양전압(+)과 음전압(-)을 사용한다. 마이크로컨트롤러를 사용할 때 이게 아주 편리하지는 않다. 이런 이유로 마이크로컨트롤러는 동일한 통신 프로토콜을 사용하지만, 논리 수준에서만 그렇게 한다. 이것은 TTL 직렬(TTL Serial)이라고 불리는 것으로서, 점점 더 많이 사용되고 있지만 5 V가 아닌 3.3 V를 사용하는 장치에서 사용되고 있다. 준위 변환(level conversion)에 대한 자세한 내용은 다음 절을 참조하라.

전기적으로 보면 TTL 직렬은 데이터 핀을 두 개 사용한다. Tx와 Rx(송신과 수신)이 그것이다. 버스가 아니고 점 대 점으로 연결하므로 상이한 장치들에 주소를 매기는 문제가 전혀 없다.

초기 컴퓨터 역사의 유산으로는 직렬 연결 중의 대역폭과 관련된 명명법이 있다. 직렬 연결의 경우에 연결의 끝 지점의 전송 속도를 서로 같게 설정해야 한다. 전송 속도란 초당 비트 개수를 말하지만, 시작, 종료, 그리고 아마도 패리티 비트들을 포함하고 있으므로 실제 데이터 전송 속도는 그냥 전송 속도보다 느리다. 연결의 각 끝점의 전송 속도를 일치시키기 위해 표준 전송 속도 설정 값을 사용한다. 110, 300, 600, 1200, 2400, 4800, 9600, 14400, 19200, 38400, 57600, 115200, 128000, 256000이 그것이다. 이 중에서 1200은 아마도 가장 느리지만 널리 사용하는 전송 속도일 테고, 많은 TTL 직렬 장치는 115200만큼 높아지지 않는다. 9600은 아주 널리 쓰이는 전송 속도로 장치들의 기본 속도를 보통 이것으로 삼지만, 다른 속도로도 맞출 수 있다.

전송 속도와 마찬가지로 직렬 연결을 규정하는 그 밖의 매개변수들로는 워드당 비트 개수, 패리티 비트의 종류, 시작 비트와 종료 비트의 개수가 있다. 거의 항상 이러한 것들은 각기 8, none, 1로 정해지는데, 이것을 보통 8N1으로 축약해 표기한다.

비트를 단순히 논리적인 고준위나 저준위로 전송한다(보기 13.35 참조). 별도의 클록 신호가 없어서 타이밍이 중요하므로 시작 비트 이후에 수신기는 8개 데이터 비트와 1개 정지 비트를 읽을 때까지 적절한 속도로 표본 추출을 한다. 데이터 중에 최하위 비트를 먼저 보낸다.

TTL 직렬

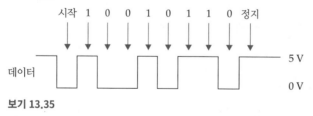

보기 13.35

대다수 마이크로컨트롤러에는 TTL 직렬 전용 하드웨어(UART) 또는 제조업체가 직렬용으로 개발한 소프트웨어 라이브러리들이 함께 들어있다.

13.5.6 준위 변환

마이크로컨트롤러 및 기타 IC는 5 V가 아닌 3.3 V나 1.8 V를 사용하는 편이다. 저전압 장치는 전류를 적게 사용하므로 전지로 전력을 공급해야 할 때 더 편리할 수 있다. 마이크로컨트롤러가 통신해야 하는 모듈에 대해서도 마찬가지다. 일부 3.3 V 장치는 5 V를 견딜 수 있지만 대부분의 장치는 사용할 수 없다. 즉, 앞에서 설명한 버스 및 직렬 인터페이스 중 하나를 사용해 통신하는 경우 전압 준위를 적절히 변환해야 한다.

■ SPI와 TTL 직렬 준위 변환

SPI와 TTL 직렬의 준위들을 변환하기는 매우 쉬운데, 이는 각 통신 방향별로 개별 회선들이 있기 때문이다. 보기 13.36에 저항기를 간단한 전압 분할기로 사용할 수 있다는 점을 나타냈다.

TTL 직렬 5 V를 3.3 V로 준위 변환

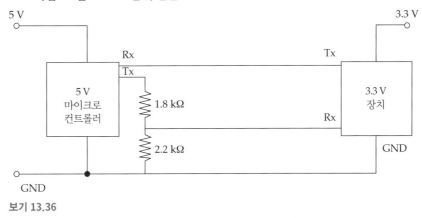

보기 13.36

3.3 V 장치의 Tx 출력을 5 V 마이크로프로세서의 Rx 입력에 직접 연결할 수 있는데, 이는 약 2.5 V 이상의 입력을 어쨌든 간에 논리적 고준위로 간주할 수 있기 때문이다. 마이크로프로세서의 5 V Tx 출력의 손상을 방지하기 위해 3.3 V 장치로 줄여야만 할 때는 전압 분할기가 필요하다.

■ I²C와 1-Wire 준위 변환

핀들이 입력이나 출력 간 변경 모드일 때 문제가 더욱 복잡해지는데, 이는 I²C와 1-Wire에서도 마찬가지다. 이 두 가지 경우 모두 TXS0102 맞춤형 준위 변경 IC를 쓰는 게 최선의 해법으로서 이것으로 두 준위 간에 전환할 수 있다(I²C에 이상적이다). 보기 13.37에 I²C에서 준위들을 변환하는 데 쓰이는 TXS0102를 나타냈다. 같은 기능을 해서 대안이 될 수 있는 IC로는 MAX3372, PCA9509, PCA9306이 있다.

I²C용 TXS0102 준위 변환기

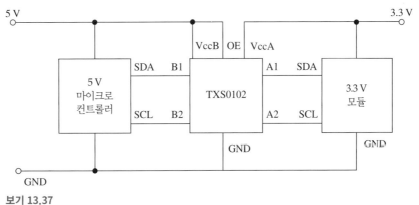

보기 13.37

13.5.7 LED 디스플레이 인터페이스

LED 디스플레이는 단일 패키지 안에 LED를 여러 개를 꾸려 넣어 제어할 수 있게 한 장치다. 이 디스플레이를 보통 마이크로컨트롤러를 사용해 제어하지만, 각 개별 LED를 고정시키는 데 마이크로컨트롤러를 사용할 필요는 없다. 대신, 다중 LED 디스플레이는 모든 양극 또는 음극 LED 단자를 핀 한 개에 연결해 끄집어내는 식으로 구성된 공통 양극이나 공통 음극으로 조직 된다. 보기 13.38은 일반적인 양극 7세그먼트 표시장치가 내부적으로 어떻게 배선되어 있는지를 보여준다.

공통 음극 7세그먼트 LED 디스플레이

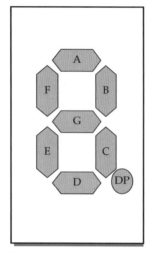
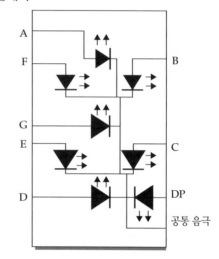

보기 13.38

이와 같은 공통 음극 디스플레이에서 공통 음극은 접지에 연결되며, 각 세그먼트의 양극은 별도 의 전류 제한 저항기를 통해 마이크로컨트롤러 핀에 의해 구동된다. LED가 얼마나 많이 켜지든 전류가 제한되므로 공통 핀에 저항기를 한 개 사용하고 비공통 연결에는 저항기를 사용하지 마 라. LED가 더 많이 켜질수록 디스플레이가 더 어두워질 수 있기 때문이다.

■ 다중화 LED 디스플레이

여러 디스플레이를 한 컨테이너에 담는 일은 아주 흔하다. 예를 들어, 보기 13.39는 세 자리 7세 그먼트 공통 음극 LED 디스플레이를 보여준다. 이러한 종류의 디스플레이에서 디스플레이의 각 숫자는 보기 13.39의 한 자리 디스플레이와 같으며 자체 음극을 지닌다. 그러나 모든 A 세그먼 트 음극은 각 세그먼트와 마찬가지로 서로 함께 연결된다.

디스플레이를 사용하는 마이크로컨트롤러 또는 LED 구동 IC는 각 공통 음극을 차례로 활성화 하고 해당 숫자에 해당하는 세그먼트를 켜고 나서 다음 숫자로 이동한다. 이 새로 고침(refresh) 이 매우 빠르게 되므로 디스플레이의 각 자리에 서로 다른 숫자가 표시된다. 이것을 다중화 (multiplexing)라고 한다. LED 행렬에서도 동일한 방법을 사용할 수 있다. 각 행은 차례대로 활성 화된 다음 해당 열의 행에 적절한 핀이 설정된다.

세 자리 공통 음극 7세그먼트 LED 디스플레이

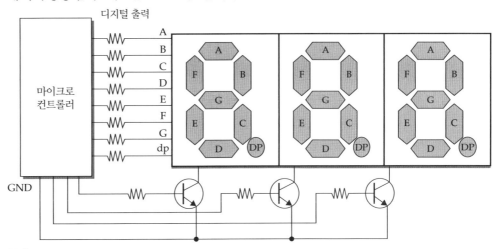

보기 13.39

트랜지스터를 사용해 공통 양극을 제어한다는 점에 유념하라. 이는 잠재적으로 한 번에 LED 여덟 개의 전류를 처리해야 한다는 것으로서 이는 대부분의 마이크로컨트롤러에는 부담스러운 일이다.

■ 찰리플렉싱

LED로 구성된 행렬을 표시하는 데 쓰이는 핀의 수를 최소화하고자 한다면, 찰리플렉싱 (Charlieplexing)이라고 부르는 재미난 기술을 사용할 수 있다. (이 낱말은 맥심에서 일한 찰리 앨런 (Charlie Allen)이라는 발명가의 이름에서 비롯됐다.)[역주] 이 기법은 프로그램 실행 중에 출력에서 고임피던스 입력으로 변경될 수 있도록 해주는 최신 마이크로컨트롤러 입출력 핀의 기능을 이용한 것이다. 보기 13.40에 핀을 세 개 사용해 LED 여섯 개를 제어하는 배열을 나타냈다.

[역주] 즉, '찰리와 다중화의 원어인 '멀티플렉싱'을 결합한 말

찰리플렉싱 LED

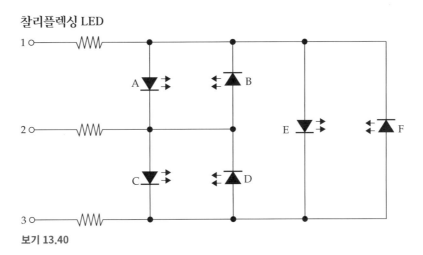

보기 13.40

찰리플렉싱은 역동적으로 동작하며, 다중화와 마찬가지로 빛을 내게 하려는 모든 LED를 동시에 켜지는 않지만 눈보다 더 빠르게 디스플레이를 새로 고치는 식으로 마치 조명이 켜져 있는 것처럼 보이게 한다. 이렇게 하려면 핀들이 각기 고준위, 저준위, 고임피던스 입력이어야 하는데,

이는 표 13.9에 나타낸 바와 같다.

표 13.9 찰리플렉싱 LED 주소 지정

LED	1번 핀	2번 핀	3번 핀
A	고준위	저준위	입력
B	저준위	고준위	입력
C	입력	고준위	저준위
D	입력	저준위	고준위
E	고준위	입력	저준위
F	저준위	입력	고준위

마이크로컨트롤러 핀별로 제어할 수 있는 LED 개수를 다음 공식으로 계산한다.

$$\text{LED 개수} = n^2 - n$$

그러므로 핀을 네 개 사용한다면 16 − 4, 즉 12개 LED를 제어할 수 있고, 핀을 10개 사용한다면 90개나 되는 많은 LED를 제어할 수 있다. 그렇지만 찰리플렉싱의 규모를 키우는 데는 문제가 있다. 그중 한 문제로는 눈 깜짝할 사이에 될 만큼 새로 고침 속도가 빨라야 한다는 것이고, 다수의 핀이 새로 고침 주기에서 에너지가 필요한 모든 LED에 에너지를 공급하기 위해 많은 시퀀스 단계가 필요하다는 점이다. 이렇게 되면 LED가 흐려지면서 동작책무주기를 낮추는 결과를 낼 수도 있다. LED에 흐르는 전류를 늘리는 식으로 이 점을 어느 정도 보상할 수 있으므로 잠시 동안만 필요한 상당히 큰 파고 전류에 대처할 수 있다. 이것은 어떤 이유로 마이크로컨트롤러가 멈추면 LED가 타버릴 수도 있다는 문제에 빠지게 한다.

■ RGB LED의 색상 제어

RGB LED는 실제로는 LED 세 개를 한 패키지에 둔 것이다(한 개는 적색, 한 개는 녹색, 한 개는 청색). 이러한 패키지는 보통 공통 양극이거나 공통 음극일 것이다. 각 LED에 들어가는 전력을 개별적으로 제어함으로써 LED 모듈의 전체 색상을 어떤 광도이든 어떤 색상으로든 설정할 수 있다.

아날로그 방식으로 LED 전류를 제어해 각 컬러 채널의 강도를 변경할 수는 있지만 PWM 신호로 LED를 제어하는 것이 훨씬 낫다. 동작책무주기를 사용하면 아날로그 방식으로 전류를 제어하는 것보다 훨씬 더 선형 방식으로 LED의 밝기를 제어할 수 있다.

프로그램 가능 논리

12장에서 기술한 조합 논리 또는 순차 논리를 사용해 설계한 것을 개별 IC들을 다수 사용해 구축할 수 있다. 어쩌면 10단계 계수 분할기와 2진수-10진수 디코더와 NAND 게이트가 한두 개 필요한 설계를 지니고 있을 수 있다. 이러한 회로를 만드는 데 필요한 칩들을 지금도 구입할 수 있을지는 몰라도 상업용 제품으로는 결코 나오지 않을 것이다. 가장 복잡한 디자인을 제외하면 모든 논리 부분 칩들이 빠르게 하나로 합쳐지고 있다. 이러한 한 개짜리 칩이 13장에서 설명한 마이크로컨트롤러일 수도 있지만, 이것은 본질적으로 하드웨어 설계에서부터 소프트웨어 프로그램 작성까지 이르는 설계상의 문제를 일으킨다. 프로그래밍은 전자공학과는 기원이 다른 분야로, 코드를 유지하고 복잡성을 관리하는 문제로 가득 차 있다. 소프트웨어적인 해법은 또한 속도가 느릴 수 있다. 논리 회로가 하는 일과 동등한 일을 소프트웨어도 효과적으로 해내야 하기 때문이다.

마이크로컨트롤러를 사용할 때는 해당 장치를 사용하는 시점에서 장치에서 실행될 코드를 작성하게 된다. 대안으로는 필드 프로그래머블 게이트 어레이(field-programmable gate array, FPGA)[역주1]를 사용하거나, 규모가 작은 프로젝트라면 복합 프로그램 가능 논리 소자(complex programmable logic device, CPLD)[역주2]를 사용하는 접근 방식(즉, 프로그램 가능 논리 사용 방식)도 있다.

역주1 즉, 현장 프로그램 가능 게이트 배열
역주2 즉, 복합 프로그래머블 논리 소자

FPGA 또는 CPLD를 사용하려면 실제로 게이트, 계수기, 교대 저항기 등을 CAD 시스템으로 끌어들이거나 하드웨어 정의 언어(hardware definition language, HDL)를 사용해 논리 설계를 설명하는 조합 또는 순차 논리 설계를 작성해야 한다. 도형이나 문자를 사용해 논리를 기술한 이 내용은 칩의 범용 논리 소자를 원하는 하드웨어로 구성하는 데 사용된다. 이는 필요한 논리만을 담고 있는 자신만의 맞춤형 칩을 만드는 일과 같다.

프로그램 가능 논리(programmable logic)는 난해해서 비전문가는 접근할 수 없다는 평판이 있다. 재구성 가능 하드웨어(reconfigurable hardware) 기술이 무르익는 동안, 프로그램 가능 논리 소자 제조업체는 최근 몇 년 동안 그들의 접근 방식을 녹섬하시 않았을 뿐만 아니라 심지어 발명기 를 위해 무료 설계 소프트웨어를 제공하기까지 했다. 이번 장에서는 프로그램 가능 논리에 입문하는 방법을 배우게 되는데, 특별히 사일링스(Xilinx)에서 내놓은 소프트웨어 도구인 ISE 스튜디오 (ISE Studio)와 베릴로그(Verilog)라는 하드웨어 기술 언어를 사용한다.

무언가를 실제로 만들어 보는 게 공부하기에 가장 좋은 방법이므로 이번 장에서는 누마토 랩스(Numato Labs, http://numato.com/)에서 나온 엘버트 2(Elbert 2)라는 FPGA 개발 보드를 사용한다.

14.1 프로그램 가능 논리

역주 즉, 후면판. 여러 전자회로 기판을 꽂아 쓰는 기판으로서 보통 마더보드 역할을 하는 기판 또는 마더보드 그 자체를 말함.

디지털 컴퓨팅 초기에는 많은 논리 게이트 IC를 인쇄 회로 기판(PCB)에 부착하는 식으로 컴퓨터 기판을 만든 다음에 백플레인(back-plain)^{역주}에 부착했다. PCB 한 개 위에서 IC를 수백 개나 찾을 수도 있었는데, 이러한 칩들에도 각기 게이트와 교대 저항기가 한 움큼 차 있었다.

고밀도 집적회로(LSI)가 나오고 마이크로프로세서가 발명되면서 IC 수가 크게 줄어 가정용 컴퓨터에서도 사용할 수 있게 되었다. 그러나 1980년대 초 가정용 컴퓨터를 열어 보면 키보드 읽기 기능, 카세트테이프 데이터 저장 인터페이스 기능, 비디오 출력 기능 등과 같이 컴퓨터에 필요한 모든 기능을 제공하는 논리 칩들이 열을 지어 있는 것을 볼 수 있었다.

이 모든 혼란을 단일 LSI 칩으로 종식시킬 수 있지만, 자신만의 응용에 맞춘 IC(application-specific IC, ASIC)를 소유하는 데는 큰 비용이 들었으므로 대량 생산을 해야만 했다. 이쯤에서 프로그램 가능 배열 논리(programmable array logic, PAL)가 파고든다. PAL은 모놀리식 메모리스(Monolithic Memories Inc.)에서 설계한 것으로, 첫 번째 프로그램 가능 논리 IC는 아니었지만 처음으로 제대로 상용화된 것이다.

PAL의 내부 구조는 게이트를 곱의 합(sum of products)이 되게 배치한 것이다(12장의 'AND-OR-인버터 게이트' 절 참조). 보기 14.1에 그와 같은 배치 방식을 나타냈다.

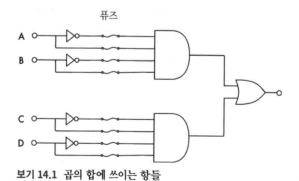

보기 14.1 곱의 합에 쓰이는 항들

논리 중 AND(합) 부분에 대한 반전 및 비 반전 입력은 제조 과정에서 또는 특수 프로그래밍 하드웨어를 사용해 날려버릴 수 있는 '퓨즈'를 사용해 스위칭된다. 일부 장치는 한 번만 프로그램을 작성해 넣을 수 있는 반면에 나머지 것들은 다시 작성해 넣을 수 있게 되어 있다.

구성 가능 논리 소자(configurable logic cells)를 사용한다는 이와 같은 생각을 구현하려면 규모와 복잡성이 커지지만, 모든 최신 유형의 프로그램 가능 논리를 뒷받침하며 프로그램 작성에 소요되는 노력을 줄여준다.

FPGA에는 논리 소자들이 보통 수십만 개 들어있다. 그러므로 FPGA가 복잡한 작업을 수행하는 일에는 아주 적합하지만, 몇 개의 논리 게이트만으로 충분한 일에는 오히려 과도한 것일 수 있다. 이러한 소규모 요구를 해결하는 일에는 CPLD를 사용한다. 이것들은 PAL을 자연스럽게 이어 받은 물품으로서 보기 14.1의 합의 곱 형태 항들을 구현하는 '매크로 소자'를 사용해 유사한 방식으로 작동한다. FPGA의 배치 방식은 다른데 이 점을 다음 절에서 설명한다.

CPLD와 FPGA용 '프로그램 작성'에 사용되는 설계 도구들이 아주 세련되어 디자이너는 실리콘 상의 실제 논리 게이트 측면을 조금만 생각해도 된다. 사용자는 논리 게이트를 팔레트에서 선택한 다음에 그것들을 모두 연결하고 입력과 출력을 지정하는 식으로 설계를 그리는 데 집중하기만 하면, 도구 관리자가 알아서 해당 설계를 번역해 프로그램 가능 논리 소자를 구성한다(보기 14.2 참조).

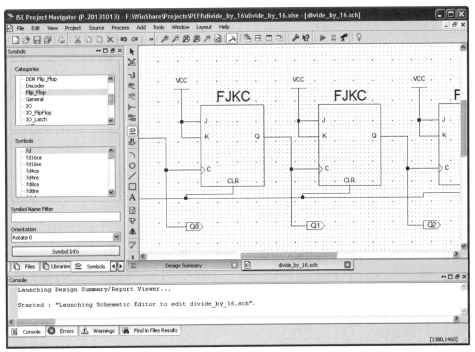

보기 14.2 논리 게이트를 이용한 설계

이 일에 더 익숙해지다 보면 논리도 단계를 완전히 건너뛰어 버리고, 베릴로그나 VHDL과 같은 하드웨어 설명 언어로 설계를 표현하고 나서 소프트웨어 도구로 이를 프로그램 가능 논리 칩의 구성 정보로 변환할 수도 있다.

신바람이 난다면 (사람들이 그러듯이) FPGA상에 (그 밖의 논리 회로와 함께) 마이크로컨트롤러조차 설계해서 프로그램을 실행할 수도 있을 것이다.

14.2 FPGA

역주1 즉, 찾아보기 표
역주2 6개 입력은 2의 6승 = 64

FPGA와 CPLD의 주된 차이점을 들자면, FPGA는 합의 곱 배치 방식에서 논리 소자들을 사용하지는 않지만, 오히려 해당 논리 소자들은 룩업테이블(LUT)[역주1]을 사용한다는 점이다. 룩업테이블에는 다수 입력이 있을 수 있는데, 말하자면 6개 입력과 1개 출력이 있을 수 있다. 이것을 64×1 비트 ROM으로 생각할 수 있다.[역주2] 입력은 ROM의 주소 라인이고 출력은 해당 주소에 저장된 비트다. 이러한 LUT의 내용이 그 밖의 경로설정(routing) 정보와 결합되어 FPGA에 논리를 부여한다.

LUT는 종종 단일 6 입력 단위로 정확하게 배열되지 않기도 하지만, 두 개의 5 입력 단위를 포함할 수 있으며, 여섯 번째 입력은 두 LUT 중 한 개를 선택하는 선택 입력이 된다. 이는 설계 소프트웨어에서 유연하게 모든 것을 함께 연결할 수 있게 한다. LUT는 종종 플립플롭과 같은 추가 부품과 결합되어 개별 논리 블록을 만든다.

보기 14.3은 이 배열 방식을 논리적으로 나타낸 것이다.

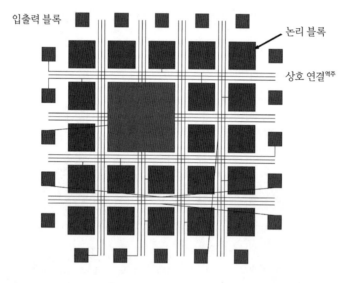

역주 즉, 내부선

보기 14.3 FPGA의 논리 구조

FPGA 칩상의 범용 입출력(general-purpose IO, GPIO) 핀은 일반적으로 수십 밀리암페어의 원천이 되거나, 동기화가 가능하도록 버퍼 처리된 마이크로컨트롤러와 유사한 입력 및 출력을 제공하는 특수 목적의 입출력(입력 및 출력) 블록에 연결된다.

FPGA 기능 단위 중 광대한 부분은 논리 블록이 될 것이며, 전형적인 최신 FPGA에는 20만 개에서 수백만 개에 이르는 블록이 있을 수 있다. FPGA를 사용해 프로세서를 구성할 때 사용할 고정 RAM 블록이 있을 수도 있다. 이를 극단적으로 생각하면, 고정 고성능 프로세서 코어와 구성 가능 논리 소자가 포함된 칩상의 메모리를 포함하는 고기능 SoC(System On Chip) FPGA를 찾아낼 수 있다. FPGA는 또한 대용량 생산을 실행하기 전에 ASIC(Application Specific IC)[역주]의 원형을 제작하는 일에도 자주 사용된다.

역주 주문형 반도체

그러한 매우 많은 논리 블록 간의 경로를 설정하기가 매우 까다롭지만, 다행스럽게도 이 일을 설계 소프트웨어가 담당해 주므로 굳이 사람이 하지 않아도 된다.

LUT 및 경로설정 행렬(상호 연결을 정의하는 행렬)의 정보는 매우 다양하다. 전력이 꺼지면 모든 정보가 사라지고 FPGA는 원래 상태로 되돌아간다. FPGA를 구성하기 위한 회로구성 정보는 일반적으로 FPGA 외부의 EEPROM에 저장된다. FPGA에는 일반적으로 고정된 하드웨어 장착식 인터페이스가 내장되어 있어 FPGA가 시작될 때 구성 정보를 가져온다. 이 시간은 보통 200밀리초 미만이다.

14.3 ISE와 엘버트 V2

현재 FPGA 제조업체가 꽤 많지만, 가장 큰 두 업체는 자일링스(Xilinx, Xilinx.com)와 알테라(Altera, altera.com)이다. 프로그램 가능 논리 시장 중 거의 90%를 점유한다. 두 회사 중 자일링스의 점유율이 더 크다.

모든 FPGA 제조업체는 자사의 하드웨어에 특화된 자체 설계 도구를 지니고 있다. 이번 장에서는 자일링스 스파르탄 3A FPGA 칩을 ISE라는 자일링스 설계 도구와 함께 사용한다.

FPGA 사용에 대한 실무 경험을 얻기 위해 FPGA를 회로 구성이 담긴 ROM과 LED, 스위치, 오디오 및 비디오 인터페이스와 같은 입출력 장치 중 선택 장치 한 개와 결합하는 FPGA 개발용 기판이 많다. 이번 장에서 선택한 장치는 광범위하게 사용 가능하며 가격이 저렴한 엘버트 V2(Elbert V2) 보드로서, 이 기판에는 프로그래밍을 위한 자체 USB 인터페이스가 들어있다.

14.3.1 ISE 설치

FPGA 제조업체의 설계 도구는 솔직히 말하면 불어터진 괴물 같은 것이다. ISE 설계 도구를 내려받는 데는 7 GB(확실히 기가바이트 단위다!)가 필요하다. FPGA 입문 과정에서 가장 어려운 부분은 도구를 다양한 방법으로 입수해 설치하는 일이다. 일단 이 일을 달성하고 나면 나머지 일들은 상대적으로 간단해 보일 것이다.

웹 브라우저에서 Xilinx.com을 방문해 ISE 다운로드 페이지를 찾는 게 ISE를 얻기 위해 제일 먼저 할 일이다. ISE를 내려받을 수 있는 곳을 다음 링크를 통해 찾을 수 있다. Developer Zone(개발자 영역) → ISE Design Suite(ISE 설계 스위트) → Downloads(내려받기). Downloads 부분을 'ISE Design Suite'(버전 14.7 사용)가 나올 때까지 스크롤하라. 최신 Vivado Design Suite를 내려받으려고 해서는 안 된다. 이것은 최신 자일링스 FPGA에만 해당되는 것으로, 엘버트 2에서 사용되는 스파르탄 3A(Spartan 3A)를 지원하지 않는다.

윈도우용과 리눅스용 도구가 있다. 이 책에서는 윈도우에서 내려받아 실행하는 과정을 설명한다.

Download(내려받기) 단추를 클릭하면 길고 복잡한 설문지가 표시되며, 이어서 두 번째로 길고 복잡한 등록 양식이 나온다. 인내심을 갖고 기다리다 보면 결국 내려받기가 시작되며, 내려받는

데 걸리는 몇 시간 동안 다른 작업을 할 수 있다.

설치 후 링크를 클릭해 ISE Web용 무료 라이센스 키를 요청해야 한다. 이 키는 첨부 파일 형태로 이메일로 전송된다. 파일을 저장한 다음 ISE에서 ISE의 Help(도움말) 메뉴에 있는 Manage License(사용권 관리) 옵션에서 사용권 관리자를 열고 사용권을 추가하라.

14.4 엘버트2 보드

보기 14.4는 엘버트2 보드를 보여준다. 이 보드는 누마토 랩스(Numato Labs, http://numato.com)에서 직접 구입하거나 아마존(Amazon.com)이나 그 밖의 다양한 판매업체에서 구할 수 있다. 전체 보드의 가격은 이 책을 쓸 당시에 29.95달러에 불과했다. 그 밖에 유일하게 필요한 것으로는 USB와 미니 USB 간 리드다.

보드의 특징은 다음과 같다.

- TQG144 패키지로 제공되는 스파르탄 XC3S50A FPGA
- 구성용 16MB SPI 플래시 메모리
- 보드상에서 플래시 프로그램을 작성하는 데 필요한 USB 2.0 인터페이스
- LED 여덟 개
- 누름단추 여섯 개
- 8방향 DIP 스위치
- VGA 커넥터

보기 14.4 Elber 2-Spartgan 3A FPGA 개발 보드

- 스테레오 잭
- 마이크로 SD 카드 어댑터
- 세그먼트가 일곱 개인 디스플레이 장치 세 개
- 사용자 정의 용도로 사용할 입출력 39개
- 보드상에서 할 수 있는 전압 조정기들

14.4.1 엘버트 소프트웨어 설치

엘버트 보드에는 보드에 프로그램을 작성해 넣을 수 있는 소프트웨어 유틸리티가 들어 있다. 이 유틸리티는 ISE에서 생성된 이진 파일을 엘버트 V2의 플래시 메모리에 복사하는 마지막 단계를 처리한다. 윈도우 사용자용 USB 드라이버도 있다. 엘버트를 사용하도록 컴퓨터를 설정하려면 numbert.com에서 엘버트 V2용 제품 페이지를 방문해 Downloads 탭을 클릭하라.

다음과 같은 것들을 내려받아야 한다.

- 구성 도구: 이것은 보드를 프로그램을 작성해 넣는 데 사용된다.
- Numato Lab USB CDC 드라이버
- 사용자 매뉴얼

윈도우에 USB 드라이버를 설치하려면 엘버트 V2 보드를 컴퓨터에 연결하면 되는데, 이때 새 하드웨어 마법사가 시작된다. 추출된 numatocdc 폴더에서 마법사를 가리키면 드라이버가 설치되고 새 하드웨어가 인식된다.

이 후에 엘버트 V2는 PC의 가상 COM 포트 중 하나에 연결된다. 어느 포트인지 알아내려면 윈도우의 장치 관리자를 열고, 보기 14.5와 같이 포트 부분에 포트가 나열되어 있는지 확인해야 한다.

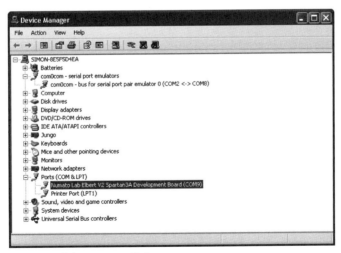

보기 14.5 엘버트 V2 포트 찾기

14.5 내려받기

이 책에서 사용된 모든 코드 예제를 깃허브(GitHub) 저장소(https://github.com/simonmonk/pefi4)에서 찾을 수 있다.

역주 현재는 우측 상단에 있는 'clone or download'

PC에 예제를 설치하려면 깃허브 페이지의 오른쪽 하단에 있는 Download ZIP(ZIP 파일 내려받기)^{역주} 단추를 클릭하여 파일을 추출하라. fpga 폴더에 예제가 있다.

프로젝트를 빌드하고 ISE 사용에 익숙해지려면 아래의 예제를 해 보는 게 좋지만, 작업이 완료되어 최종 작업 설계와 비교해 봐야 할 때 이 파일을 편리하게 사용할 수 있다.

14.6 자신만의 FPGA 논리 설계 그리기

ISE 디자인 도구에서는 FPGA를 프로그래밍하는 방법을 두 가지 제공한다. 한 가지는 익숙한 논리도를 그리는 방식이고, 두 번째는 베릴로그(Verilog)라는 하드웨어 기술 언어(hardware description language, HDL)를 사용하는 것이다. 노련한 FPGA 설계자는 거의 항상 베릴로그나 경쟁사가 내놓은 VHDL을 사용하지만, 우리는 설계도 방식으로 착수할 것이다.

이 첫 번째 예에서는 ISE 도구를 사용해 마음을 가다듬고 실행하는 방법을 자세히 설명한다.

14.6.1 예제 1: 데이터 선택기

첫 번째 예제는 12장에서 처음 만난 데이터 선택기다(보기 12.32). 이것의 설계도가 보기 14.6에도 다시 나온다.

이 회로에 대한 세 개의 입력(A, B 및 '데이터 선택')은 엘버트 V2의 누름단추 중 세 개에 연결되며, 출력은 LED 중 하나에 연결되어 우리는 사용 중에 실제로 회로를 볼 수 있다.

■ 1단계: 새 프로젝트 만들기

첫 번째 단계는 ISE를 실행한 다음 메뉴에서 File(파일) → New Project(새 프로젝트)를 선택하는 것이다. 그러면 보기 14.7의 New Project Wizard(새 프로젝트 마법사)가 열린다.

'data_selector'(데이터 선택기)를 이름 칸에 넣는다. 위치 필드에서 ISE 디자인을 유지하려는 폴더로 이동하라. Working Directory(작업 디렉터리) 필드는 이 디렉터리와 일치하도록 자동으로 업데이트되므로 Working Directory 필드를 변경하지 않아도 된다.

Top-level source type(최상위 소스 유형) 드롭다운을 'Schematic'(설계도)으로 변경하고 Next(다음)를 클릭하라. 그러면 보기 14.8에 표시된 Project Settings(프로젝트 설정)으로 이동한다.

보기 14.8과 일치하도록 설정을 변경하고 Next를 다시 클릭하라. 그러면 Wizard(마법사)가 새 프로젝트의 요약을 표시하고 Finish(마침)를 클릭할 수 있다.

간단한 1/2 데이터 선택기

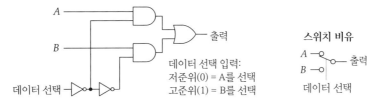

데이터 선택 입력:
저준위(0) = A를 선택
고준위(1) = B를 선택

스위치 비유

데이터 선택

보기 14.6 간단한 데이터 선택기

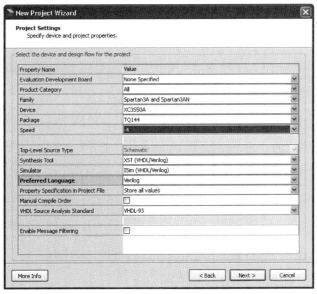

보기 14.7 ISE의 새 프로젝트 마법사

보기 14.8 New Project Wizard(새 프로젝트 마법사) → Project Settings(프로젝트 설정)

그러면 보기 14.9와 같이 새롭지만 빈 프로젝트가 생성된다. 화면은 네 개의 주요 영역으로 나 뉜다.

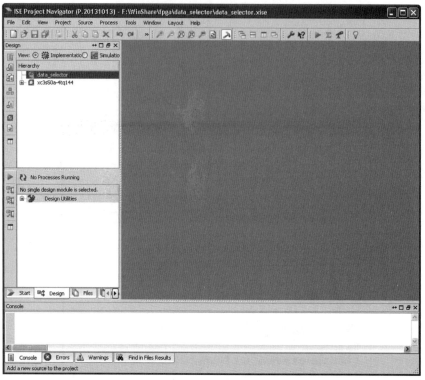

보기 14.9 새 프로젝트

화면을 가르고 있는 네 개 주요 영역 중에서 왼쪽 상단에 Project View(프로젝트 보기)가 있다. 여기서 프로젝트를 구성하는 다양한 파일을 찾을 수 있다. 이 보기는 트리 구조로 구성되어 있 다. 처음에 이 보기에는 두 가지 항목이 나온다. data_selector라는 항목과 아무렇게나 지은 이름(xc3s50a-4tq144)이 있는 두 번째 항목이 있다. 후자에는 궁극적으로 우리가 만들려는 설계 도 그림과, 설계도에서 입력과 출력이 엘버트 V2의 실제 스위치와 LED에 연결되는 방법을 정 의하는 구현 제약 파일이라는 두 개의 파일이 포함한다.

'xc3s50a-4tq144'를 두 번 클릭해 프로젝트 속성을 열 수도 있다. 따라서 New Project Wizard (새 프로젝트 마법사)를 사용해 프로젝트 속성을 잘못 설정한 경우 이 항목을 두 번 클릭해 수정할 수 있다.

Project View 아래에는 Design View(디자인 보기)가 있다. 이 보기에는 엘버트 V2 프로그램 작 성을 위한 2진 파일 생성을 포함해 설계에 적용할 수 있는 유용한 동작이 결국 나열된다.

창 하단의 넓은 영역이 콘솔이다. 콘솔에 오류 메시지가 표시된다.

창의 오른쪽에 있는 큰 영역은 편집기 영역이다. 설계도를 그려야 할 때가 되면, 바로 여기서 작 업을 진행한다.

■ 2단계: 새 설계도 소스 만들기

새 설계도를 만들려면 Project View에서 마우스 오른쪽 단추로 data_selector를 클릭하고 New Source(새 소스) 옵션을 선택하라. 그러면 New Source Wizard(새 소스 마법사)가 열린다(보기 14.10).

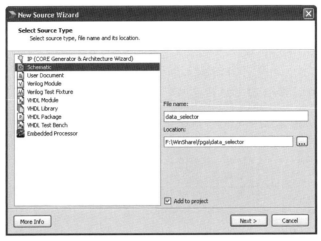

보기 14.10 New Source Wizard(새 소스 마법사)

Source Type(소스 형식)을 'Schematic'으로 선택하고, File name(파일 이름) 필드에 'data_selector' 를 입력한 후 Next를 클릭하라. 요약 화면이 나타나면 Finish를 클릭한다. 이렇게 하면 설계도 를 그릴 수 있는 빈 캔버스가 준비된다.

이 캔버스가 보기 14.11에 나오는데, 적절한 곳에 레이블이 붙어 있다.

편집 영역의 왼쪽에 세로로 옮길 수 있게 된 아이콘 메뉴 바로는 창의 모드와 창의 왼쪽에 보이 는 아이콘을 제어한다.

- 맨 위 아이콘(화살표)은 창을 선택 모드로 만든다. 회로 기호들을 끌거나 회로 기호의 속성 을 변경하려면 이 화살표 아이콘을 클릭해야 한다.
- 게이트 및 다른 회로 기호를 서로 연결하려면 'Add wire'(선 추가) 모드를 클릭하라.
- IO 마커는 설계 중인 설계도와 FPGA IC의 실제 핀 사이의 경계를 표시하는 데 사용된다. 이 모드를 사용하면 이러한 기호를 추가할 수 있다.
- 논리 기호를 추가하라. 이것은 보기 14.11에서 선택된 모드다. 그런 다음 왼쪽 패널의 상단 절반에 회로 기호 분류가 나오고, 하단 절반에 해당 분류에 해당하는 부품 기호 목록이 나온다.

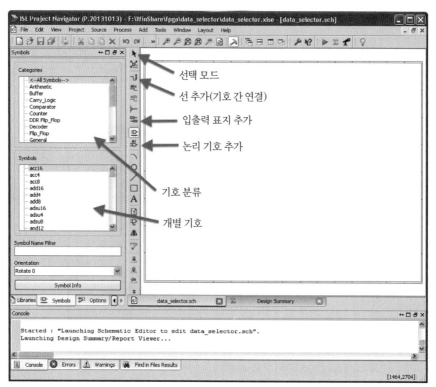

보기 14.11 설계도 편집기

🟦 3단계: 논리 기호 추가

화면을 'Add logic symbols'(논리 기호 추가) 모드에 놓으라. 2 입력 AND 게이트 두 개, 2 입력 OR 게이트 한 개 및 인버터 두 개를 추가해야 할 것이다.

Logic(논리) 카테고리에서 'and2'를 선택하라(2 입력 AND). 그런 다음 에디터 영역에서 두 번 클릭해 AND 게이트 두 개를 드롭한다. 그런 다음 'or2'를 선택하고 OR 게이트를 AND 게이트 오른쪽의 적당한 곳에 드롭하고, 그 아래쪽과 AND 게이트의 왼쪽에 해당하는 곳에 마지막으로 두 개의 인버터('inv')를 추가한다.

약간 확대해 보았을 때(창 상단의 툴바) 편집기 영역은 보기 14.12와 같아야 한다.

🟦 4단계: 게이트 연결

'Add wire' 아이콘을 클릭한 다음, 보기 14.6에 나온 배치처럼 게이트를 함께 연결하라. 이렇게 연결하려면 사각형 연결 지점 중 하나를 마우스로 클릭하고 연결하려는 연결 지점 또는 선으로 드래그한다. 그러면 소프트웨어가 자동으로 선을 휘게 할 것이다. 더 많은 도형을 정리해야 한다면 'Select'(선택) 모드로 바꾸어 기호와 선을 드래그할 수 있다.

최종 결과는 보기 14.13이어야 한다.

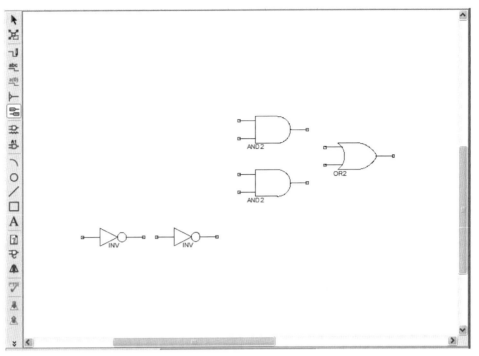

보기 14.12 논리 게이트의 위치

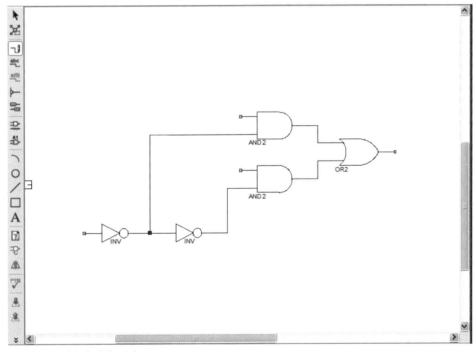

보기 14.13 기호와 선을 연결

■ 5단계: IO 마커 추가

'Add IO Markers'(입출력 표지 추가) 아이콘을 클릭한 다음, 해당 선에서 마우스를 끌어서 모든 입력 및 출력에 표지를 추가하라. 출력이 출력을 담당하는 부분이라는 점을 소프트웨어가 파악하는 방식에 주목하라.

처음에는 연결에 XLXN_1 등의 이름이 지정된다. 이 이름을 의미를 더 지닌 이름으로 바꾸려면 'Select' 모드로 변경하고, 입출력 커넥터를 마우스 오른쪽 단추로 클릭한 다음, 메뉴에서 'Rename Port'(포트 이름 바꾸기) 옵션을 선택하라. 보기 14.14와 일치하도록 포트 이름을 변경하라.

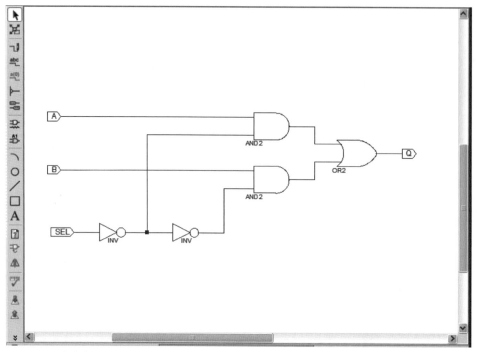

보기 14.14 완성된 설계도

우리가 출력 Q를 호출했다는 점에 주목하라. 이것은 'OUT'이라는 단어가 ISE에서 사용하도록 예약되어 있으므로 연결을 OUT으로 호출할 수 없거나 프로젝트를 만들 때 오류가 발생하기 때문이다.

이제 설계도가 완성되었으므로 설계도 설계를 파일로 저장하려면 File → Save를 선택한다.

● 6단계: 구현 제약 파일 만들기

이제 새 원본 파일을 만들 수 있도록 원래의 Project View로 되돌아가야 한다. Project View 상단에 겹쳐 있는 다양한 보기의 오른쪽 상단 모서리에 있는 작은 'X'를 클릭하라. 또한 Design View(디자인 보기)의 하단에 있는 Design(디자인) 탭도 클릭해야 할 것이다.

'data_selector'를 마우스 오른쪽 단추로 클릭하고, New Source를 다시 선택해 New Source Wizard를 연다. 이번에는 보기 14.15와 같이 'Implementation Constraints File'(구현 제약 파일)을 선택하고 'data_selector_elbert'라는 파일 이름을 입력하라. Next를 클릭하고 마법사를 마감하라.

그러면 다음과 같은 문구를 입력해야 하는 빈 텍스트 편집기 창이 열린다.

```
# 데이터 선택기를 위한 사용자 제약 파일
# 엘버트 V2에서 구현
```

```
# 누름단추들
NET "A"   LOC = P80;  # SW1
NET "B"   LOC = P79;  # SW2
NET "SEL" LOC = P78;  # SW3
```

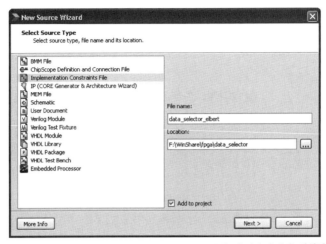

보기 14.15 Implementation Constraints File(구현 제약 파일)을 생성하는 방법

```
# 내부 풀업을 사용하도록 설정해야 한다.
NET "A"   PULLUP;
NET "B"   PULLUP;
NET "SEL" PULLUP;

# LED
NET "CLR" LOC = P46;  # LED8
```

#으로 시작하는 행은 주석 행이다. 즉, 아두이노 C에서 //로 시작하는 프로그램 코드 줄은 프로그램 기능에 아무런 영향을 미치지 않는 것처럼 #으로 시작하는 줄은 구성 정보의 일부가 아니며 단지 진행 상황을 더 쉽게 볼 수 있도록 하기 위한 것이다.

'# 누름단추'로 시작하는 부분에서 설계도의 입출력 커넥터 이름과 스위치에 연결된 FPGA GPIO 핀 사이의 연결을 볼 수 있다. 그렇기 때문에 SW1은 P80 등에 연결된다.

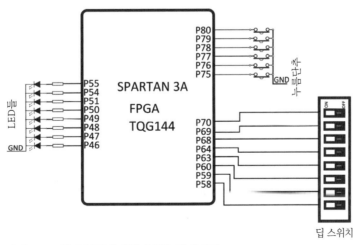

보기 14.16 엘버트 V2에 대한 스위치 및 핀 할당

FPGA GPIO 핀에서 엘버트 V2에 제공된 하드웨어로 연결하는 방법은 모두 엘버트 사용자 설명서에 자세히 설명되어 있다. 누마타(Numata)의 허가를 받아 지침서에서 가져온 보기 14.16은 스위치 및 LED와 관련된 핀 할당을 보여준다.

FPGA의 GPIO 핀은 구성 가능한 풀업 저항기를 지니며 구현 제약 파일에서 활성화된다. 제약 파일의 마지막 줄은 출력 Q를 핀 P46에 연결한다.

● 7단계: 프로그래밍 파일 생성

이제 엘버트 V2에 넣을 프로그래밍 파일을 생성할 준비가 됐다. 따라서 계층 구조에서 data_selector 항목을 선택하면 Processes(처리 과정) 부분 아래에 할 일에 대한 여러 옵션이 나타난다. 이러한 처리 과정 중 한 가지는 'Generate Programming File'(프로그래밍 파일 생성)이다(보기 14.17 참조). 이 선택 사항을 마우스 오른쪽 단추로 클릭하고 Run(실행)을 선택하라.

모두 정상이면 프로그래밍 파일이 될 때 콘솔에 많은 문구가 나타난다. 오류가 있으면 이 콘솔에 표시되므로 콘솔에서 오류 메시지를 주의 깊게 읽고 문제가 있는 위치를 알아내야 한다.

● 8단계: 엘버트 V2 프로그램 작성

이 모든 활동으로 말미암아 프로젝트의 작업 디렉터리 내에 data_selector.bit라고 하는 파일이 최종 결과로 나온다. 이 파일은 이전에 내려받은 엘버트 V2 구성 도구(Configuration Tool)를 사용해 엘버트 V2로 전송해야 하는 파일이다.

보기 14.17 프로그래밍 파일 생성

프로그램을 시작한 다음 Open File(파일 열기)을 클릭하라. 프로젝트의 작업 디렉터리로 이동해 data_selector.bit 파일을 선택하라. 드롭다운 목록의 COM 포트를 이전에 발견한 엘버트에 할당된 COM 포트와 일치하도록 변경한 다음(보기 14.5) 프로그램 단추를 누른다. 잠시 후, 재확인 메시지가 나타난다(보기 14.18).

이제 엘버트 V2의 FPGA는 데이터 선택기로 구성된다.

● 결과 검사

처음에는 엘버트 V2의 D8 LED가 켜져 있어야 한다. SW2를 누르면 LED가 꺼진다. 단추를 놓으면 LED 8이 다시 켜진다. SW1을 누르면 아무 효과가 없다. 이제 SW3을 누르고 있으면 SW2는 더 이상 효과가 없지만 SW1이 LED 상태를 변경한다는 것을 알 수 있다.

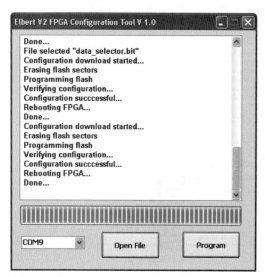

보기 14.18 엘버트 V2 프로그래밍

이것이 데이터 선택기가 작동해야 하는 방식이다. 단추를 누를 때 입력이 GND로 당겨져 입력을 효과적으로 반전시키기 때문에 논리가 약간 혼란스럽다.

■ 기술 설계도 및 평면도 보기

ISE가 FPGA를 레이아웃하고 연결하는 일을 모두 해 주는 게 확실히 믿을 만한 것인지는 몰라도 물밑에서 무슨 일이 벌어지는지와 무엇을 했는지를 정확히 알아야 할 것까지는 없어야 재미난 것이 된다.

Project 보기에서 쓸 수 있는 그 밖의 도구를 사용해 이 정보 중 일부를 볼 수 있다.

처리 과정 중에 Synthesize XST(XST 합성) 라인을 확장하면 'View Technology Schematic'(기술 설계도 보기) 선택사항이 나타난다. 이를 실행하면 ISE가 생성한, 추가적인 입출력 버퍼를 포함하는 설계도를 볼 수 있다(보기 14.19).

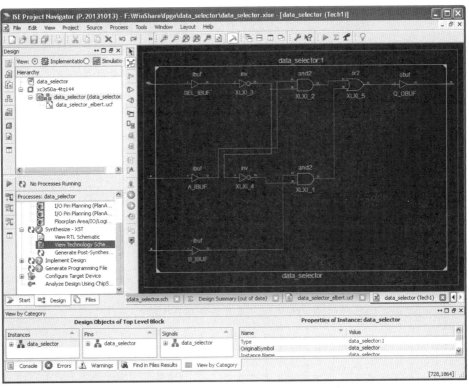

보기 14.19 자동으로 생성된 설계도

Tools(도구) → Planahead(사전계획) → Floorplan Area(평면도 영역)(보기 14.20) 메뉴 옵션을 선택하면 실제로 FPGA 실리콘의 어느 부분이 설계에 사용되었는지 확인할 수 있다.

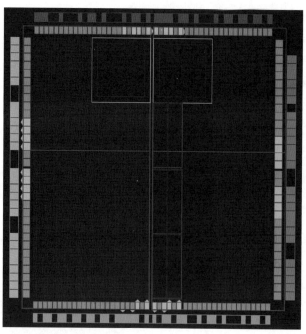

보기 14.20 FPGA 평면도

14.6.2 예제 2: 4비트 리플 계수기

두 번째 예제에서는 설계도를 사용해 간단한 조합 논리를 넘어서 12장에서 다시 가져온 리플 계수기로 이동한다(보기 12.75). 편의상 보기 14.21과 같이 반복한다.

선택기를 사용할 때와 마찬가지로 새 프로젝트를 만들어야 한다. 'ripple_counter'라는 이름을 지정하라. 이번에는 New Project Wizard를 실행할 때 마지막 프로젝트의 모든 프로젝트 설정을 기억해야 한다.

새로운 Schematic 소스('ripple_counter')를 만들고 설계도를 그린다.

모드 16 리플 계수기/2, 4, 8, 16분주 계수기

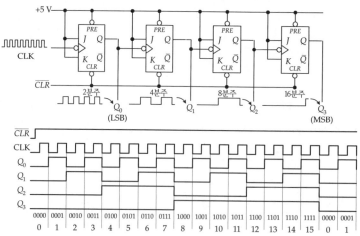

보기 14.21 4단계 계수기

올바른 기호를 찾기가 어려울 수 있으므로 올바른 것을 찾기 전에 캔버스에 기호를 드롭해야 한다. 원치 않는 것을 선택한 다음에 삭제 키를 눌러 삭제한다. 각 JK 플립플롭에 사용하는 기호는 Flip_Flop 카테고리에 있으며 fjkc라고 불렀다. CLK, CLR 및 Q0에 대한 입출력 표지를 Q3에 추가하라. 또한, J 핀과 K 핀을 고준위로 끌어올리려면 4개의 VCC 기호(General(일반) 카테고리)를 추가해야 한다. 최종 결과는 보기 14.22와 같아야 한다.

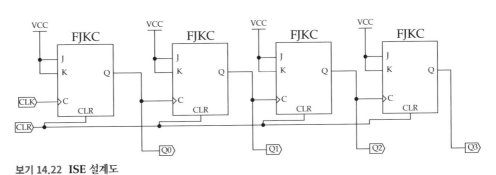

보기 14.22 ISE 설계도

또한, 구현 제약 조건 파일을 작성하고 다음 내용을 이 파일에 배치해야 한다.

```
# 4비트 리플 계수기용 사용자 제약 파일
# 엘버트 V2에서 구현

NET "CLK" CLOCK_DEDICATED_ROUTE = FALSE;

# 누름단추 스위치 1은 핀 80에 연결된다.
NET "CLK" LOC = P80;# SW1
NET "CLR" LOC = P79; # SW2

# 내부 풀업을 사용하도록 설정해야 한다.
NET "CLK" PULLUP;
NET "CLR" PULLUP;

# LED들
NET "Q0" LOC = P55; # LED1
NET "Q1" LOC = P54; # LED2
NET "Q2" LOC = P51; # LED3
NET "Q3" LOC = P50; # LED4
```

새로운 첫 번째 항목은 CLK가 클럭 핀이지만 FPGA가 제공할 수 있는 특수한 클럭 연결선이 필요 없다는 점을 지정하는데, 이는 우리가 누름단추를 사용해 클럭을 구동할 것이기 때문이다.

Programming(프로그래밍) 파일을 생성한 다음 Configuration(구성) 도구를 사용해 엘버트 V2에 배포하라.

단추를 사용해 프로젝트를 테스트하려면 SW2를 눌러야 한다. 이게 CLR(클리어 단추)이므로 스위치의 입력이 반전된다.

누름 스위치 중에 튀어 오르는 키가 꽤 많고, LED는 이진수 중 일부를 건너뛸 수 있다는 점도 알 수 있다.

14.7 베릴로그

베릴로그(Verilog)는 하드웨어 기술 언어(HDL)다. 경쟁 언어인 VHDL과 함께 FPGA를 프로그래밍하는 데 가장 일반적으로 사용하는 기술이다.

아마도 설계도를 사용해 FPGA를 프로그래밍하는 편이 더 익숙하고 이해하기도 더 쉽다는 점을 알 수 있을 것이다. 그렇다면 왜 똑같은 일을 하기 위해 복잡한 프로그래밍 언어를 배워야 하는가? 사실, 디자인이 점점 더 복잡해지면 실제로는 프로그래밍 언어를 사용해 디자인을 표현하는 편이 더 쉬울 수 있다.

CPLD에 적합하고 간단한 논리를 설계할 때는 도식적으로 접근하는 게 가능하기는 해도, 복잡해질수록 모든 게이트를 그리며 연결하는 일이 현실성을 잃게 된다.

베릴로그는 프로그래밍 언어와 비슷해서 실제로도 if문과 코드 블록과 그 밖에 소프트웨어와 비슷한 구성을 찾아볼 수 있다.

14.7.1 모듈

소프트웨어 프로그래머는 베릴로그 모듈을 객체 지향 프로그래밍의 클래스와 아주 비슷한 것으로 본다. 이것은 설계 시 여러 번 인스턴스로 만들어 낼 수 있는 퍼블릭(public) 및 프라이빗(private) 속성으로 구성된 논리 집합을 정의한 것이다.

프로그래머가 아니라면 설계 시에 다른 모듈에 배선할 수 있게 정의한 연결 부분이 있는 반조립품 정도로 생각하는 편이 가장 적합하다.

단일 모듈에 간단한 설계가 다 포함되어 있을 수 있지만, 점점 더 복잡해지는 상황이 되면 상호 연결된 모듈을 쌓아 놓은 게 설계라고 여기면 된다.

14.7.2 배선, 저항, 버스

전통적인 프로그래밍 언어의 변수에 해당하는 것은 베릴로그의 경우에 선(다른 것을 연결)이나 저항기(상태를 저장하므로 프로그래밍 변수와 유사함)이다. 이것들은 2진수 한 개를 가리킨다. 종종 비트 한 개로 작업하고 싶지 않다면, 비트 여러 개를 버스 하나로 묶어 전체 버스 단위(벡터라고도 함)로 연산할 수 있다. 이것은 전통적인 프로그래밍 언어에서 임의의 길이에 해당하는 워드(word) 한 개를 사용하는 것과 같다.

14.7.3 병렬 실행

베릴로그로는 소프트웨어를 작성하는 게 아니라 하드웨어를 기술하므로 베릴로그에는 암시적 병렬 처리 기능이 있다. 설계에 계수기가 세 개 있을 때 이것들이 서로 다른 클럭에 연결되어 있다면 아무런 문제가 없다. 각 계수기는 저마다 제 역할을 한다. 이는 실행 스레드 한 개를 대상으로 마이크로컨트롤러를 사용하는 방식과는 다르다.

14.7.4 숫자 서식

베릴로그를 사용할 때는 꽤 많은 시간을 버스를 다루는 데 할애해야 하는데, 기수 내의 비트 크기가 어떠하든 숫자를 사용해 값을 할당하는 게 편리하다. 이를 위해 베릴로그는 특별한 숫자 구문을 사용한다. 비트 수와 기수를 지정하지 않으면 숫자가 10진수인 것으로 간주되고, 사용하지 않는 비트는 0으로 설정된다.

숫자 형식은 비트 수로 시작하고 작은따옴표 다음에 기수 표시자(b는 2진수, h는 16진수, d는 10진수)와 숫자 상수가 온다.

베릴로그 정수 상수의 예를 들면 이렇다.

- 4'b1011 — 네 자리 2진 상수
- 8'hF2 — 8비트 16진 상수

14.8 베릴로그에서 자신만의 FPGA 묘사

이 단원에서는 ISE를 사용해 설계도 편집기를 사용하는 대신 베릴로그에서 데이터 선택기 및 리플 계수기의 이전 설계 두 개를 복사한다. 그런 다음 HDL의 모듈 방식 및 간결한 특성으로 인한 효과를 보기 시작하는 좀 더 복잡한 디자인을 살펴볼 것이다.

14.8.1 베릴로그의 데이터 선택기

베릴로그 코드를 단독으로 살펴보는 대신 ISE에서 사용하는 방법을 배우는 식으로 살펴보자.

첫 번째 단계는 새 프로젝트를 만드는 것이다. 이번에는 New Project Wizard(보기 14.23)가 나타나면 'data_selector_verilog'라는 이름을 지정하고 하단(최상위 소스 유형)의 드롭다운 목록을 HDL로 변경하고 Next를 클릭한 다음 Finish를 클릭하라.

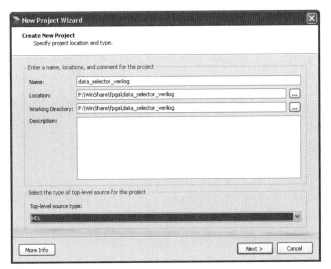

보기 14.23 새 프로젝트 마법사

이제 베릴로그 버전의 데이터 선택기에 대한 새 소스 파일을 만들어야 한다. 따라서 프로젝트를 마우스 오른쪽 단추로 클릭하고 'New Source'(새 소스) 옵션을 선택하라. 그러면 New Source Wizard(새 소스 마법사)가 열린다(보기 14.24).

Verilog Module(베릴로그 모듈)의 소스 유형을 선택하고 소스에 'data_selector'라는 이름을 부여한 다음 Next를 클릭하라. 이렇게 하면 모듈에 입력과 출력을 정의해 놓을 수 있다(보기 14.25).

마법사 창을 사용해 입력 세 개(A, B 및 SEL)와 출력 한 개(Q)를 정의한다. 그런 다음 Next를 클릭해 요약 화면이 표시되면 Finish를 클릭하라. 그러면 마법사는 마법사에 입력한 정보를 사용해 베릴로그 모듈용 템플릿 파일을 생성한다(보기 14.26).

현재 이 모듈은 실제로는 아무 일도 하지 않는다. 우리는 베릴로그 코드를 곧 추가할 예정이다.

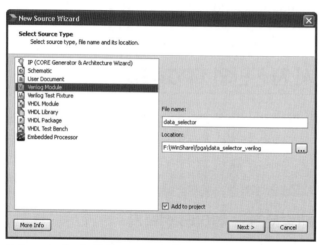

보기 14.24 새로운 베릴로그 소스 파일 생성

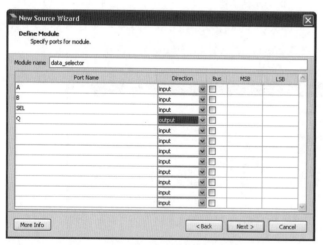

보기 14.25 새로운 베릴로그 소스에 대한 입력 및 출력 정의

마법사가 생성한 내용을 분석해 보자. 다음은 생성된 코드다.

```
module data_selector(
  input A,
  input B,
  input SEL,
  outputQ
);
endmodule
```

모듈은 'module'이라는 키워드로 시작하고 그 뒤에 모듈 이름이 온다. 괄호 안의 내용은 모듈에 대한 입력 및 출력이다. 'endmodule'이라는 단어는 모듈 정의의 끝을 표시한다.

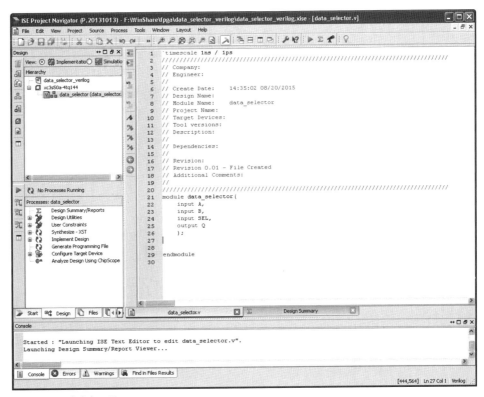

보기 14.26 생성된 모듈 코드

텍스트가 다음과 같이 나타나도록 수정하라. 추가 사항은 굵게 표시되어 있다.

```
module data_selector(
  input A,
  input B,
  input SEL,
  outputreg Q
);

always @(A or B or SEL)
begin
  if (SEL)
    Q = A;
  else
    Q = B;
end

endmodule
```

Q에 대한 출력 정의에 'reg'라는 단어가 추가된 게 첫 번째 변경 사항이다. 이는 Q가 저항기여서 수정할 수 있다는 점을 나타낸다.

다른 하나는 'always'(항상) 블록이다. always 바로 뒤에 따라 나오는 것은 '@'에 이어서 나오는 'sensitivity'(감도) 목록이다. 이것은 always 블록이 민감한 신호(단어 'or'로 구분됨)라는 점을 지정한다. 즉, 'begin'(시작)과 'end'(끝) 사이의 코드가 작동한다. 이 코드를 마치 하드웨어 정의 언어가 아닌 프로그래밍 언어로 생각하기는 매우 쉽다.

SEL이 1이면 A의 상태와 상관없이 Q가 할당된다. 그렇지 않으면 Q는 B 입력의 값으로 설정된다. 이것이 선택기가 해야 하는 일 바로 그것이다.

이게 베릴로그의 전부이지만 엘버트 V2에서 예제를 시험해 보고 싶다면 구현 제약 파일이 필요하다. 이 프로젝트의 설계도 버전으로 만든 것은 아주 잘 작동할 것이다. 프로젝트 이름을 마우스 오른쪽 단추로 클릭하고 'Add Copy of Source'(소스 사본 추가)를 클릭해 다른 프로젝트의 구현 제약 조건 파일을 복사할 수 있다. 이렇게 하면 'data_selector_엘버트.ucf' 사본을 가져갈 수 있다.

프로젝트를 빌드한 다음, 설계도 프로젝트에서 했던 것과 같은 방법으로 엘버트에 설치하라. 프로젝트는 똑같은 방식으로 작동해야 한다.

14.8.2 베릴로그 내 리플 계수기

리플 계수기 설계도 프로젝트도 베릴로그로 구현할 수 있다. 이번에는 새 프로젝트('ripple_counter_verilog'라고 부르기로 함)를 만들 때 보기 14.27과 같이 입력과 출력을 추가한다.

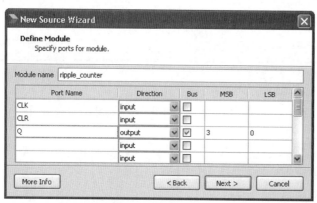

보기 14.27 리플 계수기의 입력과 출력 정의

Bus(버스) 확인란을 선택해 출력 Q를 버스로 정의한다. MSB(최상위 비트) 열은 최상위 비트 번호(이 경우 3)를 나타내며 0의 최하위 비트가 LSB 열에 입력된다.

마법사의 마침과 생성된 코드는 다음과 같이 시작된다.

```
module ripple_counter(
  input CLK,
  input CLR,
  output [3:0] Q
  );
```

이제 계수기를 위한 계산 논리를 추가해야 하므로 코드를 다음과 같이 편집하라.

```
module ripple_counter(
  input CLK,
  input CLR,
  outputreg [3:0] Q
  );

  always @(posedge CLK, posedge CLR)
  begin
    if (CLR)
      Q <= 0;
    elseif (CLK)
      Q <= Q + 1;
  end

endmodule
```

추가된 코드를 굵게 표시했다. always 블록의 감도 목록에는 CLK 또는 CLR 신호의 정극성 가장자리(positive edge)가 포함된다. 이 중 하나가 발생하면 시작과 끝 사이의 코드가 작동한다. 이것은 단순히 CLR이 고준위가 되면 계수기 Q가 0으로 다시 설정되고, CLK가 고준위이면 Q에 1이 더해진다는 것을 말한다.

이 경우 모든 기수에서 0과 1이 동일하므로 숫자 상수의 기수 또는 비트 수를 지정하지 않았다.

이제 프로젝트의 구현 제약 파일을 다음과 같이 추가해야 한다.

```
# 엘버트 V2에서의 4 비트 리플 계수기 구현을 위한 사용자 제약 파일
NET "CLK" CLOCK_DEDICATED_ROUTE = FALSE;

# 누름단추 스위치 1은 핀 80에 연결된다.
NET "CLK" LOC = P80;          # SW1
NET "CLR" LOC = P79;          # SW2

# 내부 풀업을 활성화해야 한다.
NET "CLK" PULLUP;
NET "CLR" PULLUP;

# LED들
NET "Q[0]" LOC = P55;         # LED1
NET "Q[1]" LOC = P54;         # LED2
NET "Q[2]" LOC = P51;         # LED3
NET "Q[3]" LOC = P50;         # LED4
```

이는 설계도 기반 계수기의 경우와 매우 유사하지만, 이 경우에는 Q 버스의 개별 비트가 특정 LED에 연결돼 비트임을 나타내기 위해 대괄호 표기법을 사용하고 있다.

이진 파일을 생성해 엘버트 V2 보드에 설치하면 설계도 버전과 똑같이 작동해야 한다.

14.9 모듈형 설계

FPGA용으로 복잡한 시스템을 설계할 때에도 모든 베릴로그 코드를 한 개 모듈에 다 집어넣는다고 해서 막을 수 있는 방법은 없다. 그렇지만 분리해 두면 무엇보다도 사람들이 예상한 역할을 개별 모듈이 한다고 가정할 수 있기 때문에 작업 내용을 쉽게 이해할 수 있으므로, 각 모듈의 작동 방식을 제대로 이해하기도 전에 전체 모듈의 작동 방식을 더 넓게 살펴볼 수 있다.

모듈을 여러 모듈로 분할하면 한 프로젝트에서 사용한 모듈을 다른 모듈에서 사용하거나 모듈을 다른 사람과 공유해 프로젝트에서 사용할 수 있다.

둘 이상의 모듈이 있는 프로젝트를 만들게 되면 항상 최상위 모듈이 있게 된다. 이 최상위 모듈은 모든 하위 모듈을 하나로 모으는 모듈이며, FPGA의 입출력 핀을 설계 신호에 대응시키기 위해 구현 제약 파일(implementation constraints file)이 연결된 모듈들을 연결한다.

14.9.1 계수기/디코더 예

이 예제에서는 베릴로그 버전의 계수기 모듈을 기반으로 7세그먼트 LED 디코더 모듈을 추가해 엘버트 2 보드의 7세그먼트 LED 중 하나에서 10진법으로 계산할 수 있다.

7세그먼트 디코딩에 대한 정보는 13.3.2절을 보라. 10진수 값인 0부터 9까지를 7개 세그먼트로 표시할 수 있게 7세그먼트를 4자리 2진 입력에 맞는 비트열로 디코딩한다.

보기 14.28은 이 프로젝트에 대해 정의될 세 모듈 간의 관계를 보여준다.

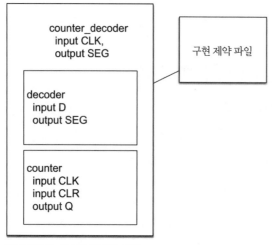

보기 14.28 계수기/디코더 모듈

역주 즉, 복호기 또는 부호해독기

이 경우 최상위 모듈은 하나의 계수기 및 하나의 디코더[역주] 모듈을 사용해 이를 새로운 모듈(counter_decoder)로 결합한다.

계수기 모듈부터 다뤄 보자. 이미 이 모듈을 ripple_counter_verilog 프로젝트에서 한 번 만들어 보았기 때문이다. 따라서 파일 메뉴에서 'Add copy of source'(소스 사본 추가) 선택사항을 선택해 다른 프로젝트에서 'ripple_counter.v'를 찾아 이 프로젝트에 추가하라. 그러면 해당 파일은 다음과 같이 보일 것이다.

```verilog
module ripple_counter(
  input CLK,
  input CLR,
  outputreg [3:0] Q
  );

always @(posedge CLK, posedge CLR)
begin
  if (CLR)
    Q <= 0;
  elseif (CLK)
    Q <= Q + 1;
end

endmodule
```

다음으로, 'decoder_7_seg.v'라는 새로운 베릴로그 소스를 생성할 차례다. 디스플레이의 7개 세그먼트(소수점을 포함하게 1을 더하면 8개 세그먼트)마다 D라고 부르는 4비트 버스 입력(4비트로 나타낸 0에서 9까지의 숫자 자릿수)과 8비트 버스 출력 SEG가 있어야 한다. 포함된 모듈은 다음과 같아야 한다.

```verilog
module decoder_7_seg(
  input [3:0] D,
  outputreg [7:0] SEG
  );

  always @(D)
  begin
    case(D)
      0: SEG <= 8'b00000011;
      1: SEG <= 8'b10011111;
      2: SEG <= 8'b00100101;
      3: SEG <= 8'b00001101;
      4: SEG <= 8'b10011001;
      5: SEG <= 8'b01001001;
      6: SEG <= 8'b01000001;
      7: SEG <= 8'b00011111;
      8: SEG <= 8'b00000001;
      9: SEG <= 8'b00001001;
      default: SEG <= 8'b11111111;
    endcase
  end
endmodule
```

이번에는 블록에는 항상 입력 데이터(D)의 감도 목록(sensitivity list)만 있다. 'case문'은 C 및 자바 프로그래머에게는 익숙한 'switch문'에 해당한다. 이것은 if문들에 부속된 구문 전체를 간결하게 연결하는 방법이다. case 명령은 매개변수(이 경우 D)를 취해 D의 값이 0이면 SEG의 비트 패턴을 8'b00000011로 설정한다. D가 1이면 SEG는 두 번째 비트 패턴으로 설정되고, 나머지도 이런 식이다. 세그먼트 비트가 반전됨에 유의하라. 0은 해당 세그먼트가 커지는 것을 의미한다. 바로 이게 엘버트 V2가 연결된 방식이다.

디코더 모듈과 계수기 모듈 모두 'counter_decoder'라고 부를 최상위 모듈에서 사용할 예정이다. 세그먼트 LED에 연결할 단일 입력 CLK 및 8 비트 버스 출력 SEG로 counter_decoder.v라는 베릴로그 소스 파일을 새로 작성하라. 생성된 코드를 편집해 모듈이 아래와 같이 나타나게 하라.

```
module counter_decoder(
  input CLK,
  output [7:0] SEG
  );

  wire [3:0] data;
  wire clear = 0;

  decoder_7_seg decoder(.D (data), .SEG (SEG));
  ripple_counter counter(.Q (data), .CLK (CLK), .CLR (clear));
endmodule
```

이것은 사용하는 두 모듈에서 대부분의 작업이 이뤄지기 때문에 꽤 희소한 모듈이다.

계수기(D)에서 출력된 데이터를 7세그먼트 디코더(다른 D)에 대한 데이터 입력에 연결하기 위해 'data'라는 배선 버스가 정의된다. 계수기에는 CLR(소거) 입력이 있지만 counter_decoder 모듈에서 사용하지 않으므로 두 번째 배선('clear')이 정의되고 해당 값은 0으로 설정된다.

다음은 두 개의 하위 모듈이 '인스턴스화된' 부분과 그 출력과 입력이 결합된 부분이다.

모듈을 논리 게이트(아마도 AND 게이트)의 이름으로 생각하는 방법도 있다. 따라서 AND 게이트를 인스턴스화하면 설계도 설계에 게이트를 하나 추가하는 셈이 된다. 설계도에 AND 게이트를 몇 개 추가(인스턴스화)할 수 있다. 이 경우 먼저 decoder_7_seg 모듈을 그리고 나서 ripple_counter 모듈을 인스턴스화를 한다.

'decoder_7_seg'로 시작되는 줄을 보면 모듈을 인스턴스화하기 위한 구문은 먼저 모듈 이름(decoder_7_seg)을 적고 나서 인스턴스 이름('decoder')을 지정하는 식이다. 따라서 decoder_7_seg가 한 개 이상 필요한 설계라면 이름을 decoder_1, decoder_2 등으로 지으면 된다.

인스턴스의 이름 뒤에 인스턴스의 입력과 출력을 내포하는 모듈(이 경우 counter_decoder) 내부의 신호와 연결할 수 있는 비트가 따라온다. 이 비트는 괄호 안에 들어있으며 소프트웨어 프로그래머가 이름이 부여된 매개변수를 사용하는 방식과 같은 방식으로 여긴다. 따라서 'D (data)'는 디코더에 대한 D 입력이 module counter_decoder 모듈의 'data'라는 배선 버스에 연결되어야 함을 의미한다. 마찬가지로 'SEG (SEG)'는 디코더의 SEG 출력을 counter_decoder SEG 출력에 연결하며, 이 출력은 엘버트 V2의 세그먼트 LED에 연결된다.

'ripple_counter' 인스턴스는 Q 출력을 'data'에 연결하고 CLK 신호를 전달하고 CLR 입력을 'ripple_counter'로 설정해 'clear'(소거)하는 것과 같은 방식으로 생성된다.

이 예제를 작성하기 전에 ISE에게 어떤 모듈이 최상위 모듈인지 알려줄 필요가 있다. 최상위 모듈은 작은 사각형 안의 삼각형 모양 아이콘으로 표시된다(보기 14.29).

Hierarchy View(계층 구조 보기)에서 모듈을 마우스 오른쪽 단추로 클릭하고 'Set as Top Module(최상위 모듈로 설정)' 옵션을 선택해 모듈을 최상위 모듈로 설정할 수 있다.

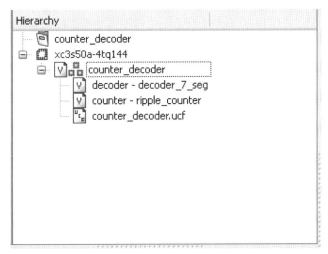

보기 14.29 최상위 모듈을 나타내는 계층 뷰

또한 엘버트 V2의 SW1을 CLK 및 LED 세그먼트를 SEG 버스와 연관시키는 구현 제약 조건 파일이 필요하다.

7세그먼트 디스플레이와 연관된 핀 배치가 보기 14.30에 나와 있으며, 생성해야 하는 제약 조건 파일은 아래에 나열되어 있다.

```
NET "CLK" CLOCK_DEDICATED_ROUTE = FALSE;

# 누름단추들
NET "CLK" LOC = P80;      # SW1
NET "CLK" PULLUP;

# 7세그먼트
NET "SEG[7]" LOC = P117;
NET "SEG[6]" LOC = P116;
NET "SEG[5]" LOC = P115;
NET "SEG[4]" LOC = P113;
NET "SEG[3]" LOC = P112;
NET "SEG[2]" LOC = P111;
NET "SEG[1]" LOC = P110;
NET "SEG[0]" LOC = P114;
```

프로젝트를 빌드하고 엘버트에 설치하면 SW1을 누를 때 세 자리 숫자가 하나로 표시된다. 디스플레이 숫자의 공통 양극을 제어하지 않기 때문에 세 자리 모두 계산된다. 이 부분에는 다음 예제에서 해결해야 할 점이 있다.

14.9.2 다중화된 7세그먼트 계수기 사례

이 예에서는 엘버트 V2의 세 자리 7세그먼트 표시를 0에서 999까지 위로 설정하고 초당 한 번 표시되는 세 자리 숫자를 증가시킨다.

엘버트 V2의 세 자리 7세그먼트 LED 디스플레이는 다중화되어 있다. 보기 14.30을 다시 보면 세 개의 PNP 트랜지스터가 디스플레이의 세 개의 양극을 가용 처리하는 데 사용되고 세 개의 디스플레이 세그먼트에 대한 음극 연결은 8개의 FPGA 출력 핀(소수점 하나)에 의해 제어된다는 것을 알 수 있다. LED 디스플레이 다중화에 대한 배경 정보는 12장의 '다중화된 LED 표시 장치' 절을 참조하라.

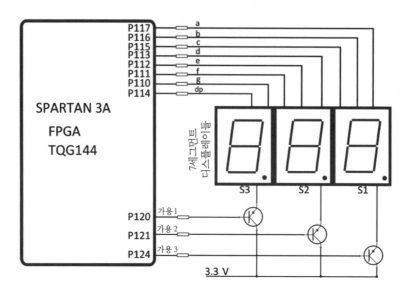

보기 14.30 엘버트 V2 7세그먼트 디스플레이

각 자릿수에 서로 다른 숫자를 표시하려면 한 자릿수를 켜고 (다른 자릿수를 끄고) 세그먼트 패턴을 원하는 자릿수로 설정한 다음 해당 자릿수를 끄고 다음 자릿수를 활성화하는 식으로 세그먼트 패턴을 재설정함으로써 눈을 속일 필요가 있다.

이 예에서는 이전에 만든 'segment_decoder' 모듈을 재사용하고 또한 두 개의 새로운 모듈을 생성한다. 프로젝트에서 사용되는 모듈(seconds_counter)은 다음과 같다.

- second_counter.v: 최상위 모듈
- multiplexed_7_seg_display.v: 다중화된 표시 장치의 구동자 논리
- decoder_7_segment.v: 7세그먼트 디코더에 대한 10진 자리

모듈의 맨 아래부터 시작하여 'decoder_7_segment' 모듈은 14.9.1절에서 설명된 것과 똑같다.

'multiplexed_7_seg_display' 모듈은 decoder_7_segment 모듈을 사용한다.

```
module multiplexed_7_seg_display(
  input CLK,
  input [3:0] units, tens, hundreds, output [7:0] SEG,
  ouputreg [2:0] DIGIT
  );

  reg [3:0] digit_data;
  reg [2:0] digit_posn;
  reg [23:0] prescaler;
```

```
    decoder_7_seg decoder(.SEG (SEG), .D (digit_data));
    always @(posedge CLK)
    begin
      prescaler <= prescaler + 1;
      if (prescaler == 12000) // 1kHz
      begin
        prescaler <= 0;
        digit_posn <= digit_posn + 1;
        if (digit_posn == 0)
        begin
          digit_data <= units;
          DIGIT <= 3'b110;
        end
        if (digit_posn == 2'd1)
        begin
          digit_data <= tens;
          DIGIT <= 3'b101;
        end
        if (digit_posn == 2'd2)
        begin
          digit_data <= hundreds;
          DIGIT <= 3'b011;
        end
        if (digit_posn == 2'd3)
        begin
          digit_posn <= 0;
          DIGIT <= 3'b111;
        end
      end
    end
endmodule
```

모듈에는 한 자리와 다른 자리 사이의 전환을 제어하는 데 사용되는 클럭 입력(CLK)이 있다. CLK는 엘버트 V2가 P129 핀에서 제공하는 12 MHz 클럭에 연결된다.

또한 '1의 자리', '10의 자리' 및 '100의 자리'라는 세 자리가 표시되는 4비트 입력이 세 개 있다. 이 세 가지 입력이 각 입력에 대해 버스 크기를 반복하지 않아도 초기 입력 선언을 따라갈 수 있음에 유의하라.

이 모듈의 두 출력은 세그먼트 구동 핀(SEG)과 자리 구동 핀(DIGIT)이다.

다중화 메커니즘에는 3개의 저항기가 필요하다.

- digit_data: 7세그먼트 디코더를 향하는 데이터 입력에 대한 연결을 제공한다.
- digit_posn: 숫자 자리(digit position). 이 사이클은 0에서 2 사이에서 순환하며, 새로 고침 주기 동안 세 자리 중 어느 것이 활성 상태인지 나타낸다.
- Prescaler: 이 계수기는 12 MHz 클럭을 100 Hz 새로 고침 클럭 신호로 나눌 때 사용된다.

7세그먼트 디코더의 인스턴스는 다음 줄을 사용해 생성한다.

```
decoder_7_seg decoder(.SEG (SEG), .D (digit_data));
```

이것은 이 모듈의 세그먼트 핀 SEG를 통해 7세그먼트 디코더로 전달하고 digit_data 저항기를 7세그먼트 디코더의 D 입력에 연결한다.

'always' 블록은 클럭의 정극성 가장자리에 민감하며 prescaler(전치 분주기)가 12000(십진수)에 도달할 때만 실제로 'if'를 사용해 12 MHz 클럭을 미리 조절한다. 이 경우 prescaler가 재설정되고 디스플레이의 다음 자릿수를 새로 고치는 작업이 수행된다.

이 작업에는 먼저 digit_posn 저항기를 증가시킨 다음 일련의 if문을 사용해 digit_data를 숫자 위치에 따라 '1의 자리, 10의 자리, 100의 자리' 중 하나로 설정한다. DIGIT 제어 핀은 현재 표시되는 숫자에 대해서도 설정된다. 자릿수 컨트롤이 활성 저준위임을 유의하라.

최상위 모듈(seconds_counter)에는 multiplexed_7_seg_display 모듈과 동일한 12 MHz 클럭을 사용하는 하나의 입력(CLK)이 있다. 두 개의 출력 SEG 및 DIGIT는 엘버트 V2 다중화 디스플레이의 세그먼트 및 자릿수를 구동하는 FPGA 핀에 연결된다.

```
module second_counter(
  input CLK,
  output [7:0] SEG,
  output [2:0] DIGIT
  );

  reg [3:0] units, tens, hundreds;
  reg [23:0] prescaler;

  multiplexed_7_seg_display display(.CLK (CLK),
    .units (units), .tens (tens), .hundreds (hundreds),
    .SEG (SEG), .DIGIT (DIGIT));

  always @(posedge CLK)
  begin
    prescaler <= prescaler + 1;
    if (prescaler == 24'd12000000)
    begin
      prescaler <= 0;
      units <= units + 1;
      if (units == 9)
      begin
        units <= 0;
        tens <= tens + 1;
      end
      if (tens == 9)
      begin
        tens <= 0;
        hundreds<= hundreds + 1;
      end
      if (hundreds == 9)
      begin
        hundreds <= 0;
      end
    end
  end
endmodule
```

이 모듈은 세 개의 저항기를 사용해 1의 자리, 10의 자리, 100의 자리를 포함할 뿐만 아니라 12 MHz 클럭 신호를 1 Hz로 나눌 전치 분주기(prescaler)를 사용한다.

always 블록은 CLK의 정극성 가장자리에 민감하며 12,000,000(십진수) 단위로 클럭을 나누어 1의 자리, 10의 자리, 100의 자리 저항기를 공전시킨다. 1의 자리 저항기가 9에 도달하면 저항기를 10씩 증가시킨 다음 다시 0으로 재설정한다.

이 예제를 시험해보고 엘버트 V2에 설치하려면 도서 자료를 내려받는 곳에서 'seconds_counter' 프로젝트를 들여와 구성하고 배포하라.

14.9.3 매개변수가 있는 모듈

이전에 작성한 ripple_counter 모듈과 같은 일부 모듈은 매개변수가 있을 때 이점을 얻을 수 있다. 매개변수를 항상 같은 크기로 쓰는 대신에 인스턴스화할 때 매개변수의 크기를 지정할 수 있다.

매개변수를 사용하는 예로서 이전에 작성한 ripple_counter 모듈을 수정할 수 있다. 수정된 코드는 다음과 같다.

```verilog
module ripple_counter#(parameter SIZE=4) (
   input CLK,
   input CLR,
   ouputreg [SIZE-1:0] Q
   );

   always @(posedge CLK, posedge CLR)
   begin
   if (CLR)
      Q <= 0;
   else if (CLK)
      Q <= Q + 1;
   end
endmodule
```

size 매개변수를 추가한 부분을 강조 표시했다. 매개변수 이름(SIZE) 다음에 기본 값이 지정되므로 모듈의 인스턴스를 만들 때 매개변수가 지정되지 않으면 모듈은 여전히 어떤 크기를 갖는다.

이 매개변수를 모듈 내 어디에서나 사용할 수 있으므로 이 경우 Q 출력 저항기의 최상위 비트(MSB)는 SIZE-1로 설정된다.

매개변수가 있는 모듈을 인스턴스화할 때 다음과 같이 매개변수를 지정할 수 있다.

```verilog
ripple_counter#(4) counter(.Q (data), .CLK (CLK), .CLR (clear));
```

14.10 시뮬레이션

엘버트 2와 같은 보드를 사용하면 스위치와 LED를 사용해 디자인을 테스트해 FPGA를 실행하고 FPGA가 어떻게 동작하는지 확인할 수 있다. 또한 엘버트의 GPIO 핀을 사용하고 논리 분석기를 사용해 설계를 시험해 볼 수 있다.

역주 즉, 테스트 픽스처 또는 테스트 장치 그러나 ISE에는 시뮬레이터가 포함되어 있어 베릴로그 시험 고정부(test fixture)역주를 작성한 다음 실제 하드웨어 근처에서 실행하기 전에 모듈을 사용해 시험해 봐야 한다.

예를 들어, 앞서 작성한 베릴로그 리플 계수기 프로젝트에 시험 고정부를 추가할 수 있다.

이렇게 하려면 ripple_counter_project 프로젝트를 다시 연 다음 새 소스를 추가하라. 그러나 이번에 New Source 마법사가 열리면 Verilog Test Fixture의 소스 유형을 선택하고 'counter_tester'로 이름을 지정하라(보기 14.31).

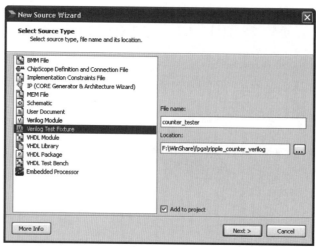

보기 14.31 새로운 시험 고정부 만들기

counter_tester.v의 내용을 다음과 같이 변경하라.

```verilog
module counter_tester;

  // 입력
  reg CLK;
  reg CLR;

  // 출력
  wire [3:0] Q;

  // 시험 중인 단위(Unit Under Test, UUT)를 인스턴스화
  ripple_counteruut (
    .CLK(CLK),
    .CLR(CLR),
    .Q(Q)
  );

  initial
  begin
    // 입력들을 CLK = 0;으로 초기화
    CLR = 0;

    // 전역적으로 재설정될 때까지 100 ns를 기다림
    #100;
  end

  always
  begin
    #10
    CLK =! CLK;
  end

  always
```

```
    begin
      #320
      CLR = 1;
      #1
      CLR = 0;
    end
endmodule
```

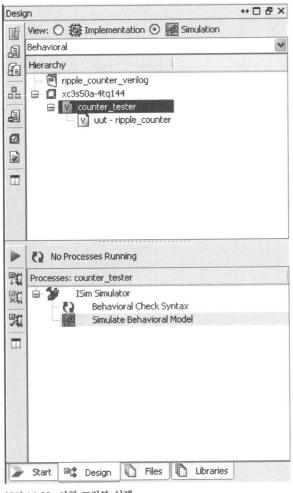

보기 14.32 시험 고정부 실행

새 소스 마법사는 많은 코드를 생성한다. 여기에는 테스트할 모듈의 인스턴스를 생성하는 코드가 포함되어 있다. 이 코드에는 'uut'(unit under test, 즉 테스트 중인 유닛)이라는 이름이 지정된다.

새 부분은 굵은 글씨로 강조 표시된다.

'initial' 블록은 FPGA가 재설정될 때 단 한 번만 실행되며 CLK 및 CLR을 모두 저준위로 설정한다. 100번 줄은 모든 것이 안정화되게 100 ns 동안 지연되도록 테스트 코드에 지시한다.

그 다음으로 always 블록이 두 개 나온다. 첫 번째는 10 ns 지연 후 CLK를 반전시켜 CLK 핀을 구동한다.

두 번째 블록은 훨씬 느린 클럭에서 CLR 핀을 구동한다. 320 ns 동안 지연되면 CLR 핀에 1 ns 펄스가 제공된다.

시험 고정부를 실행하려면 Hierarchy View(계층 구조 보기)에서 Simulation(시뮬레이션) 라디오 단추를 클릭하라(보기 14.32).

Hierarchy View에서 'counter_tester'를 선택하면 윈도우의 Processes(처리 과정) 영역에 'Simulate Behavioral Model'(행동 모형 시뮬레이션) 프로세스가 나타난다. Simulate Behavioral Model을 마우스 오른쪽 단추로 클릭하고 실행하라. 그러면 ISim 모듈이 열리고 시뮬레이션 결과가 표시된다(보기 14.33).

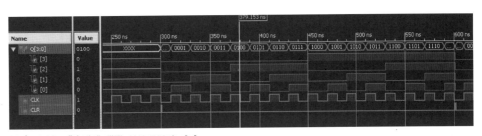

보기 14.33 계수기에 대한 시뮬레이션 결과

세부 사항을 보려면 이름 열에서 Q[3 : 0]을 클릭해 버스의 개별 회선이 확장되도록 해야 한다. 정확한 시간 척도로 이동하려면 축소 아이콘을 약 10번 클릭한 다음, 시뮬레이션 영역 하단의 수평 스크롤 막대를 사용해 시뮬레이션 결과의 관심 영역으로 이동하라.

14.11 VHDL

베릴로그만 HDL인 것은 아니다. FPGA 사용자 모임에서 베릴로그 사용자 수와 VHDL 사용자 수는 거의 비슷하다. 사실, ISE는 베릴로그 소스 코드와 VHDL 소스 코드를 모두 사용할 수 있으며 프로젝트에서 이들을 섞어 쓸 수도 있다.

VHDL은 우주 항공 및 국방과 같은 일부 산업 분야에서 더 많이 사용되는 편으로, 프로그래머들이 '강 자료형'이라고 부르는 것을 제공해 코드를 더욱 엄밀하게 작성할 수 있게 하고, 시뮬레이션 시점이 아닌 프로젝트 빌드 시점에서 잠재적인 문제를 발견할 수 있게 한다.

대다수 프로그래머는 어떤 한 가지 언어로 프로그램을 해 보았다면, 이렇게 알고 있는 언어를 바탕으로 머릿속에 그림을 그릴 수 있기 때문에 두 번째 것을 배우기가 훨씬 쉽다고 말할 것이다. 두 언어의 기본 개념이 같기 때문이다.

## CHAPTER 15

모터

전자기기를 다룰 때 가장 흥미로운 일로는 어떤 기계 장치를 움직이게 하는 일을 들 수 있다. '물건을 움직이게 하는' 데 사용하는 세 가지 인기 있는 장치로는 직류 모터, RC 서보 및 스테퍼 모터가 있다.

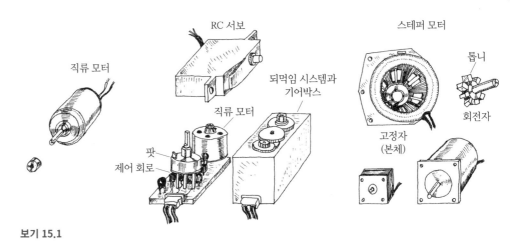

직류 모터

RC 서보

스테퍼 모터

직류 모터

되먹임 시스템과 기어박스

톱니

회전자

팬
제어 회로

고정자
(본체)

보기 15.1

15.1 직류 연속 모터

직류 모터(dc motor)는 바퀴, 기어, 프로펠러 등을 장착할 수 있게 한 축이 있는 간단한 2리드 전기 제어 장치이다. 직류 모터의 분당 회전 수(revolutions per minute, rpm)는 상당히 크며, 리드에 가해지는 극성을 바꿔 시계 방향이나 반시계 방향으로 돌게 할 수 있다. 저속일 때 직류 모터는 토크(torque)[역주]가 낮고 위치 제어가 잘 되지 않아서 세밀한 위치 제어가 필요한 응용기기에 쓰기에는 실용적이지 않다.

[역주] 즉, 회전력

일반적으로 직류 모터는 다양한 크기와 모양으로 공급된다. 대부분의 직류 모터는 일반적으로 1.5~24 V 사이의 특정 동작 전압에서 3000~8000 rpm의 회전 속도를 제공한다. 제조업체가 알려주는 동작 전압[역주1]은 모터가 가장 효율적으로 작동하는 전압을 의미한다. 이제 모터에 인가

[역주1] 즉, 운전 전압 또는 작동 전압

되는 실제 전압을 약간 낮추면 모터가 더 느리게 회전하고 높이면 더 빠르게 회전하게 된다. 그러나 인가 전압이 지정된 동작 전압의 약 50% 이하로 떨어지면 모터는 대개 회전을 멈춘다. 반대로, 인가 전압이 동작 전압을 약 30% 초과하면 모터가 과열로 손상될 수 있다. 곧 보게 되겠지만, 실제로는 펄스폭을 변조해 모터를 빠르게 켜거나 끄는 방식으로 직류 모터의 속도를 가장 효율적으로 제어할 수 있다. 인가된 펄스의 폭은 펄스의 주기와 마찬가지로 모터 속도를 제어하는 데 쓰인다. 또한 자유롭게 회전하는 모터(무부하)는 거의 전류(전력)를 소모하지 않을 수 있다는 점에 주목할 만하다. 그러나 부하가 걸리면 모터의 내부 코일이 끌어 쓰는 전류량이 크게 늘어난다(최대 1000% 이상). 제조업체는 일반적으로 모터의 **정동 전류**(stall current)^{역주2} 정격을 제공한다. 이 정격은 모터가 정지한 순간에 소비되는 전류량을 지정한 것이다. 모터의 정동 전류 정격이 표시되어 있지 않은 경우라면 전류계를 사용해 정격을 정할 수 있다. 모터의 축에 천천히 힘을 주고 나서 모터가 멈췄을 때의 전류 정격을 기록하라. 직류 모터에 부여되는 또 다른 사양은 토크 정격(torque rating)이다. 이 정격은 모터가 부하에서 작용할 수 있는 힘의 크기를 나타낸다. 토크 정격이 큰 모터는 토크 정격이 작은 모터보다 회전 팔(arm)에 직각으로 접한 부하에 큰 힘을 가한다. 모터의 토크 정격은 보통 lb/ft, g/cm 또는 oz/in 단위로 표시한다.

역주2 즉, 실속 전류 또는 기동 중 구속 전류 또는 스톨 전류

15.2 직류 모터 속도 제어

나쁜 설계

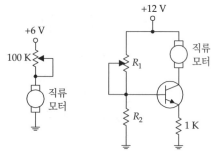

보기 15.2

보기의 왼쪽 회로에 표시된 것처럼 전위차계를 사용해 전류 흐름을 제한함으로써 직류 모터 속도를 명료하게 제어할 수 있다. 옴의 법칙에 따르면 팟의 저항이 늘어날수록 전류가 줄므로 모터가 느려질 것이다. 그러나 전류 흐름을 제어하기 위해 팟을 사용하는 일은 비효율적이다. 팟의 저항이 늘어남에 따라 열로 변환되어야만 하는 전류 에너지 양이 늘어난다. 모터를 감속시키려고 열을 내게 하는 것은 바람직하지 않다. 공급 전력을 소비하게 되고 가변 저항기가 녹을 수 있기 때문이다. 그 밖에 모터 속도를 제어하기 위해 좋아 보이지만 비효율적인 방법은 보기의 오른쪽에 표시된 것과 같이 트랜지스터 증폭기를 배치하는 방식이다. 다시 말하지만 이 방식에는 문제가 있다. 베이스 전압/전류의 변화에 맞춰 컬렉터-이미터 간 저항이 늘어나면 트랜지스터는 열을 꽤 많이 방출해야 한다. 이렇게 되는 과정에서 트랜지스터가 녹아내릴 수 있다.

더 좋은 설계

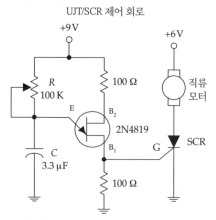

보기 15.3

에너지를 보존하고 부품 파괴를 방지하면서 모터 속도를 제어하려면 스위칭 전력 공급 장치에 사용된 것과 비슷한 방식을 사용한다. 이 방법은 모터에 짧은 전류 펄스를 보내는 일과 관련이 있다. 인가된 펄스의 진폭과 주파수를 변화시켜 모터의 속도를 제어할 수 있다. 이러한 방식으로 모터의 속도를 제어하면 지속적인 전류 스트레스가 부품에 가해지지 않는다. 보기 15.3에는 바라는 모터 제어 펄스를 제공하는 데 사용하는 간단한 회로 세 가지가 나온다.

첫 번째 회로에서 **UJT** 완화 발진기는 **SCR**을 켜고 끄는 일련의 펄스를 생성한다. 모터의 속도를 바꾸기 위해 **RC** 시간 상수를 변경해 UJT의 발진기 주파수를 조정한다.

CMOS/MOSFET 제어 회로

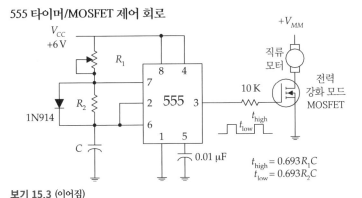

두 번째 회로에서는 한 쌍의 NAND 게이트가 완화 발진기 부분을 구성하는 반면 증가형 전력 MOSFET은 모터를 구동하는 데 사용된다. 앞에 나온 회로와 마찬가지로, 발진기의 RC 시간 상수로 모터 속도를 제어한다. 왼쪽 NAND 게이트의 입력 리드 중 하나를 잡아당기면, CMOS 논리 회로와 인터페이스를 할 수 있는 켬/끔 제어를 제공하는 데 사용할 수 있는 여분의 단자를 만들 수 있다.

세 번째 회로는 전력 MOSFET 구동 펄스를 생성하는 데 사용되는 555 타이머이다. 보기와 같이 7번 핀과 6번 핀 사이에 다이오드를 삽입하면 555는 동작책무주기가 낮은 작동 상태로 된다. R1, R2 및 C는 출력 펄스의 주파수 및 켬/끔 지속 시간을 설정한다. 도형과 수식을 통해 세부 정보를 제공한다.

속도 제어 기능을 갖춘 마이크로컨트롤러 기반 직류 제어 회로를 13장에서 찾을 수 있다.

많은 응용에서 이 최종 회로의 555 타이머는 MOSFET을 구동하는 PWM 출력 사용 마이크로컨트롤러로 대체될 수 있다.

555 타이머/MOSFET 제어 회로

$$t_{high} = 0.693 R_1 C$$
$$t_{low} = 0.693 R_2 C$$

보기 15.3 (이어짐)

15.3 직류 모터 방향 제어

모터의 방향을 제어하려면 모터 리드에 인가된 극성을 반대로 바꿔야 한다. 2극쌍투 스위치를 사용해 간단히 수동으로 제어할 수 있다(보기 15.4의 가장 왼쪽 회로). 트랜지스터 구동 2극쌍투 계전기를 사용할 수도 있다(가운데 회로). 계전기가 마음에 들지 않는다면 푸시풀 트랜지스터 회로를 사용할 수 있다(가장 오른쪽 회로). 이 회로는 상보적인 트랜지스터 쌍(베타와 전력 정격이 비슷한 것)을 사용한다. 하나는 *npn* 전력 달링톤이고 다른 하나는 *pnp* 전력 달링톤이다. 입력에 고준위 전압(예: +5 V)이 인가되면 상위 트랜지스터(*npn*)가 전도되어 전류는 양극 전원에서 모터를 통해 접지로 흐른다. 입력에 저전압(0 V)이 인가되면 더 낮은 트랜지스터(pnp)가 전도되어 전류는 접지에서 음극 공급 단자로 모터를 통과한다.

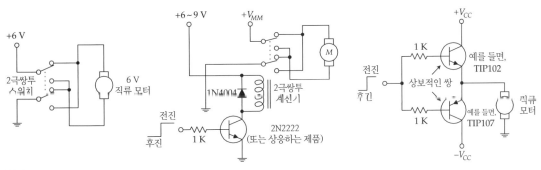

보기 15.4

모터의 방향(속도 포함)을 제어하는 데 사용되는 그 밖의 아주 보편적인 회로로는 H-브리지가 있다. 보기 15.5에는 H-브리지 회로의 간단한 꼴이 두 가지 나온다. 왼쪽 H-브리지 회로는 양극성 트랜지스터로 구성된 반면 오른쪽 H-브리지 회로는 MOSFET으로 구성되어 있다. 모터를 순방향으로 회전하게 하려면 순방향 입력에 고준위(+5 V) 신호를 인가하고 역방향 입력에는 신호를 인가하지 않는다(전압을 동시에 두 가지 입력에 인가할 수 없다). 모터의 속도는 입력 신호를 펄스 폭으로 변조해 제어한다. 양극성 H-브리지의 작동 방식을 설명하면 다음과 같다. Q_3의 베이스에 고전압을 인가하면 Q_3이 전도성을 띠고 이어서 PNP 트랜지스터 Q_2가 전도성을 띤다. 그러면 전류가 양성 공급 단자에서 모터를 통해 오른쪽에서 왼쪽 방향(즉, 순방향)으로 흐른다. 모터의 방향을 반전시키려면 고전압 신호를 Q_3의 베이스에서 제거하고 Q_4의 베이스에 놓는다. 이렇게 하면 Q_4와 Q_1이 전도성을 띤 상태로 설정되어 전류는 모터를 반대 방향으로 통과하게 된다. MOSFET H-브리지도 비슷한 방식으로 작동한다.

MOSFET H-브리지

'구동 중인' 핀의 고준위는 그것의 컬렉터를 저준위로 구동하는 Q_7을 켜고 CD4001b를 통해 게이트의 '고준위' 신호를 반전시킴으로써 Q_5가 MOSFET을 켜서 전동기를 구동시킨다.

방향 핀의 저준위는 Q_6의 컬렉터를 고준위로 설정하고, Q_1의 게이트를 고준위로 설정하고, CD4001a를 통해 Q_4가 켜져(Q_2 및 Q_3가 꺼짐) Q_1과 모터와 Q_4를 통해 전류 경로를 생성한다. 방향 핀이 고준위(5 V)가 되면 Q_6 스위치가 켜지고, 컬렉터가 저준위가 되게 하며, Q_1과 Q_4의 스위치가 꺼지면서 Q_2와 Q_3의 스위치는 켜지므로 Q_2와 전동기 및 Q_3를 통해 역전류 경로가 생성된다.

양극성 H-브리지

보기 15.5

그런데 처음부터 이 H-브리지 회로를 구성할 수도 있지만, 모터 구동 IC를 구입하는 편이 훨씬 쉽고 일반적으로 더 저렴하다. 예를 들어, 내셔널 세미컨덕터의 LMD18200 모터 구동 IC는 대전류, 사용하기 쉬운 H-브리지 칩으로 3 A 및 12~55 V 정격이다. 이 칩은 TTL 및 CMOS와 호환되며 클램핑 다이오드, 단락된 부하 보호 및 열 경고 인터럽트 출력 리드가 있다. 유니트로드(Unitrode)의 L293D는 인기 있는 모터 구동 IC이다. 이 칩은 사용하기가 매우 쉽고 LMD18200보다 저렴하지만 큰 전류를 처리하지 못하고 추가 기능도 많이 제공하지 않는다. 그 밖의 많은 모터 구동 IC가 있을 뿐만 아니라 다수의 모터를 구동할 수 있는 조립식 모터 구동 보드도 많다. 전자 카탈로그나 인터넷에서 정보를 찾아 살펴보라.

15.4 RC 서보

직류 모터와 달리 원격 제어 서보(remote control servos), 즉 RC 서보는 포인터와 같은 위치 제어 응용을 위해 특별히 설계된 모터형 장치이다. RC 서보는 외부 펄스폭 변조(PWM) 신호를 사용해 축의 위치를 최대 회전 범위 안에서 작은 범위에 맞춰 제어한다. 축의 위치를 변경하기 위해 변조된 신호의 펄스폭이 변경된다. RC 서보 축의 각회전량은 서보의 특정 브랜드에 따라 약 180° 또는 210°로 제한된다. 이 장치는 (내부 기어 구조로 인하여) 상당한 양의 저속 토크를 제공할 수 있으며 적당한 전체 스윙 변위 전환 속도를 제공한다. RC 서보는 모형 자동차, 모형 보트 및 모형 비행기의 조향 제어에 자주 사용된다. 또한 다양한 센서 기반 위치 지정 응용기기뿐 아니라 로봇 공학에도 널리 사용된다.

표준 RC 서보는 구동축과 세 개의 선이 나와 있는 간단한 상자처럼 보인다. 선 세 개는 전력 공급선(보통 흑색), 접지선(일반적으로 적색) 및 축 위치 제어선(색상은 제조업체에 따라 다름)으로 구성된다. 상자 안에는 직류 모터, 되먹임 장치 및 제어 회로가 있다. 되먹임 장치는 일반적으로 전위차계 한 개로 구성되는데, 전위차계에 속한 제어 다이얼은 일련의 기어를 거쳐 기계적으로 모터에 연결되어 있다. 모터가 회전하면 전위차계의 제어 다이얼이 회전한다. 모터의 축은 보통 180°(또는 210°)까지만 회전되게 제한되어 있다. 이는 팟^{역주}이 무한정 회전할 수 없기 때문에 그런 것이다. 역주 즉, 전위차계 전위차계는 위치 제어 장치로 작동하면서 축이 얼마나 크게 회전했는지를 (저항을 통해) 제어 회로에 알려준다. 제어 회로는 펄스폭을 변조한 입력 제어 신호와 함께 이 저항을 사용해 모터를 특정 각도로 구동한 다음 고정시킨다. (유지 토크 양은 서보에서 서보에 따라 다름) 입력 신호의 폭에 따라 서보의 축이 얼마나 크게 회전할지가 정해진다.

일반적인 서보 제어 신호 및 축 위치 반응

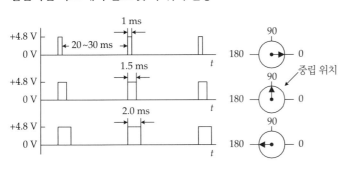

간단한 서보 구동자

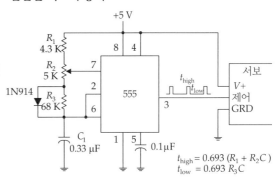

보기 15.6

관행에 따라 펄스폭이 1.5 ms로 설정되면 서보는 축을 중립 위치(예를 들면, 90°는 서보가 0~180° 범위로 제한되어 있을 때의 중립 위치다)로 회전시킨다. 중립 위치에서 축을 일정 각도만큼 회전시키려면 제어 신호의 펄스폭을 바꿔야 한다. 축을 중립을 기준으로 반시계 방향으로 돌리려면 1.5 ms보다 넓은 펄스를 제어 입력에 인가한다. 반대로 축을 중립에서 시계 방향으로 돌리려면 1.5 ms보다 작은 펄스를 인가한다(보기 15.6). 사용하는 서보 제품에 따라서 정확한 각도 범위를 얻기 위해 펄스폭을 정확히 얼마로 해야 할지가 좌우된다. 예를 들어, 어떤 서보 제품은 1 ms가 최대 반시계 방향 회전에 해당하고, 2 ms에서는 최대 시계 방향 회전에 해당하지만, 그 밖의 서보 제품은 1.25 ms가 최대 반시계 방향 회전에 해당하고 1.75 ms가 최대 시계 방향 회전에 해당할 수 있다. 서보에 대한 전력 공급 전압은 일반적으로 4.8 V이지만 서보 제품에 따라서는 6.0 V일 수도 있다. 공급 전압과 달리 서보가 소비하는 공급 전류는 서보의 전력 출력에 따라 크게 달라진다.

보기 15.6과 같은 간단한 555 타이머 회로를 사용해 서보 제어 신호를 생성할 수 있다. 이 회로에서 R_2는 펄스폭 조절기로 동작한다. 서보를 마이크로프로세서나 마이크로컨트롤러로도 제어할 수 있다. 마이크로컨트롤러 두 개로 제어하는 서보 제어 회로가 13장에 나온다.

역주1 즉, 운반파 또는 나르개파

그런데 모형 항공기 내 서보를 제어할 때 초기 제어 신호(다양한 위치 제어 전위차계가 생성한 신호)가 반송파(carrier wave)^{역주1} 내 제어 신호를 인코딩하는 전파 변조기 회로로 전송된다. 그런 다음 이 반송파는 안테나에 의해 전파로 방출된다. 이어서 전파는 모형의 수신기 회로로 전송된다. 수신기 회로는 반송파를 복조해 초기 제어 신호로 복원한다. 그런 후에 제어 신호는 모형 내의 지정된 서보로 전송된다. 모형당 서보가 두 개 이상이면 채널이 더 많아야 한다. 예를 들어, 대부분의 원격 조종 비행기에는 4 채널 라디오 세트가 필요하다. 한 개 채널로는 보조 날개를 제어하고, 한 개 채널로는 승강타를 제어하고, 한 개 채널로는 방향타를 제어하고, 나머지 채널로는 스로틀을 제어한다. 더 복잡한 모형이라면 플랩 및 접이식 랜딩 기어와 같은 추가 기능을 제어하기

역주2 미국 연방 통신 위원회

위해 5~6개 채널을 사용해야 할 수도 있다. FCC^{역주2}는 항공기 전용인 72 MHz 대역(11~60개 채널)에서 50개 주파수를 따로 설정해 두었다. 이러한 무선 주파수는 면허 없이 사용할 수 있다. 그렇지만 아마추어 무선 운영(햄) 면허가 있다면 50 MHz 대역 내에서도 무선을 사용할 수 있다. 27 MHz 대역 내에 별도로 설정된 주파수가 있는데, 이 주파수는 모든 종류의 모형(지상용이든 공중용이든)을 사용하기에 적합하다. 무선 제어 RC 서보에 관심이 있다면 무선으로 조종하는 모형을 파는 상점에 들러 보는 게 좋겠다. 이러한 상점은 서보 외에도 다양한 송신기 및 수신기 세트도 취급한다.

마지막으로 배선을 조금만 바꾸면 서보의 회전 제한을 풀어서 구동 모터로 바꿀 수 있다. 되먹임 고리를 끊는 것만으로 간단히 서보를 수정할 수 있다. 리드가 세 개인 전위차계를 제거하고 (360° 회전할 수 있도록 기어 시스템의 연결을 끊고) 한 쌍의 전압 분할 저항기로 교체한다(전압 분할기의 출력이 전위차계의 가변 단자를 대신함). 전압 분할기는 서보가 중립 위치에 있음을 서보 제어 회로에 알리는 데 사용된다. 서보를 중립 위치로 설정하는 데 필요한 정확한 저항 값은 오래된 전위차계와 저항계를 사용해 정할 수 있다. 이제 모터를 시계 방향으로 돌리려면 1.5 ms보다 넓은 펄스를 제어 입력에 인가한다. 되먹임 구조를 제거했기 때문에 제어 신호가 바뀌지 않으므로 모터는 계속 돌기만 할 뿐 멈추지 않는다. 모터를 반시계 방향으로 돌리려면 1.5 ms보다 좁은 펄스를 제어 입력에 인가한다.

15.5 스테퍼 모터

역주 즉, 스텝 모터 또는 스테핑 모터 또는 스테퍼

스테퍼 모터(stepper motor)역주는 스테퍼를 제어하는 데 사용되는 특수 변환기 회로에 클럭 펄스가 적용될 때마다 특정 각도(단계)만큼 회전하게 디지털 방식으로 제어하는 브러시가 없는 모터(brushless motor)이다. 주어진 스테퍼 모터에 대한 단계당 각도(분해능)의 수는 단계당 0.72°만큼 작거나 단계당 90°만큼 클 수 있다. 흔한 다목적 스테퍼의 분해능은 단계당 15°와 30°이다. RC 서보와 달리 스테퍼는 360° 회전할 수 있으며, 적절한 디지털 제어 회로를 사용하면 직류 모터와 같은(그렇지만 최대 속도는 더 느림) 연속 방식으로도 돌릴 수 있다. 스테퍼는 직류 모터와 달리 저속에서 토크 양이 최대가 되므로 저속 및 정밀 위치 제어가 필요한 응용기기에 적합하다. 예를 들면, 용지 공급을 제어해야 하는 프린터나 별을 추적해야 하는 망원경에 사용된다. 스테퍼는 플로터의 위치 지정 및 센서 기반 위치 지정 응용기기에서도 찾아 볼 수 있다. 이와 같은 목록은 쭉 이어진다. 스테퍼의 작동 방식에 대한 기본 아이디어를 얻으려면 보기 15.7을 살펴보라.

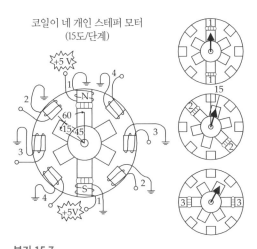

코일이 네 개인 스테퍼 모터
(15도/단계)

보기 15.7

이것은 단계당 15°인 가변 자기저항 스테퍼(**역주** 즉, 가변 릴럭턴스 스테퍼)를 묘사하는 간단한 모형이다. 고정자(stator)라고 불리는 모터 고정 부분에는 45도 간격으로 8개 극이 있다. 회전자(rotor)라고 부르는 모터의 움직이는 부분은 강자성 재료(자기장에 끌리는 물질)로 이루어져 있으며, 6개 톱니가 60° 간격으로 떨어져 있다. 회전자를 한 단계 회전시키려면 동시에 두 개의 반대 극 쌍 또는 코일 쌍을 통해 전류를 인가한다. 인가된 전류는 마주하는 극 한 쌍을 자화시킨다. 그 다음에 이것은 보기와 같이 회전자의 톱니가 극과 정렬되게 하는데, 이는 보기와 같다. 회전자가 이 위치에서 시계방향으로 15° 회전하게 하려면, 코일 쌍(1)을 통과하는 전류를 제거하고 코일 쌍(2)를 통해 전류를 보낸다. 회전자가 이 위치에서 시계 방향으로 15°만큼 더 회전하게 하려면 전류를 코일 쌍에서 제거하고 코일 쌍(3)을 통해 보낸다. 이 과정이 이런 식으로 계속된다. 회전자를 반시계 방향으로 회전시키려면 코일 쌍 점화 순서를 반대로 한다.

15.6 스테퍼 모터 종류

마지막 예제에서 사용된 모형은 가변 자기저항 스테퍼를 기반으로 한 것이다. 실제로는 이 모형은 불완전하다. 실제 가변 자기저항 스테퍼가 내부적으로 어떻게 연결되는지는 보여주지 않는다. 또한, 이 모형은 영구 자석 스테퍼(permanent-magnet stepper)라고 불리는 스테퍼 부류에는 적용되지 않는다. 더 현실감 있게 실물 스테퍼를 잠시 살펴보자.

■ 가변 자기저항 스테퍼

보기 15.8은 단계당 30°인 가변 자기저항 스테퍼의 물리적 모형과 설계도를 보여준다. 이 스테퍼는 6극(또는 3개 코일 쌍) 고정자와 4개 톱니형 강자성 회전자로 구성된다. 각도 분해능이 더 높은 가변 자기저항 스테퍼는 더 많은 코일 쌍 또는 더 많은 회전자 톱니로 구성된다. 물리적 모형과

역주 즉, 자유단

설계도 모두에서 모든 코일 쌍의 끝이 공통점에서 함께 결합된다. (코일 말단의 이 결합은 모터 케이스 내부에서 발생한다.) 공통 및 코일 쌍의 미접속 단말들[역주]은 모터 케이스에서 선으로 분리된다. 이 전선을 상 전선(phase wire)이라고 한다. 공통 선은 공급 전압에 연결되는 반면, 상 전선은 보기 15.8의 표에 따라 순차적으로 접지된다.

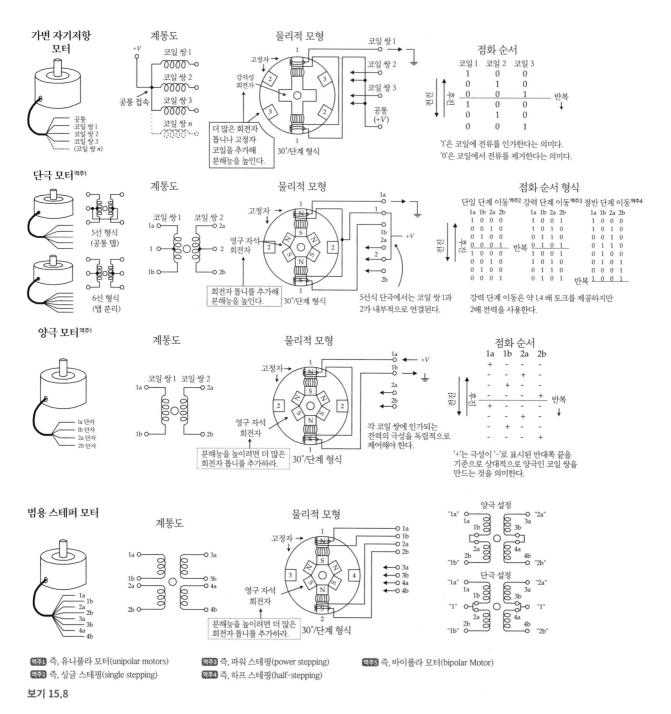

역주1 즉, 유니폴라 모터(unipolar motors)   **역주3** 즉, 파워 스테핑(power stepping)   **역주5** 즉, 바이폴라 모터(bipolar Motor)
역주2 즉, 싱글 스테핑(single stepping)   **역주4** 즉, 하프 스테핑(half-stepping)

보기 15.8

■ 영구 자석 스테퍼(단극, 양극, 범용)

단극 스테퍼

이 스테퍼는 가변 자기저항 스테퍼와 고정자 배열이 비슷하지만 영구 자석 회전자와는 내부 배선 배열이 다르다. 보기 15.8에는 단계당 30°인 단극 스테퍼(unipolar stepper)가 나온다. 이것은 코일 쌍 사이에 중간 탭을 한 4극(또는 2개 코일 쌍) 고정자와 6개 톱니형 영구 자석 회전자로 구성된다. 중간 탭은 내부적으로 배선되어 전선 한 개로 끄집어내지거나 전선 두 개로 분리되어 나올 수 있다. 중간 탭은 전형적으로 양의 공급 전압에 배선되며, 반면 코일 쌍의 두 미접속 말단은 그 코일에 의해 제공된 자기장의 방향을 반전시키기 위해 교대로 접지된다. 보기에 나오는 것처럼 권선 1의 중간 탭에서 단자 1a로 전류가 흐를 때 상단 고정자 극은 '북극으로 이동'하고 하단 고정자 극은 '남극으로 이동'한다. 이로 인해 회전자가 제자리에 고정된다. 코일 1을 통과하는 전류가 제거되고 코일 2를 통과해 단자 2a 밖으로 나가면 수평 극이 활성화되어 회전자는 30°단계 또는 한 단계씩 회전한다. 보기 15.8에는 세 가지 점화 순서가 나와 있다. 첫 번째 순서에서는 완전한 단계 이동 동작을 한다(방금 설명한 내용). **파워 스테핑**(power stepping)^{역주1} **시퀀스**라고 하는 두 번째 순서에서는 토크의 1.4배이지만 전력 소비의 두 배인 전체 단계 이동(full stepping) 동작을 제공한다. 세 번째 순서에서는 하프 스테핑(halp stepping)^{역주2}(예를 들면, 정격 30°를 대신해서 15°)을 제공한다. 하프 스테핑은 인접한 극에 동시에 에너지를 공급하면 된다. 그러면 회전자가 극 사이에서 당겨져서 스테핑 각도의 1/2이 된다. 마지막으로, 더 높은 각 분해능을 지닌 단극 스테퍼는 회전자 톱니를 더 많이 사용해 구성된다. 또한 단극은 5선식 또는 6선식으로 공급된다. 5선식은 중앙 탭이 내부적으로 연결되는 반면 6선식은 연결되지 않는다.

역주1 강력 단계 이동
역주2 절반 단계 이동

양극 스테퍼

양극 스테퍼(bipolar stepper)는 단극 스테퍼와 유사하지만 코일 쌍에는 중간 탭이 없다. 이것은 단극 스테퍼(공급 전압이 중앙 탭에 고정되어 있음)의 경우처럼 단순히 리드에 고정된 공급 전압을 공급하는 대신 공급 전압이 다른 코일 끝에 교대로 인가되어야 함을 의미한다. 동시에 코일 쌍의 반대쪽 끝을 반대 극성(접지)으로 설정해야 한다. 예를 들어, 보기 15.8에서 양극 스테퍼당 30°는 점화 순서 표에 표시된 극성을 스테퍼의 리드에 인가해 회전하도록 만들어진다. 점화 순서는 단극 스테퍼와 동일한 기본 구동 패턴을 사용하지만, '0' 및 '1' 신호는 '+' 및 '−' 기호로 대체되어 극성이 중요함을 나타낸다. 다음 절에서 볼 수 있듯이, 양극 스테퍼를 구동하는 데 사용되는 회로에는 모든 코일 쌍에 대해 H–브리지 회로망이 필요하다. 양극 스테퍼는 단극 스테퍼와 가변 자기저항 스테퍼보다 제어하기가 더 어렵지만 고유한 극성 전환 기능으로 더 큰 '크기 대 토크 비율'을 제공한다. 마지막으로, 각 분해능이 더 큰 양극 스테퍼는 회전자 톱니를 더 많이 사용해 구성된다.

범용 스테퍼

이러한 스테퍼들은 단극-양극 혼합형을 나타낸다. 범용 스테퍼(universal stepper)는 독립적인 코일 네 개와 리드 여덟 개로 구성된다. 보기 15.8과 같이 코일 권선을 병렬로 연결하면 범용 스테퍼가 단극 스테퍼로 변환될 수 있다. 코일 권선이 직렬로 연결되면 스테퍼를 양극 스테퍼로 변환할 수 있다.

15.7 스테퍼 모터 구동

모든 스테퍼 모터에는 스테퍼의 고정자 내 코일을 통해 흐르는 전류를 제어할 수 있는 구동자 회로가 필요하다. 이어서 구동자를 **변환기**(translator)라고 하는 논리 회로로 제어해야 한다. 구동자 회로를 다룬 후에 변환기 회로에 대해 논의할 것이다.

보기 15.9는 가변 자기저항 스테퍼와 단극 스테퍼의 구동자 회로망을 보여준다. 두 구동자 모두 트랜지스터를 사용해 모터의 개별 코일을 통과하는 전류 흐름을 제어한다. 두 구동자 회로망 모두에서 입력 버퍼 단계가 추가되어 트랜지스터 컬렉터-베이스 고장 시 모터 공급 전압으로부터 변환기 회로를 보호한다. 두 개의 구동자에 다이오드가 추가되어 모터의 코일에 의해 발생되는 유도성 반동으로부터 변압기와 전력 공급 장치를 보호한다. (유도성 반동이 중간 탭의 양쪽에서 새어 나올 수 있기 때문에 단극 구동자는 여분의 다이오드를 사용한다. 보다시피 이 구동자 내의 한 쌍의 다이오드는 다이오드 개수를 4로 유지하면서 단일 다이오드로 교체할 수 있다.) 보기 15.9의 단일 구동자 부분은 구동자 회로망에서 어떤 부품을 사용할 수 있는지에 대한 일반적인 개념을 제공한다. 이 회로는 고전력 달링톤 트랜지스터, TTL 버퍼 및 비교적 **빠른** 보호 다이오드(단극 회로에 여분의 다이오드를 포함해야 함)를 사용한다. 따로따로 떨어져 있는 부품 때문에 신경 쓰기 싫다면,

단일 구동자 단면

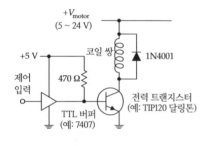

트랜지스터와 버퍼 어레이

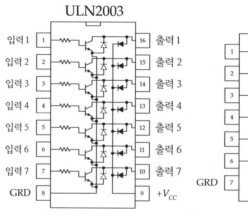

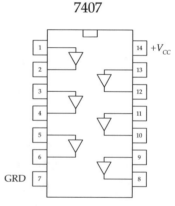

가변 자기저항 구동자 회로망

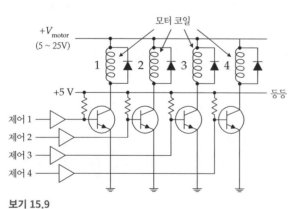

단극 구동자 회로망

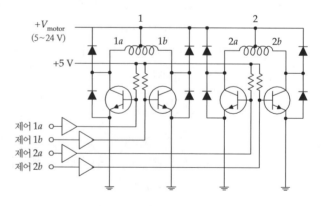

보기 15.9

알레그로 마이크로시스템(Allegro Microsystems)의 ULN200x 시리즈나 내셔널 세미컨덕터 (National Semiconductor)의 DS200x 시리즈와 같은 트랜지스터 어레이 IC를 사용해 구동자 부분을 구성할 수 있다. 보기 15.9에 표시된 ULN2003은 보호 다이오드가 포함된 7개의 달링톤 트랜지스터가 포함된 TTL 호환 칩이다. 7407 버퍼 IC는 ULN2003과 함께 사용되어 풀 스테퍼 구동자를 구성할 수 있다. 모토롤라(Motorola)의 MC1414 달링톤 어레이 IC와 같은 다른 IC는 논리 입력에서 직접 여러 개의 모터 코일을 구동할 수 있다.

양극 스테퍼를 구동하는 데 사용되는 회로에는 H-브리지 회로가 필요하다. H-브리지 회로는 스테퍼 내의 주어진 코일 쌍에 인가되는 극성을 반전시키는 역할을 한다. (H-브리지의 작동 방법에 대한 자세한 내용은 직류 방향 제어 절을 참조하라.) 스테퍼 내의 각 코일 쌍에 대해 별도의 H-브리지가 필요하다. 보기 15.10에 표시된 H-브리지 회로는 다이오드에 의한 코일의 유도성 반동으로부터 보호되는 네 개의 전력 달링톤 트랜지스터를 사용한다. XOR 논리 회로가 입력에 추가되어 두 개의 고준위(1's) 신호가 동시에 입력에 인가되지 않게 한다. (두 개의 고준위 신호가 두 입력에 모두 입력되면(논리 회로가 없다고 가정) 공급이 접지로 단락된다. 이는 공급에 좋지 않다.) 보기 15.10에 나오는 표는 원하는 극성을 생성하는 데 필요한 적절한 점화 순서를 제공한다.

양극 스테퍼에 사용되는 H-브리지

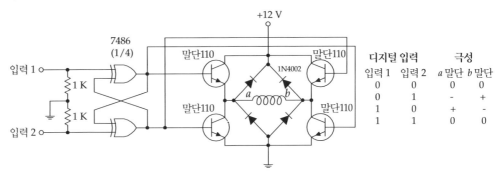

보기 15.10

이번 장의 직류 모터 절에서 언급했듯이 H-브리지를 IC 형태로 구입할 수 있다. SGS 톰슨(SGS Thompson)의 L293 듀얼 H-브리지 IC는 소형 양극 스테퍼를 구동하기 위한 가장 일반적인 선택으로 모터의 코일당 최대 1 A의 전류를 최대 36 V까지 끌어올린다. L298 2배 H-브리지는 L293과 유사하지만 코일당 최대 2 A를 처리할 수 있다. 내셔널 세미컨덕터의 LMD18200 H-브리지 IC는 최대 3 A를 처리할 수 있으며 L293 및 L298과 달리 보호 다이오드가 내장되어 있다. 더 많은 H-브리지 IC를 사용할 수 있으므로 카탈로그를 확인하라.

15.8 변환기로 구동자 제어

변환기는 구동자를 구동하는 데 사용되는 순서 제어 펄스를 인가한 회로다. 경우에 따라 변환기는 단순히 컴퓨터 또는 프로그램 가능한 인터페이스 컨트롤러일 수 있으며, 구동자의 리드를 제어하는 데 필요한 출력을 직접 생성하는 소프트웨어가 있을 수 있다. 변환기는 대체로 클럭 신호가 입력 리드 중 하나에 인가될 때 출력 리드에서 적절한 실행 순서를 제공하도록 설계된 특수한 IC이다. 그 밖의 입력 신호로는 점화 순서(모터의 방향)의 방향을 제어할 수 있다. 사용하기 쉽고 비교적 저렴한 스테퍼 변환기 IC가 많다. 잠시 후에 이 장치들 중 하나를 살펴보자. 먼저 간단한 디지털 부품으로 구축할 수 있는 간단한 변환기 회로를 살펴보자.

4상 구동 패턴을 생성하는 간단한 방법은 CMOS 4017 10진 계수기/분할기 IC(또는 74194 TTL 버전)를 사용하는 것이다. 이 장치는 클럭 펄스에 반응해 열 가지 가능한 출력 중 하나를 계속해서 고준위 (나머지는 저준위로 유지)로 만든다. 다섯 번째 출력(Q4)을 접지에 연결하면 10진 계수기는 4진 계수기가 된다. 구동 순서를 정하기 위해 클럭 신호가 클럭 입력에 인가된다(보기 15.11). 강력 단계 이동 제어 및 방향 제어를 제공하는 또 다른 4상 변환기 회로는 CMOS 4027 듀얼 JK 플립플롭 IC(또는 7476 TTL 버전)로 구성할 수 있다. CMOS 4070 XOR 로직(또는 7486 TTL XOR 로직)은 방향 제어를 설정하는 데 사용된다.

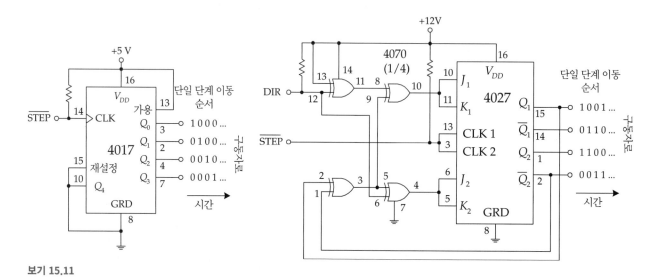

보기 15.11

보기 15.12는 변환기, 구동자 및 스테퍼가 모두 포함된 회로를 보여준다. 이 경우 모터는 단극 스테퍼이며, 변환기는 TTL 74194 시프트 카운터다. 555 타이머는 74194에 클럭 신호를 제공하고 2극쌍투 스위치는 모터의 방향을 제어하는 역할을 한다. 모터의 속도는 클럭의 주파수에 의존하므로 따라서 이는 R_1의 저항에 의존한다. 이 회로의 변환기는 또한 가변 자기저항 스테퍼를 제어하는 데 사용할 수 있다. 단순히 보기 15.9의 가변 자기저항 구동자와 보기 15.8의 점화 순서를 지침으로 삼아 따르라.

변환기 회로가 패키지에 통합되는 편이 가장 바람직할 것이다. 다수의 제조업체가 변환기 및 구동자 부분을 모두 지닌 스테퍼 모터 제어 IC를 생산한다. 이 칩은 사용하기가 매우 쉽고 저렴하다. 전형적인 스테퍼 제어 칩은 SAA1027이다. SAA1027은 4상 스테퍼를 구동할 수 있게 설계한 양극성 IC이다. 이것은 4개의 출력을 순차적으로 구동하는 데 사용되는 양방향 4상 계수기와 코드 변환기로 구성된다. 이 칩은 높은 잡음 내성 입력, 시계 방향 및 반시계 방향 기능, 재설정 제어 입력, 고출력 전류 및 출력 전압 보호 기능을 갖추고 있다. 이 제품의 공급 전압은 9.5~18 V이며, 고준위인 경우(1)에는 최소 7.5 V, 저준위(0)에는 최대 4.5 V의 입력 전압을 수용한다. 최대 출력 전류는 500 mA이다. 보기 15.13에 나머지 사항이 그림으로 설명되어 있다.

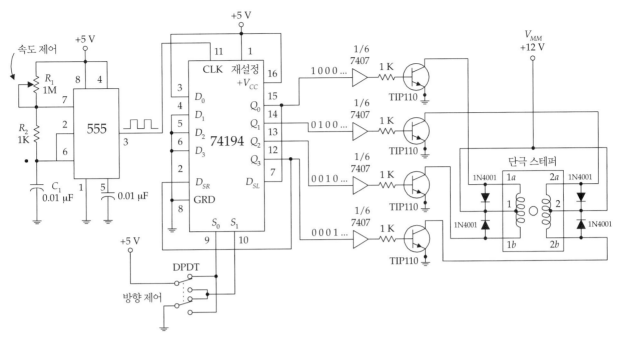

보기 15.12

이미 말했지만 SAA1027은 전형적인 칩(구형 칩)이다. 더욱 새롭고 우수한 스테퍼 제어 IC를 여러 제조업체에서 구입할 수 있다. 이 칩에 대해 더 자세히 알고 싶다면 인터넷을 검색해 보라. 스테퍼 제어 IC에 대해 자세히 설명하는 유용한 웹사이트를 찾을 수 있을 것이다. 또한, 이 웹사이트들은 스테퍼 모터 및 컨트롤러 IC 제조업체 및 유통 업체에 대한 링크를 제공한다.

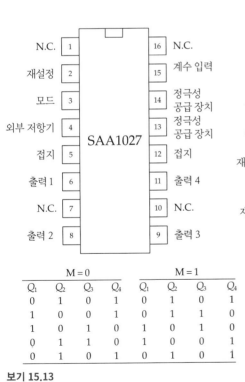

Q_1	Q_2	Q_3	Q_4	Q_1	Q_2	Q_3	Q_4
0	1	0	1	0	1	0	1
1	0	0	1	0	1	1	0
1	0	1	0	1	0	1	0
0	1	1	0	1	0	0	1
0	1	0	1	1	0	0	1

보기 15.13

계수기 입력 C(15번 핀) — 이 핀상에서 저준위가 고준위로 바뀌면 출력이 상태를 바꾼다.

모드 입력 M(3번 핀) — 모터의 방향을 제어한다. 왼쪽에 나오는 표를 보라.

재설정 입력 R(2번 핀) — R 입력이 저준위(0)이면 계수기를 0으로 재설정하게 된다. 출력은 왼쪽 표의 위쪽과 아래쪽 줄에 표시된 준위를 사용한다.

외부 지항기 RX(1번 핀) — RX 단자에 연결된 일부 저항기는 트랜지스터 구동자의 기본 전류를 설정한다. 이 값은 필요한 출력 전류를 기반으로 한다.

출력 Q_1부터 Q_4(6, 8, 9, 11번 핀) — 스테퍼 모터에 연결된 출력 단자다.

하드웨어 변환기를 사용하는 대안은 코일 구동자에 대한 신호를 생성하는 마이크로컨트롤러를 사용하는 것이다. 아두이노(Arduino)와 같은 마이크로컨트롤러와 마이크로컨트롤러 보드에는 스테퍼 모터를 구동하는 데 필요한 모든 순차 제어를 할 수 있게 하는 코드 라이브러리가 있다.

15.9 스테퍼 모터 식별에 관한 최종 언급

역주 보통 '하이브리드'라고도 부름

알려지지 않은 스테퍼의 특징을 파악할 때 다음과 같은 제안이 도움이 된다. 오늘날 시장에 나와 있는 대다수의 스테퍼는 단극, 양극, 범용^{역주}으로 구분한다. 이를 통해 스테이터에 있는 리드가 네 개인 경우에는 대체로 양극성 스테퍼일 것이라고 추정할 수 있다. 스테퍼에 리드가 다섯 개 있는 경우에는 공통 중앙 탭들이 있는 단극성일 가능성이 높다. 스테퍼에 리드가 여섯 개인 경우에는 분리된 중앙 탭들이 있는 단극일 것이다. 리드가 여덟 개인 경우에는 대체로 범용 스테퍼일 가능성이 높다. (모터가 가변 자기저항 스테퍼라고 생각되면 축을 회전시켜 보라. 축이 자유롭게 돌아간다면 모터는 가변 자기저항 스테퍼일 가능성이 높다. 톱니처럼 생긴 저항은 스테퍼가 영구 자석형이라는 점을 나타낸다.)

스테퍼 형식을 결정했다면 다음으로 리드 형식을 결정할 차례다. 저항계를 사용해 다양한 리드 간 저항을 탐촉해 보면 결정하기가 쉽다.

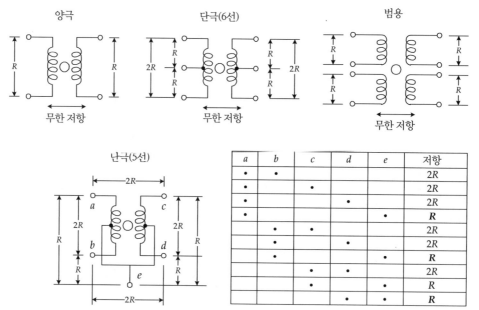

a	b	c	d	e	저항
•	•				2R
•		•			2R
•			•		2R
•				•	**R**
	•	•			2R
	•		•		2R
	•			•	**R**
		•	•		2R
		•		•	**R**
			•	•	**R**

보기 15.14

양극 스테퍼의 리드를 알아내기는 쉽다. 저항계를 사용해 어떤 선의 쌍이 낮은 저항 값을 생성하는지 확인하기만 하면 된다. 저항이 낮다면 해당 전선 두 개는 동일한 권선의 끝부분일 것이다. 전선 두 개가 같은 권선에서 나온 게 아니면 저항이 무한대가 된다. 비슷한 접근 방식으로 범용 스테퍼를 디코딩할 수 있다. 6선식 단극 스테퍼를 디코딩하려면 두 개의 3선식 쌍으로 분리해야 한다. 여기에서 절연된 선 세 개 중 측정된 한 쌍의 저항이 R이고, 나머지 두 쌍의 저항이

2R이라는 사실을 알면 어느 선이 일반적인 중간 탭인지 파악할 수 있다(보기 15.14). 이제 5선식 단극(공통 센터 탭이 있는)을 알아내는 것은, 일반적이지만 숨겨진 중간 탭 때문에 다른 것보다 약간 까다롭다. 이 스테퍼의 디코드를 돕기 위해 보기 15.14의 도식과 표를 사용할 수 있다. (표 내의 점들은 저항계의 두 개의 탐촉자가 도식 내에 있는 위치를 나타낸다.) 이 표를 사용하면 저항계가 R 단위 저항을 보일 때 e(일반 탭 선)를 식별할 수 있다. 다음으로, 두 선 중 나머지 선을 시험해서 실제로 손에 든 두 선 중 어느 것이 실제로 e인지 확인한다. 늘 R이 나온다면 e를 쥐고 있는 것이고 2R이 나온다면 e를 쥐고 있지 않은 것이다. e 선이 정해지면, 저항계를 사용한 추론이 더 이상 효과를 발휘하지 않는다. 최소한 이론적으로는 늘 2R을 나올 것이기 때문이다. 그러므로 모터를 구동자 회로에 연결해 스테퍼가 단계 이동하는지 확인하는 게 가장 좋은 방법이다. 스테퍼가 스테핑을 하지 않는다면 그렇게 될 때까지 전선들을 꾸준히 탐촉해 보라.

## CHAPTER 16

오디오 전자공학

오디오 전자공학에서는 음향 신호를 전기 신호로 변환하는 측면을 다룬다. 일반적으로 마이크 (microphone)^{역주}로 이 변환 과정을 처리한다. 음향을 전기 신호로 바꾼 뒤에 어떤 작업을 할지는 사용자가 결정한다. 예를 들어, 신호를 증폭하거나, 신호에서 특정 주파수를 걸러 내거나, 신호를 다른 신호와 결합(혼합)하거나, 신호를 메모리에 저장할 수 있는 디지털 부호화 신호로 변환하거나, 무선 전파용으로 신호를 변조하거나, 신호를 사용해 스위치(예: 트랜지스터나 계전기)를 트리거할 수 있다.

> **역주** 즉, 마이크로폰 또는 송화기

오디오 전자공학에서는 전기 신호를 소리 신호로 생성하는 측면도 다룬다. 전기 신호를 음향 신호^{역주}로 변환하는 데 스피커를 사용할 수 있다. (주파수 응답을 유지하는 데 관심이 없다면, 예를 들어, 경보음에만 관심이 있는 경우라면 직류 부저나 고압 분무기처럼 소리를 내는 음향 장치를 사용할 수 있다.) 스피커를 구동하는 데 사용되는 전기 신호로 음원에서 소리가 나게 하거나 특수 발진기 회로를 사용해 인위적으로 소리를 만들어 낼 수 있다.

> **역주** 즉, 소리 신호

16.1 소리에 관한 작은 강좌

오디오 관련 회로를 다루기 전에 소리에 관한 기본 개념을 살펴보는 게 좋다. 소리는 다음과 같은 세 가지 기본 요소로 구성된다. 주파수(frequency)^{역주1}, 강도(intensity) = 소리 크기(loudness), 음색 (timbre) = 배진동(overtone)^{역주2}이 그것이다.

> **역주1** 즉, 진동수
> **역주2** 즉, 배음 또는 상음

소리의 주파수는 해당 소리를 낸 물체의 진동 주파수와 일치한다. 생리학 측면에서 볼 때 사람의 귀는 $20 \sim 20{,}000\,\mathrm{Hz}$ 정도의 주파수를 인지할 수 있지만, $1000 \sim 2000\,\mathrm{Hz}$ 주파수에 가장 민감하다.

소리의 강도는 단위 영역(또는 $\mathrm{W/m^2}$)을 통해 초당 전송되는 소리 에너지 양에 해당하며, 떨리는 물건의 진동 진폭에 따라 달라진다. 떨고 있는 물체에서 멀어질수록 강도는 거리의 제곱에 비례해 감소한다. 인간의 귀는 $10^{-12} \sim 1\,\mathrm{W/m^2}$에 이르는 광범위한 강도를 감지할 수 있다. 이 범위가 너무 광범위하기 때문에 로그 축척으로 강도를 나타내는 편이 대체로 더 편리하다. 이를 위해 데시벨을 사용한다. 소리의 강도를 데시벨로 나타낼 때는 $dB = 10\log_{10}(I/I_0)$로 정의하며, 여기서 I는 미터당 와트 단위로 측정한 강도를 표현하며, $I_0 = 10^{-12}$W/m²는 사람이 소리를 인지할 수 있는 가장 작은 강도를 의미한다. 인간의 들을 수 있는 강도 범위[역주]를 데시벨로 나타내면 $0 \sim 120$ dB이다. 보기 16.1에는 주파수 범위와 강도 범위 그리고 여러 가지 소리가 나와 있다.

역주1 즉, 가청 음역대

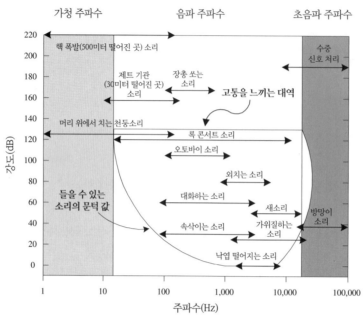

보기 16.1

음질 또는 음색이란 악기나 음성 등의 고유 진동수와 더불어 배진동이 나타날 때 생성되는 복합적인 파형 패턴을 나타낸다. 배진동의 의미를 확실히 알려면 261.6 Hz('도' 음)라는 공진 진동수를 내는 간단한 소리굽쇠(tuning fork)를 생각해 보라. 굽쇠를 이상적인 진동기로 여기는 경우, 굽쇠가 떨 때 진동수가 261.6 Hz인 음파를 진동시킨다. 이 경우에는 배진동이 없다. 하나의 진동수만 나온다. 그러나 이제 바이올린에서 도 음을 261.1 Hz에 해당하는 강한 소리로 들을 수 있는데, 이 소리는 배진동(overtones) 또는 고조파(harmonics)라고 부르는 일반적으로 강도가 낮지만 더 높은 진동수들이 따라 온다. 강도가 가장 센 진동수를 일반적으로 고유 진동수(fundamental frequency)[역주1]라고 부른다. 중요 배진동은 고유 진동수의 정수배인 진동수를 나타낸다(예를 들면, 2×261.1 Hz는 첫 번째 고조파, 3×261.1 Hz는 두 번째 고조파, $n \times 261.1$ Hz는 세 번째 고조파다). 악기, 음성 등의 고조파 스펙트럼 중에서 각 배진동의 고유한 강도로 인해 악기나 음색 등의 고유한 음질이 대부분 정해진다. (악기를 어떻게 만드느냐에 따라서 악기의 독특한 배진동이 달라진다.) 보기 16.2(a)는 기본 주파수인 도 음으로 조율된 오보에의 고조파 스펙트럼(스펙트럼 플롯[역주2])을 보여준다.

역주1 즉, 기본 진동수

역주2 즉, 배음 또는 상음

이론상으로는 악기의 고조파 스펙트럼을 검사해서 모든 악기(예: 바이올린, 튜바, 밴조 등) 소리를 만들 수 있다. 이것을 어떻게 할 수 있는지 설명하기 위해 이상적인 소리굽쇠를 가지고 있다고 가정하자. 소리굽쇠 중 한 개는 기본 진동수를 나타내고, 나머지 소리굽쇠는 다양한 배진동수를 나타낸다. 악기의 고조파 스펙트럼을 지침 삼아 각 '배진동 소리굽쇠'를 변화시키면 악기의 소리

를 흉내 낼 수 있다. (실제로 악기를 정확하게 모방하려면 특정 배진동의 상승 시간과 감쇠 시간을 고려해야
한다. 배진동 강도를 제어하는 것으로는 충분하지 않다.) 수학적으로 보면, 복잡한 음향을 모든 배진동
의 합으로 표현할 수 있다.

$$신호 = a \sin \omega_0 t + b \cos \omega_0 t + c \sin 2\omega_0 t + d \cos 2\omega_0 t + e \sin 3\omega_0 t + f \cos \omega_0 t + \cdots$$

a, b, c, d, 등의 계수는 배진동의 강도를 나타내고 고유 주파수는 $f_0 = \omega_0/2\pi$이다. 이 표현식을
푸리에 급수(Fourier series)라고 부른다. 주어진 파형이나 그려진 데이터를 사용해 계수를 계산해야
하지만, 고조파 분석기(harmonic analyzer)라는 계기를 쓰면 계수를 자동으로 계산할 수 있다. 보기
16.2(b)에는 고조파 일곱 개로 구성된 복잡한 소리가 나온다.

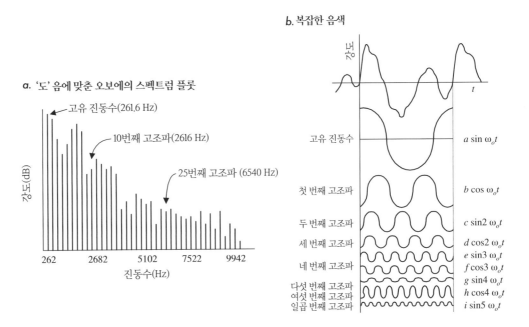

b. 복잡한 음색

a. '도' 음에 맞춘 오보에의 스펙트럼 플롯

보기 16.2

전기 회로를 사용해 소리를 합성하는 기술은 상당히 복잡한 일이다. 악기 소리, 기적 소리, 새
소리 등을 정확하게 모방하려면 모든 배음과 감쇠 시간 및 상승 시간에 관한 정보가 들어있는
복잡한 파형을 생성할 수 있는 회로를 설계해야 한다. 이러려면 특수한 발진기 회로 및 변조기
회로가 필요하다.

16.2 마이크

마이크는 음압 변화를 전류 변화로 바꾼다. 마이크가 만들어 내 교류 전압의 진폭은 소리의 강
도에 비례하고, 교류 전압의 주파수(frequency of the ac voltage)는 소리의 진동수(frequency of the
sound)에 대응한다. (소리 신호 내에 배진동이 있는 경우 이러한 배진동도 전기 신호로 바뀐다.) 일반적으
로 사용하는 마이크 세 가지는 다음과 같다.

다이내믹

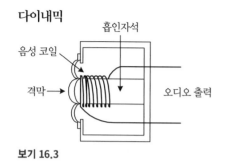

보기 16.3

이런 마이크는 플라스틱으로 된 떨림판, 음성 코일(역주 즉, 보이스 코일(voice coil)) 및 영구 자석으로 구성된다. 음성 코일의 한쪽 끝에 떨림판이 연결되어 있고, 코일의 다른 쪽 끝은 자석 주위로(또는 자석 안에) 느슨하게 지지되어 있다. 떨림판에 압력이 번갈아 가해지면 음성 코일도 번갈아 반응한다. 자석의 자기장을 통해 음성 코일이 가속되므로 음성 코일의 리드에 유도 전압이 설정된다. 이 전압만을 사용해 매우 작은 부하에 전력을 공급하거나 증폭기를 사용해 신호의 강도를 높임으로써 더 큰 부하를 구동할 수 있다. 다이내믹 마이크는 매우 견고하며, 주파수 응답이 부드럽고 넓으며, 외부 직류원을 사용하지 않고, 넓은 온도 범위에서 우수한 성능을 발휘하며, 임피던스 출력이 낮다. 일부 다이내믹 마이크는 몸체 내부에 변압기가 있어서 임피던스를 높거나 낮게 출력할 수 있다. 스위치를 사용해 이 중 하나를 선택한다. 다이내믹 마이크는 공공장소나 하이파이(hi-fi) 기기 및 녹음기기에 널리 사용된다.

콘덴서

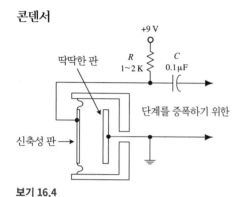

보기 16.4

이런 마이크는 공기 압력 변화에 맞춰 더 가깝게 또는 더 멀리 떨어질 수 있는 한 쌍의 하전 판으로 구성된다. 실제로 판은 소리에 민감한 커패시터처럼 작동한다. 판 중 한 개는 단단한 금속으로 만든 것으로 제 자리에 고정되어 접지되어 있다. 다른 판은 외부 전압원에 의해 양극으로 대전되는 휘어지는 금속이나 금속 코일을 감은 플라스틱으로 만든다. 이 유형의 마이크를 작동시켜 낮은 출력 임피던스를 제공하려면 잡음이 매우 적고, 임피던스가 높은 증폭기가 필요하다. 콘덴서 마이크 (condenser microphones, 역주 즉, 축전기 마이크 또는 정전 마이크)는 선명하고 잡음이 적은 소리를 내며, 고품질 음향 녹음에 사용된다.

일렉트렛

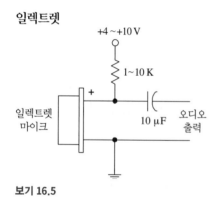

보기 16.5

일렉트렛 마이크(electret microphones)은 콘덴서 마이크를 변형한 것이다. 외부 전압원으로 떨림판을 대전시키지 않고 영구적으로 대전된 플라스틱 소자(일렉트렛)를 전도성 금속 뒤판에 평행하게 배치해 사용한다. 대부분의 일렉트렛 마이크 케이스에는 소형 FET 증폭기가 내장되어 있다. 이 증폭기를 작동하게 하는 데는 전력이 필요하며, 일반적으로 +1.5~+10 V 사이의 전압이 필요하다. 이 전압은 저항기 (1~10 KΩ)를 통해 마이크로 공급된다(보기 참조). 최신 저성능 일렉트렛 마이크는 콘덴서 마이크와 비슷한 결과를 낸다.

16.3 마이크 규격

마이크의 감도(sensitivity)는 입력 소리 크기 대비 전기 출력(전압)의 비율을 나타낸다. 감도는 1 dyn/cm²의 기준 음압과 관련해 종종 데시벨로 표시한다.

마이크의 주파수 응답(frequency response)은 다양한 소리 주파수를 교류 전압으로 변환할 수 있는 마이크의 성능을 측정한 것이다. 음성의 경우 마이크의 주파수 응답은 약 100~3000 Hz의 범위에 이르러야 한다. 그렇지만 하이파이 응용인 경우 마이크의 주파수 응답은 약 20~20,000 Hz의 더 넓은 범위에 이르러야 한다.

마이크의 지향성 특징(directivity characteristic)은 마이크가 다른 방향에서 오는 소리에 얼마나 잘 반응 하는지를 나타낸다. 전방향성(omnidirectional)역주1 마이크는 모든 방향에서 나오는 소리에 동등

역주1 즉, 무지향성

하게 반응하는 반면, **방향성(directional)**역주2 마이크는 특정 방향에서 나오는 소리에만 잘 반응한다.

마이크의 임피던스(impedance)는 마이크가 교류 신호의 흐름에 저항하는 양을 나타낸다. 임피던스가 600 Ω 이하인 마이크를 저임피던스 마이크로 분류한다. 중임피던스 마이크의 임피던스 범위는 600~10,000 Ω이고, 고임피던스 마이크는 10,000 Ω 이상이다. 최신 오디오 시스템에서 상대적으로 저임피던스인 마이크를 고임피던스 입력 장치에 연결하는 일(예: 50 Ω 마이크를 600 Ω 믹서에 연결하는 일)은 바람직하지만, 고임피던스 마이크를 저임피던스 입력 장치에 연결하는 것은 바람직하지 않다. 첫 번째 경우에는 신호 손실이 많이 일어나지 않지만 두 번째 경우에는 신호 손실이 상당히 많이 일어날 수 있다. 표준이 될 만한 경험칙에 따르면 원천 임피던스의 10배까지 부하 임피던스를 허용하라는 것이다. 이번 장의 후반부에서 임피던스 정합을 자세히 살펴본다.

16.4 오디오 증폭기

오디오 회로 내의 전기 신호를 종종 그 밖의 회로 내 소자나 장치를 효과적으로 구동하기 위해 증폭해야 한다. 연산 증폭기를 사용하는 게 아마도 가장 쉽고 효율적으로 신호를 증폭하는 방법일 것이다. 741과 같은 다목적 연산 증폭기는 중요치 않은 여러 오디오 응용기기에서 잘 작동하지만 오디오 신호가 복잡해지면 왜곡이나 그 밖의 바람직하지 않은 영향을 끼칠 수 있다. 오디오 신호를 처리하도록 특별히 설계한 오디오용 연산 증폭기를 사용하는 게 오디오 응용기기에 더 좋은 선택이다. 오디오 증폭기는 높은 슬루율, 높은 이득 대역폭 곱(gain-bandwidth products)역주, 높은 입력 임피던스, 낮은 왜곡, 높은 전압/전력 동작 및 매우 낮은 입력 잡음을 보인다. 다수의 제조업체가 생산하는 우수한 연산 증폭기가 아주 다양하다. 언급할 만한 고품질 연산 증폭기로는 AD842, AD847, AD845, AD797, NE5532, NE5534, NE5535, OP-27, LT1115, LM833, OPA2604, OP249, HA5112, LM4562, OPA134, OPA2134, LT1057이 있다.

역주 즉, 이득 띠 너비 곱

16.4.1 반전 증폭기

다음 두 회로는 반전 증폭기의 역할을 한다. 두 회로의 이득은 $-R_2/R_1$에 의해 결정되고(이론에 대해서는 8장을 참고) 입력 임피던스는 대체로 R_1과 같다. 첫 번째 연산 증폭기 회로는 양전원을 사용하고, 두 번째 연산 증폭기 회로는 단전원을 사용한다.

반전 증폭기(양전원)

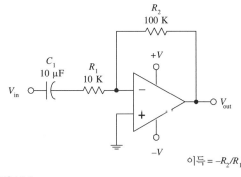

두 증폭기 회로 모두에서 C_1은 교류 결합 커패시터 역할을 한다. 이전 단계에서 원하지 않는 직류 신호가 통과하는 것을 방지하면서 교류 신호를 통과시킨다. C_1이 없으면 연산 증폭기 출력에 직류 수준이 존재하게 되어 입력 신호의 교류 부분이 증폭되면 증폭기 포화(saturation) 및 왜곡(distortion)이 발생할 수 있다. 또한 C_1은 저주파수 잡음이 증폭기 입력에 도달하는 것을 방지하는 데 도움이 된다.

보기 16.6

반전 증폭기(단전원)

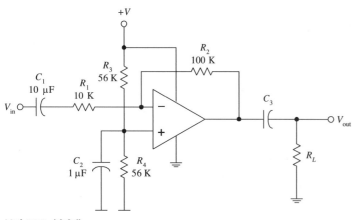

보기 16.6 (이어짐)

단전원 회로에서 바이어싱 저항기(역주 즉, 치우침 저항기) R_3 및 R_4는 오디오 입력 신호의 음성 스윙 중에 증폭기가 클리핑되지 않도록 해야 한다. 이들은 연산 증폭기 출력에 교류 신호가 안전하게 변동할 수 있는 직류 수준을 제공한다. $R_3 = R_4$로 설정하면 연산 증폭기 출력의 직류 수준이 1/2(+V)로 설정된다. 신뢰할 만한 결과를 얻으려면 바이어싱 저항기의 저항 값이 10~100 k가 되어야 한다. 그런데 직류 수준을 다음 단계로 통과시키지 않으려면 C_3(교류 결합 커패시터)이 포함되어야 한다. 그 값은 $1/(2\pi f_c R_L)$과 같아야 하는데 여기서 R_L은 부하 저항이고, f_c는 차단 주파수이다. R_C는 전력 공급 장치의 잡음이 연산 증폭기의 비반전 입력에 도달하지 못하게 막는 필터링 커패시터 역할을 한다.

특히, 많은 오디오 연산 증폭기는 단전원 동작용으로 특별히 설계되어 있어 바이어싱 저항기가 필요하지 않다.

16.4.2 비반전 증폭기

앞의 반전 증폭기는 많은 응용기기에서 잘 작동하지만 입력 임피던스는 아주 크지는 않다. 더 큰 입력 임피던스(고임피던스 원천을 증폭기의 입력에 교락(bridging)할 때 유용함)를 달성하려면 보기 16.7에서 다음 비반전 증폭기 중 하나를 사용할 수 있다. 왼쪽 증폭기 회로는 양전원을 사용하는 반면 오른쪽 증폭기 회로는 단전원을 사용한다. 두 회로의 이득은 $R_2/R_1 + 1$과 같다.

16.4.3 디지털 증폭기

디지털 전력 증폭기는 클래스 D 증폭기 또는 PWM 증폭기라고도 한다. 무척 효율적이어서 아주 시원하게 달린다. 따라서 수백 와트 또는 심지어 킬로와트 범위의 매우 높은 고출력 증폭기에 이상적이다.

비반전 증폭기(양전원)　　　　　　비반전 증폭기(단전원)

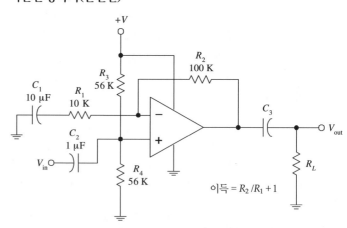

보기 16.7 부품 R_1, C_1, R_2 및 바이어싱 저항기는 반전 증폭기 회로에서 볼 수 있는 것과 동일한 기능을 수행한다. 비반전 입력은 예외적으로 높은 입력 임피던스를 제공하며 C_2 및 R_3(양전원 회로) 또는 R_4(단전원 회로)를 조정해 원천 임피던스에 보다 쉽게 정합시킬 수 있다. 입력 임피던스는 R_3(양전원 회로) 또는 R_4(단전원 회로)와 거의 같다.

디지털 증폭기

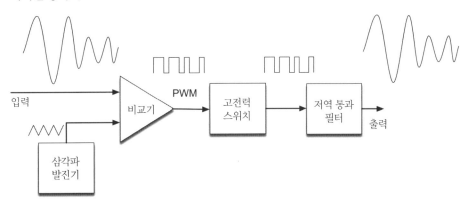

보기 16.8

역주 즉, 펄스폭 변조

보기 16.8에 클래스 D 증폭기의 블록선도를 나타냈다. 입력 신호는 삼각파와 비교해 PWM역주 신호로 변환된다. 이것은 매우 정교한 기법이다. 삼각파가 상승함에 따라 어느 지점에서 신호 전압보다 커지게 된다. 신호 전압이 높으면 이 시간이 오래 걸리고 전압이 낮으면 더 빨리 일어난다. 이러한 방식으로 생성된 펄스 길이는 순시 입력 전압에 비례한다.

보기 16.9는 1 kHz의 사인파 입력 신호를 표본 추출하는 10 kHz의 삼각 파형을 가진 비교기로 시뮬레이션을 한 결과를 보여준다. 구형파는 PWM 출력이다.

삼각 파형과 비교기를 사용한 PWM 인코딩

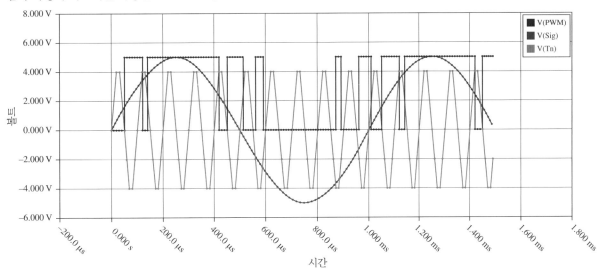

보기 16.9

우리는 오디오 신호를 디지털화했다. 이제는 켬 상태와 끔 상태뿐이다. 따라서 보완적인 배열이나 다른 스위칭 트랜지스터에서 큰 MOSFET을 사용해 원하는 만큼 높은 전류로 스위칭을 할 수 있다. 이 고전력 PWM 신호는 적시에 적절한 에너지를 전달하지만, 고주파 스위칭 구형파로 전송된다. 이 반송파들 세서하려면 저역 통과 필터링이 필요하니, 원본 신호는 증폭된 형태로 남겨 둔다.

디지털 증폭기의 품질은 매우 다양할 수 있지만, 그 효율성으로 인해 매력적인 대안이 될 수 있다. 다양한 IC가 있는데, 장치 한 대에 증폭기 전체를 집어넣은 것이거나 상보적 MOSFET 쌍을 구동하는 데 적합한 출력을 제공하는 것이다. 살펴볼 두 가지 장치는 NCP2704와 LX1720이다.

16.4.4 오디오 증폭기 내의 험 환원

역주 윙윙거리는 소리

작업 중에 자체적으로 설계하는 오디오 증폭기가 포함되어 있다면, 험(hum)[역주]을 고려해야 한다. 가정용 전력선 및 장치는 오디오 증폭기에서 귀찮은 60 Hz 험을 쉽게 유발한다. 이 신호 중 일부는 증폭기의 전력 공급 장치를 통해 도달할 수 있다. 따라서 하이파이 증폭기용 전력 공급 장치의 설계는 증폭기 자체의 설계만큼이나 중요하다. 될 수 있으면 많은 평활 정전용량을 전력 공급 장치에 추가하는 게 중요하다.

다른 60 Hz 신호는 PCB의 배선 및 궤적과의 상호 유도로 오디오 증폭기 회로에 도달한다. 가능한 한 모든 PCB 궤적과 배선을 짧게 유지해야 한다. 차폐층을 접지한 상태에서 배선을 차폐해야 한다.

16.5 전치 증폭기

대부분의 오디오 응용기기에서 **전치 증폭기**(preamplifier)라는 용어는 입력 선택, 수준 제어, 이득 및 임피던스 수준과 같은 기능을 제어하는 데 사용되는 제어 증폭기를 의미한다. 입문용으로 쓸 만한 간단한 마이크 전치 증폭기 회로 몇 가지는 다음과 같다. (높은 Z'는 입력 임피던스가 큰(~600 Ω 보다 큰 것) 마이크를 의미한다.)

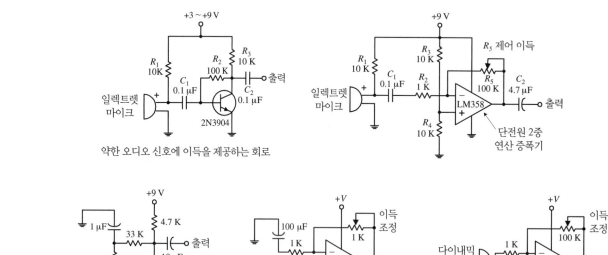

보기 16.10

16.6 믹서 회로

오디오 믹서는 기본적으로 합산 증폭기(summing amplifiers)이다. 여러 가지 입력 신호를 함께 더해서 중첩된 출력 신호 한 개를 형성한다. 아래의 두 회로는 간단한 오디오 믹서 회로이다. 왼쪽 회로는 공통 이미터 증폭기를 합산 소자로 사용하고 오른쪽 회로는 연산 증폭기를 합산 소자로 사용한다. 전위차계는 독립적인 입력 음량 조절기로 사용된다.

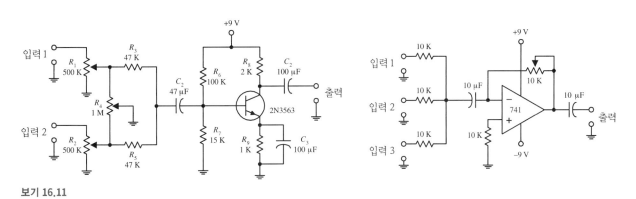

보기 16.11

16.7 임피던스 정합에 관한 참고 사항

역주 즉, 임피던스 일치하게 하기

오디오 장치 간의 임피던스 정합^{역주}이 필요한가? 적어도 저임피던스 원천을 고임피던스 부하에 연결할 때는 더 이상 그렇지 않다. 진공관 증폭기가 표준이던 시대에는 두 장치 사이의 최대 전력 전달을 달성하기 위해 임피던스를 정합하는 게 중요했다. 임피던스를 정합시키면 회로 설계(예를 들어, 전화 전송선을 따라 필요해진 진공관 증폭기의 수)에 필요한 진공관 증폭기의 수를 줄일 수 있었다. 그러나 트랜지스터가 나오면서 더 효율적인 증폭기가 제작되었다. 이 새 증폭기에 중요했고 여전히 중요한 것은 최대 전력 전송이 아닌 최대 전압 전송이다. (입력 임피던스가 매우 높은 반면에 출력 임피던스가 낮은 연산 증폭기를 생각해 보라. 연산 증폭기에서 큰 출력 전류 반응을 시작하려면 실용적으로는 입력 리드에 입력 전류가 필요하지 않다.) 최대 전압 전송이 발생하려면 대상 장치(부하라고 부름)의 임피던스가 송신 장치의 임피던스(원천이라고 부름)의 10배 이상이어야 한다. 이것을 교락(bridging)이라고 부른다. 교락 규칙을 적용하지 않은 상태에서 동일한 임피던스를 가진 두 개의 오디오 장치를 결합하면 전송 신호에서 약 6 dB의 감쇠 손실이 발생한다. 교락은 일반적인 오디오 장치를 연결할 때 사용되는 가장 일반적인 회로 구성이다. 이는 대다수의 다른 전자적 원천-부하 연결에도 적용되지만, 정합 임피던스가 일반적으로 요구되는 특정 무선 주파수 회로 및 전송되는 신호가 전압이 아닌 전류인 경우에는 예외다. 전송된 신호가 전류인 경우 원천 임피던스는 부하 임피던스보다 커야 한다.

이제 저임피던스 부하에 연결된 고임피던스 원천(예: 저임피던스 믹서에 연결된 고임피던스 마이크)을 고려하면, 전압 전송으로 인해 심각한 신호 손실을 초래할 수 있다. 이 경우에 신호 손실 분량은 다음과 같다.

$$dB = 20 \, \log_{10} \frac{R_{부하}}{R_{부하} + R_{원천}}$$

경험칙에 따르면 대부분의 응용기기에서는 6 dB 이하의 손실을 허용한다.

16.8 스피커

스피커는 전기 신호를 가청 신호로 바꾼다. 오늘날 가장 많이 사용되는 스피커는 다이내믹 스피커이다. 다이내믹 스피커는 다이내믹 마이크와 기본 동작 원리가 같다. 변동 전류가 자석을 둘러싼(또는 자석에 의해 둘러싸인) 이동 코일(보이스 코일)을 통해 인가되면, 코일은 전후 방향으로 힘을 받는다. 코일에 부착된 커다란 원뿔형 종이가 코일에 반응하며 앞뒤로 움직임으로써 음파를 '두드려 낸다'.

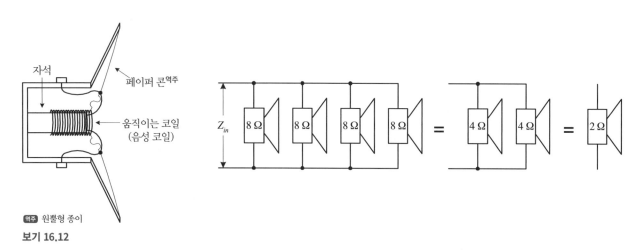

자석

페이퍼 콘역주

움직이는 코일
(음성 코일)

역주 원뿔형 종이
보기 16.12

모든 스피커에는 리드를 통과하는 평균 임피던스를 나타내는 공칭 임피던스(nominal impedance) Z 가 부여된다. (실제로 스피커의 임피던스는 공칭 수준 위아래의 주파수에 따라 약간 다르다.) 응용 측면에서 보면, 스피커를 임피던스 Z의 간단한 저항성 부하로 다룰 수 있다. 예를 들어, 증폭기의 출력 8 Ω 스피커를 연결하면 증폭기는 스피커를 8 Ω 부하로 다룬다. 증폭기에서 소비하는 전류량은 $I = V_{out}/Z_{speaker}$가 된다. 그렇지만 8 Ω 스피커를 4 Ω 스피커로 바꾸면 증폭기에서 끌어 쓰는 전류는 두 배가 된다.

8 Ω 스피커 두 대를 병렬로 구동하는 것은 4 Ω 스피커 한 대를 구동하는 것과 같다. 4 Ω 스피커 두 대를 병렬로 구동하는 것은 2 Ω 스피커 한 대를 구동하는 것과 같다. 고전력 저항기를 사용하면 증폭기가 감지하는 총 임피던스를 바꿀 수 있다. 예를 들어, 4 Ω 저항기 한 개를 4 Ω 스피커 한 대와 직렬로 두면 부하 임피던스를 8 Ω으로 만들 수 있다. 그러나 직렬 저항기를 사용해 임피던스를 높이면 음질이 떨어질 수 있다. 4~8 Ω으로 바꿀 수 있는 스피커 정합 변압기가 있지만, 이러한 고품질 변압기는 새 스피커만큼이나 많이 비싼 반면에 주파수 응답과 동적 범위 오차를 조금 더할 수 있을 뿐이다.

스피커의 또 다른 중요한 특성으로는 주파수 응답이 있다. 주파수 응답(frequency response)이란 스피커가 오디오 신호를 효과적으로 진동시킬 수 있는 범위를 나타낸다. 낮은 주파수(일반적으로 200 Hz 미만)에 반응하게 설계한 스피커를 우퍼(woofer)라고 부른다. 중대역 스피커(midrange speaker)를 일반적으로 500~3000 Hz 사이의 주파수를 처리하도록 설계한다. 트위터(tweeter)는 중대역을 넘는 주파수를 처리할 수 있게 한 특별한 스피커(일반적으로 돔형 또는 뿔형)이다. 일부 스피커를 약 100~15,000 ΩHz의 주파수를 재생할 수 있도록 전대역 재생 장치로 설계한다. 전대역 재생 스피커(full-range speaker)의 음질은 우퍼, 중대역 스피커 및 트위터 스피커가 모두 있는 스피커 시스템보다는 대체로 질이 낮다.

16.9 크로스오버 네트워크

적절한 스피커 시스템을 설계하려면 우퍼, 중대역 스피커 및 트위터를 함께 사용해 전체 가청 주파수 스펙트럼(20~20,000 Hz)에서 우수한 음향 반응을 얻는 편이 가장 바람직하다. 그렇지만 단순히 이 스피커들을 병렬로 연결하게 되면 각 스피커가 고유한 주파수 응답 범위를 벗어나는 주파수를 수신하게 되어 작동하지 않게 된다. 고주파수 신호를 트위터로, 저주파수 신호를 우퍼로, 중대역 주파수 신호를 중대역 스피커로 돌릴 수 있는 필터 회로망이 필요하다. 이러한 응용에 사용하는 필터 회로망을 크로스오버 네트워크(crossover network)[역주]라고 부른다.

역주 즉, 교차 회로망

역주1 즉, 피동
역주2 즉, 능동
역주3 즉, 피동 교차 회로망
역주4 즉, 능동 교차 회로망

교차 방식으로는 패시브(passive)[역주1]와 액티브(active)[역주2] 두 가지다. 패시브 크로스오버 네트워크[역주3]는 전력 증폭기(power amplifer)와 스피커 사이에 배치되는 수동 필터 소자(커패시터, 저항기, 인덕터 등)로 구성되며 스피커 캐비닛 내부에 배치된다. 패시브 크로스오버 네트워크는 저렴하고 제작하기 쉽고 특정 스피커에 맞춰 재단할 수 있다. 그렇지만 조절할 수는 없고 항상 일부 증폭기 전력을 소비한다. 액티브 크로스오버 네트워크[역주4]는 증폭기 부분 앞에 놓인 능동 필터(연산 증폭기 필터) 조합으로 구성한다. 신호가 여전히 작아서(증폭되지 않음) 액티브 크로스오버 네트워크가 전력 증폭기 부분보다 앞서므로 신호를 조작하기가 더 쉽다. 또한, 단일 액티브 크로스오버 네트워크를 사용해 여러 가지 서로 다른 증폭기-스피커 조합을 동시에 제어할 수 있다. 액티브 크로스오버 네트워크가 능동 필터를 사용하므로 패시브 크로스오버 네트워크에 소리 신호를 적용할 때와는 달리 큰 감쇠를 겪지 않게 될 것이다.

보기 16.13에는 스피커 시스템 세 대를 구동하는 데 사용되는 간단한 패시브 크로스오버 네트워크가 나온다. 그래프는 각 스피커에 대한 일반적인 주파수 응답 곡선을 보여준다. 시스템으로부터 전반적인 평활 응답을 생성하려면 저역 통과, 대역 통과, 고역 통과 필터를 사용한다. C_1과 R_t는 저역 통과 필터를 형성하고, L_1, C_1 및 R_m은 대역 통과 필터를 형성하고, L_2 및 R_w는 저역 통과 필터를 형성한다(R_t, R_m 및 R_w는 트위터, 중역 및 우퍼 스피커).

응답을 바라는 대로 얻는 데 필요한 부품 값을 결정하려면 다음을 사용하라. $C_1 = 1/(2\pi f_2 R_t)$, $L_1 = R_m/(2\pi f_2)$, $C_2 = 1/(2\pi f_1 R_m)$, $L_2 = R_w/2\pi f_1$인데 여기서 f_1과 f_2는 그래프에 보이는 3 dB 지점을 나타낸다. 일반적으로 패시브 크로스오버 네트워크는 여기에 제시된 것보다 좀 더 정교하다. 이들은 종종 고차원 필터와 함께 임피던스 보상 회로망, 감쇠 회로망, 직렬 노치 필터 등과 같은 추가 요소를 통합해 전체 응답을 더욱 평활하게 한다.

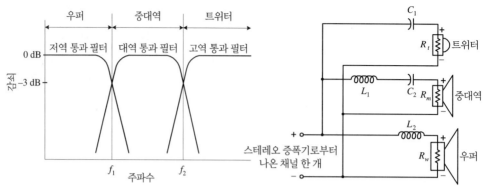

보기 16.13

여기에서는 8 Ω 트위터 한 개와 8 Ω 우퍼로 구성되어 스피커가 두 개인 시스템을 구동하는데 사용되는 실용 패시브 크로스오버 네트워크(크로스오버 주파수는 1.8 kHz)가 있다. $18 \times 12 \times 8$ 인 치 섬유판은 이 시스템에 좋은 공진 공동 역할을 한다.

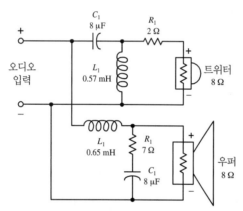

보기 16.14

다음은 크로스오버 주파수(3 dB 지점)가 600 Hz 주위에 있고, 옥타브 응답당 18 dB인 스피커 두 개짜리 시스템을 구동하는 데 사용되는 액티브 크로스오버 네트워크다. LF356이라는 고성능 연산 증폭기가 능동 소자로 사용된다. 능동 필터의 경우 출력 신호가 스피커 입력에 적용되기 전에 증폭되어야 한다.

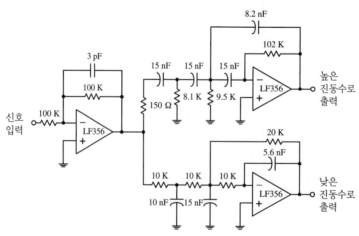

보기 16.15

16.10 스피커 구동에 쓰는 간단한 IC

오디오 증폭기(LM386)

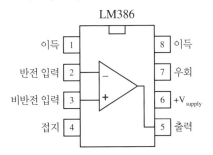

LM386

이득	1		8	이득
반전 입력	2		7	우회
비반전 입력	3		6	+V_supply
접지	4		5	출력

LM386 오디오 증폭기는 주로 저전력 응용을 위해 설계된 것이다. +4 ～ +15 V 공급 전압이 IC에 전력을 공급하는 데 사용된다. 741과 같은 기존 연산 증폭기와 달리 386의 이득은 내부적으로 20에 고정된다. 그렇지만 1번 핀과 8번 핀 사이에 저항기-커패시터 회로망을 연결해 이득을 200으로 늘릴 수 있다. 386의 입력은 접지를 기준으로 하며 내부 회로는 출력 신호를 공급 전압의 절반으로 자동 바이어스 처리한다. 이 오디오 증폭기는 8 W 스피커를 구동하도록 설계된 것이다.

오디오 증폭기(이득은 20)

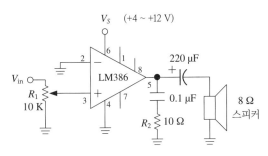

오디오 증폭기(이득은 200)

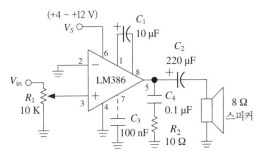

보기 16.16

오디오 증폭기(LM383)

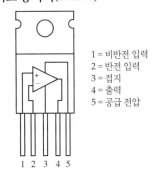

1 = 비반전 입력
2 = 반전 입력
3 = 접지
4 = 출력
5 = 공급 전압

LM383은 4 W 스피커 또는 8 W 스피커 두 대를 병렬로 구동하도록 설계한 전력 증폭기다. 과도한 부하에서 자체를 보호하기 위해 열 정지 회로가 들어있다. 방열판은 최대 전력 출력보다 낮은 수준에서 정지되지 않게 하는 데 필요하다.

8와트 증폭기

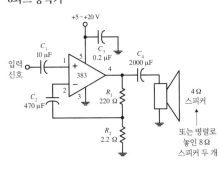

16와트 증폭기

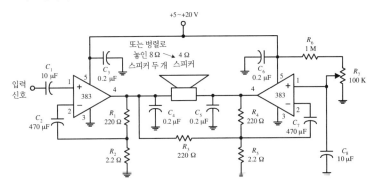

보기 16.17

16.11 가청 신호 장치

여러 가지 독특한 가청 신호 장치를 간단한 경보 신호 표시기로 사용할 수 있다. 이들 장치 중 일부는 연속 음색을 생성하고, 어떤 장치는 간헐적인 음색을 생성하고, 그 밖의 장치는 다양한 주기적 켬/끔 주기 특성과 함께 다수의 상이한 주파수 음색을 생성할 수 있다. 가청 신호 장치는 직류형이나 교류형 또는 다양한 모양과 크기로 공급된다. 이러한 장치 중 어떤 것은 아주 작아서 무척 저렴하다. 좋은 전자 제품 카탈로그에 나오는 가청 신호 장치 목록에는 크기, 소리 유형, 데시벨 크기, 전압 정격 및 전류 소모 규격 등이 표기되어 있다.

Sonalert® 가청 신호 장치   압축 와셔   직류 부저

보기 16.18

16.12 기타 오디오 회로

간단한 음색 관련 회로

음(tone) 발생기   메트로놈   음 발생기

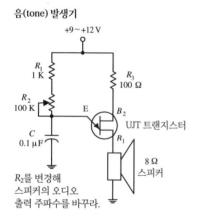 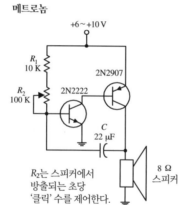 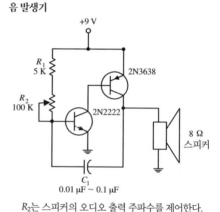

R_2를 변경해 스피커의 오디오 출력 주파수를 바꾸라.

R_2는 스피커에서 방출되는 초당 '클릭' 수를 제어한다.

R_2는 스피커의 오디오 출력 주파수를 제어한다.

음 발생기   요란한 사이렌

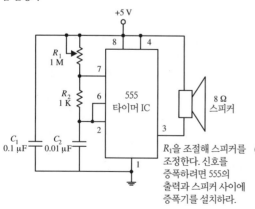 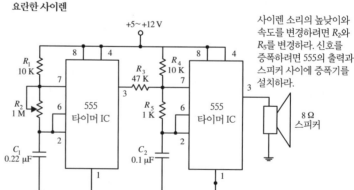

R_1을 조절해 스피커를 조정한다. 신호를 증폭하려면 555의 출력과 스피커 사이에 증폭기를 설치하라.

사이렌 소리의 높낮이와 속도를 변경하려면 R_2와 R_5를 변경하라. 신호를 증폭하려면 555의 출력과 스피커 사이에 증폭기를 설치하라.

보기 16.19

간단한 부저 회로들

부저 음량 제어

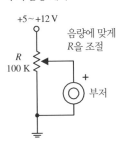

음량에 맞게
R을 조절

디지털 방식으로 구동하는 부저

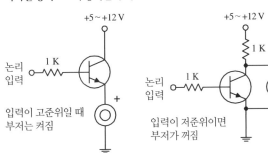

입력이 고준위일 때
부저는 켜짐

입력이 저준위이면
부저가 꺼짐

보기 16.20

확성기

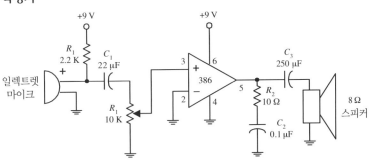

보기 16.21

소리 활성 스위치

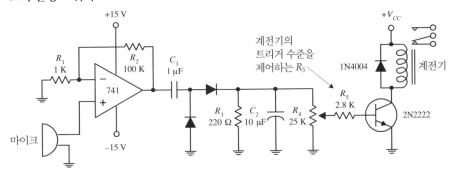

계전기의
트리거 수준을
제어하는 R_5

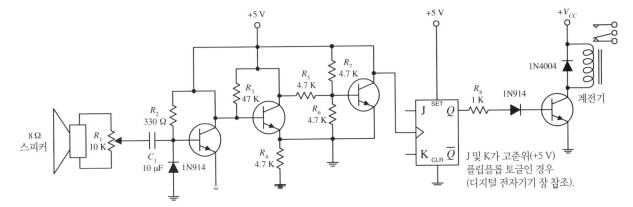

J 및 K가 고준위(+5 V)
플립플롭 토글인 경우
(디지털 전자기기 장 참조).

보기 16.22

## CHAPTER 17

모듈형 전자기기

전자공학이 지난 몇 년에 걸쳐 변화했고 점점 더 많은 사람들이 아이디어를 내지만, 그 아이디어를 현실화하려고 학위를 받을 만한 수준까지 공부할 생각은 하지 않는다. 스파크펀(SparkFun), 시드 스튜디오(Seeed Studio), 폴롤루(Pololu)를 비롯한 여러 공급업체들은 복잡한 장치를 사용해 아이디어를 간단하게 실현할 수 있도록 부품과 브레이크아웃 보드(breakout board)를 제공한다. 게다가 바라는 집적회로가 대부분 전자기기 분야별로 존재하므로 아주 쉽고 간단하게 프로젝트를 완성할 수 있다. 또한, 아두이노(13장 참고), 닷넷 가제티어(.NET Gadgeteer), 넷두이노(Netduino)와 같이 완성품에 가까운 시스템이 있는데, 이 시스템에 꽂아 쓸 수 있는 모듈도 같이 제공되므로 마이크로컨트롤러를 중심으로 한 시스템을 얼마든지 구축할 수 있다.

17.1 필요한 집적회로가 무엇이든 다 있다

아주 유용하고 어디에나 쓸 수 있는 집적회로들이 있기는 하지만, 아주 특별한 일에 쓰이는 장치들도 있다. 별개로 된 장치들을 연결해 복잡한 것을 고안해 내기 전에 늘 먼저 바퀴를 다시 발명하는 건 아닌지 생각해 봐야 한다. 부품 수를 줄이고 프로젝트 수행 비용을 줄이는 데 도움이 될 만한 집적회로가 있을 수도 있다.

프로젝트에 도움이 될 만한 집적회로들 중 일부를 표 17.1에 나열했다. 이 중에 일부는 널리 쓸 수 있는 것이고, 나머지는 아주 한정된 분야에만 적합하다. 이 표에 모든 목록을 싣지 않은 이유는 이 표로 영감을 받으면 충분하기 때문이다. 부분 URL은 나열하지 않았다. 옥토파트(Octopart)라는 부품 검색 엔진(http://www.octopart.com)을 사용해 구매할 부품들을 구매할 수 있고, 해당 엔진으로 데이터시트를 추적할 수 있다.^{역주}

역주 국내의 경우에는 부품 검색 및 데이터시트 검색 엔진으로는 디지키(https:// www.digikey.kr)를 활용해 볼 만하고, 데이터시트 검색 엔진으로는 올데이터시트(http:// www.alldatasheet.co.kr)를 이용해 볼 만하다. 그 밖에도 http://www.partsner.com/ kor/도 있다.

표 17.1 전자기기 프로젝트용 IC

IC	설명
오디오	
HT9200	DTMF 코드 생성기, 자동 전화걸기 같은 응용에 사용, 마이크로컨트롤러에 쉽게 연결
ICL7611	저전압 단전원 연산 증폭기
LM358	저가 2중 연산 증폭기
RTS0072	오디오 신호를 왜곡하거나 변조하는 음성 변환기용 IC ISD1932 음성 녹음기 IC
SAE800	문에 다는 종소리 발생기
TDA70521W	1 W짜리 오디오 파워 앰프[역주]
TDA200310W	10 W짜리 오디오 파워 앰프
DG201B	4개로 된 아날로그 스위치
전력 관리	
L298	2채널 2-A H-브리지 모터 제어기
S202T01F	반도체 계전기, 2 A, 600 V
MAX1551	리튬 중합체 충전기
L297	스테퍼 모터 제어기
LED 구동자	
MAX6958	I^2C 인터페이스를 채용한 4 × 9 세그먼트 LED 구동자
LM3914	막대 그래프로 표시하는 LED 디스플레이 구동자(10 LED 출력, 아날로그 입력)
LM3404	1 A 정전류 LED 구동자
기타	
NE555	타이머 IC
DS1302	실시간 클럭, I2C 인터페이스
24C1024	128킬로비트 × 8비트 I2C EEPROM
SST25VF010A	1메가비트 SPI 플래시

[역주] 즉, 소리 출력 증폭기

17.2 브레이크아웃 보드와 모듈

항상 밑바닥에서부터 설계하기 시작해야 한다는 법은 없다. 발명가들이 자신의 설계에 끌어다 쓸 수 있는 사전 제작 모듈과 브레이크아웃 보드는 수없이 많다. 브레이크아웃 보드와 모듈의 차이점은 대체로 불분명하다.

브레이크아웃 보드의 목적은 그저 표면 실장 소자(SMD) IC의 핀에 접근하기 어려운 점을 돌파해(breaks out) 훨씬 더 사용하기 쉬운 0.1인치 크기로 접속할 수 있게 하는 데 있다. 그렇지만 브레이크아웃 보드에 종종 분리 커패시터, 전압 조정기, 수준 변환기와 같은 외부 부품들이 다소 추가되기도 한다. 따라서 브레이크아웃 보드를 어떤 시점부터 모듈로 볼 것인지는 애매하다.

무엇이라고 부르든 브레이크아웃 보드와 모듈은, 어떤 개념을 입증하기 위해 사전제작 모듈로 무엇인가 일을 하고자 한다거나, 그러고 나서 모듈 없는 최종 설계를 하기 전에 시제품을 제작할 때 매우 유용하다.

다양한 센서 모듈(표 17.2 참조) 중 일부를 6장에서 자세히 다룬다. 표 17.2에 이미 보았던 흥미로운 모듈 중 일부를 나열해 두었다.

17.2.1 무선 주파수 모듈

무선 주파수(RF) 전자공학 분야는 특수한 분야여서 자체 규정이 있다. 주파수가 높은 경우에 PCB 배치가 매우 중요해서 더 전형적인 아날로그 및 디지털 설계보다 간단하지는 않다. 이러한 이유로, 대형 설계의 한 부분으로 자신만의 PCB에 납땜을 하거나 소켓 헤더에 끼워서 바로 사용할 수 있게 사전에 제작된 무선통신 모듈들을 찾고 싶을 때가 종종 있다.

표 17.2 일부 모듈과 일부 브레이크아웃 보드

모듈	사용법	출처
RF 모듈		
I²C FM 라디오 수신기	FM 라디오	스파크펀: BOB-10344
433/315 MHz 송신기/수신기	마이크로컨트롤러, 센서, 액추에이터 간 데이터 연결	스파크펀: WRL-10533, WRL-10535, 시이드 스튜디오: WLS105B5B
블루투스	마이크로컨트롤러/휴대폰/컴퓨터 간 연결	스파크펀: WRL-10269, WRL-10253, 시이드 스튜디오: WLS123A1M
와이파이	마이크로컨트롤러용 무선 통신망	스파크펀: WRL-10004, 시이드 스튜디오: WLS48188P
XRF 모듈	마이크로컨트롤러, 센서, 액추에이터 간 데이터 연결	http://shop.ciseco.co.uk/wireless/
XBee	마이크로컨트롤러, 센서, 액추에이터 사이에 데이터를 중대역으로 연결	스파크펀: WRL-10414
XBee Pro	장거리 데이터 연결	스파크펀: WRL-09085
RFID 태그 리더	보안	스파크펀: SEN-08419, 시이드 스튜디오: RFR101A1M
GSM 모뎀	GPS 추적, 원격 측정	스파크펀: CEL-09533
오디오 모듈		
오디오 파워 앰프	스피커 구동	스파크펀: BOB-11044
MP3 인코더/디코더/플레이어	사운드 파일 재생	SparkFun: DEV-10628
전치증폭기가 딸린 마이크	소리 감지, 소리 녹음 또는 디지털 신호 처리(DSP)	스파크펀: BOB-09964
MIDI 디코더	악기	스파크펀: BOB-08953
MP3 재생기	사운드 샘플 재생	스파크펀: BOB-10608
전력 관리		
H 브리지	양방향 모터 제어	스파크펀: ROB-09457, DEV-10182
계전기(무선)	무선 전력 제어, 홈 오토메이션	시이드 스튜디오: WLS120B5B

표 17.2 일부 모듈과 일부 브레이크아웃 보드 (이어짐)

모듈	사용법	출처
디스플레이 모듈		
영숫자 표시 LCD	16자 또는 20자를 2줄이나 4줄로 표시하는 디스플레이	스파크펀: LCD-00255, 시이드 스튜디오: LCD108B6B
도형 표시 LCD	128 × 64 픽셀에서 최대 320 × 240 픽셀을 천연색이나 흑백으로 표시	스파크펀: LCD-00569, LCD-10089, 시이드 스튜디오: LCD101B6B, LCD105B6B
OLED 디스플레이	밝고 선명한 표시장치	스파크펀: LCD-09678, 시이드 스튜디오: OLE42178P
LED를 정방행렬 모양으로 배열한 디스플레이(직렬 인터페이스)	대형 칼라 디스플레이와 광고판	스파크펀: COM-00760
센서 모듈		
습도 센서	기상 스테이션, 습도 제어	스파크펀: SEN-10239, 시이드 스튜디오: SEN111A2B
나침반	방향 탐색	스파크펀: SEN-07915, 시이드 스튜디오: SEN101D1P
자력계	자장 강도 측정	스파크펀: SEN-00244
칼라 센서	빛의 색 측정, 예를 들면, 산업 제어	스파크펀: SEN-10904, 시이드 스튜디오: SEN60256P
온도 감지기	디지털 온도계와 자동 온도 조절기	스파크펀: SEN-09418, 시이드 스튜디오: SEN01041P

보기 17.1에 다양한 RF 모듈이 나온다.

- 433 MHz 수신기와 송신기 쌍(A)
- TEA5767 FM 수신기 보드(B)
- 실제로는 다른 것들 위의 상단에 모듈 한 개 형태로 놓인 블루투스 모뎀으로, 더 큰 것은 레벨 변환을 제공(C)
- 표준 XBee 소켓에 적합한 XRF 무선 직렬 모듈(D)

이러한 것들은 개발자가 사용할 수 있는 광범위한 RF 모듈들 중에 일부에 불과하다(더 자세히 알고 싶다면 표 17-2를 참조).

■ 433 MHz 모듈과 315 MHz 모듈

433 MHz 모듈과 315 MHz 모듈(보기 17.1(a))은 무척 싸다. 무선 초인종, 자동차 리모콘, 지능형 계량기, 원격 제어 장난감 등 원격 제어가 필요한 모든 가전제품에서 이것들을 찾아볼 수 있다.

■ RF 모듈

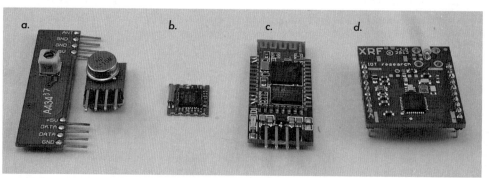

보기 17.1

데이터 속도가 보통 느리기는 하지만(최대 초당 8킬로비트), 그만큼 전력도 적게 쓴다. 최대 통신 가능 거리가 보통 약 100야드쯤 되지만, 그보다 좁은 실내에서만 통신해야 할 수도 있다.

이러한 모듈은 보통송신기와 수신기로 분리되어 있어서 일반적으로 데이터가 하나의 방향으로만 흐르는 상황에서만 사용한다.

■ 블루투스 모듈

블루투스(Bluetooth)는 전자기기들을 휴대폰에 연결하기에 아주 좋은 수단이다. 보기 17.1(c)에 나오는 모듈은 실제로는 기본형 3.3 V 블루투스 모듈로 다른 보드의 표면에 장착할 수 있게 설계되었다. 이 경우 모듈은 5 V TTL 직렬 레벨에서 작동할 수 있게 하는 레벨 변경 보드에 장착되지만, 이와 같은 3.3 V 모듈들 자체를 종종 제품에 통합한다. 다시 말하면, 알아보기만 한다면 규모의 경제로 인해 이 모듈들을 단지 몇 달러만 내면 살 수 있다는 점이다.

■ 엑스비 모듈

엑스비(XBee)는 디지 인터내셔널(Digi International)의 표준 특허이기는 하지만, 많은 제조업체의 다양한 무선 연결 모듈에 소켓이 채택되었다. 시에스코 피크(Ciseco Plc)(보기 17.2 참조)에서 나온 XRF 모듈과 같은 모듈들은 두 장치 사이에서 투명한 직렬 인터페이스처럼 작동한다. 예를 들어, 이러한 장치들 중 하나는 엑스비 소켓 한 개와 그 밖의 XRF 모듈들이 딸린 저전력 원격 감지기로 통신하는 XRF 모듈이 딸린 엑스비 소켓 실드를 부착한 아두이노일 수 있는데, 보기 17.2의 왼편에 나타냈다.

XRF 라디오 모듈과 무선 온도계 모듈

보기 17.2

■ GSM/GPRS 모뎀 모듈

GSM/GPRS 모뎀 모듈들은 본질적으로 휴대폰에 필요한 기능을 거의 다 제공하는 휴대폰 모듈로서, 이러한 기능에는 단문 문자 서비스(SMS)로 글자 내용을 보내는 기능, 휴대 통신용 글로벌 시스템(GSM) 기능/범용 패킷 라디오 서비스(GPRS) 데이터 기능이 포함된다. 마이크로 컨트롤러에서 직렬 명령들을 해당 모듈로 전송해 동작을 제어한다.

17.2.2 오디오 모듈

오디오 전자기기가 RF 전자기기만큼 난해하지는 않지만, 너무나 쉽게 신호 경로로 향하는 길을 찾아내는 접지 루프들과 무섭게 들리는 60 Hz 대역의 윙윙거리는 소리(hum)를 모두 피할 수 있게 조심해야 한다.

오디오 파워 앰프 모듈

보기 17.3

2×3 W 파워 앰프인 XMA2012를 바탕으로 삼는 ClassD 증폭기 모듈과 같이 적합한 오디오 증폭기 모듈을 쉽게 찾을 수 있다(보기 17.3 참조).

이러한 모듈 형식에는 전원 및 스피커와 오디오 입력을 위한 소켓 단자가 함께 제공되므로 매우 편리하다. 규모의 경제로 인해 그러한 모듈들이 싸게 제조된다.

파워 앰프 모듈뿐만 아니라, 오디오 모듈, MP3 플레이어, 미디 인터페이스 및 톤 제어용 오디오 모듈도 찾을 수 있다.

17.3 플러그앤플레이를 응용한 시제품 제작

극단적으로 이 일을 추구하면, 닷넷 가제티어(.NET Gadgeteer)와 같은 시스템에서 모듈화 방식으로 플러그앤플레이(plug-and-play)^{역주}를 해서 시제품을 만들어 낼 수도 있다(보기 17.4 참조). 이와 같은 체계는 플러그인 케이블을 사용해 다양한 센서 및 기타 모듈을 마이크로 컨트롤러 메인 보드에 부착하는 방식을 바탕으로 한 것이다.

역주 모듈을 꽂기만 하면 실행되는 방식

마이크로소프트 비주얼스튜디오로 닷넷 가제티어 프로그램을 작성한다. 닷넷 가제티어와 함께 사용하면, 이 IDE는 설계 창에서 간단히 모듈들을 연결하는 것만으로도 많은 보일러플레이트(boilerplate) 코드를 작성해 주는 그래픽 에디터가 포함된다.(보기 17.5 참조)

닷넷 가제티어 시스템

보기 17.4

비주얼스튜디오에서 모듈들을 연결

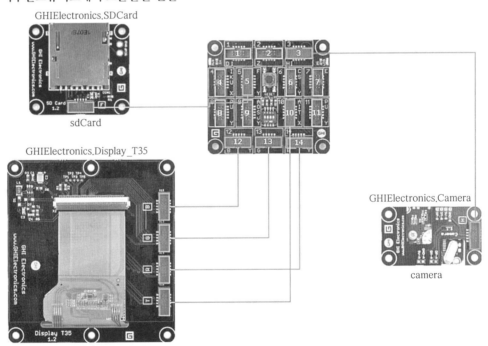

보기 17.5

닷넷 가제티어에 맞춘 새로운 모듈들이 끊임없이 제작되고 있다. 이 책을 쓰는 시점에서 사용할 수 있는 모듈들은 대부분 다음과 같다

- 가속도계
- 기압계
- 블루투스
- 버튼
- 카메라
- CAN(차량 엔진 관리 장치)
- 휴대폰용 무선/GSM/GPRS 모뎀
- 나침반
- 전류 측정(지능형 측정과 에너지 감시용)
- 디스플레이, 터치스크린 LCD
- GPS
- 자이로스코프
- 조이스틱
- LED, 멀티칼라
- 광센서
- 습도 센서
- 모터 구동자
- MP3 음악 재생기
- OLED 디스플레이
- 전위차계
- 맥박 측정기(심박수 측정)
- 계전기
- SD 카드
- USB 인터페이스
- 영상 출력
- 와이파이
- 엑스비

모듈 제조업체들은 크기와 규격을 다양하게 한 메인보드들도 공급한다. 최신 목록을 보려면 주요 닷넷 가제티어 하드웨어 제조업체의 홈페이지를 방문하라. 주요 제조업체로는 GHI 일렉트로닉스(GHI Electronics), 시이드 스튜디오(Seeed Studio), 사이텍 디자인스(Sytech Designs), DF로봇(DFRobot)이 있다.

닷넷 가제티어 사용법을 더 배우고 싶다면, 사이먼 몽크(Simon Monk)가 저술한 《Getting Started with .NET Gadgeteer》(Make, 2012)로 입문하는 게 좋다.

17.4 오픈소스 하드웨어

오픈소스 소프트웨어는 여러 해 동안 우리 곁에 있어 왔지만, 오픈소스 하드웨어는 비교적 더 새로운 개념이다. 오픈소스(open source)라는 용어를 하드웨어용 설계 파일들에 실제로 적용하고 있는데, 이는 개요도와 PCB 설계를 (일반적으로 EAGLE CAD 형식으로) 공유해 사용할 수 있게 했다는 점을 의미한다. 이는 누구라도 그러한 설계 파일들을 자유롭게 가져다가 자신만의 보드들을 제작하는 데 사용할 수 있다는 점을 내포하고 있다. 종종, 새로운 오픈소스 하드웨어를 제작한 사람은 보드를 직접 판매하거나 유통업체에 맡겨 판매하기도 한다. 창작자는 보통 친목단체에 잘 알려질 것이므로 창작자가 제작한 보드야말로 '원조' 보드로 간주되어 가장 값어치 있게 여겨질 것이다. 설계가 성공하면 모조품과 복제품이 따라 나오게 마련이지만, 원조 보드야말로 가장 많이 사용될 가능성이 있다.

가장 성공적인 오픈소스 하드웨어 설계로는 아두이노(13장 참조)를 꼽을 수 있을 것이다. 아두이노 보드들과 아두이노에 장착할 수 있는 대다수 쉴드는 오픈소스 또는 창작물 공유 라이센스 (creative commons license)로 배포된다. 그 밖의 유명한 오픈소스 하드웨어 프로젝트로는 다음과 같은 것들이 있다.

- 비글보드(BeagleBoard): 보드 한 개로 된 컴퓨터
- 미디박스(MIDIbox): MIDI 음악 하드웨어
- 모놈(Monome): 가상 신시사이저(synthesizer, 합성기)를 제어하는 버튼 한 개와 LED 그리드
- 울티메이커(Ultimaker), 렙랩(RepRap), 메이커봇(MakerBot): 3차원 프린터 설계
- 첨비(Chumby): 임베디드 컴퓨터
- 오픈 EEG(Open EEG): 의료 장치

오픈소스 방식으로 설계해 배포한 소형 모듈이 그 밖에도 많이 있다.

그런데 도대체 왜 좋은 아이디어를 무료로 세상에 내놓으려는 사람들이 있는 것일까? 글쎄, 한 가지 이유로는 창의적인 사람들 다수는 부자가 되려는 이유 때문이 아니라 그저 무언가를 만드는 일을 즐길 뿐이라는 점을 들 수 있다. 좋은 아이디어가 있다는 사실과 사업거리로 만드는 일 사이에는 크나큰 간극이 있다. 완성된 작품을 세상 사람들이 보고 사용하기를 바란다면 왜 거친 들판으로 내보내지 않는가? 오픈소스 소프트웨어와 마찬가지로, '후광 효과'^{역주}라고 부르는 하드웨어에 대한 자문과 지원을 제공하는 식으로 사업 기회를 개발할 여지도 있는데 말이다.

역주 즉, 헤일로 효과(halo effect)

배전과 가정 배선

A.1 배전

보기 A.1은 미국(캘리포니아 지역)에서 찾아볼 수 있는 전형적인 전력 분배 계통을 보여준다. 나열된 전압은 정현파이며 rms 값으로 표시한다. 각 지역의 계통이 여기에 나오는 계통과 조금 다르게 보일 수 있다. 각 지역에 설비를 설치하는 방법에 대해서는 해당 지역 담당 기관에 문의하라.

참고로, 교류는 변압기를 사용하면 쉽게 승압하거나 강압할 수 있기 때문에 직류 대신에 전기 분배에 사용된다. 또한 장거리 전송 시에는 고전압/소전류 전송선을 거쳐 전기를 보내는 게 더 효율적이다. 전류를 줄이면 전송 중 저항 가열로 인한 전력 손실이 줄어든다($P = I^2R$ 내의 I를 낮추면 P가 낮아짐). 변전소에 도달한 전기를 가정과 사업체에 보내기 전에 안전한 수준으로 강압해야 한다.

산업체에서는 대체로 3상 전기를 사용한다. 주기에 맞춰 작업을 진행하는 장치에는 3단계로 된 자연스러운 순서가 유용하다. 예를 들어, 3상 모터(분쇄기, 선반, 용접기, 에어컨 및 기타 고출력 장치에 사용)는 위상의 상승 전압과 하강 전압에 거의 동기화된다. 또한, 3상 전력인 경우에는 3상이 동시에 같은 전압일 때가 결코 발생하지 않는다. 단상 전력인 경우에는 두 개의 전압 위상이 같을 때면 언제나 전력을 사용할 수 없게 된다. 이것이 단상 전기 장치가 이와 같이 메마른 상태가 지속되어도 견딜 수 있게 에너지를 저장해야 하는 이유다. 3상 전력인 경우에 장치는 최소한 위상 한 쌍에서 언제든 전력을 얻을 수 있다.

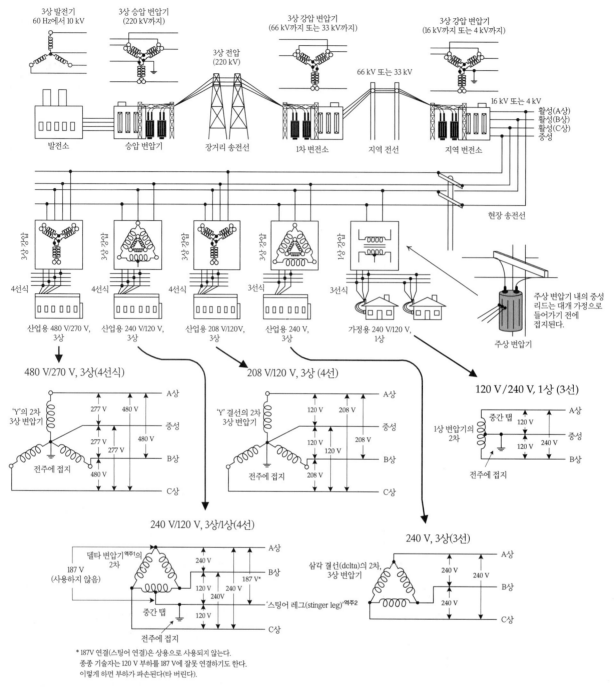

480 V/270 V, 3상(4선식)

'Y'의 2차
3상 변압기

277 V 480 V

277 V 480 V

277 V

480 V

전주에 접지

A상

중성

B상

C상

208 V/120 V, 3상 (4선)

'Y' 결선의 2차
3상 변압기

120 V 208 V

120 V 208 V

120 V

208 V

전주에 접지

A상

중성

B상

C상

120 V/240 V, 1상 (3선)

1상 변압기의
2차

중간 탭 120 V

120 V 240 V

전주에 접지

A상

중성

B상

240 V/120 V, 3상/1상(4선)

델타 변압기역주1의
2차

187 V
(사용하지 않음)

240 V

120 V 240 V*

240V

중간 탭

120 V

전주에 접지

A상

B상

187 V*

'스팅어 레그(stinger leg)'역주2

C상

240 V, 3상(3선)

삼각 결선(delta)의 2차,
3상 변압기

240 V

240 V

240 V

A상

B상

C상

* 187V 연결(스팅어 연결)은 상용으로 사용되지 않는다.
종종 기술자는 120 V 부하를 187 V에 잘못 연결하기도 한다.
이렇게 하면 부하가 파손된다(타 버린다).

역주1 즉, 삼각 결선 변압기
역주2 즉, 하이 레그(high leg) 또는 레드 레그(red leg). 중성 또는 접지에 연결된 위상의 반대 위상

보기 A.1

A.2 3상 전기 면밀히 살피기

보기 A.2에 나오는 간단한 발전기로 단상 전압을 만들어 낼 수 있다. 자석이 기계적 힘을 받아
회전하면 단일 정현파 전압을 만들어 내는 두 개의 코일 내에 전압이 유도된다(180° 간격으로 떨어
짐). 출력 전압은 일반적으로 rms 전압($V_{rms} = 1/\sqrt{2}\ V_0$으로 표시된다).

3상 발전기에서는 120° 간격을 두고 서로 떨어진 세 개의 코일을 사용해 3 개의 개별 전압을 생성한다. 자석이 회전하면 발전기의 각 코일에 걸쳐 전압이 유도된다. 모든 코일 전압의 크기가 같지만 서로 120°에 해당하는 위상차가 있다. 이 발전기를 사용하면 개별 부하 세 개에 동등한 저항기를 연결하거나 유사한 코일 구성으로 3상 모터를 구동할 수 있다. 그렇지만 개별 전선을 여섯 개 사용해야 한다. 전선 수를 줄이는 기법으로는 두 가지가 있다. 첫 번째 요령은 3상 코일 연결을 삼각 결선(delta connection) 꼴로 재배치해 3선을 생성하는 것이다. 두 번째 기법은 코일 연결을 Y 결선(Y connection) 꼴로 재배치해 4선을 생성하는 것이다. 자세한 내용은 다음과 같다.

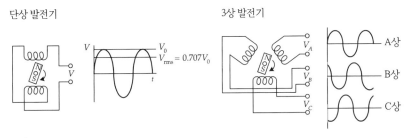

보기 A.2

Y 결선

3상 'Y' 결선   'Y' 결선 기호   선간 위상 벡터도

상-대지 간 위상 벡터도[역주2]

역주1 즉, 선-중성 간 부하
역주2 정확히 말하자면, 선-중성 간 위상 벡터도

Y 구성은 각 발전기의 코일의 한쪽 끝을 연결해 중성(neutral) 리드라고 불리는 것을 형성함으로써 만들어진다. 나머지 세 개의 코일 끝은 따로 분리되어 활성 리드로 간주된다. 중성선과, 임의의 활성선 중 한 개 사이의 전압을 상 전압(phase voltage) V_p라고 한다. 전체 전압, 즉 선로 전압(line voltage, **역주** 즉, 선간 전압 또는 선 전압) V_L은 두 개의 활성 리드에 걸친 전압이다. 선로 전압은 개별 위상 전압 벡터의 합이다. Y자 형으로 부하가 달린 회로에서 각 부하는 두 가지 위상이 직렬로 놓인다. 즉, 부하를 통과하는 전류 및 전압은 위상 전류 및 위상 전압을 중첩해 결정해야 한다는 의미이다. 이렇게 하는 한 가지 방법은 보기와 같이 위상 벡터도를 만드는 것이다. 실용적으로 볼 때 중요한 점은 선로 전압이 상 전압의 약 세 배라는 점이다. 또한 선 전류는 선로 전압과 위상이 30°만큼 차이가 난다. 중성선을 사용할 때는 선 전류와 선로 전압은 발전기의 개별 위상과 같다. 부하가 각 상에서 동일하면(평형 부하) 중성선에 전류가 흐르지 않는다.

보기 A.3

삼각 결선

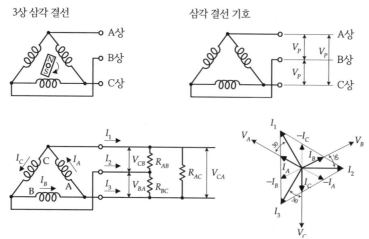

3상 삼각 결선

삼각 결선 기호

삼각 결선은 보기와 같이 3상 발전기의 코일을 끝에서 끝으로 배치해 이루어진다. 삼각 구성에는 중성 리드가 없기 때문에 위상 전압은 선로 전압과 같다. 다시 말해서, Y 구성과 마찬가지로 모든 선로 전압은 서로 120° 만큼 위상 차이가 있다. 그러나 Y 구성과 달리 선로 전류(I_1, I_2, I_3)는 위상 전류(I_A, I_B, I_C)의 벡터 합계와 같다. 각 위상에 동일하게 부하가 걸릴 때 선 전류는 모두 같지만 120°만큼 떨어져 있게 된다. 선 전류는 선로 전압과 30°만큼 위상 차이가 있으며 위상 전류의 세 배다.

보기 A.4

A.3 가정 배선

미국에서는 주상 변압기(또는 '녹색 상자' 변압기)에서 전선 세 개가 나와 각 가정의 배전반으로 인입된다. 그중 한 선은 A상 전선(검정색), 그 밖의 하나는 B상 전선(검정색), 세 번째 것은 중성선(보통 흰색)이다. (보기 A.5에는 주상 변압기 또는 녹색 변압기에서 나온 이 세 가지 전선이 시작되는 곳이 나온다.) A상과 B상 전선 사이의 전압, 즉 활성선에서 활성선에 이르는 전압은 240 V이며, 중성선과 A상 전선 또는 중성선과 B상 전선 사이의 전압은 120 V이다. (이 전압은 공칭 전압으로서 지역마다 다를 수 있다.)

배전반

가정 배선 회로도

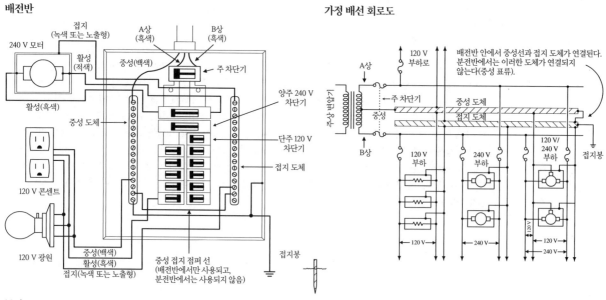

보기 A.5

역주1 즉, 전기 계량기
역주2 또는 중성 버스
역주3 즉, 지지물, 지지부

가정에서는 주상 변압기 또는 상자 모양 녹색 변압기에서 나온 3개의 전선이 전력량계[역주1]를 거쳐 지상에 연결된 긴 구리 막대 또는 집의 바닥에 박은 강철에 접지된 배전반으로 연결된다. 배전반으로 들어간 A상 전선과 B상 전선은 주 차단기를 거쳐 연결하며, 중성선은 중성 도체(neutral bar) 또는 중성 모선(neutral bus)[역주2]이라고 부르기도 하는 중성 단자에 연결된다. 접지 도체(ground bar)는 배전반 안에 있을 수도 있다. 접지 도체를 접지봉(ground rod)이나 집의 기초에 박은 강철 지주[역주3]에 연결한다.

역주 즉, 지선 또는 가공지선
또는 규준강선

배전반 안에 중성 도체와 접지 도체가 서로 연결되어 있다(하나인 것처럼 동작한다). 그렇지만 분전반(배전반에서 전원을 얻지만 배전반에서 일정하게 떨어져 있는 부속 배전반) 내에서는 중성봉과 접지봉이 연결되어 있지 않다. 대신에 분전반에 있는 접지 도체는 배전반에서 접지선[역주]을 받는다. 배전반에서 분전반으로 전선을 끌어들이는 데 사용하는 금속 도관을 종종 접지선으로 활용한다. 그렇지만 특정 주요 응용기기(예: 컴퓨터 및 생명 유지 시스템)의 경우에는 접지선이 도관 안에 들어있을 수 있다. 또한 분전반이 배전반과 한 건물 안에 있지 않은 경우 일반적으로 분전반을 접지하는 데 새 접지 도체를 사용한다. 미국 내 그 밖의 지역에서는 사용하는 배선 규정이 다를 수 있다. 그러므로 여기서 언급한 내용이 지금 거주하는 곳의 표준 규격이라고 생각해서는 안 된다. 해당 지역 전기 검사 담당자에게 문의하라.

역주 즉, 버스 바 또는 모선
막대

배전반에는 일반적으로 회로 차단기 모듈을 삽입하는 **모선 도체(bus bar)**[역주] 두 개가 들어있다. 이 모선 도체 중 한 개는 A상 전선에 연결하고, 나머지 한 개는 B상 전선에 연결한다. 120 V 부하(예를 들면, 위층 조명과 120 V 콘센트)에 전력을 공급하려면 주 차단기를 끔 위치로 내린 다음에 모선 도체 중 하나에 단극 차단기를 삽입하라. (A상 모선 도체 또는 B상 모선 도체 중 하나를 선택할 수 있다. 부하의 균형을 전반적으로 잡을 때만 모선 도체 선택이 중요하다. 잠시 후에 자세히 설명한다.) 다음으로 120 V짜리 3선식 케이블을 사용해 케이블의 검정색 선(활성)을 차단기에 연결하고 케이블의 흰색 선(중성)을 중성봉에 연결하고, 케이블의 접지선(녹색선 또는 나선)을 접지봉에 연결한다. 그런 다음에 120 V 부하가 있는 곳으로 케이블을 연결하고, 부하에 걸쳐 활성선과 중성선을 연결하고, 부하가 들어있는 케이스에 접지선을 고정한다(일반적으로 접지 나사는 이 용도로 쓸 수 있게 콘센트 장착용으로나 조명 장치용으로 제공된다). 자체 차단기를 사용하는 그 밖의 120 V 부하에 전력을 공급하기 위해 마지막 설정 과정에서 했던 것과 같은 작업을 마지막으로 수행한다. 그렇지만 주 회로 차단기에 과부하가 걸리지 않도록 하면서 전류를 가능한 한 많이 공급할 수 있도록 배전반(또는 분전반)의 용량을 최대한 늘리기 위해서는 A상 차단기에 연결된 부하 개수와 B상 차단기에 연결된 부하 개수의 균형을 맞추어야 한다. 이를 **부하 균형 조절(balancing the load)**이라고 한다.

역주 즉, 2극 차단기

이제 240 V 기기(오븐, 세척기 등)에 전력을 공급하려면 배전반(또는 분전반)의 A상 및 B상 모선 도체 사이에 쌍극 차단기[역주]를 삽입하라. 다음으로 240 V 3선식 케이블을 꺼내어 활성선 중 하나를 차단기의 A상 단자에 연결하고, 케이블의 나머지 활성선을 차단기의 B상 단자에 연결한다. 접지선(녹색선 또는 나선)은 접지 도체에 연결한다. 그런 다음에 240 V 부하가 있는 곳에 케이블을 연결하고 부하의 해당 단자(일반적으로 240 V 콘센트에 있음)에 전선을 연결한다. 또한 배전반(또는 분전반)의 중성 도체에 연결된 추가 중성선(흰색선)이 들어있는 4선식 케이블을 사용한다는 점을 제외하면 120 V/240 V 기기도 비슷한 방식으로 연결된다. (실제로 240 V 응용기기 용도로 3선식 240 V 케이블 대신 4선식 120 V/240 V 케이블을 사용할 수 있다. 이 경우에는 중성선을 그대로 두라.)

주의해야 할 점은, 자신의 능력에 확신이 서지 않는 한은 가정 내 배선을 건드리려는 시도를 하지 말아야 한다는 점이다. 자신의 능력을 믿고 배전반을 건드리기 전에 주 차단기를 내려 두어야 한다. 개별 차단기에 연결된 전등 설비, 스위치, 콘센트를 다뤄야 할 때는 먼저 차단기에 표시를 해 두어, 제대로 연결되었는지 확인하려고 다시 돌아와 차단기를 올리는 과정에서 엉뚱한 차단기를 올리는 일이 없게 하라.

A.4 각국의 전기

미국에서는 가정이 60 Hz, 120 V 단상 전압을 받는 반면, 산업체는 일반적으로 60 Hz, 208 V/120 V 3상 전압을 받는다. 반면에, 그 밖의 국가는 대부분 50 Hz, 230 V 단상 전압 및 415 V 3상 전압을 사용한다. 이제 미국에서 제작한 120 V, 60 Hz 장치를 230 V를 사용하는 노르웨이에 가져가서 해당 장치를 직접 콘센트에 꽂으면(노르웨이의 콘센트 모양이 달라서 콘센트에 어댑터가 필요하다) 장치가 손상될 위험이 있다. 일부 장치는 전압 및 주파수 차이를 '신경 쓰지' 않을 수 있지만 그 밖의 장치는 그렇지 않다. 콘센트에서 나오는 전압을 낮추기 위해 변환기(변압기 플러그인 장치)를 사용할 수 있지만 여전히 50 Hz로 고정되어 있을 것이다. 10 Hz 차이는 대부분의 장치에 영향을 미치지 않지만 TV 및 VCR과 같은 다른 장치는 제대로 작동하지 않을 수 있다.

다음 목록은 일부 국가에서 사용하는 단상 전압들이다. 플러그 형태에 유념하라.

국가	전압 V	주파수 Hz	플러그 형태
오스트레일리아	240	50	I
벨기에	230	50	C, E
브라질	110/220	60	A, B, C, D, G
캐나다	120	60	A,B
칠레	220	50	C, L
중국	220	50	I
콩고	230	50	C, E
코스타리카	120	60	A, B
이집트	220	60	C
프랑스	230	50	C, E, F
독일	230	50	F
홍콩	230	50	D, G
인도	230	50	C, D
이라크	220	50	C, D, G
이탈리아	127/220	50	F, L
일본	100	50/60	A, B
한국	110/220	60	A, B, D, G, I, K
멕시코	127	60	A
네덜란드	230	50	C, E
노르웨이	230	50	C, F
필리핀	110/220	60	A, B, C, E, F, I
러시아와 구 소련	220	50	C, F
스페인	127/220	50	C, E
스위스	220	50	C, E, J
대만	110	60	A, B, I
미국	120	60	A, B
영국	230	50	G

보기 A.6

오차 분석

측정을 할 때 신뢰성을 추정하게 되면 측정의 가치가 크게 향상된다. 예를 들어, 저항기의 저항이 $1000\,\Omega \pm 50\,\Omega$이라고 말하는 편이 그저 저항이 $1000\,\Omega$이라고 언급하는 편보다 훨씬 더 낫다.

오차(error)라는 용어가 기본적으로 불확실성(uncertainty)과 혼동되기는 하지만, 실수(mistake)와 같은 뜻을 지닌 것은 아니다. 실험 오차를 추정하기 전에 계산상의 오차와 같은 실수를 보정해야 한다. 단일한 양(저항과 같은)의 신뢰성을 평가할 때는 다음과 같은 세 가지 오차 유형을 알고 있어야 한다.

1. 측정하는 양의 실제 변화, 예를 들면 온도 변이에 따른 저항의 변화. 전자공학 분야에서는 정확히 측정할 수 있으려면 데이터시트에 명시된 온도 등급과 관련 오차를 고려해야 한다.
2. 오차가 있는 검사 장비. 검사 장비에서 발생하는 오차. 모든 장비가 보정되어 있는지 확인하고, 멀티미터 및 오실로스코프의 입력 임피던스와 같은 입력 임피던스의 특성을 고려해야 한다.
3. 인간의 오류. 숫자 표시 장치로 표시할 때는 이 문제가 덜하다. 도형 표시 장치로는 정밀하게 측정하기 힘들다(대략 5퍼센트 정도에 불과).

B.1 절대 오차, 상대 오차, 백분율 오차

값이 x인 측정에서 Δx가 절대 오차(absolute error), 즉 ± 기호 앞 편에 나오는 값의 불확실성이면 $\Delta x/x$를 상대 오차(relative error) 또는 부분 불확실도(fractional uncertainty)라고 부른다. 상대 오차에 100퍼센트를 곱하면 백분율 오차(percent error), 즉 $100\% \cdot (\Delta x/x)$를 얻게 된다. 허용 오차 (tolerance)^{역주}라는 용어를 절대 오차나 백분율 오차라는 용어와 바꿔 쓸 수 있다. 예를 들면, 길이 측정 시의 허용 오차가 일반적으로 절대 오차로 주어지는 반면에, 저항 측정 시의 허용 오차는 일반적으로 백분율 오차로 주어진다.

역주 즉, 공차

989

▶ **예제 1:** 0.125 A ± 0.01 A의 상대 오차와 백분율 오차는 얼마인가?

▷ **정답:**

$$상대\ 오차 = \frac{\Lambda x}{x} = \frac{0.01\ A}{0.125\ A} = 0.08$$

$$백분율\ 오차 = 100\% \frac{\Lambda x}{x} = 100\% \times 상대\ 오차 = 100 \times 0.08 = 8\%$$

▶ **예제 2:** 허용 오차가 5%인 3300 Ω 저항기의 상대 오차와 절대 오차 또는 불확실성은 무엇인가? 저항의 보증 범위는 무엇인가?

▷ **정답:** 여기서 허용 오차가 백분율 오차를 나타내므로,

$$상대\ 오차 = \frac{백분율\ 오차}{100\%} = \frac{허용\ 오차}{100\%} = \frac{5\%}{100\%} = 0.05$$

절대 오차, 즉 불확실성은 다음과 같다.

$$\Delta x = x\ (상대\ 오차) = (3300\ \Omega)(0.05) = \pm 165\ \Omega$$

저항기는 3300 Ω ± 165 Ω로 보장되거나 3135 Ω과 3465 Ω 사이에서 보증되어야 한다.

B.2 불확실성 추정

다음에 나오는 RC 충전 응답 방정식과 같이 독립 변수가 많은 방정식을 다룰 때는 최종 결과의 불확실성, 즉 오차는 개별 불확실성(예를 들면, 저항이나 축전이나 전압이나 시간의 불확실성)에 따라 달라진다.

$$I = \frac{V_C}{R} e^{-t/RC}$$

다음과 같은 단순한 산술적 사례로 오차가 전파되는 현상을 설명할 수 있다.

1. 원하는 결과가 2개 측정값의 합(sum)이거나 차(differnce)이면 절대 불확실성이 늘어난다.

   Δx와 Δy가 각기 x와 y의 오차라고 하자. 합은 다음과 같이 된다.

   $$z = x + \Delta x + y + \Delta y$$

   상대 오차는 이렇다.

   $$(\Delta x + \Delta y)/(x + y)$$

   Δx와 Δy의 부호가 반대일 수 있으므로 절댓값들을 더하면 불확실성이 비관적으로 추정된다. 오차들이 가우스 분포와 무관하면, 오차들을 구적법으로 계산한다(제곱 값들의 합을 내어 제곱근하는 방식).

   $$\Delta z = \sqrt{\Delta x^2 + \Delta y^2}$$

두 측정값의 차를 내면 상대 오차를 얻게 되는데 다음과 같다.

$$(\Delta x + \Delta y)/(x - y)$$

x가 y와 거의 같으면 그 값이 아주 커진다. 이 점에 주목하는 게 좋다. 두 가지 큰 양을 측정한 다음에 그것들의 차를 얻는 식으로 실험을 설계하는 일을 피해야 한다.

2. 측정된 양을 곱하거나(multiplying) 나누어(dividing) 결과를 얻고자 하는 경우에, 결과의 상대적 불확실성은 측정된 양의 상대 오차를 합한 값에 따른다. 각 항의 절댓값을 더하는 일과 관련되어 가장 비관적인 경우는 Δx_i 와 Δy_i가 둘 다 부호를 지니고 있을 수 있다는 점이다.

$$\Delta z = z \times \left[\sum_i \left| \frac{\Delta x_i}{x_i} \right| + \sum_i \left| \frac{\Delta y_i}{y_i} \right| \right]$$

다시 말하자면, 측정 오차가 독립적이고 가우스 분포를 보이는 경우에 구적법으로 계산하는 중에 상대 오차가 더해진다는 점이다.

$$\Delta z = z \times \sqrt{ \sum_i \left(\left| \frac{\Delta x_i}{x_i} \right| \right)^2 + \sum_i \left(\left| \frac{\Delta y_i}{y_i} \right| \right)^2 }$$

3. 원하는 결과가 측정량의 n제곱인 경우에, 결과에 대한 상대 오차는 측정량의 상대 오차에 n을 곱한 값에 해당한다. 예를 들면, 다음 식의 불확실성은 이렇다.

$$z = x^n$$

은

$$\Delta z = z \times n \left(\frac{\Delta x}{x} \right)$$

4. 더 복잡한 경우에 대비해 다음 방정식으로 측정 시의 불확실성을 일반적인 방식으로 알아낼 수 있다. 예를 들어, $R = f(x, y, z)$이 세 측정값 x, y, z 사이의 함수 관계라면,

$$dR = \frac{\partial f}{\partial x} dx + \frac{\partial f}{\partial y} dy + \frac{\partial f}{\partial z} dz$$

이고, dx, dy, dz라는 불확실성이 알려져 있을 때 R의 불확실성을 알 수 있다.

일반적으로 이러한 극단적 상황에 빠지지 말아야 한다. 보통 덧셈, 뺄셈, 곱셈, 나눗셈, 거듭제곱 규칙을 따를 수 있다. 지름길을 찾도록 하는 묘책은 다음과 같다.

무상관 오차 계산 공식

$A = \bar{A} \pm a$, $B = \bar{B} \pm b$이고 $C = \bar{C} \pm c$이면, 여기서 $\bar{A}$, $\bar{B}$, $\bar{C}$는 A, B, C의 측정값이고, a, b, c는 개별 오차인데, 오차 값(독립 변수 및 가우스 분포를 가정함)을 다음처럼 계산한다.

1. $A + B = \bar{A} + \bar{B} \pm \sqrt{a^2 + b^2}$

$\quad$ 2. $A + B + C = \bar{A} + \bar{B} + \bar{C} \pm \sqrt{a^2 + b^2 + c^2}$

$\quad$ 3. $A - B = \bar{A} - \bar{B} \pm \sqrt{a^2 + b^2}$

$\quad$ 4. $A \times B = \bar{A} \times \bar{B} \pm (\bar{A} \times \bar{B}) \sqrt{(a/\bar{A})^2 + (b/\bar{B})^2}$

$\quad$ 5. $A \times B \times C = \bar{A} \times \bar{B} \times \bar{C} \pm (\bar{A} \times \bar{B} \times \bar{C}) \sqrt{(a/\bar{A})^2 + (b/\bar{B})^2 + (c/\bar{C})^2}$

$\quad$ 6. $A/B = (\bar{A}/\bar{B}) \pm (\bar{A}/\bar{B}) \sqrt{(a/\bar{A})^2 + (b/\bar{B})^2}$

$\quad$ 7. $A^B = (\bar{A})^{\bar{B}} \pm (\bar{A})^{\bar{B}} \times \bar{B}(b/\bar{B})$

▶ **예제 1:** 2개 직렬 저항기의 전압을 전압계 두 개를 사용해 측정한다. 그중 한 개의 디지털 측정기는 첫 번째 저항을 가로질러 6.24 V ± 0.01 V를 읽어 들이는 반면에, 덜 정밀한 아날로그 측정기는 14.3 V ± 0.2 V로 측정한다. 결과 내 불확실성을 포함해 두 쌍의 총 전압은 얼마인가?

▷ **정답:** 간단히 전압들을 더하고 1번 방정식을 사용해 결과의 불확실성을 정한다.

$$V_1 + V_2 = 6.24 \text{ V} + 14.3 \text{ V} \pm \sqrt{(0.01 \text{ V})^2 + (0.2 \text{ V})^2} = 20.5 \text{ V} \pm 0.2 \text{ V}$$

▶ **예제 2:** 전류가 180 Ω을 관통해 흐르고, 5퍼센트 저항은 1.256 A ± 0.005 A이다. 저항을 관통해 흐르는 전압을 불확실성을 포함해 정하라.

▷ **정답:** 우선 허용 오차를 절대 오차(또는 불확실성)로 전환한다.

$$\Delta R = \frac{\text{허용 오차}}{100\%} R = \frac{5\%}{100\%} (180 \ \Omega) = \pm 9 \ \Omega$$

전압 방정식은 옴의 법칙 $V = I \times R$이므로 4번 방정식을 사용한다.

$$V = I \times R = 1.256 \text{ A} \times 180 \ \Omega \pm (1.256 \text{ A} \times 180 \ \Omega) \sqrt{\left(\frac{0.005 \text{ A}}{1.256 \text{ A}}\right)^2 + \left(\frac{9 \ \Omega}{180 \ \Omega}\right)^2} = 226 \pm 11 \text{ V}$$

유용한 지식과 공식

C.1 그리스 문자

알파(Alpha)	A α	에타(Eta)	H η	뉴(Nu)	N ν	타우(Tau)	T τ
베타(Beta)	B β	세타(Theta)	Θ θ	크시(Xi)	Ξ ξ	입실론(Upsilon)	Y υ
감마(Gamma)	Γ γ	요타(Iota)	I ι	오미크론(Omicron)	O o	피(Phi)	Φ φ
델타(Delta)	Δ δ	카파(Kappa)	K κ	파이(Pi)	Π π	카이(Chi)	X χ
엡실론(Epsilon)	E ε	람다(Lambda)	Λ λ	로(Rho)	P ρ	프사이(Psi)	Ψ ψ
제타(Zeta)	Z ζ	뮤(Mu)	M μ	시그마(Sigma)	Σ σ	오메가(Omega)	Ω ω

C.2 10의 거듭제곱 단위 접두사

접두사	기호	승수
테라(tera)	T	$\times 10^{12}$
기가(giga)	G	$\times 10^{9}$
메가(mega)	M	$\times 10^{6}$
킬로(kilo)	k	$\times 10^{3}$
센티(centi)	c	$\times 10^{-2}$
밀리(milli)	m	$\times 10^{-3}$
마이크로(micro)	μ	$\times 10^{-6}$
나노(nano)	n	$\times 10^{-9}$
피코(pico)	p	$\times 10^{-12}$

C.3 선형 함수($y = mx + b$)^{역주}

역주 즉, 일차 함수 또는
일차 방정식

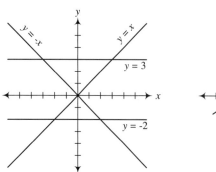 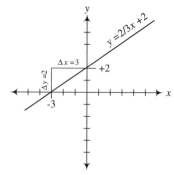

등식 $y = mx + b$는 직선의 방정식을 나타낸다. 선분의 기울기($\Delta y / \Delta x$)는 m과 같고, 수직 절편, 즉 선분이 y축과
교차하는 지점은 b와 같다.

보기 C.1

C.4 이차 방정식($y = ax^2 + bx + c$)

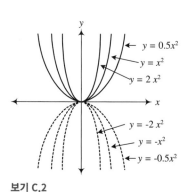 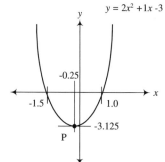

방정식 $y = ax^2 + bx + c$는 xy 평면에서 포물선을 이룬
다. 포물선의 폭은 a에 따라서 달라지고, 수평 방향 이
동은 $-b/2a$로 주어지고, 수직 방향 이동은 $-b^2/a + c$로
주어진다. 등식의 근(포물선이 x축과 만나는 지점)을 결정할
때는 다음 식을 사용한다.

$$x = \frac{-b \pm \sqrt{b^2 - 4ac}}{2a}$$

보기 C.2

C.5 지수와 로그

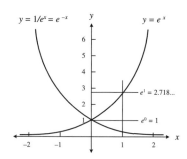 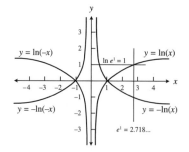

$x^0 = 1$

$1/x^n = x^{-n}$

$x^{1/n} = \sqrt[n]{x}$

$x^m \cdot x^n = x^{m+n}$

$(xy)^n = x^n \cdot y^n$

$(x^n)^m = x^{n \cdot m}$

밑 10: $10^n = x$이면 $\log_{10} x = n$

밑 e: $e^m = y$이면 $\ln y = m$이다.

($10^2 = 100$이므로 $\log_{10} 100 = 2$,

$e^1 = e = 2.718$이므로 $\ln e = 1$ ...)

밑 b에 대한 모든 로그의 특성은 다음과 같다.

$\log_b 1 = 0$

$\log_b b = 1$

$\log_b 0 = \begin{cases} +\infty & b < 1 \\ -\infty & b > 1 \end{cases}$

$\log_b (x \cdot y) = \log_b x + \log_b y$

$\log_b (x/y) = \log_b x - \log_b y$

$\log_b (x^y) = y \log_b x$

보기 C.3

C.6 삼각법

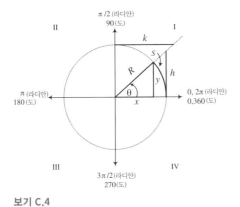

보기 C.4

반지름이 R인 원호 S에 대응되는 각도 θ는 $\theta = S/R$과 같은데, 여기서 θ는 라디안 값이다. 1라디안 = $180°/\pi$ = 57.296°이고 1° = $\pi/180°$ = 0.17453라디안이다. R이 양의 x축을 기준으로 반시계 방향으로 회전하면 θ의 부호는 양이다. R이 음의 x축에서 시계 방향으로 회전하면 θ의 부호는 음이다. 각도 θ의 삼각함수는 보기에 나오는 삼각형들의 변들 사이에서 특정한 비율로 정의되며, 다음과 같이 표현한다.

$$\sin\theta = \frac{y}{R} \qquad R = 1 \to y = \sin\theta$$

$$\cos\theta = \frac{x}{R} \qquad R = 1 \to x = \cos\theta$$

$$\tan\theta = \frac{y}{x} \qquad R = 1 \to h = \tan\theta$$

$$\cot\theta = \frac{x}{y} = \frac{1}{\tan\theta} \qquad R = 1 \to k = \cot\theta$$

$$\sec\theta = \frac{R}{x} = \frac{1}{\cos\theta} \qquad R = 1 \to \frac{1}{x} = \sec\theta$$

$$\csc\theta = \frac{R}{y} = \frac{1}{\sin\theta} \qquad R = 1 \to \frac{1}{y} = \csc\theta$$

사인 함수와 코사인 함수

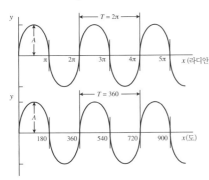

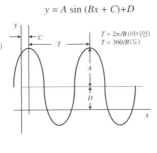

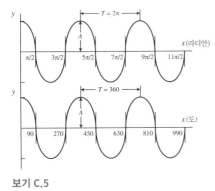

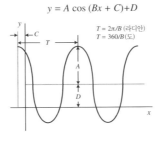

보기 C.5

$y = A\sin\theta$의 그래프를 왼쪽 끝에 나타냈다. 이 함수의 세로, 가로, 주기, 위상을 변경하려면 등식을 $y = A\sin(Bx + C) + D$ 꼴로 바꾼다. A는 진폭이며, $2\pi/B$는 주기(T)이고, C는 위상 이동이며 D는 수직 이동이다. 전자공학에서는 전압을 다음 식으로 표현한다.

$$V(t) = V_0 \sin(\omega t + \phi) + V_{dc}$$

V_0은 파고 전압이며, V_{dc}는 직류 위상 변이이며, π는 위상 이동이고, ω는 각진동수(rad/s)인데, 이 각진동수는 다음 식으로 나타내는 일반적인 주파수(주기/초)와 관련이 있다.

$$f = \frac{1}{T} = \frac{\omega}{2\pi}$$

$y = A\cos x$ 그래프는 $y = A\sin x$ 그래프와 관련해 $\pi/2$ 라디안(즉, 90°)에 의해 단계별로 이동한다. 다음 관계식들은 사인함수와 코사인 함수의 관계를 보여 준다.

$$\sin\left(\frac{\pi}{2} \pm x\right) = +\cos x \quad \text{또는} \quad \sin(90° \pm x) = +\cos x$$

$$\sin\left(\frac{3\pi}{2} \pm x\right) = -\cos x \quad \text{또는} \quad \sin(270° \pm x) = +\cos x$$

$$\cos\left(\frac{\pi}{2} \pm x\right) = \pm\sin x \quad \text{또는} \quad \cos(90° \pm x) = \mp\sin x$$

$$\cos\left(\frac{3\pi}{2} \pm x\right) = \pm\sin x \quad \text{또는} \quad \cos(270° \pm x) = \pm\sin x$$

C.7 복소수

2장에서 복소수를 상세하게 다룬다.

C.8 미분법

함수 $f(x)$가 있다고 하자. 이 함수로 직선, 포물선, 지수 곡선, 삼각 곡선 등을 나타낼 수 있다고 가정한다. 이제 한 점을 취해 $f(x)$의 곡선을 따라 움직인다고 하자. 이러면 곡선의 해당 점에 닿는 접선을 상상할 수 있다. 점이 곡선을 따라 이동함에 따라 접선의 기울기(놀이터의 시소처럼 보임)가 변화하는데, 이로써 곡선이 한 선분으로만 이뤄진 게 아니라는 점을 보여준다. 그런데 접선의 기울기는 실생활에 매우 유용하다. 예를 들어, 물체의 위치를 시간에 대한 곡선으로 그려낸다고 하면 특정한 시각에서의 기울기는 물체의 순간속도를 나타낸다. 마찬가지로 시간 그래프에 전하를 표현할 때, 시각 t에서의 기울기는 순간적인 전류량[역주1]을 나타낸다. 곡선의 어느 지점에서든 해당 지점에 놓인 접선의 기울기를 알아내는 요령은 미분법과 관련이 있다. 미분법을 계산하는 방법은 이렇다. $y = x^2$라는 함수가 있다고 할 때 미분법 계산 요령을 사용하면 다른 함수를 찾아낼 수 있는데, 이 함수를 y의 도함수(보통 y' 또는 dy/dx로 표현)[역주2]라고 부르며 이것으로 y 곡선 상에 놓인 모든 점의 기울기를 알 수 있다. $y = x^2$인 경우에 도함수는 $dy/dx = 2x$이다. $x = 2$인 지점에서 y의 기울기를 알고 싶을 때 dy/dx에 2를 넣으면 기울기가 4가 된다. 그렇지만 $y = x^2$의 도함수를 어떻게 알아냈을까? 조금 더 나아가서, 어떤 함수가 있을 때 해당 함수의 도함수를 알아내려면 어떻게 해야 할까? 다음 내용은 기본 이론에 해당한다.

[역주1] 즉, 순시 전류
[역주2] 즉, 미분 계수

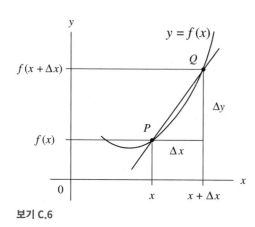

보기 C.6

$y = f(x)$ 함수의 도함수를 찾아내려면, $P(x, y)$가 $y = f(x)$ 그래프의 한 점이 되게 하고, $Q(x + \Delta x, y + \Delta y)$가 같은 그래프의 또 다른 점이 되게 한다. 그러면 P와 Q 사이에 놓인 선분의 기울기를 간단히 구할 수 있다.

$$\frac{f(x + \Delta x) - f(x)}{\Delta x}$$

이제 함수를 앞의 방정식에 대입하라. 예를 들어, $f(x) = x^2$이면 $f(x + \Delta x) = (x + \Delta x)^2$이고 전체 표현식은 $[(x + \Delta x)^2 - x^2]/\Delta x$와 같다. 다음으로 x를 고정시키고 Δx를 0에 근사하게 하라. 기울기가 x에만 의존하는 값에 가까워지면 이것을 점 P에서의 곡선의 기울기라고 부른다. P에서의 곡선의 기울기는 그 자체가 x에 대한 함수로서, 극한이 있는 x의 모든 값에서 정의된다. 기울기를 $f'(x)$('f 프라임'이라고 읽음), 또는 dy/dx('디와이디엑스'라고 읽음), 또는 df/dx('디에프디엑스'라고 읽음)로 표기할 수 있으며, 이러한 항들은 모두(선택한 게 무엇이든) $f(x)$에서 파생한 것이다.

$$f'(x) = \frac{dy}{dx} = \lim_{\Delta x \to 0} \frac{f(x + \Delta x) - f(x)}{\Delta x}$$

함수 $f(x) = x^2$에 대해 극한값을 취하면 $f'(x) = dy/dx = 2x$를 도함수로 얻을 수 있다.

그런데 실제로는 함수의 도함수를 구할 때 위에 나온 방정식을 사용하지 않아도 된다. 방정식을 사용할 때는 시간도 많이 걸릴 뿐 아니라, 특히 $2e^x \sin(3x + 2)$와 같이 복잡한 함수의 도함수를 구하는 경우에 불쾌한 수학적 기법을 많이 써야 할 수도 있다. 대신에 몇 가지 간단한 법칙과

도함수를 암기하면 된다. 아래 표는 많은 응용 분야에 유용하게 쓸 수 있는 법칙과 간단한 도함수를 보여준다. 표에서 a와 n은 상수를 나타내고 u와 v는 함수를 나타낸다.

도함수	예
$\frac{d}{dx}a = 0$	$\frac{d}{dx}4 = 0$
$\frac{d}{dx}x^n = nx^{n-1}$ (note: $\frac{1}{x^n} = x^{-n}$)	$\frac{d}{dx}x = 1, \frac{d}{dx}x^2 = 2x, \frac{d}{dx}x^5 = 5x^4, \frac{d}{dx}x^{-1/2} = -\frac{1}{2}x^{-3/2}$
$\frac{d}{dx}e^x = e^x$	
$\frac{d}{dx}\ln x = \frac{1}{x}$	
$\frac{d}{dx}\sin x = \cos x$	
$\frac{d}{dx}\cos x = -\sin x$	
$\frac{d}{dx}au(x) = a\frac{d}{dx}u(x)$	$\frac{d}{dx}3x^2 = 3\frac{d}{dx}x^2 = 6x, \frac{d}{dx}3e^x = 3e^x, \frac{d}{dx}7\sin x = 7\cos x$
$\frac{d}{dx}(u+v) = \frac{du}{dx} + \frac{dv}{dx}$	$\frac{d}{dx}(2x + x^2) = \frac{d}{dx}(2x) + \frac{d}{dx}(x^2) = 2 + 2x$
$\frac{d}{dx}\left(\frac{u}{v}\right) = \frac{v\,du/dx - u\,dv/dx}{v^2}$	$\frac{d}{dx}\left(\frac{x^2+1}{x^2-1}\right) = \frac{(x^2-1)\cdot 2x - (x^2+1)\cdot 2x}{(x^2-1)^2} = \frac{-4x}{(x^2-1)^2}$
연쇄 법칙: u가 v의 함수이고 v가 x의 함수라면 $\frac{d}{dx}(u[v(x)]) = \frac{du}{dv}\cdot\frac{dv}{dx}$	$\frac{d}{dx}\sin(ax) = a\cos(ax), \frac{d}{dx}e^{2x} = 2e^{2x}$

C.9 적분법

미분법에서는 함수의 도함수를 알아내는 게 목표였다. 적분법에서는 도함수의 함수들(functions of a derivative)을 찾는 게 목표이다. 도함수가 그것 자체로서도 함수이기 때문에, 어느 것은 도함수라고 부르고 또 어느 것은 함수라고 부르면 혼란스러워진다. 혼동하지 않으려면 $y = f(x)$ 꼴로 작성된 것은 무엇이든 간단히 함수라고 부르고, $dy/dx = df(x)/dx$ 꼴로 작성된 것은 무엇이든 도함수라고 부르고, $\int dy = \int f(x)dx$ 꼴로 작성된 것은 무엇이든 역도함수[역주1] 또는 적분[역주2]이라고 부른다. 마지막 사례에서 '$\int$'을 적분 기호라고 부르며, 함수 $f(x)$를 적분 함수, dx를 적분 변수라고 부른다. 함수를 적분하려면 이 함수를 도함수로 지닌 모든 함수를 찾아야 하는데, 이는 곧 주어진 함수의 역도함수를 찾는 일이다. 하지만 적분(integration)이라는 용어에는 '무언가를 합친다'는 덜 기술적인 두 번째 의미가 들어있다. 적분을 이런 의미로 해석할 때는 경계가 있는 곡선 영역의 면적을 계산할 수 있게 하는 수학적 과정을 나타낸다(보기 C.7의 그래프).

[역주1] 즉, 원함수 또는 원시함수

[역주2] 정확히 말하자면, 부정적분(indefinite integral)

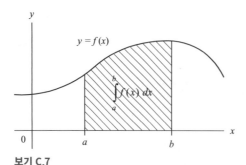

보기 C.7

방정식 $dy/dx = f(x)$가 주어졌을 때 y를 알아내려면 적분(역도함수 찾기)을 해야 한다. 이 경우, 먼저 방정식을 $dy = f(x)\,dx$ 꼴로 다시 정리한다. 다음으로 양변을 다음과 같이 적분한다.

$$\int dy = \int(x)\,dx$$
$$y \pm C = \int f(x)\,dx$$
$$y = \int f(x)\,dx + C$$

다시 말하지만, ∫은 적분 기호이고, 함수 $f(x)$는 피적분함수이며, C는 적분 상수다. $\int dy = y \pm C$라고 추측했는데, $y \pm C(y+2,\ y-54,\ \text{등})$ 꼴로 된 함수의 도함수를 구하면 y를 답으로 얻을 수 있기 때문이다. 우리는 역으로 작업한 셈이다. C가 양수이거나 음수일 수 있으므로 부호를 붙이는 일은 임의적이다. 이렇기 때문에 간단히 C를 왼편에 더한다. 이런 꼴로 된 적분을 부정적분이라고 부른다.

▶ 예제: $dy/dx = 2$일 때 y를 알아내라.

$$dy = 2dx$$
$$\int dy = \int 2\,dx$$
$$y = 2x + C$$

실생활인 상황이라면 결과가 명확해야 하므로 일반적으로 답에 상수가 포함되면 바람직하지 않다. 상수를 제거하려면 경계 조건(boundary conditions)을 적용한다. 예를 들어, 직전 예제인 $dy/dx = 2$를 취하되 dy/dx의 값으로 1~5까지의 값에만 관심이 있다고 가정하자. 물론, 상황에 맞춰 범위를 달라질 수 있지만 말이다. 이런 경우라면 정적분을 적용한다.

$$y = \int_a^b f(x)\,dx = F(x)\,\big|_a^b = F(b) - F(a)$$

기술에 심취하지 않은 채로 설명하자면, F는 상수 기호가 없는 정적분을 나타내며 (a) 및 (b) 항은 F의 x항에 넣을 경계 지점을 나타낸다. 경계 조건이 1과 5인 예제 $dy/dx = 2$를 고려해 보면 다음과 같다.

$$y = \int_1^5 2\,dx = 2x\,\big|_1^5 = 2(5) - 2(1) = 8$$

이것을 정적분이라고 부른다. 이 시점에서 적분을 알아보기 쉽게 그림으로 그리는 일이 필요하다. $dy/dx = 2$를 생각하면서 그래프 dy/dx 대비 x를 비교하면 x의 모든 값에 대해 $dy/dx = 2$에서 직선을 얻는다. 곡선 아래 면적을 합해 나감으로써 적분을 얻게 된다. 따라서 경계 조건들을 하나로 합하면 면적은 $(5 - 1) \times 2 = 8$이 된다.

이제 더 복잡한 함수들을 적분하려고 할 때 도함수의 함수들을 추측하기는 쉽지 않다. 대신에 이 과정에서 특별한 기법을 적용해야 한다. 이 기법은 **미적분학의 기본 정리**(fundamental theorem of calculus)라고 하는 기본 발상에서 유래한 것으로 상당한 연관성이 있다. 이 짧은 부록에서 이론을 제시하기는 어렵다. 그렇지만 실제로는 함수의 적분을 찾기 위해 미적분학의 기본 정리를 사용할 일이 전혀 없는 게 보통이다. 대신에 몇 가지 기본 적분을 기억하고 기법을 익히면 된다. 다음 목록에는 가장 자주 쓰이는 적분 및 해법 중 일부를 강조해 표시했다. 수학 편람에 더 광범위한 목록이 나열되어 있다. 목록에서 u는 x의 함수를 나타내고 v는 x의 다른 함수를 나타낸다.

$$\int dx = x + C$$

$$\int a\,f(x)\,dx = a \int f(x)\,dx$$

$$\int (du(x) \pm dv(x)) = \int du(x) \pm \int dv(x)$$

$$\int u\,dv = uv - \int v\,du \text{ (부분적분)}$$

$$\int u^n\,du = \frac{u^{n+1}}{n+1} + C \qquad (n \neq 1)$$

$$\int \frac{1}{u}\,du = \ln u + C$$

$$\int e^u\,dx = e^u + C$$

$$\int \ln x\,dx = x \ln x - x + C$$

$$\int \sin x\,dx = -\cos x + C$$

$$\int \cos x\,dx = \sin x + C$$

$$\int x \sin x\,dx = \sin x - x \cos x + C$$

$$\int x \cos x\,dx = \cos x + x \sin x + C$$

$$\int \sin x \cos x = \tfrac{1}{2}\sin^2 x + C$$

찾아보기

기호

(n)극(m)투 스위치	287
.brd 파일	561
.NET Gadgeteer	973, 978
−3 dB	200, 206
−3 dB 주파수	339, 340, 665, 672
α(알파)	27
τ(타우)	211
Ωm	25

숫자

0 V 기준	15, 45
0 V 기준선	81
0 V 기준점	40
0 V 접지 기준	40
1.5 A 브리지	402
1/16 디코더	750
1 C 초기 전류	278
1-Wire	527, 893
1-Wire 인터페이스	528, 894
1% 금속 피막	303
1볼트	15
1비트 비교기	757
1상	536
1상 변압기	984
1암페어	15
1옴	23
1와트	15
1줄	14
1차 권선	607
1차 기억 장치	835
1차 변전소	984
1차 위상 전압	372
1차 자속 방정식	369
1차 전압	370
1차 전지	269, 271

1차 차폐	383
1차 코일	368, 714
1쿨롱	14, 96
1 클럭 주기	730
1턴 전위차계	610
1패럿	96
2극3투	287
2극단투	259
2극 부분	676
2극 선형 전력 공급 장치	709
2극쌍투	292
2극쌍투 스위치	287, 943
2극쌍투 아날로그 스위치	809
2극 차단기	94, 987
2단자 소자	62
2단자 장치	320
2데크 회전	287
2 도체 단락 잭	259
2 도체 비단락 잭	259
2 도체 케이블	258
2 도체 플러	259
2로 스위칭 회로망	290
2리드 광트랜지스터	511
2 방향 게이트	412
2배속 SRAM	848
2분주 계수기	772, 776, 786
2선식 선로	291
2연 케이블	254, 260
2열 PCB 표시기	494
2의 거듭제곱	722
2의 보수	726, 756
2의 보수 표기	726
2중 극성 전력 공급 장치	646
2중 동축	255
2중 연산 증폭기 회로	687
2중 인라인 패키지	289

2중 전압 제어 발진기(VCO)	781
2중 채널 CMOS 2극단투 아날로그 스위치	809
2중층 커패시터	281
2진-10진 전환	723
2진-BCD 변환기	754
2진수	722
2진수/16진수	289
2진 숫자	722
2진 워드	804
2진 음수	726
2진 코드	832
2진화 10진수	725, 786
2진화 스위치	289
2차 권선	607
2차 기억 장치	835
2차 방출	20, 21, 28
2차 변압기	408
2차 위상 전압	372
2차 유도 전압 방정식	369
2차 전압	370, 707
2차 전지	269, 275
2차 전지 방전 곡선	281
2차 차폐	383
2차 코일	368
2차 회로 유도 전압	120
3P6T	287
3극4투	287
3극6투	287
3극 부분	676
3단자 레이저 다이오드	498
3단자 소자	422
3단자 장치	320
3 도체 플러그	259
3 리드 광트랜지스터	511
3상 강압	984
3상 강압 변압기	984

3상 발전기	984, 985	7세그먼트 디스플레이	933	74HC150	747
3상 승압 변압기	984	7세그먼트 디코더	750, 932	74HC151	747
3상 전기	983	8 A 브리지	402	74HC4066	811
3상 전력	983	8N1	900	74HC4511	821
3상 전압	988	8분주 계수기	776	74HCT14	343
3선식 케이블	94, 987	8분주 회로	803	74HCT273	774, 803
3선 전기 시스템 접지	43	8비트	520	74LS54 AOI IC	742
3입력 NOR 게이트	762	8비트 BCD-2진스 변환기	754	74LS138	750
3차 저역 통과 필터	668	8비트 마이크로컨트롤러	855	74LS147	751
4 × 4 카르노 도	744	8비트 직렬 입력/병렬 출력		74LS TTL 계열	760
4 A 브리지	402	시프트 레지스터 IC	799	100 W 전구	9
4극쌍투	747	8비트 체계	723	117볼트	256
4변수 SOP 식	744	8비트 크기 비교기	757	117볼트 극성 소켓	259
4분주 계수기	786	8선 μP/μC 설정	831	117볼트 극성 플러그	259
4비트 BCD 코드	822	8와트 전력 증폭기	644	117볼트 비극성 플러그	259
4비트 가산기	755	8중 D형 플립플롭	774	120 V 3선식 케이블	94
4비트 데이터 레지스터	774	8진수	723	120 VAC	89
4비트 데이터 전송	834	8진수 체계	723	120 VAC 콘센트	90, 91
4비트 리플 계수기	787, 922	8 클럭 주기	730	120 V 가변 변압기	382
4비트 비교기	757	9 mm 레이저 다이오드	498	120 V 부하	94
4비트 워드	804	9 mm 패키지	498	120 V 콘센트	986
4상	536	10의 거듭제곱	722	234볼트 소켓	259
4선 μP/μC 설정	831	10진-2진 전환	723	234볼트 플러그	259
4선 디멀티플렉서	748	10진수	289, 722, 925	240 VAC	89
4선식 케이블	94	10퍼센트 규칙	57	240 V 가변 변압기	382
4입력 NAND 게이트	762	12비트	520	240 V 기기	987
4입력 진리표	744	12비트 워드	724	240 V 부하	94
4중 3상태 NAND SR 래치	770	14.4 V 니켈 카드뮴 패키지	279	300 Ω 선	254
4중 3상태 NOR SR 래치	770	14세그먼트	822	315 MHz 모듈	976
4중 단극단투 스위치	748	15 A 주 선로 차단기	392	433 MHz 모듈	976
4중 양면 스위치	809	16비트 직렬-병렬 변환기	802	555 타이머	693, 783, 853, 952
4중 전송 게이트	748	16비트 체계	723	555 타이머 IC	688, 970
4층 다이오드(4-layer diode)	465, 473	16선 대 1선 멀티플렉서	747	555 타이머/MOSFET 제어 회로	943
5 V 논리	859	16진수	289, 723	566 회로	695
5 V 정류기	411	16진수 체계	723	741	961
5극 필터	676	16진수 코드	724	741C	646
5층 pn 접합 구조	482	18 VAC 변압기	710	1653 A 교류 전력 공급 장치	609
5% 탄소 피막	303	19.2 V 패키지	279	4000B 계열	759
6 dB/옥타브 저역 통과 오디오 회로	363	36비트 워드	724	4000 계열	746
6 dB의 감쇠 손실	965	40H00 계열	760	4042	773
6불화 인산 리튬	278	40핀 IC	826	4051B	809
6비트 BCD-2진수 변환기	754	50 Ω 피동 탐촉자	600	7400 계열	746, 759
6선식 단극 스테퍼	954	60 Hz 험	964	7447	750
6차 저역 버터워스 필터	683	60 Hz 잡음	589	7486 TTL XOR 로직	952
7비트 부호	727	74C CMOS 계열	760	7490	788
7세그먼트	793	74HC07	889	7491A	798
7세그먼트 LED	494, 930	74HC85 4비트 크기 비교기	757	7492	788
7세그먼트 LED 디스플레이	750, 820, 934	74HC139	748	7493	786

7805	708
7815 양전압 조정기	710
7915 음전압 조정기	710
74160	791
74163	791
74164	802
74184 BCD-2진 변환기	753
74190	790
74191	790
74192	789
74193	789
74194	800
74299	801
75165	800

A

A(암페어)	7, 23
ABS	862
absolute error	989
ACC	500
acceptor	31, 196
ac-coupling capacitor	321
accuracy	519
ac current divider	171
acknowledge	728
ac Ohm's law	170
active	967
active filters	664
active-high output	749
active-low	747
active-low output	749
active mode/region	424
active probe	600
active rectifier	661
active region	444
ac voltage divider	170
A/D	850
ADC	836, 852
ADC/DAC	850
ADC 입력	870
ADC 채널	817
ADD	577
address labels	862
adjustable core inductor	122
adjustable Inductor	123, 360
AD 변환	521
A/D 변환기	569
AF100	681

aging characteristic	331
Ah	283
air coils	360
air core	122
air core inductor	122
air core tranformer	384
air gap	136
A_L	136
aliasing	595
alkaline batteries	272
Allegro Microsystems	951
alligator	256, 611
allowed band	30
ALT	578
Altera	909
ALU	754
AL 케이스	708
American Standard Code for Information Interchange	727
American Wire Gauge	38
AM 검출기	411
AM 라디오	411
AM 라디오 신호	411
AM 반송파	366
AM 방송국	366
AM 운송자 신호	411
amp	7
analog digital converter	852
and	736
AND	731
AND-OR-인버터 게이트	741
AND 게이트	410, 460, 736, 740, 757, 768, 773, 787
Andre-Marie Ampere	7
angular cutoff frequency	211
angular form	151
anode	269, 399
antenna rods ferrite core	361
antioxidant joint compound	622
antiresonant	196
antiresonant point	198
AOI	742
AOI IC	742
AOI 게이트	742
APC	500
apparent current	104
apparent power	173, 176
application-specific IC	906

arc	100
arching	475
Arduino	854, 954
Arduino mini	874
ASCII	727
ASIC	906
aspect ratio	503
astable mode	688
astable multivibrator	440
asynchronous counter	776
asynchronous inputs	769
ATmega328	872, 880
Atmel	851
ATM 고준위 펄스	860
attenuation	204
attenuator	296
ATtiny	880
ATtiny85 마이크로컨트롤러	851
automatic current control	500
automatic power control	500
autotransformer	380
avalanche diode	477, 484
avalanche effect	484
average current	6
AVR 스튜디오	853, 857
AWG	38
A상 귀환	94
A상 전선	92, 94

B

back EMF	124
back plane	824, 906
back-to-back	480
balanced coaxial	255
balancing the load	987
balun chokes	360
banana	256, 611
bandpass	204
Bandpass Filter	218, 663
band-reject filter	663
bandwidth	194
barrier strip	256
base metal	311
BASIC Stamp	858
battery holder	621
bayonet	492
BCD	724, 725
BCD-2진 변환기	753

BCD-2진 전환	725	
BCD-7세그먼트 디코더	750	
BeagleBoard	981	
beam divergence	504	
beat	84	
bel	204	
bellows	539	
Bessel	668	
bias	424	
bias network	645	
bias/temperature variation	643	
BiCMOS	759	
BiFET	642	
bifilar winding	384	
bilateral switch	748	
binary-coded decimal	725	
binary-coded switches	289	
bi-pin	492	
bipolar	633	
bipolar 555	693	
bipolar Motor	948	
bipolar stepper	949	
bipolar transistor	421, 692	
Bishay Dale	368	
bistable multivibrator	440	
bit	722	
bit shift register	795	
BK Precision	609	
bleeder current	57	
bleeder resistance	57	
bleeder resistor	714	
blocking	339	
Bluetooth	977	
BNC	42, 257, 611	
BNC 슬리브	593	
BNC 커넥터	582, 596	
bode plotter	552	
body terminal	457	
boilerplate	978	
Boolean algebra	736	
Boolean expression	736	
boolean logic	722	
boost	364	
boost convertor	351	
boosting	383	
boule	395	
bouncing	885	
boundary conditions	998	

Bourdon tube	539	
BP	824	
BR-6	402	
braid	252	
braided wire	251, 252	
branch	49	
breakdown voltage	28, 465, 473, 696	
breakout board	973	
breakover current	474	
breakover frequency	649	
breakover threshold	480	
breakover voltage	473, 474	
bridge circuit	296	
bridging	965	
broad	193	
brush	318	
brush discharge	28	
brushless motor	947	
BSAT	357	
BSI	858	
BSII	858, 867	
bubble pushing	740	
buck	364	
buck-boost	364	
bucking	383	
bump	461	
bus bar	47, 94, 987	
bushing	386	
bust	149	
Butterworth	668	
BW	194	
bypass capacitor	339	
bypassing	321	
B상 귀환	94	
B상 단자	94	
B상 전선	92, 94, 986	

C

C++	879	
C-2F	492	
C-2R	492	
C-6	492	
CA3420A	646	
cabinet	43	
CAD	551, 556, 626	
CAM	561	
cancel	728	
CANCER	244	

capacitance	96, 478	
capacitive	48	
capacitive dividers	113	
capacitively	149	
capacitive reactance	97, 112, 698	
capacitive sensors	533	
capacity rating	284	
carbon film resistor	311	
carbon-zinc batteries	272	
card lifter	562	
carriage return	728	
carrier wave	685, 946	
carry bit	755	
CAT5 케이블	254	
cathode	269, 399	
CC	818	
CC-2F	492	
CC-6	492	
CD/DVD 플레이어	420	
CD 플레이어	498	
cell	269	
cement resistor	315	
center frequency	665	
center-off position switches	287	
center tap	376	
central processing unit	836	
ceramic core inductor	361	
Cermet	316	
CGRAM 주소	833	
Character Entry Mode	833	
characteristic equation	229	
characteristic impedance	261	
characteristic root	229	
charge carrier	27	
Charlieplexing	497, 903	
chassis	43, 45	
Chebyshev	668	
Chip Enable	838	
Chip Select	843	
choke	351	
CHOP	578	
Chumby	981	
circuit chiller	622	
circuit diagram	550	
CircuitLab	5, 244, 248	
CircuitMaker	244, 552	
circuit schematic	550	
CircuitWriter	622	

circular magnetic field	115	
Ciseco Plc	977	
Clapp oscillator	698	
cleaner	622	
CLEAR	762	
Clear Display	832, 833	
clearing	336	
CLK	929	
CLK 입력	773	
cloased pair	514	
clock	685, 780	
clocked flip-flop	767	
clock source	85	
CLR	929	
cluster	27	
CMOS	337, 599, 657, 732, 759	
CMOS 555	692	
CMOS 4017 10진 계수기/분할기 IC	952	
CMOS 4070 XOR 로직	952	
CMOS AND 게이트	760	
CMOS/MOSFET 제어 회로	943	
CMOS NAND 게이트	760, 781, 943	
CMOS NOR 게이트	760	
CMOS SRAM	845	
CMOS 게이트	460	
CMOS 결정 발진기	781	
CMOS 소자	732	
CMOS 인버터	688, 781	
CMOS 인버터 발진기	700	
CMOS 클럭 발생기	781	
CMOS 회로	475, 700	
CMRR	438, 599, 644	
CM 케이스	708	
CNC 라우터	559	
coaxial	254	
cold-junction	525	
Colpitts	417	
Colpitts oscillator	698	
column address strobe	845	
Column Select	843	
COM	592	
combinational logic	735	
combined effect	151	
comments	861	
common collector amplifier	431	
common-emitter amplifier	433	
common-emitter configuration	432	
common-mode chokes	360	

common-mode rejection ratio	438, 644	
common-mode signal	644	
common return	16, 41, 44, 388	
commutator	120	
comparator	650	
compensated attenuator circuit	221	
complementary MOSFET	732, 759	
complementary symmetry amplifier	439	
complex impedance	76	
complex programmable logic device	905	
computer-aided manufacturing	561	
COMS 4중 양면 스위치	659	
condenser microphones	960	
conduction band	30	
conduction time	762	
conductivity	25	
conductor	30, 393	
configurable logic cells	907	
conformal coated (dipped) inductors	359	
constant current	500	
constant current regulator	707	
constant current source	104	
constants	862	
contact noise	308	
conversion complete	818	
copper-coated board	557	
core	133	
corona discharge	27	
COS	862	
count down	788	
count up	788	
coupling	339, 698	
coupling capacitor	337	
CPLD	905, 924	
CPR	547	
CPU	836, 850	
creative commons license	981	
crimp	256	
Critically Damped	232	
cross-NAND SR flipflop	764	
cross-NOR SR flipflop	764	
crossover network	664, 967	
crowbar	477	
crystal oscillator	699	
CT	499	
curie temperature	357	
current burst	278	
current density	24	

current divider equation	53	
current gain	425	
current mirror	439	
current sense inductor	361	
current source	657	
current spike	48	
Cursor/Display Shift	833	
Cursor Home	833	
cushion	651	
custom-etched circuit board	555	
cutoff frequency	665	
cutoff region	424	
cutoff voltage	444	
cycle	86	
C 마운트 패키지	498	
C 비율	284	
C 언어	879	
C 정격	284	

D

D/A	850	
DA	327	
DAC	813, 892	
DAC8083A	816	
DAC IC	813	
DAC 출력	870	
Dallas Semiconductor	893	
damped harmonic oscillator	234	
damping agent	296	
dark current	508, 512	
dark resistance	505	
darlington pair	435	
D-Arsonval	568	
data line escape	728	
data selector	746	
David B. Fancher	368	
dBi	207	
DB-S	402	
dbW	207	
dc-bias	357	
dc-blocking capacitor	321	
DCD	862	
DC gate trigger current	473	
DC gate trigger voltage	473	
DC holding current	173	
DCR	356	
dc source	156	
dc working voltage	100	

DCWV	100, 325	
DDR	848	
DD RAM	829	
debounce	885	
DEBUG 명령	863	
decoder	748, 751	
decoupling capacitor	321, 762	
deenergizing	144, 354	
defluxer	622	
DEL	727	
delay distortion	670	
delta connection	985	
delta-sigma processing	817	
De Morgan's theorem	739	
demultiplexer	748	
deoxidizer	622	
DeoxIT	622	
depletion device	441	
depletion region	400	
depletion-type MOSFET	451	
derate	309	
derating curve	303	
design lab	616	
DesignSoft	606	
device control 1	728	
DF	327, 402	
DF로봇	980	
diac	473	
diagonal wire cutter	618	
dielectric absorption	325	
dielectrlc constant	98	
dielectric withstanding voltage	100	
DIF	402	
difference-mode signal	644	
differential amplifier	438	
differential efficiency	504	
differential input impedance	644	
differential-input voltage range	644	
differential probe	600, 601	
differentiator	640	
differnce	990	
DIG	863	
Digi International	977	
DIGIT	935	
digitally adjustable resistors	295	
digital signal processing	870	
DIL	485, 486, 851	
DIL 패키지	485	

DIMM	846, 847	
dimming effect	49	
DIN connector	258	
diode	399, 401	
diode clamp	407	
DIP	289, 314, 484	
DIP-4 케이스	708	
DIP 패키지	701	
direct current resistance	356	
direct current voltage source	11	
directional	961	
directivity characteristic	960	
disable I/O	802	
displacement current	639	
Display & Cursor On/Off	831	
dissipated power	304	
dissipation factor	326	
distortion	961	
divide-by-two counter	772	
DL-41	414	
DLC	281	
DMM	591	
DO-5	402	
DO-35	414	
domain	118	
donor electron	31	
doping	395	
double(2중)	287	
double-data-rate SRAM	848	
double layer capacitor	281	
DO 케이스	708	
DP3T	287	
DPDT	287	
DPST	259, 287	
drain	410, 762	
drain current for zero bias	444	
DRAM	843	
drift	147, 657	
drift displacement component	23	
DS18B20	527	
DS18B20 온도 센서	894	
DSP	870	
dsPIC	870	
D-Sub crimping tool	618	
dual coaxial	255	
dual complementary rectifier	388	
dual in-line	485, 851	
dual in-line memory modules	846	

dual-inline package	289	
Duemilanove	874	
duty cycle	690, 867	
dwv	100	
dynamic drive	828	
dynamic RAM	843	
D형 래치	773	
D형 커넥터	258	
D형 플립플롭	770, 773	

E

EAGLE CAD	551, 561, 880	
EAGLE PCB	557	
earth	45	
earth ground	41	
Ebers-Moll equations	244	
ECC DRAM	846	
ECG	655	
ECL(이미터 결합 논리)	599, 759	
eddy current	32	
edge-triggered flip-flop	767	
EDO	848	
EDO DRAM	846	
EEPROM	834, 839, 852, 877, 893	
EEPROM 어레이	845	
effective dielectric constant	481	
EI 변압기	379	
electret microphones	960	
electrically erasable programmable ROM	839	
electric current	6	
electric field	97	
electrolytic capacitors	99	
electromagnetic interference	358	
electromagnetism	115	
electro motive force	9	
electron flow	8	
electron gun	572	
Electronics Workbench	244, 552	
Elektor PCB Service	562	
EMC	366	
EMF	9, 119	
EMI	351, 358, 366	
emission point accuracy	504	
emitter-coupled logic	759	
emitter follower	430, 511	
EMI 방사기	368	
enable output	752	
enclosure	46, 621	

encoder 751
end of medium 728
end of text 728
end of transmit 728
energizing 354
enhancement-type MOSFET 451
enquiry 728
enrgy gap 29
envelope 581
epoxy 621
EPROM 834, 839
equivalent series inductance 325
equivalent series resistance 325
erasable programmable ROM 839
error 989
error voltage 705
ESC 727
escape 728
ESD 43, 500, 590
ESD 감응(ESD-sensitive) 549
ESD 감응 부품 549
ESD 민감성 599
ESL 325, 326, 328
ESR 325, 328, 337, 339
etching 47
Ethernet 874
excitation 144
excited 30
extended Data Out 848

F

f_0 357
fall time 586
fanout 761
Faraday's law 119
fast-action 390
fast recovery 402
FCC 946
feedback network 296, 645
ferrite bead 123, 361
ferrite choke 123
ferromagnetic material 116
FET 399, 421, 599
FET-양극성 조합 657
FET 연산 증폭기 635, 642, 645, 648, 659
FET 증폭기 960
fiberoptic 255
field 22, 27

field-effect transistor 421
field emission 20, 28
field line 115
field-programmable gate array 732, 742, 905
field strength 27
filament resistor 313
file separator 728
filled band 30
film resistor 306
filter 663
finger 318
finite temperature 30
Fio 874
firing sequence 805
flameproof 314
flash converting 819
FLED 349
flexible wire 291
floating 43, 706
floating load 43
floating return 44
flow 521
flux density 134
flux linkage 130
flux liquid 614
flux paste 614
fly-back diode 406
FM 변조(FM modulation) 417
FM 생성 420
FM 송신기 366
focus 581
foil resistor 303, 306, 312
forbidden band 30
forced responses 227
former 130
form feed 728
forward biasing 399
forward EMF 124
forward induced voltage 127
forward voltage 401
Fourier 365
Fourier series 157, 959
FPGA 732, 742, 793, 905, 934
FPGA GPIO 핀 920
FPGA 개발 보드 906
fractional uncertainty 989
frame 45
Freetronics Arduino 883

FREQOUT 7 867
frequency 957
frequency of the ac voltage 959
frequency of the sound 959
frequency response 960, 966
frequency-selective filter network 695
full adder 755
full-range speaker 967
full-wave bridge 388
full-wave center tap 388
full-wave center-tap rectifier 408
full-wave doubler 409
Full-Wave Rectified 239
full-with half-maximum 504
function generator 42
Function Set 831, 834
functions of a derivative 997
fundamental frequency 958
fundamental theorem of calculus 998
fuse resistor 314
fusible link 838
fusible resistors 295
FWHM 504
F형 커넥터 257
F형 플러그 257

G

GaAs 599, 759
gain 204, 581
gain-bandwidth products 961
galvanometer 66
gamma rays 489
ganged pot 316
gas 34
gas discharge 477
gate trigger current 468
gate trigger voltage 468
gauge number 38, 251
GB 837
generalized power law 14
general-purpose IO 908
general-purpose resistor 310
Georg Simon Ohm 23
Gerber file 561
Getting Started with .NET Gadgeteer 900
GFCI로 보호되는 콘센트 548
GHI 일렉트로닉스 980
glitch 594, 776

glow discharge	346	hi-fi	960	ideal current source	64
GND	559	HIGH	296	ideal op amp	634
ground reference	15	high-current chokes	359	ideal voltage source	62
GPIO	533, 908	high leg	984	ideal voltmeter	66
GPIO 핀	920	High-Pass Filter	214, 663	ID 선형성	448
GPRS	977	high speed	402	IGBT	385, 460
GPS	543	HiK	332	IMPATT	420
gray code	537	hold	765	IMPATT 다이오드	418
grommet	548, 564	holding current	468	impedance	43, 961
ground	40	hole	30, 396	impedance matching	263
ground bar	987	hollow bead	123	implementation constraints file	930
ground bus	47	homogeneous	157	IN5400	708
grounded load	43	hook	611	in-circuit system programming	855
ground loop	47	hop-on	319	incremental current	357
ground plane	559	horizontal mode	577	indefinite integral	997
ground reference	15	horizontal position control	581	indium-tin oxide	825
ground wire	94	Horizontal tab	728	inductance	114, 356
group separator	728	hot electron injection	840	inductance temperature coefficient	357
group signal	752	hot wire	41	inductive	48
GSM 모뎀	975	HP3631A	593	inductive reactance	151, 698
Gummel-Poon equations	244	HSPICE	244	inductive susceptance	153
Gunn	418	HS 권선	310	inductive tolerance	356
G 검류계	569	HS 형식	310	infrared	488
		hum	664, 964, 978	infrared right	867
		hybrid compounds	31	ingot	395
		hysteresis	32, 327, 641	INH	809
	H		hysteresis voltage	652	inhibit	800
H₂O	270	H-브리지	890, 944, 975	in-phase	371
half adder	755	H-브리지 모터 제어기	974	input bias current	644
half-stepping	948	H-브리지 회로망	949	input coupling	646
Half-Wave Rectified	239, 388, 408			input enable	752
half-wave symmetry	237			input offset current	645
half wave voltage doubler	409		I		input offset voltage	644, 648
Hall effect sensor	542	I²C	852, 877, 896	input resistance	207
halo effect	981	I²C FM 수신기	893	input-to-output immediacy	764
halp stepping	949	I²C 슬레이브 장치	897	inrush current	888
hardware definition language	905	I²C 인터페이스	872, 974	instantaneous current	6
hardware description language	912	I²C 직렬 인터페이스	536	instantaneous value	88
harmonic	958	I²R loss	32	instrumentation amplifiers	655
harmonic analyzer	959	I²R 손실	32	insulative spacer	256
Hartley oscillator	697	IC	484	insulator	30, 100, 393
HC	732	ICM7217	794	integrated circuit	484
HD44780	829, 877	ICSP	855, 857, 899	integrated development environment	853
HDL	905, 924, 940	IC 삽입기	565	integrated filter circuits	681
heat	34	IC의 타이밍을 제어하는 일	320	integrated-injection logic	759
heat sink	435, 621	IC 임펄스	483	integration	997
Heinrich Hertz	86	IC 제거기	619	integrator	639
henry	129	IDC	357, 358	intensity	581, 957
hFE	592	IDE	853		
HHLL	751				

Inter-Integrated Circuit	852	
intermittent dc	83	
internal recurrent sweep	581	
interpreter	857	
interrupt service routine	850	
Intersil	794	
intrinsic standoff ratio	462	
inverse Fourier transform	243	
inversion bar	739	
inversion bubble	739	
inverter	731	
inverting	715	
inverting amplifier	632	
inverting buffer	637	
inverting terminal	631	
Ipeak	328	
IR	328, 329, 339, 343, 867	
IRMS	328	
ISE	909, 921, 940	
ISE 스튜디오	906	
isolation transformer	383	
IS_SPICE	244	
Itead Studio	562	
ITO	825	

J

jacket	252	
jaw	256	
JFET	442, 448, 549, 642, 697	
JFET 연산 증폭기	648	
JFET 증폭기	448	
JFET 패키지 형식	449	
jitter	651	
JK 플립플롭	781, 784	
Johnson noise	307	
Johnson shift counter	735, 797	
Joule heating	32	
Joule Thief	372	
junction threshold voltage	401	

K

Karnaugh map	743	
Karnaugh mapping	743	
KB	837	
KBP 형	402	
Kirchhoff's current law	52	
KOH	274	

L

L(인덕턴스)	358	
L293D	944	
L293 듀얼 H-브리지 IC	951	
ladder network	812	
lagging	178	
laminated iron	133	
LASCR	513	
lasing wavelength	503	
latch	648, 764	
latch disable input	826	
latching relay	292	
latch up	642	
LCD	819, 822	
LCD 디스플레이	2	
LCD 모듈	831, 833, 877	
LCD 쉴드	883	
LCR 미터	604	
LC 공진 주파수	697	
LC 공진 필터	365	
LC 공진 회로	188	
LC 동조 회로	411	
LC 발진기	696, 699	
LC 병렬 회로	197	
LC 직렬 회로	188	
LC 탱크	697	
LC 필터 회로	714	
LC 회로	185, 188	
LC 회로망	671	
LD	826	
LDO	706	
LDO 조정기	706	
LDR	504, 887	
lead	41	
leading	178	
leakage	325	
leakage current	96, 478	
leakage flux	377	
leakage reactance	377	
leak in	642	
least significant bit	723	
LED	22, 286, 416, 420, 487, 491, 819, 822	
LED 개수	904	
LED 구동자	656	
LED 극성	592	
LED 디스플레이	2, 494, 497, 902	
LED 세그먼트	750, 820	
LED 어레이	491	

LED의 밝기	904	
LED 전압계	416	
LED 점멸기	694	
LED 칩	493	
Leonardo	874	
level conversion	900	
level-shifter	634	
level triggered SR flip-flop	767	
LF	727	
light	488	
light-dependent resistors	504	
light-emitting diode	819	
lightning arrester	386	
Li-ion	277	
Lilypad	874	
linear dc circuits	156	
linear devices	156	
linear region	444	
linear time-dependent circuits	156	
line feed	728	
line voltage	985	
Li-polymer	278	
liquid crystal display	819	
lithium batteries	272	
lithium-iron disulfide batteries	273	
Litz	380	
LLHH 출력	751	
LM10	646	
LM016L	832	
LM032L	832	
LM041L	832	
LM317	706, 709	
LM317의 잔결 제거 특성	713	
LM319 조절형 조정기	713	
LM337	706, 709	
LM383	644	
LM386 오디오 증폭기	969	
LM386 저전압 오디오 증폭기	644	
LM2575	718	
LMD18200	944	
load	664, 800	
load cell	538	
load register	802	
logic gate	731	
logic level	738	
logic probe	763	
logic pulser	763	
look-up table	522	

loop trace	70	
loudness	957	
low	722	
low drop out	706	
low-frequency relaxation-type oscillator	344	
low-pass filter	663	
Low-Pass Filter	210	
LSB	723, 755	
LSI	906	
LUT	908	
L 패드	267	

M

mA	7, 293, 297	
magnetically	149	
magnetic domain	118	
magnetic flux	352	
magnetic flux density	134	
magnetic inductor	122	
magnetic reed switch	286, 288	
magnetic saturation flux density	357	
magnetizing current	370	
magnet wire	252	
magnitude comparator	757	
mAh	283	
MakerBot	981	
male header	611	
marker	86	
mask	839	
master	894	
master reset	791	
master-slave flip-flop	768	
mathematical operators	862	
MAX	863	
MAX3372	901	
Maxim	411, 794	
maximum breakdown voltage	478	
maximum clamping voltage	478	
maximum continuous ac voltage	481	
maximum continuous dc voltage	481	
maximum dc current	357	
maximum peak current	328, 478	
maximum RMS ripple current	328	
maxing out	640	
MB	837	
MC1414 달링톤 어레이 IC	951	
MCU 제어 레지스터	851	
mean free path	20	

mean spherical candle power	491	
mean time between failures	309	
meat hook	258	
Mega 2560	874	
MEMS	535	
mercury cells	273	
metal film resistor	311	
metal oxide resistor	314	
metal oxide varistor	480	
metallic bonding	18	
metals	34	
MF5	682	
MF6	683	
mica capacitor	331	
MICROCAP	244	
Microchip	842, 851	
microcontroller	849	
microphone	957	
MicroSim/Pspice	552	
Microsoft Visio	551	
microwave	114, 488	
midget flange	492	
midget groove	492	
midget screw	492	
MIDIbox	981	
MIDI 디코더	975	
midrange speaker	967	
MIN	863	
mini	257	
Mini 2P	402	
Mini 6P	402	
miniature Relay	293	
mistake	989	
MLTV	481	
MLX90614	528	
MM5453	826	
MOD-2	786	
MOD-5	788	
MOD-6	788	
MOD-8	786	
MOD-10	777, 788	
MOD-12	788	
MOD-16	776	
MOD-16 계수기	786	
MOD-16 동기 계수기	779	
mode hop	499	
modulator	716	
MOD 값	777	

MOD 배열	788	
Moebius counter	797	
molded inductors	359	
Monolithic Memories Inc.	906	
Monome	981	
monostable	691	
monostable mode	688	
monostable multivibrator	440, 781	
MOSFET	349, 385, 451, 457, 549, 642, 659, 888, 944, 963	
MOSFET 연산 증폭기	642	
MOSFET 트랜지스터	528, 692, 759, 835, 840	
MOS IC	549	
most significant bit	723	
MOS 논리	759	
MOS 트랜지스터	549	
motional inductance	699	
MOV	480	
movable contacts	293	
moving contact arm	291	
MP3 인코더/디코더/플레이어	975	
MRI	499	
MROM	839	
MSB	723, 755	
MSCP	491	
MSOP/SSOP	486	
MTBF	309	
MTLV	480	
multilayer chip inductors	359	
multilayer varistor	481	
multimeter	66, 566	
multiple conductor	255	
multiplex	793	
multiplexed display	828	
multiplexing	902	
multiplying DAC	814	
MultiSim	73, 244	
mutual induction	148	
mV	297	
mW	297	
MΩ	297	

N

N.C.	882	
N.O.	882	
NaCl	27	
NAND	731	
NAND 게이트	740, 784, 837, 943	

Nano 874
NaOH 274
narrow-band 672
narrow-band bandpass filter 665
narrow-band notch filter 680
National Semiconductor 951
natural responses 227
NC 287
NCD 862
n-channel 441
N-channel MOSFET 759
needle-nose plier 563
neg acknowledge 728
negative feedback 632, 636
negative saturation voltage 635
negative supply voltage 631
negative temperature coefficient 523
negative threshold voltage 641
negative true BCD 752
negative true logic 722
Netduino 973
net reactance 178
neutral bar 93, 987
neutral bus 93, 987
neutral wire 41
NFM 130
NiCAD 276
Nicholas Zambetti 898
nickel metal hydride 277
NiCr 313
NiFe 전지 279
NiZN 279
NMOS 759
NO 287
nodal analysis 245
noise margin 711
Nolox 622
nominal impedance 966
nominal voltage 92
noninverting clipper amplifier 660
noninverting terminal 631
nonmetals 34
nonohmic materials 24
nonvolatile RAM 845
NOR 731
normalization 667
normally 421
normally closed 287, 882

normally open 287, 882
NOR 게이트 740, 764
NOT 731
Notch Filter 219, 663
NOT 게이트 742, 768
NOVRAM 845
npn 423
npn 전력 달링톤 943
npn 트랜지스터 425, 439, 467
npn형 양극성 트랜지스터 295, 423
NPO 세라믹 329
NPO 적층 세라믹 커패시터 339
np 접합부 398
NTC 523
NTC 서미스터 524
n-type semiconductor 31
n-type silicon 396
null 728
null frequency 666
Numata 920
Numato Labs 906, 910
n-채널 441
n-채널 JFET 441, 450
n-채널 MOSFET 759
n 채널 MOSFET 트랜지스터 807
n-채널 공핍형 MOSFET 452, 458
n-채널 증가 MOSFET 452
n형 반도체 31, 492, 507
n형 실리콘 396
n형 실리콘 결정 399

O

Octopart 973
offset errors 642
offset null 648
offset voltage 642
Ohmic heating 32
ohmic materials 23, 24
Ohm's law 296
OLED 491
OLED 디스플레이 976
omnidirectional 960
OmniGraffle 551
ones-catching 776
one-shot 687, 688, 781
one-shot/continuous-clock generator 783
one shot multivibrator 781
one-time-programmable 849

on/off 806
on resistance 444
on state-voltage 468
op amp 207, 631
Open EEG 981
open-loop voltage gain 634
open source 981
operating current 503
operating temperature and heat sinks 502
operating temperature range 503
operating voltage 503
optical power meter 502
optical power output 503
optocoupler 514, 808
optoelectronics 487
optoisolator 514
OR 731
OR 게이트 410, 736, 740
oscillator 685
oscilloscope 570
OTP 849
OTP 마이크로컨트롤러 849
output coupling 646
output resistance 208
output swing 640
output transition 778
output voltage swing 645
Overdamped 231
overshoot 411, 586, 602
overtone 957
oxidation-reduction reactions 270

P

pad-per-hole 617
paired cable 254
PAL 906
PanaVise 619
Parallax 858
parallel enable 791
parallel encoded analog-digital
   conversion 819
parallel loading 786
parallel resonance 699
parallel resonant requency 699
parasitic effect 112
parasitic inductance 147
passband 665
passband ripple 670

passive	967	
passive filters	664	
passive probe	600	
Pauli exclusion principle	29	
PBASIC2	858	
PBASIC2 프로그램	860	
PbSO4	270	
PCA9306	901	
PCA9509	901	
PCB	47, 366, 551, 556	
PCB 궤적	558	
PCB 메모리 모듈	843	
PCB 배치	975	
PCB 배치도	556	
p-channel	441	
p-channel MOSFET	759	
PCM	817	
PC 실장형 초크	358	
PC 직렬 포트	859	
PdAg	313	
peak	86	
peak current	152	
peak current rating	402, 482	
peak detector	660	
peak gate power dissipation	468, 473	
peak inverse voltage	402, 708	
peak power	337	
peak to peak	91	
peak-to-peak ripple voltage	712	
percent error	989	
perforated board	553	
period	86	
permanent-magnet stepper	947	
permeability	133	
permittivity	98	
Peurkert's equation	285	
phase inversion	642	
phase locked loop	781	
phase wire	948	
phasor	169	
phasor diagram	169	
phenolic block	256	
phenolic core	361	
phone	257	
phono	257	
phonon	34	
photodiode	506	
photodiode dark current	503	

photoelectric emission	20, 21, 28	
photoFETs	510	
photons	488	
photoresistor	504	
photothyristor	513	
phototransistor	510	
PIC16C57 마이크로컨트롤러	858	
PIC 마이크로컨트롤러	856	
piezoelectric crystals	549	
piezoelectric effect	699	
PIN	420	
pinch-off voltage	444	
pinout	790	
PIN 다이오드	418	
PIV	402, 708	
PL-259	257	
plane	254	
PLL	781	
plug-and-jack	405	
plug-and-play	978	
PMOS	759	
p-n junction diode	399	
pnp	423	
pnp 반도체	511	
pnp 전력 달링톤	943	
pnp 트랜지스터	423, 425, 439, 934	
pnp 팔로워	439	
pn 경계면	507	
pn 접합	420, 423, 462, 492	
pn 접합 다이오드	399, 491	
pn 섭합부	296, 507	
pn 접합 실리콘 다이오드	401	
pointiness	193	
point voltage	16	
polar exponential form	160	
polarity reversal	120	
polarization ratio	504	
pole	286, 668	
polymer	491	
PolySwitch	483	
POS	741	
positional accuracy	504	
position biasing	368	
positive charge carrier	31	
positive edge	929	
positive feedback	632, 640	
positive logic	736	
positive saturation voltage	635	

positive supply voltage	631	
positive temperature coefficient	523	
positive threshold voltage	642	
positive true BCD	752	
positive true logic	722	
pot	315, 497, 648	
potential	10	
potential difference	10	
potential energy	10	
potentiometer	315, 852	
power	14	
power amplifer	967	
power factor	173, 178	
power-film resistors	313	
power measuremen	502	
power rating	51, 297, 303	
power resistor	310	
power spectrum	242	
power stepping	948, 949	
power switch	581	
power wirewound resistor	311	
preamp	644	
preamplifier	208, 964	
precision	519	
precision resistor	310	
precision wirewound resistor	310	
pre-etched perforated board	555	
pre-fetched	855	
prescaler	936	
preset	789	
PRESET	762	
preset pot	315	
primary batteries	269	
priority	752	
private	924	
probe	596	
product of sums	741	
programmable array logic	906	
programmable-gain op amp	659	
programmable logic	905	
programmable op amp	643	
project board	616	
PROM	839	
prototype	552	
PSPICE	244	
PTC	523	
PTC 서미스터	524	
p-type semiconductor	31	

p-type silicon	396	RAM	835	refresh	902
public	924	Rambus DRAM	848	regulator capacitor	417
pull-up	785	ramp generator	687	rejector	196
pull-up resistor	650	RAM 전지	280	relative permeability	123
pulsating dc	83	random access memory	829, 835	relaxation oscillator	343
pulsating direct current	120	raw values	522	relay	291
pulse	11	RCA 플러그	257	remote control servos	945
pulse-code modulation	817	RC 발진기	696, 699	repetitive peak off-state current	469
pulse train	763	RC 방전 회로	226	repetitive peak off-state voltage	468
pulse-triggerd SR flipflop	768	RC 분기 제어	696	repetitive peak reverse current	469
pulse-width modulator	716	RC 상자	609	repetitive peak reverse voltage	469
pumped in	11, 13	RC 서보	945	RepRap	981
pumped out	13, 95	RC 스너버(RC snubber)	477	reset condition	764
push	25	RC 스위칭 시간 상수	402	resistance	23, 25
push-and-shove	627	RC 시간 상수	781	resistance temperature coefficient	357
pushbutton switch	286, 288	RC 완충 회로(RC snubber circuit)	321	resistive	48
push-pull	650	RC 완화 발진기(RC relaxation oscillator)	686, 781	resistive temperature detector	526
pusle width	586	RC 저역 통과 필터(RC low pass filter)	640	resistivity	25
PUT	463, 686	RC 직렬 회로망	294	resistor	50, 523
PUT 완화 발진기	464	RC 치환 상자	610	resistor array	314
PWM	716, 872, 945	RC 타이밍 회로	314	resolution	316, 520
PWM 속도 제어	944	RC 타이밍 회로망	781	resonant frequency	153
PWM 신호	497, 889, 904	RC 풀림 발진기	686	retentivity	135
PWM 증폭기	962	RC 필터	683	return	40
pyrometer	528	RC 회로망(RC network)	346, 348, 599, 714	return line	40
p-채널	441	RDC	358	return path	40
p-채널 JFET	441	RDRAM	846, 848	return wire	45
p-채널 MOSFET	759	reactive factor	178	REV	863
p-채널 공핍형 MOSFET	452	reactive power	173, 177	reverb-recover amps	308
p-채널 증가 MOSFET	452	reactor	155	reverse bias	294
*p*형 결정	400	readability	854	reversed biasing	399
*p*형 반도체	31, 398, 492	read-only memory	412, 835	reverse EMF	124
*p*형 실리콘	396	read register	802	reverse induced voltage	127
		real op amp	634	reverse parallel	294
Q		real power	173, 176	reverse stand-off voltage	478
Q(품질 계수)	357, 358, 665	real voltage source	62	reverse voltage	503
quadrature encoder	536	receiving elements	492	revolutions per minute	941
quality factor *Q*	113, 154, 357, 665	rechargeable alkaline-manganese	280	RF	43, 123, 975
quiescent point	424	recirculating memory register	804	RF/EMI 초크	351
		reconfigurable hardware	905	RFID 태그 리더	975
R		record separator	728	RF 결합	479
R/2R ladder	812	rectangular-wave	689	RF 배경 복사	589
R/2R 래더	812	rectifier	401	RF 복조	420
race condition	765	rectifier diode	399, 402	RF 송신기	330
radiation angles	504	red leg	984	RF 스위치	418
radiofrequency	488	reference level	814	RF 응용기기	420
radiofrequency choke	697	reference voltage	705	RF 초크	358, 359
RadioShack	557	reflective pair	514	RF 회로	403

RG-59/U 동축 케이블	257
RGB LED	904
ribbon	255
ribbon and plane	254
Richard G. Lyons	870
ringing	596
ripple blanking	821
ripple blanking input	751
ripple blanking output	751
ripple counter	776
ripple factor	344
ripple voltage	709
rise time	306, 504, 586
RL	326
RLC 공진 회로	193
RLC 시간 상수	344
RLC 회로	195, 699
RLC 회로의 전류에 대한 해	231
RL 가압 회로	142
RL 고역 통과형 필터(RL High-Pass Filter)	216
RL 비활성 회로	224
RL 저역 통과형 필터	211, 214
RL 회로	354
RL 회로 가압	141
RL 회로의 감도	226
RMS	89, 409, 584
RMS on-state current	473
RMS 값	39, 91, 183
RMS 멀티미터	92
RMS 전류	89, 357, 567
RMS 전압	89, 91, 302, 567
RMS 커짐 상태 전류	473
rms 형식	712
roading	596
rocker switches	286
roll off	649
ROM	412, 835
ROM 행렬	838
Ronald Rohrer	244
root mean square	89
rotary switch	288
rotor	947
row address strobe	845
Row Select	843
rpm	941
RS-232	593, 859, 900
RS 유효	830
RS 플립플롭	689

RTD	526
RTHEV	209
run	813
RuO$_2$	313
RWM	835
R/W 유효	830
Rx	900

S

SAA1027	952
sample-and-hold circuit	343, 659
sample-hold amplifier	327
sample voltage	705
sampling	659
SAR	818
saturation	961
saturation current	357
saturation region	424
Sawtooth-Wave	239
scaling	670
Schmitt trigger inverter	688
Schottky	401
Schottky barrier rectifier	708
schottky diode	403
SCL	897
SCL 핀	842
scope probe	149
Scott Edwards	858
SCR	466, 469, 658, 942
screw-insulated	492
SCR 사이리스터	399
SCS	469
SDA	897
SDA 핀	842
SDRAM	846, 848
SDRAM II	846
SDRAMM II	848
SD 카드	877
sealed lead-acid	276
SEC/DIV	582
secondary batteries	269
secondary emission	28
seebeck effect	525
Seeed Studio	973, 980
SEG	935
selectivity	191
self-biasing	447
self-induced EMF	121

self-induction	121
self-resonance	113
self-resonant frequency	113, 357
self-shielding	136
semiconductor	30, 393
semiliquid	99
semiprecision resistor	310
send	533
sensitivity	960
sequential	764
sequential logic	764
serial	899
serial access memory	841
serial clock line	897
serial data line	897
Serial Peripheral Interface	899
series resonance	699
series resonant frequency	699
Set CGRAM	833
set condition	764
set-reset flip-flop	764
setup time	771
SGS Thompson	951
SGS 톰슨(SGS Thompson)	951
sharp	193
sharper falloff	666
shellac	134
shielded inductors	359
shielded twin lead	254
shielded wire	258
shielding	380
shift	800
shift in	728
shift left	795
shift out	728
shift range	668
shift register	795
shift right	795
Shockley equation	244
short circuit	68
shot noise	308
shunt	296
shunt element	113
shunt resistor	348
Si4703	877
siemens	25, 153
signal	402
signal conditioner	569

signal degradation		666
signal scaler		569
sign-magnitude representation		726
silicon adhesive		621
silicon-controlled rectifiers		466
silicon-controller switch		469
silicon grease		563
silver oxide batteries		273
SIMM		846, 847
Simon Monk		980
Simulation Program with Integrated Circuit Emphasis		245
SIN		862
singking		761
single in-line memory modules		846
single stepping		948
single supply		646
single(단일)		287
sinusoidal source		156
SIP		314
skin effect		83, 260
SLA		276
slave		894
SLA 전지		276
SLDRAM		846
slewing		48
slew rate		643, 645
slope efficiency		504
slotted coupler/interrupter		514
SM-1		414
small outline DIMM		847
SMB		402
SMD		974
SMD 인덕터		358
SMD 인덕턴스 부호		362
SMS		977
snap switch		288
snubber		340, 346
snubbing		334
socket-and-bus strip		616
SOD-123		414
SODIMM		847
solar cell		509
solderless breadboard		616
solder wick		564
solid core		251
solid state relay		291
solid wire core		252
SOP		741
SOP 표현식		741, 743, 744
SOS		759
SO/SOIC/SOP		486
SOT		486
SOT-23		402
SOT-23		414
source		12, 664
source current		64
source follower		447
source impedance		645
source resistance		64
source terminal		64
sourcing		761
spade lug		254, 256
spark		28, 100
spark discharge		28
SparkFun		973
spark gap		477
SPDT		287, 418
spectrum analyzers		243
SPI		899
SPICE		244
spindle		316
SPI 플래시		974
split DC		387
split ring		120
split supply		40, 592, 646
SPST		259, 287, 418
SQR		862
squarewave		84
SRAM		842, 851, 852
SRF		358
SR 플립플롭		690, 764, 766, 798
SSR		293
stall current		942
standard twisted nematic display		826
standard wire core		252
standing wave		28, 265
standoff		621
start conversion		818
start of heading		728
start of text		728
state-variable		681
static RAM		842
stator		947
steatite		311
steel wool		563
steepness factor		667
Stefan-Boltzmann		528
Steinhart-Hart		523
step-down		715
step-down regulator		716
step-down transformer		703
stepper motor		947
step-up		715
stinger leg		984
STM(주사터널링 전자 현미경)		19
stop and go indicator circuit		772
stop band		665
stop-band frequency		665
strain gauge		538
stranded wire		251, 252
stray capacitance		108, 699
stray field		368
stress		101
string		28
strip		48, 380
strip line		254
strobe		796
stub		268
styrol capacitor		331
subcircuits		79
subminiature Relay		292
substitute		728
successive approximation analog-digital conversion		817
successive approximation register		818
sucker		564
sum		990
summing amplifiers		965
sum of products		741, 906
supercapacitor		281
superheterodyne		366
superposition theorem		165
supply current		645
surface-mount resistors		300
SURFBOARDS		617
surge		291, 294, 344
surgector		482
surge current		473
susceptibility		133
sweep		573, 685
sweep selector		581
switch		286
switch debouncer circuit		766

switch debouncing	770	
switched-capacitor	681	
switcher	715	
switching	402	
switching regulator	155, 717	
sync controls	581	
synchronous counter	778	
synchronous DRAM	848	
synchronous flip-flop	767	
synchronous idle	728	
Sytech Designs	980	

T

T_0	524
T-3/4 2핀	492
T-3/4 소선	492
tachometer	513
tan δ	327
tap	323
TB6612FNG	890
TC	304, 306, 311, 327, 357
TCR 등급	311
temperature coefficient of resistivity	27
temperature gradient	34
terminal count up	789
test fixture	937
test probe	763
The Handbook of Chemistry and Physics	26
thermal	523
thermal conductivity	34
thermal resistivity	36
thermal velocity	20
thermionic emission	20, 28
thermistor	523
thermocouple	525
Thevenin	76
Thevenin equivalent circuit	76
Thevenin resistance	76
Thevenin's theorem	74
Thevenin voltage	76
thick film resistor	313
thin film resistor	313
three-pole section	676
threshold current	503
through-hole	851
throws	286
thumbwheel switch	794
thyristor	465

tilt	586
timbre	957
time constant	107, 324
time dalay	586
time-dependent mathematical function	169
time-lag	390
TINALab II	604
TINAPro	244, 604
tinning	563
tip	257
titanium acid barium	331
TL783	706
TLCM1621	832
TLCM2011	832
TMP36	527, 886
TN	826
TO3 레이저 다이오드	498
TO3 패키지	498
TO-92	402
TO-202	402
TO-220	402
TO-220 케이스	708
toggle	774
Toggle Switch	288
token	858
tolerance	989
tone	970
toroidal powdered-iron transformer	385
toroids	359
torque	941
torque rating	942
TQFN	486
TQFP	486
transconductance	444
transducer	571, 814
transfer function	210
transformer utilization factor	409
transient	156, 475
transient circuit	241
transient energy rating	481
transient responses	666
transient suppressor	294
transient voltage suppressor diode	476
transistor-transistor logic	759
translator	950
transmatch	267
transparent latch	764
trans resistance	426

TRAPATT	418
triac	293, 470
Triangle-Wave	239
trigger	852
triggering effect	351
triggering point	651
trigger mode	577
TRIGGER mode switch	581
trigger point	107
trigger voltage	461
trimmer capacitor	329
trimmer potentiometer	315
trimpot	315
trip current	483
TTL	475, 657, 732, 759, 891
TTL 74194 시프트 카운터	952
TTL IC	549, 746
TTL SR 플립플롭	781
TTL 계열	759
TTL 소자	732
TTL 직렬(TTL Serial)	900
TTL 클럭 발생기	781
TTL 호환 출력	820
tuned circuit	191
tuning capacitor	329
tuning elements	252
Tunnel	418
TVS	416, 475, 476
TVS 다이오드	481
TV 동조기	841
tweeter	967
TWI	896
twin lead	254
twin-T	681
twisted pair	254
two-pole section	676
Two-Wire 인터페이스(Two-Wire Interface)	896
Tx	900
TXS0102	901
T형	258

U

UART	850, 900
UART상	872
UHF 커넥터	42
UHF 플러그	257
UJT	422, 461, 688, 942
UJT 트랜지스터	970

ULN200x 시리즈	951
ULN2803	891
Ultimaker	981
ultraviolet	489
unbalanced coaxial	255
uncertainty	989
uncompensated	649
Underdamped	233
Understanding Digital Signal Processing	870
unijuction transistor	461, 688
unipolar motors	948
unipolar stepper	949
Unitrode	944
unit separator	728
unity-gain frequency	645, 649
unity-gain inverter	637
universal asynchronous receiver transmitter	850
universal gate	740
Universal Serial Bus	850
universal stepper	949
universal synchronous/asynchronous receiver transmitter	850
unloaded Q	193
Uno	874
Uno R3	874
UPC 스캐너	499
UPS 시스템	279
USART	850
USB	850

V

V(볼트)	14
VA	176
VAC 단위	89
valance band	30
valve-regulated lead-acid	276
VAR	184
varactor	416
variable resistors	295
variables	861
Variac	381, 548, 608
varicap	416
varicon	330
varistor voltage	482
Varitronix	827
varnish	134

VCO	695, 781
Verilog	906, 924
vertical mode	577
vertical position control	581
vertical tab	728
VHDL	924, 940
VHF 범위	195
via	560
voice coil	960
voltage	12
voltage-compatible lithium	273
voltage controlled oscillator	695, 781
voltage divider equations	56
voltage level	732
voltage-level indicator	655
voltage offset error	637
voltage quadrupler	410
voltage regulator	704
voltage standing-wave ratio	265
voltage tripler	410
VOM	566
VRLA	276
VSWR	265
V_T	63, 67, 281
V_Z	412

W

W(와트)	14
washer	563
wattless power	176
waveform shapers	106, 323
weak nudge	12
white light	488
wide-band	672
wideband chokes	359
wide-band notch filter	680
Wien-bridge	695
winding	370, 380
winding ratio	389
window	654
window comparator	654
wiper	307, 316, 648
wire	492
wire strippers	618
wire-wrap	48, 619
wire-wrap board	554
Wiring	854
WOM	402

word	924
work function	20
Write Enable	843
write-register	893
WV	110

X

X-ACTIO 나이프	619
XBee	877, 975, 977
Xilinx	906, 909
XNOR	731
XNOR 게이트	739
XOR	731
XOR 게이트	739, 756, 824
x-rays	489
xy 그래픽	575
xy 플로터	570

Y

Y connection	985
Y 결선	985
Y 구성	986

Z

zener diode	412
zener's breakdown voltage	412
zero-crossing	516
zinc air batteries	274
ZnO	480
Zverk	667

ㄱ

가감 저항기	295
가공지선(shielded wire)	258, 987
가독성	854
가동 접점(movable contacts)	293
가동 접촉자(moving contact arm)	291
가변	320
가변 고주파 발진기	417
가변 릴럭턴스 스테퍼	947
가변 변압기	381, 608
가변 부하 저항	413
가변 연결	838
가변 용량 다이오드	416
가변 인덕터	122, 123
가변 자기저항 구동자 회로망	950
가변 자기저항 스테퍼	947
가변 저항	480

가변 저항기　50, 267, 295, 296, 315, 472, 520
가변 전류 제어 장치　320
가변 전압 분할기　315, 317
가변 전압 신호　3
가변 축전기　416
가변 커패시터　416
가변 회선 전압　413
가산　577
가소성 피막 유전체 동조 커패시터　610
가속기　489
가속도　571
가속도계　535
가속도계 모듈　534
가속 성분　22
가스　540
가스 방전등　490, 491
가스 센서　539
가시광　488
가시광선 LED　493
가시광선 레이저 다이오드　499
가압　354
가압 반응　141
가압 상태 전압　468
가압 인덕터　354
가열 효과　546
가요선(flexible wire)　291
가요성 연선　291
가용　768, 836
가용 게이트　746, 773, 824
가용/불용 제어　799
가용 입력　781, 831
가용 출력　752
가우스 법칙　98, 101
가우스 분포　991
가우스 평면　159
가운데 꺼짐 자리 스위치　287
가이거-뮐러 계수관　541
가장 배선 회로도　986
가장자리　768
가장자리 유발　769
가장자리 유발 D형 플립플롭　771
가장자리 유발 SR 플립플롭　771
가장자리 유발 플립플롭　767, 775
가전기기　47
가전자대　30
가전제품　546
가정 내 배선　94
가정 배선　391

가정용 선로　26
가정용 온도조절기　529
가정용 전력선　964
가정용 전선　545
가정용 전선 전압　39
가청 신호　966
가청 신호 장치　970
가청 주파수　602, 958
가청 주파수 스펙트럼　967
가파르다　193
가파른 감소　666
가파른 공진 회로　193
각도　163
각도 변위　945
각도 분해능　947
각속도　127
각 운동　521
각주파수　81, 120, 233, 236
각 차단 주파수　211, 217
각철　377
각 형식　151
각회전량　945
간극　100
간단한 경보기　290
간섭광　517
간소화 작업　58
간헐성 직류　83
갈고리　258, 611
갈래 저항기　348
갈륨　31, 395
갈륨비소 화합물　31
감광　420
감광성　558
감광저항　487
감광층　558
감광트랜지스터　487
감도　960
감마선　489
감산기　632
감쇠　120, 204, 213, 339, 581, 597, 664, 671
감쇠기　1, 222, 296, 578
감쇠 대비 주파수 그래프　667
감쇠된 고조파 진동자　234
감쇠량　213, 350
감쇠 보상 회로　221
감쇠 시간　959
감쇠 응답 곡선　668
감쇠 장치　296

감쇠 전자 진동　699
감쇠 증폭기　569
감쇠 회로망　967
감시 타이머　851
감압　144, 146, 354
감압 RL　355
감압 RL 회로　143
감은 횟수　131, 369
감전　607
감전사　546
감전 위험　46
강도　521, 957
강도 범위　958
강압　352, 384, 404, 715
강압기　404
강압 변압기　370, 389, 703
강압 조정기　716, 717
강 자료형　940
강자성체　116
강자성 회전자　947
강재심부 변압기　384
강제 반응　227
강제 전압　81
강제통풍　37
강하　108, 425
강하 저항기　497
강화 변환기　351
개발 컬렉터 구동자　891
개방 경로　398
개방단　268
개방단 정합 스터브 쌍　268
개방 루프　649
개방 루프 이득　649
개방 루프 전압 이득　634
개방 루프 전압 표현식　636
개방 컬렉터　690
개방 컬렉터 출력　807
개방형 드레인 연결　896
개방형 컬렉터 배열　534
개방 회로　69, 75, 189, 217, 480, 770
개방 회로 전압　279, 509
개별 저항　55
개별 저항기 전력 손실　56
개별 저항손　54
개별 전압 강하　58
개폐형 공급 장치　715
개행　728
갱드 팟　316

거버(Gerber) 설계 파일	556	경관용 케이블	387	고역 통과형 필터	214, 419
거버 파일	561	경관 조명에 사용하는 변압기	387	고온계	528
거짓	722	경로	12	고유 고립 비율	462, 688
거짓 진술	722	경사 계수	667, 675	고유 인덕턴스	128
건(Gunn)	418	경사 전위 발생기	464, 687	고유 임피던스	47
건식 리튬 폴리머	278	경쟁 상태	765	고유저항	134
건식 폴리머	278	경쟁 조건	779	고유 진동수	700, 958
건조기	47	경합 상태	765	고이득 전압 증폭기	633, 634
걸쇠	390	경합 조건	765	고이득 증폭	542
검류계	66, 568	곁띠	411	고임피던스	903
검멜-푼 방정식	244	계단식 LC 필터 회로망	668	고임피던스 마이크	961
검사기로 전류를 측정하는 방법	583	계수	776	고임피던스 상태	591
검사기 초기 설정	581	계전기	143, 291, 352, 406, 437,	고임피던스 입력	591
검사용 계측기	552		482, 694, 889, 971, 975	고임피던스 회로	326
검사 장비	989	계전기 구동자	295, 437, 450, 460	고저항 수동 분할기 탐촉자	598
겉보기 손실	284	계전기 보호	406	고전력	312, 402
겉보기 전류	104	계전기 코일	294, 437	고전력 PWM	963
게르마늄	30	계측기	91, 505, 548	고전력용 MOSFET	460
게르마늄 다이오드	403	계측기 회로	65	고전력 전압 조정기	485
게오르그 사이먼 옴(Georg Simon Ohm)	23	계측 증폭기	655, 656	고전력 출력	888
게이트-소스 전압	443	고광도 직류 조명	279	고전력 트랜지스터	485, 807
게이트-채널 산화막 절연체	549	고리	81	고전압	46, 140, 281, 312, 541, 549, 764
게이트-채널 항복 전압	549	고리 규칙	70	고전압/소전류 전송선	983
게이트 트리거 전류	468	고리 모양 계수기	797	고전압 스파이크	406
게이트 트리거 전압	468	고리 방정식	70	고전압 영상 신호	598
격리 변압기	383, 548, 606	고리 추적	70	고전압 응용기기	302, 330
격리 보호 기능	609	고리형 계수기	797	고전압 정전기 방전	479
격리 소자	718	고무	548	고전압 증폭기	302
격리 절연체	720	고무 그로멧	720	고전압 펄스	840
격자	7, 11, 18, 23, 27	고밀도 집적회로	906	고정	320
격자 결합력	118	고분자	540	고정밀 회로	306
격자 결합 에너지	38	고분자 중합체	491	고정 인덕터	358
격자 구조	24, 397	고성능 주파수 변환	366	고정자	31, 947
격자 진동 효과	34	고속	402	고정 자석	118
결속	554	고속 데이터 회선	477	고정자 코일	805
결속선	252, 565	고속 소자 특성화	598	고정 저항	524
결정격자 구조	29	고속 스위치	420	고정 저항기	295
결정 발진기	699, 701	고속 스위칭 응용기기용	468	고정 주파수	730
결핍 영역	260, 400	고속 안정화 증폭기	310	고조파	237, 368, 594, 958
결합	24	고속 주파수 측정	603	고조파 발진기	234
결합	339, 698	고속 표본 추출	598	고조파 분석기	959
결합 계수	148	고속 회로	368	고주파	207, 222, 311, 594
결합 계수기	787	고역 통과	346, 672	고주파 RF 회로	416
결합 인덕터	352	고역 통과 RC 능동 오디오 필터	347	고주파 간섭	714
결합제	308	고역 통과 대역 이득	682	고주파 거부	581
결합 커패시터	337	고역 통과 반응	671	고주파 과도 특성	342
경계 조건	998	고역 통과 필터	347, 351, 363, 432,	고주파 반송파	411, 417
경계 할당	728		663, 673, 967	고주파 변압기	380, 718

고주파 성분	351, 580	공유 결합	396	과도상태	156, 158, 222, 385, 474, 476, 480
고주파수	83	공정 제어	539	과도상태 억제기	294, 415, 714
고주파수 교류 전류	259	공진 각주파수	188	과도 억제	406
고주파수 발진	594	공진 임피던스	203	과도 억제기	294, 475
고주파수 분리	342	공진 주파수	153, 188, 189, 190,	과도 에너지	481
고주파수 정현파 발진기	685		310, 327, 365, 663, 665, 697	과도 에너지 정격	481
고주파 스위칭 전력 공급 장치	410	공진 주파수 Q	220	과도 전류	341, 475, 479, 481
고주파 신호	255, 363	공진 특성	666	과도 전압	475
고주파 응답	380	공진 회로	185	과도 전압 억제	420
고주파 응용기기	140, 420	공칭 단자 전압	273, 274	과도 전압 억제 다이오드	476
고주파 잡음	383, 581, 607, 664	공칭 온도	304	과도 특성	585
고주파 전류 스파이크	762	공칭 임피던스	966	과도 펄스 전류	478
고주파 초크	351	공칭 저항	302	과도한 전류	296
고준위	3, 107, 296, 343, 653, 689,	공칭 전압	92, 272, 277	과도 해석	245
	721, 722, 760, 766, 929, 971	공칭 전압 정격	285	과도현상	222, 368, 475, 500
고준위-저준위 입력 변화	779	공칭 충전 전류	278	과도현상 억제	420
고준위 전압	722	공통 공급 전압	732	과도 회로	5, 225, 228, 241
고준위 전압 수준	731, 749, 751, 771	공통 귀선(common return)	16, 388	과방전	278, 279
고준위 클럭 펄스	768	공통 귀환	41, 44	과부하	94, 476
고체 유전체	99	공통 단자	592	과부하 보호 회로	314
고출력	37	공통 드레인	417	과열	942
고출력 LED	491	공통 모드	358	과전류 방지	477
고출력 다이오드	499	공통 모드 신호	644	과전압	312
고출력 펄스	337	공통 모드 신호 제거율	438, 601	과전압 방지	479, 658, 714
고형 동도체 소선	255	공통 모드 제거율	599, 644	과전압 방지 제어 장치	658
고형 황동 전선	255	공통 모드 초크	360, 368	과전압 보호 장치	68
고휘도 고효율	495	공통 소스 증폭기	448	과충전	278, 279
곱셈 DAC	814	공통 양극	402, 902	관성 장치	520
곱셈기	632	공통 양극 LED 디스플레이	753	관찰자 효과	521
곱의 합	741, 906	공통 양극 접합부	494	광 감지 검출 회로	504
공극	136	공통 연결	259	광 감지 전압 분할기	506
공극형 커패시터 유전체	330	공통 음극	402, 902	광 검출 장치	487
공급 장치 보호	479	공통 음극 7세그먼트 LED 디스플레이	902	광 결합기	514, 515, 808
공급 전류	645	공통 음극 접합부	494	광 기밀용기	514
공급 전류 용량	67	공통 이미터 구성	432	광 다이오드	487, 493, 506, 508, 541, 651
공급 전압	51, 67, 89, 108, 145, 324	공통 이미터 증폭기	433	광 다이오드 암전류	503
공급 전압 범위	759	공통 접지	42, 43, 371, 730	광 다이오드 증폭기	658
공기	27	공통 접지점	48, 590	광달링톤	511
공기 이온	27	공통 접지 접속부	42	광대역	672, 679
공기 주입 구멍	274	공통 중앙 탭	954	광대역 고온계	528
공기 충진 솔레노이드	130	공통 컬렉터 증폭기	431	광대역 노치 필터	680
공동 소스 증폭기	459	공통 평면	824	광대역 변류기	386
공심	122, 136, 330, 360	공통 활성 저준위 가용	773	광대역 전송선 변압기	268
공심 RF 변압기	384	공핍 소자	441	광대역 초크	359
공심 변류기	384	공핍 영역	400, 423	광도계	505
공심 인덕터	131, 351, 353, 358	공핍형 MOSFET	451	광반응 양극성 트랜지스터	436
공심 코일	148	과감쇠	231	광발전 작용	16
공심형 인덕터	122	과도 반응	666	광 방출 다이오드	819

광 분리기	293, 487, 514, 515	교류 생성 방식	82	구리 차폐막	255
광 사이리스터	487, 513	교류 성분	83	구리 편조 차폐	255
광선 발산	504	교류 순환 전류	698	구성 가능 논리 소자	907
광섬유	255, 516	교류 옴의 법칙 89, 170, 174, 181, 182, 187, 205		구적 엔코더	536
광센서	658	교류원	80	구출선(tap)	323
광 의존 저항기	504	교류 응용기기	470	구현 제약 파일	930
광 인터페이스	808	교류 작동 계전기	292, 294	구형파	84, 92, 415, 687, 781, 892
광자	270, 398, 488, 493	교류 작동 스위치	295	구형파 신호	578
광자의 속도	488	교류 작동 코일	294	구형파 완화 발진기	686
광자의 주파수	488	교류 전기회로	83	구형파원	157, 241
광자의 진동수	21	교류 전력	89	구형파의 푸리에 급수	236
광저항기	295, 296, 487, 493, 504, 541, 766	교류 전력 법칙	90	구형파 주기	146
광저항기 증폭기	658	교류 전력선	100, 325, 548	국소 회로	48
광전기 방출	28	교류 전류	83, 584	군사 규격	300
광전도 동작	508	교류 전류 분할기	171	군용 규격 부호	362
광전자공학	487	교류 전류원	85	군집	27
광전자 방출(photoelectric emission)	20, 21	교류 전압	88, 90, 91, 100, 150, 325	권선	132, 135, 303, 370, 380, 606, 620
광전자 장치	487	교류 전압계	575	권선 반응저항	378
광전지	487, 509, 520	교류 전압 분할기	170, 174	권선비	374, 383, 389
광전지 전류원	508	교류 전압원	85	권선 저항기	302, 306, 308
광 절연체	293	교류 전압의 주파수	959	권선 저항기의 유도 효과	611
광 출력	499, 503	교류 전원	5, 82	권수	606
광 출력 변화	492	교류 정격 커패시터	100	궤적	561
광 출력 측정기	502	교류 조광기	472	귀로	40, 606
광 측정기	420	교류 주기	22, 87	귀선	40, 43, 44, 45
광트랜지스터	1, 399, 436, 487, 493, 510, 541, 806	교류 진동수계	575	귀환	40, 94, 383
		교류 코일	292	균형 동축	255
광트랜지스터 증폭기와 계전기 구동자	658	교류 콘센트	41, 720	균형 회선	479
광학 센서	537	교류 테브난 등가 회로	186	그라운드 필	368
광학식 장치	520	교류 파형	83, 408	그레이 코드	537
광학 장치	499	교류 해석	245	그로멧	548, 564, 565
광학적 되먹임	498	교류 회로	80	그룹 경계 할당	728
광학 필터	508	교류 회로 분석	84	그룹 신호	752
광활성 3단자 교류 스위치	513	교류회선 격리 변압기	383	그리고	736
광활성 실리콘 제어 스위치	513	교류회선 필터	363	극(pole)	286, 668
광활성 회로	506	교류회선 회로 작업	548	극복 전류	474
교대기	81	교차 NAND SR 가장자리 유발 플립플롭	775	극복 전압	473, 474
교대 저항기	3, 485, 906	교차 NAND SR 플립플롭	764	극복 주파수	649
교대 전류	80, 86	교차 NOR SR 플립플롭	764	극 삼각 형식	166
교락	965	교차된 도체	258	극성	81, 99, 320, 494, 941
교류	22	교차 왜곡	439	극성 반전	120
교류 결합기	431	교차 주파수	250	극성 반전 예방	405, 647
교류 결합 신호	407	구(domain)	118	극성 보호 회로	419
교류 결합 응용기기	646	구동축	945	극성 분자들	27
교류 결합 커패시터	321, 343, 431, 962	구리 격자 이온	38	극성 표시기	407
교류 계전기	347	구리 도체	20	극 수	287
교류 공급 장치 보호	479	구리 이온	7	극좌표 형식	161, 166
교류 발전기	81, 120	구리 전선	25	극 지수 형식	160

극파	406	기계적 회전 운동	82	나노헨리	129
극한값	6	기본 진동수	700	나선	41
극 형식	161	기본 철심 변압기	369	나선형	122
근적외선	499, 507	기본 회로	49	나선형 코일 인덕터	131, 353
근접성	521, 529	기상 관측소	539	나침반	976
근접 센서	520, 529, 537	기생 인덕턴스	147	남극	949
근접 탐지	532	기생 전력	895	남용	279
글로 방전	346	기생 정전용량	189	납땜	48
글리치(glitch)	594, 776	기생 효과	112, 325	납땜용 심지	564
금속	34	기수	925	납땜 이음부	613
금속 결합(metallic bonding)	18	기수 표시자	925	납땜인두	37, 563, 589, 613
금속관	46	기억 효과	281	납땜 펌프	613
금속 내 이온	21	기울기	538, 586	납산 셀	270
금속 도관	94	기울기 효율	504	납산 전지	269, 271, 276
금속 바이스	36	기전력(electro motive force)	9, 11, 16,	낮춤 변압기	370
금속박	254		81, 119, 126	내각 전자	489
금속 배관	41	기준 신호	585	내려 세기(count down)	788
금속 산화물	281, 303	기준 저항	310	내력	135
금속 산화물 바리스터	477, 480	기준 저항률	27	내부 발열	546
금속 산화물 반도체 FET	422	기준 전력	204	내부 배선	750
금속 산화물 반도체 전계 효과 트랜지스터	451	기준 전압	651, 655, 705	내부 에너지	34
금속 산화물 저항기	314	기준 접지	45	내부 위상 변화	649
금속 외함	46, 720	기준 주파수	588	내부 재발 소인	581, 587
금속의 전도율	26	기준 크기	814	내부 저항	37, 40, 103, 139, 189, 272, 341
금속 이온	18	기준선	586	내부 저항 모형	125, 126
금속 이온 격자 구조	19	기체	34	내부 정전용량	139, 596
금속 접점	286	기체 방전	477	내삽법	522
금속 접지면	589	기체 방전 밸브	348	내셔널 세미컨덕터	951
금속 접촉부	479	기체 분자의 운동에너지	34	내식성 펜	557
금속 차폐	254	기포 밀기	740, 743	내열성	315
금속판 가위	618	기호	23	내염(flameproof)	314
금속판 벤더	618	긴 수명	279	내염성	315
금속 표면	19	깊은 사이클링	276	내진동	273
금속 피막 저항기	300, 302, 311, 549	깜박이 LED	349	내충격	273
금속함	548	꺼짐	287	냉각액	37
금속화 피막 커패시터	336, 348	꼬인 쌍 케이블	268	냉접합	525
금지	800	꼬임 2선식	254	너트 드라이버	618
금지대	30	꼭지쇠	492	널	728
금지 회선	809	꼭지 조절형	276	널 주파수	666
급속 충전	337	끈(string)	28	네마틱 결정	824
긍정 응답	728	끈 선	254	네온	490
기가헤르츠	86	끔 상태	722	네온 전구	490
기계 명령	727	끝이 구부러진 전선 스트리퍼	618	네트워크 분석기	604
기계식 계전기	291			넷두이노	973
기계어 코드	724			노드 분석	245
기계적 고조파 발진기	234	나노	874	노드의 내부 및 외부 합계	246
기계적 고조파 진동자	234	나노암페어	7	노출형 전선	39
기계적 침식	348	나노초	86	노치 필터	219, 347, 663, 674

노턴의 정리	76, 78	니들 노즈 플라이어	563, 565	다중화 출력	829
노트북 컴퓨터	9	니블링 공구	618	다층 공심 인덕터	131, 353
노화	278	니켈-금속-수소 전지	269	다층 바리스터	477, 480, 481
노화 특성	331	니켈 수소 전지	277	다층 세라믹	762
녹색 외피	41	니켈-아연 전지	279	다층 칩 인덕터	359
녹음기	974	니켈 전극	279	다회전 팟	318
논리 IC	732	니켈 카드뮴	276	단권변압기	380
논리 게이트	3, 485, 731, 747	니켈 카드뮴 전지	276, 277, 509	단극8투	287, 746
논리곱	731	니켈 크롬	313	단극(n)투 스위치	287
논리 구동자	657	니콜라스 잠베티	898	단극 구동자 회로망	950
논리 반전	731			단극단투	259, 287, 292, 418, 709, 710
논리 분석기	552, 604	ㄷ		단극단투 스위치	287
논리 블록	908	다공성	280, 336	단극성	891
논리 상태	721	다단계 계수기	790	단극성(2상한) 회로	816
논리 소자	907	다르송발(D-Arsonval) 검류계	568	단극성 TVS	476, 478
논리 응답	806	다리 회로	296	단극 스테퍼	949
논리 입력	344, 971	다색 LED	494	단극쌍투	287, 292, 418, 746
논리적 의사 결정	721	다심	255	단극쌍투 스위치	287
논리 준위	738	다음 페이지(form feed)	728	단극 전동기	948
논리 탐촉자	3, 763	다이내믹 마이크	960, 964, 966	단극 차단기	94
논리 펄스 발생기	763	다이내믹 스피커	966	단락	69, 100, 128, 690
논리합	731	다이액	465, 472, 473	단락된 게이트의 트랜스 컨덕턴스	446
누름단추	883	다이오드	1, 5, 6, 31, 315, 348,	단락 전류	78
누름단추 스위치	288		399, 401, 497, 807	단락 회로	68, 69
누름 스위치	286, 923	다이오드 강하	419	단락 회로단	268
누마타	920	다이오드 브리지	607	단락 회로 스터브	268
누마토 랩스	906, 910	다이오드 스위치	407	단말 계수 내림	789
누설	325, 326, 480, 642	다이오드 어레이	403	단말 계수 올림	789
누설 모형	326	다이오드 전류/전압 곡선	401	단면적(전선의)	6, 25
누설 반응저항	377	다이오드 전압 강하	660	단면적에 따른 저항 감소	24
누설 인덕턴스	377, 385	다이오드 전압 클램프	407	단발/연발 클럭 발생기	783
누설 자속	377	다이오드 정류기 보호	482	단방향 게이트	400, 420
누설 저항	110, 195, 323	다이오드 클램프	407	단사(one-shot)	687, 688
누설 전류	96, 478, 512	다이오드 패키지	402	단사 다중진동자	781
누설 전류량	458	다중 LED 디스플레이	902	단사 멀티바이브레이터	781
누전 차단 콘센트	548	다중 우회 커패시터	341	단사/연사 클럭 발생기	783
누출 위험	272	다중 입력 논리 게이트	732	단사/연속 클럭 발생기	783
누화	248, 479	다중 전류원	439	단사 타이머 회로	689
능동 고역 통과 필터	677	다중 전압 분할기	60	단상 발전기	985
능동 노치 필터	680	다중 접점 슬라이더 스위치	287	단상 전력	983
능동 대역 통과 필터	678	다중 접점 회전 스위치	287	단상 전압	988
능동 소자	1, 347	다중 탭 단권변압기	381	단선 쌍	254
능동 저역 통과 필터	676	다중 판 커패시터	99	단선 중실	252
능동 정류기	660, 661	다중화	497, 793, 821, 902, 934	단선형	619
능동 클럭	779	다중화 LCD	828	단순 2진 가중 DAC	811
능동 탐촉자	599, 600	다중화 LED 디스플레이	902	단심(solid-core) 구리선	255
능동 필터	664	다중화 네 자리 디스플레이	793	단심 알루미늄	255
능동 회로	65	다중화 디스플레이	793, 828	단심 케이블	386

단안정	691	대비 수준	814	데이터 비트	900
단안정 멀티바이브레이터	440, 781	대수학	6	데이터 선택	749
단안정 모드	688	대수학의 법칙	72	데이터 선택기	746, 912, 925
단안정 연산	691	대역 거부 필터	663	데이터 수집	521
단안정 회로	694	대역 통과	204, 967	데이터 유효	830
단열재	589	대역 통과 이득	682	데이터 전송	834
단위 면적당 전류 흐름 비율	24	대역 통과 필터	347, 363, 663, 673	데이터 전송 속도	900
단위시간	6	대역 통과형 필터	218	데이터 플립플롭	770
단위 이득 주파수	645, 649	대역폭	191, 194, 200, 203, 307, 594	데이터 회선	834
단위 전하	12	대역폭 그래프	194	델타 변압기	984
단위 접두사	50, 550	대역폭 '채널'	848	델타 시그마 처리	817
단일 공급 장치	631	대용량 전해질 커패시터	712	도금	563
단일 극성	592	대용량 커패시터	281	도선	7, 254
단일 단계	784	대용량 플래시 메모리 카드	841	도체	11, 16, 24, 30, 393
단일 단말 계수 출력	790	대입과 소거	72	도체 길이	14
단일 등가 저항	58	대전된 물체	16	도체의 모양	24
단일 선형 방정식	75	대전류	291, 358, 719	도체의 저항	24
단일 양성 공급 장치	643	대전류 RF 초크	358	도체 재질	14
단일 응답 곡선	668	대전류 SCR	468, 473	도트 매트릭스 LCD	828
단일 이득 반전기	637	대전류 교류 케이블	149	도포	311
단일 이득 변환기	637	대전류 나사형	392	도핑	395
단일 이득 증폭기	637	대전류 밀도	403	도핑한 실리콘 결정	398
단일 저항 요소	49	대전류 방전 회로	320	도함수	996
단일 전기 전도체	730	대전류 소자	644	도함수의 함수들	997
단일점	47	대전류 응용	889	도형 표시 LCD	976
단일점 접지	47	대전류 초크	359	독립 변수	991
단일 정현파원	186	대전류 출력	434	독립형 오실로스코프	595
단일 펄스	763	대전류 케이블	386	돋보기	619
단자	258	대전류 토로이드	358	돌발파(bust)	149
단자끼리 연결	10	대전류 파동	285	돌입 전류(inrush current)	497, 888
딘자 진류	64, 426	대전류 퓨즈	392	동기 계수기	778, 786
단자 전압(V_T)	63, 67, 281	대지(ALT)	45, 46	동기 선택기	587
단자 직류 공급 장치	43	대지 귀환	46	동기 플립플롭	767
단전	354	대지용 접지봉	41	동기화	728, 791, 848
단전원	631, 644, 646, 654, 961	대지 접지	41, 42, 43, 45, 48, 95, 383, 592	동기화 장치	773
단전원 2중 연산 증폭기	964	대지 접지 귀환	45	동기화 조절기	581
단전원 비교기	654	대지 접지 기준 전위	42	동도금 기판	557
단전원 연산 증폭기	643	대체(ALT)	578	동도체 소선	25
단접합 트랜지스터	461, 688	대형 전력 전송 신호	598	동상(in-phase)	371
단주기	86, 531	대형 코일	122	동석	311
단주기 원천	158	덧셈의 결합 법칙	737	동작 센서	520
단초점	498	덧셈의 교환 법칙	737	동작 온도	496
단파 수신기	366	덧셈의 분배 법칙	737	동작 전류	503
닫힌 문(역방향 바이어스)	400	데시벨	204, 664, 958	동작 전압	503, 941
달라스 세미컨덕터	893	데시벨 단위	712	동작 주파수	603
달링톤 쌍	435	데이비드 B. 판처	368	동작책무주기	690, 781, 867, 889, 904
닷넷 가제티어	973, 978	데이터 레지스터	773	동작 특성	703
대다수 논리 게이트	759	데이터 버스	730	동적 RAM	843

동적 고주파	346	
동적 구동	828	
동적 저주파	346	
동조기(tuner)	411	
동조 소자(tuning elements)	252	
동조 커패시터	329	
동조 회로	191, 194, 417	
동차(homogeneous)	224	
동축	254	
동축 커넥터	259	
동축 케이블	257, 258, 260, 268, 587, 596	
되먹임(feedback)	798	
되먹임 고리	686	
되먹임 연결	804	
되먹임 저항기	781	
되먹임 회로망	296, 645	
두에밀라노브	874	
두줄감이	384	
둥근 도체	28	
듀얼 다이오드 패키지	402	
듀얼 인라인 메모리 모듈	846	
듀티사이클	690, 781	
드라이버	618	
드레멜 공구	619	
드레인	410	
드레인 단자	840	
드레인-소스 저항	454, 889	
드레인-소스 전류	422	
드레인-소스 전압	443, 454	
드레인-소스 채널	840	
드레인-소스 채널 저항	452	
드레인 전류	443, 454	
드릴 프레스	619	
드모르간의 정리	739	
들떴다(excited)	30	
들뜬 RL 회로	229	
등가 RMS	91	
등가 저항	58	
등가 직렬 인덕턴스	325, 326	
등가 직렬 저항	325	
등가 회로	53	
등각 코팅(디핑) 인덕터	359	
등방성 복사체	207	
등전류원	104	
디레이팅 곡선	303	
디멀티플렉서	748	
디메틸 탄산염	278	
디바운스	885	

디버깅	857, 863	
디서브 압착 공구	618	
디스크 커패시터	647	
디스플레이	976	
디스플레이 자리이동	833	
디옥싯(DeoxIT)	622	
디자인 랩	616	
디자인소프트	606	
디지털	295	
디지털 VOM	566	
디지털 검사기	571, 594	
디지털 계수기	485	
디지털 논리 게이트 IC	732	
디지털 디멀티플렉서	809	
디지털 멀티미터	91, 437, 567, 569, 591	
디지털 멀티플렉서	809	
디지털 비교기	757	
디지털 센서	520	
디지털 시스템	723	
디지털식 조절 저항기	295	
디지털 신호	721, 805	
디지털 신호 처리	571, 870	
디지털-아날로그 변환기	460, 701	
디지털-아날로그 변환 회로	3	
디지털 오디오 시스템	517	
디지털 오실로스코프	572	
디지털 온도계	527	
디지털 이득	659	
디지털 전력 증폭기	962	
디지털 전자공학	84, 721	
디지털 전자기기	3	
디지털 접지	48	
디지털 제어 주파수 회로	808	
디지털 증폭기	963	
디지털 집적회로	3, 6	
디지털 출력	521	
디지털 측정	575	
디지털 측정기	992	
디지털 팟	320	
디지털 회로	3, 48, 296, 805	
디커플링	340	
디커플링 커패시터	328	
디코더	485, 748, 751, 752, 824	
디코딩	750	
딘 커넥터(DIN connector)	258	
딥(DIP)	289	
딥 스위치	289	
땜납	563, 565, 613	

땜납 브리지	614	
땜납 연결용 포스트	256	
땜납 팁	615	
땜납 흡입기	565, 615	
떼냄(hop-on) 저항	319	
또는	736, 831	
띠	48	
띠판	254, 380, 390	

ㄹ

라디안	163	
라디오셰이크	557	
라디오 수신	155	
래더형 회로망	812	
래치	648, 764, 819	
래치 불용 입력	826	
래치식 계전기	292	
래치업	642, 648	
래치 타이머	344	
램버스 DRAM	848	
램프	158	
램프파	84	
런	813	
레드 레그	984	
레오나르도	874	
레이저	420, 489	
레이저 다이오드	549	
레이저 통신 응용기기	503	
레이저 파장	503	
레이저 포인터	420, 498	
레인지 선택기	569	
레지스터	797, 851	
레지스터 선택 회선	829	
레지스터 적재	802	
레지스터 판독	802	
렌치	618	
렙랩	981	
로그-로그	664	
로그-선형	664	
로그-선형 그래프	664	
로그 테이퍼	316, 319	
로그 특성	318	
로날드 로러	244	
로드셀	538	
로직 회로	341	
로진 플럭스	563	
로터리 스위치	537	
로터리 엔코더	534	

룩업테이블	908	
리드	31, 41, 99, 484	
리드가 없는 얇은 4중 평면	486	
리드 계전기	291	
리드선 벤더	565	
리드 프레임	484	
리모컨	493	
리본	255	
리본 케이블	258	
리액터	155	
리액턴스	97	
리차드 G. 라이온스	870	
리츠	380	
리튬 이온	277	
리튬 이온 전지	278	
리튬 이황화철 전지	273	
리튬 전지	272	
리튬 중합체 충전기	974	
리튬 폴리머 전지	278	
리튬 화합물	277	
리플 계수기	776, 777, 786, 928	
리플 블랭킹 입력	751	
리플 블랭킹 출력	751	
리플 전압	709, 713, 719	
리플 클럭	791	
릴리패드	874	
링 카운터	797	

ㅁ

마그네틱 코일	293	
마른 접점	293	
마모 메커니즘	481	
마스크	839	
마스크 ROM	839	
마스터	768, 894, 899	
마스터-슬레이브 SR 플립플롭	769	
마스터-슬레이브 플립플롭	768	
마스터 재설정	791, 801	
마스터 재설정 입력	787	
마이카 커패시터	331	
마이크	1, 82, 543, 957, 975	
마이크로소프트 비지오	551	
마이크로스위치	288	
마이크로심	244	
마이크로심/피스파이스	552	
마이크로암페어	7	
마이크로전기기계시스템	535	
마이크로초	86	

마이크로칩	9, 842, 851	
마이크로컨트롤러	296, 320, 485, 721, 745, 758, 831, 849	
마이크로파	9, 488	
마이크로파 다이오드	418	
마이크로파 스위치	418	
마이크로파 트랜지스터	549	
마이크로폰 케이블	257	
마이크로프로세서	831	
마이크로헨리	129	
마일러	334	
막대그래프	494	
만능 기판	553	
만능 보드	553	
말굽 단자(spade lug)	254, 256	
맞음 위상 상태	192	
맞춤 식각 PCB	553	
맞춤형 MROM	839	
맞춤형 식각 회로 기판	555	
맞춤형 준위 변경 IC	901	
매개변수	937	
매개변수 변환법	157, 164	
매질	27, 38, 488	
매체 종료(end of medium)	728	
맥놀이(beat)	84	
맥동성 동작	719	
맥동성 직류	83, 408	
맥동성 직류 파형	709	
맥동 전압	434, 719	
맥동 직류	120	
맥스웰 방정식	101	
맥스웰의 변위 전류	102	
맥심	411, 794	
맴돌이 전류(eddy current)	32	
멀티미터	3, 66, 552, 566, 589, 604, 989	
멀티심	73, 244	
멀티테스터	566	
멀티플렉서	485, 809	
메가 2560	874	
메가옴(MΩ)	297	
메가옴-마이크로패럿	328	
메모리	3, 320, 485	
메모리 IC	835	
메모리 백업 장치	283	
메모리 뱅크	846	
메모리 어레이	844	
메모리 회로	588	
메모리 효과	276	

메이커봇	981	
메탄가스 농도	540	
메트로놈	694	
멱급수	160	
면심입방격자 구조	18	
면심입방체	19	
명령 레지스터	851	
명령 해독기	851	
명부 활성(light-activated)	512	
명부 활성 SCR	513	
명부 활성 계전기	512	
명부 활성 사이리스터	513	
명부 활성 트라이액	513	
명부 활성 회로	506	
모놀리식 메모리스	906	
모놀리식 세라믹 커패시터	327, 343	
모놈(Monome)	981	
모듈	924	
모듈 제조업체들	980	
모드 도약	499	
모드 바뀜	499	
모드 선택-기능표	791	
모드 신호	644	
모드 홉	499	
모선(bus)	48	
모선 도체	47, 48, 987	
모재	311	
모터	2, 891	
모터 제어 펄스	942	
몰드형	358	
몰드형 RF 초크	358	
몸통 단자(body terminal)	457	
뫼비우스 계수기	797	
무극성 전해질 커패시터	99	
무땜납 브레드보드	616	
무반동 스위치	689	
무부하	210, 942	
무부하 Q	193, 196	
무부하 상태	309	
무부하 전류	431	
무부하 전압	79	
무부하 조건	409	
무부하 출력	218	
무상관 오차 계산 공식	991	
무선	411	
무선 결합	479	
무선 발진기/송신기	366	
무선 수신기	366	

무선 온도계 모듈	977
무선 전동 공구	279
무선 전파	122
무선 제어 RC 서보	946
무선주파	488
무선 주파수	123, 946, 975
무선 주파수 응용기기	378
무선 주파수 초크	417, 697
무연납	563
무전류 전압	77, 269, 509
무정위 모드	688, 781
무지향성	960
무한 저항	954
무한한 입력 저항	65
무한한 전하 중성	42
무효율	178
무효 전력	173, 176
묶음 단위 PCB 표시기	494
문자 입력 모드	833
문턱(threshold)	689
문턱 값	401, 405
문턱 전압	686
물	27
물리적 변위	539
물리적 속성	519
물질의 고유 속성	25
물질의 저항률	25, 27
미국 전선 치수	38
미끄럼 접촉자	586
미니	257, 874
미디박스	981
미분	102
미분 계수	996
미분기	632, 640
미분 방정식	71
미분법	996
미분 효율	504
미세 주파수 제어	578
미적분	9
미적분학의 기본 정리	998
미정계수법	157, 164
민감도	293
민감한 장비	481
민감한 집적회로	43
민감한 회로	16, 703
밀가-당기기	650
밀리미터파 응용기기	420
밀리볼트(mV)	297

밀리암페어(mA)	7, 293, 297
밀리암페어시(mAh)	283
밀리와트(mW)	297
밀리초	86
밀리헨리	129
밀봉형	276
밀봉형 납산 전지	276, 279
밀침(push)	25
밀폐형 변압기	92

━━━━━━━ ⓗ ━━━━━━━

바깥 껍질 전자	488
바깥 전자	396
바나나	256, 611
바나나 잭	43
바나나 잭/바인딩 포스트	710
바나나 플러그	582
바니쉬	134
바니쉬 피복	252
바리스터	416, 480
바리스터 전압	482
바리악	381, 548, 608
바리콘	330
바릿(Baritt) 다이오드	418
바운싱	885
바이너리 카운터	485
바이메탈	390
바이스(Vise)	619
바이어스	424, 430
바이어스 전압	417
바이어싱 저항기	962
바이트 배열	897
바이폴라 모터	948
바이폴라 트랜지스터	295, 418, 510
바인딩 포스트	562, 565, 720
바코드 리더	420
바코드 스캐너	499
박막 저항기	312, 313
박막 칩 저항기	302
박 저항기	312
박편(foil)	303
박편 저항기	306, 312
박편형 저항기	303
반가산기	755
반고정 가변 저항기	315
반고정 전위차계	319
반공진	196
반공진점	198

반기전력	124
반대극 병렬 접속	480
반도체	30, 393
반도체 계전기	291
반도체성	393
반도체 스위치	364
반발력	11, 12
반발 효과	12
반복 소인 동작	579
반복 시 최대 역전류	469
반복 시 최대 역전압	469
반복 시 최대 오프 상태 전류	469
반복 시 최대 오프 상태 전압	468
반사 전력	266
반사 전압	587
반사 짝	514
반사체	493
반사파	266
반사 펄스	587
반송파	685, 946
반송파 변조	685
반시계 방향	941
반시계 방향 회전	945
반이중 가산기	755
반유동체	99
반응 계수	325
반응 곡선	649
반응률	178
반응성 전력	325
반응 시간	495
반응저항	97, 112, 114, 167
반응 전력	173, 175, 177
반응 특징	666
반응 회로	175
반전	577, 715, 726, 739, 824
반전 구성	716
반전 기포	739, 740
반전 단자	631
반전 단전원 교류 증폭기	647
반 전력	200
반전 막대	739
반전 버퍼	637, 661
반전 비교기	653, 654
반전 비교기 회로	651
반전 스위처 조성기	717
반전 입력	631, 636, 813, 819
반전 입력 게이트	740
반전 증폭기	632, 637, 811, 961

반치전폭(full-with half-maximum, FWHM)	504	배리트로닉스	827
반파장 대칭	237	배선	62, 258, 924
반파장 평균	92	배선 버스	932
반파 전압 2배기	409	배선 불량	475
반파 정류	239	배열	49
반파 정류기	345, 388, 408	배음	957
반파 정류기 회로	409	배전반	92, 94, 986
반파 평균값	91	배진동	957
반향-복원 증폭기	308	배진동 모드	700
받개(acceptor)	31	배진동수	700
발광 경로	28	배진동 주파수	700
발광 다이오드	487, 491	배진동형 결정	700
발광 장치	487	배타적 게이트	739
발산된 전력	50	배타적 논리합	731
발열 소자	91, 540	배타적 부정 논리합	731
발전기	42	배타적 연산	737
발전소	984	백금 RTD	526
발진기	1, 6, 351, 435, 485, 493, 685, 716, 781, 851	백동 합금	391
발진기 진폭 제어 회로	449	백만분율(ppm)	304
발진기 회로	82, 463, 632, 685, 959	백분율 오차	570, 989
밝기 조절	296, 831	백색광	488, 489
방사각	504	백색 광자	488
방사성 동위 원소	540	백스페이스	728
방사 전자기 간섭	356	백플레인	824, 906
방열	37, 720	밸런 초크	360
방열 소자	311	밸브 조절형 납산 전지	276
방열판	37, 458, 502, 564, 565, 621	밸브 증폭기	389
방염제	314	버랙터	416, 420
방전	16, 27, 43, 155, 346, 689	버랙터 다이오드	417
방전 간극	477	버스	896, 924
방전 경로	689	버스 시향 시스템	773
방전 곡선	285	버킹(bucking)	382, 383
방전 그래프	284	버터워스	668
방전 속도	106, 320	버터워스 능동 필터	676
방전 시간	284	버터워스 필터	670
방전 전류	278	버트 커넥터	618, 621
방전 전압	279	버퍼	661
방전 중인 커패시터	107	벅(buck)	364
방전 커패시터	176	벅 변환기	364
방전 트랜지스터	689	벅-부스트	364
방정식, 키르히호프의 고리	158	벅-부스트 변환기	364
방추(spindle)	316	번개	475
방출	762	범용 게이트	740
방출 스펙트럼	499	범용 기능 발생기	602
방출 위치 정확도	504	범용 동기/비동기 송수신기	850
방향	521	범용 레지스터	851
방향성	961	범용 비동기 송수신기	850
		범용 스테퍼	949
범용 스테퍼 모터	948		
범용 입출력	908		
범용 입출력 핀	533		
범용 저항기	310		
범용 직렬 버스	850		
범용 직렬 인터페이스	851		
범용 패킷 라디오 서비스	977		
범용 함수 발생기	602		
범위 선택기	569		
범위 탐촉자	149		
범프	461		
베릴로그	906, 924		
베릴로그 리플 계수기	938		
베셀	668		
베셀 필터	670		
베이스	423, 428		
베이스-이미터 역방향 항복	807		
베이직 스탬프	857, 858, 879		
베타	524		
벡터	924		
벤저민 프랭클린	7, 17, 24		
벤치 오실로스코프	593		
벨	204		
벨로우즈	539		
벼락	9		
벽면형 어댑터	411		
변류기	386		
변수	861		
변압기	1, 6, 32, 82, 178, 345, 352, 368, 408, 601, 707		
변압기 이용률	409		
변압정합	267		
변위	23, 147		
변위 전류	101, 103, 104, 431, 639		
변위 전류 방정식	640		
변위 표현식	101		
변조기	1, 716		
변조기/복조기 회로	808		
변조기 회로	959		
변조 분석기	604		
변파 정류기	707		
변형력	101		
변형률	571		
변형률 게이지	538		
변형 측정계	520, 538		
변환기	82, 571, 950		
변환 버퍼	637		
변환 완료	818		

병렬 52, 297, 480
병렬 LC 회로 181
병렬 가용 입력 791
병렬 계수기 799
병렬 공진 351, 699
병렬 공진 주파수 699
병렬 공진 회로 196
병렬 공진 회로의 동적 저항 199
병렬 다이오드 405
병렬로 둔 커패시터 109
병렬로 둔 인덕터 149, 354
병렬 반응저항 190
병렬 부품 49
병렬 부하 790
병렬 분기 58
병렬 실행 924
병렬인 경우의 인덕턴스 354
병렬 인코딩 변환 817
병렬 인코딩 아날로그-디지털 변환 819
병렬 입력 795
병렬 입력 회선 779
병렬 저항 153, 195, 203, 218, 638
병렬 저항기 52
병렬 저항기 공식 811
병렬 저항 회로 64
병렬 적재 786
병렬 적재 모드 800
병렬 전송 730
병렬 조합 58
병렬 출력 795
병렬 커패시터 153, 322
병렬 판 커패시터 99
병렬 회로 49, 52, 69, 176, 202
보관 수명 272
보관 온도 303
보드 플로터 552
보상 감쇠기 221
보상 네트워크 649
보상된 감쇠기 회로 221
보상형 커패시터 598
보상 회로망 649
보안 경보기 290
보울 395
보이스 큐일 960
보일러플레이트 978
보자력(retentivity) 135
보정 521, 649
보정되지 않은 649

보정 저항기 649
보정 회로망 649
보조 기억 장치 835
보조 변압기 371
보호 406
보호 격리 718
보호 장치 68
보호 회로 403, 478
복귀 728
복소수 159, 166
복소수 표현 방식 167
복소 임피던스 76, 164, 235
복소평면 159, 166
복소평면에 사용하는 피타고라스 정리 177
복합 프로그램 가능 논리 소자 905
복호기 751
복호 회로망 310
본문 시작(start of text) 728
본문 종료(end of text) 728
볼츠만 상수 307
볼트(V) 14, 294
볼트암페어 176
볼트-옴-밀리암페어 566
부극성(negative) 689
부극성 가장자리 767, 787
부극성 가장자리 유발 768, 775
부극성 조정기 710
부극성 클럭 가장자리 768
부극성 클럭 펄스 768
부도체 27, 30, 95, 100, 393
부동 706
부동 게이트 840
부동 귀로 44
부동 귀환 44, 46
부동 부하 43
부동 충전 278
부르동 관 539
부분 전류 75
부스트 364
부스트 변환기 364
부스트 인덕터 352
부스트 컨버터 352
부스팅 382, 383
부식성 614
부싱(bushing) 386
부온도계수 523
부울 논리 722
부의 참 BCD 752

부의 참 논리(negative temperature coefficient) 722
부저 2
부저 경보 766
부정 논리곱 731
부정 논리합 731
부정 연산 737
부정 응답 728
부정적분 997
부트 로더 857
부품 검색 엔진 973
부품 극성 550
부품들의 전압 변화 74
부품 라이브러리 551
부품 번호 746
부품 수치 550
부품의 온도 37
부품의 작동 온도 37
부품 정격 191
부하 11, 32, 78, 309, 664
부하, 고열 498
부하 균형 조절 94, 987
부하 변동 434
부하에서 일어나는 총 전력 손실 61
부하 요소 49
부하의 저항기 전력 정격 61
부하인가 596
부하 인가 효과 653
부하 장치 38
부하 저항 64, 76, 80, 85, 212, 219, 285
부하 전류 16, 40, 47, 283, 284, 285, 413
부하 전류 조정 317
부하 전압 413
부하 전압 조정 317
부하 접지 47
부하 회로 203
부호기 751
부호기 IC 412
부호 변환 516
부호 비트 726
부호 절대치 표현법 726
부호 절댓값 표현법 726
부호 중요 방식 표현법 726
부호해독기 751
부호화 3, 289, 412
부회로 79
분당 회전 수 941
분로(branch) 49, 108, 296

분로 소자	113
분로 저항기	348
분리	340
분리 극성	592
분리기 트라이액	516
분리 성능	326
분리 커패시터	321, 328, 343, 762, 974
분말 철심	136, 137, 353
분말 철심 토로이드	353
분배 전원	415
분전반	93, 94
분할 링	120
분해능	316, 520, 521, 537, 892
불균형 동축	255
불균형 동축 케이블	257
불균형 회선	479
불꽃	28, 40, 100
불꽃 방전	28, 144, 475
불꽃 전압	100
불 논리	722
불 대수	736, 737
불량 접속	586
불리언 논리	722
불순물	19, 21, 23, 100
불연성 저항기	301
불완전물	19
불용	768, 836
불용 처리	749, 767
불 표현식	736, 740, 743
불확실도(fractional uncertainty)	989
불확실성(uncertainty)	989
불확정 조건	770
붓 방전	28
붕괴	132
붕괴 자기장	127
붕소	31, 395, 396
붙박이 저항기	295
붙음(hop-on) 저항	319
브러시	81
브러시가 없는 모터	947
브레드보드	3, 5, 553
브레드보드 점퍼선	252
브레이드	615
브레이크아웃 보드	973
브롬	490
브리지	286
브리지 다이오드	607
브리지 정류기	403, 707, 708

브릿지 회로	296
블레이드	391
블록선도	689
블루투스	975, 977
블리더 저항기	714
비교기	485, 632, 650, 689, 806, 819, 963
비교기 출력 구동자	657
비글보드	981
비금속	34
비단주기 원천	158
비동기 계수기	776, 786
비동기 설정	769
비동기 입력	769
비동기 직렬 통신	850
비동기 플립플롭	767
비반복 신호	579
비반전 단자	631, 653
비반전 단전원 교류 증폭기	647
비반전 비교기	653, 654
비반전 비교기 회로	651
비반전 입력	365, 631, 636, 813, 962
비반전 증폭기	962
비반전 클리퍼 증폭기	660
비선형 소자	5
비선형 장치	6
비선형 조정기 회로망	715
비선형 회로	75
비소	395
비쉐이 데일	368
비아	560
비안정 멀티바이브레이터	440, 780
비안정 모드	688, 781
비안정 상태	690, 691
비안정 연산	690
비인쇄 문자	727
비인쇄용 아스키 문자	727
비자성체	131
비자성 회선	147
비절연 폐쇄	618
비접합 FET	422
비정상적인 동작	475
비정전 흡입기	615
비정합 임피던스	264
비정현파 비반복 원천	158
비정현파원	157, 235
비정현파 주기 전원	5
비조정 전압	714
비주기적인 전압	241

비주기적 함수	241
비주얼 베이직	861
비케이 프리시전	609
비트	554, 722, 730
비트 자리이동	856
비트 자리이동 레지스터	795
비활성 리드	255
비휘발성 RAM	845
비휘발성 SRAM	845
비휘발성 데이터	841
비휘발성 메모리	840
빈 브리지	695
빈 브리지 발진기	695
빛	11, 13
빛의 속도	22, 488
빛저항기	487
뺄셈기	632

ㅅ

사각파	689
사용률	690
사용 온도	303
사용자 정의 그래픽	833
사용 주기	781
사운드 인터페이스	891
사이렌	970
사이리스터	385, 465
사이먼 몽크	980
사이텍 디자인스	980
사인 값	85
사인파	84, 415, 892
사인 파형	88
사인 함수	88, 152
사전 비율 조정기	856
사전설정	789
사전 식각 천공 기판	555
사전 제작 모듈	974
사전 페치	855
사태 다이오드(avalanche diode)	477, 484
사태 효과	484
산술 논리 연산 장치	754
산탄 잡음	307, 308
산화	26
산화방지 결합 화합물	622
산화베릴륨	311
산화아연	480
산화알루미늄	313
산화은	271

산화은 전지	273	
산화제2수은	273	
산화주석	314	
산화환원 반응	270	
삼각 결선	985	
삼각 결선 변압기	984	
삼각 구성	986	
삼각법	166	
삼각파	84, 92, 239, 687	
삼각파 발진기	963	
삼각파 생성기	687	
삼각파원	157	
삼각 파형	963	
삼각 형식	161	
삽입 손실	267, 479	
상-대지 간 부하	985	
상-대지 간 위상 벡터도	985	
상대 투자율	123, 136	
상 뒤집힘	642	
상 반전	642	
상방 주파수 한계	664	
상보성 MOSFET	732, 759	
상보적인 트랜지스터 쌍	943	
상보형 대칭 증폭기	439	
상보형 조정기	709	
상수	862	
상승	425	
상승 시간	306, 311, 504, 586, 959	
상승 전압	983	
상업용 변압기	387	
상용 리튬 폴리머 전지	279	
상용 커패시터	96, 99	
상 전선	948	
상태 가변	681	
상태 가변 필터 IC	681	
상태 레지스터	851	
상향 계수	788, 790	
상향전이	649	
상호 보완성	327	
상호 유도	148, 964	
상호 인덕턴스	148	
상호작용 효과	151	
새로 고침	902, 904	
새로 고침 주기	904	
색 온도	491	
생성 열량	32	
서멧	316	
서미스터	1, 295, 523, 766, 887	
서보	891	
서보 구동자	945	
서보 모터	864, 866	
서보 모터 제어	890	
서보 제어 회로	946	
서 있는 파동	265	
서젝터	475, 477, 482	
서지	291, 294, 302, 344, 475, 703	
서지 전류	314, 409, 473	
서지 전류 정격	708	
서킷라이터	622	
서킷랩	5, 244, 248	
서킷메이커	244, 552	
서프보즈	617	
선간 부하	985	
선간 위상 벡터도	985	
선간 전압	985	
선 격리 변압기	606	
선로 임피던스	587	
선로 전압	390, 985	
선로 전압 조절	609	
선로 조정	413	
선번	38, 251	
선속 밀도	134	
선 전류	200, 986	
선 전압	381, 985	
선-중성 간 부하	985	
선-중성 간 위상 벡터도	985	
선택도	191, 200	
선택 신호	796	
선택 입력	659	
선행	178	
선행 전류원	657	
선행 클럭의 하강	730	
선행 파형	87	
선형 1차 동차 미분방정식	224	
선형 1차 비동차 미분방정식	141, 145	
선형 2단자 직류 회로망	76	
선형 2차 동차 미분방정식	157	
선형 2차 비동차 미분방정식	157, 164	
선형 공급 장치	715, 719	
선형 관계	23	
선형 근사	523	
선형 변단면	316	
선형-선형	664	
선형성	886	
선형 소자	164	
선형 시간의존 회로	156	
선형 영역	444	
선형 응답 저항기	449	
선형 장치	156	
선형 직류회로	156	
선형 테이퍼	319	
선형 회로	75, 236	
설정	768	
설정 시간	771, 780	
설정-재설정 플립플롭	764	
설정 조건	764	
섬광	546	
섬락 효과	312	
섭씨온도	304, 525	
성능 지수	327, 328	
성분별 주파수	663	
성형 인덕터	359	
세그먼트 구동 핀	935	
세라믹	341	
세라믹 공진기	856	
세라믹 발진기	880	
세라믹 심	302	
세라믹 심 인덕터	361	
세라믹 커패시터	114	
세라믹 트리머 커패시터	114	
세정제	622	
센서	16	
셀	269	
소거 및 프로그램 가능 ROM	839	
소리	891	
소리굽쇠(tuning fork)	958	
소리 세기	204	
소리 신호	957	
소리알(phonon)	34	
소리의 강도	957	
소리의 진동수	959	
소리 크기	957	
소리 활성 스위치	971	
소멸	336	
소비	15	
소비 전력이 많은 회로	37	
소비한 전력	33	
소스	441	
소스-드레인 전류	422	
소스 저항	64, 448	
소스 전류	887	
소스 팔로워	447	
소스 팔로워 증폭기	448, 459	
소신호 스위칭	402	

소인(sweep)	573
소인 발생기	579
소인 선택기	573, 581, 587
소인 속도	578
소인 주파수 제어	578
소전류 SCR	468
소전류 트라이액	473
소켓	256
소형 계전기	293
소형 신호 변압기	385
소형 아웃라인 IC 패키지	486
소형 아웃라인 트랜지스터	486
소형 장치	278
소형 커패시터	154
속도 분포 법칙	20
속도 비율	685
손목 끈	590
손목 보호대	549
손바퀴형 스위치	609, 794
손상 복구	336
손실	326
손실 현상	327
손전등	12, 490
손전등 회로	13
솔(brush)	318
솔더윅	615
솔레노이드	2, 116, 122, 131, 352, 482
송신	533
송신기	265
송전 선로	385
송화기	543
쇠줄	619
쇠테 접점 퓨즈	392
쇠톱	619
쇼클리 방정식	244
쇼트키	401, 420
쇼트키 다이오드	403, 405, 406
쇼트키 다이오드 단말	411
쇼트키 장벽 정류기	708
쇼트키 정류기	406
수광 소자	492
수동 소자	153, 347
수동 적외선(PIR) 검출기	534
수명주기	279, 283
수분 센서	539
수분 함량	27
수산화나트륨	274
수산화니켈	276

수산화카드뮴	276
수산화칼륨	274, 276, 280
수소 이온	270
수소 저장 합금	277
수신 핀	533
수은	289, 490
수은 기울기 스위치	289
수은 셀	273
수은 전지	271
수은 증기 전구	490
수정 결정	699
수준 변환기	974
수준 이상기	634
수직 모드	577
수직 위치 조절기	581
수직 좌표	159
수직 탭	728
수 체계	722
수축 튜빙	620
수치 연산자	862
수컷 단자	255
수컷 말단	256
수컷 헤더	611
수파기	196
수평 극	949
수평 모드	577
수평 변위	657
수평 위치 조절기	581
수평 좌표	159
수평 탭	728
순간적인 전류량	996
순간 전압	703
순간 접점	287
순기전력	121, 124
순 내부 저항	79
순 반응저항	178
순방향 pn 접합	483
순방향 바이어스	399, 412, 418, 494
순방향 변환기	410
순방향 유도 전압	127
순방향 전류	296
순방향 전류 처리 용량	403
순방향 전압	139, 296, 401
순수 잡음	307
순수한 실리콘	396
순수한 저항성	88, 267
순시 값	88, 592
순시 전류(instantaneous current)	6, 996

순시 전류 흐름	9
순 영전하	41
순차 논리	764
순차 논리 IC	769
순차적	764
순환 전류	191, 200
숫자 서식	925
숫자 키패드	883
쉘락	134
슈미트	343
슈미트 인버터	806
슈미트 트리거	688, 794
슈미트 트리거 인버터	688, 782
슈타인하트-하트(Steinhart-Hart) 방정식	523
슈테판-볼츠만(Stefan-Boltzmann) 법칙	528
슈테판-볼츠만 상수	528
슈퍼커패시터	281, 336, 348
스냅 스위치	288
스너버	340, 346
스너블링	6
스니퍼	565
스루홀	851
스위처	715, 719
스위치	1, 10, 97, 286, 731, 882
스위치 개폐	223
스위치 기호	287
스위치 닫힘(closed)	785
스위치드 커패시터	681
스위치드 커패시터 필터	683
스위치 디바운서	766, 831
스위치 디바운서 회로	766, 785
스위치 디바운싱	770
스위치 모드	720
스위치 모드 가변 전력 공급 장치	593
스위치 모드 전력 공급 장치	546, 703, 718
스위치, 쌍방향	659
스위치 염(open)	785
스위치 접점	143, 144, 289
스위치 접점 안정화	770
스위치 접촉 열화	145
스위치 튐	766
스위치 튐 현상 보정	770
스위치 튐 현상 보정 회로	766
스위칭	402, 651
스위칭 공급 장치	719
스위칭 레귤레이터	155, 351, 364, 501
스위칭 배열	291
스위칭 속도	291, 292, 458

스위칭 전력 공급 장치	715	
스위칭 조정기	716, 717	
스위칭 주파수	155	
스위프	573, 685	
스윙 무결성	657	
스윙 변위 전환 속도	945	
스캇 에드워즈	858	
스케일링	670, 812	
스택 포인터	851	
스택 할당	836	
스터브	268, 367	
스터빙	334	
스테레오 라디오	9	
스테아타이트	311	
스테퍼	891, 947	
스테퍼 모터	804, 947	
스테퍼 모터 제어	891	
스테퍼 모터 제어기	974	
스텝	158	
스톨 전류	942	
스트레스	101	
스트레이 커패시티(stray capacitance)	699	
스트레인 게이지	520	
스트로브	796	
스트리퍼	618	
스티롤 커패시터	331, 336	
스팅어 레그	984	
스파이스	244, 247	
스파이크	294, 475, 714	
스파크	489	
스파크펀	973	
스페이드 단자	618	
스펙트럼 분석기	243, 604, 605	
스펙트럼 폭	496	
스피커	2, 970	
스피커 교차 회로망	346	
스핀	29	
슬라이더	286, 316, 530	
슬러그	123	
슬레이브	768, 894, 899	
슬롯형 결합기/차단기	514	
슬롯형 광학 센서	532	
슬루율	643, 645, 650	
슬리브	711	
슬립 링	81	
슬쩍 건드리기(weak nudge)	12	
습도	309, 531, 540	
습도 센서	539, 976	

승산기	632	
승수	300, 362	
승압	352, 384, 715	
승압 구성	716	
승압 변압기	984	
승압 스위처 조정기	717	
승압 스위칭 레귤레이터	351	
시각	543	
시간 상수	107, 108, 145, 146, 211, 324	
시간 의존성	166	
시간 의존 수학 함수	169	
시간 지연	402, 586	
시간 지연 퓨즈	390	
시간 지연형	390	
시간 지연 회로	783	
시간차	87	
시간 함수	228	
시계 방향	941	
시계 방향 회전	945	
시드 스튜디오	973	
시리얼 포트 어댑터	850	
시멘트 저항기	315	
시멘트 전력	303	
시뮬레이션	5, 74, 248, 940	
시뮬레이터	5, 74, 243, 248, 552	
시에스코 피크	977	
시이드 스튜디오	980	
시작 변환	818	
시정수	324	
시프트 레지스터	776, 795, 797, 801	
시프트 레지스터 시퀀서	797	
시험 고정부	937	
시험봉	258	
시험용 리드	596	
시험용 탐촉자	258	
시험 전하	13	
시험 탐촉자	763	
시효 특성	331	
식각	47	
식각 방지 펜	556, 557	
신경질	651	
신뢰성	989	
신뢰 수준	300	
신속 복구 다이오드	402	
신속 작동 퓨즈	390	
신속 작동형	390	
신호	402	
신호 감쇠	340	

신호 경로	352	
신호 대역	683	
신호 분석기	604	
신호 불일치	587	
신호 비율기	569	
신호 상태	48	
신호선	476	
신호 손실	402, 961	
신호 스위칭	403	
신호 열화	666	
신호원	430	
신호음	475	
신호의 전파 속도	268	
신호의 주파수	268	
신호 접지	47	
신호 조절	521	
신호 처리기	569	
신호/함수 발생기	605	
실리콘	30, 394, 399, 484	
실리콘 그리이스	37, 563	
실리콘 원자	398	
실리콘 웨이퍼	395	
실리콘 접착제	621	
실리콘 제어 스위치	465, 469	
실리콘 제어 정류기	465, 466	
실리콘 칩	484	
실물 저항기	302	
실물 저항기 모형	302	
실속 전류	942	
실시간 클럭 IC	283	
실온	19, 27	
실제값	522	
실제 등가 회로	65	
실제 저항	66	
실제 전류	66	
실제 전압	66	
실제 측정값	65	
실효 RMS	591	
실효치	307	
실효치 전압	583	
심(core)	133	
심전도	655	
싱글 스테핑	948	
싱글 인라인 메모리 모듈	846	
싱크 전류	887	
쌍극8투	287	
쌍극단투 스위치	287	
쌍극쌍투	287	

쌍극자	116, 207	
쌍극자 모멘트	133, 135	
쌍극 차단기	94, 987	
쌍안정 다조파발진기	440	
쌍안정 다중진동자	440	
쌍안정 멀티바이브레이터	440	
쓰기 타이밍	846	

○

아날로그	344
아날로그 VOM	566
아날로그 검사기	571
아날로그 논리	420
아날로그/디지털(A/D) 변환 회로	3
아날로그-디지털 변환	651
아날로그-디지털 변환기	522, 524, 852
아날로그-디지털 변환 회로	808
아날로그-디지털 응용	726
아날로그 멀티미터	567
아날로그 멀티플렉서	809
아날로그 방식	519
아날로그 부하	749
아날로그 스위치	808, 974
아날로그 신호	721, 805
아날로그 오실로스코프	571, 572
아날로그 장치	3
아날로그 전압	806
아날로그 전압계	568
아날로그 접지	48
아날로그 접지 귀선	48
아날로그 출력	521
아날로그 측정기	992
아날로그 회로	3, 48, 341, 721, 805
아날로그 회로 접지	48
아두이노	854, 872, 954
아두이노 IDE	872
아두이노 공식 웹사이트	877
아두이노 라이브러리	892
아두이노 오프보드	880
아두이노 우노	872
아르곤	490
아르곤 평면	159
아스키	727
아스키 부호	727
아연-공기 전지	271, 274
아이테드 스튜디오	562
아일렛	565
아크	346, 348, 489

아크 방전	346
아크 효과	475
아트멜	851, 853
악어 커넥터	256, 611
안전 너트	402
안전 여유도	100
안전 충전 주기	277
안정기	481
안정 상태	35, 226
안정성	302, 309, 313, 434
안테나	2, 411, 451
안테나 봉의 페라이트 심	361
안티모니	395
알레그로 마이크로시스템	951
알루멜	526
알루미나	311
알루미나 세라믹	37
알루미늄	31, 395, 399
알루미늄 도금	484
알루미늄 전해질	329
알루미늄 전해 커패시터	330
알루미늄 접지판	37
알짜 전하	42
알칼리 건전지	10
알칼리 셀	271
알칼리 전지	271, 272, 285
알칼리 전해질	279
알테라	909
알파(α)	27
알파 입자	27
암부 활성(dark-activated)	512
암부 활성 계전기	506
암부 활성 스위치	487
암 저항	505
암 전류	508
암전류	512
암컷	259
암컷 말단	256
암페어(A)	7, 23, 297
암페어 법칙	101
암페어시(Ah)	283
압력	309, 571
압연	311
압전	539
압전 결정	549
압전 스피커	864, 892
압전 효과	16, 699
압착 공구	618

압착기	256
압착 단자	618
압착 성형	311
압축 와셔	970
앙드레 마리 앙페르(Andre-Marie Ampere)	7
애노드	410, 477, 687
액정 디스플레이	819
액체 유전체	99
액티브	967
액티브 크로스오버 네트워크	967
앰프(amp)	7
얇은 4중 평면 팩	486
양공	30, 396, 398, 400, 493, 549
양공 흐름	397, 398, 400
양극	269, 399
양극 게이트	469
양극 단자	12, 13, 40, 44, 592
양극성	448, 633
양극성(4상한) 회로	816
양극성 555	692
양극성 H-브리지	944
양극성 TVS	478
양극성 게이트	759
양극성 광트랜지스터	510
양극성 논리	759
양극성 달링톤 트랜지스터	511
양극성 연산 증폭기	648
양극성 증폭기	448
양극성 트랜지스터	399, 418, 421, 437, 458, 510, 692, 697, 835, 888
양극 스테퍼	949
양극 전동기	948
양극판	97
양극 회선	13
양방향 모터 제어	890
양방향 반도체 과도 억제기	480
양방향 스위치	748
양성	7
양성 공급 핀	732
양성 공기 이온	27
양성 단전원	643
양성 되먹임	632, 640, 650, 696
양성 문턱 전압	641
양성 방향 포화 상태	696
양성자	7, 19
양성자 개수	7
양성 진동	387
양성 포화	641, 650

양성 포화 상태	686	에일리어싱	595	연속(연사)	784
양성 포화 전압	635	에지 트리거	767	연속 근사 레지스터	818
양성 핵전하	398	에지 트리거 플립플롭	767	연속 근사 변환	817
양의 공급 전압	631, 949	에틸렌 탄산염	278	연속 근사 아날로그-디지털 변환	817
양의 기울기	579	에폭시	484, 621	연속적인 과도현상 흐름	475
양의 되먹임	365	에폭시 렌즈	493	연속적인 상호 작용	22
양의 전위 에너지 증가	13	엑스레이 필름	489	연속적인 전압 파행	721
양의 주기	87	엑스비	977	연속 함수	180
양의 진동	81	엑스선	489	연쇄 반응	11
양의 참 논리	722	엑스선 관	489	열	11, 13, 34, 37, 523
양의 클리핑	407	엘렉토 피시비 서비스	562	열가변저항기	523
양의 파고 전류	87	엘버트2 보드	910	열대 기후	278
양의 파고 전압	87	여기(excitation)	144	열로 손실되는 전력	33
양이온	7, 27, 336	역격리 전압	478	열류	36
양자 모형	20	역기전력	121, 124	열린 문	400
양자 물리학	20, 29	역누설 전류	403	열 발산 능력	401
양자 상태	29	역대수	316	열 발생 부품	564
양자역학	19, 20, 34	역대수 테이퍼	319	열 소비율	328
양자화	28, 520	역도함수	997	열속도(thermal velocity)	20, 21
양전압	16, 44, 61, 709, 900	역로그	316	열속도 성분	34
양전압 조정기	705	역률	173, 178	열 수축 튜브	620, 720
양전원(split supply)	16, 40, 387, 592, 646, 654	역바이어스	294, 420, 508	열에너지	27, 32, 563
양전원 공급 장치	593	역바이어스 전압	417	열역학 제1법칙	34
양전하	7, 8, 398	역방향 바이어스	399, 412, 482, 484, 494	열원	36
양전하 운반형 실리콘	396	역방향 유도 전압	127	열을 내는 힘	36
양전하 운송자(positive charge carrier)	8, 31, 442	역방향 전류 흐름	405	열잡음	307
		역방향 전압	271	열저항	35, 36
양전하 흐름	7	역병렬	294	열저항률	35, 36
얕은 사이클링	276	역전압	125, 127, 139, 142, 503	열전기 더미	520
어긋남(offset) 단자	645	역전압 정격	496	열전기쌍	525
어긋남 없음	648	역전압 진폭	150	열전달	34, 38
어긋남 오차	638, 642	역푸리에 변환	243	열전달 비율	35
어긋남 전압	642	역함수	36	열전대	525
어댑터	711, 720	연결된 도체	258	열전도성	502
어레이	295	연결 불량	475	열전도율	34, 36
언더슛	411	연결용 전선	596	열전도체	34
에나멜 코팅 전선	39	연기 감지기	540	열전쌍	525
에너지가 퍼 넣어지는 속도	141	연납땜인두	565	열 전위차	36
에너지 값이 연속적	28	연립방정식	72	열전자	20
에너지를 자기장에 저장하는 방법	114	연마	614	열전자 방출(thermionic emission)	20, 28
에너지 밀도	278, 279	연산 되먹임	636	열전자 주입	840
에너지 보존 법칙	14	연산 증폭기	207, 347, 365, 448, 479, 485, 550, 598, 631, 642, 807, 961, 965	열전 효과	16
에너지 손실	113			열점 온도	308
에너지 스펙트럼	283	연산 증폭기용 발진기	365	열 정지	405
에너지 저장 장치	155, 364	연산 증폭기 전력 부스터	657	열 주소 스트로브	845
에너지 준위	19, 28, 487, 488	연선	251, 252	열진동	401
에너지 틈	29	연선 케이블	268	열 차단	890
에버스-몰 방정식	244	연선형 결속선	619	열화	326

열화상	546	온도 감지기 IC	886	왜곡	411, 961
열 확산	38	온도 경시 변화	332	외각 전자	488, 489
열 효과	11, 306	온도 계수	37, 301, 304, 306, 327	외력	395
열 흐름 문제	36	온도 고정형 인두	613	외부 과도현상	475
염분 함량	27	온도 구배	34, 525	외부 기전력	121
염화 아연 전지	272	온도 드리프트	332	외부 비동기 제어 신호	773
염화제이철	557	온도 변화	304	외부 자기 간섭	255
염화주석	314	온도 분포	35	외부 커넥터	43
영구 손상	336	온도 상승	309	외측 도체	257
영구 자석	116, 960	온도 센서	522, 540	외피(jacket)	252, 254
영구 자석 스테퍼	947	온도 수동 휴지	392	외함(enclosure)	46, 621
영숫자	727	온도 안정성	310	외함 장착 권선	311
영숫자 표시 LCD	976	온도 의존성	415	요동하지 않는 전위	42
영점	87	온도 자동 휴지	392	요오드	490
오디오	208	온도 조절	616	용광로	529
오디오 믹서	450	온도 조절형 인두	613	용량 분할기	113
오디오 변압기	384, 389	온도 특성	329	용량성	48, 165, 179, 260, 302, 310, 699
오디오 신호	366, 411	온라인 계산기	5	용량성 기능	306
오디오용 연산 증폭기	961	온보드 회로	845	용량성 반응저항	97, 108, 114, 147, 169, 180,
오디오 증폭기	389, 969	온칩	856		195, 200, 222, 324, 327, 698
오디오 테이퍼	319	올려 세기(count up)	788	용량성 부품	356
오디오 파워 앰프	975	옴 가열	32	용량성 부하	598, 888
오디오 회로	16, 961	옴니그래플	551	용량성 분기	176
오른손 법칙	116	옴미터(Ωm)	25	용량성 센서	533
오믹 영역	443, 453	옴 부적합 물질(nonohmic materials)	24	용량성 전압 분할기	222
오버슛	411, 586, 602	옴의 법칙	5, 8, 23, 36, 50, 57, 59, 64,	용량성 효과	82
오버헤드 프로젝터	556		71, 77, 88, 145, 223, 296, 341,	용량적	149
오산화탄탈룸	330		438, 456, 583, 638	용량 정격	284
오스셋 널	633	옴의 법칙 값	142	용매	565
오실로스코프	3, 42, 89, 91, 222, 371,	옴의 전력 법칙	50, 88	용수철	319, 390, 412, 535
	570, 593, 604, 989	옴 적합 물질(ohmic materials)	23, 24	용융 저항기	314
오일러 방정식	234	옹스트롬	336	용제	557
오일러의 관계식	167, 240	와셔	563, 565	용제 펜	614
오존	489	와이어 게이지	39	용해성	312
오차	47, 989	와이어랩	48, 619	용해성 연동장치	838
오차 분석	570	와이어랩 공구	554	용해성 저항기	295, 301
오차 비율	818	와이어랩 보드	554	우노	874
오차 전압	704, 705, 716	와이어링	854	우노 R3	874
오차 증폭기	704, 715	와이파이	975	우량 접속	586
오프셋 널	648	와이퍼	648	우선순위, 인코더	752
오프셋 전압	642	와전류	122, 134, 136, 369	우퍼	346, 968
오픈 EEG	981	와전류 손실	134	우향 자리이동	795, 798, 800
오픈소스	981	와트(W)	14	우회(bypass)	128, 321, 714
옥타브 감소 반응	666	완벽한 부도체	28	우회 필터	704
옥토파트	973	완벽한 저항	32	우회 커패시터	339, 341, 689
온도	37, 521, 531	완속 충전	278	운동량	488
온도 가변 모형	50, 302	완충	278, 340, 651	운동성 인덕턴스	699
온도 감지기	976	완화 발진기	462	운동성 정전용량	699

운모(mica)	329	위상 관계	87, 575, 584, 585	유도성 허용 오차	356
운모 커패시터	114	위상 도면	211	유도성 효과	82
운반 신호	351	위상 벡터도	169	유도 센서	533
운송자 주파수	417	위상 변이	350	유도 스파이크	348
운전 수명	274, 281	위상 변화	649, 666	유도 전류	82, 120
운전 온도	502	위상 변화 제어	696	유도 전압	81, 120, 126, 128, 131,
운전 온도 범위	329, 503	위상 이동	340		139, 143, 146, 151, 352
운전 전압	941	위상 이동 회로망	698	유도 전압 스파이크	146
울림	596	위상 인자	585	유도 회로	126, 140
울티메이커	981	위상 전류	240, 986	유동 거리	22
움직임 검출기	534	위상점	373	유동성 분기	176
원격 제어기	487	위상 제어 응용기기용	468	유동 속도	11, 21, 22, 83
원격 제어 서보	945	위상 지연	211, 214, 640	유동 속도 성분	34
원격 제어 회로	492	위상차	87, 111, 585	유동 운동	11
원래 값	522	위상 추적 체계	166	유량	537
원래 회로	570	위치에너지(potential energy)	10	유량계	542
원방 회절	502	위치 정확도	504	유량 센서	537
원숏	781	위치 제어선	945	유발 입력	798
원스 캐칭	776	위치 측정 장치	520	유발 전압	461
원시 직류 전압	709	위치 치우침	368	유발 효과	351
원시함수	997	윈도우	654	유전 상수	98, 268
원자	11	윈도우 비교기	654	유전 손실 탄젠트 대 온도	329
원자가 껍질	396	유기 LED	491	유전율	98, 101, 540
원자가 대역	30	유기성 전해질	283	유전 정접	326, 327, 342
원자가전자	19, 396	유기 액정	824	유전체	96, 261
원자량	396	유기질 전해액	272	유전체 견딤 전압	100
원자 배열	396	유니트로드	944	유전체의 강도	104
원자 번호	396	유니폴라 모터	948	유전 흡수	325, 327
원자 진동	30	유도	5, 95	유지	95, 344, 765, 768
원자핵	488	유도 결합	148	유지 시간	780
원자 행성 모형	19	유도기	114	유지 전류	468, 483
원 전압	152	유도 기전력	121, 129	유지 조건	770
원천(source)	12, 63, 70, 75, 80, 149, 606, 664	유도된 전압	352	유지 토크	945
원천 단자	64	유도 반응저항	151, 200, 355	유출 저항	57
원천 제거	77	유도 방출	498	유출 저항기	714
원천 임피던스	587, 645	유도 법칙	82	유출 전류	57, 61
원천 저항	64	유도 부하 스위칭	475	유한 온도	30
원천 전류	64	유도 서셉턴스	153	유효 고준위 입력 전압	761
원천 전압	175, 195, 323	유도성	48, 165, 179, 255, 260,	유효 고준위 출력 전압	761
원함수	997		302, 308, 310, 327, 699	유효 면적	123
원형	552	유도성 기능	306	유효 숫자	300, 362
원형 자장	115	유도성 동작	294	유효 유전 상수	481
원호(arc)	100	유도성 반동	406	유효 저준위 입력 전압	761
웨이퍼	394	유도성 반응저항	114, 147, 169, 174,	유효 저준위 출력 전압	761
위상	84, 86, 88, 169, 371		180, 306, 328, 698	유효 서상	49
위상각	163, 328, 374	유도성 부하	479, 889	유효 전력	173, 176
위상각도	87	유도성 스위칭	476	유효 전류	584
위상 고정 루프	781	유도성 스파이크	406	유효 전압	761

유효 정전용량	417	음전하 운반형 실리콘	396
유효 총 임피던스	208	음전하 운송자	442
융제	614	음질	958
융제 반죽	614	음파	531
융제 심	614	음파 주파수	958
융제 용액	614	음향 강도	204
융제 제거제	614, 622	음향 반응	967
은 사이클링	281	음향 신호	957
은–산 전지	271	응급 심장 재생술	547
은–아연 전지	271	응답 곡선	346, 585, 664
은 은모	331	응답 속도	403
음(tone) 발생기	970	응답 시간	509
음극	269, 399	응답 요구	728
음극 LED 단자	902	응력	101
음극 게이트	469	응용에 맞춘 IC	906
음극 단자	11, 12, 13, 14, 40, 44, 592	의무 주기	781
음극 디스플레이	826	의사결정 회로	733
음극선	571	이글 PCB	557
음극선관	572	이글 캐드	551, 561
음극선관 텔레비전	546	이더넷	874
음극판	97	이동하는 양전하의 자기력	118
음극 회선	13	이동하는 음전하의 자기력	118
음량 감지	543	이동형 장비	405
음량 조절기	317	이득	204, 581, 632
음발생기	970	이득 대역폭 곱	961
음색(timbre)	957	이득 띠 너비 곱	961
음성 되먹임(negative feedback)	632, 636, 650, 696	이득 리드	644
음성 문턱 전압	641	이력 손실	135
음성 방향 포화 상태	696	이력 현상	641
음성 변환기용	974	이미지	520
음성 스윙	703	이미터	423, 428
음성을 띈 전자	8	이미터 결합 논리	759
음성 주기	711	이미터-베이스 간 전도	436
음성 진동	387	이미터-베이스 간 항복 전압	436
음성 코일	31, 960	이미터-컬렉터 전류	422
음성 포화 상태	686	이미터 팔로워	430, 511
음성 포화 전압	635	이산 값	28
음속	531	이산 능동	1
음압 변화	959	이산 피동 회로	1
음의 공급 전압	631	이산형 소자	122
음의 기울기	579	이산화니켈 리튬	277
음의 참 논리	722	이산화루테늄	313
음의 클리핑	407	이산화망가니즈	273
음이온	27	이산화망간 리튬	277
음전압	16, 44, 61, 573, 709, 900	이산화실리콘	399, 484
음전압 공급 장치	703	이산화코발트 리튬	277
음전압 조정기	705	이상적인 변압기	370, 377
		이상적인 연산 증폭기	634
이상적인 인덕터	125, 140, 356		
이상적인 저항계	569		
이상적인 전류계	65		
이상적인 전류원	64		
이상적인 전압계	66		
이상적인 전압원	62, 68		
이상적인 전압 준위	721		
이상적인 정현파 전류원	85		
이상적인 정현파 전압원	85		
이상적인 출력	588		
이상적인 커패시터	100, 103		
이상 현상	175		
이소프로필알코올	614		
이온	23, 24		
이온성 화합물	27		
이온쌍	27		
이온의 개수	27		
이온 전류	10		
이온화	27, 490		
이온화 방사선	541		
이온화 입자	540		
이음 온도	613		
이중 궤적 모드	588		
이중 다이오드	402		
이중 상보형 정류기	388		
이중 인라인	485, 486		
이중 정류기	472		
이중 효과	30		
이황화리튬 전지	273		
이황화물 전지	273		
인(P)	395, 396		
인가	29		
인가된 장	34		
인가된 전압	11, 23, 574		
인가전압	19, 24, 56, 124, 126, 151		
인덕터	1, 114, 121, 122, 168, 182, 196, 228, 261, 293, 351, 358, 549		
인덕터 가압	125		
인덕터 감압	126		
인덕터 레그	197		
인덕터로 인한 반응 전력	175		
인덕터 방정식	138, 140		
인덕터 손실	191		
인덕터 양단에 걸린 전압	174		
인덕터의 반응저항	174		
인덕터의 양단 전압	180		
인덕터의 특성방정식	172		
인덕터 전류	168		

인덕터 전압	144	임계 전류	503	입출력 핀	861
인덕터-커패시터 회로망	261	임계 전압	286, 457	입출력 헤더	859
인덕터 코일	202	임계 제동	233	입출력 회선	834
인덕터 회로	128	임곗값	278, 286	잉곳(ingot)	395
인덕턴스	48, 88, 90, 106, 114, 123, 129, 140, 147, 202, 302, 311, 352, 356, 358, 696	임무 필수적인 응용 기기	309	잉여 전자	31
		임시 저장 레지스터	803		
		임의 접근 메모리	829, 835		
인덕턴스를 상쇄하는 커패시터	48	임펄스	158	자구	118, 135
인덕턴스 상자	609	임피던스	43, 128, 153, 200, 263, 283, 306, 321, 374, 389, 664, 699, 961	자기 강도	133
인덕턴스 온도 계수	357			자기 결합	148
인덕턴스 지표 A_L	136	임피던스가 높은 회로	108	자기 공진	113
인듐-주석 산화물	825	임피던스로 인한 피상 전력	174	자기 공진 주파수	153
인버터	343, 731, 751, 771	임피던스 변압기	267	자기 리드 스위치	286, 288
인버팅 증폭기	632	임피던스 보상 회로망	967	자기 쌍극자	117, 133
인서킷 시스템 프로그래밍	855	임피던스 부정합	389	자기 쌍극자 모멘트	117
인쇄	311	임피던스 분석기	604	자기유도	16
인쇄 문자	727	임피던스 정합	263, 381, 384, 677, 965	자기이력	135, 641
인쇄용 아스키 문자	727	임피던스 정합 기법	263	자기장	260, 370, 521
인쇄 회로 기반	47	임피던스 정합 회로망	267	자기 장치미디어 소자	520
인쇄 회로 기판	551	임피던스 해석기	306	자기적	149
인쇄 회로 기판의 성능을 전반적으로 향상	315	입력	344	자기 차폐	136
인스턴스	937	입력 가용	752	자기 포화 다발 밀도	357
인-청동 용수철 금속	256	입력 격리	606	자기 히스테리시스	122
인코더	485, 751, 752	입력 결합	646	자동 전력 제어	500
인터럽트	850	입력 방사 밀도	512	자동 전력 투입 소거 회로	784
인터럽트 서비스 루틴	850	입력 신호	577	자동 전류 제어	500
인터럽트 제어	850	입력 어긋남 전류	645	자력계	976
인터럽트 초기화	836	입력 어긋남 전류 조절	648	자력선	115
인터루프 정전용량	140	입력 어긋남 전압	644, 648	자리 구동 핀	935
인터실	794	입력 어긋남 전압 조절	648	자리 올림	794
인터페이스	861	입력 임피던스	214, 421, 430, 759	자리 올림 비트	755
인터프리터	857	입력 잡음	961	자리 옮김 레지스터	795
일, 일반 전력 법칙	14	입력 저항	207, 431	자리이동	800, 803
일렉트렛 마이크	960, 964	입력 전류량	658	자리이동 레지스터	795
일렉트로닉스 워크벤치	244, 552	입력 전압 수준	760	자리이동 주기	797
일반적인 전선 크기	252	입력 정전용량	759	자석 센서	533
일반 전력 법칙(generalized power law)	14, 15, 31, 39, 105, 176	입력 준위	343, 760	자성 권선	252
		입력-출력 즉시성	764	자속	81, 120, 130
일방통행 게이트	400	입력 치우침 보상 저항기	638	자속 결합	369
일정 전류원	104	입력 치우침 오차	648	자속 밀도	133, 134, 357
일함수(work function)	20, 21, 355	입력 치우침 전류	637, 638, 644, 648	자속 선속	377
일회전 팟	318	입력 클럭	790	자속 쇄교	130, 352
읽기/쓰기 메모리	835	입력 펄스	586	자속의 변화로 유도되는 전압	369
읽기 전용 메모리	412, 835	입출력(I/O) 장치	1	자속의 시간 변화율	119
읽기 타이밍	846	입출력 버퍼	921	자심	129
임계 감쇠	232	입출력 불용	802	자심 손실	140, 153
임계 수준	37	입출력 장치	2	자심 인덕터	122
임계 잦아듦	233	입출력 포트	850	자연 반응	227

자연 신호	585	잔결 주파수	342	저임피던스 출력 증폭기	633, 634
자외선	489, 490	잔결 축소	711	저잡음 회로	593
자유 공간	98, 101, 488	잔류 융제	614	저저항	285
자유 공간의 유전율	262	잔류편차	448	저전력	57
자유 공간의 투자율	133, 262	잔류편차 전압	642	저전력 CMOS 디지털 시스템	822
자유단	948	잠금 기능	292	저전력 손실	420
자유전자	7, 9, 13, 23, 114, 124, 395	잠금 스위치	286	저전력 응용기기	719
자유전자 농도	11, 20	잠금식 계전기	292	저전력 응용 분야	477
자유전자 모형(free-electron model)	19, 20	잡음	307, 417, 882	저전류	495
자유전자 밀도	22	잡음 내성 IC	479	저전압	764
자유전자의 구름	18	잡음 여유도	411, 711	저전압 강하	403
자유전자의 속도와 방향	19	잡음의 주파수	683	저전압 단전원 연산 증폭기	974
자유전자의 열속도	20	잡음 제거 기능	601	저전압 변압기	387
자유전자 흐름의 농도	24	잡음 지수	308	저전압 신호 정류기	403
자일링스	906, 909	장(field)	22, 27	저전압 장치	900
자전	488	장기 안정성	310	저전압 전원 장치	403
자체 공진 주파수	113, 357, 358	장 방출	28	저전압 처리용	255
자체 바이어스	447	장벽 띠판	256	저전압 출력	405
자체 방전	283	장선(field line)	115	저조도 응용기기	495
자체 방전 속도	281	장 와해 전류	143	저주파	222
자체 방전율	272, 279	장치 경계 할당	728	저주파 거부	580
자체 유도	121	재구성 가능 하드웨어	905	저주파 성분	351
자체 유도 기전력	121	재단(잘라내는)	578	저주파 전류	357
자체 유도 전압	142	재설정	768	저주파 풀림 발진기	344
자체 인덕턴스	327	재설정 모드	765	저주파 풀림형 발진기	344
자체 충전	327	재설정 조건	764	저준위	3, 107, 343, 653, 689, 721,
자화	117	재설정 회로	860		722, 760, 766, 971
자화율	133	재순환 메모리 레지스터	804	저준위 시간	691
자화 전류	370, 375	재충전	269	저준위 전압	722
작동 안정성	310	재충전 시간	279	저준위 전압 수준	731, 749, 751, 771
직동 온도와 방열판	502	재충전용	276	저지 대역	665
작동 온도 한계	302	재충전용 알칼리 망간 전지	280	저지 대역 대역폭	673
작동 전압	941	재충전 횟수	280	저지 대역 주파수	665, 671, 673
작동점	431	재활용	279	저지 주파수	667, 678
작업대	589	잭	259	저출력 레이저 다이오드	499
작업 수명	274	저감쇠	233	저항(resistance)	5, 23, 25, 65, 107,
작은 감쇠	234	저방전 전력 백업 회로	106		299, 302, 924
작은 잦아듦	234	저속 증폭 회로	594	저항계	65, 569, 590
잔결	341	저속 퓨즈	416	저항기	1, 5, 32, 50, 51, 77, 168,
잔결 계수	344	저역 통과	672, 967		227, 294, 523, 583, 633, 936
잔결 공백 입력	751	저역 통과 RC 능동 오디오 필터	347	저항기 공식	80
잔결 공백 출력	751	저역 통과 대역 이득	682	저항기 기호	23
잔결 귀선소거	821	저역 통과 반응	671	저항기 색상	301
잔결 귀선소거 입력	751	저역 통과 필터	210, 340, 346, 347, 351,	저항기 수명	304
잔결 귀선소거 출력	751		363, 411, 543, 663, 673, 719	저항기 쓰기	893
잔결 전류	328	저임피던스	264	저항기 어레이	314
잔결 전압	345, 719	저임피던스 마이크	961	저항기에 걸린 전압	106
잔결 제거 특성	712	저임피던스 분할기 탐촉자	598	저항기에 인가되는 교류 전압	88

저항기에 흐르는 전류	168
저항기의 전력 정격	91
저항기 잡음	307
저항기 전압	53, 107
저항기 회로망	892
저항 누설 경로	46
저항률(resistivity)	25, 30
저항률의 온도 계수	27
저항 반복성	309
저항 범위	303
저항성	48, 90, 179, 302
저항성 부품	356
저항성 부하	408
저항성 소자	91, 328
저항성 전력 손실	82
저항성 전류원	64
저항성 터치스크린	529
저항성 회로	49
저항 온도 계수	357
저항의 보증 범위	990
저항의 전압 계수	309
저항 전력 손실	176
저항 측정	568
저항 측정 오차	570
저항 허용 오차	302, 310
저항 회로	128
저항 회로망	267
저항 효과	167
적분	997
적분기	632, 639
적분 상수	998
적색 광자	488
적외선	488, 867
적외선 LED	491, 492, 493, 867
적외선 감지기	867
적외선 광원	532
적외선 광학 센서	532
적외선 근접 센서	529
적외선 레이저 다이오드	499
적외선 센서	528
적외선 열 강도	534
적재	800
적층 철	133
적층 철심	133, 368
전가산기	755
전계 방출(field emission)	20
전계 효과 광트랜지스터	510
전계 효과 트랜지스터	421, 510

전구	2
전구 점멸 회로	689
전구 필라멘트	13, 22
전극	270
전기 계량기	987
전기력	19
전기 모터	149
전기 배선	475
전기선	115
전기 용량	96
전기용 캐드 패키지	551
전기자	31
전기자 고리	81
전기 자동차	460
전기장	21, 95, 97, 101, 260, 521
전기장과 상호 작용하는 방법	400
전기장 세기	27, 398
전기장의 변화 속도	143
전기장 측정기	451
전기 저항	34, 36
전기 저항률	36
전기적 EPROM	839
전기적 격리	380
전기적 압력	11, 12
전기적 잡음	307
전기적 전도체	730
전기적 전위차	36
전기적 침식	348
전기 전도성	395
전기 전도율	36
전기 접속	26
전기 출력 수준	37
전기충격	40, 46, 699
전기 코드 선	616
전기 테이프	548
전기화학적 전지	283
전기회로	18, 49
전달 컨덕턴스	421
전달 함수	210, 213, 219, 668
전대역 재생 스피커	967
전도대	30, 31
전도성	42
전도성 경로	80, 149
전도성 고분자	281
선노성 나리	286
전도성 리드	470
전도성 상태	395
전도성 소자	704

전도성 심	134
전도성 융제	614
전도성 층	530
전도성 화합물	99
전도 시간	762
전도 요소	285
전도율(conductivity)	25, 246
전동 공구	279
전등	487, 489, 490
전등 점멸기	694
전력(Power)	5, 14, 88
전력 MOSFET	460, 943
전력 개폐 구동자	656
전력 계기	604
전력 계수	310, 325
전력 계전기	460
전력 공급선	945
전력 공급원	299
전력 공급 장치	5, 548, 712
전력 권선 저항기	302, 311
전력 극성 반전	405
전력 다이오드	143
전력 달링톤 트랜지스터	951
전력량계	987
전력 법칙	88, 124
전력 분배 계통	341, 983
전력 상실	51
전력선	476
전력선 초크	358
전력 소모원	299
전력 손실	33, 37, 50, 88, 90, 297, 458, 496
전력 손실 정격	302
전력 스위치	581
전력 스위칭 구동자	657
전력 스위칭 트랜지스터	515
전력용 변압기	377, 384
전력원	546
전력 유전	304
전력 인덕터	358
전력 잡음	607
전력 저항기	297, 302, 310, 311, 564
전력 전달	372
전력 전환 효율	715
전력 정격	51, 57, 206, 297, 302, 303, 550
전격 증폭기	967
전력 처리 용량	515
전력 투입	783
전력 트랜지스터	416

전력 평면	368	
전력 표현식	88	
전력 피막 저항기	313	
전력 흩어짐	304	
전류(electric current)	5, 6, 21, 36, 65, 81, 88	
전류가 변하는 속도	150	
전류 감응 인덕터	361	
전류 거울	439	
전류계	9, 31, 33, 52, 65, 81, 83, 386, 508, 568	
전류 귀환 경로	43	
전류 돌발파	278	
전류 동역학	421	
전류량	50, 68, 297, 749, 942	
전류밀도(current density)	53, 78	
전류 변화	959	
전류 변화율	138, 194	
전류 보존 법칙	425	
전류 분할 관계	181	
전류 분할기	75, 298	
전류 분할기 방정식	53, 78	
전류 서지	390	
전류 소모	279	
전류 소비	882	
전류 소자	520	
전류 스파이크	48, 341, 703	
전류와 전압의 방향	83	
전류 용량	38, 269	
전류 용량 증가	67	
전류원	36, 64, 79, 158, 429	
전류 응답 곡선	193	
전류의 극성	292	
전류의 일반 정의	102	
전류 의존형 소자	495	
전류 이득	425	
전류 이득 방정식	424, 426	
전류 자속	601	
전류-전압 변환기	632, 658	
전류 정격	40, 291, 292, 390, 403	
전류 제어 스위칭	466	
전류 제어용 스위치	31	
전류 제한	296	
전류 제한 소자	349	
전류 제한 잠금 장치	593	
전류 제한 저항기	648, 807	
전류 증폭기	208	
전류 측정	567	
전류 측정 오차	570	
전류 파형	87, 138	
전류 흐름	14, 15, 67, 110, 296, 390, 398	
전류 흐름 반전	290	
전류 흐름 방해	296	
전류 흐름의 농도	24	
전리 방사선	541	
전방향성	960	
전선	5, 38	
전선 걸이	554	
전선 온도	36	
전선의 단면	259	
전선의 유동 속도	25	
전선의 전도율	260	
전선의 체적	259	
전선 전압	545	
전송기	265	
전송단	517	
전송 블록 종료	728	
전송선	265	
전송선 임피던스	411	
전송 제어 확장	728	
전송 종료	728	
전압	5, 9, 12, 36, 40, 65, 81, 88	
전압 3배기	410	
전압 4배기	410	
전압(voltage)	12	
전압 강하	55, 56, 65, 71, 125, 143, 150, 191, 195, 299, 341, 377, 404, 426, 497, 571, 584, 645, 649, 845	
전압 결합	214	
선압계	14, 31, 65, 83, 222, 568	
전압 계수	309, 310	
전압 고정 장치	403	
전압 곡선	281	
전압 기준 소자	704	
전압 내림	383	
전압 되먹임	636	
전압 배분	323	
전압 법칙	300	
전압 변화	48, 71, 346	
전압 분배기(분압기)	1	
전압 분할 감쇠 회로망	220	
전압 분할기	57, 60, 62, 77, 220, 291, 296, 431, 639, 705, 946	
전압 분할기 공식	80	
전압 분할기 방정식	56, 300	
전압 분할기 회로	430	
전압 분할 회로망	819	
전압 상승	111	
전압 상태	3	
전압 서지	658	
전압 설정	296	
전압 소자	520	
전압 손실	209	
전압 수준 모니터	405	
전압 수준 설정	296	
전압 어긋남 오차	637, 639	
전압 올림	383	
전압원	16, 64, 75, 79, 95, 105, 158, 166	
전압 위상 이동기	415	
전압 이득	421, 632	
전압 이상기	415	
전압 저하 상태	860	
전압 전달 함수	211	
전압-전류 변환기	632, 657	
전압 전환 회로	399	
전압 정격	302, 322	
전압 정격 표시기	655	
전압 정상파비	265	
전압 제어 발진기	417, 695, 781	
전압 제어 분할기	449	
전압 제어용 전류 스위치	31	
전압 제한 장치	278	
전압 제한 회로	283, 399	
전압 조정	420	
전압 조정기	1, 3, 62, 310, 405, 412, 434, 485, 704, 720, 974	
전압 조정기 IC	880	
전압 조정기 회로	399, 632	
전압 준위	732	
전압 증가	67	
전압 증배	420	
전압 증배 회로	399	
전압차	14, 61, 404, 636	
전압 초과	586	
전압 측정	567	
전압 측정 기준	40	
전압 측정 오차	570	
전압 파형	87	
전압 호환 리튬	273	
전열기	37	
전열 장치	39	
전원 공급 장치	43, 47	
전원 어댑터	703	
전원 인가	783	
전원 전압(VS)	63, 107, 146, 369	

전원 코드 케이블	43	전지 역류	405
전위(potential)	10, 12, 95, 99, 545, 572	전지 용량	283
전위 기준	42	전진 전력	266
전위 분배기	524	전진 전압 강하	708
전위 에너지	12, 13, 14	전진파	266
전위 에너지 차	12, 13	전체 잡음	307
전위차(potential difference)	10, 28, 40, 47, 64, 96, 549, 825	전치 분주기	936
		전치 증폭기	208, 644, 964
전위차계	295, 315, 407, 450, 495, 530, 534, 586, 645, 648, 829, 852, 946	전통적인 전류 흐름	17
		전파 2배기	409
전위차계의 저항 값	308	전파 변조기 회로	946
전이	774	전파 브리지	345
전이 영역	668	전파 브리지 정류기	408
전자	259, 400, 493	전파 위상 제어 회로	474
전자 가변 필터	449	전파 잔결 필터	345
전자가 이동하는 평균 거리	20	전파 정류	239
전자 개수	7, 9	전파 정류기	345, 388, 472, 707, 712
전자공학	1, 5	전파 중간 탭	388
전자공학 실험실	589	전파 중간 탭 정류기	408, 409
전자기 간섭	358	전파 지연	768
전자기 방사	762	전하	7, 9, 117, 488
전자기 선속	488	전하량	96
전자기 스펙트럼	488	전하밀도	21
전자기 에너지	487	전하 속도	117
전자기 유도	81	전하 운송자	27, 400, 421
전자기 유도 제한	479	전하 이동	111
전자기학	115	전해질	270
전자력	19	전해질 커패시터	99, 330
전자 바다	83	전해질형 커패시터	326
전자 발광 장치	546	전환기	286
전자볼트	29	절대 오차	989
전자 빔	572	절연	720, 954
전자 스핀	489	절연 게이트 양극성 트랜지스터	460
전자 압력	144	절연 기판	556
전자-양공 짝	498	절연된 나선형	492
전자용품점	616	절연 물질	99, 548
전자의 유동 속도	22	절연 변압기	548
전자의 전하 에너지	13	절연봉	548
전자의 추진력	21	절연성 간격판	256
전자장 압력 감소	25	절연 와셔	402
전자총	572	절연 저항	326, 328, 329, 331, 339, 343
전자파	488	절연체	16, 30, 254, 289, 370, 490, 533, 549, 621
전자 한 개의 전하	9		
전자 회로	489	절연체의 유전 상수	262
전자 흐름(electron flow)	8, 398, 400, 493	절연체의 전도율	26
전지	11, 15, 67	절연 코팅	302
전지 걸이	621	절연 특성	96
전지 백업	411, 845	절연 파괴 장 세기	27

절연 파괴 전압	100
절연 폐쇄	618
절연 회로	121
절체기	715
절체형	715
절체형 공급 장치	715
절환기	715
점멸	826
점멸 LED	493, 497
점멸 회로	573
점전압	16, 60, 67, 74
점퍼선	42, 43, 556
점 행렬 LCD	828
점화 순서	805, 948, 952
접두어	86
접선	996
접선 델타	327
접선의 기울기	996
접속 도선	41, 293
접점	259, 346
접점 규칙	71
접점 보호	347
접점 안정화	885
접지	15, 40, 41, 368, 391, 559, 590, 654
접지 고장 회로 차단기	546
접지 귀선	48, 61, 548
접지-귀환 임피던스	48
접지 기준(ground reference)	15
접지 기준점	16
접지 기호	12, 43, 45
접지 깔개	590
접지 도체	41, 149, 986, 987
접지 루프	47
접지면	37, 559
접지 모선	47
접지봉	46, 93, 94, 386, 986
접지 부하	43
접지 불량	475
접지선	43, 94, 254, 386, 592, 606, 945, 987
접지 소켓	41
접지 오류 보호	606
접지 접속부	46
접지 평면	368
접지 핀	732
접촉	529
접촉 센서	529
접촉자	316, 317
접촉 잡음	307, 308

접촉 저항	318	정적 RAM	842	제너 다이오드 조정기	430
접촉점	319	정전기	17, 457	제너 다이오드 회로	434
접촉편	307	정전기 방전	43, 500	제너의 항복 전압	412
접합 FET	422	정전기 방전 보호	458	제너 전류	413
접합 문턱 전압	401	정전기 방지 고무	590	제너 전압 조정기	413
접합점 분석	245	정전기 방해	589	제논 플래시 램프	491
정격	37	정전기 효과	16	제동 전류	483
정격 감소	309	정전류	48, 500	제로 바이어스에 대한 드레인 전류	444, 453
정격 용량	283	정전류원	104	제로 스위칭 검출기	293
정격 전력	308, 720	정전류 조정기	707	제벽	667
정격 출력 감소 곡선	303	정전 마이크	960	제벡 효과	525
정궤환	632	정전용량	48, 88, 90, 96, 98, 107, 112,	제어 게이트	840
정규화	667		136, 140, 221, 246, 321,	제어 기능 추가	728
정규화 필터	669		323, 478, 546, 660, 708	제어 논리	749
정규화한 응답 곡선	667	정전용량 분배기	536	제어 버스	730
정극성	689	정전용량 상자	609	제어 이득	964
정극성 가장자리	767, 929, 936	정전용량의 증가	112	제어 전압	437, 689
정극성 가장자리 유발	775, 768	정전용량이 무한한 커패시터	712	제어 증폭기	964
정극성 조정기	710	정전용량 효과	536	제어 파동	292
정극성 클럭 가장자리	768	정(正)의 참 논리	751	제어 회로	294
정 논리(positive logic)	736	정지 비트	900	제임스 클러크 맥스웰	101
정동 전류	942	정지 전류	483	제파기(rejector)	196
정류	420, 543	정지점	424	제한 특성	666
정류기	401	정지 질량	488	조(jaw)	256
정류기 다이오드	399, 406	정합 변압기	267, 389	조광기	446, 458, 616
정류기 모듈	720	정합 임피던스	264	조도계	505
정류기 회로망	703	정합 저항기	656	조립식 모터 구동 보드	944
정류 다이오드	402	정합 회로	263	조명	487
정류된 전압	879	정합 회로망	267	조셉슨 접합 기술	759
정류 응용기기	403	정현파	5, 9, 16, 41, 81	조셉 톰슨	7
정류자	120	정현파 구동 회로	159	조이스틱	883
정밀 권선 저항기	310	정현파-구형파 변환기	660	조임쇠(crimp)	256
정밀 금속 피막 저항기	303	정현파 꼴	22	조절 가능 감쇠기	407
정밀도	313, 519	정현파 신호	573	조절형 인덕터	360
정밀 저항기	300, 308, 310	정현파원	80, 156, 170	조절형 튜닝 인덕터	358
정밀 전류원	657	정현파 전압	39, 91, 167	조정기 커패시터	417
정밀 타이머	688	정현파 전압원	152, 164	조정되지 않은 직류 전압	720
정상	577	정현파 전압 파형	88	조합 논리	735
정상 상태	158	정현파 전압 표현식	88	조합 회로	736, 764
정상 상태 전류	120	정현파 파형	81, 82, 87	조향 제어	945
정상 상태 직류	103	정현파 패턴	166, 571	조회표	522
정상 조건	20	정현파 함수	166	족집게	619
정상파	28, 265	정확도	519	존슨 자리이동 계수기	735, 797
정상 회로	69	젖은 접점	293	존슨 잡음	307
정온도계수	523	제곱 평균 제곱근	89	종단 간 우회 정전용량	312
정의 참 BCD	752	제너	420, 480	종횡비	503
정의 참 논리	722	제너 다이오드	404, 412, 477, 484,	좌향 자리이동	795, 800
정재파	265		497, 660, 696	주개 전자	31

주기(cycle)	86	준정밀 저항기	310	지연	178
주 기억 장치	835	줄 가열(Joule heating)	32	지연 게이트	768
주기적 파형	235	줄 도둑(Joule Thief)	372	지연 왜곡	670
주기적 함수	241	줄바꿈	727	지연 파형	87
주기 전원	5	중간 접점	287	지정 신호	796
주변 온도	303	중간 탭	376, 709, 949, 955	지터	592, 651
주사터널링 전자 현미경(STM)	19	중간 탭 변압기	408	지향성	961
주상 변압기	92, 984, 986	중간 탭 주상 변압기	386	지향성 특징	960
주석	861	중공 비드	123	직경	38
주소 레이블	862	중 단극쌍투 스위치	747	직교 형식	161, 166
주소 복호기	838	중대역	968	직렬	52, 297, 899
주소 지정	832	중대역 스피커	967	직렬 EEPROM	844
주전원	383	중성	345, 383, 391, 984	직렬 RLC 회로	197
주전원 접지	46	중성 도체	93, 94, 986, 987	직렬 SRAM	844
주전원 차단기함	41	중성 모선	93, 987	직렬 가변 연결	842
주전원 차단 장치	392	중성 버스	987	직렬 공진	351, 699
주전원 험	664	중성선	41, 381, 383, 606, 985, 986	직렬 공진 되먹임 소자	700
주 차단기	93, 986	중성 소켓	90	직렬 공진 주파수	699, 700
주파수	43, 80, 521, 957	중성자	19	직렬 공진 회로	196
주파수가 같은 사인파	87	중성 전하	95	직렬 내부 저항	63
주파수 감응 소자	211	중성 접지 점퍼	93	직렬 노치 필터	967
주파수 감응 저항기	170	중실	251	직렬 다이오드	405
주파수 관계 그래프	219	중심 도체	257, 587	직렬 다이오드 배열	404
주파수 대역	200, 488	중심 도체 전선	43	직렬 대항	383
주파수 발생기	188	중심봉	311	직렬 데이터 회선	897
주파수 버니어	578	중심선	255	직렬로 둔 커패시터	109
주파수 범위	958	중심 주파수	665, 675	직렬로 둔 인덕터	149
주파수 보상	578	중앙 구출선	376	직렬 모니터	872
주파수 보정	649	중앙 처리 장치	836	직렬 버스 표준	527
주파수 분할기	689	중임피던스 마이크	961	직렬-병렬 변환기	802
주파수 선택 필터 회로망	695	중전류	291	직렬-병렬 시프트 레지스터	798
주파수 스케일링	670, 674	중전류 SCR	468	직렬 부품	49
주파수 신호	155	중전류 트라이액	473	직렬 아스키	804
주파수 안정	685	중첩	167	직렬인 경우의 인덕턴스	354
주파수 응답	306, 312, 339, 594, 960, 966	중첩 정리	75, 165, 236	직렬 인덕터	153, 354
주파수 응답 곡선	667, 967	중출력	37	직렬 인덕터 저항	198
주파수의 증가	112	중화	540	직렬 인터페이스	527, 893
주파수 카운터	603	증가형 MOSFET	451	직렬 입력	795
주파수 특성	308	증분 전류	357	직렬 자리이동	796
주회로 차단기	94	증폭	327, 521, 543	직렬 저항	153, 195
준안정 커패시터	332	증폭기	1, 3, 267, 389, 435, 543	직렬 저항기	67, 527
준위 검출 회로	463	증폭기의 주요 잡음원	308	직렬 전송	730
준위 변환	900	지구 위치측정 체계	519	직렬 접근 기억 장치	841
준위 유발	769	지멘스(siemens)	25, 153	직렬 제어	402
준위 유발 D형 플립플롭	770	지수 형식	163	직렬 조합	58
준위 유발 SR 플립플롭	767, 771	지시등	490	직렬 주변 장치 인터페이스	899
준위 유발 플립플롭	775	지시 점멸기	493	직렬-직렬 시프트 레지스터	800
준위 이상기	515	지역 변전소	984	직렬 출력	795

직렬 클럭 입력	842	진동 방지	647	철솜	563
직렬 클럭 회선	897	진동 센서	534	철심	136
직렬 통신	730	진동수	21, 957	철심 인덕터	352
직렬 포트	859	진동자	571, 814	첨가	395
직렬 회로	49, 55, 202	진동 효과	38	첨두 간 리플 전압	712
직류	944	진리표	743	첨두 값	344
직류 게이트 트리거 전류	473	진성 2진수/16진수	289	첨두 전력	337
직류 게이트 트리거 전압	473	진성 RMS 값	92	첨비(Chumby)	981
직류 결합	431	진폭	85	첨예도	193
직류/교류 변환기	403	진행 규제 표시기 회로	772	청색 광자	488
직류 되먹임	639	진행파	29	청색 레이저 다이오드	499
직류 모터	592, 889, 941, 947	질량체	535	체비셰프	668
직류 부저	970	질소	490	체비셰프 필터	670
직류 성분	83	질식	351	체열(hot body)	489
직류 운전 전압	100, 325	집적 주입 논리	759	체적	24
직류원	70, 156, 170, 259	집적회로(IC)	3, 484	초고속 인터넷	517
직류 유지 전류	473	집적회로 강조 시뮬레이션 프로그램	244	초고용량 커패시터	281
직류 응용기기	310			초단파	114
직류 작동 계전기	292	**ㅊ**		초당 단주기	86
직류 작동 스위치	294	차광용기	514	초당 주기 수	86
직류 작동 코일	294	차단	339, 521	초당 퍼 넣는 전자 개수	13
직류 잔결	340	차단 영역	424, 443	초소형 계전기	292
직류 잔류편차	448	차단 전압	444, 453	초소형 고랑(midget groove)	492
직류 저항	356, 358	차단 주파수	211, 213, 217, 340, 347, 665	초소형 나선	492
직류 전력	89	차단함	386	초소형 퓨즈	392
직류 전력 공급 장치	377, 703	차동 모드 고역 통과 필터	363	초소형 플랜지	492
직류 전류	83, 138, 259, 320, 584	차동 입력 임피던스	644	초음파 거리계	529
직류 전류원	63	차동 입력 전압	658	초음파 거리 측정 장치	530
직류 전압	39, 50	차동 입력 전압 범위	644	초음파 주파수	958
직류 전압계	575	차동 증폭기	208, 438, 599, 633, 634, 655	초전도체	394
직류 전압원(direct current voltage source)	11, 63, 106	차동 탐촉자	599, 600, 601	초점	581
직류 전원	5, 49	차분 증폭기	639	초크 입력 필터	408
직류 전원 공급 장치	40, 43	차원	536	촉매	540
직류 접지	43	차폐(Shield)	258, 358, 380	총 부하 전류	61, 94
직류 정격	100	차폐되지 않은 동축 케이블	596	총 저항	55
직류 준위	83, 515	차폐된 2 도체 케이블	258	총 전력	55
직류 차단 커패시터	321	차폐된 평행 2선 리드	254	총 전력 손실	56, 58
직류 치우침	357	차폐 변압기	380	총 전류	55, 75, 181
직류 코일	292	차폐 인덕터	359	총 전류 흐름	58
직류 해석	245	찰리 앨런	903	총 전하량	6
직류 회로	12	찰리플렉싱	497, 903	최고점 간 전압	583
직선 운동	521	참	722	최내각 전자	29
직접 회로	399	참 진술	722	최대 게이트 전력 손실	468, 473
진공	27, 28	창	502, 654	최대 교류 전력	89
진공 유리관	490	채널 크기	26	최대 누설 전류	478
진공 유전율	98	척도	12	최대 다발 밀도	357
진공 검사기	570	천공 기판	553	최대 볼트암페어 정격	373
		철물(hardware)	621	최대 소비 전력	37

최대 순방향 전압	493	축전	5	침수형 전지	728
최대 순방향 전압 강하	403	축전기 마이크	960	칩 가용(Chip Enable)	838
최대 스위칭 전압	474	축축한 토양	42		
최대 실효 전력 정격	308	출력	344, 752, 753		
최대 에너지 정격	480	출력 VDD	860	카드 리프터	562
최대 역전류	85	출력 결합	646	카르노 도	743
최대 역전압	408, 416, 708	출력 리플	713	카르노 도법	743
최대 역전압 PIV	403	출력 리플 전압	713	카메라 소자	520
최대 연속 교류 전압	481	출력 버퍼	689	카운터	3
최대 연속 직류 전압	481	출력 스윙	640	카테시안	159
최대 유동 속도	22	출력 슬리브	593	카펫	590
최대 작동 전압	110	출력 신호	758	칼날 접점 퓨즈	392
최대 작동 정격	500	출력 임피던스	209, 214	칼라 센서	976
최대 잔결 전압	712	출력 잔결	713	캐드	551, 626
최대 저항 온도	38	출력 장치	2	캐리 비트	755
최대 전력 전송	965	출력 저항	208	캐리지리턴	727
최대 전력 준위	39	출력 전압	56, 587	캐소드	410, 477, 687
최대 전류	85, 112	출력 전압 스윙	645	캔서	244
최대 전류 정격	90, 480	출력 전압 오차	648	캘리퍼	619
최대 전압	408, 660	출력 전이	778	캘빈 온도	525
최대 전압원	124	출력 준위	779	커넥터	259
최대 전압 전송	965	출력 측정	502	커패시터	1, 91, 136, 168, 227, 261,
최대 전압 정격	90	출력 펄스	586, 587		294, 320, 343, 344, 472,
최대 조임 전압	478	충격 위험	93		512, 549, 633, 762
최대 직류 전류	357, 358	충만대(filled band)	30	커패시터 누설	326
최대 직류 전압 정격	99	충실도	597	커패시터 방전	323
최대 진폭	23	충전	103	커패시터 뱅크	475
최대 체결 전압	478	충전 과정	106	커패시터 성능	102
최대 컬렉터-베이스 간 항복 전압	436	충전기	182	커패시터에 걸린 전압	106
최대 컬렉터 전력 소실	436	충전 속도	106, 320	커패시터 에너지 손실	195
최대 컬렉터 전류	436	충전 전류	106	커패시터에 저장된 에너지	105
최대 클램핑 전압	478	측로 커패시터	339	커패시터의 반응저항	324
최대 통신 가능 거리	977	측온 저항체	526	커패시터의 변위 전류 표현식	112
최대 파고 전류	328, 478	측정	989	커패시터의 전압 정격	109
최대 파고 펄스 전류	474	측정값	519, 991	커패시터 전류	105, 168, 181
최대 항복 전압	478, 484	측정기	505	커패시터 전류 표현식	102
최대 허용 무부하 온도	303	측정 기준	16	커패시터 전압	107, 323, 324
최대 허용 오차 전압	416	측정 대상 회로	65	커패시터 충전	323
최대 허용 온도	309	측정 오류 비율	66	커패시터 필터	408
최상위 비트	723	측정 저항	66	커패시턴스	96
최상위 비트 가산	755	측정 전류	24, 66	커플링 커패시터	337
최소 저항 값	91	측정 전압	66	컬러 채널	904
최저 에너지 준위	29	층간 변위	657	컬렉터	423, 428
최종 공급 전압	67	치수	9	컬렉터-이미터 간 저항	942
최하위 비트	723, 900	치우침/온도 변화	643	컬렉터-이미터 간 간압 변화	425
최하위 비트 가산	755	치우침이 없는 드레인 전류	444	컬렉터-이미터 간 항복 전압	436
추가 전류 용량	67	치우침 회로망	645	컬렉터-이미터 경로	295
축의 방향	300	치환	728	컬렉터-이미터 전류	422, 512

컬렉터-이미터 전류 흐름	416	클램프 비율	481	탄소-아연 전지	271, 272
컬렉터-이미터 전압	436	클램프 회로	419	탄소 전극	281
컬렉터-이미터 접합	425	클램핑	411, 420, 477, 480	탄소 피막 저항기	300, 303, 306, 311
컬렉터 전류	436, 892	클램핑 전압	480, 482, 484	탄소 합성 저항기	300, 303, 306, 549
컬렉터 전압 스파이크	436	클럭	685, 780	탄탈룸	341
컴파일러	857	클럭 가용 입력	790	탄탈룸 전해질	329, 330
컴퓨터 보조 설계	551	클럭 발생기	764	탄탈룸 커패시터	331, 647
컴퓨터 보조 제조	561	클럭 신호	952	탈산제	622
컴퓨터 시뮬레이션	552	클럭 주파수	853	탐촉자	568, 596, 763
케이블	254, 261	클럭 타이밍	730	태양 전지 패널	349
케이블 시험기	604	클럭 펄스	730, 803	탭 처리	709
케이블 클램프	565	클럭 펄스 발생기	794	탱크 회로	697
케이블 텔레비전	363	클럭 플립플롭	767	터널	418
켈빈	523	클럭 회로	588	터널 다이오드	418
켜짐 저항	444	클리핑	472, 660	터치스크린	529, 533, 534
켬/끔	806	클립형 방열판	619	턴당 유도 전압	377
켬/끔 펄스	715	키르히호프	246, 300	텅스텐 필라멘트	490
켬 상태	722	키르히호프의 법칙	5, 60, 106, 108, 141, 144, 158, 165, 223, 456	테라헤르츠	86
코로나 방전	27, 28			테브난	76
코사인 함수	152	키르히호프의 전류 법칙	52, 62, 71, 72, 108, 172, 298	테브난 등가 회로	76, 80
코일 권선	67, 949			테브난의 정리	5, 74, 76
코일의 단면적	131	키르히호프의 전류 접점 법칙	639	테브난 임피던스	186, 389
코일 저항	196, 293	키르히호프의 전류 표현식	108	테브난 저항	76, 78, 209, 570
콘덴서 마이크	960	키르히호프의 전압 방정식	157	테브난 전압	76, 186
콘센트	41, 988	키르히호프의 전압 법칙	55, 59, 70, 72, 109, 140, 150, 157, 164, 172	테브난 회로	221
콘센트 서지 방지기	482			테스터기	566
콘트라스트	829	키르히호프의 전압 표현식	109	테스트 장치	937
콜드 리드	255	키르히호프의 접점 규칙	638	테스트 픽스처	937
콜피츠	417	키패드	883	테플론	26
콜피츠 발진기	365, 417, 698, 700	키패드 명령어	753	텔레비전	9
콜핏츠 형식	365	킬로옴(kΩ)	297	텔레비전 안테나	363
쿨롱	19	킬로헤르츠	86	토글	774
퀴리 온도	357			토글 모드	781
크기 비교기	757	**E**		토글 스위치	288, 831
크래머의 규칙	72	타우-(τ)	324	토로이달 인덕터	121
크랭크	81, 83	타이머	485	토로이드	122, 359
크로멜 합금	526	타이머 IC	974	토로이드 심	136
크로스오버 네트워크	664, 967	타이머/계수기	851	토로이드 심 변압기	380
크로우바	477, 658, 714	타이머/계전기 구동자	463	토로이드형	358
크리스마스 트리 깜박이	805	타이머 모드	688	토로이드형 변압기	385
크림프	256	타이밍	343, 730, 850	토로이드형 분말 철심 변압기	385
크립톤	490	타이밍 관계	585	토로이드형 인덕터	353
크세논 섬광 전구	490	타이밍도	575, 781, 830	토로이드형 페라이트 심 변압기	385
큰 함(cabinet)	43	타이밍 및 순서 제어 회로	783	토마스 에디슨	279
클락 원천	85	타이밍 원리	685	토크	941, 945
클래스 D 증폭기	962	타이밍 파형	838	토크 정격	942
클래프 발진기	698	타이밍 회로	463	토큰	858
클램프	411, 420, 714	탄소 아연 셀	271	토핑 충전	278

톤 발생기 689
톱니파 84, 239
톱니파 발생기 464
톱니파 전압 572, 573
톱니 파형 686
통과 대역 665
통과 대역 잔결 670
통신 804
통합 개발 환경 853
통합 소자 633
통합 필터 회로 681
통형 퓨즈 392
투(throw) 286
투로 스위치 287
투명 래치 764
투 수 287
투자율 129, 131, 133, 136, 357
튐 현상 831
튐 현상 보정 885
트라이액 293, 385, 465, 470, 472
트랜스듀서 571
트랜스 저항 426, 432, 438
트랜스 컨덕턴스 421, 444, 448, 452, 453
트랜지스터 1, 5, 6, 31, 286, 406, 497, 549, 633, 731, 942
트랜지스터나 논리 IC의 스위칭 475
트랜지스터 스위치 143, 429
트랜지스터와 버퍼 어레이 950
트랜지스터의 전류 이득 436
트랜지스터 이득 방정식 430
트랜지스터 테스터 437
트랜지스터-트랜지스터 논리 732, 759
트레이스 561
트리거 490, 762, 689
트리거 리드 692
트리거링 577, 716
트리거링 임곗값 579
트리거링 지점 579, 651
트리거 모드 577
트리거 모드 스위치 581
트리거 전류 470
트리거 전압 461, 653, 655, 688
트리거 펄스 692
트리머 320
트리머 커패시터 329
트리밍 선 302
트리밍 팟 319
트림팟 295, 315, 319

트립 전류 483
트위터 346, 967, 968
트윈-T 681
특성 곡선 424, 426
특성근 229
특성방정식 229
특성 임피던스 261, 267, 598
특수 고전압 펄스형 변압기 385
특수 기능 비트 727
특수 문자 804
특수 문자 세트 727
특수 정밀 권선 저항기 310
특수 회로 83
틀(frame) 45
티나프로 244
티타늄 산 바륨 331
팁 257, 259

파고(peak) 87
파고 간 변화 83
파고 값 90, 91, 100
파고 검출기 660
파고 방출 파장 496
파고 역전압 402, 408
파고 전류 112, 152, 403
파고 전류 정격 402, 482
파고 전압 89, 99, 158
파고 전압 대 파고 전류 152
파고 전압 대 파고 전류의 비 112
파고 진폭 88, 91
파괴 장 세기 27, 28
파괴적인 래치업 예방 647
파괴 전압 28, 458
파나바이스 619
파동(pulse) 11
파울리 배타 원리 29
파워 스테핑 948, 949
파워 스펙트럼 242
파워 앰프 974, 978
파워 업 783
파일 경계 할당 728
파형 146, 550
파형 고정 회로 407
파형 변형기 415
파형의 모양을 변경하는 일 320
파형 정형기 106, 323
파형 제한기 415

파형 클리퍼 회로 407
파형 클리핑 420
파형 패턴 578
판독 스위치 533
팔라듐 은 313
팔레트 907
팟 315, 497, 648, 942, 945
패드퍼홀 617
패러데이 법칙 119
패러데이의 법칙 119, 126
패러데이의 유도 법칙 369
패러데이 차폐 383, 607
패럴랙스 858
패리티 비트 727, 804
패쇄 루프 649
패쇄 루프 이득 649
패시브 967
패시브 크로스오버 네트워크 967
패키지 403, 484, 485
팬아웃 761
팽창 309
퍼내어진(pumped out) 95
퍼낸(pumped out) 13
퍼 넣은(pumped in) 11, 13, 21
퍼 넣은 전력 31
퍼블릭 924
펄스 모드 763
펄스 발생기 587, 782
펄스 방전 273, 274
펄스 부호 변조 817
펄스 신호 408
펄스열 763
펄스 유발 769, 772
펄스 유발 SR 플립플롭 768
펄스 전류 496
펄스폭 586, 942
펄스폭 변조 872, 892, 945, 963
펄스폭 변조기 716
펄스형 변압기 385
페놀릭 심 361
페놀 블록 256
페라이트 비드 123, 361
페라이트 심 136, 137, 268, 353
페라이트 초크 123, 361
페라이트 토로이드 353
페르미 속도 20
페이지 레이아웃 프로그램 847
편광 825

편광 각도	824	포화 상태	136	표준 충전기	281
편광기	824	포화 영역	424, 443	표준 탐촉자	598
편광면	825	포화 전류	357	표준 트위스트 네마틱 디스플레이	826
편광비	504	포화 전압	687	표피 효과	83, 196, 254, 260, 377, 380
편조선(braided wire)	251, 252, 255, 615	포화점	135	푸리에	365
평균 고장 간격	309	포화 특성	356, 357	푸리에 급수	157, 235, 242, 959
평균 고장 시간	309	폰	257	푸리에 변환	242
평균 교류 전력	89	폴롤루	973	푸리에 변환 쌍	242
평균 구형 광도	491	폴리머	491	푸시앤쇼브	627
평균 순속도	11	폴리스위치	295, 475, 483	푸시풀 트랜지스터 회로	943
평균 유도 전압	139	폴리프로필렌	255, 358	푸시풀 팔로워	439
평균 자유 거리	20	표류	43, 654	풀다운	296, 314
평균 자유 경로(mean free path)	20	표류 변위 성분(drift displacement component)	23	풀다운 저항기	785
평균 전류(average current)	6	표류 성분	115	풀림 발진기	343
평균 전류 출력	284	표류 자계	368	풀림 방지 와셔	565
평균 전압	276	표류 접지	607	풀업	296, 785
평균 직류 전력	89	표류 정전용량	108, 222, 378	풀업 저항	830
평균 직류 준위	83	표면 결합 에너지	20	풀업 저항기	650, 766, 785, 806, 882
평균 출력 전압	408	표면 방전	312	품질 계수 Q	113, 154, 194, 357, 358, 665
평균화 계획	89	표면 실장	311, 358, 402, 613	퓨저블 링크	838
평상시	421, 422	표면 실장 소자	974	퓨즈	40, 68, 301, 314, 345, 390,
평상시 꺼짐	421	표면 실장 커패시터	342		479, 658, 839, 906
평상시 닫힘	287, 292, 882	표면 실장형 LED	494	프라이빗	924
평상시 닫힘 누름단추 스위치	467	표면 실장형 저항기	300	프로그래밍 논리	851
평상시 열림	287, 292, 882	표면 실장형 전해질 커패시터	99	프로그래밍 전류	643
평상시 열림 누름단추 스위치	467	표면적	260	프로그램 가능 ROM	839
평상시 켜짐	421	표면 전위 장벽	28	프로그램 가능 가변 연결	838
평판(plane)	254	표본 속도 대비 실시간 대역폭 비율	595	프로그램 가능 논리	905
평평하다(broad)	193	표본 유지 IC	344	프로그램 가능 논리 소자	721
평평한 공진 회로	193	표본 유지 스위치	808	프로그램 가능 단접합 트랜지스터	686
평행 2선 리드	254	표본 유지 회로	343, 344, 659, 818	프로그램 가능 배열 논리	906
평형 상태	29	표본 전압	705	프로그램 가능 상향/하향 계수기	794
평활 응답	967	표본 추출	659, 900	프로그램 가능 연산 증폭기	643
평활화	283	표본 추출 회로	704, 715	프로그램 가능 이득 연산 증폭기	659
폐루프 회로	121	표본 추출 후 유지 증폭기	327	프로그램 계수기	851
폐쇄 경로	398	표식(marker)	86	프로그램 플래시	851
폐쇄형 자심	148	표유(漂遊) 정전용량	699	프로세서	3
폐쇄 회로 전압	285	표준 LCD 문자표	830	프로젝트 보드	616
포노(phono)	257	표준 값	522	프로토타입	552
포락선(envelope)	581	표준 규격	94	프리셋 팟	315
포물선	21	표준 동작 전압	732	프리앰프	208
포이케르트 방정식	285	표준 변압기	380, 609	프리트로닉스 아두이노	883
포토레지스터	487	표준 부품 값	610	플라스틱 절연체	255
포토트랜지스터	487	표준 선심	252	플라스틱 패키지	3
포트 B	851	표준 입력 저항	597	플라이백 다이오드	406
포화	632, 961	표준 저항 값	61	플라이백 변환기	410
포화된 트랜지스터	722	표준 전력 정격	304	플라이어	618
포화 문제	696	표준 전송 속도	900	플라즈마	7

플랑크 상수	21
플래시	546
플래시 메모리	839, 841, 852
플래시 변환	817, 819
플랭크 상수	488
플러그	256, 259, 711, 720
플러그앤잭	405
플러그앤플레이	978
플로터	947
플립플롭	3, 689, 766, 768, 795, 842, 971
플립플롭 어레이	769
피동 노치 필터	674
피동 소자	664
피동 탐촉자	597, 598, 600
피동 필터	664
피동 회로	1
피드백 네트워크	636
피드백 루프	686
피드백 저항기	640
피뢰기	386
피막	302
피막 저항기	306
피막 커패시터	329, 709
피복 재질	517
피상 전력	173, 175, 176
피어스 발진기	700
피오(Fio)	874
피적분함수	998
피크 대 피크	91
피크 대 피크 값	92
피크 대 피크 리플 전압	712
피크 대 피크 형식	712
피트당 인덕턴스	262
피트당 정전용량	262
핀 배치	933
핀 배치표	437
핀-소켓 커넥터	621
핀아웃	790, 856
핀치 오프 전압	444
핀 플러그	257
필드 프로그래머블 게이트 어레이	732, 742, 905
필라멘트	11, 271, 490
필라멘트 저항기	313
필터	346, 663
필터 IC	681
필터링	5, 521
필터 이득	213
필터 집적 회로	681

필터 커패시터	497, 607, 708, 711, 720
필터 회로	1
필터 회로망	351, 967
핑거	318, 562

ㅎ

하강 시간	586
하강 전압	983
하드웨어 기술 언어	912, 924
하드웨어 정의 언어	905
하방 주파수 한계	664
하얀 소음	307
하이 레그	984
하이파이	389
하이파이(hi-fi) 기기	960
하인리히 헤르츠	86
하전 입자	488
하틀리 발진기	697
하틀리 형식	365
하프 스테핑	948, 949
하향 계수	788, 790
한정 짝	514
할로겐 기체	490
할로겐 전등	490
함(chassis)	43, 45
함 귀환	46
함수 발생기	42, 85, 88, 552, 593, 602
함 접지	48
합산 소자	965
합산 증폭기	638, 965
합산 파형	241
합선	589
합성	959
합성 저항	59, 309
합성 전류 흐름	125
합성 전압	126
합성 파고	84
합의 곱	741
항등식	166, 737
항력	22
항복 전압 VBR	412, 415, 416, 420, 453, 465, 473, 476, 484, 497, 696
항복 전압 정류기 보호	479
해리 전자	505
해상도	811
해시 초크	358, 359
핵력	19
핵물리학	29

핵 스핀	489
행렬	247
행 주소 스트로브	845
허용대	30
허용 대역	29
허용 오차	61, 300, 311, 356, 362, 712, 989
험	964
헤더 시작	728
헤르츠 단위	21
헤르츠 단위 주파수	86
헤일로 효과	981
헤테로다인	366
헨리	129
헬륨-네온 레이저	503
현실에서 전류원	64
현실적인 계측기	65
현실적인 연산 증폭기	634
현실적인 인덕터	125, 140
현실적인 전압원	62
현실적인 커패시터	103
현장 프로그램 가능 게이트 어레이	732
협대역	672
협대역 노치 필터	680
협대역 대역 통과 필터	665
협대역 필터	673
형광등	490
형성자	130
호스트 컴퓨터	758
혼류기	1
혼성 화합물 반도체	31
혼재 신호	352
홀수 함수	237
홀 효과	542, 601
홀 효과 센서	533, 537, 542
화학 반응	10, 16, 32
화학 에너지 밀도	278
화학 전지	283
확성기	892, 971
확장 데이터 출력	848
확장 문자 시작	728
확장 문자 종료	728
활성	345, 383
활성(A상)	984
활성(B상)	984
활성(C상)	984
활성 고준위	753
활성 고준위 출력	749
활성 리드	255

활성 모드/영역 424
활성 상태 748
활성선 41, 92, 381, 383, 390, 545
활성 성분 279
활성 소켓 90
활성 영역 424, 444, 453
활성 저준위 689, 747, 936
활성 저준위 소거 입력 784, 796
활성 저준위 입력 751
활성 저준위 출력 749
활성 전선 545, 548
활성 접지 606
활성탄 281
황동 391
황산 용액 270
황화납 504
황화카드뮴 504
황화카드뮴 반도체 505
회로 49, 80
회로 개방 68
회로 구성 요소 37
회로 귀환 접지 48
회로 기판 3, 548
회로 기판 지지대 565
회로 내 기준점 16

회로 냉각기 622
회로 동작 200
회로 문제 36
회로 분석 49
회로 분석 과정 24
회로 선도 550
회로 설계도 550, 556
회로 시뮬레이터 5, 552
회로 외부 프로그래밍 841
회로 임피던스 108, 200
회로 저항 66, 68, 103, 200
회로 전압 247
회로 정전용량 247
회로 차단기 40, 68, 94, 390, 392
회선 격리 607
회선 수 793
회선 전류 200
회선 필터 714
회전 속도 941
회전속도계 513
회전 스위치 288
회전자 947
후광 효과 981
후막 저항기 313
후막 전력 저항기 304

후막 칩 저항기 302
후면판 906
후속 서지 480
휘도 581
휘발성 842
휘발성 RAM 836
휘발성 SRAM 어레이 845
휴대용 DMM 591
휴대전화기 279
휴즈형 저항기 295
흐려지는 효과 49
흐름(flow) 521
흘러넘침(maxing out) 640
흡수 전력 266
흡열부 37, 403, 435, 500, 502
흡입기 564, 615
흩어짐 계수 326
희망 항복 한계(breakover threshold) 480
히스테리시스 32, 135, 327, 641, 653
히스테리시스가 있는 CMOS 클럭 발생기 781
히스테리시스 곡선 135
히스테리시스 손실 135, 136
히스테리시스 전압 652
힘을 감지하는 저항기 534